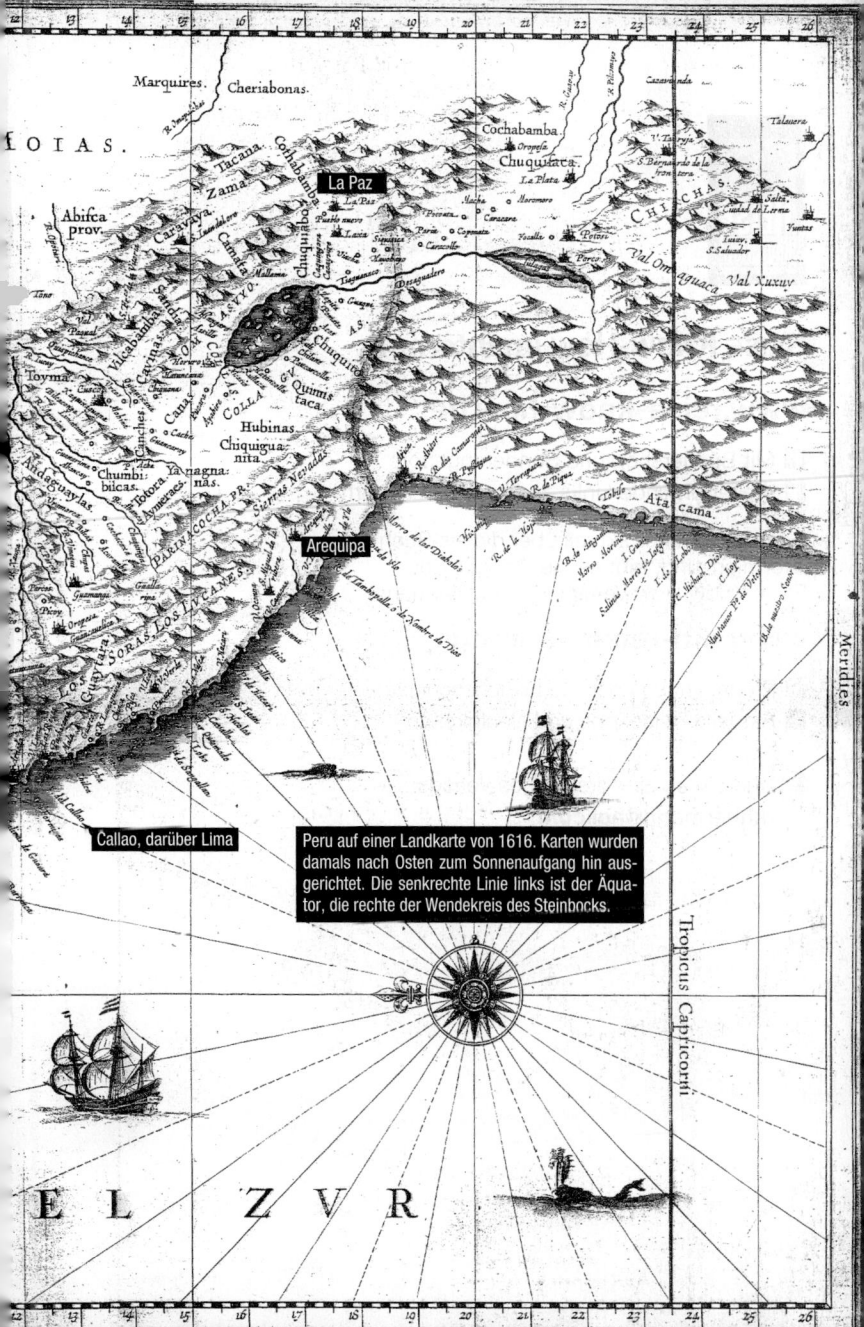

Peru auf einer Landkarte von 1616. Karten wurden damals nach Osten zum Sonnenaufgang hin ausgerichtet. Die senkrechte Linie links ist der Äquator, die rechte der Wendekreis des Steinbocks.

REISE KNOW-HOW im Internet
www.reise-know-how.de

- ❌ Mit Büchershop und Sonderangebote
- ➡️ Weiterführende Links zu über 100 Ländern

Damit Sie immer aktuell über dieses Buch informiert sind, gibt es die Website des REISE KNOW-HOW Verlags Helmut Hermann:

www.rkh-reisefuehrer.de

- ➕ Ergänzungen nach Redaktionsschluss
- ❗ Aktuelle Reisetipps und Neuigkeiten

- ▶️ Und die eMail-Adresse des Verlags:
  rkhhermann@aol.com

Kai Ferreira Schmidt

PERU
BOLIVIEN

Handbuch für individuelles Reisen und Entdecken

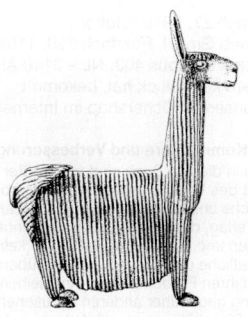

IMPRESSUM

Kai Ferreira Schmidt
Lektorat/Exkurse Helmut Hermann (HH)

Peru/Bolivien

erschienen im
REISE KNOW-HOW Verlag

© Helmut Hermann
Untere Mühle
D - 71706 Markgröningen

1997 • 2000 • 2003 • 2004 • 2006
6., aktualisierte Auflage 2009

ISBN 978-3-89662-335-5

Alle Rechte vorbehalten
Printed in Germany

eMail des Verlags: rkhhermann@aol.com
Websites von REISE KNOW-HOW:
www.reise-know-how.de • www.rkh-reisefuehrer.de

Gestaltung u. Herstellung
Umschlag: Carsten C. Blind
Inhalt, Karten: H. Hermann
Druck: Fuldaer Verlagsanstalt
Fotos: Bildnachweis s. Anhang

Dieses Buch ist erhältlich in jeder Buchhandlung in
Deutschland, Österreich, Schweiz, Niederlande und Belgien
Bitte informieren Sie Ihren Buchhändler über
folgende Bezugsadressen:
D: PROLIT GmbH, Postfach 9, 35461 Fernwald
sowie alle Barsortimente
CH: AVA-buch 2000, Postfach 27, 8910 Affoltern
A: Mohr Morawa Buchvertrieb GmbH, Postfach 260, 1101 Wien
NL und B: Willems Adventure, Postbus 403, NL – 3140 AK Maassluis
Wer im Buchhandel trotzdem kein Glück hat, bekommt
unsere Bücher auch über unseren Büchershop im Internet (s.o.)

Wir freuen uns über Kritik, Kommentare und Verbesserungsvorschläge.
Alle Informationen und Daten in diesem Buch sind mit größter Sorgfalt
gesammelt und vom Lektorat des Verlags gewissenhaft bearbeitet und
überprüft worden. Da inhaltliche und sachliche Fehler nicht ausgeschlossen
werden können, erklärt der Verlag, dass alle Angaben im Sinne der Produkt-
haftung ohne Garantie erfolgen und dass Verlag wie Autor keinerlei Verant-
wortung und Haftung für inhaltliche und sachliche Fehler übernehmen.
Die Nennung von Firmen und ihren Produkten und ihre Reihenfolge
sind als Beispiel ohne Wertung gegenüber anderen anzusehen. Qualitäts-
angaben sind rein subjektive Einschätzungen von Autorenseite.

BIENVENIDOS A PERU Y BOLIVIA!

Dieses Buch ist für Reisende konzipiert, die **Peru und Bolivien intensiv erleben und entdecken** möchten – ob mit **öffentlichen Verkehrsmitteln,** im Rahmen einer **Gruppenreise** oder auch individuell und ungebunden mit einem **Mietwagen.** Beide Länder umfassen die faszinierendsten Anden- und Urwaldregionen Südamerikas.

Für eine erfolgreiche Reisedurchführung ist es ratsam, sich zuvor mit den speziellen Verhältnissen und mit der nicht immer problemlosen Reiseinfrastruktur beider Länder näher zu befassen. Dieses Buch ist dazu eine bewährte praktische Hilfe zur Vorbereitung und unterwegs ein verlässlicher Ratgeber.

Zum Aufbau: Das Buch ist in **vier Teile** gegliedert. Im **Teil I** – den **„Reisevorbereitungen"** – ist zusammengestellt, was man an praktischen Informationen vor einer Peru-/Bolivienreise wissen muss und welche Aspekte bedenkenswert sind.

Der **Teil II – „Unterwegs in Peru und Bolivien"** – behandelt die Verkehrs- und Transportmittel in den Ländern, Unterkünfte, Essen und Trinken, die Finanzen, Diebstahlsgefahren und vieles andere mehr. Das „Reise-ABC" listet reisepraktische Stichworte auf. Der **Teil III – „Land und Leute"** beschreibt beide Länder, erläutert die Geschichte, Kultur und die Menschen mit ihrem Umfeld.

Schließlich beginnt der umfangreiche **Teil IV, der Reiseteil,** beginnend mit Lima und der **„Klassischen Rundreise"** Lima – Cusco – Puno – Arequipa – Lima.

Ein Netz von **16 Basis-Routen** führt Sie durch so ziemlich alle Landesteile beider Länder. Für den schnellen Zugriff auf eine Route schlagen Sie am besten die Buchseite 1 mit der Peru-/Bolivienkarte und den seitlichen 16 Griffmarken auf.

Wenn Sie jetzt die Seite umschlagen, haben Sie eine **alphabetische Schnellübersicht** der wichtigsten touristischen Städte und Ziele Perus und Boliviens mit Kartenseiten vor Augen. Verweise **auf die zum Text passenden Karten** finden sie auf den Buchseiten **oben auf der Kopfzeile,** innen im Bund links oder rechts (nach dem Inhaltsverzeichnis befinden sich drei weitere Peru-Karten).

Im Anhang steht eine Checkliste zur Reiseausrüstung, ein Literaturverzeichnis, Sprachhilfen für Spanisch und Quechua, eine ausführliche Speisenliste, ein mehrere hundert Wörter umfassendes Glossar und die Register für Peru und Bolivien. Eingestreute **Exkurse** informieren über regional wissenswerte Themen, Gegenwartsprobleme und Besonderheiten der Kultur, Geschichte und Natur.

Dieser Reiseführer wurde sorgfältig recherchiert, und die positive Resonanz zur letzten Auflage war großartig. Allen Schreibern und Mailern (s. Anhang) an dieser Stelle nochmals ein herzliches Dankeschön – das Reisehandbuch als interaktives Medium, so soll es sein.

■ Wenn Angaben nicht mehr stimmen sollten (in beiden Ländern verändern sich die Dinge sehr schnell), Sie etwas Neues entdecken oder Sie etwas geärgert hat, so schreiben Sie bitte an die Verlagsadresse oder senden – noch von unterwegs – **eine eMail an rkhhermann@aol.com.** Für besonders ausführliche Infos gibt es auf Wunsch ein RKH-Buch Ihrer Wahl.

Ich wünsche eine schöne Reise und viele neue Erlebnisse und Entdeckungen,
Ihr Kai Ferreira Schmidt

Inhalts- und Kartenverzeichnis

Perus wichtigste Städte / Orte / Nationalparks / archäologische Stätten v. A–Z mit Kartenseiten (Fehlendes s. Register)

Stadt/Ort/Stätte/N.P.	Seite	Stadtplan/Karte	Karte-Umgebung	Regionalkarte
Abancay	203	203		200
Aguas Calientes	293	294		276
Amantani, Isla	370		345	363
Andahuaylas	201	202		200
Arequipa	380	382	404	25
Ayacucho	189	191	200	179
Ballestas, Islas	457		443	445
Cajamarca	545	548		23
Camino Inca	285	287		276
Caraz	541	541	533	518
Chachapoyas	561	557		23
Chan Chan	479	481	478	23
Chavín de Huántar	535		518	24
Chiclayo	492	493		23
Chimbote	469			23
Chinchero	260			261
Colca, Cañón del	406		408	25
Cotahuasi, Cañón de	420		408	25
Cusco	208	214/15	209	261
Huancavelica	186			179
Huancayo	180	183		179
Huánuco	571			570
Huaraz	520	521		518
Ica	447	448		445
Iquitos	608	611	626	609
Juliaca	341			346
Kuélap	558		557	23
La Merced	580			570
Lima	118	123 u. 133	119	174
Llanganuco-Trek	530	533		518
Machupicchu	**302**	305		276
Manu, Parque Nac.	338	334		90
Moyobamba	566			23
Nasca	433	434	441	445
Ollanta/Ollantaytambo	265	266	270	261
Oroya, La	176		179	570
Pajatén	489			23
Paracas	455		456	445
Pisaq	272	273		261
Pisco	451	453		445
Piura	503	505		23
Pozuzo	582			570
Pucallpa	585	589	594	570

Stadt/Ort/Stätte/N.P.	Seite	Stadtplan/Karte	Karte-Umgebung	Regionalkarte
Puerto Maldonado	324	325		328
Puno	352	356	346	363
Quillabamba	317			276
Saqsaywamán	254	254		261
Sillustani	372		356	363
Sipán	497			23
Tacna	427	428		25
Taquile, Isla	367		356	363
Tarapoto	603	604		23
Tingo María	575			570
Titicacasee	364	363		25
Trujillo	470	472	478	23
Túcume	500			23
Tumbes	513			23
Urubamba	262	262		261

Boliviens wichtigste Städte / Orte / Nationalparks / archäologische Stätten v. A–Z mit Kartenseiten (Fehlendes s. Register)

Amboró, Parque Nac.	800		801	Klappe hint.
Buena Vista	802	804	801	716
Camino Choro	701			716
Camino del Oro	695			716
Camino Takesi	706			716
Caranavi	713			716
Chacaltaya	693			716
Che-Guevara-Tour	805			716
Cobija	842			Klappe hint.
Chiquitania	812			Klappe hint.
Cochabamba	770	772		716
Concepción	816			Klappe hint.
Copacabana	634	637		635
Coroico	710	711		694
Isla del Sol	639	640		635
La Paz	660	662/63		694
Madidi, Parque Nac.	838			Klappe hint.
Oruro	718	720	728	716
Potosí	739	741		716
Riberalta	839			Klappe hint.
Rurrenabaque	832	834		Klappe hint.
Sajama	717			716
Salar de Uyuni	727		728	Klappe hint.
Samaipata	806	807	801	716
Santa Cruz	787	789		716
Sorata	695			716
Sucre	757	759		716
Tarabuco	769			716

Stadt/Ort/Stätte/N.P.	Seite	Stadtplan/Karte	Karte-Umgebung	Regionalkarte
Tarija	751	752		716
Tiwanaku	698	699		716
Trinidad	826	827		Klappe hint.
Tupiza	737	738		652
Uyuni	724	725	728	716
Villazón	754		728	716
Yungas	708			716

TEIL I: REISEVORBEREITUNGEN

Peru und Bolivien „individuell" oder „pauschal" bereisen? 26
Reisezeit, Reisedauer und Routenwahl 28
Informationsstellen 29
Web-Seiten 31
Diplomatische Vertretungen 33
Dokumente 34
Versicherungen 35
Finanzen 36
Medizinische Vorsorge 38
Gesundheitstipps für unterwegs 40
Ausrüstung 43
Anreise / Flüge und Airpässe / mit Schiff 44
Einreise Peru und Bolivien 47

TEIL II: UNTERWEGS IN PERU UND BOLIVIEN

Verkehrs- und Transportmittel – von Ort zu Ort 49
Wichtige Hauptstraßen in Peru 49
Straßen in Bolivien 50
Diverse Verkehrsmittel: Omnibus 52
Colectivo / Camioneta (Pickup) / Taxi / Trufi / Motocarro / Mietwagen ... 53
Eisenbahn 56
Flugzeug 56
Mit Boot und Schiff / Trekking und Bergsteigen / Trampen 57
Mit Pferd / Fahrrad u. Mountainbike 58
Wie man sich bettet – Unterkünfte 59
Geld – Peru 62
Geld – Bolivien 64
Kommunikation: Post / Telefon / Telegramm / Telefax / 65
Telefon-Vorwahlnummern Peru und Bolivien / Internet 66
Diebstahl- und andere Gefahren 68
Verhalten nach Verlust, Wiederbeschaffung 70
Essen und Trinken 71
Exkurs: Meerschweinchen 71
Kleiner Knigge für Peru und Bolivien 74

Inhaltsverzeichnis

Praktisches Reise-ABC 75
Anreise / Airpässe / Autofahren 75
Baden / Bergrettung / Camping / Drogen 75
Einkaufen und Souvenirs / Feiertage in Peru und Bolivien 75
Geschäftszeiten / Gleitschirmfliegen / Kartenmaterial 76
Kulturinstitut INC / Maßeinheiten / Naturschutz / Notruf für Touristen 77
Polizei / Rauchen / Reisezeiten / Schlepper & Nepper / Sex 78
Schuhputzer / Sprachen / Straßenkontrollposten 78
Strom / Tourist-Info / Touristen-Schutzzentrale 78
Touristenpolizei POLTUR / Telefon-Vorwahlen nach D / A / CH / 79
Weltkulturerbe / Zeitdifferenz / Zeitungen / Zoll 79

TEIL III: LAND UND LEUTE

Peru
Das Land: Bevölkerung / Sprachen / Religion / Curanderos 80
Exkurs: Peruaner mit deutschen Wurzeln 82
Wirtschaft 83
Landesnatur: Costa / Sierra / Selva / Klima 83
Tier- und Pflanzenwelt 87
Nationalparks / Natur- und Umweltschutzorganisationen 89
Geschichte: Chronik Präinkazeit bis zur Inkazeit 92
Kulturen: Chavín / Paracas / Vicús / Tiwanaku / Nasca / Mochica u.a. 93
Chronik ab der Kolonialzeit bis heute 97
Die Inka 102
  Die Inka-Dynastie 104
  Der autoritäre Staat der Inkas 106
  Die Zehn-Klassen-Gesellschaft der Inkas 107
  Vom Ayllu zur Comunidad de Indígena 108
  Exkurs: Prähispanische Religionen 110
  Kunst und Kultur: Sakralkunst / Malerei / Kunsthandwerk 111
  Literatur / Musik und Tanz 112
  Musikinstrumente 114
  Feste 115
Exkurs: Coca und Kokain 116

TEIL IV: REISETEIL

Lima
  Überblick / Lage 118
  Limas Geschichte 120
  Sehenswürdigkeiten und Altstadtrundgang 122
  Weitere Sehenswürdigkeiten Limas 131
  Stadtviertel: San Isidro, Miraflores, Barranco, Chorrillos 132
  Museen 134
  Exkurs: Pueblos Jóvenes 137
  Hotels / Unterkünfte 138
  Essen und Trinken 142

Unterhaltung 144
Adressen & Service Lima 147
Verkehrsmittel 155
Verkehrsverbindungen / Busgesellschaften / Fahrziele 158
Eisenbahn 162
Flüge, Airlines 163
Flugverbindungen von/nach Lima 165
Umgebungsziele von Lima, Tour 1: Lima – Pachacamac – Cañete 166
Tour 2: Lima – Puruchuco – Cajamarquilla – Chosica 168
Tour 3: Callao / Isla Palomino 169

Zentrales Bergland mit südlicher Selva
Die „Klassische Rundreise": Lima – Ayacucho – Cusco – Puno (– La Paz) – Arequipa – Nasca – Lima

Überblick / Zeitbedarf / Wahl des Verkehrsmittels 170

„Klassische Rundreise", 1. Teil: Von Lima nach Cusco
ROUTE 1: LIMA – LA OROYA – HUANCAYO – AYACUCHO – ABANCAY – CUSCO

Rundreisevorschläge 171
Lima – Huancayo 172
Chaclacayo 173
Chosica 174
Casapalca – La Oroya / La Oroya 176
La Oroya – Huancayo / Jauja 177
Concepción 180
Huancayo 180
  Umgebungsziele: Wari-Willka, Torre Torre, Cochas Chicas, Hualhuas 185
Huancayo – Ayacucho 186
Huancavelica 186
Huanta 188
Ayacucho 189
  Umgebungsziele von Ayacucho: Wari / Quinua / Vilcashuamán 196
  Exkurs: Sendero Luminoso 198
Ayacucho – Cusco 199
Andahuaylas 201
Andahuaylas – Abancay 202
Abancay 203
Abancay – Cusco 204
Cusco und das Urubamba-Tal 208
  Touren um Cusco – Überblick und Zeitplanung 210
  Cuscos Geschichte 211
  Cuscos Sehenswürdigkeiten (Übersicht) 213
  Exkurs: Runa Simi – Inkasprache Quechua 216
  Stadtrundgang Cusco 217
  Exkurs: Escuela Cusqueña 225
  Exkurs: Die Chronisten 227
  Exkurs: Quipus und Tocapus 228
  Unterkünfte in Cusco 229

Essen & Trinken 233
Adressen & Service Cusco 237
Verkehrsverbindungen 246
Eisenbahn / Züge zum Machupicchu 248
Fahrplan Machupicchu 250
Flugverbindungen 252
Tour 1: Cusco – Saqsaywamán – Q'enqo – Pukapukara – Tambomachay 253
    Saqsaywamán 254
Valle Sagrado de los Incas 258
Tour 2: Cusco – Chinchero – Urubamba – Ollanta – Pisaq 258
Exkurs: Weben in den Anden 259
    Chinchero 260
    Urubamba 262
    Ollanta mit Tempelburg Ollantaytambo 265
    Ausflug ins Valle de Pataqancha 269
    Ollanta – Pisaq 271
    Pisaq 272
Tour 3: Cusco – Camino Inca – Aguas Calientes – Machupicchu 275
    Zeitplanung und Verkehrsmittel nach Machupicchu 277
    Exkurs: Mit dem Inkazug ins Urubamba-Tal 279
    Camino Inca / Inka-Trail 280
    Der Inka-Trail in vier Tagesetappen 285
    Der Inka-Trail ab **Km 104** 292
    Salkantay-Trail nach Machupicchu 292
    Aguas Calientes 293
    Adressen & Service Machupicchu 295
    Die Wiederentdeckung von Machupicchu 299
    Die Inkastadt Machupicchu 302
    Rundgang Machupicchu 304
    Waynapicchu 313
    Intipunku / Berg Machupicchu 314
Tour 4: Cusco – Ollanta – Chaullay – Quillabamba 315
    Vilcabamba 316
    Quillabamba 317
Tour 5: Cusco – Pikillacta – Andahuayllllas 319
Tour 6: Trekking um den Ausangate 320
Tour 7: Kondore beobachten im Canyon Apurímac 320
Exkurs: Kleinkamele der Anden (Lama, Guanako, Alpaka, Vicuña) 321

Südliche Selva

Provinz Madre de Dios 323
Tour 8: Cusco – Quincemil – Pto. Maldonado 323
    Puerto Maldonado 324
    Urwaldlodges 327
    Die Urwaldtouren 331
Tour 9: Cusco – Paucartambo – Tres Cruces – Manu Nat. Park 334
    Flussfahrt auf dem Río Madre de Dios von Shintuya n. Puerto Maldonado .. 337
    Manu-Nationalpark – das „Verlorene Paradies" 338
    Adressen & Service Manu-N.P. 340

„Klassische Rundreise" 2. Teil: Cusco – Puno – Lima

Route 2: Cusco – Juliaca – Puno

Inkastraßen 344
Cusco – Urcos – Checacupe – Combapata 345
Exkurs: Inkabrücken 347
Queswacocha – Tinta 347
Exkurs: Von Túpac Amarú II. bis zur MRTA 348
Ruinen von Raqchi – Sicuani 349
Aguas Calientes – La Raya – Ayaviri – Pucara 350
Juliaca 351

Südliches Bergland mit Titicacasee

Puno
Sehenswertes / Folklorefeste / Diablada 352
Adressen & Service Puno 355
Tour 1: Zu den schwimmenden Inseln der Uro-Nachfahren 362
Exkurs: Der Titicacasee 364
Tour 2: Zu den strickenden Männern von Taquile 367
Exkurs: Titicacasee-Sagen 367
Tour 3: Isla Amantani 370
Tour 4: Zu den Grabtürmen von Sillustani 372
Tour 5: Zu den Chullpas von Cutimbo 375
Tour 6: Zum phallischen Tempel nach Chucuito 375
Exkurs: Chuño 377
Tour 7: Reserva Natural Privada Isla Suasi 377
Tour 8: Isla de Anapia 378

Route 3: Puno – Arequipa

Mit dem Bus nach Arequipa 379
Arequipa 380
Stadtrundgang 381
Santa-Catalina-Kloster 384
Adressen & Service Arequipa 380
Tour 1: Campiña Tour 303
Tour 2: Cañón del Colca 306
   Chivay 310
   Exkurs: Der Kondor, König der Anden 415
   Cabanaconde 414
   Trekking-Touren in den Colca-Canyon 415
Tour 3: Valle de los Volcanes und Petroglyphen von Toro Muerto 418
Tour 4: Cañón de Cotahuasi / Cotahuasi 420
Cotahuasi 420
Tour 5: Laguna Salinas 421
Tour 6: Besteigung des Volcán Misti und Nevado Chachani 422

Südküste

Nach Chile: Arequipa – Mollendo – Tacna – Arica 423
Mollendo 423
Moquegua 425
Ilo 426
Tacna 427

ROUTE 4: AREQUIPA – NASCA – LIMA

Arequipa – Camaná – Nasca 431
Camaná 431
Nasca 433
   Tour 1: Zu den Geoglyphen von Nasca 438
   Tour 2: Cementerio Arqueológico de Chauchilla 444
   Tour 3: Telar-Linien, Paredones und Acueductos de Cantayoc 444
   Tour 4: Pampa Galeras 444
Nasca – Palpa – Ica 446
Ica 447
   Ausflug zur Huacachina-Oase 450
Pisco 451
   Tour 1: Halbinsel Paracas 455
   Tour 2: Islas Ballestas 457
   Tour 3: Tambo Colorado 459
Pisco – Lima 460

Nordperu

Tourenplanung / Panamericana Norte / Reisezeit und Reisemöglichkeiten 462

Nördliche Küste
ROUTE 5: LIMA – TRUJILLO – TUMBES

Ancón / Chancay 463
Churín / Lomas de Lachay / Las Salinas / Huacho 464
Huaura / Caral / Supe / Caral 465
Barranca / Pativilca / Chimú-Ruinen v. **Paramonga / Casma** 466
   Tour 1: Ruinen von Sechín 467
   Tour 2: Balneario Tortugas 468
Chimbote 469
Trujillo 470
   Tour 1a: Huaca del Dragón und Huaca La Esmeralda 478
            Chan Chan 479
   Tour 1b: Huanchaco 483
   Tour 1c: Huaca El Brujo 484
   Tour 2: Huaca del Sol und Huaca de la Luna 486
   Exkurs: Die Mochica 487
Nebenstrecke von Trujillo nach Cajamarca 488
Huamachuco 488
Parque Nacional Río Abiseo mit Gran Pajatén 489
Trujillo – Piura – Tumbes 491

Chiclayo 492
   Tour 1: Grabstätten von Sipán 497
   Exkurs: Die Naymlap-Dynastie 499
   Tour 2: Batán Grande / Sicán 499
   Tour 3: Tal der Pyramiden von Túcume 500
Lambayeque 501
Lambayeque – Piura 503
Piura 503
   Tour 1: Piura – Catacaos – Sechura 507
   Tour 2: Piura – Paita (– Sullana) 508
   Tour 3: Piura – Canchaque – Huancabamba 508
Talara 509
Talara – Máncora 509
Máncora 510
Máncora – Tumbes 512
Tumbes 513
Tumbes – Grenze Ecuador 515

Nördliches Bergland

Berg- und Gletscherprovinz Ancash 516
Bergwandern und Bergsteigen 517
Cajatambo 519

Huaraz, Callejón de Huaylas und Nationalpark Huascarán
Route 6: Lima – Huaraz – Chimbote

Pativilca – Huaraz 520
Huaraz 520
   Adressen & Service Huaraz 522
   Tour 1: Huaraz – Willcawaín – Monterrey 528
   Tour 2a: Lagunas Llanganuco 529
   Tour 2b: Llanganuco – Santa Cruz Trek 530
   Tour 3: Lama-Trek von Olleros nach Chavín 535
   Tour 4: Laguna 69 535
   Tour 5: Chavín / Chavín de Huantar 536
   Tour 6: Pastoruri Gletscher und Puya Raimondii 538
   Tour 7: Cordillera Huayhuash 539
Caraz 541
Caraz – Chimbote 544

Route 7: Von der Panamericana Norte über Cajamarca nach Chachapoyas und Moyobamba

Cajamarca 545
Exkurs: Die Ermordung Atahualpas in Cajamarca 546
   Tour 1: Ventanillas de Otuzco und Baños del Inca 552
   Tour 2: Cumbemayo 553

Cajamarca – Chachapoyas 554
Leimebamba 555
Laguna de los Cóndores / Molinette / Congona 555
Tingo 558
Kuélap 558
Exkurs: Die „Wolkenkrieger" (Chachapoya) 559
Chachapoyas 561
Jaén / Chachapoyas – Moyobamba – (Tarapoto) 565
Moyobamba 566

Nördliche Selva

Überblick / Reisemöglichkeiten 567
Pucallpa „contra" Iquitos 568

ROUTE 8: (LIMA) – LA OROYA – TINGO MARÍA – PUCALLPA – IQUITOS

La Oroya – Cerro de Pasco 569
Cerro de Pasco 569
Huánuco 571
  Tour 1: Ruinen von Kotosh 572
  Tour 2: Zu den Ruinen von Huánuco Viejo 572
  Nebenstrecke von Huánuco über **La Unión** nach Huaraz 573
Huánuco – Tingo María 574
Tingo María 575
Tingo María – Boquerón del Padre Abad – Pucallpa 576

ROUTE 9: (LIMA) – LA OROYA – LA MERCED – (POZUZO) – PUCALLPA

Zeitplanung, Verkehrsverbindungen, Etappenübersicht 578
Tarma 578
San Ramón 579
La Merced 580
Oxapampa 581
Pozuzo 582
Carretera Marginal del Selva 584
Pto. Bermúdez 584
Pucallpa
  Geschichte, Orientierung, Sehenswertes 585
  Exkurs: Escuela de Pintura Amazónica USKO-AYAR 587
  Adressen & Service Pucallpa 587
  Urwaldausflüge / Laguna Yarinacocha 593
  Indianerdörfer der Shipibo 595
  Exkurs: Schamanen und die „Liane der Geister" 596
  Tour 1: Yarinacocha und die Collpas de los Guacamayos 599
  Tour 2: Pucallpa – Atalaya – Sepahua – Camisea 600
Pucallpa – Iquitos 602

Route 10: (Pucallpa –) Tingo María – Tarapoto – Yurimaguas – Iquitos

Tarapoto 603
Yurimaguas 607
Iquitos 608
   Kurzausflüge: Lagunas Quistococha, Moronacocha, Mapacocha u.a. 613
   Exkurs: Werner Herzogs „Molly Aida" 614
   Adressen & Service Iquitos 615
   Urwaldausflüge von Iquitos 621
   Exkurs: Tsantas – Schrumpfköpfe 622
   Exkurs: Jaguar, der Götterbote 624
   Lodges, Boote und Urwaldtouren, Adressen von Veranstaltern 624
Dreiländereck Peru / Kolumbien / Brasilien 630
Ein-/Ausreise Iquitos (Peru) / Coca (Ecuador) 630

Von Peru nach Bolivien
Route 11: Puno – La Paz

Möglichkeiten von Puno nach La Paz über den Titicacasee 632
Strecke 1: Puno – La Paz über den Titicacasee 632
Strecke 2: Puno – Ninantaya/Puerto Acosta – Sorata – La Paz 633
Strecke 3: Puno – Pomata – Copacabana – La Paz 633
Yunguyo 634
Copacabana 634
   Adressen & Service Copacabana 637
   Isla del Sol (Sonneninsel) 639
   Isla de la Luna (Mondinsel) 644
Sicuani / Copacabana – Tiquina – Huarina – (Sorata) **Huatajata** 644
Huatajata – Huarina – La Paz 646
Strecke 3a: (Puno) – Pomata – Desaguadero – Tiwanaku – La Paz 646

BOLIVIEN

Reiseziel Bolivien / Reisepraktische Tipps 649
Land und Leute 650
Exkurs: Bolivianer mit deutschen Wurzeln 651
Landesnatur 652
Politik / Wirtschaft 655
Chronik ab der Kolonialzeit 657
La Paz 660
   Stadtrundgang La Paz 661
   Märkte / Museen 665
   Exkurs: Die Gefängnisstadt San Pedro 668
   Adressen & Service La Paz 668
   Exkurs: Fiesta Gran Poder 675
   Tour 1: Valle de la Luna (Mondtal) 692
   Tour 2: Chacaltaya und Zongotal 693
   Tour 3: Sorata 695
   Tour 4: Copacabana/Titicacasee 698

Tour 5: **Tiwanaku** 698
Tour 6: Parque Nacional Comanche / Tour 7: Thermas de Urmiri 704
Tour 8: Palca-Schlucht und Illimani 704
Tour 9: Apolobamba 705
Bergsteigen in der Cordillera Real 705
Trekking in der Cordillera Real (Camino Takesi / C. Choro / C. del Oro) 706
Yungas 708
Yungas-Tour 1: La Paz – Coroico 709
          Coroico 710
          Caranavi 713
Yungas-Tour 2: Coroico – Chulumani – (Irupana) 714
          Chulumani 714

Große Bolivien-Rundreise: La Paz – Oruro – Uyuni – Potosí – Cochabamba – Santa Cruz – (Trinidad) – La Paz

Vorbemerkungen zur „Großen Rundreise" 715

ROUTE 12: LA PAZ – ORURO – UYUNI – POTOSÍ – VILLAZÓN

Parque Nacional Sajama / nach Chile 717
Oruro 718
Adressen & Service Oruro 721
Oruro – Challapata – Potosí 723
Challapata – Uyuni 724
Uyuni 724
Tour 1: Salar de Uyuni 727
Tour 2: Salar de Uyuni und Lagunen 730
Uyuni – Chiguana – Laguna Colorada – Chile 734
Tour 3: San Cristóbal 735
Uyuni – Tupiza – Villazón 736
Tupiza 736
Uyuni – Potosí 738
Potosí 739
Stadtrundgang Potosí 740
Adressen & Service Potosí 744
Tour 1: Zum Cerro Rico und den Minen 749
Tour 2: Laguna Tarapaya 751
Potosí – Tarija 752
Tarija 752
Villazón 754
Tarija – Villa Montes – Yacuiba 755
Villa Montes / Yacuiba 756

ROUTE 13: POTOSÍ – COCHABAMBA

Potosí – Sucre 757
Sucre 757
Stadtrundgang 758
Adressen & Service Sucre 763

Tour: Tarabuco 769
Weiterfahrtsmöglichkeiten von Sucre 770
Cochabamba 770
Adressen & Service Cochabamba 774
Tour 1: Incallajta und Inca Racay 780
Tour 2: Chapare / Tour 3: Parque Nacional Torotoro 781
Tour 4: Termas de la Torre 782
Cochabamba – La Paz 782

Ostbolivianisches Tiefland

ROUTE 14: COCHABAMBA – SANTA CRUZ – PTO. SUÁREZ

Cochabamba – Villa Tunari – Santa Cruz 783
Villa Tunari 783
Route 14a: Cochabamba – Epizana – Santa Cruz 785
Route 14b: Sucre – Camiri – Santa Cruz 786
Santa Cruz 787
Adressen & Service Santa Cruz 790
Tour 1: Lomas de Arena 799
Tour 2: Balneario del Río Piraí 700
Tour 3: Parque Nacional Amboró 700
  Buena Vista 802
Tour 4: Che-Guevara-Tour 805
  Santa Cruz – Samaipata – Vallegrande 805
  Samaipata 806
  Vallegrande 811
  La Higuera 812
Tour 5: P.N. y Área Natural de Manejo Integrado Kaa-Iya del Gran Chaco ... 812
Tour 6: Missions- oder Chiquitania-Tour (Jesuiten-Reduktionen) 812
  Exkurs: Ernesto (Che) Guevara 813
  San Javier 815
  Concepción 816
  P.N. Ríos Blanco y Negro 817
  San Ignacio de Velasco 818
  P.N. Noel Kempff Mercado (Parque Huanchaca) 819
  San José de Chiquitos 820
  Exkurs: Mennoniten 822
Puerto Suárez 823
Santa Cruz – Cochabamba – La Paz 825

Tropisches Tiefland des Beni

Beni und Pando 825

ROUTE 15: SANTA CRUZ – TRINIDAD (550 KM) – LA PAZ (1100 KM)

Trinidad 826
Trinidad – San Ignacio de Moxos 831
San Ignacio de Moxos 831

ROUTE 16: (RURRENABAQUE) – RIBERALTA – (GUAYARAMERÍN) – COBIJA

Rurrenabaque 832
Parque Nacional Madidi 838
Riberalta 839
Guayaramerín 841
Cobija 842
Exkurs: Kautschuk-Barone in Bolivien 843
Brasiléia 844

ANHANG

Abkürzungen 845
Der Autor 847
Die Fotografen 847
Danksagung 847
Literaturverzeichnis Peru u. Bolivien 848
Ausrüstungsliste 858
Sprachhilfe Spanisch 859
Sprachhilfe Quechua 865

Essen und Trinken 866
Speisen und Getränke 867
Glossar 871
Glossar Kunstgeschichte 877
Sachwort-/Personen-Register 878
Peru-Register 881
Bolivien-Register 885

Stadtpläne und Karten touristischer Orte in Peru

Abancay 203
Andahuaylas 202
Aguas Calientes 294
Arequipa 382
Arequipa – Umgebung 403
Arequipa – Region (Colca-Canyon) 408
Ayacucho 191
Cajamarca 548
Caraz 541
Chachapoyas / Kuélap 557
Chan Chan 481
Chiclayo 493
Cusco – Übersicht 209
Cusco – Centro 214/15
Cusco – Region (Urubamba-Tal) 276/77
Huancayo 179
Huaraz 521
Huaraz und Santa-Tal 518
Ica 448
Inka-Trail 287
Iquitos 611
Iquitos – Umgebung 626
Iquitos – Region 609
Lima – Übersicht 119
Lima – Centro 123

Lima – Miraflores 133
Llanganuco-Trek 533
Machupicchu 305
Manu-Nationalpark 334
Nasca 434
Nasca – Geoglyphen 441
Ollanta u. Ollantaytambo 266
Ollanta – Umgebung 270
Paracas- Halbinsel 456
Pisaq 273
Pisco 453
Piura 505
Pucallpa 589
Pucallpa – Umgebung 594
Puerto Maldonado 325
Puerto Maldonado – Umgebung 328
Puno 356
Saqsaywamán 254
Tacna 428
Tarapoto 604
Titicacasee 363 u. 635
Trujillo 472
Trujillo – Umgebung 478
Urubamba 262

Weitere Karten von Peru

Inkareich 103
Kulturen und Kulturstätten 94
Nationalparks, Departamentos 90
Perukarte Norden 23
Perukarte Mitte 24
Perukarte Süden 25
Pizarros Eroberungszug 98
Straßenprofil Lima – Cusco 178
Strecke Ayacucho – Cusco 200

Strecke Cusco – Puno 346
Strecke Lima – La Oroya 174/75
Strecke Nasca – Lima 445
Strecke La Oroya – Ayacucho 179
Strecke La Oroya – Pucallpa 570
Thermische Höhenstufen 84
Tourist.-Ziele: Flüge, Züge, Schiffe 51
Urubamba-Tal 276/77
Valle Sagrado 261

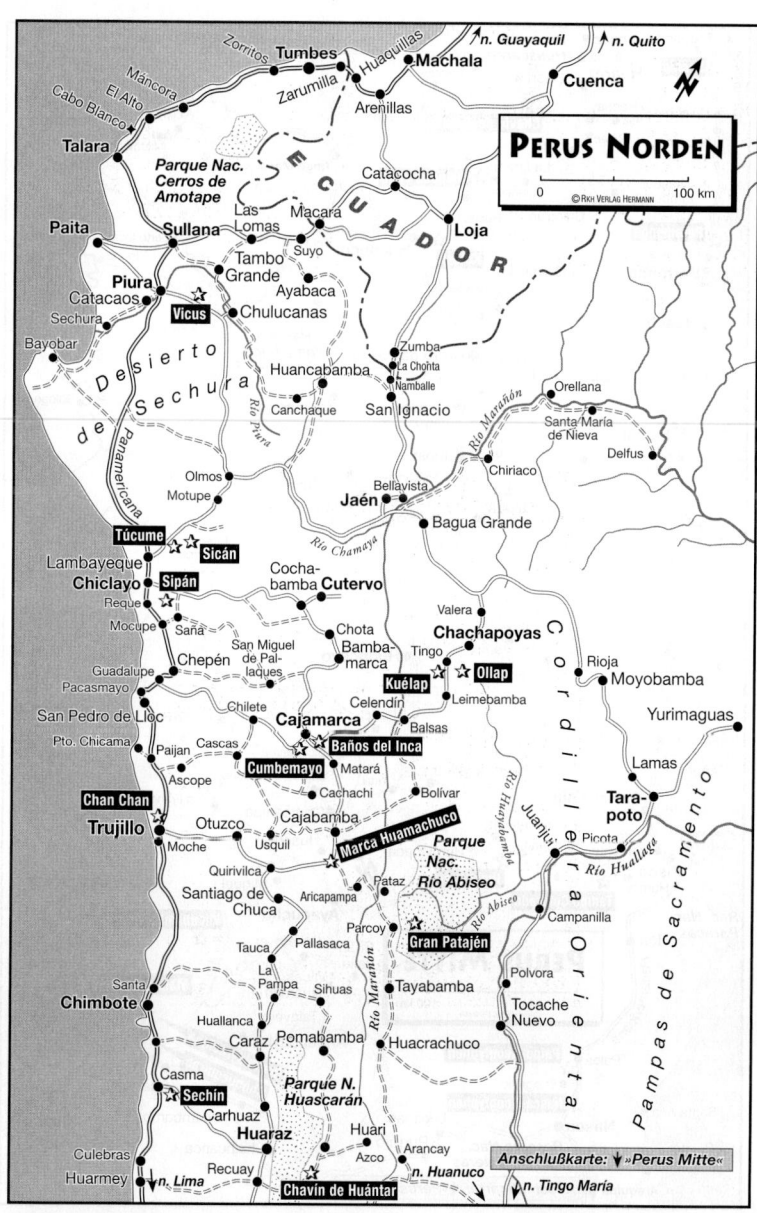

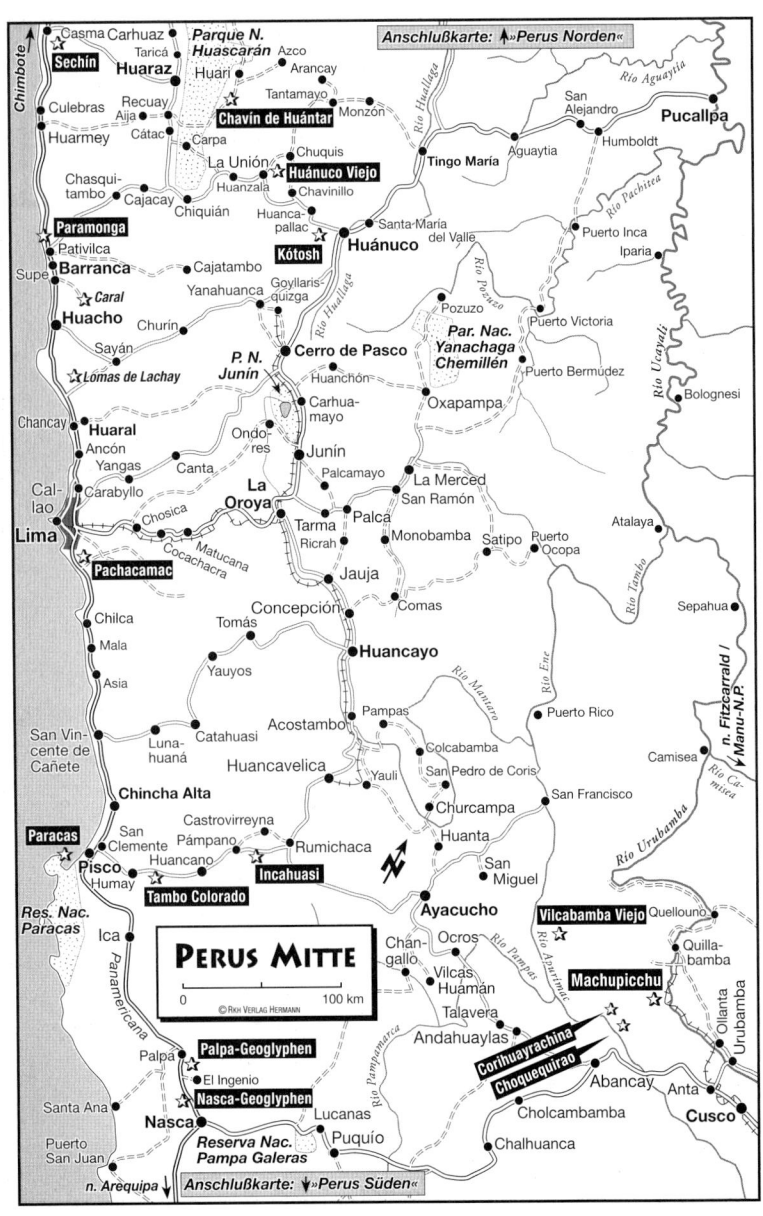

TEIL I:
REISEVORBEREITUNGEN

Peru und Bolivien „individuell" oder „pauschal"?

Die Überlegung, selbstorganisiert oder mit einer Gruppe durch Peru/ Bolivien zu reisen, orientiert sich in erster Linie an den persönlichen Interessen und Vorstellungen, aber auch an der zur Verfügung stehenden Zeit, den Finanzen und Reisezielen sowie der persönlichen Reiseerfahrung.

Organisierte Gruppenreise
Bei einer organisierten Gruppenreise werden meist bei einer zwei- bis dreiwöchigen Rundreise die wichtigsten Sehenswürdigkeiten angefahren. Die Unterkünfte sind reserviert, die Reiseleitung ist fast immer deutschsprachig und der einzelne braucht sich um fast nichts selbst zu kümmern. Für diejenigen, die noch keine lateinamerikanischen Reiseerfahrungen gesammelt haben, die spanische Sprache nicht beherrschen und auch bereit sind, eine entsprechende Summe hinzulegen (das perfekte Durchorganisieren einer solchen Reise mit vorbestellten Zimmern, Zugplätzen, Führern usw. kann nicht billig sein!) sicherlich eine gute Möglichkeit, Peru und Bolivien kennenzulernen. Doch individuelle Wünsche oder die Verweildauer können fast nie berücksichtigt, aus der Gruppe kann kaum „ausgebrochen" werden. Die unterschiedlichen Charaktere der Teilnehmer tragen entweder zur Bereicherung bei oder müssen von allen erduldet werden. Der Kontakt zur einheimischen Bevölkerung kommt meist „vorprogrammiert" an bestimmten Punkten zustande.

Prospekte von Peru- und Bolivien-Reisenageboten finden Sie in Reisebüros, viele Veranstalter haben sich zur **ARGE Lateinamerika** organisiert (An der Ruhbank 26, 61138 Niederdorfelden, Tel. 06101-987712, www.lateinamerika.org). Bitte beachten Sie auch die Veranstalter-Anzeigen auf den letzten Seiten des Buchs.

Nichtorganisierte Individualreise
Da die üblichen Reiserouten für Gruppen- und Pauschalreisende durch Peru und Bolivien begrenzt sind und sich fast immer – in Variationen – gleichen, können abseits gelegene interessante Ziele nur auf eigene Faust erreicht werden. Beide Länder sind ein wahres „El Dorado" für Individualreisende: Es locken einsame Hochlandregionen mit selten besuchten präinkaischen Ruinenstätten, das riesige Amazonastiefland und endlose Küstenwüsten – ein gewaltig großes Terrain für Entdeckernaturen. Selbstorganisiertes Reisen mit Bussen und Colectivos erfordert gute Spanischkenntnisse, da Englisch abseits touristischer Routen in Peru und Bolivien nur ganz selten verstanden wird. Ungewöhnliche Peru- und Bolivien-Erlebnisse werden der Lohn sein. **Highlights wie der Inka-Trail** sind inzwischen **nur noch als geführte Tour** über einen Anbieter durchführbar, Machupicchu wird bald folgen.

Individualreise mit organisierten Ausflügen
Aber auch dem selbstorganisierten Reisen sind Grenzen gesetzt, vor allem dann, wenn es z.B. in den Amazonasurwald gehen soll. Die meisten Urwaldcamps sind individuell nur schwer oder gar nicht erreichbar, und wenn, dann nur gegen viel Geld oder manchmal auch nur mit besonderer Erlaubnis (z.B. Manu). Schließlich ist es preislich egal, ob nur eine Person

oder zehn in einem motorisierten Boot sitzen, das ganze Boot ist zu bezahlen. Deshalb gibt es sowohl in Peru als auch in Bolivien vor Ort spezielle Agenturen (z.B. in Arequipa, Cusco, Iquitos, Trujillo, Santa Cruz, Rurrenabaque, Trinidad), die organisierte Touren in kleinen Gruppen preiswert anbieten können (z.b. Inkatrail, Manu-Nationalpark usw.). Auch Individualreisende sollten deshalb diese Möglichkeiten nützen, der Vorteil ist zudem eine erhöhte Sicherheit und schnelle Durchführbarkeit ohne Zeitverlust. In den jeweiligen Regionen wird unter „Adressen & Service" auf solche „vor Ort"-Tourbieter bzw. Veranstalter mit ihren besonderen Angeboten hingewiesen.

Organisierte Individualreise

Reiseagenturen können nach Ankunft in Peru (Lima) oder Bolivien (La Paz und Santa Cruz) für Reisende auf eigene Faust ein ganz individuelles Reiseprogramm zusammenstellen. Das hat den Vorteil, dass man einerseits individuell durch das Land reist, andererseits am jeweiligen Zielort, z.B. auf dem Flughafen, von einem (Partner-)Agenten des Reisebüros abgeholt wird, der einen dann zur Unterkunft bringt. Dabei wird z.B. nur der Rahmenverlauf der Reise organisiert, so dass genügend Tage zur freien Gestaltung übrigbleiben. Machupicchu könnte z.B. mit dem Zug in Eigenregie „gemacht" werden, die anschließende Exkursion von Cusco zum Manu-Park organisiert wieder das Reisebüro.

Reisen mit Kindern

Die Bewohner beider Andenländer sind äußerst kinderfreundlich. Unter bestimmten gesundheitlichen (alle Standardimpfungen) und hygienischen Voraussetzungen können auch Kleinstkinder mit nach Peru und Bolivien genommen werden, insbesondere dann, wenn das andine Hochland nicht besucht wird. Kleine Kinder vertragen die enormen Klima- und Höhenunterschiede wesentlich schlechter als Erwachsene. Durch die noch nicht vollständig entwickelten Nasennebenhöhlen sind für sie die Druckveränderungen schwieriger zu bewältigen (Kaugummis und Trinken helfen). Zudem reagiert deren Magen viel empfindlicher auf unregelmäßiges oder unsauberes Essen. Als Grundsatz gilt: Milchpulver für Babies nur mit abgekochtem oder Mineralwasser anrühren, keine offene Milch, Obst mit einem Löffel Clorax in 5 l Wasser für zwei Minuten desinfizieren, reichlich trinken, um eine Austrocknung durch Hitze oder eventuellem Durchfall zu verhindern.

Je älter die Kinder sind, desto eher können diese – bei entsprechend langsamer Höhenadaption – auch ins andine Hochland reisen. Mit Kleinkindern sollten Urwaldgebiete, die von Malaria betroffen sind, gemieden werden. Schutz gegen die lästigen Mücken bieten Moskitonetze, zur Malaria-Vorbeugung gibt es Resochin-Saft. Unbedingt darauf achten, dass Kinder auf nassen oder feuchten Erdböden oder im Schlamm (Hakenwürmer) nicht barfuß gehen. Nötig sind Sonnencremes mit hohem Schutzfaktor, baumwollene T-Shirts, eine Kopfbedeckung und ggf. Sonnenbrille. Vor der Reise sollten Sie sich auf jeden Fall vom Kinder- oder Tropenarzt beraten lassen.

Behinderte Reisende

Behindertengerechtes Reisen in Peru und Bolivien ist noch wenig möglich, die meisten öffentlichen Transportmittel, Hotels und Restaurants sind darauf noch nicht vorbereitet, wenngleich die ersten sportlichen Rollstuhlfahrer mit Begleithilfe inzwischen Machupicchu gesehen haben. Touranbieter, wie z.B. *Apumayo Expeditions* (s.S. 243), haben sich darauf spezialisiert. In Peru wird für jedes Hotel mit mehr als 25 Zimmern Vorschrift, eines behindertengerecht einzurichten (www.accessibletransport.com).

Reisepartnervermittlung

Wer einen Reisepartner sucht, hat die Möglichkeit, im Internet (z.B. www.travel-partner.de • www.reisepartner-suche.de • www.reisepartner.com u.a.), in Tageszeitungen und Anzeigenblättern zu suchen oder zu inserieren. Einige Adressen für Reisepartnervermittlung:

Deutsche Zentrale für Globetrotter e.V. (DZG), 40410 Düsseldorf, Postfach 301033, vorstand@dzg.com, www.dzg.com. – Die Reisepartnervermittlung, Moltkestr. 8, 49076 Osnabrück, Tel. 0541/43070, Fax 430208. – Börse für Alleinreisende, Droysenstr. 12, 22605 Hamburg. – Zentrale Reisepartnervermittlung, Hermann-Löns-Str. 31, 26160 Bad Zwischenahn. – Nur für Frauen: Reisepartnerinnenvermittlung Susanne Ihden, Hansastr. 42, 201444 Hamburg.

Für Behinderte: www.rollende-herzen.de; für Fahrradfahrer und Maintainbiker: www.bike.chat.de.

Pkw-Selbstfahrer / Camper
Immer beliebter wird es, individuell mit einem Pkw, Allrad oder Campingmobil durch Bolivien und Peru zu reisen. In beiden Länder gibt es Automobilclubs, die mit Rat und Tat zu Seite stehen. Anschriften finden Sie unter bei den Städten unter „Adressen & Service". Reisemobilclubs im Internet: www.reisemobil-international.de/clubs.

Reisezeit, Reisedauer und Routenwahl

Reisezeit
Für ganz Peru und auch Bolivien gibt es keine gleich günstige Reisezeit. Wenn es in den Anden schön ist, liegt Lima unter einer Nebeldecke, und wenn es an der Küste schön ist, regnet es in den Anden und im Urwald. Für die **Anden,** die ja von den meisten Touristen bevorzugt bereist werden, ist die ideale Zeit **April/Mai bis September/Oktober.** Juni, Juli und August sind zwar die besten Reisemonate, doch dann ist sowohl in Peru als auch in Bolivien Reise-Hochsaison, vieles ist ausgebucht. Besonders in den ersten Wochen im August, wenn zum Touristenandrang auch noch die Landes-Schulferien kommen, wird es in Unterkünften und Überlandbussen eng. Wie durch Zauber verdoppeln sich dann oft die Preise. So muss jeder für sich abwägen, was ihm wichtiger ist: schönes Wetter und viele Touristen in der Hochsaison oder Reisen ohne Massen in weniger gutem Wetter. Ich ziehe die Monate zwischen Januar und März sowie Oktober und November vor. Letztere zwei Monate möchte ich sogar regelrecht empfehlen, vorausgesetzt, eine kleinere Regenperiode schreckt nicht allzu sehr ab.

Reisedauer und Routenwahl
Für eine kombinierte Peru-/Bolivienreise sollte man sich mindestens 3 bis 4, besser 4 bis 6 Wochen Zeit nehmen, um wenigstens die wichtigsten Sehenswürdigkeiten erleben zu können. Alles, was darüber liegt, ist optimaler. In rund 4 Wochen ist die „**Klassische Rundreise"** (s.S. 170) und wohl lohnendste Strecke **Lima → Ayacucho → Cusco → Puno → (Copacabana → La Paz → Tiwanaku) → Arequipa → Nasca → Lima** zu schaffen (wobei Teilstrecken auch geflogen werden können, die preiswerten Flüge bieten sich ja regelrecht als Zeitsparer an).

Die Zeit für einen Urwaldabstecher von Cusco nach Puerto Maldonado (Flug) ist dabei mit 3 Tagen relativ knapp bemessen! Natürlich können auch die Teilstrecken Cusco – La Paz oder Arequipa – Lima geflogen werden, um weiter Zeit zu sparen. Für Cusco und Umgebung sollten mindestens 2–3 Tage, für den Inkatrail nochmals 4 Tage eingeplant werden.

Nordperu: Wer mehr als 6 Wochen Zeit hat, sollte auf alle Fälle Nordperu und einen Urwaldabstecher (nach Pucallpa oder Iquitos) einplanen. Peru-Zweitbesucher werden wahrscheinlich diese beiden Regionen bevorzugt bereisen. Die Rundreise Lima – Trujillo – Cajamarca – Huaraz – Lima ist in 2 Wochen zu machen. Von Huaraz bietet sich zusätzlich die Möglichkeit an, über La Unión nach Huánuco und von Huánuco über La

Oroya nach Lima zurückzufahren. Wer noch eine Woche dranhängt, könnte auch von Huánuco über Tingo María einen Abstecher nach Pucallpa einplanen.

Von Pucallpa kann man mit Cargoschiffen in ca. 4 Tagen nach Iquitos schippern. Außerdem könnte von Pucallpa aus auf einer abenteuerlichen Piste über Tingo María, Tocache und Tarapoto nach Yurimaguas gereist werden. Von Yurimaguas fahren ebenfalls Boote nach Iquitos.

Reiserouten Interessanter ist es, Pucallpa oder Iquitos in die Reiseroute miteinzubetten. Fluggesellschaften bieten dazu passende Flüge über das Drehkreuz Lima an. Wer auf den Flugabstecher von Cusco nach Pto. Maldonado verzichtet, wählt mit der Strecke **Lima → Cusco → Juliaca/Puno (→ La Paz) → Arequipa → Iquitos → Lima** eine optimale Reiseroute, wobei kostengünstig Flüge zum Einsatz kommen kann. Da es keine Straße nach Iquitos gibt, muss dorthin von Arequipa aus geflogen werden (über Lima).

Wer Iquitos ausklammern möchte, der kann alternativ auch den Flugabstecher Cusco – Pto. Maldonado einbauen. **Zeitbedarf ca. 3 Wochen,** darunter geht's kaum.

Durch Peru und auch Bolivien Wer seine drei bis vier Wochen Urlaub in Peru *und* Bolivien nicht nur in Bussen verbringen möchte, für den habe ich folgende **kombinierte Bus-/Flugvorschläge:**

Santa Cruz → Sucre → Bus nach Potosí → Bus nach Uyuni → Bus nach La Paz → Bus über Puno nach Juliaca → Cusco → Arequipa → Iquitos → Lima.

Andererseits bietet Bolivien touristisch fast ebenso vieles wie Peru. Warum dann nicht gleich eine ganze große Reise:

Lima → Arequipa → Cusco → Puno → La Paz → Oruro → Uyuni → Potosí → Sucre → Cochabamba → Santa Cruz → La Paz/Lima

Diese Rundtour wäre in 4 Wochen machbar, vorausgesetzt, dass einige Streckenabschnitte geflogen werden, z.B. Cochabamba – Santa Cruz – La Paz.

Hinweis: Santa Cruz entwickelte sich zu einem neuen Luftfahrtdrehkreuz, viele Flugangebote dorthin; Vorteil gegenüber einem Anflug nach La Paz: geringere Höhe (420 m), bessere Höhenanpassung.

Informationsstellen

Hinweis Es gibt derzeit keine Touristeninformationsstellen von Peru und Bolivien in Europa! Die Tourismusabteilungen der peruanischen und bolivianischen Botschaften haben die Funktion einer touristischen Informationsstelle übernommen, geben Auskünfte und versenden ggf. Informationsmaterial gegen einen frankierten Rückumschlag (DIN A4). Auch **PromPerú** (die touristische Werbekommission Perus) und vor allem **INFOTUR** (die Touristeninformation in Lima) können vorab gleichfalls gute und aktuelle Informationen geben.

Adressen **Botschaft von Peru,** Mohrenstr. 42, 10117 Berlin, Tel. 030-2064103, Fax 030-20641051, sc-berlin@embaperu.de, www.embaperu.de; Info-Material über Peru. – **Bolivianische Botschaft,** Wichmannstr. 6, 10787 Berlin, Tel. 030-2639150, Fax 030-26391515, embajda.bolivia@berlin.de, www.bolivia.de; Info-Material über Bolivien via Internet (bitte nicht anrufen). – **Österreichisches Lateinamerika-Institut,** Schlickgasse 1, A-1090 Wien, Tel. 310-7465, Fax 310-7468-21, office@lai.at, www.lai.at, u.a. Fachbibliothek. – **Informationsstelle Peru e.V.,** Pf. 1014, 79017 Freiburg, Tel. 0761-7070840, Fax 0761-

709866, www.infostelle-peru.de. – **Studienkreis für Tourismus und Entwicklung,** Kapellenweg 3, 82541 Ammerland, Tel. 08177-1783, Fax 1349, studienkreistourismus@compuserve.com, www.studienkreis.org; („Sympathie-Magazine" über Peru/Bolivien). – **Munzinger Archiv,** Albersfelderstr. 34, 88213 Ravensburg, Tel. 0751-769310, Fax 0751-652424, www.munizinger.de; aktuelle Länderinfo über Peru und Bolivien. – **Perubüro** der Erzdiözese Freiburg, Bergheimer Straße 127/1, 69115 Heidelberg, Tel. 06221-2417, Fax 06221-654450, ebfr.perubüro@t-online.de. – **Arbeitsgemeinschaft (Arge) Lateinamerika,** Förderverein des Tourismus nach Lateinamerika e.V., An der Ruhbank 26, 61138 Niederdorfelden, Tel. 06101-987712, www.lateinamerika.org. – **Peruline,** Av. de la Aviación 410, Lima-Miraflores, Tel./Fax 0051-1-242-3642 (Call Center in D: 0851-7565644), www.peruline.com oder www.peruline.de; deutschsprachiger touristischer Informationsdienst rund ums Reisen in Peru, monatlicher Newsletter, Infos zu Hotels, Lodges, Reiseveranstalter, Rundreiseprogrammen, Reservierungen. – **Projekt Tropischer Regenwald e.V.,** Redaktion GEO, Am Baumwall 11, 20444 Hamburg, Tel. 040-37032268, Fax 37035648, www.geo.de/projekte/regenwald; Regenwaldprojekte.

Arbeiten in Peru und Bolivien

Dies kommt in erster Linie für Mediziner und Lehrer sowie Studenten in Betracht, die sich an folgende Adresse wenden können:

Deutscher Akademischer Auslandsdienst (DAAD), Kennedy-Allee 50, 53175 Bonn, Tel. 0228-8821, www.daad.de. Mediziner können es direkt bei einem Krankenhaus in Peru probieren, z.B. in Yarinacocha, Tarapoto, Coina oder Pucallpa, Famulanten bei: **Deutscher Famulantenaustausch (DFA),** Godesberger Allee 54, 53715, Tel. 0228-375340, www.dfa-germany.de, oder in Peru bei Dr. William Flores, Hospital del Niño, Av. Brasil 600, Lima 5. Wer sich über den Entwicklungsdienst informieren will: **Deutscher Entwicklungsdienst (DED),** Tulpenfeld 7, 53113 Bonn, Tel. 0228-2434131, Fax 0228-2434111, www.ded.de. **Carl Duisberg Gesellschaft** (CDG), Weyerstr. 79-83, 50676 Köln, Tel. 0221-20980, www.cdg.de; Weiterbildungsaufenthalte für Studenten in Lateinamerika.

Praktikantenplätze

vermitteln die Alexander-von-Humboldt-Stiftung (www.avh.de), die deutschen Kammern für Außenhandel (www.ahk.de) sowie die Deutsche Forschungsgemeinschaft (www.dfg.de). In Lima wurde 1993 das Zentrum **Vida Nueva,** eine Fördereinrichtung für behinderte Kinder gegründet, das ebenfalls Praktikanten aus unterschiedlichen Fachrichtungen sucht. Infos: Ute Scherberich-Rodríguez, Lendringser Weg 45, 59494, Soest, Tel. 0291-768143 (www.vida-nueava.de).

Ein **Sozialpraktikum für Freiwillige** werden vom Jugendherbergswerk in Bolivien, z.B. in Sucre oder El Villar, in den Bereichen Krankenhaus, Schule, Jugendarbeit, Umweltschutz/Aufforstung angeboten. Dauer 6 Wochen (mind.) bis 6 Monate. Unterkunft/VP 80 €/Woche. Infos: www.hostellingbolivia.org.

Info-Stellen in Peru

PromPerú (Comisión de Promoción del Perú): Calle Uno Oeste 50, Ed. Mitinci, Urb. Corpac, San Isidro, Lima 27, Peru, Tel. 0511-224-3131 u. 224-3421, Fax 224-7134, infoperu@promperu.gob.pe, www.peru.info. – **INFOTUR Perú:** Belén 1066, Lima, Tel. 424-5131, Fax 431-0117, infoperu@qnet.com.pe und infoperu@yahoo.com. – **Touring y Automóvil Club del Perú TAP,** Av. César Vallejo 699, Lima-Lince, Tel. 005511-221-2432, Fax 441-9652, postmaster@touringperu.com.pe. – **CANATUR,** Cámara Nacional de Turismo, Alcanfores 1245, Lima-Miraflores, Tel. 242-5550, Fax 445-162, canatur@ibm.net. – **Instituto de los Andes,** Av. El Golf Los Incas 408, Camacho, La Molina, Lima, Tel. 436-8319, Fax 437-8966. – **Corporación Turística Amazónica,** Bolognesi 125, Lima-Miraflores, Tel. 242-5550, Fax 242-5552 und 444-9663, ctareps@puertopalmas.com, www.puertopalmas.com, und Marginal Sur Km 3, Tarapoto, Tel./Fax 094-52-3980. – **Asociación Peruana de Turismo de Aventura y Ecoturismo (APTAE),** Av. Arequipa 4130, Lima-Miraflores, Tel. 421-1955, Fax 421-2149, aptae@terra.com.pe; Av. Nuevo Baja 424, Cusco,

Tel. 084-22-5701, postmaster@patcusco.com.pe. – **Centro Europeo de Información y Promoción para América Latina „CEIPAL" ONG**, Av. Mariscal La Mar 144–146, Lima-Miraflores, Tel./Fax 447-1444. – **Central de Información y Promoción Turística (CIPT)**, Av. Larco 770, Lima-Miraflores, Tel. 446-3959, Fax 446-8161. – **Centro de Formación Turismo (CENFOTUR)**, Pedro Martinto 320, Barranco, Tel. 477-1010, 477-0220, 477-5015, Fax 477-0450, postmaster@cenfotur.edu.pe. – **Cámara de Comercio e Industria Peruano-Alemana**, Camino Real 348, Tel. 441-8616, postmast@camperal.org.pe, www.camperal.org.pe.

Info-Stellen in Bolivien
Oficina de Información Turística (Senatur), La Paz, Av. 16 de Julio/México (Plaza del Estudiante), Tel. 235-7442/235-8213/236-7464 (Listen über deutschsprachige Ärzte, Stadtplan und Infobroschüren). – **Instituto Boliviano de Turismo**, La Paz, Mercado 1328, Ed. Mariscal, 18. Stock, Tel. 237-4630. – Instituto Nacional de Arqueología de Bolivia, La Paz, Tiwanaku 93. – **Automóvil Club Boliviano**, La Paz, Av. Arce/Av. 6 de Agosto, Tel. 234-2074 (Straßenkarten). – **SENAC, Ministerio de Transporte y Comunicaciones,** La Paz, Av. Santa Cruz (Straßenkarte Vial 1989, aber mit Fehlern, Gebühr 4 €). **Cámara de Comercio e Industria Boliviano-Alemana,** Av. Ecuador 2277, Tel. 241-1774, info@ahkbol.com, www.ahkbol.com.

Red de Turismo Sostenible (RedTurs)
Dieses **gemeinnützige Anden-Netzwerk** verbindet Kommunen, andine Gemeinschaften, Andenwirtschaft und Universitäten in Bolivien, Peru und Ecuador und setzt sich für einen sozial gerechten Tourismus ein, der die natürlichen Ressourcen der Andenländer schützt und deren kulturelle Identität bewahrt. Die Organisation wurde von gemeinnützigen peruanischen Entwicklungsorganisationen und der Internationalen Arbeitsgemeinschaft ILO in Lima gegründet. RedTurs besitzt eine Datenbank für nachhaltige Tourismusprojekte, unterstützt die touristischen Projekte der indigenen Gemeinschaften und ist Ansprechpartner für verantwortungsbewußte Touristen. Daneben wird ein ethischer Kodex mit nachprüfbaren Zertifizierungskriterien für umwelt- und sozialverträgliche Projekte gefördert. Schwerpunktmäßig werden die Lokalregierungen und Dorfgemeinschaften des „Heiligen Tales der Inkas" bei Cusco, der weißen Kordilleren bei Huaraz und die im Amazonasbecken um Iquitos unterstützt. Infos über Duval Zambrano, Urb. Magisterial H-1, 2da. Etapa in Cusco, innovaccion@terra.com.pe, www.redturs.org oder Turismovision (s.u.).

Turismovision
hat Bildungs- und Informationsmaterialen für umwelt- und sozialverträgliches Reisen in Lateinamerika, auch über Peru und Bolivien, für Multiplikatoren, Sprachlehrer und allgemein Interessierte. Es kann ein regelmäßiger Infodienst abonniert werden. Ansprechpartner: Angela Giraldo, Centro de Ecología & Desarrollo (KATE), Blumenstr. 19, 70182 Stuttgart, Tel. 0711/24839712, Fax 24839722, turismovision@kate-stuttgart.org, www.turismovision.kate-stuttgart.org. Turismovision wird von der europäischen Kommission und dem ev. Entwicklungsdienst unterstützt.

Web-Seiten

Websites Peru
Die wichtigsten Reiseziele Perus, inkl. Abenteuertouren und Flugbuchungen: **www.peru.com** • Mit über 8000 Seiten eines der umfangreichsten peruanischen Portale, reichhaltige Informationen (FESTKALENDER, Touren, Links zu Reiseveranstaltern): **www.enjoyperu.com** • Eine Alternative zum o.g. Portal (auch auf Deutsch), Festkalender, zahlreiche Links: **www.inkawasitravel.com** • Standardinfos über Sehenswürdigkeiten, touristische Routen, Angebote und Serviceseiten von i-Peru (auch auf Deutsch): **www.peru.info** • Deutschsprachiger Informationsdienst rund ums Reisen in Peru, monatlichen Newsletter, Infos zu Hotels, Lodges, Rundreiseprogrammen, Reservierungen, Call Center in D: **www.peruline.de** • Sehr gute Infos über Peru, div. Buchungsmöglichkei-

ten, u.a. auch Bergführer, bietet ein Reisebüro in Huaraz: **www.peruvianandes.com** • Touristische Informationen für Reisende aus der Sicht Perus: **www.conozcaperu.com.pe** • Statistikamt Peru: **www.inei.gob.pe.**
Andino-Hotelpass: Flexibles Voucher-System für individuell Reisende in Peru, Zimmer-Verfügbarkeitsgarantie und Rückerstattungs-Möglichkeit bietet: **www.andino-hotel-pass.com** • Ein ebenfalls interessantes Peru-Portal ist **www.PeruMio.com** • Werbe- und Entwicklungskommission für den Tourismus in Peru (PromPerú): **www.peruonline.net** • Kulturelle Angebote des peruanischen *Instituto Nacional de Cultura* (INC) findet man bei: **inc.perucultural.org.pe** • Allg. Infos über Peru: **www.andeantravel.com** • Boletín Turístico Perú mit Marketing-Neuigkeiten über den Tourismus in Peru: **www.checkperu.org** • Touristenziele in Peru mit ausgewählten Hotels: **www.andeantravelweb.com/peru/hotels** • Guía virtual/Adressbuch mit staatlichen und dt.-peruanischen kulturellen Institutionen und mehr: **www.peruano-aleman.com** oder **www.deutsch-peruanisch.com** • ALLE WICHTIGEN VERKEHRSVERBINDUNGEN, INNERPERUANISCHE FLUGTARIFE, Einreisebestimmungen, Mietwagenagenturen: **www.traficoperu.com** • Infos zum Straßennetz in Peru und Bolivien, Straßenzustände, Entfernungen und Mietwagentypempfehlungen von Cochera Andina: **www.mietwagen-lateinamerika.com** • ZUGVERBINDUNGEN VON PERU RAIL: **www.perurail.com** • Peruanisches Reisemagazin *RUMBOS,* Infos zu Flora und Fauna, Sehenswürdigkeiten, individuelle Touren: **www.rumbosdelperu.com** • Informationsstelle Peru e.V.: **www.infostelle-peru.de** • Touristische Informationen über Peru: **www.perutravelnet.com** • Portal für Reisen nach Peru in besonderer Qualität mit innovativen und kreativen Ideen: **www.thomas-wilken.de** • Berühmte, schöne Fotos des peruanischen Fotografen *Heinz Plenge* (Regenwald, Tierbilder, besonders Jaguare u.a.): **www.plenge.com** • ALLE TELEFONNUMMERN mit Anschriften von Krankenhäusern, Unterkünften, Diskotheken & Pubs bis zu Mietwagen- und Reiseagenturen: **http://amarillastelefonica.com** • Neueste Nachrichten aus Peru: **www.elcomercioperu.com.pe** und **www.rpp.com.pe.**

Websites über Bolivien
Informationsseiten der Boliv. Botschaft: **www.bolivia.de** • Tourismusbehörde von Bolivien: **www.bolivia-travel.gov.bo** • Hotels in Bolivien: **www.boliviaweb.bo** • Das Bolivien-Portal schlechthin, Tausende von Seiten, nicht nur touristische Standardinfos, bei **www.bolivia.com** • Statistikamt Bolivien: **www.ine.gov.bo** • Deutschsprachiger Informationsdienst rund ums Reisen in Bolivien, Infos zu Hotels, Reiseprogrammen, Reservierungen, Call Center in D bietet **www.bolivialine.de** • Alternative Website mit touristischen Infos, Landesgeschichte, Landkarten usw.: **www.boliviab.com** • Allgemeine Sammelseiten über Bolivien: **www.boliviaweb.com** • SÄMTLICHE BUS-, ZUG- UND FLUGPREISE: **www.suptrans.gov.bo** • Airlines in Bolivien, und einiges mehr: **http://enbolivia.net/guiaamarilla/amarillaselect** • Online-Guide zu Bolivien mit touristischen Informationen zu Sehenswürdigkeiten, Hotels, Restaurants, Kneipen, Discos, Kinos, Sprachschulen, soziale Einrichtungen die Volontariate anbieten, Tourveranstalter, Mietwagen u.v.m.: **www.bolivia-online.net** • **www.boliviahostels.com/maps:** die sechs größten Städte Boliviens mit Verortung der Hotels und Hostales auf dem Stadtplan •

Weitere interessante Websites zu Bolivien: **http://enbolivia.net** • Neueste Nachrichten: **www.bolpress.com** • Alle bekannten Tageszeitungen Boliviens, schöne virtuelle Bolivienkarte, Gelbe Seiten (Touranbieter, Hotels etc.): **www.boliviaentusmanos.com.**

Weitere interessante Websites
Gemeinnütziges Anden-Netzwerk von RedTurs (Bolivien, Peru, Ecuador): **www.redturs.org** • Touristische Informationen über Peru, Bolivien und Ecuador in vier Sprachen (auch Deutsch): **www.inkawasitravel.com** • Aktuelle Länderinfos über Peru und Bolivien liefert das Archiv **www.munzinger.de** • Österreichisches Lateinamerika-Institut: **www.lai.at** • Grundlageninfos für

Auslandstätige und Auswanderer nach Bolivien und Peru: **www.bundesverwaltungsamt.de** • Monatliches Bulletin von Receptour und Crillón Tours über die Anden mit Schwerpunkt Peru und Bolivien: **www.receptour.com** • Alles über die Beziehungen Perus bzw. Boliviens mit Deutschland, Wirtschaftsdaten, AKTUELLE SICHERHEITSLAGE IN PERU UND BOLIVIEN: **www.auswaertigesamt.de** • Umfangreiche Länderdaten des CIA über Wirtschaft, Staats- und Schulsystem u.a.: **www.odci.gov/cia/publications/factbook** • Stadtpläne, meist Weiterverlinkung und nicht immer wunschgemäß verfügbar: **www.konsulate.de/stadtpläne** • Deutsche im Ausland: **www.deutscheweltweit.de** • Panamericana-Forum: **http://forum.postbus.de/forum.php** • Autoverschiffung, u.a. mit Angaben zur Kostenermittlung für die Fahrzeugverschiffung: **www.sea-bridge.de.**

Web-Wetter Aktuelles Wetter und die Temperaturen von Peru und Bolivien: **www.wetteronline.de** • Peruanische Wetterauskunft des Servicio Nacional de Meteorología e Hidrología SENAMHI: www.senamhi.gob.pe • Das Wetter via Webcams: **www.comonline.de/freizeit/webcam/weltkarte.html** • Satellitenfotos über Naturkatastrophen: **www.erathobservatory.nasa.gov.**
Ausführlichere Informationen zum Klima s.S. 86.

Web-GPS für die GPS-Andentour: http://viajerosmapas.com/index.html •
http://viajerosmapas.com/ViajerosMap_Instalador:V20071101.zip
http://viajerosmapas.com/index.html •

Diplomat. Vertretungen von Peru u. Bolivien in D, CH u. A

Peru und Bolivien in D
Peruanische Botschaft, Mohrenstr. 42, 10117 **Berlin,** Tel. 030-2064103, Fax 030-20641051, sc-berlin@embaperu.de, www.embaperu.de. Mo–Fr 9–14 Uhr.
Peruanische Generalkonsulate in: 63065 **Offenbach,** Kaiserst. 74, Tel. 069-1330926, Fax 295740, consulgeneral@conperfrankfurt.de, www.conperfrankfurt.de; Mo–Fr 9–13 u. 14–16 Uhr. – 22301 **Hamburg,** Blumenstr. 28, Tel. 040-476745, 4601223, Fax 481854; Mo–Fr 9–15 Uhr.
Peruanische Honorarkonsulate in: 28195 **Bremen,** Martinistr. 58, Tel. 0421-1760240, 1715829, Fax 14506, Mo–Fr 9–16 Uhr, – 40215 **Düsseldorf,** Oststr. 84, Tel. 0211-1708980, Fax 353670; Mo–Fr 9.30–13 Uhr. – 30625 **Hannover,** Rudolf-Pichelmayer-Str. 4, Tel. 0511-27092761, Fax 27092762; Mo–Fr 9–16 Uhr. – Das Honorarkonsulat in Stuttgart ist derzeit geschlossen, soll aber wieder geöffnet werden.
Bolivianische Botschaft, Wichmannstr. 6, 10787 **Berlin,** Tel. 030-2639150, Fax 030-26391515, www.bolivia.de; Mo–Do 9–17 Uhr, Fr 9–14 Uhr.
Bolivianische Konsulat in: 28197 **Bremen,** Ludwig-Erhard-Str. 7, Tel. 0421-5223248, Fax 0421-5223348; Mo–Do 10–15 Uhr, Fr 10–14 Uhr. – 80539 **München,** Maximilianstr. 29, Tel. 089-220695, Fax 089-220698, konsulat.bolivien@t-online.de; Di/Do 10–14 Uhr.
Honorarkonsulat: 20148 **Hamburg,** Heimhuderstr. 33a, Tel. 040-3589753, Fax 342856; Mo–Fr 10–13 Uhr.

Peru und Bolivien in A
Peruanische Botschaft, Gottfried-Keller-Gasse 2/8, 1030 **Wien,** Tel. 01-71343770, Fax 7127704, embperu.austria@peru.jet2web.at; Mo–Fr 9–17 Uhr; Konsularabteilung 9.30–12.30 u. 14.30–16.30 Uhr.
Bolivianische Botschaft, Waaggasse 10/4, 1040 **Wien,** Tel. 01-5874675, Fax 5866880, embol.austria@chello.at.
Bolivianische Honorarkonsulate in: 1190 **Wien,** Aslangasse 93, Tel. 01-32856666, Fax 328566612, bolivian-viena@viktorbauer.com; Mo–Fr 9–12 Uhr. – 5081 **Anif (Salzburg),** Niederalm 297, Tel. 06246-74697, Fax 73210. – 4203 **Altenberg (Linz),** Niederbairinger Str. 36, Tel. 07230-8086, Fax 8777.

Peru u. Boli- **vien in CH**	**Peruanische Botschaft,** Thunstr. 36, 3005 **Bern,** Tel. 031-3518555, Fax 3518570, consulado.peru@bluewin.ch; Mo–Fr 9–12 u. 14–17 Uhr). – **Peruanisches Generalkonsulat,** 1207 **Genf,** Rue des Pierres-du-Niton 17, Tel. 022-7074917, Fax 7074918 (Mo–Fr 9–13 Uhr). – 8023 **Zürich,** Löwenstr. 69, Tel. 01/2118211 oder 2118212 (Mo–Fr 9.30–13 u. 14–17 Uhr). **Bolivianische Botschaft** (s. bei D). – **Bolivianisches Konsulat** 4052 **Basel,** Seevogelplatz 2, Tel. 061-3124445, Fax 3125031 (Mo–Sa 8–12 Uhr). – **Bolivianisches Honorargeneralkonsulat** 1003 **Lausanne,** Place de la Gare, Tel. 021-3111613, Fax 3202996.

Diplom. Vertretungen von D, CH und A in Peru u. Bolivien

Peru	**Deutsche Botschaft** (Embajada de la República de Alemania): Lima, Miraflores, Avenida Arequipa 4202-4210, Tel. 422-4919, Fax 422-6475 (Mo–Fr 9–12 Uhr), www.embajada-alemana.org.pe. **Deutsche Honorarkonsulate** (Consulado Honorario de Alemania): **Arequipa,** Sachaca, Colegio Peruano-Alemán Max Uhle, Casilla 743, Tel. 23-2921, Fax 23-1860 (Di/Fr 11–13 Uhr). – **Cusco,** San Agustín 307, Apartado 1128, Tel. 23-2096, Fax 23-5459. – **Iquitos,** Javari 660, Casilla 475, Tel. 23-2763, Tel./Fax 23-2641. – **Piura,** Miraflores, Las Amapolas K-6, Casilla 78, Tel. 33-2920, Fax 32-8310. – **Trujillo,** El Recreo, Estados Unidos 105–107, Tel./Fax 24-5903. **Schweizer Botschaft:** Lima, San Isidro, Av. Salaverry 3240, Casilla 11-0210, Tel. 264-0305, Fax 264-1319, vertretung@lim.rep.admin.ch, www.embajada-suiza.org.pe. **Österreichische Botschaft: Lima,** Miraflores, Av. Central 643, Ed. Las Naciones, Tel. 442-0503, 442-1807, Fax 442-8851, über www.bmaa.gv.at. – **Generalkonsulat von A:** Lima, Jr. Antonio Miró Quesada 247, Of. 711, Tel. 0051-1-372-2331, Fax 372-2329. **Honorarkonsulate: Arequipa,** Quinta Tristán K-9, Casilla 43, Tel. 054-424768. – **Cusco,** Urb. Magisterio K-1, 2da. Etapa, Tel. 084-232196. – **Iquitos,** Carretera Quistococha 208, Tel. u. Fax 094-261139.
Bolivien	**Deutsche Botschaft: La Paz,** Av. Arce 2395, Casilla Postal 5265, Tel. 243-0850 oder 243-0854, Fax 243-1297, www.embajada-alemana-bolivia.org. **Deutsche Honorarkonsulate: Cochabamba,** Calle España N-0149/Heroínas, Casilla 798,Tel. 425-4024, Tel./Fax 425-4023. – **Santa Cruz,** Av. de las Américas 241, Casilla 2101, Tel. 332-4825, Fax 336-7585. – **Sucre,** Calle Rosendo Villa 54, Casilla 191, Tel. 635-1369. – **Tarija,** Calle Sucre Nr. 665, Casilla 139, Tel. 664-2062, Fax 663-0826. **Schweizerische Botschaft: La Paz,** Av. 16 de Julio 1616, Ed. Petrolero, 6. Stock, Casilla 9356, Tel. 00591-2-235-3091/235-5770, Fax 239-1462. **Österreichisches Generalkonsulat: La Paz,** Av. 16 de Julio 1616, Ed. Petrolero, Tel. 00591-2-232-6601, Fax 236-9863. **Honorarkonsulat: Santa Cruz,** Av. Pilcomayo 242, Urb. Telchi, Casilla 649, Tel. 00591-3-352-5333, Fax 352-5084.

Dokumente

Reisepass	Für beide Länder genügt der Reisepass, der noch 6 Monate über das Einreisedatum gültig sein sollte. **Für Peru** benötigen **Deutsche, Schweizer** und **Österreicher** bei einem Aufenthalt bis zu **90 Tagen kein Visum,** doch Nachweis der Rück- oder Weiterreise (Flug- oder Busticket), „ausreichend" finanzielle Mittel (Bargeld, Schecks, Kreditkarte). Einreise- und Zoll-Karten werden im Flugzeug bzw. an Grenzübergängen ausgegeben (s.S. 47, „Einreise Peru und Bolivien"). Für **Bolivien** benötigen Deutsche, Schweizer und Österreicher eben-

falls **kein Visum**. In der Vergangenheit kam es immer wieder vor, dass Deutsche nur 30 Tage Aufenthaltserlaubnis erhielten, die sich aber problemlos bei der Ausländerbehörde verlängern ließ.

Der Reisepass ist in Peru und Bolivien ständig mitzuführen, es gibt immer wieder Kontrollen. **TIP:** Von den ersten Seiten des Passes beglaubigte Fotokopien und einige Passbilder mitnehmen. Bei Verlust erleichtert dies die Wiederbeschaffung. Ich kopiere meinen Pass samt Umschlag (ohne leere Seiten) und klebe/hefte die kopierten Seiten der Reihe nach wieder zusammen und laß die Passkopie amtlich (Stempel, Stempel, Stempel) beglaubigen. In Peru als auch in Bolivien wurde dieses Duplikat bei Kontrollen durchweg akzeptiert. Nur einmal musste ich auf das Original zurückgreifen.

Internationaler Impfpass

Der internationale Impfpass mit zwingend vorgeschriebener Gelbfieberimpfung wird benötigt, sofern zwischen Bolivien und Peru hin- und hergereist wird, die Urwaldgebiete besucht werden, oder auch bei der Einreise von einem südamerikanischen Drittland, wo Gelbfieber auftritt (z.B. Brasilien). **TIP:** Unbedingt vorher Zweitausfertigung des Impfausweises vom Gesundheitsamt ausstellen lassen, da Impfausweise bei Verlust oder Diebstahl nirgendwo ersetzt werden können (auch nicht durch das Gesundheitsamt, da dort keine Unterlagen geführt werden!).

Internationaler Führerschein

Wer einen Mietwagen anmietet (Mindestalter meist 25 Jahre), einen Wagen oder ein Motorrad in Peru oder Bolivien fahren möchte, benötigt einen internationalen Führerschein. In Peru ist der internationale Führerschein nach der Einreise bis zu 90 Tage gültig, noch vor Ablauf der Frist muss er gegen einen nationalen Führerschein eingetauscht werden. In Bolivien muss der internationale Führerschein nach der Einreise von der dafür zuständigen Stelle abgestempelt werden. Autofahrer, die mit ihrem deutschen Wagen nach Peru und Bolivien einfahren, benötigen den internationale Zulassungsschein, aber *kein* Carnet de Passage (Details beim Automobilclub erfragen). Die nationale Automobilclub-Mitgliedskarte ist von Vorteil bei Beanspruchung des peruanischen oder bolivianischen Automobilclubs.

Studentenausweis

Der internationale Studentenausweis wird in Peru und Bolivien wieder anerkannt, und Inhaber sollten diesen „Geldsparer" nicht vergessen. Bei vielen Eintritten und Veranstaltungen gibt es darauf Ermäßigungen (z.B. für Machupicchu).

Flugticket und Airpässe

Meist wird mit dem Flugzeug nach Peru oder Bolivien eingereist und mit einem Airpass beim Reisen viel Zeit gespart. Neben dem Reisepass sind diese Dokumente am wichtigsten. Die Nummer dieser Tickets separat notieren oder das gesamte Flugticket kopieren, damit sie bei Verlust oder Diebstahl (s.S. 70) registriert werden können!

Sonstige Dokumente

Wer möchte, könnte noch den **Jugendherbergsausweis** mitnehmen. Doch das Netz dieser Unterkünfte ist in Peru und Bolivien derart dünn und Hotels bzw. Hostales derart preiswert, dass sich dieser Ausweis kaum lohnt, ggf. kann die Mitgliedschaft noch vor Ort erworben werden.

Versicherungen

Für eine Peru- oder Bolivienreise ist eine spezielle Auslandskrankenversicherung sehr anzuraten, evtl. auch eine Reisegepäckversicherung. Auf dem Versicherungsmarkt existieren viele unterschiedliche Angebote (das Bundesverwaltungsamt in Köln gibt übrigens dazu das Merkblatt Nr. 82 heraus, das sich ausschließlich mit Versicherungen bei Auslandsreisen beschäftigt). Gesetzliche Krankenkassenmitgliedschaft gilt für Peru und

Bolivien nicht, doch bieten einige Privatkassen preiswerte Auslandsergänzungs- oder Zusatzversicherungen für eine bis zu zweimonatige Reise an (bitte bei seiner Privatversicherung erkundigen).

Reisekrankenversicherung
Eine Reisekrankenversicherung soll die Kosten für die ärztliche Behandlung einschließlich Operation, Medikamente, Röntgendiagnostik, Krankenhausaufenthalt und **Krankenrücktransport** nach Deutschland decken. Außerdem ist auf die Gültigkeit während der gesamten Reisedauer zu achten. Die Kosten für eine ärztliche Behandlung müssen zunächst selbst bezahlt werden, für die Kostenerstattung zu Hause sind dem Versicherer detaillierte Rechnungs- und Kostenbelege vorzulegen (Originalbelege mit Name des Patienten, Diagnose, Behandlungsdaten und Einzelleistungen, zusammen mit dem Versicherungsschein, Flugticket oder der Reisebestätigung). Anträge bei (Volks)-Banken, Reisebüros, Vers.-Agenturen. Auf das Kleingedruckte des Versicherungsscheins achten (Selbstbeteiligung, Einschränkungsklauseln usw.)

Reisegepäckversicherung
Eine solche Versicherung ist nur bedingt anzuraten, da die Versicherungsbedingungen sehr einschränkend sein können. Versichert sind gewöhnlich alle persönlichen Reisesachen, die am Körper getragen werden, Handgepäck und aufgegebenes Gepäck, jedoch kein Bargeld. Film-, Video- und Fotoapparate oft nur bis zu 50% der Versicherungssumme (und abzüglich Zeitwert). Als Vollversicherung empfiehlt sich eine spezielle Fotoversicherung, z.B. die Nordstern (über Allianz-Vertretungen).

Wieder die sehr einschränkenden Ersatzleistungsbereitschaft beachten, und damit die Versicherung im Schadensfall auch wirklich zahlt, sind ein paar Punkte genau einzuhalten. Wird z.B. eine Kamera gestohlen, verlangt die Versicherung i.d.R. den Kaufbeleg, die Gehäusenummer (Modell), das Polizeiprotokoll des angezeigten Verluste sowie eine umgehende Schadensmeldung (24-Std.-Service-Telefon). Zudem ist ein Diebstahlsbogen der Versicherung auszufüllen. Fazit: Eine Reisegepäckversicherung ist nicht notwendig, da sie meist nicht einspringt, wenn etwas abhanden kam oder gestohlen wurde.

Sonstige Versicherungen
Oft werden Kombi-Versicherungspakete angeboten, die eine Kranken-, Gepäck- und Reisehaftpflichtversicherung umfassen. Auch dies ist wenig sinnvoll. Für Flug- und Pauschalreisende ist ggf. eine **Reiserücktrittsversicherung** anzuraten, manchmal ist diese bei Buchung einer Pauschalreise obligatorisch. Etwas Komplizierter ist der Abschluss einer Kfz-Versicherung. Anfragen über: AIU (American International Underwriters) Mainzer Landstraße 2, 60325 Frankfurt, Tel. 069-720321.

Finanzen

Nehmen Sie mit: **Bargeld** in Euro (und ein paar Dollarscheine), eine oder zwei **Kreditkarten** (oder Maestro-BankCard und eine Kreditkarte) und für den Notfall evtl. **Reisechecks.** Wechselkurse im Internet z.B. auf www.oanda.com (tagesaktuell mit Umrechnungstabelle) • www.gocurrency.com • www.americanexpress.de • www.swissbankers.ch, u.a.

Wieviel Geld wird für Peru und Bolivien benötigt? Das Minimum für preisbewußt Reisende dürfte für Verpflegung und Unterkunft bei ca. 15 € pro Tag liegen. Mit täglich 20–30 € kommt man für Transport, Verpflegung und Übernachtung gut aus. Mit 1000 € läßt es sich auf alle Fälle einen Monat lang recht gut leben und reisen. Für Einkäufe/Souvenirs sollten – je nach gusto – ca. 100–200 € veranschlagt werden. Weitere Kosten verursachen besondere Ausflüge sowie die oft hohen Eintrittsgelder in den touristischen Hochburgen. **Bezahlt wird in Landeswährung!**

Bargeld
Der **US-Dollar** ist nach wie vor die **Referenzwährung in Peru und Boli-**

vien, der **Euro** wird zwar nahezu überall akzeptiert und umgewechselt, doch oft zu schlechterem Kurs. Der Wechselkurs kann manchmal verhandelt werden (betragsabhängig). Kleine US-Dollar-Noten sind trotzdem nützlich auf dem Flughafen, bei Grenzübertritten, für Trinkgelder. Wegen Diebstahlgefahr nicht zu viel Bares mitnehmen, die Scheine an diversen Stellen verteilen.

Reiseschecks Für den Notfall eignen sich für beide Länder **American Express Reiseschecks** (Amexco, „AE"), ausgestellt auf US-Dollar oder Euro. **Die Kommissionen beim Einlösen von Schecks sind relativ hoch!** Kaufbeleg immer getrennt von den Schecks aufbewahren! Bei Verlust oder Diebstahl werden von der nächsten Amexco-Repräsentanz die Schecks kostenfrei ersetzt (Adressen s.S. 63 u. 65; bei Diebstahl muss dann auch das Originalprotokoll der polizeilichen Anzeige vorgelegt werden). Die AE-Adressen (und die der AE-Geldautomaten) können Sie im Internet unter **www.americanexpress.de** nachsehen, die von Eurocard/MasterCard unter **www.eurocard.de,** VISA bei **www.visa.de. Thomas-Cook-Reiseschecks** in Euro sind für Peru und Bolivien **nicht geeignet,** sie sind in Peru z.B. nur bei der *Scotia Bank* eintauschbar. Kunden der Deutschen Bank können mit Ihrer EC-Karte kostenlos Soles am GA abheben.

Kreditkarten Mit einer Kreditkarte kann nicht nur bezahlt werden *(„pago con tarjeta")*, sie ist auch bei der Einreise Beweis Ihrer Liquidität und unabdingbar für Mietwagen. Vor allem aber kann mit ihr **Bargeld der Landeswährung aus Geldautomaten** (hier im Buch **„GA")** bzw. aus *Bancomaticos* gezogen werden. Beide Länder akzeptieren vorzugsweise **Eurocard** (= **MasterCard,** „MC"), **VISA** und **American Express.** Wie erwähnt ist es ratsam, **zwei Karten verschiedener Organisationen mitzunehmen,** falls Sie eine verlieren oder eine nicht mehr funktioniert (den Magnetstreifen schützen!). Außerdem können Sie so zwei Mal das tägliche Höchstlimit aus dem Automaten lassen. Vergessen Sie nicht Ihre Geheimnummern sowie die kartenspezifischen **Telefonnummern,** um ggf. Ihre Karte bei **Diebstahl/Verlust** sofort **sperren** lassen zu können. Sperren können Sie Ihre Karte auch über die Internet-Adresse Ihrer Kartenorganisation. Empfehlenswert ist auch der Ausdruck des SOS-Infopasses von **www.kartensicherheit.de.**

■ **Am kostengünstigsten „tanken" Sie Bargeld mit der Karte Ihrer Hausbank** („BankCard", Postbank Card oder SparCard*) mit dem **EC-** bzw. **Maestro-Logo** (blaurote Doppelkreise). Gebühren 4,90 € oder 1% des Umsatzes. Allerdings können Sie mit dieser Karte kein Fahrzeug anmieten.

*)Die *Postbank SparCard* 3000 plus *direkt* gestattet jährlich weltweit bis zu zehn kostenlose Auslandsabhebungen. Karte funktioniert an allen GA mit dem VISA PLUS-Logo. Höchstbetrag bankabhängig. Wegen bankinterner Rechnerläufe besteht manchmal zwischen 22 Uhr und 2 Uhr MEZ keine Verbindung.

Geldautomaten für VISA-Karten in Peru und Bolivien finden Sie bei **www.visa.de** („Geldautomaten-Suche"), für MasterCard, Maestro und Cirrus bei **www.mastercard.de** (mit Feld für gebührenfreie Automaten). Weiteres bei „Rund ums Geld in Peru und Bolivien", s.S. 61.

Diebstahlschutz Wichtig ist, dass Geld und Dokumente niemals im Reisegepäck verstaut werden. Geld, Schecks, Kreditkarte, Reisepass, Flugtickets und Impfausweis am Körper mitführen! Das scheint nicht einfach, doch es geht: Das

Bargeld kommt in einen Geldgürtel (der ist zwar inzwischen allen Dieben so ziemlich bekannt, läßt sich aber nach wie vor am schwierigsten klauen – im Gegensatz zu Brust- und Bauchbeuteln, die ruckzuck gekappt werden). Bestens bewährt haben sich innen angenähte Hosen- und Beintaschen, die mit einem Reißverschluss versehen werden. In ihnen finden die Dokumente optimalen Schutz vor unerwünschtem Zugriff (wem das Einnähen einer doppelten Hosentasche zu umständlich erscheint, kann auch eine fertige Hoseninnentasche kaufen, die mittels zweier Schlaufen am Gürtel befestigt und in die Hose eingeschlagen wird, Preis ca. 10 €). Wenn unterwegs etwas benötigt wird, verschwindet man kurz auf das stille Örtchen oder um die Ecke. Die Dokumenten-Kopien werden gleichfalls in diesen Kleidersafe gesteckt (die Originale könnten auch noch in Plastik wasserdicht verpackt werden).

Medizinische Vorsorge

Eine Reise in die Andenländer bedarf einiger medizinischer Vorsorge und Vorkehrungen. Auf jeden Fall ist zuvor der Hausarzt aufzusuchen und ein Ganzkörper-Check auf etwaige versteckte Krankheiten durchzuführen. Insbesondere Mandeln, Blinddarm und Unterleib sind intensiv zu untersuchen. Auch der Zahnarzt sollte sein o.k. geben. Über aktuell erforderliche Impfungen können Hausarzt, Gesundheitsamt und die tropenmedizinische Institute Auskunft geben (Impfplan, damit sollte einige Monate vor der Reise begonnen werden). Soweit nach oder während der Reise irgendwelche Krankheitssymptome, Ausschläge o.ä. auftreten, sollte man sich unverzüglich an das nächste tropenmedizinische Institut wenden, unabhängig einer Diagnose durch den Hausarzt.

Medizinischen Rat Das Sozialministerium von Baden Württemberg gibt den 140seitigen, sehr guten medizinischen Ratgeber für Fernreisende mit dem Titel **„Gesundheit auf Reisen"** heraus. Auch im **Internet** bekommt man vielfach Rat: **www.crm.de • www.fit-for-travel** (Abt. für Infektions- und Tropenmedizin der Uni München, mit Adressen sämtlicher dt. Tropeninstitute), **www.travelmed.de** u.a. Besonders ausführlich über das Malariarisiko informiert die „Deutsche Gesellschaft für Tropenmedizin" unter **www.dtg.mwn.de** und Schweizer Institute unter **www.safetravel.ch** bzw. **www.safetravel.org.** Differenzierung nach Orten zwischen dem Vorkommen nach *Malaria vivay* und *Malaria falciparum*: **www.who/int/ith.** Ein interessantes Forum für Tropenkrankheiten von Experten für den Laien: **www.med1.de/laien/krankheiten/tropen.**

Deutschspr. Ärzte Eine Liste deutschsprachiger Ärzte in Peru und Bolivien finden Sie unter **www.dr-nexus.com** oder hier im Buch unter „Adressen & Service" bei den einzelnen Städten.

Gelbfieber Wer in Peru oder Bolivien einen Urwaldabstecher plant (relativ hohe Gefahr, Risikogebiete in Bolivien: Departamento Pando, Beni, Cochabamba, Chuquisaca, Santa Cruz, Tarija u. Teile des Dept. La Paz) oder von einem südamerikanischen Infektionsgebiet (brasilianische Urwaldgebiete) nach Peru oder Bolivien einreist, muss gegen Gelbfieber geimpft sein (sonst Gefahr der Zwangsimpfung möglich). Für Kontrollen muss zum Nachweis unbedingt der **Original-Impfausweis** mitgeführt werden, eine Kopie ist nicht ausreichend! Der Impfschutz beginnt 10 Tage nach der Impfung und hält 10 Jahre an. Die Impfung darf in D nur von speziellen Stellen durchgeführt werden und muss in den gelben Internationalen Impfpass eingetragen werden. Preis beim Gesundheitsamt und beim autorisierten Arzt ab 30 €.

Malaria Ist nach wie vor eine der gefährlichsten Tropenkrankheiten und wird nur durch den Stich der infizierten, weiblichen Anophelesmücken in die Blutbahn übertragen (Erreger sind tierische Kleinstlebewesen der Gattung Plasmodium). Die Moskitos stechen besonders in der Dämmerung und in der Nacht. Malariaschutz (Prophylaxe) basiert zum einen auf der Vorbeugung, d.h. Schutz vor Mückenstichen, und zum anderen in der vorbeugenden Einnahme von Malariamedikamenten (Chemo-Prophylaxe).

Schutz vor Stichen bietet beim Schlafen in nicht vollklimatisierten Hotelzimmern das altbewährte Moskitonetz, Hautschutzmittel *(repelente),* Räucherspiralen (coils) und hautbedeckende, hellfarbene Kleidung (lange Hemdärmel, lange Hosen, Socken, geschlossene Schuhe). Die Anophelesmücke ist in Peru ab ca. 1500 m Höhe (Bolivien ca. 2500 m) kaum mehr anzutreffen. **Erhöhte Risiken: In Peru** in der Region Ucayali und abgelegene Gebiete von Lambayeque, in **Bolivien** in den Provinzen Beni, Pando und Tarija.

Genauso wichtig ist die Chemo-Prophylaxe für diejenigen, die in den Urwald fahren. Doch es gibt immer noch nicht das ideale, völlig wirksame Malariamedikament. In malariagefährdeten Regionen verlieren bisher bewährte Mittel wegen beginnender Resistenz der Mücken an Wirksamkeit. Die Weltgesundheitsorganisation WHO gibt jährlich aufgrund neuester Erkenntnisse überarbeitete Empfehlungen zur Prophylaxe und Behandlung heraus. Obwohl im tropischen Peru und Bolivien chloroquin(=Resochin)-resistente Plasmodienstämme vorkommen, ist die Prophylaxe mit **Resochin** sinnvoll: 2 Tabletten Resochin einmal wöchentlich, immer am gleichen Tag (möglichst nach dem Essen) einnehmen! Die Medikation ist spätestens eine Woche **vor** der Einreise ins fragliche Infektionsgebiet zu beginnen und nach dem Verlassen mindestens 6 Wochen fortzusetzen. Auch **Mefloquin** (Lariam) wird derzeit als Standard-Prophylaxemittel empfohlen (speziell fürs Amazonasgebiet, 1x wö immer am gleichen Tag).

Wichtig zu wissen: Auch eine gewissenhaft durchgeführte Chemo-Medikation kann den Ausbruch der Malaria nicht 100%ig verhindern! Die Inkubationszeit beträgt meist 10 bis 35 Tage, die Symptome sind vieldeutig und äußern sich als Schüttelfrost, unregelmäßiges Fieber, Glieder- und Kopfschmerzen. Die Malaria kann bei versagendem Schutz also auch noch vier Wochen nach der Heimkehr ausbrechen!

Ist kein Arzt erreichbar, kann zur notfallmäßigen Selbstbehandlung nach den Angaben der Resochin- und Lariam-Beipackzettels verfahren werden. Es ist dringend anzuraten, danach einen Arzt aufzusuchen!

Tetanus   Gegen Wundstarrkrampf sollte jeder geimpft sein, auch wenn man nicht in fremde Länder reist. Ausreichender Impfschutz nach 2 von 3 Spritzen innerhalb eines Jahres, danach muss nur noch alle 10 Jahre aufgefrischt werden, zusätzlich im Verletzungsfalle. Auf Rezept kostenfrei.

Hepatitis   Die infektiöse Gelbsucht ist in Peru und Bolivien weit verbreitet und wird durch unsaubere Nahrung und Wasser übertragen. Zum Schutz wird mit HAVRIX zweimal geimpft, Abstand zwischen 1. und 2. Impfung mindestens 6 Monate. Wirkungsdauer 10 Jahre. **Hepatitis B** wird meist nur auf dem Blutwege (Transfusionen, Spritzen) und intime Körperkontakte übetragen. Es sind drei Impfungen erforderlich. Eine Impfung gegen Hepatitis B schützt auch gegen Hepatitis D. Gegen die sehr seltene Hepatitis C und E gibt es keine Impfmöglichkeiten. Gegen die sehr gefährliche **Hepatitis C** und seltenere **Hepatitis E** gibt es derzeit keine Impfmöglichkeiten.

Typhus   Gegen diese bakterielle Darminfektion schützt entweder eine dreimalige Schluckimpfung (Typhoral) im Abstand von 2 Tagen, die etwa ein Jahr schützt (bei einem Wirkungsgrad von ca. 85%), oder die Impfung mit Typherix mit dreijährigen Schutz. Die Impfung ist für jene empfehlenswert, die beim Reisen ständig mit niedrigem Hygienestandard in Berührung kommen. Zu anderen Impfungen sind Mindestabstände einzuhalten.

Chagas	Infektionskrankheit durch Trypanosoma-Cruzi-Erreger, die durch den Biss der blutsaugenden Raubwanzen *(vinchucas)* übertragen werden, die akut oder chronisch verläuft und unbehandelt noch nach Jahren zum Tod führen kann. Raubwanzen hausen meist in verwahrlosten Hütten und Schlafstellen.
Dengue	Tropenkrankheit, die durch Mücken übertragen wird. Eine Impfung oder Medikamente gibt es nicht. Die Krankheit verläuft nicht tödlich, ist aber sehr unangenehm. Die Symptome sind ähnlich wie Malaria. Keinesfalls sollte Aspirin oder Ibuprofen sondern Paracetomol eingenommen werden.
Leishmaniasis	In allen Andenländern mit angrenzenden Tropengebieten an den Andenosthängen, also auch in Peru und Bolivien, tritt immer wieder die Haut-Leishmaniasis auf. Sie wird durch den Stich eine infizierten Schmetterlingsmücke bzw. Sandfliege meist in der Dämmerung übertragen. Es gibt keine Impfung. Am besten schützt man sich mit Antimückenmitteln, hautbedeckender Kleidung und kleinmaschigen Moskitonetzen.
Cholera	Einzelfälle dieser infektiösen Darmerkrankung mit starken Durchfällen kommen in Peru immer wieder vor, Touristen sind jedoch so gut wie nie betroffen. Eine Impfung ist möglich, wird aber nicht angeraten (nur 40%iger Schutz).
Tollwut (span. *rabia*)	Streunende Hunde sind in Peru und Bolivien diesbezügliche Risikofaktoren. Wer gebissen oder verletzt wird, auch von Wildtieren, sollte unbedingt einen Arzt oder ein Krankenhaus aufsuchen! Tollwut-Impfungen sind möglich, auch vor Ort, nachdem man von einem Tier verletzt wurde. In D 56 €.
Aids	heißt in lateinamerikanischen Ländern SIDA. *Preservativos* sind oberstes Gebot. Vorsicht auch bei operativen Eingriffen und bei evtl. (Impf-)Anwendung nichtsteriler Spritzen, auch da droht Gefahr!
Hauterkrankungen	Ursachen können Bisse von Insekten, Flöhen oder Läusen sowie Pilzsporen sein. Sie können zu Infektionen führen, die in tropischen Regionen nur schlecht abheilen. Pilzsporen bilden weiße Flecken auf sonnengebräunter Haut, bekämpft werden sie mit hochprozentigem Alkohol. An der Küste und im Hochland besteht **auch bei bedecktem Himmel ständige Sonnenbrandgefahr!** Sonnencreme mit sehr hohem Schutzfaktor verwenden.
Reiseapotheke	Viele Medikamente sind in Peru und Bolivien preiswert und rezeptfrei in Apotheken erhältlich. Trotzdem darf eine kleine Reiseapotheke nicht fehlen, Vorschlag s. Anhang. Ein guter Hausarzt hilft auch bei der Zusammenstellung und kann evtl. kostenlose Ärztemuster abgeben. Spezielle Medikamente, wie z.B. gegen die Höhenkrankheit, werden erst in Peru oder Bolivien gekauft.

Gesundheitstipps für unterwegs

Hygiene und Essen	Magen- und Darmstörungen, Kopfschmerzen und Kreislaufprobleme sind bei Reisen durch Peru und Bolivien, bedingt durch die allgemeine Umstellung, die Höhenlage, das ungewohnte Essen und verschmutztes Wasser durchaus „normal". Sinnvolle, aber keine übertriebene Vorsicht ist angebracht. Beim Essen sollten einige Grundsätze beachtet werden: – dort einkehren, wo besonders viele Einheimische essen – Wasser nur vorbehandelt trinken (Entkeimungstabletten, Filter), auch das Wasser beim Mundspülen nach dem Zähneputzen. – keine Salate, rohes Gemüse oder unschälbare Obstsorten essen – kein Eis und keine Eiscreme, Eiswürfel in Getränken vermeiden – keine offenen Fruchtsäfte trinken – keine rohen oder halbrohen Schalen- oder Krustentiere bzw. Meeresfrüchte essen. – kein (halb)rohes Fleisch oder (halb)rohen Fisch, keine Mayonnaise

Trotzdem vitaminreich ernähren und viele Orangen, Mandarinen, Bananen, Ananas und Papayas (diese sind besonders gut gegen Magenprobleme) zu sich nehmen. Den durch das Schwitzen bedingten Salzverlust durch stärkeres salzen ausgleichen. Sorgfältige Körperhygiene, wie häufiges Händewaschen vor dem Essen und Wäschewechsel (Hautpilze!).

Durchfall Früher oder später werden viele Reisende mit diesem Problem zu kämpfen haben. Angeraten wird eine Typhus-Schluckimpfung, die das Immunsystem vorab stärkt. Sollte das Problem auftreten, hilft vor Ort das Durchfallmittel *Nifurat,* das es in jeder Apotheke zu kaufen gibt, am wirkungsvollsten in flüssiger Form. Heftige Dauerdurchfälle, verbunden mit kolikartigen Bauchschmerzen, deuten auf eine Lebensmittelvergiftung hin. Hier versagen oft die mitgeführten Mittel und auch Antibiotikas. Einheimische in Peru kennen einen speziellen, übelriechenden Tee, der Abhilfe schaffen kann.

Postas Medicas u. Hospitales Regionales Fast in jedem peruanischen Dorf gibt es für Notfälle eine *Posta Medica,* wo von zum Teil sehr gut ausgebildeten Krankenschwestern und Sanitätern erste Hilfe und Betreuung geleistet wird. Konsultationen kosten je nach Aufwand 2–3 € oder gar nichts.

Bei Unfällen oder schwerwiegenden Krankheiten sollte jedoch das nächste Regionalhospital aufgesucht werden, wo eine Konsultation 3–5 €, kostet (Blutuntersuchung 5–10 €). Die Ärzte dort haben mich immer wieder mit ihrem Wissen und guter, direkter Hilfe, insbesondere bei ortsüblichen Krankheiten, überrascht. Als ich z.B. von einem doppelten Biss einer Wolfsspinne in meine Lippen stark betroffen war, konnte mir in einem Regionalhospital mit einwandfreiem Spritzenbesteck bestens geholfen werden. Mein Leben wäre ohne diese Hilfe in zwei weiteren Stunden möglicherweise sonst beendet gewesen (Erstickungstod).

Die Behandlung in den privaten peruanischen Kliniken ist teuer, allerdings auch komfortabler, wobei die Betreuung nicht unbedingt besser ist.

Giftbisse Nicht alle Bisse von Tieren, Fischen und Insekten führen zu Vergiftungen. Hier ein paar Regeln, mit denen Sie Bissen oder Stichen vorbeugen können:
– Vorsicht vor dunklen Winkeln und Nischen
– hohe Schuhe und lange Hosen tragen
– Schuhe, Strümpfe und Kleidung morgens grundsätzlich ausschütteln
– Hängematten vor der Benutzung ausschütteln
– sich durchs Gelände laut bewegen (aufstampfend), Wanderstock haben
– mit der Hand nicht in ein Gebüsch langen (z.B. beim Holzsammeln)
– nicht durch trübes, stehendes Gewässer waten

Viel Lärm um nichts Peru und Bolivien sind sehr lebhafte und laute Länder, auch nachts! Lärmempfindliche Menschen können da ein Ein- oder Durchschlafprobleme bekommen. Viele Stadthotels liegen an verkehrsreichen Straßen und haben außer Einfachverglasung auch noch Luftschlitze, durch die der nächtliche, nie endenwollende Autolärm oder Nachbars Kofferradiogedudel dringt. Außerdem sind Fahrten mit Fern- oder Überlandbussen gewöhnungsbedürftig, denn Dauerbeschallung durch laute Musik und Videos nicht jedermanns Sache. Auf dem Land bringt einen jaulendes, nächtliches Hundegebelle oder frühmorgens das Wettkrähen der Hähne um den Schlaf. Wenn der Reisekumpan dazu auch noch schnarcht, helfen nur noch gute **Ohrenstöpsel** (doch Vorsicht, ständige Anwendung kann zu Ohren-Entzündungen führen).

Höhenkrankheit (Soroche) Wer mit dem Zug von Lima nach Huancayo fahren würde oder von einer Küstenstadt oder dem Amazonastiefland (z.B. von Iquitos) aus mit dem Flugzeug in die Höhe nach Cusco oder La Paz fliegt, dem kann die dünnere Luft (der niedere Luftdruck) und der damit verbundene geringere

Sauerstoffgehalt schwer zusetzen. Pro 1000 Höhenmeer sinkt der Luftdruck um etwa zehn Prozent. Dies hat zur Folge, dass das Blut in der Lunge weniger Sauerstoff aufnehmen kann (in Höhen über 3000 m wird das Blut nur noch zu 70% mit Sauerstoff gesättigt). Der Flüssigkeitsverlust des Körpers, hervorgerufen durch die trockene Höhenluft und die vermehrte Abatmung, hat außerdem eine Blutverdickung zur Folge, die die Durchblutung der Organe und des Gehirns stört. Die Warnzeichen der Höhenkrankheit können bereits ab 2000 m auftreten, ab 3000 m sind sie häufig: Kopfschmerzen, Schlappheit, Müdigkeit, Atemnot, Kreislaufbeschwerden, schnellerer Pulsschlag, Schlafstörungen. In schweren Fällen tritt Bewußtlosigkeit oder eine Lungenstörung auf, die mit Husten und Atemnot bis zum Ersticken führen kann. Mögliche schwerwiegende Folgen: Embolie, Thrombose, Herzinfarkt. Nach genügend langer zeitlicher Höhenanpassung verschwinden die Symptome im allgemeinen wieder, doch auch eine allgemeine körperliche Fitness und eine robuste Gesundheit schützen nicht immer vor der Höhenkrankheit!

Bevor hier nachfolgend ein paar Tipps und Medikamente für die Höhenkrankheit genannt werden, noch ein wichtiger Hinweis: Diese Medikamente können die Anfangssymptome verdecken und damit zu weiterem Höhenanstieg mit nachfolgend größeren Risiken verleiten!

So wird u.a. empfohlen, zur Vorbeugung vor der Reise in die Höhe gegen Übelkeit und Erbrechen das rezeptpflichtige *Paspertin* einzunehmen (5–10 Tropfen), gegen Kreislaufbeschwerden *Effortil* (15–20 Tropfen) und eventuell *Mircorenperlen* gegen Schwindel. In Peru sind diese Medikamente rezeptfrei in Apotheken – *Farmacias, Boticas* – erhältlich. In Bolivien gibt es gegen die Höhenkrankheit rezeptfreie *Soroche Pills* oder *Corazol*. Gewöhnliche *Aspirintabletten* können gleichfalls die Symptome der Höhenkrankheit lindern.

Essen Sie vor, während und einige Stunden nach der Anreise in andine Höhenlagen nichts oder nur ganz wenig und nur leichtverdauliches. Wichtig ist, ständig viel zu trinken, auch wenn man kein Durstgefühl hat. Alkohol absolut meiden, auch nicht rauchen! Dafür kreislaufanregenden Coca-Tee *(Mate de Coca)* trinken, den es überall in Restaurants und Cafés gibt (3–5 Min. ziehen lassen, dabei Tasse abdecken). Ausruhen statt herumhetzen. Sollten die Beschwerden nach einigen Tagen nicht vergehen oder schlimmer werden, dann hilft das Einatmen von Sauerstoff oder der Abstieg/Abreise nach unten. Auch die stündliche Einnahme von *Coramina Glucosa* (Lutschtabletten, in jeder Apotheke Perus erhältlich) soll helfen, evtl. *Stutgeron* bei Durchblutungsstörungen, bei niedrigem Blutdruck evtl. zusätzlich *Norphen*. Tipps zum richtigen Gehen beim Bergwandern s.S. 282.

Wichtig ist, bei Anzeichen drohender Höhenkrankheit nicht höher zu steigen, dies gilt besonders fürs Höhen-Trekking über 4000 m und Bergsteiger. Sonst kann ein Lungenödem drohen. Dann hilft nur noch der sofortige Abtransport in die Tiefe, Beatmung mit Sauerstoff und ärztliche Hilfe, wobei heute die Gabe von *Lasix* abgelehnt und stattdessen *Diamox retard* – 500 mg – empfohlen wird. Bei neueren Studien und Versuchen mit Bergsteigern mit einem Lungenödem-Risiko machten Mediziner der Uni Lausanne gute Erfahrungen mit *Salmeterol,* einem zur Gruppe der Beta-Adrenergika zählenden Asthmamittel. Erkundigen Sie sich ggf. nach dem neuesten Stand der Forschung.

Ausrüstung

So wenig wie möglich, nur so viel wie nötig. Unterwegs ist man für jedes Kilo weniger dankbar. Das Gesamtgepäck sollte bei der Abreise nicht mehr als 10 bis 12 kg wiegen. Ich nehme auch immer solche Sachen mit, die unterwegs kaputtgehen dürfen oder die ich verschenke, schon um Platz für Einkäufe (Wollsachen) zu schaffen. Spezialausrüstung oder Equipment (Zelt, Hochgebirgsschlafsack, Kocher usw.) zum Bergwandern (z.b. Inkaweg) kann vor Ort gemietet oder geliehen werden. Wichtig ist eine gutes Kombi-Taschenmesser („Schweizer Offiziermesser", auch ein gutes Gastgeschenk) und eine leistungsstarke Taschenlampe.

Warme Mützen oder Hüte als Sonnenschutz können auf den (Anden)-Märkten vor Ort gekauft werden, auch z.B. Handschuhe aus Alpakawolle. Moskitonetz und Hängematte sind in der Amazonasregion am billigsten. Eine Hängematte wird erst dann gekauft, wenn dies für eine Bootsfahrt auf einem Urwaldfluss erforderlich sein sollte. Vorsicht mit Tuben und Plastikflaschen im Gepäck! In größerer Höhe bekommen sie wegen des geringeren Luftdrucks einen „Bauch", können dadurch auslaufen oder gar platzen, also in Plastiktüten stecken. Überhaupt ist es eine gute Idee, die einzelnen Gepäckgegenstände in verschließbare Plastiktaschen zu stecken. Eine Ausrüstungsliste finden Sie hinten im Anhang dieses Buches.

Rucksack, Kofferrucksack

In einem Rucksack oder Kofferrucksack läßt sich alles bequem tragen, die Hände sind frei. Bewährt haben sich solche ohne Tragegestell, sie lassen sich besser in den Gepäckablagen verstauen. Die Maße sollten ca. 60 x 40 x 20 cm bzw. 40 l Volumen nicht überschreiten, braucht keine Außentaschen haben, sie behindern nur die Unterbringung in Gepäckablagen und verleiten Unbefugte zum Aufmachen.

Da Rucksäcke in den Bussen sehr staubig und schmutzig werden, sollten sie zum Schutz mit Plastiksäcken überzogen werden, die es auf den Märkten zu kaufen gibt (costal plastico).

Kleidung

Vorteilhaft ist eine funktionale, strapazierfähige, leichte und schnelltrocknende Kleidung (Hemd und Hose) mit viel Bewegungsfreiheit aus Mischgewebe (z.B. 35% Baumwolle und 65% Kunstfaser), oder aus atmungsaktiven und leichtem *Fleece* o.ä., z.B. „G 1000". Kleidung aus solchem Material eignet sich am besten für eine Reise sowohl in die Anden als auch in die tropischen Regionen beider Länder. Verschmutztes wird unterwegs selbst gewaschen oder in eine *lavandería* gebracht. Viele Hotels haben auch einen Wascheservice („Wc").

Foto und Filme

Empfehlenswert ist eine analoge oder digitale (Spiegelreflex-)Kamera mit Zoom-Objektiv. Auch eine kleine Sucherkamera mit Autofocus ist vorteilhaft. Obwohl es in beiden Ländern alle gängigen Filmarten zu kaufen gibt, genügend (Dia-)Filme mitnehmen, da diese in Peru teuer, in Bolivien in etwa gleich teuer wie bei uns sind. Für düsteren Urwald und für Regenwetter ein paar höherempfindliche (ISO-400) einstecken. Alle gängigen Batterietypen können vor Ort nachgekauft, doch besser Reserve mitnehmen. Weitere Tipps und Hinweise zum Fotografieren unterwegs stehen in dem Reise Know-How PRAXIS-Büchlein **„Reisefotografie"** von Helmut Hermann (ISBN 3-8317-1120-8). Bei **Digitalkameras** besteht in touristischen Zentren die Möglichkeit, Fotos vom Kamera-Chip auf CD brennen zu lassen. Überhaupt empfiehlt sich regelmäßiges Heruntersichern auf ein Speichermedium.

Anreise

Mit dem Flugzeug

Wohl fast jeder wird mit dem Flugzeug nach Peru oder Bolivien reisen. Inzwischen findet auch über dem Südatlantik ein Preiskampf statt. Einige renommierte Airlines haben ihre Flugrouten nach La Paz und Lima eingestellt (z.b. Lufthansa, Air France), dafür aber bieten verbliebene südamerikanische und europäische Airlines preisgünstige Flüge (auch Gabelflüge) an. Zu beachten ist aber, dass während der Hochsaison (Ferienzeiten, Ostern u. Weihnachten) die Flugpreise kräftig nach oben steigen, wobei jede Airline Hochsaisonen unterschiedlich definiert.

Hinweis: Zu allen hier aufgeführten Preisen kommen noch unterschiedlich hohe Sicherheits- und Flughafengebühren, Steuern und eventuelle Kerosinzuschläge hinzu, die sich pro Flugticket leicht auf etwa zusätzliche 300 € addieren können!

Preise und Zeiten

Am interessantesten sind **IBERIA-Flüge** via Madrid (dort Umstieg) und über São Paulo oder Bueno Aires nach Sta. Cruz oder La Paz in Bolivien (30-Tage-Ticket in der Nebensaison ab 725 €, Dreimonatsticket ab 850 €). Das 30-Tage-Ticket nach Lima via Madrid kostet in der Nebensaison ab 830 € und ab 1268 € in der Hochsaison. Ein Stopover ist möglich, Aufschlag 100 €. Kinder ab 2 Jahren 75%. Das Halbjahresticket nach Lima in der Nebensaison (01.01.–30.06/01.09.–31.12.) gibt es derzeit ab 1205 €, Kinder ab 2 Jahre 75%. Abflugsorte Frankfurt, München, Berlin und Düsseldorf. Die Strecke Madrid – Lima wird **täglich Nonstop** geflogen (Madrid ab 12.40 Uhr, Lima an 18.45 Uhr, mit Airbus 340). Umbuchungsgebühr nach Ticketausstellung 116 €. Ein Knüller ist der **Gabelflug Lima // Rio de Janeiro**, 30-Tage-Ticket ab 730 €, Dreimonatsticket ab 950 € und somit eine günstige und interessante Alternative, wenn man von Lima auf dem Landweg via Cusco, La Paz, Santa Cruz und Foz do Iguaçu nach Rio de Janeiro reisen möchte.

Die Preise für ein Dreimonatsticket mit der **Lufthansa** über Caracas (5x wö) nach Lima liegen in der Nebensaison bei 870 €, in der Hochsaison bei 970 €. Ab Caracas übernimmt TACA.

Preiswert ist die kolumbianische **AVIANCA**, die wöchentlichen Flüge kosten ab Frankfurt via Madrid (Zubringerflug mit Iberia/LH von Frankfurt nach Madrid), Bogotá und Quito nach Lima ab 740 € (30-Tage-Ticket) bzw. ab 955 € (Dreimonatsticket, Kinder ab 2 Jahre 67%).

Am günstigsten ist derzeit die span. **Airpluscomet**, www.aircomet.com. Bei ihr kostet das Dreimonatsticket ab Frankfurt nach Lima in der NS ab 750 €, in der HS ab 880 €. Buchbar z.B. über Cono Sur oder CSI (s.u.).

LAN bietet derzeit nur noch Jahrestickets an, die für Langzeitaufenthalte in Peru eine ideale Alternative. In der Nebensaison ab 838 €, in der Hochsaison (Juli/August/Dezember) ab 1262 €. Ab Frankfurt (19.35 Uhr) über Madrid (umsteigen), im Codeshare mit IBERIA direkt nach Lima (Ankunft 6 Uhr morgens), inkl. kostenlosem Stopover. Zusätzlicher Stopover 60 € Aufschlag. Zubringerflüge ab München, Frankfurt, Berlin, Düsseldorf, Wien, Zürich und Genf. Infos auf www.lan.com.

Auch die **KLM** von Frankfurt via Amsterdam nach Lima (tägl.) ist interessant: Ein 30-Tage-Ticket ist in der Nebensaison ab 825 € erhältlich, in der Hochsaison ab 975 € . Dreimonatsticket ab 980 €.

Air France (AF) bietet wieder Flüge nach Lima an, fliegt aber selbst nur bis Caracas. Von dort übernimmt die TACA. Das 60-Tage-Ticket kostet in der Nebensaison ab 900 €, das 30-Tage-Ticket ab 825 €, Kinder ab 2 Jahre 67%.

Auch die brasilianische **TAM** bedient inzwischen (via São Paulo, umsteigen) Lima, in Kooperation mit TACA. Es gibt nur Jahrestarife, NS ab 863 €, HS ab 989 €, ein Stopover frei.

Clou ist derzeit die bolivianische **Aerosur**, die 3x wö ab Madrid mit einem Airbus **Nonstop nach Santa Cruz** fliegt, Zubringerflüge ab Frankfurt und München. Von Santa Cruz kann dann mit Aerosur direkt nach Cusco weitergeflogen werden. Dies ist wahrscheinlich die kürzeste Verbindung direkt nach Cusco. Preise lagen bei Redaktionsschluss noch nicht vor. Informationen auf www.aerosur@aviareps.com.

Wo buchen? Reisemagazine, wie z.B. *Reisefieber* oder *Reise & Preise,* veröffentlichen Billigfluglisten und unzählige Fluganzeigen. Aus Erfahrung können z.b. empfohlen werden: *Club Südamerika International (CSI),* Friedensstr. 2, 60311 Frankfurt/M., Tel. 069-92009901, Fax 069-292011, info@suedamerika-csi.de, www.suedamerika-csi.de. Reisebüro *Cono Sur,* Kirchstr. 4, 70173 Stuttgart, Tel. 0711-2366753, www.conosur.de.

In fast allen deutschen Universitätsstädten gibt es spezielle Studentenreisebüros, die günstige Flüge anbieten, z.B. *Reiseladen,* 65183 Wiesbaden, Bismarckring 19, Tel. 0611-334433, mail@reiseladen.com, www.reiseladen.com. In **Österreich** sind es die Studentenreisebüros der STA Travel in Wien, Türkenstr. 4, Tel. 3475260 (weitere in Salzburg, Innsbruck, Linz, Graz und Klagenfurt). Österreicher können auch beim Traveller Club Austria in 1150 Wien, Markgraf-Rüdiger-Str.1, Tel. 9822361, nixwieweg@gmx.at, www.travelclub.org, anfragen. In der Schweiz sind es die CSS, Zürich, Ankerstr. 112, Tel. 2971111, Fax 2971112, www.stattravel.ch (weitere Büros in Basel, St. Gallen, Chur und Bern). **Schweizer** sollten auch die günstigen Flugangebote („Ticket-Info") des „Globetrotter Travel Service" in 8023 Zürich, Rennweg 35, Tel. 01-2138010, Fax 2138011, club@globetrotter.ch, www.globetrotter.ch, nützen (Globetrotter-Reiseläden auch in Baden, Basel, Bern, Biel, Fribourg, Luzern, Olten, St. Gallen, Thun, Winterthur, Zug und Zürich).

Internet-Flugbuchungen
Flugtickets können auch im Internet gebucht werden. Doch wer nicht direkt ein spezialisiertes Flugreisebüro konsultiert, dem kann das nervige Surfen durch den Dschungel der Flugtarife und Flugangebote viel Zeit kosten. Abhilfe schafft hier die Suchmaschine für Flugpreise von www.traveljungle.de (info@traveljungel.com), die gezielt Reiseportale nach dem gewünschten Flugziel abfragt und den besten Preis auswählt. Dabei sind Angebote anderer Portale, wie www.obookers.com, www.flights.com, www.travel24.de, www.traveloverland.de u.a. automatisch in die Suche integriert.

Weitere Online-Ticket- und Reisewebsites: www.airport-travelnet.de • www.avigo.de • www.buybye.de • www.expedia.de • www.edreams.de • www.flug.de • www.flugbuchung.com • www.lastminute.de • www.opodo.de • www.travelchannel.de • www.travelscout24.de u.a.

Für Schnäppchenjäger: www.topi.de • www.bietundflug.de • www.start.de, u.a. Auch die Homepages der diversen Airlines und der Internet-Provider, z.B. Fly@AOL, sind interessant.

Flughafen/-pläne/-sicherheit/-busse
Flughafeninfos weltweit: **www.airwise.com.** Flugplandaten mit Stopover-Möglichkeiten: **www.flugplan.de.** Gegen die Flugangst, die Absturzdaten der Fluggesellschaften und Flugzeugtypen: **www.airsafe.com.** Busse vom/zum Flughafen weltweit: **www.toandfrom.org/airport.**

Fluggesellschaften im Internet
Air France, Zeil 5, 60313 Frankfurt, cemarchal@airfrance.fr, **www.airfrance.de.** – *Airpluscomet,* **www.aircomet.com.** – *Avianca,* Frankenallee 125, 60326 Frankfurt, aviancafra@aol.com, **www.avianca.com.** – *IBERIA,* Westendstr. 12, 60325 Frankfurt, gm.centraleurope@iberia.de, **www.iberia.com.** – *KLM,* Siemensstr. 9, 63262 Neu-Isenburg, info@text-aktion.com, **www.klm.de.** – *LAN,* Liebfrauenstr. 1–3, 60313 Frankfurt, lanfra@lan.com, **www.lan.com;** in Österreich: Opernring 1/r/8, A-1010 Wien, lan@bfs.at, www.lan.com. – *Aerosur,* **www.aerosur@aviareps.com.**

Airpässe

Internationale Airpässe

Interessant ist der **South America Airpass** von LAN, der sowohl auf internationalen Strecken innerhalb Südamerikas sowie auf den Inlandsrouten der LAN, u.a. in Peru und Bolivien, einsetzbar ist (Gültigkeit 12 Monate). Der Preis richtet sich nach der Anzahl der Flugcoupons. Es sind mindestens drei Coupons zu kaufen, keine Limitierung nach oben. Der Transatlantikflug muss mit LAN oder IBERIA oder einer Oneworld-Fluggesellschaft (Aufschlag) erfolgen. Dabei kann Lima sogar mit Caracas oder São Paulo kombiniert werden. Routenzusammenstellung und Preisangabe unter www.lan.com.

Die Airline-Kooperation aus Mexicana und Aeroméxico bietet den **MEXI-Airpass International** an, mit dem bis Lima, aber nicht mehr innerhalb Perus geflogen werden kann. Dabei kann ein beliebiger Transatlantikflug zu einer Destination des Airpasses in Südamerika genommen werden.

Die Preise dieses zehn Zonen umfassenden Airpass-Systems betragen zwischen 90 € und 430 €. Gegenüber den peruanischen Airpässen sicherlich keine Konkurrenz, jedoch auf einer grenzüberschreitenden Reise in andere Länder Südamerikas durchaus interessant. Infos gibt es bei AVIAREPS, Hessenring 32, 64546 Mörfelden, Tel. 06105-206080, info@mexicana.de, www.mexicana.com, oder bei jedem Reisebüro.

Der **All American Airpass** dagegen gilt in fast allen südamerikanischen Ländern und vereint 30 Fluggesellschaften und 2500 Flugverbindungen. Da er nicht an einen Transatlantikflug gebunden ist, bietet er eine einzigartige Flexibilität. Sein Preis orientiert sich an ein Streckenpunktesystem, er ist ein Jahr gültig und muss vor Reiseantritt in einem Reisebüro in europäischen Land gekauft werden. Zahlung mit Kreditkarte möglich. Strecken- und Tarifinfo bei **www.allairpass.com.** Infos bei CSI oder über SASPO, An der Trift 65, 63393 Dreieich, Tel. 06103-987930 oder 987932, Fax 06103-987999, touristik@saspo.de, fly@ saspo.de, www.saspo.de.

Der **Oneworld Visit South America Airpass** wird von LAN und American Airlines angeboten. Hierbei können innerhalb von 60 Tagen die wichtigsten Großstädte Südamerikas (außer die Guayanas und die Osterinsel) auf dem Streckennetz der beiden Airlines miteinander kombiniert werden. Die Preise werden nach Flugsektoren (Flugmeilen) berechnet, wobei für den Airpass mindestens drei Coupons gekauft werden müssen. Sie reichen von 80 € (Zone 1/ bis 269 Meilen) bis 270 € (Zone 6/über 1849 Flugmeilen) pro Coupon. Der Airpass ist u.U. dann lohnenswert, wenn man z.B. von Caracas nach Lima anreist und dann über La Paz und Rio de Janeiro wieder nach Caracas zurückkreisen möchte. Weitere Infos: LAN, Liebfrauenstr. 1–3, 60313 Frankfurt, Tel. 01805-340767, Fax 069-29800171, lanfra@lan.com, www.lan.com, Mo–Fr 9–18 Uhr.

Airpass-Infos

South America Airpass und *Oneworld Visit South America Airpass:* LAN, Liebfrauenstr. 1–3, 60313 Frankfurt, Tel. 01805-340767, Fax 069-29800171, lanfra@lan.com, www.lan.com. – *All America Airpass:* SASPO, An der Trift 65, 63393 Dreieich, Tel. 06103-987930 oder 987932, Fax 06103-987999, touristik@saspo.de, fly@ saspo.de, www.saspo.de oder über jedes Reisebüro.

Anreise mit Schiff, Autoverschiffung

Eigentlich nur für jene interessant, die mit eigenem Wagen durch Südamerika fahren möchten; Zielhäfen sind z.B. Guayaquil (Ecuador), Callao (Lima) oder Antofagasta (Chile). Kosten pro Person 1000–1500 € (einfache Fahrt), Motorrad ab 400 €, Pkw ab 750 €, VW-Bus 1300–2000 €, je nachdem, ob im Mittelmeer oder in Nordeuropa abgelegt wird. Freigepäck 125 kg. Zu den Frachtkosten kommen teils noch hohe Kosten für Versicherungen, Hafen- und Einschiffungsgebühren! Die Kosten zu Häfen an der Ostküste Südamerikas, wie Recife, Río de Janeiro, Buenos Aires oder Caracas sind preiswerter. Hinweis: Meist ist dann eine Gelbfieber-Impfung erforderlich!

Weitere Schiff-Infos
Frachtschiff-Touristik, Peter Zylmann, Exhöfter Damm 12, 24404 Maasholm, Tel. 04642-6068, Fax 6767, seereisen@aol.com, www.zylmann.de. Hamburg – Panamakanal – Guayaquil – Callao (Lima) – Arica – Valparaíso mit Containeroder Frachtschiffen (auch Fahrzeugmitnahme möglich).

Hamburg-Südamerikanische Dampfschiffahrts-Gesellschaft, Ost-West-Str. 59–61, 20457 Hamburg, Tel. 040-37052593, Fax 37052420, egrauman@hsdgham.hamburg-sued.com, www.hamburg-sued.com. Frachtschiffreisen mit *Polish Ocean Lines* ab Hamburg – Panamakanal – Guayaquil (ca. 20 Tage, ab 1960 €) – Callao/Lima (Fahrzeit 24 Tage, ab 2170 €) – Arica – Antofagasta – Valparaíso (Fahrzeugmitnahme möglich).

Autoverschiffung
Navis Schifffahrts- und Speditionsgesellschaft, Billhorner Kanalstr. 69, 20539 Hamburg, Tel. 040-78948-296 und 78948281, Fax 337895. Nur Pkw-Verschiffung (z.B. von Hamburg-Süd), inkl. Dokumente und Verwaltungskram für die Pkw-Verschiffung, Kai-Umschlag, Importarrangement in Callao (Lima), Guayaquil (Ecuador) oder Antofagasta (Chile), zoll- und versicherungstechnische Fragen. Kostenorientierung, da Preise starken Schwankungen unterzogen (bis zu 50%): Für die Pkw-Verschiffung (Seefracht) nach Guayaquil, Callao/Lima oder Antofagasta ca. 100–125 €/cbm, für die Verschiffung im Standard-Container 1651 €, zzgl. Vehicle Stuffing Charges (Ladegebühren), Terminal Handling Charges (THC), Bunker Adjustment Factor (BAF) bzw. Treibstoffzuschlag, Transportversicherung und Sicherheitsgebühren! – *Spedition Schenker International Deutschland,* in jeder größeren Stadt Deutschlands (www.schenker.de), auch Pkw-Verschiffung. – *Spedition Carl Hartmann,* Tel. (0421) 302930, info@carl-hartmann.de, www.carl-hartmann.com. Nur Pkw-Verschiffung. – Eine Website, u.a. mit Angaben zur Kostenermittlung für die Fahrzeugverschiffung, ist www.sea-bridge.de.

Einreise Peru und Bolivien

Beide Länder verlangen offiziell ein Ausreiseticket, auch wenn dies oft nicht kontrolliert wird. Wer auf dem Landweg einreist, kann sich eine Busfahrkarte von der letzten größeren Stadt bis zur ersten nach der Grenze besorgen, z.B. von Puno nach La Paz. Gelegentlich verlangen die Grenzbeamten von Leuten im Hippielook, dass diese genügend Geldmittel vorweisen können, Kreditkarte oder Reiseschecks überzeugen.

In beiden Ländern ist normalerweise als **Tourist ein Aufenthalt bis zu drei Monaten möglich** (verlängerbar um weitere drei Monate). Ausgefüllt werden muss bei der Einreise über den internationalen Flughafen in Lima eine *Tarjeta Internacional de Embarque/Desembarque* (intern. Ein-/Ausreisekarte), eine *Declaración Jurada de Equipajes der Superintendencia Nacional de Aduanas* (Zolldeklaration) und eine *Declaración de Ministerio de Agricultura des Servicio Nacional de Saludad Agraria SENASA* (man bescheinigt durch seine Unterschrift, dass man seit 40 Tagen auf keinem Bauernhof war und keine verbotenen Waren transportiert).

Der Durchschlag der Einreisekarte ist im Pass aufzubewahren. Bei der Ausreise wird die Karte von der Grenzpolizei wieder eingezogen. Wird dieses Formblatt verloren, sind bei der Ausreise 4 € zu bezahlen.

Eine Devisenerklärung muss nicht abgegeben werden. Die Zollbestimmungen erlauben, neben den üblichen technischen Geräten, wie Fotos, Radios usw.) 2,5 l Spirituosen (in Bolivien 1 l), 400 Zigaretten oder 50 Zigarren (in Bolivien 200 Zigaretten oder 50 Zigarren), 2 kg Lebensmittel und Geschenke im Wert von 300 €. Die Ausfuhr von archäologischen Funden und Kunstgegenständen, die vor 1900 stammen, ist verboten.

Hinweis: Absolut kein Rauschgift oder Drogen mitführen! Es werden bei Rucksacktouristen Kontrollen durchgeführt. Dies gilt besonders auch bei Grenzübertritten mit dem eigenen Auto!

Ankunft in Lima

Nach der Ankunft auf dem Flughafen sollte Ihr erster Weg zur Tourist-Info führen, um das Touristenfaltblatt des *Servicio de Protección al Turista* (SPT) abzuholen. Hierin ist eine kleine rote Scheckkarte mit allen wichtigen Telefonnummern für den Notfall enthalten. Auf der Rückseite stehen die Nummern der INDECOPI (peruanische Verbraucherschutzzentrale).

Außerdem sollten Sie sich von **i-Peru** *(Información y Asistencia al Turista),* Tel. 574-8000, die blaue Scheckkarte mit den landesweiten Adressen von i-Peru besorgen. Wer nachträglich noch eine Impfung benötigt, kann dies auf dem *Aeropuerto Internacional Jorge Chavéz,* 2. Stock, Mo–So rund um die Uhr, nachholen, ansonsten im *Centro de Vacunación Internacional,* Hospital 2 de Mayo, Av. Grau (13. Block), Mo–Sa 7.30–13.30 Uhr.

Bitte schreiben oder mailen Sie uns (rkhhermann@aol.com) Ihre Reise- und Hotelerfahrungen oder wenn sich in Peru und Bolivien Dinge verändert haben und Sie Neues wissen. Danke.

TEIL II: UNTERWEGS IN PERU UND BOLIVIEN

Verkehrs- und Transportmittel – von Ort zu Ort

Wichtige Hauptstraßen in Peru

Das peruanische Straßennetz umfasst etwa 70.000 km, wobei nur knapp 10.000 km asphaltiert sind. Peru wird vorwiegend von drei Straßensträngen von Nord nach Süd durchzogen, die aber insbesondere im Urwaldgebiet noch im Aufbau sind. Diese drei sog. *Longitudinales* sind durch Quertrassen oder sog. *Transversales* miteinander verbunden. Longitudinales und Transversales sind in Peru die wichtigsten Straßenverbindungen und tragen offizielle Nummern (ungerade Nummern für Longitudinales, gerade für Transversales). Asphaltierte Straßen sind meistens gebührenpflichtig.

Die drei Longitudinales sind ...

– die vollasphaltierte, ca. 2700 km lange **Panamericana** (Ruta Nacional 1) *von der chilenischen zur ecuadorianischen Grenze,* wobei die Panamericana zwischen Cañete und Huacho autobahnartig ausgebaut und mautpflichtig ist. Auch zwischen Palpa und Llipta wurde die Panamericana Sur ausgebaut und die Strecke führt nun um die beiden Orte herum.
– die teilweise asphaltierte **Carretera de Sierra** (Ruta Nacional 3) *von Desaguadero über Puno, Cusco, Ayacucho, Huánuco, Huaraz und Cajamarca nach Vado Grande* (die Teilstücke von Corongo nach Tauca und von El Tambo nach Vado Grande sind im Bau).
– die **Carretera Marginal de la Selva** (Ruta Nacional 5) *von Pto. Maldonado über Camisea, Pto. Prado, Satipo, La Merced, Puerto Bermúdez, Tingo María, Tarapoto nach Moyobamba, Bagua Grande und San Ignacio* (wobei das Teilstück zwischen Pto. Maldonado über Camisea nach Pto. Prado erst noch durch den Urwald gebaut werden muss und dabei den Nationalpark Manu in der Mitte zerschneiden würde).

Die wichtigsten Transversales (von 20 vorhandenen) sind:

– die asphaltierte **Carretera Central** *(Ruta Nacional 20) von Lima über La Oroya nach Chanchamayo*
– die asphaltierte *Ruta Nacional 24 von Pisco über Tambo Colorado und Huaytará nach Ayacucho*
– die asphaltierte *Ruta Nacional 26 von Nasca über Puquio und Abancay nach Cusco*
– die asphaltierte *Ruta Nacional 30 Mollendo – Arequipa – Juliaca*
– die nur in Teilstrecken asphaltierte *Ruta Nacional 16 von Huacho über Huánuco nach Pucallpa*
– die gut asphaltierte *Ruta Nacional 14 von Pativilca nach Huaraz*
– die nicht asphaltierte *Ruta Nacional 12 von Chimbote über Yuramarca und Sihuas nach Quiches* (geplant ist, die Piste bis Tocache weiterzuführen)
– die nicht asphaltierte *Ruta Nacional 10 von Trujillo nach Bambamarca* (geplant ist, die Piste bis Juanjui weiterzuführen)
– die teilweise asphaltierte *Ruta Nacional 8 von Jequetepeque über Cajamarca und Chachapoyas nach Mendoza,* die bis Moyobamba in Planung ist. Von Moyobamba führt sie über die Ruta Longitudinales 5 nach Tarapoto und von dort wieder als Ruta Nacional 8 weiter nach Yurimaguas.
– die asphaltierte **Carretera Transandino** *von Chiclayo über Bagua Grande nach Moyobamba,* die alle drei Longitudinales vereint.
– die teilweise asphaltierte Strecke *von Paita über Piura (Ruta Nacional 2) und weiter nach Huancabamba.*

Nachdem die Strecke von **Cusco über Puno und Desaguadero nach La Paz** durchgehend asphaltiert ist, hat diese mautpflichtige Verbindung, insbesondere für den schnellen Busverkehr, an Bedeutung zugenommen. Auf der neuen **Straße von Arequipa nach Juliaca/Puno** ist die Busfahrt ein wahres Vergnügen, sie führt außerdem durch ein Naturschutzgebiet mit vielen Tieren.

Die wichtigsten Straßenverbindungen **von Puno nach La Paz** führen entweder über Copacabana (von dort Ausflug zur Sonnen- und Mondinsel) und mit der Fähre über den Titicacasee bei Tiquina oder über Desaguadero und Guaqui (Ausflug nach Tiwanaku). Beide Strecken sind asphaltiert, nur noch nicht die 8 km zwischen Yunguyo und Copacabana.

Asphaltiert sind in Peru die gesamte Panamericana mit den Transversales nach Rioja, Cajamarca, Huaraz, Caraz, Sayan, Canta, von Pisco nach Ayacucho, von Nasca via Abancay nach Cusco, Aplao, von Repartición via Arequipa nach Juliaca, von El Alto via Aplao nach Chuquibamba (Straße wird bis Cotahuasi asphaltiert), von Ilo über Moquegua und Mazo Cruz nach Desaguadero (Titicacasee). Die Strecke von La Oroya über Huánuco und Tingo María nach Pucallpa (bis auf die Teilstücke von Hermilio Valdizán bis zum Boquerón de Padre Abad und von Aguaytía bis 16 km nach San Alejandro); von La Oroya über Jauja nach Huancayo und von Abancay bis Cusco. Die Strecke von Chamaya via Jaén nach San Ignacio sowie von Pedro Ruíz Gallo nach Chachapoyas. Die Rundstrecke Cusco – Pisaq – Ollanta – Chinchero – Cusco. Die Strecke Cusco – Urcos – Sicuani – Juliaca – Puno – bolivianische Grenze – La Paz sowie Puno – Humajalso. Einige Strecken sind mautpflichtig.

Straßen in Bolivien Das (schlecht ausgeschilderte) Straßennetz in Bolivien umfasst etwa 41.000 km, wovon nun über 5000 km **asphaltiert** sind, und zwar **folgende Strecken** (s.a. hintere Klappenkarte):

Copacabana – Tiquina – La Paz. La Paz – Desaguadero. La Paz – Unduavi. La Paz – Patacamaya – Curahuara de Carangas – Tambo Quemado (Grenze Chile) – Arica.

La Paz – Oruro – Cochabamba – Santa Cruz (Tieflandroute, 560 km, mit Ausnahme eines 30 km langen Teilstücks kurz vor Villa Tunari, die Strecke gilt als beste Asphaltstraße Boliviens).

Oruro – Potosí – Tarija – Villa Montes. Oruro – Challapata. Potosí – Sucre – Camiri – Yacuiba. Santa Cruz – Trinidad. Santa Cruz – Yacuiba (Teilstück zwischen der Brücke über den Río Grande bis Camiri Sandpiste). Sucre – Tarabuco. Die Strecke Uyuni – Potosí (Straße 701) ist in sehr schlechtem Zustand.

Die Strecke Camiri – Monteagudo wurde verbreitert. Die Strecke Tarija – Entre Rios – Villa Montes ist anfänglich asphaltiert (103 km) und danach Schotterpiste, aber mit fantastischen Ausblicken von der Hochebene hinunter zum Río Pilcomayo nach Villa Montes.

Zwischen dem Pass La Cumbre bei La Paz und Puente Yolosa in den **Yungas** gibt es eine neue asphaltierte Straße, die alte „Todesstraße" existiert noch und wird als Ausweichstrecke bei Erdrutschen auf der neuen Straße genutzt, soll aber stillgelegt werden. Auf der Strecke Caranavi – Unduavi kommt es nach Regenfällen oft zu Erdrutschen, die dann die Straße blockieren.

Für einige Straßenabschnitte ist eine Art Kontrollblatt, die „Hoja de Ruta" erforderlich, das an den Grenzen und beim Tránsito (Polizeiposten) an den Ausfallstraßen der großen Städte erhältlich ist. Es wird eine mäßige Straßenbenützungsgebühr erhoben. Es gibt sehr viele Kontrollposten mit Schranken oder Ketten, meist will man nur den Pass sehen.

Verkehrs- und Transportmittel

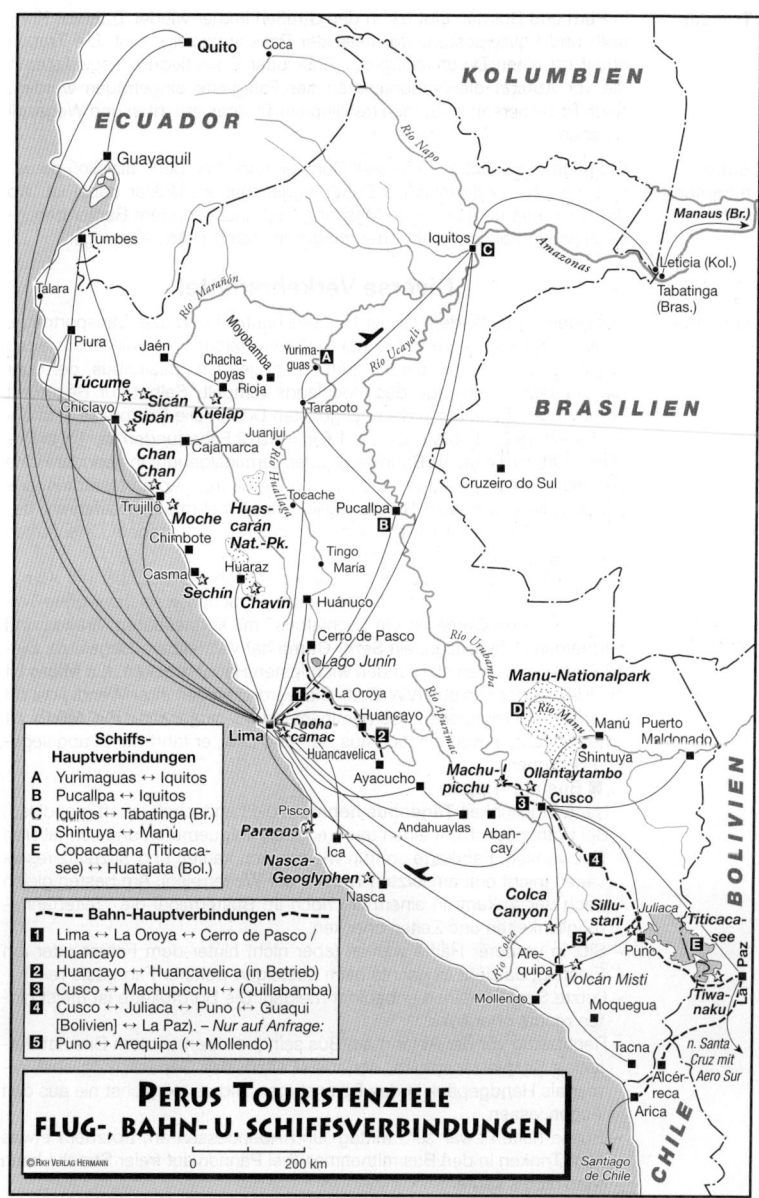

Trancas	In Peru und Bolivien gibt es an den Straßen immer wieder *Trancas,* Kontroll- und Polizeiposten, wo meist der Pass vorzuzeigen ist. Die Tranca erhält oft einen Durchschlag der Bus- oder Colectivo-Passagierliste, in die vor Abfahrt die Personaldaten der Fahrgäste eingetragen wurden. Auch Privatpersonen können (oft illegale) Trancas errichten und Wegezoll erheben.
Entfernungsangaben	Die Kilometerangaben in diesem Buch entsprechen den offiziellen peruanischen bzw. bolivianischen Entfernungsangaben. Unklar dabei ist, wo der Nullpunkt der jeweiligen Messung liegt. Insbesondere Radler berichteten wiederholt von mehr oder minder großen Km-Abweichungen.

Diverse Verkehrsmittel

Omnibus	In beiden Andenländern ist der Bus das häufigst benutze Transportmittel im Nah-und Fernverkehr. Die bunte Palette reicht vom vollklimatisierten Luxus- und Schlafbus bis hin zum klapprigen Campesinobus, der über die staubigen Feldwege des Hochlands rumpelt. Selbst zur Regenzeit kommt man damit bis in die entlegensten Dörfer. Die Fahrpreise sind billig (Faustregel: 1 Fahrstunde ca. 1 € in Peru, 2 Fahrstunden ca. 1 € in Bolivien). Oft wird eine Art Bahnsteig- oder Terminalgebühr in geringer Höhe auf den Fahrpreis aufgeschlagen. Von größeren Abfahrtsstädten aus werden die wichtigsten Städte täglich meist mehrmals angefahren, bedeutende Orte meist täglich und alle anderen (entlegenen) Ortschaften mindestens einmal wöchentlich.

Busarten: Überlandbusse können komfortable Dreiachser mit Klimaanlage, Video und Bordtoilette sein oder einfache Zweiachser ohne Toiletten. Ein **Bus Cama** ist ein „Schlafbus" mit verstellbaren, breiten und bequemen Schlafsitzen, ein **Semi-Cama** hat verstellbare Liegesitze. Diese Busse verkehren nur auf den wichtigsten Hauptstrecken. Ein **Micro** ist ein Klein- oder Minibus (VW-Bus). Sie werden wegen ihrer Wendigkeit oft in steilen Bergregionen (Serpentinenfahrten) eingesetzt. Ein **Mixto** ist eine (langsame) Kombination aus Bus und Lkw, er fährt nur in abgelegenen Regionen.

■ **Busfahr-Tipps:**
– Nach Möglichkeit **Tagesbus nehmen**, die Landschaft ist oft grandios.
– Bei Wahlmöglichkeit einen teureren, aber bequemeren und schnelleren Bus wählen. Fahrkarte so früh wie möglich kaufen und Sitzplatz reservieren (nicht erst am letzten Tag vor der Weiterreise). Am besten gleich nach der Ankunft in einem Ort noch im Busterminal die Weiterfahrtsmöglichkeiten und Zeiten checken.
– Sitz in vorderer Hälfte wählen (aber nicht hinter dem Fahrer oder am Einsteig, da zieht es nachts beim Zusteigen weiterer Fahrgäste rein!)
– Letzte Sitzplatzreihen unbedingt meiden! Die Bordtoilette ist meist hinten rechts oder links.
– Rechtzeitig vor der Abfahrt am Bus sein (bei überbuchtem Bus hat derjenige Sitzplatzanspruch, der zuerst sitzt), das Gepäck möglichst immer als Handgepäck in den Bus nehmen und es möglichst nie aus den Augen lassen.
– Busse halten zwar zum Mittag- und Abendessen an, trotzdem etwas zum Trinken in den Bus mitnehmen (bei Pannen auf freier Strecke kann man nichts kaufen).

Verkehrs- und Transportmittel

- Gepäckstücke/Rucksack kosten nichts, auch wenn dies behauptet wird. Nicht zusätzlich bezahlen!

Colectivo Colectivos sind Sammeltaxis für etwa 4 bis 15 Personen, die meist gleichfalls auf den Busrouten verkehren. Sie sind überall zu finden, sowohl im innerstädtischen als auch im Nah- und Fernverkehr. Als Fahrzeuge werden meist japanische und koreanische Minibusse eingesetzt, ab und zu auch noch VW-Busse. Sie sind etwas teurer, aber schneller als Busse. Allerdings sitzt man meist zusammengepfercht wie in der berühmten Sardinendose. Die Namen der Colectivo-Gesellschaften sind oft **Comité** mit einer zusätzlichen Zahl, andere haben überhaupt keine Bezeichnung und zeigen nur vorne an der Windschutzscheibe das Fahrziel an. Bezahlt wird beim Aussteigen, manchmal auch bei der Abfahrt. Wer aussteigen möchte, zeigt dies mit dem Wort „bajar" an.

Camioneta (Pickup) Auf Nebenstrecken verkehren manchmal **Camionetas,** offene Lieferwagen bzw. Pickups, meist japanischer Bauart. Hinten wird (ziemlich staubig) auf einer Holzbank gesessen (wenn man Glück hat), ansonsten steht man auf der Ladefläche.

Taxi Das Taxifahren ist in Peru und Bolivien spottbillig. In den großen Städten lohnt es immer, vor allem für mehrere Personen zusammen, z.B. vom Busterminal zum Hotel zu fahren. Dabei muss der Preis unbedingt vorher ausgehandelt werden. Zur Orientierung zuvor Einheimische nach dem Preis fragen, sonst wird man als Ausländer übervorteilt, besonders in Bolivien. Genügend Kleingeld dabeihaben, denn Taxifahrer können oder wollen auf größere Scheine selten herausgeben. Manchmal wird für das Gepäck noch ein geringer Zuschlag erhoben. Wer aus dem Taxi aussteigen möchte, sagt „acá me quedo". Ausgestiegen wird erst, nachdem der Fahrpreis bezahlt ist.

Trufi Dies sind preiswerte Sammeltaxis (meist nur im Stadtverkehr und Umgebung), die feste Strecken mit festen Fahrzielen befahren. Das Fahrziel oder die Fahrstrecke wird von den jungen Schaffnern beim Vorbeifahren über die Straße gerufen.

Motocarro (Motorradtaxi) In Peru sind überall dreirädrige Motorradtaxis (ähnlich den Tuk-Tuks in Asien) anzutreffen, die ab 2 Soles kosten. Normalerweise passen auf die hintere Sitzbank 3 Personen, doch besser sind 2 Fahrgäste. Sollte ein Motocarro eine Panne haben, ist der Fahrpreis nicht zu zahlen und es kann in ein anderes umgestiegen werden. Der Fahrpreis ist vor Fahrtantritt auszuhandeln und wird erst am Fahrziel fällig.

Mietwagen In größeren Städten wie Lima, Trujillo, Arequipa, Chiclayo, Cusco, La Paz, Cochabamba, Santa Cruz u.a. können Fahrzeuge bekannter internationaler Firmen wie Budget, National, Hertz (www.inkasrentacar.com), Dollar, Avis (www.avisperu.com oder www.int-avis.com) und Europcar gemietet werden. Als derzeit zuverlässige internationale Anbieter in Peru gelten **Hertz** und **Avis.** Wichtig ist dabei, dass nicht übers Internet gebucht wird, sondern der internationale Autovermieter über ein Reisebüro in Deutschland, damit man als Kunde einen Versicherungsschutz hat. Sonst kann es passieren, dass die zuständige Partnerfirma, z.B. in Lima, einem eine „alte Kiste" übergibt und sich dann für Reklamationen ebenso nicht zuständig sieht wie der internationale Autoanbieter in D.

In anderen Städten sind es meist lokale oder regionale Anbieter, die Fahrzeuge – auch mit Fahrer – vermieten. Wenn sich einige Leute zusammentun, ist ein Mietwagen für Tagesausflüge auf alle Fälle günstiger als ein Reisebüroausflug und auch bequemer als eine Fahrt mit dem Lokalbus, zumal man überall anhalten kann wo es beliebt. Mietwagen-Agenturen findet man in den Städten bei „Adressen & Service".

Cochera Andina
Cochera Andina ist ein Online-Mietwagenanbieter, der in Zusammenarbeit mit AVIS und Reise Know-How auf **www.mietwagen-lateinamerika.com** Informationen zum Straßennetz, zu Straßenzuständen, Entfernungen und Fahrzeiten in südamerikanischen Ländern sowie Empfehlungen zum geeigneten Mietwagentyp anbietet. *Cochera Andina,* Eilenau 96, 22089 Hamburg, Tel. (040) 9707-6361.

Internetbuchungen
Suchen Sie bei den Adressen nationaler Anbieter, in Peru beispielsweise bei http://nationalcar.dnet.com.pe, www.int-avis.com, www.peruhot.com/triplea u.a. In Bolivien (inkl. Straßenverkehrsinfos), bei www.rentacarpetita.com oder www.localizabolivia.com. Mietwagen haben meist drei **Preistarife** bzw. -klassen:

Tarif A (oder *Basica*): Ohne Freikilometer (km 0,20–0,50 €, je nach Fahrzeugklasse)

Tarif B (oder *Especial*): 120–200 Freikilometer pro Tag (zusätzliche Kilometer 0,40–0,99 €, je nach Fahrzeugklasse)

Tarif C: 300 Freikilometer pro Tag. Bei 5 Tagen Mietdauer oder gar mehrwöchigen Touren können im Mietpreis auch unbegrenzte Freikilometer drin sein. Fragen Sie. Die Preise beginnen ab 20 €/Tag im Tarif A, ab 40 €/Tag im Tarif B und ab 50 €/Tag im Tarif C. Ein geländegängiger Pickup oder 4WD ist jeweils teurer. Besser gleich einen Wochentarif wählen, z.B. einen Kleinwagen ab 240 €/Woche; ein 4WD kostet ab 325 €/Woche.

Bei normalen Pkw ist für die Versicherung mit einem Aufschlag von 8–10 € zu rechnen, je nach Fahrzeugklasse, für geländegängige Fahrzeuge etwas mehr. Für Klimaanlage – *aire acondicionado* (AC) – und Automatikgetriebe (völlig untauglich außerhalb der Städte) und eine Unfallversicherung (SPA) werden ebenfalls Aufschläge verlangt. Es ist sehr ratsam, bei Mietwagen eine Vollkaskoversicherung abzuschließen. Auf alles kommt dann meist noch Steuer (IGV), also immer vorher fragen, ob der Preis inkl. Steuern ist oder nicht.

Für Fahrten durch das Hochland und den Urwald von Peru und Bolivien und für Fahrten außerhalb der Großstädte und deren umliegenden Ausflugsziele ist unbedingt zu einem **Geländewagen** (4WD) mit der höchsten Bodenfreiheit und dicken Reifenprofilen zu raten, da aufgrund der vielen Steine sonst Reifenschäden üblich sind. Normale, also nicht geländegängige Pkw, sollten dazu nicht angemietet werden. Aus Erfahrung eignet sich am besten der *Toyota Landcruiser* oder der *Landrover*. Mietpreise für einen Toyota Landcruiser, z.B. **in La Paz** bei *Petita Rent-A-Car,* s. bei „La Paz", Marginale **„Mietwagen".** Versicherung 50 €/Woche, 100 €/Monat. Dazu kommen noch etwa 50 € Auslandshaftpflicht bei evtl. Fahrten in die Nachbarländer. Es lohnt, die Angebote der verschiedenen Firmen genau auf den jeweiligen Verwendungszweck zu vergleichen. Einwegmieten sind teurer. Ausnahme: *Tourismus Schiegg*, www.lateinamerika.de, mit Toyota Pick-up. Unerlässlich sind Höhenmesser und Kartenmaterial des Nationalen Geographischen Institutes in Lima.

Hinweis: Es sollte keinesfalls ein Wagen in Chile angemietet werden, wenn damit Bolivien bereist werden soll! Chilenische Mietfahrzeuge werden oft von bolivianischen Grenzposten, z.B. an der Laguna Verde (chil. Grenzort San Pedro de Atacama) nicht nach Bolivien durchgelassen.

Mietvertrag/Papiere: Neben dem Mietvertrag (in Spanisch) gibt es auch einen Versicherungsvertrag und für Fahrten über die Grenze (Peru, Bolivien, ggf.

Chile) eine Bestätigung, dass mit dem Fahrzeug auch ins Nachbarland gefahren werden darf. Diese Bescheinigung der Mietwagenagentur ist das wichtigste Dokument bei Polizeikontrollen und beim Grenzübertritt. Bei jedem Grenzübertritt wird dieses Papier mit einem Stempel der Grenzbehörden versehen und es werden die vorhergehenden Stempel kontrolliert, auch das Fahrzeug desinfiziert (meist nur von außen).

Unbedingt die Verträge dahingehend überprüfen, ob die Versicherung (Diebstahl und Vollkasko) bei geplantem Grenzübertritt auch im Nachbarland (-länder) gültig ist, da z.B. die Diebstahlversicherung nur im Anmietungs-Inland Gültigkeit hat, sofern die Bezahlung nicht mit einer Kreditkarte erfolgt. Einen Tipp gibt *Ralf Hinkelmann* aus Trier: Bei Grenzübertritten wurde er oft nach einer Spende für irgendwelche Orts-Heiligen gefragt; eine Gabe, so seine Erfahrung, ist einer problemlosen Abfertigung förderlich.

Fahrzeugcheck: bei einem geländegängigen Mietfahrzeug unbedingt darauf achten, dass die Reifen am Fahrzeug noch gut sind; ein zweites Ersatzrad ist dringend zu empfehlen; 2 x 40 Liter Ersatzkanister mit Treibstoff mitführen (Spritverbrauch auf Hochlandpisten mindestens 20 l/100 km!). Bordwerkzeug ergänzen, z.B. 2 Liter Öl, Luftpumpe, Draht u.a. mehr.

Straßenkarten: Für Peru und Bolivien sind für Fahrten abseits der Hauptstrecken gute Straßenkarten nötig. Lassen Sie sich noch in Deutschland von *Karten-Schrieb* beraten (s.S. 77). In Peru gibt es gute Straßenkarten beim *Instituto Geográfico Nacional* (s.S. 152) und beim Automobilclub, der South American Explorers Club hält keine brauchbaren Straßenkarten bereit. In Bolivien gibt es Straßenkarten beim *Instituto Geográfico Militar* in La Paz und in den Buchhandlungen von *Los Amigos dos Libros* in La Paz und anderen boliv. Großstädten. In beiden Ländern sind **GPS-Navigationsgeräte** eine sinnvolle Ergänzung, aber nicht unbedingt erforderlich. Sie erleichtern die Orientierung, denn es gibt wenige Hinweisschilder.

Tipps zur Nutzung von GPS-Karten und GPS-Geräten in Südamerika finden Sie auf unserer Homepage www.rkh-reisefuehrer.de.

Sicherheit: Nach Möglichkeit sollten Mietwagen über Nacht nur in Garagen oder auf bewachten Parkplätzen abgestellt werden, keinesfalls an dunklen Stellen parken; Lenkradschloß immer einrasten lassen; zusätzlich sichern (z.B. Verteilerstecker abziehen). Immer alle Türen verschließen. Es sollte nicht in der Nacht gefahren werden. Unterwegs nicht anhalten, wenn Unbekannte Zeichen geben. Ratsam sind wichtige Reparaturteile und große Reservekanister.

Verkehrsregeln: Höchstgeschwindigkeiten auf den Landstraßen beachten. Alkohol und Drogen am Steuer sind verboten. Auch wenn die Verkehrsvorschriften ähnlich wie bei uns sind, so ist der Fahrstil und die Auslegung der Regeln doch oft anders. Fast immer hat der stärkere Vorfahrt, und erlaubt ist alles, was nicht ausdrücklich verboten ist. Vor unübersichtlichen Stellen und Kurven wird gehupt, und an Kreuzungen wird gehupt, um die Vorfahrt anzuzeigen. Auf Bergstraßen hat der Aufwärtsfahrende Vorfahrt, der Gegenverkehr muss (an einer Ausweichstelle) warten. Kracht es doch einmal, hat immer der Ausländer Schuld. Deshalb sofort die Verkehrspolizei und die Versicherungsgesellschaft verständigen. Es kann passieren, dass man – je nach Schwere des Falles – bis zum Beweis seiner Unschuld hinter Gitter wandert. In diesem Fall unbedingt die Botschaft einschalten.

Treibstoff: Das Tankstellennetz ist dicht, doch rechtzeitig Tanken ist immer sinnvoll. In **Peru** schwanken die Preise landesweit erheblich, sind an der Küste am günstigsten, insbesondere in Lima.

Von Wagen die Benzin mit 97 Oktan benötigen ist abzuraten, da dieses nicht überall erhältlich ist. Eine Gallone (3,8 l) *Gasolina* (84 Oktan) kostet der-

zeit 12 Soles, *Extra* (97 Oktan) ca. 18 Soles, Diesel ca. 10–12 Soles.
Bolivien: 1 l *Premium* (80 Oktan) ca. 6 Bs, *Superior* (94 Oktan) ca. 8 Bs, Diesel 3,20–3,70 Bs.
Stellplätze: Besonders an der Panamericana sind den Tankstellen mit 24-Std.-Service Truckstopps mit WC/Dusche und Restaurant angeschlossen, bei denen oft auch kostenlos übernachtet werden kann.

Eisenbahn

Das Schienennetz der peruanischen ENAFER *(Empresa Nacional de Ferrocarriles)*, die 1999 wieder privatisiert wurde, ist mit 1691 km Länge nicht sehr groß. Die touristisch interessanten Strecken übernahm die Gesellschaft **Peru Rail**. Eine Folge davon ist, dass peruanische Lokalzüge, sofern diese auf diesen Strecken überhaupt noch fahren, von Touristen nicht mehr benutzt werden können.

Nur drei Hauptstrecken in ganz Peru!

■ **Lima – Galera (4781 m) – La Oroya – Huancayo,** nach der neuen Tibet-Bahn die zweithöchste Eisenbahnstrecke der Welt, mit einem Abzweig von La Oroya nach Cerro de Pasco sowie von **Huancayo nach Huancavelica** (Schmalspurbahn, Streckenlänge 129 km), wird von *Ferrocarril Central* betrieben.
■ **Cusco (3500 m) – Machupicchu** – Quillabamba (Streckenlänge 185 km), die wohl von allen Reisenden am meisten befahrene Strecke bis Machupicchu, denn mit dem Auto kann Machupicchu nicht erreicht werden. Der Streckenabschnitt von Cusco nach Aguas Calientes (Machupicchu) wird von Peru Rail betrieben.
■ **Cusco – La Raya (4338 m) – Juliaca (– Puno) – Cruzero Alto (4528 m) – Arequipa – Matarani – Mollendo** (Streckenlänge 915 km); eine landschaftlich sehr reizvolle Strecke, die Abschnitte Matarani – Arequipa – Juliaca und Puno – Juliaca – Cusco werden von Peru Rail betrieben. Zwischen Arequipa und Juliaca verkehren von Peru Rail derzeit nur Charterzüge (für Pauschaltouristen bzw. Gruppenreisende ab 40 Pers.), und zwischen Puno und Cusco Touristenzüge.

Daneben gibt es noch einige Neben- und Stichstrecken, wie z.B. die Strecke von Tacna nach Arica und die Erzbahn von Ilo nach Toquepala.

Eisenbahnnetz Bolivien

Mit 3700 km Länge ist das Streckennetz Boliviens etwas umfangreicher. Es gibt Zugverbindungen von *Oruro nach Chile* (San Pedro de Atacama) und von *Oruro nach Villazón* (an der argentinischen Grenze) sowie von *Santa Cruz nach Puerto Suárez und Yacuiba*. Auch schienenbusartige Triebwagen (Autovagón) sind neben einigen Lokalzügen im Einsatz. Weitere Infos über die Bahnstrecken s.S. 688 ff.

Inzwischen ist eine touristische Eisenbahnstrecke mit dem **Atacama-Express** von Cusco über Puno nach Uyuni und in die Atacama-Wüste in Planung, die meist auf die alten Gleiskörper zurückgreift. Fraglich ist, ob der Titicacasee dann wieder mit einer Eisenbahnfähre überquert wird. In Cusco wäre dann der Anschluss nach Aguas Calientes möglich.

Flugzeug

In Peru und auch Bolivien ist das Fliegen wesentlich preiswerter als in unseren Breitengraden, das Flugzeug ist dort ein alltägliches Verkehrsmittel. Deshalb sollte immer frühzeitig gebucht und unbedingt am Vortag oder am Flugtag nochmals bestätigt *(confirmado)* werden. Internationale

Flüge sind grundsätzlich spätestens 72 Stunden vor dem Abflug zu bestätigen. Zur Zeit der Drucklegung dieses Buches gibt es in Peru neben den **wichtigen Fluglinien LC Busre** (www.lcbusre.com.pe), **Star Peru** (www.starperu.com) und **LAN** (www.lan.com) noch die kleineren *TACA Peru, Aerodiana, Aero Cóndor* (nur Ica/Nasca) und *FAP* sowie unzählige Kleinst- und Buschflieger.

In **Bolivien** fliegt **Aerosur** alle wichtigen Städte an, auch jene im Urwald. **Aerolineas Sudamericanas** und **Aerocon** fliegen gleichfalls die größeren Städte an, **Amaszonas** mit kleineren Maschinen verschiedene Urwaldstädtchen. Sehr preiswert, jedoch seltener, verkehren Militärmaschinen der **TAM**, die in Bolivien auch Passagiere mitnehmen und in La Paz und anderen Großstädten, z.B. in Cochabamba, ein Büro unterhalten. **Hinweis:** Die wichtigsten **Flugverbindungen in Peru und Bolivien** finden Sie bei den Städten unter „Adressen und Service".

Fortsetzung des Kapitels „Diverse Verkehrsmittel"

Mit Boot und Schiff

Dies ist natürlich in erster Linie etwas für Urwald- und Wildwasserfans. Örtliche Reisebüros folgen diesem Trend und bieten, vor allem in Cusco und in Huaraz, organisierte Schlauchbootfahrten an. Der Profi will aber vielleicht lieber den Río Urubamba oder Río Santa auf eigene Faust mit dem Kanu bezwingen. Im Urwald schließlich gibt es kaum Straßen, so dass diejenigen, die tiefer in die Selva eindringen wollen, auf das Boot sowieso angewiesen sind. Doch ohne solides Können und optimale Ausrüstung sollte niemand ein solches Unternehmen wagen. Ab und zu versuchen Abenteurer, den Río Urubamba/Ucayali von Kiteni (unterhalb von Quillabamba) bis Pucallpa zu bewältigen.

Am populärsten ist die **Schiffsreise** von Pucallpa nach Iquitos und von Iquitos nach Leticia. Aber auch von Yurimaguas kann mit dem Boot Iquitos angesteuert werden.

In **Bolivien** gibt es regelmäßigen Schiffsverkehr auf dem Río Paraguay von Corumbá bis Asunción, auf dem Río Mamoré von Trinidad nach Guayaramerín und Puerto Villarroel sowie auf dem Río Madre de Dios. Insgesamt nützt das Land über 10.000 km Wasserstraßen.

Trekking und Bergsteigen

Es ist immer noch mit am schönsten, sich abseits von Menschenmassen und Benzingestank ein Land zu erwandern. Die bekannteste Wanderstrecke – und auch die frequentierteste – ist der Inkaweg nach Machupicchu. Aber daneben gibt es in der Cordillera Blanca und Cordillera Vilcabamba gleichfalls wunderschöne Trekkingrouten, auch die mehrtägige Umrundung des Ausangate und interessanten Wanderwege um La Paz/Bolivien sind eine nähere Überlegung wert.

Dass die Anden ein wahres Paradies für Bergsteiger sind, ist längst bekannt. Es ist aber hier nicht möglich, die genaue Aufstiegsroute auf den Salkantay oder Illimani zu beschreiben. Durch die Hochlage der Täler ergeben sich eine ganze Reihe leichter Vier- und Fünftausender, die man in einer Tagestour bewältigen kann. So gibt es in der Condoriri-Gruppe nahe La Paz mit dem *Mirador* (5100 m) und dem *Cerro Linker Talwächter* (5300 m) zwei Berge, die mit genügend Kondition, Trittsicherheit und Schwindelfreiheit relativ leicht bestiegen werden können. Ein Mindestmaß an bergsteigerischer Erfahrung gehört aber immer dazu. **Buchtipp:** M. Wittber: Abenteuer Trekking Peru, Bruckmann Verlag.

Wer überwiegend Trekking- und Bergtouren machen will, sich dies aber alleine nicht zutraut oder lieber das Gruppenerlebnis sucht, wende sich z.B. in Bolivien an: *Thomas-Wilken-Tours,* Calle 14 de Obrajes 122, La Paz, Tel. 00591-7252-8720, www.suedamerikatours.de. In D an: *Hauser Exkursionen,* Marienstraße 17, 80331 München, Tel. 089/2350060, www.hauser-exkursionen.de. In der Schweiz: *Alpin Travel,* Seestr. 60, Postfach 14, 8880 Walenstadt, Tel. 081/7202121, www.alpintravel.ch.

Trampen ist in Peru und Bolivien grundsätzlich nicht empfehlenswert. Der relativ geringe Verkehr und die billigen Buspreise lohnen es einfach nicht, stundenlang an der Straße zu stehen. Zudem erwarten Lkw-Fahrer ein Fahr- oder Benzingeld, das manchmal nicht viel unter dem Buspreis liegt. Für wen Zeit keine Rolle spielt, der wird sich vielleicht trotzdem dazu entschließen – denn es ist schon abenteuerlich, hoch oben auf der Ladefläche eines Lkw als „Staubkönig der Anden" über 4500 m hohe Pässe zu „reiten" ...

■ *Abenteuerlich: in Bolivien unterwegs mit dem Lkw*

Mit Pferd Wer nicht nur kurz wandern, sondern Peru wirklich intensiv zu Fuß kennenlernen will, dem wird der schwere Rucksack bald zur Last. Was liegt da näher, als diese Last einem Packpferd aufzuladen. In den Bergregionen kostet ein Pferd ein paar hundert Euro, die man aber beim Verkauf meist wiederbekommt. So ein Tier ist genügsam, braucht kaum Pflege und klettert mühelos über Andenpässe. Zur Not kann eine kurze Strecke auch geritten werden. Zelt, Schlafsack und Lebensmittel für einige Tage gehören zur Grundausrüstung. Dörfer liegen selten länger als eine Tageswanderung auseinander. Der unvergleichliche Reiz dieser Fortbewegungsart liegt darin, dass so Peru wirklich abseits der Touristenpfade erlebt wird. Eine sehr schöne Reitwanderung machte ich schon im Gebiet des Huayhuash. Ein Tipp ist auch, den Tagesausflug zu den Ruinen um Cusco (Tambomachay, Pukapukara, Q'enqo usw.) zu Pferde zu machen.

Mit Fahrrad, Mountainbike Längst hat die Mountainbikewelle auch Peru und Bolivien erreicht. Nicht nur auf der Panamericana, auch in den extremsten Höhen der Anden sind Mountainbiker und harte Tourenradler zu sehen. Dafür gibt es von Reise Know-How das **Lateinamerika BikeBuch** von Thomas Schröder/Raphaela Wiegers. Dort sind alle wichtigen Strecken Perus und Boliviens (und ganz Lateinamerikas) exakt beschrieben, alle Panamericana-Etappen natürlich, aber auch, z.B. als besonders lohnende Tour, das *Valle Sagrado* von Cusco aus, die *Lagunenroute* über den Salar de Uyuni in Bolivien und als absoluter „Überkick" der Downhill auf der alten „Todesstraße" von La Paz hinab in die Yungas – mit genauen Km-Angaben, Verpflegungs- und Übernachtungsmöglichkeiten, u.v.a. m. Die Infos werden zudem ständig auf der Homepage des Autors aktualisiert (www.bikeamerica.de /„LABB-Update"), dort gibt es auch eine Leseprobe. Ein Muss für jeden Peru-Bolivien-Biker! Für Tourenradler sind auch die RKH-Bücher „Abenteuer Anden – Eine Radreise durch das Inka-Reich" von J. Held und „Rad-Abenteuer Panamericana" von C. Carle zu empfehlen.

Ein ideales Revier für trainierte Mountainbiker ist die *Cordillera Blanca,* Ausgangspunkt Huaraz (www.pedalperu.com). In vielen touristischen Zentren, wie z.B. Cusco, gibt es auch MTB-Vermieter. Eine tolle Downhill-Strecke führt von Cusco aus über Tres Cruces die Andenhänge hinab in den Tiefland-Regenwald (ca. 3000 m Höhenunterschied, Rückfahrt nach Cusco dann mit dem Bus). Wer sich über organisierte MTB-Touren informieren will, prüft die Angebote der Peru/Bolivien-Reiseveranstalter (z.B. Aventoura, www.aventoura.de).

Einige fahrradbegeisterte Einheimische bieten Radreisende auch eine kostenlose Übernachtung in ihren Häusern, den sogenannten *Casas de Ciclistas,* an. Eine Liste gibt's auf www.grenzenlos.ath.cx.

Wie man sich bettet – Unterkünfte

Es gibt in beiden Ländern ein großes Angebot an Unterkünften aller Kategorien. Mittelklassehotels findet der anspruchsvolle Reisende jedoch schwerer, Billigherbergen weitaus mehr. Luxushotels gibt es in allen Touristenzentren. Hotelsuche im Internet: **www.telefonbuch.com,** unter *paginas amarillas;* speziell für **Peru: www.amarillastelefonica.com. Bolivien:** Gutes Portal für Unterkünfte, Reservierungen sind kostenlos, keine Anzahlung, preiswerte Angebote: **www.boliviahostels.com.** Auch nicht schlecht: **www.boliviaweb.com • www.boliviaweb.bo.**

Hinweis: Falls Sie im Reisehandbuch auf eine eMail-Adresse stoßen, die nicht mehr aktiv ist, so versuchen Sie es mit **www.google.com** o.a. Geben Sie den Namen des Hotels und den Ort ein, und informieren Sie uns, danke. Statt einer Preisangabe wurde **im Buch eine Einteilung in drei Kategorien vorgenommen** (Zweibett- bzw. Doppelzimmer).

Übernachtungspreise   Hotelzimmerpreise sind fast durchweg Verhandlungssache, auch wenn Preislisten ausliegen oder Preistafeln aushängen. Es gibt zwei Kategorien: den **Tarifa pública (TP)** und den *Tarifa confidencial* **(TC).** Der Tarifa pública ist der höhere, ihn sollen die Touristen zahlen. Der TC ist der günstigere Hauspreis. Nach ihm sollte man fragen, doch besteht seitens des Hotels keine Pflicht zur Nennung. Meist liegen Rabatte oder selbstverhandelte Preise zwischen TP und TC. Unter dem günstigeren Tarifa confidencial geht's mit Verhandlungsgeschick meist nur in der Nebensaison.

ECO   *– económico:* preiswerte und einfache Unterkünfte für Rucksackreisende bis 20 €/DZ (ca. 85 Soles). Der Hinweis BUDGET in dieser Preisklasse weist darauf hin, dass diese Unterkunft äußerst einfach und billigst ist, eben Low-Budget, und selten mehr als 10 €/DZ (ca. 40 Soles) kostet.

FAM   *– familiar:* Familien- und Mittelklasseunterkünfte für Individual- und Pauschalreisende, Touristenhotels. Preis 20–50 €/DZ (85–200 Soles).

LUX   *– lujo:* teuere, meist komfortable Unterkünfte der Luxusklasse. Teuer heißt aber nicht unbedingt komfortabel. Ab 50 €/DZ (ca. 200 Soles).

Abkürzungen im Buch	bei den Unterkünften: **B&B** = Bed & Breakfast • **AC** = aire acondicionado (Klimaanlage, Air Conditioning) • **bc** = baño común (Gemeinschaftsbad/-toilette) • **bp** = baño privado (Bad/Toilette im Zimmer) • **Ws** = Wäscheservice • **Ww** = Warmwasser • **Kw** = Kaltwasser • **Rest.** = Restaurant • **Pool** = Swimmingpool • **Ü/F** = Übernachtung mit Frühstück • **DZ** = Doppelzimmer • **DZ/F** = Doppelzimmer mit Frühstück • **EZ/F** = Einzelzimmer mit Frühstück • **TriZ** = Dreibettzimmer • **MBZi** = Mehrbettzimmer • **gPLV** = gutes Preis-/Leistungsverhältnis • **PP** = Parkplatz, Standplatz für Campmobile. „Ex-Turistas-Hotels" sind ehemalige staatliche Unterkünfte, die privatisiert wurden (meist gehobene Klasse).
	Für ein **Einzelzimmer** muss man etwa 25% mehr ansetzen. Es gibt auch Hotels, die von Einzelreisenden den DZ-Preis fordern. Die neueste Masche einiger besserer Hotels in Peru und Bolivien (La Paz) besteht darin, von Ausländern bis zum Doppelten dessen zu verlangen, was Einheimische zahlen. Bei den billigen Hotels müssen Abstriche hinsichtlich Sauberkeit und Komfort hingenommen werden. Entscheidende Kriterien für die Wahl sind immer eigenes Bad *(baño privado)* und warmes Wasser *(agua caliente)*.
	Andere Namen für Hotels sind, je nach Zimmerzahl und Serviceleistungen, **Hostal** und **Pension**. Einfache und preisgünstige Unterkünfte heißen **Residencial,** einfachste **Alojamiento, Hospedaje** oder nun auch **Hostal bzw. Hogar de Mochilero** (das Latino-Gegenstück zu den „Backpacker"-Hostels; *mochila* = Rucksack). Auch **Bed&Breakfast** (B&B) ist in Peru immer häufiger anzutreffen.
JH (AJ)	**Jugendherbergen** *(Albergues de Juvenil)* und YMCAs sind zwar nicht sehr zahlreich, doch vorhanden. Die Jugendherbergen in Bolivien sind meist in Hotels, die nicht unbedingt preiswert sind. JH-Bolivien-Infos: *Hostelling Internacional Bolivia,* Sucre, Guillermo Loayaza 119, www.hostellingbolivia.org
Camping	Vom Zelten und Schlafen im Freien ist, abgesehen bei Bergwanderungen, abzuraten. In Peru gibt es, bis auf wenige Ausnahmen, kaum kommerzielle Campingplätze. Die meisten liegen in den Nationalparks. Zelte können außerhalb von Privat- und Kulturland aufgeschlagen werden. Zelten und Campen ist in archäologischen Zonen (z.B. Inkatrail) strikt verboten. Für Fahrzeuge wird auf Campingplätzen 25 Soles pro Fahrzeug/2 Pers. verlangt. Auch in Bolivien gibt es selten öffentliche Campingplätze, Zelten ist trotzdem möglich.

Tipps zur Zimmerwahl

– Zimmer vorher anschauen; Licht, Wasserhähne, Toilette und Dusche ausprobieren. Zimmer ganz oben wählen (weniger Lärm).
– Bett und Bettwäsche auf Sauberkeit prüfen
– Türschloß und Schlüssel testen – Einstiegsgefahr durchs Fenster?
– den Preis vorher vereinbaren. Bei längerem Aufenthalt nach Rabatt fragen. Ist die Steuer im genannten Preis bereits inbegriffen (incluido impuestos)?
– fragen, bis wann das Zimmer am Abreisetag geräumt sein muss *(hora de salida)*.
– **informieren, ob das Wasser ganztägig fließt (z.B. in Cusco, Puno), und ob die Duschen heißes Wasser haben!**

Das alles kann man sich natürlich schenken, wenn man abends um 21 Uhr in Cusco schon in 10 Hotels „todo ocupado" gehört hat. Dann nimmt man ungesehen das erste freie Zimmer und schaut sich anderntags nach evtl. was besserem um.

Toiletten In Peru und Bolivien ist der Reisende gut beraten, **ständig Toilettenpapier oder Papiertaschentücher mitzuführen**. Nur in guten Hotels, in Familienpensionen und guten Restaurants werden Sie diese in den Toiletten vorfinden, ansonsten kann Toilettenpapier überall gekauft werden.

In Peru und Bolivien auf die Toilette zu gehen ist immer ein kleines Abenteuer. Im Extremfall, z.B. in kleinen Kneipen, befindet sich die WC-Schüssel nackt hinter irgendeiner Wand, es funktionieren weder Spülung noch Wasserhahn. Außer Seife und Handtuch fehlt natürlich auch Papier. Die Türen sind meist nicht abzuschließen, wodurch Sie hurtig Ihr Geschäft verrichten müssen. Hoffentlich haben Sie jetzt keinen Durchfall ...

Außerdem finden Sie in den Toiletten oder Badezimmer neben der Kloschüssel einen **Abfalleimer**, der **für das Toilettenpapier** gedacht ist. Werfen Sie keinesfalls das Toilettenpapier in die Toilette, die Abflussrohre sind so eng, dass Sie garantiert eine Verstopfung verursachen!

Auf Bus- und Zugfahrten verhält es sich ähnlich. Zwar haben die meisten Überlandbusse hinten ein Bord-WC, aber meist nur kurz nach der Abfahrt wird sich dieses in sauberem Zustand befinden. Auf Zugfahrten, insbesondere in der 2. Klasse, bedarf es schon ganz starker Nerven, die Sache hinter sich zu bringen, vorausgesetzt, das Zug-WC ist überhaupt noch benutzbar. Die Toiletten in den Touristenzügen sind dagegen akzeptabel.

Rund ums Geld in Peru und Bolivien

Wie erwähnt, ist der US-Dollar die gängigste Reise- und Wechselwährung, den sogar Taxifahrer und viele Hotels annehmen. Inzwischen wird auch der Euro akzeptiert, hilfreich ist es dennoch, ein paar Dollar parat zu haben. Es ist darauf zu achten, dass Geldscheine nicht beschrieben, verfärbt, bestempelt oder eingerissen sind. Der Rücktausch der Landeswährung in Euro ist fast immer mit Verlust verbunden.

Die Preisangaben in diesem Buch sind meist in der **Landeswährung** angegeben, oft aber auch in **Euro** oder in **US-Dollar,** da in beiden Ländern im mittleren und gehobenen Tourismussegment neben der Landeswährung auch in US-Dollar oder Euro kalkuliert wird. Besonders die in Peru und Bolivien lebenden deutschsprachigen Touranbieter und Hotel-/Hostalbesitzer geben ebenfalls meist Euro-Preise auch auf deren Homepages an. Alle **Casas de Cambio** (Wechselstuben) tauschen problemlos den Euro, der Wechselkurs ist besser als bei Banken, die nicht alle den Euro tauschen.

Durch den derzeit schwachen US-Dollar gehen beide Länder immer mehr dazu über, die Preisauszeichnung in der Landeswährung zu bevorzugen. Auch wir bemühen uns, die Preise in den inzwischen recht stabilen Landeswährungen zu nennen und es ist ratsam, immer genügend Geld in der Landeswährung dabei zu haben. Die angegebenen Preise dienen als Orientierung, denn es ist nicht ausgeschlossen, dass es durch kurzfristige Kursschwankungen zu Preisabweichungen kommen kann.

Gut zu wissen: Wer in US-Dollar bezahlt, fährt beim Kauf von Zug- und Flugtickets, manchmal auch bei den gehobenen Unterkünften in den größeren Städten besser wie Bezahlung in Landeswährung – vorher nachrechnen!

Grundsätzlich gilt: Herunterhandeln, vom Hotelpreis übers Taxi/Colectivo und alles, was man kauft.

Aktuelle **Wechselkurse** im Internet: www.oanda.com • www.americanexpress.de • www.gocurreny.com.com • www.swissbankers.ch.

Peru

Währung

Die Zentralbank Perus nahm 1985 eine Währungsumstellung von Soles auf Inti und 1991 eine weitere von Inti auf den **Nuevo Sol** (Zeichen: **S/.**) vor, jedesmal mit Streichung einiger inflationärer Nullen. Derzeit gibt es **für einen Euro etwa 4,20 Soles,** für einen **US-Dollar 3,25** Soles. Im Umlauf sind Banknoten in den Werten zu 10, 20, 50, 100, 200 NS, Münzen zu 1, 2, 5 NS und Münzen zu 5, 10, 20 und 50 **Centimos.** Landes- und Fremdwährungen dürfen in unbeschränkter Höhe ein- und ausgeführt werden.

Inflationsraten: Diese belief sich 1990 noch auf über 7600%, 1991 fiel sie auf „gute" 140%, und in den letzten Jahren betrug sie jeweils etwa 10%.

Geldwechseln in Banken

Unter den Banken ist die **Banco del Crédito** für die landesweit **besten Wechselkurse** bekannt, außerdem tauscht sie die Landeswährung auch in Euro oder Dollar zurück (Kommissionsgebühr), und im Gegensatz zu den Straßenhändlern kann man sich verlassen, echte Geldscheine zu erhalten. Außerdem wechselt sie Reisechecks auf US-Dollar lautend ohne Gebühr in Soles. Gute Adressen sind auch die Zweigstellen der **Banco de la Nación,** die schnell arbeitet.

Vor den Banken bilden sich schon lange vor der Öffnungszeit lange Warteschlangen. Meist stellen sich hier die Peruaner an, die kein Girokonto haben und ihren Lohn vom Arbeitgeber direkt über die Bank ausgezahlt bekommen.

Casas de Cambio

In Peru sind nicht unbedingt nur die Banken zum Bargeldwechseln zu empfehlen, denn es darf auch ganz legal auf der Straße durch **autorisierte Geldwechsler** oder in den zahlreichen *Casas de Cambio* (Wechselstuben) gewechselt werden. Offizielle Straßenwechsler sind an einem gekennzeichneten Überwurfschurz und einem Ausweis zu erkennen. Sie tauschen nicht besser als die Casas de Cambio. Meine Erfahrung: Bargeld notiert in Wechselstuben besser als in Banken, dafür geben die Banken einen besseren Kurs auf Reisechecks (dennoch Kommission).

Geldautomaten

Geldautomat (im Buch „GA") heißt **Caja Automática, Bancomatico** oder **Caja permanente** (engl. **ATM,** automatic teller machine). Am Automat sind die Logos der Karten angebracht, die er akzeptiert. Die Bedienerführung ist meist auch auf Deutsch. Für beide Länder gilt, dass in Städten bzw. touristischen Orten auch mit Bankkarten mit dem **Maestro-Logo** gebührengünstig **Bargeld aus Automaten** gezogen werden kann (in Peru außer Soles auch US-Dollars; große Noten aber gleich in der Bank „kleinmachen").

Meist haben die Banken die Bargeldausauszahlung über Karte an den Automaten auf umgerechnet **ca. 300 € oder 200 € beschränkt,** vielfach liegt die Obergrenze bereits bei nur 125 €. Bei den Geldautomaten der *Banco Santa Cruz* in Bolivien gibt es keine Beschränkung, das Limit orientiert sich an der Hausbank.

Rund ums Geld in Peru und Bolivien

Außerhalb der üblichen Bank-Öffnungszeiten gibt es zwar nicht immer Zutritt zum Automaten, doch in den größeren Städten ist dies möglich. Vor Wochenenden und Feiertagen beizeiten „nachtanken"!

Schwarzmarkt
Der Schwarzmarkt der „fliegenden" Geldwechsler (im Gegensatz zu den autorisierten Geldwechslern, s.o.) ist nach wie vor vorhanden, aber diese tauschen nie besser als Wechselstuben und autorisierte Straßenhändler. Vorsicht vor Falschgeld und Betrugsgefahr, Banknoten sich einzeln vorzählen lassen!

Kreditkarten und Reiseschecks
In größeren Städten, besseren Hotels und Restaurants, bei Reisebüros und Fluggesellschaften werden internationale Kreditkarten *(Tarjetas de Crédito)* verkauft. Bezahlen mit der Karte heißt *pago con tarjeta*. Auch für die Kaution eines Mietwagen ist eine erforderlich. Vorsichtsmaßnahmen: Die **Karte nicht fortnehmen lassen** und auf jeden Fall das Durchschlagpapier (sofern noch verwendet) aus dem Rechnungsbeleg selbst heraustrennen und vernichten. Geübte Betrüger könnten sonst über das Durchschlagpapier an ihre Daten und die Unterschrift gelangen!

Karte verlorene oder gestohlen
Verlorene oder gestohlene Kredit- bzw. Bankkarten müssen sofort gesperrt werden, diesbezügliche Telefonnummern Ihrer Kartenorganisation mitführen oder im Internet nachsehen, z.B. bei www.mastercard.com oder bei www.visa.de. Die deutsche Telefonnummer des zentralen **Sperr-Annahmedienstes für nahezu alle Karten, auch Bankkarten,** rund um die Uhr und aus dem Ausland ist **0049-1805-021021** (minimal gebührenpflichtig, Abwicklung per Sprachcomputer; Sie benötigen Ihre Kontonummer und die Bankleitzahl). Für Postbank SparCard rufen Sie 0049-69-47867556 (Abwicklung per Sprachcomputer; Sie benötigen Kontonummer und Telefongeheimzahl oder einfach „Karte sperren" sagen). Eine andere dt. zentrale Sperr-Nr. für nahezu alle Karten ist **0049-116116.**

Bei **www.kartensicherheit.de** kann man einen **SOS-Info-Pass** runterladen, außerdem gibt es dort weitere Tipps zur Prävention, zu Schadensfällen und zur richtigen Kartensperrung.

Nachfolgende Kreditkartengesellschaften haben Agenturen in Lima:

American Express: c/o Travex, Miraflores, Av. Sta. Cruz 621, info@amexpress.com.pe, www.americanexpress.com, Mo–Fr 9–18 Uhr, Sa 9–13 Uhr. Ersetzt verlorene oder gestohlene Reiseschecks von Amexco (Vorlage eines Polizeiprotokolls obligatorisch!). **Notfallrufnummer** (über die USA): 001-525 326 2660, für Reiseschecks 001-800 860 2908.

Eurocard/MasterCard: Miguel Seminario 320, San Isidro (6. Stock), Tel. 422-3335/427-5600 und Tel. 441-1891, Diebstahlsanzeige Tel. 442-6572. Mo–Fr 9–17 Uhr, Sa 9–12 Uhr (nur zur Diebstahlsanzeige). Oder: Scotia Bank, Cusco 245, Tel. 428-3400 und Av. Benavides 176 (Diagonal), Lima-Miraflores, Tel. 445-2290. **Notfallrufnummer** (001) 800-307 7309 und (001) 800-819 1040 oder (01) 311 6000 (Peru) bzw. 08000172 (Bolivien). Nach D: +69-79331919.

VISA: Banco del Crédito, Lampa 499, Mo–Fr 9–16 Uhr. Diebstahlsanzeige Tel. 331-9898. *Banco do Comercio*, Lampa 560, Lima, Tel. 428-9400 und 427-4348. **Notfallrufnummer** (001) 800 428 1858 (Peru) bzw. für beide Länder 001-410 581 9994 (Collect Call möglich). Nach D: +69-79332525.

Thomas Cook: Comandante Espinar 331, Lima-Miraflores, Tel. 241-5567, Fax 241-7431, Mo–Fr 9–18 Uhr, Sa 9–13 Uhr. Für diese Reiseschecks gibt es in Lima keinen Ersatz. **Notfallrufnummer** 0044-1733318950 (Collect Call möglich).

Geldtransfer nach Bolivien und Peru	Wer sich Geld schicken lassen möchte, kann dies immer noch preiswert über die Post durch eine Auslandspostanweisung oder über den Express-Geldtransfer des *Club Südamerika Internatonal (CSI)*, Friedensstr. 2 in 60311 Frankfurt, Tel. 069-92009901 (www.suedamerika-csi.de) veranlassen. Beim Geldtransfer über den CSI wird in Peru oder Bolivien über eine Wechselstube innerhalb von 72 Stunden das Geld in US-Dollar oder Landeswährung ausbezahlt. Teurer wird es mit Western Unión, über *Serviban*, Av. Faustino Sánchez Carrion 1059, Jesús Maria, bzw. Av. Larco 1040, Miraflores, Tel. 447-8789 oder Boulevard Tours, Paseo Centro de Lima 188.
Steuern und Trinkgeld	In Peru sind normalerweise 19% Steuern (IGV) in den meisten Rechnungen bereits enthalten, doch die besseren Hotels und Restaurants geben ihre Preise meist ohne Steuer an. Bei der Frage nach einem Preis (z.B. Hotelübernachtung, Flugticket) deshalb immer nachfragen, ob die Steuern bereits berücksichtigt sind. Neben dieser Steuer ist in besseren Restaurants zusätzlich ein 10%iger Bedienungsaufschlag üblich. Auch hier ist vorherige Abklärung sinnvoll. Oft wir zu den 10% auch noch ein Trinkgeld erwartet. In günstigen Restaurants und Hotels werden oft weder 19% Steuer noch 10% Service erhoben. Bitte runden Sie in preiswerten Restaurants die Rechnung für die Bedienung großzügig auf. Gepäckträger erhalten ca. 1 € pro Gepäckstück.

Rund ums Geld in Bolivien

Währung	Boliviens Währung heißt **Boliviano** (Bs), der in den letzten Jahren relativ stabil war (Inflationsrate zwischen 9 und 12%). Derzeit gibt es für **einen Euro etwa 9 Bolivianos,** für einen **US-Dollar etwa 7 Bolivianos.** Schwarztauschen ist verboten, es ist deshalb nicht ratsam, auf dem Schwarzmarkt zu wechseln (z.B. in La Paz in der Av. Camacho), die Kurse in den Casas de Cambio sind nicht schlechter. Es sind Banknoten zu 10, 20, 50, 100 und 200 Bolivianos und Münzen zu 5, 10, 20, 50 Centavos sowie 1, 2 und 5 Bolivianos im Umlauf.
Geld wechseln in Banken	Banken verlangen in der Regel eine höhere Kommission als Wechselstuben. Bank-Öffnungszeiten meist von 8.30–11.30 Uhr und 14.30–17.30 Uhr. In La Paz akzeptieren größere Banken Euro-Reiseschecks.
„Cambistas"	Zu den Öffnungszeiten der Banken und Wechselstuben haben die *Cambistas* (Straßenwechsler) auch gute Wechselkurse, die jedoch am Freitagnachmittag über das Wochenende nachgeben. Beim Geldwechsel bei ihnen in deren Gegenwart immer das Geld nachzählen. **Cambistas wechseln** nur Bargeld, **keine Reiseschecks.** Wem die Straßenwechsler zu unsicher sind, wechselt am besten in einer Casa de Cambio.
Casas de Cambio	Sie geben gute Wechselkurse auf alle gängigen Währungen und auf Reiseschecks, auch ist Eintausch von Euro-Reiseschecks in Euro- (oder US-Dollar-)Banknoten möglich (Kommission!). Meist Mo–Fr 9–12 Uhr und 14–18 Uhr geöffnet (am Sa nur vormittags). Außerdem wechseln viele Reisebüros, Hotels und Hostales (schlechter Kurs).
Kreditkarten / Geldautomaten	es gilt das gleiche wie das schon oben bei Peru unter „Geldautomaten" und „Kreditkarten und Reiseschecks" gesagte. Bei den Geldautomaten der *Banco Santa Cruz* gibt es kein Abhebe-Limit. Büros der Kreditkartenunternehmen in La Paz sind:

Amexco: Magri Turismo (Repräsentant), Capitán Ravelo 2101/Montevideo, Tel. 44-2727, Fax 44-3060, info@magri-amexpress.com.bo, www.magri-amexpress.com; Mo–Fr 9–18 Uhr, Sa 9–12 Uhr. Kauf von Reiseschecks auf Kreditkarte. – **Eurocard/MasterCard:** Administradora de Tarjetas de Crédito, Av. Camacho 1448, Tel. 36-1468. Bargeld bei der Banco de Santa Cruz, Mercado 1077, Mercado/Ayacucho und Banco Nacional de Bolivia, Colón/Av. Camacho. Notfallrufnummer 0800-0172. – **VISA:** Av. Camacho 1448, Tel. 36-9975, Fax 35-4066. Notfallrufnummer 0014-105813836.

Steuern und Trinkgeld
In den Preisen ist die Steuer (derzeit 13%) meist bereits enthalten (Flugtickets zusätzlich plus 15% Steuer!). In besseren Restaurants ist ein zusätzlicher 10%iger Bedienungsaufschlag üblich, in einfachen nicht, so dass da noch ca. 10% Trinkgeld erwartet werden, mindestens jedoch ca. 0,50 € bzw. etwa 5 Bolivianos. Taxifahrer erhalten kein Trinkgeld und erwarten auch keines, doch sollten – ganz allgemein – gute Leistungen auch mit einem Trinkgeld anerkannt werden.

Kommunikation

In Peru und Bolivien gibt es keine öffentlichen Einwerf-Briefkästen, Einlieferung von Sendungen nur bei der Post möglich.

Postempfang
Post kann man sich postlagernd an das Hauptpostamt *(Central de Correos)* mit dem Vermerk „Poste restante" (span. *lista de correos)* schicken lassen. Tipp: auch unter seinem Vornamen nachschauen lassen. Rücksendung nichtabgeholter Sendungen nach 3 Monaten, oft auch schon früher. Möglichst keine für Sammler verführerische Sondermarken verwenden!

Wichtige Postempfangsstellen sind auch die Adressen der heimatlichen *Botschaften* und *Konsulate.* Auch an sie kann man sich ganz regulär seine Post hinschicken lassen. Das ist, trotz kleiner Nachteile (Lage meist in vornehmen und schlecht zu erreichenden Wohnvierteln, eingeschränkte Öffnungszeiten), der sicherste Weg, um Post zu erhalten. Sendungen an Konsulate oder die Botschaft sollten nicht als Einschreibebriefe gesandt werden, da dann oft eine Auslösegebühr fällig wird. Die Sendungen werden meist drei Monate zur Abholung aufbewahrt und bei Nichtabholung an den Absender zurückgesandt. Pakete sind nicht möglich, da sie im Zoll verbleiben. Laut Dt. Botschaft Lima wird dort momentan kein Postempfang akzeptiert. Die Dt. Botschaft La Paz bestätigte den möglichen Postempfang für Deutsche in Bolivien.

Adressen-Muster: Name; „wird abgeholt"; c/o Embajada de Alemania (bzw. Austria, Suiza); Straße oder Postfach; Stadt; Land.

Eine dritte Möglichkeit des Postempfangs sind American Express-Repräsentanzen. Allerdings können nur Kreditkarten- und Reisescheckinhaber von American Express diesen Service in Anspruch nehmen. Die Rücksendung nach Nichtabholung erfolgt nach 1–2 Monaten und kostet ca. 2 €. Briefe sollten mit den Vermerk „Client Mail Service" tragen.

Post verschicken
Luftpostbriefe von Mitteleuropa nach Peru und Bolivien und umgekehrt benötigen etwa eine Woche Laufzeit. Wichtiges kann per Einschreiben – „certificado" – versendet werden, doch Filme sollten so nicht nach Hause geschickt werden. Wenn es wichtig ist, kann vielleicht eine bald heimfliegende Reisebekanntschaft die Filme mit nach Hause nehmen.

Portokosten in Peru: Luftpostkarte/Luftpostbrief (bis 20 g) 5,50/6,50 Soles, Einschreibebrief 15 Soles, Laufzeit 10–12 Tage. Luftpostpaket bis 1 kg 97 Soles, bis 5 kg 256 Soles, bis 10 kg 385 Soles, Laufzeit max. 10 Tage. Paket per Schiffsfracht, Laufzeit 60 Tage, 1 kg 86 Soles, bis 5 kg

126 Soles, bis 10 kg 270 Soles. Das Paket sollte erst in der Post verschlossen werden, da die Post die Inhalte prüft und ggf. wieder öffnet. Klebeband gibts für 1 Sol in den Buchhandlungen oder auf den Märkten.
Portokosten in Bolivien: Luftpostkarte/Luftpostbrief (20 g) 9 Bs, Laufzeit bis zu 4 Wochen; Luftpostpaket (1 kg) ca. 20 € bzw. (10 kg) 70 €, Laufzeit ebenfalls bis zu einem Monat.

Telefon, Telegramm, Telefax

In Peru wurde 1994 das Telefonsystem privatisiert und von der (spanischen) Telefónica del Perú übernommen. Lediglich in Lima operiert noch die lokale Telefongesellschaft La Compañía Peruana de Teléfonos *(Telepoint)*. Durch die Privatisierung wird nun Zug um Zug das Telefonnetz ausgebaut und modernisiert. Auch das Handy-Fieber grassiert, und die Möglichkeiten zur Fax-Verschickung nehmen ständig zu.

Die *Telefónica del Perú* gibt **Telefonkarten** zu 5, 10, 20, 40 und 60 Soles (plus 6 Soles gratis) heraus. Mit der Telefonkarte zu 20 Soles kann etwa 4 Min. nach Europa telefoniert werden. Die Telefonkarten der *Telefónica* und von *Telepoint* sind nicht kompatibel; Telepoint-Karten gelten nur in Lima. Ansonsten kostet ein **dreiminütiges Gespräch nach Europa 2,60 €**, eine Faxseite 3,50 € (im Internet-Café beides wesentlich günstiger; bei einem Gespräch mit **NET 2 phone** kostet derzeit die Minute nach Europa etwa **0,30 Euro**). Öffnungszeiten Telefonbüros: meist 8–22 Uhr, in einigen Großstädten auch länger. Kostenlose Telefonauskunft für Peru: 103. Die **Vorwahl für Peru von Deutschland** ist **0051** (die anschließende „0" vor der Stadt-Vorwahl entfällt).

Telefon-Vorwahlnummern Peru

Abancay 083	Huaraz 043	Pisaq 084
Aguas Verdes 072	Ica 056	Pisco 056
Andahuaylas 083	Ilo 053	Piura 073
Arequipa 054	Iquitos 065	Pucallpa 061
Ayacucho 066	Izuchaca 084	Puerto Maldonado 082
Barranca 01	Jaén 076	Puno 051
Cajamarca 076	Jauja 064	Punta Negra 01
Calca 084	Juliaca 051	Sullana 073
Cañete 01	La Oroya 064	Tacna 052
Casma 043	Lambayeque 074	Talara 073
Cerro de Pasco 063	Lima 01	Tarapoto 042
Cusco 084	Machupicchu 084	Tarma 064
Chépen 044	Mollendo 054	Tingo María 062
Chiclayo 074	Moquegua 053	Trujillo 044
Chimbote 043	Moyobamba 042	Tumbes 072
Chincha 056	Ollanta 084	Urubamba 084
Guadalupe 044	Oxapamba 063	Yurimaguas 065
Huacho 01	Pacasmayo 044	Zarumilla 072
Huancavelica 067	Paita 073	Nasca 056
Huancayo 064	Huaraz 043	
Huánuco 064	Paramonga 01	

Post / Telefon / Fax / Internet / Vorwahl-Nrn. **67**

Vorwahlverzeichnis Bolivien	Telefonnummern in Bolivien haben nach der Vorwahl sieben Ziffern. Es gibt nur noch drei Vorwahlen für die bolivianischen Regionen: **Altiplano 02** (z.B. La Paz 02, Copacabana 02, Oruro 02, Potosí 02, Sorata 02). **Oriente 03** (z.B. Beni/Trinidad 03, Camiri 03, Guayaramerín 03, Dep. Pando/Cobija 03, Pto. Suárez 03, Riberalta 03, Samaipata 03, Santa Cruz 03). **Valle 04**, (z.B. Dep. Cochabamba 04, Sucre 04, Tarija 04, Yacuiba 04).
Hinweis	**Da inzwischen in Peru und Bolivien Handys teils kostengünstiger sind als Festnetz-Telefone und gewechselt wird, können sich Telefon-Nummern hier im Buch geändert haben!** Wir danken für Korrekturen.
Telefonnetze in Bolivien	In Bolivien wird das öffentliche Telefonnetz von der *Empresa Nacional de Telecomunicaciones* **(ENTEL)** betrieben. Daneben gibt es etliche weiterere Gesellschaften. Wer bei innerbolivianischen Ferngesprächen mit einer anderen Telefongesellschaft als ENTEL telefonieren möchte, muss zunächst deren Nummer wählen, danach die normale Vorwahl. Beispiele: **ENTEL 10, AES 11, COTAS 12, BOLIVIATEL 13, TELECEL 17.** Die **Vorwahl** für **Bolivien von Deutschland** ist 00591 (die anschließende „0" vor der Stadtvorwahl entfällt). Ein Gespräch von der billigsten Telefonkabine von Bolivien nach Deutschland kostet 0,05 €/Min.
Telefonkarten / Fax	ENTEL verkauft Telefonkarten zu 5 Bs, 10 Bs, 20 Bs und 50 Bs, doch können diese meist nur in den ENTEL-Büros (Öffnungszeiten 8–23 Uhr) und auf den Flughäfen genutzt werden. Ein dreiminütiges Telefongespräch kostet ca. 17 Bs (Standardtarif), für Fax gleiche Preise.
Handy	Das Mobiltelefonnetz in Peru und Bolivien ist noch nicht vollständig ausgebaut, meist nur Empfang in urbanen Gebieten, schlechter oder oft nicht in ländlichen Regionen. In Peru und Bolivien besteht der US-amerikanische CDMA-Standard, z.B. Telefónica, www.movistar.com.pe, mit dem ein europäisches Handy (Dualband/Tri-/Quadband) nicht funktioniert. Bleibt allein der Anbieter Claro (GSM 1900 Netz), www.claro.com.pe, mit dem die meisten der in Europa gekauften Handys funktionieren. Dazu kann man einen Prepaid-Chip mit neuer Nummer von Claro für 30–50 Soles kaufen, der sich mit einer Telefonkarte zu 10, 20, 30 oder 50 Soles aufladen lässt. Am einfachsten ist der Kauf eines neuen Handys, Kosten 13 € mit SIM-Karte, superleicht, funktioniert garantiert! Ein dreiminütiges Gespräch nach D/CH oder A kostet dann ca. 2,50 €. Etwas zeitaufwendig ist dabei die Herstellung des Gespräches über den Operator bzw. den Service der Telefonkartengesellschaft mit mehrfachen Weiterverbindungen.
Handyvorwahlen	2008 haben sich die Handyvorwahlen von *Movistar* und *Claro* in Peru geändert. Informationen über die neuen Vorwahlen unter www.moviestar.com und www.claro.com.pe oder www.telefonica.com.pe/moviles/plan.shtml.
Internet-Cafés	**Überall in Peru und Bolivien** gibt es jede Menge **Internet-Cafés**. Adressen auch unter www.netcafeguide.com, www.traxx.de:80/travelguide/Cybercafe, www.cyberiacafe.net/cafes u.a. Eine Stunde kostet etwa einen Sol. Außerdem gibt es in Peru in abgelegenen ländlichen Regionen öffentliche Internetkabinen *(Internet Peru)*, die wie Münztelefone bedient werden. Viele Internet-Cafés haben **SKYPE** (Internettelefonie) installiert, nicht überall sind Mikrofone/Kopfhörer gut, vorher testen. SKYPE ist die preiswertest Möglichkeit weltweit übers Internet zu telefonieren. Vor der Reise eine eigene eMail-Adresse einrichten: kostenlos oder preisgünstig bei www.epost.de, www.gmx.de, www.hotmail.com u.a.

Diebstahl- und andere Gefahren

Vorsicht Diebstahlgefahr!

Viele Reisende blieben in den letzten Jahren von Diebstählen verschont, und es wird von einer freundlichen Polizei auf den Straßen berichtet.

Dazu A. Fuchs aus Dossenheim: *„... dass die Kriminalität gegenüber früheren Berichten und den Ruf, den Peru hat, deutlich zurückgegangen scheint. Wir und andere Leute, die wir unterwegs trafen, wußten keine negativen Erlebnisse zu berichten ... Die Polizei ist aufmerksam, kann aber nicht überall sein. Wir waren überrascht zu sehen, wie gut organisiert alles ist. Es funktioniert einfach alles ... Der Umgang mit Staatsorganen war (fast) stets korrekt und Bestechungsgelder wurden empört abgelehnt ... Die Leute sind, wie in den meisten entlegenen Gebieten, sehr zurückhaltend und eher abweisend gegenüber Fremden."*

Helmut Beck und Christina Meyberg berichten: *„Peru ist problemlos zu bereisen, fast überall freundliche und hilfsbereite Leute, nicht im Ansatz gab es für uns eine brenzlige Situation ... Wir haben längere Wanderungen in allen möglichen Gegenden unternommen, ohne dass uns irgendjemand auch nur böse angeschaut hätte ... "*

Man sollte sich aber darüber im Klaren sein: In den Augen der armen Einheimischen sind alle Touristen, auch Rucksackreisende, sehr reich. Sie kommen aus fernen Erdteilen und verdienen an einem Tag vielleicht mehr als ein Indigena in einem Monat. Doch wenn man auf die üblichen Gefahren eingestellt ist, und das gilt weltweit, sind Peru und Bolivien nicht gefährlicher als andere Länder. Der Gefahr eines Taschendiebstahls kann mit einfachen Vorkehrungen begegnet werden (s. Tipps zum Selbstschutz).

Größte Gefahr droht immer bei Menschenansammlungen. Die trickreichen „Mitarbeiter" der Firma „Guck & Klau" haben ihr Betätigungsfeld vor allem auf Märkten, bei Fiestas, in und um Bahnhöfen und Busterminals, während der Fahrt im Bus (beim Nickerchen!) oder wenn die Aufmerksamkeit beim Einkaufen oder Fotografieren abgelenkt ist. Besonders gefährlich sind die großen Touristenzentren Lima, Cusco und La Paz, der Markt von Huancayo und der Bahnhof in Puno bei der Ankunft des Zuges aus Cusco bei Dunkelheit.

Ein Paar berichtet über einen raffinierten Trick: *„Bei uns lag ein Dieb im Gepäckraum des Busses, der während der Fahrt seelenruhig Rucksäcke nach wertvollen Sachen durchstöberte. Wir bemerkten den Diebstahl zunächst nicht, da unsere Rucksäcke uns in unversehrtem Zustand wieder ausgehändigt werden. Geschehen in einem Bus von Pisco nach Nasca ..."* (Hinweis: Auf Langstreckenfahrten übernachtet der zweite Busfahrer oft im Gepäckraum, der hier ein Notbett hat).

■ In beiden Ländern häufen sich zwei **Ausraub-Tricks:** Touristen, besonders Rucksackreisende, die ein Taxi genommen haben, werden durch einen unterwegs zugestiegenen Fahrgast entführt und ausgeraubt, oder durch falsche Polizisten ausgeplündert, die das Taxi anhalten, die Fahrgäste nach Drogen kontrollieren und auch seltsamerweise finden. Im zweiten Fall werden die Rucksackreisende entführt, um täglich über deren Kreditkarte Bargeld an Geldautomaten bis zur Höchstgrenze abzuheben. Es kam schon vor, dass derartige Opfer, insbesondere in Bolivien, anschließend getötet wurden. Siehe dazu www.katharinaandpeter.info.

Hinweis: Wir erhalten immer wieder Zuschriften, dass unsere Gefahrenhinweise übertrieben wären und viele Reisende bei der Vorbereitung ihrer Peru- oder Bolivienreise dadurch irritiert würden. Die hier dargestellten Warnhinweise wurden aufgrund mehrfacher Zuschriften sorgfältig ausgewählt, um Sie zu sensibilisieren und unterliegen keinem Urteil. Andererseits möchten wir das latente Gefahrenpotential in Peru und Bolivien nicht unterdrücken, zumal uns Betroffene ausdrücklich auf diese Gefahren hingewiesen haben mit der Bitte und dem Ziel, zukünftige Reisende davor zu warnen.

Diebstahl- und andere Gefahren

Tipps zum Selbstschutz
- Nicht nebeneinander, sondern leicht versetzt gehen, so dass man sich gegenseitig beobachten kann. Ab und zu umdrehen, um zu sehen, was hinter einem so ab- und herläuft. Alleinreisende sind besonders gefährdet. Nicht mit Unbekannten mitgehen, auch wenn sie noch so freundlich sind.
- Gepäck niemals aus den Augen lassen. Bei mehreren Reisenden einen bestimmen, der speziell darauf achtet. Falls das Gepäck unbedingt auf den Dachgepäckträger eines Busses muss, bei jedem Stop achten, dass es nicht mitabgeladen wird (jedesmal aussteigen). Kein fremdes Angebot annehmen, das Gepäck zu bewachen.
- Körperkontakten immer sofort und instinktiv ausweichen, aus Menschenmengen lösen. Nicht auf Rempler und inszenierte Zwischenfälle hereinfallen (s.u, bei „Cusco-Tricks".)
- Nie ablenken lassen (z.B. sollte die Frage nach der Uhrzeit oder gar dem Pass unweigerlich ein Alarmsignal sein!). Kein weinendes Baby irgendeiner hilfesuchenden „Mutter" nur kurz halten oder auf den Arm nehmen.
- Keine Dinge, z.B. die Kamera, auch nur kurz neben oder vor sich ablegen.
- Pass, Bargeld, Reiseschecks, Kreditkarte und Flugschein immer am Körper aufbewahren, Wertsachen und Dokumente nicht auf dem Hotelzimmer zurücklassen oder an den Strand und in die Disco mitnehmen. Diese gehören (bis auf den Reisepass) gegen Quittung in den Safe (span. **caja de seguridad**) des Hotels (Arbeitszeiten des Safe-Verantwortlichen berücksichtigen).
- Den Fotoapparat oder die Videokamera nicht allzuoffen tragen. Kein Angebot annehmen, mit Ihrem Apparat ein Foto mit Ihnen zu machen.
- Sein Auto nach Möglichkeit nur auf bewachten Parkplätzen abstellen; beim Fahren von innen verriegeln. Nichts sichtbar im Wagen liegen lassen.
- In Restaurants und Kneipen besser mit dem Rücken zur Wand und nie an geöffneten Fenstern sitzen, die Hereinkommenden beobachten.
- Nachts unsichere und unbeleuchtete Gegenden meiden.
- Zimmer vorm Verlassen aufräumen, damit jede Veränderung nach Rückkehr erkannt werden kann. Gepäck immer verschlossen halten.
- Im Zweifel keine Schließfächer auf Bahnhöfen benutzen.

Tricks der Diebe
- Es liegt einen Geldschein auf dem Boden. Der Tourist bückt sich, wird dabei angerempelt und hat danach zwar den Geldschein, aber den eigenen Geldbeutel oder Foto nicht mehr.
- Zwei Frauen mit Kindern nähern sich einem Tourist. Eine stürzt, und während der Tourist ihr aufhilft, greift ein Kind in die Kleidungstasche.
- Der Tourist wird aus „Versehen" mit Senf oder ähnlichem beschmiert. Umstehende helfen rührend mit, den Fleck wegzuwischen. Danach fehlt der Geldbeutel oder die Reisetasche.
- Besonders berüchtigt ist die bekannte Rasierklingen-Methode: Mit der Klinge wird die Handtasche, der Rucksack oder eine Kleidungstasche (von hinten) aufgeschnitten und geleert. Inzwischen gibt es für Rucksacktouristen einen *PacSafe*, der den Zugriff auf den Inhalt des Rucksackes durch ein filigranes Stahlnetz mit durchkneifsicherem Stahlkabelverschlusssystem verhindert. So ist kein schnelles Aufschlitzen oder Wegnehmen des Gepäcks möglich und Drogen können nicht in das Gepäck geschmuggelt werden. Im Fachgeschäft ab 50 €.
- ■ **Fazit**: Ablenkung und Gedränge sind am gefährlichsten!

Im **Notfall** sollte man sich an das Beschwerdebüro für Touristen wenden, an das **INDECOPI** (Instituto de Defensa de la Libre Competencia y de la Protección de la Propiedad Intelectual). Hotline: Tel./Fax (01) 224-7888 oder 224-8600 (tour@indecopi.gob.pe), sowie die landesweite Servicenummer 0-800-4-2579 (gebührenfrei, funktioniert jedoch nicht von öffentlichen Telefonapparaten). Von INDECOPI werden kreditkartengroße rote Servicekarten mit den Hotline-Nummern in Lima, Cusco, Trujillo und Arequipa ausgegeben. Die Hotline ist immer besetzt und der Operator spricht außer Spanisch auch Englisch. Aktuelle Sicherheitswarnungen bei www.auswaertiges-amt.de.

Verhalten nach Verlust, Wiederbeschaffung

Passiert es dann doch mal, trotz Ärger die Ruhe bewahren. Zuerst bei der Polizei Anzeige erstatten. Diese wird später für die Versicherung benötigt. Dokumente wie Reisepass, Reiseschecks, Kreditkarte lassen sich in relativ kurzer Zeit ersetzen, doch Bargeld nie (übrigens bewahrt die deutschen Botschaft in Lima gegen eine Gebühr wichtige Papiere auf).

Neuer Pass Zunächst eine Anzeige bei der Polizei, Protokoll geben lassen. Für einen neuen Reisepass ist die Botschaft zuständig. Dazu werden das Polizeiprotokoll und **vier** Passbilder benötigt. Sie haben doch, wie angeraten, eine Fotokopie der ersten Seiten des gestohlenen Passes gemacht? Dann erhält man meist problemlos ein Ausweispapier zur (schnellen) Rückkehr nach Deutschland. Zu Hause kann dann ein neuer Pass beantragt werden. Falls ein neuer Pass benötigt wird, muss Ihr Antrag zur Heimatbehörde nach Deutschland gesandt werden, die ihr o.k. geben muss. In Peru und Bolivien dauert das bis zu 2 Wochen. Das Verfahren kann durch eine Anfrage (evtl. per eMail) über die deutsche Auslandsvertretung beschleunigt werden. Viel hängt dabei vom guten Willen des Botschaftspersonals ab. Mit dem neuen Pass muss man dann zur Migración, die dann wieder einen Einreisestempel in den Pass klopft (Gebühr 3 €). Das klappt inzwischen in einer Stunde, obwohl dazu die Passagierliste des Flugzeuges herausgesucht werden muss, mit dem man einreiste. Blöd ist das alles, wenn das Malheur in Puno passiert und man nach Bolivien will – gehe direkt nach Lima, fahre nicht über die Grenze und ziehe kein langes Gesicht ...

Neues Bargeld Wenn die Kreditkarte auch weg ist bleibt als Notlösung der Express Geldtransfer über die Postbank oder z.B. durch CSI (Geldtransfer s.S. 64). Die Botschaft darf nur im Rahmen der gesetzlichen Bestimmungen Hilfe leisten. Sie wird nur dann gewährt, wenn andere Hilfeleistungen von zu Hause oder von Freunden/Mitreisenden nicht möglich sind. Somit brauchen die meisten Opfer erst gar nicht vorsprechen. Ein Angebot ist meist, dass z.B. von einem Familienangehörigen ein Geldbetrag auf ein bestimmtes Konto des Auswärtigen Amtes telegrafisch überwiesen wird. Dann wird die Botschaft oder das Konsulat ermächtigt, den Betrag über seine Kasse auszubezahlen.

Neue Reiseschecks Mit dem Polizeiprotokoll die entsprechende Repräsentanz, z.B. American Express, aufsuchen, die Kaufquittung mit den Reiseschecknummern und das Verzeichnis der bereits ausgegebenen Reiseschecks vorlegen. Auch wer die Kaufquittung nicht mehr hat, kann meist innerhalb von 1 bis 2 Tagen Ersatz erhalten. Bei Reiseschecks der Last International Bank of Kleinkleckersdorf dauert dies natürlich seine Zeit.

Neue Kreditkarte Je nach Kreditkarte dauert der Kartenersatz zwischen 24 Std. und 2 Wochen. Bei American Express ist der Ersatz kostenlos, bei VISA kostet er weltweit mindestens 10 €. Mehr darüber s.S. 63.

Neuer Flugschein Ratsam ist, eine Fotokopie oder wenigstens die Ticketnummer gesondert mitzuführen bzw. das zuvor Ticket einscannen und als eMail an sich selbst senden. Das Flugticket muss der Airlines als gestohlen gemeldet werden, es kann in der Regel nicht wiederbeschafft werden. Es ist eine Bestätigung des ausstellenden Flugbüros und die Hinterlegung einer Kaution in Höhe des Rückflugtickets in Deutschland erforderlich, damit ein neues mit dem gleichen Flugdaten vor Ort ausgestellt werden kann. Wenn niemand das gestohlene Ticket benutzt hat, gibt es zu Hause nach ein paar Monaten die Kaution zurück (kann bis zu einem Jahr dauern). Deshalb beim Heimflug frühzeitig zum Einchecken kommen. Das gleiche gilt für gestohlene Airpässe.

Essen und Trinken

Es ist **in Peru** überhaupt kein Problem, sich billig oder zumindest preiswert zu verpflegen. Auf den vielen Essmärkten kann man für 1–2 €, in einfachen Kneipen und Restaurants für 2–4 € satt werden. Die Portionen fallen meist groß aus. Auch – oder gerade – in den einfachen Restaurants gibt es Landesspezialitäten, und in den **Chifas** schmackhafte, preiswerte chinesisch-peruanische Speisen. Wer es eilig hat, sollte das Tagesmenü bestellen. In ländlich-abgelegenen Regionen kann es vorkommen, dass die Zutaten zu gewählten Gerichten u.U. erst auf dem Markt gekauft werden müssen. Gruppenreisende, die viele verschiedene Gerichte wählen, müssen manchmal auch länger warten.

Cuyes – Meerschweinchen

Peru ist das Stammland des Wild- und Wiesenmeerschweinchens *(Cavia cutleri)*, das in ganz Lateinamerika verbreitet ist. *Cuyes* kommen in Andenregionen bis zu einer Höhe von 4200 m vor. Ihr Fell ist graubraun und sie leben in Rudeln bis zu 20 Tieren. Die Nager sind sehr scheu und fallen bei Gefahr in eine Schreckstarre. Als nachtaktive Tiere gehen sie erst nach Einbruch der Dämmerung auf die Nahrungssuche. Sie sind größer als ihre europäischen Artgenossen, die im 16. Jh. aus Südamerika nach Europa gebracht wurden. Cuyes werden in Peru seit etwa 5000 Jahren als Haustiere gehalten. Die Inka züchteten sie in besonderen Gehegen, waren Fleischlieferanten, dienten als Opfer- oder Spieltiere für die Kinder. In Andendörfern halten sich auch heute noch viele bäuerliche Familien im hinteren Teil ihrer Küche Meerschweinchen als lebenden Frischfleischvorrat. Für viele Indígena ist Cuy die Hauptquelle tierischen Proteins. Es gibt auch spezielle Farmen, wo die Tiere gezüchtet werden, manche Arten sind doppelt so schwer und wesentlich größer als normale Meerschweinchen.

In Peru landen jährlich über 50 Millionen Meerschweinchen als Braten in der Pfanne. Es gibt Restaurants, die sich ganz darauf spezialisiert haben. In Cusco, Puno und Arequipa steht Cuy regelmäßig auf der Speisekarte, wobei in ländlichen Regionen Cuybraten oftmals einen Tag vorbestellt werden muss. Dabei kommt pro Person ein ganzes Tier – mit oder ohne Kopf – auf den Tisch. Das Fleisch ähnelt im Geschmack Hähnchen.

Im Andenhochland findet im Ort Huacho alljährlich ein Meerschweinchen-Festival statt. Dabei werden die Meerschweinchen bunt eingekleidet und z.B. als Minenarbeiter präsentiert.

Auf jeden Fall sollte auch einmal die traditionellen Hochlandgerichte **Cuy** (gegrilltes Meerschweinchen, in ländlichen Gegenden manchmal nur auf Vorbestellung), frische **Trucha** (Forelle), **Anticuchos** (Spieß mit Rinderherzen), **Alpakabraten** probiert werden. In den Urwaldgebieten essen die Einheimischen Schildkröte und **Tacacho** („Urwaldknödel" aus *plátanos* – Kochbananen – und Speck, manchmal auch mit Maniok und Bohnen). Nationalspeise ist **Cebiche** (rohe Fischstücke in Limettensaft; unbedingt nur frisch zubereitete wählen!). Nahezu im ganzen Land werden in kleinen Garküchen am Straßenrand traditionell **Choclos** (Maiskolben) gegrillt oder gekocht, in Bussen und Zügen oft auch von „fliegenden" Köchinnen verkauft.

Bolivien hat gleichfalls preiswerte, meist einfach zubereitete Speisen. Typisch sind z.B. Kartoffel- und Quinoagerichte, Erdnussbuttersuppe mit

Bohnen, Mais und geschmolzenem Käse. **Salteñas** sind gefüllte Teigtaschen mit einer Fleisch-, Gemüse- und Eiermischung. Traditionelle Gerichte sind u.a **Fritanga** (Schweinefleisch in Pfeffersoße mit Minze), **Chocko** (Hähnchengerichte mit Mais), **Chairo** (Fleischsuppe mit *chuño,* gefriergetrockneten Kartoffeln und **Chorizos** (gewürzte Knoblauchwürste). Charakteristisch an Festtagen in Bolivien ist die **Huatia,** die Speisenzubereitung nach alter Kochtechnik in einem Erdofen aus Lehm: Kartoffeln, Saubohnen, Mais und Fleischstücke werden auf der Glut gegart, die mit Erde bedeckt ist.

Cañahua und **Amarant** sind die althergebrachten Getreidearten in beiden Andenländern, die fast in Vergessenheit gerieten. Doch inzwischen haben sich die Campesinos wieder an sie erinnert. Sie werden wieder angebaut und zum Brotbacken verwendet. Die Hirseart Quinoa und Amarant sind wesentlich proteinhaltiger als Weizen, wobei Cañahua noch mehr Kohlenhydrate als Quinoa besitzt doch fettärmer als dieses ist. Es diente bei den Stafetten- und Meldeläufern der Inkas als Unterwegs-Proviant. Viele Brotsorten, so wie wir sie vom Bäcker gewohnt sind, gibt es in den Restaurants und Herbergen des Hochlands kaum oder gar nicht.

Das wichtigste Grundnahrungsmittel in beiden Andenländern ist aber, neben etwa 3800 kultivierten bzw. gezüchteten **Kartoffelsorten** (s.S. 377), der **Mais.** Es gibt ihn überall, selbst die einfachste Garküche bietet fast immer zart gekochte Maiskolben an, oft zusammen mit selbstgemachtem Hochlandkäse. Und bereits die Inka wussten, wie man aus Mais Popcorn macht: sie legten die Körner auf glutheiße Steine.

Auch die Hamburger- und Pizzawelle hat beide Andenländer erreicht, doch diese fad schmeckenden Schnellgerichte sind glücklicherweise teurer als die einheimischen Tagesgerichte. Wirklich „kultiviert" essen kann man nur in den großen Städten, und das hat dann auch seinen Preis (in solch besseren Restaurants kommt übrigens zur Rechnung dann noch meist 19% MwSt. und 10% Service drauf, bei der einfachen Gastronomie sind diese Kosten schon miteingerechnet oder entfallen).

Kaffee wird meist aus kaltem Extrakt oder aus löslichem Pulverkaffee (Nescafé) durch Aufgießen mit heißem Wasser hergestellt. Filterkaffee – *café pasado* – ist auf dem Vormarsch. Milchkaffee – *café con leche* – ist wie Espresso im Kommen. In Bussen und Zügen wird manchmal fertig gemischter Kaffee mit Zucker angeboten, zum Teil zu süß und für Kaffeefreunde nicht unbedingt genießbar.

Bei den **Limonaden** fehlen natürlich nicht Coca Cola, Fanta, Sprite u.a. Das meistverkaufte Getränk in Peru ist **Inca Kola,** ein knallgelbes und sehr süßes, im Geschmack an flüssige Gummibärchen erinnerndes Gebräu. Es wurde 1935 durch den ausgewanderten Briten Lindley entwickelt und heute von Coca-Cola produziert. Schmackhafter und gehaltvoller sind da schon die frisch zubereiteten, hervorragenden **Fruchtsäfte** *(Jugo de ...)* den Limonaden vorzuziehen.

Das **Bier** ist in beiden Ländern gut. Die gängigsten Marken sind *Cristal* (Lima), *Pilsen* (Callao), *San Juan* (Pucallpa) sowie *Arequipeña* (Arequipa) und *Cusqueña* (Cusco; auf dem Etikett des Cusqueña ist der 12eckige Stein aus der Palastmauer des Inca Roca abgebildet). Das Bier kommt in Flaschen zu 355 ml, 620 ml und 1100 ml (sog. *Margarito;* unbedingt das Verfallsdatum kontrollieren). In **Bolivien** wird neben Flaschenbier, insbesondere in La Paz, ausgezeichnetes Fassbier ausgeschenkt. Die besten Biermarken sind *Paceña, Huari* und *Potosína*.

Rot- und Weißwein sind etwa so teuer wie bei uns, man sollte sie ruhig einmal probieren. Absolute Spitze ist das teuflisch-süffige peruanische Nationalgetränk **Pisco Sour** (s.a. S. 452), ein Traubenschnaps, gemixt aus Limonensaft und Zuckermelasse, frischem Eiweiß und einigen Tropfen Angostura. Serviert wird er mit einem Stäubchen Zimt. Ein doppelter Pisco heißt „Catedral". Es gibt verschiedene Qualitäten, doch nur der *Pisco Puro (Puro de Ica)* aus der Quebrante-Rebe gilt als echt. Weitere Sorten: *Pisco Aromático, Pisco Verde (Mosto Verde), Pisco Aromatizado* (mit Mango, Zimt und Chirimoya) und *Pisco Acholado*. Lecker ist auch Pisco mit Kokosmilch. Bei den **Likören** sind die fruchtigen, kräftigen **Kirsch- und Anisliköre** beliebt sowie der **Aguaje,** gleichfalls eine Spezialität Perus.

In **Bolivien** wird viel klarer **Singani** getrunken, das ist ein einheimischer Schnaps aus Weintrauben. Gut schmeckt auch *Chuflay,* das ist Singani mit Zitronenlimonade.

Ein ganz besonderes Getränk ist die **Chicha** (de Jora), das bekannte säuerliche Maisbier, das viel bei Fiestas getrunken wird. Die Frauen kauen den Mais, spucken ihn dann in ein Gefäß, wo er durch die Amylase des Speichels zur Gärung kommt. Heute wird Chicha oft immer noch so oder ähnlich hergestellt, aber es gibt auch schon industriell erzeugte. In Dörfern signalisieren Fahnen oder Wimpel an Häusern, dass hier frische Chicha ausgeschenkt wird. Mutige sollten Chicha ruhig mal probieren, man stirbt nicht daran.

Nicht zu verwechseln ist Chicha mit **Chicha morada,** einer süßen Limonade aus dunklem, violetten Mais. Darüber hinaus wird in der Sierra fast überall die schmackhafte, alkoholfreie **Chicha de Quinoa** mit einer Prise Zimt angeboten. Übrigens ist es eine alte Tradition im Andenhochland, den ersten Chicha-Schluck auf den Boden zu gießen, aus Dankbarkeit für die Großzügigkeit der Inka-Erdmutter *Pachamama*, von der alles stammt.

Aus der Rinde der Lianenart **Uña de Gato** („Katzenkralle", *Uncaria tomentosa),* die sich mit ihren Dornenblättern bis zu 40 m an Bäumen hochkrallt, wird in Peru ein Heiltee bzw. ein Likör gleichen Namens gewonnen (Exkurs s.S. 596). Ein traditioneller Kräuterlikör der Ureinwohner ist **CPM** aus Tarapoto, eine Mixtur aus Uña de Gato, Chuchuhuasi, Ucshaquiro, Achuniullo, Bolaquiero, Miel de Abeja, sieben weiteren Kräutern und Zuckerrohrschnaps**.**

Der **Lapacho** war der „göttliche Baum" der Inka. Seine innere Rinde liefert gleichfalls einen Tee gegen allerlei Beschwerden und Leiden. Erst 1970 entdeckten Mediziner die Heilkräfte des Lapacho (u.a. fiebersenkend).

Kleiner Knigge für Peru und Bolivien

Peru und Bolivien sind arme Länder, der Großteil der Menschen lebt unter einfachsten Bedingungen. Und wie in vielen anderen Ländern der Dritten Welt ist auch die internationale Reisebranche von wichtiger Bedeutung für die dortige Volkswirtschaft. Unbestritten ist aber auch, dass die Massenreiselust unserer Zeit ähnlich tief in die Kulturen und Strukturen fremder Völker eingegriffen hat wie einst Eroberung und Kolonisierung in vergangenen Zeiten. Verantwortungsvolles Reisen ist heutzutage eine schwierige und diffizile Aufgabe. Helfen Sie mit, dass die Kluft zwischen Reisenden und „Bereisten" nicht noch größer wird. Wer sich zuhause sorgfältig auf seine Reise vorbereitet, sich über Land, Leute und Geschichte informiert und wenigstens die wichtigsten Worte und Sätze in der Landessprache lernt, schafft gute Voraussetzungen für richtiges Verhalten. Ein einfaches, den Landessitten angepasstes Reiseverhalten mit einem Schuss gezähmter Neugier ist die einfachste Grundregel der Völkerverständigung. Freundlichkeit, Höflichkeit, Geduld und ein Lächeln kosten nichts, sie sind der Schlüssel zum Erfolg jeder Reise. Ein paar weitere Tipps:

– Kleiden Sie sich nicht zu auffällig, stellen Sie Besitztümer nicht zur Schau.
– Fotografieren Sie Menschen nicht ungefragt aus nächster Nähe.
– Baden Sie nicht nackt. Respektieren Sie das Schamgefühl der Einheimischen (und bezeichnen Sie sie nicht als „Eingeborene oder „Indios").
– Erzeugen Sie nicht durch zuviel Trinkgeld und Geldgeschenke eine Erwartungshaltung.
– Wer Peruaner oder Bolivianer in ein Restaurant einlädt, der sollte auch bezahlen. Getrennte Rechnungen wie bei uns sind unüblich.
– Geben Sie einem bettelnden Kind nichts. Es geht dadurch vielleicht nicht zur Schule und lernt dann keinen Beruf, weil es mit der Bettelei mehr verdient.
– Kaufen Sie als Souvenirs keine echten Antiquitäten oder Grabfunde (was sowieso nicht erlaubt ist), sondern Kunstgewerbliches oder Gebrauchsgegenstände. Denken Sie an das Artenschutzabkommen, kaufen Sie keine Dinge aus Tierteilen (Krokohäute, geflecke Felle, Federn), keine Schmetterlinge (oder aus ihren Flügeln hergestellte Kunstgegenstände) und schon gar keine Schlangenhaut (den Schlangen wird lebend die Haut abgezogen, da das leichter geht).
– Werfen Sie Ihren Abfall nicht weg, auch wenn es die Einheimischen tun.
– Ihre Gastgeber erwarten kein Geld, sondern Aufgeschlossenheit gegenüber ihren Problemen und Informationen über die Welt, in der Sie leben (Postkarten und Familienfotos sind ein gutes Mittel der Annäherung). Kritisieren Sie nicht grundlos das Land und seine Menschen.
– Stellen Sie sich auf eine andere Mentalität ein. Stress, Hektik und Eile sind unsere Erfindungen.
– Ärgern Sie sich nicht, wenn mal was nicht so klappt wie vorgestellt. Seien Sie froh, einer Zeit und Generation anzugehören, in der es möglich ist, so weit reisen zu können und Peru und Bolivien erleben zu dürfen.

Praktisches Reise-ABC

Anreise s.S. 45

Airpässe s.S. 46

Autofahren s.S. 53 „Mietwagen"

Baden Vorsicht beim Baden in den Flüssen im Amazonas-Gebiet oder in stehenden Gewässern, auch wenn Einheimische dort schwimmen. Nie ohne Badezeug baden.

Bergrettung In Peru und Bolivien gibt es keine Bergrettung wie in Europa, zumal Hubschrauberflüge in über 4000 m Höhe nicht einfach sind. In Huaraz und Cusco gibt es ein Büro der Bergpolizei (USAM), die eine hervorragende Ausrüstung besitzt. Luftrettung, Krankentransporte per Flugzeug und Hubschrauber führt die Fa. UNISTAR Network durch. John Woodman ist sowohl in Peru als auch in Bolivien erreichbar, Handy 0051-1-96321049, www.unistar.com.pe. Wer das nötige Kleingeld hat, kann mit ihm auch nach Machupicchu fliegen.

Drogen Wer mit Drogen, z.B. Kokain, erwischt wird, wandert je nach Schwere des Umstandes mindestens 15 Jahre ins Gefängnis! Freilassung auf Kaution ist ausgeschlossen, auch ist Abschiebung nicht vorgesehen. Die Botschaft vermittelt Rechtsbeistand, kann aber außer moralischer Unterstützung recht wenig erreichen.

Einkaufen und Souvenirs Beide Länder sind ein wahres Paradies für Andenken- und Kitschsammler. Doch daneben sind auch die Märkte voll mit guten und schönen Wollsachen. Aus herrlich-weicher Alpakawolle (weniger Lamawolle) werden preiswerte Pullover (4–5 €), Ponchos, Jacken, Mützen, Schals, Handschuhe, Tischdecken, Tücher und Wolldecken hergestellt (Wollsachen sind in Bolivien billiger als in Peru). Neben Textilien ist fantasiereich gestalteter Gold- und Silberschmuck weiter ein beliebtes Mitbringsel. Originell sind die vielerorts angebotenen, kunstvoll geschnitzten Kalebassen, eine Kürbisart.

Bei allen Einkäufen sollte das Handeln um den Preis nicht vergessen werden. Auf den Märkten wird das erwartet. Bieten Sie etwa die Hälfte bis zwei Drittel des geforderten Preises, bis Sie sich mit dem Händler einig sind. Kaufen Sie möglichst nicht in Läden mit Fixpreisen, dies bringt die Einheimischen um ihren Verdienst. Wer vielleicht zuviel eingekauft hat, kann seine Dinge im Paket von Lima oder Cusco aus über das Zollamt (Aduana postal) per Schiffsfracht nach Hause schicken.

Feiertage Peru
1. Januar – Año Nuevo (Neujahr)
Februar/März – Carnaval (Karneval)
März/April – Karfreitag und Ostern
1. Mai – Día de los Trabajadores (Tag der Arbeit)
Mai/Juni – Fronleichnam
14. Juni – Día de los Campesinos (Bauerntag), nur der halbe Tag
29. Juni – Fiesta Pedro y Paulo (Peter und Paul)
28./29. Juli – Día de Independencia (Unabhängigkeitstag)
15. August – Virgen de la Asunción (Maria Himmelfahrt)
30. August – Santa Rosa de Lima (Fest zu Ehren der Heiligen Rosa von Lima)
8. Oktober – Día de la Dignidad Nacional (Tag der nationalen Würde)
1. November – Día de Todos los Santos (Allerheiligen)
8. Dezember – Maria Empfängnis
25. Dezember – Navidad (Weihnachten)
31. Dezember – Noche de San Silvestre (Silvester)

Feiertage Bolivien
1. Januar – Año Nuevo (Neujahr)
Februar/März – Carnaval (Karneval)
März/April – Karfreitag und Ostern

1. Mai – Día de los Trabajadores (Tag der Arbeit)
Mai/Juni – Fronleichnam
6. August – Día de Independencia (Unabhängigkeitstag)
1. November – Día de Todos los Santos (Allerheiligen)
2. November – Allerseelen
25. Dezember – Navidad (Weihnachten)
31.Dezember – Noche de San Silvestre (Silvester)
Hinweis: Feiertage, die auf einen Samstag fallen, werden auf den davorliegenden Freitag gelegt, Feiertage, die auf einen Sonntag fallen, auf den darauffolgenden Montag.

Feste s.S. 115 u. unter den jeweiligen Orten.

Fotografieren s.S. 43, „Foto und Filme"

Geld s.S. 36, „Finanzen"

Geschäftszeiten **Peru:** Verwaltungszeiten: meist Mo–Fr 9–14 Uhr (teils auch bis 17 Uhr); Geschäfte Mo–Sa 10–13 und 15–20 Uhr, einige auch So; Banken Mo–Fr 9.15–16 Uhr (manachmal auch Sa); Post Mo–Sa 8–20 Uhr; Apotheken 9–19 Uhr (zeitweise bis 22 Uhr)
Bolivien: Verwaltungszeiten Mo–Fr 9–12 und 14–18 Uhr; Geschäfte Mo–Fr. 9–12.30 und 15–19.30 Uhr (zeitweise bis 20 Uhr), Sa 10–15 Uhr, einige Geschäft auch So; Post Mo–Fr 8–20 Uhr, Sa 8–19 Uhr; Banken Mo–Fr 8.30–12 und 14.30–17.30 Uhr.

Gesundheit s.S. 38 ff

Gleitschirmfliegen In Peru gibt es für das Gleitschirmfliegen die *Asociación Peruano de Vuelo Libre* (APUL, derzeit ohne Homepage). Es ist für das Fliegen keine Lizenz nötig, man kann es einfach ausprobieren, sofern man an einen Gleitschirm herankommt. Da durch die Thermik das Gleitschirmfliegen in Peru sehr anspruchsvoll ist, sollte man schon eine gewisse Erfahrung mitbringen oder einen Kurs belegen. Es gibt viele Unfälle, Vorsicht vor einheimischen Piloten. Gleitschirmflüge bieten Inkawasitravel und www.enjoyperu.com an. Eine Flugschule gibt es in Lima-Miraflores, Jorge Chavéz 660. Infos über alle Fluggebiete, Kurse und mehr auf www.perufly.com

Informationen s.S. 29 ff

Kartenmaterial **Peru:** Peru (1:1.500.00), Reise Know-How, World Mapping Project (WMP), GPS-tauglich, wasserfest, unzerreißbar, inkl. Hervorhebung der in diesem Handbuch beschriebenen Orte u. Sehenswürdigkeiten, ISBN 3-8317-7080-8, 8,90 €. – Peru, von B&B (1:750.000), 8,90 €. – Nelles Peru/Ecuador (1:2,5 Mio.) 7,90 €. – *Guía Inca del Perú; Destinos Turístico y red vial*, 1999; 12 sehr guten *Hoja de Rutas* (farbigen Kartenseiten), derzeit die 1. Wahl. – *Guía Perú Carretera y Turismo,* von Automás y Toyota del Perú, Nov. 1997; sehr gutes Kartenmaterial im Anhang, mit 7 Detailkarten (bereits geplante Verkehrsverbindungen sind eingetragen und besonders gekennzeichnet). – *Mapa Vial del Perú* (1:2,2 Mio.), Straßenkarte (noch mit am besten). – Touristenkarte *Cusco und das Heilige Tal der Inkas* (1:100.000), von Martin Steinat, 1999. – *ONC,* Operational Navigations Charts Peru (1:1 Mio.), Blatt M25, N25 (dargestellte Fläche 1300 km x 930 km), je 8,50 €. – *TPC* Fliegerkarten Peru (1:500.000), Blatt M25A-D, Blatt N25 A-D (dargestellte Fläche 650 km x 465 km), je 9,50 €. – Sowjet. Generalstabskarten Peru; in die Jahre gekommen, doch sehr gute Topographie. Regionalkarten für Peru im Internet: http://sinadeci.indeci.gob.pe/PortalSINPAD/Default.aspx?ItemId=114
Bolivien: Straßenkarte Bolivien (1:2 Mio.), mit 9 Stadtplänen, ca. 18 € (noch mit am besten). – Bolivien (1:1.300.00), Reise Know-How, WMP, GPS-tauglich,

wasserfest, unzerreißbar, inkl. Hervorhebung der in diesem Handbuch beschriebenen Orte und Sehenswürdigkeiten, ISBN 3-8317-7108-1, 8.90 €. – Bolivien ITM, (1:2 Mio.). – Bolivien, von B&B (1:750.000), 8,90 €. – Nelles Bolivien/Paraguay (1:2,5 Mio.), 7,90 €. – Mapa de Comunicaciones de la República de Bolivia (1:3 Mio.), mit Verwaltungsgrenzen, detailliertes Straßennetz, Eisenbahn- und Fluglinien, Entfernungstabellen, ca. 15 €. – *Mapa de la República de Bolivia* (1:1 Mio.), 4 Blätter, mehrfarbig, Verkehrsnetz, ca. 60 €. – *Mapa Cordillera Real de Los Andes* (1:135.000). In La Paz überall erhältlich. gute Karte mit Wanderwegen. – *ONC* Operational Navigations Charts Bolivien (1:1 Mio.), Blatt N26, P26, P27 (dargestellte Fläche 1300 km x 930 km), je 9,50 €. – *TPC* Fliegerkarten Bolivien (1:500.000), Blatt N26A/C/D, P26B/C, P27A (dargestellte Fläche 650 km x 465 km), je 8,50 €. – Sowjet. Generalstabskarten Bolivien.

■ Mehr über neueste **Karten von Peru und Bolivien** erfahren Sie bei: **Fa. KARTEN & REISEFÜHRER Schrieb,** Schwieberdinger Str. 10/2, 71706 Markgröningen, Tel./Fax 07145-26078 (karten.schrieb@t-online). **In Bolivien:** in allen Buchhandlungen von **Los Amigos del Libro** (Inhaber I. u. W. Guttentag).

Kultur- Das nationale Kulturinstitut INC soll die archäologischen, historischen und kul-
institut INC turellen Güter Perus schützen. Die heimliche Ausfuhr von Kunstgegenständen ist strafbar. Vergewissern Sie sich beim Kauf prähispanischer Replikate und kolonialer Kunst, dass die Stücke vom INC zertifiziert wurden (das Zertifikat kann auch noch auf dem internat. Flughafen in Lima beim INC-Modul erworben werden). Das INC ist außerdem für die Permits für den Inkatrail, für Führer- und Touranbieter-Lizenzen in den Nationalparks und die verschiedenen nationalen Museen zuständig. Weitere Infos: INC, Museo de la Nácion, Av. Javier Prado Este 2645, San Borja in Lima, Tel. 476-9900, inc@inictel.gob.pe, procultura@inc.gob.pe, www.inc.perucultural.org.pe oder www.inc.gob.pe.

Maßeinhei- In Peru und Bolivien gilt das metrische System. In Peru wird Kraftstoff in Gallo-
ten nen (ca. 3,8 l) verkauft. Eine *libra* entspricht etwa 450 g.

Mietwagen s.S. 53

Naturschutz Alle wilden Tiere und Pflanzen sind in Peru gesetzlich geschützt. Ohne Erlaubnis des *Instituto Nacional de Recursos Naturales* (**INRENA,** staatliche Naturschutzbehörde) dürfen keine wilden Tiere und Pflanzen beschafft oder gekauft werden. Für den legalen Export wird ein Zertifikat der INRENA benötigt. Autorisierte Führer und Reiseagenturen sind über das peruanische Naturschutzgesetz geschult. Weitere Infos: *INRENA*, Calle Diecisiete 355, Lima-San Isidro, El Palomar, Tel. 224-3298, 224-2858, Fax 224-3289, inrenabibli@terra.com.pe, Mo–Fr 8.30–13 Uhr, 14–17.30 Uhr; in Cusco: Urb. Sta. Ursula K 8, Tel. 24-0898, pqnm@terra.com.pe, www.minag.gob.pe.

Notruf für Im Notfall sollte man sich an das **Beschwerdebüro für Touristen** wenden, für
Touristen das **INDECOPI** (Instituto de Defensa de la Libre Competencia y de la Protección de la Propiedad Intelectual); Hotline Tel./Fax (01) 224-7888 oder 224-8600 (tour@indecopi.gob.pe), landesweite Servicenummer 0-800-4-2579 (gebührenfrei, funktioniert jedoch nicht von öffentlichen Telefonapparaten). Von INDECOPI werden kreditkartengroße rote Servicekarten mit den Hotline-Nummern in Lima, Cusco, Trujillo und Arequipa ausgegeben. Die Hotline ist immer besetzt und der Operator spricht auch Englisch. INDECOPI hilft, wenn Reiseagenturen, Tourvermittler, Airlines oder Hotels ihren Vertragsverpflichtungen nicht nachkommen, Sondergebühren abgezockt werden oder wenn Behörden, Zoll, Polizei oder Ausländerpolizei sich nicht korrekt verhalten. Auch gibt INDECOPI Ratschläge und Hinweise bei gestohlenen Reisedokumenten.
Bolivien: Hier ist das *Comando Departamental de Policía,* (s.o.) zuständig.

Polizei In beiden Andenländern gibt es eine Touristenpolizei (s.u. „Adressen & Service"), die an ihren Uniformen erkenntlich ist. Soweit keine Touristenpolizei vor Ort ist, ist die Nationalpolizei bzw. die örtliche Polizei zuständig. Allgemein gilt: 1. Pass oder Kopie des Passes und andere benötigten Papiere, z.B. Führerschein für Selbstfahrer, mitführen. 2. Ein Polizist muss uniformiert sein, einen Ausweis bei sich tragen, sein Name steht auf einer Plakette auf der Brust. Auf keinen Fall darf er in ein Fahrzeug einsteigen! 3. Pass oder Fahrzeugpapiere dürfen keinesfalls einbehalten werden, Geldforderungen sind unzulässig.

Rauchen Offiziell besteht in Peru in geschlossenen Räumen, öffentlichen Büros, Restaurants u.a. Rauchverbot, in Restaurants werden ab und zu Raucherecken ausgewiesen. Zigaretten kosten umgerechnet ca. 1 €. Zum Selbstdrehen wird auf den Märkten *Siricaipi* und *Mapacho* angeboten, beide sehr starke Tabaksorten.

Reisezeiten **Hauptreise und trockene Monate für Peru: Juni – Oktober.** Regenzeit November/Dezember bis März/April, abhängig von den verschiedenen Höhenlagen Küste/Sierra/Selva.
Hauptreisezeit für Bolivien: April – Oktober. Regenzeit November/Dezember bis März/April; kälteste Zeit von Mai bis Juni. Aus diesen Zeiten resultiert auch die Hoch- und Nebensaison. Mehr übers Klima s.S. 86.
Reisen in beide Andenländern in den Regenzeit kann durchaus Vorteile haben: frische, grüne Landschaften, keine begrenzte Wasserversorgung in den Hotels, besserer Service, keine Probleme bei der Zimmersuche, herabgesetzte Preise, freundlichere Führer, Personal usw. Aber die Berge sind wolkenverhangen und nicht immer zu sehen, Bergwandern und Bergsteigen können anstrengend und unangenehm werden!

Schlepper & Nepper Touristenpolizei Lima warnt vor professionellen Schleppern und unseriösen Touristenorganisationen, die sich nach Landung eines Touristenflugzeugs (auch in Cusco) an unwissende Neuankömmlinge heranmachen, um ihnen teure Rundreisen anzudrehen. Sie verängstigen die Reisenden, in dem sie ihnen über die angeblichen Gefahren Perus erzählen und sie warnen, ja nicht alleine zu reisen. Darüber dankbar buchen dann immer wieder etliche Reisende zu einem vielfach überhöhten Preis gleich eine 3wöchige Rundreise (s.a. oben „Notruf für Touristen")

Sex In jedes Reisegepäck Alleinreisender, egal ob männlich oder weiblich, gehören heutzutage Kondome, schon wegen der Aids-Gefahr (SIDA).

Schuhputzer Schuhputzzeug muss nicht mitgenommen werden, da es in beiden Ländern überall Schuhputzer gibt, die preiswert das Schuhwerk wieder auf Hochglanz bringen. Der Preis für das Schuhputzen ist vorher auszuhandeln.

Sprachen s.S. 81

Straßenkontrollposten Sowohl in Peru als auch in Bolivien wird der Straßenverkehr immer wieder durch Kontrollposten aufgehalten. Meist dient mehr eine schwere Eisenkette oder ein Schlagbaum als Sperre. Bretter-Kioske, einfache Kneipen, Reparaturwerkstätten und Reifenflicker haben sich darum herum angesiedelt. Gute Möglichkeit für Mitfahrgelegenheiten.

Strom Die Spannung beträgt in **Peru** 220 Volt Wechselstrom mit 60 Hz, in Arequipa 220 V mit 50 Hz, in Iquitos 100 V mit 60 Hz. In **Bolivien** 220 Volt Wechselstrom mit 50 Hz, in La Paz sowohl 220 V mit 50 Hz als auch 110 V mit 50 Hz. Hotels haben im Bad oft nur Steckdosen für Flachstecker, gegebenenfalls internat. Adapterstecker mitnehmen (noch im Abflughafen in Europa erhältlich).

Tourist-Info In allen größeren Städten Perus und Boliviens gibt es touristische Informationsstellen unterschiedlichster Qualität. Sie finden die Anschriften unter dem „Adressen & Service"-Teil der jeweiligen Stadt. In den wichtigsten touristischen Zentren Perus hilft Ihnen auch **i-Peru** (Información y asistencia al turista) weiter, Tel. (01) 574-8000 (24-Std.-Service.)

Praktisches Reise-ABC

Touristen-polizei
POLTUR

Insbesondere in Peru wird die Touristenpolizei **Poltur** immer mehr verstärkt. Man möchte sichere Touristenzentren haben und die Touristenpolizisten sind wirklich gut geschult, freundlich und sehr hilfsbereit. In Cusco werden verstärkt Motorradstreifen gefahren und unachtsame Touristen höflich, aber bestimmt, auf Fehlverhalten hingewiesen. Die Polizisten sind an ihrem Zusatz „Turismo" zu erkennen und sprechen meist Englisch. Auch Bolivien besitzt eine gut geschulte Touristenpolizei.
Peru: *Policía de Turismo y Ecología,* Moore 265, Lima-Magdalena del Mar, Tel. 460-0921, Fax 460-1060 (dirpolture@hotmail.com). Neben Englisch wird Deutsch gesprochen. Die Touristenpolizei bietet für den Reisenden Hilfe bei Sprach- und Verständigungsproblemen, Aufenthaltserlaubnis, Diebstahl usw.
Bolivien: *Comando Departamental de Policía,* Policía Turística (POLTUR), Ed. Olimpia, Plaza Tejada Sorzano, La PAz, Tel. 222-5016. Die Touristenpolizei bietet für den Reisenden Hilfe bei touristischen Informationen, Problemen mit derAusländerbehörde und dem Zoll, nimmt Anzeigen entgegen und hilft bei Sprach- und Verständigungsproblemen.

Telefon-Vorwahlen
nach Deutschland (0049), Österreich (0043), Schweiz (0041). Mehr zum Telefonieren s.S. 66

Websites s.S. 31

Weltkultur-erbe
Die in Peru zum UNESCO-Weltkultur- oder Naturerbe zählenden Stätten listet die Website www.peruline.de auf.

Zeitdifferenz Zu Peru: MEZ –6 Stunden (Sommerzeit –7 Stunden). Zu **Bolivien:** MEZ –5 Stunden (Sommerzeit –6 Stunden).

Zeitungen
Peru: Über 48 Tageszeitungen mit stark regionaler Verbreitung. Die bedeutendsten sind: *El Comercio* (gegründet 1839, konservativ), *Ojo* (1968), *La República* (1981, liberal), *Expreso* (1961, linksliberal) und die kritische *El Diario.*
Familie Dopf bringt den *Peru-Spiegel (Espejo del Perú)* heraus, eine dt.-peruan. Zeitschrift, www.peru-spiegel.de und www.deutsch-peruanisch.com. Die dt.-peruan. IHK publiziert das Wirtschaftsmagazin *Made in Germany,* www.caperal.org.pe.
Bolivien: Über 30 *periódicos* mit stark regionaler Verbreitung. Die bedeutendsten: *El Diario* (gegr. 1904, www.eldiario.net), *La Prensa* (katholisch), *La Razon* (aus La Paz) und *El Deber* (1955 aus Santa Cruz) sowie *Tal Cual* (auch archäologische Artikel). Boulevardblätter sind *Gente* und *Extra*, die landesweit erhältlich sind. *Muy Interessante* ähnelt dem P.M. in Deutschland. Die dt.-boliv. IHK veröffentlicht das Wirtschaftsmagazin *Boletin,* www.ahkbol.com.

Zoll
Nach den deutschen Zollbestimmungen dürfen aus Nicht-EU-Ländern 200 Zigaretten oder 50 Zigarren, 1 l Spirituosen oder 2 l Wein oder Sekt, 500 g Röstkaffee, 50 g Parfüm und Souvenirs bis zu einem Warenwert von 430 € zollfrei eingeführt werden. **Hinweis:** Die **Einfuhr von Coca-Tee** ist nach den geltenden Bestimmungen des dt. Betäubungsmittelgesetzes (§ 1 Abs. 1 BtMG i.V.m. Anlage II des BtMG) **verboten und strafbar!**

TEIL III:
LAND UND LEUTE

Peru

■ Hinweis: Manche der folgenden Kapitel, wie z.B. Landesnatur, Tier und Pflanzenwelt, Die Inka oder Musik sind auch für Bolivienreisende von Bedeutung.

Das Land Peru (Staatsname *República del Perú*) grenzt mit seinem 1.285.216 qkm großen Staatsgebiet (knapp viermal der Größe Deutschlands) im Norden an Ecuador und Kolumbien, im Osten an Brasilien, im Südosten an Bolivien, im Süden an Chile und im Westen an den Pazifik. Hauptstadt ist Lima an der Pazifikküste. Peru ist in 24 Departamentos eingeteilt (s. vordere Klappenkarte) mit einem ernannten Präfekten an der Spitze. Die Departamentos unterteilen sich in 193 Provinzen, diese in 1822 Distrikte. Seit 1980 ist Peru eine Präsidialrepublik. Historische und gegenwärtige Fakten s. „Chronik" ab S. 97.

Bevölkerung Knapp 28 Mio. Einwohner, im Ballungs-Großraum der Hauptstadt Lima lebt über ein Drittel davon. Bevölkerungsdichte ca. 21 Ew./qkm (Deutschland 229/qkm). Dabei ist die *Costa* (wo über 52% der Gesamtbevölkerung leben) mit 49 Ew./qkm relativ dicht besiedelt, das Amazonastiefland (ca. 11% der Gesamtbevölkerung, doch rund 60% der Gesamtfläche) mit knapp 2 Ew./qkm extrem dünn. Neben Lima (etwa 9 Mio. Ew.) gibt es noch weitere dreizehn Städte mit mehr als 200.000 Einwohnern. Der Bevölkerungszuwachs beträgt jährlich etwa 1,5%, die Hälfte der Bevölkerung ist schlecht ernährt, etwa 40% davon unterernährt.

Rund ein Drittel der über 15jährigen sind Analphabeten, trotz allgemeiner Schulpflicht gehen rund 25% alle Kinder nicht zur Schule. 32,5% sind unter 15 Jahre alt. Die **Bevölkerungsstruktur** weist einen Anteil von etwa 54% *Indígena* (Quechua, Aymara), ca. 2% *Tieflandindianer* (Pano, Tupí u.a.), 31% *Mestizen* (Mischlinge zwischen Indígena und Weißen) und 11% *Weiße* auf. Die in Peru geborenen Nachfahren der spanischen Einwanderer *(hispanos)* werden als *Criollos* (Kreolen) bezeichnet. Minderheiten um 2% sind Schwarze, Chinesen und Japaner. Ausdrücke: Ein etwas abfälliger Ausdruck für Mestizen ist, vor allem in Peru, *cholo*. Ein Chinese wird mit dem nicht gerade schmeichelhaften Wort für eine Affenart als *macaco* bedacht, und *criollo* für Kreole ist nicht auch ohne Ironie. Die Bezeichnung „Indio" ist eine eher abfällige Bezeichnung für die Indígena, die Hochlandbewohner.

Am häufigsten hört der Tourist das Wort „Gringo", das ihm von den Indígena nachgerufen wird. Kann das Wort, je nach Betonung, eine positive oder negative Bedeutung haben, so ist *gringuita* als liebevolle Bezeichnung für ein hübsches Mädchen eindeutiger. Leute, die mit dem Rucksack durch das Land ziehen, werden als *mochileros* bezeichnet (mochila = Rucksack). Wer in schmuddeliger Kleidung und ungepflegt daherkommt, gilt als Hippie, was sich bei der Polizei und an Grenzen ausgesprochen schlecht macht.

Peru – Landeskunde

Die Sprachen

Offizielle Landes- und Amtssprachen in Peru und Bolivien sind Spanisch (in Südamerika „castellano" genannt) und von 1975–79 in Peru unter der linken Militärregierung Velasco Alvarado auch Quechua. Daneben wird auf dem Altiplano (Andenhochland) Aymara gesprochen und unzählige indianische Idiome. Um nicht völlig beziehungslos zu Land und Leuten herumzureisen, muss jeder Reisende unbedingt einige Worte Spanisch sprechen (s. Anhang, „Sprachhilfe Spanisch" und „Quechua").

Die Indígena gliedern sich mehrheitlich in zwei Gruppen mit jeweils eigener Sprache. Über 47% sprechen **Quechua** und über 5% **Aymara**. Zentren der Quechua-Sprache sind Cusco und Ayacucho mit Umgebung. Die **Sprache der Inkas war Quechua**. Die Aymara leben heute um den Titicacasee und auf dem Altiplano Boliviens. Sie haben vor den Inka vermutlich die Anden beherrscht und wurden von diesen unterworfen.

Religion

Völlige Glaubensfreiheit besteht erst seit 1973 in Peru. 1980 wurde die Trennung von Kirche und Staat mit in die Verfassung aufgenommen, der Religionsunterricht abgeschafft. Über 92% der Bevölkerung sind katholisch, wobei das Christentum vielfach mit traditionellen Glaubensvorstellungen und mit kultischen Bräuchen durchsetzt und vermischt wird. So haben die katholischen Heiligen meist eine Doppelbedeutung, und während kirchlicher Feste und Feiern werden gleichzeitig alte Rituale und Opfer zelebriert, z.B. zu Ehren der Mutter Erde, *pachamama*. US-evangelikale Kirchen bzw. Sekten sind im Land stark im Vormarsch.

Curanderos Watacs und Yerbateros

Traditionelle Heiler, Schamanen, *empiricos* und *yerbateros* bewegen sich je nach Wissen, Können und Absicht im weiten Feld zwischen ärztlicher Kunst, spirituell-magischen Ritualen, Magie und medizinisch wirksamen Heilpraktiken.

Curanderos (Heiler) sind hauptsächlich indianischer Abstammung, sie bewahren das überlieferte jahrtausendealte medizinische Wissen ihrer Region *(medicina indígena)*. Dabei wird zwischen Hochland- *(mesayoq alto)* und Tieflandheilern *(mesayoq pampa)* unterschieden. Zur Therapie von Krankheiten und Linderung von Schmerzen verwenden sie Naturarzneien (pflanzliche, mineralische und auch tierische Substanzen). **Empiricos** sind Heilpraktiker, die jedoch nur oberflächlich medizinische Anwendungen kennen. **Yerbateros** sind Heilkräuterspezialisten, die pflanzliche Wirkstoffe und Kräuterextrakte der „grünen Apotheke" einsetzen.

■ *Coca-Kauen bei den Inkas*

Meister der Magie sind **watacs** (Weissager) und **laycas** (Zauberer, Hexer; das Lesen z.B. in Cocablättern oder aufgeschlitzten Meerschweinchen ist dabei rituelle Begleiterscheinung). Schließlich gibt es noch die (große) Gruppe der Scharlatane, die nichts anderes als Hokuspokus inszenieren.

Peruaner mit deutschen Wurzeln

Nach Schätzungen leben heute etwa 8000 Deutsche und deutschstämmige in Peru. Unter den ersten Einwanderern im 16. Jh. war **Bartel Blumen,** seine Nachfahren sind heute unter dem Namen *Bartolomé Flores* in Peru und Bolivien weit verbreitet. Es folgten seit 1612 deutsche Jesuitenmissionare, dann Handwerker und Bergleute. Der Forscher **Taddäus Haenke** gelangte auf seiner botanischen Forschungsreise 1790 bis an den Huallaga, 1793/94 durchstreifte er die peruanischen Anden und legte erste Karten vom Vulkan Misti an, 1809 stellte er der peruanischen Regierung seine Entdeckung über die Salpeterverwendung zur Verfügung. Sein bedeutendstes Werk ist die berühmte *Geografía del Perú*.

Baron **Fuerchtegott Leberecht von Nordenflycht** führte 1791 die deutsche Bergbaumission an und gründete das erste mineralogische Labor in Lima, Vorläufer der *Escuela de Mineralogía*, der Bergbauschule Perus.

Der berühmteste deutsche Südamerika-Forscher, **Alexander von Humboldt (s. Abb.),** erreichte 1802, von Ecuador kommend, Trujillo und Perus Hauptstadt Lima. Er ist Namensgeber des *Humboldtstroms* vor der peruanischen Küste.

1819–36 kartographierte Oberst **Baron von Althaus** Peru und schuf damit das erste umfassende Kartenmaterial Perus. Der Forscher **Eduard Poeppig** erkundete von 1829–31 das Huallaga-Gebiet und fuhr mit einem Floß den Amazonas hinab.

Der Augsburger Maler **Johann Moritz Rugendas** (1802–1858) lebte 1842–44 in Lima und gab der peruanischen Landschaftsmalerei erste Impulse. **Hans Gildemeister** wanderte 1848 von Bremen nach Peru aus und gründete die Firma (Juan) Gildemeister und eine Anzahl weiterer Unternehmen (Erdöl, Fischmehl, Nahrungsmittel, Bergbau, Eisenbahn, Baumwolle). 1887 kam die Hazienda *Casa Grande* hinzu, die größte Zuckerrohrplantage Perus.

Begünstigt durch das neue Einwanderungsgesetz von 1849 wanderten zwischen 1850 und 1853 mehr als 1000 Deutsche nach Peru aus, darunter viele Bergleute, Bauern, Schmiede, Müller und Zimmermänner. Sehr viele jedoch starben bald an tropischen Krankheiten. 1852 wurde **Damian Freiherr von Schuetz-Holzhausen** beauftragt, gezielt deutsche Einwanderung nach Peru zu forcieren. Dazu wurde mit der peruanischen Regierung 1853 der **1. Siedlungsvertrag** abgeschlossen, mit dem Ziel, eine deutsche Kolonie im Amazonasgebiet am Marañón zu gründen. Das Projekt schlug jedoch fehl. 1855 wurde ein zweiter Siedlungsvertrag unterzeichnet, mit dem Plan, eine deutsche Kolonie in **Pozuzo** zu gründen. Ungefähr 300 Auswanderwillige aus Tirol, von der Mosel und vom Rhein machten sich 1856 auf den Weg. Davon erreichten 170 Siedler 1859 Pozuzo. Der 3. Siedlungsvertrag von 1867 brachte 1868 nochmals etwa 200 deutsche Auswanderer nach Pozuzo und Oxapampa.

Der Sprachforscher, Archäologe und Arzt **Ernst Middendorf** durchstreifte von 1855–80 Peru und war zeitweise Leibarzt von zwei peruanischen Präsidenten. Sein Werk *Peru* galt als bedeutende Informationsquelle über das Land. Der Ingenieur **Friedrich Blume** baute 1872 die Bahnstrecken von Lima nach Chancay und von Mollendo nach Arequipa.

Ein leidenschaftlicher Sammler war der Schiffsingenieur **Heinrich Brüning,** der ab 1875 fünfzig Jahre lang Stein-, Metall- und Webarbeiten sowie Keramiken peruanischer Kulturen zusammentrug und sie in Lambayeque im *Museo Bruening* präsentierte. Der peruanische Staat erwarb 1921 das Museum und brachte einige der 5000 Exponate nach Lima.

Weithin berühmt ist auch der Archäologe **Max Uhle,** der von 1896 bis 1942 in Peru lebte. Er grub bei Lima die Reste von *Pachacamac* aus und setzte damit wichtige Impulse für die weitere archäologische Erforschung des Landes, gilt als „Vater der peruanischen Archäologie" (1905–11 Direktor des *Museo Nacional de Historia* in Lima, 1936 wurde er mit dem *Sonnenorden*, einem der höchsten peruanischen Orden, geehrt).

Weitere Persönlichkeiten sind **Karl Einfeld** (1907 Mitbegründer der Philharmonischen Gesellschaft in Lima), **Friedrich Gerdes** (1909 erster Dirigent des Symphonieorchesters in Lima, Direktor der Academía de Música) sowie die Dirigenten **Theo Buchwald** der **Hans Guenther Mommer** (1958–1963). Der Lehrer **Arno Freiwald** gründete 1959 den stimmgewaltigen Limeñer Madrigalchor.

Die rätselhaften **Geoglyphen** (Wüstenbilder) **von Nasca** wurden ab 1932 zum Lebenswerk der deutschen Mathematikerin und Geographin **Dr. Maria Reiche** (1903–1998). Dafür wurde sie 1981 mit dem Sonnenorden geehrt.

Wirtschaft

Landwirtschaft

Im Küstenland und in den Flussoasen werden Baumwolle, Zuckerrohr und Mais angebaut. Im Hochland hauptsächlich Getreide und Kartoffeln, am Anden-Ostabhang Kaffee, Tee und Coca. Die Viehzucht liefert für den Export Wolle, Häute und Felle. In der Landwirtschaft sind zwar 35% der Arbeitskräfte beschäftigt, erwirtschaftet werden jedoch nur etwa 5% des Bruttoinlandproduktes (BIP). Zuletzt waren nur noch 9% aller Exporte landwirtschaftliche Produkte, vor allem Kaffee, Früchte, Paprika, Spargel, Zucker und Baumwolle.

Industrie Fischerei Bergbau

Die Bedeutung der **Industrie** steigt ständig, 13% aller Arbeitskräfte erwirtschaften etwa 22% des BIP. Schwerpunkt ist die Textil-, Nahrungsmittel-, Metall- und Chemieindustrie. Die Produktion von Fisch-, Obst- und Gemüsekonserven steigt ständig.

Die **Fischerei** und die staatliche Fischereiflotte PESCAPERU wurden 1976 privatisiert. Von Bedeutung ist vor allem der Sardellenfang (Anchovis) vor Perus Küste. Fang-Einschränkungen zur Regenerierung der Bestände und das **Klimaphänomen El Niño** entlang der südamerikanischen Westküste sorgten aber für einen Einbruch. Fischereiprodukte (Fischmehl und -öle) sind nach wie vor ein wichtiger Exportzweig und machen ca. einen Anteil von 20% Ausfuhren Perus aus. Der **Bergbau** ist mit über 55% nach wie vor der bedeutendste Exportsektor Perus, doch mit nur noch geringen Zuwächsen. Abgebaut werden vor allem Eisen, Silber, Gold, Kupfer, Zink und Blei, zusammen mit dem **Erdöl** tragen sie mit 10,5% zum BIP bei.

Inflationsrate, Finanzen

Die Inflationsrate, bezogen auf den Lebenskostenindex in Lima, betrug 1990 noch über 7600%, fiel 1991 drastisch auf 139% ab und liegt gegenwärtig bei ca. 1,1%. Gleichzeitig konnte der Verfall der Reallöhne gestoppt werden, denn durch Streiks gingen jährlich im Schnitt etwa 20 Mio. Arbeitsstunden verloren. Der Mindestlohn liegt bei 420 Soles im Monat. Die **öffentlichen Finanzen** sind durch zunehmende Auslandsverschuldung und wachsende Defizite der öffentlichen Hand geprägt. Die Gesamt-**Auslandsverschuldung** beläuft sich derzeit auf über 28,3 Mrd. US$.

Wirtschaftsprogramm, Arbeitslosigkeit

Mit einem neoliberalen Schockprogramm (Privatisierungen, Öffnung der Märkte u.a.) wollte Präsident Fujimori die wirtschaftliche Talfahrt bremsen. 1994 wurde ein Rekordwachstum von 13% erreicht, das aber wieder stark abfiel und derzeit bei 5,5% liegt. Trotz des Aufschwungs der letzten Jahre erhöhte sich das Beschäftigungsniveau kaum.

Die offizielle Arbeitslosigkeit liegt bei über 8%, dürfte aber weitaus höher sein. Schätzungen gehen davon aus, dass nur etwa 1/2 der arbeitsfähigen Bevölkerung adäquat beschäftigt sind. Viele Arbeitskräfte finden auf dem informellen Sektor (Straßenhandel, Schmuggel, Cocaproduktion, Dienstleistungen) ein karges Auskommen. Die Schattenwirtschaft Perus soll nach Schätzungen 30% des BIP betragen.

Landesnatur

Perus gliedert sich in drei große Landschaftsräume: in die **Costa** (Küste), **Sierra** (Gebirge) und in die **Selva** (Amazonasurwald).

Costa

Die Costa ist ein schmaler, wüstenartiger und ungefähr 3080 km langer Küstenstreifen am Pazifik, der etwa 10% der Gesamtfläche Perus einnimmt. Im Norden ist dieser Küstenstreifen etwa 150 km breit, im Süden aber nur 30 km. Er erreicht eine durchschnittliche Höhe von 500 m, in die Wüstentafel von Arequipa sogar 2300 m und er ist von zahlreichen Flussoasen durchzogen. Die **Küstenwüste** ist weniger von flimmernder Hitze, sondern mehr von Nebel *(garúa)* und feinstem Nieselregen geprägt.

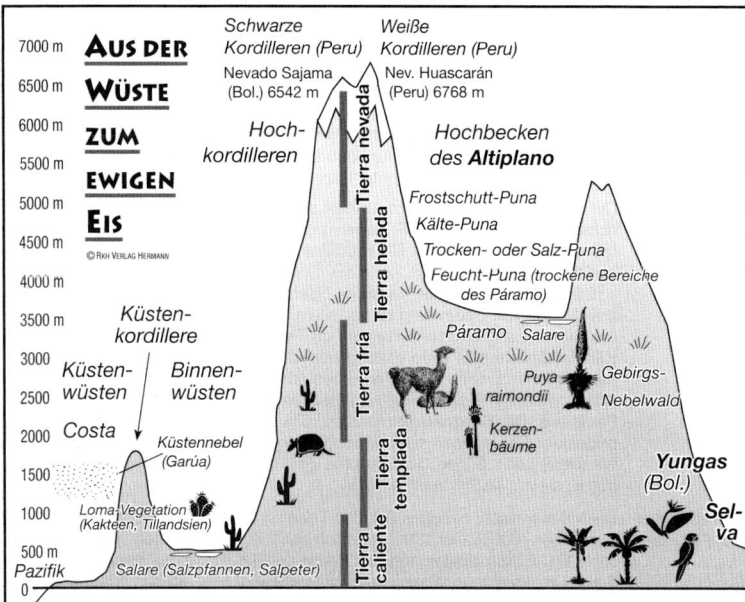

Die **thermische Höhenstufengliederung** und die damit verbundenen Staffelung ihrer Vegetationszonen in den südamerikanischen Andenländern geht auf den deutschen Naturforscher *Alexander von Humboldt* zurück. Er übernahm 1817 als wissenschaftliche Begriffe die alten »**tierra**« (»Land«)-Bezeichnungen der Spanier, die diese schon früher zur Unterscheidung der Höhenstufen und des Klimas verwendet hatten.

Die Höhenangaben in Metern der vertikalen Bereiche der Tierras sind jedoch nicht absolut, sie variieren vielmehr je nach Exposition, Land und geographischer Breitenlage.

Höhen, ca.	Bezeichnung		Charakteristika	Vegetation	Anbau
ab 5000 m	**Tierra nevada** (»Schneeland«)		Ewiges Eis		
bis 5000 m 3500 m	**Tierra helada** (»eisiges Land«)	**Puna -** Stufen (s.o) (trocken) **Páramo** (feucht)	Frost- und Schneestufen, extreme Temperaturschwankungen zwischen Tag u. Nacht »Höhensteppe« Höhengrasfluren	Flechten, Hartpolsterpflanzen Gräser *(ichu)*, Schopfpflanzen *(Puya raimondii)*	Ackerbau nicht mehr möglich Hochweiden Weidewirtschaft
bis 3500 m 2000 m	**Tierra fría** (»kaltes Land«)		Kalte Höhenstufen	Nebelwald	Mais, Weizen, Gerste, Kartoffl.
bis 2000 m 800 m	**Tierra templada** (»gemäßigtes L.«)		Gemäßigt temperierte Höhenstufe	Bergwald	Bananen, Kaffee, Zuckerrohr
bis 1000 m Meereshöhe	**Tierra caliente** (»heißes Land«)		Ständig heiße Tieflandregion	Tiefland-Regenwald; Loma-Vgt.	Kakao, Tabak

Verantwortlich dafür ist der **Humboldtstrom,** der als kalte Meeresströmung von Süden nach Norden an der Küste entlangfließt und in Höhe des Äquators nach Westen abdreht.

Durch diese kalte Strömung wird die warme Pazifikluft abgekühlt und kondensiert zu Nebel, der aber meist für einen Regen nicht ausreicht. Durch künstliche Bewässerung und Wassertunnel von den Anden herab wurde und wird der Wüste immer mehr Ackerland für die Landwirtschaft abgetrotzt. Eine Besonderheit sind die **Lomas,** die (niedrigen) Küstenkordilleren, auf denen Kakteen, Hartlaubsträucher und Wüstenpflanzen (Tillandsien) wachsen und deren Feuchtigkeitsbedarf durch den immerwährenden Nebel in den Sommermonaten genügend gedeckt wird. Hinter diesen Küstenbergen breitet sich eine extrem trockene **Binnenwüste** mit Salpeterlagern aus. Die Küstenwüste wird von Nord nach Süd von der *Carretera Panamericana* durchzogen.

Sierra

So heißt das **Bergland der Anden,** das sich in Peru östlich der Küstenwüste erhebt und sich von Venezuela bis Patagonien als längstes Kettengebirge („Cordillera") der Welt hinzieht. Das Sierra nimmt – mit ihren Übergangsregionen – etwa 30% der Gesamtfläche beider Länder ein. Die Übergangsregion vom Gebirge am Ostabhang der Anden ins Tiefland wird **Yungas** genannt, eine teils tropisch-üppig bewachsene Region mit tiefeingeschnittenen Tälern zwischen 500 und 2000 m Höhe.

Tierra nevada, Tierra helada (mit Untergliederung *Puna* und *Páramo*), *Tierra fría, Tierra templada* und *Tierra caliente* sind wichtige Bezeichnungen und Höhendefinitionen der thermischen Höhenstufengliederung (s. Schaubild „Aus der Wüste zum ewigen Eis"). Im **Páramo** (span. Ödland) fallen besonders die hohen Schopf- und Wollkerzenpflanzen auf (Puya raimondii). Die **Puna** untergliedert sich (von unten) in die *Feucht-Puna,* in die *Trocken- oder Salz-Puna* (hier liegen die Salztonebenen oder *Salare*), die Kälte-Puna und als höchstgelegene Stufe in die *Frostschutt-Puna.*

Die höchsten Berge sind in Peru der **Huascarán** mit 6768 m, in Bolivien der **Sajama** mit 6542 m.

In Nordperu gliedern sich die Anden in drei Kordillerenzüge, in die **Cordillera Occidental** (West), **Cordillera Central** (Mitte) und in die **Cordillera Oriental** (Ost). Die Senke des *Río Marañón* trennt die West- von den Zentralkordilleren, *der Río Huallaga* die Zentral- von den Ostkordilleren. In den Westkordilleren liegt die berühmte *Cordillera Blanca* mit dem Huascarán-Berg.

■ *Páramo-Landschaft*

Zwischen West- und Ostkordilleren erstreckt sich das Hochlandbecken des **Altiplano** auf einer Höhe von etwa 3500 m, hier lebt der Großteil der andinen Hochlandbevölkerung. Östlich vom Titicacasee, des höchsten schiffbaren Sees der Welt, erstreckt sich die **Cordillera Real**. Im bolivianischen Altiplano liegt der Poopósee und ausgedehnte Salzseen, wie z.B. der gewaltig große *Salar de Uyuni*. An der feuchteren Andenostseite beginnt um 3000 m der **Nebelwald,** der in die Selva überleitet.

Selva

So heißt das riesige **Amazonastiefland,** ein noch weitgehend unerschlossenes dichtes Regenwaldgebiet. Hier gibt es kaum Straßen. Verkehrswege sind in erster Linie die in den Ostkordilleren entspringenden Flüsse, wie der 1900 km lange *Río Ucayali,* der sich mit dem *Río Marañón* kurz vor Iquitos zum Amazonas vereint. Der tropische Regenwald steigt von den Flussniederungen bis auf 1000 bis 1200 m an und geht dann in den tropischen Bergurwald über. Zwischen 2000 und 2500 m wechselt der Bergurwald in den Nebelwald (die Baumgrenze wird in den Anden dann zwischen 3500 und 3800 m erreicht). Das südliche Tiefland **Boliviens** gehört zur Savannenlandschaft des **Gran Chaco,** einem riesigen, fast unbewohnten Gebiet.

Waldbrände sind, speziell in Bolivien, ein Problem, besonders zum Ende der Trockenzeit. Die abgebrannten Waldflächen nehmen zur brasilianischen Grenze hin zu. Die Brände verursachen riesige Rauchwolken, die ganze Regionen verdunkeln, sie ziehen sich die Andenabhänge hinauf bis nach La Paz – manchmal so stark, dass der Flughafen El Alto gesperrt werden muss …

Klima

Verständlich, dass eine so unterschiedliche Topographie starke Klimaunterschiede bedeuten. Peru liegt in der Tropenzone dicht unterhalb des Äquators. Die Jahreszeiten unterscheiden sich daher weniger durch starke Temperaturschwankungen als durch die Regen- und Trockenzeit.

Die **Küste** liegt von Ende April bis November unter einer tiefen Wolkendecke mit ständigem Nebel, der **Garúa**. Sommer in unserem Sinne ist von Dezember bis April (kein Regen, beste Reisezeit) mit viel Sonnenschein und Temperaturen zwischen 22 und 32 Grad bei relativ hoher Luftfeuchtigkeit. Die Regenzeit im **Andenhochland** fällt in die Monate November/Dezember bis März/April, ist aber die **angenehmste Reisezeit,** da nachts die Temperaturen nicht unter Null abfallen. Die trockensten Monate auf dem Altiplano sind Juni bis Oktober mit Tagestemperaturen von 18 bis 25 Grad. In den Monaten Juni und Juli sind die täglichen Temperaturunterschiede am stärksten und das Thermometer fällt nachts oft unter Null Grad. Das Klima im **Amazonastiefland** gehört zur Tierra caliente, ist also durch hohe, feuchtheiße Temperaturen zwischen 20 und 32 °C das ganze Jahr über geprägt. **Regenzeit** ist im Amazonastiefland von **November bis April,** doch nachmittägliche Regengüsse kann es das ganze Jahr über immer geben.

Mehr noch als von den Breitengraden wird das **Klima von der Höhenlage** bestimmt, so dass man, mit Ausnahme der Küstengebiete, von folgenden **thermischen Begriffen** spricht (s. vorheriges Schaubild):

Tierra caliente: „heißes Land" (Vegetationsgürtel des tropischen Regenwaldes), bis 1000 m Höhe, mit Durchschnittstemperaturen um 25 °C.

Tierra templada: „gemäßigtes oder warmes Land" (Vegetationsgürtel der Bergurwälder), zwischen 800 und 2500 m, mit Durchschnittstemperaturen von 15 bis 20 °C.

Tierra fría: „kaltes Land", zwischen 2000 und 3500 m, mit durchaus noch warmen Tagen, aber sehr kalten Nächten und einer Durchschnittstemperatur um 12–18 °C, bevölkerungsreichste Stufe des tropischen Gebirges. Hier liegt der Vegetationsgürtel der Nebelwälder, des Páramo und der Puna.

Tierra helada: „eisiges Land", zwischen 3500 und bis etwa 5000 m, mit Durchschnittstemperaturen um und unter 0 °C, bis auf wenige Ausnahmen *(Chuño)* keine Landwirtschaft mehr möglich.

Tierra nevada: „Schneeland" und Eiszone über 5000 m, in der es keine Siedlungen mehr hat.

Tier- und Pflanzenwelt

Tierwelt

Lama oder **Alpaka** – das ist jedesmal die Frage, wenn dem Besucher diese charakteristischen Tiere der Anden vor die Kamera laufen. Beiden – und ihren Verwandten Wildkamelen **Guanako** und **Vicuña** haben wir einen Exkurs gewidmet (s.S. 321).

Wo Lamas leben, tummeln sich auch **Viscachas** (Hasenmäuse, *Lagidium peruanum*), die zur Familie der Chinchillas gehören. Die kleinen, grauen, possierlichen Tierchen sehen ähnlich unseren Murmeltieren aus und werden bis zu 60 cm groß. Ihre samtweichen Felle sind begehrt.

Die hochgelegenen Salzseen (Salare) in den Anden bilden das Biotop für drei **Flamingoarten:** neben dem graubeinigen chilenischen Flamingo und dem rotbeinigen Jamesflamingo wird hier auch der gelbfüßige Andenflamingo angetroffen. Dazwischen tummeln sich Rüsselbläßhühner. **Andengänse** schnattern durch kristallklare Luft und locken **Andenfüchse** an. In diesen hohen Regionen leben auch **Tarukas** (Andenhirsche), die in entlegenen Gebieten von vereinzelten **Pumas** (Berglöwen) bedroht werden. Außerdem gibt es mancherorts (Andenhochland) auch zahlreiche **Fledermäuse**. **Kondore** sieht man nur selten aus nächster Nähe, sie haben sich tief in die Berge zurückgezogen. Diese mächtigen Vögel zählen mit bis zu drei Metern Flügelspannweite zu den größten überhaupt (Exkurs s.S. 414).

Von den mit Panzern aus Hornplatten geschützen **Gürteltieren** gibt es in Südamerika weit über ein Dutzend Arten. Das größte ist das rund 1 m lange (Schwanzlänge ca. 50 cm) Riesengürteltier *(Priodontes gigantes)*.

Im Bergnebelwald schwirren bunte **Kolibris,** darunter auch Riesenkolibris. Ab und zu schleicht ein **Brillenbär** oder **Bergtapir** durchs Unterholz und dazwischen die **Wollhaarbeutelratte**, eine Art Opossum. Im Nebelwald kann auch der **Tunqui** bzw. Anden-Klippenvogel (Wappentier Perus) oder Rote **Felsenhahn** *(Rupicola peruviana)* beobachtet werden. Felsenhähne sind Schmuckvögel mit helmartigem Scheitelkamm, die in felsreichen Bergwäldern auf dem Boden leben. Überhaupt ist Peru stolz auf seine über 1800 Vogelarten, führte sogar eine „Ruta avitiurística" in Nordperu ein, s. www.perubirdroutes.com.

Im Urwald sind die bekanntesten fliegenden Spezies **Papageien, Aras, Tukane** und **Stärlinge,** deren Nester keulenförmig an den Bäumen hängen. Und zwischendrin tummeln sich über 3000 farbenprächtige **Schmetterlingsarten**, schleichen die letzten **Ozelote** auf Beute durch die „Grüne Hölle". Ab und zu hört man auch das dumpfe „uum" des seltenen **Hokkohuhnes** *(Cracidae)*, das in über 50 Arten in Süd- und Mittelamerika vorkommt. Als Waldbewohner lebt es auf Bäumen, ernährt sich von Blättern und Früchten und wird etwa so groß wie eine Truthenne. Es ist am kurzen Schnabel mit eierartigem Aufsatz zu erkennen.

An der **Küste** trifft man riesige Kolonien von Seevögeln, darunter **Meerespelikane,** der **Guano-Kormoran** und der **Peruanische Tölpel,** die den Guano-Mist produzieren, den allerbesten Dünger.

Bemerkenswert ist der **Fischreichtum** an der Küste (und auch in Urwaldflüssen). Im kalten, aber nährstoffreichen Wasser des Pazifik-Humboldtstroms leben gewaltige Schwärme von Sardinen, Rohstoff der peruanischen Fisch- und Fischmehlindustrie. Mittlerweile ist durch übermäßigen Fang das biologische Gleichgewicht gestört, was zur Abnahme aller Fische und auch Seevögel führte. Auf den vorgelagerten Inseln teilen sich **Pinguine, Robben, Seelöwen** und ab und zu auch **See-Elefanten** die begehrten Trockenplätze an der Sonne.

Der bedeutendste von über 1500 Süßwasserfischarten ist der *Arapaima gigas*, in Peru **Paiche** genannt. Der fischfressende Knochenzüngler mit seinen mosaikartigen Schuppen kann etwa 3 m lang und 300 Pfund schwer werden und gilt als größter Süßwasserfisch der Welt. Er war die wichtigste Nahrungsquelle im Amazonasgebiet, steht in Peru inzwischen unter Naturschutz und generell nicht mehr auf Speisekarten. Ausgewachsene Fische kommen etwa alle 12 Min. zum Atemholen an die Wasseroberfläche und können somit gut beobachtet werden. Berühmtberüchtigt sind die **Pirañas,** die zur Familie der Salmler *(Characinidae)* gehören; sie differieren in der Größe von 10 bis 60 cm. Es gibt unzählige Arten, doch nur wenige sind angriffslustig.

Andere Flussbewohner sind die **Mohren-** und **Brillenkaimane,** die zur Familie der *Alligatoridae* gehören und den Krokodilen zum Verwechseln ähnlich sehen. Unter Verletzung des Artenschutzabkommens werden beide Arten allmählich ausgerottet. Auch **Riesenottern, Flussdelphine** und **Manatee** (Flusskühe) sind inzwischen selten geworden. In und an den Flüssen Westamazoniens jagt die **Anakonda** *(Eunectes murinus)* kleinere Säugetiere und gehört mit 8–9 m zu der größten Art nichtgiftiger Riesenschlangen. **Leguane, Faultiere, Giftschlangen, Wasserschweine** (Capybara), **Pekaris** (Nabelschweine) und **Schildkröten** sind weitere bekannte Spezies.

■ *Wilde Tiere und Pflanzen sind in Peru gesetzlich geschützt! Ohne Erlaubnis der INRENA (Staatliche Naturschutzbehörde Perus) dürfen keine wilden Tiere und Pflanzen beschafft oder gekauft werden. Für den legalen Export wird ein Zertifikat der INRENA benötigt. Autorisierte Führer und Reiseagenturen sind über das peruanischen Naturschutzgesetz geschult.*

Pflanzenwelt

In der fast vegetationslosen Küstenebene wächst kaum etwas. Das **Schilfrohr** dient als Baumaterial für die Elendshütten um Lima. Durch künstliche Bewässerung entstanden große Oasen, wo neben Reis und Mais auch **Zuckerrohr** und **Baumwolle** gedeihen sowie Obst, Gemüse und exotische **Früchte** wie Mango, Papaya, Pepino, Chirimoya, Granadilla (Passionsfrucht, lilafarben) und Avocado.

■ *Quinoa*

Angebaut werden in andinen Höhen Getreide, **Mais** (über 35 Sorten), unzählige Arten **Kartoffeln** sowie wieder die alten, genügsamen Getreidearten **Amarant** und **Cañahua,** die nach der Inkazeit fast in Vergessenheit geraten waren. **Quinoa,** eine Hirseart, ist sehr eiweißreich.

Aus der Rinde des peruanisch-bolivianischen **Chinchona-Baumes** gewann man *Chinin,* früher das einzige Mittel gegen die Malaria (Chinarinde, hat nichts mit China zu tun, sondern kommt von einem indianischen Wort für Rinde, *quina).* In den Hochtälern der

Anden ist der aus Australien eingeführte **Eukalyptusbaum** dominierend, unsere Laub- und Nadelbäume sind weitgehend unbekannt. Ursprünglich bildeten die langsamwachsenden **Queñua-Bäume** mit die höchstgelegenen Waldbestände der Erde, heute werden sie vorrangig zur Wiederaufforstung eingesetzt.

Ansonsten wächst in der Puna noch hartes, spitzes **Büschelgras, ichu**, und eine harte Moosart, **yareta**. In einigen Gegenden ist die vom Aussterben bedrohte, über 10 m hohe Riesenbromelie **Puya raimondii**, eine Ananaspflanze, zu sehen (Foto s.S. 539). Sie kommt bis zu einer Höhe von 4200 m vor. Auffallend ist ihr bis zu 6 m hoher Blütenstiel. Nur die **Culcitium rufescens**, das „Edelweiß der Anden" mit seinen Wollblättern, wächst bis zur Schneegrenze in 5000 m Höhe. In andinen Höhen (3500–4500 m) gedeiht auch das Knollengewächs **Maca**, deren vitalisierende Wirkung schon die alten Inka zu nutzen wussten. Pulverisiert wird es als vitaminreiches und aphrodisisches „Ginseng der Anden" hauptsächlich nach Japan exportiert.

■ *Puya raimondii*

In mittleren Höhen können wunderschöne **Säulen-** und **Gliederkakteen, Bromelien** und **Orchideen** bewundert werden. Hier wächst auch die peruanische **Nationalblume Cantuta** *(Cantua buxifolia)*, deren rotweiße Blüten wie Kelche am Stengel hängen.

An den Ostabhängen der Anden zum tropischen Regenwald bzw. in den Yungas gedeihen nahezu alle tropischen Früchte sowie Tee, Kaffee, Reis und der Cocastrauch. Schließlich prägen unermessliche, immergrüne Regenwälder die **Selva**, wobei heute der **sekundäre Regenwald** immer mehr überwiegt, der nach Abholzung und Brandrodung des Primärurwalds entstanden ist. Dort wird die für den Ernährungsbedarf der ländlichen Bevölkerung wichtige Manioksorte **Yuca** und die Knollenfrucht **Oca** angepflanzt, wie die Yuca gleichfalls sehr stärkehaltig. **Camu-Camu** und **Acerola** sind Urwaldfrüchte mit einem extrem hohen Gehalt an Vitamin C, **Uña de Gato** („Katzenkralle") ist ein Lianengewächs mit vielfältig heilkräftigen Wirkstoffen (Exkurs s.S. 596). In den Gebieten zwischen den großen Flüssen wachsen die heute noch wichtigen **Kautschukbäume**.

Nationalparks

Peru besitzt relativ viele Nationalparks (Parque Nacionales) und Naturschutzgebiete (Reserva Nacionales). Etliche können nur unter erschwerten Bedingungen besucht werden. Die bekanntesten und wichtigsten für Touristen sind: *Machupicchu Santuario Histórico* mit dem Camino Inca, der *Huascarán-N.P.* bei Huaraz mit dem Llanganuco-Trek, der *Manu-N.P.*, der *Bahuaja-Sonene-N.P.* (1,1 Mio. ha, bei Puerto Maldonado), *Yanachaga-Chemillén, Cerros de Amotape, Río Abiseo, Cutervo* sowie das Naturschutzgebiet um den Titicacasee. – Weitere in diesem Führer beschriebene Parks s. Karte „Parques Nacionales".

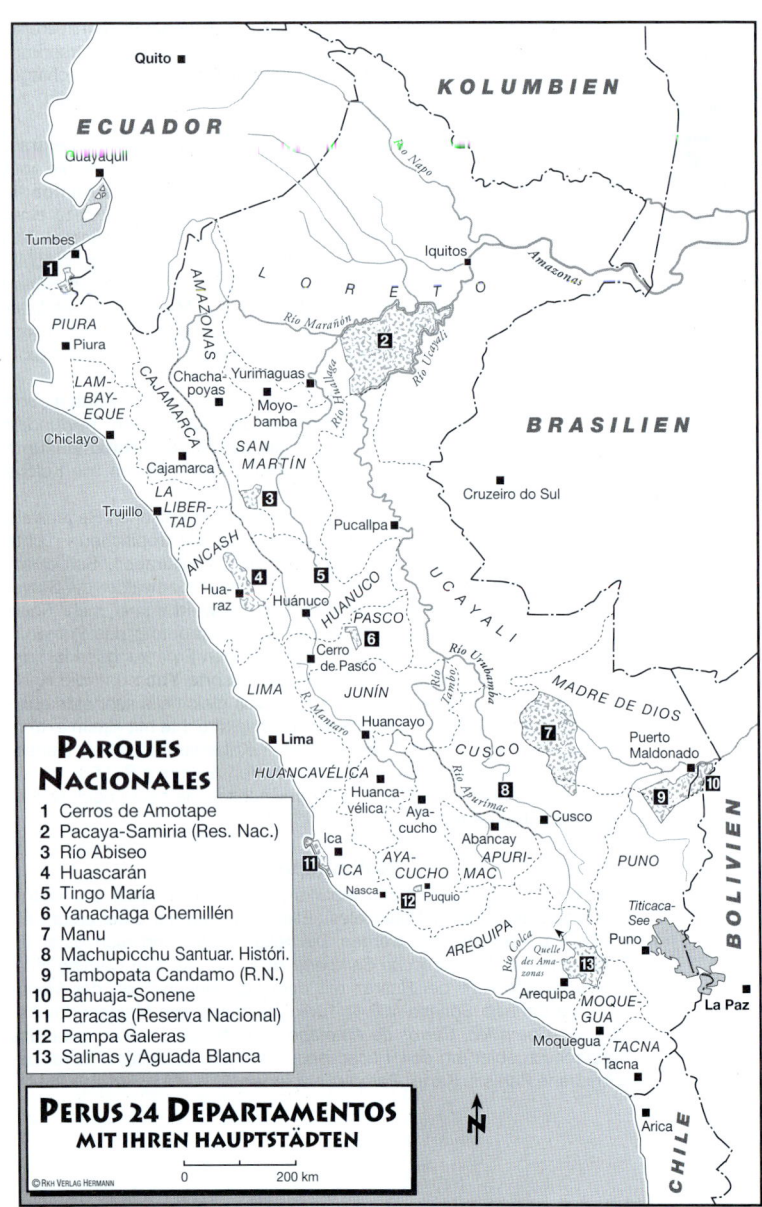

Natur- und Umweltschutzorganisationen

APECO — *Asociación Peruana para la Conservación del Naturaleza,* Parque José de Acosta 187,Tel. 264-0094, apeco@terra.com.pe; Mo–Fr 9–13 und 14–17 Uhr.

CONEM — *Consejo Nacional del Medio Ambiente,* Av. San Borja Norte 226, Tel. 225-5370, conam@conam.gob.pe; nationaler Umweltrat.

Rainforest Expeditions — eine der wichtigsten Natur- u. Umweltschutzorganisationen Perus, 1992 gegründet, gewann u.a. den *Conservation International Ecotourism Excellence Award* und *Conde Nast Traveller Ecotourism Award.* Rainforest unterhält das **Tambopata Research Center** u. die **Posada Amazonas** bei Pto. Maldonado.

Hervorzuheben ist hierbei die vorbildliche Partnerschaft mit den Ese-Eja in der Amazonas Lodge, ein echter **TIP!** *Rainforest Expeditions,* Arequipa 401, Pto. Maldonado, Tel. 57-1056, Fax 57-2463 (pdeza@rainforest.com.pe); in Cusco: Portal de Carnes 236, Tel. 23-2772; Lima: Av. Aramburu 166, Miraflores, Tel. 421-8347, Fax 421-7525 (rforest@perunature.com, www.perunature.com); Fragen beantwortet auch der Marketing Direktor *Luco Zapter* (lzapter@rainforest.dom).

Perú Verde — ist ebenfalls eine Natur- u. Umweltschutzorganisation. Die wichtigsten Projekte: Schutz der einzigartigen und selten Andenflamingos, das Programm *Mundo Natural* zur Erziehung der Jugend Limas zum Naturschutz, das Projekt für tropische Studien in der Machiguenga-Regenwald-Lodge am Urubamba, den permanenten Schutz der Riesenotter am Sandoval-See (Madre de Dios), ein privates Schutzgebiet für Tiefland-Tapire *(Tapirus terrestris)* und ein Vogelschutzprojekt. *Perú Verde,* Manuel Bañón 461, Lima-San Isidro, Tel. 221-7512 und 221-7525, Mo–Fr 9–18 Uhr (proyecto@peruverde.org oder peruverde@aol.com, www.peruverde.org).

Selva Sur — Eine weitere Naturschutzorganisation ist *Selva Sur,* zugleich Partner von Peru Verde, mit Sitz in Cusco. Gemeinsam möchten Selva Sur und Peru Verde den Öko-Tourismus in Peru fördern, da sie diese Form des Tourismus als Stütze zum Schutz der Naturräume und der ländlichen Entwicklung halten. Das *Manu Wildlife Center* (MWC), die *Sandoval Lake Lodge,* die *Pantiacolla Lodge* und die *Cock-of-the-Rock Lodge* sind im Besitz von Selva Sur und werden auch von ihr betrieben.

Manu Wildlife Center (MWC): 20 Bungalows in der Nähe des Tapir-Reservates von Peru Verde und der Ara-Salzlecken, Baumplattform, 30 km Urwaldpfade, Kolonie mit Riesenfischottern. **Sandoval Lake Lodge:** Miteigner sind die dort ansässige fünf Familien am See. Fischotter, Affen und Kaimane. **Pantiacolla Lodge:** Lodge mit 24 Betten mit Blick über den Oberlauf des Madre de Dios. Affen, Papageien und 420 weitere Vogelarten rund um die Lodge. **Cock-of-the-Rock Lodge:** Lodge mit 20 Betten im 5000 ha großen Nebenwald (Privatbesitz) von Selva Sur, Habitat des Roten Felsenhahnes.

InkaNatura Travel — Ist eine Reiseagentur, gegründet von Selva Sur und Peru Verde (s.o.). Die Einnahmen sollen in Naturschutzprogramme fließen. Büros in Lima, Cusco und Chiclayo. *InkaNatura Travel,* Lima, Manuel Bañón 461, San Isidro, Tel. 440-2022, Fax 422-9225, postmaster@inkanatura.com.pe, www.inkanatura.net.

FAN — Die bolivianische *Fundación Amigos de la Naturaleza* kümmert sich schwerpunktmäßig um den **Parque Nacional Amboró** und den **Parque Nacional Noel Kempff Mercado** in Bolivien. Die FAN bietet auch Exkursionen in Naturparks an (erlebenswert, doch nicht gerade billig). *FAN,* La Nueve, Carretera nach Samaipata/Cochabamba, Km 7, Tel. 855-6800, Fax 343-73383, fan@fanbo.org, www.fan-bo.org.

Geschichte

■ *Die einschneidendste Zäsur in Perus Geschichte war die Ankunft der Europäer. Im Bild oben wird der spanische Eroberer Pizarro (Bildmitte) von einer großen Indianerschar empfangen, als er an der peruanischen Nordküste bei Tumbes 1526 zum erstenmal an Land geht (Stich von Theodore de Bry). Links: Pizarro mit Miteroberer **Diego de Almagro** (li.), wie die beiden Konquistadoren vom Zeichner → Huamán Pomo de Ayala gesehen wurden (ca. 1615).*

Chronik Präinkazeit bis zur Inkazeit

Perus Frühgeschichte bestimmen nach der Initialperiode zahlreiche regionale und überregionale Kulturen, auch **Horizonte** (Zeiträume) genannt. Sie untergliedern sich in Kulturen des **frühen Horizonts** (900–200 v.Chr.), der frühen Zwischenperiode (200 v.Chr.–600 n.Chr.), des **mittleren Horizonts** (600–1000 n.Chr.), der späten Zwischenperiode (1000–1450 n.Chr.) und des **späten oder Inka-Horizonts** (1450–1534).

Bem.: Die genannten Zeitspannen sind ungefähre Angaben, die Quell- und Fachliteratur gibt vielfach konträre Daten an. Für die an der präinkaischen Zeit Interessierte sei besonders auf die Geschichts- und Archäologiebücher von *Disselhoff, Kauffmann-Doig, Stierlin, Stingl, Helfritz* und neuere hingewiesen.

Ca. 40.000	bis max. 10.000 v.Chr: Einwanderung in drei Wellen aus Asien über die damals trockene Beringstraße und auch über den Pazifik auf den amerikanischen Doppelkontinent.
um 21.000	Erste Siedlung in **Pikimachay** im Becken von Ayacucho
um 10.000	Höhlenmalereien von Lauricocha (Quellgebiet Río Marañón) und Toquepala (bei Tacna)

um 6000	Beginn des **Ackerbaus** mit Bohnen, Baumwolle und Kürbissen
um 3500	bis 1500 v.Chr.: **Valdívia**-Kultur auf dem Gebiet des heutigen Ecuador
ab 3500	Beginn der Kultivierung von **Mais** (Ursprung Amazonasgebiet), Erdnüssen, Kartoffel und Quinoa auf peruanischem Gebiet
um 3000	bis 2500 v.Chr.: **Domestizierung** von **Lamas** und **Alpakas** auf dem Altiplano (den beiden **einzigen großen Säugetierarten** in Südamerika!)
von 2100	bis 1800 v.Chr.: **Huaca Prieta,** Wohnplatz im Chicama-Tal
Kotosh	(1850 v.Chr.–1200 v.Chr.). Besiedlung des Hochtales von **Kotosh** (bei Huánuco) durch Stämme aus dem Urwald, „Tempel der gekreuzten Hände", Entwicklung einer Maiskultur, Keramikgefäße mit Bügelhenkel.
Sechín	(1800 v.Chr.–500 v.Chr.): Ruinenkomplex von **Sechín** (Casma); **Sechín Alto** mit gewaltigem Kultzentrum. Terrassen und Zeremonialplätze dehnten sich auf über 1,5 qkm aus.
Machalilla-Periode	(1500 v.Chr.–1200 v.Chr.) auf dem Gebiet des heutigen Ecuadors. Die Valdívia-Zeit endet mit der Ankunft einer neuen Menschengruppe. Auftauchen von Bügelgefäßen, die sich später über das ganze Andengebiet verbreiteten und sich wahrscheinlich von den Keramiken der Tutishcainyo des oberen Amazonasgebietes ableiten lassen.
Chorrera-Kultur	(1200 v.Chr.–500 v.Chr.) auf dem Gebiet des heutigen Ecuadors, Verbreitung eines neuen Keramikstiles.
Chavín ■ *Abb. rechts: Chavín-Relief*	(1000 v.Chr.–200 v.Chr.). Das Zentrum der ersten Hochkultur von Peru liegt in der Nähe des Dorfes *Chavín de Huántar* östlich von Huaraz am Abhang der Cordillera Blanca. Der über 3000 m hoch gelegene Ruinenkomplex in Form einer verschachtelten Tempelburg gilt als das älteste Steinbauwerk Perus. Chavín war kein Reich im primären Sinn, sondern die Kultur bzw. die Religion eines Volkes, dessen Einflussbereich sich entlang der Küste bis nach Nordperu erstreckte. Im Mittelpunkt der kultischen Verehrung standen Mischwesen, u.a. eine vergöttlichte Raubvogelgottheit mit Raubtier attributen (wie z.B. auf der Raimondi-Stele). Charakteristisch für den Chavín-Reliefstil (Basreliefs) sind anthropomorphe und zoomorphe Darstellungen mit kurvigen und lineare Elementen, bei den Keramiken sind Steigbügel-Ausgüsse kennzeichnend.
Paracas	(700 v.Chr.–200 n.Chr.). Die **Paracas-Kultur** wurde nach der Halbinsel südwestlich von Pisco benannt. An der Südspitze dieser heute völlig vegetationslosen Halbinsel fanden erst Fischer und dann Forscher Begräbnisstätten mit Hunderten von Gräbern, wobei bis heute noch nicht geklärt ist, ob dort Menschen lebten oder die Toten von weither dorthin gebracht wurden. Ebenso rätselhaft sind die Methoden der Mumifizierung, die Motive der Schädeldeformierungen und die vielen **Trepanationen.** Darunter versteht man das Anbohren des Schädels. Es ist unbekannt, ob dies damals aus medizinischen oder kultischen Gründen ausgeführt wurde, vielleicht, um einen bösen Geist aus dem Kopf hinauszulassen.

Neben wertvollen Grabbeigaben (Schmuck, Keramik) fand man sehr fein gewebte Totentücher, sogenannte **Manto** (**Abb.** links ein Webmuster). Kulturelle Beziehungen zwischen den Küsten- und Hochlandbewohnern konnten nachgewiesen werden, so bestand ein reger Verkehr zwischen Tiwanaku und der Küste.

Vicús (460 v.Chr.–100 v.Chr.). Wahrscheinlich Vorläufer der Mochica in Nordperu und evtl. Bindeglied zwischen Chavín und Mochica-Kultur. Einige Archäologen halten auch eine Verbindung mit der Chorrera-Kultur aus Ecuador nicht für ausgeschlossen.

Tiwanaku (100 v.Chr.–1000 n.Chr.). Die **Tiwanaku-Kultur,** benannt nach der Ruinenstätte südlich des Titicacasees auf dem Altiplano, lässt sich in eine frühe Periode von 100 v.Chr. bis 100 n.Chr. und eine klassische von etwa 500 bis 1000 n.Chr. einteilen. Eng damit in Zusammenhang steht die etwas später anzusetzende **Wari-Kultur** (600 n.Chr. bis 1200 n.Chr.) in der Nähe von Ayacucho, so dass sich um diese Zeit ganz Peru, Bolivien und der Norden Chiles unter einem Kultureinfluss befand. Vieles daran ist rätselhaft. Es ist z.B. ungeklärt, ob es auch ein politisches Tiwanaku-Reich gegeben hat. Aufzeichnungen aus jener Zeit gibt es nicht. Auf jeden Fall sind die monolithischen Figuren und das Sonnentor stumme Zeugen einer großartigen Baukunst.

■ *Figur des Tiwanaku-Sonnentors*

Nasca (200–600 n.Chr.). Die Nasca-Kultur in Perus südlicher Küstenwüste wird oft als Fortsetzung der Paracas-Kultur interpretiert. Sie hinterließ ein außerordentlich interessantes Zeugnis: die **Nasca-Geoglyphen** (Bodenzeichnungen), stilisierte Abbilder von Tieren und Pflanzen (s.S. 441). Ihre Größen reichen von 100 m bis zu 8 km, richtig zu erkennen sind sie nur aus der Luft. Nach Kosok und Reiche handelt es sich um die Niederschrift früher kosmischer Betrachtungen, um das größte Astronomiebuch der Welt mit einem Sterne-Sonne-Mond-Kalender. Typisch für die farbenfreudige **Nasca-Keramik** sind Tonkrüge mit doppeltem Ausguss („Bügelhenkelausguss", **s. Abb.**) und komplexen zoomorphen Darstellungen.

Mochica Moche ist ein Ort und Fluss gleich südlich von Trujillo, um ihn liegen die wichtigsten Fundorte der danach benannten **Moche-Kultur** (200–800 n.Chr.). Die Blütezeit der Mochica fällt in die Zeit der Nasca-Kultur und erreichte ihren Höhepunkt um 500 n.Chr. Zu dieser Zeit erstreckte sich das Siedlungsgebiet der Mochica vom Río Lambayeque bis südlich von Casma. Sie errichteten monumentale Lehmziegelbauten (Sonnen- und Mondpyramide, die größten Pyramiden Südamerikas aus Millionen von ungebrannten Adobe-Ziegeln, etwa 7 km südöstlich von Trujillo) und sie beherrschten Metallverarbeitungstechniken.

Unübertroffen ist ihre Töpferkunst, bei der sie die ganze Vielfalt des täglichen Lebens modellierten. Tongefäße wurden mit vollplastischen Skulpturen, wie Tempelhäuschen, Gebrauchsgegenstände, Würdenträger, Tiere usw. geschmückt, bis hin zu detailgenauen sexuellen Sujets – einmalig für ganz Altamerika. Und es gab fast kein Motiv, das nicht für wert gehalten wurde, in detailreichen Szenen auf die rotbraun- und cremefarbenen Schalen und Vasen gemalt zu werden. Besonders typisch sind die oben an die Gefäßkörper angebrachten Ausgüsse in Steigbügel-form (**s. Abb. li. u.**), auch **Gabelhalsflaschen** genannt, die dann in Form von **Porträtkopfgefäßen** von Individuen höchste künstlerische Vollendung erfuhren (**Abb. r.**, 24 cm hoch).

Vom südlich von Moche gelegenen *Río Virú* leitet sich möglicherweise der Name Perú ab.

Recuay (0–700 n.Chr.) Eine Sierra-Kultur, deren namengebender Ort südlich von Huaraz am Río Santa im Hochtal *Callejón de Huaylas* liegt. Obwohl in Nachbarschaft des Mochica-Kulturkreises, inspirierten sich beide Kulturen in ihren keramischen Bilderbüchern kaum, vergleichbar ist nur die plastische Gestaltung. Dargestellt wurden im Stil der Chavín-Tradition und in fantasievoller Ausführung Raubkatzen, Raubvögel, doppelköpfige Schlangen und geometrische Figuren in den Farben Weiß, Rot und Schwarz. Eine Besonderheit sind die Recuay-Skulpturen an gewaltigen, aus dem Fels herausgeschlagenen Monolithen, die als Kultobjekte dienten.

Sicán (800–1100 n.Chr.). Die Sicán-Kultur ist wahrscheinlich die Folgekultur der Mochica. Die Tempelbauten in **Batán Grande** wurden in ähnlicher Bauweise errichtet. Die Sicán-Kultur übte einen starken Einfluss auf den Chimú-Stil aus, der zahlreiche typische Elemente übernahm (z.B. kugelförmige Tongefäße). Auf höchster Stufe stand die **Goldschmiedekunst**. In Batán Grande wurde in der *Huaca Loro* das **Grab des Sicán** freigelegt, das über eine Tonne schwere goldene Grabbeigaben enthielt.

Chimú (1000–1450 n.Chr.). Nach dem expansiven Tiwanaku-Einfluss entstand im Norden Perus im Gebiet der ehemaligen Mochica- und Sicán-Kulturen die Chimú-Kultur. Im Gegensatz zu vorherigen weiß man darüber genaueres: Der Stammvater und erste König Naymlap soll mit einem Floß aus Ecuador gekommen sein, das Chimú-Reich gegründet und die Hauptstadt **Chan-Chan** bei Trujillo gebaut haben. Diese wurde bald eine der größten Städte der Welt (über 100.000 Einwohner). Das Chimú-Reich reichte von Südecuador bis nördlich von Lima, war aber wahrscheinlich nur eine Verbindung relativ selbständiger Stadtstaaten. In der Kunst wurden Motive und Formen der Mochica-Kultur wiederbelebt, zudem waren die Chimú **Meister** der **Goldbearbeitung (Tumi-Messer, Abb. r.).** Um 1450 wurde der letzte König Minchanzaman von den Inkas gefangen genommen, nach Cusco gebracht und das Chimú-Reich ins Reich der Inka integriert.

■ *Chimú-Zeremonialmaske aus Goldblech, 32 cm hoch*

Chachapoya (1000–1400 n.Chr.). Die Chachapoya mit ihrer Hochburg **Kuélap**, einem raffinierten Verteidigungsbollwerk, waren erbitterte Gegner der Inkas. In einem großen Feldzug wurden sie schließlich von den Inkas besiegt (s.S. 559).

Chincha und Cuismancu (800–1400 n.Chr.). Kleinere Königreiche **Chincha** und **Cuismancu** mit der bedeutenden Kultstätte Pachacamac, heute 20 km südlich von Lima am rechten Ufer des Río Lurín gelegen.

Inka  (1200–1572). Herrscher-Dynastie im mittleren Andenraum, die vor dem Einfall der Spanier ein gewaltiges Reich mit der **Hauptstadt Cusco** gründete, das die heutigen Länder Ecuador, Peru, Bolivien sowie Teile von Argentinien und Chile umfasste. Der Gründer der Inka-Dynastie war **Manco Capac**. Das Reich zerfiel nach dem Tod von Huayna Capac in das Südreich unter Huáscar und das Nordreich unter Atahualpa. Mehr zur Inka-Geschichte s.u., „Die Inka".

■ *Abb: Alpaka aus getriebenem Silberblech im Inka-Stil*

Chronik ab der Kolonialzeit

April 1532	Die ersten Spanier unter **Francisco Pizarro (s. Abb.)** gehen in Nordperu (bei Tumbes) an Land.
15.11.1532	Gefangennahme des Inca Atahualpa durch die Spanier in Cajamarca. Atahualpa will sich mit einem Zimmer voll Gold und Silber freikaufen.
28.08.1533	Ermordung Atahualpas durch die Spanier, der zuvor wegen „Brudermords, Konspiration, Vielweiberei, Hochverrats und Götzendienst" zum Tode verurteilt wurde. Vorher hatte er sich noch auf Juan de Atahualpa taufen lassen müssen, damit er nicht lebendig verbrannt wurde.
15.11.1533	Pizarro erreicht Cusco. Vorerst kein nennenswerter Widerstand durch die Inka. Er setzt pro forma erst den jungen Prinzen Toparca, nach dessen Ermordung den jüngeren Bruder Huáscars, Prinz Manco, als Inca ein.
18.01.1535	Gründung der neuen Hauptstadt *Ciudad de Los Reyes* (Lima) durch Pizarro.
1536	Inka-Aufstand unter Manco Inca. Belagerung von Cusco und Eroberung der Festung Saqsaywamán.
1538	Zwistigkeiten zwischen Pizarro und Miteroberer **Diego de Almagro (s. Abb. re.)** enden mit Almagros Hinrichtung.
26.06.1541	Ermordung Pizarros in seinem Palast in Lima. Die folgenden Jahrzehnte (und Jahrhunderte) sind gekennzeichnet durch vielerlei Probleme im Land. Niedergang der indigenen Bevölkerung, deren Zahl durch Frondienste und Infektionskrankheiten von einstigen ca. 10–15 Millionen auf ca. 800.000 abnimmt.
1542	Gründung des Vizekönigreichs Peru mit der Hauptstadt Lima, das ganz Spanisch-Südamerika, mit Ausnahme Venezuelas, umfasst.
1570	Einführung der Inquisition
1571	■ *Abb. r.: Túpac Amarú, Sohn des Manco Inca (links am Bildrand), wird wegen eines angeblichen Aufstandes in Cusco hingerichtet.*
1661	Indígena-Aufstand bei La Paz, im damals „Alto Perú" genannten Bolivien.
1780/1781	Aufstand unter dem Mestizen José Gabriel Condorcanqui, der vom Volk bald darauf Túpac Amarú II. genannt wird. Neun Monate wird La Paz belagert, Cusco erobert. Niederschlagung des Aufstand und Hinrichtung von Túpac Amarú II. in Cusco. Túpac Amarú II. unterlag, aber der Freiheitsgedanke geht nicht mehr unter, die letzten Jahrzehnte der spanischen Kolonialherrschaft brechen an.

Chronik ab der Kolonialzeit

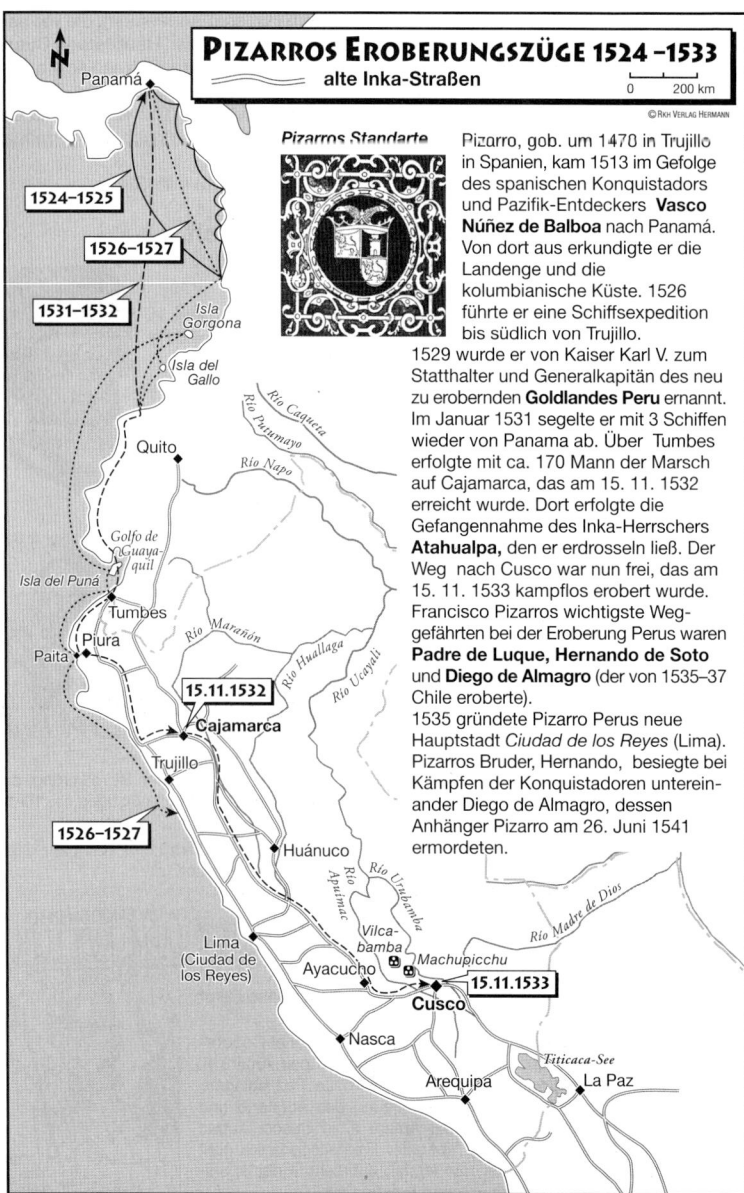

PIZARROS EROBERUNGSZÜGE 1524–1533
alte Inka-Straßen

Pizarros Standarte

Pizarro, geb. um 1470 in Trujillo in Spanien, kam 1513 im Gefolge des spanischen Konquistadors und Pazifik-Entdeckers **Vasco Núñez de Balboa** nach Panamá. Von dort aus erkundigte er die Landenge und die kolumbianische Küste. 1526 führte er eine Schiffsexpedition bis südlich von Trujillo.
1529 wurde er von Kaiser Karl V. zum Statthalter und Generalkapitän des neu zu erobernden **Goldlandes Peru** ernannt. Im Januar 1531 segelte er mit 3 Schiffen wieder von Panama ab. Über Tumbes erfolgte mit ca. 170 Mann der Marsch auf Cajamarca, das am 15. 11. 1532 erreicht wurde. Dort erfolgte die Gefangennahme des Inka-Herrschers **Atahualpa,** den er erdrosseln ließ. Der Weg nach Cusco war nun frei, das am 15. 11. 1533 kampflos erobert wurde. Francisco Pizarros wichtigste Weggefährten bei der Eroberung Perus waren **Padre de Luque, Hernando de Soto** und **Diego de Almagro** (der von 1535–37 Chile eroberte).
1535 gründete Pizarro Perus neue Hauptstadt *Ciudad de los Reyes* (Lima). Pizarros Bruder, Hernando, besiegte bei Kämpfen der Konquistadoren untereinander Diego de Almagro, dessen Anhänger Pizarro am 26. Juni 1541 ermordeten.

Chronik ab der Kolonialzeit

1809	Erste Unabhängigkeitsbewegungen in Südamerika unter der Führung des Argentiniers José de San Martín und der Venezolaner Simón Bolívar und Antonio José de Sucre.
1817–1825	zahlreiche siegreiche Schlachten gegen die Spanier, deren Widerstand in Peru besonders stark war, die aber letztlich zu wenig Unterstützung vom Mutterland erhielten.
18.07.1821	Unabhängigkeitserklärung Perus, gesichert aber erst durch die Siege von Simón Bolívar und Antonio José de Sucre von Junín (06.08.1824) und Ayacucho (09.12.1824); von Spanien endgültig anerkannt erst 1879.
1825	Unabhängigkeitserklärung von Alto Perú, das sich nun nach Simón Bolívar **Bolivien** nennt.
1836–1839	Gewaltsame politische Union mit Bolivien durch den bolivianischen Diktator Andrés de Santa Cruz, der eine Erneuerung des Inkareichs anstrebte.
1879–1884	**Salpeterkrieg** zwischen Chile, Peru und Bolivien. Bolivien muss das an der Küste liegende und salpeterreiche Atacama-Gebiet um Antofagasta an Chile abtreten und verliert dadurch seinen Meereszugang. Peru verliert die Provinzen Arica, Tacna und Tarapacá, erhält aber Tacna 1929 wieder zurück.
1941/42	Peru annektiert nach einem Grenzkonflikt mit Ecuador riesige Amazonasgebiete.
ab 1945	Schwierige innere Demokratie-Konsolidierung und Befreiung aus wirtschaftlicher Abhängigkeit von den USA
1962	Haya de la Torre (APRA) gewinnt die Präsidentenwahlen, Machtübernahme durch eine Militärjunta.
1968	Militärputsch von General Juan Velasco Alvarado. Enteignung der Großgrundbesitzer.
1975	Quechua als Amtssprache zugelassen, 1979 zurückgenommen.
1977	Generalstreik gegen wirtschaftliche IWF-Maßnahmen, auch 1978 und 1979.
1981	Wahl von Javier Pérez de Cuéllar als UN-Generalsekretär (bis 1991). Grenzkrieg mit Ecuador, im März Erlass der Antiterrorgesetze.
1982–1983	Wachsende Aktivitäten der Guerillabewegung „Sendero Luminoso". Ausnahmezustand in der Provinz Ayacucho.
1983/84	Mehrere Regierungsumbildungen, Luís Percovich Ministerpräsident, Nov. 1984 Verhängung des Ausnahmezustandes über das ganze Land.
1985	Alan García von der APRA wird mit rund 49% der Stimmen zum Präsidenten gewählt. Er verordnet eiserne Sparsamkeit, nimmt den Kampf gegen die Koka-In-Mafia auf, muss sich mit sozialen Spannungen und Terrorismusproblemen auseinandersetzen.
1987–1989	Wirtschaftlichen Niedergang, wachsende Probleme mit Terrorismus und der Rauschgiftmafia. Zahlreiche Regierungsumbildungen, mehrere Generalstreiks. Die neue rechtskonservative Partei „Frente Democratico" (Fredemo) unter dem 53jährigen Schriftsteller Mario Vargas Llosa gewinnt Zulauf. Bei den Kommunalwahlen im November 89 siegt die „Demokratische Front" überwältigend über die APRA und die IU (Izquierda Unida = Vereinigte Linke).
1990	Im April siegt zwar Llosa bei der Wahl (mit 33,9%), doch die notwendig gewordene Stichwahl gewinnt im Juni der Kandidat der Sammlungsbewegung *Cambio 90* („Wende 90"), der 51jährige **Alberto Fujimori**. Der japanstämmige Agrarwissenschaftler kündigt ein hartes Sparprogramm und Liberalisierung der Wirtschaft an. Seine Radikalkur führt das Land anfänglich in eine Krise.
1992	Verhaftung von **Abimael Guzmán**, Guerilla-Führer des **Sendero Luminoso**. Durch den *Autogolpe* („Selbstputsch" von oben) des Präsidenten Fujimori wird am 05.04.1992 die Verfassung außer Kraft gesetzt. Die neue vom 29.12.1993

	schreibt vor, dass die 120 Parlamentsabgeordneten des Congreso und der Staatspräsident (Wiederwahl einmal möglich) alle 5 Jahre in direkter Wahl durch das Volk gewählt werden. Fujimori hebelt dann 1998 die Verfassung durch das „Interpretationsgesetz" aus, das seine Wiederwahl von 1995 als Erstwahl unter der neuen Verfassung betrachtet.
1993	Wiedereinführung der Todesstrafe,
1995	Wiederwahl Fujimoris. Grenzkonflikt mit Ecuador um ein ca. 80 qkm großes Urwaldgebiet, in dem Erdöl vermutet wird. Haftbefehlt gegen den ehemaligen Präsidenten Alan García.
1996	Der Andenpakt wird in Andengemeinschaft umbenannt. 17.12. Beginn des **Geiseldramas** in der japanischen Botschaft in Lima durch die MRTA (ca. 500 Geiseln, darunter der deutsche Botschafter H Wöckel, der peruanische Außenminister und der Bruder des Präsidenten).
1997	22. April: Erschießung der Geiselnehmer, Befreiung der Geiseln. In Lima Unruhen wegen Einschränkungen der Pressefreiheit. Proteste gegen Fujimori wegen vermuteter nichtperuanischer Geburt, die sich drei Jahre später bestätigt.
1997/1998	Das **Klimaphänomen El Niño** entlang der südamerikanischen Westküste löst heftige Regenfälle in der Küstenwüste Perus aus, die zu Überschwemmungen mit größten Schäden führten. Zwischen April 1997 und Juni 1998 21.700 Todesopfer, Schäden von knapp 34 Milliarden Dollar.
1998	26.10. Unterzeichnung des Friedensvertrag mit Ecuador, der die seit 1995 schwelenden Grenzstreitigkeiten zwischen beiden Ländern beendet.
1999	28.04. Generalstreik auf die Initiative des Bürgermeisters Alberto Andrade von Lima mit dem Ziel, Fujimoris neoliberales Wirtschaftssystem zu kippen. 14.10.: Neue Kämpfe zwischen Sendero Luminoso und der peruan. Armee.
2000	Aufhebung des im Nov. 1984 verhängten Ausnahmezustandes. **Fujimori** tritt für die Allianz 2000 zum 3. Mal als Präsidentschaftskandidat an. Dies löst Proteste und Demonstrationen aus (06.01. nationaler Tag zum Kampf gegen die Diktatur mit Streiks und Straßenblockaden). 07.02.: Gefängnismeuterei von inhaftierten Guerilleros des Sendero Luminoso. Präsidentenwahl am 9. April: Fujimori 49,87%, **Toledo** (Gruppierung *Perú Posible,* „Peru ist möglich") 40,24%. Die Stichwahl am 28. Mai gewinnt Fujimori. Weltweite Kritik wegen offensichtlicher Unregelmäßigkeiten. Nach Enthüllung einer Korruptionsaffäre um seinen Berater und Geheimdienstchef Montesinos setzt sich Fujimori im November nach Japan ab und erklärt seinen Rücktritt.
2001	Ergebnisse der Präsidentwahl am 8. April: Toledo 36,35% (Mitte-Links), Ex-Präsident García 26,6% (Sozialdemokrat), Flores 23,54% (Christsoziale). Stichwahl zwischen Toledo und García. **Alejandro Toledo** wird am 28.07. der 76. und erste Präsident, der von den Hochlandbewohnern abstammt. Im Juni gewaltiges Erdbeben im Süden Perus. In Arequipa und anderswo werden Zehntausende Bauwerke beschädigt, insgesamt über 100 Tote. Der inhaftierte Sendero-Luminoso-Führer Guzmán erklärt den subversiven „Volkskrieg" gegen den Staat für beendet.
2002	Bush besucht im März als erster US-Präsident Peru, Vereinbarung über einen gemeinsamen Anti-Drogen-Kampf. Anfang Juli erste große Kabinettsumbildung, neuer Ministerpräsident wird Luís Solari.
2003	Nach einer Streikwelle wird Beatriz Merino erste Ministerpräsidentin Perus.
2004	Toledo gelingt es nicht, die Lebensverhältnisse der unterprivilegierten Bevölkerungsschichten zu verbessern. Anhaltende Unzufriedenheit mit seiner Amtsführung, Unruhen, Streiks und Protestaktionen im ganzen Land. Peru und Bolivien wollen einen gemeinsamen Freihafen in der südperuanischen Stadt Ilo einrichten. Der nach Japan geflüchtete frühere Präsident Fujimori gründet eine

	politische Gruppierung, mit deren Hilfe er seine Rückkehr ins Präsidentenamt bei den nächsten Wahlen 2006 vorbereiten will.
2005	Im August wird Pablo Kuczynski neuer Ministerpräsident. Der frühere peruanische Präsident Fujimori wird im November in Chile auf Bitten Perus festgenommen. Obwohl das Volk mit der Politik von Toledo weiter unzufrieden ist, wächst die Wirtschaft unter seiner Herrschaft um 20% in den letzten Jahren.
2006	Toledo kann bei der Präsidentenwahl am 9. Mai kein weiteres Mal antreten. Die aussichtsreichsten Kandidaten sind der nationalistische *Ollanta Humala*, der sozialdemokratische **Alan García** (desaströse erste Präsidentschaft 1985–90) sowie *Lourdes Flores*. Alan García gewinnt im Juni mit seiner Linkspartei APRA die Stichwahl, kann sich aber auf keine eigene Mehrheit im Parlament stützen. Er kündigt eine Sparpolitik zugunsten der Armen an.
2007	Im Februar bildet Ministerpräsident Jorge Alfonso del Castillo sein Kabinett um. Chile beschließt im September, den ehemaligen Präsidenten Fujimori an Peru auszuliefern. Im Oktober führt Peru eine Volkszählung durch, die auch die im Land lebenden Ausländer und Reisenden erfasst. Alle Verkehrsmittel stehen still und alle müssen zu Hause oder im Hotel bleiben. Im Dezember wird das sog. „Regenwaldgesetz" bekanntgegeben, das große Gebiete des Amazonasgebietes zur Ausbeutung freigibt.
2008	Im Februar kommt es in Cusco zu Demonstrationen gegen Gesetze, die Investoren leichteren Zugang zu Land und Ressourcen zu ermöglichen und damit das kulturelle Erbe gefährden. Peru fordert im März über 46.000 archäologische Stücke, die Hiram Bingham aus dem Land gebracht hatte, von der US-Universität Yale zurück. Im Mai findet der EU-LAK-Gipfel mit 50 Staats- und Regierungschefs in Lima statt, der in erster Linie ein Klimagipfeltreffen war. Dabei wird der erste Umweltminister Perus vereidigt. Gleichzeitig findet ein Alternativgipfel statt, um die kulturellen und natürlichen Ressourcen zu verteidigen. Hervorzuheben sind die „Rondas Campesinos", Bauernwachen im Hochland, die an heiligen Stätten das kulturelle Erbe schützen.

Die sieben neuen Wunder Perus

Am 25. März 2008 wählte Peru seine sieben neuen Wunder und entschied sich für: die Thermalquellen **Baños del Inca,** den **Colca Canyon,** den Steinwald **Los Frailones,** die **Kuélap-Festung,** den Steinwald von **Huayllay** in Pasco, das Tal **Alto Mayo** und die archälogische Stätte **Gran Pajatén.**

Alan García	Der am 23. Mai 1949 in Lima geborene Alan García studierte Rechtswissenschaften und Soziologie und promovierte 1972 an der Universität in Madrid. Als Mitglied der APRA wurde er 1980 in den Kongress und zwei Jahre später zum Generalsekretär der APRA gewählt. 1985 gewann er die Präsidentschaftswahlen und wurde jüngster Staatspräsident Lateinamerikas. 1990 wurde er abgewählt. 1992 Flucht nach Kolumbien, später nach Frankreich. Kehrte 2001 nach Verjährung des internationalen Haftbefehls nach Peru zurück, unterlag dann bei den Präsidentschaftswahlen im Juni 2001 gegen Alejandro Toledo. 2006 ging er als Sieger der Präsidentschaftswahlen hervor und eckte alsbald mit der Kirche und den Gewerkschaften an. 2008 wurde er erneut der Korruption verdächtigt.

Die Inka

Mysteriöse Herkunft

Der Titel „Inka" stand einst nur dem Herrschergeschlecht zu und wurde erst später auf das ganze Volk übertragen. Woher die Inka kamen ist unbekannt, es gibt aber einige Sagen. Eine Version erzählt, dass aus einer Höhle bei Cusco vier Brüder und vier Schwestern erschienen. Drei der Brüder wurden zu Stein verwandelt. Der übriggebliebene, **Manco Capac,** erwählte die mutigste seiner Schwestern, **Mama Ocllo,** zur Frau und gründete die spätere Hauptstadt **Cusco.** Nach Garcilaso de la Vega, dem bedeutendsten Inka-Chronisten, schickte einst der Sonnengott Inti seine beiden Kinder Manco Capac und Mama Ocllo auf die Erde. Von der Sonneninsel (Isla del Sol) im Titicacasee traten sie ihren Weg an und gründeten Cusco. Von der dortigen Bevölkerung wurde das Geschwisterpaar hoch verehrt. Sie machte Manco Capac zu ihrem Fürsten, er war der erste Inca.

■ *Urmutter Mama Ocllo (Abb. n.Huamán Pomola d.Ä.)*

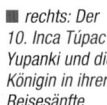

Historisch war die Staatsreligion der Inkas ursprünglich die Religion der Quechua, an deren Spitze die altandine **Schöpfergottheit Wiracocha** stand. Sie wurde später von dem **Inka-Sonnengott Inti** verdrängt, seine Hauptfrau verkörperte die **Mondgöttin Quilla.**

Der Überlieferung nach hatte das Inkareich bis zum Einfall der Spanier (1532) 13 Herrscher. Die ersten acht waren halb geschichtliche, halb mythische Gestalten, die letzten fünf sind geschichtlich belegt. Allerdings wird vermutet, dass einige Inkaherrscher in den Überlieferungen nicht aufgeführt wurden, da sie wahrscheinlich unbedeutend waren.

■ *rechts: Der 10. Inca Túpac Yupanki und die Königin in ihrer Reisesänfte*

■ *Titicacasee, Keimzelle des Inka-Reichs. Blick von der Isla del Sol aufs Festland*

Die Inka

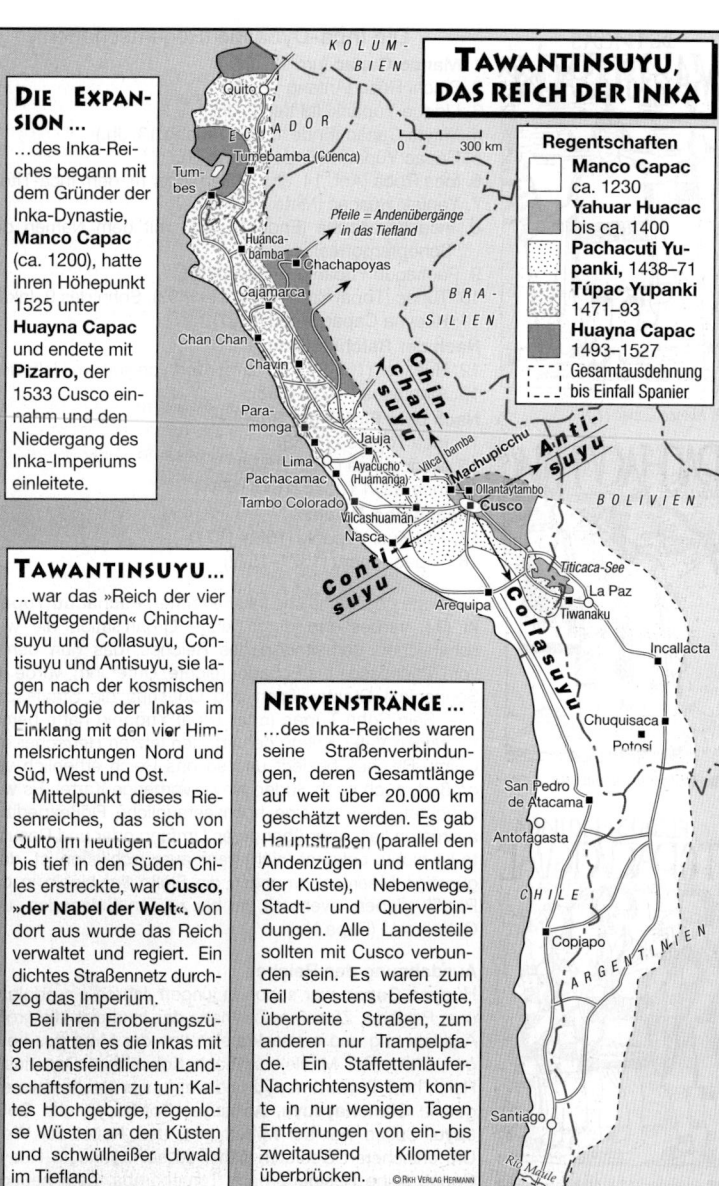

TAWANTINSUYU, DAS REICH DER INKA

Regentschaften

- **Manco Capac** ca. 1230
- **Yahuar Huacac** bis ca. 1400
- **Pachacuti Yupanki,** 1438–71
- **Túpac Yupanki** 1471–93
- **Huayna Capac** 1493–1527
- Gesamtausdehnung bis Einfall Spanier

DIE EXPANSION ...

...des Inka-Reiches begann mit dem Gründer der Inka-Dynastie, **Manco Capac** (ca. 1200), hatte ihren Höhepunkt 1525 unter **Huayna Capac** und endete mit **Pizarro,** der 1533 Cusco einnahm und den Niedergang des Inka-Imperiums einleitete.

TAWANTINSUYU ...

...war das »Reich der vier Weltgegenden« Chinchaysuyu und Collasuyu, Contisuyu und Antisuyu, sie lagen nach der kosmischen Mythologie der Inkas im Einklang mit den vier Himmelsrichtungen Nord und Süd, West und Ost.

Mittelpunkt dieses Riesenreiches, das sich von Quito im heutigen Ecuador bis tief in den Süden Chiles erstreckte, war **Cusco, »der Nabel der Welt«.** Von dort aus wurde das Reich verwaltet und regiert. Ein dichtes Straßennetz durchzog das Imperium.

Bei ihren Eroberungszügen hatten es die Inkas mit 3 lebensfeindlichen Landschaftsformen zu tun: Kaltes Hochgebirge, regenlose Wüsten an den Küsten und schwülheißer Urwald im Tiefland.

NERVENSTRÄNGE ...

...des Inka-Reiches waren seine Straßenverbindungen, deren Gesamtlänge auf weit über 20.000 km geschätzt werden. Es gab Hauptstraßen (parallel den Andenzügen und entlang der Küste), Nebenwege, Stadt- und Querverbindungen. Alle Landesteile sollten mit Cusco verbunden sein. Es waren zum Teil bestens befestigte, überbreite Straßen, zum anderen nur Trampelpfade. Ein Staffettenläufer-Nachrichtensystem konnte in nur wenigen Tagen Entfernungen von ein- bis zweitausend Kilometer überbrücken.

■ *Manco Capac (1.)*

■ *Pachacuti Yupanki (9.)*

■ *Huáscar (12.), Atahualpas Halbbruder, bei seiner Gefangennahme*

Die Inca-Dynastie (Regentschaften)
1. **Manco Capac** (um 12. Jh.)
2. Sinchi Roca (Anfang 12. Jh.)
3. Lloque Yupanki (Mitte 12. Jh.
4. Mayta Capac (Ende 12. bis Anfang 13. Jh.)
5. Capac Yupanki (Ende des 13. Jh.)
6. Inca Roca (Anf. 14. Jh.; 1. Herrscher m. dem Inca-Titel
7. Yahuar Huacac (Mitte 14. Jh.)
8. Inca Wiracocha (Ende 14. Jh., mit dem Namen des Schöpfergottes)
9. Pachacuti Yupanki (1438–1471)
10. Túpac (Topa) Yupanki (1471–1493), Sohn des 9. Inka
11. Huayna Capac (1493–1527)

Nach der Reichsteilung:
12. Huáscar (1527–1532), ermordet von seinem Halbruder
13. Atahualpa (1527–1533)

Nach dem Einfall der Spanier:
14. Inca Toparca (1533)
15. Manco Inca (1533–1544)
16. Inca Sayri Túpac (1544–1561)

Vilcabamba-Reich:
17. Titu Kusi Yupanki (1560–1571)
18. Túpac Amarú (1571–1572)

Der erste geschichtliche Inkaherrscher, **Pachacuti Yupanki** (9.), verbesserte durch kluge Organisation die wirtschaftlichen Verhältnisse des Reiches, das nun bereits vom Titicacasee bis Ecuador reichte. Unter ihm wurde der Sonnenkult Staatsreligion und Quechua die Staatssprache. Sein Sohn **Túpac** (oder Topa) **Yupanki** hatte bereits für seinen Vater Kriege geführt, den letzten Herrscher des Chimú-Reiches besiegt und so das Reich erheblich vergrößert, auch nach Süden hin (s. vorherige Karte). Es wird berichtet, dass er eine hochseetaugliche Floßexpedition ausrüsten ließ, aber über deren Umfang oder und Resultate ist nichts bekannt (nicht ganz auszuschließen ist, dass günstige Meeresströmungen die Flöße tief hinein in den Pazifik trieben, eventuell gar bis zu den Galapagos- und Osterinseln (Rapa Nui).

Ausdehnung des Reiches
Huayna Capac war schon in jungen Jahren ein erfolgreicher Feldherr. Zu seiner Zeit hatte das Inkareich die größte Ausdehnung und erstreckte sich von der Mitte des heutigen Chile (Río Maule) bis nach Kolumbien. Das riesige Reich hieß **Tawantinsuyu** und war in vier Landesteile eingeteilt: **Chinchaysuyu, Antisuyu, Contisuyu** und **Collasuyu.** Cusco war der Mittelpunkt, der „Nabel der Welt". Um unsicheren Gebieten näher zu sein, verlegte Huayna Capac seine Residenz nach Tomebamba, dem heutigen Cuenca in Ecuador.

In den letzten Jahren seines Leben erreichte ihn noch die Meldung von der Ankunft bärtiger weißer Männer, so wie es einst die Schöpfergottheit Wiracocha vorausgesagt hatte. 1527, nach dem Sonnwendfest Inti Raymi, erlag er einer Krankheit.

Er hatte vor seinem Tode entschieden, das Reich unter seinen Söhnen **Huáscar** in Cusco und **Atahualpa** in Tomebamba aufzuteilen. Dies führte zu schweren Auseinandersetzungen zwischen den Brüdern, im Hintergrund stand eher ein Streit zwischen der Priesterschaft in Cusco und Generälen in Ecuador.

Der Untergang

Es kam zum Bruderkrieg, den der kriegserfahrene Atahualpa gewann. 1532 wurde Huáscar gefangen genommen und hingerichtet. Dabei übersah Atahualpa die Gefahr durch die Ankunft der Spanier, die im April 1532 in Nordperu (bei Tumbes) unter **Francisco Pizarro** an Land gegangen waren. Am 15. November 1532 wurden sie in Cajamarca von Atahualpa freundlich empfangen. Doch die Spanier nahmen den Herrscher gefangen. Dies gelang dem kleinen Haufen auch durch die Wirkung ihrer Feuerwaffen und Pferde, die die Inka nicht kannten. Atahualpa wollte sich mit einem Zimmer voll Gold freikaufen, das die Spanier als Lösegeld verlangten. Er wurde von ihnen aber trotzdem zum Tode verurteilt und am 29. August 1533 erdrosselt. Vorher hatte er sich noch auf Juan de Atahualpa taufen lassen müssen, damit sein Leichnam nicht verbrannt wurde.

Das nun führerlose Volk der Inka leistete keinen nennenswerten Widerstand und Pizarro konnte am 15. November 1533 in Cusco einziehen. Helfritz schreibt: „Das war das Ende des größten Imperiums in der Neuen Welt, das in kurzer Zeit dank einer außerordentlich durchdachten Organisation die gegensätzlichsten Landstriche und die verschiedenartigsten Volksstämme zu vereinen imstande gewesen war."

Techniker und Künstler

In der **Baukunst** wurde von den Inkas Beispielloses geleistet. Die fugenlose und erdbebensichere Aneinanderpassung riesiger Steine, von denen wir nicht einmal genau wissen, wie sie transportiert wurden (das Rad kam nicht zum Einsatz), ist auch noch nach heutigen Gesichtspunkten eine technische Meisterleistung. Neben den Gebäuden in Cusco war Machupicchu baulicher Glanz- und Höhepunkt.

Die Leistungen der **Straßen- und Brückenbauer** waren ebenfalls außerordentlich. Die 60 m lange Hängebrücke über den Río Apurímac (s.S. 207) war einmalig. Das gigantische Straßensystem übertraf das der Römer an Ausdehnung bei weitem, es wird auf rund 20.000 km Länge geschätzt. Die Küstenstraße war 4000 km lange und 8 m breit, die Haupt-Andenstraße 5200 km lang und 6 m breit und es gab viele Querverbindungen und Nebenwege. Stafettenläufer, **Chasqui** genannt **(s. Abb.)**, waren ständig unterwegs. Wichtige Botschaften konnten so bis zu 250 km an einem Tag weitergeleitet werden.

Die **Kunst** der Inkas war schlicht und nüchtern, ohne die Verspieltheit anderer Kulturen. Künstlerische Arbeiten dienten der Verherrlichung des Staates und des Herrschers. Teils übernahmen die Inka dabei ganze Stilrichtungen, wie z.B. den Chimú-Stil. Dabei wurde aber nicht einfach kopiert, jedem Werk prägten sie ihren eigenen stilistischen Stempel auf.

■ **Abb:** *Lamafigur aus Gold im Inka-Stil*

In der **Keramik** stellten sie Zeremonial-, Luxus- und Gebrauchskeramiken in vielerlei wohlproportionierten Formen mit geometrischem Dekor her. Paradebeispiele für Zeremonialgefäße im klassischen Inkastil sind die großbauchigen Inka-Amphoren mit schmalem Hals, seitlichen Griffen und konischem Boden, genannt *aríbalo*. Gefäße und Becher, *keros*, wurden aus sehr hartem Holz hergestellt und mit Wachsfarben bemalt oder mit ausgeschnitzten Motiven dekorativ verziert.

■ *Oben: aríbalo-Amphore für den Transport von Wasser. Rechts: Histor. Abb. eines inkaischen Wasserträgers.* **Unten:** *Inka-Tonfigur (Höhe 19,5 cm) mit aríbalo und kero*

Die Produkte der Webkunst aus feiner Vicuña- und Alpakawolle zeichneten sich durch schöne Farben und Ornamente aus (Weben-Exkurs s.S. 259).

In der Metallverarbeitung wurden Werkzeuge und Waffen aus Kupfer und Bronze hergestellt (*tumbaga* war eine spezielle Gold-Kupfer-Legierung). Charakteristisch sind Lama- und Menschenfiguren aus Gold und Silber, auch Kultgegenstände waren vorwiegend aus Gold und oft mit kostbaren Steinen besetzt. Die Goldschmiedkunst der Inkas geht aber gleichfalls größtenteils auf die Chimú zurück, die ihr hohes Können nach Cusco mitgebracht hatten. In den Tempeln und Palästen gab es große Goldschätze.

Kommunikationsmittel waren die **Knotenschrift Quipu**, die aber nur Ziffern ausdrückte, und **Tocapu, eine Wortzeichenschrift** aus rechteckig/quadratischen Zeichen. Sie findet sich auf Geweberesten und Keros und ist erst teilweise entziffert (s.S. 228).

Der autoritäre Staat der Inkas

Das Staatsgefüge der Inkas war nach heutigen Gesichtspunkten ein sozialistischer Staat auf theokratischer Basis, streng kollektivistisch durchorganisiert, ohne größere persönliche Freiheiten. Der Adel und die oberen Staatsbeamten hatten viele Privilegien, waren von Feldarbeit und Militärdienst befreit, durften mehrere Frauen haben und kostbare Kleider und Schmuck tragen. Der Hochadel, die Inka, wurden vom einfachen Volk aus religiösen Gründen hochverehrt. Neben dem Schöpfergott Wiracocha und dem Sonnengott Inti wurde vor allem die Erdgöttin Pachamama gepriesen. Eine große Rolle spielte der „Huaca-Kult" (huaca = heilig/sakral), der sich mit dem Ahnenkult verband. Als *huaca* wurde nicht nur die Verstorbenen (und ihre Gräber) angesehen, sondern auch Naturphänomene, wie Quellen, Höhlen, besonders geformte Steine usw. Religiöse Zeremonien begleiteten die Abschnitte des Agrarjahres.

Der Ayllu   Der Inka-Staat, Tawantinsuyu, war streng hierarchisch gegliedert und wurde durch eine kleine hochprivilegierte Schicht beherrscht. Sie vereinte in sich die gesamte Macht und alle Rechte. Oberster souveräner Repräsentant und Führer dieser Herrscherklasse war der *Sapa Inca,* der „Sohn der goldenen Sonne" (nur die Familienmitglieder des Sapa Inca durften sich als „Inca" bezeichnen). In der Staatshierarchie folgte der (meist mit ihm Inca verwandte) Hochadel, erkennbar an den **Ohrpflöcken** (span. *orejones*) und die Priesterklasse mit dem Willaq Umu (Hoher Priester).

■ *Inka-Ohrpflock*

Im krassen Gegensatz lebten die Angehörige des gemeinen Volkes, die ständig an ihr **Ayllu** gebunden waren. Der Ayllu war eine Schollen- oder Bauerngemeinschaft, deren kollektives System für das gesamte Andengebiet maßgebend war und noch bis heute Grundlage der kollektiven Landwirtschaft ist. Ursprünglich waren die Mitglieder des Ayllu allesamt miteinander verwandte Familien.

Der Ayllu-Gemeinschaft gehörte der Ackerboden, die Ayllu-Bauern bearbeiteten gemeinsam die Felder und teilten den Ertrag unter sich auf. Ayllus waren auch die Anfänge zu Dorfgemeinschaften. Die Familien wurden durch den *Puric,* den Patriarchen der Familie, geführt. Die Aufsicht über die Purice des Ayllu hatte der *Curaca,* eine Art Vorstand des Ayllu. Der Curaca war das administrative Bindeglied zum *Apu*. Der Apu wiederum war der jeweilige Präfekt eines der vier Reichsteile. Die vier Apu bildeten den inkaischen Rat, der dem Inca bei der Staatsführung zur Seite stand. Der Ayllu war auch Kern der inkaischen Wirtschaftsordnung. Wesentliche Merkmale waren der Gemeinbesitz von Land und die gemeinsame Bewirtschaftung bestimmter Flächenanteile für den Inca, für die Priester und für die Einzelfamilien des Ayllus. Das war nur durch eine straffe Organisation in allen Lebensbereichen möglich.

Die Zehn-Klassen-Gesellschaft der Inkas

Das reibungslose Funktionieren der inneren Organisation des inkaischen Riesenreiches wurde nach Erkenntnissen bedeutender Inka-Forscher durch die „Zehn Klassen des Lebens" erreicht. Sie stellten die zwei Ebenen des Lebens dar (s.u.). Zwischen Frauen und Männer wurde zwar differenziert, aber nur was den Lebensinhalt der jeweiligen Klasse betraf.

Männer

1. Klasse: Neugeborene
2. Klasse: Säuglinge und Kleinkinder bis 3 Jahre
3. Klasse: Spielende Kinder, Knaben bis 9 Jahre
4. Klasse: Vogelfänger, 12–15 Jahre
5. Klasse: Lamahirten, 12–18 Jahre
6. Klasse: Saia Paiac (Wehrdienst, Chasqui), 18–22 Jahre
7. Klasse: Puric (wichtigste Klasse), 25–50 Jahre; Bürgerklasse, nur sie musste neben ihrer Arbeit Abgaben entrichten. Adelige waren von der Abgabenpflicht befreit
8. Klasse: Amauta (Unterweiser, Gelehrter), 50–80 Jahre; sie waren für die öffentliche Erziehung der Jugend zuständig
9. Klasse: Schläfer, über 80 Jahre
10. Klasse: die Kranken und Körperbehinderten (Sozialklasse); sie mussten leichte Arbeiten, wie Weben und Schnitzen, übernehmen.

Frauen

Sie waren genauso in zehn Klassen eingeteilt, mit dem Unterschied, dass sie ab der 3. Klasse (5–9 Jahre) zu Hausarbeiten und in der 4. Klasse zu

Landarbeiten herangezogen wurden. In der 6. Klasse (18–30 Jahre) hatten sie das Recht zu heiraten. Schaffte dies die Frau bis zu Erreichen der 7. Klasse (30–50 Jahre) nicht, wurde sie Dienstmädchen, Kammerzofe oder Geliebte eines inkaischen Staatsfunktionärs.

System der sozialen Gerechtigkeit

Die Lebenshaltung war somit auf **zwei Ebenen** verteilt: *Arbeiten für den Inca* und *Arbeiten für das Volk* bestimmten das Leben des einzelnen. Ständige Beschäftigung war gewolltes staatspolitisches Interesse. Eine Art Sozialversorgung der Kranken, Witwen und Behinderten wurde durch die 10. Klasse ermöglicht. Dies geschah z.B. durch die Bereitstellung von Grundnahrungsmitteln und Kleidern für den Betroffenen. Dazu wurden im ganzen Reich Speicher, Kornkammern und Magazine angelegt.

Das Leben des *hatun runa,* des Volkes, war fast uniform. Alle Menschen trugen die gleiche Kleidung, die gleichen Schuhe und besaßen den gleichen Hausrat. Die Frage des Eigentums kam nicht auf, denn neben dem Wohnhaus und zehn eigenen Lamas gab es praktisch kein Privateigentum. Fälschlicherweise wurde der Inka-Staat von vielen als sozialistischer Staat benannt. Ein Widerspruch, wenn nur den obersten Repräsentanten alle Privilegien zustanden.

Vom Ayllu zur Comunidad de Indígena

Familiensolidarität

Die steilen Andenhänge sind normalerweise für die Landwirtschaft nicht geeignet. So wurden die Hänge terrassiert und mit ausgeklügelten Bewässerungssystemen versehen. Nur über das Bindeglied der Solidarität, den gemeinsamen Anstrengungen der einzelnen Familien, können die Terrassen intakt gehalten und die Erzeugnisse zum Markt transportiert werden. Der Zusammenhalt geht nach wie vor von der Familie aus, der kleinsten menschlichen Gemeinschaft. Sie ist noch heute der Eckpfeiler im Leben der Indígena und tragende Säule der indigenen Gemeinschaft, der **Comunidad.**

Alle anfallenden Arbeiten und Aufgaben in den Familien werden seit Generationen durch gegenseitige Hilfen der Familienmitglieder erledigt. Kinder hüten Schafe und Kühe, die Frau unterstützt den Mann im Haus und auf dem Feld bei seiner Arbeit. Der Sohn hilft dem Vater bei der Maisernte und der Instandhaltung der Bewässerungskanäle. Alles geschieht gemeinschaftlich und in Wechselbeziehung. Nur so können die Familien in der rauhen Bergwelt der Anden bestehen. Die Familie ist Schutz, Hilfe, Tradition und Wertegemeinschaft. So konnten sich die kulturellen Werte und das traditionelle Leben im Andenhochland bis heute bewahren. Bei der traditionellen Bodenbewirtschaftung wird z.B. immer noch mit der *taclla* und dem Hakenpflug gearbeitet. Auch der Hausbau wird grundsätzlich in Gemeinschaftsarbeit durchgeführt. Jedem, dem geholfen wird, muss der Gemeinschaft bei etwas helfen. So entsteht ein Netz sozialer Verpflichtungen. Diese Kooperationshilfe geht noch auf die Zeit vor den Inka zurück.

Die Comunidad

Obwohl sich die *Comunidad de Indígena* sich von der Ayllu unterscheidet, wurden in ihr viele Wesenszüge der inkazeitlichen Ayllu bewahrt. Aus neueren Untersuchungen geht hervor, dass die Comunidad de Indígena

Die Fronarbeiten oder Mit'a wurden bei den Inkas alljährlich festlich eröffnet

auf eine Zwangskollektivierung der Ayllus unter dem peruanischen Vizekönig Toledo zurückzuführen ist. Damit sollte die Andenbevölkerung besser kontrolliert und rationeller zur Arbeit herangezogen werden können. So konnte die tributpflichtige *Encomienda* durchgesetzt werden. Die traditionelle **Mit'a** (Arbeitsverpflichtung für öffentliche Belange) des inkaischen Gesellschaftssystems als Grundlage der Encomienda wurde zu einem reinen Ausbeutungsinstrument in Form der Zwangsarbeit der Indígena.

Über die Unabhängigkeit von 1821, der sogenannten Modernisierung im 19. Jahrhundert bis zur der Militärregierung 1968 behielten die aus den Ayllus hervorgegangenen Comunidades ihre relative Autonomie in Selbstverwaltung und Selbstversorgung. Während der Militärherrschaft wurden durch die Militärregierung die *Cooperativas* (Kooperativen) ins Leben gerufen, die nun neben den traditionellen Comunidades existieren. Obwohl eine zunehmende Tendenz zur Privatisierung der Besitz- und Nutzungsrechte des Landes festzustellen ist, sind nach wie vor die Aufgliederungen des Landes in *tierra comunal* (Gemeineigentum), *tierra semicomunal* (beschränkt gemeinsames Land) und in *callpas* (individuelle Feldparzellen) wesentliche Elemente der Comunidad de Indígena. Dabei wird eine agrarsoziale Schichtung in *originarios* (mit vollem Nutzungsrecht), *semiagregados* (mit halbem Nutzungsrecht), *agregados* (mit einem Viertel Nutzungsrecht) und *acogidos* (Nutzungsrecht ohne Landbesitz der abhängigen *hutahuahuas*) vorgenommen (Hutahuahuas sind meist Land- und Hilfsarbeiter).

In der Comunidad sind nahezu alle Menschen gleichgestellt, sonst wäre der Gegenseitigkeit die Basis entzogen. Individualismus würde diese Gemeinschaft zerstören.

Ayni und Minca

Bei der gemeinsamen Bewirtschaftung und Nutzung der Felder haben sich vielfältige Formen und Arbeitsgemeinschaften entwickelt. Einer pflügt z.B. das Land, der andere steuert das Saatgut bei und gemeinsam wird das Feld bestellt. Bei der Ernte wird zwischen *waki* (alternierender Ernte) und *al partir* (geteilte Ernte) unterschieden. Bei der geteilten Ernte bleiben entweder 1–2 Furchen am Rande des Feldes stehen, die den *tarpocas* (Erntehelfern) zukommen oder der Arbeitseinsatz wird durch die *Ayni* getragen. Die Ayni ist eine verpflichtende Nachbarschaftshilfe, die neben der Felderernte auch bei der Herstellung von Adobe oder beim Hausbau zum Tragen kommt. Die Entlohnung erfolgt ausschließlich durch die eigene Arbeitskraft als Gegenleistung.

Daneben kann die Arbeit auch mit der *minca* abgegolten werden. Dabei wird die Arbeit des Erntehelfers mit Naturalien oder Sachgüter, neuerdings auch durch Geldmittel ausgeglichen.

Faena Die dritte Form der Arbeitsgemeinschaft ist die Faena (Tagwerk), an der sich alle Mitglieder der Comunidad beteiligen müssen. Dabei handelt es sich meist um öffentliche Projekte oder Missstände, von der durch die Regierung keine Hilfe zu erwarten ist, wie z.b. beim Bau eigener Straßen und Wege, Bewässerungsanlagen oder Gemeinschaftsgebäuden. Dabei sind alle Mitglieder gleichberechtigt und gleichverpflichtet. Beim Bau eines Bewässerungsgraben geht z.b. ein Schrittmacher voraus und steckt eine Teilstrecke ab. Jeder bearbeitet somit die gleiche Länge an diesem Gemeinschaftsprojekt. Wer fertig ist, wartet, bis alle fertig sind. Erst dann wird das nächste Teilstück bearbeitet.

Im Alltag bedeutet das, dass ein Indígena, der seine Waren auf dem Markt anbietet, es im Namen seiner Comunidad macht. Er ist durch Geburt Mitglied in der Comunidad, bewegt sich in ihrem Schutze. So erklärt sich auch das ständige Überleben eines indigenen Gefüges im Staate, das allen Entfremdungs- und Integrationsversuchen trotzen konnte.

Prähispanische Religionen

Die frühen Völker Südamerikas standen im Einklang mit der Natur und traten ihr mit großer Ehrfurcht gegenüber. Für die Kulturen im andinen Raum war die Erde das natürliche Zentrum, um das sich das ganze Leben der Menschen *(kay pacha)* abspielte, begrenzt von der Oberwelt *(hanan pacha)* und der Unterwelt *(uku pacha)*. Cusco war dabei der „Nabel der Welt", von dem die vier Himmelsrichtungen ausgingen. Die Naturkräfte wurden mittels Gottheiten verehrt, über allen stand der Ur- oder Schöpfergott **Wiracocha.** Auch die verstorbenen Vorfahren erfuhren religiöse Verehrung, wie auch *huacas* oder *wakas*, sogenannte „heilige Orte" *(apu, mallku, achachila, mamita, t'alla)*.

Das Leben endete nicht mit dem Tod, lediglich die Seele trennte sich vom Körper. Beide leben nach dem Tod weiter, was sich in den aufwendigen Totenkulten der Kulturen Perus widerspiegelt. Dabei strebt die Seele zum Ursprung des Lebens oder in die Unterwelt. Obwohl die christlichen Missionare seit der Zeit der Eroberung versuchten, die ältere kosmo-religiöse Welt der Indígenas zu auszulöschen, konnten sich traditionelle Glaubensvorstellungen bis heute erhalten. So wurden prähispanische Zeremonien und Bräuche vom Katholizismus überlagert, und in der Folge entstand ein christlich-animistischer Mischglaube, wobei oft Magie und Geisterglaubigkeit eine Rolle spielen.

Die Indígena heute Obwohl in Peru und Bolivien für alle Kinder Schulpflicht besteht und der Besuch der Schulen kostenlos ist, ist der Anteil der Analphabeten in der Bevölkerung mit etwa 30% erschreckend hoch. Es fehlt an Schulen, an ausgebildeten Lehrern und manchmal am guten Willen der Eltern und Kinder. Hintergrund ist, dass sowohl die Schulbücher und die vorgeschriebenen Schuluniformen selbst bezahlt werden müssen. Viele Eltern können dies nicht leisten.

Viele Hochlandbewohner leben in ihren fensterlosen, strohgedeckten Adobe-Hütten noch fast wie vor 500 Jahren zur Inkazeit. Jede Gegend hat ihre eigenen bunten Trachten. Der Poncho, die Zipfelmütze oder Melonenhut und bei den Frauen das Rückentragetuch, die *manta*, sieht man fast überall. Wenn ein Anlass zum Feiern ist, eine Hochzeit oder ein religiöses Fest, dann ist der harte Alltag vergessen. Es wird tagelang musiziert, getanzt, Alkohol „bis zum Umfallen" getrunken (Vorsicht, Betrunkene können Fremden gegenüber, besonders wenn er fotografiert, aggressiv werden!).

Kunst und Kultur

Hinweis: s.a. „Land und Leute" bei Bolivien, S. 650

Sakralkunst, Malerei

Die Spanier zerstörten oder schleiften viele Inkabauten, um die Steine zum Bau ihrer Kirchen, Klöster und Paläste zu verwenden. Als Arbeitskräfte waren sie auf die Indígena angewiesen, aus denen in der Folge immer wieder bedeutende Künstler hervorkamen.

Der Kirchenbau folgte nach außen hin dem spanischen Renaissance- und Barockstil, im Detail fanden oft Symbole indigener oder indianischer Herkunft Verwendung, wie Vögel, Blumen, Raubkatzen, Affen oder Pflanzen. Dieser *estilo mestizo* ist heute noch in vielen Kirchen in Cusco, Puno, Arequipa und La Paz zu sehen. Weitere Stilrichtungen war der spanische **Mudéjar-Stil** mit maurischen Elementen und der überladene **churrigureske (Barock)Stil**. Bei den Altären dominierte der **platereske Stil** (filigraner Ornamentstil mit Blumen-, Ranken- und Heraldikelementen).

Die **Malerei** stand zunächst unter dem Einfluss des italienischen Manierismus, dann unter der niederländischen Malkunst. Im 18. Jahrhundert bildete sich in Cusco mit der *Escuela Cusqueña* ein eigener Malstil (s.S. 225).

Kunsthandwerk / Artesanías

Traditionelles peruanisches und bolivianisches Kunsthandwerk *(artesanías, arte popular)* bekommt zunehmend durch industrielle Fertigungen Konkurrenz. Zu welchem Plunder und Kitsch das führt, kann auf jedem Touristenmarkt betrachtet werden. Eine Übersicht:

Conopas (Tonfiguren): landesweit. **Decken** aus Lama- oder Alpakawolle: auf allen touristischen Hochlandmärkten, wie z.B. in Pisaq, Chinchero, Cusco, Puno. **Keramikarbeiten** der Shipibo: Region Yarinacocha/Pucallpa. **Kopfbedeckungen** (Bowler, Zylinderhüte usw.): überall im Hochland, je nach Region in sehr unterschiedlichen Farben und Formen. **Diablada-Kopfmasken** aus Gips und Ton: Regionen Puno, Oruro, Potosí (Bol.). **Kürbisschnitzereien** mit bäuerlichen Bildgeschichten: Region Cochas/Huancayo. **Holzschnitzarbeiten**: Missionsregion Chiquitania (Bol.). **Musikinstrumente**, wie Chil-Chils, Quenas, Okarinas, Wankaras und Zampoñas: landesweit; am preiswertesten und handgemacht im Hochland (Streichinstrumente in den Missionssiedlungen der Chiquitania, Bol.). **Naturketten** aus Hülsenfrüchten und Kernen (meist nicht für Kinder geeignet, da einige verwendete Hülsenfrüchte giftig sind): Region Selva. **Retablos/Cajas de San Marcos** (tragbare Bildaltäre mit Bauernmalerei): Regionen Ayacucho und Cusco. **Techo**-Keramiken (Dachkirchen): Region La Quinua/Ayacucho. **Tumi** (Ritualmesser der Chimú): Regionen Huancayo, Catacaos, Piura; industriell hergestellt, z.B. als Flaschenöffner, landesweit. **Tupus** (Ziernadeln) als Schmuckstück mit Rosenstrauß oder Pfau (Original aus Silber mit Sonnenscheibe): Region Cusco. **Web- und Strickarbeiten** wie Ponchos, Handschuhe, Mützen, Schals, Gürtel, Umhänge, Socken Wandbehängen mit alten traditionellen Webmustern aus Lama-, Alpaka- oder Schafwolle: Regionen Cusco, Juliaca, Puno, Inseln Taquile/Amantani (Titicacasee), San Pedro de Cajas, Ayacucho und in weiteren Hochlandregionen; industrielle Großfertigung in Arequipa.

Kunst und Kultur

Literatur

Der erste bedeutende **Chronist** war der Mestize **Garcilaso de la Vega** (1539–1616), der in Cusco als Sohn eines spanischen Heerführers und einer Inkaprinzessin geboren wurde. 1559 ging er nach Spanien und schrieb in Córdoba sein Hauptwerk „Comentarios Reales", das wichtigste Quellwerk der Inkageschichte. Ein anderer wichtiger Geschichtsschreiber war der Spanier **Pedro de Cieza de León**. Der Schriftsteller **Olmedo** erregte 1825 Aufsehen mit seiner Ode über Bolívars Sieg bei Junín. Zum Ende des 19. Jahrhunderts war **Ricardo Palma** mit seiner *Tradiciones Peruanas* ein außergewöhnlicher Schriftsteller und Sprachkünstler, der das Leben der Kolonialepoche in Peru ungewöhnlich detailliert dokumentierte.

Danach folgte in Peru und auch in Bolivien eine Zuwendung zu den eigenen Grund- und Kulturwerten, zum **Indigenismus.** Der Indigenismus verkörpert die Bewegung der einheimischen Bevölkerung, der die europäischen Einflüsse zurückdrängen und eliminieren wollte. Erste Anstrengungen unternahm der Schriftsteller **Manuel González Prada** (1848–1918), der die Indígenas des Hochlandes als das eigentliche Peru betrachtete. Peru, das ehemalige Zentrum der Macht- und Kulturentfaltung der Inkas, wurde dann durch das lyrische Werk *Alma América* des revolutionären Poeten **José Santos Chocano** (1875–1934) einen zum Mittelpunkt des sog. literarischen Amerikanismus.

Im beginnenden 20. Jh. entdeckten die peruanischen und bolivianischen Literaten den Roman um ihre eigentlichen Anliegen zu artikulieren. Die sehr bekannten, revolutionären Werke von **Luís Valcárcel** (1891–1987) und **José Carlos Mariátegui** (1894–1930) sind die Grundlagen des beginnenden Klassenkampfes in Peru, oft fälschlichweise als marxistisch-leninistischer Klassenkampf interpretiert, letztendlich aber nichts anderes als ein indigenistisch-revolutionärer Kampf gegen die Nachfahren der spanischen Eroberer, den katholischen Kreolen europäischer Prägung. 1941 erschien der auch in Deutschland bekannte sozialkritische Roman *El Mundo es ancho y ajeno* des Peruaners **Ciro Alegíra**, der den Einbruch eines *criollo* in ein Haus in einer indigenen Siedlung beschreibt. 1946 erregte *Tesis de Pulacayo* des Bolivianers **Guillermo Lora**, lange Zeit Vorsitzender der revolutionären Arbeiterpartei POR, großes Aufsehen. *Stollen der Angst* von **Fernando Ramírez Velarde** ist ebenfalls ein bolivianischer Roman, der 1951 publiziert wurde. Der Peruaner **García Calederon** veröffentlichte 1955 in München den bekannten Roman *Traum in der Sierra.* **Alberto Wagner de Reya** wagte sich 1957 mit *Die drei Marien* auf mystisch-religiöses Terrain. 1965 erregte dann die deutsche Übersetzung *Die tiefen Flüsse* des peruanisch-indigenen Anthropologen **José María Arguedas** Aufsehen, ein temperamentvoller, sozialer Protest der Indígenas an die Nachfahren der spanischen Eroberer.

Perus bedeutendster zeitgenössischer Schriftsteller ist **Mario Vargas Llosa** („Der Hauptmann und sein Frauenbataillon"). Llosa erhielt für sein Werk „La Guerre de la fin du Monde" den Hemingway-Preis. Weitere Werke auf Deutsch: „Tante Julia und der Kunstschreiber", „Lob der Stiefmutter" u.a. (s. Bibliographie). Der ebenfalls sehr bekannte **Manuel Scorza** („Trommelwirbel für Rancas") kam 1983 bei einem Flugzeugabsturz ums Leben.

Musik und Tanz

Wer hat sie nicht im Ohr, diese melancholische Flöten- und Charango-Musik der Anden, die durch das Fünf-Tonsystem und die Moll-Tonleiter entsteht. Im Inkareich herrschten drei bekannte Musikformen vor: **Huanca,** die kultische Musik (Triumph-, Hirten- und Bauernlieder), **Yaraví,** das kleine, leise Lied und **Huayno,** die typische Tanzmusik. Der Yaraví wird heutzutage noch gesungen und stammt aus der Inka-Zeit, wo er besonders zu Vermählungen und zu rituellen Anlässen angestimmt wurde.

■ *Tanz und Musik mit Flötenspielern, dargestellt auf einer Mochica-Vase*

Diese gesungene Lyrik drückt neben Melancholie auch Schmerz und Trauer aus. **El Cóndor pasa,** die Ballade vom Aufstand de Túpac Amarú II. gegen die Spanier ist ein Yaraví. Er wird nicht getanzt.

Ganz im Gegensatz dazu ist der **Huayno,** der typische Tanz des peruanischen Hochlandes, den man zu allen festlichen Anlässen (Opfer- und Ritualfeste) paarweise tanzt und präkolonialen Ursprungs ist. Aus der Inkazeit stammen auch die landwirtschaftlichen Zeremonialtänze **Ayarachi** und der **Huaylli.** Ab und zu kann auch eine **Cachiva,** ein traditioneller andiner Liebesgesang noch gehört werden. **Tarjos** sind Gebetsgesänge der *curanderos.*

Der lebhafteste Andentanz ist der **Huaylarsh,** der meist während der Saatzeit paarweise getanzt wird. Auffallend ist das Fußstampfen der Tänzer. Ein weiterer typischer Tanz des Altiplanos ist der **Bailecito,** der unter dem rhythmischen Klatschen der Umstehenden paarweise getanzt wird. Der monotone **Santiago** dagegen ist eine rituelle fünfstufige Lyrik der Anden zum Dank an Gott, der über das Vieh wachen und den Schäfern Glück bringen soll. Die Sänger werden von einem Kuhhorn und der *tinya* (Trommel, s.u.) begleitet.

Traditionelle Andenmusik *(música folklórica andina)* wird heute von Musikgruppen aus dem Hochland, den **Tropas de Zampoña** (oder *Sikuris*) in **Peñas** vorgetragen, das sind spezielle Musik-Bars und -kneipen. Zum Einsatz kommen *bombos* oder *wankaras* (große Trommeln), und die Schwierigkeit des Zusammenspiels besteht darin, dass jeder Panflötenspieler nur einen Teil der Gesamtmelodie spielen kann; erst aus dem Zusammenspiel aller ergibt sich das musikalische Motiv (übrigens stammt die musikalische Tonfolge des *Lambada* von einer alten bolivianischen Volksweise aus dem Hochland ab). **Conjuntos** sind städtische Musikgruppen oder Orchester, bei deren Darbietungen zusätzlich Charango, Quena und Gitarre zum Einsatz kommen. **Bandas** sind Blechbläsergruppen.

Der temperamentvolle **Nationaltanz Perus** im 6/8-Takt ist die **Marinera** oder **Cueca Chilena,** der wie der *vals* (Walzer) zur *Música Criolla* zählt. Bei der Marinera kommt neben der Gitarre, je nach Region, vor allem die Harfe zum Einsatz. Sie ist ein Paartanz mit ganz speziellen Tanzschritten ohne Körperkontakt. Dabei wird meist mit der Hand ein Taschentuch geschwungen. Der **Vals** als Paartanz stammt vom Wiener Walzer ab, ist sinnlicher und mit stärkerem Körperkontakt. Hierbei werden die Tänzer von Gitarren und dem *cajón* (s.u.) begleitet. Der **Festejo** repräsentiert die moderne afroperuanische Musik. Der Sänger wird meist von einem Background-Chor und traditionellen Trommelinstrumenten wie *cajón, cajita* und *quijada* begleitet, aber auch von Bongos, Tubas und Elektrogitarre. Heutzutage tanzt auch die Jugend Perus und Boliviens gerne die heißen Rhythmen von **Cumbia, Salsa, Chicha** und **Merengue.**

Wichtige Musikinstrumente in Peru und Bolivien

Quena/Kena	das am meisten verbreitete andine Instrument ist die Kerbflöte, hergestellt aus einem geraden Stück *chuqui*-Rohr (ursprünglich auch aus Tier- oder Menschenknochen) mit meist sechs Klanglöchern. Das Mundstück ist mit einer abgeschrägten Kerbe versehen.
Tarka	Längsflöte mit sehr hartem Klang
Pinkillo	Kernspaltflöte
Zampoña	Panflöte, auf Quechua *antara* oder *julajula* genannt (Aymara: *siku*), bei den Kallawayas *phukuna* und bei den Chipaya *maizu*; ursprünglich aus Ton, Keramik oder Stein. Es gibt einreihige Panflöten bzw. Julajulas mit sieben unten geschlossenen Schilfrohren in verschiedenen Längen und Panflöten aus zwei parallel laufenden Reihen (*antaras*) mit insgesamt zwölf oder vierzehn Schilfrohre in verschiedenen Längen. Bei den Antaras ist eine Reihe der Schilfrohre unten ebenfalls geschlossen. Die Reihen sind in *ira* (männlich) und *arka* (weiblich) aufgeteilt, die unterschiedliche komplementäre Töne erzeugen. Deshalb wird eine Melodie von zwei Musiker gespielt: Während der erste die Töne auf der Ira anbläst, führt der zweite die Melodie auf der Arka fort. Unterschiedliche Rohrdurchmesser und -längen erzeugen verschiedene Tonhöhen und Klangbilder. Die Auswahl reicht von der hochschrillen kleinen *ch'ili* bis zur über einen Meter langen Bass-Panflöte *toyo* oder *machu*, die einen erfahrenen Spieler erfordert.
Bajones	riesige, bis zu 2 m hohe Panflöten.
Okarina	Gefäßflöte mit einem Schnabel zum Anblasen.
Pututu	Blasinstrument aus einem Kuhhorn.
Charango	mandolinenartiges Saiteninstrument (erst seit der Kolonialzeit in Gebrauch); als Schallkörper wurde meist die Schale eines Gürteltieres verwendet **(s. Abb.)**, heute zunehmend aus Holz.
Gitarra andina	durch die Spanier eingeführte Gitarre, die eine eigene Entwicklung durchlief. Berühmt wurde der Musikstil der Ayacucho-Gitarre durch den Solisten *Raul García Zárate*. Begleitinstrument der Tänze Marinera, Vals und Festejo.
Arpa	weitverbreitete, sehr einfache, kleine, aber klangvolle Hochlandharfe (erst seit der Kolonialzeit in Gebrauch) der autochthonen Bevölkerung mit einem großräumigen Resonanzkörper, über dem sich an einem Stiel die Saiten zum Anstimmen von Ganz- und Halbtonschritten (ohne Erhöhung oder Vertiefung) des Dur- und Mollsystems befinden.
Bombo	Basstrommel für den Rhythmus, meist als einfellige *huancar*.
Tinya	weitverbreitete, traditionelle kleine zweimembranige Andentrommel aus Tierleder, die mit einem Trommelstock, dem *pallilo*, geschlagen wird.
Wankara	große Andentrommel mit Lama-, Schaf- oder Katzenfell überzogen.
Baumtrommel	ca. 3 m langes Urwaldinstrument aus dem Amazonasgebiet, mit dem mittels der Trommelsprache Nachrichten kilometerweit übermittelt werden können. Verwendung bereits bei den Inkas.
Cajón	an der Küste Perus verbreitetes afroperuanisches Trommelinstrument aus einer Holzkiste, die auf der Rückseite mit einem Klangloch versehen ist und auf der sitzend ein Trommler mit beiden Händen den Rhythmus schlägt.

Chil-Chil	Rasseln, die zusammen mit Gitarre, Mandoline und Harfe ein reizvolles Klangbild ergeben.
Schneckenhorn	aus *Strombus*-Schnecken, wird zu Regenzeremonien im Hochland verwendet; bei den Inkas Signalhorn, das kilometerweit zu hören war.
Quijada	afroperuanisches Schlaginstrument, das aus dem Unterkiefer eines Pferds, Maultiers oder Esels besteht. Der Schlagtöne entstehen durch die klappernden Zähne.
Chirusuya	Oboe, die mit eigenständiger Technik gespielt wird.

Feste

Musik und Tanz sind – neben reichlichem Essen und Trinken – die Haupt-"Zutaten" der zahlreichen Hochland-Feste, die an kirchlichen und weltlichen Feiertagen überall im Land stattfinden. Die wichtigsten Feste die sich am andinen Jahreszyklus orientieren sind das **Paucarwaray** (Blumenfest) am 20. März, das **Inti Raymi** (Sonnwendfest am 21. Juni), das viertägige **Coya Raymi** (Mondfest) am 22. September und das **Qhapaj Raymi,** ein großes Fest der Sonnwende am 21. Dezember.

Die wohl ergiebigste Gegend für Feste ist das **Gebiet um den Titicacasee**, rund um Puno (das als Folklorehauptstadt Perus gilt) wird fast jede Woche ein anderes gefeiert. Natürlich werden daneben alle offiziellen katholischen Feiertage und die Nationalfeiertage (Peru 28./29. Juli, Bolivien 6./7. August) mit großen Prozessionen und Paraden festlich begangen. Daneben gibt es die unzähligen Feste der Dorf-Schutzheiligen und die berühmte, mehrtägige **Diablada.** Fast jede Stadt Perus und Boliviens ist berühmt für ihr besonderes Fest, hier die wichtigsten (Details s. bei den Städten):

Ayacucho: die Karwoche mit prunkvollen Prozessionen.
Cajamarca: Karneval mit der typischen, dekorativen *Unshas*-Zeremonie
Copacabana: das Fest der Virgen vom 5.–8. August.
Cusco: Inti Raymi am 23./24. Juni (sehr touristisch) mit Tänzen, Aufmärschen und Folklore-Veranstaltungen (wird seit 1944 wieder gefeiert).

■ *Diablada-Maskenfest in Puno*

Lima: Prozession zu Ehren *Sta. Rosa de Lima* am 30. August. Das Fest „Señor de los Milagros" am 18., 19. und 28. Oktober. An Allerheiligen/Allerseelen geht überall die Bevölkerung zu fröhlichen Gelagen auf die Friedhöfe.
Puno: Maria Lichtmess (Candelaria) am 2. Febr., verbunden mit der *Diablada* (insgesamt 2 Wochen lang).
La Paz: Fest zu Ehren des *Nuestro Jesús de Gran Poder* Ende Mai/Anfang Juni mit Umzügen und Tänzen.
Oruro (Bolivien): Diablada, der überschäumende Karneval-Höhepunkt des Hochlandes.

Coca und Kokain

Der Kampf gegen den weltweiten Drogenhandel mit Kokain dauert unvermindert an, doch ohne eine Zulieferung aus den Cocaländern Peru und Bolivien gäbe es z.B. kein kolumbianisches „Medellín-Kartell". Die USA schickten deshalb schon Militärberater und Fachleute der Antidrogenbehörde DEA zur Unterstützung Perus und Boliviens zur Bekämpfung der Kokain-Mafia. Perus Armee bombardiert die kleinen Rollfelder und Dschungellabors zur Herstellung der Cocapaste – sofern sie sie überhaupt findet.

Coca-Anbau hat in Bolivien und Peru eine uralte Tradition. Der Cocastrauch (Erythroxylum coca) wächst in subandinen Gebieten zwischen 600 und 1800 m Höhe als immergrüner, etwa 5 m hoher Strauch mit gelblich oder grünlich-weißen Blüten und den kleinen, Kokain enthaltenden Blättern. Da die Pflanze anspruchslos ist, gedeiht sie auch auf kargem Lehmboden. Drei bis vier Ernten, also das Abzupfen und Sammeln der Blätter, sind keine Seltenheit. Die frischen Coca-Blätter werden durch ständiges Wenden, Lüften und Lockern sofort in der Sonne getrocknet. Auf geschätzten 300.000 ha – Anteil in Peru ca. 60.000 ha – werden so etwa 300.000 Tonnen Cocablätter pro Jahr gewonnen.

Der Genuss der Coca-Blätter ist bei den Bewohnern der Andenländer noch weit verbreitet. Im Inkareich galt der Cocastrauch als göttliches Geschenk (im Aymara bedeutet *kkoka* „Baum"), er war eine heilige Pflanze. Cocablätter wurden bei religiösen Ritualen, als Weihrauch durch die Priester, Glücksbringer, Grabbeigaben und bei medizinischen Behandlungen verwendet. Der Cocagenuss war bei den Inkas jedoch anfänglich nur der Führungskaste erlaubt, erst später wurde es jedem gestattet. 1569 beschloss ein kirchliches Konzil, Coca als unnutzes und verderbliches Teufelswerk zu ächten, auch die Spanier wollten sowohl Anbau und Genuss verbieten, doch beides scheiterte.

Cocablätter werden bei den Hochland-Indígena alleine oder bei geselligem Beisammensein konsumiert, es hat die soziale Funktion eines Integrationsmittels. Die Blätter werden auch von den *yatiris* (Wahrsager) verwendet und dienen bei religiösen Zeremonien als Opfer für *pachamama* (Mutter Erde).

Um die Wirkstoffe der Cocablätter freizusetzen, kaut der *coquero* (man schätzt ihre Zahl alleine in Peru auf etwa 3 Mio.) mit 10 bis 15 entrippten Cocablättern eine alkalische Substanz mit, meist ist es mit Kalk vermischte Pflanzenasche (*lejía*). Speichel wandelt das in den Blättern enthaltene Kokain in das Alkaloid Ecgonin um. Eine *coqueda* (Kauperiode) dauert etwa zwei Stunden, es ist auch ein altes Zeitmaß: Wegstrecken oder Arbeiten werden traditionell in *coquedas* angegeben.

Cocakauen wirkt schmerzstillend und stimulierend, mildert das Kälteempfinden und macht Hunger und Durst vergessen (für die Spanier ein ideales Mittel, um die Indígena, z.B. in den Silberminen von Potosí, bis zum körperlichen Zusammenbruch ausbeuten zu können).

Genuss von Cocablättern, Abb. auf einer Mochica-Vase (mit Kalk aus Kalebassen)

In andinen Höhenlagen erleichtert es die Atmung, Reisende trinken die Blätter als Teeaufguss (Mate de Coca), um die Symptome der Höhenkrankheit Soroche zu lindern.

Von den jährlich 300.000 Tonnen geernteten Cocablättern werden etwa 45.000 Tonnen auf traditionelle Weise konsumiert, 100 Tonnen kauft die Pharmaindustrie und 1000 Tonnen die Cola-Getränkeunternehmen. Die Pharmaindustrie verarbeitet Cocablätter zu Medikamenten, und seit 1984 auch zu Zahnpasta (Codent, Bolivien) und einigen kosmetischen Produkten.

Für die Herstellung von einem 1 kg Kokainbase werden ca. 600 kg Cocablätter benötigt. In tausenden versteckter kleiner Dschungellabors am Río Huallaga, in den Yungas und im Chapare in Bolivien werden die Cocablätter mit Schwefelsäure, Natriumkarbonat, Kerosin und Kalk in Wasser zerstampft, verrührt, eingeweicht und gefiltert, um Cocapaste (Kokainsulfat) zu gewinnen. Unter Zugabe von Aceton, Ammoniak und Äther wird die Cocapaste dann zu Kokainbase raffiniert und durch Salzsäure in Kokainhydrochlorid umgewandelt. Kleine Flugzeuge, die von unscheinbaren Dschungelpisten starten, fliegen den Stoff meist nach Kolumbien aus, wo es dann zu reinem Kokainpulver weiterverarbeitet und in die USA und nach Europa geschmuggelt wird.

Der Anbau des Cocastrauchs ist in Ecuador offiziell verboten, in Bolivien erlaubt in Peru seit 1978 legal. In Bolivien heißen die staatlichen Sammel- und Ankaufstellen ADEPOCA, in Peru ENACO. Keines der dort angelieferten Cocablätter wandert in die verbotene Kokainproduktion, sondern auf den legalen Markt.

Durch ländliche Hilfsprogramme sollen die Bauern ermuntert werden, statt Cocasträuchern z.B. verstärkt Palmherzen, Bananen oder Kaffee anzubauen. Doch solange dem *campesino* der (illegale) Verkauf eines Sacks Cocablätter ein Mehrfaches des Erlöses anderer Produkte bringt, wird sich nur wenig ändern. Es ist überhaupt fraglich, ob die Regierungen die Bekämpfung der Drogen-Mafia wirklich ernsthaft wollen, denn allein für Peru wird geschätzt, dass dort durch das Kokaingeschäft jährlich über 3 Mrd. Euro umgesetzt werden. Seit 2000 werden die Hilfs- und Ersatzprogramme als gescheitert betrachtet, besonders durch den Preisverfall der Agrarprodukte auf dem Weltmarkt bei gleichzeitigem Preisanstieg für einen 10-kg-Sack Coca um das Fünffache sowie durch das Fehlen eines ganzheitlichen Konzeptes.

Verkauf von Cocablättern in Bolivien

TEIL IV: REISETEIL

Lima

Überblick / Lage

Lima, die Haupt- und größte Stadt der Republik Peru und des gleichnamigen Departamento, liegt 12 Grad südlich des Äquators, 154 m über dem Meeresspiegel und bedeckt eine Fläche von über 70 qkm. Der Stadtmoloch liegt in einer Oase der Küstenwüste am *Río Rímac,* etwa 10 km vom Pazifik entfernt. Geschätzte Einwohnerzahl: 10 Mio. (mit Vororten und der Hafenstadt *Callao*). Lima wächst ständig und frisst sich, durchs Meer begrenzt, die ausgetrockneten Sandhügel der Küstenwüste hinauf. Täglich kommen mit überladenen Bussen viele Indígena nach Lima, die in der Flucht vor Armut und Arbeitslosigkeit ihre andinen Hochtäler verlassen und hier ihre einzige Überlebenschance sehen. Sie tauchen unter in den zahllosen trostlosen Elendsvierteln aus Wellblechhütten am Stadtrand, den *barriadas,* beschönigend *pueblos jóvenes* genannt.

Lima ist das wichtigste Industrie- und Handelszentrum des Landes, Sitz mehrerer Universitäten und des Erzbischofs. Mit der *Carretera Panamericana,* die die Stadt von Nord nach Süd durchschneidet und der *Carretera Central,* die sie über das Andengebirge hinweg mit dem Urwald verbindet, ist Lima auch wichtigster Verkehrsknotenpunkt Perus. Von April bis November liegt die Großstadt unter der *garúa,* einem dichten, depressiven Nebel. Das ganze Jahr über fällt das Quecksilber nicht unter 10 °C, doch nur von Dezember bis April (also in den Sommermonaten), scheint die warme Sonne mit Durchschnittswerten um 25 °C vom blauen Himmel, locken die Badeorte, die *balnearios,* zu einem Sprung in den Pazifischen Ozean.

■ *„Vista de Lima – Plaza Mayor y Catedral"* (19. Jh.)

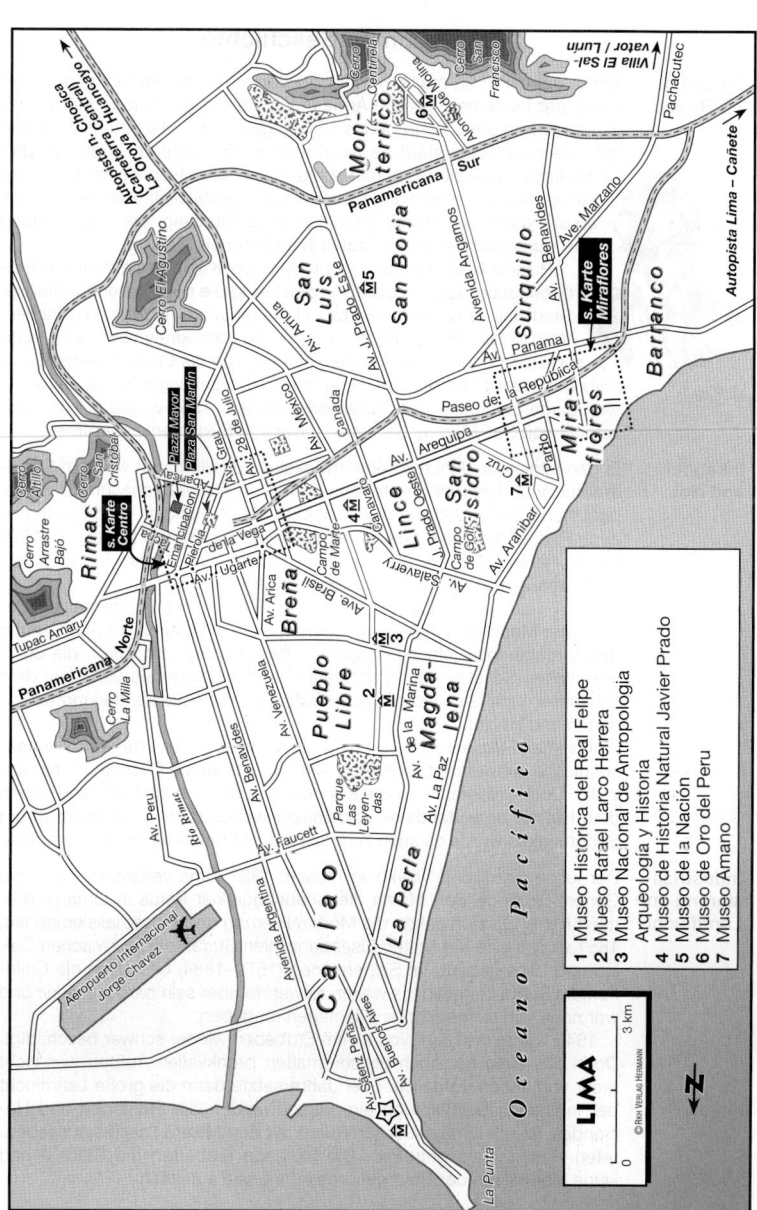

Limas Geschichte

Ciudad de los Reyes

Am 6. Januar 1535 malte *Francisco Pizarro* mit seinem Schwert an der Stelle der heutigen Plaza de Armas Quadrate in den Sand, und am 18. Januar wurde die *Ciudad de los Reyes,* gegründet, die „Stadt der Könige", die neue Hauptstadt Perus. Die Wahl war wohl überlegt: Am Ufer des Rímac hatte sich in unmittelbarer Nähe des Meeres eine fruchtbare Küstenoase mit einem angenehmen Klima entwickelt. Hier befand sich ursprünglich eine kleine präkolumbische Siedlung, deren Bedeutung nur durch das berühmte Orakel ihres Tempels bestand.

Pizarro wusste jedoch nicht, dass die Küstenoase in einem Erdbebengebiet lag. So plante er zielstrebig die neue schachbrettartige Stadt mit prunkvollen Gärten, Herrenhäusern nach andalusischem Vorbild, den Palast der Vizekönige, die Kathedrale sowie eine Wasserversorgung mit Steinröhren. 1544 wurde die Ciudad de los Reyes Sitz des Vizekönigtums und der spanischen Vizekönige Perus. Zeitweise wurde von Lima aus ganz Südamerika regiert. 1551 wurde mit der Universität von San Marcos die erste Universität Südamerikas eröffnet.

■ *Pizarro*

Inkagold und Not

In den folgenden Jahrzehnten entwickelte sich die fortan von den Spaniern nur noch *Lima* (abgeleitet aus dem Wort *Rímac*) genannte Stadt zur reichsten ganz Südamerikas. Das lockte neben Handels- und Edelleuten auch Piraten an. Einer dieser Freibeuter war Sir Francis Drake, der 1579 Limas Hafenort Callao überfiel. 1670 wurde eine 11 km lange Stadtschutzmauer aus Adobe (Lehmziegel) erbaut.

Im 17. Jahrhundert zählte Lima 26.000 Einwohner und strebte zum Zenit seiner Macht. Reichtum und Luxus speiste sich durch die Ausbeutung der autochthonen (alteingesessenen) Bevölkerung und durch die unermesslichen Schätze der Inkas, deren eingeschmolzenes Gold aus dem Hochland nach Lima geschleppt wurde. Das restliche Land verarmte dagegen und litt Not.

In seiner Geschichte wurde Lima immer wieder von Erdbeben heimgesucht. Die schwersten zerstörten **1687** und **1746** die Oasenstadt nahezu völlig. Doch jedesmal wurde sie wieder prächtiger aufgebaut, und neben dem Ruf als bedeutendstes kolonialspanisches Bau- und Kunstzentrum Südamerikas wurde es auch zum geistigen Mittelpunkt des Kontinentes.

Industrialisierung und Landflucht

Der letzte spanische Vizekönig musste 1821 Lima verlassen, nachdem General *José de San Martín* die Unabhängigkeit Perus in Lima proklamiert hatte. Danach setzte die Modernisierung und Industrialisierung ein. 1851 wurde eine der ersten Eisenbahnlinien Südamerikas zwischen Callao und Lima gebaut, im *Salpeterkrieg* (1879–1884) besetzten die Chilenen die Stadt. Lima wuchs weiter, bewahrte aber sein barockes Flair und war noch von ausgedehnten Plantagen umgeben.

1940 wurde die Stadt von einem Erdbeben wieder schwer beschädigt. Doch das Geld für einen gleichermaßen prunkvollen Aufbau war nicht mehr vorhanden. Ende der 50er Jahre setzte dann die große Landflucht der indigenen Bevölkerung ein, verschwanden die Plantagen und Haciendas, wurde Lima mit voller Wucht mit den Miseren seines ausgebeuteten Hinterlandes getroffen. Die Indígena eroberten die Stadt – und keine Maßnahme der Stadtbehörde konnte sie aufhalten.

„Kulturerbe der Menschheit"

1970 erschütterte ein weiteres Erdbeben die Fundamente der stark angeschlagenen Stadt. Bürgermeister *Andrade* hatte es sich zur Aufgabe gemacht, die schier auswegslose Stadtsituation, vor allem im Zentrum, zu verbessern. Erst mit finanzieller Unterstützung der UNESCO, die 1991 das Altstadtzentrum von Lima zum „Patrimonio Cultural de la Humanidad" (Kulturerbe der Menschheit) erklärte, konnte Limas Erneuerung in Angriff genommen werden. Die Plaza de Armas herausgeputzt und die umliegenden historischen Bauten ocker gestrichen, die Plätze San Martín und Plaza Bolívar attraktiv gestaltet, die *Plaza de Armas* in **Plaza Mayor umbenannt** bei gleichzeitiger Verbannung des Schwerlastverkehrs und Schaffung von Fußgängerzonen. Doch die allgegenwärtigen *ambulantes,* die fliegenden Straßenhändler, lassen sich nicht so einfach aus der Innenstadt vertreiben. Etwa 1,5 Mio. soll es geben. Sie haben sich zum Verband der Straßenverkäufer (FEDEVAL) zusammengeschlossen, um der Stadtverwaltung Genehmigungen für ihre Verkaufsplätze abzutrotzen. Für viele ist Limas Schattenwirtschaft, genannt *economía popular,* nach wie vor die einzige Überlebenschance.

Orientierung Ein Tipp zur **Orientierung** (der überhaupt für die meisten Städte Perus gilt): Die Innenstadtstraßen verlaufen schachbrettartig von der *Plaza de Armas* aus („Platz der Waffen", weil dort früher die Waffen der Truppen lagerten), auch oft *Plaza Mayor* genannt (Hauptplatz). Um ihn gruppieren sich *Casonas Coloniales* (koloniale Adelshäuser), *Palacio Gobierno* (Regierungspalast), *Municipalidad* (Rathaus) und religiöse Bauwerke wie Kirche, Kathedrale oder Kloster. Die Casonas Coloniales wurden in Lima überwiegend im *Mudéjarstil* mit prächtigen Portalen, mächtig-hölzernen Balkonerkern und mit beschaulichen **Patios** (Innenhöfe) erbaut. Hausnummern erhöhen sich nach jeder Kreuzung bzw. nach jedem Häuserblock **(cuadra)** um eine Hunderterstelle (Haus Nr. 321 liegt also nach der 2. Straßenkreuzung im 3. Block). Ein Häuserblock wird auch *Manzana* genannt. Mehrere Blocks bilden ein Viertel oder ein *Barrio*, mehrere Barrios einen Distrikt. **Jirón (Jr.)** ist die peruanische Bezeichnung für Straße.

Alle Straßen in der Altstadt von Lima haben zwei Bezeichnungen, die sich auch auf den kunstvollen (Emaille-)Straßenschildern wiederfinden. Oben links steht der neue Straßenname, der auch hier im Buch verwendet wird. Oben rechts ist der jeweilige Block angegeben. In der Mitte befindet sich der alte Straßenname, z.B. *Calle del Mercadores* für die Jirón de la Unión. Unten auf dem Straßenschild ist ein kurzer Text über die historischen Hintergründe des Straßennamens angebracht.

In Lima erleichtern drei Plätze, die in einer Linie liegen, die Orientierung. Da ist das **Zentrum der Stadt, die Plaza Mayor,** von deren Südwestecke **die Fußgänger- und Einkaufszone Jirón de la Unión** zur **Plaza San Martín** führt. Von hier zweigt rechtwinklig die wichtigste Straße, die **Avenida Nicolás de Piérola** (volkstümlich auch *La Colmena* genannt), ab. Nach Südosten führt sie zum *Parque Universitario,* nach Nordwesten über die **Plaza 2 de Mayo** und *Av. Benavides* (Av. Colonial) zur *Av. Elmer Faucett,* die weiter zum internationalen Flughafen in Callao führt.

Von der Plaza San Martín führt die Verlängerung der Jirón de la Unión, die Jirón Belén, über den **Paseo de la República,** vorbei am Betonklotz des Hotel Sheraton und des gegenüberliegenden *Palacio de Justicia,* zur **Plaza Grau.** Hier grenzen einige Parkanlagen an, in denen sich auch das

Museo de Arte und *das Museo de Arte Italiano* befindet. Der Paseo de la República setzt sich auf der anderen Seite der Plaza Grau fort als Stadtautobahn bis in den Vorort *Barranco*. Die *Av. 9 de Diciembre* verbindet nach Westen die Plaza Grau mit der *Plaza Bolognesi,* wobei die erste größere Querstraße nach Südosten die berühmte, palmengesäumte *Avenida Arequipa* ist, die sich über das vornehme Stadtviertel *San Isidro*, vorbei an herrlichen Villen, über acht Kilometer bis nach *Miraflores* zieht. Von der Plaza Bolognesi führt die *Avenida Brasil* immer südwestwärts durch die Stadtviertel *Breña, Pueblo Libre* (mit dem *Museo Nacional de Arqueología, Antropología y Historia*) und *Magdalena* bis zum Meer.

Sicherheitshinweis: Bitte in der Av. Grau/Plaza Grau, in der Av. Abancay sowie auf der Plaza San Martín besonders aufmerksam sein!

Flughafen Der Flughafen liegt in **Callao,** gut 12 Kilometer außerhalb des Stadtzentrums. Von ihm führt weder eine Stadtautobahn noch eine Schnellstraße ins Zentrum. An- und Abreisende müssen sich in Bussen oder mit dem Taxi den Weg durch heruntergekommene Straßenzüge, halbfertige Vororthäuser, vorbei an Schutthaufen, den allgegenwärtigen fliegenden Händlern und immer dienstbereiten Windschutzscheibenwäschern ins Zentrum oder raus zum Airport suchen. Wer zum ersten Mal nach Peru bzw. Südamerika kommt, erleidet vielleicht einen Kulturschock.

Sehenswürdigkeiten

Wegen schon erwähnter Gründe verlockt Lima nur selten zu einem längeren Aufenthalt (obwohl ich einmal über einen Monat in diesem Moloch verbrachte). In zwei bis drei Tagen lässt sich das Wichtigste besichtigen, folgende Reihenfolge möchte ich empfehlen:

1. Altstadtrundgang (Plaza Mayor, Torre Tagle, koloniale Kirchen, Stadtmarkt).

2. Archäologisches Museum und/oder **Museo de la Nación.**

3. Museo Miguel Mujica Gallo „Oro del Perú" (**Goldmuseum**) – evtl. kombiniert mit einem Ausflug nach **Pachacamac** (Präinkaruinen).

Bei längerem Aufenthalt bieten sich weitere Museen zum Besuch an, z.B. das *Museo de Arte* (Kunstmuseum), *Museo de Inquisición* (Inquisitionsmuseum), *Museo Amano, Museo Larco Herrera* sowie erweiterte Rundgänge und Ausflüge nach Miraflores, San Isidro, Callao und Puruchuco oder in die nähere Umgebung.

Hotels Lima-Centro (nebenstehende Karte)

1	B&B Charo & Paul	**7**	Pensión Rodríguez
2	Hostal Roma	**8**	Gran Hotel Bolívar
3	Hostal Granada	**9**	Hotel Continental
4	Hotel Recidencial Europa	**10**	Hostal San Martín
5	Hostal España	**11**	Hostal Belén
6	Hotel Kamana	**12**	Sheraton Lima

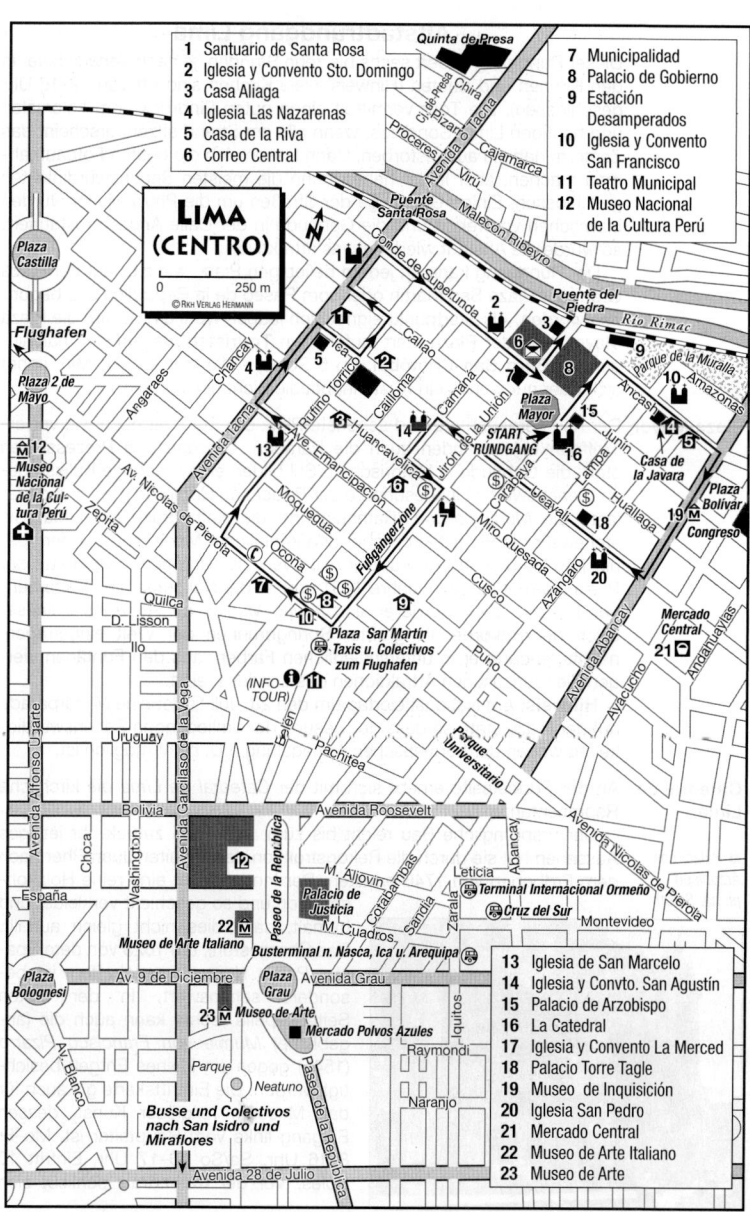

Altstadtrundgang Lima

Dieser Rundgang dauert sechs bis zehn Stunden, je nach Verweildauer in den Kirchen und Bauten (Hinweis: viele Kirchen sind oft von 12–16 Uhr geschlossen). Die Tour vermittelt einen guten Eindruck vom kolonialen und heutigen Lima. Sonntags, wenn alle am Strand sitzen, erscheint das Zentrum nahezu ausgestorben. Dann lassen sich die besten Fotoaufnahmen machen, aber leider haben dann die meisten Sehenswürdigkeiten geschlossen. Einige Gehsteige der Straßen um die Plaza Mayor wurden inzwischen verbreitert und die Gebäude in der Calle Ancash restauriert, so wurde die Altstadt wieder etwas attraktiver.

Der Rundgang kann an jedem beliebigen Platz, wie z.B. auf der Plaza Grau, der Plaza San Martín oder vom Paseo de la República aus begonnen werden. Als Startpunkt eignet sich jedoch wohl am besten die Plaza Mayor. Von der Plaza fährt laufend ein **Touristenbus auf** den naheliegenden **Berg San Cristóbal**, Fp 5 Soles, Aufenthalt ca. 20 Min. (lohnt sich aber nur wenn kein Küstennebel die Sicht einschränkt).

Plaza Mayor Der neu hergerichtete und schönste Platz der Stadt ist nach wie vor ein Treffpunkt. Hier finden auch die Paraden, Umzüge und Prozessionen statt, die Gebäude in historischem Stil bilden eine prächtige Kulisse dazu. Sehenswert ist insbesondere der *Palacio de Gobierno* (Regierungspalast), die *Municipalidad* (Rathaus) und die Kathedrale von Lima. Sie stehen für die Einheit kirchlicher und königlicher Macht zur Zeit der spanischen Herrschaft in Peru. Der reich verzierte Brunnen in der Mitte der Plaza stammt aus dem Jahre 1651 und ist der Nullpunkt aller Entfernungen in Peru. 2007 wurde er als *Circuito Mágico del Agua* ins Guiness-Buch der Rekorde als größter Springbrunnen der Welt eingetragen, nachts leuchtet er in unterschiedlichen Farben, aus den Fontänen werden die touristischen Attraktionen des Landes kreiert.

Hinweis: Am Nationalfeiertag um den 28. Juli findet eine Militärparade auf der Plaza statt, so dass der Besuch der umliegenden Sehenswürdigkeiten wegen der hermetischen Abriegelung u.U. nicht möglich ist.

Catedral de Lima An der Südostseite erhebt sich mit der *Catedral de Lima* die kirchliche Repräsentanz.

■ *Palacio de Arzobispo (s. nä. Seite)*

Der ursprüngliche Bau reicht bis zum Jahr 1555 zurück. Ihr jetziges Aussehen hat sie durch die Rekonstruktion des Jesuiten Juan Rher nach dem Erdbeben von 1746 erhalten. Der Innenbau ist eine reine Holzkonstruktion und so geschickt verkleidet und bemalt, dass dies nicht gleich auffällt. Das Chorgestühl, um 1623 von dem Spanier Pedro Noguera geschaffen, ist besonders sehenswert. In der ersten Seitenkapelle rechts kann auch die (angebliche) Mumie von Francisco Pizarro (1541) gegen ein kleines Entgelt besichtigt werden. Die Eintrittskarte gilt auch für das Museum religiöser Kunst, dessen Eingang links vom Hauptaltar ist. Mo–Fr 8–16 Uhr, Sa/So 10–17 Uhr, Eintritt 10 Soles. Vor der Kathedrale schließt sich

links die eher unauffällige *Iglesia del Sagrario* an, eine nur abends offene Kirche. Die meisten wenden sich gleich dem

Palacio de Arzobispo zu, eine fast originalgetreue Rekonstruktion aus dem Jahre 1924, der sich links davon erhebt. Mit seinen für das kolonialzeitliche Lima so typischen und reichgeschnitzten **Holzerkern** *(miradores),* von denen man das Leben auf der Straße beobachten konnte ohne selbst gesehen zu werden, ist der Palast des Erzbischofs ein beliebtes Fotomotiv. Die Nordostseite des Platzes wird eingenommen vom *Palacio de Gobierno.*

Palacio de Gobierno Er wurde von 1938 bis 1939 an der Stelle des ehemaligen Palastes von Pizarro im neoklassischen Stil errichtet. Der Regierungspalast ist Amtssitz und Wohnsitz des amtierenden Präsidenten. Besichtigung: über die *Oficina de Turismo* (Jr. de La Unión s/n, Plaza Pizarrao, Tel. 311-3908) oder mittels einer Fax-Anmeldung (Nr. 426-7020) an den *Sr. General Jefe de la Casa Militar del Presidente de la República* unter Angabe der Personaldaten und der Passnummer. Die Besuchserlaubnis wird innerhalb von 48 Stunden erteilt, die Führungen finden Mo–Fr von 10–12.30 Uhr statt. Eintritt frei. Sehenswert ist der *Goldene Saal* und einige bedeutende Gemälde. Die Wachablösung der malerisch gekleideten Garde mit ihren vergoldeten Helmen ist jeden Mittag um 12 Uhr (außer sonntags), ein interessantes Schauspiel. An der Nordwestseite des Platzes befindet sich das Rathaus.

Municipalidad Das Gebäude der Stadtverwaltung wurde erst zwischen 1943 und 1944 erbaut. Auffallend sind die ebenfalls schönen und reichverzierten Holzerker. Nach wie vor spricht hier der *Alkalde* (Bürgermeister) von Lima an wichtigen Anlässen vom Balkon zu den Limeños.

Am Anfang der linken Arkadenpassage *Santa Rosa de Municipalidad* wurde die Gemäldegalerie *Pancho Fierro* eingerichtet, die Mo–So von 9–15 Uhr kostenlos besucht werden kann.

Neben dem Rathaus an der Westseite reihen sich harmonisch Gebäude mit eleganten Geschäften unter Arkaden an. Namen wie *Portal de Escribanos* (Schreiber, Notar) und *Portal de Botoneros* (Knopfmacher) weisen auf deren frühere Bedeutung hin. Zwischen dem Portal de Escribanos und der Municipalidad erhebt sich ein andiner Basaltstein zur Erinnerung an *Taulichusco,* des letzten indigenen Führers ("A Taulichusco, el viejo, el ultimo de sus gobernantes nativos"). Außerdem ist in der Pasaje Los Escribanos 145 das *Oficina de Turismo Municipalidad de Lima* (Fremdenverkehrsamt der Stadt Lima) untergebracht. Mo–Fr 9–18, Sa 10–17 Uhr, Tel. 427-6080 (App. 222), 427-7437.

Hinter dem Regierungspalast, in der *Jirón Ancash,* befindet sich der Bahnhof.

Desamparados Von hier fuhr früher der Zug über die berühmte Andentrasse nach Huancayo ab. Heute ist hier eine Kunstgalerie untergebracht. An der Ecke Carabaya/Ancash döst das altehrwürdige Restaurant Cordano. Diese Kneipe, *„con el Ambiente mas antigua del Lima* – mit dem ältesten Ambiente Limas", besteht seit 1905 und ist zur Mittagszeit immer gut besucht.

Vom Restaurant geht es rechts durch die Ancash, vorbei am *Parque de la Muralla* (Di–So 9–22 Uhr) mit kleinem Museum und Resten der alten Stadtmauer von 1687, zur reizvollen *Plazuela de San Francisco*. Dort erhebt sich die

Iglesia y Convento San Francisco

Die Kirche und das Kloster wurden 1546 gegründet, 1646 durch ein Erdbeben zerstört und 1657–87 im Barockstil neu erbaut. Beide zählen zu den schönsten und größten Kolonialbauten von Lima (die Kirche wurde durch die UNESCO zum Kulturerbe der Menschheit erklärt). Berühmt ist das Kloster für seine unzähligen historischen Aufzeichnungen, unter denen auch Schriften aus der Zeit der Eroberung Perus sind, und für seine Katakomben.

Die barocke Klosterkirche wurde von Constantino de Vasconcelos gebaut und widerstand durch ihre geniale, bambusverstärkten Gewölbe bis jetzt jedem Erdbeben. Beeindruckend ist auch das Chorgestühl aus Zedernholz. Die geometrischen Muster an den Säulen des Klostergebäudes sind, ebenso wie die Holzkuppel, im spanischen Mudéjar-Stil ausgeführt. Unter dem Kloster wurden erst 1951 unterirdische Gänge wiederentdeckt, die in über 300 Jahre alte Katakomben führen. Bis 1808 wurden in ihnen über 70.000 Tote bestattet, wovon inzwischen 25.000 Skelette gefunden wurden. Heute können die Besucher an den akkurat aufgestapelten Totenschädeln und Knochen vorbeipilgern.

Der idyllische Innenhof **(s. Foto)** ist vom Kreuzgang durch schmiedeeiserne Gitter getrennt. Importierte Kacheln aus Sevilla im Kreuzgang zeigen verschiedene Märtyrer, die großen Gemälde über den Kacheln das Leben des *Franziskus von Assisi* und lohnen den Eintrittspreis von 5 Soles (Studenten 2,50 Soles). Mo–So 9.30–17.45 Uhr. Im Preis miteingeschlossen ist eine 40minütige Führung durch die Katakomben sowie durchs Kloster und ins kleine *Museo de Arte Virreynal,* mit Gemälden des Spaniers Zurbarán (1598–1664).

Auf der anderen Straßenseite befindet sich, in Höhe der Calle Ancash 390, die schöne **Casa de la Jarava** (auch „Esquivel" oder „Casa Pilatus" genannt) mit dem Sitz des *Instituto Nacional de la Cultura* (staatliches Kulturinstitut INC) und Teil des Verfassungsgerichtes. Es ist eines der ältesten Gebäude in Lima. Leider ist die Besichtigung nicht mehr möglich.

Wird der Calle Ancash weiter bis zur nächsten großen Kreuzung gefolgt, stößt man auf die *Avenida Abancay*. Dort kann man bereits etwas südlich (links) die **Plaza Bolívar** mit dem Denkmal *Simón Bolívars* sehen. Dahinter liegt das Kongressgebäude (Congreso). Ecke Junín 548, in einem ehemaligen Gefängnis, befindet sich das

Casa de las Trece Monedas

Dieses „Haus der Dreizehn Münzen" wurde um 1750 ganz im Rokokostil gestaltet und gibt die für Lima damals typische Fassade wieder. Heute befindet sich darin ein elegantes Restaurant, das mit Kolonialmöbeln dekoriert wurde und zu einem Besuch einlädt.

Zurück auf der Kreuzung zur Av. Abancay kann bereits etwas südlich (links) die **Plaza Bolívar** mit dem Denkmal *Simón Bolívars* gesehen werden. Dahinter liegt das Kongressgebäude. Rechts davon (Ecke Junín 548), in einem ehemaligen Gefängnis, befindet sich das

Museo del Tribunal de la Santa Inquisición

Falls Sie Lust auf einen blutrünstigen und grauenvollen Ort verspüren, können Sie von Mo–So von 9–17 Uhr das Inquisitionsmuseum besichtigen. Von 1570–1820 verurteilte hier das Inquisitionsgericht mit grausamen Methoden angebliche Ketzer und Ungläubige. Auch die Universitätsbibliothek ist hier untergebracht. Eintritt und Führungen kostenlos.

Der Weg führt nun weiter über die verkehrsreiche Avenida Abancay bis zur Kreuzung der *Jirón Ucayali*. Ein lohnenswerter Abstecher nach Südosten (links) führt zum

Mercado Central

Er liegt an der Ecke der Kreuzung Jirón Ucayali mit der Ayacucho, doch die Händler haben auch alle umliegenden Straßenzüge beschlagnahmt. Hier sollten Sie nur mit offenen Augen und erhöhter Vorsicht vor den allgegenwärtigen Taschendieben das bunte Durcheinander verfolgen – es gibt nahezu alles zu erstehen, was das Herz begehrt. Etwas weiter, hinter dem Mercado Central, schließt sich das *Chinesenviertel* an. Wem dies alles zu turbulent ist, der wendet sich an der Kreuzung der Av. Abancay mit der Jirón Ucayali nach Nordwesten (n. rechts) und folgt der Jirón Ucayali. An der Ecke zur Azángaro steht links die

Iglesia San Pedro

Der 1638 von den Jesuiten vollendete barocke Kirchenbau widerstand allen Erdbeben und ist damit eine der besser erhaltenen Kolonialkirchen. So sind die drei Haupt- und die zwei prunkvollen Seitenaltäre im reichen maurischen Stil sehr gut erhalten. Die Glocke von 1590, genannt *La Abuelita* („Die kleine Großmutter") läutete 1821 die Unabhängigkeitserklärung ein. Mo–So 7–12 und 17–20 Uhr. Daneben steht eine Bußkapelle und die kleine Kapelle *Capilla de la Virgen de la O*.

Einen halben Block weiter befindet sich in der Ucayali 358 (rechte Seite) der aus dem 18. Jh. stammende

Palacio Torre Tagle

Dieses Adelshaus wurde 1735 für den Marqués de Torre Tagle erbaut, der Schatzmeister der spanischen Pazifikflotte war. Der schönste koloniale Profanbau Limas ist heute Sitz einer Abteilung des Außenministeriums. Derzeit können einige Räume nur nach Voranmeldung, Tel. 311-2400 o. 623-2400, besichtigen werden. Die reichverzierte Fassade mit den typischen Holzerkern ist ebenso beeindruckend wie der prachtvolle Innenhof im andalusischen Mudéjar-Stil (doch auch in ihn nur noch selten Einlass).

Vom Torre Tagle bietet sich an, weiter dem Verlauf der Ucayali zu folgen, die an der dritten Kreuzung (nach Überquerung der Fußgängerzone Jirón de la Unión), zur *Jirón Ica* wird. Nach Überquerung der Camaná steht auf der linken Seite der Ica die

Iglesia y Convento San Agustín

Bemerkenswert ist die churriguereske Fassade und die Sakristei mit einer Decke im Mudéjar-Stil und der barocken Holzschnitzerei „Der Tod" von *Baltasar Gavilán*. 1895 wurde die Kirche während der Revolution fast vollständig zerstört. Di–Sa 8–11 und 16.30–19 Uhr, So 11–19 Uhr.

Nun die Jirón Camaná nach Südwesten runtergehen und nach links in die *Jirón Huancavelica* einbiegen. Nach einem Block wird wieder die Hauptgeschäftsstraße Jirón de la Unión erreicht.

Jirón de la Unión	Die Jirón de la Unión ist die erste Fußgängerzone Limas mit Schmuckgeschäften, Musik- und Buchhandlungen, vielen fliegenden – und manchmal vor der Polizei fliehenden – Händlern, Straßenmusikern, trickreichen Taschendieben und jeder Menge Schnellrestaurants, die Pommes, Pollos (Hähnchen) und Churros (Spritzgebäck) anbieten – also immer sehr belebt und es gibt vieles zu sehen. Gleich an der gegenüberliegenden Ecke steht, erkennbar an der rötlichen Fassade, die
Iglesia y Convento La Merced	Bevor Pizarro Lima gründete, fand hier bereits 1534 eine Messe statt. Das Kirchenbauwerk wurde immer wieder abgerissen oder durch Erdbeben stark beschädigt, so dass sich das Aussehen des Baus im Laufe der Zeit mehrmals veränderte. Am Hauptaltar steht die *Virgen de la Merced*, die Lima 1615 vor einem Überfall beschützt haben soll und heute als Patronin der Armee verehrt wird. Im rechten Seitenschiff ist das Kreuz von Pater Urraca zu sehen. Auffallend auch das Steinportal im Platereskier-Stil (von „platero" – Silberschmied, fein ziselierte Steinmetzarbeiten mit Blumen-, Ranken- und Heraldikelementen). Tägl. 8–12 und 16–20 Uhr. Die Unión führt jetzt geradewegs auf die
Plaza San Martín	zu, der Verkehrsmittelpunkt der Stadt, die vollständig neu gestaltet wurde. Der Platz wird von sehenswerten kolonialen Bauwerken und schönen Arkadengängen eingerahmt, die einst in einem tropischen Rot schimmerten. Deshalb wurde der Platz auch oft der „Rote Platz Limas" genannt. Nach der Neugestaltung haben die angrenzenden Bauten in öder Eierschalenfarbe an Attraktivität verloren. Dennoch lädt der Platz zum Verweilen ein, besitzt Charme inmitten der allgegenwärtigen Verkehrsbrandung Limas. Unter den Arkaden haben sich Schuhputzer aufgebaut, bieten fliegende Händler oft zweifelhafte Waren an, lauern Schlepper auf Touristen-Opfer. Gleich rechts, an der Ecke zur Ocoña, stehen sich meist Geldwechsler die Füße platt. Daneben befindet sich das altehrwürdige Luxushotel *Gran Bolívar*. Ansonsten gibt es rings um den Platz viele Restaurants, einige Kinos. Das Reiterdenkmal des Befreiers *José de San Martín* in der Mitte des Platzes ist aus dem Jahr 1921. Für viele Leute indigener Abstammung ist die Plaza ein Treffpunkt, man sieht sie in kleinen Gruppen rumsitzen, Kinder spielen um die Statue. Auf dem Platz wegen Taschendieben vorsichtig sein, nachts ihn meiden!
Abstecher zum Paseo de la República	Ein Abstecher führt von der Plaza San Martín zum Paseo de la República. Dazu am Hotel Bolívar vorbei die Avenida Nicolás de Piérola überqueren und in die Jirón Belén gehen (Verlängerung der Jirón de la Unión). Dabei kommt man in der Belén 1040 an *Lima Tours* vorbei. Auf der gegenüberliegenden Straßenseite hat die 10. Kompanie der Feuerwehr einen kleinen Stützpunkt, mit etwas Glück können hier Feuerwehrwagen-Oldtimer im Hof bestaunt werden. In der Belén Nr. 1066 ist das Fremdenverkehrsbüro von *Infotur* untergebracht Wer weiter der Jr. Unión folgt, erreicht über deren Verlängerung den *Paseo de la República* mit dem Justizpalast und dem Sheraton-Hotel. Zurück zum Rundgang: Von der Plaza San Martín nach rechts in die
Avenida Nicolás de Piérola	einbiegen (im Volksmund *La Colmena* genannt). Hier befanden sich ursprünglich fast alle Büros der großen internationalen Airlines, viele gute, teure Restaurants, Souvenir- und Juwelierläden. Leider ist diese einstige Geschäftsstraße als Folge des Terrorismus in den 80iger Jahren völlig

heruntergekommen. Die Flugbüros wurden fast alle nach Miraflores und San Isidro verlegt, die meisten Läden haben dichtgemacht. Nachmittags und abends bietet ein Heer von Straßenhändler ihre Waren feil, die jetzt ihre Chance sehen, Straßenstände verkaufen Landkarten von Peru.

Der Piérola folgend, kann das Hochhausgebäude des ehemaligen Hotel Crillón nicht verfehlt werden. Noch vor dem Gebäude nach Norden (nach rechts) wenden, die *Jirón Rufino Torrico* bis zur Av. Emancipación gehen. Dort nach links abbiegen, zur

Iglesia San Marcelo   Die Kirche wurde 1551 gebaut, jedoch öfter von Erdbeben zerstört und zuletzt 1933 restauriert. Dennoch hat sich etwas von der alten kolonialen Atmosphäre erhalten. 7–12 und 15–18 Uhr. – An der nächsten Kreuzung nach rechts in die breite, verkehrsreiche *Avenida Tacna* einbiegen. An der Ecke mit der Jirón Huancavelica steht die

Iglesia Las Nazarenas   Hier wird der *Señor de los Milagros*, der „Herr der Wunder", als Patron von Lima verehrt. Die Kirche wurde in den 50er Jahren renoviert. Wie durch ein Wunder widerstand ein Gemälde des gekreuzigten Christus, das von einem freigelassenen Sklaven im 17. Jahrhundert auf eine Lehmmauer gemalt wurde, allen zerstörerischen Erdbeben. Die Kirche ist Mo–So von 6–12 und 17–20.30 Uhr geöffnet. Die alljährlichen großen Prozessionen am 18., 19. und 28. Oktober beginnen von hier. Dabei wird eine Kopie des wundertätigen Christusbildes durch die Straßen Limas getragen, der tausende, in violette Gewänder gehüllte Männer und Frauen, folgen.

Es geht nun die Tacna weiter Richtung Río Rímac bis zur Kreuzung mit der Jirón Ica. Hier ist das Cine Central. Rechts in der Jirón Ica 426 ist die

Casa de la Riva   Das historische kolonialspanische Bauwerk kann nur nach Voranmeldung besichtigt werden (Eintritt 1 €) und ist im Besitz der Gesellschaft von *Entre Nous*.

In der Ica erreicht man an der nächsten Straßenkreuzung das

Teatro Municipal   Das denkmalgeschützte städtische Theater brannte Anfang August 1998 innerhalb von zwei Stunden aus. 1999 wurde es wieder aufgebaut. Hervorragende Aufführungen von Opern und Sinfonien rechtfertigen den hohen Eintrittspreis, bei einem längeren Aufenthalt in Lima ein Besuchstipp.

Der Jirón Rufino Torrico einen Block folgen, dann nach links in die Jirón Callao abbiegen. An der nächsten Kreuzung stoßen Sie wieder auf die Av. Tacna. Nach rechts gehen, auf der linken Seite erscheint das

Santuario de Santa Rosa   Hier wurde neben dem Geburtshaus der Mystikerin *Rosa von Lima* (1586–1617) eine kleine Kirche gebaut. Im Garten befindet sich ein kleines Schlösschen aus (Adobe-) Lehmziegeln, das die heilige Rosa selbst errichtete und ein Brunnen, in den sie den Schlüssel zu ihrem schweren Büßergewand warf – Pilger und Schüler tun es ihr heute gleich und werfen Zettel mit ihren Wünschen hinein. Am 30. August wird das Fest zu Ehren der Hl. Rosa mit einer großen Prozession gefeiert. Tägl. 9–13 und 15–18 Uhr, Eintritt frei.

Die Jirón Conde de Superunda führt Richtung Plaza Mayor. Nach kurzer Wegstrecke steht rechts, in der Conde de Superunda 298, die

Casa de Oquendo de Osambela   ein altes Kolonialhaus mit einem schönen Innenhof, einigen Kolonialmöbeln und wechselnden Kunstausstellungen. Vom Aussichtsturm beobachtete *Don Martín de Osambela* mit dem Fernglas die in Callao ankommenden Schiffe. Hier ist heute die Historische Akademie und das inkaische Kulturzentrum untergebracht. Die Kunstausstellung ist Mo–Fr von 9–17 Uhr geöffnet, Eintritt frei.

Wir folgen der Conde de Superunda und erreichen kurz darauf den Komplex

Iglesia y Convento Santo Domingo
Er wurde 1540 begonnen, beherbergte 1551–1671 die Universität San Marcos, im 18. Jh. wurde das Innere erneuert. Auffallend sind die neun Altäre in der Kirche, und bemerkenswert ist auch das aus Zedernholz geschnitzte Chorgestühl. Am rechten Seitenaltar stehen die Heiligenstatuen von *San Martín de Porres* und *Beato Juan Masias* sowie eine Alabasterstatue von *Santa Rosa,* die Papst Clemens IX. 1669 stiftete. Die sterblichen Überreste der drei Heiligen sind in einer Gruft des Klosters beigesetzt. Sehenswert ist auch der sehr hübsche Innenhof und die mit sevillanischen Fliesen ausgelegten Kreuzgänge sowie die barocken Schnitzereien im Kapitelsaal (Sitzungssaal). Öffnungszeiten Kloster: Mo–Sa 8.30–12.30 und 15–18 Uhr, So 9–12.30 Uhr; Kirche: 7–13 und 16–21 Uhr, Eintritt.

Gleich dahinter liegt ein quirliger Markt, auf dem von Indígenas Souvenirs erstanden werden können. Eine Passage führt vorbei zur

Correo Central
Das Hauptpostamt hat Mo–Sa von 8–20 Uhr und am Sonntag von 9–13.30 Uhr geöffnet. In der Passage selbst können Schreibwaren aller Art, Postkarten und Verpackung an den vielen Ständen gekauft werden. Außerdem sind hier Büros der EMS (Express Mail Service) und der Telefónica del Perú mit Fax-Service. In einer Seitenpassage gibt es ein kleines Briefmarkenmuseum, das *Museo Postal y Filatelico del Perú.* Briefmarkenfreunde treffen sich hier am Morgen des letzten Sonntag des Monats. Mo–Fr 8.30–13 Uhr und 14–18 Uhr, Sa 9–13 Uhr und So 9–12 Uhr, Eintritt frei. Die Straßenzüge hinterm Postamt zählen bereits zum dubiosen Schwarzmarkt von Lima. Die Post-Passage endet in der Jirón de la Unión. Linkerhand, Richtung Río Rímac, steht in der Jirón de la Unión 224 die

Casa Aliaga
Das sehr sehenswerte und vollständig erhaltene Kolonialhaus aus dem Jahre 1535 gehört immer noch den Aliagas. Der Urahn, *Don Jerónimo de Aliaga,* war einer der dreizehn Kommandeure Pizarros, die das Vorrecht hatten, ihre Häuser um die Plaza Mayor zu bauen. Das Haus steht auf dem alten Heiligtum des Häuptlings *Taulichusco.* Es kann nur nach telefonischer **Voranmeldung** besichtigt werden. Tel. 427-7736, Fax 330-4488, inbound@limatours.com.pe.

Río Rímac
Ein paar Schritte weiter in nordöstlicher Richtung stehen Sie nun am Río Rímac vor der ältesten Brücke Limas, vor dem **Puente de Piedra,** erbaut in der Zeit des Vizekönigs *Marqués de Montesclaro* (1607–1615). Jenseits des meist ausgetrockneten Flusses liegt im Stadtteil Rímac an der *Plaza de Acho* die Stierkampfarena (Saison von Januar bis März und im Oktober) und in der Calle Presas die *Quinta de Presa,* Di–So 10–17 Uhr, angeblich der Palast der Schauspielerin *La Perricholi* (Michaela Villegas), die im 18. Jh. die Geliebte des spanischen Vizekönigs war. Hier in Rímac und im angrenzenden Stadtteil San Lázaro, das während der Kolonialzeit Malambo genannt wurde, wohnten die *Bozales* und *Mandingas,* Sklaven aus Afrika.

Weitere Sehenswürdigkeiten in Lima

Für diejenigen, die länger in Lima bleiben oder mehr sehen wollen, möchte ich noch auf folgende Sehenswürdigkeiten aufmerksam machen:

Kolonialhäuser — **Casa Riva-Aguero** in der Camaná 459, Tel. 427-9275 (mit Buchhandlung und dem Archiv der Katholischen Universität), Mo–Fr 11–13 und 14–20 Uhr, Sa 9–13 Uhr, Eintritt frei. **Casa Museo Prado,** Cusco 448 (Privatbesitz, Besuch bei Anwesenheit von Sr. Prado möglich). **Casa Negreiros** in der Azángaro 532 (Restaurant). **Casa Barbieri** in der Callao 380.

Paseo de la República — Eine platzartige Straße, die am Ende der Jirón de la Unión beginnt, mit mehreren modernen Bronzedenkmälern und dem Hotel Sheraton mit angeschlossener Einkaufspassage. Auf der östlichen Seite der Palacio de Justicia. Südlich des Paseo befindet sich die

Plaza Grau — Ein verkehrsreicher Platz mit dem Denkmal von *Miguel Grau,* einem peruanischen Feldherren im Salpeterkrieg. Über die 9 de Diciembre mit dem Kolumbusdenkmal geht man zur

Plaza Bolognesi — mit dem Denkmal von *Francisco Bolognesi,* einem Helden des Salpeterkrieges, der bei Arica fiel.

Parkanlagen — Westlich und südlich der Plaza Grau: Parque de la Exposición (in dem 1868 die Internationale Ausstellung stattfand), Museo de Arte, Museo der Arte Italiano und Japanischer Garten.

Parque Universitario — Der Universitätspark an der Nicolás de Piérola südöstlich der Plaza San Martín mit der ehemaligen San Marcos Universität ist ein wichtiger Verkehrsknotenpunkt, der das touristische vom untouristischen Lima trennt. Von hier fahren viele Busse in die südlichen Vororte ab. In der Mitte des Parkes steht eine Turmuhr, die 1921 von den Deutschen des Landes zum 100. Geburtstag der Unabhängigkeit Perus gestiftet wurde (s. Gedenktafel an der Uhr).

Convento de los Descalzos — Ein Kloster der Barfüßermönche am Ende der Almeida de los Descalzos, dem ältesten Promenadenpark Limas (18. Jahrhundert), im Stadtteil San Lázaro (nördlich des Rimacs). Das Kloster am Fuß des Berges *San Cristóbal* wurde im 16. Jahrhundert errichtet. Wertvolle Gemälde von Medoro und Diego Quispe Tito im Cusco- und Quito-Stil machen die weitläufige Klosteranlage für Interessierte zu einem lohnenswerten Ausflug. Tägl. 9.30–13 und 15–18 Uhr, Tel. 481-0441, Eintritt 1,50 €.

Parque de las Leyendas — (Park der Legenden) – zwischen Lima und Callao im Stadtviertel San Miguel an der Av. La Marina (s/n). Zoologischer Park, in dem die drei verschiedenen Hauptlandschaftsformen Perus (Costa, Sierra und Selva) nachgebildet wurden. Mo–So von 9.30–17.30 Uhr; Eintritt 2 €; Anfahrt mit Bus 23 ab Av. Abancay, Bus 135A von der Av. La Vega, Bus 11 von der Av. 28 Julio oder mit dem Taxi.

Chinesenviertel — In der Verlängerung der beiden Straßen Huallaga und Ucayali, südöstlich der Av. Abancay. Das Chinesenviertel *(Barrio Chino)* Limas gilt als die größte chinesische Gemeinde Südamerikas und ist ein ausgezeichneter Tipp, um bei einer der unzähligen Chifas einzukehren. Schöne chinesische Architektur in der Calle Capón.

Stadtviertel

San Isidro Zwischen Altstadtzentrum und Miraflores an der Costa Verde liegt Limas Gartenstadt San Isidro. Das Herz des gediegenen Wohnviertel westlich der Av. Arequipa ist der Park *El Olivar*. Ein paar Blocks dahinter befindet sich Limas Golf Club. Gute Hotels und Restaurants bereichern das Angebot dieses durchaus angenehmen Stadtviertels.

Huaca Huallamarca – restaurierter Maranga-Tempel aus der Vorinkazeit, Nicolás de Rivera 201 und Salamanca/Av. del Rosario im Stadtviertel San Isidro. Di–So 9–17 Uhr, Eintritt 1,70 €.

Miraflores Ein belebtes, modernes Stadtviertel zwischen dem Ende der Av. Arequipa und der Playa Costa Verde mit zahlreichen besseren Ladengeschäften, Airline-Büros, Hotels und Restaurants (darunter das legendäre *Rosa Naútica*). Miraflores ist mit dem Zentrum über die autobahnartig ausgebaute Av. Paseo de la República verbunden. Ab der Av. Tacna/Wilson im Zentrum fahren unzählige Busse, Micros oder Sammeltaxis, meist über die Av. Arequipa, nach Miraflores. Markanter Verkehrsknotenpunkt ist der Kreisel *Ovalo*, in den die Av. Arequipa mündet und von dem aus die *Av. Larco* zum Parque Salazar am Meer führt. Am Ende der Av. Larco ist das belebte Einkaufs- und Restaurantzentrum **Larcomar**, das direkt in die Steilküste gebaut wurde. Es gibt Restaurants jeder Preisklasse, oft mit einem schönen Blick auf das Meer. Außerdem wurde hier ein neues **Museo de Oro** von einer privaten, unabhängigen Stiftung eröffnet, sehr übersichtlich mit Exponaten aus der Präinkazeit, meist aus der Gegend um Chiclayo. Erklärungen nur auf Spanisch, sehr viel Text, doch gut. Eintritt 20 Soles, sicherlich teuer, doch lohnend. **TIP!**

Vom Ovalo aus verläuft nach Südwesten die belebte *Av. Mariscal Benavides* (auch *Diagonal* genannt), vorbei am *Parque Central* und *Parque Kennedy* zum Strand der Costa Verde. Von den Anhöhen der Strandklippen bietet sich ein Blick entlang der Küste bis weit über den Vorort Chorrillos hinaus.

Huaca Pucllana: (oder Huaca Juliana), eine sehenswerte pyramidenartige Ausgrabung der Lima-Kultur im *Parque Tahuantinsuyu*, General Borgoño 800 (Höhe Querstr. 45/46 der Av. Arequipa) in Miraflores (von der Deutschen Botschaft, Av. Arequipa 4202, drei Blocks Richtung Meer, dann zwei Blocks nach links), Tel. 445-8695. Mit *Museo de Sitio Huaca Pucllana*, kleinem Restaurant und Botanischem Garten. Mi–Mo 9–17 Uhr, Eintritt frei, Führer obligatorisch.

Barranco Barranco ist für peruanische Verhältnisse ein wunderschöner und beliebter Vorort an der *Playa Barranco*, in dem sich viele Künstler angesiedelt haben – **TIP!** Tagsüber liegen die engverschachtelten Gassen mit malerischen Villen nahezu verträumt da, während sie in der Nacht zu Leben erwachen, dann füllen sich die Kneipen. Von der *Plaza Barranco* führt die Bajada, ein steiler Weg, zum Meer hinunter. Westlich der Plaza liegt der *Puente de los Suspiros* (Seufzerbrücke). Vom Mirador bietet sich der beste Blick entlang der Steilküste auf die Costa Verde. Aufgrund des gesunkenen Grundwasserspiegels ist das einst (magere) Grün nun einem Braun gewichen.

Chorrillos Am südlichen Ende des Strandes von Barranco liegt, kurz vor den Klippen, ein kleiner Fischerhafen und der *Regatas Lima Club*. Der Hafen bie-

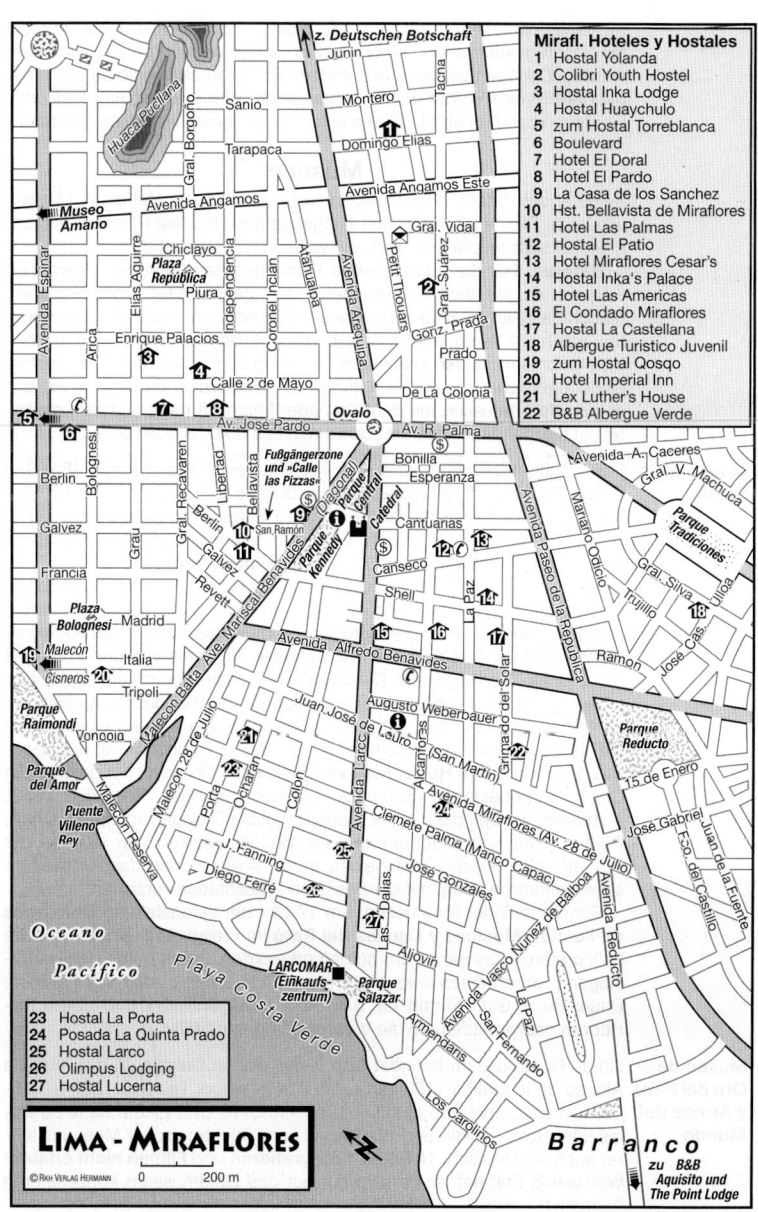

tet einen prächtigen Fischmarkt. Fisch und Meeresfrüchte können fangfrisch gekauft und in einer der Garküchen gegen Aufpreis zubereitet werden. Daneben werden auch andere schmackhafte Gerichte frisch angeboten (Preise vorher immer verhandeln!). Wer viel Zeit hat, kann den Fischmarkt zu Fuß ab Miraflores anlaufen, ansonsten in kurzer Taxifahrt.

Museen

Keine andere Stadt in Südamerika bietet eine solche Vielfalt an Museen wie Lima. Die nachfolgend drei erstgenannten sind fast Pflicht, die nächsten vier sehr empfehlenswert, die weiteren für Liebhaber.

Hinweis: Für die angegebenen Öffnungszeiten kann nicht garantiert werden, da sie sich entsprechend den Jahreszeiten immer ändern. Manchmal heißt es einfach „mañana", insbesondere in den Sonnenmonaten, wenn sich Lima an den Strand verzieht. Normalerweise wird auf den Internationalen Studentenausweis 50% Ermäßigung auf den Eintrittspreis eingeräumt, aber es besteht natürlich kein Anspruch. Da sich die Anfahrt zu den Vorortmuseen mit dem Bus oder Micro oft recht mühsam gestaltet, ist für mehrere Personen zusammen ein Taxi viel praktischer.

Museo de la Nación

Perus Nationalmuseum ist in der Avenida Javier Prado Este 2465, San Borja, Tel. 476-9933, museodelanacion@inc.gob.pe; Di–So 9–18 Uhr, letzter Einlass jeweils 17 Uhr, Eintritt 30 Soles, Kinder/Studenten 50%, Führungen dt. engl. und span. Dieses Museum gehört zum **Pflichtprogramm für Geschichts- und Archäologieinteressierte!**

In einem protzigen Betonbau, in dem früher die Banco de la Nación untergebracht war, befindet sich seit 1989 eines der sehenswertesten Museen des Landes. Auf drei Stockwerken werden in chronologischer Reihenfolge die verschiedenen Kulturkreise Alt-Perus von den Anfängen bis zur Inka-Zeit vorgestellt. Die Objekte (vor allem Keramiken) sind schön präsentiert und vermitteln einen guten Überblick über das Leistungen der unterschiedlichen peruanischen Zivilisationen. Ein Museumsbesuch ist die Grundlage, um Perus Kulturen zu verstehen. Höhepunkt ist der Nachbau des **Grabs des Herrschers von Sipán** (bei Chiclayo) mit großartigen Original-Grabbeigaben (Schmuck, Masken, Spangen, Tonkrüge usw.). Außerdem werden die u.a. die archäologischen Anlagen von **Chan Chan, Pachacamac** und **Machupicchu** als Modelle gezeigt. Wer sich bei der Auswahl der Museen entscheiden muss, sollte jedoch das Archäologische Nationalmuseum mit der besseren Präsentation vorziehen.

Sonntags findet im Museum um 17 Uhr die Veranstaltung **Domingos de Folclor, Músicas y Danzas del Perú** im Freien statt, wobei typische Folkloretänze aus ganz Peru aufgeführt werden. Zutritt durch den Haupteingang, dann hinten links die Treppe nach unten in den Hof nehmen; Dauer ca. 2 Std., Eintritt ca. 3 €. An Feiertagen unter **barrioperu.terra.com** nachschauen, ob die Veranstaltung stattfindet.

Museo de Oro del Perú y Armas del Mundo

Limas Goldmuseum befindet sich leider weit außerhalb, in der Avenida Alonso de la Molina 1100 im Stadtteil *Monterrico,* Tel. 345-1292 u. 345-1271, museorop@terra.com.pe. Tägl. 11.30–19 Uhr, Eintritt satte 33 Soles (fürs Gold,- Textil- und Waffenmuseum); elektronischer Museumsführer auch auf Deutsch, 10 Soles. **Fotografieren** und **Filmen nicht erlaubt!**

Wer wenig Zeit hat, sollte sich nur auf das Goldmuseum konzentrieren und nicht zu lange im Kleider- und Waffenmuseum verbringen. Es sind trotzdem mindestens 2 Stunden einzuplanen! Fotografieren ist im gesamten Museum nicht erlaubt! Hinweis: wegen Stromausfall ist das Goldmuseum manchmal geschlossen!

Zu erreichen mit dem Bus 2 von der Piérola (z.b. Höhe Plaza San Martín) oder auch über die Av. Arequipa bis zur Av. Angamos, dann umsteigen in Micro 72 nach Monterrico. Auch das Micro 38 fährt nach Monterrico, Haltestelle *Elena del Norte*. Alternativ ab dem Universitätspark mit dem Bus 59B. Fahrzeit jeweils eine Stunde. Praktischer ist es, zu viert ein Taxi zu nehmen. Das kostet von der Innenstadt (z.B. ab Plaza San Martín) ca. 3 €. Wer von Miraflores oder San Isidro aus anfährt, nimmt das Micro oder Bus 11, 72 oder 112 von der Av. Angamos aus nach Monterrico. Das Taxi von Miraflores kostet 2 €, von der Plaza 3 €.

Neben dem Goldmuseum von Bogotá ist es das reichste in Südamerika. Die Privatsammlung von Miguel Mujica Gallo ist nun in den Besitz einer Stiftung übergangen. Im Kellergeschoss sind, ohne jedes Bemühen einer ernsthaften Museumsdidaktik, unvorstellbare Goldschätze der Chimú- und Inka-Kultur, Smaragde, Perlen und andere Edelsteine, Zeremonial- und Kultgegenstände, goldene Haarnadeln, Kämme, Ketten und Trinkgefäße sowie feine Silber- und Goldblättchen zu sehen. Ein Teil der Objekte befinden sich ständig auf Wanderausstellungen rund um die Welt. Doch es bleibt noch genügend zum Sehen und Staunen, um eine Vorstellung von der Gold-Kultur Alt-Perus zu erhalten, obwohl die unzureichend beschrifteten und beleuchteten Vitrinen keine übersichtliche Präsentation darstellen (hier liegt so manches zusammen, was nicht zusammen gehört, etliche Stücke sind Replikate).

Im Erd- und Obergeschoss präsentiert das Museum eine der weltweit besten Kleider- und Waffensammlungen. Selbst für den Laien ist es fantastisch, welchen Einfallsreichtum einst die Waffenschmiede hatten.

Museo Nacional de Arqueología, Antropología y Historia

Einst zwei nebeneinanderliegende Museen, sind diese nun zu einer Einheit verschmolzen. Auch Teile des *Museo Peruano de Ciencias de Salud* wurden in den Komplex integriert. Der Museumskomplex liegt im Stadtteil Pueblo Libre, Plaza Bolívar s/n, Tel. 463-5070, www.mnaah.perucultural.org.pe. Geöffnet Di-Sa 9-17 Uhr, So nur bis 16 Uhr, Eintritt 11 Soles, Studenten 3,50 Soles, Führung span./engl./dt., 15 Soles. Erklärungstafeln auch auf Englisch. Restaurant, Cafetería und Souvenirladen.

Anfahrt von der Av. Piérola, Nähe Parque Universitario, mit dem Bus 21, 23, 24 oder 42. Schneller geht's mit Micro 2 ab Av. Tacna, noch schneller mit einem Taxi.

Der **archäologische Teil des Nationalmuseum** befindet sich in der Casona de la Quinta de los Libertadores. Historisch Interessierte sollten sich diese **sehr empfehlenswerte Abteilung des Museums** eventuell zweimal anschauen, am Anfang und Ende eines Peru-Aufenthaltes. Es vermittelt einen intensiven Über- und Einblick in die Kulturen der Vorinkazeit von Chavín bis Chimú und auch der Inkazeit. Angeschlossen ist ein kleines Goldmuseum.

Gleich zu Beginn stehen die **Raimondi-Stele** und der **Tello-Obelisk** der Chavín-Kultur. Sehenswert sind die außergewöhnlich schönen Keramiken und Textilarbeiten der Pucara, Nasca, Inka u.a., die Kunstschmiedearbeiten der Chavín und Mochica, Stoffe von Paracas, trepanierte (aufgemeißelte) Schädel, die Fotos der Nasca-Linien und u.a. die Modelle von Ollantaytambo und Machupicchu.

Der **historische Museumsteil** ist dem Archäologischen Museum angeschlossen und befindet sich im Nachbargebäude. Dieses wurde 1818 von Vizekönig *Pezuela* erbaut, war die ehemalige Residenz von Bolívar und San Martín und beherbergt koloniale Gemälde, Schriftstücke und Möbel.

Museo Arqueológico Rafael Larco Herrera	Av. Bolívar 1515, Pueblo Libre, in Nähe des Archäologischen Museums, Tel. 461-1312, marianawatson@museolarco.org, www.museolarco.org; Di–So von 9–18 Uhr, 21 Soles (Studenten 50%), Führer inklusive (span./engl.). Anfahrt mit Bus 23 von der Av. Abancay oder Micro 37 ab Piérola. Das interessante moderne Privatmuseum des Archaologen Larco Herrera wurde inzwischen erheblich vergrößert, enthält über 50.000 Ausstellungsstücke, vorwiegend wertvolle Keramiken der Mochica- und Cupisnique-Kultur, sowie der Nasca- und Wari-Kultur, daneben auch Mumien mit Grabbeigaben und es besteht seit 1926. Die *Sala de Tesoro* (Schatzkammer) zeigt einzigartige Kunstschmiedearbeiten, wie z.B. einen goldenen Brustpanzer eines Chimú-Häuptlings, daneben weitere Gold-, Silber- und Kupferarbeiten. In einem Nebentrakt werden Mochica-Keramiken mit erotischen Darstellungen gezeigt. Auch mal einen Blick ins Archiv (ggf. fragen) werfen, in den Regalreihen lagern unzählige Ausgrabungsgegenstände. sehenswert. Das Museum, in einem Kolonialhaus von 1707 untergebracht, ist ein Muss für Keramik-Liebhaber! Das *Café del Museo* lockt, die Karte bietet traditionelle kulinarische Köstlichkeiten Perus.
Museo Amano	Calle Retiro 160, Miraflores, Tel. 441-2909. Mo–Fr nachmittags (15, 16 und 17 Uhr, nur nach telefonischer Voranmeldung). Eintritt frei. Anfahrt mit Micro 13 ab Avenida Tacna Richtung Santa Cruz. Ein kleines Privatmuseum von Yoshitaro Amano mit ausgewählten schönen Textilien und Keramiken der Chancay-Kultur, aber auch Chimú und Nasca. Die Führung dauert etwa eine Stunde, Fotografieren ist nicht erlaubt, die Besucherzahl auf 10 Personen begrenzt.
Museo Enrico Poli	Lord Cochrane 466, Miraflores, Tel. 442-2437, 440-7100. Privates Kunstmuseum von Enrico Poli mit herausragenden Kunstschätzen, u.a. der Großteil der Goldfunde des 5. Grabes von Sipán. Führung nach Anmeldung, Eintritt 10 €.
Museo de Arte de Lima	Das Kunstmuseum befindet sich in der Paseo Colón 125, Nähe Plaza Grau, Tel. 423-6332, www.museodearte.org.pe. Di–Do 10–13 Uhr und 14–17 Uhr, Eintritt 7 Soles (Studenten 50% Rabatt). Anfahrt: jede Menge Busse ab Plaza San Martín, oder zu Fuß gehen. Von San Isidro oder Miraflores mit Micros über die Av. Arequipa. Es ist das einzige Museum Perus, das kunstgeschichtliche Gegenstände der Vorinka- und Inkazeit, der Kolonialzeit und der Gegenwart zeigt. Auch sind schöne Werke der Maler-Schule von Cusco aus dem 17. und 18. Jahrhundert ausgestellt.
Museo de Arte Italiano	Das Museum der Italienischen Kunst liegt am Paseo de la República 250 gegenüber vom Kunstmuseum, Tel. 423-9932. Mo–Fr von 9–17 Uhr, Eintritt. Der Bau im neoklassizistischem Stil wurde von den in Peru ansässigen Italienern zum 100. Unabhängigkeitstag für die Freunde der italienischen Oper gestiftet.

Museo del Tribunal de la Santa Inquisición	Das Inquisitionsmuseum liegt an der Plaza Bolívar Ecke Av. Abancay/Junín 548, Tel. 428-7980; Mo–Fr von 9–17 Uhr, Sa 10–18 Uhr, Eintritt frei. Von 1570 bis 1820 war hier die Inquisition untergebracht. Im Gerichtssaal ist eine schöne Mahagoni-Holzdecke zu sehen. In den hinteren Kammern gibt es Original-Folterinstrumente und nachgestellte Folterszenen mit Puppen.
Museo Nacional de la Cultura Peruana	Das Museum der Peruanischen Kultur ist in der Avenida Alfonso Ugarte 650 (Nähe Plaza 2 de Mayo), Tel. 423-5892. Mo–Sa von 9–17 Uhr, Eintritt 2 €. Anfahrt mit Bus 56 bis Plaza 2 de Mayo, von dort wenige Meter zu Fuß. Am wichtigsten ist hier die ethnographische Abteilung mit indianischen Trachten und Kalebassen.
Museo de Historia Natural Javier Prado	Naturhistorisches Museum, Avenida Arenales 1256, Tel. 471-0117. Mo–Fr von 9–16 Uhr, Sa 9–17 Uhr, So 9–13 Uhr, Eintritt 1,20 €. Anfahrt mit Micro 13 ab Av. Tacna. Dieses Museum gehört zur Universität San Marcos und zeigt vor allem die Flora und Fauna Perus, die vom Italiener Raimondi zusammengetragen wurden.
Weitere Museen	Für speziell Interessierte gibt es noch weitere Museen in Lima: **Museo Histórico del Real Felipe,** Plaza Idenpendencia s/n, Tel. 465-8394. – Militärhistorisches Museum im Fort Real Felipe im Hafen von Callao, Di–Sa 9–14.30 Uhr, Eintritt 1,15 €. – **Museo Taurino de Acho,** Puente Piedra – Stierkampfmuseum neben der Arena im Stadtteil Rímac, Mo–Sa 9–16 Uhr. – **Museo de Arte Colonial Pedro de Osma,** Av. Pedro de Osma 421, Barranco, Tel. 467-0141. Di–So 10–13.30 und 14.30–18 Uhr, Eintritt 15 Soles inklusiv der Führung. – **Museo Postal y Filatelico** – Briefmarkenmuseum im Hauptpostamt, Conde de Superunda 170, Tel. 428-7931. Mo–Fr 8.30–13 und 14–18 Uhr, Sa 9–13 Uhr, So 9–12 Uhr, Eintritt frei. Letzter Sonntag im Monat ist Tauschtag. – **Museo Banco de Reserva** – Lampa/Ucayali, mit Keramiken und Silberarbeiten der Vicús-Kultur sowie Münzen und Geldscheine vom Vizekönigreich bis zur Peruanischen Republik. In der Pinacoteca sind die berühmtesten peruanischen Gemälde zu sehen. Di–Fr 10–16.30 Uhr, Sa/So 10–13 Uhr, Eintritt frei. – **Museo Casa Grau,** Huancavelica 172, Mo–Sa 9–14 Uhr.

Pueblos Jóvenes

Die Landflucht vom Hochland nach Lima ist eines der brennendsten Probleme Perus. Gleich nach dem Nobelviertel Miraflores beginnen Limas Stadtrandbezirke, die *Cono Sur, Cono Norte* oder *Cono Este* heißen. Sie umschließen die Stadt wie Ringe und ziehen sich die Wüstenhügel hinauf. Ein tristes, düsteres Bild von Blech- und Schilfhütten und angefangenen Steinbauten, die im heißen Wüstensand flimmern. Immer wieder kommt es zu neuen Landbesetzungen, ein Wüstenberg wird von mehreren Familien besetzt. Die Landnahmen sind allesamt illegal, werden aber meist von der Regierung toleriert. Es gibt in den *Barriadas* selten fließendes Wasser, nur unzureichend Strom, keine richtigen Straßen. Oft müssen Tankwagen das lebenswichtige Nass herbeischaffen. Die zugewanderten Campesinos und Hochlandbewohner können in diesen miserablen Wohnverhältnissen der *Pueblos Jóvenes* („Junge Dörfer") nur durch gegenseitige Nachbarschaftshilfe, Comedores (Volksküchen), gemeinsame Bauaktivitäten und nicht zuletzt durch die Rückbesinnung auf das alte Kulturerbe überleben. Die Hochlandbewohner glauben, dass sie in Lima eine Chance haben. Doch nur wer sich billig verkauft, hat sie. Viele betätigen sich als Altmaterialsammler, fliegende Händler, Hilfskräfte auf dem Baugewerbe, sind Lastenträger und Karrenschieber auf der Parada, dem Markt Limas. Bettler und Prostituierte überschwemmen die Stadtviertel, arbeiten mit Dieben zusammen. Doch die ersten Zuwanderer haben sich als Kleinunternehmer und Straßenhändler organisiert und sich zu kollektiven Hilfsgruppen und informellen Werkstätten zusammengeschlossen. Die hier geborenen Kinder, die *andinos,* haben bereits die zweite Etappe auf dem langen Weg zu einem besseren Leben eingeleitet. (HH)

Hotels / Unterkünfte

Das Zentrum von Lima ist in den letzten Jahren ziemlich heruntergekommen und bei Nacht ist es nicht unbedingt sicher. Gute Unterkünfte gibt es in San Isidro, noch bessere (und teurere) in Miraflores, einem angenehmen Stadtviertel in Meeresnähe. Der Durchschnittspreis dürfte um 40 € für ein DZ liegen, wobei Dreibettzimmer nur unwesentlich teurer als DZ sind. Trotzdem gibt es in Lima Unterkünfte schon ab 5 € aufwärts, vorausgesetzt, es wird auf jeglichen Komfort verzichtet und man ist nicht gerade empfindlich.

Wer etliche Tage in einem Hotel oder Hostal bleiben möchte, sollte immer nach einem Preisnachlass fragen. Einige Hotels/Hostales bieten auch Wochentarife an.

Kategorien   Die Kategorisierung der Unterkünfte folgen hier einem einfachen, aber klaren Raster. Dabei wird in die drei wichtigen Preisklassen, nämlich ECO, FAM und LUX eingeteilt. Sie orientieren sich immer am Doppelzimmer (DZ) bzw. dem Übernachtungspreis für zwei Personen, ansonsten ist etwas anderes angegeben.

ECO: *económico* – preiswert und einfach, doch in der untersten Preisklasse sollte nicht allzuviel erwartet werden. Preise bis 20 €/DZ; bei Hinweis auf *BUDGET* liegt der Übernachtungspreis unter 10 €/DZ.

FAM: *familiar* – Familien- und Mittelklassehotels, Touristenhotels. In Lima gibt es in der Mittelklasse, bis auf wenige Ausnahmen (z.B. Hotel Kamana, Hotel Las Palmas) nur ältere Hotels, meist unverhältnismäßig teuer. Preise: 20–50 €/DZ.

LUX: *Luxus* (span. *lujo*) – ab 50 €/DZ aufwärts!

Bed & Breakfast   Inzwischen gibt es eine Homepage für B&B-Angebote in Lima, jedoch nicht vollständig: www.bedandbreakfast.com/lima-peru.html. Ein Stadtplan mit Verortung der B&B-Häuser kann ausgedruckt werden.

Abkürzungen   **AC** – aire acondicionado (Klimaanlage) • **bc** – baño común (Gemeinschaftsbad/-WC) • **bp** – baño privado (Zimmer mit Bad/WC) • **Kw** – Kaltwasser • **Pool** – Swimmingpool • **Rest.** – Restaurant • **DZ/F** – Doppelzimmer mit Frühstück • **EZ/F** – Einzelzimmer mit Frühstück • **Ü/F** – Übernachtung inkl. Frühstück • **Ws** – Wäscheservice • **Ww** – Warmwasser • **gPLV** – gutes Preis-/Leistungsverhältnis.

Unterkünfte im Zentrum (s.v. Karte „Lima-Centro")

ECO   **Hostal España** (BUDGET), Azángaro 105/Ancash, Tel. 427-9196, Fax 428-5546, www.hotelespanaperu.com. Beliebter Traveller-Treff mit Atmosphäre und Pflanzen, die vom 3. Stock runterwachsen, griechische Statuen, Dachgarten, sehr einfach und einige Zi. ohne Strom (Zi. 9 bis 12 sind sehr laut!), Ww; abends ab 20 Uhr Videofilm, das dazugehörende Café ist gut. Ws, Internet, GpD; Ü/Schlafsaal 14 Soles, EZ/bc 24 Soles, EZ/bp 35 Soles, DZ/bc 35 Soles, DZ/bp 45 Soles, Taxi vom Flughafen 25 Soles. – **Hostal Rucas** (BUDGET), Jr. de la Unión 428., Tel. 428-6102. DZ/bp ab 8 €. – **Hostal Belén**, Jr. de la Unión 1049, Tel. 427-8995, arcobel@terra.com.pe; zentralgelegener Altbau mit hohen Decken, laut, einfache Zi., bc, Ww, Ws, Traveller-Treff, EZ ab 5,50 €. – **Hotel Residencial Europa**, Ancash 376, Tel. 427-3351. Nettes, hübsches Hotel, einige Zi. mit Blick auf die Iglesia San Francisco, freundlich, GpD, bc/bp, Ww. DZ/bc 25 Soles. – **Hostal La Estrella de Belén**, Jr. de la Unión 1051, Tel. 428-

6462, Fax 428-6462; laut, ordentliche Zimmer, bp, nicht immer Ww, DZ 14 €. – **Hostal Roma**, Ica 326, www.hostalroma.8m.com. Nettes, ruhiges Hostal in zentraler Lage, einfache Zi., deutschspr. Besitzer, DZ 17 €. – **B&B Charo & Paul**, Av. Tacna 359, Dpto. 1301, Tel. 964-5906 oder 890-0560; stilvoll eingerichtetes Apartment (13. Stock), 2 EZ (9 € p.P.) und 1DZ (18 €), gPLV, Reservierung empfohlen, **TIP**.

ECO/FAM   **Hotel El Balcón Dorado**, Ucayali 99/Carabaya, Tel. 427-6028, Handy 922-1188, balcondorado@terra.com.pe, www.balcondoarado.8m.com. Familiäres Hotel, bp, Ww, freundlich Atmosphäre, DZ/F 40 €, TriZ/F 50 €, alle Kk.

FAM   **Pensión J.J. Rodríguez**, Av. Nicolás de Piérola 730, 2. Stock, Tel. 423-6465, Privatpension, nur für Touristen, Schlafräume, freundlich. – **Hostal Granada**, Huancavelica 323, Tel. 427-9033. Empfehlenswertes Hostal, bp, DZ 25 €. – **Hostal San Martín**, Av. Nicolás de Piérola 882, Tel. 428-5337, Fax 423-5744, hsanmartin@goalsnet.com.pe; DZ/F 30 € (ggf. inkl. Transfer vom Flughafen); bp, einige Zi. mit nettem Blick auf die Plaza San Martín, TV, Rest. – **Hotel Kamana**, Jr. Camaná 547, Tel. 426-7204, Fax 426-0790, kamana@amauta.rcp.net.pe, www.kamanahotel.com; Hotel gehobener Mittelklasse mit sehr guten Zi.; DZ/F 30 €, **TIP!**

LUX   **Hotel Continental**, Puno 196 (unweit Plaza San Martín), Tel. 427-5890, Fax 426-1633. Luxuszimmer (30 qm) im ob. Stock, bp, Rest., Cambio, Ws; DZ/F 50 €. – **Gran Hotel Bolívar**, Plaza San Martín, Tel. 427-2305 u. 428-7672, Fax 428-7675 u. 433-8626, bolivar@terra.com.pe, www.perudiscovery.com/hotel/bolivar.htm. Altehrwürdiges koloniales Hotel von 1924 mit Eleganz, Stil und Ambiente, immer ein Erlebnis wert, und wenn's nur die Bar oder das Terrassen-restaurant ist. Mit etwas Glück wird in der Nebensaison Rabatt gewährt, und das DZ gibt's ab 50 €. 272 Zi., Ü/F, Bar, Rest., Patio, Sauna, Cambio, alle Kk. **TIP!** – **Sheraton Lima**, Paseo de la República 170, Tel. 315-5000 und 315-5022, Fax 315-5023, reservas@sheraton.com.pe, www.sheraton.com.pe; Luxushotel in früher guter Lage, Ü/F (Buffet), Bar, Rest., Pool, Casino, Cambio, alle Kk.

Unterkünfte in San Isidro, Miraflores u. Umgebung

ECO   **Lex Luthor's House**, Porta 550, Miraflores, Tel. 24222-7059, luthorshouse@hotmail.com. Seriöse, einfache und gute Unterkunft für Backpacker, Schlafsaal, Skk, kostenl. TR vom Flughafen. Ü/F Schlafsaal 20 Soles. **TIP!** – **Hostal Friends House**, Clemente Palma 368 (ehemals Av. Manco Capac), von außen nicht erkennbar, Tel. 446-6248. Nancy bietet bc, Ww, Kochstelle, Radv. Ü/F 20 Soles, gPLV. – **Albergue Juvenil Malka**, Los Lirios 165, San Isidro, Tel. 442-0162, Fax 222-5589 (alberguemalka@hotmail.com). Einfache Schlafsäle, bc/bp, Ww, Travellertreff, Internationaler Studentenausweis (ISIC) ist notwendig, preiswert. – **Explorer's House**, Av. Alfredo Leon 158, Tel. 241-5002, explorers_house@yahoo.es. Preiswertes Hostal, bc/bp, Skk, Ws. Ü/F Schlafsaal 16 Soles, DZ/F 32 Soles. – **Pension Lali**, Las Oropendolas 243 (als Pension von außen nicht erkennbar), Urb. El Palomar, San Isidro, Tel. 654-0485, a.wickleder@gmx.de, www.reise-peru.de. Zentral gelegene, sehr ruhige Familienpension im B&B-Stil bei einer sehr netten und aufmerksamen Familie, 2 sehr saubere Zi., bc, Ww, Ws, Internet, GpD, auf Wunsch dt.-spr. Tages- oder Mehrtagesführungen. Reserv. empfehlenswert, gPLV. DZ/F 50 Soles bzw. 25 Soles p.P. Der **TIP!** – **The Point Lodge**, Malecón Junín 300, Barranco, Tel. 247-7997, the_point_barranco@hotmail.com, www.thepointhostel.com. Kolonialhaus mit Garten, bc/bp, Ww, Skk, Internet, ab und zu Hausfeste, Parkplatz. Ü/F ab 26 Soles. – **Colibri Youth Hostel**, Av. Belisario Suarez 543, Tel. 444-0954, www.colibriyouthhostel.com. Sympathisches, gepflegtes und sicheres

Lima – Hotels

Hostal für junge Reisende, freundliche dt. Leitung durch Pia Valdivieso, saubere EZ, DZ und Schlafsäle für 4/6/8Pers., bp/bc, Ww, Skk, GpD, Rezeption rund um die Uhr besetzt, kostenloses Internet und TR vom/zum Flughafen/Busterminal. Empfehlenswert. Schlafsaal/F 30 Soles p.P., keine Kk. – **B&B Albergue Verde,** Grimaldo del Solar 459, Miraflores, Tel. 445-3816, www.albergueverde.com. Nettes, freundliches, einfaches Hostal in ruhiger Lage, bp/bc, einige Zi. ohne Fenster, Ww, Skk, Bar, etwas eng. Schlafsaal/F ab 34 Soles p.P. DZ/F ab 60 Soles, Flughafen-TR 50 Soles. – **Flying Dog Backpackers,** Diez Canseco 117, Miraflores, Tel. 445-6745, Fax 445-2376, flyingdog@mixmail.com, www.flyingdog.esmartweb.com. DZ/F/bp 85 Soles. – **Hostal Larco,** Av. Larco 1247 (300 m zum Pazifik), Tel. 447-5374; sehr einfache, kleine, einladende Zi., bp, Ww, Ws, Bar, DZ 18 €, Bäckerei neben dem Hostal, gPLV. – **Albergue Turístico Juvenil,** Av. Casimiro Ulloa 328 (über die Av. de la República), Tel. 446-5488, Fax 444-8187, hostell@terra.com.pe. Jugendherberge, sauber, Patio, Pool, Waschmaschine. Schlafsaal/bc 12 € p.P., komfortabel und teurer im DZ/bp 30 €. – **Hostal La Porta,** Porta 686, Tel. 444-6023, Fax 444-6021, www.hostalporta.com. 16 saubere, gemütliche Zi. (im 1. Stock die besten), bp/bc, sehr ruhig und sicher, freundlich, hilfsbereit, empfehlenswert, gPLV. DZ/F ab 20 €. Abholung vom Flughafen möglich.

ECO/FAM   **Hotel Imperial Inn,** Av. Bolognesi 641, Tel. 445-2504. Alle Zi. bp, Ü/F ab 15 €. – **Inka Lodge,** Elias Aguirre 278, Tel. 242-6989, www.inkalodge.com; kinderfreundliches Hostal, bp und Schlafsaal, AC, Patio, Ws, Internet, Skk, GpD, BBQ. DZ/F 26 €, alle Kk. – **Hostal Yolanda,** Domingo Elias 230 (Nähe Petit Thouars), pensionyolanda@hotmailcom; unscheinbares Haus, eine Familienpension, von außen nicht erkennbar, bp, sicher. EZ 15 €, DZ 28 €, TriZ 39 €. – **Hotel Las Palmas,** Bellavista 320, Tel. 444-6033, Fax 444-6036, hpalma@amauta.rcp.net.pe, Rest., Bar, Fax-Service, Ws, sehr sicher, sehr aufmerksam und freundlich, bei Faxvorbuchung Antwortgarantie. DZ/F ab 20 € (nach Rabatt fragen), alle Kk. – **Residencial Alfa,** Av. de la Aviación 565 (zwei Gehminuten vom Pazifik), Tel. 241-3386, Fax 241-1446, residencial_alfa@yahoo.com; nettes, ruhiges Hostal mit Meerblick, bp, Ww, GpD, sicher, gPLV. DZ/F ab 28 €. **TIP!** Abholung vom Flughafen möglich.
B&B Aquisito, Av. Centenario 114, Barranco, Tel. 247-0712, www.aquisito.com.pe. Kleines Hostal, 8 geräumige, ansprechende Zi., bp, Ww, tägl. Handtuchwechsel, zuvorkommende und hilfsbereite Inhaberin, englisch- und etwas deutschsprachig, kostenloses Internet, GpD, Ws. Empfehlenswert. DZ/F 75 Soles, EZ/F 45 Soles. – **Posada La Quinta Prado,** Av. 28 de Julio 660, Casa 17, Miraflores, Tel. 444-0954, laquintaprado@gmail.com. Kleine, liebevoll eingerichtete Unterkunft, 8 DZ, bp, Ww, Ws, GpD, Dachterrasse. Kitty kommt aus Frankfurt, ihr peruan. Mann war Arzt in D. Sehr gastfreundlich, betreiben eine eigene Bäckerei! DZ/F ca. 105 Soles, auch EZ/TriZ. **TIP!**

FAM   Die Auswahl an Hostales und Hotels ist in dieser Kategorie sehr groß, die Preise liegen um 30 € für ein DZ mit Privatbad, selten weniger.
Hostal El Patio, Diez Canseco 341-A, Tel. 444-2107, Fax 444-1663, hostalelpatio@qnet.com.pe. Von außen nicht als Hostal erkennbar, nette Zimmer um kolonialen Innenhof, zentral, Ü/F, Gemeinschaftsküche, räumt bei längerem Aufenthalt einen Nachlass ein, Kk (Aufpreis!). TR vom Flughafen. Preiswert, DZ 135–150 Soles ja nach Zimmergröße. – **Hotel Las Palmas,** Bellavista 320, Tel. 444-6033, Fax 444-6036, hpalma@amauta.rcp.net.pe, Rest., Bar, Fax-Service, Ws, sehr sicher, sehr aufmerksam und freundlich, alle Kk; bei Faxvorbuchung Antwortgarantie. DZ ab 25 € (nach Rabatt fragen). – **Olimpus Lodging,** Diego Ferré 365, Tel. 242-6077, Fax 241-5875, olimpusperu@yahoo.com, www.olimpusperu.com. Kleine Zi., bp, Ww, Patio, Rest., Bar, Internet, GpD, hilfsbereit, gute Infos. DZ/F 25 €, Kk. – **Hostal Qosqo,** Malecón Cisneros 1070, Tel. 954-

3050; einfache Zimmer, nette Bar mit Meeresblick, Ü/F. – **La Casa de Los Sánchez,** Av. Alfredo Benavides 354 (am Parque Central), Tel. 446-4944, www.casadesanchez.com; zentral, neu, gut. – **Hostal Inca's Palace,** Calle Shell 547, Tel. 444-3714; kleines Hostal in ehemaligem Privathaus, Ü/F. – **Hostal Huaychulo,** Av. 2 de Mayo 494 (in der näheren Umgebung Fischkneipen), Tel. 445-1195; älteres, supersauberes Haus unter deutscher Leitung, bp, freundlich, GpD, sicher, Bar, Comedor, kostenloser Transfer vom Flughafen. DZ/F 30 €. **TIP!** – **Hostal Señorial,** José González 567, Tel. 445-7306 und 445-9724, Fax 444-5755, senorial@viabecp.com, www.geocities.com/gservices/senorial. In ruhiger Nebenstraße, Familienbetrieb, Ü/F, Bar, alle Kk, preisgünstig. – **Hostal Buena Vista,** Grimaldo del Solar 202, Miraflores, Tel./Fax 447-3178, hostalbuenav@bonus.com.pe, www.hostalbuenavista.com. „Wohlfühl-Hostal", sehr saubere, geschmackvolle Zi., bp, Ww, kostenloser Internetzugang, gPLV. DZ/F 30 €. **TIP!** – **Casa Lima Kolping,** Thomas Ramsey 1005, Magdalena del Mar, Tel. 460-1466, Fax 461-6166, casakolping@hotmail.com. 15 saubere Zi., bc, Ww, MBZi, bc/bp, Ws, Skk, GpD, Internet. MBZi/F 10 € p.P., DZ/F 30 €. – **Hotel Maria Luisa,** Pasaje Toledo 241, Tel. 241-788, Fax 241-7898, www.hotel-marialuisa.com. Kleine, saubere Zi., reichhaltiges Frühstück, DZ/F 30 €. Vermittlung Taxi zum Flughafen (8,50 €). – **Apart-Hotel Berlin,** Av. Benavides 2123, Tel. 448-6064, Fax 438-8814. Zentrale Lage, schöne Zi., bc/bp, sicher und freundlich. DZ 30 €. – **Hostal Torreblanca,** Av. José Pardo 1453, 2do. Ovalo, Tel. 242-1876 oder 447-0142, Fax 447-3363, www.torreblancaperu.com. 30 saubere Zimmer/TV, Ü/F, Rest., Bar, Innengarten, Begrüßungsdrink, Waschmaschine, freundlich und hilfsbereit. DZ 43 €, Sondertarif für Gruppen 20 € p.P., alle Kk. – **Hostal Lucerna,** Las Dalias 276, Av. Larco Cuadra 12, Tel. 445-7321, lucerna@junin.itete.com.pe. Ruhige Lage in Meeresnähe, einfache, aber ordentliche Zimmer. DZ ab 45 €.

FAM/LUX **Hotel El Doral,** Avenida José Pardo 486, Telefon 447-6305, Telefax 446-8344, eldoral@mail.cosapidata.com.pe. Passables Hotel, Pool, große Zimmer mit TV. – **Hostal La Castellana,** Grimaldo del Solar 222, Tel. 444-3530, 444-4662, Fax 446-8030, hcastellan@terra.com.pe, www.hotel-castellana.com. Kolonialhaus mit Patio und schönem Garten, ruhige Lage, bp, Rest., Ws. DZ 43 €, F ab 3 €, alle Kk. – **Hotel San Antonio Abad,** Av. Ramón Ribeyro, Tel. 447-6766, Fax 446-4208, www.hotelsanantonioabad.com. Saubere Zi., hilfsbereit. DZ/F inkl. TR ab 48 €. – **Hotel Antigua Miraflores,** Av. Grau 350, Tel. 241-6116, Fax 241-6115, hantigua@amauta.rcp.net.pe, www.antiguamiraflores.com. Kleines, feines Hotel im kolonialspanischen Stil, Zi. mit Ambiente, bp, Rest., Bar, Jacuzzi, Internet. DZ/F ab 75 € (Standard), TriZ/F 100 € (Colonial), Kk. **TIP.**

LUX *Luxushotels gibt es in Miraflores und San Isidro jede Menge – doch wer kann die Zimmer bezahlen? Preise beginnen bei 100 € und reichen bis über 300 €.*
Hotel Boulevard, Av. José Pardo 771, Tel. 444-6562, Fax 444-6602, www.hotelboulevard.com.pe. 55 Zi., bp, Rest., Pool. DZ ab 59 €, gPLV. – **Hotel El Condado Miraflores,** Alcanfores 465, Tel. 444-3614, Fax 444-1981, www.condado.com.pe. DZ ab 140 €. – **El Pardo Doubletree Hotel,** Independencia 141, Tel. 241-0410, Fax 444-2171, pardohot@doubletreeelpardo.com.pe. DZ 165 €. – **Hotel El Olivar,** Pancho Fierro 194, San Isidro, Tel. 221-2120, Fax 221-2141, www.el-olivar.com.pe. DZ ab 240 €. – **Hotel Las Américas,** Av. Benavides 415, Tel. 444-7272, Fax 444-1137, www.hotelslasamericas.com. DZ 249 €. – **Country Club Lima Hotel,** Los Eucaliptos 590, Tel. 211-9001, Fax 211-9002, www.accesoperu.com/countryclub. Grandioses Luxushotel mit historischem Ambiente, exquiste Wohlfühlzimmer, gutes Rest., eine der besten Adressen in Lima mit angeschlossenem Golfplatz (18-Loch). DZ ab 220 €, alle Kk. **TIP.**

Apartments vollmöbiliert und mit jedem Komfort sind für Familien mit Kindern eine gute und preisgünstige Alternative, um in Lima zu übernachten.
Peru Star Apartments, Burgos 266-276, San Isidro, Tel. 442-7376, Fax 221-8481, aparthotel@terra.com.pe, www.members.xoom.com/apart_peru. Moderne Möblierung, tägl. Zimmerservice, Einbauküche, Internet, Ws, auf Wunsch dt.-spr. 80 €/Tag bzw. 250 €/Woche, empfehlenswert. – **Villa Sevilla,** Av. Javier Prado Este 431, San Isidro, Tel. 441-7543, Fax 421-0109, villa-sevilla@blockbuster.com.pe. Beste Wohngegend, Heizung, Pool, BBQ, Ws, Airport-Shuttle, Mietwagen, freundlich, für ältere Reisende besonders geeignet.

Unterkunft im Seebad La Punta

Bed & Breakfast La Punta (FAM), Sáenz Peña 486-490, in La Punta, ca. 30 Min. nördlich vom Zentrum, Tel./Fax 429-1553 (info@bed-and-breakfast la punta.com). Herrenhaus aus den 1930igern, EZ/DZ, bp/bc, außergewöhnlicher Patio, Bibliothek, ruhig. Die Eigentümer, Familie Haslinger/Bustamante, sprechen Deutsch. Mein persönlicher **TIP.**

Essen und Trinken

Lima gilt als gastronomische Hauptstadt Südamerikas. Die Speisekarten der Restaurants vereinen die einheimische mit der spanisch-kreolischen Küche, Fischgerichte und Meeresfrüchte, *mariscos,* sind nicht wegzudenken. Zudem ist auch die chinesische Küche vertreten, Folge der ins Land geholten chinesischen Arbeiter, deren Restaurants und Imbisse *chifas* heißen. Es gibt davon unzählige. Hier kann immer gut und preiswert gegessen werden.

Restaurants Schon für 2–3 € wird in einfachen Restaurants ein recht ordentliches Mittagsmenü serviert, wie z.B. im **Machupicchu,** Ancash 312. Ein Tipp ist auf jeden Fall das **Cordano,** Ecke Carabaya/Ancash (beim Bahnhof), der Kneipe mit dem ältesten Ambiente Limas, 1905 eröffnet. Es ist zur Mittagszeit immer voll, aber auf einen freien Platz warten lohnt sich: Mittagstisch ab 2 €, Fischgerichte ab 2,50 €, Cebiche ab 3 €.

Die besseren Restaurants in der Piérola, der Plaza San Martín und an der Plaza Mayor sind leider relativ teuer geworden, so z.B. die **Parrillada San Martín, La Colmena** an der Plaza San Martín, Di–So 12–24 Uhr, all Kk, mit guten Fleischgerichten und der **Palacio de las Parrillas,** Unión 1091. Gut isst man bei den französischen Nonnen im **L'eau Vive,** Ucayali 370, Tel. 427-5712, 5–6 € gegessen; alle Kk. Mo–Sa 12.30–15 und 19.30–21.30 Uhr, mit allabendlichen „Ave María!" (um 22 Uhr).

Nueva cocina peruana (neuperuanische Küche) bietet das **Huaca Pucllana,** Borgoño, Calle 8, Huaca Pucllana (Miraflores), uriges Ambiente.

Das **Manos Morenas,** Av. Pedro de Osma 409, Barranco, Tel. 467-0421, 12.30–16.30 und 19–23.30 Uhr, alle Kk, soll die besten peruanischen Gerichte servieren. Mi–Sa gibt es jede Nacht eine Folkloreshow, sehenswert, aber nicht billig. Ein schönes Ambiente zum Essen bietet das **Puerta Cerrada,** Av. Bolognesi 752, ebenfalls in Barranco, reichhaltige Karte vom schmackhaften Fisch über leckere Mariscos bis zu Fleischgerichten, Di–So. Preiswerter ist **Ricota** in Miraflores, Tarata 248.

Ordentlich und nicht teuer sind die Restaurants **Mr. Koala,** Camaná/Cuadra 5 und **Wally's,** Emancipación 194.

Wer Lust auf **Pizza & Pasta** hat, der sollte sich in Miraflores auf dem Boulevard San Ramón (Fußgängerzone zwischen Bellavista und Diagonal), der nur **Calle de las Pizzas** genannt wird, umsehen. Allabendlich füllt sich die Pizza-Gasse, und insbesondere in der ersten Hälfte der Gasse ist jedes Lokal ab 22

Uhr gerammelt voll – obwohl die Qualität nicht gut und die Preise überteuert sind. Die noch annehmbarste Pizzeria ist **Gloriette,** San Ramón 225. Doch aufgepasst, ringsum hat sich ein Straßenstrich etabliert!

Viele **Chifas** bieten fast überall in Lima äußerst preiswerte Gerichte an, z.B. **Chifa Xiao Hui,** Lampa 410, **Chifa Tic-Tac,** Callao 480 oder **Chifa Sayumy,** Ancash 306 (Spezialität Nudelgerichte). Hausservice: **Chifa Jumbo** und **Express,** Tel. 475-2396 und 461-0387. Eine der besten Chifas in Lima seit über 25 Jahren ist **Chifa Internacional,** Av. Panamericana 5915, San Antonio, Mo–Do 12.30–15.30 und 19–23.30 Uhr; *Gallina con Tausí* probieren, lecker!

Hähnchen-Grillstationen (Pollo a la Brasa) offerieren zu günstigen Preisen jede gewünschte Menge an Hähnchen, vor allem in den Vierteln San Borja und Miraflores. Überall in der Stadt gibt es die preiswerten und guten Hähnchengrillstationen von **Roxy's**. – Pollo-Hausservice: **Pollo a la Brasa,** Tel. 438-1538 und 955-8307. **Chicken Express,** Av. Diagonal, Miraflores, Tel. 241-812, Mo–So 12–1 Uhr, alle Kk. **Norky's,** Pardo/Atahualpa (Nähe Ovalo). **Der beste Hähnchengrill Limas** ist **Pardos Chicken,** Av. Benavides 730 (Miraflores), Tel. 242-3324, tägl. von 12–24 Uhr (alle Kk).

Vegetarische Gerichte kommen bei **Natur,** Moquega 132, auf den Tisch, sehr preiswerte Tagesmenüs bei **La Naturaleza,** Lampa 440. – Eine gute Adresse ist auch **El Obelisco** der Fundación Magna Fraternitas Universalis, Av. Hipólito Unánue 110/Av. Arequipa (Lince) mit schmackhaften und preiswerten Gerichten (max 2 €). Bestellt und bezahlt wird an einem Schalter am Eingang und nach Nummern zügig serviert.

Churros y Chocolate können bei **Manolo,** Av. Larco 608 (gegenüber der Banco del Crédito) täglich von 7 bis 1 Uhr morgens probiert werden, all Kk.

Ein sehr gutes **Café** in Miraflores ist das **Café-Café,** Mártir Olaya 250 (Nähe Parque Kennedy), Tel. 447-6564, 8.30–3.30 Uhr nachts, alle Kk; Zweigstellen im Larco Mar, in der Nicolás de Rivera 106 und Monterreey 258 (Surco). – Auch das **Café Olé** in der Pancho Fierro 115 in Miraflores ist nicht schlecht (tägl. 7–2 Uhr in der Früh, alle Kk). – Ein **TIP** ist **Mangos Café,** Ovalo Gutiérrez 789, Miraflores, mit Blick über die Steilküste, Mo–Mi 7.30–1 Uhr, Do–So 7.30–3 Uhr morgens! Leckeres Frühstücks-Buffet täglich 7–11.30 Uhr, alle Kk. – Oder das **Café Amarelo,** Av. Jorge Basadre 395, San Isidro, Tel. 442-0791, Mo–So 9–1 Uhr, Happy hour tägl. von 17–21 Uhr, gute Unterhaltung, alle Kk.

Den besten doppelten **Pisco** (Catedral) gibt's an der Bar des legendären Hotel **Simón Bolívar,** allerdings sind dafür 7 € auf den Tresen zu legen. Auch der Pisco Sour im **Rosa Naútica** und der **Costa Verde** sind sehr gut.

Deutsche Gerichte und Erdinger-/Flensburger-Bier gibt es bei **Barbar,** Grau 150, Miraflores.

Meine **Cebichería-Tipps: Surf Fish,** Bolognesi 229, Miraflores. In diesem Seafood-Restaurant gibt es Fr–So ein reichhaltiges Fisch-Buffet mit zwölf verschiedene Sorten Cebiche, Seezunge mit Krabben, Langustengerichte u.a.m. zu 13 €. – **Cebichería Charitos,** Av. Brasil 2664, Pueblo Libre, sehr gute Fischgerichte, Cebiches, Parihuelas, Chicharrón, Chita und Tramboyo. – **La Peña del Mariscos,** Av. San Luís 1974-A, San Borja, ebenfalls schmackhafte Fischgerichte sowie **El lojo Manuel,** nähe Strand in Chorrillos. – Gute Cebiches und Chicharrones werden auch im Restaurant **La Corvina,** Callao 219, serviert. – **Choza Naútica,** Breña 204, schmackhafte Cebiches in mittlerer Preisklasse. – In Barranco ist das originell eingerichtete **Canta Rana,** Genova 101, ein Tipp; exzellentes Seafood, delikate Cebiche für relativ wenig Geld. **Puro Perú,** Av. República de Panamá 258, www.puroperu.com.pe, tägl. 12.30–17 Uhr: Mittagsbuffet rund um peruan. Delikatessen, so viel wie man will, 55 Soles inkl. einem Getränk. Mein **TIP!**

Mariscos, Fisch, Cebiche und auch Fleischgerichte bietet das freundliche **Rincón Chileno,** Camaná 234. – Delikaten, preiswerten Fisch und Meeresfrüchte gibt es bei der Restaurantkette **Punta Azul.** Die Portionen sind groß und köstlich, unbedingt vor 13 Uhr kommen, da sich sonst Schlangen vor den Restaurants bilden. Top Preis-Leistungs-Verhältnis! Hier kann man es versuchen: Av. Benavides 2711 und San Martín 525/Alcanforces in Miraflores, Prado/Petit Thouars in San Isidro, Av. Joaquin Madrid 253 in San Borja und Av. Primavera 2235 in Surco. – Ein Fischspezialitäten-Buffet mit verschiedenen Cebiches, Garnelen, Muscheln, Sushi usw. bietet das **Punto Blanco**, Circuito de Playas Costa Verde in Barranco. Für 50 Soles kann von 12.30–16 Uhr so viel gegessen werden, wie man möchte. – **Punta Sal,** Fisch- und Meeresgerichte, Av. Conquistadores 948, San Isidro, 11–17.30 Uhr, und Jorge Chavéz 694, Miraflores, 11–17.30 Uhr, alle Kk. – **La Mar,** Av. La Mar 770, Miraflores, „In"-Restaurant mit leckeren Fischgerichten, empfehlenswert. – **Cebichería Barranco,** Panamericana Sur 270, Barranco, Tel. 467-4560, tägl. 9.30–17 Uhr, Spezialitäten: *Chitas, Tacu Tacu de Mariscos, Cebiche de Conchas negras.* – Ein weiterer Fisch- und Meeresfrüchte-**TIP:** die preiswertesten und wohl **besten Fischgerichte und Mariscos** Perus werden in den Fischerkneipen **im alten Hafen** und in **La Punta in Callao** aufgetragen!

Am teuersten sind die meisten Restaurants in Miraflores und San Isidro, auf deren Aufzählung ich hier verzichte. Dennoch findet sich auch dort in den Nebenstraßen immer ein günstiger Mittagstisch, meist eine Chifa.

Tolle Re- **Drei Restaurants mit ungewöhnlichem Ambiente** (obere Preisklasse, alle
staurants ... Kk): **Rosa Naútica,** Espigon 4 (Costa Verde, Miraflores), Tel. 447-0057, 12–24 Uhr: Meeresblick, fantasievolles Mittagsbuffet, ausgezeichnete Mariscos. **Costa Verde,** Playa Barranquito, Tel. 477-2172, 12–24 Uhr: tägl. großes Buffet, Happy hour 17–19.30 Uhr, ebenfalls exzellente Mariscos. **Tenedor Brujas de Cachiche,** Av. Bolognesi 460, Tel. 4447-1883: tägl. leckeres Mittagsbuffet, inkl. Mariscos, etwas teuer, aber gut. Gegen das Heimweh: **deutsche Küche** im **Club Germania,** Calle Tutumo 151 (Chama), Tel. 448-7173, treudeutsch mit Haxen, Sauerkraut, Kartoffelbrei u.ä. Di–Sa 12–15 Uhr und 19–23 Uhr.

Teuer, aber Spitze ist **Astrid & Gaston,** Cantuarias 175. Hier kocht einer der besten Köche Limas (eigenes Kochbuch) auf höchstem Niveau!

Hinweis: Meist sind 19% Mwst. eingeschlossen, doch in besseren Restaurants kann es passieren, dass dies als Aufschlag (plus 10% Service!) noch hinzugerechnet wird! Also vorab informieren.

Unterhaltung

Bars, Nacht- Die Top-Hotels verfügen meist über Bars und Nachtclubs. Im Zentrum gibt's
clubs und an der Plaza San Martín den niveaulosen Nachtclub *Embassy*. Die meist bes-
Diskotheken seren finden sich in **San Isidro**. Dort gibt es auch zahlreiche Discos, z.B. die Discotheken *Percy's Bar* oder *Bunkers Pub*. In **Miraflores** sind gleich mehrere Discos im *Larcomar* zu finden, z.B. *Aura* oder *Gotica*.

Salsa und Disco gibt's im kleinen Tanzclub des *Rosa Naútica*, Eintritt 10 €, über dem gleichnamigen Restaurant, und in der Pub-Disco des *El Grill* des *Costa Verdes*, hinter dem Restaurant gleichen Namens (Do–Sa von 22 bis 5 Uhr morgens, Eintritt 10 €, Kk). Nur **Salsa** wird im *Kimbara International,* Paseo de la República 1401, Balconcillo, La Victoria (Vía Express/Puente México), Tel. 265-5831, von Do–Sa ab 21 Uhr (am Wochenende auch Livemusik) geboten, Eintritt 6 €, keine Kk. Weitere Salsatheken gibt's entlang des Strandes von Miraflores (Eintritt meist um 10 €).

Disco und Pub bieten *Platinum Night Club,* Av. Paseo de la República 4947, Miraflores, und *Breeze,* Av. Aviación 2808, breeze@terra.com.pe, San Borja. Im Stadtviertel Los Olivos liegen in der Jr. Manuel Ascencio Segura mit der *Honey Bar* (No. 115), dem *Tonga* (No. 245) und der *Karamba Latin-Disco* (No. 285) gleich drei Disco-Pubs in unmittelbarer Nähe. In der Av. La Marina 2875, San Miguel, lockt das *Xenon* zusätzlich mit **Videos und Karaoke.** Karaoke mit Happy hour (18–22 Uhr) bietet auch der Pub *Bakarak Club,* Av. Primavera 1374, Monterrico, Di–Sa 18–6 Uhr morgens.

Das *Bertolotto,* Av. Malecón Bertolotto 470, Tel. 460-7260 in San Miguel ist ein regelrechter **Tanz- und Unterhaltungspalast** mit fünf Tanzflächen, Restaurant, Bar und wechselnden Shows. Der Treff mit **Livemusik,** besonders Jazz, ist *Jazz Zone,* La Paz 656, Pasaje El Suche in Miraflores, www.jazzperu.com, Di–Sa 20–3 Uhr morgens. Auch im *El Bus Parrandero,* www.busparrandero.com in Parrandero wird Livemusik geboten. ACID- und Hip-Hop-Freaks treffen sich Sa 22–5 Uhr morgens im *Blue Buddha,* Berlin 438 in Miraflores.

Zu einem **Zentrum des Nachtlebens** hat sich der Stadtteil **Barranco** entwickelt, mit vielen netten Bars (am Wochenende mit Live-Musik), Kneipen und Restaurants. Dreh- und Angelpunkt ist die Plaza Barranco. Weitere Versuche lohnen sich in der Av. Grau, z.B. *Parranda* (ab 21 Uhr) oder *Las Terrazas de Barranco,* sowie in der Av. Bolognesi, z.B. *La Democracía* mit nettem Patio, freiem Eintritt und preiswerten Getränken.

Ein großes Unterhaltungszentrum mit Restaurants, Discos, Pubs, Bowling und mehr ist der *Marina Park,* Av. la Marina.

Im Sommer sind die Discos am Strand sehr beliebt, z.B. *Asia* bei KM 100 an der Panamericana ist dann am meisten angesagt.

Auch in der Fußgängerzone **Calle de las Pizzas** in Miraflores wird einiges geboten. Zahlreiche Musikkneipen und Video-Pubs haben sich über den Pizza-Restaurants angesiedelt, z.B. ist im letzten Stock der *Casa de mi Abuela* das Video-Pub *Los Altos, i*n der Seitenpassage sorgt im *Coco Loco* gute Musik für Stimmung. In San Borja ist der *Video Pub Chris,* Av. Aviación 3427, zu empfehlen. Hier wird Rockballaden und alternative Musik von 18.30–1 Uhr zu hören, „Chopp gigante" und Jarras werden ausgeschenkt.

Leute, die gerne in **Bars** gehen, können nach einem Blick in die Bar des *Rosa Naútica* auch ins *Santino,* Av. La Paz 651 A, Miraflores, Tel. 241-1560, reinschauen. Dort kann man zwischen 100 verschiedenen Cocktails, 300 Likören und 100 Whiskey-Sorten aussuchen! Mo–Sa 18–3 Uhr morgens. Wer im Larcomar eine gemütliche Kneipe sucht, ist im *Barcelona,* Di–Sa ab 18 Uhr, alle Kk, gut aufgehoben. *Rincón Cervecero,* schöner **Biergarten** à la Bayern in der Belén (Centro). Nicht weit weg ist der *Piano Bar Munich,* Jirón de la Unión 1044. *Karamanduka* in Barranco ist derzeit *die* Künstler- und Intellektuellenkneipe und ein Treffpunkt für **Jarana,** das volkstümliche Tanzvergnügen.

Folklore (Peña)

Die kulturellen Angebote des **Instituto Nacional de Cultura** (INC) finden Sie unter **www.perucultural.org.pe.** Im Lokal *La Peña de Pancho Ugarte* in der Cantuarias 160 in Miraflores wird Live-Musik und Folklore geboten, Fr/Sa 22–4 Uhr, Gedeck 4 €. Ein Tipp ist das *El Cóndor Pasa,* Jirón Miro Quesada 159, und die *Sachún Peña,* Av. del Ejército 657 (am Nordrand von Miraflores), Tel. 441-0123, Gedeck 10 €, Di–Do 20.30–2 Uhr, Fr/Sa bis 4 Uhr morgens. In Barranco ist die *La Estación de Barranco,* Pedro de Osma 112, Barranco, Tel. 247-0344, zu empfehlen, Di–Sa 23–1 Uhr, auch Live-Musik von Glenn Miller über Rock bis Mambo, ständig wechselnde Musikgruppen, alle Kk, Eintritt 10 €. Sehr populär ist *Asociación las Brisas del Lago Titicaca,* Walkusky 168, Tel. 332-1901/423-7405, ab 20 Uhr, Gedeck 5–8 € (nur Fr/Sa). Nach dem Folkloreshow geht es mit einer Disco weiter (bis 4 Uhr morgens). Nur Do–Sa 22–3 Uhr ist im *Del Carajo,* gute Stimmung angesagt, **TIP!** Auch die *Peña de Rompe y Raja,* Manuel Segura 127, Do–Sa, lohnt immer für einen Besuch. Afroperuanische Musik erklingt im *Manos Morenas,* Pedro de Osma 409, Barranco, Tel. 467-4902, Mi–Sa meist erst ab 22.30 Uhr, während im *Peña Poggi,* Luna Pizarro 587, Barranco, Do–Sa, **Folkloretänze** aufgeführt werden. – Ansonsten in Barranco: *Songoro Cosongo,* Ayacucho 281, tägl. ab 12 Uhr. *Centro Cultural Parra del Riego,* Av. Pedro de Osma 135, Barranco, Tel. 477-4506. *El*

Ekeko, Av. Grau 266, Barranco, Tel. 477-5823, Di–Sa ab 22.30 Uhr. *Las Gitarras,* Manuel Segura 295, Barranco, Tel. 477-2395. *Sargento Pimiento,* Av. Bolognesi 755, Barranco, Tel. 477-7720. *Los Balcones,* Grau 229, Barranco, Tel. 447-4977, www.lasterrazasdebarranco.com, tägl. ab 20.30 Uhr.

Theater und Kino (Teatro y Cine) Die aktuellen Programme erfahren Sie am besten aus den Tageszeitungen. Neben dem bedeutenden Stadttheater *Teatro Municipal* (Ica 300, Tel. 428-2303) finden noch in den Theatern *Segura* (Jirón Huancavelica 261, Tel. 427-7437), *Cabaña* (sehr progressiv, Parque de la Exposición), *Marsano* (Av. Petit Thouars, Miraflores, Tel. 445-7347) und im *Sala Alzedo* Aufführungen statt.

Ausländische Filme werden in der Originalsprache mit spanischen Untertiteln gezeigt, ein interessantes Vergnügen, bei dem man auch noch etwas Spanisch lernen kann. Viele Kinos liegen im Bereich Piérola, San Martín und Unión, die besten Kinos, wie z.B. *UVK-Planet* am Jockey Plaza im Centro Comercial Polo (San Miguel). Die Anfangszeiten sind etwa 16, 19 und 22 Uhr, die Eintrittspreise liegen um 3 € (in der Provinz wesentlich niedriger), in besseren Vierteln knapp das Doppelte.

Galerien (Galerías) *El Ayllu,* Av. La Paz 482, Miraflores, Tel. 444-3663, Mo–Sa 8.30–21 Uhr. *Quadro Café,* Raymundo Morales de la Torre 144, San Isidro, Tel. 440-3545, Mo–So 9–19 Uhr. *Arte Actual,* Malecón Playa Sur 847, Punta Hermosa, Tel. 449-7429, Di–So 16–23 Uhr. *Centro Cultural a la Universidad Católica,* Av. Camino Real 1075, San Isidro, Tel. 442-1627, Mo–So 10–22 Uhr.

Sport und Show Für **Fußballinteressierte** kann es ein Vergnügen sein, im Stadion von *Alianza Lima* ein Punktespiel oder im größeren Nationalstadion ein Länderspiel anzuschauen. Die Begeisterung der Zuschauer ist riesig. Bei Länderspielen kommt während der TV-Übertragung fast das gesamte öffentliche Leben zum Erliegen, dafür ist hinterher, bei einem peruanischen Erfolg, der Teufel los ...

Stierkampfsaison ist im Oktober, manchmal bis Anfang November, einige Kämpfe finden auch von Januar bis März statt. Die Arena liegt im Stadtteil Rímac an der Plaza de Acho.

Hahnenkämpfe finden meist Sonntagnachmittags an der Plaza de Gallos nahe dem Universitätspark statt sowie im *Coliseo L'Ukumo* in Chorrillos (Prolongación – Verlängerung – der Huaylas, von 12–14 Uhr, Tel. 467-1369). Auch unterhalb der Ruinen von Pachacamac. Weitere Hahnenkampfarenen (Coliseos de Gallo): *Coliseo Tradición Sandia,* Paseo de la República 6500 in Barranco, Tel. 477-0934, Do–Sa ab 20.30 Uhr; *El Rosedal,* Ayacucho 296 in Surco.

Pferderennen: mehrmals pro Woche im *Hipódromo Monterrico*

Golf: *Country Club Lima,* Los Eucalyptos 590, Tel. 211-9000, Fax 211-9002, www.accesoperu.com/countryclub. 18-Loch-Golfplatz.

Baden im Meer kann von Dezember bis März an den Stränden von Miraflores, Barranco und hinter Chorrillos (Ruderclubs) in den hohen Wellen großen Spaß machen, allerdings ist das Wasser oft bedenklich verschmutzt! Alle Strandabschnitte an der Costa Verde weisen Hinweisschilder über die Wasserqualität auf. Einige Strandabschnitte sind bereits derart verschmutzt, dass das Baden verboten wurde. Das liegt daran, dass zum Teil der Müll am Strand zur Landgewinnung abgeladen wird. Deshalb fahren viele Einheimische zu den Badeorten nördlich und südlich von Lima, wie z.B. Pucusana (70 km), Punta Hermosa (40 km), Santa María (60 km) oder Ancón (46 km). Die sicheren Strände (z.B. Chucuito, Malecón, Conchitas, Barranquito, Agua Dulces, San Bartolo, Pucusana) liegen alle im Süden von Lima. Die einheimische Jugend liebt das Wellenreiten.

Hinweis: *Vorsicht an den Stränden mit Wertsachen, denn es sind sehr viele Diebe unterwegs, und es wird trickreich geklaut!*

Wer lieber schwitzt, für den gibt's eine **Sauna** in den *Baños Pizarro,* Unión 284, das ist die Ecke hinter Pizarros Reiterstandbild.

Feste　Januar: Feierlichkeiten anlässlich der Stadtgründung Limas
März (2. Hälfte): Weinfest in Surco
Juli: Am 28. Unabhängigkeitsfeiern mit Parade auf der Plaza Mayor
August (1. Sonntag): Patronatsfest und Umzug zu Ehren der *Virgen María de la Asunción* (Virgen Shoquita) mit andinen Musikkapellen aus Huarochirí und andinen Tänzen, Höhepunkt in der Iglesia San José de Barrios Altos und auf der Plaza Italia. – In der letzten Augustwoche: Festival der afrikanischen Sklavennachfahren in Cañete mit *Zumacueca*-Tänzen. – 30. August: Prozession zu Ehren der *Santa Rosa de Lima*, bei der das Ebenbild der Heiligen Rosa auf einer Lade durch das Stadtzentrum der Stadt getragen wird.
Oktober: Oktoberfest auf dem Gelände des Museo de la Nación, Eintritt 12 € inkl. 2 Maß Bier. – 18./19. und 28. Oktober: Gewaltige Prozession zu Ehren des *Señor de los Milagros* im sog. *Mes Morado* (violetten Monat), bei der nach der Morgenmesse in der Iglesia Las Nazarenas eine 1,5 t schwere Lade mit dem Abbild von Christus von 32 Männern über 12 Stunden durch das Stadtzentrum und zur Kirche zurück getragen wird. Es folgen hunderttausende in violette Gewänder gehüllte Frauen und Männer in einem speziellen Prozessionsschritt (zwei Schritte vorwärts, einen zurück). Die violetten Gewänder werden bereits ab 1. Oktober getragen und es finden Stierkämpfe statt. Fastenzeit.

Adressen & Service Lima

Tourist-Info　**Oficina de Información Turística de la Municipalidad de Lima**, kurz **OTMLM**, Fremdenverkehrsamt der Stadt Lima, Pasaje Los Esrcibanos 145 (im Municipalidad-Gebäude), Tel. 427-7437, 427-6080, App. 222. Mo–Fr 9–18 Uhr, Sa 10–17 Uhr.
Die Stadt Lima bietet für Touristen Mo–Fr von 11–20 Uhr (So 9.30–20 Uhr) eine **Citytour** mit Urbanito-Tours an, ca. 1,50 € p.P. Tickets in der Fußgängerzone neben der Municipalidad. Infos: Manoa 391, Lima-Breña, Tel. 424-3650 und 425-1202. Die OTMLM gibt auch Auskunft über Führungen durch das Kongressgebäude, 9–12 Uhr. – **Vorwahl Lima (1)**.
Peruline, Av. Grau 255, Lima-Miraflores, Tel./Fax 242-3642 (Call Center in D: 0851-7565644), www.peruline.com oder www.peruline.de, deutschsprachiger touristischer Informationsdienst rund ums Reisen in Peru, monatlicher Newsletter, Infos zu Hotels, Lodges, Reiseveranstalter, Rundreiseprogrammen, Reservierungen. **TIP!**
i-Peru (Oficina de Información Turística), Av. Jorge Basadre 610, San Isidro, Tel. 421-1627, iperulima@promperu.gob.pe, www.peru.info, Mo–Fr 9–17 Uhr, auf dem Flughafen, Tel. 574-8000 (24-Std.-Service) und im Einkaufszentrum Larcomar, Tel. 445-9400, 12–20 Uhr. Eine gemeinsame Touristeninformation von PromPerú und INDECOPI, Beratung über touristische Reiseziele, Festkalender, aber keine Reservierungen oder Empfehlungen.
PromPerú (Comisión de Promoción del Perú), Calle Uno Oeste 50, Ed. Mitinci, Urb. Córpac, Lima-San Isidro; Tel. 574-8000, 224-3113, 224-3118, 224-3421, Fax 224-9355 oder 224-7134, infoperu@promperu.gob.pe, www.peruonline.net.
INDECOPI (touristische Verbraucherschutzzentrale von PromPerú), Tel. 224-7888 und 224-8600, tour@indecopi.gob.pe; Beschwerden über Airlines, Behörden, Hotels, Reisebüros, Restaurants und Zoll.
Infotur, in der Belén bzw. de la Unión 1066 (südlich der Plaza San Martín), Tel. 425-5640, Fax 431-0117, infoperu@latinmail.com, infoperu@qnet.com.pe und infoperu@yahoo.com. Mo–Fr 9–18, Sa 10–14 Uhr.

Adressen & Service Lima

Centro de Información Turística y Cultural „El Ayllu" (Fremdenverkehrs- u. Kulturamt von Miraflores), San Martín 537, Telefon 241-7587, Fax 241-7587, aylluarte@blockbuster.com.pe und turismo@ayllu-peru.org. Mo–Fr 9–17 Uhr.

Caseta de Información Turística de la Municipalidad de Miraflores (Info-Kiosk von Miraflores); Parque Central, neben Parque Kennedy. Mo–So 9–18 Uhr.

Central de Información y Promoción Turística de la Municipalidad de Miraflores (CIPT), Av. Larco 770, Tel. 446-2649, 446-3959, Fax 446-8161. Mo–Fr 8.30–17 Uhr.

Asociación Peruana de Turismo de Aventura y Ecoturismo (APTAE), Av. Arequipa 4130, Lima-Miraflores, Tel. 421-1955, Fax 421-2149, aptae@terra.com.pe.

Centro Europeo de Información y Promoción para América Latina „CEIPAL" ONG, Av. Mariscal La Mar 144-146, Lima-Miraflores, Tel. /Fax 447-1444.

Centro de Formación Turismo (CENFOTUR), Pedro Martinto 320, Barranco, Tel. 477-1010 oder 477-0220, 477-5015, Fax 477-0450, postmaster@cenfotur.edu.pe.

Grupo Pro Imagen Peru, Av. José Pardo 1394, Miraflores, Tel. 222-6274, Fax 221-7702, viajero@peruintinet.com.pe.

Asociación Peruana de Albergues Turísticos Juveniles (APATJ): Casimiro Ulloa 328, Lima-Miraflores, Tel. 446-8991, Fax 444-8187; Zentrale der Jugendherbergen in Peru.

Perú Guide, Av. Benavides 1180, Lima-Miraflores, Tel. 444-3849 (peruguide@limaeditora.com), Touristenbroschüre, monatlich neu, viele nützliche Adressen- und Veranstaltungshinweise, wird in den Reisebüros und bei den Airlines ausgelegt.

Peru-Spiegel, Av. Rinconada del Lago 1145, Lima-La Molina, Tel. 368-3260, Tel./Fax 479-1977 (zeitschrift@peru-spiegel.de, www.peru-spiegel.de). Deutsch-peruanische Zeitschrift der Familie Dopf mit guten Reportagen zu touristischen Highlights. Gibt es in den größeren Städten am Kiosk oder im Buchhandel sowie im Abo, Einzelausgabe 2,30 €.

Boletín de Lima, empfehlenswerte wissenschaftliche Zeitschrift in deutscher und spanischer Sprache über Peru.

Die **Asociación Peruana de Agencias de Viajes y Turismo (APAVIT),** Antonio Roca 121, Lima-Santa Beatriz, Tel. 332-1720, Fax 433-7610 (apavit@apavitperu.com, www.apavit.com.pe) gibt einen Tourist-Guide in span. u. engl. Sprache heraus. Gleichzeitig versteht sich **APAVIT** als eine **Gütesiegel:** überall, wo das Lama-Symbol von APAVIT steht, wird Sicherheit und Qualität für die Reisenden in Peru garantiert.

POLTUR / Notrufe
Policía de Turismo y Ecología, Moore 265, Magdalena del Mar, Tel. 460-0921, Fax 460-1060 (dirpolture@hotmail.com), Mo–Fr 8–12 Uhr. Neben Englisch wird auch Deutsch gesprochen. Die Touristenpolizei bietet für den Reisenden Hilfe bei Sprach- und Verständigungsproblemen, Aufenthaltserlaubnis, Diebstahl usw. – *Centro Policial de Servicio al Turista,* Tambo Belén, Cercado Lima, Tel. 424-2053. – *División de Protección al Turista,* Tel. 460-4525. – *Div. de Investigación Delitos Ecológicos,* Tel. 460-0890.

Polizeinotruf: 105 Feuer- und Unfallnotruf: 116. Streifendienst: 433-3333
Überfallkommando: Tel. 432-2236. Kidnapping: Tel. 463-9916. Autoklau: Tel. 328-0351. Feuerwehr: Tel. 472-3333. Stromausfall: Tel. 431-9611

Ausländerbehörde
Dirección General de Migraciones y Naturalización, Av. España 734, Breña, Tel. 330-4020, 330-4111, 330-4174 und 330-4114, Mo–Fr von 9–13 Uhr für Aufenthaltserlaubnis, Visa und Einreisestempel für von der deutschen Botschaft neu ausgestellte Reisepässe nach Verlust oder Diebstahl.

Adressen & Service Lima

Post

Hauptpostamt (Oficina de Correos), Jirón Conde de Superunda 170, Pasaje Piura), (in der Nähe der Plaza Mayor), Tel. 427-0370, Mo–Sa von 8–20.30 Uhr und So 9–15.30 Uhr. In der Postpassage befindet sich auch ein Servicestelle der *Telefónica del Perú* (Fax) und eine EMS-Annahme.

Kleinere Postämter gibt's fast in jedem Stadtviertel von Lima sowie in den großen Supermärkten wie *Wong, Metro, Sta. Isabel* oder *Plaza Vea*. Im Zentrum: in der Piérola 524, Tel. 611-5004, Mo–Sa von 8–20.30 Uhr. In San Isidro: Av. Las Palmas 205, Tel. 422-0981, Mo–Fr 8–19.45 Uhr. In Miraflores: Petit Thouars 5201/Ecke Vidal, Tel. 445-0697, Mo–Sa von 8–21 Uhr und So 9–14 Uhr. Das Postamt auf dem internationalen Flughafen hat 24 Stunden auf.

Portokosten: Ein gewöhnlicher Luftpostbrief nach Europa kostet 6,50 Soles, ein Einschreibebrief *(certificado)* bis 20 g ca. 16 Soles. Laufzeit etwa zwei Wochen.

Neben dem postlagernden *(lista de correos)* Empfang von Post aus Europa im Hauptpostamt können Kunden von American Express bei Viajes y Negocios, Pardo y Aliaga 698, Tel. 222-2525, Fax 222-5700, info@amexpress.com.pe, Mo–Fr 9–18 Uhr, Sa 9–13 Uhr ihre Post gegen ein geringes Entgelt entgegennehmen. Sendungen mit einem Gewicht von über einem Kilogramm müssen beim Zollpostamt, Av. Tomás Valle (beim Flughafen, Mo–Fr 9–14 Uhr) abgeholt werden. Der Paketversand nach Europa lohnt sich derzeit nicht, da meist ein ungewöhnlich hoher Ausfuhrzoll bezahlt werden muss!

Kuriere: *DHL*, Los Castaños 225, Lima-San Isidro, Tel. 422-5232 und 571-2500. Mo–Fr 8.30–13 Uhr, 14–21 Uhr, Sa 9–17 Uhr, So 9–13 Uhr.

Telefon

Das Telefonwesen wurde in Peru privatisiert. Deshalb gibt es, seit Ende 1994, neue Telefonnummern, speziell in Lima. Für das Land Peru zuständig ist die Telefongesellschaft *Telefónica del Perú,* für Lima dagegen die *Companía Peruana de Teléfonos*.

Die wichtigsten öffentlichen Telefonzentralen der Telefónica del Perú befinden sich in der Postpassage; in der Jirón Carabaya 933 (Nähe Plaza San Martín, Mo–So von 8–22 Uhr); in der Av. Nicolás de Piérola (Cuadra 6, 8–22 Uhr); in der Diez Canseco/Ecke La Paz (Mo–So 7.30–21 Uhr); in der Tarata 290 (Miraflores, hinter dem Banco del Crédito), Mo–Sa 8.30–22 Uhr und So 8.30–13 Uhr sowie in der Av. Prado 724 (Miraflores), Mo–Sa 9–21 Uhr. Ein Gespräch von **drei Minuten Dauer nach Europa kostet ca. 2,00 €,** billiger sind die Internet-Telefone in den Internet-Cafés.

Vorwahl für Lima (1). Sollten Sie noch auf eine alte Telefonnummer stoßen, probieren Sie es mit Vorwahl (14) oder (12).

Internet-Cafés

HYS CiberCafe, Av. Alberto Alexander 2456, Lima-Lince, Tel. 265-9319, www.hys.com.pe. In dem Verwaltungsgebäude in der Junin (zwischen Azángaro und Lampa) gibt es einen kostenlosen Zugang zum Internet, Ausweis ist zuvor zu hinterlegen. – *RCP Red Científica Peruana,* Las Begonias 780, Lima-San Isidro, Tel. 421-1343, Mo–Fr 9–17.30 Uhr, Sa 8–13 Uhr. Viele Internet-Cafés gibt es in der Alcanfores.

Banken und Kreditkarten

In Lima sind nicht unbedingt nur die Banken zum Bargeldwechseln zu empfehlen, denn es darf ganz legal auf der Straße durch autorisierte Geldwechsler (sie tragen Umhängeschürzen) oder in den zahlreichen **Casas de Cambio** (Wechselstuben) gewechselt werden. Meine Erfahrung ist, dass Bargeld in Wechselstuben besser notiert als in Banken, dafür die Banken einen besseren Kurs auf Reiseschecks geben.

Im **Zentrum** befinden sich in der Nähe der Plaza San Martín, z.B. in der Ocoña („ONE Dollar Cambio") und der Camaná viele **Wechselstuben.** Hier einige **Adressen:**

LAC Dollar, Jirón Camaná 779, Tel. 428-8127, Fax 427-3906, und Av. La Paz 211 in Miraflores, Tel. 242-4085, Mo–Sa 9–19 Uhr, So 9–14 Uhr, ein sehr guter Tipp für Cash und Reiseschecks (AE, Thomas Cook, VISA; Kommission).

Sonntagsservice: nach Anruf und Anforderung kommt auch sonntags ein Kurier von LAC-Dollar ins Hotel und bringt die gewünschte Wechselsumme samt Quittung mit. **Bester Geldwechsler in Lima!**
Global Exchange, Av. larco 655, Miraflores. Tel. 241-1232, gut.
P & P Cambio, Av. Nicolás de Piérola 805, Tel. 428-8653. Mo–Fr 9.30–17.30 Uhr, Sa 10–13 Uhr.

Ebenfalls sind Wechselstuben in **Miraflores** zu finden, z.B.: *LAC-Dollar,* Av. La Paz 211, Tel. 242-4069, Fax 242-4085, Mo–Sa 9–17 Uhr, So 9–14 Uhr.
$Cambio$, Av. Benavides 218 (Diagonal), Tel. 444-2404 und 445-4227, Mo–Fr 9–19 Uhr. *P & P Cambio,* Av. Benavides 735, Tel. 444-2404, Mo–Fr 9–13 und 15–17 Uhr, oder in der Tarata 248.

Viele autorisierte **Geldwechsler** stehen auch an den wichtigsten Verkehrsstraßen Limas, wie z.B. an der Plaza San Martín/Ecke Ocona, in der Pasaje Los Oinos in Miraflores oder auf der Benavides (gegenüber vom Parque Central/Kennedy) sowie vor den Banken. Die autorisierten Geldwechsler unterscheiden sich von den anderen durch einen dunkelgrünen Umhängeschurz, der sie als Geldwechsler kenntlich macht sowie einem sichtbar angesteckten Ausweis.

Unter den **Banken** ist die *Banco del Crédito,* Av. Lampa 499, Mo–Fr von 9.15–16 Uhr, für ihre guten Wechselkurse bekannt (Reiseschecks von AE keine Kommission.) Eine gute Adresse ist auch *Interbank,* Jirón de la Unión 600, Tel. 433-4200, Mo–Fr 9–16 Uhr, Sa 9–12 Uhr (Zweigstellen in der Av. Larco in Miraflores und in der Navarrete 857 in San Isidro sowie auch Filialen in der Supermarktkette *E. Wong* (z.B. *im Centro Comercial Plaza San Miguel*); tägl. 10–22 Uhr. **Weitere Adressen:** *Banco de la Nación,* Ecke Piérola/Lampa, Mo–Fr 8.15–12.45 Uhr; Zweigstelle in der Jirón Torrico 830, Mo–Fr 9.15–12.45 Uhr und 15–18 Uhr.

Auf dem Flughafen gibt es von den Banken und der Casa de Cambio einen 24-Stunden-Service, allerdings mit dem landesweit schlechtesten Wechselkursen. Die Banco Santander im Bereich der Gepäckausgabe wechselt nur Bargeld.

American Express: c/o Travex, Miraflores, Av. Sta. Cruz 621, info@amexpress.com.pe, www.americanexpress.com, Mo–Fr 9–18 Uhr, Sa 9–13 Uhr. Ersetzt verlorene oder gestohlene Reiseschecks von Amexco (Vorlage eines Polizeiprotokolls obligatorisch!). USA-Notfallrufnummer (001) 525 326 2660, für Reiseschecks Tel. (001) 800 860 2908. Weitere Adresse: *Servicios Aéreos AQP,* Los Castaños 347, Telefon 222-3312, Fax 222-5910, aqp-lima@mail.planet.com.pe, Mo–Fr 9–19, Sa 8–13 Uhr.

Eurocard/MasterCard: Miguel Seminario 320, San Isidro (6. Stock), Tel. 422-3335/427-5600 und Tel. 441-1891, Mo–Fr 9–17 Uhr, Sa 9–12 Uhr (nur zur Diebstahlsanzeige). Oder: **Scotia Bank,** Cusco 245, Tel. 428-3400 und Av. Benavides 176 (Diagonal), Miraflores, Tel. 445-2290. Bargeld auf Eurocard, nimmt aber Kommission auf Reiseschecks von AE und Thomas Cook. Kunden der Deutschen Bank bekommen mit ihrer EC-Karte kostenlos Soles am GA. Bargeld auch bei *Banco Santandér* und *Banco Regional del Norte.*

VISA: *Banco del Crédito,* Lampa 499, Tel. 428-98987, Mo–Fr 9–16 Uhr. Diebstahlsanzeige: Tel. 311-9898 oder Servicio Global de Atención al Clinete, Tel. 410-581-9754 oder 410-581-0120, rund um die Uhr.

Thomas Cook: Av. Benavides 1180, Miraflores, Tel. 241-5567, Fax 241-7431, Mo–Fr 9–18 Uhr, Sa 9–13 Uhr (für Cook-Reiseschecks gibt es in Lima keinen Ersatz). Cook-Reiseschecks können auch in der *Interbank,* Jirón de la Unión 600, Tel. 433-4200, Mo–Fr 9–16 Uhr, Sa 9–12 Uhr (Zweigstellen in der Av. Larco, Miraflores und Navarrete 857, San Isidro), eingelöst werden

Geldtransfer s.S. 64

Adressen & Service Lima

Ärzte   Die meisten der größeren Hotels haben einen abrufbereiten Vertrauensarzt. Bei einer Erkrankung durch eine Tropenkrankheit sollte das *Instituto de Medicina Tropical* in der Uni Particular Cayetano Heredia, Av. Honorio Delgado in San Martín de Porres um Rat gefragt werden. Klinik-Adressen: *Clínica Stella Maris,* Paseo de los Andes 925 in Pueblo Libre. *Clínica Anglo-Americana,* Alfredo Salazas, 3. Block, San Isidro, Tel. 221-3656, 24-Std.-Notfalldienst (das beste, aber auch teuerste, was Lima diesbezüglich zu bieten hat). *Clínica Ricardo Palma,* Av. Javier Prado Este 1066, San Isidro, Tel. 224-2224, 24-Std.-Service. *Clínica San Felipe,* 6 Escobedo 650, Jesús María, oder die *Clínica Vesalio,* Calle Uno 140, Sto. Thomas, San Borja.

Deutschsprachige Ärzte   *Dr. J.V. Denegri Kossack* und *Dr. Barbara Schülke de Denegri,* San Martín 524, Miraflores, Tel. 444-1944 (Chirurgie, Innere- und Allgemeinmedizin), Mo–Fr 9–18 Uhr. – *Dr. Miguel Ramirez Zaborosch,* Clínica Santa Isabel, Av. Guardia Civil 135, San Borja, Tel. 475-1347 oder 475-7777 (Frauenarzt). – *Dr. Erika Stürmann,* Genaro Castro Iglesias 245, Miraflores, Tel. 447-0351, 979-6909 (Kinderärztin), tägl. 10–13 Uhr, Mo/Mi/Fr 15–19 Uhr. – *Dr. Sophia Behrens,* Calle Conde de la Vega 330, Chacarilla, Surco, Tel. 372-6042 (Zahnärztin). – *Dr. Cecilia Contreras Calisto,* Clínica Ricardo Palma, Av. Prado Este 1038, San Isidro, Tel. 224-1603 oder 224-2224 (Augenärztin); Mo–Sa 9.30–12.30 Uhr. – *Dr. Luís Sáenz Rouillon,* Gregorio Escobedo 676, Jesús María, Tel. 463-1313, Notfall 241-4141 abonado 4111 oder 994-0283 (Notfallarzt, Allgemeinmedizin, Chirurg). – *Dr. med. Manfred Zapff-Dammert,* Av. Monte Grande 109, Off. 208. – **Clínica San Borja,** Av. Guardia Civil 337, San Borja, Tel. 475-4000 und 955-0830, Fax 475-4410, 24-Std.-Service, Blutbank, neueste Ausrüstung, Intensivstation, Apotheke, Dr. Ricardo Losno spricht Deutsch.

Weitere Anschriften von deutschsprachigen Ärzten können über die deutsche, österreichische oder Schweizer Botschaft erfragt werden.

Impfzentren   *Internationales Impfzentrum,* Cápac Yupanqui I 408, Jesús María, Tel. 471-9920, Mo–Fr 8–13 Uhr und 14–17 Uhr, oder Av. del Ejército 1756, San Isidro, Tel. 264-6889, Mo–Fr 8–15 Uhr, Sa 8 –14 Uhr. – *Sanidad Aéra Internacional,* Flughafen Jorge Chávez, Tel. 517-1845, tägl. 24-Std.-Service.

Apotheken   *Boticas Fasa,* Av. Benavides 847, Miraflores, Tel. 475-7070, 24-Std.-Service. *Farmacia Deza,* Av. Conquistadores 144, San Isidro, Tel. 441-5860, 24-Std.-Service! *Pharmax,* Av. Salaverry 3100, San Isidro, Tel. 264-5782 und Av. La Encalada 1541. *El Polo Mall Monterrico,* Surco, Tel. 434-1466, 24-Std.-Service.

Botschaften (Embajadas)   **Deutschland:** Av. Arequipa 4202–4210, Lima 18 (Miraflores), Tel. (0051 – Peru-Vorwahl von D)-(1)-212-5016, Fax 422-6475, kanzlei@embajada-alemana.org.pe, Mo–Fr 9–12 Uhr. Zu erreichen mit fast jedem Bus via Av. Arequipa Richtung Miraflores. Bereitschaftsdienst/Notfälle Tel. 927-8338. – **Dänemark:** Bernardo Monteagudo 201, San Isidro, Tel. 264-3620, Mo–Fr 9.30–12.30 Uhr. – **Italien:** Gregorio Escobedo 298, Jesús María, Tel. 463-2727, Mo–Fr ab 8.30 Uhr (max. 40 Besucher am Tag). – **Niederlande:** Av. Principal 190, Santa Catalina, La Victoria, Tel. 476-1069, Mo–Fr 9–12 Uhr. – **Österreich:** Av. Central 643, San Isidro, Tel. 442-0503, Fax 442-8851. Mo–Fr 9–12 Uhr. – **Schweiz:** Av. Salaverry 3240, San Isidro, Tel. 264-0305 und 462-4090, Fax 264-1319, vertretung@lim.rep.admin.ch, www.embajadasuiza.org.pe, Mo–Fr 8.30–11 Uhr. – **Argentinien:** Pablo Bermúdez 143, Santa Beatriz, Tel. 433-5704, Fax 433-5141, Mo–Fr 9–12 Uhr. – **Bolivien:** Los Castaños 235, San Isidro, Tel. 442-3836 und 422-8231, Mo–Fr 9–13 Uhr. – **Brasilien:** José Pardo 850, Miraflores, Tel. 421-5660 und 446-2635, 9.30–13 Uhr und 14.30–17 Uhr. – **Chile:** Javier Prado 790, San Isidro, Tel. 221-2818, Mo–Fr 9–13 Uhr. – **Ecuador:** Las Palmeras 356, San Isidro, Tel. 221-2880, Mo–Fr 9–13 Uhr. – **Kolumbien:** Av. Jorge Basadre 1580, San Isidro, Tel. 442-9648 und 441-6922, Mo–Fr 9–13 Uhr. – **Paraguay,** Alcanfores 1286, Miraflores, Tel. 444-1310, Mo–Fr 9–13 Uhr.

Adressen & Service Lima

Dt.-Peruan. IHK	*Cámara de Comercio e Industría Peruano-Alemana*, Camino Real 348, Torre el Pilar, San Isidro, Tel. 441-8616, Fax 442-6014, postmast@camperal.org.pe, www.camperal.org.pe. Mo–Fr 8.30–13 Uhr und 14–17.30 Uhr.
Goethe-Institut	In der Nasca 722, Tel. 433-3180, Fax 432-4278, goethepr@amauta.rcp.net.pe, infobib@amauta.rcp.net.pe, www.goethe.de/han/lima/soindex.htm. Mo–Fr 11–20 Uhr; hat deutsche Zeitungen und Zeitschriften, wie z.b. den Spiegel und Stern ausliegen, die gemütlich bei Kaffee und Kuchen gelesen werden können.
Deutsche Schule	*Colegio Alexander von Humboldt,* Av. Benavides 3081, Lima-Miraflores, Tel. 448-7000. – **Schweizer Schule:** *Colegio Pestalozzi,* Casilla 1027, Lima-Miraflores, Tel./Fax 446-4007, colsuizo@pestalozzi.edu.pe.
Club Germania	Tutumo 531, Urb. Chama, Lima-Surco, Tel. 271-8264, Fax 448-2145. – **Deutsch-Peruanischer Hilfsverein,** Vereinsbüro im *Club Germania,* Öffnungszeiten Mi 18–20 Uhr, Fr 10–12 Uhr. Betreuung durch Frau Köhn und Frau Wendland.
Dt.-Span. Übersetz.	*Erika Dopf,* Tel./Fax 341-0266, erikadn@hotmail.com. Deutsch–Spanisch/Spanisch–Deutsch.
Sprachschule	*El Sol Spanish Language School,* Grimaldo del Solar 469, Miraflores, Tel. 242-7763, elsol@idiomasperu.com, http://elsol.idiomasperu.com. Einzige offizielle Sprachschule in Lima, nette Lehrer.
Automobilclub	*Touring y Automóvil Club del Perú,* Av. César Vallejo 699, Lince, Tel. 221-2432, 221-2419, 440-3930, Fax 441-9652, postmaster@touringperu.com.pe, www.touringperu.com.pe. Infos für Autofahrer, relativ gutes Kartenmaterial.
Anden-Institute	*Instituto Andina de Turismo,* Esperanza 367, Lima-Miraflores, Tel. 446-4096. *Instituto de los Andes,* Av. El Golf Los Incas 408, Camacha-La Molina, Tel. 436-8319, Fax 471-9281.
Archäologie	*Asociación Peruana de Arqueología,* Av. Alejandro Bertelllo 976, Tel. 564-5687
Landkarten	Beim *Instituto Geográfico Nacional* in der Av. Aramburú 1198 in Surquillo, Tel. 475-3030, Mo–Fr 8–17 Uhr, können die weitaus besten Karten (auch Detailkarten, Satellitenkarten und topographische Karten) von Peru gekauft werden. Anfahrt mit Bus 54 B. – *Servicio Aerofotográfico Nacional,* Las Palmas Airforce Base, Barranco, Tel. 477-3682, Mo–Fr 8–14 Uhr, Kartenmaterial, Luftaufnahmen, Fliegerkarten.
Zeitungen (periódicos)	Die bekanntesten Zeitungen sind *El Comercio* (gegründet 1839), *Ojo* (gegründet 1968), *Expreso* (gegründet 1961), *El Diario* und *La República,* die im ganzen Land zu kaufen sind. Die englischsprachige Zeitschrift *The Lima Times* erscheint monatlich (3 €). Straßenhändler in der Nähe des Ovalo in Miraflores bieten u.a.Tageszeitungen aus Deutschland an (wie F.A.Z. oder SZ). Die etwa drei Tage alten Zeitungen kosten 2–3 €. *Peru-Spiegel,* s.o. bei „Tourist-Info".
South American Explorers Club (SAE)	Calle Piura 135, Miraflores, Tel./Fax 445-3306, limaclub@saexplorers.org, www.saexplorers.org, Mo–Fr 9.30–17 Uhr, Sa 9.30–13 Uhr, SKYPE SAELima. Gibt monatlich seine engl.-spr. Clubzeitschrift South American Explorer heraus, in der recht interessante Artikel nicht nur über Peru stehen. Gegründet 1977 als Non-Profit-Organisation. Mitgliedschaft 50 € p.a., mit Zeitschrift.
Spedition/ Umzüge	*Kühne & Nagel,* Calle las Begonias 441, San Isidro. Tel. 612-0800, Fax 612-0801, rosaelivra.montoya@kuehne-nagel.com, www.kn-portal.com. Internationaler See- und Luftfracht, auch Privatumzüge.
Kamera-Reparatur	auch digitale Kameras, erledigt der Spezialist: „Carlos", Mercado Polvos Azules (s.u.), Block 50, Calle 8 Tienda 39, Eingang in „Jr. A. Raimondi No. 190 La Victoria" benutzen, der Laden ist da (fast) gleich um die Ecke.
Wäscherei	Viele Wäschereien, z.B. *People*, Azámgaro 113, in einer kleinen Geschäftspassage, 24-h-Service, 4 Soles/kg.

Adressen & Service Lima

Einkäufe und Märkte

Sicherlich ist Lima das teuerste Pflaster, um Andenken zu erstehen oder typische Produkte und Waren Perus einzukaufen. Diese sind in der jeweiligen Region Perus, dort, wo sie hergestellt werden, billiger. Das gilt insbesondere für Alpaka- und Lama-Pullover. Doch wer unterwegs nichts herumschleppen will, der kann in den Hauptgeschäftsstraßen *Unión* und *Piérola* alles nachträglich erstehen. Typische Peru-Mitbringsel und Andenken gibt auch auf dem *Mercado Artesanías* in der Av. de la Marina 790 (tägl. 9–20 Uhr) und in der Av. Sucre, Pueblo Libre (Anfahrt mit Bus 21 ab Tacna oder Bus 48 ab Parque Universitario). Gebrauchte Bücher werden im Parque Central/Kennedy, Nähe Ovalo, in Miraflores verkauft. Außerdem befinden sich auf der Av. Petit Thouars in Richtung Ovalo drei große Märkte mit vielfältigem Kunsthandwerk. Auf dem **Markt Polvos Azules** an der Plaza Grau, Nähe Einfahrt zur Via Expresa, gibt es alles zu kaufen, was das Herz begehrt, u.a. alles Elektronische, angefangen von iPods, CD- und DVD-Kopien, Hifi-Zubehör bis hin zu Laptops und Beamern. Außerdem natürlich Textilien.

Seien Sie skeptisch bei einem äußerst günstigen Angebot von angeblich reinen **Alpaka-Pullovern**. Oft entpuppt sich dies nur als ein minderwertiges Schaf-Lama-Kunststoff-Gemisch! Echte Lamawolle riecht etwas, wenn sie nass wird, echte Alpakawolle hat immer einen Eigengeruch. Ein paar gute Adressen: *Minka*, Av. Grau 255, Barranco, Tel. 442-7740, Di–Sa 11–19 Uhr, eine Hersteller-Kooperative von Wollwaren und Kunsthandwerk. Die Produkte sind hier etwas teurer als anderswo, weil *Minka* es sich zur Aufgabe gemacht hat, die Landbevölkerung gezielt mit fairen Preisen für ihre Erzeugnisse zu unterstützen. *Antisuyu*, Tacna 460, Miraflores, Mo–Fr 9–19 Uhr, Sa 10.30–18.30 Uhr, Kooperative von Indígenas, die Kunsthandwerk aus allen Regionen Perus verkaufen. *La Casa de la Alpaca*, La Paz 679, Miraflores. Der Verkauf und Handel mit **Textilien aus Vicuña** ist in ganz Peru streng **verboten** und wird beschlagnahmt! Ausgenommen sind die Vicuña-Händler der *Grupo Inca* (alpaca111@grupoinca.com), zu denen die Geschäfte von *Alpaca 111* gehören. Offiziell genehmigten Verkauf von Vicuña-Produkten gibt es im *Alpaca 111*, Av. Larco 671 in Miraflores, Mo–Sa 10.30–22 Uhr und an der Plaza Regocijo 202 in Cusco. Eine Alpaka-Fabrik gibt es in Monrepós-Huachipa, etwa 20 km außerhalb von Lima auf der Carretera Central. Hier verkauft die Schweizerin Ninette Puller Ponchos und Alpakapullis für den weltweiten Export.

Feine **Schmuck- und Silberarbeiten** (925) bietet *Ilaria*, 2 de Mayo 308, Lima-San-Isidro, Tel. 221-8575 und Los Eucaliptos 578, San Isidro, an.

An der Ocoña/Camaná breitet sich nach Norden ein riesiger Buchmarkt mit unzähligen Ständen aus, die Antiquariat, CDs, Schallplatten u.ä. anbieten.

Supermärkte- und Shoppingcenter: In Miraflores, Av. Benavides, ist der *Supermarkt Santa Isabel* rund um die Uhr geöffnet. Empfehlenswert ist auch der *Supermarkt Metro,* Ecke Ugarte/Venezuela. Das größte Shoppingcenter Perus befindet sich an der Av. La Marína, Anfahrt vom Zentrum (ab Av. Abancay) mit Buslinie 87 (Richtung Callao). Neben dem Kaufhaus *Saga Fabaella* gibt es hier die Hypermercados *Santa Isabel, Wong* und *Metro*. In jedem Stadtviertel gibt es einen kleinen Markt, auf dem Lebensmittel eingekauft werden können.

Camping- und Wanderausrüstung: *Campingcenter Util,* Av. Benavides 1620, Miraflores. *Centro Comercial Jokey Plaza,* Av. Javier Prado Este 4200, Miraflores.

Öffnungszeiten: Läden und Geschäfte haben in der Regel zwischen 10 und 20 Uhr geöffnet, kleinere Tante-Emma-Läden auch länger, wobei viele zwischen 13 und 16 Uhr für ein bis zwei Stunden schließen. Die Läden der gehobenen Klasse liegen in Miraflores und San Isidro und sind entsprechend teuer. Soweit Preise nicht fixiert sind, sollte generell um den Preis gehandelt werden. Achtung: Insbesondere auf den Märkten größte Vorsicht vor trickreichen Taschendieben!

Adressen & Service Lima

Reisebüros und Touranbieter

> **Achtung:** Service u. Qualität der in diesem Reisehandbuch unter den Abschnitten „Adressen & Service" angegebenen Dienstleistungsunternehmen (Tour-Veranstalter, Reisebüros, hotelvermittelte Ausflüge etc.) können nachlassen bzw. sich verschlechtern. Bitte schreiben Sie uns, wenn Sie berechtigte Mängel oder sonstige Unregelmäßigkeiten feststellen.

Es gibt Hunderte von Reiseagenturen in Lima mit einem unübersehbaren Angebot an Touren und Dienstleistungen, wobei die Zahl der „Schlepper" und *informales* sehr, sehr hoch ist. Also aufgepasst. Hier eine Auswahl in alphabetischer Folge:

Atambo Tours, Av. José Pardo 764, Miraflores, Tel. 445-6670/242-9876, info@prusia-tours.de, www.atambotours.de. Tula Schmidt Schuler ist deutschsprachige Touranbieterin mit großem Know-how. Nachhaltige Individual-, Gruppen-, Hochzeits- u. Frauenreisen zu jedem beliebigen Gebiet. Kontaktbüro in D: Karen Stephan, Westendstr. 71, 60325 Frankfurt, Tel. 069-74220986, Fax 76803500, info@atambo-tours.de. Schweiz: info@prusia-tours.ch. **TIP!**

Class Adventure Travel (CAT), Grimaldo del Sol 463, Miraflores, Tel. 444-2220 und 444-1652, bart@cat-travel.com, www.cat-travel.com; die Holländer Bart und Karin haben Tourismus studiert, bieten gute Touren u. guten Service.

Cóndor Travel, Armando Blondet 249, San Isidro, Tel. 615-3000, Fax 442-2035, incoming@condortravel.com, www.condortravel.com; Hotelbuchungen von D, A und CH aus möglich, meist preiswerter als in Lima.

COTOURS, Av. Arequipa 290, Tel. 433-7727, Fax 433-5416, luz.bagliet-to@cotours.com, www.cotours.com, 24-h-Service. Büro in Berlin, Tel. 030-88676875. Über D können somit direkt Flüge in Peru gebucht werden. **TIP!**

DASATARIQ, Francisco Bolognesi 510, Tel. 513-4400 Fax 513-4401, touroperator@dasatariq.com, www.dasatariq.com; gut funktionierende Organisation seit 1952, empfehlenswert.

Consorcio Turístico, Francisco de Paula Camino 241, Miraflores; gute Informationen, hilfsbereit, gut funktionierende Organisation, empfehlenswert.

Cordilleras Travel, Sucre 420, Tel./Fax 261-3091, www.cordilleratravel.com; sehr hilfsbereiter und flexibler Anbieter, Rundreisen inkl. Bolivien, auch Kleinstgruppen und Individualtouren.

Cultour-Minka, Tel. 442-7740, minkaqhatu@amauta.rcp.net.pe; alternativer Touranbieter und Vermittler von preiswerten Unterkünften bei Familien auf dem Lande, sehr authentisch.

Explorandes, Aristides Aljovin 484, Miraflores, Tel. 445-0532, info@explorandes.com; Spezialist für Trekking-Touren, etwas teuer.

Horizontes Andinos, Carabaya 510 (Zentrum), Tel. 312-1193, Fax 428-8680, perutour@terra.com.pe, www.ifb.com/peru; Touren ins andine Hochland, zuverlässig, aber vorher klären, ob im Voucher Steuern, Eintritte usw. enthalten sind.

IDEAS, Ampay 036, San Miguel, Telefon 451-3603 oder Tel. 352-0589, ideas-mz@amauta.rcp.net.pe. Ein von *Maria Pierrend, Luís Solari* und *Marcia Pita* gegründeter Studienkreis zur Erforschung und Dokumentation der über 6000 Jahre alten präkolumbischen Kulturen in und um Lima bietet interessante und informative, durch peruanische Lehrer und Archäologiestudenten geführte Stadtrundgänge und Rundfahrten in und um Lima zu vor- und inkaischen Stätten. Da alle Lehrer und Studenten die Führungen in ihrer Freizeit organisieren einige Tage vorher anmelden. Mein besonderer **TIP!**

Inkaland Tours, Calle Los Libertadores 445, San Isidro, Tel. 422-8540, scastillo@inkalandtours.com, www.inkaland.com. Susana Castillo ist auf Gruppenreisen, Privattouren, Stadtführungen, Trekking-Touren (z.B. im Colca- oder Cotahuasi-Canyon spezialisiert; dt.-spr., mittleres Preissegment.

Kantu Tours, San Agustín 187, Surquillo Tel. 241-9313, Tel. 870-1368 (24-Std.-Service), Fax 447-5233, kantutours@terra.com.pe. Sehr guter und preisgünstiger Touranbieter, auch für Backpacker, schneller Service. Spezialisiert auf den Norden Perus, gPLV. **TIP!**
Lima Tours, Belén 1040, Tel. 424-5110, Fax 330-4488, inbound@limatours.com.pe und vacacionperu@limatours.com.pe, www.limatours.com.pe. Sehr gute **Stadtrundfahrten**; Vorrecht, bestimmte Sehenswürdigkeiten besichtigen zu können (Anmeldung: inbound@limatours.com.pe), die Individualtouristen vorenthalten bleiben, gut organisiert, verhältnismäßig teuer.
Peruvian's Life, Diez Canseco 332, Tel. 444-7129, Miraflores. Preiswerte Stadtrundfahrten.

Touristenführer

Asociación de Guías Oficiales de Turismo (AGOTUR), La Venturosa 177, Lima-Surco,Tel. 448-5167, Fax 448-5167, agoturlima@yahoo.com. Die deutschsprachige Bertha Quezada Guzmán ist Präsidentin. Offizielle Touristenführer (deutsch-, englisch-, italienischsprachig) vermittelt auch der *Servicio de Guías Oficiales de Turismo „The Guide Champion Team"*, Mo–Fr 9.30–17.30 Uhr, Sa 9.30–12.30 Uhr, Tel. /Fax 447-9685.

Empfehlenswerte deutschsprachige lizenzierte Touristenführer mit langjähriger Erfahrung: *Christine Berg*, Tel. 449-6980, christine@valtron.net; Stadtführungen Lima. – *Ina Broderson*, Tel. 446-2170, irmgard@ec-red.com; Stadt- und Museumsführungen, nur Lima. – *Gerda Leixner*, Tel. 441-9214, gerdaleixner@yahoo.com: als Seniorführerin die Koryphäe der Historie Limas, insbesonders für ältere Reisende die Grande Dame für exzellente Stadt- und Museumsführung. – *Debora Jacobs,* Calle República El Salvador 179, Barrio Medico, Lima-Surquilllo, Tel./Fax 241-5431, deborajacobs0808@hotmail.com; nur Transferleistungen, Begleitung auf Märkten. – Der deutschsprachige Führer *Rolf Roeting*, Tel. 9901-0484, rolfroeting@@hotmail.com, besitzt eine Camioneta für max. 7 Personen und unternimmt auf Anfrage mit seinem Wagen Reiseführungen **durch ganz Peru,** z.B. nach Nasca, Arequipa oder Chiclayo. **TIP!** – Der dt.-spr. *Ernesto Rieder*, Tel. 09909-4224, mit einem fast unerschöpflichen Wissen, bietet hervorragende Stadtführungen inkl. Abholung vom Flughafen und organisiert auch Touren in die Umgebung von Lima und durch Peru. **TIP!**

Touren Pueblos Jóvenes

Der Agraringenieur *Alois Kennerknecht*, Tel. 449-1619, ecoalke@terra.com.pe., bietet alternative Stadtrundfahrten durch die Pueblos Jóvenes in. Route, Anlaufpunkte und Dauer können frei gewählt werden. Kosten 30 Soles/h für die erste Person, jede weitere 10 Soles/h, max. 3 Pers. pro Tour. Normalerweise dauert eine Rundfahrt mit einem Taxi 3 h. Dabei können Aufforstungsanlagen, soziale Projekte, Kunsthandwerkstätten u.ä. besucht werden. **TIP!**

Verkehrsmittel

Taxis, Micros, Colectivos, Combis

Für **Taxis** betragen die Fahrpreise für eine Kurzfahrt 5–6 Soles (z.B. im Stadtzentrum oder innerhalb eines Stadtviertels), für eine Fahrt in die Vororte (z.B. vom Zentrum nach Miraflores) 6–10 Soles. Nach Einbruch der Dämmerung wird ein Zuschlag von 35%, nach 24 Uhr einer von 50% erhoben. Die Taxifahrer bevorzugen kurze und schnelle Strecken. Wenn Ihnen der Preis übertrieben scheint, ist es dem Fahrer entweder zu weit oder er kennt das Fahrziel nicht, dann einfach ein anderes Taxi nehmen. Mustern Sie unauffällig den Fahrer, immer wieder fahren welche betrunken oder stehen unter Drogeneinfluss.

Eine Fahrt mit einem **Flughafentaxi vom Flughafen ins Zentrum** kostet offiziell 15 €, nach Miraflores 20 €, nach Barranco 25 €. Für eine Fahrt mit einem *normalen Taxi* vom Flughafen ins Zentrum sind max. 25 Soles zu löhnen, nach

Miraflores ca. 30 Soles. TIP: Heuert ein billigeres Taxi außerhalb des Flughafenbezirkes an – aber bitte nur bei Tagankünften (!) und nur wer Spanisch kann! Wer gut handelt, kann **für 15 Soles ins Zentrum** (Plaza Mayor), für 20 Soles nach Miraflores und für 25 Soles nach San Borja oder Barranco kommen. **Vom Zentrum zum Flughafen** kostet das Taxi nur ca. 10 Soles, von Miraflores zum Flughafen nur ca. 5 Soles. Ein Colectivo vom Flughafen ins Zentrum kostet nur 4 Soles p.P.

Wichtig dabei ist immer, dass der Fahrpreis unbedingt vor der Fahrt ausgehandelt wird! Für die Einfahrt auf den Flughafenparkplatz wird eine Gebühr von 5 Soles nur fällig, soweit nicht innerhalb von 5 Min. wieder ausgefahren wird. Sparbewusste beenden die Taxifahrt vor dem Flughafengelände. Eine Fahrt vom oder zum Flughafen dauert, je nach Tageszeit, mindestens eine halbe Stunde, in der Rush-hour bis zu einer Stunde.

Ein **empfehlenswerter Taxifahrer,** offiziell registriert bei Transporte Turistico LALO, ist *Eduardo Aragón Ramirez,* Nextel 429-8177, Handy 994-298-177, zuverlässig und preiswert. – Ein anderer empfehlenswerter Taxifahrer, offiziell registriert bei einem Flughafentaxi-Unternehmer, ist *Eduardo N. Ramirez,* Tel. 999-003-809 und 993-453-166. Der ehemalige Lehrer spricht Englisch und etwas Deutsch, hat ein komfortables Taxi, selbst Sicherheitsgurte auf den Rücksitzen. Bietet neben Taxifahrten auch Stadtrundfahrten an und übernimmt Hotelreservierungen zu günstigen Konditionen.

Empfehlenswerte Taxi-Unternehmen in Lima sind: *Taxi Seguro* (Tel. 275-2020/438-4567; 24-Std.-Service), *Lady's Taxi* (Tel. 470-8526), *Taxi Miraflores* (Tel. 446-3853; 24-Std.-Service) und *Taxi Amigo* (Tel. 436-7475).

Busse sind allgegenwärtig und sehr billig, doch dafür oft ziemlich klapprig und meist überfüllt. Die wichtigsten Linien fahren über die Plaza San Martín oder Piérola, z.B. Bus Nr. 2 nach Miraflores und Micro 71 nach Callao. Micro 24 A fährt vom Zentrum nach Miraflores. Vom internationalen Flughafen Jorge Chavéz in Callao fahren die Busse 11 und 35 und die Micros 16 und 9 ins Zentrum.

Colectivos kosten nur geringfügig mehr als Busse und verkehren auf festen Strecken. Im Einsatz sind oft VW-Busse oder japanische Mini-Busse. Der Schaffner ist dauernd auf der Jagd nach Fahrgästen und ruft ständig das Fahrziel aus dem geöffneten Fenster oder der halboffenen Fahrzeugtüre. Zum Aussteigen einfach *bajar* („bacha") rufen. Der Preis ist fest, unabhängig von der Fahrstrecke, und wird beim Aussteigen bezahlt. Colectivos **vom Zentrum nach Miraflores** fahren in der Av. Tacna, Av. Arequipa und Av. Garcilaso de la Vega ab. Vom Zentrum nach La Punta von der Plaza 2 de Mayo.

Auf manchen Strecken gibt es auch **Colectivo-Taxis,** eine ebenfalls noch preiswerte, aber schnellere Alternative. Ein Colectivo-Taxi fährt erst los, wenn alle Sitzplätze belegt sind. Zum internationalen Flughafen Callao fahren welche von der Nicolás de Piérola, sie verlangen bei fünf Fahrgästen um 1,50 € pro Nase.

Combis sind die Konkurrenz der Colectivos. Es sind 16- oder 20sitzige japanische Busse, die gleichfalls nach dem Prinzip der Colectivos Fahrgäste transportieren. Das Fahrtziel ist vorne angeschlagen. Obwohl die Strecken vorgeschrieben sind und eine Genehmigung erforderlich ist, wählen sich die Fahrer ihre Routen meist selbst. Auch hier schreit der Schaffner (cobrador) aus offener Wagentür das Ziel aus, wer zusteigen will winkt den Combi heran. Gehalten wird an jeder Stelle, abrupte Brems- und haarsträubende Fahrmanöver sind Combi-Alltag. Über 30.000 Combis machen Limas Straßen unsicher. Unterstützt bei ihrer Jagd nach Fahrgästen werden die Combi-Fahrer vom *Informante de frecuencia,* dem Zeitmesser. Er informiert den Fahrer über den Zeitabstand zum vorausfahrenden Combi der gleichen Route und erhält pro Zeitinfo ein kleines Entgelt. Sind es mehr als 5 Minuten, muss der Combi-Fahrer Gas geben, damit er nicht vom nachfolgenden Combi überholt wird; sind es weniger als 5 Minuten, muss er langsamer fahren, damit wieder genügend Fahrgäste am Straßenrand vorhanden sind ...

Mietwagen (Alquiler de Autos)

Einen Wagen mieten können Personen ab 25 Jahre, die bereits seit zwei Jahren die Fahrerlaubnis besitzen und eine Kreditkarte vorweisen können. Es sind meist japanische und koreanische Wagen.

Beim Anmieten in Lima ist für die **Rundstrecke** Lima – Nasca – Arequipa (– Colca) – Puno – Cusco – Ayacucho – Huancayo – Lima unbedingt ein **Geländewagen** oder Pickup einem Pkw vorzuziehen (aufgrund der zahlreichen Schlaglöcher zwischen Cusco und Huancayo und der Schotterpiste zum Colca). Die Rundstrecke Lima – Huaraz – Cañón del Pato – Trujillo – Chiclayo – Lima kann problemlos mit einem Pkw bewältigt werden.

Fahrzeuge können in Deutschland auch direkt über die internationalen Büros von AVIS (info@avis.de, www.int-avis.de) oder Hertz (info@hertz.com, www.hertz.com) angemietet bzw. mit deren Hilfe vermittelt werden. Regel: je früher gebucht, desto besser der Preis.

Preiswerter kann es werden, wer es in Eigenregie direkt bei den peruanischen Anbietern probiert. Je nach Fahrzeugtyp sind 30–80 € pro Tag plus Versicherung und Steuer (Wochentarif 90–300 €) und durchschnittlich 0,30–0,40 € je gefahrenen Kilometer zu bezahlen. Einen Kleinwagen gibt es ab 40–50 € pro Tag inkl. freien 200–300 Kilometern (bei einigen Anbietern auch mit unbegrenzten Kilometern), Versicherung und Steuern. Bei längeren Mieten immer nach dem Wochentarif (Preisorientierung: ca. 200 € inkl. unbegrenzte Kilometer) oder Monatstarif (Pauschalpreis inkl. unbegrenzte Kilometer) fragen. Die meisten Autovermieter haben in Miraflores ihre Büros dicht beieinander und fast alle Zweigstellen am Flughafen.

Einige Adressen: **Global Car Rental,** Av. Tomás Mársano 2875, Urb. Higuereta, Surco, Tel. 271-3923, www.globalcarrental.com.pe; hilfsbereite, freundliche Vermieter, zuverlässige Wagen, Zweigstelle in Trujillo. Ein 4WD Turbodiesel Intercooler kostet für 5 Tage 320 € bei 1000 Freikilometern. – **Inka's,** Jr. Cantuarias 160, Tel. 445-5716, Fax 447-2583, inkasrc@terra.com.pe, www.peruhot.com/inkas, Mo–Fr 8–19 Uhr, Sa 8–17 Uhr, auf dem Flughafen Mo–Fr 24-Std.-Service, sehr preiswert, **TIP!** – **Avis**, Av. Larco 1080, Lima-Miraflores, Tel. 434-1111, Av. Javier Prado Este 5235, Lima-Camacho, Tel. 434-1111, avisperu@mixmail.com, www.avisperu.com, Flughafen (24-Std.-Service), Tel. 575-1637. – **Budget,** Carnaval y Moreyra 476, San Isidro, Tel. 444-4546, Fax 441-4174, aeropuerto@budgetperu.com, budgetmir@budgetperu.com, www.budgetperu.com, Mo–Fr 8.30–18 Uhr, Sa 9–12 Uhr; Zweigstellen: Av. La Paz 522, Tel. 444-4546 und Francisco de Paula Camino 231-A, Miraflores, Tel. 445-1266. – **Dollar,** Av. Cantuarias 341, Lima-Miraflores, Tel. 444-4920, Fax 444-3498, dollar-soto@terra.com.pe; Flughafen (24-Std.-Service) Tel. 575-1719. – **Hertz,** s. bei *Inka's.* – **National,** Av. España 449, Tel. 575-1111, Fax 433-3750, national.ventas@terra.com.pe, www.nationalcar.com.pe, Mo–Sa 8.30–20 Uhr, 24-Std.-Service auf dem Flughafen. – **Thrifty Car Rental,** Los Jazmines 223, Lima-Lince, Tel. 221-8689, Fax 221-1230, thrifty@fenix.com.pe. – **Peru Rent-a-car,** Malecón Balta 720, Lima-Miraflores, Tel. 421-5262, Fax 242-5088, rentacar@amauta.rcp.net.pe; auch Luxuswagen, Fahrer sowie **Monats- und Jahrestarife. – Agrupación de Asistencia al Automovilista AAA,** Av. Javier Prado Oeste 1115, Lima-San Isidro, Tel. 221-3966, 221-3967, Fax 441-4239, triplea@peruhot.com, www.peruhot.com/triplea; *mit eines der besten Angebote in Lima,* 24-Std.-Service, günstige Wochen- und Monatstarife.

Verkehrsverbindungen

Busse Die Überlandbusse fahren von Lima in **drei Hauptrichtungen** ab: nach Norden auf der *Panamericana Norte* in alle Städte bis zur ecuadorianischen Grenze, nach Süden auf der *Panamericana Sur* in alle Orte bis zur chilenischen Grenze oder nach Arequipa und auf der *Carretera Central* in die Anden mit Abzweigung in die Selva nach Pucallpaa. Der Fernverkehr wird meist von **drei großen Busterminals (Terrapuertos)** abgewickelt.

Bus-Infos und Fahrpreise Aktuelle Informationen und Abfahrtszeiten finden sich in den Tageszeitungen und in den Gelben Seiten unter *Transporte Terrestre*.
Die **Buspreise** sind relativ niedrig, so kostet es beispielsweise mit der empfehlenswerten Linie *Cruz del Sur* nach Tumbes an die Nordgrenze Perus 32 €, nach Arequipa im Süden 30 € und nach Cusco 44 € – andere Gesellschaften fahren noch günstiger (zeitweise bis zu 50%). Jedoch fand in den letzten Jahren durch die hohen Benzinpreise eine Erhöhung der Busfahrpreise statt, die sich bestimmt fortsetzen wird.

Die größten Busunternehmen Perus sind: **Ormeño,** Terminal Internacional, Av. Javier Prado Este 1059, Tel. 472-4569, www.grupo-ormeno.com, www.ascinsa.com.pe/ormeno, und Terminal Nacional in der Carlos Zavala 177, Tel. 427-5679, Fax 426-3810. Mit eine der größten und besten Busgesellschaften Südamerikas, auch Komfortbusse (ROYAL Class, doppelt so teuer, doch WC und Bordservice) mit regelmäßigen Verbindungen. National: Lima – Trujillo; Lima – Arequipa – Puno – Cusco; Puno – La Paz. International: u.a. täglich nach La Paz (Bolivien, 52 €), Guayaquil (Ecuador, 45 €) und Quito (ab 60 €), 1x wö Bogotá (150 €) und Caracas (ab 177 €), 2x wö Santiago de Chile (70 € inkl. Verpflegung), Mendoza (Argent. 130 €), Buenos Aires (150 € inkl. Verpfl.) und 1x wö nach Río de Janeiro (250 € inkl. Verpfl.). Unbedingt nachfragen, von welchem Terminal Busse zum Zielort fahren, da auch vom Terminal Internacional Destinationen in Peru angefahren werden, z.B. Ica, Pico oder Nasca. Ormeño setzt teilweise auch Bus-Subunternehmen ein, die aber nicht unbedingt den Qualitätsstandard von Ormeño erreichen, wie z.B.

Expreso Ancash, Av. Javier Parado Este 1059, Tel. 472-1710
Nach Huaraz und Caraz
Continental, Carlos Zavala 177, Tel. 427-5679
Trujillo, Chiclayo, Piura, Tumbes
Expreso Internacional Ormeño, Carlos Zavala 177, Tel. 427-5679
Pisco, Ica, Nasca, Arequipa, Tacna
San Cristóbal, Carlos Zavala 177, Av. Javier Prado Este 1059, Tel. 472-1710, Fax 470-5454.
Arequipa, Juliaca, Tacna, Puno.
Expreso Costa Centro, Carlos Zavala 177, Tel. 427-5679
Huancayo, Tambo, Chupaca, Sicaya, Orcotuna, Concepción, Jauja

Cruz del Sur, Av. Javier Prado Este 1109, La Victoria, Tel. 225-9090/225-6163/225-6200, Fax 225-9090, www.cruzdelsur.com.pe und www.gibarcena.com; Paseo de la República 801, La Victoria, Tel. 332-3210 und 323-4000.
Die **wahrscheinlich beste Busgesellschaft Perus** akzeptiert VISA und auf Fernstrecken kann übers Internet eingebucht werden. Verbindungen innerhalb Perus z.B. nach Ayacucho, Trujillo, Chimbote, Chiclayo, Piura, Tumbes, Huancayo, Huaraz, Cusco, Paracas, Ica, Nasca, Arequipa, Tacna und Puno. Es werden drei Klassen von Bussen eingesetzt, darunter auch Direktbusse. Die besten und modernsten, mit vier Achsen gilt die „Cruzero-Busse". Empfehlenswert, gPLV.

Oltursa, Av. Grau 617, Tel. 428-2370, Av. Aramburú 1160, San Isidro, Tel.

225-4499 und C. Inclán 131, Miraflores, Tel. 445-8141. Diese Busgesellschaft **zählt zu den besten in Peru!** Busse in den Süden Perus (Arequipa) und Lima – Chiclayo – Piura.
CIVA, für Busse in den Norden: Av. 28 de Julio 1145, Tel. 332-5264. Nach: Chiclayo, Tumbes, Piura, Cajamarca, Chachapoyas (einziger Direktbus), Huaraz. Für Busse in den Süden/Hochland: Carlos Zavala 217, Tel. 428-5649. Nach Cusco (Direktbus). Eine der besseren Busgesellschaften.
Internationale Fernverbindungen von Lima unterhalten die Busgesellschaften von *Bus TAS CHOPA International* (nach Santiago, Buenos Aires, Córdoba, Montevideo, São Paulo und Río de Janeiro), *Paraguay de Transporte* (n. Asunción und Río de Janeiro) sowie *Rutas de América* (n. Caracas), alle in der Enrique Palacios 954, Lima-Miraflores (Tel. 445-4879, Tel./Fax 444-9009, 427, Fax 444-9059). Daneben fahren *TRAMACA*, Huaraz 765, Lima-Breña (Tel. 423-6801, Fax 423-6807) nach Salta und Santiago sowie *El Rápido*, Rivera Navarrete 2650, Lince (Tel. 422-9508, Fax 441-6651) nach Buenos Aires.

Weitere wichtige Busgesellschaften

Apurímac, Av. Luna Pizarro 453, La Victoria, Tel. 431-0904. Nach: Apurímac, Abancay, Cusco.
Atahualpa, Sandia 266, Tel. 427-5838. Nach: Chimbote, Cajamarca.
BAHIA Continental, Av. 28 de Julio 1562, Tel. 423-3623/424-1539. Nach: Tingo Maria. Fz 10 h. Abfahrten um 8.30 Uhr und 19 Uhr (Bus Cama).
Cáceres, 28 de Julio 2195, Tel. 424-2456. Nach: Huancayo.
Chiclayo Express, Av. Grau 653, Tel. 428-5072. Nach: Chiclayo (Direktbus).
Transporte de Chavín, Montevideo 1039, Tel. 428-8122. Nach: Chavín (Direktbus).
Cóndor de Aymaras, Condesuyos 477, Tel. 428-6618. Nach: Nasca, Ica und Abancay.
Etucsa, Tel. 428-3651. Nach: Trujillo, Chiclayo, Huancayo.
Expreso Satipo, Av. Luna Pizarro 448, Tel. 432-9272. Nach: La Merced u. Satipo.
Expreso Chanchamayo, Manco Capac, La Victoria. La Oroya – Tarma – Merced – Oxapampa – Pozuzo.
Expreso Sudamericano, Montevideo 618, Tel. 427-1077/427-7708: Nach Tumbes, Tacna und Huancayo, ältere Busse, etwas billiger.
Expreso Wari, Montevideo 809, Tel. 428-8591. Busse in den Süden.
Flores, Paseo de República 637. Gesellschaft, die in alle größere Städte fährt, durchaus empfehlenswert.
Geminis, Luna Pizarro 435, Tel. 432-4517. Nach: La Merced
Hidalgo, Tel. 424-0522. Nach: Huancayo, Tarma.
LINEA, José Galvez 999, Tel. 424-0836. Nach: Huaraz, Trujillo und Cajamarca Gute Gesellschaft.
León de Huánuco, Av. 28 de Julio 1520, Tel. 423-*3893*. Nach: Huánuco, Tingo María (Fz 13 h, Fp 27 Soles), Pucallpa (Direktbus um 19 Uhr, Fz 22 h, Fp 33 Soles) und La Merced.
LOBATO, Av. 28 de Julio 2101, Tel. 447-9411. Nach: La Merced, Satipo
José de San Martín, Tel. 428-1423. Nach: Pisco (stündlich).
Transporte Las Dunas, Tel. 423-6497. Nach: Chimbote, Trujillo, Chiclayo, Piura, Ica (Luxusbusse).
Mariscal Cáceres, Av. 28 Julio 2195, Tel. 474-7850, Fax 474-6811. Nach: Huancayo, Fz 7–8 h, Fp 5,50–6,50 € inkl. Verpflegung, Tagesbusse um 7, 8 u. 10 Uhr (wichtige Gesellschaft ins zentrale Hochland!).
Morales Moralitos, Av. Grau 141, Tel. 427-6310. Nach: Abancay, Cusco.
Movil Tours, Calle Miguel Baquero 200 und Paseo de la República 749, Tel. 332-9000. Bus Cama von Lima nach Huaraz, Caraz und Trujillo, und Lima – Chiclayo – Rioja – Moyobamba – Tarapoto. Gute Gesellschaft, pünktlich, sehr guter Service, fährt hauptsächlich nachts. Telefonische Res. möglich.
NorAndino, Tel. 431-8497. Nach: Chimbote, Trujillo, Chiclayo.

NorPacifico Intern., Tel. 428-4254. Nach: Huaraz, Caraz, Chimbote, Trujillo, Chiclayo.
Olano, Av. Grau 617, Tel. 428-2370/428-2027. Nach: Trujillo, Chiclayo, Piura, Tumbes, Bagua, Jaén, Arequipa, Chachapoyas, Moyobamba (setzt teilweise Schlafbusse ein).
Oltursa: Av. Grau 617, Tel. 428-2370, Av. Aramburú 1160 (San Isidro) Tel 225-4499 und C. Inclán 131 (Miraflores), Tel. 445-8141. Busse in den Süden Perus (Arequipa) und Lima – Chiclayo – Piura.
Oropesa Huancavelica, Av. Grau 707, Tel. 428-7818. Nach: Huancavelica, Pisco, San Clemente, Huancayo, Chincha, Ica.
Perú Express, Guillermo Dansey 235, Tel. 424-8990. Nach: Trujillo, Chimbote, Chiclayo (Luxusbusse).
Rodríguez, Roosevelt 354, Tel. 428-0506. Nach: Huaraz, Caraz, Chimbote.
Roggero, Av. Tomás Marsano 810, Surquillo, Tel. 475-4085, Fax 475-9820 und Av. Grau 7111, Tel. 427-9637/428-7810. Busse in den Norden.
Santa Ana, Av. 28 de Julio 1574, Tel. 330-0465. Nach: La Merced, Oxapampa
Sto. Domingo de Guzmán, Av. Luna Pizarro 448, Tel. 432-4517. Nach: La Merced, Satipo.
Suyoz, Av. Mexico, etwas außerhalb in San Luís. Nach: Ica
TEPSA, Paseo de la República 129, Tel. 427-5642/427-5643. Hat regelmäßige Verbindungen innerhalb Perus, z.B. nach Chimbote, Trujillo, Chiclayo, Piura, Tumbes, Cajamarca, Arequipa und Tacna sowie international 2x wöchentlich nach Santiago de Chile und zeitweise nach Caracas. Busse sind oft alte Greyhound-Modelle, recht abenteuerlich …
Transmar, Luna Pizarro 379, Tel. 433-7440. Nach: Ayacucho, Oxapampa, Pucallpa.
Trans Rey, Av. Bauzate y Meza (2. Block), Tel. 431-9808. Nach: Pucallpa, Tingo María, Huancayo und Huánuco, teilweise mit Bordpersonal.
Trujillo Express, Cotabambas 347, Tel. 428-2640. Direktbus nach Trujillo.

Fahrziel nach … mit Gesellschaft …

Abancay	Apurímac, Cóndor de Aymaras, Morales Moralitos
Apurímac	Apurímac
Arequipa	Cruz del Sur, Oltursa, Ormeño (ROYAL Class), TEPSA, CIVA; Fz 13–16 h, 54 Soles.
Asunción	Paraguay de Transporte
Ayacucho	Cruz del Sur (tägl. 21.30 Uhr), Transportes Huamanga, Ormeño oder Transmar; Fz über Pisco 8 h, über Huancayo 15 h, Fp 16–36 Soles (je nach Strecke, Gesellschaft und Bustyp).
Bagua	Olano, Oltursa
Bogotá (Kol.)	Ormeño; Fz 3 Tage, ab 142 €
Bs. Aires (A.)	Ormeño, TAS CHOAPA International, El Rápido; Fz 4 Tage, 150 €
Cajamarca	LINEA (Luxusbusse, empfehlenswert), Movil Tours, Atahualpa, CIVA, TEPSA; Fz 13 h, Fp ab 15 €, je nach Gesellschaft und Bustyp.
Caracas (V.)	Ormeño, TEPSA, Rutas de América; Fz 5–6 Tage, ab 177 €
Caraz	Movil Tours, NorPacifico, Rodríguez, Expreso Ancash
Celendín	Atahualpa
Chachapoyas	CIVA (Direktbus), Olano, Movil Tours.
Chavín de Hua.	Transporte de Chavín
Chiclayo	Chiclayo Express, CIVA, Las Dunas, NorAndino, NorPacifico, Olano, Oltursa, Perú Express (Luxusbus), Roggero, Continental, TEPSA, Cruz del Sur, Movil Tours; Fz 10 h, 9–11 €

Chimbote	Movil Tours, Atahualpa, Las Dunas, NorAndino, NorPacifico, Perú Express, Rodríguez, Roggero, TEPSA, Cruz del Sur; Fz 6 h, 5–7 €
Chincha	Oropesa, Fz 2,5 h
Chupaca	Expreso Costa Centro
Concepción	Expreso Costa Centro
Cusco	Ormeño mit Royal Class (Direktbus). Lima – Arequipa – Puno – Cusco. Lima ab 16 Uhr, Cusco am nächsten Tag 20 Uhr. Retour: Cusco ab 9 Uhr, Lima an am nächsten Tag 15 Uhr. CIVA, Morales Moralitos, Cruz del Sur (Direktbus), Apurímac. Die Strecke über Huancayo und Ayacucho nach Cusco ist mit dem Bus nicht unter vier Tagen zu schaffen, dabei sitzt man tägl. ca. 9 h im Bus! Der Direktbus von Cruz del Sur und CIVA fährt via Nasca auf einer durchgehend asphaltierten Strecke nach Cusco, Fz 22 h, Fp ab 15 €, je nach Bustyp. Cruz del Sur fährt via Arequipa, Moquegua, Tacna und Puno nach Cusco.
Guayaquil (Ec.)	Ormeño; täglich 15 Uhr, Fz 24 h, Fp 45 € (inkl VP).
Huancavelica	Oropesa
Huánuco	León de Huánuco, Trans Rey, Fz mindestens 7 h
Huaraz	Movil Tours (Tagbus 13 Uhr), LINEA, NorPacifico, Rodríguez, Expreso Ancash, Cruz del Sur (komfortable Busse), Comité 14, CIVA; Fz 7–8 h, ab 7 €, je nach Gesellschaft und Bustyp.
Huancayo	Bus Peru (sehr komfortabel), ECTUSA (Abfahrten 8 Uhr/10 Uhr), Hidalgo, Cruz del Sur, Expreso Sudamericano, Trans Rey, Mariscal Cáceres (nur Nachtbus um 23 Uhr, empfehlenswert), Expreso Costa Centro. Abfahrten meist 8 bis 10 Uhr vom Terminal Yerbateros im Viertel San Luís, Fz ca. 6 h, 10–50 Soles je nach Gesellschaft, z.B. Cruz del Sur 40 Soles.
Ica	Ormeño, Peru-Bus (gute Busse und Fahrer), Cóndor Aymaras, Las Dunas (Luxusbus), Oropesa, PerúBus (Suyoz); oft im Stundentakt. Fz 4 h, Fp ab 10 Soles. Cruz del Sur 7 Uhr/13.30 Uhr direkt zum Hotel Las Dunas. Sitzplatz rechts wählen. PerúBus 17 Soles.
Jaén	Olano, Oltursa
Jauja	Expreso Costa Centro
La Merced	Geminis, Sto. Domingo de Guzmán, León de Huánuco, Expreso Satipo, LOBATO, Santa Ana, Merced, Trans Rey, Expreso Chanchamayo. Direktbus tägl. um 17.30 Uhr mit *La Merced*, Fz 8 h, Fp 25 Soles.
La Paz	Direktverbindung mit Ormeño
Mendoza (A)	Ormeño
Moyobamba	Movil Tours, Olano, Oltursa (Schlafbus)
Nasca	Cóndor de Aymaras, Ormeño (Frühbus um 9 Uhr); Fz 7–8 h, 6 €. Komfortbus ROYAL Class 20 €. Cruz del Sur 7 Uhr/13.30 Uhr, Fz 7 h mit vierachsigen Cruzero-Komfortbusse. **TIP!**
Orcotuna	Expreso Costa Centro
Oxapampa	Santa Ana, Modern, Transmar, Expreso Chanchamayo
Paracas	Ormeño, Cóndor de Aymaras, Fz 3 h, 10 Soles. Cruz del Sur 7 Uhr/13.30 Uhr direkt zum Hotel Paracas.
Pisco	Ormeño (ROYAL Class), José de San Martín, Oropesa, Fz 3 h. Cruz del Sur 7 Uhr/13.30 Uhr.
Piura	CIVA, Las Dunas, Olano, Oltursa, Roggero, Continental, TEPSA, Cruz del Sur; Fz 16 h, 14–16 €
Pozuzo	Expreso Chanchamayo (3x tägl.)
Pucallpa	Die Busse nach Pucallpa fahren im Stadtteil La Victoria ab. León de Huánuco, Trans Rey, Transmar, Fz 18–22 h, je nach Bustyp, Fp 40–50 Soles, Komfortbus 67 Soles. Gute Alternative: Mit einem der doppelstöckigen Schlafsessel-

	bussen (Bus Cama) von BAHIA CONTINENTAL, Av. 28 de Julio, bis Tingo María, Fz 8 h, Fp 45 Soles, dann in einen Colectivo umsteigen (fahren ab 4 Pers.), Fz 5 h, Fp 45 Soles.
Puno	Ormeño, CIVA, Cruz del Sur, Flores; von Arequipa weiter mit Julsa u. Milagros (bei Bussen von Lima muss in Arequipa, je nach Buslinie, umgestiegen werden).
Quito (Ec.)	Ormeño; Fz 2 Tage, ab 59 €
Rioja	Movil Tours
Santiago de Ch	Ormeño, TEPSA, TRAMACA, TAS CHOAPA International; Fz 2 Tage, 70 €.
Satipo	Expreso Satipo, LOBATO, Sto. Domingo de Guzmán, Transmar
Sicaya	Expreso Costa Centro
Tacna	Ormeño, TEPSA, Cruz del Sur, Expreso Sudamericano; Fz 16–18 h, 15–18 €
Tambo	Expreso Costa Centro
Tarapoto	Movil Tours, Fp 20 €
Tarma	Etucsa, Hidalgo, Expreso Chanchamayo
Tingo María	Trans Rey, León de Huánuco, Transmar, BAHIA CONTINENTAL mit komfortablen doppelstöckigen Bussen, bei der Tagfahrt oben vorne sitzen wg. der Aussicht. Fz ca. 10 h, Fp 45 Soles. BAHIA hat zwei Fahrer an Bord!
Trujillo	Ormeño, Trujillo Express, Movil Tours, Etucsa, Las Dunas, NorAndino, NorPacifico, Olano, Oltursa, Perú Express, LINEA (30 Soles), CIVA, BAHIA CONTINENTAL, TEPSA, Cruz del Sur. Fz 8–9 h, Fp 30–50 Soles, Nachtbus 65 Soles.
Tumbes	CIVA, Olano, Oltursa, Continental, TEPSA, Expreso Sudamericano; Fz 16–20 h, 18–20 €.

Eisenbahn

Der Bahnhof *Desamparados,* Ancash 205, Tel. 427-4387 und 427-6620 (App. 183), ist nur wenige Schritte von der Plaza Mayor entfernt. Die spektakuläre **Zugverbindung** von Lima über Galera (4781 m) **nach La Oroya** (3726 m) und **Huancayo** (3271 m) war in den letzten Jahrzehnten immer wieder starken Erdrutschen und Überschwemmungen ausgesetzt und dadurch oft monatelang außer Betrieb. 2006 wurde der regelmäßige Verkehr nach Huancayo wieder aufgenommen.

Die Züge verkehren ganzjährig, außer im Dezember. Die Abfahrt in Lima ist fahrplanmäßig zweimal monatlich (im zweiwöchigen Rhythmus), im Januar, Februar und März nur einmal monatlich. Abfahrten sind in der Regel am Freitag, manchmal auch am Samstag oder Donnerstag, um 7 Uhr, Ankunft in Huancayo um 18 Uhr. Die Rückfahrt von Huancayo ist jeweils am Sonntag um 7 Uhr (Tagzug) oder um 18 Uhr (Nachtzug), Ankunft in Lima um 18 Uhr (Tagzug) bzw. 7 Uhr morgens (Nachtzug). Im Mai und Juni gibt es meist drei Abfahrten. Es gibt zwei Wagentypen mit unterschiedlichen Preisklassen. Die **Coches Clásicos** sind Wagen mit je 68 feststehenden Sitzplätzen aus Großbritannien (1950) oder Rumänien (1982). Die Fenster lassen sich öffnen. Die **Coches Turísticos** mit je 48 Pullmansitzen wurden 2006 in Callao gefertigt, haben Panoramafenster, AC, Heizung und Zugang zur *Coche Bar* (Essen und Getränke) mit Aussichtsplattform.

Fahrpreise Rückfahrkarte Tag-/Nachtzug mit *Clásico* 165 Soles, Kinder 7–12 Jahre 130 Soles, Kinder 3–6 Jahre 100 Soles; mit *Turístico* 300 Soles, Kinder 7–12 Jahre 230 Soles, Kinder 3–6 Jahre 200 Soles. Fp einfache Fahrt mit *Clásico* 100 Soles, Kinder 7–12 Jahre 90 Soles, Kinder 3–6 Jahre 60 Soles; mit Turístico 200 Soles, Kinder 7–12 Jahre 160 Soles, Kinder 3–6 Jahre 140 Soles. Aktueller Fahrplan mit Fahrpreisen und Anzeige nächster Abfahrt unter

www.ferrocarrilcentral.com.pe.
Fahrkarten entweder im Eisenbahnbüro der **Ferrocarril Central Andino** *(FCCA),* Av. José G. Barrenechea 566 (5. Stock), San Isidro, Tel. 226-6363, App. 222/235, reservas@fcca.com.pe, ferroviasperu@fcca.com.pe oder Online unter www.ferrocarrilcentral.com.pe sowie über jedes Reisebüro (wesentlich teurer!). Die FCCA akzeptiert VISA, auch online. Teletickets gibt es auch bei den Supermarktketten Wong und Metro oder Tel. 610-8888.

Es empfiehlt sich, per Platzkarte einen Sitz ab Lima auf der *linken* Seite zu reservieren, da die günstigeren Plätze für Aussicht und Fotografieren in Fahrtrichtung auf dieser Seite sind. Außerdem sollten Sie mindestens eine Stunde vor Abfahrt am Zug sein. Unterwegs gibt es neben einigen technischen Stopps auch kurze Besichtigungs- bzw. Fotostopps für Touristen in San Bartolomé und Galera (4781 m). Bitte über Ostern den besonderen Fahrplan beachten! Sauerstoffflaschen zur evtl. notwendig werdenden Beatmung werden in den Coches Turísticos mitgeführt.

Der deutsche Veranstalter *Inti Tours* organisiert von D aus diese Zugreise, ist Mitglied im „Freunde Lateinamerikanischer Bahnen", die sich für den Erhalt der Bahnstrecke einsetzt und Komplettpakete verkauft, Tel. 07334/959741, www.intitours.de.

Weitere Infos s. www.ferroviasperu.com.pe, www.ferrolatino.ch und www.incasdelperu.org/statusofthetrain.hmt.

Unabhängig davon, ob der Zug die ganze Strecke fahren kann, gibt es **von Juni bis Dezember** (Saison-Zeit) jeden Sonntag um 8.30 Uhr die Möglichkeit, mit dem Personenzug 62 km bis nach San Bartolomé zu fahren. Rückfahrt um 16 Uhr, Fz 2 h, Rückfahrkarte 4 €.

Peru Rail, Av. Armendariz 397, Lima-Miraflores, Tel. 444-5020, reservas@perurail.com, www.perurail.com, Mo–Fr 8.30–18 Uhr. Fahrkarten für die Strecken Puno – Cusco – Puno und Cusco – Aguas Calientes – Cusco.

Flüge, Airlines

Flughafen Der **Aeropuerto Jorge Chavéz** (J. Chavéz überflog interessanterweise als erster die Alpen, nicht die Anden), Av. Elmer Faucett s/n, Callao, liegt fast am Pazifischen Ozean, etwa 16 km vom Zentrum Limas in nordwestlicher Richtung. Zutritt zur *Zona International* nur für Flugpassagiere mit gültigem Flugticket und Reisepass.

Im Airport: Banco Santandér und Banco del Comercio im Abflugsektor wechseln Reiseschecks von AE (keine Kommission). Daneben gibt es eine Wechselstube (Casa de Cambio) im Ankunftssektor, die Bargeld und Reiseschecks wechselt. Sowohl Wechselstube als auch die Banken haben einen 24-Stunden-Service, aber landesweit die schlechtesten Wechselkurse. Am besten in der Zona Nacional an den Bancomaticos (Geldautomaten) mit der Kreditkarte Bargeld ziehen. Vorteil: es muss kein Bargeld zum Umtausch aus D/A/CH mitgebracht werden.

Im Obergeschoss des Flughafengebäudes ist ein 24-Stunden Post- und Telekommunikationsservice eingerichtet. Restaurants, Kioske/Café (Internet) usw. sind gleichfalls vorhanden. Die Gepäckaufbewahrungsstelle *(Equipaje)* nimmt neben Koffer (5 Soles pro Koffer) auch Fahrräder an. In der Abflughalle gibt es außerdem einen 1. Hilfe-Posten *(Alerta Médica)*, Info-/Auskunftsstände, eine Poststelle von Serpost und weitere Kioske. Außerdem gibt es zwei **Agenturen,** bei denen nahezu alle **Hotels und Hostales in Lima gebucht bzw. reserviert werden können.**

Im nationalen Sektor hat **i-Peru** einen 24-Std.-Service, Tel. 574-8000, iperulimaapto@promperu.gob.pe, eingerichtet.

TIP: Wer spät in der Nacht auf dem Flughafen die Zeit bis zum Anschlussflug am nächsten Morgen überbrücken muss, ist in der *AEROBAR* im Flughafen gut aufgehoben (24-Std.-Service, alle Kk).

Flughafen Taxis	Alle Möglichkeiten und Preise s.S. 155
Airport-Shuttle	Sehr preiswerte ist der Bus-Shuttle *Satelite*, Tel. 425-1202, Fax 424-3650, der vom Flughafen zum gewünschten Hotel und auf Wunsch auch vom Hotel zum Flughafen fährt. Der Schalter *(mostrador)* ist gleich neben den beiden Schaltern der Flughafen Taxis. 24-Std.-Service, Fp Tagfahrt 3 €, Nachtfahrt 6 € (Vorkasse). **TIP!**
Nationale Fluglinien	**Geschäftszeiten:** Mo–Fr meist von 9–17 Uhr (selten länger), Sa 9–12 Uhr. **Aero Andino:** Bolívar 252, Pucallpa, Tel. 59-2072 und Los Cipreses 191, Los Parques, Chiclayo, Tel. (074) 23-3161, Fax (074) 27-2453, aeroandino@llampayec.rcp.net.pe, www.aeroandino.com.pe. – **Aero Cóndor:** Juan de Arona 781, Lima-San Isidro, Tel. 442-5215 oder 441-1354, Fax 221-5783, 24-Std.-Service, reservas@aerocondor.com.pe, www.aerocondor.com.pe. – **Aeroica:** Diez Canseco 434, Lima-Miraflores, Tel. 446-3026, Fax 444-2140, aeroica@terra.com.pe, www.aeroica.com; Flughafen-Tel. 452-9570; in Ica Tel. (034) 52-0639; in Nasca Tel. (034) 52-2831. – **Aeroparacas:** Panamericana Sur Km 447, Nasca, Tel. (034) 271-694, Handy 8787-1984, aeroparacas@wayna.rcp.net.pe, www.nascatravel.com. – **ATSA,** Flughafen Jorge Chávez, Tel. 575-1702, Fax 575-3641, www.atsaperu.com. Gesellschaft mit Antonov AN-26B-100, die Lima mit Cajamarca (Zwischenlandung in Trujillo zum Auftanken) täglich verbindet. Außerdem Flüge nach Atalaya, Sepahua, Pucallpa und Pto. Esperanza sowie Charterflüge. – **Aviandina,** Aeropuerto Jorge Chávez, Ed. Central, Callao, Tel. 484-1177. – **FAP** (Fuerza Aérea del Perú): Base Aérea FAP Moronacocha, Iquitos, Tel. (094) 28-4521, Fax (094) 28-2882 (Flugplatz); Sargento Lores 127 in Iquitos, Tel. (094) 23-4632 (Hauptbüro) und (094) 23-3116. – **Fenix:** Av. La Marina 600, Iquitos *(die Busch-Airline unterhält u.a. Direktverbindungen zwischen Iquitos, Pucallpa, Yurimaguas und Tarapoto).* – **HeliCusco:** Av. Carlos Villarán 996, Urb. Sta. Catalina, Tel. 471-1209, Fax 266-0213. – **LAN:** Av. Pardo 513, Lima-Miraflores, Tel. 0801-11234, Tel. 213-8200, 218-8300, Fax 213-8355, www.lan.com. Obwohl LAN täglich zahlreiche Flüge anbietet, werden viele davon gestrichen, da nicht genug Fluggäste zusammenkommen. Allerdings werden dann weder die Reisebüros noch die Fluggäste unterrichtet. LAN ist eine der teuersten Airlines in Peru. – **LC Busre,** Los Tulipanes 218, Urb. San Eugenio, Lince, Tel. 619-1313, Fax 575-5203, reservas@lcbursre.com.pe, www.lcbusre.com.pe. – **Star Peru,** Av. José Pardo 601, Tel. 445-6032, Counter 705-9002, Fax 447-7572, Res. 705-9000 oder Aeropuerto Internacional Jorge Chavéz, Ed. Central, Callao, reservas@starperu.com, www.starperu.com.pe. – **TACA Peru:** Av. Comandante Espinar 331, Lima-Miraflores, Tel. 213-6060, Fax 213-6060, reservas@grupotaca.com oder ventaslima@grupotaca.com, www.taca.com.
Internationalen Linien	Die meisten haben ihre Büros in Miraflores und San Isidro. **Aerolineas Argentinas,** Canaval y Moreyra 370, San Isidro, Call Center Tel. 0800-52200, Tel. 513-6565, Fax 513-6566. – **Aeropostal,** Mártir Olaya 129, Lima-Miraflores, Tel. 444-1199, Fax 241-8407, aeropostal@terra.com.pe. – **Alitalia,** Av. Pardo 601, Of. 444-9295, 9–17 Uhr. – **Avensa/Servivensa** (Venezuela), Francia 597, Miraflores, Tel. 442-4430, Fax 575-1600. – **Avianca** (Kolumbien), Av. José Pardo 140, Miraflores, Call Center 0800-51936, Tel. 444-0747/445-0506, Fax 444-0745, oficina@aviancaperu.com, www.avian-

ca.com. – **BA** (Großbritannien), Aristides Aljovin 472, Miraflores, Tel. 444-4441, Fax 445-5479. – **Iberia** (Spanien), Camino Real 390, Torre Central (9. Stock), Miraflores, Tel. 411-7800, 411-7801, Fax 421-7394. – **KLM,** Av. Alvarez Calderón 185, San Isidro, Tel. 421-9500. – **LAB** (Bolivien), Av. José Pardo 231, Miraflores, Tel. 241-5210, Fax 447-1877, www.labairlines.com. – **Lufthansa,** Av. Jorge Basadre 1330, San Isidro, Tel. 442-4455 und 442-4466, Fax 440-5644, lhlim@terra.com.pe, www.lufthansa-peru.com. LH ist am Airport nur vormittags vertreten. – **VARIG** (Brasilien), Camino Real 456, Torre Real, San Isidro, Tel. 221-0628, Fax 442-4178.

Flughafen-Steuer Für internationale Flüge ab Lima wird die Airport-Tax *Tasa Unificada de Uso de Aeropuerto* (TUUA.) der Corpac ca. 100 Soles oder 30 US$, für nationale Flüge eine Airport-Tax von ca. 6 US$ erhoben. Die Gebühr kann in US-Dollar (cash) oder in Landeswährung bezahlt werden.

Flüge und Preise von/nach Lima mit Fluggesellschaften

Von Lima aus werden u.a. folgende wichtigen Orte angeflogen (in Klammer die vorgesehen Flugtage). **Preisangaben dienen nur zur Orientierung,** Wechselkurs und gerade gültige Bestimmungen können die tatsächlichen Preise erheblich variieren lassen. Außerdem gibt es laufend Sonderangebote, deshalb lohnt sich ein Airpass fast nie! Der Preis ist von der Klasse abhängig. Dabei sind nur 10% der Sitze für die billigste Preisklasse reserviert, das Ticket ist sofort in bar (keine Kreditkarte!) zu bezahlen. Flugtickets, die länger als 3 Monate Gültigkeit haben, liegen preislich u.U. über der angegebenen Preisspanne. Fluganfragen und Buchungen über Latin Reps, latinreps@latinreps.com (deutschsprachig). Einige Flüge finden oft nur während der Trockenzeit und/oder nur, wenn genügend Passagiere zusammenkommen. **Deshalb Flug aktuell erfragen.**

Andahuaylas (ANS): LC Busre, tägl. 8.25 Uhr, Fz 80 Min., 93 €. Gewicht des Gepäckes max. 10 kg, sonst Aufzahlung!
Anta: s. Huaraz
Arequipa (AQP): LAN, 5x tägl., 90–140 €; TACA 116 158 €
Atalaya: Grupo 8 (Fr). ATSA.
Ayacucho (AYP): LC Busre, tägl. 5.10 Uhr/5.20 Uhr, 120 €
Cajamarca (CJA): LC Busre , tägl. 15.10 Uhr/15.20 Uhr, Fz 95 Min., 120 €
Chachapoyas: Star Peru (Sa) ab 100 €; Grupo 8 (Di/14tägig) 65 €
Chiclayo (CIX): LAN, tägl., 128 144 €
Chimbote: derzeit nicht angeflogen
Cusco (CUZ): LAN, mehrmals tägl. 5–14 Uhr, ab 99 €; Star Peru (2x tägl.); TACA Peru (Di/Mi/Fr/So 7.15 Uhr) ab 95 €. Linken Fensterplatz wählen.
Huánuco (HUU): LC Busre, tägl. 12.15 Uhr, Fz 1 h, 105 €
Huancayo (HYO): LC Busre, tägl. 8.35 Uhr, Fz 50 Min., 96 €
Huaraz: LC Busre , tägl. 8.35 Uhr, Fz 65 Min., 108 €
Iberia: derzeit keine Flugverbindung für Zivilpersonen
Ica: Aero Cóndor, tägl., via Nasca, nachfragen!
Iquitos (IQT): LAN, tägl. ab 95 €; Star Peru, tägl., 84–94 €. Manchmal Zwischenlandung in Pucallpa oder Tarapoto, nachfragen.
Juanjui: derzeit keine Flugverbindungen.
Juliaca (JUL): LAN, tägl., 129–145 €
Nasca: Aero Cóndor, tägl., anfragen!
Piura (PIU): LAN, tägl., 129 €
Pucallpa (PCL): LC Busre, tägl., ab 55 €; Star Peru (tägl.). ATSA.
Puerto Esperanza: FAP/Grupo 8 (Fr) 65 €. ATSA.

Puerto Maldonado (PEM): LAN, mind. 1x tägl. via Cusco, 140–160 €; ab Cusco auch kleinere Buschmaschinen.
Rodriguez de Mendoza: Grupo 8 (Mi/14tägig) 65 €
Sepahua: FAP/Grupo 8 (Fr) 65 €. ATSA (auf Anfrage).
Tacna (TCQ): LAN, tägl., 129 €
Tarapoto (TPP): Star Peru, tägl., ab 75 €; LAN, tägl., ab 99 €
Tingo María: derzeit keine Flugverbindung
Trujillo (TRU): Star Peru, tägl.; LAN, tägl., 79–136 €; LC Busre, tägl., ab 65 €
Tumbes (TBP): tägl. ab 300 Soles.

Umgebungsziele von Lima
Tour 1: Lima – **Pachacamac** (33 km) – **Cañete** (Panamericana Sur)

Der Ausflug zu den gut 33 km entfernten *Ruinen von Pachacamac* möchte ich am Anfang einer Perureise als „Schnuppertour" empfehlen, denn nach den Höhepunkten Cusco und Machupicchu ist wohl jeder so verwöhnt, dass Pachacamac später eine Enttäuschung sein könnte.

Die Ruinen von Pachacamac müssen aber nicht unbedingt als Solo-Tagesausflug geplant werden. Es bietet sich vielmehr an, den Ausflug dorthin in eine Tagesetappe in und um Lima zu integrieren: Zum Beispiel am Vormittag das Archäologische Museum besuchen, mittags mit einem Taxi oder dem Microbus über Miraflores auf der Panamericana Sur nach Pachacamac fahren und nachmittags das Goldmuseum (erst ab 12 Uhr geöffnet!) ansteuern. So entsteht eine abwechslungsreiche Rundtour, die in einem Tag zu bewältigen ist.

Die komplette Hin- und Rückfahrt mit dem Taxi kostet, inklusive vereinbarter Wartezeiten, etwa 25–30 € und ist für drei oder vier Reisende, die sich zusammentun, durchaus preiswert. Für die gleiche Tour mit einem lokalen Reisebüro muss mit mindestens 20 € pro Person gerechnet werden. Individualisten nehmen den billigen Microbus 120 M ab Santa Catalina oder einen Colectivo vom Universitätspark Richtung Lurín. Die Fahrt dauert ungefähr eine Stunde. Dem Colectivo-Fahrer ist unbedingt anzusagen, dass Sie nur bis zu den Ruinen von Pachacamac (und nicht in die Stadt) wollen, damit er Sie an den Ruinen absetzen kann. Die Ruinen sind von 9–16 Uhr geöffnet (außer am 1. Mai), der Eintritt kostet 1,50 €. Weitere Infos: www.wpro.com/pachacamac.

Valle Lurín **Pachacamac** liegt im Lurín-Tal, etwa 30 km südlich von Lima. Das Lurín-Tal gilt als *Valle Verde* oder grünes Tal von Lima und ist landschaftlich das schönste Flusstal in der Nähe der Hauptstadt. Neben archäologischen (z.B. Pachacamac) und touristischen Sehenswürdigkeiten bietet das über 100 km lange Tal vor allem Natur pur. Erdbeerplantagen wechseln mit Mais- und Weinfeldern, die meisten der hier ansässigen Familien leben von der Landwirtschaft. Wäre Pizarro nicht stur gewesen, hätte er hier am Río Lurín die neue Hauptstadt des eroberten Inkareiches bauen müssen. Heute korrigieren die Einwohner Limas, was Pizarro nicht erkannte: Sie siedeln zusehends ins Lurín-Tal, und Umweltschützer warnen bereits vor dem „Ausverkauf". Das jährliche *Erdbeer-Festival* oder die *Fiesta Caballo de Paso* mit den berühmten Passpferden locken immer mehr an, die touristische Vermarktung ist eingeleitet.

Lima – Umgebungsziel Pachacamac

Orakel von Pachacamac

Pachacamac war seit dem 9. Jahrhundert eine Art Wallfahrtsort für alle Völker der Küste und des Hochlandes. Der Ort im Lurín-Tal hatte etwa die gleiche Bedeutung wie Delphi für die Griechen. Das Orakel *(Huaca)* des Weltschöpfers Pachacamac wurde um jeglichen Rat gefragt. Pilger reisten Hunderte von Kilometern an und brachten kostbare Weihgaben aus ihren Regionen mit. Eine große Stadt entstand um das Heiligtum, von dem aber heute nichts mehr erhalten ist. Die Inka eroberten im 15. Jahrhundert Pachacamac und übernahmen die Tempelanlagen mit dem Huaca. Daneben errichteten sie das weit größere Sonnenheiligtum in Form einer terrassenartig ansteigenden, künstlichen Pyramide. 1533 töteten die goldgierigen Spanier unter *Hernando Pizarro*, einem Bruder von *Francisco Pizarro*, die Tempelpriester und raubten die mit Gold und Silber ausgestatteten Tempel aus. Die Archäologen *Julio Tello* und *Max Uhle*, beide mit einem Denkmal in Pachacamac geehrt, fanden verschiedene Bauschichten und viele Gräber und konnten einen Zusammenhang mit der wesentlich älteren Tiwanaku-Kultur herstellen. So beruhen die verschiedenen Keramikformen auf zeitlichen, nicht auf lokalen Unterschieden, wie früher oft vermutet wurde.

Pachacamac-Rundgang

Gleich rechts vom Eingang liegt ein kleines **Museum** (derzeit geschlossen), dessen wertvollstes Stück die 1938 ausgegrabene, fein gearbeitete Holzsäule des Pachacamac ist. Die Vertiefungen der Figur waren einst mit Gold oder Silber ausgelegt. Außerdem werden noch Keramiken und Stoffe gezeigt. Rechts, nicht weit vom Museum, steht ein semisubterraner, rekonstruierter Gebäudekomplex, die **Casa de las Mamaconas**, deren Bedeutung umstritten ist. Lebten hier die ausgewählten Sonnenjungfrauen und stellten sich dem Inkaherrscher zur Schau oder diente der Komplex der Verehrung des Mondes?

Links führt eine Straße auf einen kleineren Hügel, auf dem der **Pachacamac-Tempel** stand. Einige Terrassen mit Resten einer Bemalung sind gut erhalten. Direkt vor dem Betrachter imponiert aber ein mächtiger künstlicher Hügel, auf dem Ende des 15. Jahrhunderts der **Sonnentempel** des Inca errichtet wurde. Gemauerte Terrassen und Lehmwände sind noch recht gut erhalten. Von oben bietet sich ein beeindruckender Gesamtblick auf die Ruinenstadt und auf zwei kleine Stier- bzw. Hahnenkampf-Arenen sowie auf das Meer mit zwei vorgelagerten Inselchen.

Da der gesamte Ruinenkomplex sehr weitläufig ist, dauert auch ein rascher Rundgang mindestens eine Stunde. Wer mit einem Taxi angefahren kam, kann den Taxifahrer bitten, durch den Ruinenkomplex zu fahren. Die Rückfahrt nach Lima erfolgt am zweckmäßigsten über die autobahnartig ausgebaute Panamericana Sur. Busse ins Zentrum von Lima können auf der Straße vor den Ruinen angehalten werden.

Cañete

Wer mehr Zeit zur Verfügung hat, der kann noch etwas weiter die Panamericana Sur nach Süden auf einem weiteren Tagesausflug hinunterreisen. Vorbei an den Badeplätzen von *Punta Hermosa, Punta Negra, San Bartolo, Santa María, Pucusana* und *Las Palmas* kommt man nach *Cañete* (s. auch S. 460).

Tour 2: Ruinen von Puruchuco – Cajamarquilla – Chosica (Carretera Central)

Dieser Ausflug ist für archäologisch Interessierte empfehlenswert. Außerdem bietet sich ein guter Eindruck in ein typisches Küstental. Um die Ruinen anzufahren, empfiehlt sich in Lima an der Ecke Montevideo/Ormoño einen Colectivo nach Chosica zu nehmen. Abfahrten zwischen 6 und 21 Uhr, immer dann, wenn der Colectivo vollbesetzt ist, Fahrpreis etwa 1 €. Die Busse 200a, 200c und 204 fahren von Nähe des Parque Universitario bzw. der Ayacucho nach Chosica. Vorschlag: Für eine schnellere und bequemere Ruinen-Direktfahrt wieder mit mehreren zusammen ein Taxi mieten. Die Lauferei und Sucherei von der Hauptstraße entfällt, das Taxi wartet auf einen. Den Fahrpreis (25–30 €) vorher fest vereinbaren. Daneben gibt es noch die Möglichkeit, die Tour vollorganisiert mit einem Reisebüro zu unternehmen.

Puruchuco Etwa 7 km vom Zentrum Limas zweigt von der Umgehungsautobahn die Carretera Central mit dem Kilometerstein 0 ab. Die Carretera Central folgt dem Verlauf des Río Rímac durch die Küstenebene nach Chosica und windet sich dann die Anden nach La Oroya hinauf. Auf der Carretera Central wird nach 5 km Puruchuco erreicht. Hinter dem Dorf liegt der rekonstruierte Palast eines *Curaca* (Dorfvorsteher) aus der Präinkazeit, eine Lehmziegelburg mit vielen Gängen und Gemächern sowie ein kleines Museum mit lokalen Kunstgegenständen wie Keramik, Stoffen und Musikinstrumenten. Di–So von 9–17 Uhr, Eintritt 1 €. – Zurück auf der Hauptstraße zweigt etwa bei km 9,5 links ein Weg nach *Huachipa* ab.

Cajamarquilla Gleich danach geht es rechts zur *Hacienda Nievería* und zu der in einem Kilometer dahinterliegenden Ruinenstadt **Cajamarquilla.** Von ihrer Geschichte ist nur bekannt, dass sie ein städtisches Zentrum des kleinen Königreiches *Cuismancu* war. Es wird angenommen, dass die rechteckigen Adobe-Lehmbauten von der Wari-Kultur stammen. Die Ruinen der Lehmziegelstadt bestehen aus drei Gebäudegruppen mit Terrassen und pyramidenähnlichen Bauten, die von labyrinthartigen Straßen durchzogen sind. Im 19. Jahrhundert hatte eine Räuberbande unter *Rossi Arci* hier ihren Schlupfwinkel. Di–So von 9–17 Uhr, 1 €.

Chosica Wer von den staubigen Pisten genug hat, kann von hier nach Lima zurückkehren. Sollte noch Zeit übrig sein, empfiehlt es sich, noch weiter das Rímac-Tal hinaufzufahren. Bei km 13 gibt es eine Abzweigung nach rechts zur kleinen Ruinenstadt *San Juan de Pariache,* bei km 16 nach *Haicán-Tambo.* An der Abzweigung zum Restaurant *Granja Azul* (tägl. 12.30–17 Uhr, gute Hähnchen!), einem ehemaligen Kloster, und an zahlreichen Clubs (Hotel *El Pueblo*/LUX) vorbei, kommt nach ca. 35 km der Höhenluftkurort **Chosica** in Sicht. Der Ferienort, auch „Villa del Sol" genannt, liegt bereits 850 Meter hoch und nach wie vor treffen sich hier die Hauptstädter, um von Mai bis Oktober der *garúa,* dem Küstennebel zu entfliehen. Daneben gibt es dort die Deutsch-Peruanische Schule *Beata Imleda.* Wer reinschauen möchte, sollte zuvor den deutschsprachigen Lehrer Michael Breidenbach kontakten (mitebreiden@surfeu.de).

Hinter Chosica beginnt das malerische *Eulalia-Tal,* das sich bis auf eine Höhe von über 1000 Metern hochzieht und den Limeños als Obstanbaugebiet dient.

Tour 3: Callao / Isla Palomino (Panamericana Norte)

Callao, die größte und wichtigste Hafenstadt Perus (600.000 Einwohner) ist heute, obwohl 13 km vom Zentrum Limas entfernt, mit Lima praktisch zu einer Stadt zusammengewachsen. Außer dem typischen Gesicht einer Hafenstadt mit unzähligen Hafenkneipen bietet es keinerlei Reize oder Sehenswürdigkeiten. Besuchenswert ist allenfalls das aus dem Jahr 1774 stammende *Fort Real Felipe,* in dem heute das Militärhistorische Museum untergebracht ist (Di–Do, Sa, So von 9–12 und 15–17 Uhr, Eintritt 10 Soles für Ausländer). Gleich um die Ecke befindet sich das Museum der peruanischen Marine (Mo geschlossen).

Nach Callao fahren unzählige Busse, wie z.B. Bus 56 ab Plaza San Martín, Colectivos und Taxis (Fp etwa 2 €). Ansprechende Restaurants und Bars gibt es in der Pasaje Ríos und Calle Constitución. Südwestlich von Callao liegt das Seebad *La Punta* mit Kadettenschule, Yachtclub und Bademöglichkeiten. Ein Übernachtungstiptipp ist *Bed & Breakfast La Punta* (FAM), Sáenz Peña 486-490, Tel./Fax 429-1553, info@bed-and-breakfast-la-punta.com in einem Herrenhaus aus den 30igern der deutschsprachigen Eigentümer. EZ/DZ, bp/bc, außergewöhnlicher Patio, Bibliothek, ruhig.

Isla Palomino
Wer später keine Gelegenheit hat, die *Islas Ballestas* bei Paracas zu besuchen, kann von Callao aus einen Bootsausflug zur *Isla Palomino* und anderen vorgelagerten Inseln (u.a. San Lorenzo, Fronton) unternehmen, wo es ebenfalls zahlreiche Seevögel und Seelöwen gibt. Bootsausflüge werden u.a. von *Expediciones Viento Sur,* Plaza Grau 885, La Punta Callao, Tel./Fax 429-1414 und 961-7994 und unter ecocruceros@infoegocio.com.pe angeboten, oder www.islaspalomino.com. Start täglich um 10 Uhr ab Club Universitario de Regatas in La Punta (Callao), die Tour mit dem Motorboot dauert etwa 3–4 h, ca. 25 € p.P., oder mit dem Segelboot 4–5 Stunden, 35 € p.P. Auch sind Touren mit dem *Adventure Club* möglich (Tel. 441-6536), Abfahrten nur Sa und So um 9.30 Uhr, 40 €.

Küstentäler
Weitere landschaftlich schöne Ausflüge von Lima führen in parallele oder vom Rímac-Tal abzweigende Küstentäler, wie z.B. in das südöstlich von Lima liegende **Canta-Tal** mit *Lunahuaná* (Ferienparadies, mit Rafting, Kajak-Fahrten, Rad- und Wanderwegen), in das hinter Chosica beginnende **Eulalia-Tal** (s.S. 174) oder das südlich von Lima liegende **Lurín-Tal.**

Bitte schreiben oder mailen Sie uns (rkhhermann@aol.com) Ihre Reise- und Hotelerfahrungen oder wenn sich in Peru und Bolivien Dinge verändert haben und Sie Neues wissen. Danke.

Zentrales Bergland mit südlicher Selva

Die „Klassische Rundreise":
Lima – Ayacucho – Cusco – Puno – (La Paz) – Arequipa – Nasca – Lima

Überblick Diese Strecke ist die abwechslungsreichste und am meisten befahrene Rundtour durch Peru. Auf ihr lernt man die schönsten und bedeutendsten Sehenswürdigkeiten des Landes kennen: Cusco, die alte Hauptstadt des Inkareichs, Machupicchu, den Titicacasee, Fahrt durch die Anden, Nasca mit seinen geheimnisvollen Bodenzeichnungen und noch vieles andere perutypische mehr. Die Strecke Lima – Ayacucho – Cusco ist durchgehend befahrbar und die Stadt Ayacucho zu neuem Leben erwacht. Die Händler bauen ihre Straßenstände allabendlich in den Gassen auf und es scheint, als ob der *Sendero Luminoso* dort nie sein Hauptquartier gehabt hätte.

Wegen der herrlichen Landschaft und den schönen Andenorten sollte die Strecke Lima – Cusco in Etappen zurückgelegt werden, wobei sich *Huancayo, Huancavelica, Ayacucho, Andahuaylas* und *Abancay* als Zwischenstop anbieten. Zwischen den einzelnen Orten sollte mit dem Bus tagsüber gefahren werden, um die grandiose Landschaft zu erleben.

■ **Jene, denen eine langsame Höhenakklimatisierung wichtig ist, sollten die Strecke in umgekehrter Reihenfolge bereisen, also Lima – Arequipa – Puno – Cusco.**

Zeitbedarf Für die **gesamte Rundtour** sollte man wenigstens **vier bis fünf Wochen** zur Verfügung haben. Wer nicht so viel Zeit hat, fliegt besser den einen oder anderen Abschnitt, anstatt Tag und Nacht durchzuhetzen. Allein für die **Strecke von Lima nach Cusco** sollte gut eine **eine Woche** eingeplant werden. Für **Cusco und Umgebung** mit Urubamba-Tal bis **Machupicchu** benötigt man mindestens **eine Woche** (dabei ist der viertägige Inkatrail nach Machupicchu nicht mal eingerechnet). Für den Abstecher von Cusco zum **Nationalpark Manu** sollte wieder **eine Woche** einkalkuliert werden, der Abstecher von Cusco nach **Pto. Maldonado** fällt mit (mindestens) **drei Tagen** noch relativ kurz aus. Die Strecke Cusco über Juliaca nach Puno ist sowohl mit dem Zug als auch mit dem Bus an einem Tag zu bewältigen. Für **Puno und den Titicacasee** braucht man **zwei bis drei Tage,** eher mehr. Für **Arequipa** und den **Colca-Canyon** sind nochmals mindestens **drei bis vier Tage** einzuplanen.

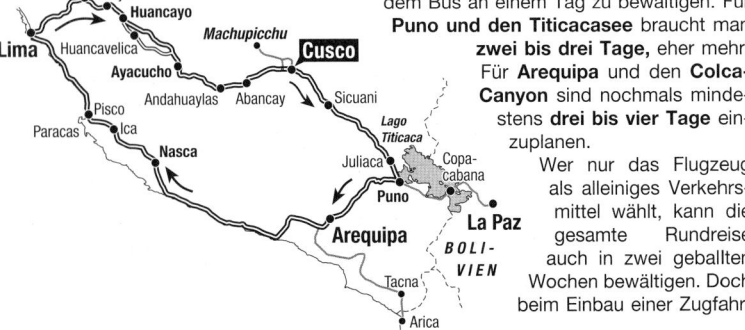

Wer nur das Flugzeug als alleiniges Verkehrsmittel wählt, kann die gesamte Rundreise auch in zwei geballten Wochen bewältigen. Doch beim Einbau einer Zugfahrt zwischen Cusco und Juliaca oder von Juliaca nach Arequipa werden daraus aber schon wieder fast drei Wochen. Und wer noch weitere Sehenswürdigkeiten der Rundtour „mitnehmen" oder sich „treiben" lassen will, kann Monate unterwegs sein.

Wahl des Verkehrsmittels

Früher nahmen Reisende für die gesamte Strecke fast nur Busse (allerdings gibt es derzeit noch keinen Direktbus von Lima über Ayacucho nach Cusco, nur über Pisco), heutzutage verlocken günstige Flüge zu Flugabstechern, z.B. von Cusco in den Urwald nach Puerto Maldonado.

Auf der Rundreise kommt man außerdem mit den drei wichtigsten Eisenbahnlinien Perus (und zugleich den höchsten der Welt) in Berührung: Die **1. Strecke** führt von **Lima** über Galera (4781 m) und **La Oroya nach Huancayo** und von dort auf einer **Schmalspurtrasse weiter nach Huancavelica**, die **2. Strecke** von **Cusco** über La Raya (4338 m) und **Juliaca nach Puno** und die **3. Strecke** verläuft von **Juliaca** über **Cruzero Alto** (4528 m) und **Arequipa** nach Mollendo. Außerdem gibt es (schon seit 1929) zwischen **Cusco** und **Quillabamba** eine (Schmalspur-)Linie über **Machupicchu**.

Von Cusco nach Machupicchu fahren fast alle Touristen mit dem Zug. Bei den anderen Zugstrecken kann jedoch auch alternativ der Bus benutzt werden. Cusco – Juliaca oder Puno mit dem Zug bringt Abwechslung in Ihre Reise und hat den Vorteil, dass man sich während der täglichen stundenlangen Fahrerei auch mal bewegen kann. Andererseits ist es mit dem Bus einfacher, Strecken individuell zu unterbrechen.

Rundreisevorschläge

Mit dem Flugzeug

Zeitbedarf: ca. 2 Wochen.
1. Tag – Lima, Ankunft, Besuch Goldmuseum, Rundreisevorbereitungen
2. Tag – Flug nach Arequipa, Stadtbesichtigung (Kloster Sta. Catalina), Höhenakklimatisierung
3. Tag – Tagesausflug v. Arequipa zum Colca-Canyon (Abfahrt 4 Uhr oder früher!)
4. Tag – Flug Arequipa – Cusco, Höhenakklimatisierung
5. Tag – Stadtbesichtigung Cusco
6. Tag – Rundwanderung nach Saqsaywamán, Q'enqo, Pukapukara, Tambomachay
7. Tag – Zugfahrt durchs Urubamba-Tal nach Aguas Calientes / Machupicchu
8. Tag – Besichtigung Machupicchu und Rückfahrt mit dem Zug nach Cusco
9. Tag – Flug Cusco – Pto. Maldonado, Bootsfahrt zu einer Urwaldlodge
10. Tag – Urwaldexkursion und Übernachtung in einer Urwaldlodge
11. Tag – Flug von Pto. Maldonado über Cusco nach Juliaca; Busfahrt von Juliaca nach Puno, Nachmittagsausflug nach Sillustani
12. Tag – Bootsausflug auf dem Titicacasee zu den Uro und zur Insel Taquile
13. Tag – Busfahrt von Puno nach Juliaca, Flug Juliaca – Arequipa – Lima
14. Tag – Lima (ggf. noch Tagesausflug mit Aero Cóndor nach Nasca)

Mit Flugzeug, Bus, Zug und Colectivos	Mit diesen Verkehrsmitteln dauert die Rundreise – je nach Jahreszeit, Wetterverhältnissen und Ausflugsabsichten – zwischen vier und sechs (oder mehr) Wochen. **Zur Zeitersparnis** bieten sich folgende **Alternativen** an: **1. Möglichkeit:** Flug Lima – Cusco und Juliaca – Arequipa – Lima (inkl. Stopover in Arequipa); dadurch wird die Rundreise abgekürzt. Zwischen Cusco und Juliaca sollte mit dem Bus gefahren werden. **2. Möglichkeit:** Busfahrt Lima – Nasca – Abancay – Cusco (mit der Gesellschaft Ormeño, in mindestens 36 Stunden). Dann Zugfahrt Cusco – Juliaca, von dort mit dem Bus (oder mit Colectivo, schneller!) nach Puno am Titicacasee. Anschließend Rückfahrt mit Bus oder Colectivo von Puno nach Juliaca. Flug Juliaca – Arequipa – Lima (inkl. einem Stopover in Arequipa) **3. Möglichkeit:** Busfahrt Lima – Arequipa – Juliaca (ggf. mit dem Bus einen Abstecher von Juliaca nach Puno am Titicacasee) – Cusco. Bei Zeitmangel kann die Strecke Arequipa – Juliaca auch geflogen werden, um erst ab Juliaca den Bus nach Cusco zu nehmen.
Gesundheitswarnung!	Für Kreislauflabile kann der Straßenabschnitt von Lima nach Huancayo kritisch werden! Auch Gesunde japsen in der dünnen Luft nach Sauerstoff, denn meist tritt man ja völlig höhenungewohnt die Reise von Lima aus an. Durchaus kann es vor oder während der Anticona-Passüberquerung (4818 m) zu Anzeichen der Höhenkrankheit kommen (s.S. 41)! Es mag deshalb besser sein, die ganze Rundtour gegen den Uhrzeigersinn abzufahren, also über Arequipa. Die Höhenakklimatisierungsmöglichkeiten sind bei der Fahrt zuerst von Lima nach Arequipa günstiger (doch bei einer Fahrt von Arequipa zum Colca-Canyon muss gleichfalls ein 4000er-Pass überquert werden!).

„Klassische Rundreise" 1. Teil: Von Lima nach Cusco

ROUTE 1: LIMA – LA OROYA – HUANCAYO – AYACUCHO – ABANCAY – CUSCO (1150 KM)

Lima – Huancayo

Per Zug oder mit dem Bus von Lima nach La Oroya?	Diese Frage stellte sich lange Zeit nicht, denn der Eisenbahnverkehr Lima – Huancayo wurde auf der spektakulären Andenstrecke zwischen Lima und Huancayo von 1992 an „vorübergehend" eingestellt. Als Test verkehrten aber vom 25. Juli 1998 (Eröffnungsfahrt) bis 31. Dez. 1999 und auch in den Folgejahren sporadisch wieder Personenzüge. Dann investierte die Deutsche Investitions- und Entwicklungsgesellschaft 5,5 Mio. € in den Ausbau der Strecke der *Ferrocarril Central Andino* (FCCA), u.a. auch für die Umrüstung der Lokomotiven auf Erdgas. Seit 2006 verkehren nun wieder regelmäßig Züge nach Huancayo (332 km). Für Fahrplan, Preise, Reservierung und Fahrkartenverkauf siehe unter „Adressen & Service Lima"/Eisenbahn. Es empfiehlt sich, per Platzkarte einen Sitz auf der *linken* Seite zu reservieren, da die günstigeren Plätze für Aussicht und Fotografieren in Fahrtrichtung auf dieser Seite sind. Unterwegs gibt es neben einigen technischen Stopps auch kurze Besichtigungs- bzw. Fotostopps für Tou-

Lima – La Oroya

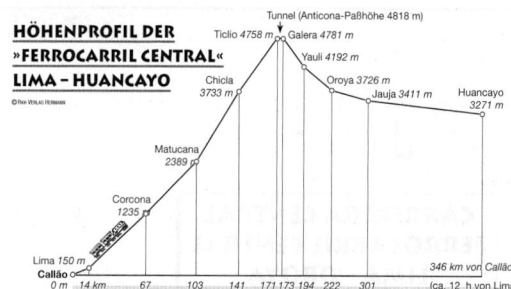

HÖHENPROFIL DER »FERROCARRIL CENTRAL« LIMA – HUANCAYO

risten in San Bartolomé und Galera (4781 m). Obwohl es einen Speisewagen gibt, sollte ausreichend Proviant, besonderes Getränke, mitgeführt werden, da das Angebot des Speisewagens relativ teuer ist, z.B. Mittagessen 45 Soles.

Infos: www.ferrocarrilcentral.com.pe, www.ferroviasperu.com.pe, www.ferrolatino.ch und www.incasdelperu.org/statusofthetrain.hmt.

Da der touristische Personenverkehr Lima – Huancayo nach der nun abgeschlossenen Privatisierung wieder aufgenommen werden konnte, werden im folgenden beide Reisemöglichkeiten beschrieben.

Wer mit Bus, Colectivo oder dem eigenen Auto unterwegs ist, braucht sich nicht zu grämen, mit der Bahnfahrt etwas versäumt zu haben, denn die Straße folgt einer ähnlichen Streckenführung und erreicht mit **4818 m** sogar eine höhere Höhe! Sie ist durchgehend asphaltiert. Busse benötigen für die rund 300 km etwa 6 Stunden.

Hinweis: Der Personenbahnverkehr Huancayo – Huancavelica wurde nicht privatisiert und ist nach wie vor in Betrieb!

Eisenbahn Die Bahn Lima – Huancayo ist ein technisches Wunderwerk: Von dem US-Amerikaner *Henry Meiggs* geplant, wurde sie in den Jahren 1870–1893 größtenteils von Chinesen erbaut (sie und ihre Nachfahren blieben im Land, deshalb gibt es heute in Peru viele chinesische Restaurants).

Kaum vorstellbar, dass von Lima aus auf einer Streckenlänge von nur 158 km die zweithöchste Eisenbahnstation der Welt erreicht wird, nämlich **Galera auf 4781 m!** Vor Galera befindet sich mit 1117 Metern auch der längste Tunnel der Strecke (auf 4782 m Höhe). Die größte Steigung beträgt 4,4%. Bis Huancayo durchfährt der Zug über 1100 Kurven und Spitzkehren, überquert 58 Brücken – die längste ist 218 m lang –, durchstößt 69 Bergtunnel und die sechs steilsten Anstiege werden durch 21 Zickzacks (Rückwärtsfahrten) überwunden. Weitere Infos zur Strecke: www.perutren.org/fcc.html

Chaclacayo

Nach etwa 25 km auf der Carretera Central wird *Chaclacayo,* ein beliebter Naherholungsort für die *Limeños* auf etwa 650 m Höhe, erreicht. Hier scheint auch in den Wintermonaten von Mai bis Oktober die Sonne. Ein idealer Ort, um der Hektik und dem Winternebel Limas zu entfliehen.

Unterkunft **BUDGET:** *Camping Portada del Sol* (3 km nach der Brücke rechts).
ECO: *Hostal Suche,* N. Ayllon 940, Carretera Central km 24.5, Tel. 497-1643; einfachste Zimmer, etwas laut durch die Straßenlage, bc/bp, 7 € p.P.
FAM: *La Casona de los Cóndores,* Las Begonias 243 (vor dem Puente Los Ángeles, Km 27, 100 m ab der Abzweigung), Tel. 497-2557; familiäres, gemütliches Hotel mit ordentlichen Zimmern, Rest., Pool, **TIP!**

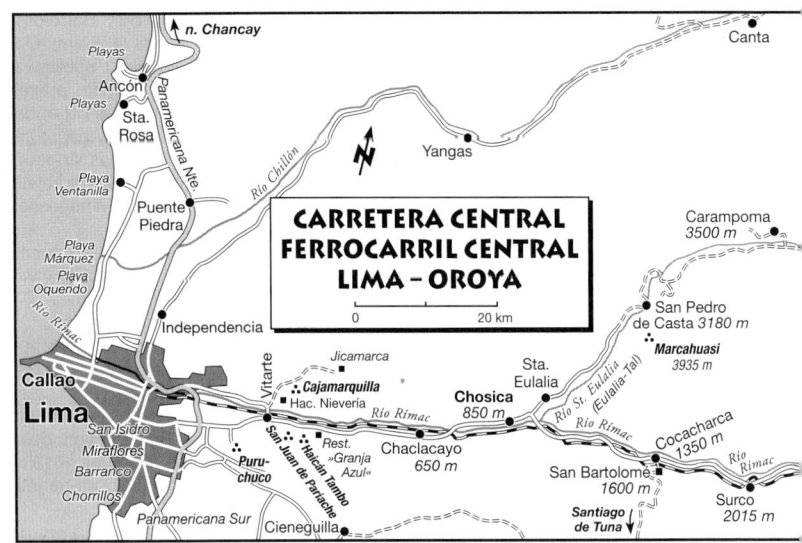

LUX: *Tambo Inn,* Av. Garcilaso de la Vega 900, 1 km nach der Abzweigung auf der Carretera Central, Tel. 497-1783. Älteres Luxushotel, Garten, Pool, Rest., Tagesbesucher willkommen (Mindestverzehr 10 €). – *Los Laderos de California,* Urbanización California, 3 km ab der Abzweigung der Carretera Central, Tel. 491-0602. Schöne Anlage, Bungalows ab 70 €, Pool, Sa/So 100 €.

Chosica

(Beschreibung von Chosica s.a. beim Tagesausflug ab Lima, s.S. 168).
Vorbei an zahlreichen Ausflugslokalen und Privatclubs erreicht man den (etwas heruntergekommenen) Luftkurort in 850 m Höhe. Aus dem gleichen Grund wie Chaclacayo wird auch Chosica, vor allem am Wochenende, stark besucht.

Unterkunft: Etwa 1 km vor der Plaza de Armas (nach dem Estadio Sta. Rosa) liegt links das Hostal *El Cazador* (ECO), La Rivera, Tel. 360-146 (einfache Zi., aber ordentlich, bc/bp). Oder: *Hostal El Sol* (BUDGET). *Pardo's Chicken,* Las Begonias 243. *Los Cóndores,* Tel. 358-2600, Landherberge mit schöner Gartenanlage, Rest., Pool, Kinderspielplatz.

Eulaliatal Zweitägige Trekking-Tour, bei der in großer Höhe im Zelt oder im Freien übernachtet werden muss (Campingausrüstung unabdingbar; nicht alleine oder zu zweit gehen, da es schon Überfälle gab!). Etwa stündlich fährt ein Bus von Chosica durch das **wildromantische Eulaliatal** in 4 Stunden nach *San Pedro de Casta* (3180 m) hinauf. Das Städtchen wurde 1571 gegründet, und die Bewohner pflegen noch uralte religiöse Sitten und Gebräuche. Am 1. Sonntag im Oktober findet die *Fiesta del Agua* (Wasserfest) statt.

Lima – La Oroya

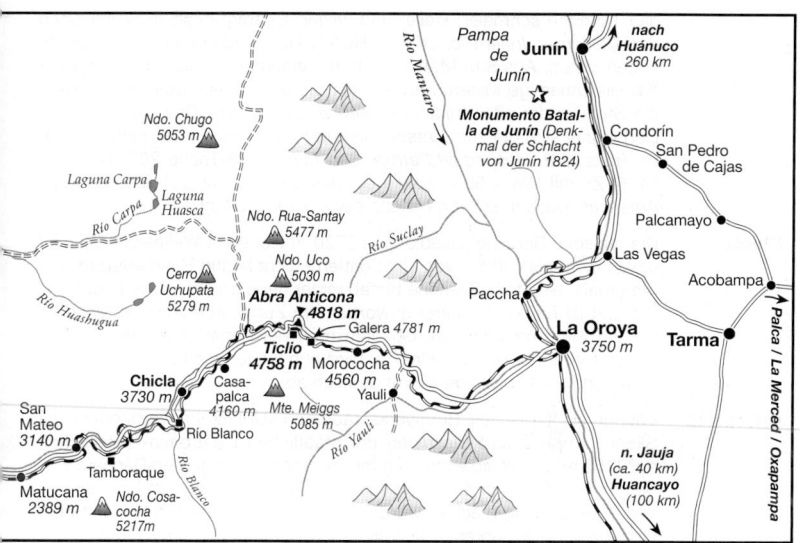

Marcahuasi   Von San Pedro de Casta führt ein steiler Weg in 3–4 Stunden zu den 700 m höher gelegenen **Ruinen von Marcahuasi** (3935 m). Die rätselhafte Tempelstadt war wohl eine Orakelstätte der Wari-Kultur. Auf der etwa 30 qkm großen Hochfläche sind neben erodierten Felsfiguren (die meist nur erkennbar sind, wenn die Sonne aus einem bestimmten Winkel darauf scheint) auch Steinmauern und Ecktürme mit zwergenhaften Türöffnungen zu sehen. Als Entdecker der verwitterten Steinfiguren gilt der Prähistoriker *Daniel Ruzo*. Er hatte auch das unterirdische Tunnelsystem in den Bergen von Marcahuasi betreten, die Erforschung der Gänge wurde ihm jedoch verweigert (die Regierung ließ die Eingänge zum Schutz vor Missbrauch durch den Sendero Luminoso schließen).
Anfahrt ab Chosica (*Parque Echenique*), stündl. Lkw oder Busse, Fz 4 h.

Chosica – Casapalca

Das Tal des Río Rímac wird jetzt enger und wilder, die Vegetation üppiger. Straße und Schiene steigen steiler an. Das grüne Tal bildet einen reizvollen Kontrast zu den kahlen Bergen. Nach 60 km, in *Cocachacra* (1350 m), zweigt rechts eine schlechte Straße nach *San Bartolomé* ab (1513 m, Zughaltestelle), die weiterführt nach *Santiago de la Tuna*, wobei auf 20 km 1500 m Höhe überwunden werden!

Dann beginnen die ersten Zickzacks der Eisenbahn. Der Zug überwindet dabei durch zeitweises Rückwärtsfahren die Höhenunterschiede, während sich die Straße in Serpentinen höherschraubt. Bei *Surco* kommen mehrere Elektrizitätswerke in Sicht. Das Wasser für die Stromerzeugung wird in Tunnels von der Amazonasseite hergeführt! Hinter **Matucana** (2389 m, *Hostal Paraíso* (BUDGET), Lima 354, bc, Ww) wird das Tal noch schmaler, steiler und wilder. Es trägt deshalb weiter oben den Beinamen *Infiernillo,* „Kleine Hölle". Bei *Tamboraque* beginnen die ersten Minen. Aus **San Mateo** (3140 m), einem armseligen Dorf, stammt das gleichnamige Mineralwasser. Hier bietet sich eine gute Möglichkeit, die Struktur der alten Inka-Terrassen zu betrachten. Das untouristische Dorf eignet sich gut zum Entspannen und Wandern. Es gibt einfache Unterkünfte, z.B. *Hospedaje Patron,* San Martín 396/Tacna 205, Tel. 244-5115. Zi. mit Ww 4,50 €, sowie die besseren Hostales *Andino* und *Las Américas,* doch meist von Minenarbeitern ausgebucht.

Chicla Die typische Bergwerkssiedlung in 3730 m Höhe mit Wellblechhütten ist etwas mehr als 120 km von Lima entfernt. Straße und Bahn kreuzen sich mehrmals, eine tolle Szenerie bietet immer neue prachtvollere Ausblicke. Die Luft ist merklich dünner geworden. Im Zug würde jetzt ein Mann im weißen Kittel herumlaufen, bei dem man bei Bedarf aus einem Ballon Sauerstoff ziehen könnte. Das Tal wird nun weiter, die Landschaft eintöniger, und die Vegetation nimmt deutlich ab.

Casapalca Wieder ein typisches Bergwerksstädtchen (Unterkunft vorhanden) mit Silber-, Kupfer- und Bleiminen der staatlichen Centromin-Gesellschaft auf 4160 m. Die Wellblechhütten mit ihren roten und grünen Dächern sorgen für Farbtupfer in der Landschaft. Wer mit der Bahn von Lima aus einen Tagesausflug machen würde, müsste hier aussteigen und mit dem Gegenzug zurückfahren, oder von La Oroya einen Colectivo nehmen.

Casapalca – La Oroya

Nach Casapalca folgt für Straße und Schiene der letzte Andenanstieg. Die freie Sicht auf schneebedeckte Fünftausender verhindern meist Wolken oder Nebel. Auf einem Berg, nach dem Eisenbahnbauer **Meiggs** benannt, weht eine große peruanische Flagge aus Metall.

Nach der Station **Ticlio** (4758 m) erreicht die Bahn in einem 1117 m langen Tunnel die größte Höhe. **Galera** am anderen Tunnelende ist mit 4781 m die zweithöchste Eisenbahnstation der Welt (noch ein bisschen näher dem Himmel entgegen steigen die Bahngleise auf einer Nebenstrecke bei La Cima: Auf 4818 m!). Die Straße wiederum erklimmt nach der Lagune Ticticocha am **Anticona-Pass** mit 4818 m eine größere Höhe als der Mont Blanc (4807 m). So hat sowohl die Bahn- wie auch die Straßenstrecke ihre Superlative.

Durch eine lagunenreiche Punalandschaft folgt der Abstieg ins *Yauli-Tal.* Die Berghänge wurden hier, auf der Suche nach Erzen, völlig durchwühlt, der Übertageabbau hat der Natur bleibende Narben gehauen. Nach der Abzweigung zum wichtigen Minenort *Moracocha* (4560 m) und *Yauli* (4142 m) ist der Anblick weidender Lamaherden keine Seltenheit. In den Straßenrestaurants vor La Oroya werden Cuys und Frösche serviert. Nach etwa 180 km von Lima wird schließlich La Oroya erreicht.

La Oroya

Die Minenstadt liegt 3726 m hoch und ist mit rund 50.000 Einwohnern *das* Bergbauzentrum Perus, sie verfügt über ein Kupfer- und Bleischmelzwerk. Die Stadt glänzt mit ihren trostlosen Wellblechhütten und Schutthalden nicht gerade mit Schönheit, dafür aber durch große industrielle Geschäftigkeit. Für den Reisenden hat La Oroya nur als innerperuanisches Verkehrsdrehkreuz Bedeutung. Von hier beginnen wichtige Fernstraßen (Karte s.S. 570): Die **Ruta Nacional 3** führt nach Norden über Cerro de Pasco nach Huánuco. Von La Oroya nach Südosten führt die RN 3 über Huancayo und Ayacucho nach Cusco.

Von La Oroya über die Carretera Central trifft man hinter La Merced auf die **Carretera Marginal de la Selva (RN 5)**. Sie windet sich, vorbei an Puerto Bermúdez, Puerto Pachitea und Puerto Inca am *Río Pachitea,* bis zum Straßengabelungspunkt *Humboldt* (s. Route 9).

Dort geht es östlich nach Pucallpa. 23 km nördl. von La Merced führt eine Stichpiste als RN 5A nach *Oxapampa* und von dort weitere 80 km durch den *Parque Nacional Yanachaga-Chemillén* bis nach *Pozuzo,* ein vergessenes Tirolerdorf inmitten des Bergurwaldes.

In La Oroya gibt es, außer dem höchsten Golfplatz der Welt, so gut wie nichts Sehenswertes. Im Zentrum viele Chifas. Die Busse und Colectivos fahren in der *Zeballos* (Nähe Bahnhof) ab.

Dafür ist La Oroya guter **Ausgangspunkt für den Anticona-Pass**. Dort lassen sich einige schnelle 5000er verschiedener Schwierigkeitsgrade besteigen. Die Berge sind hier von außerordentlicher Farbvielfalt geprägt mit Eis- oder Firnkappen und kristallklaren Bergseen. Direkt hinter dem einzigen Restaurant am Pass geht rechts ein Weg ab, der durch ein steiniges Tal auf einen breiten Sattel und weiter zu einem Gipfel führt. Auf der Südseite lockt der **Monte Meiggs** mit der peruanischen Flagge, die beim serpentinenartigen Aufstieg immer im Sichtfeld ist. Farbige Markierungen zeigen den Weg, Gehzeit ca. 2 h. Keine Übernachtungsmöglichkeit am Pass. Rückfahrt nach La Oroya mit einem der zahllosen Busse von Lima kommend oder Trampen.

Unterkunft	**Vorwahl (064)** **ECO:** Kurz vor dem Hospital des IPSS liegen links die beiden relativ teuren Hostales *San Juan,* Tel. 39-2186 und *San Martín,* Tel. 39-1278, bc/bp. DZ ca. 13 €. Außerdem gibt es einige sehr einfache Unterkünfte am Bahnhof, wie z.B. *Hostal Roma,* bc (BUDGET) oder das *Hostal Regional* (BUDGET), Lima 112, Tel. 39-1017.
Busse und Colectivos	Der Busterminal liegt am Ortsausgang Richtung Anticona-Pass. **Zum Anticonapass/Ticlio:** Sammeltaxis am Busterminal mit Fahrziel Ticlio, Fz 30 Min., Fp 5 Soles. **Nach Cerro de Pasco** (130 km), Fahrzeit 2 h, 2 €. **Huancayo** (125 km), Fz 2,5 h, 2 €. **Huánuco** (235 km), Fz 6 h, 4,50 €. **Jauja** (80 km), Fz 1,5 h, 1 €. **Lima** (180 km), Fz mind. 4,5 h, ab 5 €. **Pucallpa** (660 km), Fz mind. 18–20 h, ca. 15 € und **Tarma.**

La Oroya – Huancayo

In einer leicht abfallenden Hochebene, dem Tal des *Río Mantaro* entlang, geht es von La Oroya durch eine enges, abwechslungsreiches Gebirgstal mit Wiesen, Nadel- und Laubbäumen. Nächst größerer Ort ist **Jauja** (3411 m), das für seinen farbenprächtigen, untouristischen Sonntagsmarkt bekannt ist.

Jauja

Jauja wurde am 25.04.1534 von Pizarro gegründet und war vor der Gründung Limas kurze Zeit provisorische Hauptstadt Perus. Das angenehme Klima lockt die *Limeños* hier hoch. In der **Casa del Caminante,** Cusco 537, stellt der Lehrer *Henoch Loayza* in seinem Haus kostenlos Fossilien der Umgebung aus, Spende wüschenswert. In Jauja eröffnet außerdem ein archäologisches Museum Einblicke in die Wari-Kultur.

In die nahe *Laguna Paca* sollen die Inka, nach dem Tode Atahualpas, 10.000 mit Gold und Silber beladene Lamas getrieben haben! Noch heute können in der Nähe des Sees Ruinen besehen werden.

Unterkunft Vorwahl (064). – FCO: **Hostal Manco Cápac**, Manco Cápac 575, Tel. (064) 36-1620. Hostal mit angenehmer Atmosphäre im Stadtzentrum, schöner Garten, 1997 von der ehemaligen dt. Entwicklungshelferin Ilse Niegemann eröffnet; drei sehr geschmackvoll eingerichtete Zimmer mit bc/bp. Ü/F 9 €, geschmackvolles und abwechslungsreiches Frühstück – **TIP!** – **Hotel Sta. Rosa** (BUDGET), Plaza de Armas, Tel. 36-2225. Ruhige Lage, einfache Zi., bc, Ww. DZ 15 Soles p.P. – **Hostal Ganso de Oro**, Palma 249, Tel. 36-2165. Laute Lage, saubere Zi., bc/bp, Ww, gutes Rest. – **Albergue Turístico Paca**, Laguna Paca (ca. 5 km außerhalb), Tel. (Lima) 437-1434. 4 Zi., mit Seeblick, bp, Ü/F, in der Nähe viele Fischrestaurants (Forellen und auch Frösche ...).

Transport Preiswert und schnell sind die Motorradtaxis (Motos), Einheitstarif 1 Sol/ Fahrt.

Post Tarapacá 585.

Ziele in der Umgebung *Laguna de Paca*, Anfahrt mit Sammeltaxis, Fp 1 Sol. Einzeltaxi 3 Soles. Die Ausflugslokale wetteifern untereinander mit lauter Musik, nicht jedermanns Geschmack. – Convento de Santa Rosa de Ocopa; Ruinen von Tunanmarca der Huanca-Kultur (Vorinkazeit); Thermalquellen von Ayaya und Llocllopampa sowie der Berg Huaytapallana (5800 m).

Weiterreise Bus nach Lima (276 km): tägl. um 8 und 20 Uhr mit *Mariscal Cáceres* und um 13 Uhr mit *Cruz del Sur*, Fz 6 h, 5–6 €. Wer nach La Oroya weiterfahren möchte, muss sich zur Brücke außerhalb des Ortes begeben, wo die Busse von Huancayo wenn nötig, sofern Sitzplatz frei, stoppen.

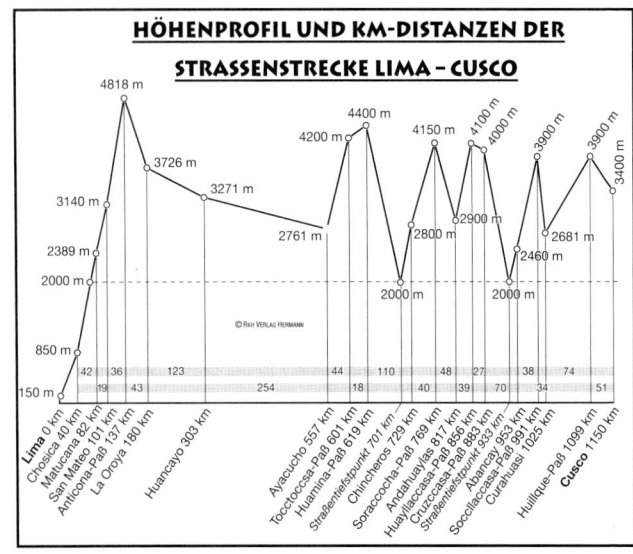

Concepción

Das Städtchen liegt 23 km hinter Jauja. Der dort ebenfalls sehenswerte Sonntagsmarkt und die saisonalen Stierkämpfe sind ein beliebtes Ausflugsziel, zumal Concepción von Huancayo aus gut mit Colectivos erreichbar ist. Nachfolgend sind zwei Umgebungsziele von Concepción beschrieben.

Unterkunft Concepción

Vorwahl (064).
ECO: *Hotel Royal* und *El Paisanito*
ECO/FAM: *Hotel C.V. Huaychulo,* 4 km in Richtung Ingenio (Forellenzucht, Restaurants), Tel. /Fax 58-1001, huayculo@derramajae.org.pe. Ältere Anlage mit großem Garten, ruhige Lage, Zi. unterschiedlich, bc/bp. – *Hostal Balsas,* La Huaycha (etwa 2 km nach Concepción), Tel. 58-1347. Ordentliche Zi., bp, Blick zum Fluss, ruhig. Gegenüber vom Hostal Balsas führt eine Straße den Berg hoch zum *Hotel Loma Verde,* nette Anlage mit zweigeschossigen Reihenhäuschen mit Balkonen.

Tour 1: Santa Rosa de Ocopa

Ein Ausflug von Concepción führt zum 5 km entfernten Franziskanerkloster **Santa Rosa de Ocopa,** das zwischen 1724 und 1744 erbaut wurde, um Franziskanermönche zum Missionseinsatz im Amazonasgebiet vorzubereiten. Es ist damit das älteste und gleichzeitig das besterhaltene Franziskanerkloster Perus! Sehenswert sind das kleine *Museo de Historia Natural,* die Alabasterbilder des Santa-Rosa-Altars, eine Gemäldesammlung mit Bildern der Cusqueñer Malerschule sowie die Bibliothek mit über 20.000 Bänden. Das Kloster kann täglich besucht werden, Einlass ins Museum (außer Di) ist nur mit langatmiger Führung möglich (stündlich zwischen 9.15 und 11.15 Uhr sowie 15.15 und 17.15 Uhr). Eintritt 1,70 €.

Tour 2: Satipo

Ein weiterer interessanter Abstecher von Concepción führt über den 4320 m hohen Tortuga-Pass 209 km über eine schöne Strecke abseits der Touristenpfade nach **Satipo** (630 m, 20.500 Ew.), das inmitten eines Kaffeeanbaugebietes liegt. In der Region befinden sich Dörfer der Ashaninka. Von Satipo kann mit einem Motorboot oder Peque-peque über Atalaya bis Pucallpa getuckert werden.

Unterkunft Satipo: *Hostal Pimaye,* Augusto Hilser 190, Tel. 0018. Einfache, saubere Zi., bp. – *Hostal Residencial Colonos,* Colonos Fundadores 575, Tel. 8155; bp/bc, Cafetería, Ws. – *Hotel Palermo,* Manuel Prado 228, Tel. 8020. – *Hotel San José,* Av. Augusto B. Leguía 682, Tel. 8105. – *Hostal Majestic* (FAM), Colones Fundadores 408, Tel. 54-5015. Ordentliche Zi. (bp).

Essen & Trinken: *Emily's Restaurant,* Francisco Irazola 217; *Pollería El Fogon,* Colones Fundadores 568; Tel. 8155. – *Chifa Hong Kong,* Francisco Irazola 253. Satipo, Augusto B. Lehuía 382, Tel. 8123. – *Centro Vacacional Turístico Laguna Blanca,* ca. 1 km außerhalb an der Carretera Marginal, mit typischer regionaler Küche und Getränke, Pool, Minizoo und Museum.

Huancayo

Die Hauptstadt des Departamento Junín liegt auf 3271 m Höhe am linken Ufer des Río Mantaro inmitten des Valle del Mantaro. Mit ca. 320.000 Einwohnern ist Huancayo ein bedeutendes Handels- und Agrarzentrum und bietet ringsum beeindruckende Landschaftsbilder. Das gesamte Gebiet wurde einst von den *Huanca,* einem kriegerischen Hochlandvolk bewohnt, die erst 1460 vom Inca Pachacuti besiegt wurden und der Huancayo zu einem *Tambo* (befestigter Stützpunkt) ausbaute. Nach der spanischen Besetzung wurde Huancayo 1572 Hauptstadt des Departa-

Huancayo

mento Junín. In der *Capilla La Merced* versammelte sich 1830 der *Congreso Constituyente* und verabschiedete die peruanische Verfassung.

Am 8. September wird in *Sapallanga* und anderen umliegenden Orten das acht Tage dauernde Fest zu Ehren der *Virgen de Cocharcas* gefeiert, erlebenswert.

Huancayo weist ein angenehm trockenes Klima auf, zwischen Dezember und März jedoch starke Regenfälle. Die Nächte zwischen Mai und Oktober sind meist sehr kalt. Die Stadt ist sehr sicher, man kann sich zu jeder Nachtzeit alleine auf der Straße aufhalten.

Orientierung Das Stadtzentrum erstreckt sich westlich vom Bahnhof (der Bahnstrecke Huancayo – Lima) um die *Pachitea*. Im Osten der Stadt erhebt sich (ca. 1 km vom Bahnhof, Verlängerung der Av. Giraldez) der *Cerro de la Libertad,* von dem man einen Panoramablick ins Mantaro-Tal hat (hin auch mit *Cerrito*-Bus).

Im Schnittpunkt von Av. Giraldez und Calle Real liegt die *Plaza de la Constitución.* Dort, an der Real/Paseo La Breña, ist auch die Touristeninformation. Gegenüber in der Real gibt es Wechselstuben und Banken. Die Calle Real (sie war einst Teil der Inkastraße von Cusco nach Quito – Camino Real) ist die Hauptverkehrsader von Huancayo mit zahlreichen Unterkünften. An der *Plaza Huamanmarca* steht das Rathaus (Municipalidad), findet man das Post, das Centro Cívico und das Cine Pacífico. Nordwestlich führt die Real, an der *Capilla La Merced* vorbei, auf die Straße nach Lima, südöstlich kommt man auf ihr zum Bahnhof Huancayo – Huancavelica und zur Straße nach Ayacucho. Entlang des Bahngleises führt die Av. Ferrocarril zum Bahnhof der Strecke Huancayo – Huancavelica (südöstlich vom Stadtzentrum). Um die *Angares* herum sind die Abfahrtstellen einiger Busunternehmen zu finden.

Im Stadtteil San Antonio liegt der sehenswerte **Parque de Identidad Wanka** mit vielen traditionellen Figuren, Kunsthandwerk usw., abends schöne Illumination, Eintritt frei. Anfahrt mit Colectivo ab Giraldez/Quito.

Colégio Salesiano Im *Colégio Salesiano,* Salesiano, zeigt das dortige Museum Mineralien, Altertümer und Landschaftspanoramen mit ausgestopften Tieren.

Feria Dominical de Huancayo Wer an einem Sonntag in Huancayo ist, sollte sich den Wochenmarkt *Feria Dominical de Huancayo* anschauen, er ist noch weitgehend untouristisch. Er findet in der Av. Huancavelica zwischen Paseo Breña und der Huánuco statt – man braucht am Sonntagmorgen nur den Leuten nachzugehen! Über 50.000 Menschen strömen hier aus den umliegenden Dörfern zusammen. Die Waren sind viel billiger als in Lima oder Cusco. Neben Ponchos, Decken und Pullovern aus Alpakawolle gibt es als Spezialität Kalebassen (Kürbisfrüchte), in die sehr kunstvoll indigene Motive geschnitzt sind. Der Markt beginnt in aller Frühe, gleich nach Sonnenaufgang, und endet am späten Nachmittag, also auch für Langschläfer genügend Zeit, um etwas zu erhandeln.

Feria de Jaurí Ein authentischer Markt in Huancayo ist die *Feria de Jaurí.* Farbenprächtig angezogene Indígenas besuchen den Hahnenkampf (kleines Eintrittsgeld), führen die schönsten Lamas zur Prämierung oder lassen sich die lokalen Spezialitäten schmecken. Der Eintritt zur Tierprämierung usw. kostet knapp 2 € (Studenten erhalten Ermäßigung).

Adressen & Service Huancayo

Tourist-Info Caseta de Información Turística, Plaza de Constitución, neben der Kirche, Tel. 23-3251; tägl. 8–13.30 und 16.30–20 Uhr.

Poltur Policía de Turismo, Av. Ferrocarril 556, Tel. 21-9851, Mo–So 8–20 Uhr. – INDICOPI, Av. Ferrocarril 556, Tel. 21-4192, Mo–Fr 8–17 Uhr.

Unterkunft Die meisten in den Straßen Real, Giraldez, Ancash und Mantaro. Es gibt jede Menge billigste Unterkünfte, jedoch sind sie meist ziemlich heruntergekommen und ohne warmes Wasser.

ECO Hostal Universal (BUDGET), C. Pichis 100 (am Bahnhof); bc. – **Hotel Prince** (BUDGET), Calixto 578; bc. – **Hostal Tivoli** (BUDGET), Plaza Constitución; bc. – **Hostal Torre Torre** (BUDGET), Real 873, Tel. 23-1116; einfach, bc/bp. – **Hostal Giraldez,** Av. Giraldez 272, Tel./Fax 23-7221; einfach, bc, Ü/F. – **Hostal Valle Mantaro,** Real 765, Tel. 21-2219. – **Hostal Malibu,** Real 987, Tel. 23-1216; einfach, bc/bp. – **Hostal El Dorado,** Piura 425, Tel./Fax 23-3947; einfach, sauber, bp, Ww. DZ 8 €, empfehlenswert. – **Hospedaje Peru Andino,** Pasaje San Antonio 113–115 (ca. 15 Min. zu Fuß vom Zentrum), Tel. 22-3956, peruandino@mixmail.com. Kleine, freundliche Familienpension mit kleinem Garten in gehobener Wohngegend, nur 3 DZ, bp/2x bc, sehr sauber, nicht immer Ww, Selbstkocherküche, Bibliothek, inkl. Transfer, gute Infos, Arrangements von Eintages- und Mehrtagestouren, sehr zu empfehlen. DZ/F 6–10 €, mein **TIP!** – **Hostal Confort,** Ancash 237, Tel. 23-3601. Großes Hostal, einfache, helle, geräumige und saubere Zi., bc mit Kw, gute bp mit Ww, schöne Dachterrasse. EZ 20 Soles, gPLV. – **Hostal Rogger,** Ancash 460, Tel. 23-3488; einfach, bp. – **Hostal Guerra,** Mantaro 744 (am Mercado Modelo), Tel. 23-4112; bp. – **Hostal Plaza,** Ancash 171, Tel. 21-0509, Fax 23-6858, hplaza@solutec.net; nette Zi., bp. – **La Casa de la Abuela** (B&B), Av. Giraldez 691, Tel. 22-3303/23-4383, Fax 22-2395, casa_abuela@yahoo.com oder incas_lucho@hotmail.com. Haus im Kolonialstil, bp, Ww, Ws, familiäre Atmosphäre, Garten, Internet, preiswert, DZ/F/bp 17 € *(RKH-Reisende 5% Rabatt),* gPLV, doch die hygienischen Verhältnisse könnten verbessert werden. Der Besitzer, *Lucho Hurtado,* macht auch auf Wunsch erlebnisreiche Tagesausflüge zu den Campesinos der Umgebung, zum Mittagessen gibt es eine Zeremonie zu Ehren Pachamama, empfehlenswert, ca. 35 €. Auch Fahrradtouren.

FAM Hostal Alpeca, Giraldez 494, Tel./Fax 22-3136; etwas abseits gelegen, große Zi., bc/bp, jedoch zu teuer. – **Hostal Santa Felicita,** Plaza Constitución, Tel. 23-5285; bp. – **Hostal Kiya,** Av. Giraldez 107 (Plaza Constitución), Tel. 23-1431, Fax 21-4957; saubere, ältere Zi., bc/ bp. – **Hotel Turismo** (ex-Turistas), Ancash 729, Tel./Fax 23-1072; recht nette Atmosphäre, bc/bp, Rest., Bar. – **Hostal Palace,** Ancash 1127, Tel. 23-8501; einfach, bp, Rest. – **Hotel Presidente,** Real 1138, Tel. 23-1736, Fax 23-1275, luisbrena@terrra.com.pe, www.hoteles-del-centro.com; nettes, größeres Hotel m. Parkplatz, bp, Ü/F. – **Hostal América,** Trujillo 358 (El Tambo), Tel./Fax 24-2005; nicht zentral, gute Zi., bp.

Essen & Trinken In vielen familienbetriebenen Straßenküchen und Kneipen wird das typische, in einem Steinofen gegarte anderhe Gericht *pachamama* (Fleisch, Kartoffeln, Mais und Käse) angeboten. Eines der besten Restaurants für dafür ist das *Pacaywasi* gegenüber vom Parque de la Identidad Huanca.

Auffallend sind die unzähligen **Hähnchengrillstationen** *(Pollerías).* Ganz gut ist *Chicken Garden,* C. Real 543. Immer noch eines der besten Restaurants der Stadt ist das *Olímpico,* Giraldez 199 (an der Plaza de Armas), das ordentliche Gerichte (auch Cuy) auf den Tisch stellt, darunter über 10 verschiedene Forellengerichte, aber etwas teuer. Deshalb verbilligter Mittags- und Abendtisch wählen! Nicht weit entfernt befindet sich, in der Giraldez 363, das *Lalas,*

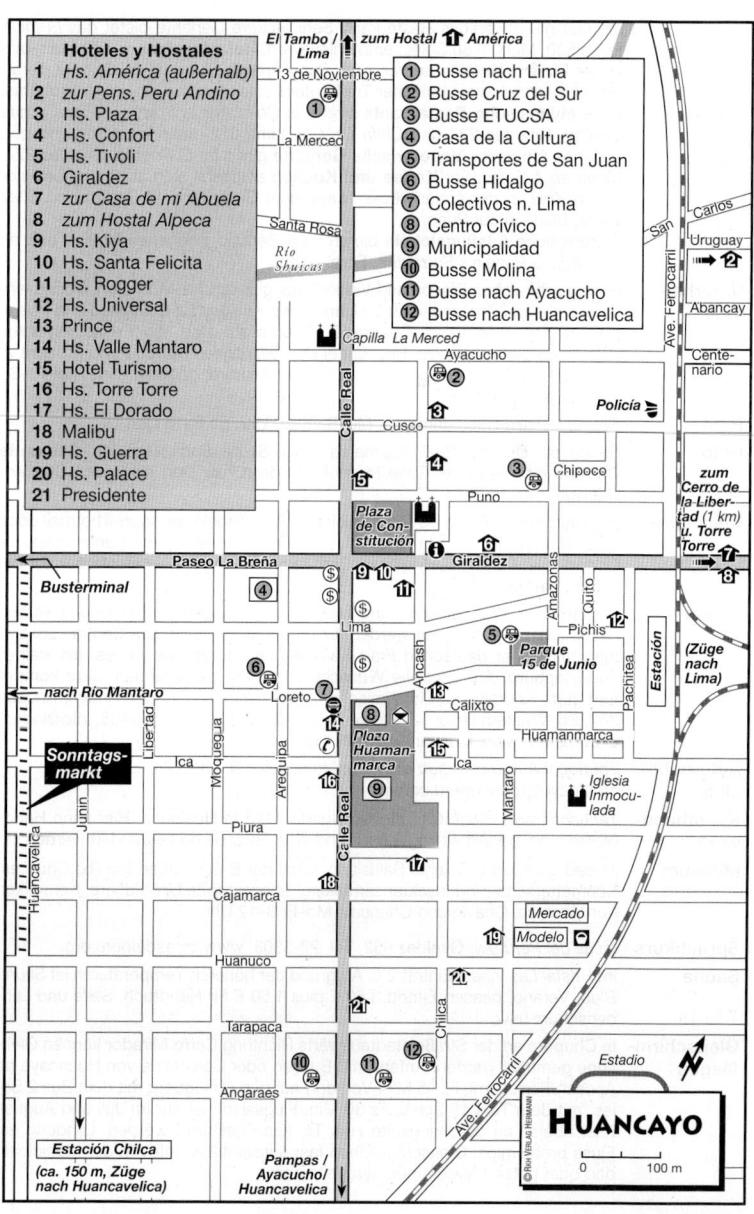

ein fast gleichwertiges Restaurant. Sehr leckere Gerichte bietet das *El Inca,* Puno 530, Menü 9,50 Soles, empfehlenswert. **Holzofenpizza** und **Pasta** gibt's in der Pizzeria *Antojito* (teurer, gut), Puno/Arequipa und im *La Cabaña,* Giraldez 652, letzteres ein beliebter Treff unter Reisenden und eine gute Infobörse. Gute **chinesische Restaurants** sind u.a. *Chifa Porvenir* an der Plaza, *Chifa Central,* Giraldez 238 und *Chifa Fai-Chi,* Lima 332, sehr freundlich und gut, schönes Ambiente. **Vegetarische Gerichte** gibt's im *El Pueblo,* Giraldez 224, Menü ab 4 Soles. Für **Kaffee und Kuchen** empfiehlt sich ab 8 Uhr die *Panadería Koki,* in der Ancash/Ecke Puno, gute **Cafés** sind *El Cerezo* und *Chez Viena,* beide in der Puno.

Zahlreiche **Ausflugslokale** bieten im außerhalb gelegenen *Ingenio* und an der *Laguna Paca* als Spezialität Forellen an!

Unterhaltung	Neben zahlreichen Discos und Video-Pubs gibt es Live-Musik am Wochenende (Do–Sa, geöffnet meist ab 20 Uhr) in den Kneipen *La Chimenea* und *Vivencias* in der Jirón Lima (Cuadra 2). Interessant sind die Peñas mit ihren Folkloredarbietungen, ein Tipp dabei das *Ollantaytambo,* C. Puno (Cuadra 2) und das *Taki Wasi,* Huancavelica/13 de Noviembre; geöffnet meist nur Fr–So 13–20 Uhr, Eintritt 2 €.
Post	*Serpost,* Plaza Huamanmarca, Mo–Sa 8–20 Uhr, So 8–15 Uhr.
Geld	*Banco del Crédito,* Real/Cajamarca 1013; *Scotia Bank,* Real/Ica. **Casas de Cambio** gibt es in der Calle Real und in der Lima. Dort sind auch Straßenwechsler anzutreffen.
Reisebüro	*Peruvian Tours,* Plaza de Constitución 122 (2. Stock), pertours@hotmail.com; Tagestouren durchs Mantaro-Tal zum Franziskanerkloster Santa Rosa de Ocopa (inkl. Führung), Hualhuas, San Jéronimo und kleiner Bootstour auf der Laguna de Paca.
Führer	Für attraktive Wanderungen und Treks in die umliegenden Berge kann *Rúben Flores Salazar* empfohlen werden. Er unterhält auf der Plaza Central, zusammen mit seiner deutschen Frau Sefanie Meulenbrock de Flores, ein kleines Touristenbüro. Auf spezielle Wünsche wird gern eingegangen. Sehr kompetent, gute Kontakte zu Einheimischen, sehr persönlich. *In den Anden,* Ancash 367, Ed. Western Unión, 2. Stock, Tel. 22-6933, Handy 938-1108, info@indenanden.com, www.indenanden.com. **TIP!**
Automobilclub	*Touring y Automóvil Club del Perú,* Lima 355, Tel. 23-1204, huancayo@touringperu.com.pe
Kunsthandwerk	*Tahuantinsuyu Hualhuas,* Alfonso Ugarte 1175 in Hualhuas. Hier kann Handwerkern bei der Arbeit zugesehen und eine Ausstellung bewundert werden.
Museum	*Museo Salesiano,* Colegio Salesiano, nach der Brücke über den Río Chullcas, Schmetterlings- und Insektensammlung, ausgestopfte Urwaldtiere, Keramiken der Mochica, Chavín und Chancay. Mo–Fr 8–12 Uhr.
Sprachkurs	*Incas del Peru,* Av. Giraldez 652, Tel. 22-3303, www.incasdelperu.org.
Sauna	im *Hostal Las Viñas,* Eintritt 2 €. Aufgrund der höheren Temperaturen ist *Sauna Blub,* Verano, besser. Eintritt 3,50 € plus 1,50 € für Handtuch, Seife und Lendenschurz usw.
Gleitschirmfliegen	In Chupuro an der Straße stadtauswärts Richtung Cerro Mirador können Gleitflüge gemacht werden. Anfahrt mit Bussen oder Colectivos von Huancayo ab Ancash/Ferrocarril, Fz 45 Min. Von dort auf den Abflugberg mit dem Bus 2 Soles, mit dem Taxi 15 Soles, Fz 30 Min. Flugsaison ist nur im Juli und August. Fast überall an der Hangseite zum Tal kann gestartet werden, Landung am Fluss problemlos. Gleitschirmleihen fast aussichtslos. Infos in der Municipalidad oder unter www.chupuro.avadelta.com.

Verkehrsverbindungen

Bus Der Busterminal liegt in westlicher Richtung außerhalb der Stadt. Taxi ins Zentrum 3,5 Soles. Dennoch fahren viele Busunternehmen von ihrem Sitz ab.
Nach Ayacucho (260 km) tägl. Busse, u.a. *Molina, C.* Angaraes 334/Real, Tel. 22-4501, Fz über Buckelpiste via Mariscal Cáceres und Huanta mind. 9 h (in der Regenzeit bis 12 h und länger), Fp 25 Soles. Abfahrt u.a. 8 Uhr mit Mollina (Tagbus) und 20 Uhr (Nachtbus), in Fahrtrichtung rechts sitzen. – **Cusco** (860 km), s. Bus nach Ayacucho. – **Huancavelica** (150 km), Strecke nahezu vollständig asphaltiert, bis Izcuchaca sehr gut Fahrbahndecke: mit *Hidalgo*, Loreto 345; *Oropesa*, Ancash 1258, Tel. 23-2587; Fz ca. 3 h, in der Regenzeit auch länger, Fp 25 Soles. – **Huanta:** tägl. Busse von *Giraldez* bis Chupaca. Kurz vor der Brücke in Chupaca (Straßengabelung) aus dem Bus aussteigen und mit dem Colectivo Richtung Huayo weiterfahren, das am Geophysikalischen Institut vorbeifährt. – **Huánuco:** (365 km) Direktbusse mit *Trans Rey*, Ayacucho/Real 219 um 21.30 Uhr, Fp 20 Soles. – **La Oroya** (126 km): mit Minibus/Colectivo, Fp 6 Soles, handeln, sonst zahlt man 10 Soles. – **Lima** (310 km): tägl. gute und zahlreiche Busverbindungen, Fahrzeit auf der asphaltierten Straße 6–7 h (in der Regenzeit auch länger), Fahrpreis je nach Gesellschaft ab 2,50 €; *Cruz del Sur*, Ayacucho 281, Frühbus ab 8 Uhr, Fp 8 €; *ETUCSA*, Puno 220, mehrmals täglich, Fp ab 5 €; *Turismo Doce*, Loreto 421; *Trans Rey*, Real 219; *Oropesa*, Ancash 1258, Tel. 23-2587; *Expreso Costa Centro*, Av. Paseo la Breña 217, Tel. 22-6968; *Mariscal Cáceres*, Real 1241, Tel. 21-6635, Tag- und Nachtbus, Fz 6 h, 8 €, empfehlenswert. Daneben fahren tägl. Sammeltaxis von *Comité 12*, Loreto 421, Fp ca 10 €. – **Satipo** (230 km): Direktbus mit *Turismo Central*, Ayacucho 274 um 6 Uhr, Fz 7 h. – **Tarma** (100 km): *Transportes Muruhuay*, Jr. Puno 739 und *Transportes San Juan*, Pichis 398/Parque 15 de Junio; Fz 3 h, 2 €, stündliche Abfahrten; Transportes San Juan fährt auch nach La Merced und Oxapampa.

Eisenbahn **Nach Lima:** Die Verbindung wurde wieder aufgenommen, s. unter Lima oder www.ferrocarrilcentral.com.pe/cronograma.html.
Nach Huancavelica (128 km): spektakuläre Schmalspurverbindung vom Bahnhof in Chilca (Vorort) über Aguas Calientes, Izuchaca, Mariscal Cáceres (ein ehemaliger Tambo der Inkas), Acoria und Yauli mit dem *Tren Macho* („sale quando quiere – llega cuando puede"): *Tren Mixto*, Lokalzug mit Passagier- und Güterwaggons Mo–Sa 6.30 und 12.30 Uhr, So 6.30 Uhr und 14 Uhr. *Tren local* (Lokalzug), keine festen Abfahrten, Fz 5–7 h, Fp *Ejecutivo* 3,50 €, *Popular* 2 €, *Buffetklasse* 13 Soles.
Infos: www.huancavelica.com/departamento/tren-macho; Videofilm Tren Macho (10 Min.): www.youtube.com/watch?v=ejrWB6SkPNs&feature=related.
Während der Regenzeit kann die Verbindung ausgesetzt werden. Fahrkarten können einen Tag vorher gekauft werden. Platzkarte ist sinnvoll! Strecke und Zug sind ein echtes Erlebnis. Am Zug funktioniert außer den Bremsen so gut wie nichts, durch die Fenster regnet es meist rein, WC Fehlanzeige, im Dunkeln hilft nur Kerzenlicht, doch die Küche zaubert ein schmackhaftes Essen. Die Strecke führt durch eine saftig-grüne Landschaft, vorbei an kleinen Andendörfern, durch 36 Tunnels und über 15 Brücken. Am besten in Fahrtrichtung rechts sitzen.

Flug Lima, tägl. 9.55 Uhr mit *LC Busre*, www.lcbusre.com.pe, Fz 1 h, Fp 400 Soles.

Umgebungsziele von Huancayo

In der Umgebung von Huancayo gibt es einige recht reizvolle Orte, die einen Besuch lohnen. Auch die schon vor Huancayo beschriebenen Orte *Jauja, Concepción, Ingenio* und das *Kloster von Ocopa* bieten sich als Ausflugsziele an.

Tour 1: Wari-Willka	ist ein Ausflug für Reisende mit viel Zeit. Der Ort liegt 6 km südlich von Huancayo. Zu sehen sind zum Teil rekonstruierte Ruinen der Wari-Kultur (ca. 600–1200 n.Chr.), kleines Museum. Geöffnet meist 10–12 und 15–17 Uhr, Eintritt.
Tour 2: Torre Torre	Etwa 3 km außerhalb von Huancayo (2 km hinter dem Cerro de la Libertad) stehen mächtige Sandstein-Türme auf einem Hügel, die entfernt an den Bryce Canyon in den USA erinnern. Hin: mit Colectivo 15 ab Giraldez/Quito, Fp 1 Sol, oder grauem Micro vom Comité 1 in der Giraldez Richtung *Cerrito* (dort Endstation des Micros), von da in 20 Minuten zu Fuß leicht erreichbar.
Tour 3: Cochas Chicas – Hualhuas – San Jéronimo de Tunan (16 km)	Die kleinen Andendörfer rund um Huancayo sind auf echtes Kunsthandwerk spezialisiert, man kann den Handwerkern bei ihrer Arbeit zusehen. Im Andendörfchen **Cochas Chicas** mit malerischer Umgebung, 8 km nordöstlich von Huancayo, werden Kalebassen geschnitzt und Hüte aus Schafwolle gefertigt. Der Bus dorthin fährt vor der Iglesia Inmaculata ab. Unterkunft: Hostal *Kiko* (Juan lehrt hier das Kalebassenschnitzen). – Derselbe Microbus nach Cochas Chicas fährt 4 km weiter nach **Hualhuas.** Ein guter Ort, um Alpakapullis und -jacken, Ponchos, Mäntel und Wandbehänge einzukaufen. Die Wolle wird dabei mit einem aus Pflanzen gewonnenen Extrakt gefärbt. Erreichbar auch direkt mit dem Microbus von der Kirche Inmaculata. – Wieder 4 km von Hualhuas weiter liegt **San Jéronimo de Tunan,** berühmt für seine filigranen Silberarbeiten und der zum Nationaldenkmal erhobenen Barockkirche mit sehenswerten Holzschnitzarbeiten im Innern der Kirche. Die Wanderung von Hualhuas nach San Jéronimo dauert 1 h.

Huancayo – Ayacucho (320 km)

Zwischen Huancayo und Ayacucho ist die zentrale Hochlandstraße zwischen *Mariscal Cáceres* und *Mayocc,* lange Zeit durch einen Bergrutsch zerstört, wieder befahrbar. Dadurch ist die Strecke wieder genauso attraktiv wie früher (für Selbstfahrer von Huancayo nach Huancavelica: schön, staubig, anstrengend). Wer Zeit hat, der kann auch über Huancavelica nach Ayacucho fahren. Dabei empfehle ich, von Huancayo bis Huancavelica zuerst mit der Schmalspurbahn zu fahren (s. „Eisenbahn" bei Huancavelica), dann von Huancavelica mit dem Bus oder Colectivo nach *Santa Inés*. Von Santa Inés führt die Piste weiter über den *Abra Apacheta* (4750 m) bis Ayacucho, aber es existiert zwischen Santa Inés und Ayacucho keine Direktverbindung. Der Transport müsste improvisiert werden. Diese Strecke ist abenteuerlich und während der Regenzeit meist nicht machbar. Nachts kann es empfindlich kalt werden, und auch tags steigen die Temperaturen kaum über den Gefrierpunkt! Auf dieser harten Nebenstrecke ist der höchste befahrbare Straßenpass (5059 m) Perus erreichbar.

Huancavelica

Knapp 70 km hinter Huancayo liegt der Töpferort *Izuchaca* (3020 m, Hotel, Rest.) mit einer alten Steinbrücke über den Río Mantaro. Hier zweigt eine enge Asphaltstraße nach Huancavelica ab, das knappe 80 km entfernt liegt. Die 3680 m hoch gelegene Hauptstadt (38.000 Einw.) des gleichnamigen Departamento am Río Ichu liegt abseits des Durchgangsverkehrs und des Tourismus, die Einwohner sind sehr freundlich. Früher hatte sie, aufgrund von Quecksilberstätten, große Bedeutung, mit der Silberstadt Potosí in Bolivien bestand reger Handel. Heute ist sie eher eine ruhige Kolonialstadt, bei gutem Wetter lohnend zum Entspannen. Reisende heben immer wieder die schönen Spaziergänge am Fluss in traumhafter Umgebung hervor.

Orientierung Vom Bahnhof an der Calle Huancayo liegt die Plaza de Armas ca. 500 m in westlicher Richtung. Sie wird von den beiden wichtigsten Straßen der Stadt, der Virrey Toledo und der Av. Muñoz, tangiert. Nördlich der Plaza liegen in der Virrey Toledo die Post, das Rathaus und das Telefonamt. Südlich befinden sich in der Av. Muñoz die wichtigsten Busgesellschaften und Hotels. An der Plaza Bolognesi liegen die Kirchen *San Sebastián* und *San Francisco* (letztere besitzt nicht weniger als elf Altäre!). Außerdem gibt es im Ort den Schlachthof *Camal,* ca. 10 Min. zu Fuß von der Plaza aus, auf dem man zusehen kann, wie Lamas, Schafe und Kühe geschlachtet werden. Ansonsten kann man auch Museen besuchen: *Museo Regional Daniel Hernández* (Plazuela San Juan de Dios) und *Museo Arqueológico de Huaytará.* Der nördliche Teil der Stadt zieht sich auf der anderen Seite des Río Ichu den Berghang hinauf.

Thermalquellen von San Cristóbal Sehenswert sind die Thermalquellen von *San Cristóbal,* 10 Min. zu Fuß von der Plaza über die Manco Capac und über den Río Ichu und dann die Treppen hoch. Ein entspannendes Bad im lauwarmen Pool oder eine warme Dusche gibt's für einen geringen Betrag, Thermalwasser im Privatbad nur wenig mehr. Badetuch und Seife können geliehen werden. Eine Badehose ist obligatorisch. Geöffnet tägl. von 7–16 Uhr.

Tourist-Info Arica 202, Tel. 73-2544, earhvca@terra.com.pe, www.huancavelica.com

Unterkunft **Vorwahl (067)**
ECO: Hotel Tawantinsuyu (BUDGET), Carabaya 399, Tel. 95-2968; einfachste Zi., bc/bp, nicht immer Ww. – **Hotel Asencion** (BUDGET), Plaza de Armas, bc/bp. EZ/bc 10 Soles, EZ/bp 35 Soles, gut. – **Hotel Camacho,** Carabaya 481, Tel. 75-3298; saubere, kleine Zi., bc, immer Ww. 2 € p.P. – **Hostal Perú,** José María Chavéz 115. Einfache Zi., bc. – **FAM: Hotel Presidente** (ex-Turistas), Plaza de Armas, Tel. 95-2760, www.hoteles-del-centro.com. Schönes Kolonialgebäude, ordentliche Zi., bc/bp, Rest., Bar u.a.

Essen & Trinken Straßenkneipen und kleine Restaurants bieten für 2–3 € Tagesgerichte oder einfache Menüs an. In der Muñoz servieren einige Restaurants Forellengerichte, in der Muñoz 312 gibt es im *Tierra* typische regionale Gerichte für 3 Soles. Für Grillhähnchen ist die *Pollería Joy,* Toledo 230, zu empfehlen. Auch *El Ganso del Oro,* Virrey Toledo 283 und *La Estrellita,* Barranca 255, bietet gutes Essen.

Post Virrey Toledo 157, Tel. 75-2750.

Touranbieter *Citaq Asociacion Civil,* Portales de la Plaza Mayor s/n, Tel. 75-1170, citaq@latinmail.com, www.unh.edu.po/citaq.html. Typische viertägige **Lama-Trek-Touren** wie zu Zeiten der Inkas via Sacsamarca über den Huamanrazu und Tucumachay. Beste Zeit April bis Dezember. Für Naturliebhaber. – *Willy Tours,* 9 de Diciembre 107, Tel. 81-4075. Touren über den Abra Toccto (4240 m) und Condorcocha zu den **Cataratas Batan Cangallo** und nach Cangallo, ab 10 €.

Verkehrsverbindungen

Bus Die Busgesellschaften haben ihre Büros rund um den Parque Ramón Castilla, in der Muñoz und fahren von dort auch meist ab.
Nach Ayacucho (250 km) gibt es keine Direktfahrten, doch die Gesellschaft *Molina* bietet eine schnelle Busverbindung. Abfahrt in Huancavelica um 4 Uhr, über Sta. Inés durch eine wilde Landschaft nach Rumichaca, Fz 3 h, Fp 10 Soles, in Fahrrichtung rechts sitzen. Dort mit Anschlussbus von *Molina* nach Ayacucho, Fz 3 h. Alternative ist der Bus von *Oropesa,* Av. Muñoz 440, Tel. 95-2936, tägl. um 5.30 Uhr nach Santa Inés (80 km). In Santa Inés muss man ein Bus bis zur Straßeneinmündung in Rumichaca genommen werden, dort dann an der Mautstation irgendein durchkommendes Fahrzeug anhalten (Micro, Ca-

mioneta, Lkw), um über den *Abra Apacheta* (4750 m) nach Ayacucho zu kommen. An der Straßeneinmündung in Rumichaca kommen die Überlandbusse Lima – Pisco – Ayacucho nur nachts durch! Kurz vorm Apacheta-Pass wachsen auf der rechten Seite *Puya Raimondi*. Vom Apacheta-Pass sind es noch 100 km bis Ayacucho.

Eine weitere Möglichkeit ist, in Huancavelica den Zug um 6.30 Uhr nach Izcuchaca zu nehmen, Ankunft 9.15 Uhr, Fp 5 Soles. Der Bus nach Ayacucho kommt gegen 12 Uhr an der Kreuzung auf der anderen Seite der Brücke vorbei. Von dort geht es nur enger, staubiger Piste über Huanta nach Ayacucho, Fz mind. 6 h, Fp 20 Soles.

Huancayo (150 km), tägl. mehrere Busse, u.a. mit *Oropesa*, Av. Celestino Manchego Muñoz 440, Tel. 95-2936 (um 22 Uhr), *Expreso Hidalgo* und *Huancavelica;* Fz ca. 5–6 h, 15 Soles. – **Ica,** tägl. um 17.30 Uhr mit *Oropesa*, Av. Celestino Manchego Muñoz 440, Tel. 95-2936. – **Lima** (450 km), tägl. mehrere Busse, u.a. mit *Oropesa*, Av. Celestino Manchego Muñoz 440, Tel. 95-2936, *Expreso Hidalgo* und *Huancavelica;* Fz 13–15 h, 9–10 €; vorher fragen, ob in Huancayo umgestiegen werden muss (es sind Direktbusse im Einsatz). Alternativroute über Pisco (s. dort). – **Pisco** (270 km): mit *Oropesa*, tägl. um 6 Uhr, Fz ca. 14–20 h, je nach Wetterverhältnissen, Fp ca. 25–30 Soles. Ansonsten mit *Bus Unión Andino* um 4.30 Uhr nach Castrovirreyna, Fz 5 h, und von dort weiter mit *Virgen Asunción* um 11 Uhr nach Pisco, Fz 6,5 h. Es sind auch Lkw unterwegs, die Reisende gegen Fahrgeld mitnehmen. Die landschaftlich sehr schöne Strecke über Santa Inés und Castrovirreyna führt über 4800 m hohe Pässe, vorbei an herrlichen Andenseen und unzähligen weidenden Lama- und Alpakaherden nach Pisco an der Küste (und weiter nach Lima). – **Santa Inés,** tägl. um 5.30 Uhr mit *Oropesa*, Av. Celestino Manchego Muñoz 440, Tel. 95-2936; Fz 2–3 h, 6–12 Soles.

Selbstfahrer Landschaftlich sicherlich ein Höhepunkt, namenloser Pass auf 5059 m, riesige Lagunen bis Sta. Inés, Traumlandschaften!

Eisenbahn Nach Huancayo eine spektakuläre Schmalspurbahn. Die faszinierende Route führt durch eine saftig-grüne Landschaft durch die Andendörfer Izuchaca, Mariscal Cáceres und Acoria. *Tren Mixto*, Lokalzug mit Passagier- und Güterwaggons, Mo–Sa 6.30 u. 12.30 Uhr, So 6.30 Uhr u. 14 Uhr. *Tren local* (Lokalzug), keine festen Abfahrtszeiten; Fz 5–6 h, Fp *Ejecutivo* 3,50 €, *Popular* 2 €.

Während der Regenzeit kann die Verbindung ausgesetzt werden. Fahrkarten sollten einen Tag vorher gekauft werden, eine Platzkarte ist sinnvoll!

Huanta

Die direkte Strecke von Huancayo nach Ayacucho (254 km) führt ziemlich einsam und für peruanische Andenverhältnisse relativ langweilig über die Orte *Pampas, Millpo, Tucujasca, Churcampa* und *Mayocc* nach Huanta. Von Mayocc geht es wieder bergauf. Nach zahlreichen Kakteenarten und Akazien wird die Vegetation wieder artenreicher. In 2400 m Höhe liegt *Huanta,* die **Perle der Anden,** mit einem kleinen bunten Markt und einer idyllischen Plaza. Im Andenstädtchen kann das Geophysikalische Institut (Meterologie, Seismik und Geomagnetik) besucht werden. Außerdem baute Huanta in den vergangenen Jahren einen bescheidenen Öko-Tourismus auf.

Eingebettet in eine schönen Natur macht der Ort auf die kleinen Sehenswürdigkeiten in und um Huanta aufmerksam, dient sich als Ausgangspunkt für kleinere Ausflüge, z.B zur *Caverna de Piquimachay,* zu den Ruinen von *Pockra, dem Complejo Ciclopeo Laupay* oder dem *Cañón Huastuscalle.* Empfehlenswert ist auf jeden Fall der Ausflug zu

	den Ruinen von **Arhuaturo,** Anfahrt mit dem Colectivo von Chupaca Richtung Arhuac und dann weiter mit einem Taxi, Fp 2 €, vorbei am Lago Nahuimpoquio zu den Ruinen. Schöner Blick übers Mantaro-Tal.
Unterkunft	**Vorwahl (066)** **ECO: Hostal Confort,** Av. Gervasio Santillana 647, Parque Alameda, Tel. (064) 93-2956. – **Hotel Ambassador,** Tel. 93-2294. – **La Posada del Marqués,** Sáenz Peña 160, Tel. 83-1022. Kolonialhaus in einem schönen Garten, bp, Ww. 7,50 € p.P., empfehlenswert. – **Los Andes,** Tel. 93-2113.
Essen & Trinken	Die beiden Restaurants *Central* und *El Patio* an der Plaza de Armas sind empfehlenswert. Ansonsten *Recreo Paraíso del Folklor,* Salvador Cavero 357.
Touranbieter	*Huanta Tours,* Amazonas 319, Tel./Fax 83-2440. *Laski Tours,* Amazonas 138, Tel./Fax 83-2083.
Weiterfahrt	In stetem Auf und Ab führt die Straße dann weiter durch zerklüftete Kalktäler, vorbei an der Abzweigung nach San Miguel und Quinua, nach Ayacucho.

Ayacucho

Geschichte und Gegenwart	Die Region um Ayacucho war schon sehr früh besiedelt, Funde des Pikimachy-Volkes wurden auf 10.000 v.Chr datiert. **Wari** war zudem Hauptstadt eines andinen Präinkareichs (s. Tour 1).

Die heutige schöne Hauptstadt des gleichnamigen Departamento liegt auf 2761 m Höhe und hat über 177.000 Einwohner. Ayacucho wurde am 9. Januar 1539 von den Spaniern gegründet, um den wichtigen Handelsweg von Lima nach Cusco zu sichern, es hieß damals **Huamanga** und wird unter der der Bevölkerung auch so wieder genannt. 1824 fand hier eine der Entscheidungsschlachten im Unabhängigkeitskampf Südamerikas statt: die spanische Armee musste am 9.12. kapitulieren und der spanische Vizekönig sich General Sucre ergeben (s.u., Umgebungsziele **Quinua**).

Ayacucho ist eine typische Kolonialstadt mit freundlichen Einwohnern, nicht weniger als 37 Kirchen, einer wichtigen indigenen Universität und so gut wie keiner Industrie. Hier sollte man mindestens einen Tag, besser zwei oder drei Tage verbringen. Besonders lohnenswert ist ein Aufenthalt in der Karwoche, in der zahlreiche Prozessionen und Fiestas stattfinden. Das Klima ist angenehm und relativ trocken, obwohl zwischen Dezember und März reichlich Regen fällt und nachts die Temperatur gegen Null Grad absinkt.

Ayacucho ist für Lederwaren, Wollklamotten und filigranes Kunsthandwerk (u.a. Retablos) bekannt. Lohnenswert ist auch ein Besuch des Mercado Artesanías auf der **Plaza Santa Ana.** Hier steht auch die älteste Kirche Ayacuchos aus dem Jahre 1569, gleich gegenüber werden **Sulca-Teppiche** (15–130 €) verkauft. Wer zu Fuß vom Zentrum hinlaufen möchte, muss am Ende der San Blás bergaufwärts Richtung Kirche gehen.

Interessant ist die Fußgängerzone in der 28 de Julio zwischen der Plaza und dem Torbogen beim Mercado. Dort ist das **Centro Turístico Cultural San Martín** mit mehreren Restaurants, Galerien und Kultureinrichtungen eine gute Adresse.

Einen fantastischen Ausblick auf die Stadt hat man vom **Mirador Turistico,** Stadtteil San Juan Bautista im Südosten der Stadt, Anfahrt mit dem Taxi.

Der „Winkel der Toten", was Ayacucho heißt, war früher ein Zentrum des *Sendero Luminoso* und die 1959 gegründete Universität des Heiligen Christopherus von Huamanga Herz der indigenen Befreiungsbewegung. Viele Aufstände gingen von Ayacucho aus. In den umliegenden Bergen wird immer noch Selbstversorgungs-Landwirtschaft betrieben.

Stadtrundgang Ayacucho

Die Tourist-Info hat eine Übersicht der Öffnungszeiten der sehenswerten Kirchen. Meist sind diese von 6–8.30 Uhr geöffnet, seltener am Nachmittag. Evtl. über einen Nebeneingang möglich, oder höflich fragen und eine Spende machen, um außerhalb der Öffnungszeiten reinzukommen.

Plaza Mayor Ausgangspunkt ist die hübsche Plaza Mayor. Wegen des Reiterstandbilds von *José de Sucre* in der Mitte wird sie auch *Plaza Sucre* genannt. Hier befindet sich die Municipalidad und der Regierungspalast. Unter den Arkaden (Portales) gibt es einige preiswerte Restaurants und Imbiss-Läden. Auf der westlichen Seite der Plaza erhebt sich die Prefectura. Beherrscht wird der Platz jedoch von

La Catedral In dem mächtigen Bau aus dem 17. Jahrhundert (1671) befinden sich einige für Ayacucho typische Altäre in churriguereskem Stil (stark überladener barocker Baustil). Rechts daneben liegt das Hauptgebäude der Universität, die 1677 gegründet, 1886 geschlossen und 1958 wieder eröffnet wurde. Links steht das Rathaus. Auf der anderen Straßenseite, Ecke Cusco/Asamblea, befindet sich die

Iglesia de San Agustín Sie ist meist geschlossen, morgens zwischen 6 und 8 Uhr probieren. Von der Kirche San Agustín geht es auf der Asamblea bis zur nächsten Ecke, dann nach links in die Bellido. An der nächsten Kreuzung steht die

Iglesia de Santo Domingo Auffallend an dem von 1548 bis 1562 errichteten Bau ist der wie ein italienischer Campanile von der Kirche getrennt stehende Glockenturm, an dem von der Inquisition die zum Tode Verurteilten aufgehängt wurden. Am Sonntagmorgen kann der Gottesdienst auch für Nichtreligiöse empfohlen werden, eine rundum schöne Sache.

Über die 9 de Diciembre nach links am *Hotel Plaza* vorbei kommt man wieder auf die Plaza Mayor zurück. Hier geht's nach rechts in die Callao. An der nächsten Ecke überragt bereits die

Iglesia de San Francisco de Paula die umliegenden Gebäude. Sie wurde im 18. Jh. (1713) mit einer etwas ungewöhnlichen klassizistischen Fassade erbaut. Im Inneren verbirgt sich die vielleicht schönste Kanzel von Ayacucho und sechs Taschentücher, die 1768 ein Geschenk des spanischen Königs waren.

Über die de la Vega nach links kommt man zur nächsten Straßenkreuzung, in die nach links in die Lima eingebogen wird, die zur Plaza Mayor zurückführt. Nach rechts über die 28 de Julio wird die nächste Kirche erreicht.

Iglesia de la Compañía Es ist eine Jesuitenkirche mit herrlicher Architektur. Ihr Bau datiert aus dem Jahre 1605. Sehenswert sind der überladene Hauptaltar und das Bild des Jesus im Todeskampf, das am Karfreitag in einer großen Prozession herumgetragen wird. In der gleichen Straße befindet sich etwas weiter, auf der linken Seite, die **Casa Olano,** ein sehenswertes und schön restauriertes Kolonialhaus. Inzwischen ist es Teil der *Banco National,* deshalb nur noch teilweise zu besichtigen (Innenhof).

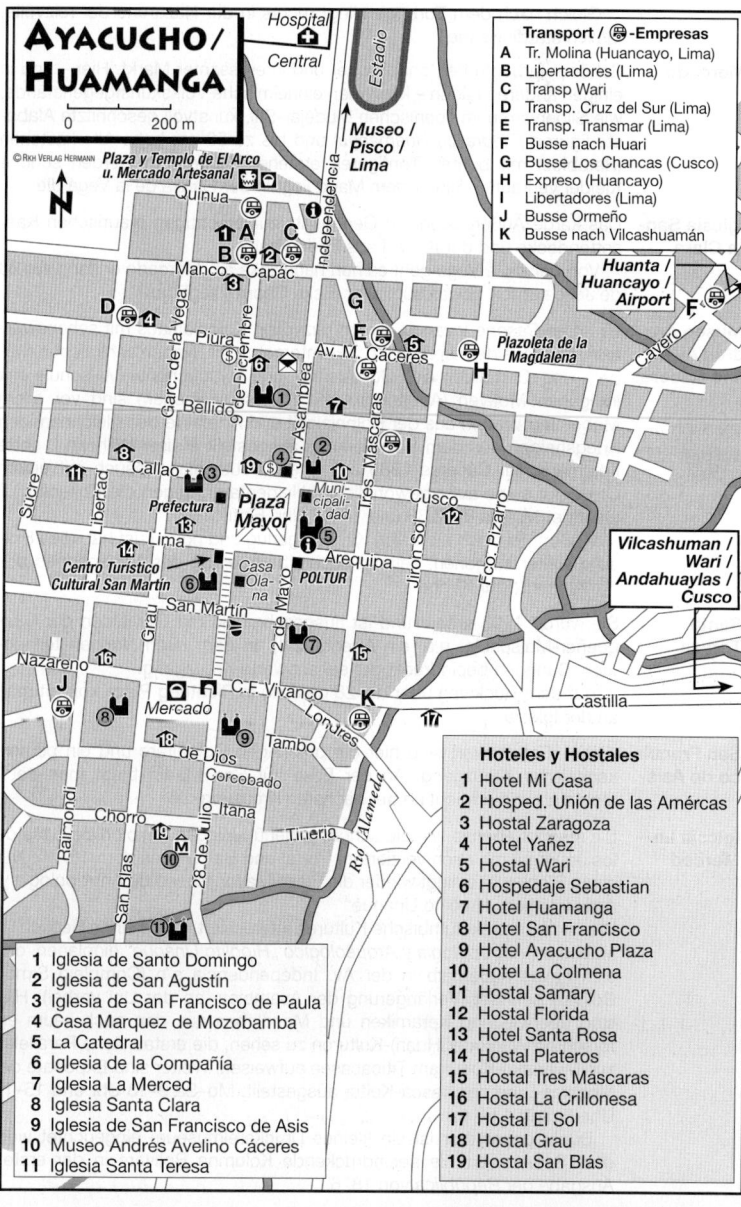

Gleich nach dem Torbogen liegt rechts in der Nazareno der reizvolle, täglich stattfindende

Mercado Schöner farbenfroher, chaotischer und interessanter Markt. Hier – und in einigen anderen Läden – kann man einheimische Volkskunstgegenstände, wie Silberwaren im spanischen Mudéjar-Stil, kunstvoll geschnitzte Alabasterfiguren *(Piedra de Huamanga)* und bis zu 50 cm hohe Altarkästchen (Retablos) mit bunten Tonfiguren erstehen. Außerdem werden schöne Kleider verkauft. – Hinter dem Markt liegt in der Garcia de la Vega die

Iglesia San- Das karge Äußere steht im Gegensatz zur prächtigen maurischen Kas-
ta Clara settendecke und der Kanzel aus Zedernholz.
Von der de la Vega geht es nun nach links am Mercado entlang zur 28 de Julio zurück. Etwas südlicher (Ecke Chorro) liegt das

Museo An- Es ist im *Casona Vivanco,* einem reizvollen Kolonialhaus mit sehenswer-
drés Ave- tem Patio aus dem späten 17. Jh. untergebracht. Neben zahlreichen Mö-
lino Cáceres beln und Gemälden der Cusqueñer- und Ayacucheñer-Malschule mit indigenen Motiven (Abendmahl mit Meerschweinchen) sind vor allem Möbel und Waffen aus der Kolonialzeit und Artefakte des gleichnamigen Kriegshelden aus dem Salpeterkrieg ausgestellt (Kaiser Wilhelm I. ehrte Feldmarschall Cáceres 1885 auf einem Deutschlandbesuch mit einem Orden für seine außergewöhnlichen Heldentaten gegen die Chilenen …) Geöffnet Mo–Sa 8–12.30 und 14–18 Uhr, Eintritt.
Wer immer noch nicht von Kirchen genug und noch Lust hat, die 28 de Julio weiter zu gehen, gelangt nach Überquerung des Nebenarmes des Río Alameda zur Kirche

Santa Sie wurde 1703 erbaut und ist ausgeschmückt mit Gemälden der Cus-
Teresa queñer-Malschule, u.a. ein Abendmahl, an dem auch Nonnen teilnehmen. Daneben beeindruckt der sehenswerte Kreuzgang.
Auf dem Rückweg über die 28 de Julio in Richtung Plaza kommt man an der Iglesia

San Francis- vorbei. Sehenswert sind hier die prächtigen Goldaltäre und ein bemer-
co de Asís kenswerter Kreuzgang. An der Ecke zur San Martín biegt man nach rechts ab und erreicht an der nächsten Kreuzung die

Iglesia La Sie stammt ebenso wie die schräg gegenüberliegende koloniale Casa de
Merced los Jaúregui mit reich verziertem Portal und Balkon aus dem 16. Jh. Nur einen Block weiter liegt wieder die Plaza Mayor.Museo de Antropología y Arqueológico „Hipólito Unánue"
Wer sich für präkolumbische Kulturen interessiert, sollte einen Besuch im *Museo de Antropología y Arqueológico „Hipólito Unánue"* einplanen, das sich etwas außerhalb in der Av. Independencia s/n (Complejo Simón Bolívar) befindet (Verlängerung der Asamblea, an der Uni vorbei). Hier sind überwiegend Keramiken und Monolithen aus den noch kaum erforschten Wari(oder Huarí)-Kulturen zu sehen, die erstaunliche Parallelen zur Tiwanaku-Kultur am Titicacasee aufweisen. Weiter sind Exponate der Mochica- und der Nasca-Kultur ausgestellt. Mo–Sa 9–13 Uhr und 15–17 Uhr, Eintritt 1,50 €.
Direkt gegenüber ist ein kleines Druckereimuseum eingerichtet worden. Sehenswert die beeindruckende Kolumne Bolívars in der ersten Ausgabe der *République* von 1826.

Adressen & Service Ayacucho

Tourist-Info **i-Peru,** Infostelle von PromPerú in der Municipalidad, Portal Municipal 48, Plaza Mayor, Tel. 81-8305, iperuayacucho@promperu.gob.pe, www.peru.info, Mo–Sa 8.30–19.30 Uhr, So 8.30–14 Uhr. Infos zu touristischen Sehenswürdigkeiten, keine Reservierungen. – *Dirección de Turismo de Ayacucho* (DRITINCI), Asamblea 481, Tel. 81-3162, Tel./Fax 81-2548, ayacucho@mitinci.gob.pe, Mo–Fr 7.30–13 und 14.30–19 Uhr. Auch Infos über Unterkünfte. – *Municipalidad Provincial de Huamanga,* Portal Municipal 48. – *AESHA AHORA,* Ayacucho a su service (aesha_ahora@latinmail.com). Ayacucho im **Internet:** www.warinet.com.pe. **Vorwahl (066).**

POLTUR *Policía de Turismo,* 2 de Mayo/Arequipa 100, Tel. 81-2005, 81-8372, tägl. 6–22 Uhr. – *Policía Nacional,* 28 de Julio, Notruf Tel. 105. – INDECOPI *(Servicio de Protección al turista),* Portal Constitución 15, Tel. 68-8070.

Erste Hilfe *Hospital Central,* Av. Independencia 355, Tel. 81-2181 oder 81-2180. – *Clínica El Nazareno,* Quinua 428, Tel. 81-4517, tägl. 7–21 Uhr. – **Apotheke:** *Anita,* Asamblea 274 und *Luren,* Av. Cáceres 848.

Unterkunft In der untersten Preisklasse gibt es eine breite Auswahl an Hostales, meist ganz ordentlich und mit Warmwasser (doch oft nur morgens). Die billigsten und einfachsten:

BUDGET **Hotel Huamanga,** Bellido 535, Tel. 81-1871; simple, saubere Zi., bc/bp, Ww-Zuschlag. Ü 10 Soles. – **Hostal Virgen Zaragoza,** Manco Cápac 270, Tel. 81-2032. einfache Zi., bc. 4 €. – **Hostal Warí,** Cáceres 836, Tel. 81-3065; kleine saubere Zi., bc/bp, nicht immer Ww. – **Hotel Grau,** Juan de Dios 192 (2. Stock), Tel. 81-3258; saubere Zi., bc/bp, Ws. DZ 7 €, **TIP!**

ECO **Hotel Mi Casa,** Manco Capac 245, Tel. 81-7762. Sehr gepflegtes, freundliches Haus, sehr saubere EZ/DZ/TriZ, geschmackvolle bp mit Spiegelwand, Dusche guter dt. Standard, Ww, gPLV, z.B. EZ/bp 25 Soles. **TIP!** – **Hospedaje Sebastian,** 9 de Diciembre 251. Große Zi., bp, Ww. DZ 25 Soles. – **Hostal La Crillonesa,** Nazareno 165, Tel. 81-2350. Saubere Zi., die besten sind Nr. 40, 41, 42 neben der Dachterrasse und Zi. 24, mit TV (Deutsche Welle), bc/bp, freundlich, Ws. DZ/bp 8,50 €. **TIP!** Bei längerem Aufenthalt Rabatt. – **Hostal San Blás,** Chorro 167, Tel. 81-2712. Saubere und schöne Zi., bc/bp, Wasch- und Kochmöglichkeit, freundlich; bei längerem Aufenthalt nach Rabatt fragen. – **Hostal Samary,** Callao 335, Tel. 81-2442. Ordentliche, saubere Zi., bc/bp, nicht immer Ww, sicher, empfehlenswert. – **Hostal Tres Máscaras,** Tres Máscaras 194, Tel. 81-2921. Kolonialbau mit Patio, saubere, einfache Zi., bc/bp. – **Hotel La Colmena,** Cusco 144, Tel./Fax 81-1318. Simple, saubere, schöne kleine Zi., bc/bp, nicht immer Ww, nett bepflanzter Patio zum Frühstücken und Mittagessen, sicher, empfehlenswert. – **Hostal El Sol,** Ramon Castilla 132, Tel. 81-3096. Etwas abseits, Zi. gut, sauber, bp. – **Hospedaje Unión de las Américas,** Manco Cápac 319, Tel. 81-9525. Sehr saubere EZ/DZ/MZ, bc/bp, Ww. DZ 15 €, sehr zu empfehlen. – **Hostal Florida,** Cusco 310, Tel. 81-2565. Einfach, gepflegt, ruhig, bp, **TIP!** – **Hostal Plateros,** Lima 209, Tel. 81-3997. Ordentlich, neu, bp. **Hotel San Francisco,** Callao 290, Tel. 81-2353, Fax 81-4501. Einfache, nette Zi., bp, Patio, sehr laut. Ü/F 15 €.

FAM **Hotel Yáñez,** Av. Mariscal Cáceres 1210, Tel. 81-4918. Gefällige Zi., bc/bp. – **Hotel Santa Rosa,** Lima 166, Tel./Fax 81-2083. Älterer Kolonialbau, bp, freundlich, Rest.

LUX **Ayacucho Hotel Plaza,** 9 de Diciembre 184, Tel. 81-2202, Fax 81-2314, otorres@derramajae.org.pe, www.derramajae.org.pe. Koloniales Gebäude, nette Atmosphäre, Rest., Bar, Ws, Zi. etwa hellhörig und renovierungsbedürftig, für Ayacucho sehr teuer.

	Ayacucho

Essen & Trinken

Das Angebot ist eher karg, in vielen Restaurants gibt es fritierte Hühnerbällchen mit Reis, verschiedene Suppen und Eintöpfe sowie Forellengerichte. Die Garküchen der **Feria Dominicial de Bebidas y Comidas,** Plaza Parado de Bellido, bieten jeden Sonntag ab 11 Uhr lokale Gerichte ab 1,50 Soles an.

Zum **Frühstück** kann **Lalo's Pan,** Centro Turístico Cultural San Martín, 28 Julio 178, empfohlen werden, sehr reichhaltig. Gute Alternativen sind **Café New York,** ebenfalls Centro Turístico Cultural San Martín, 28 Julio 178 oder die Bäckerei in der 9 de Diciembre/Av. M. Cáceres (leckere Apfeltaschen). Weitere Cafés befinden sich im Portal Constitución.

Ein gutes Lokal zum Mittagessen ist das **La Casona,** Bellido 463, mit typischen Gerichten, wochentags preisgünstige Mittagstische ab 1,50 €. Gemütlich im **Camera de Comercio,** San Martín 432. Gute Familienklasse sind das **Los Portales** an der Plaza Mayor, Portal Unión 33, das **Los Alamos,** Cusco 215, 7–21.30 Uhr, und **Santa Rosa** im Hotel Santa Rosa, Lima 166, ab 7 Uhr.

Ein Tipp für **regionale Küche** ist auch das **Urpicha,** Londres 272, und **Don Manuel,** Garcilaso de la Vega 370. Schmackhafte Gerichte bietet das Restaurant des **Hotel La Colmena,** Cusco 144, nicht von der teuren Touristenkarte wählen, sondern nach dem Tagesmenü fragen, ca. 5 Soles. Auch das **La Cumbre** auf dem Cerro Acuchimay serviert die typische Küche Ayacuchos. Eine gute **Quinta** ist **Orcasitas,** Alameda Bolognesi. 5 km außerhalb, an der Straße nach Cusco, kann bei der Ciudadela Warpa Picchu das **Warpa Picchu** im gleichnamigen Hotel empfohlen werden.

Hähnchenfreunde gehen zur *Pollería Wallpa Sua,* Garcilaso de la Vega 240, Mo–Sa 18–23 Uhr; angenehmes Ambiente, Forelle 3,50 €, 1/4 Hähnchen, Pommes, Salat 2 €, gPLV. **Gegrilltes** bietet *La Brasa Roja,* Cusco 180, 17–24 Uhr, sowie Anticucho und Parrillada das *Miguelito,* Tres Mascaras 537, nur 11–15 Uhr. Regionaltypische Fleischgerichte, Pisco und Weine bei **El Monasterio,** Centro Turístico Cultural San Martín, 28 Julio 178. Kleine Gerichte ab 1,50 €, Hauptgänge 3 €. **TIP!**

Fisch- und Meeresfrüchte: *Perla Marina,* Quinau 281 und *Todos Vuelven,* Av. Maravillas 147. Ein weiteres Fischrestaurant ist im Centro Turístico Cultural San Martín, 28 Julio 178.

Chifas: in der Av. Cáceres gibt es viele, z.B. *Shi Jong* (No. 1035, ab 11 Uhr), *Tay-Pa* (No. 1131, ab 17 Uhr) oder *Tio Min* (No. 1179, ab 17 Uhr). *Chifa Lum-Fu,* Asamblea 135 bietet sehr gutes, reichhaltiges Essen ab 2 €.

Wer Lust auf einen Eisbecher verspürt, kann zur Confitería *La Miel* an der Plaza, Portal Constitución 11, 10–23 Uhr, gehen.

Rund um Ayacucho gibt es zahlreiche **Restaurantes Campestres** (Landgasthöfe), wie z.B. das *Mis Algarrobas* oder *El Bosque* im Valle de Muyurina (8 km außerhalb), die bereits um 9 Uhr öffnen, jedoch meist nur am Wochenende bzw. Fr–So.

Unterhaltung

Im ehemaligen Priesterseminar *San Cristóbal de Huamanga,* 28 de Julio 178 (neben der Iglesia de la Compañia) befindet sich das **Centro Turístico Cultural San Martín** mit mehreren Restaurants, Galerien und Kultureinrichtungen – **TIP!** Im hinteren Teil gibt es wochentags ein Freiluftkino (nur abends), Eintritt frei.

Das Nachtleben von Ayacucho ist aus dem Dornröschenschlaf erwacht. Im Bereich der Asamblea/Bellido/Cáceres gibt es eine Reihe von Kneipen und Discos, u.a. das *Carpe Diem,* Av. Cáceres 1131, und die derzeit angesagte Disco La Nueva Ley, ebenfalls in der Cáceres (1. Block). Beliebt sind auch die Kneipe *Magia Negra,* 9 de Diciembre 293, das *Veijo Barril,* Sol 368 sowie die Disco *Jasmín* in der Arequipa, Cuadra 2, und das *Break* in der 9 de Diciembre 396. Tanzen kann man im *Shumac Killa,* Los Balcones. Peñas: *Los Balcones,* Asamblea 187 (2. Stock) und *Sonqomayo,* Asamblea 280, sowie *Las Warpas,* Av. Cáceres 1033.

Museo de la Memoria	von ANFASEP, Prolongación Libertad 1229, Tel. 331-7170, Mo– Sa 9–13 Uhr und 15–18 Uhr, für die Opfer des Sendero Luminoso und der Militärs. Gegründet 2005 von den Frauen, die hierbei ihre Männer verloren haben. Verkauf von Kunsthandwerk durch die Witwen. Sehr gute Ausstellung. Eintritt 2 Soles. **TIP!**
Kunsthandwerk	Ayacucho ist für seine Holzkrippen mit handbemalten Figuren bekannt. Eine kleine Holzkrippe gibt es ab 0,50 €, größere n (0,50 x 0,50 m) mit 300 handbemalten Figuren kosten um die 50 €. *Mercado Artesanal Shosaku Nagase,* Plazoleta Maria Parado de Bellido. – *Centro Turístico Cultural San Cristobal,* 28 de Juli 178. – *Galeria Unión,* Portal Unión 25. – *Multiservicios la Huamanguinita,* Asamblea 169.
Kunstgalerien	Am Portal Unión gibt es gleich mehrere Kunstgalerien, wie z.B. *Galería Artesanal Pascualito,* Portal Unión 25 und *Galería Wari,* Portal Unión 33. An der Plazoleta María Parado de Bellido liegt die Galerie *Shoshalu Nagase. Galería Tikimarka,* Libertad 961. Weiter Kunstgalerien im Barrio de Santa Ana, z.B. *Galería Artesanal.*
Post	*Serpost,* Asamblea 293, Tel. 81-2224, Mo–Sa 8–20 Uhr und So 8–15 Uhr. *Metro Courier,* Bellido 683.
Telefon	*Telefónica del Perú*, Asamblea 293 (neben der Post), Mo–Sa 7–23 Uhr, So 7– 22 Uhr.
Internet	Es gibt mehrer Anbieter in der Asamblea, z.B. *Explorer* (331) oder *C&V* (257) sowie in der Lima, z.B. *JEGA'S* (114) oder *La Pontificia* (106).
Geld	*Banco de la Nación,* 28 de Julio 163, Mo–Fr 9–12 und 15–20 Uhr. *Banco del Crédito,* Portal Unión 28, Plaza Mayor. *Interbank,* Portal Unión 8 de Diciembre 183. *Casa de Cambio,* Portal Unión 4, gute Kurse für Bargeld, Mo–Sa 8–19 Uhr. An der Plaza bei Straßenwechslern teils guter Wechselkurs, oder in vielen Geschäften.
Touranbieter	*Moto-Excursiones Ayacucho,* Plaza Mayor (Lima/Arequipa), Tel./Fax 81-5191, gPLV. – *Morochucos Travel Service,* Cusco 355, Tel./Fax 81-1441. Empfehlenswert für Ausflüge in die Umgebung, langjähriger Erfahrung. – *Wari Tours,* Portal Independencia 70, Tel. 81-1415. Stadtrundfahrten, Tagesausflug nach Wari, Quinua, Tagestour nach Vilcashuamán. – *Willy Tours,* 9 de Diciembre 107, Tel. 81-2059. Touren in die Umgebung, gute Führer, z.B. Edwin Pillpe Ayala, empfehlenswert. – *Warpa Picchu Fco Aventura,* Portal Independencia 66, Tel. 81-5191, www.warapicchu.com. Ausflüge nach Wari und Quinua, 8 €/ p.P.; Tagestouren nach Vilcashuamán. – *Central Tours,* Portal Constitución 17, Tel. 81-1546. Einige weitere Anbieter in der 9 de Diciembre, wie z.B. *Explormundo Service.*
Feste	**16. –17. Februar:** *Festival de la Tuna y la Cochinilla.* **März/April:** *Semana Santa;* spektakuläres einwöchiges, wichtigstes und sehenswertes Fest, bei dem nahezu alle Kirchen beteiligt sind. Der wohl beste Platz um die Festivitäten zu beobachten ist die Plaza Mayor, aber auch in den Nebenstraßen ist einiges geboten. – **August/September:** *La Fiesta del Água;* Musikfest mit Harfen und Violinen. – **Dezember:** *Navidad Andina.*

Verkehrsverbindungen

Taxi	Ein Taxi vom Stadtzentrum zum Flughafen kostet 5 Soles, eine Taxistunde ca,. 15 Soles.
Bus	Viele Busgesellschaften, wie z.B. *Cruz del Sur,* sind in der Av. Mariscal Cáceres (ex-Centenario) oder wie z.B. *Antezana Hermanos* in der Manco Cápac. *Ormeño* in der Libertad 257. **Nach Andahuaylas** (261 km) tägl. Busse mit *Los Chancas,* Pasaje Cáceres 150, Tel. 81-2391, Fz 10–12 h (in der Regenzeit 32 h und länger!), Fp 30 Soles, links sitzen! – **Cusco** (520 km) kein Direktbus; Busse mit *Los Chancas,* Pasaje

Cáceres 150, Fz unter normalen Bedingungen 20–24 h! Abfahrten mit Los Chancas um 6.30 und 19 Uhr, Ankunft in Andahuaylas um 17 bzw. 5 Uhr. Fahrtunterbrechung und Buswechsel in Andahuaylas, Weiterfahrt mit *Los Chancas* nach Cusco um 18 Uhr bzw. 6.30 Uhr, Ankunft in Cusco um 18.30 Uhr bzw. 6 Uhr. Wichtig: Sitzplatznummer für den Anschlussbus rechtzeitig in der Busstation in Andahuaylas besorgen, Gesamtfahrpreis 36 Soles. Äußerst harte, atemberaubende Piste, beste Ausblicke auf die oft über 1000 m nahezu senkrechten Abgründe auf der linken Seite in Fahrtrichtung. Manchmal Erdrutsche. Von Andahuaylas bis Abancay/Cusco rechts sitzen! – **Huancayo** (257 km): *Empresa Molina,* 9 de Diciembre 458, Tel. 81-2984 (Tagbus um 6.30 Uhr) und *Tourismo Central,* Manco Cápac 499, Tel. 81-7873, meist Nachtbusse, Fz mind. 10 h, 23 Soles. – **Huancavelica** (250 km): keine Direktfahrten, doch die Gesellschaft *Molina* bietet eine schnelle Busverbindung um 8 Uhr bis Rumichaca, Fz 2.30 h. Dort wartet ein Anschlussbus nach Huancavelica auf alle ankommenden Frühbusse aus Ayacucho bis 11 Uhr. Ankunft in Huancavelica ca. 15 Uhr. – **Huanta:** Taxifahrt 14 € (hin und zurück, mit einem dreistündigem Aufenthalt). – **Ica,** tägl. mit *Ormeño,* Libertad 257, Tel. 81-2495, und *Oropesa,* Pasaje Cáceres 177, Tel. 83-6323. – **Lima** (585 km): tägl. mehrere Busse, u.a. mit *Empresa Molina,* 9 de Diciembre 458, Tel. 81-2984, Tagbus um 8 Uhr, sonst 22 Uhr; *Libertadores,* Tres Máscaras 493, Tel. 81-3614 und Manco Cápac 295; *Cruz del Sur,* Mariscal Cáceres 1264, Tel. 81-2813; *Ormeño,* Libertad 257, Tel. 81-2495. Abfahrten i.d.R. ab 14 Uhr bis zur Abenddämmerung, Fz über Pisco (320 km) ca. 8 h bei gutem Wetter, Fp 10–12 €. *Empresa Transportes Expreso Wari* fährt auf der Nebenstrecke via Pampachiri nach Nasca und Lima, tägl. um 11 Uhr und 17 Uhr. – **Nasca:** s. Lima. – **Pisco** (320 km): keine Direktverbindung, aber Tagbus nach Lima mit *Molina* um 8 Uhr oder 9.20 Uhr bis San Clemente, Fz 6 h auf asphaltierter Piste durch schöne Landschaften, Fp ca.7 €. In San Clemente in einen Bus nach Pisco umsteigen.

Selbstfahrer Für die Strecke nach Andahuaylas (261 km) werden knapp 10 h benötigt.

Flug Zum Flughafen *Alfredo Mendivil Duarte,* Tel. 81-2418, kommt man mit dem Taxi, Fp 5 Soles, oder mit dem Bus der Linie 2 ab Lima/Ecke Plaza.
Nach Lima: tägl. 6.45 Uhr/6.55 Uhr mit Kleinflugzeugen von *LC Busre,* Lima 178, Tel. 36-1012, reservas@lcbusre.com.pe, www.lcbusre.com.pe; Fp 120 €.

Umgebungsziele von Ayacucho

Tour 1: Wari und Quinua Wer länger als einen Tag in Ayacucho bleibt, dem sei dieser halbtägige Ausflug empfohlen. Am einfachsten ist es, sich einer organisierten Tour anzuschließen (Preis ca. 8 € inkl. Führer), oder man fährt mit einem Bus vom *Paradero* am Ostende der Av. Mariscal Cáceres nach *Quinua.* Oberhalb des Dorfes ist ein Obelisk und ein Wasserfall.

Pickups (Jeeps) fahren ab der Centenario (Richtung Huancayo) ab. Links stehen oder sitzen. Fahrtverlauf: Es geht ein Stück auf der kurzen Asphaltstraße Richtung Huancayo zurück, bis nach etwa 14 km im Tal der Weg nach rechts Richtung San Miguel abzweigt. Nach Wari sind es noch 10 km.

Wari war die Hauptstadt einer Kultur, die zeitlich etwas später als die klassische Tiwanaku-Kultur anzusetzen ist (ca. 9. Jh. n.Chr.) und deutliche Parallelen mit dieser und diskrete mit der Nasca-Kultur aufweist. Viel erhalten ist nicht. Es finden sich bearbeitete Steinplatten als Reste oberirdischer Rundbauten, Opfersteine, unterirdischer Kammern und gut erhaltene Wassersysteme, daneben viele Scherben bunt bemalter Keramikgefäße und Tonfiguren. Neben der Ausgrabungsstätte befindet sich das neue *Museo del Sitio* mit zahlreichen Keramiken und anderen Fundstücken, Eintritt 1,50 €.

Auf der inzwischen asphaltierten Hauptstraße wird, vorbei an Feigenkakteenplantagen, nach weiteren 14 km das Töpferdorf

Quinua

mit einer kleinen Kolonialkirche und einem Sonntagsmarkt erreicht. Auf allen Hausdächern sind kleine Tonkirchen und Figuren angebracht, um die Bewohner vor bösen Geistern zu schützen. 3 km weiter erinnert ein riesiges Denkmal an die Unabhängigkeitsschlacht am 9. Dezember 1824. An dieser Stelle besiegten etwa 6000 Kämpfer unter General Sucre 10.000 Königstreue in der letzten Schlacht um die Unabhängigkeit Perus.

Tour 2: Inkaruinen von Vilcashuamán

Ein anderer Ausflug, der auch von den örtlichen Veranstaltern angeboten wird, führt durch bizarre Berglandschaften zunächst über einen 4240 m hohen Pass ins Tal des *Río Mayopampa* und weiter in den Ort *Vischongo* (3140 m, einfache Unterkünfte). In der Nähe befinden sich mehrere Inka-Ruinen (u.a. Pomaccocha, Intihuatana). Am bedeutendsten sind wohl die 15 km entfernten Ruinen von *Vilcashuamán*. Reste eines Sonnentempels und die Mauern einer alten Festung in typischer Inkabauweise können hier bestaunt werden. Diese lohnenswerte Tour kann entweder als anstrengender Tagestrip (Abfahrt: 5 Uhr!) oder als zweitägige Tour gebucht werden (dann bleibt auch noch Zeit für einen Abstecher in den *Bosque Natural Puya Raimondi* auf rund 4000 m). Je nach Kondition können auch einige Wanderungen miteingebaut werden. Die Tagestour kostet – je nach Teilnehmerzahl – 25 bis 110 €, die Zweitagestour ist etwa 20% teurer.

Da die Reisebüros nicht gerne die Zweitagestour verkaufen, kann hier ggf. der Chef des Hotels Grau weiterhelfen. Er kennt einen Taxifahrer und auch einen Führer, der sich mit der Ruinenstätte gut auskennt; Kosten etwa 50 €, plus Verpflegung, Unterkunft und Trinkgeld.

Reisende in Eigenregie können jeden Morgen um 5.30 Uhr den Kleinbus vom Puente Nueva, Av. Castilla, nach Vilcashuamán nehmen, Fz 4 h, Fp 3,50 €. Dort gibt es mehrere Unterkunftsmöglichkeiten und eine Touristeninformation an der Plaza de Armas. Im Ort befindet sich ein Orakelstein mit zwei welligen Rinnen, in denen früher aus dem Blutstrom eines geschlachteten Lamas geweissagt wurde ...

■ *Vilcashuamán*

Sendero Luminoso

Der „Leuchtende Pfad" entstand in den Andentälern um Ayacucho. Die Parteigründung ging auf eine Spaltung der peruanischen kommunistischen Partei zurück und orientierte sich an der Lehre des bedeutendsten marxistischen Denkers Lateinamerikas, *José Carlos Mariátegui*. 1970 gab der Parteiführer **Abimael Guzman** der Partei den Namen „*Partido Comunista del Perú por el Sendero Luminoso del Pensamiento de José Carlos Mariátegui*" (Kommunistische Partei von Peru über den leuchtenden Pfaden Marláteguis). Hochburg des Sendero war die Christopherus-Universität in Ayacucho, die 1959 für die Studenten aus Andendörfern gegründet wurde. Da das Departamento Ayacucho zu den ärmsten Andengebieten Perus gehörte, gingen von hier meist alle sozialen Unruhen und auch ständige Guerilla-Aufstände aus. Ohne soziale Leistungen und einer kaum vorhandenen Infrastruktur war Ayacucho eine vergessene Welt. Für die indigenen Bauern ging es immer um das Gleiche: die Campesions wollten ihr Land zurückhaben, sich aus sklavenähnlichen Abhängigkeiten befreien, höhere Löhne und gewerkschaftliche Organisationen gründen. Doch immer wieder scheiterten sie, wurden die Guerillas von den Regierungstruppen zerschlagen. Der tiefere Grund der Aufstände bestand auch im Einfluss des Internationalen Währungsfonds. Der IWF zwang über die peruanische Regierung der Bevölkerung ein Wirtschaftsprogramm auf, das durch Senkung von Reallöh-nen und Aufhebung aller Subventionen für Grundnahrungsmittel die einzige Möglichkeit sah, das peruanische Haushaltsdefizit zu verringern und Währungsreserven aufzubauen. Die Folgen dieser Vorgaben trafen in erster Linie die andine Bevölkerung Perus. Eine starke Inflation, eine über 50%ige Arbeitslosigkeit, steigende Auslandsschulden, Öffnung des peruanischen Marktes für ausländische Produkte und stagnierendes Wirtschaftswachstum erhöhten jedoch noch mehr die ungelösten Probleme Perus.

Am 18.05.1980 löste sich in Ayacucho der Sendero Luminoso als Partei auf, es wurde die eigentliche Guerillaorganisation Sendero Luminoso gegründet. Abimael Guzman, als charismatischer Führer von allen nur „Presidente Gonzalo" genannt, erklärte die „Etappe der unbewaffneten Hände" als beendet. Von Ayacucho wurde mit gut 5000 bewaffneten Rebellen der große Volkskrieg in Peru angezettelt, dessen Auswirkungen bis heute noch zu spüren sind. Unter dem Sendero Luminoso wurden in den 80er Jahren von der andinen Bevölkerung Streiks gegen Menschenrechtsverletzungen organisiert, die die ganze Provinz lahmlegten. Ayacucho war mit Guerillafahnen übersät, das Militär musste machtlos zusehen.

In dem Kampf um die Macht gab es unzählige Opfer: Polizisten, Militärangehörige, über 5000 Campesinos und 2600 Anhänger des Sendero Luminoso, insgesamt wurden über 20.000 Menschen getötet. Ganze Dorfgemeinschaften wurden verhaftet, 300.000 Andenbewohner verließen das Hochland.

Der Terror erzeugte den Gegenterror der Regierung. Terroristen des Sendero tauchten in Polizeiuniformen auf, die staatliche Anti-Terrorpolizei „Sinchi" zeigte sich in ziviler Kleidung, und alle verbreiteten den Tod. Die Regierung verhängte den Ausnahmezustand über Ayacucho, Andahuaylas, Huancavelica, Pasco, Yauli und Lima. Die Armee marschierte, und mit ihr der staatliche Terror der verschiedenen Sicherheitskräfte: *Guardia Civil* (Polizei), *Guardia Républicana Llapan Atiq* (Gefängnispolizei), *PIP* (Staatssicherheitsdienst), Antiterroreinheit *Sinchi, Dincote* (Antiterrorpolizei), *Gurkhas* (spezielle Marineinfanterie), *Gente que mata gente* (paramilitärische Einheit) und *Gamonales* (Paramilitär der Großgrundbesitzer). Ayacucho, der „Winkel der Toten", machte seinem Namen alle Ehre.

Neben den Guerilleros mischten überdies die Drogenhändler und Coca-Barone bei dem Mordkarussell kräftig mit. Es kam zum Generalstreik. Die Gewaltanwendungen, Folterungen, Verhaftungen, Bombardierungen von Dörfern, die willkürlichen Hausdurchsuchungen, die Aufforderung an die Campesinos, Fremde zu ermorden, wurde durch das Antiterrorgesetz vom März 1981 legalisiert. Der Fall „Sendero Luminoso" wurde dem Militär übertragen und damit die Organisation endgültig zur Guerilla aufgewertet.

Der Sendero hatte Vorstellungen, wie er die Macht in Peru erringen wollte: Nach der Ausbildung der Campesions zu Guerilleros sollten „befreite Gebiete" geschaffen und die Alkalden (Bürgermeister) der Andendörfern vertrieben werden. Dann sollte der Kampf gegen die Städte, insbesondere gegen Lima, mit Sabotagetaktik aufgenommen, die Sicherheitskräfte angegriffen und der Kampf auf das ganze Land ausgebreitet werden. Jahrelang kam der Sendero relativ unbeschadet aus allen Bekämpfungsaktionen hervor, da er lange Zeit eine enorme Operationsfähigkeit seiner Anhänger besaß.

Der größte Teil von ihnen sprach Quechua. So konnte der Sendero zunächst große Sympathien in der Andendörfern sammeln, der zum Teil auch auf familiären Beziehungen in den *comunidades* (indigene Dorfgemeinschaften) beruhte. Lange Zeit sah es so aus, als ob der Sendero das gesamte Herrschaftssystem Perus, das geprägt war von Korruption, Vetternwirtschaft und Repression, hinwegfegen würde. Doch der Organisation gelang es nicht, die reformorientierten und gemäßigten Kräfte zu gewinnen, der Mehrheit der peruanischen Bevölkerung ein glaubwürdiges politisches und wirtschaftliches Gegenmodell zu präsentieren, obwohl die Not und Unterdrückung der andinen Bevölkerung ein großes Zulaufpotential barg. Doch als die ersten Campesinos getötet wurden, weil sie sich nicht freiwillig dem Sendero anschlossen, regte sich Widerstand. Zur Not und Verzweiflung wollten die Campesinos nicht noch auch den Tod haben, sie begannen, den Sendero Luminoso mit anderen Augen zu sehen und sich von ihm abzuwenden.

Niemand wollte die tieferen Gründe in dem großen Elend der peruanisch-indigenen Hochlandbevölkerung sehen. Hinter maoistischen und kommunistischen Theorien steht eine historische Erfahrung: den indigenen Guerilleros war ihr traditioneller Widerstand gegen die Nachfahren der spanischen Eroberer, ihre Befreiung und ihre indigene Selbstbestimmung wichtiger als irgendein welt- oder parteipolitischer revolutionärer Kampf.

Nach der Wahl von Fujimori zum Präsidenten setze dieser zur Ergreifung von Guzman (tot oder lebendig) umgerechnet 350.000 Euro aus. Unabhängig davon wurde der 57jährige, zusammen mit seiner Lebensgefährtin Elena Iparaguirre und weiteren Führungskadern, in Lima am 12.09. 1992 überraschend verhaftet. Guzman wurde von einem Militärgericht zu lebenslanger Haft verurteilt. Der harte Kern des Sendero verübt gelegentlich weiter Anschläge, der militärische Anführer Oscar Ramirez Durand hatte den Sendero übernommen. Außerdem operieren kleinere Kolonnen unter Pedro Quinteros vom Huallaga-Tal aus.

Ayacucho – Cusco

Der folgende Streckenabschnitt bis Cusco gehört zu den **landschaftlich schönsten der ganzen Rundreise!** Wenn möglich, sollte man sich dafür drei Tage Zeit lassen und bei Tageslicht fahren. Von Ayacucho bis zum *Abra Huayllaccasa (4100 m)* ist die Piste mit Schlaglöchern übersät und in der Regenzeit aufgrund von Erdrutschen oft nicht passierbar. Oft wird die Piste zwischen Ayacucho und Andahuaylas sowie zwischen Andahuaylash und Abancay auch noch in das Bewässerungssystem einbezogen, das zu sehr tiefen Spurrillen führt. Dann sollte man mit einem 4WD unterwegs sein. Und selbst dann schafft man meist nur 25 km/h. Ab Abancay ist die Strecke bis Cusco asphaltiert.

Streckenübersicht

Ayacucho – Chincheros: 172 km (Abra Huamina, Passhöhe 4300 m, Straßentiefstpunkt bei der Brücke über den Río Pampas, 2000 m).
Chincheros – Andahuaylas: 88 km (Abra Soraccocha, Höhe 3750 m)
Andahuaylas – Abancay: 137 km (Abra Huayllaccasa, Passhöhe 3700 m, Brücke über Río Pachachaca, Straßentiefstpunkt 2000 m)
Abancay – Curahuasi: 73 km (Abra Soccllaccasa, Passhöhe 3900 m)
Curahuasi – Cusco: 125 km (Abra de Huillque, Passhöhe 3900 m hoch), Brücke über Río Apurímac, Straßentiefstpunkt 2400 m.
Ungefähre Fahrzeiten: Ayacucho – Andahuaylas: 10–12 h, Pause 1–2 h; Andahuaylas – Abancay 6 h; Abancay – Cusco 6 h.

Ayacucho – Andahuaylas

Ayacucho wird über die Brücke des Río Alameda verlassen. Es geht zunächst ca. 60 km nur bergauf. Viele Schafherden sind zu sehen, die von grimmig blickenden, bärtigen Reitern bewacht werden. Nach 44 km und kurz vor dem Pass *Abra Tocctoccasa* kommt rechts eine Abzweigung (ohne Wegweiser!), die in 66 km nach *Cangallo,* den Hauptort der bärtigen Reiter führt. Diese sollen Nachfahren spanischer Konquistadoren

sein, die nach der Schlacht bei Ayacucho geflohen waren.

Kurz vor der Abzweigung biegt in *Condorcocha* ein schlechter Weg nach links zu den Inkaruinen von *Vilcashuamán* ab (s.o.). Es geht nun über eine karge Hochebene, über den *Tocctoccasa-Pass* (4200 m) und dann im stetigen Auf und Ab (ca. 30 km) zum *Abra Huamina*, mit 4300 m der höchste Punkt der gesamten Strecke.

Kurz nach dem Huamina-Pass eröffnet sich rechts eine grandiose Aussicht in einen gewaltigen Canyon. Der Blick von der an steilen Abgründen entlangführenden Straße in die 2000 m tiefe Schlucht ist nichts für schwache Nerven ... Durch die zwei kleinen Dörfer *Ocros* (3250 m) und *Chumbes* (einfache Unterkunft und Restaurant) gelangt man in das Tal des *Río Pampas*. Die Piste ins Tal windet sich durch einen relativ dichten Kakteenwald und überquert den Río Pampas auf einer schmalen Hängebrücke auf etwa 2000 m Höhe.

Danach wird es wärmer und die Vegetation vielfältiger, man fährt an Orangenbäumen und Bananenplantagen vorbei. Die hier oftmals sehr schlechte Straße steigt wieder an und führt in das Tal des Río Chincheros. Im Dorf *Chincheros* (2800 m) gibt es Unterkünfte, Tank- und Verpflegungsmöglichkeiten und einen Polizeiposten. Hinter dem Ort windet sich die Piste in unzählige Kurven und Kehren über *Uripa* (Restaurant) hinauf zum 3750 m hohen *Abra Soraccocha*. Von hier fällt die Strecke wieder ins Tal des *Río Chumbao* ab. An der gegenüberliegenden Bergseite kann schon von weitem das Dorf *Talavera* gesehen werden. Dort ist Tanken möglich, es gibt Restaurants und Unterkünfte. 5 km hinter Talavera endet die Piste in Andahuaylas.

Andahuaylas

Das hübsch gelegene und völlig untouristische Städtchen (2900 m, 26.000 Ew.) besitzt eine sehenswerte Kirche aus dem 16. Jh. – auf den Grundmauern einer alten Inkaruine erbaut –, und einen lebendigen, farbenfrohen Markt. Etwa 20 km außerhalb lockt beim Andendorf Pacucha, berühmt durch die **Fiesta de Yahuar** (21. Juni), die *Laguna de Pacucha*. Von dort können zu Fuß die 6 km entfernten, archäologisch herausragenden Ruinen der **Chanka-Festung Sóndor** erreicht werden, Gz 60 Min. einfach, Hin- u. Rückweg inkl. Ruinenbesichtigung ca. 4–5 h. Sóndor ist auch mit dem Wagen oder dem Taxi ab Andahuaylas erreichbar, Fp 13 €.

Zur Orientierung für Reisende aus Ayacucho: Das Zentrum mit den Unterkünften befindet sich nicht in der Nähe der Plaza de Armas. Das eigentliche Zentrum liegt Richtung Av. Malécon Grau am Río Chumbao. Dort befinden sich auch die hier im Buch aufgeführten Unterkünfte und Busgesellschaften.

Adressen & Service Andahuaylas

Tourist-Info *MITINCI*, Túpac Amaru 374, Tel. 72-1499, Mo–Fr 9–17 Uhr. **Vorwahl (083)**

Unterkunft Direkt bei der Bushaltestelle kann man für 10 Soles günstig übernachten. **ECO: Hostal Las Delicias** (BUDGET), Ramos 525, Tel. 72-1104. Schlichte Zi., bc/bp, Ww, Personal sehr freundlich. – **Hostal Residencial Cruz del Sur**, Av. Andahuaylas 117, Tel. 72-2282. Einfache Zi., bp/bc, Ww, empfehlenswert. – **Hotel Cusco**, Av. Casafranca 520, Tel. 72-2148. Preiswert, saubere Zi., bc/bp, Ww. EZ/bp 18 Soles. – **Hotel Encanto de Apurímac**, Juan Ramos 401, Tel. 72-3527; bc/bp, Ww, Rest., PP, freundlich. DZ ab 5 €. – **Hotel Turístico Andahuaylas**, Av. L. Carillo 620, Tel. 72-1014. DZ/F 13 €, bp, empfehlenswert.

FAM: Hostal Libertadores Wari, Ramos 427, Tel. 72-1434; bp, preiswert. – **Sol de Oro Hotel,** Juan Antonio Trelles 164, Tel. 72-1152, Fax 72-1305.

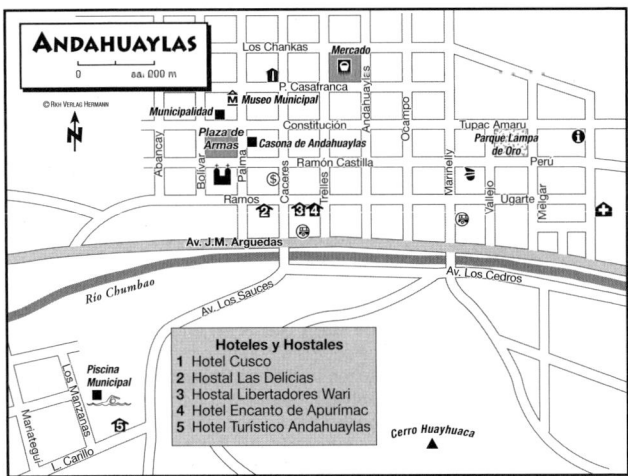

Essen & Trinken	An der Casafranca/Andahuaylas finden sich einige Essstände. In der Ramón Castilla gibt es einige Restaurants, z.B. *Aji Seco*. Im *Las Palmeras* und im Hostal *Chipana* gibt es einfaches, aber gutes Hochlandessen.
Bus	Die Büros der Busgesellschaften befinden sich alle in der Av. J.M. Arguedas. Es ist sinnvoll, sich vor Ort rechtzeitig vorher nach Abfahrten in die gewünschte Richtung zu erkundigen (s.a. unter Ayacucho).

Abancay (140 km), *Expreso Los Chancas,* Av. Arguedas 248, tägl. 6.30 Uhr und 18 Uhr, *Señor de Huanca,* Av. Martinelly 170 mit Micros 2x tägl. um 6 u. 13 Uhr, *Turismo Ampay* tägl. 12 Uhr mit Direktanschluss in Abancay nach Cusco; Fz 5–6 h, ab 15 Soles; links sitzen! – **Ayacucho** (260 km), *Expreso Molina,* Lázaro Carillo 111, *Expreso Los Chancas,* Av. Arguedas 248, tägl. um 6.20 Uhr und 18.30 Uhr, *Wari* um 8 Uhr (mit Zielort Lima), Fz mind. 12–15 h, Fp 30 Soles. – **Cusco** (340 km) mit *Expreso Molina, Los Chancas* (Tagbus um 6 Uhr, Nachtbus 18 Uhr), *San Jerónimo,* Andahuaylas 718, Nachtbus 18.30 Uhr und *Señor de Hunaca* (Micros). Fz 12–15 h, Fp 30 Soles. Schöne Strecke, beste Ausblicke auf die oft über 1000 m nahezu senkrechten Abgründe auf der linken Seite in Fahrtrichtung. – **Lima** (1050 km) *Expreso Molina* und *Faro;* einmal tägl., Fz ca. 30 h, ca. 60 Soles.

Flug	Zum Flugplatz 15–20 Min., Taxi Fp 3 Soles. **Nach Ayacucho** (Mo/Do/Fr/So) und **Lima** (Mo/Do/Fr/So) mit *Aero Condór,* www.aerocondor.com.pe.

Andahuaylas – Abancay

Dieser 137 km lange Abschnitt ist landschaftlich reizvoll, so dass dafür eine Tagesetappe eingeplant werden sollte (links sitzen!). Wer Zeit hat, kann nach 20 km Richtung *Pacucha* abbiegen und einen Stop bei der sehr schön gelegenen *Laguna de Pacucha* in 3100 m Höhe einlegen. Um sie herum führt eine Piste, Boots- und Angelvermietung.

Auf der Strecke nach Abancay kriecht der Bus über den 3700 m hohen Pass *Huayllaccasa*. Bald können erste Blicke auf schneebedeckte Berge geworfen werden. Links tauchen die Fünftausender der *Cordillera Vilcabamba* mit dem *Ampay* auf (5230 m). Tief unten an der gegenüberliegenden Talseite grüßt bereits Abancay. Nur ca. 20 km Luftlinie entfernt vergehen aber mit dem Bus noch zwei bis drei Stunden, bis die Stadt erreicht ist. Es geht über unzähligen Kurven und an schwindelerregenden Abgründen vorbei bergab, bevor in gut 2000 m Höhe der *Río Pachachaca* überquert wird. Dann windet sich die Piste wieder 500 m höher. Schier endlos scheint die Fahrt durch die grandiose Landschaft, die Kilometer scheinen immer länger zu werden. 18 km vor Erreichen des Ortes zweigt die von Abancay über *Chalhuanca* und *Puquio* führende *Panamericana Sur* nach Nasca ab, die kürzeste Straßenverbindung von Lima nach Cusco, die vollständig asphaltiert ist.

Abancay

Abancay (55.000 Ew., 2378 m) ist Distrikthauptstadt des Departamento Apurímac. Sie wird überragt von den schneebedeckten Bergen der *Cordillera Vilcabamba*, deren höchster Gipfel der 5230 m hohe Ampay ist. Wer ab Abancay auf einer zwei- bis dreitägigen Tour den Ampay angeht, wird mit Bergseen, endemischen Pflanzen und vielen Vogelarten belohnt.

Abancay und das gesamte Departamento Apurímac gehören zu den unterentwickeltsten Regionen Perus. Die Stadt besitzt keine Sehenswürdigkeiten, hat aber als Versorgungs- und Übernachtungsstation und als Etappenziel für Reisende eine gewisse Bedeutung. Außerdem ist das Dorf *Cachora* in der Nähe Ausgangspunkt für den Inkatrail nach Choquequirao (s.u.).

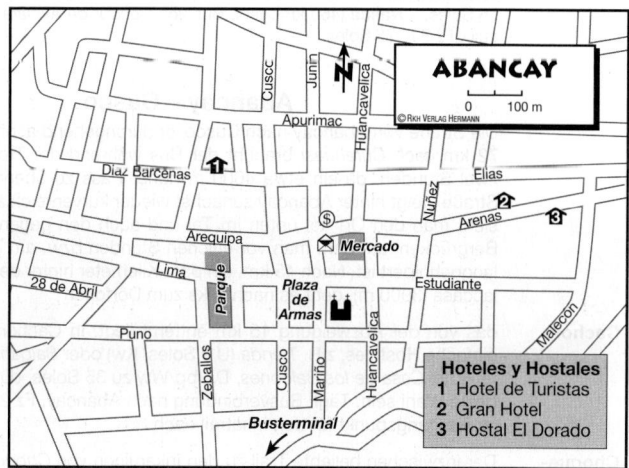

Adressen & Service Abancay

Unterkunft Vorwahl (083)
BUDGET: Gran Hotel, Av. Arenas. Sehr einfache Unterkunft, bc/bp, Ww. Ü ab 12 Soles.
ECO: Hostal El Dorado, Av. Arenas 131-C, Tel. 32-2005 Für diese Preisklasse ein ungewöhnlich gepflegtes Hostal, saubere geschmackvolle Zi., bc/bp, Ww, Garten, freundlich. Ü/bp 25 Soles, gPLV, empfehlenswert.
FAM: Hotel de Turistas Abancay, Av. Diaz Barcenas 500, Tel./Fax 321017. Komfortable Zi., bc/bp, gutes Rest., PP. DZ/F 75 Soles. Campingmöglichkeit, ca. 10 Soles.

Essen & Trinken Gute Restaurants gibt es auf dem Markt und in der Av. Arenas, in der auch die Busbüros liegen, ggf. kann man auch im Restaurant des *Hotel de Turistas Abancay,* Av. Díaz Bárcenas 500, etwas zu sich nehmen. Ansonsten: *Cebichería Vivi,* Av. Arenas 143 oder Chifa *Fay Chi,* Av. Arenas 154.

Bus Busse fahren meist vom Busterminal südlich des Zentrums ab, Anfahrt mit Taxi 1,5 Soles, Motorradttaxi 1 Sol. In der Av. Arenas gibt es ein Busbüro von *Wari,* doch keine Abfahrten. Noch gibt es keine Direktverbindung nach Ayacucho! (Busverbindungen s.a. bei Ayacucho bzw. Andahuaylas, „Bus").
   Nach Andahuaylas (140 km) mehrmals tägl. (3, 5, 6, 13 und 20 Uhr), z.B. mit *Señor de Huanca,* Av. Arenas 198, Fz mind. 6 h, 5 €. – **Cachora:** tägl. Bus um 3 Uhr und 15.30 Uhr. – **Cusco** (200 km), tägl. Busse und Colectivos mit *Señor de Huanca* (Nachtbus), *Cóndor de Aymaras, Ccoyeloritti* (Abfahrten um 6 und 12 Uhr), *Transportes Ylla* (Abfahrten 6 und 12 Uhr), *Los Chancas* und *Empresa Cusco – Abancay* (Abfahrt um 13 Uhr). Da die meisten Busse nach Cusco in Abancay nur einen Zwischenstopp einlegen, werden Fahrkarten erst unmittelbar vor Ankunft der Busse verkauft und nur dann, wenn noch Sitzplätze frei sind. Mit *Turismo Ampay,* Av. Arenales 210, gibt es einen unmittelbaren Anschluss an den Bus aus Andahuaylas nach Cusco, Abfahrt 17.30 Uhr, die Tickets werden bereits im Bus von Andahuaylas nach Abancay verkauft. Nur *BREDDE* fährt um 6 Uhr und 13 Uhr direkt ab Abancay nach Cusco; Fz 5 h, Fp 15 Soles. – **Nasca** (460 km), tägl. Bus von *Cóndor de Aymaras* u.a., über Puquio, Fz 8 h, 75 Soles.

Abancay – Cusco

Die Straße von Abancay nach Cusco ist durchgehend asphaltiert. Für die 72 km nach *Curahuasi* braucht der Bus während der Trockenzeit etwa zwei Stunden, da ein etwa 4000 m hoher Pass zu überwinden ist. Die Straße steigt hinter Abancay zunächst wieder kurvenreich an. Noch lange sieht man den Ort tief unten im Tal und auch den gegenüberliegenden Bergrücken, auf dem man vor etlichen Stunden bzw. am Tag zuvor entlanggeholpert ist. Nach 45 km, ein paar Kilometer hinter dem Abra Soccllaccasa (3900 m), geht es nach links zum Dörfchen

Cachora das von der Abzweigung 15 km entfernt liegt. In Cachora gibt es sehr einfache Hostales, z.B. *Tienda* (Ü 9 Soles, Kw) oder *Salqantay.* Das neuere Hotel *Casa de los Balcones,* DZ/bp/Ww zu 35 Soles, dürfte derzeit die beste Wahl sein. Tägl. Busverbindung nach Abancay, Fz 2–3 h. Das Dorf ist Ausgangspunkt für den Inkatrail nach

Choque- Der inzwischen beliebte Trail zu den Inkaruinen von *Choquequirao* (*Chu-*
quirao *qui Kíraw,* Quechua, „Wiege des Goldes") führt durch die Schlucht des Apurímac in der Provinz La Convención. Er ist derzeit **noch eine gute Al-**

ternative zum **Inkatrail nach Machupicchu** und landschaftlich mindestens genauso beeindruckend! Während der Wanderung hat man ständig den *Nevado Salkantay* („Berg des Teufels") im Blick. Choquequirao steht, obwohl die Restaurierungsarbeiten noch nicht abgeschlossen sind, den großen archäologischen Komplexen von Pisaq oder Machupicchu in nichts nach. Das einstige Inkazentrum präsentiert sich heute als eine an einem Berghang gelegene terrassenartige Anlage, ähnlich Machupicchu, mit intakten, unzerstörten Bauwerken. Die Architektur ist jener von Machupicchu ähnlich, deshalb wird die Anlage dem Inca Pachacuti zugeschrieben. Als 1909 Hiram Bingham in Choquequirao ankam, musste er enttäuscht feststellen, dass er nicht der erste war. Die Inkastadt war bereits von Grabräubern geplündert ...

Choquequirao liegt etwa 3100 m hoch und kann von Cachora gut erreicht werden. Der 32 km lange und relativ breite Inkaweg zur Ruinenanlage ist zwar anstrengend, doch sicher und die Landschaft sehenswert. Für den Hin- und Rückweg (Tiefpunkt am Río Apurímac 1530 m, Höchstpunkt 3800 m) nach Choquequirao sind **mindestens** vier Tage zu veranschlagen, zuzüglich einen Tag für die Ruinenanlage, Eintritt 36 Soles. Bei ihr kann gezeltet werden, doch in der Hochsaison meist voll belegt. Es besteht von Choquequirao aus die Möglichkeit, auf einem Inkatrail über Corihuayrachina weiter nach *Victos* (s.S. 316) oder nach Machupicchu (weitere vier Tage) zu wandern.

In Cachora können Zelt, Maultiere mit Treiber und ein Führer angeheuert werden, z.B. bei *Faustino*, gegenüber vom Mercado Central. Die Einkaufsmöglichkeit von Verpflegung ist jedoch sehr dürftig.

Spezialisiert auf den Inkatrail nach Choquequirao sind: *Cusco Tours,* Cuesta del Almirante 232, Tel. 24-7412, Fax 22-2049, Handy 962-3486, cuscotours@usa.net oder informes@cuscotours.com.pe, www.cuscotours.com.pe. Fünftagestour ab Cusco, inkl. Equipment/VP 160 €/Pers., sehr zuverlässig, gPLV. – *Amazon Trails Peru,* Tandapata 660, Tel./Fax 43-7499, info@amazontrailsperu.com, www.amazontrailsperu.com. Sehr hilfsbereiter deutsch-peruanischer Touranbieter, Ulrike Maennig und ihr Mann Abraham Huamán bieten den Choquequirao-Trail als Viertagestour ab 2 Pers. für 225 € p.P. an. Des weiteren können in Cusco die Veranstalter *Q'ente,* Plateros 365, Tel. 23-8245 qente@telser.com.pe, http://qente.com und *Machete Tours,* Tecseccocha 161, Tel. 22-4829, ronaldo@machetetours.com, www.machetetours.com (Fünftagestour ca. 250 €/Pers.) empfohlen werden.

Corihuayrachina

Die Stadt liegt auf dem Bergplateau des Cerro Victoria auf 3885 m Höhe und wird dem Vilcabamba-Reich der Inkas zugeschrieben. Die Übersetzung des Quechua-Namens bedeutet soviel wie „wo der Wind zur Goldgewinnung genutzt wird". 1999 wurde sie von Archäologen der National Geographic Society „entdeckt". Dabei war Corihuayrachina, wie auch Machupicchu, immer bekannt gewesen, nur eben nicht für westliche Archäologen, die dann Pech hatten, denn bereits 30 Jahre zuvor hatten Minenarbeiter die Anlage geplündert. Noch heute leben hier Nachfahren der Inkas. Wahrscheinlich diente Corihuayrachina zur Versorgung von Choquequirao und Machupicchu, andererseits konnte durch die exponierte Berglage der Nachthimmel und die Sonne gut observiert werden.

Die Überreste Corihuayrachinas liegen auf etwa 42 Quadratkilometern und umfassen über 200 Bauwerke, darunter inkatypische *Qolqas* (Lagerhäuser), Huacas, Terrassen, Friedhöfe und Wasserkanäle. Ganz uncharakteristisch sind die kreisrunden Steinbauten, ähnlich denen der Chachapoya in Gran Patajén, darunter ein auffälliger Grabturm. Zentraler Punkt von Qorihuayrachina sind die Ruinen bei **Corralpata**. Weitere Ruinen liegen nordwestlich um **Llamapata** in 2760 bis 2950 m Höhe. Westlich des Cerro Victoria liegen auf 3502 m zwei Zeremonialplattformen und weitere Ruinen. Sensationell war die Entdeckung eines Aquäduktes, das vom Gletschersee Warmiqocha auf 8 Kilometern durch die Berge nach Corihuayrachina führt und teilweis noch intakt ist.

Corihuayrachina liegt 35 km südwestlich von Machupicchu (Luftlinie) und kann von Huancacalle mit Maultieren über Yanama und dem Victoria-Pass (4145 m) erreicht werden. Um und hinter dem Pass wurden viele ehemalige Silberminen entdeckt, die über Inkawege erreichbar sind. Corihuayrachina kann auch von Choquequirao über die Schlucht des Río Apurímac nach Überwindung der dortigen Gebirgskette mit Maultieren erreicht werden. Touranbieter organisieren den Besuch von Corihuayrachina ab Cusco, allerdings sollten mindestens 8 Tage für den Besuch eingeplant werden.

Piedra de Saywite

Kurz nach der Abzweigung nach Cachora kommt eine schlecht beschilderte Abzweigung nach rechts über einen Feldweg ins *Valle de Curahuasi*. Nach ca. 500 m passiert man die Ruinen von **Piedra de Saywite**. Anziehungspunkt ist ein halbkugelförmiger Stein mit einem Durchmesser von etwa 4 m, der auf der Wiese einer alten Hacienda unterhalb des Straßenendes vor einem Ruinenkomplex liegt und auf dem Landschaften mit Bergen, Terrassen, Kanälen, Häusern, Tieren und Menschen in typischen Inkatrachten dargestellt sind. Es könnte sich dabei um ein Landkartenrelief der vier Landesteile des Inkareiches handeln. Die gesamte Anlage, die möglicherweise eine Kultstätte ist, ist noch wenig erforscht.

Curahuasi

Auf der Asphaltstraße nach Cusco bietet sich ein herrlicher Blick auf die Cordillera Vilcabamba mit den schneebedeckten Gipfeln des *Salkantay* (6271 m) und des *Humantay* (5917 m). Vorbei am Dorf *Curahuasi* (Restaurant und Unterkunft) und atemberaubenden Steilabbrüchen kurvt das Micro in die Schlucht des *Río Apurímac* (2500 m) hinunter, der auf einer modernen Stahlbrücke überquert wird. Der Río Apurímac ist der Quellfluss des Amazonas, er entspringt nördlich von Arequipa, und *Apu Rímac* wurde auch das Großorakel der Inkas genannt, das sich in einem Tempel am Apurímac befand. Es hatte die Ankunft bärtiger Männer vorausgesagt, die das Reich der Inkas zerstören würden.

Renate Engisch hat ein Krankenhaus in Curahuasi aufgebaut, Tel. (084) 932-5514. Hier sind vor allem Touristen an der richtigen Adresse. Die Ärzte kommen aus Europa und Nordamerika, beste Behandlung selbstverständlich. Es ist auch ein dt.-spr. Arzt zugegen. Träger des Krankenhauses ist der gemeinnützige Verein DIOSPI, durchreisende Ärzte sind immer willkommen. Info: www.diospi-suyana.org oder http://peru.subkutan.org.

Jónoc

Selbstfahrer könnten 15 km hinter Curahuasi den Abzweig (ausgeschildert) hinunter zu den Thermalbäder von Jónoc am Río Apurímac nehmen. Steile, rumpelige Abfahrt, keine Unterkunft, doch einfache Kneipen, schöne Wandermöglichkeiten. Auch Touranbieter in Abancay haben dieses Ausflugziel im Programm.

**Hänge-
brücken
des Río
Apurímac**

Über den Fluss spannen sich heute noch aus Seilen gefertigte **Hängebrücken,** die jährlich ausgebessert und, je nach Zustand, alle zwei Jahre erneuert werden müssen. Um eine dieser fantastischen Konstruktionen genauer zu besichtigen, muss allerdings ein siebenstündiger Fußmarsch in Kauf genommen werden. Eine solche Hängebrücke stürzte am 20.07. 1714 ein und riss fünf Reisende mit in die Tiefe. Sie war Vorlage für den berühmten Roman „Die Brücke von San Luís Rey" von Thornton Wilder.

**Limatambo,
Ruinas
Tarawasi**

Nun steigt die Straße nach Cusco zum letzten Pass an. Am Ausgang des Ortes **Limatambo** (Restaurant, Unterkunft, Polizeiposten) in 2650 m Höhe liegen die Inkaruinen von **Tarawasi,** die der strategischen Sicherung des Straßenweges nach Cusco dienten. Ob die zu einer Mauer fein aneinandergefügten Steine mit großen Nischen sonst noch eine Bedeutung hatten, ist ungeklärt. In der unteren Mauer, rechts vom Aufgang, findet sich ein besonders schön gearbeiteter Vieleckstein, der sog. Margaritenstein.

■ *Die
Apurímac-
Hängebrücke*

**Limatambo
– Cusco**

Die asphaltierte Straße windet sich in unzähligen Serpentinen hoch zum Huillique-Pass (3900 m), um dann allmählich, fast schnurgerade, in eine Hochebene hinabzuführen. Hier haben sich die modernen Straßenbauer zum Teil der alten Inkastraße bedient. In dem jetzt breiter werdenden *Antatal* führt die Straße geradewegs nach **Anta.** Hier führen die schmalen Gleise der Bahnlinie Cusco – Machupicchu – Quillabamba vorbei und glänzen in der Hochlandsonne. Bei **Izuchaca** zweigt links eine Straße ins **Urubamba-Tal** ab, nach weiteren 8 km eine weitere nach links zum kleinen Dorf **Chinchero** mit seinen einmaligen Inkaruinen und einem sehr reizvollen Sonntagsmarkt (s. „Ausflüge ab Cusco"). In diesem Gebiet soll der neue Großflughafen Cuscos entstehen. Die Straße steigt ein letztes Mal kurz an, bevor sie endlich zum lang ersehnten Ziel, zum „Nabel der Welt", nach Cusco, hineinführt.

Cusco und das Urubamba-Tal

Cusco

Die in 3430 m Höhe gelegene Hauptstadt des gleichnamigen Departamento ist nicht nur die schönste und abwechslungsreichste Stadt Perus, sondern auch, aufgrund ihrer historischen Bedeutung, die wohl interessanteste Stadt ganz Südamerikas (offizielle Schreibweise: Qosqo = Zentrum). Einst die Hauptstadt und das Herz des Inka-Imperiums war Cusco der „Nabel der Welt" und mindestens so mächtig und wohl auch reicher als das alte Rom. Von hier dehnte sich das Herrschaftsgebiet der Inkas, *Tawantinsuyu* oder *„Reich der vier Himmelsrichtungen"* bis Ecuador und Chile aus. Den Grundriss ihrer Hauptstadt verglichen die Inka mit dem Körper eines Pumas. Der langgezogene Teil der Unterstadt nannten sie *Pumachupan,* „Schwanz des Pumas". Die Festungsanlage Saqsaywamán oberhalb der Stadt „Kopf des Pumas". Die königlichen Paläste der Stadt waren zu dieser Zeit mit getriebenem Gold verkleidet. Die goldhungrigen Spanier unter der Führung Pizarros eroberten Cusco kampflos am 15.11.1533.

■ *Cusco mit seinen zwei Hauptplätzen, Haucaypata (oben, auf ihm sind berittene Spanier zu sehen), und Cusipata, darunter (Nach Huamán Poma de Ayala)*

Im Versuch der Rückeroberung ihrer Hauptstadt wurde Cusco von den Inkas unter Manco Inca 1536 belagert, was teilweise nur bei der Festungsanlage Saqsaywamán gelang. Aus allen Himmelsrichtungen des Reiches marschierten die loyalen Inka-Führer mit nahezu 200.000 Kriegern gegen Cusco an. Nur durch unglaubliches Glück überlebten die Spanier diese inkaische Großoffensive. Die Stadt war nun in vielen Teilen zerstört. Manco Inca begann in Vilcabamba ein neues Inkareich. Nachfolgend bauten die Spanier Cusco nach ihren Vorstellungen um und wieder auf, meist auf den Ruinen der alten Grundmauern und Tempelanlagen.

1650 wurden die meisten kolonialspanischen Bauten durch ein Erdbeben zerstört. Die erdbebensicheren Grundmauern der Inka-Bauten blieben erhalten.

Die wechselvolle Geschichte Cuscos hat ein reizvolles Stadtbild von Inkamauern und Kolonialbauten hinterlassen. Seit 1692 hat Cusco eine Universität und sie ist heute Sitz eines Erzbistums. Durch das letzte Erdbeben, das im Frühjahr 1986 die Stadt erschütterte (das vorletzte war 1950*)*, wurden viele nicht erdbebensicherer Gebäude in Mitleidenschaft gezogen. An irgendeiner Ecke ist immer eine Baustelle. Die Einwohnerzahl hat sich von 1975 bis 1995 verdreifacht, heute zählt sie 348.700 Einwohner.

Höhen-Akklimatisierung

Wer mit dem Flugzeug aus Lima morgens in Cusco eintrifft, sollte den Anreisetag zur Höhenanpassung verwenden. Sinnvoll und wichtig ist es, sich nach der Einquartierung auszuruhen, viel Flüssigkeit zu trinken (Coca-Tee, keinen Alkohol) und ggf. eine Kopfbedeckung zu kaufen, denn die Sonnenstrahlung ist in dieser Höhenlage sehr intensiv (Höhenkrankheit s.S. 41).

Karte S. 261 — Cusco und das Urubamba-Tal — 209

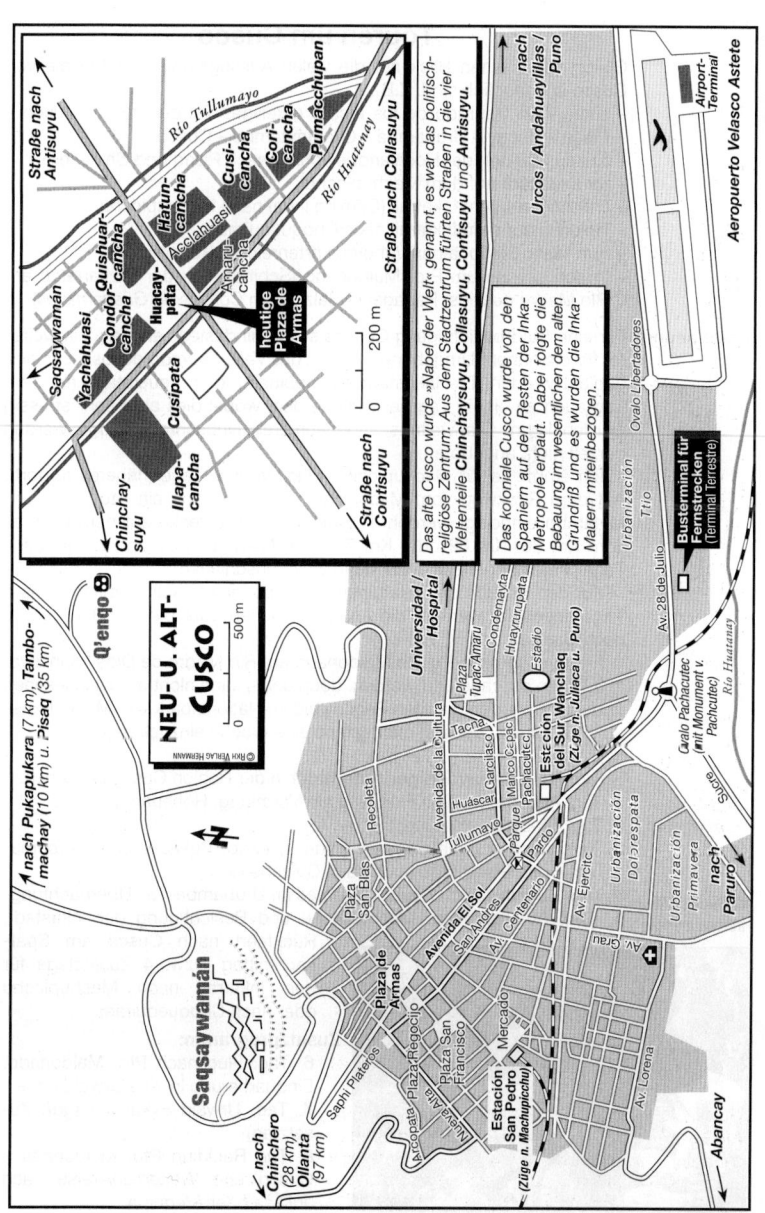

Touren um Cusco

Gleich vorab einen Blick auf die vielen Ausflugsmöglichkeiten die von Cusco aus möglich sind. Z.B.:
- zum „Valle Sagrado de los Incas" („Heiliges Tal der Inkas": Cusco – Pisaq – Yucay – Urubamba – Ollantaytambo – Cusco)
- zu den Märkten der Hochlandbewohner nach Pisaq und Chinchero
- zur Inkastadt auf dem Machupicchu
- Trekking auf dem Inkatrail (Camino Inca) nach Machupicchu
- Trekking auf dem Inkatrail nach Choquequirao
- zum Manu-Nationalpark (überaus artenreicher Regenwald)
- in den Urwald um Pto. Maldonado (Schiffswrack der *Fitzcarraldo* am Río Madre de Dios, Papageien-Salzlecken *Collpas de Guacamayos*)

Zeitplanung Für eine Stadtbesichtigung Cuscos sollte mindestens ein Tag, ein weiterer für die nähere Umgebung bzw. für das *Valle Sagrado de los Incas* eingeplant werden. Die Inkastadt Machupicchu kann heutzutage mit dem Zug auch an einem Tag besucht werden, wobei dies aber sehr stressig werden kann. Die weitaus angenehmeren Hubschrauberflüge werden derzeit nicht angeboten.

Ich empfehle für Machupicchu mindestens 2 Tage (näheres s. dort). Auf dem Rückweg vom Machupicchu könnte noch ein Stop in Ollantaytambo eingelegt werden. Für die Trekking-Strecke auf dem Inkatrail vom Km 88, Km 82 oder Km 77 nach Machupicchu sind zusätzlich 4 Tage (in der Regenzeit auch mehr) zu veranschlagen.

Für den Besuch der Inkaruinen in Choquequirao sollten mindestens 4 Tage angesetzt werden, die Angebote gehen aber bis zu 10 Tagen, je nach Gusto.

Ein Ausflug nach Puerto Maldonado am Río Madre de Dios kann zwar in 3 Tagen durchgeführt werden, doch dabei kann nicht allzuviel gesehen und erlebt werden. Für den Regenwald im Nationalpark von Manu (Experimentalzone, s. dort) ist mindestens eine Woche einzuplanen!

So könnte ein **einwöchiger Aufenthalt** in der Region Cusco aussehen:
1. Tag: Anreise mit dem Flugzeug am Vormittag, Höhenanpassung
2. Tag: Stadtbesichtigung
3. Tag: Ausflug nach Saqsaywamán, Q'enqo, Pukapukara, Tambomachay und Pisaq (ggf. auch nach Chinchero)
4. Tag: Zugfahrt nach Aguas Calientes im Urubamba-Tal, Übernachtung
5. Tag: Aufstieg nach Machupicchu und Besichtigung der Inkastadt. Rückfahrt nach Cusco am Spätnachmittag (bzw. 4 Zusatztage für den Inkatrail nach Machupicchu oder nach Choquequirao).

■ *Buntes Markttreiben in Pisaq*

Zusatzprogramm:
6. Tag: Flug nach Pto. Maldonado, Einquartierung in eine Urwaldlodge
7. Tag: Urwald-Exkursion (ggf. Zusatztag)
8. Tag: Rückflug Pto. Maldonado – Cusco und Weiterflug/-reise nach Juliaca oder Arequipa.

Cuscos Geschichte

Ankunft der Ayaren

Im Tal von Cusco siedelten Menschen der *Chanapata-Kultur* schon lange, bevor die Inka Cusco als Zentrum ihrer Herrschaft auswählten und erbauten (Reste der Chanapata-Kultur wurden im nordwestlichen Teil von Cusco von John Howland Rowe gefunden). Die Bewohner des Tales waren einfache Bauern und Lamazüchter. Cusco war bei der Ankunft der **Ayaren**, den späteren Inkas, nicht mehr als ein kleines Dorf. Das Tal um *Cuscu* (damalige Schreib- bzw. Sprechweise) wurde von den Volksgruppen der *Hualla, Sausiray, Alcahuita* und *Antasaya* bewohnt, die, unter dem Druck der Inkas, sich mit ihnen zu einem friedlichen status-quo arrangierten. Der Legende der Inkas nach wurde das „neue" Cusco um das Jahr 1200 von *Manco Capac* und *Mama Ocllo* gegründet. Die Inka führten den Maisanbau, das Coca-Kauen und die ersten Gesetze ein, in denen Mord und Diebstahl unter Strafe gestellt wurden. So wurde aus einem bäuerlichen Dorf die wohlgeordnete und blühende „Stadt der vier Welten" mit schätzungsweise über 200.000 Einwohnern.

„Nabel der Welt"

Cusco erlebte seine Blütezeit zwischen 1438 und 1527, unter dem 9. Inca *Pachacuti Yupanki* und seinem Sohn *Túpac Yupanki,* dem 10. Inca. Die beiden waren es, die Cusco zum „Nabel der Welt" mit imperialem Charakter machten und Steinbauwerke errichten ließen. In dieser Zeit wurde auch die oberhalb der Stadt gelegene Zyklopenfestung **Saqsaywamán** errichtet, der Schutzschild Cuscos. Der Bau wurde jedoch erst unter dem 11. Inca **Huayna Capac** beendet. Cusco unterteilte sich in jener Zeit in *Hanan Cusco* (Oberes Cusco), in dem in Adobe(Lehm)-Häusern das einfache Volk und die Handwerker lebten, und in *Hurin Cusco,* das Untere Cusco. Dies war den Edelleuten und der Inka-Elite vorbehalten, die hier ihre Residenzen hatten. Hier befanden sich auch alle Heiligtümer und Paläste. Niemand, der nicht zum Inka-Clan direkt gehörte, durfte hier wohnen.

■ *Der 11. Inca Huayna Capac in Kriegsausrüstung*

Das Herz der Stadt, der Mittelpunkt und damit der „Nabel der Welt" war der Platz **Huacaypata** („Platz der Tränen"), der von Tempeln, Heiligtümern und Palästen umgeben war. Die meisten Tempel und Paläste waren außen mit Goldblechen und -platten verziert und belegt, das Inka-Heiligtum Qorlcancha auch von innen. Wenn sich die Sonnenstrahlen auf dem Gold spiegelten, ging davon ein fantastisches Licht aus, der Glanz einer Märchenstadt.

Es war die Metropole eines Reiches, das sich von der Südgrenze des heutigen Kolumbien bis nach Zentralchile (Río Maule) erstreckte. Verständlich, dass für die Inka Cusco der „Nabel der Welt" war. Die Straßen aus den vier Reichsteilen *Antisuyu* (der Nordosten bis zum Amazonasbecken), *Collasuyu* (der Südosten bis Nordchile), *Contisuyu* (der Südwesten bis zur Küste) und von *Chinchaysuyu* (der Nordwesten bis Südkolumbien) liefen alle auf dem *Huacaypata,* der heutigen *Plaza de Armas,* zusammen.

Pizarro in Cusco

Als Pizarro am 15. November 1533 kampflos in Cusco einritt, muss die Stadt unermesslich reich und schön gewesen sein. Pizarro ließ fast alles Gold und Silber zusammentragen und einschmelzen, die Paläste zerstören, doch gegen viele Mauern hatte er – zum Glück – keine Chance. Sie dienten dann meist Grundmauern der Kirchen, die die Spanier auf ihnen errichteten – Sinnbild einer aufgepfropften, fremden Kultur. Die spanischen Baumeister waren denen der Inkas unterlegen. Immer wieder mussten in den nachfolgenden Jahrhunderten die kolonialspanischen Mauern nach Erdbeben wieder neu aufgebaut werden, während die erdbebensicheren Inka-Mauern bis heute standhielten.

Pizarro setzte **Manco**, Sohn von Huayna Capac, als neuen Inkaherrscher ein, verließ Cusco und gründete an der Küste die neue Landeshauptstadt Lima. Manco nutzte die Uneinigkeit der Spanier und sammelte im Februar 1536 sein Heer am Yucay. Er rückte mit 200.000 Kriegern gegen Cusco vor, belagerte die Stadt und eroberte die Festung von Saqsaywamán zurück. Über mehrere Monate waren 200 Spanier und etwa 1000 Mann indianische Hilfstruppen in Cusco eingeschlossen. Im ganzen Land hatte sich die Bevölkerung gegen die Spanier erhoben. Pizarros nachfolgende Versuche, Cusco zu befreien, misslangen allesamt. Die Spanier litten an Hunger, und jeder Ausfallversuch kostete neue Tote. Nach fünf Monaten Belagerung hatten aber auch die Truppen des Inca Versorgungs-probleme. Außerdem nahte die Pflanzzeit. So löste er Teile des Heeres auf und zog sich auf die Festung Tambo am Yucay zurück. Pizarro versuchte noch mehrmals, den Inca Manco zu besiegen. Dieser gründete 1537 einen neuen Inkastaat in *Vilcabamba*. Er wurde aber 1544 durch Spanier, die sein Vertrauen erschlichen hatten, ermordet. Erst 1572 konnten die Spanier Vilcabamba erobern. Den letzten Inca, *Túpac Amarú,* richteten sie in Cusco hin.

■ *Die Krönung des jungen Manco Inca*

Das Vermächtnis des Inca

Doch handelte bereits die Bevölkerung des Hochlandes nach dem Vermächtnis des Inca Manco, das wahrscheinlich von seinem Sohn Titu Kusi Yupanki verfasst und ihm nachträglich zugeschrieben wurde: Mit der Prophezeiung, dass der Inca wiederkehren wird, solle die Bevölkerung passiven Widerstand leisten, die indianische Erde verteidigen und die Religion achten. Dieses Vermächtnis erwies sich in den nachfolgenden Jahrhunderten als das größte Problem für die Spanier. Ein Aufstand folgte dem anderen, unter *José Gabriel Condorcanqui* (der sich auch **Túpac Amarú II.** nannte), wurde in einem inkaischen Wiedereroberungskrieg 1781 sogar Cusco wieder eingenommen. Erst seine Hinrichtung ließ die Spanier wieder ruhiger schlafen. Da sie immer noch nicht ganz die Herren des Landes waren, ließen sie 1781 die Quechua-Sprache, die indigene Kleidung und alle alten Inka-Bräuche verbieten.

■ *Túpac Amarú II.*

Mit den Jahren verlor Cusco, insbesondere durch die Gründung der neuen Hauptstadt Lima, an Bedeutung. Cusco war zudem nach der Belagerung durch die Inkatruppen Mancos ausgebrannt. Erdbeben sorgten für weitere Zerstörungen. Doch für die Nachfahren der Inkas, den Quechua zwischen Ecuador und Nordchile, ist Cusco nach wie vor Hauptstadt des alten Inkareichs. Seit 1975 schmückt die bunte Regenbogenfahne der Inkas die Plaza de Armas, wird in der Universität die Quechua-Sprache als Studiengang angeboten. Für die alljährlich so große Besucherzahl mag Cusco die touristische Metropole Perus und auch eine Art riesiges Freilichtmuseum sein, doch nirgendwo sonst in Peru ist der Besucher alten indigenen Traditionen und Bräuchen wohl näher als hier.

Cuscos Sehenswürdigkeiten

Um Cusco und seine Umgebung kennenzulernen, sind wenigstens 4 bis 5 Tage erforderlich, besser wäre eine Woche. Eine Reihenfolge der wichtigsten Sehenswürdigkeiten:

1. Ausführlicher Stadtrundgang inklusiv Besichtigung von Kirchen und Museen (1 Tag)
2. Ausflug nach Machupicchu (1–2 Tage, mit Inkatrail 4–6 Tage)
3. Saqsaywamán und die Ruinen von Q'enqo, Pukapukara und Tambomachay (1/2–1 Tag)
4. Markt von Chinchero oder Pisaq (1/2–1 Tag)
5. Ruinen von Pisaq und Ollantaytambo (1 Tag, evtl. zusammen mit 4. unternehmen)
6. Ausflug nach Andahuaylillas und evtl. zu den Präinkaruinen nach Pikillacta und nach Tipón (1/2–1 Tag)
7. Cusco ohne Programm

Boleto Turístico (BT) Der Boleto kostet 130 Soles (Studenten bis 25 Jahre mit ISIC 50%) und ist 10 Tage für 16 verschiedene Stätten und Sehenswürdigkeiten gültig. Wer sich nur in Cusco aufhält, kann einen preiswerteren **Boleto Parcial** (BPC) kaufen, das nur für die Sehenswürdigkeiten innerhalb von Cusco gilt.

Der **Boleto Turístico** ist gültig für: *Museo de Arte y Monasterio Santa Catalina* sowie für die Museen *Histórico Regional* (Casa Garcilaso), *Sitio del Qoricancha* und *Arte Contemporáneo* (Palacio Municipal), *Monumento Pachacutec*, *Museo de Arte Popular* und *Centro Qosqo Arte Nativo*. Daneben gilt er auch als Eintrittskarte für die Ruinen von *Saqsaywamán, Q'enqo, Pukapukara, Tambomachay, Pisaq, Ollantaytambo, Chinchero, Pikillacta* und *Tipón* – doch das kann sich ändern, deshalb nachfragen.

Kaufstelle ist die Touristeninformation (s. „Adressen & Service") und an einigen der hier genannten Sehenswürdigkeiten (meistens in den Museen). Nachfolgend sind alle Sehenswürdigkeiten, für die der Boleto Turístico gültig ist, mit **„BT"** gekennzeichnet.

Öffnungszeiten
Centro Qosqo de Arte Nativo: Mo–So 19–20 Uhr **(BT)**
Catedral: Mo–Mi, Fr/Sa 10–11.30 Uhr, Mo–So 14–17.30 Uhr
Casa del Almirante (Museo Inka): Mo–Fr von 8–17 Uhr, Sa 9–16 Uhr
Casa de Garcilaso (Museo Histórico Regional): Mo–Sa 8–17 Uhr **(BT)**
Iglesia La Compañia: tägl. 6.30–7 (So 7.30–8), 10–13, 17–19 Uhr
Iglesia San Blás: Mo–Mi, Fr/Sa 10–11.30 Uhr, Mo–So 14–17.30 Uhr
Iglesia San Francisco: Mo–Sa 9–17 Uhr, So 6–8 Uhr, 18–20 Uhr
Iglesia y Convento Sto. Domingo: Mo–Sa 8–17 Uhr, So 14–16 Uhr
Museo de Arte y Monasterio Santa Catalina: Mo–Sa 9–12 Uhr, Mo–

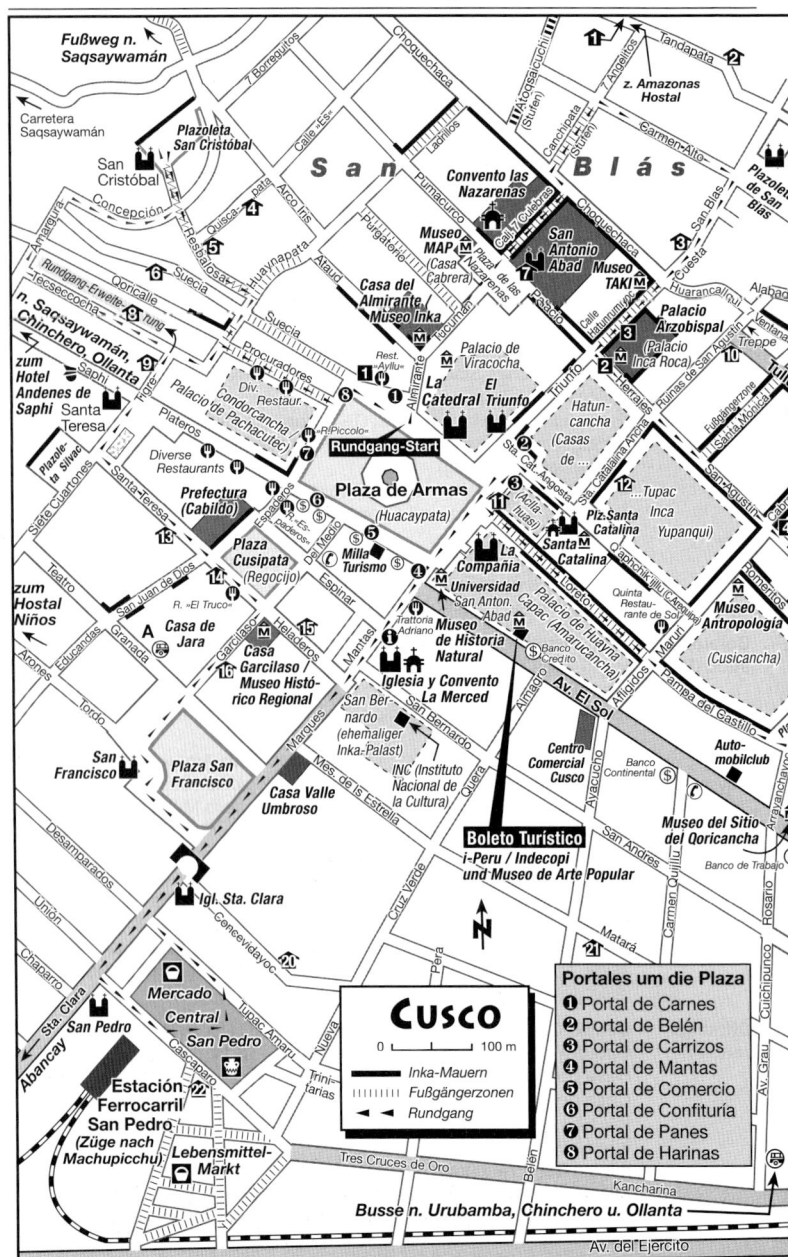

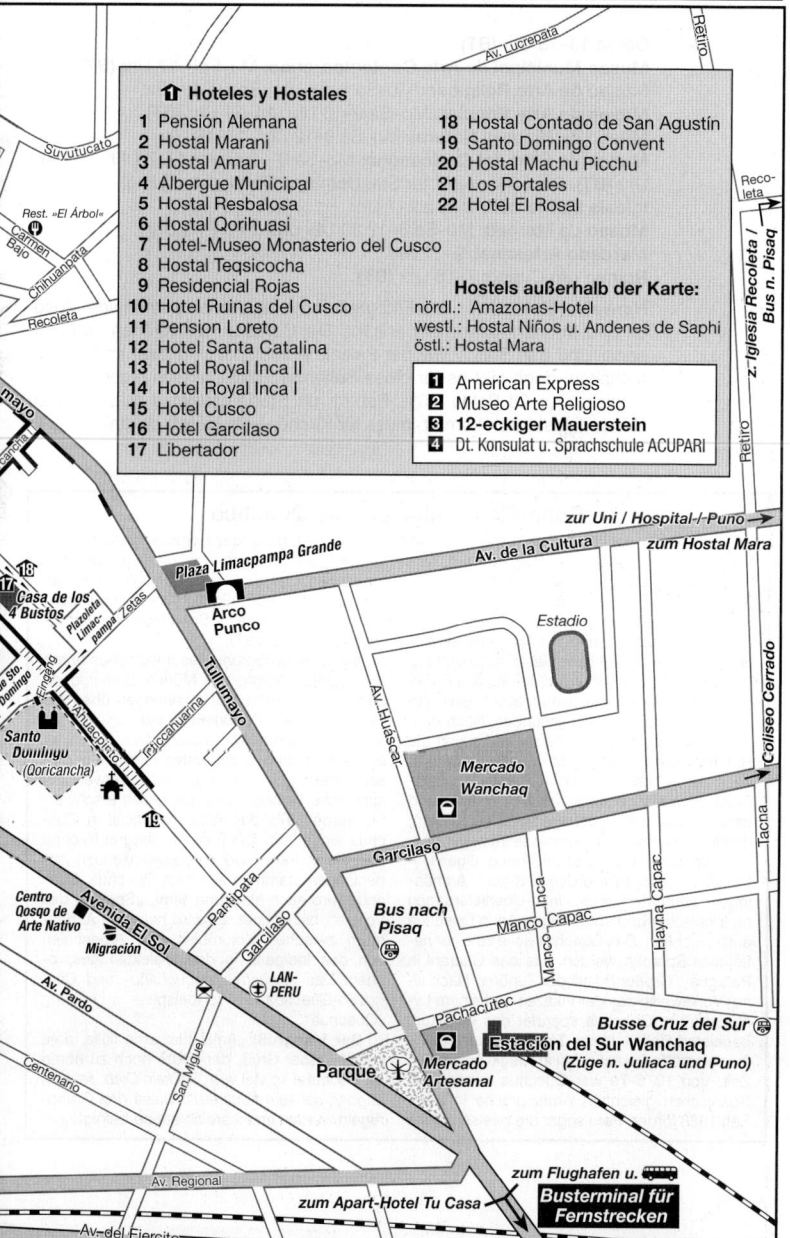

Do/Sa 13–16 Uhr **(BT)**
Museo Municipal de Arte Contemporáneo: Mo–Fr 9–17 Uhr **(BT)**
Museo de Arte Religioso: Mo–Sa 8–18 Uhr, So 10–18 Uhr.
Museo de Arte Popular: Mo–Sa 9–13 Uhr, 14–17 Uhr **(BT)**
Museo de Historia Natural: Mo–Sa 9–12 Uhr, 15–18 Uhr
Museo de Sitio del Qoricancha: Mo–Sa 9–13 Uhr, 14–17 Uhr, So 8–14 Uhr **(BT).** Der BT ist nicht für Sta. Domingo/Qoricancha gültig!
Iglesia La Merced: tägl. ab 17 Uhr
Museo La Merced: Mo–Sa 8–12.30 Uhr und 14–17.30 Uhr.
Mercado Artesanal: 9–17 Uhr
Ruinen um Cusco: 7–18 Uhr **(BT)**

Hinweise: Zuletzt war das Fotografieren in den Innenräumen von Museen und Kirchen nicht mehr erlaubt! Die Catedral, die Kirchen La Compañia, und San Blás sowie der Palacio Arzobispal sind zwar im BT nicht enthalten, doch gibt es für diese Sehenswürdigkeiten ein eigenes Sammelticket für 28 Soles (50% Rabatt mit Studentausweis ISIC). Wer zu Gottesdienstzeiten kommt, muss für Kirchen kein Eintritt bezahlen.

Runa Simi – Inkasprache Quechua

Wir nehmen in der hintersten Reihe des Uni-Saales platz. Vorne auf der Bühne sitzen, hinter kolonialspanischen Tischen mit weinroten Samtdecken, die Professoren des Quechua-Studienganges. Daneben drei Indígena in traditionellen Trachten und mit Musikinstrumenten. Der Direktor bittet alle Gäste, aufzustehen. Die Indígena legen ihre rechte Hand auf das Herz, dann wird feierlich-dramatisch eine alte Inkahymne auf Quechua gesungen. Nach dem Beifall erhebt sich ein Professor und erklärt die Hintergründe der Quechua-Musik. Er betont, dass es wichtig ist, die authentische Ausdrucksweise der alten Sprachen der Inkas und deren Musik weiterzupflegen und zu fördern, damit diese nicht in Vergessenheit geraten. Deshalb wäre dieser Studiengang eigens in Cusco eingerichtet worden und auch Archäologen bemühten sich, Inka-Überlieferungen musikalischer und sprachlicher Art in Quechua aufzuzeichnen. Das Quechua solle zu einer nationalen Sprache werden, wie das Guaraní in Paraguay. Großer Beifall der Zuhörer. Nach einer Volksweise aus der Inkazeit und einem Lyrikvortrag in Quechua spendet das Publikum begeistert Beifall. In der Tat, Quechua ist eine faszinierende Sprache, voller Magie einer alten Zeit. Von 1975–79 war Quechua neben dem Spanischen gleichfalls Amtssprache in Peru. Seit 1988 fördert Peru sogar die zweisprachige Erziehung. Eigens dazu wurde die *Dirección General de Educación Bilingue* gegründet (s.a. „Sprachen" auf S. 81). Das Problem ist, dass Quechua nur mündlich überliefert wurde, da die Inka über keine Schriftsprache verfügten (s. Exkurs S. 227).

Nach der Eroberung des Inkareiches durch die Spanier fertigte der Mönch *Domingo de Santa Tomás* erste Aufzeichnungen über das Quechua. Diese Dokumente sind zugleich das älteste Quechua-Wörterbuch. Der Bolivianer *Jesús Lara* schrieb die ersten Romane in dieser Sprache. Da jedoch die dazu verwendete spanische Orthographie das Lesen erschwerte, wurde 1975 das *Alfabeto Oficial* in Quechua eingeführt. Die meisten geographischen Begriffe in Peru (und den angrenzenden Andenländer) stammen aus dem Quechua. Quechua wird auch als **Runa Simi**, „Sprache des Volkes", bezeichnet. Es wird heute im Andenraum zwischen Kolumbien und Argentinien von den Indígena in drei Dialekten gesprochen: Das *Ancash-, Ayacuchaño-* und *Cusqueño-Quechua.* - Wortbeispiele s. Anhang „Quechua"

Der Inkagruß: „Ama sua, ama llulla, ama kella!" Dieser Gruß, der heute noch zu hören ist, bedeutet so viel wie „*Sei kein Dieb, sei kein Lügner, sei kein Faulpelz!*". Diese drei Grundregeln wurden im Inkareich streng befolgt.

Stadtrundgang Cusco

Für Kirchen- und Museumsbegeisterte empfiehlt es sich, die Stadtbesichtigung auf mehrere Tage zu verteilen (obwohl nicht alle Kirchen unbedingt einen Besuch lohnen). Die wichtigsten religiösen Bauwerke sind: *La Catedral* und *La Compañía* an der Plaza de Armas, *San Blás*, *La Merced* und *Santo Domingo* (wegen des Sonnentempels) sowie die *Iglesia Recoleta* in der gleichnamigen Straße.

Falls Sie den gesamten Rundgang wie nachfolgend beschrieben machen wollen, folgen Sie den kleinen Pfeilen im Cusco-Stadtplan. Der Rundgang ist zweigeteilt, so dass er auch in zwei Abschnitten gemacht werden kann. Ausgangspunkt ist die Plaza de Armas. Von ihr geht es zuerst zu den beiden Kirchen und zur Universität am Platz.

Plaza de Armas

Dieser annähernd quadratische Platz mit einer hübschen Anlage in der Mitte hieß in der Inkazeit **Huacaypata,** war von Tempeln, Palästen und Regierungsgebäuden umgeben und früher nahezu doppelt so groß wie heute. Er war mit Sand bedeckt, den Besucher als Zeichen der Verbundenheit der Provinzen mit der Hauptstadt mitgebracht hatten. An Festtagen wurden hier die königlichen Mumien aus dem Sonnentempel neben dem „Himmelsthron" des Inca zur Schau gestellt. Der Platz war von einer ca. 250 Meter langen Goldkette umspannt. Zur Sonnwende am 21. Juni wurde außerdem auf dem Huacaypata das *Inti-Raymi*-Fest gefeiert, zu dem die Leibgarde des Inca Waffen aus Gold trugen. Er war auch Hinrichtungsstätte der letzten Inkaherrscher und von *Túpac Amarú II.* im Jahr 1781.

In der Mitte befindet sich ein Brunnen (früher mit der Statue Atahualpas und der Quechua-Inschrift „kosko hatun llacta" – „herrliche Stadt Cusco"). Die Seiten des Platzes werden von den Kolonialkirchen dominiert, die über die Grundmauern inkaischer Tempel aufragen. Der gesamte Platz ist nahezu vollständig (ausgenommen vor Kathedrale und Kirche) von Arkadengängen, den *Portales*, umgeben. Unter den Arkaden an der Südwestseite (Portal de Comercio, Portal de Confituría) und an der Nordwestseite (Portal de Panes, Portal de Harinas) finden sich zahlreiche Restaurants, Wechselstuben und Geschäfte. Besonders nachmittags und abends herrscht unter den Arkaden eine schöne Stimmung mit bunt gemischtem Publikum, Schuhputz-Kindern, Souvenirhändlern und Straßenkünstlern.

Jeden Sonntagvormittag wird auf der Plaza mit einer Zeremonie die Nationalfahne Perus und die Regenbogenfahne der Inkas bzw. des Tawantinsuyu-Reiches gehisst.

Iglesia La Compañía

Diese wuchtige Kirche ragt im Südosten der Plaza auf. Architektonisch interessant ist, dass die Straßenfront strukturell ein Abbild des Hauptaltars ist. Die Kirche wurde von den Jesuiten auf den Grundmauern von *Amarucancha* (Schlangenhof oder Schlangentempel), des Palastes von *Huayna Capac,* erbaut. Der für die damalige Zeit prunkvolle Bau stand in Konkurrenz zur Kathedrale und führte einst zu einem Kirchenstreit, der sich bis zu ihrer Fertigstellung 1668 hinzog. Die kahlen Steinwände im Inneren stehen im krassen Gegensatz zu den goldenen Altaraufsätzen und dem reich vergoldeten Hauptaltar. Der Altar der „Trostreichen Mutter Gottes" zeigt portugiesischen Einfluss. Bemerkenswert sind die holzge-

■ Plaza de Armas mit Kirche La Compañia

schnitzten Figuren des Heiligen Franziskus von Assisi und des Heiligen Jerónimo, Arbeiten, die dem Einheimischen Juan Martínez Montañas zugeschrieben werden. Außerdem sind Gemälde von geschichtlichem Dokumentarwert, z.B. über das Leben des Ordensgründers Ignatius von Loyola (von dem Mestizen Marcos Zapata), zu sehen. Ein anderes Gemälde in der Nähe des Eingangs zeigt die Hochzeit eines spanischen Konquistadors mit einer Inkaprinzessin, eine damals häufige Verbindung, der auch Garcilaso de la Vega entstammte. Der Grundriss der Kirche stellt ein lateinisches Kreuz mit zwei Seitenkapellen dar, die San Ignacio- und Lourdes-Kapelle heißen.

Öffnungszeiten 6.30–7 Uhr (So 7.30–8), 10–13 u. 17–19 Uhr.

Universidad San Antonio Abad

Rechts der Compañía liegt im ehemaligen Convento (Kloster) die *Universidad San Antonio Abad* von Cusco, die von den Jesuiten 1622, ebenfalls auf den Grundmauern des Palastes von Huayna Capac, gegründet wurde. Der Haupteingang wirkt eher wie der einer Kirche, die barocke Fassade zeigt deutlich indigene Einflüsse, und im ersten Moment vermutet hier niemand eine Uni hinter den Gemäuern.

Nach einem Blick in den schönen Innenhof zur Catedral weitergehen.

La Catedral

Die Kathedrale wurde zwischen 1559 und 1654 auf den Grundmauern des Palastes des 8. Inca Wiracocha errichtet, sie erinnert in ihrer Mächtigkeit ein wenig an eine Festung, vielleicht sogar als Bollwerk gegen den Sonnenkult der Inkas. Sie ist über 85 m lang und 45 m breit. Im linken der beiden über 30 Meter hohen Türme hängt die berühmteste und größte Glocke Südamerikas, die *María Angola,* die angeblich 40 km weit zu hören ist. Beim Gießen der Glocke wurden mehrere Kilo Gold verarbeitet. Sie läutet seit vielen Jahren nicht mehr, da der Turm die Schwingungen nicht mehr aushält.

Im Innern der Kathedrale befinden sich gut 400 wertvolle Gemälde der *Escuela Cusqueña* (Cusqueñer Malerschule, Exkurs s.S. 225), kostbare Bildhauer- und Silberarbeiten sowie zeremonieller Schmuck und Kleidung. Der Hauptaltar aus massivem Silber aus den Sklavenminen Potosís (Bolivien) ist in spätklassizistischem Stil gearbeitet und verdeckt den ursprünglichen, aus Zedernholz geschnitzten und mit Gold verkleideten Altar. Der barocke Chor aus Zedernholz, dessen Gestühl 40 Heilige zeigt, wird vom Hauptschiff durch ein schön gearbeitetes Holzgitter getrennt.

Von den zehn Seitenkapellen sind zwei besonders beachtenswert: Die 4. von rechts zeigt auf dem Altar Jesus als den *Señor de los Temblores,* als Herrn der Erdbeben. Er wurde nach dem Erdbeben von 1650 als Schutzpatron gestiftet und wird jetzt bei großen Prozessionen durch Cusco getragen. Im Seitenaltar genau gegenüber sieht man die *Virgen de la Inmaculata Concepción* (Jungfrau der Unbefleckten Empfängnis), auch *La Linda* (die Schöne) genannt, die Frauen zum Kindersegen verhelfen

soll. In der Sakristei hinten rechts sind neben einigem wertvollen Mobiliar die Porträts aller Bischöfe von Cusco zu sehen.
Öffnungszeiten: Mo–Mi, Fr/Sa 10–11.30 Uhr, Mo–Sa 14–17.30 Uhr, Eintritt 16 Soles, Studenten mit int. ISIC-Ausweis 50%.

Der **Zugang** zur Kathedrale ist meist nur durch die rechts danebenliegende *Iglesia El Triunfo* möglich, die von 1729 bis 1732 zur Erinnerung an den indigenen Aufstand von 1536 errichtet wurde und ursprünglich der Platz der inkaischen Waffenschmiede war. Die großen Gemälde rechts und links des Altars in der El Triunfo sind Kopien von „Der Abstieg" von Rubens und „Die Kreuztragung" von Raffael. Semisubterran ist seit 1978 hier die Urne von *Garcilaso de la Vega* beigesetzt, des wichtigsten Berichterstatters über die Inkazeit (s. Exkurs).

Von der Catedral geht es links der Kirche die Gasse *Almirante Tucumán* aufwärts.

Casa del Almirante / Museo Inka

Der sehr schöne Palast von Almirante (Admiral) Francisco Alderete Maldonado aus dem 17. Jh. steht an der Ecke Tucumán/Ataud. Er wurde auf den Grundmauern des Palastes des Inca Huáscar errichtet und durch das schwere Erdbeben von 1950 beschädigt, jedoch mit Geldern der UNESCO wieder restauriert. In ihm befindet sich mit dem **Inkamuseum** (früher: *Archäologisches Museum*), das bedeutendste Museum Cuscos. Zu sehen gibt es Gemälde der Escuela Cusqueña und aus der Inkazeit Keramik-, Schmuck- und Gebrauchsgegenstände, Textilien, Mumien sowie trepanierte Schädel (operativen Öffnungen). Sehr sehenswert, Zeit mitbringen! Geöffnet Mo–Fr von 8–17 Uhr u. Sa 9–16 Uhr, Eintritt 2,50 €.

MAP – Museo de Arte Precolombino

Über die Tucumán geht es weiter zur Plaza de las Nazarenas. Dort beherbergt die *Casa Cabrera* das Museo de Arte Precolombino, das Museum für präkolumbische Kunst, ebenfalls ein absolutes Muss! Diese Außenstelle des Museo Larco Herrera in Lima präsentiert auf zwei Etagen ausgezeichnete Funde von höchstem künstlerischen Wert, es zählt zu den besten Perus! Die Keramiken, aber auch die Holzfiguren, der Gold- und Silberschmuck sowie die Korallenketten in den Vitrinen sind hervorragend ausgeleuchtet und alle Exponate werden ausführlich unter kunstgeschichtlichen Gesichtspunkten beschrieben. Jeder Raum ist einer bestimmten Kultur oder einem Thema gewidmet, eingeführt wird mit einem historischen Überblick.

Geöffnet tägl. 9–22 Uhr, Eintritt 15 Soles (mit ISIC-Studentenkarte 10 Soles), kein BT, Verkauf von Replikaten, teures Restaurant im Innenhof.

Nach links, die Pumacurco hoch, führt der Fußweg nach Saqsaywamán. Gegenüber vom MAP liegt der

Convento de las Nazarenas

Das Kloster der Nazarenerinnen wurde 1592 von den Spaniern als Schule für indigene Mädchen gegründet. Heute befindet sich in dem ehemaligen Nonnenkloster das Hotel-Museo Monasterio del Cusco. Auch Nichtgäste können auf Anfrage einen Blick hinter die Mauern werfen. Rechts liegt die kleine

Iglesia San Antonio Abad

Im Inneren der restaurierten Barockkirche befinden sich eine kunstvoll geschnitzte Kanzel und Gemälde des indianischen Malers *Diego Quispe Tito*. Heute wird die Kirche als Tagungsraum des Hotels Monasterio del Cusco verwendet, ist deshalb nicht immer öffentlich zugänglich.

Zwischen beiden Bauwerken geht es weiter in die schmale

Callejón de Siete Culebras Übersetzt heißt dies „Gasse der sieben Schlangen". Einige Steine sind (gleich am Anfang links) mit Schlangen verziert, die für die Inka ein Symbole der Weisheit darstellten. Hier befand sich eine Schule für die Adligen, in der in der Inkazeit die Kunst des Regierens und der Kriegsführung gelehrt wurde. – Am Ende der Callejón de Siete Culebras geht es links in die *Calle Choquechaca,* an der nächsten Ecke nach rechts aufwärts durch die Canchipata zur Calle Carmen Alto, die zur *Plazoleta de San Blás* führt. Dort steht die äußerlich schlichte, aus Lehmziegeln erbaute

Iglesia San Blás Die Kirche stammt aus dem 16. Jahrhundert. Im Innern ist neben einem Altar im überladenen churriguereskem Stil die schönste Holzschnitzarbeit in Cusco zu sehen: eine barocke Kanzel. Sie wurde von einem unbekannten Künstler geschaffen und von Bischof Mollinedo der Kirche gestiftet (nach einer Überlieferung stammt die Kanzel von dem indianischen Künstler *Tomás Tuyro Tupa,* der sie aus Dankbarkeit für seine wundersame Heilung von der Lepra geschnitzt haben soll). In der Mitte ist die Muttergottes dargestellt, daneben die vier Evangelisten und ein Teil der Leidensgeschichte Christi. Des weiteren sind der Hl. Blasius und, auf dem Dach der Kanzel, der Hl. Thomas zu sehen.

Die Gegend um die Iglesia San Blás ist heute übrigens das Künstlerviertel Cuscos. Hier wirken neben anderen Holzschnitzern und Malern auch *Hilario Mendivil* und *Edilberto Merida.* Öffnungszeiten: Mo–Mi, Fr/Sa 10–11.30 Uhr, Mo–So 14–17.30 Uhr (BT).

Nun die Calle San Blás hinuntergehen bis zur Calle Hatunrumiyoc.

Museo TAKI Gleich rechts liegt in der Hatunrumiyoc 487-5, etwas versteckt in einem Hinterhof (Zugang durch die kleine Ladenpassage) das kleine **Musikmuseum** von Kike Pinto. Mit über 400 Instrumenten, nicht nur des Andenund Amazonasraumes, eines der besten Musikmuseen Perus! Öffnungszeiten sporadisch, Anmeldung unter pinto.kike@gmail.com, Eintritt frei. Konzerte und Vorführungen mit Musiker Kike Pinto Mo/Mi/Fr 19–20 Uhr.

Calle Hatunrumiyoc Das Quechua-Wort bedeutet „Großer Stein". Die Mauer des ehemaligen Palastes des *Inca Roca* gilt als eines der schönsten Beispiele der Kunst der fugenlosen Verblockung riesiger Steine und ist der längste und besterhaltene Mauerrest der einst monumentalen Inka-Architektur Cuscos. Die nach außen gewölbten (konvexen) Steinblöcke sind bis zu einem Meter groß und so perfekt beschnitten respektive behauen, dass sie mit ihrer Verzahnung und Verbolzung keinen Mörtel benötigten.

■ *In der Calle Hatunrumiyoc*

Der Paradestein dieser Buckelquader (in Gehrichtung links, etwa in der Mitte der Gasse) hat nicht weniger als **zwölf Ecken,** er wurde exakt passgenau in das Mauerwerk eingefügt. David R. Calbo aus Cusco, der sich sein Leben lang mit der Inka-Architektur und der Inka-Kultur beschäftigte, sagt, dass der zwölfeckige Stein die Jahreszeiten und die zwölf Monate des Jahres symbolisiert. Er

■ *Der zwölfeckige Stein*

meint auch, dass außerdem der Palast des Inca Roca eher eine Plattform in Höhe der Mauer war, auf der rituelle Zeremonien abgehalten wurden.

Wenn Sie auf den ansonsten glatten Mauersteinen kleine hervorstehende Noppen sehen, so sind das Überreste aus der Bauzeit; sie dienten dazu, beim Aufschichten der Steine Hebel anzusetzen und Seile zu befestigen. Anschließend schlug man sie meist weg. In der Calle Hatunrumiyoc trifft man übrigens oft blinde indigene Musikanten, die für ein paar Soles vorbeikommende Touristen mit ihrer Kunst unterhalten.

Unten an der Gassenecke angekommen wird der ehemalige Eingang des Palastes des Inca Roca erreicht. Auf seine Grundmauern wurden die kolonialspanischen Herrenhäuser der Marquise Buenavista und Rocafuerte draufgebaut, die durch die Erdbeben nachfolgend immer wieder beschädigt und teils zerstört wurden. Der Palast diente auch dem Erzbischof von Cusco als Domizil, heute befindet sich darin das Museum der religiösen Künste.

Museo de Arte Religioso

Die Skulpturen und Möbel des Museum für Religiösen Künste stammen aus einer privaten Stiftung und vom Erzbistum Cusco. Die Sammlung ist jedoch ziemlich ungeordnet, wenige Erklärungen, die Führung ist mäßig. Doch beherbergt das Museum bedeutende Gemälde der Escuela Cusqueño. Ein Blick in den schönen Innenhof lohnt auf alle Fälle. Öffnungszeiten: Mo–Sa 8–18 Uhr, So 10–18 Uhr.

Nun nach links, durch die *Herrajes* und die *Calle San Agustín,* an den Mauern des Palastes von *Túpac Yupanki* vorbei zum Kolonialhaus *Casa de los 4 Bustos* aus dem 16. Jahrhundert.

Casa de los 4 Bustos

Das Haus ist benannt nach den vier Büsten über dem Portal. Sie stellen den Marqués de Salas y Valdez, seine Frau und seinen Sohn sowie die Frau des Sohnes dar. U.a. wohnte hier Pizarro während seines Aufenthaltes in Cusco. Heute beherbergt es das gediegene *Libertador,* eines der besten Hotels der Stadt. An der Plazoleta Limacpampa geht es nach rechts durch die Zetas zur Plazoleta Santo Domingo mit

Iglesia y Convento Santo Domingo

Das Erdbeben von 1950 legte hier – zur Überraschung und Freude der Archäologen – die Überreste des ehemaligen **Sonnenheiligtums Qoricancha** frei. Öffnungszeiten: Mo–Sa 8–17 Uhr, So 14– 16 Uhr, Eintritt 7 Soles (BT nicht gültig), Führung 17 Soles. Öffnungszeiten **Museo de Sitio del Qoricancha:** Mo–Sa 9–13 Uhr, 14–17 Uhr, So 8–14 Uhr **(BT).**

Die Qoricancha war eigentlich ein großes Tempelviertel, dessen Mittelpunkt der prächtige und prunkvolle Sonnentempel *Qoricancha* war, nach dem auch das Stadtviertel benannt wurde. Ursprünglich hieß der Ort *Inticancha* und war die Residenz des ersten Inkas Manco Capac. Erst unter dem Inca Capac Yupanki

■ *Rechts: Die Außenmauern der Qoricancha*

■ *Verehrung der goldenen Sonnenscheibe durch den Inca im Qoricancha-Tempel*

wurde der Tempelpalast ausschließlich *Inti,* der Sonne geweiht und zum inkaischen Heiligtum Qoricancha umgebaut. Wie mag es hier im Jahre 1533, vor der Eroberung Pizarros, ausgesehen haben? Die Mauern des Sonnentempels waren mit Goldplatten bedeckt. Im Garten des Sonnentempels war alles, was das Reich bot, in Gold oder Silber nachgebildet.

Hier standen goldene und silberne Maisstauden neben goldenen Bäumen und Sträuchern. Im Sonnentempel-Vorhof glitzerten gleichfalls goldene Hirtenfiguren mit goldenen Lamas und Vögeln in der Sonne, schlängelten sich goldene Schlangen zwischen goldenen Schmetterlingen.

Im Haupttempel waren die Mumien der verstorbenen Inkas, wie z.B. die des Inca Huayna Capac, auf einem goldenen Thron aufgestellt. Sein Gesicht war mit einer Goldmaske verhüllt, eine Hand hielt ein goldenes Zepter. Die Kleidung war aus feinster Vicuñawolle und mit Goldschmuck besetzt.

In Kloster und Kirche sind Teile des Tempelviertels Qoricancha erhalten. Vom Eingang ist der große Klosterhof mit seinem Kreuzgang zu sehen. Rechts und links der Kreuzgänge liegen die Reste der alten Inkatempel. Links vom Eingang liegt zuerst der Tempel des Regenbogens mit elf typischen Trapeznischen, in denen die Götteridole aufgestellt wurden, vollständig mit Gold ausgekleidet und von Türkisen eingerahmt. Auf dem Tempelboden liegt ein Stein. Wenn man sich auf ihn stellt, kann durch ein Fenster der Tempelmauer gesehen werden, das die Sicht durch die Wandfenster der nachfolgenden Tempel freigibt.

Der nächste Tempel ist der Wassertempel mit 4 Trapeznischen, die die vier Reichsteile symbolisieren sollen. Vom Klosterplatz führt von rechts ein Kanal in den Wassertempel, der am hinteren Ende mit drei Ausflüssen versehen ist. Der letzte erhaltene Tempel weist wieder 17 Trapeznischen auf, in denen Symbole der Flora und Fauna des Inkareiches gestanden haben sollen.

Die Genauigkeit der Architektur ist unglaublich. Alle sichtbaren Tempelmauern sind gut erhalten und weisen eine leichte Schräge auf. Die Mauersteine sind unten breiter als oben. Am Fundament sind sie 82 cm breit und erreichen über sechs Steine eine Höhe von 252 cm. Der letzte Stein ragt dabei 10 cm tiefer in den Innenraum als der unterste. David Ramirez Calbo erklärte mir: „Der Aufbau der Mauer ist überall gleich und erfolgt in einem Dreier-Rhythmus. Der Grundmauerstein heißt *collana* oder *cabeza* und ist der Basisstein. Darauf folgt der *payan* oder *segundo,* er bildet mit dem Basisstein ein Paar. Steinbolzen und Steinzapfen passen genau in ihre Vertiefungen, ähnlich des Lego-Baukastensystems. So halten die Steine ohne Mörtel und konnten passgenau

■ *Das geniale Haltesystem der Mauersteine*

übereinandergetürmt werden. Bei den häufig auftretenden Erdbeben konnten die Mauern mitschwingen. Auf den zweiten Stein folgte der *callau* oder *remate,* ebenfalls mit Bolzen und Zapfen versehen. Er war der Abschlussstein dieses Dreiergefüges. Dann folgte wieder ein Collana, ein Payan und ein Callau und so fort."

Über das obere Ende des Kreuzganges mit Gemälden der Cusqueñer Malschule werden die Gartenterrassen des Klosters mit einigen ausgewählten architektonischen Steinarbeiten erreicht. Hier stand früher der Vorhof des Sonnentempels mit den goldenen Figuren. Die hier liegenden Steine veranschaulichen die raffinierte und hochentwickelte Architektur der Inkabaumeister, mit Nuten, Steinbolzen und Steinklammern erdbebensicher zu bauen.

Nach dem Vorhof des Sonnentempels gelangt man zum **Sternentempel.** Auffallend sind neben den 25 Trapeznischen die zwei hohen Steinportale. Diese sind wesentlich höher als die anderen, damit die hier einst aufgebahrten Schreine hindurchgetragen werden konnten. Nach den Mauern des Sternentempels folgt der eigentliche Eingang zum Heiligtum der Inkas, der Zugang zum **Mond- und Sonnentempel.** Teile des Mondtempels sind erhalten, der Rest wurde zum Kirchenbau benutzt. Im Mondtempel wurde der (silberne) Mond mit einer silbernen Mondscheibe und der Gott des Blitzes und Donners verehrt. Er war zugleich der Frau des Inca geweiht, entlang der Mondtempel-Mauer saßen auf silbernen Thronen die Mumien der verstorbenen Frauen der Inkaherrscher.

Im Inkaportal zum Sonnen- und Mondtempel imponiert rechts unten ein 14eckiger Stein. Ein Gang führt durch die Kirche ins Herz des Sonnentempels, der einst ganz mit Gold ausgelegt und von einer dicken Mauer umgeben war. Ein Teil davon ist die etwas geneigte, runde Mauer direkt unter der Kirche. Hier stand der Hauptaltar mit der Sonnenscheibe aus Gold. Die Sonnenstrahlen fielen durch große Tore auf die Sonnenscheibe und entfachten ein gleißendes Sonnenfeuer, das seine magisch-mystische Wirkung nicht verfehlte. Die Mauern des Mond- und Sonnentempels sind besonders sauber und absolut perfekt bearbeitet worden. Hier erreichte die Inkabaukunst ihre Vollendung.

Von der Kirche Santo Domingo geht's nun über die Plazoleta de Sto. Domingo, nach rechts die Calle Pampa del Castillo hoch.

Rechts sind Mauerreste der **Cusicancha** zu sehen. Über die Afligiodos Maruri kommt man zur schmalen Calle Loreto mit sehenswerten Mauerresten aus der Inkazeit. Die linke Mauer gehörte zum **Palast von Huayna Capac,** die noch mächtigere rechte Mauer zum Haus oder Kloster der **Acllahuasi** (Sonnenjungfrauen). Hier wurden auserwählte junge Mädchen in Abgeschiedenheit erzogen und später mit den Inca oder Adligen verheiratet (Zugang in der Sta. Catalina Angosta 118, neben der Kirche Santa Catalina. Dazu um den Block herumgehen). Dort ist auch das

Museo de Arte de Santa Catalina (BT)

Im Klosterhof legte das Erdbeben von 1950 auch hier Mauern aus der Inkazeit frei, eben die des Hauses der Sonnenjungfrauen. Öffnungszeiten: Mo–Sa 9–12 Uhr, Mo–Do/Sa 13–16 Uhr.

Ein sehenswertes Kolonialhaus ist die **Casa de Concha** in der Calle Santa Catalina Ancha, die von der Santa Catalina Angosta abzweigt.

Von der Plaza de Armas kann nun der Rundgang unterbrochen oder fortgesetzt werden. Der nächste Abschnitt des Rundganges führt vorbei an der schon besichtigten Kirche La Compañía und der Uni über die breite *Avenida El Sol,* die nach links runter zum Hauptbahnhof führt (in der Avenida El Sol befinden sich auch die Banco del Crédito, das Post- und Telefonamt sowie einige Restaurants und Hotels). – Auf der linken Seite, in der P. Mantas, steht die

Iglesia y Convento La Merced (BT)
Die Kirche des Ordens von La Merced aus dem 16. Jh. wurde 1650 und 1950 von Erdbeben zerstört und bis 1975 wieder aufgebaut und gilt als ältestes Gotteshaus Cuscos (1536). Hier liegen ein jüngerer Bruder Pizarros, Gonzalo, und die beiden de Almagros, Vater und Sohn, begraben. Sehenswert ist der sehr reich verzierte Hauptaltar und das Chorgestühl aus Zedernholz. Die Gemälde sind wieder typische Beispiele der Escuela Cusqueño. Daneben gibt es Kopien von Rubens, Ribera und Zurbarán zu sehen. Der schmucken Kirche angeschlossen ist das Kloster, einst Zentrum der südamerikanischen Mercedarier. Neben dem Klosterhof mit Kreuzgang ist das Glanzstück die Monstranz im Klostermuseum aus dem Jahre 1720, geschaffen vom spanischen Goldschmied *Juan de Olmos.* Der Hostienschrein ist über einen Meter hoch, mit 22 kg reinem Gold, 1518 Diamanten, 600 Perlen und unzähligen Rubinen, Smaragden und anderen Edelsteinen verziert. Eine der wertvollsten Kostbarkeiten Perus. Öffnungszeiten: Mo-Sa 8–12.30 Uhr und 14–17.30 Uhr. Eintritt 1 €.

Casa Valle Umbroso
Das Kopfsteinpflaster der Mantas steigt nun etwas an, führt rechts an der Internationalen Apotheke vorbei in die Marqués, die die Plaza San Francisco tangiert. Diese Straße war früher die *Contisuyu,* eine der vier Reichsstraßen, die auf dem Huacaypata, der heutigen Plaza de Armas, zusammentrafen. An der Ecke zur Mesón de Estrella steht ein beachtenswertes Kolonialhaus, die *Casa Valle Umbroso.* Es brannte 1973 aus und wurde zwischenzeitlich restauriert. Heute befindet sich hier die Kunsthochschule von Cusco die besichtigt werden kann.

An der Plaza San Francisco vorbei geht es durch einen alten Torbogen in der Santa Clara an der *Iglesia Santa Clara* vorbei (herrliche Spiegelaltäre) zur

Iglesia San Pedro
Die Barockkirche wurde 1688 gebaut und das Mauerwerk der beiden Türme stammt von einer Inkaruine. Die Portale der Kirche sind täglich, außer am Sonntag, von 10–12 Uhr und von 14–17 Uhr geöffnet. Das barocke Bauwerk liegt direkt neben dem lokalen Bahnhof San Pedro (auch Sta. Ana genannt). Von hier fahren die Schmalspurzüge nach Ollanta und Aguas Calientes/Machupicchu ab. Es ist eindrucksvoll, sich auf die Treppenstufen vor der Kirche zu setzen und dem bunten Treiben auf dem angrenzenden Straßenmarkt zuzuschauen. Gleich auf der gegenüberliegenden Seite befindet sich der

Mercado Central San Pedro
Hier hat Cusco noch etwas von seiner Ursprünglichkeit erhalten. Allerdings muss man sich um den Mercado herum vor trickreichen Taschendieben sehr in acht nehmen, die schnelle Arbeit mit dem Rasiermesser oder der kollektive Klau sind verbreitet! Im Mercado selbst ist es ruhiger und relativ sicher. Es wird alles angeboten, was die Indígena zum Leben brauchen, auch – und ganz legal – die traditionellen Coca-Blätter. Zum Kauf reizen allerlei exotische Früchte, wie *Papaya, Mango, Chirimoya* oder *Granadilla,* die man unbedingt mal probieren sollte, und wenn es nur an der Saftbar ist. Das Gedränge der Einheimischen in ihren bunten

Trachten lässt Fotografenherzen höher schlagen. Doch eine Bitte: fotografieren Sie äußerst diskret und mit größter Vorsicht oder mit dem Teleobjektiv von den Stufen der gegenüberliegenden San-Pedro-Kirche.

Iglesia San Francisco
Vom Mercado führt unsere Stadttour wieder zur Plaza San Francisco zurück. Über die Treppen des Platzes geht es an der gleichnamigen Kirche vorbei, deren geschnitzter Chor und die Gemälde evtl. einen kurzen Blick lohnen. Öffnungszeiten: Mo–Sa 9–17 Uhr, So 6–8 Uhr und 18–20 Uhr (ändert sich öfter, zeitweise erst abends ab 18 Uhr).

Gegenüber der Kirche geht es die *Calle Garcilaso* hinunter. Mit der Hausnummer 256 kommt ein Kolonialhaus mit einem hübschen Innenhof in Sicht, die *Casa de la Jara*. Heute befindet sich in dem kolonialen Bauwerk ein Hotel. Gegenüber liegt mit Nr. 233 das Hotel *Garcilaso de la Vega*. Am nächsten Eck weht der Hauch historischer Zeiten. Hier döst das

Casa de Garcilaso (BT)
In diesem Haus wurde der wichtigste Berichterstatter über die Inkazeit geboren (s. Exkurs „Die Chronisten"). Heute ist darin das **Museo Histórico Regional** (BT) untergebracht, das Historische Museum. Öffnungszeiten: Mo–Sa von 8–17 Uhr. Zu sehen sind koloniale Möbel, die Anfänge der **Cusqueñer Malschule** (s. Exkurs) und eine kleine Photoausstellung.

Escuela Cusqueña

Nachdem die Spanier sich in Peru festgesetzt hatten und drangingen, Kirchen, Klöster und Palasthäuser zu bauen, bestand zu deren Ausschmückung ein großer Bedarf an Gemälden. *Mateo de Alessio* und der Jesuit *Bernardo Bitti* erkannten um 1575 die Situation: sie lehrten talentierten Indígenas und Mestizen europäische Maltechniken und legten damit den Grundstein für die *Escuela Cusqueña*. Die Schüler wurden rasch zu Meistern des Kopierens, Cusco wurde Zentrum für Gemäldekopien höchster Qualität. Die Künstler entwickelten mit der Zeit einen eigenständigen Stil, der althergebrachte Elemente kreativ mit indigenen Sichtweisen verband und der dann unter dem Begriff „Estilo Escuela Cusqueña" im kolonialspanischen Reich zwischen Lima und Tucumán (Argentinien) berühmt und begehrt wurde. Den Estilo Escuela Cusqueña zeichnen folgende Merkmale aus:

– aus europäischen Gesichtszügen wurden Mestizengesichter
– Gewänder und Kleidung sind mit reichen Ornamenten, meist aus Goldbesatz oder gehämmerte Goldplättchen, geschmückt. Überhaupt wurde auffallend viel Gold auf der Leinwand verwendet.
– wichtige Motive werden proportional größer dargestellt, Nebensächliches kleiner, wobei es immer eine *figura central* gibt, um die sich alles dreht.
– meist werden religiöse Darstellungen gemalt. Einer der bekanntesten und berühmtesten Künstler der Escuela Cusqueña war der Mestize **Diego Quispe Tito**.

Gemälde der Escuela Cusqueña gibt es in **Cusco in der Kathedrale, im Museo Arte Religioso, in den Klöstern Sta. Catalina, Sta. Clara und La Merced** sowie in den Kirchen von **Chinchero** und **Andahuaylillas**.

Museo Municipal de Arte Contemporáneo (BT)
Auf der *Plaza de Regocijo* (Jubelplatz), auch *Plaza del Cabildo* (Ratsplatz) genannt, liegen das altehrwürdige Hotel Cusco und das alte Rathaus. Zur Inkazeit hieß der Platz **Cusipata** („Platz der Freude"). Diese alte Bezeichnung hat heutzutage die beiden spanischen Bezeichnungen des Platzes verdrängt. Auf diesem alten Paradeplatz wurden die siegreichen Krieger nach ihrer Heimkehr bejubelt und geehrt. Im alten Rathaus ist das **Museo Municipal de Arte Contemporáneo** (BT), Mo–Fr 9–17 Uhr, mit Werken zeitgenössischer Künstler untergebracht.

Nach links nun weiter in die *Calle Santa Teresa*. Sie führt zur

Iglesia Santa Teresa	Leider ist die Kirche stockdunkel und es kann nicht viel gesehen werden. In ihr sollen Bilder aus dem Leben der Hl. Teresa zu sehen sein. Der Hauptaltar ist ein Werk des indigenen Künstlers *Diego Martínez de Oviedo*. Öffnungszeiten ab 7 Uhr. Der Rundgang führt nun über die Calle Tigre zur Tecseccocha. Wer noch Lust und Puste hat, könnte eine Erweiterung der Tour über die Tecseccocha und Amargura hoch zur
Iglesia San Cristóbal	unternehmen. Sie befindet sich über einer Kurve der Fahrstraße nach Saqsaywamán und wurde auf den Grundmauern eines Palastes von Manco Capac, *Colcampata,* erbaut. Von hier ergibt sich ein schöner Blick über die Stadt. Wer bereits zu müde ist, biegt vorher nach rechts ab und beendet den Rundgang über die Procuradores an der Plaza de Armas. Auf dem Komplex zwischen der Procuradores und der südlicheren Plateros erhob sich früher der *Condorcancha* („Kondor-Hof").
Iglesia Belén de los Reyes	Eine weitere Kirche, die nicht auf dem Rundgang liegt, ist die Iglesia Belén de los Reyes aus dem 17. Jh. im südlichen Stadtteil *Collacachi*. Sie besitzt einen schönen Hauptaltar und reich verzierte Nebenaltäre. Hier wird die Hl. Jungfrau von Bethlehem verehrt, die in Cusco *Mamacha* genannt wird.

Damit ist die Besichtigungs-Tour beendet

■ *Blick auf die Plaza de Armas*

Die Chronisten

Die Inka verfügten über keine eigengeschriebene Geschichte, weil es keine Schriftzeichen gab (die Quipu-Knotenschnüre dienten mathematischen und statistischen Zwecken). Deshalb existiert bis heute kein geschichtlich geschlossenes Bild der Inka-Epoche. Die vorhandenen Chroniken wurden erst nach der Eroberung Perus in spanischer Sprache aufgeschrieben und sie sind unvollständig oder einseitig, weil sie fast durchweg aus der Sicht der Spanier zu Papier gebracht wurden. Viele wichtige Ereignisse wurden – bewusst oder unbewusst – unterschlagen.

Titu Kusi Yupanki

Nach Gründung der zweiten Inkahauptstadt Vilcabamba und einem vierzigjährigen Guerillakrieg gegen die Spanier ließ der **Inca Titu Kusi Yupanki** (1530–1571), der Sohn des Inka Manco Inca, im Jahre 1570 einen Bericht an den spanischen König Philipp über die tatsächlichen Ereignisse aus Sicht des Inka verfassen. Yupanki erzählte in Quechua, und sein Sekretär Pando, ein Mestize, schrieb diese ersten Berichte eines Zeitzeugen auf. Der Augustinermönch *Marcos García* übertrug den Text in das Spanische.

Garcilaso de la Vega

Der Sohn der inkaischen Prinzessin Chimbu Oqllo, der Ehefrau des Inca Titu Kusi Yupanki, wurde unter dem Namen **Garcilaso de la Vega** der bedeutendste und wichtigste inkaische Chronist. Er verfasste das erste historische und kulturelle Gesamtwerk über das Leben und das Reich der Inkas. Als direkter Inca-Nachfahre wurde er in Cusco in der nach ihm benannten Casa de Garcilaso geboren. Bei seiner zweibändigen Chronik über die Inkas konnte er sich auf die Erzählungen seiner Mutter *Chimbu Oqllo* und seiner inkaischen Verwandten sowie auf die bereits vorhandenen spanischen Chroniken stützen. Die Chronik des *Paters Blas Valera,* einem inkaischen Jesuiten-Zögling, diente ihm dabei als weitere Grundlage (Comentarios Reales). Garcilaso de la Vega wurde in Córdoba in Spanien begraben und 1978 nach Cusco überführt.

Pedro de Cieza de León (Crónica del Perú)

wurde in Sevilla geboren, er hatte enge Kontakte zu Inca-Angehörigen in Cusco. Er unternahm ausgiebige Reisen durch Peru und er verfasste mehrere Bände mit dem Kurztitel *Crónica del Perú*. Es sind Berichte über Geographie, Religion, Geschichte, Kultur und Tradition der Inkas und anderer Volksgruppen sowie der Eroberung Perus durch Spanien.

Huamán Poma Curi Occlo

wurde in jenem Jahr 1532 geboren, als der Inca Atahualpa in Cajamarca von den Spaniern gefangen genommen wurde. Seine Mutter war die Tochter des Inca Túpac Yupanki. Sein Großvater väterlicherseits war der König von Chinchaysuyu, bevor die Inka diese Region unterwarfen.

Unter dem Namen **Huamán Poma de Ayala** wurde er berühmt. Noch während der spanischen Eroberung des Inkareichs hielt er die Geschehnisse in einer dramatischen und realistischen Chronik fest. Es ist das einzige historische Werk, das noch zu Zeiten der Inkas von einem Inka verfasst wurde. Erzählungen seiner Mutter und seines Vaters aus der prähispanischen Zeit flossen mit ein, die Chronik ist heute noch von besonderem historischem Wert. Ayala arbeitete an diesem umfangreichen Werk von über 1000 handschriftlichen Seiten nahezu 30 Jahre. Die zweiteilige Chronik über die Inka-Kultur mit dem Titel *Nuevo Crónica buen Gobierneo* mit sehr vielen Zeichnungen wurde erst 1908 von dem Deutschen Dr. R. Pietschmann in einem Kopenhagener Museum entdeckt. Doch erst 1936 wurde dieser „Peruanische Codex" von Professor Rivet vom franz. Ethnologischen Institut erstmalig veröffentlicht. Besonders die **Zeichnungen** (viele hier im Buch) von **Poma de Ayala (s. Abb., sein Selbstbildnis)** sind äußerst plastisch und erzählen die gesamte Geschichte der Inkas vom Aufstieg bis zum Untergang.

Juan de Batanzos (Suma y Narración de los Incas)

war verheiratet mit der Schwester Atahualpas. Er wohnte in Cusco und zeichnete die Erzählungen seiner Frau und der Indígena auf. Hierbei wird vor allem auf die Herkunft der Inkas und auf ihre Mythen eingegangen.

Vom Werk Batanzos (1551) existieren nur noch die ersten 18 Kapitel.

Quipus und Tocapus

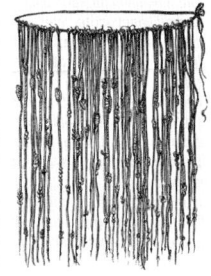

Zur Übermittlung von Informationen und Daten hatten die *Amautas* (Inka-Gelehrten) die **Quipus** entwickelt. Die Quipus waren kein Schriftersatz, sondern ein mathematisches Knotenschnur-System, mit dem Zahlen, Einheiten und Statistiken festgehalten werden konnten. Um einen Quipu herzustellen oder lesen zu können, bedurfte es einer besonderen Schulung. Nur Fachleute, genannt *Quipucamayocs*, konnten mit Quipus umgehen. Sie erfassten damit die Bestände an Haustieren, Pack-Lamas, Ernteerträgen (Quinoa, Kartoffeln), gewebten Stoffe, Edelmetallen, geleisteten Steuern und sie führten mit Hilfe der Quipus ein Register über die Bevölkerungszahl im Inkareich. Die Spanier verboten 1781 den Gebrauch von Quipus und vernichteten so viel wie möglich. Von heute weltweit noch rund 800 erhaltenen Quipus besitzt das Ethnologische Museum in Berlin etwa die Hälfte.

Der Aufbau eines Quipu ist heute bekannt: Er bestand aus einer dickeren Hauptschnur, an der verschiedenfarbige, dünnere Nebenschnüre als Zahlenträger angebunden wurden. Die Einer, Zehner, Hunderter und die Tausender wurden durch die unterschiedliche Lage auf der Nebenschnur und deren Wertigkeit mit der Anzahl der übereinander liegenden Knoten fixiert. Die Farbe der Nebenschnüre zeigte den Bezug der Erfassung an, z.B. stand eine gelbe Schnur für Gold.

Neben Zahlen-Quipus wurden auch Ideogramme in Form von Bildzeichen, **Tocapus,** verwandt (Bildersprache). Auf Quechua gab es bereits das Wort „quillca" für „Schrift", und in Cusco war ein *Puqincancha*, ein sogenanntes „Bildarchiv" eingerichtet. Dieses Archiv durfte nur vom Inca und den Amautas betreten werden, die auch gleichzeitig die privilegierte Ausbildung als *Quillcamayoc*, Schreiber, hatten. Das Bildarchiv wurde bei der Eroberung von Cusco zerstört. Bei dem Chronisten *Poma de Ayala* finden sich Abbildungen mit Tocapus.

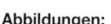

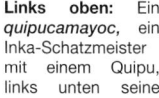

Abbildungen:
Links oben: Ein *quipucamayoc*, ein Inka-Schatzmeister mit einem Quipu, links unten seine Merktafel, eine Art Abakus, für schnelleres Registrieren (Abb. nach *Huamán Poma de Ayala*).
Oben rechts: Ein originaler Quipu
Mitte: Die Form der Knoten bestimmt die Zahl
Unten: *Tocapus,* Inka-Ideogramme, die jeweils einen ganzen Begriff repräsentieren. – (HH)

Unterkünfte in Cusco

Vorbemerkung

In Cusco wurde ein Presseartikel (Crónicas Urbanos) veröffentlicht, der die touristischen Probleme in Cusco beschreibt: mangelnde Infrastruktur und Hotelservice, schlechte, überteuerte Reisebüros, unzureichende Sicherheit, das Fehlen einer Regulierungsbehörde, die die Preise kontrolliert. Gerade der letzte Punkt ist ein großes Problem in Cusco und spiegelt die Situation wider: jeder kann für seine Leistung verlangen, was er will. So kommen die recht großen Preisspannen für gleiche Leistungen zustande. Um so mehr gilt für den Reisenden, sich intensiv vor Ort zu informieren und Preise mit den Leistungen zu vergleichen.

Bereits auf dem **Flughafen** gibt es **Info-Stände** der verschiedenen Hotels, an denen sich der Reisende informieren und den Zimmerpreis ersehen kann (ggf. nach Rabatt – *descuento* – fragen). Daneben gibt es eine Vielzahl von Schleppern, die die verschiedensten Unterkünfte im Flughafen wie Marktschreier anbieten. Nur Geduld, die ursprünglich hohen Zimmerpreise verfallen 10 Minuten nach Ankunft rapide und werden oft 50% unter dem ersten Aufruf inkl. Transfer angeboten … Ein durchaus lohnenswertes Geschäft, da die Preise immer unter dem Rezeptionspreis der Hotels und Hostales notieren!

Die *Asociación de Micro y Pequeñas Empresas de Establecimientos de Hospedaje* bietet **Unterkunftsmöglichkeiten** in 3 Kategorien **bei einheimischen Familien** für Touristen an. Dabei werden Zimmer mit *baño privado* (Inti), Zimmer mit *baño común* (Quilla) und Zimmer mit Benutzung des Familienbades *(chaska)* angeboten. Der Gast hat die Möglichkeit, am Familienleben teilzunehmen und z.B. ein traditionelles Andenfrühstück mit Amarant, Quinoa und Früchten sowie typischen Speisen wie *chuño, tarwi, ollucos* und *moraya* zu probieren. Er wird zu allen familiären Aktivitäten und Festen eingeladen. Kontakt: Casas de Hospedaje, San Agustín 415, Tel. 24-4036, Fax 23-3912, iti-toss@terra.com.pe.

Allgemeine Situation

In Cusco gibt es in allen Hotel-Preisklassen ein sehr umfangreiches Angebot, so dass hier bei weitem nicht jede Unterkunft erwähnt werden kann. Dennoch kommt es während der Hochsaison (Mitte Juni bis Mitte September) zu Engpässen, so dass ohne Reservierung nichts mehr geht. Vor allem um den 24. Juni (Inti-Raymi-Fest) und um den 28. Juli (Nationalfeiertag) sind die Unterkünfte in Cusco meist regelmäßig ausgebucht. Die Preise können höher als in Lima sein und werden zur Hauptsaison z.T. nochmals angehoben. Bei längerem Aufenthalt, z.B. ab einer Woche, lohnt es sich zu handeln! Während der Nebensaison können gleichfalls erhebliche Preisnachlässe ergattert werden, vorausgesetzt, dass nicht gerade eine größere Menge Pauschal-Gruppenreisende alle Zimmer in Beschlag nimmt.

Wasserproblem

Unabhängig von Unterkunfts-Preisklassen gibt es in Cusco ein erhebliches Wasserversorgung-Problem. Die Stadtverwaltung stellt zu bestimmten Zeiten das Wasser völlig ab. Es ist also wichtig, sich sofort nach den Wasserstunden zu informieren, um keine eingeseifte Überraschung unter der Dusche zu erleben. Einige Hotels verfügen über Zisternen und können so der allgemeinen Wasserknappheit besser begegnen, andere stellen mit gefüllten Wassereimern ein Minimum für die Hygiene bereit. Nicht alle Hotels sind auch in der Lage, ständig warmes Wasser vorzuhalten.

Gepäckdeponierung

Wenn es nötig werden sollte, sind auch viele Hotels für ein paar Tage zur Gepäckaufbewahrung (GpD) bereit. Es sollte jedoch verschlossen werden.

Selbstfahrer

Oft ist es schwer, einen Parkplatz im Zentrum zu finden. Die meisten Hotels haben keinen und es muss einer in der Umgebung gesucht werden.

Unterkünfte in Cusco

ECO

■ Die preisgünstigsten Unterkünfte (BUDGET) befinden sich im indigenen Viertel um den Bahnhof San Pedro. Die Gegend ist inzwischen etwas sicherer geworden, nachdem es früher oft zu Diebstählen und Überfällen kam. Jeder, der dort übernachtet, sollte dennoch abends vorsichtig sein!

Preisgünstige und gute Familienpensionen (FAM) liegen in dem malerischen Stadtviertel **San Blás,** viele davon in der Calle Tandapata. Dort trifft man vor allem jüngere Reisende, die nächtens oft zusammensitzen, singen, musizieren und erzählen, bis tief in die Nacht, sowohl auf öffentlichen Plätzen als auch in den Innenhöfen. Tipp für die Nachtruhe: Oropax!

Albergue Municipal (BUDGET), Quiscapata 240 (San Cristóbal), Tel. 25-2506, Fax 23-8222, albergue@municusco.gob.pe. Hanglage mit Aussicht, saubere Mehrbett- und Gruppenzimmer, bc, sicheres GpD, Ws.
Santo Domingo Convento (BUDGET), Ahuacpinta 600, im Colegio Martín de Porres, www.sanjuanmasias.com. Religiöse Atmosphäre, sehr saubere helle und gepflegte Zi., bc, Ww, freundlich, sicher. Ü 20 Soles, F 5 Soles. **TIP!**
Estrellita (BUDGET), Tullumayo 445, Tel. 23-4134. Familiäres Gästehaus mit großem Patio, bc, Skk, Ww. DZ/F 30 Soles, gPLV.
Hospedaje Rikch'ariy (BUDGET),Tambo de Montero 219, Tel. 23-6606 (rikchariy@hotmail.com). Einfache, saubere Zi. (EZ/DZ/TriZ), bc, nicht immer Ww, großer Patio mit schönem Garten, familiär, Ws, GpD, sehr schön und preiswert. DZ 42 Soles, Frühstück 6 Soles.
Hostal Resbalosa, Resbalosa 494, nur zu Fuß über die Treppen oben rechts erreichbar, Tel. 22-4839, 24-0461 (San Cristóbal), hostalresbalosa@hotmail.com. Familiäres Hostal für junge Rucksackreisende, recht unterschiedliche Zi. (Nr. 306 vorziehen), in einigen regnet es rein, bc/bp, Ws, GpD, Terrassen-Cafetería mit Blick über die Stadt, preiswertes Frühstück, Verkauf von Bustikkets nach Puno. EZ/bc 30 Soles, DZ/bc 40 Soles, DZ/bp 50 Soles; auch Zimmer-Monatsmieten möglich.
Hostal Casa de las Gringas, Tel. 24-1168, another.planet@terra.com.pe. Die Südafrikanerin Lesley Muyburgh ist sehr zuverlässig, empfehlenswert für alleinreisende Frauen.
Hostal Residencial Rojas, Tigre 129, Tel. 22-8184. Freundliches Hostal in sicherer Umgebung mit schönem Patio; bc/bp, Ww, DZ/TriZ. Reservierung vorteilhaft.
Hostal Winay Wayna, Vitoque 628, San Pedro, Tel. 24-6794. 6 Zi., MBZi, bc/bp, Ww, Ws, Patio, GpD, Skk, sehr hilfsbereit, deutschsprachig. 30 Soles p.P.
Hospedaje Recoleta, Jr. Pumacahua 160, Tel. 23-1223, hosperecoleta@usa.net. Hostal mit gemütlichen, sauberen bp-Zimmern, ca. 10 Gehminuten von der Plaza, sehr hilfsbereit, kostenloser TR vom Flughafen. DZ/F 85 Soles.
Hotel Colonial Palace, Quera 270, Tel. 23-2151, Fax 23-2329, cuzco@colonialpalce.com; schönes Kolonialhaus mit Patio in zentraler Lage, saubere Zi., bp, Ww, Heizöfchen (auf Wunsch), freundlich, empfehlenswert. DZ/F 85 Soles.

FAM

Hostal Mara, José María Arguedas I-7, Santa Mónica, nicht direkt im Zentrum, aber mit dem Taxi nur 5 Min. zu der Plaza de Armas, Tel. 22-2733, Fax 24-4991, hostalmara@yahoo.es, www.geocities.com/hostalmara. Kleine, sehr ruhige Privatpension (kein Hinweisschild) von Don Néstor Paz Oré, 5 sehr saubere Zi., bp, Ww, Heizlüfter, Ws, kostenloser TR vom Flughafen, sehr aufmerksam und äußerst freundlich, sehr sicheres GpD, Frühstück etwas mager. EZ/F 45 Soles, DZ/F 65 Soles, TriZ/F 100 Soles, gPLV.
Hostal El Grial, Atocsaycuchi 594, San Blás, Tel. 22-3012. Kleines Hostal mit nettem, hilfsbereiten Personal, schöne große Zi., liebevoll eingerichtet, bp, toller Ausblick. DZ/F 150 Soles, gPLV, **TIP!**

Unterkünfte in Cusco

Niños Hotel, Meloq 442, Tel. 23-1424, ninoshotel@terra.com.pe, www.ninoshotel.com und www.targetfound.nl/ninos. Zweigeschossiges Kolonialhaus mit Patio, geführt von den Holländern Jolanda u. Titus, die hier ein privates Straßenkinderprojekt betreuen. 20 sehr saubere Zi., EZ/DZ/TriZ, bc/bp, Rest., GpD, auf Wunsch Frühstück. DZ/bc 100 Soles, DZ/bp 125 Soles (Überschuss ist für das Straßenkinderprojekt!). Gut besucht, Reservierung empfohlen! (Sie haben eine Zweigstelle, die genauso schön ist, einen Block weiter, Fierro 476) sowie Apartments zu 42 Soles. Parken sehr schwierig!

Hostal Marani, Carmen Alto 194, San Blás, Tel. 24-9462, marani@terra.com.pe, www.hostalmarani.com. Große geräumige Zi. bietet das Hostal von *Tineke,* bp, Ws, schöner Patio, deutschsprachig. DZ/F ca. 165 Soles, gutes Frühstück ab 5 Soles, Heizung kostet extra, Reservierung empfohlen. **TIP** für San Blás! Mit eigenem Fahrzeug aber nicht ansteuerbar.

Hostal Amaru, San Blás 541, Tel. 22-5933, amaru@telser.com.pe, www.cusco.net/amaru oder www.incacountry.com. Hostal mit schönen *habitaciones simples, dobles y múltiples* (unterschiedliche Zimmerqualitäten), bc/bp, die besten liegen im 2. Patio im Obergeschoss, z.B. Nr. 214. Hilfsbereit, engl.-sprechend, sicher, Frühstücksterrasse mit Sicht über Cusco. DZ/F ca. 160 Soles. Ausweichquartier: Hostal Amaru II in der Chihuanpata.

Andenes de Saphi, Saphi 848, Tel. 22-7561, Fax 23-5588, andenes-saphi@terra.com.pe, www.andenesdesaphi.com.pe. Schöne Zi., bp, GpD, hilfsbereit. DZ/F 110 Soles.

Hostal Casa de Campo, Tandapata 296, San Blás, Tel. 24-4404, Fax 24-1422, info@hotelcasadecampo.com, www.hotelcasadecampo.com. Schönes Hostal mit Blick über Cusco, bp, Ww, Rest. DZ/F ca. 75 Soles, Reservierung empfehlenswert.

Hostal Condado de San Agustín, San Agustín (gegenüber der Casa de los Bustos), Tel. 24-6299, Fax 24-6298, elcondado@terra.com.pe. Sehr familiär, freundlich, für ältere Reisende geeignet, bp, Ü/F.

Pension Loreto, Loreto 115 (in der Nähe der Plaza de Armas), Tel. 22-6352, hloreto@terra.com.pe, www.hloreto.com. Klein, aber fein, zeitweise Ww, freundlich, Ws, sicheres GpD, nettes Ambiente. Reservierung empfohlen.

Pension Alemana, Tandapata 260, San Blás, Tel./Fax 22-6861, pensionalemana@terra.com.pe, www.cuzco-stay.de. Stil- und liebevolle deutschsprachige Familienpension zum Wohlfühlen, 8 Zi. mit richtiger Bettwäsche (!), bp, Ww, Aufenthaltsraum mit Ofen, gemütlicher Garten, erstklassiges Frühstück. Empfehlenswert ist Zi. 11 mit Balkon und Blick über die Stadt. DZ/F ab 125 Soles, nach Rabatt fragen. **TIP!**

Amazon Hostal, Tandapata 660, Tel./Fax 23-6770, info@amazonhotelcusco.com, www.amazonhotelcusco.comn. Nettes Hostal von Ulrike und Abraham, 16 saubere, große und helle Zi., bc/bp, Ww, Hz, Garten, Cafetería, GpD, freundlich, dt./span./engl. DZ/F 126 Soles, EZ/F 90 Soles, keine Kk. **Mein TIP!**

Hotel El Rosal, Cascaparo 116 (beim Mercado Central San Pedro), Tel. 25-7538, Fax 22-7849, hsspedro@hotmail.com. Hotel in einem Kloster mit ansprechender Atmosphäre, bp, Ww, Ws, TR. Das Haus wird von Schwestern betrieben, um ein angrenzendes Waisenhaus für Mädchen zu finanzieren, empfehlenswert. DZ/F ca. 150 Soles.

Los Portales, Matará 322, Tel./Fax 22-2991, portales@telser.com.pe. Airport-Service, sauber, freundlich, sicheres GpD, Geldwechsel, sehr frequentiert. DZ/F/bp 170 Soles, sehr gut.

Hostal Rumi Punku, Choquechaca 339, Tel. 22-2102, Fax 24-2741, hostal@rumipunku.com, www.rumipunku.com. Ruhige, nette Zi., bp, Ww, Skk. DZ 200 Soles.

Unterkünfte in Cusco   Karte S. 214/15

LUX   **Hotel Royal Inka I/II,** Plaza Regocijo 299/Santa Teresa 335, Tel. 23-1067/22-3876, Fax 23-4221, royalin@terra.com.pe, www.royalinkahotel.com. Atrium, Rest., Bar, frequentiert, guter Service. DZ/F 315 Soles, Kk.
Hotel Ruinas del Cusco, Ruinas 472, Tel. 26-0644, Fax 23-6391, ruinas@terra.com.pe, www.hotelruinas.com. Rustikales, familiäres u. freundliches Hotel, 33 schöne Zi, komfortable bp, Ww, exzellente Küche zu zivilen Preisen, Dachterrasse, Patio, Ws, Preisauszeichnung für Komfort & Service. DZ ab 340 Soles inkl. Frühstücksbuffet, Airporttransfer und Servicesteuer, alle Kk. **TIP!**
Second Home Cusco, Atocsaycuchi 616, San Blás, Tel. 23-5873, info@secondhomecusco.com, www.secondhomecusco.com. Gästehaus mit 3 „Junior Suites" in einem Kolonialbau, wohnliche Atmosphäre mit den Annehmlichkeiten eines Hotels, luxuriöse Möbel. Suite/F 370 Soles, MC, VISA. **TIP!**
Hostal Los Apus, Choquechaca/Atocsaycuhci 515, San Blás, Tel. 26-4243, info@losapushostal.com, www.losapushostal.com. 20 schön eingerichtete Zimmer mit Holzboden, bp, Ww, schöner Patio, Schweizer Leitung, guter Service. DZ/F ca. 415 Soles.
Hotel Libertador, Casa de los Bustos, Calle San Agustín 400, Plaza Sto. Domingo 259, Tel. 23-1961, Fax 23-3152, hotel@libertador.com.pe, cusco@libertador.com.pe, www.libertador.com.pe. Über 130 Zi., koloniales Bauwerk, Zentralheizung, Rest. mit schönem Ambiente, Bar. DZ/F ab 460 Soles, alle Kk.
Hotel Garcilaso, Garcilaso de la Vega 285, Tel. 23-3501, 23-5501 und 22-7951, Fax 22-2401, hotelgarcilaso@hotmail.com. Kolonialhaus mit schönem Patio, nettes Ambiente, ansprechende Zi., bp, Rest., Bar, Kaminsalon, Ws, ärztl. Notservice, sicheres GpD. DZ/F ca. 630 Soles, Kk, empfehlenswert.
Hotel-Museo Monasterio del Cusco, Calle Palacio 136, Plaza de las Nazarenas (bei der Kirche San Antonio Abad), Tel. 24-1777, Fax 23-7111, reservas@peruorientexpress.com.pe, www.monasterio.orient-express.com. In einem ehemaligen Nonnenkloster von 1592, über 120 Zi. (davon 50 mit reiner Sauerstoffversorgung zur Höhen-Akklimatisierung, Aufpreis 50 €), bp, Rest. (überteuert), Ladengalerie. DZ/F ab 250 € bis 750 €.

Apart-Hotel   **Tu Casa,** Av. Industrial D-12, Residencial Huancaro, Av. Tel. 226-5298 oder 9209-7473, www.tucasacusco.com. Geräumige, gepflegte Ferienwohnungen für max. 5 Pers., schöne Gartenanlage, Küche, Ww (24 h), Hz. Mindestaufenthalt 1 Woche, bei Anmietung 30% Vorkasse via Western Union, Kaution und Restbetrag in bar bei Ankunft. 5 Pers. 400 €/Woche, 2 Wo. 650 €, Monatsmiete ca. 1000 €, inkl. Frühstück u. Flughafen-TR.

Apartments   **Milla Turismo,** Portal Comercio 198, Plaza de Armas, Tel. 23-1710, Fax 23-1388, carlos@millaturismo.com, www.millaturismo.com. Mit Küche für Langzeitaufenthalte, z.B. im *Tocuyeros,* einem 200 Jahre alten Haus. Apartment mit Küche und Hausservice für 4 Pers. 300 €/Woche, alle Kk, gPLV, **TIP!**

Selbstfahrer/Wohnmobile/ Motorradfahrer   Die Anlaufstelle für Selbstfahrer jeglicher Art bei Cusco. Das private Öko-Reservat **Quinta Lala** befindet sich inmitten von Eukalyptusbäumen oberhalb von Cusco. Die Holländer Helmie und Gonna stellen für Selbstfahrer ihre Wiese zur Verfügung. Es gibt eine Waschmaschine, Ww (Dusche), Büchertausch und eine nette, freundliche Atmosphäre.
Anfahrt: Von der Plaza de Armas über die Plateros und Saphi, an deren Ende nach rechts Richtung erster Haarnadelkurve (Schild: Cusco Primero) abbiegen und der steil ansteigenden Straße folgen. Nach der 2. Haarnadelkurve noch 1 km die Serpentinen bergaufwärts bis zum Schild „Hacienda Llaullypata, Reserva Ecoturistica Privada". Dort in die kleine Pflastersteingasse abbiegen. Das 2. Haus auf der rechten Seite ist die Quinta Lala. GPS: S 13 Grad 30.336', W 71 Grad 59.110'; Telefon 26-3168, helmie.paulissen@speedy.com.pe, http://hccnetnl/helmie.paulissen. Skype: Quintalala.

Essen & Trinken

Restaurants gibt es in fast jeder Preisklasse eine solche Vielzahl, dass hier nur eine kleine Auswahl genannt werden kann. Zahlreiche finden sich um die **Plaza de Armas**, in der **Plateros** und in der **Procuradores**. Plaza de Armas-Restaurants und -Kneipen sind mit einfallslosen Einheitsmenüs teuer und derart **touristisch** (Vorsicht Schlepper!), dass nur noch die Inkamauern und der Pisco Sour an Peru erinnern. Andererseits gibt es überall in der Stadt genügend Lokale, in denen man für 7–10 Soles gut satt wird (Tagesgerichte – *Menú del Día* – gibts bereits ab 5 Soles). Bereits zwei bis drei Blocks von der Plaza entfernt findet man solche familiären Restaurants. Die preisgünstigsten Cuys werden außerhalb Cuscos im Dorf Tipón (s. dort) serviert, mit Beilage ca. 10 Soles. Außerdem sollte jeder einmal ein *Buffet-Essen* mitmachen. Für etwa 20 Soles kann man essen so viel man möchte, Getränke gehen extra. Oft sind diese Buffets die besten Mahlzeiten überhaupt und es gibt diese Angebote nicht nur in Cusco, sondern auch in den Restaurants im Valle Sagrado oder sogar in Chivay.

In der Plateros: *Chez Maggy 2* (339/ gemütlich, Pizza-Tipp), *El Tronquito* (327/große Portionen), *Haylilly und Kusicuy* (Hinterhof), *El Fogon* (Menü 10–20 Soles inkl. Pisco Sour und Kaffee). Zum Frühstück ins empfehlenswerte *Haylilly* mit preiswertem Kuchen und Kaffee.

In der Procuradores: *Pizzeria Chez Maggy,* sehr gemütlich, schönes Ambiente, umfangreiche Speisekarte mit schmackhaften Gerichten ab 15 Soles, auch Mexikanisch, Pizza-Tipp. – *Tupana Wasi,* sehr freundlich und preiswert. – *La Tertulia,* mit Büchertausch. – *El Cuate,* leckere mexikanisch-peruanische Küche, große Portionen. – Die wahrscheinlich besten Hähnchen gibt es bei Lucho in der Pizzeria *Emperador,* Procuradores/Plaza de Armas. Im Preis ist ein Pisco Sour inbegriffen, alle Kk. – In der Procuradores 389 (2. Stock) gibt es mit *The Film Movies & Lounge* ein kleines Snack-Restaurant mit dem Flair eines französischen Clubs (bunte Wände, rustikale Einrichtung, Sofas) und Musik.

Rund um die Plaza de Armas: *Yunta* (zu empfehlen) und *Café Ayllu* (klassische Musik, schönes Ambiente) **sind gut zum Frühstücken.** – Im *Plus Café,* Portal de Panes 151 (2. Stock) an der Plaza de Armas kann beim Frühstück vom Balkon ein schöner Blick auf die Plaza genossen werden, ein **TIP!** – Ein sehr gutes, vornehmes doch dafür teures Restaurant ist da *La Retama,* Portal de Panes 123, Centro Comercial Los Ruiseñores, 2. Stock; ausgezeichnete Küche, sehr sauber, Jazz-Nacht (Fr), alle Kk. – Im *Paititi,* Portal Carrizos 270, sind in einem schönen Ambiente mit Live-Musik (Folklore-Show 19–21.30 Uhr) Pizzas und Filet Mignon zu empfehlen, doch recht teuer. – Im *Bagdad* gibt es bei angenehmer Umgebung und bei schöner Aussicht über den Balkon einen preiswerten Mittagstisch, Touristentreff. Der *Inka Grill,* Portal de Panes 115, Touristentreff mit neuer andiner Küche, www.inkagrillcusco.com, 9–23 Uhr, beeindruckt mit einer Allround-Speisekarte von Pizza über Pasta, regional oder international, ganz nach dem jeweiligen touristischen Geschmack, wenig Bodenständiges.

In der Espaderos: *El Mesón de Espaderos*, Espaderos 105; teure, aber gute Parrillada (Grillgerichte), inkl. Salat-Buffet, Tagesmenü 10 Soles, Cuy (Meerschweinchen) 25 Soles, Ponche de Pisco (heiße Milch mit Pisco), alle Kk. – *Café Varayoc,* empfehlenswertes Frühstück.

In der Av. El Sol: Gut peruanisch-italienisch, aber nicht gerade preiswert, kann in der *Trattoria Adriano,* Av. El Sol/Mantas 105, gegessen werden.

In der Choquechaca: *Mijunanchis,* Choquechaca 115 (1. Stock), gutes Restaurant, Menü ab 8 Soles, empfehlenswert. – *Le Nomade,* Choquechaca/San Blás, Lounge mit super Frühstücksbuffet, oft Live-Jazz.

In der Choquechaca: *Mijunanchis,* Choquechaca 115 (1. Stock), gutes Restaurant, Menü ab 8 Soles, empfehlenswert. – *Le Nomade,* Choquechaca/San Blás, Lounge mit super Frühstücksbuffet, oft Live-Jazz.

In der Tecseccocha: *Sueño Azul,* Tecseccocha 171, riesige Portionen, preiswert.

Quintas Die **preiswertesten Restaurants im Stadtzentrum sind die Quintas,** familiäre Restaurants, in denen schmackhafte Mittagsgerichte serviert werden. Ab 16 Uhr gibt's meist Live-Musik.

Quinta Zárate, Tothora Pakcha 763 (San Blás), Tel. 22-4145, mit Biergarten und schönem Blick über die Stadt, *cuy, adobo* und *chicharrones* (Erklärung s.u.), allerdings etwa teuer; Kk.

Überhaupt gibt es **im Stadtteil San Blás viele nette Kneipen,** z.B. die kleine, gemütliche und nette **La Bodega del Waiky,** Carmen Alto 146, mit preiswertem Mittagstisch für 10 Soles, 7–22 Uhr, ein **TIP!** – Oder **Pacha Papa,** Plaza San Blás 120, mit nettem Innenhof, *cuy* und *alpaka,* doch etwas teuer und touristisch. – Kulinarisches Highlight ist hier Hühnchen in Mangosauce mit Reis. – Köstliche Gerichte serviert auch **Macondo,** Cuesta San Blás 571. Umfang- und einfallsreiche Speisekarte mit regionalen Spezialitäten, Alpaka- und Urwaldgerichte, wie z.B. gefüllte Bananenblätter, gemütliche Kneipenatmosphäre, deutsche Inhaberin. **TIP!**

Granja Heidi, Cuesta San Blás 525, Mo–Sa ab 7.30 Uhr. Karl-Heinz Horner serviert ein sehr einfaches Frühstück mit frischen Milchprodukten (Joghurt), Säften, Crèpes und Quiches, zum Mittag- und Abendessen auch Tellergerichte (auch vegetarisch) sowie hausgemachte Kuchen (z.B. „Nelson Mandela", ein Kuchen aus Paranüssen u.a. Zutaten). Obwohl etwas teurer, dennoch **TIP!**

Parrilla Andina, Maruri 363, mit sehr schönem Innenhof, Grillspezialitäten (auch sehr gutes Cuy), gut besucht, etwas teuer, dennoch empfehlenswert.

Quinta Eulalia, Choquechaca 384, typische regionale Küche (nur 12–18 Uhr), viele Einheimische, gewaltige Portionen, reelle Preise, gPLV! **TIP!** – In derselben Straße mit Hausnummer 136 (Nähe der San-Blás-Kirche) werden in der **Quinta La Chola** im Hinterhof Cuy und Chicha serviert. – **Quinta Traquito,** Granada/Educandos, preiswerte Menüs ab 1 €, fast nur Einheimische.

Auch in der **Calle Saphi** reihen sich preiswerte und gute Quintas. Hervorzuheben ist **Inkaria,** Saphi 584, mit guter Küche und großer Menü-Auswahl ab 5 Soles. **TIP!** Außerdem gibt es in der Straße für Selbstfahrer gleich zwei bewachte Parkplätze.

In der **Calle San Francisco** ist zur Mittagszeit das **El Solar** immer gut besucht, die peruanische Küche ist preiswert. – Teurer ist das **Don Antiono,** Sta. Teresa 356: Nueva-Andina-Küche, reichhaltiges Buffet, Livemusik und Show. – Ebenfalls etwas teurer, dafür originell, ist das **Inkanato,** San Augustin 280. Auf Wunsch werden dem Gast die verschiedenen Früchte, Knollen und Getreidesorten in den Ausstellungskörben erklärt. Die Küche ist im Restaurant integriert und man kann dem Koch bei seiner Arbeit zusehen. Neben leckeren regionalen Gerichten, z.B. Quinoa-Suppe oder gefüllte Forelle, wird auch Chicha-Bier und guter Pisco ausgeschenkt, serviert wird in Inka-Kostümen, Hauptgericht ca. 10 €.

Lokale Spezialitäten und mehr Landestypische Gerichte, wie *adobo* (Schweinefleisch in Chicha eingelegt und gekocht), *chicharrones* (geröstete Schweineschwarten), *lechón* (Spanferkel) und *cuy* (Meerschweinchen) gibt es in vielen einheimischen Lokalen und Kneipen außerhalb der Touristenzone, wie z.B. im **Inti Raymi,** Quera 260, ein nettes kleines Restaurant, das auch ein gutes Frühstück serviert. – Das **A mi Manera,** Triunfo 393 (2. Stock), wird von einem Deutschen geführt, der traditionelle peruanische Gerichte in bester Qualität auftischt. Außerdem stehen zahlreiche Kaffeevariationen aus echtem aufgebrühten Kaffee auf der Karte. **TIP!** – Unter derselben Hausnummer bietet das **Chicciolina** exzellente Gerichte, auch Garnelenspieße, Tapas und Regionales, sehr empfehlenswert, doch etwas teurer. – In der Pampa del Castilla 371 ist **Los Mandialistas,** eine gute

Chicharronería. – Meerschweinchen und Forellen kommen im **La Ranchería,** Matará 405, Tel. 22-8217, Di–So von 12–23 Uhr, auf den Tisch. – Daneben ist die Avenida Tullumayo ein **TIP** für gute und preiswerte Restaurants für lokale Spezialitäten.

Ein nettes, sauberes Restaurant mit lokaler Küche ist das **Qórichasaka,** Triunfo 350. Neben den zwei Innenräumen gibt es auch vier Tischchen im Patio. Das Restaurant ist ein „Hilfe-zur-Selbsthilfe-Projekt" einer Schweizerin für drei einheimische Familien. Auf Wunsch wird zum Essen eine Musikgruppe arrangiert.

Etwas Besonderes ist das **Ausbildungs-Restaurant Gourmet Latino,** Av. Tullumayo 768. Dort gibt es leckere 4-Gänge-Menüs, serviert auf schönem Porzellan samt Getränk für 5 Soles.

Wer im Hochland unbedingt **Meeresspezialitäten** essen möchte, ist im *El Mariño,* Espinar/Mantas, gut aufgehoben. Viele Cebicherías liegen an der Av. de la Cultura, etwa 500 m hinter der Fußgängerbrücke. Preis für eine große Cebiche um die 7 Soles.

Grillhähnchen: *Los Toldos Chicken,* San Andrés/Almargo 171. Leckere, große Pollo-Portionen (1/4 ausreichend) mit Salatbuffet und vielen Pommes, ca. 8 Soles, gPLV, **TIP!**

Pizza: *La Pizza Carlo,* Maruri 381; sehr kleine, urige Pizzeria, der Besitzer Willy backt seine leckeren Pizzen vor den Gästen in seinem Holzkohleofen.

Vegetarisches: Cusco ist ein kleines Zentrum für Vegetarier, nahezu an jeder Ecke kann vegetarisch gegessen werden. Tipps: *El Arbol,* Carmen Bajo 184, San Blás 184; durchgehend verschiedene veg. Menüs ab 8 Soles, frische Säfte, veg. Snacks, abends Livemusik. In der angeschlossenen Reiseagentur „Tierras Mojadas" Angebote für Treks (s.u. Touranbieter). – *Govinda,* Esperados 128; etwas schmuddelig, aber super Gerichte. – *El Armonista,* Unión 541; Menü ab 6 Soles. – *Ritual Café Cultural,* Choquechaca 142; sie haben auch Forelle auf der Karte, Menü 8 Soles. – *El Encuentra,* Santa Catalina 394, Tagesmenü 4,50 Soles, gut.

Koreanisch: *Ariang,* San Agustin 307.

Bäckerei & Cafés

Panadería y Pastelería del Buen Pastor, Cuesta San Blás 579, Mo–Sa 7–20 Uhr. Preiswerte Bäckerei mit angeschlossenem Café, gutes Frühstück, leckere Kuchen, Torten, Croissants, Gebäck, Empanadas und Brot (auch dunkles), doch um 7 Uhr morgens gibt es noch keine frische Backwaren. Der Erlös kommt der Schulbildung der hier arbeitenden Mädchen zugute. – Den besten Kakao in Cusco kann im **Chocolate,** Choquechaca (50 m vor der Kreuzung zur San Blás), getrunken werden, dazu gibt es köstliche Konfekte/Pralinen. – **Café Punchay,** Choquechaca 229, 8–23 Uhr. Sehr sauberes Kaffeehaus in einem Kolonialbau mit kleinem Vorgarten, Bohnenkaffee u. Kaffeespezialitäten, Kuchen nach dt. Rezept, leckere Baguette, kleine veg. Speisen, Salate, gPLV. Großleinwand für Sportereignisse (Bundesliga) und dt. Filme, schöne Sonnenterrasse, Büchertausch. Der Betreiber Denis ist Deutscher und freut sich auf Besuch, Infostelle! Mittagessen 18 Soles. **TIP!** – **Talleres Qosqo Maki,** Av. Tullumayo 465, Mo–Sa 10–14 und 16–20 Uhr, gutes Brot, auch Sauerteig! – **Asociación K'uychiwasi,** Carmen Alto, www.kuychiwasi.8m.com; Coca-Laden der Italienerin Emma, die Gebäck, Kuchen, Schokolade und Bonbons aus oder mit Coca anbietet. Emma informiert über die Heilwirkung der Cocablätter und schenkt starken Cocatee aus.

Unterhaltung

Folklore (Peña) Nachtlokale, Kellerbars, Kneipen und Lounges laden u.a. zu Salsa, Rueda oder anderer Musik ein, Peñas zu stimmungsvoller Hochlandfolklore, doch die Szene wechselt schnell. Deshalb immer aktuell vor Ort informieren, was gerade angesagt ist.

Im **El Truco** an der Plaza Regocijo 247 geben sich unmotivierte Musikergruppen die Klinke in die Hand, sehr touristisch, Live-Musik bzw. Show ab 20 Uhr, das Essen ist nicht berauschend und teuer. Im Restaurant **Paititi,** Portal Carrizos 270, Plaza de Armas, gibt es ebenfalls allabendlich von 19–21.30 Uhr eine Folklore-Show. Eine reine Folklore-Show dagegen im **Centro Qosqo de Arte Nativo** in der Av. El Sol 604 (Eintritt 6 €) von 18–20 Uhr und in einigen Hotels, z.B. in der **Akilla Bar** des Novotels, San Agustín 239/Pasaje Santa Mónica, Do–Sa. Im **Musikmuseum TAKI,** Hatunrumiyoc 487-5, etwas versteckt in einem Hinterhof (Zugang durch die kleine Ladenpassage), Tel. 22-6897 (killincho@yahoo.com), gibt **Kike Pinto,** soweit mindestens fünf Zuschauer zusammenkommen, am Mo/Mi/Fr 19–20 Uhr ein einstündiges Konzert, er spielt auf original Prä-Inka- und Inka-Instrumenten, Eintritt 3 €. Mein **TIP!**

Discotheken Das Angebot ist ständigen Änderungen unterworfen. Die derzeit vielleicht besten Pubs sind: **Kamikase,** Portal Cabildo 27, Plaza de Regocijo) Tel. 23-3865, Happy hour 20.30–21.30 Uhr, Live-Shows (Folklore-Musik) von 22.30–23.30 Uhr. **Ukukus,** Plateros 316, Happy hour 20–21.30 Uhr, Live-Musik ab 22.30 Uhr. Die derzeit besten Discos: **Uptown,** Portal de Carnes (Plaza de Armas). **EKO,** Plateros 334, 2. Stock, Eintritt frei. **Mama Africa,** Portal Harinas 191 (2. Stock), Plaza de Armas, www.mamaafricaclub.com. Live-Musik ab 22.30 Uhr, Eintritt frei, alle Kk; Touri-Disco, aber gute Atmosphäre, Internet-Café.

Weitere Discos: **Las Quenas,** Av. El Sol 954, (im Keller des Hotel Savoy, Eintritt). Überall sind viele Gringos anzutreffen. **Mythology,** Calle Suecia.

Cafés, Pubs und Kneipen Eine schöne Couchbar ist das gemütliche **Los Perros,** Tecseccocha 436, deshalb auch viele Touristen, die sich hier wohlfühlen und bei Wein oder Tee Zeitschriften lesen. – **Mandelas Bar,** Palácio 121, 3. Stock, schöne Dachterrasse im Zentrum, gepflegt und gemütlich. – **Bar 7 Angelitos,** 7 Angelitos. Cocktails zu angemessenen Preisen, Tanzfläche, tolle Bands, super Atmosphäre. – **Bar Km 0,** Tandapata oberhalb Plaza San Blás. Kleines persönliches Lokal, hervorragendes Essen, sehr aufmerksamer Service, meist rappelvoll bis in die Puppen, fast tägl. Livemusik von Rock bis Salsa. **TIP!** – Kunstliebhaber treffen sich im **Muse,** Tandapata, ein inspirierendes Kunstgalerie-Café. – **Cross Keys Pub,** Portal de Confituras 233, Plaza de Armas, Happy Hour von 21–21.30 Uhr, guter Pisco Sour, Briten-Treff.

Café Bar Wiphala Diese Café gibt es schon seit langem in Cusco, Heladeros 135. Über den Innenhof geht es über den rechten Treppenaufgang nach oben in den 1. Stock. Das Wiphala ist ein Insidertreff der Intellektuellen Cuscos und wird von *Manuel Gibaja* geführt. Es wird viel Coca-Tee in großen Bechern ausgeschenkt. Manuel ist Künstler, der schon in Argentinien und der Schweiz ausgestellt hat. Im Wiphala zeigt er wechselnde Exponate und führt Poesie- und Musikabende durch. Öffnungszeiten Mo–Sa 16–1 Uhr nachts.

Kunst Ein Tipp für Kunstfreunde ist die *Galería Arte Gonzales,* Triunfo 114, www.geocities.com/gonzalesart. Ölgemälde eines in der Region anerkannten Künstlers. Für Liebhaber ein absoluter Tipp!

Feste Die meisten der **wichtigen Feste** in und um Cusco fallen **in die Zeit von März bis Ende Juni.** Insbesonders während des Inti Raymi sind die Unterkünfte in Cusco schon Wochen vorher ausgebucht und es kommt auf dem Flughafen zu chaotischen Zuständen.

Februar (beweglich): Festival Carnavalesco de Qoya. – **30./31. März:** Sara Raymi (Maisfest) in Huaro, Folkloretänze und alte rituelle Lieder, Estadio Deportivo Huaro, Eintritt 1 €. – **März/April** (beweglich): Semana Santa; nächtliche **Karfreitagprozession.** – **Ostermontag:** Fiesta del Señor de los Temblores (Herr der Erdbeben), Prozession zu Ehren des Schutzpatrons von Cusco zur Kathedrale (Plaza de Armas), die mit Tausenden von Cantuta-Blüten, der Nationalblume der Inkas, überschüttet wird. – **3. Mai:** Fiesta de la Santa Cruz Velacuy. – **Juni** (1. Hälfte): Festividad de Quoillur Rit'i (Qoyllority oder Coichoriti) in Quispicanchi, faszinierende Wallfahrt von Mahuayani nach Coichoriti, dem heiligen Gletscherberg der Inkas in knapp 5000 m Höhe. Tänze, Musikgruppen, Markt mit Alacitas (Miniaturen). – **1. Sonntag im Juni:** Corpus Christi. – **Juni** (2. Hälfte): Festival Ollantay Raymi. – **3. Juniwoche:** Festival de la Cerveza. – **17. Juni:** Festival de Raqchi. – **22.–24. Juni: Inti Raymi, traditionelle Sonnwendfeier der Inkas in Sacsaywamán mit historischen Kostümen, zugleich wichtigstes Fest in Cusco mit Tausenden von Zuschauern.** – **15.–17. Juli:** Virgen del Carmen (Paucartambo). – **1. August:** Pachamama Raymi, Fest zu Ehren der Mutter Erde. Ritual zu Beginn des andinen Neujahres, wird in der gesamten Provinz Cusco gefeiert. – **15. August:** Fiesta de la Virgen Asunta. – **September** (meist 3. Sonntag): **Warachikuy in Sacsaywamán,** populäres untouristisches **Inkafest mit alten Tänzen, Initiationsriten und Musik,** sehr authentisch und spektakulär, Beginn 9 Uhr, Eintritt frei – ein Fest-**TIP!** – **8. September:** Fiesta Señor de Huanca. – **2. November:** Fiesta de Todos los Santos (Allerseelen) mit z.T. feuchtfröhlichen Festen auf den Friedhöfen. – **23./24. Dezember:** Feria de Santuranticuy, Kunsthandwerksmarkt auf der Plaza de Armas, sehenswert!

Adressen & Service Cusco

Vorbemerkung
Einige der nachfolgend aufgeführten Adressen können sich geändert haben. Straßen- und andere Schreibweisen gibt es in zwei Versionen: Eine nach der spanischen Orthographie, die zweite nach dem *Alfabeto Oficial del Quechua,* das 1975 eingeführt wurde. Z.B. *Sacsayhuaman* (span.), *Saqsaywamán* nach dem Alfabeto Oficial del Quechua. Nach und nach werden die Quechua-Namen spanischen Version gegen die des Alfabeto Oficial ausgetauscht. Beide Schreibweisen existieren noch nebeneinander. **Vorwahl (084).**

Tourist-Info
Mantas 117-A, Tel. 22-2032, turismo@tourcusco.com, cusco@directurcusco.gob.pe, www.tourcusco.com; Mo–Fr 8–19 Uhr, Sa 9–14 Uhr. Weitere Stellen: beim Busterminal und Flughafen.

Dirección Regional de Industría y Turismo (DRIT), Av. de la Cultura s/n, Cuadra 1, Tel. 22-2032, Fax 22-3701, direccion@tourcusco.com oder turismo@tourcusco.com, Tourismusbehörde, Mo–Fr 9–19 Uhr.

i-Peru, Av. Sol 103, Tel. 25-2974, Fax 23-4498, iperucuscoapto@promperu.gob.pe, www.peru.info, geöffnet 8.30–19.30 Uhr, und auf dem Flughafen, Tel. 23-7364, 6–16 Uhr. Informationen über Sehenswürdigkeiten und touristische Angebote, keine Empfehlungen von Hotels und Restaurants, keine Reservierungen.

El Servicio de Protección al Turista (SPT) INDECOPI, Portal de Carrizos 250, Plaza de Armas, und Av. Cultura 734, Of. A., Tel. 25-2974, 23-4498, sptcus@indecopi.gob.pe; Flughafen Tel. 23-7364; Mo–Fr 8–20 Uhr; die SPT ist eine touristische **Verbraucherschutzzentrale,** die sich um übervorteilte und geprellte Touristen kümmert. Hier kann man sich auch über Anbieter mit mangelhaftem Service beschweren.

Infotourist (Infos zur Sicherheitslage), Plaza Túpac Amarú, Tel. 22-6009.

Instituto Nacional de Recursos Naturales (INRENA), Calle José Cosio 308, Urb. Magisterio, Tel. 23-1690, pqnm@terra.com.pe, www.minag.gob.pe;

staatliche Naturschutzbehörde Perus. Für den Parque Nacional Manu, Universidad Andina, Tel. 27-4509.
Unidad de Gestión de Machupicchu (UGM), Garcilaso 233, Tel. 24-8323.
Camara Regional de Turismo del Cusco (CARTUC), San Andrés 338, Tel. 22-6421, Fax 24-1064.
Asociación Peruana de Turismo de Aventura y Ecoturismo (APTAE), Nueva Baja 424, Tel. 24-9944, Fax 23-8591, postmaster@patcusco.com.pe;
Asociación de Guías Oficiales de Turismo AGOTUR, Nueva 431, Of. 305; Vereinigung der offiziellen Touristenführer.

Lohnenswert ist sicherlich auch ein Blick in die wöchentlich kostenlos erscheinende **TUCU PERU** der Grupo Identad & Desarrollo.

Cusco im Internet
Die „Hausseite" der Stadt Cusco mit nützlichen Hintergrundinformationen: **www.municusco.gob.pe** • Die Allroundseite von Cusco mit allen erdenklichen Infos, eine wahre Fundgrube: **www.cusconoticias.noticias.com** • Allgemeine Infos für Touristen, Veranstaltungskalender, Feste und Kultur bietet **http://guiadelcusco.perucultural.org.pe** • Kultur und Geschichte Cuscos und Umgebung, Restaurants, Karten und Pläne, auch deutschsprachig: **www.cuscoperu.com** • Ausgezeichnete Infos mit Musik, Geschichte und Kultur mit Wörterbuch Quechua: **www.qosqo.com** • Machupicchu und Inkatrail: **www.machupicchuonline.com.**

Boleto Turístico (BT)
■ Der teure **Boleto Turístico – Preis derzeit 130 Soles,** Studenten mit ISIC bis 25 Jahre 50% – kann bei folgenden Stellen gekauft werden: im Büro der *Oficina Ejecutiva del Comité Boleto Turístico (OFEC),* Av. El Sol 103, Tel. 22-6919, ofecbtc@speedy100.com.pe, Mo–Fr 8–17.30 Uhr, Sa 8.30–12.30 Uhr sowie im *Casa de Garcilaso* (rechts neben dem Museo Histórico Regional), Calle Garcilaso, Mo–Sa 8–17 Uhr, So 8–14 Uhr. Außerdem gibt es den BT bei der Touristeninformation, Mantas 117-A (Mo–Fr 8–19 Uhr) und bei der *DRIT,* Av. de la Cultura s/n, Cuadra 1. Auch an einigen Sehenswürdigkeiten, wo zum Zutritt ein BT erforderlich ist, kann er gekauft werden.

Pasaporte Inca
Neben dem BT gibt es mit dem *Pasaporte Inca* einen Multimedia-Führer auf CD zu 22 Sehenswürdigkeiten in und um Cusco (ohne Machupicchu). Das touristische „Rund-um-Sorglos-Paket" beinhaltet neben dem Eintritt zu den Sehenswürdigkeiten drei Stadtpläne mit eingezeichneten Rundgängen, eine Liste ausgewählter Restaurants und Geschäfte sowie eine Diebstahl- und Unfallversicherung für die Dauer des Aufenthaltes in Cusco. Eine Hotline steht rund um die Uhr zur Verfügung. Den Inka-Pass gibt es in fünf Ausführungen und er wird an den wichtigsten Sehenswürdigkeiten und in den Reisebüros verkauft. Preise: **Pasaporte Básico** (nur Kathedrale) 20 €; **Boulevard del Arte Cusqueño** 34 €; **Clásica** 37 €, **Ampliada** 50 € und **Tudo Cusco** (inkl. *Saqsaywamán, Q'enqo, Pukapukara, Tambomachay, Pisaq, Chinchero, Ollantaytambo, Pikillacta u. Tipón*) 60 €. Weitere Infos Tel. 25-4285, informes@pasaporteinca.com, www.pasaporteinca.com (nur in Spanisch).

Cusco City-Tour
Eilige können eine Besichtigungstour buchen. Bei dieser Tour werden alle wichtigen Sehenswürdigkeiten inkl. Saqsaywamán, Q'enqo, Pukapukara und Tambomachay in einen halben Tag reingepackt. Abfahrt ist immer um 14 Uhr, Rückkunft gegen 18.30 Uhr, Preis 20 Soles. Da alle Gruppen das gleiche Programm in gleicher Reihenfolge machen, stauen sich die Besucher vor den Sehenswürdigkeiten. Für die vier Sehenswürdigkeiten außerhalb von Cusco verbleiben dann noch ca. 20 Min., viel zu wenig, um z.B. Saqsaywamán zu besichtigen – ergo wenig empfehlenswert.

Policía de Turismo (POLTUR)
Ovalo de Pachacútec, Sótano, Tel. 24-9654; sehr hilfsbereit, insbesondere nach einem Diebstahl (Anzeigeformblatt zuvor in einer Bank kaufen). Señor Ramos von der Touristenpolizei Cusco empfiehlt als **Präventivmaßnahmen:**

Adressen & Service Cusco

1. Die Unterkunft sollte vor der Morgendämmerung und nach Mitternacht nicht alleine verlassen werden.
2. Die Kameraausrüstung, ein Tagesrucksack oder eine Tasche sollte immer vorne und nicht hinten auf dem Rücken, der Schulter oder an der Seite getragen werden.
3. Auf den Mercado Central Santa Ana sollte nie alleine hingegangen werden.
4. Für organisierte Ausflüge, Exkursionen und Touren sollte immer der Service eines Reisebüros in Anspruch genommen werden.
5. Wertvolle Dinge sollten nur in Geschäften gekauft werden, die auch eine Garantie gewähren.

Polizei — **Nationalpolizei:** Saphi 534, 24-Stunden-Service, sehr hilfsbereit. **Überfallkommando** (Radio Patrulla): Notruf 105. **Migración:** Av. El Sol, Tel. 22-2741. Auch Neuausstellung verlorengeganger Ein-/Ausreisekarten (Trajeta Internacional de Embarque/Desembarque).

Erste Hilfe — *Clínica Pardo,* Av. de la Cultura 710, Tel. 24-0387, 24-Std.-Service, Notfall-Service für Touristen: Tel. 62-0126. – *Hospital Regional,* Av. de la Cultura s/n, Tel. 23-3691, 24-Std.-Service, immer Spezialisten anwesend, auch für Notfälle und Verletzungen. – **Deutschsprachige Ärzte:** *Dr. Johanna Menke,* Medico Cirujano, Urb. La Florida 15, Tel. 22-4244, Handy 984-108-950, johannamenke@web.de. – *Dra. med. Gladys Oblitas,* Av. de la Cultura 3b, Urb. Mariscal Gamarra, 1era Etapa, Tel. 22-7264. Rechnungen werden von deutschen Versicherungen übernommen. Vermittlung von Anti-Stress-Therapien, Massagen und Meditationen in einem entsprechenden Hotel in Andahuayllillas, Res. empfehlenswert, da nur 3x wö. Sprechstunde. **TIP.** – **Zahnklinik:** *Clínica Dental San José,* Dr. Carlos Alonso Claudio, Centenario/Cuichipunco 385, Notfall-Tel. 22-2639, Handy 65-0002, alonsoclaudio@terra.com.pe. – **Notfall-Apotheke:** *Farmacia International,* Heladeros 109, Tel. 22-8191, 24-Std.-Service. – Für Notfälle s.a. Krankenhaus Curahuasi, s.S. 206.

Bergrettung — In Cusco, Tandapata 101, gibt es ein Büro der Bergpolizei (USAM), die eine hervorragende Ausrüstung besitzt.

Dt. Honorarkonsulat — *María Sophia Jürgens de Hermoza,* San Agustín 307, Tel. 24-2970, Fax 23-5459; Sprechzeit Mo/Mi/Do 10–12 Uhr oder nach Vereinbarung, bei Notfall jederzeit. Postanschrift: Casilla 1128.

Post — *Serpost,* Av. El Sol 800 (ziemlich weit unten an der Ecke zur San Miguel), Mo–Sa 8–20 Uhr.

Telefon — *Telefónica del Perú,* Av. El Sol 415, Mo–Sa 7–23 Uhr, So 7–12 Uhr. Ein weiteres Büro befindet sich in der kleinen Calle del Medio (Plaza, Westseite), mit öffentlichem Internet. In der Av. El Sol, Calle de Medio (TELSER), Portal de Mantas, Portal de Comercio gibt es private Telefonanbieter. **Vorwahl Cusco (084)**

Internet-Cafés — Internetnutzung wird immer preiswerter und kostet durchschnittlich um 1,5 Soles/h. Nahezu an jeder Ecke im Zentrum möglich.

Geld — Die Geldautomaten in Cusco spendieren max. 400 US$ pro Tag, am Schalter der Banken mehr. Mit Maestro kann man allerding nur am GA Geld ziehen. *Scotiabank,* Maruri/Arequipa, hat relativ wenig Warteschlangen. Kunden der Deutschen Bank können mit der EC-Karte am GA kostenlos Soles ziehen. Gut für Kreditkarten ist *Interbank,* unweit der *Banco Continental,* Av. El Sol. Alle Casas de Cambio (um die Plaza de Armas) tauschen problemlos den Euro, Wechselkurs ist besser als bei den Banken, die nicht alle den Euro tauschen. *Banco del Crédito,* Av. El Sol 189, Mo–Fr 9.30–13.15 und 16.30–18.30 Uhr, Sa 9.30–12.30 Uhr; günstige Wechselkurse. – *Banco del Sul,* Av. El Sol 459. – *Interbank,* Ecke Av. El Sol/Puluchapata, www.interbank.com.pe, 5% Kommission auf Reiseschecks (max. 100 €), GA, auch auf dem Flughafen.

Adressen & Service Cusco

Auch Straßenwechsler bieten ihre Dienste an, sie stehen vor allem vor den Banken in der Av. El Sol und bieten bessere Kurse als die Banken. Sie wechseln auch sonntags oder außerhalb der Öffnungszeiten der Banken, auch Reiseschecks, allerdings dann zu schlechterem Kurs.

American-Express-Repräsentanz: Lima Tours, Portal de Harinas 177, Plaza de Armas, Tel. 22-8431 (kein Ersatz für gestohlene Reiseschecks, kein Wechsel!). *Western Union,* Maruri, gegenüber der Scotia Bank, Tel. 24-8028, wucuzco@amauta.rcp.net.pe; schnellster Weg, um im Notfall an Geld zu kommen. Für Kunden der Deutschen Bank kostenlos.

Foto Digitalbilder auf CD brennen ist nahezu an jeder Ecke im Zentrum möglich, z.B. bei Foto *Cesar,* schräg gegenüber vom Rathaus/Regierungsgebäude. Weitere Möglichkeiten in der Procuradores und Tecseccocha (Hinweisschilder der Internet-Cafés beachten!)

Landkarten/ Bücher Buchhandlung, Portal Comercio, Plaza de Armas. Hier gibt es Karten vom Camino Inca (1:50.000), auf deren Rückseite eine Straßenkarte von Cusco ist. IGN-Karten 1:100.000, nur nähere Umgebung, 8,50 €. – *Libreria I,* Limacpampa Grande 565. Einzig empfehlenswerter und gut sortierter Buchladen Cuscos. – *Travel Center,* Portal de Panes 115, 2. Stock, Mo–Sa 9–13, 14–18 Uhr, für Reisende, die noch Entscheidungshilfe brauchen, was sie in und um Cusco besuchen möchten.

SAE Club *South American Explores Club,* Choquechaca 188, Tel. 24-5484, www.saexplorers.org. Verkauf von topografischen Kartenblättern und Landkarten.

Autoclub *Automóvil Club del Perú,* Av. El Sol 349, Tel. 22-4561, cusco@touringperu.com.pe, div. Kartenmaterial, günstige Bus-, Zug- und Flugtickets, geringer Rabatt für ADAC-Mitglieder.

Mietwagen Mietwagen sind generell teuer in Cusco. Die nationalen Anbieter sind preisgünstiger als die internationalen, wie z.B. AVIS.

Localiza Rent-a-Car, Av. El Sol 1089, Tel. 24-2285, Fax 26-3448. Günstigstes Angebot, Kleinwagen 53 € pro Tag plus 19% Steuer, 150 Frei-km inkl. Versicherung (s.a. unter „Touranbieter"). – *AVIS,* Av. El Sol 808, Tel. 24-8800 (24-Std.-Service), Tel./Fax. 69-1519, avis-cusco@terra.com.pe und avis-cusco@interplace.com.pe; Mietwagen 75 €, 4WD 100 €. – *Cusco Tours,* Cuesta del Almirante 232, Tel. 24-7412, Fax 22-2049, Handy 962-3486, cuscotours@usa.net o. informes@cuscotours.com.pe, www.cuscotours.com.pe. Minibus für 6–8 Personen, Dreitages-Miete mit Fahrer etwa 360 €. – *Eric Adventures,* Urb. Velasco Astete B-8-B, Tel. 23-4764, www.ericadventures.com; Mietwagen, auch 4WD.

Parkplätze Für Selbstfahrer ist das Parken im Zentrum durch die oft engen Kopfsteinpflastergassen in Wagenbreite nicht gerade leicht. In der Saphi gibt es zwei bewachte Parkplätze, näher zur Plaza geht's nicht. Ein weiterer befindet sich in der Calle Ruinas.

Motorroller/ Harley Dav. *Picnic Scooter Hire,* Tecseccocha 436, Tel. 24-1447, los_perros@yahoo.com. Stunden- oder Tagesvermietungen. Alternative, um z.B. das Valle Sagrado in Eigenregie zu erkunden. Tägl. 9–18 Uhr. *Cuzco rent a Harley,* Garcilaso 265. Wer die Tour mit einer Harley machen möchte, muss 28 Jahre alt sein, ab 70 €. In der Plateros gibt es mehrer Agenturen, die Motorräder vermieten.

Artesanías Cusco und Umgebung ist überschwemmt von „Märkten à la Hongkong". Das angebotene Kunsthandwerk, das den Touristen aufgeschwatzt wird, ist oft Massenware. Das Viertel San Blás ist bekannt für sein traditionelles Kunsthandwerk, u.a. mit den Meisterwerkstätten von *Antonio Olave, Gregorio Béjar* oder *Edilberto Mérida.* Der **Mercado Artesanal,** Av. Pachacutec/Av. Tullomayo, 8–21 Uhr, ist zwar zentraler Verkaufsmarkt für Kunsthandwerk, doch hat eher den Titel „Nepper-Schlepper-Bauernfänger" vedient.

The Center for Traditional Textiles of Cusco, Av. El Sol 603, www.textilescusco.org; eine Mischung aus Textilmuseum (kostenlos) und Verkaufsladen für beste Handarbeiten mit traditionellen Mustern, vom Kissenbezug über Mantas und Ponchos bis zu Tischdecken. Im Geschäft sitzen Frauen, denen man beim Weben über die Schulter schauen kann. Der Verkauf kommt den traditionellen andinen Webern direkt zugute, etwas teurer, aber Fair Trade! **TIP!** – **El Tejido Andino,** Carmen Alto 110, San Blás, ein Zusammenschluss der Weber von Perubamba unter Leitung von Gail Silverman, *die* Kennerin der andinen Webekunst. Webwaren aus 100% Alpaka, beste Qualität (an einer Decke wird oft monatelang gewebt), Muster/Motive streng nach alter Tradition, Direktverkauf. Durch dieses Projekt wird das Handwerk unterstützt, Ausbildungsplätze in den Dörfern gefördert, Landflucht verhindert, die Zukunft der Weber gesichert. Reinschauen lohnt, **TIP!** – **Chaskas,** Trufino 393. Alpakas und Ökowolle. – **Alpaca 111,** Plaza Regocijo 202, tägl. 9–13 Uhr und 15–20 Uhr. Einziger offiziell genehmigter Verkauf von Vicuña-Wolle, gute Wolle, alte Muster. – **Factoria Urpi,** Carretera Circunvalación Z-10. – **Trinidad Enriquez,** Triunfo 352; kleines, feines Lädchen mit Souvenirs aus Wolle, Schmuck, Taschen usw. von Projekten, bei denen andine Campesinos, minderjährige Mütter oder missbrauchte Frauen unterstützt werden. – **Ceramica y Arte,** Calle Coquimbo 121, ca. 20 Gehminuten von der Plaza im Stadtteil Santiago, Tel. 22-2502, Fax 22-1687, www.ceramicaruizcaro.com. Gute und preiswerte Töpferarbeiten.

Feria Artesanal San Blás, Plaza San Blás, nur Sa 9–18 Uhr. – **Feria Artesanal El Inka,** San Andrés/Quera 218, Mo–So 8–20 Uhr (jedoch So die meisten Stände geschlossen). – **Artesanías Mendivil,** Plazoleta San Blás 619 und 634. – **Bazar Paracas,** Sta. Catalina Angosta 120, Tel. 23-1571; Alpakas, Silberarbeiten. – **Arte Perú,** Plateros 305/Espaderos, Tel. 22-5031, Fax 22-8191; Tumis und Schmuck, alle Kk. – **Werner & Ana,** Plaza San Francisco 295-A, www.werner-ana.com, Tel. 23-1076; modische Alpaka-Wollsachen, alle Preisklassen.

Supermarkt u. Lebensmittel
El Chinito, Matará 271, tägl. geöffnet, empfehlenswert. *Gato's Market,* Sta. Catalina Angosta, Portal de Belén (mit Inkamauern), inkl. Frischwurst von Otto Kunz, Frischkäse und Milchprodukte (etwas teurer!), bis 24 Uhr geöffnet. *La Moderna,* Procuradores 330, Metzgerei mit Wurstwaren von Otto Kunz.

Coca-Shop
Carmen Alto 115.

Ausrüstung
In einigen Läden an der Plateros, z.B. *SOQLLAQ'ASA Camping Service,* Plateros 359, können Individualisten eine **Trekkingausrüstung mieten:** ein Zelt kostet z.B. 2,50 € pro Tag, ein Schlafsack 2 €, Bergstiefel ab 1,50 €, eine Matte 1 € (bei unterschiedlich hoher Kaution; es ist auch möglich, das Flugticket oder einen Beleg über die Kreditkarte zu hinterlegen). Zelte sollten vorher unbedingt sorgfältig auf Vollständigkeit (Stangen, Heringe, Schnüre) und auf Mängel geprüft werden. Wer eine geführte Trekking-Tour bucht, bekommt, bis auf Schlafsack und Schuhe, ein All-inklusive-Paket. Plastiksäcke fürs Gepäck gegen den Regen gibt es auf dem Mercado am Bahnhof San Pedro. Kartuschen für Gaskocher können in Cusco auf dem Markt nachgekauft werden. *Explorers Inn,* Plateros, hat Spiritus für Kocher, und nicht mehr benötigte Ausrüstungsgegenstände können hier verkauft werden. Einen preiswerten Trekkingladen gibt es auch in der Sta. Catalina Ancha.

Wäschereien
(Lavanderías): Procuradores 354, Suecia 318 u. in der Tecseccocha. Saphi 578-A und Saphi 675 (1 kg ca. 1 €, Dauer 3 h). Sowie weitere im Zentrum.

Sprachschulen
Asociación Cultural Peruano Alemana Region Inka **(ACUPARI),** San Agustín 307, Tel. 24-2970, acupari@terra.com.pe, www.acupari.com. Kontaktadresse in Deutschland: Anita Djafari, Marienbader Str. 1C, 61273 Wehrheim, Tel. 06081/57922, Fax 980281, Djafari@t-online.de. Diese freundliche Sprachschu-

le ist eine Einrichtung der Deutsch-Peruanischen Kulturgesellschaft Region Inka und unterrichtet nach dem Integrationsmodell (Sprache und soziokulturelle Kontakte) Spanisch und Quechua. Die Unterbringung erfolgt meist bei einheimischen Familien mit HP. Lehrmaterial wird zur Verfügung gestellt. Die Leiterin, *María Jürgens de Hermoza,* ist gleichzeitig die deutsche Honorarkonsulin in Cusco und steht mit Rat und Tat zur Seite. Wahlweise preiswerter Einzelunterricht (1 Wo./2 Wo.) und für Minigruppen (nur 2 Wo), der in Hessen, Berlin, Niedersachsen und Hamburg als Bildungsurlaub anerkannt wird. Kostenloses Tandemangebot; auf Wunsch preiswerte Familienunterbringung mit HP; Vermittlung von Praktika in sozialen Einrichtungen; deutschspr. Bibliothek, Bücherverleih und -tausch, Do/Fr Filmabende, z.T. freier Eintritt zu Konzerten. **TIP!** – *Cusco Spanish School,* Garcilaso 265 (im 2. Stock), Tel. 22-6928, info@cuscospanishschool.com, www.cuscospanishschool.com. Persönliche Atmosphäre mit sehr erfahrenen und kompetenten Lehrkräften, **TIP!** – *Academia Latinoamericana de Español,* Av. El Sol 580, Tel. 24-3364, latinocusco@goalsnet.com.pe; Einzel-/Gruppenunterricht. – *Amauta,* Suecia 480, Tel. 24-1422, info@amautaspanish.com, www.amautaspanish.org; Privat- und Gruppenunterricht, Vermittlung zu Gastfamilien, auch Quechua.

Buchladen *Centro Bartolomé de las Casas,* Plaza Limaqpampa Grande 565; gute Stadtpläne mit Straßenverzeichnis von Cusco.

Touristenführer & Reiseservice *Andreas Wickleder,* Choquechaca 229 (Café Punchay), Tel. 9842-04558, a.wickleder@gmx.de, www.reise-peru.de. Reisebegleitung, Organisation und Komplettservice der Perureise im Vorfeld, Reservierungen wie z.B. Inkatrail, Zugfahrt nach Machupicchu und anderer Trekkingtouren, Tagestouren/Wanderungen zu Einheimischen bei Cusco, kompetent und zuverlässig, deutschsprachig. **TIP!**

Reisebüro *Intej,* Espaderos 123, bietet Studenten- und Lehrer(flug)tickets an.

Touristenbus Von der Plaza de Armas fährt ein Touristenbus im Stil einer alten Straßenbahn, *Tranvia de Cusco,* alle anderthalb Stunden ab. Die Stadtrundfahrt beinhaltet auch eine Fahrt hinauf zur Christus-Statue, Fp 9 Soles. Wer möchte, kann von dort Sacsaywamán besichtigen und dann zu Fuß nach Cusco zurücklaufen.

Touranbieter gibt es rund um die Plaza, in der Av. El Sol und im Viertel San Blás. Sie unterteilen sich in Sightseeing-Touren durch die Geschichte der Inkas und Perus (Ruinen-Tour) oder Abenteuer-Touren (Trekking, Rafting, Urwaldtrips). Wichtig ist, dass bei einem Direktanbieter gebucht wird und nicht bei einem Vermittlungsagent. Billigveranstalter schießen wie Pilze aus dem Boden, sind unzuverlässig, wie uns in Briefen und Mails berichtet wird. Bald machen sie wieder zu, Scheiterungsgründe sind oft mangelndes Equipment und mangelnde Erfahrung, unterbezahltes oder unwissendes Personal. Deshalb ist es schwierig, einen zuverlässigen Tipp zu geben, da jeder Reisende unterschiedliche Erwartungen und Vorstellungen hat. Auch sind Empfehlungen anderer Reisender mit Vorsicht zu genießen – wer garantiert, dass bei der nächsten Tour nicht der Motor des Fahrzeugs streikt, es stark regnet oder die Gruppenzusammensetzung nicht harmonisiert?

Organisierte Halbtagestouren täglich (14–18.30 Uhr) durch Cusco (4 Ruinen, Kathedrale und Qoricancha) kosten 5 €, Di/Do/So (8–17 Uhr) durchs Heilige Tal (Pisaq, Urubamba, Ollanta und Chinchero) 8–10 €.

Empfehlenswerte Universalanbieter **Amazon Trails Peru,** Tandapata 660, Tel. u. Fax 43-7499, info@amazontrailsperu.com, www.amazontrailsperu.com. Sehr hilfsbereiter deutsch-peruanischer Touranbieter, *Ulrike Maennig* und ihr Mann *Abraham Huamán* bieten neben dem Manu inkl. **Papageien- bzw. Ara-Salzlecke** Blanquillo (8 Tage 625 € p.P.) und **Tapirlecke** Maquisapajoy (Maquisapajoy Tapir Lodge) auch Trekkingtouren auf alternativen Inkatrails, wie **Salkantay-, Ausangate- und**

Choquequirao-Trail (4-Tagestour ab 2 Pers. 290 € p.P.) an. Doch auch den Inkatrail nach Machupicchu wird organisiert und mit guten Trägern besetzt. Spezielle Trekkingangebote für Kinder, Res. von Unterkünften, Inlandsflüge, komplette Südperu-Rundreisen (s.a. www.amazontrailsperu.com/de/bestofperu.html). **TIP!**

Llama Andean Adventure EIRL, Yurapunko 80b, Urb. Tahuantinsuyo, Tel. 24-5255, Tel. in D direkt nach Cusco 030/20235995-0, Res. in D 030/20235995-2, Notfall-Handy 95971-6522, infocusco@colca.de, www.llama-online.de. Hauptbüro von Jörg Kroesel, Trekking rund um Cusco, einziger autorisierter deutscher Veranstalter mit **Inkatrail**-Zulassung, Canyoning und Bergsteigen, eigenes Equipment, sehr zuverlässig, gPLV. Über die Websites www.llama-online.de können Reisende Inlandsflüge, Zugtickets von Peru Rail und Standardtouren online buchen, bezahlt wird über die Banco de Crédito, Tickets werden dann in das Hotel in Cusco, Puno oder Arequipa geliefert. In Kürze folgen Mietwagen- und Hotelbuchungen. **TIP!** Zweigstellen in Arequipa, info@colca.de (Dr. Kelly Concha) und Puno, infopuno@colca.de (Sonia Mamani spricht Deutsch).

Cusco Tours, Cuesta del Almirante 232, Tel. 24-7412, Fax 22-2049, Handy 962-3486, cuscotours@usa.net oder informes@cuscotours.com.pe, www.cuscotours.com.pe. *Nico Montesinos Gamarra* kennt sich sehr gut in Cusco und Umgebung aus und arrangiert seit 1993 so ziemlich alles, was man in und um Cusco unternehmen kann, z.B. Pferdetrekking nach Tambomachay, nach Chinchero (Übernachtung in Huachay Qosqo auf 3650 m) oder nach Tipón (Übernachtung in Huambutio), Fluss-Rafting oder **Touren zu Naturbrücken** über den Río Apurímac sowie Inkatrail, oder einfach auch nur Stadtführungen. Außerdem bietet Nico alternative Inkawege, wie **Ausangate-, Salkantay-**oder **Choquequirao**-Trail an. Die Fünftages-Trekking-Tour Mollapata–Salkantay–Aguas Calientes ab Cusco inkl. Equipment/VP und Eintritt nach Machupicchu kostet ca. 175 €/Pers, der Inkatrail nach Choquequirao als Fünftages-Tour ab Cusco inkl. Equipment/VP 160 €/Pers.; sehr zuverlässig, gute Führer (für den Notfall mit Sauerstoffflaschen ausgerüstet), gPLV. **TIP!**

Tierras Mojadas, Carmen Bajo 184, San Blás, tantebaer@gmx.de, deutschsprachig. *Nadine Bresinsky* bietet einen **alternativen Inka-Trail** nach Machupioohu an. Es geht über den **Inka-Trail Rupañan** durch den Bergurwald **nach Machupicchu**, ein Inkatrail ohne die üblichen Touristenscharen, Anmeldung, Wartezeit usw., Prädikat erlebenswert und ein **TIP!** Daneben Angebote nach **Choquequirao**, Führungen durchs historische Viertel von Cusco zum Mond- und Schlangentempel und Begegnungstreffen mit Einheimischen.

Personal Travel, Portal de Panes 123, Oficina 109, Tel. 24-4036, Fax 23-3912, ititoss@terra.com.pe; *Chivi & Julio del Aguila* organisieren Touren u. Ausflüge in und um Cusco und vermitteln Mietwagen, Minibus für 6–8 P., 50 €/Tag inkl. Fahrer. Einzigartig ist die Möglichkeit, in der intakten indigenen Comunidad von *Willoc*, die von Ollanta nur zu Fuß, Pferd oder Miet-Taxi erreicht werden kann, an deren Alltag teilzunehmen. Hier wird noch die traditionelle *ayni* (s.S. 109) praktiziert, die auf die *ayllu* der Inkazeit zurückgeht. Der Besucher erhält auch Einblick in die andine Wollproduktion.

Welcome South America Travel, Tel. 23-6809; Wilbert spricht Deutsch und hat ebenfalls seit 1986 ein universelles Angebot inkl. Inkatrail.

Apumayo Expeditions, Garcilaso 265, Tel. 24-6018, reserva@apumayo.com.pe; Spezialanbieter für behinderte Reisende, die Cusco, das Valle Sagrado und Paracas erleben möchten (auch Reitausflüge).

Liz Arenas Escalante (Liz's), Calle del Medio 114, Tel./Fax 24-6619, www.lizexplorer.com. Ecotouristik, Naturexpeditionen, Inkatrail.

Inkatrail	s.S. 280
Machupicchu	s.S. 302

Adressen & Service Cusco

Bergwandern

Die **beste Zeit zum Bergwandern** ist die Trockenzeit von **Mai bis Anfang Oktober.** Außer dem Inkatrail, der inzwischen limitiert wurde, bieten sich weitere, teils sehr interessante Treks zum Wandern an, wie z.b. der **Salkantay-Trail,** eine preiswerte und nicht wartepflichtige Alternative, die dem Inkatrail keinesfalls nachsteht. Der Salkantay-Trek dauert vier bis fünf Tage, führt über einen 4800 m hohen Pass und via Sta. Teresa ebenfalls nach Machupicchu und ist die Option für Reisende, die nicht kurzfristig den Inkatrail nach Machupicchu buchen konnten.

Wer nicht auf eigene Faust trekken möchte, ist hier gut aufgehoben: **Amazon Trails Peru,** s.o. – **Eric Adventures,** Urb. Velasco Astete B-8-B, Tel. 23-4764, cusco@ericadventures.com, www.ericadventures.com; Trekking-Touren Salkantay und Ausangate sowie auch Trekking auf wenig bekannten Wegen, Cayoning, Mietwagen, auch 4WD, Trekkingräderverleih, Campingausrüstung. – **Peruvian Trek,** Sta. Catalina Angosta 127, Tel. 25-5483, peruviantrek@hotmail.com; spezialisiert auf den alternativen Inkatrail um den Salkantay und auf den Ausangate-Trail, 5 Tage ab 175 € (bei 4 Pers.), sonst 210 €, engl.-spr. Führer. – **Peru Discovery,** Av. 6 Quisuares E 1-10, Larapa Grande, Tel./Fax 27-4541, info@perudiscovery.com, www.perudiscovery.com; ebenfalls schöne Trekking-Touren um den Ausangate (7 Tage/6 Nächte 590 €) oder durch den Bergnebelwald des Manu-Biosphärenreservat (s. dort) rund um die Regenwald-Lodge Tambo Paititi. – **Q'ente,** Choquechaca 229, Tel. 23-8245, qente@telser.com.pe oder quente@terra.com.pe, http://qente.com. Spezialisiert auf Bergwanderungen um den Ausangate und Salkantay, Trekking nach Vilcabamba und Choquequirao; Individualtour ca. 200–300 €, Pauschaltour mit anderen zusammen 50–80 €. – **South American Site (SAS) Travel,** Portal de Panes 143, Plaza de Armas, Cusco, Tel./Fax 23-7292, info@sastravelperu.com, www.sastravel.com. Trekkingtouren nach Vilcabamba ab 6 Personen dauern 8 Tage/7 Nächte. Im Preis von 350 € p.P. sind alle Transporte, Führer, Verpflegung, Zelte und Isomatten, Träger und Kochausrüstung miteingeschlossen. Außerdem Manu-Touren, auch deutschsprachige Führer. – **Viajes Machu Pichu,** Portal Comercio 121, Plaza de Armas, Tel. 24-3428, info@perucusco.com, www.perucusco.com; Bergtouren, wie z.B. 4 Tage Ausangate-Trail oder 3 Tage Salkantay-Trail für 2 Pers. je 160 €, Einzelführung 180 €. – **Culturas Peru,** Tandapata 354, culturas@telser.com.pe; Nicole Gabriela Erb bietet Individualtouren für den Inkatrail, aber auch alternative Inkatrails. – **Inka Trail Cusco,** Procuradores 366, peru@inkatrailcusco.com, www.inkatrailcusco.com oder www.perubergsport.com; Inkatrail, Salkantay-, Ausangate- und Choquequirao-Trek, auch Mountainbiking, Riverrafting.

Pferde-Trekking

Cusco Tours, Cuesta del Almirante 232, Tel. 24-7412, Fax 22-2049, Handy 962-3486, cuscotours@usa.net oder informes@cuscotour.com.pe, www.cuscotours.com.pe; Nico kann von Einheimischen Pferde für Pferde-Trekking mit Führer von Cusco über Tambomachay nach Saqsaywamán vermitteln. Der Trek eignet sich auch für ungeübte Reiter oder Anfänger. Vom Stadtrand Cuscos geht es zuerst auf einer Erdpiste durch eine Schlucht in ein Hochtal. Kleine typische Bauernsiedlungen werden durchritten. Überall sieht man Leute auf den Chakras (Feldterrassen). Dann führt der Weg über einen schmalen Trail immer weiter steil nach oben bis zur Straße von Cusco nach Pisaq. Unterwegs wird Rast in einer typischen Bauernkneipe gemacht, wo Chicha und Mais mit Käse probiert werden kann. Sinnvoll ist es, Wasser mitzuführen, da es nicht unbedingt angeraten ist, wie der Führer Wasser aus dem Bachlauf zu trinken. Der Ritt dauert mit Besichtigung der Ruinen von Tambomachay, Pukapukara, Q'enqo und Saqsaywamán 4–5 h und kostet 15 €.

Weitere Anbieter: *Eric Adventures,* Urb. Velasco Astete B-8-B, Tel. 23-4764, cusco@ericadventures.com, www.ericadventures.com und *Southern Cross Adventures,* Portal de Panes 123, Plaza de Armas, Tel. 23-7649, Fax 23-9447.

Karte S. 214/15   Adressen & Service Cusco

Doris Valdivia R, Tecseccocha 161, Tel. 22-9775.
TIP: Pferde können auch wesentlich günstiger als über Reisebüros direkt bei Saqsaywamán für einen Ausritt zu den umliegenden Ruinen inkl. Führer gemietet werden, keine Reitkenntnisse erforderlich, Ausritt 4–5 h ab 6 € pro Person (handeln!). **Hinweis:** Unbedingt auf den Zustand der Pferde vor dem Mieten achten. Bitte ungepflegte, dürre Tiere meiden. Meist haben diese Pferde sichtbare offene Wundstellen auf dem Rücken.

Mountain-Biking   *Peru Discovery,* Triunfo 392, Of. 214, Tel./Fax 22-6573, info@perudiscovery.com, www.perudiscovery.com; MTB-Touren, z.B. ab Cusco über Tres Cruces in den **Bergnebelwald** (Abfahrt jeden Freitag, 280 €/3 Tage), in den Amazonasurwald bei Manu (Abf. dto., 520 €/6 Tage), vom Colca zum Pazifik (610 €/6 Tage) und ins Heilige Tal der Inkas (230 €/3 Tage); jeweils inkl. Bike, Ausrüstung, Verpflegung, Transporte, Eintritt und mit einem erfahrenen, mehrsprachigen Führer (keine weiteren Kosten). MTB-Touren finden ab 2 Pers. statt. – *Eric Adventures,* Urb. Velasco Astete B-8-B, Tel. 23-4764, cusco@ericadventures.com, www.ericadventures.com. – *Bike Center,* Calle Concevidayoc 192-B/Cruz Verde; klein, gut, kompetenter Service. – *Bicimani,* rechts bei km 4 auf der Straße nach Puno.

Rafting   *Swissraft-Peru,* Plateros 361, Tel. 26-4124, apu43@hotmail.com. Viertages-Paket inkl. guter VP und einem Raftingvideo ab 100 € (HS bis zu 200 €). – *Eric Adventures,* Urb. Velasco Astete B-8-B, Tel. 23-4764, cusco@ericadventures.com, www.ericadventures.com. Drei Tage Apurímac 180 €, sehr hohe Schwierigkeitsgrade, gutes Equipment, erfahren u. zuverlässig. – *South American Site (SAS) Travel,* Portal de Panes 143, Plaza de Armas, Cusco, Tel./Fax 23-7292, info@sastravelperu.com, www.sastravel.com; Rafting auf dem Urubamba, zuverlässige Organisation, Tagestour mit Verpflegung 35 € pro Person, empfehlenswert. – *Loreto Tours,* Calle del Medio 111, Tel. 22-8264 (loretotours@planet.com). Rafting auf dem Urubamba. – *Southern Cross Adventures,* Portal de Panes 123, Plaza de Armas, Tel. 23-7649, Fax 23-9447. – *Mayuc Cusco,* Portal Confiturias 211, Plaza de Armas, www.maync.com oder www.perurafting.com; gute Ausrüstung, zuverlässig und sicher.

Heißluftballon-Fahrten   *Cusco Hot Balloon,* Arequipa 271, Tel. 23-2352, info@globosperu.com, www.globosperu.com. Faszinierend, die Welt der Anden von oben zu erleben.

Urwaldausflüge   Einige Adressen von Unternehmen für Urwaldausflüge nach **Pto. Maldonado** s.S. 327 und **Manu-Nationalpark** s.S. 342. Preis-/Leistungsvergleiche sind angeraten.

Organisierte Ausflüge in den Manu-Urwald   **Asociación de Conservación para la Selva Sur** *(ACSS):* Ricardo Palma J-1, Santa Monica, Tel. 22-6392, acss@huayna.rcp.net.pe; auch für wissenschaftliche Arbeiten in Manu.
    Amazon Trails Peru, Tandapata 660, Tel./Fax 43-7499, info@amazontrailsperu.com, www.amazontrailsperu.com; dt.-peruanischer Touranbieter in die Zona Cultural und Experimental (4–9 Tage). Ulrike & Abraham Huamán sind auf den Manu-Regenwald spezialisiert, inklusive Papageien- bzw. Ara-Salzlecke *Blanquillo* und Tapirlecke *Maquisapayoj.* Abraham ist Ornithologe und kennt sich bestens mit Flora und Fauna im Manu aus. Auf Wunsch Übernachtung in der **Casa Machiguenga.**
    Expediciones Manu, Av. Pardo 895, Tel. 22-9974, Fax 23-6706 (adventure@manuexpeditions.com). Gut, aber teuer.
    Manu Explorers, Plateros 236, Tel. 23-4213, info@manuexplorers.com, www.manuexplorers.com. *Wilbert Camacho Guillen* und sein Team haben ein vielfältiges Programm für den Manu bei einem exzellenten PLV. **TIP!**
    Manu Nature Tours, Av. Pardo 1046, Tel. 25-2721, Fax 23-4793, mnt@amautarcp.net.pe, www.manuperu.com. Mit Manu-Lodge in der Zona Experimental, Personal angeblich nicht sonderlich hilfsbereit, sehr teuer.

Cusco – Verkehrsverbindungen — Karte S. 214/15

Pantiacolla Tours: Saphy 554, Tel. 23-8323, Fax 25-2696, pantiac@terra.com.pe, www.pantiacolla.com. Marianne von Vlaardingen organisiert auf Anfrage jedes Individualarrangement bei genügend Vorbereitungszeit. Lodge in der öffentlichen Zone (Zona Cultural), exklusive Dreitagestouren zu der **Yine Lodge**, exzellenter Service, hochwertige Ausrüstung, kompetente Führer, sehr gute Verpflegung, Reiseschecks/Kreditkarten. Sehr empfehlenswert!

Peru Discovery, Av. 0 Quisuares E 1-10, Larapa Grande, Tel./Fax 27-4541, info@perudiscovery.com, www.perudiscovery.com. Ebenfalls schöne Trekking-Touren durch den Bergnebelwald des Manu-Biosphärenreservat rund um die Regenwald-Lodge Tambo Paititi und direkt nach Manu.

Wasaí, Calle del Medio, Tel. 22-1826, cusco@wasai.com, www.wasai.com. Urwaldtouren in den **Bahuaja-Sonene Nationalpark.**

Lodges um Pto. Maldonado *Wanamei Expeditions,* Tandapata 100 A, Tel. 23-2341, wanamei@terra.com. – – *Cusco Amazónico Lodge:* Garcilaso 265, Tel. 24-5314, Fax 24-4669, central@inkaterra.com, koechlin@inkaterra.com oder amazonico@inkaterra.com, www.inkaterra.com. – *Posada Amazonas;* Arequipa 401, Pto. Maldonado, Tel. 57-1056, Fax 57-2463, cusco@rainforest.com.pe oder pdeza@rainforest.com.pe, www.perunature.com, oder in Cusco beim Portal de Carnes 236, Tel. 23-2772. – *Tambopata Jungle Lodge:* Suecia 343, Tel./Fax 24-5695, tplcus@terra.com.pe, www.tambopatalodge.com. – *Tambopata Research Center:* Arequipa 401, Pto. Maldonado, Tel. 57-1056, Fax 57-2463, cusco@rainforest.com.pe oder pdeza@rainforest.com.pe, www.perunature.com oder in Cusco Portal de Carnes 236, Tel. 23-2772. – *Tambo Lodge:* Plateros 352, Tel. 23-6159, Fax 24-4054 oder Portal de Panes 123, Tel. 22-7208, Fax 24-1145. – *Explorer Inn:* Plateros 365, Tel./Fax 57-2078 oder Tel. 23-5342, safaris@amauta.rcp.net.pe, www.peruviansafaris.com. – *Ecoamazonia:* Lambayeque 774, Pto. Maldonado, Tel. 57-3491, ecoamazonia@terra.com.pe, www.ecoamazonia.com.pe; in Cusco: Garcilaso 210, Tel. 23-6159, Fax 22-5068. – *Reserva Amazónica Lodge,* Puerto Maldonado, Cusco 426, Tambopata, oder in Cusco: Plaza las Nazarenas 211, Tel. 24-5314, Fax 24-4669, central@inkaterra.com, www.inkaterra.com – *Inotawa Lodge,* Pto. Maldonado, Tel. 57-2511, inotawa@hotmail.com, www.inotawaexpeditions.com. – *Sachavacayoc Centre* (CEDON): Lima, Tel. 479-0430, Fax 479-0540. – *Iñapari Camping Lodge:* Casilla 21, Pto. Maldonado, Tel. 57-1675, joaquin@lullitec.com.pe. – *Wasaí,* Calle del Medio, Tel. 22-1826, cusco@wasai.com, www.wasai.com. Urwaldtouren in den **Bahuaja-Sonene Nationalpark.**

Touranbieter online *Cusco TravelNet,* www.cuscotravelnet.com, info@cuscotravelnet.com; nicht gerade preisgünstige Angebote, der Inkatrail kostet hier 245 €, das Valle Sagrado mit Machupicchu 300 €.

Verkehrsverbindungen

Selbstfahrer Für die Strecke von Cusco via Andahuaylas und Ayacucho nach Huancayo sind im günstigsten Fall (Trockenzeit, keine Pannen) drei Tage (Gesamtfahrzeit ca. 22 h) einzuplanen. Von Cusco (volltanken!) sollte unbedingt vor 8 Uhr abgefahren werden. Dann kann am ersten Tag Andahuaylas, am zweiten Tag Ayacucho erreicht werden. Von Ayacucho nach Huancayo sind dann nochmals 6–7 h reine Fahrzeit. Beim Anmieten in Lima ist für die Rundstrecke Lima – Nasca – Arequipa – Puno – Cusco – Ayacucho – Huancayo – Lima ein Geländewagen oder Pickup, aufgrund der zahlreichen Schlaglöcher zwischen Cusco und Huancayo, einem Pkw vorzuziehen.

Die Strecke von Cusco via Juliaca und Puno nach Desaguadero ist vollständig asphaltiert und kann mit einem Wagen in einem Tag problemlos bewältigt werden. Auf der Strecke gibt es 8 Mautstellen, die jeweils 2 € kassieren.

Bus Nachdem nun die Straße von Cusco nach Puno vollständig asphaltiert ist,

Cusco – Verkehrsverbindungen

spielen bei der Weiterreise auch die Busverbindungen nach Puno, La Paz und Arequipa sowie in die Richtungen Abancay, Nasca und Lima eine immer wichtigere Rolle. Der **zentrale Busterminal in Cusco ist der Terminal Terrestre** in der Urb. Santiago, Av. Vallejo Santoni (2. Block), Tel. 22-4471. Eine Taxifahrt zum/vom Busterminal zur Plaza de Armas kostet bis 22 Uhr 0,50 €, danach 0,85 € (Aushang der Festpreise beachten).

Hinweis: Die hier angegebenen Reisezeiten sind lediglich ca.-Angaben, werden oft überschritten, besonders während der Regenzeit, in der mit erheblichen Verspätungen gerechnet werden muss.

Nach Abancay (200 km): tägl. mehrere Busse und Colectivos, u.a. 3x tägl. mit *Transcusal*, Av. Areopata; *Hidalgo*, Cuichipinco 299 (nur So 7 Uhr); *Transportes Ccoyeloritti*, *Transportes Ylla*, *Transportes Cusco–Abancay* und *Turismo Abancay*; Fz 5 h, ab 4 €. In Abancay Anschluss nach Andahuaylas.

Andahuaylas (340 km): tägl. um 18 Uhr mit *San Hieronymo*, Fz 11–12 h, 10 €; in Andahuaylas Anschluss nach Ayacucho (s. dort).

Arequipa (520 km): Mehrere Tag- und Nachtbusse, z.B. mit *Cruz del Sur*, Pachacútec 510, um 8.30 und 20 Uhr, über Sicuani, sowie mit *Transportes El Chasqui*, Terminal Terrestre; Fz 10–11 h, Fp 25–50 Soles.

Ayacucho (520 km): kein Direktbus; Busse von *Los Chancas* oder *San Jerónimo* via Andahuaylas, Fz unter normalen Bedingungen 20–24 h! Fahrtunterbrechung und Buswechsel in Andahuaylas, Weiterfahrt mit *Los Chancas* nach Ayacucho etwa eine Stunde später. Busse von San Jerónimo haben in Andahuaylas Anschluss mit *Empresa Transportes Tours Wari* nach Ayacucho. Wichtig: Sitzplatznummer für den Anschlussbus rechtzeitig in der Busstation in Andahuaylas besorgen; Gesamtfahrpreis 16 €; äußerst harte, atemberaubende Piste, beste Ausblicke auf die oft über 1000 m nahezu senkrechten Abgründe auf der rechten Seite in Fahrtrichtung.

Juliaca (347 km): tägl. unzählige Colectivos und mehrere Busse, u.a. *CIVA*, *Libertad*, *Cruz del Sur*, Pachacútec 510; *IMEXSO*, Av. El Sol 1194, imexso@terra.com.pe; mit Direktbus um 8.30 Uhr und 20.30 Uhr; Fz 5–6 h, Fp 15–50 Soles. Fahrzeiten u. Preise abhängig von Gesellschaft, Bustyp und Busklasse.

La Paz (615 km, über Desaguadero): Direktbus tägl. 21.30 Uhr, Fz 11–12h, Fp 11–15 €.

Lima (1131 km, über Nasca): Busse fahren regelmäßig über Abancay und Nasca nach Lima, z.B. *Cruz del Sur*, Pachacutec 510 (16 Uhr, Fp 24 €), *Flores* (besserer Service und bessere Busse, Fp 20 €, empfehlenswert), *San Cristóbal*, Av. Huáscar 128 (Mo/Do 8 Uhr); *Ormeño*, Av. Huáscar, oder *CIVA*. Fz 23 h, ab 15 €, je nach Bustyp und Gesellschaft.

Nasca (660 km): 3x wö via Abancay mit *Transportes de Pasajero Expreso Cusco*, Huayna Capac 316; andere Gesellschaften täglich (meist nach Lima, oft Nachtbusse), Fz 14–15 h, 20–28 €, je nach Bustyp und -linie, ggf. inkl. Essen.

Paucartambo: *Transportes Sol Andino*, Coliseo Cerrado (Büro: Av. Huáscar), Abfahrten Mo, Mi, Fr um 10 Uhr, Fz 6 h, 4 €, Reservierung empfohlen.

Puno (390 km): tägl. mehrere Busse, meist nachts, u.a. fahren *CIVA, Cisne, Libertad, Pachacútec, Carhuamayo*; Fz 6 h, Fp 15 Soles. Beste Gesellschaft ist *IMEXSO*, Av. El Sol 818, imexso@terra.com.pe; Direktbus um 8.30 Uhr und 20.30 Uhr, Fp 30 Soles. – **Touristenbus** von *Inka Express*, Ovalo Pachacuteq, www.inkaexpress.com, mit Stopps in Andahuayllillas, Raqchi u.a. inkl. Führer, Eintritt und Mittagessen, Fp 28 € zzgl. Eintritte (ca 10 €). Abfahrten tägl. um 7.30 Uhr, Ankunft in Puno 17.30 Uhr und damit die preiswerte Alternative zum Touristenzug.

Hinweis: Die Gesellschaft *San Luís* ist ein Zusammenschluss von Busbesitzern, das Wagenmaterial ist schlecht, bei Ausfall keine Ersatzbusse!

Puerto Maldonado: tägl. Lkw während der Trockenzeit ab der Plaza Túpac Amarú, Fz 48–72 h, Fahrpreis Verhandlungssache. Doch nachdem die Strecke

nun Stück für Stück zur *Interoceanica* ausgebaut und asphaltiert wird, fahren nun die ersten Busse, Fahrzeit mindestens 20 h.
Quillabamba (250 km): *Empresa Carhuamayo,* Plaza Túpac Amarú. Fz über Ollantaytambo mindestens 8 h, ab 5 € (nur Nachtbusse). Auch vom Puente Santiago um 6, 13 und 17 Uhr.
Sicuani: tägl. mehrere Busse, u.a. *Power* um 8.30 Uhr, Fz 3 h, Fp 2,80 €.
Sta. María: Direktbusse, u.a. fahren *Ampay, Alfa Mayo, Ben Hur* ab der Straße Paradero de Paso, außerhalb des Zentrums. Anfahrt mit dem Taxi ab Plaza de Armas 3 Soles. Busabfahrten 13 Uhr/19.30 Uhr u. 21 Uhr, Fz 6 h, Fp 15–20 Soles. Zustieg in Ollanta möglich, doch besser Fahrschein gleich ab Cusco lösen.
Tacna: tägl. Direktbus mit *Liva*.

Zu Orten in der Umgebung Cuscos

Der öffentliche **Transport in die unmittelbare Umgebung** Cuscos ist kein Problem. Von der *Calle Puputi* fahren ab 6.30 Uhr etwa alle 30 Min. Busse **nach Pisaq, Calca** und **Urubamba**. Außerdem fahren von hier zu verschiedenen Zielorten auch Colectivos und Minibusse ab (sobald sie vollbesetzt sind). Von der Av. Huáscar 128 fahren Busse ab nach **Andahuaylillas, Urcos** und **Sicuani.** Di/Do/So gibt es einen Touristenbus nach Pisaq, Urubamba, Ollantaytambo und Chinchero für 8–10 € (vorher im Tourist-Office checken). Touristenbusse zum Sonntagsmarkt fahren meist von der Plaza ab.
Nach Calca (50 km): *Transportes Pitusiray,* Av. Puputi, tägl. ab 5.30 Uhr bis zur Dämmerung, Fz 1,5 h, 1 €.
Chinchero (30 km): *Transportes Chican,* Av. Grau (1. Block), Fz 45 Min.
Ollanta (80 km): kein Direktbus, umsteigen in Urubamba. Von dort mit Colectivo oder Taxi (ca. 3 €).
Pisaq (30 km): *Transportes Pitusiray,* Calle Puputi s/n (2. Block) oder *Yanatile* in der Av. Tullumayo zwischen Garcilaso und Pachacutec (kein Schild, aber Ausrufer vor dem Hof) tägl. ab 5.30 Uhr bis zur Dämmerung, Fz 1 h, Fp 2,20 Soles.
Urubamba (60 km): *Transportes Pitusiray,* Calle Puputi s/n (2. Block), tägl. ab 5.30 Uhr im Halbstundentakt bis zur Dämmerung, Fz 2 h, 2 €, über Pisaq. Busse/Colectivos auch von der Av. Grau s/n, 1. Block, alle 20 Min., über Chinchero und Chequerec nach Urubamba, Fz 45 Min., Fp 1 €.
Tambomachay: s. bei Pisaq

Taxis

Die offiziellen Taxis erkennt man an einem schwarzgelben Schachbrettmuster, das an der Wagentür rechts und links angebracht ist.
Rundfahrten durchs Valle Sagrado de los Incas („Heiliges Tal der Inkas" – Cusco – Pisaq – Yucay – Urubamba und zurück nach Cusco) kosten ca. 25 €.
Für Fahrten zu der **Inka-Hängebrücke Queswachoca bei Huinchiri** über den Río Apurímac kostet ein Taxi von der Taxivereinigung Cusco, Tel. 22-2222, ca. 80 €/Tag für 4 Personen. Als Fahrer kann *David Catunca* (Móvil 7) empfohlen werden. Er stammt aus Yanaoca, spricht Quechua und legt auf Wunsch auch einen Stop bei den **Grutas de Q'arañwi** ein (s.a. Route 2, gute Kombinationsmöglichkeit ggf. mit Tour 5).

Eisenbahn

Züge, Fahrplan, Fahrkarten, Reservierungen

Die peruanische Eisenbahngesellschaft ENAFER wurde privatisiert. Ein Konsortium der *Ferrocarril Transandino* unter Beteiligung von *Orient Express* investierte bisher rund 30 Mio. € in Bahnhöfe, Gleise, Lokomotiven, Waggons usw., um den Fracht- und Passagierverkehr schneller und attraktiver zu machen. Der Zugbetreiber **Peru Rail** renovierte die alten Waggons, versah sie mit einem neuen, markant-blauen Design. Konsequenzen: einheimische Lokalzüge dürfen von Touristen nicht mehr benutzt werden. Entsprechende Plakate wurden auf allen Bahnhöfen entlang der Strecke Cusco – Aguas Calientes aufgehängt.

Die **Fahrpläne** können sich jederzeit ändern, vor allem **in der Hochsaison von April bis Oktober** und auch während der Regenzeit (wegen Naturkatastrophen). Peru Rail behält sich vor, nach Bedarf verschiedene Zugtypen bzw. deren Waggons fahrplanmäßig zusammenzustellen. Alle Züge sind Nichtraucher-Züge, die (unbeheizten) Waggons führen für Notfälle Sauerstoff mit. Touristenzüge fahren, wenn mindestens 15 Passagiere zusammenkommen. In Cuscos Vorort *Poroy* gibt es Zusteigemöglichkeiten in alle Touristenzüge. Am besten erkundigt man sich über Abfahrten und Preise vorab im Touristenbüro, auf dem Bahnhof Wanchaq (s.u.) oder online unter **info@perurail.com**. Fahrpläne und Preise sind unter **www.perurail.com** einsehbar.

Estación Wanchaq

Der **Bahnhof mit dem Reservierungs- und Verkaufsbüro von Peru Rail** befindet sich in der Av. Pachacútec s/n, am Ende der Av. El Sol, knapp 1 km von der Plaza de Armas, Tel. 23-8722 und 22-1992, Fax 22-2114, reservas@perurail.com, www.perurail.com. Göffnet Mo–Fr von 7–17 Uhr, Sa/So/Feiertage von 7–12 Uhr. Hier gibt es **Fahrkarten** für die Touristenzüge. Die Fahrkarten müssen im Voraus, spätestens am Tage vor der Abfahrt – während der Hochsaison von April bis Oktober besser 2–3 Tage vorher – gekauft werden. Sitzplatzreservierung ist obligatorisch, jedoch nicht unbedingt für die Rückfahrt.

Fahrpreise werden in Zukunft weiter steigen. Pauschalpakete (Zugticket, Bustransfer, Eintritt MP, Führung) können kostengünstiger sein. Reservierungen auch unter **reservas@perurail.com** oder in D bei Orient-Express Trains & Cruises, Tel. 0221-3380300, oereservations.germany@orient-express.com.

Estación San Pedro

In der Av. Cascaparo s/n, gegenüber vom Mercado Santa Ana, Tel. 23-8722. Hier fahren die **Schmalspurzüge nach Ollanta** (= Ollantaytambo) **und Aguas Calientes (= Machupiochu)** ab. Die Schalter sind Mo–Fr von 5–12 Uhr ab und Sa/So bis 9 Uhr geöffnet. Ansonsten Fahrkarten im Reservierungs- und Verkaufsbüro von Peru Rail auf dem Bahnhof Wanchaq (s.o.) kaufen. Die beste Aussicht auf der Hinfahrt nach Aguas Calientes hat man links, auf der Rückfahrt rechts.

Züge und Zugklassen zum Machupicchu

Vistadomes

Bei diesen Triebwagen mit Panoramafenstern, Bar und Videos wird zwischen den Zügen *Vistadome* und *Vistadome Valle* unterschieden. Nur der **Vistadome** fährt ab Cusco ab, die Vistadomes Valles fahren ab Ollanta.

Der Vistadome ist eigenständiger Touristenzug, er fährt täglich von Cusco nach Aguas Calientes und zurück. Er ist am schnellsten. Abfahrt in Cusco einmal täglich um 6.05 Uhr als Frühzug von Cusco nach Machupicchu. Ankunft in Aguas Calientes um 09.25 Uhr. Rückfahrt von Aguas Calientes um 15.25 Uhr, Ankunft Ollanta 16.57 Uhr, Ankunft Cusco 19.41 Uhr (s. Fahrplan). Fahrzeit etwa 4 Stunden. Eine einfache Fahrt kostet derzeit 71 US$, Kinder 3–11 Jahre 50% Ermäßigung.

Die **Vistadomes Valles**, ebenfalls mit Panoramafenstern versehen, verkehren ab Ollanta (ggf. ab Urubamba) zwischen 06.40 Uhr und 16 Uhr. Abhängig von der Abfahrtszeit variieren die Preise zwischen 43 und 60

Züge und Zugklassen zum Machupicchu Karte S. 276/77

US$ für die einfache Fahrt (Preisklassen *Premium, Regular, Económico*). Rückfahrten von Aguas Calientes nach Ollanta zwischen 08.30 Uhr und 19 Uhr. Die preisgünstigste Variante beim Vistadom Valle ist: Hinfahrt um 16.03 Uhr von Ollanta nach Aguas Calientes, Übernachtung, am nächsten Morgen früh hoch zum Machupicchu, Rückfahrt am selben Tag um 19 Uhr nach Ollanta (oder am übernächsten Tag um 8.30 Uhr) Gesamtfahrpreis derzeit 86 US$. Imbiss und Soft-Drinks im Preis inbegriffen.

Fahrplan Ollanta, Aguas Calientes/Machupicchu (Peru Rail)

	Lokalzüge		Touristenzüge			
	Tren local 1./2. Klasse	Tren social mit Coche Backpacker	Tren Hiram Bingham	Vistadome (Triebwagen)	Vistadome Valle	Tren Backpacker
Verkehrstage →	Mo–So	Mo–So	Mo–Sa	Mo–So		Mo–So
Cusco ab →	07.10		09.00[1]	06.05		06.50
Ollanta an Ollanta ab	09.44 09.49	19.45	10.44 10.47	08.24 08.29	07.05 [2]	09.10 [4] 09.15
Aguas Calientes an Aguas Calientes ab	11.45 18.15	21.45 05.30	12.25 17.45	09.52 15.25	08.27 08.30	10.51 17.03
Ollanta an Ollanta ab	20.04 20.09	07.40	19.20 19.23	16.57 17.00	10.10	18.35 18.38
Cusco an →	22.49		21.11	19.41		21.19
Fahrpreis einfach[3]		30 €	200 €	46 €	40 €	37 €/48 US$
Rückfahrkarte		44 € [5]	382 €	92 €	67 €	62 €
für lokale Bewohner	15 S/	10 Soles				

[1] Ab-/Rückfahrten des Luxuszuges ab/bis Poroy.

[2] **Zusätzliche Vistadomes Valles** fahren ab Ollanta um 7.45 Uhr/8 Uhr/10.32 Uhr/12.54 Uhr/13.17 Uhr und 16.03 Uhr. Fz knapp 1,5 h. Rückfahrten von Aguas Calientes nach Ollanta um 10.32 Uhr/10.55 Uhr/13.37 Uhr/15.55 Uhr/16.50 Uhr/17.25 Uhr und 19 Uhr, wobei der letzte Vistadome Valle bis Urubamba fährt. In der Hochsaison zwischen April und Oktober werden nach Bedarf weitere Vistadomes Valles eingesetzt.

[3] Fahrkarten für eine einfache Fahrt werden nur 48 Std. vor der Abfahrt im Verkaufsbüro von Peru Rail in Wanchaq verkauft oder bei Vorlage einer Erlaubnis (Bewilligung) der UGM/INC für den Inkatrail. Rückfahrkarten in Aguas Calientes rechtzeitig kaufen, da es in der Hochsaison vorkommen kann, dass evtl. der gewünschte Touristenzug besetzt ist.

[4] Zusätzlich fahren **Backpacker Cerrojos** ab Ollanta um 5.37 Uhr/08.53 Uhr/12.10 Uhr/18.58 Uhr und 20.35 Uhr, Rückfahrten von Aguas Calientes nach Ollanta um 5.35 Uhr/9.30 Uhr/14.26 Uhr und 18.03 Uhr, Fp 24–26 € (31–34 US$).

[5] Das Zugticket für den Backpacker-Wagen kann noch am Abfahrtstag gekauft werden, besser gleich Rückfahrkarte lösen, erspart viel Stress in Aguas Calientes. Von Aguas Calientes fährt der Zug täglich um 5.30 Uhr nach Ollanta zurück. Sitzplatzreservierung in der HS empfehlenswert, da alle Plätze schnell belegt sind. Durch die Subventionierung des Tren Social muss jederzeit mit Preiserhöhungen gerechnet werden.

Hinweis: Alle angegebenen Fahrplanzeiten und Preise dienen nur zur Orientierung, da diese sich jederzeit ändern können! Reisende mit den Touristenzüge sollten 30 Min. vor der Abfahrt ihre Plätze einnehmen.

Züge und Zugklassen zum Machupicchu

Wer den **Tag der Abfahrt** (oder Rückfahrt) nach Ticketausstellung nachträglich ände., **möchte,** muss eine Gebühr von 6 € bezahlen. Terminänderungen für die Rückfahrt von Aguas Calientes werden nur vor dem auf dem Ticket angegebenen Rückfahrtstag (ggf. am Tag der ursprünglichen Rückfahrt noch vor Abfahrt des Zuges) kostenlos vorgenommen. Etwas im Touristenzug verloren? vmartinez@perurail.com anmailen oder bei Peru Rail nachfragen.

Wer erst ab Poroy nach Aguas Calientes oder auf der Rückfahrt von dort nur bis Poroy und nicht nach Cusco fahren möchte, kann bis/ab Poroy mit dem Bus von AATC fahren, Zeitersparnis ca. 45 Minuten. Sowohl der Vistadome als auch der Backpacker halten dort. Infos bei AATC, Nueva Baja 424, Tel. 22-2580, Fax 22-7492, aatc@terra.com.pe, www.aatc-cusco.org.

Tren Hiram Bingham

Dieser Luxuszug mit Restaurant (Brunch) und Bar wird exklusiv zwischen Poroy (westl. außerhalb Cuscos) und Puente Ruinas, der Machupicchu-Talstation, eingesetzt. Er hält auch in Ollanta.

Abfahrt in Poroy Mo–Sa um 9 Uhr, Abfahrt in Ollanta um 10.45 Uhr, Ankunft Puente Ruinas 12.25 Uhr. Rückfahrt um 17.45 Uhr, Ankunft in Ollanta 19.20 Uhr, Ankunft Poroy um 21.15 Uhr. Rückfahrkarte 588 US$ (ca. 382 €), Kinder 3–11 J. 50%. Im Preis sind Getränke, ein Brunch während der Hinfahrt, Bustransfer, Führer, Eintritt Machupicchu, Nachmittagstee und ein Viergänge-Menü mit Unterhaltung auf der Rückfahrt enthalten. Platzreservierung obligatorisch unter: hirambinghamreservations@perurail.com oder in D bei Orient-Express Trains & Cruises, Tel. (0221) 33 80 300, oereservations.germany@orient-express.com.

Tren Backpacker

Der **Backpacker-Zug** ist der preisgünstigste Touristen-Zug. Die Sitze der alten Pullman-Waggons wurden ausgetauscht und ausreichend Gepäckablagen geschaffen. Abfahrts- u. Ankunftszeiten sowie Fahrpreise s. Fahrplan, Kinder 3–11 J. 50%. Fahrzeit 4 h.

Backpacker Cerrojos

Des weiteren fahren **Backpacker Cerrojos** ab Ollanta nach Aguas Calientes, Fz 1, 5 h. Das ist derzeit die günstigste Variante um Machupicchu zu besuchen. Preisklassen *Premium, Regular* und *Económico.* Hier die günstigste Variante: Abfahrt von Ollanta um 5.37 Uhr, Ankunft Aguas Calientes 7 Uhr, gleich hoch zum Machupicchu. Rückfahrt 18.03 Uhr, Ankunft Ollanta 19.35 Uhr, Fp 62 US$. In den Backpacker-Zügen müssen Imbisse und Softgetränke extra bezahlt werden.

Zusätzlich gibt es einen Lokalzug *(Tren social)* ab Ollanta, an den Backpacker-Waggons drangehängt werden.

Tren local (Lokalzug)

Der langsame *Tren local* (Fahrzeit ca. 5,5, h) ist **gesetzlich den Einheimischen vorbehalten** die im Urubamba-Tal leben oder peruanischen Studenten (auf den Bahnhöfen sind entsprechende Hinweisschilder angebracht, es wird streng kontrolliert). Falls Touristen dennoch den Lokalzug benutzen, ist mindestens der Preis für den *Tren Backpacker* sowie eine Strafe zu bezahlen, und man wird von der Polizei aus dem Zug geholt.

Aguas Calientes

Ankunft und Abfahrten der Touristenzüge (auch des Vistadomes) in Aguas Calientes im **neuen Bahnhof,** gleich hinter dem *Centro de Salud.* Ab Aguas Calientes dann Buszubringer nach Machupicchu. Ändert sich immer wieder, also nachfragen!

Sta. Teresa

Mit dem Bus von Ollanta nach Sta. Teresa, von dort zurück nach Machupicchu bzw. Aguas Calientes. Derzeit die billigste Alternative nach Machupicchu, sofern man genügend Zeit mitbringt (s.S. 315)

Quillabamba

Nach wie vor endet der offizielle Zugverkehr in Aguas Calientes, doch ein Lokalzug fährt um 12.10 Uhr bis zur Hidroeléctrica. Von dort verkehren

Busse (meist Lkw) nach Sta. Teresa, Fp 2 Soles. Deshalb derzeit kein Zugverkehr von Cusco bis nach Quillabamba! Wer nach Quillabamba möchte, muss den Bus benutzen (Fz 8 h, 5 €, Abfahrten 3x tägl. ab dem *Puente Santiago* in Cusco, gegen 6, 13 u. 17 Uhr).

Züge und Zugklassen von Cusco nach Puno

Da nun die Straße zwischen Cusco und Juliaca vollständig asphaltiert ist, fahren viele Peruaner vorzugsweise mit dem Bus, Fz nur noch ca. 5 Stunden. Deshalb wurde der Zugverkehr mit Lokalzügen zwischen Cusco und Puno ab Wanchaq eingestellt und die Kombination Zug und Bus ist auf dieser Strecke nicht mehr möglich. Es fährt nur noch ein Touristenzug.

Touristenzug Andean Explorer

Der **Andean Explorer** von Peru Rail fährt von Cusco über **La Raya** (4338 m) und **Juliaca** nach **Puno**. Wegen der Aussicht empfiehlt es sich, in Fahrtrichtung links zu sitzen (die Strecke Cusco – La Raya – Juliaca – Puno ist nicht so stark frequentiert wie in Gegenrichtung). Peru Rail setzt neue Züge mit modernen Waggons mit Panoramafenstern, nostalgischen Restaurant- und Barwagen mit hinterer Aussichtsplattform ein. Das obligatorische Mittagsmenü (drei Gänge) ist im Fahrpreis der 1. Klasse eingeschlossen.

Fahrpreise/ Fahrkarten

Der *Andean Explorer* nach Juliaca und Puno fährt regelmäßig Mo/Mi/Sa um 8 Uhr ab und erreicht La Raya um 12.30 Uhr. Dort 15 Min. Aufenthalt. Ankunft Juliaca 16.35 Uhr, Puno 18 Uhr. In der Hochsaison von April bis Oktober fährt der Zug zusätzlich auch freitags.

Fahrpreise nach **Juliaca** oder **Puno**: 1. Klasse 143 US$ inkl. Mittagsmenü. 2. Klasse (Touristenklasse) ca. 17 €, meist nicht voll. Fahrgäste der 2. Klasse können nicht in den Speise- oder Barwagen mit der Aussichtsplattform der 1. Klasse gehen, werden aber auf Wunsch mit Getränken und Snacks versorgt.

Die Fahrkarte mindestens einen Tag vorher besorgen, in der Hochsaison von April bis Oktober besser 2–3 Tage. Reservierungen für die Touristenklasse (2. Klasse) sind nicht möglich, doch der Kauf einer Fahrkarte ein paar Tage vorher. Für Reservierung und Kauf für beide Klassen benötigt man die Passnummer. Pass beim Einsteigen griffbereit halten, es wird kontrolliert. Das Gepäck muss im Zug abgegeben werden. Warm anziehen, es kann auch tagsüber kalt werden!

Flugverbindungen und Fluggesellschaften

Der Flughafen *Alejandro Velasco Astete,* Tel. 22-2611, ist nur 4 km vom Zentrum entfernt. Es verkehrt ein Bus vom Flughafen ins Zentrum und zurück. Taxis ins Zentrum kosten 3 Soles, keinesfalls mehr bezahlen, auch wenn der Taxifahrer das Doppelte verlangt. Die **Airport-Tax** für Inlandsflüge beträgt 3–4 €, für internationale Flüge (z.B. nach La Paz) 11 €. Auf dem Flughafen ist eine Wechselstube, die Post und ein Telefonservice vorhanden. **In Cusco sind unbedingt alle Flüge rechtzeitig rückzubestätigen!** Es ist geplant, einen neuen Flughafen Quispiquilla bei Chinchero zu bauen.

Die Flugpreise variieren je nach Jahreszeit erheblich. Ein Flug von Cusco nach Lima kann eine Preisspanne von 80–140 € aufweisen, Flugzeit 1 h. Es gibt bestimmte Wochen außerhalb der Hochsaison, in denen es supergünstige Flüge gibt. Die hier angegebenen Preise können nur Orientierung sein.

Airlines (*) = unregel- mäßig	*LAN,* Av. de Sol 627 B (gegenüber Centro Cusco), Tel. 25-5552, Fax 25-5555, www.lan.com. – *Star Peru,* Av. El Sol 679, Tel. 26-2768, www.starperu.com. – *TACA Peru,* Av. El Sol 612, Tel. 24-9921, gtacuz@grupotaca.com, www.taca.com. – *FAP/Grupo 8,* auf dem Flughafen; nach Lima (2x monatlich) 35 €. – *FAP/Grupo 42,* auf dem Flughafen. **Nach Arequipa:** mit LAN (2x tägl.) ab 69 €; Star Peru (2x tägl.). – **Boca Manu:** Buschflieger von MALU und Aerodiana, FAP/Grupo 42 (auch während der Regenzeit). – **Huaypethue:** Charterflug mit MALU oder Pisco Airlines 40 €; Air Atlantic (3x tägl.) 50 €. – **Ica:** Aero Cóndor (*). – **Juliaca:** LAN (1x tägl.) ab 99 €. – **Kiteni:** MALU (*) – **La Paz:** Aerosur, via La Paz am Do/So, Fp ab 135 €. – **Lima:** LAN (5x tägl.) ab 100 €; Star Peru (2x tägl.); TACA Peru (tägl.) 95 €; FAP/Grupo 8 (2x monatl.) 39 €; Fensterplatz auf der rechten Seite wählen. – **Mazuco:** MALU (*) – **Pto. Maldonado:** LAN (ein- bis zweimal tägl.) 64–156 € je nach Jahreszeit und Saison; Star Peru (1x wö); Santandér (*) mit kleinen Buschflugzeugen 69 €.

Umgebungsziele von Cusco

Tour 1: Cusco – Saqsaywamán – Q'enqo – Pukapukara – Tambomachay (BT)

Allgemeine Öffnungszeiten der Stätten: 7–18 Uhr	Zur Höhenanpassung und als nur wenig anstrengender Ausflug ist die Tour 1 gleich zu Beginn eines Cusco-Aufenthalts empfehlenswert (lediglich der Aufstieg zur Saqsaywamán-Festung erfordert etwas Kondition). Saqsaywamán, Q'enqo, Pukapukara und Tambomachay gehören alle zum *Parque Arqueología de Saqsaywamán* und sie liegen unmittelbar an der Straße nach Pisaq. Dabei muss aber nicht der Straße nachgefahren werden, sondern man kann auch einen guten Feldweg bis nach Pukapukara nehmen, um so auch erste Landschaftseindrücke zu gewinnen. Von Pukapukara ist es nur noch einen Katzensprung nach Tambomachay. Auch ein Taxi (ca. 5 €) lässt sich für diese kurze Tour anmieten. Dabei ist es sinnvoll, sich z.B. nach Tambomachay fahren zu lassen und von hier den Fußweg – immer abwärts – nach Cusco zu machen. Preiswerter ist die Fahrt mit einem Colectivo Richtung Pisaq, das auf Wunsch an der Abzweigung nach Tambomachay hält. Nach der Besichtigung von Tambomachay führt der Rückweg an Pukapukara vorbei bis zum nächsten Dorf. Dort geht es links über den Fußballplatz und an seinem unteren Ende biegt man entlang des Zaunes nach rechts ab und folgt dem Bachlauf nach Q'enqo. Für die Ruineneintritte wird der Boleto Turístico (BT) benötigt, es wird in allen Ruinen regelmäßig kontrolliert. Nach Möglichkeit diese Tour nicht am Sonntagnachmittag machen, da dann die Touristenströme auf dem Rückweg von Pisaq die Stätten aufsuchen. Auch samstags und montags sind viele Gruppenreisende unterwegs. Bessere, ruhigere Tage sind Dienstag, Mittwoch und Freitag. Der Ausflug kann auch bei einer örtlichen Reiseagentur gebucht werden (Kosten ab 5 €).

Saqsaywamán (BT)

Von der Plaza de Armas aus ist diese über 2,5 ha große Festungsanlage oberhalb der Stadt (auf 3567 m) in einem ca. halbstündigen Fußmarsch von der Plaza de las Nazarenas über den sehr steilen Aufstieg der Pumacurco, am Ende geht's über Treppen, erreichbar. Für Nicht-Akklimatisierte ist dieses kurze Wegstück, Gehzeit ab Plaza de Armas ca. 1 h, bereits recht anstrengend. **Warnhinweis:** Laut Zuschriften wurden in letzter Zeit auf diesem Weg nach Einbruch der Dämmerung Touristen, die alleine unterwegs waren, angegriffen, ausgeraubt, sexuell belästigt oder gar vergewaltigt.

Alternativ kann auch eine kurze Autofahrt (ca. 3 km), vorbei an der *Iglesia San Cristóbal,* unternommen oder mit dem Colectivo „Cristo Blanco", gefahren werden (Fp 60 Soles). Führung durch die Anlage 15 Soles.

Saqsaywamán sind die imposantesten und mächtigsten Ruinen in der näheren Umgebung Cuscos, ein Vorgeschmack auf Machupicchu, Pisaq und Ollantaytambo. Ab 17 Uhr ist der Eintritt kostenlos, abends wird die Anlage angestrahlt.

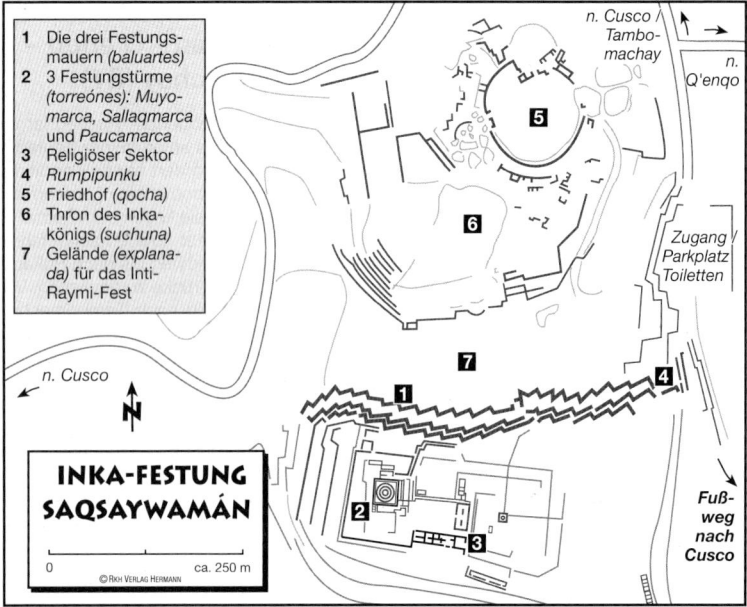

1 Die drei Festungsmauern *(baluartes)*
2 3 Festungstürme *(torreónes): Muyomarca, Sallaqmarca* und *Paucamarca*
3 Religiöser Sektor
4 *Rumpipunku*
5 Friedhof *(qocha)*
6 Thron des Inkakönigs *(suchuna)*
7 Gelände *(explanada)* für das Inti-Raymi-Fest

„Schöpfung der Titanen" Der Name Saqsaywamán stammt von dem Quechua-Wort „wamán – Falke", da die Festung den Grundriss in Form eines Falken haben soll. Der Bereich um Saqsaywamán war der am meisten gefährdete Zugang zur Hauptstadt des Inkareiches. Deshalb ordnete der 10. Inca, *Túpac Yupanki,* und *Huayna Capac* den Bau dieser mächtigen Festung an. 20.000 bis 40.000 Menschen sollen an ihr rund 70 Jahre lang gebaut haben. So ge-

Saqsaywamán

■ *Zyklopische Steine zum Puzzle verschachtelt*

nau weiß das aber niemand. Es gibt auch Archäologen, die Saqsaywamán für eine reine Kultstätte des Sonnengottes noch aus der Präinkazeit halten. Doch wer die tonnenschweren, passgenauen, gigantischen Zyklopenmauern gesehen hat, ist zuerst einmal nur überwältigt. Das Bollwerk Saqsaywamán scheint auf den ersten Moment eine Schöpfung der Titanen in der Dämmerung der Menschheit gewesen zu sein.

Die unterste Mauer, die etwa 600 m lang ist, ist am faszinierendsten. Rätselhaft ist bis heutzutage die Technik des Transports der riesigen Quader, deren größter die Ausmaße 6,20 x 5 x 4 m hat und etwa 42 Tonnen wiegt. Bekannt ist, dass es Steinwerkzeuge gab, mit dem Porphyr und auch Granit bearbeitet werden konnte.

Nach einer Legende soll in Saqsaywamán auch der sagenhafte Schatz der Inkas versteckt sein. 300 Jahre lang suchten und durchwühlten Schatzgräber den ganzen Festungsbereich, ohne etwas zu finden (vielleicht wurde er doch im Titicacasee versenkt? Oder in die Urwaldfestung Vilcabamba gebracht?).

1999 entdeckten peruanische Archäologen in Saqsaywamán 16 vollständig erhaltene Inkagräber mit wertvollen Grabbeigaben und bis 2006 wurden weitere halbkreisförmige Konstruktionen, Mauern, Terrassen und Kanäle freigelegt.

„Falken-Festung"

Von der Festungsanlage sind, trotz der teilweisen Zerstörung durch die Spanier und zahlreicher Erdbeben, die drei terrassenförmig übereinandergebauten Zickzack-Mauernwälle bestens erhalten. Sie sind 600 m lang und bestehen aus 21 Bastionen. Die untere Mauer ist 9 m hoch, die mittlere 10 m und die obere 5 m. Der Zugang zu den oberen Mauerwällen erfolgt über das *Rumipunku,* dem wuchtigen Hauptportal, das in einer Gefahrensituation mit einem Steinblock geschlossen werden konnte. Im oberen Bereich sind noch die Reste von zwei viereckigen Türmen (Sallaqmarca und Paucamarca) zu sehen, in denen entweder die Besatzung untergebracht war oder Lebensmittel gelagert wurden. Die Türme wurden von Archäologen erst in den 30er Jahren wieder freigelegt, nachdem die Spanier sie zugeschüttet hatten. Durch unterirdische Gänge waren die Türme mit der **Muyoqmarka** (Torreón), einer turmartigen Anlage mit drei konzentrischen Ringen, die wahrscheinlich als Befehlszentrum und Schutzturm des Inca diente, und mit den inkaischen Palästen in Cusco verbunden. Bei Gefahr konnte sich der Inca mit seinen Angehörigen in die Muyoqmarka zurückziehen. Die Festung galt ohnehin als uneinnehmbar.

Nach früheren Annahmen war der Torreón eine Sonnenuhr, nach dem

Inkachronisten *Garcilaso* ein Wasserturm zur Bewässerung und *Cieza de León* hielt fest, dass hier das „Haus der Sonne" war, also der Sitz des Sonnensohnes, des Inca. An den Mauerresten lässt sich noch der Durchmesser des Turmes von ca. 30 m feststellen.

Von diesem Punkt hat man einen schönen Blick auf Cusco oder nach Norden über den großen Grasplatz (Explanada) auf den gegenüberliegenden *Suchuna-Felsen, Rodadero* genannt. Dieser gewölbte Trachyt-Felsen wurde wahrscheinlich von einem Gletscher so glatt geschliffen. Wegen seiner sitzartigen Ausmeiselungen wird er **„Thron des Inca"** genannt.

Inti Raymi

Auf der Explanada zwischen den Festungsmauern Saqsaywamáns und dem Rodadero findet jedes Jahr am 24. Juni zur Feier der Sonnwende das farbenprächtige Festspektakel *Inti Raymi* statt. Zehntausende von Zuschauern, Einheimische wie auch Touristen, bevölkern die umliegenden Felsen **(s. Foto)** und Mauernreste. Das Inti Raymi ist ein Riesenspektakel, bei dem noch einmal die Welt der alten Inkas aufersteht (oder so, wie man sie sich heutzutage vorstellt). In historischen Kostümen treten Soldaten, Priester, Sonnenjungfrauen, der Adel und der Inca selbst auf. Als Höhepunkt wurde früher ein lebendes Lama geopfert.

Ablauf: Das Fest wird am 22.06. mit einem großen Feuerwerk eröffnet. Am nächsten Tag folgt ab 11 Uhr bis in die Nacht ein großer Folkloreumzug durch Cusco. Das eigentliche Spektakel beginnt am 24.06. um 10 Uhr mit der Sonnenzeremonie an der Qoricancha. Anschließend feierlicher Festzug zur Plaza de Armas mit weiterem Zeremonialakt. Um 13 Uhr Sonnenwendfeier in Saqsaywamán. Kosten: Tribünenplatz 50 €; kostenlose Plätze gegenüber der Tribüne auf dem Hügel.

Qocha

Ganz in der Nähe der Festungsanlage Saqsaywamán liegt hinter dem Suchuna-Felsen mit dem **Chincana Grande** („Großes Labyrinth") ein vielgestaltig modulierter und ausgehöhlter monolithischer Block, *Qocha* genannt. Der mysteriöse Block ist 6 m hoch und seine größte Ausmeißelung ist ein 3 m hoher Altar oder Thron. Das in seinem Inneren sehr verwinkelte Netzwerk von Gängen führte angeblich dazu, dass sich Leute verirrten, nicht mehr herausfanden und verhungerten. Deshalb ist der Eingang heute verschlossen.

Wahrscheinlich war der Qocha ein unterirdischer inkaischer Friedhof. Auf diesen Block bezieht sich nach Garcilaso die Legende vom „Müden Stein", der für Saqsaywamán bestimmt war. Danach waren mit dem Transport 20.000 Mann beschäftigt, von denen 3000 erschlagen wurden, als ihnen der Stein entglitt. Tatsächlich dürfte sich dieser Kalksteinblock schon immer hier befunden haben. Fest steht, dass er mit seinen eingemeißelten Skulpturen, Stufen, Sitzen und kleinen Altären magische Funktionen zu erfüllen hatte.

Q'enqo (BT) Dieser Kult- und Festplatz ist von einem stark zerklüfteten Felsen mit Spalten und Höhlen umrahmt und liegt einen knappen Kilometer östlich von Saqsaywamán, von Cusco kommend rechts, unterhalb der Straße nach Pisaq. In der Mitte des Platzes steht auf einem Sockel ein steinernes Gebilde, dessen Schattenwurf einen Puma zeigt. Der Puma geht wahrscheinlich auf einen Steinkult aus der Präinkazeit zurück.

Das Quechua-Wort *Q'enqo* bedeutet „*das Gewundene*" und leitet sich von einer in den Fels gehauenen, schlangenförmigen Opferrinne ab, in die aus Schalen Trank- oder Blutopfer hineingeschüttet wurden. Es floss dann in die Höhle des Felsens hinab. Der Zugang der Höhle wurde mit einem Eingang zur Unterwelt verglichen. Der Weg hinein führt durch einen Engpass von glattgeschliffenen, überhängenden Felswänden. In der Höhle sind Sitze und Altäre aus dem Fels geschlagen. Bei Ahnenfeiern und rituellen Zeremonien saßen hier vermutlich die Mumien. Ungeklärt ist noch heute die Bedeutung der Skulpturen, mit denen die Oberfläche des Q'enqo bedeckt sind.

Fußweg nach Pukapukara Die Fußwanderer müssen nun überlegen, ob sie jetzt noch die etwa 5 km zu den beiden letzten Ruinen Pukapukara und Tambomachay bewältigen möchten. Der Feldweg führt rechts von der Straße querfeldein an einem Eukalyptusgehölz vorbei, mit einem schönen Blick auf den schneebedeckten Gipfel des *Ausangate* (6350 m). Dann gabelt sich der Weg: der linke Feldweg führt steil aufwärts zur Hauptstraße via Huayllarcocha, das östlich des Weges liegt, nach Pukapukara.

In Huayllarcocha kommt man auch am Sozialcafé *Yuraq Chaska* („Weißer Stern") vorbei. Die Einnahmen des Frauenprojekts dienen Workshops zum Erlernen eines unabhängigen Lebens abseits von Gewalt, Drogen und Demütigung und der Finanzierung von Lehrern für eine Schule, um quechuasprechenden Kindern mehr Selbstwertgefühl zu vermitteln. Im Café kann der Besucher vegetarische Kost, Fruchtsäfte, Cocaprodukte und Leckereien aus Quinoa, Kiwicha und Mais probieren.

Von Huayllarcocha geht es weiter bergaufwärts, vorbei an der Hazienda Ucucuyoc zur Hauptstraße nach Pukapukara. An der Hauptstraße in Richtung Pukapukara wartet dann in aller Regel die „Lamaherde vom Dienst" aufs Foto-klick-klick und einige Soles. Dann führt der Weg wieder rechts der Straße weiter, verengt sich immer mehr zum Pfad, führt quer durch die Landschaft und mit der Zeit ebenfalls steil bergauf, später immer an einem kleinen Bach entlang, bis in die Nähe der Hauptstraße in Höhe der Ruinen von Pukapukara. Gegebenenfalls unterwegs nachfragen.

Pukapukara (BT) Diese kleine Bergfestung (3660 m) liegt etwa 6 km von Saqsaywamán entfernt und war ein Kontroll- oder Lagerposten. Der halbkreisförmige Tambo bestand aus Terrassen mit Türmen, Behausungen und Treppen, die von einer Mauer mit kleinen, unpolierten Steinen umgeben war. Die Bedeutung der Anlage kann in einer strategischen Verbindung mit Tambomachay und der Kontrolle der Straße von Cusco nach Pisaq ins *Urubamba-Tal* gesehen werden. Auf der Straße zweigt nach 200 m ein Weg nach links ab zu den Ruinen von

Tambomachay (BT) Möglicherweise handelt es sich bei dieser Anlage um einen Landsitz des Incas *Túpac Yupanki,* oder um eine Art Wasserheiligtum. Da Wasser in Becken nach unserer Auffassung meist gleichbedeutend mit „baden" ist, wird hier fälschlicherweise auch vom *Bad des Inca* gesprochen. Über die vier terrassenförmig ansteigenden Mauern mit den inkatypischen, trapezförmigen Nischen ergießt sich noch heute sprudelnd das Wasser durch steinerne Kanäle in die Becken. Das Wasser stammt wahrscheinlich von einem unterirdischen Bach oder einer alten Inka-Wasserleitung. Es wird wohl ein Geheimnis bleiben, ob hier, wie eine Quelle vermutet, müde Stafettenläufer badeten oder der Inkaherrscher kultischen Wasser-Zeremonien beiwohnte. Es wird auch vermutet, dass die eigentlichen Bäder unter dem Kiesplatz vor der Ruine begraben liegen.

Cusilluy-hayoc Wer noch genügend Zeit hat, kann auf dem Rückweg noch einen Abstecher zu dem präkolumbischen Ruinenkomplex von *Cusilluyhayoc, Laqo* und *I anlakuyoq* unternehmen. Von der Straße kurz hinter Q'enqo führt hinter einer Gruppe Adobehäuser (Bierkneipo) ein Feldweg direkt zu dieser in Felsen gehauenen Anlage, die selten von Touristen besucht wird. Auch der Pfad des zuvor entlanggelaufenen Baches nach Pukapukara führt talwärts unmittelbar an der Anlage vorbei. Deutlich sichtbare, steinerne Wasserleitungen kündigen die verschiedenen Anlagen an. Sehenswert sind in den Stein geschlagene Sitze, Treppenstufen und ein durch den Fels führender Höhlengang, der in etwa 5 m Höhe beginnt und gut erreicht werden kann. Auf der anderen Seite des Felsen sind gleichfalls gehauene Öffnungen mit Zeremoniensteinen zu sehen. Auffallend sind Reliefs, die Pumas, Affen und Schlangen darstellen.

Valle Sagrado de los Incas

Durch die Fruchtbarkeit und das besonders milde Klima war das Tal zwischen Ollanta und Pisaq für die Inka von extrem wichtiger Bedeutung für ihre Versorgung. Nicht umsonst liegt in Moray ein wichtiges Ackerbauzentrum der Inkas. Feldbauterrassen ziehen sich die Berghänge bis in schwindelnde Höhen hinauf, um die verschiedenen Höhenbereiche voll zu nutzen. So ist verständlich, dass das Tal für die Inka „geheiligt" war und es bis heute *Valle Sagrado de los Incas* genannt wird.

Tour 2: Cusco – Chinchero – Ollanta – Urubamba – Pisaq

Für dieser Ausflug sind, je nach Interesse, ein oder zwei Tage zu veranschlagen (auf der Rückfahrt von Pisaq nach Cusco kann die oben beschriebene 1. Tour miteingebunden werden, wobei die 2. Tour auch in entgegengesetzter Richtung unternommen werden kann). Wer über genügend Zeit verfügt, dem empfehle ich, den Ausflug als Zweitagestour mit Übernachtung in Urubamba oder Ollanta zu planen. Dabei ist zu berücksichtigen, dass der (sehr touristische) Markt in Pisaq sonntags (als Sonntagsmarkt) auch dienstags und donnerstags stattfindet, der (nicht mehr so authentische) Markt in Chinchero nur am Sonntag und, als kleinerer Markttag, auch am Donnerstag. Für Eilige ist dieser Ausflug (meist in entgegengesetzter Richtung) mit einem Reisebüro auch an einem Tag durchführbar. Abfahrten meist Di/Do/So, Preis 8–10 €. Ein Taxi für die Rundreise kostet bis zu vier Personen ca. 25–35 €, nur nach Chinchero und zurück 15–20 €. Kleingruppen sollten sich überlegen, ob sie nicht einen Mietwagen nehmen. Busse, Colectivos und Micros fahren meist im Stundentakt, jede Teilstrecke kostet ca. 0,75–1 €.

Weben in den Anden

Das Textilhandwerk und das Weben gehen in Peru Tausende von Jahren zurück (älteste textile Funde um 2500 v.Chr. in Nordperu; Grabtücher in Paracas, mantos*, und Nasca). Neben Baumwolle wurde nach der Domestizierung von Lamas und Alpakas auch deren Wolle mit ihrer natürlichen Färbung verwendet. (HH)*

Etwa um 1000 v.Chr. kommen Webgeräte zur Anwendung, die Herstellung des Garns erfolgt mit der Hilfe von Handspindeln (Foto s.S. 322). Bekannt sind 3 Arten von Webgeräten: Der vertikale Webstuhl, der horizontale sowie der **Rückenbandwebstuhl,** *noch heute ein gebräuchliches Webgerät in Peru. Er besteht aus 2 parallelen Holzstäben, der sogenannte „Kettbaum" wird an einem Baum oder Pfahl im Boden befestigt, der „Brustbaum" mit einem Gurt um den Rücken der Weberin geschlungen. Durch Vor- oder Zurücklehnen kann sie die Fäden spannen oder lockern.*

Den Rückenwebstuhl benutzten sowohl die Völker der Küste (s. Abb. oben, auf einer Mochica-Keramik), als auch die Inka-Frauen (rechte Abbildung, nach Huamán Poma de Ayala).

Chinchero (BT)

Zunächst führt die Straße von Cusco ein Stück in Richtung Abancay. Bei km 16 zweigt rechts eine Straße ab, und nach 30 km kommt Chinchero in Sicht. Der kleine Ort liegt auf 3762 m Höhe und ist ein altes inkaisches Landwirtschaftszentrum, das 12 *Ayllus* (indigene Gemeinden) vereint. Bekanntgemacht hat Chinchero sein (touristischer) **Sonntagsmarkt**, der in den frühen Morgenstunden beginnt und auf dem idyllisch gelegenen Hauptplatz unterhalb der Kirche stattfindet. Der allgemeine, überdachte Markt befindet sich am Ortseingang.

■ *Kirche und Markt von Chinchero*

Die kleine Kirche in Lehmziegelbauweise lohnt einen Besuch, besonders zur Gottesdienstzeit (Fotografierverbot!). In ihr sind auch Gemälde der Cusqueñer Malschule zu sehen, vergleichbar mit denen der Kirche in Andahuaylillas. Den großen Platz vor der Kirche säumen alte Inkamauern mit zehn Trapeznischen, unterhalb sieht man noch weitere, wahrscheinlich Reste des Palastes des Inca Túpac Yupanki, der hier residierte und 1480 den Ausbau Chinchero mit Tempeln und Bädern forcierte. An der Plaza fällt auch die **Casa de Mateo García Pumacahua** auf, Caudilllo der Rebellion von 1814.

Auf dem noch ursprünglichen Markt werden neben Textilien und Souvenirs hauptsächlich Obst und Gemüse, Mais, Kartoffeln und Chicha angeboten. Typisch bei der Tracht der *chincheros* sind die flachen Rundhüte. Wer übernachten möchte, dem bietet sich die Möglichkeit in der sehr einfachen *Albergue*.

Die wichtigsten Feste in Chinchero: 2./3. Mai: Heilig-Kreuz-Fest; 14./15./16. Juni: Coyllur Riti-Pilgerfest. Weitere Infos zu Chinchero: www.cusco-peru.org; Videovorschau Chinchero: www.youtube.com - Cusco Chinchero.

Von Chinchero führt eine Straße direkt nach Urubamba. Interessierte können unterwegs einen Stopp im Moray, dem alten Ackerbauzentrum der Inkas, einlegen.

Maras und Moray

Dazu von Chinchero die asphaltierte Straße nach Westen, vorbei an *Racchi* und der *Laguna Huaypo*, nach Urubamba nehmen. Dann hinter der Siedlung Amontoy Collanas nach links der ausgeschilderten Abzweigung nach **Maras** (3352 m) folgen. An dieser Abzweigung warten manchmal auch Taxis nach Maras, Fp 1 Sol p.P. bzw. für die Tour bis Moray mit Weiterfahrt nach Urubamba 20 Soles. Nach knapp zwei Kilometern geht nach rechts bzw. Nordwesten ein Weg ab mit einem Schild „Salineras". Ab da sind es zu den Salzbecken in Pichingoto noch ca. 8 km auf einer Schotterpiste, vorbei an einer wunderschönen Landschaft. Geringe Eintrittsgebühr. Maras ist eine vorinkaische Siedlung der Chanapata. Der Ort selbst wurde von Pedro Ortiz de Orue gegründet und wirkt heute recht verschlafen mit einer aus Adobe errichteten Kirche.

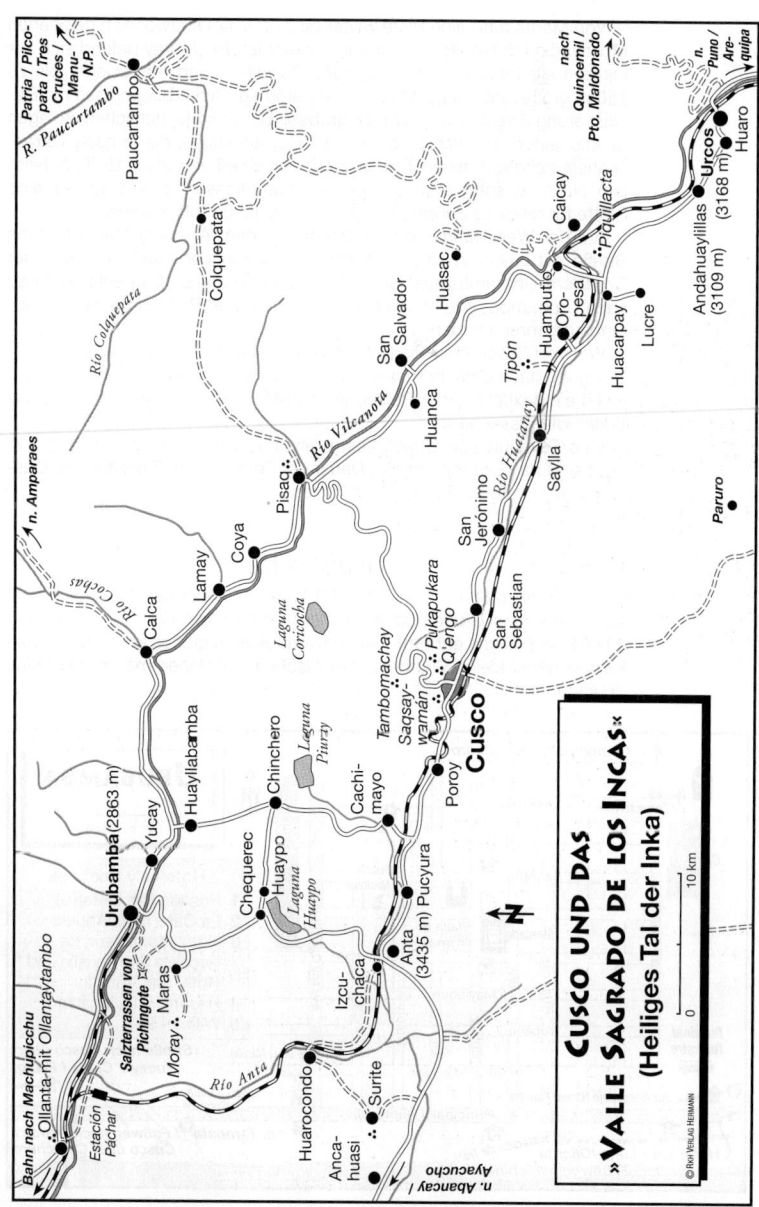

Von Maras führt eine Piste weiter bis zum 7 km südwestlich gelegenen **Moray**, die mit blauen Pfeilen gut markiert ist. Bei Moray befand sich zur Inkazeit ein Landwirtschaftszentrum. Zu sehen sind terrassierte, bis zu 150 m große und bis zu 30 m tiefe kreisförmige Ackerbauanlagen mit Bewässerungskanälen und Wassergräben. Die mikroklimatischen Anlagen funktionierten wahrscheinlich wie ein Gewächshaus, die je nach Terrassentiefe zeitgleich einen Temperaturunterschied von etwa 15 °C aufwiesen. Nach neuesten archäologischen Erkenntnissen soll Moray aber eine Stätte für religiöse Zeremonien gewesen sein. Eintritt 5 Soles.

Auf der Weiterfahrt nach Urubamba ab dem Abzweig Maras fällt die Straße mit einem prächtigen Blick auf die schneebedeckten Gipfel der Cordillera Urubamba erst allmählich, dann in steilen Serpentinen hinab nach Urubamba. Alternativ kann von Maras über Pichingoto nach Urubamba gefahren werden.

Wer von Cusco über Pisaq nach Urubamba fährt, kann dort an der Abzweigung nach Chinchero aussteigen. Dort warten bei Ankunft der Busse meist ein Taxifahrer, der Reisende nach Moray fahren möchte, Fahrpreis Verhandlungssache.

Eine Taxifahrt von Cusco kostet etwa 50 Soles inkl. einem Stopp in Maras, Moray und Pichingoto, Dauer der Tour ca. 6 h, Einzeltour ab Cusco mit einem Touranbieter ca. 60 Soles.

Urubamba

Der Hauptort (2880 m, etwa 12.000 Ew.) des gleichnamigen Tales wird auch *Perle des Urubamba* bezeichnet und ist von Cusco etwa 60 km (über Pisaq 70 km) entfernt. Sehenswürdigkeiten gibt es keine, doch man kann schöne, kleine Wanderungen machen, auf denen man sicher keine Touristen trifft.

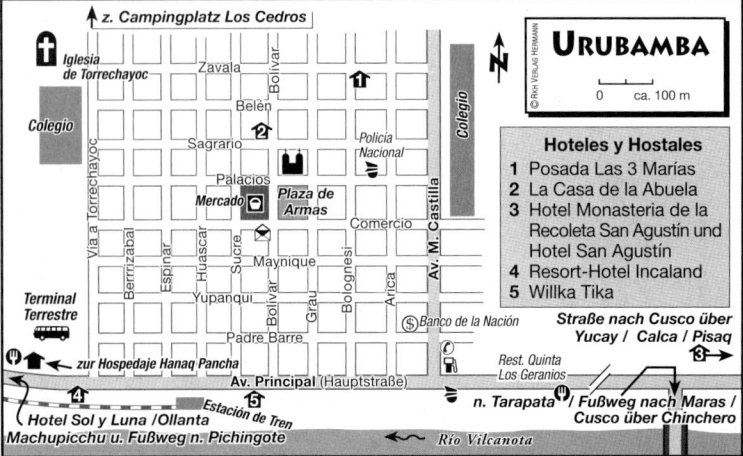

Die Salzterrassen

Urubamba ist wegen seines angenehmen Klimas als Ausflugsort beliebt. Es gibt täglich einen Obst- und Gemüsemarkt (ohne Souvenirstände!), am Freitag ist großer Markt. Wer das bunte Treiben auf einem indigenen Markt erleben möchte, ist hier besser aufgehoben als in Pisaq, da es sich hier noch um einen echten Bauernmarkt handelt.

Auf dem Río Vilcanota werden Schlauchbootfahrten, z.B. auf dem Streckenabschnitt Pisaq – Calca durchgeführt. Daneben wird Mountainbiking, Drachenfliegen und Pferdetrekking angeboten (in Urubamba buchbar). Urubamba ist, neben Yucay, ein liebevolles Städtchen, um etwas auszuspannen.

Pichingoto   Als schönes Ausflugsziel locken die **Salzterrassen von Pichingoto**, die von Urubamba gut zu Fuß erreichbar sind. Wer nicht von Urubamba aus loslaufen möchte, kann alternativ vom Terminal Terrestre in Urubamba mit einem Kleinbus 2–3 km Richtung Ollanta fahren. Auf Wunsch hält der Fahrer (ihm sagen, dass man bei den *Salinas* aussteigen möchte) in Höhe der großen Hängebrücke über den Río Vilcanota Panteompampa. Nach ihrer Überquerung führt der Weg nach Westen (rechts) flussabwärts, am linken Flussufer entlang, zum Friedhof. Nach 10 Minuten mündet ein Bach in den Fluss. Von dort führt ein Maultierpfad hinauf zu den Salzterrassen. Gehzeit ab der Hängebrücke ca. 60–90 Min., Eintritt normalerweise frei, manchmal geringe Gebühr.

Außerdem fahren Taxis und Colectivos von Urubamba nach Maras und weiter zu den Salzterrassen, Fp Taxi 30 Soles inkl. Wartezeit und Rückfahrt. Wer von Ollanta aus mit einem Pick-up oder Colectivo nach Urubamba fährt, kann aus dieser Richtung kommend die Salzterrassen rechterhand sogar sehen. In Sichtweite beim dortigen Abzweig aussteigen und zu den Salzterrassen laufen, Gehzeit von dort 20 ca. Minuten. Auf dem Rückweg am Abzweig einen Colectivo oder Pick-up nach Urubamba stoppen.

Die **Salzgewinnung** erfolgt nur **von Mai bis Oktober.** Die gut 3000 Becken auf terrassierten Hängen strahlen gleißend hell, ein fantastischer Anblick. Frauen und Kinder hacken mühselig die Salzschollen los, Männer buckeln sie in Säcken weg. Einen Monat dauert es, bis sich in einem Becken eine Salzkruste von etwa 250 kg gebildet hat, für die die Salzabbauer 20 Soles erhalten. Die Becken werden seit Generationen vererbt. Fototipp: wegen der extremen Helligkeit der Becken *länger* belichten als gemessen, etwa ein bis zwei Blenden- bzw. Zeitstufen (manuelle Einstellung). Beste Fotografierzeit bis etwa 14 Uhr.

Maras   Als weiteres Ausflugsziel kann auch Maras zu Fuß von Urubamba aus erreicht werden. Dazu die Straße Richtung Yucay bis zur Abzweigung (n. rechts) nach Chinchero laufen. Auf der Straße nach Chinchero bzw. Cusco über den Río Vilcanota gehen und in der ersten rechten Haarnadelkurve dem Weg nach **Tarapata** folgen. Von Tarapata führt der Weg direkt nach Maras.

Adressen & Service Urubamba

Unterkunft	**Vorwahl (084)**
ECO	**Hostal Urubamba,** Bolognesi (im Zentrum); sehr freundlich. – **Hospedaje Los Jardines,** Convención 459, 5 Gehminuten von der Plaza, Tel. 20-1331. Häuschen mit Schlafzimmer, bp, Ww, Ws, Miniterrasse und schöner Garten. DZ 13 €, sehr empfehlenswert. – **La Casa de la Abuela,** Bolívar 272 (2 Gehminuten von der Plaza), Tel. 60-5767, lacasadelaabuela@hotmail.com. Kleines, freundliches Hostal mit familiärer Atmosphäre, gutem Restaurant und Touristeninfos, gPLV. – **Hospedaje Macha Wasi,** Padre Barré, Tel. 20-1612, infomachawasi.com, www.machawassi.com. Nettes Gästehaus (Nichtraucher!) von Michael Holberton, Zi. mit Ww (Solarenergie), schöner Garten, Mountainbike-Touren. DZ/F 14–20 €. **TIP!** – **Hanaq Pancha,** am Ortsrand, 900 m von der Plaza, Tel. 20-1757, ritas-guesthaus@gmx.net. Gästehaus inmitten einer Gartenanlage unter dt. Leitung, 3 stilvolle, komfortable Zi., bp, Ww; auf Wunsch alternative Heilmethoden und HP. DZ/F 20 €, TR von Cusco 12 €.
ECO/FAM	**Hostal Nina Sonqo,** Refugio Samana Wasi am Stadtrand von Urubamba, Tel. 20-1274, www.samanawasi.com. Anfahrt mit dem Mototaxi 2 Soles. Idyllisch gelegenes, angenehmes Gästehaus von Anton und Regia, das zum Kinderheim Samana Wasi gehört, sehr freundlich, ruhig und angenehm. Saubere Zi./bp, Ww, Parkanlage, GpD, PP, Wachdienst. EZ/F46 Soles, DZ/F 50 Soles. **TIP!**
FAM	**Posada Las 3 Marías,** Zavala 307, Tel. 20-1006, posada3marias@yahoo.com. Freundliche, ruhige Familienpension mit 7 Zi., bc/bp, kleiner Patio mit Garten. DZ 24 €. – **Hostal El Maizal,** an der Straße Richtung Ollanta links, kurz nach KM 71, Tel./Fax 20-1191, maizal@speedy.com.pe. Dt.-spr., familiär. DZ/F 32 €.
FAM/LUX	**Hotel Monasterio de la Recoleta San Agustín,** La Recoleta, am Ortsausgang Richtung Pisaq, Tel. 20-1666, Tel./Fax 20-1004, www.hotelessanagustin.com.pe. Hotel in ehemaligem Kloster, spartanische Zi., rustikales Ambiente, für Reisende die der Ruhe suchen. DZ/F ab 48 €. – **Hotel San Agustín Urubamba,** am Ortsausgang Richtung Calca, KM 69, Tel. 20-1444, Fax 20-1025, www.hotelessanagustin.com.pe. Rustikale Zi., bp, Heizkacheln, Rest., Rabatt in der Nebensaison, viele Gruppenreisende. DZ/F ab 48 €. – **Hotel Incaland,** Av. Ferrocarril s/n, an der Hauptstraße Nähe Ortsausgang Richtung Ollanta links, Tel. 20-1126, Fax 20-1117, incaland@terra.com.pe. Ältere Anlage am Fluss, 65 Zi., bp, zwei Rest., großer Frischwasserpool. DZ 80 €, TriZ 100 €, Buffet 8 €.
LUX	**Luna Rumi,** Camino Ccotohuincho s/n, Tel. 20-1797, www.lunarumi.com. Sehr gemütliches und stilvolles Hotel in einer großzügigen Anlage mit Inkaterrassen, andentypischer Dekor, EZ/DZ, bp, Ww, sehr persönlicher Service, auf Anfrage Abendessen. DZ/F 58 € plus Mehrwertsteuer (IGV), alle Kk. Lohnenswerte Alternative zu den anderen Hotel in dieser Preisklasse. – **Hotel Sol y Luna,** 2 km weit dem Ortsausgang Richtung Ollanta rechts, Tel./Fax 20-1620, www.hotelsolyluna.com. Liebliche Gartenanlage mit Bungalows im provenzialischen Stil, von einem Schweizer geführt, bp, Ww. Stilvolles, sehr gutes Rest., Pool, Reitausflüge (15 Paso-Pferde), sehr freundlich. DZ 90–120 €. **TIP!**
Für Ornithologen/Wissenschaftler	**Willka Tika,** beim *Parador Rumichaca,* etwa 3 km vor Urubamba (von Ollanta kommend), bei *Carol Cumes* aus Südafrika, in schönem Garten gelegen in der Nähe des Río Vilcanota, sehr ruhig, familiär, freundlich, Tel./Fax (84) 20-1181.
Camping	**Los Cedros,** über die Av. Torrechayoc, östlich der Iglesia Torrechayoc noch 5–10 Min. weiter geradeaus. Eigner Constanze Liertz de Vera und César Vera Velásquez, Tel. (084) 201416. Sehr idyllisch, kinderfreundlich, familiär, dt.-spr. Zeltplatz 3 € p.P., Ww-Nutzung 0,5 €, Kw frei. Zelt- und Platzmiete 8 € p.P./12 € 2 Pers./15 € 3 Pers.; Ferienhaus. Mittagessen 5–8 €, Abendessen 6–8 €.

Essen & Trinken	Im 1. Stock der Markthalle gibt es sehr preiswerte Garküchen, Restaurants und Kneipen rund um die Plaza. Viele einfache Restaurants entlang der Durchgangsstraße am Río Vilcanota entlang Richtung Ollanta, darunter sehr gemütliche Gartenrestaurants, z.B. *Quinta Los Geranios*, preiswert und gut, *Ángeles* und *Moray* in einer hübschen Gartenanlage und *Sol de Valle*, ebenfalls mit Garten, preiswert und gut. Geöffnet meist zur Mittagszeit bis zur Dämmerung. Exzellente peruanische Küche mit Thai-Einschlag bietet die Deutsche Iris und ihr Mann im *El Huacatay*, Arica 620, vielleicht das Beste, was Urubamba kulinarisch zu bieten hat. Scharfe Kokossuppe mit Garnelen probieren oder eine der anderen hervorragenden Kreationen. **TIP!** Günstige und leckere Hendl gibt's in der *Pollería Don Pedrico,* Magnice/Castilla. – Ein hervorragendes Restaurant mit guter Köchin, familiärer Atmosphäre und romantischem Innenhof ist *La Casa de la Abuela,* Bolívar 272 (2 Gehminuten von der Plaza), typisch regionale Küche, aber auch vegetarisch, Pizza und Pasta, Gegrilltes und Frühstück. Sehr gute einheimische Küche wird auch im *Tunupa*, an der Straße zwischen Urubamba und Ollanta, aufgetischt.
Kunsthandwerk	Interessant und sehenswert ist das Atelier des Künstlers *Pablo Seminario*, Berriozábal 405, Tel. 20-1002, www.ceramicaseminario.com. Seine Arbeiten verbinden präkolumbische Motive und Techniken mit modernen Elementen. Dadurch hat er einen eigenen Keramikstil entworfen. Wer das Atelier besucht, kann den Künstlern, die unter der Anleitung von *Seminario* Keramiken herstellen, über die Schulter schauen oder im angeschlossen Verkaufsladen stöbern.
Verkehrsverbindungen, Post und Polizei	Urubamba ist ein Verkehrsknotenpunkt im Urubamba-Tal. Für die Weiterfahrt Richtung Ollanta oder zurück nach Cusco muss meist der Colectivo oder Minibus gewechselt werden. Der **Terminal Terrestre** befindet sich am Ortsausgang Richtung Ollanta. Von hier fahren alle 20 Minuten Colectivos und Minibusse nach Ollanta (Fz 30 Min., Fp 1 Sol). Pickups (Camionetas), Colectivos und Minibusse nach Cusco über Yucay, Calca und Pisaq halten auch an der Kreuzung bei der Tankstelle an der Durchgangsstraße (Talstraße) Av. Conchatupa, Fz 1 h, Fp Bus 3 Soles, Colectivos 5 Soles. Dort befindet sich auch die *Banco de La Nación*. Ein paar Meter weiter auf der Durchgangsstraße Richtung Pisaq befindet sich rechts ein Geldautomat (ATM). Die Post ist an der Plaza. Die Polizei in der Palacios, zwei Block östlich der Plaza. Taxis nach Maras und zu den **Salzterrassen** kosten 10 € inkl. dortiger Wartezeit und Rückfahrt. Bus nach Quillabamba mehrmals täglich, Fz 5,5 h. Vom Bahnhof verkehren **Züge** via Ollanta nach Aguas Calientes, Abfahrten täglich um 6.10 Uhr. Infos: www.perurail.com.

Ollanta

Von Urubamba nach Ollanta sind es auf der gut asphaltierten Straße noch knapp 20 km. Kurz vor Ollanta führt über den Urubamba eine alte Inkabrücke. Gleich nach der Ortseinfahrt liegt rechts in der Kurvenschleife das alte Inkator, bevor die Straße der „Cien Ventanas" (100 Fenster) direkt zu Plaza führt. Der kleine Ort liegt auf angenehmen 2750 Metern und verfügt über einen eindrucksvollen Ruinenkomplex (BT) aus der Inkazeit – Ollantaitambo. Öffnungszeiten tägl. von 7–18 Uhr.

Obwohl Ollanta sehr touristisch wirkt, ist das Dorf zweifelsohne sehenswert, da sich der Grundriss seit der Inkazeit nahezu nicht verändert hat. Es ist außerdem die einzige Inkastadt, die man heute noch besichtigen kann, die aus Stein erbaut wurde und damit ein Unikum ist. Sehenswert sind neben der Bauweise auch die Kanäle in den Gassen.

Ollanta ist zudem eine wichtige Bahnstation auf der Strecke von Cusco nach Aguas Calientes (Machupicchu). Außerdem führt aus dem Ort die Straße über den *Abra de Málaga* (4320 m) nach Chaullay und Quillabamba und weiter das Urubamba-Tal hinab bis nach Koshireni. Eine weitere Piste führt von Chaullay am Río Vilcabamba entlang über Pucyura nach Huancacalle.

Tambo der Inkas

Zur Inkazeit war Ollanta ein sehr wichtiger Ort. Hier vereinte sich ein religiöses, militärisches und ein großflächiges landwirtschaftliches Zentrum (*tambo* ist Quechua und bedeutet „befestigter Stützpunkt"). Die Häuser im Ort sind weniger aus Lehmziegeln errichtet, wie man es von anderen Dörfern gewohnt ist, sondern überwiegend aus Stein. Ollanta gilt als ältester ständig bewohnter Ort Südamerikas, begünstigt durch die ideale und windgeschützte Lage und der außergewöhnlich guten Wasserversorgung für die Landwirtschaft. Die 21 Häuserblocks auf der Basis von vier Längs- und sieben Querstraßen gehen auf die Inkazeit zurück und dokumentieren, dass jeder Straßenblock ein mit Mauern umgebenes Wohnareal war. Zugleich war Ollanta, wie auch Cusco und Machupicchu, in eine sog. sozialcharakteristische Ober- und Unterstadt aufgeteilt. Für historisch Interessierte hat das **Museo Centro Andino** täglich von 10–13 und von 14–16 Uhr geöffnet.

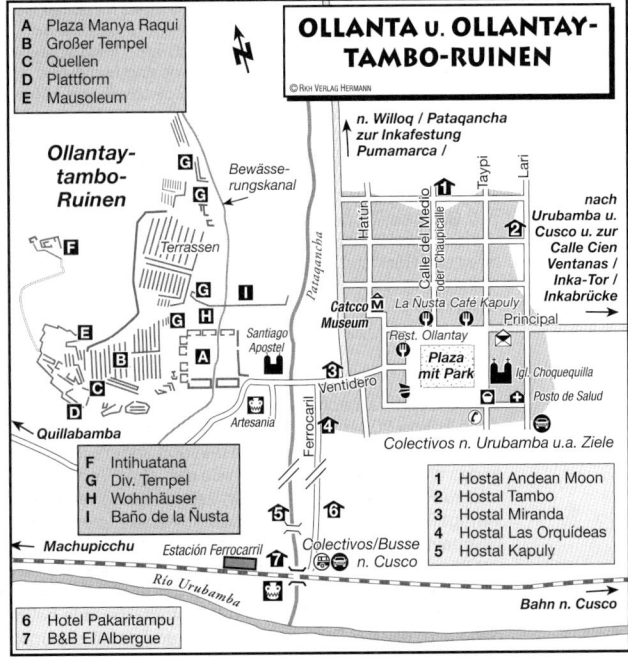

Überlegenswert ist es, in Ollanta zu übernachten und am nächsten Tag **mit dem Frühzug nach Aguas Calientes** (Machupicchu) zu fahren bzw. ab Bahn-Km 82 (Brücke über den Urubamba) den Inkatrail nach Machupicchu anzugehen (s.S. 280). Autofahrer können ggf. das Fahrzeug an der Polizeistation oder bei einem Hostal abstellen.

Stadtgründung
Die Festung Ollantaytambo liegt an einer strategisch wichtigen Stelle im Urubamba-Tal. Der mächtige Bergsporn eignete sich ideal zum Ausbau als Festung und zur Beobachtung des Zugangs zum Heiligen Tal und damit des gesamten Urubamba-Tals und überdies als Kontrolle des Weges nach Cusco. Der Inca Pachacuti ließ deshalb an dieser Stelle 1460 eine Festung bauen, die aber noch nicht fertig war, als die Spanier 1536 die Festung erfolglos belagerten. Zeugnis der Nichtvollendung legen heute noch die überall auf dem Weg von der Festung zum gegenüberliegenden Berg herumliegenden, unbehauenen Steinblöcke ab. Der Ort selbst hatte auch große religiöse Bedeutung. Hier wurden die Herzen der toten Inkaherrscher bestattet, die Mumien dagegen im Sonnentempel in Cusco aufbewahrt. Wie bei vielen rätselhaften Inka-Ruinen gibt es auch Archäologen, die Ollantaytambo für ein Heiligtum aus der Vorinkazeit halten und der Tiwanaku-Kultur zuweisen. Die Tempelburg gewährt auf alle Fälle sehr gute Einblicke in die Architektur der Inkas. Einzeleintritt 40 Soles.

Tempelburg Ollantaytambo (BT)

Die Festung Ollantaytambo thront wie ein Adlerhorst über steilen Terrassen auf einem mächtigen Bergsporn. Bevor man sich an den Aufstieg über eine steile Treppe macht, sollte nach dem Eingang (BT-Kontrolle) nach rechts hinten gegangen werden. Dort ist ein großer, glatter Stein zu sehen, der als Operationstisch für Trepanationen (operative Schädelöffnungen) gedient haben könnte. Es sind Vertiefungen zu sehen, in die ein Kopf genau hineinpasst.

Dann folgt der Aufstieg über die künstlich angelegten Terrassen, die hier ebenso eindrucksvoll sind wie die in Pisaq oder Machupicchu. Die Flächen zwischen den Mauern sind leicht geneigt und werden durch ein raffiniertes Kanalsystem gerade so stark be- und entwässert, dass die fruchtbare Erde nicht weggespült wird. Diese Methode funktioniert auch heute noch, so dass die Terrassen bebaut werden können.

Nun geht es links an einer Mauer mit Trapeznischen entlang (in denen Götteridole aufgestellt wurden) durch ein trapezförmiges Portal, dem „Mondtor". Ein Felspfad führt aufwärts am „Thron des Inca" und an einem Altarmonolith vorbei und endet an einer eindrucksvollen Fundamentmauer eines nie vollendeten Sonnentempels. Die Mauer besteht aus sechs tonnenschweren, kunstvoll glattgeschliffenen Megalithen aus rötlichem Granit, die jedoch nicht – wie für die Inkabauweise typisch – fugenlos aneinandergereiht wurden, sondern kleine, mit passgenauen Steinen aufgefüllte Zwischenräume aufweisen. Die sechs Steinblöcke sind zwischen 3,40 und 4 m hoch, zwischen 1,30 und 2,15 m breit und 0,70 bis 2 m dick und wiegen bis zu 50 Tonnen. Es ist kaum vorstellbar, wie die Baumeister der Inkas diese monumentalen Steinblöcke, ohne Benutzung von Rad oder Flaschenzug, vom Steinbruch auf der anderen Talseite über den steilen Berg hinauf bis hierher transportiert haben!

Oberhalb der Mauer sind einfache Häuser, Befestigungsmauern und ein in den Fels gehauenes Mausoleum zu sehen. Ein steiler Weg mit Markierung zieht sich zum *Intiwatana* hinauf („Ort, an dem die Sonne angebunden ist"). Hier wurden Sonne, Mond und Sterne beobachtet und nach ihrem Verlauf der Zeitpunkt von Aussaat und Ernte bestimmt (s.a. Intiwatana in Machupicchu).

Baño de la Ñusta (Bad der Prinzessin) Wer vom Ausgang schräg nach links über den Parkplatz (oft durch Touristenmarkt belegt) geht und dann einen kleinen Bewässerungskanal überquert, kommt zum *Baño de la Ñusta* oder *Bad der Prinzessin*. Sicherlich war dies kein Bad, sondern eine heilige Quelle aus der Vorinkazeit, die dem Wassergott zur Erhaltung der Fruchtbarkeit der Felder geweiht war. Das Wasser läuft noch heute über eine mit einem geometrischen Ornament verzierte Steinplatte in ein Becken und weiter in die umliegenden Gärten.

Qolqas (Vorratslager) von Pinkuylluna Auf der oberen rechten Seite von Ollantaytambo und in der gegenüberliegenden Bergseite können die hausartigen Ruinen von Pinkuylluna gesehen werden. Hierbei handelt es sich um „Kältekammern" oder Vorratsräume. Durch die offene Konstruktion konnten kühlende Winde hindurchstreichen, so dass sich die Vorräte lange Zeit hielten.

Das Drama Ollanta

Mit dem Namen des Ortes Ollantaytambo ist das einzige, mündlich überlieferte Drama der Inkazeit verbunden. Es heißt **Ollanta** (bzw. *Ollantay*) und wurde von den Archäologen Tschudi und Middendorf aus dem Quechua ins Deutsche übersetzt.

Die Handlung: Der Feldherr *Ollantay*, von einfacher Herkunft, verliebt sich in die schöne Inkaprinzessin *Cusi-Coyllur* (Morgenstern), Tochter des Inca Pachacútec. Der ist gegen die Verbindung, da Ollantay nicht aus demselben Stand kommt. Pachacútec schikaniert die beiden so lange, bis sich Ollantay nach einem siegreichen Feldzug gegen ihn erhebt und heimlich die Inkaprinzessin heiratet. Der Inca lässt daraufhin die Prinzessin ebenfalls heimlich ins Gefängnis „verschwinden". Der Nachfolger Pachacútecs, sein nichtsahnender Sohn Túpac Yupanki, befreit seine Schwester Cusi-Coyllur aus dem Gefängnis. Weil der neue Inca Túpac Yupanki aber Verständnis für die Liebenden hat, rehabilitiert er Ollantay und es kommt doch noch zu einem Happy-End.

Heutzutage wird Ollanta als Nationaldrama in Saqsaywamán aufgeführt.

Adressen & Service Ollanta

Unterkunft Viele neue Unterkünfte aller Kategorien sind im Neubaugebiet San Isidro entstanden. **Vorwahl (084)**. – **Homepage:** www.ollantaytambo.org mit Hotels und Restaurantübersicht und Stadtplan.

ECO **Hostal Tambo,** Lari, Tel. 20-4003; sehr spartanisch, nicht immer Ww. – **Hostal Ollanta,** an der Plaza; bc, WW, sehr einfach. DZ 4,50 €.– **Hostal Andean Moon,** Calle del Medio s/n, Tel. 960-6722, www.andeanmoonhostal.com. Neues, sauberes Hostal, bp, Sauna, Jacuzzi. DZ 40 Soles, in NS verhandelbar auf 30 Soles. – **Hostal Orquídeas,** rechts an der Straße vom Bahnhof zur Plaza, Tel. 20-4032. Freundlich und nicht schlecht, bc/bp. DZ/F 20 € . – **Albergue Kapuly,** hinter dem Bahnhof, auf den Weg nach Ollanta rechts, Tel. 20-4017; sauber, bc.

FAM **B&B El Albergue,** direkt am Bahnhof, etwa 1 km von der Plaza, Tel./Fax 20-4014, www.elalbergue.com. 6 saubere Zi., Sauna, Reservierung empfohlen. – **Hotel Munay Tika,** rechts an der Straße vom Bahnhof zur Plaza. Sehr nettes Hotel, große Zi., bp, schöner Garten. DZ/F 25 € . – **Hotel Sauce,** Ventidero 248, Tel. 20-4044, Fax 20-4048, hostalsauce@tsi.com.pe. Ruhiges, sauberes

	Hotel, einige Zi. mit Blick auf Ollantaytambo, bp, Ww, für ältere Reisende besonders geeignet. DZ/F 42 €.
FAM/LUX	**Hotel Pakaritampu,** Av. Ferrocarril s/n, Tel. 20-4020, Fax 20-4105, www.pakaritampu.com. Das rustikale „Haus der Abenddämmerung" von Ernesto liegt 2 Min. vom Bahnhof entfernt. 65 schöne Zi., bp, Ww, Ws, Kaminzimmer, Rest., Bar (guter Pisco Sour), Internet, Ausflüge zur den Pyramiden von Pakaritampu. DZ/F 77 €, das beste Hotel im Ort, in dieser Kategorie mein persönlicher **TIP**.
Essen & Trinken	Um die Plaza gibt es ein paar einfache Restaurants und Cafés, z.B. das Café *Kapuly*, die Restaurants *Ollantay* oder *Alcazar* (Calle Taypi, Schild) mit leckeren Gerichten; gemütlich, freundliche Besitzer, es wird frisch und gut gekocht, doch nicht gerade billig. In der Calle Principal gibt es eine Bäckerei. *Restaurante Café Puka Rumi*, gegenüber vom Hostal Miranda (erfragen), gute *piqueos* (Snacks), leckere Fruchtsäfte, gemütliches Ambiente.
Pferdetrekking	Die Familie vom Hotel *La Ñusta Qoricancha* organisiert Ausflüge zu Pferde auf alten Inkapfaden zu den Ruinen von *Muñaypata, Muscapuquio* und *Pumamarca*. Dabei wird ein kleines, noch authentisches Dorf passiert. 10 € pro Tag/Pferd, der Führer erhält zusätzlich ein Trinkgeld.
Feste	05.–09. Januar: sehenswertes religiöses Fest mit ergreifenden Szenen aus der Zeit der spanischen Eroberung.
Busse und Colectivos	Busse und Colectivos fahren meist ein Block südöstlich der Plaza de Armas ab. Es gibt Direktbusse nach Cusco, manchmal über Chinchero. Außerdem Pickups, Minibusse und Colectivos nach Urubamba. Abfahrten der Colectivos tagsüber alle 20 Min. nach Urubamba, Fz 30 Min., 2 Soles. Nach Chinchero tagsüber alle 20 Minuten. Colectivos/Minibusse zum Dorf bei KM 82, Fz 30 Min., Fp 2 Soles. Direktbusse von Cusco kommend nach Sta. Maria, Abfahrten um 9.16 Uhr/14.15 Uhr/ 20.45 Uhr/22.15 Uhr; Fz 4.20 h, Fp ab 10 Soles.
Zug	Von Ollanta fahren Züge nach Aguas Calientes u. Cusco (Fahrplan s.S. 250). Täglich können Zugtickets nach Aguas Calientes zur Abendzug (Backpacker-Wagen des Tren Social) gekauft werden. Kein Gepäckdepot im Bahnhof von Ollanta vorhanden. Dafür verwahrt die Albergue Kapuly Gepäck für 3 Soles pro Stück.

Ausflug ins Valle de Pataqancha

Von Ollanta lohnt ein Tagesausflug zur 7 km entfernten **Inkafestung Pumamarca** oder zum **Andendorf Willoq**. Es gibt noch keinen öffentlichen Transport nach Willoq. Wer Glück hat, kommt am frühen Morgen mit einem der Lkws mit, die von der Plaza nach Willoq fahren. Die über 20 km lange Strecke nach Willoq ist eine äußerst schlechte Piste, die manchmal einen Wagen bis auf Schrittgeschwindigkeit herunterzwingt. In Ollanta können zudem Pferde und Führer angeheuert werden, ansonsten mühsam zu Fuß, Gehzeit nach Willoq mindestens 5 Stunden! Alternativ in Ollanta für einen Tag (ca. 8 Std.) ein Taxi für 80 Soles anheuern, dass dann auf Wunsch jederzeit anhält. Der Taxifahrer Wilberth von *Taxi Centenario*, Tel. 969-1370, kann empfohlen werden. Er vermittelt auf der Fahrt viel Wissenswertes und ist ein exzellenter Einkäufer von Webstoffen.

Die Tour kann auch organisiert gemacht werden, von *Peruvian Odyssey*, Pasaje Pumaqchupan 331 in Cusco, Tel. 22-2105, Fax 22-4167 (posacus+@qnqo.rcp.net.pe oder mb9@terra.com.pe, www.rcp.net.pe/odyssey).

Pumamarca An den Hängen des Río Patacancha-Tales liegen unzählige alte Inka-Ruinen, darunter auch die sehenswerte Festung Pumamarca. Von Ollanta führt ein 7 km langer alter Inkatrail, vorbei an terrassierten Hängen und den Ruinen von Muñaypata und Muscapuquio, zur dieser kleinen, klassischen Inkafestung. Leichter ist Pumamarca über die Straße von Ollanta Richtung Willoq zu erreichen, Gehzeit 90 Minuten. Dabei hat man einen schönen Blick auf die terrassierten Hänge, die genutzt und gepflegt werden.

Von dem strategisch gewählten Ort konnten die Inka sowohl das Tal des Río Yuraqmayo als auch das Tal des Río Pataqancha überwachen. Die einst gut befestige Anlage mit dem typischen Zick-Zack-Mauernsystem wurde auch für den Schutz der sich in der Nähe befindlichen Vorratshäuser (Qolqas) gebaut. In Pumamarca ist eine Art von Aufseher anwesend, der gerne nach einer Spende fragt. Der alte Inkatrail führt im Tal des Río Patacancha über die Ruinen von Maracocha weiter nach Willoq.

Willoq Um mit einem Fahrzeug nach Willoq zu gelangen, ist von Ollanta der landschaftlich reizvollen Piste entlang des Río Pataqancha über das Andendorf Pallata zu folgen. Kurz vor Willoq kommt man an der Kirche von **Marcacocha** vorbei. Weiter oben im Valle de Pataqancha liegt, direkt am Fluss, das kleine authentische, doch gesichtslose Andendorf. Willoqs äußerst nette 950 Einwohner sind Nachfahren der letzten Inka aus Cusco, sprechen nur Quechua, tragen die traditionellen roten Ponchos, wohnen in typischen Adobehäuschen mit strohgedeckten Dächern und konnten sich bis heute gegen moderne Einflüsse behaupten. Die terrassierten Andenhänge im Schatten des schneebedeckten Nevado Verónica werden noch wie zu Zeiten des Inka-Imperiums traditionell bewirtschaftet. Die Bewässerungskanäle sind intakt und versorgen das Dorf mit Frischwasser. Der farbenprächtige, noch ursprüngliche Sonntagsmarkt ist ein bedeutender Tauschtag der verschiedensten landwirtschaftlichen Produkte. Die Bewohner sind außerdem wahre Meister der Textilherstellung, das Weben hat eine jahrhundertealte Tradition. So können auf dem Sonntagsmarkt wirklich schöne Handarbeiten in hoher Qualität gekauft werden, entsprechende Preise. Doch auch wer außerhalb des Markttages in Willoq ankommt, kann sich der Kaufangebote sicher sein. Die Bewohner breiten jedem Neuankömmling ihre exzellente Ware aus.

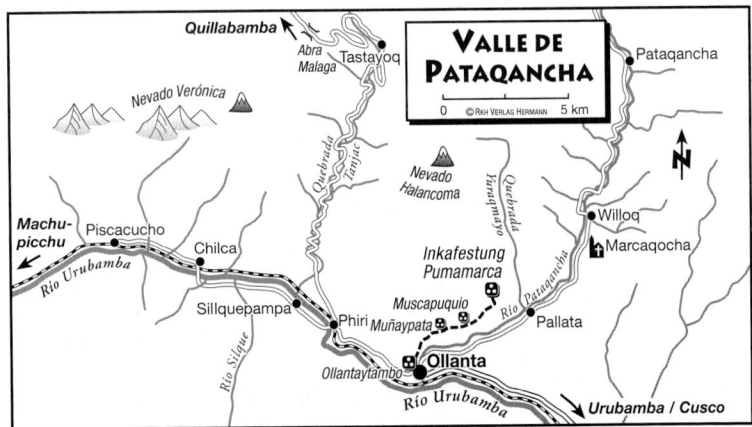

Ollanta – Pisaq

Zur Fortsetzung der Rundtour geht es 20 km nach Urubamba zurück. Von hier führt die Straße über Yucay und Calca 40 km am Río Vilcanota entlang nach Pisaq.

Yucay — Yucay war schon zur Zeit der Inkas ein Erholungsort. Das angenehme, ganzjährig milde Klima macht auch heute Yucay zu einem beliebten Ferienziel. Vor dem Ort fließt der Río Vilcanota, er bietet sich zum Fluss-Rafting an. Pferdetrekking, Drachenfliegen, Mountainbiking und Wanderausflüge in der herrlichen Gegend sind möglich und werden angeboten.

Heißluftballon-Fahrten: *Globos de los Andes,* Hot Air Ballooning Expedition, Posada del Inca/Cassona, Plaza Manco II de Yucay 104, Yucay, Valle Sagrado, Tel. (084) 20-1116, globossa@aol.com. Durch die Lüfte mit Ballonpilot Jeffrey Hall (USA) ab *Maras.* Flugzeit ca. 1 h, ca. 300 €.

Unterkunft: Sonesta Posada del Inca/Casona (FAM), Plaza Manco II de Yucay 104, Tel. (084) 20-1455, Fax (084) 20-1608, reservas@sonestaperu.com, www.sonesta.com; schönes, zweigeschossiges Kolonialhaus von 1810 (Herberge Simón Bolívars 1825), 39 Zi, darunter 8 TriZ, bp, Ww, Rest., Patio mit Gartenanlage; DZ/F 47 €, TriZ 57 €, Extrabett 12 €, alle Kk.

Sonesta Posada del Inca (LUX), Plaza Manco II de Yucay 123, an der Durchgangsstraße in Yucay, Tel./Fax (084) 20-1107, Fax 20-1345, reservas@sonestaperu.com, www.sonesta.com. 69 Zi. in einem ehemaligen idyllischen Kloster, bp, Heizung, Ws, Geldwechsel, Rest., Jacuzzi, Privatmuseum, tolles Ambiente, alle Kk, **TIP!**

Yucay – Calca — Zwischen Yucay und Calca befindet sich die Straßenabzweigung über den Río Vilcanota nach Huayllabamba und Chinchero. Entlang der Straße nach Calca ziehen sich Felder mit Mais, Quinoa und Kohl.

Calca — Das kleine idyllische Dörfchen ist von den mächtigen, schneebedeckten Gipfeln des *Pitusiray* und *Sawasiray* umgeben. In Calca zweigt links ein beschilderter Weg zu den Thermalquellen von *Machacanda* und *Minasmoqo* ab, die meist nur von Einheimischen besucht werden. Die kleine gemütliche, 35 Grad warme Therme in Machacanda ist überdacht, der Badebetrieb geht rund um die Uhr. Abfahrten mit Colectivos ab dem Mercado (Südostseite) in Calca, Fp 0,35 €, Eintritt Thermalbad 3 Soles tagsüber, 5 Soles abends (beleuchtet), Camping kostenlos.

Lares — Ein lohnenswerter Abstecher von Calca sind auch die Thermalquellen von **Lares** (3250 m), die renoviert wurden. Von den vier Freibecken ist eines über 200 Jahre alt. Das Wasser ist noch wärmer als in Machacanda. Abfahrten vom Terminal in Calca Mo–Sa um 8 Uhr mit Lkw über eine gute Schotterpiste, Eintritt 4 Soles, Camping 4 Soles.

Von Calca nach Pisaq sind es noch gut 15 km, die mit dem Colectivo auf der asphaltierten Straße schnell bewältigt werden können.

Infos über Lares gibt es in der Municipalidad an der Plaza de Armas, Tel. 83-0009, munilares@hotmail.com, www.larescusco.com. Unterkünfte an der Plaza: *Hostal El Paraíso, Hostal Virgen de Natividad* und *Hostal Lares.* Bei allen kostet die Ü 5 bis 10 Soles, sie können über die Stadtverwaltung gebucht oder angeschrieben werden. Wer von Cusco direkt nach Lares möchte, kann dies auch mit den Mietwagen oder Minibussen von *Filver Valdez Ynga,* Tel. 80-1209, machen.

Erlebnisreich ist der dreitägige leichte **Lares-Trek** vorbei an Lagunen nach Yanahuara, der auf eigene Faust gemacht werden kann. Ausrüstung kann vor Ort angemietet werden.

	Von Calca nach Pisaq sind es noch gut 15 km, die mit dem Colectivo oder eigenem Wagen auf der asphaltierten Straße schnell bewältigt werden.
Qoya	Fährt man 4 km Richtung Pisaq, kommt man durch den Ort Qoya („Königin"). Dort findet alljährlich am 15./16. August, Maria Himmelfahrt, ein großes Fest statt. Eines der interessantesten und noch ursprünglichsten der Region.

Wer eine wirklich schöne und aufmerksame, dt.-spr. Übernachtung sucht, ist im **Guesthouse Qoya** bei Rita & Norbert, José Balta 27, unweit der Plaza de Armas, richtig. Tel. (084) 79-7354/78-2045, www.guesthouseqoya.com. Dreigeschossiges, schönes Gästehaus, ruhige Lage, angenehme 9 Zi./bp, teils mit Balkon, Ww, schöner großer Garten, reichhaltiges Frühstücksbuffet mit selbstgebackenem Brot und Yoghurt, auf Wunsch HP/VP, auch vegetarisch. DZ/F 85 Soles p.P., Jacuzzi-Suite p.P. 135 Soles. Norbert unterstützt ein Klinikprojekt, kostenlose OPs der Hochlandbevölkerung (www.kausaywasi.org).

Terrassenbau

Der Terrassenbau ist eine der herausragenden und augenfälligen Kulturleistungen der Inka. Erst durch Terrassierungen der Bergflanken, die bis auf 4500 m Höhe reichen, konnte ausreichend landwirtschaftliche Nutzfläche geschaffen werden, um die Hochland-Bevölkerung zu versorgen. Auch wurde so das kontrolliert-schnelle Abfließen des Regenwassers ermöglicht, die Hänge vor Erosion geschützt. Terrassenfelder müssen ständig gewartet werden, da sie sonst in kürzester Zeit weggeschwemmt oder verfallen würden. Das Oberflächenwasser wird in einem ausgeklügelten System über und durch die Terrassen geleitet. Dabei wird das von den oberen noch vor der Stützmauer in den Boden geleitet, wo es dann das nächst untere Feld bewässert.

Bis heute ist das *Valle Sagrado de los Incas* ein wichtiges landwirtschaftliches Anbaugebiet in Peru.

Pisaq

Plaza Constitución	Der Ort (2970 m) besitzt eine große kulturelle Vergangenheit und ist ein sehenswertes Ziel im Urubamba-Tal, nicht nur wegen seines bekannten (touristischen) Marktes. Ein jährlicher Höhepunkt in Pisaq ist das Patronatsfest *Virgen del Carmen* Mitte Juli (meist 15.–17.), eine großartige Feier mit stundenlangen Tänzen in bunten Kostümen und Trachten.

Alle Busse und auch Colectivos halten in Pisaq kurz vor der Brücke über den Río Vilcanota an der Polizeistation. Ein Wegweiser an der Straßenecke der Calle Bolognesi weist den Weg zur Plaza Constitución mit dem Markt von Pisaq. Über die gepflasterte Bolognesi mit einer Abwasserrinne in der Mitte steigt der Weg, vorbei an Adobehäusern, langsam zum großen Platz mit der Dorfkirche hinauf.

Der Markt von Pisaq	Der traditionelle Markttag findet normalerweise nur am Sonntag statt. Doch inzwischen haben sich auch der Dienstag und der Donnerstag als weitere Markttage etabliert, und Textilien für Touristen werden die ganze Woche verkauft, so dass der Besuch des Marktes nicht mehr so attraktiv ist und unbedingt lohnt.

Am Markttag laden die Händlerinnen bereits morgens um 5.30 Uhr ihr Gemüse und Obst von Autos ab und breiten ihre Waren auf dem Kopfsteinpflaster aus. Im Nu ist der Handel in regem Gange. Laufend treffen weitere Pickups aus der Umgebung ein, noch mehr landwirtschaftliche

Produkte werden abgeladen: Zwiebeln, Kirschen, Mangos, Mais, Avocados, Kohlköpfe, Kräuter, Melonen, Bananen, Zitrusfrüchte und Cocablätter usw., es gibt fast alles zu kaufen, was die landwirtschaftlichen Regionen Perus erzeugen. Von den Garküchen dampfen verlockende Gerüche über den Platz, Hungrige können Fleisch, fritierte Fische, Mais, gekochte Kartoffeln, Reis und Suppen als Tellergerichte essen. Mitten auf dem Dorfplatz ragt ein mächtiger alter Pinsonay-Baum auf, von dem lange Bartflechten herunterhängen. Langsam schiebt sich die Sonne über den Berg, ihre Strahlen tauchen den Markt in ein malerisches, buntes Bild.

Der Sonntagsmarkt, manchmal verbunden mit dem Auftritt der **Alkaldes** (Dorfälteste bzw. Bürgermeister in bunten Trachten und „Hut-Schüsseln"), ist ein imponierendes Bild. Doch die vielen Touristen aus allen Teilen der Welt, die diese Zeremonie sehen wollen, weniger. In der Kirche beginnt der Gottesdienst um 11 Uhr. Die Predigt wird in aller Regel in Quechua gehalten.

Der **Touristen-Markt** beginnt erst um 9 Uhr, doch schon vorher setzt eine Invasion von Lkw, Bussen, Colectivos und Taxis aus Cusco mit Touristen ein, die erst gegen Mittag abflaut. Auch die Händler von Cusco nutzen die Gunst der Stunde und schleppen ihre Waren auf den Markt von Pisaq. Allerdings verlangen sie hier höhere Preise als in Cusco. Immer mehr **Souvenirläden** machen dem Touristenmarkt Konkurrenz. Pauschaltouristen werden inzwischen gezielt auf den Markt geschleppt und die wirklich prächtigen Ruinen über Pisaq übergangen. Am besten die Tour zu den Ruinen selbst machen.

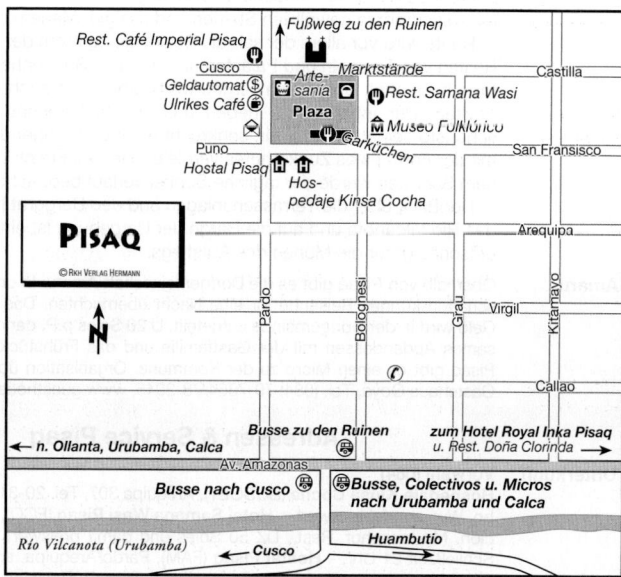

Ruinen von Pisaq (BT)	Zum Ruinenkomplex über der Stadt gibt es zwar eine Fahrstraße bis fast zu den Ruinen hin, ich aber empfehle lieber den eindrucksvollen Aufstieg vom Ort aus, der, je nach Kondition, 60 bis 90 Minuten dauert. Der Weg beginnt links von der Kirche hinter der Plaza. Er steigt erst allmählich, dann immer steiler an und teilt sich später. Es ist egal, wie man an den Weggabelungen weitergeht, alle Wege führen durch schöne, sehenswerte Terrassenanlagen und steilen, oft „fliegenden" Treppenstufen (direkt in die Terrassenmauern eingelassen) zum Ruinen-Ziel. Wem dies zu anstrengend erscheint, macht die Tour rauf mit dem Colectivo oder Bus und läuft nach der ein- bis zwei Stunden Besichtigung in 30–60 Min. wieder zum Dorf runter.
	Der BT ist als Eintritt von 7–17 Uhr gültig, wird aber nach 17 Uhr nicht mehr kontrolliert. Wer vor 7 Uhr losläuft, benötigt kein BT und ist so ziemlich allein unterwegs. Hochfahrt mit einem Taxi Fp 12 Soles (inkl. einer Stunde Wartezeit). Alternativ fahren ab der Av. Amazonas/Bolognesi Colectivos ab 4 Pers., Fp 20 Soles pro Colectivo. Führer für die Ruinenanlage 15 Soles.
	Auf einem schmalen Bergvorsprung, 300 m über dem Tal, errichteten die Inka auf den baulichen Vorleistungen der Wari nicht nur eine Festung, sondern eine regelrechte Stadt, die durch eine Befestigungsmauer, durch Tore und Bastionen geschützt war. Pisaq war nach Cusco sicher eine der wichtigsten Städte der Inkas. Die ganze Anlage erstreckte sich über mehrere Quadratkilometer, umfasste Häuser und Paläste, Tempel und Mausoleen. Sogar ein riesiger Friedhof mit Tausenden von Gräbern und ein 16 m langer, unterirdischer Gang ist vorhanden. Fachleute unterscheiden zwei Baustile: einen einfachen, rustikal genannten, und einen feineren, mit kissenförmig gewölbten Steinen und riesigen Mauern.
	Heute wird vor allem der sakrale Bezirk als Zentrum der alten Stadt mit Resten von Tempeln und Palästen und mit dem Sonnenheiligtum **Intiwatana** besichtigt. Doch auch bergaufwärts gibt's so manches mehr zu entdecken. Der Intiwatana – neben dem in Machupicchu sicherlich der schönste seiner Art – ist ein senkrecht nach oben ragender Felszacken, mit der Form eines Zuckerhutes vergleichbar. Er ist reich verziert. An seinem Schatten wurde der tägliche Sonnenverlauf beobachtet.
	Der Blick über die Terrassenanlagen und den Berggrat hinunter ins Tal des Río Vilcanota und auf die Berge der Umgebung ist eindrucksvoll und entschädigt für die Mühen des Aufstiegs.
Amaru	Oberhalb von Pisaq gibt es die Dorfgemeinschaft Amaru. In den Hausgemeinschaften können Reisende für eine Nacht übernachten. Das eingenommene Geld wird in der Dorfgemeinde aufgeteilt. Ü 20 Soles p.P. darin ist ein gemeinsames Abendessen mit der Gastfamilie und das Frühstück enthalten. Von Pisaq gibt es einen Micro zu der Kommune. Organisation über Norbert vom Gästehaus Qoya, Tel. (084) 79-7354/78-2045, www.guesthouseqoya.com.

Adressen & Service Pisaq

Unterkunft	**Vorwahl (084)** **Hospedaje Kinsa Cocha** (BUDGET), Arequipa 307, Tel. 20-3101. Einfach, bc/bp, Ww, empfehlenswert. – **Hotel Samana Wasi Pisaq** (ECO), Plaza Constitución. Mit Innenhof, Rest., DZ 50 Soles und damit preiswert für Pisaq, doch Schließzeit 21 Uhr. – **Hostal Pisaq** (FAM), Pardo/Arequipa, an der Plaza, Tel. 20-3062. Saubere Zi., bc/bp, Sauna, freundlich, dt. Besitzer, Rest. (Pizzeria),

DZ/F 24 €. Im Hostal nach der Karte für einen schönen Rundwanderweg zum Ruinenkomplex fragen, Gehzeit ca. 3,5 h. – **Hotel Royal Inka Pisaq** (LUX), auf dem Weg zu den Ruinen, ca. 1 km außerhalb von Pisaq, Tel. 20-3064, Fax 20-3065, www.royalinkahotel.com. Ehemalige Hacienda, 75 Zi., bp, Ww, Rest., Pool, Tennis, Sauna.

Essen & Trinken
Auf dem Markt gibt es einige Garküchen, die preiswert frische Speisen für jeden Gaumen anbieten. Einfach mal probieren. Die Restaurants um die Plaza sind etwas teuer, besser und preiswerter isst man in den Restaurants an der Straße nach Urubamba. In allen Talorten werden Regenbogenforellen aus dem Río Vilcanota angeboten!

Gutes Essen serviert das Restaurant **Samana Wasi Pisaq** von Loaiza Carmen, Plaza Constitución; herrlicher Innenhof mit Pfirsichbäumen, Zierrosen, Geranien in allen Farben (empfehlenswert: Lomo mit Reis, Tomaten, Ei und Salat für ca. 2 Soles oder *trucha al ajo*, Forellen in Knoblauch, 10 Soles. – **Ulrike's Café** (Ulrike Simic) im ehemaligen Hotel Parador Pisaq an der Plaza Constitución 828, Tel. 20-3195 oder 20-3061. Gemütlich, leckeres Frühstück (Quarktorten), Mittagsmenü 12–15 Soles, auch Salate, Pizza, Lasagne, veg. Gerichte, Travellertreff, gute Musik, Zeitschriften, Sa Filmabend. **TIP!** – **Dona Clarinda** am Fußweg 300 m flussaufwärts, frische Forellen und andere Gerichte, Vegetarisches, gPLV.

Geld
Neben Ulrike's Café gibt es einen Automaten.

Transport
Busse nach Pisaq fahren in Cusco in der Calle Puputi s/n (2. Block) oder in der Av. Tullumayo zw. Garcilaso und Pachacutec ab (kein Schild, aber Ausrufer vor dem Hof). Tägl. ab 5.30 Uhr bis zur Dämmerung, Fz 1 h, Fp 2,20 Soles. Ein Taxi nach Pisaq kostet hin- u. rück 10–20 €, Preis Verhandlungssache.
Nach Cusco (35 km): Busse, Colectivos und Pickups fahren an der Polizeistation vor der Brücke in Pisaq ab. Fz ca. 1 h. **Nach Calca** und Urubamba: Busse, Colectivos und Pickups fahren auf der gegenüberliegenden Straßenseite beim Polizeiposten ab, Fz nach Urubamba mit Colectivo 1 h, Fp 2 Soles. **Nach Ollanta:** ab und zu Direktbusse aus Cusco; mit Colectivo in Urubamba umsteigen. **Selbstfahrer:** von Pisaq nach Paucartambo führt eine sehr gute Erdstraße.

Rückfahrt von Pisaq nach Cusco
Von Pisaqs Ruinen aus konnte am gegenüberliegenden Bergrücken bereits die Straße nach Cusco gesehen werden, die vor Pisaq über den Río Vilcanota führt. Von Pisaq nach Cusco sind es 35 km. Es bieten sich prächtige Rückblicke auf schneebedeckte Andengipfel. In den Felswänden nahe der Straße können oft kleine Höhlen gesehen werden, in denen die Inka ihre Toten bestattet haben. Im letzten Teil der Rückfahrt werden die in der Tour 1 (s.S. 253) beschriebenen Ruinenstätten passiert. Zwischen Q'enqo und Saqsaywamán kommt links eine große, weiße Christusstatue in Sicht, und wenig später wird über eine Serpentine Cusco erreicht. Inzwischen gibt es eine neue Straße, die vor Q'enqo direkt nach Saqsaywamán führt. Letztendlich ist es unwichtig, welche Strecke der Colectivo oder Bus nimmt, denn beide Wege führen nach Cusco.

Tour 3: Cusco – Choriwayrachina („Km 88") – Camino Inca – Aguas Calientes – Machupicchu

Vorbemerkungen
Der Besuch der inkaischen Felsenstadt Machupicchu gilt als Höhepunkt jeder Peru-Reise und ist die Attraktion Südamerikas schlechthin. Wohl jede Reise nach Peru beginnt im Geiste mit dem Besuch dieser legendären Inkastadt.

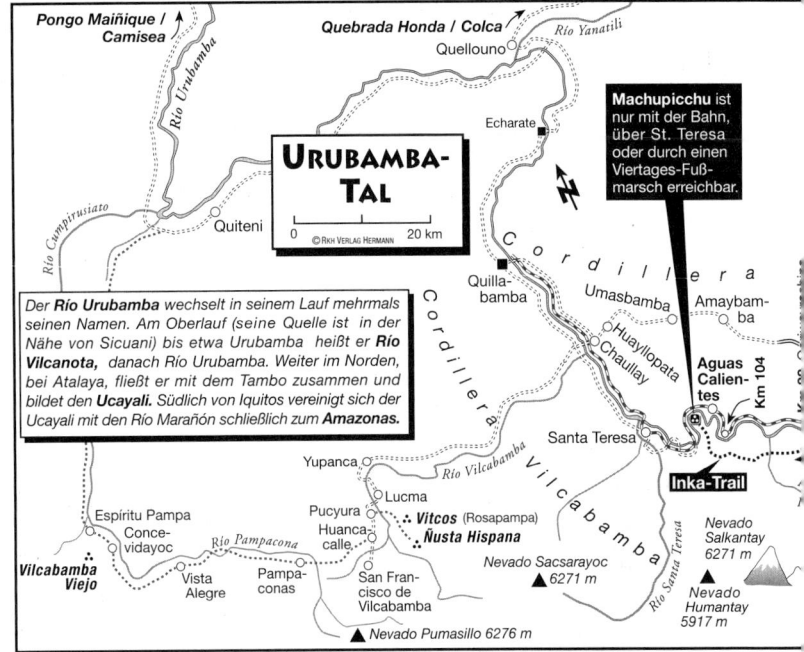

Weder der Titicacasee, der Colca-Canyon, die Sillustani-Ruinen noch eine der Urwaldmetropolen haben eine vergleichbare Anziehungskraft. Wer Machupicchu nicht gesehen hat, hat Peru nicht gesehen, und damit auch nicht die kulturelle Ebenbürtigkeit und Genialität des Inkareichs gegenüber damaligen europäischen Kulturen erfahren.

Über Machupicchu wird viel philosophiert und geschrieben, besonders über den drohenden touristischen Ausverkauf. Der ganze Berg mit der Felsenstadt wurde privatisiert, die jedoch wiederholt angekündigte Seilbahn nicht gebaut. In der Hochsaison besuchen täglich 1500–2000 Menschen Machupicchu! Die UNESCO erwägen nun, die Ruinenstätte auf die Liste der *gefährdeten* Kulturdenkmäler des Welterbes zu setzen. Geologen stellten fest, dass die Erschütterungen der hochfahrenden Touristenbusse der Stadt arg zusetzen, und auch die oft heftigen Regengüsse und Erdrutsche lassen an den Mauern ihre Spuren zurück.

Die Kosten für Zugfahrt, Inkatrail, Eintritt Machupicchu, Verpflegung und Übernachtung addieren sich heute zu einer hohen Gesamtsumme, dienen aber – hoffentlich – letztendlich zum Erhalt dieser kulturhistorisch einmaligen Anlage.

Karte S. 276/77 — Vorbereitung Machupicchu

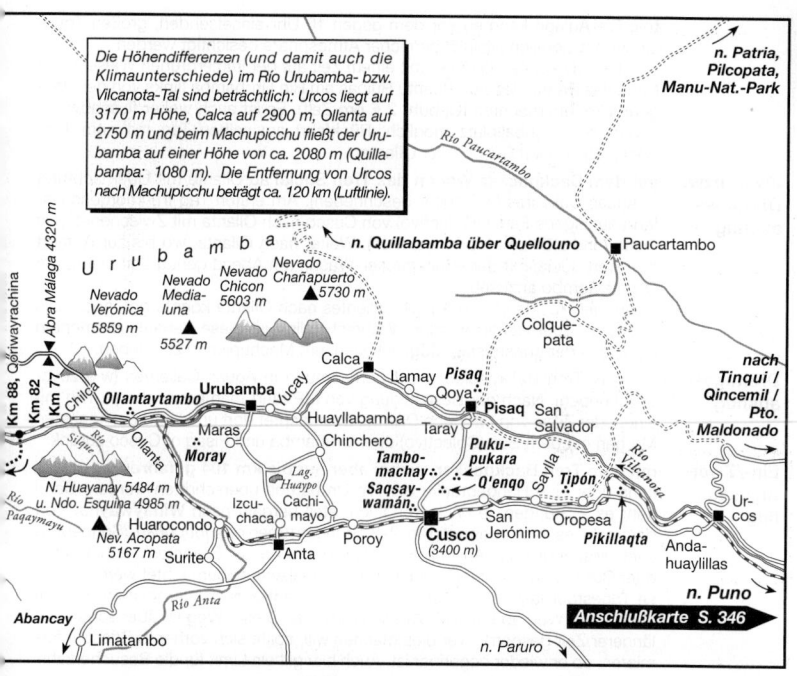

Die Höhendifferenzen (und damit auch die Klimaunterschiede) im Río Urubamba- bzw. Vilcanota-Tal sind beträchtlich: Urcos liegt auf 3170 m Höhe, Calca auf 2900 m, Ollanta auf 2750 m und beim Machupicchu fließt der Urubamba auf einer Höhe von ca. 2080 m (Quillabamba: 1080 m). Die Entfernung von Urcos nach Machupicchu beträgt ca. 120 km (Luftlinie).

Zeitplanung für Machupicchu

Tagestrip oder Wochentour?
Es gibt etliche Möglichkeiten, den Ausflug nach Machupicchu zu gestalten. Die verschiedenen Zugtypen (s.S. 249) sowie die dadurch resultierenden extremen Preisunterschiede für nahezu gleiche Transportleistungen verursachen besonders unter den Individualreisenden immer wieder Verwirrung. Treffen Sie Ihre Wahl:

Tagesausflug
Von Cusco mit dem **Tren Backpacker** oder **dem Vistadome** bzw. **ab Ollanta** mit dem Vistadome Valle. Entweder in Eigenregie oder als Pauschalpaket (inkl. Hin- und Rückfahrt mit einem der Touristenzüge sowie Hin- und Rückfahrt mit dem Bus von Aguas Calientes nach Machupicchu, Eintritt in die Inkastadt). In Eigenregie oder zu buchen bei den autorisierten Reiseagenturen in Cusco.

Zweitagesausflug
wie vorher, doch mit Übernachtung in der Machupicchu Sanctuary Lodge am Eingang zu den Ruinen (eines der teuersten, aber nicht eines der besten Perus, s.S. 298) oder in einem Hotel in Aguas Calientes.

Zweitagesausflug mit Tren Backpacker
mit dem Tren Backpacker und Übernachtung in Aguas Calientes. Früh am nächsten Morgen zu Fuß auf der neuen Straße bis zur Hängebrücke über den Urubamba bei der Machupicchu-Talstation gehen, und dann den Direkttrail nehmen (nicht auf der 8 km langen Serpentinenpiste nach Machupicchu hochgehen). Gesamtgehzeit ca. 90–120 Minuten, je nach Kondition. Wer um 4.30 Uhr morgen in Aguas Calientes losmarschiert, könnte so zur Öffnung der Inkastadt um 6 Uhr (Nebensaison 7 Uhr) oben sein. Alternativ fährt um 6 Uhr der erste Bus von Aguas Calientes hinauf nach Machupicchu, Fz 30 Min., 6 €. **Vor-**

teil: Die Anlage kann so vor dem gegen 10 Uhr einsetzenden, großen Touristenstrom ziemlich allein in herrlicher Atmosphäre besichtigt werden.

Alternativ können Camper mit einem Zelt auf der immergrünen Wiese in der Nähe des Bahnhofes von Puente Ruinas am Río Urubamba (links von der Hängebrücke) übernachten (Gebühr 2 € pro Zelt). Es ist auch weiter flussabwärts neben dem Fußballplatz möglich. Rückfahrt am selben Tag mit dem Tren Backpacker nach Cusco oder Ollanta.

Zwei- bzw. Dreitagesausflug	**mit dem Backpacker-Wagen des Tren Social** ab Ollanta mit Übernachtung in Aguas Calientes (wie zuvor beschrieben). Am ersten Tag frühmorgens Anfahrt auf eigene Faust (Colectivo) von Cusco nach Ollanta mit Zwischenstop in Pisaq (und z.B. den Markt ansehen). Weiter nach Ollanta, wo bis zur Abfahrt des Tren Social mit dem Backpacker-Wagen am Abend genug Zeit bleibt, um Ollantaytambo anzusehen. Auf der Rückfahrt von Aguas Calientes nach Ollanta könnte ggf. nochmals in Ollanta übernachtet werden. Wahrscheinlich ist diese Variante momentan noch eine der günstigsten Möglichkeiten, um Machupicchu zu erleben.
Dreitagesausflug	mit dem Tren Backpacker und Übernachtung in Aguas Calientes (wie zuvor beschrieben). Nach der Besichtigung von MP fährt man am nächsten Tag mit einem der Züge von MP nach Ollanta, übernachtet dort und kehrt am nächsten Morgen mit dem Bus (Colectivo) über Urubamba und Pisaq n. Cusco zurück.
Ein-/Zweitagesausflug	**mit dem Tren Backpacker, wobei aber nur bis km 104 gefahren wird!** Hier kann über eine Hängebrücke der Río Urubamba überschritten werden. Dann geht es 2 Stunden, je nach Kondition, steil bergauf nach **Wiñaywayna.** Von dort geht es fast ebenerdig in 2–3 Stunden über das **Intipunku** (Sonnentor) nach Machupicchu. Anschließend kann von Aguas Calientes nach Ollanta oder Cusco zurückgefahren oder in Aguas Calientes übernachtet werden. Diese Tagestour lässt sich auch von Aguas Calientes aus unternehmen. Es gibt auch einen Weg ab km 107 (Wasserkraftwerk). Dieser Weg ist aber schon seit längerer Zeit gesperrt! Wer dies machen will, sollte sich vorher in Cusco informieren, ob er wieder begehbar ist. Auch hier gilt ein Limit für die Besucherzahl!
Vier-/Fünftagestour	(oder noch länger), über den **Inkatrail ab Km 82** (s.S. 286) nach Machupicchu. Der Punkt Km 82 ist über eine Piste mit dem Micro von Cusco aus erreichbar. Dort wurde eine Brücke über den Río Urubamba gebaut. **Viele Touranbieter bevorzugen Km 82 als Ausgangspunkt für den Inkatrail.**
Alternativen für Backpacker	Diese preiswerte und schöne **Alternativstrecke** ist ein **TIP** für Individualreisende mit Zeit, die die teuren Zugtickets von Peru Rail umgehen möchten: Von Cusco mit dem Bus über Ollanta Richtung Quillabamba, Abfahrt 19 Uhr, Fp 13 Soles, bis Sta. María auf einer Asphaltstraße, alternativ ab Ollanta mit dem Bus. In Sta. María hat man Anschluss an einen Minibus oder ein Sammeltaxi nach Sta. Teresa. Abfahrt nur, wenn genügend Fahrgäste zusammenkommen, ggf. dort übernachten. Fz nach Sta. Teresa 2 h, Fp Minbus 6 Soles, Sammeltaxi 8 Soles. Ankunft in Sta. Teresa am frühen Morgen. Nach dem Frühstück geht es entweder 6 km zu Fuß relativ ebenerdig zur Hidroeléctrica oder man erwischt einen Lkw der Arbeiter der Hidroeléctrica. Von der Hidroeléctrica fährt um 15.20 Uhr ein Lokalzug nach Aguas Calientes, Fz 40 Minuten, Fp 25 Soles für Touristen, 2 Soles für Einheimische. Wer nicht auf den Tren Local warten möchte, kann auch in 3 Stunden zu Fuß (11 km) über die Bahngleise Aguas Calientes erreichen. In Aguas Calientes übernachten, am nächsten Tag frühzeitig Machupicchu besichtigen und nochmals in Aguas Calientes übernachten. Zurück nach Sta Teresa geht es am nächsten Morgen um 6 Uhr zu Fuß über die Bahngleise zur Hidroeléctrica. Falls man dort keinen Lkw nach Sta. Teresa erwischt, weiter zu Fuß auf der Piste nach Sta. Teresa. Dort fährt um 10 Uhr ein Bus nach Sta. María, Fz 2 h, Fp 6 Soles. Hier Weiterfahrt nach Cusco um

13 Uhr, Ankunft Cusco zwischen 19 und 20 Uhr. Alternativ kann von Aguas Calientes um 12.10 Uhr der Tren Local zurückgenommen werden, es wird dann aber eine weitere Übernachtung in einem Hostal in Sta. Teresa fällig. Weiterreise dann wie oben beschrieben.

Eine weitere Alternative für Leute mit Zeltausrüstung, die dem überfüllten Inkatrail aus dem Weg gehen oder lange Wartezeit vermeiden möchten:

Ab dem Km 86 der Bahnstrecke von Cusco nach Aguas Calientes auf der linken Seite entlang der Bahnlinie wandern. Dort beginnt ein Trail, der meist oberhalb des Bahngleises verläuft und an verschiedenen Tambo-Ruinen vorbeiführt. Nach drei bis vier Stunden Gehzeit wird Q'ente erreicht. Dort kann übernachtet werden. Es gibt Platz für Zelte, die Bewohner bieten Essen an. Am nächsten Tag geht es in vier bis fünf Stunden Gehzeit nach Aguas Calientes. Wer durchläuft, kann es in kürzerer Zeit schaffen (Tageswanderung).

Mit dem Inkazug ins Urubambatal

Baubeginn für die Schmalspurbahn durch das Urubambatal war das Jahr 1913. Die Trasse erforderte viele Sprengungen, und stellenweise mussten Tunnel durch den Fels gebohrt werden. Erst 1928 wurde km 110,5 bei Aguas Calientes erreicht, und es dauerte noch bis 1948, bis man endlich bei km 112 (Talstation von Machupicchu) ankam. 1978 wurde die Bahntrasse bis Quillabamba gebaut. Einige Streckenabschnitte gerieten dabei so steil, dass sie der Zug nur mit Zickzackfahren überwinden kann. Bis heute ist die Bahnfahrt nach Machupicchu oder noch weiter bis Quillabamba ein besonderes Erlebnis.

Aus dem Tal Cusco geht es zunächst in Kehren den Berg hinauf. Dabei wechselt der Zug viermal die Richtung. Bei jeder Wende springt der Schaffner ab und wirft die Weiche um. Es bieten sich schöne Blicke auf die Stadt mit ihren roten Dächern.

Auf 3678 m wird ein Pass überquert. Danach geht es über die landwirtschaftlich genutzte Hochebene des Anta-Tales. Die Gleise folgen der Straße in Richtung Abancay.

Die Grasebene hinter *Izuchaca* war zweimal Schauplatz großer Schlachten (die Kampfstätte trägt den Quechua-Namen *Yahuar Pampa* – „blutige Ebene"): Unter dem Inca Wiracocha wurden hier mit einer List die Chancas besiegt.

Über *Huarocondo* führt die Bahn am *Río Huarocondo* entlang. Hier geht es wieder mit einem Zickzack in den steil abfallenden Cañón des oberen Urubambatals hinab.

Der Zug rumpelt in Páchar ein, das bereits zum *Heiligen Tal der Inkas* gehört. Hier ziehen sich gut erhaltene Inkaterrassen in schwindelnde Höhen, die bis heute landwirtschaftlich genutzt werden. Durch das angenehme milde Klima und vielen Sonnentage ist das obere Urubambatal sehr fruchtbar. Von Kartoffeln über Mais und Trauben wächst hier fast alles. Bald darauf kommt Ollanta mit der Festung Ollantaytambo in Sicht. Danach fährt der Zug am lehmbraunen Río Urubamba entlang.

Am Fenster fliegen Adobe- und Steinhäuser vorbei, Maisfelder wechseln sich ab mit Eukalyptusgehölzern. Dahinter erheben sich grünüberwucherte Felswände, die in die schneebedeckten Gipfel der Cordillera Vilcabamba übergehen. Wie Staubwolken schweben Nebelfetzen die Geröllhänge herab. Ein 6000er mit zerklüftetem Gipfelgrad und ewigem Schnee ist in halber Höhe von Wasserdampfwolken umgeben, die wie magische Ringe aussehen, von denen immer wieder Wolkenfetzen abreißen.

Der Urubamba zieht neben den Gleisen talwärts, die braune Gischt überschlägt sich in Stromschnellen.

Das Urubambatal wird nun enger. Seit km 90 schaukelt der Zug durch einen semitropischen Bergurwald, einer der höchstgelegenen der Erde. Die Luft wird merklich feuchter und wärmer. Farne, Lilien, Orchideen, Lianen und Schlinggewächse bedecken die steil abfallenden Berghänge bis in die Höhe. Bei km 107 lässt die Schlucht nur noch für den reißenden Urubamba und das Bahngleis Platz. An steilen Felswänden wuchert der üppige Bergurwald bis nach Aguas Calientes.

Camino Inca / Inka-Trail

Der knapp 45 km lange Inkapfad war ursprünglich ein Versorgungs- und Nachschubweg der Inkas für Machupicchu. Er wurde 1942 von der schwedischen Viking-Expedition unter Leitung des Amerikaners *Paul Fejos* wiederentdeckt und nach und nach freigelegt. Zum Erfolg der Expedition trug wesentlich der peruanische Archäologe *Julio C. Tello* bei, der Paul Fejos begleitete. Alle Plätze unterwegs wurden dabei neu benannt, da die historischen Bezeichnungen z.T. unbekannt waren, die ersten Karten entstanden. Tello entdeckte dabei die bedeutenden Ruinen *Wiñaywayna*. Erst in den 80er Jahren wurde durch Archäologen die Hauptverbindung und der Treppenweg zwischen *Phuyupatamarca* und *Wiñaywayna* gefunden.

Seit Januar 1981 gehört der gesamte Camino Inca zum 1968 gegründeten *Parque Nacional Machupicchu*. In ihm und in den angrenzenden Regionen gibt es viele Orchideenarten, leben verschiedene Giftschlangen, Andenbären (sehr scheu), Pumas und Pudús (Zwerghirsche).

Nüchtern betrachtet ...
Über die gegenwärtige Situation des Inkatrails eine Zuschrift: *„Das, was wir erlebten, machte jede Romantik und jedes Genießen des Trails unmöglich ... man muss sich geführten, teils sehr großen Gruppen anschließen und einen Betrag von bis zu 250 € bezahlen, je nach Dauer und Equipment. Die Wegstrecke ist hemmungslos überlaufen. Ständig wird man von Trägern überholt, die an vorher festgelegten Lunch- und Dinnerplätzen ihre Zelte aufbauen, um die müden Wanderer mit allem Möglichen zu versorgen. Nur selten kann man einsame Natur genießen. Da die Zeltplätze den jeweiligen Tour-Veranstaltern zugewiesen sind, kann es passieren, dass man bereits Mittags an einem Zeltplatz ist, auf dem man auch bleiben muss (z.B. auf dem 3. Pass, ca. 3 h vor Machupicchu). Verbotene Nebenwege werden von Trägern zur Abkürzung benutzt ...*

Meistbegangener Trail Südamerikas
Der Camino Inca ist der mit Abstand meistbegangene Trail Südamerikas, in der Hochsaison wurden täglich schon bis zu 570 Personen ab Km 88 gezählt. Das bringt natürlich gewaltige Umweltprobleme mit sich. Es wurden Mülleimer aufgestellt und an verschiedenen Stellen Toiletten-Häuschen gebaut, die meist völlig verschmutzt sind. Geeignete Stellen zum Übernachten sind begrenzt (ca. 180–200 Zeltplätze, d.h., ein Zelt steht neben dem anderen). Es werden, besonders auf dem ersten Teil der Strecke, ständig neue Wege und Abkürzungen angelegt, damit der Trail weniger anstrengend wird. Erst ab Runkuraq'ay läuft man auf dem echten, alten Inkatrail, der sich durch die 1984 freigelegte kürzere Trasse nach Phuyupatamarca auf 39 km verkürzt hat.

Inzwischen wurde die **Personenzahl auf dem Trail auf 500 pro Tag** (inkl. Führer, Träger und Köche) imitiert, die Größe der Gruppen auf max. 16 Personen. Ein lizenzierter **Führer ist Pflicht!** Dieser kann privat oder über ein Touranbieter verpflichtet werden. **Träger** sind zu versichern und es ist ein festgelegter Mindestlohn zu zahlen, der aber von unseriösen Anbietern unterlaufen wird. Deshalb wurde das **IPP Inka Porter Projekt** ins Leben gerufen, um deren Situation zu verbessern, *Trekking Guidelines,* http://www.peruweb.org/porters/guidelines2003.htm. Vorsicht also bei ungewöhnlich billigen Angeboten.

In der **Hochsaison,** also von **Mai bis September,** kann es zu **wochenlangen Wartezeiten** kommen, zumal die Verwaltung des Inkatrails eine **einmonatige Voranmeldung** verlangt und auch die Touranbieter limitiert wurden. Selbst in der Nebensaison kam es bereits zu Wochen dauernden Wartezeiten. Sinnvoll sind für die Hochsaison also **viermonatige Vorbuchungen** und in der Nebensaison mindestens drei Wochen vorher. Dennoch kann man immer mit etwas Glück kurzfristig Restplätze ergattern, bei Platzverfügbarkeit ist der Inka-Trail fast täglich möglich. Für Reservierungen ist der Reisepass vorzulegen. Die Übernachtungsplätze werden inzwischen bei der Trail-Permitvergabe festgelegt.

Alternative Inkatrails

Wenig bekannt ist, dass es einen zweiten Inka-Trail nach Machupicchu gibt. Dabei geht es über den **Inka-Trail Rupañan** durch den Bergurwald **nach Machupicchu**, ein Inkatrail ohne die üblichen Touristenscharen, Anmeldung, Wartezeit usw.

Als weitere Alternativen zum klassischen Inkatrail nach Machupicchu bieten sich einige andere Inkawege an, z.B. der von Cachora – s.S. 204 – zu den Inkaruinen von *Choquequirao* und nach *Corihuayrachina,* der Inkaweg von *Ollanta nach Willoq,* der von *Mollepata nach Santa Teresa* – Tour ca. 80 € – sowie der Trail von *Pulmarca nach Tinqui,* oder der Trail rund um den Berg Salkantay. Alle können jeweils auf eigene Faust gemacht werden, der Salkantay-Trail auch zu Pferd.

Tipps

Den Inkaweg begeht man am besten in einer kleinen Gruppe. Dabei sein Gepäck nie unbeaufsichtigt lassen. **Im Februar ist der Trail** für Aufräum- und Instandsetzungsarbeiten **gesperrt!**

Trail-Ausrüstung

Es gilt der Grundsatz: so wenig wie möglich, nur so viel wie nötig. Entbehrliches Gepäck in Cusco im Hotel zurücklassen. Ein Tagesrucksack ist völlig ausreichend. Darin sollten sich Ersatzwäsche, Mini-Waschbeutel und ggf. Ersatzschuhe befinden. Warme Kleidung ist wichtig. Die Ausrüstung – s.a. www.machupicchuonline.com – sollte Folgendes umfassen und gilt für alle Wanderungen auf Inkawegen:

– ein Zelt (ggf. vom Touranbieter)
– einen warmen Schlafsack aus Daunen (ggf. vom Touranbieter)
– eine Isoliermatte (ggf. vom Touranbieter)
– Kopfbedeckung und Sonnenschutzmittel
– Desinfektions-Tabletten für Trinkwasser (unbedingt!)
– Wasserflasche
– Regenkleidung
– Taschenlampe mit neuen Batterien
– Taschenmesser, Löffel, Feuerzeug, Mini-Apotheke
– gut eingelaufenes Schuhwerk (leichte Bergstiefel oder wenigstens feste Schuhe mit Profilsohle). Dass die indigenen Träger mit Autoreifen-Sandalen laufen, sollte kein Argument sein, denn die sind das gewohnt, haben außerdem keine anderen Schuhe und kennen dazu noch jeden Tritt.
– Nahrungsmittel (ggf. vom Touranbieter); der Appetit ist beim Laufen nicht so groß wie man denkt. Erst in Aguas Calientes kann (auf dem Rückweg) wieder etwas gekauft werden.
– Trinkwasser (ggf. vom Touranbieter); braucht nicht unbedingt mitgetragen zu werden, denn unterwegs finden sich genügend Stellen mit trinkbarem Wasser (Quellen, Bergbäche), das aber abgekocht, gefiltert oder desinfiziert werden sollte (Micropur-Tabletten).
– ein Spiritus- oder Gaskocher (ggf. vom Touranbieter)

Mieten

Wer den Trail als Pauschalpaket über einen Touranbieter gebucht hat, benötigt außer seinen persönlichen Dingen nichts (s.u., „Pauschal-Arrangements"). Für Individual-Arrangements könnten ggf. Zelt, Schlafsack und übriges Equipment in Cusco gemietet werden (Adressen & Service / „Ausrüstung").

Klima und Gesundheit
Die besten Monate sind Mai bis September, weniger April und Oktober. Die Monate November bis März sind, wegen der Regenzeit, wenig zu empfehlen. Es ist auch nicht ungefährlich, einige Tage durch Regen und Wolken zu laufen. Die Temperaturen schwanken zwischen –4 °C in der Nacht und 20 °C am Tag. Da unterwegs Höhen über 4000 m erreicht werden, ist ein guter Gesundheits- und Konditionszustand erforderlich. Außerdem sollte der Wanderer schon gut höhenakklimatisiert sein. Jeder, der annähernd schwindelfrei und trittsicher ist und dem es nichts ausmacht, fünf bis acht Stunden am Tag zu gehen, kann die Wanderung gut bewältigen. Leute mit Kreislauf- oder anderen Gesundheitsproblemen (auch Konditionsmängel) sowie Reisende, die noch nie in den Bergen waren, sollten lieber verzichten.

Gehdauer / Orientierung
Immer wieder wird behauptet, der Inkatrail sei für einen geübten Berggeher in einem Tag zu schaffen. Ohne Gepäck mag dies evtl. vorstellbar sein, doch für den „Normalo" kaum machbar (der Rekord von Km 88 nach Machupicchu, aufgestellt vom peruanischen Marathonläufer Ganó Román Tinta, liegt bei 3 Stunden, 34 Minuten und 20 Sekunden). Sicherlich gibt es Sportliche, die den Trail in zwei Tagen unter Strapazen bewältigen – doch von der einzigartigen Landschaft wird dann sicherlich nicht viel aufgenommen. **Vier Tage sind** deshalb wohl die **ideale Zeitspanne**. Die Orientierung ist kein Problem mehr wie in früheren Jahren, da jetzt an allen Trail-Gabelungen Pfeile angebracht sind und hinter Phuyupatamarca ein Weg freigelegt wurde.

Der österreichische Bergführer Wilhelm Huber rät: *„Ich gehe langsam, aber gleichmäßig. Immer nur so schnell, dass ich alleinig durch die Nase atmen kann. Ich stelle immer wieder fest, dass die meisten zu schnell gehen, dann immer wieder stehen bleiben. Da kommt der Körper aus dem Rhythmus und man wird viel schneller müde. Das Geheimnis des Erfolges beim Bergwandern auf dem Inkatrail ist, auch schon zu Beginn der Tour langsam zu gehen."*

Eintrittsgebühr Inka Trail
Die Zeiten, in denen der Trail kostenlos war, sind längst vorüber. **Heute zahlt jeder Wanderer 240 Soles,** Studenten mit ISIC-Ausweis und Kinder ab 11 Jahre die Hälfte, Kinder unter 11 Jahre nichts, unabhängig von wo aus losgelaufen wird. Inbegriffen ist der Eintritt zur Inkastadt Machupicchu, jedoch nicht die Busfahrt vom Machupicchu nach Aguas Calientes. Auch die Träger müssen Eintritt bezahlen, jedoch wesentlich weniger.

Selbstgeher
Der Inkatrail darf alleine ohne Führer und ohne ein Permit durch die UGM/INC (*Unidad de Gestión de Machupicchu/Instituto Nacional de Cultura*) **nicht mehr begangen werden!** Das Permit ist mindestens fünf Tage vorher zu beantragen, in der Hochsaison können daraus auch bis zu 3 Monate werden ... **Dabei ist das gesamte Team mit Führer und Trägern mit Ausweisnummern anzumelden, nachträgliche Änderungen sind ausgeschlossen. Die Alternative für Selbstgeher** ist ein Individual-Arrangement (s.u.), ein sogenannter *Privado*.

Camino Inca / Inka-Trail

Pauschal-Arrangements

beinhalten in der Regel den Transfer vom Hotel in Cusco, die Fahrt bis Km 82, den Eintritt in den Nationalpark Machupicchu, die Kosten für Führer, Träger, Koch, Zelt, Ausrüstung (fragen Sie wegen des Schlafsacks) und Lebensmittel (drei Mahlzeiten am Tag). Der Transfer von Machupicchu nach Aguas Calientes ist meist nicht mit eingeschlossen.

Meist wird von Km 82 aus losgewandert, da bis dorthin der Bus fährt bzw. mit einem Fahrzeug hingefahren werden kann und dadurch das Pauschalangebot recht preisgünstig ist. Es gibt sie von verschiedenen Agenturen ab 200 € pro Person. Die billigsten Angebote können oft nachteilig sein, da sich dahinter meist wenig Erfahrung, nur spanischsprachige Führer und mangelhafte Ausrüstung verstecken. Bei seriösen Anbietern müssen 250–350 € p.P. (mit Studentenausweis Rabatt) hingeblättert werden. Gute Anbieter, wie z.B. *Amazon Trails Peru* (www.amazontrailsperu.com.) nehmen z.B. 310 € (400 US$) p.P., *SAS Travel* (www.sastravelperu.com) 350 € p.P., andere bis über 470 € (600 US$). Ein persönlicher Träger (bis 20 kg Tragegewicht) kostet 65 € extra.

Es ist unbedingt vorher zu klären, was im Preis alles enthalten ist, ob das Gepäck selbst getragen werden muss, was zum Essen geboten wird (große Unterschiede!), wie groß die Gruppe ist (16 Leute mit 24 Trägern sind keine Seltenheit, die ideale Gruppengröße umfaßt zwei bis max. zehn Personen) und ob individuelle Wünsche erfüllt werden können. Dabei hängt auch viel vom richtigen Führer ab. Es gibt Führer, die der Gruppe einfach vorausrasen und dann gelangweilt warten, bis die Gruppe den Berg hochgehechelt kommt. Letztendlich ist es also gar nicht so einfach, das beste Preis-/Leistungsverhältnis zu finden. Wichtig ist auch die **Festlegung der Übernachtungsplätze,** die erst 1–2 Tage vorher durch die **UGM offiziell festgelegt und genehmigt** werden. Dabei kann es passieren, dass die letzte Nacht weit vor Wiñaywayna übernachtet wird und am nächsten Tag kaum ein Chance besteht, das Sonnentor zum Sonnenaufgang zu erreichen, wenn nicht mitten in Nacht losgelaufen wird.

Hinweis: INDECOPI in Cusco (s. dort unter „Adressen & Service") führt eine Liste unzuverlässiger und besser zu meidender Trekkingunternehmen! Nicht alle Anbieter gehen täglich auf den Inkatrail, sie warten ab, bis mindestens vier Personen zusammenkommen.

Individual-Arrangements (Privado)

schließen meist gleichfalls alle Leistungen einer Pauschaltour mit ein, mit dem Vorteil, dass der Trail individuell (einzeln oder in der Minigruppe) mit eigenem Führer, Zelt und Trägern begangen wird. Man bestimmt selbst den Ablauf, das Tempo und die Verweildauer. Eine Vierer-Gruppe umfasst aber trotzdem bereits eine Karawane von ca. 8 Trägern, Koch und Führer. Kostenpunkt, je nach Veranstalter, 250–600 € pro Nase. Wesentlich preiswerter wird es, wenn man ohne Träger und Koch sein Gepäck selbst trägt und sich selbst verpflegt und somit nur einen lizenzierten Führer benötigt (ca. 60 €/Tag für max. 6 Personen). Es muss dann nur noch die Fahrt mit dem Micro, z.B. bis zum Km 82, der Eintritt und die Rückfahrt mit dem Zug (Tren Backpacker, auf Rückfahrtbestätigung bestehen, da der Zug oft ausgebucht ist) bezahlt werden. Studenten (Vierergruppe) müssten dann nicht mehr als 120–150 € (ohne Verpflegung) ausgeben. Nach diesem Angebot muss bei den Touranbietern (z.B. bei *Gregory Tours, Dante, Agritut, Coltur*) direkt gefragt werden, da es offiziell nicht beworben wird.

Camino Inca / Inka-Trail

Wie finde ich meinen Anbieter?

Zig Büros verkaufen den Inkatrail oder andere Treks als Tour anderer Veranstalter nur weiter und haben recht unterschiedliche Preise. Für den Außenstehenden ist schwer erkennbar, wo die Unterschiede liegen. Alles hört sich ähnlich an. Wichtige Fragen vor einer Tourbuchung, nicht nur für den Inkatrail, sind:
1. Wer organisiert die Tour? Der Anbieter selbst oder ein anderer Veranstalter?
2. Wer ist der Führer (Guide/Guía)? Spricht er Englisch?
3. Wie groß ist die Gruppe?
4. Wieviele Träger kommen dazu? Wieviel Kilo tragen diese? Was verdienen sie? ... Darauf bekommt man vielleicht keine Antwort!
5. Welche Zelte werden genutzt und wie ist deren Zustand (dicht)?
6. Bei Lastpferden: wird ein Notfallpferd mitgenommen?

Preiswerte Anbieter

Amazon Trails Peru, Tandapata 660, Tel./Fax 43-7499, info@amazontrailsperu.com, www.amazontrailsperu.com. Sehr hilfsbereiter deutsch-peruanischer Anbieter, gute Organisation, zuverlässige Träger. **TIP!**

Andean Adventures, Urb. Lunepata E-13 (4. Stock), Tel. 26-3498, Fax 23-6201 (andeanad@chaski.unsaac.edu.oe). Perfekter Service, immer erreichbar, empfehlenswert!

Culturas Peru, Tandapata 354, culturas@telser.com.pe. Nicole Gabriela Erb bietet Inkatrail-Individualtouren an, aber auch andere Strecken.

Cusco Tours, Cuesta del Almirante 232, Tel. 24-7412, Fax 22-2049, Handy 962-3486, cuscotours@usa.net oder informes@cuscotour.com.pe, www.cuscotours.com.pe. Nico Montesinos Gamarra ist auf den Inkatrail spezialisiert mit offizieller Lizenz der INC; Kleingruppen, Individualabsprachen, zuverlässig, gPLV, Viertagestour 240 €. **TIP!**

Inti Raymi, Portal Comercio 129 (Plaza), Tel. 993-2479. Gute Führer und Träger, empfehlenswert.

LIZ'S, Calle del Medio 114, Plaza de Armas, Tel./Fax 24-6619, lizarenas@hotmail.com, www.lizexplorer.com. Inkatrail 190 €, Studenten 25 € Rabatt. Gute Führer, Träger und Koch, empfehlenswert.

Q'enqos-Tours, Plateros 394, Tel. 22-4362, ruthlopez38@latinmail.com.pe. Zwar nur Vermittler, dennoch immer eine Nachfrage wert, deutschsprachig.

Transveel Tours, Urb. Marcavalle E-14, Tel. 69-2480, katherinevallec@mixmail.com; faire Angebote.

Auch die Angebote von *Q'ente,* Choquechaca 229, Tel. 23-8245, quente@telser.com.pe, sowie *Compañía de Servicios Turísticos* und *Scout Travel* sind einen Vergleich wert.

Empfehlenswerte Führer

Manuel Jesús Usca Huamán, Karmenca 130, Santa Ana, Cusco (Englisch u. Spanisch). – *Marco Antonio Callapiña Condori,* Belén 572, Tel. 23-8373, Cusco.

10 Gebote des Nationalparks

1. Gehe nur auf dem markierten Weg
2. Gehe nicht alleine, sondern nur in Gruppen
3. Pflücke keine Orchideen oder andere Pflanzen im Nationalpark
4. Verschmutze keine Wasserstelle mit Seife oder anderen Dingen
5. Hinterlasse keinen Abfall sondern trage ihn in mitgeführten Müllsäcken mit.
6. Benutze keine Ruinensteine, um eine Koch- oder Feuerstelle zu errichten.
7. Entfache kein offenes Feuer zum Kochen
8. Klettere nicht auf Ruinen umher, Übernachten ist darin verboten
9. Verrichte dein Geschäft nicht in der Nähe von Wasserstellen und vergrabe es (Gartenschaufel mitführen).
10. Erinnere gedankenlose Wanderer an die Gebote des Nationalparks.

Der Inka-Trail in vier Tagesetappen

Höhenangaben

Da die Höhenangaben des Inka-Trails stark variieren, hat Rainer Wirtz für uns freundlicherweise barometrische Höhenmessungen vorgenommen. (Abweichungen ± 20 m). Alle hier angegebenen Daten stammen von diesen Messungen. Bezugshöhe war der Bahnhof in Puno, Kontrollpunkte Abra la Raya, die Brücke über den Vilcanota in Urubamba, der Abra Warmiwañusqa, Intipunku, Sayaqmarca und Phuyupatamarca.

Etappen und Gehzeiten

Die Tagesetappen sind hier so gewählt, dass diese auch bergauf bei langsamer, aber *stetiger* Gehweise bequem und leicht eingehalten werden können, ohne dass man sich beeilen muss. Zügige Wanderer werden weniger Gehzeit benötigen und könnten eine größere Tagesetappe bewältigen. Koch und Träger, u.U. auch der (unqualifizierte) Führer, werden vorauseilen. Es ist abzuraten, sich von diesen Eilkommandos beeinflussen zu lassen.

Die Angaben bei der **Gehzeiten sind Echtzeiten**, d.h., Verschnaufspausen, Rast und Besichtigungen wurden hier nicht berücksichtigt. In weiten Teilen ist der Trail mit einem rauhen Granit sehr grob gepflastert, meist 60–80 cm breit, manchmal auch mehrere Meter, in steilen Strecken mit Stufen. Die Stolpergefahr erfordert ständige Konzentration. Alle Wasserläufe werden auf guten Stegen überquert. Landschaft und Klima reichen vom andinen Hochgebirge bis in den weltweit höchstgelegenen subtropischen Bergurwald.

TIP: Wer das Buch auf dem Inkatrail nicht mitschleppen will, kopiert sich zuvor folgende Seiten.

■ Inkatrail ab km 104: s.S. 292

1. Tag: Chilca – Weggabelung über Llaqtapata

Strecke ca. 8 km, Gehzeit 4,5 h

Wer den Camino del Inca bei Km 82 beginnt, fährt von Cusco frühmorgens in Eigenregie respektive mit dem Wagen seines Touranbieters bis Urubamba oder Ollanta (Km 68). Dort Einkauf von Obst, Trinkwasser, Regenschutz, ggf. Wanderstock. Auf schmaler Schotterpiste geht's dann weiter über Phiri und Tankac bis Chilca (Km 77, 2800 m), Ankunft so zwischen 10 und 11 Uhr (Kontrollstelle, Parkeintritt). Wer am Vortag anreiste, kann in der *Nustayoc Mountain Lodge* (FAM/LUX), unweit des Chilca-Bahnhofes, Tel. 20-4098, raggia@ec-red.com, www.nustayoclodge.com, deutschsprachig,

■ *Eine Inkatrail-Wandergruppe*

übernachten und sehr früh am nächsten Morgen loswandern. Von Chilca führt die Piste über Piscacucho (2681 m) weiter bis zum **Km 82.** Hier endet derzeit die Piste. **Bei Km 82 steigen die meisten in den Trail ein.** Bis Machupicchu fehlen derzeit noch ca. 40 Straßenkilometer. Wer schnell und ebenerdig den Km 88 erreichen möchte, kann diesen von hier in 5 km auf den Schienen, immer entlang des Urubambas, erreichen.

Bei **Chilca,** das (flussabwärts) auf der rechten Flussseite liegt, spannt sich eine Hängebrücke über die hier enge Urubambaschlucht. Nach ihrer Überquerung wandert man entlang der linken Flussseite flussabwärts. Der Pfad führt zunächst durch die Gärten einiger Anwohner und dann an Eukalyptus-, Agaven- und Blumenfeldern vorbei. Anschließend kurzer und steiler Aufstieg in die Bergflanke auf 2890 m. Danach folgt der unschwere Weg mit nur geringen Höhenunterschieden dem Lauf des über 100 m tiefer fließenden Urubamba. Hoch über der rechten Talseite leuchten die Gletscher und Schneefelder des *Nevado Verónica*. Nach knapp 2 h trifft der Trail auf die Brücke, die von Km 82 (Ende der Piste, Zughaltestelle, Getränkebuden) von der rechten Flussseite herüberführt (Höhe 2700 m). Vorbei an einem Fußballplatz und durch einen Friedhof werden nach 20 Minuten die Häuser des Dorfs **Yawarwaka** (2710 m) passiert. Die Leute bieten Getränke und Wanderstöcke an.

Nach einer Gesamtgehzeit von ca. 3 h kommt nach dem kleinen Dorf **Miscay** zunächst ein mäßiger Anstieg. Danach wird das Seitental des Wayanay überquert und es geht in der Talflanke ca. 60 Höhenmeter steil bergauf, vorbei an den Ruinen der **Inkafestung Willcaraqay** bis zu einer Aussichtsfläche auf 2830 m Höhe. Von hier bietet sich ein toller Tiefblick in das Seitental mit den Ruinen von Llaqtapata. In 20 Minuten wird die Weggabelung (2710 m) über den Ruinen von Llaqtapata erreicht. Wer **Llaqtapata** besichtigen möchte, müsste hierzu ca. 15–20 Min. absteigen, der Wiederaufstieg dauert 30 Min. (weitere Wegbeschreibung s. „Q'oriwayrachina (Km 88) – Llulluchapampa"). Wanderer mit Startpunkt Km 82 können ihr 1. Nachtlager in **Jatunchaca** oder Wayllabamba aufschlagen.

Q'oriwayrachina (**„Km 88"**) – Llulluchapampa

Strecke ca. 11 Kilometer, Gehzeit ca. 7 h

Der Tren Backpacker hält bei Km 88 nur, wenn vorher das Zugpersonal informiert wurde, dass dort jemand aussteigen will. In der Regel wird das der Tourguide übernehmen. Der Zughaltepunkt trägt den Quechua-Namen **Q'oriwayrachina** und liegt auf 2580 m. Hier geht es auf einer Hängebrücke über den Urubamba.

Nach rechts führt ein Pfad in 15–20 Min. zu den wenig besuchten Ruinen von *Wayna Q'ente* und *Machu Q'ente* (Lagerplatz). Wayna Q'ente war ein Tambo, ein Inka-Stützpunkt, bestehend aus einem Kultplatz mit zwei Steinbädern, zwei heiligen Felsen und einer heiligen Höhle. Er ist evtl. ein Abstecher wert. Die Gesamtgehzeit wird sich dadurch aber mindestens um eine Stunde verlängern.

Der eigentliche Inkatrail führt von Q'oriwayrachina nach links. Etwa einen Kilometer geht es durch einen Eukalyptuswald aufwärts. Auf einer Höhe zwischen 2650 und 2680 m führt der Weg im Tal des *Río Cusichaca* direkt an den Inkaruinen von *Llaqtapata* vorbei (auch *Patallaqta* genannt). Die charakteristischen Trapezfenster der über hundert Bauten Llaqtapatas sind kennzeichnend für den Inka-Architekturstil. Auffallend ist der Tempelbezirk mit dem *Pulpituyoc*, einem runden *Torreón* (ähnlich jenem in Machupicchu), der für die Inka-Architektur dagegen untypisch ist. Die Gesamtanlage samt Terrassenfeldern hat eine beachtliche Ausdehnung und unterstreicht die strategische Bedeutung Llaqtapatas an einem wichtigen Verkehrsknotenpunkt. Die Inkastadt wurde zum Río Cusichaca hin durch eine lange Zickzack-Mauer geschützt. Auf einigen der halb verfallenen Terrassenhängen wird von der Bevölkerung noch

Karte S. 287 — Camino Inca / Inka-Trail

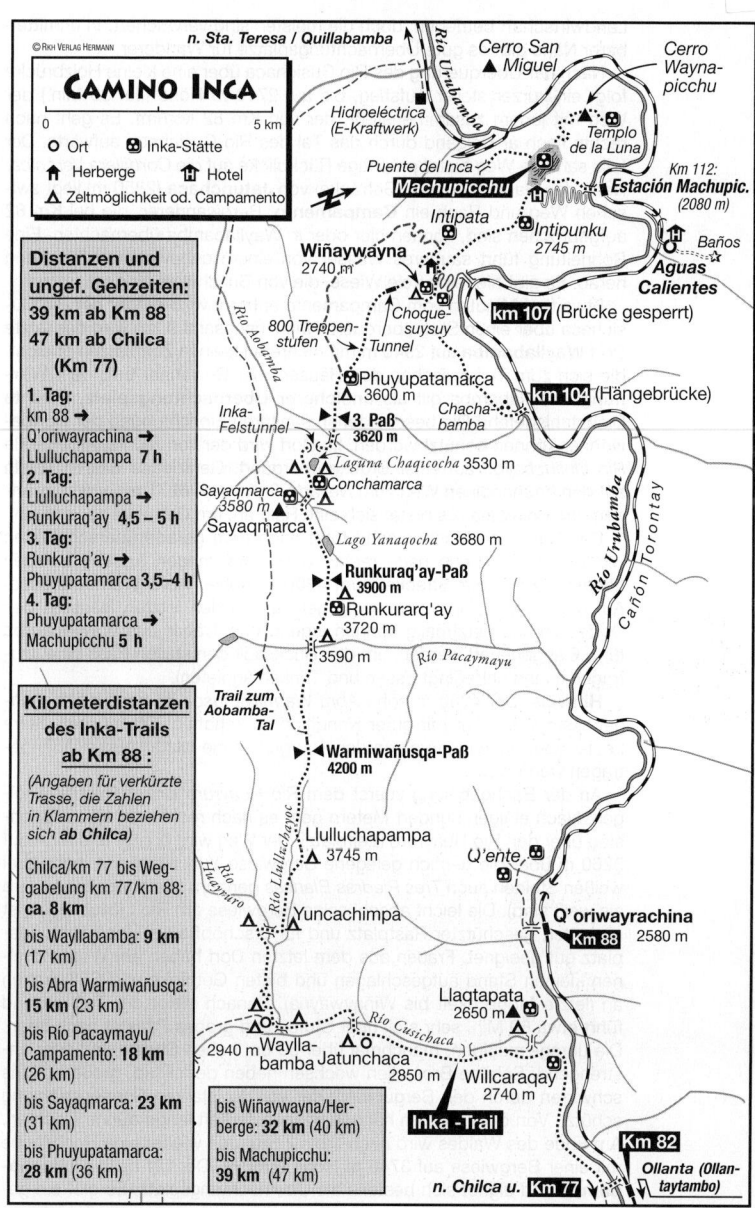

Landwirtschaft betreiben, doch die meisten sind verwuchert. In unmittelbarer Nähe gibt es gute Übernachtungsplätze für Wanderer.

Nach der Überquerung des Río Cusichaca über eine kleine Holzbrücke folgt ein kurzer steiler Aufstieg, bis auf 2710 m Höhe (ca. 30 Min.) der Weg mit jenem zusammenstößt, der von Km 82 kommt. Es geht nach rechts flach ansteigend durch das Tal des Río Cusichaca aufwärts. Der teils sandige Weg bietet prächtige Rückblicke auf die *Cordillera Verónica*. Nach den Bauernhäusern (Getränke) von **Jatunchaca** (2850 m) liegt zwischen Weg und Bach ein **Campamento**. Bergwanderer, die bei Km 82 aufgebrochen sind, können hier oder in Wayllabamba übernachten. Eine Rohrleitung führt sauberes Wasser von einem unbewohnten Berghang herab. Es gibt hier eine freie Wiese, die von Buschwerk eingesäumt ist.

Etwa fünf Minuten vom Campamento entfernt wird wieder der Río Cusichaca über einen Steg überquert. Nach insgesamt 9 km wird das letzte Dorf **Wayllabamba** auf 2940 m mit mehreren kleinen Zeltplätzen erreicht, die sich zum Teil zwischen den Häusern der Bewohner befinden. **Warnung:** Wayllabamba gilt als **unsicherer Übernachtungsplatz.** Erhöhte Diebstahlsgefahr! Die bescheidenen sanitären Einrichtungen der Dorfbewohner können benutzt werden. Im Dorf wird der von rechts anfließende *Río Llulluchayoc* auf einer Brücke überquert. Geradeaus weisen Tafeln auf den hochandinen Weg zum *Nevado Salkantay* (6271 m) und zum Andendorf *Mollepata*. Es bietet sich eine Rast an, um Getränke zu kaufen.

Der Trail nach Machupicchu führt nach dem gerade überschrittenen Río Llulluchayoc nun nach rechts zum 6 km langen Anstieg auf den höchsten Pass der Strecke, zum 4200 m hohen Abra Warmiwañusqa. Auf dem steilen Serpentinenweg geht es an den letzten Häusern des Dorfes vorbei. Letztmalig können jugendliche Träger aus Wayllabamba für 5 € angeheuert werden, um den Rucksack den steilen Pass hinaufzutragen (ihnen unbedingt Essen und Trinken anbieten).

Hinweis: Der 4200 m hohe *Abra Warmiwañusqa* ist nur für höhenangepasste Wanderer mit guter Kondition zu schaffen. Oft müssen ältere Leute, aber auch jüngere von den Tourguides die letzten 100 m hochgetragen werden …

An der Bachgabelung zuerst dem *Río Huayruro* (linker Bachlauf) folgen. Nach einigen hundert Metern geht es nach rechts auf einem Bachsteg über den Río Huayruro (Zeltplatz). Der Weg wird breiter und führt auf 3260 m über die herrlich gelegene Bergwiese *Yuncaychimpa,* nach drei weißen Steinen auch *Tres Piedras Blancas* genannt (die aber alles andere als weiß sind). Die leicht abschüssige Bergwiese am Río Llulluchayoc ist ein guter, geschützter Rastplatz und für Erschöpfte als Übernachtungsplatz gut geeignet. Frauen aus dem letzten Dorf haben am Wegrand einen kleinen Stand aufgeschlagen und bieten Getränke und Süßigkeiten an (letzte Möglichkeit bis Wiñaywayna). Danach steigt der Trail an und führt etwa 60 Min. sehr steil über Stufen und grobes Pflaster nach oben. Die unregelmäßigen, manchmal über 50 cm hohen Stufen sind sehr anstrengend. Schöne Bromelien wachsen neben dem Pfad, große Kolibris schwirren durch den Bergurwald, der vor der starken Sonnenstrahlung schützt. Von den Bäumen hängen gespensterhaft lange dünne Flechten. Am Ende des Waldes wird nach 1 bis 2 Stunden wieder eine Hochfläche mit einer Bergwiese auf 3745 m Höhe erreicht. Der Ort heißt **Llulluchapampa** und eignet sich bestens als Übernachtungsplatz. Es gibt ein gemauertes Häuschen mit Toiletten und Waschbecken, im Bach fließt sauberes Wasser und bei den Büschen am Rande der freien Fläche findet man ein wenig Windschutz gegen den oft eiskalten Wind. Wenn das Zelt dann steht, ist meist schon die Dämmerung hereingebrochen.

2. Tag: Llulluchapampa – Runkuraq'ay

Strecke ca. 8 Kilometer, Gehzeit ca. 4,5–5 h

Die Nacht war wohl in aller Regel eiskalt, vielleicht um die 0 °C oder darunter. Das Aufstehen um 7 Uhr (die Sonne kommt nicht vor 11 Uhr über den Bergkamm) fällt daher nicht allzu schwer. Es folgt nun die schwierigste Etappe des Inkatrails. Der Weg führt zuerst leicht bergauf, wird immer steiler, das Atmen fällt spürbar schwerer. Beim Blick zurück sieht man tief in das bereits durchwanderte Tal, dahinter ragen schneebedeckte Berggipfel auf (*Nevado Huayanay*, 5452 m). Über *Corral Punku* geht es nun hoch zum höchsten Punkt des Inkatrails, zum Abra Warmiwañusqa (4200 m, Aufstiegsdauer ca. 1,5 h). Den Aufstieg evtl. erschweren können die Träger der organisierten Gruppen, die einen permanent mit einem viel zu hohen Tempo überholen, anhalten, um nach Luft zu schnappen, dabei eingeholt werden und danach wieder losstürmen. Die letzten Meter führen über Stufen steil nach oben. Der „Pass der Toten Frau" wird umrahmt von einer grandiosen Bergkulisse und bietet einen herrlichen Blick über das wilde Tal de Río Pacaymayu und auf den nächsten Pass, den *Abra Runkuraq'ay* sowie einen letztmaligen Rückblick ins Tal von Wayllabamba.

Der Trail zieht sich nun über grobes Pflaster und Stufen gut 600 m verhältnismäßig steil bergab. In 3590 m Höhe wird 1,5 h später der schnell fließende *Río Pacaymayu* („Fluss des Sonnenaufganges") gekreuzt. Hier gibt es einen ziemlich großen Platz zum Zelten (Campamento), den sehr viele Wandergruppen nutzen. Das Wasser oberhalb des Camps ist sauber. Es gibt einen Parkwächter mit einem Funkgerät (für Notfälle) und einige Steinhäuschen mit Toiletten und Waschbecken, die aber nur funktionieren, wenn der jeweilige Zulaufschlauch richtig im Bach liegt.

Vom Tal des Río Pacaymayu quält man sich nun in gut 30–40 Minuten, zum Teil über Stufen, steil bergauf zu dem für die Inka-Architektur ungewöhnlichen Rundbau von **Runkuraq'ay** (3720 m). Die Namensgebung stammt von Bingham (s.u.), ergibt aber in der Quechua-Sprache keinen Sinn. Runkuraq'ay war ein Tambo, also ein Stützpunkt, Rast- und Versorgungslager der Inkas, gebaut aus hellem Granit. Von hier konnte die gesamte Umgebung mit dem Pacaymayu-Tal bis zu den Pässen gut überwacht werden. Entsprechend großartig ist die Sicht von den Ruinen (1915 entdeckt). In den Ruinen von Runkuraq'ay darf nicht übernachtet werden. Ein Platz in der Nähe bietet sich dagegen an (oft belegt), Wasser ist nicht vorhanden.

3. Tag: Runkuraq'ay – Phuyupatamarca

Strecke ca. 9 Kilometer, Gehzeit 3,5–4 h

Am nächsten Tag (die Sonne kommt um ca. 8.30 Uhr) geht es zuerst wieder eine Stunde auf dem oft ziemlich überwucherten Weg steil aufwärts zum **Runkuraq'ay-Pass** in 3900 m Höhe. Nach 15 Minuten führt der Weg an den zwei kleinen Lagunen von *Qochapata* (3830 m) vorbei (Zeltplätze). Der großartige Blick vom Abra Runkuraq'ay auf die schneebedeckte Cordillera Vilcabamba mit dem spitzen Nevado Salkantay (6271 m) entschädigt für die Mühen, zumal nun der schwierigste Teil des Trails geschafft ist und es jetzt überwiegend bergab geht. Ab hier ist der gesamte restliche Weg bis nach Machupicchu in sehr gutem Zustand. Nach 30 Minuten kommt der dunkle Tümpel *Yanaqocha* (3680 m) mit seinem trüben Wasser in Sicht. Frauenschuh-Orchideen säumen den Weg.

Gut 40 Minuten nach der Passhöhe kommt eine Weggabelung (3525 m): Nach links führt eine steile schmale Treppe zur 3580 m hoch gelegenen Festung **Sayaqmarca,** die auf einem Bergvorsprung liegt und sehr sehenswert ist. Sayaqmarca bedeutet in Quechua „unzugängliche Stadt". Die Wehranlage diente einst zum Schutz der Versorgungslinie. Der Zugang erfolgte über eine schmale, steile Treppe. Beeindruckend sind die massiven Schutzmauern, die engen, verwinkelten Gassen und die Kanäle. Auf dem Berghang oberhalb der Stadt gibt es noch Felderrassen und unterhalb der Festungsanlage auf der anderen Seite des Baches ist die kleine Inkaruine *Conchamarca* erkennbar. Die herrliche Umgebung und die schönen Orchideen laden zu einer Rast ein.

Dann geht's die Stufen wieder hinunter und nach links über den Bach, an Conchamarca und an einer kleinen Wiese vorbei (Zeltplatz, Wasser jedoch nicht sauber, Moskitos). Durch einen schönen und dichten Bergwald *(Ceja de Selva)* mit Palmfarnen und vielen Orchideen (während der Trockenzeit blühen nur einzelne) führt der Trail im angenehmen Baumschatten mit nur geringen Höhenunterschieden zu einer Lichtung mit ungemütlichen Campingplatz (Toilettenhäuschen) und einem Rinnsal, das manchmal ausgetrocknet ist. Hier liegt die **Laguna Seca** oder *Chaqiqocha* (3530 m).

Nun folgt ein prima Abschnitt. Der Weg ist mit Platten belegt, über Stufen bewältigt man geringe Höhenunterschiede. 40 Minuten hinter Chaqiqocha führt der Weg durch einen 16 m langen **Tunnel** (3630 m) über eine Treppe abwärts. Die Baumeister erweiterten eine natürliche Felsspalte.

Nach weiteren 20 Minuten wird der **3. Pass** (3620 m) erreicht, der als solcher aber kaum erkennbar ist. Noch vor ihm öffnet sich zum ersten Mal ein Fernblick hinunter ins enge Urubamba-Tal, das etwa 1300 m tiefer liegt. Jetzt ist es nicht mehr weit bis zum schönsten Übernachtungsplatz des gesamten Camino del Inca, dem **Campamento Phuyupatamarca** (gemessene Höhenlage 3680 m, lt. Tafel 3600 m). Toilettenhäuschen sind vorhanden. Nach Nordosten sieht man ins Urubamba-Tal und von oberhalb des Campamentos eröffnet sich sogar ein Fernblick auf den Salkantay. Wer hier noch nicht campen möchte, könnte auch noch bis zum *Centro de Vacaciones* vor **Wiñaywayna** weitergehen (knapp 3 h) und dort übernachten (ist jedoch meist stark belegt).

4. Tag: Phuyupatamarca – Machupicchu	**Strecke ca. 11 km, Gehzeit 5 h** Die Nacht in 3680 m Höhe wird noch einmal eiskalt. Vom Campamento führt der Trail über Stufen etwa 50 Höhenmeter steil abwärts. Nach zehn Minuten werden die Ruinen von **Phuyupatamarca,** der „Stadt über den Wolken" (3630 m), passiert. Am Eingang spendet eine gefasste „heilige" Quelle Trinkwasser. Die terrassierte Tempelanlage an einem Hang diente dem Anbau von Nahrungsmitteln zur Versorgung der Inka-Festung Sayaqmarca. Phuyupatamarca wurde inkatypisch harmonisch ins Gelände eingefügt, Wasserkanäle und Steinbäder sind noch vorhanden.

Die Stimmung ist bei unter- oder aufgehender Sonne einzigartig. Die bis zum Gipfel bewaldeten Berge ringsum lassen schon die Nähe von Machupicchu ahnen. Ein nach den überstandenen Anstrengungen ein Platz zum Wohlfühlen.

Camino Inca / Inka-Trail

Der Trail führt nun zunächst ein bis zwei Stunden lang über eine neue Trasse. Über etwa 800 steile Treppenstufen geht es bergab. Die Stufen sind kaum fußbreit, ein Wanderstock leistet hier wertvolle Dienste. Dann windet sich der Weg, weiterhin ständig leicht fallend, am urwaldüberwucherten Berg entlang. Es wird wärmer und schwüler. Ein kleiner Wachturm auf 3260 m Höhe passiert. Tief unten im Urubamba-Tal ist der Ort *Aguas Calientes* mit der Bahntrasse zu erkennen, in kürzerer Distanz die Ruinen und Terrassen von *Intipata* und die Dächer der modernen Bauten von Wiñaywayna.

10 Minuten später führt der Trail durch einen **Höhlentunnel** (3215 m), in dem es auf einer Steintreppe nach unten geht.

Dann verzweigt sich der Weg (3020 m). Geradeaus geht es auf dem alten, ursprünglichen Inkaweg zu den Ruinen von Intipata. Nach rechts führt der neu angelegte, einfache Erdpfad aus dem Bergurwald in kurzen Serpentinen steil und staubig in 30 Minuten Gehzeit zu Häusern mit roten Dächern hinab, zum **Centro de Vacaciones.** Dort gibt es einen Zeltplatz (permanenter Platzmangel), ein einfaches Hotel (Übernachtung ca. 5 €, mehr schlecht als recht), ein Museum und ein Terrassen-Restaurant (2740 m), das Bier, Cola, Tee und einfache Gerichte verkauft. Möglich ist auch warmes Duschen (0,50 € für ca. 2 Min.; die WCs sind meist überlastet). Das Hotel ist immer gut belegt, weil hier viele Wanderer letztmalig übernachten. Zuschrift: „Das Centro nimmt den letzten Naturflair und erinnert mehr an eine Skihütte für partylustige Touristen." Deshalb unsere Empfehlung: **früher übernachten!**

weil hier unerklärlicherweise fast alle Wanderer letztmalig übernachten. Zuschrift: „Das Centro nimmt den letzten Naturflair und erinnert mehr an eine Skihütte für partylustige Touristen." Deshalb unsere Empfehlung: **früher übernachten!**

Dennoch: Im Garten können alle im Nebelwald vorkommende Orchideenarten bestaunt und im kleinen Museum konservierte Schmetterlinge, Vögel, Schlangen und Spinnen der Region betrachtet werden.

Nicht versäumen sollte man die Besichtigung der **Ruinen von Wiñaywayna,** die vom Hotel aus in 10 Minuten zu erreichen sind. Überwuchert wurden sie 1942 von Julio César Tello entdeckt und nach Jahren freigelegt. Wiñaywayna bedeutet auf Quechua soviel wie „für immer jung". Wie ein Adlerhorst klebt die kleine Siedlung am terrassierten Berghang und zweifelsohne ist sie die attraktivste und sehenswerteste Inka-Ruine des gesamten Camino del Inca. Wahrscheinlich war sie ein strategisch wichtiger Punkt auf der Strecke nach Phuyupatamarca. Die Anlage besitzt neben einem religiösen Bezirk unzählige Wohnhäuser, 19 Steinbäder und eine große Terrassenanlage. Viele davon sind vom Urwald überwuchert, der sich die Abhänge des *Wakaywillka* hinaufzieht. In der Nähe der Ruinen ist Platz für Zelte (**Hinweis:** ab Wiñaywayna bis nach Machupicchu darf nicht mehr gecampt werden). Ein alter Inkaweg verbindet Wiñaywayna mit der Inkaanlage *Choquesuysuy* am Río Urubamba.

Von Wiñaywayna sind es bis Machupicchu noch 7 km. Die Ticketkontrollstelle nach dem Zeltplatz ist von 5–14.30 Uhr (manchmal auch bis 16 Uhr) geöffnet, ansonsten verhindert Stacheldraht den Durchgang. Bis zum *Intipunku,* zum Sonnentor (auch *Kaka Punku* genannt), zieht sich der Inkatrail noch ein- bis eineinhalb Stunden. Mit geringen Höhenunterschieden (zwei Stellen mit etwa 50 Stufen gilt es zu überwinden) geht es an einer steil abfallenden Bergflanke des dichten Bergurwaldes unterhalb von Intipata entlang, bis Stufen hinauf zum Sonnentor (2745 m) führen und sich ein überwältigender Anblick bietet: vor einem liegt **Machupicchu,** eingerahmt von einer grandiosen Berglandschaft!

Um die Szene tiefer einwirken zu lassen, lohnt hier eine längere Rast, zumal zwischen 10 und 14 Uhr die Inkastadt gewöhnlich völlig überlaufen ist. Laute Touristenmengen sind nach tagelanger Ruhe wohl nicht jedermanns Sache. Etwa 30 Minuten dauert noch der Abstieg über die *Apacheta* (Kontrollpunkt) in die Stadt.

Inka-Trail ab Km 104

Für Machupicchu-Schnellbesucher gibt es die Möglichkeit, den letzten Teil des Inkatrails ab Km 104 an einem einzigen Tag zu erwandern. Dazu muss **beim Km 104** aus dem Zug gestiegen werden. **Doch auch für diesen kurzen Abschnitt ist ein Führer vorgeschrieben!**

Das Kontrolltor bei Wiñaywayna sollte noch vor Mittag passiert werden, Machupicchu erlebt man dann am Nachmittag (nach 14 Uhr), und in Aguas Calientes wird übernachtet. Der „Inkatrail ab km 104" ist in Cusco **als Zweitages-Pauschaltour buchbar,** ab 140 € inkl. Zugfahrt, Eintritt und Zeltübernachtung in Wiñaywayna – damit völlig überteuert und nicht zu empfehlen.

Beim Km 104 (2240 m) spannt sich eine Hängebrücke über den Río Urubamba. Beim Brückenwächter ist die **Eintrittgebühr von 30 €** (mit Studentausweis die Hälfte) zu entrichten, die auch für Machupicchu gilt. Auf der anderen Seite befinden sich rechterhand die Ruinen von **Chachabamba.** Der Aufstieg nach Wiñaywayna ist steil, doch der Weg gut, und wegen z.T. baumloser Grasflächen ist man ständiger Sonnenbestrahlung ausgesetzt. Aufstiegsdauer je nach Kondition 2,5–3 h. Unterwegs wird die Stromleitung unterquert und es gibt zwei Unterstände zum Schutz gegen Regen. Kurz vor den Ruinen von Wiñaywayna wird ein schöner Wasserfall passiert. Der Trail trifft dann bei Wiñaywayna auf den Hauptweg nach Machupicchu. Bei Wiñaywayna gibt es zwar Übernachtungsmöglichkeiten im *Centro de Vacaciones* und auf Zeltplätzen, doch es darf dort nicht übernachtet werden. Es ist Vorschrift, dass bis Machupicchu durchgelaufen wird.

Salkantay-Trail nach Machupicchu

Viele Reisende wollen auf dem klassischen Inkatrail wandern, doch aufgrund der Beschränkungen und der langen Vorbuchungszeit von bis zu drei Monaten gelingt es immer weniger Individualreisende sich vor Ort in den Inkatrail „einzuklinken".

Als Alternative entscheiden sich viele nun für den **Salkantay-Trail** nach Machupicchu. Schön an diesem Inkaweg sind die ständig wechselnde Landschaften und Klimazonen. Eine Vorausbuchung ist noch nicht nötig, der Eintritt kostet derzeit **115 Soles.** Unterwegs gibt es einige kleine Kioske, die Getränke und Snacks verkaufen. Müll liegt noch nicht herum. Ruinen kann man unterwegs keine sehen, dafür entschädigt am Ziel Machupicchu. Hier ein Kurzabriss einer Fünftages-Tour, die in Cusco zwischen 135 und 200 € (560–840 Soles) angeboten wird: Das Gesamtpaket umfasst Transport von Cusco nach Molepata, Vollverpflegung, Packtiere und meist ein Reitpferd für Fußkranke, Eintritt Machupicchu, Übernachtung in Aguas Calientes und Rückfahrt mit dem Zug nach Cusco. Die teureren Anbieter haben ein besseres Equipment und entsprechend komfortablere Unterkunft in Aguas Calientes. Trekker können auch direkt in Molepata starten und dort das Equipment übernehmen. Für die Viertagestour inkl. Tragtiere muss bei einer Vierergruppe mit 30 € p.P. gerechnet werden, ohne Eintritt Machupicchu und Rückfahrt nach Cusco. Unbedingt darauf achten und persönlich genau prüfen, ob die Ausrüstung (vor allem Schlafsäcke) gut und vollständig ist.

1. Tag: Abfahrt in Cusco nach Molepata (2800 m) um 6 Uhr, Fz 2 h. Frühstück. Gepäckverladung auf Mulis (max. 8 kg), Wanderung bis zum Mittagslager 3 h mit vielen kurzen, steilen Anstiegen. Mulitreiber und Köche gehen voraus um das Lager herzurichten. Anschließend Wanderung bis nach Pampa Soray, einem Hochplateau (3500 m). Ankunft gegen 16.30 Uhr, Abendessen, Nachtlager. Die Temperatur fällt bis auf den Gefrierpunkt, Schlafsack notwendig.

2. Tag: Aufbruch um 7 Uhr, Überschreiten eines steilen Passes (4600 m), der zwischen den beiden Eisgipfeln des Salkantay und Tucarhuay liegt. Auf dem Pass kann je nach Witterung ein Schneefeld liegen. Mittagsrast gegen 12.30 Uhr. Abstieg zuerst entlang eines Bachlaufes bis zu einer Schlucht, an deren Hang der Wanderpfad stetig in die Tiefe führt. Der Baumbestand nimmt zu, es geht tiefer durch einen Nebelwald zum Nachtlager (2900 m). Gehzeit 10 h. Wer noch Reserven hat, kann noch 20 Min. weiter zum Flussufer zu einer heißen Naturtherme absteigen, Eintritt 2 Soles. Dafür sind gutes Schuhwerk und eine Taschenlampe hilfreich.

3. Tag Weiter abwärts durch den Nebelwald. Die Landschaft wird immer grüner, Wasserfälle, Bananenstauden. Mittagsrast in einer kleinen Siedlung. Am frühen Nachmittag Weiterfahrt mit einem Micro nach Sta. Teresa. Wanderung zu den dortigen heißen Quellen oder Fahrt mit einem Micro, Fz 15 Min., Eintritt 5 Soles in die Naturtherme. Beeindruckendes Bergpanorama. Nachtquartier in Sta. Teresa.

4. Tag: Wanderung von Sta. Teresa bis zur Hidroeléctrica. Dort Badestopp, dann Weiterfahrt mit dem Lokalzug nach Aguas Calientes. Übernachtung.

5. Tag: Frühbus von Aguas Calientes nach Machupicchu, Rundgang vor Eintreffen der Touristenzüge. Am Nachmittag Rückfahrt mit dem Zug nach Cusco, ggf. Umsteigen in Ollanta in ein Micro.

Aguas Calientes

Das Dorf zählt etwa 2500 Einwohner und liegt knapp 2 km von Puente Ruinas (Machupicchu-Talstation) entfernt. Ursprünglich war es nur ein verschlafener Flecken, der sich am Bahngleis entlangzog. Die einzige Attraktion sind hier, neben dem reißenden Urubamba, die heißen Quellen (aguas calientes), ansonsten herrscht der Nepp. In einigen Touri-Prospekten wird Aguas Calientes „Machupicchu Pueblo" genannt. Es bietet heute über 500 Betten für Reisende auf dem Weg nach Machupicchu. Die Plaza Manco Capac wurde hergerichtet und die heißen Quellen zu einem Thermalbad ausgebaut. Ein guter Pfad führt zu den Becken in den Bergurwald, die mit Umkleidekabinen, Duschen und Bar ausgestattet sind. Entlang des Weges zum Bad haben sich Unterkünfte und Restaurants angesiedelt. Wenn es in Aguas Calientes

regnet, und das kommt oft vor, dann hüllen Wolken- und Nebel-Schwaden die umliegenden steilen Fels- und Berggipfel ein und verleihen dem Ort eine geheimnisvolle Atmosphäre.

Über eine aus dem Fels gesprengte Straße geht es zur Machupicchu-Talstation und von da auf den Machupicchu. Es fahren Shuttle-Busse von *Consettur Machupicchu*.

Eine nette **Wanderung** kann man ins **Valle de Mandor** machen (die einfache Strecke in gemütlichen anderthalb Stunden). Den Busweg bis Puente Ruinas gehen, dann an den Schienen entlang bis zu einer Hütte mit dem Schild „Paradero Mandor"; dort geringe Gebühr zahlen, dann rechts hoch durch ein Tor und auf einem schönen Weg durch Pflanzungen zu einem kleinen Wasserfall. Alternativ kann der Lokalzug von Aguas Calientes Richtung Sta. Teresa genommen werden, der in Höhe des Zugangsweges zum Valle de Mandor hält.

Etwas anstrengender ist die Wanderung zur Aussichtsplattform auf den Felsen **Putucusi**. Dazu entlang der Bahngleise flussabwärts gehen, bis etwa 100 m hinter die letzte Weiche. Dort dem Hinweisschild folgen, auf einem Pfad in den Bergurwald hinein. Zuerst geht es über Steinstufen, dann folgen Leitern, eine davon über 50 m fast senkrecht nach oben. Nach der letzten Leiter und einem anschließenden Wegstück mit einer kleinen Brücke bleibt der Wald zurück und Farngewächse begeistern. Auf einem Pass (2291 m) hat man einen schönen Ausblick auf das Urubamba-Tal. Nun folgen noch etwa 300 m Felsstufen zum Gipfel ((2592 m). Von dort ergibt sich ein überwältigender Blick auf Machupicchu. Gesamtgehzeit anderthalb bis zwei Stunden, je nach Kondition, Abstieg eine Stunde. Nichts für Leute mit Schwindelproblemen. Der Aufstieg ist weitaus gefährlicher als auf den Waynapicchu.

Adressen & Service Aguas Calientes

Tourist-Info i-Peru, Av. Pachacútec s/n, Centro Cultural del INC, Oficina 4, Tel. 21-1104, iperumachupicchu@promperu.gob.pe, 9–20 Uhr. **Hier werden auch die Eintrittskarten für Machupicchu verkauft.** Eintritt für Ausländer 125 Soles, Studenten mit int. Studentausweis (ISIC) bis zum 25. Lebensjahr und Peruaner 50%, Kinder 6 €, keine Ermäßigung am 2. Besuchstag (ggf. ab 13 Uhr Tickets von herausströmenden Touristen abkaufen). **Vorwahl** (084). Website über Unterkünfte und Restaurants: **www.machupicchuperu.net** **Vorwahl (084)**

Unterkunft Zahlreiche Hostales liegen entlang des Bahngleises. Diese sind alle etwas laut, besonders dann, wenn im Erdgeschoss ein Restaurant betrieben wird. Doch spätestens um Mitternacht werden in Aguas Calientes die Bürgersteige hochgeklappt ... Neuere Unterkünfte befinden sich entlang der Fußgängerzone der gepflasterten Av. Pachacútec zwischen der Plaza und den Thermalquellen und es kommen ständig weitere hinzu. In den letzten Jahren sind die Preise für Übernachtungen stark gestiegen, selbst früher preiswerte Unterkünfte verlangen nun für ein DZ bis zu 50 €!

Ein Tipp für jene, die in Aguas Calientes übernachten: besuchen Sie Machupicchu nicht in den Zeiten, in denen die Schwärme des Touristenzuges in den Ruinen unterwegs sind. Ganz früh am Morgen (bis 10 Uhr) – oder am späten Nachmittag – ist Machupicchu am stimmungsvollsten.

ECO **Hostal Choza** (BUDGET), direkt am Bahngleis (gegenüber vom Mercado). Sehr rustikal, Zi. über Restaurant, bc, Ww, preiswert. – **Hostal Los Caminantes** (BUDGET), Av. Imperio de los Incas 140, Tel. 21-1007. Großes, steinernes Haus direkt am Bahngleis am Dorfende Richtung Quillabamba mit einfachen, sauberen Zimmern (die oberen hinten links mit Fenster zum Urubamba sind zu empfehlen), bc/bp, Kw, doch am Nachmittag Ww, Geldwechsel, gute Infos, kleiner Laden, sehr freundliches Personal. DZ/bp 25 Soles. **TIP!** – **Hostal Quilla,** Av. Pachacútec s/n (einige Meter hinter dem Hostal La Cabaña), Tel. 21-1009, www.machupicchuperu.com, Eingang gleich neben dem Laden. Gutes Hostal mit sehr sauberen Zi., bp, GpD, sehr freundlich, Fahrkarten-Service ohne Aufpreis. DZ/F 40 Soles. Gleich gegenüber ein gutes Restaurant. – **Hostal Ima Sumac**, Av. Pachacútec, Tel. 21-1021. Saubere Zimmer (jene ohne Fenster meiden), bp, Ww, überdachte Frühstücksterrasse. DZ/bp 15 € (Rabatt bei längerem Aufenthalt). – **Hostal Wiñay Huaina**, an der Carretera nach Machupicchu (1. Stock über dem Restaurant). Sauber, bc/bp, familiär und freundlich, schöne Aussicht auf den Urubamba, Kk, empfehlenswert.

ECO/FAM **Hostal Pachakúteq**, Av. Pachacútec s/n (neben dem Hostal La Cabaña), Tel./Fax 21-1061. Hostal von Julia Contreras und Emilio Callañaupa, bp, Ww, Ws, freundlich, hilfsbereit, sehr reichhaltiges Frühstück (auf Wunsch auch um 5.30 Uhr). DZ/F 65 Soles (auch TriZ). Bei längerem Aufenthalt nach Rabatt fragen, gPLV. **TIP!**

FAM **Hostal Presidente,** am Bahngleis gegenüber der Polizeistation, Tel./Fax 21-1065, invermac@mixmail.com. Saubere Zimmer, bc/bp, Ü/F, teuer. – **Hostal El Inka**, am Bahngleis, Tel. 21-1034. Freundlich, Backpackertreff, bp. – **Hotel La Cabaña**, Av. Pachacútec M-29, L 3, auf dem Weg zu den Thermalquellen, Tel. 26-3230, Fax 21-1048, lacabana_mapi@hotmail.com, www.cabanhostal.com.

20 rustikale Zi., bp, Heizung, Ww, Rest., Frühstücksbuffet, Internet 1 Sol/15 Min., Ws, freundlich, sicher. Beto & Martha sind sehr hilfsbereit. Obwohl der Aushang für ein DZ fabelhafte 200 Soles ausweist, gibt's auf Nachfrage das DZ/F für 100 Soles – die Konkurrenz ist halt groß. – **Hostal Machupicchu,** am Bahngleis gegenüber vom alten Bahnhof, Tel. 21-1048 und 24-4598, invermac@mixmail.com. Sauber, bc/bp, kleiner Patio, Blick über die Straße auf den Río Urubamba. Die Hostales Machupicchu und Continental am Bahngleis am Ortsausgang nach Machupicchu gehören dem gleichen Besitzer. DZ ab 25 €, Frühstück ab 5 Uhr.

FAM/LUX   **Hotel Machupicchu Inn,** Av. Pachacútec s/n, Tel. 21-1056, Fax 21-1011, kostenlose Reservierung Tel. 0800-628-80111, mapiinn@peruhotel.com.pe, www.peruhotel.com. Knapp 100 Betten, große Zi., bp, Rest., Bar, auf Gruppenreisende spezialisiert. DZ 90 € – überteuert (in der Nebensaison unbedingt nach Preisnachlass fragen).

LUX   **Pueblo Hotel,** etwa 5 Min. außerhalb von Aguas Calientes (Km 110), direkt am Bahngleis in Richtung Cusco, mit Privathaltestelle für den Touristenzug, Tel. 21-1122, Fax 22-1124, central@inkaterra.com, www.inkaterra.com. Touristenanlage, fest in US-Hand, 85 Zimmer in *Casitas* (Adobe-Häuschen im Bungalowstil), bp, Heizung (!), Restaurant, Pool, Ws, Internet, DZ/F ab 195 € – damit die teuerste Unterkunft in Aguas Calientes. Hübsche subtropische Gärten rund um das Hotel, doch hoher Extra-Eintritt. Pfad zur Beobachtung diverser Orchideen, Schmetterlings- und Vogelarten, gutes Öko-Informationszentrum.

Essen & Trinken   Die meisten Speisekarten sind auf „Touristen" ausgelegt, und die Preise steigen, besonders in der Hochsaison, steil an. Die Preise der Restaurants und Kneipen entlang des Bahngleises sind höher als im Ort. Je weiter man in Richtung der heißen Quellen geht, um so günstiger wird es. Viele Restaurants nehmen einen Serviceaufschlag von 2–3 Soles, der nirgendwo vermerkt ist. Deshalb vorher fragen, ob die Preise inkl. Bedienung sind. Einheimisch gegessen habe ich auch im *Samani Wasi*, ebenfalls direkt am Bahngleis. Auch das *Intipunku* bietet typische regionale Küche. *El Indio Feliz*, Yupanqui 4, Mz 12, nicht gerade preiswert, bietet ein spitzenmäßiges Menü zu 40 Soles. Koch ist ein Franzose, die Gemüseplatte, Ensalada Chaski zu 17 Soles, ist sehr lecker. **TIP!**

Empfehlenswert ist z.B. das Restaurant von *Rosa María Perez* direkt an der Carretera nach Machupicchu. Bei ihr gibt es z.B. *Trucha al ajo*. Gut gegessen habe ich auch im *Samani Wasi*, ebenfalls direkt am Bahngleis. Auch das *Intipunku* bietet typische regionale Küche. *El Indio Feliz*, Yupanqui 4, Mz 12, nicht gerade preiswert, bietet ein spitzenmäßiges Menü zu 40 Soles. Koch ist ein Franzose, die Gemüseplatte, Ensalada Chaski zu 17 Soles, ist sehr lecker. **TIP!**

Polizei   *Delegación PNP,* Av. Imperio de los Inkas (Bahngleis neben altem Bahnhof).

Erste Hilfe   Centro Medico, Bahngleis/Carretera nach Machupicchu (bei der Eisenbahnbrücke). Krankenhaus im neuen Viertel nach der Hängebrücke auf der rechten Seite. Der Hubschrauber von *HeliCusco* steht für Notfälle und Notflüge tagsüber zwischen 9.15 Uhr und 15.30 Uhr zur Verfügung.

Post / Telefon / Internet   Eine Agentur von *Serpost* ist direkt am Bahngleis in der Agencia de Viajes Rikuni Tours (gegenüber vom alten Bahnhof). *Centro Telefónico,* Av. Imperio de los Inkas, zwischen Mercado und dem Hostal Los Caminantes. Internet gegenüber vom alten Bahnhof.

Geld   In den meisten Hostales und Hotels werden an der Rezeption Euro gewechselt. Die Kurse sind schlechter als in Cusco. Daneben gibt es am Bahngleis, neben dem Centro Telefónico und neben dem Reisebüro von Rikuni Tours, eine Wechselstelle. **Banco de Crédito,** Imperio de los Incas s/n, Mo–Fr 9–13.30/15–17.15 Uhr, Sa 9–13 Uhr; Bargeldauszahlungen. Zusätzlich gibt es von der Banco del Crédito im neuen Bahnhof einen Geldautomaten.

Reisebüro   *Agencia de Viajes Rikuni Tours,* direkt am Bahngleis, gegenüber vom alten Bahnhof.

Führer	*Horacio Rodríguez Limachi*, Handy (084) 9751377, limachir@hotmail.com; lizenzierter Führer, der auf den Inkatrail ab Km 104 spezialisiert ist (engl./span.).	
Thermalquellen	Das Thermalbad liegt in einer Seitenschlucht des Urubamba, gut 10 Minuten nordöstlich der Plaza. Die Anlage wurde renoviert und ist von 5–20.30 Uhr geöffnet (abends beleuchtet). Eintritt ca. 2 €, Badekleidung kann geliehen werden. Das etwa 40 Grad warme Wasser fließt ungefiltert braun in die kleinen Becken, Schwimmen nicht möglich, an der Buschbar Traveller aus aller Welt.	
Verkehrsverbindungen	**Busse zum/von Machupicchu:** Busse der *Consettur Machupicchu* fahren ab 5.30 Uhr von Aguas Calientes nach Machupicchu. Weitere Busabfahrten um 6.30, 7.30, 9, 10. 30 und 11.30 Uhr bzw. immer nach Ankunft eines Touristenzuges (prinzipiell fahren die Busse immer nach Ankunft eines Zuges ab.) Letzte Fahrt nach Machupicchu um 17.30 Uhr (Hochsaison), sonst 11.30 Uhr (Nebensaison). Busfahrkarten gibt es im Busbüro von *Consettur Machupicchu* an der Carretera nach Machupicchu, Km 111 (Paccha), Tel. 21-1134, Fz ca. 30 Min., Fp einfach 18 Soles, Rückfahrkarte 36 Soles. Die Fahrkarten können bereits einen Tag vorher gekauft werden, es kann mit US-Dollar zahlen. Busse **von** Machupicchu **nach** Aguas Calientes verkehren zwischen 12.30 und 17.30 Uhr, alle 30 Minuten. **Hinweis:** Auf gezielte Nachfrage besteht außerhalb der Hochsaison die Möglichkeit, am Nachmittag mit einem der Leerbusse von Aguas Calientes noch auf den Machupicchu zu gelangen. Busse können außerdem rund um die Uhr privat angemietet werden.	
Zugverbindungen	derzeit nur von Cusco (112 km), s.S. 250. Gegenwärtig kommen fast alle Züge am neuen Bahnhof an und fahren auch vom neuen ab. Die Lokalzüge nach und von Sta. Teresa halten dagegen am **alten Bahnhof**. Da sich die Situation ständig ändert, unbedingt vor Ort informieren. Zugfahrkarten für die Touristenzüge (Vistadome, Tren Inka usw.) werden im neuen Bahnhof am Bahngleis hinter der Eisenbahnbrücke Richtung Cusco verkauft. Öffnungszeiten Fahrkartenschalter 5–15 Uhr. Frühzug nach Ollanta um 5.30 Uhr (Abfahrt am neuen Bahnhof), von dort Direktbusse nach Cusco. ■ Obwohl wieder Lokalzüge bis Sta. Teresa verkehren, besteht auf unbestimmte Zeit kein Zugverkehr nach Quillabamba!	

Adressen & Service Machupicchu

Aufstiegstrail zum Machupicchu	Wer auf die Busfahrt von Aguas Calientes hoch zum Machupicchu verzichten möchte, geht von Aguas Calientes bis zur Hängebrücke der inzwischen geschlossenen Talstation (Gehzeit ca. 30 Min.). Nach der Hängebrücke beginnt rechts, nach etwa 50 m (in der ersten rechten Serpentinenschleife), ein sehr steiler **Trail** den Berg hoch, auf dem man mindestens 90 Minuten Gehzeit bis zum Eingang der Inkastadt benötigt. Der Trail kann nicht verfehlt werden, er wurde abschnittsweise mit Pfeilen markiert und führt zuerst über ca. 1750 Steinstufen steil und später in kurzen Kehren nach oben. Der Pfad ist ein Erlebnis, aber frühmorgens ist er meist vom nächtlichen Regen durchweicht. Wer den Camino Inca nicht gegangen ist, bekommt aber somit zumindest eine Ahnung, was ihm entgangen ist.

Daneben gibt es noch den alten Maultierpfad, den Besucher benutzten, bevor die Fahrpiste nach Machupicchu hinauf gebaut wurde. Er führt nach der Hängebrücke gerade durch den Bergurwald (immer in der Mitte der Serpentinen des Fahrweges) und kommt oben genau am Hotel raus. Der alte Maultierpfad kann heutzutage im oberen Teil nicht mehr benutzt werden. Sehr schön ist der Sonnenaufgang auf Machupicchu, der im Juli/August um etwa 7.30 Uhr beginnt.

TIP: Ende Dezember ist man nahezu allein in Machupicchu.

Öffnungszeiten, Eintritt Die Eintrittskarten können bereits einen Tag vorher in Aguas Calientes am Kiosk neben i-Peru bei der ING gekauft werden. **Es werden keine Eintrittskarten am Eingang von Machupicchu verkauft!** Eintrittsgebühr für **Ausländer 125 Soles,** Studenten mit int. Studentausweis (ISIC) bis zum 25. Lebensjahr und Peruaner 50%, Kinder 6 €, keine Ermäßigung am 2. Besuchstag. Rucksäcke können am Eingang zur Aufbewahrung abgegeben werden.

Während der Hochsaison besuchten täglich 3000–3500 Menschen die Ruinenstadt, inzwischen wurde die Zahl auf 2500 Besucher limitiert. Dennoch kann es, besonders zwischen 10 und 15 Uhr, „eng" werden. Ein etwas weniger frequentierter Tag ist der Sonntag.

Der „Plan Maestro" für Machupicchu sieht zukünftig vor: Besucherzahl maximal 500 Personen pro Tag, Einlass nur noch mit Führer, Besuchszeit max. 2 Stunden, Eintritt umgerechnet 50 US$.

Auf dem Gelände von Machupicchu gibt es keine Toiletten, die einzigen befinden sich am Eingang. Auch Eimer für den Müll gibt es keine, er muss mitgeführt werden.

Vorab können Sie auf der Website **www.machupicchu360.com** der Anlage einen **virtuellen Besuch** abstatten.

Nationalpark-Wächter und Führer Parkwächter sorgen für die Einhaltung der dringend notwendigen Spielregeln nicht nur in Machupicchu, sondern im gesamten Nationalpark Machupicchu. Verstöße, insbesondere das Überklettern von Absperrungen, werden mit empfindlichen Strafen geahndet.

Führer: Es gibt viele, die sich anbieten und damit werben, die Geheimnisse von Machupicchu zu kennen. Doch Machupicchu birgt nach wie vor mehr Rätsel als Wahrheiten. Leider gibt nur sehr wenige gute, qualifizierte Führer, es sind meist Einheimische, die aber dann leider oft nur Spanisch können. Da es noch keine Kontrolle bei der Zulassung der Guías gibt, tummeln sich unter den zahlreichen selbsternannten „Kultursachverständigen" auch etliche „Esoterik-Guías". Begeistert trotten viele Touristen diesen Gurus hinterher und lauschen hingebungsvoll deren fantasievollen Stories, die keiner ernst nehmen kann.

Empfehlenswert ist *Horacio Rodríguez Limachi,* Handy (084) 9751377, limachir@hotmail.com (macht auch ab Km 104). – Die stolze Quechua *Yovanna Mendoza Ramas* aus Ollanta, Tel. (084) 260036, Handy (084) 9740693, wayra_6@hotmail.com, spricht sehr gut Deutsch und steht als Führerin ab Cusco zur Verfügung. Wer aus der Sicht einer Quechua Machupicchu erleben möchte, kann eine neue Perspektive über Land und Leute erfahren. **TIP!**

Unterkunft **Machupicchu Sanctuary Lodge,** Ruinas de Machupicchu, unmittelbar vor dem Eingang gelegen, Tel. 21-1038, Fax 21-1053, ventas@peruorientexpress.com, www.orient_expresshotels.com. Alle 31 Zimmer (Kategorie LUX) *ab* 350 € pro Nacht; bp, Rest., Bar, Ws, Kk; Check-out um 9 Uhr, doch Tagesraum vorhanden. Auf der riesigen Veranda von 12–15 Uhr ein Selbstbedienungs-Restaurant (Frühstück 15 €, Mittagessen ab 20 €).

Essen & Trinken Das Restaurant in der Machupicchu Sanctuary Lodge und das dortige Selbstbedienungsrestaurant sind, neben einem Kiosk (der ebenfalls zum Hotel gehört), oben die einzige Möglichkeit, Essen und Trinken zu überteuerten Preisen zu erhalten.

Die Wiederentdeckung von Machupicchu

Man weiß nur sehr wenig historisch Belegbares über Machupicchu. Gesichert ist, dass sich viele Mitglieder des Inka-Königshauses nach der Zerstörung des Inkareiches durch die Spanier unter Mitnahme reicher Schätze aus Cusco in entfernte Berggegenden absetzten. Von den Chronisten wurden immer wieder die Namen *Huilcabamba* und *Vilcabamba* als letzte Zufluchtsstätte der Inkas in den östlichen Anden genannt. In diesem Gebiet hätten sie von 4000 Menschen Befestigungen, Tempel und Paläste anlegen lassen. Dadurch seien die Inka in der Lage gewesen, noch öfter Überraschungsangriffe gegen die Spanier zu führen und sich wieder zu verstecken. Erst nach der Hinrichtung des letzten Inca, *Túpac Amarú,* soll 1572 der Widerstand aufgehört haben. Die letzten versprengten Haufen der Inkas haben wahrscheinlich die verborgene Stadt Richtung Amazonas verlassen und der Dschungel hat Vilcabamba und auch Machupicchu verschlungen. Machupicchu musste ein heiliger Ort von sehr großer Bedeutung gewesen sein.

■ *Machupicchu, im Vordergrund links das Eingangstor, im Hintergrund der aufragende Sporn des Waynapicchu. Rechts unten im Talgrund der Río Urubamba.*

Bis in die Neuzeit blieben die Erzählungen von verborgenen Schätzen und der verschwundenen Inka-Stadt lebendig. Und doch musste sie nicht mühsam gesucht werden, denn der indigenen Bevölkerung war Machupicchu immer bekannt, bis ins 17. Jahrhundert war sie ständig bewohnt. „Entdeckt" werden musste Machupicchu deshalb nur für die restliche Welt, der sie nahezu 400 Jahre verborgen blieb. Bei der Wiederentdeckung waren, noch vor Hiram Bingham, einige interessante Personen beteiligt.

Accla Gualca

Die Chronik von *Don Antonio Altamirano,* ein spanischer Conquistador, der 1555 starb, weist auf den spanischen Soldaten *Miguel Rufino* aus Burgos hin, der die Inkaprinzessin *Accla Gualca* aus den Händen mordender Spanier rettete. Accla Gualca floh zusammen mit Rufino nach Machupicchu, das zu dieser Zeit bewohnt war. Beide mussten vor dem Amauta schwören, dass sie den Gesetzen Intis folgen würden und keinem Fremden von diesem heiligen Ort erzählten. Ein Jahr später wurde Rufino waffentechnischer Berater des Inca

	Manco, der sein Heer in Ollantaytambo zusammenzog, um Cusco zurückzueroben. Dabei fiel Rufino.
Inca Yupanki	Von Dr. John Rowe wurde ein spanisches Dokument von 1568 entdeckt, das den Inca Yupanki als früheren Landeigentümer von *Picho* (Picchu) bezeichnet. Daselbe Dokument führt aus, dass die hier angebauten Produkte als Opfergaben verwendet wurden.
Die Cañaris	Zwei Dokumente, die der deutsche Ingenieur *Christian Bues* entdeckte, der sich im Urubamba-Tal zu Vermessungsarbeiten niedergelassen hatte, bezeugen, dass 1614 auf dem Gebiet des Salkantay (Gebiet von Machupicchu) ein Grenzkonflikt zwischen verschiedenen Landbesitzern ausbrach. Das Gebiet gehörte zu dieser Zeit dem Stamm der Cañaris, angeführt vom Caciquen *Don Francisco Poma Gualpa*. Die Cañaris waren Nachfahren eines ecuadorianischen Volksstammes, die sich bis 1849 in der Gegend halten konnten und dann ausstarben. Es wird vermutet, dass die Cañaris die Wächter Machupicchus waren.
Augustinerorden	1657 pachtete der Augustinerorden vorübergehend das Land um Machupicchu, ohne von Machupicchu selbst Kenntnis zu nehmen.
Marcos de la Camara	Das einzige gegenwärtig bekannte Dokument über die legendäre Inka-Stadt ist eine Urkunde aus dem Jahre 1782, das von dem Geschichtsprofessor *José Uriel García* in Cusco entdeckt wurde. Auf Blatt 20 des handschriftlichen Protokolls wird ersichtlich, dass u.a. Machupicchu und das umliegende Land von dem Kommandanten *Marcos Antonio de la Camara y Escuerdo* für 450 Pesos gekauft wurde, notariell beglaubigt vom Notar *Ambrosio de Lira*. Aus dem Dokument geht hervor, dass der Name der Stadt Machupicchu war. Erst Bingham (s.u.) schuf – bewusst oder unbewusst – das Geheimnis um den wahren Namen der „Verlorenen Stadt der Inkas", die er mit „Ruinen von Machupicchu" (fälschlicherweise in Bezug auf den *Berg* Machupicchu) bezeichnete. Einige vermuten, dass die Inkastadt auch den Namen *Willca Marca*, „Stadt der Zauberer", trug.
Antonio Raimondi	Der Italiener *Antonio Raimondi* veröffentlichte 1865 eine Landkarte, auf der Machupicchu eingetragen und namentlich gekennzeichnet war.
Nicolas Wiener	1875 drang der Franzose *Nicolas Wiener* bis zu den Inka-Ruinen in Ollantaytambo vor, wo er von Indígenas Hinweise erhielt, dass es weitere Ruinen bei „Matcho Picchu" geben solle. Durch das unwegsame und nahezu undurchdringliche Urubamba-Tal kämpfte sich Wiener bis in die Nähe des heutigen Machupicchu vor, scheiterte aber kurz vor dem Ziel an der Wildnis und an einem Erdrutsch. Zu dieser Zeit war wohl *Don Martín de Concha* Besitzer von Machupicchu, der den Bergrücken vom Kommandanten Marcos Antonio de la Camara y Escuerdo, seinem Schwiegervater, geerbt haben musste. Wiener trug den Namen Machupicchu auf der Karte des Heiligen Tales ein.
Agustín Lizarraga	Seit 1894 war der Name Machupicchu, zumindest bei den Campesinos im Heiligen Tal, allseits bekannt. *Don Luís Bejar Ugarte* ließ sich im gleichen Jahr von *Agustín Lizarraga* nach Machupicchu führen, der 17 Jahre später auch unter Hiram Binghams Mannschaft war. Lizarraga und Ugarte entdeckten dabei auch einen inkaischen Tunneldurchbruch unter dem Río Urubamba, der 1930 vom Ingenieur *Osvaldo Paez Patiño* wiedergefunden wurde.
Anacleto Alvarez	1895 wurde ein Maultierpfad entlang des Río Urubamba aus dem Fels gesprengt. In Cusco war damals Machupicchu in aller Munde. Am 14. Juli 1901 kehrte Lizarraga, zusammen mit seinen Freuden *Don Enrique Palma* aus *San Miguel* und *Gavino Sánchez* von der *Hacienda Collpani*, zur Inkastadt zurück und sie ritzten ihre Namen auf die Mauer eines Palastes ein. Zu dieser Zeit wohnte der Indígena Anacleto Alvarez im Gebiet von Machupicchu, der die Terrassen gepachtet hatte.

Lequiades Alvarez	muss 1904 Pächter von Machupicchu gewesen sein, der die terrassierten Hänge landwirtschaftlich bebaute. *Rodríguez Carpio,* ein Maultiertreiber und späteres Expeditionsmitglied von Bingham, hörte davon 1906 bei einem Gespräch mit dem Brückenwächter unterhalb der Inkastadt. 1906 schließlich sollen die Missionare *Stuart McNairn* und *Thomas Paine* die Inka-Stadt betreten haben. 1909 haben die Brüder *Santandér* Machupicchu erreicht und ihre Inschriften auf dem Sockel des Sonnentempels hinterlassen. Dokumentiert ist auch der Besuch des Peruaners **González de la Rosa** noch im selben Jahr.
Alberto Giesecke	Einige Wochen vor Binghams Expedition im Jahre 1911 stieß der Amerikaner Alberto Giesecke, zusammen mit *Don Braulio Polo y la Borda,* der von Indígenas von der Inkastadt wusste, bis zum Fuß des Machupicchus vor, musste aber aufgrund eines Unwetters umkehren. Gieseckes Wissen und Erfahrungen waren dann die Grundlage für Binghams Expedition.
Hiram Bingham	1911 brach eine Expedition unter der Schirmherrschaft der Yale University und der National Geographic Society in die Anden auf. Expeditionsleiter war *Hiram Bingham,* der am 19.11.1875 in Honolulu geboren wurde. Dem Team gehörte ab Cusco auch der Maultiertreiber Rodríguez Carpio an. Bingham wollte mit seiner Gruppe *Vilcabamba,* die „Verlorenen Stadt der Inkas", suchen. Man war sich klar darüber, dass das Wort Vilcabamba aus zwei Quechua-Wörtern bestand, die mit „Ebene, auf der die Huilca wächst" zu übersetzen waren. *Huilca* ist ein subtropischer Strauch, aus dessen Samen die Inka das Narkotikum *Cohoba* herstellten. Da auch im Namen *Vilcanota* der gleiche Wortstamm enthalten ist, suchte Bingham entlang des Flusses nach dem Huilca-Strauch und fand flussabwärts immer mehr davon. Er nutzte den bereits 1895 aus dem Fels gesprengten Maultierpfad, hatte Wieners Karten des Heiligen Tales aufmerksam studiert und war ausgiebig von Giesecke informiert worden. Lizarraga, der ja bereits auf Machupicchu war, schloss sich in San Miguel der Expedition an. Der Aufstieg nach Machupicchu dauerte sieben Stunden.
■ *Hiram Bingham*	

Als Bingham dann am 24. Juli 1911 vor der grandiosen und vom Dschungel überwucherten, unzerstörten Inkastadt stand, meinte er: „Das ist nicht das, was ich suche!". So berichtet sein Zeitzeuge Rodríguez Carpio. Bingham war sich zwar nicht sicher, ob es sich um die gesuchte Stadt Vilcabamba handelte, ahnte es aber wahrscheinlich. Fälschlicherweise gab er ihr den Namen **Machupicchu** („alte Bergspitze").

Es gilt nahezu als gesichert, dass Bingham, der bereits 1909 die Ruinen von *Choquequirao* besucht hatte, 1909 auf dem Rückweg von einer Expedition nach Vilcabamba auch Machupicchu besuchte und danach mit 60 Mulis, vollbeladen mit Goldschätzen, Peru heimlich Richtung Bolivien verlassen habe. Tatsache ist aber, dass Professor *Osvaldo Baca* aus Cusco bestätigt, dass Bingham bei dessen Vater in Ollanta 200 Kisten unterstellte, voll mit Funden, die von der Yale-Expedition in Machupicchu ausgegraben wurden. In diesem Zusammenhang wurde Bingham von *Enrique Portugal* bzw. von der argentinischen Intellektuellen *Ana de Cabrera* 1938 in der Zeitung *La Nación* beschuldigt, eine Anzahl von Holzkisten über den peruanischen Hafen Mollendo in die USA geschafft zu haben. In der Tat veröffentlichte Bingham keine Liste der Funde. Bis heute kann außerdem kein peruanisches Museum einen Kunstgegenstand Machupicchus vorweisen, obwohl von der Yale-Expedition unter Bingham 173 Mumien (davon 150 Frauen) entdeckt wurden. Dagegen behauptete *Luís Valcárcel* in der Universität in Yale, Binghams Inhalte der Kisten gesehen zu haben – Machupicchu wäre demnach geplündert worden ...

Der sensationelle Bericht Binghams über Machupicchu als National Geographic Society-Veröffentlichung erregte weltweit Aufsehen, doch nicht in Peru. Hier wurde mit großer Empörung zur Kenntnis genommen, dass Bingham sich ungerechtfertigt als Entdecker Machupicchus ausgab. Sicherlich war Bingham daran beteiligt, das Ansehen Machupicchus archäologisch aufzuwerten, das Interesse an der Region neu zu entfachen (es wurden dadurch u.a. auch jahrtausende alte Fossilien, wie z.B. der Unterkiefer eines urzeitlichen Pferdes und die Stoßzähne eines Elefanten usw. ausgegraben, deren Alter man auf 70.000 Jahre schätzt, und es wurden auch Überreste menschlicher Besiedlung gefunden).

Doch was Hiram Bingham 1911 wirklich wiederentdeckte, war **Tambotocco**, die untergegangen Interims-Hauptstadt des alten Inkareiches, wie neueste wissenschaftliche Erkenntnisse belegen.

Zwischen 1912 und 1913 begann Hiram Bingham mit der Freilegung. 1915 veröffentlichte er ein Werk über seine Erforschung von Machupicchu, er kehrte aber nicht mehr dorthin zurück. 1948 wurde dann in Anwesenheit Binghams die neue Stahlhängebrücke über den Río Urubamba eingeweiht und der neue, 8 km steile Hiram-Bingham-Serpentinenweg über den Steilabhang nach Machupicchu eröffnet.

Bingham starb 1956 in den Vereinigten Staaten. 1961 wurde er mit einer Bronzetafel als „Wissenschaftlicher Entdecker Machupicchus" geehrt, nicht mehr war er. In einem in Machupicchu gekauften Lageplan steht: *„We are waiting ... for the return of the objects from the Yale University of the United States ..."* – doch bis heute bleiben alle peruanischen Forderungen unerfüllt.

Martín Chambi

Um 1920 besuchte der Cuscqueñer Fotograf *Martín Chambi* das von Bingham freigelegte Machupicchu. Seine Aufnahmen zeigen, wie der Urwald die Inkastadt bereits nach sieben Jahren wieder vollständig überwuchert hatte.

Die Inkastadt Machupicchu

1981 gründete die peruanische Regierung den „Historischen Park von Machupicchu", der unter Naturschutz gestellt wurde. Eine Fläche von über 325 qkm, die das gesamte Gebiet des Inkatrails umfasst. Die UNESCO erhob das Schutzgebiet 1983 zum Weltkulturerbe der Menschheit. Damit wurde Machupicchu und das gesamte Gebiet um Machupicchu der Region von Tikal in Guatemala gleichgestellt. Es sind die einzigen Gebiete, in denen sowohl die Natur als auch die Kultur geschützt ist.

Das große Rätsel

Das schönste und rätselhafteste Zeugnis der Inkazeit liegt auf 2470 bis 2530 m Höhe (Messungen am Eingang und an der obersten Terrasse), 400 m über dem Río Urubamba. Vom Flusstal aus ist fast nichts von der großartigen Anlage zu sehen.

Die Inkastadt ist an drei Seiten von schroffen und steilen Felsen umgeben, die tief unten der wilde Urubamba umtost. Wie ein riesiger Beobachtungsturm ragt dabei am Ende der **Waynapicchu** in die Höhe. Dieser Punkt war genial gewählt für eine Schutzburg und Festung und bestens geeignet zur Verteidigung und Kontrolle des gesamten Tales. In Machupicchu wurde also eindeutig etwas geschützt. Archäologen, Wissenschaftler – und auch Fantasten – streiten sich nach wie vor: War es eine Sommerresidenz der Inkaherrscher, Fluchtburg der Sonnenjungfrauen, Stadt der Magier, eine Inka-Universität, eine Festung gegen wilde Amazonasstämme oder alles zusammen?

Nachdem nun inzwischen das historische **Vilcabamba** etwa 80 km weiter westlich im Dschungel entdeckt wurde, halten manche Wissenschaftler Machupicchu für ein Heiligtum aus der Präinkazeit. Dies ist nicht unbedingt auszuschließen, zumindest was die Grundmauern Machupicchus anbetrifft, unter denen Stollen und geheime Gänge vermutet werden. Machupicchu ist nachweislich auf den megalithischen Grundmauern einer viel älteren Kultur erbaut worden. Trotzdem sind viele Wissenschaftler der Meinung, dass die Stadt erst in der Anfangszeit der Inkas gegründet, um die Mitte des 15. Jahrhunderts ausgebaut aber letztendlich nie ganz vollendet wurde. Keramikfunde und der typische Baustil mit trapezförmigen Türen und Nischen und die kissenartig vorgewölbten Granitsteine in den fugenlosen Mauern sprechen für den Cusco-Stil zu Zeiten des 9. Inca-Herrschers Pachacuti Yupanki.

Machu-picchu-Fakten

1. Die Stadt wurde an einem strategischen Punkt errichtet.
2. Machupicchu wurde festungsartig mit mächtigen Mauern geschützt. Jedes einzelne Viertel ließ sich mit Steinblöcken verriegeln und verteidigen.
3. Machupicchu war keine isolierte Anlage, da alle Inkawege sternförmig zur Felsenstadt liefen.
4. Machupicchu war so gut wie autark. Die Bevölkerung konnte sich über die „hängenden Gärten" selbst versorgen. Eine Wasserleitung führt durch die Stadt.
5. Machupicchu weist die klassische Inka-Architektur auf.
6. Machupicchu beherbergte eine sehr hohe Anzahl (75%) von weiblichen Mumien.
7. Machupicchu ist voll mit Symbolen der Inka-Religion und ist Bezugszentrum einer heiligen oder religiösen Geographie („Heiliges Tal der Inkas", „Heiliger Fluss der Inkas", „Heilige Berggipfel der Inkas").
8. Machupicchu ist ein Ort mit unzähligen architektonischen und natürlichen Besonderheiten, die auf die Sonnwenden bzw. die Tag- und Nachtgleiche sowie Stellung von Sternen einen Bezug haben.
9. Machupicchu war eine expandierende Anlage. Teile sind unvollendet und Gebäude befanden sich im Baubeginn.

Es bleibt die Erkenntnis, dass wir nach wie vor nichts Gesichertes über Machupicchu wissen, die Stadt ein Geheimnis birgt.

Die Anlage

Am schönsten ist es, oben beim rekonstruierten spitzgiebligen Häuschen am Aussichtspunkt (Mirador) zu sitzen. Hier, am *Puesto de Vigilancia,* war bei den Inkas jener Punkt, an dem jeder Besucher Machupicchus wahrscheinlich kontrolliert wurde, ehe er die Stadt betreten durfte. Von hier aus wird auch das hunderttausendfache Touristenfoto von Machupicchu geschossen. Von keiner Stelle kann man eindringlicher die Gesamtheit der Anlage mit den umgebenden Terrassen und dem dahinter aufragenden Waynapicchu auf sich wirken und seiner Fantasie freien Lauf lassen. Stimmungsvoll ist es, wenn frühmorgens die Nebelschwaden die Inkastadt einhüllen und sie dann langsam zum Waynapicchu hochschweben.

Der Komplex ist in Nord-Südrichtung 800–1000 Meter lang und etwa 500 Meter breit. Deutlich sichtbar sind die unterschiedlichen Stadtsektoren: vorne, unterhalb des Aussichtspunktes, liegt **Hanan,** die Oberstadt mit dem **Palastviertel,** dem halbrunden Sonnentempelturm **(Sonnen-Torreón)** und dem darunterliegenden königlichen Mausoleum. Hinter dem Palastviertel erstreckt sich das **Tempelviertel** mit dem **Intiwatana-Felsen.** Gegenüber der Oberstadt liegt die Unterstadt **Hurin** mit dem **Gefängnisviertel, Lager-** oder **Speicherviertel,** dem **Viertel der Handwerker,** dem **Intellektuellen-** und **Wohnviertel.** Obere und Untere Stadt werden durch den **Intipampa,** dem großen, dreistufigen Platz in der Mitte getrennt, er stellt gleichzeitig den einzigen ebenerdigen Teil der Stadtanlage dar.

Alle 216 Gebäude, Paläste und Tempel (davon 40 zweigeschossig) der insgesamt vierzehn Stadtsektoren der Ober- und Unterstadt sind auf Terrassen angelegt und mit etwa 100 größeren und kleineren Treppen untereinander verbunden. Im Südosten, vom Kontroll- und Aussichtspunkt nicht sichtbar, liegt der Sektor der Landwirte mit sehr einfachen Häusern, er ist vom übrigen Komplex durch eine Mauer abgetrennt.

Die gesamte Stadtanlage ist von terrassierten Hängen, den berühmten „Hängenden Gärten" umgebt, die im Norden, Westen und Osten in unbezwingbare, fast senkrecht abfallende Felsformationen übergehen. Im Süden schützte ein unüberwindbarer und leicht zu verteidigender Engpass die Stadt. Zugbrücken, Zugtore und Schutzwälle außerhalb und innerhalb der Anlage verstärkten die Verteidigungsmöglichkeiten.

Üblicherweise verläuft eine Besichtigung in folgender Reihenfolge: die Stadt wird über die *Barracas* des Landwirtschaftsviertels betreten, dann folgt ggf. zuvor noch der Aufstieg zum Aussichtspunkt (Mirador). Von dort geht es zum Stadttor Huaca Puncu (s. Plan), wo man in die Stadt eintritt und nachfolgenden Rundgang absolviert.

Rundgang Machupicchu

Barracas Gleich nach dem Kassenhäuschen sind restaurierte, einfache Häuser zu sehen. Dabei handelte es sich wahrscheinlich um Barracas der Terrassenaufseher oder -wächter im „Viertel der Landwirte". Sie grenzen unmittelbar an die kunstvoll angelegten und mit Bewässerungsgräben versehenen landwirtschaftlichen Terrassenanlagen *(andenes),* auf denen vor allem Kartoffeln und Mais angebaut wurden. Vor den Barracas führt nach links ein markierter Weg über die Terrassenanlagen nach oben zum ehemaligen Friedhof und zum Aussichtspunkt.

Puesto de Vigilancia (oder „Mirador")

Aussichtspunkt

Wie schon erwähnt, sollte dieser Punkt am Beginn der Besichtigung stehen, da von hier das gesamte Panorama des Stadtausdehnung erfasst werden kann. Hier endet der *Inca Nan* (Sonnen- oder Inkaweg) oder *Nan Cuna* (Weg der Zeit), wie die Inkastraßen in jener Zeit genannt wurden, die das ganze Reich durchzogen. Am Mirador verspürt man die geheimnisvolle Atmosphäre der Stadtanlage besonders. Lassen Sie eine Zeitlang die harmonische Verbindung von Natur und Architektur auf sich wirken. Wer Fantasie besitzt, versetzt sich in die Zeit der Inkas, stellt sich vor, wie auf der Mitte des Sonnenfeldes ein Markt stattfindet, Menschen treppauf- und treppab gehen, aus den Kaminen der gedeckten Häuser Rauch kräuselt und Baumeister einen Palast erbauen. Aus der Urumbamaschlucht steigen Vögel auf, lassen sich durch die Aufwinde höher treiben und verschwinden in der Nebelwand.

Mit etwas Fantasie ist in der Kontur des Waynapicchu ein „schlafenden Inka" wahrzunehmen: Rechts von ihm kann man Stirn und Auge im Fels erkennen, der Waynapicchu ist die Nase, links davon der Mund und das Kinn (das Foto auf S. 299 um 90 Grad nach links drehen).

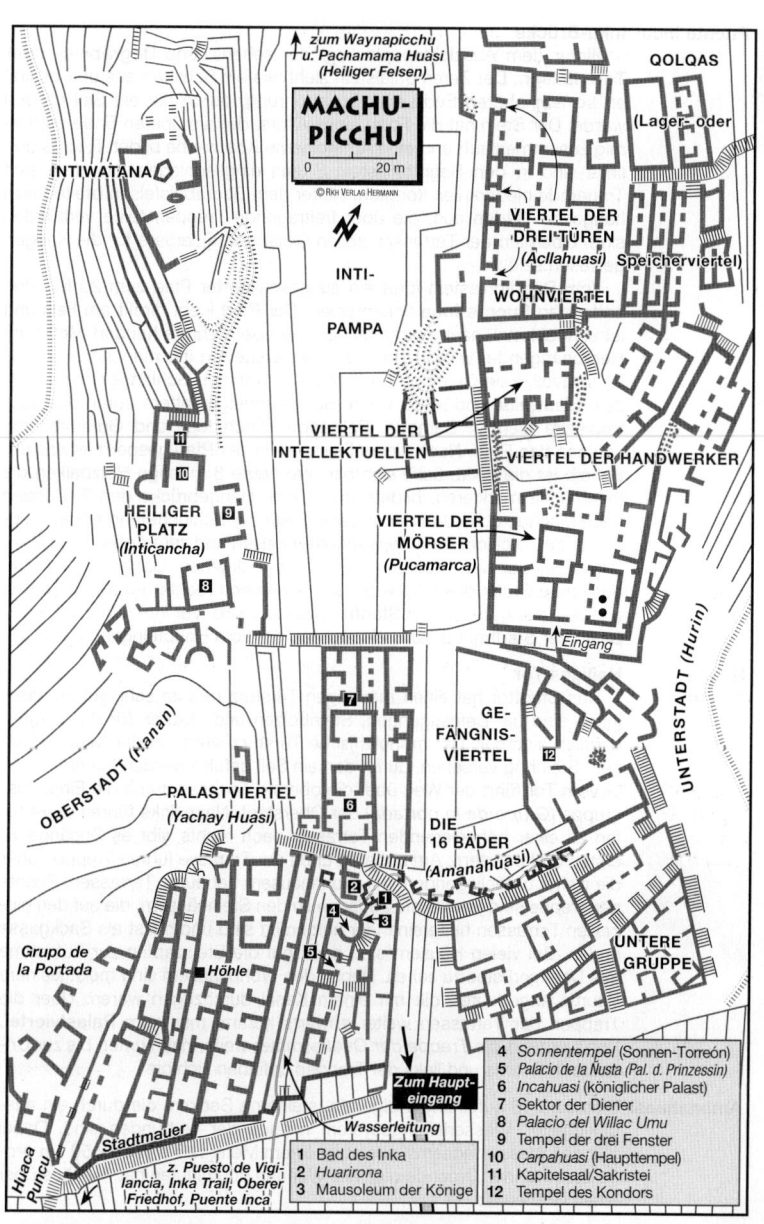

Machupicchu

Puente Inca **Inka-Brücke**

Hinter dem Aussichtspunkt liegt der sehenswerte **Begräbnis- oder Totenfelsen**. Der Zeremonialstein sieht wie ein Schlitten aus und besitzt an seinem oberen Ende eine Steinbohrung, durch die ein Seil passen würde. Der Stein hat die Form eines Altars, der am oberen Ende bugförmig zusammenläuft und eine Art steinerne Kopfhaube bildet. Rechts und links sind in den Begräbnisstein Stufen eingeschlagen, auf dem sich Trauernde niederknien konnten. Hinter dem Begräbnisfelsen breiten sich hängende Gärten aus, die über freitragende Treppensteine verbunden sind. Oberhalb der Terrassen sollen *Callancas,* Quartiere für die Krieger, gewesen sein.

Vom Begräbnisstein führt ein ausgeschilderter Pfad zum 20 Minuten entfernten **Puente Inca** (Inkabrücke). Der Pfad klebt direkt am Fels und ist sehr schmal, nach rechts fällt er teilweise mehrere hundert Meter ab! Herabhängende, wildwuchernde Äste versperren ihn manchmal und es ist sinnvoll, kein Geäst zu berühren – es könnten Schlangen darauf sitzen. Blauweiße und rotschwarze Schmetterlinge flattern durch das subtropische Gehölz, Bambus, Palisander, Orchideen und Gummibäume säumen den Pfad. Nach einem Felsspalt ist der Pfad gesperrt, etwas unterhalb ist die Inkabrücke sichtbar. Wo heute 3 m lange Holzbalken die Inkabrücke markieren, bildete früher eine Hängebrücke den 2. Zugang nach Machupicchu. Auf der anderen Seite der Schlucht führen Steintreppen in das Dickicht der überwucherten Felsen und zum Aobamba-Tal.

Nun wieder den Pfad zum Mirador zurückgehen. Dann geht es über das letzte Stück des Inkawegs über eine nach rechts gezogene Treppe zur Oberstadt, die durchs Stadttor betreten wird. Vor ihm führt eine Treppe an der Stadtmauer zum Weg runter, der vom Haupteingang kommt.

Huaca Puncu **Heiliges Tor**

Das Stadttor hat einen mächtigen Türsturz und ist sehr gut erhalten. Innen sind die Befestigungen, Steinbolzen und -zapfen für das Zugtor, deutlich sichtbar. Der monolithische Türsturz wurde in der Mitte mit einem Steinring versehen, durch den ein Seil geführt werden konnte.

Vom Tor führt der Weg über die oberste Terrasse durch die Eingangsgruppe *(Grupo de la portada)* der Oberstadt. Nach links führen drei Stufen zu einer höherliegenden Terrasse, nach rechts gibt es Zugänge zu ersten Steinhäusern. Am anderen Ende der Terrasse führen Treppen über die weiter untenliegenden, mit Wohnhäusern bebauten Terrassen. Rechts der Treppe sind jeweils die Zugänge zu den Steinhäusern, die auf den einzelnen Terrassen hintereinander aufgereiht sind und meist als Sackgasse enden. Bei vielen Häusern sind noch gut die Steinzapfen zur Aufnahme des Dachgerüstes zu sehen. Neben den Wohnhäusern sind meist kleinere Räume angedeutet, die mit einem Kanal durchzogen waren. Über die Treppen der Terrassen weiter abwärts kommt man zum **Palastviertel**. Von hier führt die *Treppe der Quelle* immer weiter nach unten bis zur Unterstadt. Rechts und links der Treppen befinden sich die

Amanahuasi Dies sind 16 aufeinanderfolgende, steinerne Becken, die durch ein ausgeklügeltes Wasserleitungssystem miteinander verbunden sind. Dabei fällt das Wasser jedesmal aus etwa einem Meter Höhe in 60 x 50 cm große Steinwannen. Nachdem es alle Wannen durchlaufen hat, fließt es über einen Graben ab.

Das erste „Badebecken" rechts wird über die Wasserleitung auf der Terrasse mit Wasser versorgt. Das Bad ist etwa 1,50 x 1 m groß und hat nur einen menschbreiten Eingang. Im Bad befindet sich hinten links eine Aussparung im Mauerwerk, ähnlich einer Seifenablage. Das Wasser in der Steinwanne hat allerdings nur eine Wassertiefe von 6–8 cm, da das Wasser sofort über eine Steinrinne in das nächste Bad abfließt. Das nächste Bad rechts ist das größte und schönste und wird *Bad des Inca* genannt (s. Plan **Nr. 1**). Doch es ist nach wie vor nicht geklärt, zu welchem Zweck eigentlich die Wannen genutzt wurden – tatsächlich als Badewannen, als Wasserspeicher oder als Waschbecken zu rituellen Waschungen? Als Badewannen waren diese Becken bestimmt nicht geeignet, da sie zu wenig Wasser fassen können und oftmals viel zu eng sind. Als Anlage zur Wasserversorgung der Einwohner schon eher.

Vor dem Bad des Inca befindet sich das

Huarirona (2)

Dieses Gebäude hat nur drei Wände, ist mit einem spitzen Strohdach gedeckt und nach Osten vollkommen offen. Innen befindet sich eine Granitbank, von der man einen beeindruckender Rundblick hat.

Wendet man sich nach dem Bad des Inca nach rechts Richtung Rundturm, kommt man zu einer bemerkenswerten Höhle oder Gruft.

Mausoleum der Könige (3)

Bingham wählte diese Bezeichnung, da er hier zwei vornehm gekleidete Mumien entdeckte, die mit Gold und Silber verziert waren. Gold- und Silberschmuck wurden aber nur von der Herrscherfamilie getragen. In der Nähe wurden bei Grabungen weitere Mumien und Skelette gefunden, wobei auf zehn weibliche aber nur ein männliches kam. Auf diesem ungleichen Verhältnis stützt sich die Theorie, dass Machupicchu auch eine Tempelfestung für die Sonnenjungfrauen gewesen sein könnte. In die Höhle führen ein paar Stufen hinunter, die durch einen dreieckigen Eingang betretbar war, heute aber durch einen Kette abgesperrt ist. Die Wände im Inneren wurden sauber bearbeitet und mit den typischen, trapezförmigen Nischen versehen. Im Blickpunkt steht, gleich rechts vom Eingang, ein gewaltiger Granitblock, der 30 scharfkantige Stufen aufweist.

Über dem Mausoleum ist auf einem Felsen der

Sonnentempel (4)

Sonnen-Torreón (Sumturhuasi)

Der halbkreisförmige Turm mit einem Durchmesser von knapp 11 Metern ist eine architektonische Meisterleistung, gebaut aus gradlinigen, feinpolierten Steinen, kann aber nicht mehr betreten werden. In die mörtellosen, passgenau geschliffenen Fugen passt keine Rasierklinge mehr. Aus dem architektonischen Aufwand ist zu schließen, dass der Turm sicherlich eine religiöse Bedeutung hatte. In seinem Innern (es weist Ähnlichkeiten mit der Apsis des Sonnentempels in Cusco auf) befinden sich

■ Der Sonnen-Torreón

drei trapezförmige Nischen. Das Mauerwerk wird nur durch eine ungewöhnliche, türartige Öffnung nach Norden und zwei Trapezfenster durchbrochen. Das Trapezfenster in der Mitte der Rundmauer ist genau auf die Sonnwende ausgerichtet. Am 21. Juni fällt der Strahl der Sonne in einer Linie durch das Trapezfenster direkt in eine wannenartige Vertiefung eines gewölbten Felsentisches, der die Mitte des Sonnentempels einnimmt. Der Felsentisch weist neben der wannenartigen Vertiefung an den Seiten und vorne stufenähnliche Aussparungen auf. Gleichzeitig kann hier in den ersten zwanzig Tagen im Juni das Sternbild des Skorpions am Himmel beobachtet werden. Je nach der Helligkeit der Sterne im Sternbild des Skorpions setzte der Regen früher oder später ein und gab Hinweise, wann welche Saat auszusäen ist, so die Annahme.

Links vom Felsentisch zieht sich, über die gesamte Länge, eine leicht abfallende, polierte Felsfläche zu der ungewöhnlichen Türöffnung. Die Öffnung weist unten eine stufenartige Verengung auf, die mit sauber gearbeiteten Bohrlöchern versehen ist. Die gesamte Öffnung hat große Ähnlichkeit mit dem Eingang zum Sonnentempel Qoricancha in Cusco. Es wird vermutet, dass in dieser Öffnung u.U. das goldene Sonnenbild *Punchao* befestigt gewesen sein könnte. Außerhalb von ihr befindet sich ein halbrunder Absatz, unter dem das „Bad des Inca" zu sehen ist.

Auf dem Fels, auf dem der Sonnentempel steht, wurde in fünf Metern Höhe (jedoch kaum sichtbar), ein seltsamer, großer Glatzkopf *(calva)* in den Stein gehauen. Entlang des Felsens führt vom „Mausoleum der Könige" eine Treppe nach oben. Das zweistöckige Bauwerk südlich des Torreón bezeichnet man als

Palacio de la Ñusta (5)

Palast der Prinzessin

Das prachtvolle Haus ist 3 x 5 m groß. Im Inneren sind noch gut die Vorsprünge zu sehen, auf dem die Deckenträger auflagen, auch sind einige Nischen zu erkennen. Rechts vom Eingang des Hauses führt eine achtstufige steinerne Außentreppe zu einer Art Dachterrasse. Das Stockwerk über dem Erdgeschoss konnte nur über diese Außentreppe zur Dachterrasse betreten werden. Der Eingang in das Obergeschoss ist wieder in typisch trapezförmiger Form ausgeführt. Die Dachterrasse ist gleichzeitig Patio und einziger Zugang zum Inneren des Torreóns. Sie ist nun gesperrt. Die Häuser mit einfachem Mauerwerk auf der linken Seite des Palastes der Prinzessin werden als Nebengebäude für Bedienstete oder Getreidespeicher gedeutet.

Links am Palast der Prinzessin führt eine Treppe nach oben. An ihrem Ende führt ein Gang nach rechts und vorbei am ersten Steinbad wieder zur Haupttreppe. Auf der anderen Seite der Haupttreppe liegt der

Incahuasi (6)

Königlicher Palast

Der Bereich des Inkapalastes wird durch ein Trapeztor betreten. Der eigentliche Inkapalast besteht aus zwei großen und zwei kleinen Räumen (wahrscheinlich Waschräume) mit feingearbeiteten Mauern aus massiven

Granitblöcken und bis zu drei Tonnen schweren Türstürzen. In den kleinen Räumen ist auf dem Boden noch eine steinerne Kanalisation zu erkennen. Schon alleine die Perfektion des Mauerwerkes weist auf die hohe Stellung der ursprünglichen Bewohner dieser Gebäude hin. Auch hier, wie an vielen anderen Mauern in Machupicchu, finden sich oben steinerne Zapfen oder Zylinder, die zur Befestigung der Dachkonstruktion, wahrscheinlich Holzbalken mit Stroh gedeckt, gedient haben könnten. Die beiden großen Räume sind durch einen inneren Patio getrennt. Auf der östlichen Seite des Inkapalastes gibt es eine innere Gartenanlage. Nördlich schließt sich der **Sektor der Diener (7)** an. Der Bereich des Inkapalasts ist in sich vollständig geschlossen und muss über denselben schmalen Eingang wieder verlassen werden.

Sie stehen nun wieder auf der großen Haupttreppe am Eingang des Inkapalasts und gehen ein Stück die Treppe hoch, die sich teilt. Die rechte nehmen und bis zu einer Terrasse gehen. Diese Terrasse nach Norden entlanggehen, nach rechts blickt man nochmals zum Inkapalast. Sie erreichen die zweite Haupttreppe, die vom Intipampa über mehrere Terrassen heraufführt. Nach links führt die Treppe weiter hoch zum Tempelbezirk.

Inticancha **Heiliger Platz**

Der Platz hat eine Seitenlänge von 16 Metern und ist von tempelartigen Gemäuern umgeben. In der Mitte des Platzes liegen zwei große, bearbeitete Megalithblöcke. An der südöstlichen Ecke erhebt sich der *Palast des Willac Umu*, im Osten der *Tempel der drei Fenster* und schließlich im Nordwesten der monumentale *Carpahuasi* (Haupttempel). Auf der westlichen Seite bricht der terrassierte Fels nahezu senkrecht in die Schlucht von Colpani und San Miguel ab. In der Tiefe rauscht der Urubamba durch die Schlucht.

Palacio del Willac Umu (8) **Palast des Hohen Priesters**

Das Gebäude mit den zwei Eingängen und neun Trapeznischen war wahrscheinlich die Wohnstätte des Hohen Priesters. Er war als Magier, Wissender und oberster Sonnendiener genauso mächtig wie der Inca und stammte meist aus dem gleichen Geschlecht.

Tempel der drei Fenster (9) Dieser verdankt seinen Namen den drei großen, trapezförmigen Fenstern nach Osten, die von riesigen Steinquadern gebildet werden. Auffällig ist, dass kein Mauerwerk in Richtung des Heiligen Platzes vorhanden ist und der Tempel eher einer Halle ähnelt. Der Blick aus den Fenstern fällt direkt auf die Unterstadt und die davorliegenden großen Platz, ein guter Aussichtspunkt. Die aufgehende Sonne müsste vermutlich durch die Fensteröffnungen direkt auf den Heiligen Platz fallen. Durch die magisch-religiöse Bedeutung war dies wahrscheinlich die wichtigste Stelle in der Stadt, doch nach wie vor birgt sie ihr Geheimnis. Im rechten Winkel dazu liegt der

Carpahuasi (10) **Haupttempel**

Der 11 x 8 m große Haupttempel mit nahezu ein Meter dicken Mauern war dem Sonnengott geweiht, er ist mit trapezförmigen Nischen versehen. Die nördliche Mauer ist aus tonnenschweren Blöcken geschlagen. Zum Heiligen Platz hin ist das rechtwinklige Bauwerk offen. Überwältigend ist der über vier Meter lange Opferstein oder Altar, der aus einem einzigen, geschliffenen Monolithblock besteht und der von kleineren Steinblöcken flankiert wird.

Rechts um die Ecke liegt der **Kapitel- oder Ornamentensaal (11)**, auch Sakristei genannt. Hier könnten sich die Priester auf die Zeremonien vorbereitet und beraten haben. Auffallend ist eine Steinbank und ein Monolith, der auf seinen verschiedenen Flächen nicht weniger als 32 Ecken aufweist. Eine 78stufige Treppe führt nun den pyramidenförmigen, 25 m hohen Hügel hinauf, auch „Akropolis von Machupicchu" genannt. Oben, am höchsten Punkt des Tempelbezirks, steht der

Intiwatana

„Ort, an dem die Sonne angebunden wird"

Ein aus einem Felssockel herausragender Granitblock, aus dem ein Sporn aufragt. Intiwatana (ein Quechuawort) bedeutet „Sonne binden", auch übersetzt als „Ort, an dem die Sonne angebunden ist". Der Intiwatana diente astronomischen Zwecken. Der Inka-Chronist Poma de Ayala gibt den Hinweis, dass damit Sonnenlauf, Tageszeit, Sternbilder und Planetenbahnen bestimmt werden konnten (deshalb auch „Sonnenobservatorium" genannt).

Der Intiwatana-Felsblock weist drei Stufen auf. Die obere Stufe führt rampenartig um das oberste Steinprisma, so dass der optische Eindruck einer aufsteigenden Spirale entsteht, in deren Mitte wie ein Prisma wie

■ *„wo die Sonne angebunden wird ..."*

ein Finger oder Messstab erhebt. Das Prisma hat eine Grundfläche von 60 x 53 cm, verengt sich auf 40 x 25 cm, ist 60 cm hoch, nach Nordost-Südost ausgerichtet und hat eine Neigung von 13°7'54". Die Neigung steht im direkten Bezug zum Äquator. Die vier Scheitelpunkte markieren die vier Himmelsrichtungen. Die Chronisten berichten von *Saywakuna* (Pfeilern), die auf der obersten Plattform um den Intiwatana standen und deren Schatten in Verbindung mit dem Intiwatana als Sonnenuhr genutzt wurden.

Vom Intiwatana führen nach Norden Treppen über die Terrassen zur Grasebene hinunter, die sich östlich, genau unterhalb des Intiwatana, erstreckt. Diese Grünfläche ist das „Sonnenfeld".

Intipampa

Sonnenfeld

Der große rechtwinklige Platz liegt zwischen Ober- und Unterstadt und gliedert sich in drei Ebenen. Er trennt damit die Palast- und Tempelbezirke von den Wohn- und Arbeitsvierteln. Hier fand, vor der imposanten Kulisse des Waynapicchu, alljährlich Ende Juni das große Inti-Raymi-Fest, das Sonnwendfest, statt. In der Mitte des Platzes befand sich ursprünglich ein aufrecht stehender, einzelner Stein mit einer eingehauenen Schlange. Nach Norden zu, in Richtung des Waynapicchu, liegt der

Pachama-ma Huasi	**Heiliger Felsen**

Dieser gewaltige Felsblock wird auch *Tempel der Pachamama* (Mutter Erde) genannt. Er ist 7 m lang, 4 m hoch und 1 m breit. Er hat nach links die Form eines Fisches und nach rechts die Form eines Meerschweinchens. Es ist fraglich, ob der Block unbehauen ist. Auffallend ist, dass die Kontur des Felsblockes mit der Kontur des dahinterliegenden Bergzuges identisch ist. Esoterisch „angehauchte" Führer (s.u.) erzählen ihren Gruppenteilnehmern, dass der Heilige Fels spürbare Energie abgibt, vorausgesetzt, dass man dazu mindestens drei Minuten mit beiden Händen den Fels mit geschlossenen Augen fest berührt …

Der Platz am Heiligen Fels wird von zwei überdachten Steinhäusern flankiert. Links von ihm beginnt der Aufstieg auf den Waynapicchu (s.u.). In der Nähe des Heiligen Felsens befindet sich der Eingang zu einem unterirdischen Labyrinth, das von argentinischen Studenten entdeckt und von Archäologen wieder verschlossen wurde.

Unterstadt Der Rückweg führt nun durch die Unterstadt. Wohn-, Speicher-, Produktions- und das sog. „Gefängnisviertel" nehmen den gesamten Ostteil der Stadt ein. Auch die Untere Stadt ist in verschiedene Ebenen gegliedert, die untereinander mit Treppen verbunden sind. Ihre Sektoren sind in sich abgeschottet und lassen sich meist nur durch einen einzigen Zugang betreten. Ein Teil der Häuser wurde in sehr einfachem Baustil gebaut.

Der oberste und hinterste (nördlichste) Teil der Unterstadt wurde von der restlichen Unterstadt durch eine hohe Mauer abgetrennt und weist nur zwei Zugänge auf, die geheime Verriegelungen für die Türen haben. Auffallend ist auch, dass es keine Öffnung hin zum Intipampa und damit zur Oberstadt gibt.

Vom Heiligen Felsen führt hinter dem Oberen Wohnviertel ein Weg vorbei zu den **Qolqas** (Speicher- und Lagerviertel), die durch zahlreiche Eingänge auffallen. Vor den Qolqas führt nach rechts ein Durchgang an der Außenmauer des Oberen Viertels nach Westen. Etwa auf halber Höhe führt ein Seiteneingang über eine Treppe zum

Acllahuasi	**Palast der Sonnenjungfrauen**

Das vollständig mit Mauern umgebene Viertel erreicht man normalerweise nur über eine 60stufige Treppe vom Intipampa (Sonnenfeld) herauf. Von der Terrasse hat man einen guten Überblick über das Sonnenfeld. Dem Acllahuasi sind zwei kleinere Bauwerke vorgesetzt, ihre Fensteröffnungen geben den Blick auf das Intipampa frei. Der Zutritt in das Acllahuasi ist über drei nebeneinander angeordnete Eingänge möglich (s. Pfeile in der Karte), weshalb das Viertel auch *„Viertel der drei Türen"* genannt wird. Auch diese 3 Eingänge waren jederzeit verriegelbar. Fensteröffnungen zum Sonnenfeld sind gleichfalls nicht vorhanden. Es wird vermutet, dass die Räume um die innenliegenden Patios Wohn- und Werkstätten waren, vom übrigen Stadtteil abgeschottet.

Pucamarca	**Produktions- oder „Viertel der Mörser und Handwerker"**

Auch dieser Komplex ist vollständig von einer über fünf Meter hohen, monumentalen Mauer umschlossen, und der einzige Eingang weist wieder eine Sicherheitsverriegelung auf. Das Viertel selbst besteht aus drei Ebenen, die mit Treppen untereinander verbunden sind. Die beiden ersten Ebenen, so wird vermutet, waren Wohn- und Handwerkshäuser mit

Blick auf das Viertel der Mörser (r.) und der Handwerker, im Vordergrund das Intipampa-Feld

offenen Sälen, innenliegenden Patios, steinernen Sitzen und einem Kultraum mit Steinblock für religiöse Zeremonien. Auffallend ist in der unteren Ebene der in der Mitte liegende Raum (2 x 7 m groß). Vorne rechts nach dem Eingang sind zwei runde Mörser zu sehen, die zehn Zentimeter hoch direkt aus dem Fels gehauen wurden. Die Mörser könnten vielleicht zur Herstellung von Medizin, Farbe und Tinte verwendet worden sein – oder auch nicht. Niemand weiß etwas genaues darüber.

Der Komplex endet nach einem steilen Treppenaufgang in der dritten Ebene, wo nach Meinung einiger Archäologen ein Quartier der *Amautas* (Lehrmeister) und Intellektuellen gewesen sein könnte. Bingham hatte hier bei Ausgrabungen zahlreiche Quipus (Knotenschnüre) gefunden. Dieser Sektor kann nur wieder über die selbe Treppe verlassen werden. Das vorletzte Viertel im Süden bezeichnet man als

Gefängnisviertel mit „Tempel des Kondors" (12)

Das Viertel wird von einem behauenen Felsen mit einem Turm überragt, der als „Tempel des Kondors" bezeichnet wird. Unterhalb des Felsturmes befindet sich eine bearbeitete Gesteinsformation, die wie der Kopf eines Kondors samt Schnabel aussieht. Der Kondor war für die Inka eine Gottheit der Kraft oder Energie. Der gesamte Bereich mit dem Felsenturm wurde als Kondor interpretiert. Der Turm sollte dabei die Flügel darstellen.

Entlang der Westmauer des Viertels erreicht der Besucher eine Stelle mit drei Sitznischen, die rechts und links handgroße, steinerne Ösen aufweisen, durch die angeblich die Hände der Gefangenen mit Holzbalken befestigt bzw. gefesselt wurden.

Über eine Treppe wird der untere Patio erreicht. Es gibt einen halbverschütteten Eingang in einen unterirdischen Gang, der durchlaufen werden kann. Überdies soll es mehrere unterirdische Verbindungen und Katakomben geben. Ein Felsen hinter dem Gefängnis dient heute Kindern als Rutschbahn, damals wurde hier nach der Ernte die Spreu vom Weizen getrennt.

Untere Viertel

Vom Gefängnisviertel bietet sich ein Blick auf die untere Unterstadt, die sich steil an den Abhängen nach unten zu ziehen scheint. Hier liegen zahlreiche Mausoleen, Katakomben und Grabhöhlen. Es gibt Einstiege zu einem noch nicht erforschten Höhlenlabyrinth, in dem Inkagräber vermutet werden. Bis jetzt ist es noch keinem gelungen, in dieses Labyrinth einzudringen.

Vom Gefängnisviertel führt der Weg über eine Treppe hinunter zum unteren Ende der „Treppe der Quellen" (Amanahuasi). In der Mitte der „Treppe der Quellen" geht der Weg zum Haupteingang zurück, der Rundgang ist damit beendet. Wer noch Zeit hat, kann sich weiter umschauen oder zum Waynapicchu aufsteigen.

Waynapicchu

Blick vom Waynapicchu auf Machupicchu (mit Fischaugen-Objektiv). Links ist der Aufahrtsweg vom Tal des Río Urubamba zu sehen, rechts, als helles Band, wieder der Urubamba

Die Zeit zwischen 11 und 13 Uhr, wenn der Besucherandrang in Machupicchu am größten ist, eignet sich gut für eine Besteigung des 2700 m hohen Berggipfels, der wie ein Sporn 300 m über die Stadtanlage aufragt. Waynapicchu heißt *„Junger Gipfel"*, ihm gegenüber erhebt sich, hinter dem oberen Friedhof, der 3140 m hohe Machupicchu, der *„Alte Gipfel"*. Beide Berge sollen durch unterirdische Gänge in Verbindung stehen. **Die Besucherzahl für Waynapicchu wurde auf 400 Personen beschränkt.** Wer zu spät kommt, wird dann nicht mehr hochgelassen.

Für die Besteigung ziehen manche die kühleren Morgenstunden vor. Dann ist auch der Wind nicht zu stark, der nachmittags oftmals zunimmt. Der Aufstieg ist steil und der Pfad sehr eng, die letzten 30 m bis zum Gipfel führen über sehr hohe und äußerst enge Stufen fast senkrecht nach oben. Für Schwindelfreie und Konditionstüchtige aber kein Problem. Der ursprüngliche, alte Pfad beginnt übrigens am Fuße der Felsspitze unten am Urubamba-Fluss und wurde von den Inkas regelmäßig genutzt. Dem Marqués von Mavrin gelang, zusammen mit Valdivia, unter größten Strapazen als erster dieser Aufstieg, vorbei am Mondtempel, über die „Todesleiter" zum Gipfel.

Die „Titanen"- oder „Todesleiter"

Heutzutage beginnt der Aufstiegspfad beim „Tempel des Heiligen Felsens". Dort steht eine Hütte, in der jeder Besteiger vorher registriert wird, da es schon Abstürze gab! Der Pfad ist von 7–14 Uhr geöffnet, bis 16 Uhr ist der letzte Rückmeldetermin. Je nach Kondition wird nach 45 bis 60 Minuten der Gipfel erreicht.

Bei der ersten Gabelung geht es nach rechts hinunter, dann über einen Weg und wenig später über Stufen, die in den Felsen gehauen sind. Die etwa 600 rohe Trittstufen der „Titanenleiter" führen fast senkrecht hinauf und sind manchmal nur einen Fuß breit und oft 40–50 cm hoch! Nach etwa 30 Min. kommt eine Abzweigung, der nach rechts zu folgen ist. Kurz vor dem Gipfel muss auf allen Vieren durch einen engen Felstunnel gekrochen werden (Gefahr des Steckenbleibens bei zu großem Körperumfang; Umgehung: links vor dem Tunnel gibt es über Terrassen steil hochgehende Treppen). Dann endlich belohnt ein tiefer und weiter Panoramablick die schweißtreibende Anstrengung: Machupicchu, das sich um den Berg windende Urubamba-Tal, grünbewaldete Berghänge und in der Ferne die Eisriesen der *Cordillera Vilcabamba.* Bei gutem Wetter kann sogar bis in den Urwald von Vilcabamba und Quillabamba und stromaufwärts bis nach Ollanta gesehen werden. Ein idealer Ausguck für einen Wachposten. Deutlich sind hier auch Reste von Inkamauern und Terrassenanlagen zu sehen. Nicht weit entfernt steht ein seltsam behauener, massiver Stein, der als umgestürzter Thron, als „Sonnenthron" bezeichnet wird.

Templo de la Luna

Mondtempel

Auf dem Abstieg kann noch zum Mondtempel abgebogen werden. Der Pfad dorthin, auf der anderen Seite des Waynapicchu, ist sehr anstrengend und nicht ungefährlich. Vor der Begehung warnt ein Schild, man sollte auf jeden Fall schwindelfrei sein. Der Weg biegt vom Gipfelpfad des Waynapicchu nach unten ab. Der Mondtempel ist eine etwa 5 x 10 Meter große Höhle, die Trapeznischen und Kultsteine enthält. Drei Stufen führen zu einer Grotte nach oben, in die durch einen Felsspalt Licht eindringen kann. Der Ort wurde von den Inkas als „Mondtempel" bezeichnet, weil in Vollmondnächten die Höhle hell erleuchtet wird und sie dies als das Wirken der göttlichen Strahlen von Mama Quilla, der Inkamutter, interpretierten.

Intipunku

(Sonnentor). Eine andere, ca. dreiviertelstündige Wanderung führt über den *Inca Nan* (oder *Nan Cuna*), dem königlichen Weg, zum *Intipunku.* Der Weg beginnt unterhalb des Aussichtspunktes (Mirador) und führt sanft aufwärts bis zur *Apacheta* (2650 m), der wichtigsten Kontrollstelle des Inca Nan (Inkatrails). Die Apacheta ist ein 16 x 8 m großes, rechtwinkliges Steingebäude mit trapezförmigen Nischen. Der Weg führt mitten durch das Gebäude. Somit konnte der Durchgang zur Stadt jederzeit versperrt werden. Danach steigt der Weg rampenartig an und wird immer enger, bis schließlich, in 2745 Metern Höhe, das rätselhafte *Sonnentor* erreicht wird. In unmittelbarer Nähe befindet sich eine Höhle.

Zur Ruinenanlage Wiñaywayna (Beschreibung s. Inkatrail, Abschnitt „Phuyupatamarca – Machupicchu") ist es vom Sonnentor ein angenehmer Fußmarsch von 90 Minuten Dauer. Die Weggebühr beträgt ca. 4 €. Die Kontrollstelle lässt nach 10.30 Uhr niemanden mehr passieren. In Wiñaywayna kann im Hotel Centro de Vacaciones übernachtet oder gezeltet werden.

Der Berg Machupicchu

Als Alternative zum überlaufenen Wanyapicchu bietet sich die Besteigung des alten Berges Machupicchu an, zu dem keine Anmeldung nötig ist. Hierzu vom Haupteingang den linken Weg aufwärts nehmen. Oberhalb der Stadtmauer nochmals links stadtauswärts auf dem alten Steinweg des Inkatrails in Richtung Intipunku gehen. Dann dem Pfad, der alsbald rechts abzweigt, folgen. Dieser Pfad führt serpentinenartig immer aufwärts bis zu einem Grat, der zum Gipfel führt und mit einer peruanischen Flagge gekrönt ist. Gehezeit 2 Stunden, Abstieg 1,5 Stunden. Der Lohn: atemberaubende Ausblicke auf den Río Apurímac.

Tour 4: Cusco – Ollanta – Chaullay – Quillabamba (– Atalaya – Pucallpa)

Dies ist eine Alternative für Machupicchu-Reisende, die viel Zeit mitbringen. Es gibt nämlich auch die Möglichkeit, mit dem Bus über Ollanta bis nach Quillabamba zu fahren. Busse nach Quillabamba fahren in Cusco, gegen 6 Uhr, 13 Uhr u. 17 Uhr ab, von Puente Santiago, Fz 8 h, 20 Soles.

Ab Ollanta ist die Strecke nach Quillabamba landschaftlich abwechslungsreich, die Straße bis zum Pass asphaltiert. Die nachfolgende Piste ist in gutem Zustand und wird einmal zur Straße ausgebaut. Die Strecke führt südlich an den Ruinen von Ollantaytambo zuerst ein Stück am Urubamba entlang und überquert nach 45 km den 4320 m hohen *Abra Málaga*. Fz bis zum Pass ca. 1 h, kurvenreich.

Chaullay Hinter dem Pass geht es durch den Bergurwald hinab ins Urubamba-Tal, und etwa 110 km nach Ollanta wird über Sta María der kleine Verkehrsknotenpunkt **Chaullay** am Urubamba erreicht, Fz ab dem Pass 3,5 h. Auf der Choquechaca-Brücke kann man den Fluss überqueren. Nach Quillabamba sind es nach rechts noch ca. 20 km, nach links (bei S 13°00'23.4", W 072°28'45.3") führt die Strecke über 33 km nach **St. Teresa**, wohin auch Colectivos fahren. Fz 2,5 h.

Selbstfahrer müssen nach Chaullay Richtung Sta. Teresa bei S 13°00'12.2"/W 072°38'53,2", bei S 13°00'32.2"/W 072°39'00.1" und S 13°01'12.8"/W 072°40'23.31" jeweils nach links abbiegen. Bei S 13°02'19.2"/W 072°38'37.1" geht es geradeaus (leicht rechts) Richtung Sta. Teresa. Die Strecke nach Sta. Teresa ist bei trockenen Straßenverhältnissen problemlos zu befahren, andernfalls 4WD zwingend erforderlich. Durch die zum Teil engen und steilen Kehren ist die Piste nur für kleine/mittelgroße Fahrzeuge geeignet.

Sta. Teresa Santa Teresa ist der nächste Ort flussabwärts von Machupicchu. Das einfache Örtchen mit einem oft matschigen Hauptplatz stellt sich immer mehr auf die zunehmenden Reisenden ein. Es gibt einfachste Unterkünfte ohne jeglichen Komfort ab 5 Soles, meist keine Dusche, und oft keine abschließbaren Zimmertüren. Camper können auch auf dem Gemeinde-Campingplatz am Ortseingang kostenlos übernachten.

Im meistfrequentierten Restaurant des Dorfes, *Yaku Mama,* zugleich Treff der Reisenden, ist für 5 Soles ein Menü erhältlich, außerdem Gerichte nach der Karte und Pizzas. Hier kann einfachst übernachtet werden, 3 Zi., keine Dusche, Ü 5 Soles, laute Discomusik bis 23 Uhr. Frühstück 5 Soles. In Sta. Teresa *Ponche de Mani* oder *Ponche de Avas* probieren.

Wer duschen möchte, sollte das sehr schöne Thermalbad bei Sta. Teresa aufsuchen, Anfahrt mit dem Taxi oder Pick-up 1 Sol, oder zu Fuß, Gz 15 Min. Das Thermalbad mit drei Becken, Umkleidekabinen und einfachen Toiletten liegt direkt am Fluss. Eintritt 5 Soles.

Sta. Teresa – Aguas Calientes Von Santa Teresa gibt es Möglichkeiten nach Machupicchu zu gelangen. Von der anderen Flussseite fahren um 7 Uhr, 7.30 Uhr u. um 8 Uhr Lkw/Combis der Arbeiter bis zur Hidroeléctrica bei KM 122 (s. „Camino Inca"-Karte), Fp 2,50 Soles. Bei der Hidroeléctrica gibt es entlang des Bahngleises zwei sehr einfache Restaurants, nicht immer geöffnet. Wenn kein Lkw zur Hidroeléctrica fährt, kann man die etwa sechs Kilometer lange, relativ ebene Strecke dorthin auch zu Fuß bewältigen.

Vom Kraftwerk fährt um 8.30 Uhr u. 15.20 Uhr ein Lokalzug nach Aguas Calientes, Fz 40 Minuten, Fp 25 Soles für Touristen, Einheimische 2 Soles.

Wer nicht auf den Zug warten möchte, kann auch zu Fuß in drei Stunden über die Bahngleise Aguas Calientes erreichen, muss sich aber an einem kleinen Häuschen registrieren lassen. Unterwegs werden einige kurze, zugbreite Tunnels durchquert, auf Hupsignal des Zuges achten! Wer alternativ von Sta. Teresa den fast doppelt so langen Fußweg (ca. 12 km) durch die Urubambaschlucht nach Aguas Calientes wählt, muss zweimal den Fluss auf *oroyas*, an Drahtseilen befestigte Metallkörbe, die über den Fluss gespannt sind, überqueren. Ab dem Kraftwerk führt dieser Fußweg dann über die Bahngleise weiter nach Aguas Calientes (s.o.). Gesamtgehzeit etwa sechs Stunden, Regen- und Sonnenschutz ratsam.

Von Aguas Calientes fährt täglich um 12 Uhr ein Lokalzug zurück zur Hidroeléctrica. Von dort weiter nach Sta. Teresa. Am nächsten Morgen geht es dann wahlweise nach Sta. María oder Quillabamba. Von dort per Bus zurück nach Ollanta/Cusco.

Expedition nach Vilcabamba

Auf der Piste von Chaullay nach Quillabamba zweigt 500 m nach der Polizeikontrolle eine Piste nach links durch den Bergurwald entlang des Río Vilcabamba nach Huancacalle ab. Sie wird täglich von Pickups und Lkw befahren, die Fahrzeit dauert ca. vier bis fünf Stunden. In der Nähe von Huancacalle liegen auch die **Ruinen von Victos** und die **Ñusta Hispana**. Victos war die politische und militärische Hauptstadt des Manco Inca. Der Fußweg zu den Ruinen von Victos dauert etwa eine Stunde. Hier steht ein Inka-Palast. Von da sind es nochmals einige Minuten bis zum *Yurac Rumi,* dem berühmten heiligen weißen Stein der Inkas, ein monumentaler Granitblock. Der Yurac Rumi war ein wichtiges religiöses Zentrum der Inkas.

Von Huancacalle (2900 m) können auch Expeditionen nach **Vilcabamba,** der letzten Hauptstadt der Inkas, unternommen werden, die erst 1964 vom US-Amerikaner Gene Savoy (Gründer des Andean Explorers Club in Lima) mit Hilfe von Peruanern und der Fluggesellschaft Faucett (Infrarot-Luftaufnahmen) wiederentdeckt wurde. Nach Vilcabamba zog sich 1537 Manco Inca zurück, und hier wurde der letzte Inca, Túpac Amarú, von den Spaniern gejagt, gefangen genommen und in Cusco hingerichtet. Es wird angenommen, dass Vilcabamba mit seinen 20 Stadtvierteln auf 30 ha gut 4x größer als Machupicchu ist. Das größte Gebäude ist 65 m lang und 7 m breit, mit 12 Trapeztüren und einem Felsblock als Altar. Wie in Machupicchu gibt es auch Wasserkanäle und sog. Bäder mit Steinwannen sowie gleich zwei Intiwatana.

Für den Besuch von Vilcabamba war zeitweise eine Genehmigung des *Instituto Nacional de la Cultura* nötig (in Cusco diesbezüglich unbedingt vorher informieren!). Trekker nach Vilcabamba müssen sich nach wie vor am Polizeiposten in Pucyura registrieren lassen. **Beste Besuchszeit** ist von Ende April bis Anfang November, denn in der übrigen Zeit – der Regenzeit –, sind die Wege und Pfade unpassierbar. Der mittelschwere Trail ab Huancacalle (2900 m) entlang des Río Vilcabamba und des Río Pampacona nach Vilcabamba (1000 m) dauert etwa acht bis neun Tage. Das gesamte Equipment und die Maultiere mit Treiber und Führer können in Huancacalle angemietet werden. Der Weg ist leicht zu finden.

Zuerst verläuft der Pfad von Huancacalle am Fluss entlang bis nach Pampaconas, einem kleinen kalten Ort in 3000 m Höhe. Von hier führt der Pfad, bis zum Gehöft Vista Alegre, teils durch Sümpfe. Der nun folgende Pfad, der sich zum Teil durch dichten Bergurwald schlängelt und vorbei an kleinen Inkaruinen und Wachtürmen über einen 3700 m hohen Pass führt, wird immer wieder durch alte steile an- und absteigende Inkatreppen unterbrochen. Schließlich wird die Hacienda Concevidayoc erreicht. Neben Zuckerrohr und Bananen wachsen auch Kaffee und Tabak. Von hier sind es noch etwa 30–45 Minuten durch eine tropische Vegetation bis zu den **Ruinen von Vilcabamba** (1000 m), die in der Nähe des Gehöftes von *Espiritu Pampa* („Pampa der Geister") liegen.

Chuankiri – Quiteni (Kiteni)	Von Vilcabamba ist es entlang des Flusses möglich, nach anderthalb Tagen den winzigen Marktort Chuankiri zu erreichen. Von dort Mitfahrgelegenheit nach Quiteni (Kiteni) im Norden. Beim Polizeiposten muss man sich wieder registrieren lassen. Von Quiteni (Kiteni) führt die Piste weiter flussabwärts zum Pongo de Mainique (*pongos* = kataraktreiche Durchbruchsschluchten der Andenflüsse zum Amazonas) mit Bootsanschluss nach Camisea, oder zurück nach Quillabamba; Fahrzeit mit Lkw oder Pick-ups 1 bis 2 Tage.
Agentur und Führer	Trekking-Touren nach Vilcabamba werden von *South American Site (SAS) Travel*, Portal de Panes 143, Plaza de Armas, Cusco, Tel./Fax (084) 23-7292, info@sastravelperu.com, www.sastravel.com, angeboten. Touren dauern 8 Tage/7 Nächte. Im Preis von 350 € p.P. sind alle Transporte, Führer, Verpflegung, Zelte und Isomatten, Träger bzw. Maultiere mit Treiber und Kochausrüstung eingeschlossen. Auch die Agentur *Q'ente*, Plateros 365, Cusco, Tel. 23-8245, qente@telser.com.pe, http://qente.com, bietet die Tour ab einer Person nach Vilcabamba an, sehr kompetent und von D aus problemlos vorbuchbar, da die spontane Durchführung des Treks so gut wie unmöglich ist. Vorlaufzeit 3 Monate sinnvoll. Bei einer Viererguppe ist für Transport, Verpflegung, Küche, Führer, Maultiere/Esel samt Treiber mit 30 € p.P./Tag zu rechnen. Wer es familiär liebt, ist bei Francisco Cobos Umeres, *Hostal Familiar Vilcabamba*, Calle Fierro 571–577, Tel. 22-7316 und 23-9699, gut aufgehoben. Er stammt aus Vilcabamba und führt fünftägige Trekking-Expeditionen nach Espíritu Pampa und Vilcabamba durch. Weitere Führer: *Vidal Albetres* in Huancacalle und *Quispe Cusi* in Yupanca.

Quillabamba

Der Ort mit ca. 20.000 Einwohnern liegt am Zusammenfluss von Río Urubamba und Río Chuiyapi und ist nur noch 1080 m hoch. Hier herrscht bereits ein angenehmes, subtropisches Klima von durchschnittlich 26 °C. Quillabamba gilt als Ort des „ewigen Sommers", da es nahezu keine Klimaschwankungen gibt. Von November bis April ist zwar Regenzeit, die Temperatur hält sich bei 24 °C (während der Trockenzeit steigt das Thermometer auf 30 °C). Quillabamba ist Hauptstadt der Provinz La Convención und ein bedeutendes Handelszentrum mit einem großen Markt.

Der Ort bietet keine Sehenswürdigkeiten, ist aber Ausgangspunkt für Exkursionen in die unberührten Bergurwälder oder in die nähere Umgebung. Da hier vorrangig Coca, Bananen, Limonen, Mangos, Kakao, Kaffee und Ananas angebaut werden, gibt es in der näheren Umgebung viele Plantagen. Quillabamba ist so Ausgangspunkt für Exkursionen in die unberührten Bergurwälder oder zu den Plantagen. Die überaus freundlichen Plantagenbesitzer erlauben gerne das Betreten der Plantagen und man kann sich mit frischen Früchten zu Spottpreisen verwöhnen lassen.

Nachdem die Strecke von Ollanta nach Quillabamba durchgehend asphaltiert ist, erwartet man auch einen touristischen Aufschwung. Im Gegensatz zu anderen peruanischen Städten fällt auf, dass der Ort und auch die Restaurants sehr gepflegt und sauber sind.

Adressen & Service Quillabamba

Unterkunft	**Vorwahl (084)** **ECO: Hostal Alto Urubamba,** Independencia (hinter der Kirche an der Plaza de Armas), Tel. 21-6131. Netter Patio, bc/bp. Ü/DZ 60 Soles, empfehlenswert. – **Hostal Quillabamba,** gegenüber vom Mercado (Ende Av. Grau), Tel. 21-

6369. Eines der besten Hostales im Ort, von der Außenfassade nicht abschrecken lassen, ruhige Lage. Gut ausgestattete Zi./bp, Dachrestaurant, Pool, schöne Gartenanlage mit Blick auf die umliegenden Berge. DZ 65 Soles. **TIP! – Hostal Don Carlos,** Libertad 556, Tel. 21-6371. 24 Zi., bp, nette Gartenanlage, doch da Lage an der Hauptstraße sehr laut. DZ 70 Soles. – **Hostal Lira,** La Convención 200, Tel. 21-6324. Etwas abseits, mit Restaurant.

Essen & Trinken Das Dachrestaurant des Hostals Quillabamba ist nicht schlecht. Ansonsten *Don Felix* unweit der Plaza de Armas probieren.

Geld *Banco del Crédito* wechseln Reiseschecks, doch besser gewechseltes Geld aus Cusco mitbringen.

Ausflug Etwas außerhalb liegt das kleine Freibad *Sanbaray* mit Restaurant, das am Wochenende von den Einheimischen gerne besucht wird.

Bus Es gibt tägl. Busse über Chaullay und Ollanta nach Cusco.

Zug Der Bahnhof *Pavayoc* liegt auf der anderen Flussseite, etwas außerhalb. Hinweis: Es besteht derzeit kein Zugverkehr zwischen Quillabamba und Cusco.

Quillabamba – Timpía

Von Quillabamba führt eine Piste weiter hinunter in die Selva, über Echarate und Tintiniquiato nach **Ivochote**, Fz ab Quillabamba mindestens 7 h. Hier ist dann auf dem Landweg endgültig Endstation. Doch die Zivilisation treibt die Piste von Ivochote immer weiter durch den Urwald, irgendwann will man Camisea erreichen.

Echarate Aufgrund der Erdöl- und Gasvorkommen ist der Ort schnell zu Reichtum gelangt. Neue Hotels schießen aus dem Boden, die Infrastruktur ist „top". Riesige Schulkomplexe wurden gebaut, obwohl nicht genügend Kinder vorhanden sind. Der Ort ist Umschlagplatz für Kaffee und Kakao. Echarate liegt wunderbar inmitten des Hochurwaldes am Urubamba und bietet eine echte Alternative zu den teuren Exkursionen in den Manu und in andere Amazonasregionen.

Ivochote ist ein kleiner Flusshafen mit einer handvoll Restaurants. Von hier geht es nur noch auf dem Río Urubamba weiter, über den *Pongo de Maiñique*.

Pongo de Maiñique Berühmt wurde der Pongo durch den Film *Fitzcarraldo*, weil da der Filmregisseur Werner Herzog die *Huallaga*, eines der drei Kulissenboote, mit einem Filmteam durch diesen Pongo jagte. Unterhalb des Pongos unterhalten die Machiguenga in Timpía die Sabeti-Urwaldlodge.
Bootsdurchfahrten durch den Pongo de Maiñique werden ab Quillabamba angeboten, doch sollte die Durchfahrt aufgrund der Gefährlichkeit nur während der Trockenzeit unternommen werden. Unseriöse Bootsführer bieten die Durchfahrt aber immer an.

Timpía Die *Sabeti-Urwaldlodge* (AC) hat ein angeschlossenes Studienzentrum für den Tropenwald, das jedem Interessierten offensteht. Die Machiguenga haben sich hier zur **Consejo Machiguenga del Río Urubamba** (COMARU) zusammengeschlossen, um besser ihre Interessen vertreten zu können. Außerdem haben sie sich mit den nomadisierenden *Kugapakori* und *Nahua* arrangiert und das **Santuario Nacional Machiguenga Megantoni** gegründet. Viele der 12.000 Machiguenga tragen noch die traditionelle *Cushma*, ein fußknöchellanges Gewand aus Pflanzenfasern.
Auf einer viertägigen Tour, die von Ivochote mit einem motorisierten Langboot durch den Pongo de Maiñique zum Machiguenga-Dorf nach **Timpía** führt (Fz mit dem Boot ab Ivochote ca. 4 h), kann man auch an einer Ayahuasca-Zeremonie teilnehmen und es wird eine Papageienlecke besucht. Wer genügend Zeit mitbringt, kann auch den Río Timpía flussaufwärts fahren und die *Kugapakori* und *Nahua* besuchen. Wem die Anreise von Cusco auf dem Land- und

**Timpía –
Pucallpa**

Flussweg nach Timpía zu beschwerlich ist, kann von Cusco aus mit einem Buschflieger direkt nach Timpía (Airstrip) fliegen. Interessanter ist die Bootsfahrt von Sepahua (s.S. 601) nach Timpía.

Von Timpía fließt der Río Urubamba über Camisea und Sepahua nach Atalaya (s.S. 601). Dort vereinigt er sich mit dem Río Ucayali. Bis Pucallpa am Río Ucayali sind das noch ca. 1000 Kilometer durch ein Gebiet der Ureinwohner mit einigen Missionsstationen und gelegentlichen Landepisten für Buschflieger. Ab Sepahua gibt es eine Flugverbindung mit Atalaya, Pucallpa und Lima.

Tour 5: Cusco – Pikillacta – Andahuaylillas

Diese Tour kann als Halb- oder Eintagesausflug gemacht werden. Wer mit eigenem Pkw unterwegs ist, kann anschließend Richtung Titicacasee weiterfahren. Ein Taxi kostet 5–8 €, mit dem Lokalbus wird's viel billiger.

**Cusco –
San Sebastián**

Die Ausfallstraße in Cusco Richtung Südosten (Avenida de la Cultura), an der Brauerei vorbei, ist nicht zu verfehlen. Nach 4 km liegt rechts das Dorf **San Sebastián**, ein typisches Andendorf auf 3300 m Höhe. Sehenswert sind hier Gemälde des großen indigenen Künstlers *Diego Quispe Tito* (Escuela Cusqueño) in der Barockkirche an der Plaza de Armas. Außerdem fand hier die Schlacht von Salinas zwischen dem Konquistador Almagro und den Anhängern Pizarros statt, als es um die Macht im zukünftigen Peru ging.

Das nächste Dorf, **San Jerónimo,** bietet sonntags einen unverfälschten indigenen Markt, und die Granja **K'ayra**, südlich der Straße, dient als Versuchsanstalt der landwirtschaftlichen Fakultät der Universität San Antonio Abad del Cusco.

Tipón (BT)

Etwa 1 km vor **Oropesa** führt eine etwa 4 km lange Abzweigung zu den sehenswerten Terrassen und voll funktionsfähigen Bewässerungsanlagen von **Tipón** (BT), die durch Forschungsarbeiten des verstorbenen Wasserbau-Ingenieurs Adolf Sudhaus auch als die *Hängenden Gärten von Tipón* bekannt wurden. Reichhaltige Keramikfunde schließen eine Besiedlung in der Präinkazeit nicht aus, wahrscheinlich könnte es sich auch um eine landwirtschaftliche Versuchsstation der Inkas, ähnlich wie in Moray, gehandelt haben. Wege führen durchs Gelände.

Das Dorf Tipón ist für seine preiswerten Cuy-Gerichte bekannt. In den kleinen Restaurants und Kneipen kosten sie, frisch zubereitet mit *roxoto rellenos,* ca. 15 Soles.

Oropesa

In **Oropesa** mit einer Adobe-Kirche werden die *chutas* (Weizenbrote) hergestellt. Außerdem wohnte hier der Marqués de Valle Umbroso, sein Haus kann besichtigt werden. Hinter Oropesa zweigt links, bei km 30, ein Weg nach **Huambutio** und weiter nach Pisaq und Paucartambo ab.

2 km hinter der Huambutio-Abzweigung geht es links nach

**Pikillacta
(BT)**

In der Präinkazeit war das terrassenförmig angelegte Pikillacta eine sehr große Wari-Stadt (Höhe 3220 m). Das Stadtgebiet umfasste etwa 50 ha und war in vier verschieden strukturierte Bereiche gegliedert. Ein großer Teil der bis zu 12 m hohen Bruchsteinmauern steht noch heute und prägt mit den erhaltenen engen Gassen und Plätzen das Bild. Pikillacta war neben seiner Ausprägung als religiöses Zentrum vor allem auch ein Militärstützpunkt zur Beherrschung des Hochlandes von Cusco mit beträchtlichen Lagerkapazitäten für Krisenzeiten.

Die Straße steigt nun leicht an. Rechts liegt ein hübscher kleiner See. Auf der Passhöhe kommt die Ruine eines großen Tores, **Rumicolca**, in Sicht. Hier wurde der Zugang nach Cusco von Süden her geschützt und kontrolliert. Es geht jetzt abwärts ins Vilcanota-Tal. Bei km 40 biegt eine Straße nach rechts ab nach

Anda- An der Plaza fällt die äußerlich eher bescheidene Lehmziegelkirche der
huaylillas Jesuiten auf. Der Eintrittspreis von 1 € wird für die Restaurierung der Kirche verwendet. Ein Blick in das Innere zeigt, dass es sich bestimmt lohnt, eine der schönsten barocken Kirchen Perus vor dem Verfall zu retten. Beeindruckend sind der vergoldete Altar, die Fresken (deshalb auch „Sixtinische Kapelle Südamerikas" genannt) und Gemälde der Cusqueñer Schule mit schönen Beispielen der Verquickung indianischer Kunst und christlichen Darstellungen. Die Orgel aus dem 17. Jahrhundert ist heute noch bespielbar und imponiert durch die Klarheit der Töne.

Damit ist die „Tour 5" beendet. Nächste Stadt in Richtung Titicacasee ist Urcos, s.S. 345.

Tour 6: Trekking um den Ausangate

Ein Rundwanderung um den vergletscherten Andengipfel Ausangate (6384 m) in der *Cordillera Vilcanota* ist inzwischen eine beliebte Alternative zum Inkatrail nach Machupicchu geworden. Viele Touranbieter in Cusco (s. dort) haben diese Trekking-Tour inzwischen in ihrem Programm. Ausgangspunkt ist dabei das Andendorf **Tinqui** an der Strecke von Urcos nach Puerto Maldonado (Karte s.S. 346, r.o.).

In Tinqui ist das *Hostal Tinki* die beste Adresse. Die sauberen Zimmer bieten nur eine Decke, also Schlafsack mitbringen. Wer das Gas bezahlt, kann auch warm duschen. 2,50 € p.P., F 1 €. Im Restaurant *Santa Isabel Bar & Polleria* gibt es preiswert Mittag- und Abendessen für knapp 1 €, Brathähnchen allerdings nur am Sonntag. Ein ähnliches Angebot bietet das Restaurant *Charito* an der Plaza Prinicipal.

Die Rundwanderung um den Ausangate ab Tinqui via Calacancha, Jampa, Uyuni und Arapa zurück nach Tinqui ist eine anstrengende, aber reizvolle Trekking-Tour, die 4 Tage in Anspruch nimmt, Gesamtstrecke 72 km. Beste Wanderzeit ist Mai bis September. In Tinqui können Maultiere und Treiber genommen werden. Preisorientierung der Touranbieter: 40 € p.P. bei einer Vierergruppe inkl. der Pack- u. Reitpferde. Gebühr für den Ausangate-Trail: 10 Soles.

Tour 7: Kondore beobachten im Canyon Apurímac

Eine Alternative zum Colca-Canyon bei Arequipa ist eine Tour in den Apurímac-Canyon zum **Cóndor Lodge Conservation Center.** Dort lassen sich Kondore majestätisch in den Aufwinden des Canyons nach oben tragen. Daneben kann die reiche Flora und Fauna entdeckt und Ausritte in die nähere Umgebung unternommen werden. Die Anfahrt von Cusco erfolgt mit einem Wagen, Fz 2 h. Anschließend geht es entweder zu Fuß oder mit dem Pferd zur Cóndor Lodge, die noch als absoluter **TIP** gilt, da es noch keinen Ansturm von Reisenden gibt. Weitere Infos: *The Cóndor Lodge,* Urb. Urubambilla A-7 in Cusco, Tel. 24-4714, info@thecondorlodge.com, www.thecondorlodge.com; Skype: thecondorlodge.

Kleinkamele der Anden

In den Anden sind vier kamelartige Tiere beheimatet: *Guanakos, Vicuñas, Lamas* und *Alpakas*. Lamas (span. *Llama*) und Alpakas sind Haustiere, die bereits vor über 7000 Jahre von den damaligen Andenbewohnern domestiziert wurden, während Guanakos und Vicuñas in freier Natur leben. Ihr elastisches Sohlenpolster ermöglicht den Kleinkamelen das Gehen auf lockerem Untergrund. Deshalb ist das Lama auch das ideale Tragtier, das seine Lasten ausdauernd und trittsicher über Geröllflächen und steile Felspfade trägt. Genügsam trotzt es den eisigen Stürmen und Temperaturschwankungen in über 4000 m Höhe.

■ *Eine Zeichnung aus einem alten Peru-Reisebericht zeigt ein „indianisch Schaf", ein etwas zu groß geratenes Lama ...*

Guanako *(Lama guanacoe)*
Der Guanako ist die wilde Stammform des Lamas. Er wird ca. 1,10 m hoch und kommt nur noch selten in den Gebirgssteppen Südperus und Chiles sowie auf den Bergen Patagoniens vor. Guanakos leben in kleinen Familienherden von 15–25 Tieren, die von einem Leithengst angeführt werden. Pumas und Kondore sind die natürlichen Feinde der Guanakos. Ihr Fell ist grau bis rotbraun, zur Bauchdecke hin wird es gelbweiß.

Lama *(Lama huanachos glama)*
Das Lama ist mit einer Schulterhöhe von 1,20 m etwas höher als der Guanako und es hat auch ein dichteres Wollfell. Die Fellfarben variieren durch die Domestizierung zwischen weiß, schwarz, braunrot oder buntgescheckt, die Wolle eignet sich nur bedingt zur Textilienverarbeitung. Lamas sehen, im Gegensatz zu Alpakas, im Gesicht „rasiert" aus. Es wird als Tragtier eingesetzt und kann eine maximale Last von 25 kg tragen. Sollte ihm auch nur ein Kilo zuviel aufgeladen werden, legt sich das Tier wegen seines äußerst ausgeprägten Gewichtsgefühls einfach zu Boden. Eine Lamakarawane besteht nur aus männlichen Tieren, die von einem Leithengst angeführt wird, alle anderen folgen ihm im Gänsemarsch. Die Indígenas dirigieren die Tiere durch Pfiffe und bestimmte Laute. Die maximale Tagesetappen beträgt ungefähr 20 km. Lamadung verwendet man als Brennmaterial.

Vicuña *(Lama vicugna)*
Das Vicuña ist die Wildform des Alpakas. Wegen der früher erbarmungslosen Jagd wurde das Tier selten, wegen strenger Schutzbestimmungen ist es nun auf den Hochanden Perus wieder zu sehen. Die Nutzung seiner Wolle, der teuersten Naturfaser der Welt (das Kilo kostet bis zu 500 Euro), ist unter einschränkenden Bestimmungen wieder erlaubt. Pro Tier werden in einjähriger Schur nur etwa 500 g Wolle gewonnen. Das Vicuña ist das zierlichste unter den vier Kleinkamelen der Anden, und mit einer Schulterhöhe von ungefähr 80 cm auch das kleinste. Es hat sich am besten an den andinen Lebensraum angepasst. Sogar das Blut weist eine besondere, höhenspezifische Eigenschaft auf.

Vor strenger Kälte schützt es sich durch sein kurzes, seidenfeines Wollkleid. Bei den Inka durfte nur der Herrscher die geschmeidigen Wollgewänder aus Vicuña-Wolle tragen. Das Fell ist von gelbbrauner bis rotbrauner Farbe, das Bauchkleid jedoch weiß. Vicuñas können in Höhen bis zu 5000 m genauso überleben wie in wüstenartigen Hochsteppen. Unterhalb von 3500 m sind sie nur selten zu sehen.

Alpaka *(Lama pacos)*
Alpakas wurden wie die Lamas aus dem Guanako gezüchtet und anschließend mit wilden Vicuñas gekreuzt. Es gibt zwei Alpaka-Unterarten: Das *Huacayo* (Schulterhöhe 1,10 m), und das *Suri* (Schulterhöhe 90 cm). Beide Arten leben in Höhenregionen zwischen 4000 und 5000 m, in tieferen können sie sich nicht so gut entwickeln, worunter auch die Wollqualität leidet (das langhaarige Suri liefert bis zu fünf Kilo Wolle pro Jahr). Hauptmerkmal des Alpakas ist sein langes, feines Fell in den Farben schwarz, weiß oder rotbraun. Beine, Ohren und Hals sind kürzer als beim Lama. Alpakas sind die "Wollknäuel" unter den Kleinkamelen, ihr dichtes Wollkleid reicht manchmal bis zum Boden. Im Gesicht sehen die Tiere ziemlich „zottelig" aus.

Die Verarbeitung der Wolle ist unterschiedlich: Die Frauen auf dem Land verspinnen die Rohwolle traditionell mit Handspindeln zu groben Wollfäden (z.B. während des Hütens der Herde), belassen sie naturfarben oder färben sie und stricken daraus wärmende Kleidungsstücke, z.B. die bekannten Alpaka-Pullover. Alpakawolle wird in sieben Qualitätsstufen eingeteilt. Die erste, federleichte Schur heißt „Baby-Alpaka" und ist am kostbarsten. Daneben gibt es noch industrielle Alpakawolle, die meist in den Spinnereien in Arequipa verarbeitet wird. Da weiße Rohwolle für den Verarbeitungsprozess praktischer ist, werden nichtweiße Tiere systematisch geschlachtet. Heute sind nur noch etwa 1% der Alpakas dunkel. Schwarze Alpakawolle ist am teuersten, da diese überdies besonders fest ist. Alpakas sind aber nicht nur Woll-, sondern auch Fleischlieferanten für delikate Braten. Tiere, die älter als sieben Jahre alt sind, werden geschlachtet. Der Alpaka-Bestand in Peru ist mit rund 2,7 Millionen Tieren seit vielen Jahren gleichbleibend. (HH)

■ Das Verspinnen der Rohwolle zu Garn geschieht durch Handspindeln. Unter den Arm geklemmt hält die Frau einen Holzstab mit aufgewickelter Rohwolle, die sie mit Daumen und Ringfinger zu einem Garnfaden zwirnt. Den gezwirnten Faden wickelt sie dann auf die Spindel in ihrer rechten Hand.

■ Spinnen heute wie früher mit der Handspindel. Auf der alten Zeichnung ist unten der „Wirtel" zu sehen, ein Schwunggewicht zum Straffen des Garns.

Südliche Selva

Madre de Dios

Die Provinz Madre de Dios („Mutter Gottes") liegt in der südöstlichsten Ecke Perus, sie ist knapp 80.000 qkm und grenzt an Brasilien und Bolivien. Die gesamte Region ist so ziemlich einzigartig auf der Erde, denn sie umfasst das gesamte Spektrum des tropischen Regenwaldes, der von den Hängen der Anden *(selva alta)* bis zu der Amazonastiefebene *(selva baja)* reicht. Eines der wenigen noch zusammenhängenden, großen und intakten Ökosystem im amazonischen Regenwald und das artenreichste Südamerikas. Mehr als 1000 Vogelarten und über 200 Baumarten wurden schon pro Hektar gezählt. Im artenreichen **Manu-Nationalpark,** mit 1,9 Mio. ha größter Urwaldschutzpark der Erde, sind noch Jaguar und sein schwarzer Mutant Panther heimisch, leben die berühmten Riesenottern, schwarze Kaimane, Pekaris (Nabelschweine, schweineähnliche Säugetiere), Tapire, Affen, Schlangen, Sumpfschweine, Vogelspinnen, Papageien und noch unzählige andere Tierarten. Die Flüsse von Madre de Dios sind schmaler und damit bei Flusstouren viel interessanter als der breite Ucayali oder der mächtige Amazonas.

Das **Klima** ist tropisch heiß und feucht bei Durchschnittstemperaturen um 25 °C. Eine angenehme Besonderheit des Klimas kann man in der Trockenzeit (Mai/Juni) erfahren: Dann sorgt ab und zu ein kühler Wind aus den Anden, der *friaje,* für Abkühlung, sogar für empfindliche Kühle.

Die ursprünglichen Herrscher über die heutige Provinz Madre de Dios waren die *Mojos*. Dieser Indianerstamm leistete lange Zeit den Inkas, den Eindringlingen aus dem Hochland, erbitterten Widerstand. Die Inca-Herrscher Sinchi Roca und Inca Yupanki brachten das Gebiet dann dennoch unter Kontrolle. Der erste Weiße, der die Region durchstreifte, war 1567 der Conquistador **Juan Alvarez** mit einer Truppe von 250 Soldaten. Erst 1861 wurde durch **Faustino Maldonado** der Río Madre de Dios in seiner Gesamtlänge befahren. 1902 wurde die Madre de Dios zum Departamento erhoben.

Tour 8: Cusco – Quincemil – Puerto Maldonado

Anreise nach Puerto Maldonado

Nach wie vor ist der Luftweg die schnellste Verbindung von Cusco nach Pto. Maldonado. Die Fluggesellschaften bieten tägl. preiswerte Rückflüge an und die meisten Touristen nutzen diese Angebote.

Auf dem Landweg ist Pto. Maldonado von Cusco derzeit **ausschließlich in der Trockenzeit** auf einer knochenharten und abenteuerlichen Piste erreichbar, die Distanz beträgt 590 km. Orte unterwegs sind *Urcos* (Tankstelle, Rest.), *Ocongate* (Tankstelle, Rest.), *Tinqui*, Pass *Abra Hualla-Hualla* (4800 m), *Marcapata* (Ruinen, Rest.), *Quincemil* (Tankstelle, Rest.) und *Mazuco* (Tankstelle, Rest.). Lastwagen fahren von Cusco von der Plaza Zimacpampa Chica ab, oder auch von Urcos, und benötigen in der Trockenzeit 3–5 Tage (ggf. muss in Mazuco auf einen anderen Lkw umgestiegen werden). Bei Regen generell unangenehm, Plastikfolien mitführen!

Streckenabschnitte

Cusco – Urcos (60 km), mit Bus und Colectivo, Fz 1 h, 2 €
Urcos – Mazuco 310 km, Dauer mit Lkw mindestens 35 h, Fp 5–8 €
Mazuco – Pto. Maldonado 220 km, mit Lkw mindestens 14 h, 5 €
Gesamtfahrzeit Cusco – Pto. Maldonado also ca. 3 Tage.

Auf den Lastwagen fahren die Passagiere auf der Ladefläche mit, meist stehend. Für Verpflegung muss selbst gesorgt werden. Die Fahrt ist zwar knochenhart, aber atemberaubend und ein faszinierendes Peru-Erlebnis!

Hinweis: Da die Strecke nach Pto. Maldonado und weiter zur brasilianischen Grenze als **Interamazonica** ausgebaut und nun Abschnitt für Abschnitt asphaltiert wird, fahren während der Trockenzeit auch wieder Busse, z.B. von *Transportes Unión Camionera,* Av. Infancia 401-B, von Cusco nach Pto. Maldonado. **Von Brasilien:** Für die 240 km von Assis Brasil/Iñapari (Dreiländereck Peru/Brasilien/Bolivien) nach Pto. Maldonado brauchen Pickups und Taxi-Expresos 4 Stunden, Fp 35 Soles. Die Strecke wird in Kürze vollständig asphaltiert sein. Vor Pto. Maldonado gibt es über den Río Madre de Dios eine Fähre nach Pto. Maldonado. In der Regenzeit wird der Verkehr ebenfalls eingestellt.

Puerto Maldonado

Die Hauptstadt des Departamento Madre de Dios liegt nur noch 250 m hoch am Zusammenfluss von Río *Madre de Dios* und *Tambopata*. Sie ist erst seit jüngerer Zeit Ausgangspunkt für Urwaldtouren. Durch die preiswerte Flugverbindung von Cusco nach Puerto Maldonado nutzen viele Reisende diese Möglichkeit für einen Urwaldabstecher, zumal sich Pto. Maldonado besser in eine Peru-Rundreise integrieren lässt als die weit nördlich gelegenen Urwaldorte Pucallpa und Iquitos. Vorteil: Das gesamte Gebiet ist nicht so sehr bevölkert wie die Amazonasgebiete um Pucallpa oder Iquitos und wird wesentlich weniger bereist. Für Urwaldfans und Naturliebhaber ist deshalb Pto. Maldonado mit seinen umliegenden Urwald-Lodges erste Wahl.

1978 gingen Meldungen von Goldfunden im Gebiet des Río Madre de Dios durch die peruanische Presse, sie zogen eine Menge Abenteurer und Glücksritter an. Der Handelsposten im Urwald erlebte einen regelrechten Boom. Heute zählt der immer noch etwas verschlafene Ort 57.000 Einwohner. Ein richtiges Urwald-Kaff mit einstöckigen Holz- und Wellblechhütten, einem kleinen Markt und staubigen Straßen, die sich in der Regenzeit in Morast und Schlamm verwandeln. Ein Hauch von Goldfieber liegt in der Luft (1 g Gold gibt es bereits für 11 € zu kaufen …)

Zu sehen gibt es nicht viel. Das Sehenswerte beschränkt sich fast ausschließlich auf die umliegenden Urwald-Naturschutzgebiete mit einigen Lodges zum Übernachten. Die Naturschutzgebiete können mit motorisierten Booten über die Flussläufe erreicht werden. Gegenüber der Tambo Lodge liegt außerdem das Schiffswrack der *Fitzcarraldo* im Urwald. Ansonsten viel Natur, Wasser und Wald. Mindestaufenthalt: 3 Tage.

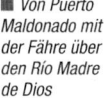
■ *Von Puerto Maldonado mit der Fähre über den Río Madre de Dios*

Adressen & Service Puerto Maldonado

Tourist-Info *Información Turística*, Av. Fitzcarrald, 411, Tel./Fax 57-1413 u. 57-1164, Mo-Fr 7.30–16 Uhr, madrededios@mitinci.gob.pe sowie auf dem Flughafen. **Vorwahl (082).**

Unterkunft **Hotel Tambo de Oro** (BUDGET), Av. 2 de Mayo 277; Tel. 57-2057. Sehr rusti-
ECO kal, preiswert, bc/bp, Campen im Garten möglich. – **Hostal Solar,** Gonzáles Prada 447, Tel. 57-1571. Sehr einfach, doch sauber, bc/bp. – **Hotel Rey Port,** Av. León Velarde 457, Tel. 57-1177. Sauber und freundlich, bp. – **Hotel Wilson,** González Prada 355, Tel. 57-1086, Tel./Fax 57-2038. Sauber und gut, bc/bp, empfehlenswert. – **Residencial Cabaña Quinta,** Cusco 535, Tel. 57-1864, Fax 57-1045, cabañaquinta@webcusco.zzn.com, http://webcusco.8m.com/c-quinta hotel. Mit schönem Garten, bc/bp, freundlich und sehr sauber, gutes Rest., inkl. Transfer vom Flughafen, preiswert, **TIP!** – **Hostal Paititi,** Av. Velarde/Gonzales Prada 290, Tel. 57-4667. DZ ca. 20 €.

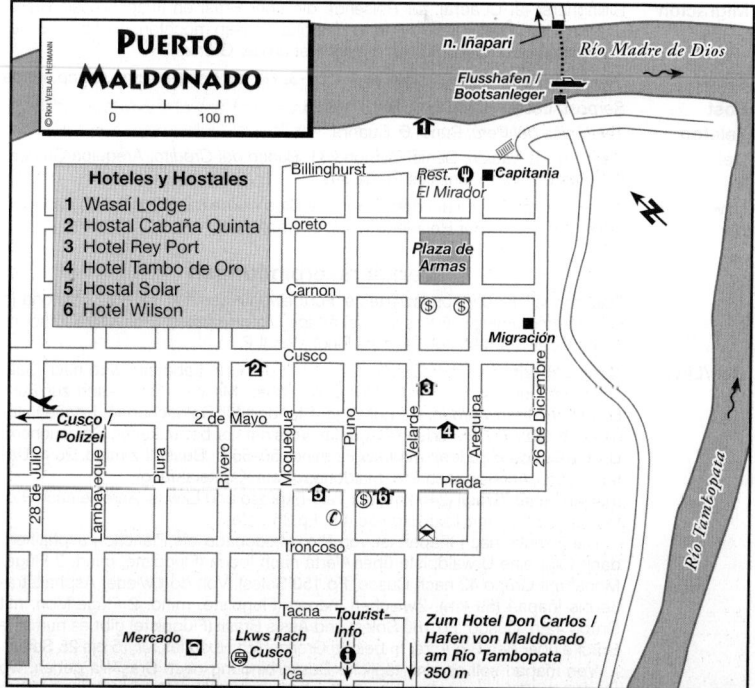

FAM **Wasaí Lodge & Expeditions,** Guillermo Billinghurst/Plaza Grau 1, Tel. 57-2290, Fax 57-1355, www.wasai.com und in Cusco, Calle de Medio 127, Tel. 22-1826, Fax 25-3018, cusco@wasai.com. Ziemlich neues Hotel, 8 saubere Zi., bc/bp, AC, gutes Rest., Bar, Pool, Ws, Wasserski auf dem Río Madre de Dios, Exkursionen zum Parque Nacional del Manu, Lago Sandoval und Reserva Nacional de Tambopata, preis- und empfehlenswert! – **Don Carlos Puerto Maldonado Hotel,** Av. León Velarde 1271, 1 km südwestlich am Ufer des Río

	Tambopata, Tel. 57-1029, Fax 27-1323, www.hotelesdoncarlos.com. Ruhige Lage, Anbau mit schönen Zimmern, bp, AC, Rest., Pool, freundlich, guter Service. DZ 30 € (Zuschlag für AC).
Essen & Trinken	Typische Spezialitäten und traditionelle Gerichte der Region sind *Machague con plátanos* (Schildkröteneier mit grünen Bananen), Schildkrötensuppe, *Patarashca* (in Bananenblätter eingewickelter Fisch) *und Parrillada al Selva*. Empfehlenswerte Restaurants sind *La Cusqueñita,* Av. Ernesto Rivero 607, preiswert, und *El Mirador,* Billinghurst/Arequipa, mit Aussicht über den Río Madre de Dios. Außerdem sind die Restaurants *Cabaña Quinta,* Cusco 535 oder das *El Libertador,* Libertad 436, einen Versuch wert. Ansonsten ist das *La Choza,* 3 km außerhalb an der Straße Richtung Flughafen ein guter Tipp. **Gute Cebicherias** sind *El Tigre,* Tacna 456 und *Califa,* Piura 266.
Disco & Pubs	*Anaconda,* Loreto 230. Disco. – *Garotas Night Club,* San Martín 173. Disco. – *El Palacio de la Salsa,* Circunvalacion s/n. Video-Puib. – *El Tablon,* Av. 2 de Mayo 253. Video-Pub.
Migración	Billinghurst (2. Cuadra); für Reisende die über Brasilien (Iñapari/Assis Brasil) und Bolivien (Puerto Pardo/Puerto Heath) ausreisen möchten, wird bereits hier der Ausreisestempel erteilt (und nicht erst an der Grenze)!
IRENA	Parkverwaltung, 28 de Julio 482, Tel. 57-3278, tambopata@amauta.rcp.net.pe
Post	*Serpost,* León Velarde 675, Tel. 57-1088
Telefon	*Telefónica del Perú,* Puno, 6. Cuadra
Geld	*Banco de la Nación,* Daniel Carrión 231. *Banco del Crédito,* Arequipa/Carrión. *Casa de Cambio,* Gonzáles Prada 399.
Urwaldführer	Für Dschungeltouren auf dem Madre de Dios wurde mir *Willy Wither,* León Velarde 168 oder in der Heladeria Tropico, empfohlen.

Verkehrsverbindungen

Das schnellste und preiswerteste Fortbewegungsmittel in Pto. Maldonado sind die *motocarros.* Das sind dreirädrige Motorradtaxis. Eine kurze Fahrt innerhalb der Stadt kostet 1 €, zum Flughafen 4 €.

Bus/Lkw	**Nach Laberinto:** tägl. vormittags, Fz 2 h, Fp 3 €. In Laberinto wird nach Gold geschürft und die Stadt ist voller Goldsucher. Mit dem Boot kann zur Euri-Lodge gefahren werden, ein günstiger Standort für Goldschürfen, Fischen, Jagen und reizvolle Urwaldspaziergänge. Vorsicht vor betrunkenen Goldsuchern! **Urcos/Cusco** (530 km): mit Lkw Fz mind. 50–55 h, Busse Fz mind. 20 h (Details s. bei „Anreise nach Pto. Maldonado" am Kapitelanfang). **Iñapari/Assis Brasil** (240 km): mit Taxi-Expreso und Lkw (s. Anreise nach Pto. Maldonado). Fz mit Taxi-Expreso 4 h, Fp 35 Soles. Die Strecke nach Iñapari ist von Pto. Maldonado bis Plánchon asphaltiert, dann folgt eine Urwaldpiste über Alerta nach Iberia (Flugpiste, mind. 2 Flüge/Monat mit Grupo 42 nach Cusco, Fp 150 Soles). Von dort wieder Asphaltstraße bis Iñapari (59 km). Zwischen Iñapari (Flugpiste, mind. 2 Flüge/Mon. mit Grupo 42 n. Cusco, Fp 160 Soles) und Assis Brasil (Flugpiste) gibt es nun eine Brücke über den Río Acre. In beiden Grenzorten Hostales für 15 bis 25 Soles. Von Iñapari soll es eine tägliche Busverbindung nach Brasiléia geben, wo eine kleine Fähre nach Cobija in **Bolivien** übersetzt. Von Cobija führt eine Piste nach Porvenir am Río Tahuamanu. Es sollen Motorbootverbindungen nach Riberalta bestehen. Von Riberalta gibt es tägl. Flüge nach Trinidad mit weiteren Anschlussmöglichkeiten, u.a. nach La Paz. Außerdem führt eine Piste von Riberalta nach La Paz.
Flüge	Der Flughafen *Padre Aladamiz,* Tel. 57-1533, liegt 7 km außerhalb der Stadt. Motocarros dorthin kosten 4 €, Colectivos 2 €. Der Transfer vom und zum Flughafen ist bei einem Aufenthalt in einer Lodge meist miteingeschlossen

(vorausgesetzt, es wurde in Cusco gebucht).

Die Flugpläne und die Fluggesellschaften, die Pto. Maldonado anfliegen, sind einem ständigen Wechsel unterworfen. Es ist sinnvoll, sich deshalb zuvor in Lima oder Cusco nochmals genau über die Pto. Maldonado-Flüge zu informieren. Während der Regenzeit können Flüge ausfallen. Lassen Sie sich ihren Flug immer vorher nochmals bestätigen!

Aero Pua, Gonzáles Prada 360, Tel. 57-1656.

Nach Cusco: LAN (tägl.); *Star Peru* (1x wö); *Santandér* (*) mit kleinen Buschflugzeigen 69 €. – **Lima:** LAN (tägl.) ab 128 €. – **Manu:** MALU und Aerodiana (*). – **Rio Branco** (Brasilien): *Aero Pua.*

Schiff

Nach Puerto Pardo: Abfahrten sporadisch; Fz 5 h, 5 €. Von Puerto Pardo gibt es wenig Boote über die Grenze nach Puerto Heath (Bolivien) und noch seltener Boote, die von Puerto Heath nach Riberalta/Bolivien durchfahren. Fahrzeit von der Grenze nach Riberalta 3 Tage, Fp 20 €. Von Puerto Heath führt eine schwach befahrene und abenteuerliche Piste nach La Paz.

Nach Manu und Shintuya: es gibt nahezu keine Boote, die von Pto. Maldonado nach Manu oder gar nach Shintuya durchfahren. Es ist schwierig, von Pto. Maldonado ein Boot gegen die Strömung des Río Madre de Dios nach Manu zu finden. Boote fahren ab und zu nach Colorado, Fz 8 h, Fp 15 €; Boote von Colorado nach Shintuya fahren sporadisch, Fz 10 h, Fp 15–10 €. Von Shintuya führt eine Piste über Paucartambo und Pisaq nach Cusco.

Urwaldlodges

Es gibt etwa ein Dutzend Urwaldlodges. Sie liegen alle am und in einem Naturschutzgebiet oder Naturreservat. Es ist sinnvoll, sie schon in Cusco vorauszubuchen, doch natürlich kann auch in Pto. Maldonado jederzeit eine besucht werden, die dort oft preisgünstiger angeboten werden – es lungern genügend Schlepper am Flughafen herum. Kosten ab 20 €/Tag p.P. Bei Vorbuchung werden die Gäste am Flughafen abgeholt, es folgt dann meist eine kurze Stadtbesichtigung (Mercado, Plaza de Armas, Bootsanleger am Río Madre de Dios), ehe es mit einem motorisierten Holzboot zur Lodge geht. Die Lodges bieten entweder nur Unterkunft und VP oder auch ganze Tourpakete an, in dem alles Inklusive ist (Urwaldausflüge usw.). Dabei ist preislich fast kein Unterschied festzustellen. Nachfolgend die Vorstellung bekannter Urwaldlodges, wobei es um Pto. Maldonado am Río Madre de Dios und Río Tambopata weit mehr Lodges gibt als die hier aufgeführten. Erfahrungsberichte über Lodges sind uns immer willkommen. Bei Lodges, die zu nah an der Stadt liegen, bitte keine zu großen Erwartungen für die Tierbeobachtung haben.

Tambo Lodge

Puerto Maldonado, Casilla 146 oder in Cusco, San Agustin 385, Tel. 24-4054 oder Portal de Panes 123, Tel. 22-7208, Fax 24-1145. Lage: 10 km auf dem Río Madre de Dios stromabwärts am linken Flussufer, Fahrzeit 30 Min. Angebot: zwei- bis fünftägige Dschungeltouren.

Das Urwaldcamp wurde 1985 in einem 30.000 ha großen Urwaldreservat gebaut und Anfang 1997 renoviert. 28 palmbedeckte Buschhütten mit Veranda und Hängematte für max. 56 Personen, stimmungsvoll zwischen altem Baumbestand, Palmen und Hibiskusbüschen; bp, Dusche mit Wasser aus dem Fluss, Moskitonetz, Begrüßungsdrink, aufmerksamer Service, VP, Bar, Rest., Pool, inkl. Transfer vom Flughafen. Hinter dem Camp beginnt der Urwald, so dass Tiere (insbesondere nachts) bis in das Camp kommen, z.B. Schlangen, Vogelspinnen, Vögel usw., doch nicht allzu viel erwarten.

Basisprogramm 3 Tage/2 Nächte, 80–120 € p.P., je nach Saison, Zusatztag 30 €. Hochsaison: Juli bis August, Nebensaison preiswerter (im Oktober war ich einmal mit meinem Begleitteam in der Tambo Lodge und wir hatten sie ganz für uns alleine). Am Ankunftstag wird nach dem Begrüßungsdrink ein typisches Mittagessen serviert; dann folgt ein Erkundungsgang mit einem Führer durch den nahen Urwald, der ein paar der 3500 verschiedenen Heilpflanzen und die übrige Flora und Fauna des Urwaldes eindrucksvoll erklärt. Am zweiten Tag erfolgt in aller Regel eine kurze Bootsfahrt und eine Wanderung zum Sandoval-See inmitten des Urwaldes, eine Bootsfahrt auf dem See mit anschließendem Bad. Am Spätnachmittag wird auf Wunsch ein Abstecher zum Wrack der Fitzcarraldo auf der gegenüberliegenden Urwaldseite unternommen. Am Morgen des dritten Tages geht es mit dem Boot nach Pto. Maldonado zurück, Transfer zum Flughafen. Wer von hier einen Ausflug zum Sandoval-See plant, sollte unbedingt darauf bestehen, diesen Ausflug als Tagestour (inkl. Baden im See) zu machen. Allein der Fußmarsch durch den Urwald dauert hin und zurück mindestens 3–4 h.

Bei längerem Aufenthalt könnte ein Dorf der Ureinwohner oder ein Goldgräber-Camp besucht werden, eine abendliche Kanufahrt mit Kaiman-Bobachtung unternommen oder eine Nacht in einem Camp am Fluss verbracht werden.

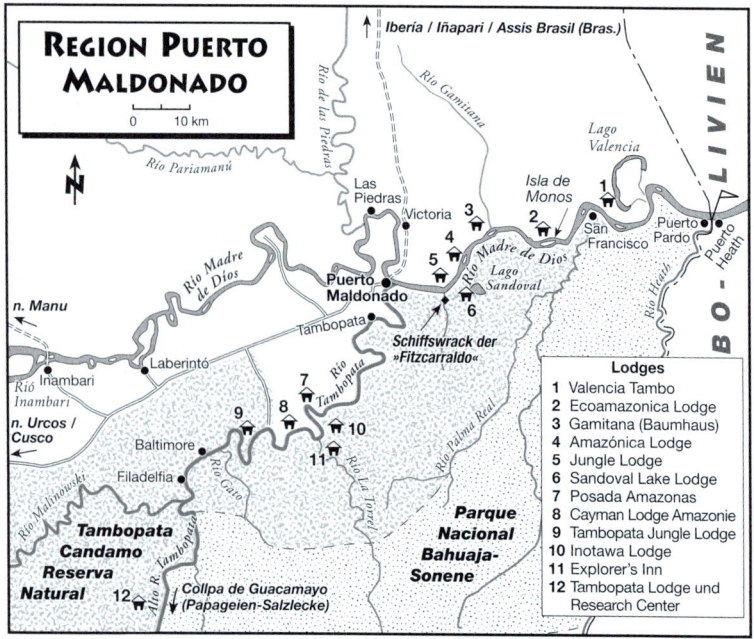

Sandoval Lake Lodge Die Lodge wird von der Umweltschutzorganisation *Selva Sur* in Cusco und den am Sandoval-See ansässigen Paranuss-Sammlern betrieben. Infos: Cusco, Ricardo Palma 31, Santa Monica, Cusco, Tel. 25-5255, Fax 24-5973, reservascus@inkanatura.com.pe, www.inkantura.com.

Lage: 11 km stromabwärts am Río Madre de Dios (kurz nach der Tambo Lodge). Von hier beginnt auf der gegenüberliegenden Uferseite ein 6 km Fußpfad zum Sandoval-See mit der Lodge, Gehzeit knapp 2 h; 16 DZ/bp, 9 DZ/bc.

Inzwischen kamen 16 neue DZ mit bp dazu. Vom großen Speiseraum mit Bar hat man einen schönen Panoramablick auf den See. Basisprogramm: 3 Tage/2 Nächte ab 180 €, auch einen Tag kürzer ist arrangierbar. 4 Tage/3 Nächte 235 € p.P., EZ-Zuschlag 90 €.

Reserva Amazónica Lodge
Puerto Maldonado, Cusco 426, Tambopata; in Cusco: Plaza las Nazarenas 211, Tel. 24-5314, Fax 24-4669, central@inkaterra.com, www.inkaterra.com. Angebot: Ein- bis Dreitagestouren. Lage: 15 km flussabwärts am linken Flussufer des Río Madre de Dios, Fz 45 Min. Das Camp im Urwald wird von einem Stamm der Ureinwohner geführt und besteht aus einer Hauptlodge und 46 typischen Buschhütten mit Veranda und Hängematte; bp, Moskitonetz, VP, freundlich, heimischer Führer, inkl. Transfer vom Flughafen.

Das Urwaldcamp liegt inmitten eines 10.000 ha großen Urwaldreservates mit reinem Primärwald mit bis zu 50 m hohen Chihuahuaco-Bäumen, vielen wilden Tieren und über 180 lokalisierten Heilpflanzen und -kräutern. Nahezu 20 km Buschpfade sind begehbar. Für Touristen wurde zur einfacheren Beobachtung eigens Affen auf einer Insel ausgesetzt. Die Tagesprogramme sind mit denen der Tambo Lodge nahezu identisch. Kurzprogramm ab 157 € p.P. inkl. VP und Ausflug. 4 Tage/3 Nächte 235 € p.P.

Ecoamazonia Lodge
Pto. Maldonado, Lambayeque 774, Tel. 57-4391, oder in Cusco: Garcilaso 210, Tel. 23-6159, Fax 22-5068, ecoamazonia@terra.com.pe, www.ecoamazonia.com. Angebot: Zwei- bis Fünftagestouren.

Lage: 29 km flussabwärts am linken Flussufer des Río Madre de Dios, Fz knapp 1 h. Das Camp mit Buschbungalows und Pool liegt inmitten eines 30.000 ha großen Naturschutzgebiets *(Reserva Ecológica Natural)* zwischen Río Gamitana und der *Cocha Perdida*. Freundliches Personal, gute Verpflegung, informative Urwaldtouren. Basisprogramm: 2 Tage/1 Nacht 90 € p.P. (Gruppen kaum Rabatt); Zusatztage 45 €/Tag p.P.; 5 Tage/4Nächte (nur ab 2 Pers.) 220 € p.P., empfehlenswert.

Posada Amazonas
Pto. Maldonado, Arequipa 401, Tel. 57-1056, Fax 57-2463, cusco@rainforest.com.pe, www.perunature.com; in Cusco über *Rainforest Expeditions*, Portal de Carnes 236, Tel. 23-2772. Die Lodge ist ein Gemeinschaftsprojekt von *Rainforest* mit den Ese-Eja des Tambopata-Candomo Reserva Natural.

Lage: 40 km flussaufwärts am Río Tambopata, Fz 2 h, aber noch außerhalb des Tambopata-Naturschutzreservates. Lodge in Naturbauweise mit 24 Zimmern, bp, VP, inkl. Transfer; gut für schnelle Kurzvisiten im Regenwald, 35 m hoher **Canopy-Aussichtsturm**, kleine Papageien-Salzlecke in der Nähe, mit etwas Glück Beobachtung von Riesen-Fischottern möglich.

Basisprogramm: 3 Tage/2 Nächte 170 € p.P.; 4 Tage/3 Nächte ca. 250 € p.P.; 5 Tage/4 Nächte 340 € p.P.; Kombination mit dem *Tambopata Research Center* (s.u.) möglich, tägl. Bootsverbindungen.

Explorer's Inn
Pto. Maldonado, Av. Fitzcarrald 136, Tel./Fax 57-2078, oder in Cusco über *Peruvian Safaris*, Plateros 365, Tel./Fax 23-5342, safaris@amauta.rcp.net.pe, www.peruviansafaris.com. Angebot: Zwei- bis Fünftagestouren.

Lage: 60 km flussaufwärts am Zusammenfluss von Río Tambopata und Río Torre, Fz 2,5–3 h. Bevorzugt Gruppentouristen. Die typischen Holzpfahlbauten sind mit Duschen und Moskitonetz ausgestattet. Das Camp liegt bereits im Tambopata-Naturschutzreservates. Durch das Reservat führt ein knapp 40 km langer, markierter Pfad. Das Camp besteht aus einer Hauptlodge mit Küche, Bar und Restaurant und 6 Buschhütten mit 4 Schlafräumen für max. 60 Personen. VP, bp, inkl. Transfer vom Flughafen. **TIP!**

Basisprogramm: 2 Tage/1 Nacht 125 € p.P. HS / 105 € NS (ab 5 Pers. 10 € Rabatt p.P.). 3 Tage/2 Nächte inkl. Lagune Cocococha 170 € p.P. HS / 155 € NS (ab 5 Pers. 10 € Rabatt p.P., Gruppen ab 21 Pers. 35 € Rabatt p.P.). Nur Mai bis Oktober: 4 Tage/3 Nächte inkl. *Collpas de Guacamayos* (Salzlecken der Papageien) 210 € p.P. Hochsaison: 16.4.–15.12., Nebensaison 16.12.–15.04.; Kinder 6–12 Jahre 35% Rabatt.

Inotawa Lodge Pto. Maldonado, Tel. 57-2511, inotawa@hotmail.com, www.inotawaexpeditions.com (mit vielen Bildern und Preisangaben). Lodge des mehrsprachigen Ramon Delucci. Lage: flussaufwärts am Río Tambopata, unweit der Explorer's Inn. Die saubere Lodge (Toiletten und Duschen werden mehrmals tägl. gereinigt) mit einfachen, luftigen Zimmern kann max. 30 Gäste aufnehmen, gilt als eine der preisgünstigsten in der Selva von Pto. Maldonado. Vom Haupthaus führen erhöhte Stege zu den Nebenhütten (z.B. Duschhaus). Alle Betten mit Moskitonetz, schmackhafte Küche, auch Vegetarier kommen auf ihre Kosten. Auf Wunsch auch Ausflüge und Touren in den Urwald, gPLV, empfehlenswert.

Tambopata Jungle Lodge Gonzáles Prada 269, Tel. 57-1397, tplpem@terra.com.pe, Adresse in Cusco: Pardo 705, Tel. 22-5701, Fax 23-8911, jcarlos@patcusco.com.pe, www.tambopata-lodge.com. Angebot: Drei- bis Sechstagestouren.

Lage: ca. 80 km flussaufwärts am Río Tambopata, am Rande des Tambopata Naturschutzgebiets, bereits mit Primärwald, Fz 4 h. Wunderschön renoviert, saubere Zi. mit Safe, bp, VP (Essen mäßig), dafür tolle Umgebung, inkl. Transfer vom Flughafen, **TIP.** Auf Wunsch wissenschaftlicher Führer.

Basisprogramm: 4 Tage/3 Nächte 160 € p.P. (Angebot!); sonst 50 € p.P./Tag. Im Basisprogramm ist der Besuch einer Collpa de los Guacamayos nicht enthalten. 5 Tage/4 Nächte mit 2 Übernachtungen an der Salzlecke 500 € p.P.

Tambopata Research Center Pto. Maldonado, Arequipa 401, Tel. 57-1056, Fax 57-2463, cusco@rainforest.com.pe, www.perunature.com; in Cusco über *Rainforest Expeditions*, Portal de Carnes 236, Tel. 23-2772; Lima: *Rainforest*, Av. Aramburu 166, Miraflores, Tel. 421-8347, Fax 421-8183, rforest@perunature.com. Zwar wurde das Research Center mit dem *Eco Tourismo Award* ausgezeichnet, doch die Lodge in einzigartiger Lage ist sehr spartanisch!

Lage: 5 Bootsstunden von der *Posada Amazonas* flussaufwärts am Río Tambopata mit inmitten des Tambopata-Naturschutzgebietes (an der Grenze zum über eine Mio. ha großen Bahuaja-Sonene N.P.) mit Primärwald, bekannt für seinen Artenreichtum. Es wurden über 1200 Schmetterlinge, 145 Libellen-, 80 Reptilien- und Amphibien- sowie über 600 Vogelarten klassifiziert. Die von *Rainforest* errichtete Lodge hat 13 Zi., bc, VP, geführte Minigruppen Kontakt mit peruanischen Biologen. Sie ist nur ca. 500 m von einer der größten **Collpa de los Guacamayos** (s.u.) entfernt. Der 50 m hohe und etwa 200 m lange Lehmabhang ist die einzige Stelle in Perú, an der Gelbbrust-Aras *(Ara Ararauna)* beobachtet werden können.

Basisprogramm: 5 Tage/4 Nächte bis 7 Tage/6 Nächte, wobei ein Aufenthalt in der *Posada Amazonas* (s.o.), wahlweise 2–3 Nächte (auf der Hin- und Rückfahrt) eingeschlossen ist, 550–900 € (je nach Kombination).

Wanamei Expeditions Cusco, Tandapata 100 A, Tel. 23-2341, wanamei@terra.com.pe. Zusammenschluss von acht Gemeinden der Ureinwohner (Yine, Machiguenga und Harakmbut), die am Río Madre de Dios leben und eine Reiseagentur gegründet haben. Expeditionsartige Touren in die Stammesgebiete, Einblick in die Tier- und Pflanzenwelt, Jagd- und Überlebenstechniken im Urwald, Heil- und Kräuterkunde und Mythologie. Obwohl Wanamai 2001 mit dem Preis für sozialverantwortlichen Öko-Tourismus ausgezeichnet wurde, liegen uns Beschwerden vor. Die Organisation konnte ihre hochgesteckten Ansprüche zuletzt nicht erfüllen.

Cayman Lodge Amazonie Arequipa 655, Tel. 57-1970, Handy 960-1388, www.cayman-lodge-amazonie.com, Service-Tel. 800-771-3100. Franz.-peruan. Unternehmen, sehr schöne Programme ab 3 Tage/2 Nächte in kleinen, individuellen Gruppen. Gepflegte Lodge in traumhafter Gartenanlage, Gästezimmer aber ohne Strom und nur Kw. Die Führer sind sehr hilfsbereit und haben viel Know-how. Empfehlenswert ist die Viertagestour La Colpa/Colorado. Küche mit franz. Einschlag.

Die Urwaldtouren

Urwald- Eine Urwaldwanderung dauert mindestens zwei bis drei Stunden. Füh-
wanderung rungen werden meist von indianischen oder wissenschaftlichen Führern
geleitet. Mir persönlich sind die indianischen Führer lieber, da sie ein na-
türlicheres Verhältnis zum Urwald haben und ihn praktischer erklären.
Wissenschaftliche Namen spielen dabei keine Rolle. Dagegen wird vorgeführt, welche Liane z.B. Wasser spendet und wie man an das kostbare
Wasser gelangt. Der Urwald um eine Lodge ist zwar nicht mehr reiner Primärurwald, aber immer noch interessant genug, die verschiedenen Bäume und Lianen kennenzulernen.

Land der Orchideen und Schmetterlinge

Die Urwaldregion um Pto. Maldonado, hier insbesondere das Gebiet des Bahuaja-Sonene Nationalparkes, gilt als wahres Orchideen- und Schmetterlingsparadies. Von den farbenprächtigen, federleichten Schmetterlingen, die wie elfenartige Wesen auf der Suche nach Nektar von Blüte zu Blüte tänzeln, wurden inzwischen über 3700 Arten gezählt (in Deutschland kommen nur 185 vor). Auch die Reichhaltigkeit an Orchideen in Peru ist unvergleichlich. In den verschiedenen Höhenlagen des Landes wurden insgesamt über 3000 Orchideenarten registriert, die in beeindruckenden Farben und in zierlicher Pracht nicht nur Botaniker begeistern. Allein in der Gegend von Machupicchu kommen über 200 Arten vor, und es werden immer wieder neue entdeckt. Spezielle zweitägige Wanderungen zur Beobachtung von Orchideen im Santuario de Machupicchu führt Jose Koechlin von Inkaterra (reservas@inkaterra.com.pe, www.inkaterra.com.pe) durch.

Einige Urwaldriesen werden hier auf 450 Jahre geschätzt. Da gibt es z.B. Bäume, deren Rinde gegen Rheuma wirkt, riesige Sumpfschnecken, Kakao- und Ananaspflanzen. Die Rinde eines bestimmten Baumes riecht nach Knoblauch und soll Moskitos abschrecken. Sogleich reibe ich mich mit der Baumrinde ein, denn die Moskitos jagen mich bereits über den Pfad. Es funktioniert, dafür stinke ich nun erbärmlich.

Wir kommen zu einem Baum, der „Telefonbaum" genannt wird. Schlägt man gegen seine wuchtigen Brettwurzeln, erzeugt dies einen starken Ton, der noch in 2 km Entfernung zu hören ist. Nach der Demonstration antwortet prompt jemand aus dem Urwald, von einem anderen Telefonbaum. „Wie soll man da verlorengehen, wenn an jeder Ecke ein Telefon steht?" frage ich mich.

Aus der Liane trinke ich gerne das Wasser, aber bei den essbaren Maden danke ich. Die frischen Palmherzen schmecken köstlich, doch von den jungen Palmen kann nur ein Meter des obersten Triebes verwendet werden. Dafür muss die ganze Palme sterben! Für jede Dose Palmherzen eine Palme! Ich höre, dass die gelben Früchte des Hubo-Baumes nur Affen essen, lerne den Unterschied zwischen Koch- und Essbananen zu erkennen, wie ein Palmendach geflochten wird, die grünen Krallenhaken eines Baumes zum Fischfang verwendet werden, sehe riesige Urwaldschmetterlinge und den Mörderbaum, der einen anderen Baum so lange und engstens umschlingt, bis er tot ist. Der Urwaldpfad ist teilweise so zugewuchert, dass er vom Führer mit der Machete freigeschlagen werden muss. Und schließlich stehen wir vor einem *Chihuahuaco*, dem größten Baum des Waldes, dem Riesen unter den Bäumen. Er ist fast 50 m hoch und sein Holz soll so hart sein, dass angeblich keine Motorsäge durchkommt. Alles in allem ist so eine Urwaldwanderung sehr aufschlussreich. Erkenntnis: gehe nie alleine in den Wald und im Urwald braucht niemand zu verhungern – sofern er sich auskennt.

Puerto Maldonado

Schiffswrack der Fitzcarraldo

Lage: 10 km stromabwärts am rechten Ufer des Río Madre de Dios (gegenüber der Tambo Lodge). Das Wrack liegt fünf Minuten zu Fuß vom Flussufer entfernt in einer Urwaldsenke. Kurz vor Erreichen schimmert schon der rostige Schornstein durch den Wald.

Die Führer erzählen, dass dieses Stahlboot mit den Namen *Fitzcarraldo* 1920 gebaut wurde und drei deutschen Brüdern gehört haben soll. Walter Saxer meint aber, dass dies das Originalschiff von *Carlos Fermín Fitzcarrald* war, das er von Iquitos über den Río Urubamba bis zum Oberlauf eines Nebenflusses des Río Mishagua steuerte und dann von Indianern über den Istmo de Fitzcarrald zum Oberlauf des Río Manu wuchten ließ (s. Karte S. 334, „Manu Nat.-Park"). Carlos Fermín Fitzcarrald selbst ertrank 1897 an Bord seines gesunkenen Flussdampfers *Adolfito*. Demnach wäre der Flussdampfer Fitzcarraldo viel älter und erst nach dem Tod von Fitzcarrald von den deutschen Brüdern erworben worden. Sicherlich wurde mit ihm noch einige Zeit Kautschuk über den Río Manu nach Pto. Maldonado transportiert, bevor den Dampfer dann die peruanische Flussmarine kaufte. 1940 hatten diese dann kein Interesse mehr an dem Boot, sie verkauften es an den Arzt *Samuel Gonzáles Ríos,* der es zum Hospitalschiff umbaute. Es hatte seinen Liegeplatz gegenüber der Tambo Lodge in einer Flussbucht und es befuhr den Río Madre de Dios bis zur bolivianischen Grenze, im Kampf gegen Malaria und Gelbfieber. 1960 kam ein Jahrhunderthochwasser und drückte die Fitzcarraldo in den Urwald. Das Wasser fiel wieder so schnell, dass das Schiff in einer Urwaldsenke auf Grund lief. Jeder Versuch, die Fitzcarraldo aus dem Urwald zu ziehen, schlug fehl. So rostet das Wrack heute vor sich hin. Tatsache ist, dass die gesamten Armaturen und technischen Bezeichnung der Fitzcarraldo auf deutsch sind. Auf dem Bug ist außerdem noch der Schriftzug *Fitzcarraldo* zu erkennen.

Dieses Schiff diente sicherlich als Idee und Vorlage zu Werner Herzogs spektakulärem **Film „Fitzcarraldo",** dem wohl abenteuerlichsten des deutschen Kinos, in dem Realitäten und Fiktion geschickt verwoben wurden (s.a. S. 614).

Lago Sandoval

Lage: 11 km stromabwärts, nahe des rechten Ufers der Río Madre de Dios, Fahrzeit 35 Min. Es wird vermutet, dass dieser See ursprünglich eine Flussbiegung des Río Madre de Dios war. Vom Flussufer führt ein gut 6 km langer Pfad durch den Urwald zum See. Umgefallene Bäume müssen umgangen werden, Blattschneideameisen schleppen riesige Blatteile in ihren Bau zurück. Am Wegrand wachsen Pflanzen gegen Fieber und Bäume, deren Milchsaft die Bakterien im Darm töten und gegen Darmgrippe verwendet wird. Immer wieder werden auf dem Marsch Holzbrücken überquert. Ursprünglich war dieser Pfad einmal ein Weg für das Fahrzeug eines Spaniers, der hier Holzeinschlag betrieben hat. Als das Holz abgeschlagen war, überwucherte der Urwald den Weg wieder. Jetzt fährt nur noch ein Motocarro zur Versorgung der wenigen Menschen, die in ein paar Buschhütten oberhalb des Sees leben. Dort gibt es auch eine einfache Lodge, in der preiswert übernachtet werden kann und die von der dort ansässigen Familie betrieben wird. Nicht weit von dieser Lodge wurde die **Sandoval Lake Lodge** gebaut. Neben der alten Albergue rostet ein Fahrzeug seit 20 Jahren vor sich hin. Es gibt eine kleine Kneipe und eine herrliche Aussicht auf den Sandoval-See. Von der Anhöhe führt eine steile Holztreppe zu ihm hinab, Gehzeit etwa 2 Stunden.

Der Sandoval-See liegt inmitten eines Naturschutzgebietes. Das Befahren des Urwaldsees mit Motorbooten und das Fischen ist für Fremde deshalb verboten, mit einem Ruderboot oder Einbaum jedoch erlaubt. Es können die verschiedensten Vogelarten beobachtet werden, z.B. Kormorane, Reiher, Weber- und Eisvögel, Aras, Tukane, Hoatzine und Ibisse. Flussschildkröten sonnen sich auf im Wasser liegenden Baumstämmen, während der bis zu 200 kg schwere Paiche-Fisch nach Luft schnappt. Sumpfschweine flüchten ins Unterholz. Es gibt auch Kaimane, *Lagartos Negros* können bis fünf Meter lang werden, *Lagartos Blancos* bis zu zwei Meter. Nach der Umrundung des Sees lockt ein Sprung ins Wasser, das herrlich warm und angenehm weich ist.

Palma Real ist eine Comunidad Nativa der Ese-Eja und sehr ärmlich.

Lago Valencia Lage: 60 km den Río Madre de Dios stromabwärts. Fahrzeit je nach Bootstyp 4–6 h über den Río Madre de Dios. Zufahrt über einen engen Stichkanal, vorbei an dichtem, verwuchertem Urwald, Camps von Goldsuchern und Dörfern der Huarayos. Dortige Registrierung beim Polizeiposten ist ratsam. Tourkosten 25 € p.P./Tag.

Der See liegt hufeisenförmig inmitten des Urwaldes. Auch hier wird vermutet, dass er einmal eine Flussbiegung des Río Madre de Dios war. Ähnlicher Ausflug wie am Sandoval-See.

Collpa de los Guacamayos Lage: den Río Tambopata flussaufwärts, im Tambopata-Candamo Nationalpark; Fz 5–6 h. Die 200 m lange, rote Erdklippe, an der Tausende von Papageien und Aras jeden Morgen und Nachmittag die mineralreiche Erde fressen, ist eine der größten der Erde. Ein buntes, einzigartiges Naturschauspiel!

Salzlecken – Collpas de los Guacamayos

Collpa ist eine Quechua-Wort und bedeutet „salzige Erde". Die Collpas, auch „Lehmlecken" genannt, ziehen sich meist an erodierten Flussufern im Südwesten Perus entlang, einige befinden sich auch tief im Urwald. In Peru wurden ca. 25 Collpas gefunden. Nach der Morgendämmerung schwirren bunte Aras und Papageien, darunter Grüntlugel- und Gelbbrustaras, Goldwangen- und Schwarzohrpapageien und die farbenprächtigen Arakangas sowie unzählige Sittiche an die Collpas, um die mineralsalzhaltige Tonerde zu fressen. Die Aufnahme dieser speziellen Erde (Geophagie) ist für die Vögel lebenswichtig, denn sie verleiben sich auch Früchte ein, bevor diese reif sind. Dadurch nehmen sie toxische Stoffe (Alkaloide, Tannine) und andere ungenießbare Substanzen auf, die in den Fruchtschalen enthalten sind. Um

sie verdauen zu können, fressen die Vögel die salzhaltige Erde als eine Art Gegengift und um die Ausscheidung zu beschleunigen. Außerdem nehmen sie dadurch zusätzlich Mineralien auf, die sie benötigen und die sie nicht über Früchte erhalten. Beste Beobachtungszeit an den Collpas ist zwischen 7 und 8 Uhr, das morgendliche Spektakel dauert mindestens eine Stunde. Besonders zahlreich finden sich die Vögel zwischen Juli und September (Trockenmonate) ein. Während der Blütezeit der Bäume im Mai und Juni kommen die Vögel nicht so oft an die Lehmlecken. Die Collpas im Urwald, die sog. *Collpas de Mamífe-*

ros (Säugetiere), werden u.a. auch von Affenarten, Tapiren und Wildschweinen aufgesucht, letztere tauchen meist um die Mittagszeit auf, Truthähne in der Abenddämmerung. Tapire verbleiben manchmal über eine Stunde und länger.

Andenbewohner nehmen diese Erde gleichfalls zu sich, um den toxischen Effekt von einigen wilden Kartoffelarten aufzuheben, die Ese-Eja- und Mashcos-Indianer mischen ihren Gerichten Collpa-Tonerde bei.

Zum Manu-Nationalpark
Tour 9: Cusco – Paucartambo – Tres Cruces – Manu-N.P.

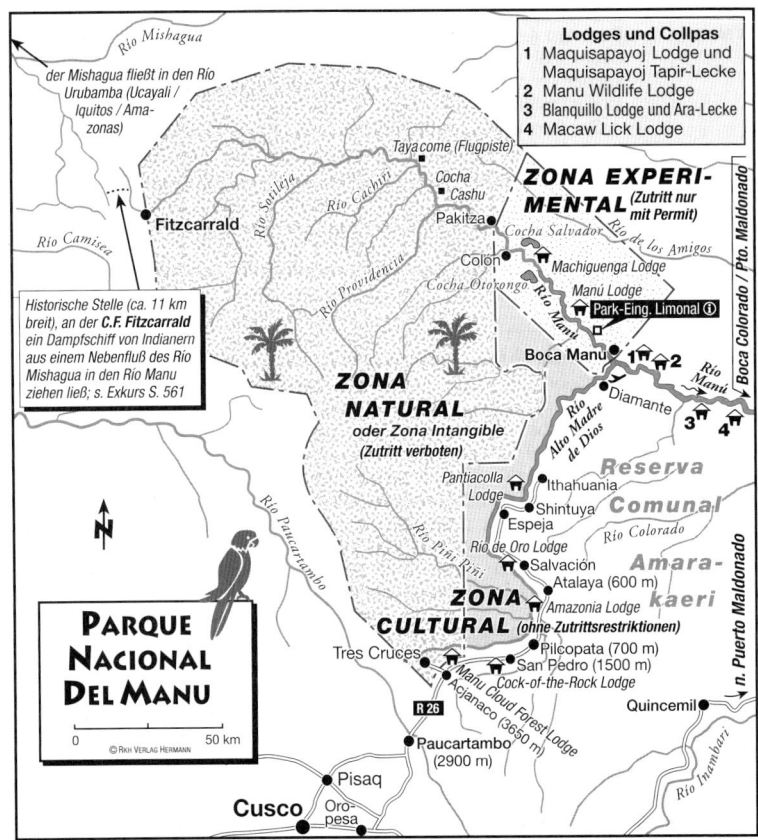

Der Manu-Nationalpark ist nicht nur ein Tipp für Individualisten, die abseits der bekannten touristischen Routen reisen und etwas Besonderes erleben wollen, sondern auch speziell ein Ziel für Naturliebhaber, nämlich in eines der wenigen noch ursprünglichen Urwaldgebiete Südamerikas. Der Besuch des Parkes bzw. der **Zona Experimental** bedarf einer Genehmigung (näheres s. bei „Manu-Nationalpark – das Verlorene Paradies"). Reisen in Eigenregie ist nur möglich in die wenig interessante **Zona Cultural**. Die Anfahrt von Cusco aus auf der Ruta Nacional (RN 26) ist nur in der Trockenzeit auf einer abenteuerlichen Piste über Shintuya bis Ithahuania möglich. Ab Shintuya muss nach *Boca Manu* auf ein Boot über den Río Alto Madre de Dios umgestiegen werden. Beste Reisezeit ist von Mitte Mai bis Anfang November. Während der Regenzeit kann der Verkehr nach Manu unterbrochen sein. Auf der Strecke Cusco – Shintuya gibt es fast nur sehr einfache Unterkünfte.

Zeitplanung, Anreise
Zum Besuch des Parks (Zona Experimental) sollte eine Woche eingeplant werden. Die Zeit wird verkürzt, wenn sowohl An- als auch Abreise mit dem Buschflieger nach Boca Manu erfolgen. Bei der Landweg-Anreise von Cusco werden zwei etwa 4000 Meter hohe Andenpässe überquert, bevor sich die Piste über den Nebelwald in den Regenwald Amazoniens steil nach unten windet und sich zuvor aus 3600 Meter Höhe ein fantastischer Blick über das Amazonasbecken bietet. Zwischen Juni und September fahren von Cusco Lkw (ab Coliseo Cerrado bzw. Av. Huáscar) von *Armando Cana, Carrasco, Príncipe* und *Tigre* auf einer inzwischen bis Paucartambo verbreiterten Piste nach Pilcopata. Fz 15–40 h (je nach Wetterverhältnissen), Fp 10 €.

Paucartambo
Vor Paucartambo quält sich der Lkw über den 4100 m hohen Huachucasa-Pass. Bei *Ninamarca* gibt es ein paar Chullpas zu sehen. Gut 100 km hinter Cusco wird dann Paucartambo erreicht (2906 m). Ein Dorf, das in der Inkazeit sehr bedeutend gewesen ist, da hier ein Kontrollpunkt auf der Inkastraße in den östlichen Teil (Antisuyu) des Inka-Imperiums war.

Heute ist das Städtchen (einfache Restaurants, Unterkunft, Tankstelle, Flugpiste) am Zusammenfluss der Flüsse Mapacho und Paucartambo für seine *Fiesta de la Virgen del Carmen* bekannt, ein Fest zur Erinnerung an die Sklavenzeit, das altes indigenes Brauchtum und katholischen Glauben vermengt und seit 1622 um den 16. Juli gefeiert wird. Das Fest verbindet Freude und Hoffnung und Glück. Vier Tage lang wird dann in Paucartambo getrunken und getanzt. Höhepunkte sind die *Saqas*, die Teufelstänze. Angeführt wird die stundenlange Tanzprozession in den engen Gassen vom „Schwarzen König" und seinen Sklaven. Hinter dem Hauptteufel folgen die tanzenden Soldaten des Teufels. Während des Festes verstärkter Busverkehr von Cusco nach Paucartambo.

Außerdem ist Paucartambo jede erste Junihälfte Ausgangspunkt des **Sternen- und Schneefestes** am heiligen Felsen *Coichoriti* in ca. 5000 m Höhe, genau gegenüber vom Ausangate, dem heiligen Berg der Inkas. Hier steht in eisiger Höhe nur eine einzige Kirche. Die Indígenas tanzen um sie herum, bevor sie vier Kreuze (eines für jede Region) 500 m höher auf einen Gletscher tragen. Vor dem Kreuz- und Bergopfer zu Ehren der Vorfahren werden wunschvolle Gebete an den heiligen Berg in der Ritualsprache Quechua ausgesprochen. In 5400 m Höhe stecken dann die Pilger, die sog. *Ukukus*, etwa eine Minute ihre Hände in den eiskalten Gletscherschnee. Anschließend werden zur Buße schwere Eisklötze zur Kirche hinuntergetragen. - Anfahrt mit dem Bus von Cusco oder mit dem Lkw ab Paucartambo bis **Mahuayani**. Von dort erfolgt ein sehr anstrengender, etwa dreistündiger Aufstieg bis zum Ort des Festes. Packpferde können in Mahuayani für 10 Soles pro Pferd angmietet

werden. Oben auf dem Berg werden Zelte für 10 Soles/Nacht vermietet, WC-Häuschen und Verpflegung vorhanden.
Unterkunft: *Hostal Rosa Marina* (ECO), sehr einfach.

Tres Cruces Nach Paucartambo windet sich die RN 26 einer 25 km langen Steigung durch die Cordillera bis zum Abra Ajanaco (3580 m) hinauf, der die Grenze zum Manu-Nationalpark markiert. Dort steht ein Nationalparkhäuschen (nicht immer besetzt) und gibt es eine Landkarte. Kurz danach kommt eine Abzweigung nach Norden bis zum 14 km entfernten *Tres Cruces,* dem berühmten Aussichtspunkt oder „natürlichen Balkon" über den Urwald. Zwischen Mai und Juli fahren Reisende oft nur wegen der herrlichen Sonnenaufgänge über dem Bergenebelwald hierher. Auch die Fernsicht über den Amazonaswald ist frühmorgens ein unvergessliches Erlebnis. Von Paucartambo sollte spätestens um 4.30 Uhr aufgebrochen werden, um den vielleicht schönsten Sonnenaufgang Perus bei eisiger Kälte gegen 6 Uhr in Tres Cruces zu erleben. Auf dem Hochplateau von Tres Cruces wachsen u.a. Bergastern und Johanniskraut.

Tres Cruces Von der Abzweigung nach Tres Cruces am Abra Ajanaco stürzt die Strecke
– Shintuya innerhalb von 81 km bis **Pilcopata** auf 700 m ab. Alle 300 m abwärts durch den Nebelwald steigt die Temperatur um etwa 2 °C an. In Serpentinen geht es über San Pedro (1500 m) in das Kosñipata-Tal hinab. In Pilcopata (700 m), das am Rande der Zona Cultural des Manu-National-parks liegt, wird die Fahrt meist unterbrochen. Es gibt Lebensmittelläden, Tankstelle, Kneipen und einfache Unterkünfte, z.B. *Gallito de las Rocas,* oder, etwas außerhalb, die bessere **Albergue Ecoturístico Villa Carmen**, gretemuniz@hotmail.com, www.manu-villacarmen.com.

Villa Carmen bietet einfache, aber saubere EZ/Bungalows mit bp. Organisiert werden Touren in den Bergurwald der Zona Cultural (auch zu Pferd) und Bootstrips auf dem Piñi Piñi; eine wesentlich billigere Alternative als die teuren Manu-Touren in die Zona Experimental. VP kostet 40–50 €, inkl. Ausflüge.

In der Nähe von Pilcopata liegt Huacaria, ein Dorf der freundlichen Huachipaire. Es sollte nicht ohne Führer und Erlaubnis besucht werden.

Hinter Pilcopata beginnt für den Lkw-Fahrer eine zehn Kilometer lange Piste und für die Fahrgäste hinten auf der Ladefläche eine atemberaubende Szenerie runter nach **Atalaya** (600 m) am oberen Río Madre de Dios. Abfahrten in Pilcopata morgens zwischen 6 und 9 Uhr, Fz 1 h, 5 €.

Ab Pilcopata (Pto. Buena Vista) kann der Río Madre de Dios nach Boca Manu zwar befahren werden, aber der Bootsverkehr ist sporadisch. Besser einen Lkw von Pilcopata bis Shintuya (63 km) nehmen, Fz ca. 5 h, 10 €. Die holprige Strecke führt bergauf- und bergab und durchquert mehrmals das Flussbett. **Die besten Unterkünfte** auf der gesamten Strecke sind die Nebelwaldlodges *Manu Cloud Forest Lodge* sowie *Tambo Paititi, Cock-of-the-Rock Lodge* (Reservierung über InkaNatura Travel, reservascus@inkanatura.com.pe) im Kosñipata-Tal und die ehemalige Tee-Hacienda *Amazonia Lodge* (Reservierung über Reisebüros in Cusco), 1 km außerhalb von Atalaya, 40 € p.P. inkl. VP, bc. 20 Minuten flussabwärts von Atalaya liegt die *Rio de Oro Lodge* von Amazon Trails Peru, info@amazontrailsperu.com, www.amazontrailsperu.com. Zimmer/bp 17 € p.P., auch Campingmöglichkeiten.

Manu Cloud „*Von Cusco per Allrad-Jeep in ca. 6–7 Stunden über Paucartambo zu errei-*
Forest Ldg. *chen. Von der Lodge waren wir begeistert: hübsche Zimmer, warmes Wasser*

zum Duschen, abends elektrische Beleuchtung, sehr gutes Essen, sehr guter Service, herrliche Umgebung, unglaubliche Vielfalt an Pflanzen und Tieren" – so eine Zuschrift. Reservierung z.b. über Andean Adventures, Urb. Lucrepata E-13, Cusco, Tel. (084) 22-4156, Fax (084) 23-6201, www.manuparadislodge.com oder www.manulodgeperu.com.

Nebelwaldlodge Tambo Paititi
Die Lodge liegt auf 1500 m im Bergnebelwald des Biosphären-Reservats von Manu. Die Top-Lage garantiert erstklassige Tierbeobachtungen (Felsenhahn, Affen u.a.) und ungewöhnliche Pflanzenstudien. Die hohe Luftfeuchtigkeit lässt eine unglaubliche Vielfalt an Bromelien, Orchideen, Moosen, Flechten, Farnen und Pilzen gedeihen. Anfahrt mit Bus ab Cusco (3x wö), von der Piste noch 15 Min. Fußweg. Oder auch organisiert mit Peru Discovery, Triunfo 392, Of. 202, Tel./Fax 22-6573, info@perudiscovery.com, perudiscovery@terra.com.pe, www.perudiscovery.com; VP 40 €.

Reserva Comunal Amarakaeri
Das kommunale Ureinwohner-Projekt wird von Familie Chinipa geleitet, die in der Nähe von Shintuya eine einfache Lodge betreiben und mehrtägige Aufenthalte am Rande des Manu-Parks organisieren (tamboamana@yahoo.com). Buchungen und Infos auch über Peru Discovery, Triunfo 392, Of. 202, Tel./Fax 22-6573, info@perudiscovery.com, perudiscovery@terra.com.pe, www.perudiscovery.com.

Flussfahrt auf dem Río Madre de Dios von Shintuya nach Boca Manu

Zwar führt die RN 26 von Shintuya noch bis Ithahuania weiter, doch für Manu-Besucher endet die Fahrt über Land in **Shintuya.** Vom Ort starten Lkw mit Urwaldstämmen nach Cusco. Vorhanden sind ein paar Restaurants, und wer höflich fragt, kann beim Dorfpfarrer übernachten. Der Río Alto Madre de Dios bildet die Grenze zur *Zona Cultural,* die von Shintuya aus betreten werden kann. Im Ort wird man jedoch so gut wie keinen lizenzierten Führer für die genehmigungspflichtige *Zona Experimental* finden, und es können hier auch keine Touren dorthin arrangiert oder gebucht werden (nur in Cusco). Außerdem ist es nicht leicht, ein Boot flussabwärts zur Zona Experimental zu finden.

Boca Manu
Von Shintuya nach Boca Manu dauert es mit dem Boot 4 h, Fp 10–15 €. 30 Minuten flussabwärts von Shintuya liegt auf der linken Seite des Río Alto Madre de Dios in der Zona Cultural die **Pantiacolla Lodge** (40 €/Tag p.P. inkl. VP, buchbar über Pantiacolla Tours in Cusco). Vorbei an einigen Urwalddörfern wie Yanayacu und Piris wird Boca Manu erreicht.

In Boca Manu mündet der Manu in den Madre de Dios. Hier gibt es nur einige Häuser, ein Vorratslager und auf der anderen Flussseite einen Buschflughafen. In der Trockenzeit fliegen neben der Grupo 42 auch Buschflieger von Cusco nach Boca Manu und zurück. Der Eingang und Kontrollpunkt zur Zona Experimental liegt in *Limonal,* eine Stunde auf dem Río Manu flussaufwärts (ohne Genehmigung unmöglich), an der rechten Flussseite. Papiere und Permit sind am Kontrollpunkt vorzuzeigen und 150 Soles Parkgebühr zuzüglich 35 Soles Steuer zu bezahlen. Kleine Info-Station vorhanden.

Auf dem Río Manu bis Pakitza
Inmitten der Zona Experimental liegt, etwa 1 km vom Río Manu entfernt, an dem Urwaldsee *Cocha Juarez* die **Manu Lodge** von *Manu Nature Tours* (100 €/Tag p.P. inkl. VP; winzige, höchst spartanische Zimmer, miserables PLV). In der Zona Experimental sind die Urwaldseen *Cocha Oto-*

rongo (Fz von Boca Manu aus ca. 6 h) und *Cocha Salvador* (4-Std.-Wanderung von *Cocha Otorongo*) aufgrund ihres Tierreichtums sehr sehenswert. Am Eingang zur Sperrzone des Nationalparkes (Zona Natural), in **Pakitza**, ist mit der Fahrt endgültig Schluss. Ab hier gehört der Urwald den Tieren und den Ureinwohnern.

Manu-Nationalpark – das „Verlorene Paradies"

Der Manu-Nationalpark wurde 1973 gegründet, um ein noch völlig intaktes Ökosystem des Regenwaldes zu schützen. 1987 wurde der gesamte Manu-Urwald von der UNESCO zum *Naturerbe der Menschheit* ernannt (eingeschlossen die Flüsse Río Manu und ein Teil des Río Madre de Dios). Hier darf weder gejagt noch gefischt noch dem Urwald etwas entnommen werden, schon gar kein Tropenholz. Auch in das Flusssystem darf nicht eingegriffen werden. Damit ist Manu-Park eines der größten ursprünglichen Urwaldgebiete der Erde. Er umfasst knapp 2 Mio. ha und ist in **drei Zonen** aufgeteilt (s. Karte):

Zona Cultural	„Kultivierte" oder öffentliche Zone, ca. 40.000 ha groß. Frei zugänglich. Hier gibt es mehrere Lodges, wie z.B. die *Pantiacolla Lodge* und kleinere Dörfer.
Zona Experimental	Die Experimentelle Zone (oder „Zona Reservada") ist über 250.000 ha groß. Nur zugänglich für angemeldete wissenschaftliche Forscher und Öko-Touristen mit einer Genehmigung (strenge Kontrolle und Überwachung). Zusätzlich ist ein autorisierter Führer eines berechtigten Veranstalters nötig (im Prinzip also drei Genehmigungen: für das Unternehmen, für den Führer und für den Öko-Tourist). In der Zone liegen die beiden Urwaldseen *Cocha Salvador* und *Cocha Otorongo*. Sie entstanden durch den Río Manu, als dieser seinen Lauf änderte.

Die Besuchsgenehmigungen sind limitiert, deshalb rechtzeitig reservieren. Neben der **Manu Lodge** gibt es noch einige weitere Campamentos. An der Cocha Salvador wurde die **Machiguenga Lodge** eröffnet, die von den *Machiguenga* als Ökoprojekt betrieben wird. In der Regenzeit, insbesonders zwischen **1. Jan. und 30. April**, ist die Experimentelle Zone nur schwer erreichbar, wenngleich die wichtigsten Touranbieter dennoch Touren unternehmen. Auch die Casa Machiguenga ist ganzjährig erreichbar.

Zona Natural oder Zona Intangible	Die Kern- oder Sperrzone („Zona intangible" bzw. „Zona núcleo") umfasst über 1,5 Mio. ha, kein Zutritt! Nur Wissenschaftler und Anthropologen dürfen mit einer Genehmigung des peruanischen Landwirtschaftsministeriums dieses Gebiet betreten. In ihm liegt am Río Manu das biologische Camp *Cocha Cashu*.

Daneben gibt es noch eine 4. Zone für die Volksstämme der *Nahua* und *Kugapakori*, die in einem Gebiet von knapp 100.000 ha ihrem traditionellen Leben als Urwaldnomaden nachgehen.

Mit der Zielsetzung einer intensiveren wirtschaftlichen Ausnutzung soll der Manu-Park einmal in **sechs Zonen** aufgeteilt werden (Zone de Protección Estricta, Zona Silvestre, Zona de Uso Turístico y Recreativo, Zona de Uso Especial, Zona de Recuperación und Zona Histórico Cultural).

> ## Casa Machiguenga
>
> In der Zeit des Kautschukboomes ab 1880 hatten die Machiguenga einen schockierenden Kontakt mit der westlichen Zivilisation, der sie veranlasste, ähnlich wie die Guaraní in Paraguay, sich in die Tiefen des Urwaldes zurückzuziehen. In der zweiten Hälfte des 20. Jahrhunderts machte der Schriftsteller *Maria Vargas Llosa* mit seinem Buch „Die Geschichtenerzähler" auf die Machiguenga aufmerksam. Bald darauf siedelten sich einige Machiguenga-Familien im Manu-Nationalpark *(Zona Experimental)* an und gründeten die Dorfgemeinschaften von *Yomibato* und *Tayakome*. Da immer wieder Touristen den Manu-Nationalpark besuchten, erkannten die Machiguenga ihre Chance am Tourismus zu partizipieren und bauten die **Casa Machiguenga,** Unterkünfte für Touristen: Vier spartanische Buschhütten mit je 3 Doppelzimmern, Duschen, WC und Küche in der Nähe des Sees *Cocha Salvador*. Dabei wurden sie von der *Fomento de Sistema Nacional de Areas Naturales Protegidas por el Estado* (FANPE) und von der deutschen Entwicklungsorganisation GTZ unterstützt. Die Casa Machiguenga kann über Touranbieter in Cusco besucht werden.

Drei Ökosysteme Der Manu-Nationalpark umfasst drei unterschiedliche Ökozonen respektive Ökosysteme: Von der *Puna* mit nur spärlicher Vegetation zieht er sich über den tierreichen *Bosque nuboso* (Nebelwald) bis in die fauna- und florareiche *Selva tropical* (Regenwald Amazoniens) am Ostabfall der Anden hinunter. Im Manu-Park konnten pro Hektar bis jetzt über 200 verschiedene Säugetierarten, 1000 Vogelarten, 15.000 Pflanzenarten und mehr als 200 Baumarten gezählt werden. Weite Teile des Parkgebiets sind noch immer unbekannt, und fast wöchentlich werden neue Tier- und Pflanzenarten entdeckt. Die eigenartigen Glockengeräusche, die im Urwald zu hören sind, stammen nicht etwa von entfernten Kirchenglocken, sondern vom Flechtenglöckner-Vogel, und viele Bäume, in deren Geäst Bromelien, Epiphyten und Baumfarne wuchern, werden hier über 30 m hoch (einer der Baumfarne könnte evtl. einen Wirkstoff gegen Aids enthalten).

Heimisch sind außerdem bis zu 6 m lange Brillen- und Mohrenkaimane, Schienenschildkröten, Riesenotter und Jaguare, die in weiten Teilen Amazoniens bereits ausgerottet sind. Auch Ameisenbären, Tapire, Brillenbären (die einzige Bärenart Südamerikas) und Sumpfschweine haben hier ihr Habitat. Unter den 13 vorkommenden Affenarten sind u.a. Zwergseidenäffchen, Kaiserschnurbart- und Baumrückentamarine sowie der *Musmuqui,* der einzige Nachtaffe der Welt, zu finden. Die Tamarine gehören zu den Krallenäffchen, ernähren sich von Baumfrüchten und sind die kleinsten Affen der Welt. Die größten im Manu-Park sind die Klammeraffen, die auf hohen Bäumen leben. Unter den Vogelarten fallen die kunterbunten Kolibris, die schneckenfressende Kragenkraniche, die klickende Rote Felsenhahn (hört sich an wie ein Hammerschlag auf Stein), die blätterfressenden *Hoatzine* (Stinkvögel) mit Pansenmagen und die kormoranartigen Schlangenhalsvögel auf.

Riesenottern

Von den zwölf bekannten Otterarten leben allein sieben in Südamerika, darunter die Riesenotter *(Pteronura brasiliensis)*, hier „Wölfe der Flüsse" genannt. Sie ist mit bis zu 2 m Länge größer als alle anderen Otternarten und im Gegensatz zu ihren Verwandten tagaktiv. Während der gemeinsamen Jagd in den Altarmen der Flüsse sind die dortigen Fische eine leichte Beute. Im Manu-Park wurden zuletzt 65 Riesenottern gezählt, in ganz Südamerika sollen es noch knapp 5000 Tiere sein. Seit 1973 ist die Jagd auf Riesenottern und der Handel mit den Fellen verboten.

Die Riesenottern in Manu fühlen sich während der Trockenzeit, wenn relativ viele Touristen mit motorisierten Booten auf den Flüssen unterwegs sind, gestört. Die „Flusswölfe" machen dann genau das, worauf Touristen warten: Sie tauchen unverhofft vor den Touristenbooten auf und strecken den Kopf zähnefletschend aus dem Wasser, um den vermeintlichen Eindringling zu verjagen. Mehr Infos und Fotos der Riesenotter auf der Website der Frankfurter Zoologischen Gesellschaft, www.giantotters.com.

Der Manu-Park ist eine der letzten Regionen im amazonischen Regenwald, in dem eine Vielzahl von Tieren innerhalb kurzer Zeit beobachtet werden können. Doch die Flora und Fauna ist bedroht! In Camisea beutet Petroperú bzw. der Shell-Konzern Erdgasvorkommen aus, am Río de las Piedras wird nach Erdöl gesucht, und im Park selbst gibt es auch schon die ersten Bohrmarkierungen …

Istmo de Fitzcarrald In der Sperrzone des Manu-Nationalparkes besteht eine Reminiszenz des Filmes „Fitzcarraldo" von Werner Herzog (s.S. 614). Ganz im Westen liegt am Río Manu der *Istmo de Fitzcarrald*. Bis auf 11 km nähern sich hier die Flusssysteme des Río Madre de Dios und des Río Urubamba/Ucayali. Der skrupellose bolivianische Kautschuk-Baron Carlos Fitzcarrald ließ sich die Stelle von den Indianern zeigen und eine Schneise durch den Urwald schlagen. Hunderte von Indianern mussten dann sein Dampfschiff auf Rollen von einem Nebenfluss des Río Mishagua durch den Urwald zum Río Manu ziehen. Fitzcarrald wurde durch den Vorteil, einen Flussdampfer auf dem Río Madre de Dios zu haben, zum reichsten Kautschuk-Baron der Gegend. Heute existiert in der Nähe noch die kleine Handelsstation *Fitzcarrald*.

Adressen & Service Manu-Nationalpark

Tourist-Info über Manu Die Touranbieter in Cusco informieren recht gut und haben oft auch Fachbücher und Videos über Manu, die gerne vorgeführt werden.

Asociación para la Conservación de la Selva Sur (ACSS), Centro Comercial Ruiseñores, Plaza de Armas, Lima, Tel. 422-6392. – *Asociación de Ecología y Conservación (ECCO)*, 2 de Mayo 527, Miraflores, Lima, Tel. 447-2368. – *Asociación Peruana para la Conservación de la Naturaleza (APECO)*, Parque José Acosta 187, Magdalena del Mar, Lima, Tel. 461-6316. – *Fundación Peruana para la Conservación de la Naturaleza (FPCN)*, Av. de los Rosales 255, San Isidro, Lima, Tel. 442-6706.

Manu-Nationalparkbehörde	Administración del Parque Nacional Manu, Urb. Sta. Ursula K 8, Cusco, Tel. 24-0898, pqnm@terra.com.pe. Genehmigungen für die Zona Experimental, vorrangig für Wissenschaftler, nicht für Einzelreisende! Zur Einholung der Genehmigung wird entweder ein Führer oder ein Touranbieter benötigt. Gebühr 50 €.
Reisezeit, Anreise	Gute Reisemonate sind Mitte Mai bis Anfang November (Trockenzeit). Buschflughafen in Boca Manu. Von dort nur noch mit Booten auf dem Manu stromaufwärts. Auf dem Landweg bis Shintuya, dann ebenfalls nur noch mit dem Boot über Boca Manu den Río Manu stromaufwärts (nur mit Genehmigung!). Hinweis: Bei den Urwaldtouren im Manu wird fast jeden Morgen um 5 Uhr aufgestanden, um Tiere und Vögel zu beobachten. Eine Urwaldtour ist kein Erholungsurlaub, die Unterkünfte oft einfache Bretterverschläge mit Moskitonetzen oder Campingplattformen!
Maquisapayoj	Zwischen Boca Manu und Blanquillo liegt linkerhand am Río Madre de Dios die Tapir-Lecke von *Maquisapayoj* („Ort des schwarzen Klammeraffen"). Sie ist von Boca Manu flussabwärts in einer Bootsstunde zu erreichen. Walter Mancilla Huaman unterhält dort eine Campingplattform zum Übernachten (Schlafsack!), Esssaal und Bad gleich am Fluss. Direkt gegenüber der Plattform liegt die Tapir-Lecke. Zuschrift: „*Ich konnte vom Schlafsack aus stundenlang einen Tapir beim Lehmfressen beobachten …*". Anbieter: Amazon Trails Peru, Cusco, Tandapata 660, www.amazontrailsperu.com.
Manu Wildlife Center	Das Center liegt östlich bzw. von Boca Manu mit dem Boot 1,5 Stunden auf dem Río Madre de Dios flussabwärts. Ein Treffpunkt von TV-Filmteams, Biologen und Naturfilmern, an dem auch die Touristenorganisationen *InkaNatura Travel* bzw. *Peru Verde* und *Selva Sur* partizipieren. *Manu Wildlife Center,* Ricardo Palma 31, Sta. Monica, Cusco, Tel. 25-5255, Fax 24-59733, www.inkantura.com.
Collpa de los Guacamayos Blanquillo	Die große Ara-Salzlecke *Collpa de los Guacamayos Blanquillo,* zu der viele Anbieter (nicht alle, fragen!) hinfahren, liegt außerhalb des Manu-Nationalparks, etwa 25 Minuten vom Manu Wildlife Center entfernt flussabwärts bei der Blanquillo Lodge. In der Nähe dieser Lecke gibt es auch Seen, in denen Riesenotter beobachtet werden können. **Beste Ausgangspunkte** für einen Besuch der Blanquillo-Collpa sind die *Blanquillo Lodge* (mit Campingplattform zum Übernachten) oder das *Manu Wildlife Center*. Auch die Pantiacolla Lodge steuert die Lecke an, jedoch ist dafür bereits eine längere Bootsfahrt nötig. In der Nähe liegt eine *Collpa de los Loros*, die gerne besucht wird, ebenfalls am Río Alto Madre Dios, dort nur kleine Papageien und Sittiche, keine Aras. Anbieter: *Amazon Trails Peru,* Cusco, Tandapata 660, www.amazontrailsperu.com

Urwaldtouren in die Zona Experimental

Urwaldtouren in die Zona Experimental sind immer voll durchorganisiert, also inkl. Transport (Lkw-Bus, Boot, Buschflieger), Vollpension, Ausrüstung und Besorgung der Genehmigung. Im Park sind die Pflanzen- und Tierschutzbestimmungen strikt zu beachten, da alle Reisenden überwacht werden! Nachfolgend eine Liste von Unternehmen in Cusco. (Hinweis: *Manu Nature Tours, InkaNatura* und *Expediciones Manu* sind sehr US-amerikanisch ausgerichtet, die Sozialverträglichkeit von *Inkanatura* ist lt. einer Zuschrift „fraglich").

Bemerkung: Grundsätzlich sind die Preise für Touren in den Manu viel zu hoch und die Erwartungen bezüglich ökologischer Standards und fachlicher Einführung in das Ökosystem Regenwald werden meist nicht erfüllt. Es ist jedoch nicht zu erwarten, dass sich an dieser Situation etwas ändert, solange Reisende die verlangten Preise akzeptieren und bezahlen. Deshalb vor einer Buchung gezielt Fragen stellen was geboten wird bzw. eingeschlossen ist und was nicht, wie die Art und Weise der Übernachtung und die Versorgung ist. Wenn das einzige kleine Flugzeug, das zwischen Boca Manu und Cusco hin- und herfliegt, einmal wetterbedingt ausfällt, kann z.B. Ihr Folgeprogramm durcheinander geraten oder Sie verpassen Ihren Anschlussflug in Cusco.

Achtung! **Es ist es vor Ort in Cusco nicht möglich** einen Touranbieter aufzusuchen, um am **nächsten Tag** zu einer Tour zu starten. Es gibt wöchentlich meist nur einen Tourtermin, in der HS ausnahmsweise auch zwei. Wartezeit von mindestens fünf Tagen einplanen, da der Touranbieter zuvor das Parkpermit einholen, Reservierungen in den Lodges vornehmen, Guides zeitgerecht bereitstellen und den Transport (Bus/Flug) organisieren muss! Sinnvoll ist deshalb, vor der Abreise nach Peru über das Internet rechtzeitig bei einem Anbieter anzufragen und eine Reservierung vorzunehmen. Wer den Inkatrail machen möchte, sollte vorher die Tour für Manu einbuchen, damit nach Rückkehr von Machupicchu dann die Manu-Tour gestartet werden kann.

Pantiacolla Tours Saphy 554, Cusco, Tel. 23-8323, Tel./Fax 25-2696, pantiac@terra.com. pe, www.pantiacolla.com. Besitzt die Pantiacolla Lodge (11 DZ, bc, Bar, VP) in der Zona Cultural, gutes Preis-/Leistungsverhältnis. Außerdem bietet das Unternehmen die Kombination ManuPto. Maldonado an. **Camping-Basisprogramm:** 7 Tage/6 Nächte 800 € (Anfahrt mit Lkw-Bus/Boot, Rückflug mit Buschflieger/Beechcraft King Air B-90), gleiche Tour als 9 Tage/8 Nächte 775 € (Rückfahrt ebenfalls mit Lkw-Bus!). Auf der Tour werden die Lagunen Cocha Salvador und Cocha Otorongo sowie eine Collpa de Guacamayos (Salzlecke) besucht. Übernachtungen teilweise in Buschzelten. **Komplettprogramm:** 7 Tage/6 Nächte 1000 €. Anfahrt mit Lkw-Bus/Boot, Rückflug mit Buschflieger; auf der Tour werden besucht: *Bosque Nublado* (Nebelwald), *Collpa de los Guacamayos* bei Blanquillo sowie *Collpa de Mamíferos* und *Manu Wildlife Center*. **Spezialprogramm:** 9 Tage/8Nächte 1350 €, wie Basisprogramm, aber inkl. Bootsfahrt über Madre de Dios, vorbei am Goldgräber-Camp nach Laberinto und Pto. Maldonado. **Kurzprogramm:** 5 Tage 745 € (Anfahrt mit Lkw-Bus/Boot, Rückflug mit Buschflieger (meist Beechcraft oder Twin Otter); auf dieser Tour wird jedoch keine Collpa de los Guacamayos besucht! Alternativ kann auch nach Boca Manu geflogen werden. Preisaufschlag! **Manu Yine Special:** drei Tage zur typischen Yine Lodge & Restaurant der Ureinwohner (Piro), inkl. Besuch der Cocha Mapchiri und der Dorfgemeinschaft der Yine in Diamante, Bogenschießen und Kanufahrt (motorisiertes Begleitboot), 175 €. Anreise mit Buschflieger nach Boca Manu 95 € einfach, Verpflegung extra (im Yine-Restaurant). **TIP!**

Amazon Trails Peru Tandapata 660, Tel./Fax 43-7499, info@amazontrailsperu.com, www.amazontrailsperu.com. Deutsch-peruanischer Veranstalter, 4–8 Tagestouren in die Zona Cultural und Experimental. Ulrike und Abraham Huamán sind auf Manu-Regenwald-Touren spezialisiert inkl. Ara-Salzlecke **Blanquillo** und Tapirlecke **Maquisapayoj.** Abraham ist Ornithologe und langjähriger Führer im Manu, kennt sich bestens mit Flora und Fauna aus und spricht gutes Englisch. Auf Wunsch Übernachtung in der **Casa Machiguenga**, auch Floßtouren. Die Führer sprechen Englisch, einige Deutsch, so ist auch eine dt.-sprachige Tour möglich. 6-Tagestour Blanquillo 696 € inkl. Flug und VP, 8-Tagestour inkl. Bustransport und VP 616 €, 8-Tagestour in die Zona Experimental 690 € inkl. Transport, VP und Parkgebühr. **Kurzprogramm:** 4 Tage Zona Cultural 290 €.

Peru Discovery	Av. 6 Quisuares E 1-10, Larapa Grande, Tel./Fax 27-4541, info@perudiscovery.com, www.perudiscovery.com; ebenfalls schöne Trekking-Touren durch den **Bergnebelwald** des Manu-Biosphärenreservat rund um die Regenwald-Lodge Tambo Paititi (z.B. 3 Tage/2 Nächte 250 €) und direkt nach Manu (ab 4 Pers.).
Manu Explorers	Plateros 236, Tel. 23-4213, info@manuexplorers.com, www.manuexplorers.com (inkl. Vorschauvideos); *Wilbert Camacho Guillen* und sein Team hat ein vielfältiges Programm für den Manu bei einem exzellenten PLV, wahrscheinlich einer der preiswertesten Anbieter für Manu überhaupt. Anreise sowohl auf dem Land-/Flussweg als auch mit dem Buschflieger.
Manu Nature Tours	Av. Pardo 1046, Tel. 25-2751, Fax 23-4793, mnt@amautarcp.net.pe, www.manuperu.com. Besitzt die Manu Lodge in der Zona Experimental. Sie wird das ganze Jahr hindurch betrieben. In der Lodge nur äußerst kleine Zimmer, sehr spartanisch ausgestattet … Toiletten und Duschen liegen 50 m von der Lodge entfernt (Taschenlampe!). Verpflegung lässt lt. Zuschriften Wünsche offen, Strom nur von 18 bis 20 Uhr. **Basisprogramm:** 4 Tage/3 Nächte 1000 € (inkl. Hin- u. Rückflug mit Buschflieger); 8 Tage/7 Nächte 1500 € (inkl. Hin- und Rückflug mit Buschflieger).
Expediciones Manu	Av. El Sol 582, Tel. 22-6671, Fax 23-6706. **Basisprogramm:** 4 Tage/3 Nächte 1000 € (Anfahrt mit Bus/Boot, Rückflug mit Buschflieger); 6 Tage/5 Nächte 1350 €, 9 Tage/8 Nächte 1600 €. Übernachtungen in Busch-Camps u. Lodges.
InkaNatura Travel	Manuel Bañon 461, Lima-San Isidro, Tel. 440-2022, Tel. 422-8114, Fax 422-9225, postmaster@inkanatura.com.pe, www.inkanatura.net, www.inkanatura.com, Miteigner des Manu Wildlife Centers. **Basisprogramm:** 5 Tage/4 Nächte (Transfer mit Buschflieger bis/ab Boca Manu, Übernachtung im Manu Wildlife Center), inkl. VP ca. 1200 €, die Luxusvariante im Busch; **Alternativprogramm:** 7–10 Tage (Anfahrt mit dem Bus/Boot) mit Zwischenstops in der *Cock-of-the-Rock Lodge* sowie Pantiacolla Lodge. In der Umgebung der Cock-of-the-Rock Lodge besteht mit etwas Glück die Möglichkeit, den ungewöhnlichen Roten Felsenhahn (oder Anden-Klippenvogel) zu beobachten. Felshähne *(Rupicola peruviana)* sind Schmuckvögel mit helmartigem Scheitelkamm, die in felsreichen Bergwäldern auf dem Boden leben.

Flussfahrt auf dem Río Madre de Dios von Shintuya nach Pto. Maldonado

Für die Fahrt auf dem Río Madre de Dios von Shintuya über Boca Manu nach **Pto. Maldonado** gibt es die Möglichkeit, mit einem Frachtboot zum Goldgräber-Camp in Boca Colorado zu fahren, Fz mind. 10 h, Fp 15 €. Von dort dann weiter per Boot nach *Laberinto* bei Pto. Maldonado (Karte s.S. 328), Fz mind. 7 h, Fp 20 €.

Eine Alternative bietet Amazon Trails Peru (s. u. Urwaldtouren), die mit einem Floß den Río Madre de Dios hinunterfahren. Mit diesem lautlosen Transportmittel ist die Chance groß, Tiere im und am Fluss zu beobachten. Eines der letzten Abenteuer!

Bitte schreiben oder mailen Sie uns (rkhhermann@aol.com) Ihre Reise- und Hotelerfahrungen oder wenn sich in Peru und Bolivien Dinge verändert haben und Sie Neues wissen. Danke.

„Klassische Rundreise" 2. Teil: Von Cusco über Puno und Arequipa nach Lima

ROUTE 2: CUSCO – PUNO (390 KM)

Inkastraßen: Nan Cuna, und Huayan Capac Nan

Die alte Inka-Hauptstadt Cusco, zentral in den Anden gelegen, war der Mittelpunkt des Inka-Imperiums (s. Karte S. 103). Die heutige Plaza de Armas war der Kreuzungspunkt der zwei wichtigsten Fernstraßen des Reiches. Die ältere der beiden wurde, nach Stingl, als „Königsweg", nach Waisbard als **Inca Nan** („Sonnen- oder Inkaweg") bzw. **Nan Cuna** („Weg der Zeit") bezeichnet. Der Nan Cuna war der bedeutendere, er führte etwa 5200 km von Ancasmayo in Kolumbien über Quito, Machupicchu, Cusco, Titicacasee, La Paz, Tucumán bis nach Purumauca am Río Maule im heutigen Chile. In der Region Cusco führten auf Machupicchu außer dem Nan Cuna noch etliche weitere Wege und Pfade sternförmig auf diese Inkastadt zu.

Die zweitwichtigste Reichsstraße war der **Huayan Capac Nan**. Sie begann in Tumbes, Nordperu, war überwiegend 8 m breit und 4000 km lang. Sie führte entlang der Küste und vereinigte sich in Copiapo mit dem Inka Nan. Querstraßen und -wege verbanden die beiden Hauptmagistralen, sie schufen so Verbindungen von der Küste in die Berge und weiter in das Amazonastiefland. Eine wichtige Strecke führte von Cusco über Arequipa an die Pazifikküste und weiter in den Südteil des Reiches.

Auch noch heute sind diese vier alten Verbindungswege von großer Bedeutung für das andine Hochland Perus. Sie liegen teilweise unter dem Asphalt der Straßen Cusco – Tambomachay – Pisaq – Paucartambo (Antisuyu), Cusco – Urcos – Juliaca – La Paz (Collasuyu), Cusco – Paruro – Arequipa (Contisuyu) und Cusco – Anta – Ichopampa (Chinchaysuyu). Insbesondere die durchgehend asphaltierte Straße von Cusco nach Juliaca bzw. Puno folgt der alten Inka- oder Königsstraße und ist heute eine der Hauptverbindungen im Hochland, die auch Reisende oft benutzen. Auch die Zuglinie Cusco – Juliaca – Puno folgt der alten Inkastraße.

Gleich ein Tipp: Wer für die Strecke Cusco – Puno nur einen Tag zur Verfügung hat, dem rate ich zur Zugfahrt mit Panoramawagen, wer 2–3 Tage Zeit hat, kann die Strecke mit dem Bus in Etappen machen, z.B. von Cusco bis Tipón, dann Andahuaylillas, Raqchi und Sicuani usw. Die Straße und Eisenbahnlinie von Cusco nach Juliaca laufen nahezu parallel miteinander am *Río Vilcanota* entlang bis zum Pass *Abra La Raya* und dann über den Altiplano nach Juliaca. Bahnlinie und Straße kreuzen sich dabei mehrmals. Die Strecke von Cusco nach Puno ist durchgehend asphaltiert.

Von Cusco nach Puno

Start Cusco **Hinweis: Der Beginn der Strecke mit sehenswerten Orten und Dingen zwischen Cusco und Urcos ist bei der „Tour 5" beschrieben, s.S. 319.** Nachfolgend in Klammern die Straßenkilometer von Cusco aus.
San Sebastián (5 km) – Pikillacta (32 km, BT) – Andahuaylillas (40 km). Hinter Andahuaylillas folgen Straße und Schiene für die nächsten 140 Kilometer dem Vilcanota-Tal. 7 km hinter Andahuaylillas erreicht man

Urcos
(47 km)

Der Ort am Rand einer fast verlandeten Lagune auf 3150 m Höhe (Rast- und Tankstelle) ist bekannt für seinen bunten Sonntagsmarkt, auf den sich nur selten Reisende verirren. Zu kaufen gibt es auch *chutas,* Weizenbrote. In der Lagune von Urcos soll angeblich die tonnenschwere Goldkette des Inca Huáscar versenkt worden sein. Über den Ruinen eines Inkatempels erhebt sich eine einschiffige Renaissancekirche mit zwei übereinanderliegenden Säulengängen.

Urcos ist außerdem die Hauptstadt der Provinz *Quispicanchis* und Ausgangspunkt für Überlandfahrten auf der abenteuerlichen Piste über die Cordillera Vilcanota und Cordillera de Carabaya. Es geht durch Ocongate und später über die Cordillera de Carabaya (mit dem Abra Hualla Hualla, 4820 m) nach Quincemil und Santa Rosa bis nach Puerto Maldonado mit Anschluss bis zur brasilianischen Grenze nach Assis Brasil (Acre). Diese Piste ist aber nur zur Trockenzeit zu bewältigen. Übernachten z.B. im Budgethostal *El Amigo* (bc, Kw, freundlich, sauber), es gibt aber auch noch andere Unterkünfte. Vorbei an einigen kleinen verschlafenen Dörfern und *Cusipata* (3300 m) erreicht man nach 98 km

Checacupe
(94 km)

Falls die Kirche geöffnet ist, empfiehlt es sich ein Blick in das prunkvolle Innere mit einer künstlerischen Kanzel. In der Checacupe-Gegend finden oft große Viehmärkte statt. Man zahlt für einen guten Stier oder Bullen umgerechnet 200 €. Sehenswert ist das traditionelle Tucumanos-Tanzfest am 10. August. In der Nähe von Checacupe befindet sich der *Lago Pomacanchi.* 20 km hinter Checacupe liegt

Combapata
(114 km)

In Combapata zweigt eine abenteuerliche Direktpiste nach Arequipa ab (400 km). Es geht über Yauri und Chivay am Cañón del Colca (Karte s.S. 408). Das andine Dorf (3530 m) hat nicht viel zu bieten, ist aber Ausgangspunkt zur **Queswachoca, einer der letzten intakten Inka-Hängebrücken** bei Huinchiri über den Río Apurímac. Die Brücke ist über Yanaoca Richtung Litivaca zu erreichen.

Da es spätestens ab Yanaoca keine regelmäßigen Verkehrsverbindungen mehr gibt, gestaltet sich das Erreichen der Hängebrücke schwierig. Am besten in Cusco einen Wagen mit Fahrer mieten (z.B. bei der Taxivereinigung Cusco, s. „Taxis" bei „Adressen & Service" in Cusco) und bis zur Hängebrücke eine Tagesfahrt planen. Die letzten 25 km zur Brücke sind dabei etwas mühsam und während der Regenzeit manchmal nicht zu bewältigen. Ein großer Nachteil ist, dass dabei wieder nach Cusco zurückgekehrt werden muss.

Eine billige Alternative ist dagegen die Busfahrt mit *Expreso Orientes* oder *El Zorro* von Cusco nach Combapata (Fz 3 h, Fp 2,80 €). Von dort kostet ab der Plaza de Armas ein Sammeltaxi bis zur Hängebrücke Queswachoca nur 10 € (Fz 2 h). Sonntags lohnend, wenn zudem der Sonntagsmarkt in Combapata und Sicuani besucht wird. Nach der Rückfahrt von der Hängebrücke nach Combapata Weiterfahrt mit dem Sammeltaxi nach Sicuani, Fp 1 €. Vom dortigen Busterminal fahren Busse, z B. von *Etrasol*, nach Puno, Fp 2,50 €.

Wer es trotzdem mit dem eigenen Wagen probieren möchte, muss in Yanaoca vor dem Ortsende nach rechts in die breite Schotterpiste ein- und

346 Von Cusco nach Puno Karte S. 346

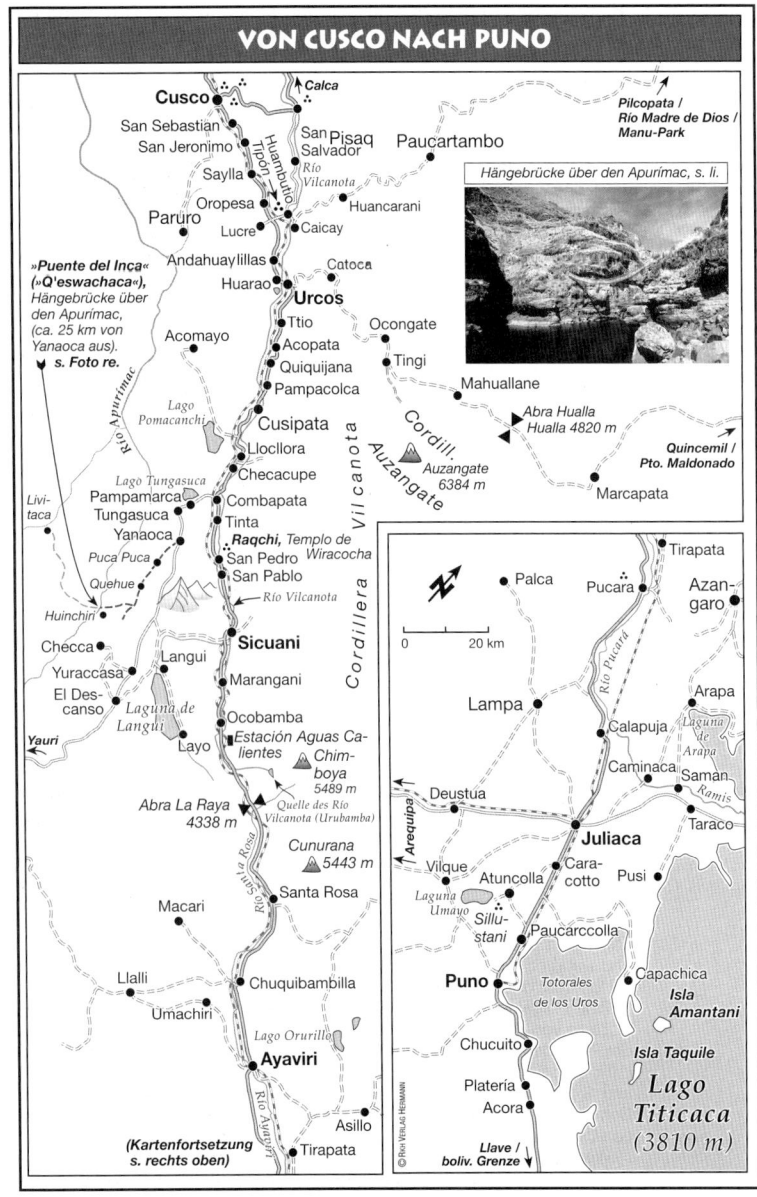

VON CUSCO NACH PUNO

Hängebrücke über den Apurímac, s. li.

gleich wieder nach links abbiegen und dem Straßenverlauf folgen. Nach 10 km wird ein Pass in 4150 m Höhe erreicht. Die Piste wird schlechter, Kilometersteine am Straßenrand beachten. Beim Km-Stein 22 nach rechts abbiegen und etwa 5 km auf der serpentinenartigen Strecke weiter bis zum Ziel.

Inkabrücken

Um Flüsse zu überwinden, setzten die Baumeister der Inkas die unterschiedlichsten Brückentechniken ein. Da die Inkastraßen in der Regel den kürzesten Weg suchten, auch im wildzerklüfteten Bergland, wurde es notwendig, auch Flussüberquerungen anzulegen. Kleinere Flüsse wurden mit einfachen Steinplatten oder nebeneinanderliegenden Baumstämmen überbrückt, breitere, nicht allzutiefe Flussläufe wurden auf schwimmenden **Pontonbrücken** überquert. Die Pontons bestanden aus den typischen Schilfrohrbooten, die untereinander vertäut wurden. Allerdings verrottet dieses Naturmaterial recht schnell und musste meist noch innerhalb eines Jahres ausgetauscht werden. Mit knapp 100 Metern Länge befand sich eine dieser letzten Pontonbrücken bis zum Ende des 19. Jahrhunderts am Abfluss des Titicacasees über den Desaguadero.

Die höchste Stufe der inkaischen Brückenarchitektur waren aber die **Hängebrücken**, die noch heute reißende Schluchten überspannen. Dabei werden 3 tragende Hauptseile aus Agavenfasern über die Schlucht gespannt, die mit steinernen Brückenköpfen im Boden verankert werden. Auf die drei unteren Hauptseile werden Querhölzer gelegt und mit Planzenfaserschnüren aus Ichu-Gras verbunden. Die Zwischenräume werden mit Ästen, Zweigen und Tierhäuten soweit abgedeckt, dass sogar Lamas über die Brücken laufen können. Geländerseile rechts und links in einem Meter Höhe bilden den seitlichen Abschluss. Zweige werden zwischen den Trag- und Geländerseilen eingeflochten, so dass die gesamte Hängebrücke in sich geschlossen ist. Aufseher sorgen für die Instandhaltung. Unter den Inkas wurden alle Brückenübergänge, insbesondere die Hängebrücken, scharf bewacht, da sie die schwächsten Punkte ihres Straßensystems waren. Dorfgemeinschaften mussten unter der Anleitung eines Brückenmeisters dafür sorgen, dass die Brücken intakt blieben und laufend ausgebessert wurden.

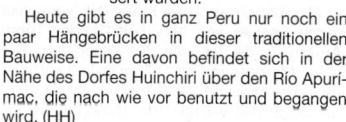

Heute gibt es in ganz Peru nur noch ein paar Hängebrücken in dieser traditionellen Bauweise. Eine davon befindet sich in der Nähe des Dorfes Huinchiri über den Río Apurímac, die nach wie vor benutzt und begangen wird. (HH)

Abb.: Inka-Brückenwächter vor einer Hängebrücke

Queswachoca

Von Combapata sind es nach Yanaoca noch 25 km, von dort über Puca Puca und Quehue nach Huinchiri bis zur **Hängebrücke** (bei km 30) **über den Río Apurímac** noch einmal knappe 25 km. Unterwegs lohnt ein Stop bei den **Grutas de Q'arañawi** (km 19). Am Ziel hängt, 150 m unterhalb der Piste, die Brücke aus Planzenfasern über den Apurímac. Sie wird, so alle zwei Jahre, am Beginn der Regenzeit von der Bevölkerung, den *Huinchiris* und *Quehe*, erneuert (Bauzeit knapp zwei Wochen). Auf der anderen Flussseite führt ein Weg nach Livitaca. Auf der Straße von Combapata nach Puno erreicht man nach ein paar Kilometern Tinta.

Tinta
(120 km)

Tinta (Unterkunft) ist das Heimatdorf von **Túpac Amarú II.**, dem Freiheitskämpfer des späten 18. Jahrhunderts. Sehenswert ist die Dorfkirche und erlebenswert am 24. August die *Fiesta de San Bartolomé*. Während des Festes werden die typischen Trachten der Region getragen.

Nach Tinta geht es durch die Dörfer *San Pedro* (Dorfkirche) und *San Pablo* (Polizeiposten). Bei km 125 weist ein Schild zur „Zona Arqueológica", zum Tempel des Wiracocha bzw. zu den Ruinen von Raqchi.

Von Túpac Amarú II. (José Gabriel Condorcanqui, s. Abb) bis zum Movimiento Revolucionario Túpac Amarú II. (MRTA)

Seit Eroberung des Inkareiches durch die Spanier kam es immer wieder zu bewaffneten Aufständen der indigenen Bevölkerung, die sich vom spanischen Joch befreien wollten. Ursachen dieser Aufstände, die sich wie ein roter Faden durch die letzten 500 Jahre ziehen, ist das Vermächtnis des Inka Manco Inca (1544), Widerstand gegen die Spanier zu leisten und die Chakras (Felder) bis zum letzten Mann zu verteidigen.

Er selbst kesselte die Spanier 1536 in Cusco ein und gründete im Bergurwald das Vilcabamba-Reich, wurde aber dann von den Spaniern ermordet.

Sein Sohn **Titu Kusi Yupanki** übernahm als Inca das Vilcabamba-Reich. Mit ihm mussten die Spanier immer wieder schmerzhaft erfahren, wie weit seine Befehlsgewalt in ihr Gebiet hineinreichte. Der Kampf der bewaffneten Inkas gegen die spanischen Eindringlinge wurde nicht nur zur "heiligen Pflicht", sondern lag auch im Interesse der Landbevölkerung. Titu Kusi Yupanki starb 1571 plötzlich an einer Krankheit (vermutlich durch Spanier vergiftet), sein Bruder **Túpac Amarú** wurde der Inca des Vilcabamba-Reiches. Mit dessen Fall 1572 wurde zwar auch der letzte Inca von den Spaniern getötet, doch die durch das Vermächtnis Manco Incas verwurzelten politischen und religiösen Prinzipien lebten in der Bevölkerung weiter. Die Spanier versuchten ohne Erfolg die einheimische Religion auszulöschen, viele der ihnen verhassten *Quipus* (Knotenschnüre) wurden verbrannt.

Es kam immer wieder zu Indianeraufständen, bis 1780 der Mestizen-Cacique (Häuptling) von Tungasuca (Tinta), **José Gabriel Condorcanqui**, ein direkter Nachfahre des letzten Inka Túpac Amarú, zum Generalangriff auf die Spanier aufrief und damit den größten indigenen Aufstand Perus auslöste. Er schaffte die Steuern und die *Mit'a* ab und eroberte mit einem gewaltig großen Heer Cusco zurück. Für die Indigena symbolisierte Condorcanqui die Wiedergeburt des Inka, und der Aufstand wurde einem Wiedereroberungskrieg der Inkas gleichgesetzt, er zum **Inca Túpac Amarú II.** Die Revolte dauerte bis 1784 und war, nach dem nordamerikanischen 1776, die zweite große Volksrevolution, die das europäisch-nordamerikanisch-lateinamerikanische Weltsystem in ihren Fundamenten erschütterte. Der Aufstand wird auch mit der Französischen Revolution von 1789 gleichgesetzt.

Túpac Amarú II. wurde durch Missgunst von *Francisco Santa Cruz* verraten und an die Spanier ausgeliefert. In Cusco wurde ihm dann die Zunge abgeschnitten, eine Vierteilung durch Pferde misslang. Wie sehr ihn Spanier hassten, spiegelt sich in seiner Leichenschändung wieder: Nach seiner Köpfung am 18. Mai 1781 wurde sein Rumpf verbrannt und die Asche in einen Fluss geschüttet. Ein Arm wurde nach Carabaya gebracht, der andere nach Tungasuca, ein Bein nach Livitaca, das andere nach Santa Rosa und der Kopf nach Tinta. Damit wurde Túpac Amarú II. zum Märtyrer und zum größten Befreiungshelden der Anden.

Die Spanier versuchten mit allen Mitteln, das kollektive Bewusstsein der Andenbewohner auszumerzen. So wurde noch 1781 die Inkasprache Quechua, inkaische Kleidung und Bräuche verboten. Stattdessen musste die Bevölkerung die Kleidung der Bauern der spanischen Provinzen Extremadura und Andalusien tragen (die heute von den Peru-Reisenden so gerne fotografiert wird).

Die indigenen Aufstände hörten nicht auf, sie wurden zum Dauerzustand: 1814/15 unter Pumacahua, 1816 unter General Belgrano, 1836 unter General Santa Cruz, 1867 in Huancané, 1885 in Huaraz – und seit Mitte des 20. Jahrhunderts immer mehr in politischen Demonstrationen und Forderungen, aber auch in Form militanter Aktionen, wie durch die Guerillagruppe **Movimiento Revolucionario Túpac Amarú** (**MRTA**), die sich für die Rechte aller peruanischen Armen und Benachteiligten einsetzte und dem damaligen Präsidenten Fujimori den Kampf angesagt hatte. 1996/97 besetzte die MRTA in spektakulärer Aktion in Lima die japanische Botschaft und nahm hunderte Botschaftsbesucher als Geiseln. Nach Monaten ergebnisloser Verhandlungen stürmten schließlich Spezialeinheiten der peruanischen Armee am 22. April 1997 das Gebäude und erschossen rücksichtslos alle 14 MRTA-Geiselnehmer. Alle Geiseln kamen, bis auf eine Person und drei getöte Regierungssoldaten, wieder frei.

Von Cusco nach Puno

Ruinen von Raqchi
(125 km)

Die Ruinen sind sowohl von der Straße als auch vom Zug aus bei der Vorbeifahrt zu sehen. Busreisende, die die Ruinen anschauen möchten, müssen entweder in San Pedro (4 km vor Raqchi) oder in Sicuani (22 km hinter Raqchi) aussteigen und dann mit dem Taxi hinfahren. Touristenbusse auf der Strecke Cusco – Puno – Cusco hier einen Stop einlegen, Eintrittsgebühr 3 €.

Diese weniger besuchte Ruinenstätte auf 3500 m Höhe zu Füßen des Quimsachata-Vulkans überrascht den Besucher mit einem 100 x 25 m großen, ungewöhnlichen Tempel im Zentrum einer einst rechtwinklig angelegten Siedlung mit Häusern und runden Lagersilos, die von einer ursprünglich 6 m hohen, heute noch vorhandenen Mauer umgeben war. Die über 12 m hohe innere Stützmauer des Tempels und 21 kleine Säulenansätze sind gut erhalten. Die 22. Säule wurde bis zu einer Höhe von 6 Metern rekonstruiert. Säulen sind aber absolut untypisch für die Inkazeit. Außerdem sind die Steine mit Lehmmörtel etwas „schlampig" und oberflächlich verarbeitet. Ungewöhnlich war auch das einstige Satteldach des Tempels. Deshalb schließen die Archäologen auf ein Heiligtum aus der Präinkazeit und bringen es mit der Tiwanaku-Kultur in Zusammenhang. Die Steine sind deutlich vulkanischen Ursprungs. Vielleicht konnten sie deshalb nicht so fein bearbeitet werden. Es wird angenommen, dass das sehenswerte Bauwerk erst später dem 8. Inca Wiracocha geweiht wurde, der den Namen des Schöpfergottes der Inkas trug. Daneben können runde Lagersilos und zahlreiche andere rekonstruierte Bauten besichtigt werden.

In Raqchi findet alljährlich im Juni ein berühmtes Folklore-Festival statt. Der Höhepunkt ist immer am jeweiligen Sonntag.

Sicuani
(147 km)

Der mit 45.000 Einwohner größte Ort (3551 m) zwischen Cusco (147 km) und Juliaca (200 km) ist ein wichtiges landwirtschaftliches Zentrum und die Hauptstadt der Provinz *Canchis*. Mit dem Bus kann die Stadt von Cusco in knapp zwei Stunden erreicht werden.

Sicuani ist noch völlig untouristisch, es bietet sich bei genügend Zeit gut für einen Aufenthalt der Strecke an. Außer den nahen Ruinen von Raqchi gibt es zwar keine weiteren besonderen Sehenswürdigkeiten, aber es können reizvolle Wanderungen unternommen und relativ leicht Berge bis zu 4500 m Höhe erklommen oder der etwas schwierigere *Chimboya* (5489 m) bestiegen werden. In Sicuani gibt es kleine Werkstätten, die Alpakawolle und Lamafelle verarbeiten, Gitarren herstellen und sie preisgünstig verkaufen.

Adressen & Service

Unterkunft, ECO: Zwei einfache, ordentliche Hotels auf der gegenüberliegenden Ortsseite an der Fußgängerbrücke. – **Essen & Trinken:** Im Ort und an der Durchgangsstraße findet man zahlreiche sehr preiswerte Restaurants.
Erste Hilfe: *Hospital Centro de Salud,* Callo 519.
Bus: Busverbindungen bestehen nach Cusco und Juliaca.
Zug: Der Bahnhof ist in der Av. Miguel Grau 306. Züge nach Cusco und Juliaca **halten hier nicht.**

Von Sicuani sind es noch 47 km bis zum Pass La Raya. Hinter dem Dorf *Marangani* wechselt die Landschaft, und die Straße steigt links am Berghang stetig an.

Aguas Calientes

30 km hinter Sicuani steigen links Dampfwolken aus der grünen Wiese auf. Die bis zu 400 warmen Quellen von Aguas Calientes könnten zu einem Bad einladen, jedoch erscheinen am Wochenende viele Einheimi-

sche, die in den angelegten Becken Wäsche waschen. Der Zug hält hier ebenso wie an der Passhöhe *La Raya* (194 km).

Alpaka- Ein paar Kilometer weiter liegen rechts unten einige Flachbauten des ehemali-
Institut gen Versuchsinstitutes der San Marcos Universität in Lima, das sich wissenschaftlich mit allem beschäftigte, was mit Alpakas, Lamas, Vicuñas und Guanakos zusammenhing. Um noch feinere Wolle zu erzielen, wurden Alpakas und Vicuñas gekreuzt. Die Kreuzung heißt *Pacovicuñas*.

La Raya Der Pass wird auch „Punto Culminante" genannt, er ist die südamerikani-
(4338 m) sche Wasserscheide zwischen Atlantik und Pazifik. In der Nähe entspringt die Quelle des **Río Vilcanota,** der hinter Urubamba *Río Urubamba* und später *Ucayali* heißt (Ucayali und Marañón bilden zusammen ab Nauta, südlich von Iquitos, den Amazonas, der dann nach Tausenden von Kilometern in den Atlantik mündet). In unmittelbarer Nähe der Río Vilcanota-Quelle befindet sich auch die Quelle des Río Santa Rosa, der zum **Río Ayaviri** wird und in den Titicacasee fließt. Alle Quellen südlich des La-Raya-Passes fließen in den Pazifik (z.B. der Río Colca).

Im Nordosten sieht man die Eisflanken des *Chimboya* (5489 m), der nur für Bergsteiger geeignet ist, die gut mit Seil, Pickel und Steigeisen umgehen können. (Der Aufstieg erfolgt am besten über den rechten Grat. Wer es machen will und Hilfe braucht, sollte versuchen, im Alpaka-Institut einen erfahrenen Führer anzuheuern. Von der Station aus muss man bei guter Akklimatisation mit 6 Stunden Auf- und 3 Stunden Abstieg rechnen).

Altiplano Hinter der Passhöhe beginnt der berühmte Altiplano. Diese andine Hochebene zwischen 3500 und 4000 m Höhe zieht sich von hier über den Titicacasee bis weit nach Bolivien hinein. Die Fahrt wird nun etwas eintönig. Links sieht man wieder einen Eisriesen, den 5443 m hohen *Cunurana*. Viele hunderte von Lamas und Alpakas weiden in der jetzt breiter werdenden und leicht abfallenden Hochebene.

Ayaviri Über *Santa Rosa* (Polizeiposten, Tankstelle, Restaurant, einfache Unterkünfte, die beste ist *Santa Maria* Nähe Plaza) und Chuquibambilla wird nach 255 km das wichtige Handelszentrum *Ayaviri* (3907 m), ebenfalls mit Polizeiposten und Tankstelle, erreicht. Es gibt eine kleine Dorfkirche und ein gutes Budget-Hotel: *Paraíso,* bc/bp, Ww. Von Ayaviri sind es noch 30 km bis

Pucara Hier sollten Selbstfahrer einen kurzen Stop einlegen, wie es auch die Fahrer der Touristenbusse von *First Class* tun. Es können hier die Ausgrabungen zweier Tempel der Pucara-Kultur und eine Kirchenruine der Spanier besichtigt werden. Im Ort gibt es neben einfachen Kneipen und einer Tankstelle ein Museum über die Ausgrabungsstätte. Gezeigt werden überwiegend behauene Steine aus der Pucara-Zeit. 7 km außerhalb liegt *Santiago de Pupuja*. Dort werden die für diese Gegend typischen Tonwaren, z.B. bunte Keramiktiere, hergestellt.

Pucara – Von Pucara zieht sich die Asphaltstraße am Río Ayaviri entlang. Nach 20
Juliaca km kommt das Dorf Caracara in Sicht. Hier zweigt nach rechts eine Piste nach Lampa (3842 m) am gleichnamigen Fluss ab. Geradeaus wird auf der Straße in 20 km Calapuja passiert. Nach Juliaca sind es noch 24 km.

Selbstfahrer Wer mit einem Wagen von Arequipa nach Puno oder von Puno nach Cusco bzw. umgekehrt fahren möchte, braucht nicht mehr durchs Stadtzentrum. Es gibt eine Umgehungsstraße ab dem Kreisverkehr vor Juliaca.

Juliaca

Juliaca ist die Hauptstadt der Provinz San Román. Dieser sehr wichtige Verkehrsknotenpunkt (3825 m) für Straße, Flug und Schiene hat über 228.000 Einwohner und ist als Handels- und auch als Schmugglerstadt bekannt. Die Übernachtungsmöglichkeiten sind in Juliaca günstiger als in Puno. Juliaca weist keine besonderen Sehenswürdigkeiten auf, ist eine der gesichtslosesten Städte Perus. Es ist jedoch ein sehr günstiger Einkaufsplatz für Alpaka-, Lama- und Schafwolletextilien sowie von Kunsthandwerk. Artesanías und Wolltextilien werden meist hier oder in der Umgebung für den Touristenmarkt in Cusco, Arequipa oder Lima produziert. Der große Markt findet in Juliaca sonntags bis 11 Uhr statt.

Adressen & Service Juliaca

Tourist-Info *Información Turística*, Junín 638, Tel. 32-1839, Tel./Fax 32-1499

Internet www.juliaca-cirtual.com

Unterkunft Vorwahl (051)
ECO: **Hostal Sakura** (BUDGET), Unión 133, Tel. 32-1194; bc/bp, nicht immer Ww. – **La Casa de Don Emilio,** Jirón Sandia 556 (evtl. noch kein Namensschild angebracht), direkt beim Mercado Central Santa Bárbara, Tel. 32-4732. Großes, saubere Haus von Señora Ada Barahona de Isla (Englisch, etwas Deutsch) mit familiärer Atmosphäre, bc, Ww. Auf Wunsch kann mit der Familie gegessen oder die Küche mitbenutzt werden. Ü/F 4 €, empfehlenswert. – **Hotel Yasur,** Nuñez 414, Tel. 32-1501; saubere Zimmer, freundlich, bc/bp, nicht immer Ww.
FAM: **Hotel Royal Inn,** San Ramón 158, Tel. 32-1561, Fax 32-1572 (Hotel_royal_inn@latinmail.com). Saubere Zi., bp, Ww, Ws, Heizung, Rest., eigenes Reisebüro (guter Wechselkurs). DZ/F/bp 32 €, Kk, **TIP!**
LUX: **Hotel Don Carlos Juliaca,** Manuel Prado 335, Tel. 32-1571, Fax 32-2635, dcarloslim@tci.net.pe.

Essen & Trinken Die beste Wahl ist das Restaurant des *Hotel Royal Inn*. Der Treff der Einheimischen ist das *Trujillo* in der San Martín, in dem einfache, lokale Küche serviert wird. Preiswert ist das *Monterrey* an der Plaza Bolognesi. Daneben gibt es viele einfache Lokale, Grillhähnchenkneipen und Essbuden.

Post Sandia/Ladislao Butrón s/n, Tel. 32-1391

Geld *Banco del Crédito,* Av. Mariano Nuñez 136. *Interbank,* San Román 148.

Taxi Vom Flughafen ins Zentrum 6 €.

Bus (s.a. bei Puno, S. 360) Zentraler Busterminal ist der *Terminal Terrestre*. Die meisten Busgesellschaften fahren nur nachts. Außer den hier aufgeführten Busverbindungen auch weitere nach Ilo, Moquegua und Tacna. Colectivos fahren hinter dem Tor der Plaza Mayor ab.
Nach **Arequipa** (240 km): *San Cristóbal,* Tel. 32-1181 und *Cruz del Sur,* Tel. 35-2451; Fz 5 h, 10 €.
Cusco (347 km): *Cruz del Sur,* Tel. 35-2451; Abfahrten tägl., Fz 5–6 h, 10 €.
Huancané (50 km): täglich, Fz 4 h, 2 €.
Lima (1310 km): *San Cristóbal,* Tel. 32-1181 und *Cruz del Sur,* Tel. 35-2451; Fz ca. 25 h, 25 €.
Puno (45 km): jede Menge Colectivos und Busse fahren vor dem Bahnhof ab; Fz ungefähr 1 h, ca. 2 Soles. Weitere Colectivos fahren vom/zum Flughafen, Fz ca. 1 h, 7,50 Soles.

Eisenbahn Von Juliaca fährt nur noch der **Touristenzug Andean Explorer** von Peru Rail über *La Raya* (4338 m) nach Cusco. Wegen der Aussicht empfiehlt es sich, in

Fahrtrichtung rechts zu sitzen. Peru Rail setzt neue Züge mit modernen Waggons mit Panoramafenstern, nostalgischen Restaurant- und Barwagen und hinterer Aussichtsplattform ein. Das 3-Gänge-Mittagsmenü ist im Fahrpreis eingeschlossen. Peru Rail, Plaza Bolognesi s/n, Tel. 32-1112, reservas@perurail.com, www.perurail.com. Mo–Fr 6–10 Uhr u. 14–18 Uhr, Sa/So 6–10 Uhr. Weitere Infos über Fahrpreise usw. s. bei Puno. Während der Hochsaison kann es schwierig werden, eine Fahrkarte für die Strecke Juliaca – Cusco zu erhalten.

Flüge Flughafensteuer 4 €. Vom Airport fahren Direkt-Colectivos nach Puno, 2 €. Nach Arequipa: LAN (tägl.) ab 92 €. – Cusco: LAN (tägl.) ab 100 €. – Lima: LAN (tägl.) 102–115 €.

Juliaca – Puno

Die 45 km bis Puno werden auf der relativ gut asphaltierten Straße schneller zurückgelegt als im Zug. Nach 22 km kommt rechts die Abzweigung nach Sillustani und 5 km vor Puno die Abzweigung nach Arequipa. Schon lange ist auf der linken Seite der tiefblaue Titicacasee zu bewundern. Am Ufer führt schnurgerade das Bahngleis auf einem Damm von Puno nach Juliaca. Unmittelbar vor Puno steigt die Straße noch einmal kurvenreich an und bietet am höchsten Punkt (in Höhe der Tankstelle links) einen faszinierend-schönen Blick auf die Stadt und den mächtig großen **Titicacasee**. Die Gleise der Eisenbahn führen am Sees entlang. Die Fahrgäste des Tagzuges von Cusco sehen davon meist nicht viel, da für sie schon längst die Nacht hereingebrochen ist. In der Regenzeit, wenn es Überschwemmungen gibt, ist die Bahnstrecke zeitweise außer Betrieb.

Südliches Bergland mit Titicacasee

Puno

Die Hauptstadt des gleichnamigen Departamento liegt auf 3830 m Höhe, hat etwa 125.000 Einwohner und wurde wahrscheinlich 1668 durch die Spanier gegründet. Das beeindruckendste an der Stadt ist die schöne Lage am Titicacasee, dem höchsten schiffbaren See der Welt. Puno liegt auf der Collao-Hochebene, das die geheimnisvollen Überreste uralter Kulturen birgt. Die gesamte Hochebene ist eine einzige archäologische Schatzkammer, darunter die **Chullpas** (Grabtürme) **von Sillustani** und **Cutimbo**. Während der Inkazeit hieß dieses Gebiet *Collasuyu* und die dort lebenden, einst aufsässigen Colla, die sich dann mit den Inkas arrangierten, sprechen noch heute Aymara.

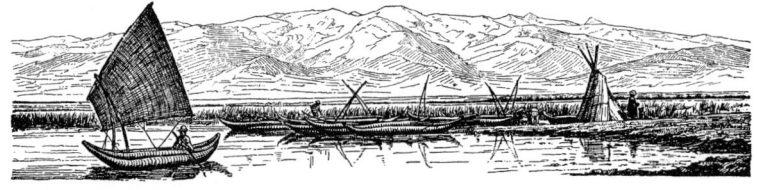

Puno

Karte S. 356 — 353

Sehenswürdigkeiten mit Zeitbedarf	1. Schwimmende Schilfinseln der Uro (Islas Flotantes) – halber Tag 2. Die Inseln Taquile und/oder Amantani – jeweils mindestens einen Tag 3. Grabtürme von Sillustani im Complejo Arqueológico de Sillustani – halber Tag 4. Das Dorf Chucuito mit dem Inca Uyo – mindestens halber Tag 5. *Fiesta de la Candelaria* mit **Diabladas** (2.–15. Februar) – mindestens zwei Tage 6. Grabtürme von Cutimbo – halber Tag
Klima	Wegen der Lage der Stadt über 3800 m kann dies bei höhenungewohnten Personen zu Problemen führen. Auch die nächtliche Kälte mit Temperaturen unter dem Nullpunkt ist verrufen. Die Durchschnittstemperatur liegt bei nur 8 °C. Die Regenzeit dauert von Dezember bis April, die regenärmsten Monate sind Mai und Oktober.
Sehenswert sind ...	Zuallererst, wie schon erwähnt, der Titicacasee mit den schwimmenden Schilfinseln der Uro-Nachfahren sowie die Inseln Taquile, Amantani (eine der beiden Inseln ist ausreichend), und Suasi (letztere etwas weiter weg, am anderen Seeufer). Puno ist auch Ausgangspunkt für Reisen um den Titicacasee und nach Bolivien (Tiwanaku, La Paz) und außerdem die „Folklore-Hauptstadt" Perus, berühmt für farbenprächtige Volks- und Tanzfeste sowie für die ausgelassene *Diablada*. Puno innerorts hat kaum Sehenswürdigkeiten, nur etwa die *Plaza de Armas* (1979 neu gestaltet), die *Kathedrale* von 1754 sowie die *Iglesia San Juan Bautista* mit einigen Kunstschätzen, Schnitzereien und Skulpturen. Zwischen Plaza de Armas und *Parque Pino* wurde eine Fußgängerzone angelegt (Jirón Lima). Dort und in der Tacna gibt es Läden, Banken, Cafés, Restaurants, Reiseagenturen und Büros von Busgesellschaften. In der Conde de Lemos gefällt die *Casa del Corregidor* aus dem 17. Jh. mit einem sehenswerten Patio, lohnenswert für einen Zwischenstopp.
Museo Dreyer	Außerdem können in der Conde de Lemos 289/Deustua, im kleinen *Museo Carlos Dreyer*, von 9–13 u. 14.30–20 Uhr Webarbeiten, Stoffe, Keramiken und Töpferarbeiten aus der Präinka-, der Inka- und Kolonialzeit bestaunt werden. Eintritt 15 Soles.
Museo Coca	Für Interessierte ist ein Blick in das Cocamuseum in der Deza empfehlenswert (9–13 u. 15–20 Uhr). Hier werden in einem Raum auch echte Kostüme und Masken der Diablada zum Anprobieren gezeigt und auf Videos können die Umzüge und Tänze angesehen werden.
Mercado de Artesano	Ein Besuch auf dem täglich stattfindenden kleinen Markt, Ugarte/Cahuide, ist gleichfalls lohnend. Er ist zwar nicht so farbenfroh wie der in Cusco, dafür authentischer und mit viel Altiplano-Flair. Mützen, Socken, Ponchos und Pullover aus (manchmal etwas rauher Alpakawolle) sind billig, aber nicht von allerbester Qualität, doch preiswerter als in Cusco.
Mercado Bellavista	Dieser Markt an der Av. El Sol südlich der Lampa bis runter zur Av. del Puerto bietet neben allen Dingen des täglichen Bedarfs Obst und Gemüse sowie Mobiliar an. Wer hier durchbummelt, sollte sich die Friseure bei ihrer täglichen Arbeit nicht entgehen lassen. Ein **weiterer Markt** findet jeden **Samstag** entlang der Calle Los Incas und in den Nebenstraßen statt.

Puno

Museo Flotante Yavari

Seit 1998 gibt es in Puno mit dem Motorschiff *Yavari* das einzige schwimmende Museum Perus, das die Geschichte der Binnenschiffahrt auf dem Titicacasee anschaulich dokumentiert.

Die Yavari wurde 1862 in England gebaut, in Arica in Einzelteile zerlegt, mit der Eisenbahn nach Tacna gefahren und von dort mit einer Maultier- und Lamakarawane zum Titicacasee transportiert. Dort schraubte man sie wieder zusammen. Sie tuckerte über den Titicacasee und sorgte so für die Verbindung zwischen Puno und Guaqui. Später wurde sie für den Warentransport der einzelnen schwimmenden „Schilfgemeinden" im See eingesetzt. Bis das originalgetreu renovierte Schiff wieder über den Titicacasee fährt, liegt es als Museumsschiff am Bootsanleger des Hotels *Sonesta Posada del Inka* (s.11) vor Anker. Tel. 36-9329, yavaricondor@viaexpresa.com.pe, tägl. 8–17 Uhr.

Huaisapata

Der „Hausberg" von Puno ist der *Huaisapata*. Dort steht das Denkmal von *Manco Capac* im kalten Andenwind. Westlich von Puno liegt der *Kreuzweg-Gipfel* (4013 m) mit einem Altar, der zu Fuß in einer Stunde erreicht werden kann. Dazu die Independencia stadtauswärts nehmen, durch den Arco Deustua, danach links steil aufwärts. Am Ende der Häuser beginnt in einer Rechts-Links-Schleife der Wallfahrtsweg. Vom Gipfel genießt man einen weiten Blick über die Stadt und den See.

Chiris

10 km außerhalb von Puno leben im Dorf Icho die *Chiris,* die angeblich von den Inka aus Ecuador hierher umgesiedelt wurden. In Kleidung und Tradition unterscheiden sie sich von den anderen Bewohnern der Region.

Folklorefeste

Die größten sind die farbenprächtige **Fiesta de la Virgen de la Candelaria** (Maria Lichtmess), alljährlich vom 2.–15. Februar, mit der **Diablada** mit Straßenumzügen ab dem 8. Tag, und **La Salida de Manco Capac y Mama Occlo (Puno-Woche)** vom 1.–7. November zur Erinnerung an die sagenumwobene Ankunft von *Manco Capac* und *Mama Ocllo*, Ur-Inkas aus den Wassern des Titicacasees. Dieses Fest wird von der Federación Folklórico de Puno organisiert, das Programm und die jährlich wechselnde Festzugroute wird meist erst im Oktober bekanntgegeben. Nicht minder sehens- und erlebenswert sind *Osterprozession*, die *Fiesta de San Pedro* in Zepita am 29. Juni und die *Fiesta de Nuestra Señora de la Merced* am 24. September.

Von den etwa 1500 Tänzen Perus haben mindestens 400 in und um Puno und in der Region um den Titicacasee ihren Ursprung. Meist sind es ländliche Bauerntänze wie *Waca Waca, Wifalas, Sikuris, Kullawada, Kajelo, Llamerada, Choquelas* oder die städtischen Tänze *Pandilla, Rey Moreno, Marinera Puneña, Diablada* sowie *Caporales*. Mit am bedeutungsvollsten ist die **Diablada** (Teufelsmasken-Tanz), der im Zusammenhang mit dem Fest der *Virgen de la Candelaria* steht (Maria Lichtmess, 2. Febr.). Er geht auf eine Legende der Minenarbeiter zurück, die durch einen Erdrutsch verschüttet wurden und die in ihrer Todesangst eine Armee von Teufeln sahen, die sie in die Hölle beförderten. Allein und verlassen gelobten sie der Jungfrau Maria, bis sie befreit wurden. Aus Dankbarkeit wurde es dann ihre Schutzpatronin.

Diablada

Die **Fiesta de la Virgen de la Candelaria mit Diablada** ist das wichtigste Festereignis in Puno und um den Titicacasee. Der Hauptumzug (Desfile) führt von der Independencia abwärts durch den Arco Deustua zum Parque Pino und endet mit dem Finale im Stadion von Puno. Der Höhepunkt ist gekommen, wenn der Umzug der verschiedenen Vereinigungen der Teufelsmaskentänzer durch die Gassen Punos tobt. In einem Wettbewerb streiten Dutzende von Gruppen, ähnlich den Escuelas de Samba beim Karneval in Río de Janeiro, um den Sieg.

Jede Gruppe ist gleich aufgebaut: Zuerst kommt der Fahnenträger, dem meist eine Kindertanzgruppe folgt. Dahinter stimmen Tänzerinnen in Kostümen die Zuschauer auf die Hauptgruppe mit den Teufelsmaskentänzern ein. Die alten Masken wiegen einige Kilos, und die Tänzer tragen zum Schutz des Gesichts einen gepolsterten Kopfschutz. Auch ihre prunkvollen Gewänder sind sehr gewichtig. Hinter den Teufelsmaskentänzern heizt die *Banda del Diablo* (Teufelsband) mit Blechbläsern und Pauken im typischen Diablada-Rhythmus den Tänzern ein. Den Schluss einer Banda bildet ein Trupp Männer mit riesigen Tubas, die alles überdröhnen. Eine der schönsten Gruppen ist die *Asociación Folklórico Espectacular Diablada Bellavista*, aber auch die rein indigenen Tanzgruppen, die viel Tradition ausstrahlen, begeistern. Der Umzug beginnt morgens um 8 Uhr und wird im Fernsehen übertragen. Es wird Mitternacht, bis die letzte Gruppe vor den Preisrichtern auf der Plaza vorbeidefiliert ist.

Während der Diabladazeit ist die Innenstadt an den wichtigsten Diablada-Tagen gesperrt, manche Gassen sind vollständig von Gruppen blockiert. Tag und Nacht wird ausgelassen getanzt. Der Biernachschub wird direkt vom Lkw heruntergetätigt, und mit Handwagen ziehen die Bierverkäufer durch die Gassen oder begleiten die Musik- und Tanzgruppen. Fremde werden spontan zum Mittrinken eingeladen, doch es ist nicht gerade jedermanns Sache, kaltes Bier in nächtlicher Kälte zu trinken und dem Spender zuzuprosten. Beste Aussicht auf das Treiben vom Balkon des Restaurants *El Plaza* an der Plaza de Armas.

Feste um den Titicacasee
Bei der Touri-Information erkundigen, ob und wo ein Fest ansteht. Damit sind aber dann auch mehr oder weniger ausgedehnte Ausflüge fast rund um den Titicacasee verbunden, z.T. auf sehr schlechten Straßen. Doch auch ohne Feste bietet die Gegend um den See viele lohnende Ziele.

Februar/März: überall Karnevalsfeste, besonders erlebenswert in Puno. **2.–15. Februar:** Puno, Fiesta de la Virgen de la Candelaria mit der *Diablada* (ab dem 8. Tag). **1.–3. Mai:** Huancané, Fest des Heiligen Kreuzes und Markt der „Alasitas". **29. Juni:** Zepita – Peter-und-Paul-Fest mit Prozession. **25. Juli:** Pomata, Lampa und Huancané – das Fest des Hl. Jakob. **5.–8. August:** Copacabana (Bolivien): Fest der Virgen de Copacabana. 15. August: Azángaro: Fest des Hl. Bernhard. 22. August: Rosaspata: Fest der Virgen von Maria Himmelfahrt. Daneben gibt es noch zahlreiche Feste in den Monaten **September** und **Oktober**, z.B. am 8. September in Ayaviri, am 14. in Moho, am 15. in Acora, am 24. in Vilque und am 29. in Llave. **Oktober:** am 1. Sonntag dieses Monats in Chucuito, Acora und Tiquillacta. 10. Oktober: in Yunguyo. 30. Oktober: in Desaguadero. **1.–7. November:** Puno-Woche mit Gedenkfeiern und Aufführungen der Inka-Sage Manco Capac und Mama Ocllo, große Boots-Prozession mit Folklore-Tänzen. 8. Nov.: in Julí und Paucarccolla.

Adressen & Service Puno

Tourist-Info I-Peru, Lima/Deustua, Tel. 36-5088, iperupuno@promperu.gob.pe, Mo–Sa 8.30–19.30 Uhr; sehr hilfreich, gute Infos, Zimmervermittlung. **Vorwahl (051).**

Touristenbehörden *Ministerio de Industria y Turismo,* Ayacucho 682, Tel./Fax 35-1261. – **Touristenpolizei:** *Policía de Turismo,* Deustua 538, Plaza de Armas, Tel. 35-4763 und 35-7100; 24-Std.-Service. – **Einreisebehörde:** *Migración,* Ayacucho 240, Tel. 35-7103, Mo–Fr 8–14 Uhr.

Internet www.titicacaalmundo.com

Warnhinweis! *In Puno gibt es nicht wenige Jalagringos, Jugendliche, die in den Straßen vor dem Busterminal Fahrkarten verkaufen, unseriöse Inseltouren anbieten oder Hotelzimmer vermitteln. Sich auf einen Jalagringo einzulassen stellt immer ein Risiko dar, denn niemand garantiert die Gültigkeit und Echtheit ihrer Boletos oder Richtigkeit des Hotelzimmerpreises!*

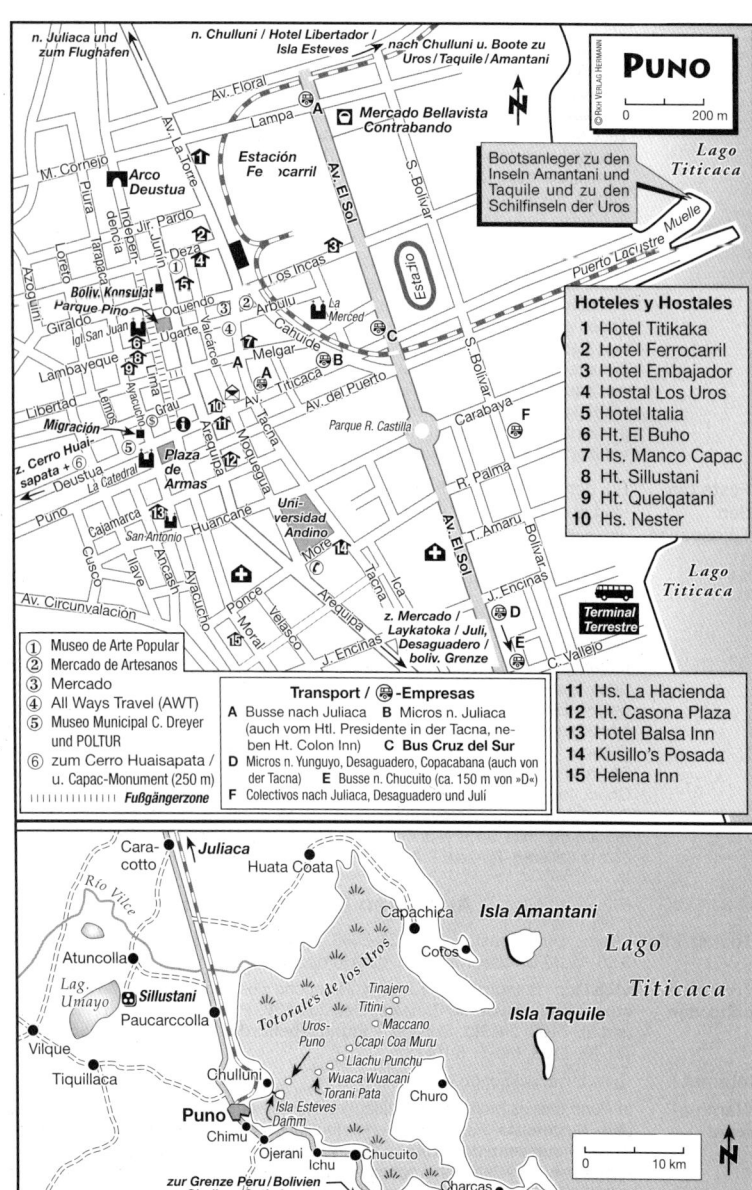

Unterkunft	Während der Diablada und in der Puno-Woche verdoppeln sich die Übernachtungspreise und kann es sehr schwierig werden, überhaupt noch ein Zimmer in Puno zu finden, insbesondere in den preiswerten Klassen. Reservierung dann unbedingt notwendig. Entscheidendes Hotel-Kriterium ist in Puno heißes Wasser, das es in den billigen Unterkünften oft nur zeitweise (z.B. von 20–22 Uhr) oder am Morgen, manchmal aber auch gar nicht gibt. Es ist sinnvoll, sich die Zimmer vorher zeigen zu lassen, die Wasserarmaturen auf ihre Funktionstüchtigkeit zu prüfen und nach den Warmwasserzeiten zu fragen. Abends fällt ab und zu in ganzen Straßenzügen der Strom aus.
ECO	**Hostal Manco Capac,** Tacna 277, Tel. 35-2985, Fax 35-3384, rubilodge@terra.com.pe, www.mancocapacinn.com. Schöne Zi., bp, immer Ww, GpD. DZ ab 25 Soles. – **Hostal Nesther,** Deustua 269, Tel. 35-1631. Einfache Zi., nicht immer Ww, bc/bp. – **Hostal Los Uros,** Teodoro Valcárcel 135, Tel. 35-2141. Freundlich, sicher, ruhig, bc/bp, GpD gegen geringe Gebühr, Ws, Geldwechsel (Reiseschecks), für Gruppen gut geeignet, gute Infos. DZ/bc 33 Soles, gPLV. – **Hostal Kantuta,** Lambayeque 516 (etwas außerhalb des Zentrums), Tel. 36-7852. DZ/TriZ, bp, Ww, GpD, hilfsbereit. DZ/F 40 Soles. – **Hostal Titikaka,** Av. La Torre 346, Tel. 35-1210, Fax 35-1217. Freundliches, sauberes Hostal, bp, Ww, Ws, Parkplatz. DZ/F 40 Soles, gPLV. – **Kusillo's Posada,** More 162, Tel. 36-4579, kusillos@latinmail.com. Kleines familiäres Hostal, nett und hilfsbereit. DZ 53 Soles, empfehlenswert.
ECO/FAM	**Hotel Ferrocarril,** Av. La Torre 185, Tel./fax 35-1752, www.hotelferrocarril.com. Extrem sauberes Hotel gegenüber dem Bahnhof, nett geführt, Aldo Passano antwortet schnell auf Mails, gerencia@hotelferrocarril.com. DZ ab 115 Soles.
FAM	**Hotel Italia,** Valcárcel 122, Tel. 35-2521. Saubere Zi., bc/bp, freundlich, **TIP**. – **Hotel El Embajador,** Incas 289, Tel. 35-2070. Einfach, Rest., bc/bp, preiswert. – **Hotel Sillustani,** Lambayeque 195, Tel. 35-1881, Fax 35-6111, sillustani@punonet.com, www.punonet.com/sillustani. Saubere Zi., Zentralheizung, bc/bp, sicherer PP. DZ/F 125 Soles, gPLV, **TIP!** – **Hostal María Angola,** Bolognesi 190, Tel./Fax 36-4596, info@mariaangolahostel.com, www.mariaangolahostel.com. Nettes, freundliches Hostal, Zi. mit Heizung, bp. DZ/F 130 Soles, bei Reservierung inkl. Flughafentransfer. – **Helena Inn,** Ayacucho 609, Tel. 35-2108, hostalhelenainn@yahoo.es, www.hostalhelenainn.com.pe. Freundliches Hostel, Zi. mit Heizkörper (die besten Zi. sind 303 u. 403), sicher, Ws, GpD, reichhaltiges Frühstück. DZ/F ab 110 Soles. **TIP!** – **Hotel Balsa Inn,** Cajamarca 555, Tel. 36-3144, Fax 36-5652, reservas@hotelbalsainn.com, www.hotelbalsainn.com. EZ/DZ/TriZ, bp, Ww, Ws, Café-Bar, Internet. DZ/F 170 Soles. – **Hostal El Buho,** Lambayeque 142, Tel. 36-6122, Fax 35-4214. Ansprechende Zi., bp, Rest., Bar, Ws, Internet, gut besucht. DZ/F ab 175 Soles.
FAM/LUX	**Hotel Qelqatani,** Tarapacá 355, Tel. 36-6172, Fax 35-1052, qelqatani@punonet.com, www.punonet/qelqatani. Schönes Hotel, rustikal, sehr saubere Zimmer, bp, Ww, Cafetería, Bar, Restaurant, Ws. DZ/F 43–53 €. – **Hotel Casona Plaza,** Arequipa 655, Tel. 36-5614, Fax 36-8183, reservas@casonaplazhotel.com, www.casonaplazahotel.com. Eines der besten Hotels in Puno, bp, Ww, Rest., Bar, Ws, Internet, Postservice, Med.-Service, Geldwechsel, GpD, PP, alle Transporte. DZ/F ab 49 €, alle Kk. **TIP**.
LUX	**Sonesta Posada del Inca,** Centenario 610, Sector Huaje, Tel. 36-3672, Fax 35-4111, reservas@sonestaperu.com, www.sonesta.com. Traumhafte Lage am See, ca. 1 km außerhalb an der Bahnstrecke Puno – Cusco, der Zug hält direkt am Eingang des Hotels, auf Reisegruppen spezialisiert. Große, beheizte Zi. mit Seeblick, Garten, Terrasse, guter Service, beste Küche, sehr aufmerksam, für Behinderte besonders geeignet. Am Anleger liegt die *Yavari* (s.o.) vor Anker, Schiffsbar 17–23 Uhr. – **Hotel Libertador Puno,** 5 km außerhalb auf

der Isla Estves mit Dammzufahrt, Tel. 36-7780, Fax 36-7879, hpuno@libertador.com.pe, www.libertador.com.pe. Modern, schöne Zi., bp, Seeblick, Rest., Bar, Disco, Zentralheizung, dt. Leitung. DZ ab 135 €.

Essen & Trinken

Viele Restaurants und Kneipen befinden sich in der Jirón Lima, der **Fußgängerzone,** und in den angrenzenden Seitenstraßen, z.B. in der Libertad. Die kleinen Restaurants mit preiswerten Mittagsmenüs, in denen die Einheimischen essen, liegen alle etwas von der Fußgängerzone entfernt. Gut und günstig isst man im **Asi es mi Perú** in der Libertad. Auf dem Markt sollte man zum Frühstück „Chocolate caliente" pobieren, dazu werden frittierte Fladenbrote gereicht, 1 Sol!

Ein guter Tipp für **traditionelle Gerichte** ist das **Quinta Bolívar,** Av. Simón Bolívar 401 (tägl. 10–18 Uhr), z.B. *Cuy chactado* oder *Picante Bolívar,* jeweils für 18 Soles. Picante Bolivar ist ein typisches Tellergericht, riesige Portion: gefüllter Paprika mit Reis, Chuño, Zwiebeln, Hackfleisch, Kartoffeln, Kutteln und ein Stück Meerschweinchenfleisch. – Beliebt bei den Einheimischen für preiswerten Mittagsmenüs ist **El Galpon,** Libertad 168, immer gut besucht. – Menüs, einfach, gut und günstig, serviert **Los Uros,** Av. Tacna 279.

Alpaka und **Cuy** kommen im **Keros,** Lambayeque 131, auf den Tisch, daneben viele Cocktails und sehr guter Pisco Sour, gPLV. – Das kleine Familienlokal **Ollanta,** Av. Libertad, mit gemütlichem Ofen und gPLV, gutem Essen, ist ein **TIP,** und auch das **E.C.C.O,** Pasaje Grau 137: leckere Tagesmenüs, phantasievoll zubereitet, Musik. Menü 15 Soles. – Eines der besten **Grillrestaurants** in Puno ist das **La Estancia,** Libertad 137; zahlreichen Grillspezialitäten mit großem Salatbuffet, guter Pisco für 5 Soles. **TIP!**

Das Essen im Hotel-Restaurant **El Plaza,** Puno 425, Plaza de Armas, ist relativ teuer, dafür werden Stroganoff, Lomo und Cordon bleu serviert. Alle Kk, So geschlossen. Im Obergeschoss gibt es einen Balkon, von dem man während den Festen dem bunten Treiben auf der Plaza de Armas zuschauen kann.

Weitaus besser und preiswerter ist das **Tradiciones del Lago,** Lima 418, das sich durch eine empfehlenswerte internationale Küche auszeichnet.

Köstliche **Forellengerichte** gibt es im **International,** Ecke Moquegua/Libertad. Cebiche in der **Cebichería el Rey,** Los Incas 271.

Hähnchenfreunde sollten unbedingt eine familiäre *Pollería* besuchen. Ein halbes mit Pommes kostet 10 Soles. – Leckere werden in der **Pollería Sale Saliente,** Tacna 381, grillt.

Pizza-Liebhaber treffen sich im **Matchu Pizza,** Arequipa 279, bei köstlicher Holzofenpizza und Pizzabrot. – Auch im **Jhutmay Brickoven,** Libertad 334, werden Holzofenpizzen bei Kerzenschein in nettem Ambiente aufgetragen. – Weitere gute Pizzerien sind **Buho,** Lima 347 und Libertad 386 sowie **Ukuku's,** Libertad 216. – Die Pizzeria **Mojsa,** Plaza de Armas neben der Apotheke, 2. Stock mit Blick auf die Plaza und Kathedrale, bietet mit die besten Pizzen und auch die lokalen Gerichte schmecken gut.

Preiswerte **chinesische** Nudelgerichte mit Gemüse und Rindfleisch sowie Pizzas bei **Nan Hua,** Arequipa 378. Die normale Portion Pizza für 10 Soles ist megagroß, Rest kann eingepackt werden. – Gute **vegetarische Küche** im **Vida Natural,** Lambayeque 141, Menü ab 1,50 €, Touristenmenü 3 €. – Ein gutes Touristen-Restaurant mit Bar und Café ist **La Hostería,** Lima 501, gemütlich und warm. Auf der Karte wird Alpaka in Wermutsoße mit Äpfeln geführt, von Juni bis Aug. allabendlich Peña. – Das nette **Balcones de Puno,** Libertad 354, ist Restaurant, Pizzeria und Café zugleich.

Ein spezieller Tipp ist das **Café Ricos Pan,** Lima 424, emperatrizpalma@yahoo.com. Die Bäckerin und Konditorin Imperatriz bietet neben delikaten Kuchen (Mokkatorte!) und Gebäcksorten auch frische Säfte, Cappuccino, Espresso und Irish Coffee. Komplettes, sehr gutes Frühstück, moderate Preise, Mo–Sa von 6–21 Uhr. Zweigstellen in der Arequipa und Moquegua.

Peñas und Unterhaltung	In vielen Kneipen und Lokalen spielen abends Amateurmusiker Andenmusik, nach einiger Zeit gehen sie mit dem Hut ein kleines Honorar einsammeln. Die *Peña La Hostería* (gleichzeitig Restaurant, Bar, Café) in der Lima 501 ist eine gemütlich Kneipe. Nur am Wochenende spielen in der *Peña Trabuco*, Libertad 172, gute Folkloremusikanten auf. *Peña la Candelaria*, Deustua 564, typische Landmusik. Sehr originell ist die Café-Bar *La Casa del Corregidor*, Deustua 576, in einem typischen Kolonialbau aus dem 17. Jh., zu dem auch eine Bibliothek mit Internetzugang und Ausstellungsräume über andine Kunst und Kultur gehören. **TIP!** – *PUB KUSILLOS*, Arequipa/Libertad, Disco mit Pub, schöne Atmosphäre, gute Musik! – *Tokoros Disco Bar*, Melgar 134. Disco. *Las Burbujas*, Ancash 237, Tel. 35-2442, Disco.
Post	*Serpost*, Moquegua 267. Mo–Sa 8–18 Uhr, So 8–13 Uhr.
Internet	Einige im Zentrum in der Lima, oder z.B. *Hardtech*, Arequipa 345, Oficina 106.
Telefon	*Telefónica del Perú*, Arequipa/Moquegua. 7–22 Uhr.
Geld	Im Zentrum gibt es viele Geldautomaten, in der Lima liegen die Banken. *Banco del Crédito*, Lima 510/Grau (Reiseschecks nur bis 13 Uhr). *Interbank*, Lima 442. *Scotia Bank*, Lima/Deustua. Kunden der Dt. Bank können mit ihrer EC-Karte kostenlos Soles am GA ziehen. Der Wechselkurs für Euro-Noten bei den Geldwechslern (Tacna, Tiwanaku, Straßenecke beim Mercado Central) ist sehr schlecht. Es gibt auch *Casas de Cambios*, z.B. Ecke Lima/Grau.
Bolivian. Konsulat	Arequipa 120, Tel. 35-1251, Mo–Fr 9–13 Uhr.
Touranbieter	■ **Latin Reps,** Arequipa 736 A, Tel. 36-4887, reservas@latinreps.com, latinreps@latinreps.com, sonjaauinger@latinreps.com, www.latinreps.com. Die Österreicherin *Sonja Auinger* bietet Individual- und Pauschaltouren an, bei Bedarf auch mit begleitendem Übersetzer und ist *das* Reisebüro für das Hochland von Peru und Bolivien, auch für Rollstuhlreisende und Behinderte! Dt.-spr. zuverlässig, kompetent, moderate Preise, gPLV – **unser TIP!** ■ **All Ways Travel (AWT),** Tacna 285, Tel. 35-5552, Fax 36-7246, sowie in der Deustua 576, Tel. 35-3979, allwaystravel@titicacaperu.com, www.titicacaperu.com. Das Büro (7–20 Uhr) ist eine gute Anlaufstelle für Infos in Puno und vorübergehend ein sicheres Gepäckdepot. Ausflüge (Taquile), Bus- und Zugtickets für die Weiterreise, speziell über Copacabana nach La Paz. Empfehlenswert sind: **Sillustani**-Tour tägl. um 14 Uhr mit Führer, Rückfahrt um 18 Uhr, 25 Soles/p.P.; **Tagesausflug nach Taquile** 40 Soles; Zweitagesausflug zur **Isla Amantani** 12 €. Das neueste Tourangebot, **Tesoro de Wiñaymarca**, führt auf die vom Tourismus noch unberührte Insel **Anapia** und **Yuspiqui** im Titicacasee, auf der es auch wilde Vicuñas gibt. Attraktion ist, mit Insulanern im Dorf zu wohnen und an Festen und traditioneller Lebensweise teilzunehmen. Sehr schönes Erlebnis! AWT hilft auch mit Colectivo-Fahrten zum Flughafen nach Juliaca. **TIP!** **Arcobaleno,** Tarapaca 335, Tel. 35-1052, arcobaleno@titicacalake.com. Fahrscheine für Tragflügelboote auf dem Titicacasee mit Mittagessen im archäologischen Restaurant Uma Kollu auf der Sonneninsel, Zwischenstopp auf der Mondinsel. Außerdem werden die "Schwimmenden Inseln" der **Uro-Iruitos** auf dem bolivianischen Teil des Titicacasees angeboten. **Inka Adventure,** Alfonso Ugarte 156, Tel./Fax 36-5020. Zweitagestouren nach Amantani und Taquile mit Übernachtung bei einer Familie, inkl. Führung 10 €, gPLV. Der Führer Victor spricht Deutsch. **Grace-Tours** (Z. Quispe), Av. La Torre 136, Tel. 35-3133, Fax 35-3762, gut.
Autoclub	Automóvil Club del Perú, Titicaca 531, Tel./Fax 35-2432.
Mietwagen	*El Inti,* Av. La Torre 137, Tel. 35-1594. Kleinwagen ab 35 €, 4WD 50 €.

Artesanías	*Promotora de Economía Solidaria (Pro-Ecosol),* Deustua 792, Int. 1, Wollsachen der andinen Bevölkerung zu fairen Preisen. **TIP!** – *Artesanías Puno EPS,* Alfonso Ugarte 150. – *Mercado Artesanal San José,* Cahuide, Preise verhandelbar.
Wäscherei	*Lavanderia Americana,* Moquegua 175. – *Don Marcelo,* Ayacucho 651; Wäsche 3,5 Soles/kg.

Verkehrsverbindungen

Taxi	Taxifahren ist in Puno recht preiswert. Innerhalb der Stadt beträgt der Grundtarif 1 €. Im Taxi dürfen in Puno offiziell nicht mehr als 3 Personen mitgenommen werden. Taxifahrten nach außerhalb von Puno sind jedoch relativ teuer, doch hartnäckiges Verhandeln kann zu einem angemessenen Preis führen, vor allem dann, wenn nur ein Ziel in der näheren Umgebung, z.B. Sillustani, angefahren werden soll. Preisbeispiele ab Puno nach: Sillustani 15 € (verhandeln!); Chucuito 12 €; Julí 40 €; Paucarccolla 12 €; Juliaca 20 €; Desaguadero 65 €.
Selbstfahrer	Auf der asphaltierten Strecke zwischen Puno und Cusco gibt es mehrere Mautstellen, die jeweils 2 € kassieren.
Bus (s.a. Juliaca, S. 351)	**Straßenzustände:** Die Straße von Puno nach Juliaca ist durchgehend asphaltiert und mit dem Bus bequem zu bewältigen. Die kürzeste Strecke nach Arequipa ist eine wilde Piste. Die neue, durchgehend asphaltierte Straße führt ab Juliaca entlang der Bahnlinie nach Arequipa. Auch die Straße Juliaca – Cusco ist durchgehend asphaltiert, die schnelleren Busse laufen der Eisenbahn den Rang ab.

Die Straße von Puno nach La Paz entlang der *westlichen* Seeseite ist auf peruanischem Gebiet bis Yunguyo **asphaltiert**, gleichfalls das Stück zwischen Copacabana und San Pablo de Tiquina und die Fortsetzung nach La Paz sowie die Strecke Pomata (Peru) – Desaguadero (Grenze) – La Paz.

Alle Busse der großen Gesellschaften fahren vom **Terminal Terrestre** ab, Av. Simón Bolívar (12. Cuadra, Benutzungsgebühr). **Bustickets** sollte man immer direkt bei den Busgesellschaften kaufen und nicht in Reisebüros (dort bis zu 50% Zuschlag)! Gute Linen sind *CIVA,* Melgar 389, Tel. 35-6882, *Cruz del Sur,* Av. El Sol 658, Tel. 35-2451, *Julsa Ángeles Tours,* Melgar 233, *IMEXSO,* Melgar 354, Tel. 36-3909, imexso@terra.com.pe. und *Ormeño,* Av. Titicaca 318, Tel. 35-2321.

TOUR PERÚ Expreso International, Terminal Terrestre, Schalter 1, Tel. 36-5517. Hilfsbereite Agentur für Bus- und Colectivo-Boletos, z.B. nach La Paz (Fp 5,60 €, doch **umsteigen an der Grenze!**), Copacabana (Fp 2,80 €), Cusco, Tacna, Lima oder Arequipa. Der Bus von Copacabana nach La Paz hält in La Paz dann direkt vor dem Hotel Sagárnaga. **TIP!**

Nach Arequipa (290 km): tägl. Busse mit *IMEXSO,CIVA, Cruz del Sur, Julsa Ángeles Tours* (Abfahrten ab 6 Uhr im Stundentakt, letzte Abfahrt 20 Uhr), *Sur Peruano, Sur Oriente* und *Jacantaya.* Fz 5,5 h, Fp ab 15 Soles, je nach Linie und Bustyp. Sehr schöne Fahrt durch reizvolle Landschaft, Sitzplatz rechts wählen.

Hinweis für Selbstfahrer: Die Direktpiste via Paty, Salinas, Ichocolla sowie der Pass des Nevado Picchu Picchu nach Chiguata ist ab Sta. Lucía sehr holprig mit vielen Schlaglöchern; keine Tankstelle auf der Strecke, aber Benzinverkauf durch Privathaushalte aus Fässern (auf Hinweisschilder achten), stark erhöhter Durchschnittsverbrauch, Reservekanister sinnvoll!

Chucuito: tägl. Busse und Micros, Abfahrten tagsüber alle 30 Min. vom Mercado Laikakota.

Copacabana: tägl. mehrere Busse ab Terminal Terrestre via Copacabana nach La Paz, z.B. *TOUR PERÚ* (s.u.). Colectivos ab der Av. El Ejército (am Markt), Av. El Sol oder Tacna. Abfahrten meist früh am Morgen, damit die bolivianische Grenze vor der Mittagspause erreicht wird. Fz 3,5–4 h, Fp 20 Soles, z.B. mit *Panamericano* oder *TOUR PERÚ*; **Rückfahrten** von Copacabana nach Puno tägl. um 13.30 Uhr, Rückfahrkarte von *Panamericano* 30 Soles.

Cusco (390 km): *Cruz del Sur*, *IMEXSO*, *Carhuamayo* und *TOUR PERÚ Expreso Internacional;* Nachtbusse, Fz ca. 6 h, 5–10 €, je nach Bustyp und Gesellschaft. – **Touristenbus** von *Inka Express*, Tacna 346, Tel. 36-5654 mit Stopps in Pucara, Raqchi, Andahuaylillas usw., inkl. Führer, Eintritt und Mittagessen. Abfahrten tägl. um 7.30 Uhr, Ankunft in Cusco 17.30 Uhr, **die preiswerte Alternative zur teuren Zugfahrt nach Cusco.** Vorbuchung/Reservierung bei Latin Reps (s.o.)

Desaguadero: täglich unzählige Busse, Fz 2,5–3 h, Fp 6 Soles. Die schnellste Strecke nach La Paz! Der Busterminal in Desaguadero liegt 300 m vor der Migración.

Julí: tägl. Colectivos, Fp 3 Soles.

Juliaca (45 km): es fahren jede Menge Colectivos und Busse von verschiedenen Ecken der Stadt, z.B. von der Tacna, vor dem Hotel Presidente; Fz ca. 1 h, Fp ab 2 Soles.

La Paz: u.a. *Collectur*, *Panamericano* sowie *TOUR PERÚ Expreso Internacional:* um 7.30 Uhr nach La Paz, 1 h Aufenthalt in Copacabana (Mittagessen, Toilette, Geldwechsel für das spätere Fährticket, Umsteigen). Der Bus hält in La Paz in der Illampu, direkt vor dem Hotel Sagárnaga, Fz 8 h, 6 €. Außerdem fahren unzählige Colectivos, Fp 8 h, über Copacabana (dort Fahrzeugwechsel oder bereits an der Grenze), z.B. *Colectur* Fp 4,50 €. Spezialticket von *Carrocarias Faconet*, gültig 2 Tage, mit max. siebentägiger Fahrtunterbrechung in Copacabana, Fp 10 €. **Schneller und bequemer** geht es mit Bussen zum **Grenzort Desaguadero,** dort **umsteigen nach La Paz** (ggf. Fahrtunterbrechung bei Tiwanaku), Grenzübertritt unproblematisch, Busse nach La Paz warten bereits auf der anderen Seite (ca. 5 Blocks nach der Migración), Fz bis Desaguadero 2,5–3 h, Fp 6 Soles, umsteigen in ein anderes Fahrzeug nach La Paz, Fz 2 h, Fp 10 Bolivianos. Preiswerter auf dieser Strecke sind Colectivos. Außerdem fahren spezielle Colectivs über Desaguadero direkt nach La Paz sowie Ormeño, Fz 6 h, Fp 7.50 €.

Lima (1350 km): *CIVA* und *Cruz del Sur*; Fz ca. 25 h, Fp 25 €.

Tacna: *Exproco Puno*, Titicaca 258; Fz mind. 16 h, Fp 8 €.

Eisenbahn
Da nun die Straße zwischen Cusco und Juliaca vollständig asphaltiert ist, **fahren viele Peruaner mit dem Bus,** Fz nur noch 5–6 Stunden. Deshalb wurde der Verkehr mit den Lokalzügen eingestellt und die Kombination Zug und Bus ist auf dieser Strecke nicht mehr möglich. So fährt von Puno nur noch der überteuerte **Touristenzug Andean Explorer** von Peru Rail über *Juliaca* und *La Raya* (4338 m) nach Cusco. Wegen der Aussicht empfiehlt es sich, in Fahrtrichtung rechts zu sitzen. Peru Rail setzt neue Züge mit modernen Waggons ein, in der 1. Klasse mit Panoramafenstern, nostalgischen Restaurant- und Barwagen und hinterer Aussichtsplattform Das Mittagsmenü (3 Gänge) in der 1. Klasse ist im Preis eingeschlossen. Die 2. Klasse ist preiswerter, meist nicht voll ausgebucht, durchaus gemütlich und somit vorzuziehen. Allerdings können Fahrgäste der 2. Klasse (Touristenklasse) nicht in den Speise- oder Barwagen mit der Aussichtsplattform in der 1. Klasse gehen. Andererseits wird die 2. Klasse vom Servicepersonal ebenfalls mit Speisen und Getränken versorgt, allerdings zu Preisen der 1. Klasse, z.B. ein kleines Bier 12 Soles.

Der Bahnhof ist Mo–Fr 7–17 Uhr, Sa/So 7–12 Uhr geöffnet, die Fahrkartenausgabe arbeitet sehr langsam. Für alle Züge gilt: Fahrkarten mindestens einen Tag vorher besorgen, in der Hochsaison von Mai bis August besser 2–3 Tage oder gar eine Woche vorher. Reservierungen für die Touristenklasse (2. Klasse) sind nicht möglich, doch der Kauf einer Fahrkarte ein paar Tage vorher. Für Reservierung und Kauf für beide Klassen benötigt man die Passnum-

Puno - zu den Uro-Schilfinseln — Karte S. 363

mer. Den Pass beim Einsteigen griffbereit halten, es wird kontrolliert. Das Gepäck muss im Zug abgegeben werden, warm anziehen, es kann auch tagsüber kalt werden!

Auskunft und Buchung der Zugtickets in Puno bei **Latin Reps,** Arequipa 736 A, Tel. 36-4887, reservas@latinreps.com, latinreps@latinreps.com, sonja-auinger@latinreps.com, www.latinreps.com oder bei *Peru Rail,* Av. La Torre 224, Tel. 35-1042, reservas@perurail.com, www.perurail.com, Mo–Fr 7–17 Uhr, Sa/So 7–12 Uhr.

Nach Cusco: Abfahrten Mo/Mi/Sa um 8 Uhr; Ankunft in Cusco 18 Uhr. In der Hochsaison von April bis Oktober auch freitags. Fahrpreise: 1. Klasse/Inka-Klasse 143 US$, inkl. Mittagessen. 2. Klasse/Backpacker 17 € (meist nicht voll belegt). **Arequipa:** nur auf Anfrage für Chartergruppen.

Schiffsverbindungen	**Eisenbahnfähre:** Der Fährbetrieb der peruanischen Eisenbahngesellschaft über den Titicacasee von Puno nach Guaqui in Bolivien (mit Zuganschluss nach La Paz) ist derzeit eingestellt, die Fährdampfer und das Cargoschiff *Manco Capac* rosten im Hafen von Puno vor sich hin. **Katamaran-Boot:** Es besteht eine Fährverbindung mit einem Katamaran-Boot von Copacabana nach Chua (Bolivien). Dazu fährt täglich ein Bus nach Copacabana. Von Chua ist Busanschluss nach La Paz gewährleistet, Ankunft in La Paz gegen 19 Uhr. Im Gesamtfahrpreis von 185 € für die Strecke Puno – Copacabana – Chua – La Paz ist ein Abstecher auf die Sonneninsel und ein Mittagessen enthalten. Auskunft und Fahrscheine bei *Latin Reps,* Arequipa 736 A, Tel. 36-4887 (s.o., www.latinreps.com), bei *All Ways Travel* (s.o.) oder bei *León Tours,* Ayacucho 148, Tel. 35-2771/35-1840, www.turismobolivia.com. Hier können die Katamarane von *Transturin* gebucht werden. **Tragflügelboot:** Daneben existiert eine Verbindung auf dem Titicacasee zwischen Copacabana und Huatajata mit einem Tragflügelboot (Hydrofoil). Im Gesamtfahrpreis von 170 € ist die Busanfahrt von Puno nach Copacabana, ein Schiffs-Stop auf der Sonneninsel sowie die Weiterfahrt mit dem Bus nach La Paz eingeschlossen. Der Zubringerbus verlässt Puno um 7 Uhr. Der Shuttle-Bus ab Huatajata erreicht La Paz gegen 19.30 Uhr. Auskunft und Fahrscheine bei *Latin Reps,* Arequipa 736 A, Tel. 36-4887 (s.o., www.latinreps.com). Auch *Arcobaleno,* Tarapaca 335, Tel. 35-1052, arcobaleno@titicacalake.com, bietet ein ähnliches Programm an. Im Preis sind hier die Besichtigung der Kathedrale von Copacabana, Mittagessen im archäologischen Restaurant Uma Kollu auf der Sonneninsel, Zwischenstopp auf der Mondinsel und das Ökodorf „Wurzeln der Anden" bei Huatajata eingeschlossen.
Flüge	(bei Juliaca, s.S. 352)

Ausflüge von Puno
Tour 1: Zu den schwimmenden Inseln der Uro-Nachfahren

Die Uro	Das Volk der echten Uro (auch Uru geschrieben) ist heute ausgestorben, wenngleich ihre Nachfahren versuchen, die Uro-Kultur zu erhalten. Von den Uro wird erzählt, dass sie sich *Kot-suns,* „Seemenschen", nannten. Sie galten als das wildeste Volk im Inkareich und hatten eine sehr dunkle Hautfarbe. Die Inka konnten die Uro nie unterwerfen, da sie sich bei Auseinandersetzungen immer auf ihre Schilfinseln im Titicacasee zurückziehen konnten. Im 19. Jahrhundert lebten noch etwa 4000 Familien auf den Schilfinseln, der letzte reinrassige Uro starb wahrscheinlich um das Jahr 1958.

Puno - zu den Uro-Schilfinseln

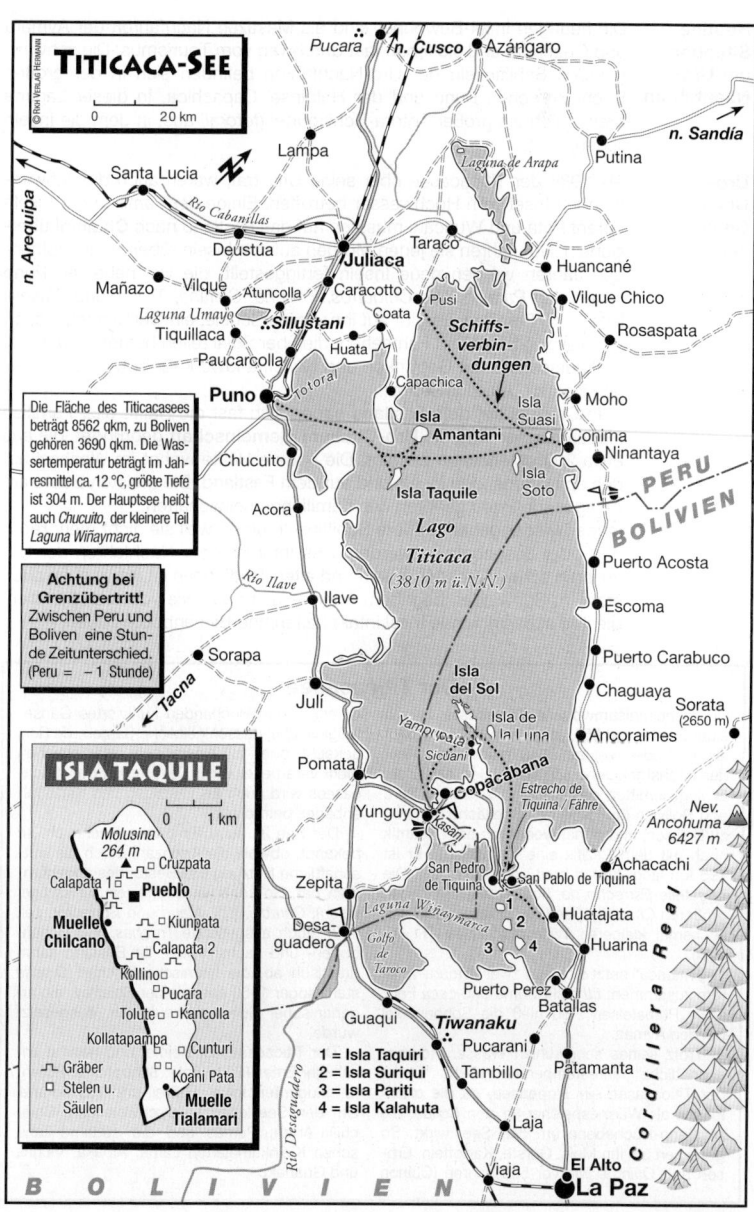

Heutige Situation der Uro-Nachfahren	Die heutigen Insel-Bewohner sind als Mestizen Nachfahren der Aymara und Quechua, und sie leben fast durchweg vom Tourismus. Die schwimmenden Schilfinseln der Uro-Nachfahren befinden sich in der großen Bucht zwischen Puno und der Halbinsel Capachica. In dieser Laguna breitet sich ein großer Totora-Schilfgürtel *(totoral)* aus, in dem die Inseln liegen.
Uro-Chulluni-Gemeinschaft	Als 1986 der Titicacasee über seine Ufer trat, waren auch die schwimmenden Insel vom Hochwasser betroffen. Einige der Familien der Inseln Torani Pata und Wuacani mussten auf das Festland nach **Chulluni** übersiedeln. Nun fahren sie jeden Morgen auf ihre Inseln rüber. In den folgenden Jahren wurden neue Inseln fertiggestellt, die viel näher an Puno liegen. Auf *Paraíso, Uro Chiquitos, Tribuna, Collana, Tronai* und *Blasero* leben 146 Familien. Es gibt auf ihnen eine Schule, ein Gemeindehaus, einen Telefondienst und Fernsehen, die über Solarzellen betrieben werden, Verkaufsstände mit Getränken und Kunsthandwerk für Touristen und einen kleinen „Aussichtsturm".

In Chulluni auf dem Festland haben sich fast die Hälfte aller Familien niedergelassen und die **Uro-Chulluni-Gemeinschaft** gegründet, die aus etwa 2000 Menschen besteht. Die andere Hälfte wohnt im Wechsel auf den schwimmenden Inseln und auf dem Festland. Die meisten Boote am Anleger von Puno gehören den Familiengemeinschaften.

Immer wieder gehen größere Schilfinseln unter, weil sie nicht mehr repariert oder ausgebessert werden. Das Interesse der Nachfahren der Uro an ihren schwimmenden Inseln und alten Traditionen ist inzwischen auch stark im Schwinden begriffen. Aber es gibt nach wie vor noch Familien, die ihre schwimmende Insel intakt halten und Binsenboote bauen.

Der Titicacasee

Der geheimnisumwobene Titicacasee ist mit einer Fläche von 8562 qkm (fast 13 Mal größer als der Bodensee) und 3810 m über dem Meer der höchstgelegene schiffbare See der Erde. Er liegt inmitten des Altiplano zwischen Peru und Bolivien (gut 30% der Seefläche gehören zu Bolivien) und er hat weder mit dem Atlantik noch mit dem Pazifik eine Verbindung. Er ist 195 km lang, 65 km breit und 304 m tief. Die Engstelle *Estrecho de Tiquina* teilt ihn in den größeren Chucuito-See (mit 25 Inseln) und den sechsmal kleineren *Wiñaymarka*-See (11 Inseln).

„Titicaca" setzt sich aus zwei Aymara-Wörtern zusammen: *titi* heißt Puma und *caca* Fels, also „Pumafelsen". So hieß die Sonneninsel bei den Aymaa.

Trotz seines sehr kühlen Wassers (durchschnittliche Jahrestemperatur 10–12 °C) ist der Titicacasee in den Tropensee, da die große Fläche als Wärmespeicher für den *Collao*, die Altiplano-Hochebene um den See, wirkt. So gedeihen um ihn Mais, Gerste, Kartoffeln, Erbsen und *Quinoa*, wie vor 500 Jahren (Quinoa ist ein in den Hochanden kultiviertes Gänsefußgewächs, dessen eßliche Samen wie Reis gekocht oder zu einem sehr stärkereichen Mehl verarbeitet wird). Die Region des Titicacasees wird auch als Ursprung des Kartoffelanbaues betrachtet.

Der See zeichnet sich auch für seinen Fischreichtum bekannt, obwohl die Artenzahl durch die wirtschaftliche Nutzung des Bestandes abgenommen hat. So kommen *Suche* (ein welsartiger Fisch), *Carachi, Ispi, Mauri* und *Boga* vor, seit 1937 auch ausgesetzte *Truchas*, wie Regenbogen- und Lachsforellen. Ihr Bestand nahm drastisch ab, die heimische Fischart *Orestia* starb sogar 1960 aus, als der *Pejerrey*, ein argentinischer Süßwasserraubfisch, ausgesetzt wurde.

Der Titicacasee ist Heimat und Habitat unzähliger Enten (Puna-Ente, Schopfente, Rotente, Flugente), Ibise, Reiher und Kormorane. Um den See leben Meerschweinchen, Chinchilla-Arten, Pumas und die südamerikanischen Kleinkamelarten Lama, Alpaka, Vicuña und Guanako.

Alles Schilf Das Totora-Schilf *(Scirpus totora)* war und ist das Lebenselement der Uro. Aus ihm bauen sie ihre Inseln, Schilfhütten und ihre postkartenbekannten **Totora-Boote** *(balsas)*. Neben dem Fisch- und Vogelfang dienten den Uro früher auch die Totora-Schilfstengel als Nahrungsquelle (die Kinder essen gerne die süß schmeckenden *Ch'ullu*-Rispen des Totora, wobei sich deren Geschmack monatlich verändert). So entwickelten die Uro eine autarke Lebensweise, brauchten keinen Ackerbau an Land zu treiben. Auch zu Zeiten der früheren Inkaherrschaft war das so.

Die Totora-Inseln werden aus verschnürten Schilfrohrbündeln gebaut. Sie müssen ungefähr alle sechs Monate ausgewechselt werden, da sie sich mit der Zeit mit Wasser vollsaugen, schwerer werden und zu sinken drohen. Ständig müssen beschädigte oder verfaulte Teile ersetzt oder ausgebessert werden. Beim Bau einer Totora-Insel – wenn z.B. ein Paar heiratet – helfen alle männlichen Familienmitglieder mit, die Herstellung wird im seichten Wasser am Rande der Schilfzone vorgenommen. Von ausgewachsenem Totora werden die Wurzeln *(kili)* verwendet und zu Blöcken von bis zu acht Quadratmetern zusammengebunden. Auf diese Kili-Blöcke wird anschließend schichtenweise Totora gestapelt, bis die schwimmende Plattform einen Tiefgang von ca. 80 cm erreicht hat. Auf die etwas erhöhte Inselmitte wird zum Schluss eine bedachte Schilfhütte gesetzt. Hier lebt nun die junge Familie – doch heute ziehen von den jungen Leuten immer mehr lieber in die Stadt nach Puno.

Wer einmal über eine Totora-Insel geht, muss aufpassen: Leicht rutscht der Fuß in kleine Löcher im Schilf oder durch verfaulte Stellen ins Wasser darunter.

Totora-Boote Das Haupttransportmittel der Uro-Chulluni-Gemeinschaft sind ihre leichten Boote *(balsas)*. Früher gab es nur Totora-Boote, heute werden diese durch Holz-, Kunststoff- und Motorboote verdrängt. Zum Bau eines Totora-Bootes wird Schilf zunächst zu Rollen zusammengepresst, die in der Mitte dicker sind. Anschließend werden diese dann zu bootsförmigen Paketen verschnürt mit spitzem Bug und Heck. Es gibt mehrere Typen davon: Zur Jagd auf Enten, Reiher und Flamingos wird das kleine, wendige *jiska* verwendet, zum Fischfang dient ein mittelgroßes Boot, das *nansan*, das drei Personen aufnehmen kann. Der größte Bootstyp ist das *chatcha*, das bis zu fünfzehn Personen oder dementsprechende Lasten transportieren kann. Um ein Nansan zu bauen, wird ein Monat benötigt. Nach etwa einem Jahr ist das Boot angerottet und wird unbrauchbar.

Die Uro-Chulluni-Gemeinschaft geht nach wie vor mit ihren Booten auf Jagd und Fischfang. Vögel werden mit der *choc'ca ligüi* (Steinschleuder) erlegt, Fische (Trucha, Carachi, Suche, Boga, Pejerrey, Ispi u.a.) werden mit Netzen gefangen. Zur Zubereitung werden sie in Öl frittiert, gekocht oder in der Kälte gefriergetrocknet.

Zu den Uro-Inseln

Trotzdem es die echten Uro nicht mehr gibt, möchte nahezu jeder Reisende die schwimmenden Inseln mit ihren Nachfahren besuchen. Das geht problemlos: **Ab 7 Uhr** in der Früh fahren Boote, Wassertaxis, Wassercolectivos und motorisierte Kutter zu den Islas der Uro-Chulluni-Gemeinschaft, die sich am Rande des Schilfgürtels *(totoral)* des Titicacasees entlangziehen (s. Karte). Abfahrten sind vom Kai am Ende der Av.

Puno - zu den Uro-Schilfinseln

del Puerto. Am besten (und preisgünstigen) ist es, morgens rechtzeitig zum Hafen zu gehen und sich ein Boot zu suchen. Wer mit dem See-Colectivo zu den schwimmenden Inseln möchte, muss ca. 10 Soles pro Person löhnen, allerdings wird versucht, das Doppelte abzuluchsen.

Daneben gibt es **Touristen-Boote,** deren Bootsführer morgens am Hafen nach Reiselustigen Ausschau halten. Obwohl sie die Abfahrt zwischen 8 und 9 Uhr versprechen, wird es meist 9.30 Uhr, bis endlich abgelegt wird. Sie fahren nämlich immer erst dann ab, wenn sich mindestens zehn zahlende Fahrgäste (Einheimische und Inselbewohner zahlen meist nichts) eingefunden haben. Wer will, kann auch ein Boot ganz alleine für sich oder für eine kleine Gruppe mieten. Es sollte dann nicht mehr als 15 € kosten. Reiseagenturen bieten gleichfalls Touren zu den Uro an, jedoch für ein paar Euro teurer, und sie fahren in der Regel mit den gleichen Booten wie die Individualreisenden. Eine Insel-Rundfahrt dauert ungefähr zwei Stunden. Die Hauptinseln werden jedoch, weil es z.B. der Wasserstand nicht zulässt oder sie abgesoffen sind, immer weniger angefahren. Stattdessen bringt man die Reisenden zu den drei extra eingerichteten **Touristeninseln,** die genau auf der Strecke zur Insel Taquile liegen. Die größte von ihnen heißt Sta. María, die zwei anderen dümpeln nicht weit davon entfernt im Wasser. Bei Ankunft der Boote beginnt die große Verkaufsshow der Insulaner, für ein paar Soles kann man sich in einem Totora-Boot um die Inseln schippern lassen.

Empfehlenswert ist es, den Ausflug auf die schwimmenden Inseln mit dem Besuch der Insel Taquile oder Amantani zu verbinden. Die meisten Reisebüros bieten übrigens nur noch diese Kombination mit Taquile an.

Unser Tipp	**Direkt zum Hafen** zur *Asociación de Empresas Unificadas de Amantani Acuaticos* gehen, Tel. 36-9714, und dort ein 15-Tagesticket für eine Rundreise Puno – Uros-Inseln – Amantani – Taquile – Puno kaufen, die Betretungsgebühr pro Insel kostet zusätzlich ca. 5 Soles. Die Insulaner organisieren die Übernachtung und informieren jeweils am Morgen über die Abfahrt des nächsten Bootes. Die Übernachtung und Verpflegung wird direkt bei den Insulanern bezahlt, z.B. Amantani Ü/VP 25 Soles, Taquile Ü 25 Soles, Essen im Restaurant ca. 10 Soles oder nach Absprache bei der Herbergsfamilie. Im Sinne eines nachhaltigen Tourismus kommen die Einnahmen hierbei direkt den Inselbewohnern zugute. Eilige schaffen die Rundtour als Stressprogramm auch an zwei Tagen. Fahrplan: Puno ab 8.30 Uhr, Uro-Inseln an 9 Uhr/ab 10 Uhr, Amantani an 13 Uhr, Übernachtung. Amantani ab 8 Uhr, Taquile an 9 Uhr, Taquile ab 12 Uhr, Puno an 15 Uhr.
Fahrt über den See	Die Seefahrt ist recht hübsch. Auf der Insel Esteves kommt der pompöse Hotelbau in Sicht. Dann bahnt sich das Boot seinen Weg durch einen breiten Schilfkanal und erreicht die Inseln der Uro-Nachfahren. Diese sind natürlich schon längst über die Ankömmlinge informiert, der Wachposten auf dem „Aussichtsturm" hat „Alarm" geschlagen. Frauen sitzen schon im Halbkreis vor ihren Handarbeiten. Die tägliche Schlacht um Soles und Fotogebühren beginnt. Gut ist dran, wer Kaugummis, Luftballons oder Obst mitgenommen hat. Mag dies alles auch nicht jedermanns Geschmack sein, der nähere Anblick und der Eindruck der schwimmenden Inseln und ihrer Schilfbauten ist immer noch sehenswert und ein Erlebnis. Die Sicht vom Turm bietet einen Überblick.

Titicacasee-Sagen

Einer Sage nach stieg einst der Gott **Con Ticci Wiracocha** aus dem Titicacasee und erschuf die Sonne und in Tiwanaku die Welt und den Menschen. **Tiwanaku** (ca. 100 v.Chr.–1200 n.Chr.) ist nach wie vor eine der geheimnisvollsten Kulturen am Titicacasee (s. im Bolivien-Teil). Die Ruinen der Hauptstadt von Tiwanaku (zu der auch die Sonnen- und Mondinsel gehörten) liegen heutzutage gut 20 Kilometer vom See entfernt (in Bolivien), doch da die ursprüngliche Fläche des Sees früher größer war, ist es durchaus denkbar, dass Tiwanaku einmal am oder sehr nahe am Titicaca-Seeufer lag.

Nach der **Sage der Inkas** setzte die Schöpfergottheit **Wiracocha** seine Kinder **Manco Capac** und **Mama Ocllo** auf auf einer Insel im Titicacasee aus, vermachte ihnen einen Stab aus Gold und sagte: „Geht, wohin ihr wollt, und wenn ihr Halt macht, um zu essen und zu schlafen, so stoßt diesen Stab in die Erde. Wenn er darin steckenbleibt, lasst euch nieder und regiert die Völker mit Gerechtigkeit, Vernunft, Duldsamkeit, Liebe und Milde." So machten sich die beiden Kinder auf und kamen in die Gegend des heutigen Cusco, wo der Stab in die Erde steckenblieb und sie das Inka-Imperium gründeten.

Eine weitere Sage erzählt, dass nach der Eroberung des Inkareichs durch die Spanier die Tempelwächter der Sonneninsel den sagenhaften, nie gefundenen **Goldschatz der Sonneninsel** im Titicacasee versenkt haben sollen. Seit dem Einfall der Spanier wurde immer wieder nach diesem legendären Schatz gesucht. Die letzte große Tauch-Suchaktion unternahm 1968 der verstorbene *Cousteau*, der zwar eine Tiefe von 230 Meter erreichte und fantastische Unterwasseraufnahmen mitbrachte, aber außer Fischen und Andenfröschen nichts von dem Schatz fand. 2008 entdeckten Archäologen in Peru eine goldene Kette am See.

Als im 13. Jahrhundert die Inka das Gebiet um den Titicacasee annektierten, ohne aber die Bräuche und Sprache der Aymara auszulöschen, erhoben sie die Insel Titicaca zu einem heiligen Ort, zur Sonneninsel (Wiracocha, der ursprüngliche Inka-Schöpfergott, wurde bei den Inkas später durch die als Gott gedachte Sonne Inti abgelöst). In dieser Zeit durfte die Sonneninsel nur durch die Adelskaste betreten werden, wurden in einem höhlenartigen Labyrinth, das völlig mit Goldplatten ausgelegt war, höchste Riten durch den Inca vollzogen und der Sonnengottheit Inti gehuldigt. Als sie zum Himmel aufstieg, hinterließ sie der Legende nach einen Fußabdruck.

Auch auf dem bolivianischen Teil des Titicacas gibt es ein „Schwimmendes" Dorf der **Uro-Iruitos.** Das Tragflügelboot von der Sonneninsel nach Huatajata von Crillón-Tours macht hier einen kurzen Stopp. Infos: *Arcobaleno,* Tarapaca 335 in Puno, Tel. 35-1052, arcobaleno@titicacalake.com.

Tour 2: Zu den strickenden Männern der Insel Taquile

Einst galt die 35 km von Puno entfernte Isla Taquile (Karte s.S. 363) als Geheimtipp unter Peru-Reisenden. Heute ist sie fast ebenso bekannt und ein gleichbeliebtes Ziel wie der Inkatrail nach Machupicchu.

Die Insel liegt gleich nach der Durchfahrt der See-Enge in der Verlängerung der Capachica-Halbinsel. Sie ist etwas über 5 km lang, über einen Kilometer breit und erreicht mit dem Inselberg *Molusina* eine Höhe von 264 m über der Seeoberfläche. Südlich von ihr ist die winzige Insel *Tilali* vorgelagert. Taquile selbst ist für seine Terrassenanlagen berühmt, auf denen heute noch Landwirtschaft betrieben wird. Taquile, auf der etwa 1400 Bewohner leben, ist in die sechs Insel-Sektoren *(suyos)* aufgeteilt *Lakano, Estancia, Chuño Pampa, Kollina, Huayllano* und *Kollapampa*.

Geschichte Die Insel wurde um 1500 v.Chr. zuerst durch die Pakara besiedelt. Diese wurden dann durch die Colla und jene später durch die Inka abgelöst. Es gibt zahlreiche alte Grabstätten auf Taquile, wie z.B. in *Calapata 1, Molu-*

sina, Cruzpata, Lampayuni und *Calapata 2.* Sie weisen interessanterweise nicht die üblichen Zugänge nach Osten auf, sondern nach Nordosten, was für die viel ältere Pucara-Kultur spricht. Außerdem waren die Eingänge der Grabstätten der ursprünglichen Bewohner Taquiles nie nach Süden gerichtet, denn aus dieser Richtung kam der kalte Wind.

Über das Jahr werden auf Taquile zahlreiche Riten zelebriert. In *Koanipata* finden diese im Februar statt, in *Molusina* im April, in *Cruzpata* im Mai, in *Torrispata* und Kiunapata im Juni, in *Tolute* im Juli und in *Ayawasi* im November. Alte Mystik und Religion ist überall auf der Insel lebendig. Die kulturellen und geistigen Beschützer dieser Kulte sind die *Apus* (Berggötter). Der *Apu Machu Wasi* z.B. lebt angeblich in einer Höhle inmitten Taquiles.

Doch auf Taquile gibt es ebenso zahlreiche **Feste,** wie z.B. der *Día de la Candelaria* im Februar, die *Semana Santa* an Ostern, die *Fiesta La Santa Cruz* im Mai, die Zeremonie zu Pfingsten in Kiunapata, die große *Fiesta Santiago Apóstol* ab 25. Juli sowie einige weitere Feste zwischen August und Dezember, die einen Inselbesuch lohnen (z.B. auch zur Regenzeit die Regenrituale, die für die Landwirtschaft auf Taquile wichtig sind). Die Bauern Taquiles verkaufen ihre Produkte, wie z.B. Kartoffeln, Oca (andine Knollenfrucht) auf dem Markt in Puno.

Doch am bekanntesten ist Taquile für seine **strickenden Männer,** ihre Arbeiten sind sehr schön. Daneben weben sie mit horizontalen Webstühlen, die Frauen arbeiten an kleineren, die transportabel sind und oft mitgenommen werden. Grundfarbe der Textilien ist weiß, eingearbeitete Muster meist rot. Traditionelles Kleidungsstück ist die *tayca waca* oder die *chillihua.* Zum Färben der Wolle werden Pflanzenfarbstoffe verwendet: aus *chilca* wird z.B. hellgrüne Farbe gewonnen, aus *rumi sunca* graue, aus *sonela* gelbe, aus *eucalipto* grüne und aus pulverisierten Schildläusen *(cochenille)* rote.

■ *Strickender Mann*

Bester Tag um Taquile zu besuchen ist der **Sonntag,** wenn der Alkalde mit den Dorfältesten im Gänsemarsch zur Kirche kommt und die Sonntagsrede hält. An den Farben der Mützen kann man erkennen, wer von den Bewohnern Taquiles ledig oder verheiratet ist, wer zu den Dorfältesten gehört und in welche Altersgruppe ein Kind einzuordnen ist. Männer mit weißen Spitzen an der Zipfelmütze sind nicht verheiratet.

Anreise nach Taquile

Taquile hat drei Bootsanleger. Die meisten Boote legen am Hauptanleger *Muelle Chilcano* an, wo der Treppenaufstieg zum Haupt- und Eingangstor des Pueblos und zur Plaza Principal beginnt. Der zweite Anleger, die *Muelle Tialamori,* befindet sich ganz im Süden der Insel in der Nähe des Strandes von *Kollata Aco.* Von hier sind es 3 km zu Fuß über das Zeremonialzentrum *Koani Pata* zur Plaza Principal. Der dritte Anleger auf der Ostseite Taquiles bietet den kürzesten Weg zur Plaza Principal.

Die Insel kann zwar mit Hin- und Rückfahrt an einem Tag besucht werden, entspannter und angenehmer ist aber eine Zwei- oder Mehrtagestour. Wie schon erwähnt, empfiehlt es sich, auf der Hinfahrt zuvor noch einen Stop bei den Uro-Inseln einzulegen.

Die Boote vom Bootsanleger in Puno fahren morgens ab 7 bzw. 7.30 Uhr (für individuelle Tagesfahrtausflügler), zwischen 8 und 9 Uhr legen die Touristenboote/Touristencolectivos, ab, je nach Aufkommen. Meist verzögert sich die Abfahrt, da man die Boote vollkriegen will. Es ist sinnvoll, sich einen Tag zuvor im Hafen nach den Überfahrtsmöglichkeiten zu erkundigen oder nach evtl. Mitreisenden Ausschau zu halten. Es dürfte aber bei den etlichen Booten jeden Tag keine Probleme geben. Ein Direktarrangement im Hafen ist kostengünstiger als eine Reisebüro-Buchung in Puno.

Fahrtdauer: Die 35-km-Fahrt dauert, je nach Wellengang und Maschinenstärke des Bootes, 3,5–4 h. Je nach Absprache (ggf. Trinkgeld für den Kapitän) wird ein Stop bei den drei Uro-Touristen-Inseln eingelegt. **Rückfahrten Taquile – Puno:** Touristenboot gegen 14 Uhr *(Pauschalreisende können also nur 2 kurze, stressige Stunden auf der Insel bleiben!)*, Colectivo um 15 Uhr. **Fahrpreise** (hin- und zurück): Mit Wassercolectivos 6 €. Mit einem Privatboot oder über eine Reiseagentur (bzw. über Hotelrezeption vermittelt): 10–15 € p.P.

Der „Bogen der Freundschaft"

Wer auf Taquile übernachten möchten, unbedingt einen Schlafsack (!), warme Kleidung und eine Taschenlampe (!) mitnehmen, unnötiges Gepäck im Hotel in Puno deponieren. Kälteempfindliche sollten auch bei einem Tagesausflug den Schlafsack mitnehmen, da die Rückfahrt am späten Nachmittag sehr kalt werden kann oder u.U. sogar ausfällt! Essen und Trinken gibt es auf Taquile genügend, aber frisches Obst ist dort immer willkommen.

Nach der Ankunft in dem winzigen Hafen von Taquile geht es über 536 steile Stufen eine halbe Stunde keuchend zum „Bogen der Freundschaft", dem Eingangstor, und zur Plaza Principal hinauf. Die Taquileños sind das Treppensteigen in 4000 m Höhe gewohnt, sie legen ein beachtliches Tempo vor (ich beobachtete bei meinem Besuch einen über sechzigjährigen Mann, der, barfuß und cocakauend, mehrmals zwei volle Bierkisten in einem Lastensack vom Hafen die Treppe hoch ins Dorf trug, ohne dass man ihm auch nur diese unmenschliche Kraftanstrengung angesehen hätte!).

Besucher können in einfachen Lehmhütten auf einem Matratzenbett bei den Einheimischen preiswert übernachten. Die Gastfamilie freut sich immer über frisches Obst, Konserven, Zucker, Nudeln, Reis, Gebäck, Kerzen, Streichhölzer und andere nützliche Geschenke, die Kinder natürlich über Luftballons, Malstifte und Spielsachen.

Traditionelle Lebensformen

Die Sitten auf Taquile sind streng und die Tradition ungebrochen. Die Einnahmen aus den Überfahrten durch die Touristen fließen in die Gemeindekasse. Da bis in die 60er Jahre des 20. Jh. die Bewohner Taquiles als Leibeigene arbeiteten und erst durch Landkauf ihre Selbständigkeit und Unabhängigkeit erreichten, ist der Landkauf auf der Insel verboten. Wie zu den Zeiten des Inkareichs vereint der Ältestenrat die gesamte Macht der Insel. Er öffnete zwar Anfang 1980 die Insel für den Tourismus, verhinderte bis dato aber den Bau jeglicher kommerzieller Unterkunft fremder Investoren.

Missionare konnten den Geisterglauben auf Taquile nicht unterbinden und ein Gesetz der Freundschaft ist es, sich beim Vornamen anzusprechen. Die Frauen in ihren roten Jacken, schwarzen Röcken und mit ihren Kopfumhängen spinnen, so scheint es, pausenlos, während die Männer mit ihren langen Zipfelmützen unentwegt daraus ihre schöne Textilien stricken (2006 aufgenommen ins Weltkulturerbe).

Alljährlich vom 25. Juli bis 5. August findet das größte Fest, die *Fiesta Santiago Apóstol,* statt. Dann tanzen die Taquileños täglich mit großer Ausdauer in farbenprächtigen Kostümen zum eintönigen Rhythmus der Trommeln und Flöten.

Der Tourismus auf Taquile hat natürlich auch andere Seiten. Die Bewohner der Insel sind inzwischen in zwei Klassen zerfallen. Ein Teil hat sich schnell eine Lehmhütte mit zwei Betten gebaut und verkauft auf den Ständen an der Plaza ihre Handarbeiten. Der andere Teil wohnt zu weit vom Hauptort, um am Geld der Touristen partizipieren zu können. Noch kommen keine zu großen Touristengruppen. Doch die jetzigen Besucher sind die Vorhut, die die Auflösung der traditionellen Lebensweise einleiten. Ende des 20. Jh. sollte die *Albergue Turístico* mit 30 Betten am „Portal der Freundschaft" eröffnet werden, aber noch steht das Gebäude leer. Noch kommt man auf der Insel ohne Wasserleitungen und ohne Polizeistation aus, aber Solarzellen sorgen für Strom für Lampen, Radio und Fernseher.

Essen und Trinken

Im Dorf gibt es inzwischen mehr als 25 Restaurants. Auf dem Weg vom Torbogen zur Plaza Principal liegen die Restaurants *Pachamama* (links am Weg), *Los Amigos* (in einem Innenhof) und *Cusi Taquile* (rechts am Weg). Das *El Inca Taquile* und *Comunal* liegen an der Plaza Principal. Im *El Inca* habe ich meist gut gegessen. Es gibt nicht immer eine Speisekarte, die gültig ist, aber wer Forelle wählt, liegt immer richtig. Fleischgerichte gibt es dagegen kaum oder nur sporadisch auf der ganzen Insel. Die Preise werden von der Comunidad festgelegt und sind angemessen, schließlich muss vieles vom Festland herübergeholt werden. Für das Mittagessen muss mit 10 Soles pro Person gerechnet werden.

Ruinen aus alter Zeit

Auf den Hügeln oberhalb des Ortes stehen einige Ruinen aus der Vorinkazeit. Kunstvoll angelegte Terrassenanlagen zeugen vom Können der Vorfahren. Sehr lohnend und landschaftlich abwechslungsreich ist ein Spaziergang zu den beiden äußeren Zipfeln der Insel. Nach Norden reicht der Blick bis zu einem kleinen Hafen auf der Insel Amantani und nach Süden zum weißroten Leuchtturm.

Tour 3: Isla Amantani

Als Alternative zum Ausflug nach Taquile oder als Kombination bietet sich eine Seefahrt zur **Isla Amantani** an. Sie liegt östlich der Halbinsel Capachica bzw. nördlich von Taquile und ist etwa 4 x 8 km groß. Der *Llacasiti* ist mit 320 m (4130 m über Normalnull) die höchste Inselerhebung. Von ihm ergibt sich ein weiter Ausblick. Zweithöchste Erhebung ist der *Cerro Coanes* mit 305 m. Von Puno aus sind es über den See 40 km.

Die karge Insel mit ihren terrassierten Feldern war schon vor der Inkazeit bewohnt. Erst als die Spanier kamen und sie plünderten, war sie eine Zeitlang verwaist. Heute leben hier ca. 4500 Ew. in 8 Dörfern. Ihre ursprüngliche Sprache war *Pukina,* die mit der Zeit durch Quechua verdrängt wurde. Anfang des 20. Jh. gab es neben den Bauern of der Insel auch Viehzüchter. Dürren zwangen die Viehhalter, ihr Land nach und nach zu verkaufen, so dass bis 1950 die Bauern wieder das gesamte Inselland in ihrer Hand hatten und ihre alten Traditionen wieder aufleben konnten.

Die *Comunidad de Indígena* hat hier ihre Wurzeln in dem inkazeitlichen *Ayllu*, auch die *Mit'a* (Arbeitsverpflichtung für öffentliche Belange) wird hin und wieder noch praktiziert. Der Alltag war ursprünglich stark vom Tauschhandel geprägt (z.b. Steine für den Hausbau gegen Lebensmittel), doch Geld spielt natürlich auch eine wichtige Rolle.

Amantani konnte sich seine Ursprünglichkeit noch ziemlich bewahren, man kann nur in Privat-Unterkünften übernachten, die täglichen Besucher werden im Wechsel auf die Familien im jeweiligen Dorf verteilt (5 € p.P., eigenes Zi.) und versorgt (Tee, Gemüsesuppe, Eier und Reis). Die Gastfamilien sind inzwischen sehr fordernd geworden und freuen sich mehr über ein sattes Trinkgeld als über Obst u.ä. Dinge. Besucher sollten bei entsprechenden Geldforderungen trotzdem zurückhaltend sein.

Es gibt ein einfaches Restaurant, Strom nur, wenn der Dieselgenerator funktioniert, Zapfstellen für Trinkwasser und orangefarbene Toilettenhäuschen gibt es vor jedem Haus. Ein freundliches Hostal im Familienbetrieb mit sauberen Zimmern ist das *Kantuta*. Infos und Reservierung: latinreps@latinreps.com, www.latinreps.com.

Eine geführte Rundwanderung wird für 10 Soles inkl. Museumseintritt angeboten. Ab und zu ist der traditionelle alte Webstuhl noch zu sehen. Wandteppiche, Jacken, Alpakamützen u.a. können in einem Kollektivladen gekauft werden. Die Bewohner leben hauptsächlich vom Fischfang (die Fischer sind gute Navigatoren, sie kennen die verschiedenen Winde auf dem Titicacasee bestens), vom Anbau von Kartoffeln, Oca, Cebada (Gerste), Habas (Saubohnen) und von Schafzucht.

Es wachsen unzählige Heilpflanzen, wie z.B. *chiriro* und *alcoquisca* zur Fieberbehandlung oder *savila* gegen Magenprobleme. Zum Haare- und Kleiderwaschen wird *roque* verwendet. Die Textilienherstellung ähnelt der Taquiles, wobei es aber sichtbare Unterschiede gibt. Farben gewinnt man aus Pflanzen. Außerdem werden auf der Insel Pflastersteine hergestellt, die in Puno zum Straßenbau verwendet werden.

Ruinen Auf Amantani gibt es überall Ruinen zu entdecken, z.B. *Incatiana,* im Westen der Insel, mit dem **Sitz des Inca.** Dieses Monument aus einem einzigen, nach vorne offenen, trogartigen Steinblock ist 1,65 x 1,80 m groß mit einem 28 cm breiten Rand. Mit diesem Steinmonument wurde der Lauf der Sonne verfolgt, um die Zeiten der landwirtschaftlichen Arbeiten festzulegen. Auf dem Berg Llacasiti gibt es den Bereich von Llacasiti Pata (auch Pachamama genannt), in dem eine nahezu kreisrunde, durch einen Zugang unterbrochene Steinmauer mit 13 m Durchmesser zu finden ist. Es gibt einen Zugang im Osten, der eine Linie mit der Sonne im Januar bildet. Der Innenraum ist vertieft und hat einen Brunnenschacht in der Mitte. Wahrscheinlich wurden hier Zeremonien aus der Zeit der Pucara abgehalten.

Etwas weiter nördlich, fast in der Inselmitte, steht im Bereich *Coanas Aylli Cancha* eine 28 m lange Mauer mit zwei Zugängen. In der Nähe liegen weitere Ruinen. Amantani ist eine Insel mit alten Zeremonialzentren, die noch viele Geheimnisse bergen.

Feste Nahezu in jedem Monat wird auf der Insel ein größeres oder kleineres Fest gefeiert. Es scheint, als wolle dabei Amantani Taquile übertrumpfen.

Das größte Fest *Pago al a Tierra,* eine Art Erntedankfest, wird Mitte Januar nach uraltem Brauch auf dem höchsten Berg zu Ehren von Pachamama (Mutter Erde) mit Opfergaben gefeiert. Nach dem Ritual werden Cocablätter ausgetauscht.

Anreise nach Amantani Für den Bootsverkehr besitzt Amantani vier **Landungsstege:** *Cancollo* (für den Inselsektor Occosuyo), *Capillano* (fürs Hauptdorf), *Orcosuyo* und *Tocosi* (Inselsektor Sancayuni).

Die Boote vom Bootsanleger in Puno legen morgens zwischen 7 Uhr (Privatboote) und 9 Uhr (Touristencolectivos) ab. Fahrtstrecke 40 km, Fahrtdauer je nach Bootstyp 3,5 bis 4 h, Stop bei den drei Uro-Touristen-Inseln ist möglich oder miteingeschlossen, je nach Absprache. Gute Überfahrtsmöglichkeit ab Puno mit *Victoriano Calsin* (im Hafen fragen), der auf Amantani wohnt und Übernachtungsmöglichkeit inkl. einfachste Verpflegung für 10 Soles p.P. anbietet. Rückfahrten von Amatani nach Puno mit ihm um 8 Uhr morgens.

Fahrtkosten: Hin- und Rückfahrt 25 Soles, direkt im Hafen verhandelbar, inkl. der Überfahrt von Amantani nach Taquile am nächsten Tag. Am gleichen Tag fährt meist kein Boot mehr nach Puno zurück, erst am nächsten Tag gegen 14.30 Uhr. Übernachten kostet auf Amantani 25 Soles inkl. 3 Mahlzeiten. Es empfiehlt sich ein Zwei- bis Dreitagesausflug. Reiseagenturen in Puno bieten ebenfalls den Ausflug nach Amantani an, meist als Zweitagestour, miteingeschlossen die Uro-Inseln und Taquile. Die Preise dafür liegen bei 35–40 € mit Privatboot (alleine) oder 10–12 € mit dem Colectivo-Boot (zusammen mit anderen Reisenden), alle Mahlzeiten sind ebenfalls miteingeschlossen. Unbedingt für die Gastfamilie Geschenke mitnehmen. Nach der Übernachtung auf Amantani wird am nächsten Tag ungefähr 4–5 Stunden Taquile besucht.

Tour 4: Zu den Grabtürmen von Sillustani

Geschichte Das archäologische Gebiet von **Sillustani** liegt auf einer Halbinsel am **Umayo-See,** 32 km von Puno entfernt. Das Aymara-Wort *chullpa* bedeutet „Begräbnisturm". Sillustani mit seinen Chullpas hat eine besondere Ausstrahlung, insbesondere dann, wenn am Nachmittag die Sonne im Gegenlicht auf den glitzernden See und auf die Insel *Umayo* fällt und die Weite des Altiplano am Horizont mit den schneebedeckten Bergen verschmilzt.

Sillustani war eines der bedeutendsten Zentren der Colla-Kultur. Historisch wurde die Region sowie jene nordöstlich des Titicacasees um 1500 v.Chr. zuerst von den *Pucara* bewohnt, die 400 v.Chr. von der Tiwanaku-Kultur beeinflusst wurden. 1200 n.Chr. etablierten sich dann die **Colla** unter *Kolla Kapac* aus der Dynastie Sapana. Sie sprachen Aymara und bauten die ersten Chullpas auf Sillustani. Für die Colla war Sillustani heilig. Hier begruben sie ihre wichtigsten Persönlichkeiten. 1445 nutzten die Inka den Streit zwischen den Collas und Lupacas aus Chucuito und eroberten die gesamte Region. Sie übernahmen den Begräbniskult der Collas, verehrten deren *Mallku* (Schutzgeist) und vervollkommneten mit ihren Steinmetzfertigkeiten die Begräbnistürme. So sind heute neben 9 Chullpas der Colla weitere 26 der Inkas zu sehen, wobei drei Chullpas nicht die typische Rundform hatten, sondern viereckig waren. Die Steine für die Türme wurden von vier Steinbrüchen (am Berghang zum Umayo-See) geholt. Da die Steine der Türme stark eisenhaltg sind, schlagen hier öfter Blitze ein, deshalb auch die sichtbaren Blitzableiter auf den Chullpas.

Anreise Sillustani Täglicher Bus um 14.30, Fz 1 h, Fp 9 Soles. Der Bus fährt aber bereits nach einer Stunde nach Puno zurück! Als Alternative mit mehr Zeit zur Besichtigung sollte man Colectivos nehmen, Fp 7 Soles p. P., wobei sich aber wiederum eine Rückfahrt mit dem Colectivo nur schwierig arrangieren lässt. Am besten ist, ein Taxi zu nehmen. Es kostet ca. 40 Soles, man kann sich den Preis ja mit anderen teilen. Meist verlangt der Fahrer gleich einen Vorschuss. Fz ca. 30 Min. Angebote von Reisebüros mit einem Touristenbus ab 13 Soles p.P., Eintrittsgebühr eingeschlossen. Abfahrten meist zwischen 14 und 15 Uhr. Die Tour dauert drei bis vier Stunden, Aufenthalt in Sillustani ungefähr 1,5 bis 2 Stunden. **Öffnungszeit** 7–18 Uhr, **Eintritt** 5 Soles, inkl. Museumsbesuch.

Zunächst fährt man auf der Straße nach Juliaca 12 km, bis zu einer ausgeschilderten Abzweigung. Hier wird nach links abgebogen (ab hier fahren auch ständig Colectivos nach Sillustani zum Wäschewaschen im Umayo-See), es geht vorbei an alten landwirtschaftlichen Feldern (Waru waru) der Pucara und der alten Pucara-Zeremonialsiedlung *Hatunkolla*. Kurz vor Sillustani liegt *Patas* mit einer weiteren Ansammlung von Chullpas. Nach 20 km kommt die Halbinsel Sillustani am Umayo-See mit den Chullpas in Sicht. Der erste Eindruck ist, dass diese Halbinsel ein einziges Opus menschlicher Bauwut ist.

Im Umayo-See liegt die **Isla Umayo** (oder auch *Isla Intimoqo*), die sich gleichförmig 90 Meter aus dem See erhebt. Auf ihr zieht sich eine Steinmauer von Ost nach West.

Die Chullpas Auf einem 150 m hohen Berg ragen die Chullpas in den andenblauen Himmel. Der spanische Chronist Cieza de León berichtet, dass beim Begräbnis eines bedeutenden Mannes 20–30 Lamas verbrannt, Frauen, Kinder und Diener getötet wurden, damit sie dem Toten dienen konnten. Meist wurden auch noch weitere Personen mit den Toten lebend in den Grabturm miteingemauert. Die meisten Chullpas sind rund und bestehen aus fein bearbeiteten Basalt- und Trachytsteinen. Es wurde das gleiche Bauprinzip wie beim Sonnentempel in Cusco oder beim Torreón in Machupicchu angewendet. Die Steine wurden sorgfältig ausgewählt und nach dem berechneten Durchmesser rund behauen, meist fugenlos zusammengesetzt und von innen zum besseren Halt mit Lehm verschmiert. Die Eingänge zu den Mausoleen hoher Persönlichkeiten waren nach Osten ausgerichtet und sehr niedrig, aber hoch genug, um einen Menschen in gebückter Haltung durchzulassen. Einige Chullpas weisen nur einen Raum mit einer versenkten Grabkammer auf, andere haben Nischen in den Seitenwänden für die in Hockstellung aufgestellten Mumien. Fast alle Chullpas wurden im Lauf der Zeit von Schatzgräbern aufgebrochen und durchwühlt. Weitere Chullpas gibt es in Acora, Cutimpu und Mollocahua.

Chullpas – Grabtürme

Rundgang

Gleich nach dem Eintrittshäuschen vor Sillustani liegen links das Museum und Toiletten. Am Parkplatz werden Getränke und Souvenirs angeboten. Vormittags kommen hier viele Colectivos an, denn unterhalb des Parkplatzes wird im Umayo-See Wäsche gewaschen. Das Eintrittsticket wird auf dem Parkplatz kontrolliert. Von ihm führt rechts ein Rundgang (gelbe Pfeile) nach oben durch die Anlage. Links daneben führt das Ende des Rundgangs wieder vom Berg herab. Der Aufstieg am rechten Weg ist weniger anstrengend, doch wer gleich zum wichtigsten Chullpa gelangen möchte, sollte den linken, steileren Weg (als „Ausgang" gekennzeichnet) über Steintreppen nach oben gehen. Die folgende Beschreibung folgt aber dem ausgeschilderten Rundweg.

Die Steintreppe *waca kancha* führt knappe 150 m auf den Berg der Halbinsel Sillustani hinauf. Deutlich lassen sich die Terrassen erkennen, auf denen landwirtschaftlicher Anbau betrieben wurde. Am Ende des Weges stehen die Reste von drei Chullpas der Inkas. Nördlich davon liegt der Bereich *Qaracachi* mit einem geheiligten (huaca), knapp 2 m großen, bearbeiteten rötlichen Stein.

Der „Sonnenkreis"

In der Nordostecke der Halbinsel liegt der sog. „Sonnenkreis" aus der Präinkazeit, eine runde Fläche mit einem Durchmesser von 9 m, die zum Teil von mannshohen behauenen Steinplatten wie eine Wand umrahmt wird. Vor den Steinplatten wird der Sonnenkreis durch einen stufenförmigen, 80 cm hohen Steinsockel auf einen Durchmesser von 13 m erweitert. Archäologen ist Herkunft und Bedeutung des Kreises unklar. Einige halten die Anlage für ein Intiwatana, andere – wegen der zwei Steinpfeiler in der Mitte des Kreises, an die vielleicht Tiere zur Opferung angebunden wurden –, für eine Opferstätte. Der Zugang ist 37 Grad nach Nordosten ausgerichtet (ähnlich der Öffnung des Inca Uyo in Chucuito, s.u.).

Yura Ayawasi

Der Rundgang führt wieder zurück nach Norden durch den Bereich von Qaracachi nach *Yura Ayawasi* („Weißes Haus der Toten"). Hier ragen zwei weiße Chullpas der Colla-Kultur in den Himmel. In einem von ihnen befinden sich noch die Überreste einer wichtigen Persönlichkeit sowie die von 14 Frauen und Männern, die zusammen begraben wurden. Der andere der Chullpas erhebt sich über einer Plattform, die charakteristische Petroglyphe für ein Ritual aufweist. 40 m südlich trotzt der Ayawasi, ein quadratischer Chullpa aus der Inkazeit, den Winden. Sein Einstieg im Osten wird von einem 3 m langen Steinblock begrenzt.

Samari Pampa

Etwas im Westen des Ayawasi liegen im Bereich Samari Pampa verschieden bearbeitete Steinblöcke und die Reste von vier Chullpas der Colla und ein quadratischer Chullpa aus der Inkazeit. Südlich am Felsabhang entlang kommt man zum *Samari Pata*, wiederum mit Resten von Chullpas aus der Inkazeit. Der Rundgang führt nun durch den Südsektor der Halbinsel Sillustani, meist immer am Rande des Bergabhanges entlang. Der Bereich heißt

Hatun Ayawasi

Hier stehen die größten Chullpas. Gleich zu Beginn ragt ein wuchtiger, quadratischer über 5 m breiter Chullpa mit einem Zugang nach Osten auf. 30 m weiter südlich stehen runde Chullpas der Colla-und Inka-Kultur.

Kurz vor dem Abstieg über die Haupttreppe finden sich vier weitere Chullpas, die charakteristisch für die Collas waren. Der größte der runden Colla-Chullpas weist einen Durchmesser von 4,50 m auf. Ein anderer hat seine Öffnung nach Süden, was sehr ungewöhnlich ist, denn aus dieser Richtung kommen die kalten Winde.

Zu Beginn der Abstiegs steht der berühmte

Chullpa del Lagarto

Es ist der größte Begräbnisturm von Sillustani, genannt „La gran Chullpa del Lagarto". Seinen Namen bekam er nach der Eidechsenverzierung an einem der oberen Steinblöcke. Er war einmal 12,20 m hoch, hatte unten einen Durchmesser von 6,50 m und oben von 7,20 m. Das Bauwerk stammte wahrscheinlich von den Inkas, hatte fünf Stockwerke, die nötig waren, um all die Toten, die hier untergebracht wurden, einzumauern. In der Nähe fanden im November 1971 die Archäologen in nur 80 cm Tiefe einen unglaublichen Schatz aus 501 Einzelteilen mit insgesamt 3,8 kg Gold, 134 Türkisen und viele vergoldete Schmuckstücke. Der Fund stammt mit Sicherheit aus der Inkazeit.

Baño del Inca

In der NW-Ecke der Halbinsel fällt am Ufer des Umayo-Sees eine rechteckige Konstruktion von 2,40 x 21,80 m auf, die als *Baño del Inca* bezeichnet wird. Es wird vermutet, dass hier Wasserrituale und Wasserkulte abgehalten wurden.

Tour 5: Zu den Chullpas von Cutimbo

Die Grabtürme von Cutimbo liegen 22 km südlich von Puno. Die vier Chullpas sind wesentlich besser erhalten wie in Sillustani und damit beeindruckender. Die Straße führt zwischen zwei Felsplateaus hindurch, die Grabtürme stehen auf dem Felsplateau der linken Straßenseite. Dort sind noch gut die Steinrampen zu sehen, die für den Bau der Chullpas verwendet wurden, die größte ist betretbar. Am Fuß des Plateaus liegt eine kleine Siedlung, ein Museum wird dort derzeit erbaut. Infos: *INC,* Complejo Cultural Casa Conde de Lemos, Puno, Deustua 630, puno@inc.gob.pe.

Anfahrt Cutimbo

Ein Taxi von Puno kostet bis zu 50 Soles. Preiswerter ist die Anfahrt von Puno mit dem Minibus ab dem Friedhof, Calle Laykakota, Abfahrt ca. alle 30 Min. Hin zum Friedhof vom Zentrum mit dem Motocarro, Fp 3 Soles, oder dem Taxi. Mit dem Minibus, Fp 1 Sol, am Abzweig Cutimbo bei der kleinen Siedlung aussteigen. Dort am Abzweig erfolgt der Aufstieg über Treppen auf das Feldplateau zu den Chullpas, Gz 30 Min., Eintritt 3 Soles. Rückfahrt wieder mit einem vorbeifahrenden Minibus am Fuß des Plateaus, ca. alle 30 Minuten.

Tour 6: Zum phallischen Tempel nach Chucuito

Von Puno aus lohnt sich der Ausflug nach Chucuito als Halbtages- oder Tagesausfahrt. Chucuito liegt von Puno nur 18 km entfernt, der Ausflug könnte evtl. auch bis Julí ausgedehnt werden, doch dieses liegt schon 90 km von Puno (besser wäre es, bei der Fahrt nach La Paz diese in Julí zu unterbrechen). An der Straße von Puno nach Chucuito liegen bei km 5 die Dorfgemeinschaften *Chimu* und *Ojerani.* Die Bewohner sind Meister im Herstellen von Binsenbooten!

Chucuito

Das Dorf liegt südöstlich von Puno an der Straße nach Julí am Titicacasee. Früher war es die Hauptstadt der Inkas und Lupacas. Auch während der Kolonialzeit blieb Chucuito die Hauptstadt der Region zwischen Puno und Desaguadero. In der Zeit der Pucara entstand in seiner Nähe das Zeremonialzentrum *Tunuhuiri.* Chucuito lebt überwiegend vom Fischfang im Titicacasee, daneben gibt es eine Forellenzuchtstation.

An der Plaza steht, vor der Iglesia de Nuestra Señora de la Asunción, das *Cruz de Inquisición,* links davon das *Cruz de Catequesis.* Auf der gegenüber liegenden Seite ragt die *Rollo* auf, eine Säule, die während der Kolonialzeit Recht und Gesetz symbolisierte. Hier wurden Gesetze öffentlich proklamiert und Strafen verkündet. Neben dem Rathaus steht die

Casa del Corregidor (Haus des Richters). Die Mitte der Plaza wird von *La Pileta* eingenommen, ein Wasserbecken, das den Einwohnern zur Wasserversorgung diente.

Über die Calle Trucos gelangt man zur *Plaza Sto. Domingo* mit der *Iglesia Sto. Domingo* und dem *Cruz de Buen Morir* in der Vorhalle. Die Kirche wurde Anfang 1534 erbaut, nachdem Chucuito von den Spaniern erobert wurde. Sie ist somit die älteste Kirche auf dem Altiplano. In ihr fällt das wertvolle Bildnis der *Virgen del Rosa Río* auf. Neben der Sto. Domingo, an der Ecke zur Sandia, liegt der Inca Uyo.

Phallischer Tempel Inca Uyo

Es handelt sich hierbei um eine rechteckige Mauerkonstruktion aus großen polierten Steinblöcken im Gesamtausmaß von 20,10 x 10,35 m aus der Inka-Zeit. Innerhalb des Bauwerks befindet sich der *Inca Uyo* oder „Phallischer Tempel". Was der Inca Uyo für eine Bewandtnis hatte, konnte bis heute nicht eindeutig geklärt werden. Der Zugang liegt auf einer Linie von 35 Grad nach Nordost, der Richtung, aus der meist die Hauptwinde des Titicacasees wehen. Gleichzeitig bilden die beiden gegenüberliegenden Ecken mit dem Eingang den Schnittpunkt der Nord-Süd- und Ost-West-Achse. Es wird vermutet, dass der Inca Uyo zur astronomischen Beobachtung diente. Während Ausgrabungen im Jahre 1971 wurden zahlreiche bearbeitete und polierte, säulenartige Stelen in zwei Grundformen gefunden: oben abgeflachte und pilzförmige. Die Abgeflachten dienten wahrscheinlich als Träger zur Aufnahme des Dachgebälks. Die pilzförmigen Säulen stehen im Innern des Zeremonialzentrums. Wahrscheinlich wurden sie bei einem Fruchtbarkeitsritual im Zusammenhang mit der Aussaat des Getreides verwendet.

Atoja

Eine schöne Wanderung führt auf den Atoja, mit 4450 m der Hausberg von Chucuito. Dazu links der Plaza durch den Ort, immer aufwärts über einen anfangs von Mauern eingefasster, später immer schmäler werdender Weg bis zum Gipfel. Dort ist eine Opferstätte, schöner Blick über den See und dem Altiplano, Gehzeit 2–3 h. Hier bietet sich ein sehr schöner Ausblick auf den Titicacasee. Etwas Obst für den Antennenwärter mitnehmen, der freut sich darüber.

Unterkunft: Hostal Chucuito (ECO), ca. 1 km vor Chucuito, Tel./Fax 35-2108; schöne Zi., freundlich, bp, Balkon mit Seeblick, Rest., empfehlenswert. – **Albergue Turístico Las Cabañas Chucuito** (ECO/FAM), Comercio/Tarapacá 153, Tel./Fax (054) 35-1276. Bungalows mit Küche, bp und Campingmöglichkeiten. – **Hotel Taypikala** (FAM/LUX), an der Panamericana Sur Richtung Chucuito (ca. 15 km von Puno, Fz Taxi 25 Min.), Tel. 35-6042, Tel./Fax 35-4352, taypikala@punonet.com. Sehr ruhige Zi., Seeblick, bp, Ww, Heizung, Rest., aufmerksam. DZ/F ca. 65 €, nach Rabatt fragen.

Julí

Der Ort auf 3890 m Höhe direkt am Titicacasee bietet einen schönen Blick über ihn. Julí war einst die wichtigste Stadt am See. Von hier gab es einmal eine Schiffsverbindung nach Huatajata (Bolivien). Julí wird auch das „Rom" Perus genannt, denn es gibt hier sieben Hügel auf denen jeweils eine Kirche oder Kapelle steht. Der Markt am Donnerstag ist noch idyllisch und völlig untouristisch. Julí ist für seine Kolonialkirchen aus der Jesuitenzeit bekannt. Es war eine Jesuitenmetropole, hier wurden Jesuiten-Missionare auf ihre zukünftige Aufgabe vorbereitet.

Kartoffeln und Chuño

In den Andenländern kommen etwa 3800 verschiedene Kartoffelsorten vor, die kultiviert werden, aber alle aus sieben oder acht Kartoffelarten hervorgingen. Daneben gibt es etwa 100 wilde Kartoffelsorten, die aber nicht angebaut werden. Antonio Brack Egg und Cecilia Mendiola Vargas berichten in ihrem Werk *„Ecología del Perú"* von über 2500 Kartoffelsorten, die in Peru exisitieren sollen. Der Beginn der Kartoffelkultivierung auf peruanischem Gebiet begann ab 3500 v.Chr.

Chuño ist eine gefriergetrocknete Bitter-Kartoffel, die bis in Höhen von 4500 m wächst. Zur Haltbarkeit haben die Andenbewohner das Gefrier-Trocknungsverfahren erfunden. Unter Ausnutzung der starken Tag- und Nacht-Temperaturschwankungen werden die Kartoffeln nächtens dem Frost ausgesetzt und tagsüber wieder an der Sonne getrocknet. Dadurch verlieren sie stark an Gewicht und Volumen. Vor der letzten Trocknung wird mit den Füßen das letzte Wasser ausgequetscht. Danach sind sie sehr lange haltbar (bis zu 10 Jahre) und leicht zu Vorratslagern zu transportieren.

Diese Vorräte schützten die Andenbewohner vor Missernten und Hungersnöten. Auch andere Knollenfrüchte, wie z.B. die Oca, können so haltbar gemacht werden.

Mehr über die Kartoffel erfährt man im Internationalen Kartoffelzentrum (CIP) in Lima.

Abb.: Kartoffel-Aussaat bei den Inka mit der Taclla, dem inkaischen Trittgrabstock. Der Mann hebt aus, die Frau legt die Knollen ein, eine zweite Frau deckt die Saat zu. Noch heute arbeiten Andenbauern nach dieser Methode (Abb. nach Huamán Poma de Ayala). HH

An der Hauptplaza liegt die **Iglesia San Pedro,** auch nur Kathedrale bezeichnet. Sie weist deutlich einen indigenen Einfluss in der Malerei und Schnitzkunst auf. Besonders beachtenswert sind die platerestken (eigenartig verzierten) Altäre. Von der Plaza führt die mittlere Straße abwärts zum Titicacasee mit feinsandigem Badestrand und passiert die ehemalige **Iglesia San Juan Bautista,** nach der Renovierung zu einem Kirchenmuseum erklärt (Eintritt). Sie enthält große Gemälde aus dem 17. Jahrhundert, auf denen das Leben Johannes des Täufers und der Hl. Teresa dargestellt sind. Daneben sind kostbare Steinmetzarbeiten im typischen Mestizo-Stil zu sehen. Zwei weitere Kirchen sind leider mehr oder weniger Ruinen: die Jesuitenkirche *Santa Cruz,* umgeben von einem interessanten Friedhof, ist zum Teil ohne Dach und lässt, ebenso wie die Iglesia *La Asunción,* ihre ehemalige Schönheit nur noch erahnen.

Unterkunft: Hostal, Calle Tacna (bei der Plaza), große Zi., bp, 3 € p.P.

Tour 7: Reserva Natural Privada Isla Suasi

Die **Isla Suasi** im Titicacasee gehört zum Distrikt Conima in der Provinz Moho und liegt nahe des Westufers des Sees, in der Nähe der bolivianischen Grenze. Die Insel zeichnet sich durch das typische Ökosystem des Titicacasees aus. Es gibt terrassierte Hänge mit landwirtschaftlichem Anbau (Kartoffeln, Mais, Quinoa, Oca), Strände und Eukalyptusbestände.

Zu Erreichen ist die Insel von Juliaca oder Puno aus auf dem Landweg über Huancané und Moho mit abschließender Bootsfahrt nach Suasi. Alternativ kann auch ab Pusi (ca. 40 km) oder Puno (ca. 70 km) mit dem Boot nach Suasi gefahren werden.
Unterkunft auf der Insel: *Albergue Rural Isla Suasi,* Tel. 366-5968 albergue@islasuasi.com, www.islasuasi.com, 12 DZ, 2 TriZ, Patio, Bar, Sauna, Ws, Post- und Faxservice, 2 Motorboote für je 10 Pers. – *Casa Andina Private Collection Isla Suasi (CAPC),* Tel. 36-5333 oder (01) 213-9700, reservas@casa-andina.com, www.casa-andina.com. 30 stilvolle Zimmer in zweigeschossigem, traditionell erbauten Haus, umgeben von Gärten; bp, Heizung, Solarenergie, Rest., Bar, GpD, Internet, Bootsausflüge, TR. Preis auf Anfrage, Kk und TC.

Tourenanbieter Ausflüge zur Insel werden angeboten von *Latin Reps,* Arequipa 736 A, Tel. 36-4087, www.latinreps.com und *All Ways Travel,* Tacna 285, Tel. 35-5552, www.titicacaperu.com sowie von *TITIKAKA, Concorcio de Ecoturismo y Hoteleria Suasi,* Arequipa 387, Tel. 35-1417. Kurzprogramm (ab 10 Personen): Tagestour 40 € p.P., inkl. Mittagsessen. Basisprogramm *Allpa* („Erde"): Zweitagestour, Landtransport ab Puno oder Juliaca über Taraco, Huancané und Moho bis kurz vor Conima. Überfahrt dann vom privaten Anleger zur Isla Suasi. Rückfahrt über den Titicacasee via Amantani und Taquile nach Puno (Fz 7 h) oder umgekehrt. Kosten: inkl. Ü/VP ab 150 €. Touristenprogramm *Laram Ccota* („Blauer See"): Dreitagestour ab Flughafen Juliaca, Busfahrt bis Pusi, Bootsfahrt über den Titicacasee direkt zur Insel Suasi (70 km). Besuch von Moho und Conima. Rückfahrt (10 Uhr) via Amantani und Taquile nach Puno. Kosten: inkl. Ü/VP ab 230 €. Touristenprogramm *Umamarka* („Wasser und Dörfer"): Dreitagestour, wie Laram Ccota, zusätzlich mit Besuchs-Stops in Taraco, Huancané und Moho. Kosten: inkl. Ü/VP ab 230 €.

Tour 8: Isla de Anapia

Tesoro de Wiñaymarca Die Tour zu den Aymara auf die vom Tourismus noch unberührte Isla de Anapia gilt noch als der besondere Tipp. Die Insel liegt im kleineren Titicaca-Seeteil **Wiñaymarca**. Für den Ausflug sind mindestens zwei Tage anzusetzen. Am ersten Tag erfolgt die Anfahrt von Puno über Chucuito, Julí und Pomata nach Punta Hermosa. Von dort geht es mit dem Boot (meist nur Do/So) über den Wiñaymarca-See zur Isla de Anapia. Attraktion ist, mit den hier noch eher reservierten Aymara-Insulanern im rustikalen Dorf zu wohnen und ihre traditionelle Lebensweise kennenzulernen (Fischen, Landwirtschaft, Zubereitung typischer Gerichte, wie z.B. *Huatia*). Ausflüge zu benachbarten Inseln, wie z.B. zur **Isla Yupisque** (Vicuñas), und ein evtl. Fest runden den Aufenthalt ab, bevor es am nächsten Tag zurück nach Puno geht. Verlängerungstage nach Absprache möglich. Insgesamt ein sehr **schönes Erlebnis.**

Touranbieter Direktanbieter ist Eliane Pauca del Campo von *All Ways Travel,* Tacna 285, Tel. 35-5552, Fax 36-7246, awtperu@terra.com.pe, www.titicacaperu.com, die in Kooperation mit den Einwohnern von Anapia dieses Angebot für interessierte Reisende entwickelt hat. Voranmeldung ist auch direkt bei José Flores Velasco, Tel. (054) 81-2867, asovanperu@hotmail.com, auf Anapia möglich. Besucher werden dann in Yunguyo abgeholt und auf der Insel einer Familie zugeteilt. Besucher essen getrennt von der Familie. Boote fahren Do/So regulär zur Insel, doch es können jederzeit Boote zur Überfahrt angemietet werden, Fp 15 € für ein kleines Boot, unabhängig der Personenzahl, größeres 30 €.

ROUTE 3: PUNO – AREQUIPA

Die Strecke zwischen Puno und Arequipa ist landschaftlich so schön und eindrucksvoll, dass es lohnt, diese tagsüber mit dem Bus zu machen. Die Straße von Puno über Juliaca nach Arequipa ist nun durchgehend asphaltiert, die Zeiten einer abenteuerlichen Fahrt auf der direkten Schlaglochpiste über Salinas und Chiguata sind vorbei. Als schnellere Alternative bietet sich derzeit noch der Flug Juliaca – Arequipa an.

Mit dem Bus nach Arequipa Von Puno führt die Straße zunächst zurück nach Juliaca und von dort runter nach Arequipa. Schiene wie Straße folgen hinter Juliaca dem etwas eintönigen Tal des *Río Cabanillas* über die Orte *Deustua* und *Santa Lucía* bis zur *Laguna Saracocha* (70 km hinter Juliaca). Danach wird die Landschaft viel schöner und interessanter. Straße und Bahngleis steigen rechts an der Lagune entlang hinauf nach *Saracocha* (4200 m, Km 97), dann weiter aufwärts zur *Laguna Lagunillas* mit dem gleichnamigen Bergwerksort (4360 m) und schließlich wird nach 160 km *Crucero Alto* erreicht, mit 4477 m der höchsten Punkt der Strecke. Von hier geht es durch eine Wüstenlandschaft abwärts, über *Imata* hinein in die *Reserva Nacional Salinas y Aguada Blanca*, einer typische Punalandschaft mit Alpakas und Lamas. Die Straße führt weiter entlang der Bahnlinie durch die Hochebene und erreicht nach 280 km den Ort *Pampa de Arrieros*. Danach windet sie sich in unzähligen Kurven hinunter nach *Socosani*, und über das Thermalbad *Yura* kommt schließlich nach 350 km Arequipa mit dem *Nevado Chachani* und dem *Volcán Misti* in Sicht.

Auf der alten Piste nach Arequipa Die gesamte alte Piste von Puno über Tincopalca, Alto Paty, Salinas und Ichocolla nach Arequipa ist in schlimmstem Zustand. Henning Osterwald:
„Eine Höllenfahrt! Fahrzeit 14 lange Stunden (für 280 km, d.h. durchschnittlich 20 km/h). Die gesamte Strecke besteht, ohne Übertreibung, aus aneinandergereihten Löchern, wechselweise mit Wasser, Schnee oder Schlamm gefüllt, halbmeter- bis teils metertief. Täglich dreiachsige Lkw mit bis zu 30 t Gewicht machten ihr den Garaus, zur ihrer Erhaltung wenig getan."

Die Piste zweigt nach Puno bei km 5 links von der asphaltierten Straße Puno – Juliaca ab, passiert die Altiplanoorte *Tiquillacta* (Restaurant, Polizeiposten), *Vilque* mit typischer Mestizo-Kirche und *Mañazo* (Polizeiposten, Tankstelle), erklimmt einen Pass auf 4500 m Höhe und stößt nach 100 km auf die Straße Juliaca – Arequipa. Der *Río Tincopalca* wird überquert. In der Folge verläuft die Strecke in einer Höhe zwischen 4000 und 4600 Metern durch eine verlassene und öde Puna mit vielen Alpakaherden. Der höchste Punkt ist der **Abra de Toroya** (4690 m).

Plötzlich ändert sich die Landschaft. Die Wellblechpiste führt durch eine fast vegetationslose Hochebene mit kleinen Sanddünen, erreicht das trostlose Kaff *Paty* und führt später am hübschen Salzsee *Laguna Salinas* vorbei. Hier können Flamingos in über 4000 m Höhe beobachtet werden. Es grüßt bereits der gleichmäßige Vulkankegel des *Ubinas* (5672 m). Dann weiden die letzten Alpakas vor der aufziehenden Kulisse des Vulkans Misti, bevor sich die Straße nach dem Simbral-Tunnel in unzähligen Kurven an den steilen Hängen des Nevado *Pichu Pichu* abwärtswindet. Ab dem Polizeiposten in *Chiguata* wieder Asphalt. Nach Überquerung des *Río Andamayo* in *Jesús* noch 10 km bis Arequipa.

Arequipa

Die Hauptstadt des gleichnamigen Departamento liegt auf 2353 m Höhe, ist mit 890.000 Einwohnern die zweitgrößte Stadt Perus und das Kultur- und Wirtschaftszentrum des Südens. Beherrscht wird Arequipa vom ebenmäßigen, 5821 m hohen Vulkan *Misti* und dem langgestreckten, immer schneebedeckten und 6075 m hohen *Nevado Chachani* sowie dem kleineren *Nevado Pichu Pichu* (5664 m) südöstlich vom Misti. Durch die Nähe aktiver Vulkane werden in Arequipa täglich bis zu 12 Erdbeben unterschiedlichster Stärke registriert. Das historische Stadtzentrum wurde 2000 in das UNESCO-Weltkulturerbe aufgenommen.

Arequipa ist nur 75 km Luftlinie von der Küste entfernt, das Klima ist ganzjährig mild und sonnig. Mit mehr als 300 Sonnentagen und einem nahezu ganzjährig blauen Himmel wird Arequipa auch „Stadt des ewigen Frühlings" genannt. Die jährliche Durchschnittstemperatur schwankt zwischen 10 und 25 °C, die maximale Tagestemperatur steigt selten über 27 °C. Nachts kann es von Mai bis August dagegen empfindlich kalt werden!

„Ari-Quepay"

Seit wann genau das Tal von Arequipa am Río Chili besiedelt wurde, ist nicht bekannt, älteste Funde datieren zwischen 6000 bis 8000 v.Chr. Spuren der frühen Siedler finden sich in Form von Höhlenzeichnungen. Die erste bedeutende Kultur in der Region waren die *Wari* (oder *Huarí*), bevor Tiwanaku die Herrschaft übernahm. Das Tal von Arequipa war dann ein Völkergemisch verschiedenster Kulturen wie Yanaguara, Pukina, Collagua und anderen. Von den Pukina stammen die landwirtschaftlichen Andenterrassen in *Carmen Alto, Paucarpata, Sabandía* und *Yu-mina* und die **Petroglyphen** (Felszeichnungen) von *Mollebaya* und *Socabaya*. Dann eroberte die Julí-Kultur das gesamte Chili-Tal, und um 1350 n.Chr. reichte der Einfluss der Inkas unter Sinchi Roca bereits bis Arequipa. Eine Legende besagt, dass der Inka-General Mayta Capac der Stadt ihren Namen gegeben hat, er soll das Tal „Ari-Quepay" genannt haben.

Diego de Almagro

Der spanische Konquistador erreichte im Februar 1537 mit seinem Haufen als erster den Ort am Río Chili. Die Fruchtbarkeit und das gesunde Klima der Gegend veranlasste die Spanier, unter der Führung des Hauptmanns Don Carcí Manuel de Carbajal, am 15.08. 1540 auf der Basis der Inkasiedlung die „Villa de Nuestra Señora de la Asunción del Valle Hermoso de Arequipa" zu gründen (an der heutigen Plaza San Lázaro). Von der „Stadt unserer Frau der Himmelfahrt vom schönen Tal von Arequipa" blieb nur das letzte Quechua-Wort übrig, das je nach Interpretation „hinter den Bergen" oder „hier bleiben wir" bedeutet. In kolonialer Schachbrettform geplant und aus Sillar, einem hellen Vulkanstein erbaut, entwickelte sich Arequipa über vier Jahrhunderte zu einer Stadt voller architektonischer und historischer Schätze. Die meisten Revolutionen Perus gingen von Arequipa aus, und die Stadt stellte so manchen Staatspräsidenten.

„Ciudad Blanca"

Der Ruhm der „Weißen Stadt" als eine der schönsten Städte Perus ist längst passé. Verkehrsabgase, Betonbauwut und unkontrolliertes Wachstum sorgten dafür. Inzwischen ist wenigstens der Durchgangsverkehr aus dem historischen Zentrum verbannt und Fußgängerzonen sind entstanden. „Weiße Stadt" leitet sich nicht ab von dem hellen Sillargestein, aus dem viele Gebäude bestehen, sondern von der ursprünglich fast rein weißen Einwohnerschaft. Das „farbige" Personal musste in den Außenbezirken der Stadt wohnen. Sillar stammt von den vulkanischen

Lockermassen des Chachani und es eignet sich bestens, um und zu feinen Ornamenten gemeißelt zu werden. Lange galten die mächtigen Sillarmauern Arequipas als erdbebenfest, doch die vielen mehr oder minder starken Erdbeben, die hier die Stadt und die Region immer wieder erschüttern, brachten mit der Zeit zahlreiche Gemäuer zum Bröckeln.

Sehenswürdigkeiten, Besichtigungszeiten
Ein Aufenthalt von ein bis zwei Tagen sind das Minimum für Arequipa. Wer auch die reizvolle Umgebung kennenlernen möchte, sollte je nach geplanten Ausflügen 4–7 Tage einplanen:
Stadtrundgang und *Santa-Catalina-Kloster* – je ein halber Tag • *Campiña-Tour* – halber Tag • *Lagunas Salinas* – ein Tag • *Cañón del Colca* – ein bis drei Tage • *Cañón de Cotahuasi* und *Valle de los Volcanes* – je drei bis fünf Tage.

Bustour Arequipa
Wer den nachfolgenden Stadtrundgang nicht machen möchte, kann eine Stadttour mit einem dachlosen Doppeldecker-Bus mit *Bustour Arequipa* machen, s.S. 390.

Stadtrundgang Arequipa

Plaza
Der Stadtrundgang beginnt am besten an der *Plaza Principal de la Virgen de la Asunción,* die an drei Seiten sehr hübsch von zweistöckigen Arkadengängen umsäumt wird. Die Mitte bildet eine gepflegte Anlage mit alten Palmen und dem *Tuturutu,* einem Springbrunnen.

La Catedral (Kathedrale)
Einzigartig für Peru ist, dass die mächtige Kathedrale aus Sillargestein die gesamte Breite der Nordseite der Plaza einnimmt. Die zwei Türme stehen auffallend weit auseinander, und beeindruckend sind auch die 70 Fassadensäulen sowie die drei mächtigen Portale. Die heutige Form im klassizistischen Stil entstand nach einem Brand 1844, der den ursprünglichen Kolonialbau von 1629 zerstörte. Im Inneren ist die Kanzel sehenswert, sie wurde in Frankreich hergestellt und nach Arequipa verschifft. Die Orgel, die größte Südamerikas, stammt aus Belgien und der Hauptaltar ist aus italienischem Carrara-Marmor. Geöffnet 7–20 Uhr, Eintritt frei, kein Zutritt während der Messe. Auf der gegenüberliegenden Seite der Plaza liegt die *Municipalidad.* – An der Ecke zur Alvarez Thomás erhebt sich die

Iglesia La Compañía de Jesús
Die Jesuitenkirche ist eine der ältesten Kirchen Arequipas, ein Glanzstück der Arequipa-Architektur und barockes Symbol der mestizischen Kunstform. Gebaut wurde von 1595 bis 1698. Die reich verzierte Vorderfront im plateresken Stil zeigt, warum über 100 Jahre gebraucht wurden, auch hinsichtlich der Standfestigkeit, denn alle Erdbeben wurden bisher schadlos überstanden. Im Inneren sind Haupt- und Nebenaltäre im vergoldeten Barockstil ausgeführt. Bemerkenswert ist eine Gemälde-Kollektion im cusqueñer und europäischen Malstil. Kirchen-Öffnungszeiten: 9–13 Uhr und 15–18 Uhr, Eintritt frei.

1950 wurde nach einer Restaurierung die ehemalige **Sakristei** zugänglich gemacht. Sie heißt jetzt *St. Ignatius-Kapelle.* Gegen ein kleines Entgelt ist sie zu besichtigen, wunderschöne Fresken schmücken die Kuppel. Gleich neben der Compañía befindet sich der Eingang zum *Claustro Jesuita,* dem zur Kirche gehörenden ehemaligen Jesuitenkloster, dessen renovierter Kreuzgang mit barocken Verzierungen aus Sillar sehenswert ist. Heute gibt es hier einige Boutiquen und Restaurants.

Auf der Santo Domingo weiter steht an der übernächsten Ecke die

Stadtrundgang Arequipa

Karte S. 382

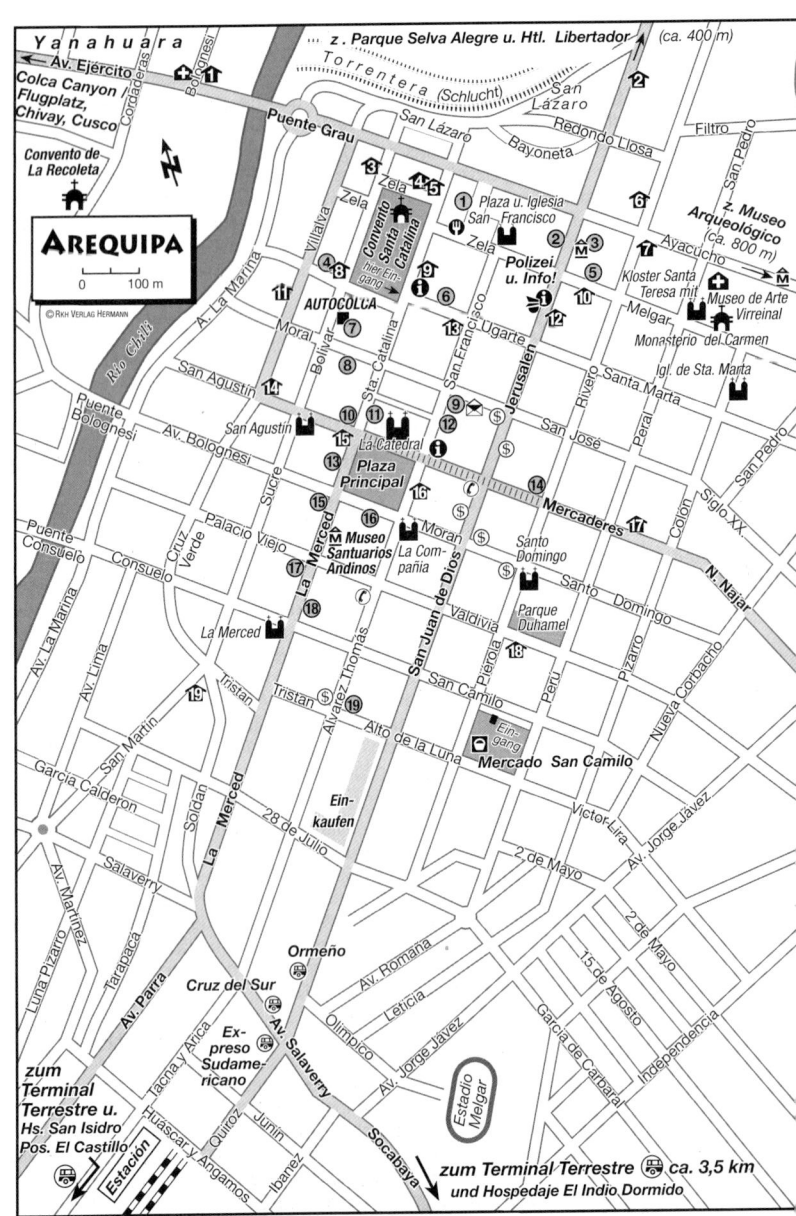

🏨 Hoteles y Hostales

1. Hotel Posada del Puente
2. Hs. La Casa de mi Abuela
3. Servicios Turísticos La Hosteria
4. Arequipa Youth Hostel
5. Hotel Mirador de Monasterio
6. B&B Home Sweet Home
7. Residencial Rivero
8. Hs. Las Torres de Ugarte
9. Hotel La Posada del Monasterio
10. Casa del Melgar
11. Backpacker
12. Hostal Lluvia de Oro
13. Hostal Regis
14. Hostal Tumi del Oro
15. Hostal Agrada
16. Hotel Sonesta Posada del Inca Arequipa
17. Hotel Conquistador
18. Hosped. El Indio Dormido II
19. Hostal Casa de Avila

außerhalb der Karte:
Südlich: Hs. San Isidro
Posada El Castillo
Hospedaje El Indio Dormido
(b. Terminal Terrestre)
Nördlich: Hotel Libertador

① Andere Nummern

1. Museo Histórico Municipal u. Casa de la Cultura
2. Campamento Base
3. Museo Regional Histórico Etnológia
4. Casa de La Moneda
5. Casa de los Mendiburros
6. Instituto Cultural Peruano Alemán
7. AUTOCOLCA (Permit-Behörde f. Colca-Canyon)
8. Casa del Moral
9. Arzobispado
10. Casa Yriberry u. Complejo Cultural Chaves de la Rosa
11. Lima-Tours
12. Casa Ugarteche (Casa Trista del Pozo)
13. Airline-Büros (ganze Plaza-Seite)
14. Teatro
15. Casa-Colonial
16. Municipalidad
17. Casa Goyoneche
18. Jockey-Club
19. Biblioteca Municipal

Iglesia Santo Domingo

Erbaut wurde sie 1697 durch den Dominikaner-Orden, der einer der ersten der Stadt war. 1958 und 1960 wurde sie durch Erdbeben schwer in Mitleidenschaft gezogen. Der reichverzierte Haupt- und Nebeneingang des dreischiffigen Baus sowie der gemeißelte Chor sind typische Beispiele des gemischten spanisch-indigenen Baustils.

Der Rundgang führt nun auf der Calle Piérola einen Block nach Norden, dann nach links in die *Calle Mercaderes*. An der Ecke liegt das **Teatro** und daneben die Banco Internacional, moderne Beispiele des Sillar-Baustils. Auf dem Weg zur Plaza kommt man am *Patio del Ekeko*, einem Einkaufs- und Kulturzentrum, vorbei. An der Plaza geht es nach rechts in die San Francisco. Haus-Nr. 108 ist das sehenswerte Kolonialhaus

Casa Tristan del Pozo

auch *Casa Ugarteche* oder *Casa Ricketts* genannt. Dieses Kolonialhaus von 1738 beherbergte das alte San-Jerónimo-Seminar und war zuvor lange Zeit der Sitz des Erzbischofs. Die kunstvolle Fassade ist ein einzigartiges architektonisches Juwel, und auch der Innenhof ist sehenswert. Heute ist das Haus im Besitz der Banco Continental, die eine Galerie unterhält, in der häufig Gemäldeausstellungen stattfinden. Mo-Fr 9.15–13 Uhr und 16.30–18.30 Uhr, Sa 9.30–12.30 Uhr; Eintritt frei.

In der Fußgängergasse gegenüber der Casa Ugarteche gibt es einige Souvenirläden.

Die Calle San Francisco führt nach Norden über die Moral (in der nach rechts das Hauptpostamt liegt) zur Plaza San Francisco, die mit Jacaranda-Bäumen umgeben ist. Dort steht die

Iglesia y Monasterio San Francisco

Die Kirche und das Kloster San Francisco wurden aus Sillargestein im Mudéjarstil erbaut. Zusammen mit der an das linke Kreuzschiff angebaute Kirche des Dritten Ordens bildet der gesamt Komplex ein vollkommenes lateinisches Kreuz. Das Innere dieser Bauwerke wirkt weniger imponierend. Die Kirche wurde durch Erdbeben stark in Mitleidenschaft gezogen, doch eine Führung für 5 Soles durch den Konvent lohnt sich für Kircheninteressierte. Neben Gemälden gibt es auch Messbücher aus dem 16. Jahrhundert zu sehen.

Gegenüber des Komplexes liegt mit der *Casa del Fierro* ein langgestrecktes Gebäude, das 1803 als Schule eingeweiht wurde und die erste öffentliche Badeeinrichtung für Damen in Arequipa beherbergte. Heute sind darin das **Kunstgewerbezentrum** und das **Museo Histórico Municipal** (Stadtmuseum, Mo–Fr 8.30–17 Uhr) untergebracht.

| Museo Regional Histórico Etnológico | Ein Abstecher vom Stadtrundgang könnte, bei genügend Zeit, von der Plaza San Francisco über die Calle Zela zum **Museo Regional Histórico Etnológico** in der Jerusalen 402 gemacht werden. Im Ethnologischen Museum von Arequipa, Mo–Sa 8.30–18.39 Uhr, So/Feiertag 8.30–15 Uhr, werden die Kulturen der acht Provinzen Arequipas von den Anfängen über die Präinka- und Kolonialzeit bis zur Gegenwart präsentiert. Gezeigt werden u.a. Keramiken, Webarbeiten, riesige Teppiche aus Alpakawolle, Musikinstrumente und die Nachbildung eines Inka-Zimmers. Für diesen interessanten historischen Streifzug durch die Kulturen sollte unbedingt ein Führer (Englisch oder Spanisch) genommen werden, da die Vitrinen noch kaum beschriftet sind. Hierzu kann *Victor Vela* empfohlen werden, der einen spannenden Gang durch das Museum gestaltet. Eine freiwillige Spende wird erwartet. Eintritt 8 Soles, Studenten 5 Soles, Fotografiergebühr! |

Nun wieder zurück über die Zela bis zur Calle Santa Catalina. Dort fallen sogleich die hohen und mächtigen Mauern des Santa Catalina-Klosters auf, der Höhepunkt eines Arequipa-Rundgangs.

Kloster Santa Catalina

Es ist in heutiger Zeit vielleicht etwas schwer zu verstehen, was Frauen vor ein paar Hundert Jahren in Arequipa am klösterlichen Leben so beeindruckte. Auf jeden Fall reichten die drei damaligen Klöster der Stadt nicht aus, um dem Andrang gerecht zu werden, so dass der Rat der Stadt am 3. Januar 1559 beschloss, ein neues, diesmal sehr großes Kloster zu bauen. 1579 wurde mit dem Bau begonnen, wobei dazu ein kleiner Teil Arequipas einfach ummauert wurde. Doch was hinter den hohen Tuffmauern geschah, wie die 150 Nonnen und 400 Dienstmädchen lebten, blieb der Öffentlichkeit mehr oder weniger über 300 Jahre verborgen.

1953 wurden zwar Teile des Klosters durch ein Erdbeben zerstört, aber erst 1970 öffneten sich die Klostertore das erste Mal für die Öffentlichkeit. Die Nonnen selbst hatten dies veranlasst, nachdem im Kloster nur noch 17 Nonnen lebten.

| Opfer für das „Himmelreich" | María de Guzmán, eine reiche Witwe, kaufte den Grund für das Kloster. Es gehörte danach dem Dominikanerorden (schwarz-weiße Nonnenkleidung) und wurde der Heiligen Catalina geweiht. |

Die Gesamtfläche des Klosters beträgt 20.426 qm. Es ist angelegt wie eine kleine Stadt, jede Gasse hat einen Namen. Gärten, Werkstätten, Wasserversorgung usw. ermöglichten ein autarkes Leben. Alle vier Jahre konnten acht Novizinnen aufgenommen werden, die als „Mitgift" eine erhebliche Summe in Form von Goldmünzen zu bezahlen hatten.

(Zusätzlich brachten die Novizinnen auch Kleidung, Stickereien, Porzellan, Silberbesteck u.a. wertvolle Dinge mit; wer verarmte, verkaufte seine Wertgegenstände auf dem Klostermarktplatz). Von jeder verstorbenen Nonne wurde ein Gemälde gefertigt.

Der Nachwuchs kam meist aus Familien reicher Spanier, für die es ein

Selbstverständnis war, für „Gott und das Himmelreich" die zweite Tochter an das Kloster abzutreten. Für die Lebenskosten im Kloster mussten die Familien weiter voll aufkommen.

Die erheblichen Geldmittel ermöglichten die Anstellung von Dienstpersonal, auch von Männern, die für das Kloster arbeiteten und sich um das Ackerland außerhalb des Klosters kümmerten. Für sie gab es dafür einen speziellen Eingang.

Das Kloster wurde 1871 unter der Leitung von Josefa Cadena reformiert und liberalisiert. Ab da war die Aufnahme kostenlos. Nachdem 1970 Santa Catalina nach einer Renovierung der Allgemeinheit zugänglich gemacht wurde, präsentierte sich in Arequipa eine Stadt in der Stadt, in der die Zeit stehengeblieben zu sein schien.

Die Schönheit der maurischen Architektur erinnert den Besucher an Córdoba oder Granada, der Kontrast des weißen Tuffsteins mit den leuchtenden Farben schafft einen wundervollen Reiz (ursprünglich waren alle Klostermauern weiß, heute sind die Sektoren verschiedenfarbig getüncht). Etliche Räume sind an Geschäftsleute vermietet, nur noch ein kleiner Teil der Anlage dient den wenigen Nonnen als Wohnstätte (derzeit leben noch 28 Nonnen im Kloster).

Öffnungszeiten, Führungen

Mo–Do 9–17 Uhr, Fr 9–15.30 Uhr, Sa/So 9–17 Uhr, Einlass bis eine Stunde vor Schließung. Eintritt 35 Soles (keine Ermäßigung für Studenten). Als auf Deutsch erklärende und sehr kompetente Führerinnen können wir empfehlen: *Viviana* (vetejota@yahoo.es), *Ute Appel de Concha* oder *Verónica Pino Rodriguez* (falls sie da sein sollten). Eine Führung kostet mind. 4 Soles pro Person (bei einer Gruppe), Einzelführungen entsprechend teurer. Weitere Infos zum Kloster unter www.santacatalina.org.pe.

Kloster-Rundgang

Der Rundgang ist mit Pfeilen markiert. In Räumen und an wichtigen Stellen sind Erklärungen in Spanisch, Englisch, Deutsch, Französisch und Italienisch angebracht. Auf der Eintrittskarte ist hinten ein Plan des Klosters aufgedruckt, daran kann man sich mit der nachfolgenden Rundgangsbeschreibung orientieren. Start ist am Eingang. Hier liegen die

Besucherzellen

Durch sechs hölzerne Sprechgitter konnten die Nonnen mit ihren Familienangehörigen sprechen. Diese Gitter sind so konstruiert, dass der Angehörige die Nonne nicht sehen konnte, die Nonne jedoch ihn. Berühren konnten sie sich gleichfalls nicht. Für die Übergabe von Geschenken und Briefen wurde ein Drehregal in die Mauer eingelassen, in dem die Dinge von außen eingelegt und nach innen gedreht werden konnten. Eine Nonne hörte die Besuchsgespräche ständig mit und kontrollierte Briefe und Geschenke.

Nach den Besucherzellen liegt links ein Arbeitszimmer mit einem „Nonnentresor". Jede Nonne besaß so einen Tresor, er war die einzige Möglichkeit, persönliche Dinge aufzubewahren. Dann folgt das

Noviciado
(Claustro Novicias)

mit dem ersten Kreuzgang und 300 Jahre alten Wandgemälden. Der Kreuzgang mit acht Wohnräumen war für acht Novizinnen konzipiert, die hier eine Probezeit zwischen einem und vier Jahren absolvieren mussten. Frühestens mit 12 Jahren konnte eine Novizin ins Kloster aufgenommen werden. Sie mussten im Noviciado alleine für sich leben und durften keinen anderen Klosterteil betreten, auch keinen Besuch empfangen. Deshalb war dieser Teil des Klosters vom Hauptkloster etwas abgeteilt.

Die Einrichtung der Wohnräume war spartanisch: lediglich ein Holzbett mit Fell (aber ohne Matratze), Tisch, Stuhl und ein Altar. Das Fenster musste immer offen stehen, damit kontrolliert werden konnte, was die Novizin tat. Wollte sie Abwechslung, konnte sie sich nur im Kreuzgang und in der Kapelle aufhalten. Zwei Nonnen, die als Ausbilderinnen fungierten, überbrachten den Novizinnen alles, was sie zum Leben brauchten, also nicht mehr als Wasser, Nahrung und Kleidung. Nach der Probezeit konnte die Novizin einen notariellen Vertrag als Nonne abschließen. Erst dann musste Mitgift ans Kloster bezahlt werden.

Danach führt der Rundgang in den

Orangen-Kreuzgang *(Claustro de los Naranjos)* des Hauptkloster, einem in Blau gehaltenem Innenhof (die Farben der Mauern im Kloster haben keine tiefere Bedeutung, von Zeit zu Zeit wird frisch gestrichen). Der Orangen-Kreuzgang wurde 1738 erbaut und nach den hier wachsenden drei Orangenbäumen benannt, die als Symbol des Lebens gelten. Der linke symbolisiert die Erleuchtung, der mittlere die Reinigung und der rechte die Vereinigung. Hier liegt links auch der

Profundis-Saal mit 13 Portraits von Nonnen zwischen 1691 und 1884 (jeweils nach dem Tode gemalt). In ihm wurde die 24stündige Totenwache für eine verstorbene Nonne abgehalten. Außerdem befanden sich im Orangen-Kreuzgang einige Wohnräume, in denen gebetet, studiert, gegessen und geschlafen wurden. Bei ihrem Tagwerk wurden sie von bis zu vier Dienstmädchen unterstützt. Es waren Indígenas, Mestizinnen oder Afrikanerinnen, die für die Nonnen in der Stadt einkaufen gingen, da die Nonnen das Kloster nicht verlassen durften.

Vom Orangen-Kreuzgang zweigt die

Calle Malaga ab. Links befindet sich das Privathaus von *Dolores Llamosas*. Rechts neben dem Haus von Dolores ist die Zelle der Nonne Maria Gonzales. Zu sehen ist ihr Holzbett, ein Rollstuhl, die Küche mit Backofen und ein Meerschweinchenkäfig. In den 2. Stock führt eine Treppe hoch. Hier waren die Dienstmädchenzimmer, die auf dem Boden schlafen mussten. Auf der rechten Seite der Calle Malaga befand sich die Krankenstation (Enfermería, erbaut 1647–1650). Heute ist dort der *Sala Zurbarán*, ein kleines Museum untergebracht (mit zwei Gemälden von *Diego Quispe Tito*). Hinten in der Mitte der Sala hängt ein Gemälde mit dem Erzengel San Miguel. Unabhängig der Position des Betrachters scheinen die Augen des Erzengels den Betrachter immer anzusehen. In Schauvitrinen sind Porzellangegenstände und Vasen ausgestellt, weiter silberne Monstranzen und Kleider, die zu Weihnachten oder an Festtagen getragen wurden. Es werden auch Petersilienseife und Rosencremes (gegen Hautprobleme) verkauft, die die im Kloster verbliebenen Nonnen herstellen. Weitergehend in Pfeilrichtung geht es in die reizvolle

Calle Córdoba mit der alten Küche (rechts), einem Privathaus einer reichen Nonne und dem Klausurgebäude (Nuevo Monasterio Clausura), (links) mit neuer Klosterschule von 1970. Links hinter Mauern liegt der noch heute aktive Klosterteil.

Nun führt der Rundgang in die

Calle Toledo mit der Zitadelle. Die Calle Toledo war ursprünglich einmal exakt geradelaufend, nun ist sie leicht gebogen – Auswirkungen vergangener Erdbeben! In den 42 rötlichbraunen Häuschen lebten gleichfalls Nonnen. Nach rechts zweigt, in halber Höhe der Calle Toledo, die **Calle Sevilla** ab. Hier führte der Abwasserkanal durchs Kloster, in den die Nachttöpfe gekippt wurden. In Höhe des weißen Kreuzes in der Toledo lag bis 1930 der klostereigene **Friedhof**.

Am Ende der Calle Toledo, rechts hinten, lag der **Waschplatz** (Lavandería) mit 20 halben *tinajas* (Tongefäßen), die über einen steinernen Kanal mit Wasser versorgt wurden. Die Dienstmädchen mussten hier bis 1854 die Wäsche waschen. Hinter dem Waschplatz befand sich das Bad der Dienstmädchen.

Durch die romantische

Calle Burgos geht der Rundgang weiter. In der ersten Wohnung rechts ist noch eine alte Waschmaschine mit Waschfilter zu sehen. Der Filter war notwendig, da das Wasser aus der Kanalisation stammte. Auf der linke Seite der Calle Burgos blüht der kleine Klostergarten (Huerta).

Vorne an der nächsten Ecke treffen die Calle Burgos, Calle Sevilla und Calle Granada zusammen. An dieser Kreuzung befindet sich, bei der ersten Türe links, das Haus von *María Josefa Cadena*. Im Anschluss an ihr Haus ist heute eine Cafetería untergebracht, früher befand sich dort der Klosterladen. Dahinter war eine Art Klostervorhof. Die Einwohner Arequipas konnten diesen Hof zum Einkaufen betreten. Über Drehtüren wurde z.B. Brot aus dem Kloster verkauft. Wie immer konnten die Nonnen niemanden sehen, noch berühren.

Der Rundgang führt nun wieder zur Kreuzung zurück, nach links in die **Calle Granada** einbiegen. Links liegt die **Hauptküche**, deren Wände sich durch die Feuerstellen allmählich schwärzten. Sie wurde erst im 17. Jh. erbaut und ab 1871 genutzt. Eindrucksvoll geben Bäckerei, Backofen, Küche, Vorratsraum und ein Brunnen Aufschluss über die alte Zeit.

Dann lädt die hübsche

Plaza Socodobér mit einem kunstvollen Brunnen zum Verweilen ein. Hier hielten einst die Nonnen Markt, hier verkaufte auch eine verarmte Nonne ihre letzten Habseligkeiten an andere Nonnen. An dem Platz befindet sich das Privathaus von *Rosa Cárdenas* und das klösterliche Badehaus.

Gleich hinter der Plaza ist rechts der Eingang zum **Haus der Seligen Ana Los Ángeles Monteagudo.** Sie wurde 1606 geboren und kam als dreijähriges Kind ins Kloster. Mit 48 Jahren wurde sie Oberin und leitete die Klosterschule. 1686 starb sie im Alter von 80 Jahren, wobei sie die letzten 10 Jahre ihres Lebens blind und lahm war. 1985 wurde Ana vom Papst Johannes Paul II. seliggesprochen, da sie einen unheilbar Kranken geheilt hatte.

Schließlich wird der

Refektorium (Refectorio) Speisesaal der Nonnen und der ockerfarbene **Rosenkreuzgang** erreicht. Es ist der älteste Kreuzgang des Klosters (erbaut 1715), und es sind Gemälde über das Leben von Jesu und Maria zu sehen. Links an der Wand stehen kleine Beichtzellen. Oben von der Treppe hat man einen Blick auf die Klosterdächer. Im Kreuzgang hinten links führt der Rundgang kurz durch den **Coro Bajo** der Klosterkirche.

Kloster-	Auffallend ist ein Sperrgitter, das Nonnen (vorne) und Kirchenbesucher
kirche	(hinten) strikt trennte. Außerdem konnten durch einen zugezogenen Vorhang die Kirchenbesucher nichts sehen. Der Vorhang war bis 1985 noch geschlossen.
Museum	Nach dem kurzen Gang durch den Chor mit seinem schönen Holzgestühl bildet das **Klostermuseum,** das früher als Schlafsaal diente, den Abschluss des Klosterrundgangs. Im Museum sind Gemälde der Cuscqueñer Malschule zu sehen.

Fortsetzung des Stadtrundgangs

Vom Santa Catalina-Kloster führt die Calle Santa Catalina Richtung Plaza zurück. An der Kreuzung der Moral mit der Bolívar befindet sich das

Casa del Moral	Dieses sehenswerte Kolonialhaus (Mo–Sa 9–17 Uhr, Do nur bis 13 Uhr, Eintritt 5 Soles, Studentenrabatt) erhielt seinen Namen von einem alten Maulbeerbaum im Innenhof. Die Fassade mit dem Wappen eines schlangenspeienden Pumas, das an die Tiwanaku-Kultur erinnert, ist ein typisches Beispiel des indigenen Einflusses auf den spanischen Barock. Rund um den hübschen Innenhof gilt es die feine Sillarsteinmetzarbeit mit künstlerisch gestalteten Türen und Fenstern zu bewundern. Heute ist hier eine Zweigstelle der Banco Industrial untergebracht. – Etwas weiter südlich erhebt sich an der Bolívar/San Agustín die
Iglesia San Agustín	Die Kirche wurde 1576 mit einem kunstvollen Portal und einer sehenswerten Sakristei gebaut. Die Steinmetzarbeiten an der Fassade waren der Beginn des Mestizen-Barocks in Arequipa, der sog. „Escola Ariquipeña". Die Kirche wurde 1886 durch ein Erdbeben vollständig zerstört, der Wiederaufbau ist immer noch nicht abgeschlossen. Am gleichnamigen Kloster vorbei, in dem sich jetzt die Juristische Fakultät der Universität befindet, geht es durch die San Agustín, die an der nordwestlichen Ecke der Plaza endet. Hier steht links die
Complejo Cultural Chaves de la Rosa	In dem Haus mit typischem Portal und ausgedehnten Innenhöfen ist ein Teil der Universität untergebracht. Sehenswert sind die Kunstgalerien mit moderner peruanischer Kunst (9–21 Uhr, Eintritt frei). – Vorbei an den Arkaden der Plaza mit Büros von Airlines und einigen Terrassen-Restaurants geht es nun die Calle La Merced südlich zum
Museo Santuarios Andinos	Das sehenswerte *Museo Santuarios Andinos* der Universidad Católica Santa María befindet sich in der Calle La Merced 110, www.ucsm.edu.pe/santuary, Tel. 20-0345, in der Nähe der Plaza. Hier wird u.a. die sehr gut erhaltene, bekannte **Mumie Juanita** ausgestellt (von 25.12. bis 01.01. wegen Konservierungsarbeiten meist nicht). Aber es werden auch andere Mumien gezeigt. Mo–Sa 9–18 Uhr, So/Feiertage 9–15 Uhr, Eintritt ins Museo 4 €, Führung (auch auf Deutsch) ist obligatorisch.

Juanita wurde am 8. September 1995 von dem Anthropologen Dr. Johann Reinhardt auf dem 6310 m hohen Vulkan Ampato, etwa 70 km nordwestlich von Arequipa, gefunden. Wahrscheinlich wurde das 13- bis 14jährige Mädchen vor etwa 500 Jahren von Inka-Priestern *Apu Ampato*, dem Berggott des Ampato, geopfert. Untersuchungen ergaben, dass das Mädchen nach einer Fastenzeit während des Capacocha-Rituals mit Chicha-Bier eingeschläfert und mit einem Schlag auf den Kopf getötet wurde. Im Museum wird ein zwanzigminütiger Film auf Englisch über die Entdeckung und die Forschungsergebnisse gezeigt.

Stadtrundgang Arequipa

Museo Arqueológico Chiribaya

Gleich gegenüber vom Museo Santuario Andinos liegt in der La Merced 117 das *Museo Arqueológico Chiribaya*. Die Kultur Chiribaya (800–1350 n.Chr.) entstand in der Region der Stadt Ilo. Sie zeichnete sich besonders durch Textilien und feine Metallarbeiten aus. So werden im Museum fein gewebte Textilien, Gegenstände des täglichen Lebens, Schrumpfköpfe und Mumien ausgestellt. Interessant und sehenswert ist die Sammlung von Kopfbedeckungen, die mit Gold versetzt sind.

Mo-Sa 8.30–19 Uhr, So 9–15 Uhr, Eintritt 15 Soles, Studenten 10 Soles, Führer Englisch und Spanisch.

Casa Goyeneche

Nach der Straßenkreuzung mit der Veijo steht rechts das Kolonialhaus Casa Goyeneche. Hier hat die Banco Central de Reserva del Perú ihren Sitz. An der nächsten Straßenkreuzung, der Consuelo, steht die **Iglesia La Merced**. Die Kirche ist von 7–8 Uhr und von 18–19 Uhr geöffnet und beherbergt einige interessante Gemälde der Escuela Cusqueña.

Wir folgen der Consuelo östlich, an der Ecke mit der Piérola kommt der Mercado San Camilo in Sicht.

Mercado San Camilo

Der traditionelle Stadtmarkt von Arequipa in der alten Markthalle ist eine Augenweide (Vorsicht vor Trickdiebstahl, Banden haben sich auf Touristen spezialisiert!). Gleich am Haupteingang links gibt es eine Superauswahl von Hüten. Dahinter schließt sich die Haushaltswarenabteilung an. Hinten links werden Fleischstücke, Geflügel aller Art und Kartoffeln verkauft, und mittendrin, in drangvoller Enge, unzählige Obststände, mit hoch aufgetürmten Früchten. Hinten rechts wird Fisch ausgenommen, gewogen und verpackt. Im 2. Stock Gartengeräte und Textilien. Vom Haupteingang geradeaus kommt man zu den Essensständen, die die preiswertesten Gerichte Arequipas anbieten. Probieren lohnt sich, garantiert frisch! Außerdem gibt es Kekse und Pralinen aus pulverisierten Fröschen ...

Weitere Sehenswürdigkeiten Arequipas

Iglesia, Claustros y Museo de la Recoleta

Sehr sehenswert und ein kleines Juwel Arequipas sind Kirche, Kloster und Museum *La Recoleta* (Recoleta 17, auf der anderen Seite des Río Chili; Mo-Sa 9–12 und 15–17 Uhr, Eintritt 6 Soles, ein zu empfehlender Führer 6 Soles, ca. 2 h). Die Anlage wurde 1648 von den Franziskanern erbaut. Der Kirchturm bot einst einen einmaligen Blick über die Stadt, Zugang aufgrund Baufälligkeit jedoch nicht mehr möglich. Der prachtvolle Bougainvillea-Baum in einem der drei Klosterhöfe ist ein Foto wert.

Das Museum zeigt Exponate der Präinkakulturen, religiöse Kunst und die Fauna Amazoniens. Die Franziskaner haben im Lauf der Jahrhunderte überdies eine großartige Bibliothek mit über 20.000 Büchern aufgebaut, das älteste Schriftdokument datiert auf das Jahr 1494. Spektakulär sind die alten Karten von Peru aus dem 19. Jahrhundert und Bücher, die aus den Anfängen der Kolonialisierung stammen. Neben der Bibliothek präsentiert das Klostermuseum noch ethnische Fundstücke und ausgestopfte Tiere aus den Missionsstationen des Amazonasgebietes.

Museo de Arte Virreinal de Santa Teresa

Sehr schönes Museum im Komplex des Monestario del Carmen, Calle Melgar 3030, Tel./Fax 24-2531, www.museocarmelitas.com, tägl. 9–16.30 Uhr, Eintritt 10 Soles. Parkplatz direkt vor dem Museum, Führer in diversen Sprachen, Gepäckdepot. Sehenswert sind neben dem Museum vor allem *El Claustro* und *Sala de Exposiciones Temporales*. **TIP!**

Mundo Alpaca In der ehemaligen Firmenzentrale eines Alpakawollherstellers, Alameda San Lázaro 101, in der auch lebende Alpakas und Lamas zu sehen sind, wird der gesamte Verarbeitungsprozess von der Schur bis zur fertigen Textilie erklärt und gezeigt. Im Textilmaschinenmuseum werden ständig preisgekrönte, künstlerisch sehr hochwertige peruanische Gemälde gezeigt. Mo–So 8.30–19 Uhr, Eintritt frei. Infos: www.mundoalpaca.com.pe.

Adressen & Service Arequipa

Tourist-Info **i-Peru,** Casona Santa Catalina, Santa Catalina 210, Tel./Fax 22-1227, iperuarequipa@promperu.gob.pe, www.peru.info, 8.30–19.30 Uhr. Kostenloser Stadtplan, auch auf Deutsch, Abfahrtspläne der Busse, Listen über zugelassene Führer und Bergführer der ADEGOPA (Vereinigung der Führer Arequipas), Internet, kleine Souvenirgeschäfte.

Weitere Info-Stellen: auf dem Flughafen, Tel. 44-4564, geöffnet bei Ab- und Anflügen, iperuarequipaapto@promperu.gob.pe, sowie im Santa Catalina-Kloster, 9–19 Uhr.

Arequipa im **Internet:** www.arequipa-tourism.com. **Vorwahl (054).**

Poltur **Policía de Turismo,** Jerusalen 315, Tel. 20-1258. 24-Stunden-Service, sehr hilfsbereit (z.B. Luís Pinto, den man im Notfall auch privat kontaktieren kann, Tel. 42-5989, Handy 933-9019), erkennbar an der Plakette „Turismo y Ecologia". Die Registrierung für Trekking- und Bergtouren sind sowohl bei der Touristenpolizei in Arequipa als auch in Chivay (Plaza de Armas) oder über Jörg Krösel (s.u.) möglich.

Servicio de Protección al Turista (SPT), Moral 360, Cercado Interior, Local Rectorado UNSA, Tel. 054-212054, sptaqp@indecopi.gob.pe, gebührenfreie-Service-Nr. 0800-42-579, tour@indecopi.gob.pe, rund um die Uhr.

Migración, Urb. Quinta Tristán s/n Av. Bustamente y Rivero, Tel. 42-1759.

Warnhinweis: In den letzten Jahren nahmen die Überfälle auf Touristen, die nach Einbruch der Dämmerung ein Taxi (Ort unerheblich) genommen haben, zu. Entsprechende Vorfälle liegen uns schriftlich vor. Nach dem Besteigen des Taxis werden die Touristen entführt, mit einer Pistole bedroht und ausgeraubt. Die Touristenpolizei ist über derartige Fälle informiert, da es sich nicht um Einzelfälle handelt. Bitte die Poltur informieren, Herr Pinto ist dabei hilfsbereit.

AUTOCOLCA **Autoridad Autónoma del Colca,** Bolívar 206, Tel. 20-3010, autocolca@terraplus.com, Mo–Sa 9–16 Uhr. **Verkauf der Eintrittskarte für den Colca-Nationalpark.** Derzeit 45 Soles (keine Studentenermäßigung).

Bustour durch Arequipa Portal de San Agustin 111, Tel. 20-3434, Fax 28-2900, bustour@terra.com.pe, www.bustour.com.pe/aleman. Abfahrten Mo–Sa 9.30 Uhr, 10.30 Uhr, 11.30 Uhr u. 14.30 Uhr, Fz 2 h, Fp 25 Soles. Große Rundfahrt inkl. Campiña-Route (s. Tour 1), Abfahrten Mo–So 9.15 u. 14 Uhr, Fz 4 h, Fp 35 Soles.

Unterkunft

Das Hotelangebot in Arequipa ist ausgesprochen gut (über 150 Hotels), wobei man vor allem in der ECO- und BUDGET-Kategorie die Qual der Wahl hat. In den ersten drei Augustwochen kann es dennoch zu Engpässen kommen (Hochsaison). Auf dem Flughafen gibt es eine Informationsstelle der Hotelvereinigung Arequipas *(Reservas y Traslados Hotel Afiliados)* mit Hotelnachweisen, bei der man gleich buchen kann (meist aber nur bessere Hotels). Miteingeschlossen ist dabei kostenloser Taxi- bzw. Shuttle-Transfer.

Adressen & Service Arequipa

ECO

Arequipay Backpacker (BUDGET), Cruz Verde 309, in der Nähe des Palacio Viejo, Tel. 22-3001, reservas@arequipaybackpackers.com, www.arequipaybackpackers.com. Sehr preiswerte Unterkunft für Rucksackler, Skk, Internet, beim Frühstück nicht zu viel erwarten. Ü im Schlafsaal 20 Soles, DZ 40 Soles, TriZ 54 Soles. Empfehlenswert.

Arequipa Youth Hostel (BUDGET), Zela 313, Cercado, g.silva@gmx.net, www.geocities.com/aqp_youthhostel. Sehr freundliche Jugendherberge mit schönem Patio, saubere MBZi, Ww, Skk. MBZi 15 Soles, DZ 24 Soles, gPLV.

Residencial Rivero (BUDGET), Calle Rivero 420, Tel. 22-9266, hostal_rivero@yahoo.com, www.cuidadblanca.net/hostalrivero. Freundlicher Familienbetrieb, 32 kleine, einfache, saubere Zi., bc/bp, Ww, Ws, GpD, Dachterrasse mit Kochgelegenheit, Tourangebote. DZ/bp 27 Soles.

Instituto de Apoyo y desarrollo Social BLANSAL, Projecto „Casa Verde", 7 de Junio 141, La Tomilla, Cayma, Tel. 45-8985, vdnack@yahoo.com, www.casaverde-arequipa.de; Kinderheim von Volker Noak mit zwei Zimmern für interessierte Besucher, Ü 5 € p.P.

Home Sweet Home (B&B), Calle Rivero 509, Tel. 40-5982, 28-1812, www.homesweethome.550m.com; Bed&Breakfast, Ws, Internet. Ü/F Dormitorio 15 Soles.

Hospedaje El Indio Dormido, Av. Andrés Avelino Cáceres B-9, einen Block vom Terminal Terrestre, Tel. 42-7401, the_sleeping_indian@yahoo.com. Einfache große Zi., bc/bp, Ws, Speisesaal, gut für Reisende, die spät auf dem Busterminal ankommen oder früh abfahren möchten. Auch Tageszimmer und Duschmöglichkeiten für Durchreisende. Ü/F bp 15 Soles. Empfehlenswert. Falls ausgebucht: **Hospedaje El Indio Dormido II** probieren; Dean Valdivia 218, the_sleeping_indian@yahoo.com, gegenüber Parque Duhamel, Tel. 42-3811, kostenloser Transfer zum Terminal.

Hostal Regis, Ugarte 202, Tel. 22-6111, regis@qnet.com.pe. Ruhiges Kolonialhaus mit schönem Patio, saubere Zi. mit Holzmöbelierung, bc/bp, schnellem Ws (5 Soles/kg) und Kochstelle. Dachterrasse mit herrlichem Blick, sehr freundliches Personal, gutes Frühstück. EZ/bc 18 Soles, DZ/bc/F 35 Soles, DZ/bp/F 60 Soles, gPLV! Tourangebote in den Colca mit Übernachtung im *Hostal la Casa de Lucilia* für 21 €. **TIP!**

Hostal Tumi del Oro, San Agustín 311 A, Tel./Fax 28-1319, rosmery20@mixmail.com. Nette Pension, sehr familiär, freundlich, Zi. z.T. antik möbliert, bp, Ww, Ws, Dachterrasse (Ausblick), sicheres, kostenloses GpD. EZ/bp 40 Soles, DZ/bp 50 Soles, preiswertes Frühstück. **TIP!**

Hostal Mansión Dorada, 28 de Julio 505 (Vallecito), Tel. 22-2336, Fax 28-3307, mansiondorada@hotmail.com. Älteres Haus mit Villencharakter in ruhiger Gegend, bp, Ws, sauber, DZ/F/TV 18 €.

ECO/FAM

Diplomat Plaza Hotel, Nähe Bahnhof. Ideal für jene Leute, die aus dem Colca-Canyon zurückkommen und dann am nächsten Tag weiterreisen möchten. U.a. 3 Backpackerzimmer, bp, DZ/F 7–10 €, Suite mit Whirlpool ab 22 €, gPLV. Herrlicher Ausblick vom Hoteldach, Freizeitsaal im 3. OG mit Tischtennis, Billard usw.

Lula's B&B, Buena Vista 406, Las Condes, Tel. 27-2517, Handy 95999-2995, lula_seelhofer@hotmail.com, www.bbaqpe.com. Komfortables B&B in einer großen und modern eingerichteten Privatwohnung der sehr hilfsbereiten peruanischen dt.-spr. Sprachlehrerin Juana Lourdes Díaz Oviedo de Seelhofer, die mit einem Schweizer verheiratet ist. 3 Zi, bp/Ww. Ü/F 40–60 Soles inkl. TR vom Busterminal oder Flughafen. HP/VP/Veg. möglich. **Mein TIP!**

Hostal Lluvia de Oro, Jerusalen 308, Tel./Fax 21-4252, lluvia de oro@hotmail.com. Nettes Hostal in ruhiger Lage, bc/bp, Ww (heiß), Ws, Rest., schöner Blick auf Misti und Chachani, freundlich, hilfsbereit, gut besucht. EZ/F 10 €, DZ/F 15–20 €, je nach Zimmer.

Hostal Casa de Avila, Av. San Martín 116, Tel. 21-3177, Fax 20-0015, www.casadeavila.com. Familienbetriebenes und ruhiges Kulturhostal von Fam. Espino Moscoso in neokolonialem Gebäude (ehemalige Schule) mit großem Patio mit schöner Gartenanlage mit einer Landschildkröte. 17 gemütliche Zi., bp, Schlafsaal, bc Ww, Ws, BBQ, Internet, angeschlossene Hotelfachschule, Spanischunterricht, Transport. DZ/F ab 17 €, gPLV. **TIP!**

Hostal Las Torres de Ugarte, Ugarte 401, Tel./Fax 28-3532, hostaltorresdeugarte@star.com.pe, www.hotelista.com. In Zentrumsnähe mit schönem Garten und Dachterrasse, saubere Zimmer, bp, Ww, angenehme und freundliche Atmosphäre, Internet gratis, hilfsbereit, gutes Frühstück, frische Säfte. DZ/F 120 Soles.

Hostal San Isidro, Urb. San Isidro B-5, Vallecito, Tel. 22-0027, Fax 24-1980, www.hostalsanisidroperu.com. Kostenlooor TR zum Busterminal oder Flughafen, Anfahrt mit dem Taxi von der Plaza 4 Soles; kleines, gemütliches und feines Hostal in sicherer und ruhiger Lage, 6 helle, saubere Zi. mit Balkon, moderne bp, Ws, Bar, Cafetería, Esszimmer, netter Patio, Internet gratis, sehr bemüht, gutes Frühstück, Parkplatz, Span./Engl. DZ/F 23 €, gPLV. **TIP!**

FAM

Posada El Castillo, Pasaje Campos 105, Vallecito, Tel. 20-1828, www.posadaelcastillo.com. Kleines familiäres Hotel eines freundlichen Holländers in einem historischen Haus, schöner Garten, kleiner Pool. 10 geschmackvoll eingerichtete Zi., bp, AC, Ww, sehr gepflegt und sauber, Rest., Internet, GpD, PP, prima für Familien. DZ 100 Soles, MC/VISA. **TIP!**

Hostal La Casa de mi Abuela, Jerusalen 606, Tel. 24-1206, Fax 24-2761, lacasa@terra.com.pe, www.lacasademiabuela.com. Familiäres, freundliches Hostal in schöner großer Gartenanlage, von Mauern umgeben, Zutritt über verschlossenes schmiedeeisernes Tor (Klingel), Reservierung wegen starker Nachfrage empfehlenswert. Ausweichquartiere hinterm Hof im Neubau mit besseren, großen Zimmern und guter Ausstattung mit Badewanne. Ws, Kochstelle, Frühstück im Garten, bc/bp, Pool, Hängematten, Pub, Peña, hauseigenes Reisebüro Giardino. DZ ab 25 € (NS), ab 35 € (HS).

Hotel Mirador de Monasterio, Zela 301, Tel. 22-4923, Fax 22-5122, miradordelmonasterio@terra.com.pe, www.miradordelmonasterio.com. Zimmer mit großem bp, Frühstücksbuffet, DZ/F 25 €, TriZ 35 €.

Hotel Conquistador, Mercaderes 409, Tel. 24-2916, Fax 21-8987, hlconqui@ec-red.com.pe. Kolonialhaus, gefällige Zi., sicher, freundlich, bc/bp, große Nachfrage, empfehlenswert.

Casa del Melgar, Melgar 108, Tel./Fax 22-2459, lacasademelgar@terra.com.pe, www.larednet.pe/lacasademelgar. Schönes Kolonialhaus mit Patio und kleinem Garten, alle Zi. bp, DZ ab 32 €.

FAM/LUX

Hostal Agrada, Plaza de Armas, Portal de San Agustín 113-A, Tel. 21-9859, Fax 23-7334. Zentrale Lage mit großem Balkonrestaurant und Blick auf die Plaza; bp, guter Service. DZ 50 €, TriZ 60 €; für ältere Reisende empfehlenswert.

Hotel La Plazuela, Plaza Juan Manuel Polar 106 (Vallecito), Tel. 22-2624, Tel./Fax 23-4626, laplazuela@terra.com.pe, www.lared.net.pe/laplazuela. Hübsch und ruhig mit schönen Zi., Geldwechsel, Ws, DZ/F ab 50 €.

Servicios Turísticos La Hostería, Bolívar 405, Tel. 28-9269, Fax 28-1779, la_hostaria@lared.net.pe, www.geocities.com/chastorga/page01.html oder hhttp://amerique-latina.com/ala/d/introperu.html. Restauriertes Kolonialhaus mit blumenreichem Innenhof, gepflegtes Ambiente, bp, Terrasse, hilfsbereites Personal, DZ/F ab 50 €.

Hotel La Posada del Monasterio, Santa Catalina 300, Tel. 20-6565, Fax 28-3076, laposadadelmonasterio@star.com. In einem rekonstruierten kolonialen Gebäude aus dem 17. Jahrhundert mit Originalmöbeln und Aussicht auf das Kloster Sta. Catalina. Sehr ansprechende Zi., bp, Rest., Ws, Parkplatz; eigentlich ein Hotel für Geschäftsreisende, aber für Minigruppen (Dreibettzimmer) ist

LUX es sehr zu empfehlen. DZ/F ab 45 €.
Hotel Posada del Puente, Av. Puente Grau 101/Bolognesi (Río Chili), Tel. 25-3132, Fax 25-3576, hotel@posadadelpuente.com, www.posadadelpuente.com; kleines Hotel mit 15 gefälligen Zi., bp, gutes Rest., Bar, schöner Garten, sicher, freundlich, gut, DZ ab 60 €, dennoch große Nachfrage.
Hotel Libertador, Plaza Bolívar (Selva Alegre), Tel. 21-5110, Fax 24-1933, arequipa@libertador.com.pe, www.libertador.com.pe. Altehrwürdiger Hotelbau in hübscher, palmengesäumter Parkanlage, z.T. große Zi., Rest., Bar, Grill, schöner Pool, Sauna, Ws, Tennis, DZ/F ab 70 €.
Hotel Sonesta del Inca Arequipa, Portal de Flores 116, an der Plaza, Tel. 21-5530, Fax 23-4374, posada@sonestaperu.com.pe, www.portalhotel.com.pe. Komfortabel, einige Zimmer mit Plaza-Aussicht (teurer), Rest., Parrillada, Bar, Disco, Dachterrassen-Pool, DZ ab 75 € (nach Rabatt fragen), trotzdem manchmal ausgebucht.

Essen & Trinken

Arequipas Gastronomie ist ein kleines kulinarisches El Dorado. Von gefüllten Empanadas über Cuy (Meerschweinchen), Grillhähnchen und Mariscos bis hin zu Luxusgerichten in eleganten Restaurants gibt es für jeden Geldbeutel und Geschmack das richtige. Doch aufgepasst, Preise und Qualitäten differieren sehr stark! Überwiegend touristische Restaurants liegen um die Plaza, weitere in den angrenzenden Straßen (San Juan de Dios, Jerusalen, La Merced). Ein einfaches Menü gibt es schon ab 1–2 €, ein Touristenmenü ab 3 €. An der Plaza befindet sich auch ein Supermarkt. **Gesundheitshinweis:** von Märkten und Garküchen Hepatitis-Gefahr, da es fast keine Kontrollen der Gesundheitsbehörden gibt.

Zum **Frühstück** mit einem starken Kaffee ist das *Café Manolo,* Mercaderes 113 oder das bessere *Lucciano 115* (gleich daneben) keine schlechte Wahl. – Im *Café Valenzuela,* General Moran 114, wird peruanischer Kaffee aus dem Urubamba-Tal in vielen Zubereitungsvariationen von 10–13 Uhr und 16–21 Uhr ausgeschenkt. – Ein gutes, preiswertes Frühstück bietet die *Pastelería Salón de Té,* Mercaderes 325, an. – Das *Colibrí,* San Francisco 225, ist gleichfalls preiswert, gut und immer voll mit Einheimischen. – Lecker und preiswert die **Konditorei** *Astoria Santo Domingo,* Sto. Domingo 132 mit angeschlossenem Restaurant. – Am besten gefallen hat mir die *Baguetería La Canasta,* Jerusalen 115, in einem schönen Patio; zweimal am Tag gibt's hier frische **Baguettes,** dazu frische Wurst und Käse in der Theke, So geschlossen, **TIP.** – Auf leckere Empanadas spezialisiert ist *La Salteñita Boliviana,* Moral 212-A. – Mehrere Pastelerías mit frischen Croissants, Empanadas u.a. findet man in der Puente Bolognesi.

Direkt an der Plaza de Armas, Portal San Agustín 115 (Nordwestseite), bietet **La Serenata** internationale Küche mit herrlichem Blick über die Plaza auf die Kathedrale. Anschließend noch kurz den Blick vom Dach-Café **La Terraza** genießen.

Ausgezeichnete **Parrillada** (Grillplatte) gibt es im **El Gaucho,** Mercaderes (2. Straßenblock östl. von der Plaza, über dem Casino), allerdings auch teuer!

■ Das **Zig Zag,** Zela 210, Cercado, www.zigzagrestaurant.com, ist ein von Carola und Michael Hedinger liebevoll geführtes, feines **Erlebnisrestaurant** in einem typischen Kolonialhaus gegenüber dem Plaza San Francisco und bietet als Spezialität *Triologie de Carnes,* steingegrillte Steaks von Alpaka, Strauß und Rind sowie Fondues (Käse, Chinesisch) und **Vegetarisches,** Preise ab 5 € aufwärts. Große Weinkarte! Carola kann auch den Besuch einer Straußenfarm (www.grupoinca.com) unweit Arequipas arrangieren. – In der **Alianza Francesa,** dem französischen Kulturinstitut, Santa Catalina 208, ist die gleichnamige **Crêperie** ein Muss für Crêpeliebhaber. Es werden über 100 verschiedene, wohlschmeckende Crêpes für 4–10 Soles im Erdgeschoss oder im gemütlichen Patio serviert (Crêpes mit Quinoa probieren). Außerdem Frühstück, Salate und Pisco Sour, tägl. 8–24 Uhr.

El Jayarí und **El Viñedo,** San Francisco 319-A, zwei **der besten Restaurants der Stadt** mit schöner Dachterrasse. Zahlreiche gute lokale Gerichte und Grillplatten, Cuy sowie Cocktails und Kaffeespezialitäten, an der Bar der beste Mixer Arequipas ... Grillbuffet Mi 18–21 Uhr (4,50 €), Meeresfrüchtebuffet Fr 12–15 Uhr, Arequipeña-Buffet So 12–16 Uhr (so viel man möchte, für ca. 6 €), abends Livemusik, bei Reisenden beliebt, empfehlenswert! – Das **Fory Fay,** Alvarez Thomás 221, serviert beste Cebiches, 9–15 Uhr.

Fast alle gängigen Gerichte bietet die Speisekarte von **El Dólar,** San Juan de Dios 106. Das preisgünstige Lokal ist meist gut besucht, leckere Mittagsmenü kosten 6,50 Soles. – In der Jerusalem 114–116 (Verlängerung der San Juan de Dios) bietet **Bonanza** seit Jahren günstige Mittagsmenüs zu 6,50 Soles, viele Einheimische. – Im **A Todo Carbón,** Rivero 112, sind die Grillhähnchen und Anticuchos gut. – Leckere Hähnchen zu 1,50 € grillt die **Pollería Astoria,** Palacio Viejo 100. – **Ary Quepay,** Jerusalem 502, bietet typische regionale Küche und Spezialitäten, wie z.B. *Rocoto relleno, Cauche de queso, Cuy y pollo chactado* oder *Chupe de camarones,* doch sehr touristisch; guter Pisco Sour, Folkloremusik (z.T. auch Quechua) von 19.30–23.30 Uhr. – Die **Bodega San Agustín,** Portal San Agustín 127–129, ist ein gemütliches altes Kellergewölbe von Natali Flor de María Hurtadodelgado. Frühstück (leider nur Pan Bimbo), Snacks und Abendessen. – Die **Trattoria del Monasterio,** Santa Catalina/Zela ist ein kleines, feines Restaurant mit sehr guter ital.-peruanischer Küche.

Einige gute **Restaurantes Tradicionales** mit ausgezeichneter, typischer Küche Arequipas liegen etwas vom Zentrum entfernt, sind aber mit Taxi gut zu erreichen. Meist schließen sie aber schon nach Einbruch der Dämmerung bzw. gegen 20 Uhr! Eines der preiswerteren ist **El Sombrero Arequipeño,** Av. Salaverry 408 (Socabaya), Tel. 43-6111, mit großem Garten und Kinderspielplatz, mein **TIP**! – Ein weiteres ist **La Tradición Arequipeña,** Av. Dolores 111 (Paucarpata), Tel. 42-6467; Mo–Sa von 12–20 Uhr. Empfehlen kann ich köstliche *Cuys chactados* – Meerschweinchen – zu 6,50 €, *Corvina al ajo* (ein Fischgericht) zu 8 €, *Rocoto relleno* (gefüllte Pfefferschoten) zu 4 €, *Chancho al horno* (Schweinefleischgericht) zu 5 € oder *Chuleta de res* (Fleischgericht). Alle Gerichte ab 3 € aufwärts, alle Kk. – Auch das touristische **Sol de Mayo,** Jerusalen 207, Stadtteil Yanahuara, ist empfehlenswert; preiswertes Gartenrestaurant, typische und qualitativ gute Gerichte, viele Einheimische, ab und zu Folklore, der hauseigene Kondor ist die Attraktion, geöffnet 11–18 Uhr, alle Kk. – Mit der **Picanteria Costumbres,** Av. Ejercito/Cayma, liegt die direkte Konkurrenz nicht weit entfernt, dieses Gartenrestaurant mit traditionellem Essen lockt nicht nur Einheimische. – Schließlich hat auch noch das **La Cantarilla,** Tahuaycani 106, Stadtteil Sachaca, preiswerte traditionelle Gerichte auf der Karte. Anfahrt mit Taxi. – **Mirador de Chilana,** Av. Arequipa C-4, Cayma; Blick auf Misti, landestypische Gerichte, empfehlenswert.

Teuerstes und als einziges Restaurant Arequipas mit 4 Sternen ausgezeichnet ist der Tenedor *El Sambambaia,* Luna Pizarro 304, Vallecito (4-Sterne-Restaurants werden in Peru als *Tenedores* bezeichnet). Internationale Gerichte.

Tipps für Pizza-Freunde: *Los Leos,* Jerusalen 407, Pizzas & Pasta.

Döner-Freunde gehen zum dt.-spr. Türken **Turko I,** San Francisco 231 A. Kleiner Döner-Kebab aus Hühnerfleisch 6 Soles. Besser ist sein Restaurant **Turko II** in der gleichen Straße in einem alten, restaurierten Sillargewölbe, doch auch etwas teurer. **Turko III** wurde als Stehcafé auf dem Flughafen eröffnet. Aufgepasst: den Döner sicherheitshalber ohne Salat bestellen.

Wer gerne **Vegetarisches** mag, speist preiswert im **Sunlight Restaurante Vegetariano,** Moral 205. Koreanische Betreiber, sehr nett, Portionen riesig, sehr leckere Gerichte, gPLV. **TIP!** – Sehr gut ist auch **Lakshmi,** Melgar 104. – **La Vie Claire,** Pasaje La Catedral 113, bietet gleichfalls gute vegetarische Speisen und frische Säfte. – Vegetarische Küche auch im **Govinda,** Sta. Catalina 120, im **Mandala,** Jerusalen 207, **Laksmivan,** Jerusalen 408 sowie im **Chicha da Jora,** Puente Bolognesi 141. – Und wer **Heimweh** hat, der geht ins **Café Casa Verde,** San Francisco 406, in dem es **deutschen Kuchen** und andere Spezialitäten gibt.

Deutsches Essen und preiswerten Pisco gibt es auch im netten **Split,** Zela 202, auf zwei Stockwerken, gute Musik, empfehlenswert. Gerichte ab 5 Soles, auch Schnitzel mit Spätzle. Renato freut sich auf deutschsprachige Gäste. – Deutsche Gerichte, auch Tapas und Paellas, bietet **Dos Tierras,** Leon Velarde, Urb. Los Claveles A1, Yanahuara. Das gemütliche Restaurant mit Bar im 2. Stock der Deutschen Jens Kneschk und Sven Liebisch begrüßen von 10–2 Uhr nachts gerne deutsche Gäste, Musik kommt vom Plattenteller. – Echte **Berliner Currywurst** wird von 9–2 Uhr nachts im **Bratwürstchenhäuschen,** Ugarte 208, gegenüber des Dt.-Peruan. Kuturinstitutes, gebrotzelt. Die dt.-spr. Besitzerin Monika ist abends immer da.

Unterhaltung	Die Vergnügungszone Arequipas liegt in der Calle **San Francisco.** Hier befinden sich viele Discos, Restaurants und Kneipen. Auch in der **Av. Dolores** wird viel geboten, doch in letzter Zeit hat sich hier die Drogenszene breitgemacht.
Peñas und Musik	*Las Quenas* (ex-El Quinque), Santa Catalina 302; Live-Musik (Folklore/Peña), Mo–Sa ab 20 Uhr, Eintritt/Gedeck 2–3 €, alle Kk. – *El Moro,* Plaza Principal de Yanahuara (Yanahuara); typische Folkloremusik, Do–Sa bis 24 Uhr. – *Brocheta,* San Francisco; Fr/Sa Live-Musik mit der Arequipa Blues Band. – *La Italiana,* San Francisco 303-B; Fr/Sa meist Live-Musik, während der Hochsaison Folklore (der einzige Ort, an dem noch die traditionelle Folklore Arequipas aufgeführt wird). – *Le Café Art Montreal,* Ugarte 210, Sa ab und zu Live-Musik.
Discos und Kneipen	Die beste Disco ist derzeit *Dady'o* an der Plaza, fast nur Einheimische, Livemusik, Bar, Karaoke, Eintritt frei. – *El Kibosch,* Zela; Live-Musik ab 22 Uhr. – *Disco Pub Weekend,* Sta. Catalina 116, u.a. Live-Show, am Wochenende immer voll! – *Disco Pub Gallo Rojo,* Av. Jorge Chavéz/Salaverry, Di–So von 19–4 Uhr. – *Disco Pub El Sotano,* Piérola/Sto. Domingo, Di–Do nur Pub, Fr–Sa Disco ab 19 Uhr. – *L'nuit,* Mercaderes 220, Café mit Konzerten, Mo–Sa ab 18 Uhr. – *Don Quijote,* Moral 219; Bar mit überwiegend jungen Gästen, studentisches Flair. – *Déjà Vu,* San Francisco 319-B, **Backpackertreff.** Am frühen Abend laufen Videofilme auf Großleinwand, ab 22 Uhr verwandelt sich der Laden in einen Pub, gute Cocktails und Disco.
Erste Hilfe	**Krankenhaus:** *Honorio Delgado,* Tel. 23-1818 oder 23-8465. *Clínica Arequipa,* Av. Bolognesi, Tel. 25-3408. **Zahnarzt:** Clínica Dental San Lazaro, Dr. Hugo Carlos Doy Quiroz, Juan de la Torre 201, Tel. 22-5904. Sehr professionell, **gPLV! Apotheke:** *Farmacia Sudamérica,* Portal San Agustín 101, Plaza de Armas.
Dt.-sprachiger Arzt	*Dr. Ydo Bedregal Calderón,* Trujillo 205, Alto San Martín, Tel. 45-3512, Handy 959-386-211. Er und seine Ehefrau sprechen Deutsch. Konsultation 80 Soles, empfehlenswert!
Dt. Schule	*Colegio Peruano-Alemán Max Uhle,* Av. Fernandini s/n, Sachaca, Casilla 743, Tel. 23-2921, Fax 23-4136, Schule@maxuhle.edu.pe, www.maxuhle.edu.pe, Di/Fr 11–13 Uhr.
Sprachschule	*EDEAQ,* unweit der Plaza, Tel. 22-6784, Handy 95934-2660, www.edeaq.com. Offiziell anerkannte Sprachschule. Peruanisch-schweizerische Leitung, Einzelunterricht 135 €, Kleingruppen günstiger, inkl. Familienaufenthalt. **TIP!** – *Centro de Intercambio Cultural Arequipa CEICA,* Urb. Universitario G-9, Tel. 22-1165, Fax 23-1759, www.ceicaperu.com. Effektive und unterhaltsame Sprach-

	kurse, Einzelunterricht, sehr flexibel, nette Gastfamilien, preiswert. – *Sprachlehrerin Erika Loo Sales,* erikaloo_pe@ yahoo.com, gibt Privatunterricht, 3 €/ Std.
Dt.-Peruan. Kulturinstitut/Konsulat	*Instituto Cultural Peruano-Alemán,* Ugarte 207, Tel. 21-8567, geleitet von Ursula Noboa. Sehr preiswerter und guter **Sprachunterricht,** Doppelstunde 7,50 €. Im selben Gebäude ist das **Deutsche Honorarkonsulat** untergebracht.
Post	*Serpost,* Moral 118, Tel. 42-2896. Mo–Sa 8–18 Uhr, So 8–14 Uhr.
Internet-Café	*Blun@net,* Mercaderes 224; *Netm@nia,* Santa Catalina 113-A, Tel. 20-0967, und in der *Casa Yriberry,* San Agustín.
Telefon	Palacio Viejo/Alvarez Thomás 201 und San Juan 111.
Geld	Bester Kurs für Reiseschecks auf dem Flughafen. – *Banco del Crédito,* San Juan de Dios/Morán 101, Mo–Fr 9.15–13.15 und 16.30–18.30 Uhr, Sa 9.30–12.30 Uhr und 16.30–18.30 Uhr. – *Banco de La Nación,* Nicolás Piérola 110. – *Banco Interbank,* Mercaderes 217, Tel. 21-4930. – Zahlreiche Casas de Cambio, wie z.B. *Sergio del Carpio bzw. Peruval Arequipas,* Jerusalen 126, Tel. 23-8033, *Arequipa Inversiones,* Jerusalen 109 sowie die Straßenhändler vor den Banken. Selbst das Café Valenzuela wechselt Euro. – *Aerotur,* Sta. Catalina 213, Tel. 21-9224; wechselt AE-Reiseschecks.
Landkarten	*San Francisco,* San Francisco 102, Tel. 23-2721, san_francisco@terra.com.pe. IGN-Karten 1:100.000 der Umgebung, 10 €.
Campingartikel	*Ecotours,* Jerusalen 402-A, Tel. 20-2562, Fax 22-3382, ecotour@terra.com.pe, Vermietung und Verkauf.
Einkaufen	*Patio del Ekeko,* Mercaderes 141, Cercado, www.patiodelekeko.com; ein Einkaufs- und Kulturzentrum, Kunsthandwerk (Alpaka 111), Café, Bar, Internet, Museo de Arte Textil (Eintritt 1,50 €), Kino; tgl. 10.–21 Uhr. – *Saga Falabella,* Av. Ejercito/Av. Cayma; modernes Einkaufszentrum mit Kino und Fastfood.
Wäscherei	Viele gute und schnelle Wäschereien befinden sich in der Jerusalen, z.B. *Lavandería Alemana,* Jerusalen 400. – Lavandería Tokio, Alvarez Thomás 202-A.
Autoclub	*Automóvil Club del Perú,* Av. Goyeneche 313, Tel. 28-9868, Fax 21-5631, arequipa@touringperu.com.pe.
Airport-Shuttle	*King Tours,* Counter auf dem Flughafen, Tel. 24-3357, 28-3037 und 60-4860, 24-Std.-Service, Reservierung obligatorisch, Fp 1,50 €, Fz 30–45 Min.
Taxi-Service	Etabliert mit gutem Ruf: *Latino,* Tel. 20-3669. *Taxitel,* Tel. 45-2020. *Inca Car,* Tel. 42-2121. *Turismo Arequipa,* Tel. 455-8888. Unbedingt bei Bestellung nach der Nummer des Wagens und dem Namen des Fahrers fragen und bei Ankunft des Taxis vergleichen. **Straßentaxis nach Einbruch der Dämmerung wegen Überfallgefahr meiden!**
Mietwagen	*AKAL,* Málga Grenet 518, Tel. 25-8798, perutoinca@terra.com.pe, www.perutoinca.com.pe. – *AVIS Rent-a-Car,* Palacio Viejo 214, Cercado, oder auf dem Flughafen, Tel. 28-2519, 60-8135, Tel./Fax 21-2123, AVIS-AQP@terra.com.pe und AVIS-AQP@interplace.com.pe. – *Localiza,* Bolívar 500, Tel./Tax 24-2436. – *Transjesa,* Las Flores 109, Tel. 40-0646, transjesa@rh.com.pe, www.planet.com.pe/transjesa. – *Misti Mina,* Av. Cayma 405, Tel. 27-3414, mistimina@terra.com.pe. – *National Car Rental,* San Francisco 102-C und Bolívar 25, Tel. 21-4953 (Kleinwagen 70 € pro Tag inkl. 200 km, Versicherung u. Steuern).
Thermalbäder	In der Nähe Arequipas gibt es einige Thermalquellen, das bei den umgebenden Vulkanbergen ja nicht überrascht. Thermalbad in **Jesús:** an der Straße Arequipa–Puno, etwa 10 km vor Arequipa, tägl. 5–12.30 Uhr; Bus ab Ecke San José/Colón; mineral-medizinisches Wasser zur Nierentherapie, Wasserkuren und Hautkrankheiten. Thermalbad in **Yura:** an den Westhängen des Nevado Chachani, nach 30 km bei der Eisenbahnstation Yura. Stündliche Busse von

Arequipa. Das Bad befindet sich gleich hinter dem Ort und besteht aus verschieden temperierten Steh- und Planschbecken mit mineral-medizinischem Wasser gegen Rheuma, Haut- und Darmkrankheiten; Di–Sa 6–12 Uhr, Eintritt. Gleich daneben, zum Übernachten, das *Hotel de Turistas de Yura*. Thermalbad von **Socosani:** 10 km hinter Yura. Thermalquellen für Wasserkuren.

Feste Das wichtigste lokale Fest Arequipas ist, neben der Fiesta Virgen de la Candelaria um den 2. Februar, Ostern und der Prozession zum Schrein von Chapi am 1. Mai, die **Arequipa-Woche vom 15.–22. August.** Abgehalten zur Erinnerung an die Stadtgründung, mit Märkten, Prozessionen, Stierkämpfen, Feuerwerken, Serenadekonzerten, Festzügen, Nationaltänzen und dem berühmten Silbermarkt (auf der Plaza San Francisco). Die ganze Stadt steht Kopf, und es kommt zu Engpässen bei den Unterkünften.

Alkoholika *Bottle-Shop Melody,* Ugarte/Jerusalen.

Reisebüros/Touranbieter

Die meisten Reisebüros befinden sich in der Calle Santa Catalina, einige in der Calle Jerusalen. Fast alle bieten Ausflüge zum **Colca-Canyon** an. **Wichtig ist, vor jeder Tour die Lizenz des Führers einzusehen,** die nämlich Ausbildung und Erfahrung bedeutet (mehr Details s. „Colca-Tagesausflüge").

Tipp: *Falls ein evtl. sehr, sehr früher Aufstieg aus dem Colca-Canyon nach Cabanaconde vorgesehen ist, Taschenlampe mit neuen Batterien mitnehmen!*

Nachfolgende Touranbieter mit unterschiedlichen Schwerpunkten sind alphabetisch geordnet:

Campamento Base oder **Colca Trek,** Jerusalen 401-B, Tel. 22-4578, Fax 20-6217, colcatrek@hotmail.com, www.trekingperu.com. Direktanbieter *Vlado Soto* macht Touren von 2 bis 5 Tagen (mit u. ohne Ausrüstung) und verfügt über gute Karten vom Colca, Cotahuasi, Misti, Chachani, Ampato und Corpuna. An- und Verkauf von Ausrüstung, Vermietung von Rafting-Equipment und Mountainbikes. Dreitages-Touren in den **Colca** macht Vlado nur alle paar Wochen mit max. 6 Pers., inkl. Transport mit Privatauto, Packesel, VP/Ü im Hotel Kuntur Wassi in Cabanaconde kosten 140 €, gPLV. Empfehlenswert, besonders für den Colca!

Comfort Tours, Santa Catalina 109, Tel. 20-1045 und 31-3426, comforttours@terramail.com.pe, www.comforttours.net. Anbieter mit Buchungscomputer für Rückbestätigungen von Flugreservierungen. Bietet individuelle Bergtouren mit dem legendären Bergführer Ivan Jiménez.

Gölz & Miedl, Jerusalen 524-B, Cercado, Tel./Fax 20-1222, perureisen@star.com.pe oder mmiedl@terra.com.pe. Die sehr erfahrene dt.-spr. Agentur von *Manfred Miedl* zeichnet sich aus durch Kompetenz, Zuverlässigkeit und Hilfsbereitschaft. Seriöse und gute Infos, Partnerbüro in Puno, gPLV. **TIP!**

Giardino, Jerusalen 604-A, Tel. 24-1206, Fax 24-2761, giardinotours@terra.com.pe, www.giardinotours.com. Haus-Reisebüro des Hostals Casa de mi Abuela (s.o.). Lourdes Pérez Wicht kann durch ihren Wagenpark und Führer so ziemlich alles arrangieren was Touren in und um Arequipa betrifft, z.B. Mehrtagestouren zum Colca-Canyon ab 35 € p.P., u.a. nach Corporaque (s.S. 412) oder Kondorbeobachtungen, Trekkingtouren im Colca- und Cotahuasi-Canyon. Angebote teilweise preiswerter als Mitbewerber, doch vorher prüfen! Auch Flug- und Bustickets werden besorgt und Hotels günstig gebucht. **TIP!**

Vor dem Reisebüro wartet auf der anderen Straßenseite oft der Taxifahrer Pablo auf Aufträge. Wer mit ihm eine Tour machen möchte, z.B. zur Laguna Salinas, sollte hartnäckig handeln …

Kantatiry Tour, Santa Catalina 114, kantatiry@usa.net. Zweitages-Ausflüge in den Colca ab ca. 20 €.

Adressen & Service Arequipa

Llama Andean Adventures EIRL, Dr. Kelly Concha, Pumacahua 303, Cerro Colorado, Tel. 25-5981, Handy 95999-7971, www.llama-online.de, info@colca.de. Trekking rund um Arequipa sowie im Colca- und Cotahuasi-Canyon, Canyoning und Bergsteigen. Mo/Do jeweils dreitägiges Trekking durch den Colca-Canyon nach Tapay, 50 € inkl. VP. Abfahrt meist nachts um 2 Uhr mit öffentlichem Bus der Empresa Reyna. Sehr zuverlässig, gPLV. Über die Websites www.llama-online.de können Reisende Inlandsflüge, Zugtickets von Peru Rail und Standardtouren online buchen, bezahlt wird über die Banco de Crédito, Tickets werden dann ins das Hotel geliefert. In Kürze folgen Mietwagen- und Hotelbuchungen. **TIP!** Zweigstelle in Puno, Hauptsitz Cusco.

Land Adventures, Santa Catalina 118-B, Tel. 20-4872, Handy 971-2371, informes@landadventures.net, www.landadventures.net. Zuverlässiger und fairer Touranbieter, Dreitagestouren in den Colca, gute Organisation, kompetente Führer, empfehlenswert.

Pablo Tours, Jerusalen 400-A, Tel. 20-3737, Tel. 961-1241, pablotour@hotmail.com, www.pablotour.com. Guter Touranbieter für den Colca, außerdem Rafting und Mountainbike-Touren. **TIP!**

Quechua Tours, San Francisco 218, Cercado, Tel. 28-2965, Handy 963-2367, quechuaexplorer@yahoo.com. Ivan bietet Bergtouren auf den Misti, Chachani, Pichu Pichu, Ampato u.a. an.

Santa Catalina Tours, Santa Catalina 219, Tel. 28-4292, Tel./Fax 21-6994, santacatalina@rh.com.pe. Mehrtageswanderungen (im Colca), Trekking und Bergsteigen, Touren zum Cotahuasi und nach Andagua, Rafting, kompetentes Führer-Team und gute Fahrzeuge. Fährt nahezu täglich in den Colca-Canyon, Zweitagestour 120 Soles, gutes Hotel. Preiswerte Transfers, zuverlässig, sicher, gPLV, empfehlenswert.

Servicios Aéreos AQP, Sta. Catalina 210, Tel. 28-1800, aqpsa@interplace.com.pe, www.saaqp.com.pe. Spezialanbieter für Bergsteigertouren **auf den Spuren der Juanita** auf den Ampato.

Transcontinental Arequipa, Puente Bolognesi 132, Tel. 21-3843, Fax 21-8608. Der berühmte Kondorschützer *Maurizio Romano* arrangiert u.a. dreitägige Touren zur *Reserva Nacional de Salinas y Aguada Blanca* (Habitat mit über 110 Vogel- und 250 Pflanzenarten), durch den Colca-Canyon geht's teilweise mit dem Pferd. Bei der Tour können die Techniken des Terrassenbaus, der Wasserwirtschaft der Anden und die Beziehungen der Dorfgemeinschaften zu den *Apus* kennengelernt werden. Für Colca-Touren die feinste und teuerste Adresse, aber **mit den besten englischsprachigen Führern.**

Vitatours, Jerusalen 302, Tel. 20-0879, Tel./Fax 22-4526, vitatour@star.com.pe, www.vitatours.pe. Kleiner Touranbieter mit eigenem, kleinen und empfehlenswertem Hotel *La Casa de Lucila* in Chivay und mit tadellosen Fahrzeugen. Die englischsprachigen Führerinnen Blanca, Hildana, Flor und Pilar sind sehr kompetent und hilfsbereit, gPLV. **TIP!**

Deutschsprachige Führer — Es gibt in Arequipa mindestens 8 lizenzierte deutschsprachige Führer – davon ein Bergführer –, die alle für seriöse Touranbieter bzw. Agenturen arbeiten, wie z.B. *Jörg Krösel*, Tel. 999-7971, joergkroesel@hotmail.com, www.kroesel.com, www.llama-online.de oder über 28-0348 in Pinchollo, Plaza de Armas. Jörg Krösel kann auch zuverlässige Infos über Trekkingtouren geben. – Weitere Informationen auf www.casadeguias.com.pe, casadeguias@agmp.com.pe.

Trekkingtouren — Aus Sicherheitsgründen müssen alle Trekkingtouren (auch ohne Führer) bei der Touristenpolizei (s. dort) offiziell registriert werden (Liste der Teilnehmer, Route, Dauer), ausgenommen Touren rund um Arequipa. Offizielle Trekking-Führer erkennt man an einem entsprechenden Emblem an der Jacke. Alle verfügen über eine Zulassung durch das Tourismusministerium. Andenberge, de-

Adressen & Service Arequipa

ren Besteigung nur mit High-Tech möglich ist und die über 5000 m hoch sind, fallen nicht mehr unter Trekkingtouren. Je nach Sprachkenntnissen kostet ein Trekking-Führer 20–45 €/Tag, Träger 15–25 €/Tag, Koch 10–10 €/Tag, Esel- und Lamaführer 10 €/Tag und pro Tier 5 €/Tag. Trekking-Führer sind verpflichtet ein Rettungspferd oder Maultier mitzuführen. Die Führer sind in nachfolgender Organisation zusammengeschlossen:

Asociacion de Guias de Trekking, Av. Lima 508, Vallecito, Tel. 99-7991, guiastrekking@flama.de, www.flama.de.

Trekking-Führer (zugelassene): *Edwin Junco Cabrera,* Pablo Tour (s. dort), Jerusalen 400-A, Tel. 961-1241, 20-3737, pablotour@hotmail.com, www.pablotour.com, Span./Franz./Engl., Quechua. **TIP!** – *Ivan Jimenéz,* Comfort Tours u.a., Tel. 69-3135, Span./Franz./Engl., der wohl beste seines Faches. – *Joerg Krösel,* Av. Lima 508 oder Plaza de Armas s/n in Pinchollo, Tel. 999-7971 und 29-0348, joergkroesel@hotmail.com, www.llama-online.de, Dt./Engl./Polnisch, empfehlenswert! – *Jorge Guzmán Marinos,* Santa Catalina Tours, Tel. 99-4311, Span./Engl./Quechua. – *Vlado Soto,* Colca Trek Adventure Travel, Jerusalen 401-B, Tel. 20-6217 und 60-0170 (colcatrek@hotmailcom), Span./Franz./Engl./Dänisch.

Raftingtouren
der Stufen I–V durch den **Colca-Canyon** ab Chivay (Zona A von Sibayo nach Ipo 20 € p.P., Zone B Ipo nach Tuti 30 € p.P, oder von Condoroma nach Cibayo 250 € p.P., ab 4 P./Boot). Rafting auf dem **Río Chilli** Stufen III–V, auf dem **Río Majes** Stufen III–IV.

Colca Adventures, Plaza de Armas, Chivay, Tel. 53-1081, manuelzunigach@hotmail.com. Der Rafting-Führer *Manuel Zunigach* bietet Schlauchbootfahrten auf dem Colca an, sehr preiswert, da Direktanbieter. – *Cusipata Viajes y Turismo,* Jerusalen 408. Anmeldung 9–12 Uhr bei Carlos, Tel. 69-2139, gvellutino@terra.com.pe, www.geocities.com.pe/cusipataperu; einer der erfahrendsten Raftingveranstalter. – *Majes River Lodge,* Central Ongoro, Tel. 28-0205, Fax 24-2088, majesriver@mixmail.com, www.userpages.chorus.net/mrmeph. Rafting auf dem Río Majes.

Bergtouren-Anbieter
Bergtouren um Arequipa, z.B. auf den **Misti,** waren in der Vergangenheit aus Sicherheitsgründen nur mit zugelassenen Bergführern (UIAA) oder einem Berführeranwärter und einer Registrierung bei der Touristenpolizei möglich, wurde aber aufgrund der entspannten Sicherheitslage inzwischen ausgesetzt. Die gut ausgerüstete Bergwacht der Polizei kontrolliert manchmal die Basislager. **Wichtig ist, ausreichend akklimatisiert zu sein!** Gute Anbieter fragen vorher danach. Die Bergsaison dauert von **März bis November.**

Fast alle Bergführer haben ihre eigene Ausrüstung. Je nach Sprachkenntnissen kostet ein Bergführer 50–100 €/Tag, Bergführeranwärter 30–40 €/Tag, Träger 15–25 €/Tag, Koch 10–20 €/Tag.

Preisorientierung für zweitägige Bergtouren bei zwei Personen: Misti 50 € p.P.; Chachani 70 € p.P.; Ampato 150 € p.P.; Coropuna 120 € p.P. (Anfahrt mit öffentlichen Verkehrsmitteln, Tourdauer 3–4 Tage).

Bergführer (zugelassene): *Carlos Zaraté Sandobal* (Senior), Santa Catalina 115, Tel. 46-3624, ist der Pionier der Bergführer in Peru und mit über 80 Jahren nach wie vor topfit, eine Legende. – *Arcadio Mamani,* Tel. 67-3380, Span./Quechua. – *Ivan Bedregal,* Tel. 25-5541, Span., guter Bergsteiger. - *Carlos & Johann Zaraté,* Carlos Zaraté Adventuras, Sta. Catalina 115, Tel. 20-2461, Tel./Fax 26-3107, czarate@rh.com.pe, www.rh.com.pe/zarate; Span./Engl./Franz. Hinweis: Alle Telefonnummern privat, deshalb nicht nachts anrufen!

Bergführeranwärter (sie dürfen kleine Gruppen bei Bergbesteigungen und -wanderungen führen): *Hulbert Aquiluz, José Arias, Eloy Cardenas, Ivan Jimenéz* (s.o. bei „Trekking-Führer"), *Ignacio Mamani* und *Cristian Tartaje.*

Casa de Guías, Pasaje Desaguadero 126, Tel. 20-4182, Fax 26-310.

Bergtouren-Anbieter	*Campamento Base* (oder Colca Trek), Jerusalen 401-B, Tel. 22-4578, Fax 20-6217, colcatrek@hotmail.com, www.trekinperu.com. Vlado Soto bietet Touren (Bergwandern/Bergsteigen) von 2 bis 5 Tagen Dauer an (mit u. ohne Ausrüstung) und verfügt über gute Karten vom Colca, Cotahuasi, Misti, Chachani, Ampato und Corpuna. An- und Verkauf von Ausrüstung, Vermietung von Rafting-Equipment und Mountainbikes. Besteigung des Chachani 190 €/2 Tage/2 Pers. – *Carlos Zaraté Adventure,* Sta. Catalina 115, Tel. 20-2461, Fax 26-3107, czarate@rh.com.pe, www.rh.com.pe/zarate. Sehr gute Ausrüstung, jährlich neue Zelte, für schwierige Bergbesteigungen wie Solimana oder Ampato. Bergführung auf den Misti ca. 140 €/2 Tage/2 Pers..
Bikingtouren	Mountainbike-Touren, insbesondere Downhills, werden als Halbtages- oder Tagestouren angeboten, Preisorientierung 25–30 €. *Volcanyon Travel,* Villalba 428, Tel. 22 3221, Fax 28-8344, hoztrekl@ucsm.edu.pe, organisiert fünftägige Mountainbike-Touren von Arequipa zum Colca-Canyon mit Stops in typischen Andendörfern und bei archäologischen Sehenswürdigkeiten. – *Naturaleza Activa,* Santa Catalina 211 (naturactiva@yahoo.com), verfügt über 10 Mountainbikes. Preis je nach Gruppengröße und Bike-Guide (nicht nur um den richtigen Weg zu finden, sondern auch aus Sicherheitsgründen).
Ausritte	in die nähere Umgebung bietet *Rancho Aventura* in Sabandía (s.S. 405).
Paragliding	*Carlos,* Tel. 69-2139, 9–12 Uhr. Paragliding u. Tandemflüge (Colca und Misti)

Verkehrsverbindungen

Eine Fahrt mit dem Taxi in der Innenstadt oder vom Busterminal ins Zentrum kostet 3 Soles, obwohl gerne mindestens das Doppelte verlangt wird – dann einfach ein anderes Taxi nehmen. Taxi in die Vororte max. 5 Soles, zum Flughafen ca. 7 Soles (unbedingt vorher aushandeln!). Busse und Colectivos sind preiswerter, Colectivos zum Busterminal fahren von der 28. de Julio.

Strecken mit dem Bus	Auf der Straße sind es über 1000 Kilometer nach Lima. Obwohl die Strecke in gut 18 Stunden durchgefahren werden kann, ist es sinnvoll, entweder in Nasca, Ica oder Pisco eine Unterbrechung einzulegen. Von Arequipa nach Juliaca und Puno ist die Busfahrt am Tage die interessantere Alternative, Selbstfahrer benötigen auf der neuen Straße nach Puno nur noch 5 Stunden. Colectivos fahren tagsüber nach Juliaca, während die meisten Busgesellschaften erst am Nachmittag losfahren.

In Arequipa gibt es gegenüber vom zentralen **Terminal Terrestre** einen **weiteren Busterminal,** von dem die meisten **Überlandbusse** abfahren. Alle Busgesellschaften haben Geschäftsstellen im Terminal Terrestre.

Terminal Terrestre	Avenida Avelino Cáceres, Parque Industrial (ca. 3 km südl. vom Stadtzentrum), mit Restaurants, Touristeninformation u.a. mehr. Terminal-Benutzungsgebühr 3 Soles. Anfahrt mit Taxi, Fp 0,85 €, Colectivo oder Minibus „Cayma". Anschlag für Taxi-Festfahrpreise ins Zentrum beachten. Billiger sind Colectivos ins Zentrum. Dazu am Ausgangstor des TT nach rechts zum Kreisel gehen, dort über die Straße. Auf der anderen Straßenseite stehen Colectivos mit der Aufschrift „Plaza de Armas".

Wer die Abfahrtszeiten der Busse benötigt, braucht nicht zum Busterminal zu fahren, in der Tourist-Info gibt es detaillierte Abfahrtspläne der Busse zu allen wichtigen Orten. Wer sein Busticket über ein Reisebüro im Zentrum besorgt, zahlt jedoch bis zu 50% mehr.
Nach Alca: tägl. um 16.30 Uhr mit *Reyna* via Cotahuasi.
Andagua/Valle de los Volcanes (325 km): *Empresa Trebol,* tägl. um 15.30 Uhr, Fz 12–14 h, 10 €. Bitte nachfragen, ändert sich öfter.
Aplao: tägl. 5–17 Uhr im Stundentakt mit *Transportes del Carpio,* via Corire.

Cabanaconde (225 km): *Reyna* und *Andalucia* tägl. um 1.30/6.30/12 und 14 Uhr, *Transportes Transandino,* tägl. um 4 und 13.30 Uhr; alle via Chivay (12 Soles), Achoma, Maca und Pinchollo; Fz 7 h, 15 Soles. *Jacantay,* tägl. um 6.30 Uhr über Huambo. Da sich die Abfahrtszeiten übers Jahr öfter ändern, bitte auf dem Busterminal fragen. Reyna hält nicht auf dem Marktplatz in Pinchollo, sondern am Ortsrand.
Camaná (180 km): tägl. mehrere Busse, z.B. *Flores;* s.a. unter Lima.
Chala (400 km): s. Lima.
Chiguata: tägl. Busse ab 9 Uhr, Colectivos von der Av. Mariscal Castilla, Fz 1 h, Fp 2 Soles.
Chivay (Colca-Canyon, 155 km): *Reyna* und Andalucia tägl. 1.30/3.30/6.30/ 12/14 und 0.30 Uhr. *Milagros* tägl. um 1.30 und 14 Uhr. *Transportes Transandino,* tägl. um 3.30 und 13.30 Uhr, *El Chasqui,* tägl. 3.30 und 12.30 Uhr; *Transportes Colca.* Fz 4 h, 12 Soles.
Corire (160 km): *del Carpio,* Abfahrten mehrmals täglich (Frühbus um 8 Uhr, Spätbus 18 Uhr), teilweise im Stundentakt, Fz 3 h, 3 €.
Cotahuasi (380 km): *Empresa Mendoza,* tägl. um 14 Uhr, Ankunft am nächsten Tag zwischen 2 und 3 Uhr. *Empresa Virgen del Carmen,* tägl. 14.30 Uhr, sowie *Transportes Reyna* und *Andalucia,* tägl. 16 Uhr. Ankunft am nächsten Tag 5 Uhr, Fz 12–14 h, 10 €. Zusteigemöglichkeit in Aplao (Busticketverkauf im Rest. Cruz del Mayo).
Cusco (620 km): *Transportes Jacantay, Cruz del Sur* (2x tägl.), *Romeliza* (tägl. Nachtbus, 10 h), *San Cristóbal* (2x wö); Fz 9–11 h, Fp 8–12 €. Es gibt einen Bus, der Sa nach Espinar fährt, mit Anschluss nach Cusco. In der Trockenzeit um 17 Uhr Direktbus von *Reyna* via Chivay nach Cusco, Fz 8 h, und damit eine erhebliche Zeitersparnis für Reisende, die nicht über Juliaca oder Puna reisen möchten. Die gesamte Strecke ist aber eine Schlaglochpiste.
Ica (705 km): s. Lima; *Cruz del Sur,* Fz 9 h, Fp 55 Soles; *CIVA* 70 Soles.
Ilo: tägl. mehrere Busse von *Flores* und *Ormeño.*
Juliaca (280 km): s. Puno; Fz 5 h, 25 Soles. Colectivos ab Av. Salaverry, 40 Soles.
La Paz: Direktbus über Puno (dort längerer Stopp) von *Ormeño.*
Lima (1000 km): *Cruz del Sur,* Av. Salaverry 121, Tel. 21-8885 und 21-3905. Tägl. mind. 10 Busse diverser Kategorien (Económico 40 Soles, Imperial 70 Soles, Cruzero 140 Soles). *Flores Hermanos,* Tel. 23-4021, *Expreso Sudamericano,* Tel. 21-2774 und *TEPSA,* Fz 15–18 h, 30 Soles (Tag-/Nachtbus). *Ormeño,* San Juan de Dios 657, Tel. 21-9126. Luxusbus Imperial (Fz 12 h) mit Liegesitzen im Obergeschoss, 60 Soles, Schlafsitze unten, 75 Soles (inkl. Mahlzeiten).
Busse fahren meist über Camaná, Chala, Nasca und Ica. Alle Busse nach Lima halten in Ica und Nasca. Colectivos sind auf der Strecke nach Lima teurer und unbequemer!
Madrigal: *Cristo del Rey* tägl. um 12 Uhr.
Mollendo (120 km): zum Strandbad von Arequipa mit *Expreso Aragon, Transportes del Carpio* und *Santa Ursula,* Abfahrten von 4 bis 19.30 Uhr im Halbstundentakt, Fz 2,5 h, 9 Soles. Rückfahrten im Halbstundentakt von 4 bis 23 Uhr, Fp 8–10 Soles.
Nasca (565 km): s. Lima; u.a. mit *Pluma, Cruz del Sur* (empfehlenswert) und *CIVA.* Abfahrten zwischen 6.30 und 21 Uhr, Nachtbus von *Ormeño* und *Cruz del Sur* um 21 Uhr, Fz mind. 9–10 h, Fp 30–45 Soles (Nachtbus 50 Soles).
Orcopama: tägl. mit Reyna um 15.45 Uhr.
Pisco: s. Lima; bis nach Ica (s. dort) fahren und dort nach Pisco umsteigen.
Puno (290 km): tägl. mehrere Busse, u.a *Ormeño,* 2x tägl.; *Cruz del Sur,* 2x tägl. (Tagbusse); *Transportes Jacantay,* tägl.; *Sur Oriente,* tägl. 8 Uhr. Beste Gesellschaften: *IMEXSO,* imexso@terra.com.pe, und *Destino* (inkl. Verpfle-

gung und Bordstewardess). Fahrzeit auf der neuen Asphaltstraße via Yura, Patahuasi und Imata mit dem Express- *(Rapido)* oder Direktbus *(directo)* 6 h, Fp 20–35 Soles, je nach Linie und Bustyp. Sehr schöne Fahrt durch reizvolle Landschaft, Sitzplatz links wählen!
Tacna (320 km): *TEPSA, Ormeño, Flores Hermanos, Angelitos Negros,* Fz mindestens 6 h, 5–10 € (je nach Saison). In Tacna gibt es Busanschluss nach Arica (Chile).
Tintaya: tägl. mit *Reyna* um 13 Uhr.
Toro Muerto: s. Corire und Aplao.
Valle de los Volcanes: *Transportes Mendoza* (s.a. unter Andagua).
Valle de Majes: tägl. Busse von Transportes del Carpio, von 5–17 Uhr teilweise im Stundentakt.
Nach Arica (Chile): Direktbus, 25 €
Nach Santiago de Chile: *Ormeño,* Di/Do, Fz 56 h, 90 €.
Nach La Paz (Bolivien): s. Puno (umsteigen in Puno).
Nach Buenos Aires (Argentinien): *Ormeño,* 2x wöchentlich, Fp 160 €.

Eisenbahn Die alte Estación Ferrocarril del Sur del Perú ist nun Sitz von Peru Rail, Av. Tacna y Arica 200, südlich vom Zentrum, Tel. 20-5640, Mo–So 7–17 Uhr. Anfahrt mit dem Taxi vom Zentrum 5 Soles.
Auf der Strecke von Arequipa via Juliaca nach Puno und von Puna via Juliaca verkehren keine Lokalzüge mehr. Zwischen Puno (s. dort) via Juliaca und Cusco fahren regelmäßig Touri-Züge von Peru Rail. Ansonsten verkehren Züge von Arequipa nach Puno nur auf Anfrage für größere Charter- oder Touristengruppen. Alle Züge Nichtraucher, für Nichtakklimatisierte gibt es Sauerstoff, Waggons unbeheizt.
Fahrpläne: Übersichten der aktuellen Fahrpläne auf **www.perurail.com.**
Fahrkarten für die Touristenzüge können unter **reservas@perurail.com** reserviert werden und müssen im voraus (spätestens am Tage vor der Abfahrt, in der HS von Mai bis August besser 2–3 Tage im voraus) gekauft werden, Sitzplatzreservierung obligatorisch.
Nach Cusco: Abfahrten nur ab Puno bzw. Juliaca (s. dort). – **Juliaca:** s. Puno. – **Puno** (über Juliaca): nur für Chartertouren oder Gruppenreisende ab 40 Pers.; Abfahrten auf Anfrage. Schöne Bummelfahrt rauf auf den Altiplano, unterwegs viele Llamas und Alpakas.

Flug Der Flughafen Rodríguez Ballon befindet sich 7 km vom Zentrum entfernt. Das Hinweis-Schild im Flughafengebäude „*Take only blue taxis*" können Sie getrost vergessen! Taxis vom Flughafen ins Zentrum kosten offiziell 12 €, die aber niemand bezahlt. Bald nach der Ankunft fallen die Preise bis auf 2 € pro Nase. Doch es geht auch kostenlos: auf dem Flughafen gibt es eine Info-Stelle der Hotelvereinigung Arequipas. Wer ein Hotel bucht, bekommt als Zugabe einen kostenlosen Transfer, meist mit einem Taxi. Colectivos in die Stadt, z.B. von *King Tours,* kosten 1,50 € p.P. Taxis außerhalb des Flughafengeländes nehmen 2,50 € bis ins Zentrum, Taxis zum Flughafen 3 €. **Es gibt keinen öffentlichen Direktbus** zum Flughafen! Fz 30–45 Min., je nach Verkehr.
Auf dem Flughafen gibt es Restaurants, Bar, Telefon-Service, Salchichería Alemana, Souvenirläden, Gepäckaufbewahrung, Infostand und eine Zweigstelle der Bancosur, die Geld wechselt. Die Flughafengebühr ist dort am Bankschalter in Soles oder US-Dollar zu bezahlen und beträgt rund 6 €. Von Arequipa aus gibt es immer wieder Flug-Sonderangebote. Rumfragen lohnt sich!
LAN, Santa Catalina 118-C bzw. Portal San Agustín 109, Tel. 20-1100, Fax 20-1224, aqpcto@wayna.rcp.net.pe, www.lan.com. – *Star Peru,* Sta. Catalina 105 A, Tel. 22-1896, www.starperu.com. – *Servicios Aéreos AQP,* Santa Catalina 210, Tel. 28-1800, aqpsa@interplace.com.pe, www.saaqp.com.pe. Auf Anfrage **Buschflieger zum Colca-Canyon und über das „Tal der Vulkane"** –

atemberaubend! Maschinen müssen meist aus Lima organisiert werden, deshalb entsprechender Vorlauf nötig.

Nach Cusco: mit LAN (2x tägl.) ab 69 €; Star Peru (2x tägl.). – **Juliaca:** LAN (tägl.) 99 €. – **Lima:** LAN (mehrmals tägl.) 99–115 €; – TACA 115–150 €; TACA Peru (*) 91–125 €.

Ausflüge von Arequipa
Tour 1: Campiña-Route durch reizvolle Vororte:
Yanahuara – Paucarpata – Sabandía – Tingo – Sachaca

Tour 1 Auf diesem Ausflug durch die Vororte Arequipas sieht man, wie die Stadt in den letzten Jahren z.T. planlos gewachsen ist. Die immer noch reizvollen Vororte der Campiña-Route werden immer mehr von Elendszonen umzingelt, die weiter in die Landschaft hinauswuchern, z.T. durch illegale Landnahme ähnlich wie in Lima. Noch lohnt sich die Tour, und man bekommt einen Eindruck, wie es um Arequipa herum einmal ausgesehen hat.

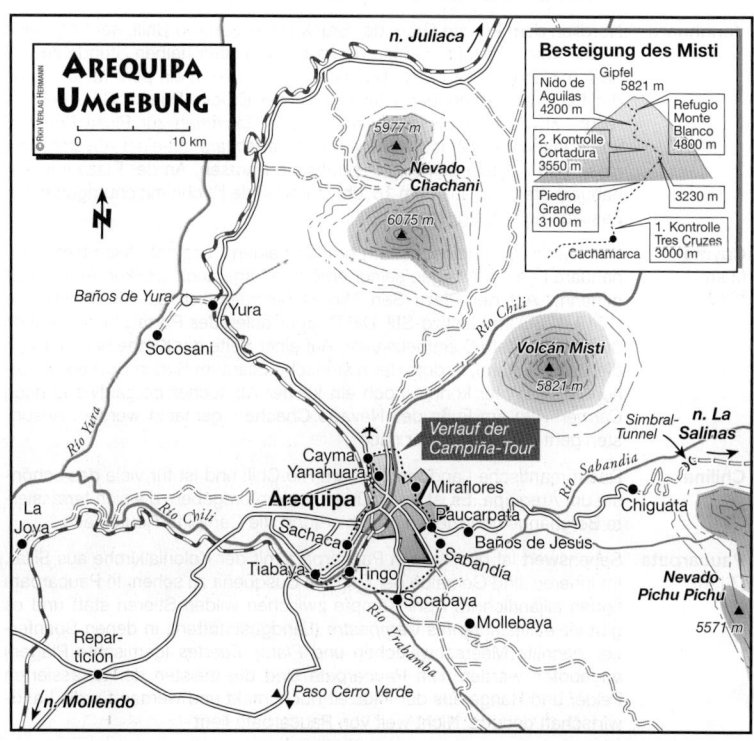

Arequipa – Tour 1: Campiña-Route

Länge / Dauer	Fahrstrecke 45 km, Tourdauer ca. 3 Stunden **Vorbemerkung:** Wer länger in Arequipa ist, könnte die Tour rund um Arequipa auch in Eigenregie machen. Zu allen nachfolgenden Orten fahren Busse, die Touristen-Information in Arequipa erklärt gerne, welche Buslinie bzw. welche Nummer wann wohin fährt. So kann der jeweilige Ort auch direkt von angefahren werden, wobei meist aber auch wieder nach Arequipa zurückgefahren werden muss, um einen weiteren Ort zu besuchen. Wem das zu umständlich ist, mietet ein Taxi. Die Taxifahrer kennen die Sehenswürdigkeiten und können gute Tipps für ein Restaurant oder eine Pause geben. Pablo Roman Castillo (Handy 934328) mit seinem Taxi vor dem Hostal Casa de mi Abuela verlangt, je nach Verhandlung, ab 10 € für die Tour. Eine Alternative sind organisierte Bustouren, die an der Plaza de Armas angeboten werden. Fahrkarten gibt es dort beim gelben Bus, in der Touristen-Information oder überall dort, wo Flyer aufliegen. Abfahrten tägl. 9.15 14 Uhr, Rundfahrt 4 h, Fp 35 Soles. Recht kurze Stopps. Auch die meisten Reisebüros bieten die Campiña-Tour inkl. Führer und allen Eintritten an. Die Campiña Tour beginnt in Yanahuara. Die angegebenen Kilometer sind die Entfernungen vom Stadtzentrum Arequipas.
Yanahuara	Nördlich dem Puente Grau, der Brücke über den Río Chili, geht Arequipa in den Vorort *Yanahuara* über. Er ist auch in einer halben Stunde zu Fuß oder mit dem grünen Microbus oder einem Taxi in ein paar Minuten von der Plaza aus erreichbar. Gleich nach der Brücke Puente Grau geht es rechts etwas aufwärts durch malerische Gässchen zur Plaza Principal von Yanahuara. Hier ist der *Mirador de Yanahuara* mit einer Aussichtsterrasse und in Stein gemeißelte poetische Phrasen. An der Plaza von Yanahuara steht die aus dem 18. Jh. stammende Kirche mit churrigueresker Fassade aus Sillargestein.
Cayma (3 km)	Das kleine Dorf, umgeben von grünen Feldern, beginnt gleich hinter Yanahuara und wird wegen seiner erhöhten Lage auch „Balkon Arequipas" genannt. Auf der Plaza San Miguel befindet sich eine Kolonialkirche (1719–1730) im Mestizo-Stil. Die Doppelsäulen des Portals beeindrucken durch vollendete Steinmetzkunst. Auf einer Seite der Kirche befindet sich die Casa Cultural, in dem der historische Essraum Simón Bolívars zu sehen ist. Von hier könnte noch ein kleiner Abstecher bergaufwärts nach *Carmen Alto* am Fuße des Nevado Chachani gemacht werden. Ansonsten geht es gleich weiter nach
Chilina	Das romantische Landdorf liegt am Río Chili und ist für viele das schönste um Arequipa. Es ist von grünen Feldern umgeben, die sich terrassierte Berghänge hochziehen. Von hier führt die Campiña-Route nach
Paucarpata (7 km)	Sehenswert ist die Plaza in Paucarpata mit der Kolonialkirche aus Sillar. Im Inneren sind Gemälde der Escuela Cusqueña zu sehen. In Paucarpata finden alljährlich im April Kämpfe zwischen wilden Stieren statt und es gibt viele *Restaurantes Campestre* (Landgaststätten), in denen Spanferkel, gegrillte Meerschweinchen und *Platos Fuertes* (gemischte Platten) angeboten werden. Um Paucarpata sind die meisten der terrassierten Felder und Hänge aus der Inkazeit noch intakt und werden für die Landwirtschaft genutzt. Nicht weit von Paucarpata liegt

Arequipa – Tour 1: Campiña-Route

Sabandía
(10 km)

Das Dorf ist ebenfalls für seine aus der Inkazeit noch voll erhaltenen terrassierten Felder und Hänge bekannt und sie werden nach wie vor zur Agrarwirtschaft genutzt. Kanäle sorgen für eine gleichmäßige Bewässerung. In dem milden Klima gedeihen Kartoffeln, Mais und vor allem Zwiebeln. In der Nähe liegen die größten Zwiebelplantagen Perus und eine Versuchsanstalt für Zwiebelanbau. In Sabandía kann die berühmte Steinmühle oder *Molino de Sabandía* besichtigt werden. Sie wurde 1622 erbaut und ist nach einer Restaurierung wieder voll funktionstüchtig. Am Eingang zur Mühle hängt eine Glocke für Besucher, nach dem Läuten wird die Türe geöffnet. Links wurde ein Wasserkanal an eine Schleuse herangeführt. Wahlweise fließt das Wasser über einen kleinen Wasserfall nach links weg oder schießt über einen Wasserkanal zur weiter unten liegenden Mühle und treibt dort ein Wasserrad an, das wiederum einen steinernen Mühlstein bewegt. Hinter der Mühle ist ein Gartenpark mit Alpakas. Geöffnet 9–19 Uhr, Eintritt 1,50 €.

Für eine Rast bestens geeignet ist das *El Harawi*, Camino al Molino de Sabandía 106–108, um die traditionelle Küche der Region zu probieren. Die *Rancho Aventura* mit großer Reitanlage, direkt bei der Mühle, bietet ein- bis dreistündige Ausritte in die Umgebung an, sonntags Gerichte.

Die Rundfahrt führt nun von Sabandía an einigen Landgaststätten vorbei. Inmitten grüner Felder und Wiesen liegt der Landsitz

Mansión del Fundador
(10 km)

Dies ist das Anwesen mit dem ehemaligen Landhaus (1540) von *Don Garcia Manuel de Carbajal,* dem Stadtgründer von Arequipa. Es ist eines der schönsten Landhäuser der Gegend, und für Interessierte bietet das Mansión del Fundador einen sehr guten Einblick in die koloniale Epoche. Zwischen 1585 und 1767 bauten die Jesuiten hier in der Nähe eine Kirche. 1821 ließ der Erzbischof *Don José Sebástian de Goyeneche* die Kirche renovieren. Erst 1987 wurde der gesamte Besitz der Öffentlichkeit zugänglich gemacht. Eintritt 2 €.

Das Mansión del Fundador gehört bereits zu Socabaya das für seine Wasserfälle bekannt ist. Auf der *Via Paisajista* führt die Campiña-Route vorbei an Zwiebelfeldern nach

Tingo
(5 km)

Dieser ländliche Erholungsort wird, besonders sonntags, von den Arequipeños förmlich überrannt, und um den kleinen See, in den Swimmingpools und den Restaurants gibt es keine freien Plätze mehr. In Tingo ist die Deutsche Schule Colegio Max Uhle. Nur 4 km weiter südlich liegt

Tiabaya
(9 km)

Von hübschen Eukalyptusbäumen und Feigenkakteen umgeben ist auch dieser Ort, aufgrund seiner unzähligen typischen Picanterías, ein beliebtes Wochenendziel der Arequipeños. Hier wird alljährlich am 6. Januar der Dreikönigstag mit einem großen Fest gefeiert. Vom Ort gibt es einen Aufstieg zum 2700 m hohen Pass *Cerro Verde,* benannt wegen eines vorhandenen Kupfererzvorkommens. Von Tiabaya geht es nun nach

Sachaca

Inmitten des Landdorfes mit seinen engen Gassen schlummert der *Palacio de Goyeneche.* Das Örtchen wird vom Mirador, einem Aussichtsturm aus einem Betongerüst, überragt. Wer den geringen Eintritt bezahlt, darf die Aussicht auf die umliegende *Campiña Arequipeña* geniesen. Wer direkt von Arequipa nur zum Mirador in Sachaca möchte, kann mit dem Micro Sachaca direkt ab der Bolívar hinfahren.

Von Sachaca führt die Campiña-Route wieder nach Arequipa zurück.

Tour 2: Cañón del Colca

Einer der tiefsten der Welt

Der Besuch des Colca-Canyons als eine der attraktivsten Natursehenswürdigkeiten Perus ist ganz bestimmt ein Touren-Höhepunkt von Arequipa aus. Der Canyon liegt ca. 150 km nördlich von Arequipa und gehört zur autonomen Verwaltung (AUTOCOLCA) der Provinz Caylloma. Die Schlucht ist noch gewaltiger als der Grand Canyon in den USA (s. Skizze). Die größere Tiefe ergibt sich aber nur durch die Messung vom Señal Ajirhua (5226 m), s. Karte (der Colorado-Canyon ist bis zu 1800 m tief).

Chivay liegt am Río Colca im Colca-Tal. Erst in Pinchollo beginnt der Colca-Canyon und gräbt sich bis zum Mirador Cruz del Cóndor rund 1200 m in die Erde (s. Karte). Die Hänge des Canyons sind mit über 6000 ha Terrassenanlagen überzogen. Der Fluss im Canyon ist der *Río Colca,* er mündet in *Luchea* in den *Río Majes,* der wiederum ab *Corire* zum Río Camaná wird.

Der Colca-Canyon bietet auch eine der noch wenigen guten Möglichkeiten, **Anden-Kondore** und die berühmten Riesenkolibris (die größten der Welt, z.B. bei Yanque) in ihrer natürlichen Umgebung zu sehen. Daneben ist die Schlucht noch Heimat von weiteren 170 Vogel- und 20 Kakteenarten. Als weitere Touristenattraktion ist auf dem Río Colca ab Chivay und auf dem Río Majes **Rafting** möglich (Wildwasserfahrten). Buchungen über *Santa Catalina Tours, Pablo Tours* oder *Cusipata Viajes* in Arequipa (s. „Reisebüros").

Eintrittspreis

Der Eintritt in den Nationalpark kostet **45 Soles** (keine Studentenermäßg). Bei einer Pauschaltour ist der Eintritt meist nicht inklusive, nachfragen. Ansonsten kann der Boleto auch in Arequipa bei AUTOCOLCA, Bolívar 206, gekauft werden. Der Besitz wird mittlererweile streng kontrolliert, vor allem am Kontrollposten 500 m vor Chivay, im Busterminal von Chivay und am Kontrollposten einige Kilometer vor dem Cruz del Cóndor.

Chivay / Cruz del Cóndor

Chivay ist ein kleiner Verkehrsknotenpunkt und neben Cabanaconde das wichtigste Städtchen am Canyon, hier spannt sich eine Brücke über den Río Colca. Von Chivay führt eine Schotterpiste am Südrand des Colca-Canyons entlang, über Achoma, Maca, Pinchollo und **Cruz del Cóndor** (dem Aussichtspunkt für Kondore) nach Cabanaconde. Von dort führt die Piste landeinwärts über Huambo zurück nach Arequipa.

Überquert man in Chivay die Brücke, führt nach Westen, entlang der Canyon-Nordkante, eine Piste über Corporaque, Ichopampa und Lari nach Madrigal. Von dort ist eine viertägige Trekking-Tour über Tapay und der Oase Sangalle nach Cabanaconde möglich. Östlich von der Chivay-Brücke verläuft eine Piste über Tuti nach Sibayo, von dort fahren Colectivos über Pulpera nach Arequipa.

Zur Geschichte des Colca-Canyons

Die Colcaregion ist eines der wichtigsten Agrar- und Landwirtschaftsgebiete Perus. Schon zu Zeiten der Inkas wuchsen auf den terrassierten Hängen neben Mais, Kartoffeln und Bohnen auch sämtliche damalige Obst- und Gemüsesorten, die mit Lamakarawanen bis nach Cusco transportiert wurden. Die ältesten Spuren menschlicher Besiedlung stammen nicht von den Inkas, sondern von der Collagua-Kultur (um Chr. Geburt). Als die Spanier um 1630 hier Silber- und Goldminen entdeckten, erkannten sie auch den Wert der Region als ein fruchtbares landwirtschaftliches Zentrum und brachten sie unter ihre Kontrolle. Zu dieser Zeit lebten hier etwa 60.000 Menschen.

Arequipa – Tour 2: Cañón del Colca

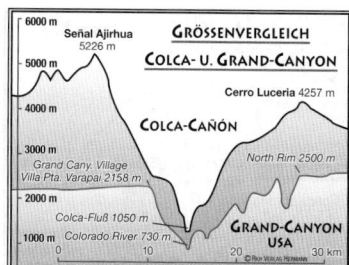

Die Spanier gründeten 14 Dörfer im üblichen Schachbrett-Grundriss, die Bevölkerung musste die Silber- und Goldvorkommen abbauen und hatte sich intensiv um die Landwirtschaft zu kümmern. Nach und nach wurde sie durch eingeschleppte Krankheiten dezimiert, und bis zur Gründung Perus 1821 waren es nur noch ca. 15.000 Menschen. Danach geriet der Colca lange Zeit in Vergessenheit.

Erst *Robert Shippee* und *George Johnson* machten Ende der 20er Jahre des 20. Jahrhunderts mit ihrem Werk *Desconocido Valle de los Incas* („Unbekanntes Tal der Inkas") auf den Colca-Canyon wieder aufmerksam. 1931 wurde eine Expedition unter Leitung von Robert Shippee durchgeführt, eine Flugpiste in Lari angelegt, die medizinische Versorgung aufgebaut und der Canyon als die „Tiefste Schlucht der Welt" deklariert. Es dauerte bis 1975, bis eine Schotterpiste am südlichen Rand des Colca entstand und die Infrastruktur etwas ausgebaut wurde. 1978 erforschte der Spanier Dr. Arias als erster die Schlucht und befuhr den Río Colca zum ersten Mal. Die Bootsfahrt dauerte 17 Tage.

Organisierte Tagesausflüge

Zwar sind Tagesausflüge von Arequipa zur Colcaschlucht möglich, doch seriöse Agenturen (s. „Reisebüros") verzichten wegen Überanstrengung des Fahrers auf solche Tagestouren (der Fahrer steht mitten in der Nacht auf, sammelt zwischen 2.30 Uhr und 4 Uhr die Fahrgäste ein und sitzt dann den ganzen Tag bis abends am Steuer). Dennoch offerieren einige Reisebüros diesen Tagestrip, vorausgesetzt, es kommen mindestens fünf bis sechs Personen zusammen.

In der Nebensaison (Jan. bis April) ist es unerheblich, in welchem Reisebüro gebucht wird, da die Reisebüros sich untereinander anrufen, um gemeinsam eine Gruppe zusammenzustellen. Deshalb kosten sie überall gleich. Der Fahrer holt Sie, meist gegen 4 Uhr, am Hotel oder Hostal ab. Zum Frühstück ist man in Chivay, danach geht es über die Schotterpiste zum Cruz del Cóndor. Hinterher Rückfahrt über Chivay mit kurzem Stop am Chivay-Thermalbad La Calera. Ankunft in Arequipa gegen 19 Uhr. Falls das Wetter zu schlecht ist, werden keine Tagesfahrten durchgeführt. Ein Allein-Arrangement ist gleichfalls möglich, aber teuer.

Hinweis: Bei den billigsten Anbietern wird mit dem öffentlichen Bus zum Colca gefahren (kein Anhalten möglich), die mitfahrenden Führer sind unmotiviert, und es muss für alles extra bezahlt werden.

Zwei- und Mehrtagesausflüge

Zwei- und Mehrtagesausflüge werden das ganze Jahr über durchgeführt, die Touranbieter (s. „Reisebüros") sind zeitlich und preislich flexibler. Gruppenangebote ab 60 Soles p.P. für eine Zweitagestour inkl. Ü/F (wobei eine Gruppe Gleichgesinnter mit einem Mietwagen u.U. günstiger fährt). Klären Sie zuvor ab, wie groß die Gruppe und das Fahrzeug ist, wieviel Zeit am Mirador Cruz del Cóndor verbracht wird und ob unterwegs auf Wunsch angehalten wird. Wichtig ist, tagsüber nicht zu viel Zeit in Chivay zu verbummeln. Abfahrten in Arequipa meist um 8.30 Uhr. Am ersten Tag geht es bis Chivay, Ankunft dort gegen 14 Uhr zum Mittagessen. Nachmittags meist Besuch der Thermalquellen (optional). Über-

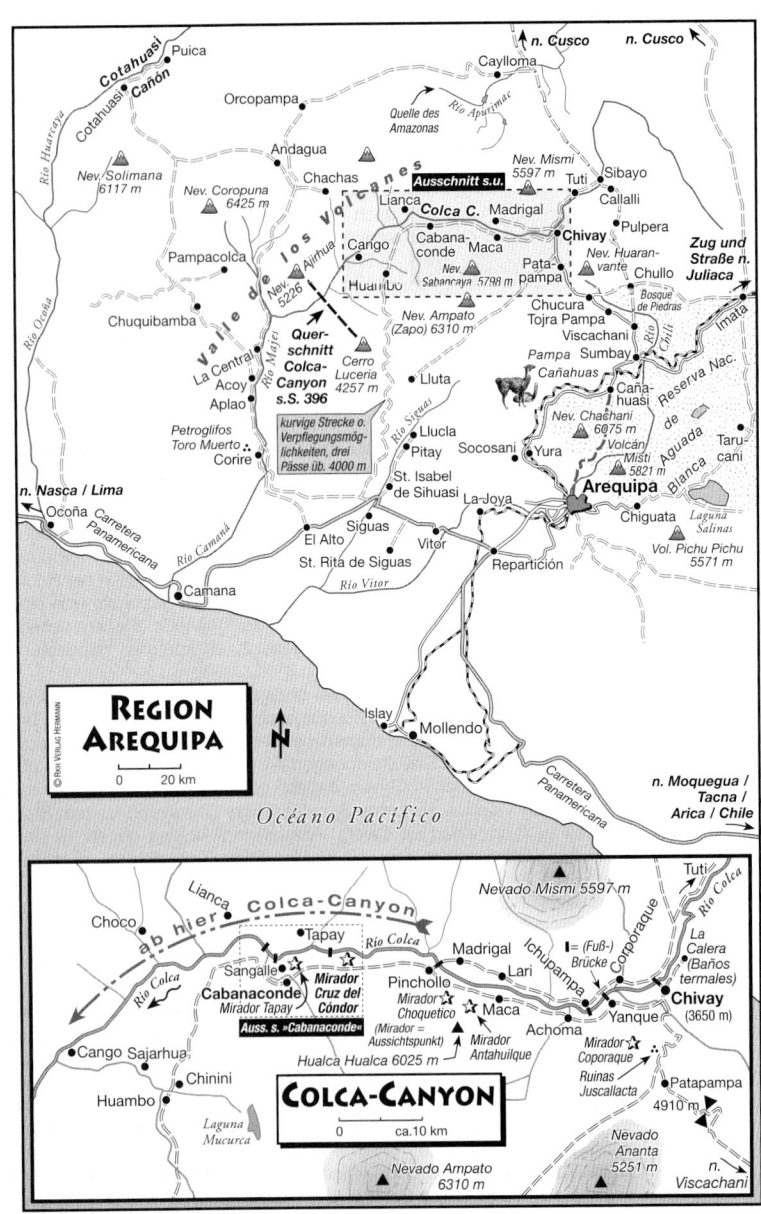

nachtung in Chivay, am nächsten Tag wird frühmorgens zum Mirador Cruz del Cóndor gefahren. Von dort geht es dann, meist wieder über Chivay, nach Arequipa zurück. Dort Ankunft gegen 18 Uhr.

Eine **Individualtour** kostet, wenn nur eine Person fährt, ca. 200 €. Billiger ist es, in der Straße Sta. Catalina, zwischen San Agustín u. Ugarte, einen der dort wartenden Fahrer mit Van anzuheuern. Dabei ist es wichtig, dass dieser einen Guía mitnimmt, der notwendig ist, um die Kontrollen ohne Probleme zu passieren. Kosten für die zweitägige Van-Miete 80–100 € plus 15 € für den Führer. Noch billiger wird es mit einem Mietwagen, z.B. mit einem Hilux Pickup von AVIS, vorausgesetzt mindestens 2 Personen.

In Eigenregie

Auch mit dem Bus ist das Colca-Tal und der -Canyon erreichbar, dazu sind mindestens zwei bis drei Tage einzuplanen. Hier Linien und Abfahrtszeiten (da sie sich übers Jahr öfter ändern, bitte aktuell auf dem Busterminal fragen). **Hinweis:** Einige Touranbieter für den Colca fahren ebenfalls mit dem öffentlichen Bus an.

Die Strecke zwischen Arequipa und Chivay bzw. Cabanaconde werden von den Unternehmen *Andalucia* und *Reyna* fast zeitgleich bedient. Reyna ist etwas schneller und komfortabler, hält aber überall. Die Busse sind meist sehr voll.

Nach **Chivay** (155 km): tägl. um 1.30, 3.30, 6.30, 12, 14 und 0.30 Uhr; Fz 4 h, Fp 12 Soles. Frühbus von Chivay nach Cabanaconde um 5 Uhr, Fz 2,5 h, Fp 3 Soles. Die Busfahrer halten nach Aufforderung am Mirador Cruz del Cóndor. Vorteil: man ist vor den meisten Gruppentouristen da. **Cabanaconde** (235 km): *Andalucia*, *Reyna* und *Milagros* tägl. um 1.30, 6.30, 12 und 14 Uhr, über Chivay, Achoma, Maca und Pinchollo; Fz 7 h, 15 Soles. Weitere Busunternehmen, die über Chivay nach Cabanaconde fahren, sind *Transportes Colca und Transportes Cristo de Rey*. Preise und Abfahrtszeiten variieren nur unwesentlich. *Sur Expreso* fährt tägl. um 5 Uhr und *Jacantay* um 6.30 Uhr über Huambo nach Cabanaconde und zurück. Dadurch eröffnet sich die Möglichkeit einer Rundfahrt von Arequipa über Chivay, Cabanaconde und Huambo bzw. vice versa. **Madrigal:** *Cristo de Rey*, tägl. um 12 Uhr.

Rückfahrten von Cabanaconde via Chivay nach Arequipa u.a. mit *Andalucia* und *Reyna* um 7, 8, 13, 14, 19 und 21 Uhr, Fz 6,5 h, 15 Soles; nur nach Chivay ab 6 Uhr, Fz 2,5 h, Fp 3 Soles.

Selbstfahrer Die Strecke von Arequipa nach Chivay ist nun asphaltiert und wird Zug um Zug weiter ausgebaut. Derzeit beträgt die Fahrzeit mit einem Allradwagen von Arequipa nach Chivay 3 h, von Chivay nach Cabanaconde 1,5 h, aber diese Strecke ist noch eine reine Schotterpiste.

Arequipa – Chivay

Es gibt von Arequipa zwei Routenmöglichkeiten nach Chivay, die kürzere Standardroute *(Routa corta)*, und die seltener angebotene und längere über Callalli und Tuti *(Ruta larga)*. Nur wenige Veranstalter wählen auf der Hinfahrt die längere Piste und auf der Rückfahrt die kürzere, um damit Abwechslung in die Rundfahrt reinzubringen.

Die *Routa corta* führt zunächst am Zementwerk vorbei und folgt den Gleisen der Eisenbahnlinie Arequipa – Juliaca. Über Yura (Thermalbäder) geht es dann hoch in die *Pampa Cañahuas* (3800 m). Hier weiden unzählige Alpakas, Vicuñas und Lamas, es können hier also drei der vier Kleinkamelarten Südamerikas gesehen werden. Hinter *Cañahuasi* wird die Bahnlinie überquert und in *Patahuasi* ist ein obligatorischer Stop beim

Kontrollposten nötig (Busse nach Cusco und über die neue Straße nach Puno, Fz 4 h), bevor die Fahrt nach *Viscachani* fortgesetzt werden kann. In Viscachani zweigt nach Norden die *Routa larga* über Chullo, Callalli und Tuti (im oberen Colca-Tal) nach Chivay ab. Die *Routa corta* führt von Viscachani weiter nach Chucura. Über den **4910 m** hohen **Patapampa-Pass** (Stop obligatorisch, herrliche Aussicht auf die umliegenden Vulkanberge und auf den schneebedeckten Ampato), der zu 80% asphaltiert ist, geht es dann über unzählige, oftmals halsbrecherische Serpentinen nach Chivay hinunter (3650 m), das bereits im Colca-Tal liegt.

Chivay

Chivay ist die Hauptstadt der Region Caylloma. Sie hat sich in den letzten Jahren durch den Neubau von Unterkünften enorm verändert. Hier wird immer ein Tour-Stopp eingelegt, z.B. zum Frühstücken. Außerdem übernachten die meisten Tour-Operators in Chivay (die Firma Giardino oft im eigenen Hotel in Corporaque). Zum Mirador Cruz del Cóndor sind es noch 44 km.

3 km nordöstl. von Chivay liegt das 2005 erweiterte **Thermalbad La Calera,** zu erreichen durch einen Fußmarsch (knappe Stunde) oder mit einem Colectivo. Es gibt ein großes Becken, einen kleineren, überdachten Thermalpool, Warmwasserduschen, Umkleidekabinen, Schließfächer (Schlüssel beim Kontrolleur), Mietservice für Handtücher und Badekleidung, Getränke. Die hygienischen Verhältnisse sind für Peru akzeptabel. Keine festen Öffnungszeiten, meist 5 bis 19.30 Uhr, Eintritt 10 Soles inkl. Eintritt in das angeschlossene **Ethnologische Museum** (Texte in Englisch). TIP: Während der Karnevalszeit können in Chivay sehr alte Trachten gesehen werden.

Empfehlenswert sind die Wanderungen von Chivay nach Corporaque, Gehzeit 4–5 Stunden, von dort nach Yanque. Unweit von Yanque gibt es völlig untouristische Quellen, Gehzeit 15 Min. Von Yanque fahren Taxis zurück nach Chivay, Fp 1,50 €.

Policía de Turismo Plaza Principal, tägl. 7–20 Uhr; Registrierung für Trekking- und Bergtouren obligatorisch (Name, Nationalität, Anschrift, Pass-Nr., Teilnehmer, Route, Zeitdauer, erwartete Rückkehr). Eine Kopie verbleibt bei der Polizeistation, eine Kopie wird mit Datum und Uhrzeit abgestempelt mitgeführt. Formulare auf Deutsch sind in Vorbereitung.

Unterkunft **Vorwahl (054).**
An der Plaza gibt es z.B. mit dem **Hotel Plaza** und **Hostal Municipal** genügsame Unterkünfte mit einfachen, sauberen Zi. mit bc/bp; oft nur zeitweise Ww.
ECO: Hostal el Ricardito, Av. Salverry, Tel. 53-1051. Freundlicher, hilfsbereiter Familienbetrieb, saubere Zi. DZ/F 5 €, empfehlenswert. – **Posada del Chivay,** Av. Salaverry 325, Tel. 53-1032. Saubere Zi., bp, sicher, Rest. (gleich nebenan jeden Abend Folkloremusik). – **Hostal La Casa de Lucilia,** Calle Grau 131, Tel. 53-1109, vitatour@terra.com.pe. Schönes, gepflegtes, ruhiges und freundlich-familiäres Hostal, bp, Ww, Garten. DZ 10 €, gPLV, TIP. – **Hostal Wasi,** Sucre 714, Tel. 53-1146. Ruhige Lage, schöner Innenhof, bp, Ww, Weckservice für den Frühbus, auf Nachfrage auch Mahlzeiten. EZ 10 Soles, DZ 20 Soles, empfehlenswert. – **Hospedaje Anansaya,** 7 de Junio 413, Tel. 48-9185. Absolut ruhige Privatunterkunft von *Daina & Manuel Mendoza,* saubere, gemütliche Zi., bp, Ww, Patio, nett und hilfsbereit, auf Wunsch wird gekocht. Ü/F 7 €.

Manuel ist ein guter Wanderführer und Daina eine sehr gute Köchin, die Englisch spricht. **TIP!**

FAM: Estancia Pozo del Cielo, Richtung Corporaque (auf der anderen Flussseite, direkt über Andenterrassen), Tel. 53-1144, rosario@pozodelcielo.com.pe, www.pozodelcielo.com.pe. Rustikales Hotel in Naturbauweise am Hang (kann während der Regenzeit mit dem Fahrzeug nicht erreicht werden), 10 komfortable Zi., bp, Rest. (andine Küche), Bar, freundlich, für ältere Reisende besonders geeignet. DZ/F 25–40 €, **TIP**. – **Hostal Colca Wasi Kolping,** Siglo XX s/n, Tel./Fax 53-1076, colcawasikolping@hotmail.com, www.casakolping.com; schöne Lage im Grünen,12 Zi., auch MBZi, bp, Ww, Ws, Rest., PP. DZ/F 150 Soles, gPLV. Für Behinderte, Ältere und Reisende mit Kindern besonders geeignet. – **Hotel Casa Andina,** Huayna Capac s/n, Tel. 53-1020, Fax 53-1098, www.casa-andina.com. Sehr gemütliches, rustikales Hotel mit 52 komfortablen Zi. und 4 sauberen Cabañas (Zi. u. Bad sind dort sehr klein). Heizung, bp, Ws, GpD, Internet, schönes Rest. (Folkloremusik), med. Betreuung, PP. DZ/F 49 €, alle Kk und TC.

Unterkunft im Nachbardorf Yanque (ca. 15 km von Chivay, Fz ca. 20 Min.)**:** **Hotel** von Natalio & Ilde Oxa (ECO), kennt jeder im Dorf; hübsche kleine Familienpension, sehr authentisch bei freundliche Colqueños, **TIP**.

Privatpension Hilde Checa, Nähe der Plaza de Armas, etwas versteckt. Wunderschöne Unterkunft für max. 8 Personen in kleinem, liebevoll gestalteten, strohgedeckten Häuschen und mit einem kleinen, aber feinen Garten mit Sitzgelegenheiten, reichhaltige Mahlzeiten, **TIP!**

Hotel Colca-Lodge (FAM/LUX), gegenüber von Yanque auf der anderen Flussseite (auf dem Weg hinunter zum Thermalbad Richtung Fußbrücke über den Colca bereits sichtbar). Anfahrt mit dem Wagen über Yanque, dort über die Colca-Brücke und dann wieder den Berg hoch. Tel. 21-2813, Fax-22-0147, colcalodge@grupoinca.com, www.colca-lodge.com. Aus Adobe erbauter rustikaler Lodge-Komplex, 20 Zi. (EZ/DZ/MBZi), bp, Ww, Heizung, Rest., Bar, Terrasse, Ws, 3 Thermalpools, kostenlose Reit- u. Bootsausflüge, auch zu den naheliegenden Ruinen. DZ/F ab 48 €, MBZi 62 €. Der Lodge ist ein Landhaus (3 Zi., bp, Küche) angeschlossen.

Hotel El Parador del Colca (LUX), 8 km außerhalb von Chivay (Fz 5 Min.), Tel. 28-8440, Fax 21-8808, paradorcolca@chasqui.lared.net.pe. Rustikales Hotel (langgestreckter, eingeschossiger Adobe-Bau), schöner Garten, Wiedereröffnung als 5-Sterne-Lodge-Hotel, komfortable Zi., bp, Ww (Solar), Rest., Fahrrad- und Pferdevermietung. Ü/F.

Essen & Trinken

Die preiswerten Kneipen an der Plaza und in den Nebenstraßen in Chivay servieren meist Einheitsessen. Am besten und billigsten isst man bei den Garküchen im überdachten *Mercado* an der Av. Salaverry. – *El Balcon de Zacharias* an der Plaza schräg gegenüber der Kirche bietet ein leckeres Mittagsbuffet (Alpakabällchen, Quinoapüree usw.) bei Harfenmusik.

Rafting

Colca Adventures, Plaza de Armas, Chivay, Tel. 53-1081, manuelzunigach@hotmail.com. Der Rafting-Führer *Manuel Zunigach* offeriert Schlauchbootfahrten auf dem Colca, sehr preiswert, da Direktanbieter. – *Rafting Colca,* Bolognesi/Pte. Inca, Tel. 21-0231; Rafting auf dem Colca.

Feste

15. Mai: *Fiesta de San Isidro Labrador* in Corporaque – 25. Juli: *Fiesta Santiago Apóstol* in Corporaque. – 15. August: *Fiesta de Virgen de la Asunción* in Chivay. – 8. Dez.; *Fiesta Purísima Concepción* in Chivay, sehenswert mit kostümierten Tänzern und Musikkapellen.

Bus

Von Chivay **nach Arequipa** tägl. um 12.30 und 15 Uhr mit *Reyna,* Plaza Prinicipal s/n, Tel. 52-1143. Etwa zeitgleich fährt *Andalucia.* Außerdem halten die meisten Busse aus Cabanaconde (s. dort) nach Arequipa in Chivay. Nachtbus nach Arequipa um 23 Uhr. Fz 4 h, Fp 12 Soles. – Frühbus von Chivay **nach**

Cabanaconde um 4.30 Uhr, weitere Busse um 7 Uhr, 5.30 Uhr und 16 Uhr, Fz 2,5 h, Fp 3 Soles. Die Nachmittagsbusse sind extrem voll, selbst ein Stehplatz ist schwer zu bekommen! Die Busfahrer halten nach Aufforderung am Mirador Cruz del Cóndor (Vorteil: man ist vor den meisten Gruppentouristen da). – Bus **nach Cusco** s. bei Cabanaconde.

Flug Die Flugpiste für Charter- und Buschflieger liegt 2,5 km vom Zentrum entfernt.

Corporaque Wer etwas mehr Zeit mitgebracht hat, könnte von Chivay einen Abstecher in das völlig untouristische Corporaque mit seinen Adobe-Häuschen machen. Hier kann die nette *Casa de Mamayacchi* (FAM) von Lourdes Pérez Wicht empfohlen werden (Tel. 24-1206, reservas@mamayacchi.com, www.lacasamamayacchi.com). Vom Restaurant fantastische Aussicht. Wer die Tour mit Giardino bucht, übernachtet meist hier statt in Chivay und freut sich über große Zimmmer und das leckere Essen.

Chivay – Cabanaconde (57 km)

Nach dem Frühstück bzw. am nächsten Morgen geht es auf der Schotterpiste nach Cabanaconde weiter. Frühmorgens kann man vielleicht Hirten sehen, die Lamas mit ihren bunten Schleifen im Ohr zur Weide treiben oder die Lasten transportieren. Nach 15 km wird über **Yanque** (beste Möglichkeit, Riesenkolibris zu beobachten) das kleine **Achoma** passiert. Schon eine ganze Weile grüßt das Wolkennest des Hualca Hualca (6025 m). Der äußerst unruhige Vulkan zerstörte nach einem Ausbruch 1991 und einem damit verbundenen Erdbeben nahezu vollständig das Andendörfchen **Maca.**

■ *Blick ins Colca-Tal*

Maca Lange Zeit lebte die Bevölkerung in Zelten, bevor die Menschen versuchten, ihr Dorf wieder bewohnbar zu machen. Auch die schöne Kirche wurde durch das Erdbeben stark beschädigt. Heute stehen in Maca wieder Häuser, neben einigen provisorischen Unterkünften gibt es ein Hotel, die Touristen machen wieder einen Halt. Die Spuren des Erdbebens sind immer noch sichtbar.

Nach einem langen Tunnel folgt als erster Höhepunkt ein herrlicher Ausblick auf über die schon in Vorzeiten terrassierten Hänge. Mittendrin ein mysteriöser See, der aus noch nicht geklärten Gründen jedes Jahr seine Farbtönung wechselt. Zwischen Maca und dem Mirador Cruz del Cóndor kleben wie überdimensionale Hornissennester Gräber der Collagua im Fels. Vor **Pinchollo** eine Überraschung: eine von 16 existierenden topographischen Terrassenreliefkarten, die von den Inkas in Stein gemeißelt wurden. Deutlich gibt die Darstellung die Terrassenneigung für die Wasserverteilung auf der gegenüberliegenden Flussseite wieder.

Pinchollo

Die 800 Einwohner des untouristischen Colcadorfes auf 3600 m Höhe gehören zu den **Cabana-Kunti**. Die Kirche ist von 1628. Interessant ist ein Besuch der *Secundaria*, einer Schule, in der Kinder autodidaktisch lernen müssen und den Lehrstoff via Satellit aus Lima erhalten. Besucher sind hier wie auch auf dem Fußballplatz am Sonntagmorgen willkommen. Im Dorf gibt's Läden mit ausreichendem Angebot an Lebensmitteln und Wasser, so dass nichts aus Arequipa mitgebracht werden muss.

Von Pinchollo können schöne Wandertouren durch die Cordillera Chili via Sangalle nach Cabanaconde oder auf den Vulkan Hualca Hualca (im März Höhenskifahren möglich) gemacht werden. Außerdem wurden Wanderrouten zum Nevado Ampato eröffnet. Highlight ist die Route von Pinchollo über Madrigal nach Tapay. Das wichtigste **Fest** in Pinchollo ist am 20. Januar die *Fiesta San Sebastián*.

Tourist-Info: *ATAM Pinchollo,* Consejo Menor Pinchollo, Plaza de Armas s/n, Tel. 28-0348. Anmietung von Führern, Packtieren usw., gute Infos. Spenden von Bergsteiger-Ausrüstung willkommen

Unterkunft: *El Geyser,* in der Nähe des Consejo (Plaza de Armas), Schild folgen, Tel. 28-0348; einfachste Zimmer mit Lehmboden, bc, Kw, schöner Hof, Ü/F 4,50 €. – *Hostal Gran Pinchollo,* Plaza de Armas s/n. Gemeinschaftszimmer im Jugendherbergstil, bc/bp, Ww, Ü/F Herberge 4 €, DZ/F 20 €. – *Campingplatz Tambo,* Richtung Cruz del Cóndor, bc, Kw, Cafetería, Ü 1,50 €.

Weiterfahrt

Hinter Pinchollo kommt ein kleiner Tunnel, dann folgen ein paar Serpentinen, und es wird der Höhepunkt eines jeden Canyon-Besuches erreicht, der *Cruz del Cóndor*.

Cruz del Cóndor

Der Aussichtspunkt Cruz del Cóndor war früher ein heiliger Ort der Bewohner Pinchollos, zu Ehren der Mutter Erde wurde hier geopfert. Um die Zeremonien zu beenden, stellte die Kirche an dieser Stelle ein Kreuz auf, die Pinchollos suchten sich einen neuen Opferort.

Es ist wichtig, dass der Mirador möglichst am Morgen und bei gutem Wetter erreicht wird, um die riesigen Kondore sehen zu können. Man blickt in ca. 1200 m Tiefe, ganz unten ist als dünner Strich der Río Colca zu erkennen. Die Kondore erheben sich etwa gegen 9 Uhr in die wärmenden Sonnenstrahlen, entschwinden dem Colca-Canyon oder steigen, je nach Thermik, auf. Es sind fast immer Leute da, ganz Begeisterte schon mit dem ersten Licht, da Kondor-Pärchen zeitweilig ihren Schlafplatz in den Felsen in unmittelbarer Nähe des Aussichtspunktes haben. Sie kehren nachmittags ab etwa 16 Uhr von ihrer Nahrungssuche wieder zurück.

Es gibt natürlich keine „Garantie", dass die Kondore „flugplanmäßig" starten und landen oder überhaupt anwesend sind ... Während der Regenzeit von November bis April kann es vorkommen, dass wegen der fehlenden Aufwindthermik im Canyon und dem Brutgeschäft keine zu sehen sind. Bei Nebel fliegen sie ebenfalls nicht, oder erst dann, wenn der Nebel aufreißt, das kann dann auch erst nach 10 Uhr sein. Auch aufsteigender Rauch von Feuerstellen im Tal verunsichern die Kondore.

Der Kondor, König der Anden

Der Kondor *(Vultur gryphus)* gehört zur Unterordnung der Neuweltgeier *(cathartae)* und zu den vom Aussterben bedrohten Tierarten. Mit einer Flügelspannweite von bis zu 3,20 m ist der Kondor der größte Raubvogel der Erde. Die mächtigen Vögel werden bis zu 70 Jahre alt und ernähren sich hauptsächlich von Aas, sie sind aber auch in der Lage, ein Schaf zu schlagen. Mit dem Krummschnabel kann das Fleisch des Beutetieres regelrecht zerrissen werden, bei Menschen können die Schnabelhiebe sehr hässliche Wunden verursachen.

Kondore bleiben ihren Partnern treu, der männliche trägt an Stirn und Scheitel einen hohen Kamm und wiegt ca. 11 kg, der weibliche 8–10 kg. Außerdem sind die Weibchen an ihren roten Augen erkenntlich. Das Federkleid ist schwarz mit weißer Halskrause, die Armschwingen glänzen silberweiß, Hals und Kopf sind nackt. Die Zucht ist mühsam, denn die Vögel werden erst mit zwölf Jahren geschlechtsreif, und die Weibchen legen nur alle drei Jahre ein Ei.

In Peru lässt der Kondor sich durch bereits geringe thermische Aufwinde in Höhen von bis zu 5000 m tragen. Die weiten Täler der Anden mit wechselnden Luftströmungen sind daher ideale Lebensräume für die Vögel. Aufgrund ihrer beachtlichen Flügelspannweite haben Kondore auch einen großen Wenderadius.

Bereits während der Epoche der Chavín-Kultur wurde der Kondor als heiliges Tier verehrt. Bei den Inka galt er als Symbol des Lichts und der heiligen Sonne, als Bote zur außermenschlichen Sphäre, zur „Oberen Welt". Wobei es auch für möglich gehalten wurde, dass sich die übernatürlichen Götter in Tiere, also auch in Kondore, verwandeln konnten. (HH)

Cabanaconde

Vom Cruz del Cóndor bis nach Cabanaconde sind es 13 km, die durchaus auch gut zu Fuß zu bewältigen sind, Gehzeit 2–3 h. Dazu der Piste folgen. Nach 45 Min. bietet der *Mirador Tapay* (3827 m) m) nochmals einen schönen Blick in den Canyon, und ab und zu kann man Kondore sehen. Auf der gegenüberliegenden Seite sieht man, von rechts nach links, die Dörfer Tapay, Cosnihua und Malata. Der Piste ist nun bis zu einem großen Wasserbecken, das die dt. GTZ für die Bauern errichtet hat, zu folgen. Etwa 500 m nach dem Becken nach rechts auf den deutlich zu erkennenden Weg abbiegen. Dieser führt zu einem Hang und dann über Serpentinen hinunter auf die Straße nach Cabanaconde.

Das typische Andendörfchen auf 3300 m Höhe liegt gleichfalls am Rande des Canyons und ist meist der Endpunkt einer Canyon-Tour. Von Cabanaconde führt eine gut befahrbare Piste über Huambo zurück nach Arequipa (landschaftlich reizvoll). Eine Alternative für den, der nicht über Chivay zurückfahren möchte, allerdings doppel so weit. Tour-Veranstalter fahren in der Regel über Chivay nach Arequipa zurück.

Auch von Cabanaconde bietet sich ein faszinierender Blick in den Canyon, und am Aussichtspunkt, etwa 10 Min. von der Plaza entfernt, können mit etwas Glück gleichfalls Kondore beobachtet werden.

Obwohl Cabanconde sich immer mehr auf Touristen einstellt, leben die Menschen noch stark verwurzelt in ihren alten Traditionen. Es ist nichts anderes als respektvoll und höflich, sie vor dem Fotografieren um Erlaubnis zu fragen. Viele werden dies auch ablehnen.

Cabanaconde

Tourist-Info Am Marktplatz, Tel. 28-0212, tägl. von der Morgen- bis zur Abenddämmerung. **Vorwahl** (054).

Unterkunft Die Stromversorgung ist in Cabanaconde nun ganztägig sichergestellt. Es gibt Familienpensionen und eine handvoll einfacher Kneipen.

BUDGET/ ECO **Hostal Valle del Fuego** (Rancho del Sol), Grau/Bolivar (Nähe der Plaza), Tel. 83-0032 oder via Pablo Tours in Arequipa, Jerusalen 400-A, Tel. 20-3737, Tel. 961-1241, pablotour@hotmail.com, www.pablotour.com. Einfachster Backpackertreff, rustikal, kalte Zi., bc/bp, Ww im Hof, Rest. mit Kamin. Pablo, der Besitzer, ist hilfsbereit und ein guter Informant. – **Hospedaje Villa Pastor,** Plaza Mayor, Tel. 44-5347, hospedaje_villa_pastor@hotmail.com. Kleine, spartanische Zimmer, aber sehr sauber, bc, Ww, preiswertes Rest. mit schöner Aussicht, das Betreiberpaar ist sehr hilfsbereit. 2,50 € p.P. – **Hostal Cruz del Cóndor,** 22 de Agosto 103; Restaurant. – **Hostal Don Pierro,** 22 de Agosto, mit gutem Restaurant. – **Hostal Virgen del Carmen,** Arequipa s/n. Einfache Zi., bc, Ww. Ü/F 5 €.

ECO/FAM **Hotel Kuntur Wassi,** Cruz Blanca s/n, Handy 973-7260, kunturwassi@terra.com.pe, www.kunturwassi.com. Geschmack- und liebevoll eingerichtetes Hotel, geleitet von Gerhard Pointner, gutes Rest. **TIP!** – **La Posada del Conde,** San Pedro/Bolognesi, Reservierung über (058) 83-0033. Bestes Hotel und Rest. im Ort, bp, Ww (24 Std.), Ws 4 Soles/kg. Ü 10 Soles (NS), 30–50 Soles in der HS, Res. empfehlenswert. Führervermittlung für den Colca. Daneben gibt es eine weitere Unterkunft unter gleicher Leitung: DZ/F/bp/Ww 60 Soles, gPLV, auf Wunsch Abendessen, ebenfalls empfehlenswert.

Essen & Trinken Rund um die Plaza de Armas gibt es eine handvoll Restaurants, die Tagesgerichte ab 1 € anbieten. Eine reichhaltige Speisekarte hat das rustikale *Valle del Fuego* (s.o.), abends mit Kaminfeuer. Das beste Restaurant ist *La Posada del Conde,* San Pedro/Bolognesi, Menü ab 3,50 €.

Verkehrsverbindungen **Nach Arequipa** über Chivay mit *Andalucia* und *Reyna* um 8, 7, 13, 14, 19 und 21 Uhr, Fz 6 h, Fp 15 Soles; **nach Chivay** ab 6 Uhr, Fz 2,5 h, Fp 3 Soles; **nach Cusco** mit *Reyna* über eine Schotterpiste um 14 Uhr (meist nur während der Trockenzeit). Fahrkarte direkt nach Cusco kaufen und dem Busfahrer mitteilen, dass man an dem Polizeiposten zwischen Chivay und Arequipa in den Bus nach Cusco umsteigen will. Vorteil: große Zeitersparnis, Rückfahrt nach Arequipa und ggf. Umweg via Juliaca entfällt, Ankunft in Cusco am nächsten Tag um 6.30 Uhr. **Nach Huambo** Mo/Mi/Fr um 5 Uhr (Bus fährt nach Pedrigal bzw. Arequipa weiter, in Repartición könnte in einen Bus nach Moquegua umgestiegen werden), Fz Cabanaconde – Repartición ca. 9 h, Fp 4 €. Der **Bus aus Pedrigal über Huambo** am Di/Do/Sa kommt in Cabanaconde um 16 Uhr an.

Trekking-Touren in den Colca-Canyon

Flussoase Sangalle **Von Cabanaconde führt ein breiter, guter Pfad, teilweise über Terrassen, in den Canyon hinunter. Ein Führer** (AUTOCOLCA-lizenziert, bei der Touristeninformation am Marktplatz, 10–20 €/Tag) ist nicht unbedingt notwendig. Da es viele verwirrende Nebenpfade gibt, immer wieder Mal die auf den Feldern arbeitenden Frauen, Männer oder Kinder nach dem Weg fragen.

Von der Plaza de Armas zuerst Richtung Schule gehen, dann den gelben Pfeilen folgen. Der Pfad windet sich ziemlich steil und steinig in der heißen Sonne in die Schlucht, unbedingt Sonnenschutzmittel und Kopfbedeckung tragen. Nach ca. 2,5 Stunden steht man unten im Canyon, der mit der paradiesischen Oase **Sangalle** samt Palmen überrascht. Alles ist grün, und es wächst Obst auf den Bäumen. Mit einem Zelt kann hier auf einem der Campingplätze (Zeltvermietung/Zeltplatz 1,50 €) oder in den wirklich sehr bescheidenen Lodges übernachtet werden (Ü/F 3 €, kein Strom). Alle verfügen über Betonpools, haben Campmöglichkeiten und bieten auf Wunsch ein Tagesessen (Spaghetti, Reis, 2 €). Die vordere, direkt am Weg, ist die *Thomas Lodge;* Thomas ist erfahrener *arriero* (Maultiertreiber), kennt sich in der Gegend bestens aus und kann Esel für den Rücktransport der Rucksäcke nach Cabanaconde stellen. Die mittlere ist die *Oasis Lodge,* Tel. 83-0032 (Hostal Valle de Fuego via Funk), bei der hinteren, der *Paraíso Lodge,* ist der Pool an einen Felsen gebaut. Die Mitarbeiter dieser Lodge versuchen das Doppelte zu verlangen.

Allgemein Vorsicht, dann und wann Skorpione.

Hier Bitten von Vlado, einem verantwortungsvollen Touranbieter: Obwohl überall Mülleimer stehen, besteht keine Müllabfuhr! Der Müll aus den Tonnen wird einfach in den Fluss geworfen. **Bitte nehmt deshalb den eigenen Müll aus der Oase wieder mit, trotz Mülleimer!**

Viele Anbieter lassen Lagerfeuer zu. Das Holz stammt aus der Oase, das die dort lebenden Menschen als Brennholz zum Kochen benötigen. Da niemand neue Bäume pflanzt, wächst nichts nach. Vor einigen Jahren war die Oase deshalb noch wesentlich grüner. Das Hinweisschild von Vlado wurde demontiert: **Bitte deshalb von Lagerfeuern Abstand nehmen,** auch wenn es noch so schön ist. Wer den Kindern hier helfen möchte kann Kleider bei Vlado abgeben, Schuhe werden besonders benötigt. Stabile Säcke zum Transport von Kartoffeln und Zwiebeln werden ebenfalls benötigt.

Der gut beschilderte Aufstieg zurück nach Cabanaconde ist sehr anstrengend und sollte mit mindestens 4–5 Stunden veranschlagt werden. Wasservorrat mitführen, das in den Lodges verkauft wird.

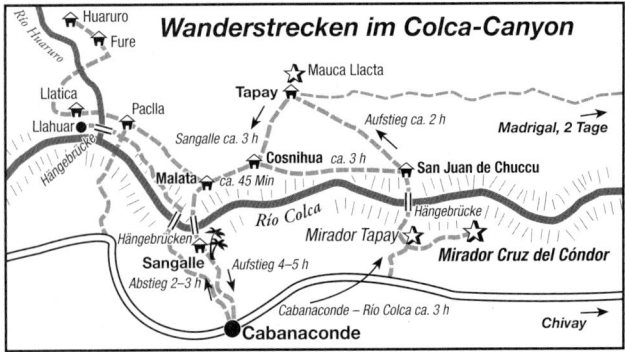

Cruz del Cóndor – Tapay – Cabanaconde

Etwas anspruchsvoller ist die beliebte dreitägige **Trekking-Tour vom Mirador Cruz del Cóndor** über **Tapay** (auf der anderen Canyonseite) und **Sangalle** nach **Cabanaconde,** die in Arequipa organisiert gebucht werden kann (s. „Touranbieter", 50–60 €, billigere Angebote von „Piraten-Guides").

Die Tour beginnt in **Chivay.** Mit dem Frühbus um 6 Uhr wird zum Cruz del Cóndor gefahren. Vor dort geht es zu Fuß zum Mirador Tapay (ca. 45 Min). Wer möchte, kann 500 m nach dem Wasserbecken der GTZ rechts dem markierten Weg folgen, doch sehr schlechter Zustand und nicht ungefährlich. Nach 2 km knickt dieser Weg nach links einen Hang hinunter bis zum Canyonrand. Von dort immer abwärts (Vorsicht, nach ca. 1 km Geröllfeld, einzeln durchlaufen, Steinschlaggefahr). Nach einem ca. zweistündigen Abstieg wird die Hängebrücke über den Río Colca erreicht. Leichter ist es, bei der *Pampas San Miguel,* ein Stück weiter Richtung Cabanconde, in den Canyon einzusteigen, Busse aus Chivay halten. Von dort gibt es einen guten Weg runter zur Colca-Brücke.

Nun folgt ein halbstündiger Aufstieg, vorbei an Kakteen, Agaven, Bromelien und Tillandsien, bis zum Dorf **San Juan de Chuccho**. Direkt am Weg die sehr einfache Unterkunft *Hostal Posada del Roy;* nett, hilfsbereit, Ü 1,50 €, Mahlzeiten, Getränke, gute Infos; auch Campingplatz. Die beste Adresse ist in der Dorfmitte beim Fußballplatz das *Hostal Gloria* (Ü 1,50 €, Mahlzeiten, Camping). Dort gibt es auch sauberes Wasser aus einer Quelle. Keine Läden zum Einkaufen. Von San Juan de Chuccho ist der Weg nach Tapay gut markiert.

In **Tapay** ist die Kirche sehenswert und die Ruinenstätte **Mauca Llacta**. Sie liegt oberhalb von Tapay im Canyon, Gehzeit ca. 1 Std. auf dem Weg rechts der Kirche (gegen ein kleines Trinkgeld übernehmen Kinder gerne die Führung). Mauca Llacta besteht aus 80 Wohnhäusern, einem Palast, Grabanlagen und Höhlen, alles teilweise überwuchert. In Tapay gibt es Wasser aus Wasserleitungen, einige kleine Läden, einfache Unterkünfte, wie z.B. das empfehlenswerte *Maruja Hostel* bei der Dorfkirche mit sauberen Bungalows. Das Betreiberpaar biete auch Essen an. Besser nicht im Ort Campen, eher auf dem Fußballplatz am Ortseingang oder außerhalb. Vom Fußballplatz geht es auf dem Weg weiter nach **Cosnihua**. Übernachtungsmöglichkeiten direkt am Weg (Calle Prinicipal) im *Hostal Mauricio* (je ein DZ, TriZ, MBZi, max. 10 Betten, Ü 1,50 € p.P., Frühstück mit Pfannkuchen 1,50 €), Tel. 54-1595. Wer sein Gepäck später nicht 1300 m den Berg hoch nach Cabanaconde tragen möchte, kann im Hostal einen Esel bestellen, der in der Oase Sangalle dann bereitsteht.

Von Cosnihua sind es noch 45 Min. Gehzeit bis zum Dorf **Malata**. Von dort ist der Weg zur Oase Sangalle deutlich markiert. Der Río Colca wird auf einer Hängebrücke überquert, dann sind es noch ca. 15 Min. bergauf bis zur Oase Sangalle mit Unterkünften (s.o.). Der anstrengende Aufstieg nach Cabanaconde dauert 2,5–3,5 h und ist gut beschildert, Wasservorrat mitführen. Alternativ kann die Tour auch von Cabanaconde unternommen werden.

Llahuar   Einige Anbieter nehmen den Weg über Llahuar (2020 m), meist dann, wenn eine der Brücken über den Fluss nicht benutzbar ist. Diese Strecke kann auch auf eigene Faust ab Cabanaconde gemacht werden. Die Wege sind gut und sicher, auf die Kreidebeschreibungen an den Steinen „Llahuar" achten. In Cabanaconde geben die Busgesellschaften kleine Werbeflyer ab, auf denen die Strecke nach Llahuar eingezeichnet ist.

Für die Strecke von Cabanaconde nach Llahuar ist auf der linken, der canyonabwärts liegendenen Hängebrücke der Colcafluss zu überqueren. Nach Überquerung der Hängebrücke verläuft der Weg weiter canyonabwärts. Er führt unterhalb des Ortes Paclla vorbei, bevor es auf einer kleinen Hängebrücke über den Río Huaruro nach Llahuar geht. Die Strecke ist schon, aber sehr anstrengend, Gz 6 h, davon 4 h Aufstieg. Llahuar ist kein Dorf, sondern besteht eigentlich nur aus der nachfolgenden Lodge.

Zum Übernachten in Llahuar empfiehlt sich deshalb nur die **Llahuar Lodge,** Tel. 33-0932, llahuar@hotmail.com, direkt am Fluss, mit netten, einfachen Rund-Bungalows, bc/bp, betrieben von Yola & Claudio, einem netten, hilfsbereiten Ehepaar. Es gibt Thermalquellen (Becken) und fangfrische Forellen. Ü mit Verpflegung 15 Soles, Campingmöglichkeiten. **TIP!**

Wer bei einer Tour in den Colca die Strecke über Llahuar bevorzugt, sollte dies dem Anbieter oder Führer zuvor mitteilen. Die Strecke über Llahuar wird z.B. von Inka Wasi in Arequipa für 35 € inkl. Transport, VP und Führer angeboten.

Von Llahuar können andere Orte im Colca-Canyon erreicht werden, z.B. Llatica, oder über die Orte Paclla (ca. 2,5 h Aufstieg) und Malata (ab Paclla Gz weitere 3 h) die Oase **Sangalle** (ab Malata Gz ca. 1,5 h). Nicht in jedem Ort, z.B. in Paclla, gibt es Herbergen und wenn, dann ohne

Elektrizität (Taschenlampe!). Zwischen Llahuar und Malata sind oft keine Menschen unterwegs, der Weg jedoch leicht zu finden. Auf kleine vereinzelte weiße Pfeile auf den Steinen rechts vom Pfad achten.

Cabanaconde – Madrigal
Die anspruchsvolle **Trekking-Tour von Cabanaconde über Tapay nach Madrigal** dauert drei Tage und kann in Arequipa, z.B. bei *Giardino*, als organisierte Tour gebucht werden. Von Cabanaconde geht es zuerst zur Oase Sangalle. Eine Hängebrücke führt über den Colca-Fluss und auf der anderen Seite windet sich der Pfad nach Tapay. Von dort verläuft ein Maultierpfad nach Madrigal (Gehzeit 2 Tage). Für diese Tour kann Jörg Krösel (s. „Tourist-Info") als Führer empfohlen werden.

Tour 3: Valle de los Volcanes

„Das Tal der Vulkane" wird von einer Kette aus 86 Vulkanbergen, davon 30 mit Vulkankratern, gebildet und es ist ungefähr 65 km lang. Es liegt am Fuße des Nevado Coropuna (6425 m) bei *Andagua* in der Provinz *Castilla*, etwa 325 km nordwestlich von Arequipa entfernt.

Zu erreichen ist das „Tal der Vulkane" über die Panamericana von Arequipa in Richtung Lima. Nach 115 km biegt bei El Alto eine breite, gute Straße nach rechts Richtung Cotahuasi ab. Nach zwei weiteren Fahrstunden führt eine Brücke über den *Río Majes,* und 162 km nach Arequipa kommt **Corire** in Sicht. Ein paar km hinter Corire fährt man an der archäologische Stätte der **Petroglyphen von Toro Muerto** vorbei (sie sind von der Straße aus nicht sichtbar), bevor später **Aplao** erreicht wird. Zwischen Corire und Aplao wurden in **Querulpa** Fußabdrücke von Dinosauriern, versteinerte Muscheln und weitere Petroglyphen gefunden. Von Aplao sind es noch knapp 10 km bis zum *Centro Turístico Valle de Majes*. Von da führt die Piste am *Ajirhua* (5266 m) und *Luceria* (4257 m) vorbei. Dort liegt auch mit 3207 m der tiefste Punkt des Colca-Canyons. Die Piste folgt nun dem Tal des Río Majes über *Tipán, Viraco* und *Machaguay* bis zum „Tal der Vulkane" in der Nähe von Andagua.

Tourangebote
In Arequipa werden Dreitages-Touren ins Valle de los Volcanes angeboten. Am ersten Tag werden die *Petroglyphen von Toro Muerto* und die *Ruinen von Collagua* besucht, übernachtet wird im Centro Turístico Valle de Majes. Am nächsten Tag geht es ins „Tal der Vulkane" und es werden die *Ruinen von Antaymarca* angefahren. Streckenlänge von Arequipa nach Andagua 325 km, mit dem Bus Fz 14 h (s. Adressen & Service, bei „Busse"), mit dem Wagen 12 h.

Tipp für Selbstfahrer
Für 85 € inkl. 250 km/Tag kann in Arequipa ein 4x4 Nissan-Pickup gemietet werden (Mo–Fr). Damit kann die Rundtour Arequipa – Chivay/Colca-Canyon (mit Abstecher zum Cruz del Cóndor) – Caylloma – Orcopampa – Andagua – Valle de los Volcanes – Aplao – Arequipa in 4–5 Tagen bewältigt werden. Dabei die neue Straße über Yura nach Chivay nehmen. Zwischen Caylloma und Andagua nur ruppige Piste, aber wunderschön. In Andagua gibt es keine Tankstelle!

Corire
Anfahrt mit dem Bus von Arequipa via Panamericana Sur über Alto Sihuas (Tankstelle). Von dort sind es noch 62 km bis Corire (Tankstelle, Restaurants), das bereits im Tal des Río Majes liegt. **Übernachtung** im *Hostal Willy's,* Tel. 47-2180 u. 47-2046, bc/bp, Ww, DZ 3,50–8 €. MTB-Touren, Trekking und Rafting auf dem Río Majes. Ein typisches Menü sind Flussgarnelen und Wein aus der Region. Verkehrsverbindungen nach Arequipa tägl. von 8–18 Uhr mit *Transportes del Carpio,* Fz 3 h, Fp 3 € (s.u.).

Arequipa – Tour 3: Valle de los Volcanes

Petroglyphen von Toro Muerto (165 km)

Der archäologische Komplex der Petroglyphen von Toro Muerto liegt ein paar Kilometer hinter Corire und wird meist auf der Fahrt von Arequipa ins „Tal der Vulkane" besucht. Auf einem Gebiet von knapp 4 km Länge und 250 bis 400 m Breite am Hang des Majes-Canyon wurden in einer Steinwüste schätzungsweise 6000 Petroglyphen (Ritzzeichnungen) auf bis zu zwei Meter hohen vulkanischen Blöcken entdeckt. Die ältesten werden der Wari(Huari)-Kultur zugesprochen, sie wären dann zwischen 600-1200 n.Chr. entstanden. Andere sollen von den Chuquibamba um 1200 n.Chr. stammen. Neben abstrakten *(simbólicos)* und geometrischen Figuren *(geométricos)* und Tänzer mit Masken wurden auch Abbildungen von Tieren *(zoomorfos)*, Pflanzen *(fitomorfos)* und Menschen *(antropomorfos)* in das Vulkangestein geritzt. Nach Disselhoff (1971) sind u.a. Tänze dargestellt, beispielhaft wird von ihm ein Wesen mit Hirschgeweih, Pferdeschwanz und Bart dokumentiert. Auffallend sind die großen Jaguar- und/oder Puma-Abbildungen. Andritzky (1988) verweist auf den im Andenraum existierenden Hirsch- und Jaguarkult. Max Peter Baumann (1994) mutmaßt, dass es sich durch die abgebildeten Tänzer mit Geweih u.U. um Hilfsgeister für die Krankenbehandlung durch Schamanentänzer handeln könnte und sieht in den Petroglyphen Hinweise auf kultische Tanztraditionen. Insgesamt gilt Toro Muerto als die umfangreichste Petroglyphengruppe Perus. Das gesamte Areal wurde deshalb zum **Kulturerbe der Menschheit** erklärt und ist sehr sehenswert.

■ Steinerne Bilderbücher

■ Toro-Muerto-Raubkatze

Für Hinfahrten nur bis nach Toro Muerto einen Bus von *Transportes del Carpio* nach Corire nehmen, tägl. ab 8 Uhr (zeitweise im Stundentakt), Rückfahrten von Corire nachmittags (um 15 und 16 Uhr), letzter Bus 17 Uhr, Fz 3 h, Fp 3 €.

Von Corire dann entweder mit dem Taxi bis ins Petroglyphen-Tal (Fp ca. 4 €, inkl. Wartezeit) oder Fußmarsch, Gehzeit etwa 1 h. Zugang über die Hacienda Warango oder Torete bzw. ab Bellavista zur Siedlung Candelaria. Am Ortsende steht das neue Kassenhäuschen, Eintritt 1 €. Von dort den Berghang hinauf bis zum ehemaligen alten Kassenhäuschen. Ein Pfad führt von dort weiter den Berg hinauf, und nach etwa 30 Minuten werden die Petroglyphen erreicht. Einen markierten Weg durch die Petroglyphen gibt es nicht, einfach rumlaufen. Leider haben bereits die Graffiti-Sprayer zugeschlagen. Sonnencreme, Kopfbedeckung und Trinkwasser nicht vergessen.

Querulpa

Etwa 10 Autominuten nördlich von Toro Muerto gibt es bei Querulpa an einem malerischen Berghang beeindruckende Dinosaurierspuren zu sehen. Deutlich können etwa 50 cm lange Fußabdrücke mit drei- und vierzehigen Krallen im versteinerten Uferschlamm ausgemacht werden. Ein steiler Pfad führt von einem Gehöft dorthin.

Valle de Majes

Von Corire sind es knapp 20 km durch das Tal des Río Majes bis **Aplao** (Tankstelle, Restaurant). Hier gibt es Zusteigemöglichkeiten (ca. 20.30 Uhr) in den Bus von Reyna nach Cotahuasi. Boletoverkauf im Restaurant

Cruz de Mayo. Von Aplao sind es noch knapp 10 km bis zum *Centro Turístico Valle de Majes,* La Central de Ongoro, Tel. 21-0256. Gute Übernachtungsmöglichkeit direkt am Río Majes in der *Majes River Lodge,* MTB-Touren, Trekking und Rafting auf dem Río Majes (25 €/35 Min. bei vier Personen, in relativ ruhigem, gefahrlosem Gewässer). Von hier folgt nun die Piste dem Tal des Río Majes, führt über *Tipán, Viraco* und *Machaguay* bis zum „Tal der Vulkane" in der Nähe von Andagua.

Tour 4: Cañón de Cotahuasi

Der Cotahuasi-Canyon ist mit 3370 m der tiefste Canyon der Welt und damit über 160 m tiefer als der Colca-Canyon. Der gesamte Canyon wurde 1988 zur touristischen Zone erklärt. Sehr beeindruckend sind die in der Nähe befindlichen Wasserfälle: Der *Sipia-Wasserfall* stürzt 150 m und der *Uskune-Wasserfall* 90 m in eine Schlucht. Auch am Cotahuasi-Canyon südwestlich von Cotahuasi kann der Flug der Kondore beobachtet werden. Das Río Cotahuasi-Tal hat unzählige Thermalquellen, aus denen ca. 40 bis 100 °C heißes Wasser austritt. In der Region kann auch Drachenfliegen, Mountain-Biking, Kajakfahren und Trekking betrieben werden. Früher führte entlang des Cañón de Cotahuasi eine Inkastraße von der Küste bis nach Cusco, auf der Fisch von der Küste bis in die Hauptstadt transportiert wurde und die heute noch als Fußpfad verwendet wird.

Anfahrt Von Arequipa nach Cotahuasi (380 km) fahren tägl. drei Busgesellschaften. Die besten sind *Empresa Reyna* u. *Transporte Alex,* Abfahrten in Arequipa tägl. um 16 Uhr, Ankunft am nächsten Tag um 3.30 Uhr, Fz 10–12 h, Fp 8,50 €. Die Busreise ist unkomfortabel, die Piste nur zu einem Drittel asphaltiert, der Rest Schotterpiste. Die Piste überquert mehrere Pässe bis zu 5000 m, gute Akklimatisierung erforderlich! Die Nachtfahrt ist äußerst kalt, Schlafsack nötig!

In Cotahuasi Anschluss nach Tomepampa, Luicho oder Acla mit dort wartenden Kombis um 4 Uhr, Ankunft in Alca um 6 Uhr. – Rückfahrten von Alca mit *Transporte Alex* um 12 Uhr, von Cotahuasi um 14.30 Uhr, Ankunft Arequipa ca. 3.30 Uhr. Außerdem fährt tägl. *Reyna,* sowohl von Acla als auch von Cotahuasi (Calle Arequipa 201, Tel. 58-1017) nach Arequipa.

Touren nach Cotahuasi werden in Arequipa ab 70 € aufwärts angeboten, z.B. 3 Tage/2 Nächte oder 4 T/3 N. Trekkingtouren mit Jörg Krösel (www.llama-online.de oder www.kroesel.com) kosten inkl. Anfahrt, Ausrüstung, Führer, Tragtiere und Verpflegung 120 € p.P., buchbar z.B. auch bei *Giardino* in Arequipa.

Cotahuasi

ist ein kleines, wirklich verträumtes Andendörfchen mit etwa 4000 Einwohnern (2600 m). Die Gassen sind eng, die Häuser sauber getüncht und niemand braucht hier Angst zu haben, von einem Auto überfahren zu werden. Beliebt ist ein Ausflug von Cotahuasi zum **Wasserfall von Sipia,** Gehzeit zu Fuß oder mit dem Pferd ca. 3,5 Stunden (einfach). Der Canyon mit seinen unterschiedlichen Felsformationen und zahlreichen Wasserfällen **ist sehenswerter als der Colca.** Führer (3 €) und Pferde (5 €) vermittelt Feani Luz Vela (s.u.). Bei den angebotenen Trekkingtouren werden Höhen bis zu 4500 Meter erreicht, Landschaft superschön, Gegend völlig untouristisch, wildes Zelten üblich, aber Höhenanpassung unabdingbar!

Unterkunft: *Alojamiento Chavéz* (BUDGET), Cabildo 125, Tel. 21-0222. Ü 9 Soles. – *Hotel Cotahuasi,* Arequipa 515, Tel. 58-1029, glasaspil@hotmail.com. Freundliches Hotel unter Leitung von Gladys Aspilcueta in exzellenter Lage und schönem Ambiente für diese abgelegene Region, bp, Ww. EZ 25 Soles, DZ 45 Soles, TriZ 65 Soles, MBZi 85 Soles. **TIP!** – *Feani Luz Vela,* Independencia 117. Sehr einfache Zi., bc, Ww, DZ 18 Soles. –
Essen & Trinken: *Rest. El Pionero,* Centenario, einfachste Tagesgerichte, empfehlenswert sind frische Forellen *(trucha).* – **Führer:** Miguel Concha Chirinos, Av. Unión 108, Tel. 58-0162.

Pampamarca
Ein schöner Ausflug führt in 3 h von Cotahuasi zu den **Ruinen von Pampamarca** in der Pampamarca-Schlucht. Wer nicht zu Fuß gehen möchte, kann um 7 und 16 Uhr mit einem Minibus von Cotahuasi nach Pampamarca fahren. Sehenswert sind die 30 Grad warmen Quellen von **Josla,** Gz 1,5 h, Weg ist markiert.

In Pampamarca sehr einfache Unterkünfte in der Calle Qato, *Hospedaje Borda* und *Huito* sowie in der Calle Cupe *Hospedaje Usunki, Pampamarka* und *Amauta,* meist nur 2 Betten. Ü ca. 5 Soles. Im Notfall kann auch mit einem Schlafsack im Krankenhaus übernachtet werden. Frühstück/Essen mit den Familien zuvor im Ort abklären. Rückfahrt nach Cotahuasi 2x täglich.

Alca, Luicho & Hynacotas
Bei **Alca** (30 km) liegen die **Thermalquellen von Luicho,** empfehlenswert. Gleich gegenüber der ist das *Hostal Wasi Punku,* freundlich und familiär, VP 10 €, **TIP.** Ansonsten ins moderne *Hostal Alcala* (ECO) in Alca, Plaza de Armas s/n (gepflegte Zi., bc/bp, Ww, Küchenbenutzung), beste Unterkunft im ganzen Tal. DZ/bc 12 €, DZ/bp 20 €, Frühstück/Essen muss selbst zubereitet werden (Vorrat mitbringen).

Von den Thermalquellen in Luicho kann zu Fuß **Hynacotas** erreicht werden, Gehzeit 3 h. Einfachste kostenlose Unterkunft der Consejo (Stadtverwaltung), Übernachtung bitte beim Bürgermeister anmelden.

Mauca Llacta
Die Attraktion von Puica ist *Mauca Llacta,* eine sehenswerte, große Inka-Siedlung, zu Fuß 30 Min. vom Ort entfernt. Anfahrt von Alca nach Puica täglich um 7 Uhr morgens mit einem Kombi. Einfachste Unterkunft der Consejo (Stadtverwaltung), bitte dort vorstellig werden.

Tour 5: Laguna Salinas

Die Laguna Salinas liegt in über 4000 m Höhe, etwa 104 km von Arequipa an der Straße Richtung Puno. Am besten ist es, mit Gleichgesinnten ein Taxi für die Fahrt anzuheuern oder ein Mietwagen zu nehmen. Das Taxi sollte etwa 40–50 € kosten (Verhandlungssache), doch immer noch preiswerter als ein Mietwagen. Fahrzeit zur Laguna 3–4 h. Unbedingt darauf achten, dass das Taxi technisch o.k. ist (Bremsen, Bereifung!). Die Tour lohnt sich als Tagesausflug, vorausgesetzt, es wird sehr früh am Morgen losgefahren. Auch Reisebüros haben den Ausflug in ihrem Angebot.

Wer mit öffentlichen Verkehrsmitteln zur Laguna Salinas möchte, kann mit einem Colectivo von der Av. Mariscal Castilla nach Chiguata fahren, Fz 1 h, Fp 2 Soles. Von dort entweder zu Fuß, Gz 5 h, Trampen (nicht viel Verkehr) oder weiter mit einem Taxi, das hier wesentlich preiswerter als in Arequipa ist. Wer dagegen den täglichen Bus nimmt, hat allerdings nur 20 Min. für die Laguna, bevor der Rückbus nach Arequipa wieder durchkommt.

Von Arequipa geht es in den Vorort Jesús (10 km). Hier liegt in einer Serpentinenkurve eines der Thermalbäder (s.o., Arequipa, „Thermalbäder"). Dann führt die Straße kurvenreich höher, links sieht man auf die trostlosen, halbfertigen „Gerümpel"-Bauten der Ärmsten Arequipas. Je weiter man aus der Stadt rauskommt, desto schlimmer wird es.

Nach einigen Kilometern geht es über eine neue Stahlbrücke und bald darauf wird der Kontrollposten der Polizei erreicht. Hier endet die Asphaltstraße und eine wilde Erd- und Geröllpiste beginnt. Der letzte Ort vor der Passfahrt ist Chiguata (dort evtl. frühstücken). Bis zur Abzweigung zur Laguna Salinas sind es von Chiguata 38 km. Mit kaum mehr als 20 km/h geht es voran, und man wird weiter kräftig durchgeschüttelt. Langsam schraubt man sich so den Nevado Pichu Pichu höher (5571 m), die Aussichten (vorausgesetzt es setzt kein Nebel ein) werden immer fantastischer. Vereinzelt kommen schwerbeladene Lkw die Serpentinen heruntergerumpelt. Manchmal steht auch ein verlassener Lkw auf der Piste. Die Fahrspur wird eng, ab und zu ist sie nur noch so breit wie der Wagen, und die Luft wird kälter und dünner. In 4200 m Höhe geht es durch einen Tunnel, bevor die Hochebene in 4000 m Höhe durchfahren wird. An der einzigen Abzweigung nach rechts sind es noch 29 km bis Salinas, ein kleines Dorf an der südlichen Seeseite. Die Lagune ist Heimat mehrerer Flamingo-Arten, deren Überleben in dieser Höhe kaum zu glauben ist (Brutzeit: Juni/Juli).

Tour 6: Besteigung des Volcán Misti und des Nevado Chachani

Beide Berge sind für Geübte und gut Höhenakklimatisierte relativ leicht zu besteigen. Der Nevado Chachani (6075 m) dürfte einer der einfachsten Sechstausender der Welt sein. Man benötigt nur für das letzte Stück Steigeisen. Skistöcke sind im steilen Geröll auch für den Misti (5821 m) angebracht.

Der Transport per Jeep hin und zurück kostet 90 €, ein Leihzelt für zwei Tage 5 €. Alles in allem nicht billig und nur für Gruppen zu empfehlen. Ohne eine Übernachtung ist die Besteigung beider Berge nicht möglich. Für beide sind mindestens 2 Tage, für Ungeübte eher 3 Tage einzuplanen. Organisation, Equipment und Führungen übernimmt auch: *Naturaleza Activa,* Santa Catalina 211 (naturactiva@yahoo.com), naturactiva@yahoo.com.

Volcán Misti Die Besteigung des wunderschönen Vulkanbergs (s. Karte „Arequipa Umge-
(5821 m) bung") ist am einfachsten mit einem Führer, der einen direkten, arequipanahen Weg geht. In der Regel sind zwei Tage erforderlich, von einer eintägigen Tour wird aufgrund der extremen Höhenunterschiede und der damit verbundenen körperlichen Belastung abgeraten. Eine dreitägige Tour empfiehlt sich für Leute, die noch nicht genügend akklimatisiert sind. Trekking-Equipment, Sonnenschutz und Handschuhe sind ausreichend.

Mit einem Jeep, Colectivo oder dem Bus bis *Cachamarca* (3000 m, kein Hotel, Bus um 16 Uhr ab Sepulveda/Puente Arnao in Miraflores) fahren. Hier ist eine Kontrolle (Registrierung). Von dort sind es etwa 12 h zu Fuß zum *Refugio Monte Blanco,* eine halbkaputte Felshöhle in 4800 m Höhe. Am nächsten Morgen sind es noch 6 h bis zum Gipfel.

Wilhelm Huber, Bergführer der österreichischen Bundesgendarmerie schlägt wahlweise eine relativ leichte Route vor, die jeder mit guter Kondition in zwei Tagen durchführen kann und auch in Arequipa angeboten wird:

„Im Morgengrauen geht es am 1. Tag mit einem Jeep bis nach *Aguada Blanca* auf eine Höhe von 3500 m, Fz 1 h. Hier hört die Straße auf. Von hier gegen 9 Uhr mit Führer, Trägern und Koch zu Fuß weiter, ca. 2 h durch trockene, niedere Buschlandschaft hinauf auf 4085 m Höhe. Nach kurzer Rast noch ca.

3 h über Lavasand und Geröll auf 4650 m. Hier befindet sich ein ebener Zeltplatz, auf dem das Basislager aufgeschlagen wird. Weitere Möglichkeiten zum Zelten bis zur Schneegrenze auf etwa 5500 m. Nachts fällt die Temperatur auf Minusgrade ab. Am nächsten Tag ist der Gipfel mit dem Gipfelkreuz aus Eisenbahnschienen über den Gratrücken und durch Schnee in ca. 4 h relativ leicht erreichbar. Der Aufstieg ist nicht schwierig und leicht zu finden. Durch die Schneeart – meist Büßerschnee – sind Steigeisen nicht unbedingt erforderlich. Im Inneren des Kraters liegt feiner Sand und kein Schnee. Der Abstieg zum Lager dauert dann nur ca. 2 h. Bis 15 Uhr kann man wieder am Ausgangspunkt an der Straße sein, wo der Jeep bereitsteht."

Gipfelbuch zum Eintragen einsehbar: **www.peakware.com/wsl/logs/elmisti.hm.**

Nevado Chachani (6075 m)

Ein Jeep oder 4WD kann innerhalb von 3 h auf 5150 m hinauffahren, Abfahrt gegen 9 Uhr, dann 1 h Gehzeit bis zum Basislager auf einer kleinen Hochebene *(Campamento de Azufrera)* in 5200 m Höhe, Temperatur um den Gefrierpunkt, Zeltaufbau. Von dort sind es noch 6–7 h bis zum Gipfel, teils steiler Aufstieg über Geröll, Sand und Schnee; Steigeisen erforderlich (Büßerschnee), beim ersten Quergang sollten die Führer das Seil (fragen!) verwenden. Wer bereits mehrere Tage in Puno oder einige Mal über 4000 m war, hat am selben Tage noch die Chance den Gipfel zu erreichen, ansonsten werden die auftretenden Symptome der Höhenkrankheit zum Alptraum. Dann ist auf jeden Fall zu einer Zweitagestour mit Übernachtung im Basislager zu raten. Diamox lindert angeblich die Kopfschmerzen, wie Berggeher berichteten. Am nächsten Morgen sind es noch 7 h bis zum Gipfel. Damit ist der Chachani einer der leichtesten 6000er der Welt, ohne technische Schwierigkeiten.

Südküste
Nach Chile: Arequipa – Moquegua – Tacna – Arica

Arequipa – Mollendo

Hinter Arequipa führt die Panamericana zunächst hinab bis zur Zahlstelle in *Uchumayo* (1050 m), dann wieder aufwärts zu einem 2350 m hohen Pass mit schönen Rückblicken auf die Berge Misti und Chachani. Danach geht es hinunter zu dem 37 km entfernten Kreuzungspunkt *Repartición* (1750 m). Zum Pazifikhafen *Mollendo* und zur chilenischen Grenze muss hier links abgebogen werden. Die Strecke führt über 15 km fast schnurgerade und langsam abwärts bis zur Abzweigung nach Mollendo, wo man sich rechts hält. Ab hier verläuft die Straße knapp 60 km nahezu immer gleichfalls geradeaus, bis nach einem Steilabbruch zum Meer der neue Hafen Islay erreicht wird. Dieser ist der wichtigste Hafen Südperus und dient, neben dem noch südlicher gelegenen Hafen Ilo, dem Binnenstaat Bolivien als Freihandelszone. Von Islay führt die Küstenstraße noch 12 km nach Süden zur alten Hafenstadt Mollendo.

Mollendo

Mollendo ist mit seinen 25.000 Einwohnern das Seebad Arequipas (Busse benötigen knapp 2 Stunden). Die Verlängerung der Ugarte führt zur Strandstraße mit Restaurants und Swimmingpools. Von Dezember bis März herrscht reger Betrieb, besonders an den Wochenenden, und auch im 16 km weiter südlich gelegenen **Mejía,** gleichfalls ein Badeort (s.u.). Außerhalb der Saison wirkt Mollendo beschaulich, beinahe verschlafen.

Bereits 1544 bunkerte hier *Francisco Pizarro* mit zwei Schiffen Wasser und Nahrungsmittel. Ab 1624 wurden von Mollendo und dem benachbarten Hafenort Matarani Waren mit Lama- und Eselskarawanen ins Andenhochland transportiert. 1868 brachte der Bau der Eisenbahn nach Arequipa weiteren Aufschwung. Im früheren alten Hafen, heute ein Park, können noch einige Waggons aus dieser Pionierzeit angesehen werden.

Mollendo ist auch Ausgangspunkt zu den Felseninseln *Islas Loberas* (Seehund-Inseln), *Islas Guaneras* und *Islay*.

Plaza Bolognesi / Plaza Grau Beide Plätze liegen nur einen Block auseinander, es sind Treffpunkte für jung und alt. Um den Bolognesi-Platz gibt es außerdem die besten Fischrestaurants der Stadt. Der Mercado liegt zwischen der Luna und der Melgar.

Weiteres Das Seebad **Baños del Cura** ist nur drei Minuten vom Markt entfernt und wurde nach einem Priester benannt, der hier jeden Morgen ein Bad nahm und durch eine Welle, die ihn auf die Klippen warf, den Tod fand. Das im Kolonialstil erbaute **Castillo de Forga** liegt unübersehbar auf einem Felsen am Strand, und das **Aqua Náutico,** ein Erlebnisbad am Pazifik, besitzt eine lange Wasserrutschbahn (nur von Dezember bis Mai geöffnet).

Adressen & Service Mollendo

Tourist-Info *Departamento de Turismo,* Arica 301. **Vorwahl (054)**

Unterkunft **ECO: Hotel Salerno** (BUDGET), Arequipa 209. – **Hotel Cabaña,** Comercio 240, Tel. 53-3833; saubere Zi., bc/bp, nicht immer Ww. – **Hostal Oriental,** Comercio 416, Tel. 53-2712; einfache Zi., belebte Straße, bp, VISA. – **Hostal Las Américas,** Av. Arequipa 387, Tel. 53-2109. gepflegte Zi., Ww, DZ 14 €, Frühstück 1,50 €, gPLV. – **Casona,** Arequipa 188. Nettes, sauberes Hostal, leider in einer Straße mit vielen Discos, deshalb Zi. zur Straße hin meiden. DZ/F 8 €. – **El Hostalito,** Blondell 169; Ü/F 12 €, nicht schlecht.

Essen & Trinken Sowohl zum Frühstück als auch zum Mittagessen ist das *Mario Antonio* an der Plaza de Armas nicht schlecht.

Post *Serpost,* Arequipa 530.

Verkehrsverbindungen **Nach Arequipa** (130 km): tägl. mehrere Busse und Colectivos, Fz 3 h, 1,50 €. – **Mejía** (16 km): Micros ab Arequipa/Tacna, Fz 20 Min. – **Moquegua** (155 km): tägl. mehrere Busse und Colectivos, Fz 2 h, 1 €. – **Tacna** (315 km): Direktbus nur Di, sonst in Moquegua umsteigen, Fz 3–3,5 h. Von Mollendo kann über Mejía ebenfalls die Panamericana erreicht werden (50 km, Straße schlecht). Außerdem führt entlang der gesamten Pazifikküste eine Piste über Ilo bis nach Arica (Chile).

Umgebungsziele Mollendo

Mejía Das 1984 gegründete und sehenswerte Vogel- und Naturreservat **Lagunas de Mejía** liegt nur 20 Minuten von Mollendo entfernt und verläuft parallel zum Meer. Es breitet sich von der Mündung des Tambo-Flusses 7,5 km nach Norden aus, umfasst 690 ha, unterliegt der Kontrolle durch die IRENA und gilt als eine der bestgeschützten Wasserzonen mit zahlreichen Wasservögeln an der Küste. Ein Habitat mit bis zu 200 Vogelarten, u.a. mit Flamingos, Adlern, Sumpfhühnern, Entenarten. Außerdem zahlreiche Zugvögel.

Anfahrt von Mollendo mit Taxi, Fz 20 Min., Fp 5 €. Es gibt Taxifahrer, die sich im Naturreservat etwas auskennen und eine kleine Führung machen können, Fahrpreis dann inkl. zweistündiger Führung 35 Soles. Selbstfahrer nehmen von Mollendo die südliche Küstenstraße nach Mejía. 3 km vor den Strandhotels in Mejía steht an der linken Straßenseite ein Haus mitten in der

"Pampa", an dem der Eintritt von 5 Soles zu zahlen ist. Eine Liste der Vogelarten wird zur Verfügung gestellt. Das Reservat ist weder durch Wege oder Pfade erschlossen noch ausgeschildert. Am Eintrittshaus gibt es zwar einen halbwegs befestigten Weg, der steht aber meist unter Wasser. Die nächste Möglichkeit in das Reservat einzudringen besteht nach knapp 500 Meter, doch auch hier muss u.U. durchs Wasser gewatet werden. Wer es bis zum Strand schafft, kann unzählige Seevögel beobachten. Von Einzel-Exkursionen wird abgeraten!

Islas de Hornillas Ausgangspunkt ist der Hafen in Matarani, der von Mollendo mit dem Taxi schnell erreicht werden kann. Im Hafen kann ein Fischerboot für eine Hafenrundfahrt angemietet werden, Fz 1 h, Fp 15–20 €/Boot. Interessanter ist aber eine Bootstour zu den *Islas de Hornillas,* Fp 80–100 €/Boot. Wohin das Auge auch sieht – in Hülle und Fülle Kormorane, Humboldt-Pinguine, Inkamöven, Pelikane … sie lassen sich selbst durch das Boot nicht stören (noch schöner als die Islas Ballestas bei Paracas). Nach einem Picknick mit Bademöglichkeit im kalten Humboldtstrom geht es dann wieder nach Matarani bzw. Mollendo zurück, oder, gegen 50 € Aufpreis, zum historischen Hafen *Quilca.* Von Quilca (keine Unterkunftsmöglichkeit) fahren um 16 Uhr Kombis nach Camaná. Von dort stündlich Busse nach Arequipa. Die Bootstour kann auch über *Jörg Krösel,* joergkroesel@hotmail.com, www.kroesel.com, gebucht werden.

Arequipa – Moquegua

Die direkte Strecke von Arequipa nach Moquegua (210 km) durchquert hinter der oben erwähnten Abzweigung Richtung Mollendo die Wüste von *La Joya* und anschließend das fruchtbare Tal des *Río Tambo.* Über oft schnurgerade Wüstenstücke geht es durch die *Pampa de Salinas* und *Clemensi* nach Moquegua.

Moquegua

Liegt von der Straßengabelung 5 km talaufwärts am *Río Osmore* in 1440 m Höhe. Es ist die Hauptstadt des Departamento *Moquegua* mit 57.000 Einwohnern und sie gewann durch die Kupfervorkommen bei *Cuajone* (größte Kupfermine Perus) und *Toquepala* an wirtschaftlicher Bedeutung. Im oasenartigen Tal werden Avocados, Trauben und andere Früchte angebaut. Sehenswert ist die Kirche *Santo Domingo* mit einem Barockaltar und den sterblichen Überresten der heiligen *Fortunata* und einige Kolonialhäuser. Ansonsten bietet die Stadt mit dem trockensten Klima Perus keinen Anlass, sich länger als nötig aufzuhalten. Eine neuerbaute Güterbahn und eine Straße verbindet Moquegua mit dem knapp 100 km entfernten Hafen von Ilo.

Adressen & Service Moquegua

Tourist-Info Callao 121. **Vorwahl (053)**

Unterkunft **ECO: Hostal Carrera** (BUDGET), Lima 320, Tel. 76-2113; saubere Zi., bc/bp, freundlich. – **Hostal Adrianella,** Miguel Grau 239, Tel. 76-3469; saubere Zi., bp, Ww. – **Hostal Los Ángeles,** Torata 100-A, Tel. 76-2629; familiär, freundlich, Ww.
ECO/FAM: Hostal Los Limoñeros, Lima 441, mit schönem Garten, Tel. 76-1649; saubere Zi., bc/bp, nicht immer Ww.
FAM/LUX: Hotel El Mirador de Moquegua, 1 km außerhalb der Stadt auf der

	Straße zum Flughafen, Tel. 76-1765. Saubere Zi. (FAM), bp, Rest., Pool, Disco! Bungalows erreichen preislich die LUX-Kategorie!
Essen & Trinken	Ein gutes und preiswertes Restaurant ist das *Moraly,* Lima/Libertad, das große Portionen serviert, TIP! Viele einfache Kneipen und Imbisse rund um den Mercado (Libertad/Balta bzw. Libertad/Grau).
Post	*Serpost,* Plaza de Armas.
Telefon	*Telefónica del Perú,* Moquegua 434.
Mietwagen	*Explorer Rent-a-car,* Ayacucho 712, Tel. 76-3180 (explorer@computex.com).
Bus	**Nach Arequipa** (210 km): mehrere Busse tägl., Fz 3,5–4 h, 5 €. – **Ilo** (95 km): tägliche Busse und Colectivos, Fz 1,5 h, 1 €. – **Lima** (1190 km): tägl. Busse (mit Stops in Camaná, Nasca und Ica), Fz 20–24 h, 15 €. – **Puno** (265 km): tägl. mehrere Busse, Fz 10 h, 8 €. – **Tacna** (160 km): tägl. mehrere Busse und Colectivos, Fz 2 h, 2 €.
Moquegua – Tacna	Die Panamericana führt 155 meist langweilige und schnurgerade Kilometer an den Abzweigungen nach *Ilo* und *Toquepala* vorbei, überquert nach *Camiara* den *Río Locumba* und Höhe *Sama Grande* den Río *Sama.*

Ilo

Ilo (61.000 Ew.) besteht aus den drei Teilen Ilo Viejo (Altstadt), Ilo Nuevo (Neustadt) und Ilo. Sehenswert sind der *Templo San Geronimo* an der Plaza de Armas aus dem Jahre 1871, mit religiösen Gemälden aus dem 18. Jahrhundert. Im Glockenturm hängt eine Uhr aus deutscher Produktion. Die *Glorieta* ist beliebte Flaniermeile.

Vom Hafen wird Kupfer verschifft, auch landwirtschaftliche Produkte wie Zuckerrohr, Oliven (Anbau im Valle de Ilo), Avocados, Kartoffeln, Weizen, Mais und Baumwolle. Bolivien wurde ein Küstenabschnitt als Freihandelszone zugesprochen, über die nun der Im- und Exporthandel des Binnenlandes Bolivien abgewickelt wird. Während der Sommermonate sind die Strände bei Ilo sehr belegt. Die wichtigsten sind *Puerto Inglés* (Windsurfen, Tauchen), *Boca del Río* (die Strandmeile mit ausgeprägtem Nachtleben), *Playa Waikiki* (wunderschöne Sandstrände), *Playa Alastaya* und *Playa Enfermeras* (ruhiger Strand). Das Pazifikwasser ist aber durch den Humboldtstrom recht frisch und die Strände bieten keinen Schutz gegen die brennende Sonne (keine Bäume oder Palmen)! 5 km außerhalb von Ilo liegt das Seebad **Pozo de Lizas** am tiefblauen Pazifik mit ausgedehnten, gleichfalls schattenlosen Sandstränden und gutbesuchten Strandrestaurants, wie z.B. dem *El Nautilus.*

In **Punta de Coles,** 10 km von Ilo, liegt eines der bedeutendsten maritimen Naturschutzgebiete Perus. Neben Seevögel können hier insbesondere Tausende Seehunde beobachtet werden. Laut Information der Parkwächter wird derzeit zum Besuch des Naturschutzgebietes eine Sondergenehmigung benötigt, die angeblich nur in Lima ausgestellt werden kann.

Unterkunft	**Vorwahl (053). ECO:** *Hostal San Martín* (BUDGET), Matará 325; bc/bp, Ww. **FAM:** *Gran Hotel* (ex-Turistas), Av. Boca del Río, Tel. 78-2411; bp, Rest.
Touren	Tropical Travel, Zepita 648, Tel. 78-3887 (tropical-ilo@vermail.net).
Bus	Vom neuen Terminal Terrestre fahren alle Busse für Fernstrecken ab, er liegt außerhalb auf einem Plateau inmitten der Wüste. **Nach Arequipa:** tägl. mehrere Busse, u.a. *Flores* u. *Ormeño.* – **Tacna:** mehrmals tägl. mit *Flores,* Fp 2 €.

Tacna

Die mit viel Sonnenschein gesegnete Stadt Tacna (562 m) hat 245.000 Einwohner, ist Hauptstadt des gleichnamigen Departamento und Freihandelszone (Einfuhren). Sie hat für Peru strategische Bedeutung, denn die Grenze zu Chile ist nur knappe 50 km entfernt. Für Reisende ist Tacna der letzte Etappenort vor Chile.

Die palmengesäumte Plaza de Armas mit einem Bronzebrunnen sowie Bronzestandbildern der Generäle Grau und Bolognesi und die von Gustave Eiffel (Eiffelturm) entworfene, 1872 begonnene und erst 1954 fertiggestellte *Kathedrale* sind einen kurzen Besuch wert.

Wer sich für den peruanisch-chilenischen *Salpeterkrieg* (1879–1884) interessiert, kann ins *Museo Alto de la Alianza* reinschauen. 1880 fand 8 km nördlich von Tacna auf dem *Campo de la Alianza* eine Schlacht zwischen den beiden Ländern statt. Nach dem Peru verlor, wurden von Chile die peruanischen Städte Arica und Tacna beansprucht und dies im Vertrag von Ancón besiegelt. Tacna fiel 1929 nach einer Volksabstimmung wieder an Peru zurück, Arica verblieb jedoch in chilenischem Besitz. Chilenischer Einfluss auf Tacna ist spürbar, wer Chile kennt, könnte meinen, dass Tacna schon allein wegen seiner Sauberkeit eine chilenische Stadt ist. Viele Einwohner Tacnas fahren regelmäßig nach Arica rüber.

Adressen & Service Tacna

Tourist-Info i-Peru, Av. San Martín 491, Tel. 42-5514, iperutacna@promperu.gob.pe, www.peru.info, Mo–Sa 8.30–19.30 Uhr, So 8.30–14 Uhr, sowie auf dem Flughafen und im Terminal Terrestre, Mo–Sa 8.30–15 Uhr. – *Dirección Regional de Industria y Turismo*, Blondell 50, Tel./Fax 72-2784 und 74-6944. – *Instituto Nacional de Cultura* (INC), Av. San Martín 450, Tel. 71-1171. **Vorwahl (052)**

Poltur *Policía de Turismo*, Callao 121, Tel. 71-4141. **Warnhinweis:** auch in Tacna sind die *Jalagringos* auf Jagd nach Touristen, um diesen überteuerte Leistungen anzudrehen! – **Migración:** Av. Circunvalación s/n, Tel. 74-3231.

Unterkunft ECO **Hostal Arly,** Inclán 171, Tel. 72-3701. – Hostal Unión, Zela 569, Tel. 72-4708 und 71-3393. Saubere Zi., bc, DZ 7 €. – **Hostal Laber,** Zela 724, Tel. 71-544, DZ/bp. – **Hostal H & C,** Zela 734, Tel. 74-2042; Zi. o.k., bc/bp, Ww. – **Hostal Maximos,** Arias Araguez 281, Tel. 74-2605, maximos@terra.com.pe. – **Plaza Hotel,** San Martín 421, Tel. 72-2101, Fax 72-2992; gute Zi., bp, Cafetería. – **Casa Kolping Tacna,** Av. Rufino Albarracin 1002, Tel./Fax 31-4141, casakolpingtacna@hotmail.com, www.hoteleskolping.net. Gästehaus mit 26 Zimmern, auch MBZi, bp, Mahlzeiten auf Wunsch. DZ/F 17 €.

ECO/FAM **Gran Hotel Central,** San Martín 561, Tel. 71-2281, Fax 72-6031; freundlich, sicher, bp, Reservierung empfohlen, gut für Backpacker, großer Parkplatz im Innenhof; die lauten Zimmer zur Straße hin über dem Spielcasino meiden.

FAM **Holiday Suites Hotel,** Alto de Lima 1476, Tel. 74-1201, Fax 74-1159, holidaysuites@terra.com.pe. Große Zi., bp, Ww, Ws, zwei Pools, Internet, Disco, Parkplatz, DZ/F 26 €, Ü/F TriZ 29 €, Ü/F Suite 30 €, inkl. Airport-Transfer; für ältere Reisende besonders geeignet, mein **TIP! – Copacabana Hotel,** Arias Araguez 370, Tel. 72-1721, copahoteel@terra.com.pe, www.barioperu.terra.com.pe/copahotel. Gute Zi., bp, Rest., Ws, alle Kk. – **El Mesón Hotel,** Hipólito Unanue 857, Tel. 72-5841, mesonhotel@terra.com.pe, www.barioperu.terra.com.pe/hotelmeson.

LUX **Gran Hotel Tacna** (ex-Turistas), Av. Bolognesi 300, Tel. 72-4193, Fax 72-2015, htacna@derramajae.org.pe. Bestes Hotel, saubere Zi., bp, Gartenanlage, Rest., Bar, 2 Pools, Casino, Disco! DZ 75 €.

Tacna

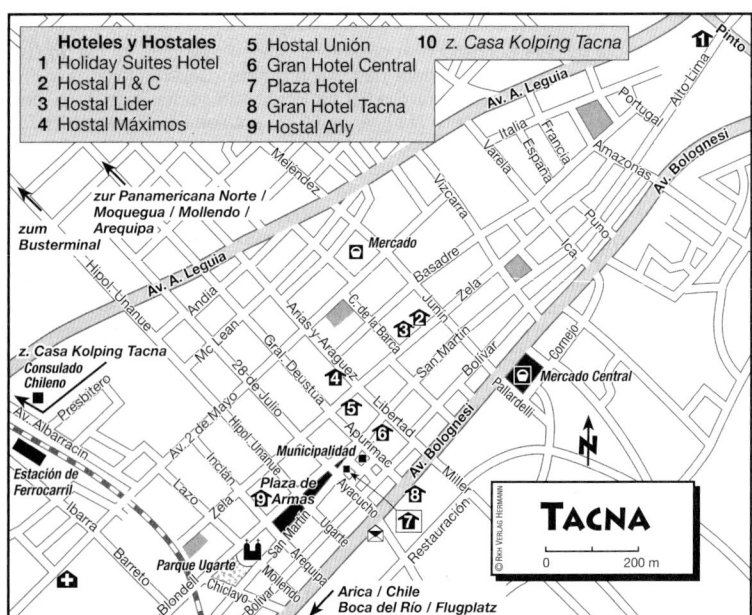

Hoteles y Hostales
1 Holiday Suites Hotel
2 Hostal H & C
3 Hostal Lider
4 Hostal Máximos
5 Hostal Unión
6 Gran Hotel Central
7 Plaza Hotel
8 Gran Hotel Tacna
9 Hostal Arly
10 z. Casa Kolping Tacna

Essen & Trinken

In und um Tacna wird noch auf alte Art und Weise mit Lehmtöpfen auf einem Holzfeuer gekocht, dadurch wird ein besserer und intensiverer Geschmack erreicht. Die typische Tacna-Küche bietet: *Choclo con queso* (gekochter Mais mit Frischkäse), *Chicharonnes de chancho* (fritierte Schweinefleischstücke mit getoastetem Mais), *Cuy chactado* (Meerschweinchen in viel Öl gebraten mit Brei aus gemahlenem Mais, mit Kartoffeln, Ají und Salat), *Tamales* (gefüllte Maismehltaschen) und *Picante a la Taceña* (Gericht aus Fleischstückchen, Innereinen, Kartoffeln, Ají, Oregano und Öl). Unbedingt die regionale Delikatesse *Mascos macerados* (marinierte Pisco-Pfirsiche) probieren.

Leckeres Frühstück an den Imbissständen sowie billiges Essen bei den Garküchen auf dem Mercado 2 de Mayo, Av. 2 de Mayo (Cuadra 7). Die Auswahl an Restaurants und Kneipen in der San Martín ist groß, z.B. *Il Promodoro* (No. 521), *Club Unión*, *El Viejo Almacén* (577), *Génova* (649), *La Fonda del Cazador* (857) mit internat. Küche, *Gerolamo Ristorante di Mare* (981), Fisch.

Die typische Küche Tacnas wird im *El Cacique Picantería*, José Rosa Ara 1903 sowie im *Los Granados,* Pasaje San Sosé 119, aufgetragen. Auch im *La Olla de Barro,* Billinghurst 951 (So–Fr) gibt es Tacna-Typisches. Ansonsten: *Sur Perú,* Ayacucho 80, gut und preiswert, viele Einheimische, empfehlenswert, oder das *Palador,* Meléndez 228, sehr preiswert, gute Gerichte, **TIP!**

Der *Rancho San Antonio,* Coronel Bustíos 298, ist ein nettes Gartenrestaurant mit lokaler und internationaler Küche. – Eine sehr gute *Parrillada* ist *das El Gaucho,* Alto de Lima 1434. – Gute *Meeresfrüchte und Fischgerichte* gibt es im *El Vittorio,* Bolognesi 722. *Cebichería El Corsario,* Av. Arica/San José 190, ausgezeichnete Meeresfrüchte und Fischgerichte, ab 18 Uhr. – *Chinesisch: Chifa Say Wa,* San Martin 755, und *Chifa Kam-Kung,* Av. Bolognesi 767. – Etwas außerhalb, in *Pocollya,* gibt es viele preiswerte Landgaststätten.

Tacna

Unterhaltung	Die Av. San Martín ist Tacnas Vergnügungsstraße. Hier gibt es mit *Money Money* (No. 549), *Damasco* (597), *La Cabaña* (736) und *Royal Palace* (773) gleich vier Casinos, mit dem *Korekenke* (841) eine Disco sowie viele Restaurants (s.o.). – *Rancho San Antonio*, Bustios 298, Livemusik Fr/Sa ab 21.30 Uhr. – *El Remanso*, Alto de Lima 2069, Pub & Restaurant, Livemusik Sa ab 21.30 Uhr – *Red & Black*, Av. Leguía 1407, Disco. – *D Cajón,* Calle Cusco s/n, Disco.
Erste Hilfe	*Hospital San Ramón,* Inclán 489, Tel. 72-2592.
Post	*Serpost,* Av. Bolognesi 361/Billinghurst.
Telefon	*Telefónica del Perú,* San Martín 453 und Zela 727.
Geld	Die Wechsler auf dem Busterminal bieten für Soles gegen chilenische Pesos bessere Kurse als die in Chile. Die Kurse mit denen der *Banco del Crédito,* San Martín 574, vergleichen oder mit *Banco de la Nación*, San Martín und Deustua.
Reisebüros/ Touranbieter	*Tacna Travel Service,* Av. Bolognesi 754, Tel. 72-3625, tacnatravel@terra.com.pe. – *Pegasus Travel,* Av. Bolognesi 1006, Tel. 74-6060, pegasustravel@terra.com.pe. – *Nautilus Tours,* Av. 28 de Julio 312, Tel. 78-3748 (nautil@mail.sowservis.com.pe).
Autoclub	Automóvil Club del Perú, Av. 2 de Mayo 75, Tel./Fax 72-3121.
Museen	*Museo Ferroviario,* Hipolito Unanue 129, im Bahnhof, Mo–Fr 8–13 Uhr, Eintritt 5 Soles. Gut erhaltene Dampfloks, Bibliothek und Geschichte. – *Museo de Zela,* Zela 500, Mo–So 10–13 und 15–17 Uhr, Eintritt frei. – *Museo de Instituto Nacional de la Cultura,* Casa de la Cultura, Apurímac 202; mit Exponaten der Chimú-, Nasca- und Paracas-Epochen; Mo–Fr 8–12 Uhr, Eintritt frei.
Kunsthandwerk	*Bazar Artesanal Chavín,* Av. Bolognesi 789. – *Artesanías Tacna,* Av. Bolognesi 689. – *El Tumi de Oro,* Paillardelli 67.
Bus	Der *Terminal Terrestre Manuel A. Odría* ist in Cercado, Prolongación Av. Hipólito Unanue s/n, am nördl. Stadtrand Tacnas. Hinweg mit Colectivos (max. 5 Pers. inkl. Durchlotsen durch die Kontrollposten) 10 Soles, Taxis 2,5 Soles, Terminalgebühr 1 Sol. Wer nach Chile weiterreisen möchte, muss zum gegenüberliegenden Internationalen Terminal wechseln. Die wichtigsten internationalen Busunternehmen sind: *CIVA* (Cabinas 8/9), Tel. 74-1543, *Flores Hnos.* (Cabinas 10–12), Tel. 72-6691, *Cruz del Sur* (Cabinas 16/17), Tel. 72-6692 und *Ormeño* (Cabinas 21–22), Tel. 72-3292. Busse von Tacna nach Arica passieren nach 15 km einen Zollkontrollpunkt, wo alle Reisende einer etwa einstündigen Inspektion unterzogen werden. Der Transport von Obst ist nicht erlaubt und wird beschlagnahmt. Danach folgt ein Polizeikontrollpunkt, und evtl. noch ein weiterer. Wer aus Arequipa anreist, wird bereits in Moquegua erstmalig kontrolliert. **Nach Arequipa** (420 km): täglich viele Busse im Stundentakt, Fz 6 h, 5 €. – **Arica** (55 km): täglich mehrere Busse *(Chasquitur, Pullman Bus, Perú Express)* und Colectivos, Fz 1–2 h (abhängig von der Wartezeit an der Grenze), Fp 2,75 €. – **Cusco:** Direktbus via Moquegua mit *Liva* und *Cruz del Sur*, Fp 20 €. – **La Paz:** Busse von *San Martín*, Av. Circunvalación Norte 1048, Tel. 84-0499 und *Turismo Linturs*, Av. Circunvalación Norte, Tel. 84-1574. Fz 15–16 h, 20 €. Direktverbindung zum Titicacasee über Tarata, die in Llave bzw. in Julí auf die Straße Puno – Desaguadero – La Paz trifft. Eine in der Trockenzeit öfter befahrene Schotterpiste. Eine schnellere Alternative ist, mit einem Sammeltaxi nach Arica (55 km) zu fahren und dort den Bus nach La Paz zu nehmen, Fz 9,5 h, Fp 12 €. – **Lima** (1273 km): tägl. mehrere Busse (z.B. *Ormeño*), Fz 23–26 h, 25–28 €. – **Moquegua** (155 km): tägl. mehrere Busse und Colectivos, Fz 2 h, 2 €. – **Puno:** tägl. Busse, Fz 12 h.
Zug	Eine 62 km lange Eisenbahnlinie verbindet **Tacna mit Arica**. Ein Highlight sind die alten Lokomotiven im Bahnhof in Tacna, darunter auch ein Schienenbus aus Holz – Eisenbahnfeeling pur! Da sich die Abfahrtszeiten immer wieder än-

dern, hier eine grobe Orientierung: Abfahrten Mo/Mi/Fr/Sa um 4.45 Uhr und 16 Uhr im Autovagón (Einheitsklasse); Fz 75 Min., Fp 7 Soles. Reservierung sinnvoll, da der Zug voll mit Schmugglern ist. Schnelle Grenzabfertigung. – Rückfahrt von Arica am gleichen Tag um 9 und 20 Uhr, Fp 1200 Pesos. Wer den 9-Uhr-Zug nimmt, kann um 12.30 Uhr mit dem Bus von *Cruz del Sur* am selben Tag gleich weiter nach Arequipa fahren, Ankunft dort 18 Uhr.

Flug Taxi zum/vom Flughafen oder Busterminal 8 Soles. Airporttax nat. 20 Soles, intern. 40 Soles. *LAN,* Apurímac, Tel. 74-3252. *Star Peru,* Apurímac 265, Tel. 24-8000, www.starperu.com.pe.
Nach Arequipa: LAN (tägl.). – **La Paz:** Direktflüge nach Bolivien gibt es nicht, nur über Lima. Ab Arica tägl. Flüge nach La Paz. – **Lima:** LAN (tägl.), 102 €. – **Santiago de Chile:** Direktflüge nach Chile gibt es nicht, nur über Lima! Ab Arica tägl. Flüge nach Santiago de Chile.

Grenzübergang Peru // Chile Die Grenzstation *Hito Concordia* ist 35 km von Tacna entfernt, die Kontrollstelle vor der Grenze ist von 9–22 Uhr geöffnet. Pass- und Gepäckprüfung, Gepäck wird durchleuchtet. Nach Chile dürfen grundsätzlich kein Obst und Gemüse (wegen Fruchtfliegen) sowie offene Nahrungsmittel eingeführt werden (nach der Einreise nach Chile wird dies auf der Panamericana an Kontrollstellen bis runter nach Antofagasta nachgeprüft)! Arica liegt 20 km hinter der Grenze. **Hinweis:** Zum Grenzübertritt unbedingt einen **Colectivo** nehmen, da die Busabfertigung an der Grenze Stunden dauern kann, weil die peruanische Drogenpolizei meist alles Gepäck genauestens inspiziert!

Arica (Chile) Von Tacna führt die Straße nach Arica (56 km) in Chile, Ausgangspunkt für einen Besuch des Lauca-Nationalparkes oder Zwischenstation auf der Weiterreise nach Mittelchile oder Westbolivien/La Paz. Die gute Infrastruktur der Stadt bietet zahlreiche preiswerte und zentral gelegene Hotels und Restaurants. Beim Busterminal kann das freundliche *Sunny Days Hostal,* Aravena 161, Chinchorro, sunnydaysarica@hotmail.com von Ross und Beatrice Moorhouse empfohlen werden. Zimmer mit bp, Skk, Bücherei, kosenloses Internet. Ausgezeichnet ist das All-you-can-eat-Frühstück, außerdem Empfehlungen zu Touren und Ausflügen. **TIP!**

In Arica ist nur während den Sommermonaten Dezember bis Februar etwas los. Dann ist auch das Olympiabad von 10 bis 18.30 Uhr geöffnet. Beste Zeit zum evtl. kostenlosen Eintritt 12 bis 13 Uhr. Sehenswert ist im Februar auch der Karneval. Ansonsten bleiben nur die baumlosen Wüstenstrände am Pazifik.

Wer Touren in den **Lauca-Nationalpark** unternehmen möchte, sollte von Arica zuerst nach Putre hochfahren und erst dort eine Tour buchen, da dort die Angebote um 50% preiswerter als in Arica sind. Außerdem ist der nette Ort sehr preiswert und ideal zum Höhenakklimatisation.

ROUTE 4: AREQUIPA – NASCA – LIMA (915 KM)

Arequipa – Camaná

Von Arequipa Richtung Lima gibt es als einzige Alternative zur Fahrt auf der Straße nur das Flugzeug. Da ab Arequipa bis Nasca die Straße bis auf wenige Ausnahmen in recht gutem asphaltiertem Zustand ist und dieser Abschnitt zur legendären „Traumstraße Panamericana" gehört, möchte ich die Fahrt auf der Straße empfehlen. Für den Abschnitt Arequipa – Lima sollten 3–5 Tage eingeplant werden. Man kann sich aber auch noch länger Zeit lassen.

Hinter Arequipa führt die Panamericana hinab bis zur Zahlstelle in Uchumayo (1950 m), dann aufwärts zu einem 2350 m hohen Pass mit schönen Rückblicken auf die Berge Misti und Chachani. Anschließend geht es hinunter zu dem von Arequipa 37 km entfernten Kreuzungspunkt Repartición (1750 m). Es geht Richtung Lima, die Straße führt abwärts ins fruchtbare Tal des *Río Vitor*, steigt dann durch einen Tunnel auf eine öde Hochebene, die noch einmal Blicke auf Misti, Chachani und Ampato ermöglicht. Schnurgerade geht's dahin, bis plötzlich die Hochebene zum Tal des *Río Sihuas* abbricht, die Straße danach wieder ansteigt und, als wäre nichts gewesen, ebenso schnurgerade durch eine Wüstenebene leicht abwärts weiterführt.

150 km nach Arequipa, bei km 860, erfolgt der letzte steile Abstieg in zahllosen Kurven durch ein fast vegetationsloses Tal. Der bisher so blaue Himmel verschleiert sich. Bei km 845 wird der Pazifik erreicht. Rechts türmen sich hohe Sanddünen, links sind einige dürftige Fischerhütten zu erkennen, bevor der erste Ort am Meer in Sicht kommt.

Camaná

Das etwas verschlafene Fischerstädtchen mit einer bedeutenden Landwirtschaft nahe der Mündung des *Río Camaná* (es ist der Unterlauf des Río Majes) liegt 170 km von Arequipa entfernt und wurde 1539 gegründet. In den peruanischen Sommermonaten ein Bade- und Erholungsort für die Großstädter aus Arequipa, außerhalb der Saison (April bis November) sehr ruhig. Im Zentrum gibt es eine Fußgängerzone und moderne Hotels. Die Strände (5 km entfernt) sollen zu den schönsten und saubersten Perus gehören. Interessant ist auch die *Laguna de Pucchun*, gebildet durch die Mündung des Río Camaná.

In der *Pampa de Huacapuy* überraschen ausgedehnte Reisfelder. Das Anbaugebiet gilt als eines der ertragsreichsten weltweit. Daneben werden noch großflächig Kartoffeln, Mais und Bohnen angebaut. Sehenswert sind die bei Camaná liegenden archäologischen Stätten von *Huacapay, Pacaysitors, Sonay, Pillistay* und *Cerro de Llamas*.

Stadtführungen, Tageswanderungen, Campina-Tour (ländliche Ausflüge) und Touren zu den archäologischen Stätten werden über Hotelrezeptionen oder durch den Stadtarchäologen *Alfonso* (nur in Spanisch) im Buchladen neben der Kirche an der Plaza de Armas angeboten. Wer die Touren auf Deutsch oder Englisch möchte, müsste Jörg Krösel in Arequipa (s.S. 398) anrufen, der dann nach Camaná runterfährt.

Unterkunft	**ECO: Hotel July,** La Punta/Camaná. Strandhotel, bp, Kw. Auf der Dachterrasse kann man mit Blick aufs Meer frühstücken. DZ/bp 36 Soles. – **Hostal Plaza,** 28 de Julio 317, Tel. 57-1051. Saubere, ein wenig hellhörige Zi., bp/bc, Ww. DZ 75 Soles. **ECO/FAM: Hostal Real,** Prolongación Quilca 104, Tel. 57-1761; saubere Zi., bp, Ws. **FAM: Residencial Selva,** Prolongación 2 de Mayo 225 (Granada), Tel. 57-2063. Gartenanlage, saubere Zi., bp, Kw, freundlich, Patio, Transferservice! – **Hotel de Turistas,** Av. Lima 138, Tel. 57-1113, Fax 57-1608. Saubere Zi., bp, Rest.
Essen & Trinken	Es gibt zahlreiche Restaurants an der Hauptstraße. Preisgünstigstes Essen auf dem Essmarkt. Hier ist das Angebot sehr groß und die Meeresfrüchte und Fischgerichte sind frisch und billig. *Chifa Hongkong,* Plaza de Armas, preiswert, sehr gut und beliebt. – *San-San,* 28 de Julio 134. Günstiges Restaurant mit typischen Fisch- und Fleischgerichten, auch vegetarisch. Mittagsmenü ca. 2,50 €.
Bus	**Nach Arequipa:** tägl. mehrere Busse mit *Flores.*
Umgebungsziel Quilca	Das kleine Küstenstädtchen **Quilca** liegt 35 km südlich von Camaná und ist der älteste Hafen Perus. Bis 1910 gab es hier eine kleine deutsche Handelskolonie. Heute zieht am Hafen der Duft von frisch gebratenem Fisch aus den kleinen Restaurants, und die schönen Strände um Quilca werden von den Einheimischen immer gerne besucht. Von Quilca aus könnten die **Islas de Hornillas** (s.S. 425) besucht werden. Touren übers Hotel San Diego (s.o.), Preis ca. 15 € p.P.

Camaná – Nasca

Hinter Camaná gleitet die „Panamericana Sur" wieder in die Küstenwüste. Entlang des Meeres erstreckt sich noch einige Zeit ein zweihundert Meter breiter, grüner Streifen. Dann zieht sich die Straße in einer großen Kehre aufwärts und gewährt prächtige Ausblicke auf den Pazifik, bevor es etwas landeinwärts auf einen kleinen Pass zugeht. Es sind aber keine andinen Maßstäbe mehr anzulegen, dieser Pass ist nur 280 m hoch!

Ocoña ist bei km 778 die nächste, in jeder Beziehung windige Oase, mit einer Brücke über den gleichnamigen Fluss. Das Wasser des Río Ocoña fließt von der wohl tiefsten Schlucht der Welt herunter, vom *Cañón de Cotahuasi* (s.o., Tour 4 von Arequipa). In Ocoña am Meer endete auch die alte Inkastraße von Cusco über den Cotahuasi-Canyon. Auf ihr wurden vom Meer Fische und Meeresfrüchte ins Hochland transportiert.

Nach Ocoña führt die Panamericana hoch über dem Meer an einer tollen Steilküste entlang. Hinter dem kleinen Fischerort *La Planchada* und der Oase *Atico* geht es dann an großen Sanddünen vorbei. Es sind ab und zu Pelikane und Raubvögel zu sehen. Die kalten Wellen des Pazifiks türmen sich meterhoch und brechen mit Getöse auf den Sandstrand. Wellenreiter könnten hier ausgiebig ihrem Sport frönen. Schließlich erreicht man bei Kilometer 614 das Dörfchen Chala.

Chala	Der Fischerort, zur Inka- und Kolonialzeit wichtiger Hafen für Cusco, verlockt zwar kaum zu einem Bad im Meer, ist aber gut für einen Zwischenstopp. Auf der Hauptstraße gibt es viele günstige Straßenrestaurants und einige saubere Hostals, 10 Soles p.P. Für den Besuch der Ruinenanlagen sollte man einen ganzen Tag einplanen. An den archäologischen Forschungen war u.a. der Deutsche Hermann Trimborn († 1986) beteiligt.

Unterkunft: *Chala* und *Otero,* beide BUDGET und sehr einfach. *Hotel Puerto Inka* (FAM), ca. 10 km von Chala entfernt, direkt am Strand neben den Ruinen des alten Inkahafens. Hervorragendes Hotel mit sehr guter Küche (Fisch) und Pool, das richtige, um auf der Rückreise nach Lima noch einmal auszuruhen. DZ/TriZ 32–44 € mit Meeresblick (Bungalow), DZ/VP 24 € p.P.; für Familien mit Kindern besonders geeignet, da es, ungewöhnlich für Peru, einen schönen Kinderspielplatz gibt. Camping mit Duschen, Toiletten und Benutzung der Hoteleinrichtungen.

Chala – Nasca

Nach Chala folgt ein Aufstieg und es wird meist neblig. Durch die feuchten Nebelschwaden wächst bei den *Lomas de Atiquipa* eine geringe Vegetation mit kleinen Sträuchern und sogar einigen Bäumen. Bald bilden Sonnenschein und wüste Schuttberge wieder vertraute Anblicke. Hinter dem armseligen Ort *Tanaka* gibt es nichts als Sanddünen Marke Sahara, und manchmal reicht es sogar zu einem kleinen Sandsturm. Bei der Abzweigung nach *Yauca* tauchen plötzlich ausgedehnte Olivenhaine auf. Dann schwenkt die Straße ins Landesinnere. Es folgen Wegweiser nach *Acari, Puerto Lomas* und *Puerto San Juan,* einem wichtigen Pazifikhafen, in dem die Eisenerze von *Marcona* verschifft werden. 566 km nach Arequipa und 443 km vor Lima beginnt endlich das historisch wichtigste Gebiet der ganzen Strecke, nämlich Nasca.

Nasca

Überblick

Nasca (23.000 Ew.) liegt in einem fruchtbaren Tal mit sehr angenehmem Klima in 620 m Höhe, 443 km südlich von Lima entfernt. Der Ort selbst besitzt, außer einem kleinen Museum, keine Sehenswürdigkeiten. Dennoch ist Nasca Ausgangsort zu einem der frühgeschichtlich interessantesten Punkte der Welt, zu den **Nasca-Geoglyphen** (s.u., „Tour 1"), die inzwischen von der UNESCO als Weltkulturgut („Erbe der Menschheit") bestimmt wurden.

In der Nähe von Nasca gibt es mit über 1000 m Höhe die höchsten Sanddünen Amerikas und mehrere kilometerlange, zum Teil sehr hohe unterirdische Stollen mit Wasserkanälen, in die man über 5 bis 20 m tiefe Einstiege (z.B. bei Cantayoc) hinuntersteigen kann. Das Wasser fließt von den Anden herab und wird u.a. zur Bewässerung von Baumwollplantagen benutzt.

In **Chauchilla,** 25 km auf der Panamericana südlich von Nasca Richtung Arequipa, liegt in der Küstenwüste ein ausgedehnter **Friedhof** (Cementerio Arqueológico de Chauchilla) mit unzähligen Mumiengräbern – es sollen Tausende sein – der Nasca-Kultur. Überall sind Knochenreste und Schädel zu finden, Archäologen und Grabräuber haben hier ein riesiges Betätigungsfeld (Eintritt 5 Soles). Geführte Touren kosten in Nascas Reisebüros 5–7 € und dauern etwa drei Stunden.

Adressen & Service Nasca

Tourist-Info *Turismo Tour Perú,* Lima 477, Tel. 52-3573. **Vorwahl (056).**

Poltur *Policía de Turismo,* Delegación Policía Nasca/Los Incas s/n 1. Cuadra, Tel. 52-2105 u. 52-2442. Notruf 105.

Unterkunft Die meisten Reisenden kommen nur nach Nasca um die Geoglyphen zu sehen und reisen meist, ohne in der Stadt zu verweilen, gleich weiter.

Nasca

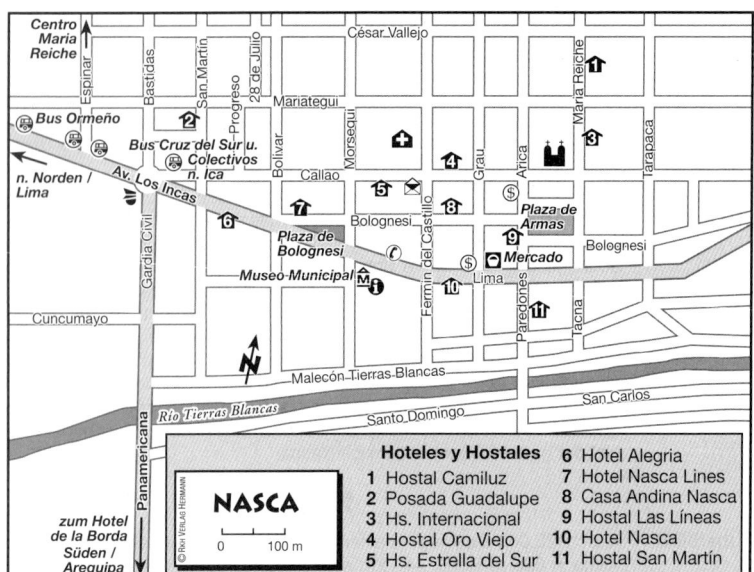

Hoteles y Hostales
1 Hostal Camiluz
2 Posada Guadalupe
3 Hs. Internacional
4 Hostal Oro Viejo
5 Hs. Estrella del Sur
6 Hotel Alegria
7 Hotel Nasca Lines
8 Casa Andina Nasca
9 Hostal Las Líneas
10 Hotel Nasca
11 Hostal San Martín

ECO Friends House, Juan Matto 712. Saubere Zi., bc/bp, Ww, Ws, GpD, Internet, ideal für Backpacker, sehr relaxed. Ü/bp 16 Soles. – **Hostal San Martín** (BUDGET), Arica 116. Rustikale Zi. – **Hotel Nasca** (BUDGET) Lima 438, Tel./Fax 52-2085. Zi. im Innenhof, bc, viele Rucksackreisende, Ws, GpD, laut. DZ 25 Soles. – **Hostal Las Líneas,** Arica 299, Tel. 52-2488. Einfach, mit Rest. – **Hostal Estrella del Sur,** Callao 568-A, Tel. 52-2764. Div. Zi., bp, Ww, GpD, Internet, kostenloser Transferservice. DZ/F 42 Soles (kleinere Zi. sind preiswerter). – **Posada Guadalupe,** San Martín 225, Tel. 52-2249. Gefällige Zi., bc/bp, familiär, freundlich, ruhig, mit Gärtchen. DZ 42 Soles. – **Hostal Camiluz,** Av. Maria Reiche 304, Tel. 52-3871, hostalcamiluz-nasca@hotmail.com. Ruhiges, gepflegtes Hostal auf FAM-Niveau mit begrüntem Patio und penibelst sauberen, großen und schön eingerichteten Zimmern, bp, Ww, kostenloses Internet, Fax-Service, kostenloser TR, auf Wunsch kocht Chef Don Fernando am Abend persönlich. Ü/F ab 40 Soles, DZ/F 75 Soles, feines Frühstück, gPLV. **TIP!** – **Hostal Internacional,** Av. Maria Reiche 112, Tel. 52-2166. Zi. mit bc/bp, auch Bungalows, gesicherter PP, ruhig. DZ/F 60 Soles, empf.-wert. – **Hostal Yemayá,** Callao 578, Tel. 52-3146. Zentrale Lage, sehr nett, DZ/F 72 Soles.

FAM **Hotel Alegría,** Lima 168, Tel. 522-2702, Fax 52-2444, alegriatours@hotmail.com, www.nazcaperu.com. Ansprechende Zimmer mit bp, kleiner Patio, Garten, Pool, Cafetería, Ws, GpD (auch f. Durchreisende), Transferservice z./v. Busterminal, Ausflugsprogramm (auch Touristenpaket inkl. Flug über die Nasca-Linien, ab 35 €), Tickets (Bus/Flug), Internet, parken im Hof, Globetrotter-Treff. DZ/F 25 € (Frühstück weniger gut). – **Hostal Oro Viejo,** Callao 483, Tel./Fax 52-2284. Familiäres Hostal, hübscher Garten, bp. DZ 26 €. – **Albergue Villa Verde Lodge,** Pasaje Angela, Tel. 52-3373. Landherberge mit Gartenanlage, Pool, Bar, Cafetería, ruhig, gut. – **La Maison Suisse,** an der Carretera Panamericana gegenüber vom Flughafen, Tel. /Fax 52-2434. Schöne Bungalow-Anlage, saubere Zi. mit bp, Rest., Pool, Parkplatz, Camping möglich, Kk.

FAM/LUX	**Hotel de la Borda,** etwa 5 km außerhalb von Nasca hinter dem Flughafen an der Carretera Panamericana bei km 447, ehemalige Hacienda, Tel. 52-2576. Ansprechende Zi., bp, Rest., Gartenanlage, 2 Pools, sehr ruhig, doch am Wochenende Disco-Betrieb!
LUX	**Casa Andina Nasca,** Bolognesi 367, Tel. 52-3563, Fax 52-1067, www.casa-andina.com. Nähe Plaza de Armas. 60 gemütliche Zi., bp, AC, schöner Patio, Pool, Internet, Rest., Geldautomat, GpD, Parkplatz. DZ/F 60 €, alle Kk. – **Hotel Nasca Lines,** Plaza Bolognesi, Tel. 52-2293. Komfortable Zimmer, bp, Patio, Rest., Pool, Parkplatz. DZ ab 80 €.
Essen & Trinken	Ein preiswertes Restaurant in Nasca findet sich bald in jeder Straße. Die Calle Bolognesi zwischen Plaza de Armas und Plaza Bolognesi hat sich zur „Essmeile" entwickelt, darunter viele nette Touristen-Restaurants, eben auch mit Touristenpreisen. In der Bolognesi ist ein Chifa (rechte Seite), riesige Portionen, immer voll, empfehlenswert. – Ebenfalls in der Bolognesi, Nr 465: *Don Hono* mit günstigen und schmackhaften Gerichten. – Der Gringotreff schlechthin ist *La Taberna,* Lima 321, gutes Essen, aber nicht gerade billig. – Regionale Gerichte, Mariscos, Fisch sowie Pisco Sour: *La Kanáda,* Lima 160 (etwas teuer), oder *La Fontana,* Av. Los Incas 111. – *Restaurante Dieguito,* Fermín del Castillo 375, leckere Gericht um 2 €. – *Restaurante Centro Social,* Calle Arica (Nähe Plaza), im Hinterhof, tischt gutes, billiges Essen auf. – Harte Drinks und Portionen für große Esser im *El Portón,* Lima 315 (fast jeden Abend **Peña**). – **Vegetarisch:** *El Inca,* Lima 563. – **Frühstück:** Vor 8.30 Uhr findet man so gut wie nirgends eine Frühstücksstelle. Preiswert: *Los Ángeles,* Bolognesi 266, auch für das Abendessen ein **TIP**, gPLV, immer frisch.
Post	*Serpost,* Fermín del Castillo 379, Tel. 52-2016
Telefon	*Telefónica del Perú,* Lima 337.
Internet	Viele Internet-Cafés liegen in der Calle Arica und der Bolognesi. *MigsuNet,* Arica 295 (2. Stock), tägl. 8–24 Uhr, ansonsten in der Calle Paredones und im Hotel Alegría, Lima 168, probieren.
Geld	*Banco del Crédito,* Lima/Grau, der Geldautomat (Maestro) speit Soles und US-Dollar. Straßenhändler bieten keine besseren Kurse. Andere Geldautomaten akzeptieren nur VISA, keine MasterCard. Umtausch von Euro schwierig.
Museum	*Museo Arqueológico Antonini,* Av. Cultura 600, Eintritt 5 €.
Touristenführer	*Juan Tohalino Vera* von Nasca Trails (s.u.), Bolognesi 550 (Plaza de Armas), Tel./Fax 52-2858, nascatrails@terra.com.pe. Juan spricht Deutsch und Englisch und ist ein hervorragender Führer, der Ausflüge und Touren zu normalen Preisen anbietet. Er besitzt ein fundiertes Wissen über die Bestattungsriten der Nasca-Kultur (Mumien) sowie über die Abbaumethoden und Gewinnung von Gold durch die Mineros. Für Durchreisende bietet er im Hof Nachtquartiere an. – Gute Landeskenntnisse hat auch *Liliana Huamani Llamosa,* Bolognesi 266, (im Los Ángeles), Tel. 52-3253, lilianaachinos@hotmail.com, spricht gut Englisch und Französisch. – *Saul Caquiamarca,* autorisierter und exzellenter Führer von Aero Cóndor, Panamericana Sur, Km 447, Tel. 52-2424, Fax 52-2402.
Touranbieter / Flüge	**Hinweis: Es sollte unbedingt über die Geoglyphen geflogen werden.** Reisende, die nur auf den Aussichtsturm gestiegen sind, haben dies nachträglich bereut. Preisgünstige Flugangebote und Zusatzausflüge gibt es überall in Nasca, die Konkurrenz ist groß; Preise vergleichen und handeln lohnt. Ein Angebot im Hotel Nasca lautet z.B.: 30-Minutenflug über die Geoglyphen, Ausflug nach Chauchilla und Besuch einer Keramikwerkstatt 40 €/Pers. Nur-Flug über die Geoglyphen inkl. Transfer zum Flughafen 35 €. Einzelausflug nach Chauchilla 5–7 €/Pers. Nasca-Airport-Tax ca. 8 €. **Nasca Trails,** Bolognesi 550, Tel./Fax 52-2858, nascatrails@terra.com.pe,

www.nascatrails.com.pe; deutschsprachiger, kompetenter Inhaber, preiswerte Angebote, z.B. für Flug über die Bodenmarkierungen, Grabfelder von Chauchilla und Museum Maria Reiche bei 3 Pers. für 120 € (zzgl. Eintrittsgelder), sehr hilfsbereit. **TIP!** – **Nasca Travel,** Tel. 52-2085; gleiches Angebot, auch mit dt.-spr. Führung, 45 €/Pers. – **Alegría Tours/Alas Peruanas,** Lima 168 (im Hotel Alegría), Telefon/Fax 52-2444, info@nazcaperu.com, alasperuanas@nazcaperu.com, www.nazcaperu.com; ab 35 €.

Verkehrsverbindungen

Bus Die meisten Busse fahren vom Terminal Nasca ab. Das Busunternehmen Cruz del Sur sitzt in der Av. Guardia Civil 290 A, Tel. 52-3713, www.cruzdelsur.com.pe, Freeline 311-5050, Onlinebuchungen möglich.
Nach Abancay (460 km): wöchentlich Busse, Fz 8 h, 15 €. – **Arequipa** (566 km): tägl. Busse, u.a. mit *Sudamericano, CIVA* (bequemer Bus), Fz 8–9 h, ab 11 €. Empfehlenswerte Nachtbusse: Royal Class von *Ormeño*, sehr bequem, mit Liegemöglichkeit, Video, sicher, ca. 21 €, Abfahrt 21.30/23.30 Uhr, u.U. direkt vor dem Hotel Alegría und *Cruz del Sur* mit vierachsigem Komfortbus *Cruzero* um 23.30 Uhr, Ankunft 7 Uhr. Ansonsten CIAL um 21.45 Uhr (Ankunft ca. 6 Uhr) für ca. 11 €. – **Camaná** (390 km): tägl. Busse, Fz 6 h, 6 €. – **Cusco** (660 km): auf durchgehend asphaltierter Straße, 2x tägl. mit *Empresa ECS*, tägl. mit *Molina* (via Abancay), Nachtbus mit *Imperial* und *CIVA*, wö auch mit *Cóndor de Aymaras* (via Abancay) und *Wari Tours*, Fz mind. 14 h, je nach Wetterverhältnissen länger, Fp 20–28 €, je nach Bus und Gesellschaft. *Cruz del Sur* fährt um 20 und 20.15 Uhr mit zwei unterschiedlichen Buskategorien (Ideal Plus/Imperial) , Ankunft 9.30 Uhr am nä. Tag. – **Ica** (140 km): tägl. Busse, z.B. Soyuz, und Colectivos, tagsüber im 30-Minuten-Takt, Fz 2 h, Fp 8 Soles. Auf Wunsch hält der Bus am Aussichtsturm (Mirador). – **Lima** (450 km): tägl. schnelle Busse *von Cruz del Sur*, Los Incas/San Martín, www.cruzdelsur.com.pe. Abfahrten um 6 Uhr/14 Uhr/16 Uhr/21 Uhr mit Buskategorie Ideal Plus, Fz 7 h, 75 Soles. Außerdem *Señor de Luren* sowie teurer mit *Ormeño*, alle im 3-Std.-Takt. Ansonsten fahren *CIVA* (Nachtbus), *TEPSA, Cóndor de Aymaras, Sudamericana, Panamericana* sowie Colectivos, Fz 7–8 h, 20–40 Soles (je nach Bustyp). Schneller geht es mit einem Colectivo nach Ica, Fp 10 Soles (4 Pers.), dem Fahrer sagen, dass man mit *PerúBus* oder *Soyuz* nach Lima möchte, dann fährt er direkt vor den Busterminal in Ica. *PerúBus* und *Soyuz* haben sich zusammengeschlossen, ihre Busse fahren im Stundentakt von Ica nach Lima, Fz 4 h, Fp 16 Soles. – **Puquio** (160 km): täglicher Bus v. *Cóndor de Aymaras*, Fz 5 h, 12 Soles. – **Pisco** (210 km): tägl. Busse, Fz 3 h, ab 45 Soles. Preiswerter ist, mit einem Bus zuerst nach Ica zu fahren, Fz 2 h, Fp 8 Soles, und dort einen Bus nach Pisco nehmen, Fz 1 h, Fp 3,5 Soles. Von der Haltestelle auf der Panamericana bei Pisco geht es mit einem Colectivo zur Plaza de Armas in Pisco, Fp 1 Sol. – **Tacna** (800 km): tägl. mehrere Busse, u.a. Nachtbusse von *Cruz del Sur* um 18 Uhr mit Kategorie Ideal Plus, um 19.30 Uhr und 23.30 Uhr mit Komfortbus *Cruzero*, Fz 12–14 h, ab 50 Soles.

Nasca-Kultur

Die Nasca-Kultur (etwa ab 200 v.Chr. bis ca. 800 n.Chr. hatte ihre Blütezeit im 6. und 7. Jahrhundert. Ihre Zentren waren die Täler von Ica und Nasca, wobei die Nasca-Tempelhauptstadt im Gebiet der Hacienda Cahuachi im Río Grande-Tal lag, etwa 5 km südwestlich der Panamericana Sur (km 450). Sie wurde von italienischen Archäologen unter Prof. Orefici ausgegraben, u.a. auch die 22 Meter hohe Pyramide *Gran Templo*. Tempel und Häuser waren aus dem steinharten *Algarrobo-Holz* und aus knochentrockenem Adobe-Lehm erbaut. Johannisbrotbäume wurden ebenso entdeckt wie viele säulenartige Pfähle, die in Abständen von 2 m in den Wüstenboden gerammt worden waren.

Wegen des trockenen Klimas und wegen der Wasserknappheit wurden, wahrscheinlich von den Nasca, zur Bewässerung der Felder genial konstruierte und zum Teil unterirdische wasserführende Stollen geschaffen, die von den Anden hunderte von Kilometern herabführten. Diese Stollen waren teilweise mannshoch. Flugaufnahmen zeigen, dass der durch die Pampa (steinige, sandige Ebene) von Nasca führende Río Ingenio die dortigen Bodenlinien und Tier-Darstellungen nie überflutet hat und es dennoch in und um Nasca genügend Wasser zum Leben gab.

Typisch für die Nasca-Kultur ist auch, dass die Toten in birnenförmigen Löchern, zusammen mit bemalten Gefäßen bestattet wurden, wo sie dann in dem Wüstenboden mumifizierten. Nasca-Keramiken und Nasca-Textilien zeichnen sich durch Farbenreichtum und Feinheit aus.

■ *Webmuster mit Fischen eines Nasca-Baumwollgewebes*

Der **Nasca-Keramikstil** adaptierte den Paracas-Stil und übernahm viele Motive. Sowohl auf Keramiken und **Stoffen** finden sich als Motive die Figuren der Nasca-Geoglyphen („Erdzeichen") wieder. (Einige Keramik- und Webarbeiten können im kleinen städtischen Museum in Nasca und Ica sowie im Archäologischen Museum in Lima besichtigt werden). Die Nasca waren auch Meister der Schädeltrepanation (operative Schädelöffnungen). Daneben zogen sie den Köpfen besiegter Feinde die Kopfhaut ab und fertigten daraus Schrumpfköpfe, ähnlich der Verfahrensweise der „Schrumpfkopfindianer" in der Selva (s.S. 622).

Die Nasca werden natürlich auch als die Schöpfer der **Geoglyphen** im Wüstenboden der Pampa von Nasca betrachtet. Datierungen mit der Radiocarbon-Methode der Linien und Figuren ergaben eine Entstehungszeit zwischen 200 bis 600 n.Chr. Eine 20 Meter hohe Menschenfigur wurde aber eindeutig als 500 Jahre älter datiert, und vor den Nasca war in diesem Küstenabschnitt die Paracas-Kultur heimisch. Bei den Darstellungen der Nasca-Kultur zeigen sich deutlich stilistische Ähnlichkeiten zu Darstellungen der Paracas-Kultur, so z.B. zu der Kandelaber-Figur, die 200 km nordwestlich an einem Hang der Paracas-Halbinsel zu finden ist. Eine 90 m große Gestalt in typischem Nasca/Paracas-Stil wurde außerdem in Cerro Unitas (Nordchile) gefunden. Auch das dortige Bewässerungssystem ist ähnlich wie das in Nasca. Die gleiche Cerro-Unitas-Figur, nur etwas kleiner, findet man wiederum in der Nasca-Pampa. 1984 wurden südlich von Nasca durch den Piloten Eduardo Gomez de la Torre in der Pampa von José weitere aufsehenerregende Linien und Figuren entdeckt, die in einem noch größeren Gebiet verteilt sein sollen wie die bekannten von Nasca.

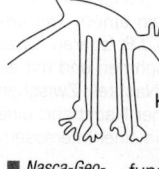

■ *Nasca-Geoglyphe „Hund"*

Tour 1: Zu den Geoglyphen von Nasca

Die Bodenmarkierungen in der Pampa von Nasca können am besten aus der Luft erkannt werden, ein Flug ist unbedingt lohnend. Es gibt aber auch einen Aussichtsturm in dem Gebiet. Fünf etablierte Luftgesellschaften in Nasca unternehmen mit kleinen Maschinen Rundflüge.

Flüge *Aero Cóndor,* Lima 196; oder auf dem Flughafen, Panamericana Sur, Km 447, Tel. 52-2424, Fax 52-2402, reservas@aerocondor.com.pe, www.aerocondor.com.pe und über jedes Hotel; spezialisiert auf Gruppenreisende. – *Aeroica,* auf dem Flughafen oder über jedes Hotel (fliegen auch von Ica aus). – *Alas Peruanas,* auf dem Flughafen oder im Hotel Alegría, Lima 168, Tel./Fax 52-2444 (alasperuanas@nazcaperu.com); ab Nasca 40 €, ab Ica 150 €. – *Aero Montecarlo,* auf dem Flughafen oder im Hotel Montecarlo, Callao 123. – *Aeroparacas,* Aeropuerto, Km 446, Tel./Fax 52-2688, aeroparacas@wayna.rcp.net.pe.

Flugpreise: Zwischen 30 und 45 € (Verhandlungssache!) plus 2,50 € Taxi zum Flughafen und 1,50 € Flughafengebühr. Flugdauer 30–35 Minuten. In die kleinen Propellermaschinen passen 3–5 Personen. Beste Flugzeiten sind 8–10 und 15–17 Uhr. Während der HS im Juni/Juli/August überbieten sich die Reisenden am Morgen auf dem Flughafen, damit sie einen Flug ergattern, Flugdauer dann meist nur 20 Min., Preis 45 € oder mehr, Wartezeit bis zu fünf Stunden. Besser am späten Nachmittag probieren. Bestes Angebot: **Nurflug** mit Alas de America oder SABSA, auf dem Flughafen, 25 € p.P. **Hinweis:** Wer nicht in einer Gruppe (4 Personen) fliegt, soll sich nicht abspeisen lassen. Besser sich mit vier Personen zusammenschließen, damit man zeitgerecht fliegen kann. Dem Piloten klar erklären, was man möchte, damit der Flug nicht zu kurz gerät. Mit einer Cessna, die keine Streben vor dem Fenster hat, kann man gute Fotos machen. Den Piloten deshalb anweisen, entsprechend langsam zu fliegen und dass er ggf. nochmals über das Fotoobjekt fliegt. Weniger ist mehr!

Daneben gibt es weitere Flugmöglichkeiten. Tagestouren/-flüge z.B. von Lima aus mit Aero Cóndor kosten 250 €, von Ica mit Aeroica 110 €. Ein **TIP** ist der Flug mit **Aeroparacas,** der für einen Komplettpreis von 75 € Stadtbesichtigung in Nasca, Ausflug nach Chauchilla und Übernachtung im Hostal Don Agucho mit einschließt. Nur-Flug mit Aeroparacas ab Nasca 38 €.

Wichtige Hinweise: Wer fliegen möchte, sollte den Flug unbedingt in einem Reisebüro oder direkt bei der Airline buchen und nicht bei einem Straßenschlepper. Immer wieder kommt es vor, dass die sich mit irgendeiner Identitätskarte, die sie als „Touristenführer" ausweist, Geldbeträge erschleichen ... **Morgens ist das Licht** für die Sicht auf die Bodenmarkierungen am besten. Flugempfindliche sollten vorher nichts essen oder eine Tablette nehmen. **Nasca und Umgebung kann an einem Tag besichtigt werden,** eine Übernachtung kann man sich i.d.R. sparen. Dazu den Nachtbus von Lima oder Arequipa nach Nasca nehmen und mit einem Abend- oder Nachtbus Nasca wieder verlassen. Nachteil: Zwischen Arequipa und Nasca bzw. umgekehrt verpasst bei einer Nachtfahrt eine schöne Küstenstraße, die Klippen, Dünen und Felsen in einer interessanten Landschaft verbindet.

Landtour Eine gebuchte Tour zum **Aussichtsturm** und Museo Reiche kostet ca. 7 €, zum Nascafriedhof und Goldwäscherei 5–9 €.

In Eigenregie Mit dem Taxi zum 23 km entfernten ca. 11 Meter hohen Aussichtsturm *Torre metalica* bei Km 420, Fp 60–70 Soles, kleine Besteigungsgebühr. **Mit einem Auto** darf bei den Linien keinesfalls kreuz und quer durch die Wüste gekurvt und schon gar nicht den Linien nachgefahren werden! Es wurde schon genügend zerstört, wie man vom Turm aus sehen kann.

Die Geoglyphen von Nasca

Die Linien, Flächen und Tierdarstellungen in der *Pampa Colorada* und in der *Pampa de Jumana* zwischen Nasca und dem 50 km weiter nördlich gelegenen Palpa haben nicht erst seit Dänikens fantasievollen Deutungsversuchen unter Archäologen, Mathematikern und Historikern zu vielen Diskussionen geführt. Däniken (übrigens seit 1979 Ehrenbürger der Stadt Nasca) trug zwar dazu bei, dass das Bilderbuch im Wüstensand international bekannt wurde, zu mehr jedoch nicht. Zweifelsfrei sind etliche Linien so ausgerichtet, dass sie mit den Sonnenwenden oder mit dem Lauf der Gestirne in Verbindung gebracht werden können. Die Tierfiguren können z.B. Sternbilder symbolisieren.

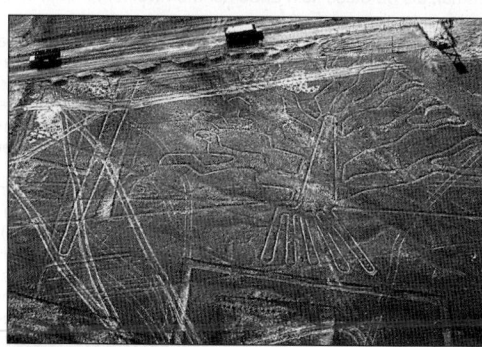

■ *Blick aus dem Flugzeug auf die Geoglyphen (hier auf den „Baum"). An der oberen Bildkante die Straße mit dem Schatten des Aussichtsturms (rechts).*

Die Linien in der Pampa von Nasca wurden erstmals 1550 vom span. Chronisten *Pedro Cieza de León* erwähnt und 1901 durch den dt. Archäologen Max Uhle bekannt. 1925 erfolgten Lufterkundigungen durch die peruanischen Pionier-Fluggesellschaft Faucett. Die Linien wurden zunächst als Wegmarkierungen, Inkastraßen oder frühere Bewässerungskanäle gedeutet (die Figuren waren wegen der Verwitterung zuerst nicht sichtbar).

Dr. Paul Kosok von der Long-Island-Universität in New York, der sich auf den Verlauf unterirdischer Wasserleitungen und -kanäle der Inkas spezialisiert hatte, wurde daraufhin neugierig und überflog 1939 das Gebiet mehrfach. Nach Untersuchungen auf dem Wüstenboden erkannte er schnell, dass es sich bei den merkwürdigen, kilometerlangen Linien und geometrischen Figuren (Dreiecke, Rechtecke, Trapeze) keinesfalls um Straßen oder Bewässerungskanäle handelte. Die Tier- und Menschenfiguren sind so enorm, dass sie wegen ihrer Größe vom Boden aus als solche überhaupt nicht erkennbar sind.

Maria Reiche

Die deutsche Mathematikerin und Geographin **Dr. Maria Reiche,** geboren 1903 in Dresden, kam 1932 nach Peru. Als Übersetzerin begegnete sie 1946 Dr. Kosok und war sofort von seinen aufgezeichneten Nasca-Bodenmarkierungen fasziniert. Kosok kehrte nach New York zurück und beauftragte M. Reiche mit weiteren Forschungen über die Nasca-Linien, die dann zu ihrem Lebenswerk wurden. In Nähe der Bodenzeichnungen schlug sie in der Hacienda San Pablo ihr Quartier auf und begann systematisch, die Figuren und Linien präzise zu vermessen und mathematisch zu katalogisieren. 1950 veröffentlichte sie, zusammen mit Dr. Paul Kosok, das erste Werk über die Nasca-Linien: *Ancient Drawings on the Desert of Perú.*

Maria Reiche wurde in den folgenden Jahren von der peruanischen Regierung und der Luftwaffe unterstützt. Sie flog mit dem ersten peruanischen Hubschrauber über die Pampa und ließ sich dabei außerhalb der Maschine mit einer Luftbildkamera festbinden. Mit Messband, Sextant,

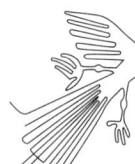

■ *Der „Kondor"*

Leiter und Kehrbesen war sie oft tagelang in der Wüste unterwegs. Mit dem Besen legte sie, oft schon vor der Morgendämmerung, nach und nach die meisten Tierfiguren frei. Es schien manchmal, als ob diese kein Ende nehmen wollten. Immer wieder entdeckte sie neue Furchen.

Im Laufe die Jahre war sie überzeugt, dass die Nasca-Pampa astronomisches Geheimwissen birgt. Sie fand mindestens drei Linien, die kalendertechnisch nutzbar waren, zur Bestimmung wiederkehrender Tage, von Sonnen-ständen und Mondaufgängen. Sie fand ferner heraus, dass für alle Nasca-Figuren, Kurven und Linien die kurze Elle (33 cm) als Maßeinheit anwendbar ist. Selbst die Radien der Kurven entsprechen der Maßeinheit einer kurzen Elle.

1976 ließ Maria Reiche auf eigene Kosten einen 11 m hohen Aussichtsturm an der Panamericana errichten. Von ihm aus sind drei Figuren zu sehen (Hände, Baum, Eidechse; durch Autofahrspuren leider in Mitleidenschaft gezogen). 1979 setzte sie durch, dass das Gebiet der Nasca-Geoglyphen als Archäologische Zone anerkannt wurde. Frau Reiche wohnte zuletzt im Hotel Nasca Lines, ihre nachlassende Gesundheit (u.a. teilweise Erblindung) hielt sie dort mehr oder weniger fest. Lange Zeit wurde sie noch von ihrer Schwester Renate gepflegt und unterstützt, die für sie auch Vorträge hielt, bevor diese verstarb. Maria Reiche starb am 8. Juni 1998 in Lima und wurde neben ihrer Schwester Renate auf ihrem Sitio nördlich von Nasca beigesetzt. Für Peru wurde Maria Reiche zu einer hochverehrten und bedeutenden Forscherin, 1981 war sie mit dem höchsten Orden des Landes, dem Sonnenorden, geehrt worden. Sowohl eine Straße als auch eine Schule in Nasca tragen ihren Namen.

Die Vorträge hält nun *Viktoria Nikitzki,* eine ehemalige Mitarbeiterin von M. Reiche: Av. Espinar 303 Tel. 969-9419, www.maria-reiche-centre.com, Eintritt 10 Soles. Sie kämpft, etwas eigenbrötlerisch, um das Erbe von Maria Reiche und damit auch gegen die Zerstörung der Geoglyphen.

Museo Sitio de Maria Reiche

Das Museum, 26 km nördlich von Nasca, wurde 1994 eröffnet, Bambushütte, von Betonwände und Stacheldraht umgeben. Eintritt, Mo–Fr 9–14 Uhr. Es macht mit seinen Forschungsergebnissen, Karten und Konstruktionen derzeit einen ungeordneten Eindruck. **Informationen** im Internet über M. Reiche und Nasca: http://museumonline.at.

Ein geheimnisvolles Astronomiebuch

Von Dr. Paul Kosok wurden die Nasca-Geoglyphen als „größtes Astronomiebuch der Welt" bezeichnet. Sie erstrecken sich auf einer Fläche von etwa 700 qkm im westlichen Vorland der Anden, in der wüstenartigen Pampa zwischen Nasca und Palpa.

Es handelt sich dabei um daumentiefe, oft nur 20 cm breite Furchen in der oxydierten, eisenhaltigen dunklen Bodenoberfläche. Durch das Wegräumen der oberen Steine kam die darunterliegende hellere, sandgelbe Schicht zum Vorschein. Manche größeren Furchen erreichen aber auch Fußtiefe. Die Schöpfer der Bodenmarkierungen erzeugten mit dieser simplen „Maltechnik" Tier- und Menschenfiguren und fantasievolle Abbildungen von Affen, Spinnen, Walfischen, Vögeln, Leguanen und Lamas – über 30 Stück. Dazu benutzte man auch teilweise die Hänge der umliegenden Berge. Bei den geometrischen Flächen wurde der Gesteins- und Bodenschutt einfach am Rande der Flächen aufgetürmt.

■ *Der „harpunierte Wal"*

Diese Figuren sind zwischen 25 und fast 200 m lang. Die Kapuziner-Spinne misst z.B. 46 m, der **Wal** 63 m (er taucht auf den Keramiken der Nasca gleichfalls auf) und der Kolibri ca. 85 m. Der Schnabel eines Vogelfragmentes misst eine Länge von 300 m,

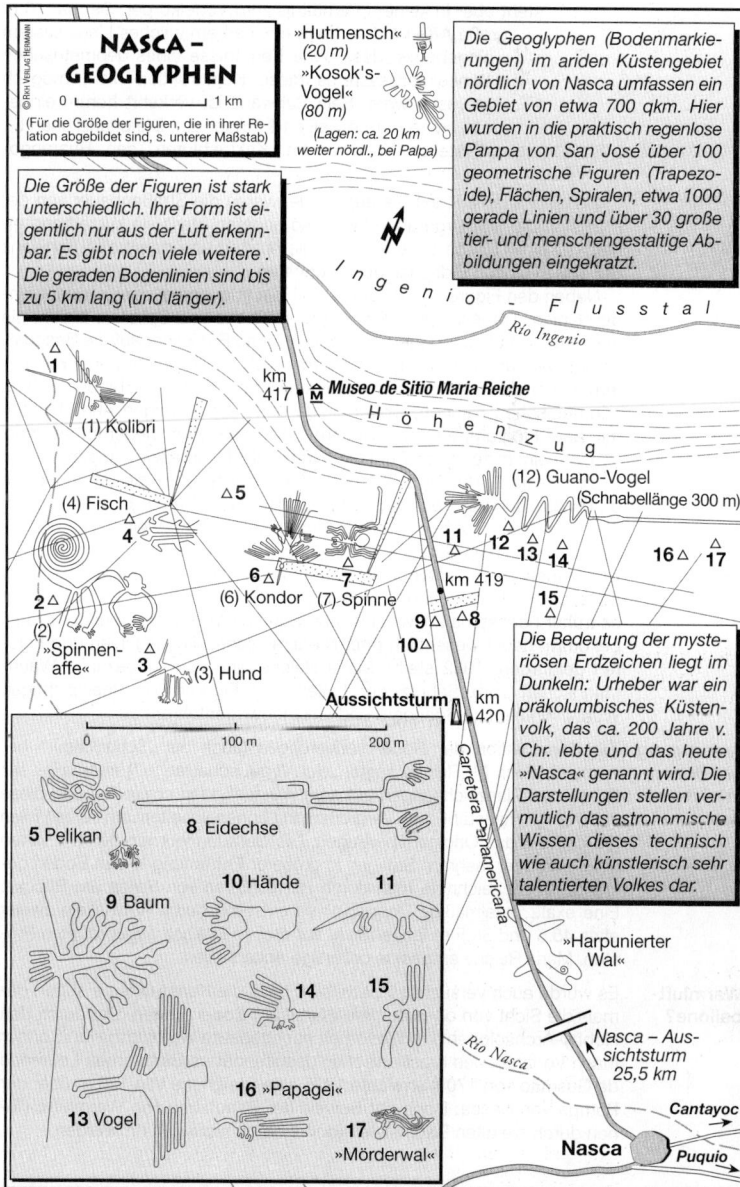

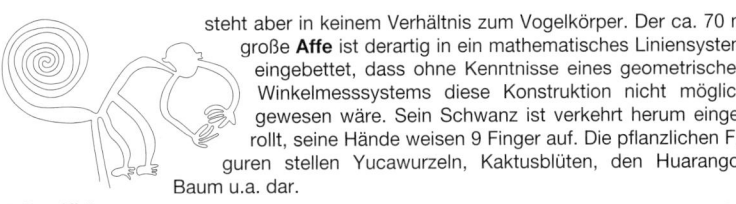

Der „Affe"

steht aber in keinem Verhältnis zum Vogelkörper. Der ca. 70 m große **Affe** ist derartig in ein mathematisches Liniensystem eingebettet, dass ohne Kenntnisse eines geometrischen Winkelmesssystems diese Konstruktion nicht möglich gewesen wäre. Sein Schwanz ist verkehrt herum eingerollt, seine Hände weisen 9 Finger auf. Die pflanzlichen Figuren stellen Yucawurzeln, Kaktusblüten, den Huarango-Baum u.a. dar.

Als die Panamericana gebaut wurde, waren die Straßenbauer von der Präzision der schnurgeraden Linien so angetan, dass sie kurzerhand einen Teil einer Nasca-Linie als Fahrlinie nutzten und damit den Schwanz der 188 m langen Eidechse durchschnitten.

Neben den Figuren findet sich eine Fülle (manchmal parallel verlaufender) Linien, Trapeze (bis 800 m lang!), Dreiecke und Spiralen. Linien, die aus dem Nichts auftauchen, erreichen – ohne Rücksicht auf die Beschaffenheit der Landschaft – eine schnurgerade Länge von mehreren Kilometern, bevor sie wieder im Nichts verschwinden. Andere verbinden sich zu geometrischen Flächen, wobei einige der trapezförmigen Ähnlichkeiten mit einer Flugrampe haben. Andere Linien verlaufen wiederum sternförmig von einem zentralen Punkt in nahezu alle Himmelsrichtungen.

Der Bestand der Bodenmarkierungen wurde über die Jahrhunderte durch das äußerst trockene Klima an der Küste Perus garantiert. Doch heute ist dieses astronomische Bilderbuch in Gefahr. Viele Linien und Figuren sind bereits durch Auto- und Fußspuren beschädigt. Die auch in Peru zunehmende Luftverschmutzung durch Industriebetriebe tut ein Übriges, und das Klima ändert sich. Die einst völlig trockene Pampa, in der es früher höchstens 20 Min. im Jahr regnete (Trockenheitspol der Erde!), bekommt heute wesentlich öfter Niederschläge, die die Linien und Figuren gefährden. 1982 stellte Maria Reiche eine von ihr bezahlte Wachmannschaft zum Schutz der Linien und Figuren vor uneinsichtigen Wüstenwühlern, Fußgängern und Geländewagenfahrern auf.

Anfertigung der Bodenmarkierungen

Zur Konstruktion der Bodenmarkierungen (auch als „Scharrbilder" bezeichnet, doch M. Reiche sagte: „Nur Vögel scharren ...") mutmaßte sie: Es wurden Planzeichnungen auf dem Wüstenboden entworfen und dann durch maßstäbliches Vergrößern in Längeneinheiten von kurzen Ellen (33 cm) auf das Original übertragen. Die Geraden wurden durch Visieren über eine oder mehrere Stangen in größerer Entfernung in den Boden gekratzt. Kreise zeichnete man durch Herumführen von Seilen um Pflöcke. Eine exakt regelmäßige Doppelspirale entstand durch Aufwickeln zweier etwa 45,5 und 39,5 m langer Seile auf drei im Dreieck angeordnete Pfosten. Maria Reiche entdeckte unzählige Ankerstellen.

Warmluftballone?

Es wurde auch versucht zu beweisen, dass die Konstrukteure schon damals die Sicht von oben auf ihre Werke am Boden hatten. Der durch den Hobby-Archäologen *Jim Woodman* nachgebaute Warmluftballon Cóndor (nach Vorlagen des brasilianischen Jesuitenpaters Bartolomeu Lourenco de Gusmão von 1709) erreichte 1975 eine Steighöhe von 130 m über der Pampa von Nasca. Doch der Beweis der Benutzung von Warmluftballonen durch die alten Baumeister konnte damit nicht geführt werden.

Nasca – Tour 1: Zu den Geoglyphen

Wozu diente alles? Kosok sah zufällig, dass am 21.12. die Sonne fast genau in Fortsetzung einer Linie unterging. Maria Reiche konnte durch astronomische Rückrechnung der Sonnenbahn das Alter einiger Linien zwischen 350 und 900 n. Chr. bestimmen. Das Alter eines in der Nähe gefundenen Holzpfostens wurde mit der Radiocarbon-Methode auf das Jahr 525 ± 80 n. Chr. datiert, was für die Richtigkeit ihrer Altersannahme spricht. Daneben gibt es Mond- und Sternenlinien. Es wird vermutet, dass die Linien u.a. zur Zeitbestimmung von Aussaat und Ernte, also dem Beginn der Andenregen und der damit verbundenen Wasserzufuhr aus den Bergen herunter in die Küstenebene zu tun hatten (noch heute beherrscht das Denken der Nasca-Campesinos die Frage nach dem notwendigen Eintreffen des überaus wichtigen Wassers!). Vielleicht dienten die Linien aber auch zur Festlegung wichtiger Festtage, vergleichbar mit den Intiwatana der Inkas (dass Richtungsanordnung und Länge der Linien als Kalender dienten, ist nach Frau Reiche heute bewiesen). Die Tierfiguren, die mit Systematik in das Liniennetz eingefügt wurden, bestehen teilweise gleichfalls aus astronomischen Linien, so zeigt z.B. der Schnabel eines Vogels auf die aufgehende Sonne am 21. Dezember. Daneben konnten die Figuren aber auch der Ausdruck totemistischer Vorstellungen sein, evtl. Darstellungen von Sternbildern.

Eine andere Theorie besagt, dass die Geoglyphen **rituelle Prozessionspfade** waren, deren Linien zu bestimmten Anlässen von *sicuri*-Tänzern und einer langen Menschenkette abgeschritten wurde.

Inzwischen wurde herausgefunden, dass einige der Linien den Verlauf unterirdischer Wasserkanäle anzeigen, sie dienten wahrscheinlich als Markierungen für Wasserstellen.

Neue Geoglyphen und Siedlungen der Nasca- und Paracas-Kultur Durch Satellitenbilder, Geomatik (Luftbildphotogrammetrie durch Kleinhelikopter der Eidgenössischen Technischen Hochschule ETH in Zürich) und GPS-Einsatz wurden im Landstrich der Pampa Colorado um Nasca und Palpa Hunderte neuer Geoglyphen entdeckt. Darunter befindet sich ein 65 Meter langes gehörntes Tier und ein weiterer Kolibri, ähnlich dem bereits bekannten. Allein in der Gegend von Palpa wurden 1500 Geoglyphen photogrammetrisch aufgenommen und davon über 650 exakt dokumentiert. Auch wurden neue Petroglyphen (Figuren auf Fels) entdeckt. Das Gesamtwerk in der Wüste mit Darstellungen aus Flora und Fauna sowie Menschen, Spiralen und geometrischen Figuren erstreckt sich auf über 500 Quadratkilometer.

Nach Meinung der Archäologen könnten die neuentdeckten Bodenzeichnungen Teil eines Kalenders sein. Der Forscher *Johny Isla Cuadrado* untersucht derzeit diese Figuren und möchte deren Bedeutung herausfinden. Die Bodenzeichnungen von Palpa werden der Paracas-Kultur zugeordnet und wären damit älter als die von Nasca.

Auch ein Archäologen-Team um *Markus Reindel* vom Deutschen Archäologischen Institut Bonn (DAI) ist angetreten, um die Nasca-Kultur tiefer zu erforschen und die Erdbilder zu deuten. Zusammen mit Johny Isla Cuadrado vom Instituto Andino de Estudios Arquelógicos Lima koordiniert er den Projektverbund „Nasca-Palpa". Die Männer präparieren Siedlungsreste in Molinos und La Muña, legen Mauern, Terrassen und Lehmziegelbauten in der Wüste frei, die denen von Chan Chan bei Trujillo ähneln. Die Siedlungen waren terrassenförmig angelegt.

Tour 2: Cementerio Arqueológico de Chauchilla

Auf der Panamericana von Nasca nach Arequipa Richtung Süden biegt bei Km 464, etwa 18 km hinter Nasca, nach links (Wegweiser: *Cementerio Chauchilla*) eine Wüstenpiste ab, die zu dem knapp 7 km von der Panamericana entfernten Friedhof bei *Chauchilla* führt, einem Gräberfeld aus der Präinkazeit, auf dem die typischen Langschädel gefunden wurden. Knochen, Schädel und Textilfetzen, die überall herumlagen, wurden von Archäologen in 12 freigelegte und überdachte Grabkammern gesetzt und Wege angelegt. Auf einer Anhöhe dahinter befindet sich eine Sonnenuhr.

Eintritt 5 Soles, zu begleichen bei der Bretterhütte, nicht immer besetzt. Kleines Museum und Toilettenhäuschen vorhanden. Anfahrt mit dem Taxi von Nasca, Fp 20 Soles, Fz 40 Min., Besichtigungszeit mindestens 30 Min. **Sicherheitshinweis:** nicht alleine mit dem Taxifahrer zum Friedhof fahren!

Tour 3: Telar-Linien, Paredones und Acueductos de Cantayoc

Telar-Linien In unmittelbarer Nähe der Bodenmarkierungen von Nasca befinden sich die *Telar-Linien,* die von einer Anhöhe aus betrachtet werden können. Es ist eine Art Webvorrichtung und eine Spirale dargestellt, die angeblich eine Garnrolle symbolisieren soll.

Paredones 2 km östlich von Nasca liegt eine archäologische Stätte aus Lehmruinen mit trapezförmigen Fenstern aus der Inkazeit. Die Anlage stellte einst das administrative Zentrum der Region dar. Heute ist es stark zerfallen. Dementsprechend gibt es immer weniger zu sehen. Eintritt 3 Soles.

Cantayoc Wer länger in Nasca verweilt kann auch einen Ausflug nach *Cantayoc* unternehmen, das 4 km östlich von Nasca liegt und über die Straße 26A nach Cusco erreicht werden kann. Dort gibt es unterirdische Wasserkanäle, sog. *puquios,* in die man über wendelförmige Einstiege hinabklettern kann (5 bis 20 m tief). Die Kanäle leiten Wasser von den Anden zur Bewirtschaftung der Felder in der Küstenebene herab und sind für die Bauern lebensnotwendig. Sie sind gut erhalten und werden auch ständig ausgebessert. Dieses System ist genial ausgedacht, es besitzt alle 10 oder 20 Meter ein *ojo* („Auge", Entlüftungsschacht), damit die Luft im Kanalsystem zirkulieren kann. Einige Kanalpassagen sind bis 1,5 km lang und führen sogar unter Flussläufen hindurch. **Eine Tour** (inkl. Telar-Linien und Paredones) kann in jedem Reisebüro für 6 € p.P. (inkl. Eintritt) gebucht oder selbstorganisiert mit einem Taxi gemacht werden.

Tour 4: Pampa Galeras

Die 3800 m hoch gelegene *Reserva Nacional Pampa Galeras* liegt 83 km von Nasca entfernt an der Straße nach Puquio. Hier gründete Deutschland bereits 1965 eine Forschungsstation für **Vicuñas,** um sie vor dem Aussterben zu retten (Vicuñas waren für die Inka einst heilige Tiere). 1980 wurde die Station von der peruanischen Regierung und peruanischen Wissenschaftlern übernommen (auch finanziell). Heute leben im Nationalpark von Pampa Galeras wieder über 30.000 Vicuñas.

Anfahrt: Den Park erreicht man am besten auf eigene Faust. Dazu frühmor-

Karte S. 445 — Nasca – Tour 4: Pampa Galeras — **445**

ROUTE 4

gens mit einem Lkw oder Pickup von Nasca Richtung Puquio mitfahren. Fz ca. 4 h, Fp 4 €. Wer mit einer kleinen Gruppe (3–4 Personen) zur Pampa Galeras hinauffahren möchte, kann auch ein Taxi anheuern. Fz 3 h, Fahrpreis 50–60 € (fürs ganze Taxi, inkl. Rückfahrt). Bei km 89 steht die Forschungsstation. Hier kann für ein paar Euro übernachtet werden. In der Kantine der Forschungsstation gibt es Essen.

Nasca – Cusco (660 km)

Von Nasca führt eine asphaltierte Straße Richtung Cusco. Es verkehren u.a. Busse der Linie *Empresa Cóndor de Aymaras*, Fz 14-15 h, 20–28 €. Während der Regenzeit oft Erdrutsche.

Die Route zweigt 3 km südlich von Nasca nach Osten ab, sie führt über die *Pampa Galeras* (3800 m) mit dem Vicuña-Nationalpark über den Abra Condorcenca (4330 m) 155 km bis nach **Puquio** (3210 m). Hier gibt es einfache Hostales in der Nähe der Plazas de Armas sowie das *Hostal Sarita* direkt an der Hauptstraße des Ortes (DZ 25 Soles) sowie eine Tankstelle.

Von Puquio bis **Chalhuanca** (170 km) verläuft die Straße anfänglich nur bergauf, vorbei an der *Laguna Yaurihuri*, durch *Pampamarca* (Restaurant, Unterkunft), über den *Abra Huashuaccasa* (4300 m), wieder abwärts über *Cotaruse* (Hospedaje Municipalidad) und dann nach **Chalhuanca** (2900 m). Wer hier übernachten möchte, ist im schönen *Hostal Zegarra* richtig, mit Hof zum Abstellen des Fahrzeuges, DZ 35 Soles.

Bis Abancay sind es dann noch 135 km durch das schluchtartige Tal des *Río Pachachaca*. Kurz vor Abancay (2380 m) stößt man auf die *Carretera de Sierra* nach Cusco.

Nasca – Ica

Bei km 419,5 steht der stählerne Aussichtsturm von Dr. Maria Reiche, von dem aus die Linien und Figuren im Wüstenboden zu erkennen sind. Danach folgt auf der Panamericana der Abbruch nach *Llipata*. Durch Orangenhaine und Baumwollplantagen geht es an *Palpa* im Tal des *Río Grande* vorbei.

Der Bilderteppich von Palpa

Es war eine Sensation, als bei dem Städtchen Palpa bis zu 40 Meter große Bodenzeichnungen entdeckt wurden. Bislang waren Archäologen davon ausgegangen, dass die Geoglyphen von Nasca absolut einzigartig seien. Doch diese Bodenzeichnungen sind sogar noch älter. Experten vermuten, dass sie aus der Paracas-Kultur stammen und zwischen 800 und 200 v.Chr. erschaffen wurden. Vögel, Affen und Katzen wurden dargestellt. Dominierend ist eine Figur, die als Hauptgottheit der Paracas-Kultur bekannt ist. Offenbar haben die Menschen jener Zeit Bildnisse ihrer Götter in Berghänge geritzt, um sie vom Tal aus im Blick zu haben. Die Berge mit den Erdzeichnungen könnten als Rituallandschaften gedient haben um von den Göttern Regen und Fruchtbarkeit zu erflehen.

Bei Drucklegung des Buchs wurden noch keine Flüge über den Bilderteppich von Palpa angeboten. Das kann sich aber schnell ändern.

Ocucaje

Hinter Palpa führt die Straße nahezu schnurgerade durch eine ebene Wüste. Bald kommt das größte Weinanbaugebiet Perus in Sicht. Der Name Ocucaje am Río Ica auf einem der Wegweiser müsste Rotweinkundigen vertraut klingen. Vom *Hotel Ocucaje Sand & Wine Resort* starten einstündige *Buggy-Fahrten* (www.sandtours.com) durch die naheliegenden Sanddünen zum *Cerro de la Luna* (300 m) mit einer schönen Rundumsicht über die Küstenwüste. Nach Ocucjae schwenkt die Panamericana in eine fruchtbare Oase entlang des Río Ica ein.

Ica

Die Hauptstadt des Departamento Ica liegt auf 406 m Höhe, von hier sind es 140 km nach Nasca und 300 km nach Lima. Viele der 234.000 Einwohner arbeiten in der Weinproduktion, Ica bzw. seine Umgebung ist Perus Hauptanbaugebiet von Weinen und afrikanischen Dattelpalmen. Die Reben (Muskateller) wurden einst von den Spaniern eingeführt. In der Wüstenoase gedeihen im trockenen Klima prächtige Tropfen. In den verschiedenen Bodegas (Weinkellereien), wie z.B. der *Bodega El Carmen, Bodega Tacama* (die älteste Icas), *Bodega Vista Alegre* oder die *Bodega Alvarez*, die 1995 die Goldmedaille für den besten Pisco in Peru gewonnen hat, können Weine probiert werden. Aus Muskateller-Trauben wird auch der berühmte Pisco gebrannt und eisgekühlt als **Pisco Sour** getrunken. Wer immer noch nicht Perus Nationalschnaps probiert hat, sollte dies hier – oder spätestens in Pisco (s.u.), tun! Alljährlich findet in der ersten Märzhälfte in Ica ein großes Weinfest statt, mit Tanz- und Gesangsdarbietungen.

Die **Plaza de Armas** wird von der kolonialen *Iglesia de la Merced* überragt. In einem Park döst die 1558 erbaute Wallfahrtskirche *Iglesia del Señor de Luren* in der Glut der Wüstensonne. Bei ihr findet in der Osterwoche und im Oktober die *Fiesta del Señor de Luren* mit eindrucksvollen nächtlichen Prozessionen statt. Das **Museo Regional Maria Reiche,** Prolongación Ayabaca (8. Straßenblock; geöffnet Mo–Fr 8–19 Uhr, Sa/So 9–18 Uhr, Eintritt 3 €). Es präsentiert Webstoffe mit Tiermotiven und Fabelwesen, Keramiken, Beutekörbe, Mumien und Schädel (deformiert, trepaniert) der Paracas- und Nasca-Kultur. Sehenswert ist die bedeutende Sammlung an Knotenschnüren *(Quipus)* aus der Inka-Epoche.

Dünen-ausflug

Die Dünen um Ica sind, im Gegensatz zu Huacachina, noch sauber und es lohnt, Ica aus ein Buggy-Ausflug durch die Dünen zu machen. Langsamer durch die Dünenlandschaft geht es auf den Rücken von Dromedaren, die aus Marokko stammen.

Museo de Gliptolitos

Das Steinmuseum, die **glithische Bibliothek** von Ica (Bolívar 170, an der Plaza de Armas, Mo–Sa 17–20 Uhr bzw. nur nach Vereinbarung, Tel. 21-3026, Eintritt 20 Soles). Museumsgründer ist der verstorbene Dr. Javier Cabrera Darquea, zwei ältere Frauen hielten den Museumsbetrieb bis zum letzten Erdbeben aufrecht, bei dem es einstürzte – Zukunft ungewiss.

In vier kleinen Räumen befanden sich 11.800 gravierte Steine in allen Größen, auf denen fantastische Darstellungen verewigt sind, z.B. Menschen, die Organtransplantationen und andere Operationen durchführen, Dinosaurierarten in ihrem biologischen Zyklus, die Körper von Tieren und Menschen, die auf Dinosauriern reiten oder Weltkarten, auf denen die Kontinente in ihrer heutigen Form noch nicht zusammenhängen. Die ersten Steine wurden 1961 aus einer Höhle in der Ocucaje-Wüste ausgeschwemmt, die durch eine Laufänderung des Río Ica zutage trat.

Am Max-Uhle-Hügel entdeckte der Forscher *Arturo Calvo* weitere hundert gravierte Steine, die er im Labor des Bergbauinstitutes der Nationaluniversität in Lima untersuchen ließ. Die Analyse der Oxidationsschicht ergab ein Alter von mehr als 12.000 Jahren. Das Ergebnis wurde durch Professor Dr. Josef Frechen vom Bonner Institut für Mineralogie und Petrographie1969 bestätigt. Außer Dr. Cabrera besitzen auch die Brüder *Carlos* und *Pablo Soldi* aus Ocucaje solche gravierte Steine, weitere befinden sich im Regionalmuseum von Ica und im Museum der peruanischen Luftwaffe Lima (60 Stück).

Zusätzliche Funde gelangen den Archäologen Pezzi Assertia und Augusto Calvo, die in einem Grab der Paracas-Kultur einen gravierten Stein fanden, der einen Dinosaurier zeigt. Auch den Inka waren die Gravuren bekannt, die sie als heilige Steine (*manco*) der Götter bezeichneten. Um seine Fundstellen zu sichern, forderte Dr. Cabrera einst bei der peruanische Regierung die Hilfe der Armee an. Inzwischen werden die gravierten Steine von Campesions aus der Region mehr schlecht als recht kopiert und an Touristen verkauft. Wer mehr über die Gravursteine von Ica wissen möchte greife zum Buch *„Die Steine von Ica, ein Protokoll einer anderen Menschheit"*, von Cornelia Petratu und Bernhard Roidinger, ISBN 3-88498-061-0.

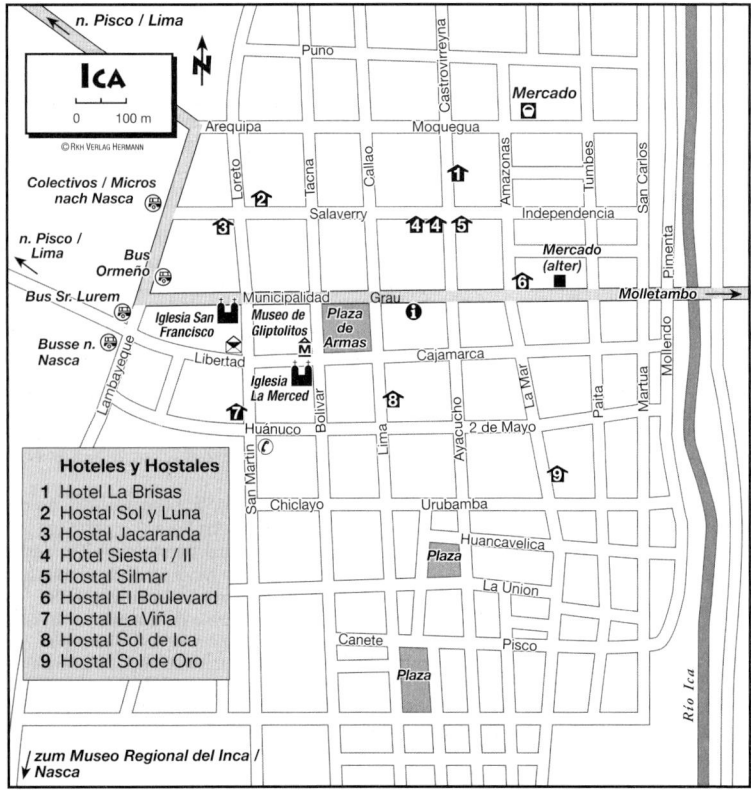

Adressen & Service Ica

Warnung In und um Ica Gefahr von **Trickdiebstählen!**

Tourist-Info Av. Grau 148–150. Mo–Fr 8–13 Uhr. Sehr gute Infos. **Vorwahl (056).**

Poltur *Policía de Turismo,* Av. Arenales s/n, Urb. San Joaquín, Tel. 034-22-4553.

Unterkunft Die meisten einfachen Hotels liegen im Viereck der Straßen Grau, Callao, Independencia und Amazonas.

BUDGET **Hostal Sol de Oro,** La Mar 371, Tel. 23-3735. Sauber, bp. freundlich, gut. – **Hostal Jacaranda,** Salaverry, nahe den Bussen, nur Kw, **TIP!** – **Hotel Las Brisas,** Castrovirreyna 246, Tel. 23-2727; bp, nicht immer Ww. – **Hostal Oasis,** San Francisco (schräg gegenüber der Plaza Bolognesi). Sehr einfach, doch saubere Zi., bc, Ww, freundlich. DZ 20 Soles, empfehlenswert. – **Hotel Siesta,** Independencia 196/Castrovirreyna, Tel. 23-4633 und Tel. 23-3249. Zi. mit bp. – **Hostal La Viña,** San Martín/Libertad; bp/bc, sehr laut, Ww, preiswert. Ü/bp 25 Soles. – **Hostal Sol y Luna,** Salaverry 292, Tel. 22-7241; bp, Ww, Rest., DZ 9 €.

ECO **Hostal El Boulevard,** Amazonas 131; preiswert, DZ 10 €, **TIP!** – **Hostal Belle Sand,** Av. Casuarinas B 1-3 (etwas außerhalb), Tel. 25-6039, Fax 25-6814. Kleines Hostal in ruhiger Straße in angenehmem Wohnviertel, Patio, Pool. DZ/F 20 €. **TIP!**

FAM **Hostal Silmar,** Castrovirreyna 110, Tel. 23-5089; bp, Ww, Rest. – **Hostal Sol de Ica,** Lima 265, Tel. 23-6165, Fax 23-6168; gutes Hotel, saubere Zi., Rest., Ü/F. – **Hostal Medanos,** Carretera Panamericana bei km 300, Tel. 23-1666; bp, preiswert, Pool. – **Hostal El Carmelo,** Panamericana bei km 301, Tel. 23-2191, elcarmelo@hotmail.com; im Kolonialstil, bp, Ww, Pool.

LUX **Hotel Las Dunas,** Av. La Angostura 400, Panamericana bei Km 300, Tel./Fax 25-6224, dunas@invertur.com.pe. Eine Art Club-Hotel, Gartenanlage, Rest., Pool, Tennis, Golf, Sauna u.a.; Flugpiste für Flüge n. Nasca mit Aero Cóndor.

Essen & Trinken Typische regionale Gerichte sind *carapulcra* (Schweinefleisch, Huhn, Erdnüsse, *ají* und getrocknete Kartoffeln), *chupe de pallares verdes* (Milchsuppe mit Fisch, Garnelen und Reis, *Morusa, Picante de Pallares* sowie *manjarblanco* (Süßwaren aus eingedickter Milch).

Der Markt mit Garküchen befindet sich zwischen den Straßen Amazonas, Moquegua und Tumbes. In der Lima und Grau etliche Chifas, z.B. *Chifa Lung Whan,* Tacna 186, oder *Chifa Hong Fay. El Otro Peñoncito,* Bolívar 255: Gute lokale Gerichte, schöne Einrichtung, nicht ganz preiswert. Das Restaurant im *Hostal Sol y Luna,* Salaverry 292, bietet täglich drei verschiedene Mittagsgerichte ab 1,25 € und ist nahezu immer voll, empfehlenswert. Fischgerichte und *mariscos* in der *Cebichería Sabor y Sazon,* Lote D 1 (Las Mercedes) und im *El Velero Azul,* Bolívar 300. An der Plaza ist das *Oriental*.

Daneben lohnt sich zur **Weinprobe** der Besuch vieler **Bodega** (Weinkellerei), die alle außerhalb liegen. *Bodega Alvarez, Bodega Vista Alegre* (3 km; größte Bodega Perus, gegr. 1857, Mo–Fr 8–12 u. 15–17 Uhr). *Bodega El Carmen* (auf der Panamericana Richtung Lima, linke Seite). *Bodega Tacama* (ca. 12 km außerhalb, die älteste Kellerei). Besuchenswert ist auch das **Weindorf Ocucaje** im größten Weinanbaugebiet Perus in einer Taloase beim Km 336 der Panamericana (Tel. 440-8001).

Erste Hilfe *Hospital Regional de Ica,* Av. Manzanilla 652, Tel. 23-4271. *Clínica Madre de Pilar,* Cuervo, Tel. 23-1215.

Post *Serpost,* La Libertad 119.

Telefon *Telefónica del Perú,* San Martín/Huánuco.

Geld *Banco del Crédito,* Plaza de Armas.

Autoclub	Automóvil Club del Perú, Av. José Matias Manzanilla 523, Tel./Fax 23-5061.
Mietwagen	*Servitur,* Lambayeque 221
Bus	**Nach Arequipa** (760 km): tägl. Busse, u.a. CIVA, Fz 15 h, 70 Soles. – **Lima** (300 km): tägl. mehrere Busse und Colectivos (u.a. *Ormeño,* Lambayeque 180, z.T. Busse mit Oberdeck); *Oropesa,* Salaverry 396, Tel. 23-1714, oder *PerúBus* (Soyuz), Av. Matias Manzanilla 164; Fz 4 h, 5 €. – **Nasca** (140 km): tägl. Busse (u.a. *Ormeño, Soyuz*) und Colectivos; Fz 2 h, 8 Soles. – **Pisco** (75 km): tägl. Busse ab 5.30 Uhr, z.B. von *SAKY,* Lambayeque 217 (neben dem Terminal von Cruz del Sur), alle 15 Min., Fp 3 Soles, sowie Colectivos, Fz 1 h, 4 Soles. **Colectivo-Taxis** fahren ab der Plaza de Armas nach Lima für 12 €, nach Pisco ab der Amazonas für 1 € und nach Nasca ab der Cajamarca für 3 €.
Flug	*Aeroica* fliegt für 40 € über die Geoglyphen von Nasca. *Aero Cóndor,* Aeropuerto Privado beim Km 300, Tel. 25-7641, www.aerocondor.com.pe und im Hotel Las Dunas, Tel. 25-6230. Außerdem nach Lima und Nasca sowie Flüge über die Geoglyphen von Nasca.

Ausflug zur Huacachina-Oase

Nur 6 km von Ica entfernt liegt, inmitten hoher Sanddünen, die Oase *Huacachina* mit einer kleinen Lagune. Hier wachsen Dattelpalmen und Huarangos (Johannisbrotbäume).

Wissenswertes Schon während der Inkazeit war die Laguna ein heiliger Ort, wie aus dem Quechua-Namen Huacachine zu deuten ist. *Huaca* bedeutet „heiliger Ort" und *china* „Frau". Nach einer Legende verwandelten die Inkagötter die Tränen einer Frau, die ihren verstorbenen Geliebten beweinte, zu dieser Lagune. Tatsächlich aber steht die Lagune mit einem unterirdischen Fluss in Verbindung, der von den Anden herunterfließt und dabei Mineralien wie Eisen, Jod und Schwefel mittransportiert, die das Wasser der Lagune grün bis rötlich färben. Es werden ihm medizinische Heilwirkungen zugeschrieben.

■ *Die Oase Huacachina*

Die Lagune, von 1920 bis 1950 ein exklusiver Badeort, hat in den letzten Jahrzehnten die Hälfte ihres Volumens verloren, was wahrscheinlich mit dem Absinken des Grundwasserspiegels durch einen erhöhten Wasserverbrauch der Einwohner von Ica zusammenhängt. Inzwischen wird mit zwei Pipelines für Wassernachschub gesorgt, so dass der Wasserspiegel einigermaßen konstant bleibt. Noch ist die Oase ein Ort zum Entspannen (baden möglich), doch hat sie erheblich an Attraktivität verloren und zuletzt wurde von Badenden über Hautausschläge berichtet. Außerdem ist die Müllablagerung, auch weiter draußen in den Dünen, unübersehbar. Wenn kein Wunder geschieht, wird eines Tages nur noch ihr Bildnis auf der Rückseite des 50-Soles-Geldscheines an sie erinnern. Alternative: einen Dünenausflug mit dem Buggy von Ica aus unternehmen.

Anfahrt	Mit dem Taxi von Ica, Fz 15 Min., Fp 5 Soles, oder per Moto (Motorroller), Fp 2,5 Soles. Saisonal auch mit einem Micro von der Huánuco/Bolívar (Nähe Plaza de Armas), Abfahrten so alle 30 Min., Fz 20 Min, Fp 3 Soles.
Unterkunft	**ECO: Hostal El Barco,** direkt an der Lagune (rechts), bp, freundlich, Internet, DZ/F 9,50 €. – **Casa de Arena,** am Ortseingang, Tel. 21-5439. Backpacker-

treff, sehr einfache, kleine dunkle DZ/TriZ/MBZi, bc/bp, zeitweise Ww, Ws, Rest., Bar, großer Pool, Bodega-Touren, Sandboardvermietung, Buggy-Touren (ca. 3 h quer durch die Dünen inkl. Sandboarding für ca. 8 €, nichts für Nervenschwache!) sowie fast täglich Grillpartys bis in die Puppen, perfekt für Partylustige! Ü ab 3 €, DZ 10 €, Frühstück ca. 1 € an der Poolbar. Neben der Hospedaje Suiza wurde vom Inhaber ein zweites Hostal eröffnet, dort ist es ruhiger. – **Hostal Salvatierra**, in einer Seitenstraße zur Lagune; einfaches Hostal, etwas dunkle Zi., bp, Pool, Internet, Familienbetrieb. DZ/F 15 €. – **Hostal El Huacachinero**, Av. Parotti s/n, Tel. 21-7453. Geschmackvolles, freundliches und sauberes Hostal mit Atmosphäre direkt an den Sanddünen. Schlafsaal mit 10 bzw. 12 Betten sowie helle Zi./bp, Fenster zum Garten mit Pool, Bar, Weckservice durch die Papageien. DZ/bp 15 €, Schlafsaal 25 Soles p.P. **TIP!**
FAM: Hospedaje Suiza, letztes Haus auf der rechten Seite der Laguna, direkt an den Dünen, mit schönem Garten, Rattan-Betten, sehr ruhig, sauber, großer Pool, gesicherter PP. DZ/F 28 €.

Essen & Trinken

Die meisten Unterkünfte bieten außer Frühstück auch Mittag- und Abendessen an. In der Oase gibt es einige Restaurants. Das **El Mayo** an der Einfahrt zur Lagune (links) bietet leckere *Pollo saltado* für 2 € und Pisco Sour, gut und preiswert. Günstige und sehr gute Mittagmenüs ab 8 Soles serviert das **La Siena**, direkt an der Lagune. Leckere Fischgerichte ab 15 Soles. *Milanesa de Pollo* probieren.

Unterhaltung

Auf den Sanddünen vor der Oase ist **Sandboarding** möglich, Board-Mietung im Restaurant Mayo für 3 Soles, Unterricht 3 Soles/h. Wem das nicht reicht, kann eine **Buggytour** durch die Dünen machen, Dauer 90 Min., 40–45 Soles inkl. Abgase, oder ab 16 Uhr bis Sonnenuntergang zum Pauschaltarif pro Buggy von 140 Soles inkl. Sandboarding für zwei Personen. Fahrer warten beim Mayo, billigster Anbieter 30 Soles. Achten, dass die Gruppe nicht zu groß ist.

Ica – Pisco

Vor den Busabfahrten in Ica und entlang der Panamericana Richtung Lima werden die schmackhaften *Pekanas-Nüsse* verkauft, die mal probiert werden sollten. Nach Ica folgt kommt Dorf Guadalupe und ein Streckenabschnitt, in dem sich jeder, der einmal in der Sahara war, nach dort erinnert fühlt: prächtige Sanddünen mit gestochen scharfen Kanten, vom Wind zerzauste und vom Sand fest ummauerte Bäume, hier und da einzelne Palmen, manchmal auch einige Dattelpalmen.

58 km hinter Ica wird die Abzweigung nach Paracas erreicht, 14 km später die nach Pisco, ein lohnenswerter Abstecher, wenn man wenigstens einen Tag Zeit mitbringt.

Pisco

Pisco ist, bis auf die heißen Sommermonate (Jan.–März), eine durchaus ruhige Stadt (55.000 Einwohner) mit einem bedeutenden Hafen. Der Name ist Synonym für den Traubenschnaps *Pisco*, Hauptbestandteil des peruanischen Nationalgetränks *Pisco Sour*. Ob er wohl General San Martín ebenso schmeckte, der am 8. September 1820 in der Paracas-Bucht landete und hier einige Zeit sein Hauptquartier hatte?

Heute ist Pisco eine aufstrebende Hafenstadt mit einem alten kolonialen Viertel, und die Balnearios des südlich gelegenen Paracas ein Wochenendziel der *Limeños*. An der Plaza de Armas steht ein kitschig verschnörkeltes Gebäude, fast ein kleines Schlösschen, in dem die Stadtverwaltung untergebracht ist. Mitten auf dem Platz das Reiterstandbild von San Martín. Einen Straßenzug weiter südlich erstreckt sich die *Plaza Belén,* an der einst eine Kirche stand. Sie wurde durch das katastrophale Erdbeben im August 2007 zum Einsturz gebracht, genauso wie die beiden anderen Kirchen des Ortes. Dabei wurde auch fast jedes dritte Haus zerstört. Noch lange mussten viele Bewohner in Zelten und provisorischen Unterkünften leben müssen. Dennoch gibt es für Touristen genügend Unterkünfte und Restaurants. In der Av. Bolognesi 159 wurde 2008 mit dem Tambo Colorado ein neuerbautes Hostal eröffnet, Ü 21 Soles p.P.

Am Meer erstreckt sich ein langer Pier. Piscos Strände sind jedoch nicht unbedingt einladend. Strandgut, Müll und tote Seelöwen schrecken vom Baden ab. Das gleiche trifft auch auf die Halbinsel Paracas zu, zu der Pisco ein Ausgangspunkt ist (Zeitbedarf ca. ein Tag). Touren können zu den **Islas Ballestas** (halber Tag) mit Schnellbooten sowie zur alten Inkasiedlung **Tambo Colorado** unternommen werden.

Exportschlager Pisco	Bereits im 16. Jh. erkannten die Spanier, dass in den Flussoasen der Küstenwüste Perus ideale Voraussetzungen für Weinanbau herrschten. Sie ließen *Quebranta*-Reben aus den Kanarischen Inseln anpflanzen und schafften damit die Grundlage, dass Peru innerhalb von 100 Jahren zu einem wichtigen Weinanbaugebiet ihrer südamerikanischen Kolonien wurde. Aus dem Wein wurde *Pisco* gebrannt, der sich aufgrund seiner Qualität alsbald zu einem Exportschlager in die Alte Welt entwickelte. 1629 musste Spanien ein Embargo über peruanische Weinprodukte erhängen, um den Weinanbau im Mutterland zu schützen.

Noch heute wird in Pisco und in den umliegenden Flussoasen die Branntweinproduktion nach traditionellen Methoden vorgenommen. Alte Pressen, Steingefäße *(botijas)* zur Mostfermentierung, hartes Brennholz und Destillationsgefäße *(falcas)* kommen zum Einsatz. Außerdem dürfen nach wie vor nur Weine der Rebsorte Quebranta verwendet werden. Peru hat aber dennoch die weltweite Pisco-Vermarktung an den Konkurrenten Chile verloren. Das Nachbarland produziert mit 50 Mio. Litern etwa das dreißigfache, zum Leid der peruanischen Kleinproduzenten. Diese kämpfen nun, unter dem Motto „*Peruano desde siempre*" („schon immer Peruanisch") für die Authentizität des peruanischen Piscos und wollen den Markennamen weltweit urheberrechtlich schützen lassen.

Pisco Sour: 3 Teile Pisco (43% Vol.), 1 Teil frischgepresster Limonensaft, 2 Teelöffel löslicher Zucker, 1 Eiweiß, Angostura und 10 gestoßene Eiswürfel. Im Mixer 2 Minuten durchrühren und in Gläser füllen, nach Wunsch mit Zimt bestreuen.

Adressen & Service Pisco und Paracas

Tourist-Info	Derzeit geschlossen. Doch die Pisqueños sind hilfbereit und nette Leute. **Vorwahl (056)**
Unterkunft ECO	**Hospedaje Ballestas** (BUDGET), Pedemonte 108, Tel. 53-6178, alojaballestas91@hotmail.com. Billiges Hostal, freundlicher, hilfsbereiter Familienbetrieb, einfache, saubere Zimmer (laute zur Straße hin meiden), bc/bp, Ww, Ws, empfehlenswert. – **Hospedaje Casa Los Zarcillos,** Av. Paracas 106, Urb. El Golf (in der Nähe des Bootsanlegers), Tel. 66-6432; bp, Ww. – **Hotel Madrid,** Av. San Martin 267 (zwischen Pedemonte und de Humay), Tel. 53-6717, pisco_travel_living@hotmail.com. Hellhöriges Hotel, einfache, saubere, nicht besonders große Zi., bp, Ww, Ws, Tourist-Info, tolle Terrasse mit Blick

aufs Meer, Parrillada, Salsa-Kurse. DZ 30 Soles, Schlafsaal 10 Soles, Frühstück 5 Soles. – **Hostal San Isidro,** San Clemente 103, nördlich der Plaza, Tel. 53-6471, www.sanisidrohostal.com. Sauberes Hostal, Sekretärin Fabiola Sperandio spricht dt., bc/bp, Ww, Patio, Skk, Ws und Pool. DZ ab 30 Soles. **TIP!** – **Gran Hostal Belén,** Arequipa/Plaza Belén. Nette Zi., bc/bp, freundlich. DZ 40 Soles. – **Hostal La Portada,** Av. Alipio Ponce 250, Tel. 53-2098. Sauber, bp, Ww, freundlich, empfehlenswert. DZ/F 45 Soles. – **Hostal Residencial San Jorge,** Juan Osores 257, Zugang auch über Barrio Nuevo 133, Tel. 53-2885, hotel_san_jorge@hotmail.com, www.hostalsanjorge.cjb.net. Schöner Baukomplex, bestehend aus drei zusammengekoppelten Unterkünften mit gleichem Namen, saubere Zimmer, bp, Ww, ruhiger gemütlicher Garten, etwas laut, gut besucht. DZ 60 Soles. – **Hostal Pisco,** Bolognesi (Plaza de Armas neben der Polizeistation), Tel. 53-2018. Schöne Zi., Ww, Gepäckaufbewahrung, Touranbieter (z.B. Islas Ballestas 50 Soles). DZ 50 Soles.

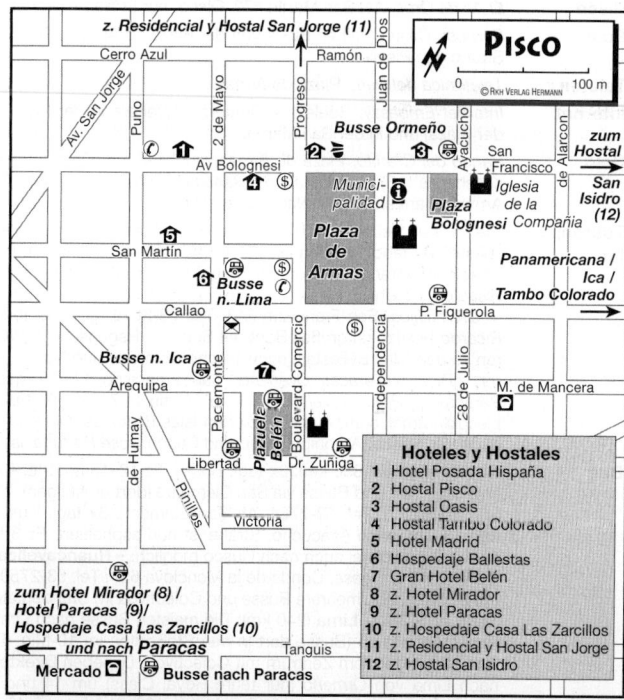

FAM   **Hotel La Posada Hispaña,** Av. Bolognesi 236, Tel. 53-6363, www.posadahispana.com. Kleines und freundliches Hotel von Joan Bericat Serra mit 18 gemütlichen Zimmern, bp, Ww, gutem Restaurant (Espresso!), GpD, sicher, preisgünstige und empfehlenswerte Touren zu Islas Ballestas/Candelabro 35 Soles, gesicherter PP vorhanden. DZ/F 60 Soles. **TIP!** – **Hostal Tambo Colorado,** Av. Bolognesi 159, Tel. 53-1379, www.hostaltambocolorado.com. Zentrumsnah, gute Lage, bp, Ww, sehr guter Service, Ws. DZ/F 60 Soles, gPLV. – **Hostal los Inkas,** Prolongación Barrio Nuevo Mz. M. Lote 14, Urb. San Isidro,

Tel. 53-6634, los_inkas_inn@hotmail.com. Abseits gelegenes, doch supersauberes Hostal, gemütliche Zimmer, bp, Pool, Parkplatz, Ws, Rest., Internet, exzellenter Service eines sehr netten, hilfsbereiten Ehepaares. DZ 70 Soles. **TIP!**

Essen & Trinken
In und um Pisco stehen immer wieder Schildkröten als Spezialität auf Speisekarten. Fang und Handel von Meeresschildkröten ist jedoch verboten! Die preiswertesten Gerichte gibt es bei den Garküchen auf dem Mercado. Das billigste Essen kommt aus dem Meer, **Mariscos und Fische**. In der Fußgängerzone gib es viele gute Restaurnats und Cafes.
Empfehlenswerte Fischrestaurants: *El Dorado*, Progreso (2. Block), *El As de Oros*, Av. San Martín 472 und *Catedral*, Perez Figuerola (2. Block). Am Boulevard Comercio gibt es in unmittelbarer Nähe gleich zwei gute: *Catamaran* (No. 166) und *Don Manuel* (179). Gut ist auch *Reyes*, Calle San Juan de Dios 247. – **Chifas:** *Ken Chay* (ausgezeichnet), Doctor Zuñigan 131. **Bocadillos und Helados** (Eis): *D'Alicia*, Av. San Martín 287.

Disco
El As de Oros, Av. San Martín 472. Disco, nur Fr/Sa.

Post
Serpost, Callao (halben Block von der Plaza de Armas), Tel. 53-2272, und am Strand von Pisco

Telefon
Telefónica del Perú, Plaza de Armas.

Internet
Internet Embassy, Boulevard Comercio. Weitere in der San Francisco (Nähe der Plaza) und in der San Martín.

Geld
Banco del Crédito, Plaza de Armas, wechselt am günstigsten Bargeld u. Reiseschecks (AE), Bancomaticos. *Banco de la Nación*, Av. San Martín (Plaza de Armas). Banken sind Fr-Nachmittags zu!

Touranbieter
Die meisten befinden sich in der Calle San Francisco, und jeder wirbt mit dem „besten Angebot" zu den Islas Ballestas. Umso mehr ist ein Preis-/Leistungs-Check angebracht. Preisorientierung 50 Soles, Abfahrten um 7 Uhr, Rückkunft Pisco ca. 16 Uhr.
GR é Hijos, San Francisco 213, Tel. 53-3619, gr_hijos_tour@hotmail.com. *Ricardo* besitzt ein großes Boot mit Sonnen-/Regenschutz, WC an Bord, Touren zu den Islas Ballestas, nach Tambo Colorado und Nasca, engagierte Führer, gPLV. – *Paracas Overland*, San Francisco 111; Tagesausflüge nach Paracas. – *Peru Travel Pisco*, San Martín 267, Tel. 970-8296, perutravelpisco@hotmail.com. Ausflüge zu den Islas Ballestas. Organisiert auch Touren nach Ica, Nasca, Arequipa, Puno und Cusco. *José Portugal* ist behilflich.

Bus
Nach Arequipa (830 km): 3x tägl. Busse, Fz 12–15 h, 12 €. – **Ayacucho** (325 km): tägl. Lkw und Busse via San Clemente (dort umsteigen), z.B. mit *Ormeño*, San Francisco, Tel. 53-2764. Ab San Clemente 3x tägl. Busse (10.30, 13.30 und 18 Uhr) nach Ayacucho. Straße ist nun asphaltiert, Fz 8 h, 10 €. In Ayacucho Buswechsel auch nach Cusco möglich. – **Huancavelica** (275 km): tägl. (10 Uhr) mit *Oropesa*, Conde de la Monclova 637, Tel. 53-2750, Fz 15 h, 8 €. – **Ica** (75 km): tägl. mehrere Busse und Colectivos im Stundentakt (7–20 Uhr), Fz 1–1,5 h, 1–2 €. – **Lima** (240 km): Die meisten Busse nach Lima fahren an der Panamericana ab (Busse dort in den Stoßzeiten im 10-Min.-Takt), z.B. Perú-Bus, Zubringer vom Zentrum mit Colectivos. Daneben Direktbusse von Pisco nach Lima von *Ormeño* (nur teure Royal Class) um 14 und 17.30 Uhr und *Transportes San Martín*, Calle San Martín 166; Abfahrten 5.45, 6.15, 8, 10, 12, 16, 18 und 24 Uhr, sowie Colectivos, Fz 3–4 h, Fp ab 12 Soles. – **Nasca** (210 km): tägl. Busse über Ica, Direktbus von *Ormeño*, Fz 3 h, 3 €. – **Paracas/Eingang Nationalpark** (20 km): tägl. Kleinbusse, Colectivos (halbstündlich Comité 3 und Comité 9M, Fz ca. 0,5 h) und Taxis (ca. 4 €). – **San Andrés**: tägl. unzählige Colectivos. – **Tambo Colorado** (50 km): tägl. Busse Richtung Ayacucho, Fz 2 h, 1 €. Taxi-Fahrpreis 25–30 € (mit Rückfahrt).

Flug
Der Flughafen von Pisco dient als Ausweichflughafen für Lima.

Tour 1: Halbinsel Paracas

Warnung!

■ *Die Halbinsel Paracas war in der Vergangenheit immer wieder Ziel von Überfällen auf Touristen. Dabei wurden sie am Strand bedroht, Geld und Fotoapparate geraubt oder gar Unterkünfte überfallen! Der Hafen von Paracas wird mittlerweile gut überwacht und auch die Strände gelten wieder als sicher. Trotzdem wachsam sein! Keine Wertsachen und Dokumente mitführen!*

Von Pisco fahren ständig Busse, Colectivos und Taxis nach **Paracas**. Wer ein Taxi anheuern möchte (die überall nur darauf warten), muss 5 € löhnen. Reiseagenturen bieten sowohl Halb- als auch Ganztagesausflüge in Kombination mit den Islas Ballestas für 35 bzw. 50 Soles p.P. inkl. Eintritt ins Naturschutzgebiet und Museum an. Im Hafen von Paracas gibt es das gleiche Angebot, ebenfalls ab 35 Soles. Bei wenig Zeit ist der Bootsausflug zu den **Islas Ballestas** vorzuziehen.

Die Islas Ballestas und die Paracas-Halbinsel bilden seit 1975 ein maritim-terranes Naturschutzgebiet. Von Pisco führt die Straße über das Fischerdorf San Andrés (Luftwaffenstützpunkt) und an einer Fischmehlfabrik vorbei 20 km nach Paracas. Kurz vor dem Ort liegen die Hotels *El Mirador* und *Paracas* mit Bootsanleger (El Chaco) zu den Islas Ballestas an der Bahía Paracas. 3 km hinter Paracas befindet sich, am Beginn der Halbinsel, das sehenswerte **Archäologische Museum Julio C. Tello** mit Funden und Modellen der Paracas-Kultur; 9–17 Uhr, Eintritt 9 Soles. Nach dem Erdbeben auf unbestimmte Zeit geschlossen.

Hinter dem Museum teilt sich die Straße. Nach rechts führt der Abzweig an den Grabkammern und der Nekropolis (Totenstadt, es gibt nicht viel zu sehen) der Paracas-Kultur vorbei nach Norden bis zum Hafen Puerto San Martín (10 km, kein Zutritt möglich), nach links führt die Piste nach **Lagunillas** (6 km), einem Ort mit Restaurants, Lagerschuppen und über 100 Fischerbooten.

Von da führt ein Weg südlich ans Meer. Zum Baden sind die Strände *Playa Lagunillas* und *Playa La Mina* nicht unbedingt ein Highlight, das Wasser ist eiskalt. Aber im peruanischen Sommer tummeln sich hier hunderte von Badegästen.

Unterkunft in Paracas und Umgebung

Hostal Los Frayles (ECO), Av. Paracas Mz. D, Lote 5, nördlich von Paracas im Ortsteil El Chaco, Tel. 54-5141. Ruhige Lage, Meerblick. DZ/bp 50 Soles. Frühstück gleich daneben für 2 Soles. Preiswerte Tourvermittlung durch den Hostalbesitzer Yuri zu den Islas Ballestas und in das Naturschutzgebiet. –
Hotel El Mirador (FAM), Carretera Paracas KM 20, Tel. 54-5086, hmirador@ballestas.peru.com, www.accesoperu.com/mirador, 12 km südlich von Pisco. Zimmer mit bp, Bootsausflüge zu den Islas Ballestas.
Hotel Paracas (LUX), Ribera del Mar; 15 km südlich von Pisco direkt am Meer, Tel. 54-5100, Fax 22-5379, hparacas@terra.com, www.hotelparacas.com. Bungalows, Rest. (übeteuert), Bar, Gartenanlage mit Palmen, Pool, Tennisplatz, Bootssteg (Motorboote zu den Islas Ballestas, Fp teure 18 €). DZ ab 90 €. Nach Wiederaufbau seit Aug. 2009 wieder geöffnet

Essen & Trinken

In Paracas gibt es an der Strandpromenade sehr gute Fischrestaurants. Yuri (s.o.) hat die besten Tipps.

Pisco – Tour 1: Halbinsel Paracas

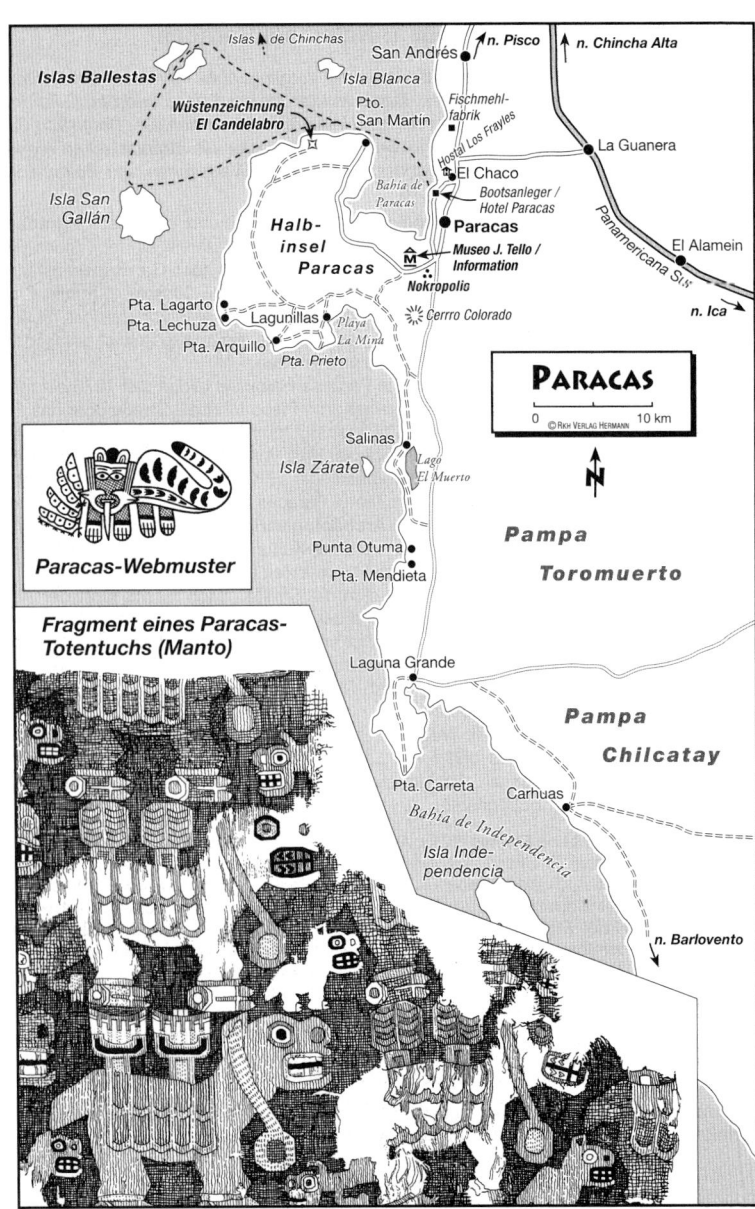

Paracas-Kultur

Im Jahre 1927 entdeckte der peruanische Archäologe *Julio C. Tello* auf der Halbinsel Paracas ein riesiges Gräberfeld mit in feinsten Tüchern eingewickelten Mumien, bei denen auch Gegenstände des täglichen Lebens wie Werkzeuge und Waffen, Schmuck und sogar Lebensmittel lagen. Sie wurden einer eigenständigen Kultur, der **Paracas-Kultur** (1000 v.Chr. bis 200 n.Chr.) zugesprochen. Monatelang hatte Tello auf der Halbinsel gegraben und barg dabei einige der sehens-wertesten alten Textilarbeiten Südamerikas! Die Ausdehnung des Paracas-Reiches liegt auf dem Gebiet zwischen dem Río Grande im Süden (Höhe Nasca) und dem Río Cañete im Norden (etwa halbwegs der Strecke Paracas – Lima).

Tello stellte bei seinen Ausgrabungen auf Paracas-Halbinsel zwei unterschiedliche Bestattungsmethoden fest: Da sind zunächst die in einen Fels gehauenen, riesigen Massengrabkammern, die unzählige Tote gleichzeitig aufnehmen konnten und die über einen 5–8 m tiefen Schacht zugänglich waren. Diese Bestattungsart wird als *Paracas-Cavernas* klassifiziert und auf das 1. Jahrhundert vor Chr. datiert. Bei all diesen Toten wurde am Schädel eine Öffnung (Trepanation) festgestellt, die mit einem Goldplättchen wieder verschlossen wurde.

■ *Verpackte Leichname, eingewickelt in gewebte viele Stoffbahnen und in Hockstellung für die Ewigkeit bestattet ...*

Unweit dieser Massengräber wurde eine regelrechte **Totenstadt** entdeckt, in der die Toten in entsprechend großen Körben in Gräbern beigesetzt wurden. Hier wird – als 2. Bestattungsmethode – von der *Paracas-Nekropolis* gesprochen, sie wird auf das 1. Jahrhundert *nach* Chr. datiert. Es waren meist ranghohe Personen, die auf diese Weise bestattet wurden.

Unabhängig der Methode wurden die Toten immer in Hockstellung und mit Totentüchern umwickelt bestattet. Durch die äußerst große Trockenheit des Klimas an der Küste vermoderten die Leichen nicht, sie mumifizierten. Die mehrere Quadratmeter großen (bis 20 x 4 m), sehr wert-vollen Paracas-Totentücher **(Mantos)** bestechen durch ihre Farbenvielfalt und feinen Muster, die auf hohe Wirk- und Webfertigkeiten schließen lassen.

■ *Webmotiv eines Paracas-Tuches, menschengestaltiges mythisches Wesen*

Tour 2: Islas Ballestas

Halbtagesausflüge zu den Islas Ballestas werden in Pisco zahlreich angeboten. Die Preise liegen je nach Leistungen, Bootsqualität und Jahreszeit bei 35 Soles p.P. Eine Tour sollte mindestens 1,5 h dauern und die Seelöwen-Kolonie immer miteingeschlossen sein. Morgendliche Touren sind die besten, nachmittags finden meist keine statt.

Mit einem Minibus werden die Mitreisenden eingesammelt und zum Hafen nach Paracas gefahren. Von dort geht es mit einem Motorboot zu einer etwa zweistündigen Rundtour hinaus zu den Islas. Anschließend Rückfahrt nach Pisco (Ankunft bei einer Morgentour noch vor 12 Uhr; man könnte also noch nachmittags nach Lima weiterfahren).

Die Tour zu den Islas Ballestas kann mit Paracas inkl. Museum als „Große Tour" kombiniert werden und kostet 50 Soles p.P. (ohne Anfahrt). Das Taxi zum Hafen kostet nochmals 8 Soles.

Veranstalter: *Ballestas Expeditiones,* San Francisco 219, Tel. 53-2373. Bootsausflüge zu den Inseln, Abfahrten um 7 und 9.30 Uhr, Dauer ca. 3 h inkl. Transport von Pisco. – *Paracas Tours,* San Francisco 257, Tel. 53-3630 (Nähe Ormeño-Busstation). Tägl. Ausflüge um 7.30 u. 9.30 Uhr, Dauer ca. 1,5 h, Kosten ca. 35 Soles, zuverlässig.

El Candelabro

Die Fahrt über das Meer führt zunächst an Puerto San Martín vorbei. Dann kommt links in Hanglage der riesige, als **El Candelabro** bezeichnete Dreizack im Wüstensand in Sicht. Das in den Wüstensand eingekerbte Bild ist 180 m hoch und über 70 m breit. Er ist vom Wasser aus perspektivisch leicht verzerrt, uralt und rätselhaft. Stilistische Ähnlichkeiten mit den Bodenzeichnungen von Nasca sind aber unverkennbar. Möglicherweise stellt das Zeichen einen Kandelaberkaktus dar, der einstigen Bewohnern der Region wegen halluzinogener Wirkstoffe als heilig galt. Obwohl auf dem Sandhügel ständig Pazifikwinden ausgesetzt, lässt er sich nicht vom Sand zuwehen noch verwischen. Seit ewigen Zeiten dient er Seefahrern und Fischern als Orientierungspunkt.

■ *Dreizack im Wüstensand – „El Candelabro"*

Islas Ballestas

Dann nähert man sich den Islas Ballestas: Eine wild zerklüftete Inselgruppe mit Klippen und ungewöhnlich geformten Felsen. Zehntausende von Seevögeln, wie Pelikane, Guanay (Guano-Scharbe), Blaufußtölpel (selten), Guanotölpel, Biguascharbe und Buntscharbe nisten und misten an den steilabfallenden Hängen oder schießen im Sturzflug auf Nahrungsjagd in die grünblauen Fluten des Pazifiks, der hier enorme Sardellenbestände hat.

Am possierlichsten sind die Seelöwen, die in einer Bucht meist schrecklich auf die fotobewehrten Eindringlinge schimpfen. Humboldt-Pinguine fühlen sich in der eiskalten Randströmung des Humboldt-Stromes genauso wohl wie die wuchtigen, über 2,50 m langen braunschwarzen Seelöwen, die das Meerwasser nach Fischen und Muscheln durchpflügen. Oft kann man jagende Delphine beobachten. Da die Inseln nicht betreten werden dürfen, kann die Tierwelt nur vom Boot aus erlebt werden.

Guano

Noch immer wird von den Küsteninseln Perus der wertvollste natürliche Dünger der Welt, der **Guano,** von Männern mit geruchsunempfindlichen Nasen eingesammelt. Er enthält äußerst viel Calciumphosphat und Stickstoff. Für den Export spielt Guano, im Zeitalter weltweiter Chemiedüngung, für Peru jedoch keine Rolle mehr. Fischguano besteht aus Seefischen und Fischabfällen.

Mundo Azul

Die 1999 vom Meeresbiologen *Stefan Austermühle* und seiner Ehefrau *Nina Pardo* gegründete peruanische Umweltschutzorganisation **Mundo Azul** (Blaue Welt) setzt sich für den Schutz der Artenvielfalt und Natur Perus sowie eine nachhaltige Entwicklung der lokalen Comunidades ein.

Schwerpunkt ihrer Arbeit, bei der sie von Peruanern und anderen Umweltorganisationen unterstützt werden, ist u.a. der Schutz der Meeresdelphine, da diese vor der 2300 km lange Küste Perus von Fischern gejagt, harpuniert und getötet werden. Das Delphinfleisch wird auf den lokalen Fischmärkten verkauft, obwohl die Jagd auf diese Tiere für den Verzehr seit 1996 per Dekret verboten ist. Nachdem inzwischen geschätzt etwa 20.000 Delphine vor Perus Küsten getötet wurden, ist das Hauptziel von Stefan Austermühle, Director Executivo, und Nina Pardo, Präsidentin von Mundo Azul, die Bevölkerung über die Delphine aufzuklären, diese nicht zu jagen und als Nahrungsmittel zu verkaufen. Sie erforschen das Sozialverhalten der Delphine, und Stefan hat bereits mehr als 350 Delphine an Hand ihrer Rückenflosse identifiziert. Das Delphinprojekt von Mundo Azul zielt darauf ab, dass Fischer und Delphine zusammenleben. Deshalb möchten Stefan und Nina die Fischer für den Delphintourismus gewinnen. Die Delphinbeobachtung durch Touristen ist wesentlich lohnender als die Delphinjagd, da das Fleisch eines getöteten Delphines nur 12 € auf dem Markt einbringt. Inzwischen arbeitet sogar die Polizei mit Mundo Azul zusammen. Der Polizeichef von Lima, Juan Torres Dias, ließ 2008 bei einer Razzia Verkäufer festnehmen, die Delphinfleisch auf dem Fischmarkt verkauft hatten, ein Ausschnitt dieser Aktion kam im Februar 2009 sogar im deutschen Fernsehen. Inzwischen konnte Mundo Azul Fischer anwerben, die nun als Guide für den Delphintourismus arbeiten. Von Pucusana geht es mit einem Boot hinaus aufs Meer, um Delphine zu beobachten. Die Fahrt dauert eine Stunde, und die Touristen sind begeistert, wenn Delphine kurzfristig das Beobachtungsboot begleiten.

Informationen: mundoazul@terra.com.pe, **www.mundoazul.org**

Tour 3: Tambo Colorado

Der Ausflug zur alten Inkasiedlung **Tambo Colorado** ist nicht nur für archäologisch Interessierte sehenswert und von Pisco aus leicht machbar (50 km). Auf der Straße, die an Tambo Colorado vorbeiführt, fahren täglich Busse via San Clemente nach Ayacucho (Linie *Molina*). Fz mindestens 2 h, Fp 1 €. Am Nachmittag kommen von Ayacucho einige Busse *(Molina)* nach San Clemente bzw. nach Lima durch. Ein Taxi ab Pisco und zurück kostet ca. 20–30 €. Man könnte es auch mit Trampen versuchen, durchaus machbar auf dieser Strecke.

Anfahrt: Von Pisco nach Tambo Colorado muss zuerst auf die Panamericana zurückgefahren werden, dort nach Norden wenden. Nach 4 km kommt nach rechts die Abzweigung Richtung Castrovirreyna. Die Piste führt 42 km über Independencia (15 km) und Humay am Río Pisco entlang zu den Ruinen von Tambo Colorado, die sich zwischen dem Fluss, der Straße und einem Cerro erstrecken. Die Anlage ist das beste Beispiel inkaischer Architektur an der Küste. Neben dem Parkplatz wird der Eintritt kassiert. Falls keine Besucher anwesend sind, schließt der Hausmeister den Eingang auf. Funde der Stätte, wie Quipus und Totenschädel, können bei Interesse in einem Museumsraum besichtigt werden. Geht man an dem Haus des Hausmeisters vorbei, führt ein Fußweg an einem Berghang entlang zu einem alten Inkafriedhof. Durch einen Bergrutsch wurden viele Gräber freigelegt. Überall trifft man auf mit Stoffen umhüllte Skelette, Totenköpfe mit erhaltenen Haarresten, Tonscherben mit Verzierungen und auf unzählige Knochen. Selbst für den Laien ist bei einigen Gräbern die ursprüngliche Bauweise gut erkennbar. Bitte nichts berühren oder gar mitnehmen.

Die Gelehrten sind sich über Tambo Colorado nicht recht einig. Der Gebäudekomplex ist aus rotem Adobe erbaut. Trapeznischen und -türen deuten auf die Inkazeit unter Pachacuti hin, das Heiligtum rechts von der Straße auf die Vorinkazeit. Das Ganze könnte eine Stadtanlage mit Rast- *(tambo)* und Lagerhäusern und mit einem Sonnentempel gewesen sein. Andere sprechen von einer Festung. Im Archäologischen Museum von Lima kann das Modell von Tambo Colorado besichtigt werden.

Pámpano – Huancavelica
Von Tambo Colorado führt die Straße weiter in die Anden. Über *Pámpano* und *Castrovirreyna* (4000 m, Tankstelle, einfache Unterkünfte, z.B. Hostal Municipal, bp, Parkplatz, DZ/F 5 €) gibt es eine Piste zu den Lagunen *Orcococha* und *Choclococha*, die die Stadt Ica mit Wasser versorgen. Nach 190 km teilt sich in *Santa Inés* (4530 m) die schlechte Straße. Ein Abzweig führt nach links über den *Abra Chonta* (4853 m) noch weitere 80 km nach **Huancavelica** (275 km von Santa Inés), der andere nach rechts über den *Abra Apacheta* (4750 m) noch 180 km weiter nach **Ayacucho** (325 km von Santa Inés).

Pisco – Lima

Chincha Alta
Auf den restlichen 239 km nach Lima setzen wir locker zum Endspurt an: Zunächst folgen wieder endlose Baumwollfelder, und in **Chincha Alta** (148.000 Einwohner) wird jede Menge Wein und Pisco an unzähligen Straßenständen verkauft. Hier ist die Heimat der afroperuanischen Musik, die durch die vielen Nachfahren afrikanischer Sklaven am Leben erhalten wird. Unterkunft bieten zahlreiche Hotels, wie z.B. *Embassy*, *Majestic*, *El Sausal San Francisco, Sotelo* und das *Carnaval* beim Km 199 an der Panamericana. Das zentral gelegene *Hostal Los Ángeles* (ECO), Av. Los Ángeles 369, Tel./Fax 26-1715, kann empfohlen werden. Das beste Hotel und ist das herrliche, historische Kolonialhotel *Casa Hacienda San José El Carmen* (LUX), knapp 10 km abseits der Panamericana. Tel./Fax (034) 22-1458, hsanjose@terra.com.pe, www.haciendasanjose.com.pe; koloniales Ambiente, Rest. mit kreolischem Buffet (So 13 Uhr, 17 € p.P.), Pool, Tennisplatz, jeden So „Fiesta Negra". **TIP!**

Verkehrsverbindungen nach Lima: ständig Busse, z.B. mit *Oropesa*, Aurelio Moises Flores 205-2.

Eintönige Strecke
Dann kommt wieder eine öde Strecke, die, zusammen mit der depressiven *garúa* (Küstennebel), einen besonders trostlosen Eindruck macht (bei Km 189 vor Lima wird die Strecke mautpflichtig). Am Beginn einer Oase liegt rechts, wie in einem Märchen, ein kleines Schloss. Es war früher einer der Landsitze der spanischen Vizekönige. Der Hauptort der großen Baumwoll-Oase heißt **Cañete** bzw. *San Vicente de Cañete*. Das Städtchen wurde 1556 auf Anordnung des Vizekönigs *Marqués de Cañete* knapp 150 km südlich von Lima gegründet, aber bereits im 12. Jahrhundert haben hier indigene Volksgruppen gesiedelt.

Die weitere Fahrt geht hoch über dem Meer entlang und wird wieder ziemlich eintönig. Gut 130 km vor Lima beginnt nun die gleichfalls mautpflichtige Autobahn (pro Mautstelle 1 €). Die dichtere Besiedlung weist bereits auf die Nähe von Lima.

Pisco – Lima

Es folgen zahlreiche einfache **Badeorte,** die nur in den Monaten Dezember bis März (Hochsommer) Saison haben, wie z.b. *Mala (Playa La Ensenada,* Obstanbaugebiet), *San Antonio, Pucusana* (mit der interessanten Felsformation *Boca del Diablo), Santa María del Mar* (mit dem gleichnamigen Luxushotel), *San Bartolo* und *Punta Negra.*

Pucusana Ein Ausflug zum Fischerdorf **Pucusana** lohnt sich für Vogelliebhaber auch noch von Lima. Hier kann eine Bootsfahrt (3 €) zu einer vorgelagerten Insel mit Pelikanen unternommen werden. Als Unterkunft kann das *El Mirador Belvedere* (ECO), Prolg. Grau Mz. 54 Lt. 01, Tel. 430-9228 von der sehr netten *Elizabeth Noemi Meza Zuniga* in traumhafter Lage auf einem Berg empfohlen werden.

San Bartolo Das Seebad **San Bartolo** ist eine kleine Oase mit Atmosphäre für müde Reisende, die sich ein paar Tage Entspannung gönnen möchten, z.B. vor dem Heimflug – doch im Juni/Juli ist so gut wie alles geschlossen. Selbst die Restaurants sind ab 19 Uhr nahezu alle dicht, bis auf einen Chifa auf der Plaza. Fast immer geöffnet ist das **Hostal La Marina** (ECO), Av. San Martín 351, Tel. 430-7601. Zi. mit Meerblick, bp, Ww. Ü/F 25–30 Soles. – Gut geeignet ist das Strandresort **Las Kahunas** (ECO), Tel. 430-7407, traumhafte Zimmer mit Panoramablick auf den Pazifik, bp, Ww, sehr sicher, Surfkurse, gPLV. DZ/F 100 Soles. **TIP!** – **Posada del Mirador** (FAM), Playa Norte 105, Tel. 430-7822, www.posadadelmirador.com. Pittoreske Lage auf einem Felsen, italien. Leitung, Zimmer u. Bungalows, bp, AC, Rest., Ws, kleiner Pool, Touranbieter, Mietwagen. Mai–Nov. 60 Soles p.P., sonst 120 Soles, alle Kk, Kinder willkommen (doch nicht gerade freundlich). – Preiswerter ist **Hostal Playamar,** Av. San Bartolo, Ü/bp 40 Soles. – Gut zum **Essen:** Restaurant Rocio, zu Fuß max. 15 Min von der Plaza.

Sta. Maria An der Plaza in Sta. Maria (von San Bartolo Taxi nehmen) befindet sich das gute und günstige *Restaurante Rocio,* eine echte Empfehlung!
Von San Bartolo fahren ständig Busse über Punta Negra (Mautstelle, Tankstelle, Restaurants und Hotels) nach Lima.

Pachacamac Knapp 30 km vor der Hauptstadt werden die Ruinen von **Pachacamac** (rechts) passiert. Der große Fischreichtum vor Pachacamac lädt zum Schnorcheltauchen ein, wobei sich Seelöwen neugierig nähern können. Wegen des kalten Humboldtstroms sind Tauchanzüge empfehlenswert. Pachacamac und der Rest des Weges wurden bereits im Lima-Kapitel beschrieben (Tour 1, s.S. 166).

Damit ist die grandiose „Klassische Rundreise" beendet.

Bitte schreiben oder mailen Sie uns (rkhhermann@aol.com) Ihre Reise- und Hotelerfahrungen oder wenn sich in Peru und Bolivien Dinge verändert haben und Sie Neues wissen. Danke.

Nordperu

Touren-planung

Geographisch ist darunter der nördliche Küstenstreifen zwischen Lima und der ecuadorianischen Grenze sowie das angrenzende nördliche Andenbergland bis zu den Abhängen der Selva gemeint. Besonders für Bergsteiger (Huaraz) und Freunde der Archäologie ist die Nordküste Perus eine Schatzgrube. Hervorzuheben sind z.B. **Chan Chan,** einst größte Lehmziegelstadt der Welt, die geschichtsträchtigen Andenstädte **Cajamarca** und **Chachapoyas** mit der Ruinenstätte **Kuélap,** eine ehemalige Festung, die an den Abhängen zur Selva liegt und Machupicchu kaum nachsteht. Nordperu bietet sich vor allem für jene an, die entweder über mehr Zeit verfügen, das touristische Peru schon kennen oder noch mehr vom Land kennenlernen möchten.

Panamericana Norte

Die wichtigste Verkehrsader durch den Norden Perus ist die Panamericana. Sie führt von Lima über Trujillo nach Tumbes, das kurz vor der ecuadorianischen Grenze liegt. Nördlich von Pativilca bis Santa schieben sich steile Andenhänge bis an den Pazifik. Die „Traumstraße" wird nach Norden immer schlechter. Von ihr führen zwar sehr viele Straßen und Pisten in das Andenbergland hinauf, enden aber meist als Stichstraßen, wie z.B. die Straße Pativilca – Cajatambo.

Nur ganz wenige Pisten führen von der Küstenstraße über die Anden in das Tiefland der Selva. Diese Pisten bündeln sich an zwei Stellen: die ersten drei Querverbindungen von der Küste von Chancay, Huacho und Pativilca (über La Unión) treffen alle wieder in **Huánuco** (s.S. 571) zusammen. Von Huánuco führt dann eine Straße über **Tingo María** (von dort Querverbindung nach Tarapoto und weiter nach Yurimaguas) bis nach **Pucallpa.**

Die beiden nächsten Querverbindungen steigen von der Pazifikküste von Pacasmayo über Cajamarca nach Chachapoyas hoch, sowie von Chiclayo nach Olmos. Beide Strecken treffen in **Pedro Ruíz Gallo** zusammen. Von dort zieht sich eine Piste über Moyobamba bis Tarapoto (Querverbindung nach Tingo María) und weiter bis Yurimaguas (s.S. 607).

Reisezeit und Reisemöglichkeiten

Das gesamte Gebiet nördlich von Lima wird in den Hauptreisemonaten Juli und August weit weniger besucht als das touristisch „überlaufene" Andengebiet um Cusco und um den Titicacasee.

Rundreisen durch Nordperu sind nicht einfach durchzuführen und unterwegs oft auch recht mühsam. Elementarer Vorteil ist es, über genügend Zeit zu verfügen, um eventuelle Verspätungen oder Wartezeiten kompensieren zu können. Eine mögliche Rundreise ist z.B.: von Pativilca an der Pazifikküste nach Huaraz und von dort über Caraz und Chimbote wieder zurück zur Panamericana. Oder man fährt von Chimbote über Trujillo weiter zur ecuadorianischen Grenze.

Eine weitere Rundtour ist die Fahrt von Trujillo über Cajabamba nach Cajamarca und von dort über Pacasmayo wieder nach Trujillo zurück. Eine dritte, wenngleich schwierigere Rundreise, wäre die Tour Chiclayo – Cajamarca – Celendín – Chachapoyas, und dann vor dort zurück, über Pedro Ruíz Gallo – Bagua Grande – Chiclayo. Mit noch größerem Zeitaufwand wäre auch eine Rundreise direkt von Lima aus machbar: Chiclayo – Olmos – Moyobamba – Tarapoto – Tocache Nuevo – Tingo María – Huánuco – Lima. Bestimmt eine Tour, die nur von sehr wenigen Peru-Reisenden unternommen wird.

Von Lima bis zur ecuadorianischen Grenze bei Tumbes sind es auf der direkten Küstenstraße knapp 1300 km. Von Pacasmayo (Abzweigung nach Cajamarca) auf der Panamericana durch die Küstenwüste weiter in den Norden zu fahren ist nur für die Reisende interessant, die nach Ecuador möchten, und dies sind von Pacasmayo bis zur Grenze immerhin noch über 600 schier endlose Straßenkilometer ohne besondere Sehenswürdigkeiten. Lediglich das **Museo Bruening in Lambayeque,** die Ausgrabungsstätten von **Sipán** (bei Chiclayo) und der Pyramidenkomplex von **Túcume** (bei Chiclayo) sind auf der Küstenroute nach Ecuador interessante Punkte. Zwar besteht von Olmos aus die abenteuerliche Strecke über Bagua Grande nach Chachapoyas bzw. Moyobamba, doch ist die Route von Cajamarca nach Chachapoyas über die Ruinen von **Kuélap** mindestens so aufregend! Wer von Lima bis Pacasmayo gereist ist, sollte aber unbedingt **Cajamarca** nicht versäumen.

Die **Strecken** von der Panamericana hoch **nach Huaraz** sind verschieden lang und qualitativ unterschiedlich: von Casma 150 km, von Pativilca 205 km (Asphalt), von Chimbote mindestens 220 km. Von der Panamericana sind es nach Cajamarca 175 km, nach Chachapoyas über 350 km und nach Tarapoto über 600 km!

Die nachfolgende Routenbeschreibung folgt zunächst der Panamericana von Lima bis Tumbes und führt anschließend zu den Reisezielen Huaraz, Cajamarca und Chachapoyas. Die Kilometerangaben beziehen sich, wenn nicht anders angemerkt, ab Lima.

Nordküste
ROUTE 5: LIMA – TRUJILLO – TUMBES (1300 KM)

Lima wird am besten über die Av. Tacna und die Umgehungsautobahn, die sich direkt in der Panamericana Norte fortsetzt, verlassen. Nach 46 km liegt links, etwas von der Panamericana entfernt, das *Seebad Ancón.* Bis hierher reichen inzwischen die Ausläufer der Barriadas von Lima. Der unattraktive Badeort liegt an einer Bucht, besitzt einen Yachtclub und einen stark frequentierten Strand. Es gibt einige einfache Unterkünfte, z.B. das *Hostal Ancón.*

Grabfelder von Ancón Bei Ancón liegen Ruinen und Totenfelder aus der Präinka- und Inkazeit, wie *San Pedro, Maranga* und *Chuquitanta.* Bedeutend ist **Ancón,** das von der Chavin- bis zur Chancay-Zeit genutzt und im wesentlichen durch diese und die Wari-Kultur geprägt wurde. Von letztgenannter Kultur wurden mächtige Mumienbündel mit bemerkenswerten Textilien und anderen Grabbeigaben gefunden. Die Deutschen Reiß und Stübel gruben hier 1874/75 und veröffentlichten einige Jahre später ein lithographisches Werk mit 141 großformatigen Drucken. Am Ort befindet sich ein kleines, sehenswertes Museum mit einer repräsentativen Auswahl der Funde und Replikaten der Lithographien.

Grabfelder von Chancay Nach Ancón teilt sich die Panamericana in zwei Straßen, wobei die schönere am Meer entlang und über die Sanddüne von *Pacasmayo* führt (nur für Lkw und Busse). Die andere verläuft etwas landeinwärts über die autobahnartig ausgebaute, mautpflichtige Panamericana (nur Pkw).

Nach km 86 zweigt ein Weg zu den ausgedehnten Gräberfeldern von

■ *Chancay-Webmotiv*

Chancay ab. Sie wurden seit Jahrhunderten systematisch geplündert, so dass heute nur noch Keramikreste und Knochen zu finden sind. Es gibt dort ein Schloss in mittelalterlichem Stil (erbaut um 1940), das Musterstücke der Chancay-Kultur zeigt (Keramiken, Mumien und hervorragende Textilkunst). Auch das kleine Museum im ehemaligen Rathaus an der Plaza de Armas in Chancay zeigt hiervon Beispiele. Außerdem hat sich auf die Chancay-Kultur das *Museo Amano* in Lima (s. dort) spezialisiert.

Unterkunft: *Hostal Chancay* (ECO) und *Hostal Villa de Arnedo* (FAM). Restaurant: *Costa Azul,* in Gartenanlage. **Busse** von Lima nach Chancay fahren von der Plaza de Acho ab.

Thermalbad Churín

Bei km 103 kommt eine Abzweigung nach *Sayán* (56 km) und zu den bekannten Thermalbädern von **Churín** (118 km) am *Río Haura*, eine landschaftlich lohnende Strecke, auf der zweiten Hälfte eine staubige Piste. Fz ca. 6 h. Heute besitzt Churín ausgezeichnete Unterkünfte, wie z.B. das *Hotel Las Termas,* Av. Herrera 411, eigenes Thermalbad, DZ 40 Soles (an Feiertagen 100 Soles). Daneben gibt es weitere Thermalbäder: *Don Bosco, La Juventud* und *Santa Rosa*. Bei chronische Entzündungen sollen sie Wunder wirken. Ein Ausflug von Churín durch die wilde Gebirgslandschaft der Cordillera Raua bis zur Mine *Raua* (65 km, 4600 m) ist beeindruckend. Auf dem Rückweg bietet sich in Sayán die gute Direktpiste zurück zur Panamericana nach *Huaura* an.

Lomas de Lachay

Hinter km 105 führt rechts eine sandige Piste auf ca. 8 km zum Besucherzentrum des 5070 ha großen, sehr lohnenswerten Naturparks **Reserva Nacional Lomas de Lachay,** 1977 gegründet, um das einzigartige Lomas-Ökosystem zu schützen (beste Besuchszeit Juli – September). In Lima werden Tagestouren angeboten (Sa/So; mit dem Bus von der Plaza de la Universidad).

Durch das Gebiet führen Wanderwege, es gibt Camping- und Picknickplätze und einen Aussichtspunkt. Besonders in den Monaten August bis Dezember verwandelt sich der Wüstenboden durch Kondensation des Nebels in ein blühendes Oasenparadies in zartem Grün, unterbrochen von gelben Teppichen blühender Blumen. Es gibt mehr als 70 Pflanzen- und über 50 Tierarten, wie z.B. Füchse, Fledermäuse, Adler, Eulen, Turtupilínes (Vogelart mit leuchtend rotem Gefieder und schwarzem Kopf), Andenkatzen, Hasen u.a. Das Weiden von Schafen und Rindern ist verboten, da dadurch die sensible Lomas zerstört würden.

Las Salinas

Dann folgt wieder typische Wüstenlandschaft. Schnurgerade zieht sich die Panamericana Norte durch die Küstenwüste, die Luft flimmert. Beim Km 130 kann ein kleiner Abstecher zu den Salzgewinnungsanlagen **Salinas de Huacho** unternommen werden. In den warmen, hellgelb bis dunkelroten Salztümpeln kann gebadet werden. Der Salzgehalt ist so hoch, dass selbst Nichtschwimmer nicht ertrinken würden. Nach knapp 20 km kommt die erste größere Stadt seit Lima, Huacho.

Huacho

Die Küstenstadt (ca. 55.000 Ew.), knapp 150 km nördlich von Lima, ist ein wichtiges Zentrum für Fischmehl, Baumwolle und Zuckerrohr, die vom Hafen verschifft werden. Der lebendige Ort mit seiner sehenswerten Plaza de Armas und dem *Castillo de Rontoy* gefällt. Unbedingt den köstlichen Sauerkirschlikör *guinda* probieren. Die kleine *Laguna Albufera de*

Medio Mundo ist ein Rastplatz für Zugvögel. Während der Sonnenmonate werden die wenig frequentierten, feinen Strände von Surfern und Fischern aufgesucht.

Auf den vorgelagerten Inseln haben sich Seevögel, Pelikane, Seehunde (Isla Loberas), Pinguine (Isla Mazorca), Leguane und Eidechsen (Isla Huampanú) angesiedelt. Fischer fahren Interessierte zu den Inseln hinaus, jedoch nicht im Juni, wenn die See rauh und die Sicht schlecht ist. Mit etwas Glück verfolgen Flaschennasendelphine die Boote. **Diese Inseln stehen den Islas Ballestas bei Paracas um nichts nach!**

Unterkunft: Die meisten Hotels liegen an der Hauptstraße 28 de Julio. Weitere Hostales finden sich in der parallel verlaufenden Av. Grau. **Vorwahl (01).**
ECO: Hostal La Libertad (BUDGET), 28 de Julio 636; bc. – **Hotel Pacífico,** 28 de Julio 478, Tel. 32-4871. Ältere Zi., bp, nicht immer Ww. – **Hostal 28 de Julio,** 28 de Julio 871; bc/bp, gut. – **Hostal Skorpio's, Pasaje R. Palma,** Tel./Fax 32-7130; bp, empfehlenswert. – **Hotel Centenario,** 28 de Julio 836, Tel. 32-3731. Ältere Zi., bp. – **Hostal Bolívar,** Bolívar 270. Ww, bp, DZ 40 Soles.
FAM: Garden Hostal, 28 de Julio 573, Tel. 32-3546; bp, gut. – **Gran Hotel La Villa,** Av. Félix Cárdenas 196, Tel./Fax 232-1477, hotel_la_villa@terra.com.pe. Schöne Anlage, 35 Zi., Rest., Bar., Pool, Minizoo, alle Kk, für Familien mit Kindern besonders geeignet. DZ 40 €.

Huaura
Gleich nach dem Überqueren des *Río Huaura* gelangt man zum gleichnamigen Ort, der 1967 durch ein Erdbeben ziemlich zerstört wurde. Das Haus und der Balkon, von dem General San Martín 1821 Perus Unabhängigkeit verkündete, sind allerdings erhalten geblieben. Auch hier ist eine lokale Spezialität ist der süße Kirschlikör *guinda*.

Supe
Dann zieht sich die Panamericana wieder durch die Öde und an Wüstenstränden entlang bis Supe bzw. Caleta Vidal (s.u.), Fz 3,5 h von Lima, Fp 10 Soles mit Empresa Paramonga. Von Supe gibt es nach Osten eine Verbindung ins schöne Tal des *Río Supe*. Nach etwa 26 km wird die Ruinenstätte **Caral** inmitten der Wüste erreicht (s.u.), Fz ab Supe 50 Minuten, Fp 4 Soles.

Unterkunft: Idealer Ausgangspunkt für den Besuch **Carals** ist das nette Dorf **Caleta Vidal** (Km 180) an der Pazifikküste, 6 km südlich von Supe. Anfahrt von Supe mit Colectivo 1,50 Soles. Dort ist man im *Hotel Bello Horizonte,* direkt am Pazifik bei der gastfreundlichen Familie Gavilan, richtig (Handy 9782-5498, www.caral-hotelbellohorizonte.) Riesige Panoramafenster mit Meerblick, bp, Ws, PP, geführte Touren nach Caral. U 30 Soles p.P./NS. Im Dorf gibt es ein Restaurant mit guter, preiswerter und typischer Küche, während der HS zu allen Tageszeiten geöffnet, Juni/Juli geschlossen. Ansonsten mit einem Colectivo nach Supe fahren, Fp 1,5 Soles.

Caral
Diese Pyramidenstadt wird auf 2627 v.Chr. datiert und gilt als älteste Stadtanlage Amerikas! Zur selben Zeit wurden die Pyramiden in Ägypten gebaut.

Caral umfaßte einst acht durch Mauern geschützte Wohnsektoren, sechs terrassierte Pyramiden (stufenförmige Plattformen) aus Stein und Lehm und zwei runde Plätze. Die Aufteilung in eine Ober- und Unterstadt war Abbild der gesellschaftlichen Hierarchie. Die Oberstadt mit sechs Pyramiden war der religiöser Kultort einer hohen Zivilisation, die den Pyramidenbau perfekt beherrschte. In der Unterstadt spielte sich der Alltag ab.

Obwohl heute der Pazifik gut 30 Kilometer entfernt liegt, wurden bei den Ausgrabungen Fischgräten und Reste von Fischernetzen gefunden. Auffallend waren außerdem die ausgegrabenen Schneckengehäuse, die aus dem Amazonasurwald stammen. Auch Samen der Cocapflanze wurden in der Wüstenstadt entdeckt, die durch ein geniales Bewässerungssystem versorgt wurde. Diese uralte Bewässerungsgräben waren die Grundlage, das Wüstental in eine fruchtbare Oase mit Obst- und Gemüsegarten zu verwandeln, neben Baumwolle wurden u.a. Erdnüsse und Bohnen angebaut. Vermutlich bezog Caral Waren aus ganz Peru und hatte Handelsverkehr sowohl mit der Küste als auch mit dem Urwald.

Die Ausgrabungen unter *Ruth Shady Solís* finden seit 1994 ganzjährig statt und das ursprüngliche Ausmaß der Anlage ist gut erkennbar. Neben den stufenförmigen Plattformen wurden Petroglyphen, Altäre und Opferplätze, aber keine Waffen entdeckt. Eine Besichtigung der Ruinenstätte dauert 1,5 h, Eintritt 11 Soles, obligatorischer Führer 20 Soles. Anfahrt mit Colectivo von Supe möglich. Iífos in Lima: Av. de la Unión 1040, contactos@caralperu.com.pe; www.caralperu.gob.pe. Karten von Caral auf www.caral.org.pe.

Barranca Von Supe sind es nur noch wenige Kilometer nach Barranca, von hier aus kann **Paramonga** (s.u.) besucht werden. 8 km hinter Barranca liegt **Pativilca**, Mittelpunkt eines Zuckerrohranbaugebietes. Auf der linken Seite der Hauptstraße ist noch das Haus Nr. 253 zu sehen, in dem Simón Bolívar einige Zeit gelebt hat. Von Pativilca führt eine abenteuerliche Stichpiste in das Andendörfchen *Cajatambo* (s.S. 519).

Hinweis: Hinter Pativilca zweigt eine Straße nach **Huaraz** ab. Wer vom Süden kommt, sollte hier abbiegen. Von Huaraz dann entweder direkt nach Casma an der Panamericana zurück, oder über Caraz nach Chimbote fahren.

Chimú-Ruinen Paramonga 8 km nördlich von Pativilca kommen die Ruinen von *Paramonga* in Sicht, ein 50 m hoher ein mit einer Ringmauer befestigter, 50 m hoher Hügel, **Cerro de la Horca** genannt. Er ist die südlichste Festung des **Chimú-Reiches.** Hier besiegte der 10. Inca *Túpac Yupanki* Ende des 15. Jahrhunderts den letzten Chimú-Herrscher. Ein riesiges Gräberfeld in der Nähe lässt auf eine erbitterte Schlacht und die vielen baulichen Überbleibsel auf eine zahlenmäßig große Bevölkerung schließen. Die Anlage ist relativ gut erhalten und sehr sehenswert. Deutlich sind acht terrassenartig übereinander erbaute Mauerrechtecke zu erkennen. Die oberste Plattform nimmt das Festungshauptgebäude mit zwei quadratischen Räumen von etwa 4 m Seitenlänge ein. Tägl. von 8–18 Uhr, Eintritt 1,50 €. Anfahrt: Bus oder Micro von Pativilca nach Paramonga. Von dort ein Taxi oder Motocarro zu den Ruinen nehmen, Fp 4–5 € (inkl. Rückfahrt).

■ *Chimú-Gewebe*

Casma

Von Pativilca sind es auf der Panamericana Norte noch 170 km langweilige Wüstenkilometer bis Casma. In der Nähe liegt **Sechín**, mit die wichtigsten küstennahen Ruinen Perus. Die Bergausläufer treten auf dieser Strecke bis zur Küste heran. Insgesamt sind drei kleinere Pässe mit Höhen bis 400 m zu überfahren.

Das laute und hässliche Casma (etwa 25.000 Ew.) inmitten einer sehr schönen Wüstenlandschaft wird auch als „Stadt des ewigen Sommers" bezeichnet. Der Ort wurde 1970 durch ein schweres Erdbeben fast ganz zerstört, ist aber mit chilenischer Hilfe inzwischen wieder weitgehend aufgebaut. Casma ist als Ausgangspunkt für Sechín und für die Weiterreise nach Huaraz von Bedeutung. An der Straße nach Huaraz können 30 bis 40 m große Petroglyphen (600 v. Chr) ähnlich derer in Nasca besucht werden. Anfahrt ca. 14 km mit dem Motocarro, Fp 5 €.

Adressen & Service Casma

Unterkunft

Vorwahl (043). – **ECO: Hostal Gregori** (BUDGET), Av. Luís Ormeño 529, Tel. 71-1073. Zi. zur Straße hin laut, bc/bp, Kw, Rest. – **Hostal Indoamericano**, Av. Huarmey 130 (neben dem Restaurant Tío Sam), Tel. 71-1395. Zi. zur Straße hin laut, bc/bp, Kw. DZ ca. 6 €. – **Hotel Las Dunas**, Av. Luís Ormeño 505, Tel. 41-1226. Neuer Bau, gutes Chifa-Rest. im Haus. EZ/bp 20 Soles.
FAM: Hostal El Farol, Av. Túpac Amarú 450, Tel. 71-1064 (hostalfarol@yahoo.com). Ansprechende Zi., bc/bp, ruhige Gartenlage, Rest., Bar, freundlich, hilfsbereit. DZ/F 22,50 €, gPLV. Empfehlenswert, aber nach Rabatt fragen. Auch Bungalow-Unterkünfte im Balneario Tortugas.

Essen & Trinken

Das Restaurant *Libertad* ist eine gute Wahl. Gutes und preiswertes Essen wird auch im *Servicenter Casma*, der Tankstelle an der Hauptstraße, angeboten.

Post

Serpost, Fernando Loparte (Nähe Plaza de Armas).

Telefon

Telefónica del Perú, Huarmey 302. *Luz,* Av. Ormeño 118.

Geld

Banco del Crédito, Bolívar 181.

Führer

Für Touren um Casma (z.B. Rundfahrt Pampa de Llamas, Moxeque, Sechín, Chanquillo) können *Renato*, Av. Nepeña, Tel. 71-2528, u. *Peter Cabellas,* Tel. 971-1826, peter_juan@hotmail.com, mit ihrem Motocarro empfohlen werden.

Bus

Die meisten Busse aus Lima nach Norden kommen am Vormittag durch Casma und halten meist an der Tankstelle am Ende der Av. Ormeño. Falls alle Busse voll sind (das ist meist der Fall), muss zuerst nach Chimbote gefahren werden. Von dort gibt es bessere Verbindungen. **Nach Chimbote** (60 km): tägl. Colectivos und Busse, z.B. mit *Huandoy*, Luís Ormeño 159, Tel. 71-2336; Fz 1 h, 1 €. – **Huaraz** (160 km): tägl. Busse von *Transportes Moreno* (8 Uhr) und *Soledad* (9.30 Uhr). Strecke bis Yaután (50 km) asphaltiert, danach 110 km Erdpiste über den Pass von Callán (4220 m). Fz 7 h, 6 € – **Lima** (370 km): tägl. Busse und Colectivos; Fz 6 h, 5 €. – **Playa Tortugas** (20 km): Mo-Fr Colectivos ab Plaza de Armas, Fz 20 Min., 1 €, Taxi 3–4 €. – **Sechín** (5 km): Colectivos nach *Buena Vista* (20 km), Fz ca. 30 Min. – **Trujillo** (190 km): keine Direktbusse, Colectivos bis Chimbote und dann umsteigen; Fz 3 h, 2,50 €.

Umgebungsziele

Tour 1: Cerro Sechín

Nur 5 km von Casma und knapp 1 km abseits der Panamericana liegt der Ruinenkomplex von **Sechín** im heißen Wüstensand. Er wird der Chavín-Kultur der Küstenwüste zugeordnet. Die Anlage entstand etwa 1800 bis 1300 v.Chr. und war möglicherweise ein großes religiöses Zentrum für Opferzeremonien. Ein Höhenweg führt um die Ruinenanlage.

Die Stätte ist tägl. von 8–17 Uhr geöffnet, der Eintritt (inkl. Museum) kostet 5 Soles (Ermäßigung für Studenten). Anfahrt von Casma (5 km): Taxi 3 €, Micro u. Motocarros 1 €, Colectivos noch weniger, ab Markt. Auch hintrampen möglich. In der Nähe von Sechín befinden sich noch einige weitere interessante Ruinenkomplexe, wie z.B. **Chanquillo** (s.u.), eine große Tafel am Museum gibt hierüber Auskunft.

Cerro Sechín wurde erst 1937 vom peruanischen Archäologen Julio C.Tello entdeckt. Erhalten ist ein 38 x 38 m großer Hauptbau, ein Heilig-

■ *Cerro Sechín, Mauer des Haupttempels mit Reliefs von Tänzern, Köpfen, Schlangen und Kriegern sowie Stelen*

tum aus Lehmziegeln, das von einer Mauer aus mächtigen Steinpfeilern umgeben ist. Über 300 Reliefplatten wurden ausgegraben, manche davon sind über 300 t schwer.

Die Reliefs zeigen Kampfszenen, Priester und Krieger mit topfartigen Helmen, in den Händen Waffen oder religiöse Gegenstände tragend **(s. Foto links)** und über Leichenteile ihrer besiegten Feinde gehend. Die Gesichter zeigen eine deutliche Übereinstimmung mit der Raubkatzengottheit von Chavín. Sehr blutrünstig wirken die abgehackten Arme und Beine und die Köpfe mit ausgestochenen Augen. Auf den Lehmmauern finden sich bunte Bemalungen, die auf ein erheblich höheres Alter der Anlage hinweisen könnten. Sensationell war die Freilegung von Fußabdrücken auf der Rückseite der Tempelplattform, ihr Alter wird auf 3000 Jahre geschätzt.

Das Museum *Max Uhle* zeigt ein Modell des Tempels von Sechín und einige Ausgrabungsgegenstände. Geöffnet 9–17 Uhr.

Moxeque In der Nähe von Sechín befindet sich mit dem Tempel von *Moxeque* (2. Jh. v.Chr.) ein weiterer archäologischer Komplex, u.a. mit einer Tempelpyramide.

Chanquillo Chanquillo liegt etwa 13 km südlich von Casma und kann über eine 4 km lange Piste von der Panamericana aus erreicht werden (am besten als Rundtour bei *Renato* buchen, s. „Führer"). Zu sehen sind die Reste eines riesigen Festungskomplexes (ca. 3. Jh. v.Chr.), der aus drei gewaltigen konzentrischen Festungsmauern mit 13 bis zu sieben Meter hohen Türmen *(altares)* besteht. Im Inneren befinden sich zwei runde und ein rechteckiger Gebäudekomplex. Die Aussicht von diesem Platz ist grandios.

Tour 2: Balneario Tortugas Der kleine Strandort an einer fast geschlossenen Bucht mit schwarzem Kiesstrand liegt einige Kilometer nördlich von Casma am Pazifik. Von der Abzweigung von der Panamericana nach Tortugas sind es nur 2 km. Außerhalb der Badesaison ein ruhiger Fischerort, verwandelt sich das „Schildkrötenbad" in den Sommermonaten (Dez.–März) in einen quirligen Badeort.

ECO: Casa de Hospedaje Gabriela; bp, Kw, freundlich. – **Hostal Oasis,** Tel. 33-4694 (in Chimbote); bp, nur während der Saison geöffnet (Dez.–März).

FAM: Hostal El Farol, Tel./Fax 71-1064 (in Casma); komfortable Zi., bp, schöner Blick über die Bucht.

Chimbote

Auf den folgenden 56 km von Casma nach Chimbote ist wieder ein kleiner Pass (420 m) zu überwinden, danach geht es in das Tal des *Río Nepena*. Nach Überquerung des Flusses sind es noch 26 km bis Chimbote. Dabei führt die Panamericana an der (Halbinsel) *Península de Ferrol* vorbei.

Chimbote, 1970 durch ein Erdbeben in Mitleidenschaft gezogen, ist eine aufstrebende, doch gesichtslose Stadt mit 325.000 Einwohnern, und seit 1947 ein Zentrum der peruanischen Schwer- und Fischmehlindustrie. Das Eisenerz aus den Minen von Marcona (550 km südlich von Lima) wird vom dortigen Hafen San Juan mit Schiffen bis hierher gebracht. Strom bezieht die Industrie von einem Kraftwerk im Río Santa-Tal. Chimbote besitzt einen der wenigen natürlichen Häfen Perus an einer relativ schönen Bucht, doch die enorme Umweltverschmutzung durch staatliche Unternehmen (Petroperú, Siderperú und Pescaperú) und der alles durchdringende Fischgestank können einen Chimbote-Aufenthalt zu einer unangenehmen Erinnerung machen.

Sehenswert sind außerhalb der *Refugio Ecológico Pantanos de Villa María* sowie das Valle de Nepeña mit dem *Templo de Punkuri*, dem *Fortelaza de Pañamarca* und den *Paredones*.

Feste: *Festival del Cebiche* (2. Mai-Sonntag), *Día del Pisco* in Morro (4. Juli-Sonntag) und das Fest der *Jungfrau von Guadalupe* um den 8. September.

Adressen & Service Chimbote

Unterkunft

Am besten ist, in Chimbote nicht übernachten zu müssen. Alle genannten Unterkünfte liegen im Zentrum, weitere billige Hostales an der Panamericana. **Vorwahl (043).**
ECO: Hostal Felic, Av. Pardo 552, Tel. 32-5901; bc/bp, ruhig. – **Hotel El Sol,** Av. Enrique Meiggs 1595, Tel. 35-2281. Einfach, bc/bp. DZ 10 €, empfehlenswert. – **Hostal San Felipe,** Av. Pardo 514, Tel. 32-3401; bp, Ww, freundlich, Rest.
FAM: Hostal Karol Inn, M. Ruíz 277, Tel./Fax 32-1269; bp, Ww, Cafetería, **TIP!** – **Hostal Antonio's,** Av. Bolognesi 745, Tel. 32-3026).
LUX: Hostal D'Carlo, Villavicencio 379 (Plaza de Armas), Tel. 34-4044. Derzeit wohl das beste Hotel am Ort. – **Hotel Presidente,** Leoncio Prado 536, Tel. 32-2411. Älteres Haus, Zi. mit Ww. – **Gran Hotel Chimú,** Av. Gálvez 109, Tel. 32-1741, Fax 33-5987. Direkt am Meer, ältere Zi., ganz gut, aber teuer, Ü/F.

Essen & Trinken

In der Bolognesi liegen nebeneinander zwei recht gute Fischrestaurants: *Cebichería El Paisa* und *El Veradero Veridico*. Außerdem liegt in der Bolognesi u.a. die *Chifa Cantón* und das *Venecia* (Mariscos und Fisch) sowie in einer Seitenstraße das *Vicmar*. Hähnchen: *Pollo Gordo,* Prado/Aguirre und *Pollería Delca,* Av. Haya de la Torre 568. In der Aguirre ist zur Mittagszeit das *Buenos Aires* immer voll. Parrillada-Freunde gehen ins *La Fogata,* Villavicencio. Gut und preiswert kann im *El Bodegon,* Ruíz 382, gegessen werden. An der Panamericana können *El Rancho Grande* (km 4,5), *Los Patos* (km 3,5) und das *Costa Verde* empfohlen werden.

Erste Hilfe

Hospital La Caleta, La caleta s/n, Tel. 34-6383.

Post

Serpost, Av. Pardo 398, Tel. 32-4073.

Telefon

Telefónica del Perú, Tumbes 354.

Geld

Banco del Crédito, Bolognesi. *Casa de Cambio Arroyo,* Ruíz 292, keine Reiseschecks. Auf der Ruíz Casas de Cambio und Straßenwechsler.

470 Trujillo Karte S. 23

Bus Der Terminal Terrestre (Benutzungsgebühr) liegt in der Av. Enrique Meiggs, am südlichen Stadtrand. Anfahrt vom Zentrum mit Colectivos, die an der Frontscheibe die Aufschrift *Meiggs* haben.
Nach Cajamarca (440 km): tägl. mit *Expreso Cajamarca,* Fz 8 h, 8 €. – **Caraz** (190 km): **beeindruckende Strecke durch das Santa-Tal** mit dem *Cañon del Pato,* tägl. mit *Yungay-Express* um 8 Uhr, Fz 9–10 h (s. auch Huaraz). – **Casma:** so gut wie kein direkter Busverkehr, wochentags ab und zu Abendbusse. – **Huaraz** (270 km): tägl. mit *Huandoy* (Tagfahrt, ab 9 Uhr), Av. Elias Aguirre 264, Tel. 32-4001, via Casma nach Huaraz (220 km); Fz 8–9 h, Fp 5 €; tägl. mit *Cruz del Sur* via Pativilca nach Huaraz (435 km), Fp 7 €. – **Lima** (430 km): tägl. zahlreiche Busse, z.B. mit *Cruz del Sur* oder *Ormeño* sowie Colectivos, Fz Bus ca. 6 h, Colectivos ca. 5 h, ab 20 Soles. – **Piura** (620 km): Busse von *Cruz del Sur, Expreso Ancash, TEPSA und Las Dunas,* s.a.unter Tumbes. – **Trujillo** (130 km): tägl. mehrere Busse (zeitweise im 30-Min.-Takt) und Colectivos, u.a. von *America Express, Empresa El Sol* und *LIT Perú,* Fz 2,5 h, 7 Soles. – **Tumbes** (900 km): 2x tägl. *(Cruz del Sur, Continental),* Fz 13 h, 12 €.

Flug Derzeit besteht keine regelmäßige Flugverbindung nach Chimbote.

Chimbote – Trujillo

13 km nordwärts von Chimbote bietet sich in **Santa** die letzte Möglichkeit, nach Huaraz in die Berge abzubiegen. Die Straße ist zwar recht schlecht, aber bis *Huallanca* sehr spektakulär! Kurz vor der Abzweigung nach Huaraz liegt links bei km 441 das *Hostal Las Garzas* (Tel. 69-4045), ein Privathaus mit großen Zimmern (ECO). Bald darauf wird der *Río Santa* überquert.

Die Berge treten wieder weit von der Küste zurück. Durch eine typische Stein- und Sandwüste mit Sicheldünen geht es weiter nach Norden. Bei km 514 steht ein Wegweiser ins 3 km entfernte Dorf **Virú** am gleichnamigen Fluss. Möglicherweise leitet sich von diesem Ortsnamen der Name Peru ab.

In Virú führt eine 13 km lange Straße nach *El Carmelo* am Pazifik mit den vorgelagerten **Islas Guañape,** die durch unterirdische Gänge bekannt wurden. In der Gegend zwischen dem Huascaran und Otuzco soll es mehrere Höhleneingänge in ein gigantisches unterirdisches Stollensystem geben, das durch 8 x 5 x 2 m große Felsschotts, die sich durch Menschenkraft öffnen lassen, gesichert ist. Hinter ihnen führt angeblich ein langer Felstunnel bis 25 m unter den Pazifik zur Isla Guañape.

7 km vor Trujillo biegt eine Straße links nach **Salaverry** ab. Hier liegt der modernste Zuckerexporthafen Perus. Es können Schiffe bis zu 20.000 BRT be- und entladen werden. Auf der Weiterfahrt sind in einiger Entfernung rechts bereits die *Huaca del Sol* und die *Huaca del Luna,* zwei große Pyramiden der Mochica (s.S. 486), zu sehen, bevor erste Oasenfelder die Panamericana Norte nach Trujillo begleiten.

Trujillo

Die Hauptstadt des Departamento La Libertad ist mit 750.000 Einwohnern die drittgrößte Stadt Perus. Wichtigste Wirtschaftszweige sind Steinkohle, Zucker und Kupfer.

Das Tal des *Río Moche,* in dem Trujillo liegt, wurde um 100 n.Chr. von den **Mochica** (oder Moche) bewohnt. Bekannt wurden diese vor allem durch ihre Darstellungen auf vollendeten Keramiken, die Details aus Alltag, Landwirtschaft, Religion und Erotik zeigen, aber auch durch feinste Goldschmiedearbeiten, durch kunstvolle Figuren in Vasenform (Porträtvasen) oder durch ihre Kenntnisse der hydraulischen Techniken, die bei ihren Bewässerungssystemen zum Einsatz kamen. Sie schufen gewaltige Bauwerke, z.B. die **Sonnen-** und **Mondpyramide** in der Nähe Trujillos. Die Mochica wurden um 1000 n.Chr. von den **Chimú** abgelöst, die ein gewaltiges Küstenreich aufbauten. Deren Hauptstadt war **Chan Chan**. Reste dieser Adobe-(Lehmziegel)stadt können im Norden Trujillos besichtigt werden. 2001 wurde in der Pyramide **Dos Cabezas** bei Chan Chan ein sensationeller Fund mit Masken, Keramiken, Stoffresten und Goldarbeiten gemacht, der den von Sipán (s. dort) weit in den Schatten stellen soll.

Trujillo wurde 1534 von Diego de Almagro zu Ehren der spanischen Geburtsstadt Francisco Pizarros gegründet und war Sitz zahlreicher Vizekönige. Zum Schutz gegen die vielen Piratenangriffe wurde sie 1685–1687 mit einer Mauer befestigt, ihre Blütezeit lag im 17. und 18. Jh. Aus dieser Zeit sind viele typische Häuser mit schön geschnitzten Balkonerkern erhalten. Die Unabhängigkeit Perus wurde 1820 zuerst in Trujillo durch de *Marqués de Torre Tagle* verkündigt, einige Jahre hieß der Ort *Ciudad Bolívar*. 1824 wurde die Universität gegründet, 1965 eine weitere. Ende des 19. Jh. wurde die Stadt Handelszentrum für Zuckerrohr, nahezu der gesamte Umschlag lag in den Händen der deutsch-peruanischen Großgrundbesitzer Gildemeister und einiger weiterer Zuckerbarone.

Trujillo ist die wichtigste Stadt Perus nördlich von Lima und hat durch die Baudenkmäler der Mochica- und Chimú-Kulturen sowie durch die kolonialspanische Architektur touristische Bedeutung. Der peruanische Nationaltanz *Marinera* hat hier seine Heimat, die Stadt ist noch heute eine Hochburg des Tanzes. Besonders erlebenswert ist hier ein Aufenthalt in der Zeit um den 21. September, wenn das *Festival de Primavera* mit Umzügen und Stierkämpfen gefeiert wird. Im Großraum Trujillo werden auch die berühmten peruanischen *Passpferde* gezüchtet. Wer Lust hat, kann rausfahren zum *El Mirador de Cerro Blanco*, Km 19 an der Carretera nach Simbal: schöne Aussicht, relaxen im dortigen gleichnamigen Restaurant.

Das warme, frühlingshafte Küstenklima ist sehr angenehm, was dem Badespaß an den Stränden um Trujillo zugute kommt. Die Strände nördlich von Trujillo eignen sich auch gut zum Surfen *(Playa Malabrigo)*. Im Winter von Juli bis September wird Jacke oder Pullover benötigt.

Sehenswürdigkeiten

Plaza de Armas

Mittelpunkt der Stadt ist die große, lebhafte, wirklich schöne und sehenswerte Plaza de Armas. Zur Erinnerung an die hier 1820 erfolgte Unabhängigkeitserklärung Perus und an *Simón Bolívar,* der in Trujillo einige Zeit sein Hauptquartier hatte, steht auf dem Platz ein großes **Freiheitsdenkmal**. Neben einer der ältesten Kathedrale Perus aus dem 17. und 18. Jh. befindet sich in der Larca Herrera das **Museo Arte Religioso** (Museum religiöser Kunst, Mo–Sa 8–14 Uhr, Eintritt 1 €). Ebenfalls an der Plaza befindet sich der **Palacio de Arzobispo** (Erzbischöfliches Palais), die **Municipalidad** (Rathaus), das Hotel Libertador und einige schöne Kolonialhäuser, wie z.B. die **Casa Bracamonte** (tägl. 7–19 Uhr) und die sehenswerte **Casa Urquiaga** (Mo–Fr 9–15 Uhr, Eintritt frei.)

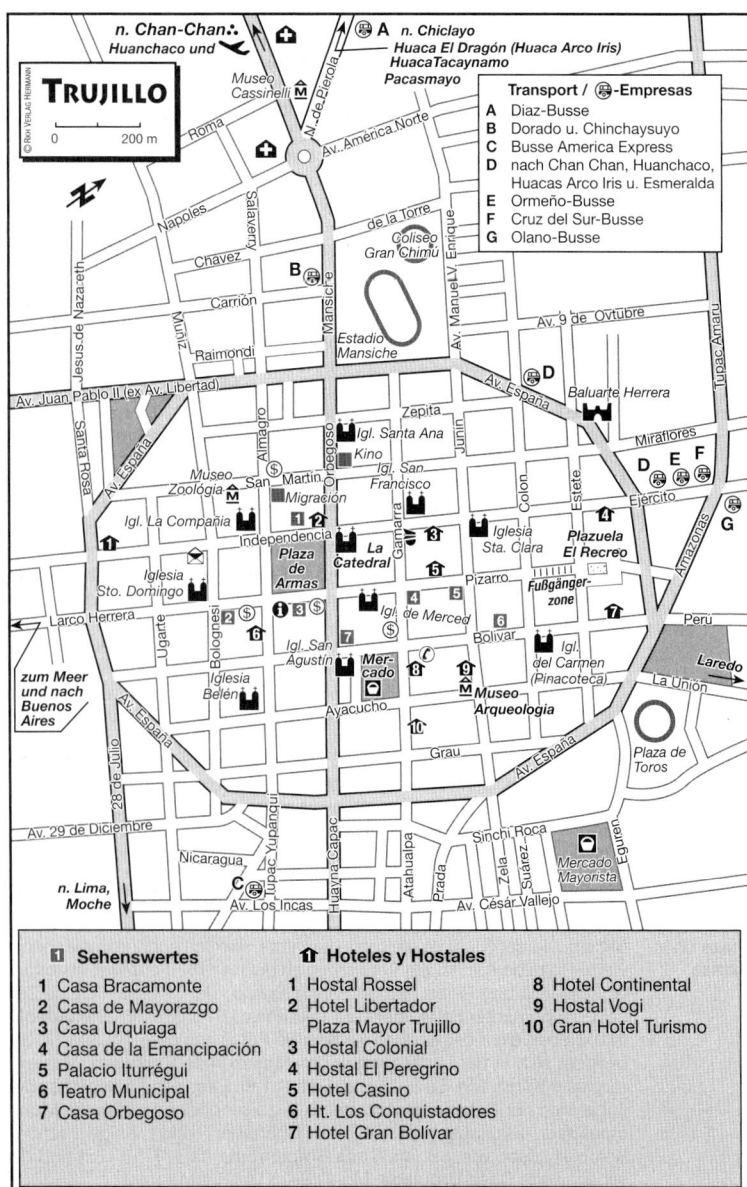

Weitere Ko- *Casa Orbegoso,* Orbegoso 553, Mo–Sa 9–13 u. 16–19 Uhr, sehenswert. –
lonialhäuser *Casa del Mayorazgo,* Pizarro 314, Scotia Bank. Hier gibt es immer wieder
Ausstellungen über neue Funde der Ausgrabungen in Huaca El Brujo,
Huaca Prieta und Huaca Cao. – *Casa de la Emancipación,* Pizarro 610,
Banco Continental, Mo–Sa 9–13 u. 16–18.30 Uhr.

Iglesia La Von der Plaza führt in östlicher Richtung die Pizarro zur sehenswerten
Merced Kolonialkirche Iglesia La Merced mit einer Rokoko-Orgel aus dem 17. Jh.
Mo–Sa 8–12 u. 17–20 Uhr. (Wie alle der etwa zehn Kolonialkirchen Trujillos wurde auch diese Kirche durch das Erdbeben von 1970 stark in Mitleidenschaft gezogen; die *Iglesia El Carmen* wurde dabei am meisten
beschädigt).

Palacio Einen Block weiter, bei Nr. 688, befindet sich links in der Pizarro der
Iturrégui schöne neoklassizistische Palacio Iturrégui aus dem 18. Jh. mit hübschem Innenhof, mit Galerien und prächtigen schmiedeeisernen Koloni-
algittern. 1820 bildete hier *General Iturrégui* ein *Cabildo Abierto* zur
Vorbereitung der Unabhängigkeit der Stadt von den Spaniern. Heute gehört das Gebäude dem exklusiven **Club Central.** Hier trifft sich alles, was
Rang und Namen hat. Geöffnet Mo–Sa von 8–18 Uhr.

Museo de (Archäologisches Museum). Eine große Mochica- und Chimú-Keramik-
Arqueología sammlung kann im Archäologischen Museum, Junín 682/Ayacucho be-
wundert werden, darunter die typischen **Huacos** (prähispanische
Keramiken). Mo–Fr 9–14 Uhr, Sa 9–12 Uhr, Eintritt 1,50 €. Huacos wer-
den Touristen auch in Läden angeboten. Das sind meist aber nur billige
Nachahmungen, da Verkauf und Export verboten sind.

Museo Eine atemberaubende Privatsammlung kostbarer Mochica-, Chavín- und
Casinelli / Chimú-Objekte Adresse: Piérola 601, an der Abzweigung der Panameri-
Museo Juan cana nach *Huanchaco* (im Untergeschoss einer Tankstelle). Mo–Sa 9–13
Ormea und 15–18 Uhr, Eintritt 2,50 €. – Das **Museo Ormea** ist ein kleines bota-
nisches Museum in der Calle San Martín 386.

Museo del Independencia 705, Mo–Sa 10–18 Uhr, So bis 13 Uhr. Spielzeugmuse-
Juguete um mit Spielzeug aus präkolonialer Zeit.

Adressen & Service Trujillo

Internet Das Ministerio de Industria y Turismo, Av. España 1800 (2. Stock), Tel. 24-
5354, 24-5794, lalibertad@mitinci.gob.pe, hat eine gute Website mit Hotels,
Restaurants, Festkalender und zahlreichen weiteren touristischen Informationen: www.mitinci.gob.pe/regiones/libertad. Eine weitere informative Website
über Trujillo ist www.trujilloturistico.com

Tourist-Info **i-Peru,** Pizarro 412, Plaza de Armas, in der Municipalidad, Tel. 29-4561,
iperutrujillo@promperu.gob.pe, www.peru.info, Mo–Sa 9–19 Uhr, So 9–
13 Uhr. Informations- und Assistenzbüro der Municipalidad im Zusammenarbeit mit PromPerú und INDECOPI. Gute Infos zu Sehenswürdigkeiten, touristischen Angebote, Flug, Bus und Bahn, aber keine
Empfehlungen für Unterkünfte, Restaurants und Touranbieter, keine Reservierungen. – *Cámera Regional de Turismo (Caretur),* España 1800, Tel.
24-5354, 24-5794. Mo–Fr 9–13 und 16–20 Uhr; keine große Hilfe. – *Oficina de Guías Oficiales de Turismo,* Almagro 623, agoturlib@yahoo.com,
Tel. 28-4382. **Vorwahl (044).**

Poltur	*Policía de Turismo,* Independencia 630 (Casa Ganoza Chopitea), Tel. 24-6941; freundlich und hilfsbereit, 8–19.30 Uhr; sowie Pizarro 402/Almagro (Casa Goicochea) in der Municipalidad, Tel. 29-1705, 8–20 Uhr, (ggf. an die Tür klopfen, auch außerhalb dieser Zeit). *INDECOPI,* Junín 454, Tel. 20-4146, odiaqp@indecopi.gob.pe. Mo–Fr 8–16 Uhr.
Unterkunft	Hotels im Stadtzentrum sind oft alte Kolonialgebäude, Zimmer leiden unter Straßenlärm, möglichst keine Zimmer zur Straße hin nehmen. Durch die permanente Knappheit an Wasser wird es öfter abgestellt, und auch warmes ist nicht immer selbstverständlich – fragen Sie also vorher. Ruhiger und **angenehmer** übernachten lässt es sich im nordwestlich von Trujillo gelegenen **Badeort Huanchaco** am Meer (s.u.). Außerhalb der Saison sind die Preise gut verhandelbar und Übernachtungspreise um 15 Soles p.P. durchaus möglich.
ECO	In der untersten Preisklasse gibt es wenig Qualität. Als Alternative bietet sich auch die Möglichkeit, bei Einheimischen privat zu übernachten. **Hostel Rossel** (Jugendherberge), Av. España 252, Tel. 25-3583, Fax 25-6282. – **Hospedaje Los Tumbos,** Prol. Victor Larco 1648, Tel. 46-2032. 20 schön eingerichtete Zi., bp/bc, direkt an der Uferstraße mit Blick aufs Meer, Bar, auf Wunsch Frühstück, Mittag- oder Abendessen (2 €), empfehlenswert. – **Hospedaje Clara Luz Bravo Diaz,** Cahuide 495 (gegenüber Huayna Capac 542), Urb. Santa María, Tel. 24-3347, Tel. 29-9997, Fax 25-5043, microbewhite@yahoo.com, www.xanga.com/TrujilloPeru. Familiäres Gästehaus mit 16 spartanischen Zi., bc/bp, Patio, Garten. DZ 12 €, kein gutes PLV. – **Hostal Colonial,** Independencia 618, Tel. 25-8261, Fax 22-3410, hostcolonialtruji@hotmail.com. Zentrale Lage, schönes, ansprechendes Kolonialhaus mit Garten, bp, Ww, kleines Rest., sehr hilfsbereit. DZ/F 17 €, EZ/F 12 €, Rabatt verhandelbar; auch preiswerte Tourangebote nach Chan Chan (6 €) und Huaca del Sol und de la Luna (5 €), empfehlenswert.
FAM	**Hostal Vogi,** Ayacucho 663, Tel. 24-3574, Fax 23-1069. Alt, ruhige Lage, bp. – **Hostal Las Terrazas,** Av. Manuel Vera Enriquez 874 (Urb. Primavera), Tel. 23-2437. Ältere, große Zi., sauber, geschmackvolle Einrichtung, bp, Ww, Gartenanlage, Pool, freundlich. Günstig: EZ/F 15 €, DZ/F 23 €, TriZ/F 29 €. **TIP!** – **Regent's Hostal,** Paganini 1019, Urb. Primavera, Tel. 23-1447, Fax 25-8271. Saubere Zi., bp, Bar, Rest. – **Hotel Continental,** Gamarra 663, Tel. 24-1607, Fax 24-9881. Älteres Hotel, bp, Rest., DZ 20 €. – **Gran Hotel Turismo,** Gamarra 747, Tel. 24-4181, Fax 25-4151. Große Zi., bp, Ww nur zeitweise. – **Hostal El Peregrino,** Independencia 978, Tel./Fax 20-3990, www.peregrinohotel.com. Gute Zimmer (z.T. etwas dunkel), bp, kostenlose Abholung vom Busterminal. – **Hotel Los Jardines,** Av. América Norte 1245, Tel. 24-5337. Ältere Bungalows, bp, Pool, DZ 50 €.
LUX	**Hotel Los Conquistadores,** Diego de Almagro 586, Tel. 20-3350, Fax 20-2251, conquistadores@computextos.com.pe. Sehr gute Zi., komfortabel, bp, Rest., Bar, Ü/F, preiswert, DZ 65 €, **TIP.** – **Hotel Casino Real,** Pizarro 651, Tel. 24-4485 und 25-7034, Fax 25-7416; zentral, gute Zi., Ü/F, inkl. Hoteltransfer. – **Hotel Libertador Plaza Mayor Trujillo,** Independencia 485, Plaza de Armas, Tel. 23-2741, Fax 23-5641, trujillo@libertador.com.pe oder hotel@libertador.com.pe, www.libertador.com.pe. Bestes Hotel der Stadt, schöne Zi., Rest., Bar, Pool, Sauna, DZ/F ab 65 €. – **Hotel Gran Bolívar,** Bolívar 957, Tel. 22-2090, Tel./Fax 26-2200, gbolivarhotel@trujillo.perured.net, www.perunorte.com/granbolivar. – **Gran Hotel El Golf Trujillo,** Los Cocoteros 500, El Golf, Tel. 28-2515, Fax 28-0063, granhotelgolf@terra.com.pe, www.granhotelgolf.com; 120 Zimmer, AC, Rest., Bar, zwei runde Pools.

	Trujillo

Essen & Trinken

Traditionell wird in Trujillo Cebiche mit Camote und Yuca (Maniok) gegessen. Wer Fisch gedünstet liebt, sollte **Causa en Lapa** mit Camote, Mais und Kartoffelbrei probieren. Nur an Montagen wird die Spezialität **Shámbar** mit Bohnen und Weizen zubereitet, das mit **Cancha** (frittiertem Mais) serviert wird. Weitere Spezialitäten sind **Ajiaco de Cuy** (Meerschweincheneintopf), **Cecina** (Dörrfleisch) und **Sangrecita** (gekochtes Hühnerblut mit Kartoffeln und Yuca). Nur am Freitag kommt die **Frejolada**, ein Fleischgericht mit Reis und Bohnen auf dem Tisch. Sehr lecker schmeckt auch **Cabrito,** zartes Ziegenfleisch in Maisschnaps mit Bohnen und Reis. Unbedingt die leckeren Obstsalate probieren. In den guten Restaurants sind 2 Soles Trinkgeld angebracht.

Auf dem Mercado (Ayacucho/Gamarra) bieten viele Garküchen preiswerte Tagesgerichte an. Wer Fisch und Meeresfrüchte selbst zubereiten möchte, ist auf diesem Markt ebenfalls richtig: Fisch max. 2 Soles/kg, Edelfisch 5–7 Soles/kg, Krebs 5 Soles, 12 Miesmuscheln 1 Sol, Langostinos 10 Soles/kg. Daneben gibt es viele gute und preiswerte Restaurants. Mariscos und Fisch wird in allen Strandkneipen billig angeboten.

Empfehlen möchte ich in der Pizarro das *De Marco* mit gutem Espresso. In der Gamarra 735 befindet sich die preiswerte *Chifa Oriental* (große Portionen) sowie die Restaurants *Marisco* und *Central.* In der selben Straße finden im *24 Horas,* Gamarra 779, hungrige Spätankömmlinge und Nachtschwärmer immer noch etwas zu essen. Weitere preiswerte Restaurants befinden sich in der Mansiche zwischen Zepita und Chavéz.

Cebiche und Mariscos gibt es im *Big Ben,* España 1319/Independencia, während im *Shellsi Pub,* Estete 677, Anticuchos und andere sehr schmackhafte Grillgerichte angeboten werden. Bei Einheimischen recht beliebt ist das *El Mochica,* Bolívar 462, mit typischen regionalen Gerichten, sehr großen Portionen. Gleich daneben die *Parrillada Ramiro's* für Grillfreunde. Grillhähnchen kommen in der *Pollería El Bolívar,* Plaza de Armas/Pizarro 501 auf den Tisch. Etwas außerhalb liegt das empfehlenswerte *La Taberna,* Husares de Junín 350 (La Merced), Hähnchenvariationen, am Wochenende gibt es hier sogar regionale Folklore. Wer ländliche Kneipen bevorzugt, sollte einmal ins Restaurant *Campestre El Limonero,* in Vista Hermosa, Mz. C, Lote 1, reinschauen. Ansonsten *Top Ten,* Diego de Almagro 574.

Für **Vegetarier** empfehlen sich die einfachen Restaurants *El Sol,* Pizarro 660, *Paraíso* in der Pizarro 871 und *Salud y Vigor,* Bolívar 787.

Im *Café Amaretto,* Gamarra 368 (Nähe Plaza de Armas) gibt es Cappuccino, preiswerte Snacks und kleinere Gerichte, geöffnet tägl. außer So. vom Morgengrauen bis spät, Kk. In der Independencia 701/Junin, gegenüber der Iglesia Sta. Clara, lädt das gepflegte Jugendstil-Café *Angelmira* zum Verweilen ein. Zum **Frühstück** schlagen wir das *Oviedo,* Pizarro 737, vor, leckere Kuchen. Eine gute **Bäckerei** ist in der Pizarro 865.

Unterhaltung

Vergnügungskomplex Luna Rota, Av. América Sur 2127. *Die Disco der Stadt* mit Spielcasino und einer Peña. – Video-Pub *Cananas,* San Martín 791, besonders am Wochenende ist da was los. – Pub-Disco *Tributo,* Almagro/Pizarro 389 (Plaza de Armas); schönes Ambiente in einem Kolonialhaus, Live-Musik, nur am Sa, Peña. Im gleichen Haus eine Disco. – *El Estribo,* San Martín 809, Restaurant mit Peña. – *La Taberna,* Husares de Junín 350 (La Merced), Folkloremusik am Wochenende. – Disco *Flamingo,* im Hotel Casino Real, Pizarro 651. – *Chelsa Tavern,* Estate 675, Livemusik am Wochenende. – Weitere Discos: *La Barra, Mecano, Cuadra 10* und *Evaristo.*

Erste Hilfe

Clínica Sánchez Ferrer, Los Laureles 436, Tel. 24-5541. *Clínica Peruano-Americano*, Av. Mansiche 810, Tel. 23-1261.

Post

Serpost, Independencia 286/Bolognesi, Tel. 24-5941, Mo–Sa 8–20 Uhr, So 8–15 Uhr. Nur hier können Briefmarken gekauft und Post abgeschickt werden.

Telefon	*Telefónica del Perú,* Bolívar 658, tägl. 7–23 Uhr.
Internet	Internet-Cafés gibt es fast in jeder Straße. – *Galerías Zazar,* Bolívar 634. *Webcafe,* Mariscal Orbegoso 529, trujillo@webcafe.com.pe.
Geld	*Banco del Crédito,* Gamarra 562, erste Wahl. *Banco Santander,* Junín 479, GA. *Banco de la Nación,* Almagro 297, wechselt jedoch keine Reiseschecks. Mo–Fr 9.15–15.30 Uhr. *Banco Continental BBVA,* Gamarra 547; einzige Bank, die TC tauscht, doch 35 Soles Gebühr! *Scotia Bank,* Pizarro 314, guter Wechselkurs keine Kommission für Reiseschecks. *Interbank,* Pizarro/Gamarra 463, dto. *Casas de Cambio* gibt es an der Plaza de Armas sowie in der Pizarro und Bolívar. *Cambio D'Georgio,* Francisco Pizarro 478. Straßenwechsler warten u.a. an der Plaza und in der Gamarra auf Kundschaft, kein Wechsel von TC, aufgepasst vor Falschgeld! Einheimische erkennen Falschgeld schnelll!
Touranbieter	**GUIA TOUR,** Independencia 580, Tel. 23-4856.; empfehlenswerter Touranbieter, **TIP!** – **Consorcio Turístico del Norte Trujillo (CONTOUR),** Francisco Pizarro 478 (Plaza de Armas), Of. 101; nur Verkauf von Flugtickets, freundlich und hilfsbereit. – **APAEC,** Av. 28 de Julio 140-A, Urb. El Recreo, Tel. 29-6738. – **Trujillo Tours,** Diego de Almagro 301, Tel. 25-7518.
Touristenführer	*Claudia Riess,* Mz B1, Lt. 12 5ta Etapa, San Adres, V. Larco, Tel. 28-8546, Handy 939-5396, claudiariess8@hotmail.com. Deutschsprachige Führerin mit fundiertem Wissen, besonders über die Mochica und Chimú – sehr empfehlenswert! – *Martha S. de Hebeisen,* Handy 961-9393, Fax 60-5026, mahesa_22@hotmail.com. Dt.-spr. Peruanerin, die sich bestens mit Ausgrabungen und Archäologen rund um das Grab des Herrn von Sipan und dem Museum in Lambayeque auskennt. – *Adolfo Gustavo Prada Murga,* Grau 169, Tel. 20-1427. Guter, erfahrener Guía für Chan Chan, 20 €/3 h. – *Alfredo Rios Mercedes,* Tel. 40-9882, riosmercedes@hotmail.com, www.trujillodelperu.com; Touren in die Umgebung.
Autoclub	*Automóvil Club del Perú,* Av. Argentina 278, Urb. El Recreo, Tel./Fax 24-2101.
Radler-Treff	*Luís Ramírez D'Angelo,* Av. Santa 347, Tel. 20-0313 anrufen oder im Restaurant *Demarco,* Av. Pizarro nach ihm fragen. Lucho hilft auch bei der Reparatur der Fahrräder und es kann bei ihm übernachtet werden.
Einkaufen & Kunsthandwerk	Ein kleiner Kunsthandwerks- und Souvenirmarkt, auf dem die Hersteller ihre Produkte direkt anbieten, liegt in der Grau 537, geöffnet 9.30–20.30 Uhr. – *Zona Franca,* Av. España an der nordöstlichen Einmündung der Grau. Preiswerte Kleidung über drei Stockwerke. – *Shopping Center Apiat,* gleich daneben; gute Adresse für günstige Schuhe und Kunsthandwerk. – *Merpisa,* Pizarro/Junín, moderner, guter Supermarkt.
Apotheke	*Boyicas BTL,* Bolívar 600/Gamarra. – *Kaita Salud Natural,* Bolívar 536; Naturapotheke, Kk.
Freibad	*Piscina Olímpica,* Junín/Av. España, 10–17 Uhr, Eintritt 1 €.
Sport	*Hammer Gym,* Manuel de Falla 109, Urb. Primavera, Parque de la Mujer Peruana, Tel. 29-2481. Tolles Fitnessstudio.
Feste	Letzte Januarwoche: Concurso Nacional de Marinera. Farbenprächtiger Nationaltanzwettbewerb mit Korso, Passpferde, *das* Sommerspektakel in Trujillo. – Februar: Karneval in den Badeorten Las Delicias und Huanchaco mit prächtigen Straßenumzügen. – Ende Juni: Festival del Mar in Malabrigo (Pto. Chicama) und Huanchaco. – 2. Septemberhälfte: Festival Internacional de la Primavera mit Folkloretänzen, Liederfestival, Stierkämpfen, Passpferdevorführungen u.a.

Verkehrsverbindungen

Innerhalb der Stadt sind Busse und Colectivos billig. Micros kosten innerstädtisch 0,80 Soles, ein Taxi 2 Soles. Taxis aus dem Zentrum in die Stadtteile verlangen 3–12 Soles, je nach Entfernung. Transfer zum und vom Flughafen ins Zentrum mit dem Bus 3 Soles, mit den gelbschwarzen Taxis höchstens 10 Soles! Busse halten 700 m links vom Flughafengebäude auf der Hauptstraße nach Trujillo. Taxifahrer erhalten kein Trinkgeld.

Bus Im Nordosten von Trujillo liegt der *Terminal Terrestre*, der zentrale Busterminal (Av. del Ejercito), von dem zwar Fernverkehr abgeht, doch nicht alle Busse abfahren. Busse nach Chimbote z.B. fahren in der Av. Nicaragua ab. Der Terminal von *El Dorado* ist in der Av. America Norte 2400, Tel. 29-1778. – *Movil Tours* befindet sich in der Av. America Sur 3959/ Ovalo Larco, Urb. La Merced, Tel. 28-6538. – *LINEA* (gute Busse, große Sicherheit), Av. Carrión 140, Tel. 26-1482 und Orbegoso 300, Tel. 24-5181. – *Cruz del Sur*, Amazonas 437, Tel. 26-1801. – *EMTRAFESA*, Av.Túpac Amarú 185, Tel. 22-3981. – *Transportes Diaz*, Av. Nicolas de Piérola 1079. – *LIT Perú*, Av. Nicaragua. – *Transporte Huaraz*, Av. Pardo 1713. – *Ittsa*, Av. Mansiche/Libertad (oder Av. Pablo II). – Die preiswerteste Gesellschaft ist derzeit *El Sol*, Av. Mansiche 361.

Nach Aguas Verdes: tägl. um 20.30 Uhr, Fp 22 Soles. – **Cajamarca** (300 km): 2x tägl. mit *Expreso Cajamarca* und *LINEA* sowie die empfehlenswerten Busse von *Transportes Diaz*, Fz 7,5 h, ab 15 Soles. Links sitzen! – **Casma** (190 km): tägl. mit *LINEA*, umsteigen in Chimbote, dann weiter mit Colectivos. – **Chachapoyas** (630 km): s. Tarapoto. – **Chan Chan** (5 km): Taxis, Colectivos und Busse, Fz 20 Min., Fp Taxi 15 Soles. – **Chimbote** (130 km): tägl. mehrere Busse und Colectivos, u.a. *America Express, LINEA* und *LIT Perú*, Fz 2 h, Fp 5 Soles. – **Chiclayo** (210 km): im Stundentakt mit *EMTRAFESA*, Fz 3 h, Fp 12 Soles – **Huamachuco** (184 km): tägl. Busse von *Garrincha, Agredal, Negreiros, Palacios, Sánchez Lopez* und *Gran Turismo*, Fz 9 h, Fp 18 Soles. – **Huanchaco** (15 km): tägl. Busse und Colectivos (Nr. B, 114 A, *Huanchaco*), Fz 15–20 Min., Fp 1,2 Soles; Taxi 10 Soles, Ausländern wird 15 Soles abgeknöpft. – **Huaraz** (220 km): tägl. Nachtbus mit *Movil Tours*, komfortabler Liegebus, Fz 8,5 h, Fp 50 Soles. *Transporte Huaraz* hat tägl. um 9 Uhr einen Tagbus durch den Cañon del Pato nach Caraz und Huaraz, Fz 9 h, Fp ab 30 Soles. Preiswerteste Gesellschaft ist *Empresa 14*, Fp 35 Soles. *LINEA*, Av. Sudamerica 2857, **Nachtbus** (Semi-Cama) um 21 Uhr, Fz 9 h, 45 Soles. – **Lima** (560 km): tägl. mehrere Busse, z.B. *Cruz del Sur, TEPSA, America Express, Empresa Diaz, Oltursa* u. *Continental Ormeño*, Fz 8 h, 20–75 Soles, je nach Bustyp und Unternehmen. Einer der besten Busunternehmer auf dieser Strecke ist *Ittsa*, bequeme und saubere Schlafbusse, 52 Soles. – **Mancora**: Mit *El Sol* 20 Soles. – **Moyobamba** (875 km): s. Tarapoto. – **Pacasmayo** (120 km): tägl. mehrere Busse und Colectivos, Fz 2 h, 6 Soles. – **Piura** (420 km): tägl. mehrere Busse, Fz 6 h, preiswerteste Gesellschaft ist *El Sol*, 16 Soles, *Ethnupesac* um 23 Uhr, 20 Soles. – **Tarapoto** (990 km): tägl. Bus mit *Transportes Guadalupe* über Chachapoyas und Moyobamba, Fz 24 h, 60 Soles. – **Tumbes** (700 km): tägl. Busse; mit *EMTRAFESA*, 19 Uhr, Fz 12–15 h, 30 Soles; auch *Ormeño/Continental*. Preiswerter mit *El Sol*, 20 Soles.

Flug *Star Peru*, Diego de Almagro 539, Tel. 47-0137 u. 29-3302, www.starperu.com. – *LAN*, Bolívar 609, www.lanperu.com. – *Lufthansa*, Independencia 533, Tel. 25-4763, Fax 25-5975. – *KLM*, Av. Argentina 159, Tel. 25-7515, Fax 24-5153.

Nach Cajamarca: *Aero Líder* (*) 45 €. – **Chiclayo:** *LAN (*tägl.); *Star Peru* (tägl.) 79 €. – **Lima:** *LAN* (tägl.) 99–109 €; *Star Peru* (tägl.); *LC Busre* (tägl.) 135 €;

Umgebungsziele von Trujillo
Tour 1a: Huaca del Dragón – Huaca La Esmeralda – Chan Chan

Für Huaca del Dragón, Huaca La Esmeralda und Chan Chan gibt es eine Verbundkarte zu 12 Soles, die für alle drei Komplexe gültig ist.

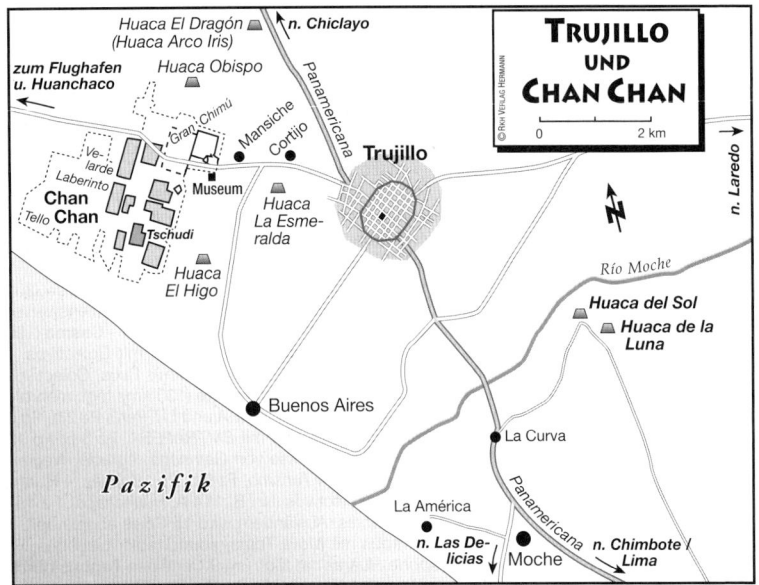

Huaca del Dragón Etwa 5 km nördlich der Plaza de Armas befindet sich im Vorort *La Esperanza*, rechts (westlich) der Panamericana die **Huaca del Dragón** (*Huaca* ist die Bezeichnung für einen Ort oder eine Naturgegebenheit (Berg, Stein, Felsen o.ä.), denen eine sakrale Bedeutung beigemessen wird), man nennt sie auch **Templo Arco Iris** (Regenbogentempel). Tägl. 9–16 Uhr, Eintritt 12 Soles (Verbundkarte). Der Tempel ist mit dem weiß-roten Bus ab der Av. España in Richtung La Esperanza, mit Micro oder Taxi (9 Soles) problemlos zu erreichen. Besuch vormittags empfehlenswert.

Hinter hohen und 2 Meter mächtigen Adobemauern liegt ein beeindruckender Tempel, der bei einem Besuch von Chan Chan nicht ausgelassen werden sollte. Bis 1960 war der Komplex noch unter dem Wüstensand verborgen, bis er von Archäologen innerhalb von 5 Jahren freigelegt wurde. Der inzwischen durch ein Erdbeben beschädigte und wieder restaurierte Tempel stammt wahrscheinlich aus der frühen Chimú-Periode. Die nähere Bedeutung des Sakralbaus ist nach wie vor unbekannt. Die gut erhaltenen Wände sind mit restaurierten, symbolischen Regenbogenschlangen und anderen Figuren verziert. Über Rampen gelangt man auf den pyramidenartigen Tempel hinauf.

Huaca La Esmeralda	Auf dem Weg von Trujillo nach Chan Chan liegt, etwa 2 km nördlich der Plaza de Armas, kurz nach der Abzweigung von der Panamericana, die **Huaca La Esmeralda** (Smaragdtempel). Die Anlage befindet sich in Höhe der Kirche von Mansiche. Tägl. 9–16 Uhr, Eintritt 12 Soles (Verbundkarte). Der pyramidenartige Tempel, der von den Chimú zur selben Zeit wie Chan Chan erbaut wurde, lag ebenfalls bis 1923 unter Wüstensand begraben. Heftige Regenfälle setzten dem Adobebauwerk stark zu, es wurde aber wieder restauriert. An den Aufgängen zur Pyramide imponieren besonders fein gearbeitete Lehmornamente, wie z.B. Fische, Vögel, Rauten und Wellen.
Huaca de los Reyes	Neuentdeckte Huaca, schwer erreichbar. Taxifahrt von Trujillo nach Caballo Muerto 40 Soles. Die Archäologen haben die Huaca vor Witterungseinflüssen mit Steinen bedeckt. Vorsicht, Klapperschlangen!

Chan Chan

Die Anfahrt nach Chan Chan, 5 km nördlich von Trujillo, erfolgt am besten mit einem Bus der Linien B oder 6 B, die über die Calle España Richtung Huanchaco fahren. Von der Abzweigung zum Palacio Tschudi kann ein Motocarro, Fp 3 Soles, oder ein Taxi, Fp 5 Soles, angeheuert oder die Strecke gelaufen werden. Da die gesamte Anlage inmitten der Wüste liegt, ist es sinnvoll, etwas Trinkwasser mitzuführen.

Chan Chan war einst die Hauptstadt des mächtigen Reiches von Chimor oder der **Chimú**, die ca. 1000–1450 n.Chr. als **Nachfolgevolk der Mochica** die Küstenwüste zwischen Paramonga und Tumbes beherrschten. Der tatsächliche Einfluss von Chimor reichte bis weit nach Guayaquil und Cajamarca.

Einst größte Stadt Südamerikas	Chan Chan dehnte sich auf rund 20 qkm aus (heute sind nur noch 14 qkm der Stadtanlage erkennbar), war vollständig von einer Adobemauer umgeben und beherbergte in ihrer Blütezeit im 13. und 14. Jahrhundert schätzungsweise 50.000 bis 80.000 Einwohner. Sie war in ihrer Zeit nicht nur die größte Stadt ganz Südamerikas, sondern wahrscheinlich der ganzen Welt. Es gab und gibt keine größere Stadtanlage, die nur aus Lehmziegeln errichtet wurde. Innerhalb der Adobemauer war die Stadt in viele rechteckig ummauerte Bereiche, Sektoren oder sog. *Ciudadelas* unterteilt. Im 6 qkm großen Zentrum befinden sich 10 größere Ciudadelas. Als Ganzes gesehen bietet Chan Chan heute das Bild eines Trümmerfelds oder eines riesigen geschmolzenen Wachskunstwerks, durch das die Straße nach Huanchaco mitten hindurchführt. Trotzdem ist ein Besuch nach wie vor sehr beeindruckend. Inzwischen wurden die äußeren Mauern des Palacio Bandelier und Palacio Tschudi wieder aufgebaut.
■ *Chan Chan einst ...*	
Tumi	Mit Chan Chan hatte die Städtebaukunst im alten Peru ihren Höhepunkt erreicht. Man fand unermessliche Gold- und Silberschätze und feine Keramikarbeiten, darunter auch **Tumi**, halbmondförmige Zeremonialmesser mit dem Griff in Form einer edelsteingeschmückten männlichen Figur. Ei-

Gold-Tumi mit eingelegten Türkisen (40 cm hoch, von Illimo, Tal v. Lambayeque)

nen Eindruck über die große handwerkliche Kunst der Fundstücke vermitteln das **Goldmuseum** und das **Museum Larco Herrera,** beide in Lima.

Neben dem Zahn der Zeit und zerstörerischen Menschen haben auch besonders heftige Niederschläge zur Auflösung der Lehmziegelstadt beigetragen. Normalerweise regnet es in diesem Gebiet sehr selten, doch 1925 ging eine der gewaltigsten Regenfluten, die Nordperu bis dato erlebte, auf Chan Chan nieder und zerstörte die meisten der wertvollen Adobereliefs. Das **El-Niño-Klimaphänomen** löste im Winter 1997/98 heftige Regenfälle in der Küstenwüste aus, die Chan Chan an den Stellen, an denen über den Adobemauern keine Schutzdächer angebracht waren, wieder stark in Mitleidenschaft zogen. Die Stadtsektoren bzw. Ciudadelas sind jedoch erhalten geblieben. Sie sind alle in Nord-Süd-Richtung ausgerichtet und haben an der Nordmauer immer einen Eingang. Der am besten erhaltene Stadtsektor liegt gut 1,5 km links der Hauptstraße und wurde nach dem Schweizer Südamerikaforscher **Johann Jakob von Tschudi** (1818–1889) benannt.

Etwa 400 m vor der Abzweigung zu diesem Sektor liegt links das **Museo del Sitio,** das eine gute Übersicht über Leben und Kultur der Chimú gibt. Geöffnet tägl. von 9–17 Uhr, Eintritt 12 Soles (in der Verbundkarte enthalten).

Chan Chan Öffnungszeiten: tägl. 9–17 Uhr, letzter Einlass 16 Uhr, Eintritt 12 Soles, Studenten 50%. Das Ticket gilt 2 Tage inkl. des Eintritts für die Huacas La Esmeralda und del Dragón. Für den Palacio Tschudi ist ein Führer zu empfehlen, 20 Soles. Im Souvenirshop kostet ein Buchführer auf Span. oder Eng. 6 Soles. Preiswerter ist, auf eigene Faust Chan Chan zu erkunden, da es einen markierten Rundweg (immer den Fischen folgen) und an den wichtigsten Stellen Modelle der Anlage mit kurzen Erklärungen gibt. Rundgangdauer ca. 45 Min.

Die Anlage / Geschichte

Die Stadt war symmetrisch angeordnet, nicht nur in ihrer Gesamtanlage, sondern auch in ihren Ciudadelas, den rechteckigen Stadtteilen mit 200–500 m Seitenlänge. Dies waren vermutlich Wohnbezirke einer bestimmten Berufsgruppe, Palastbezirke, Kasernen oder Lagerkomplexe. Wahrscheinlich waren sie von allem etwas. Trapezförmige, bis zu 12 m hohe Mauern umgaben die Stadtteile, die alle an eine künstliche Wasserversorgung angeschlossen waren. Das Wasser des Río Moche wurde dazu in 130 x 45 m große Sammelbecken geleitet.

Außerhalb von Chan Chan lagen die schon erwähnten **Huacas,** Orte mit sakraler Bedeutung. Wie bei anderen Völkern der Küste stand in der Religion der Chimú auch der Mondkult an erster Stelle, erst in der Hochlandkultur der Inkas trat der Sonnenkult auf. Der Mond war der Herrscher des Alls, der gelegentlich die Sonne verdecken konnte. So gab es bei Sonnenfinsternissen Freudenfeste, bei Mondfinsternissen aber Trauerfeiern. Als Mondtiere wurden Hund, Wolf und Fuchs verehrt. Das nächtliche Winseln des Hundes wurde als Zwiesprache mit dem Mond gedeutet. Hunde wurden deshalb auf Grabbeigaben abgebildet und waren bevorzugte Keramikmotive.

Daneben spielte der Wasserkult eine wichtige Rolle, denn nur durch das ausgeklügelte Bewässerungssystem konnte sich Chan Chan zu dem entwickeln, was es wurde. Dabei wurde auch das Wasser von über 100

Chan Chan

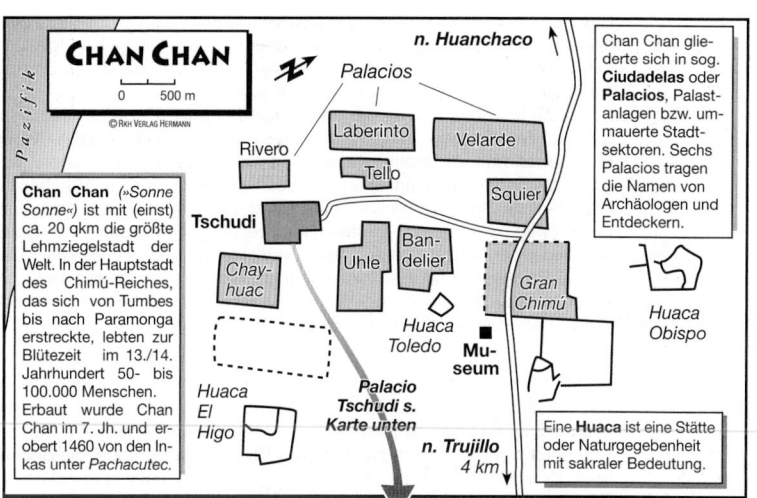

Chan Chan (»Sonne Sonne«) ist mit (einst) ca. 20 qkm die größte Lehmziegelstadt der Welt. In der Hauptstadt des Chimú-Reiches, das sich von Tumbes bis nach Paramonga erstreckte, lebten zur Blütezeit im 13./14. Jahrhundert 50- bis 100.000 Menschen. Erbaut wurde Chan Chan im 7. Jh. und erobert 1460 von den Inkas unter *Pachacutec*.

Chan Chan gliederte sich in sog. **Ciudadelas** oder **Palacios**, Palastanlagen bzw. ummauerte Stadtsektoren. Sechs Palacios tragen die Namen von Archäologen und Entdeckern.

Eine **Huaca** ist eine Stätte oder Naturgegebenheit mit sakraler Bedeutung.

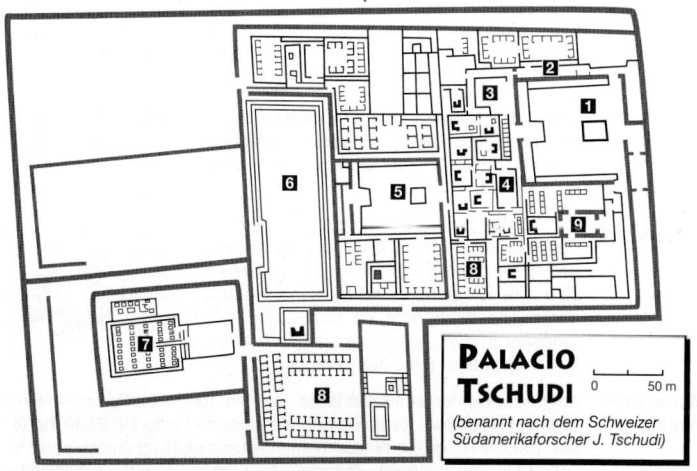

PALACIO TSCHUDI

(benannt nach dem Schweizer Südamerikaforscher J. Tschudi)

1 Haupt-Zeremonialplatz *(Ceremonial principal)*
2 Gang mit Fisch- und Vogeldarstellungen
3 Saal der kleinen Altäre *(Altarcillo)*
4 Gebetshallen *(Adoratorio)*
5 Zentraler Zeremonialplatz *(Ceremonial centrica)*
6 Zisterne *(Reservorio)*
7 Friedhof *(Cementerio)*
8 Vorratslager *(Depositos)*
9 Halle der 24 Nischen *(Sala de las 24 hornacinas)*

Chan Chan Relief

Brunnen genutzt, um damit ausgedehnte landwirtschaftliche Anbauflächen zu bewässern. Der damals bedeutende Hafen für die Handelsflotte der Chimú bestand aus großen rechteckigen Becken, die durch Schleusen zum Meer hin verschlossen werden konnten.

Als die Inka den Chimú die überlebenswichtigen Bewässerungsanlagen in den Bergen absperrten, wenig später ihren letzten **König Minchanzaman** gefangennahmen und nach Cusco deportierten, war 1460 das Ende von Chan Chan und den Chimú gekommen. Minchanzaman musste nach Chroniken eine Inkaprinzessin in Cusco heiraten. Gleichzeitig wurden die besten Handwerker, Lehrmeister und Goldschmiede der Chimú nach Cusco verschleppt und die Straßen des Chimú-Reiches in das der Inka integriert. Die Spanier fanden 1533 die Stadt nahezu verlassen vor. Wohin die Bevölkerung, außer den nach Cusco deportierten, geflohen war, ist nicht bekannt.

Palacio Tschudi Der Zeremonialpalast ist von einer mächtigen, 10–12 m hohen und 4–5 m dicken Adobemauer umgeben. Alle Ecken dieses relativ guterhaltenen Adobekomplexes weisen einen Winkel von etwas über oder unter 90 Grad auf. Eine Erklärung für diesen ungewöhnlichen Eckwinkel wurde bis jetzt noch nicht gefunden. Nachfolgend ein Rundgang, wobei die Bedeutung der einzelnen Räume wohl weniger wichtig ist, entscheidend ist der Gesamteindruck und eine gewisse Vorstellungskraft, wie es früher hier war, als noch Leben die Anlage füllte. – Durch einen versetzten Eingang gelangt man zuerst zum sogenannten Zeremonienplatz (1).

Zeremonienplatz (1) Es könnte sich auch um einen Marktplatz gehandelt haben. Die fein gearbeiteten Ornamente an der Außen- und Innenseite der Mauern, besonders der rechten, zeigen Nutrias (Biberratten), Fische u. Pelikane (**Abb.**).

Gang (2) mit Darstellungen von Fischen und Vögeln und über den **Saal der kleinen Altäre (3)** zu den **Adoratorios (4)**, den Gebetshallen. An den Mauern befinden sich viele Kormorane und Pelikane. Nach einer anderen Theorie könnte es sich auch um Verwaltungshallen der Lagerhäuser gehandelt haben. Nun trifft man wieder auf einen zentralen

Zeremonienplatz (5) der etwas kleiner ist als der erste. Von hier führt eine Rampe in die zweite Ebene. Hinter dem Zeremonienplatz führt ein Gang zur **Zisterne (6).** Dieses 130 x 45 m große Wasserbecken wurde wahrscheinlich von unterirdischen Quellen gespeist. Zisternen spielten im Bewässerungssystem der Chimú eine wichtige Rolle. Es wird vermutet, dass in jedem Sektor eine derartige Zisterne war. Vielleicht war der Ort auch ein Teil eines großen Gartens. Schließlich wird der

Friedhof (7) erreicht. Dieser Stadtteil wird so genannt, weil man die Gebilde aus Tonzement und Muscheln *(tapia)* für Grabkammern hält. Entsprechend dem Totenritus der Chimú wurden die Grabkammern mit reichen Schätzen ausgestattet, die nach dem Untergang des Reiches durch die Spanier und später durch Grabräuber, geplündert wurden. Andere Archäologen vertreten die Meinung, dass es sich statt des Friedhofs auch um ein Gefängnis gehandelt haben könnte. Auf dem Rückweg kommen wir an einem Komplex vorbei, den man als **Vorratslager (8)** oder Kaserne deutet. Wahrscheinlich wurden hier Vorräte aller Art für Kriegs- und Trockenzeiten eingelagert. Zum Schluss liegt an der Ostseite des ersten Zeremonienplatzes die rekonstruierte **Halle (9) der 24 Nischen,** in denen vermutlich die Götterbilder aufgestellt waren. Auffallend sind hier die Sitzblöcke, so dass auch ein Versammlungsort angenommen werden kann, zumal die Akustik hier ausgezeichnet ist.

Tour 1b: Huanchaco

Hat man nach der Besichtigung von Chan Chan noch Zeit, lohnt mit dem Bus ein Abstecher zum einige Kilometer weiter gelegenen touristischen **Huanchaco.** Anfahrt von Trujillo mit *Colectivo Huanchaco* von der Av. Los Incas, Fz 30 Min., Fp 2 Soles. Anfahrt von Chan Chan 8 Soles.

Dieser bei den Peruanern beliebte Ferienort bietet gute Bade- und Campingmöglichkeiten. Die schöne Meerespromenade am Pazifik mit Blumenrabatten und Palmen gefällt und der Strand wird täglich gereinigt.

■ *Caballitos de Totora, „Schilfrohrpferdchen", auf dem Meer werden sie „geritten"*

Als Attraktion sind die bekannten *Caballitos de Totora,* die „Schilfrohrpferdchen", zu sehen. Dabei wird Totora-Schilf so zusammengebunden, dass die Fischer, wie auf dem Rücken eines Pferdes sitzend, auf das Meer hinauspaddeln können. Die Fische werden in einer muldenförmigen Vertiefung aufbewahrt. Von Darstellungen auf etwa 2000 Jahre alten Mochica- und Chimú-Keramiken weiß man, dass schon damals diese Methode des Fischfangs angewandt wurde.

Es gibt keine Plaza de Armas, das Leben spielt sich vornehmlich an der Küstenstraße ab. Dort liegen die meisten Unterkünfte und Restaurants, zahlreiche Lebensmittelläden, Bodegas, Rathaus und Polizei (Eingang Colón 481. Die Banco Continental ist in der La Ribera 269-A, außerdem gibt es eine Wechselstube in einem Internetladen.

Unterkunft Huanchaco ist besser zum Übernachten geeignet als Trujillo, und in der Nebensaison (im dt. Hochsommer) ziemlich ausgestorben. Dann haben viele Restaurants geschlossen. Die Busfahrt in die Stadt dauert etwa 30 Min., Fp 2 Soles. Die schönsten Hostales und Hotels befinden sich meist an der Straße Victor Larco entlang des Meeres und sind nicht überteuert. **Vorwahl (044).**

ECO

Hostal Los Esteros, Av. Larco 618 (am Ortsende), Tel. 23-0810. Diverse Zimmer, Ww, Zi. 301 ist das beste (Panoramafenster-Zuschlag). Gutes Restaurant mit Meerblick. EZ/NS 25 Soles, DZ/NS 30 Soles. EZ/HS 60 Soles, DZ/HS ab 80 Soles. – **Hostal Solange,** Los Ficus 484, Tel. 46-1410. Backpackertreff, bc/bp, Ww/Kw. Ü 4,50 €. – **Hostal Sol y Mar,** Los Pinos 571, Tel. 46-1120. Älteres Hostal, bp, Pool, Garten, Rest., freundlich. – **Hostal & Camping Naymlap,** Victor Largo 1420, Tel. 46-1022, 66-5409. Sehr sauberes Hostal mit schattigem Campingplatz. 26 große Zi. (7 im Neubau), bc/bp, baumbestandener Patio, kleine Skk, nettes Ambiente, Rest., gutes Frühstück, Ws, PP. DZ 35–45 Soles, Camping 10 Soles, gPLV. Bei längerem Aufenthalt Rabatt erfragen. Die Zimmer im Neubau haben bessere Matratzen. **TIP!**

FAM	**Huanchaco Hostal,** Larco 287 (an der Plaza), Tel. 46-1272, Fax 24-9421, huanchacohostal@terra.com.pe. Sympathisch, bc/bp, Kw, Rest., Pool. – **Hostal Bracamonte,** Los Olivos 503, Tel. 46-1266. Zi. weniger schön, bp, Pool, Rest., Fahrradvermietung. – **Hostal Caballito de Totora,** Av. La Rivera 219 (Küstenstraße), Tel. 46-1004, Fax 65-1828, totora@terra.com.pe. Nette Zi. mit unterschiedlichen Preisen, bp, Pool, Garten, Rest. Die empfehlenswerten Zi. 15 und 16 haben eine Terrasse mit Meeresblick. DZ ab 25 €, je nach Zimmertyp. Frühstück übertuert. – **Hostal El Malecón,** Av. La Rivera 225, Tel./Fax 46-1275, hostal_elmalecon@yahoo.com. Freundliches Hostal mit sauberen Zi., viele zur Meerseite, bp, Ww, Terrasse mit Meerblick, auf Wunsch Frühstück. EZ ab 60 Soles, DZ ab 80 Soles, empfehlenswert. – **Hostal Las Palmeras,** Av. Larco 1150, Los Tumbos, Tel./Fax 46-1199, www.laspalmerasdehuanchaco.com. Ww, Rest., Pool, PP, Ü/F 75 Soles
LUX	**Huanchaco Internacional Hotel,** Carretera Huanchaco, Km 13,5, Las Lomas, Tel. 46-1754, Fax 46-1753, www.huachacointernational.com.
Essen & Trinken	Die meisten Lokale liegen an der Küstenstraße und sind auf Mariscos und Fisch spezialisiert. Günstig und gut sind *El Boquerón, El Peñón, La Barca* und *El Tramboyo*. – *El Rey,* Av. Larco 606, empfiehlt sich mit Menüs für 4 Soles, Cebiche, Fisch u. Meeresfrüchte. – Wesentlich teurer sind *Lucho del Mar,* Av. Larco 600, und das danebenliegende *Huanchaco Beach,* Larco 602, sowie die *Casa Marina* am Ortseingang. – Eines der besten Restaurants ist der *Club Colonial,* Av. La Rivera, tägl. 11–23 Uhr, alle Kk. – Den Sonnenuntergang über dem Pazifik kann man bei einem guten Pisco Sour auf der Terrasse im 1. Stock des *Big Ben,* Av. Larco 836 (El Boquerón), genießen. Das Restaurant der gehobenen Kategorie mit aufmerksamen, freundlichen Service verfügt über eine ausgewählte Speisekarte. Gerichte zwischen 18 und 30 Soles. Die frisch zubereiteten Fische sind zu empfehlen. **TIP!** Das *Otra Cosa,* Av. Victor Larco 921 (Küstenstraße), www.otracosa.info, ist eines der schönsten Restaurants im Ort mit kleinem Garten, Patio und Meeresblick von der Terrasse. Es bietet **Vegetarisches** (Menü ca. 8 Soles), hausgebackenes Brot und ökologisch angebauten Kaffee, holländische Besitzer, nettes Ambiente. Im Restaurant und in der Küche arbeiten Freiwillige aus der ganzen Welt, es gibt Internet, Büchertausch und es wird Spanischunterricht angeboten. Mi–So 9–20 Uhr. – Dulceria *El Carmen,* neben dem Rathaus, die Schokoladentorte und der Kaffee schmecken.
Post	ist in der Manco Cápac.
Arzt	*Dr. Luis Manuel Alvarado Lujan* (dt.-spr.), Centro Medico Quirugico, Alfonso Ugarte 772, nähe Los Pinos, Tel. 936-2022 oder 937-3170.
Kunsthandwerk	*Artesanías del Norte,* Los Olivos 504. Keramiken mit Mochica- und Chimúmotiven.
Fest	Am 29. Juni wird das Fest *San Pedro* gefeiert. Dabei wird eine Heiligenfigur mit einem großen Schilfboot um die Mittagszeit an den Strand gefahren und anschließend durch die Straßen getragen.

Tour 1c: Huaca El Brujo

Dieser 2 qkm große zeremoniale Ruinenkomplex aus der Zeit der **Mochica** liegt 60 km von nördlich von Trujillo direkt an der Küste. Es sind einige Ansätze der Lambayeque-Kultur erkennbar (Nachfolger der Mochica-Kultur). Die Ruinenanlage besteht derzeit aus drei Tempelpyramiden, und zwar aus der *Huaca Prieta,* der *Huaca Cortada* und der *Huaca Cao Viejo.* Man kann evtl. Archäologen „über die Schulter schauen", wie sie Funde aus dem Wüstensand freilegen. Vor der Huaca Cao Viejo befinden sich die Überreste einer der ältesten spanischen Kirchen der Region. Die Reliefs der Mauern der Huaca Cao Viejo zählen zu den wichtigsten Neuentdeckungen Südamerikas. Der gesamte archäologische Komplex wurde mit Schutzdächern und Aussichtsrampen versehen.

Sensationell war der Fund der Mumie einer Frau in der **Huaca Cao Viejo,** die meterlang mit Baumwolle umhüllt und reich mit Gold und Edelsteinen geschmückt war. Das Alter der Mumie wird auf 1700 Jahre geschätzt, eine Zeit, als die Mochicas in dieser Region herrschten. Die Frau war nur 25 Jahre alt, als sie zusammen mit einem Kind in ihr Grab gelegt wurde, das über der Pyramidenbasis lag. Der Entdecker, *Régulo Franco,* führt die gute Erhaltung der Mumie auf die Tiefe des Grabes zurück und auf die Verwendung des bakterientötenden Cinabrios beim Einbalsamieren. Auffallend sind die vielen Tätowierungen an Armen, Händen und Füßen, Hauptmotiv Schlangen und Spinnen. Und das erste Mal fand man in einem Grab einer Frau Waffen: Speerschleudern. Ranco mutmaßt, dass es sich um eine Schamanin oder Priesterin gehandelt haben muss.

Das Ortsmuseum bei der Huaca el Brujo wurde 2008 eröffnet und zeigt u.a. die Señora de Cao. Infos: www.travelupdate.com.pe.

Anfahrt: von Trujillo direkt mit dem Taxi oder mit Bus ab der Ecke González Prada/Los Incas über 40 km nach *Chocope* (Fz 40 Min./1 €). Vor dem Ortsschild von Chocope geht es links über einen Feldweg 12 km nach *Magdalena de Cao* und dann weitere 8 km zur Huaca El Brujo. Ab Chocope kostet ein Taxi 3–5 € p.P., Fz ca. 30 Min. auf staubiger Piste. Gruppentouren ab Trujillo werden um 50 € für 4 Personen/Wagen von Reiseagenturen angeboten.

Am Wochenende kann auf Wunsch *Victor Pascual Quintos* (Alfonso Ugarte 5 Rosales, vquartmoche@hotmail.com) von Magdalena de Cao mit seinem Auto nach Huaca El Brujo und zum Strand fahren. Exzellente Ortskenntnisse und gutes Hintergrundwissen über die Ruinenanlage.

Weitere Ausflüge

Zuckerfabrik **Laredo,** Bus ab der Verkehrsinsel beim Museo Cassinelli, Fz 10 Min. In der Nähe liegen die Ruinen von **Caballo Muerto.**

Mochica-Aquädukt und Kanäle

Um in der Küstenwüste überleben zu können, bauten die Mochica großartige Bewässerungssysteme, darunter auch kilometerlange Aquädukte. 18 km östlich von **Chocope** beeindruckt noch heute ein Mochica-Aquädukt bei Ascope, das als einmaliges Bauwerk gilt. Anfahrt von Chocope mit dem Bus bis zum Dorf Ascope (Rest., Tankstelle), dort weiter mit dem Motocarro zum „Acueducto" bei der Laguna San Bartolo. **TIP!**

Im Ortsteil Pampa de Ventura, 3,5 km südlich von Ascope, gibt es noch intakte Bewässerungskanäle, die am Ortsausgang beginnen und endlos weit verfolgt werden können. Am Bergsattel Cruz de Botija ist ein mehrerer Kilometer langer Kanal in gutem Zustand, der saisonal genutzt wird.

■ *Die Huaca del Sol (links an der Bildkante einige Autos als Größenvergleich)*

Tour 2: Pyramiden der Mochica: Huaca del Sol und Huaca de la Luna

Die Sonnen- und die Mondpyramide sind die größten präkolumbischen Heiligtümer Südamerikas und bestehen aus Millionen von Adobe-Ziegeln. Sie liegen etwa 7 km südöstlich von Trujillo zwischen dem südlichen Ufer des Río Moche und dem Fuß des Berges Cerro Blanco in der *Pampa de los Mochica*. Die Pyramiden sind im reinen Mochica-Stil errichtet. Es arbeiteten wahrscheinlich Abertausende von Menschen an ihrer Fertigstellung. Von der Panamericana führt eine gut ausgebaute Straße zu den Pyramiden. **Öffnungszeiten:** Huaca de la Luna (Mondpyramide) tägl. von 9–16 Uhr, Centro de Visitantes, Campiña de Moche, Tel. 83-4901, www.huacadelaluna.org.pe, Eintritt 12 Soles inkl. Führer, Studenten 50%, die Verbundkarte Chan Chan gilt nicht, der Eintritt zur Huaca del Sol ist frei.

Anfahrt: mit Colectivos *Camina de Moche* ab Ecke Atahualpa/Los Incas, Fz ca. 20 Min., oder mit dem Bus ab der Suárez/Los Incas. Ein Taxi kostet hin und zurück inkl. Wartezeit 20 Soles. Wer sein Taxi nicht warten lassen möchte, kann später mit den zahlreich fahrenden Taxis und Colectivos bis 17.30 Uhr nach Trujillo zurückfahren. Die beste Besuchszeit morgens, da nachmittags oft ein Sandsturm aufkommt und dann ggf. die Mondpyramide früher schließt.

Huaca del Sol
Die Sonnenpyramide wurde zwar von den Mochica gebaut, doch die Ummantelung stammt von den Chimú, wie Archäologen an der zum Fluss aufgerissenen Seite der Pyramide erkennen konnten. Der Schaden wurde durch Schatzräuber angerichtet, die schon während der Kolonialzeit den Río Moche gegen die Pyramide umleiteten. Die massive, siebenstufige Sonnenpyramide war wahrscheinlich das wichtigste Heiligtum der Mochica, und es wird vermutet, dass sie dem Regenbogen geweiht war. Die ursprünglichen Maße des Grundrisses betrugen 340 x 220 Meter, die Höhe erreichte 41 Meter. Sie steht auf einer 18 Meter hohen Stufenterrasse.

Huaca de la Luna
Die Grundrissmaße der kleineren, terrassenförmigen **Mondpyramide** betrugen 80 x 60 m, die Höhe war 21 m. 1899 entdeckte der deutsche Archäologen Max Uhle in den verschiedenen Ebenen der sechs Stufen der Mondpyramide verschiedenfarbene Malereien bzw. Reliefs, die inzwischen durch Archäologen mühevoll restauriert wurden. 1990 wurden weitere große Wandmalereien entdeckt, die gut erhalten sind. Sie sind ebenfalls der Öffenlichkeit zugänglich und können bei Führungen besichtigt werden – lohnenswert! 2008 wurde bei der Huaca de la Luna ein Ortsmuseum errichtet, das sämtlich Gegenstände zeigt, die man bisher gefunden hat.

Die beiden großen Lehmpyramiden liegen 500 m auseinander. Zwischen beiden entdeckte gleichfalls Uhle eine große **Nekropolis der Mochica.** Funde haben ergeben, dass die Mondpyramide dem Totenkult geweiht war. Noch heute können Keramikscherben im Sand gefunden werden.

Die Mochica

Die Blütezeit der Mochica (200–800 n.Chr.) fällt in die Zeit der Nasca-Kultur und erreichte ihren Höhepunkt um 500 n.Chr. Zu dieser Zeit erstreckte sich ihr Siedlungsgebiet vom Río Lambayeque bis südlich von Casma.

Der Name **Mochica** leitet sich vom Río Moche und der südlich von Trujillo liegenden **Stadt Moche** ab, wo das Kernland der Mochica lag. Hunderte von Jahren später sollten die Chimú das Erbe der Mochica antreten. Das Mochica-Reich expandierte ab 200 v.Chr. entlang der Pazifikküste nach Norden und Süden und erreichten um 750 n.Chr. seine größte Ausdehnung.

Um in der menschenfeindlichen Küstenwüste überleben zu können, bauten die Mochica ein meisterhaftes, geradezu gigantisches Bewässerungssystem mit kilometerlangen Aquädukten, die zum Teil noch heute benutzt werden. Ein 110 km langer Kanal bewässert z.B. die Felder bei Chan Chan, und bis 1925 funktionierte ein 2500 m langer Aquädukt, der in 25 m Höhe über ein Trockental führte. Bergfestungen an den Andenabhängen schützten die Taleingänge der Wasserleitungen, die Wasserzufuhr wurde über ein ausgeklügeltes System gesteuert.

Die Mochica waren die Baumeister der höchsten Lehmpyramiden Südamerikas, der **Huaca del Sol** und **Huaca de la Luna**. Diese Pyramiden aus Adobe-Lehm-ziegeln werden als **Huacas** bezeichnet und wurden meist am Rande der Flusstäler erbaut. Die Huacas waren verputzt und oft mit Wandmalereien ausgeschmückt. Der Hauptzugang erfolgt über eine Rampe. Wahrscheinlich standen auf den einzelnen Stufenpyramiden kleinere Gebäude. Die Lehmziegelbauten hatten deshalb vermutlich eine multifunktionale Aufgabe und waren keine Mausoleen wie die Pyramiden in Ägypten. Sie waren Heiligtümer, dienten zu zeremoniellen und militärischen Zwecken (Kontrollposten) und wohl auch zu alltäglichen Bräuchen.

Am Fuße der Huacas befanden sich oft Grabfelder, die in der Vergangenheit immer wieder von den *Huaqueros*, Grabräubern, geplündert wurden (das Graben in den Grabfeldern ist heute in Peru verboten, doch der Verkauf der geplünderten Grabgegenstände ist gesetzlich geregelt und geraubte Ware kann so durch eine offizielle Registrierung legal in Besitz genommen werden).

Das wenige Wissen über die Mochica verdankt man Ausgrabungen und Funden kunstvoller Porträtvasen und unzähliger Keramikgefäße, auch als „keramische Bilderbücher" oder „tönerne Bibliotheken" bezeichnet werden. Neben ausgeprägten Kopfdarstellungen sind fantasievolle Menschenabbildungen auf den Tongefäßen zu sehen. So konnten Rückschlüsse auf das Alltagsleben, die Götterverehrung und den ausgeprägten Totenkult der Mochica gewonnen werden. Aufgrund der Keramikabbildungen weiß man z.B. auch, dass schon die Mochica Cocablätter kauten.

Das **Grab des Fürsten von Sipán** (s.S. 497) war der wichtigste Grabfund der Mochica. (HH)

Abbildungen, v. ob.:
Bemaltes Porträtkopfgefäß eines Mochica-Kriegers mit Steigbügelausguss • Zepter • Gefäß in Gestalt einer hockenden Person • Mochica-Vasenmalerei

Nebenstrecken von Trujillo nach Cajamarca

Über Cajabamba nach Cajamarca Neben der Hauptstrecke von Trujillo über Pacasmayo nach Cajamarca gibt es auch interessante Nebenstrecken. Busse von *Sánchez López, Gran Turismo, Garrincha, Agreda oder Negreios* fahren tägl. durch das Río-Moche-Tal nach *Quiruvilca,* einem wichtigen Bergwerksort mit einer 40 km langen Transportseilbahn. Von dort geht es dann endlos weiter aufwärts, über einen etwa 4200 m hohen Pass, bis 185 km hinter Trujillo das hübsche Kolonialstädtchen **Huamachuco** (Beschreibung s.u.) erreicht wird. Wer die Gesamtstrecke in nur zwei Tagen schaffen will, sollte gleich noch die letzten 48 km bis **Cajabamba** fahren (Fahrzeit von Trujillo 12–15 Stunden) und dort übernachten (*Hotel Flores,* an der Plaza). In den sehr einfachen Gaststätten gibt es oft nur *Cuy.* Weiter nach Cajamarca mit einem allmorgendlichen Bus von *Díaz* oder *Atahualpa* (bequemer). Nach ständigem bergauf und bergab wird nach weiteren 125 km Cajamarca erreicht (Fz 7 h, Fp 4 €).

Über Otuzco Von Trujillo nach Cajamarca kann auch via **Otuzco** und **Usquil** gefahren werden, eine beschwerlichere Variante. Auf der Strecke liegt **Coina** (800 Ew.) mit dem *Hospital Andino* (ca. 1 km außerhalb), das vom deutschen Arzt *Osvaldo Kaufmann* gegründet wurde und noch heute von einem deutschen Förderverein getragen wird. Reisende können dort in der *Hostería El Sol* in einem schönen Park übernachten (bc/bp, Bar, Pool, Ü 3,50 €, VP über die Küche des Hospitals 1,75 €). In der Nähe laden Weiler und Thermalquellen zu Besuchen ein, die zu Fuß oder zu Pferde unternommen werden können.

Huamachuco

Die 1553 von den Augustinern gegründete Andenort (3170 m, 25.000 Ew.) liegt 185 km östlich von Trujillo in den Anden auf dem Weg nach Cajabamba bzw. Pataz. Hier lohnt sich ein Zwischenstop, um z.B. auf der *Hacienda Yanasara* in Thermalquellen zu entspannen oder im *Lago Sausacocha* zu baden. Die **Casa de los Arcos** diente einst Simon Bolívar als Quartier und das **Museo Sacro de Huamachuco** in der Bischofsresidenz hinter der Kathedrale beherbergt aus Holz geschnitzte Heiligenstatuen und eine Reliquien-Sammlung. Am 10. Juni findet alljährlich zur Erinnerung der Helden der Schlacht von Huamachucho gegen die Chilenen eine Parade in der Stadt statt. Bedeutendstes Fest ist das zu Ehren der *Virgen de la Alta Garcia* mit einer eindrucksvollen Prozession. Südwestlich des einst strategischen Ortes liegen die Ruinen von **Marca Huamachuco** und **Wiracochapampa**, die den Wari zugeschrieben werden.

Unterkunft: *Hostal Huamachuco,* Castilla 354 (an der Plaza); einfache Zi., bp, freundlich. – *La Libertad* oder *Sucre,* jeweils einfach. **Banken** sind in der Balta (Banco de la Nación), Sánchez Carrion (Caja Rural La Libertad) und in der San Ramón (Caja Municipal). **Postamt:** Grau 448. Täglich **Busse** nach Trujillo von *Garrincha, Agreda, Negreiros, Sánchez López* und *Gran Turismo,* Fz 9 h.

Marca Huamachuco

Der archäologische Komplex 10 km südwestlich von Huamachuco hieß ursprünglich *Marka Waman Churu,* was so viel wie „*Dorf der Falken*" bedeutet. Die Bewohner hießen *Waman Churi* oder „Falkenmänner", da sich die Männer mit dem Falken identifizierten und den Greifvogel sehr verehrten. Die Anlage dehnt sich von Südosten nach Nordosten auf 5 km aus und ist zwischen 400 und 600 Metern breit. Sie wurde 400–300 v.Chr. auf einem stufenförmigen Felsabbruch gebaut, ist von bis zu 800 m tiefen, unzugänglichen Schluchten, durch die die Flüsse Río Grande und Río Bado fließen, umgeben und gleicht einer gewaltigen Festung. Die gesamte Anlage besteht aus fünf Bereichen:

Die Huacas Der sog. „Aussichtspunkt" oder die „Warte" liegt bei der doppelten Mauer am Fuße des *Cerro El Castillo* (s.u.). Die Huacas bestehen aus durch Keile befestigten Steinen, die in aufgesetzten Schichten angeordnet sind. Im Zentrum haben sie Löcher oder Vertiefungen, ähnlich eines Keramikofens. Der Architekt *Stanley Loten* mutmaßt, dass es sich dabei um heilige Brunnen handelt, in denen man einen direkten Kontakt mit den übernatürlichen Kräften hatte und sie als Orakel gedient haben könnten.

Cerro El Castillo Der Berg ist von einer doppelten Steinmauer umgeben. Innerhalb liegt ein monumentales Gebäude mit Gängen, das als *El Castillo* bezeichnet wird. Südlich davon befinden sich auf einer Plattform mehrere rechteckige Gebäude mit Ausgängen, die als *Torres* (Türme) gedeutet werden, da sie an einer strategisch günstigen Stelle erbaut wurden.

Las Monjas Hier stehen sechs wuchtige, runde und ovale Gebäude, die der Inka-Epoche zugeschrieben werden. Sie sind von 2 m hohen, terrassenartig angelegten Mauern umgeben. Einige verfügen über Nischen, die wahrscheinlich als Bestattungsorte gedient haben.

Los Corrales Im oberen Teil eines Berges sind zwei runde, von einer doppelten Mauer umgebene Gebäude zu erkennen. In nordwestlicher Richtung stehen weitere rechtwinklige Konstruktionen mit einer kleineren Mauer, wahrscheinlich einst Stallungen.

Cerro Viejo Ebenfalls ein Hügel mit Doppelmauern und Gängen.

Wiracochapampa

Diese Ruinenanlage besteht hauptsächlich aus Plätzen. Es wird vermutet, dass sie für zivile, militärische und religiöse Veranstaltungen genutzt wurden. Es sind Überreste von Lagerhäusern, großen und kleineren Tempeln zu sehen.

Parque Nacional Río Abiseo mit Chachapoya-Ruinen (Gran Patajén)

Parque Nacional Río Abiseo Der **Nationalpark Río Abiseo** (gegründet 1983 und 1990 zum UNESCO-Weltkultur- und -Naturerbe erklärt) liegt zwischen dem Río Huallaga und dem Río Marañón. Auf einer Fläche von 274.520 ha findet man hier neben typischer Hochgebirgs-Puna auch einen völlig intakten Primärurwald mit einer unglaublichen Artenvielfalt an Pflanzen und Tieren. Nur hier ist z.B. der Wundersylphe anzutreffen, eine Kolibriart mit zwei langen Schwanzfedern die in einem Schwanzfächer enden, der Gelbschwanz-Wollaffe *(Lagothirx flavicauda)* oder der Goldstirn-Klammeraffe. Das Gebiet ist auch Habitat für zahllose andere Tierarten, wie Riesengürteltiere, Brillenbären, Riesentukane, Gelbflügelaras, Jaguare, Jaguarundis, Andenhirsche, Andentapire. Die Höhenlagen des Parks variieren zwischen 320 und 4200 m.

Ausgangspunkte für den Besuch sind die kleinen Ortschaften **Pataz, Pias, Parcoy** und **Condormarca** (eine schriftliche Besuchserlaubnis stellt das INRENA, Instituto Nacional de Recursos Ecología y Arqueología, in Lima aus). Anreise von Trujillo s. bei „Adressen & Service Trujillo"; mit dem Bus über Huamachuco (Fz 6 h), via Aricapampa nach Pataz (Gesamtfahrzeit von Trujillo kann bis zu 3 Tage), Fp 10 €.

Geheimnisvolle Ruinenstätten Im Parque Nacional Río Abiseo wurden insgesamt 36 archäologische Stätten entdeckt, davon allein 29 in der höhergelegenen Grasebene. Die bekanntesten sind Stätten der Chachapoya, nämlich *Los Pinchudos, Las Papayas, La Playa, Cerro Central.* Die größte und berühmteste ist **Gran Patajén.** Die Stätten liegen weit verstreut und sind fast alle mit Bergnebelwald überwuchert (Höhenlage zwischen 2824 bis 2850 m).

Ausgangspunkt Pataz Von hier sind es ca. 72 km bis zur archäologischen Zone. In Pataz (oder Los Alisos) einen Führer nehmen (z.B. Rogelio Cueva, sehr erfahren, empfehlenswert, 20 €/Tag plus Verpflegung, Maultiere mit Treiber kosten 10 €/Tag plus Verpflegung), für einen Träger (z.B. von der Familie César Salirosa) sind ca. 10 €/Tag zu löhnen. Von Pataz dann in drei Stunden mit dem Maultier nach **Chigualan zum Parkeingang.** Von Chigualan nach Gran Patajén sollten 2 Tage eingeplant werden. Die gesamte Strecke muss zu Fuß durch zum Teil unwegsames Gelände bewältigt werden. Sie führt mehrmals auf 4000 m Höhe und überwindet über eine nebelige Hochebene mit Ichu-Gras die *Ceja da Selva* zum Río Cristo. Dann durchquert der Trail ein Sumpfland und erreicht den Bergnebelwald mit ungewöhnlichen großen Baumfarnen und Schachtelhalmen. Überall wachsen Bromelien und Orchideen. Auffallend sind die *Liquenes fruticosos,* die wie Fasergeflechte von den Baumästen hängen und der Stille im Wald eine gespenstische Atmosphäre verleihen. In diesem unberührten Nebelwald ist der seltene Andenbär *(Tremarctos ornatus)* beheimatet.

Nach einem anstrengenden Aufstieg werden die Ruinen von **Los Pinchudos** erreicht, das 1972 durch Tomás Torrealva entdeckt und durch den Archäologen Kauffmann-Doig erforscht wurde. Auffallend sind die überdimensionierten Genitalien, die von den Balken der Mausolen hängen. Von hier hat man einen ungewöhnlichen Blick über den Urwald und auf die Stätten von *Las Papayas* sowie *Cerro Central,* die auf dem Weg nach Gran Patajén liegen.

Gran Patajén (auch **Ruinas del Abiseo** genannt, wahrscheinlicher Name *Yaro*) wurde erst 1963 entdeckt, damals eine wissenschaftliche Sensation. Es ist der größte Ruinenkomplex Südamerikas (Ausdehnung über ca. 40 ha), und es handelt sich um eine Anlage der **Chachapoya** an der Südgrenze ihres ehemaligen Reiches. Die Chachapoya-Kultur war älter als die der Inka und Patajén eine der sieben „weißen Städte", von denen Inka-Legenden berichten (die Inka besiegten die Chachapoya um 1470, Exkurs s.S. 559). Archäologen glauben, dass Gran Patajén das wichtigste Heiligtum der Chachapoya war.

Am zweigeschossigen, 4 m hohen Hauptgebäude wurde eine weitläufige Steingalerie freigelegt, **Cabezas Clavas,** Reliefgesichter mit Kopfschmuck, ragen aus der Fassade. Sie ähneln denen von Chavín de Huántar und es wird gerätselt, ob sie Herrscher oder Gottheiten darstellen.

Die Bauweise der Chachapoya hat nichts mit der rechteckigen Architektur der Inkas gemein, bei ihnen sind alle Wände rund, auch die Häuser, die in Stufenterrassen den Berg ansteigen. Auffällig sind die zahllosen plastischen Ornamente und Zickzackmuster, mit denen alle Fassaden als umlaufende Friese verziert sind. Steinplastiken, seltsame Wesen mit Ringelohren, Köpfen mit Flügeln (interpretiert als stilisierte Kondorköpfe in Flugstellung) und Köpfe mit Sonnenkronen verzieren eine Tempelwand.

Insgesamt gab es 16 Rundbauten, die mit ihrem Eingang nur eine Öffnung hatten. Meist sind jedoch nur Grundmauern oder Grundplattformen erhalten, zu denen Steintreppen hinaufführten. Ursprünglich waren sie mit einem Kegeldach abgedeckt. Mit Steinplatten belegte Straßen verbinden die wichtigsten Gebäude miteinander, außerdem ist ein gut geplantes Drainagensystem vorhanden. Die meist halbrunden **Mumiengräber** *(tumbas)* mit reichhaltigen Grabbeigaben, die zum Teil in Felswänden liegen, sind perfekt erhalten und wie Teile von Festungsmauern mit Ocker oder einem rötlichen Farbstoff bemalt.

Trujillo – Piura – Tumbes (700 km)

Trujillo – Pacasmayo

Hinter Trujillo führt die Panamericana zunächst durch die glühendheiße Küstenwüste und geht plötzlich in ein riesiges Zuckerrohranbaugebiet bis nach *Chicama* über. In Chicama wird in zahlreichen Fabriken das Zuckerrohr weiterverarbeitet. Bei *Paijan* verschluckt die Küstenwüste das letzte Grün. Über *San Pedro de Lloc* wird nach ca. 125 km der kleine Hafenort

Pacasmayo/ Pacatnamú

mit einer Zementfabrik erreicht. Unterkunft und Restaurant: *Hostal Panamericana,* Leoncio Prado 18, Zi. mit bp, Kw, gut.

Nördlich von Pacasmayo liegen, in der Nähe des Pazifiks im Tal des Río Jequetepeque, die **Pyramidenruinen von Pacatnamú.** Zuvor wird im Flusstal der 3000 ha große Wald von *El Canocillo,* der hauptsächlich aus *algarrobos* (Johannisbrotbäumen) besteht, passiert. In Pacatnamú katalogisierte der Archäologe *Heinrich Ubbelohde-Doering* über 50 Pyramidenstümpfe bis zu einer Höhe von 20 m, auf die von Norden Rampen hinaufführen. Sowohl die Pyramiden als auch die Toten im nahen Gräberfeld sind nach Norden ausgerichtet. Diese Tatsache wird in Verbindung mit der Herkunft der Erbauer aus dem Norden gebracht. Die Pyramiden waren fast alle innerhalb einer Lehmziegelummauerung (Schutzmauer?) erbaut worden. Pacatnamú wird der frühen Chimú Zeit zugeordnet, obwohl auch Hinweise auf die Mochica gefunden wurden. Eventuell könnte es sich um das Bindeglied zwischen der Mochica- und der Chimú-Epoche handeln.

Pacasmayo – Guadalupe

11 km hinter Pacasmayo wird auf der Panamericana, nach Überquerung des Río Jequetepeque, die Abzweigung nach Cajamarca (km 683) erreicht. Nach etwa 9 km kommt bei km 692 das Wüstenstädtchen

Guadalupe

in Sicht, das für heißes Klima und ausgedehnte Reisplantagen bekannt ist. Die erste Ansiedlung geht hier auf die Moche und Chimú zurück. Heute dominieren in den engen Straßen Kolonialhäuser aus der Zeit der spanischen Eroberung. Ein architektonisches Juwel ist die **Iglesia y Convento de Guadalupe** mit schönen Wandmalereien. Im *Museo Agustinos* des Klosters werden kirchliche Kleider und Gegenstände gezeigt.

Direkt an der Panamericana befindet sich bei km 692 das Hotel *El Bosque,* Tel. 56-6490 und bei km 696 das Hostal *Puente Azul,* Tel. 56-6261, (beide Kategorie FAM). Über Chepen und Mocupe, vorbei an der Abzweigung zur ehemaligen Silberstadt *Zaña* (wenig Sehenswertes), wird Chiclayo erreicht.

San José de Moro Von Guadalupe führt die Panamericana nun nach Osten und erreicht nach 5 km **Chepen** (Rest., Tankstelle, Fz von Trujillo 2 h). Kurz nach Chepen liegt das archäologische Ausgrabungsfeld von **San José de Moro,** einst ein zeremonieller Ort aus der Zeit der Mochica und Chimú. Seit 1991 werden hier Gräber von Würdenträgern, Priestern und Priesterinnen (!) der Mochica ausgegraben, außerdem große Keramikgefäße für die Chicha-Produktion. Die Ausgrabungen konzentrieren sich auf die Monate Juli/August, das Ausgrabungsgeld ist dann nicht besuchbar. Die übrige Zeit können Interessierte das Ausgrabungsfeld begehen. Sollte der Wachmann anwesend sein, kann das kleine Museum mit Replikaten der Gräber besucht werden. Von Chepen geht es auf der Panamericana über Mocupe, vorbei an der Abzweigung zur ehemaligen Silberstadt *Zaña* (wenig Sehenswertes), nach Chiclayo.

Chiclayo

Die Hauptstadt des Departamento Lambayeque (520.000 Ew.) ist ein Verkehrsknotenpunkt Nordperus und ein geschäftiges Agrarzentrum (Reis, Zuckerrohr, Baumwolle und Weizen). Das Klima ist trocken und heiß, doch zum Jahreswechsel (Nov./Dez./Jan.) kann es kalt werden.

Sehenswert Die Stadt bietet keine besonderen Attraktivitäten, ist aber recht nett mit einigen Grünanlagen. Interessant ist der **Mercado Modelo**. Dort gibt es unzählige Verkaufsbuden mit exotischen Früchten, Gewürzen, Lebensmitteln, Handwerksprodukten und Textilien – einer der interessantesten Märkte Perus überhaupt. Ihm angeschlossen ist der **Mercado de Hierbas** (Kräutermarkt). Hier ist noch die traditionelle Volksmedizin mit Kräutern, Salben und Wundermittel gegen allerlei Gebrechen und Krankheiten anzutreffen. Neben vielerlei Mix- und Tinkturen werden Rehfüße, Stinktierfelle, Tukanköpfe, Schlangenhäute, Zauberstäbe und Heiligenbilder verkauft. Wahrscheinlich der größte Markt mit Heilkundigen, Quacksalbern und Schamanen Südamerikas! Wie einst töten *curanderos* Meerschweinchen, studieren den Mageninhalt und stellen die Diagnose. Zur eigenen Sicherheit kann für 1 Sol eine Polizeibegleitung „angeheuert" werden, um die hohe Diebstahlgefahr zu minimieren!

Chiclayo ist vor allem Ausgangspunkt für einen Besuch der **Sipán-Ruinen** und des berühmten **Grabs des Herrschers von Sipán.** Daneben ist das Tal der **Pyramiden von Túcume** und das **Museo Bruening in Lambayeque** besuchenswert. 11 km von Chiclayo entfernt liegen die Strandorte *Pimentel* und *Santa Rosa* mit kilometerlangen Sandstränden.

Feste Die gesamte Großregion um Chiclayo ist für ihre religiösen Feste und Zeremonien bekannt. Einer der Höhepunkte ist das **Cruz de Chalpón,** das gleich zweimal im Jahr (6. August und im Februar) in **Motupe** (85 km im Norden) von Tausenden von Wallfahrern gefeiert wird. Speziell dafür werden religiöses Kunsthandwerk, Keramiken und Kleidung in traditionellem Stil hergestellt.
1. Januar: *Niño del Año Nuevo,* in Reque. **Februar:** *Cruz de Chalpón,* Motupe. – **30. Juni:** *Sagrado Corázon de Jesús,* Pto. Eten. – **Juli:** Kunsthandwerkmesse in Monsefú. – **August/September:** *Señor Nazareno Cautivo,* Monsefú (Prozession zu Ehren des Schutzheiligen von Monsefú). **6. August:** *Cruz de Chalpón,* Motupe. – **25. Okt.:** *Señor de La Justicia* in Ferreñafe, mit Marinera-Tänzen.

Strandort Pimentel Pimentel ist von Chiclayo aus mit Colectivos leicht erreichbar (11 km). Sehenswert sind hier Fischer, die noch mit ihren Schilfbooten zum Fischfang hinaus aufs Meer fahren, Mitfahrt 20 Soles. Am Nachmittag kehren sie an den Strand

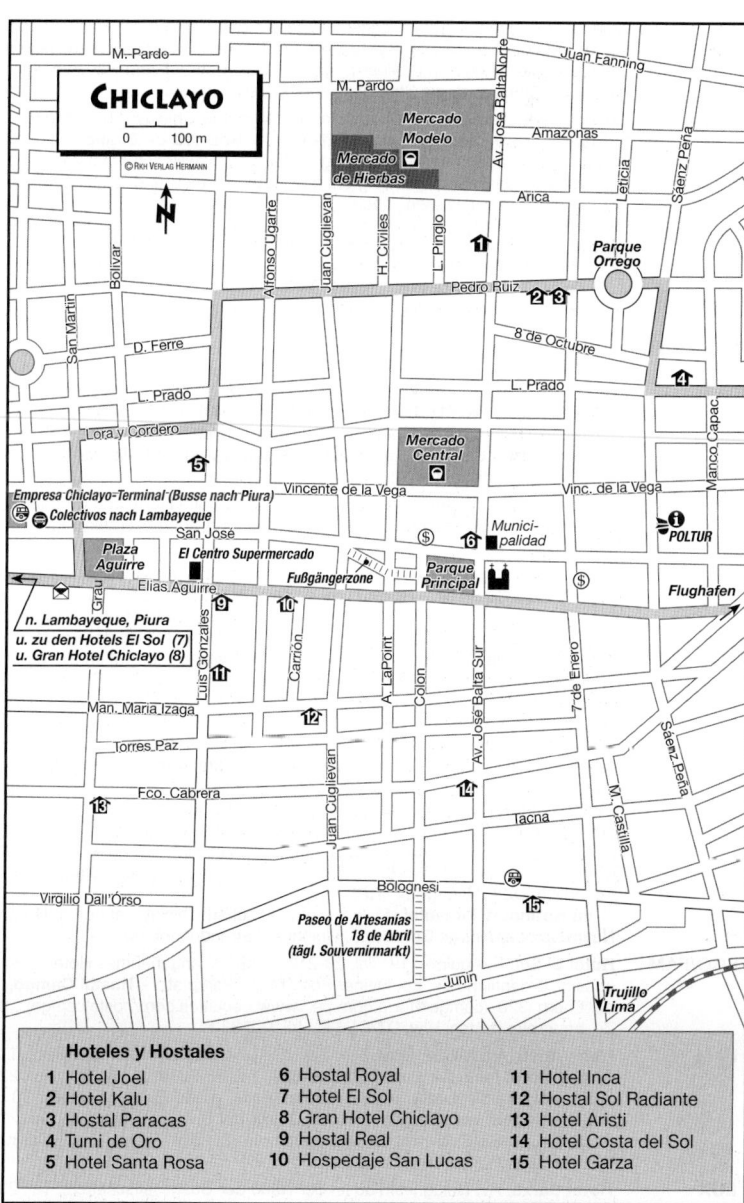

zurück, wo bereits eine Menschenmenge auf den Verkauf der Fische wartet. Dann wird der Strand zum Fischmarkt. Die Fische werden gleich ausgenommen und die Reste in das Meer geworfen. Das Meer ist zum Baden deshalb wenig geeignet, auch die Strandkneipen bieten nicht viel.

Chaparrí In einem Trockenwald bei Chaparí in der Nähe von Chiclayo hat 1999 *Heinz Plenge* in Zusammenarbeit mit INRENA in der **Reserva de Chaparrí** bei Sta. Catalina ein Andenbären-Projekt gegründet, das inzwischen mehr als 34.413 ha umfasst. Das Schutzgebiet grenzt an Batán Grande und Laquipampa an. Wer mehr darüber wissen möchte, kann Heinz oder Anahi Plenge, Tel. 24-9718, Fax 45-2299 oder info@chaparrilodge.com kontaktieren oder sich unter www.chaparri.org oder www.chaparrilodge.com informieren. Im Schutzgebiet kann in einer komfortablen, hübschen Lodge übernachtet werden.

Adressen & Service Chiclayo

Tourist-Info I-Peru, Av. Sáenz Peña 838/San José, im selben Gebäude der POLTUR, Tel./Fax 20-5703, iperuchiclayo@promperu.gob.pe. Mo–Sa 9–19 Uhr, So 9–13 Uhr Uhr, sehr hilfreich. Außenstelle im Museo Nacional Tumbas Reales de Sipán.Recht nützlich ist auch die Broschüre *Guía Turística Lambayeque* mit zahlreichen Adressen und Infos (spanisch), die in den Hotels verteilt (oder verkauft) wird. **POLTUR:** *Policía de Turismo,* Av. Sáenz Peña 838, Tel. 23-6700 (24-Std.-Service). **Vorwahl (074).**

Unterkunft Die meisten der billigen Hotels liegen in der Calle Balta Norte und Umgebung. Weitere Billigst-Unterkünfte in der Pedro Ruíz und angrenzenden Straßen in Marktnähe.

ECO **Hospedaje San Lucas** (BUDGET), Elias Aguirre. EZ/bc 10 Soles, DZ/bc 20 Soles, DZ/bp 30 Soles. – **Hotel Tumi de Oro** (BUDGET), Leoncio Prado 1145, Tel. 22-7108, Fax 23-7767; bc/bp, Kw. – **Hostal Sol Radiante,** M. Izaga 392, Tel. 23-7858. Einfache Zi., hellhörig, bp, Ww, EZ 8 €, gut. – **Hostal Royal,** San José 787, Plaza de Armas, Tel. 23-3421. Kolonialbau mit großen Zi., bc/bp, Ww, freundlich. DZ/bp 32 Soles. – **Hostal Real,** E. Aguirre 344, Tel. 23-6752; einfache Zi., bc/bp. – **Hotel Kalu,** Pedro Ruíz 1038, Tel. 23-9195 u. 22-8767, Fax 22-9293, hotelkalu@terra.com.pe. Saubere Zi., bp, Ww, Ws, DZ ab 8,50 € (Rabatt für Reisegruppen). – Gleich daneben liegt das **Hotel Paracas,** Av. Pedro Ruíz 1046. DZ/bp 12 €, empfehlenswert. – **Hostal Joel,** Av. Balta 1355 (am Mercado Modelo), Tel. 22-5953, Fax 22-2047, hostaljoel@hotmail.com. Renoviertes, ehemaliges Kaufhaus, großräumig, ruhig, 56 große und saubere Zi., bp, Ww, guter Service, Rest., Ws, empfehlenswert. DZ ab 12 € (Rabatt auf Nachfrage). – **Hotel Santa Rosa,** Av. Luís Gonzáles 927, Tel. 22-4411, Fax 23-6242. Schöne Zi., bp, Ws (2 kg 7 Soles), Cafetería, Internet, hilfsbereit und freundlich. DZ/F 18 €, gPLV, **TIP!**

Im **Strandort Pimentel** (11 km vom hektischen Chiclayo entfernt): **Hostal Naymlap** oder **Hostal Garuda,** C. Quiñones (Strandnähe), bp.

ECO/FAM **Hotel El Sol,** E. Aguirre 119, Tel. 23-2120. Älteres, angenehmes Hotel, etwas abseits, ordentliche Zi., bp, kleiner Pool, Rest., Parkplatz. – **Hostal Camgo,** 7 de Enero 320 (camgo@terra.com.pe, www.geocities.com/hostalcamgo). 18 Zi., bp, große Betten, Ww, DZ/F 26 €, Ü/F TriZ 33 €.

FAM **Hotel Aristi,** Av. Miguel Grau 345, Tel. 23-1074. Älteres Hotel, bp, Rest., DZ 25 €. – **Hotel Inca,** Av. Luís Gonzáles 622, Tel. 23-3814 u. 23-5931, Fax 22-7651, incahotel@cpi.udep.edu.pe. Älteres Hotel, große Zi., bp, Rest. DZ 30 €, in der NS Preis verhandelbar. – **Hotel Costa del Sol,** Av. Balta 399, Tel. 22-7272, Fax 20-9342, wwwcostadelsolperu.com. Schöne Zi., bp, Rest., Casino, Ws, kleiner Pool, Bar, Jacuzzi, Sauna, PP. DZ/F ab 35 €.

LUX **Hotel Garza,** Av. Bolognesi 756 (in der Nähe der Busgesellschaften), Tel. 23-

8968, Fax 22-8171, www.garzahotel.com. 94 Zi., bp, AC, schöner, großer Pool, Rest., Bar, Mietwagen (Jeeps). DZ/F 65 €, nach Rabatt fragen. – **Gran Hotel Chiclayo,** Av. Federico Villareal 115, Tel. 23-3961, Fax 22-4031, www.granhotelchiclayo.com.pe. Große Zi., bp, AC, Rest., Pool, PP. DZ/F 70 €. Für Komfortliebende ein **TIP,** aber leider sehr laut, unbedingt Zimmer auf der Hotelrückseite verlangen!

Essen & Trinken	Typische Spezialitäten in Chiclayo sind Entengerichte, wie z.b. *aguadito de pato* oder *arroz con pato a la chiclayana* (Reis mit Ente) und Fischgerichte wie *cebiche de pescado* (marinierter Fisch). Preisgünstige Restaurants finden sich in der Av. Balta, wie z.B. das **San Remo, Imperial** und das **Romana** (Nr. 512). Gutes, preiswertes Essen und große Portionen gibt es im **Las Américas** an der Plaza. Zu empfehlen ist auch das **Roma** in der Izaga 710. **La Cabaña,** Los Laureles 100, ist ebenfalls einen Besuch wert. *Cahuide Mesones,* Präsident der Cámara Regional de Turismo in Lambayeque, empfiehlt das **Pubelo Veijo,** Calsoncillo, ausgezeichnete *Comida típica.* Ebenfalls charakteristische Chiclayo-Küche im **La Boni,** Juan Cuglevan 1116, leckere Entengerichte wie z.B. *Arroz con pato,* Humitas (in Bananenblätter gekochter Maisbrei), fangfrische Fische, tägl. 9–15 Uhr. Gute Fischgerichte werden im **Tenedor Huaralino,** La Libertad 155 (Sta. Victoria) aufgetragen, Mo–Sa 11–16 Uhr, 19–23 Uhr, So 11–17 Uhr, etwas teuer. Das **El Ancla,** Diego Ferre 309, El Porvenir, serviert ebenfalls leckere Fischgerichte, Meeresfrüchte und Cebiche. Außerdem jede Menge Chifas.
Unterhaltung	*Peña El Oasis,* Virgilio Dall'Orso mit Live-Musik am Wochenende. *Discoteca Dreams,* Torres Paz 151. Ansonsten Discos *La Casona, Excess* und *Baku's* in der Virgilio Dall'Orso probieren. *Multicine Primavera,* Luís Gonzáles 1227. www.multicinesprimavera.com; modernes Kino mit 5 Sälen.
Erste Hilfe	*Clínica Lambayeque,* Vicente de la Vega 415, Tel. 23-7961. *Clínica Chiclayo,* Av. La Florida 225, Tel. 23-9024.
Post	*Serpost,* Elias Aguirre 140, Tel. 23-7161.
Telefon	*Telefónica del Perú,* 7 de Enero 724, tägl. von 7-23 Uhr.
Internet	Calle San José (hinter der Plaza Aguirre) und zahlreiche weitere im Zentrum.
Geld	*Banco del Crédito,* Av. Balta 630. *Banco Continental,* Av. Balta 645. *Scotia Bank,* Plaza de Armas, Bargeld auf MC, wechseln auch Thomas-Cook-Reiseschecks. An der Plaza de Armas und in der Av. Balta gibt es Casas de Cambio und in der Av. Balta/Elias Aguirre (Plaza) Straßenwechsler.
Einkaufen	*Paseo de Artesanías 18 de Abril* (s. Stadtplan); tägl. Souvenirmarkt, Durchfahrt für Fahrzeuge möglich.
Autoclub	*Touring y Automóvil Club del Perú,* San José 728, Tel. 23-1821, Fax 23-7848.
Mietwagen	*Chiclayo Rent-a-Car,* Av. Grau 520, Tel. 23-7512, und auf dem Flughafen.
Fahrrad	Die Av. Pedro Ruíz strotzt vor Fahrradläden. Einer der besten dürfte *Bicicletas Comercial Elvita,* Av. Pedro Ruíz 1060, Tel. 49-0746, sein. Dort nach dem Monteur Julio Cesar Villarruel fragen. Der sachkompetente Monteur repariert ein Rad (z.B. Speichenwechsel) auch am Sonntag.
Reitausflüge/-touren	*Rancho Santana,* 300 m entfernt vomm Ort Pacora, auf der Strecke von Lambayeque nach Motupe, Tel. 9796-87560, rancho_santana_peru@yahoo.com. Pferderanch mit Pasopferden und Gästehaus mit Pool der schweiz-peruanischen Familie von Andrea Martin; Reitausflüge oder dreitägige Reittouren, z.B. durch den weltgrößten Trockenwald **Bosque de Pomac,** zu den Ruinen von **Sicán** und **Túcume.** Reitausflug 15 Soles/2 h, 1/2 Tag 45 Soles, Tagesausflug 100 Soles inkl. Mittagessen, dreitägige Reittouren Preis je nach Zelt- oder Hotelübernachtung. Ü im Gästehaus 45 Soles, CP kostenlos, keine Kk. **TIP!**

Touranbieter	**GUIA TOUR**, Elias Aguirre, Tel. 27-2893; ein empfehlenswertes Reisebüro für alle Reiseziele in der Umgebung. – **Peruvian Treasures Explorer**, Av. Bolognesi 756, Tel./Fax 23-3435, peruviantreasures@garzabusinessnet.com, www.garzabusiness.com/peruviantreasures. Touren in die Umgebung mit dem Deutschen Roger Klaus Peter, der auf Wunsch selbst führt. – **Costamar Travel**, San José 777, Tel. 27-4149, Fax 27-4161. Einer der besten Touranbieter, universell, empfehlenswert. – **Aire Tierra Mar**, San José 660. Tel. 22-7374, Fax 27-4795. Guter Touranbieter. – **Indiana Tours**, Colón 556, Tel. 22-5751, Fax 22-2991, Indiana@Junin.itete.com.pe. Tägl. Ausflüge nach Sipán ab 15 € (je nach Anzahl der Personen). Außerdem Ausflüge nach Túcume (25 €), Lambayeque und Batán Grande (50 €). – Zu Pferd durch den Küstenwald und durch das landwirtschaftlich und historisch interessante Tal von Lambayeque bietet das **Comité de Gestion para el Desarrollo Turístico de Túcume** an (Villareal 152, Tel. 42-2027, Fax 42-2050, lam0008@llampayec.rcp.net.pe). Es wird auch die Teilnahme an mystischen Zeremonien und religiösen Festen sowie der Besuch lokaler Textil- und Keramikhandwerker angeboten. Auf Wunsch kann auch an archäologischen Ausgrabungen teilgenommen werden. Außerdem werden Sprach-, religiöse und landwirtschaftliche Kurse vermittelt. – **InkaNatura Travel**, San Martín 120, Tel. 20-9948, inkanatura@chavin.rcp.net.pe oder Manuel Bañon 461, Lima-San Isidro, Tel. 440-2022, Tel. 422-8114, Fax 422-9225 (postmaster@inkanatura.com.pe, www.inkanatura.net), bietet u.a. eine archäologisch-historische Reise nach Kuélap, aber sehr teuer.
Wäscherei	Die Waschsalons sind relativ teuer, da nach Stück abgerechnet wird. Nur die Lavandería in der 7 de Enero 627, rechnet nach Gewicht ab.

Verkehrsverbindungen

Innerstädtisch bieten sich Fahrten mit Motocarros an, günstiger Einheitsfahrpreis. Die vier Hafen- bzw. Badeorte *Pimentel, Santa Rosa, San José* und *Puerto Etén* sind mit halbstündlich verkehrenden Linienbussen und Colectivos ab Vicente de la Vega zu erreichen, Fz 20–40 Min. Der **Terminal Terrestre** liegt im Nordwesten von Chiclayo.

Bus	Fast alle Busgesellschaften liegen in der Av. Bolognesi und Av. José Balta Sur. **Nach Bagua Grande:** tägl. mit Transcare. – **Cajamarca** (260 km): tägl. mehrere Busse, u.a. mit *El Cumbe*, Av. José Quinones 425 sowie *LINEA*, Av. Bolognesi 638, Tel. 23-3497, *TEPSA, Transportes Mendoza* und *Atahualpa;* Fz 5–7 h, Fp 4 €. – **Chachapoyas** (450 km): tägl. mit *CIVA* (17 Uhr) und *Kuélap;* Fz 10 h, Fp 30 Soles – **Jaén:** mit *Transcade* und *Huanantaya;* Fz 5–6 h, Fp 4 €. – **Lambayeque** (12 km): tägl. unzählige Colectivos ab Av. Ortiz/San José; Fz 20 Min, Fp 1 Sol. – **Lima** (765 km): tägl. Verbindungen mit fast allen Linien. Am besten mit *Cruz del Sur, Roggero* und *Cruz del Chalpon* (Servicio Imperial), ferner *TEPSA* (alle 30 Min.), *Continental, Transportes Olano* und *El Aguila*. Fz 11 h, 10–20 € (je nach Komfort). – **Piura** (210 km): Strecke ist asphaltiert, tagsüber viele Busgesellschaften, aber unbedingt Preise vergleichen. *LINEA* (gute Busse), *Empresa Chiclayo* und *Transa* fahren im Stundentakt. Ansonsten mit *Transportes del Norte*, Av. Bolognesi 638, Tel. 23-3497, Fz 2,5–3 h, ca. 12 Soles. – **Trujillo** (210 km): tagsüber stündlich mit *EMTRAFESA* und *LINEA;* Fz 3 h, 12 Soles. – **Tumbes** (500 km): Viele Busse aus Lima halten nicht in Chiclayo. Busse von Chiclayo nach Tumbes, z.B. *TEPSA*, fahren über Lima. Deshalb einen Bus, z.B. von *Empresa Chiclayo*, nach Piura nehmen und dort dann weiter mit *El Dorado* nach Tumbes. Nachtbus von *Ortusa;* Fz 8–9 h, 6 €. – **Tarapoto** (705 km): täglich mehrere Busse, u.a. mit *Paredes Estrella;* Fz 18 h, 17 €.
Flug	Der Flughafen *Capitán José Abelardo Quiñones Gonzáles*, Tel. 23-3192, Fax 22-9059, ist nur 2 km vom Zentrum entfernt. Ein Taxi zum Airport kostet 2 €.

LC Busre, Elías Aguirre 830, Tel. 27-5340. – *Star Peru,* Av. Bolognesi 316, Tel. 27-1173, www.starperu.com. – *LAN,* www.lanperu.com. – *Aero Servicio Andino,* Los Cipreses 191, Los Parques, Tel. 23-3161, Fax 24-1575, aeroandino@llampayec.rcp.net.pe, www.aeroandino.com.pe.
 Nach Cajamarca: *LC Busre* (Sa/So). – **Lima:** *LAN* (tägl.); – **Piura:** *LAN* (2x tägl.).

Tour 1: Grabstätten von Sipán

In der Nähe des Dorfes Sipán (ein Wort der Mochica-Sprache, „Haus des Mondes") befinden sich zwei gewaltige Adobepyramiden, darunter die **Huaca Rajada** mit Gräbern aus der Mochica-Zeit. Der Geschäftsmann Heinrich Brüning war 1917 der erste, der die Sipán-Pyramiden fotografierte. 1987 wurde, neben einfachen Gräbern mit nur wenigen Beigaben, auch das unberührte **Grab eines** vermutlichen **Mochica-Herrschers,** 5 x 5 m breit und 4 m tief, entdeckt.

Anreise

Sipán liegt 35 km südöstl. von Chiclayo im Tal des Río Lambayeque. Anfahrt mit Minibus vom Terminal Terrestre von 8–16 Uhr oder mit Colectivo (oder Taxi) ab der Av. Oriente/Av. Quiñones sowie von Calle 7 de Enero oder der Calle Leticia, Fz 45–60 Min. In Chiclayo werden von Reisebüros auch geführte Touren angeboten. Im Restaurant *Señor de Sipán,* Nähe der Huaca Rajada, kann gut gegessen werden.

Grab des Herrschers von Sipán

Der Grabfund 1987 war ein archäologischer „Volltreffer", der spektakulärste Perus seit langem! Worin die archäologische und historische Bedeutung besteht, präzisierte der Leiter der Ausgrabungen, Dr. Walter Alva, derzeitiger Direktor des Museums Tumbas Reales in Lambayeque:

 „Die heute gewonnen Daten stellen einen wichtigen Schlüssel für die Kenntnis der Mochica-Gesellschaft dar und zeigen außerdem, dass ein einziges wissenschaftlich erforschtes Grab mehr Informationen bietet als Tausende von Fundstücken derselben Kultur, die ohne archäologischen Zusammenhang und Befund in den Sammlungen und Museen der Welt zu sehen sind".

■ *Grab des Herrschers von Sipán mit Grabbeigaben und mitbestatteten Dienern rechts u. links*

Die Grabbeigaben des etwa 45 Jahre alten und 1,65 m großen Mannes waren außerordentlich zahlreich und wertvoll: Eine dreiteilige goldene Totenmaske, Brustschmuck, Hüftschilde aus vergoldetem Kupfer, goldener

Nasen- und Kinnschmuck, Ohrpflöcke mit Türkiseinlegearbeiten und silberne Sandalen.

Außerdem eine Halskette aus übergroßen Erdnüssen aus Silber und Gold, bestehend aus je fünf rechtsliegenden goldenen, Symbole für Sonne und Mann, und fünf linksliegenden silbernen, Symbole für Mond und Frau. Diese Halskette ist heute im Museo Tumbas Reales de Sipán in Lambayeque zu sehen.

Des weiteren ein 62 cm großes, halbmondförmiges Diadem aus Gold, zwei Rasseln, zwei Opfermesser aus Gold und Kupfer, Silberschmuck, Perlenketten, Textilien, Federarbeiten, über 1100 Gefäße und Kalebassen und viele wertvolle Kleinteile mehr. Unter den zahlreichen Edelsteinen befanden sich auch blaue Lapislazuli, Steine, wie sie nur an der chilenischen Küste vorkommen. Für Archäologen der Hinweis, dass die Mochica regen Handel über weite Entfernungen trieben. Die symbolische Anordnung der gefundenen Ornamente spiegelten den Dualismus und das Gleichgewicht in der Mochica-Welt wider: die entgegengesetzten Kräfte wie Leben und Tod, Sonne und Mond sowie Tag und Nacht. In der Grabkammer ruhten außerdem die Skelette von acht weiteren Menschen, die während der Beisetzungszeremonie geopfert wurden.

Neben dem Grabwächter, der mit amputierten Beinen über den Holzbalken des Sarkophags lag, befanden sich im eigentlichen Grabmal drei junge Frauen und drei Mochica-Krieger (gelegentlich wird einer davon auch als Mochica-Priester gedeutet). Wahrscheinlich waren sie während der Grabzeremonie geopfert worden.

Zuunterst lagen die Skelette von zwei geopferten Lamas und eines Hundes, in einer Ecke die Überreste eines etwa zehnjährigen Jungen.

Hinweis: Die meisten Originalstücke des Grabes des Herrscher von Sipán befinden sich im Museo Tumbas Reales de Sipán in Lambayeque, etwa 500 m vom eigentlich Museo Bruning entfernt. Das Grab vor Ort („in situ") ist eine Nachbildung mit Replikaten.

Weitere Gräber 1988 fand Alva in derselben Plattform das gleichfalls unzerstörte und ältere Grab des **„Alten Herrschers von Sipán"**, u.a. mit 53 Goldornamenten und eine Miniaturskulptur eines Kriegshäuptlings der Mochica aus Gold und Silber. Die üppige Ausstattung mit Ornamenten und Symbolen deuten auf die Allmacht der Mochica-Herrscher hin, die die Kriegerkaste (Kriegshäuptling), die religiöse Kaste (Oberpriester) und das einfache Volk vereinten.

1990 legte er das **„Grab des Priesters"** und 1991 noch ein viertes frei. Bei den ebenfalls ausgeschmückten Gebeinen des letzteren handelt es sich vermutlich gleichfalls um eine hochgestellte Führerpersönlichkeit. Auch in diesem Grab befanden sich sechs weitere Menschenskelette sowie ein Lama- und ein Hundeskelett. Bis 2007 wurde bisher insgesamt 14 Gräber freigelegt.

Die Huaca Rajada könnte demnach Begräbnisplatz einer ganzen Dynastie gewesen sein, und wegen all der kostbaren Grabbeigaben darf vermutet werden, dass der Reichtum Sipáns einst unermesslich war.

Museo Arqueológico Bei der Ausgrabungsstätte *Huaca Rajada Sipán* befindet sich eine Außenstelle des *Museo Arqueológico Nacional Bruening de Lambayeque,* das anschaulich und übersichtlich Fotos, Karten, Modelle und Replikate der Sipán-Funde zeigt. Außerdem wird der Inhalt des Grabes 14, das

2007 freigelegt wurde, ausgestellt. Es ist tägl. 9–17 Uhr geöffnet. Eintrittsgebühr fürs Museum (wenig sehenswert) und die Ausgrabungsstätte hinter dem Museum 10 Soles, das Kassenhäuschen (mit Getränkeverkauf) steht mitten in der Pampa, ca. 50 m vor dem Gebäude. Für den Museumsbesuch sind ca. 20–30 Min. zu veranschlagen.

Mehr zu Sipán

Die Grabbeigaben von Sipáns Königsgräbern wurden 2000/2001 in der Kunst- und Ausstellungshalle in Bonn gezeigt. Danach kamen die Stücke über das Museum Bruening in Lambayeque (s.S. 502) in das **Museo Tumbas Reales de Sipán,** wo sie als peruanischer Nationalschatz dauerhaft präsentiert werden. Eine der besten Dokumentation über die Grabfunde von Sipán mit übersetzten Texten von Dr. Walter Alva wurde anlässlich der o.g. Ausstellung unter dem Titel „**Gold aus dem alten Peru – Die Königsgräber von Sipán**" von der Kunst- und Ausstellungshalle Bonn herausgegeben. **Bei Zeit und Interesse** lässt sich nach der Besichtigung von Sipán die Tour 2, Batán Grande, Sicán anschließen. Weitere Infos zu Sipán: www.turismosolidario.caritas.org.pe.

Die Naymlap-Dynastie

Die mündlichen Überlieferungen der Bewohner von Lambayeque erzählen bis zum heutigen Tage die Geschichte des **Königs Naymlap.** Danach traf dieser König mit seiner Frau *Ceterni* mit einer Binsenbootflotte an der Küste von Túcume ein, ließ sich nieder und baute den ersten Pyramidentempel, den er *Chot* nannte. Hier wurde das höchste Heiligtum aufgestellt, ein Abbild ihres Schöpfers, *Yampallec* geheißen (Figur von Naymlap). Naymlap starb und wurde im königlichen Tempel beigesetzt. Sein Enkel *Calla* ließ die Tempelpyramiden in Túcume erbauen. Mit dem 12. und letzten König *Fempellec,* der wegen eines Frevels ins Meer geworfen wurde, ging die Naymlap-Dynastie zu Ende. Wahrscheinlich war sie mit einer Naturkatastrophe verbunden, vermutlich einer Regen- und Überschwemmungsflut.

Tour 2: Batán Grande, Sicán

Vorbemerkung: *Ein Besuch von Batán Grande ist wenig empfehlenswert, weil undurchdringlicher Bewuchs große Teile bedeckt und die Überreste der Adobepyramiden im ausgedehnten Gelände weit auseinanderliegen. Es sind nahezu keine Touristen unterwegs.*

Museo Nacional Sicán

Dafür lohnt ein Besuch des interessanten **Museo Nacional Sicán** in Ferreñafe, 28 km nördl. von Chiclayo (Richtung Batán Grande), Av. Batán Grande s/n (9. Block), Tel. 28-6469, museonacionalsican@chiclayo.net. Es ist das ehrgeizigste Museumsprojekt Südamerikas, der Bau nur dank eines peruanisch-japanischen Fonds möglich. Hier werden die Funde von Batán Grande und die neuesten Forschungsergebnisse präsentiert. Besonders sehenswert sind die goldenen Totenmasken und Grabbeigaben sowie die Rekonstruktion der Grabanlage. Tägl. 9–17.45 Uhr, Eintritt 8 Soles, Studenten 3 Soles, englischsprachige Führung.

Anfahrt von Chiclayo ab Av. Saenz Peña/Prado nach Ferreñafe mit dem Colectivo, dann mit dem Motorradtaxi weiter bis zum Museum, oder als organisierte Tour mit einem Anbieter in Chiclayo.

Batán Grande / Sicán-Kultur

Die bedeutendste Hochburg der Mochica im Tal des Río Lambayeque war *Pampa Grande,* das am Ende der Mochica-Epoche aufgegeben wurde. Die Mochica bauten ungefähr zur selben Zeit in **Batán Grande** (ca. 10 km nordöstlich von Túcume und 55 km nordöstlich von Chiclayo) ein neues Machtzentrum auf, dessen Blütezeit zwischen 900–1100 n.Chr. lag und als **Sicán-Kultur** klassifiziert wurde.

Der Pyramidenkomplex von Batán Grande umfasste ungefähr 50 Adobepyramiden. Um 1100 n.Chr. wurde die Hauptpyramide zerstört. Im selben Zeitraum entstanden wahrscheinlich die Pyramiden von Túcume, wobei eine Verbindung nicht ausgeschlossen ist.

Der japanische Archäologe Iszumi Shimada lokalisierte in Batán Grande 1978 die Grabstätte *Huaca Loro*. Doch erst 1991/92 wurde sie geöffnet. Im Grab lagen eine Persönlichkeit von hohem gesellschaftlichem Rang, **der Sicán**, zwei Frauen und zwei Kinder. Das Gesicht des Mannes war mit einer wertvollen Goldmaske bedeckt und mit einem Zeremonienkopfputz von 1,20 m Höhe geschmückt. Unter den kostbaren Grabbeigaben – die insgesamt über eine Tonne wogen! – waren auch Mochica-typische **Tumi** (Zeremonialmesser). Doch bereits vor der Freilegung des Grabes waren die meisten der unermesslich kostbaren Beigaben geraubt (und weltweit verkauft) worden. So stammt heute der Großteil des peruanischen Goldes in den Museen der Welt meist aus Batán Grande und ist kein Gold der Inkas.

1995 wurde ein weiteres, 15 m tiefes Grab entdeckt, in dem ein Herrscher, umgeben von 24 weiblichen Körpern, eingebettet lag.

Tour 3: Tal der Pyramiden von Túcume

■ *Túcume*

Die Pyramiden von Túcume liegen etwa 35 km nördlich von Chiclayo bei Mochumi im *Tal der Pyramiden*. Die Anfahrt von Chiclayo erfolgt mit dem Bus bzw. Colectivo von der Manuel Pardo 606/Av. Anamanda (Fz 30 Min.); dann von Túcume 20-minütiger Fußweg (ausgeschildert) zum Ruinenkomplex, oder Fahrt mit dem Motocarro.

Leider ist vor Ort von den Plattformbauten nur noch wenig zu sehen. Viele Ausgrabungen wurden wieder zugeschüttet, um sie vor Regen und Zerstörung zu bewahren. Es gibt drei Wege innerhalb der Anlage: ein Fußweg zu einer großen Ruine, ein anderer zu einer Ausgrabungsanlage und ein dritter zu einem Mirador (Aussichtspunkt), von dem sich nach anstrengendem Aufstieg ein wunderbarer Rundblick über die Anlage bietet.

Das von Dr. Thor Heyerdahl (1914–2002) erbaute **Museum** (Souvenirshop) zeigt Keramiken, Relieffragmente und Schmuckstücke, insbesondere der Mochica-(Lambayeque-)Kultur und Modelle der Gebäude.

Für die Besichtigung der Ruinen ist ein Führer sehr empfehlenswert. Die Region um Túcume ist extrem heiß, Wasservorrat mitführen!

Öffnungszeiten Anlage und Museum: Mo–So 8–18 Uhr, Eintritt 8 Soles, Studenten 3 Soles, Restaurant vorhanden.

Geschichte   Pedro Cieza de León sah 1553 als erster Europäer die Pyramidenstadt von Túcume und beschrieb sie inmitten üppiger Vegetation liegend mit mächtigen Bauwerken, die aber bereits zerstört waren. Während der Kolonialzeit bauten die Spanier an der Rampe zur *Huaca Larga* eine Kathedrale. Auf der obersten Pyramidenplattform errichteten sie Scheiterhaufen und verbrannten alle Einheimischen, die sich nicht taufen ließen. Deshalb heißt dieses Gebiet *El Purgatorio* (Fegefeuer). Bis heute glauben die Menschen, dass dies der Eingang zur Hölle sein muss. Von der Kathedrale stehen heute nur noch die Wände.

Erst 1925–1926 wurde Túcume wieder von Forschern aufgesucht. Alfred Kroeber brachte Skizzen und Chimú-Krüge mit. Wendell Bennet entdeckte wenig später Chimú-Gräber. Paul Kosok machte Luftaufnahmen von Túcume. Von 1967 bis 1975 datierte der deutsche Archäologe Hermann Trimborn durch Holzproben aus Pyramidenwänden mittels der Radiocarbon-Methode das Túcume-Alter auf 1000–1300 n.Chr. Túcume würde demnach in die Chimú-Epoche fallen. Doch wurden später auch ältere Mauern mit Motiven der Mochica entdeckt. So wird die Gründung Túcumes der Mochica(Lambayeque)-Kultur zugeschrieben.

Maritime Hochkultur? Das Tal der 26 Pyramiden von Túcume wurde erst wieder durch den Norweger *Dr. Thor Heyerdahl* (1914–2002) aus seinem Dornröschenschlaf erweckt, der seit 1987 mit Hilfe und Unterstützung des *Kon-Tiki-Museums* in Oslo erste Lehmziegelpyramiden freilegte. Heyerdahl mutmaßte, dass Túcume einst Zentrum einer maritimen Hochkultur war die zusätzlich eine hochentwickelte Landwirtschaft betrieb. Muschelfunde, wie z.B. die der Spondylusmuschel, würden auf Handelskontakte mit tropischen Gewässer hinweisen. Ausgrabungsfunde lassen auf zwei Schiffstypen der Chimú-Zeit schließen. In einem Hügel wurden Reliefabbildungen von Schilfbooten mit Vogelmenschdarstellungen gefunden. Dass eine Verbindung zwischen Polynesien und der peruanischen Küste bestanden haben könnte, hat zuletzt *Kitin Muños* bewiesen, als er von der peruanischen Küste mit dem Schilfboot *Uru* bis zu den *Marquesas* segelte. Andererseits erschütterten Genforscher Heyerdahls Polynesien-Theorie, denn genetisch passen die pazifischen Inselbewohner eher zu Südostasien.

Huaca Larga Das Zentrum der Pyramiden bildet der pyramidenförmige Berg *La Raya* mit der *Huaca Larga,* einer 454 m x 120 m großen und bis zu 32 m hohen Pyramide, die drei Plattformen besitzt. Sie ist das größte Adobe-Bauwerk der Welt. Reste der erwähnten Scheiterhaufen wurden freigelegt und eindeutig verkohlte Menschenknochen gefunden. Außerdem fand man in Túcume das Grab eines Häuptlings, der ähnlich wie ein Häuptling der Osterinsel gekleidet war. Auch wies er dieselben durch Pflöcke verlängerte Ohren auf und trug für Peru ungewöhnlich lange Haare. Auffallend sind auch Túcume-Figuren, die ich in ähnlicher Machart schon einmal auf der Osterinsel gesehen hatte. Interessant ist auch ein Paddelfund, der bei Ausgrabungen zu Tage kam. Das Paddel war bei den Mochica einst Symbol eines hohen Ranges. Eigenartig ist die Form des Paddels, weltweit gibt es sie nur in Peru und in Rapa Nui (Osterinsel).

Unterkunft Gleich bei den Pyramiden von Tucume liegt das ruhige Gästehaus *Los Horcones,* jbrc@terra.com.pe, www.infoperu.org/loshorconesdetucume.

Lambayeque

Etwa 12 km nördlich von Chiclayo liegt das Städtchen Lambayeque mit fünf sehenswerten Kolonialgebäuden. Diese fallen schon von weitem durch ihre typischen hölzernen Erker und kunstvoll geschmiedeten Fenstergitter auf. Einladend auch die gepflegte Plaza mit einer schmucken gelben Kirche, einem verspielten Rathaus und dem längsten Kolonial-Balkon des Landes. Als kulinarische Spezialität verkaufen die Bäckereien *King Kong*, gebacken aus Kuchenteig mit übereinandergeschichteter Milchcreme. Die Region von Lambayeque zählt auch zu den geheimnisvoll-mysteriösen Ecken Perus. Dazu beigetragen haben unzählige Geschichten über Hexer *(brujos)*, Naturheiler *(curanderos)*, Wahrsager und Hellseher *(adivinadores)*. Hier würden starke kosmische Kräfte wirken, um gute oder schlechte Praktiken zu zelebrieren, meinen große Teile der Bevölkerung.

Museo Bruening Das gut ausgestattete und erweiterte **Museo Arqueológico Nacional Bruening Lambayeque**, Av. Huamachuco s/n, Tel. 28-2110, museobruning@cpi.udep.edu.pe, präsentiert beachtliche Sammlungen von Keramiken, Goldarbeiten, Stoffen, Schmuck und auch Mumien der Mochica-, Chimú-, Vicús-, Chavín- und Lambayeque-Kulturen. Allein der *Sala de Oro* glänzt mit über 500 Goldschmiedearbeiten! Den Grundstock der Sammlungen legte einst der deutschstämmige Kaufmann **Hans-Heinrich Brüning**, der von 1875 bis 1925 in Peru lebte. Anfahrt ab Luís Gonzales/Pablo Ruíz mit dem Bus. Öffnungszeiten Museo Bruening: 9–17 Uhr, Eintritt 8 Soles, kein Studentenrabatt. Den Umbau des Museums 2006 finanzierte Deutschland.

Museo Tumbas Reales de Sipán Etwa 500 m vom Bruening-Museum entfernt, Av. Pedro Vilchez Buendia, befindet sich das grandiose **Museo Tumbas Reales de Sipán,** das **Grabfunde von Sipán** und des **Herrschers von Sipán** (s.S. 497) ausstellt. Es ist wahrscheinlich das beeindruckendste Museum Perus. Eine Rampe führt in das große, 2002 eingeweihte Museum mit drei Stockwerken, in denen die Phasen der Ausgrabungen dokumentiert sind: Freilegung des Grabes, Nachbildung der Grabbeigaben (Untergeschoss), Fundstücke in den Gräbern der Priester und des Alten Herrscher von Sipán (Erdgeschoss).

Geöffnet Di–So 9–17 Uhr, Eintritt 10 Soles, Studenten 4 Soles, Führer 20 Soles, Fotografierverbot. Dauer des Rundgangs 2 h. Weitere Infos Tel. 28-3978, tumbasdespian@hotmail.com, www.tumbasreales.org.

Unterkunft Lambayeque ist eine gute Übernachtungs-Alternative zu Chiclayo. **Vorwahl (074)**
Hostal Karla (ECO), Av. Huamachuco 758, Tel. 28-3474 (gegenüber Museo Bruening). Ruhig, freundlich, gut. – *Hotel Real Sipán* (ECO), Av. Huamachuco 664, Tel. 28-3967. Gleichfalls ruhig, freundlich, gut. – *Hostal Libertad* (ECO), Av. Bolívar 570, Tel. 28-3561, hostallibertad@terra.com.pe. Saubere Zi., bp, DZ 15 €. – *Eco Hostal Mamita Helmita* (ECO/FAM), Fundo San Carlos s/n, Urb. Castilla de Oro, Tel. 78-2188, mamitahelmita@hotmail.com, www.mamitahelmita.com (mit Video). Sehr schöne Anlage unweit des Museums, bc/bp, Bungalows, Pool, Aussichtsturm, PP. EZ/bp 50 Soles, DZ/bc 45 Soles, DZ/bp 70 Soles.

Essen & Trinken An der Ecke Pedro Vilchez Buendia/Panamericana ist ein kleiner Markt. Dort befinden sich, bis zum Museo Tumbas Reales, viele Restaurants. Die Cebichería *Los Penachos* bietet ein günstiges Mittagsmenü. Das kleine, billige Restaurant *El Soñorio del Norte,* Hausnr. 292, ist ebenfalls empfehlenswert. Das Menü kostet 8 Soles und besteht oft aus Cebiche und *Arroz con Pato* (Reis mit Ente), zwei Spezialitäten der Region, doch sehr scharf! Ansonsten: *El Rincón* *del Pato,* Av. Legua 270, tägl. 12–16 Uhr. Fleischgerichte, Fisch und Meeresfrüchte.

Post Atahualpa 130, Verlängerung der Pedro Vilchez Buendia.

Wäscherei *La Lavandería Colonia,* Pedro Vilchez 303, beim Museum Tumbas Reales. Wäscherei eines Kölners.

Lambayeque – Piura

Kurz hinter Lambayeque gabelt sich die Straße: Die Streckenführung der Panamericana Norte biegt nach Westen ab und führt eintönige 200 km durch die knochentrockene **Wüste Sechura** („Trockenheit") nach Piura. Die alte Panamericana (Ruta Nacional 1B) führt von der Abzweigung nach Nordosten über Mochumi nach **Motupe** und via Olmos nach Piura. Im Nordosten von Mochumi liegt, nach etwa 2 km rechts, **Túcume,** eine gewaltige Adobe-Stätte der Mochica-(Lambayeque) und Chimú-Kultur (s.o., Tour 3).

Die schlechte Strecke führt weiter über *Jayanca,* nun durch grünere Savannenlandschaft mit dem anspruchslosen Algarrobo-Baum und vorbei an den Ruinen von *Apurlec.*

Hinter Motupe geht's auf einen kleinen Pass von ca. 400 m Höhe. Nach weiteren gut 20 km zweigt kurz vor Olmos nach Osten eine asphaltierte Straße ins Landesinnere über den *Abra Porculla* (2144 m, damit der niedrigste Andenpass) via *El Tambo* (Rest., Tankstelle) und *Pucará* (Rest., Tankstelle) nach **Jaén** (s.S. 565) ab. Im weiteren Verlauf führt die Strecke über den Río Marañón nach Bagua Grande nach **Moyobamba.**

Von Olmos sind es dann noch gut 200 km nach Piura, wobei die schlechte Straße durch eine Savanne mit kleinen Ansiedlungen und an den **Ruinen von Vicús** vorbeiführt.

Piura

Die Universitätsstadt liegt nur 35 m hoch, hat ein angenehmes, warmtrockenes Klima mit einer jährlichen Durchschnittstemperatur von 24 °C und 382.000 Einwohner. Die starke Industrialisierung – und damit alle nachteiligen Umweltfolgen – verdankt Piura der **Erdölförderung vor der Küste.** In der Landwirtschaft werden Baumwolle und Limonen angebaut. Die Hauptstadt des heutigen Departamento Piura wurde 1532 vom Peru-Eroberer Francisco Pizarro gegründet, drei Jahre vor Lima. Damit ist Piura die älteste Stadt Perus. Trotz des schweren Erdbebens von 1912 bewahrte die Innenstadt noch teilweise ihren kolonialen Charakter.

An der hübschen Plaza de Armas mit der Marmorstatue Pola fällt die Kathedrale aus dem Jahr 1588 auf. Der Hochaltar ist mit Blattgold überzogen. Die Iglesia San Francisco ist noch älter, in ihr wurde am 04.01.1821, fast 8 Monate früher als in Lima, die Unabhängigkeit Perus ausgerufen. Sehenswert ist auch die **Iglesia del Carmen** mit dem *Museo de Arte Religioso* mit Kunstwerken des 18. Jahrhunderts. Im Geburtshaus von *Admiral Miguel Grau* (1834–1879), Tacna 662, wurde das **Museo del Almirante Grau** eingerichtet. Zu sehen sind u.a. Schiffsmodelle, Möbel und Portraits des Helden aus dem Salpeterkrieg. Auf dem Markt von Piura sollte man bei *Raffo* Cebiche probieren.

Die Region Piura war einst auch die Heimat der **Vicús-Kultur,** eine der ältesten Küstenhochkulturen Perus. Berühmt sind die Vicús-Goldschmiede- und Keramikarbeiten. In der Av. Sullana/Huánuco zeigt das **Museo de Arqueología Municipal** (oder Museo de la Cultura) u.a. Keramiken der Vicús-Kultur. Das eigentlich Vicús-Zentrum liegt 55 km östlich von Piura an der alten Panamericana. Weitere archäologische Höhepunkte sind die *Ruinas de Aypate* und die *Petroglifos de Samanga* in Ayabaca (noch weiter östlich). In der Nähe von Piura wurde auf dem Cerro Saquir ein 8 m langer unterirdischer Tempel mit Gräbern der vorkolumbianischen **Huancapampa-Kultur** durch Mario Folia entdeckt. Die wertvollen Grabbeigaben, darunter eine Jaguarkrone aus vergoldetem Kupfer, lassen vermuten, dass einer der beiden Bestatteten ein Priester gewesen sein könnte.

Adressen & Service Piura

Tourist-Info i-Peru, Ayacucho 377, Tel. 32-0249, iperupiura@promperu.gob.p, www.peru.info, Mo–Sa 8.30–19.30 Uhr, Sa 8.30–14 Uhr, sowie auf dem Flughafen. Hilfreich ist auch der kostenlose *Guía Turística Piura,* Los Almendros 101, Tel. 32-8045.
Vorwahl (073)
Touristenpolizei: Av. Corpac s/n (auf dem Flughafen), Tel. 34-4515. **Hinweis:** Die Touristenpolizei rät, die Gegend um die Circunvalación zu meiden!

Unterkunft **Hostal California** (BUDGET), Junín 837, Tel. 32-6410. Kleines Hostal mit einfachen Zimmern, bc, Kw, nette Dachterrasse, freundlich, sehr beliebt und oft belegt. Zi./bc 15 Soles, auch stundenweise Vemietung. – **Hospedaje Lalo,** Junín 838, Tel. 30-7178. Einfache Zi., bc, Kw, Ü 4 €. – **Hostal San Jorge,** Loreto 960, Tel. 32-7514, Fax 32-2928; bp, Ww. – **Residencial Bolognesi,** Bolognesi 427, Tel. 32-4072. Älteres Haus, bp, Kw, Rest. – **Residencial Piura,** Loreto 910, Tel. 32-5680; bp, Ww. – **Hotel Elba,** Av. Gullmann 200, Tel. 32-9000, 30-6313. Gefällige Zi., bp, Kw, Rest., freundlich, unweit der Busgesellschaften. DZ 20 €. – **Hostal Diplomatic,** Tacna 342, Tel. 32-5243, Fax 33-2485. DZ 11 €.

FAM **Hotel Vicús,** Av. Guardia Civil B-3, Miraflores, Tel. 34-3201, Fax 34-3249, hotelvicus@mail.ude.edu.pe. Älteres Hotel, saubere Zi., preis- und empfehlenswert!

FAM/LUX **Hostal Costa del Sol,** Loreto 649, Tel. 30-2864, Fax 33-4729, tucosol@peru.itete.com.pe. Älteres, stilvolles Gebäude, komfortable Zi., bp, AC, großer Pool, Rest. mit guter Küche, Bar, aufmerksam, für Komfortliebende; DZ ab 50 €, in der NS nach Rabatt fragen.

LUX **Hotel Esmeralda,** Loreto 235, Tel. 33-1205, Fax 32-7109. Angenehme Zi., Rest., DZ über 50 €. – **Hotel Los Portales** (ex-Turistas), Libertad 875 (Plaza de Armas), Tel. 32-1161, Fax 32-5920. Gutes Hotel, AC, Patio, Pool. DZ 80 €. – **Hotel Río Verde,** Av. Ramón Mujica in San Eduardo, El Chipe (etwas außerhalb), Tel. 32-8486, Fax 32-6563, hotel@rioverde.com.pe, www.rioverde.com.pe. Bestes Hotel in Piura, geräumige, komfortable Zi., AC, schöne Anlage mit Pool, Rest., Ü/F. DZ 90 €, **TIP!**

Essen & Trinken Die regionale Küche von Piura tischt Deftiges auf, wie z.B. *seco de chavelo* (gerührte Bananen mit gebratenem Fleisch), *carne aliñada* (Rind- und Schweinefleisch mit Zwiebelsoße, Süßkartoffeln und Yuca bzw. Maniok), *majado de yuca con chicharrón* (Maniok mit gebratenem Fleisch), *carne seca o cecina* (Trocken- bzw. Dörrfleisch) sowie Meeresgerichte, z.B. *cebiche de cachema.* Zum Nachtisch gibt's *natilla*, eine Süßspeise aus Ziegenmilch und Honig aus Zuckerrohr.

Piura

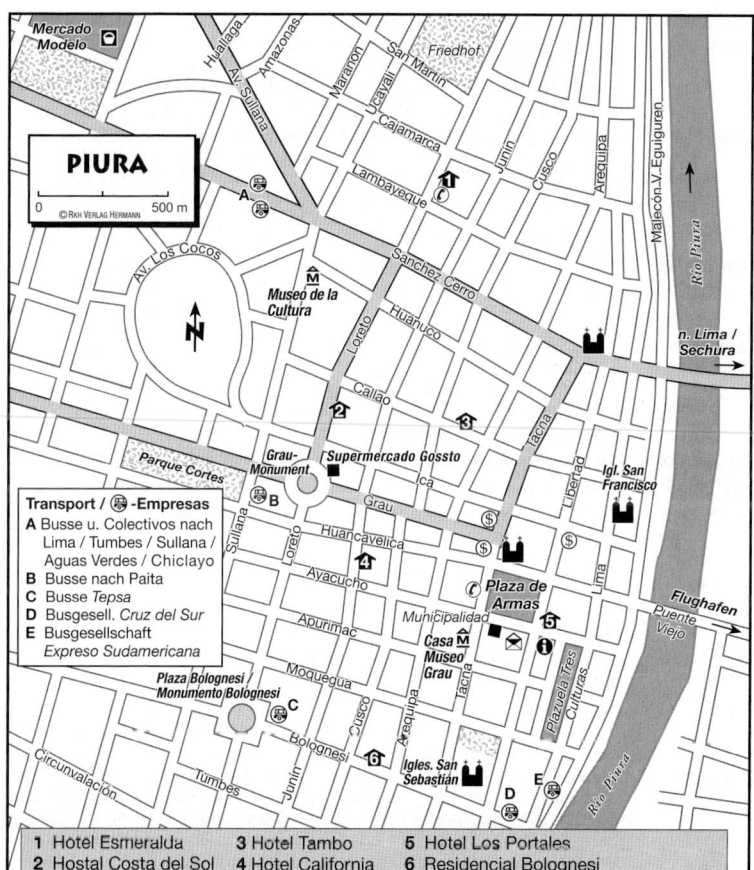

Transport / -Empresas
- **A** Busse u. Colectivos nach Lima / Tumbes / Sullana / Aguas Verdes / Chiclayo
- **B** Busse nach Paita
- **C** Busse *Tepsa*
- **D** Busgesell. *Cruz del Sur*
- **E** Busgesellschaft *Expreso Sudamericana*

| 1 Hotel Esmeralda | 3 Hotel Tambo | 5 Hotel Los Portales |
| 2 Hostal Costa del Sol | 4 Hotel California | 6 Residencial Bolognesi |

In der Av. Grau und Huancavelica gibt es unzählige **Pollerias**. Viele gute Restaurants befinden sich um die Straßen Libertad und Apurímac.

Gute regionale Küche im **Las Tradiciones,** Ayacucho 579. Eine große Auswahl an Fleischgerichten bietet **La Granja**, Panamericana Sur (Km 1), gehobene Preise, Sa Live-Musik. **Cappucchino,** Apurímac 343; sehr gutes Café, riesige Salate, gute Nachtische, angenehm im Freien zu sitzen. Pizza-Fans gehen ins einfache **La Cabaña,** Ayacucho 598/Cusco. Für Fischgerichte und Meeresfrüchte empfiehlt sich **El Punte Viejo,** Huancavelica 167 (kurz vor der Brücke). *Chifas:* **Chifa Canton,** Libertad 377, gute Reisgerichte. Auch der **Chifa Wa Chong,** Loreto, bietet für 1,50–2,50 € sehr große Portionen. Kneipenbesucher gehen in die **Chopperia Alex Chopp,** Huancavelica 528. Von 10–22 Uhr werden neben Bier auch Mariscos und Fisch gereicht. Zum Frühstück: **El Chalán,** Tacna 520, Plaza de Armas.

Unterhaltung	*Tiburón* in La Granja, Panamericana Sur (km 1), Sa Live-Musik, gehobene Preisklasse. Disco *Flamingo* und *Bohemio's* in der Ayacucho. Disco *Studio 1* im Centro Recreativo Miraflores, Av. Guardia Civil/Cayetano Heredia; am Wochenende beliebter Treffpunkt der Jugend Piuras. Bar *Blue Moon,* Ayacucho 552, tägl. außer So ab 22 Uhr Live-Musik.
Museen	*Museo de Arqueología Municipal,* Av. Sullana/Huánuco; Di–Fr 9–13 und 16–19 Uhr, Sa/So 9–13 Uhr. – *Casa Museo Almirante Grau,* Tacna 662, Mo–Fr 8–13 und 16–18 Uhr, Sa/So 8–12 Uhr, Eintritt frei. – *Museo de Arte Religioso,* Plaza Ignacio Merino, Mo, Mi–Sa 9.30–12.30 und 16–19 Uhr, So 9–12 Uhr, Eintritt frei (u.a. Ölgemälde des Malers Felipe Cossío del Pomar). – *Museo Etnohistórico de Ayabaca,* Bolognesi 718.
Erste Hilfe	*Clínica Delgado,* Av. Los Cocos M–H–15, Tel. 32-1641. – *Clínica Roma,* Av. Loreto 1139, Tel. 32-8196. – *Hospital IPSS,* Tacna 388, Tel. 33-3647, Tel. 33-3840.
Deutschsprachiger Arzt	*Dr. Hagen Spengler,* Clínica San Miguel, Los Cocos 153, Tel. 33-5313, Mo–Fr 9–13 u. 16–19 Uhr. – *Dr. Wolfgang Forker,* Av. Chirichingo Mz. B Lt. 19 B, Urb. San Eduardo, Tel./Fax 30-3781, www.homeopatioa.com.pe. Facharzt für Allgemeinmedizin, Akupunktur, Homöopathie. **Apotheke**: *Inkafarma,* Loreto, auch internationale Medikamente.
Dt. Honorarkonsulat	*Jutta Moritz de Irazola,* Las Amapolas K-6 (Miraflores), Tel. 33-2920, Fax 32-8310.
Post	*Serpost,* Libertad/Ayacucho (Plaza de Armas). Mo–Sa 8–20.30 Uhr, So 8–14.45 Uhr.
Telefon	*Telefónica del Perú,* Loreto 259.
Geld	*Banco del Crédito,* Grau/Tacna (Reiseschecks nur vormittags, kann lange dauern!), keine Kommission. *Casas de Cambio* in der Ica (hinter der Kathedrale), Straßenwechsler in der Arequipa und Grau.
Autoclub	Automóvil Club del Perú, Prolong. Av. Sánchez Cerro 1237, Tel./Fax 32-5641.
Taxi	*Tele Taxi,* Tel. 32-1432*; Taxi Fono,* Tel. 30-1690, *Real Taxi,* Tel. 33-2525. Die Fahrt von der Bushaltestelle der Fernbusse ins Zentrum kostet ca. 4 Soles.
Bus	Viele Busse und Colectivos fahren von der Av. Sullana Norte oder der Sánchez Cerro ab. **Nach Agua Verdes** (310 km): tägl. Nachtbus, Fz 6 h, 20 Soles. – **Catacaos** (12 km): tägl. Busse sowie Colectivos ab der Plaza Pizarro, Fz 20 Min. – **Chiclayo** (210 km): tägl. Busse, z.B. von *LINEA,* Av. Sánchez Cerro 1215, Tel. 32-7821, *Transportes Chiclayo* oder *Transportes del Norte,* Av. Sánchez Cerro 1215, Tel. 32-7821; Fz 2,5–3 h, 16 Soles; in Chiclayo Direktbusse nach Chachapoyas, Bagua und Cajamarca. – **Guayaquil (Ecuador):** tägl. Direktbus via Tumbes mit CIFA. – **Huancabamba** (210 km): tägl. Busse mit *CIVA,* (Bolognesi/Av. Sullana) und *ETIPTHSA,* Av. Tacna 104, Fz mind. 8 h, 40 Soles. – **Lima** (978 km): tägl. mehrere Busse, u.a. von *TEPSA,* Av. Loreto 1192; *Roggero,* Av. Bolognesi 330; *CIVA,* Av. Ramón Castillo 196/Tacna (Direktverbindung mit komfortablen Bussen); *Cruz del Sur,* Av. Circunvalación 160 und *Expreso Sudamericano,* Prolongación San Ramón. Fz 15–16 h, 40–80 Soles (je nach Bustyp u. Gesellschaft). – **Loja (Ecuador):** 3x tägl. Direktbus mit *Cooperativa de Transporte Loja,* Av. Sanchéz Cerro 125. Abfahrten um 9.30 Uhr/ 13 Uhr/ 21.30 Uhr/ 22.30 Uhr, Fp 28 Soles. **Diese Strecke ist viel einfacher als via Tumbes, um schnell nach Ecuador zu kommen!** – Nach **Machala (Ecuador):** täglicher Direktbus mit *Cooperativa de Transporte Loja* um 22.30 Uhr, Fp 20 Soles. Dieser Direktbus ist eine Alternative zu dem Bus nach Loja. – **Máncora** (175 km): Busse von *EPPO* und *El Dorado,* Fz 3 h, 10 Soles. – **Paita** (60 km): Colectivos u. Busse im Studentakt; *TUPPSA,* Sullana 527 (Parque Cortés), *Dora,* Urb. San José, Calle 10-161, Tel. 32-1527. Fz 45 Min., 3 Soles. –

Sullana (40 km): tägl. mehrere Busse, u.a. von EPPO und Colectivos ab Sánchez Cerro/Loreto, Fz 45 Min., Fp Colectivo 3 Soles. – **Talara** (120 km): tägl. Busse und Colectivos, z.b. *Talara Express, El Dorado, EPPO,* Fz 2 h, 8 Soles. – **Trujillo** (420 km): tägl. Busse, auch Nachtbusse von *El Dorado,* Fz 7 h, 24 Soles, Tagbus mit *El Sol* 16 Soles. – **Tumbes** (280 km): tägl. mehrere Busse, u.a. von *El Dorado* (10x tägl.) und *EPPO,* beide in der Prolongación Sánchez Cerro, sowie Colectivos. Fahrzeit 5–6 h, Fp 15 Soles.

Flug
Der Flughafen liegt ca. 2 km vom Stadtzentrum. Taxi zum Flughafen 5 Soles.
Star Peru, Av. Sánchez Cerro 107, Tel. 31-3864, www.starperu.com. – LAN, www.lan.com.
Nach Chicalyo: LAN (2x tägl.). – **Lima:** LAN (2x tägl.).

Ausflüge in die Umgebung
Tour 1: Piura – Catacaos – Sechura (55 km)

Einen netten Ausflug kann man nach Sechura am Pazifik machen, das bei einer Nonstop-Fahrt in gut einer Stunde erreichbar ist. Die Straße führt zunächst auf der Panamericana ein Stück Richtung Chiclayo zurück und biegt dann rechts nach Sechura ab. Nach 11 km erreicht man

Catacaos
Das Dorf ist nicht nur für seine Gold- und Silberarbeiten bekannt, sondern auch für die angeblich besten Strohhüte Perus sowie für schöne Baumwollarbeiten, Korbflechtereien, Chicha-Krüge, Keramiken und anderes Kunsthandwerk. In den *Picanterías* (*La Vidua, La Calzón con Hueco, La Casa de Tejas, La Yamba oder La Mucho Humo*) kann am besten die regionale Küche probiert werden. Beeindruckend ist auch ein Bummel durch die Calle Comercio de Catacaos. Kirchenfreaks sollten die grüngetünchte *Iglesia Matriz* besuchen. Alljährlicher festlicher Höhepunkt in Catacaos ist die *Semana Santa* (Karwoche).

Semana Santa in Catacaos
Während der Karwoche leben in Catacaos die uralten religiösen Mystiken und Gebräuche der Ureinwohner auf, die von unzähligen sog. Bruderschaften, wie z.B. der *Cofradía del Santísimo,* gepflegt werden. Die Semana Santa beginnt am Palmsonntag mit dem traditionellen Einritt von Jesu auf der Eselin *La Burrita de Ramos*. Sieben Tage dauert die farbenprächtige Prozession. Die lebensgroße Statue des *Señor Cautivo* mit einem violetten Mantelumhang wird, zusammen mit der *Virgen de los Dolores,* am Dienstag und Mittwoch der Karwoche durch die Gassen getragen. Am Gründonnerstag ist das Passionsspiel der Höhepunkt. Während der Messe wird der *Mayordomo,* ein Vorstand ernannt, der den goldenen Schlüssel des Heiligen Grabes erhält. Am Karfreitag tragen die Gläubigen schwarze Schärpen. Christus wird symbolisch vom Kreuz genommen und die Gläubigen beginnen mit der Totenwache, ein durchaus freudiges Volksfest mit traditionellen Speisen, Getränken, Musik und Spaß. Die Karsamstags-Riten werden von unzähligen Musikkapellen begleitet. Nach der Entzündung des Osterfeuers bei der Ostermesse wird ausgelassen zu Merengue, Marinera und Salsa getanzt. Am Ostersonntag findet die Woche mit einer feierlichen Messe ihren Abschluss.

Sechura
Von Catacaos führt die Strecke durch die *Desierto de Sechura* über La Arena und La Unión nach Sechura, ein größeres Fischereizentrum mit ein paar Phosphatminen. Beeindruckend die beiden ungewöhnlichen Türme der schönen *Iglesia de Sechura*. In der Nähe der Stadt locken ein paar hübsche Sandstrände mit sauberem Wasser, wie z.B. *Playa Matacabello.* Unweit befindet sich die *Laguna de Ñapique,* die von unzähligen Meeresvögeln aufgesucht wird. Durch die Sechura-Wüste führt außerdem eine Ölpipeline bis zum Pazifikhafen *Bayóvar,* die vom Amazonasurwald über die Anden bis dorthin gebaut wurde.

Tour 2: Piura – Paita – (Sullana)

Ein schöner Ausflug von Piura ist die Fahrt zur knapp 60 km entfernten Hafenstadt **Paita**, die an einer Bucht mit weiten Sandstränden am Pazifik liegt. Paita hat 78.000 Einwohner und ist der fünftgrößte Hafen Perus. Es werden hauptsächlich Fischereiprodukte und Wollwaren verschifft. Das etwas nördlicher gelegene *Colán* und das südlichere, malerische Fischerdörfchen *Yasila* sind als Badeorte beliebt, doch außerhalb der Saison völlig ausgestorben. Von Paita fahren tägl. mehrere Kleinbusse und Sammeltaxis nach Colán. Der Ausflug könnte über Sullana und zurück nach Piura zu einer Rundreise verlängert werden.

Unterkunft an der Playa Colán

ECO/FAM: Playa Colán Lodge, am südlichen Ortsende, Tel. (074) 32-8873, Fax 33-4379. Langer Sandstrand, Bungalows (2–6 Pers.), Rest., Pool, preiswert für Gruppenreisende. 2-Bett-Bungalow 100 Soles.
FAM: El Sol de Colán Beach Hotel, am nördl. Ortsende, Tel. (074) 32-1784, Fax 33-4883, deltareps@terra.com.pe. Gepflegte Anlage am Pazifik mit kl. Strand, 8 hübsche Bungalows (max. 6 P.), 4 Zi. mit bp, Rest., Pool, auch für Fam.- oder Gruppenreisende empfehlenswert. Zi. ab 25 €, Bungalows ab 45 €, HS-Zuschlag Jan.–März. – **Bungalows Spilberg,** Av. Costanera s/n, Balneario de Colán, Tel. 32-6011, Fax 32-6843, arabellqperu.itete.com.pe.

Tour 3: Piura – Canchaque – Huancabamba (210 km)

Wer Zeit hat, kann einen ungewöhnlichen Ausflug in die östlich von Piura gelegenen Andenorte *Canchaque* und *Huancabamba* unternehmen. **Huancabamba** liegt auf 1930 m Höhe in einem hübschen Tal am Río Huancabamba, der bereits jenseits der Wasserscheide zwischen Pazifik und Atlantik liegt. In der Nähe befindet sich in *Mitupampa* (2800 m) der *Tempel des Jaguars*, der die These des Archäologen Tello unterstützt, dass diese Region der Anden vom Amazonasurwald aus besiedelt wurde. Sehenswert in Huancabamba sind neben der Iglesia Matriz der Palacio Municipal aus dem vorigen Jahrhundert mit Gemälden des heimischen Künstlers Jibaja Ché.

In der Region über Huancabamba liegen die 14 Seen und Lagunen **Las Huaringas** („Lagunen des Inca") deren wundertätiges Wasser Quacksalber zur Heilung psychosomatisch Kranker benutzen. In Las Huaringas sollen sich angeblich auch die besten Hexendoktoren und Schamanen Perus treffen, deren Heilmethoden sich ja bekanntlich auf besondere Kräuter, halluzinogene Mittel und geheime Rituale gründen. Die besten Curanderos in Huancabamba sind Francisco Meza Neyra, Francisco Guarnizo García, Francisco Neyra Rivera, Gabino Cano Meza, Carlos Gonzáles. Kompetente Curanderos gibt es auch in Salalá, Yumbe, Sondorillo, Talane und Sapalache.

Von Huancabamba fahren Busse Richtung **Salalá**. Dort können Pferde (schlechtes Reitzeug, Pferde nicht in gutem Zustand) gemietet werden. Bis zu den Seen auf 4000 m Höhe sind es mit Pferden 2,5 h. Bei schlechtem Wetter versinken sie im Schlamm und auch zu Fuß gibt es dann kein Durchkommen mehr. Das letzte Stück muss zu Fuß gegangen werden (ca. 1 h). Die bekanntesten Seen heißen *Laguna La Shimbe, Laguna de la Serpiente, Laguna del Inca, Laguna del Torre* und *Laguna Negra*.

Tourist-Info *Oficina de Información Turística,* Plaza de Armas.

Unterkunft	Alle Unterkünfte äußerst einfach, wenn nicht primitiv, und somit billigst. **Hostal El Dorado** (ECO/BUDGET), General Medina 116 (Plaza de Armas); einfache Zi., bc/bp, Rest., sauber. – **Hostal Danubio** (ECO), Av. Grau 206 (Plaza de Armas); einfache Zi., bc/bp, Ww. – **Hostal Medina** (ECO), General Medina 208; einfache Zi., bc/bp, familiär.
Bus	2x tägl. (8 Uhr und 18 Uhr) nach Piura, 1x tägl. nach Chiclayo mit *ETIPTHSA*, General Medina 102 (Plaza de Armas).

Piura – Talara

Reisende nach Ecuador setzen spätestens jetzt zum Endspurt an und fahren meist gleich bis zur Grenze oder mindestens bis Tumbes durch. Die Panamericana Norte führt zunächst auf einer asphaltierten Straße nach Sullana, einer Großstadt am Río Chira. Im *Valle del Chira* zwischen Chilaco und Miramar mit seinem milden, subtropischen Klima und einer Durchschnittstemperatur von 25 Grad Celsius werden Baumwolle, Reis, Mangos und Limonen angebaut. Chira besitzt zugleich die größte Baumwollproduktion Perus. Unmittelbar vor Sullana zweigt als Alternativroute die alte Panamericana über *Tambo Grande* und *Las Lomas* zum peruanischen Grenzort *La Tina* ab, der etwa 150 km von Sullana entfernt ist. Die wesentlich bessere und häufiger benutzte Strecke führt von Sullana in die Ölhauptstadt Nordperus nach Talara.

Talara

liegt am Pazifik und hat 86.000 Einwohner. Die Sonne brennt meist gnadenlos vom blauen Himmel. Pipelines und wippende Ölpumpen verraten, mit was hier Geld verdient wird: Erdöl! Es ist das Erdölzentrum Perus. Die Einwohner Talaras zahlen nur einen Symbolpreis von wenigen Cent für das Nebenprodukt Erdgas. Dafür ist Wasser sehr kostbar, es wird über eine Pipeline vom Río Chira hergeleitet. Zusätzlich fahren Tankwagen mit Wasser durch die Vororte, um die Bevölkerung zu versorgen. Talaras Erdölarbeiter stammen meist von armen Andendörfern, die hierherströmen, um ihr Glück zu machen. Meist sind sie ohne Familien hier oder sie lassen später ihre Familien nachkommen, die sich dann in einer ihnen völlig fremden Welt zurechtfinden müssen.

Talaras meist schattenlose Strände sind wenig einladend, außerhalb der Stadt ziehen sie sich endlos und unberührt hin.

Unterkunft	**Vorwahl (073)** *Hotel Talara* (ECO), Av. del Ejército 217, Tel. 38-2186; sauber und gut; *Hotel Pacífico* (LUX), Av. Aviación/Arica, Tel. 38-1719; Pool, Rest., komfortabel.
Essen & Trinken	preiswerte Restaurants gibt es an der Plaza. Oder: Restaurant *La Colmena* und *La Casona Goyita,* Av. Grau A-10, Fisch und Fleisch.
Bus	tägl. mehrere nach Piura (110 km), Fz 2 h, 2 €. Tägl. mehrere Busse nach Tumbes (170 km), Fz 3 h, 4 €. Nach Máncora (60 km) tägl. über Cabo Blanco, Fz 1 h, 1,50–2 €.
Flug	Derzeit gibt es keine regelmäßigen Flugverbindungen nach Talara.

Talara – Máncora

Bis nach Tumbes, der letzten großen Stadt vor der Grenze, sind es jetzt noch 190 km. Die Strecke führt überwiegend durch eine öde Steinwüste mit einzelnen Öltürmen. Auf Badehungrige und Camper warten einige schöne Sandstrände, vorausgesetzt, es wird nicht der Direktbus nach Tumbes benutzt.

Nach gut 45 km führt eine Abzweigung über El Alto (Tankstelle) nach **Cabo Blanco** (Km 1137). Der Fischerort ist für Fisch-Weltrekorde (die größten Schwertfische wogen um die 700 kg) berühmt und für Sportangler ein Ziel. Der hohe Planktongehalt zieht neben Schwertfischen insbesondere Marline, Zacken- und Wolfsbarsche an. In Cabo Blanco fand einst Ernest Hemingway für seinen berühmten Roman „Der alte Mann und das Meer" Anregungen, er verfasste ihn größtenteils hier und er wurde auch in Cabo Blanco verfilmt. Trotz schöner Lage lädt der Strand nicht zum Baden ein.

Unterkunft **FAM: Hotel Fishing Club Lodge,** Carretera Lobitos del Alto; saubere Zi., Rest., Pool sowie gute Campingmöglichkeiten. – **Hotel Nautilus,** 2 km nördlich von Los Organos und 17 km nördlich von Cabo Blanco (Panamericana Km 1154). 800 m vom Sandstrand (kein Schatten!) ältere Anlage, ordentliche einfache Zi., bp, Rest., für Einsamkeitssuchende.

Máncora

Von Cabo Blanco sind es auf der Panamericana entlang des Pazifiks über das Fischerdörfchen **Los Organos** (Tankstelle, Restaurants, Hotels) noch 30 km bis zum traumhaften *Máncora*. Máncora ist ein Fischerdorf und gefällt durch seine herrlichen Sandstrände (kein Schatten!), die vielleicht schönsten Nordperus. Die Panamericana führt als Av. Piura mitten durch den Ort und es gibt einen Straßenmarkt. Ein Riff verläuft parallel zur Küste, das während der Ebbe angenehm warme Wasserpools bildet. Surfen ist in Máncora sehr beliebt, und zwischen Dezember und März wird das kleine Örtchen regelrecht überrannt, die Preise explodieren und der Strand in Máncora wird dann, zur Freude der Geier, zugemüllt. Zeitweise Wasser- und Stromknappheit. Máncora ist etwas für „junge" Leute und Aussteiger, für ältere Reisende nicht unbedingt schön. Diese sollten besser gleich nach Punta Sal weiterreisen.

Punta Sal Im Nordosten von Máncora ist der Strand von **Punta Sal,** 17 km nördlich von Máncora, ein beliebter Treff. **Vorwahl** (072).
Übernachten: *Hostal Hua,* www.hua-puntasal.com, direkt am Strand, kinderfreundlich, 40 Soles p.P. ohne F. – *Sunset Punta Sal,* www.sunsetpuntasal.com, liegt am Südende der Bucht mit Felsstrand und kleinem Pool. Daneben das *Caballito de Mar,* Tel./Fax 447-6562, reservas@hotelcaballitodemar.com, www.hotelcaballitodemar.com. Pool, DZ ca. 23 €, VP ca. 40 €. Weiter im Norden, bei Km 1187, führt die Deutsche Heidi Voss das weitläufige *Hotel Saint Tropez* mit großem (!) Salzwasserpool, Tel. 54-0052. DZ ca. 23 €, VP ca. 40 €.

Das Essen in den Strandhotels direkt am Meer ist recht teuer, ein paar Schritte dahinter an der Straße werden preiswertere Menüs angeboten.

Adressen & Service Máncora

Touist-Info i-Peru, Av. Piura 250, Di–So 10–17 Uhr, www.peru.info und www.vivamancora.com. **Vorwahl (073)**.

Unterkunft Bei allen Unterkünften ist während Feiertagen (Weihnachten, Neujahr, Karwoche) und in der Hochsaison zwischen Dezember und März sowie im August mit erheblichen Preisaufschlägen zu rechnen! Doch in der Nebensaison kann sich jeder ein schönes Zimmer mit Meerblick leisten, mit etwas Glück zieht am frühen Morgen ein Trupp Delphine in Strandnähe vorbei.

Die Restaurants und Unterkünfte in Máncora, die direkt an der Panamericana liegen, können wenig empfohlen werden. Die einem Seebad gerecht werdenden Unterkünfte liegen alle außerhalb, zum Teil an der alten Panamericana Norte. Alle Hotels von Máncora und Umgebung auf www.vivamancora.com.

ECO — **Hostal Bambú** (BUDGET), Piura 636 (Hauptstraße). Einfache, saubere Zi., bc/bp, laut! – **Hotel Sol y Mar,** Piura 260, Tel. 23-8106, hsolymar@hotmail.com. Direkt am Südende des Strandes. Einfache Zi., bc/bp, Kw, Wasserprobleme, Rest. (nur HS), viele Rucksackreisende und Surfer, laut u. chaotisch. Zi./bp ab 12 Soles. – **Sol de Máncora,** etwa 100 m südlich von der Plaza in der Parallelstraße zur Hauptstraße. Sehr ruhig, sehr freundlich und preiswert. Zi/bp ab 12 Soles, empfehlenswert.

ECO/FAM — **Punta Ballenas Inn,** südliches Ortsende von Máncora, direkt am Meer, Tel. 25-8136, Fax 85-8104, puntaballenas@yahoo.com, www.puntaballenas.com. Einfache, ordentliche Zi., bp, Rest., Terrasse; auf Wunsch VP. DZ 30 €. Harry Schuler bietet auch Camping für 15 Soles p.P. an. – **Kimbas's Bungalow,** Barrio Industrial 101, beim Km 1164, 500 m zum Strand, Tel. 25-8373, Kimbas00@hotmail.com, www.vivamancora.com/kimbas. Bambusbungalow-Anlage mit 12 Hütten, bp, riesiger, supertoller Palmengarten mit Hängematten, Pool, Bar (sehr preiswert), Esssalon, überdachte Terrasse mit Sitzgelegenheiten, auf Wunsch Grillparties, gPLV. Ü/F 12 € (NS), 25 € (HS). **TIP!**

FAM — **Bungalows Las Brisas,** ca. 2,5 km südlich von Máncora, Tel. (074) 85-8047. Einfache Anlage direkt am Meer mit 5 Bungalows (3–6 Pers.) und 3 Zi., bp.; 50% Aufschlag in der Hochsaison Dez–März. – **Máncora Beach Bungalows,** 3 km südlich, Km 1215 auf der alten Panamericana Norte. Tel. 85-8125 (hantigua@amauta.rcp.net.pe www.peru-hotels-inns.com/mancora). Recht schöne Strandbungalows mit 1–2 Schlafzi., bp, Pool, Rest., Bar, für Familien mit Kindern besonders geeignet. – **Hotel Casa del Playa,** Km 1217 auf der alten Panamericana Norte, 2 km außerhalb (Mototaxi nehmen), Tel. 25-8005, www.vivamancora/casadelplaya/ingles.html. Schönes und sauberes Strandhotel mit sehr gutem Service, fast alle Zi. mit Meerblick, Balkon mit HM, hervorragendes Rest., sauberer Pool und Strand, attraktive Terrasse mit Meerblick, mit etwas Glück Delphinbeobachtung. Stadtauswärts gute Bademöglichkeiten. DZ/F ab 45 € (5 Nächte).

LUX — **Las Pocitas Beach Club,** ca. 2,5 km südlich von Máncora, Anfahrt ab Km 1162 über die alte nicht asphaltierte Panamericana Norte, Tel. 85-8010, 25-8432, Fax (01) 472-2056, www.laspocitasmancora.com. Tolles Strandhotel, 18 hübsche Zi. inkl. Hängematte, bp, schöner Pool unter Palmen, Rest., Sandstrand mit felsigem Abschnitt, wahlweise HP oder VP. DZ/F ab 50 €, je nach Jahreszeit, Reservierung empfohlen, **TIP!** – **Las Arenas de Máncora,** ca. 4 km südlich von Máncora, Tel. (01) 441-1542, krysia@terra.com.pe. Eine oasenartige, großzügige Anlage mit acht Bungalows direkt am Meer, bp, schöner Sandstrand, Pool, Rest., Bar, inkl. HP oder VP.

Essen & Trinken — An der Plaza werden abends ein paar Garküchen aufgebaut, die gute und billige Gerichte anbieten. Auf dem Markt ist schmackhaftes Obst zu haben. Die besten Fisch- und Meeresfrüchte-Gerichte werden auf der Av. Piura angeboten. Restaurantübersicht unter www.vivamancora.com.

Ein empfehlenswertes und freundliches Restaurant ist das **Máncora,** das reichhaltige, preiswerte Portionen auftischt, gute Fische. Das Restaurant **San Pedro,** Av. Piura 657, bietet ebenfalls Meeresfrüchte und Fisch tägl. frisch aus dem Meer an und ist bereits zur Frühstückszeit geöffnet. In der **Snack-Bar Regina** gibt es neben preiswerten Gerichten auch leckere frischgepresste Säfte. Gleich gegenüber, bietet **Janett's Snack** ein gutes Frühstück. Das **Chan Chan,** Av. Piura 384, hat neben der traditionellen peruanischen Küche auch Italienisches auf der Karte. Besitzer Udo stammt aus Italien, spricht Deutsch (Kölner Dialekt), backt ab und zu echten deutschen Apfelstrudel und serviert Erdinger Weißbier. Empfehlenswert, nicht nur zum Essen! Ein gutes kleines sympathisches vegetarisches Restaurant ist **Angela's Place,** Av. Piura 396, serviert wird Vollkorn- und dunkles Brot. Am südlichen Ende von Máncora bietet an der Panamericana (Hauptstraße) das **El Faro** Meeresfrüchte, Vegetarisches, Touristenmenüs 10 Soles und leckere Drinks. **TIP!**

Geld Mehrere Banken mit Geldautomaten (Maestro/EC und VISA), die auch Reiseschecks eintauschen. Die *Banco de la Nación* hat ebenfalls einen GA. Hinweis: Die Geldautomaten werden nicht regelmäßig nachgefüllt, es kann dann zu Engpässen kommen, deshalb immer etwas Bargeld in Reserve haben.

Internet Eine handvoll, alle an der Hauptstraße.

Reiten Am Strand vermieten Einheimische Pferde, 20 Soles/h.

Wäscherei El Espumon, Av. Piura 216; alles sauber gewaschen in ca. 3 h, 4 Soles/kg.

Bus **Nach Chiclayo** (385 km): tägl. Busse, Fz 5–7 h, 18–20 Soles. – **Lambayeque:** tägl. Nachtbus, 5–6 h, 18 Soles. – **Lima** (1167 km): tägl. mehrere Busse mit *Oltursa, TEPSA* oder *Cruz del Sur,* Fz 16–18 h, Fp 85–150 Soles. – **Piura** (175 km): tägl. mehrere Busse mit EPPO, letzte Abfahrt um 20.30 Uhr, Fz 3.40 h, Fp 10 Soles. **Nach Aguas Verdes:** tägl. ab Av. Mansiche 361 um 20.30 Uhr, Fp 22 Soles. – **Trujillo:** mit *El Sol* 20 Soles. – **Tumbes** (105 km): tägl. mehrere Colectivos, Fz 2 h, 6 Soles. – Direktbus mit *Ormeño* um 8 Uhr via **Guayaquil** (Ecuador), **Quito** (Ecuador), **Bogota** (Kolumbien) nach **Caracas** (Venezuela).

Flug *Aero Condor,* Tel. 614-6014, bis Tumbes, Fz bis Máncora 1 h; *LAN,* Tel. 4411-8300, tägl. bis Piura, Fz bis Máncora 3 h.

Máncora – Tumbes

Zorritos Von Máncora sind es nun weitere 87 km auf der Panamericana Norte über die Küstenorte *Canoas* und *Bocapan* nach **Zorritos.** Der bedeutende Fischerort bietet ruhige Strände mit Felsformationen, ist ideal zum Entspannen. Sportfischer fangen Seezungen, Schattenfische und Wolfsbarsche, aus kleinen Kneipen steigt der Duft von Meeresfrüchten und gegrilltem Fisch empor. – Nach Tumbes sind es jetzt noch 30 km.

Unterkunft **Hostal Costa Blanca,** zwischen Zorritos und Tumbes bei km 1252,5; rustika-
ECO les Hostal, einfach und preiswert. – **Hospedaje Casa Grillo** (JH), Av. Los Pinos 563 (km 1236,5 der Panamericana Norte, etwa 1 km südl. von Zorritos), Tel./Fax 54-4222, casagrillo@yahoo.es. Ökologische Strandherberge des Spaniers José Millán mit Schlafhäusern und Dormitorios, bp/bc, Ww, Ws, Camping, Pferde- und Radvermietung, gute Küche (Meeresfrüchte/vegetarisch), Bar, DZ/bp 8 €, Domitorio 5 €, Camping mit eigenem Zelt kostenlos, Frühstück (Americano) 3 €; Kk. Anfahrt: Bus aus dem Süden hält direkt vor der Haustür. Colectivo aus Tumbes (30 km), Taxi aus Tumbes 7 €.

FAM **Hotel Costa Azul,** an der Panamericana Norte, direkt am Meer, Tel. 54-4268, costaazulzorritos1@hotmail.com. Strandhotel mit schönen sauberen Zimmern, sehr gutem Service, hervorragendem Rest., sauberem Strand. Kleiner Pool, Tourangebote zum *Parque Nacional Cerros de Amotape*. DZ/F 28 € – **Hostal Turístico Zorritos,** Av. Faustino Piaggio 202 (km 1243), Tel. 54-4045, Fax 54-4115.

Essen & Trinken	*Mero Merique,* schönes Restaurant am Meer, gute Meeresgerichte, nicht billig. – *Kedis,* Panamericana Norte bei km 1246 direkt am Meer, regionale Küche. – **Blue Point,** Faustino Piaggio 950, auch Camping am Strand möglich, restbluepoint@hotmail.com.

Tumbes

Ist die Hauptstadt des gleichnamigen und nördlichsten Departamento von Peru, 97.000 Einwohner, feuchtheißes, tropisches Klima. In der Küstenwüste siedelte einst das seefahrende Volk der *Tumpi,* zu Zeiten der Inkas wurde Tumbes durch Huayna Capac erobert und schließlich ging hier Francisco Pizarro von Panama kommend an Land um das Inkareich zu erobern.

Außer der schönen Kathedrale, links der Plaza de Armas, gibt es eine breite Fußgängerzone mit vielen Geschäften. Rechts davon, parallel zur Fußgängerzone, beginnt ein breiter, ca. 1 km langer Friedensweg mit Mosaikskulpturen und Mosaikbildnissen. Auch auf den Markt mal reinschauen. Im grenzüberschreitenden Verkehr ist eventuell eine Übernachtung erforderlich. Man könnte auch einen Badeausflug nach *Caleta de la Cruz* südlich von Tumbes machen.

Puerto Pizarro	Empfehlenswert ist das nördlich gelegenen *Puerto Pizarro,* Fp ab Tumbes 1 Sol. Dort ist der Bootsausflug zu den Inseln *Isla Amor* oder *Isla de Aves* (!) und durch den Mündungskanal mit Besuch einer Kaimanfarm erlebenswert. Preis für die Tour ab zwei Pers. ca. 30 Soles, keinesfalls mehr bezahlen. Eintritt in die Kaimanfarm 3,50 Soles.

Außerdem steht 1,5 km außerhalb von Tumbes an der Carretera nach San Juan ein Aussichtsturm (Mirador) mit Restaurant.

Parque Nacional Cerros de Amotape	Knapp drei Stunden südlich außerhalb von Tumbes beginnt bei Rica Playa der über 900 qkm große **Parque Nacional Cerros de Amotape,** 1974 eingerichtet. Die beste Zeit, um in diesem waldreichen Nationalpark Papageien, Ameisenbären, Ozelote, Hirsche, Pekaris, Affen und vor allem die vom Aussterben bedrohten Krokodile *(Crocodylus acutus)* erleben zu können, ist von Juli bis November. Während der Regenzeit von Januar bis April kann die Piste zum Park unpassierbar sein. Führer und Nationalparkposten in Rica Playa und Casistos (Auskünfte s. „Tourist-Info").

Adressen & Service Tumbes

Tourist-Info	*Centro Cívico,* Bolognesi 194, Tel. 52-5054. *Federación Peruana para la Conservación de la Naturaleza (FPCN),* Av. Tarapacá 416 (Fonavi), Tel. 52-3412 (auch Infos über Parque Nacional Cerros de Amotape). **Vorwahl (072).** **Ausländerpolizei:** *Migración,* Alfonso Ugarte 104, Tel. 52-3422. Ausreisestempel!
Unterkunft	**ECO: Hostal Tumbes,** Grau 614, Tel. 52-2203; bp, Kw. EZ/bp 19 Soles, empfehlenswert. – **Hotel Roma,** Plaza de Armas, Tel. 52-4137, Fax 52-5879. Große, ruhige Zi., bp, Cafetería. – **Hotel Amazonas,** Av. Tumbes 317, Tel. 52-0629; bp, freundlich. **FAM: Hotel Asturias,** Mariscal Castilla 305, Punta Sal, Tel. 52-2569. Komfortable Zi., bp, Cafetería. **FAM/LUX: Hotel Costa del Sol,** San Martín 275 (Plaza Bolognesi), Tel. 52-3991, Fax 52-5862, costadelsol@mail.udep.edu.pe, www.costadelsolperu.com. Großes, schönes Hotel, bp, Ww, Rest., Pool im Garten, Parkplatz, gut.

Essen & Trinken	Es gibt eine überraschende Fülle von recht guten und preiswerten Restaurants, die vor allem Meeresfrüchte (Austern, Krabben, Hummer, Garnelen, Muscheln) und leckere Fischgerichte anbieten. Rund um die hübsche Plaza de Armas ist die Auswahl groß, z.B. das *Latino* zum Abendessen oder das *Café Buddha* zum Frühstücken.
Post	*Serpost,* San Martín 208, Tel. 52-3866.
Telefon	*Telefónica del Perú,* San Martín 210.
Geld	Die Geldwechsler in der Bolívar/Piura (Fußgängerzone) geben einen besseren Wechselkurse, tauschen in der Regel aber keine Reiseschecks. Aushänge zeigen die Tageskurse an, doch sie vergleichen und aufpassen, es werden Rechentricks angewandt, bis hin zu manipulierten Taschenrechnern! Bei der *Banco Financeiro* in Aguas Verdes sind die Kurse etwas besser als bei den Banken in Tumbes. – *Banco Continental,* Bolívar 121, wechselt Bargeld und AE-Reiseschecks (Kommission!). *Cambio Ocoña,* Galería San Carlos, Piura.
Touranbieter	An der Plaza de Armas neben dem Hotel Roma werden ab zwei Personen Touren zum **Parque Nacional Cerros de Amotape** und nach Puerto Pizarro angeboten, doch recht teuer.
Autoclub	Automóvil Club del Perú, Av. Argentina 278 (El Recreo), Tel./Fax 24-2101.
Taxi	Innerhalb der Stadt kostet ein Taxi auf der Kurzstrecke etwa 1 Sol.
Flug	Airportservice z. Flughafen (ca. 5 km, Av. Pedro Canga) mit Rosillo Tours, Av. Tumbes 293, Tel. 52-3892, Fp 2 €; Taxis ab Plaza de Armas etwa 15 Soles. Flugverbindungen nach Lima, Piura u. Trujillo ändern sich ständig, nachfragen.
Bus	Manchmal kann es zu einem Problem werden, einen Busplatz Richtung Süden zu erwischen, obwohl *TEPSA, Expreso Continental, Cruz del Sur, Ormeño, Oltursa* und *Sudamericano* täglich mehrere Abfahrten haben. Es verkehren aber auch (teurere) Colectivos, evtl. bis **Piura** fahren, zum nächsten großen **Verkehrsknotenpunkt** in Nordperu. In Ecuador ist das **Machala** (Direktbusse nach Quito, Guayaquil und Cuenca).

Der Direktbus von Tumbes nach Guayaquil und Quito von *TEPSA* ist nicht unbedingt empfehlenswert, da er teuer ist. Wesentlich günstiger ist es, zu Fuß oder per Motocarro über die internationale Brücke zu gelangen und in **Huaquillas** mit einem billigen ecuadorianischen Bus weiterzureisen. Die meisten Busunternehmen befinden sich in der Av. Tumbes. Bei Fahrten von Tumbes nach Süden ist auf den ersten Kilometern öfter mit Polizeikontrollen zu rechnen (Pass bereithalten).

Zur Grenze in Aguas Verdes (25 km): tägl. viele Busse und Colectivos ab Plaza de Armas oder Piura/Bolívar sowie von Av. Tumbes/Abad Pusil; Fz 30–40 Min., Fp 1,50 Soles; Abfahrt vor dem Markt, immer wenn die Karre voll ist. Roter Linienbus Tumbes – Zarumilla – Aguas Verdes.

Nach Chiclayo (550 km): tägl. Busse, u.a. *Cruz del Sur, El Dorado* (Av. Piura 459) oder *Empresa Chiclayo,* Fz 9–12 h, 7 €. – **Chimbote** (890 km): tägl. Busse, Fz 13–15 h, 10–11 €. – **Guayaquil (Ecuador):** tägl. Direktbus mit *CIFA,* 8/10/12/14/16 Uhr, Fz 6 h, Fp 21 Soles. – **Lima** (1267 km): tägl. mehrere Busse, u.a. *TEPSA, Roggero, Flores, Ormeño (Expreso Continental)* und *Sudamericano,* Fz 20–25 h, 40–100 Soles je nach Bustyp und Busunternehmen. Das preiswerteste Unternehmen ist *Flores* und *Roggero,* Abfahrten 13.30/16.30 Uhr, Fp 40 Soles. – **Máncora:** tägl. zahlreiche Colectivos, Fp 5 Soles. – **Piura** (280 km): tägl. mehrere Busse und Colectivos, u.a. *Cruz del Sur, El Dorado* (Av. Piura 459) oder *Empresa Chiclayo,* Fz 5–6 h, Bus 5–6 €, Colectivos geringfügig teurer. – **Talara** (170 km): tägl., Fz 3 h, 4 €. – **Trujillo** (770 km): tägl. Busse, *Cruz del Sur, Roggero, El Sol, El Dorado* (Av. Piura 459) u.a., Fz 12–15 h, ca. 35 Soles. Billigste Gesellschaft ist *El Sol,* Fp 20 Soles.

Tumbes – Grenze Ecuador

Bis zum quirligen Grenzort Aguas Verdes sind es über Zarumilla nur noch 25 km. Mangrovensümpfe, letzte Kakteen und zunehmender Baumbewuchs signalisieren den Übergang von der Wüste zur feucht-grünen Tropenlandschaft, wie sie für die Küste Ecuadors typisch ist.

Die Grenze ist rund um die Uhr geöffnet. Die **peruanische Migración** (Aus- und Einreisebehörde) ist ca. 2 km vor dem Grenzort *Aguas Verdes*.

Aguas Verdes

Die Ausreiseformalitäten sind relativ rasch erledigt, bei der Einreise nach Peru kann es etwas länger dauern, da ab und zu ein Ausreiseticket verlangt wird. **Einreisende aus Ecuador** sollten alle Geldwechsler ignorieren, da diese schlechte Kurse bieten oder nicht korrekt abrechnen. Beste Wechselkurse für Bargeld und Reiseschecks in Aguas Verdes an der Hauptstraße, ca. 1,5 km südlich der Grenzbrücke, an der linken Straßenseite bei der *Banco Financiero* (Kurse sogar besser als in Tumbes).

Von der peruanischen Migración kann billig mit einem Motocarro (Motorradtaxi) über die Grenzbrücke direkt zum Busterminal in Huaquillas gefahren werden. Fp 1 Sol (Festpreis). Bus ab Aguas Verdes/Huaquillas nach **Quito (Ecuador)** mit *Santa* 30 Soles. Ecuadorianischer Grenzort ist

Huaquillas (Ecuador)

2 km außerhalb Richtung Machala befindet sich die Migración DAS. Direkt an der Grenze im chaotischen Trubel wird normalerweise nicht kontrolliert, und es gibt weder Einreise- noch Ausreisestempel. Taxi ab Huaquillas bis zur DAS etwa 1 €, *CIFA*-Bus ab Huaquillas wenige Cents. Die DAS schließt um 17 Uhr (kein Zeitunterschied zwischen Peru und Ecuador).

In Huaquillas und direkt an der Grenze sind viele Geldwechsler unterwegs, deren Kurse gut sind. Doch Vorsicht beim Tausch, nachrechnen! Peruanisches Geld wechselt man zuvor in Agua Verdes vorteilhafter in US-Dollar (seit 2000 Währung in Ecuador!). Im DAS-Gebäude hängt ein Anschlag in Spanisch und Englisch, der empfiehlt, nur in Begleitung eines Polizeibeamten bei den Geldwechslern Fremdwährungen in US-Dollar zu tauschen, da in Ecuador extrem viele falsche Dollarscheine im Umlauf sind. Deshalb werden in ecuadorianischen Geschäften auch nur Scheine bis 50 US$ angenommen.

Macará/La Tina via Loja (Ecuador)

Vom Busterminal in Piura (Peru) bzw. Loja (Ecuador) fahren 3x täglich (von Loja um 7, 13 und 22 Uhr) Direktbusse nach Loja bzw. Piura, Fz 9 h, Fp 28 Soles. Die Grenze bei Macara/La Tina ist normalerweise während der Mittagspause geschlossen, für den Bus wird sie jedoch extra geöffnet. Von Ecuador kommend ist kurz vor der Grenze an der Brücke das Ausreisebüro. Das peruanische Grenzbüro ist gleich nach der Brücke rechts. Genau gegenüber ist die Polizei, wo man sich registrieren lassen muss. Die Grenzbeamten sind sehr freundlich. Auf beiden Seiten der Grenzbrücke gibt es je eine Bank, die aber mittags geschlossen haben.

Weiterfahrt von Loja nach Quito mit der *Cooperativa de Transportes Loja*, ca. 9 €.

Gute Weiterreise in Ecuador oder „Bienvenidos a Perú!"

Nördliches Bergland
Berg- und Gletscherprovinz Ancash

Cordillera Blanca und Cordillera Negra

Die Anden in der Provinz Ancash durchziehen der Länge nach zwei gewaltige Gebirgsketten: Im Osten, dem tropischen Tiefland zu, erstreckt sich die knapp 200 km lange, schneebedeckte **Cordillera Blanca** (Weiße Kordilleren, auch **Cordillera Tropical** genannt). Auf einer Breite von nur 20 km türmen sich hier über 50 Schneegipfel und Eisgletscher, die höher als 5700 m liegen! Der **Huascarán** ist dabei mit 6768 m nicht nur der höchste Gipfel der Region, sondern auch der höchste Berg Perus. Vom Ort Chiquián im Süden bis zum Cañón del Pato (Entenschlucht) im Norden wurde ein großer Teil der Cordillera Blanca 1975 zum **Parque Nacional Huascarán** erklärt und steht heute vollständig unter Naturschutz. Westlich der Cordillera Blanca verläuft, parallel zu ihr, die Gebirgskette der **Cordillera Negra**, die „Schwarze Kordillere". Ihre (selten schneebedeckten) Gipfel sind weniger hoch, max. „nur" bis zu 5000 m.

Zwischen beiden Gebirgsketten liegt das Hochtal **Callejón de Huaylas** („Gasse des Huaylas") mit dem **Río Santa.** In 3000 m Höhe wachsen in einem relativ milden Klima sogar Palmen und Eukalyptusbäume, fliegen Kolibris von Blumenblüte zu Blumenblüte. Inmitten des Callejón de Huaylas liegt **Huaraz**, die Hauptstadt des Departamento Ancash. Neben der traditionellen Rundreise nach Cusco gehört die Stadt und ihr Umland zu den interessantesten Zielen Perus (und wird trotzdem relativ wenig besucht). Huaraz ist Ausgangspunkt für Reisen im **Callejón de Huaylas,** in den **Parque Nacional Huascarán** und zur wohl geheimnisvollsten Kultstätte Südamerikas, nach **Chavín de Huántar.**

Nationalpark Huascarán

Um den Nationalpark Huascarán führt eine Piste, die sich bis zur *Pasaje Ulta* auf dünnluftige 4890 m hochschraubt und die immer wieder prächtige Ausblicke auf die Cordillera Blanca mit ihren Bergriesen freigibt. Die Rundstrecke von Huaraz über *Chavín de Huántar, Huari, San Luís* und *Yungay* ist 255 km lang und kann mit einem Geländewagen in 3 Tagen bewältigt werden.

Busverkehr besteht zwischen Huaraz und dem Cañón del Pato über Caraz sowie von Yuramarca über Tarica und Pascacancha nach Sihuas. Von Sihuas geht es weiter nach Pomabamba. Von dort fährt 4x wöchentlich ein Bus via San Luís, Huari, San Marcos und Huántar zurück nach Huaraz. In jedem Ort gibt es Übernachtungsmöglichkeiten mit z.T. guten Hostales. **TIP:** Zwischen Yuramarca und Sihuas links sitzen! Für die lohnenswerte Rundstrecke sind mindestens 5–6 Tage einzuplanen. Die Umrundung des Huascarán-Berges lässt sich auch in umgekehrter Richtung durchführen und ab San Luís über Yungay nach Huaraz abkürzen.

■ *Im Tal von Huaraz mit schneegekrönten 5000ern*

Cordillera Huayhuash

„Suiza Peruana"

Die gesamte Bergregion ist ein Paradies für Bergwanderer und Bergsteiger. Nicht umsonst wird sie ja auch „Suiza Peruana – Die Schweiz Perus" genannt. Zentrum des Andinismus ist Huaraz. Die **beste Reise- und Wanderzeit** für den Callejón de Huaylas und den Nationalpark Huascarán ist **April bis Oktober**. Im andinen Sommer ist dann das Wetter am beständigsten. Nachts können die Temperaturwerte dennoch bis −10 °C abfallen!

Der Callejón de Huaylas wurde in der Vergangenheit immer wieder von Erdbeben und anderen Naturkatastrophen heimgesucht. Die Erdbeben verursachten Bergstürze, bei denen brechende Gipfelgletscher in Gletscherseen stürzten. Die untere Seite eines Gletschersees (Endmoräne) brach dann unter dem Wasserdruck. Nachfolgend wälzte sich, wie z.B. 1982, eine gigantische Lawine aus Geröll, Wasser, Eis und Schlamm unaufhaltsam ins Santa-Tal. Bei solchen Naturkatastrophen wurden u.a. die Orte Huaraz, Recuay und Yungay nahezu vollständig unter Geröll- und Wasserlawinen begraben.

Cordillera Huayhuash

Südlich der Cordillera Blanca ragt die **Cordillera Huayhuash** (sprich: Waiwasch) auf, vielleicht mit das beliebtes Ziel von Bergwanderern und Bergsteigern. Geübte Berggeher können die Cordillera Huayhuash in etwa 14 Tagen umrunden. Der höchste Gipfel ist der **Yerupajá** (6634 m).

Bergwandern und Bergsteigen

Die Cordillera Blanca ist ein Paradies für Leute, die gut bis sehr gut zu Fuß sind und hauptsächlich auch wegen der endlosen Trekkingmöglichkeiten nach Huaraz anreisen. Empfehlen möchte ich dafür das Buch von Jim Bartle „Trails of the Cordillera Blanca und Huayhush of Peru" für ca. 5 €, allerdings mit der Einschränkung, dass manche Strecken nicht ausreichend genau recherchiert sind. Auf deutsch gibt es die Broschüre *Cordillera Blanca,* sie ist jedoch nur für Bergsteiger interessant. Erhältlich in der Pizzeria *Monte Rosa* (auch gute Infos dort), Av. Luzuriaga in Huaraz, bei Herbert Ziegenhardt, Mittenwalder Str. 15 in 82431 Kochel oder beim Expeditionsservice Därr in München, Theresienstraße. Oder das Buch „Abenteuer Trekking Peru", von M. Wittber, Bruckmann Verlag. Bergtouren bietet auch Thomas-Wilken-Tours an, kompetent und erfahren. Weitere Infos unter www.suedamerikatours.de

Von Huaraz aus können diverse Trails und Treks durch die Bergwelt gemacht (oder gebucht) werden, der wohl meistbegangene ist der Trek **Llanganuco – Santa Cruz** (s.u.). **Olleros – Chavín** (s.u.) oder Llanganuco – Quebrada Honda bzw. Ulta mit Umrundung des Huascarán sind Alternativen.

Extrem-Bergsteiger und Expeditionen wird der 6768 m hohe **Huascarán** reizen, es gibt aber auch noch andere Spitzen: der **Alpamayo** (5947 m, 1966 zum schönsten Berg der Welt erklärt), der **Huandoy** (6390 m), der etwas „leichtere" **Pisco** (5752 m) und viele andere Fünf- und Sechstausender mehr.

Wichtiger Hinweis: Wer von Lima direkt nach Huaraz anreist und noch nicht höhengewohnt ist, muss sich in Huaraz unbedingt einige Tage akklimatisieren! Höhenungewohnte können zumindest unter Kopfschmerzen leiden (s.a. „Höhenkrankheit").

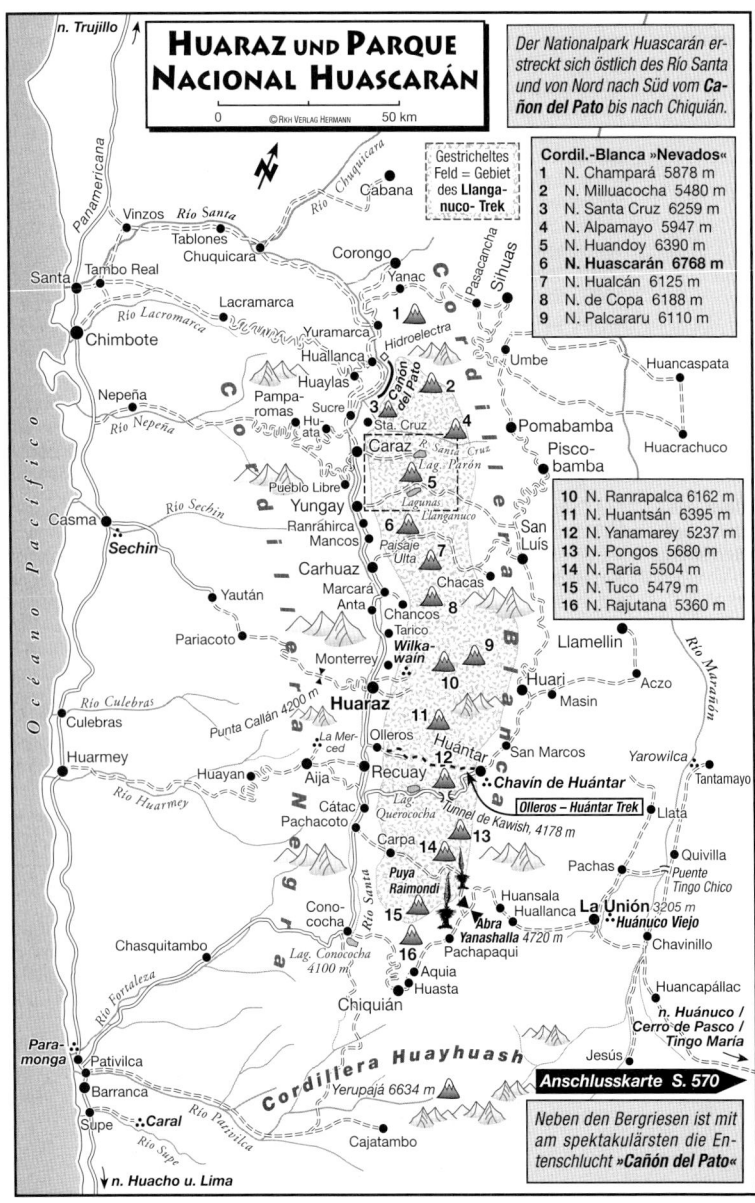

Cajatambo

Im kleinen, idyllischen Andendörfchen Cajatambo auf 3500 m Höhe hört auf der Plaza de Armas die Piste auf. Ringsum wird das Dorf von der **Cordillera Huayhuash** eingeschlossen, überragt vom mächtigen Nevado Yerupajá (6634 m). Das Leben läuft hier noch gemächlicher ab als sonstwo. Die Hausdächer sind oft mit Andengras gedeckt und erinnern manchmal an den Schwarzwald. Selbst auf den wenigen Stromleitungen, über die abends für ein paar Stunden Strom fließt, wachsen Tillandsien. Es gibt um das Rathaus ein paar Kneipen, einen Polizeiposten und eine Handvoll einfacher Läden. Zu essen gibt es Cuy und gegen die nächtliche Kälte wird heißer Punsch mit Orangen getrunken. Eine Spezialität ist pappsüße Manjarblanco auf Milchbasis. Spätestens um 22 Uhr, wenn der Strom abgeschaltet wird, wird es still in den Gassen.

Cajatambo lebt von der Landwirtschaft. Kinder treiben jeden Morgen Schafe und Kühe auf die Chakras. Das gesamte Canyon-Tal unterhalb von Cajatambo ist terrassiert und mit Bewässerungsgräben überzogen. Das Wasser wird über verschiedene Höhen in die Felder geleitet. Es wachsen Obstbäume und sogar Zitrusfrüchte, wogen grüne Kleefelder. Papageienschwärme fliegen durch das herrliche Tal.

Mit einem geliehenen Pferd können auf den schmalen Bergpfaden herrliche Trekking-Touren unternommen werden, z.B. zu Präinkagräber in der Nähe von *Manhi* (etwa 3–4 h). Auf einem Hügel sind deutlich Mauerreste von Gräbern und Gruften zu sehen.

Unterkunft — *Hospedaje Miranda* (BUDGET), zwischen Rathaus und Polizeiposten; einfache Zimmer, Kw, sehr freundlich und hilfsbereit, Rest., empfehlenswert.

Verkehrsverbindungen — tägl. nur ein Bus/Microbus um 6 Uhr von der Plaza de Armas nach Lima. Fz 8–10 h, 7 €. Selbstfahrer: Es gibt keine Tankstelle in Cajatambo.
Es muss die gleiche Schotterpiste von Cajatambo wieder nach Pativilca an der Panamericana zurückgefahren werden. In Pativilca oder Barranca kann auch in Busse in den Norden umgestiegen werden.

Huaraz, Callejón de Huaylas und Nationalpark Huascarán

ROUTE 6: PATIVILCA – HUARAZ – CHIMBOTE

Anfahrtsmöglichkeiten Huaraz — Es gibt drei Strecken von der Pazifikküste (Panamericana) hoch in den Callejón de Huaylas, wobei die Südroute von **Pativilca** (bei Paramonga) **über Recuay** am besten ausgebaut und am meisten befahren wird. Alle drei Strecken sind landschaftlich sehr eindrucksvoll, wovon man zwei Strecken im Rahmen einer Rundreise kennenlernen könnte. Eine solche schöne Rundreise wäre z.B.: von Pativilca an der Pazifikküste nach Huaraz und von dort über Caraz und Chimbote wieder zurück nach Pativilca (und weiter nach Lima). Die Distanzen von der Panamericana hoch nach Huaraz betragen von Pativilca 205 km (Asphalt), von Casma 160 km (teilweise asphaltiert), von Chimbote via Casma 220 km (teilweise asphaltiert) und von Chimbote entlang des Santa-Tals via Caraz 255 km (teilweise asphaltiert). Außer den Distanzen muss aber auch die Beschaffenheit – und davon abhängig die Fahrtdauer (s. „Verkehrsverbindungen") mit ins Kalkül gezogen werden. Viele nutzen auch die Möglichkeit, auf dem Weg von Lima nach Huaraz einen Stopp in Caral (s.S. 465) einzulegen.

Pativilca – Huaraz

3 km hinter Pativilca (Tankstelle, Polizeiposten, Unterkunft) zweigt von der Panamericana eine asphaltierte Straße nach Osten ab, die am rechten Ufer des *Río Fortaleza* durch Zuckerrohr-, Mais- und Pfefferfelder und über **Chasquitambo** (Polizeiposten, Tankstelle, Restaurant, Unterkunft, Post) in die Anden hinaufführt (Chasquitambo war einst eine Station der *Chasquis,* der Stafettenläufer der Inkas). An den terrassierten Andenhängen wachsen Obst- und Eukalyptusbäume. Über nie endenwollende Serpentinen wird nach knapp 130 km die Passhöhe in **Conococha** (4100 m) erreicht. Der prächtige Ausblick auf die *Laguna Conococha,* die die Quelle des Río Santa bildet und auf die Eisgipfel der *Cordillera Blanca* stimmen auf den Callejón de Huaylas ein.

Kurz hinter Conococha kommt ein interessanter Abzweig: Eine 275 km lange, großartige Straße führt über *Chiquián, Huansala* (bis dort asphaltiert) nach *La Unión* und in ihrem weiteren Verlauf bis Huánuco, von wo über Tingo María nach Pucallpa gefahren werden könnte. Von Lima aus fahren die Busgesellschaften *Tubsa, Salazar* und *Cristóbal* täglich abwechselnd bis nach La Unión, doch leider meist nachts.

Die Hauptstrecke führt ins Huaylas-Tal (Callejón de Huaylas) hinein, immer am Río Santa entlang. Östlich ragen die Schnee- und Eisgipfel der Cordillera Blanca auf, westlich die schneelosen Berge der *Cordillera Negra*. In Pachacoto führt nach rechts die Abzweigung **zu den Puyas Raimondis** und über den *Abra Huarapasca* (4780 m) nach *La Unión*. 8 km weiter folgt bei *Cátac,* ebenfalls rechts, die Abzweigung nach **Chavín de Huántar.** Geradeaus sind es noch gut 10 km nach Recuay (Restaurant, Unterkunft). Hier führt nach Westen eine Piste über *Aija* zu den Ruinen nach *La Merced*. Von Recuay sind es noch ca. 30 km bis zur Hauptstadt des Departamento Ancash, Huaraz.

Huaraz

Huaraz liegt auf 3090 m im Zentrum des Callejón de Huaylas (46.000 Ew.). Sie wurde 1958 von einer riesigen Eislawine und am 31. Mai 1970 von einem schweren Erdbeben weitgehend zerstört. Durch den zweimaligen Wiederaufbau ist die Architektur ziemlich modern, es gibt keine besonderen Sehenswürdigkeiten. Der farbenfrohe Markt und das kleine *Museo Regional de Ancash* an der Plaza de Armas, in dem Monolithen und Huacos der *Recuay-Kultur* ausgestellt sind, sorgen noch am ehesten für Abwechslung in der Moderne des Ortes. Der Reiz von Huaraz liegt in seiner unvergleichlich schönen landschaftlichen Umgebung. Es ist ein beliebter Ferienort für Peruaner und *die* Bergsteigerhauptstadt Perus schlechthin. Fast immer ist es wolkenlos mit viel Sonne zwischen Mai und September, (dann treffen auch Bergsteiger und -wanderer aus vielen Ländern der Erde ein), Regen fällt zwischen Dezember und Ende April.

■ **Es ist nach Ankunft in Huaraz sinnvoll,** sich einige Tage an die Höhe zu gewöhnen und in dieser Zeit Ausflüge zu machen, z.B. in die tieferliegenden Ortschaften Yungay und Llanganuco.

Zeitplanung *Huaraz und Umgebung* – mindestens zwei Tage
Ausflug nach Chavín de Huántar – einen Tag
Trekking im Parque Nacional Huascarán – mindestens vier Tage
Ausflug nach Caraz und zum Cañón del Pato – mindestens einen Tag

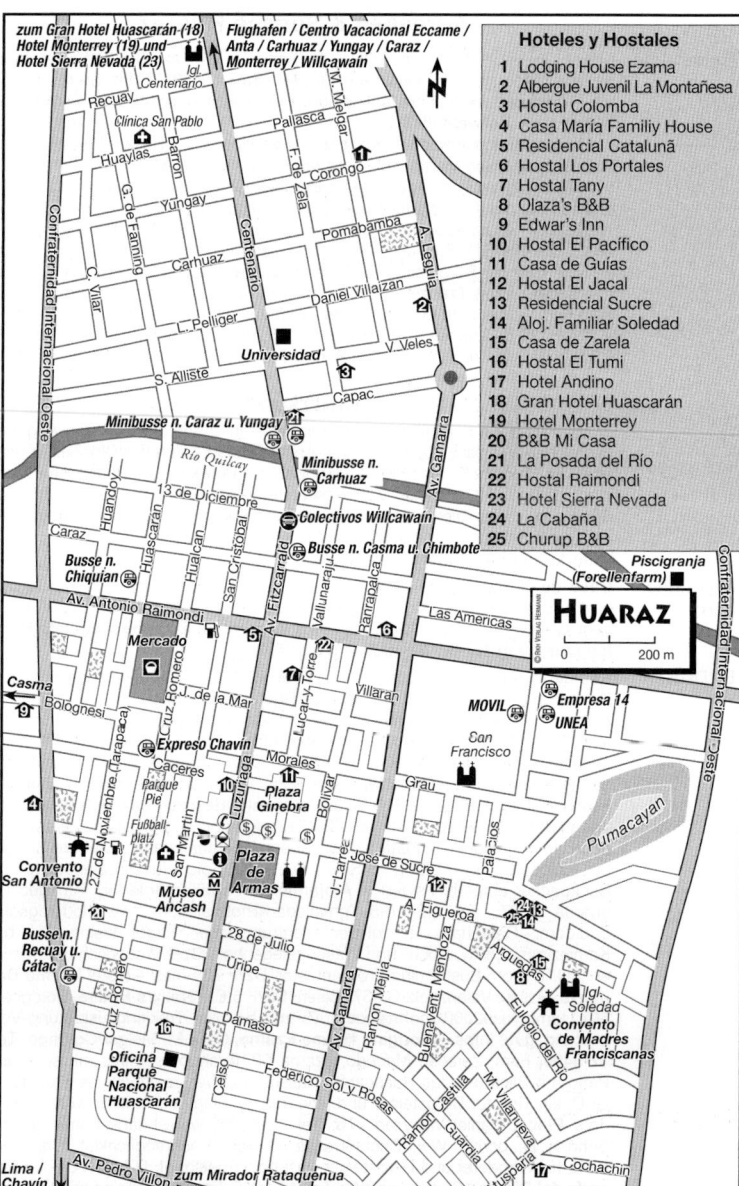

Adressen & Service Huaraz

Tourist-Info *i-Peru,* Av. Luzuriaga s/n (Plaza de Armas), Tel./Fax 42-8812, iperuhuaraz@promperu.gob.pe, www.peru.info, Mo–Sa 8.30–18.30 Uhr, So nur bis 14 Uhr. – Internet: www.huarazonline.com • www.visitehuaraz.com • www.munihuaraz.com. **Vorwahl (043).**

Oficina Parque Nacional Huascarán, Federico Sal y Rosas 555, zwischen Luzuriaga und San Martín, Tel. 42-2086, Mo–Fr 8.30–13 Uhr, 14.30–17 Uhr, Sa bis 11 Uhr; freundliche Infostelle für Bergsteiger und Bergwanderer, ausführliche Infos und gute Tipps für Tagestouren im Nationalpark.

Casa de Guías, Asociación de Guías de Montaña del Perú, Parque Ginebra 28-G, Tel. 42-1811, Fax 42-2306, www.casadeguias.com.pe, Mo–Fr 9–13, 16–20 Uhr. Treff der Bergsteiger- und Bergwanderer. *Edson Ramirez* gibt gute Infos, bietet Karten, lizenzierte Führer (mit Ausweis!), auch Vermittlung von Trägern und Treibern mit Maultieren etc., kein Verkauf von Touren.

CARTUR de Ancash, Av. Luzuriaga 1045, Plaza de Belén, Tel. 42-3199.

Club Andinista Cordillera Blanca, Barrón 582, für Bergsteiger und -wanderer.

Unterkunft

In der Kategorie der billigen und preiswerteren Unterkünfte ist das Angebot ausreichend. In der Hauptsaison von April/Mai bis September/Oktober werden aber die Preise z.T. erheblich angehoben, und es kann zu Engpässen kommen, deshalb ist in dieser Zeit Reservierung angeraten. Nach Ankunft des Busses in Huaraz bieten Familien preiswerte Privatunterkünfte an. Einige Reisende empfehlen, besser in Monterrey zu wohnen.

Unterkünfte im Internet: www.huarazhotels.com

Jugendherbergen **Casa de Guías,** Plaza Ginebra 28-G, Tel. 42-1811. Bergsteigertreff, Schlafsaal, bc, gutes Rest., Skk, Ws. – **Albergue Juvenil La Montañesa,** Av. Agosto Leguía 290, Tel./Fax 42-1287. – **Centro Vacacional Eccame,** Carretera Richtung Anta, Km 18, Tel. 42-1933 und 83-0532.

BUDGET **Residencial Cataluña,** Raimondi 622, Tel. 42-1117. Zentral gelegen, einfache Zi., bc/bp, nicht immer Ww, zeitweise Rest., Vermietung von Trekkingausrüstung. – **Casa Maria Family House,** Av. Confra. Inter. Oeste 674, Tel. 42-467776, shelektrek@yahoo.e, www.shelektrek.com. Sympathische Familienpension, sehr familiär, einfache Zi., bp, Ww. DZ/F 18 Soles, F im Wohnzimmer, empfehlenswert. – **La Cabaña,** Sucre 1224, Tel. 42-3428. Zi/bp, Ww, Skk und Essraum, PP. Ü 15 Soles, F 6 Soles. Sehr nette Besitzer, empfehlenswert.– **El Jacal,** José de Sucre 1044, Tel. 42-4612, ricardojg@yahoo.com. Zentral und doch ruhig gelegenes Hostal mit schönem Aufenthaltsraum, saubere Zi., bc/bp. EZ/bc 10 Soles, EZ/bp 15 Soles, DZ/bp 30 Soles; für Einzelreisende und Backpacker empfehlenswert. – **Alojamiento Familiar Soledad,** Amadeo Figueroa 1267, Tel. 42-1196, ghsoledad@hotmail.com, www.lodgingsoledad.com. Gästehaus in ruhiger, zentrumsnaher Lage, kleine Zi., bp, Kaminzimmer, Ww, Koch- und Waschgelegenheit, GpD, freundlich und familiär, inkl. TR vom Busterminal, Touranbieter. DZ/F 70 Soles. – **Hotel Norma Gamarra,** Pasaje Valenzuela G.837, Belén. DZ/F 6 €. – **Nelly's House,** Bolognesi 507, tommyusa2000@hotmail.com. Zi. mit bc, Ws, Trekkingausrüstung-Vermietung, gute Infos. – **Lodging House Ezama,** Calle M. Melgar/Corongo, Tel. 42-3490, Fam. Zarzosa Macedo, ezama_623@yahoo.es. Haus mit schönem Patio mit Blick auf das Huascarán-Massiv, bp, Ww, reichhaltiges Frühstück, GpD, ein Tipp für Bergsteiger und jene, die es ruhig und familiär wünschen. – **Jo's Place,** Daniel Villayzan 276, Tel. 42-5505, www.huaraz.com/josplace. Schöne Zi, bc/bp, Ww, Dachterrasse, Garten, Kochmöglichkeit, Camping, GpD, für Wanderer und Bergsteiger besonders geeignet. DZ 7,50 €. – **La Posada del Río,** Av. Centenario 142, Tel. 42-1066. Familienpension mit geräumigen Zi., großen Betten, bp, Ww, freundlich, hilfsbereit. DZ ab 5 €, Frühstück 1 €. **TIP!** – **Hatun Wasi,** Daniel Villayzan 268 (neben Jo's Place), www.hatunwasi.net. Große, helle Zi., bp, Ww (heiß!), Dachterrasse, Skk, kleiner Laden, nette und hilfsbereite Besitzer, GpD. DZ/bp 40 Soles. **TIP!**

ECO **Albergue Churup B&B,** Amadeo Figueroa 1257, La Soledad, ca. 10 Min. vom Zentrum, Tel. 42-2584, info@churup.com, www.churup.com. Sehr gepflegtes, gemütliches Haus mit 13 schönen Zi./bp, 3 Schlafsäle/bc, Ww, hilfsbereit, freundlich, Kamin, Bar, Garten. DZ/bp ab 80 Soles, Schlafsaal 18 Soles. Auf Wunsch Frühstück 2,50 € im Wohnzimmer, der Besitzer wohnt in der Pedro Campos 735 (gleich um die Ecke) **TIP!** – **Casa de Zarela,** Julio Arguedes 1263, La Soledad, Tel. 42-1694, zarelaz@hotmail.com, www.lacasadezarelaz.com. Zi. mit bc/bp, Ww, familiäre Atmosphäre, gemütlich, Skk, Ws, Infos über Tagesausflüge, Trekkingtouren (auch Llanganuco – Santa Cruz). Empfehlenswertes Privatquartier. DZ/bp 10 €. **TIP!** – **Hostal Raimondi,** Raimondi 820, Tel. 42-1082. Zentral gelegener Gringo- und Backpackertreff, saubere Zi., bp, zeitweise Ww, nett und hilfsbereit. – **Residencial Sucre,** José de Sucre 1240 (4 Blocks nach der Plaza), Tel. 42-2264, panchitafbg@hotmail.com. Kleines, nettes Haus des englischsprachigen Bergführers Filiberto Rurush Paucar mit 10 einfachen, sauberen Zi., bp, Ww, Gemeinschaftsküche; Busfahrkarten u. Touren jeglicher Art werden organisiert, Trekkingausrüstung-Vermietung. DZ 30 Soles p.P. Empfehlenswert. – **Olaza's B&B,** Arguedas 1242, Tel./Fax 42-2529, info@andeanexplorer.com, www.andeanexplorer.com. Sauberes Gästehaus von Tito Olaza, ausgesprochen hilfsbereit, EZ/DZ/TriZ, alle mit bp, Ww, Kamin, Skk, tolle Dachterrasse, Ws, GpD, Internet und TR kostenlos. DZ/F 60–80 Soles, VISA. **TIP!** Falls belegt kann Titio günstige Alternativen anbieten. – **B&B Mi Casa,** Tarapacá 773, Tel. 42-3375, Fax 42-9273, bmark@ddm.com.pe, www.andeanexplorer.com/mi.casa. 6 sehr saubere Zi., bp, Ww, Familie Ames ist hilfsbereit und freundlich. DZ/F 20 €, gPLV, empfehlenswert. – **Hotel Sierra Nevada,** 3 km außerhalb, direkt an der Straße nach Monterrey, hin per Micro o. Taxi (ca. 3 Soles), Tel. 42-7735. 25 nette Zi., schöner Garten, Ü/F 20 €. **TIP!**

FAM **Hostal Tany,** Lúcar y Torre 468 A, zwischen den Querstraßen Antonio Raimondi und de la Mar, Tel. 42-6594. Zi. mit bp, zeitweise Ww, freundlich, sicheres GpD. – **Edwards Inn,** Bolognesi 121, Tel. 42-2692, Tel./Fax 42-3074, edwardsinn@yahoo.com, www.edwardsinn.com. 11 saubere Zi., bc/bp, nur zeitweise Ww, Rest., Patio, Ws, freundlich, hilfsbereit, empfehlenswert. – **Hostal El Pacífico,** Luzuriaga 630, Tel. 42-2632. Zentral, bc/bp, nicht immer Ww, preiswert, freundlich, kostenloses GpD, gut! – **Hostal El Tumi (I und II),** die direkt nebeneinander liegen. San Martín 1121, Tel./Fax 42-1784, reservas@hoteleltumi.com, www.hoteleltumi.com. 87 nette, gepflegte Zi., bp, Ww, schöne Aussicht, Rest., Ws, GpD. Hotel I: EZ 65 Soles, DZ ab 110 Soles, TriZ 215 Soles, Suites 220 Soles. Frühstück 7–12 Soles. Preise verhandelbar, alle Kk, empfehlenswert! – **Hostal Colomba,** Francisco de Zela 278, Tel. 42-5101, Tel./Fax 42-7106, colomba@terra.com.pe, www.huarazhotel.com. Hacienda mit Bungalowanlage in einem schönen Garten, bp, Ww, dt.-spr., DZ ab 30 €. – **Hostal Los Portales,** Raimondi 903, Tel. 42-8184, Fax 42-9068. Zentral, gute Zi., empfehlenswert. – **Real Hotel Baños Monterrey,** Av. Monterrey s/n, Monterrey, 7 km außerhalb, Tel. 42-7690. Herrliche Lage, mit Thermalbäder, 24 nette Zi., Rest., Pool, Ü/F, empfehlenswert. – **El Patio de Monterrey,** Av. Monterrey 201, außerhalb in Monterrey, Tel. 42-6967, Fax 42-6965, patio@terra.com.pe. Hostal im Kolonialstil, Garten, Patio, 250 m vom Thermalbad, nette Zi., Bar, Ü/F.

LUX **Andino Club Hotel,** Pedro Cochachín 357, Tel. 42-1662, Fax 42-2830, andino1@wayna.rcp.net.pe, www.hotelandino.com. Etwas abgelegen oberhalb der Stadt, aber beste Unterkunft, 37 komfortable Zi., Rest., unter Leitung des Schweizers Mario Holenstein, DZ ab 56 € (mit Balkon teurer), Rabatt in der

NS, Frühstückbuffet, alle Kk. **TIP!** – **Real Hotel Huascarán,** Av. Santiago Antúnez de Mayolo s/n, Tel./Fax 42-2821. Etwas abgelegen, 60 große, gute Zi., Rest., Ü/F, Camping möglich!

Essen & Trinken

Picante de Cuy, charqui, chuchicana, puchero und *chicharrones* sind beliebte regionale Gerichte. Im Bereich der Luzuriaga/Raimondi findet man viele Restaurants.

In der Avellino Cáceres gibt es sehr preiswerte Kneipen die Tagesmenüs für 3 Soles bieten.

Lokale Küche gibt es im *Recreo La Unión,* im *Recreo Tejas* (Cuy), beide in der Calle Francisco, im *Sucre,* Sucre 1248 sowie im *Querubín,* Morales 767. Viele Rucksackreisende treffen sich im *Las Puyas,* Morales 535, in dem große Portionen serviert werden. Das preiswerte Restaurant *Samuels,* La Mar, wird von Einheimischen immer gern besucht. Die *Casa de las Guías,* nähe Plaza de Armas, ist eine **Bergsteigerkneipe** mit guter Küche. Große Portion paniertes Huhn ca. 5 €. Weitere preiswerte und zum Teil sehr einfache Kneipen sind das *Tabariz,* Raimondi/Fitzcarrald, *Tik Tok,* Raimondi 639, *Hatun Wain,* Raimondi 813 sowie das *Café del Leñador,* Luzuriaga 978. Das *Pachamama,* San Martin 687, hat einen überdachten Patio und bei Kaminfeuer und guter Musik wird sehr gutes Essen aufgetischt, angenehme Atmosphäre, **TIP;** außerdem Spiele für Regentage (Schach u.a.), auch ab und zu Konzerte (Volksmusik bis Rock). Mit am besten, aber natürlich nicht am billigsten, speist man im Restaurant *Hotel Andino,* Pedro Cochachín 357. Auch das *La Terraza de los trece Buhos,* Alejandro Maguiña 1467, ist gut.

Das *B&B,* Av. de la Mar 7544, mit schöner Einrichtung und angenehmer Atmosphäre und guter Bedienung lädt zum Essen ein. Sehr gutes Essen gibt es auch im *Las Tulpas,* Julian de Moralles 759, Schweizer Führung. Französische Küche bietet das *Bruno,* Luzuriaga 834. Das *Bistro de los Andes* im 1. Stock bietet Aussicht über die Plaza.

Die besten **Cebicherías** befinden sich in der Huascarán. Dort, wo die meisten Leute sitzen, ist es gut und preiswert. Für **Cebiche und Fisch** (Trucha) empfehlen sich die *Cebichería Huaraz Querido,* Huascarán 180, *Ricos Anticuchos,* Luzuriaga 489 (meist nur Einheimische, Forellen), sowie *Cebichería Warmi Juicio,* Pasaje Octavio Hinostroza 522.

Hähnchenfreunde sind in der Calle José de Sucre nordöstlich der Plaza richtig; Hähnchen mit Pommes, Salat und Getränk für 4–5 Soles. Empfehlenswert ist *El Fojon,* Luzuriaga 919, 1. Stock, viele Einheimische, guter Service. Auch das *Brasa Roja,* Luzuriaga 919 ist auf Hähnchen spezialisiert.

Chifa *La Dragon Dorado,* Raimondi, bietet preiswerte Menüs und Wan-Tan-Suppe, empfehlenswert.

Pizzeria: *Chez Pepe,* Av. Raimondi 624 (auch andere Speisen). **Vegetarisches** in der Cáceres/San Martín und José de Sucre/Bolívar, Menü um 2 €.

Frühstück, sehr preiswert und gut, gibt es auf dem Markt im 1. Stock mit frischgepressten Säften und Kuchen. Kaffee und leckere Crêpes in vielen Variantionen bietet das *Bistro de los Andes,* 1. Stock, direkt an der Plaza de Armas. Auch *Fuente de Salud,* José de la Mar 562, serviert ein hervorragendes Frühstück mit köstlichen Fruchtsalaten. Das *California Café,* 28 de Julio 562, bietet neben Frühstück auch kleine Mittagsgerichte, nett, Musik, Büchertausch. Beim *Café Andino,* Luzar/Torre 530, schmeckt der Kaffee gut!

Folklore, Tanz, Unterhaltung

Die derzeit angesagteste Disco ist *Macondos,* Bolívar/José de la Mar. – *Peña Imantata,* Luzuriaga 424; Folklore, Disco. – *Peña Taberna El Tambo,* José de la Mar/Lucar y Torre; Folklore und Disco. – *Peña La Cueva del Oso,* Luzuriaga 674. – *Aquelarre,* Luzuriaga/Gabino Uribe; Kunstgalerie u. Bar, Trekkertreff, ab 19 Uhr. – *Extreme Bar,* Luzuriaga 700, Bar, Travellertreff! – Die beste „Gringo"-Bar ist derzeit 13 Buhos, José de la Mar 812. – *Café California,* 28 de Julio (zwischen Luzuriaga und San Martín); gemütliche Kneipe eines Schweizers,

	hin und wieder deutschsprachige Zeitungen, Tischtennis, Billard, Schach und andere Spiele.
Museum	*Museo Arqueológico de Ancash,* Plaza de Armas. Di–Sa 8–18 Uhr, So 8–13, 16–18 Uhr; Eintritt 1,40 €. Im Garten Monolithen und Reliefs der Recuay-Kultur und eine Puya Raimondi; empfehlenswert.
Erste Hilfe	*Clínica Internacional,* Juan de la Matta Arnao 446, hinter dem Museum. – *Clinica San Pablo,* Huaylas 1722, Independencia.
Post	*Serpost,* Luzuriaga (Plaza de Armas), Tel. 42-1030. Mo–Sa 8–19 Uhr.
Telefon	*Telefónica del Perú,* Luzuriaga/Sucre, tägl. von 7–23 Uhr. Gleich neben der Post **Internet-Service**, 1,5 €/h. Weitere Internet-Cafés in der Luzuriaga.
Internet	Die Stadt hat inzwischen fast so viele Internet-Cafés wie Bergausrüster.
Geld	*Banco del Crédito,* Plaza de Armas. Die meisten Reisebüros wechseln problemlos Bargeld, auch Euro und Reiseschecks. Straßenwechsler stehen an der Plaza neben dem Restaurant Laudauro.
Touranbieter	Bei fast allen kann man zu etwa gleichen Preisen Ausflüge in die Umgebung buchen, wie z.B. nach Llanganuco (10 €), nach Chavín de Huántar (10 €) oder Puya Raimondi (10 €). Die Reisenden werden von der Unterkunft abgeholt in einem Bus gesammelt und wieder zurückgebracht. Außerdem vermieten die Agenturen Trekking-Ausrüstung und vermitteln lizenzierte Führer, Maultiere und Transporte. Einige der Anbieter sind auf Bergtouren spezialisiert.

Preisorientierung (pro Tag): Maultier/Lama/Esel/Rettungspferd 5 €, Treiber 10 €, Träger 10–25 € (je nach Saison), Koch 10 € (besonders qualifizierte bis 25 €), Führer 10–50 € (je nach Qualifikation), Bergführer 60–100 €; plus Verpflegungskosten für alle verpflichteten Personen (ca. 8 € p.P.) u. für die Tiere.

Viele Touranbieter-Büros gibt es in der Av. Luzuriaga.

Active Peru, Av. Gamarra 697, Tel. 42-3339/39-6384, welcome@activeperu.com, www.activeperu.com oder www.apt.pe. Peruan.-belgisches Tourunternehmen von Katty und Denis, die Trekking- und MTB-Touren sowie Bergsteigen anbieten. Sie empfehlen das Trekking von Quebrada Honda nach Quebrada Ulta. Verkauf von Butangas und topografischen Karten, Vermietung von Zeltausstattung, Eisschrauben, MTBs und mehr, dt.-spr., gPLV. **TIP!** – **Enrique Expedition,** Luzuriaga 464, 2. Stock, Tel./Fax 442-5362, info@eriqueexpedtion.com, www.eriqueexpedition.com. Trekkingtouren auch für nur zwei Pers., z.B. 7 Tage Cedros–Alpamayo mit Esel und Pferden, Koch, VP, gutem Equipment und Transport. 170 € p.P., gPLV, empfehlenswert. – **Solandino,** Gamarra 815, Tel. 42-2205, Fax 42-2850, max.angeles@solandino.com, www.solandino.com (auch auf dt.). Unter den Anbietern ein Pionier, operiert seit 1952, zuverlässig, empfehlenswert. Bergsteigertouren können selbst zusammengestellt werden. – **Pyramid Adventures,** Av. Las Américas 314, Tel. 42-3433, www.pyramidadventures.com (auch auf dt.). Ebenfalls einer der Pioniere unter den Anbietern, Trekking, Bergsteigen, Reiten. – **Andes Camp,** San Martín 638, Tel. 42-8214, info@andescamp.com, www.andescamp.com. Kleiner preiswerter Anbieter mit angeschlossenem günstigen Alojamiento. – **Pablo Tours,** Luzuriaga 501, Tel. 42-1145. Ausflüge zur *Laguna Llanganuco* 10–15 €. – **Chavín Tours,** Luzuriaga 502, Tel. 42-1578. Ebenfalls Ausflüge zur *Laguna Llanganuco.*

Weitere vertrauenswürdige Touranbieter unter: www.exploreandes.com, www.guiandes.com, www.peaksperu.com, www.nuestramontana.com.

Warnhinweis: Gerade weil sich viele Touranbieter in der Luzuriaga befinden, treiben sich hier viele Schlepper, sog. *Captadores,* herum, die extrem penetrant und meistens wenig zuverlässig sind. Wenn eine Tour dann z.B. aufgrund schlechter Wetterverhältnisse nicht durchgeführt werden kann und man in Vorkasse gegangen ist, weiß man nicht, wo diese Schlepper sitzen, um wieder an sein Geld zu gelangen.

Trekking-führer	*Asociación de Guías de Caminantes Chavín,* Av. Las Américas 313, Tel. 42-1264. Vermittlung von lizenzierten Trekkingführern. – *Tjen Verheye,* Carlos Valenzuela, Tel. 42-2569, altasmont@yahoo.es oder über Asociación de Guías de Caminantes Chavín; deutschsprachiger Belgier, Geologe und Bergbauingenieur mit hervorragendem Hintergrundwissen.
Lama-Trek	*Asociación de Aux. de Montaña Sector Olleros-Chavín (ASAM),* Av. Dagoberto Cáceres 30, Tel./Fax 42-1266. Organisiert einen einzigartigen, dreitägigen Lama-Trek von Olleros über 3000 Jahre alte Präinka-Pfade durch den Nationalpark Huascarán nach Chavín de Huántar, inkl. *pachamama* (traditionellem Essen), Musikdarbietung, Besuch archäologischer Stätten und einer andinen Dorfgemeinschaft.
Bergführer	Vertrauenswürdige Bergführer: *Filiberto Rurush Paucar,* José de Sucre 1240, Tel. 42-2264, Fax 42-1111, andes@amazingperu.com, www.amazingperu.com. Bergtouren jeglicher Art, Vermietung von Trekkingausrüstung, sehr zuverlässig. — *Hisao Morales Evangelista,* José Olaya 532, Tel./Fax 42-1864, www.peruvianandes.com. **Hinweis für Bergsteiger:** Die angebotenen Akklimatisationstouren ins Inshinca-Tal sind zwar gut geeignet und recht schön, aber auch sehr überlaufen. Man sollte sich Alternativen vorschlagen lassen.
Berghütten	Bestausgebaute Berghütten (vergleichbar mit den SAC-Hütten in der Schweiz) der Organisation Don Bosco mit gutem Service, Ww, HP (muss aber nicht genommen werden). Weitere Infos ggf. unter giancarlosardini@virgilio.it oder andesdbosco@virgilio.it anfordern. *Refugio Peru-Pisco* (4765 m), am Basecamp des Pisco, HP 45 €. – *Refugio Ishinca* (4350 m), am Ende des Ishinca-Tales, HP 45 €, und ein anderes am Giordano Longoni (5000 m), nur Schlafmöglichkeiten, Ü 8 €. – *Refugio Huascarán* (4700 m), Don Bosco, VP 45 €. Private Berghütten nahe Huaraz: *The Lazy Dog Inn,* www.thelazydoginn.com; *Llanganuco Lodge;* www.llanganucolodge.com; *The Way Inn,* www.thewayinn.com; *Andes Lodge Peru,* www.andeslodgeperu.com.
Trekking-Ausrüstung (Vermietung)	Es gibt zahlreiche Anbieter, die Bergsport- und Trekkingausrüstung vermieten, jedoch in sehr unterschiedlichen Qualitäten, unbedingt vergleichen! Die Preise für die Ausleihe sind bei allen Agenturen ziemlich ähnlich. Der preiswerteste Verleiher ist derzeit *Montaña Blanca,* das größte Angebot an Mietausrüstung bietet *Montañero,* Parque Ginebra 30, gleich neben der Casa de Guías. *Pepe,* Av. Raimondi 622, Tel. 42-1117, im Residencial Cataluña; Ausrüstungs-Vermietung an Bergsteiger und Bergwanderer. – *Filiberto Rurush Paucar* (s.o.) vermietet gleichfalls Trekkingausrüstung. **Preisorientierung** (pro Tag): Zelt 10 Soles, Schlafsack 6 Soles, Gaskocher und Iso-Matte je ca. 3 Soles, Seil 9 Soles, Eispickel 6 Soles, Plastikbergschuhe 6 Soles, Steigeisen 4,50 Soles. Bei mehreren Tagen Leihe unbedingt nach Rabatt fragen! Weitere Vermieter in der Luzuriaga.
Camping-Ausrüstung	(Ankauf von): *Comercial Anita,* San Cristóbal 369. *Bodega Rosa Rosita,* San Martín 617.
Karten	Es werden viele überteuerte Touristenkarten für 4 € angeboten. Die beste Karte ist vom Österreichischen Alpverein (ÖAV) 2000, Karte 0/31, 1:100.000, mit Höhenlinien und Routen, die in einigen Geschäften angeboten werden, aber alle durch Michael vom Restaurant Pachamama direkt aus Österreich eingeführt werden. Sie kosten um die 13 €. Die topografische Karte Nordperu 0/3b vom ÖAV ist inzwischen wieder zu haben, Verkauf durch Active Peru (ÖAV-Mitglied), s.o.
Moutain-biking	*Mountain Bike Chakinani,* Lucar y Torre 530, Tel. 42-4259, julio.olaza@terra.com.pe, www.chakinaniperu.com. Vermietung von sehr gepflegten Moun-

	tainbikes inkl. Führung, topografische Karten, Gepäckaufbewahrung, Büchertausch; Mo–Sa 9–12.30 und 16–20 Uhr. Web-Adressen für MTBler: www.pedalperu.com, www.mountainbiking.pe, www.activeperu.com.
Gleitschirmflüge	*Monttrek,* Luzuriaga 646, 1. Stock, Tel. 42-1124, monttrek@terra.com.pe, www.monttrek.com; der Chef von Monttrek fliegt selbst, organisiert die Flüge und zeigt die besten Abflugplätze.
Sauna / Dampfbad / Freibad	In den natürlichen Grotten des **Baños de Chancos** bei Marcara. Es gibt 8 verschiedene Grotten mit unterschiedlichen Temperaturen von 70–100 Grad C., Anfahrt mit dem Minibus oder Colectivo von Huaraz nach Marcara, Eintritt 2,50 €. – Ein schönes, überdachtes Freibad direkt gegenüber dem Friedhof, das Wasser wird durch die Solaranlage auf dem Dach erwärmt.
Supermarkt	An der Luzuriaga 407/Raimondi.
Wäscherei	*Lavandería,* Fitzcarrald 101 (vor der Brücke rechts), zuverlässig. *Pronto & Barato,* Lucar y Torre/José de la Mar (Nähe Busstation Cruz del Sur), 2 kg ca. 2 €/ h. *Laundromat Wally,* San Martín 891; eine Maschine inkl. Trocknen 4 €.
Feste	Mai: *Fiesta del Señor de la Soledad. Semana de Andinismo.*

Verkehrsverbindungen

Taxi	Fahrten innerhalb von Huaraz 2 Soles., zu den Vororten 3 Soles. Taxi nach Ishinka 40 Soles, nach Valunaraju 40 Soles, nach Pitec 30 Soles. *Taxi King,* Tel. 42-4847; *Taxi Phono,* Tel. 42-8800.
Bus	Die meisten Busunternehmen befinden sich in der Av. Raimondi, Bolívar und in der Fitzcarrald/13 de Diciembre. An der Kreuzung Fitzcarrald/13 de Diciembre sowie in der Verlängerung der Fitzcarrald stadtauswärts sind beidseitig der Brücke Abfahrtstellen der Colectivos und Micros. Die Direktroute nach Lima ist asphaltiert. Ein ständiger Busverkehr findet zwischen den Orten Cátac – Recuay – Huaraz und Huaraz – Yungay – Caraz statt. Micro innerhalb von Huaraz 0,50 Soles. **Nach Caraz** (65 km): tägl. unzählige Busse und Colectivos, u.a. Gesellschaft *Huandoy,* Tel. 42-7507, Av. Fitzcarrald 261/13 de Diciembre; Fz 2 h, Fp Bus/Micro 3 Soles, Colectivo 4,50–26 Soles. – **Casma** (160 km): tägl. Busse von *Transportes Huandoy,* Av. Fitzcarrald/13 de Diciembre, tägl. um 8, 10, 13 Uhr, Fz 5 h, 5 €; schöne Strecke, rechts sitzen. – **Chavín** (110 km): tägl. mehrere Busse, u.a. mit *Chavín Express,* Cáceres 338, Tel. 42-4652, *Lanzón de Chavín,* Tarapacá 602 und *Cisper Tours,* Tarapacá 621, Abfahrten meist um 8 und 10 Uhr, sowie Mo–Sa um 4 Uhr Frühbus von *Sandobal,* 28 de Julio/de la Cruz (Rückfahrt am Nachmittag); Fz 2–5 h, 3 € – **Carhuaz:** tägl. ab 5 Uhr morgens, Abfahrten in der Fitzcarrald bei der Brücke. – **Chimbote** via Huallanca (255 km): tägl. *Yungay Express,* Fz 9 h, 30 Soles; tolle Strecke, rechts sitzen! Busse auch über Casma, z.B. mit *Transportes Huandoy,* Tagfahrt um 8, 10, 13 Uhr, oder mit *Alas Peruanos,* Abfahrten um 8, 10, 13 und 20.30 Uhr, Fz 8 h, 30 Soles. – **Chiquián** (110 km): tägl. *El Rápido,* Huascarán/Cáceres um 5.30, 14 und 18 Uhr. – **Huallanca** (110 km): tägl Busse (s. Chimbote), Fp 10 Soles. – **Huantallanca:** s. La Unión. – **Huari** (150 km): 2x tägl. Busse mit *Chavín Express,* Cáceres 338, Tel. 42-4652 – **Llamec:** s. Chiquián. – **La Unión** (120 km): tägl. Direktbus via Quiquián, Huallanca (bis Huansala asphaltiert) von *El Rápido,* Huascarán 117, Tel. 42-2887. Abfahrt ca. 12 Uhr, Fz 6 h, Fp 15 Soles. – **Lima** (410 km): tägl. mehrere Busse, meist von *Movil Tours,* Av. Confraternidad Internacional Oeste 451, Tel. 42-2555 (mit die besten Busse!), *Cruz del Sur* (nur 1x tägl.), *Ormeño (Transportes Ancash), LINEA,* Av. Raimondi 901, Tel. 42-6666, *Cavassa,* Luzar y Torre 446, *Empresa 14* (Tagbus um 9 Uhr, Fp 15 Soles), *Intersa, Civa* und *Transportes Rodriguez.* Fz 8 h, ab 10 Soles, je nach Unternehmen und Bustyp, Nachtbus ca. 35 Soles. Außerdem täglich Colec-

tivos der Comités Nr. 11, 14 und 20, Fz 7–8 h, Fp 30 Soles. – **Pativilca** (205 km): tägl. mehrere Busse, Fz 4 h, 4 €. – **Piscobamba:** Direktbus von *Yungay Express,* Fitzcarrald/Av. Raimondi, Abfahrt um 6.30 Uhr mit Halt an den Lagunas Llanganuco und Portachuelo de Llanganuco. – **Trujillo:** tägl. mehrere Busse und Colectivos, doch nur nachts; u.a. fährt *Transportes Rodriguez, LINEA, Movil Tours* (45 Soles), *Empresa 14;* Fz 9–10 h, ab 35 Soles. – **Yanama:** siehe Piscobamba. – **Yungay** (55 km): tägl. unzählige Busse und Colectivos, Abfahrten in der Fitzcarrald bei der Brücke, Fz 1,5 h, ca. 1 €.

■ **Huascarán-Rundfahrt:** Fahrzeit mindestens 4 Tage ab Huaraz via Caraz, Cañon del Pato, Yuramarca, Tarica, Pascacancha, Sihuas, Pomabamba, San Luís, Huari, San Marcos und Huántar. In jedem Ort z.T. gute Hostales, wie z.B. in Pomabamba das *Plaza,* Huaraz 381, Plaza de Armas, Tel. (043) 45-1111 oder *Espejo,* Huaraz 209, Tel. 45-1048.

Zwischen Yuramarca und Sihuas unbedingt links sitzen. Für die Rundstrecke sind insgesamt mindestens 5–6 Tage einzuplanen, alles in allem lohnenswert.

Die Strecke kann **ab Yungay** über Yanama und San Luís nach Huántar abgekürzt werden und ist **auch für Mountainbiker** empfehlenswert. Ab Yungay schraubt sich die Schotterpiste gleichmäßig, nach den Lagunas Llanganuco in Serpentinen 16 km steil zur Passhöhe hinauf. Nach dem Pass geht es dann 22 km bergabwärts bis Vaquería (Kiosk). Ab da sanft bergab, mit sehr schönen Lagerplätzen bis nach **Yamana** (Rest., Laden). Nach Yamana folgt eine 25 km anstrengende Strecke bis zum Río Yanamayo hinab. 10 km bis zur 2. Brücke, dann 13 km auf sehr schlechter Piste bergauf bis **San Luís** (3131 m). Nach San Luís weiterhin 32 km steil bergauf bis zur Passhöhe Abra Huachucocha (4200 m), bevor es endlich wieder 29 km bergabwärts nach **Huari** (3149 m) geht. Nach **San Marcos** (Rest., Tankstelle) sind es noch 32 km flussabwärts, bis es wieder 9 km bis **Chavín de Huántar** (Tankstelle) hinaufgeht. Dann 34 km sehr schön bergauf durchs Mosna-Tal zum **Tunnel** (4178 m), danach 38 km bergab, vorbei an der Laguna Querococha bis **Cátac.** Der Rest von Cátac via Recuay (3394 m) nach Huaraz durchs Santa-Tal ist ein Katzensprung von 36 km.

Flug Der Flughafen Anta liegt knapp 25 km von Huaraz entfernt, Fz 20 Min., Taxi 9–15 Soles. Nachdem er Jahre vor sich hinrostete, gibt es wieder tägl. Flüge nach Lima mit LC Busre, Av. Luzuriaga 904, Tel. 42-4734, dreynafarje@lcbusre.com.pe, www.lcbusre.com.pe, Abflug 10.10 Uhr, Flugzeit 65 Min., Preis ca. 180 Soles, Flughafengebühr 16 Soles, nur 10 kg Gepäck u. 5 kg Handgepäck. Der Ticketverkäufer Daniel Reynafarje spricht Deutsch. Buchungen auch über Latin Reps, latinreps@latinreps.com, dt.-spr. Wer die nötige Kohle hat, kann sich eine Buschmaschine (ab Lima) für einen Rundflug über die Cordillera Blanca anmieten, z.B. von *Aero Cóndor.*

Ausflüge von Huaraz
Tour 1: Huaraz – Willcawaín – Monterrey

Bei schönem Wetter, nach Ankunft in Huaraz oder nach einem anstrengenden Trek sollte ein Ruhetag eingelegt werden. Dafür sind die 7 km nördlich von Huaraz gelegenen *Thermalbäder von Monterrey* ideal. In Verbindung mit den *Ruinen von Willcawaín* kann auch eine schöne Rundwanderung (zum „Einwandern") unternommen werden, die bei den Thermalbädern von Monterrey endet. **Hinweis:** Hin und wieder kam es zu Überfällen auf der Wanderstrecke von Willcawaín nach Monterrey und auf dem Weg zum Kreuz „Rataquena", 2 km östlich von Huaraz.

Willcawaín Gehzeit 2–3 h. Alternativ Anfahrt mit dem Taxi oder Colectivo. Colectivos fahren ab in der Fitzcarrald/13 de Diciembre ab, Fp 1 Sol.
Von der Plaza stadtauswärts auf der Av. Luzuriaga und Fitzcarrald zum nördlichen Ortsende von Huaraz gehen. Nach der Brücke über den Río Quilcay der Centenario folgen, vorbei am Gran Hotel Huascarán, bis zum Schild „Willcawaín". Der Schildrichtung folgen. Es geht nach rechts auf einer etwas staubigen, aber netten Piste durch idyllische Andendörfer (Jinua, Pária) und einer grünen Landschaft zu den Ruinen (neben dem gleichnamigen Andendorf). Auf dem Weg kommen zwei Abbiegemöglichkeiten, jeweils links halten. Alternativ kann vor dem Ortsschild Pária nach rechts in einen ausgeschilderten Wanderweg abgebogen und entlang eines Wasserkanals nach Willcawaín gewandert werden.
Die Ruinen von Willcawaín bestehen aus einem dreigeschossigen Tempelbau mit Gewölbedecken, werden auf 800–1000 n.Chr. datiert und sind der Wari-Kultur zuzuordnen. Täglich 8–16 Uhr, Eintritt 4,50 Soles, kleiner Laden mit Getränken am Kassenhäuschen vorhanden. 800 m weiter oben liegt ein zweiter Ruinenkomplex.
Von Willcawaín führt ein breiter, mit weißen Wegpfeilen gut markierter Fußweg in gut einer Stunde zu den Thermalbädern nach Monterrey hinunter. Nach dem Ort Recresh dem Bewässerungskanal folgen. Der Weg führt bald steil nach Monterrey hinunter, und von oben kann schon das Thermalbad gesehen werden. Der Weg endet direkt am Hotel Monterrey. Sinnvoll ist es für Unerfahrene, sich unterwegs immer wieder nach dem Weg zu erkundigen oder einen Führer zu nehmen, z.B. von *Andes Camp*, San Martín 638, Tel. 42-8214, info@andescamp.com, www.andescamp.com. Die Touristen-Information warnt vor Überfällen!

Monterrey Die Thermalbäder (Sitz- und Schwimmbecken) gehören zum Hotel Monterrey und sind tägl. von 7–18 Uhr geöffnet. Eintritt zu den Wechselkabinen mit Familienwannen 1,50 €, kleiner Pool 1 € (oft überfüllt, Wasser meist nicht sauber), großer Pool 1,50 € (Wasser meist sauber und warm). Der große Pool ist auch nach der Abenddämmerung noch geöffnet. Das Wasser im Thermalbecken ist sehr warm (ca. 45 °C) und durch den hohen Eisen- und Schwefelgehalt von bräunlicher Farbe. Bei rheumatischen Erkrankungen heilsam. Die Wiese lädt zu einem Sonnen(brand!)bad ein, die schöne Terrasse des Hotels zu einem Bier oder Pisco Sour. Anfahrt ist auch ab Huaraz mit dem grünen Bus von der Luzuriaga möglich und damit leicht auf direktem Weg erreichbar.

Tour 2a: Lagunas Llanganuco

Der Ausflug zu den beiden herrlichen, türkisblauen Andenseen von Llanganuco kann über ein Reisebüro (10 €) in Huaraz gebucht werden. Die Anfahrt in Eigenregie erfolgt über Yungay (55 km, tägl. unzählige Busse, z.B. *Empresa Huandoy*) oder mit Colectivos von Huaraz (Fz 1,5 h, 1 €). Weiterfahrt mit Minibus/Camioneta von der Südostecke der Plaza de Armas in Yungay zu den Lagunas Llanganuco (28 km, Fz 40 h, etwa 1 €). Abfahrten der Minibusse alle 30 Min., der Camionetas wenn sie voll sind. Die enge, schlechte Serpentinenstraße führt zu zwei herrlich-türkisblauen Seen in einer großartigen Gebirgslandschaft zu Füßen des Huascarán und Huandoy. Andenkolibris und -enten, Vicuñas, Alpakas und Falken sind hier genauso heimisch wie Tillandsien, Bromelien und Epiphyten.

Die beiden Seen in 3850 m Höhe liegen bereits im Parque Nacional Huascarán; Tageseintritt 1,50 €. Eine beliebte Anfahrt für Bergwanderer und Bergsteiger (s.a. Llanganuco-Trek). Wer nur einen Tagesausflug zu den Lagunas Llanganuco plant, sollte unbedingt bis zur Laguna Orconcocha (3846 m) gehen, also bis zur zweiten; Gehzeit vom Parkeingang bis zur Laguna Orconcocha ca. 4–5 h. Letzte Rückfahrt ab der Laguna Chinancocha nach Yungay zwischen 14–16 Uhr, bitte vorher genau erkundigen oder zum Parkeingang einen Colectivo bestellen!

Tour 2b: Llanganuco – Santa Cruz Trek

Wahrscheinlich ist der Llanganuco-Trek nach dem Camino Inca der beliebteste Wanderweg in Peru. Hinsichtlich Ausrüstung möchte ich auf den allgemeinen Teil und die Einleitung zum Camino Inca hinweisen.

Der Llanganuco-Trek ist schwieriger und länger (ca. 65 km) als der Inkaweg, verlangt mehr Kondition und bei etlichen Höhen von über 4700 m eine sehr gute Höhenadaption. Sinnvoll und ideal wäre es, den Llanganuco-Trek nach dem Inkatrail oder einem Aufenthalt in Cusco (Flug Cusco – Lima, Bus Lima – Huaraz) zu unternehmen, damit die Höhenkondition nicht verlorengeht. Nicht genügend Angepasste sollten den Trek unbedingt in umgekehrter Richtung als hier beschrieben gehen und vor dem Abra-La-Unión-Pass (4750 m) zweimal übernachten.

Seit 2008 ist es nicht mehr erlaubt, Touren in den Nationalpark auf eigene Faust von mehr als einem Tag zu unternehmen. Der Trek darf nur noch mit offiziell registrierten Touranbietern und nur noch mit lizenzierten Führern unternommen werden, mit Ausnahme von Leuten, die einen Ausweis einer Bergorganisation, wie z.B. DAV oder OEAV vorzeigen können.

Zeitplanung In 5 Tagen (4 Zeltübernachtungen) ist der Weg zu schaffen, bei sehr guter Kondition auch in vier. Durch die Fertigstellung der Straße von Llanganuco über die Passhöhe nach Colcabamba und Yanama hat der Trek etwas an Attraktivität verloren, denn es ist schon etwas frustrierend, bergauf keuchend von einem Lkw überholt zu werden. Auf der ganzen Strecke, mit Ausnahme der zwei Passhöhen Portachuelo und Unión, schwirren zusätzlich lästige kleine Stechfliegen – also Mückenschutzmittel mitnehmen. Deshalb starten immer mehr in Cashapampa und steigen in Vaquería aus. Zeitersparnis einen Tag.

Anfahrt nach Llanganuco Ausgangspunkt des Treks ist normalerweise Llanganuco. Die Anfahrt erfolgt über Yungay (bzw. Colcabamba). Tägl. verkehren unzählige Busse (z.B. *Empresa Huandoy*) und Colectivos von Huaraz über Yungay nach Caraz Fahrzeit nach Yungay (55 km) 1,5 h, 3 Soles. Morgens zwischen 6.30 und 7.30 Uhr passieren zusätzlich die Busse der großen Gesellschaften von Lima kommend Huaraz die dann nach Yungay weiterfahren; Fz 1 h, 3 Soles. In Yungay startet etwa um 8 Uhr die erste Camioneta nach Llanganuco, ca. 6 Soles. Außerdem fahren regelmäßig mehrere Busse von Huaraz, z.B. Transportes Guadalupe um 6.30 Uhr oder Transportes Los An*des* um 7 Uhr (Av. Valunaraju) via Yungay und Llanganuco nach Vaquería, Fz 4–5 h, Fp 7,50 Soles, und von dort weiter über Colcabamba und Yanama nach Piscobamba oder San Luís, so dass problemlos erst **in Vaquería in den Trail** eingestiegen werden kann.

Wer den *Llanganuco-Trek* ab *Cashapampa*, also in umgekehrter Abfolge machen möchte, nimmt in Huaraz einen Impuesto (Colectivo) in der

Alameda Fitzcarrald (nähe Río Quincay) um 6 Uhr bis Caraz. Dort wird in der Nähe des Marktes auf einen Pickup oder Impuesto nach *Cashapampa* umgestiegen, Fz 90 Min., 5 Soles. In Cashapampa muss eine Gemeinschaftsgebühr von 5 Soles für die jährliche Säuberung des Trails bezahlt werden. Im Ort gibt es eine einfache Unterkunft sowie Maultiere und Treiber, mit denen am 1. Tag noch *Llamacorral* erreicht werden kann. Am 2. Tag Llamacorral – Taullipampa; 3. Tag Taullipampa – Cachinapampa; 4.Tag Cachinapampa – Vaquería. Von Vaquería fahren tägl. nur um 8, 8.30, 9 und 12 Uhr Busse zurück nach Yungay, Fz 3 h, 7,50 Soles. Der Eintritt wird dann erst auf der Rückfahrt am Parkeingang *(Control de Parque Nacional Huascarán)* fällig.

Kosten Eine Tageskarte (ohne Übernachtung) für die Seen kostet 5 Soles, ein 7-Tages-Trekkingpermit für den Llanganuco-Trek bzw. für den Nationalpark 65 Soles, auch für mehrmaligen Einlass (keine Ermäßigung für Studenten). Dabei ist die Übernachtung in den Hütten innerhalb des Nationalparkes nicht eingeschlossen. Ü ca. 30 Soles, Ü/HP ca. 90 Soles. Unbedingt Schlafsack mitnehmen!

Führer: 30 Soles/Tag plus Kosten für Verpflegung und Transport; Treiber 4 €/Tag für 5 Maultiere/Esel plus 2 Tagessätze für den Rückmarsch; Maultier/Esel 10 Soles/Tag (Ladegewicht 40 kg), Pferd 12 Soles/Tag. Kosten für Verpflegung und Zeltausrüstung sind bei Pauschalarrangements eingeschlossen, Treiber, Maultiere/Esel gibt es in Cashapampa und Colcabamba.

Parkeingang Der *Control de Parque Nacional Huascarán* befindet sich 18 km hinter Yungay auf 3200 m Höhe. Es gibt sowohl hier als auch am Ende des Treks eine Funkstation um im Notfall einen Rettungshubschrauber zu rufen (sehr ineffizient!). Zur Sicherheit ist ein Eintrag in ein Wanderregister erforderlich, dazu wird der **Reisepass** benötigt! Es gibt am Parkeingang eine einfache Unterkunft für Bergwanderer, Übernachtung ca. 6 Soles p.P. Zwar beginnt der Trek bereits am Parkeingang, aber die meisten entschließen sich, mit der Camioneta ein paar Kilometer weiter zur *Laguna Orconcocha* (3860 m) oder bis nach *Vaquería, María Huayata* oder *Colcabamba* (Zeitersparnis 1 Tag) zu fahren, da es erst in Colcabamba Maultiere, Esel, Pferde und Treiber gibt.

Um allen gerecht zu werden, beginnt die Beschreibung des Treks am Parkeingang. Bemerkung: Die vorgegebenen Etappen und Gehzeiten (Echtzeiten, d.h. ohne Pausen) sollen nur zur Orientierung dienen! **TIP:** Vor dem Trek zuvor die entsprechenden Seiten des Buches kopieren.

Streckenübersicht und Campingplätze (CP)

(Yungay – Vaquería: 67 km, Fz 3 h)
Parkeingang – Lagunas Llanganuco (3846 m), Gehzeit 4–5 h, CP Yurac Corral
Llanganuco – Portachuelo de Llanganuco (4737 m): 6 km, Gehzeit 2–3 h
Portachuelo de Llanganuco – Vaquería (3700 m): ca. 10 km, Gehzeit 3 h, CP
Vaquería – Cachinapampa (3750 m): 9 km, Gehzeit 3 h, CP
Cachinapampa – Quebrada Paría (3850 m): 4 km, Gehzeit 1 h, CP
Quebrada Paría – Punta Unión (4750 m): 5 km, Gehzeit 3–4 h
Punta Unión – Taullipampa (4200 m): 5,5 km, Gehzeit 1–2 h, CP
Taullipampa – Llamacorral (3800 m): 14 km, Gehzeit 4–5 h, CP
Llamacorral – Cashapampa (2900 m): 12 km, Gehzeit 4–5 h, CP
Cashapampa – Caraz (2290 m): 30 km auf der Straße, 15 km auf dem Wanderweg, Gehzeit 4–5 h.

1.–2. Tag: **Parkein-** **gang –** **Lagunas** **Llanganuco** **– Vaquería**	**Gehzeiten:** Parkeingang – Lagunas Llanganuco 4–5 h; Llanganuco – Vaquería 5–6 h; Gesamtgehzeit: 9–11 h. Wer es gemütlich mag, kann bis zu den Seen von Llanganuco (3846 m) einfach auf der gleichmäßig ansteigenden Straße bleiben, denn der alte Fußweg ist teilweise etwas steil. Am ersten See, der Laguna Chinancocha, wächst noch *Bosque de queñual*. Es gibt dort einen Campingplatz, Kiosk und eine Toilette. An der Laguna Orconcocha gibt es einen Refugio (Übernachtungshütte) und einen Platz zum Campen (Yurac Corral). Somit bieten sich die beiden Seen als erster Übernachtungsplatz an. Spätestens 500 m nach den Seen sollte auf den Wanderweg gewechselt werden, denn die Straße windet sich in langen, steilen Serpentinen 16 km bis zur **Passhöhe Portachuelo de Llanganuco** (4737 m), während es über den Wanderweg nur 6 km sind (Gehzeit ca. 2–3 h, Höhenunterschied ca. 900 m). Wer den Wanderweg nicht ab der ersten Serpentine (keine Markierung) nicht findet, geht auf der Straße bis zur zweiten Serpentine weiter und trifft spätestens dort auf den Wanderweg (Markierung). Herrliche Rückblicke auf den **Huascarán** und Chopicalqui entschädigen für den mühevollen Aufstieg. Nach der Passhöhe läuft es sich leicht bergab, manchmal hat die neue Straße den alten Wanderweg (z.T. keine Markierung) fast unkenntlich gemacht. Gehzeit für die 15 km vom Pass bis Vaquería ca. 3 h, Höhenunterschied ca. 1100 m (nicht auf der Straße gehen, hier ist die Strecke mit 22 km wesentlich länger!). An einem Bach entlang finden sich vorher viele ebene Wiesenstücke, die sich ideal zum Campen eignen. In Vaquería gibt es einen Kiosk.

3. Tag:
Vaquería –
Taullipampa
	Gesamtgehzeit: 8–10 h
	    Am nächsten Morgen muss zuerst entschieden werden, ob bis *Colcabamba* (3450 m) abgestiegen wird (Einkauf von Essvorräten, Anmietung von Maultieren/Esel, Treiber oder Pferd. Für die Treiber müssen zwei Extratage für die Rückkehr mit Maultieren/Esel gerechnet werden.
	    Ansonsten an der Stelle wo die Straße den Fluss kreuzt links vom Fluss halten (linke Talseite). Wer diesen Weg verpasst und die Straße entlanggeht, hat nach ca. 30 Min. am Ortseingang von Vaquería die Möglichkeit, an der Wandertafel steil zum Bach hinunterzugehen und über eine Brücke den richtigen Wanderweg zu erreichen.
	    Dann muss links in das **Huaripampa-Tal** eingebogen werden. Auf der gegenüberliegenden Seite kann der Weg von Colcabamba (ca. 2 km) herauf gesehen werden, auf den man in der kleinen Ortschaft *Huaripampa* wieder trifft. Ab nun der Ausschilderung *Punta Unión* folgen. In Huaripampa wird der Fluss überquert, dann links halten. Nach ca. 1000 m wird ein Holzgatter bei Huaripampa passiert. Nach einem kurzen Anstieg geht es in das rechte Tal gemütlich und landschaftlich schön hinein. Der spitze Berg links heißt *Pirámide*, 5885 m.
	    Etwa 3 h nach Vaquería wird das Campamento von *Cachinapampa* und nach einer weiteren Stunde die herrliche Hochtalwiese bei *Quebrada Paría* erreicht, die sich ebenfalls gut zum Zelten eignet. Bald danach teilt sich in einem Waldstück das Tal. Nach links führt ein äußerst beschwerlicher Nebenpfad über die *Lagunas Tocllacocha* zum Pass La Unión. Der Hauptweg führt jedoch im Wald geradeaus immer bergauf in eine enger werdende Schlucht. Spätestes hier wird es Zeit, sich zu entscheiden, ob die nächste Zeltnacht vor oder hinter dem Pass *Abra La Unión* (4750 m) verbracht werden soll. Es wird darauf ankommen, wie gut man in dieser

Karte S. 533 — Llanganuco Trek — **533**

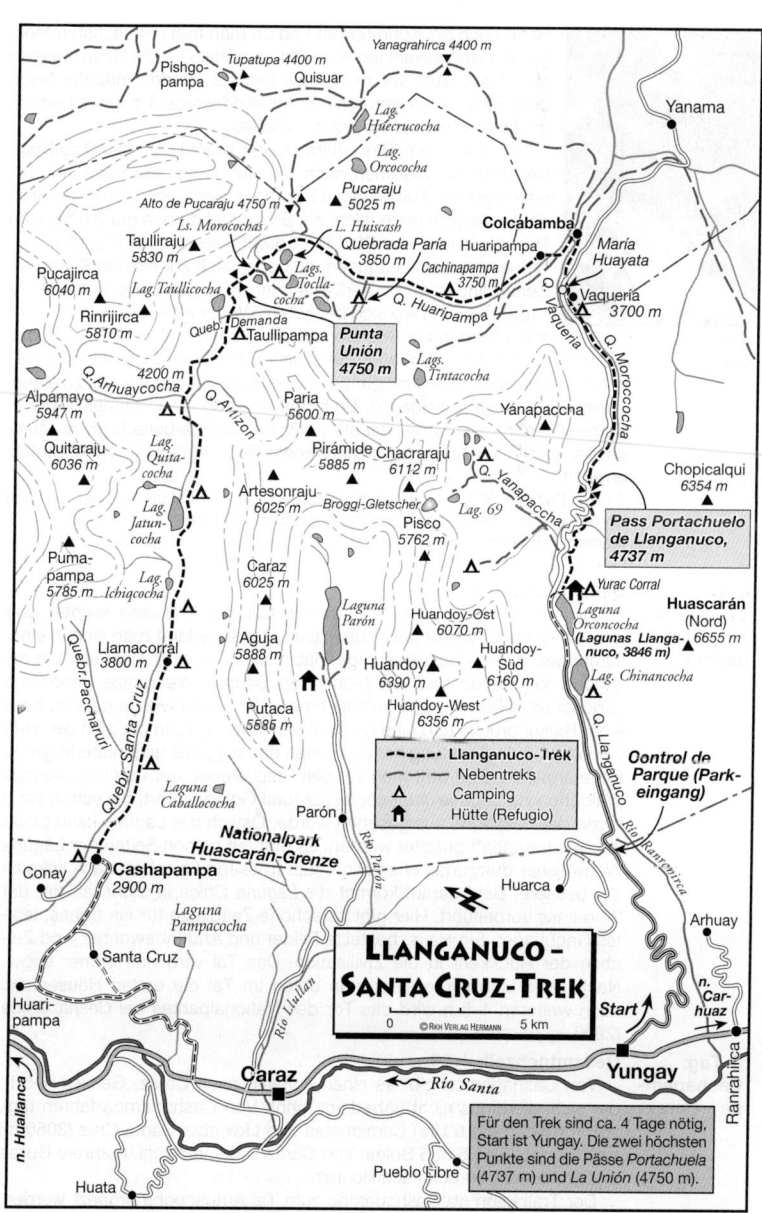

Der 5830 m hohe Taulliraju

Höhe noch bei Kondition ist und ob man früh am nächsten Morgen mit der gewaltigen Aussicht vom Pass für die zu ertragende Nachtkälte kurz vor dem Pass belohnt werden möchte. Nach dem Pass ist es immerhin noch mindestens 1 h bis zu einem geeigneten Campingplatz mit Wasser.

Der Weg zum Pass führt zuerst genau auf den **Taulliraju** (5830 m) zu, überquert nach 2 h (von Quebrada Paría aus) bei einem großen Felsen einen Bach und biegt hier nach links, allerdings ziemlich undeutlich, ab. Es sind jetzt noch gut 3 h bis zum Pass La Unión. Der Pfad führt durch Felsen aufwärts. Links liegen einige kleine Lagunen, an denen sich zur Not ein Platz zum Zelten findet. Gut zu erkennen ist dann der steile Aufstieg zur Passhöhe, von wo sich bei gutem Wetter eine tolle Aussicht auf die umliegenden Sechstausender mit ihren Gletschern und das Santa Cruz-Tal mit den großen Seen tief unten bietet. Der Trek ist nun von der körperlichen Anstrengung her geschafft. Ab hier wird es zu einem „vergnüglichen Spazier-gang". Erst geht es flach, dann immer steiler in Serpentinen ins Tal runter. Rechts grüßt die türkisfarbene *Laguna Taullicocha,* und in *Taullipampa* wird an einem Bach ein geeigneter Zeltplatz erreicht.

Wer Zeit hat, könnte nach dem Pass auch einen Ausflug zu einem kleinen Gletschersee oder zu anderen Gipfeln, die von hier aus ausgeschildert sind, machen. An dem 2. Bergsee nach Punta Unión führt ebenfalls ein Weg zu einem See.

4. Tag: Taullipampa – Cashapampa

Gesamtgehzeit: 8–10 h

Mit jedem Höhenmeter bergabwärts fällt das Wandern leichter. Der Bach wird etwas weiter unten überquert, sonst verläuft man sich in einer sumpfigen Wiese. Viele lauschige Plätze laden zu einer Rast ein, um die schöne Vegetation und die blühenden Bäume, die ganze imposante Landschaft in Ruhe in sich aufzunehmen. Dann wird wieder der Bach auf einer Balkenbrücke und eine große Wiese überquert, in der sich der Weg verliert. Von der Richtung her sollte man das diagonal gegenüberliegende Ende anpeilen. Dort trifft man auf den Pfad wieder, der durch ein kleines Wäldchen zur *Laguna Jatuncocha* (Laguna Grande) führt, die schon vor 3 h von der Passhöhe aus gesehen wurde. Östlich der Laguna kann direkt am See traumhaft gezeltet werden. Es gibt auf beiden Seiten der Laguna Wege, jener durch das ehemalige, fast trockene Flussbett nach links ist der bessere. Bald darauf kommt die *Laguna Chica* in Sicht, an der der Weg links vorbeiführt. Hier gibt es schöne Zeltplätze für ein frühes, letztes Nachtlager. Ein Haus, bestellte Felder und Andenbewohner sind Zeichen der Rückkehr in die Zivilisation. Das Tal wird nun immer enger. Nach einer Linkskurve sieht man unten im Tal die ersten Häuser und nach weiteren 4–5 h wird das Tor des Nationalparkes bei *Cashapampa* (2900 m) passiert.

5. Tag: Cashapampa – Caraz

Gesamtgehzeit: 4–5 h

Von Cashapampa gibt es einen Fußweg nach Caraz, Gehzeit 4–5 h, der sich allerdings nicht unbedingt lohnt. Von Cashapampa fahren tägl. am Vormittag (ab 6 Uhr) Camionetas und Lkw über Santa Cruz (3050 m) nach Caraz, Fz 1,5 h, 5 Soles. Von Caraz verkehren tägl. mehrere Busse und Colectivos zurück nach Huaraz.

Der Trail kann ab Cashapampa zum Tal Arhuacocha ergänzt werden, um den Alpamayo in seiner ganzen Schönheit zu sehen. Hierzu Aufstieg ab Cashapampa zur großen Lagune, Gz 1 h, dort dem Schild „Alpamayo" nach links folgen und weiter ins Tal bis zum Basislager, Gz 1 h.

Tour 3: Lama-Trek von Olleros nach Chavín

30 km südlich von Huaraz liegt am Río Olleros die kleine Andengemeinde Olleros, Anfahrt mit dem Micro aus Huaraz in ca. 30 Min. Von Olleros führt ein 37 km langer Präinkaweg nach Chavín, der mit einer Lamakarawane in 4–5 Tagen gemacht werden kann. Dazu haben sich 12 Campesinos zu einer Cooperativa zusammengeschlossen, um für diese Region einen sozialverträglichen Tourismus zu entwickeln. Die Lamas können je nach Alter 20–30 kg Gewicht tragen. Unterwegs werden ursprüngliche Andendörfer besucht und die Teilnehmer mit dem Alltagsleben der Bewohner bekanntgemacht. Höhepunkt des Treks ist der Besuch von Chavín de Huántar. Eine Empfehlung also für naturverbundene Reisende, die das ursprüngliche Andenleben entdecken möchten. Die beste Zeit ist Juni bis September, wenn es wenig regnet. Infos bei *Jorge Martel Alvarado,* Agustín Loli 463, Plazuela de la Soledad, Huaraz, Tel. 42-1266.

Tour 4: Laguna 69

Noch schöner als die Lagunas Llanganuco ist die **Laguna 69,** einen Tagesausflug von Huaraz entfernt. Am See, einer der schönsten des Nationalparkes, bietet sich ein gigantischer Blick auf die Eiswand des **Chachraraju**.

Die Anfahrt von Huaraz erfolgt mit einem Micro oder Colectivo nach Yungay, Fp 3,5 Soles. Dort wird in ein Sammeltaxi Richtung Portachuelo bzw. Yanama umgestiegen. Dem Taxifahrer sagen, dass man bei Cebollapampa am Anfang des Tales an der Abzweigung zur Portachuelo aussteigen möchte, Fp 8 Soles. Der Weg führt zuerst etwas bergab. Auf einen Weg nach links zum Refugio Peru (Schild) zur Orientierung achten. Danach kommt ein Weg nach rechts zur Laguna 69 (Schild), dem gefolgt wird. Der Weg macht am Talende einen Linksbogen und führt in ein Hochtal. Immer gerade aus, den Bach durchqueren, weiter bis zum See. Gehzeit zum See 3 h, Rückweg 2 h. Geführte Tagestour ca. 100 Soles.

Tour 5: Chavín

Wer Huaraz bzw. den Callejón de Huaylas besucht, sollte sich die **Ruinen von Chavín de Huántar** nicht entgehen lassen! Fast alle Reisebüros veranstalten Tagesausflüge dorthin (18 Soles inkl. Führer). Wer genügend Zeit hat, kann Chavín de Huántar auch selbstorganisiert besuchen. Anfahrt zum **Ort Chavín** (110 km): tägl. mehrere Busse ab Huaraz, u.a. mit *Chavín Express,* Cáceres 338, Tel. 72-4652; *Lanzón de Chavín,* Tarapacá 602; *Cisper Tours,* Tarapacá 621 oder *Empresa Huandoy,* Av. Fitzcarrald 261/13 de Diciembre. Ideal für einen Tagesausflug ist Mo–Sa der Frühbus um 4 Uhr von *Sandobal,* 28 de Julio/de la Cruz, Rückfahrt am Nachmittag; Fz 2,5 h, 15 Soles.

Daneben gibt es sonntags und mittwochs einen Direktbus von Lima nach Chavín, und zwar mit *Transporte de Chavín,* Montevideo 1039.

Rückfahrt nach Lima am Montag und Donnerstag. Fz 12 h, 30 Soles, **auch eine überlegenswerte Alternative zum Direktbus Lima – Huaraz!**
Verkehrshinweis: Es gibt keine direkte Busverbindung Chavín – La Unión! Evtl. Mitnahmegelegenheit via Antamina durch Minenverkehr möglich.

Huaraz – Chavín

Von Huaraz geht es zunächst durch das Santa-Tal über Recuay 35 km zurück bis *Cátac*. Von Cátac führt die Asphaltstraße an der *Laguna Querococha* (3980 m) vorbei. Links begeistert die Kulisse des *Nevada Yanamarey* (5237 m). Die Strecke schraubt sich Kilometer für Kilometer noch höher und der *Abra Kawish* wird auf einer Höhe von 4516 mit einem 480 m langen Tunnel durchquert. Dann folgt in vielen Kurven und Serpentinen der spektakuläre, über 35 km lange Abstieg ins Río-Mosna-Tal nach **Chavín**, abschnittsweise Asphalt. Wer die Ruinen von Chavín de Huántar mit dem öffentlichen Bus anfahren will, muss in dem Andendörfchen (Höhe 3150 m) übernachten. Es ist ein kleines landwirtschaftliches Zentrum des Kartoffelanbaues. In der Nähe gibt es ein Thermalbad.

Tourist-Info: Oficina de Información Turística Chavín, Plaza de Armas (Richtung Markt).

Übernachten in einfachen Unterkünften (BUDGET/ECO): **Hotel Monte Carlo,** 17 de Enero; bc, Kw. – **Hotel Gantu,** Huayna Capac 135; bc, Kw. – **Hotel Inca,** Wiracocha 160; bc/bp, nicht immer Ww, schöner Garten. – **Hostal Chavín,** San Martín s/n; mit Parkplatz. – **Hotel La Casona,** Plaza de Armas; bp, Ww, DZ ab 15 Soles. – Das beste Hotel in Chavín ist **El Gran Hotel Rickay,** 17. de Enero 172, Tel. 45-4027, rickay_chavin@sorem.com.pe; bp, Ww.

Essen & Trinken: Ganz gut essen kann man in den Restaurants *Robles, Chavín Turístico* (17 de Enero 439) und *Recreo* sowie im Comedor der Cooperativa hinter der Hauptkirche.

Chavín de Huántar

Julio C. Tello, der Entdecker der Ruinen, begann in Chavín de Huántar 1919 mit seinen archäologischen Untersuchungen. 1945 wurden die Ruinen durch mächtige Schlammlawinen teilweise zerstört, der östliche Teil der Anlage durch das Hochwasser von 1993. Deshalb befindet sich nur noch ein Steinkopf an seiner originalen Stelle an der Mauer des Tempels. 1985 wurde die Stätte von der UNESCO zum Weltkulturerbe erklärt. Das Heiligtum besteht aus einem Haupttempel, der über einem Tunnellabyrinth erbaut wurde.

■ *Zoomorphes Chavín-Relief*

Die Ruinen liegen auf 3200 m Höhe und etwa 5 Minuten außerhalb des Ortes Chavín, links nach der Brücke über den *Río Huachecsa*. Öffnungszeiten tägl. 8–16 Uhr, Eintritt 11 Soles. Am Eingang gibt ein kleines Museum Einblick in die Chavín-Kultur. Das Nationale Kulturinstitut von Peru (INC) wird ein neues, größeres Nationalmuseum 700 m nördlich der Plaza de Armas in Chavín eröffnen, das die derzeit verstreuten Fundstücke des Ruinenkomplexes zusammenfasst und dann einen ganzheitlichen Überblick über Chavín de Huántar geben wird. Auch die Raimondi-Stele und der Tello-Obelisk, die sich zur Zeit in Lima befinden, werden dann hierher zurückkehren. Die gesamte Anlage ist nach Osten zum Urwald hin ausgerichtet. Der in der Nähe fließende Río Mosna mündet in den Río Marañón und dieser in den Amazonas. Die Bausteine stammen vom Kawish-Pass und wurden wahrscheinlich zur Regenzeit herabgeflößt.

Chavín de Huántar

■ *Außenmauern des Castillo mit angebrachtem Dämonkopf (Cabeza clava)*

■ *Im vertieften Rundhof des Castillo findet sich auf einer Reliefplatte die Darstellung eines Schamanen der einen halluzinogenen San-Pedro-Kaktus in seiner Hand hält*

Der Ruinenkomplex in Form einer Tempelburg gilt als das älteste Steinbauwerk in Peru, die Bauanfänge werden um 1000 v.Chr. datiert. Die Gesamtanlage umfasst zahlreiche Gebäude mit Plattformen und Innenhöfen, die zum Teil durch unterirdische Gänge miteinander verbunden sind und er wird von der großen, abgesenkten *Plaza* beherrscht.

Chavín de Huántar ist der Name einer frühen (pan)peruanischen Kultur, die zeitlich etwa von 1000 v.Chr. bis 200 v.Chr. einzuordnen ist. Damit gehört sie zu der sog. *Initial- oder Formativen Periode*. Das Verbreitungsgebiet der Funde mit typischen Chavín-Motiven (Reliefs mit überwiegend Tierdarstellungen) reichte von den Anden bis zu nördlichen und südlichen Küsteabschnitten, war also sehr weiträumig und offen, und deshalb wird auch nicht von einem Chavín de Huántar-Kulturreich gesprochen.

Der Name Chavín bedeutet „Zentrum", und die Ruinen liegen sowohl in der Mitte zwischen Urwald und Küste als auch in der Nord-Süd-Ausdehnung der einstigen Chavín-Einflusssphäre.

Im Mittelpunkt der kultischen Verehrung standen vermenschlichte **Tiergottheiten,** Raubkatzen (Jaguar), Krokodile (Kaiman), Schlangen und Vögel (Harpie). Sie fanden sich auch an anderen und weitabgelegenen Stellen, z.B. im Río-Santa oder Río-Vicú-Tal. Die mächtige Raubkatze bzw. der nahezu unbesiegbare Jaguar war Gottsymbol oder Götterbote, die Harpie war das Symbol der Herrschaft über den Himmel und der Kaiman über das Wasser.

Rundgang

Vom Eingang kommt man über einen kleinen Hügel, unter dem sich unterirdische Gänge befinden, zum Hauptbauwerk, dem **Castillo.** Dieser dreistöckige massive Kulturbau wird fälschlicherweise als „Burg" oder „Festung" bezeichnet, war aber wahrscheinlich eher ein Palast. Die Seitenwände sind interessanterweise – wohl als Vorsichtsmaßnahme vor der Zerstörung durch Erdbeben – um 7 Grad geneigt. Der 13 m hohe, dreistufige Baukomplex misst 72 x 75 m, umfasst ein Labyrinth von kleinen Kammern, Treppen und Rampen, die durch 14 unterirdische Gänge miteinander verbunden sind und raffinierte, waagerechte Ventilationskanäle aufweisen. Die Steinblöcke der unterschiedlich dicken Mauern bestehen ebenso wie die Treppen aus Granit.

Die Mauern des Castillos schmückten vollplastische Dämonenköpfe, **Cabezas clavas** („Nagelköpfe"). Nach Meinung einiger Archäologen sind es Köpfe menschlicher Opfer oder gefangener Feinde. Die Steinreliefs zeigen Raubkatzen, zum Teil in Verbindung mit Schlangen und Kondoren, was eine ganz typische Ornamentik ergibt. Berühmt sind dafür auch die beiden im Archäologischen Museum in Lima ausgestellten Steinkunstwerke, die *Raimondi-Stele* und der *Tello-Obelisk* (s.u.).

El Lanzón – die „Große Lanze"

Das einzige an seinem ursprünglichen Platz stehende („in situ") Kunstwerk ist der 4,50 m hohe *El Lanzón*. Der Granit-Monolith steht im Zentrum bzw. im Schnittpunkt von vier schmalen, kreuzförmig angeordneten Galerien in den unterirdischen Gängen des Castillos. Die Figur hat die Form eines Messers (mit Griff nach oben) und zeigt ein Raubtiergesicht mit langen Zähnen und Schlangen als Haare. Selbst vom Gürtel hängen am Rücken zwei Schlangen herab. Fast gruselt es den Betrachter beim Gedanken an geheimnisvolle Riten, vielleicht gar an Opferzeremonien, die hier stattgefunden haben könnten.

Abb.: *Profil des Gesichts von El Lanzón; deutlich sind Fangzähne und das Schlangenhaar zu sehen*

Tello-Obelisk

Beachtenswert ist das Osttor mit einem Vogelfries und runden Säulen, die rechts einen Mann und links eine Frau darstellen. Geht man weiter östlich, so gelangt man über breite Treppen und mehrere Terrassen zum ehemaligen Zeremonial- oder Heiligen Platz, der wohl für kultische Zeremonien bestimmt war. In der Mitte des Zeremonialplatzes stand ursprünglich der ca. 2,5 m hohe Tello-Obelisk mit zwei Monstertieren, er wurde nach seinem Entdecker benannt. Er wurde ins Archäologische Museum nach Lima gebracht und kann dort bewundert werden.

Raimondi-Stele

Diese knapp 2 m hohe, nahezu grüne Stele aus Chavín de Huántar **(s. Abb.)** befindet sich heute ebenfalls im Archäologischen Museum in Lima und wurde nach ihrem Entdecker, dem italienischen Naturforscher Raimondi, benannt.

Das Flachrelief zeigt eine Gestalt mit einer Tiermaske (Raubtier oder Krokodil) und Krallenhänden. Von der Maske und dem Gürtel gehen Schlangenköpfe aus. In den Krallenhänden hält die Gestalt eine stabartige Konstruktion (deshalb auch der Name „Stabgott"). Über der Maske baut sich ein hohes, vierstufiges und kronenartiges Gebilde auf, von dem auf jeder Seite je 8 Schlangeköpfe ausgehen.

Tour 6: Pastoruri und Puya Raimondi

Ein Ausflug von Huaraz zu den hohen Puya-Raimondi-Pflanzen ist eine lohnende Sache, doch selbstorganisiert und ohne eigenes Auto leider nur schwierig machbar. Vorteilhaft ist, den Tagesausflug mit einer Reisebürobuchung aus zu unternehmen. Diese Tagesausflüge (ca. 30 Soles plus Eintritt in den Nationalpark Huascarán, die Monatskarte ist gültig!) führen meist bis zum **Gletscher Pastoruri**. Der Kleinbus fährt dabei bis auf eine Höhe von 4800 m (Fz 4 h). Bis zum Gletscher auf kreislauferfrischenden

5300 Höhenmetern (Sind Sie schon höhengewohnt?) ist es noch eine Stunde Fußmarsch (alternativ zu Pferde). Der Pastoruri besaß einst schöne Gletscherhöhlen, eine war sogar begehbar. Seit einigen Jahren geht der Gletscher immer weiter zurück, und zuletzt war deshalb der Zugang zum Gletscher geschlossen. Deshalb haben die Touranbieter inzwischen einen Ausflug zur **Punta Olimpica** im Programm. Auf diesem Pass von 4800 Metern gibt es ebenfalls Gletscherhöhlen, Fp 25 Soles.

Zu den **Puya Raimondis** wird in Pachacoto, 8 km südlich von Cátac, nach Osten abgebogen. Auf der Fahrt zum Gletscher Pastoruri wird weite Punalandschaft durchfahren **(Karte s.S. 518)**. Hier wachsen die riesigen Pflanzen, benannt nach dem italienischen Naturforscher *Antonio Raimondi*, der sie 1870 entdeckte.

Die Straße führt anschließend sehr spektakulär weiter über die Hochebene über die *Punta Huarapasca* (4780 m) und Mine *Huansala* nach La Unión. Von dort 1x täglich Direktverbindung nach Huánuco.

Eine Alternative für Selbstfahrer ist **Gueshgue,** ein nördliches Bergtal von Pastoruri. Dazu die Piste von Catác ca. 10 km ansteigend mit 4WD (!) Richtung Lago Gueshguecocha nehmen. An einem eng begrenzten Berghang wachsen etwa 20 Puya Raimondis, umschwirrt von Kolibris.

Foto links:

■ *Puya Raimondis können über 10 m hoch werden. Sie sind damit, neben der ebenfalls hier vorkommenden Pourretia gigantea, die größten Ananasgewächse (Bromeliaceae) der Erde. Die meisten Puyas fangen erst nach 50 bis 75 Jahren zu blühen an (zwischen Mai und Oktober), einige schaffen es gar, über 100 Jahre alt zu werden. Sie sterben alle nach einmaliger Blüte ab. Einzigartig sind dabei die 8000–10.000 grüngelben Blütenansätze an dem bis zu 6 m hohen Blütenstiel. Die Bestäubung der Puya Raimondis übernehmen die wundervollen Grünkopf-Andenkolibris des Callejón de Huaylas, da es in dieser Höhe keine Insekten gibt.*

Tour 7: Cordillera Huayhuash

Südlich der Cordillera Blanca ragt die **Cordillera Huayhuash** auf. Der höchste Gipfel ist der **Yerupajá** (6634 m). Viele Bergwanderer und Bergsteiger kommen nur nach Huaraz, um die Huayhuash-Rundwanderung zu unternehmen. Insider meinen, dass das einer der drei schönsten Treks der Welt ist und der schönste Perus.

Geübte Berggeher können die Cordillera Huayhuash in etwa 14 Tagen umrunden. Dabei werden sechs Pässe zwischen 4500 und 5000 m überschritten. Auf der Umrundung ist der San Antonio-Pass von Huancapatay nach Cutatambo eingeschlossen. Wer möchte, schafft es an einem Zusatztag zum Basecamp von Joe Simpson, das sich am Sarapacocha befindet (Film: „Sturz ins Leere"). Zusatztouren sind genug möglich, wie z.B. Besteigung des *Cerro Berlin* oder *Diablo Mundo*. Derzeit wird für die Rundwanderung 150 Soles als Sicherheits- und Zeltplatzgebühr verlangt.

Spezialisiert auf die Huayhuash-Umrundung ist *Active Peru* in Huaraz,

Av. Gamarra 697, Tel. 42-3339/39-6384, welcome@activeperu.com, www.activeperu.com oder www.apt.pe.

Es gibt auch eine verkürzte Huayhuash-Rundwanderung, die, infolge Abkürzungen, nur 6 Tage dauert.

Straßenverbindungen von Huaraz hinab zur Küste

Huaraz – Casma

Das erste Stück der Route von Huaraz runter zur Küste nach **Casma** (160 km) kann wegen der großartigen Aussicht auf die Cordillera Blanca auch als Extraausflug von Huaraz aus empfohlen werden. Es ist der kürzeste Weg von Huaraz zurück zur Panamericana Norte, die nur auf den letzten 50 Kilometern asphaltiert ist. Gleich hinter Huaraz steigt die schlechte und mit Schlammlöchern übersäte Straße zunächst an. Die Aussicht auf die Cordillera Blanca wird immer schöner. Links können bei schönem Wetter die beiden Gipfel des Huascarán gesehen werden. Rechts daneben reihen sich die Sechstausender *Chopicalqui, Hualcán* und *Copa,* direkt gegenüber das Massiv des *Vallunaraju* (5690 m) und anschließend der *Ranrapalca* (6162 m).

Nach 30 km wird die Passhöhe *Punta Callán* in 4200 m Höhe angesteuert. Von hier geht es in zahlreichen Serpentinen an steilen Abgründen vorbei immer weiter hinunter, bis schließlich, bei km 94, in 1240 m Höhe *Pariacoto* erreicht wird (Benzin, einfache Unterkunft, Restaurant, Erste Hilfe, Telefon). Danach wird das Tal des *Río Casma* weiter, die Straße besser. Über *Yaután* (Polizeiposten, Restaurant) windet sie sich nochmals über einen kleinen Küstenpass und führt schließlich an den Ruinen von Sechín (s.S. 466) vorbei.

Huaraz – Chimbote

Der Strecke von Huaraz über Huallanca nach Chimbote ist mit 255 km die längste Verbindung zur Küste, führt aber weiter durch den Callejón de Huaylas und durchs reizvolle Santa-Tal und natürlich durch den nun wirklich spektakulären **Cañón del Pato** (Entenschlucht). Wegen diesen landschaftlichen Besonderheiten möchte ich zu dieser Strecke raten. Die Strecke wurde inzwischen gerichtet. Für **Selbstfahrer**:

Cañón del Pato nach Huallanca: gute Schotterpiste
Huallanca nach Chuquicara: sehr schlechte Schotterpiste
Chuquicara nach Santa (Panamericana): neue Asphaltstraße.

Wer die Strecke von Huaraz nach Chimbote (oder umgekehrt) nicht fährt, sollte wenigstens den ersten Teil als Ausflug von Huaraz zur Entenschlucht machen.

Huaraz – Caraz (65 km)

Die Strecke ist asphaltiert. Sieben Kilometer hinter Huaraz kommt die Abzweigung nach Monterrey mit seinen Thermalquellen (s.o.). Am Flughafen in Anta vorbei hat man nach 36 km in *Marcará* die Möglichkeit, die 4 km entfernten **Thermalbäder in Chancos** zu besuchen. Die Thermalbäder mit einzigartigem Flair umfassen sieben Höhlen und sind eher natürliche Dampfbäder, Temperatur 38–54 Grad, Eintritt 5 Soles/15 Minuten, doch keine Zeitkontrolle. Anfahrt mit Micro 1,50 Soles. **TIP!**

8 km weiter folgt der Ort **Carhuaz** (Restaurant, Unterkunft, Erste Hilfe), ein schönes Andendörfchen, das von den Sechstausendern *Copa, Hualcán* und *Huascarán* umgeben ist. Bestes Hotel in Carhuaz ist *El Abuelo,* 9 de Diciembre 257, Tel. (043) 39-4456, hostalabuelo@terra.com.pe. Einfacher ist das Hostal *La Merced,* Ucayali 724.

Danach wird die Katastrophenzone von 1970 passiert, als etwa ein Drittel der Nordwestflanke des Huascarán durch ein Erdbeben abbrach und in Minutenschnelle die Ortschaften *Ranrahirca* und *Yungay* von einer titanischen Eis-, Fels- und Schlammlawine begraben wurden. Die Erd- und Schlamm-Massen schoben sich einen 200 m hohen Berg hinauf und töteten dann rund 20.000

Menschen in **Yungay**. Eine unvorstellbare Wucht. Etwas oberhalb entstand ein neuer Gletschersee. Das neue Yungay wurde weiter nördlich erbaut.

Übernachten in Yungay: einfache Hostales sind *Gledel* (ECO), Av. Arias Graziani, Tel. 39-3048, das *Casa de Hospendaje Pan de Azucar,* Pasaje 23, Calle La Merced, Tel. (01) 9744-1635, pandazucar@yahoo.com. sowie *Hostal Yungay* (ECO) und *Santo Domingo* (ECO) an der Plaza. Etwa 3 km außerhalb liegt der sehr gute *Complejo Turístico Yungay* (ECO/FAM), Prolongación 2 de Mayo 1019. – **Vorwahl (043).**

Von Yungay sind es noch 13 km nach Caraz.

Caraz

Ist der zweitwichtigste Ort im Santa-Tal auf 2290 m Höhe, und er wurde ebenfalls durch das Erdbeben 1970 schwer in Mitleidenschaft gezogen. Caraz ist inzwischen wieder zu einem recht hübschen Ort herangewachsen (13.000 Ew.) und kann mit herrlichen Aussichten auf Huandoy und Huascarán aufwarten. Im Vergleich zu Huaraz **ist Caraz wesentlich ursprünglicher** und damit ruhiger und beschaulicher. Für Naturliebhaber und Ruhesuchende eignet es sich hervorragend zur Höhenklimatisierung und als Basisstation für Ausflüge in die Entenschlucht, zur Laguna Llanganuco oder zum Besuch des Nationalparks Huascarán (Santa Cruz – Llanganuco-Trek; dieser dauert von Caraz aus nur vier Tage statt fünf von Huaraz). Das Caraz-Klima mit wenig Regen und viel Sonnenschein ist sehr angenehm.

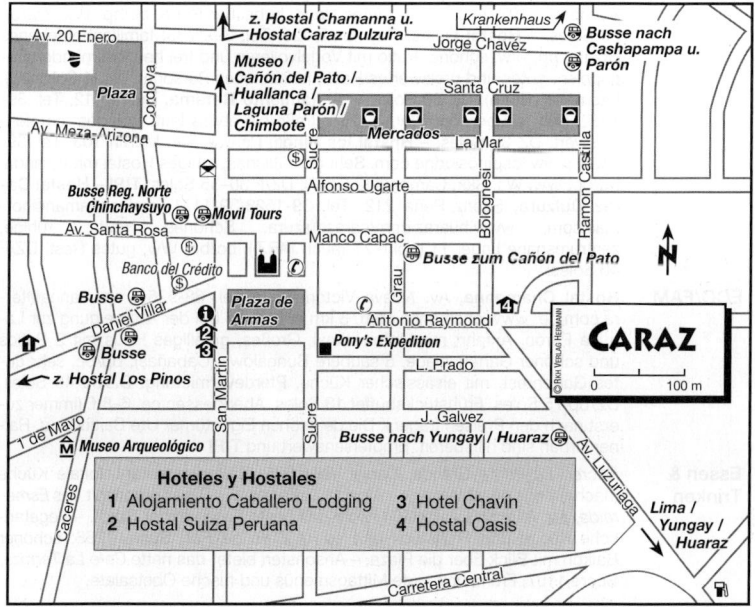

■ Ein empfehlenswerter **Ausflug** führt auf landschaftlich sehr eindrucksvoller, doch schlechter Straße **zur Laguna Parón** (32 km, 4150 m) zu Füßen des *Nevado Huandoy* (6390 m). Anfahrt von Caraz mit dem Taxi oder einer Camioneta ab der Markthalle (Grau/Sta. Cruz). Abfahrten ab 5 Uhr, 3 Soles, Fz 2 h. Taxi Einheitstarif 90 Soles inkl. Wartezeit an der Laguna, unabhängig der Personenzahl. Rückfahrt mit Camioneta nur 1x nachmittags (vorher fragen). Am See gibt es einen Refugio (mit WC) des E-Werks, manchmal kann dort übernachtet werden. Der smaragdfarbene Bergsee wird von der imposanten Kulisse von über zehn Berggipfeln umgeben, darunter auch der *Pirámide Garcilaso* mit 5885 m.

Wer wandern will, fährt mit einem Colectivo nur bis zum Dorf Parón, 16 km, Fz 1 h, 3 Soles. Von da noch etwa 16 km, Gehzeit mind. 4 h, Höhenunterschied 900 m. Rückfahrt von Parón nach Caraz um 7.20 und 14.30 Uhr. 2 km nördlich von Caraz liegen die eindrucksvollen Ruinen von **Tumshukayko** aus der Inkazeit, die leicht zu erreichen sind.

Adressen & Service Caraz

Tourist-Info *Oficina de Turismo,* Plaza de Armas, tägl. 8–18 Uhr

Unterkunft **Vorwahl (043)**
ECO **Alojamiento Caballero Lodging,** Daniel Villar 485, Tel. 39-1637; bc, Ww; empfehlenswert. – **Hostal Suiza Peruana,** San Martín 1133, Tel. 39-1166; einfache Zi., bc/bp, Ww. – **Hostal Chavín,** San Martín 1135 (Plaza de Armas), Tel. 39-1171; bp, Ww, gut, aber etwas laut, sehr hilfsbereit. – **Hostal La Casona,** Raimondi 319, Tel. 39-1334. Altes Haus, hübscher Patio, bc/bp, Ww. DZ/bp 20 Soles. – **Hostal Oasis,** Raymondi 425, Tel. 39-1785; familienbetriebenes Hostal, bp, Ww, schöner Patio mit Vogelvolieren und frei herumturnenden Papageien, gutes und preiswertes Rest., hilfsbereites Personal, Ws (4 Soles/kg), Internet (1 Sol/h). DZ 30 Soles. – **Alojamiento Retama,** Sucre 712, Tel. 39-1932. Sehr sauber, bp, Ww, Zi. zur Straße hin etwas laut, trotzdem empfehlenswert. DZ 30 Soles. – **Hostal los Pino**s, Parque San Martín 103, Tel. 39-1130, www.lospinoslodge.com. Sehr gemütliches, ruhiges Hostal mit Veranda, bp/bc, Ww, Ws, Skk, Camping (2 € p.P). DZ/F 30–35 Soles. **TIP!** – **Hostal Caraz Dulzura,** Saenz Peña 212, Tel. 39-1523/39-1171, carloshuaman@hotmail.com, www.huaraz.com/carazdulzura. Schönes Hostal, ruhige, zentrumsnahe Lage, 11 große Zi. (auch MBZi), bc/bp, Ww, gutes Rest. DZ/F 40 Soles.

ECO/FAM **Hostal Chamanna,** Av. Nueva Victoria 185, Tel. 68-9257, chamanna@terra.com.pe, www.chamanna.com. 3 km außerhalb bei der Abzweigung zur Laguna Parón, Anfahrt mit Motorradtaxi. Großes, gefälliges Haus mit 2 Patios und schöner Gartenanlage, 5 saubere Bungalows (Cabañas), bp/bc, sehr gutes Gartenrest. mit elsässischer Küche, Pferdevermietung. DZ/bc 45 Soles, DZ/bp 75 Soles, Frühstücksbuffet 13 Soles, Abendessen ca. 6–8 € (immer zuerst nach den Preisen fragen). Die deutschen Eigentümer Ute Baitinger u. Rainer Urban sind hilfsbereit. Empfehlenswert und **TIP!**

Essen & *Recreo La Punta Grande,* Daniel Villar 595, Gartenrestaurant, lokale Küche
Trinken (nachmittags geschlossen). – Alberto Cafferata aus Caraz empfiehlt das *Esmeralda,* Av. Alfonso Ugarte 404, wohl das beste Essen in der Stadt. – Vegetarische Küche und Frühstück gibt es im *Café de Rat,* Sucre 1266; schöner Balkon mit Blick über die Plaza. – Ansonsten bietet das nette *Café La Terraza,* Sucre 1107, Frühstück, gute Mittagsmenüs und frische Obstsalate.

Trekking-Agentur	*PONY'S Expeditions*, Sucre 1266, Tel./Fax 39-1642, info@ponyexpeditions.com, www.ponyexpeditions.com; 8–22 Uhr. Sehr gute Infos über Bergwanderungen, gutes Kartenmaterial, aber schlechte Mountainbikes. MTB-Touren zur Laguna Parón und zur Enten-Schlucht, Tagestouren ab 10 €. Der Besitzer Alberto Cafferata ist Trekkingführer und vermietet komplette Campingausrüstungen (Campinggas vorrätig), kann Esel, Pferde, Träger, Treiber und Bergführer organisieren. VISA, Geldwechsel. – *Summit Peru*, Sucre 1106, Tel. 79-1958, Handy 969-1043, contact@summitperu.com, www.summitperu.com. Die lizenzierten Berg- und Wanderführer Carlos Tinoco und Haren Montes führen Trekkingtouren in die Cordillera Blanca und Cordillera Huayhuash (sprich: Waiwasch) sowie Tagestouren zur Laguna Parón und Cordillera Negra. Außerdem vermieten sie Equipment für Bergwanderungen und Klettertouren; empfehlenswert. – *Apu Aventura*, Daniel Villar 215, Tel. 39-2159, apuaventura@terra.com.pe.
Internet-Café	*Café De Rat*, Sucre 1266 (Plaza de Armas) mit Büchertausch, sowie Raimondi 408 (2. Stock).
Erste Hilfe	*Hospital San Juan de Dios*, Av. 9 de Octubre s/n, Tel. 39-1026, 39-1031.
Diskotheken	*Discoteca Tabasco*, San Francisco und *Huandoy*, Mariscal Cáceres
Taxis	Stadtfahrt ca. 1 €, Motorradtaxi noch weniger.
Bus	**Nach Cashapampa** (30 km) tägl. ab 8.30 Uhr im Stundentakt bis 13 Uhr, Fz 90 Min., 5 Soles. – **Chimbote** über Pativilca (487 km): mit *Transportes Rodriguez* (tägl. um 19 Uhr), *Turismo San Pedro* (tägl. 18 Uhr); Fz 10–11 h, 20 Soles. – **Chimbote** über Cañón del Pato (184 km) mit *Yungay Express*, tägl. 9 Uhr; Fz 6 h, 23 Soles. – **Hualcayán** über Quebrada de Los Cedros: 2x tägl. – **Huallanca** (36 km) via Cañón del Pato: 4x tägl. ab 8 Uhr vom Marktplatz; Fz 80 Min., 6 soles. – **Huaraz** (65 km): mehrmals tägl. unzählige Busse und Micros; Fz 2 h, 3 Soles. – **Lima** (476 km): *Transporte Rodriguez* (2x tägl.), *Expreso Ancash* (3x tägl.), *Movil Tours*, Pasaje Olaya s/n, tägl.; Fz 9 h, ab 20 Soles. – **Trujillo** über Pativilca (601 km): tägl., Fz 12 h, 25 Soles. – **Yungay** (12 km): tägl. ab 4 bis 19 Uhr alle 15 Minuten; Fz 20 Min.

Umgebungsziele von Caraz

In die Cordillera Negra
Von Caraz führt eine Serpentinen-Piste nach *Pamparomas* in der Cordillera Negra in eine typische Hochlandbauernregion. Abfahrt vom Markt in Caraz mit geländegängigem Jeep oder mit einem Minibus ab dem Markt um 8 und 9 Uhr, über Pueblo Libre nach Pamparomas; Fz 2–3 h, 10 Soles (nur bis zum Pass 5 Soles). Wer auf dem Pass (4500 m), Km 35, bereits aussteigt, geht in Fahrtrichtung links den Hügel hinauf und wird mit einem einzigartigen Panoramablick über die Cordillera Negra belohnt.

Vom Pass führt ein schmaler Pfad nach Süden, vorbei an grasbewachsenen Hängen mit Kühen und Pferden. Hier wachsen auch Puya Raimondis, hier *Puyas de Winchus* genannt, deren lange, dornengespickte Blätter von den Bergbauern abgebrannt werden, damit sich Schafe darin nicht verfangen können. Gegen 12 Uhr passiert der Minibus nach Caraz wieder den Pass, man steigt zu und nach 2 Fahrstunden könnte man wieder in Caraz sein.

Selbstfahrer folgen dem Wegweiser „Winchus" am Abzweig in Pueblo Libre nach rechts über eine enge gut befahrbare Piste zum Pass hinauf.

Caraz – Chimbote (185 km)

■ „Entenschlucht"
Cañón del Pato

Von Caraz fällt das Santa-Tal weiter leicht ab. Rechts sieht man den *Nevado Santa Cruz* (6259 m). Das Tal wird immer enger, bis nach 22 km schließlich im **Cañón del Pato** die beiden Kordillerenzüge nur noch durch den reißenden Río Santa getrennt sind (von Juli bis Oktober wird der Fluss zur Energiegewinnung umgeleitet, so dass die Schlucht kein Wasser führt). Die Saumpiste benützt die ehemalige Trasse der stillgelegten Eisenbahn und windet sich wie ein Wurm durch über 35 Tunnels, die in das rohe Gestein gesprengt wurden. Die senkrechten Felswände ragen auf der einen Seite himmelhoch auf und fallen auf der anderen in bodenlose Abgründe. Ein Erlebnis!

Hierzu Anna Schneider: *„Es war ein Abenteuer ... hätte gerne einen Landrover o.ä. gehabt. Die Geröllbrocken von 40 cm Durchmesser, die auf der Fahrbahn lagen, waren das kleinere Problem, aussteigen, wegschieben, weiterfahren. Aber die Geröllfahrrinne, die sich durch die vorbeibretternden Lkw und Busse ergab, war für unser Auto ein echtes Problem. Es galt, mit den Rädern auf den entstandenen Hubbeln zu balancieren, ohne ständig wegzurutschen. Die Strecke haben wir in acht Stunden zurückgelegt, Benzin hat gereicht, aber es war ein Wunder, dass die Reifen nicht geplatzt und das Bodenblech weitgehend unbeschädigt blieb. Leider haben wir durch den Fahrstress die Landschaft kaum wahrgenommen, deshalb würde ich dringend zu einem Jeep raten."*

Knapp 40 km nach Caraz wird *Huallanca* (Hotel: *Huascarán*) mit einem mächtigen Kraftwerk erreicht. Die Straße folgt nun dem Río Santa durch eine Schlucht nach *Tablones.* Dann öffnet sich das Tal. Bei Santa stößt die Straße wieder auf die Panamericana Norte. Nach Chimbote sind es jetzt noch 12 km.

ROUTE 7: VON DER PANAMERICANA NORTE VIA CAJAMARCA UND CHACHAPOYAS NACH MOYOBAMBA

Ein empfehlenswerter Abstecher von der Panamericana Norte führt ab Pacasmayo in das wegen der hübschen Landschaft, des angenehmen Klimas und einiger sehr interessanter Sehenswürdigkeiten bekannte Cajamarca sowie in die Bergregenwaldgebiete um Chachapoyas mit teils noch unerforschten Überresten der versunkenen Städte der Chachapoyas.

Cajamarca

Die durchgehend asphaltierte Straße nach Cajamarca zweigt 15 km hinter Pacasmayo ab. Entlang an Reisfeldern gehrt es ins Tal des *Río Jequetepeque*. Mit deutscher Entwicklungshilfe entstand hier einst der Stausee *Represa Gallito Ciego*. Hinter der Bergwerksstadt *Chilete* steigt die Straße über *Magdalena* und *San Juan* steil zur Passhöhe *Abra de Gavilán* an (3200 m) und erreicht schließlich, nach 177 km, **Cajamarca, die Schicksalsstadt des Inca Atahualpa.** Sie hat 138.000 Einwohner und liegt auf 2750 m Höhe. Gegründet haben sie die Inka, ursprünglich hieß sie *Caxamalca*.

Durch die Entdeckung der reichsten Silberminen Perus im nahegelegenen **Hualgayoc** gewann Cajamarca während der Kolonialzeit neue Bedeutung. 1802 besuchte sie *Alexander von Humboldt*. 1908 wurde Cajamarca Hauptstadt der gleichnamigen Provinz. Heute besitzt sie eine Technische Universität und ist für ihre Thermalquellen bekannt (darin heilten schon die alten Inka ihre Wunden). Neben dem Abbau von Edelmetallen ist noch die Textil- und Lederindustrie von Bedeutung. Touristisch ist Cajamarca nach Huaraz zweitwichtigste Stadt in den nördlichen Anden, wird aber relativ wenig besucht.

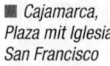
Cajamarca, Plaza mit Iglesia San Francisco

Die Ermordung Atahualpas in Cajamarca

Bei den Inkas war Cajamarca ein alter Kult- und Festungsplatz. Am 15. November des Jahres 1532 marschierte Pizarro mit seiner kleinen Heerschar (177 Soldaten, davon 67 Reiter), von der Küste kommend, in der Stadt ein. Zu dieser Zeit lebten in Cajamarca etwa 10.000 Menschen.

Noch am selben Tag trat Pizarro dem **Inca Atahualpa** entgegen. Gegen die gewaltige Übermacht des 50.000-Mann-Heeres der Inkas wäre er klang- und sanglos untergegangen. Seine einzige Chance sah Pizarro nur noch in einer heimtückischen List. Er bewog den Inca, nach Cajamarca einzuziehen. Dort nahm Pizarro am 16. November 1532 Atahualpa durch einen Handstreich gefangen. Der ganze Vorfall soll nur eine halbe Stunde gedauert haben. Atahualpa hoffte, sich von den goldgierigen Spaniern durch einen Raum voll Gold freikaufen zu können. Pizarro willigte dem Handel ein und gab Atahualpa zwei Monate Zeit. Tag und Nacht schleppten die Inka Gold herbei. Die Spanier schmolzen es an Ort und Stelle zu transportfähigen Klumpen ein, 34 Tage lang glühten die Öfen. Auch die Männer von Pizarros Haufen bekamen ihren Anteil.

Zwischenzeitlich hatte Atahualpa weitere Truppen Richtung Cajamarca beordert. Pizarro wurde nervös. Unter fadenscheinigen Vorwänden klagte er Atahualpa – auch mit Hilfe seines Feldpaters Valverde – wegen Hochverrats an und ließ ihn zum Tode verurteilen. Als am 29. August 1533 auf dem Marktplatz die Garotte, das spanische Würgeeisen, um den Hals Atahualpas gelegt wurde und das kurze Knacken seines Halswirbels den Gaffern die erfolgreiche Anwendung verkündete, war dies nicht nur der letzte Akt der Tragödie von Cajamarca, sondern auch der Anfang vom Ende des Inkareichs. (HH)

Literatur-Tipp: „Das Gold von Caxamalca", Novelle von Jakob Wassermann.

Links: Atahualpa in spanischer Gefangenschaft. Unten: Seine Erdrosselung mit dem Würgeeisen (zeitgen. Stich)**.**

Sehenswertes in Cajamarca und Umgebung	– Stadtrundgang mit Besichtigung des **Cuarto del Rescate** (halber Tag)
	– **Baños del Inca** und **Ventanillas de Otuzco** (halber Tag)
	– **Cumbemayo** (mindestens einen Tag)
	– **Kuntur Wasi** (mindestens einen Tag, bei Wanderung vier Tage)

- In der Nähe Cajamarcas liegt auch *Yanacocha,* heute die größte und mit ergiebigste Goldmine Südamerikas.

Beeindruckend ist die grüne Landschaft um Cajamarca mit Mais- und Getreidefeldern (s.a. „Agro-Tour"), Pinien- und Eukalyptuswäldern. Das Klima ist angenehm trockenwarm und sonnig, die Regenzeit fällt in die Monate Dezember bis März.

| Karte S. 548 | Cajamarca | **547** |

Agro-Tour   Für landwirtschaftlich Interessierte gibt es in Cajamarca eine spezielle Agro-Tour. Dabei werden die Cooperativas *Procon, La Encañada* und *Cumbemayo* besucht und es kann direkt am landwirtschaftlichen Alltag der Hochlandbauern teilgenommen werden. Man lernt Methoden der Hochlandwirtschaft kennen (Terrassenbau, Instandhaltungsarbeiten der Bewässerungskanäle) und besucht landwirtschaftliche Märkte und traditionelle Feste. Nähere Infos über Pablo Sánchez, ASPADERUC/ADEFOR, Belén 678 (2. Stock), Cajamarca, Tel. 82-4196, Fax 82-5988, aspader@telemail.telematic.edu.pe.

Carnaval de Cajamarca   Ausgelassen wird der *Carnaval de Cajamarca* mit der traditionellen *Unsha*-Zeremonie gefeiert. Der Cajamarca-Karneval ist so bedeutend und populär wie die Diablada in Puno – manche meinen sogar, er sei der beste von ganz Peru!

Ablauf: 8 Tage vor Karnevals-Dienstag findet am Sonntag die Wahl der Prinzessin statt, am Mittwoch steigt dann bereits das Festfieber, wenn der *Bando de Carnaval* durch die Stadt zieht. Überall ist die typische Musik des *Cashua* zu hören. Samstags wird der König des Karnevals, der *Rey Momo* (auch „Gott des Spotts" oder „Gott des verrückten Spaßes" genannt) als groteske Puppe durch die Stadt transportiert. Höhepunkte sind dann am Sonntag und Montag die *Corsos Carnavaleso*, Umzüge, bei denen die verschiedenen Gruppen mit allegorischen Wagen im Wettstreit stehen. Auch die berühmten Passpferde, Volkstanz- und Folkloregruppen sowie Indianer aus der Amazonasregion nehmen teil.

Am Karnevalsdienstag beginnt dann die *Unsha*. Dabei wird um einen *Capulí*-Baum getanzt, der mit allerlei Gaben – Blumen, Bonbons, Früchte und auch Geldscheine – geschmückt ist. Tanzpaare versuchen, diesen Baum während ihres Tanzes mit einer Axt zu fällen. Dem Paar, dem es gelingt, organisiert die Unsha im nächsten Jahr. Am Abend stirbt dann *Rey Momo* am Übermaß des Spotts und der verrückten Späße. Der *curandero* ist unfähig ihn zu heilen und sein Körper wird am Fuße des Cerro Sta. Apolonia aufgebahrt. Am Aschermittwoch wird dann der Karneval „beerdigt". Der *Entierro del No Carnavalón* („Beerdigung des Karnevals") findet seinen Höhepunkt draußen bei den *Baños del Inca,* eine Gelegenheit, auch über die Kommunalpolitiker herzuziehen. Danach wird der Körper von *Rey Momo* verbrannt.

In den Karnevalsnächten dröhnt überall Musik und es werden Unmengen *Chicha de Jora,* Bier und *Cañazo* (Zuckerrohrschnaps mit Capulí) getrunken. Aus den Häusern zieht der Duft gebratener Meerschweinchen, von Mais und *cecina* durch die Gassen, denn Karneval ist auch mit vielem Essen verbunden.

Hinweis: Während der Karnevalszeit bewerfen sich die jungen Leute mit Wasser- und Mehlbomben und rohen Eiern – also Vorsicht!

Stadtrundgang

Ausgangspunkt ist die hübsche *Plaza de Armas,* auf der Atahualpa ermordet wurde. Eine Augenweide der schöne koloniale Brunnen von 1526, der aus einem einzigen Stein geschlagen wurde. Rund um die Plaza liegen einige sehenswerte Gebäude. Das historische Stadtviertel südwestlich der Plaza steigt in Richtung Cerro St. Apolonia leicht an. Attraktiv ist die rustikale *Atahualpa* mit Anmutung einer alpenländischen Dorfgasse.

Hinweis Kombiticket   In der Iglesia Belén kann man ein Kombiticket für 4,50 Soles kaufen. Es gilt für Iglesia Belén, Cuarto de Rescate und Museo Arqueológico Belén

Die Kathedrale   Im Nordwesten der Plaza ragt die **Kathedrale** in den Andenhimmel. Sie ist aus Vulkangestein erbaut und wurde erst 1960, nach rund 350 Jahren Bauzeit, fertig. Auf einen Glockenturm wurde, wie bei anderen Kirchen auch, verzichtet; da der spanische Vizekönig für jede fertige Kirche eine

Cajamarca

Hoteles y Hostales
1. Hostal Jusovi
2. Hosped. Los Jazmines
3. Hotel Continental
4. Hostal Los Pinos Inn
5. Hostal Plaza
6. Hostal Santa Apolonia
7. Hotel Casa Blanca
8. Hostal Atahualpa
9. Hostal El Portal del Marqués
10. Hostal Cajamarca
11. Hostal El Cumbe Inn

Cajamarca, Atahualpas Schicksalsstadt

■ Zeitgen. Darstellung von **Atahualpa**, des 13. Inka-Herrschers. Nach der von ihm veranlaßten Gefangennahme seines Halbbruders Huáscar war er der Alleinherrscher im Inkareich, später in peruanischen Augen »der tyrannische Bastard« (s. umlaufende Schrift). Er wurde 1532 in Cajamarca von den Spaniern erdrosselt.

Steuer forderte. Sehr schön ist die Fassade der Kathedrale verziert, mit Trauben, Blättern, Blumen, barocken Engeln und Ziergiebeln. Das Innere dagegen, mit Ausnahme der geschnitzten Kanzel, enttäuschte etwas.

Iglesia San Francisco Im Südosten der Plaza erhebt sich die *Iglesia San Francisco* mit einer schönen Steinmetzfassade und sehenswerten barocken Altären. Das dazugehörige ehemalige Kloster mit Katakomben wurde als Museum für religiöse und koloniale Kunst eingerichtet (Öffnungszeiten Mo–Sa 15–18 Uhr, Eintritt). Rechts daneben befindet sich die schönste Kirche der Stadt, **La Capilla de la Dolorosa,** die Kapelle der Leidenden (Maria). Glanzstücke kolonialer Steinmetzkunst ist rechts die Fußwaschung Jesu und links des Altars das Abendmahl. Sehenswert sind auch die Gemälde der Kapelle.

Cuarto del Rescate Am Beginn der Avenida Amalia Puga 750 liegt das aus der Inkazeit stammende älteste Gebäude der Stadt, das **Cuarto del Rescate** oder „Lösegeldzimmer", zugleich die wichtigste Sehenswürdigkeit Cajamarcas. Eine rote Linie an der Wand in Höhe von Atahualpas Hand wurde später angebracht. Bis dahin soll das Gold gereicht haben, das einen geschätzten Wert von 85 Mio. Euro hatte (unschätzbar der Kunstwert der goldenen Gegenstände). Mo/Mi/Fr/Sa/So 9–13 Uhr und Mo/Mi/Fr/Sa 15–18 Uhr, Eintritt 4,50 Soles. Führer 10 Soles.

Iglesia Belén Geht man an der ersten Kreuzung in der Av. Amalia Puga nach rechts, kommt man zur *Iglesia Belén,* ein weiteres schönes Beispiel indigener Steinmetzarbeit mit reich verzierter Fassade und fast kitschig buntem Inneren. Mo, Mi–Fr 9–13 Uhr und 15–17 Uhr, Sa/So 9–12 Uhr, Eintritt 4,50 Soles. Gleich nebenan liegt die **Belén-Schule** mit Kunstgewerbeabteilung und das Touristenbüro sowie das Hospital der Männer von 1763 und das Hospital der Frauen von 1764.

Cerro Santa Apolonia y Silla del Inca An der Kreuzung Belén/Huánuco nach rechts abbiegen, so kann in Höhe der 2 de Mayo über eine Treppe der Hügel *Santa Apolonia* bestiegen werden. Oberhalb der Kapelle ist der *Silla del Inca* („Thron des Inca") zu sehen, auf dem Atahualpa die Huldigungen seiner Untertanen empfangen haben soll. Der gesamte Berg ist ein präinkaischer Tempel, der dem Totenkult diente.

Koloniales, Museum u. Mercado Einige Kolonialhäuser mit schönen Portalen und Innenhöfen, wie z.B. die *Casa Conde de Uceda* in der Apurímac/Lima sind ebenso sehenswerte wie das *Museo Departamental de Cajamarca* im Complejo Belén. Im kleinen *Museo Arqueológico Horacio Urteaga,* Arequipa 289, werden prähispanische Fundstücke verschiedener Kulturen gezeigt, darunter erotische Mochica-Keramiken. Führungen sind Mo–Fr 8–14 Uhr, Eintritt frei. Auf dem recht ursprünglichen *Mercado Central* in der Apurímac/Amazonas werden Dinge des täglichen Bedarfs und Kunsthandwerk verkauft.

Adressen & Service Cajamarca

Tourist-Info *Conjunto Monumental Belén* im Instituto Nacional de la Cultura (neben der Iglesia Belén), Belén 650, Tel./Fax 82-2903; sehr hilfreich. Mo–Fr 8–13 u. 14–18.30 Uhr. **Vorwahl (076).**
Municipalidad de Cajamarca, Cruz de Piedra 613, Tel. 82-4821, Fax 82-2663, muncajamarca@webmaster.com. – *Oficina Turística de la UNC,* Batán 289,

	Mo–Sa 9–12 Uhr.
Internet	Gute dt.-spr. Website, Veranstaltungstermine: www.reiseführer-cajamarca.de.
Poltur	*Policía de Turismo*, Plaza Amalia Puga s/n, Tel. 044-92-3438
Unterkunft	Es gibt genügend Hotels in der Billigklasse, doch warmes Wasser ist in dieser Kategorie manchmal ein Problem. Fragt nach den „Wasserstunden".
ECO	**Hostal Plaza,** Amalia Puga (an der Plaza). Einfache Zimmer, sauber, bc/bp, Ww. DZ/F 25 Soles. – **Hostal Jusovi,** Amazonas 637, Tel. 82-2920. Zi. mit bp, Ww. DZ 40 Soles, empfehlenswert. – **Hostal Atahualpa,** Pasaje Atahualpa 686, Tel. 82-2157; bp, Kw, ruhig, gPLV. – **Hospedaje Los Jazmines,** Amazonas 775 (Nähe Plaza), www.projekt-cajamarca.de, Tel. 82-1812. Kleines, zauberhaftes Hostal des deutsch-peruanischen Behindertenwerkes Santa Dorotea, nettes Ambiente, schöne Zi., bp, Ww, Café im grünen Patio. Angeschlossener Bauernhof ca. 5 km außerhalb, der MBZi für Backpacker bietet (ca. 3 € p.P.). EZ/bp 7,50 €.
FAM	**Hostal Santa Apolonia,** Amalia Puga 649 (Plaza de Armas), Tel. 82-7207, Fax 82-5536. Komfortable Zi., bp, Ws. – **Hotel Casa Blanca,** 2 de Mayo 446 (Plaza de Armas), Tel./Fax 82-2141. Altbau mit typischem Patio, schöne Zi., bp, Rest., Ws, Infos! – **Hostal El Cumbe Inn,** Pasaje Atahualpa 345 (10 m zu Fuß südwestlich der Plaza), Tel. 36-8221, elcumbeinn@terra.com, www.elcumbeinn.com. Sehr sauberes Hostal in ruhiger Lage, Patio, nettes Personal, bp, Ww, Ws. EZ ab 50 Soles, Dz 110 Soles, TriZ 140 Soles. **TIP!** – **Hotel Los Pinos Inn,** La Mar 521/del Comercio (El Portal del Marqués), Tel. 36-5991. Sehr schönes, teils altes Haus, im Eingangsbereich und im Salon eingerichtet wie in kolonialen Zeiten, bp, sehr sauber, einfaches Frühstück, für ältere Reisende besonders geeignet. – **Hostal Cajamarca,** 2 de Mayo 311, Tel. 36-2532, Fax 36-1432. Hübsches Kolonialhaus mit Patio, nette Zi., bp, Rest., Bar. DZ 30 €. – **Hacienda Hotel San Vicente,** ca. 2,5 km außerhalb (Nähe Mirador), Tel./Fax 82-2644, haciendasanvicente@yahoo.com, www.cajamarca.net. In reizvoller Gartenanlage, schöne Zi., auch Schlafsaal, bc/bp, Rest., Camping, ruhig, Parkplatz, kostenloser Transfer, Ü/F. – **Hacienda San Antonio,** ca. 5 km außerhalb. Saubere Zimmer, bp, Pool, Wiese, reiten, Rest. DZ/F 45 €, für ältere Reisende besonders geeignet, ideal zum Entspannen.
FAM/LUX	**Gran Hotel Continental,** Amazonas 758–780, Tel. 82-4029, Fax 82-3024, hotelcontinental@terra.com.pe. Geräumiges, modernes Hotel, 73 Zi., bp, Ww, Ws, Rest., kleine Bar. DZ/F ab 49 €. – **Hostal El Portal de Marqués,** del Comercio 644, Tel./Fax 82-8464, portaldelmarques@terra.com.pe. Kolonialgebäude mit Patio unweit der Plaza, ansprechende Zi., bp, Ws. DZ 50–70 €, **TIP.**
LUX	**Hotel Laguna Seca,** Av. Manco Cápac 1098, Baños del Inca (6 km entfernt), Tel. 82-3149, Fax 82-3915, hotel@lagunaseca.com.pe, www.lagunaseca.com.pe. Ein Spitzenhaus unter den Hotels Nordperus! Attraktive Anlage mit Thermalwasserpools, Zi. mit Thermalbecken, Rest., Bar, Reitpferde, Disco, kostenloser Transfer. 85 €. – **Hotel Posada del Puruay,** Km 7 Richtung Lluscapampa, Tel. 82-7928, www.puruayhotel.com. Koloniale Hacienda mit Patio, luxuriöse Zi., bp, Ws, Geldwechsel.
Essen & Trinken	Die Spezialitäten der Region sind insbesondere *cuy con papa* (Meerschweinchen mit Kartoffeln) sowie *chicharrón con mote* (Schweinfleisch mit gekochtem Mais), *tamales* (Maisblätter gefüllt mit Schweine- oder Hähnchenfleisch) und *humitas* (Süßmaisschnitten mit Käse). Daneben wird gerne *quesillo con miel* (Frischkäse mit Honig) und *manjarblanco* gegessen. Ursprünglich und sehenswert ist der Viehmarkt am Camino Collpa am Montagmorgen ab 6 Uhr. Garküchen bieten sehr preiswerte und leckere Cuyes an, probieren, ein **TIP!** Mehrere Restaurants gibt es in der Av. Amalia Puga und in der Amazonas,

z.B. *El Continental*. Empfehlenswert ist auch das *Gran Restaurant El Zarco*, Batán 170: reiche Auswahl, großen Portionen, schnelle Bedienung, günstige Preise. **TIP!** – Gut ist außerdem das *Oasis*, Av. Amalia Puga (hinter dem Cuarto del Rescate), Tagesmenü ab 1 €. – Günstig kann im *Mis Sabores,* Av. Amalia Puga (ca. 400 m von der Plaza), gegessen werden. – Große Portionen stellt die *Chifa Ténkntala*, Av. Amalia Puga 531, auf den Tisch des Hauses (besonders zu empfehlen sind die Schweinerippchen in Honigsoße). – Preiswert: *Chifa El Zarco*, Arequipa 170.

Es gibt zahlreiche **Pollerías**, ein Tipp ist *Cajamarca*, Av. Amalia Puga 821. Im *El Ranchito* in der Batán 234 gibt es **Parrillada**. Eines der besten Restaurants ist das *Salas,* Av. Amalia Puga 637 (Plaza de Armas). – *La Taberna*, Plaza de Armas, ist etwas teurer, internationale Gerichte. Eine exzellente Küche, geschmackvolle Einrichtung und gehobenes Ambiente bietet *Querubinos*, Plaza de Armas/Av. Puga (hinter der Kathedrale). Auf Anfrage kommt der Koch an den Tisch und erklärt die Gerichte auf der Speisekarte. Gutes Weinsortiment, empfehlenswerte Tagesmenüs 12–25 Soles. **TIP!** Leckere frittierte **Meerschweinchen** tischt *La Buena Laya,* 2 de Mayo 347, auf. 1/4 Cuy 7 Soles, 1/2 Cuy 11 Soles, Caldo verde 3 Soles.

Für ein **Frühstück** kann ab 8 Uhr die gemütliche *La Casa de la Abuela,* Cruz de Piedra 671, empfohlen werden, aber auch die sehr guten Gerichte und der Pisco Sour sind ein Besuch wert (8–23 Uhr). **TIP!** – Sehr gute Kuchen und Torten ab 8 Uhr, später leckere Gerichte, bietet die gemütliche *Cascanuez Café Bar,* Av. Amalia Puga 554. – Die *Heladeria Holanda,* Av. Amalia Puga 657, ist für erstklassiges **Eis** bekannt. Frische **Säfte** und heiße Schokolade munden im *El Capuli Café,* Complejo Monumental Belén, Junín 1419 (der Seiteneingang zum Complejo Belén führt direkt zu dem kleinen, netten Café; dem Wachmann sagen, dass man nur ins Café möchte). Besonders zu empfehlen ist *Mousse de Maracuya*. Mo–Sa 9–13 und 15.30–20 Uhr, Fr/Sa bis 24 Uhr. **TIP!**

Der Schweizer Arno Ackermann Schneider verkauft in seinem Laden *Los Alpes,* Junín 965, gute **Milch- und Käseprodukte**. Verkauf und Verkostung typischer Regionalgerichte auch außerhalb auf dem *Fundo Los Alpes* , Carretera Moyococha Rtg. Sta. Bárbara, Km 3. Campen möglich, auf Wunsch auch Parrillada. Anmeldung unter Tel./Fax 34-1869, fundo_losalpes@yahoo.com.

Unterhaltung	*Disco Los Frailones,* Peru 701/Cruz de Piera. *Disco La Taberna*, Baños del Inca (Hotel Laguna Seca), gut besucht! *Peña Tupanakuy,* Huánuco 1279/2 de Mayo. Ansonsten: *Disco Up/Down*, Tarapacá 782 und *Las Vegas*, Cinco Esquinas 1037. Videofreunde gehen in den *Video Pub Casa Blanca*, 2 de Mayo 448.
Erste Hilfe	*Hospital de Salud*, Urteaga 500, Tel. 82-2156.
Post	*Serpost*, Amazonas 449, Tel. 82-2206; 8–20 Uhr
Telefon	*Telefónica del Perú*, Plaza de Armas.
Touranbieter	*Cumbemayo Tours,* Av. Amalia Puga 636, Plaza de Armas, und *Cajamarca Travel*, 2 de Mayo 570. Touren nach Cumbemayo (15 Soles), Ventanillas de Otuzco und Baños del Inca. – Die Tour nach Ventanillas de Otuzco und Cumbemayo bei *Catequil Tours*, Amalia Puga 685, Tel. 959-6250, catequiltours@terra.com, 20 Soles, ist empfehlenswert. Dabei wird auch ein Hortensiengarten und die Käsefabrik *Los Alpes* (s.o.) besucht.
Artesanías	Hervorragendes Kunsthandwerk werden im *Los Cajachitos*, 2 de Mayo 379, Tel. 82-2834, 940644@unc.edu.pe, angeboten. Bei bei der Herstellung kann zugesehen werden. – Auch im Mercado Central, Amazonas 515. *El Rescate*, Comercio 1029, gibt es preiswertes, untouristisches Kunsthandwerk.
Geld	*Banco del Crédito*, Comercio/Apurímac. *Banco de la Nación*, Tarapacá 647. Die Straßenhändler auf der Plaza de Armas und in der Batán geben bessere Wechselkurse.

Verkehrsverbindungen

Bus Nach **Bambamarca** (120 km): Fz 7–8 h, 6 €. – **Cajabamba** (75 km): tägl. einige Busse, u.a. mit *Diaz* u. *Atahualpa*, Fz 5–7 h, 5 €. – **Celendín** (110 km): tägl. mind. Busse und Combis auf relativ guter Piste, Fz 4 h, Combi 10 Soles, Bus 15 Soles. – **Chachapoyas** (335 km): kein Direktbus, meist umsteigen in Celendín; von dort 2x wöchentlich (So/Do) ein Direktbus nach Chachapoyas; Gesamtfahrzeit mindestens 14–16 h (ohne Wartezeit auf Anschlussbus), Gesamtfahrpreis 20 €. Auch in Etappen via Balsas, Leimebamba und Tingo möglich. Die Piste ist in mäßigem bis schlechten Zustand! Von Chachapoyas Anschluss nach *Moyobamba*, *Tarapoto* und *Yurimaguas*. Hinweis: die Strecke von Chiclayo über Bagua nach Chachapoyas ist besser und schneller zu bewältigen! – **Chiclayo** (260 km): tägl. mehrere Busse, u.a. mit *Empresa Dias, LINEA, Atahualpa* 318, Tel. 82-3956, meist mit Weiterfahrt nach Piura (12 €), zeitweise bis Tumbes; Fz 6 h, 4 €. – **Lima** (860 km): auf asphaltierter Straße tägl. mehrmals Busse, wie z.B. *TEPSA, LINEA, Atahualpa* und *Expreso Cajamarca*, die meist über Trujillo fahren; Fz 13 h, 17 €. – **Pacasmayo** (185 km): tägl. mehrere Busse u.Colectivos, Fz 6 h, 8 €. – **Tarapoto:** s. Chachapoyas. – **Trujillo** (300 km): tägl. mehrere Busse, u.a. *LINEA, Horna, TEPSA*, Abfahrten meist um 10 und 22 Uhr, Fz 6 h, gut 6 €.

Flug Der Flughafen ist nur 4 km von Cajamarca entfernt, Tel. 82-2533. Ein Taxi kostet 6,50–13 Soles, Busse fahren auch.
LC Busre, Silva Santisteban 138, Tel. 36-1098, reservas@lcbusre.com.pe, www.lcbusre.com.pe. – *Star Peru*, www.starperu.com. – *ATSA*, 2 de Mayo 574, Tel. 82-8642, crodriguezs@atsaperu.com, www.atsaperu.com. – *Aerodiana*, Los Fresnos 280, El Ingenio, Tel. 34-4538, analifuentes@hotmail.com.
Nach Lima: *LC Busre* (2x tägl. um 17.15 Uhr/17.25 Uhr) 120 €. *ATSA* (tägl.) via Trujillo (nur Tankstopp); Star Peru. **Nach Chachapoyas:** Mit *Aerodiana*.

Ausflüge von Cajamarca
Tour 1: Ventanillas de Otuzco und Baños del Inca

Am Flughafen vorbei werden nach 8 km ab der Arequipa mit dem Microbus die Reste eines Präinkaheiligtums erreicht (Fp 4 Soles, Eintritt, Studenten Rabatt). Wegen der in den Fels gehauenen Nischen trägt der Ort den Namen **Ventanillas de Otuzco** („Fensterchen von Otuzco"). Es wird vermutet, dass in den Nischen vor 1400 Jahren die Toten bestattet wurden. Öffnungszeiten tägl. 8–18 Uhr (eine ähnliche und besser erhaltene Totenstadt, die *Ventanillas de Combaya*, ist 17 km entfernt und wird der Cajamarca-Kultur zugeschrieben).

Von den Ventanillas de Otuzco kann in 1,5 h zu den 6 km entfernten **Baños del Inca** gewandert werden. Vom Zentrum Cajamarcas sind sie ebenfalls nur 6 km entfernt. Anfahrt mit einem (meist grünen) Microbus von der Plaza de Armas sowie mit Colectivos von der Lima (Aufschrift „Baños del Inca", Fz 15 Min., Fp 0,50 Soles.

■ *Ventanillas de Otuzco*

Die Baños del Inca mit leicht schwefelhaltigem Thermalwasser bestehen aus Privat-Baños und einem Schwimmbecken (meist sehr heiß). Tägl. geöffnet von 5–20 Uhr, Eintritt ca. 4 Soles. Es können keine Handtücher ausgeliehen werden. Das 78 Grad warme Wasser wird gegen 22 Uhr in die Bäder eingelassen und kühlt bis zum Morgengrauen ange-

nehm ab. Da es seine heilkräftige Wirkung nur am frühen Morgen besitzt, sollten die Bäder am besten gleich bei Tagesanbruch besucht werden. Im Laufe des Tages wird kaltes Wasser zugemischt. Schon Atahualpa soll hier seine Wunden vom Bruderkrieg mit Huáscar kuriert haben.
Unterkunft: Hotel *José Gálvez* (ECO) und *Laguna Seca* (LUX). **Restaurants:** *Los Incas, El Zoilo* und *Los Tronquitos.*

Wanderung Wer noch Lust und gute Kondition hat (es fahren auch Colectivos), kann von den Baños del Inca nach **Llacanoca,** einem schönen, verschlafenen Dorf wandern. Man folgt etwa 1 h der Straße nach Cajamarca und biegt dann an einer Weggabelung nach links ab und erreicht nach 30 Min. die Hacienda *La Collpa,* die heute noch Milchprodukte (Manjarblanco, Käse, Milch) produziert. Faszinierend ist hier die Tradition des *llamado de las vacas,* das „Rufen der Kühe": Wenn die Kühe laut bei ihren Namen gerufen werden, gehen diese in ihren Stall. Nach dem Rückweg zur Straße nach Cajamarca kann mit dem Bus aus Jesús nach Cajamarca zurückgefahren werden.

Tour 2: Cumbemayo und Kuntur Wasi

Von Cajamarca führt die Straße stetig aufwärts am Apolonia-Hügel vorbei Richtung Südosten, bis nach etwa 20 km die archäologische Zone von **Cumbemayo** (3500 m) erreicht wird. Eintritt 5 Soles, Studenten ermäßigt.

Busverkehr von Cajamarca nach Cumbemayo ab der Av. Perú, um 8 Uhr nach Chetilla, von dort weiter zu Fuß. Busrückfahrt ab Chetilla um 18 Uhr, oder zu Fuß (s.u.). Einfacher ist es, mit mehreren Personen für ca. 50 Soles ein Taxi zu nehmen. Als weitere Alternative bietet sich eine dreistündige, geführte Tour an (*Cumbemayo Tours,* Amalia Puga 636, Plaza de Armas, oder *Cajamarca Travel,* 2 de Mayo 570; 15 Soles p.P.).

Es gibt auch einen anstrengenden Fußweg nach Cumbemayo, er ist ca. 15 km lang und folgt dem ehemaligen *Camino Real,* Gz 3 h. Dabei kommt man durch ursprüngliche Andendörfer. Dies ist eine schöne Tagestour. Weniger beschwerlich ist es, mit dem Colectivo nach Cumbemayo zu fahren und den Camino Real zurückzuwandern.

Cumbemayo dehnt sich auf ca. 25 qkm aus und wird der *Cajamarquinos-* (Cajamarca-Marañón) Kultur zugeschrieben, die unter Chavín-Einfluss standen. Dabei handelt es sich im wesentlichen um einen in Stein gehauenen präinkaischen Kanal, einem heiligen Felsen und einigen Höhlen mit Zeichnungen im Chavín-Stil. In Cumbemayo-Nähe ist auch die Wasserscheide zwischen Pazifik und Atlantik.

Präinkaischer Kanal Der präinkaische Kanal, der auf 1500–1200 v.Chr. datiert wird, ist eine wahre Meisterleistung an Hydraulik, Mathematik und Physik und nach dem Archäologen Tello insgesamt 9 km lang. Davon sind 850 Meter als Rinne in den Fels gehauen und als Aquädukt angelegt. Das technische Meisterwerk weist ein durchschnittliches Gefälle von 1,5% auf. An der Stelle, an der der Kanal durch Tunnel führt, sind an den Wänden recht gut erhaltene Felszeichnungen erkennbar. Gelegentlich knickt die schnurgerade und glattwandige Rinne rechtwinklig ab, wodurch die Fließge-schwindigkeit des Wasserstroms geschwächt wird.

El Santuario Zusätzlich ist ein Opferstein zu sehen. El Santuario, der Heilige Fels, hat die Form eines Menschenkopfes. Der Mund besteht aus einer Höhle mit 3,30 m Durchmesser. Möglicherweise wurde hier der Herrscher beigesetzt. An den Felswänden, auf der sechs Stufen hinaufführen, sind Petroglyphen erkennbar. In der Nähe befindet sich der *Frailones* (Mönchswald), ein „steinerner Wald" mit den unterschiedlichsten Gesteinsformen.

Kuntur Wasi Von Cumbemayo kann in drei Tagen nach San Pablo und zu dem in der Nähe liegenden **Kuntur Wasi** mit Monolithen, Plattform- und Terrassenstrukturen sowie eingetieften Plätzen gewandert werden. Der Besuch von Kuntur Wasi ist auch wegen des kleinen Dorfmuseums sehr empfehlenswert. Von Chilete, das an der Hauptstraße Cajamarca – Pacasmayo liegt, fahren regelmäßig Kleinbusse und Colectivos nach San Pablo (23 km), und Kuntur Wasi wäre damit auch als Tagesausflug zu schaffen.

Cajamarca – Chachapoyas (335 km)

Cajamarca ist auch Ausgangspunkt für den abenteuerlichen Trip zu den Ruinen von **Kuélap** in der Region von Chachapoyas. Zwar verkehrt ein Bus von Cajamaraca nach Chachapoyas, aber die Strecke in Etappen anzugehen lohnt sich, sofern man Zeit hat. Einfach nach einer Camioneta fragen und warten, bis eine fährt. Zwischen Cajamarca und Chachapoyas gibt es in jeder kleinen Ortschaft Hostales, auch wenn es nicht immer etwas Besonderes ist. Dafür kommt der Reisende mit den Einheimischen in Kontakt und kann von den Fahrzeugen wunderbar die Landschaft beobachten. Die Piste wurde verbreitert und befestigt.

Von Cajamarca bis Encañada (30 km) ist die Strecke sehr gut, danach durch eine lieblich anmutende Bauernlandschaft auf einer Schlaglochpiste bis Celedín (76 km) überwiegend gut befahrbar. Von Celedín geht es über langgezogene Serpentinen mit fantastischen Ausblicken problemlos hinab nach Balsas. Von Balsas bis Tingo wird die grausig einspurige Piste mit grandiosen Aussichten immer wieder ausgebessert. Fz mind. 5 h.

Celendín Der Ort (2620 m) mit seiner modernen blau-weißen Kirche ist für seinen schönen Markt und seine Strohhüte bekannt.
Übernachten: *Hostal Celendín* (ECO), Zi. ohne Fenster, bp, Ww, Ü 5 €. Das *Hostal Maxmar* (ECO), 2 de Mayo 349, bietet saubere Zimmer. Essen: Restaurant *La Reserve,* Jr. José Gálvez 402.

Von Celendín fährt 3x wöchentlich (So/Di/Do) um 11 Uhr ein Direktbus der Linie *Empresa Virgen del Carmen* (Calle Cáceres, 1. Cuadra) den Ostabhang der Anden hinab. Es geht durch eine großartige Landschaft, vorbei an gewaltigen St.-Pedro-Kakteen, ins Tal des Río Marañón und weiter über den *Abra Barro Negro* nach Chachapoyas (ca. 225 km). Fz unter Normalbedingungen mind. 14 h, Fp 30 Soles. Beste Sitzplätze vorne (Beinfreiheit größer), links sitzen, anstrengend. Mittagesen im Rest. *La Curva,* Abendessen in Leimebamba. Ansonsten muss nach Leimebamba ein Taxi genommen werden, Fp 300 Soles.

Der Celendín – Cajamarca-Bus benötigt, besonders zwischen Celendín und Encañada, wo wegen der Schlaglöcher in der Pisten oft nur 20 km/h gefahren werden kann, sehr viel Zeit. Gesamtstrecke 110 km, Fz 5 h, Fp ab 10 Soles.

Celendín – Leimebamba Die 13 km von Celendín bis zum ersten Pass und die nächsten 45 km bis zur Brücke bei Balsas über den breiten, sandigen Río Marañón sind steinig, sandig und oft mit wassergefüllten Schlaglöchern übersät und stellt an Selbstfahrer hohe Ansprüche bei ununterbrochener Aufmerksamkeit. In Balsas gibt es ein Hostal, das Zimmer kostet 8 Soles.

Von Balsas geht es dann auf genauso anstrengenden 88 Pistenkilometern ein fruchtbares Seitental entlang, wobei entlang der Berghänge die unterschiedlichsten Vegetationszonen durchfahren werden. Über den *Abra Barro Negro* (3680 m) fährt man danach durch Weideland nach Leimebamba. Gesamtfahrzeit mit einem 4WD für die ca. 145 km lange Strecke etwa 7 h.

Leimebamba

Das Dorf am Río Utcubamba ist für seine unzähligen Ruinenfelder aus der Präinkazeit bekannt. In seiner Nähe wurde 1996/97 im Bergregenwald oberhalb der *Laguna de los Cóndores* (s.u.) eine unversehrte Begräbnisstätte der Chachapoyas mit unzähligen noch gut erhaltenen Mumienbündeln und Grabbeigaben entdeckt (u.a. Bambushelme, Gewandnadeln, Topfkeramiken, Kalebassen, Agavenfaser-Sandalen, Oberhemden). Zum Schutz vor Grabräubern wurden über 200 Mumienbündel und Fundstücke nach Leimebamba gebracht, wo sie jetzt im kleinen *Museo Leimebamba,* Av. Austria s/n, San Miguel, ca. 3 km außerhalb, bestaunt werden können. Anfahrt mit dem Taxi, Di–So 9.30–16.30 Uhr, http://centromallqui.org.pe/ley_museo_en.htm. Eintritt 4 Soles.

Für Touren zur Laguna de los Cóndores und zu den umliegenden Chachapoya-Ruinen ist festes, wasserdichtes Schuhwerk erforderlich, da der Bergregenwald auch nach einigen trockenen Tagen immer feucht und morastig bleibt.

Unterkunft: Mehrere Hostales im Ort. Jenes an der Plaza ist sauber, Zi. 10 Soles p.P. – *Albergue Laguna de los Cóndores* (ECO), Amazonas 320; sehr schöne saubere Zi. mit bp, Ww, Ws, parken im Hof. Vermittlung von Führern, z.B. *Leo Cobin,* der kompetent von Leimebamba nach La Congona über alte Chachapoya-Wege führt.

Restaurant: *Cely,* La Verdad 530, gute regionale Küche.

Laguna de los Cóndores

Dieser etwa 3 km lange Bergsee liegt 30 km südöstlich von Leimebamba und kann nur schwierig alleine erreicht werden. Sinnvoller ist es, eine dreitägige geführte Trekking-Tour mit Pferden zu buchen, die aber durchweg anstrengend ist. Da inzwischen weitere Grabstätten der Chachapoyas mit Mumienbündeln oberhalb des Bergsees entdeckt wurden, muss sich zuvor jeder Besucher der Laguna im Büro des Instituto Nacional de la Cultura (INC) an der Plaza de Armas in Leimebamba registrieren lassen und 25 Soles bezahlen.

Tourverlauf: Am **ersten Tag** geht es frühmorgens kurz auf der Straße Richtung Celendín, dann biegt man am Stadtrand nach links ab, vorbei am neuen Museum die *Questa de Llushupe* hinauf. Nach Überquerung des *Río Atuen* windet sich der Weg über die *Questa de Toronjil* durch den Bergregenwald, der mit seiner herrlicher Orchideenpracht, mit seinen Bromelien, Baummoosen, Baumfarnen und herabhängenden Lianen eine andere Welt darstellt. Über die Hochebene *Lajasbamba,* eine mit hunderten erodierten Steinsäulen durchsetzten Graslandschaft, wird der fast immer wolkenverhangene *Fila Atalaya* (3662 m), zugleich auch Wasserscheide der Region, erreicht. Über einen Aussichtspunkt (Mirador) geht es wieder bergab in den Bergwald zur *Laguna de los Cóndores.* Hier wird in einem Blockhaus auf Strohmatratzen übernachtet. Gehzeit 8–10 h.

Am **zweiten Tag** führt der Weg zuerst an den Grundmauern einer Siedlung der Chachapoyas entlang. Sehr gut sind die Überreste von etwa 10 bis 15 kreisrunden Häuser erkennbar (an einem ist noch ein verzierter Türsturz zu sehen). Dann geht es über die Reste eines alten, nur einen halben Meter breiten Steinwegs, der schon vor Jahrhunderten durch den Morast verlegt wurde. Am Abfluss der nahezu schwarzen *Laguna de los Cóndores* muss durch den Ufermorast an den Resten des Expeditionslagers von 1997 vorbeigewatet werden, bevor der Pfad durch Dickicht und unter umgefallene Bäume hindurch führt. Das letzte Stück steigt er steil an, dabei können stellenweise noch die alten Leitern der Mumienexpedition benutzt werden. Dann liegen schräg über einem die *mausoleos* der Chachapoyas, durch einen Felsüberhang vor Regen geschützt. Während der Regenzeit liegen sie zeitweilig hinter einem herabstürzenden Wasservorhang verborgen. Der Felsüberhang und die Wasserwand begünstigte die Entstehung eines Mikroklimas mit relativ trockener Luft (etwa 40% Luftfeuchtigkeit bei 12 °C). Dadurch blieben die Mumienbündel über 800 Jahre recht gut erhalten.

In der Chachapoya-Grabstätte waren ursprünglich sechs rechteckige und etwa 3 x 3 x 3 m große, zweigeschossige Totenhäuschen mit Dächern, die nun zerstört sind. An einigen Holzbalken der Häuschen ist noch die Technik der Konstruktion sichtbar. Die Wände weisen die typischen Zickzack-Steinmuster der Chachapoyas auf, die Bedeutung der roten und ockergelben Felsmalereien ist bis heute rätselhaft. Neben zahlreichen abstrakten Linienfiguren ist über dem linken zerstörten Häuschen ein Tausendfüßler zu sehen. Schräg darüber ein Bildnis, das einen Vogel oder Vogelmenschen darstellt, weiter rechts folgen die Darstellungen eines lachenden Gesichts und eines Froschs.

Übernachtet wird wieder im Blockhaus. Am **dritten Tag** erfolgt der Rückmarsch nach Leimebamba, das am frühen Abend erreicht wird.

Molinette / Congona Um Leimebamba befinden sind noch viele weitere verborgene und unerforschte Siedlungen der Chachapoyas, deren bis zu 5 m hohe Mauern und Gebäudereste unter der dichten Vegetation des Bergregenwalds liegen. Auf kaum erkennbaren Pfaden können sie nur mit Hilfe einheimischer Führer gefunden werden. Besuchen kann man die Ruinen von **La Molinette** beim Dorf Las Palmas, die Pomacocha-Ruinen oder die Ruinen von **La Congona**. In deren Nähe befindet sich sogar ein Wachturm mit einem überwältigen Ausblick. Fahrzeit Leimebamba – Las Palmas ca. 45 Min., Gehzeit (Gz) Las Palmas – La Molinette 1,5–2 h, Gz nach La Congona 1 h, Gz La Congona – Leimebamba ca. 3 h.

Revash Wie die Mausoleen der Laguna de los Cóndores werden auch die kleinen Häuschen von Revash durch einen Felsüberhang vor Regen geschützt. Allerdings befinden sie sich in einer sehr unzugänglichen Steilwand. Die Häuschen sind spitzgieblig, die Wände mit einer Lehmschicht bedeckt und leuchtend rot bemalt. Vergeblich sucht man das sonst so typische Zickzack-Muster. In den Wänden befinden sich Fenster und kreuzförmige Nischen.

Wer Revash nicht als Teil einer organisierten Tour buchen möchte, nimmt in Leimebamba einen Chachapoyas-Colectivo bis zur Weggabelung über die Brücke des *Río Utcumbamba* in **Yerbabuena** (keine Unterkünfte). Abfahrt tägl. um 4 Uhr, Rückfahrten tägl. nur zwischen 14 und 15 Uhr, Fz 30 Min. Ansonsten ein Taxi nehmen. Der Weg hinauf zu den Mausoleen ist gut beschildert, Gz 2 h, Rückweg 1 h.

In Yerbabuena versuchen, einen Microbus nach *Santo Tomás* zu erwischen, ansonsten die Brücke überqueren und der Straße Richtung Santo Tomás entlang des Río Ingenio folgen. Nach etwa einer Stunde Gehzeit nach rechts in einen kleinen Fußweg abbiegen, den Fluss überqueren und dem Weg bergaufwärts bis zur einer großen Felswand folgen. Bei gutem Wetter können von hier bereits die kleinen Häuschen erspäht werden. Noch geht es weitere 50 Min. bergauf bis zur einer Weggabelung. Der rechte Pfad führt nach 10 Min. genau unterhalb der Mausoleen von Revash vorbei. Von hier können mit einem Fernglas die rotgetünchten und mit geometrischen Figuren verzierten Häuschen betrachtet werden. Wagemutige klettern den Hang empor und kommen links neben den Mausoleen heraus. Achtung: Der Hang ist extrem abschüssig und rutschig! Überall wachsen dornige Pflanzen, die keine Kletterhilfe bieten. Vor einem Einstieg in die Wand, um direkt an die Häuschen heranzukommen,

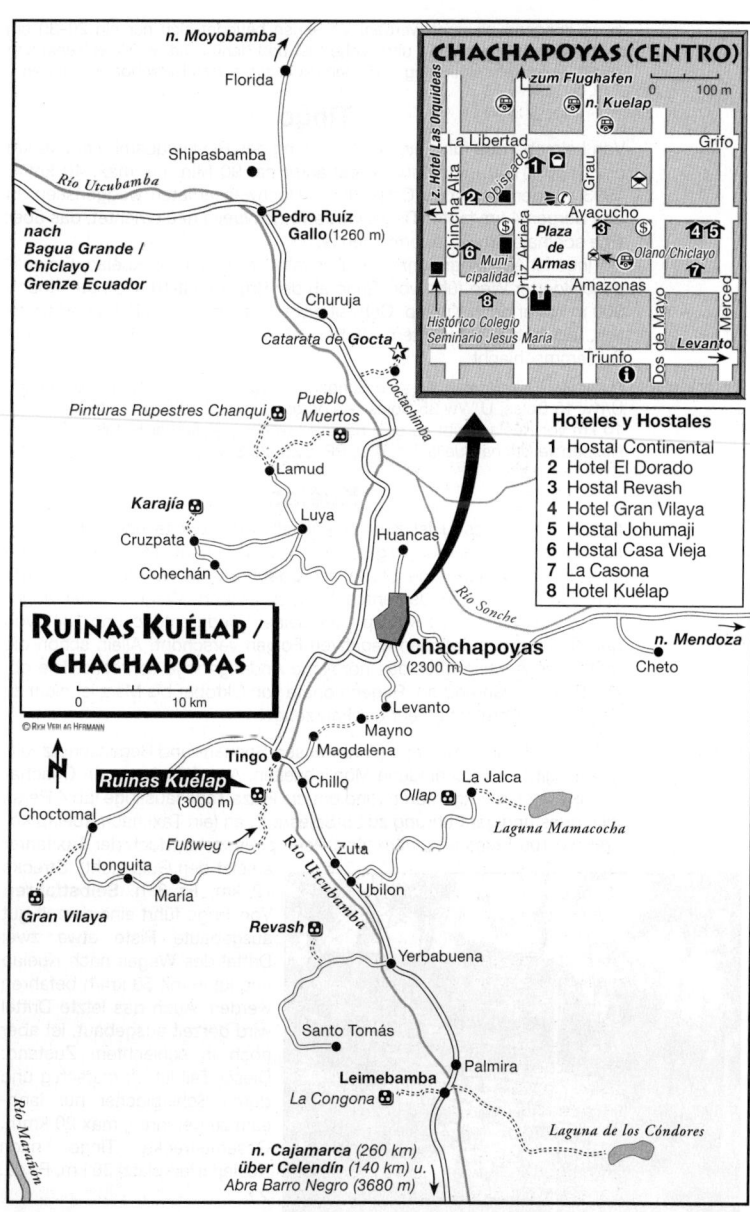

muss dringend gewarnt werden! Vor ihnen befindet sich nur ein 20–30 cm breites Streifen, der völlig ungesichert ist und dann rund 50 Meter senkrecht abfällt. Er ist sehr schlüpfrig und kann leicht zur letzten Rutschpartie werden.

Tingo

Von Leimebamba führt eine Piste entlang des Río Utcubamba auf 46 km bis Tingo (1750 m), Fz für Selbstfahrer ca. 90 Min. bei max. 40 km/h. 1993 wurden Teile des Ortes durch Hochwasserfluten weggerissen. In den Bergen 4 km hinter Tingo wurde *Tingo Nuevo* neu errichtet, das über eine schmale Straße zu erreichen ist.

Tingo ist Ausgangspunkt zum Besuch der Ruinen von Kuélap. Ein ausgeschilderter Weg führt von Tingo ab der Brücke auf 10 Kilometer knapp 800 m höher nach Kuélap. Gehzeit etwa 3 Stunden, kein Führer erforderlich, doch bei schlechtem Wetter ist das letzte Stück eine einzige Schlammschlacht.

Unterkunft *Hotel Inn Valle Kuélap,* schöne Bungalow-Anlage, Kw/Ww, gutes Restaurant, Ü/Kw 15 Soles, Ü/Ww 35 Soles. – *Albergue León,* Ü 10 Soles. – In María, ca. 10 km vor Kuélap, gibt es eine handvoll weiterer einfacher Hotels, z.B. *Casa Hospedaje Cucha Cuella,* bp, Ww, PP. DZ/F 20 Soles.

Kuélap

Neben Machupicchu ist Kuélap zweifellos die zweite überragende archäologische Sehenswürdigkeit in Peru, durchaus mit Machupicchu ebenbürtig. Kuélap, eine Stätte der **Chachapoyas** auf 3000 m, wurde von den Spaniern weder entdeckt noch erobert. Wegen seiner abgeschiedenen Lage blieb Kuélap nach seiner Wiederentdeckung 1843 von nachfolgenden möglichen negativen Folgen verschont. Allein schon die mühselige Anreise über das nördliche Andengebirge schreckt viele ab. Der Besuch während der Regenmonate von Oktober bis März ist nicht zu empfehlen, Abrutschgefahr der Fahrzeuge!

Anfahrt Für den Besuch Kuélaps (Trinkwasser, Sonnen- und Regenschutz mitführen) gibt es verschiedene Möglichkeiten. Am einfachsten: In Chachapoyas bieten die Agenturen rund um die Plaza Tagesausflüge (ab 4 Pers.) inkl. dreistündiger Führung zu 35 Soles/p.P. an (ein Taxi nach Kuélap kostet ca. 100 Soles und wäre für 4 Pers. preiswerter, doch der Taxifahrer ersetzt den Guía nicht). Strecke 72 km, Fz 3 h. **Selbstfahrer:** Von Tingo führt eine derzeit gut ausgebaute Piste etwa zwei Drittel des Weges nach Kuélap und kann mit 50 km/h befahren werden. Auch das letzte Drittel wird derzeit ausgebaut, ist aber noch in schlechtem Zustand. Dieser Teil ist oft matschig und durch Schlaglöcher nur langsam zu befahren, max 20 km/h. Gesamtstrecke Tingo nach Kuélap (Parkplatz) 36 km, Fz ca. 2 h.

Die „Wolkenkrieger"

Die Herkunft der Chachapoya ist umstritten. Die Bezeichnung leitet sich ab von den Quechuaworten *chacha* für Wald und *poya* oder *puya* für Nebel oder Wolke. Die Studien des Linguisten *Paul Rivet* zielen auf eine sprachliche Verwandtschaft mit den Chibcha oder Caribe in Kolumbien. Wahrscheinlich drang das Indianervolk der Chachapoya im 9. Jahrhundert in den Nordosten Perus ein und gründete am Andenabhang Fürstentümer.

Die Chachapoya-Siedlungen liegen zwischen 2800 und 3400 Metern Höhe, auf Bergspitzen, -kuppen oder -graten. Sie bestehen in der Regel aus runden Gebäuden, wobei aber auch immer ein oder zwei rechteckige Bauwerke vorhanden sind. Die Durchmesser der Rundhäuser schwanken zwischen vier und zwölf Metern. Es gibt auch ovale und halbrunde Gebäude auf hohen Wohnplattformen. Die Friese der Häuser und einige Mauern zeigen drei Prototypen von Verzierungen: Zickzack, Rhombus und Mäander. Die Zickzack-Linien und die Mäander treten einzeln oder doppelt auf. Die Rhomben sind groß oder klein, bi- oder auch trikonzentrisch. Während die Zickzacke überall anzutreffen sind, sind die Rhomben und die Mäander auf bestimmte Regionen beschränkt. Nur in den Ruinen um Leimebamba, die Wissenschaftler als ein wichtiges religiöses Zentrum ansehen, sind alle drei Muster anzutreffen.

Die rauhe, einfarbige und mit Idolen verzierte Keramik hat Ähnlichkeiten mit Töpfereien aus dem Amazonasgebiet. Vor einigen Jahren fand man im Osten Leimebambas einen geschnitzten Kaiman, ein Tier des Tieflandregenwaldes. Die Chachapoya verehrten die Schlange – oder *Machacuay* –, die die höchste politische und kultische Macht verkörperte und sich in den Zickzack-Friesen widerspiegelt. Den zweiten Platz im Firmament nahm eine Raubkatze ein, wahrscheinlich der Jaguar, Symbol des Krieges, verkörpert durch Rhombus und Mäander.

Der Inkakönig Tupac Inca Yupanqui besiegte die Chachapoya um 1470, konnte sie aber letztendlich nie endgültig unterwerfen. Trotz Massendeportationen und härtesten Strafaktionen kam es immer wieder zu Aufständen gegen das Inkareich. Der Historiker *Waldemar Espinoza* vertritt die Auffassung, dass die Chachapoya den härtesten Widerstand gegen die Inka leisteten. Sie waren berüchtigt für ihren Kampfgeist. Die großen Krieger mit ihren rot bemalten Gesichtern, geschorenen Schädeln und dem Nasenschmuck versetzten ihre Feinde in Angst und Schrecken. Sie schnitten ihnen nach siegreichem Kampf die Köpfe ab und trugen diese als Trophäe durch die Siedlungen. Auf Felszeichnungen wurde dieser Triumph festgehalten. Die spanischen Chronisten berichteten, dass die Chachapoya von größerer Statur als alle anderen peruanischen Völker waren, was durch Knochenstudien an den Mumien bestätigt wurde. Sie wurden als hellhäutig oder weiß und ihre Frauen als „sehr schön" beschrieben.

Überhaupt war die Rolle der Frau von einzigartiger Bedeutung, denn selbst bei Kriegsverhandlungen mit dem Feind waren eine oder mehrere Frauen anwesend.

Vom Parkplatz windet sich ein guter Pfad in Serpentinen ca. 1 km bis zur Anlage, Gehzeit 20 Min., 8–17 Uhr, Eintritt 12 Soles für Ausländer (Studenten mit Ausweis 50%) zuzügl. 4 Soles für die Kamera. Vor dem Eingang muss man sich ins Besucherbuch eintragen. Führer bieten Besuchern eine dreistündige Führung für 20 Soles an.

Anfahrt-Alternativen: Von der Calle Grau (in Chachapoyas 2 Blocks nördl. der Plaza) fährt morgens um 4 Uhr ein Colectivo direkt auf den Parkplatz von Kuélap, Fp 3,50 €. Außerdem fährt tägl. ein Microbus von *Kuélap Express* nach **Tingo** (36 km) und über Choctomal weiter nach María (bis Tingo 2 h, 2–3 €). Dabei geht es anfänglich entlang des Río Utcubamba, einem Nebenfluss des Marañón. In Tingo können Mulis oder Pferde ausgeliehen werden, mit denen es auf einem Maultierpfad, oder allein zu Fuß, weitergeht. Der Pfad nach Kuélap ist ca. 10 km lang. Er führt zunächst ca. 2 km im Tal am linken Ufer des Río Urcubamba flussaufwärts und dann über einen steilen Aufstieg, meist durch abgerodeten Bergurwald und öde Buschlandschaft (kein Schatten, keine Unterstände), direkt nach Kuélap. Gehzeit 3–4 h, mit dem Pferd 2 h. Für diese Eigenexkursion sind zwei Tage einzuplanen. Dabei sollte der Busfahrer gefragt werden, wann er am nächsten Tag von María über Tingo nach Chachapoyas zurückfährt (spätestens um 16 Uhr). Übernachten könnte man in Tingo.

Hinweis: Das *Instituto Nacional de la Cultura* bittet, dass nur die markierten Wege benutzt, die Mauern und Friesen nicht bemalt, nicht bepinkelt noch bestiegen und weder Getränke noch Esswaren mit in die Anlage genommen werden. Kuélap wird kontinuierlich restauriert.

Die Anlage Die gewaltige Festungsanlage, gebaut aus 100 bis 200 kg schweren Granitblöcken, liegt auf dem höchsten Bergrücken der Gegend. *Dr. Juan Crisostomo Nieto* entdeckte sie 1843 eher zufällig, noch im selben Jahr fand *Ernst Middendorf* Knochenreste und Schädel. Datiert wird Kuélap auf das 12. Jahrhundert n.Chr.

Das gesamte Areal ist von einer ca. 1,5 km langen und knapp 20 m hohen Festungsmauer umgeben, die die Form einer Ellipse mit einer maximalen Weite von 120 m hat. Nur drei schmale Gänge (zwei im Osten, einer im Westen) führen ins Innere. Einer davon ist 35 m lang. Oben beträgt ihre lichte Weite etwa 4 m, an der Basis sind sie jedoch nur so breit wie eine Person. Also eine ideale Bauweise, um eindringende Feinde effektiv bekämpfen zu können. Die Festung gleicht daher einer letzten Zufluchtsstätte, obwohl Kuélap wahrscheinlich dies nie war.

Im Innern gibt es mehrere Stadtviertel mit über 400 ovalen bis runden Steinhäusern, deren Mauern mit geometrischen Mustern verziert sind. Die oberen Häuser dienten wahrscheinlich dem Caciquen (Häuptling) respektive den Adligen der Chachapoyas als Wohnstätte.

Links vom noch heute benutzten engen Sicherheitseingang mit seinen hohen Mauern steht auf der ersten Terrasse ein etwa 4 m hoher, unten sich verjüngender Kegelstumpf mit ca. 12 m Durchmesser, der wegen seiner ungewöhnlichen Form **El Tintero** („Tintenfass") heißt. In Stein ist ein Gesicht eingemeißelt. Seine frühere Funktion ist unbekannt. Unten befindet sich eine enge Öffnung, ein Eingang zu einem weiten, tiefen unterirdischen Raum. Vorstellbar ist, dass hier vielleicht Raubtiere gehalten wurden, zu welchem Zweck auch immer, oder dass es sich um einen Opferstätte gehandelt haben könnte. Neueste Forschungen deuten den Kegelstumpf auch als eine Art Kalendersystem. Südlich davon steht ein gleichgroßer, runder Turmbau, von dem das Umfeld kontrolliert werden konnte.

In der Mitte der Anlage befindet sich ein rechteckiger Gebäudekomplex mit zwei Plattformen, **El Castillo** genannt, gerne als „Mausoleum" bezeichnet. In den geöffneten Gräbern wurden viele Mumien gefunden, die seltsamerweise blonde Haare hatten.

Im nördlichen Teil der Festungsanlage ragt mit dem **El Torreón** ein etwa 10 m hoher Aussichtsturm über die Außenmauer auf, von dem die ganze Gegend überblickt werden konnte. Bei gutem Wetter reicht die Sicht über Tingo bis Chachapoyas und auf der anderen Seite bis zum Marañón. Durch eine unterirdische Quelle wurde die ganze Anlage mit Wasser versorgt.

Die Chachapoya legten noch viel raffiniertere und noch uneinnehmbarere Anlagen in der Gegend an, die mit Leichtigkeit mit nur 20 Kriegern zu verteidigen waren, wie sie bei ihren Kämpfen gegen die Inka bewiesen. Die Inka konnten die Chachapoya nie richtig unterwerfen, ständig musste mit Unruhen und Aufständen der Chachapoya gerechnet werden.

Chachapoyas

Von Tingo sind es noch knapp 40 km bis Chachapoyas, das auf 2335 m Höhe liegt (23.000 Ew.). Sie wurde am 5.9. 1538 von dem spanischen Conquistador *Alonso de Alvarado* in Xalca gegründet und 1544 an ihre heutige Stelle verlegt. Als reizvolle Hauptstadt des Departamento Amazonas ist sie auch das **Tor zum Amazonastiefland.** Die schöne Plaza de Armas mit ihrem Bronzebrunnen lädt zum Verweilen ein, ist Ausgangspunkt für die *Catedral* und die für umliegenden Bauwerke in kolonialspanischer Architektur mit verschiedenenartigen Balkonen. Nördlich der Plaza de Armas liegt mit der *Iglesia de Santa Ana* die erste indigene Kirche, die von den spanischen Eroberern im 17. Jh. gebaut wurde. Im Osten der Stadt befindet sich die legendäre Quelle *Pozo de Yanayacu,* deren Wasser als heilig gilt. Zwei Wochen lang wird in der ersten Augusthälfte ausgelassen das traditionelle und religiöse Fest zu Ehren der *Mama Asunta* gefeiert.

Das *Museo Arqueológico de Amazonas* liegt in der Libertad 1174. Hier wohnt auch der bekannte Anthropologe *Carlos Torres Mas,* Leiter des Instituto Nacional de la Cultura in der Junín 817. Der Forscher ist die beste Informationsquelle über die zahlreichen archäologischen Attraktionen der Region. In der Nähe von Chachapoyas befinden sich bei *Huancas* auch Präinka- und Inkaruinen.

Museo Arqueológico de Amazonas	Das *Museo Arqueológico de Amazonas* liegt an der Plaza de Armas im INC, Ayacucho/Grau, Eintritt frei. Hier kann man den bekannten Anthropologe *Carlos Torres Mas,* Leiter des Instituto Nacional de la Cultura (INC), antreffen. Der Forscher ist die beste Informationsquelle über die zahlreichen archäologischen Attraktionen der Region.
Huancas	In der Nähe von Chachapoyas befinden sich bei Huancas auch Präinka- und Inkaruinen. Anfahrt ab der Ortiz Arrieta mit Colectivo, Fz 0,5 h. In dem kleinen, ursprünglichen Dorf liegt 200 Meter von der Plaza entfernt ein Mirador. Von hier hat man einen überwältigenden Blick auf die Schlucht des Río Soncho. Der Rückweg nach Chachapoyas ist auch zu Fuß möglich, leicht abfallende Strecke, Gz 90 Minuten.

Adressen & Service Chachapoyas

Tourist-Info	**i-Peru,** Jr. Ortíz Arrieta 590, Plaza de Armas, Tel./Fax 47-7292, iperuchachapoyas@promperu.gob.pe, www.peru.info. Mo–Sa 9–13 und 15.30–20.30 Uhr. Infos zu Unterkünften und Restaurants, sehr freundlich und hilfsbereit. **Vorwahl (041). Website:** www.kuelap.org.pe.
Polizei	Ayacucho 1040. – *Policía de Investigaciones (PIP),* Amazonas 1220. Alle Ausländer müssen sich hier obligatorisch registrieren lassen!
Unterkunft ECO	**Hotel Las Orquideas,** Ayacucho 1231, Tel. 47-8271, www.hostallasorquideas.com. 18 saubere Zi., Ww, Ws, Rest., PP, GpD, Internetzugang 2 h gratis, der freundliche Besitzer spricht auch Deutsch und gibt gute Empfehlungen zu Restaurants und Ausflugszielen wie Gocta, Kuélap, Laguna de los Cóndores. Auszeichnung als bestes Hotel in der Amazonasregion von Peru 2006! EZ/F 25 Soles, DZ/F 35 Soles, TriZ/F 85 Soles, MBZi/F 110 Soles, MC/VISA/Diners. **TIP!** – **Hostal Continental,** Ortíz Arrieta 431, Tel. 47-8352; bp, Ww, 6 €/Pers. – **Hostal Johumaji,** Ayacucho 711, Tel. 47-7279, Fax 47-7819, olvacha@terra.com.pe. Gute Zi./bp, Ww, Rest., gPLV. – **Hotel Kuélap,** Ama-

zonas 1057 (laute Straße), Tel./Fax 47-7136, kuelaphotel@hotmail.com. Etwas heruntergekommen, bc/bp, Ww, freundlich, PP. EZ ab 25 Soles, DZ 50 Soles. – **Hotel El Dorado,** Ayacucho 1062, Tel. 47-7047. Sicheres Hotel mit Gittertor, bp, Ww/Kw, Ws. DZ 15 Soles. – **Hostal Estancia Chillo,** Km 46, außerhalb an der Straße Richtung Tingo, Tel./Fax 47-8438. Uriges Natur-Hostal von Oscar Arece Cáceres, bp (Bäderwände aus Natursteinen), empfehlenswert. – **Hotel Gran Vilaya,** Ayacucho 755, Tel. 47-7664, Fax 47-8154. DZ 50 Soles, empfehlenswert. – **Hostal Revash,** Grau 517, Plaza de Armas, Tel. 47-7391, Fax 47-7356, revash@tsi.com.pe. Rustikale Zi./bp, teils mit Badewanne, Ww, Patio. EZ 45 Soles, EZ 40 Soles, DZ 60 Soles, TriZ 100 Soles, gPLV. Tourangebote nach Kuélap (ab 25 Soles) und Karajía (ab 4 Pers.) mit Carlos Burgos.

FAM **Hostal Casa Vieja,** Chincha Alta 569, Tel. 47-7353, reservas@casaviejape ru.com, www.casaviejaporu.com. Schönes, ruhiges Hostal in altem Kolonialbau mit Patio, saubere, geschmackvoll eingerichtete Zi., bp, Ww, Ws, GpD, kostenloser Internetzugang und Abholung von der Busstation, DZ/F 22 €, keine Kk, freundlich, empfehlenswert. – **La Casona Monsante,** Amazonas 746, Tel. 47-7702, Fax 47-7702, www.casonamonsante.com. Gebäude mit traditioneller Regionalarchitektur, ursprünglich zum Trocknen von Tabak genutzt, heute Hostal. Schöner Patio mit Ochideengarten. **TIP!**

FAM/LUX **Hotel Pumo Orca,** Amazonas 833.

Essen & Trinken Die typischen Gerichte der Region sind *Shipasmute* (Maisgericht), *Purtumute* (trockenes Maisgericht, ähnlich Shipasmute), *Tamales, Juanes, Cecina* und *Chorizos*. Köstlich ist *Sancochado* (von allem etwas), das nur bei großen Festlichkeiten aufgetragen wird. Dazu wird gerne *Chicha* aus Reis und Kräuterschnaps getrunken. Auf dem Markt in der Libertad kann man gut und preiswert essen.

Eines der besten Restaurants mit großen Portionen ist das **Chacha,** Grau 537, an der Plaza de Armas. – Zwei Block von der Plaza entfernt liegt in der Ortíz Arrieta 753 das freundliche **Tushpa;** außergewöhnlich gute und leckere Grill-Fleischspezialitäten, die großen Portionen ab 15 Soles reichen für zwei Personen, Kk. **TIP!** – Oberhalb der Stadt liegt das wunderschön gelegene und empfehlenswerte **Boulevard Gastronómico Yana Yacu,** Santo Toribio de Mogrovejo, geführt von den Frauen des *Club de Madres,* die hier traditionelle Gerichte der Region auftischen. – Das **Kuélap,** Ayacucho 832, ist ebenfalls eine gute Adresse. – Empfehlenswert auch **Las Chozas de Marlissa,** Ayacucho 1133, sowie die preiswerte **La Estancia** in der Amazonas 861. – Hähnchen gibt es im **Mama Asunta,** Puno 401. – Bester Chinese: **El Turista,** Amazonas 575, preiswerte Tagesmenüs. – Für einen Imbiss empfiehlt sich **Maasburger** an der Plaza de Armas.

Unterhaltung *El Salonazo,* Santo Domingo 191, Disco. *Luz de Luna,* Chincha Alta, 2. Block; Disco. *Jubilie,* Grau 621, Altos; Disco und Bar. *Nautilus*, Ortíz Arrieta 461; Bar.

Post *Serpost,* Grau (Plaza de Armas)

Telefon Plaza de Armas. Viele Internet-Cafés im Stadtzentrum.

Geld Derzeit gibt es lediglich zwei Banken, die nur US-Dollar tauschen und nur VISA akzeptieren, z.B. *Banco del Crédito,* Plaza de Armas.

Touranbieter *Hildegard León Cisneros,* Triunfo 852, Tel./Fax 47-8355, hildegardleon@latinmail.com, oder in der 2 de Mayo 771, Handy 99-9390. Touren nach Kuélap, Mehrtagesausflüge nach Karajía. – *ChaCha Expedition,* Ortiz Arrieta 532, Plaza de Armas, Tel. 996-4278, chachaexpedition@hotmail.com; Touren nach Kuélap 40 Soles, nach Revash inkl. Leimebamba 50 Soles und Gocta 45 Soles. – *Andes Tours,* Grau 517, Tel. 47-7391; spezialisiert auf Ausflüge und Trekkingtouren in weniger besuchte Gebiete der Region. – *Carlos Burgos,* Hotel Revash, Grau 517, Touren nach Kuélap (6–10 €) und Karajía, auch in der

Regenzeit. – *Chachapoyasland,* Grau 623, Tel. 47-8433; Tagesausflüge inkl. Führung nach Kuélap (ab 4 Pers.) ca. 8,50 €/Pers., Flugbüro der Grupo 8. – *Turismo Explorer Kuélap,* Ortíz Arrieta 412, Tel. 47-8078. Tagestouren nach Kuélap.

Markt In **Yerbabuena,** knapp 60 km südlich von Cachapoyas Richtung Leimebamba, findet einer der größten indigenen Sonntagsmärkte der Region statt. Sehr ursprünglich und lohnenswert.

Verkehrsverbindungen

Die meisten Taxis warten um die Plaza de Armas und am Mercado Central.

Bus **Nach Bagua** (140 km): tägl. Camionetas und Lkw, Fz 4 h, 5–6 €. Von dort tägl. mehrere Busse nach Lima. – **Cajamarca** (335 km) via Celendín (anstrengend): 2x wöchentlich (Di/Fr), doch kein Direktbus, meist umsteigen nötig in Celendín (nach Ankunft des Busses in Celendín fahren Colectivos direkt nach Cajamarca weiter, Fz 4 h, Fp 3 €, Ankunft ca. 3 Uhr morgens), Gesamtfahrzeit 14–17 h (ohne Wartezeit auf Anschlussbus); Gesamtfahrpreis 17–20 €. – **Celendín** (s.a. Cajamarca): abenteuerliche, schmale Piste (aus senkrechten Felswänden herausgehauen), 3x wö ein Bus via Leimebamba und Balsas von *Empresa Virgen del Carmen,* Salamanca 650, So/Di/Fr um 6 bzw. 7.30 Uhr, Fz mind. 14 h, Fp 30 Soles. Beste Sitzplätze vorne, rechts sitzen, anstrengende Fahrt! – **Chiclayo** via Bagua (450 km): tägl. Busse, meist Nachtbusse, z.B. mit *Movil,* Av. Libertad 464 (bestes Unternehmen auf dieser Strecke), *CIVA,* Salamanca 956, Tel. 47-8048, tägl. um 18 Uhr; *Empresa Transservis Kuélap,* Ortíz Arrieta 412, tägl. um 19 Uhr; *Kuélap Express,* Libertad 803, Tel. 47-8128. Fz ca. 10 h, 10 €. In Chiclayo Anschlussbusse nach Trujillo, *Movil* fährt direkt weiter nach Trujillo, Gesamtfahrzeit 12 h, Fp 12 €. – **Leimebamba:** tägl. mit *Comité Virgen del Carmen,* Salamanca, 6. Block, Fz 3,5–4 h, 3 €. – **Lima** (s.a. unter Bagua): Mo, Mi und Fr Direktbus via Trujillo mit *CIVA,* Salamanca 956, Tel. 47-8048; *Transcarh,* Av. Libertad 690, tägl. 10.30 Uhr nach Lima; *Movil Tours,* Libertad 464, Tel. 47-8545, tägl. um 12 Uhr ein Direktbus via Trujillo; *Transportes Zelada,* Ortíz Arrieta 4112, Tel. 77-8128, tägl. um 11 Uhr via Chiclayo und Trujillo; Fz 24 h, Fp ca. 15 €. – **Moyobamba** (250 km): mit Pickups, Lkw oder Colectivos, ggf. in Podro Ruíz umsteigen, Gesamt-Fz mind. 10 h, Ges.-Fp 12–14 €. – **Pedro Ruíz,** Comité de Autos No. 1, Grau 337, Tel. 47-8473, mehrmals tägl.; Estación de Combis, Ortíz Arrieta, 3. Block, Mo–Sa mehrmals täglich. Fz 90 Min., Fp 10 Soles. Von dort Weiterfahrt nach Bagua, Fz 1 h, F 10 Soles. – **Rioja:** s. Moyobamba, Fz 2 h. – **Tarapoto** (370 km): kein Bus, doch Colectivo-Kette über Pedro Ruíz, Rioja und Moyobamba, keine Wartezeit beim Umsteigen, Fz 7 h, Gesamtfahrpreis 55 Soles. – **Tingo** (36 km): tägl *Kuélap Express,* Libertad 803, Tel. 77-8128, sowie mehrere Colectivos und Lkw; Fz 2 h, 2–3 €. – **Trujillo:** s. Chiclayo und Lima. – **Yurimaguas** via Pedro Ruíz und Moyobamba mit Umsteigen (Colectivos/Motocarros), um Bus nach Tarapoto zu kommen, Gesamtfahrpreis 85 Soles.

Flug Vor einem Abflug fahren von der Plaza de Armas Pickups, Colectivos und Lkw zum Flughafen. Fp 3 Soles, Taxi 10 Soles.

Star Peru, Flughafen; nach Lima (* im Juli/August), 59 €. Alternative: mit dem Bus nach Tarapoto fahren und dort nach Lima oder Iquitos weiterfliegen. *FAP/Grupo 8;* nach Rodriguez de Mendoza (Di/14tägig) 20 €, nach Lima (Di/14tägig) 40 €, doch oft Wochen im voraus ausgebucht. *Aerodiana,* Ayacucho 944, Tel. 44-7203, joreno@terra.com.pe; nach Jaen, Bagua Grande, Cajamarca, Chiclayo.

Umgebungsziele von Chachapoyas

Levanto 22 km südlich von Chachapoyas liegt **Levanto** (2800 m), ein Ort mit interessantem archäologischem Umfeld. Neben den steinernen Rundbauten von *Yálape* (Gehzeit 30 Min.), von den Chachapoya 1100–1300 erbaut, fasziniert der 23 km lange, prähispanische Kanal von *Aspachaca, d*er Levanto mit Wasser versorgte. In seiner ganzen Länge wurde er 80–100 cm hoch aus Steinplatten gebaut und ist eine hydraulische Meisterleistung. Anfahrt mit Micro oder Taxi ab Chachapoyas und schöne Rückwanderung ab Levanto auf z.T. alter Inkastraße durch herrliche Flora (viele Orhideenarten), Gz 2–3 h.

Sarkophage von Karajía Eine selbst für Peru einzigartige Sehenswürdigkeit findet sich bei Lamud nordwestlich von Chachapoyas. Dort entdeckte Federico Kauffmann-Doig auf einer seiner Expeditionen auf die geheimnisvollen Steinstatuen von Karajía, die er 1985 erstmals der Öffentlichkeit vorstellte. Es waren Sarkophage, denn sie bargen Mumien in Hockstellung. Die Statuen enden in gemeißelten Gesichtern, die Nasen mit akkurat ausgearbeiteten Nasenlöcher sind auffallend groß, und es scheint, als ob die Menschensäulen einen Helm und einen Bart tragen. Irgendwie erinnern sie an die Steinstatuen auf Rapa Nui (Osterinsel). Über ihnen thronen in der Felsenwand einige Totenschädel.

Anfahrt mit Micro über Luya bis Lamud, Fz 1,5 h, 10 Soles. In Lamud können Führer und Maultiere angemietet werden. Dann noch etwa 2–3 h zu Fuß ins Juscubamba-Tal über Shipata (Unterkunft u. Landgaststätte) nach Karajía. Eine Alternative ist die Anfahrt mit dem Bus bis Luya. Von dort mit dem Taxi (Fp 10 €) auf einer schlechten Piste bis Cruz Pata oder Trita (Taxi wartet dort). Von dort unbedingt einen Führer nehmen, besonders in der Regenzeit, da Wetter und Sicht oft sehr schlecht sind und man schnell an den Wegmarkierungen vorbeiläuft (Gehzeit ca. 20 Min.). Wenn vorhanden, ist ein Fernglas gut. Eine weitere Alternative ist der Tagesausflug mit einem Touranbieter, *Amazon Tours* (s.o.), verlangt um die 20 € für 2 Pers., Fz ca. 3 h (einfach). Die Tour könnte mit einem Besuch der Ruinen von **Gran Vilaya** bei Cóngon kombiniert werden, das von Cohechán via Tilla (Valle de Belén) erreicht werden kann.

Sarkophage von Sholón Bei Colcamar befinden sich in einer Schlucht mit Wasserfall die Sarkophage von Sholón. Einen lokalen Führer kann beim Instituto Nacional de Cultura, INC, in Colcamar, Tel. 041-997-3661 oder 995-0009, angeheuert werden, 10 Soles. Anfahrt mit dem Taxi nach Colcamar ist günstiger als mit einem Touranbieter.

Catarata Gocta Der mit 771 m höchste Wasserfall von Peru und drittböchster der Welt wurde 2002 von dem Deutschen Stefan Ziemendorff am Steilabfall der Anden zum Amazonastiefland östlich von Chachapoyas entdeckt. Er ähnelt im Aussehen dem Salto Angel, dem höchsten Wasserfall der Welt in Venezuela (992 m). In Chachapoyas werden Touren angeboten, 25–50 Soles, je nach Teilnehmerzahl und Verhandlungsgeschick.

Anfahrt mit dem Wagen von Chachapoyas Richtung Pedro Ruíz bis zum kleinen Dorf Cocabamba, Fz 1,5 h. Vor Ort geht es in Begleitung eines Führers auf einem guten, einfach zu begehenden Weg – zum Teil durch Primärurwald mit Orchideen, Papageien und anderen Tieren – zum zweistufigen Wasserfall, Gz 2,5 h. In der Trockenzeit kann am Fuße des Wasserfalls gebadet werden. Während der Regenzeit sollte man sich beim Führer Gummistiefel und ggf. einen Regenponcho ausleihen. Fotos auf www.imageevent.com/betosantillan/gocta inkl. Landschaftskarte und GPS-Daten.

Jaén

Wer von Chachpoyas nicht auf der gleichen Strecke via Cajamarca zur Küste zurückfahren will, kann als Alternative die Route über **Bagua Grande** nach Chiclayo wählen.

Bagua Grande 2008 wurde in der Nähe von Bagua Grande mit **Yumbilla** ein weiterer riesiger Wasserfall entdeckt. Mit 896 Metern Fallhöhe ist der Yumbilla der fünfthöchste Wasserfall der Welt!

Jaén Nach ungefähr 150 km ab Chachapoyas wird die Abzweigung nach **Jaén** (S 5°42'15", W 78°48'15"), das 17 km nördlich der Hauptstraße nach Chiclayo liegt, erreicht. Der tropische Ort, 729 m hoch, ist Ausgangspunkt zum Besuch des **Santuario Nacional Tabaconas Namballe,** das über die Piste 5N nach Namballe erreichbar ist.

Sehenswert in Jaén (70.000 Ew.) ist das **Museo Regional Hermogenes Mejía Solf** im Istituto 4 de Junio am Stadtrand, museojaen1@hotmail.com. Drei Räume stellen interessante und einzigartige Zeugnisse der präkolumbischen Keramik und koloniale Exponate aus. Herr Ulisses Gamonal Guevara, Bibliothekar und Direktor des Museums, bietet eine interessante Führung.

Zur **Übernachtung** in Jaén eignet sich die nette Bungalow-Anlage mit Pool von *Hoteleria El Bosque*, Av. Mesones Muro 632, Tel. (076) 73-1436, Tel./Fax 73-1184. Gut ist auch das *Hostal Bolívar*, Av. Bolívar 1310, an der Plaza, bp, Ww. DZ 35 Soles. Preiswerter: *Hostal San Diego*, EZ/bp 20 Soles, empfehlenswert.

Bus: Direktverbindung (Nachtbus) nach Trujillo mit *EMTRAFESA*, Fz 10 h, Fp 30 Soles.

Flüge: *Aerodiana*, Diego Palomino 1507, Tel. 43-3959, aerodianajaen@hotmail.com, fliegt nach Chachapoyas, Bagua Grande und Cajamarca.

Jaén – San Ignacio – Namballe – Loja/Ecuador Durch die Öffnung eines Grenzüberganges zwischen Peru und Ecuador gibt es nun die Alternative, von Jaén via San Ignacio und Namballe nach Zumba in Ecuador und weiter nach Loja zu reisen. In **San Ignacio** kann man im *Hostel La Posada* mit angeschlossenem Restaurant gut übernachten (Zi. bc/bp, EZ/bp 25 Soles). Etwa 1,5 km vor dem Ort Namballe, der 5 km vor der Grenze liegt, befindet sich die schöne Bungalowanlage *El Sol del Frontera*, die von einer Britin geführt wird. Ü relativ günstig, CP möglich. Von Namballe ist die **Reserva Nacional Tabaconas Namballe** zu erreichen. Peruanischer Grenzort ist La Balsa. Dort Geldwechselmöglichkeiten. Grenzformalitäten problemlos. Der Grenzfluss wird über eine Brücke überquert. Über La Chonta und Zumba geht es weiter nach Loja in Ecuador.

Chachapoyas – Rioja – Moyobamba – (Tarapoto)

Von Chachapoyas fahren Colectivos nach Moyobamba und weiter bis Tarapoto. Dabei muss in Pedro Ruíz, Nuevo Cajamarca, Rioja und Moyobamba umgestiegen werden. **Rioja**, die „Stadt der Hüte" (18.000 Ew., 850 m), wurde am 22. September 1772 von *Felix de la Rosa Reátegui y Gaviria* am linken Ufer des Río Tonshima gegründet und ist heute ein bedeutendes Reisanbauzentrum. Hauptattraktion sind neben der Huacharo-Höhle mit einem fischhaltigen Höhlenfluss die vielen Orchideen (etwa 2500 Arten), die in der Region um Rioja von Oktober bis Dezember blühen (nur die *Zapatito* blüht von Juni bis Juli). Sehenswert sind auch der *Complejo Turístico Yacumana* und das *Centro Turístico Huaspay*. Außerdem stellen die *Aguarumas* u.a. Naturpostkarten aus Vogelfedern her. Ein Bade-Tipp ist der Flussstrand *Playa Eva* bei Tonchime.

Adressen & Service
Unterkunft: *Hostal Rocío*, Almirante Grau 740, Tel. 55-8532; ab 10 €.
Essen & Trinken: Typische Gerichte der Region sind *Juane, Apichado* oder *Inchicapi*. Getränke der Region sind *Chicha de Trigo* und *Masato y Chapo*. Hier wird auch der berühmte Likör *7 Raíces* hergestellt, und auch die andere Kräuterschnäpse, wie *14 Mentiras, Witochado, Vivorachado, Cerezochado* oder *Pico de Carpintero* sind einen Versuch wert.
Flug: *TANS* nach Lima (2x wö *), ab 75 €; Tarapoto (2x wö *); Pucallpa (2x wö *), ab 69 €; Juanjui (2x wö *), ab 69 €.

Moyobamba

Moyobamba ist Hauptstadt des Departamento San Martín. Sie liegt auf 850 m Höhe im Tal des Río Mayo und hat 43.000 Einwohner. Sie nennt sich selbst „Tal der Orchideen", weil durch das frühlingshafte Klima (durchschnittl. 24 °C) hier viele Orchideen gedeihen. In der Reyes Guerra 900 im Stadtviertel Zaragoza befindet sich die berühmte Orchideenzucht der Familie Villena-Bendezú. Gegründet wurde das kleine saubere Städtchen am 15. Juli 1540 von Juan Pérez de Guevara. Damit ist Moyobamba die älteste spanische Gründung im Urwald Perus. 1830 gab es sogar ein deutsches Konsulat in Moyobamba.

Sehenswert: die schmucke Plaza de Armas, die *Baños Termales* de *San Mateo* (5 km entfernt), die *Baños Sulfurosos de Oramina de Jepelacio* (Schwefelbäder, 6,5 km), die *Baños de Jepelacio* (22 km entfernt) sowie die 120 m hohen, dreistufigen Wasserfälle von *Gera* (ca. 22 km von Moyobamba, inmitten des Urwalds). Die Schwefelbäder sind von 6–18 Uhr geöffnet (Anfahrt mit dem Motorradtaxi).

Uña de Gato (s.S. 596) wird von den *Carachupas* über den Río Mayo nach Moyobamba transportiert und dort verarbeitet. Als *Centro Artensanal* fungiert das *Chuchu Center* am Río Uquihua (22 km).

Tourist-Info
Información Turística Regional de Industria y Turismo, San Martín 301, Tel. 56-2043, Mo–Fr 7.30–15 Uhr. **Vorwahl (042).**
CARETUR San Martín, Reyes Guerra 396, Tel. 52-2650, Fax 56-2800.

Unterkunft
ECO: Country Club Hostal, Manuel de Aguila 546 (Nähe Plaza de Armas), Tel. 56-2110; große Gartenanlage, komfortable Zi., bp, kleiner Pool. – **Hostal Albricias**, Alonso de Alvarado 1066, Tel. 56-2142; bp, schöner Garten.
FAM: Hostal Maroc Antoni, Pedro Canga 488, Tel. 56-2319, Fax 26-2491; bp, Rest. – **Hotel Puerto Mirador Moyobamba Hotel** (ex-Turistas), Sucre s/n (ca. 1 km vom Zentrum), Tel. 56-2594, Tel./Fax 56-2050. Schöne, ruhige Aussichtslage, rustikale Zi., Rest., Palmenpool, empfehlenswert, Ü/F.

Essen & Trinken
Typische Gerichte der Region sind *cecina con tacacho* u. *juane,* bei den Getränken *masato, chicha* und *siete raíces*. Restaurants: *La Olla de Barro*, Pedro Canga/Serafín Filomeno; regionale, gute Küche (*Chupetes de Aguaje* oder *Tacacho* probieren). *El Huerto de mi Amada;* nett eingerichtet, gute Gerichte. *El Langostino*, Reyes Guerra 411; Picantería, spezialisiert auf Fisch, Meeresfrüchte und Langusten, auch Cebiche. *Las Brasas,* Pedro Canga 512; beste *pollos*. *Cajamarquino*, 25 de Mayo 293; typ. Gerichte der Provinz Cajamarca.

Unterhaltung
Discoteca El Mágico Bosque, Patron Santiago 201; eine der größten Discos Perus mit Spezialeffekten und exquisiten Drinks. Discoteca *La Collpa.*

Geld	Banco del Crédito, San Martín/Alonso Alvarado 899; Interbank, San Martín 398.
Post	Correo Central, Serafín Filomeno 501, Tel. 56-2209.
Naturheiler	Maestro Naturista de la Provincia de Ayabaca, San Martín 316; eindrucksvoll.
Bus	Der Terminal Terrestre liegt in der San Martín/Plaza de Armas. Es fahren Busse von CIVA, Jaén Express, Guadalupe, Paredes Estrella und Meija. **Nach Chiclayo** tägl. ab der Plaza, Fp 15 €. – **Rioja** (20 km): Colectivos, Fz 45 Min., 2 €. – **Tarapoto** (120 km): gute Piste, Colectivos, Fz 3–4 h, 8 €.

Nördliche Selva

Überblick Der peruanische Urwald, die Selva, ist mit knapp 60% der Gesamtfläche Perus die größte Region des Landes. Die Besiedlung der überwiegenden „Urwaldprovinzen" *Loreto, San Martín, Ucayali, Madre de Dios* und *Amazonas* ist aber – „naturgemäß" – sehr dünn (ca. 2 Bew./qkm). Unter den Bewohnern der Selva gibt es auch noch viele frei lebende Indianergemeinschaften. Doch durch die Suche nach Bodenschätzen, durch Holzeinschlag und Erdölbohrungen wird der Lebensraum der Indianer immer mehr zerstört und dezimiert. Die größten und bedeutendsten Städte der Selva sind *Pucallpa* (ca. 175.000) und *Iquitos* (ca. 275.000).

Hauptverkehrsadern der Selva sind traditionell die Urwaldflüsse. Der Ucayali und der Amazonas bilden mit ihren Nebenflüssen ein gigantisches Wassersystem mit intensivem Boot- und Schiffsverkehr. Doch schon fräsen Bulldozer unaufhörlich Pisten durch den Regenwald, um in der Zukunft die beiden größten Städte im Urwald voll an das peruanische Straßennetz anzubinden. Ursprünglich sollte die Ruta Nacional 16 in Pucallpa über den Ucayali weiter bis zur brasilianischen Grenze (und dort weiter bis Cruzeiro do Sul) getrieben werden, aber diese letzten 200 km wurden nie gebaut.

Reisemöglichkeiten Pucallpa ist mit Lima über La Oroya – Cerro de Pasco – Huánuco – Tingo María – verbunden (noch nicht asphaltiert ist der Abschnitt 16 km hinter Tingo María bis Humboldt, s. Karte. Insgesamt eine Strecke von über 800 km Länge. Reisende von Lima nach Pucallpa sei hier eine interessante **Alternativroute** vorgestellt: Von La Oroya über Tarma – La Merced – Straßengabelungspunkt Humboldt – Pucallpa. Dabei geht es über die **Carretera Marginal de la Selva** (RN 5). Unterwegs könnte man von La Merced aus einen interessanten Abstecher in die Urwalddörfer *Oxapampa* und *Pozuzo* machen (s.S. 582). Von Pucallpa sind es noch knapp 600 km Luftlinie nach Iquitos am Amazonas. Außerdem können von Pucallpa die Urwaldstädte Atalaya am Río Ucayali und Sepahua am Río Urubamba auf dem Luft- oder Wasserweg erreicht werden.

Von der Straßengabelung 16 km nördlich von Tingo María führt die *Carretera Marginal de la Selva* entlang des Río Huallaga als Piste nach Norden. Über die Orte Tocache Nuevo, Juanjui und Tarapoto wird **Yurimaguas** am Río Huallaga (Oberer Marañón) erreicht. Von dort fahren Boote nach **Iquitos** (über Nauta beim Zusammenfluss von Río Marañón und Río Ucayali, ca. 100 km südl. von Iquitos). **Iquitos liegt wie eine Insel im Urwald,** kann nur per Flugzeug oder Schiff erreicht werden! Die ursprünglich geplante Straße von Chiclayo nach Iquitos endet heute in Yurimaguas (s.S. 607).

Den Urwald erleben Wer den (wirklich erlebenswerten) Urwald Perus in den Departamentos Loreto und Ucayali besuchen möchte, sollte sich zuvor Gedanken über verfügbare Zeit und sein Reisebudget machen. Die Urwaldgebiete außerhalb von **Iquitos**

und **Pucallpa** sind, abgesehen von den Erdölcamps, touristisch so gut wie nicht erschlossen. Diese beiden Urwaldstädte sind deshalb die einzigen Ausgangspunkte für Ausflüge oder Aufenthalte im Regenwald. In unmittelbarer Nähe der beiden Städte gibt es zwar große Urwaldgebiete, doch dabei handelt es sich meist um sog. Sekundär-, und nicht um („jungfräulichen") primären Regenwald. Durch die menschlichen Ansiedlungen flüchteten die meisten Urwaldtiere in entferntere, noch intakte Waldregionen. Um beides zu erleben, ist es sinnvoll, einen **mehrtägigen Ausflug** in den Urwald einzuplanen, der dann in aller Regel mit einem Boot durchgeführt wird. Von einer eintägigen Stippvisite in den Urwald darf nicht viel erwartet werden, wenngleich solch ein Kurztrip für „Einsteiger" durchaus interessant sein kann.

Pucallpa „contra" Iquitos

Pucallpa – Vor- und Nachteile

Die bunte Urwaldstadt am Río Ucayali bietet mehrere Vorteile:
1. Sie ist durch eine Straße über Tingo María und La Oroya mit Lima verbunden (durchgehend asphaltiert, bis auf ein kurzes Stück von Humboldt bis nördlich von Tingo María). Die Strecke ist zwar etwas abenteuerlich, insbesondere zwischen Huánuco und Aguaytia, doch ein Reiseerlebnis. Wer nicht für die ganze Strecke den Bus nehmen möchte, kann auch bis Huánuco oder Tingo María fliegen und erst dann einen Bus besteigen (die Verbindungen sind gut und preiswert). Ab Tingo María geht es durch den Urwald. Oder man fliegt nach Pucallpa, von Lima aus mehrmals täglich Flüge (wobei der Flug Lima – Pucallpa um die Hälfte billiger ist als Lima – Iquitos).
2. Der Urwald um Pucallpa unterscheidet sich kaum von dem um Iquitos, wobei die Tierwelt um Iquitos jedoch bereits spärlicher ist. Der Río Ucayali ist in Pucallpa nicht ganz so breit wie der Amazonas in Iquitos, doch dafür weist der Ucayali unzählige befahrbare kleine Nebenarme und Seitenkanäle auf.
3. Pucallpa ist außerdem immer noch völlig untouristisch, bietet für alles ein vernünftiges Preis-/Leistungsverhältnis und nirgendwo ist man dem echten Amazonasurwald so nahe wie hier – also **mein TIP.** Zeitbedarf: insgesamt 4 bis 7 Tage.

Iquitos – Vor- und Nachteile

Iquitos, die Urwaldmetropole am Amazonas, ist nur auf dem Luft- oder Wasserweg erreichbar. Übliche Ausgangspunkte sind neben Pucallpa und Yurimaguas auch Tabatinga/Manaus in Brasilien und Leticia/Kolumbien.
Iquitos ist weitaus bekannter als Pucallpa, nur sie scheint das einzige richtige Amazonas-Feeling vermitteln zu können. Schließlich wird dies in Hochglanzprospekten permanent behauptet. Da lassen sich viele nicht erschüttern, auch nicht durch das wirklich hohe Preisniveau. Die Stadt ist voll mit Gruppentouristen, die direkt von Lima einfliegen, als Individualreisender hat man es dort schwer. Ein mehrtägiger Urwaldausflug bedingt deshalb vorab ein ausgiebiges Studium des dortigen Angebots (s.S. 624). Sicherlich gibt es da ein paar Lodges in unmittelbarer Nähe der Stadt, doch das ganz wirklich intensive Urwalderlebnis in ursprünglicher Flora mit artenreicher Fauna bleibt da meist „auf der Strecke". Sehenswert in Iquitos ist auf jeden Fall das „schwimmende" Stadtviertel **Belén** (das in der Trockenzeit zum „Trockendock" wird), der quirlige **Mercado** sowie die **Laguna Quistococha.**

ROUTE 8: (LIMA) – LA OROYA – HUÁNUCO – TINGO MARÍA – PUCALLPA (800 KM) (– IQUITOS)

Von Lima aus gibt es Busse, die bis nach Pucallpa durchfahren. Falls die Strecke nicht unterbrochen wird, ist die Fahrt in 14–18 h zu bewältigen. In der Regenzeit kann es aber erheblich länger dauern, vor allem dann, wenn Hochwasser Brücken weggerissen oder es einen Erdrutsch gegeben hat. Wer Zeit hat, kann die Route auch in Etappen machen oder ein Teilstück fliegen. Etappen könnten sein: Lima – Huánuco – Tingo María und Tingo María – Pucallpa. Auf dem Abschnitt **Huánuco – Tingo María** (Coca-Anbaugebiet/Guerilla-Aktivitäten) – **Pucallpa** muss mit vielen, teils zeitraubenden Fahrzeugkontrollen gerechnet werden (Überprüfung des Reisepasses, eine Kopie wird akzeptiert).

Die Carretera Central biegt in La Oroya (s.S. 176) nach den Bahngleisen links ab und folgt dann dem Río Mantaro ein Stück. Nach 21 km kommt rechts (Las Vegas) der Abzweig der lohnenswerten Nebenstrecke über Tarma, La Merced, Villa Rica, Puerto Pachitea, Puerto Inca und Humboldt nach Pucallpa (Route 9). Ein Abstecher unterwegs nach *Oxapampa* und *Pozuzo* ist lohnend.

La Oroya – Cerro de Pasco

Hinter La Oroya wird nach einem kleinen Pass die *Pampa von Junín* durchfahren. Am 6. August 1824 gewann hier Simón Bolívar die entscheidende Schlacht gegen die Spanier um die Unabhängigkeit. Bei km 54 erhebt sich links eine Erinnerungssäule an dieses Ereignis. Nach 60 km wird **Junín** erreicht. Das Andenstädtchen hieß vor der Schlacht *Pueblo de los Reyes*. Der sehenswerte Markt findet dienstags statt. Der große gleichnamige See nördlich der Stadt ist durch seinen Vogel-, Frosch- und Fischreichtum bekannt.

Bei km 121 mündet linkerhand eine Route, die im späteren Verlauf über Canta, Santa Rose de Quives und Yangas entlang des Río Chillon zurück nach Lima führt. Es geht über den landschaftlich sehr schönen *La Viuda*-Pass (4750 m) und den interessanten *Bosque de Piedras* bei Huayllay, es ist aber bis Santa Rose de Quives fast durchgehend eine Schotterpiste. Von Junín nach Cerro de Pasco sind es noch 70 km Asphaltstraße, auf der zügig gefahren werden kann.

Cerro de Pasco

Die Minenstadt **Cerro de Pasco** hat 70.000 Einwohner und liegt, eingebettet in eine grüne Seenlandschaft, auf 4330 Meter Höhe am Rande einer gewaltigen Erzgrube, aus der seit Jahren Kupfer-, Zink-, Blei- und Silbererze abgebaut werden. Hier ist auch das höchste Kohlebergwerk der Welt. Die Andenstadt selbst bietet nur ein hässliches und trostloses Bild. Wer nicht dazu gezwungen ist, sollte hier – auch aufgrund der eisigen Höhenkälte – nicht übernachten. Von Cerro de Pasco lässt sich leicht der *Bosque de Piedras* (versteinerter Wald) besichtigen, der 35 km von der Stadt entfernt ist (Fz 45 Min.).

Poltur *Policía de Turismo,* Cuadra 11 del 28 de Julio, Tel. 064-51-3117.

Unterkunft **Vorwahl (063). ECO:** Hotel Santa Rosa (BUDGET), Plaza de Armas (hostalsantarosa@hotmail.com). Besitzer organisiert Ausflüge zum Bosque de Piedras. – **Hostal Arenales,** Arenales 162; freundlich, Ww.

570 Lima – Huánuco – Tingo María – Pucallpa Karte S. 570

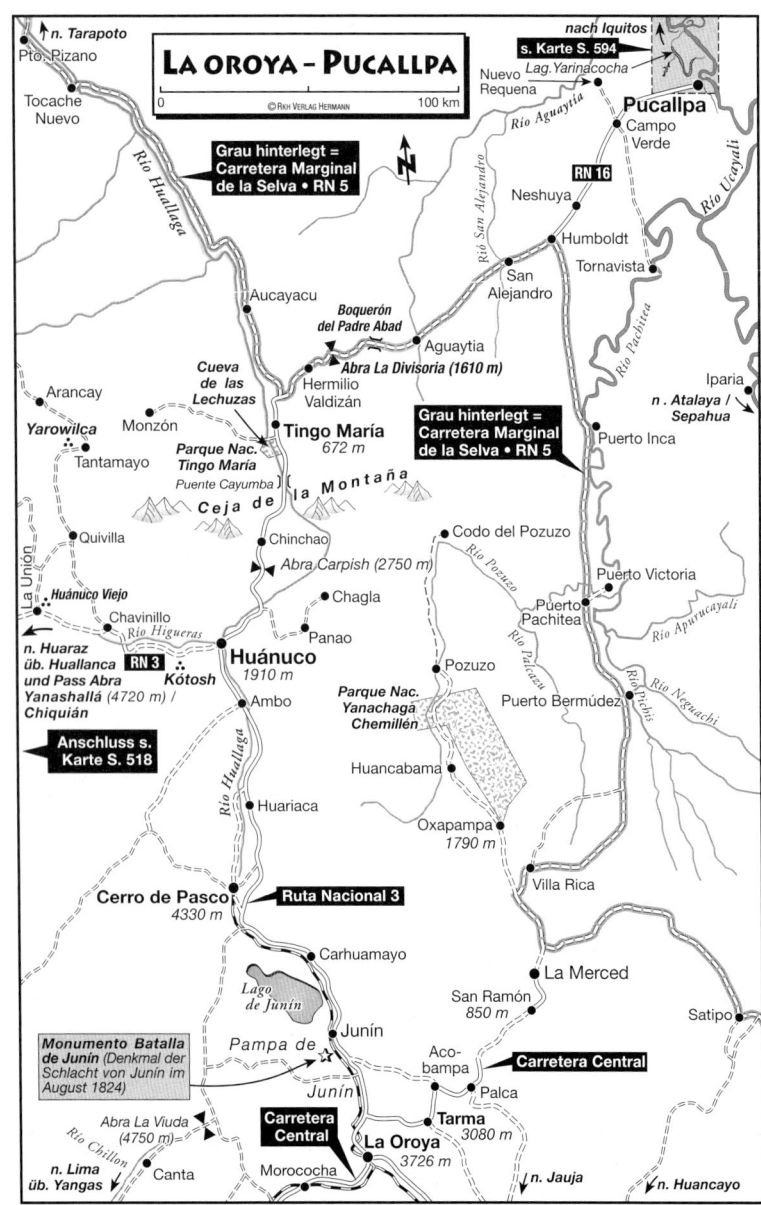

Essen & Trinken	Das Restaurant *Los Ángeles* in der Libertad (Nähe Markt) ist immer voll mit Einheimischen. Forelle und Frösche sind die lokale Spezialität, die u.a. auch im *El Espignol II*, Arenales 164, serviert werden.
Bus	In Cerro de Pasco gibt es einen zentralen Busterminal. **Nach Huancayo** (250 km): mehrere Busse tägl., Fz 6 h, 4 €. – **Huánuco** (100 km): mehrere Busse und Colectivos tägl., u.a. auch ab Plaza de Armas, Fz 5 h, 2 €. – **La Oroya** (125 km): mehrere Busse tägl., u.a. auch ab Plaza de Armas, Fz 3 h, 2–3 €. – **Lima** (315 km): *Empresa de Transportes Carhuamayo*, Av. Montevideo, Abfahrten 8.30 und 20 Uhr, Fz 9 h, 7 €.
Zug	Der Bahnhof liegt etwas außerhalb. Der Personenverkehr nach Lima/La Oroya ist derzeit eingestellt. Nach dem letzten gültigen Fahrplan würde der Zug aus La Oroya um 17.15 Uhr ankommen, der Gegenzug um 5 Uhr abfahren.
Cerro de Pasco – Huánuco	Die nächsten 116 km von Cerro de Pasco nach Huánuco sind durchgehend asphaltiert und führen durch eine großartige, atemberaubende Landschaft 2400 m bergab in das fruchtbare Tal des Río Huallaga. Die eisige Kälte weicht angenehmer Wärme. Über Ambo wird das „Tal des ewigen Frühlings" erreicht.

Huánuco

Die Provinzhauptstadt Huánuco (1910 m) im oberen Huallaga-Tal hat 150.000 Einwohner. Es ist ein wichtiges Zentrum des Zuckerrohranbaus und 415 km von Lima entfernt. Die hübsche Andenstadt ist durch ihr mildes Klimas sehr beliebt und wurde schon 1539 an der Stelle einer Inkasiedlung durch *Gomez de Alvarado* gegründet. Der wöchentliche Sonntagsmarkt ist zwar kein „muss", dafür sind die zwei Kolonialkirchen *San Francisco* und *San Cristóbal* sowie das kleine *Museo de Ciencias* (naturhistorisches Museum) durchaus sehenswert. Ein Anziehungspunkt ist sicherlich der Straßenmarkt in der Calle Ayacucho, einen Block parallel zur Huánuco, der fast alles anbietet. Wer die schöne Aussicht auf die Stadt genießen möchte, sollte mit einem Taxi zum Aussichtspunkt *Aparicio Pomares* im Westen von Huánuco fahren, Fp 1,50 €.

Adressen & Service

Tourist-Info	Es gibt in Huánuco keine Touristeninformation. An der Plaza ist zwar eine Stelle, die sich als solche bezeichnet, jedoch ein reiner Touranbieter ist, der keine Infos gibt. Es ist auch kein Stadtplan zu bekommen. Geöffnet Mo–Fr 8–13 Uhr u. 14.30–17.30 Uhr. Buchbar ist hier jedoch eine interessante Rundfahrt durch die Stadt, zu den Kotosh-Ruinen und zu einer Rumdestillerie (Fp 20–40 Soles). Außerdem Touren nach Tingo Maria. **Vorwahl (064).**
Unterkunft ECO	Viele preiswerte Unterkünfte befinden sich in der Huánuco. **Hostal La Cabaña** (BUDGET), General Prado 821 (hinter der Plaza de Armas). Saubere Zi., bc, DZ ca. 4 €, eine Empfehlung in dieser Kategorie. – **Hostal Residencial Huánuco** (BUDGET), Huánuco 777, Tel. 51-2050. Ruhige Gartenanlage, schön eingerichtet, saubere Zi., bp, Ww, Ws, Reservierung empfohlen, da immer gut besucht. EZ/bp 15 Soles, DZ/bp 25 Soles. **TIP!** – **Hostal Confort** (BUDGET), Huánuco 736, Tel. 57-4957. Zentrale, doch ruhige Lage, sicher, saubere Zi., bp, Ww, DZ ab 7,50 € (verhandeln!) – **Hotel Cusco**, Huánuco 614, Tel. 52-3263, Fax 51-2244. Älteres Hotel, bp, Cafetería, gut.
FAM	**Gran Hotel Huánuco,** Dámaso Beraún 775 (Plaza de Armas), Tel./Fax 51-2410, hotelhuanuco@terra.com.pe. Zi/bp, kleiner, schöner Pool, der Rest.-Speisesaal glänzt im Fin-de-siècle-Stil (preiswertes, 3-Gang-Menü inkl. Getränke ca. 5 €), Jacuzzi. Ü/F.

Essen & Trinken	Preiswert sind die *Chifas* in der Dámaso Beraún, einen Block von der Plaza. Sehr gut die *Pizzeria Don Sancho* in der General Prado (im 1. Block nach der Plaza, nur abends geöffnet) und das Restaurant *Las Palmeras*, ebenfalls in der Prado. Fleischgerichte im *Bonanza Grill*, Dámaso Beraún 775, Tel. 51-2410.
Unterhaltung	In der Pardo/28 de Julio (direkt neben der Plaza) gibt es eine Disco. Eine gute Cocktailbar ist *Trapiche Cachigaga,* 2 de Mayo 939-945.
Geld	*Banco del Crédito,* Huánuco 699/2 de Mayo 1005; *Continental,* 2 de Mayo 1137; *Interbank,* 2 de Mayo 1151.
Post	2 de Mayo 1183 (Plaza de Armas), Tel. 51-2503.
Museum	Museo de Ciencias Naturales, Gral. Pardo 495, Eintritt 1 €
Bus	**Nach Cerro de Pasco** (100 km): tägl. mehrere Colectivos und Busse. – **Huancayo:** *Ucayali,* tägl. – **Lima** (415 km): *Transporte León de Huánuco,* Malecón Alomía Robles 821, Tel. 52-2996; *Transporte Arellano,* 2 de Mayo 1398, Tel. 52-3361; *Empresa de Transporte Perla del Oriente (ETOPSA),* Crespo Castillo 810, Tel. 51-2903; *Trans Rey,* 28 de Julio; *TEPSA.* Fz 9 h (Direktbus), 7 €. – **Pucallpa** (425 km): die gleichen Busunternehmen wie nach Lima, Fz 12–14 h, 6 €. – **Tantamayo** (160 km): *Transportes Bella,* San Martín 575, 2x tägl., *Empresa de Transportes Chasqui,* Mayro 540, Tel. 51-7421, 6.30 Uhr, Fz 8–9 h, 20 Soles. – **Tingo María** (135 km): tägl. viele Colectivos. – **La Unión** (135 km): *Transportes Acosta* (auch „Chucaro" genannt), Tarapacá 448, tägl. um 7.30 Uhr nach La Unión, Fz 7–8 h, Fp 12 Soles. Auch täglich Colectivos, ebenfalls von der Tarapacá, jedoch weitere zwei Quadras stadtauswärts. Abfahrten 7–12 Uhr, oder erst wenn der Colectivo voll – besser vollgestopft – ist; Wartezeit bis zu 3 h, Fz 6 h, Fp 25 Soles.
Flug	Der Flughafen *David Figuero* in Huánuco (HUU), Tel. 51-3066, liegt 8 km außerhalb. Nach Lima: LC Busre, www.lcbusre.com.pe, tägl. 13.40 Uhr, Flugzeit 1 h, 135 US$ bzw. ca. 104 €.

Ausflüge von Huánuco

Tour 1: Ruinen von Kotosh

Etwa 6 km außerhalb von Huánuco an der Straße von Huánuco nach La Unión (3 N) liegen die Ruinen von Kotosh aus der Prächavínzeit mit dem Tempel **Manos Cruzadas de Kotosh** („Tempel der gekreuzten Hände"). Ein Paar dieser gekreuzten Hände ist verlorengegangen, das andere befindet sich im Archäologischen Museum in Lima (in Kotosh ist ein Replikat zu sehen). Die Ruinen wurden 1935 vom Archäologen Tello entdeckt. Erst 1958 wurden sie vom Japaner *Izumi* wissenschaftlich erforscht und auf ca. 2000 v.Chr. datiert.

Von der Straße geht es nach links über die neue Hängebrücke des Río Higueras zu den Ruinen. Ein Weg leitet die Besucher durch die Stätte, die Mauerreste sind erklärt. Das Taxi dorthin kostet 4–5 €, man könnte auch versuchen zu trampen.

Tour 2: Zu den Ruinen von Huánuco Viejo

Für die Tour zu den *Ruinen von Huánuco Viejo* (140 km) sollte man sich mindestens zwei Tage Zeit nehmen (ist aber auch in einem Tag machbar). Man besteigt einen Combi oder Micro und nimmt die gleiche Straße wie nach Kotosh entlang des Río Higueros.

Unterwegs kann man Abstecher zur **Cordillera Huayhuash** und nach

Tantamayo machen. 43 km nach Huánuco zweigt kurz vor *Chavinillo* eine Strecke nach Südwesten Richtung Cauri und zum Dorf Jesús ab.

Abstecher Cordillera Huayhuash / Jesús

Jesús ist Ausgangspunkt für Wanderungen in die Cordillera Huayhuash, für Lamatrekking oder andere Bergwanderungen, wie z.B. auf dem Inkatrail **Qhapaq Ñam,** der Cajamarca mit Cusco verbindet.

Unterkunft: Lodging Huayhuash, San Martín 240, Tel. 51-9954, hospedajehuayhuash@yahoo.es, www.travellandtourism.huayhuashtrekk.com/lodging oder www.huayhuashtrekk.com. Rustikales Hostal, bc, Ww, PP. DZ 8 €.

Tantamayo

Auf der N3 weiterfahrend gelangt man nach Quivilla. Von dort aus ist es möglich, einen Abstecher nach **Tantamayo** zu unternehmen. Dies ist ein kleines Bauerndorf auf 3600 Metern. Drei bis vier Fußstunden von Tantamayo entfernt liegen etwa 80 Ruinen der **Yarowilca-Kultur,** deren Besichtigung sehr zu empfehlen ist. Die schönste Anlage ist *Piruru,* die auf der gegenüberliegenden Bergseite liegt, Fußweg ca. 2 h. Es sollte unbedingt ein Führer genommen werden!

Infos gibt es im Postamt von Tantamayo oder bei Señor *Eladio Marticorena Lloclla* im Hostal Ocaña, der auch ein sehr guter und freundlicher Führer ist.

Unterkunft: *Hostal Ocaña;* saubere Zimmer, freundlich und sicher, gutes Essen auf Wunsch. – **Bus:** nach Huánuco (160 km) 2x tägl. mit *Transportes Bella,* Fz 8–9 h, 7–8 €. Nach La Unión tägl. um 10 Uhr mit Minibus, Abfahrt vor der Kirche, 10 Soles. Nach Lima Mo/Fr Direktbus, sonst über La Unión.

Noch vor der Abzweigung nach Quivilla geht es von der N3 westlich über *Pacas* nach **La Unión.** Die schöne Strecke ist sehr schwer befahrbar, einige Bäche queren die Straße. Wer gleich zu den Ruinen von Huánuco Viejo möchte, muss bei El Cruce aussteigen und zu Fuß weitergehen (Gehzeit 30 Minuten).

La Unión

Das kleine, ursprüngliche Bergstädtchen **La Unión** in 3100 m Höhe ist die Hauptstadt des Distriktes Dos de Mayo und noch völlig untouristisch. Auf der anderen Flussseite liegt Sipan. Beide Ortschaften sind durch eine Brücke verbunden, der Fluss ist die natürliche Grenze, beide Teile längst zusammengewachsen. Nachts kann es hier sehr kalt werden!

In der Comercial 1110 gibt es ein Internet-Café, umliegend einige einfache Unterkünfte (BUDGET) mit bc und ohne Ww sowie simple Restaurants. Die einzige Belebung des Örtchens ist der schöne Markt neben dem Busterminal. La Unión ist Ausgangspunkt für einen Besuch der Inka-Ruinen von *Huánuco Viejo,* die in der Nähe liegen

Unterkunft:

Hostal El Paraíso (BUDGET); kleine Zi., bc, Ww, DZ 3 €. – **Hostal Picaflor** (ECO), 2 de Mayo 879, Tel. (064) 51-0222. Eignerin Judith Aponte Chavéz; hier gibt es EZ mit bc, Ww u. (noch) keine Handtücher; 3 Blocks weiter vermietet sie DZ mit bp, Kw (Ww im bc), gleichfalls (noch) keine Handtücher. – **Gran Hotel Avilia Alvarado** (ECO). Mit Garten mit Restaurant. EZ/bp 15 Soles, DZ/bp 25 Soles.

Restaurant

Gut essen kann im El Danubio (nähe Markt).

Verkehrsverbindungen

Der Busterminal befindet sich in der Comercial stadtauswärts neben dem Markt. Nach Chiquián: tägl. Bus um 5 Uhr. **Nach Huánuco:** tägl. mehrere Busse und Colectivos, Fz 7 h, Fp Bus 12 Soles, Colectivos 25 Soles. **Huaraz:** tägl. um 4 Uhr (April bis September ein 2. Bus um 17 Uhr), mit modernem Bus, die Strecke ist fast durchgehend asphaltiert. Direktverbindung mit *El Rapido,* Fz 4,5 h, Fp 15 Soles. Sehr kalte Fahrt! **Lima:** tägl. Busse um 5 und 18 Uhr.

Ruinen von Huánuco Viejo

Wer bei El Cruce aussteigt, benötigt für die Wanderung zu den Inka-Ruinen (Höhenlage 3400 m) etwa 30 Min. Von La Unión ist für die Hin- und Rückwanderung ungefähr 4–5 h (reine Wegzeit) anzusetzen. Alternativ kann über eine schöne Naturstraße von La Unión nach Huánuco Viejo mit dem Taxi gefahren werden, Fz 30 Min., Preis Verhandlungssache.

Am Ortsausgang von La Unión geht man links in einer Schlucht zu einer Hochebene hinauf. An ein paar Häusern vorbei geht es dann etwas rechts auf das Ende der Pampa zu, bevor man die Tempelfestung der Inkas erreicht. Sehenswert sind das *Incahuasi,* eine Badeanlage und viele meisterhaft gearbeitete Inkamauern sowie drei sehr schön gearbeitete Trapeztore, die in einer Linie liegen. Höhepunkt ist der *Castillo,* eine Zeremonialplattform mit großartig gearbeiteten Steinmauern.

La Unión – Huaraz

Nach La Unión führt die Piste nach *Huallanca* und weiter oben zur Mine *Huansala.* Von dort geht es auf asphaltierter Straße recht spektakulär über den 4720 m hohen Pass *Abra Yanashalla.* Auf Passhöhe teilt sich die Straße. Die Abzweigung nach rechts führt als Piste über den grandiosen Pass *Punta Huarapasca* (4780 m) und durch den Puya-Raimondi-Park nach *Pachacoto* an der Hauptstrecke nach Huaraz.

Busse nach Lima und Huaraz fahren beim Abra Yanashalla nach links bzw. südl. über die asphaltierte Straße durch einige kleine Dörfer hinunter nach *Chiquián* zu Füßen der *Cordillera Huayhuash* (sprich: Waiwasch) und wieder hinauf nach *Conococha.* (Wer in Chiquián einen Stopp einlegen möchte ist im Hotel *Los Nogales de Chiquián,* Comercio 1311, Tel. 44-7121, hotel_nogales_chiquian@yahoo.com gut aufgehoben, bestes Hotel am Ort.) In umgekehrter Richtung, von Huaraz nach La Unión, fährt täglich ein Bus der Gesellschaft *El Rápido,* Huascarán 117, Tel. 72-6437; 120 km, Fz 6 h, 15 Soles. Anmerkung: Huallanca darf nicht mit dem gleichnamigen, nördlich von Caraz gelegenen Ort verwechselt werden.

Huánuco – Tingo María

Hinweis: Auf der Strecke von Huánuco über Tingo María (Coca-Anbaugebiet) nach Pucallpa gibt es viele Straßen- bzw. Passkontrollen.

Ceja de la Montaña

24 km hinter Huánuco kommt eine Abzweigung nach *Panao* und *Chagla.* Dann wird der Río Huallaga überquert und die asphaltierte Straße steigt zum Pass *Abra Carpish* auf 2750 m an. Es bietet sich eine herrliche Aussicht auf die umliegenden Berge. Hier beginnt die **Ceja de la Montaña** („Augenbraue der Berge"), eine Landschaft mit tropischen Bergwäldern, die zum Amazonasbecken abstürzt. Die Straße windet sich an steilen Felswänden vorbei fast 2000 m tiefer. Das Tal wird enger, die Vegetation üppiger. Steil wuchert der Urwald an den Hängen empor. Seichte Flussdurchfahrten gilt es zu meistern, Wasserfälle stürzen auf die Piste. In unzähligen Kurven zieht sich die Straße nun das Huallaga-Tal hinunter und überquert unten den Río Huallaga auf der Cayumba-Brücke. 7 km vor Tingo María zweigt eine schmale Straße nach Monzón zum **Parque Nacional Tingo María** mit dem Aussichtsberg *Bella Dormiente* ab. Hier liegt, in der Nähe der Straße, die Tropfsteinhöhle *Cueva de las Lechuzas* (Eulen-Höhle), s.u.

Tingo María

Die junge, aufstrebende Stadt mit 25.000 Einwohnern liegt nur noch in 672 m Höhe und hat sich in den vergangenen Jahren zu einem berüchtigten Kokainumschlagplatz entwickelt. Tingo María ist wirtschaftliches Zentrum eines Gebietes, in dem Tee, Kaffee, Kakao, Kautschuk, Bananen, Zuckerrohr und auch Coca angebaut werden. Auf einigen Plantagen wird Coca auch legal angebaut, lizenzierte Cocabauern dürfen es frei verkaufen (Exkurs darüber s.S. 116). Das Klima ist ziemlich feucht. Der jährliche Regenfall beträgt über 2600 mm, nur zwischen April und Oktober regnet es etwas weniger. Das liegt daran, das Tingo María genau zwischen dem andinen Hochgebirge und dem Amazonastiefland liegt. Um Tingo María prägen vom Urwald überwucherte, wild zerklüftete Berghänge das Landschaftsbild. 1968 wurde eine kleine Universität mit 250 Studenten gegründet, der ein zoologischer und botanischer Garten angeschlossen ist (Mo–Fr 7.30–14.45 Uhr, Eintritt frei). Für manche ist evtl. auch das **Serpentarium** interessant: Boas, Giftschlangen und mehr.

Die einzigartige Landschaft rund um Tingo Maria ist ein wahres Paradies für Naturfreunde. Es gibt zahlreiche Höhlen und Wasserfälle. Richtung Südosten sieht man einen mächtigen Berg mit üppiger Vegetation, dessen Gestalt entfernt an eine schlafende Frau erinnert. Er wird deshalb im Volksmund **La Bella Dormiente** („schlafende Schönheit") genannt und liegt im Parque Nacional Tingo María (s.o.). Ein Ausflug in die nähere Umgebung, zu den Tropfsteinhöhlen *Cueva de las Lechuzas* (7 km) und in den 1965 gegründeten 18.000 ha großen Tingo-María-Nationalpark ist lohnenswert.

Die einzigartige Landschaft rund um Tingo Maria ist ein Paradies für Naturfreunde. Es gibt zahlreiche Höhlen und Wasserfälle. Richtung Südosten sieht man einen mächtigen Berg mit üppiger Vegetation, dessen Form entfernt an eine schlafende Frau erinnert. Er wird im Volksmund *La Bella Dormiente* („schlafende Schönheit") genannt und liegt im Parque Nacional Tingo María (s.o.). Ein Ausflug in die nähere Umgebung, zu den Tropfsteinhöhlen *Cueva de las Lechuzas* (7 km) und in den 1965 gegründeten 18.000 ha großen Tingo-María-Nationalpark ist lohnenswert.

Cueva de las Lechuzas

Die Tropfsteinhöhle kann mit dem Motorradtaxi von Tingo María aus (7 km) erreicht werden. Die letzten Meter bis zur Höhle sind zu Fuß über eine Treppe zurückzulegen. Eintritt in den Nationalpark 5 Soles.

Hier lebt der seltsame, eulenartige *Guácharo* (Fettschwalm), eine nachtaktive Öl-Eule. Ihre Hauptnahrung sind Palmenfrüchte, die einen hohen Fettgehalt haben. Das Fleisch der Öl-Eule ist deshalb gleichfalls sehr fettig und ölig. Diese Öl-Eulen haben sehr gute Augen und orientieren sich nach einer Art Echolot-System, ähnlich dem der Fledermäuse. Auch das andauernde Geschrei der Vögel dient zur Orientierung. Der deutsche Südamerikaforscher *Alexander von Humboldt* beschrieb 1799 zum ersten Mal einen solchen Ölvogel. In der Höhle leben unzählige davon, aber auch Papageien, Fledermäuse und Schwalben. Um sie sehen zu können ist eine starke Taschenlampe erforderlich.

Adressen & Service Tingo María

Tourist-Info Derzeit keine vorhanden. **Vorwahl (062).**

Unterkunft ECO **Hostal Raimondi** (BUDGET), Raimondi 344, Tel. 56-2146. – **Hostal Marco Antonio,** Monzón 364, Tel. 56-2201. Freundlich, bc/bp, obere Zimmer sind sehr heiß – trotzdem ein **TIP!** – **Hostal Vienna,** Lamas 254, Tel. 56-2194; sauber und preiswert, bc/bp. – **Hotel Bella Dormiente,** Raimondi 844, Tel. 56-2244; bc/bp. – **Hotel Nuevo York,** Alameda Perú 533, Tel. 56-2406. Altes Hostal im Zentrum, 40 einfache Zi., bc/bp, Rest.

FAM **Albergue Agroturístico Ecológico Villa Jennifer,** Carretera Tingo María, Richtung Pucallpa (hinter der Brücke über den Huallaga), etwa 3,5 km außerhalb der Stadt, Tel. 960-3509, 959-5059, villajennifer53@hotmail.com, www.villajennifer.net. Familiäre Farmlodge in schöner, ruhiger Lage, bp, Ww, Ws, Rest., Mini-Zoo, Tourangebote, u.a. zur *Cueva de las Lechuzas, Cueva de Las Pavas,* zur Vogelbeobachtung oder *Boquerón del Padre Abad.* Kinderfreundlich, sehr hilfsbereite dän.-peruan. Eigentümer. Wochenendpaket (3 Tage/2 Nächte) VP 50 €, keine Kk, Span./Eng./Dänisch, **TIP!**

FAM/LUX **Hotel Madera Verde,** Carretera Tingo María, etwa 1 km außerhalb der Stadt, Tel. 56-2047, Fax 56-1800, maverde@terra.com.pe, www.geocities.com/maverde_pe. Alte, schöne Gartenanlage, vom Urwald umgeben, gutes Rest., Bar, Pool (öffentlich), Bungalows (LUX) und einfache Zimmer, bc/bp, Ü/F, kinderfreundlich, empfehlenswert.

Essen & Trinken *Café Rex,* Av. Raimondi 500, gutes Essen und empfehlenswert sowie die *Gran Chifa Oriental* an der Hauptstraße, chinesisch und gut. Ein gutes Grillrestaurant ist die *Parrillada Quique,* Alameda Perú 579 (Plaza de Armas), hier wird von Cuy bis Fisch alles gegrillt. Ein ordentliches Restaurant mit typischen Urwaldgerichten der Region ist das *Palmerita Amazónica,* Av. Tito Jaime 816. Das Restaurant im Hostal *La Cabaña* bietet ebenfalls eine ausgezeichnete Küche. Im *El Fogón,* José Prado/Av. Raimondi, mit lokaler Küche und Fischgerichten offeriert außerdem noch eine Aussicht auf den Río Huallaga; Öffnungszeiten nur Sa/So.

Erste Hilfe *Hospital Base Tingo María,* Ucayali 114, Tel. 56-2018 und *Clínica Muñoz,* Av. Fernández 465, Tel. 56-2073.

Post *Serpost,* Av. Alameda Perú (Plaza de Armas)

Telefon *Tel. del Perú,* Av. Pimentel 175 (Verlängerung der Av. Raimondi).

Führer *Franz Malpartida,* Tel. 965-9759, frantur@hotmail.com; sehr kompetenter Führer, auch für die Wasserfälle.

Bus Nach **Huánuco** (135 km): *León de Huánuco,* Pimentel 164, Tel. 56-2030, *Transmar,* Av. Raimondi 945 sowie *TEPSA,* Av. Raimondi 812, Fz 4–5 h, 2 €; außerdem sehr viele Colectivos und Colectivo-Taxis. Alternativ fahren Colectivos, sofern genau 5 Fahrgäste zusammenkommen; schneller u. etwas teurer als der Bus. – **Huancayo** (485 km): *Turismo Central,* (Nachtbus), Fz 12 h, 10 €. – **Lima** (550 km): *León de Huánuco* (Tagbusse), *Transmar* und *Transportes del Rey* (Nachtbusse); Fz 12–15 h, 8 €. Beste Gesellschaft ist BAHIA mit Schlafbussen, Abfahrt um 19 Uhr mit Stop in Huánuco (Rest. Portales), Ankunft Lima 6 Uhr, Fp 10–11 € (abhängig vom Platz). – **Pucallpa** (282 km): *Ucayali,* Av. Ericson 116, sowie *León de Huánuco, Empresa La Marginal, Transmar, Etopsa* und *Transportes del Rey;* Fz 10–12 h, 4–6 €. Alternativ fahren Colectivos, sofern genau 4 Fahrgäste zusammenkommen; wesentlich schneller (oft halsbrecherische Fahrweise!), dafür teurer als der Bus, Fz 5h, Fp 10 €. – **Tocache Nuevo** (170 km): tägl. mit *Transtel, Ucayali, Transmar* und *Comité 1* (Fz 3 h, ab 6 €). – **Tarapoto:** über Tocache und Juanjui (2x umsteigen). Zwischen Juanjui und Tarapoto nur während der Trockenzeit mit allradgetriebenen Pickups/Camionetas (Stehplatz auf der Ladefläche). Flussdurchfahrten / Drogenanbaugebiet! Gesamtfahrzeit 15–18 h, Gesamtfahrpreis 25 €.

Flug Der Flughafen liegt 2 km außerhalb Richtung Pucallpa auf der anderen Seite des Río Huallaga. Taxis vom /zum Airport 2 €. Flugpläne ändern sich öfter oder Flüge fallen aus. Rechtzeitig erkundigen! LC Busre, www.lcbusre.com.pe.

Tingo María – Pucallpa

Auf den restlichen 290 km bis Pucallpa steigt die anfänglich schlecht asphaltierte Straße an Bananen- und Teeplantagen vorbei zum 1610 m hohen *Abra La Divisoria* (Pass) hinauf, der zugleich die Wasserscheide zwischen Río Ucayali und dem Río Marañón bildet. Kurz vor Erreichen der Passhöhe endet die schlaglochreiche Asphaltstraße und führt als Schotterpiste weiter zum *Boquerón del Padre Abad*.

Boquerón del Padre Abad

Dies ist ein Schluchtdurchbruch durch die „Blaue Kordillere". Der Franziskanerpater Abad entdeckte bereits 1757 diese wichtige Schlucht: Straßenbauer, die 1930 die Carretera von Huánuco nach Pucallpa weiterführen wollten, mussten die Schlucht zuerst mühsam wiederfinden und erreichten erst 1941 Pucallpa. Die kurze Durchfahrt durch die fantastische Felsschlucht mit nahezu senkrechten Felswänden ist so gut wie ganz asphaltiert. Wasserfälle donnern aus 300 m Höhe bis knapp vor die Straße. Wer kurz anhält, erlebt blühende Orchideen, Bananenstauden, Papayas und riesige Dschungelfarne. Papageien, Webervögelnester und pfeilschnelle Kolibris bilden eine perfekte Dschungelwelt. Hier könnte auch das Dschungelbuch mit Mogli gespielt haben ... Rechts sind Teile der alten, schmalen Eisenbahntrasse und eine Eisenbahnbrücke über den Canyon zu sehen. Unaufhörlich stürzt Wasser die steilen Hänge herunter. Asphaltstraße, Schotter- und Schlammpisten wechseln sich ab, und mehrere Kontrollposten müssen passiert werden.

Boquerón del Padre Abad – Pucallpa

Nach der Durchfahrt kommt rechts irgendwann ein seltsamer Betonbau in Sicht, der wie eine Untertasse aussieht. Ein Schild weist darauf hin, dass hier von einem Polizisten zweimal UFOs gesehen sein sollen. Das Ding sollte einmal eine Disco inmitten des Urwaldes werden, wurde aber nie fertiggestellt.

Im Urwald hängen nun meterlange Lianen von den Bäumen, würgen Schlingpflanzen mächtige Stämme unbarmherzig zusammen. Webervögelnester hängen freischwebend von den Ästen der Urwaldriesen, der typische Modergeruch des tropischen Regenwaldes Amazoniens nimmt zu.

Kurz vor km 181 kommt man an dem kleinen Wasserfall *Ducha del Diablo* vorbei. Etwa bei km 181 liegt das Restaurant *OVNI* mit spartanischer Schlafgelegenheit (Matten auf dem Boden), kein Bad. Der freundliche Besitzer betreibt eine kleine Fischzucht. Das OVNI eignet sich zu kleineren Ausflügen in die Umgebung, z.B. zum Naturschwimmbecken am Wasserfall *Velo de la Novia*, Restaurant vorhanden.

In *Aguaytia* (Restaurant, Tankstelle) wird der *Río Aguaytia* auf der großen, 850 m langen Humboldt-Hängebrücke überquert. Indianer knattern mit ihren motorisierten Langbooten durch die braune Fluten.

Dann folgen 160 km Piste mit vielen Schlaglöchern. Bis Pucallpa werden noch die zwei größeren Orte San Alejandro (benannt nach Alexander von Humboldt) und Campo Verde durchquert. 25 km nach San Alejandro kommt rechts die Abzweigung nach Puerto Inca am Río Pachitea (Nebenstrecke weiter nach Tarma und La Oroya, Beschreibung s. nächsten Abschnitt). In Campo Verde gibt es Abzweigungen südlich nach *Tournavista* (mit Airstrip) am Río Pachitea und nördlich nach *Nueva Requena*. In Campo Verde lohnt evtl. ein Abstecher zur Badelagune *Pimienta Cocha* bei Tornavista (65 km), ca. 5 km abseits der Strecke. Hinter Campo Verde geht es durch Sekundärwald und Weideland 33 km nach Pucallpa, dort endet die Straße vorerst. Seit langem ist die Fortführung der Ruta Nacional 16 bis nach Brasilien geplant, doch niemand weiß, ob und wann sie gebaut werden wird.

ROUTE 9: LA OROYA – LA MERCED – (POZUZO) – PUCALLPA

Diese interessante Nebenstrecke mit Abstecher über *Oxapampa* nach *Pozuzo* an den Rand des Urwalds eignet sich nur für Reisende mit viel Zeit oder für diejenigen, die ausschließlich diese Strecke bereisen möchten. Auf jeden Fall ist diese Region Perus völlig untouristisch und ein besonderer Reisetipp!

Zeitplanung Die Nebenstrecke sollte in Etappen gemacht werden, zumal die Busse nicht durchfahren. Zeitaufwand ca. 3–5 Tage.

Verkehrs-verbindungen Von Lima fahren Busse der *Transportes Chanchamayo,* Calle Luna Pizarro, über Tarma nach La Merced, Fz ca. 7–9 h, 8 €. Es gibt auch einen Direktbus von Lima nach Oxapampa, doch ist die Fahrt sehr anstrengend. Ich empfehle eine Unterbrechung in La Merced, um sich zu akklimatisieren. Außerdem gibt es einen Direktbus von Lima nach Pozuzo mit *La Victoria,* 28 de Julio 2405, Fahrten Mo, Do, Sa um 8 Uhr, Fz ca. 16 h, 12 €.

Etappen-übersicht
1. Etappe: Lima – La Merced (305 km); Fz ca. 7–8 h, 8 €.
2. Etappe: La Merced – Oxapampa (80 km); Fz 3–4 h, 3 €.
3. Etappe: Oxapampa – Pozuzo (87 km); Fz 3 h, 3 €.
Direktbus: Lima – Pozuzo (472 km), Fz 16 h, 12 €.

Tarma

Von La Oroya wird nach Überwindung der Passhöhe *Abra Cochas* in 4367 m Höhe die Stadt Tarma (3080 m) erreicht. Die hübsch gelegene Stadt mit immerhin über 40.000 Einwohnern und vielen Eukalyptusbäumen wurde bereits 1545 gegründet und ist berühmt für ihre Ostersonntagsprozession auf der Plaza de Armas, zu der Indígena aus der ganzen Umgebung herbeiströmen. Das koloniale Tarma wird auch „Perle der Anden" genannt und ist das Gemüse- und Blumenanbauzentrum für Lima. Hauptmarkttage sind Donnerstag und Sonntag, dann ist auf dem Mercado Modelo immer viel los.

Tourist-Info *Oficina de Información Turística,* 2 de Mayo 775 (Plaza de Armas), Tel. 32-1010 und 32-2530. 8–13 Uhr, Sa 8–12 Uhr. **Vorwahl (064).**
Club de Turismo de Tarma, Moquegua 653, preiswerte geführte Ausflüge.

Unterkunft ECO: **Hostal Ritz** (BUDGET), Huánuco (am Mercado Modelo); bc, etwas laut. – **Hostal El Dorado** (BUDGET), Huánuco 488, Tel. 32-2598; bc/bp, etwas laut, aber gut. – **Hotel Galaxia,** Lima 262 (Plaza de Armas), Tel. 32-2440 und 32-1149. Kleines Hotel, saubere Zi., bp, Reservierung empfohlen! – **Hostal Internacional,** 2 de Mayo/Huancavelica, Tel. 32-2830; gut, bc/bp.
FAM: **Hotel Los Portales,** Av. Ramón Castilla 512, Tel. 32-1411, Fax 32-1410. Etwas außerhalb in einem schönen Garten, 45 nette Zi., bp, Ü/F, unbedingt nach Rabatt fragen, **TIP!** – **Casa Hacienda La Florida,** an der Straße von Tarma nach San Ramón, 6 km von Tarma entfernt, Tel. 34-1041, reservas@haciendalaflorida.com, www.haciendalaflorida.com. Rustikales Hacienda-Landhaus mit 250jähriger Geschichte von Pepe und Inge Kreiner de Da-Fieno. 8 Zi. mit unterschiedlicher Bettenzahl, bp, Ü/F, auch CP. Inge spricht Deutsch. **TIP!** Für Familien mit Kindern und für ältere Reisende besonders geeignet.

Essen & Trinken Die meisten Restaurants befinden sich nördlich der Plaza de Armas und in der Av. Lima bzw. Av. Castilla. Das beste Restaurant soll das *El Rosal,* 2 de Mayo/Lima, sein. Preiswert sind *Don Lucho* und *Chavín* an der Plaza de Armas. *Antojitos de Tarma,* Jauja 190 und *Señoral,* Huánuco 138, ebenfalls o.k.

Erste Hilfe	*Hospital Centro de Salud Regional,* Av. Pacheco 362, Tel. 32-2400.
Post/Telef.	*Serpost,* Callao 365, Tel. 32-1241; *Telefónica del Perú,* Plaza de Armas.
Geld	*Banco del Crédito,* Av. Lima 407 (nähe Plaza de Armas). Wechselt AE-Reiseschecks.
Bus	Die Hauptabfahrtstellen der Busgesellschaften und Colectivos in Tarma befinden sich am Mercado Modelo und westlich der Av. Castilla in Höhe der Tankstelle. Die wichtigste Gesellschaft ist *Transportes San Juan.* **Nach La Merced** (75 km): tägl. regelmäßige Busse, Fp Bus 2 €, Colectivos 3,50 €. – **Lima** (230 km): tägl. Direktbus mit *Transportes Chanchamayo,* Callao 1002 oder *Expreso Satipo,* Ucayali 384, Fz 6 h, 6 €. – **Huancayo:** stündlich Colectivos, außerdem zahlreiche Busse von *Transportes San Juan,* Fz 3 h, 2,50 €. Außerdem Busverbindungen nach Villa Rica und Oxapampa.

Tarma – San Ramón

Von Tarma führt die Straße 10 km abwärts nach *Acobamba.* Hier lohnt sich ein Abstecher zur 2 km entfernten modernen, fast futuristischen Wallfahrtskirche *Muruhuay.* Im Mai findet alljährlich eine sehr farbenprächtige Fiesta statt. Von Acobamba nach *Palca* sind es wieder gut 10 km. Hinter Palca geht's an steilen Abgründen vorbei. Auf knapp 90 km werden 2000 Höhenmeter überwunden. Herrliche Hügel mit dicht bewachsenem Urwald künden das Chanchamayo-Tal mit San Ramón an.

San Ramón

Der Ort mit 16.000 Einwohnern in 820 m Höhe ist Zentrum großer Obst-, Kaffee- und Kakaoplantagen und durch einen kleinen Flugplatz mit dem Amazonastiefland verbunden. Das Städtchen mit seinem tropischen Klima (Regenzeit Dezember bis März) wurde im 18. Jh. zusammen mit La Merced gegründet, um den indigenen Aufstand von Juan Carlos Atahualpa abzuwehren.

Unterkunft	**ECO: Hotel Chanchamayo,** Progreso 291; bc/bp. – **Hotel Conquistador,** Progreso 298, Tel./Fax 33-1157. Zentral gelegen, ordentliche Zi., bp, Rest., Bar. **FAM: Hotel El Refugio,** Ejército 490, Tel. 33-1082. Bungalows in tropischer Gartenanlage (Orchideen), gute Ap., bp, familiär, freundlich, Restaurant. Fz ab 15 €, **TIP!** – **Hostal Golden Gate,** an der Straße zwischen San Ramón und La Merced (Busfahrer hält auf Hinweis an). Tel. (064) 53-1483. Schöne Gesamtanlage mit hübschem Garten samt Pool, 9 Einzelzimmer und 5 Bungalows (max. 4 Pers.), sehr sauber und ordentlich, familiär und sehr ruhig, gute Infos, Besitzer Rodolfo von May spricht Deutsch; ein **TIP!**
Bus	**Nach Lima** (293 km): *Transportes Chanchamayo,* Pachitea 325, Tel. 33-1031; *Expreso Satipo;* Fz 7–9 h, 8 €. – **Huancayo:** *Transportes San Juan,* Fz 6 h, 5 €. – **Puerto Bermúdez:** Minibusse am Ende d. Av. Tarma, Fz ca. 7 h, Fp 7 €. – **San Ramón:** Mit Minibus oder Colectivo.
Flug	Außerhalb von San Ramón liegt ein Flugplatz für Buschflieger, Lufttaxis und Luftcolectivos. Im Prinzip fliegen die Buschflieger überall hin, vorausgesetzt, es finden sich mindestens drei zahlende Fluggäste (und natürlich ein paar Meter gerader Boden zum Landen). Die Buschmaschinen haben in der Regel zwischen fünf und neun Sitzplätze. Luftcolectivos fliegen unregelmäßig und erst dann, wenn sie voll besetzt sind.

SASA fliegt unregelmäßig für 50 € von/nach Lima und zu weiteren Urwald-Orten, wie Puerto Inca, Satipo und Atalaya. *Aerotaxi del Pacifico* hat tägliche Flüge nach Puerto Bermúdez für 40 € und nach Ciudad Constitución für 60 €. *TAAPSA* fliegt 1x wö (meist am Wochenende) nach Pozuzo. Damit könnte auch eine Teilstück dieser hier beschriebenen Nebenstrecke geflogen werden.

La Merced

Die Straße von San Ramón nach La Merced ist asphaltiert. Zügig werden die dazwischenliegenden 10 km bewältigt. La Merced (751 m) ist ein kleines Städtchen (10.000 Einwohner) am Río Tambopata im Chanchamayo-Tal. Es verfügt über eine geschäftige Plaza de Armas, zwei lebhafte Märkte und ist bedeutender als San Ramón. Da hier auch fast alle Buslinien enden, ist die Stadt auch ein kleiner Verkehrsknotenpunkt.

Um La Merced breitet sich das Chanchamayo-Tal aus, ein wahres Paradies. Überall sprießen prächtige Papaya-, Bananen- und Avocadobäume, wächst Kaffee und Kakao, schieben sich schöne Orchideen durch das satte Grün.

Unterkunft **ECO: Hostal Romero** (BUDGET), Palca 419, Tel. 53-1106. Zi. bc/bp, nicht immer Ww. – **Hostal Cosmos** (BUDGET), Pirola/Pasuni; sauber, bp. – **Hostal Mercedes,** Tarma 575, Tel. 53-2304. – **Villa Dorada** (BUDGET), Julio Pirola 265, Tel. 53-1221. Freundliches Hostal, Zi., bp, Kw; Ü 20 Soles. – **Hostal Residencial Rey,** Junín 139, Tel. 53-1185. Moderne, saubere Zi., bc/bp, nicht immer Ww, Cafetería. – **Hotel San Felipe,** 2 de Mayo 426, Tel. 53-1046. Zi. mit bc, Kw, Patio, freundlich.
ECO/FAM: Hostal el Eden, Ancash 347; bp, gut.
FAM: Hostal Golden Gate, an der Straße zwischen San Ramón und La Merced gelegen (Busfahrer hält auf Hinweis an); Einzelzimmer und Bungalows, teils abgewohnt, doch familiär und sehr ruhig, gute Infos, Besitzer Rodolfo von May spricht deutsch. DZ 35 €, handeln.

Essen & Trinken Es gibt viele Chifas und Hähnchengrills. Das Restaurant *El Campa* an der Plaza ist preiswert und gut.

Geld *Banco del Crédito,* Tarma 311 und Junín 279, Tel. 53-1006.

Bus Es gibt nunmehr ein Terminal Terrestre, wo die meisten Unternehmen abfahren.
Los Andes, Palca 599, *Lobato, Etusca* und *Chanchamayo,* Av. Manuel Pinto, Tel. 53-2051, unterhalten regelmäßigen Busverkehr mit Tarma, Huancayo und Lima. **Nach Lima** (305 km): mit *Merced,* Arica 599, Fz 8 h, 5 €. *Expreso Satipo,* Tarma 126, täglich. **Huancayo:** tägl. mit *Lobato* über Satipo. **Huánuco:** tägl. Direktbus um 22 Uhr mit *Transporte Leon de Huánuco,* Carlos Peschiera 435, Tel. 53-1734; Fp 30 Soles. **Oxapampa** (80 km): *Los Andes;* außerdem fahren viele Camionetas, Colectivos und Jeeps, Fz 4 h, 2 €. **Puerto Bermúdez:** ausschließlich Camionetas bzw. geländegängige Pickups/Jeeps, z.B. vom *Empresa Transtur Villa Rica,* Fz mind. 7– 10 h, Fp Sitzplatz 50 Soles, Ladefläche 25 Soles; für einen Sitzplatz Ticket am Vortag kaufen, Sitzplatz im Fahrerhaus wählen, z.T. sitzen 4 Fahrgäste nebeneinander! Sehr schlechte, kurvenreiche Schlaglochpiste. **Satipo** (126 km), Abfahrten um 12 Uhr. **Villa Rica** (52 km): *Santa Rosa,* Florinapolis s/n, und *Empresa Villa Rica,* tägl. auf schöner Urwaldpiste; Fz 2 h, Fp 1,25 €.

Oxapampa

Der Weg von La Merced nach Oxapampa passiert die Abzweigungen nach *Satipo* und *Pampa Silva,* kommt durch *San Luís de Shauro,* überquert den *Río Paucartambo* (nicht zu verwechseln mit dem bei Cusco) und steigt nun wieder an nach Oxapampa. Der Ort auf 1814 m Höhe hat etwa 6000 Einwohner und schaut mit seinen Holzhäusern und der Kirche mit einem Zwiebelturm völlig unperuanisch aus. Tatsächlich stammen auch 30% der Bewohner aus Deutschland und Österreich (Tirol), die zuerst nach Pozuzo (s.u.) einwanderten und 1891 unter Führung von Enrique Bottger Treu nach Oxapampa übersiedelten. Noch sprechen einige Nachfahren Deutsch und werden deutsch-österreichische Traditionen gepflegt. So verwundert es nicht, dass man in blaue Augen blickt und blonde Schöpfe sieht. Einige Häuser erinnern an den Baustil aus Tirol. Sehenswert ist das kleine, liebevoll eingerichtete historische Museum in de Nähe der Plaza, sofern geschlossen öffnet Hector gerne (Tel. 33-7043).

Oxapampa ist ein Kaffeezentrum, aber auch mit der Landwirtschaft und dem Holzhandel wird Geld verdient. Die deutsche Familie Müller besitzt am Ortsanfang ein großes Sägewerk.

Östlich von Oxapampa, am Abhang der Anden in den Urwald, liegt der *Parque Nacional Yanachaga-Chemillén,* über 122.000 Hektar groß. Er ist bekannt für seine unzähligen Orchideen. Dieser Nationalpark ist touristisch nicht erschlossen. Nähere Auskunft über den Besuch des Parks gibt es in Oxapampa bei der IRENA, Pozuzo, Tel. 76-2544, pynch@terra.com.pe oder bei der Tourist-Info.

Tourist-Info *Información Turística,* Bolívar 464, Galerías Comerciales, Tel./Fax 76-2375, oxapmapa@mitinci.gob.pe. **Vorwahl: 063**

Unterkunft **ECO: Hostal Jiménez,** Grau 421, Tel. 76-2387; sauber, bp/bc, Ww, Parkplatz. – **Hostal Liz,** Av. Oxapampa 104, Tel. 76-2124; gefällig, kleine Zimmer, bc/bp. – **Hostal Arias,** Bolognesi 328, Tel. 76-2387; bc/bp, gut. – **Hostal El Trapiche,** es liegt an der Ortsausfahrt in Richtung Pozuzo. Schöne Holzbungalows, Rest., kostenloses Camping. Ein Bungalow kostet um die 10 €. – **Hospedaje Don Calucho,** Av. San Martín 411 (50 Meter von der Plaza), Tel. 46-2109, doncalucho_oxa@yahoo.com, www.usuarios.lycos.es/doncalucho. Sehr schönes, gepflegtes, clubartiges Hostal mit Garten und Terrasse, saubere Zi., bp, Ww. EZ 6 €, DZ 10 €, sehr empfehlenswert.
ECO/FAM: Albergue Familiar Frau Carolina Egg, Av. San Martín 1085, Tel. 46-2331, alberguefraucarolinaegg@hotmail.com, www.bungalowsfraucarolinaegg.com. Sehr freundliche, gefällige dt.-österr. Familienpension, 7 sehr saubere, geschmackvolle Zi., bp, Ww, Garten mit Pool, Ausritte, PP. EZ/F 8–12 €, DZ/F 16–24 €, TriZ 24–36 €, gPLV. Rabatt für Senioren, sehr empfehlenswert. Caroline ist Nachfahrin des Begründers von Pozuzo, Pfarrer Josef Egg.

Ökoherberge Yanachaga Wer eine Unterkunft in der Nähe des *Parque Nacional Yanachaga-Chemillén* benötigt, ist in der ehemaligen **Hacienda Yanachaga** bei Huancabamba (27 km außerhalb Richtung Pozuzo) richtig, die vor 150 Jahren von deutschen Einwanderern gegründet wurde. Das deutsch-peruanische Hilfsprojekt PROSOYA hat hier eine Ausbildungsstätte für Jugendliche aufgebaut, finanziert u.a. aus Patenschaften und Privatspenden. Im dortigen familienfreundlichen Öko-Hotel mit 8 kleinen Zimmern, bp, Ww und kleinem Restaurant kann übernachtet werden. Die Gäste können das Projekt besichtigen, an den Aktivitäten teilnehmen, den Pool benutzen, Wanderungen in den 10 km entfernten P.N. Yanachaga-Chemillén unternehmen oder den Orchideenwald von Navarra entdecken. EZ/F 35 Soles, DZ/F 60 Soles, HP 43 Soles, VP 50 Soles. Kontaktbüro in D: Peru Aktion, c/o Krista Schlegel, Hohensonne 11,

	32699 Extertal, Tel. 05262-2717, peruaktion@aol.com, www.peru-aktion.de, in Peru: PROSOYA, c/o Hugo Fernandez, Augusto Gutiérrez, 133, Miraflores, Tel. 273-1433, hfernandez@terra.com.pe. **TIP!**
Restaurant	Ein passables Restaurant ist das *Oasis,* Bolognesi 120, Tel. 76-2206. Auch das *Recreo El Paraíso,* Jirón Hassinger s/n, ist gut.
Geld	*Banco del Crédito,* Bolívar 308, Tel. 76-2213
Bus	Der neue, sehr große Busterminal in Oxapampa ist nun in Betrieb. Alle Busse fahren nun von dort ab.

    Nach Lima (385 km): 3x wöchentlich *La Victoria*-Busse, von Pozuzo kommend, deshalb keine Sitzplatzgarantie. – **Pozuzo** (87 km): neben Camionetas und Colectivo-Taxis fahren täglich technisch angeschlagene Minibusse (Abfahrten 7/10/14 Uhr), auf einer vor allem in der Regenzeit sehr schlechten Piste über Huancabamba hinunter nach Pozuzo. Fahrzeit je nach Wetterverhältnissen mindestens 4 h, Fp 9–18 Soles.

Pozuzo

Die Piste von Oxapampa nach Pozuzo existiert erst seit 1975 und ist nach wie vor abenteuerlich. Die Strecke folgt dem engen Flusstal des *Río Hancabampa.* Die Berghänge entlang der Piste sind von Urwald und Bambus überzogen, unzählige Flüsse werden über- und durchquert, es geht durch den **Parque Nacional Yanachaga-Chemillén.** In der Regenzeit (Dez. bis Ende März) ist mit Bergrutschen zu rechnen.

    Der Hauptort Pozuzo (früher Tirol) und die Ortsteile Prusia (früher Rheinland) und Delfin mit insgesamt 1500 Ew. liegen nur noch 700 m hoch. Am Rande des Urwaldes in einem sehr fruchtbaren Tal findet man hier einige Bauernhäuser im typisch alpenländischen Stil. Viele der insgesamt 8000 Bewohner des Distriktes Pozuzos sprechen noch einen alten Tiroler-Dialekt.

    Diese kleine Kolonie inmitten Perus wurde 1857 von Österreichern, Schweizern und Deutschen gegründet, nachdem Peru in den sehr dünn besiedelten Urwaldgebieten 10.000 Deutsche ansiedeln wollte, um den Eisenbahnbau über die Anden weiter in den Amazonasurwald voranzutreiben. Es kamen jedoch nur 200 Tiroler und 100 Rheinländer an. Unter Führung von Pfarrer José Egg überlebten nur 156 den anstrengenden, fast zweijährigen Wanderzug die Anden hoch. 1867 folgten nochmals 210 neue Einwanderer. Mit den Jahren wurden sie und ihr Tal regelrecht vergessen. Erst nach dem Zweiten Weltkrieg erinnerte man sich wieder an die Kolonisten, die sich ihre eigene Welt geschaffen und erhalten hatten. Nachdem 1975 die Straße gebaut worden war, setzte eine zunehmende Peruanisierung ein. Die eigenständige Kultur verschwindet und dient hauptsächlich dazu, den Kontakt zur „alten Heimat" aufrecht zu erhalten und Entwicklungshilfegelder zu bekommen. Die blonden, blauäugigen Kinder sprechen fast nur noch Spanisch und auch die Papageien müssen sich dieser Entwicklung beugen. Engagierte Privathilfe aus Tirol und Österreich (Silz und Haiming) trug in den letzten Jahren wesentlich zur Verbesserung der harten Lebensumstände in Pozuzo bei.

    Walter Geets, der Pozuzo beim Bau eines Krankenhauses unterstützte, berichtet, dass die heutigen Bewohner hauptsächlich von Rinderzucht und Ackerbau als Selbstversorger leben. So sei es keine Seltenheit, dass ein Bauer 200 ha Grund mit 200 Stück Vieh besitzt.

Sehenswert in Pozuzo sind neben den typischen Holzhäusern das **Museo Schafferer,** die **Iglesia San José,** der Kräutergarten **Ruíz y Pavó,** die **Hängebrücke** (zum Gedenken an Kaiser Wilhelm I.), das alte Bauernhaus **Palmatambo** (Anmeldung bei Frau Egg erforderlich, Gz 30 Min.).

Wer mehr über Pozuzo erfahren möchte, dem kann das Buch *Pozuzo* von Elisabeth Habicher, ISBN 3-85093-123-4, empfohlen werden.

Unterkunft Im Zentrum befinden sich einige Hostals unterschiedlichster Preisklassen, ggf. bei Padre Louis Stadler nach Privatquartieren fragen (z.B. von Frau Randolf).

Hostal Tyrol, Ortsteil Prusia („Preußen"), ca. 3,5 km vor Pozuzo, Alemania s/n; sehr sauber, empfehlenswert! – **Hostal Maldonado,** Av. Los Colones s/n, Tel. 70-7003, bc/bp, Kw, sauber und gut. – **El Mango,** Pacificación (am Ortsende von Pozuzo); einfache Zi, bc, Kw, Ü 3 €. – **Hostal Maria Egg,** eine Minute vom Río Negro Richtung Bergrücken, fraumariaegg@pozuzo.com; 3 Bungalows, bp, Ausblick, Pool, Camping, gute Infos, Ü/F 9 €, **TIP.** – **Albergue Nueva Patria,** bei Familie Helga & Wilhelm Lob, Río Limite, Tel. 70-7039, nueva.patria@gmx.net; drei komfortable, saubere Bungalows in traumhafter Lage am Fluss, ideal für Reisende, die ausspannen möchten, bp, Ww, gute Infos, ÜF/HP/VP. DZ/F 10 € mit reichhaltigem Frühstück. **TIP!**

Restaurant An der Hauptstraße im Zentrum stehen im *El Típico Pozuzino* u.a. auch Wiener Schnitzel auf der Karte.

Führer *Franz-Josef Schuller* (besser bekannt unter „Schilling") kennt die Region um Pozuzo und Codo del Pozuzo wie seine Westentasche, empfehlenswert, besonders für mehrtägige Wanderungen durch den Urwald, z.B. nach Tarma, Codo del Pozuzo, Seso oder gar über den alten Einwandererweg von Huánuco nach Pozuzo (Gz 5 Tage).

Feste 24.–29 Juli: Kolonistenfeier sowie die Feier zum peruanischen Staatsfeiertag. Dann schäumt der Ort über und Reservierungen für Unterkünfte sind unbedingt erforderlich.

Bus Nach Oxapampa (87 km): 3x täglich Minibusse, Fz 4 h, Fp 2–4 €

Flug Pozuzo besitzt im Ortsteil Delfin eine 550 m lange Landepiste, die nur am Wochonende von Buschfliegern aus San Ramón zur Versorgung des Urwaldstädtchens angeflogen wird. Außerdem erfolgen Versorgungsflüge nach Codo del Pozuzo (80 km), Fz 20 Min., Fp 30 €. Reservierung bei Heinrich Schuller in Prusia.

Umgebungsziel Zwei- bis drei Tagesmärsche weiter unten im Urwald liegt in Richtung Norden der Ort **Codo del Pozuzo** (80 km), der 1965 von Pozuzinern urbar gemacht wurde und landwirtschaftlich bedeutender als Pozuzo ist. Dieser Abstecher ist immer noch recht abenteuerlich. Noch gibt es keinen Fahrweg. Wer nicht auf dem Fluss oder mit dem Buschflieger anreist (s.u.), kann zu Fuß durch das Pozuzo-Tal auf dem Weg der Viehtreiber nach Codo del Pozuzo wandern. Dabei geht es oft durch knietiefe Löcher. Zuerst mit dem Micro von Pozuzo nach *Santa Rosa* (15 km, Fp 1,50 €). Von dort führt ein Pfad nach *Casa Blanka*, Gz 7 h, Übernachtungsmöglichkeit (Alternative in *Janaica*, Gz 11 h). Von Casa Blanka sind es am nächsten Tag noch 10 h reine Gehzeit nach Codo del Pozuzo.

Leichter und abwechslungsreicher ist die Anreise mit dem *Buschflieger* ab Pozuzo, der mitten in Codo del Pozuzo auf einer Schotterstraße landet. Eine Übernachtung im Ort kostet 3 €. Zurück geht es mit dem Boot auf dem Río Pozuzo nach Pto. Maira. Von Codo del Pozuzo ist dazu ein Minibus zum Porto von Codo del Pozuzo zu nehmen, Fp 1,50 €. Von dort fahren Boote (bzw. Versorgungsboote Mo/Do) nach Pto. Mairo, Fz 3 h, Fp je nach Bootsführer 3– 9 €. Von Pto. Maira führt eine Schotterpiste nach La Merced (16 km).

Carretera Marginal de la Selva
Villa Rica

Von Pozuzo sind es etwa 120 km zurück bis zur Abzweigung zur Stadt *Villa Rica,* zu der es dann nochmals weitere 20 km sind. Villa Rica hat 15.000 Ew. und liegt auf 1470 m Höhe, wodurch sich die gemütliche und ruhige Urwaldstadt nicht nur eines angenehmen Klimas erfreut, sondern auch Kaffeesträucher prächtig gedeihen lässt. Die „Reiche Stadt" ist die Kaffeemetropole Perus und das bedeutendste Fest das **Festival de Café y Ecoturismo** Ende Juni.

Unterkunft **Hospedaje Villa Rica,** 250 m vom Busterminal, Tel. 76-6299; saubere Zi., bp, freundlich und gut; Ü ab 4 €, **TIP!** – **Hostal Villa Rica,** gleiche Straße, etwas weiter bergab, Tel. 76-5013, bc/bp, WW, Ü ab 2,50 €.

Restaurant Etwa 2,5 km von der Ortsmitte bergabwärts liegt in der Zona Industrial das **Recreo Campestre Palma** mit einem guten Restaurant. Taxifahrt 0,15 €.

Von Villa Rica sind es dann noch gut 90 km bis nach

Pto. Bermúdez

Von La Merced bis Pto. Bermúdez benötigt der Bus etwa neun Stunden oder mehr, die Strecke ist katastrophal, da sie von der Regionalverwaltung nicht mehr instand gehalten wird. Pto. Bermúdez, ein verschlafenes Urwaldkaff (3500 Ew.) am *Río Pichis,* grenzt an das Stammesgebiet der *Ashaninka* (Besuchserlaubnis bei der dortigen ANAP). Es gibt weder eine Post noch die Möglichkeit Geld zu wechseln. Krankenhaus vorhanden.

Pto. Bermúdez bietet unglaublich schöne Einblicke in den Urwald am Río Pachitea mit Wasserfällen, *Pongos,* Höhlen etc. Ein idealer Ausgangspunkt für Rucksackreisende, die die teuren, kommerziellen Urwaldtouren um Iquitos oder in den Manu-Nationalpark vermeiden und dennoch Primärurwald erleben wollen. Ein Highlight ist sicherlich der Besuch eines der Dörfer der Ashaninka im **Reserva Florestal San Matias**. Etwas außerhalb von Pto. Bermúdez können auf dem Bauernhof *Ramis* Pferde angemietet werden. Lohnenswert ist eine Bootstour auf dem Río Azupizú nach Hawai (Fz 4 h), auf dem Río Neguachi nach Unión (Fz 4 h). Etwas länger dauert der Bootstrip über den Río Apurucayali nach Pto. Davis (Fz 9h).

Unterkunft *Albergue Cultural Humboldt* (BUDGET), Azanagro 105, direkt am Río Pachitea, Tel. (063) 72-0267, humboldt49@hotmail.com, www.geocities.com/puerto_bermudez; Anfahrt mit dem Motocarro. Rustikale Regenwald-Lodge von Jesús Dicastillo Gorritxo, nette Zi., Ws, gepflegter Garten, Sprachkurse, gutes Restaurant. 4,50 € p.P., VP 10 € p.P. Der Baske Jesús ist Schriftsteller und setzt sich für den Erhalt des umliegenden Primärurwaldes ein. Ausflüge und Touren in den Urwald (1–10 Tage, z.B. 2 Tage 30 €/2 Pers.), auch zu den Ashaninka. **TIP** für umweltbewusste und abenteuerlustige Reisende! – *Hostal Residencial Tania* (BUDGET), Castillo/Oxapampa (3. Cuadra). DZ/bp 6 €.

Essen und Trinken *Juguería* und *Antojitos* servieren täglich sehr günstige und schmackhafte Menüs.

Verkehrsverbindungen Bis Mitte der 1980er Jahre war auf dem Landweg Richtung Pucallpa in Pto. Bermúdez Endstation. Wer weiter wollte, musste auf ein Boot über Puerto Inca nach Pucallpa hoffen. Doch nun gibt es die *Carretera Marginal de la Selva* entlang des Río Pichis und des Río Pachitea über Pto. Inca zur Ruta Nacional 16 nach Pucallpa.

In der Calle Castillo gibt es Direkt-Jeeps von/nach La Merced. Verbindungen nach Pto. Inca sind sporadisch, meist nur Lastenwagenverkehr. Man muss sich erkundigen. Alle zwei Tage fahren Combis nach Ciudad Constitución, morgens 6 Uhr, Fz 2 h. Dort gibt es Camionetas nach Pucallpa, Fz 9 h. Jeeps brauchen mind. 10 h, Fp 60 Soles.

Von Pto. Bermúdez nach Pto. Inca fahren Boote auf dem Río Pachitea nach Pucallpa. Eine Bootsfahrt ist in der Regenzeit die bessere Wahl, da die Piste in dieser Zeit wegen Schlamm nur sehr schwer oder gar nicht befahrbar ist. Außerdem gibt es eine Flugverbindung mit San Ramón (s. dort).

Pucallpa

Abwechslungsreiche Geschichte

Pucallpa ist eine relativ junge Stadt auf 200 m Höhe unmittelbar am Río Ucayali inmitten des Amazonasurwaldes. Das Gebiet zwischen den Flüssen Huallaga, Pachitea und Ucayali wurde ursprünglich nur von den *Shipibo, Cashibo, Conibo* und einigen anderen Indianerstämmen bewohnt. 1557 begannen Jesuiten und Franziskaner am Ucayali mit der Missionierung. Das eigentliche Pucallpa wurde jedoch erst am 13.10. 1888 unter dem Namen *San Jerónimo* gegründet. 1912 wurde der Hafenort in Pucallpa umbenannt (das Wort stammt aus dem Quechua und bedeutet „rote Erde"). Die Cashibo bezeichneten das Gebiet um Pucallpa früher als *May-Uchín*, was ebenfalls „rote Erde" bedeutet. Die damals nur etwa 50 Bewohner lebten von der Jagd, dem Fischfang und der Kautschukgewinnung.

Der **Río Ucayali** entsteht durch das Zusammenströmen von *Río Tambo* und *Río Urubamba* flussaufwärts bei Atalaya, das an der Departemento-Grenze zu Junín liegt. Nach einer Länge von etwa 1600 km vereinigt er sich mit dem Río Marañón bei Nauta zum Amazonas. Die Indianer nannten den Ucayali *Apuparu*, was so viel wie „Fluss Gottes" heißt. Der neuzeitliche Entdecker des Ucayali war *Juan de Salinas Loyola*, der 1557 den Fluss erforschte.

Von 1920 bis 1929 wurden 11 Gleiskilometer von Pucallpa Richtung Tingo María verlegt, dann aber, aufgrund der hohen Kosten, eingestellt und dafür der Bau der Carretera weiter vorangetrieben, die seit 1943 Pucallpa mit Lima verbindet. 1939 wurde um Pucallpa **Erdöl** entdeckt. Die Ölfelder im Urwald bestimmten von nun an die Entwicklung der Stadt. 1943 wurde die Provinz *Coronel Portillo* mit Pucallpa als Hauptstadt gegründet, nachdem diese zuvor von der Provinz Loreto abgetrennt wurde. Die heutige Stadtentwicklung ging aus einem Kolonisierungsprogramm der peruanischen Regierung hervor. Campesinos vom Hochland waren durch Bodenknappheit und Hunger gezwungen, aus dem kalten Andenhochland in die Urwaldregion um Pucallpa zu ziehen. Dort sollten sie Reis, Bananen und Maniok anbauen. Doch Hitze, Insekten und unbekannte Krankheiten machten den Hochland-Campesinos das Leben schwer. Viele bauten bald auch die gewinnträchtigere Coca an. Pucallpa wurde zur **Freihandelszone** erklärt, um den Verkauf und Umschlag von Produkten zu erleichtern.

Boom-Town Pucallpa

Mitte der fünfziger Jahre erlebte Pucallpa durch die neuen Erdölfunde bei *Contamana* den lang erwarteten Aufschwung. Eine Erdölraffinerie wurde gebaut, erste Straßen asphaltiert. Auch die Holzindustrie belebte das Städtchen. 1980 wurden die Provinzen Coronel Portillo, Atalaya, Padre Abad und Purús zum neuen **Departamento Ucayali** vereinigt, das 8% des peruanischen Staatsgebietes umfasst. Pucallpa wurde die Hauptstadt. Heute ist Pucallpa eine quirlige Stadt, die aus allen Nähten zu platzen droht. Die Einwohnerzahl schnellte von einstigen 25.000 auf über 175.000 hoch. Ein Urwald-Magnet, der immer neue Menschen anzieht, besonders aus Lima. Hier ist das Leben leichter und angenehmer als in der Großstadt, und jeder hat seine Chance. So manches erinnert noch an die Pioniertage, städtebauliche Sehenswürdigkeiten gibt es nicht. Selbst die Plaza de Armas ist nur ein eigenwilliger Betonplatz der Gegenwart.

Ein Besuch des **Urwalds** um Pucallpa lohnt sich für Regenwaldbegeisterte. In Pucallpa gibt es keinen Tourismus wie in Iquitos, die Stadt und die Region eignet sich besonders für Individualisten mit viel Zeit.

Das **Klima** ist angenehm tropisch, die Durchschnittstemperatur beträgt 27°C, kann aber auch bis 33 °C ansteigen. Die beste **Reisezeit** ist von Juni bis Oktober. In der **Regenzeit** versinken die Außenbezirke völlig im Schlamm, in der Trockenzeit pulvert den rote Staub. Die Hauptstraßen im Stadtzentrum sind nun aber durchweg asphaltiert und auch die Straße nach *Puerto Callao* an der *Laguna Yarinacocha* hat eine Decke erhalten.

Orientierung Die wichtigste Straße Pucallpas ist die *Coronel Portillo*. Hier liegen Geschäfte, Büros, Fluggesellschaften und einige Hotels. Bedingt durch die Stadtnähe einiger Indianerdörfer schlendern viele mit handgefertigten Souvenirs durch die Innenstadt und versuchen sie zu verkaufen. An der Plaza de Armas wurde eine neue Kathedrale gebaut. Unterhalb der *Plaza San Martín,* auf der eine kleine Turmuhr die Zeit anzeigt, zieht sich während der Regenzeit der **Flussmarkt** entlang. Nahe der Plaza San Martín, zwischen der Huáscar und Tarapacá, befindet sich der Mercado.

Ein weiterer Markt zieht sich auf der 7 de Julio zwischen der Salaverry und Sucre entlang. Hier haben auch Schuster, Ersatzteilhändler und Schneider ihre Buden. Sehr ursprünglich ist das geschäftige Leben im **Hafenviertel La Hoyada,** wo die typisch kleinen Amazonasschiffe auf dem gelbbraunen Río Ucayali auf ihrer Fahrt von und nach Iquitos beund entladen werden. In der Regenzeit von Januar bis April können durch den hohen Wasserstand die Schiffe sogar am **Río Manantay** unterhalb der Plaza San Martín anlegen.

Sehenswertes – Übersicht

– *Mercado u. Hafen* m. schwimmenden Flusshäusern auf dem Río Ucayali
– *Parque Natural Pucallpa* (4 km außerhalb) und Museo Regional
– *Escuela de Pintura Amazónica* USKO-AYAR (Museo Pablo Amaringo)
– *Dörfer der Shipibo, Conibo* und *Campa* im Urwald
– *Urwald-Lagune Yarinacocha* mit Süßwasser-Delphinen (auch f. Kinder)
– *Jardín Botánico Chullachanqui*
– *verschiedene Urwald-Seen*, wie z.B. Imiría- und Chauya-See
– *Laguna El Encanto* (km 31), nähe Campo Verde (auch für Kinder)

Mercado / La Hoyada Der **Markt** entlang des Río Manantay ist wegen seines bunten Treibens **sehr sehenswert.** Hier wird alles angeboten, was der tropische Regenwald und die Flüsse bieten. Unzählige Flussboote haben am Ufer festgemacht und verladen die frisch geernteten Früchte aus dem Urwald. Dazwischen tummeln sich unzählige Geier, Flusscolectivos trommeln Fahrgäste für die nächste Bootsfahrt zusammen. Weiter draußen dümpeln Holzhäuser auf festvertäuten Flößen. Durch die vier in den Flussboden gerammten Holzpfähle, mit der das Floß durch Seile locker verbunden ist, können die schwimmenden Häuser sich jederzeit dem Wasserstand anpassen. In der Trockenzeit kann es dann schon mal sein, dass die schwimmenden Häuser auf dem Trockenen sitzen. Etwas weiter nördlich vom Flussmarkt mündet der Manantay in den Ucayali. Dort befindet sich auch der **schwimmende Hafen La Hoyada** mit regem Bootsverkehr.

Parque Natural Pucallpa, Museo Regional

Der *Parque Natural Pucallpa* ist eine ca. 10 ha große Parklandschaft mit Zoo (Urwaldtiere, aber nicht artgerecht gehalten) und liegt 4 km außerhalb südlich der *Carretera Federico Basadre* (die Straße zum Flughafen). Eintritt 1 €. Das *Museo Regional* wurde ebenfalls hier angesiedelt. Es beherbergt gut 12.000 Keramiken der Shipibo, die Stücke sind zum Teil über 200 Jahre alt. Geöffnet 9–17 Uhr, Anfahrt mit Motorradtaxi 1 €, Eintritt 1 €.

Escuela de Pintura Amazónica USKO-AYAR

In Pucallpa gibt es seit 1988 die Regenwald-Malschule USKO-AYAR von *Pablo César Amaringo Shuña* und dem Anthropologen *Luís Eduardo Luna*. Sie ist die berühmteste Malschule Amazoniens und die internationale Ausstellung „Rain Forest Visions" haben USKO-AYAR Weltruf verschafft. Die Schule wird von Meister Pablo Amaringo geleitet, der als Heiler und als einer der letzten echten Schamanen seine Sicht des Regenwalds zu Papier bringt. Amaringo hatte Vorfahren aus den Indianerstämmen der *Cocoma* und *Piro*, deren Sprachen er auch heute noch beherrscht. Mit den Energien kaum bekannter Naturpflanzen und den Schutzgeistern des Regenwaldes versetzt er sich in eine Traumwelt der Visionen. Unter der Wirkung des Urwald-Halluzinogens *Ayahuasca* (s.u.) malt Pablo aus dem Gedächtnis Bildvisionen einer im Ayahuasca-Sinnesrausch erlebten Innenwelt. Es sind magische, fantastische und sehr detailliert-plastische Bilder, die als Thema den Konflikt zwischen guten und schlechten Geistern und das Totenreich der Ahnen und Dämonen darstellen. Dazu verwendet er eine eigene Technik.

Die Lehrstunden in der Malschule sind kostenlos und viele junge Amazonier nutzen diese kreative Chance. Aus der Malschule gingen bereits Talente wie *Juan Vásquez Amaringo, Dennis Rengifo* und *Roxana Alaga* hervor, deren Werke schon als Postkarten erhältlich sind. Über Pablo Amaringo ist unter dem Titel *Ayahuasca Vision* auch ein Buch mit 49 verschiedenen Visionen erschienen (ISBN 1-55643-064-7). Die USKO-AYAR-Malschule befindet sich in der Sanchez Cerro 465 und kann tagsüber besucht werden.

Adressen & Service Pucallpa

Tourist-Info *Dirección Regional de Industría, Turismo y Artesanías,* Jirón 2 de Mayo 111, Tel. 57-1303, Fax 57-5110, ucayali@mincetur.gob.pe, Mo–Fr 8–13 Uhr und 14–18 Uhr. Exzellente Beratung und Infos zu Touren, Führern, Ayahuasca-Zeremonien, Verhalten im Urwald, Fahrpreisinfos zu Motocarros und vielem mehr, **also die erste Anlaufstelle für Individualreisende in Pucallpa.** Außerdem gibt es eine Touristeninformation auf dem Flughafen, Tel. 57-5034. – *Asociación Peruana de Agencias de Viajes y Turismo de Ucayali,* APAVIT-Pucallpa, Portillo 351, Tel. 57-1331, Señora Nelly Escalante ist freundlich und hilfsbereit. – *Promoción Turística de la Municipalidad Provincial de Coronel Portillo,* Av. San Martín 446, Tel. 57-7340. **Vorwahl (061).**

Polizei Ucayali/Independencia, Tel. 56-8980. – *POLTUR,* auf dem Flughafen, Tel. 57-2767. – *Migración,* Libertad 542, Tel. 57-5014.

Reisezeit	Beste Reisezeit ist Juni bis November, in der Regenzeit steht das allermeiste unter Wasser und es ist wenig zu sehen.
Unterkunft **ECO**	**Hostal Barbtur** (BUDGET), Raimondi 670, Tel. 57-2532. Einfachstes Hostal, saubere Zi., bc/bp, freundlich, DZ ab 3,25 €. – **Hostal Perú** (BUDGET), Raimondi 639. Einfach, bc/bp. DZ/bc 4 €, DZ/bp 7 €. – **Hotel Amazonas** (BUDGET), Coronel Portillo 729, Tel. 57-5819. – **Hotel Confort** (BUDGET), Coronel Portillo 747, Tel. 57-5818. – **Hostal Tariri** (BUDGET), Raimondi 733, Tel. 57-5147. Saubere Zi., bc/bp, sicher. – **Hotel Komby,** Ucayali 360, Tel. 57-1184; saubere Zimmer, bp, Vent., freundlich, Pool, Rest. DZ/bp 35 Soles, gPLV. **TIP!**
FAM	**Grand Hotel Mercedes,** Raimondi 601, Tel. 57-5120, Fax 57-1191. Renovierter Bau, bc/bp, AC, Ww, achteckiger Pool im Tropengarten, Rest., Bar, Cafetería, Dachterrasse, freundlich und hilfsbereit, schönes Ambiente, **TIP!** – **Hotel Ruíz,** Av. San Martín 475, Tel. 57-1280, Fax 57-1028, hotelruiz@terra.com.pe. 33 Zi., bp, Ww, AC, sehr hübsch, einige sogar mit Badewanne, Rest., Bar, Ws, Ü/F, Kk, empfehlenswert.
LUX	**Hotel Sol de Oriente,** Av. San Martín 552, Tel./Fax 57-5154 u. 57-5510, hsoloriente@qnet.com.pe. Zi. mit AC, Pool in tropischer Gartenanlage, gutes Rest., Bar/Disco, Konferenzsaal, Ü/F, Gruppenrabatt, Kk. – **Albergue Divina Montaña,** 12 km außerhalb von Pucallpa an der Carretera Federico Basadre, Tel. 57-1276, divinamontana@terra.com.pe. Mietbungalows, Pool, gutes Rest.
Essen & Trinken	In der Tacna Richtung Plaza San Martín (8. Block) gibt es viele *Pollos a la Brasa* (Hähnchen-Grillrestaurants), die ab 2,50 € ein halbes Hähnchen mit Beilage servieren, z.B. *Pollería Restaurante Galleto,* Tacna 851.

Die **Parrillada Braserito,** San Martín 498/Tácna, Mo–Sa 12–16 Uhr und 18–23 Uhr, So ab 11.30, serviert köstliche Grillgerichte, wie z.B. *venado, churrasco, corvina à la parrilla* oder *pollo à la parrilla*. – Die besten Grillgerichte gibt es bei **El Establo,** knapp 4 km außerhalb an der Carretera Federico Basadre, Tel. 57-2726.

Typisch regionale Küche kommt von 18.30–22.30 Uhr im Restaurant des **Hotel Ruíz** auf den Tisch, wie z.B. *cecina con tacacho, chorizo con tacacho* oder *chicharrón con tacacho*. (Cecina sind dünne Schweinefleischscheiben aus der Keule, gebraten oder fritiert. Tacachos sind eine Art Urwaldknödel aus Kochbananen und Speck – manchmal auch mit Maniok und Bohnen – und werden zu Cecina serviert, meist schon zum Frühstück.)

Etwas außerhalb an der Carretera Yarinacocha 2650 liegt das empfehlenswerte **Alamo,** das ebenfalls preiswert typische regionale Küche serviert, wie *cecina* und *tacacho,* und vom Schweizer Willy Schuppli geleitet wird – ein **TIP!**

July y Jessy, Inmaculada 169, ein typisches Amazonas-Restaurant, *Cecina con Tacacho* probieren. – **El Vergel,** Carretera F. Basadre, Km 6, Tel. 57-3264; gutes Restaurant mit regionaler Küche, gut besucht. – **Balsa Turística Anaconda,** Malecón Puerto Callao s/n, Tel. 57-3264. Typische Gerichte aus dem Urwald, exotische Drinks.

Für *Mariscos* und Fleischgerichte möchte ich das **Los Rosales,** Mariscal Cáceres 389, Tel. 57-1246, empfehlen. **TIP!** – Ein weiteres gutes Restaurant für Mariscos ist die **Cebichería Turístico Kaliko** in der Inmaculada 698. – Delikate Meeresfrüchte und gute Fischgerichte stehen auch im **El Escorpion,** Independencia 430, Tel. 57-4516, auf der Karte – ein **TIP!** – **Costa Azul,** Arica/ Julio Arana 490, ist ebenfalls ein gutes Fischrestaurant.

Die **Chifas Mey Lin** in der Inmaculada 698 und **Han Muy,** Inmaculada 247, sind zu empfehlen, letzterer akzeptiert sogar AE und VISA.

Die **beste Bäckerei** (mit kleinem Straßencafé) ist die *Panificadora Renzo,* Coronel Portillo 352, von Sylvia Garcia de Reyes. Ihr Mann Miguel backt sicherlich die besten Torten, Kuchen und Pasteles weit und breit. Das Frühstück kann man selbst zusammenstellen und zum Espresso-Kaffee gibt es nach

Karte S. 589 Pucallpa **589**

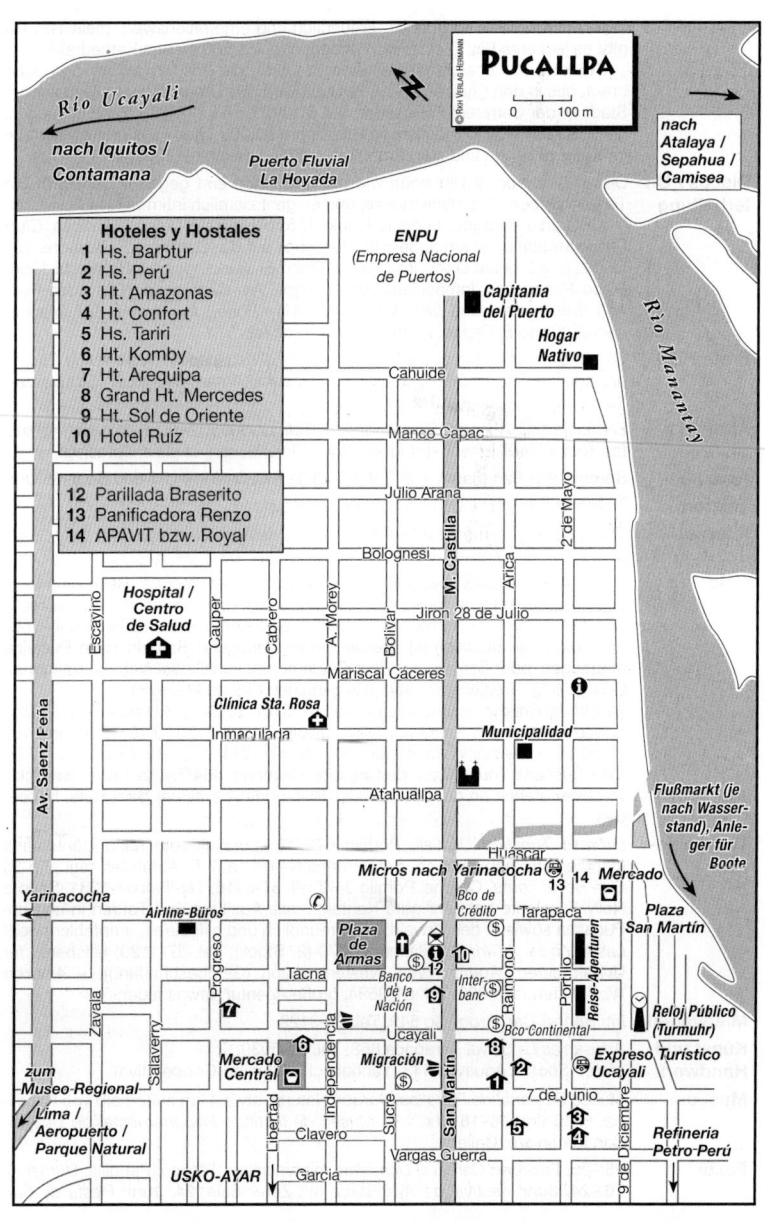

Wahl auch diverse *embutidos*. Freundlich und empfehlenswert, mein **TIP**. Da gibt es leckeres **Eis**: *C'est ci bon,* Independencia 560 (neben Kathedrale).
 Trinken: In Pucallpa gibt es eine Brauerei, die das Urwaldbier *San Juan* braut, das in den Kneipen ab 1 € verkauft wird. Die Brauerei liegt 13 km vor der Stadt an der Carretera F. Basadre, Tel. 57-1131, Fax 57-3790. Besichtigung ist nach Voranmeldung möglich. Neben einem 50.000-Liter-Fass gibt es Jaguare im Käfig zu sehen und zum Probieren auf 8 °C gekühltes Bier.

Discos / Unterhaltung Discos sind vor 22 Uhr noch wie tot, füllen sich erst gegen Mitternacht. Die Tanzschuppen sind relativ dunkel und es geht ziemlich intim her.
 La Granja Pucallpa, Leoncio Prado 155; populärste Disco Pucallpas. *Club Divina Montaña,* 12 km außerhalb Pucallpas auf der Carretera F. Basadre, Tel. 57-1276, die beste Disco im Urwald. *Disco El Mandingo,* Av. Bellavista 1050. *Disco Papagayos,* Inmaculada 224. *Tuchos,* Av. Centenario 780, Video-Pub. *Ton San,* Inmaculada 281, Video-Pub. *May Pohol,* Av. Yarina 587 (Yarinacocha). *Disco El Perico,* Alameda (Yarinacocha).

Erste Hilfe *Clínica Sta. Rosa,* Inmaculada 529, Tel. 57-5218. *Hospital Regional de Pucallpa,* Agustín Cauper 281, Tel. 57-5209. *Hospital Amazónico Albert Schweitzer,* Yarinacocha, Aguaytia, Tel. 57-1553.

Apotheke *Farmacia Los Ángeles,* Raimondi 514, Tel. 57-5065, 24-Std.-Service, nahezu fast jedes Medikament verfügbar, Notfall-Injektionen, englischsprachig.

Post *Serpost,* Av. San Martín 418. Tel. 57-1382, Mo–Sa 8–19 Uhr und So 8–15 Uhr.

Telefon *Telefónica del Perú,* Ucayali 150, Tel. 57-1222.

Internet *Trial Internet,* Raimondi 399, Tel. 59-2573, deutschsprachig. *Cool Café,* Huascár 251, Tel. 57-2229. *Via Internet,* 7 de Junio 1031, Tel. 57-2121.

Geld Die Wechselsituation bei den Banken Pucallpas ist desolat. Beim Eintausch von Reiseschecks ist meist mit einer Wartezeit von mindestens 2 h zu rechnen. Die Banken versuchen, bei Touristen eine Kommission zu berechnen, obwohl dies hier unüblich ist. Besser gleich genügend Bargeld nach Pucallpa mitbringen, oder Bargeld aus dem Geldautomat von *Global Net,* Av. Raimondi, Cuadra 6 (dt. Bedienerführung, alle gängigen Kk und Maestro).
 Banco del Crédito, Raimondi 404, Tel. 57-5107. 9.15–12.30 und 16–17.30 Uhr. *Banco Continental,* Raimondi 598/Ucayali, Tel. 57-5123. 9.15–12.30 und 16–17.30 Uhr. *Interbank,* Raimondi 596, Tel. 57-1711. 9.15–12.30 Uhr 16–17.30 Uhr. *Telebank Tours* (Casa de Cambio), Raimondi 464/Tacna 712. Viele Geldwechsler stehen an der Straßenecke Raimondi/Ucayali vor dem Hotel Mercedes.

Touranbieter *Expreso Turístico Ucayali,* Portillo 671, für Schnellboote nach Contamana (Fahrzeit stromabwärts ca. 5 h, stromaufwärts ca. 7 h, Abfahrten tägl., Fp 30 €). – *Royal Tours,* Coronel Portillo 347, Tel. 57-5416, Tel./Fax 57-1331. Señora Nelly Escalante hat sehr gute Kontakte, alle Ausflüge und Touren in und um Pucallpa sowie in den Urwald; sehr freundlich und hilfsbereit, empfehlenswert! *Laser Viajes y Turismo,* Raimondi 470 (2. Stock), Tel. 57-1120; hilfsbereit für Urwaldtouren; Agentur von Western Union (Geldbeschaffung). – *Amazon World,* Tarapacá 980, Tel. 51-9694; große Agentur, etwas teuer.

Mietwagen *Inti Rent-a-Car,* Progreso 549, Tel. 57-3122.

Kunst und Handwerk *Artesanías La Selva,* Tarapacá 868, Tel. 57-5030.
 Maroti Shobo, Aguaytia 443, Yarinacocha (Shipibo-Cooperativa).

Museum *Museo Regional de Pucallpa,* Parque Natural, etwa 4 km außerhalb von Pucallpa. 8–12 und 16–18 Uhr, 1 €. *Museo de Instituto Departamental de Ucayali,* San Martín s/n, Callería.

Feste **15.–25. Februar:** *Carnaval Ucayalino* mit typischen Tänzen (Pandilla, Humsha). **16.–24. Juni:** *Festival de Ayahuasca* mit Zeremonie. **24. Juni:** *Fiesta de San*

Juan zu Ehren des Schutzpatron des peruanischen Urwaldes. **September:** *Feria Regional de Ucayali,* Kunstgewerbe und Kulturfest, Wahl der Miss Ucayali, Umzüge mit blumengeschmückten Wagen. **4. Oktober:** *Aniversario del Ciudad,* Stadtgründungsfest.

Verkehrsverbindungen

Stadttransport
Stadtbusse und Colectivos im Stadtzentrum kosten nur Centbeträge, für eine vergleichbare Strecke nimmt ein Taxi 2,50 €. Daneben tuckern noch unzählige billige *Motocarros* (dreirädrige Motorradtaxis) durch die Straßen, die auf Handzeichen anhalten und überall hinfahren, es können max. drei Fahrgäste mitfahren. Motocarros verlangen vom Airport ins Stadtzentrum 3 Soles, für die stundenweise Anmietung 10 Soles. Taxi-Anmietung 10 Soles/h, Mindestmietzeit 2–3 h.

Bus
Nach Aguaytia (160 km): Tägl. *Transmar,* Raimondi 795, Tel. 57-4900 und *Transinter,* Raimondi 742, tägl. um 6 Uhr, u. etliche Colectivos, Fz 5 h, Fp 3 €.
Campo Verde: Tägl. mehrere Colectivos, Fp 4 Soles.
Huánuco (435 km): *León de Huánuco,* Tacna 657, Tel. 57-2411, tägl. um 7 Uhr; *Transmar,* Raimondi 795, Tel. 57-4900 und *Transporte del Rey,* Raimondi 677, Tel. 57-2305; Fz 10–12 h, 15 Soles.
Lima (802 km): *León de Huánuco,* Tacna 657, Tel. 57-2411, tägl. 2x; *Transinter,* Raimondi 795, Tel. 57-4900, z.T. Komfortbusse; *Transinter,* Raimondi 742, tägl. um 10 Uhr; *Transporte del Rey* (Trans Rey) teils mit Komfortbus, Raimondi 677, tägl. 2x.; Fz 18–22 h je nach Bustyp, 8,50–10 €, Komfortbus 15 €. – **TIP:** Mit schnellem Colectivo bis Tingo María fahren und dort in den modernen Schlafsesselbus von BAHIA umsteigen, Abfahrt in Tingo María 19 Uhr, Stop in Huánuco (Rest. Portales), Ankunft Lima 6 Uhr, Fp 10–11,50 € (je nach Platz).
San Francisco: Die Erdpiste nach San Francisco ist nur während der Trockenzeit befahrbar; Colectivos ab Pto. Callao über San Juan 1 €, Direktcolectivos ab Pucallpa 2,85 €, manchmal umsteigen in Pto. Callao.
Tingo María (282 km): *León de Huánuco,* Tacna 657, Tel. 57-2411, tägl. um 7 Uhr; *Transinter,* Raimondi 742, *Transmar,* Raimondi 793, Tel. 57-4900 und *Transporte del Rey,* Raimondi 677, Tel. 572305, tägl. 2x; Fz 6–8 h, 4–6 €. Alternativ fahren Colectivos, sofern genau 5 Fahrgäste zusammenkommen; schneller und etwas teurer als der Bus.
Tocache: Tägl. Transmar, Raimondi 795, Tel. 57-4900, Fp 10 €.
Yarinacocha/Pto. Callao (ca. 10 km): unzählige Colectivos, Busse des Comité 6 und Motorradtaxis. Fz 30 Min., Fp Bus 0,15 €, Motorradtaxi 1 €, Taxi 3 €.

Flug
Der Flughafon *David Abensur Rengifo* hat 2000 ein neues Flughafengebäude mit Abfertigungshalle erhalten und liegt gut 6 km vom Zentrum entfernt. Es gibt eine Direktpiste nach Pto. Callao/Yarinacocha, der Umweg über Pucallpa ist nicht mehr erforderlich. Busse und Colectivos zum Flughafen sind am billigsten, ein Motorradtaxi nimmt ca. 4 Soles, ein Taxi 10 Soles (Fz 10 Min.). Die Büros der Airlines haben Mo–Fr von 9–12.30 und 15–18 Uhr geöffnet. Alle Militärflug-Infos am Flughafen.
Star Peru, 7 de Junio 865, Tel. 59-0585, www.starperu.com. – *FAP/Grupo 8,* Tarapacá 829, Tel. 57-7508 und auf dem Flughafen. – *Grupo 42,* auf dem Flughafen, Tel. 57-4354. – *LC Busre,* San Martín/Tarapaca, Tel. 57-5309, www.lcbusre.com.pe. – *SAOSA (Buschflieger),* Coronel Portillo 644, Tel./Fax 57-1138; alle Orte mit Flugpiste im Urwald. – *Fenix (Buschflieger),* Ucayali 825, Tel. 57-4267. – *Aero Andino,* Bolívar 252, Tel. 59-0084, aandino@speedy.com.pe, www.aeroandino.com.pe. Mit Pilatus Porter PC 6 und Helio Super Courier (4 Sitzplätze).
Nach Atalaya: Grupo 8 (1x wö*). – **Contamana:** Fenix (*). – **Iquitos:** Grupo 42; Fenix (*). – **Lima:** Star Peru (2x tägl.) 80 €. Grupo 8 (1x wö*) ca. 45 €; LC

Busre (tägl.) 70 €. – **Orellana:** Fenix (*). – **Pampa Hermosa:** Fenix (*). – **Pto. Esperanza:** Grupo 8 (1x wö*). – **Requena:** Fenix (*). – **Sepqahua:** Grupo 8 (1x wö*). – **Tarapoto:** LC Busre (3x wö); Gupo 42 (*), 60 €; Fenix (*); Aero Andino im Charter- und Liniendienst mit kleinen Turboprops. – **Yurimaguas:** Grupo 42.

Boot Die **Capitanía del Puerto** ist auf dem Gelände der ENPU *(Empresa Nacional de Puertos)* untergebracht. Hier sollte nachgefragt werden, welche Formalitäten vor der Abfahrt zu erledigen sind (z.B. Passkontrolle durch die Polizei).

Von **Pucallpa nach Iquitos** gibt es regelmäßige Schiffsverbindungen (Mo–Sa mindestens tägl. eine Passage), meist ab Puerto Henry, auf den typischen, doppelstöckigen Amazonasbooten, also in der Regel mit einem Unter- und Oberdeck (Frischluft). Die Seiten werden gegen Regenfälle mit zusätzlichen Blechen oder Plastikplanen geschützt. Auf den Booten gibt es oft auch Kabinen *(camarote),* meist mit zwei Stockbetten. Sinnvoll ist, sich den Kahn und WC/Duschen vor der Buchung anzuschauen. Der Blick auf die max. zulässige Passagierzahl gibt Auskunft über die spätere Enge auf Deck. Die Passage sollte einen Tag vor Abfahrt gekauft und gefragt werden, ab wann man die Hängematte an Bord befestigen kann. Dadurch kann man sich einen relativ guten Platz sichern. Es kann vorkommen, dass Hängematten dreistöckig übereinander gehängt werden. Das Gepäck erst beim an Bord gehen mitbringen, es während der Fahrt nie aus den Augen lassen.

Feste Bootsabfahrtszeiten gibt es nicht. Man marschiert zu den Liegeplätzen und klappert die vor Anker liegenden Boote ab. Auf allen findet man oben am Steuerhaus gut sichtbar eine Tafel mit Fahrziel und Ablegezeiten – natürlich „Gummizeiten". Die Kapitäne verschieben die Abfahrtszeit mangels Passagiere oder Fracht manchmal Tag für Tag, bis zu einer Woche, bis endlich abgelegt wird. Während der Fahrt wird mit Flusswasser gekocht, also ggf. einen Trinkwasservorrat mitnehmen! Zukauf von Lebensmittel und Wasser meist nur während den einstündigen Stops in Contamana, Orellana und Requena möglich. Fahrpreise sind inkl. VP, das Ticket muss bei der Essensausgabe vorgezeigt werden, Teller und Besteck sind mitzubringen.

Hauptfahr- Pucallpa – Contamana: 12 h/4,50 €. Pucallpa – Orellana: 24 h/6 €. Pucallpa –
plan und   Juancito: 36 h/10 €. Pucallpa – Requena: 48 h/15 €. Pucallpa – Iquitos: 72 h/
Fahrpreise HMP 18–25 € (je nach Gesellschaft und Boot), Doppelbettkabine/bc 75 €, Doppelbettkabine/bp/Dusche 150 € mit Verpflegung.

Daneben gibt es auch unregelmäßige Abfahrten. Die meisten Schiffe haben Cargo für Iquitos geladen. Pucallpa – Iquitos mit Cargoschiff, z.B. mit *Transporte Fluvial ANDREA,* Av. San Martín 781, Tel. 57-5912, ca. 5 Tage/4 Nächte ab 15 € inkl. VP (einfachst; Wasser, Moskitonetz und zusätzlich Nahrungsmittel mitführen), HMP 2 €/Tag, Aufschlag für Kabinenplatz (Camerote).

Die Fahrt mit dem **Schnellboot** von Pucallpa nach Contamana dauert nur 5 h, von Contamana nach Pucallpa 7 h. Diese Boote fahren täglich. Fahrscheine gibt es bei *Expreso Turístico Ucayali,* Portillo 671. Die Bootsverbindungen stromaufwärts nach Pto. Inca (Río Pachitea) und Atalaya (am Zusammenfluss von Río Tambo und Río Urubamba) sind unregelmäßig. Mit viel Glück kann Koshireni am Urubamba mit dem Boot erreicht werden. Von dort gibt es eine Piste bis Quillabamba. Außerdem kann per Boot über den Río Ucayali und durch einen Flusskanal zur **Laguna Yarinacocha** gefahren werden.

Schiffsgesell- *Transportes Chavéz,* Manco Capac 500, Tel. 57-5203. – *Transportes Nandu,*
schaften   Manco Capac 238, Tel. 57-6610. – *Transportes Pucallpa,* Mariscal Castilla 343, Tel. 57-6541. – *Transelva Peruana,* Mar. Castilla 439, Tel. 57-1710, Fax 57-5206.

Urwaldausflüge von Pucallpa

Je nach Zeit und Geldbeutel können mehr oder weniger lange Ausflüge und Exkursionen in den Urwald um Pucallpa unternommen werden. Ausgangspunkt ist dabei meist die Laguna Yarinacocha. Dabei bieten sich folgende Möglichkeiten an:
- Tagesausflug über die Laguna Yarinacocha und zum Jardín Botánico Chullachanqui.
- Tagesausflug über die Lag. Yarinacocha zu den Shipibo n. San Francisco und über den Canal de Panaillo zum Shipibo-Dorf Nuevo Destino.
- Dreitagestour über die Laguna Yarinacocha nach Sta. Luz und San Antonio und zurück über San Francisco.
- Viertagestour über die Laguna Yarinacocha durch die Urwaldkanäle nach Tacshitea und über Río Calleria, empfehlenswert!
- Fünftagestour zu den heißen Quellen am Rande der Blauen Berge (Cordillera Azul) bei Contamana, ein **TIP**!
- Mehrtagesausflüge nach Atalaya, Sepahua und Camisea, ein **TIP**!

Laguna Yarinacocha

Die Laguna Yarinacocha war ursprünglich ein Seitenarm des Ucayali und steht mit diesem noch mit schmalen Urwaldkanälen in Verbindung. Sie hat die Form eines Bumerangs, ist etwa 20 km lang und zwischen einem halben und einem Kilometer breit. Archäologische Funde belegen, dass an ihr schon vor 4000 Jahren gesiedelt wurde. Von ihr führen Urwaldkanäle zu anderen Urwaldseen. Am Ufer liegen im Westen die Dörfer *San Lorenzo, San José, San Juan* und *San Francisco,* im Osten *11 de Agosto*. Am östlichen Ende der Lagune liegt hinter *El Porvenir* der *Jardín Botánico Chullachanqui.*

Die Yarinacocha-Lagune ist auf einer asphaltierten Straße mit Bus, Taxi oder Motocarro in etwa 20 bis 30 Min. zu erreichen. Sie endet nach knapp 10 km im kleinen Hafen von Puerto Callao, dem wichtigsten Ort an der Laguna Yarinacocha.

In Callao liegt am See das *Hospital Amazónico Albert Schweitzer,* das der deutsche Arzt Dr. Binder 1957 gründete. Heute spielt es wieder eine Rolle in der medizinischen Versorgung der Indianer der Region. Im Ort gibt es in der Aquaytia 443 (an der Plaza) auch das **Maroti Shobo,** eine Shipibo-Cooperativa, die handgefertigte Keramiken verkauft.

In der Nähe des Maroti Shobo ist auch ein Hospital der Adventisten. Kritik der Anthropologen zieht sich das auch an der Lagune gelegene *Instituto Linguístico de Verano ILV* (Linguistisches Sommer-Institut, Wycliff-Bibelübersetzer) der Universität Oklahoma zu, wo unter dem Deckmantel der Erforschung der „Eingeborenen-Sprache" die Indianer allmählich zu Tode zivilisiert werden.

Mit ihren (Wasser-)Flugzeugen erreichen die fundamentalistischen Missionare auch das entlegenste Indianerdorf. Sie studieren Indianer-Idiome, übersetzen und drucken dann die Bibel in deren Sprache. Der Indianist *Jürgen Riester* sagt diesbezüglich bereits den totalen Untergang sämtlicher Waldindianerstämme im Grenzgebiet von Peru, Bolivien und Brasilien voraus.- Von Pto. Callao führt ein Fußweg zu dem Institut an der Lagune, Gehzeit ca. 30 Min.

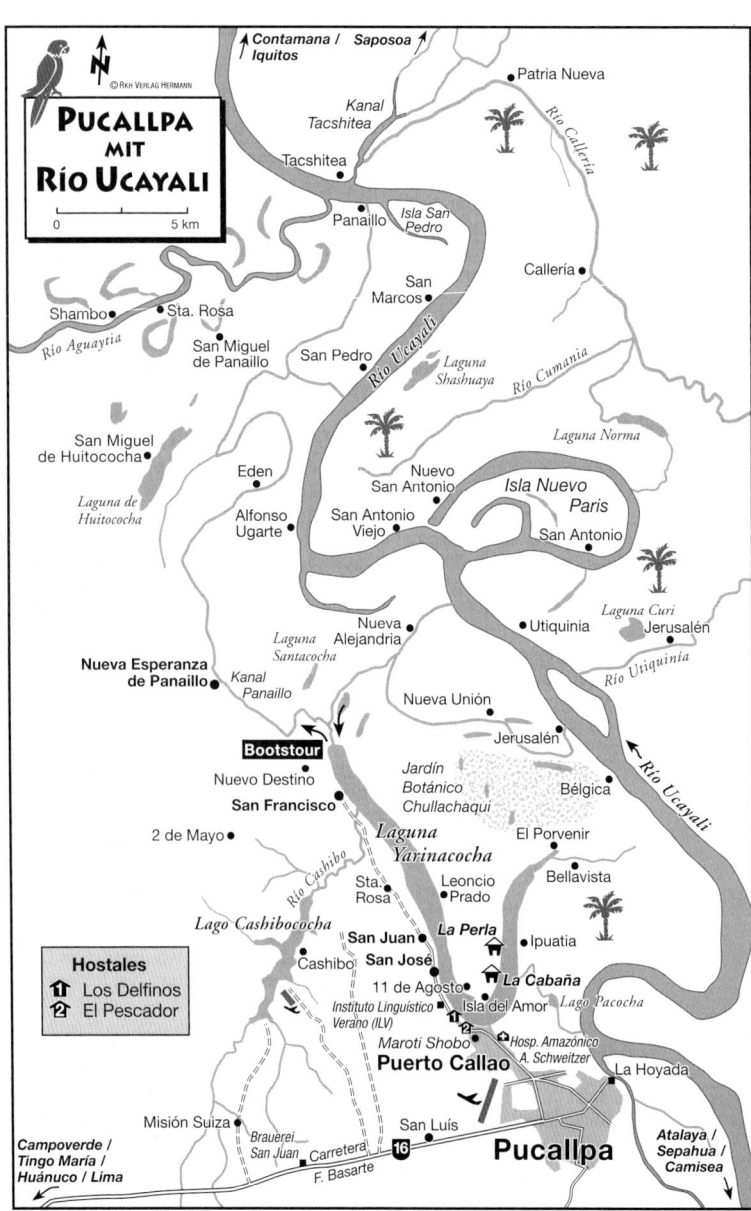

Jardín Botánico Chullachanqui

Der Ausflug von Pto. Callao dorthin dauert etwa 4–5 h. Zuerst wird mit dem *Peque-peque* (kleines motorisiertes Urwaldboot) an das östliche Ende der Laguna zum Dorf *El Porvenir* gefahren, Fz ca. 30 Min. Von dort sind es noch 20–30 Min. zu Fuß durch den Urwald, bevor der Botanische Garten beginnt. Freier Eintritt. Die Pflanzung im Urwald beherbergt über 3200 verschiedene Spezies, darunter ca. 2300 Heil- und Drogenpflanzen aus dem Dschungel Amazoniens. Hier wächst auch die *Ayahuasca-Liane*, aus der ein Halluzinogen gewonnen wird. Eine Heilpflanze ist die *Huangana Caspi*, die zur Krebsbekämpfung eingesetzt wird.

Tierzuchtanlage Ucayali

In San José gründete der Österreicher *Manfred Baa* vor Jahren eine von der IRENA genehmigte, knapp 10 ha große Tierzuchtanlage mit 3500 Reptilien und Amphibien (Schlangen, Schildkröten, Echsen usw.), und sucht nach wie vor Investoren. Der Besuch ist beeindruckend und zu empfehlen.

Tierzuchtanlage Ucayali, Manfred Baa, San José de Yarinacocha, Etapa Parecta 10, Tel. 59-6599, ucayali@camaralima.org.pe.

Indianerdörfer der Shipibo

Einer der Höhepunkte einer Urwaldfahrt ist meist der Besuch eines möglichst „wilden" Indianerstammes. Doch gleich vorneweg: Die 400 Jahre Missionierung blieb nicht ohne Konsequenzen. Die meisten Indianergemeinschaften sind bereits recht zivilisiert oder zumindest halbzivilisiert. Viele Dörfer haben regelmäßig Kontakt zur Außenwelt und fahren nach Pucallpa zum Einkauf und Handel. Franziskaner-Missionare gaben den Indianerdörfern in der Umgebung Pucallpas neue Namen, wie *San Francisco, Sta. Clara, Nuevo Destino, Esperanza* oder *San Antonio*. Die alte Dorfnamen weiß heutzutage keiner mehr.

Erwarten Sie keine Lendenschurz-Indianer, die meisten tragen ganz normale Kleidung, obwohl es nach wie vor welche gibt, die sich ihren alten Traditionen verbunden fühlen. Wer nicht genügend Geld oder Zeit für eine spezielle Tour hat, kann auch auf eigenen Faust bei Fahrten mit dem Flusscolectivo, mit einem Peque-peque oder kleinen Wanderungen durch den Urwald in die Welt der Indianer „hineinschnuppern".

Die Shipibo leben entlang des Río Ucayali und seinen Nebenflüssen. Ein bekanntes **Shipibo-Dorf** ist z.B. **San Francisco** auf einer kleinen Anhöhe am anderen Ende der Laguna Yarinacocha (s. Karte). *Nuevo Destino*, ein weiteres Shipibo-Dorf, liegt am *Canal Panaillo*. Zum Shipibo-Dorf *Sta. Clara* führt ebenfalls ein schmaler Urwaldkanal. Alle Dörfer sind leicht mit einem Flusscolectivo oder Peque-peque erreichbar. Während der Trockenzeit von April bis November können Santa Clara und Nuevo Destino evtl. nicht auf dem Wasserweg erreicht werden. Dafür fahren Colectivos auf einer Erdpiste bis San Francisco, Fp 1 € ab Pto. Callao.

Die Überfahrt von Pto. Callao auf der Laguna Yarinacocha nach **San Francisco** dauert etwa 45 Minuten, Fahrstrecke ca. 15 km, mit Colectivo. Die Fahrt führt zunächst an der Missionsstation der Linguisten vorbei. Nach einem Urwaldkanal kommt das Dorf *San José* in Sicht, wenig später das Mestizendorf *San Juan*. Zu diesem Dorf führt auch eine Erdpiste von Pto. Callao an der Laguna entlang, die in San Francisco endet, aber nur während der Trockenzeit befahrbar ist. *Gilber Reategui Sangana* (junglesecrets@yahoo.com, www.sacredheritage.com/normita), der in

Schamanen und die „Liane der Geister"

Noch gibt es ein paar wenige echte Schamanen (Zauberpriester) im Gebiet um Pucallpa, die die alten Rituale der Vorfahren beherrschen. Heilschamane heilen Krankheiten, Zauberschamane können durch böse Eingebungen töten und ein Hexerschamane ist für das Verwünschen und das Böse zuständig. Die derzeit bedeutendsten Schamanen sind *Pablo Amaringo Shuña*, *Mateo Arévalo* und *Agustín Rivas*.

Für ihre Magie verwenden die Schamanen oft das Urwald-Halluzinogen **Ayahuasca**, das aus den Blättern und den Ranken zweier bestimmter Lianengewächse (Blätter der Gattung Banisteriopsis und Stammranken der Natém) gewonnen wird (auch *caapi, yagé* oder *yajé* genannt). Ayahuasca ist den Ureinwohnern Amazoniens seit Jahrhunderten bekannt. Es ist ein Wort aus der Quechua-Sprache, *aya* bedeutet soviel wie „verstorben" oder „bitter", und *huasca* „berauschender Trank". Ayahuasca ist also der „Trank der Toten" und die Ayahuasca-Liane die „Liane der Geister".

Zur Herstellung werden die Ranken und Lianenblätter sechs Stunden gekocht, bis das Wasser verdampft ist und ein konzentrierter, dickflüssiger Ayahuasca-Sud im Topf zurückbleibt. Ayahuasca ist in konzentrierter Form sehr gefährlich, eine Überdosis kann tödlich wirken. Durch Verdünnung kann die Wirkung abgeschwächt werden, aber nur der Schamane weiß damit umzugehen. Durch den Lianensuds ist der Schamane in der Lage, mit der Geisterwelt in Verbindung zu treten, Dämonen (Krankheiten) aus dem Körper zu vertreiben, z.B. Vergessenes zurückzurufen, in die Zukunft zu sehen. Es ist der Eintritt in die Unterwelt. In seinen psychedelischen Visionen sieht der Schamane die Wurzeln seiner Kultur, seine Götter und die Religionen aus mythischer Urzeit.

Die Wirkung des Ayahuascas beruht auf dem Alkaloid Harmin (auch unter Telepathin oder Yagein bekannt). Der Geschmack des Tranks ist – milde ausgedrückt – sehr gewöhnungsbedürftig, wenn nicht ekelig. Die Einnahme verursacht oft Schwindel. Die es genommen haben, sprechen von magischen inneren Visionen, die einen Maler wie Pablo Amaringo dann zu neuen Bildern inspirieren können. Die Wirkung hält ungefähr zwei bis vier Stunden an. Am Ende des Rausches folgt ein tiefer Schlaf. In Pucallpa können Interessierte an einer Ayahuasca-Zeremonie teilnehmen, die von einem Heilschamanen geleitet wird.

Neben Ayahuasca verwenden die Schamanen als Medizin auch **Uña de Gato** (*Uncaria tomentosa*, in Deutschland unter dem Namen „Katzenkralle" bekannt). Aus der Rinde des Lianengewächs, das sich mit seinen Dornenblättern an Bäumen bis zu 40 m Höhe hochkrallt, wird das gleichnamige *Uña de Gato* gewonnen. Die Liane wächst hauptsächlich im Regenwald von Peru, und schon die präinkaischen Amazonasindianer setzten die Rinde und Wurzeln als vielseitiges Heilmittel gegen Durchfall, Magen- und Nierenbeschwerden, Entzündungen, bei Verletzungen, Atemnot und zur Blutreinigung ein. Für die Schamanen ist Uña de Gato bis heute ein wichtiges Heilmittel geblieben.

Medizinische Untersuchungen der Universitäten München und Wien bestätigten, dass Uña de Gato mindestens sechs Alkaloide enthält, die entzündungs- und krebszellhemmend wirken. Außerdem stärken die Wirkstoffe auch das Immunsystem, weshalb Katzenkralle auch zur Aids-Medikament Verwendung findet. Für die Zubereitung eines Tees wird ein kleines Stück Lianenrinde 20 bis 30 Minuten in Wasser ausgekocht und dann regelmäßig getrunken. Die Lianenrinde wird im Amazonasgebiet Perus überall sehr preiswert verkauft, in Deutschland ist 1 kg nicht unter 75 Euro zu haben.

Ayahuasca ist natürlich – wie auch die vielen anderen unzähligen und größtenteils noch unbekannten Wirkstoffe der Pflanzen Amazoniens – für die herkömmliche Medizin bzw. für die Medikamentlabors großer Chemiefirmen interessant. Therapiemöglichkeiten sieht man z.B. bei der Psychotherapie, der Parkinson-Krankheit oder auch beim Drogenentzug. Bleibt zu hoffen, dass an der Vermarktung der Naturmedizin, die auf dem Wissens der Indianer basiert, diese letztendlich auch gerecht beteiligt werden.

Nueva Luz de Fatima mit seiner Frau Silvia wohnt, macht die Überfahrt mit seinem Boot *Minormita* inkl. Unterkunft und VP für 15 € p.P. und ist in Callao anzutreffen.

Nun sieht man zwischen den Bäumen des Waldes immer wieder einzelne Fischerhütten, in denen Kinder in Hängematten schaukeln. Kurz vor San Francisco zieht sich ein Urwaldkanal zum Urwaldsee *Cashibococha*.

Ein enger Wasserkanal führt schließlich zum Anlegeplatz etwas unterhalb von San Francisco.

Shipibo-Dorf San Francisco

San Francisco

San Francisco (800 Ew.) ist ein typisches Beispiel für die Vermischung indianischer Kultur mit den „Segnungen" der Zivilisation. Die palmblättergedeckten Hütten der Shipibo waren ursprünglich seitlich offen, hatten also keine Wände (oder nur eine Wand zur Wetterseite). Noch bis 1984 waren viele Hütten hier nur so gebaut und Besucher konnten in jede Wohnhütte hineinschauen, den Shipibo-Alltag sehen. Heutzutage hat sich das Bild verändert. Neue Wohnhäuser wurden mit festen Mauern gebaut, besitzen gar schon Solarzellen zur Stromgewinnung, um TV und Radio betreiben zu können und um abends Beleuchtung zu haben.

Nur noch wenige Shipibo-Frauen sitzen mit ihren typischen bunten Blusen und gestickten Röcken auf der Holzplattform ihrer Hütten und weben Stoffe oder fertigen Keramiken oder Pfeile und Bögen für die Touristen. Es gibt sogar ein kleines Museum in San Francisco, und wenn Besucher anrücken, schlüpft eine Shipibo für ein Foto auch schon mal schnell in die alte Stammestracht. Nach wie vor wird jedoch um das Dorf Yuca (Maniok), Mais, Reis, Gemüse- und Obst angebaut. Daneben trägt Fischfang und das Sammeln von Schildkröteneiern auf den Sandbänken (in der Trockenzeit) zur Ernährung bei, wird mit Harpune und Machete auf Krokodiljagd gegangen.

In San Francisco gibt es mehrere empfehlenswerte Schamanen, z.B. *Elisa Vargas,* Tel. 80-0601, sowie **Ayahuasca-Zentren,** die Interessierte in eine Ayahuasca-Zeremonie einweihen. Sie beginnt meist um 20 Uhr und dauert die ganze Nacht. Vor der Zeremonie ist zu fasten. Nach oft mehrstündigen Halluzinationen fällt man in Schlaf. Teilnahme ab 15 €.

Etwas schwerer zu finden ist ein **Dorf der Cashibo-Indianer,** das etwa 10 Minuten von San Francisco entfernt an einer kleineren Lagune liegt. Die Cashibo sind noch etwas ursprünglicher als die Shipibo und leben noch kaum vom Tourismus.

Weitere lohnenswerte Dörfer gibt es an den Ufern des Ucayali und seiner Seitenarme. In **Pueblo Viejo** leben **Campa.**

Unterkünfte an der Yarinacocha-Lagune und in Puerto Callao

Es gibt drei typische Urwald-Lodges, die Gäste aufnehmen, aber nur mit dem Boot zu erreichen sind. Daneben gibt es in Pto. Callao sehr einfache Unterkünfte.

ECO **Hostal Los Delfines** (BUDGET), Ruperto Pérez 101, an der Piste entlang der Lagune in Pto. Callao, Tel. 48-5517; bc/bp.

FAM **Casa Alojamiento La Perla,** Nueva Luz, Yarinacocha, Handy 9616-16004, tzirm@yahoo.com, www.alojamientolaperla.com. Traditionsreiche Familienpension von Rosaura Ruiz, etwa 15 Bootsminuten von Pto. Callao entfernt, max. 12 Pers. in 3 DZ (bc) und ein Familienbungalow (bp). Ü 60 Soles p.P., Ü/VP 110 Soles. Gericht ca. 15 Soles, sehr lecker! Schöne. 3 ha große Gartenanlage am Rande des Urwaldes mit eigenem Grundwasserbrunnen, ideal für Kinder. Sehr freundliche Peruanerin, angenehmes Ambiente. Wassersport, Angeln, vermittelte Urwaldtouren oder es werden selbst kleine Bootstouren angeboten. Strom nur in den ersten Nachtstunden. Mein **TIP!**

Essen & Trinken *Orlando's,* 28 de Julio/Aguaytia, Parrilladas.

Tipps vor der Urwaldtour

Vorüberlegungen
1. Welche Art von Tour möchte ich unternehmen? Mit einer Pauschal-Gruppe? Oder Individualtour?
2. Wie lange möchte ich im Urwald unterwegs sein? (Hinweis: Je mehr Tage Sie im Urwald unterwegs sind, desto weiter können Sie hineinfahren, desto mehr Tiere bekommen Sie zu sehen)
3. Welchen Komfort brauche ich? Genügt ein Hängemattenlager? Oder muss es eine Lodge mit allen Bequemlichkeiten sein?
4. Was erwarte ich vom Urwald bzw. was möchten ich erleben und sehen? Speziell Indianer? Tiere? Fauna? Alles zusammen?
5. Wieviel kann ich ausgeben?

Nach diesen Überlegungen kann nun alleine losgefahren oder bei einer Reiseagentur ein Führer mit Boot und Equipment gebucht werden. Dem Führer sollte vor Antritt mitgeteilt werden, was von der Tour erwartet und in die richtige Gegend fährt, z.B. gibt es nicht an jeder Urwaldecke Wollaffen, Kaimane oder Papageien. Der Preis (inkl. Steuern) pro Person ist fest ausgemacht. Eine Einzelfahrt nur auf dem Río Ucayali lohnt sich nicht, da der Fluss viel zu breit ist. Fahren Sie durch die Urwaldkanäle, über Urwaldseen und in schmale Nebenflüsse, das ist sehr beeindruckend. Die beste Zeit, um die Kanäle zu befahren, ist Oktober bis April, wenn der Wasserstand (er differiert zwischen Regen- und Trockenzeit bis zu 7 m und mehr) hoch ist. Außerhalb dieser Zeit sind Kanalfahrten nicht immer möglich, doch dann können Tiere besser beobachtet werden.

Doch bedenken Sie auch: der Amazonasurwald ist kein blühendes Tier-Paradies, in dem die wilden Tieren wie in afrikanischen Nationalparks herdenweise herumlaufen. Ein einzelnes Tier oder ein Paar beansprucht z.T. ein ausgedehntes Territorium, um überleben zu können. Ein erfahrener Urwaldführer erkennt die meist gut getarnten Tiere, oft muss lange und genau hingesehen werden. Und wenn auch nur wenig vor die Augen kommt: Die Vielfalt der verschiedenen Geräusche der im Verborgenen lebenden Tiere (besonders nachts ein Erlebnis!), die Gerüche des Urwaldes, das satte Grün in allen Abstufungen, die Orchideenpracht und vieles mehr ist ein faszinierendes Erlebnis!

Flussdelphine, Anacondas und andere Würgeschlangen, unzählige Vögel, Papageien, Tukane, Affen, Leguane, Faultiere, Kolibris, Schmetterlinge, Gürteltiere, Weber- und Paradiesvögel, Pekaris habe ich auch ohne Mühe auf einer Peque-peque-Urwaldfahrt beobachten können. Zwar ist um die Laguna

	Yarinacocha nahezu alles Wild abgeschossen und verspeist worden, aber nur ein paar Kilometer tiefer im Urwald ist die Welt noch in Ordnung.
Ratschläge	*– rechtzeitig vorher im Flugzeug, Bus oder Hotel einige Gleichgesinnte suchen* *– (Zusatz-)Proviant evtl. selbst besorgen, meist gibt es nur Fisch und Bananen* *– Anti-Mückenmittel haben oder vorher in Pucallpa besorgen* *– vor der Fahrt den Preis inkl. Steuern pro Person und das Fahrziel/-route genau festlegen* *– sich keine falschen Vorstellungen machen.*
Führer und Ausrüstung	Reisebüros in Pucallpa und Vermittlungs-Agenten in Pto. Callao bieten diverse Dschungel-Exkursionen und Flussfahrten an, wobei die Erfahrung des Führers und die Qualität der Ausrüstung ausschlaggebendes Kriterium für eine Entscheidung sein soll. Meist wird in kleinen Gruppen ab 2 Personen losgefahren, wobei es preisgünstiger ist, mehrere zu sein. Der Preis sollte bei größeren Gruppen nicht über 20 € p.P./Tag und bei Minigruppen nicht über 30 € liegen. Im Preis sind alle Mahlzeiten (VP), jedoch keine alkoholischen Getränke, wie Bier, enthalten. Gefahren wird entweder mit Peque-peques oder Motorbooten. Das **Peque-peque** ist ein typisches Urwald-Langboot und nur so breit, dass höchstens zwei Personen nebeneinander sitzen können. Angetrieben wird das Peque-peque mit einem kleinen Motor, wobei die Schraube am Ende einer langen Antriebsstange rotiert. So tuckert das Peque-peque durch die engen Urwaldkanäle. Es fährt nicht allzu schnell. Der krachende Motor wird zur Tierbeobachtung abgestellt. Eines mit Überdachung ist vorzuziehen, so ist man ggf. vor Regen oder der stechenden Tropensonne geschützt.

Tour 1: Yarinacocha, Tacshitea, Calleria und zu den Campas

Es gibt etwa ein Dutzend Bootsführer, die Touren auf den Urwaldkanälen, -seen und -flüssen anbieten. Einige haben sich zusammengeschlossen und unterhalten einen Informationsstand in Puerto Callao.

Jeder Fahrt-/Urwaldtag kostet zwischen 20–25 € pro Person, inkl. VP (drei Mahlzeiten, alkoholische Getränke ausgenommen), Übernachtung und Service. Fahrten werden normalerweise ab 2 Personen (max. 20 Personen) unternommen. Für Einzelreisende verlangen die Bootsführer zwar 40 € pro Tourtag, es sollte aber ebenfalls nicht mehr als 25 € kosten (Verhandlungssache). Auf mehrtägigen Touren wird manchmal nur auf dünnen Matten in einer offenen Strohhütte geschlafen, die Mahlzeiten bestehen oft nur aus Fisch und das Geschirr wird im Fluss gewaschen. Vor der Bootstour durch den Urwald unbedingt Bootszustand, speziell den Motor sowie die Antriebsschraube auf Risse prüfen. Vertrauenskriterium: Mitführen einer Ersatzschraube und unbeschädigte Moskitonetze (Mückenplage während der Regenzeit!). Infos auch bei Thomas Zirm (s.o), der ebenfalls Bootsführer vermittelt. Viel Erfahrung für diese Touren haben nachfolgende Bootsführer:

Alfredo Ahuanari Ochavano mit seinem Boot „Chinito", *Gilber Reategui Sangama* (junglesecrets@yahoo.com) mit Boot „Minormita" und *Deibis Amasifuen Souza* (David) mit Boot „Jonathan". Alfredo, Gilber und Deibis unternehmen Ein- und Mehrtagestouren mit Peque-peques und können direkt in Pto. Callao verpflichtet werden. Durch ihre lange Erfahrung kennen sie sich gut mit Tieren und Pflanzen aus und achten auf solide Verpflegung. Sie nehmen 25 €/Tag für 2 Personen (Gilber 35 €/Tag p.P.) inkl. Transport, Verpflegung und Übernachtung. Änderungen der Fahrt sind unterwegs möglich.

Seit über 20 Jahren befahren *Gustavo Paredes Polonio* und Sohn Carlos, Malecón 268, Pto. Callao, Tel. 984-9047, carlosjungle@yahoo.com, mit ihrem Boot (mit Rettungswesten) den Urwald und bieten ebenfalls Ein- und Mehrtagestouren an. Auch die Bootsführer *Pablo u. José Silva Tuesta*, Pablito's

Tours, Aguaytia 145 in Pto. Callao, pablitostours@hotmail.com, haben langjährige Erfahrungen, sind nett, kompetent und die Verpflegung ist o.k.

Eintagestour Eine Eintagestour kann individuell gestaltet werden und führt i.d.R. durch die Laguna Yarinacocha zu den Shipibo in San Francisco und ggf. über den Urwaldkanal nach Nuevo Destino und wieder zurück (wenn notwendig, auch bis zum Jardín Botánico Chullachanqui). Tourpreis 25 € p.P. mit Imbiss (Wasser und zusätzl. Nahrungsmittel ggf. mitnehmen!)

Mehrtagestour (bis zu 5 Tagen) Die **Viertagestour** in den Monaten von Januar bis April ist eine Empfehlung wert. Ungefährer Ablauf:
1. **Tag:** Fahrt mit dem Peque-peque über die Laguna Yarinacocha zu den **Shipibo in San Francisco.** Weiterfahrt über den Urwaldkanal Panaillo bis zum Indianerdorf *Comunidad de Panaillo.* Überquerung des Ucayali, Übernachtung in *Tacshitea* (Holzbetten/Moskitonetze).
2. **Tag:** Fahrt mit dem Peque-peque durch den Urwaldkanal Tacshitea bis zum Indianerdorf *Saposoa.* Fußmarsch von 10 Min. zur Lagune Saposoa, Fischfang (Pirañas, Zitteraale). Peque-peque-Fahrt durch den Urwaldkanal Calleria zum Indianerdorf *Patria Nueva,* übernachten in Calleria.
3. **Tag:** Fußmarsch durch den Urwald (Gehzeit ca. 5 h) zur Lagune Calleria, Vogelbeobachtung. Rückmarsch nach Calleria, Nachtausflug zur Beobachtung von Kaimanen und anderen Nachttieren. Übernachtung in Calleria.
4. **Tag:** Fahrt mit dem Peque-peque über die Urwaldkanäle Calleria und Shashuaya zur Lagune San Antonio, Überquerung des Ucayali, Fahrt durch den Urwaldkanal Alejandro zurück zur Laguna Yarinacocha u. nach Pto. Callao.

Bei einer **Fünftagestour** kann noch *Pueblo Viejo,* ein Dorf der Campa, angefahren werden, die früher wegen ihrer Schrumpfköpfe gefürchtet waren. Doch auch hier haben Missionare bereits erfolgreich gewirkt: die Campa sind halbzivilisiert, bemalen sich nicht mehr und tragen z.T. bereits Hemden und Hosen.

Weitere Ausflugsziele Zwei Tage mit dem Boot von Pucallpa entfernt liegen stromaufwärts im Gebiet der Shipibo-Conibo die beiden imposanten Urwaldseen **Lago Imiría** und **Lago Chauya.** Für Abenteuerlustige organisiert *Mario Ojanama* (Infostand in Puerto Callao, Boot „*Los Tres Hermanitos"*) zweiwöchige Bootstouren bis nach Iquitos.

Tour 2: Pucallpa – Atalaya – Sepahua – Camisea (– Quillabamba)

Noch ein richtiges Abenteuer ist die Tour stromaufwärts nach Atalaya, Sepahua und Camisea, die sowohl mit dem Flussschiff oder mit den Cargofliegern der *Grupo 8* ab Pucallpa unternommen werden kann. Bis Atalaya ist der Río Ucayali noch relativ breit, deshalb sollte bis Atalaya oder besser sogar bis Sepahua geflogen werden. Ab Sepahua lohnt es sich, mit dem Flussschiff den Río Urubamba bis Camisea hochzutuckern. Garantiert wird viel ursprüngliche Urwald-Atmosphäre! Bei Camisea ist auf dem Río Camisea jene Stelle, wo Werner Herzog das Filmschiff „Molly Aida" über einen Berg zum Río Urubamba ziehen ließ. Wer Glück hat, erwischt in Camisea ein Boot zum *Pongo de Maínique* und könnte es dann auf der anschließenden Piste bis nach Quillabamba schaffen. Gesamtstrecke auf dem Fluss bis zum Pongo de Maínique ca. 1000 km. Fahrzeit ab Sepahua stromaufwärts bis zum Pongo de Maínique mindestens zwei Wochen.

Atalaya

Am Zusammenströmen der Flüsse Tambo und Urubamba zum Río Ucayali liegt in einer Ebene auf 400 m Höhe das Urwaldstädtchen **Atalaya** (4000 Ew). Die Urwaldregion um Atalaya am Río Tambo und am Río Ucayali ist u.a. die Heimat der *Ashaninka, Shipibo-Conibo, Shetevo* und *Piro.* Die Indianer nannten den Ort, an dem sich Atalaya heute befindet *Vehitiaricu*. Der eigentliche Gründer von Atalaya war *Don Francisco Vargas Hernández,* einst Partner von Carlos Fermín Fitzcarrald, der am 29. Mai 1928 auf der heutigen Plaza 29 de Mayo mit Indianern und Mestizen das Dorf Atalaya gründete. Das wirtschaftliche Leben beschränkte sich lange Zeit auf die Ausbeutung der natürlichen Ressourcen des Urwaldes entlang der Flüsse Tambo, Urubamba, Sepahua und Inuya sowie auf landwirtschaftlicher Subsistenzwirtschaft (Bananen, Coca, Kaffee, Mais, Reis, Yuca usw.). Erst durch die Erschließung der Erdöl- und Ergasvorkommen wandelt sich Atalaya von einem Urwaldstädtchen zu einem prosperierenden Handelsstädtchen, das sich selbst den Beinamen *Centro Geográfico del Perú*, „geographisches Zentrum Perus", gab. Der Bau einer Straßenverbindung nach Pto. Ocopa (Anschluss nach Satipo) ist in Planung. Auf der Plaza de Armas steht ein Denkmal für *Juan Santos Atahualpa,* einst der berühmteste Häuptling der Region, der angeblich direkt mit den letzten Inka verwandt war. Sehenswert in der Nähe von Atalaya sind Steine mit Petroglyphen und die Höhle *Tambo-Ushco,* in der die sterblichen Überreste von Juan Santos Atahualpa liegen. Ansonsten herrliche Urwaldausflüge, Baden im Fluss und nachts in die Disco.

Tourist-Info	*Municipalidad Provincial de Atalaya,* Tel. 46-1012. **Vorwahl (061)**
Unterkunft	Einfache Unterkünfte im Ort vorhanden, z.B. *Hostal Alex,* bc/bp, Ü ab 2,50 € p.P. oder *Hostal Atalaya,* Puruz/Pangoa, bc/bp, die oberen Zimmer sind besser und ruhiger. Ü 8 € p.P.
Essen & Trinken	Es gibt im Zentrum eine handvoll einfacher Restaurants, nicht zuviel erwarten. Mit frischen Fisch- und Hähnchengerichten liegt man immer richtig.
Motocarros	verkehren im Städtchen zum Einheitstarif.
Flug	*Aero Cóndor* fliegt Di/Sa via Pucallpa (Fz 1 h) nach Lima (Fz 2 h), sofern das Wetter es zulässt. Wartezeiten bis zu vier Tagen sind nicht ungewöhnlich. Außerdem verkehren Lufttaxis nach Oxapampa, Sepahua (20 Min.) und Satipo.
Boot	Regelmäßiger Schiffsverkehr nach Pucallpa (auf dem Río Ucayali), Pto. Ocopa und Pto. Prado (Río Tambo) und nach Sepahua und Camisea (Río Urubamba). Ab Ocopa Urwaldpiste nach Satipo (s.S. 180) mit Pistenanschluss nach Lima.

Sepahua

Gut 20 Flugminuten von Atalaya südöstlich von Atalaya liegt an der Mündung des Río Sepahua in den Río Urubamba das typische Urwalddorf Sepahua (ca. 1000 Ew.), das auch mit dem Flussboot von Atalaya erreicht werden kann. Seit dem die Ölsucher mit ihrem Bohrgerät eingetroffen sind, ist die ursprüngliche Ruhe etwas dahin. Schon tuckern ein paar Mopeds über die Erdpisten, und hin und wieder knattert ein Traktor durchs Dorf. Es gibt einige Kneipen und mindestens zwei sehr einfache Hostales, jedoch noch keine Bank (genügend Bargeld mitnehmen!), auch keine Disco. Was bleibt, ist baden im Fluss oder Entdeckungsausflüge in den Urwald und das Wissen, noch nahezu ein unberührtes, untouristisches Urwalddorf erleben zu können. Flugverbindungen bestehen sporadisch mit Lima, Pucallpa, Atalaya und Tarapoto.

Wer noch nicht genug hat, der reist abseits der üblichen Touristenpfade weiter den Río Urubamba hinauf bis **Camisea** (Flugpiste). Abenteuerlustige Reisende mit viel Zeit können es auch bis **Quillabamba** schaffen.

Pucallpa – Iquitos

Für die Reise von Pucallpa nach Iquitos wird fast immer das Flugzeug gewählt, nur Leute mit Abenteuerblut und Vorliebe für tagelange Bootsfahrten werden sich für den Wasserweg entscheiden. Die Flussreise nach Iquitos ist besonders in der Trockenzeit lohnend, da dann der Wasserstand nicht so hoch und der Fluss nicht so breit ist. Fz ca. 3 Tage, Fp/VP ca. 25 €. Ticket bis Iquitos behalten, da es meist für die Essensausgabe benötigt wird (s.a. „Adressen & Service Pucallpa"/ Boot).

Der Río Ucayali ist ab Pucallpa schon ziemlich breit, bereits über einen Kilometer, die Ufer sind meist brandgerodet oder von lichtem Sekundärwald bestanden. Ab und zu hat man die Möglichkeit, in einem Dorf am Ufer einen Stop einzulegen. Wer die Fahrt machen will: unbedingt Insektenmittel, ggf. ein Moskitonetz, eine Hängematte und ausreichend Zusatzverpflegung (am Abfahrtstag gibt es meist nichts) und eigenes Trinkwasser mitnehmen, auch etwas Lesestoff. Je nach Schiffstyp sind Lkw, Pkw, Getränkekisten, Hühner oder ganze Wohnungseinrichtungen mit an Bord. Meist ist nur ein schmaler Korridor über das Vordeck zum Bug frei, um ein- und aussteigen zu können. Der Gang zur Toilette kann dann zur Tortur werden. Also nur etwas für Leute, denen überladene Boote, extrem beengte Platzverhältnisse, absolute Komfortlosigkeit und Flussschildkrötensuppe *(charapa),* die manchmal zum Essen serviert wird, nichts ausmachen. Die Leute an Bord sind aber recht entspannt und arrangieren sich bestens, so dass die Enge gut auszuhalten ist. In der freundlichen Atmosphäre entstehen so viele Gespräche mit den Mitreisenden. Wer Kontakte zur Bevölkerung sucht, ist hier am richtigen Platz.

Viele Boote führen ein motorisiertes Beiboot mit. Bei der Vorbeifahrt an Siedlungen geht das Schiff auf langsame Fahrt, und das Beiboot tuckert ans Ufer, um Fracht und Passagiere aufzunehmen. Nur in Contamana, Orellana und Requena gibt es einen einstündigen Stop. Lebensmittel kann man in allen drei Orten direkt am Hafen (meist Mercado) kaufen. In Contamana und Orellana kommen fliegende Händler und/oder Getränkeverkäufer an Bord. – Erfahrungsberichte über den aktuellen Stand der Dinge sind willkommen.

ROUTE 10: (PUCALLPA) – TINGO MARÍA – TARAPOTO – YURIMAGUAS – (IQUITOS)

Pucallpa – Tarapoto

Von Pucallpa muss auf der Ruta Nacional 16 zuerst 290 km nach Tingo María gefahren werden, von dort gehen täglich Colectivos nach *Tocache Nuevo* (Fz 3 h, ca. 6 €). Von Tocache Nuevo fahren – nur während der Trockenzeit – **allradgetriebene** Pickups/Camionetas durch ein Coca-Anbaugebiet über **Juanjui** (Fz 8–10 h, 12 €) nach **Tarapoto**. Gesamtfahrzeit 12–15 h, Umsteigen meist in Juanjui. Es gibt Drogenkontrollen, und die

Strecke ist recht wild und unsicher. Selbstfahrer sollten die Strecke nur mit einem allradgetriebenen Wagen unter die Räder nehmen. Zwischen Tocache und Juanjui muss durch die Flüsse gefahren werden, da noch keine Brücken vorhanden sind, es gibt viele Schlammlöcher.

Alle 3–4 Tage gibt es von Tocache Nuevo auf dem *Río Huallaga* auch Bootsverbindungen nach **Juanjui** (Fz 1,5 Tage, 12 € p.P.). Von Juanjui dann entweder per Allrad-Pickup bzw. Camioneta in 4–5 h nach Tarapoto, oder mit einem weiteren Flussboot in 2,5 Tagen.

Juanjui ist ein sehr schönes, untouristisches Städtchen und eignet sich gut als Zwischenstop (Übernachtung im *Hostal Tumi*, ECO). Flugverbindungen ab Juanjui bestehen nach Lima u. Tarapoto (Di–Fr), 60 €.

Tarapoto

Tarapoto, die „Stadt der Palmen", ist ein landwirtschaftliches Zentrum und größte Stadt des Departamento San Martín (das zugleich als „Königreich der Wasserfälle" in Peru gilt). Die sehr sichere Urwaldstadt mit ursprünglichem Flair liegt auf 360 m Höhe, hat über 117.000 Einwohner und in Stadtnähe fließt der *Río Mayo* in den *Río Huallaga*. Sie hat eine relativ gute Infrastruktur, ist aber nicht billig. Außerdem ist sie für ihre Orchideen bekannt und für gute Rafting-Bedingungen auf dem Río Mayo. Gegründet wurde der Ort 1782 durch Trujillo B. Martínez de Compañón. Nach Tarapoto kamen in den 60iger Jahren des 20. Jh. viele europäische Siedler, darunter zahlreiche Deutsche.

Den wirtschaftlichen Boom hat die Stadt auch dem Coca-Anbau im Huallaga-Tal zu verdanken. Es gibt eine kleine Klinik von französischen Ärzten und Psychologen, die von einem Schamanen geleitet wird. Mit Ayahuasca wird Drogentherapie betrieben. Im *Centro de Rehabilitación de Toxicómanos e Investigación de la Medicinas Tradicionales Takiwasi*, Alerta 466, kostet die Therapie pro Monat 500 € und dauert zwischen 3 und 12 Monaten, im *Centro Takiwasi* kann für 50 € auch an einer Ayahuasca-Sitzung (inkl. Vor- und Nachbereitung) teilgenommen werden.

Sehenswertes – außer einem kleinen Markt an der Av. Raimondi (Nähe der Plaza de Armas) – jedoch nichts. 8 km außerhalb von Tarapoto gibt es Felsmalereien der Motilones. Abwechslung bringen evtl. der Indianermarkt und das *Museum der Lamistas* im Indianerdorf Lamas (Richtung Moyobamba) und die *Laguna Venecia* mit den 50 m hohen Wasserfällen *Cataratas de Ahuashiyacu* (15 km) an der Piste nach Yurimaguas.

Tarapoto ist zudem ein wichtiger Verkehrsknotenpunkt. Von hier windet sich die **Carretera Transandino** über Moyobamba, Bagua und Olmos an die Pazifikküste nach Chiclayo. Von Tarapoto nach Yurimaguas verkehren tägl. Lkw, Fz 8 h, 8–10 €.

Feste: *San Juan*, 24.6.; *Fiesta Patronales*, 7.–19.7.; Gründungstag von Tarapoto 20.8., Festhöhepunkt dann am 30.8. mit der *Fiesta Patronal Santa Rosa* im Stadtteil Morales, die 10 Tage zuvor mit dem *Albazo* beginnt.

Adressen & Service Tarapoto

Tourist-Info Turismo y Artesanías, Campamento del Ministerio de Agricultura, Tel./Fax 52-2567, Mo–Fr 8–15 Uhr. – *Camara Reg. de Turismo de San Martín,* Ramírez Hurtado 400, Tel./Faxl 52-3832. **Vorwahl (042).**

Poltur Policía de Turismo, Ramírez Hurtado 198 und Aeropuerto, Tel. 52-2141.

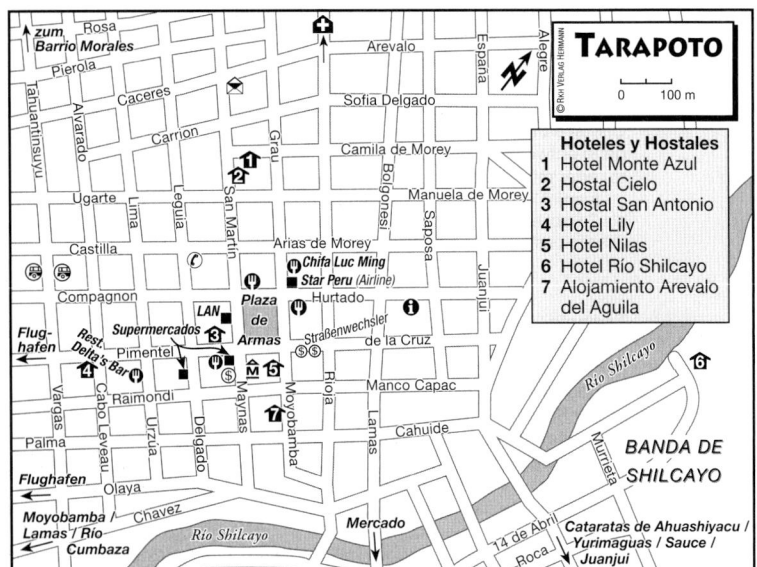

Unterkunft ECO	**Hostal San Antonio,** Jiménez Pimentel 126, Tel. 52-5563; bp, Zimmerfenster nur zum Innenhof. DZ 10 €. – **Alojamiento Arevalo del Aguila,** Moyobamba 233, Tel. 52-5265. Familienpension Nähe Plaza de Armas, Garten, Ws. – **Hostal Cerro Verde,** Augusto B. Leguía 596, Tel. 52-2288, Fax 52-6976. Zentrale Lage, dennoch ruhig, kleine Zi., bp, DZ/F 18 €, empfehlenswert. – **Hostal Cielo,** San Martín 334, Tel. 52-1012, Fax 52-3329. Zentrale Lage (Nähe Plaza de Armas), ruhig, einfache, saubere Zi. mit Vent., bp, Ws, Rest. DZ 20 €. – **La Patarashca,** Lamas 261, Tel. 52-3899, La.Patarashca@hotmail.com. Einfache Zi., Kw, Rest. (eines der besten im Ort). HM, EZ 10 €, TriZ 20 €.
FAM	**Hotel Nilas,** Moyobamba 173, Tel. 52-7331, Fax 52-5175, nilas@correo.dnet.com.pe; nahe der Plaza, 55 Zi., bp, Ww, AC, Pool, Rest., Bar, Terrasse mit Panoramasicht, Internet. Ü/F. – **Hotel Lily,** Jiménez Pimentel 405–407, Tel. 52-3154, Fax 52-2394 (http://members.spree.com/rioshilcayo/hotel). Beliebtes Hotel bei Geschäftsleuten, gefällige Zi., bp, AC, Ww, Pool, Sauna, Rest., Bar, Ws, Fax-Service. – **Hotel Monte Azul,** Camila Morey 156, Tel. 52-2443, 52-3145, Fax 52-3636, marina@sm.itdg.org.pe. Behagliches Hotel, 32 saubere Zi. mit Vent./AC, bp/bc (Zi. 202 meiden), Bar, Ws, Ü/F, nach Rabatt (descuento) fragen (DZ mit Vent. ca. 30% billiger). Restaurant El Mirador mit Panoramablick, kostenloser Flughafentransfer, Reisescheck-Wechsel. TIP! – **Hotel Río Shilcayo,** 9 de Abril/Pasaje Las Flores 224, Banda de Shilcayo, Tel. 52-2225, Fax 52-4236, hotelrsh@terra.com.pe, http://members.spree.com/sip/rioshilcayo/hotel/htm. Unweit der Plaza gelegen, Bungalows mit kleinen Terrassen (Hängematten) und 35 Zimmern, inmitten einer 4 ha großen Grünanlage, bp, AC, Rest., Bar, Pool, Sauna, Sportanlage, Ws, Airport-Service. DZ/F 55 €, Ü/F TriZ o. Bungalow 65 € (inkl. Transfer), Mittag- o. Abendessen 5 €.
LUX	**Puerto Palmeras Tarapoto Resort,** Marginal Sur km 3, Telefon 52-3978, ctareps@puertopalmeras.com, www.hotelpuertopalmeras.com. Ein 21 ha großes Resort, gut 3 km außerhalb, bp, wunderschöner Pool, Rest., Pianobar,

	Mini-Zoo, See, Sportplatz, Geldwechsel. Für Behinderte und Kinder bes. geeignet, Airport-Transfer, Begrüßungsdrink. DZ/F ab 88 €.
Essen & Trinken	*El Rincón Sureño,* Augusto Leguía 458; das Grillrestaurant von Zully bietet *Parrillas, Anticuchos, Chuletas de Cerdo* und *Maruchas* zu reellen Preisen. Unbedingt die delikaten *Vinos y Tragos* (Eigenerzeugung), auch Uña de Gato, probieren. **TIP!** – *Real Grill,* Moyobamba 121 (Plaza de Armas); Mix aus Chifa und Grillrestaurant, schmackhafte *Pollos a la brasa* und *Camarones,* auch Nudelgerichte, verschiedene Biersorten, moderate Preise, guter Service, **TIP**. – *Luc Ming,* Grau 144; Chifa mit leckeren Menüs um 6,50 Soles. – *Waykiki,* Martínez de Compañon 372; Cebichería, Fisch und Meeresfrüchte. – *El Gigante,* Alonso de Alvarado 137; Pollería, *Pollos a la brasa.* – *El Eden,* Camila Morey (gegenüber vom Hotel Monte Azul); gute und preiswerte lokale Küche. – *Delta's Bar,* Urzúa 248, preiswerte Küche, gute Gerichte. – *El Almendro,* Pimentel 176, einen Block von der Plaza de Armas; Pastelería, sehr gute Kuchen, leckere Schokoladentorte, etwas für Schleckermäuler.
Unterhaltung	*Discoteca Recreo Papillón,* Carretera Marginal Norte y Carret. Oasis (1. Block), Km 2,5. *El Club Posada Turística,* Oriental 175.
Geld	*Banco del Crédito,* Maynas 130, auch Reiseschecks; Straßenwechsler an der Plaza de Armas.
Touranbieter	*Corporación Turística Amazonia,* Puerto Palmeras Tarapoto Resort, Marginal Sur km 3, Telefon 52-3978, ctareps@puertopalmeras.com, www.hotelpuertopalmeras.com; zehntägige Touren von **Cajamarca via Kuélap nach Tarapoto,** inkl. Rafting auf dem Río Marañón. – *Demla Tours,* Plaza de Armas 253, Tel. 52-2131, lualtura@hotmail.com. (nach Luís Tafur fragen). – *Interlineas,* San Pablo de la Cruz, Tel. 52-8357, interlineas@tarapotoperu.com (nach Bertila fragen). – *Los Chancas Expediciones,* Rioja 357, Tel. 52-2616, chancas@telematic.com.pe; Tourangebote: Lamas, Laguna de Sauce, Chazuta, Cataratas de Huacamaillo und Ahuasyhiyacu (Wasserfälle) und zum Valle del Río Shilcayo sowie Rafting (Klasse II-IV) und Bootsfahrten. – *Elija Tours,* Maynas 186, Tel. 52-4199, Tel./Fax 52-5093. Umfassendes Tourenprogramm, weniger preiswert. – Taxifahrer *Beto Reategui Rios,* Tel. 52-1685, Handy 69-2608, breategui@correowe.com, offeriert Ausflüge in die nähere Umgebung. Weitere Anbieter warten mit ihren Pkws für Ausflüge in die Umgebung in der Calle Pimente, Höhe Hostal San Antonio.
Touristenführer	*Martín Zamora,* Ayacucho 520, Morales, Tel./Fax 52-5248, martinzamora@mixmail.com.
Weinanbau	*Vina Roxana,* an der Carretera nach San Antonio de Cumbaza; hier wird der beste Wein an den Osthängen der peruanischen Anden angebaut. – *El Rincón Sureño,* Augusto Leguía 458; Zully organisiert Touren zum hauseigenen Weingut inkl. Weinprobe in San Antonio de Cumbaza – **TIP!**
Einkauf	*Artesanías Chazuta* von Mary Reátegui, Ramón Catilla 228. – Supermercado *La Inmaculada*, Maynas/Pimentel, südwestliche Ecke der Plaza.
Motorräder	werden in der Ugarte (4. Block) vermietet. Motorräder mit 70 ccm (nur für Stadtrundfahrten geeignet) und 185 ccm 1,85 €/h, 18 €/Tag (7–19 Uhr). – *Grand Prix,* Shapajo/Raimondi, 4 €/h.
Motocarros	sind die alltäglichen Fortbewegungsmittel, Fahrpreis je nach Strecke 0,50–1 €.
Bus	Die meisten Busunternehmen sitzen in der Salaverry, Distrikt Morales, außerhalb des Zentrums, wie z.B. *Movil Tours,* Salaverry 860, und fahren auch von dort ab. Von Tarapoto nach Yurimaguas kann die Straße dauerhaft von 7 Uhr morgens bis 19 Uhr abends gesperrt sein.
	Nach Chachapoyas (370 km): es fahren keine Busse, nur Colectivo-Kette via Moyobamba, Rioja, Nuevo Cajamarca und Pedro Ruíz. Keine Wartezeit auf das Anschluss-Colectivo, auch in der Regenzeit. Fz 7 h, Fp Tarapoto–Moyob-

amba 20 Soles, – Rioja 3 Soles, – Nuevo Cajamarca 2 Soles, – Pedro Ruíz 20 Soles, – Chachapoyas 10 Soles. – Chiclayo (690 km): Lkw oder Bus von *Guadalupe*, Raimondi 321, Tel. 52-3992, genannte Fahrzeit bei freier Straße 14 h, oft aber 20 h und mehr, Fp ab 10 €. Schlafbus von *Movil*, Salaverry 860, mit Abendessen 16 €, preiswerter mit *Paredes Estrella* oder *El Sol Peruamo*. – Juanjui: tägl. allradgetriebene Pickups/Camionetas (Stehplatz auf der Ladefläche), Fz 4–5 h, 6 €. – Lamas (35 km): Colectivos, Fz 0,5 h, 1 €. – Lima: tägl. nahezu 10 Busgesellschaften, teilweise mit Schlafbus. – Moyobamba (120 km): tägl. mehrere Colectivos, Fz 3–4 h, 8 €. – Piura: tägl. um 12 Uhr mit *Tarapototo Tours* via Jaen. – Pucallpa: 4x wö mit *Transmar* via Tingo Maria. – Tingo María: über Juanjui (umsteigen) und Tocache (umsteigen), nur während der Trockenzeit möglich. Ab Tocache Colectivos, Fz 3 h, 6 €. – Tocache: über Juanjui (dort umsteigen), nur während der Trockenzeit mit allradgetriebenen Pickups/Camionetas möglich, Fz 12–15 h, ca. 18 €. Viele Kontrollen! Flussdurchfahrten! – Trujillo: tägl. mehrere Busse. – Yurimaguas: Colectivos am Terminal von *Turismo Selva,* Ugarte 1130.

Flug Vom Flughafen *Guillermo del Castillo,* Ramírez Hurtado, Tel. 55-2278. *Star Peru,* San Pablo de la Cruz 100/Moyobamba 100, Tel. 52-8765, www.starperu.com, tägl. nach Lima. – *Aero Andino,* www.aeroandino.com.pe, nach Pucallpa im Charter- und Liniendienst mit kleinen Turboprops. – *LC Busre,* auf dem Flughafen, Tel. 52-8161, nach Pucallpa und Lima. – *FAP/Grupo 42,* Ricardo Palma 837, Tel. 52-2241, nach Iquitos, Yurimaguas und Pucallpa. – *SAOSA,* Jiménez Pimentel 316, Tel. 52-1975, nach Pucallpa, Contamana, Orellana u. Pampa Hermosa. Auch Rettungsflugdienst! – *Aero Latino* nach Yurimaguas. – *Fenix* nach Iquitos. – *LAN* tägl. nach Lima.

Ausflüge in die Umgebung

Auf der Piste von Tarapoto nach Lamas gibt es drei *Recreos Campestre* mit Pools, Saunen und Bastschirmen, wie z.B. **La Granja:** 10 x 8 m großer Pool, Imbissbuden, viel Schatten, geringer Eintritt. Anfahrt mit Motorradtaxi 10 Min. In unmittelbarer Nähe der Brücke über den *Río Cumbaza* befinden sich einige Buschdiscos (z.B. *Discoteca Papillón und Las Rocas*). Auf der Weiterfahrt nach Lamas befindet sich bei Km 5,5 das *Recreo Turístico Los Krotos* mit sehr schönem Schwimmbecken, Bar und gutem Restaurant, Eintritt 1,50 €.

Lamas **Lamas** wird nach 22 km erreicht. Hier leben in der Unterstadt El Huayaco (oder Wayku) die *Quechua-Lamistas.* Sie stammen von den Chancas aus Andahuaylas ab und waren Gegner der Inkas. Als sie 1438 Cusco erobern wollten, wurden sie besiegt und flohen in das Amazonasgebiet des heutigen Departamento San Martín. Erst 1662 wurden die Quechua-Lamistas durch die Spanier unter Capitán Martín de la Riva y Herrera unterworfen und der Ort Lamas gegründet. Quechua-Lamistas sind bekannt für gute Küche und Kunsthandwerk. Frauen tragen noch die traditionellen schwarzen Röcke *(polleras)* und bestickte Blusen.

Interessant der *Markt* und das **Museo Etnológico de Lamistas** (geringer Eintritt, inkl. Führung, Studentenermäßigung) in der Lima 537 (traditionelle Kleidung, historische Exponate, Tierfelle, gesellschaftliche Szenen wurden mit Puppen nachgestellt; Zeitbedarf ca. 15–20 Min.) sowie das *Centro Artesanal Waska Waska Warmi Wasi* (Kulturhandwerkszentrum). Im Ort erhebt sich außerdem ein Hügel (Mirador) mit Aussicht über Dorf und Urwald, Gz 10 Min. von der Plaza de Armas via San Martín, vorbei am Taxiunternehmen El Rayo.

Die Bevölkerung feiert am 17.07. das schöne **Patronatsfest** *Santa Cruz de Los Motilones* und in der letzten Augustwoche ein Fest zu Ehren der Schutzpatronin *Santa Rosa de Lima* mit traditionellen Tänzen in den Gassen Lamas.

Unterkunft Lamas	Zur Übernachtung bietet sich die rustikale **Albergue Los Girasoles** (ECO), Los Chancas 502, Tel. 54-3439, stegmaiert@yahoo.de, auf dem erwähnten Mirador mit Panoramablick auf das Tal des Río Mayo und auf Tarapoto. Das Hostal wird vom Deutschen Thomas Stegmaier geführt, Rest. (Pizzeria) und Terrasse, guter Kaffee, Ausflugs- und Raftingtouren, Urwaldtrekking, Fahrzeug- und Motorradvermietung, Ayahuasca-Zeremonien, bc/bp. Zi./bp 15 €. – Für Hungrige kann das **El Mirador,** Pasaje Los Jardínes s/n, empfohlen werden (Fischgerichte, Panoramablick).
Laguna Venecia, Cataratas de Ahuashiyacu	Von Tarapoto in Richtung Yurimaguas liegt beim Pistenkilometer 4 an der *Laguna Venecia* ein schönes Centro Recreacional (Tel. 52-6585). Geringer Eintritt, Bademöglichkeit, gutes und preiswertes Restaurant. Ein Stück weiter warten beim Km 14 die 50 m hohen Wasserfälle *Cataratas de Ahuashiyacu* (Bademöglichkeit, geringer Eintritt, einfaches Restaurant). Anfahrt von Tarapoto zu den Fällen mit Taxi, Fz 30 Min., 15 €, mit Motorradtaxi Fz 50 Min., 9 €.
Laguna de Sauce	Bei einem längeren Aufenthalt in Tarapoto locken außerdem die blaue *Laguna de Sauce* (52 km), je nach Tages- und Jahreszeit verändert sich die Farbe des Wassers. Bei der Anfahrt muss in Puerto López (km 36) der Río Huallaga mit einem Boot überquert werden (ca. 10 Min.). Von dort sind es noch 16 km nach Sauce. Gesamtfahrzeit ca. 2 h. **Unterkünfte:** Es gibt mehrere (ECO/FAM) direkt am See, die auch Bootstouren (10 €) anbieten, z.B. *Albergue Turístico Las Hamacas,* Huallaga s/n (5. Block), Tel. 52-0396 oder *Laguna Azul* (ECO), Huallaga s/n (5. Block), Tel. 52-0396, DZ 15 € (empfehlenswert) sowie *Puerto Patos Sauce Lodge,* Huallaga/2 de Mayo s/n, Tel. 52-3978.
Chazuta	Ein Zusatztag von Tarapoto aus ist für eine Fahrt nach *Chazuta* (45 km) entlang des Río Huallaga zu veranschlagen. Chazuta ist für seine Qualitätskeramiken bekannt. Hier liegen auch die Wasserfälle von *Tununtunumba* und die Thermalquellen von *Chazutayacu*.

Yurimaguas

Der kleine Handelsort mit 26.000 Einwohnern am Río Huallaga gehört bereits zum Departamento Loreto und wird auch „Perle des Huallaga" genannt. Seit Ende des Kautschukbooms verfiel Yurimaguas in einen Dornröschenschlaf, und es ist nicht abzusehen, wann es daraus erwacht. Immerhin besitzt Yurimaguas den wichtigsten Hafen am Río Huallaga und es tuckern Direktboote auf dem Río Huallaga und im weiteren Verlauf auf dem Río Marañón bis nach Iquitos am Amazonas hinunter.

Sehenswert ist der tägliche Morgenmarkt mit fotogenen Szenen. Die DEA (Anti-Drogenbehörde der USA) unterhält hier einen wichtigen Stützpunkt und versucht, die kleinen Buschflieger aufzuspüren, die mit Cocablättern nach Kolumbien rüberfliegen, um die Kokain-Küchen zu beliefern – Abschüsse durch die peruanische Luftwaffe kommen vor.

Unterkunft	**Vorwahl (065)** **ECO: Hostal Floríndez** (BUDGET), López (Nähe Plaza de Armas); spartanisch, bp, AC. – **Hostal El Estrella** (BUDGET), López (schräg gegenüber Floríndez); bp. – **Hostal César Gustavo,** Arica; sauber, bc/bp. – **Hostal El Naranjo,** Arica (Nähe Plaza de Armas), Tel. 35-2650; gefällig u. ruhig, bc/bp., Rest. – **Hotel Leo's Palace,** Plaza de Armas 104–106, Tel. 35-2213; bp/bc, freundlich, preiswert, Rest.
Essen & Trinken	Die Restaurants in den Hotels *Leo's Palace* und *El Naranjo* sind nicht schlecht. Weitere: *El Aguila, Chifa Coni, Pollería La Posada* u.a
Bus	**Nach Moyobamba** (245 km): *Transporte Guadalupe,* Raimondi/Levean, Tel.

35-3990, Abfahrt nur am Morgen, Fp 10 €. – **Tarapoto** (130 km): mehrmals tägl. Colectivos, Pickups und Busse von *Paredes Estrella* von der Hauptstraße am Ortsrand, Fz 5–6 h, 3–4 €. Von Yurimaguas nach Tarapato kann die Straße dauerhaft von 7 Uhr bis 19 Uhr gesperrt sein.

Flug *Aero Latino*, Libertad 137, Tel. 35-2623; nach San Lorenzo, Jeberos, Balsapuertos, Lagunas und Tarapoto (Buschflieger). *Fenix,* auf dem Flughafen; nach Iquitos (Buschflieger). Weitere Buschflieger bedienen die umliegenden Urwalddörfer. *FAP/Grupo 42*, Libertad 209, Tel. 35-1128; nach Iquitos, Pucallpa und Tarapoto. – *Star Peru,* Av. Jáuregui 641, Tel. 35-2241.

Boot Täglich Schiffsverkehr mit *Transportes Eduardo* mit dreistöckigen Amazonasbooten von Yurimaguas nach Iquitos, Abfahrt 16 Uhr, Fahrzeit 2 Tage, je nach Wasserstand und Ladung auch länger, Fp Unterdeck 70 Soles, 3. Deck 120 Soles mit viel Platz, man kann sich beim Essen an den großen Tisch setzen und auch mal Nachschlag verlangen. Infos bei der *Capitanería Fluviales* am Fluss. Hängematte, Moskitomittel und Wasserflasche unbedingt notwendig. Mahlzeiten sind im Fahrpreis meist eingeschlossen.

Hinweis: Da der **Flugverkehr** von/nach Yurimaguas **stark eingeschränkt wurde,** hat die **Flussverbindung nach Iquitos wieder Bedeutung gewonnen.** Doch nach wie vor sind Abfahrts- und Ankunftszeiten und Fahrpreise nur ungefähre Richtwerte. Ratsam ist, gut zwei Stunden vor der Abfahrt an Bord zu gehen. Die Zeit vor der Abfahrt wird dazu genutzt, das Schiff mit Fracht nahezu zu überladen, das Treiben ist interessant. Verspätungen bis zu 5 Stunden sind nicht ungewöhnlich. Auf den Flussschiffen geht es eng her, unter Deck steht die Hitze, die Bordkabinen gleichen Brutkästen. Die Dusche benutzen zu können wird zum Glücksfall. Die Essenszeiten werden übers Deck gebrüllt, wie in einem Gefangenlager, und die Passagiere schlagen sich zur Kombüse vor. Auf der gesamten Flussreise gibt es fast täglich Reis und Kochbananen. An jedem Urwalddorf wird angehalten, um Fracht und Passagiere aufzunehmen oder anzulanden. Zeitvertreib: TV gucken, Schach- u. Dame spielen, dösen …

Iquitos

Inselstadt im Urwald Eigentlich dürfte Iquitos gar nicht existieren. Keine Straße von außen führt zu dieser Urwaldstadt. Nur über den Wasserweg und über die Luft ist sie erreichbar. Die nächsten größeren Städte sind Pucallpa (ca. 800 km) und Manaus in Brasilien (ca. 1700 km).

Die Hauptstadt des größten peruanischen Departamento *Loreto* liegt nur 100 m hoch und geht auf eine Gründung der Jesuiten zurück, die zusammen mit den Franziskanern Mitte des 17. Jahrhunderts mehrere Missionen (sog. *Reducciones*) gründeten: *San Juan de Nepomuceno de Iquitos, Santa María de Iquitos, Santa Bárbara de Iquitos, San Sebastián de Iquitos, Sagrado Corazón, San Javier de Iquitos* und *San José de Iquitos*. Die Reduktion von Santa Bárbara de Iquitos wurde dabei an der Stelle gegründet, wo heute Iquitos liegt. Damals lebten hier die *Napeano-Indianer*. Dokumente belegen, dass *San Pablo de los Napeanos* 1757 als erster amazonischer Flusshafen gegründet wurde.

Einen wichtigen Impuls für Iquitos brachten die etwa 200 Einwohner von *Borja* am Oberen Marañón, die 1840 vor den Angriffen der *Huambisa-Indianer* nach Iquitos flüchteten. Das peruanisch-brasilianische Abkommen vom 23.10.1851 besiegelte die freie Befahrung des Amazonas und seiner Nebenflüsse. Der damalige peruanische Präsident *Ramón Castilla* ließ daraufhin die Dampfer *Arica, Elisia, Próspero* und *Simbad* bauen. Am 05.01.1864 wurde der **Puerto Fluvial** („Flusshafen") von Iquitos gegründet (eine Kommission, die 1961 eingesetzt wurde, um das Gründungsdatum von Iquitos zu erforschen, kam zu der Entscheidung, dass dieses Datum gleichzeitig das offizielle Gründungsdatum von Iquitos ist).

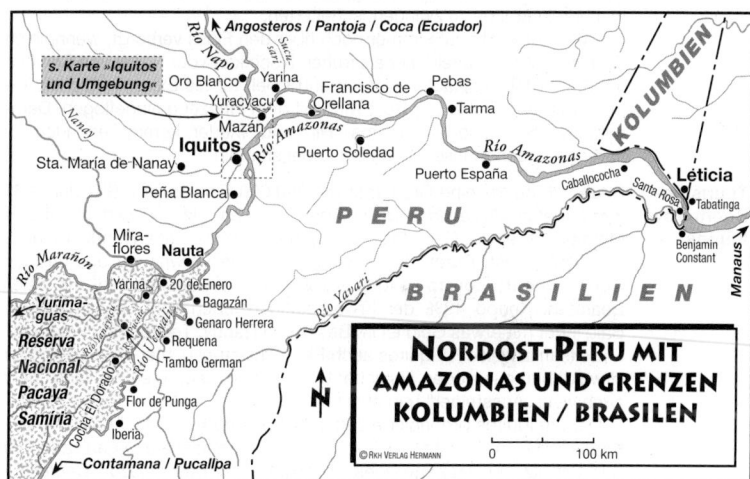

Kautschuk- und Erdölboom

Ein großer Entwicklungsschub setzte 1880 mit dem weltweiten Verlangen nach Kautschuk ein, Iquitos wurde Hauptstadt des Departamento Loreto. Ein Gebäude aus der Kautschukzeit, das heute noch an der Plaza de Armas steht, ist die *Casa de Hierro*, das „Eiserne Haus". Es wurde vom Pariser Architekten Eiffel entworfen und 1897 in Iquitos von *Baca Diaz* und *Anselmo de Aguila* aufgebaut. Einige Teile wurden am Mercado Modelo verbaut.

Aus der Kautschukzeit existieren noch die *Casa Morey* in der Próspero, das einstige Lagerhaus *Casa de Barro* (das dem berühmten **Kautschukbaron Carlos Fermín Fitzcarrald** gehörte, Ecke Napo/Raimondi) und das große Haus mit Originalfliesen gegenüber vom Grand Hotel (an der Ecke Putumayo/Malecón), in dem nun die Militärkommandantur untergebracht ist.

Dampfer aus Europa und Nordamerika machten nach der 3700 km langen Fahrt den Amazonas hinauf an der Uferpromenade von Iquitos fest. 1938 wurde Erdöl in Iquitos gefunden, doch der Boom setzte erst in den sechziger Jahren mit den damit zusammenhängenden Kolonisationsbemühungen der peruanischen Regierung ein. In der Franziskanerbibliothek des Klosters Recoleta in Arequipa zeigen in Peru gedruckte Karten, dass bis zum Krieg 1941 zwischen Ecuador und Peru Iquitos zu Ecuador gehörte.

Neuer Flusslauf des Amazonas

Bis 1965 führte der Amazonas direkt an der Uferpromenade des *Malecón Tarapacá* von Iquitos vorbei und englische Frachtschiffe löschten Eis. Iquitos wurde in jener Zeit noch vollständig über den Amazonas von Frachtschiffen versorgt. Durch die sich ständig verlagernden Sandbänke veränderte der Amazonas mit der Zeit seinen Lauf. Der Hauptstrom zieht heute östlich der Iquitos vorgelagerten Insel vorbei. So konnten die großen Frachtschiffe nicht mehr direkt in Iquitos anlegen und blieben aus. Versuche einer Flussregulierung, den Amazonas wieder vor die Uferpromenade in Iquitos zu zwingen, scheiterten.

Die Stadt wird heute immer noch über den Fluss versorgt, wenngleich auch sehr viel bescheidener als früher. Noch kann der Hafen von Schiffen mit 3000 BRT angelaufen werden und spielt für die Exportwirtschaft immer noch eine Rolle. Der Rest wird mit dem Flugzeug eingeflogen. Dementsprechend teuer ist Iquitos. Hin und wieder kommt es auch zu Versorgungsengpässen, auch bei Lebensmitteln.

Touristen-Boom-Town Iquitos

Heute ist Iquitos eine Großstadt mit 380.000 Einwohnern, Sitz der 1961 gegründeten *Universidad de la Amazonia Peruana* und wirtschaftlicher Mittelpunkt eines Gebietes, das größer als die alte Bundesrepublik Deutschland ist. Durch die Wirtschaft und die Verwaltung des riesigen **Departamento Loreto** ist Iquitos auch eine Verwaltungsstadt mit vielen Beamten. Knapp 42 % der Erwerbstätigen leben vom Staatshaushalt. Bald jeder mit etwas Geld ist im Besitz von Handy, Telefon und Faxgerät.

Seltsamerweise ist Iquitos auch Perus meistbesuchter Touristenort für Urwaldabenteuer oder ähnliche Unternehmungen. Die Insellage zieht auch viele „Aussteiger" und ähnliche Typen an.

Der um Iquitos propagierte sog. **„Öko-Tourismus"** steckt noch in den Kinderschuhen. Es gibt hier keine einzige internationale Organisation für den Schutz des Tropenwaldes. Zwar unterhält das *Amazon Center for Environmental Education and Research* (ACEER) eine wissenschaftliche Lodge und hat eine 450 m lange und bis zu 36 m hohe **Seilhängebrücke** („Canopy Walkway") durch die Baumkronen bauen lassen, doch wurde sie an die kommerzielle Lodge *Explorama* vermietet. Dort muss jeder Gast als Eintritt eine Spende an ACEER zahlen, wenn er diesen Baumkronenweg benützt.

Das **Klima** ist während der Regenzeit von November bis April feuchtheiß. Das Thermometer steigt dann auf 34–39 °C. In der weniger nassen und schwülen Zeit von Juni bis September fällt es auf 24–30 °C, an vereinzelten Tagen im Juni sogar auf 20 °C.

Sehenswürdigkeiten

Uferpromenaden, **Plaza de Armas, Mercado** (halber Tag)
Die „schwimmende Stadt" Belén mit ihren Pfahlbauten (halber Tag)
Laguna Quistococha und **Laguna Moronacocha** (halber–1 Tag)
Urwald-/Flusstour inkl. Übernachtung in einer Lodge (2–x Tage)
Canopy-Walkway – in den Bäumen durch den Urwald (2 Tage)
Reserva Nacional de Pacaya-Samiria (3–7 Tage)

■ *Foto: Bronzeplastik eines Amazonas-Indianers*

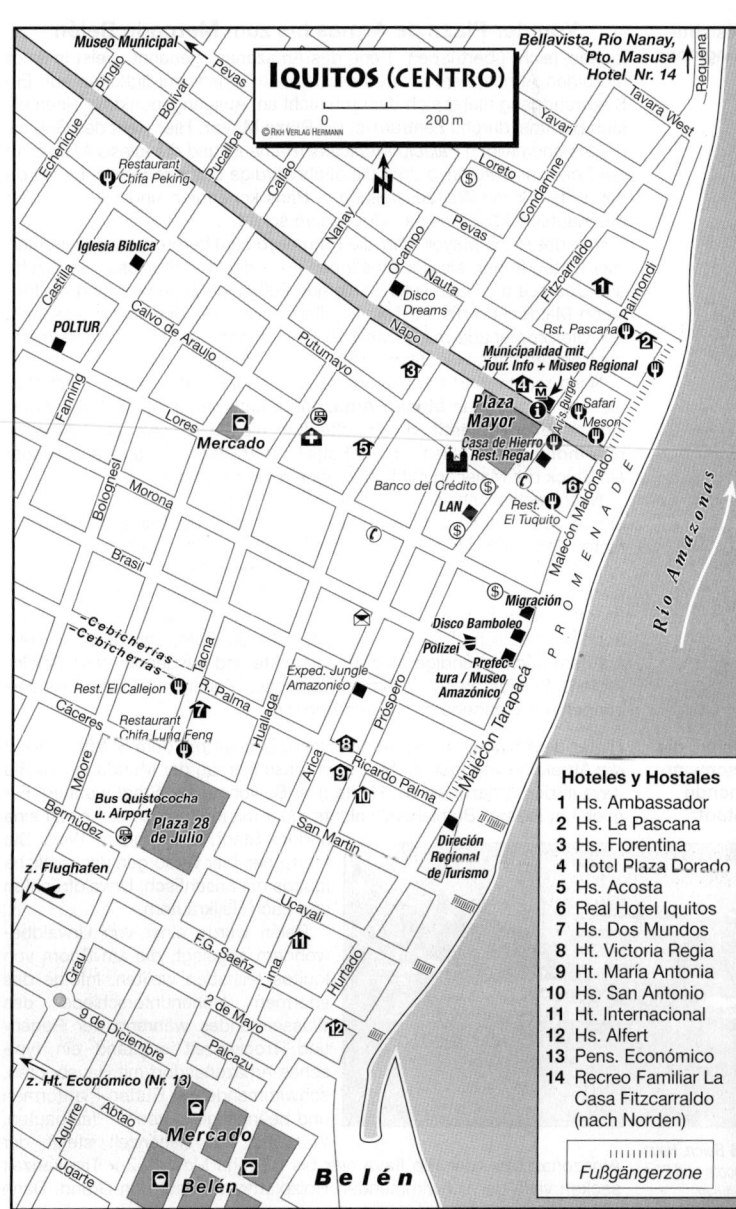

Besichti-gungstour

Von der Plaza de Armas bis zum Mercado Belén

Iquitos, leicht übertrieben „Perle des Amazonas" genannt, weist in einer morbiden Atmosphäre einige bescheidene Sehenswürdigkeiten auf. Ein Stadtrundgang bietet sich dadurch nicht an. Ausgangspunkt für einen ersten Bummel durchs Zentrum ist die **Plaza Mayor**. Hier steht das Gebäude des ehemaligen Palacio Municipal (Rathaus) und die Iglesia Matriz. An der Ecke zur Putumayo döst die altehrwürdige Casa de Hierro. Es wurde von Eiffel für die Weltausstellung in Paris konstruiert und 1897 zur Zeit des Kautschuk-Booms nach Iquitos verschifft.

Von der Plaza Mayor führt die Putumayo zur Uferpromenade hinunter. Hier legten früher, als der Amazonas noch direkt vorbeifloss, die Schiffe aus Übersee an. Nach links ist sie nun Fußgängerzone und führt als Malecon Maldonado bis zur Nauta. Allabendlich füllt sich dieser Abschnitt der Uferpromenade mit unzähligen Passanten sowie Nachtschwärmern, die Kneipen haben Hochkonjunktur.

Nach rechts führt die Uferpromenade als Malecón Tarapacá zur Prefectura, in dem das **Museo Amazónica** untergebracht ist. Sehenswert sind die **Bronzeplastiken** von Lettersten, die die verschiedenen **Amazonas-Indianer** darstellen. Ab der Ecke Brasil/Malecón Tarapacá ist wieder ein Stück der Malecón mit Fahrzeugen nicht befahrbar.

Nach rechts geht es über Palma zur Próspero, die Hauptgeschäftsstraße von Iquitos. Nicht weit davon entfernt ist die **Plaza 28 de Julio,** hinter dem sich vor ein paar Jahren noch Urwald ausbreitete. Zu Fuß oder mit einem Motocarro (1 €) ist der **Mercado Belén** südl. der 9 de Diciembre in Richtung Fluss schnell erreicht. Dieser Markt am Rande des Stadtteiles Belén ist sehr sehenswert. Hier werden neben Lebensmitteln auch medizinische Pflanzen (wie z.B. Uña de Gato) und diversen Heilkräutern auch lebendige Maden, zerhackte und ausgenommene Schildkröten, Schildkröteneier, Amazonasfische, Palmherzensalate, Rinderzungen u.v.a. angeboten – guten Appetit!

Belén, die „schwimmende Stadt"

Hinter dem Markt, zum Fluss abfallend, beginnt mit dem Stadtteil Belén die Attraktion von Iquitos. Man sagt, dass hier, an der Mündung des Río Itaya in den Amazonas, die Hälfte aller Bewohner der Stadt wohnen. Für mich hat Belén („Bethlehem") nichts mehr mit Iquitos gemein, es ist eine andere Stadt, eine andere Welt. Die Menschen hier versorgen das restliche Iquitos mit Frischfisch, Urwaldfrüchten und auch Heilkräutern.

Belén wurde einst von Urwaldbewohnern angelegt, die am Boom von Iquitos teilhaben wollten. Infolge des enormen Höhenunterschieds des Wasserstandes während der Regen- und Trockenzeit entstand ein typisches Amazonasdorf mit Hausbooten, schwimmenden Hütten-Plattformen und beängstigend hohen Pfahlbauten. Während der Regenzeit steigt der Amazonas bzw. der Río Itaya hier bis zu zehn Metern. Zur Trockenzeit sacken viele der schwimmenden Holzplattformen auf den Grund. Dann

■ Belén, Hausboote und Pfahlhäuser

ergibt sich die einzige Möglichkeit, durch Beléns Wassergassen zu gehen. Manche behaupten aber auch, Belén wäre der größte Slum Südamerikas, doch nirgendwo anders in Iquitos lässt sich der Puls Amazoniens besser verspüren, das authentische Leben am großen Fluss besser kennenlernen als hier. Bei hohem Wasserpegel gleicht Belén einem amazonischen Dschungel-Venedig – zwar nicht so prächtig wie die Stadt an der Adria, dafür aber um so interessanter, bunter und aufregender.

Bellavista Fährt man mit einem Motocarro auf der Marina nach Norden, endet deren Verlängerung nach kurzer Fahrt am Flusshafen von **Bellavista** am Río Nanay. Es gibt einen kleinen Markt, viele Bootsanleger, eine Flusstankstelle und neben den Booten der Wasserschutzpolizei dümpeln hier auch die Wasserflugzeuge der peruanischen Luftwaffe. So ganz nebenbei hat in den letzten Jahren der Amazonas wieder seinen Lauf geändert und lässt nun den Río Nanay in Bellavista einmünden.

Viele Peque-peque und Motorboote warten auf Fahrgäste. Colectivo-Boote fahren u.a. nach Barrio Florida und weiter nach **Santa Clara de Ojeal.** Wer gut handelt, kann durchaus für ein paar Stunden ein Boot anheuern und den Río Nanay zur **Laguna Moronacocha,** bis Sta. Clara oder Sto. Tomás hinaufschippern. Noch schöner ist die Fahrt den **Río Momón** hinauf mit seinen unzähligen Flussbiegungen. Dabei kommt man am **Amazon Camp** und am **Amazon Village** vorbei. Mit einem Schnellboot macht es einen Riesenspaß, über den Fluss zu jagen. Nachteil ist der hohe Spritverbrauch der starken Motoren, der zu bezahlen ist. Eine Stunde auf dem Nanay mit dem Schnellboot kostet 7–9 €, egal wieviel Personen mitfahren.

Kurzausflüge

Laguna Quistococha Diese Lagune mit Öko-Park liegt etwa 15 km südlich vom Zentrum in einer schönen Tropenwaldlandschaft. Die Lagune ist etwa 1 qkm groß, aber nur 8 m tief. Vor dem Eingang zum 360 ha großen Naturpark wurde ein Aussichtsturm errichtet, von dem über die Urwaldbäume zum See gesehen werden kann. Im Turm sind ausgestopfte Urwaldtiere ausgestellt.

■ *Laguna Quistococha*

Werner Herzogs „Molly Aida"

Von 1977–1981 drehte Werner Herzog in **Iquitos** und Umgebung sein legendäres Dschungel-Epos **Fitzcarraldo,** ein wahnwitziges Unternehmen, so recht nach dem Geschmack des Exzentriker-Duos **Werner Herzog/Klaus Kinski**. Die Filmhandlung ist um 1900 angesiedelt und erzählt den Traum des verrückten irischstämmigen Visionärs und Caruso-Fans *Brian Sweeney Fitzgerald,* genannt *Fitzcarraldo,* gespielt vom egomanischen Klaus Kinski (weibliche Hauptrolle: Claudia Cardinale). Fitzcarraldo möchte in dem verschlafenen Urwaldnest Iquitos ein großes Opernhaus errichten, und das Geld dazu soll ein nicht minder wahnwitziges Projekt einbringen: Die Erschließung der Kautschukgebiete am Río Manu und der dazu notwendige Transport eines Raddampfers durch eine Urwaldschneise von einem Fluss zu einem anderen (s. Karte S. 328 und S. 334, „Istmo de Fitzcarrald"). Gedreht wurde außer in Iquitos auch auf den Flüssen Urubamba und Camisea (bei Camisea) sowie an den Stromschnellen des *Pongo de Maiñique*.

Das Restaurant *Tropical* an der Straße zum Flughafen wurde von *Paul Hittscher* geführt, der in dem Film den Kapitän spielte und 1995 auf dem Friedhof von Iquitos seine letzte Ruhe fand. Der Filmkoch *Huerequeque* kann mit etwas Glück heute noch in Iquitos angetroffen werden. Herstellungsleitung hatte **Walter Saxer,** und im Recreo Familiar *La Casa Fitzcarraldo* seiner *„Wildlife Films Amazonas"* in der Av. La Marina 2153, heute ein kleines tropisches Paradies in Zentrumsnähe, wurde der Film fertiggestellt.

Walter Saxer: „Für den Film brauchten wir drei Schiffe: ein Wrack, das Fitzcarraldo im Film kauft und wieder flottmacht, und zwei voll funktionsfähige: eines für die Szenen am Berg, und das andere für die Aufnahmen in Iquitos und an den Stromschnellen des Pongo de Maiñique. Das Wrack, das lange auf dem Ufer des Río Nanay lag, war die *Narinho* **(s. Foto),** die wir nach monatelanger Suche schließlich in Leticia gefunden hatten, wo sie Jahre zuvor gesunken war. Auf diesem kolumbianischen Flussdampfer, 1911 im schottischen Edinburgh gebaut, wurde übrigens 1942 der peruanisch-kolumbianische Friedensvertrag unterzeichnet. Wir mussten den löchrigen Rumpf des Schiffes mit 800 leeren Ölfässern füllen, um es nach Iquitos ziehen zu können. Dann kauften wir ein ähnliches in Iquitos, die *Huallaga,* und rüsteten die gesamten Aufbauten nach der Narinho um. Das dritte Schiff, die *Juliana,* wurde komplett neu in der Schiffswerft der Marine gebaut."

Die *Juliana* wurde für die Aufnahmen um Camisea verwendet. Hier zogen und schleiften Männer vom Stamm der Ashaninka über eine Steigung von 42 Grad die 250 Tonnen große **Juliana** alias **„Molly Aida"** vom Río Camisea 3 km durch den Urwald in den Río Urubamba. Die Ashaninka stammten aus dem *Gran Pajonal* (zwischen Atalaya und Satipo) und mussten durch Jaime Moreau aus Atalaya in langen Gesprächen dazu gebracht werden, für sieben Monate am Film mitzuwirken. Ursprünglich sollte der Film auf den Flüssen Marañón und Cenepa mit den *Aguaruna* gedreht werden, was aber durch „die unglaubliche Mischung aus Manipulation der Indianer, Interessen von Missionaren und Anthropologen", so Saxer, „verhindert wurde".

Die *Narinho* fiel 2006 dem chinesischen Wirtschaftsboom zum Opfer und wurde als Alteisen nach China entsorgt. Die *Juliana,* ein exakter Nachbau der Narinho, gehörte dem ehemaligen Bürgermeister von Iquitos, Silfo Alvan, und lag jahrelang völlig verkommen am Amazonas. Nach dessen Tod 2006 kaufte ein Argentinier das Schiff, baute dieses um und machte es wieder flott. Die *Huallaga*, die durch die Stromschnellen des *Pongo de Maiñique* des Río Urubambas gejagt wurde, fährt noch heute als Frachtschiff zwischen Iquitos und Yurimaguas (s.a. S. 332).

Der Quistococha-See ist ein einziges riesiges Naturbad im Urwald, über den vielen Mythen und Legenden erzählt werden. Es gibt einen kleinen, nicht tiergerechten Zoo und ein Aquarium. Ein Urwaldsteg führt am See entlang, der in 1–2 h umrundet werden kann. Wer Glück hat, sieht vielleicht einen *Paiche* kurz auftauchen. Am Seestrand befindet sich ein Restaurant, in dem ab und zu Affen rumturnen. Di–So 9.30–17.30 Uhr, Eintritt 1,50 €. An- und Rückfahrt mit dem Taxi (inkl. Wartezeit) 8 €, Anfahrt mit dem Motocarro 2,50 €.

Laguna Moronacocha Die Lagune liegt am westlichen Stadtrand von Iquitos und ist in 15 Min. mit dem Motocarro erreichbar und ist für ihre stimmungsvolle Sonnenuntergänge bekannt. Die Uferpromenade wurde 1998 gebaut.

Laguna Mapacocha Auf der Straße nach Quistococha führt eine Abzweigung zum 20 km entfernten Dorf *Santo Tomás* an der *Lagune Mapacocha*. Das Dorf ist ein beliebter Wochenendtreff und die umliegenden Restaurants und Bars füllen sich dann schnell. Es gibt Bademöglichkeiten und Bootsvermietung.

Lagunas Romococha und Zungarococha Weitere Ausflugsziele sind die Lagunen *Romococha* (4 km südwestlich am rechten Ufer des Nanay) und *Zungarococha* (ebenfalls am rechten Ufer des Nanay). Richtung Zungarococha gibt es eine Abzweigung zu den Schwarzwasserseen von *Corrientillo*. Während der Regenzeit stehen die Palmen hier vollständig im Wasser.

Santa Clara Ein malerisches Dörfchen, das von Iquitos aus gut erreicht werden kann (15 km), ist Santa Clara de Ojeal an der Mündung des Río Nanay. Während der Trockenzeit kann an weißen Sandstränden gebadet werden.

Centro de Investigaciones Allpahuayo Carretera von Iquitos nach Nauta, Km 26,8. Dort kann der Urwald sehr intensiv erlebt werden und man bezahlt nicht die Unsummen einer organisierten Urwald-Tour. Auf Pfaden geht es durch den Urwald. Affen, Schlangen, Frösche und andere Tiere garantiert. Das Projekt gehört zur Reserva Nacional Allpahuayo Mishana, www.iiap.org.pe, zwei bis drei Stunden Zeit sollten investiert werden. Eintritt Studenten 16 Soles. Unterkunft möglich.

Pilpintuwasi Das Rettungszentrum für vom Aussterben bedrohte Tierarten mit einem 320 qm großen **Schmetterlingshaus** liegt am Río Nanay, 15–20 Min. mit dem Schnellboot vom Anleger Padre Cocha in Bellavista Nanay, Tel. 23-7174 oder 93-2999, www.pilpintuwasi.com, Di–So 9–16 Uhr, Eintritt 20 Soles, Studenten 16 Soles. Die Österreicherin Gudrun Sperrer betreut neben dem Schmetterlingshaus in einer Flughalle, in dem Besucher zwischen Faltern und Pflanzen herumspazieren können, vier verschiedene Affenarten (u.a. rote und schwarze Stummelschwanzaffen), Papageien, einen Jaguar, Tapir und Riesenameisenbär. Bis auf den Jaguar und Tapir sind die Tiere frei und sehr zahm. Die Polizei bringt auch beschlagnahmte Tiere von Touristen dorthin, da sie im Urwald keine Überlebenschance mehr hätten. Empfehlenswert.

Adressen & Service Iquitos

Tourist-Info Napo 226 (Plaza Mayor), im Erdgeschoss der Municipalidad, Tel. 23-5621, Mo–Sa von 7.30–13.30 Uhr.
i-Peru, Loreto 201, Plaza de Armas, Tel. 23-6144, iperuiquitos@promperu.gob.pe, www.peru.info, Mo–Sa 8.30–19.30 Uhr, So 8.30–14 Uhr. Infos zu Sehenswürdigkeiten, keine Reservierungen. Zweigstelle auf dem Flughafen bei Ankunft von Flügen. 24-Std.-Service unter Tel. (01) 574-8000. **Vorwahl (065).**

INFOTUR IQUITOS PERU, Távara 436; Mo–Sa von 8–13.30 Uhr. – *Dirección Regional de Turismo,* Av. Ricardo Palma 103, Tel. 23-3641. – *Fondo de Promoción Turística,* Arica 122, Tel. 23-1688. – *CARETUR Loreto,* Brasil 222, Tel. 23-1123, Fax 23-5438.

Alle 2 Monate erscheint *Poder Amazónico* mit interessanten aktuellen Infos über Iquitos und die Region. Herausgeber sind die regionalen Journalisten der *Periodista Profesional Colegiado,* Putumayo 847, Tel. 23-5571, Preis 1 €.

POLTUR *Policía de Turismo,* internationaler Flughafen, Tel. 24-2081 und 23-7067 und Sargento Lores 834, Tel. 24-2081. – *INDECOPI,* Servicio de Protección al Turista (SPT), Tel. 26-0251.– *Migración,* Cáceres, Tel. 23-5371, Mo–Fr 8.30–16.30 Uhr. Ein-/Ausreisestempel für Ecuador.

Unterkunft

Das Hotel-Preisniveau ist in Iquitos recht hoch. Die billigen Hotels sind alle mäßig und nicht sehr sauber, in einigen Hotels der unteren Kategorie kann es zu Wassermangel kommen. Falls die Regenzeit nicht rechtzeitig eintritt, versiegen auch die besten Brunnen der Stadt. Die familiäre Mittelklasse ist wenig vertreten, die gehobene Mittelklasse tendiert preislich noch weiter nach oben. Nur die besseren Hotels haben *aire acondicionado* (AC), alle anderen Ventilator. Derzeit wird auf dem Fluss eine riesige Pyramide gebaut, die als Hotel genutzt werden wird.

BUDGET **Hostal San Antonio,** Próspero 665, Tel. 23-5221. 18 kleine Zi., bp, freundlich. – **Hostal Alfert,** Garcia Sáenz 01, Tel. 23-4105, hostalalfert@hotmail.com. 17 Zimmer, Touranbieter Andres im Haus. EZ/bp 15 Soles, DZ/bp 25 Soles, **TIP!** – **Hotel Baltazar,** Condamine 265. DZ/bp 9 €, gPLV. – **Pensión Económico,** Moore 1164 (etwas außerhalb), Tel. 26-5616. Gefällige große Zimmer, ruhig, freundlich.

ECO **Great Amazon Safari Hostal,** genannt „Hobo Hideout", Putumayo 479–439, Tel. 23-2167. Saubere Zi. und Dormitorio, Vent., Skk, GpD, DZ 8,50 €, Dormitorio 4 €. – **Hostal La Pascana,** Pevas 133, Tel. 23-1418; 20 Zi., EZ/DZ/ TriZ, bp, einfach und sauber, freundlich, ruhig, sicher, schöner Innengarten, kostenloses Internet, GpD, Reservierung empfohlen. EZ 35 Soles, DZ 42 Soles. – **Hostal Florentina,** Huallaga 212, Tel. 23-3591; 15 schöne Zi., bp. – **Hotel El Sitio,** Ricardo Palma 541, Tel. 23-9876; 20 Zi., bp, sauber, gerne besucht. – **Hostal Dos Mundos,** Tacna 631, Tel. 23-2635; 32 Zi. (einige innenliegende), bp, AC, es wird manchmal Rabatt gewährt.

ECO/FAM **Recreo Familiar La Casa Fitzcarraldo** von *Wildlife Films Amazonas,* Av. La Marina 2153, Maynas, Tel. 60-1138, Fax 60-1139, lacasafitzcarraldo@gmail.com, www.lacasafitzcarraldo.com. Vier großzügig möblierte Apartments und zwei Bungalows, etwa 5 Min. vom Zentrum entfernt, Restaurant, sehr schöner Pool, See, dreistöckige Baumhäuser mit Ausblick auf den Amazonas inmitten herrlicher tropischer Gartenanlage. Der Schweizer Besitzer *Walter Saxer* war Produktionschef des Filmklassikers **Fitzcarraldo,** der hier 1977–1981 produziert wurde, sowie von „Aguirre, der Zorn Gottes". Heute wird das Anwesen von der Tochter *Michaela Helvecia Saxer Gonzales de MacPhale* geführt. Apartments/bp/Kw/F Mini 100 Soles, für 2 Pers. 120 Soles, für 4 Pers. 180 Soles, Bungalows für max. 3 Pers. 150 Soles, Wochen- oder Monatsmiete möglich, auch VP. Mittagessen 12 Soles, Abendessen 15 Soles. Mein **TIP!**

FAM **Hotel Internacional,** Próspero 835, Tel. 23-4684, Fax 23-4684. Zentral (Verkehrslärm), 29 Zi., fast nur innenliegend, bp, AC, Rest., freundlich, sicher, gut besucht. – **Hotel María Antonia,** Próspero 616, Tel./Fax 23-13-4761. 33 Zi., bp, AC, angenehm. – **Hostal Ambassador,** Pevas 260, Tel. 23-3110, p-amazon@amauta.rcp.net.pe. 25 Zi., bp, AC, inkl. Transfer vom Flughafen, Mitglied des JH-Verbandes Perus, im Besitz der Amazonas Sinchicuy Lodge, gute Arrangements für Urwaldtouren, sehr gut und empfehlenswert. – **Real Hotel Iquitos,** Malecón Tarapacá (direkt an der Uferpromenade), Tel. 23-1011. Älteres Hotel mit Charme, 72 Zi., bp, AC, Rest., Bar, Ws, Ü/F, Kk. – **Hotel Sol de Oriente,** Av. Abelardo Quinones, Km 2500, Tel./Fax 26-0317, hsoloriente1@qnet.com.pe. Hotel mit hübschem Garten, Minizoo, Pool, Internet. DZ/F 40 € inkl. Airport-TR, empfehlenswert.

LUX   **Hostal Acosta,** Huallaga/Araujo, Tel. 23-2470. 27 schöne Zi., bp, AC, Pool, gut. – **Hotel Victoria Regia,** Ricardo Palma 252, Tel. 23-1983, info@victoriaregiahotel.com. 42 Zi., bp, AC, Rest., Bar, Pool, Res. empfohlen, alle Kk, **TIP!** – **Hotel Plaza Dorado,** Napo 258, direkt an der Plaza, Tel. 22-2555, Fax 24-3653, www.eldoradoplazahotel.com. Bestes Hotel mit modernem Komfort (Whirl-Swimmingpool u.a).

Essen & Trinken

Die regionale Küche von Iquitos hat nahezu die gleichen Spezialitäten auf der Karte wie die Amazonasküche Pucallpas (s. dort). Weitere typische Gerichte sind *cecina con tacacho* und Fischgerichte, z.B. *tucunare, guiso de paiche* (rohe Cebiche de Paiche) sowie Schildkröten oder *Sarapatera* (im Schildkrötenpanzer zubereitete Suppe). Ganz typisch ist auch *ensalada de chonta*, herzhafter Palmherzensalat und *Camu-camu*. Wer Erdnussgeschmack mag, sollte unbedingt *inchicapi* probieren, eine Erdnusssuppe. *Juane* ist ein Gericht aus Reis mit Hähnchenfleisch.

Dazu werden Getränke des Urwalds, wie z.B. *aguajina, chuchuhuasi* (Branntwein aus der Baumrinde des Chuchuhuasi-Baumes), *masato* (Maniokbier), *hitochado* (Huitafrucht mit Zucker und Branntwein) oder *siete raíces* (Branntwein aus sieben verschiedenen Baumrinden). Zum Nachtisch delikate Tropenfrüchte, wie z.B. *Papayas, Mangos, Coconas, Aguajes, Guayabas, Bananen* und andere.

Typische **regionale Küche** im **El Shupihuií,** Calvo de Araujo/Castilla. Auch im **El Mesón,** Napo 116, gibt's regionale Gerichte (doch Vorsicht vor besonderen Angeboten: Krokodilfleisch ist in den Restaurants verboten!).

Regal, im 1. Stock der *Casa de Hierro,* geführt vom britischen Konsul P. Duffy. Terrasse mit Blick auf die Plaza de Armas. Sehr gute regionale Küche. Zu empfehlen ist z.B. *Venado en Oporto* (Amazonasreh in Weinsoße) und traditionell *Tortuga en Kiong* (Flussschildkröte in Ingwersoße). Alle Fisch- und Fleischgerichte um 7 €, am Sonntag Buffet!

Eine preisgünstige Kneipe ist das **Golaza,** Calle Huallaga, gute Gerichte. In derselben Straße ist auch das **Rosita,** gute regionale Küche, hier essen die Einheimischen. Das Restaurant **Fitzcarrald,** Malecón/Napo schenkt sehr gute Säfte aus. Auch gut: **La Nancy su Cocina,** Av. del Ejército 2188, Moronocochá, So–Do 12–24 Uhr, Fr/Sa 12–3 Uhr nachts. Das **Bucanegra,** Av. Marina bietet leckere Fischgerichte beim Blick auf den Amazonas. Auch das **Huacamayo,** Romulo Espinar 140, kann für Fischgerichte empfohlen werden. Sehr gut und nicht übermäßig teuer ist das **Maloka,** Sargento Lores 170.

Außergewöhnlich ist das Restaurant **Al Frío y al Fuego,** Av. Marina 451. Von dort wird man kostenlos zum Restaurant gebracht, das sich auf einem Floss mitten im Fluss Itaya befindet. **TIP!**

Hähnchenfeunde zieht es allabendlich zum empfehlenswerten **Kikeriki,** Napo 400. Die großen Hühnerviertel mit Pommes und Krautsalat kosten 7,50 Soles, immer brechend voll.

Viele preiswerte und familiäre **Cebicherías** sind in der Ricardo Palma ab Tacna/Palma zu finden, z.B. Cebichería **El Callejon,** Tacna 600. Ausgezeichnete Fischgerichte und Mariscos im **El Tuquito,** Putumayo 157, z.B. kann ich Paiche empfehlen.

Einer der angenehmsten Plätze hoch über dem Flussufer ist die **Bar Franceso,** Pevas 100, geöffnet von 9–18 Uhr, nur Getränke, kein Essen! Das schöne an diesem Platz ist die herrliche Aussicht über den Fluss bei einer angenehmen Windbrise. Ab und zu wird abends Live-Musik geboten. In der Malecón Maldonado 251 befindet sich mit dem Aussichts-Restaurant **Peña Criolla** ebenfalls ein Restaurant mit Blick über den Fluss, Fr/Sa gibt's ab 21.30 Uhr Livemusik.

Eine gute **Chifa** ist **Long Fung,** Plaza 28 de Julio und auch die **Peking,** Castilla/Putumayo. Rund um die Plaza 28 de Julio gibt es viele preiswerte Kneipen und Restaurants jeglicher Art, irgendwo wird jeder etwas für seinen Geschmack finden. Immer gut besucht und gar nicht schlecht ist auch das Schnellrestaurant **Ari's Burger** an der Plaza de Armas/Napo, in Insiderkreisen auch *Gringolandia* genannt. Die Sitzplätze sind nicht gerade gemütlich, aber der Laden hat fast immer offen, es kann Geld gewechselt werden und es ist sehr sauber. Gleich daneben in der Napo gibt es in der **Pizzeria Antica** ein gutes **Frühstück** mit frisch gepresstem Saft, Ei, Schinken und Kaffee für 6 Soles.

Huerequeque, der im Film *Fitzcarraldo* den Koch spielte, kann mit etwas Glück in seiner eigenen Kneipe im Hafen Bellavista Nanay angetroffen werden. Schöne Lage am Fluss, eiskaltes Bier.

Erste Hilfe *Clínica Adventista Ana Stahl,* Av. La Marina 285, Tel. 23-5231, 24-Std.-Service. *Clínica Mariu Loreto,* Morona 471, Tel. 23-3752, 24-Std.-Service. *Clínica Virgen de Lourdes,* Sgto. Lores 844, Tel. 23-2912. *Hospital Militar Sta. Rosa,* Camp Portugal 1648, Tel. 23-1261.

Dt. Honorarkonsulat Honorarkonsul *Max A.G. Druschke,* Brasil 660, Tel. 24-2056, Fax 23-6364, max_druschke@yahoo.de.

Post *Serpost,* Morona/Arica 482, Tel. 23-4091 und 23-1915; 8–20 Uhr. *DHL,* Próspero 215, Tel. 23-4399.

Telefon *Telefónica del Perú,* Arica 251, Tel. 23-5555; 8–20 Uhr.

Geld *Banco de la Nación,* Condamine 478. *Scotia Bank,* Próspero 282, wechselt Reiseschecks ohne Kommission, Kunden der Deutschen Bank können mit der EC-Karte kostenlos Soles am GA ziehen. *Banco Continental,* Sgto. Lores 171, auf Reiseschecks Kommission. *Banco del Crédito,* Próspero/Putumayo (Plaza de Armas), sehr gute Wechselkurse, doch auf Reiseschecks 11% Bearbeitungsgebühr. *Interbank,* Prospero (1. Block), Geldautomat für div. Kreditkarten. *Casas de Cambio,* Fitzcarrald 120 und Tacna 380. Außerdem stehen an der Plaza de Armas und in der Próspero an den Straßenecken Geldwechsler.

Mietwagen *Rent-a-Car Auto's,* Teniente Pinglo 331 (Alt. Cuadra 9 Yavari), Tel. 23-5857. Tagesmiete 55 €. Airport-Service!

Museen *Museo Regional de Maynas de Flora y Fauna,* Plaza Mayor, 1. Etage der Municipalidad (Rathaus), zeigt eine große Sammlung von Urwaldtieren und Indianertrachten; Mo–Sa 8–18 Uhr. Eintritt 3 Soles.
Museo Amazónico, Malecón Tarapacá 38 (in der Prefectura). Mo–So 9–12 und 16–21 Uhr, Eintritt 3 Soles. Sehenswerte Bronzeplastiken von Lettersten.

Reisebüro *JIREH Travel,* Arica 329, Tel. 60-0272, Fax 23-6401, manayab@hotmail.com. Zuverlässig!

Kunsthandwerk Neben handwerklichen Kunstgegenständen und handbemalten Stoffen werden auch diesbezügliche Gegenstände aus Naturfasern *(Chambira, Jute, Tamshi und Shapaja),* Hülsenfrüchten und Samenkörnern *(Ajo de Vaca, Huayruruos, Rosarios* usw.) angeboten. Samenkörner und Hülsenfrüchte sollen nicht in den Mund genommen und die Gegenstände nicht an Kinder verschenkt werden, da einige giftig sein können! Beachten Sie bitte auch das Artenschutzgesetz und kaufen Sie keine lebenden oder ausgestopften Tiere und schon gar keine gefleckten Felle, Krokodil- oder Schlangehäute! Empfindliche Strafen! Auch Pirañas und Schmetterlinge (z.B. der blaue Morphofalter) fallen darunter! – *Mercado Artesanías San Juan,* links an der Straße kurz vor dem Flughafen, mit Motocarro 2 €; u.a. Blasrohre (2 m lang) 40 €. 10–18 Uhr. *Safari,*

Próspero 435; u.a. Blasrohre, Holzschnitzereien aus Glutholz (Palisander), Flechtarbeiten.

Discotecas *Bambolea,* Malecón Tarapacá 328, Mo–So ab 20.30 Uhr, Eintritt 2 € (1. Getränk frei), ab 23 Uhr gerammelt voll, auch Live-Musik. *Dreams,* Samanez Ocampo 120, ab 22 Uhr, Eintritt 2 €. *San Martinense,* Carretera Quistococha (beim Flughafen), nur sonntags; sonst ein Ausflugslokal. *Disco Noa-Noa,* Fitzgerald/Pevas 298; mit Wasserfällen, sehr chic, derzeit der letzte Schrei in Iquitos! *Berimbar,* Putumayo 467, Disco-Pub.

Ayahuasca *Schamanin Adele,* ggüb. Iglesia Matriz (neben dem Hospital); eine Sitzung 20 €. *Schamane Agustin Rivas,* neben Hostal La Pascana, Pevas, agusriv@mixmail.com. Einer der bekanntesten Schamanen. Er hat auch eine Lodge stromaufwärts in Tamshyacu, Fz 1 h mit dem Schnellboot. Auch mal bei *Spirit Path Peru,* am nördlichen Ende des Boulevards reinschauen, www.spiritpathperu.com.

Feste **5. Januar:** Gründung der Stadt Iquitos. Februar/März: farbenprächtiger Karneval mit *La Pandilla*-Tanz; im Mittelpunkt steht die *Humshi*-Palme. **3. Woche im Juni:** indianische Musikgruppen auf dem Mercado Artesanías San Juan. **24. Juni:** Fiesta San Juan de Loreto mit Tanz und Musik; Höhepunkt in San Juan de Miraflores. **8. Dezember:** Prozession zu Ehren der Jungfrau Maria in Puchana.

Wäscherei Lavandaria Imperial, Putumayo 150.

Verkehrsverbindungen

Stadt- und Nahverkehr Das Straßenbild wird von den vielen Motocarros (Motorradtaxis) geprägt. Mit diesen Dingern kommt man überall hin. Eine Fahrt
vom Flughafen **zur Plaza Mayor** kostet max. 2 Soles
von der Plaza **zum Flughafen** 6 Soles
von der Plaza de Armas **zum Bootsanleger am Río Nanay** 3 Soles
vom Zentrum **zum Pto. Masusa** 2,50 Soles
Strecken innerhalb des Stadtzentrums kosten 1 Sol, längere, z.B. zur Laguna Quistococha oder nach Sto. Tomás, 8–12 Soles ((für eine Stunde Fahrt). Es ist so preisgünstig, mit einem Motocarro zu fahren, dass Taxis (Stundentarif 3–4 €) und Busse nur eine untergeordnete Rolle spielen. Die Linien 1 und 4 fahren **zum Hafen Pto. Henry,** Fp 0,70 Soles. Außerdem führen keine nennenswerten Straßen aus Iquitos heraus. Das längste asphaltierte Straßenstück misst 70 km und führt nach Nauta, Fz Bus ca. 90 Min.

Flug Der Flughafen *Francisco Secada Vigneta,* Tel. 23-1501, liegt etwa 5 km außerhalb an der Straße nach Quistococha. Taxi ca. 4 €, Motocarro 6 Soles. Es fährt zwar auch ein Bus von der Plaza 28 de Julio zum Flughafen, der ist aber meist gerammelt voll. Die Flughafengebühr ist in Soles oder in US-Dollar zu bezahlen und beträgt für nationale Flüge ca. 4 US$, für internationale ca. 30 US$.

Iquitos wird u.a. von *Star Peru* und *LAN* aus Lima angeflogen. Einige Fluggesellschaften machen in Tarapoto sowohl auf dem Hin- als auch auf dem Rückflug meist eine Zwischenlandung. Die Flüge sind oft nur am Nachmittag.

LAN, Prospero 232, www.lan.com. – *Star Peru,* Napo 260, Tel. 23-6208, www.starperu.com. – *FAP/Grupo 42,* auf dem Flughafen, doch nur Flüge zu den Dörfern an der kolumbianischen und brasilianischen Grenze. – *North American Float Plane,* Napo 330, Tel. 22-1028, Fax 24-1165, snoppy280@hotmail.com, Buschflieger.

Nach Lima: LAN (tägl.) 102 €; Star Peru (tägl.) ca. 40 €. **Tarapoto:** LAN (tägl.) 55 €; Star Peru (tägl.) 55 €.

Adressen & Service Iquitos

Buschflieger und Wasserflugzeuge

Neben den regulären Linien gibt es auch eine große Anzahl von Busch- und Militärfliegern (FAP/Grupo 42, SAA), die mit Propellermaschinen, Cargobomber und Wasserflugzeuge in die kleinen Urwaldstädte und -dörfer bis hin zur brasilianischen, kolumbianischen und bolivianischen Grenze fliegen. Einheimische genießen bevorzugte Mitfluggelegenheit.

Servicios Aéreos Amazónicos (SAA), Arica 273, Tel. 23-0776,Fax 24-3776; nach Caballococha (3x wö) 50 €, Leticia (Di/Do/Sa) 70 €. – *TANS,* Sgt. Lores 127, Tel. 23-1071, Tel./Fax 23-1086 (Hauptbüro); mit Buschflieger nach Angamos (Di) 35 €, Caballococha (2x wö) 45 €, Requena (*), Contamana (2x monatlich), Estrechos (Di/Fr) 35 €, Orellana (2x monatlich), Sta. Rosa (2x wö), Bootsanschluss nach Leticia (Fz 5 Min.). Abflug ist auf dem Feldflughafen der FAP/Grupo 42 bei der Lagune Moronacocha. – *Fenix,* Av. la Marina 600; nach Requena, Contamana, Pucallpa, Yurimaguas, Tarapoto, El Estrechos und Caballococha. – *Transporte Aéreo San Carlos,* Elias Aguirre 775, Plaza 28 de Julio, Tel./Fax 23-3116. – *AVIASELVA/Star Peru,* Próspero 428, Tel. 23-6208; nach Lima, Leticia (*) 59 € und Tarapoto.

FAP (Grupo 42), Base FAP, Moronacocha (Verlängerung der Av. Mariscal Cáceres), Tel. 23-4521, und Sgt. Lores 127, Tel. 23-3224; nach Angamos (Di) 35 €, Caballococha (Sa) 40 €; Estrechos (Di/Fr) 35 €, San Lorenzo (*) 60 €, Contamana (*), Requena (*), Orellana (*), Pampa Hermosa (*), Pucallpa (*), Sta. Rosa (Mo/Mi/Sa) 40 €, Bootsanschluss von Sta. Rosa nach Leticia (5 Min.). Reservierungen für Santa Rosa in Tabatinga (Brasilien), Blue Moon Turismo, Rua Marechal Rondon 55, Tel. 412-.2227. Anfahrt zur Base Aérea der FAP in Moronacocha mit Bus, Taxi (2 €) oder Motocarro (billiger).

Buschflieger/Wasserflugzeuge der FAP kosten 750 €/h für max. 12 Personen (62,50/Pers.) und fliegen dann (fast) überall hin, lohnenswert! Außerdem können Propellermaschinen und Wasserflugzeuge von Einzelpersonen individuell gechartert werden. Flugstunde zwischen 200 und 300 € (bei 3–4 Personen).

Schiffsverbindungen

Wie erwähnt, legten früher die Schiffe aus Übersee direkt unterhalb der Hafenpromenade in Iquitos an. Zur Zeit des Kautschukbooms ab 1880 war Iquitos der größte Binnenhafen Perus, und er ist es auch noch heute. Der alte Hafen in Bellavista, Malecón Tarapacá 596, kann von den Schiffen nur noch bei entsprechend hohem Wasserstand angesteuert werden. Der **neue Hafen Puerto Masusa** mit Abfahrtstafeln der Schiffe musste drei Kilometer weiter nördlich an die Av. La Marina verlegt werden. Anfahrt mit dem Motocarro 2 Soles. Daneben gibt es noch **Puerto Henry** (500 m vor Pto. Masusa). Hier fahren Schiffe nach Yurimaguas und Pucallpa, z.B. der Reederei *Eduardo,* ab. Die Passagen sind etwas teurer, die Schiffe besser und zuverlässiger und garantieren einen Mindeststandard sowie ein Bordkiosk mit Fleisch- und Fischkonserven. An der Requena 142 steht ebenfalls eine große Tafel, die über die nächsten Schiffsabfahrten (Schiffsname, Liegeplatz, Zielort, Abfahrtstag, Uhrzeit) informiert. Zusätzlich ist auch an jedem Schiff eine Tafel mit dem Reiseziel/Fluss angebracht. Die Abfahrtszeit „*hoy*" ist nicht verbindlich. Tickets können sowohl in Puerto Masusa und Puerto Henry als auch in Bellavista gekauft werden. Der Fahrpreis ist immer mit VP, doch Preise durchaus verhandelbar. Die Fahrkarte immer aufheben, da diese für die Essensausgabe benötigt wird. Zu verhungern und verdursten braucht niemand, unterwegs kommen immer wieder Händler mit Lebensmittel und Getränken an Bord.

Die Fahrten stromaufwärts sind interessanter, da die Boote wegen der Strömung nicht in der Flussmitte fahren und man als Passagier so mehr vom Uferleben sieht. Einzelreisende sollten aus Sicherheitsgründen auf längeren Flussstrecken nach Möglichkeit eine Kabine (Camarote) buchen, Aufpreis ca. 30 Soles. Dabei darauf achten, ob die Camarote vorn oder hinten auf dem Schiff liegt, da permanenter Motorenlärm!

Die Flussfahrt den Río Ucayali **stromaufwärts** nach **Pucallpa** dauert, je nach Wasserstand, zwischen vier und sechs Tage und kostet HMP 25 €, Doppelbettkabine/bc 75 €, Doppelbettkabine/bp/Dusche 150 € mit Verpflegung (s. hierzu auch S. 592). Schiffe nach Pucallpa fahren mehrmals die Woche.

Nach **Yurimaguas** über den Río Marañón und Río Huallaga dauert die Flussfahrt 3–4 Tage (abhängig von Frachtmenge und Wasserstand). Die Schiffe fahren mehrmals die Woche, die Passage HMP kostet etwa 10 €, in der Vierbettkabine 17 €, jeweils mit Verpflegung.

Die Flussfahrt auf dem Amazonas **stromabwärts** ist nicht allzu aufregend. Schiffe an die kolumbianisch/brasilianische Grenze, z.B. nach Islandia/Dreiländereck, fahren mehrmals wöchentlich. Die Passage kostet 20–25 €. Die Fahrzeit beträgt wegen der Strömung nur 3 Tage. Ausreisestempel gibt es in Santa Rosa (am Dreiländereck gegenüber Leticia).

Es gibt nur sehr wenige Schiffe, die bis nach Manaus oder gar Belén an der Amazonasmündung durchfahren. Meist sind dies reine Cargoschiffe, die bis zu drei Monate unterwegs sind (für eine Fahrt bis Manaus muss mit mindestens 8–10 Tagen, von Manaus nach Belém/Amazonasmündung mit 4–5 Tagen gerechnet werden). Es geht aber auch schneller, z.B. mit *Expreso Loreto,* Loreto 151, Tel. 23-8652, fährt Di/Do/So um 6 Uhr mit Schnellbooten zur brasilianischen und kolumbianischen Grenze. Die Fahrt dauert nur 12 h und sie kostet mit Verpflegung ca. 50 €. Stop in Santa Rosa, um den Ausreisestempel einzuholen. Auch auf dem Río Napo via dem Amazonas besteht ab Iquitos Bootsverkehr **bis nach Nuevo Rocafuerta in Ecuador** und ist eine der wenigen Möglichkeiten, von Iquitos direkt nach Ecuador einzureisen (s.S. 630).

Urwaldausflüge von Iquitos

Jedem, der nach Iquitos kommt, schwebt wohl so etwas wie das Abenteuer in der „Grünen Hölle" vor und er fiebert erwartungsvoll diesem Augenblick entgegen. Doch im Umkreis von etwa 100 km um Iquitos wächst kein Primärurwald mehr (von einigen unberührten Urwaldinseln abgesehen), und so offenbart sich die „Grüne Hölle" nur noch für Leute mit sehr viel Zeit, die sich ein eigenes Boot mieten und/oder eventuell Einheimische kennen, die sie bei ihren Fahrten in die Tiefen des Regenwaldes begleiten oder von denen mitgenommen werden. Für den „Normal"-Reisenden bleibt fast immer nur der Weg, sich an ein lokales Reisebüro zu wenden, das sich auf Urwaldtouren spezialisiert hat oder sich an einen Direktveranstalter (meist Besitzer einer Urwald-Lodge) zu „verkaufen". In Iquitos gibt es ungefähr 25 Unternehmen, die Urwaldtouren durchführen und von denen fast jedes eine Touristen-Lodge im Urwald um Iquitos hat. Die meisten dieser Lodges liegen innerhalb eines Gürtels mit einer Entfernung zwischen 20 und 50 km von Iquitos und sind per Schnellboot gewöhnlich innerhalb einer Stunde oder mit einem Peque-peque in weniger als drei Stunden zu erreichen.

Fazit: es gibt auf diesen organisierten Pauschaltouren, insbesondere bei den Großveranstaltern wie Explorama, nicht allzuviel im Urwald zu sehen (kaum Tiere, meist nur Sekundärwald), wofür letztendlich maximal 2 Tage ausreichen würden! Die teure Attraktion ist dabei der an Explorama vermietete *Canopy Walkway* der ACEER. Mitbewerber, wie z.B. *Julio Bardales Ferreira* mit eigenem Canopy Walkway, sind preiswerter.

„Wilde" und „Zivilisierte" Immer wieder kommen Reisende mit dem Wunsch nach Iquitos, einen komplett „unzivilisierten Indianerstamm" besuchen zu können, also möglichst Menschen, die noch nie oder kaum Kontakt mit Weißen hatten. Und natürlich sollte eine solche Gruppe innerhalb von ein bis zwei Tagen erreichbar sein.

Um diesen Erwartungen nachzukommen, entstanden in der Nähe der Touristen-Lodges kleine Indianerdörfer, in denen die Bewohner für Touristen ihre traditionellen „Bast"-Röcke anziehen und mit dem Blasrohr Schießübungen vorführen. Nur sehr Naive durchschauen nicht diese Darbietungen. Die Indianer zeigen eigentlich nur das, was die Touristen sehen wollen, also wie ihre Vorfahren gelebt haben. Doch selbst Stammesgemeinschaften, die eine Wochenfahrt mit dem Boot von Iquitos entfernt irgendwo im Regenwald ihre Existenz fristen, haben längst Kontakt mit der Zivilisation gehabt. Und trotzdem leben wiederum viele noch nach den alten Stammesregeln und -sitten, sind gegenüber Besuchern eher zurückhaltend und scheu. Wer mit einem Führer eine solche Gruppe besucht, sollte sich unbedingt an die Stammessitten halten. So ist z.B. bei fast allen Stämmen das Kokettieren mit Frauen ein Verletzung der Norm. Obwohl es die indianischen Frauen selbst immer wieder versuchen, sollte man da sehr zurückhaltend sein. Besser als Mann nur mit Männern und als Frau mit Frauen reden.

Tsantas – Schrumpfköpfe

Die kriegerischen Jívaro-Indianer leben im Grenzgebiet zwischen Peru und Ecuador und sind die einzigen Indianer, die bis heute den alten Brauch der Schrumpfkopfherstellung „pflegen" (heute werden dazu Affenköpfe genommen) – doch schon auf Keramiken der Nasca- und Paracas-Kulturen wurden Schrumpfköpfe dargestellt. Bei der Präparierung eines Schädels eines getöteten Feindes wird zuerst die Kopfhaut abgezogen und in Wasser gekocht, wobei diese etwas einschrumpft. Durch heiße eingelegte Steine schrumpft die Haut noch weiter auf die Größe einer Faust. Danach wird sie etwa sechs bis acht Stunden über dem Feuer geräuchert, wodurch sie ihre braunschwarze Färbung erhält. Die Gesichtszüge werden nachgezogen und die Haut poliert. Bei dem ganzen Prozess behalten die Haare ihre natürliche Länge, wodurch der Schrumpfkopf sein charakteristi-sches Aussehen bekommt. Die ganze Prozedur dauert etwa eine Woche. Durch die Präparierung soll die Kraft des getöteten Feindes auf den Sieger übergehen und die eigene gesteigert werden.

Programmtypen — Im Allgemeinen werden drei Programmtypen angeboten, die mit *konventionell* und *unkonventionell* umschrieben werden können. Mit konventionellen Programmen wird der Pauschaltourist, mit unkonventionellem Programm mehr der Individualreisende angesprochen. Daneben gibt es noch eine Mischform aus beiden Programmtypen. Die Unterschiede:

Pauschaltour — Viel Komfort, einfaches Programm, nahezu kein Abenteuer, alles ist präzise organisiert, perfekter Service, es passiert nichts Unvorhergesehenes (z.B. die Indianer ziehen sich extra für Touristen-Show „urwaldgerecht" um), zugeschnitten für große Gruppen. Anbieter: Explorama, Amazon Lodge & Safari, Paseos Amazónicos (Amazonas Sinchicuy Lodge) und Cumaceba Lodge & Expedition.

Individualtour — Kein Komfort, viel Abenteuer, wenig Organisation und Service, Überraschungen (z.B. Motor fällt aus, kein Ersatz vorhanden), nur für kleine Gruppen. Anbieter: Remo Caspi, Amazonia Expeditions & Safari und Expediciones Jungle Amazónica.

Organisierte Abenteuertour — Eine Mischung aus konventioneller und unkonventioneller Tour. Das Abenteuer wird kalkuliert, Überraschungen bleiben aus. Empfehlenswerte Anbieter: Explorer Napo, Tambo Yarapa (Amazon Lodge & Safari) und Yakunama. **Die Anschriften der Veranstalter stehen am Kapitelende.**

Preise vergleichen — Ganz wichtig ist auf jeden Fall immer ein Preisvergleich und die genaue Information, was alles im Preis miteingeschlossen ist. Die Preisspannen sind extrem und reichen von 20–50 € für eine Halb- bis Eintagestour bis weit über 1000 € für eine Wochentour mit Transfer, Übernachtungen, Vollpension, Führer und Equipment. Auch die Durchführungs-Qualität differenziert von Anbieter zu Anbieter.

Als **Preis-Faustformel** gilt: für Bootsfahrt mit Schnellboot nicht mehr als 10–12 € pro Stunde und Boot, bei schwächeren Bootsmotoren oder für ein Peque-peque höchstens 8–10 € pro Stunde bezahlen.

Bei Urwaldtouren zu einer Lodge sollte je nach Größe der Gruppe (2, 4 oder 6 Pers.) zwischen 25 und 40 € pro Tag gerechnet werden (Edel-Lodges wie Explorama sind teurer!). Tipp: Gleichgesinnte suchen und gemeinsam buchen.

Von Lima aus sind alle Touren wesentlich teurer als bei Buchung vor Ort in Iquitos, da die Vermittlungsprovision entfällt.

Hinweis Es gibt unzählige Schlepper und selbsternannte Urwaldführer ohne Lizenz und mit mangelhaftem Equipment. Einige davon sitzen inzwischen im Gefängnis oder werden steckbrieflich gesucht. Meist versprechen sie die abenteuerlichsten Touren zu sensationellen Preisen und halten davon später nichts (z.B. wird oft versprochen, dass innerhalb von 10 Tagen garantiert ein Jaguar zu sehen sein wird)! Offizielle Unternehmen und Führer haben eine Lizenz mit einer registrierten Nummer und entsprechende Dokumente oder Ausweise.

Ablauf der Urwaldtouren (konventionell) Im Prinzip spielen sich alle Touren so ab, dass es mit einem Schnellboot, Motorboot oder Peque-peque den Amazonas hinauf- oder hinuntergeht und dann in einen Seitenarm oder Seitenfluss zu einer Lodge oder einem Camp gefahren wird. Je nach Dauer beinhaltet die Urwaldtour: Urwaldspaziergänge mit einem Führer und Erklärung der Flora und Fauna, Besuch eines Indianerdorfes (meist zu einem Yagua- oder Jivaro-Dorf), wo sich dann die Bewohner für das Touristen-Tamtam stilgerecht präparieren. Das Urwaldtheater umfasst tanzen, Blasrohrschießen und Souvenirverkauf, eventuell noch Pirañas angeln und eine nächtliche Kaimanjagd bzw. die Beobachtung derselben. Die Erwartungen des Besuchers sollten also nicht zu hoch sein. Die Boras z.B. wurden dafür extra an den Río Momón umgesiedelt, haben am Fluss ein Schild (es fehlt nur noch der nächste Vorführungstermin) und veranstalten für die Touristen ihre Urwaldshow. Dauer ca. 15 Min., Preis 5–6 €.

Die **Lodges** oder **Camps** sind mehr oder weniger große Holzbauten auf Pfählen und durch die Bauweise naturgemäß sehr hellhörig. Das Wasser rinnt lehmbraun bis rötlich aus der Wasserleitung (es kommt meist aus dem nahen Fluss), das Essen als lokale Spezialitäten ist meist recht gut. In den Lodges gibt es Moskitoschutz mit Gittern, Netzen und Spiralen, doch sollte jeder sein eigenes Insektenschutzmittel („repelente") zum Einreiben mit dabeihaben. Zusätzlich Vitamin B-Komplex einnehmen, das mögen die Moskitos auch nicht.

Veranstalter Die beiden größten Veranstalter sind *Explorama* und *Amazon Tours & Safari*. Explorama hat sich auf Lodges und Urwaldscamps, Amazon Tours & Safari auf Bootstouren spezialisiert. Die Eigentümer beider Unternehmen sind US-Amerikaner, die sich den touristischen Markt nahezu geteilt haben. Das verwundert nicht, wenn man weiß, dass Iquitos fest in der Hand von US-Touristen ist, die sich unbedarft und rundumversorgt in die Urwaldcamps von Explorama oder in die Boote von Amazon Tours & Safari setzen lassen. Bei der Buchung einer Urwaldtour ist auf folgendes zu achten:
– die offizielle Lizenz vorlegen lassen
– Leistungen genau aufschlüsseln lassen
– detaillierte Rechnung verlangen
– unnötiges Gepäck in Iquitos zurücklassen
– auf jeden Fall im Konsulat/Honorarkonsulat ab-, sowie nach der Tour wieder anmelden (Deutsche können dies ggf. auch beim österreichischen Honorarkonsulat tun). Dabei folgende Angaben hinterlegen:

1. Mit wem machen Sie die Tour? (Unternehmen/Lodge; Kopie des Personalausweises des Führers, bei längerem Aufenthalt den Führer mitbringen, damit er weiß, dass Sie nicht schutzlos sind)
2. Routenverlauf und Routenziel (welche Flüsse und welche Ansiedlungen werden gestreift, welche Ziele im Urwald angesteuert?)
3. Tourdauer (Tage); wer ist im Notfall zu verständigen?
– keinesfalls größere Geldsummen in den Urwald mitnehmen
– tragen Sie immer Adresse und Telefonnummer des Konsulates/Honorarkonsulates mit sich.

Jaguar, der Götterbote

(Name von der Amazonas-Indianersprache Tupí, „fleischfressendes Tier", Panthera onca), in ganz Lateinamerika verbreitete Großkatze. Körpergröße ausgewachsen bis nahezu 2 m (Schwanzlänge 50–75 cm), Höhe bis zu 75 cm, Gewicht ausgewachsen bis zu 110 kg. Das Fell ist rötlichgelb mit großen, schwarzen Ringflecken, gelegentlich auch ganz Schwarz, auch die Rückseite des Ohres ist schwarz. Der Jaguar besitzt äußerst große Pranken, lebt in Waldgebieten gerne in Gewässernähe, ist ein gewandter Kletterer und ein guter Schwimmer, jagt überwiegend am Boden Wasserschweine, Tapire, Faultiere, Affen, Fische, Schildkröten, Krokodile (Kaimane), und wegen seiner immensen Körperkraft kann er sogar ein geschlagenes Pferd oder Rind wegschleifen. Wegen seines begehrten Felles wird er stark bejagt und ist in vielen Gebieten Südamerikas nahezu ausgerottet. In den präkolumbischen andinen Kulturen Perus (z.B. Chavín) wurde er als Gott oder Götterbote verehrt.

Lodges, Boote und Urwaldtouren

Amazon Trips Pevas 162, Tel. 22-5569, inforeservas@amazoniantrips.com, www.amazoniantrips.com. Der dt.-spr. Touranbieter Eike Lange bietet ein interessantes Programm zur Tierbeobachtung im Primärurwald mit seiner eigenen Lodge Chullachaqui („Waldgeist"), 97 km stromaufwärts von Iquitos am Río Tapira, Fz 2 h mit dem Schnellboot. In der Trockenzeit ggf. Fußmarsch zur Lodge, Gz 25 Minuten. Von der Lodge, bp/bc, werden Touren zu Fuß und mit dem Kanu unternommen, inkl. Besuch eines Urwalddorfes. Zweisprachige Führer, die sich mit Flora und Fauna sehr gut auskennen, da sie aus den umliegenden Urwalddörfern stammen. Stromgenerator für die Wasserpumpe vorhanden, keine Elektrizität, nur einfache Lampen. Gute Betten mit Schaumstoffmatrazen. Ü/VP/TR inkl. Ausflüge 210 Soles/Tag p.P. bzw. 65 US$, gPLV, MC, VISA. **Mein TIP!**

Julio Bardales Ferreira Calle Fitzgerald (Nähe der Plaza) oder über die Casa de Hierro, Tel. 26-7343 oder 26-5987, julioperu7@hotmail.com; die Anlaufstation für Ornithologen, eigene Lodge mit Canopy Walkway, preiswerte Urwaldtouren nach Pacaya-Samiria, Vermittlung von supergünstigen Flügen über den Urwald, hilfsbereit (ohne gleich die Hand aufzuhalten), deutschsprachig, gPLV – **TIP!**

Amazon Adventure Lodge Raimondi 220, Tel. 24-3386, Fax 24-1970, www.doralinncompany.com. Die saubere Lodge liegt 110 km stromaufwärts, Fz mit dem Schnellboot 2 h. Die Attraktion ist eine 300 m lange Hängebrücke in 30 m Höhe. VP 70 €, bei mehreren Personen nach Rabatt fragen.

Expediciones Jungle Amazónica Moisés Torres Viena, Brasil 217, Tel. 23-6992 und 23-6119, Fax 23-1111. – Moisés ist ein fähiger und vertrauensvoller Urwaldführer mit einer offiziellen Lizenz, er unternimmt abenteuerliche Urwaldtouren. Seine Spezialität ist Urwaldsurvival (Überlebenstraining im Urwald), er führt aber auch Exkursionen und Urwaldsafaris durch. Dabei wird in Indianerdörfern übernachtet, werden enge Flussläufe befahren und das Abendessen selbstgejagt oder gefischt. Die Urwaldtouren können bis zu einem Monat dauern und sind dann natürlich

Lodges, Boote und Urwaldtouren

nicht gerade preiswert. Aber mit Moisés ist man auch nicht jeden Tag unterwegs. Ansonsten ist mit 35 €/Tag zu rechnen, inkl. Urwaldeinführung, Individualtour quer durch den Urwald. Sehr zu empfehlen!

Wasserflugzeug zum Canopy Walkway
Missionar Richard, *Aerotaxi North America*, Iglesia Biblica, Fanning 280, Tel. 24-1543. – Der Missionar fliegt mit seinem Wasserflugzeug, einer Tap Cessna 180, in erster Linie für die Erdölgesellschaft, deshalb ist eine Voranmeldung unbedingt wichtig. Mit seiner Cessna kann er max. 3 Pers. (350 kg) überall hinbefördern, vorausgesetzt, er findet beim Landeanflug Wasser unter seinen Schwimmkufen. Beliebt sind Angeltrips und Urwaldüberflüge, wie z.B. über den **Canopy Walkway**. Der Flug über den Urwald zur Hängebrücke dauert 60 Min. Auf Wunsch landet Missionar Richard für 2–3 h, damit der Canopy Walkway besichtigt werden kann. Es ist die schnellste Art, das Wunder im Urwald zu erleben, kostet aber auch 250 € bei 3 Pers. Die Flugstunde lässt sich Richard mit 200 € bezahlen, wobei der Tagessatz für einen Ausflug auch nur bei 400 € liegt. Dafür fliegt er mit einer Tankfüllung auf Wunsch überall hin, landet und wartet bis man wieder zurückfliegen möchte. Die Wartezeit berechnet er nicht! Damit ist er einer der preiswertesten Buschflieger in Iquitos und ein echter **TIP!**

Auch *Amazon Tours & Cruises* bieten ebenfalls 30minütige Überflüge und Buschtrips mit dem Wasserflugzeug an. Dabei wird aber das Wasserflugzeug von Richard angemietet und kostet entsprechend mehr! Die Luftwaffe besitzt ebenfalls drei Wasserflugzeuge, allerdings sehr große. Auf Anfrage fliegt sie auch für Gruppen in und über den amazonischen Regenwald.

Nationalreservat Pacaya-Samiria

Die *Reserva Nacional de Pacaya-Samiria* (Nationales Naturschutzgebiet Pacaya-Samiria), das im riesigen Dreieck des Zusammenflusses von Río Ucayali und Río Marañón liegt (s. Klappenkarte vorne), ist **die Urwaldempfehlung für Iquitos.** Es wurde 1982 zum Schutz der Fischart *Paiche* eingerichtet, ist das größte zusammenhängende Schutzgebiet Perus (mehr als 2,1 Mio. ha) und wird außer von den beiden größeren Flüssen *Yanayacu* und *Pacute* von zahllosen weiteren durchflossen. Zwischen der Regen- und Trockenzeit schwankt deren Wasserstand um 10 m und mehr. Eine Handvoll Parkwächter überwacht die Aktivitäten der 30.000 Menschen, die im Schutzgebiet leben. Es ist das Habitat zahlreicher Vogelarten, Affen (u.a. Tamarine), Würgeschlangen, Mohrenkaimane *(Melanosuchus niger),* Manatis *(Trichechus inunguis),* Schildkröten, Riesenotter *(Pteronura brasiliensis),* Süßwasserdelphine *(Inia geofrensis)* u.a. mehr (insgesamt mehr als 500 Vogel-, 102 Säugetier-, 69 Reptilien- und 255 Fischarten). Zum Schutz seiner Ursprünglichkeit sind Besuchergrupppen auf max. acht Personen begrenzt.

Wer Pacaya-Samiria besuchen möchte, benötigt eine Erlaubnis, die es in der Ricardo Palma 113, 4. Stock, gibt (über Touranbieter ebenfalls erhältlich).

AIMPES
Asociación Indígena de Manejo y Protección Ecológica Samiria (AIMPES), in San Martín del Tipishca, Río Samiria, Tel. 26-0854, aimpesperu@yahoo.com. Der Führer *Elvio Lomas Canaguirir* organisiert authentische Urwaldtouren durch den Nationalpark, 50 € p.P./Tag, VP extra, dennoch gPLV. **TIP!**

Cumaceba Lodge & Expedition
Putumayo 184. Tel./Fax 23-2229, cumaceba.lodge@mailcity.com. – Seriöser und freundlicher Anbieter für Urwaldtouren, Besuch der *Yahuas*, eigene Buschbungalows, 3 Tage/2 Nächte 125 € p.P. inkl. Transport, Nachtexkursion und VP, 60 €/Tag p.P. (verhandelbar); auch für **Einzelreisende** eine **gute Wahl,** individuelle Tourwünsche werden berücksichtigt.

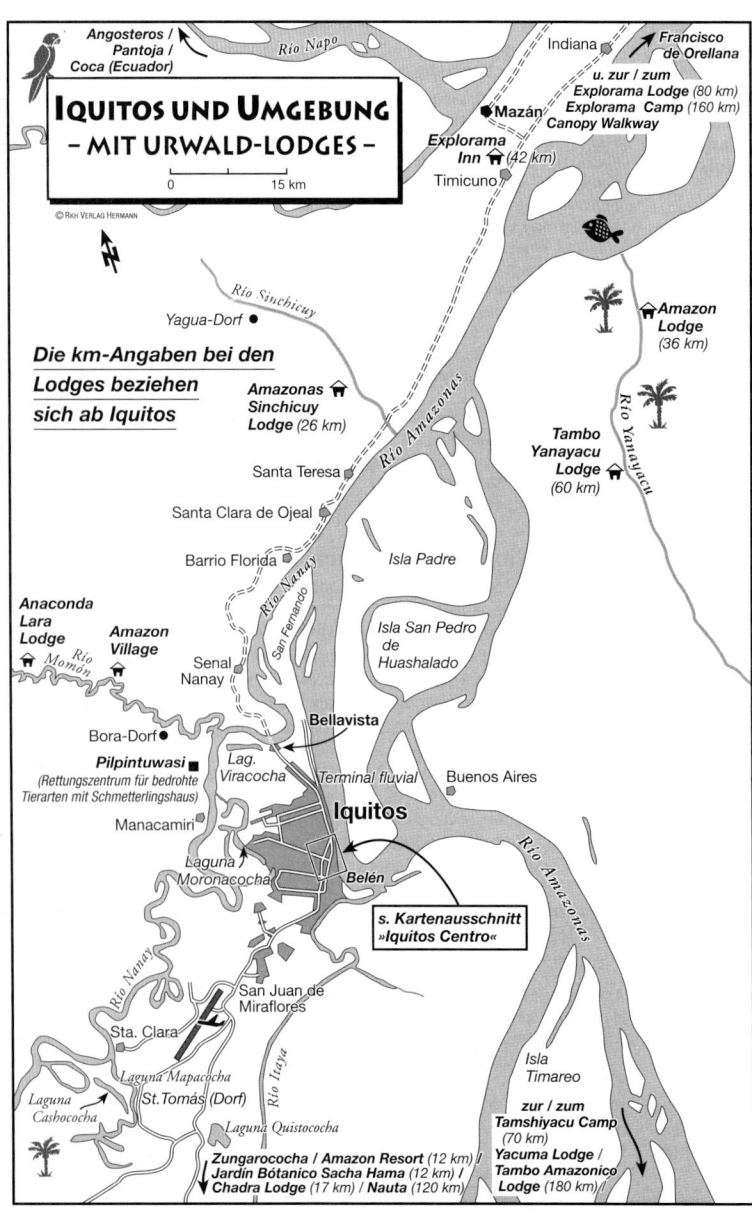

	Lodges, Boote und Urwaldtouren
Paseos Amazónicos	Pevas 246, Tel. 23-3110, Fax 23-1618, p-amazon@amauta.rcp.net.pe, www.paseoamazonicos.com. – Das Unternehmen mit Zweigstelle in Lima ist zweifelsohne ein sehr preiswerter Anbieter, sehr freundlich, hilfsbereit und empfehlenswert! Paseos Amazónicos führt Zwei- bis Achttagestouren durch, wobei immer in eigenen Lodges übernachtet wird. – **Amazonas Sinchicuy Lodge,** 26 km stromabwärts am Río Sinchicuy, Fz 25 Min. mit dem Schnellboot, 1,5 h mit dem Pamacari bzw. mit dem Pequepeque, Lodge in einem tropischen Garten gelegen, Orchideenfarm, 28 Zi. (Belegung 2–4 Pers.), bp, Vp; Basisprogramm 2 Tage/1Nacht bei 2 Pers. 80 € p.P.; 3 Tage/2 Nächte 120 € p.P. Mithin die preisgünstigste Möglichkeit, in den Urwald um Iquitos zu kommen – **Tambo Yanayacu Lodge,** 60 km stromabwärts am Río Yanayacu, max. 10 Pers. im Schlafraum, bc, ab 145 €. – **Tambo Amazónico Lodge,** 180 km stromaufwärts am Río Yarapa, klein und gemütlich, Schlafstätten mit 10 Betten in jedem Raum, Moskitonetze, bc. Außerdem werden Fünftages-Touren in das Nationalreservat **Pacaya-Samiria** für 350 € angeboten, gPLV! Ganzjähriger Besuch ist möglich, während der Regenzeit von Dezember bis März besteht die beste Möglichkeit, Primaten und andere Säugetiere zu sehen. Die beste Zeit für Vögel ist Juni bis September, für Riesenfischotter zwischen August und November.
Muyuna Amazon Lodge & Expedition	Putumayo 163, Tel. 24-2858, reservas@muyuna.com, www.muyuna.com. Lage: 140 km mit dem Boot stromaufwärts, Fz 2 h, dann 30 Min. zu Fuß über Land und weitere 30 Min. mit einem kleineren Boot zur Lodge. 3 Tage/2 Nächte 270 € inkl. VP. Einfache, doch saubere Lodge, kein Primärurwald. Kontakt auch über *Walter Saxer.*
Amazon Lodges & Safari	Av. La Marina 592, Tel. 25-1078, amazonlodge@mixmail.com, www.theamazonlodge.com sowie Av. Alvarez Calderón 155, Lima-San Isidro, Tel. 421-9667. **Amazon Lodge,** 36 km zuerst den Amazonas stromabwärts, dann den Río Yanayacu stromaufwärts, Fz 2–2,5 h; 20 Buschbungalows für max. 90 Pers., bp, VP; inkl. Transfer vom Flughafen, Urwaldausflug zu den Yagua-Indianern, 50 €/Tag p.P. (ab 6 Pers. 25 € p.P). Basisprogramm ab 2 Personen: 3 Tage /2 Nächte 150 € p.P. Außerdem besitzt das Unternehmen das Stahlboot **Amazon Explorer.** Es wurde 1978 gebaut und 1988 sowie 1994 überholt: 2 Decks, 8 AC-Kabinen für max. 16 Passagiere, 4 bc. Jeden Mi um 23 Uhr fährt die Company mit ihrem Boot von Iquitos nach Leticia/Tabatinga, Fahrzeit 3 Tage. Ankunft am Sa (morgens). Jeden Sa um 16 Uhr geht es von Leticia/Tabatinga nach Iquitos zurück. Ankunft in Iquitos am Di (morgens).
Amazon Tours & Cruises	Requena 336, Tel. 23-3931/23-1611, Fax 23-1265, info@amazontours.net, www.amazontours.net. – Eigentümer Paul Wright fährt mit fünf Stahlbooten (*Río Amazonas, Arca, Delfin, Joandra* und *Amazon Discoverer*) auf dem Amazonas meist US-Pauschaltouristen bis nach Leticia hinunter. – **Tambo Yarapa,** am Río Yarapa, Fz 3 h mit dem Schnellboot, 1 Schlafraum mit 14 Schlafstellen, sehr einfach. – **Amazon River Cruises,** wöchentliche Drei- und Sechstagesfahrten bis an die kolumbianische und brasilianische Grenze mit großen Stahlschiffen („Río Amazonas" und „El Arca"), AC, Kabinen mit bp, mit Stops bei Indianerdörfern und Urwaldexkursionen; Rundreise Iquitos – Leticia – Iquitos (6 Tage) 550 €. Außerdem bietet das Unternehmen ein individuelles Programm für jeden Geschmack: Es wird ein Boot mit Führer und Koch, Benzin, volles Equipment und VP zur Verfügung gestellt. Damit kann überall in den Urwald hingefahren und überall angehalten werden. Preis richtet sich nach Anzahl der Tage und ist beim Unternehmen anzufragen.

Lodges, Boote und Urwaldtouren

Karte S. 609 u. 626

Latin Tours latintours2000@aol.com, www.peru-hotels.com/amacruz.htm. – Einzigartige, zehntägige Flussschiffahrt eines US-amerikanischen Anbieters von Iquitos via Leticia nach Manaus mit der „Marcelita", 25 Kabinen mit DZ, bp, Rest., AC auf drei Decks, 10 Tage/9 Nächte Twin-Kanine 1395 €/Pers. Die Fahrt kann auch nur auf Teilstrecken gebucht werden, z.B. Iquitos – Leticia (3 Nächte/568 €/Pers.) oder Leticia – Manaus (6 Nächte/855 €/Pers.).

Canopy Walkway ■ Ein Canopy Walkway ist eine hängebrückenartige Konstruktion in den Baumwipfeln, wo man in luftiger Höhe faszinierende Einblicke in die verschiedenen Stockwerke des Regenwaldes bekommt. Der Canopy Walkway der ACEER *(Amazon Center for Environment Education and Research)* wurde 1993 von CONAPAC für ACEER gebaut und an *Explorama* vermietet. Er führt auf 450 m Länge zwischen und über Urwaldbäume, zum Teil von Baumkrone zu Baumkrone, bis in Höhen von 36 m. Dabei verbindet er drei Aussichtsplattformen. Es ist das einzige Urwaldhängebrückensystem Südamerikas und das längste der Welt. In den Morgen- und Abendstunden können besonders Vögel gut beobachtet werden. Missionar Richard fliegt mit seinem Wasserflugzeug individuell zum Canopy Walkway (s.S. 625) der ACEER. Wesentlich preiswerter ist der Besuch des Canopy Walkway von *Julio Bardales Ferreira* (s.o.), oder der von der *Amazon Adventure Lodge* (s.o.).

Explorama Tours Av. La Marina 340, Tel. 25-2526, 25-3301, Fax 25-2533, amazon@explorama.com, www.explorama.com. – Das beste, aber auch das teuerste Unternehmen, das Urwaldtouren und Lodges voll durchorganisiert hat. Explorama unterhält mehrere Urwaldcamps, von denen aus Touren durchgeführt werden. Der Canopy Walkway ist dabei meist eingeschlossen. Die angebotenen teuren Touren sind für größere Gruppen gesetzteren Alters konzipiert, die sich viel lieber in der Lodge aufhalten, und deshalb auch zeitlich gestreckt (viele Pausen). Für eine Viertagestour würden maximal zwei Tage ausreichen. Die Lodges sind sehr schön und geschmackvoll eingerichtet und fügen sich unauffällig in die Umwelt ein. Die Verpflegung könnte bei den hohen Preisniveau besser sein.

– **Explorama Inn,** von Iquitos 42 km flussabwärts auf dem Amazonas, Fz 1,5 h (35 Min. im Schnellboot), unattraktiv; 50 komfortable Buschbungalows im Sekundärurwald direkt am Amazonas, bp, AC, Strom, inkl. Transfer vom Flughafen, VP, Bar, Hängematten, Urwaldausflüge; u.a. zum Río Napo u. Río Yanayacu mit Führer; Basisprogramm ab 2 Tagen/1 Nacht 175 € p.P. (Gruppen ab 4 Pers. 155 € p.P., Gruppen ab 5 Pers. 150 € p.P., Gruppen ab 10 Pers. 135 € p.P., Gruppen ab 15 Personen 125 € p.P.), jeder weitere Tag 75 € p.P.

– **Explorama Lodge,** Basis- und Gründungscamp, von Iquitos 80 km flussabwärts auf dem Amazonas bis zum Yanamono-Seitenarm (Primärurwald), Fz ca. 2,5–3 h (45 Min. mit dem Schnellboot), große, auf Pfählen gebaute Buschhütten (Baujahr 1964), Schlafhäuser mit mehreren Zi. für bis zu 140 Pers., bc, inkl. Transfer vom Flughafen, VP, Hängematten, Urwaldausflüge „Lake Trail", „Bushmaster Trail" und „Río Manati" mit Führer; Basisprogramm 3 Tage/2 Nächte 250 € p.P. (Gruppen ab 4 Pers. 230 € p.P, ab 5 Pers. 225 € p.P., ab 10 Pers. 210 € p.P., ab 15 Pers. 200 € p.P.), jeder weitere Tag 75 € p.P. Am Wochenende (Frei/Sa/So oder Sa/So/Mo) wird die Tour in drei Tagen zum Preis von 295 € inklusive Canopy Walkway durchgezogen.

– **Explornapo Camp,** in Llachapa, 160 km von Iquitos; zuerst flussabwärts auf dem Amazonas, dann den Río Napo flussaufwärts, Fz 6,5 h (3 h mit dem Schnellboot), schöne Atmosphäre; auf Pfählen gebautes Camp mit offenen

Räumen, Küche, Esszimmer, Buschhütten mit 30 Schlafplätzen samt Moskitonetz, inkl. Transfer vom Flughafen, VP, Urwaldausflüge in den Primärwald, Lago Shimigay, Canopy Walkway; Basisprogramm 5 Tage/4 Nächte (davon 2 Nächte in der Explorama Lodge) 1025 € p.P. (Gruppen ab 4 Pers. 710 € p.P, ab 5 Pers. 625 € p.P. ab 10 Pers. 570 € p.P.). Am Wochenende (Frei/Sa/So oder Sa/So/Mo) wird die Tour in drei Tagen zum Preis von 295 € (alles inklusive) durchgezogen.

Amazonia Expeditions & Safari Napo 150, Tel./Fax 22-2049. – Hier sind alle Urwaldfreaks willkommen, die noch das echte und 100%ige Abenteuer erleben möchten. Wenig Service und minimale Organisation ohne jeglichen Komfort lassen den Urwaldtrip zu einer hautnahen Angelegenheit mit der „Grünen Hölle" werden. Die Abenteuertouren flussaufwärts in den Urwald dauern je nach Wunsch zwischen 2 Tagen und 2 Wochen, 50 € pro Tag. Auch ein Tipp, aber nicht jedermanns Sache.

Remo Caspi Abenteuer im Urwald wird auch bei Remo Caspi, Urb. Acuario Mz. 13 Lote-08, Tel. 23-2486, sie unterhalten eine Buschhütte am Río Nanay für max.20 Personen. Ebenfalls ein **TIP!**

Lodges auf dem Landweg Es gibt ein Handvoll Lodges im Urwald, die über die Carretera, also über den Landweg nach Nauta zu erreichen sind, die Gäste beherbergen und problemlos auf eigene Faust zu erreichen sind. Durch die unmittelbare Nähe zu Iquitos und dem Flughafen kommt hier kein „Urwald- und Naturerlebnis" auf.

Zungarococha Amazon Lodge, Caserío Zungarococha, Tel. 23-5188, 12 km auf der Straße von Iquitos nach Nauta, Fz 30 Min. 14 Bungalows an einer Lagune, etwas heruntergekommen, Pool, Kleinzoo, 50 € pro Tag/Pers., überteuert. – *Jardín Botánico „Sacha Mama"*, 12 km auf der Straße von Iquitos nach Nauta, 13 Zi. – *Chadra Lodge*, 17 km auf der Straße von Iquitos nach Nauta, 10 Zi; Infos über Bardales Correa Carlos, Ucayali 181.

Adressen von Veranstaltern **Amazon Adventure Lodge,** Raimondi 220, Tel. 24-3386, Fax 24-1970, www.doralinncompany.com. – **Julio Bardales Ferreira,** Calle Fitzgerald (Nähe der Plaza), oder über die Casa de Hierro, Tel. 26-7343, oder 26-5987, julioperu7@hotmail.com – **Amazon Tours & Cruises,** Requena 336, Tel. 23-3931/23-1611, Fax 23-1265, amazon@amazoncruises.com.pe, www.amazoncruises.com.pe. – **Amazon Lodges & Safari,** Av. La Marina 592, Tel. 25-1078, amazonlodge@receptour.com oder maria/peru.receptour.com, www.theamazonlodge.com. – **Amazonia Expeditions & Safari,** Napo 150, Tel./Fax 22-2049. – **Cumaceba Lodge & Expedition,** Putumayo 184. Tel./Fax 23-2229, cumaceba.lodge@mailcity.com. – **Expedicones Jungle Amazónica,** Brasil 217, Tel. 23-6992 und 23-6119, Fax 23-1111. – **Explorama Tours,** Av. La Marina 340, Tel. 25-2526, Fax 25-2533, amazon@explorama.com, www.explorama.com. – **Jungle Expedition,** Abelardo Quiñones 1980, Tel. 26-1582, Fax 26-0721, iquitos@junglex.com, www.junglex.com. – **Missionar Richard, Iglesia Biblica,** Fanning 280, Telefon 24-1543. – **Muyuna Amazon Lodge & Expedition,** Putumayo 163, Tel. 24-2858, reservas@muyuna.com, www.muyuna.com. – **Paseos Amazónicos,** Pevas 246, Telefon 23-3110, Fax 23-1618, p-amazonicos@amauta.rcp.net.com oder postmaster@p-amazon.com.pe. – **Remo Caspi,** Urb. Acua Río Mz., 13 Lote-08, Tel. 23-2486. – **Tambo Yarapa,** s. Amazon Tours & Cruises. – **Yacumama,** Sgto. Lores 149, Tel./Fax 23-5510. – **Amazon Rainforest Lodge,** Putumayo 159, Tel. 24-1628, Fax 24-2231, schneide@amauta.rcp.net.pe, www.geocities.com/junglelodge.

Dreiländereck Peru / Kolumbien / Brasilien

Schiffe (s.S. 620) und auch Wasserflugzeuge (FAP/Grupo 42) von Iquitos zur brasilianisch-kolumbianischen Grenze legen in **Santa Rosa,** einem kleinen peruanischen Inseldorf inmitten des Río Amazonas, an. Das Dorf mit Grenzstation (Aus-/Einreisestempel) liegt gegenüber von **Tabatinga** (Brasilien) bzw. **Leticia** (Kolumbien) und bietet nur einfachste Übernachtungsmöglichkeiten (keine Banken). Besser ist es, gleich nach Leticia oder Tabatinga mit dem Fährboot überzusetzen, wo sich das eigentliche Leben abspielt. Abfahrten wenn das Boot voll ist, Fp 0,25 €. An Bargeld sollten vorzugsweise US-Dollars aus Iquitos mitgenommen werden (keine Euro oder Soles!). Beste Wechselmöglichkeiten in kolumbianische und brasilianische Währung hat man in Leticia in den Wechselstuben an der Straße zwischen Flusshafen und Zentrum.

Leticia — AVIASELVA aus Iquitos fliegt direkt nach Leticia (Inlandsflug). Den Ein-/Ausreisestempel für Kolumbien gibt es nur bei der DAS auf dem Flughafen in Leticia. Zwischen Leticia und Tabatinga besteht regelmäßiger Verkehr mit Colectivos, Fp 0,25 €. Eine gute Unterkunft in Leticia ist das *Hotel Yurupary* (FAM), Calle 8a, N7/26, Tel. 592-4743, hotelyurupary@hotmail.com, bp, AC, Ww, Rest., Ü/DZ 40 €. Im Zentrum gibt es Bäckereien und kleine Restaurants sowie einige kleinere Supermärkte. Von Leticia fliegt 3x wö die *Aero República* nach Bogotá.

Tabatinga — Der Ein-/Ausreisestempel für Brasilien ist bei der Policía Federal, Av. da Amizade, erhältlich. Einige günstige Unterkünfte liegen an der Straße zwischen dem Flusshafen und der Av. Internacional, z.B. *Hotel Christina,* EZ/bp/Vent., 4 €. Oberhalb des Flusshafens befinden sich Restaurants und einige kleinere Supermärkte. Von Tabatinga (TBT) fliegt *Rico* nach Manaus, Fp 120 €. Weitere Flugverbindungen bestehen nach Bittencourt (VBC), Fonte Boa (FBO) und Tefe (TFF). Flugtickets von Santa Rosa nach Iquitos mit FAP/Grupo 42 werden in Tabatinga bei *Blue Moon Turismo,* Rua Marechal Rondon 55,Tel. 412-2227, verkauft. Außerdem bestehen unregelmäßige Schiffsverbindungen via Tefe nach Manaus u. von dort regelmäßig weiter via Santarém nach Belém.

Ein-/Ausreise Iquitos (Peru) / Coca (Ecuador)

Iquitos – Nuevo Rocafuerte (Ecuador) – Coca — Von Iquitos kann man auf dem Wasserweg bzw. auf dem Río Napo nach Ecuador reisen (s. Klappenkarte vorn). Man fährt zunächst auf dem Amazonas stromabwärts bis *Francisco de Orellana* (regelmäßiger, schneller Bootsverkehr). Dort den Río Napo westlich stromaufwärts, vorbei an den Fluss- und Urwalddörfern *Mazán, Flautero, Oro Blanco, Tuta Pishco, Zapote, Negro Urco, Puca Barranca, Vidal, Sta. Clotilde, Llanchama, Copal Urco, Diamante Azúl, Curaray* (Flugpiste), *Tarapoto, Pto. Aurora, Pto. Elvira, Campo Serio, Angosteros, Sta. María, Tempestad* und *Torres Causano*. Letzter peruanischer Flussort vor der Grenze ist *Pantoja,* erster in Ecuador *Nuevo Rocafuerte.* Danach sind es noch rund 200 Flusskilometer bis *Coca* am Río Napo. Gesamtfahrzeit ca. 10 bis 12 Tage. Die Reise verkürzt sich um einen Tag, wenn man auf der Fahrt nach Francisco de Orellana in der Höhe von Mazán (Fahrzeit mit dem Schnellboot von Iquitos 50 Min., Fp 10 Soles), von Bord geht – s. Karte „Iquitos und Umgebung" – und sich dann mit einem Motocarro quer durch den Urwald nach Mazán am Río Napo bringen lässt, Fp 3 Soles.

Von Mazán fahren Frachtkähne und einfache Boote nach **Angosteros** am Río Napo, Fz 3 Tage, Fp 18 € inkl. VP (nicht zu viel erwarten). Auch von Iquitos fahren Boote nach Angosteros, z.B. die *Victor* (Fp Verhandlungssache). Angosteros ist nur ein Urwalddorf ohne jegliche touristische Infrastruktur. Wer Glück hat, erwischt in Iquitos auch ein Schnellboot nach Sta. Clotilde, Fz nur 6 h. Wer die Strecke von Iquitos nach Coca auf eigene Faust reist, sollte immer jedes Boot nehmen, das unterwegs ist, auch wenn es nur bis zum nächsten Dorf fährt. Vorbeifahrende Boote werden mit einem geschwenkten Kleidungsstück angehalten. Wer die Strecke gerne mit einem Führer machen möchte, kann sich in Iquitos vertrauensvoll an *José López Perez*, genannt Pepe, wenden (Calle Putumayo 184, Tel. 25-1702, Lopez.Jose@mailcitiy.com). Pepe kennt jedes Dorf am Río Napo und jede Menge Leute bis hoch nach Pantoja. Die Gesamttour Iquitos – Coca kann mit dem Touranbieter *White River Dolphin* gemacht werden. Verkaufsbüros in Quito, Coca und Iquitos. 10–12 Tagestour je nach Flussrichtung ca. 600 € p.P./VP. Den **Ein-/Ausreisestempel für Peru gibt es in Iquitos** bei der Migración, Cáceres (18. Block), Tel. 23-5371, Mo–Fr 8.30–16.30 Uhr, und wird in Pantoja bei der dortigen Migrácion kontrolliert. Einreisende aus Ecuador sollten auf jeden Fall dort auch ihren Pass vorlegen und nicht erst in Iquitos. Den **Ein-/Ausreisestempel für Ecuador gibt es in Nuevo Rocafuerte.**

Pantoja Boote von Iquitos direkt nach Pantoja fahren nur unregelmäßig. Einmal im Monat fährt eine Lancha. Wer diese verpasst, muss warten oder ein Boot chartern, um die Wartezeit zu verkürzen. Es sollte für das Boot etwa 80 € kalkuliert werden, keinesfalls mehr, unabhängig der Personenzahl. Wer von Ecuador flussabwärts möchte, kann sich unter Tel. (0051-65) 81-2229 in Pantoja informieren, wann die nächste Lancha nach Iquitos fährt. Meist muss in Pantoja nochmals das Boot nach Nuevo Rocafuerte gewechselt werden, Fp auch hier wieder Verhandlungssache. Hostal in Pantoja vorhanden, Ü 10 Soles. Wer länger festsitzt, nach Herrn *Mogallon* fragen, bei dem übernachtet werden kann, drei tägliche Mahlzeiten kosten knapp 4,50 €.

Nuevo Rocafuerte – Coca In Nuevo Rocafuerte dann bei der Migración den Einreisestempel holen. Reisende von Coca nach Iquitos müssen sich in Nuevo Rocafuerte außerdem bei der Capitania registrieren lassen.

Von Nuevo Rocafuerte besteht 2x wö Bootsverkehr nach Coca, doch nur wenn genügend Fahrgäste zusammenkommen, Fp 12 €. Überdies verkehrt ein Fluss-Colectivo, das normalerweise keine Ausländer mitnimmt. Mit etwas Verhandlungsgeschick klappt es trotzdem, doch sehr beengt. Fp 4 €. In Rocafuerte gibt es ein Hotel, Ü 4 €.

Coca Wer die Strecke umgekehrt von Ecuador machen möchte, kann in Coca im Restaurant *La Casa del Maite*, etwas flussaufwärts an der Uferstraße, *Sandro Ramos* anheuern, sandroidalio@hotmail.com. Er macht die Tour von Coca nach Iquitos inkl. Stopps, Führungen und VP für 250–350 €, je nach Verhandlungsgeschick. Fz 10 Tage. Und wer schon in der Casa del Maite ist: die Fischgerichte sind lecker! Auch Hostales gibt es in Coca, Ü ab 3 €, z.B. *Hostal Delphin*. Von Coca gibt es eine Asphaltstraße nach Quito und regelmäßigen Flugverkehr.

Von Peru nach Bolivien

ROUTE 11: PUNO – LA PAZ

Von Puno nach La Paz gibt es diverse Möglichkeiten der Routengestaltung. Nachstehend sind sie als Strecken 1, 2 und 3 und 3a beschrieben. **Die am meisten benutzte ist die Strecke 3.**

Strecke 1: Puno – La Paz über den Titicacasee

Zugfähre / Cargoschiff Puno – Guaqui
Der Fährbetrieb der peruanischen Eisenbahngesellschaft mit den Dampfschiffen *Inka* und *Ollanta* von Puno nach Guaqui in Bolivien ist seit langem außer Betrieb. Von Guaqui gibt es inzwischen wieder eine Eisenbahnverbindung nach La Paz. Doch die Schiffe *Inka* und *Ollanta* rosten im Hafen von Puno vor sich hin und niemand weiß, ob sie jemals wieder kreuzen. Nach Zeitungsmeldungen soll die Ollanta die Passagierfahrten irgendwann wieder aufnehmen, auch die *Yavari* soll wieder seetüchtig gemacht werden, sie dient derzeit noch als Museumsschiff. Lediglich die *Manco Capac*, ein Zugfährschiff, schippert mit Cargowaggons nach Guaqui. Ob da evtl. Passagiere mitgenommen werden, konnte ich bis jetzt noch nicht in Erfahrung bringen. Außerdem fährt der Frachter *Gran Mariscal Andrés de Santa Cruz* über den Titicacasee nach Guaqui. Am besten im Hafen fragen, wann der Frachter ablegt, und dann mit dem Kapitän direkt über die Passage verhandeln.
Von Guaqui gibt es zudem Bus- und Colectivoverbindungen nach La Paz.

Hydrofoil Copacabana – Huatajata
Am bequemsten, schnellsten und auch teuersten ist die Fahrt mit dem Tragflügelboot (Hydrofoil) von Copacabana über den Titicacasee nach Huatajata (Bolivien). Die Abfahrten ab dem Ort Julí wurden eingestellt. Die Anfahrt von Puno bis Copacabana erfolgt mit dem Bus, Weiterfahrt von Huatajata nach La Paz ebenfalls per Bus. Im Fahrpreis der Hydrofoil sind die An- und Abfahrten mit den Bussen sowie ein kurzer Abstecher zu der Sonneninsel samt Mittagessen eingeschlossen. Gesamtfahrpreis ca. 170 € (*Crillón Tours* derzeit mit besserem Programm und preiswerter als *Transturin*), Gesamtfahrzeit (Busse/Hydrofoil) ca. 13 h. Abfahrt des Zubringerbusses in Puno um 7 Uhr, Ankunft des Shuttle-Busses in La Paz um 19.30 Uhr. In umgekehrter Richtung sind die Abfahrt- und Ankunftszeiten nahezu identisch. **Weitere Infos und Tickets** über das Reisebüro **All Ways Travel** in Puno, Tacna 285, Tel. 35-2991, www.titicacaperu.com oder *Crillón Tours* in La Paz, Av. Camacho 1223, Tel. 233-7533, Fax 211-6481, titicaca@entelnet.bo und andes@.entelnet.bo, www.titicaca.com.

Katamaran Copacabana – Huatajata
Über den Titicacasee gibt es eine Schiffsverbindung mit einem modernen *Transturin*-Katamaran-Boot von Copacabana nach Chua/Huatajata (Bolivien). Fz 4 h, Abfahrten täglich. Dazu fährt extra um 6.30 Uhr ein Bus von Puno nach Copacabana (Fz 3 h). Von Chua/Huatajata ist Busanschluss nach La Paz gewährleistet (Fz 90 Min., Ankunft in La Paz ca. 19.30 Uhr). Im Gesamtpreis von ca. 140 € ist ein Abstecher auf die Sonneninsel (ca. 90 Min.) mit Besuch des exklusiven *Ethno-Eco-Komplexes* und ein Mittagessen enthalten. Die Fahrt ist auch in umgekehrter Richtung machbar: Abfahrt des Busses 6 Uhr in La Paz, Ankunft Puno 17.30 Uhr. Fahrkarten bei *All Ways Travel*, Puno, Tacna 285, www.titicacaperu.com oder in La Paz bei *Transturin*, Alfredo Ascarrunz 2518 (Sopocachi), Tel. 242-2222, Fax 241-1922, info@turismobolivia.com, www.turismobolivia.com. Transturin betreibt 4 Katamarane: *Consuelo*, Bj. 1995, 150 Plätze, *Santa Rita*, Bj. 1998, 60 Plätze, *San Juan*, Bj. 2001, 80 Plätze und *San Antonio*, 10 Plätze. Sie pendeln regelmäßig zwischen Copacabana und Huatajata. Die Tagestour von Puno nach La Paz kostet 185 €.

Transturin bietet auch luxuriöse Katamaran-Fahrten an: Übernachtung in komfortablen, beheizten Privatkabinen, Kerzenlicht-Dinner und Folkloreshow. Dabei wird die gesamte Sonneninsel umrundet, kleine Wanderungen unternommen, eine Begegnung mit den Bewohnern von Cha'llapampa arrangiert. Außerdem kann an einer spiritistischen Kallawaya-Zeremonie (Heilzeremonie eines Medizinmannes) teilgenommen werden. Transturin ist der einzige Veranstalter, der sowohl von bolivianischen als auch peruanischen Behörden autorisiert ist und mit eigenen Bussen die Grenze passieren darf.

Motorboot Puno / Pusi über Isla Suasi nach Conima
Diese Verbindung wird von *TITIKAKA, Concorcio de Ecoturismo y Hoteleria Suasi*, Arequipa 387, Tel. 35-1417 oder 62-2709, Fax 35-5694, islasuasi@computextos.net, www.suasi.com, in Puno mit Übernachtungsmöglichkeit auf der *Isla Suasi* angeboten (s.S. 377). Von Conima mit Bus/Colectivo über die Grenze nach Puerto Acosta und weiter nach La Paz. Sehr zeitaufwendig!

Strecke 2: Puno – Ninantaya/Puerto Acosta – Sorata – La Paz (Titicaca-Ostufer)

Am abenteuerlichsten ist die Fahrt mit lokalen Bussen entlang des Ostufers über Huancané, Moho, Conima, Ninantaya und Puerto Acosta nach La Paz. Die Rumpelfahrt dauert gut 2 Tage, kostet aber nur 10 €.

Der Ausreisestempel musste zuletzt vor der Abfahrt in Puno besorgt werden. Erkundigen, sonst gibt es spätestens in Puerto Acosta Probleme: Peruaner lassen die Reisenden ziehen, die Einreise nach Bolivien ist jedoch dann nur mit Scherereien und evtl. einigem Schmiergeld möglich (Schmugglergrenze!). Die Strecke ist insgesamt schwierig, und nach der Grenze stellenweise in einem sehr schlechten Zustand.

Bis Huancané Asphaltstraße (60 km). In **Taraco** (km 31) sind noch viele typische *Putucus*, Bauernhütten der Hochlandbewohner sowie monolithische Steinfiguren zu sehen. Der Berg *Quellahuyo* in Huancané (km 47) belohnt mit einem Panoramablick auf den Titicacasee. Die danach folgende Schotterpiste ist in einem schlechten Zustand. Die Petroglyphen von *Axinuri* bei **Vilque Chico** (km 54) besucht kaum ein Reisender und warten auf Entdeckung. Bei km 76 wird **Moho**, ein typisches Dorf der Aymara, erreicht (einfache Unterkünfte). Ein paar Kilometer weiter ist das malerische **Conima** am Titicacasee Endstation der befestigten Piste. Ab Moho bis zum Grenzübergang hinter **Ninantaya** (23 km) nur noch lose, oft versandete Piste. Von Puerto Acosta (einfache Unterkünfte) fahren unregelmäßig Colectivos nach La Paz. Ab Escoma ist die Strecke asphaltiert, jedoch mit vielen Schlaglöchern. Für Reisende mit viel Zeit bietet sich unterwegs auch ein Ausflug nach Sorata am Fuße des Illampu an, s.S. 695.

Strecke 3: Puno – Pomata – Copacabana – La Paz

Um preiswert und schnell von Puno nach La Paz zu gelangen, nehmen die meisten Reisenden die vielbefahrene Straßenverbindung über Pomata und Copacabana nach La Paz. Alternativ kann unterwegs von Pomata aus auch über den Grenzort Desaguadero (und über Tiwanaku) nach La Paz gefahren werden **(Strecke 3a)**. Die meisten Colectivos und Busse von Puno nach La Paz bevorzugen die Strecke über Copacabana, Lkw fahren jedoch über Desaguadero. Die Copacabana-Strecke ist landschaftlich sehr schön und die Cordillera Real ein prächtiger Anblick.

Abfahrten Kleinbusse und Colectivos von Puno: tägl. ab 6 Uhr, von den Straßen Tacna, Av. El Sol, Av. El Ejército und vom Terminal Terrestre. Gesellschaften: *Diana, Colectur, Exprinter, Turisbus* u.a. Fz ca. 7–8 h, Fp 6–10 €.

Meist wird in Copacabana eine Pause eingelegt und der Bus gewechselt.
Noch häufiger als Busse fahren Colectivos von Puno nach Copacabana. Fz ca. 3 h, Fp 3–4 €. In Copacabana muss dann in einen bolivianischen Bus oder in einen Colectivo umgestiegen werden.

Obwohl die Fahrt Puno – Copacabana – La Paz in einem Tag zu schaffen ist, empfehle ich einen Stop in Copacabana, dem berühmten Wallfahrtsort am Titicacasee.

Puno – Copacabana

Von Puno führt die Straße zunächst am Titicacasee entlang. Nach 18 km kommt rechts der kleine Ort *Chucuito* (s. Puno, Ausflüge, Tour 4). Ab Chucuito wendet sich die Straße Richtung Llave landeinwärts (von diesem Ort biegt eine abenteuerliche Piste Richtung Küste nach Tacna ab). 80 km hinter Puno wird Julí erreicht (s. Puno, Ausflüge, Tour 318).

Hinter Julí eröffnen sich wunderschöne Blicke über den tiefblauen Titicacasee, und an klaren Tagen erscheinen die dahinterliegenden Eisriesen der Königskordilleren wie gemeißelt. Die Kirche des Ortes **Pomata** birgt schöne Steinmetz- und Silberschmuckarbeiten, von Pomata zweigt die unten beschriebene Strecke 3a nach Desaguadero und weiter nach La Paz ab. 25 km hinter Pomata wird das letzte peruanischen Dorf Yunguyo erreicht.

Yunguyo

Auf der Plaza in Yunguyo kann man Bargeld in bolivianische Währung wechseln (schlechter Kurs), doch einige Soles für die Fahrt mit dem Motorradtaxi oder Colectivo von der Plaza bis zur Grenze zurückhalten. Bezüglich des Aus- bzw. Einreisestempels am besten beim Colectivofahrer erkundigen, die Situation ändert sich öfter. Die Grenze ist normalerweise von 8–18 Uhr geöffnet. Zuletzt fand die Grenzkontrolle beider Länder in Kasani statt.

Von Yunguyo zum bolivianischen Grenzort Kasani sind es knapp 3 km. Geldwechsler warten direkt an der Grenze, in dem kleinen Supermarkt kann man seine letzten Soles ausgeben. Die Uhr ist eine Stunde vorzustellen. Von Kasani nach Copacabana (7 km) mit Colectivo, Fp 3 Bs.

Unterkunft	**ECO: Hotel Amazonas** (BUDGET), einfach, Rest. DZ 20 Soles. **TIP!** – **Hostal Yunguyo** (BUDGET), einfach. – **Hostal Isabel**, San Francisco 110 (Plaza de Armas), Tel. 235-0233; bc, sauber.
Konsulat	Bolivianisches Konsulat, Calle Grau 339; Mo–Fr 8.30–15 Uhr.
Bus	Letzter Bus von Yunguyo nach Puno um 19 Uhr, aber nur, wenn genügend Fahrgäste da sind, ansonsten übernimmt die Fahrt ein Colectivo.

Copacabana (Bolivien)

Das bolivianische Copacabana (5000 Ew., 3818 m) blickt auf eine über 3000 Jahre alte Geschichte zurück, es war einst ein bedeutendes Zeremonial- und Kultzentrum, und heute ist es ein wichtiger Wallfahrtsort. Es wurde als *Kota Kahuaña* (Seeblick) vom Inca Túpac Yupanki gegründet, doch war bereits zu dieser Zeit eine alte Kultstätte der Colla oder Aymara. Der Name änderte sich mit der Zeit zu *Copacahuana*. Zu Zeiten der Inka-Herrschaft wurde von Copacabana zum Heiligtum *Huaca Titicaca* auf der Nordseite der Sonneninsel (Isla del Sol) gepilgert.

Copacabana

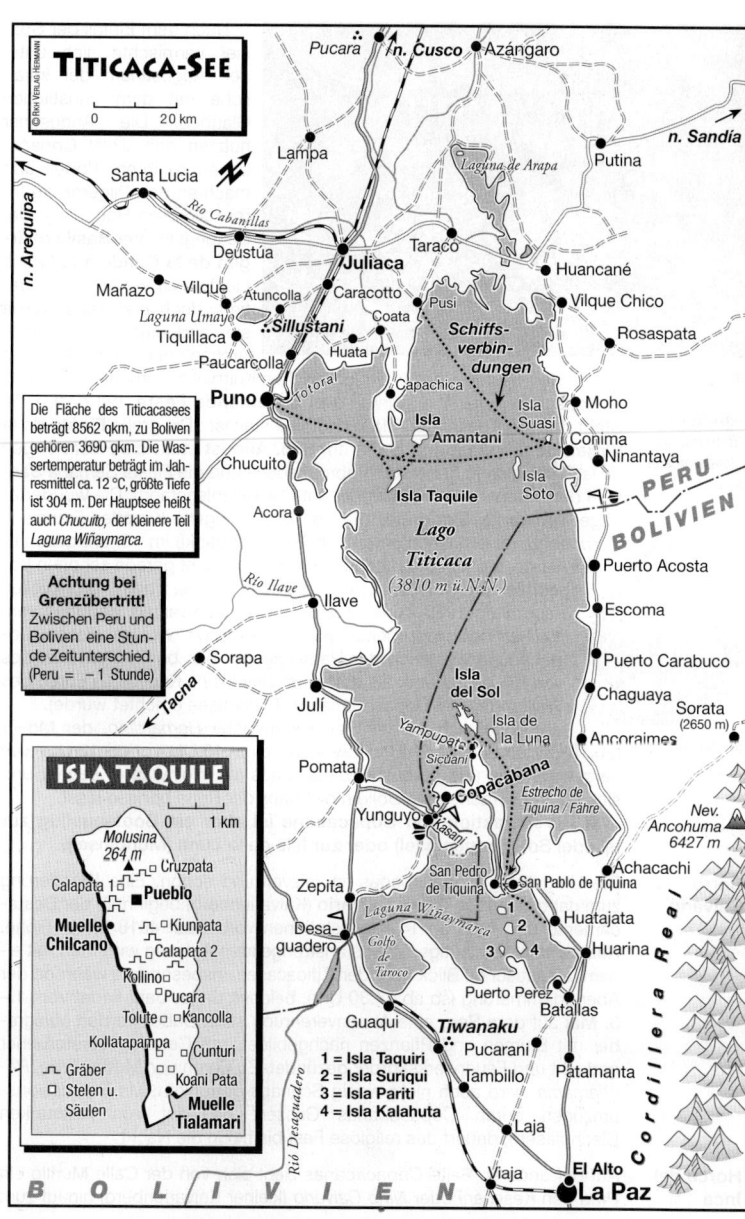

■ *Copacabana, in Ortsmitte die Basilika und im Hintergrund der steile Horca del Inca*

Nach dem Einfall der Spanier vermischte sich unter den Augustinern der inkaische mit dem christlichen Glauben. Die Augustiner nutzten den „Ruf" Copacabanas zu ihrem Vorteil und machten den Pilgerort zu ihrer religiösen Hochburg. Der Baubeginn ihrer **Basílica Virgen de la Candelaria** (Maria Lichtmess) wir auf 1605 datiert, doch erst 1820 wurde sie endgültig fertiggestellt. Archäologen vermuten, dass sie auf den Resten eines präkolumbischen Kultplatzes errichtet wurde.

Copacabana feiert alljährlich **drei bedeutende Feste**, bei denen die Stadt das Ziel Tausender Pilger und Touristen ist : Die große **Fiesta de la Virgen de Copacabana** findet am **5./6. August** statt, die *Fiesta Virgen de la Candelaria* in der ersten Februarwoche und die *Fiesta Semana Santa* in der Osterwoche (bei allen erhöhte Diebstahlsgefahr!). Die wundertätige **Schwarze Madonna,** die von dem Indígena-Künstler Francisco *Yupanqui* (einem Nachfahren von Túpac Yupanki) im 16. Jh. geschaffen wurde, steht in der mächtigen, äußerlich nicht gerade schönen Kathedrale im 1. Stock der Sakristei hinter dem prunkvollen Hauptaltar. 1925 wurde das Bildnis der schwarzen Madonna vom Vatikan heiliggesprochen (was vielleicht nur wenige wissen: Copacabana war auch der Namensgeber des berühmten Strandes von Río de Janeiro, als dort einst eine kleine Kapelle zu Ehren des Wallfahrtsortes Copacabana am Titicacasee errichtet wurde).

■ *Die Schwarze Madonna*

Volkstümlich ist der Franziskanerpater *Bernardino*, der Mo–Fr um 10 Uhr und um 14.30 Uhr sowie Sa/So um 10 Uhr vor der Kirche weit hergekommene und herausgeputzte Autos mit Weihwasser segnet und sich von den krachenden Böllern nicht aus der Ruhe bringen lässt.

■ **Die Attraktion von Copacabana ist aber ein Bootsausflug zur Isla del Sol (Sonneninsel) oder zur Isla de la Luna (Mondinsel).**

Cerro Calvario

Die Umgebung Copacabanas ist reizvoll und schön. Eine Wanderung zum naheliegenden **Cerro Calvario** (Kalvarienberg) beginnt in der Destacamento und führt an 14 Kreuzstationen vorbei auf 4018 Meter Höhe. Nach einem 30minütigen etwas anstrengenden Aufstieg wird man mit einem fantastischen Blick über den Titicacasee, insbesondere während der Abenddämmerung (so ab 17.30 Uhr), belohnt. Jedes Jahr findet vom **1.– 3. Mai** auf dem Berg eine Ahnenverehrung statt. Dabei werden Minigräber mit Blumen und Pflanzen nachgebildet, mit Gebeten Verstorbener gedacht und Feuerwerkskörper gezündet. Zu Ehren von Mutter Erde, *Pachamama,* wird auch nicht wenig Schnaps getrunken. Mit Prozessionsumzügen durch Copacabanas Gassen, begleitet von lautstarken Blechbläsern, dauert das religiöse Fest bis tief in die Nacht.

Horca del Inca

Auf der anderen Seite Copacabanas zieht sich von der Calle Murillo ein Pfad den *Kesanani* oder *Niño Calvario* (kleiner Kalvarienberg) hinauf zum

Horca del Inca (3990 m), einem bedeutenden astronomischen Observatorium aus präkolumbischen Zeiten, Eintritt 1 €, aber meist ist niemand da. Auch eine Wanderung auf die umliegenden Berghänge belohnt mit schönen Eindrücken. Nördlich des Friedhofes befinden sich sieben steinerne Sitze, die als **Intikala** (Sonnensteine) bezeichnet werden. Hier sollen die Inka Gericht gehalten haben.

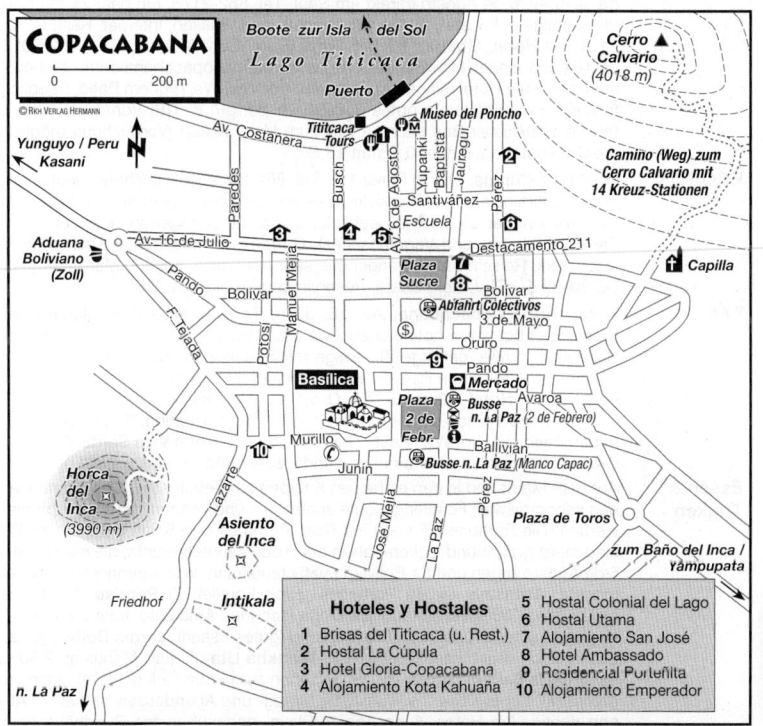

Adressen & Service Copacabana

Tourist-Info *Información Turística*, Plaza 2 de Febr., Mi–Mo 9–12, 14–18 Uhr. **Vorwahl (02)**.

Unterkunft In Copacabana wird an allen Ecken und Enden gebaut, es veränderte sich in den letzten Jahren zum Positiven. Durch die vielen neuen Hotels und Hostales ist das Preis-/Leistungsverhältnis eines der besten in Bolivien.

ECO **Alojamiento Kota Kahuaña** (BUDGET), Av. Busch 15, Tel. 862-2022. Sehr einfache, aber saubere Zi., bc, Ww, Ws, GpD. DZ ab 25 Bs. **TIP!** – **Alojamiento Emperador,** Av. Pedro de Murillo 235, Tel. 862-2083. Gefällig, bc, Ww, Ws, viele Rucksackler, GpD, Touren zur Isla del Sol und Isla de la Luna. Ü/bc 3 €, Ü/bp 4,50 €. – **Alojamiento San José** (BUDGET), Destacamento/Plaza Sucre 146, Tel. 862-2066. Simple Zi., bc/bp. DZ 3 €. – **Residencial Solar** (BUDGET), Jaúregui 140/3 de Mayo, Tel. 862-2009. Einfach, bp/bc, warme Betten, Rest.,

Ws. Ü 3 €. – **Residencial Porteñita,** Av. Gonzalo Jaúregui, Tel. 862-2006. Schlichte Zi., bp/bc, Ww, Patio. – **Hotel Ambassador,** Av. Gonzalo Jaúregui (Plaza Sucre), Tel. 862-2216. Gefällige Zi., bp, Rest., Ws, Geldwechsel, JH-Rabatt! – **Hostal Colonial del Lago,** Av. 16 de Julio 100/Av. 6 Agosto (Plaza Sucre), Tel. 862-2270, titicacabolivia@yahoo.com.ar, http://titicacabolivia.com. Sehr schön, Zi. mit Seeblick (vom obersten Stockwerk), moderne bc/bp, Ww, Dachterrasse, Garten-Rest. DZ/F ab 9 €, gPLV, **TIP!** – **Hotel Brisas del Titicaca** (JH), Av. 6 de Agosto (direkt am See), Tel. 862-2178. Ein paar Zi. mit Seeblick, einige o. Fenster, bp/bc, Ww (nachts kein Wasser), Internet, Rest. DZ/bp 11 €. – **Hotel Utama,** Michel Pérez/Ecke San Antonio, Tel. 862-2013, utamacopacabana44@hotmail.com, www.utamacopacabana.com. Liebevoll eingerichtetes Hotel mit netten Zimmern, bp, Ww, Ws, großem Patio, Seeblick, freundlich, familiär, sehr gutes F. DZ/F 75 Bs, gPLV, **TIP!** Vom Hotel Utama fährt ein spezieller Bus nach La Paz zum *Hotel Milton* (Vorbuchung möglich, die Ü/F kostet dann nur 10 € statt 18 €).

ECO/FAM	**Hostal La Cúpula,** Michel Pérez 1–3, Tel. 862-2029, bolivia@hotelcupula.com, www.hotelcupula.com. Eine wirklich kleine Oase mit neuem Anbau, 17 aparte, saubere Zimmer (Zi. 11 hat Seeblick), bc/bp, hervorragendes Restaurant mit Terrasse (*truchas* und Vegetarisches), Garten, Ws, kostenlose Kochmöglichkeit in Skk, Reiseinfos, Tourangebote, sehr freundlich, Leitung Martin Strätker. DZ 20–35 €, gPLV, viele Gäste, Reservierung empfohlen, **TIP!**
FAM	**Hotel Gloria-Copacabana,** Av. 16. Julio, Tel./Fax 862-2094, gloriatr@ceibo.entelnet.bo, www.hotelgloriabolivia.com. Haus mit Atmosphäre, dt.-spr. Rezeption, große, gefällige Zi., einige mit Seeblick, bc/bp, gutes Rest., Barkneipe, Pool, für ältere Reisende gut geeignet. Ü/F (Buffet), DZ 35 €, empfehlenswert. – **Hotel Chasqui de Oro,** Av, Costanera, Tel./Fax 862-2343, chasquideoro@yahoo.es. Direkt am See, dt.-spr. Rezeption, 35 Zi. (die besten haben Seeblick), bp, Ww, Rest., Bar. DZ/F 37 €. – **Hotel Villa Santa Rosa,** am Ortseingang links in einer alten Hacienda, sehr schön in einem Wald gelegen.
Essen & Trinken	Auf dem Markt und in den einfachen Kneipen am Seeufer (Av. Costanera) werden sehr preiswert Forellengerichte angeboten und können fast alle empfohlen werden. Die Portionen (Forelle mit Reis, Pommes und Salat) gibt's zu 18 Bs, sind meist größer und leckerer als in den Touristenrestaurants, die meist in der 6 de Agosto liegen und für Bolivien relativ teuer sind. Wer's dennoch probieren möchte: **Aransaya** (große Portionen, auch Forelle), **El Paraíso** (hübsches, preiswertes Gartenrestaurant), **La Orilla** (schönes Ambiente, internat. Küche), **Napoles** (gutes Frühstück), **Tito Yupanki** (gutes Essen), **Jardín Bolivia** (gutes Essen, auch vegetarisch, Musik). Das **Mankha Uta** offeriert Menüs ab 2,50 €, das **Puerta del Sol** bereits ab 1,50 € (schon zum Frühstück geöffnet, auch vegetarisch). Für preiswertes Frühstück, Mittag- und Abendessen ist man im **Alison** richtig. Am Hafen, 6 de Agosto/Playa, gegenüber des Rundhäuschens von Titicaca-Tours, liegt **Chuquiago Marka,** eine Garagenkneipe im Familienbetrieb, die für 3 € frische Forellengerichte anbietet (von der Einrichtung nicht abschrecken lassen). Auch die Kneipen **Flores** und **Transaya** in derselben Straße sind nicht schlecht.

 Killa Wasi, Av. Jaúregui, hübscher Innenhof, hat sehr gutes Frühstück und Abendessen. In der gleichen Straße Ecke Costanera bietet das **Typi Kala** ebenfalls preiswerte Fischgerichte. Die Sonnenterrasse des **Hostal Colonial del Lago** serviert ab 7.30 Uhr Frühstück, im Gartenrestaurant empfiehlt sich ein Abendessen (Livemusik 20–21 Uhr).

 Pueblo Vejo, Av. 6 de Agoso 312. Gemütliche Kneipe, gutes Essen, häufig Livemusik, gPLV, empfehlenswert!

 Das **beste Restaurant** mit gPLV dürfte jenes im Hostal La Cúpula, Michel Pérez 1–3, sein. Reisende sind immer wieder begeistert und empfehlen dieses Restaurant. **TIP!**

Unterhaltung	*Petronio Bar,* Michael Pérez, Desacamento 211. – *Waykys,* Av. 16 de Julio/Av. Busch; urige Bar, süffige Cocktails.
Feste	**2. Februar:** Candelaria (Maria Lichtmess). – **Osterwoche:** *Pilgerfahrt.* – **4.–6. Mai** (bzw. 1. Mai-Wochenende): Fest des Kreuzes am *Cerro Calvario* (Kalvarienberg).
Museo del Poncho	Poncho-Museum, Calle Yupanqui 42/Av. Castanero, Tel. 7127-7551, mardajos@ceibo.entelnet.bo. Mo–Sa 8–13 Uhr, 15–18 Uhr, So 9.30–16.30 Uhr. Das Museum präsentiert schöne traditionelle Ponchos.
Geld	*Banco Unión,* Av. 6 de Agosto (wechselt nur ab 100 €). *Banco Prodem,* Av. 6 de Agosto (gegenüber Hotel Playa Azul) mit GA, der aber keine VISA- oder Cirrus/Maestrokarten akzeptiert. **Hinweis:** der Wechselkurs ist oft schlechter als in La Paz! Einige Souvenirläden in der Av. 6 de Agosto und an der Plaza 2 de Febrero wechseln ebenfalls Bargeld und Reiseschecks zu mageren Kursen bzw. hohen Kommissionen.
Post	Plaza 2 Febrero, Mi–So 9–18 Uhr.
Telefon	*ENTEL,* Calle Murillo, täglich geöffnet.
Internet	*Alf@net,* Av. 6 de Agosto. 1,50 €/h.
Touranbieter	Die meisten Touranbieter, wie z.B. Wara Tours, befinden sich in der Av. 6 de Agosta, wobei Titicaca Tours, Grace Tours und Lago Tours dem gleichen Unternehmer gehören. Preisorientierung: Ein Ausflug zur Sonneninsel kostet 20 Bolivianos, etwa 2 € p.P., mit Stopp auf der Mondinsel entsprechend mehr. *TOUR PERÚ Expreso International,* direkt an der Plaza. – *Titicaca Tours,* Av. 6 de Agosto und im Hafen (täglich zur Sonnen- und Mondinsel). – *Grace Tours,* Av. 6 de Agosto 200/16 de Julio, Tel. 862-2160. Ebenfalls Fahrten zur Sonnen- und Mondinsel. Jeannette vermittelt auch Transporte nach Arequipa, Cusco, Puno und La Paz, kann fundierte Infos geben. **TIP!** – *Lago Tours,* Av. 6 de Agosto 100, Tel. 862-2060, Fax 862-2160; nahezu identische Angebote zur Isla del Sol wie *Grace Tours,* aber größeres Boot.
Bus	Busse und Colectivos fahren entweder von der Plaza 2 de Febrero oder der Plaza Sucre ab. **Nach Cusco:** Direktbus tägl. um 13 Uhr mit *TOUR PERÚ* via Puno (dreistündige Fahrtunterbrechung, Weiterfahrt um 19.30 Uhr), Gesamtfahrzeit ca. 11 h, Fp 9 €. – **Kasani:** Mo/Fr Direktbusse (abends) von *Manco Kapac,* Plaza 2 de Febrero, täglich mit *Trans Tour 2 de Febrero,* Plaza 2 de Febrero sowie einigen Colectivos. – **La Paz** (160 km): tägl. mehrere Busse von *Trans Tour 2 de Febrero* und *Manco Kapac,* Fz 2–3 h, 1,50 €. Mit *Turibus* um 13 Uhr (Direktbus), Fz 3 h, Fp 5 €, Buchung im Reisebüro in der Jaúregui bzw. bei *Lago Tours* in der 6 de Agosto. – **Puno:** Direktbus um 9 Uhr/13.30 Uhr, Colectivos (meist umsteigen in Kasani), mehrmals tägl., Fz 2–3 h, 2–3 €. Anschlussbus von Puno nach Arequipa um 12 Uhr. Zeitdifferenz an der Grenze ist 1 h. – **Sorata:** Direktbus wurde eingestellt. *Transportes 26 de Junio,* Plaza Sucre (Hotel Playa Azul), Tel. 862-8622, organisiert nur noch teure Privattransporte dorthin, Fp 75 €; ansonsten Bus nach La Paz nehmen und in Huarina in den Bus aus La Paz nach Sorata (im Stundentakt) steigen, ihn stoppen, hält nicht automatisch. Der letzte Bus aus La Paz kommt um 15 Uhr durch. Fz ca. 5 h. – **Tiwanaku:** kein Direktbus, Bus nach La Paz nehmen und dort umsteigen.
Schiff / Boot	Hydrofoil und Katamaran s.S. 632.

Umgebungsziele von Copacabana: Isla del Sol (Sonneninsel)

Die kleine Insel liegt etwa 20 km nördlich von Copacabana und hieß ursprünglich *Titicachi,* davon leitet der Titicacasee seinen Namen ab. Nach einer Inka-Legende war hier der Geburtsort des hellhäutigen Schöpfergottes *Wiracocha,* des ersten Inca *Manco Capac* und dessen Frau bzw. Schwester *Mama Ocllo.* Damit wurde für die Quechua und Aymara nicht nur die Insel, sondern auch der Titicacasee heilig. Letztendlich soll die Isla del Sol also die Keimzelle des Inka-Imperiums sein. Auf der Sonneninsel gibt es einige Ruinen und viele terrassierte Hänge, die aber der Tiwanakuzeit zuzuordnen sind. Einfache Unterkünfte, Kneipen und ein Restaurant sind vorhanden. Eine Rundwanderung über die Insel gehört mit zum Eindruckvollsten, was der Titicacasee zu bieten hat, doch Landschaft und Ruinen können bei weitem nicht mit dem „Heiligen Tal der Inkas" bei Cusco mithalten.

Transturin errichtete bei Pilkokaina den *Complejo Etno-Eco* mit einem 200 qm großen, unterirdischen Museum (Mumien und archäologische Exponate). Dazu authentische Inka-Terrassen zu Ehren von Pachamama, auf denen über 80 verschiedene Heilkräuter wachsen, sowie Lamas, Guanakos, Alpakas und Vicuñas. Die Anlage ist ausschließlich für *Transturin*-Reisende vorbehalten (s.S. 632).

Überfahrt und Bootstouren, Führer

Es ist sinnvoll, einen Ganztagesausflug zu machen, Halbtagesausflüge sind einfach viel zu kurz. Wer viel Zeit hat, sollte sogar eine Übernachtung einplanen.

Neben unzähligen Charterbooten der Touranbieter fahren zweimal täglich um 8.30 u. 13.30 Uhr **öffentliche Passagier- und Transportboote** zum Süden der Isla del Sol, z.B. nach Yumani und zur Escalera del Inca (Südostküste), Fp 10 Bs. Rückfahrten um 6, 10.30 u. 13 Uhr und/oder 15.30 Uhr (vorher fragen), Fz 90 Min. Vom Süden der Insel ist ein preiswerter Weitertransport zur nördlichen Inselhälfte möglich, z.B. nach Cha'llapampa. Es gibt am Morgen keine Direktboote von Cha'llapampa zurück nach Copacabana. Um 14 Uhr fährt ein Boot der Insulaner von Copacabana in den Norden der Insel, Fz 2,5 h.

Eine **Tagestour mit einem Anbieter** dauert ca. 10 Stunden. Die Tour führt mit dem Boot meist über Cha'llapampa (Aufenthalt ca. 2 h) zur Isla de la Luna (Aufenthalt ca. 30–40 Minuten), dann zurück zur Isla del Sol nach Yumani (Aufenthalt ca. 20–30 Minuten) und Pilkokaina (Aufenthalt 20–30 Minuten), ist allerdings für den, der eine **Inselwanderung** auf der Isla del Sol machen möchte, **nicht zu empfehlen.** Eine Zweitagestour ist für Reisende zu anzuraten, die sowohl die Isla de la Luna als auch eine Inselwanderung auf der Isla del Sol machen möchten. Für alle Touren bitte unbedingt Kleingeld für die Eintrittsgebühren in die Ruinen mitnehmen. Ein **Charterboot** oder ein Chartercolectivo kostet ab 30 €/Tag und kann bis zu 12 Personen aufnehmen.

Titicaca Tours, Av. 6 de Agosto, bietet Rückfahrten zur Isla del Sol und zur Isla de la Luna für 2 € p.P. an. Boletos gibt es auch am Kassenhäuschen unten am kleinen Hafen. Abfahrt um 8.15 Uhr, Ankunft in Copacabana gegen 18 Uhr.

Winay Marka (Eternal People), 6 de Agosto 115, soll für 8–10 € zur Insel fahren. Dabei wird jedoch nicht in Copacabana mit dem Boot losgefahren, sondern es geht zuerst mit einem Kleinbus 14 km am Seeufer entlang bis Yampupata. Erst hier wird auf das Boot zur Sonneninsel umgestiegen. Die Seefahrt wird dadurch erheblich verkürzt (nur 20–30 Min.). Wer es in Eigenregie von Yampupata aus probieren möchte, kommt mit den Colectivos der *Cooperativa Trans. 6 de Junio,* Av. 6. de Agosto/Bolívar (Plaza Sucre) nach Yampupata.

Bei einer Tagesfahrt zur Sonneninsel ist es unbedingt wichtig, dass die Aufenthaltsdauer und die Anlegestelle (Cha'llapampa im Nordwesten oder Pilkokaina/Yumani im Südosten) vorher fest vereinbart wird! Auf der Sonneninsel gibt es nämlich gleich mehrere Bootsanleger: die Hauptanlegestellen sind in **Pilkokaina** (Südosten), **Escalera del Inca** (Südosten), **Yumani** (Südosten), **Cha'llapampa** (Nordwesten) und **Japapi** (Südosten). Wer z.B. im Südosten anlegt und den Sonnentempel im Nordwesten besichtigen möchte, müsste zuerst durch die ganze Insel laufen. Empfehlenswert ist es, sich auf der Tagestour zuerst nach Cha'llapampa fahren zu lassen, dort das Museo Marka Pampa und den Incanotapa zu besuchen, danach nach Yumani zu wandern (Gehzeit ca. 3 h) und sich dort an der Mole um 15.30 Uhr wieder abholen zu lassen.

Ein empfehlenswerter **Führer** ist *Vicente Suxo Vásquez* (über Winay Marka, s.o.), der neben Erklärungen zu historischen Bauten auch Interessantes zu Kultur, Tradition und Geschichte sagen kann.

Tour zur Isla del Sol
Die Sonneninsel ist etwa 9,6 km lang und an der breitesten Stelle 6,4 km breit. Die Längsachse verläuft von Nordwest nach Südost. Die meisten Ruinen liegen interessanterweise auf dieser Nordwest-Südostachse, auch der **versunkene Ruinenkomplex von Marka Pampa** vor der Nordwestspitze (s. Karte). Er wird von den Insulanern La Ciudad Submergida („versunkene Stadt") genannt. Die Ruinen liegen 8 m unter der Wasseroberfläche, genau in der Mitte des Inseldreieckes der Inseln *Chullo, Pallalla* und *Koa.*

Der Bootsanleger im äußersten Südosten der Insel heißt **Pilkokaina**. In seiner Nähe liegt der gleichnamige Ruinenkomplex. Auf einer etwas erhöhten Terrasse steht der Palast *Pilkokaina,* der vom Inca Túpac Yupanki erbaut wurde. Das rechtwinklige Gebäude ist zweistöckig, hat an der Seeseite vier Nischen und ein sog. „falsches" Deckengewölbe. Der obere Stock ist ebenfalls von einer höheren Terrasse aus zu erreichen. Eintritt 10 Bs. Hier befindet sich ein einfaches Hostal und eine Kneipe.

Der wichtigste Bootsanleger im Südosten ist die **Escalera del Inca**. Gleich nach der Mole beginnt ein anstrengender Aufstieg über eine steile und mühsame Inkatreppe mit unzähligen Stufen, die am **Fuente del Inca**, einem Quellbrunnen, endet. Wer nicht durchtrainiert ist, sollte sein Gepäck von Trägern hochtragen lassen. Am oberen Ende der Treppe gibt es einfache Übernachtungsmöglichkeiten, die sich bis zum Restaurant *Templo del Sol* hinaufziehen. Vom Quellbrunnen nach Pilkokaina beträgt die Gehzeit etwa 1 h, nach Cha'llapampa etwa 2–3 h (Weganfang durch die dortigen Kinder zeigen lassen, die das gerne machen). **Das letzte Boot nach Copacabana legt von der Escalera del Inca um 15.30 Uhr ab!**

Rundwanderung
Von Pilkokaina führen zwei gut ausgebaute Haupt- und ein Nebenweg durch die Insel. Der nördliche (rechte) Weg führt über die *Escalera del Inca* und *Yumani* nach *Cha'lla* (Schulkomplex, Restaurant und Unterkünfte). Über den Sandstrand von Cha'lla geht es weiter nach *Cha'llapampa* und von dort über *Santiago Pampa* zum **Piedra Sagrada** (Heiliger Fels) und zu den Chincana-Ruinen. 200 m dahinter steht der **Titicaca-**(Puma)**Felsen** am nordöstlichen Inselende. Dort befinden sich auch Chullpas, in denen bis zu 12 Mumienbündel gefunden wurden. Dieser Nordweg ist auch für ungeübte Wanderer zu bewältigen. Gz 3–4 h.

Am Piedra Sagrada zweigt vom Nordweg ein landschaftlich schöner Höhenweg ohne extreme Steigungen in Richtung Süden durch die Insel ab, unterwegs überwältigende Aussichten. Er führt am *Cerro Chequesani* (4087 m) vorbei und endet an der Weggabelung bei der *Iglesia de San Antonio,* Gehzeit 3 h. Dort gibt es einfache Unterkünfte und es ist nicht mehr weit zum Bootsanleger nach Pilkokaina oder zum Bootsanleger an der Escalera del Inca. So lässt sich eine nette und beeindruckende Rundwanderung auf der Sonneninsel unternehmen, für die **mindestens ein Tag** erforderlich ist. Dennoch ist eine Übernachtung, z.B. in Yumani, sinnvoll, da wahrscheinlich das Boot an der Mole in Yumani nach Copacabana bereits abgefahren ist.

Es gibt auf dem Höhenweg Wegmarkierungen in Südrichtung, also vom Titicacafelsen über die Iglesia de San Antonio zur Escalera del Inca oder nach Pilkokaina. Abzweigungen sind nicht immer gekennzeichnet.

Bei der Inseldurchquerung wird man derzeit alle paar Kilometer abgezockt und muss Wegegebühr bezahlen, da jedes Dorf seinen Bereich abgesteckt und einen Posten am Wegrand eingerichtet hat. Gesamtwegezoll ca. 25 Bs p.P.

Cha'llapampa
Die Reste des Sonnentempels und des „Heiligen Felsens" liegen auf der nördlichen Seite der Insel. Am schnellsten sind die Ruinen mit dem Boot vom Anleger in Cha'llapampa aus zu erreichen. In Cha'llapampa befindet sich auch das kleine, wenig informative **Museo Marka Pampa** mit archäologischen Resten aus Marka Pampa, die 1992 vom Meeresgrund

aus der versunkenen Stadt geborgen wurden. Alle Fundstücke stammen aus der Tiwanaku-Zeit, darunter eine Jaguar-Statue. Die Fotografien von präinkaischen Büsten haben eine auffallende Ähnlichkeit mit altägyptischen. Am interessantesten sind jedoch die Steinschatullen von Marka Pampa und deren Inhalt: ein Puma, eine Frau, eine Tasse und ein Medaillon aus purem Gold. Die Steinschatullen waren so gut verschlossen, dass der gesamte Inhalt darin trocken geblieben war. Eintritt 5 Bs. Karte gilt auch für die Ruinen bei Cha'llapampa (Chincana, Incanotapa usw.). In Cha'llapampa gibt es einige Kneipen und einfache Unterkünfte, ab 8 Bs p.P.

Palacio del Inca (Incanotapa) Von Cha'llapampa führt ein Weg nach *Santiago Pampa*. In der Nähe können die Überreste des Sonnentempels und der „Heilige Fels" (Piedra Sagrada) bestaunt werden, bevor im Nordwesten, in Höhe der Sabacera-Bucht, die Ruinenanlage von **Chincana** (El Laberinto) auftaucht, die vom **Incanotapa** (Palacio del Inca) übertragt wird. Gehzeit von Cha'llapampa 45 Min., Eintritt 0,60 Bs (im Eintrittspreis ins Museum ist der Eintritt nach Chincana bereits enthalten). Etwa 200 m weiter befindet sich der **Titicaca,** der Pumafelsen, sowie einige Chullpas, in denen bis zu 12 Mumienbündel gefunden wurden.

Unterkunft Die Unterkünfte auf der Sonneninsel sind einfach und preiswert. Für eine Übernachtung muss mit 2–5 € pro Person gerechnet werden. In **Yumani** wurden in den letzten Jahren viele neue Unterkünfte gebaut!

BUDGET **In Pilkokaina: Albergue Inca Sama,** sehr einfache Herberge von *Gonzalo Posari,* Handy-Tel. 7128-1710, serviert auch Gerichte. – **In Yumani: Residencial Templo del Sol,** Tel. 862-5006. Schöne Lage mit Aussichtsterrasse, serviert auch Essen, Ü 23 Bs. **TIP!** Etwa 500 m entfernt entsteht eine kleine Anlage mit Lehmhütten und Strohdach samt Rest. für Gäste. – **B&B Ricardo,** Tel. 719-34427, birdzehnder@hotmail.com. – **Hostal Puerta del Sol,** westlich der Kirche im Hauptort, Tel. 7195-5181. Einfache EZ/DZ, MBZi, bc/bp, Ww, Rest. Ü 25 Bs, Frühstück 10 Bs, Tagesmenü 15 Bs. – **Hostal Inti Wayra** und **Imperio dol Sol. In Cha'llapampa: Alojamiento Cha'llapampa** und **Pooada Manoo Kapac** (8 Zi, bc, Kw, familiär, sauber, Ü 10 Bs) und **San Francisco** (Ü 18 Bs) Außerdem **Hostal Pacha Mama,** einfach, bc, DZ 10 Bs.– **In Challa: Posada del Inca,** direkt am Strand, 6 einfachste Zi., Kw. – **Hostal Qhumphui,** Tel. 7152-1188. Juan Ramos hat in sehr guter Lage ein schönes Haus für Gäste erbaut, 6 Zi., bc/bp. Ü/bc 20 Bs, Ü/bp 25 Bs, F 10 Bs; Mittagessen Forelle 10 Bs, Nudelgericht 8 Bs. Hin- oder Rückfahrt nach Copacabana 250 Bs, unabhängig der Personanzahl.

ECO **Hostal Inti K'ala;** einfache, saubere Zi., Ww, schöne Terrasse, gutes Essen, Ü/F 10 €.

FAM/LUX **Posada del Inca** in Yumani, Tel. 715-28062, www.titicaca.com. Ursprünglich eine Hacienda, nun Luxus-Lodge von *Crillon Tours.* Schöne Lage mit 20 hübschen, sauberen Zi., bc, Ww (Solar!), Dusche, gutes Restaurant, Patio, Freiterrasse mit Seeblick, Garten, nur im Paket buchbar mit Tragflügelbootsfahrt, derzeit das Beste, was die Sonneninsel zu bieten hat. – **Ecolodge La Estancia,** 30 Min. von Pilkokaina bzw. beim Aymara-Dorf La Estancia, Tel. 244-2727, Fax 244-3060, info@magri-amexpress.com.bo, www.ecolodge-laketiticaca.com. 11 Cabañas, bp, Ww, Rest., Bar, schöner Blick auf die Andenkordillere, Kajaktouren auf dem Titicacasee. EZ ab 40 €, DZ/F 60 € inkl. HP (auf Wunsch VP). Für ältere Reisende besonders geeignet, doch beschwerlicher Aufstieg vom Bootsanleger über die Escalera del Inca. Buchbar über *Magri Turismo* in La Paz (s.S. 682).

Isla de la Luna (Mondinsel)

Die Mondinsel heißt mit ihrem ursprünglichen Namen *Coati*. Hier soll Wiracocha dem Mond einst befohlen haben, sich in den Himmel zu erheben. Nur für historisch Interessierte ist neben der Sonneninsel auch die Isla de la Luna mit dem ungewöhnlichen Mondtempel oder „Tempel der Sonnenjungfrauen" (Acllahuasi) besuchenswert. Kenner halten den Mondtempel sogar für wesentlich interessanter als den Sonnentempel der Sonneninsel. Faszinierend ist die erstaunliche Ähnlichkeit des Mondtempels zur islamischen Architektur, mit einer dreidimensionalen geometrischen Fassadengliederung. Eintritt in die Ruinen 5 Bolivianos.

Von der Isla del Sol fahren Charterboote zur Mondinsel. **Wer die Sonnen- und die Mondinsel an einem Tag besuchen möchte,** sollte dies vorher fest vereinbaren, ggf. sollte die andere Hälfte der Passage erst nach Rückkehr in Copacabana bezahlt werden, da es immer wieder vorkommt, dass Bootsführer nach der Sonneninsel plötzlich nicht mehr bereit sind, vereinbarungsgemäß auch die Mondinsel anzusteuern.

Sicuani

Wer dem touristischen Copacabana entfliehen möchte, wird im 14 km entfernten Sicuani, Fz 30 Min. mit dem Minibus, in der Familienunterkunft von *Hilario Paye Quispe* (Hinweisschild: „Inca Thaki") Ruhe finden. Das Haus liegt in einer bezaubernden Gegend am Titicacasee, ein Schilfboot liegt zur Benutzung am Ufer, Abstellplatz für Fahrzeuge vorhanden. Seine Frau Eustaquia kocht nach Wunsch, empfehlenswert sind ihre Fischgerichte. Sanitäre Einrichtungen gibt es noch keine, Wasserhahn unterm Apfelbaum mit Frischwasser vom Berg. Hilario baut Balsas, stellt Kunsthandwerk aus Schilf her und gibt Einblicke in die traditionelle Kultur am See. Bootausflüge mit dem Balsa, Baden in der Bucht, rudern zur Isla del Sol (90 Min.) oder Segeln (30 Min.). Keine festen Preise, die Familie freut sich über Besuch und erwartet ein angemessenes Trinkgeld. Im Ort gibt es einen Laden mit Grundnahrungsmitteln, Frischmilch direkt beim Bauer.

Copacabana – Tiquina – Huarina – (Sorata)

Die Strecke zwischen Copacabana und La Paz gehört zu den landschaftlich schönsten Strecken der ganzen Anden. Von Copacabana geht es zuerst einen Pass hinauf, dann einen Hochgrat entlang mit prächtigen Blicken auf die beiden Teile des Titicacasees. Im Blickfeld ist immer wieder die Cordillera Real, ganz links mit dem *Illampu* (6368 m) und dem danebenliegenden *Ancohuma*. Aus der Ferne grüßen der *Huayna Potosí* (6088 m) und ganz rechts der Illimani (6439 m). Die Stimmung ist, besonders am Nachmittag, einmalig schön. In einigen Kehren fällt die Straße dann zum **Estrecho de Tiquina** hinunter, zu der mit 800 m schmalsten Stelle des Sees. Seit Bolivien keinen Zugang mehr zum Meer hat, ist hier die bolivianische Marine stationiert. Fahrzeuge (auch Busse) und Personen werden separat übergesetzt (Pkw 4 €).

Huatajata

Die restlichen 112 km von San Pablo de Tiquina nach La Paz werden auf einer relativ guten Asphaltstraße zurückgelegt. Nach rechts eröffnen sich immer wieder sehr schöne Ausblicke auf den kleineren Titicaseeteil *Wiñaymarca* mit einigen Inseln, nach links auf die Königskordilleren. In

Huatajata wird der Anleger des Hydrofoil (Tragflügelboot) erreicht. Hier hat auch der Yacht-Club von La Paz seinen Sitz.

In Huatajata kann beim Hotel Inca Utama das bereits erwähnte Ökodorf „Wurzeln der Anden" besichtigt werden. Im Freiluftmuseum können u.a. Webmethoden und das System der Terrassenfelder studiert werden. Der Bootsbauer, Herr Limachi, ist immer da und erklärt den Besuchern gerne den Bau der Boote Ra II (Thor Heyerdahl) sowie Abora II und Abora III, die für die Atlantikexpedition des Deutschen *Dominique Görlitz* aus Chemnitz von ihm gebaut wurden. Im Eintritt ist auch der Besuch des Altiplano-Museums enthalten. Dort wird auch in deutscher Sprache die Geschichte und Kultur Boliviens erklärt. Gleich daneben liegt das einzigartige **Kallawaya-Museum,** das einen Einblick in die Heilküste der Inkamediziner gibt. Am Ende des Rundganges liest ein Kallawaya die Zukunft aus Cocablättern.

Außerdem ist das **Alajpacha** in Huatajata interessant. Das ist ein indigenes Observatorium, in dem Besucher über die Sternbilder der Aymara aufgeklärt werden. Durch ein Teleskop kann man den südlichen Sternenhimmel bestaunen. Wer im Hotel Inca Utama übernachtet, kann kostenlos das Observatorium besuchen und erhält zusätzlich ein Schlammbad mit Massagen.

Von Huatajata können einige Inseln im Wiñaymarca-See besucht werden. Auf der **Isla Suriqui** steht die Nachbildung des Balsafloßes Ra II, mit der sich Thor Heyerdahl über den Pazifik nach Tahiti treiben ließ. Eine rein touristische Sache. Die Inseln *Pariti* und *Kalauta* gelten noch als Empfehlung, es gibt aber keine Unterkünfte auf Kalauta und Pariti.

Unterkunft Huatajata	Die einfache *Hostería del Lago Azul* oder das *Inca Utama Hotel & Spa* (FAM), direkt am See mit dem Freiluftmuseum „Wurzeln der Anden", Tel. 213-6614 oder Tel./Fax 813-5050, titicaca@entelnet.bo, laden zu einer Pause ein. Alternative: *Hotel Restaurant Centro Turístico Pachamama,* Tel. 213-6610. EZ/DZ/bp mit einem Hallenbad und Restaurant (Forellengerichte).
Essen & Trinken	Es gibt mehrere Restaurants mit Fischgerichten. Passabel sind *Choque, Inti Karka* (Forelle), *Panamericana* und *Pachamama* (s.o.).
Schwimmende Inseln der Uro-Iruitos	Die „schwimmenden Inseln", **Islas Flotantes,** sind viel kleiner als die der Verwandten in Peru. Man bekommt einen guten Eindruck der Lebensweise der Uros und ist als Reisegruppe allein auf den Inseln. Die Uros, die hier leben, haben auch Häuser auf der Insel Kalauta, die den schwimmenden Inseln vorgelagert ist. Auf Kalauta gibt es Chullpas wie in Sillustani. Viele Uros leben dort und schicken ihre Kinder auf das Festland in die Schule. Sie leben gesünder und würdiger als ihre „touristischen Verwandten" in Peru. Sie sprechen noch Pukina, die alte Sprache der Uro, zeigen den Besuchern ihre Fischfangmethoden und was aus Totora-Schilf alles gemacht werden kann. Sie lebten eine Zeitlang als kleine, vergessene Gruppe am Río Desaguadero, bevor sie sich entschlossen, wieder auf den Titicacasee zurückzusiedeln, wobei sie hier von Crillón Tours unterstützt wurden. Im Vergleich zu ihren peruanischen Verwandten sind sie in ihrem „Freiluftmuseum" dennoch ursprünglicher, weniger aufs Verkaufen aus und versuchen, dem Besucher etwas über ihre Kultur zu vermitteln. Anfahrt mit dem Taxi, Fp 3 €, Taxifahrer wartet! Am Ufer liegen Schilfboote. Führer bringen Interessierte mit den Schilfbooten zu einer der Inseln rüber, Fp 1,50 € p.P; Ruderboote 1 € p.P. Gesamtdauer der

Pariti Tour ca. 1 h. Infos: *Arcobaleno,* Tarapaca 335, Puno, Tel. 35-1052, arcobaleno@titicacalake.com.

Auf dieser ursprünglichen, von Reisenden selten besuchten Insel mit Inseldorf und einer schönen Adobekirche wurde ein kleines Museum eingerichtet, das Töpferfunde zeigt. Die sehenswerten Exponate machen es sogar interessanter als das Museum in Tiwanaku. Kleiner Souvenirstand, Plumpsklo, Eintritt 6 Soles.

Huatajata – Huarina

Von Huatajata, vorbei am schöngelegenen Hotel Titicaca, kommt nach weiteren 12 km, am Ende des Titicacasees, **Huarina** in Sicht. Nach links biegt die interessante Piste nach Puerto Acosta ab (Grenzübergang), am östlichen Ufer des Titicacasees entlangführend. Auf dieser Piste zweigt hinter *Achacachi* eine tolle Gebirgsstrecke ab, sie führt über *Warisata* und den Soratapass am Illampu vorbei nach Sorata (2650 m, s.S. 695).

Huarina – La Paz

Die restlichen 74 km von Huarina über Batalles nach La Paz sind leicht zu bewältigen. Es geht hauptsächlich schnurgerade über den Altiplano. Bei Batalles führt eine Abzweigung nach **Pto. Pérez,** das seit 1872 auch der älteste bolivianische Hafen ist. Abseits der Reisepfade mausert sich der Ort langsam zum Ausgangspunkt für Insel-Besuche im Wiñaymarca-Seeteil des Titicacasees (z.B. nach Suriqui, Bauplatz des Totora-Floßes *Ra II* von Thor Heyerdahl, s.o.) besuchen zu können.

Gute Übernachtungsmöglichkeit in Pto. Pérez bietet der ökologische *Complejo Turístico las Balsas* (FAM) direkt am See, Tel. 289-9121, Fax 239-1310, info@turismobalsa.com, www.turismobalsa.com. Zi. mit bp, Pool, Bootsausflüge auf den Titicacasee, Rest. DZ/F 150 Soles. – Günstiger ist das *Hostal Las Islas* (ECO). 9-Bett-Zi., bc, familiär, mit gutem Rest. (Forelle). Ü/F 8 €. Beide bieten Touren zu den Inseln Pariti und Kalahuta an.

Auf der Strecke nach La Paz erhebt sich links vor dem *Huayna Potosí* (6088 m) das mächtige Massiv des *Condoriri* (5648 m). Nach dem Kontrollpunkt geht es durch die Großstadt **El Alto,** vorbei an der Abzweigung zum Flughafen von La Paz. Der „Aeropuerto El Alto" ist mit 4082 m einer der höchsten der Welt.

Dann tauchen im tiefen Talkessel die Häuser von La Paz auf, ein eindrucksvolles Lichtermeer am Abend. Auf der kostenpflichtigen Stadtautobahn geht es 12 km steil runter ins Zentrum.

Strecke 3a: (Puno) – Pomata – Desaguadero – Tiwanaku-Ruinen – La Paz (265 km)

Die zweite Streckenmöglichkeit von Puno nach La Paz zweigt von dem schon in der Strecke 3 erwähnten Pomata zum Grenzort Desaguadero ab. Von Puno nach Desaguadero sind es ca. 150 km, es verkehren sowohl Busse als auch Colectivos (Fz 2 h, ca. 3 €). **Hinweis:** Die Grenze im peruanischen Desaguadero ist von 8–12 Uhr und von 14–17 Uhr geöffnet (peruanischer Zeit, bolivianische Zeit ist plus eine Stunde). Es gibt eine Abfertigung für Personen (Einreisestempel, Ein-/Ausreiseformulare) und

(Puno) – Pomata – Desaguadero – Tiwanaku – La Paz

eine für Fahrzeuge.

Wohl der einzige Grund, die Strecke 3a nach La Paz zu wählen, ist ein Stop bei der präkolumbischen **Ruinenstätte Tiwanaku** (bei einer Rückfahrt von La Paz nach Puno sollte der Tiwanaku-Stop so geplant werden, dass die Mittagspause an der Grenze berücksichtigt wird und man noch vor 12 Uhr in Desaguadero eintrifft).

Busse und Colectivos

Obwohl die Strecke von Puno über Desaguadero die kürzeste Verbindung nach La Paz ist, gibt es nur wenige Direktbusse oder Direktcolectivos die von Puno bis La Paz durchfahren. Die meisten fahren nur bis zu Grenze (ein Taxi Puno – Desaguadero kostet 50 €, lässt sich aber leicht herunterhandeln). Auf der bolivianischen Seite von Desaguadero gibt es zahlreiche Busse und Colectivos, die auf der asphaltierten Straße weiter nach La Paz fahren (Fz ca. 4 h, 3 €). Außerdem bedienen auch Busse die Strecke Puno – Desaguadero – La Paz, z.B. die Gesellschaft *Ormeño*. Im bolivianischen Guaqui gibt es überdies einen Bahnanschluss nach La Paz, doch besteht derzeit kein Personenverkehr!

Pomata – La Paz

Hinter Pomata fällt die Straße leicht ab. *Zepita* (140 km nach Puno), ein armseliger Ort, überrascht mit einer schönen Kirche im *estilo mestizo*. Dann kommt die Grenze in Sicht. Im peruanischen Ortsteil von Desaguadero ist die Passkontrolle direkt an der Grenze. Der Río Desaguadero bildet die Demarkationslinie. Das bolivianische Grenzbüro ist natürlich gleichfalls zwischen 12 und 14 Uhr und ab 18 Uhr geschlossen.

Wenn abzusehen ist, dass man die noch restlichen 115 km bis nach La Paz nicht mehr schafft, sollte versucht werden, noch zumindest bis nach Guaqui oder Tiwanaku zu kommen. Auf der Strecke von Desaguadero nach Guaqui werden zwei Kontrollposten passiert. **Guaqui** liegt unweit des Titicacasees und ist die Endstation der Eisenbahnlinie nach La Paz. Im einfachen *Hotel Guaqui* (ECO) kann übernachtet werden. Von Guaqui bis zum Dorf Tiwanaku sind es noch 20 km. Außerhalb des Dorfes liegt, vor einem kleinen Hügel, dann die bedeutendste Kulturstätte Boliviens: Tiwanaku (s.S. 698, Ausflüge ab La Paz). Von Tiwanaku sind es noch 72 km nach La Paz. In **Laja** wurde am 20.10.1548 durch Don Alonso de Mendoza La Paz gegründet, die barocke Kolonialkirche von 1680 besticht durch schöne Altäre. Kurz vor El Alto biegt die Piste rechts nach La Paz ab.

Rundreisevorschlag

Puno – Copacabana – La Paz – Desaguadero – Puno (565 km)

Reisende, die Bolivien nicht bereisen wollen, dennoch aber die Sonneninsel, La Paz und Tiwanaku kennenlernen möchten, sollten die folgende Rundreise im Uhrzeigersinn machen: Puno – Copacabana (Sonneninsel) – La Paz – Tiwanaku – Puno. (Streckenbeschreibung Puno – Pomata – Copacabana – La Paz s.o., Strecke 3).

> **Bitte schreiben oder mailen Sie uns (rkhhermann@aol.com) Ihre Reise- und Hotelerfahrungen oder wenn sich in Peru und Bolivien Dinge verändert haben und Sie Neues wissen. Danke.**

(Puno) – Pomata – Desaguadero – Tiwanaku – La Paz Karte S. 694

BOLIVIEN

Reiseziel Bolivien

Reisepraktische Tipps

Währung und Geld
1 Boliviano = 100 Centavos. Im Umlauf sind Scheine zu 10, 20, 50, 100 und 200 **Bs**. Mehr übers Geld in Bolivien s.S. 64.

Kommunikation
Post (Correos): Mo–Fr 8–20 Uhr, Sa 9–18 Uhr, So 9–12 Uhr. **Telefon:** Empresa Nacional de Telecomunicaciones (ENTEL), Mo–So 8–23 Uhr.

Wichtige Telefon-Vorwahlen: La Paz/Oruro/Potosí (02), Cochabamba/Chuquisaca/Sucre/Tarija (04), Santa Cruz/Beni/Pando (03).

Beste Reisezeiten
Für das Hochland April bis Oktober, für das Tiefland Mai bis September. Trockenzeit ist von April bis Ende November/Anfang Dezember. Regenzeit ist von Dezember bis Ende März.

Ausnahmezustände
Bei **Wahlen** (auch Kommunalwahlen) kann der Ausnahmezustand *(toque de queda)* verhängt werden. Am Wahlwochenende kann es dann zu eingeschränktem Bus- und Flugverkehr kommen, und am Wahltag darf meist kein Alkohol ausgeschenkt werden. **Straßenblockaden** aus Steinen, Schutt und Bäumen sind in Bolivien ein beliebtes politisches Druckmittel. Sie bringen den öffentlichen Verkehr zum Erliegen, auch Busreisende und Touristen mit eigenem Wagen werden dann ausgebremst. Ortskundige Einheimische kennen Schleichwege.

Einreisebestimmungen
Der Reisepass sollte noch 6 Monate über das Einreisedatum hinaus gültig sein. Bürger aus D, A und CH benötigen **bis 90 Tage Aufenthalt kein Visum,** doch Nachweis der Rück- oder Weiterreise (Flug-/Busticket) und „ausreichende" Mittel (Bargeld, Schecks, Kreditkarte). In letzter Zeit wird bei der Einreise über die Flughäfen von La Paz und Santa Cruz oft nur ein Aufenthalt von 30 Tagen gewährt, der bei der **Migración** (Ausländerpolizei) aber für weitere 30 Tage kostenlos verlängert wird.

Schweizer Reisende berichten, daß die Verlängerung für 30 Tage zweimal möglich ist, aber 165 Bs kostet. Es ist auch möglich, nach einer mehrstündigen Ausreise, z.B. über Desaguadero nach Peru, weitere 30 Tage zu bekommen. Die Verlängerung bei der Migración in La Paz geht schnell: Wer dort morgens das Verlängerungsformular ausfüllt und dieses mit dem Reisepass abgibt, kann ihn wieder bis 16 Uhr mit der Aufenthaltsverlängerung abholen. Aufpassen, dass die Touristenkarte nach der Verlängerung wieder zurückgegeben wird! Eine neue Touristenkarte kostet 20 Bs.

Wer auf dem **Landweg** nach Bolivien einreist, muss ein Einreiseformular ausfüllen (kostet Gebühr). Der Pass sollte in Bolivien immer mitgeführt werden, doch eine Passkopie ist meist ausreichend (Original im Tresor des Hotels deponieren). **Hinweis:** Zu warnen ist vor Drogenhändlern (s.S. 668, Gefängnis San Pedro).

Impfbestimmungen
Bei Einreise aus Infektionsgebieten (z.B. Brasilien) ist eine Impfung gegen Gelbfieber zwingend vorgeschrieben. Malariagefahr ganzjährig in Regionen unter 2500 m. Vorsicht wegen der Höhenlage in den Anden, auf ausreichende Höhenanpassung achten (Höhenkrankheit s.S. 41).

Aktueller WARN-HINWEIS!
Boliviens Touristenpolizei warnt vor Trickdiebstahl bei Taxifahrten und bittet Touristen, immer ein Funktaxi zu nehmen, vor Fahrtbeginn die Registrierungsnummer des Taxis aufzuschreiben und während der Fahrt niemals eine weitere Person zusteigen zu lassen!

Land und Leute

Hinweis: *Von Puno nach La Paz s.S. 632*

Daten Bolivien
Größe: knapp 1,1 Mio. qkm (3x so groß wie Deutschland), 9,5 Mio. Einwohner. Bevölkerungsdichte 8,6 Menschen pro qkm (D: 228/qkm). Somit ist Bolivien einer der am dünnsten besiedelten Staaten Südamerikas. Dabei ist der Altiplano mit teils mehr als 20 Ew./qkm relativ dicht besiedelt – 80% der Bevölkerung leben hier –, das tropische Tiefland dagegen extrem dünn. Nachdem **El Alto** (knapp 900.000 Einwohner) nicht mehr zu La Paz zählt, ist La Paz mit über 840.000 Einwohnern nicht mehr die größte Stadt Boliviens, sondern Santa Cruz mit über 1,5 Mio. Weitere bedeutende Städte sind Cochabamba (860.000 Ew.), Sucre, Oruro, Potosí und Tarija (über 200.000 Ew.)

Bevölkerung
Bolivien als ein Teil des alten Inka-Imperiums hat eine überwiegend indigene Bevölkerung. **Quechua** und **Aymara** stellen, zusammen mit den Mischlingen (Mestizen/Cholos), 82% der Gesamtbevölkerung. Die hispanische Bevölkerung, die **Criollos** (Kreolen, rein Spanischstämmige), hat einen Anteil von etwa 10%, ist aber in allen staatstragenden und machtpolitischen Organen und Institutionen überproportional vertreten. 8% verteilen sich auf andere ethnische Gruppen. Die Bevölkerung wächst jährlich um etwa 2%. Altersstruktur: 36,5% sind unter 15 Jahre, 59% zwischen 15 und 64 und nur 4,5% sind älter als 65 Jahre. Durchschnittliche Lebenserwartung: 65 Jahre. Zuletzt waren 13% der Erwachsenen Analphabeten.

Amtsprachen sind Spanisch, Quechua, Aymara und Guarani (Ostbolivien), dort ist Umgangssprache *Chiquito*.

Religion: Über 90% der Bevölkerung bekennt sich zum römisch-katholischen Glauben, doch Christsein hindert viele Indígenas nicht daran, nebenher auch noch Naturreligionen zu praktizieren und an ihre traditionellen Schöpfungsmythen zu glauben. Im Mittelpunkt des katholischen Alltagsglaubens steht die Verehrung der Kirchenheiligen und das Feiern ihrer Namenstage. Daneben gibt es religiöse Minderheiten, wie verschiedene protestantische Glaubensrichtungen, z.B. Mennoniten.

Medizinische Versorgung
ist in den Städten gewährleistet. Ein Basisgesundheitssystem konnte noch nicht ausreichend installiert werden, doch bis 21 Jahre ist die medizinische Versorgung kostenlos. In weiten Gebieten des Tieflandes und in den ländlichen und abgelegenen Regionen des Hochlandes fehlen medizinische Einrichtungen und Ärzte. Neben infektiösen und parasitären Krankheiten sind Malaria, Tuberkulose und Geschlechtskrankheiten verbreitet. Nur knapp 90% der städtischen und knapp über 30% der ländlichen Bevölkerung verfügen über sauberes Trinkwasser.

Kultur
Im bolivianischen Hochland gelten die Aymara als die Kulturträger. Bereits unter den Spaniern entwickelten die Steinmetze in der **Baukunst** ihren eigenen indigenen Stil, heutzutage als **Mestizo-Stil** bekannt *(Arquitectura Mestiza)*. Unter den Jesuiten taten sich viele Angehörige von Tiefland-Indianerstämmen gleichfalls als äußerst geschickte Handwerker und begabte Künstler hervor. In der **Musik** sind die melancholischen Andenweisen und die Panflötenklänge wohl jedem bekannt. Durch das Ballett „Kallana" und die sinfonische Dichtung „Potosí" von Eduardo Caba fand Boliviens

Bolivien – Land und Leute

Musikschaffen der Gegenwart Anerkennung, in dem Ballett „Amerindia" von José María Velaso Maidana werden indigene und indianische Musikelemente wiederentdeckt. Eines der bekanntesten **literarischen Werke** Boliviens ist der Roman „Teufelsmetall" (Metal del Diablo) von *Augusto Cespedes,* der die Machenschaften der Zinnbarone in Bolivien anprangert. Ähnlich gelagert sind „Schneesturm in den Cordilleren" von *Walter Guevara Arze* oder „Blut in der Johannisnacht" von *Oscar Soria Gamarra.* Zum **Welterbe der Unesco** zählen: *Carnaval de Oruro, Jesuitenreduktionen* in der Chiquitania, *Potosí, Samaipata, Sucre* und *Tiwanaku.*

■ Weiter Interessantes über andine bzw. peruanisch/bolivianische Kunst und Kultur s.S. 111, Landesnatur S. 83, Tier- und Pflanzenwelt S. 87.

Wichtige Feste Boliviens

Februar/März: Karneval von Oruro
Mai/Juni: *Gran Poder* (La Paz), meist am Samstag nach Pfingsten
25. Juli: *Fiesta Tata Santiago* in Guaqui
4. August: *Fiesta de la Virgen* de Copacabana, Copacabana
15. August: *Fiesta de la Virgen Urkupiña* in Quillacollo (Cochabamba)
24.–26. August: *Fiesta de San Bartolomé* (La Puerta del Diablo b. Potosí)
14. September: *Fiesta Señor de la Exaltación* in Tiwanaku
15. September: *Fiesta de la Virgen de Guadalupe* in Sucre
8. Dez.: *Fiesta de la Virgen de Cotoca,* Umzüge in und um Santa Cruz

Bolivianer mit deutschen Wurzeln

Etwa 10.000 Deutsche und deutschstämmige leben in Bolivien, wobei die **Mennoniten** die größte Gruppe bilden. Doch schon sehr früh kamen aus Deutschland Bergleute, Missionare, Handwerker, Architekten und Sprachwissenschaftler nach Bolivien, darunter auch der Jesuitenpater **Martin Schmid**, der ab 1730 in der Chiquitania die Missionskirchen in den Reduktionen von San Rafael, San Javier und Concepción baute. 1821 diente in den Truppen des Freiheitskämpfers *Simón Bolívar* der Kassler **Otto Braun** als Kavallerie Leutnant, der später, unter Präsident *Santa Cruz*, bis zum bolivianischen Kriegsminister aufstieg. **Max Uhle** erforschte 1892 die Ruinen von Tiwanaku, ihm folgten die Archäologen Arthur **Posnansky** (österreichischer Abstammung), **Buck** und **Trimborn** nach.

Ab 1870 kamen durch Handelsbeziehungen deutsche Kaufleute und Firmen nach Bolivien, die sich in La Paz, Oruro, Sucre, Cochabamba, Potosí oder Santa Cruz niederließen. 600 Deutsche waren bereits beim Bau der Mamoré-Bahntrasse (1907–1912) durch den Acre-Urwald beteiligt, doch die wenigsten überlebten. Unter deutscher Beteiligung entstand die Brauerei *Cervecería Boliviana Nacional*. Bis 1910 waren alle bedeutenden Handelshäuser Boliviens in deutschem Besitz.

Unter der Initiative des Kaufmanns **Wilhelm Kyllmann** gründeten Deutsch-Bolivianer 1925 die nationale Fluggesellschaft *Lloyd Aéreo Boliviano* (LAB). 1934 entstehlt in La Paz das *Hospital Alemán* (Av. 6 de Agosto). **Werner Guttentag Tichauer**, der aus Nazi-Deutschland fliehen musste, gründete 1950 mit *Los Amigos del Libro* einen der ersten größeren Verlage Boliviens. Er wurde 1998 durch eine Briefmarke geehrt.

Deutschsprechende → **Mennoniten** kamen zwischen 1954–1968 in den bolivianischen Busch (vorwiegend aus dem paraguayischen Chaco) und gründeten in 30–130 km Entfernung von Santa Cruz einen Gürtel von Kolonien mit über 55 Dörfern. Die größte Zuckerfabrik und Schnapsbrennerei Boliviens bei Santa Cruz wird durch **Erwin** und **Oskar Gasser** geführt, die für ihre Arbeiter das Städtchen *La Belgica* mit Schulen, Kirche, Krankenhaus und Arztpraxen bauen ließen. *Laboratori Inti*, das größte Pharmaunternehmen Boliviens in La Paz, gehört der Familie *Schilling*. Der ehemalige bolivianische Präsident *Hugo Banzer* hatte deutsche Vorfahren.

Landesnatur

Nachdem Bolivien im Salpeterkrieg 1879 seinen Zugang zum Pazifik verlor, ist das Land – neben Paraguay – der zweite Binnenstaat Südamerikas. Im Nordwesten grenzt Bolivien an Peru, im Südwesten an Chile, im Süden an Argentinien und im Südosten an Paraguay. Im Norden und Osten hat Bolivien eine lange Grenze mit Brasilien.

Anden und Altiplano

Das Land wird zu ca. 35% von den Bolivianischen Anden eingenommen, die sich in die West- und Ostkordilleren unterteilen. Zwischen ihnen liegt, auf ca. 3600–4100 m Höhe, die waldlose Hochlandebene **Altiplano** mit dem Poopó- und Titicacasee. Der 700 km lange und 200 km breite, abflusslose Altiplano als Kernlandschaft Boliviens ist das Siedlungsgebiet der Anden. Hier wächst das trockene Büschelgras *ichu*, werden Lamas und Alpakas gehalten, wird die harte *Azorella* (Polsterpflanze) als Brennmaterial verwendet. Im trockenen Süden des Altiplano haben sich Steppengebiete, riesige Salzpfannen und Salzseen gebildet, wie z.B. der *Salar de Uyuni*, in denen sich während der Regenzeit das Wasser sammelt.

Ansonsten breiten sich nach Süden Halbwüsten aus, ab und zu von spärlichem Bewuchs durchbrochen.

Im Osten geht der Altiplano ins ostbolivianische Bergland über. Die höchsten Berge Boliviens liegen in der größtenteils vergletscherten Ostkordillere: der 6439 m hohe **Illimani** und der **Illampu** (6368 m). In der sanfteren Westkordillere ist der Vulkankegel des **Sajama** (6542 m) Boliviens höchste Erhebung. In der Westkordillere sind auch noch Reste der einst gewaltigen *Queñoa-Wälder* (Polylepis) anzutreffen. Vulkanismus ist überall in den Anden spür- und bemerkbar. Unbestrittener König der bolivianischen Hochgebirgsfauna ist der Kondor.

Yungas

■ *Abfahrt in die Yungas*

Die Anden fallen im Osten über die berühmten **Yungas** in das bolivianische Tiefland ab. Yungas sind Berg- und Nebelwälder mit tief eingeschnittenen Tälern und Schluchten zwischen etwa 1000 bis 3600 Meter. Dabei werden drei Vegetationsstufen unterschieden: **Ceja de la Montaña** („Augenbraue der Berge"), die Nebelwaldzone von etwa 3600 Meter bis 3000 Meter, wo die Bäume mit Moosen, Flechten, Orchideen und Bromelien überzogen sind, die **mittleren Yungas** von 3000 bis 1000 Meter Höhe, wo u.a. Chinarindenbäume (Chinchona) wachsen und die untere, **tropische Zone** mit zahllosen Regenwaldpflanzen, Kautschukbäumen (Hevea brasiliensis) und vielen Palmenarten. Bei einer Abfahrt können so auf kürzester Strecke gleich mehrere verschiedene Klima- und Ökozonen erlebt werden.

Das Tiefland

Das bolivianische Tiefland ist dreigeteilt: Ganz im Norden liegt der tropische **Regenwald Amazoniens** (der südlich in die Überschwemmungszonen der Feuchtsavannen übergeht, in die **Llanos**). Im Osten umfasst das Tiefland das Sumpfgebiet des **Pantanal** und im Südosten die dornigen Buschsteppen und Trockenwälder des **Gran Chaco**. Die größten und wichtigsten Flüsse Boliviens sind: Río Madre de Dios, Río Grande, Río Mamoré, Río Beni und Río Paraguay. Über den Río Paraguay und Río Pilcomayo (Chaco) haben Boliviens östliche Flüsse Zugang zum Río Paraná und damit Zugang zum Atlantik. Während die Tierartenzahl im trockenkalten Hochland gering ist (z.B. Andenkleinkamele, Exkurs s.S. 321, und Gürteltiere), ist in den Yungas, im östlichen Tiefland und im nördlichen Regenwald Boliviens ein reiche tropische Tierwelt zu Hause: Papageien (darunter der seltene *Ara rubrogenys*), Tukane, Kolibris, Pekaris (Nabelschweine), Riesenotter, Würge- und Giftschlangen, Kaimane, Nasenbären, Ozelote, Tapire und Brüllaffen, um einige zu nennen.

Klima

Boliviens Klima ist tropisch, die Temperaturen und Klimazonen werden jedoch von den Höhenbereichen bestimmt (thermische Höhenstufengliederung). Dabei unterscheidet man 5 Stufen (s. Karte „Aus der Wüste zum Ewigen Eis", s.S. 84).

Tierra nevada (Schneeland): Gletscher- und Schneezone der Kordilleren ab 5000 m. **Tiere helada** (eisiges Land): Hochgebirgszone der Kordilleren von 3500 m bis zur Schneegrenze auf ca. 5000 m. **Tierra fría** (kaltes Land): Altiplano-Hochland mit warmen Tagen und kalten Nächten zwischen etwa 2000 m und 3500 m. **Tierra templada** (gemäßigtes Land): subtropische Zone (Yungas) von 800–2000 m. **Tierra caliente** (heißes Land): tropische Zone der Llanos (Tiefland), bis 1000 m. Die *Niederschläge* Boliviens nehmen von Nord nach Süd und von Ost nach West stark ab.

Nationalparks und Naturreservate

Bolivien ist ein Land mit einer Vielzahl von teils einzigartigen Nationalparks, Naturreservaten und Naturschutzgebieten in allen Klimazonen. Viel liegen in unzugänglichen Gebieten und sind ideale Rückzugsgebiete für Wildtiere. 1992 wurde die SNAP *(Sistema Nacional de Areas Protegidas)* zum Schutz der Biosphären Boliviens gegründet. Im Oktober 1998 wurde dann *Servicio Nacional de Areas Protegidas* **(SERNAP)** ins Leben gerufen, um den Schutz auch in der Praxis umzusetzen. Seit 1999 wird eine *Agenda del Guardaparque* (Parkwächter) der SERNAP in Zusammenarbeit mit dem Entwicklungsministerium herausgegeben, die die Arbeit der SERNAP und Guardaparques dokumentiert und die wichtigsten Schutzgebiete beschreibt. Dabei wird unterschieden zwischen *Reserva Nacional de Vida Silvestre, Area Natural de Manejo Integrado, Santuario, Monumento Natural* und *Reserva Natural de Inmovilización*. 2001 suchte Bolivien über eine internationale Ausschreibung private Träger und Investoren für seine Nationalparks, da es sich nicht mehr in der Lage sah, dort die Fauna und Flora ausreichend zu schützen und gleichzeitig eine verträgliche touristische Entwicklung aufzubauen. Die Zukunft wird zeigen, welche Auswirkungen der Konflikt zwischen Naturschutz und den wirtschaftlichen Interessen der Parkbetreiber auf die privatisierten Nationalparks Boliviens haben wird. Hier die vollständige Übersicht der Schutzgebiete:

Amboró (Parque Nacional y Área Natural de Manejo Integrado), **Beni** (Reserva de la Biósfera Estación Biológica), **Carrasco** (Parque Nacional), **Cordillera de Sama** (Reserva Biológica), **Cotapata** (Parque Nacional y Área Natural de Manejo Integrado), **Eduardo Avaroa** (Reserva Nacional de Fauna Andina), **El Dorado** (Refugio de Fauna Silvestre), **El Palmar** (Area Natural de Manejo Integrado), **Estancias Elsner-Espíritu** (Refugio de Vida Silvestre), **Estancias Elsner-San Rafael** (Refugio de Vida Silvestre), **Federico Roman** (Reserva de Inmovilización), **Flafio Machicado Viscarra** (Santuario de Vida Silvestre), **Huancaroma** (Refugio de Fauna Silvestre), **Inkacasani-Altamachi** (Reserva Nacional de Fauna Andina), **Isiboro Securé** (Parque Nacional y Territorio Indígena), **Kaa-Iya del Gran Chaco** (Parque Nacional y Área Natural de Manejo Integrado), **Llica** (Parque Nacional), **Lomas de Arena** (Parque Nacional), **Madidi** (Parque Nacional y Área Natural de Manejo Integrado), **Madre de Dios** (Reserva de Inmovilización), **Manuripi-Heath** (Reserva de Inmovilización), **Noel Kempff Mercado** (Parque Nacional), **Otuques** (Parque Nacional y Área Natural de Manejo Integrado), **Pilon Lajas** (Parque Nacional y Territorio Indígena), **Ríos Blanco y Negro** (Reserva da Vida Silvestre), **Sajama** (Parque Nacional), **San Matías** (Area Natural de Manejo Integrado), **Santa Cruz la Vieja** (Parque Nacional Histórico), **Tariquia** (Reserva Nacional de Flora y Fauna), **Totoro** (Parque Nacional), **Tunari** (Parque Nacional), **Tuni-Condoriri** (Parque Nacional), **Ulla Ulla** (Reserva Nacional de Fauna Andina), **Yura** (Reserva Nacional).

Die Anweisungen der Parkleitungen sind unbedingt zu beachten. Weitere Infos: SERNAP, La Paz, Loayza 178, Tel. 231-7742, Fax 231-7740, www.sernap.gov.bo.

■ *Weiter Interessantes über die andine bzw. bolivianisch/peruanische Natur S. 83, über die Tier- und Pflanzenwelt S. 87.*

Politik

Verwaltung Das Land ist in 9 Departamentos (La Paz, Beni, Chuquisaca, Cochabamba, Oruro, Pando, Potosí, Santa Cruz, Tarija) eingeteilt, an deren Spitze vom Volk gewählte Präfekten stehen. Die Departamentos sind in 112 Provinzen und 324 Gemeinden – *Municipios* – aufgeteilt und in 1272 Kreise gegliedert, die von *Jilkatas* geleitet werden.

Verfassung Die República de Bolivia ist eine präsidiale Republik. In der Zeit seit der Unabhängigkeit 1825 gab es ca. 200 gewaltsame Machtwechsel – Weltrekord! Die erste Verfassung von 1826 wurde nachfolgend immer wieder geändert oder ersetzt, nach der derzeitig gültigen vom 12.08.1994 ist der Präsident auch gleichzeitig Regierungschef und kann selbst Dekrete erlassen. Das Staatsoberhaupt regiert 5 Jahre und kann sich nicht unmittelbar wiederwählen lassen. Volksvertretung ist der *Congreso Nacional*, ein Zweikammerparlament, das sich aus Abgeordnetenkammer (130 Sitze) und Senat (27 Sitze) zusammensetzt und ebenfalls auf 5 Jahre gewählt wird. Ein Kuriosum ist, das die jährliche Sitzungsperiode nur 3 Monate umfasst, die übrige Zeit ist mehr oder weniger Urlaub. Die **Staatsflagge** zeigt drei horizontale Streifen in der Folge rot-gelb-grün (seit der Aymara *Evo Morales* Präsident ist, weht vor den öffentlichen Gebäuden in La Paz zusätzlich die Aymara-Fahne mit vielen bunten Quadraten). **Nationalfeiertag** ist 6. August. **Hauptstadt offiziell Sucre,** de facto La Paz.

Parteien Die wichtigsten Parteien und Parteigruppierungen sind: **MNR** (Movimiento Nacionalista Revolucionario, Nationalistische Revolutionäre Bewegung), gegründet 1942, mehrmals Spaltungen, heute Mitte-Rechts. **ADN** (Acción Democrática Nacionalista), 1979 gegründet, rechtsgerichtet, seit 2003 in der PODEMOS aufgegangen. Stärkste Kraft ist derzeit die 1987 gegründete **MAS** (Movimiento al Socialismos) als Vertretung der indigenen Bevölkerung, Führer **Juan Evo Morales Ayma,** der 2005 die Präsidentsschaftswahlen gewann und seit 2006 Staatsoberhaupt ist. Nach dem „Oktober-Massaker" 2003 gründete Samuel Medina Auza die **UN** (Frente de Unidad Nacional). Jüngste Partei ist die **PODEMOS** (Poder Democrático y Social), die 2004 aus Mitgliedern der rechtskonservativen ADN von Banzer und der **Alianza Siglo XXI** hervorging und von Ex-Präsident Jorge Quiroga Ramírez geführt wird.

Weitere Parteien: **MIP** (Moviemiento Indígena Pachakuti) 2001; **FREPAB** (Frente Patriótico Agropecuario de Bolivia) 2001; **USTB** (Unión Social de los Trabajadores de Bolivia) 2001.

Verträge, Bindungen Bolivien gehört, zusammen mit Peru, Ecuador, Kolumbien und Venezuela, dem (mehr ideellen) **Andenpakt, Comunidad Andina,** an. Seit April 1993 gibt es ein Kooperationsabkommen der Andenpaktländer mit der EU. Außerdem ist Bolivien Mitglied in der Organisation amerikanischer Staaten **OAS**, in der lateinamerikanischen Freihandelszone *ALALC,* in den Amazonaspakt-Staaten **Tratado de Cooperación Amazónica,** im Internationalen Zinnrat, der **UNO**, der Rio-Gruppe, der Blockfreien und assoziiertes Mitglied im MERCOSUR.

Wirtschaft

Bodenschätze

Bolivien, im Pro-Kopf-Einkommen eines der ärmsten Länder Lateinamerikas, ist außerordentlich reich an **Bodenschätzen** („Bettler auf goldenem Thron"). Die Silberminen von Potosí lieferten zur Zeit der Spanien gewaltige Menge des begehrten Metalls – unter menschenverachtenden Abbaumethoden (s. Potosí, Cerro Rico). Im 20. Jahrhundert entwickelte sich Zinn zum Hauptausfuhrprodukt. Daneben werden Zink, Blei, Kupfer, Wolfram, Silber, Gold und Antimon gefördert, die zusammen etwa 42% aller Exporterlöse ausmachten. Im Osten wurden, nahe der brasilianischen Grenze bei *El Mutún,* große Eisenerzlager entdeckt. Gleichfalls im östlichen Tiefland, bei Santa Cruz, Camiri und im Gran Chaco, führen kilometerlange Pipelines und Erdgasleitungen von ergiebigen Erdöl- und **Erdgaslagerstätten** nach Argentinien, Chile und Brasilien. Außer einigen Holz- und Zuckerfabriken gibt es keine weiteren größeren Industriebetriebe im Land, verarbeitende Industriestandorte wurden in La Paz, Cochabamba und Oruro aufgebaut (meist Klein- und Mittelbetriebe).

Wirtschafts-Daten

Das jährliche **Bruttoinlandsprodukt** betrug in den letzten Jahren über 7,8 Mrd. Euro, wobei die Hauptanteile auf die Landwirtschaft (13%), Industrie (13%) den Handel (7%) und sonstige Dienstleistungen (29%) entfallen. Die **Gesamtexporterlöse** betrugen in den letzten Jahren etwas über 1,25 Mrd. €. Erdgas und Erdöl sind daran mit knapp 9%, Bergbauprodukte mit über 41%, Soja mit 17% und Holz mit 7% beteiligt (gemäß Angaben der Banco Central de Bolivia BCB). Geliefert wurde hauptsächlich nach Brasilien, der Schweiz, Venezuela und in die USA. **Importiert** werden vor allem Investitions- und Konsumgüter, Rohstoffe und Halbfertigprodukte, hauptsächlich aus Brasilien, Argentinien und der USA. Nachdem die **Inflation** im September 1985 den einsamen Weltrekord von 24.000% erreichte – Bolivien war praktisch bankrott –, konnte sie Ende 1986, nach Einführung des Boliviano, auf 65% und bis 2002 auf 0,9% gedrückt werden. Danach stieg sie bis heute wieder auf knapp 4% an. Die **Auslandsverschuldung** betrug zuletzt 3,5 Mrd. Euro, Geld- und Goldreserven waren 1,1 Mrd. Euro wert. Nach Schätzungen sind mindestens 60% aller Erwerbsfähigen in Bolivien arbeitslos, unterbeschäftigt oder arbeiten in der Schattenwirtschaft. Derzeit beträgt das Wirtschaftswachstum 5,8%.

Landwirtschaft

29% der erwerbstätigen Bolivianer sind in der Landwirtschaft beschäftigt, der nur knapp 2 Mio. ha Nutzfläche zur Verfügung stehen. Die wichtigsten landwirtschaftlichen Gebiete liegen um den Titicacasee und in den Talbecken des ostbolivianischen Berglands. Angebaut werden im Hochland Kartoffeln, Mais, Quinoa und Getreide, in Tieflandlagen Zuckerrohr, Baumwolle, Reis, Soja, Kaffee, Tee, Tabak, Bananen, Zitrusfrüchte, Gemüse und Obst. Dabei sind Soja, Zuckerrohr und Mais die wichtigsten Agrarprodukte. Bedeutendstes Anbauprodukt für Kleinbauern ist jedoch u.a. Coca. Tierhaltung im Hochland: Schafe, Rinder, Schweine, Lamas und Alpakas, im Tiefland extensive Rinderzucht.

Freihandelszonen

Zu Freihandelszonen wurden erklärt: Cobija, Cochabamba, Desaguadero, El Alto (und die Straße von El Alto nach Oruro), Guayaramerín, Oruro, Puerto Aguirre, San Matías und Santa Cruz.

Illegaler Tierhandel

Bolivien ist eines der großen Zentren des illegalen internationalen Tierhandels, jährlich werden Millionen Euro durch den Verkauf lebender und toter Tiere umgesetzt (Papageien, Tukane, Sittiche, Flamingos, Kaiman-Häute usw.).

Entwicklungshilfe

Bolivien ist auf Hilfsgelder angewiesen, größtes Geberland ist Deutschland mit über 500 Mio. € pro Jahr. Dabei steht die Unterstützung einer nachhaltigen Landwirtschaft, die Wasserversorgung und die Verwaltungs- und Rechtsreform im Vordergrund.

Chronik ab der Kolonialzeit

1536	Eroberung durch die Spanier, gemeinsames Vizekönigreich mit Peru
1545	Entdeckung des Silberberges in Potosí
1548	Gründung von La Paz
1767	Vertreibung der Jesuiten
1780–1781	Indigener Aufstand unter Führung von Túpac Katari
1809	Ausbruch des 15jährigen Unabhängigkeitskrieges
06.08.1825	Unabhängigkeitserklärung und Gründung der Republik Bolivien, Namensgeber ist **Simón Bolívar (s. Abb.)**. Hauptstadt ist Sucre.
1831	Abschaffung der Sklaverei
1836–1839	Peruanisch-Bolivian. Union unter Präsident Santa Cruz
1879–1884	Salpeterkrieg zwischen Bolivien, Peru und Chile; Bolivien muss Antofagasta an Chile abtreten, verliert so seinen Zugang zum Pazifik
1899	La Paz wird Regierungshauptstadt
1903	Bolivien verliert das Acre-Gebiet an Brasilien
1929	Vertrag zw. Chile u. Bolivien über den Bau der Eisenbahnlinie La Paz – Arica
1932–1935	Chacokrieg mit Paraguay; Bolivien verliert das Chacogebiet an Paraguay
1943	Putsch durch Villarroel, 1946 wird er ermordet
1952	MNR-Revolution, Beendigung der Herrschaft der Zinnbarone; Paz Estenssoro zum Präsidenten gewählt
1953	Agrarreform
1956	Hernán Siles Zuazo zum Präsidenten gewählt; Währungsreform
1960	Paz Estenssoro zum Präsidenten gewählt
1964	Militärputsch von General Barrientos
1966	Barrientos wird Präsident; Beginn der Guerillaaktivitäten unter Che Guevara
1967	Militärs erschießen Mineros; Ermordung Che Guevara und Ende der Guerillaaktivitäten
1969	Adolfo Siles Salinas wird Präsident; Militärputsch von General Ovandos
1970	General Juan José Torres übernimmt die Macht
1971	Militärputsch durch Oberst Hugo Banzer; Militärregierung
1978	Militärputsch durch General Juan Pereda Asbún; Gegenputsch von General Padilla Arancibia
1979	Erfolgloser Militärputsch von Oberst Natusch Busch; Parlamentspräsidentin Lidia Gueiler Interimspräsidentin bis zu den Wahlen im Juni 1980
1980	Wahlsieg von Hernán Siles Zuazo von der linksgerichteten Unión Democrática Popular (UDP), daraufhin Militärputsch durch General Garcia Mezas. Kooperation der Junta mit der Drogenmafia.
1981	Militärjunta
1982	Siles Zuazo zum Präsidenten gewählt
1985	Paz Estenssoro zum Präsidenten gewählt; Zusammenbruch des Zinnmarktes an der Börse; Verhängung des Ausnahmezustandes
1986	Erneute Verhängung des Ausnahmezustandes
1989	Paz Zamora zum Präsidenten gewählt; Verhängung des Ausnahmezustandes
1990	Protestmarsch der Indianer nach La Paz
1992	Vertrag mit Peru über Nutzung des Pazifikhafens Ilo
1993	Sánchez de Lozada zum Präsidenten gewählt, Victos Hugo Cárdenas übernimmt als erster Aymara die Vizepräsidentschaft

1994	Verabschiedung der Erziehungsreform
1996	Assoziierung mit Mercosur; Eisenbahnnetz wird privatisiert und an eine chilenische Firma, die Fluggesellschaft LAB zu 51% an die brasil. VASP, die Telefongesellschaft ENTEL an die italien. Firma Stet verkauft.
1997	Hugo Banzer am 05.08. zum Präsidenten gewählt.
1998	Programa Nacional de Electrificación Rural (Teile der unterversorgten ländlichen Bevölkerung werden an das Stromnetz angeschlossen)
1999	Mit 3061 km wird die längste Gaspipeline für Naturgas von Bolivien nach Brasilien am 09.02. in Betrieb genommen
1999/2000	*Ruta a La Paz 2000* (1000 km langer Friedensmarsch v. Santa Cruz n. La Paz)
2000	Januar: Indígena-Kämpfe um Landrechte. Ölkatastrophe im Río Desaguadero, nachdem die Pipeline von Cochabamba nach Arica durch Hochwasser im Río Desaguadero auseinanderbrach. Deutschland erlässt Bolivien knapp 350 Mio. € Schulden. 20%ige Erhöhung des Wasserpreises führt zu gewalttätigen Demonstrationen in Cochabamba. Am 25.04. tritt das Regierungskabinett geschlossen zurück, Neuwahl der Minister.
2001	Blockaden der Fernstraßen und Aufstände der Coca-Bauern legen das gesamte Land mit dem Ziel lahm, eine Änderung der Wirtschaftspolitik zu erreichen. Am 06.08.2001 tritt Präsident Hugo Banzer im Alter von 75 Jahren zurück, neuer wird der bisherige Vize Jorge Quiroga. Er setzte sich ein für eine zweisprachige Schulausbildung und fordert die spanischsprechende Bevölkerung auf, Quechua und Aymara zu lernen
2002	Ein Jahrhundertsturm fordert im Februar in La Paz unzählige Todesopfer, 30tägige Staatstrauer. Am 05.05.2002 stirbt Ex-Präsident Banzer. Die Präsidentschaftswahlen im Juli kann keiner der Kandidaten gewinnen. Das Parlament wählt im August *Gonzalo Sánchez de Lozada* (22,46%) von der Nationalen Revolutionären Bewegung (MNR) zum Präsident, vor *Evo Morales* (20,94%) von der Bewegung für den Sozialismus (MAS). Bolivien versucht seine gewaltigen Erdgasvorkommen zu vermarkten und investierte mehr als 340 Mio. € in die Erdgasleitung von Yacuiba nach Río Grande (Brasilien). Das Projekt *Liquid Natural Gas* (LNG) soll weitere Erdgasmärkte in Übersee erschließen.
2003	Nach Unruhen, Streiks und Protesten tritt im Oktober Sánchez de Lozada („Goni") zurück. Neuer Präsident wird **Carlos Mesa,** der es jedoch nicht versteht, auf die Forderungen der Armen einzugehen, was zu langanhaltenden, gewalttätigen Sozialprotesten führt, besonders in der hochgelegenen Schwesterstadt von La Paz, **El Alto.** Dort sammelt sich erheblicher sozialer Sprengstoff und wurde die Straße nach La Paz blockiert. Bei Zusammenstößen zwischen Demonstranten und Sicherheitskräften gab es 80 Tote und über 400 Verletzte. Hauptorganisator ist der Aymara **Evo Morales,** Leitfigur der Chapare-Kokabauern, und der noch radikaler auftretende Bauernführer **Felipe Quispe,** der sich selbst Mallku nennt (traditionelles Oberhaupt einer Indígena-Gemeinschaft). Beide Aufwiegler wollen den bolivianischen Staat in ein nach den traditionellen Regeln der Indígena-Gemeinschaften und mit linksnationalistischen Rezepten geführtes bäuerliches Gemeinwesen verwandeln, notfalls dazu auch einen Bürgerkrieg entfesseln.
2004	Mesa verordnet Bolivien ein Sparprogramm zur Sanierung des Staatshaushaltes. Schwelende Konfliktherde sind Landverteilung und Auseinandersetzungen über den Export der gewaltigen Erdgasvorräte Boliviens über einen nordchilenischen Hafen. Chile weigert sich nach wie vor beharrlich, Bolivien einen „souveränen" Meereszugang zu gewähren. Nach wie vor Unruhen im Hochland, wohingegen das Tiefland (Santa Cruz) in Großdemonstrationen mehr Autonomie fordert.

Bolivien – Chronik ab der Kolonialzeit

2005 — Der linksgerichtete Aymara und die Führungsfigur der Chapare-Kokabauern, **Juan Evo Morales Ayma**, gewinnt im Dezember mit der absoluten Mehrheit die Präsidentenwahlen und ist der erste bolivianische Präsident, der der indigenen Bevölkerungsmehrheit angehört.

2006 — Verstaatlichung der Erdöl- und Erdgasförderung im Mai durch Morales. Im Rahmen des „Nationalen Fortschrittsplanes 2006–2010" werden weitere Verstaatlichungen angekündigt (Telekommunikation, Eisenbahn, Minen u.a. Rohstoffquellen). Für die Landreform will Morales und seine „Bewegung zum Sozialismus" (MAS) rund zehn Prozent der gesamten Landesfläche konfiszieren und umverteilen. Im Juli verfehlt Morales bei den Wahlen zur verfassungsgebenden Versammlung die notwendige Zweidrittel-Mehrheit. Die wohlhabenden Tiefland-Departamentos Santa Cruz, Beni, Tarija und Pando votieren mehrheitlich für eine größere Unabhängigkeit von der Zentralregierung in La Paz.

2007 — Im Januar 2007 bildet Morales sein Kabinett um und beruft u.a. mit der Frauenrechtlerin *Celima Torrico Rojas* eine Quechua als Justizministerin.

2008 — Der Widerstand im Tiefland gegen Evo Morales nimmt zu. Im Mai entscheidet sich die Mehrheit der wohlhabenden Region Santa Cruz mit ihren großen Öl- und Gasvorkommen für eine Autonomie von der linksgerichteten Zentralregierung des Präsidenten. Die Möglichkeit einer Abspaltung ist nicht auszuschließen.

2009 — Bolivien sucht internationale Partner um das Lithium-Vorkommen im Salar de Uyuni auszubeuten, das für Batterien zukünftiger Elektroautos benötigt wird.

Juan Evo Morales Ayma ... — …geb. am 26.10.1959 im Dorf Isallavi als Sohn einer Aymara-Familie, Kinderarbeit in der Landwirtschaft, Ziegelbrenner, Schulbildung in Oruro. 1982 Umzug in die Cocaprovinz Chapare. Ab 1983 gewerkschaftliche Aktivitäten, 1988 Exekutivsekretär der *Federación Trópico,* 1996 Präsident des Koordinationskomitees der Federaciónes del Trópico Cochabambino. 1997 Direktmandat der *Izquierda Unida* (IU), doch 2002 auf Druck der USA Ausschluss aus dem Parlament. 2005 erzwingt er durch einen Protestmarsch mit 10.000 Bolivianern den Rücktritt des Präsidenten *Carlos Mesa* (MNR). 2005 erringt er mit knapp 54% den Sieg bei den Präsidentschaftswahlen. Seit 22.1.2006 erster indigene Staatspräsident Boliviens mit dem Ziel, die Lage der indigenen Bevölkerung zu verbessern. Infos auf Deutsch: www.evomorales.net.

■ *Blick in den Talkessel von La Paz*

La Paz

La Paz ist die wichtigste Stadt Boliviens und zugleich der Regierungssitz (offizielle Hauptstadt ist Sucre). Mit 3600 m ist sie eine der höchstgelegenen Großstädte der Welt. Der tiefste Punkt liegt 3100 m und der höchste auf knapp 4100 m in der Zwillingsstadt **El Alto**.

Auf den ersten Blick bietet La Paz mit den armseligen Bretterhütten, die sich aus dem Talkessel hinaufziehen, und den sterilen Wolkenkratzern, die aus dem Zentrum aufragen, kein homogenes Stadtbild. Doch Traditionelles und Modernes verschmelzen hier zu einer ganz besonderen Synthese. Indigene Märkte, koloniale Altstadt, moderne Boutiquen und repräsentative Geschäftshäuser wechseln sich ab, schaffen eine besondere Anden-Atmosphäre. La Paz ist ein guter Ausgangspunkt für Reisen durchs Land. Hinter der Stadt ragt der mächtige Illimani (6439 m) mit seinen drei Gipfeln auf.

Eindrucksvolle Blicke über La Paz ergeben sich von der Oberstadt El Alto, in La Paz vom *Montículo,* einem Hügel im südlichen Stadtteil Sopocachi (in der La-Paz-Karte rechts unten in der Ecke) und vom *Mirador Killi-Killi,* ca. 1 km westlich der Plaza Murillo (Zufahrt dorthin über die Calle Colón nach La Bandera, auch Micros und Busse steuern den Mirador an, der von der Touristenpolizei bewacht wird). Auch von der *Muela del Diablo* (3950 m) bietet sich ein exzellenter Blick auf La Paz (Anfahrt mit dem Trufi 260 nach Calacoto, Fz 30 Min., an der Endstation dem Hinweisschild zur Muela del Diablo folgen, Gz 90 Minuten. Oder von der Plaza Murillo mit Trufi „Calle 21" nach San Miguel, vor dort mit dem Taxi weiter, das fast bis zur Muela del Diablo hochfährt).

„Stadt des Friedens" Während der Inka-Epoche war Bolivien ein Teil des Inka-Imperiums. 1535 eroberte der Spanier *Diego de Almagro* den (heute) bolivianischen Teil des Inkareiches. Auf dem Boden der alten Inkasiedlung *Choqueyapu* gründeten die Spanier am 20. Oktober 1548, zum Gedenken an einen Friedensvertrag zwischen Almagro und Pizarro, *La Ciudad de Nuestra Señora de La Paz* („Stadt unserer Frau des Friedens"). Das Stadtwappen wurde durch Kaiser Karl V. verliehen. Der windgeschützte tiefe Talkessel war, außer der ungünstigen Höhe, eine ideale Lage. In den nachfolgenden Jahrhunderten entwickelte sich La Paz zur größten und wichtigsten Stadt Boliviens, u.a. auch deshalb, weil sie verkehrsgünstig am Kreuzungspunkt des spanischen Silberweges von Potosí nach Peru und am Coca-Handelweg aus den Yungas lag. Daran konnte auch nicht die Ernennung Sucres als Hauptstadt Boliviens etwas ändern. La Paz wurde das politische und geistige Zentrum des Landes. Heute leben hier etwa 840.000 Indígenas, Cholos, Criollos und auch Europäer friedlich nebeneinander, wenn nicht mal wieder ein Staatsstreich oder Generalstreik für Aufregung sorgen. Längst hat die sogenannte „Aymara-Hauptstadt" El Alto durch die Zuwanderung von Aymaras aus dden ländlichen Gebieten des Hochlandes La Paz in der Bevölkerungszahl überflügelt und wächst beständig weiter.

Stadtrundgang

Um die Stadt und die unmittelbare Umgebung (Mondtal, Chacaltaya) kennenzulernen, benötigt man mindestens 2–3 Tage. Wer die Yungas und Tiwanaku von La Paz aus besuchen möchte, sollte insgesamt 6 Tage veranschlagen. Die extrem hohe Lage von La Paz kann Reisenden ohne Höhenanpassung große Probleme bereiten. Peru-Reisende sind zwar schon etwas an die Höhenlage „gewöhnt", trotzdem ist nachfolgender Rundgang so angelegt, dass die Steigungen am Anfang liegen und immer wieder ebene Strecken kommen. Langsam Gehen und Pausen einlegen!

Bus-Stadtrundfahrt

Der **Bus Turístico** fährt bei der Rundfahrt **Circuit A** u.a. an: *Plaza del Estudiante* (Prado), *Plaza Alonso Mendoza, Mirador Killi-Killi,* koloniales Viertel um die *Plaza Murillo, Parque Roosevelt*. **Circuit B** passiert u.a. die Residencia Presidencial, Universidad Católica, San Miguel, Colegio Alemán, Valle de la Luna (außerhalb), Mallasilla und Plaza Humboldt. Unterwegs besteht die Möglichkeit, am Mirador Killi-Killi (Circuit A) oder im Valle de la Luna (Circuit B) für 10 Minuten auszusteigen. **Abfahrten:** zweimal täglich, aktuelle Abfahrtszeiten unter www.lapazcitytour.net, Fp 50 Bs (Kinder 50%). Weitere **Auskunft:** *Viajes Planeta,* Tel. 279-1440, Fax 279-3414, vplaneta@caoba.entelnet.bo.

Paseo El Prado

Der Paseo ist die Hauptstraße und die Lebensader von La Paz (offizielle Bezeichnung: *Avenida 16 de Julio* bzw. *Mariscal Santa Cruz*). An der Kreuzung mit der Calle Colombia steht zwischen Hochhäusern das Reiterstandbild von *Simón Bolívar*. Richtung Südosten wird der Prado breiter und er hat einen grünen Mittelstreifen. Vorbei an kolonialen Prachtbauten und modernen Hochhäusern geht es zur *Plaza del Estudiante*. Ab hier heißt er *Avenida Villazón*, die dann zur *Av. Arce* wird und hinunterführt in die Vororte der Bessergestellten – dort ist die Luft zum Atmen dicker … Nach Norden wird der Prado zur *Av. Montes,* die hochführt nach El Alto und zum Flughafen.

Zurück zum Denkmal Simón Bolívars: Die nächste Querstraße nördlich ist die Calle Colón, die hochgehen. Dabei wird die wichtige Geschäfts- und Bankenstraße Camacho überquert. An der nächsten Ecke, an der Mercado, geht es nach links, vorbei an der *Municipalidad* (Rathaus). Dann wieder nach rechts in die Calle Ayacucho, vorbei am alten Postamt, zum wichtigsten Platz der Altstadt, zur **Plaza Murillo.**

Plaza Pedro Domingo Murillo

Auf der rechten Seite liegt das wuchtige, von 1900–1905 im klassizistischen Stil erbaute Parlamentsgebäude (Congreso Nacional), links der Präsidentenpalast mit der Palastgarde. Daneben fällt die große, unattraktive Kathedrale auf, deren Türme endgültig erst 1988 fertiggestellt wurden. In ihr liegt der Feldmarschall *Andrés de Santa Cruz* begraben, 1829–1839 Präsident von Bolivien. Inmitten des Platzes grüßt der alte Kämpfer Murillo mit den Worten „*La tea que dejo encendida nadie la apagará*", was soviel bedeutet wie „Die Fackel, die ich entzündete, wird niemand löschen". Murillo wurde am 28. Januar 1810 auf dem Platz als Freiheitskämpfer und Rebellenführer gehängt, nachdem er in den Yungas im November 1809 von den Royalisten gefangen genommen wurde. Auch der Präsident *Gualberto Villarroel* wurde hier 1946 gehängt, diesmal von der wütenden Volksmenge. Eine Statue erinnert an ihn.

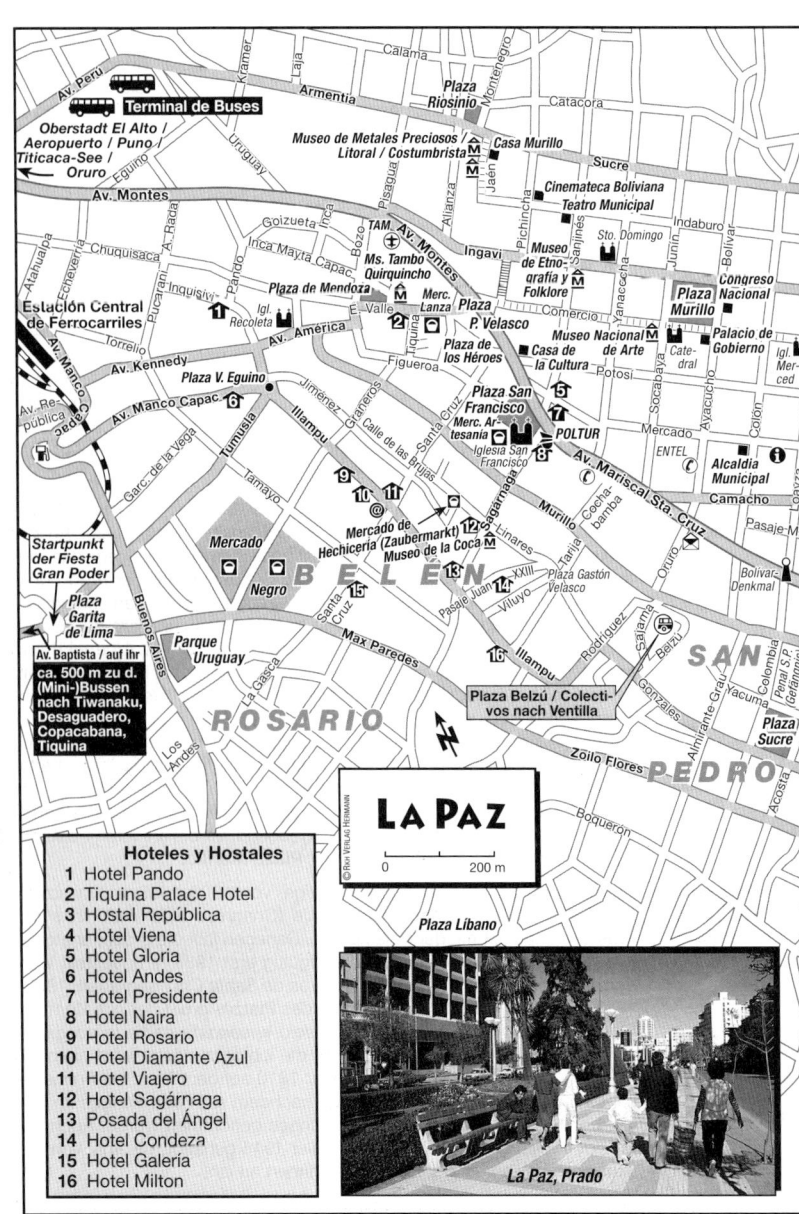

La Paz – Stadtrundgang

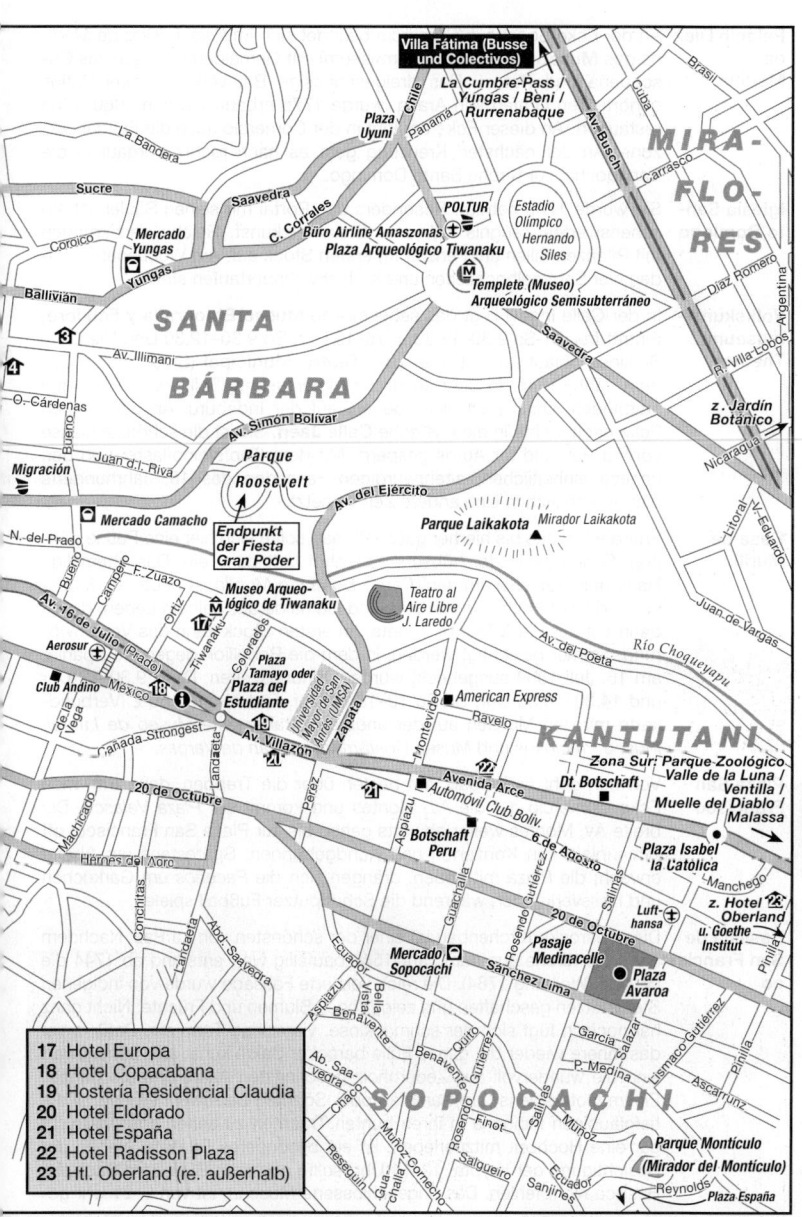

Palacio Diez de Medina	An der Ecke Socabaya/Comercio befindet sich im *Palacio Diez de Medina* das **Museo der Arte** (Kunstmuseum) mit Gemälden der Escuelas Cuscqueña und Potosí. Das dreigeschossige Bauwerk mit zwei Patios gehörte den Grafen von Araña, wurde 1775 erbaut und von 1960–1966 restauriert. An dieser Ecke beginnt in der Comercio auch die Fußgängerzone. An der nächsten Kreuzung geht es nach rechts bergauf in die Yanaqocha, zur Kirche Santo Domingo.
Iglesia Santo Domingo	Sie wurde 1760 gebaut. Besonders das Portal mit seinen Säulen ist ein sehenswertes Zeugnis indigener Steinmetzkunst. Reiche Verzierungen mit Pflanzen fallen am Fenster im ersten Stock auf. Am Wochenende finden hier Sammelhochzeiten und Kollektiv-Kindertaufen statt.
Volkskunstmuseum, Theater	In der Calle Ingavi liegt das sehenswerte **Museo Etnografía y Folklore,** Eintritt frei, Di–Sa 9.30–12.30 u. 15–19 Uhr, So 9.30–12.30 Uhr. Die Calle Sanjines hinauf kommt man zum **Teatro Municipal** (Stadttheater) aus dem Jahre 1845, in dem ab und zu interessante Folkloreaufführungen stattfinden. Dann nach links gehen, auf der Indaburu. An der zweiten Ecke nach rechts in die idyllische **Calle Jaén.** Sie ist die schönste Gasse von La Paz und für Autos gesperrt. Mit dem Kopfsteinpflaster und den nahezu einheitlichen, altehrwürdigen Fassaden des 18. Jahrhunderts glaubt man sich in eine andere Zeit versetzt.
Casa de Murillo	Wer die Strecke bis hierher geschafft hat, sollte sich hier eine Pause gönnen. Schon allein der hübsche Innenhof lädt dazu ein. Das ehemalige Haus des Freiheitskämpfers *Pedro Domingo Murillo* ist heute ein Museum und zeigt Erinnerungsstücke und Gemälde aus seinem Leben, das ja dann auf der Plaza Murillo endete. Im ersten Stock kann das Verschwörungszimmer besichtigt werden, in dem die Rebellion gegen die Spanier am 16. Juli 1809 ausgeheckt wurde. Öffnungszeiten: Di–Fr 9.30–12 Uhr und 14.30–18.30 Uhr, Sa/So 10–12.30 Uhr, Eintritt ca. 0,50 € (Verbundkarte mit den Museen auf der anderen Straßenseite *Museo de Litoral, Museo Preciosos* und *Museo Costumbrista Juan de Vargas.*
Plaza San Francisco	Von nun geht es bergab, am besten über die Treppen, dann trifft man Ecke Comercio auf die Av. Montes und kommt zur *Plaza Velasco.* Die breite Av. Montes weiter abwärts gehen bis zur Plaza San Francisco, oft Schauplatz von Konzerten und Kundgebungen. Spätestens am Abend erwacht die Plaza mit Leben, drängen sich die *Paceños* um Garküchen und Heilsverkünder, während der Schuhputzer Fußball spielen.
Basílica de San Francisco	Diese barocke Kirchenbau ist einer der schönsten von La Paz. Nachdem die erste Kirche aus dem Jahr 1548 baufällig war, entstand ab 1744 die heutige (Weihung 1784). Die reich verzierte Fassade wurde von indigenen Steinmetzen geschaffen und zeigt Vögel, Blumen und Früchte. Nicht ganz harmonisch fügt sich der schmucklose, viereckige Turm ein. Dafür weist das Innere wieder die ganze Fülle barocker Sakralkunst auf. Sehenswert sind die wundervoll aus Zedernholz geschnitzten Altäre und die Kanzel. Einem Gottesdienst am Samstag oder Sonntag beizuwohnen und all die tiefgläubigen Indígena in ihren bunten Trachten zu sehen oder vielleicht gar eine Hochzeit mitzuerleben, ist ein besonderes Erlebnis. Neben der Besichtigung der Krypta, 12–14 Uhr, sollte auch der Blick vom Dach der Basílica nicht fehlen. Das angeschlossene Museum ist von 9–21 Uhr ge-

öffnet, Eintritt 20 Bs. Infos: www.centrocultural-museofrancisco.org.

Calle Sagárnaga

Hinter der Kirche beginnt die berühmte, steil ansteigende Einkaufsstraße *Calle Sagárnaga*. Hier gibt es Pullover und Ponchos aus weicher Alpakawolle, alte Stoffe und Westen, bunte Umhängetaschen und Bänder, Schmuck und Felle zu kaufen, kurz – fast alles, was das Herz begehrt. Nur zahlen leider immer mehr Touristen sofort den geforderten Preis, so dass das reizvolle Handeln immer schwieriger wird. Bald wird es nur noch feste Preise geben. An der Ecke Sagárnaga/Linares beginnt nach rechts die wohl bekannteste Gasse von La Paz, die

Calle Linares

Das ist die „Zaubergasse". Hier bieten „Kräuterhexen" bzw. „Zauberinnen" *(brujas)* und „Heiler" *(curanderos)* geheimnisvolle Pülverchen und Mittelchen aller Art gegen Krankheiten und böse Geister an **(s. Foto)**. Die alten Frauen mit ihren von Wind und Wetter zerfurchten Gesichtern sitzen inmitten ihrer Schätze und beraten Kunden über die Wirkungen ihrer Elixiere, Steine, Kräuter und Heilpflanzen, geben Ratschläge für Gesundheit und ein langes Leben (die Lama-Embryos werden beim Hausbau in die vier Ecken eingemauert, für die Bewohner bringt das Glück und hält Leid ab).

Calle Los Andes

Wer La Paz weiter kennenlernen will, geht zur *Calle Santa Cruz* zurück und dann deren Verlängerung *La Gasca* hoch. Nach Querung des *Buenos Aires* kommt man in die *Calle Los Andes*. Dort gibt es fantasievoll-bunte Faschingskostüme und die berühmten Diablada-Masken zu kaufen.

Märkte

Es kann sehr reizvoll sein, oberhalb der Linares noch durch weitere Märkte zu streifen. Da gibt es neben dem Textil-, Obst- und Gemüsemarkt noch den Fleisch- und Wurstmarkt sowie den Ramsch-, Schwarz- und Diebesmarkt. Ecke Santa Cruz/Murillo geht es in eine blaue Budenstadt (durch blaue Plastikplanen), die sich über viele Gassen wie ein Labyrinth den Berghang bis zum Bahnhof hinauffrisst. Schlosser, Panflötenbauer, Schuhmacher, Knoblauchhändler, Plattenläden Kupferschmiede – alles ist vertreten, ein Geschiebe und Geschubse, plärrende Kinder, streunende Hunde, dazwischen vollgestopfte Busse, die sich hupend durchquälen. Der **Mercado Negro** (Schwarzmarkt, Diebesgut), auch **Barrio Chino,** ist an Ecke Graneros/Max Paredes. Hier muss man mehr wie sonst aufpassen. Alkoholiker, Klebstoffschnüffler und Drogenabhängige erhöhen die Diebstahlgefahr, während der Dunkelheit absolut meiden. Dennoch sind all diese bunten Märkte ein wesentlicher Teil von La Paz, der Übergang zu El Alto ist oft fließend.

In **EL ALTO** rund um die Plaza 16 de Julio gibt es Do/So den **Mercado Alto Lima**. Die angebotene Ware ist um die Hälfte billiger als in La Paz. Wertsachen sollten hier nicht mitgeführt werden, keine Personen fotografieren, ohne zu fragen. Anfahrt mit Micro ab Plaza San Francisco.

Mercado Camacho	Av. Camacho, Ecke Calle Bueno. Lebensmittel, Garküchen, preiswert gutes Frühstück und Mittagessen, immer frisch zubereitet.
M. Artesanías	Plaza San Francisco, oberhalb der Kirche. Günstiger Souvenirmarkt
M. Velasco	Plaza Velasco, zum Durchbummeln
M. Brujería	(„Hexenmarkt") in der León de la Barra. Allerlei Pulver und Kräuter gegen Krankheiten, u.a.gegen „bösen Blick".

Museen

Museo Nacional de Arqueología	**Archäologisches Nationalmuseum** Tiwanaku 93/Zuazo (Nähe Prado), Tel. 231-1621. Mo–Sa 9–12 und 15–19 Uhr, So 10–13 Uhr, Eintritt 1,50 € (für Ausländer, Studenten weniger). Präsentiert werden aus der Tiwanaku-Kultur Stoffe und Keramiken, Schmuck und Gebrauchsartikel sowie Mumien und Schädel mit Trepanationen (operative Schädelöffnungen). Weiterhin Exponate aus der Chiripa-, Mollo- und Inka-Kultur.
Museo Semi-subterráneo Tiwanaku)	**Freiluftmuseum** Das halbunterirdische, offene Museum liegt in der Fortsetzung der Comercio und Illimani direkt vor dem Stadion *Hernando Siles* (natürlich das höchste Fußballstadion der Welt!) im Stadtteil Miraflores. In dem nachgebildeten Quadrat sind einige Monolithen und Figuren aus Tiwanaku zu sehen. Das Museum ist oft geschlossen, was nicht weiter schlimm ist, denn von oben lässt sich fast alles erkennen.
Museo Nacional del Arte	**Nationales Kunstmuseum** Comercio/Socabaya (Plaza Murillo), in der *Casa de los Condes de Araña*, erbaut 1775 im Mestizo-Barock. Di–Sa 9.30–12.30 u. 15–19 Uhr, So 9.30–12.30 Uhr, Eintritt 1 € (Studenten ermäßigt). Allein schon der Innenhof im einheimischen Renaissancestil ist einen Besuch wert. Die koloniale Gemäldesammlung mit Bildern von Melchor Pérez de Holguín und Leonardo Flores ist nicht so bedeutend. Daneben sind Beispiele des künstlerischen Schaffens von *Guzmán de Rojas* und *Borda* aus dem 20. Jh. zu sehen.
Museo Nacional de Etnografía y Folklore	**Volkskunst-Museum** Ingavi 916/Jenaro Sanjines, in der *Casa del Marqués de Villaverde*, erbaut 1776–1790, Tel. 240-6692. Di–Fr 9–12.30 und 15–19 Uhr, Sa/So 9–13 Uhr. Eintritt frei. Indigene Trachten aus ganz Bolivien, Masken und Musikinstrumente, Querschnitt durch die Kultur von Tarabuco.
Museo Casa de Murillo u.a.	Calle Jaén 790, Tel. 282-0553. Di–Fr 9.30–12.30 und 15–19 Uhr, Sa/So 10–13 Uhr, Eintritt (Verbundkarte mit den u.g. Museen). Das ehemalige Haus des Freiheitskämpfers *Don Pedro Domingo Murillo* mit hübschem Innenhof ist heute ein Museum. Es zeigt, in einem einzigen Raum, Erinnerungsstücke und Gemälde aus seinem Leben. Weitere Museen in der Calle Jaén: **Museo Histórico del Litoral Boliviano,** Jaén 789; Di–Fr 9.30–12.30 u. 15–19 Uhr, Sa/So 10–12.30 Uhr; Führer empfehlenswert! – **Museo de Metales Preciosos Precolumbinos,** Jaén 777, Tel. 228-0329. Di–Fr 9.30–12.30 und 15–19 Uhr, Sa/So 10–13 Uhr. Das ist das **Goldmuseum** von La Paz, das sollte man gesehen haben! Einzeleintritt ca. 1 €. – **Museo Costumbrista Juan de Vargas,** Jaén/Sucre,

	Parque Riosinho. Di–Fr 9.30–12.30 und 15–19 Uhr, Sa/So 10–13 Uhr.
Museo de la Coca	Linares 906/Sagárnaga (Calle de las Brujas), Tel. 231-1998, www.cocamuseum.com, tägl. 10–19 Uhr, Eintritt 15 Bs. Jorge Hurtado Gumucio und seine Frau zeigen hier alles rund um Coca (Geschichte, Anbau, Wirkung, Nutzung, Herstellungsprozess von Kokain), auch mit deutscher Übersetzung. Das Büchlein mit der dt. Übersetzung kann am Endes des Besuches gekauft werden. Das Museum kann hin und wieder geschlossen sein. Sehr gutes Restaurant direkt vor dem Museum (Tagesmenü).
M. de los Instrumentes Musicales	Jaén 711, Tel. 240-8177. Sehr sehenswertes Musikinstrumenten-Museum, initiiert durch den Komponisten und Charangomeister Ernesto Cavour, Schwerpunkt Charangos und musikalische Kuriositäten aus aller Welt. Mo–So 9–18 Uhr. Eintritt ca. 0,50 €. Musikunterricht möglich.
Museo Tambo Quirquincho	Evaristo Valle, zwischen Tiquina und Sta. Cruz, Plaza Alonso de Mendoza. Stadtmuseum im ältesten Gebäude von La Paz, das einst dem Alkalden Quirquincho gehörte; u.a. Ausstellung von Diablada-Masken, historischen Fotos und Trachten, zeitgenössische Kunst, **empfehlenswert**. Di–Fr 9.30–12.30 und 15–19 Uhr, Sa/So (nicht an Feiertagen) 10–13 Uhr, sehr geringer Eintritt.
M. Nac. de Hist. Natural	Calle 26, Cota Cota, Tel. 279-5364. Mo–So 8.30–12.30 und 14.30–18 Uhr. Eintritt.
M. de Textiles Andinos	Plaza Benito Juárez 448 (Miraflores), Tel. 224-3601; Mo–Fr 9.30–12.30 und 15–18 Uhr, Sa/So 10.30–12.30 Uhr. Eintritt 1,50 €.
M. de Arte Contemporaneo	Av. 16 de Julio 1698, El Prado, Tel. 233-5905, museoplaza@ceibo.entelnet.bo, www.museoplaza.com. Untergebracht in einem seheswerten Bau aus dem 19. Jahrhundert, der zum nationalen Monument erklärt wurde. Wandgemälde, Skulpturen und Werke nationaler und internationaler Künstler. Tägl. 9–21 Uhr. Eintritt 10 Bs.
Museo de la Revolución Nacional	Plaza Villarroel, Miraflores, Di–Fr 9.30–12.30 Uhr und 15–19 Uhr, Sa/So 10–13 Uhr. Eintritt 1 Bs. Anfahrt mit Trufi 2 und 9, sowie Micro 135/136 B und K, die nach Villa Fatima fahren. Das kleine Museum ist nicht zu übersehen, denn es befindet sich im breiten Monument der Plaza. Es ist der Revolution von 1952 gewidmet, in der die Minen verstaatlicht und eine Bildungs- und Landreform vorgenommen wurden. Die monumentale Beton-Mamor-Konstruktion wurde 1995 eingeweiht und zum „Nationalen Kulturerbe von La Paz" erklärt. Im Inneren sind große, bunte, typisch südamerikanische *murales*, Wandgemälde, zu sehen, die sich mit den Themen der Revolution befassen. Außerdem gibt es eine Fotoausstellung mit Aufnahmen aus der Revolutionszeit. Im Keller sind die Mausoleen einiger bolivianischer Präsidenten zu sehen, darunter *Guadalberto Villarroel*, *Germán Busch* und *Juan José Torrez*.
Museo Histórico Militar	Calle 13 de Calacoto, Mo–Fr 9–18 Uhr. Eintritt frei. Das Museum befindet sich in der Militärakademie und zeigt Uniformen, z.B. von *Simón Bolivar*, Marschall *Santa Cruz* und *Sucre*. Interessant für Militärfans sind Objekte des Pazifik- (1879) und Chacokrieges (1929) sowie der Revolutionskämpfer *Che Guevara* und *Yancahuasú*. Amerikas angeblich erstes Kampfflugzeug und erste Panzer sind ebenfalls ausgestellt.

Museo Postal Filatelico	Palacio de Comunicaciones, Av. Mariscal Santa Cruz, Mo–Fr 8–12 Uhr und 14.30–18 Uhr, Sa/So 10–13 Uhr. Eintritt frei. Das Museum wurde 1994 eingerichtet. Neben Wechselausstellungen zu Post und Philatelie gibt es alte Maschinen und Möbelstücke der Post, Bilder der ersten bol. Briefmarke und des größten Briefes der Welt – Guiness-Rekord – , der 1994 geschrieben wurde, zu sehen.
Museo Policial	Plaza Obispo Bosque Colón/Comerico, Comando de la Polícia Nacional, Mo–Fr 15–19 Uhr, Sa 10–13 Uhr. Eintritt frei. Das Museum wurde 1999 eingerichtet und zeigt in einem Raum die Geschichte der bol. Polizei mit Uniformen, Flaggen, Medaillen und 10.000 Fotos, in einem weiteren Raum Gemälde und andere Kunstwerke. In der „forensischen Halle" sind Gesichter und Zeichen des Verbrechens ausgestellt. Das Museum verfügt über eine Spezialbibliothek.
Mus. Minero	3. Stock der Banco Minero, Comercio 1290.

Die Gefängnisstadt San Pedro

Das Gefängnis *San Pedro* an der Plaza Sucre inmitten der Stadt La Paz ist das größte Gefängnis Boliviens und gilt als eines der ungewöhnlichsten der Welt. Es umfasst einen ganzen Straßenblock, aufgeteilt in *Barrios* ohne Zellen. Eine Stadt in der der Stadt, sogar mit eigener Fußballmannschaft. Die meisten sitzen wegen Drogendelikte ein, Schwerverbrecher haben einen eigenen Block. Ursprünglich als Männergefängnis für 380 Insassen vorgesehen, leben hier die Häftlinge mit ihren Familienangehörigen. Derzeit etwa 1300 Personen, darunter 200 Kinder.

Die Gefängnisanlage steht unter Selbstverwaltung, Wachpersonal ist nur am Eingang (Torbogen mit Eisengitter) zu sehen. Es herrschen strenge Gesetze, die von einem jährlich gewählten „Präsidenten" überwacht werden. Wer eine Frau in San Pedro vergewaltigt, für den endet die Knastzeit schneller als erwartet. Am nächsten Morgen liegt er nach mehreren Messerstichen tot im Hof.

Jeder Insassen bekommt vom Staat monatlich umgerechnet etwa 10 €. Wer über mehr Geld verfügt, bestimmt die Regeln. Die Gefangenen kaufen nach ihrer Finanzkraft entsprechende Unterkünfte, sind Besitzer kleiner Geschäfte, Restaurants und Kneipen oder sind „Angestellte" reicherer Gefangener. Die Frauen der Einsitzenden beliefern die Verkaufsstände. Wer kein Geld hat, muss seinen Lebensunterhalt selbst erarbeiten, z.B. Schuhe putzen oder Wäsche waschen und notfalls unter einer Treppe schlafen, während Wohlhabende sich Fernsehen erlauben, ihre Kinder in den Kindergarten oder die Schule schicken können.

Seit ein Fernsehteam aus Europa heimlich einen Film über San Pedro machte und der Australier Rusty Young ein Buch unter dem Titel „Marching Powder" veröffentlichte, ist ein Besuch für Touristen offiziell nicht mehr möglich, darauf weist ein Verbotsschild am Eingang hin. Doch wer 250 Bs Eintritt bezahlt, kann zumindest noch den ungefährlichen Teil problemlos besichtigen.

Offizielle Besuchstage sind Donnerstag und Sonntag. Lange Menschenschlangen vor dem Gefängnis warten dann auf Einlass.

Adressen & Service La Paz

Tourist-Info	**Oficina de Información Turística (Senatur)**, Alcaldía Municipal, Av. 16 de Julio/México (Plaza del Estudiante), Tel. 237-1044, 235-8213, 236-7464. Mo–Fr 8.30–12 u. 14–18 Uhr. Erhältlich: Stadtplan, Infobroschüren, Liste deutschsprachiger Ärzte. Senatur-Zweigstellen auf dem Terminal Terrestre (Busterminal, Mo–Fr 9–12 u. 14–18 Uhr, Sa 9.30–12.30 Uhr), auf der Correo Central (Hauptpost, Mariscal Sta. Cruz/Oruro) und am Mirador El Valle de la Luna, Cruce Mallasa. – **Viceministerio de Turismo,** Av. Santa Cruz, Centro de Comunicaciones (16. Stock), Tel. 236-7463, Fax 237-4630. – **SERNAP,** Loayza 178, Tel. 231-7742, Fax 231-7740,

www.sernap.gov.bo. – **Bolivia Florestal,** Tel. 231-9712. – **Instituto Nacional de Arqueología de Bolivia,** Tiwanaku 93. – Zwei Monatszeitschriften: **Bolivia Touring,** Tel. 249-5272, www.boliviatouring.com, 1,50 Bolivianos. – **Infomap,** Rosendo Gutiérrez 538, Sopocachi, Tel. 241-2783, www.boliviab.com, kostenlos in La Paz. – **The LLama Express,** www.llamaexpress.com, kostenlose englischsprachige Touristenzeitschrift, die auch in allen touristischen Orten Boliviens aufliegt.
La Paz im Internet: www.lapazcitybolivia.com • www.ci-lapaz.gov.bo • Bolivien: www.discoverbolivia.net.
Vorwahl (02).

Poltur

Policía de Turismo, Plaza del Estadio, Miraflores, Tel. 222-5016 oder Servicenummer 800-10-8687, z.B. für Diebstahlsanzeigen. Überfallkommando: *Radio Patrullas,* Notruf Tel. 110. Ein Blick in das Tagebuch der Touristenpolizei dokumentiert täglich etwa fünf gemeldete **Touristendiebstähle.**

■ Die Touristenpolizei rät:
– bei einer Kontrolle (Fahndung nach Drogen und Falschgeld) durch Zivilpolizisten oder uniformierten Polizisten sich unbedingt die Ausweise (an gefälschten fehlt meist der Stempel, das Emblem oder das Passbild) zeigen lassen, da viele Diebe vortäuschen, Polizisten zu sein.
– niemals außerhalb einer Polizeistation Dokumente oder Wertpapiere herausgeben, im Notfall lauthals schreien
– vor einer Taxifahrt sich die Registriernummer und Farbe des Wagens zu merken. Besser immer ein **Funktaxi** (Radio Taxi) nehmen und unterwegs keine weitere Person zusteigen lassen.
– wenn Sie jemand beschmutzt und anschließend überfreundlich Hilfe anbietet, kann es sich um einen Diebstahlsversuch handeln.

Drogenpolizei

Division de Narcoticos, Tel. Tel. 800-10-2828 (gebührenfrei). *Centro Nacional de Información y Orientación Contradrogas,* Herausgabe einer Infobroschüre über Drogen, insbesondere Coca und Marihuana.

Unterkunft

In allen Preisklassen gibt es ein genügend großes Angebot an Hotels, Hostales und Residenciales. Preistendenz nach oben tendierend, Überschneidungen in den Preisklassen können vorkommen. Ein gutes Web-Portal für günstige Unterkünfte in Bolivien: www.boliviahostels.com. Die Reservierungen sind kostenlos, keine Anzahlung.

Im Bereich der Straßen Illampu, Sagárnaga, Linares und Murillo gibt es inzwischen zahlreiche günstige Übernachtungsmöglichkeiten mit neuen Hostales und Residenciales.

Jugendherbergen

Asociación Boliviano de Albergues Juveniles (ABAJ), Juan de la Riva 1406/ Loayza, Tel. 236-1076, Fax 237-9907. Um in den boliv. Jugendherbergen übernachten zu können, ist ein boliv. JH-Ausweis nötig, Ausstellung durch ABAJ in La Paz, 15 Bs. – Eine andere Jugendherberge befindet sich in der Ciudad Satelite, Plan 561, Calle 3, No. 1073, Tel. 281-2341, manego@latinmail.com; Ü/F 5 € p.P., Anfahrt mit dem Minibus SATELITE ab dem Prado aufwärts bis zum Mercado Satelite. Adamis Manego Ortíz holt bei Anruf die Gäste auch am Markt ab.

BUDGET

Hostal Millenio, Yanacocha 860, Tel. 228-1263. Kleines, freundliches Hostal im Altstadtviertel, 11 Zi., bc, bedingt Ww. DZ 54 Bs, Mo–Fr F 10 Bs. **TIP!** – **Residencial El Viajero,** Illampu 411 (neben El Lobo), Tel. 245-3565. Im indigenen

Viertel, einige Zi. mit schöner Aussicht, bc/bp, Ww, Rest. (El Lobo), viele Israelis. DZ/bp ca. 50 Bs. – **Hostal Topaz,** Av. Saavedra 1100, Tel. 222-3082, hostaltopaz@latinmail.com. Einfaches Hostal. DZ/F/bc ab 40 Bs, DZ/F/bp 85 Bs. – **Hostal Maya,** Sagárnaga 339, Tel. 231-1970, mayahostal@hotmail.com. Gutes Hostal im indigenen Viertel, bc/bp, vorteilhaft bei längerem Aufenthalt, da Küchenbenutzung möglich. – **Posada El Carretero,** Catacora 1056 (zwischen Yanacocha und Junín), Tel. 228-5271. Freundlich, bc/bp, Ww, Ws. DZ 60 Bs. – **Hotel Andes,** Av. Manco Kapac 364, Tel. 245-5327. Im indig. Viertel, Betonbau, saubere Zi. (die besten zur Straße), bc/bp, Ww; gehört zum ABAJ (JH-Verband), preiswert. Ü/F bc 48 Bs.

ECO   **Julia Rojo,** Murillo 1060, Ed. Murillo (10. Stock), Tel./Fax 231-0236, juliarojo@hotmail.com; ganz privat bei einer Familie. – **Posada del Angel,** Illampu 867/Sagárnaga, Tel. 245-0492, posangel02@yahoo.es. Hostal im Zentrum mit sauberen Zimmern, bc/bp, GpD. DZ/F 100 Bs. – **Hotel Milton,** Illampu 1124, Tel. 236-8003, Fax 236-5849, h-milton@ceibo.entelnet.bo, www.khainata.com/hotelmilton. Im indig. Viertel, 65 Zi., bp, Ww, GpD, Ws, viele Rucksackreisende. DZ/F 140 Bs, empfehlenswert. – **Hostal Cruz de los Andes,** Aroma 216, beim Hotel Rosario ums Eck. Zentral, doch ruhig, große Zi., Ww, Ws, gPLV. DZ/F 150 Bs. **TIP!** – **Hotel Condeza,** Diagonal Juan XXIII 190, Tel. 231-1317, Fax 231-1193, condezabol@hotmail.com, www.hotelcondeza.com. Gute Lage, ruhige, saubere Zi., bp, Ww (Vorsicht, Stromschlaggefahr!), hilfsbereit, freundlich, zuverlässiges GpD, Ws, auf Wunsch elektr. Heizstrahler. DZ/F 200 Bs. – **Hotel Diamante Azul,** Aroma 40 (neben Hostal Residencial Rosario), Tel. 245-7576. Ausgezeichnete Zi., bp. DZ mit gutem Frühstücksbuffet. Ab 240 Bs.

ECO/FAM   **Hotel Pando,** Av. Pando 248/Inquisivi, Tel. 245-4922, hotelpando@hotmail.com. Im indig. Viertel, schönes Hotel, ordentliche Zi., bc/bp, Rest., Billardsalon, Disco, Ws, GpD, gut. – **Hotel España,** Av. 6 de Agosto 2074 (Nähe Prado und Goethe-Institut), Tel. 244-2643, Fax 244-1329, hespana@ceibo.entelnet.bo, www.hotel-espana.8m.com. Kolonialbau, einige Zi. komfortabel., bc/bp, ruhiger, schöner Patio, Rest., Ws, gute Parkmöglichkeiten. Ü/F. – **Residencial República,** Comercio 1455/Bueno, Tel. 220-2742, 220-3448, Fax 220-2782, marynela@ceibo.entelnet.bo, www.hostalrepublica.com. Im Altstadtviertel, ruhig, historisches Gebäude, ehemaliger Wohnort des boliv. Präsidenten, einfache, aber saubere Zi., doch sehr unterschiedlich (zeigen lassen, Zi. 303 meiden); bc/bp, Rest., schöner Patio, Ws (teuer), freundlich, kostenloses GpD, Internetservice, Reisebüro (Zugtickets, Hotelbuchungen). DZ/bc 160 Bs, DZ/bp 240 Bs, TriZ/bp 330 Bs. – **Hotel Tiquina Palace,** Pasaje Tiquina/Evaristo Valle, Tel. 232-5697, Tel./Fax 245-7373, Fax 232-2609, hoteltiquina@hotmail.com. Betonkasten, sehr zentral (d.h. laut), 60 nette Zi., bp, Ww, gPLV, DZ/F 200 Bs. – **Hotel Galería,** Santa Cruz 583, Pasaje Virgen del Rosario, 5./6. Stock, Tel. 224-6115, Fax 2246-1253, hotelgaleria@hotmail.com, www.hotelgaleria-lapaz.com. Sicheres Hostal, 32 Zi., bp, Ww, Ws, zur Straße etwas laut, doch sehr netter und zuverlässiger Service, gutes Frühstück im Rest. im 6. Stock mit tollem Ausblick, PP, Geldwechsel. DZ/F 200 Bs.

FAM   **Hotel Rosario,** Av. Illampu 704, Tel. 245-1658, Fax 245-1991, reservas@hotelrosario.com, www.hotelrosario.com. Charmantes Hostal mit netter Atmosphäre im Indígena-Viertel, 56 saubere Zi./bp/Hz, Ww, doch sehr hellhörig. Sehr gutes Rest. *Tambo Colonial* (Fr/Sa Peña, Empfehlung Forelle, *trucha,* auch Vegetarisches). Reichhaltiges Frühstücksbuffet ca. 20 Bs, auch für Nichtgäste, Sauna (am Wochenende kostenlos), Ws, GpD, etwas teure Reiseagentur, kostenl. Internetzugang, Geldwechsel, hilfsbereit. DZ/bp ab 270 Bs (nach Rabatt fragen), alle Kk. **TIP!** – **Hotel Vienna,** Loayza 420, Tel. 220-4289. Im Altstadtviertel, barocker Bau, saubere Zi., bc/bp, freundlich, Patio, Rest., Bar,

Reservierung empfohlen. – **Hotel Sagárnaga,** Sagárnaga 326, Tel. 235-0252, Fax 236-0831, hotsadt@ceibo.entelnet.bo. Sehr touristisches Hotel im indigenen Viertel, saubere Zi., die besten im obersten Stockwerk, bc/bp, Rest., Ws, Reisebüro **(Busse nach Puno u. Tiwanaku fahren direkt vor dem Hotel ab!).** Empfehlenswert. DZ/F ab 20 € (doch „Frühstück miserabel ..."). – **Hostal Estrella Andina,** Av. Illampu 716, Tel. 245-6421, Fax 245-1401, juapame_2000@hotmail.com. Eleganter Neubau, 19 schöne, große EZ/DZ, bc/bp, große Bäder, kostenlose Gepäckaufbewahrung, sicher, hilfsbereit. DZ/F/bp 25 €. – **Hostal Naira,** Sagárnaga 161, gegenüber Iglesia San Francisco, Tel. 235-5645, Fax 231-1214, hostalnaira@entelnet.bo, www.hostalnaira.com. Kleines Hostal, 22 komfortable Zi., bp, Ww, Rest., Bar, Ws, etwas hellhörig, ausgezeichnetes Frühstücksbuffet. DZ/F 250 Bs. – **Hotel Copacabana,** 16 de Julio 1802, Tel. 235-2241 u. 235-2244, Fax 231-2834, hotelcop@ceibo.entelnet.bo. Modern, bp, exzellentes Rest., Ws, Ü/F, recht gut. – **Hotel Eldorado,** Av. Villazón s/n (Nähe Prado), Tel. 236-3355, Fax 239-1438, eldorado@ceibo.entelnet.bo, www.hoteleldorado.net. Gehobene Mittelklasse, 80 ansprechende Zi., bp, Zentralheizung, Rest., Bar, Ws, GpD. DZ/F 350 Bs. – **Hotel Oberland,** Calle 2 y 3 Mallasa (20 Min. außerhalb von La Paz), Tel. 274-5040, Fax 274-5818, geb.-frei 800-107450, wschmid@caoba.entelnet.bo www.h-oberland.com. 17 Luxuszimmer, 1–3 Zi-Apartments mit Küche, bp, Rest., Konferenzsaal, Hallenbad, Campingmöglichkeit, Parkplatz. Ü/F (nach Rabatt fragen), Kk. Anfahrt mit Micro 231 oder 273 mit Aufschrift *Mallasa* oder *Zoo,* oder mit dem Taxi, Fp 10 Bs ab Flughafen, 50 Bs ab Zentrum.

LUX   **Hotel Gloria,** Potosí 909, Tel. 240-7070, Fax 240-6622, gloriatr@ceibo.entenlnet.bo. Nähe Prado, viel Verkehr, keine Parkmöglichkeiten!, nette Zi., sehr gutes Rest. (auch veg.), Dachgartenrestaurant mit super Aussicht, Ws, Geldwechsel (auch Cook-Reiseschecks), Touragentur (gloriatr@ceibo.entelnet.bo, www.gloria-tours-bolivia.com), gPLV. DZ 52 €. – **Aparthotel Camino Real,** Capitán Ravelo 2123, Tel. 244-1515, Fax 244-0055, aparthotel@cainoreal.com.bo; zentralgelegenes Hotel der Spitzenklasse, doch vergleichsweise preiswert, großzügige Apartments (bis zu sechs Betten), reichhaltiges Frühstück, Sauna usw. Ü/F 79 €. – **Hotel Europa,** Tiahuanaco 64, Tel. 231-5656, kostenfrei Tel. 80010-5656, Fax 211-3930, unico@hotel-europa-bolivia-com, www.hoteleuropa.com.bo. Modernes und das teuerste 5-Sterne-Hotel in La Paz mit Hallenbad, Pool, Sauna, Pianobar, Rest., Bistro, direkt neben dem Museo Tiwanaku, 50 Parkplätze. – **Hotel Radisson Plaza,** Av. Arce 2177, Tel. 244-1111/244-0810, Fax 234-0402, radisson@hn.radissonbolivia.com.bo, www.radisson.com/lapazbo. 239 Luxuszimmer, 7 barocke Suiten, Hz, geheiztes Hallenbad, Sauna, Gourmet-Rest. (tolle Aussicht auf La Paz) Pianobar. Wer nur zum Essen reinschauen möchte: Mittag- oder Abendessen ab 100 Bs, Parrillada ab 95 Bs, lohnenswert.

Apartment   **VIP Bienes-Raices,** Av. Julio Patiño 1548, Tel. 279-7789, Fax 279-4041, pakos@ceibo.entelnet.bo, www.vipbienesraices.com.

Essen und Trinken

Für jeden Geldbeutel und Geschmack findet sich in La Paz ein sehr großes und reichhaltiges Angebot, wobei auf den Märkten, wie z.B. auf dem **Mercado Camacho** oder **Mercado Lanza** (auch gutes Frühstück), immer gut und billig gegessen werden kann. Am preiswertesten (nur Centbeträge) sind die **Garküchen,** doch die wiederum nicht jedermanns Sache. Internationale und einheimische Küche gibt es entlang des Prados. Im **Hipermaxi,** Cuba 1406/Brasil, gibt es täglich bis 15 Uhr preiswerte Mittagsgerichte zum Mitnehmen.

Im Indígena-Viertel	findet man die billigsten Kneipen mit Gerichten ab 1 €. Auf den Märkten gibt es Garküchen, z.B. auf dem *Mercado Lanza* (Plaza San Francisco). Straßenstände, z.B. in der Jiménez/Manco Capac, bieten gleichfalls billige Tellergerichte mit Reis, Kartoffeln und Fleischstücken an. – Gute Familienrestaurants gibt es in der Calle Manco Capac und in der Murillo, wie z.B. das **Un Camino.** **Comedor Popular,** zwischen Plaza Pérez und Calle Figueroa; Cholitas zaubern aus ihren himmelblauen Küchen typische bolivianische Gerichte und rufen lauthals um Kunden, ein **TIP**. – Cuy- und Lamafleisch dreht sich über dem Feuer der kolonialen **Casa del Corregidor,** Calle Murillo 1040. Am Mo/Di Dinnershow, Fr/Sa Folkloreshow (Peña), So–Fr ab 12 Uhr; Service und Attraktivität haben leider nachgelassen. Alle Kk. – Wer es nach „Gewicht" liebt, ist im **El Lobo,** Illampu 411/Sta. Cruz (1. OG), richtig, Frühstück 1 €, auch Knoblauchbrot, leckere Pasta, guter chilenischer Wein, Internet, viele Gringos (Israelis), abends brechend voll, Service könnte besser sein. – **Angelo Colonial,** Linares 922; tolle Kneipe und nettes Restaurant, sehr gutes Essen zu vernünftigen Preisen, reichhaltige Karte im Ambiente eines Antiquitätenladens, Internetstationen – gPLV, *der* **La-Paz-TIP! – Naira,** Sagánarga 161, Mittagstisch ab 15 Bs, auch Lamafleisch, Oberkellner Jorge Aliaga spricht Deutsch, **TIP.**
In der Altstadt	Etwas teurer, aber immer noch preiswert: **Rosedal,** Socabaya 311; **Deeps,** Loayza 143. Für kleine Happen: **Las Velas** (19–3 Uhr) in der Simón Bolívar, gute Atmosphäre. Große Portionen im **Las Boguitas,** Plaza Velasco/Pichincha, Treppe hoch. Regionale Küche: **La Casa de los Paceñod,** Av. Fuerza Naval 265, schönes, angenehmes Ambiente.
Plaza San Francisco	Neben der Basilika San Francisco liegt das **Profumo di Cafe,** Plaza San Francisco 503, www.profumodicaffee.com.bo, tägl. 9–19 Uhr; serviert wird ital. Espresso, Crêpes und andere Snacks. Dem Café ist das Museum der Basilika angeschlossen sowie ein Weinkeller.
Prado (Av. 16 de Julio u. Av. Santa Cruz)	Hier liegen die meisten Restaurants und Kneipen. Eines der preiswerteren ist **Verona** mit Tagesgerichten. Etwas teurer sind **La Llave,** Calle Mexico, (Sa/So Livemusik zum Mittagessen) und **Monaco**. – In der Parallelstraße Federico Zuazo, No. 1905, ist das **Vienna,** das neben sehr guten boliv. Gerichten auch dt. und österr. Speisen auf der Karte hat; immer voll, Mo-Fr 12–14 Uhr und 18–22 Uhr, So 12–14.30 Uhr, www.restaurantvienna.com. Nicht billig, aber sehr gutes Essen und ausgezeichneter Service, ein **TIP!** – **Café Club La Paz,** Camacho 1202/Mariscal Santa Cruz, empfehlenswert ist das *Almuerzo Ejecutivo* mit 5 Gängen für 14 Bs, Mo–Sa ab 9.30 Uhr. – Gleich daneben befindet sich die **Cafetería Manolo,** Av. Camacho 1128, wochentags ebenfalls mit empfehlenswerten *Almuerzo Ejecutivo.* – Das **Restaurant im Hotel Copacabana,** 16 de Julio 1802, serviert ein Mittagmenü mit Suppe, Salatbuffet, wahlweise Hauptgericht, Nachspeise samt Tee oder Kaffee für 15 Bs.
Parrillada, Churrasco, Rodizio und Lama	**Brassargent,** Fernando Guachalla 703; verschiedene Fleischspieße (Rodizio) und Beilagenbuffet zum Einheitspreis. – **El Gaucho,** Av. 20 de Octubre 2041; Fleisch und mehr, tägl. 11–15 Uhr, ab 18 Uhr. – **La Tranquera,** Potosí, Galería Crista (3. Stock), Steakhaus, gut. – **El Arriero,** Av. 6 de Agosto 2535 (Casa Argentina); Churrasquería mit Bife de Chorizo, Asado de Tira, Lechón a la Parrilla. Zweigstelle: Calle 17 Calacoto 8185. – **Bascas,** Av. Juan Muñoz Reyes 35, Calacoto; Rodizio. – Lamafleisch wird im **Lay'ka,** Sagárnaga/Linares serviert (doch aufpassen, Ausländern wird mehr abkassiert). – **Parrillada Las Tablitas,** Av. 20 de Octubre 2396, Parrillada 7 €/für 2 Pers. – **El Parnaso,** Sagárnaga 187, u.a. Lamafleisch, riesige Portionen, empfehlenswert. – **Llajtaymanta,** Claudio Pinilla 1573, zwischen Casimiro Corrales und Posnansky; sehr sauberes Restaurant, köstliche, typisch boliv. Gerichte, Mittagessen mit Speisen vom Grill und Salatbuffet zu 13 Bs. Mo geschlossen. **TIP!**

La Paz Essen und Trinken

Hotel-Restaurant
El Conquistador im Columbus Palace Hotel, Plaza Stadium/Av. Illimani 1990. Täglich Mittagsmenü mit Salatbar, 3 verschiedene Hauptgerichte zur Wahl, Nachtisch sowie Tee oder Kaffee für 14 Bs, preiswert!

Salteñerías
Bolivien ohne *salteñas* ist wie ein Pool ohne Wasser, diese sollten aber wie Weißwürste in Bayern vorzugsweise wegen der Frische nur bis 12 Uhr verzehrt werden. Die besten in La Paz gibt es im **Diablo**, Av. Saavedra/Uyuni, sowie im **Paceña La Salteña**, Av. Hugo Estrada 34 (Miraflores) und im **Supersalteñas**, Av. Sánchez Lima/Salinas.

Französische Küche
La Comedie, Pasaje Medinacelli 2234, Sopocachi, www.lacomedie-lapaz.com. Feines Restaurant, Kerzenlicht am Tisch, guter Service. Empfehlenswert sind die Meeresfrüchte in einem Sahnegratin mit Reis oder die Entenbrust in Honigsoße. Teuer, aber sehr gut. **TIP!** – **La Abuelita**, Murillo, zwischen Oruro und Cochabamba. Deutschsprachiges Feinschmeckerrestaurant mit heimischer und internationaler Küche eines deutschsprechenden Franzosen und Bolivianers zu normalen Preisen. Spezialität ist Quinoa. **TIP!**

Kubanisch
La Bodeguita Cubana, Federico Auago. Fleischgerichte, Wein und *Mojito cubano*. **TIP!** – **A lo Cubano**, Av. Arce 2316.

Chinesisch
Chifa Emy, Cordero 257; sehr gepflegt, reichhaltige Auswahl, gut und nicht zu teuer, Mi–Sa 20–2 Uhr Livemusik, Tanz und Show; Kk.

Arabisch
Club Unión Arabe, Av. Final Fuerza Naval 26, Calacoto. Arabische Gerichte, nur Sa/So.

Japanisch
Wagamama, Av. Arce/Pinilla 2557. *Der* Japaner in La Paz, Kk.

Vegetarisch
Armonía Restaurante, Av. Ecuador 2286. – **Vrinda**, Aspiazu 426. – **Manatial** (im Hotel Gloria), Potosí 909. Selbstbedienung, sehr lecker, 17 Bs. **TIP!** – **Mamá Natureza**, Sagárnaga/Murillo 213, tägl. 7.30–22 Uhr. Naturprodukte, Müslis und gutes Frühstück, empfehlenswert.

Deutsch
Reineke Fuchs, Jauréqui 2241, Sopocachi; Mo–Sa und als Biergarten in der Montenegro/Calle 18, Calacoto, Di–So.

Schweiz
Arco Iris, Tienda Sopocachi, Fernando Guachalla beim Mercado Sopocachi. Kleines Feinschmeckergeschäft für Brot und Backwaren sowie Schweizer Käse, große Käseauswahl, frisches Fondue, Vollkorn-, Laugen- und Mohnbrote usw. Ein Gaumenschmaus!

Kaffee und Frühstück
Besten Kaffee, leckeren Kuchen und Frühstück satt gibt es im modernisierten **Café Club La Paz**, Camacho 1202/Mariscal Santa Cruz; traditionelle Kaffeehaus-Atmosphäre, das *Almuerzo Ejecutivo* mit 5 Gängen für 14 Bs ist sehr zu empfehlen. Mo–Sa ab 9.30 Uhr, So geschlossen! – **Café Alexander**, Potosí 1091; nette Atmosphäre, exzellentes Frühstück mit Kuchen und Torten. – **Café Blue Note**, Plaza Gaston Velasco; eher eine Bar mit gemütlichen Sitzecken, Tischen, kleiner feiner Speisekarte, Riesenauswahl an Weinen (auch offen), Cocktails, Säfte in allen Variationen. **TIP!** – **Café La Terraza**, Av. 20 de Octubre, sowie am Prado und Montenegro (San Miguel); 8–24 Uhr. – **Café Berlín**, Mercado 1377/Loayza. Ausgezeichneter boliv. Kaffee im europäischen Stil, US- und Euro-Frühstück, reichhaltiges Mittag- und Abendessen, Eis und Fassbier. Gleich daneben **Al Manar**, auf der Karte arabische Gerichte, wie Schawarma und Falafel. – **Café Arabica**, Av. 20 de Octubre 2355, Sopocachi; modern eingerichtetes, gefälliges Kunst-Café, hin und wieder Ausstellungen, guter Kaffee, Snacks. – **Kuchenstube**, Rosendo Gutierrez 461, Ed. Guadalquivir, neben dem Supermarkt, Mo 12–19 Uhr, Di–Fr 9–20 Uhr, Sa/So 10–12.30 und 14.30–19 Uhr. Deutsches Café mit guter Auswahl an Torten und Gebäck, täglich wechselnde Mittagsmenüs für 23 Bs und dt. Brotspezialitäten. **TIP!** – Ganz in der Nähe in derselben Straße gibt es einen Laden, der frisch gebackenes dt. Vollkornbrot verkauft. – **Café Banais**, Sagárnaga, leckeres Frühstücksbuffet 8–10 Uhr, 18 Bs. – **Pepe's Coffee Bar**, Pasaje Jiminez 894. Sehr

ruhiges Café mit ausgezeichneter Kaffeequalität, gutes Frühstück, tägl. 7–20.30 Uhr. – **Café Torino,** Socabaya (neben dem Hotel Torino). Schönes Café mit ausgezeichnetem Frühstück in einem riesigen Innenhof eines alten, edlen Gebäudes, klassische Musik, schöne Atmosphäre, empfehlenswert. – **100% Natural,** Sagánarga 345. Klein und fein, günstiges, schmackhaftes und reichhaltiges Frühstück, **TIP!**

Weitere gute Adressen **zum Frühstücken** sind: **Confitería Eli's** (deutsche Besitzer), Prado 1497, sehr preiswert (auch Schwarzwälder Kirschtorte), und **Café Pierrot,** Potosí 909 (Hotel Gloria). – Das **Café Ciudad,** Plaza del Estudiante 1901, ist 24 Std. offen, freundlich und preiswert. Rauchercafé! – **Café Banais,** Sagárnaga 161, Plaza San Francisco, beheizt; Kaffee, Säfte, leckere Torten und Kuchen, Snacks, Travellertreff. – **Oasis Café,** Linares 947 (1. Stock). Typisches US-Frühstück mit Pan Bimbo und Marmelade 1,50 €. – Wer echtes Vollkornbrot liebt, ist bei **Leo Nothmann,** Landaeta 514, San Pedro, Tel. 232-7603, richtig. – **Boutique del Pan,** Obispo Cárdenas, eine empfehlenswerte Bäckerei mit allen erdenklichen Backwaren. – Preiswert ist auch das **The Estate,** Illampu zwischen Graneros und Sta. Cruz.

Unterhaltung

Viele Kneipen, Bars, Pubs und Clubs befinden sich im Stadtteil **Sopocachi** (in der Karte rechts unten). Aktuelle Infos über Live-Auftritte von Musikgruppen usw. in der Freitagsausgabe von *La Rázon* unter „Salimos" bzw. www.la-razon.com und in *La Prensa* unter „Superagenda".

Folklore und Peña

Der Besuch einer Peña gehört in La Paz unbedingt dazu! Meist ist jedoch nur am Freitag- und Samstagabend Programm. Viele Peñas gibt es in der Sagárnaga und Linares, meist tägl. ab 17 Uhr geöffnet.

Peña Pub Puerta del Sol, Max Paredes 879/Sagárnaga, puertadelsol@hotmail.com. Folkloreshow Mi/Do/So ab 20 Uhr, Fr/Sa Tanzshow. Gedeck 3 €, Anden-Buffet 4 €. – **Peña El Parnaso,** Sagárnaga 187. Tägl. 22–24 Uhr, auch „moderne" Andenmusik. – **Peña Restaurante Huary,** Sagárnaga 339, Tel. 231-6827; tolle Show, aber teures Essen, bereits zum Frühstück geöffnet; Show/Peña tägl. 20–22.45 Uhr, Gedeck 10 € p.P., teuer! – **Casa del Corregidor,** Calle Murillo 1040. Mo/Di Dinnershow (Eintritt frei), Fr/Sa Folkloreshow (Peña). – **Peña Marka Tambo,** Jaén 710; Do–Sa ab 22 Uhr, Eintritt 4 €, inkl. Tanz, sehr gute Show, traditionelle Musik und gute Küche. – **Ojo de Agua,** Illampu 965. Supertoller Laden, preiswertes Bier, Do–Sa ab 20.30 Uhr, Fr/Sa Livemusik (Andenmusik) mit brechend voller Tanzfläche, alle Altersklassen, Eintritt. – mein **TIP! – Occipucio,** Av. 20 de Octubre (Plaza Avaroa). Tanz und Folklore, Livemusik, Do ab 20 Uhr kein Gedeck.

Bars, Pubs & Musik

Caza Duende, Sagárnaga/Murillo 213. Bierkneipe. – **Business,** Av. Arce 2164; Whiskería und Pub, ab und zu Live-Musik, Di–Sa (Happy hour Di 20–22 Uhr). – **La Chopperia,** Pichincha 662 (bei der Plaza Velasco die Treppen rauf). Antik eingerichtete, nette Kneipe zum Biertrinken, freitagabends voll, **TIP! – Tulvio,** Av. 20 de Octubro 2172, Sopocachi, Pianobar mit wechselnden Künstlern. – **Green Bar,** Belisario Salinas 596. – **Café La Luna,** Oruro 197/Murillo; gemütliche Bar, gute Musik, der nette Besitzer *Coco Cardenas* spricht Deutsch, junges Publikum, ab 20 Uhr, Happy hour 20.30–21.30 Uhr. – **Café Bar Sol y Luna,** Murillo 999/Cochabamba, Touristentreff zum Plausch und Spiel, Snacks, Mojito und Espresso schon ab der Frühstückszeit, Büchertausch, TV, Musik bis spät in die Nacht. – **Hasta el Alba,** Lismaco Gutiérrez 589 (Sopocachi); Abendessen bei Jazz (Mi), Do–Sa Live-Musik.

Thelonious Jazz Bar, Av. 20 de Octubre 2172 (Sopocachi); ein Nachtlokal der Spitzenklasse, Jazz-Club, verschiedene Musikgruppen, Mo–Sa ab 19.30 Uhr, Kk.

Fiesta Gran Poder

Das größte und wohl schönste Fest Boliviens ist die *Fiesta de Nuestro Señor Jesús de Gran Poder* in La Paz, das alljährlich zwischen April und Juni stattfindet („Gran Poder" meint etwa „die große Kraft oder Macht"). Bereits im April werden die *Señoritas del Gran Poder*, die Schönheitsköniginnen der verschiedenen Vereinigungen der Gran Poder gewählt und in seitenlangen Berichten in den Zeitungen vorgestellt. Für die Teilnehmer und ihre Familien ist die Zeit vor dem Gran Poder ungefähr so wie für uns die Vorfreude vor Weihnachten: Wochenlang haben die Schneider, Schuster und Maskenhersteller in der Calle Los Andes hart gearbeitet, um die Trachten, Tanzstiefel und Masken für den Gran Poder herzustellen, die bei der Eröffnung (meist am letzten Samstag im Mai) getragen werden. Höhepunkt ist ein endlos langer Festzug mit zahllosen lautstarken Musikkapellen und fantasievoll-bunt gekleideten *folkoristas*, mit *Chokelas* (traditionelle Tänzer vom Titicaca), *Morenos* (Mulatten), *Achachis*, *Tobas* (Tanzgruppen vom Rio-Pilcomayo), *Incas* (Tänzer, die inkaische Ritual- und Zeremonialtänze aufführen), *Diablos* (Teufelstänzer), *Kallawayas* (Curanderos), *Caporales* (afrobolivianische Tänzer aus den Yungas) und noch vielen anderen – insgesamt über 25.000 Teilnehmer!

Der Festzug beginnt in der Av. Baptista (s. Stadtplan La Paz, linke Kante), führt durch das Indígena-Viertel zur Plaza San Francisco und findet seinen Abschluss auf der Plaza Roosevelt (ex-Parque de los Monos). Während des Umzugs sieht man viele wertvolle alte bolivianische Trachten und traditionelle Musikinstrumente wie *Wakapinquillos*, *Zampoñas*, *Tarkas* oder *Wancaras* (s.S. 114).

Es gibt viele Gran-Poder-Vereinigungen *(Conjuntos)*, die wichtigsten sind *Diablada Juventud Tradicional Unión Bordadores del Gran Poder*, *Morenada Fanáticos del Folklore* oder auch *Kullaguada los X del Gran Poder*. Seit Gründung immer mit dabei: *Morenada Juventud Rosas Residentes de Viacha los Legítimos*.

Der Gran Poder in seiner heutigen Form wurde 1974 durch *Lucio Chuquimia* ins Leben gerufen, im selben Jahr gründete er auch die *Asociación de Conjuntos Folklóricos del Gran Poder* (ACFGP). Von da an wurde das Fest richtig durchorganisiert. Es hat aber eine viel längere Tradition. Die Wurzeln gehen auf ein Christusgemälde mit drei Gesichtern zurück, das ursprünglich im Besitz der Novizin Genoveva Carrión vom Convento de las Concebidas war. Seit 1842 wurde das Bild als *Nuestro Señor Jesús del Gran Poder* verehrt. 1939 erhielt das Christusgemälde seinen Platz auf dem Altar in einer Kapelle in der Calle Antonio Gallardo. 1940 wurde dann der erste folkoristische Conjunto mit Zampoñaris (Panflötenspielern) gegründet.

Taypi (Centro Cultural), Calle Augustín Saavedra 390, Plaza Villarroel (im ehemaligen Cine Busch), Livemusik am Wochenende. – **Diesel Nacional,** Av. 20 de Octubre 2271; Szenekneipe, Mo–Sa ab 20 Uhr. – **Cambrinus,** Juan Capriles 1233, Barrio San Miguel; Pianobar/Livemusik, Di –Sa 19–2 Uhr, Kk. **TIP!** – **Alambique Botica Piano Bar,** Hernando Siles/Calle 15 de Obrajes; Di–Sa 19.15–2 Uhr, ab und zu Live-Musik. – **Traffic,** Av. Arce 2549, www.trafficsanjorge.co; abends Restaurant, gegen später legt ein DJ Musik auf, kleine Tanzfläche. – **Mongo's,** Hermanos Manchego 2444; Rock-Bottom-Café mit offenem Kamin, Restaurant, gute Musik, Mo/Do/So Live-Musik, Touri-Treff, tägl. 18–3.30 Uhr morgens, kein Eintritt. – **Queen Music Hall,** Plaza Villarroel 18. – **Gramofon-Bar,** Salinas (Plaza Avaroa); Treffpunkt der in La Paz lebenden Deutschen. – Livemusik gibt es außerdem im **Matheus** (Pianobar), **La Boheme** (20–3 Uhr) und im **Sopo's,** alle in der Fernando Guachalla und im **La Ronería,** Av. Ballivián/Calle 16. – Nachtclub **Swing,** México 1864.

Discos   **Ram Jam,** Presbiterio Medina 2421, Sopocachi; nettes Ambiente, meistens knallvoll, sehr beliebt bei Bolivianern, wenig Touristen, Saya-Bier vom Fass, angeblich höchste „Sauerstoffbar" der Welt. **TIP!** – **Fantasy,** Pando /América; Mi–So ab 20 Uhr. Folklore (Mi), Single-Treff (Do), Live-Musik (Fr), Disco (Sa), Matinée (So ab 16 Uhr). – **Forum,** Victor Sanjines 2908 (Sopocachi); Mi–Sa, auch Live-Musik, **TIP!** – **Boccaccio,** Av. Muñoz Reyes 28 (Cota Cota); Klassische Nacht mit Musik ab den 30igern (Do), Disco (Fr/Sa), Happy hour Mi/Do 20–24 Uhr, Einlass ab 25 Jahre, **der Treff** für Nachtschwärmer! – **Casa de los**

Piratas, Juan de Vargas 2282; Mi–Sa ab 19.30 Uhr. Ladies Night (Mi), Disco (Do/Fr/Sa). – **GOLD,** Almirante Grau 648-A (San Pedro); Ladies Night (Mi), Klassische Nacht (Do), Disco (Sa), Live-Musik (So). – **Queen Music Hall,** Plaza Villarroel 18. – **927 V.I.P.,** Av. 20 de Octubre/Plaza Avaroa 928, Sa. geht die Post ab, Jarras für 10 Bolivianos. – **Disco Coco Loco,** Ulloa/Hugo Estrada Miraflores. – **Dance Floor** (Rave, Funk usw.), Fernando Guachalla 356 (gegenüber Café Montmatre), Sopocachi. – **Mama Africa,** Sta. Cruz 266-A (2. Stock). Musik- und Tanz-Pub, auch zum Lernen von Salsa, Saya und Samba.

La Casa Juvenil de la Cultura	**Wayna Tambo,** Villa Dolores, Calle 8, No. 20, Tel. 281-4583. Tägl. wechselndes Programm von Livemusik über Videoclips bis Karaoke für junges Publikum; meistens ab 16.30 oder ab 19.30 Uhr, Eintritt ca. 3 €.
Cocktail, Kaffee & Bier	Arte Café Bar Cultural „**Zur Molle 89**", Mexiko 1872, Nähe Plaza del Estudiante. Phillip bietet 200 verschiedene Cocktails, serviert deutsche und internationale Biersorten, brüht im italienischen Stil Kaffee und bringt deutsches Essen (Gulasch, Bockwurst usw.) auf den Tisch. Liveübertragung von Fußballspielen, Tischfußball, Büchertausch. Geöffnet tägl. ab dem Mittagessen.
Theater und Kino	*Teatro Municipal,* Sanjines; u.a. Musicals und Folklore-Darbietungen, Eintritt etwa 3–5 €. **Kino** ist ein großes Vergnügen in La Paz (gilt für Bolivien und Peru). Der Eintritt 30 Bs. Manchmal ist es ein alter Kolonialkasten, manchmal ein supermodernes Kino, von draußen tönt oft der Straßenlärm herein. Das Publikum leidet mit, verwünscht den Schurken und unterstützt den Guten, auf dass er hoffentlich gewinnt. Gezeigt werden meist zwei Filme; ausländische im Original mit Untertiteln. Die Adressen der Kinos können den Tageszeitungen in La Paz entnommen werden. Die bekanntesten Kinos: **Cinemateca Boliviana,** Óscar Soria/Gutiérrez, u.a. gute Kulturfilme, Programm unter www.cinematecaboliviana.org. – **Cine 16 de Julio,** Av. 16 de Julio 1807/Plaza del Estudiante. – **Monje Campero,** Av. 16 de Julio 1495/Bueno. – **Cine 6 de Agosto,** Av. 6 de Agosto/Gutiérrez. Von der Stadt finanziertes Kulturkino.**TIP!** – **Cinemas Hollywood,** Mercado.
Galerien	*Galería de Arte,* Sagárnaga 189/Murillo, www.joechire.com. – *Galería de Arte Salar,* Av. Ecuador 2534. – *Galería de Arte Taipinquiri,* Av. Montenegro 1378. – *Galería de Arte Simón Patiño,* Ecuador 2503.
Hallenbad	*Piscina Napolis,* Cañada Strongest (gegenüber vom Coliseo).
Weitere Feste in La Paz	24. Januar bis 15. Februar: *Fiesta Indígena de Alasitas* zu Ehren *Ekekos,* dem Gott des Wohlstandes und der Potenz der Aymara, mit traditionellem Miniaturmarkt auf dem Campo Ferial und Parque Roosevelt. 23 Juni: *Fiesta de San Juan* (zu Ehren der kältesten Nacht in La Paz). 16. Juli: *Fiesta de la Virgen del Carmen* (Stadtfest). 1. November: *Todos los Santos* (Allerheiligen; Friedhofsfeste zu Ehren der Toten). 21. Dezember: *Fiesta Solsticio de Primavera* (Sonnwendfeier in Tiwanaku).

Sonstige Adressen

Andino-Club	*Club Andino Boliviano,* México 1638, Tel. 231-0863, Tel./Fax 231-2875, fecab@bolivia.com. Mo–Fr 9.30–12 u. 15–18.30 Uhr. Der 1939 gegründete Club führt Berg- und Wandertouren durch, die nicht teurer sein sollten als bei Mitbewerbern. Standardtour auf den Chacaltaya um 8.30 Uhr, Takesi-Trail, Huayna Potosí (nordöstlich von La Paz) und Zongo-Tal unter Führung von Club-Mitgliedern. Verleih von Ski-Ausrüstung. Unbedingt Preisvergleich mit anderen Touranbietern machen!
Autoclub	*Automóvil Club Boliviano (ACB),* Av Arce/Av. 6 de Agosto 2993 (Sopocachi), Tel. 243-0502/243-1132; auch Abschleppdienst. **Hinweis zum Autofahren in Bolivien:** Neben dem int. Führerschein soll in La Paz eine Genehmigung vom

La Paz - sonstige Adressen

ACB und eine weitere Genehmigung der Verkehrspolizei, Mariscal Santa Cruz, Nähe Plaza San Francisco, erforderlich sein.

Reisebüro-Vereinigung — *Asociación Boliviana de Agencias de Viajes y Turismo* (ABAVYT), Colón 161, Ed. Barrosquira (3. Stock), Tel. 235-2388.

Touristen- und Bergführer — *Sociedad de Guías de Turismo SOGUITUR,* Sagárnaga/Linares (Naira), Tel. 237-5680, Fax 233-1271. Zusammenschluss der Fremdenführer. Der Führer *Federico Alvarado,* Av. Arce/Gonsalvez, Ed. Apolo, Tel. 243-2367, Handy 719-83610, malvarad@ceibo.entelnet.bo) spricht Deutsch und kann viele Tipps geben, Organisation von Touren (auch Salar de Uyuni ab La Paz) und Expeditionen; Federico kann sehr empfohlen werden (1995 als boliv. „Guía des Jahres" ausgezeichnet), mein **TIP!** – *Asociación de Guías de Montanas y Trekking,* Porfirio Chura (Fels und Eis), Tel. 7123-1632 und 7125-8060, porfiriochura@hotmail.com, www.freewebs.com/porfirriochura/com; extrem sicher im Eis, einer der besten Bergführer in La Paz! – Bergführer *Aldo Riveros,* Norah Bedregal 540, Alto Obrajes, Tel./Fax 273-1990, ecoadven@ceibo.entelnet.bo oder aldoriveros@hotmail.com; z.B. für eine Bergtour auf den Huayna Potosí.

Migración — (Ausländerpolizei/Einwanderungsbehörde), Av. Camacho 1433, Tel. 235-9684, Fax 235-9680. Geöffnet 8.30–15.45 Uhr, problemlose Verlängerung der Aufenthaltsgenehmigung um 90 Tage.

Erste Hilfe — Notruf 118. *Clínica Alemán* (dt. Klinik) Av. 6 de Agosto 2821, Tel. 232-3021, 243-3023 und 243-2521. 24 Betten, sehr teuer. – *Clínica del Sur,* Av. Hernando Siles 5355, Tel. 227-8003. – *Cruz Roja Boliviana* (Rotes Kreuz), Tel. 232-3642.

Deutschsprachige Ärzte — Dr. Fernando Arispe (Allgemeinmedizin), Av. 20 Octubre 402/Belisario Salinas, Torre de Zafiro (1. Stock), Tel. 242-3708, 242-3711, Handy 772-91626, Tel. 279-9316 (privat), Handy 7729-1629, doctorarispe@yahoo.com. Vertrauensarzt der deutschen Botschaft La Paz, 24-h-Service, Spezialist für Höhenkrankheit, Traumaklinik (Claudia Aligia N 12), Topbehandlung, hat aber seinen Preis. – *Dr. Celina Cuellar* (Zahnärztin). Av. Julio Patino 1044, Ed. Aranjuez, Calacoto. – *Dr. Marcelo Koziner Udler* (Frauenarzt), Loayza/Camacho, Ed. Ayacucho, 3. Stock, Tel. 237-7283. – *Dr. Gonzalo Murillo Ascarraga* (Augenarzt), Ed. Hermann, Tel. 234-0793, Tel. 276-0690 (privat). – *Dr. Alcira Zeballos de Moeller* (Zahnarzt), Ed. Calama, Heriberto Gutiérrez 2388, Tel. 236-4879. – *Dr. Ramiro Donoso,* Centromed, Av. 20 Octubre 2052, Tel. 237-3376.

Apotheken — *Farmacias Bolivia,* Av. Montes und Mariscal Santa Cruz/Almirante Grau sowie Av. 16 de Juli 1473, Tel. 233-1838, gewährt 10–20% Rabatt. – *Súper Drugs,* Belisario Salinas 438 (Plaza Avaroa) und Av. Julio Patiño 1188/Calle 18 (Calacoto). – *Súper Farmaca,* Plaza Triangular (Miraflores). Alle mit **24-Std.-Service**.

Botschaften / Konsulate — *Argentinien:* Consulado de Argentina, Sánchez Lima/Aspiazu 497, Tel. 241-7737, 231-7520, 235-3233, Fax 215-3130; Mo–Fr 9–14 Uhr. *Brasilien:* Consulado de Brasil, Av. Arce, Ed. Muliticentro, Tel. 244-0202, Fax 244-0043; Mo–Fr 9–13 u. 15–18 Uhr. *Chile:* Consulado de Chile, Calle 14 Nr. 8024, Calacoto, Tel. 279-7331/279-7341, Fax 212-6491; Mo–Fr 8–13 Uhr. **Deutschland:** Embajada Alemania, Av. Arce 2395, Casilla 5265, Tel. 244-0066/244-0606, Fax 244-1441, germany@ceibo.entelnet.bo; Mo–Fr 9–12 Uhr. *Ecuador:* Embajada Ecuador, 16 de Julio 1440, Ed. Hermann, Tel. 231-9739, Tel./Fax 233-1588; Mo–Fr 9–16 Uhr. – **Österreich:** Consulado de Austria, Montevideo 130, Ed. Requima, 6. Stock, Tel. 00591-2-244-2094, Fax 255-2035; Mo–Fr 14.30–16 Uhr. *Paraguay:* Consulado de Paraguay, Av. 6 de Agosto 2190/Salazar, Tel. 243-3176/243-2201; Mo–Fr 8.30–16 Uhr. *Peru:* Consulado de Peru, Av. 6 de Agosto 2455, Ed. Hilda, Tel. 244-0631, Fax 244-4149; Mo–Fr 9–13 u. 15–17 Uhr. **Schweiz:** Embajada Suiza, Calle 13 No. 455/Esquina 14 de Septiembre, Obrajes, Casilla 9356, Tel. 00591-2-275-1225, Fax 00591-2-214-0885, vertretung@paz.rep.admin.ch; www.eda.admin.ch/lapaz, Mo–Fr 9–12 Uhr.

Post	*Correo Central,* Mariscal Santa Cruz/Oruro. Mo–Fr 8–20, Sa 9–18, So 9–12 Uhr
Telefon und Fax	*ENTEL,* Cabina Central, Ayacucho 267, Tel. 239-1784 und 236-7474. Tägl. 7.30–22 Uhr. Hier ist telefonieren preiswerter als in den großen Hotels, die meist 100% auf die Rechnung draufschlagen. Eine Minute nach Deutschland kostet etwa 0,50 €. – *COTEL,* evtl. billigere Alternative. – *Shopping Tourist Doryan,* Sagárnaga/Murillo (2. Stock, Local 26); Call Center mit Telefonkabinen und Internet mit den **günstigsten Tarifen!** **Vorwahlen:** *Bolivien von D:* (00591), *La Paz* (02), *D–La Paz* (00591-2).
Internet-Cafés (Auswahl)	Eine Internetstunde kostet etwa 3 Bolivianos. *ENTELNET,* Av. 16 de Julio (Prado); Mo–Fr 9–24 Uhr, preiswert. – *TorinoNet Cyber Café,* Socabaya 457 (Nähe Plaza Murillo), Tel. 236-4333, www.torinonet.com, gutes Frühstück ab 1,50 €. – *Latindata Cyber Café,* Federico Zuazo 1717/Reyes Ortíz, www.latindata.com. – *CiberCafé Monet,* Calle 11 No. 256, Obrajes, Tel. 278-5541, www.cafe-monet.com. – *W@r@ net Cybercafé,* Yanacocha/Potosí, Centro Comerical Cristal, Sub-suelo 115, Tel. 237-5690, www.waranet.com. – *El Lobo,* Illampu/Sta. Cruz, Internetkneipe, Touristentreff. Weitere Internetcafés befinden sich in den Straßen Sagárnaga, Linares und entlang des Prados.
Geld	Zu den normalen Öffnungszeiten der Banken und Wechselstuben bieten die *Cambistas* (Straßenwechsler) gute Wechselkurse, die jedoch freitagnachmittags übers Wochenende nachgeben. Wem die Straßenwechsler in der Camacho und auf dem Prado zu unsicher sind (das Geld immer sofort nachzählen), holt Nachschub aus einem Bankautomaten oder einer Casa de Cambio. Außerdem wechseln viele Reisebüros, Hotels (z.B. das *Hotel Gloria* auch Cook-Reiseschecks, s. dort) und Hostales. Bar-Euro erzielen einen besseren Kurs als Reiseschecks. *€uroBisa* hat sich auf Geldtransfer und -wechsel von Euro spezialisiert (auch €-Reiseschecks) **Casas de Cambio:** sie haben im allgemeinen Mo–Fr 9–12 Uhr und 14–18 Uhr geöffnet, am Sa nur vormittags. *Sudamer Cambios,* Colón/Camacho 1311, Tel. 220-3292, Fax 220-3196 (sudamer@caoba.entelnet.bo), Mo–Fr 9–12.30, 14.30–18.30 Uhr, Sa 9–14 Uhr. Seriöse Wechselstube, alle gängigen Währungen und Reiseschecks, Kommission Tausch TC 2%, auch Umtausch Reiseschecks in Euro gegen Kommission möglich, Originalpass nötig; Zweigstelle in der Calle 21 Calacoto 8263, San Miguel. – *Colón Cambios América,* Camacho 1233, bekannte Wechselstube, zuverlässig. – *Money Exchange,* Mercado 1324, Tel. 236-3639 und 237-4181, zuverlässig. – *Unitours Cambio,* Mercado. **Banken:** Die wichtigsten sind am Prado und in der Av. Camacho, wie *Banco Santa Cruz, Banco Nacional de Bolivia* (Colón/Av. Camacho 1312), *Banco Bisa* (wechselt Reiseschecks), *Banco Real, Banco Mercantil* (Mercado/Ayacucho), *Banco do Brasil.* Öffnungszeiten meist 8.30–16 Uhr. Banken verlangen in der Regel eine höhere Kommission als Wechselstuben, für Reiseschecks nehmen sie bis zu 6 €/Scheck. Die *Banco Industrial,* Av. Camacho 1333, wechselt Bargeld u. Reiseschecks ((Mo–Fr 8.30–16 Uhr, Sa 10–13 Uhr). **Kreditkarten:** *American Express,* Magri Turismo (Repräsentant), Calle Capitán Ravelo 2101, Ed. Capitán Ravelo, Tel. 244-2727, Fax 243-4660, info@magri.amexpress.com.bo, www.magri-amexpress.com.bo. Verkauf von Reiseschecks auf Kreditkarte, Mo–Fr 9–18.30 Uhr, Sa nur bis 12 Uhr. *Eurocard/MasterCard, VISA:* Administradora de Tarjetas de Crédito, *Banco Santa Cruz,* Av. Camacho 1448, Tel. 231-5800.
Zoll	*Aduana,* Potosí 940, Tel. 232-0979, Fax 235-2506
Taxis	*Radio Taxi América,* Tel. 222-2233. *Radio Taxi Expreso del Sur,* Tel. 277-1818. *Radio Taxi Bam Bam,* Tel. 231-1311.

La Paz - sonstige Adressen

Mietwagen Mietpreisorientierung: Geländewagen ab 40 €/Tag inkl. 150 Freikilometer, je nach Größe.

Petita Rent-a-Car, Valentin Abecia 2031, Casilla 6930, Tel. 242-0329, Fax 232-7266, Handy 7722-6481, petita@unete.com, info@rentacarpetita.com, www.rentacarpetita.com. Mietwagenagentur des ausgewanderten Schweizer Mechanikers *Aldo Rezzonico*, der auf Geländewagen (u.a. Toyota Landcruiser) spezialisiert ist. Vermietung der Geländewagen mit und ohne Fahrer/Führer, auch Verkauf. Sehr gute Ausrüstung (Werkzeuge, Schaufeln, Ersatzreifen u. - kanister, Seilwinde, Jagd- und Campingausrüstung, bestes Kartenmaterial und Routenbeschreibungen mit GPS-Daten!). Grenzübertritt in alle umliegenden Länder möglich! Sehr zuverlässig, auch von D aus direkt übers Internet buchbar. Tagesmiete inkl. 200 Frei-Kilometer, z.B. Toyota Landcruiser, ab 100 €, jeder weitere km 0,40 €; Wochenmiete inkl. 1250 km ab 540 €; 2 Wochen inkl. 2500 km ab 1000 €, 3 Wochen inkl. 3750 km ab 1500 €, ein Monat ohne Km-Beschränkung ab 2000 €. Versicherung 10 €/Tag, 50 €/Woche, 80 €/2 Wochen, 100 €/3 Wo., 120 €/Monat. **TIP!**

International Rent-a-Car, Federico Zuazo 1942, Tel./Fax 244-1906. Spezialisiert auf Jeeps bzw. 4WD. Jeep, z.B. Suzuki Vitara 45 €/Tag inkl. 120 Freikm oder 370 €/Woche inkl. 1000 Frei-km. Toyota Landcruiser 450 €/Woche, 1000 Frei-km, 0,35 € für jeden weiteren km; oder Toyota Landcruiser (Vagoneta), 550 €/Woche, 1000 Frei-km, 0,48 € für jeden weiteren km; der Mietwagen kann gegen Aufschlag von je 200 € alternativ bereits in Puno/Peru übernommen bzw. auch in Juliaca wieder abgegeben werden. Monatsmieten ab 800 € mit 2000 Frei-km. Auch von D aus buchbar.

Rent-a-Car Oscar Crespo Maurico, Av. Simón Bolívar 1865, Tel. 222-0989, Fax 224-2608, ocmrent@caoba.entelnet.bo, www.rentacarocm.com. Tagestarif mit 200 Frei-km ab 39 €, Wochentarif mit 1500 Frei-km ab 229 €, Monatstarif mit unbeschränkten Frei-km ab 950 €.

Barrón's Rent-a-Car, Av. Alemana 50/Tajibos, Tel. 342-0160, Fax 342-3439, antonioba@cotas.com.bo, www.rentacarbolivia.com mit Zweigstellen in Cochabamba, Villazón und Tarija.

Kolla Motors Rent-a-Car, Rosendo Gutiérrez 502, Tel. 241.9141, Fax 241-1344, kollamotors@zuper.net. Mietwagen ab 48 €/Tag, ab 65 €/Tag inkl. 120 Frei-km, Wochentarif 450 € inkl. 1000 Frei-km, Monatstarif 1500 € inkl. 4500 Frei-km. Preiswertester Jeep 4WD, z.B. Suzuki, gleicher Tarif, höherwertiger 4WD, z.B. Toyota Landcruiser, 30–40% Aufschlag. 24-Std-Service. Zweigstelle in Sucre.

IMBEX, Av. Montes 522/Pucarani, Tel. 245-5432, Fax 245-5433, info@imbex.com und rentacar@caoba.entelnet.bo. 4WD (auch mit Fahrer, Zuschlag 15 €/Tag), ab 50 € inkl. 120 Frei-km, spezialisiert auf Fahrten in die Yungas via Chacaltaya (ca. 160 €) und bei mehreren Personen immer preiswerter wie ein Fahrt mit einem Touranbieter!

AVIS, Av. Sánchez Lima, Ed. Tango, Tel. 21-1870, 24-Std.-Service 776-7004, www.avis.com.bo. Kleinwagen ab 15 €, Wochentarif 199 €. Geländewagen Toyota Landcruiser (7-Sitzer) 44 €, Wochentarif 500 €. Alle Preise zuzügl. Versicherung.

Dollar Rent-a-Car, Tel. 715-62663, gebührenfrei 800-109010, dollarbolivia@usa.net, www.dollar.com. – **La Paz Rent-a-Car,** Federico Zuazo 155 Tel. 232-3710; preiswert. – **National Car Rental,** Av. Sánchez Lima/Kantutani, Tel. 243-0138, Fax 239-1189; günstige Jeepvermietung. – **Localiza Rent-a-Car,** Tel. 244-1011, www.localiza.com.br.

Autowerkstatt *Ernesto Hug*, Av. Jaime Freyre 2326, Tel. 241-5264, Fax 242-1692, dennyhug@ceibo.bo. Seit Jahrzehnten *die* VW-Werkstatt in ganz Bolivien schlechthin! Seine Schlosser-, Elektriker- und Mechanikertruppe löst nahezu alle Probleme, auch anderer Automarken. Ernesto spricht Deutsch! Leider kann er bei Mercedesfahrzeugen, z.B. einem Sprinter, nicht weiterhelfen. Hier ist man bei der Mercedes-Werkstatt *Ovando,* Av. Ballivián im Stadtteil Calacoto, richtig. Der deutschsprechende Herr Perez hilft weiter.

Fahrradfahren & Mountainbiking
Viele Anbieter gibt es in der Calle Sagárnaga. Die meisten bieten Downhill-Touren an, meist Abra La Cumbre – Pte. Yolosa, ab 35 € inkl. Bike, Führer, einer warmen Mahlzeit sowie Rücktransport mit dem Minibus. Bemerkung: Die Mountainbikes sind meist nicht besonders neu – wichtig ist, dass die Bremsen tadellos funktionieren und dass neben dem Führer mindestens ein Fahrzeug vorausfährt und den Führer über Funk informiert, wann ein Fahrzeug entgegenkommt, damit rechtzeitig angehalten werden kann! Diese Downhill-Touren auf der sogenannten „gefährlichsten Straße der Welt" sind nicht ungefährlich (Absturzgefahr) und nichts für Mountainbike-Anfänger.

Gravity Assisted Mountain Biking, Av. 16 de Julio 1490, Tel. 237-4202, alistairm@hotmail.com, gravity@unete.com, www.gravitybolivia.com, Mo–Fr 9–19 Uhr. Seriöser Anbieter für organisierte Radtouren inkl. Begleitfahrzeug, Rad, Helm und Führer 55 €, damit einer der teuersten Anbieter. – *Down Hill Madness/ECO Jungle Tours,* Sagárnaga 339, Tel./Fax 239-1810/233-5429, www.andesamazon.com. Professionelle Mountainbike-Touren nach Chacaltaya, durchs Zongo-Tal und nach Pte. Yolosa/Coroico ab 40 €, sehr gute Bikes mit zwei Scheibenbremsen, exzellente Führer, Fahrradhelme mit Kinnschutz, Begleitfahrzeug, mit einer der besten Anbieter. – *Mountain & Jungle/X-treme Downhill,* Linares 388. Downhill nach Coroico 35 €, Chirakotta 25 €, hilfsbereites Personal. – Auch gut: *Xtreme,* Sagárnaga 324, 30 €. – Ein weiterer guter Anbieter: über die Tel.-Nr. 237-4204 oder 241-5530, AlistarM@hotmail.com. Yungas-Tour 50 € inkl. Bike u. Ausrüstung.

Radgeschäfte findet man in der Casca (Mountainbike-Zubehör und Michelin-Reifen). Ein guter Laden ist in der Av. América 169, alle Ersatzteile.

Tankstellen Beim bolivianischen Automobilclub, Av. Montes, am Beginn der Autobahn nach El Alto sowie an allen Ausfallstraßen.

Landkarten *Instituto Geográfico Militar,* Av. Saavedra Final/Subrieta (Miraflores, Nähe Estadio); Mo–Fr 9–11 Uhr und 15–17 Uhr. Gute Detailkarten, topographische Karten (1:50.000) 5 €/Blatt, auch Kopien von Karten (preiswerter!). *SNC* (Servicio Nacional de Caminos), 20 de Octubre (oder Mcal. Santa Cruz). Die Librería *La Paz/Colón/*Ballivián führt gleichfalls Karten.

Goethe-Institut *Instituto Cultural Boliviano-Alemán,* Av. Arce 2708/Campos im Ex-British Council, Casilla 2195, Tel. 243-1916, Fax 1998, info@lapaz.goethe.org, goethe@kolla.net, www.goethe.de. Öffnungszeiten der Bibliothek Mo/Di/Do 16–20 Uhr, Mi/Fr 10–13 Uhr, bietet auch CDs und Videos.

Deutsche Schule / Deutsch-Boliv. Organisationen
Deutsche Schule: *Colegio Alemán Mariscal Braun* (1923), Av. Alexander 100, Casilla 605, Achumani, Tel. 271-1581 und 271-0812, www.dasan.de/lapaz; etwa 15 km außerhalb, südlich im Vorort Achumani, Unterrichtung nach dt. Lehrplänen. Gleich um die Ecke ist das *Centro Cultural Alemán* (CAA), Herausgabe einer vierteljährlichen Zeitung, www.cca-monatsblatt.org, lesenswert. – **Deutsch-Bolivianische Industrie- und Handelskammer:** *Cámara Boliviano-Alemana,* Av. Ecuador 2277, Casilla 2722, Tel. 241-1774 u. 241-332, Fax 241-3321, info@ahkbol.com; Mo–Fr 9–12.30 Uhr und 14.30–18.30 Uhr. **Deutscher Entwicklungsdienst (DED):** Alfredo Heins, Calle Alfredo Ascarrunz 2675, Sopocachi, La Paz, Tel. 241-1450 und 241-3328, Fax 241-5918, dedbol@dedbol.bo. Mechanikerschule *Don Bosco* in *El Alto* unter Leitung von August Menke, Tel. 871-2372. Es werden auch **Touristenautos repariert! Deutsch-Bolivianische Gesellschaft für geologische Zusammenarbeit:** *SEGEOMIN,* Calle Federico Zuazo 1673, Tel. 235-2731, Fax 235-2731. **Deutschsprachiger Rechtsanwalt:** Dr. Wolfgang u. Miguel Apt, Av. Mariscal Santa Cruz, Ed. Hansa, 12. Stock, Casilla 2722, Tel. 232-0240, Fax 239-1088. **Deutsche polit.**

La Paz - sonstige Adressen

Stiftungen: *Friedrich-Naumann-Stiftung,* Calle Aspiazu 637, Sopocachi, Tel. 241-6150. *Hans-Seidel-Stiftung,* Calle Hnos Manchego 2441, Sopocachi, Tel. 237-0316. *Konrad-Adenauer-Stiftung,* Av. Arce, Ed. Torre de Las Américas, Tel. 239-1283.

Golf und Tennis
Club Mallasilla, Casilla 4306, La Paz, Tel. 279-2124. **Tennis:** *Club de Tenis La Paz,* Av. Arequipa 8450, La Florida, Tel. 279-2590.

Sprachschule
ABC Spanish Tuition, Pisagua 634, Tel. 228-1175, willamor@hotmail.com. *William Ortíz* unterrichtet seit 1992 Spanisch, insbesondere für Deutsche, Schweizer und Österreicher. Ein- oder zweiwöchige Intensivsprachkurse (3–4 h/tägl.), Einzelunterricht 5,50 €/h, Kleinstgruppenunterricht 9 €/h für 2 Pers. inkl. Lehrmaterial. Auf Anfrage Unterbringung bei einer Familie möglich. – *Spanish Language Institute,* Calle 14/Aviador 180, Achumani, Tel. 279-6074, www.bolivialanguageinst.com. Alle Stufen, Intensivkurse, Einzelunterricht. *Insituto Exclusivo,* Ed. Mechita, Av. 20 de Octubre 2315, Sopocachi, Tel. 242-1072, www.instituto/exclusico.com; Gruppenunterricht ab 10 Bs/h, Einzelunterricht für Backpacker 60 Bs/h

Touranbieter

Die meisten Agenturen befinden sich in der Calle Sagárnaga. Organisierte Touren und Ausflüge sind verhältnismäßig teuer, selbstorganisiert ist es auf jeden Fall wesentlich günstiger (ein Halbtages- oder ein Tagestaxi nicht über ein Reisebüro, sondern direkt selbst anmieteten).

Federico Alvarado B., Av. Arce/Gonsalvez, Ed. Apolo 3, Tel. 243-2367, Handy 719-83610, malvarad@ceibo.entelnet.bo; organisiert alle Arten von Touren und Expeditionen (auch Salar de Uyuni) ab La Paz, ist spezialisiert auf **Tiwanaku.**

Fremen Tours Andes & Amazonia, Av. Mariscal Santa Cruz, Galería Handal, Tel. 244-0242/240-7995/240-8200, Fax 240-8269/244-4892, info@andes-amazonia.com, www.andes-amazonia.com. Individueller Allround-Anbieter für ganz Bolivien, zusätzlich spezialisiert auf vier- bis sechstägige **Schiffstouren** mit dem Fluss-Hotelboot (Flotel) *Reina de Enin* ab Trinidad. Touren ab 2 Pers. inkl. TR, VP, Versicherung und Ausflüge. Alle Kabinen mit bp, Ww, wahlweise AC oder Vent., auf Wunsch veg. Küche. Sehr kinderfreundlich. 6-Tagestour ca. 400 €, Kinder bis 6 Jahre 50%, bis 11 Jahre 75%. Guter Service, 1995 mit dem *Kantuta de Oro-Preis* des Ministeriums für Industrie und Entwicklung ausgezeichnet. **TIP!** Hinweis: Zwischen Mai und Sept. kalte Fallwinde aus den Anden!

Thomas Wilken Tours, Calle 14 de Obrajes 12, Sektor B, Tel. 7252-8720/7199-8880, Thomas@wilkenonline.de, www.südamerikatours.de. Trekking und Bergsteigen in wenig bekannte Bergregionen, Touren auch ab Huaraz, Cusco und Arequipa, Fahrzeug, erfahrenes dt.-bol. Unternehmen. **TIP!**

Alberth Bolivia Tours, alberthbolivia@hotmail.com; kleiner Touranbieter, preiswerte Berg- und Trekkingtouren, auch rund um Sorata, viele Infos, gPLV, empfehlenswert.

America Tours, Av. 16 de Julio 1490, Tel. 231-0023, Fax 237-4204, jmiranda@ceibo.entelnet.bo, www.america-ecotours.com. Tourangebote in den Madidi- und **Noel-Kempff-Nationalpark.**

Akhamani Trek, Linares 888, Tel./Fax 237-5680, tourtrk@ceibo.entelnet.bo. Spezialisiert auf **Trekking-Touren,** z.B. Camino Choro.

Bolivian Adventures Tours, Obispo Cardenas 1421, Tel. 220-2869, Fax 220-2854, libertad@ceibo.entelnet.bo.

Bolivian Journeys, Sagárnaga 363, Tel./Fax 235-7848, www.bolivianjourneys.org. Bergsteigerspezialist für Apolobamba, Quimza Cruz, Cordillera Occidental und Cordillera Real. Zeltvermietung (North Face, Terranova u.a.), Landkarten, Gas, Infos auf Deutsch.

Cadé Tours, Sagárnaga 177, Galería Gala Centro (1.Stock), Tel. 231-0501, Fax 231-1995, www.bolivia-cadetours.com; zuverlässiger Anbieter, Tourangebote inkl. Führer und Transporte, empfehlenswert.

Crillón Tours, Av. Camacho 1223, Tel. 233-7533, Fax 211-6481, titicaca@entelnet.bo, www.titicaca.com. Seit 1958 auf dem Markt und damit der älteste Touranbieter Boliviens mit der größten Infrastruktur: 16 Busse und Vans, 7 Tragflügelboote auf dem Titicaca, zwei Hotels am Titicaca, Ökolodge Posada del Inca auf der Sonneninsel, empfehlenswert!

Eco Jungle Tours, Sagárnaga 339, Tel. 233-5429, www.ecojungletours.com; netter, freundlicher Touranbieter für Rurrenabaque, Tiwanaku, Chacaltaya, Salar de Uyuni und Mountainbike-Downhills, gPLV. Beispiel: 2-Tages-Urwaldtour ab Rurrenabaque 25 €/Tag, inkl. Ü/VP (Buffet), Führer u. Transporte.

ECOLOGICAL Expedition, Sagárnaga 189/Murillo, Tel. 236-5047, Fax 231-4172, ecological@bo.net; **Rafting** (Grad 3) von Sta. Barbara nach Pte. León (Nähe Caranavi), Touren auf dem Río Yacuma, organ. Tier- und Vogelbeobachtungen.

Magri Turismo, Calle Capitán Ravelo 2101/Montevideo, Ed. Capitán Ravelo, Tel. 244-2727, Fax 243-4660, info@magri-amexpress.com.bo, www.magri-amexpress.com.bo. Seit 1973, sehr zuverlässig (Repräsentant von American Express). Der Chef Rodrigo Grisi und Isabel Robles sprechen ausgezeichnet Deutsch. Komplettangebot von Touren in ganz Bolivien, Bergsteigerinfos, Öko- und Abenteuertouren; empfehlenswert, aber anspruchsvolle Preise.

Swiss Bolivian Adventures, Av. Mariscal Santa Cruz/Socabaya, Ed. Handal, Tel. 240-6470, sbadventuras@bolivia.com, www.andes-bolivia.ch. Allrounder, auch Trekking und Bergsteigen, gPLV.

TRANSTURIN, Alfredo Ascarrunz 2518, Sopocachi, Tel. 242-2222, Fax 241-1922, 24-Std.-Service: Tel. 715-61630, info@transturin.com, www.transturin.com. Auf **Bootstouren auf dem Titicaca** spezialisiert. Katamaranmotorboote, Tagesfahrten zur Sonneninsel ab 140 € p.P., teuer!

Traveline Expeditions, Ed. Cámara Nacional de Comercio, Sub. Suelo Of. 6 y 7, Tel. 233-6599, 235-2111, caguilar@travellineexpeditions.com, www.travelinexpeditions.com; guter Anbieter für den **Camino Takesi.**

Travel Tracks, Sagárnaga 213, Tel. 231-6934, info@travel-tracks.com; die engagierte, hilfsbereite holländische Besitzerin ist eine der billigsten Trekking-Tour-Anbieter z.B. für den **Choro-Trail,** bietet aber auch Jeeptouren an.

Turisbus, Illampu 704, im Hotel Rosario, Tel. 245-1341, Fax 245-1991, turisbus@caoba.entelnet.bo, www.travelperubolivia.com. Vermietung von Trekking-Ausrüstung, Touren nach Isla del Sol, Chacaltaya in Kombination mit Valle de la Luna, 8–16.30 Uhr, 50 Bs p.P., inkl. englischsprachigem Guide.

Turismo Balsa, Hermanos Manchego 2526, Casilla 5889, Tel. 244-0620/244-0817, Fax 244-0310, info@turismobalsa.com, www.turismobalsa.com. Touren nach Tiwanaku, Titicaca und in La Paz sowie auf die Insel **Suriqui.** Eigner des Hotels *Las Balsas* in Pto. Pérez am Titicacasee.

Viacha Tours, Sagárnaga 315, Tel. 231-2967, viacha-tours@entelnet.bo, www.viacha-tours.com und www.viacha-tours.de; deutsch-bolivianischer Allrounder. Die zweitägige Trekkingtour zum See von Tuni führt traumhaft zwischen zwei Gletschern durch. Professioneller Führer ist hier *Eulogio*.

■ **Servicio Nacional de Áreas Protegidas Aero Natural de Manejo Integrado Nacional Apolobamba, SERNAP,** Loayza 178, Tel. 231-7742, Fax 231-7740, www.sernap.gov.bo. Spezialtouren in die Schutzzone von **Apolobamba** (Reserva Nacional de Fauna Ulla Ulla), z.B. Curva-Pelechuco-Trek (5 Tage) mit Besuch der Aguas Termales in La Putina, Nevado Katantica (5592 m), Lago Suches, Lago Nube, Lago Puyo Puyo und Charazani. **TIP!**

La Paz – Verkehrsverbindungen

Einkäufe Für La Paz gilt, dass es im indigenen Viertel mit seinen unzähligen Märkten und Marktgassen wesentlich preiswerter ist als Einkäufe am Prado. Die Geschäfte am Prado werden um so teurer, je weiter unten der Laden liegt, und das bei gleicher Qualität. Neben den typischen Mitbringseln sind Gold- und Silberwaren viel günstiger als bei uns. Das neue große Einkaufszentrum **Shopping Norte** ist ebenfalls ein Tipp. Grundsatz beim Einkaufen im indigenen Viertel: Handeln, Feilschen, so wie es die Bolivianer machen. Ansonsten: *Artesanías Wara*, María Lanza Rodríguez, Linares 810, Tel. 236-6293.

Lebensmittel: *Mercado Camacho*, Camacho/Bueno und *Mercado Lanza*, Plaza Pérez Velasco, beide sehr günstig. Vollkornbrot *(pan integral)* gibt es bei den Straßenverkäufern und auf den Märkten. Drei empfehlenswerte Bäckereien: *Boutique del Pan*, Obispo Cárdenas und *El Luís*, Socabaya sowie *Leo Nothmann* (deutsches Vollkornbrot), Landaeta 514, San Pedro.

Supermärkte: *Hipermaxi*, Cuba 1406/Brasil, Miraflores, und Av. Ballivián (zwischen Calle 18 u. 19), Calacoto. *Gava Market*, Av. Ballivián/Calle 10. *KETAL*, Av. Arce/Pinilla. *ZATT*, Av. Sánchez Lima 2362/Salinas (Sopocachi). *X-Tra*, Plaza España 1061.

Bäckerei: *Graf*, Federico Suazo/Colorados.

Wurstwaren: *Stege*, Evaristo Valle und *Salchichería Graf*, Cota Cota (beim Chalet La Suisse), gute Wurstwaren. **Bottle-Shop:** *Trago's*, 23 de Calacoto. *OASIS*, Av. 20 Octubre/Pérez und Av. 6 de Agosto (beim Shopping V Centenario).

Coca-Produkte: *Centro Comerical Condor*, Graneros 312 (zwischen Illampu und Tamayo); z.B. *Mate de Coca* (gegen Höhenkrankheit), Cocawein, Cocakaugummi. **Hinweis:** Cocaprodukte dürfen nicht nach D eingeführt werden!

Wasserfilter: *Casa Luna*, Calle 5 s/n, Koani.

Trekking-Ausrüstung, gebrauchte, **Fahrradteile, Karten, Bücher** und auch **Touren:** *Et-n-ic*, Calle Illampu 863, Tel. 246-3782, www.visitabolivia.com; gute Stücke, auch Karten und RKH-Bücher, gehört dem Schweizer Christian Menn, der auch Touren organisiert.

Wäscherei Viele Wäschereien befinden sich in der Illampu. Weitere u.a. in der 20 de Octubre 1715, Santa Cruz 1032 u. Av. Manco Capaca.

Drogerie Yanaqocha 319, gut sortiert.

Filme *ABC Color División Grafico*, Av. Simón Bolivar 1863, Tel. 222-1161. *Kodak Film*, Illampu 834, Tel. 245-8515. *Pro Imagen*, Sagárnaga 161.

Kamerareparatur *Tecnología Fotográfica*, Av. 20 de Octubre 2255, Ed. Renacer, Tel. 242-702, rcallla@tecnologiafotografica.com, www.tecnologiafotografica.com, Mo/Do/Fr 9.30–12.30 Uhr/15.30–19.30 Uhr, Sa 9.30–12.30 Uhr und *Foto Color CAPRI*, Av. Santa Cruz/Colón, Mo–Fr 10.30–12 Uhr. Kamera- u. Objektiv-Reparaturen, englischsprachig, zuverlässig.

Buchhandlungen *Los Amigos del Libro*, Besitzer die deutschsprachigen Werner und Ingrid Guttentag, Mercado 1315, Tel. 232-0742, Fax 231-1247; Filialen im Centro Comerical San Miguel, Av. Montenegro/Calle 8, sowie auf dem Flughafen El Alto.

Verkehrsverbindungen

Guía Boliviana de Transporte y Turismo Ed. Arcadia 4-C, Av. Arce/Pinilla (gegenüber Supermarkt KETAL), Tel./Fax 243-1470, gbt@ceibo.entelnet.bo. Diese Organisation bringt ein Monatsmagazin mit den wichtigsten Flug- und Busverbindungen samt Tarifen, Hotels, Mietwagenfirmen heraus; außerdem Infos zu den Großstädten Boliviens mit Stadtplänen. Zweigbüros in Cochabamba, Sucre, Potosí, Tarija, Trinidad und Oruro.

La Paz – Busgesellschaften

Bus, Micros, Minibus Die teils überfüllten Stadtbusse fahren auf bestimmten Strecken zu Centbeträgen. Daneben rattern unzählige Micros durch die steilen Straßen und Gassen von La Paz (Fahrpreis steht oft an der Frontscheibe). Die Micros verkehren sehr häufig über den Prado. Hinweis: allein das Einsteigen in diese Verkehrsmittel verlangt in den Stoßzeiten einiges an Durchsetzungsvermögen. Vorsicht vor Taschendieben, die im Gewühl arbeiten! Minibusse (Kombis) sind sicherer und schneller.

Taxis und Trufis Taxis sind sehr billig, Fahrpreis zum Fahrziel erfragen und ggf. herunterhandeln. Orientierung: **eine kurze Fahrt im Zentrum kostet um 3 Bolivianos pro Person** (Standardtarif), mit dem **Funktaxi 6 Bs.** (Standardtarif für bis zu vier Personen). Wer nur den Prado rauf oder runter will, fährt noch preiswerter mit Sammeltaxis, den **Trufis.** Das Fahrziel oder die Fahrstrecke wird beim Vorbeifahren über die Straße gerufen. Eine andere Trufi-Strecke führt vom Bahnhof über die Plaza Murillo raus nach Miraflores. Zum Flughafen: per Colectivo (Cotranstur), Trufi (ca. 1 €) oder Taxi 5 € (Funktaxi etwa 7 €). Langstreckentaxis oder **Taxis für Tagesfahrten** warten im **Centro de Taxis,** Av. Ancieto Arce; Tagespreis 40–50 €. Ein auf längere Strecken spezialisierter Taxifahrer, z.B. zum Salar de Uyuni, ist *Oscar Vera,* Simón Aguirre 2158, Copacabana, Tel. 223-0453, Tagesmiete inkl. Benzin und Fahrer 200 €. Taxis nach Desaguadero 2 € p.P.

Fernverkehr Bus Die meisten *Flotas* – der Name signalisiert wohl die Meeressehnsucht der Bolivianer – und *Transportes* fahren vom Busterminal **Terminal Terrestre** ab, Plaza Antofagasta, Tel. 228-6061, der über die Straßen Montes und Uruguay schnell zu erreichen ist. Es ist tägl. von 7–23 Uhr geöffnet. Der Terminal wurde von *Eifel* erbaut, der einige Jahre in Bolivien lebte. Vorhanden sind Post- und Telefonstellen (ENTEL), Gepäckaufbewahrung und einige Reiseagenturen. Benutzungsgebühr 2 Bs.

Wichtig ist, sich rechtzeitig einen Platz zu reservieren! Sinnvoll ist, vor dem Fahrkartenkauf die Flotas nach Preisen, Fahrtdauer und Busqualität (Heizung!) durchzuchecken. Meist werden für Nachtfahrten moderne Pullmanbusse mit verstellbaren Sitzen eingesetzt, zum Schlafen kommt man aber wegen des Videoprogramms und wegen der Straßenverhältnisse doch nicht. Außerdem gibt es Busse mit Liegesitzen (*Semi Cama*) und mit Betten *(Bus Cama),* sehr bequem, aber auch wesentlich teurer. An Sonn- und Feiertagen sind Buspreise durch Zuschläge meist teurer als an Wochentagen.

■ **Höchste Diebstahlsgefahr in Busterminals und auch in Bussen!!**
Dazu *Albert K.,* Engelburg: „*Der Busterminal ist wirklich sehr gefährlich. Auch ich habe mein Gepäck im Bus verloren. Der Rucksack wurde mir über meinen Kopf vor der Abfahrt gestohlen. Vermutlich nach hinten gezogen, in ein Tuch gepackt und an meinen Augen vorbei nach vorn aus dem Bus getragen ...*"
Also aufgepasst! Auch vor Ablenkmanövern!

Wichtige Busgesellschaften im Terminal Terrestre

Den Busgesellschaften wurden sog. *Casetas* zugewiesen. Diese können sich aber immer wieder ändern. Die aktuelle Caseta-Zuteilung ist aber unübersehbar auf großen Tafeln angeschrieben. Die hier angegebenen Caseta-Daten dienen deshalb nur zur Orientierung.

Andes Mar, Caseta 6; nach Arica um 7 Uhr.
Andino, Caseta 20, Tel. 228-2038; nach Oruro um 5, 7, 9.30, 15.30, 17, 18, 19 Uhr.
Aroma (Jumbo Bus), Caseta 2, Tel. 228-1894; nach Oruro von 4.30–18.30 Uhr im Stundentakt.
Atlas, Caseta 8; nach Oruro um 6.30, 8.30, 11, 14.30, 18, 19.30 Uhr.
Avaroa, Caseta 17, Tel. 228-2293; nach Oruro (v. 5.30–21.30 Uhr im Stundentakt), nach Cochabamba um 10, 21.45, 22.15 Uhr.

La Paz – Busgesellschaften

Bolívar (Jumbo Bus), Caseta 1, Tel. 228-1973 u. 228-4008; nach Cochabamba von 7.30–15 Uhr u. 20.30–23 Uhr im Stundentakt; nach Sta. Cruz 17.30, 19.30 Uhr.
Bolivia (Jumbo Bus), Caseta 19, Tel. 228-1832; nach Oruro von 7.30–20.30 Uhr im 2-Stundentakt; nach Cochabamba 9–22 Uhr im 2-Stundentakt; Sta. Cruz 19.30, 22.30 Uhr.
Chilebus, Caseta 38, Tel. 228-2168; nach Arica/Iquique 6.30 Uhr; Direktbus nach Iquique Di/Do/So 15 Uhr.
Cochabamba (Jumbo Bus), Caseta 28. Tel. 228-4222; nach Cochabamba um 9, 11.30, 17.30, 21 Uhr.
Copa Moya, Caseta 56, Tel. 228-2815; nach Tarija um 17 Uhr.
Cosmos, Caseta 7, Tel. 228-1938; nach Cochabamba von 5.30–22 Uhr im 2-Stundentakt; nach Sta. Cruz um 17, 20 Uhr.
Cruz del Sur, Caseta 47; nach Puno/Arequipa Di/Do/Sa 8 Uhr.
Fénix, Caseta 9, Tel. 228-1803; nach Oruro 5.30–18 Uhr im 2- Stundentakt.
Flecha Bus; Caseta 35, Tel. 228-3660; nach Sta. Cruz/Positos (Arg.) 19 Uhr.
Flota Copacabana, Caseta 14, Tel. 228-1596; nach Cochabamba 8, 11, 13, 16.30, 22, 22.30 Uhr; Sta. Cruz 17.30, 20 Uhr; Potosí 20 Uhr.
Flota El Cisne, Caseta 25, Tel. 228-1937; nach Cochabamba 9, 13.30, 15, 21, 22 Uhr.
Flota Panamericana, Caseta 32, Tel. 228-5657; nach Cochabamba 22 Uhr, nach Potosí/Uyuni 19 Uhr; Arica 6.30 Uhr.
Flota Panasur Uyuni, Caseta 39, Tel. 228-1708; nach Uyuni, tägl. 17.30 Uhr.
Humire, Caseta 49; Arica/Iquique Mi/So um 6.30 Uhr.
Inqusivi, Caseta 55, Tel. 228-4050; n. Quime/Inquisivi/Cajuata 6, 6.30 Uhr, Mo/Di/Sa 13 Uhr.
Mopar, Caseta 26, Tel. 228-1737; nach Cochabamba 9.30, 14, 21.30, 22 Uhr; nach Yacuiba/Trinidad 14, 21.30, 22 Uhr; nach Sta. Cruz 9.30, 14, 21.30, 22 Uhr; nach Sucre 9.30 Uhr.
Nobleza, Caseta 11, Tel. 228-2024; nach Oruro 6–22 Uhr im Stundentakt; nach Cochabamba 9, 12.30, 21, 22 Uhr.
Potosí, Caseta 34, Tel. 228-1784; nach Potosí um 19 Uhr.
Panasur, Caseta 39, Tel. 228-1708; nach Uyuni, tägl. 17.30 und 19 Uhr.
Ramos Cholele, Caseta 33, Tel. 228-4434; nach Arica/Iquique/Santiago de Chile um 6 Uhr.
San Francisco, Caseta 31, Tel. 228-1785; nach Cochabamba/Sucre 8.30, 21 Uhr.
San Lorenzo, Caseta 53, Tel. 228-2292/228-2381; nach Tarija/Yacuiba/Villa Montes/Bermejo um 16.30 Uhr.
San Roque, Caseta 40,Tel. 228-1959; nach Tarija/Yacuiba/Bermejo/Carmargo um 16.30 Uhr.
Sumaj Orcko, Caseta 4, Tel. 228-1644; nach Cochabamba um 7.30, 20 Uhr.
Trans Chicheño, Caseta 42; nach Potosí/Tupiza/Villazón um 19 Uhr.
Trans Copacabana, Caseta 13, Tel. 228-2135; nach Cochabamba von 7.30–22.30 Uhr im Stundentakt; nach Sucre um 18 Uhr; nach Sta. Cruz um 19 Uhr.
Trans Copacabana I M.E.M., Caseta 3, Tel. 228-2337; nach Oruro 7, 8, 11, 14.30, 17.30, 18.30, 20 Uhr; nach Cochabamba 8.30, 13, 20.45, 22 Uhr, Bus Cama (Schlafbus) 22.30 Uhr: nach Sta. Cruz mit Bus Cama 19.30 Uhr; Potosí um 19 Uhr, Semi Cama (Liegebus) 20.30 Uhr; Sucre mit Semi-Cama 18.45 Uhr.
Trans El Dorado, Caseta 15, Tel. 228-1672 u. 228-1485; nach Cochabamba von 7–22 Uhr im Stundentakt; Sta. Cruz 17, 19.30 Uhr; Potosí 20 Uhr.
Trans Illimani, Caseta 21, Tel. 228-2025; nach Potosí/Sucre um 18.30 Uhr; nach Villazón um 19 Uhr.
Trans Imperial, Caseta 18, Tel. 228-1661; nach Oruro von 7.30–21 Uhr im Stundentakt.
Trans Litoral, Caseta 29, Tel. 228-1920; nach Arica/Iquique Do/So um 13 Uhr; nach Puno/Arequipa/Cusco Mi/Fr/So um 6.30 Uhr, Di um 8 Uhr; nach Lima tägl. um 8 Uhr.
Trans Oriente, Caseta 22, Tel. 228-1971; nach Cochabamba 6.30, 20 Uhr.
Trans Retámpago, Caseta 23, Tel. 228-1675; nach Potosí um 19.30 Uhr.
Trans Rosario, Caseta 51, Tel. 228-2036; nach Alicoma (Yungas) um 6 Uhr.
Trans Salvador, Caseta 41, Tel. 228-2285; nach Arica/Iquique Fr–So 6.30, 13 Uhr.
Trans Sucre, Caseta 27, Tel. 228-2056; nach Potosí 19.30 Uhr.
Urkupiña, Caseta 10, Tel. 228-1725; nach Cochabamba um 9.30, 11.30, 20.30, 22.30 Uhr.
Yacuiba, Caseta 46, Tel. 228-0981; nach Potosí/Oruro/Camago/Tarija/Yacuiba/Bermejo um 17 Uhr.

6 de Agosto, Caseta 12, Tel. 228-2117; nach Cochabamba 7, 21.30, 22 Uhr; nach Oruro von 7.30–21.30 Uhr im 2- Stundentakt; tägl. nach Coroico.
11 de Julio, nach Uyuni tägl. 16.30 Uhr.
10 de Noviembre, Caseta 45, Tel. 228-2042; nach Potosí/Sucre/Villazón um 19.30 Uhr.

Weitere Terminals **Busse in die Yungas** (nach **Coroico, Chulumani** u.a.) und in die Provinzen Beni und Pando (nach Rurrenabaque, Riberalta, Cobija, Guayaramerín, San Borja und Trinidad u.a.) fahren **von Villa Fátima,** meist von der Av. Las Américas oder Yanacachi ab, wie z.B. *Flota Yungueña,* Av. Las Américas 344, Tel. 231-2344 (mit teilweise schweren, geländegängigen Bussen, die mehr Beinfreiheit bieten, die Fenster lassen sich öffnen); *TOTAI,* Yanacachi 1406, Tel. 221-6592 und Av. Las Américas 410, Tel. 221-6774; *Trans Tours N.S. de la Candelaria* oder *20 de Octubre.* Die beiden letzteren Linien setzten auch **Colectivos** ein, darunter schnellere und wendigere Toyota Landcruiser, die aber sehr unbequem sind, da bis zu 10 Personen reingequetscht werden.

Anfahrt nach Villa Fátima mit Trufi 2 und 9 oder mit einem Micro 135/136, B und K.

Busse zum Titicacasee, nach Tiwanaku, Sorata und **Peru** fahren ab vom **Friedhofsbezirk (Cementerio)** in der Calle Ángel Babilla, von der José María Asís/Eyzaguirre und von der José María Aliaga. Außerdem fahren noch die Linien *Nuevocontinente,* Av. Manco Capac 366, Tel. 237-3423; *Transtur 2 de Febrero,* José María Aliaga 287, Tel. 237-7181; *Expreso Manco Capac,* José María Aliaga 670, Tel. 235-0033; *Transportes Autolíneas Ingavi,* José María Asís/Eyzaguirre (nördlich vom Friedhof), Tel. 236-9159; *Transportes Larecaja,* Bustillos, Tel. 231-0345; *Flota Unificado Sorata,* Ángel Babilla/Bustillos, Tel. 238-1693.

Anfahrt zum Friedhofsbezirk (Cementerio) mit Minibussen vom Zentrum, in deren Fenster „Cementerio" steht. Dem Busfahrer ansagen, wo man dort genau aussteigen möchte, also wo der Bus nach „XY" abfährt.

Hinweis: Der Friedhofsbezirk gilt als gefährlich, Wertsachen nicht aus dem Auge lassen, nach Möglichkeit vor Anbruch der Dämmerung abfahren oder ankommen!

Busse von La Paz nach ...

Alicoma (Yungas): tägl. mit *Trans Rosario* um 6 Uhr.
Arequipa: Di/Do/Sa um 8 Uhr mit *Cruz del Sur;* auch *Trans Litoral.*
Arica (Chile): *Chilebus* tägl. um 6.30 Uhr via Tambo Quemado und Lago Chungará. *Trans Litoral* tägl. um 6 Uhr. *Trans Salvador* Fr–So 2x tägl. *Ramos Cholele* tägl. 6 Uhr. *Panamericana* tägl. 6.30 Uhr, *Andes Mar* tägl. 7 Uhr. Fz 8 h, 70–200 Bs, je nach Busgesellschaft, Bustyp und Saison (meist inkl. Frühstück u. Mittagessen).
Buenos Aires (Argentinien): tägl. am Spätnachmittag, u.a. mit *San Roque, San Lorenzo.* Fz 2,5 Tage, Fp 130 €.
Cajuata: Mo/Di/Sa um 13 Uhr mit *Inquisivi.*
Camiri: tägl. mit *San Lorenzo* um 17 Uhr.
Caranavi (175 km): tägl. Busse, Abfahrten meist gegen 9 Uhr; Fz 6 h, 50 Bs.
Chulumani (120 km): tägl. Micros, Abfahrten meist gegen 9 Uhr; Fz 5 h, 40 Bs.
Cobija: Sa mit *Flota Yungueña;* Fz 45–50 h, 38 €.
Cochabamba (390 km): tägl. von 5.30–22.30 Uhr, z.T. im Halbstundentakt mit *Trans Korilazo, Sumac Orcko, Avaroa, Panamericana, San Francisco, Bolivia (Jumbo Bus), Cochabamba (Jumbo Bus), Cosmos, El Dorado, Trans Oriente, Nacional, Trans Copacabana* (Bus Cama),

La Paz – Busgesellschaften

Cisne, Mopar, Nobleza, Urkupiña, Urus (Jumbo Bus) und *6 de Agosto;* Asphaltstraße, Fz 6 h, 50–60 Bs.
Copacabana (158 km): tägl. mit *Nuevocontinente,* Av. Manco Capac 366, Tel. 237-3423, *Transtur 2 de Febrero,* José María Aliaga 287, Tel. 237-7181 und *Expreso Manco Capac,* José María Aliaga 670, Tel. 235-0033; Fz 3–4 h, Fp 15 Bs. Einige Busse fahren bis Kasani. Täglich um 8 Uhr **Direkt-Micro für Touristen ab Hotel Copacabana** (Calle Illampu), Fz 3 h, ca. 50 Bs. Vom Terminal Terrestre fahren tägl. um 8 Uhr zwei Busse, alle anderen vom Friedhofsbezirk (Cementerio) tagsüber fast stündlich.
Coroico (92 km): tägl. ab 7 Uhr mindestens 6 Minibusse und Micros, auch Pickups und Lkw ab Villa Fátima, u.a. *TOTAI Turbus,* Yanacachi 1434, *Sra. de la Candelaria, 20 de Octubre* und *Turbus Otai;* Fz 3 h, Fp 15 Bs. Anfahrt mit Micros nach Villa Fátima ab dem Stadion Hernan Silas in Miraflores, am Markt dann aussteigen. *Transportes 6 de Julio* bietet ab dem Terminal Terrestre Tagesrückfahrten inkl. Transfer vom Hotel für 85 Bs. Die Minibusse von TOTAI sind den großen Bussen der anderen Gesellschaften vorzuziehen. Auf der gleichen Strecke verkehren Lkw am Morgen nahezu im Minutentakt, auf denen man auf der Ladepritsche mitfahren kann, Fp 1/3 des Buspreises.
Desaguadero (105 km): tägl. Busse, Colectivos und Sammeltaxis; Fz 3 h, 8 Bs. Minibus 10 Bs p.P., Taxis 20 Bs p.P.
Guanay: tägl. ab Villa Fátima, u.a. mit 4WD-Landcruiser; Fp 100 Bs.
Guayaramerín: tägl., u.a. mit schweren, geländegängigen Bussen von *Flota Yungueña,* Av. La Américas 344, Tel. 231-2344; Fz 3–5 Tage (je nach Jahreszeit), Fp 300 Bs.
Inquisivi: Mo/Di/Sa um 13 Uhr mit *Inquisivi.*
Iquique (Chile) via Oruro: *Trans Litoral,* tägl. um 13 u. 17.30 Uhr; tägl. mit *Ramos Cholele;* Di/Do/Sa 15 Uhr Direktbus mit *Chile Bus;* Fr–So mit *Trans Salvador.* Fz 22 h, 25–30 €.
Irupana (151 km): tägl. außer So; Fz 6 h, 30 Bs.
Lima: tägl. um 8 Uhr mit *Trans Litoral,* Fz 25 h, Fp 45 €.
Llallagua: tägl. um 19 Uhr mit *Bustillo* und *Flota Minera;* Fz 6 h, 50 Bs.
Oruro (230 km): tägl. von 4.30–22 Uhr, z.T. im 30-Min.-Takt, u.a. mit *Andina, Avaroa, Trans Naser* (gute Busse), *Aroma (Jumbo Bus), Trans Copacabana I, Atlas, Fénix, Nobleza, 6 de Agosto, Urus (Jumbo Bus), Bolivia (Jumbo Bus), Trans Imperial.* Fz 3 h, ca. 20 Bs.
Potosí (560 km): tägl. um 16.30, 17, 18.30, 19, 20, 20.30 Uhr, u.a. mit *Pullman La Paz, 10 de Noviembre, Trans Relampago, Trans Sucre, Trans Copacabana I, Trans Illimani, Flota Copacabana, Potosí* und *El Dorado.* Fz 8 h, ab 80 Bs.
Puno (Perú) über Copacabana: tägl. ab 6 Uhr mit *Turisbus,* Illampu 702, *Colectur,* Illampu 636, und *Exprinter,* Plaza Venezuela. Fz 10 h, 100–120 Bs. Busse **über Desaguadero:** Direkt bus am Mi/Do/Sa um 8 Uhr, ansonsten muss an der Grenze umgestiegen werden. Empfehlenswerte Linien *Cruz del Sur* und *Turisbus;* Fz 5–6 h, 70 Bs; Touristenbus von *Coreal Tours,* Galería Doryan (zwischen der Murillo und Sagárnaga) 120 Bs. – *Transturin,* (Kombination Bus/Katamaranschiff/Bus, inkl. Stop auf der Isla del Sol; mit 145 € zu teuer). Noch mehr kostet die Fahrt mit *Crillón Tours,* Av. Camacho 1223, Tel. 237-4566, Fax 239-1039 (Kombination Bus/Tragflügelboot/Bus, inkl. Stop auf der Isla del Sol für 170 €, Fz 13 h).
Quime: Mo/Di/Sa um 13 Uhr mit *Inquisivi.*
Riberalta: s. Guayaramerín
Rurrenabaque (420 km): tägl. Direktbusse mit *TOTAI, Flota Yungueña* und *8 de Diciembre;* Fz mindestens 18 h, Fp 100 Bs.
Santiago de Chile: täglich um 6 Uhr mit *Ramos Cholele.*
Sorata (150 km): tägl. von 5–16 Uhr mit *Transporte Larecaja Unificada,* Bustillos (Friedhofsbezirk), Tel. 238-1693. *Flota Unificado Sorata,* Manuel Bustillos/Kollasuyu 683, Tel. 238-1693, um 5/6/7/8/9/12/14/16 und 17 Uhr; Fz ca. 3 h, 15 Bs. *Perla del Illampu,* Manuel Bustillos 615, tägl. 7–17.30 Uhr alle 30 Min. mit Minibus, 15 Bs.
Sta. Cruz (850 km): tägl. von 17.30–23.30 Uhr, Busse z.T. im Stundentakt, meist über Cochabamba, u.a. mit *El Dorado, Cosmos, Mopar* (Tagbus um 9.30 Uhr)*, Flecha Bus, Flota Copacabana, Bolivia (Jumbo Bus), Bolívar (Jumbo Bus).* Um 19.30 Uhr direkter Camabus (Zuschlag) mit *Trans Copacabana I;* Fz ca. 14 h, 90–110 Bs. Preiswerter ist es, die Fahrt zu splitten, indem man erst einen Bus nach Cochabamba nimmt (Fp 15 Bs) und dort in einen Bus nach Sta. Cruz umsteigt (Fp 25 Bs, Liegebus). Wartezeit in Cochabamba ca. 1 Stunde.

Sucre (740 km): tägl. mehrere Busse, u.a. mit *10 de Noviembre, Trans Copacabana, Trans Illimani, Expreso Cochabamba.* Um 8.30 Uhr Tagbus mit *San Francisco;* um 9.30 Uhr Tagbus mit *Mopar,* direkter Cama-Bus (Zuschlag) um 18.45 Uhr von *Trans Copacabana,* Fz 12 h, Fp 135 Bs; ansonsten Fz 14–15 h, je nach Route und Busgesellschaft (bis zu 22 h), Fp ab 100 Bs.
Tacna (Peru): tägl. mit *Nuevocontinente,* Do/So mit *Trans Litoral;* Fz 20–22 h, 200 Bs.
Tarija (960 km): tägl. Nachtfahrten ab 16.30 Uhr mit *San Roque, Expreso Yacuiba, Expreso Tarija, Copa Moya, San Lorenzo, Expreso del Sur;* Fz ca. 25 h, 200–220 Bs.
Tiwanaku (72 km): tägl. Busse und Colectivos, u.a. 4x tägl. mit *Transportes Autolíneas Ingavi, José María Asís/Eyzaguirre* (nördlich vom Friedhof), Anfahrt auch mit Micro K; Fz 1,5 h, 10 Bs. *Transportes 6 de Julio* bietet ab dem Terminal Terrestre Tagesrückfahrten inkl. Transfer vom Hotel und Führung für 45 Bs.
Trinidad: 3x tägl. mit *Mopar.*
Tupiza (811 km): tägl. 19 Uhr mit *Trans Chincheño,* 19.30 Uhr mit *Expreso Tupiza.*
Uyuni (555 km): tägl. z.B. mit *11 de Julio,* 16.30 Uhr, *Panamericana,* Di/Fr um 17 Uhr (1 Std. Aufenthalt in Oruro), Direktbus mit *Panasur,* tägl. 17.30 u. 19 Uhr; Fz 13–15 h, 80 Bs. Semicama-Bus (Schlafbus v. 16 de Julio, 19 Uhr. Daneben fährt ein „Touristenbus" v. *Todo Turismo,* Plaza Antofagasta 504 (beim Busterminal) info@touringbolivia.com, www.touringbolivia.com, um 19 Uhr, Fz 11,5 h, Fp 230 Bs.
Villa Montes: tägl. mit *Expreso del Sur, San Lorenzo* und *Expreso Tarija.*
Villazón (900 km): 4x tägl. via Tarija, Nachtbusse mit *10 de Noviembre, Trans Illimani, Expreso Tupiza* und *Trans Chicheño;* Abfahrten meist 18.30–19.30 Uhr, Fz 25 h, 200 Bs.
Yacuiba: mehrmals tägl. Nachtbusse mit *Mopar* (3x täglich), *Expreso San Roque, Expreso Yacuiba, Expreso Tarija, Expreso del Sur* und *San Lorenzo.*

Zugabenteuer Bolivien

Das bolivianische Eisenbahnnetz der ENFE wurde privatisiert und 1995 zu 50% an die chilenische Cruz Blanca verkauft, Gleise und Bahnhöfe gehören aber nach wie vor der ENFE. Der größte Teil wird nun von der FAC *(Ferroviaria Andina)* betrieben. Das Streckennetz besteht aus zwei untereinander nicht verbundenen Systemen und ist zusammen 3748 km lang. Reisende stehen meist vor dem Problem, dass die gefragten (internationalen) Strecken und Zugverbindungen oft ausgebucht oder inzwischen eingestellt wurden. Daher muss dann doch wieder der Bus genommen werden. Mit den teilweise noch alten Zügen durch Bolivien zu zuckeln ist fast noch ein Abenteuer für sich, etwas für Erlebnishungrige. Züge im internationalen Grenzverkehr führen teils auch Speise- und Schlafwagen mit.

Heute hat La Paz seine Position als wichtigster Eisenbahnknotenpunkt Boliviens an **Oruro** verloren, nachdem der **Personenzugverkehr zwischen La Paz und Oruro** aufgrund des schnelleren Busverkehrs **eingestellt wurde.** Vom Hauptbahnhof in La Paz, der **Estación de Ferrocarril** (Av. Manco Capac, Tel. 237-3068 u. 237-3069), fahren keine Züge mehr ab. Dafür gibt es auf dem Busterminal bei *Trans Copacabana* Zugfahrkarten, auch für die **Peru-Strecken** Puno – Cusco und Puno – Arequipa.

Wichtig: Nachfolgende Zugfahrpläne dienen nur zur Orientierung, da sie sich laufend ändern! Bitte informieren Sie sich vor Ort oder unter **www.fca.com.bo** (Empresa Ferroviaria Andina) bzw. unter **www.ferroviariaoriental.com** (Empresa Ferroviaria Oriental). 24-Stunden-Service der Ferroviaria Oriental unter 591-338-7000, ferroviaria@ferroviariaoriental.com. Bahntickets und Infos gibt es in der Fernando Guachalla/Av. Sanchez Lima.

Von Oruro bis Uyuni und Villazón und umgekehrt werden Plattformwagen für **Fahrzeuge** mitgeführt, die die Fahrgäste der Pullmanklasse (Ejecutivo) nutzen können.

(La Paz –) Viacha – Guaqui – Puno – Cusco
Die Strecke von Viacha bzw. La Paz nach Guaqui am Titicacasee war lange Zeit nur mit Güterwaggons in Betrieb. Nun wurde der Personenverkehr zwischen Oruro – Viacha – Tiwanaku – Guaqui wieder aufgenommen, Fz von Viacha nach Guaqui (65 km) ca. 2 h. Die Eisenbahnfähre von Guaqui nach Puno ist für den Personenverkehr derzeit nicht in Betrieb. Für Puno – Cusco und Puno – Arequipa s.S. 361.

(La Paz – Charaña –) Alcérreca – Arica (458 km)
Der Bahnverkehr zwischen La Paz und der Oberstadt El Alto wurde vollständig eingestellt. Regelmäßiger Güterverkehr jedoch zwischen El Alto und Arica, doch kein Personenverkehr zwischen El Alto und Alcérreca. Ab Arica pendelt ein Schienenbus während der Hochsaison nach Alcérreca. Abfahrt in Arica 8 Uhr, Rückankunft in Arica um 21 Uhr. Zwischen La Paz und Arica fahren nun Busse (Fz 8 h, 18 €).

Arica – Tacna (Chile/Peru)
Zwischen Arica und Tacna (62 km) verkehrt Mo/Mi/Fr um 10 Uhr ein Autovagón (Einheitsklasse); Fz 90 Min., ca. 1 €. Ankunft in Tacna um 13.30 Uhr (oft Verspätung!). Es fahren aber auch mehrmals Busse.

Wichtiger Hinweis: Strengste Einfuhrkontrollen an der chilenischen Grenze! Jegliche Art von Nahrungsmittel (Obst, Sandwichs u.a.) dürfen nicht eingeführt werden. Es ist üblich, dass Reisende unmittelbar vor der Grenze, all das, was sie nicht mehr essen konnten, einfach in die Landschaft werfen.

(La Paz – Viacha –) Oruro – Uyuni – Avaroa – Calama (– Antofagasta) (1175 km)
Es ist nicht mehr möglich, von Oruro nach Antofagasta (Chile) mit dem Personenzug durchzufahren. Auf den letzten 240 km zwischen den chilenischen Städten Calama und Antofagasta verkehren nur noch Güterzüge. Auch auf der Strecke zwischen La Paz/El Alto und Oruro (229 km) fahren nur noch Güterzüge. Von **La Paz nach Oruro muss ein Bus genommen werden.**

Ab Oruro Direktverbindung nach Calama (690 km) mit einem gemischten Personen-/Güterzug, bestehend aus einem Wagen 1. Klasse und Speisewagen. Unterwegs hat der Zug oft längere Aufenthalte in den Bahnhöfen von Uyuni, Avaroa und Ollagüe. Zu-/Ausstiegsmöglichkeiten in Uyuni, Cantera, Río Grande, Julaca, Chiguana, Avaroa und Ollagüe (Chile). An der Grenze zu Chile werden die Pässe eingesammelt und manchmal auch der Zug gewechselt. Sitze können nur bis zur bolivianisch-chilenischen Grenze reserviert werden.

Boleto-Verkauf am Tag der Abfahrt von 7–13 Uhr. Abfahrt Oruro 1x wö (So) um 19 Uhr. Gesamtfahrzeit mindestens 22 h, 18–20 €. Ankunft in Uyuni am Mo um 2 Uhr, Abfahrt Uyuni Mo um 3 Uhr; Ankunft Avaroa (1 km vor der boliv.-chil. Grenze) um 8.45 Uhr, ab Avaroa Mo um 9.20 Uhr, Ankunft Calama 17.30 Uhr oder später. Den obigen „Wichtigen Hinweis" beachten.

Abfahrt Calama 1x wö (Mi) um 23 Uhr, Ankunft Ollagüe Do um 8.40 Uhr; Abfahrt Ollagüe Do 15 Uhr, an Avaroa Do um 15.20 Uhr; Weiterfahrt in Avaroa Do um 17.45 Uhr, Uyuni an 23.45 Uhr; Weiterfahrt Uyuni Fr 1.35 Uhr, Ankunft Oruro Fr um 8.35 Uhr. Noch ein echter Bummelzug!

(La Paz –) Oruro – Challapata – Uyuni – Tupiza – Villazón (– Buenos Aires) (2400 km)
Es verkehren **keine Personenzüge mehr von La Paz** über Viacha **nach Oruro** (229 km) und umgekehrt, nur noch Güterzüge. Zwischen La Paz und Villazón wurde für den Personenverkehr der *Servicio Bimodal* eingerichtet, eine Kombination aus Bus- und Zugverkehr. Dabei werden die Fahrgäste mit einem Shuttle-Bus von La Paz nach Oruro gebracht, dass sie dort rechtzeitig und direkt in den abfahrtsbereiten Zug nach Villazón umsteigen können.

Von Oruro nach Villazón (601 km) verkehrt der beheizte **Nuevo Expreso del Sur** mit Speisewagen, Pullmanwaggon und 1. Klasse sowie Transportwaggons für Pkw (bis Uyuni oder Villazón). Abfahrt ab Oruro nach Villazón (Grenze Argentinien) am Di/Fr um 15.30 Uhr, Fz ca. 14 h. Executivo 23 €, Salonwagen 11 €, Popular 7 €. Ankunft in Villazón am Mi/Sa um 6.30 Uhr. Fp nur nach Uyuni: Executivo 10 €, Salonwagen 5 €, Popular 3,30 €. Fp nur nach Tupiza: Executivo 20 €, Salonwagen 9 €, Popular 5,80 €.

Abfahrt ab Villazón am Mi/Sa um 15.30 Uhr, Ankunft Oruro am Do/So um 7.55 Uhr. Der Zug hält nur in Uyuni, Atocha und Tupiza.

Zugfahrkarten für die Strecke Oruro – Villazón mit dem *Nuevo Expreso* del Sur, inklusive Bus-Shuttle mit *Trans Copacabana y Nobleza* von La Paz nach Oruro, werden auf den Bahnhöfen der FAC (Ferroviaria Andina) in La Paz, Oruro, Cochabamba, Sucre, Potosí, Tupiza, Uyuni und Villazón sowie auf dem Busterminals (Trans Copacabana y Nobleza) von La Paz und Oruro verkauft. Weitere Infos: fcasis@caoba.entelnet.bo

Daneben verkehrt von Oruro aus noch der langsamere **Wara-Wara del Sur.** Abfahrt in Oruro am Mi/So um 19 Uhr mit Executivo, Salonwagen und Popular. In Uyuni wird der Zug am So in Richtung Calama und Villazón (Salonwagen) geteilt und hat einen längeren Aufenthalt. Fahrzeit nach Villazón ca. 17 h, Fp Executivo 18 €, Salonwagen 8,50 €, Popular 6,50 €. Fp nur nach Uyuni: Executivo 8 €, Salonwagen 4 €, Popular 3 €. Fp nach Tupiza: Executivo 15 €, Salonwagen 7 €, Popular 5,50 €. Halt an jeder Station.

Abfahrt des Wara-Wara del Sur in Villazón am Mo/Do 15.30 Uhr, Ankunft in Uyuni um 1.15 Uhr (am nächsten Tag), wobei am Fr der Zug mit jenem aus Calama wieder vereint wird. Ankunft Oruro am Di bzw. Fr um 9.10 Uhr oder später.

(La Paz –) Oruro – Río Mulatos – Potosí – Sucre (945 km)
Es verkehren zwischen Río Mulatos und Sucre über Potosí nur Güterzüge. Personenverkehr findet derzeit noch auf der Teilstrecke Oruro – Río Mulatos (208 km) statt. Abfahrten in Oruro nur Mi/So um 19 Uhr mit dem Lokalzug, Ankunft in Río Mulatos um 23.57 Uhr. Abfahrten in Río Mulatos Di/Fr um 3.45 Uhr, Oruro an 8.35 Uhr. Seit 2002 verkehrt ein Zug von Potosí nach Uyuni, Abfahrten in Potosí am Mo um 11 Uhr, Ankunft Uyuni um 17.15 Uhr, Fp 7 €, Rückfahrten von Uyuni nach Potosí Di um 11 Uhr, Fz 6.15 h. Personenverkehr auch von Potosí nach Sucre. Abfahrten Potosí Di/Do/Sa um 8 Uhr, Ankunft in Sucre 14 Uhr, Fp 2,50 €. Abfahrten in Sucre Mo/Mi/Fr um 8 Uhr, Ankunft in Potosí 14 Uhr, Fp 2,50 €

Sucre – Tarabuco (53 km)
Der Zugverkehr wurde eingestellt.

Oruro – Cochabamba (200 km)
Der Zugverkehr wurde eingestellt.

Cochabamba – Cliza – Aiquile (216 km)
Schienenbus Di/Do/Sa um 8 Uhr, Ankunft in Aiquile um 17.40 Uhr. Rückfahrten von Aiquile nach Cochabamba Mi/Fr/So. Fp 2 €.
Die Nebenstrecke von Cliza nach Arani (19 km) wurde stillgelegt.

Santa Cruz – Quijarro (Puerto Suárez) // (Corumbá)
Vom Bahnhof in Santa Cruz besteht regelmäßiger Zugverkehr durch die *Empresa Ferroviaria Oriental* mit dem legendären, sog. „Todeszug" zur brasilianischen Grenze nach Pto. Suárez (640 km). Abfahrten u.a. Santa Cruz.
Wichtiger Hinweis: An der brasilianischen Grenze kommt es immer wieder vor, dass Drogenfahnder das gesamte Gepäck kontrollieren. Dabei ist u.U. auch der Inhalt von Konservendosen zu öffnen. Sollte das Fahrgastaufkommen zunehmen, können weitere Züge zum Einsatz kommen.

Santa Cruz – Yacuiba // Pocitos (Argentinien) (539 km)
Von Santa Cruz existiert eine Bahnstrecke zur argentinischen Grenze nach Yacuiba. Abfahrten mehrmals wöchentlich (s. bei Santa Cruz, „Verkehrsverbindungen").

Flüge

Der Flughafen **El Alto**, Tel. 281-0122, liegt 14 km vom Zentrum entfernt und ist mit 4020 m der höchste Zivilflughafen der Welt. In dieser Höhe benötigen größere Flugzeuge nahezu 5 km Rollbahn um abzuheben und abzubremsen! Vom Zentrum Anfahrt über die Stadtautobahn (1 € Maut). Anfahrt vom Zentrum mit Cotranstur-Colectivos (Aufschrift „Aeropuerto") ab Plaza La Católica über den Prado, nur zwischen 8.30 und 19 Uhr; Colectivos ab Plaza La Católica 3 € (max. 4 Pers.); Micro La Ceja (aber noch 2 km Fußmarsch!); Trufi 212 ab Plaza La Católica 1 €. Taxi 5 €, Funktaxi 7 €.

Vom Flughafen in die Stadt teilt man sich am besten ein Taxi (Taxi particular) preisgünstig mit anderen Passagieren, das einen zu seinem Hotel bringt (gilt auch für andere Flughäfen in Bolivien). Oder mit dem Trufi 212, das bis zum Prado fährt. **Airport-Tax** für internationale Flüge 24 US$, zahlbar in bolivianischer oder US-Währung. Airport-Tax (AASANA) für nationale Flüge 14 Bs. **Auf alle Flugpreise wird derzeit 15% Steuer zusätzlich aufgeschlagen!**

Auf dem Flughafen oft Kontrollen mit Schäferhunden, es wird nach Rauschgift, vor allem nach Kokain gesucht. Reisende, die aus Tiefländern direkt nach El Alto einfliegen, kippen auch schon mal wegen der extremen Höhe gleich an der Gangway aus den Latschen ... Der Rot-Kreuz-Mann steht mit der Sauerstoffflasche bereit!

International werden alle wichtigen Städte Süd- und Mittelamerikas sowie die wichtigsten Städte in USA (Miami!) und Europa angeflogen. Billige Charterflüge gibt es nicht. Wichtiges Flugdrehkreuz ist in Bolivien neben La Paz auch noch Santa Cruz (zugleich Drogenflughafen Nr. 1 nach Miami!). Alle großen Linien haben ihre Büros am Prado, auch die Lufthansa.

Airline-Büros

Lloyd Aéreo Boliviano (LB), Av. Camacho 1456-1460, Tel. 237-1021, 236-7707 u. 236-7708, gebührenfrei 800-103001 (Reservierung), 800-104321 (Infos), www.labairlines.com. Größte Fluggesellschaft Boliviens mit Verbindungen in alle wichtigen Städte des Landes. – **Aerolineas Sudamericanas**, www.vueleconas.com. – **Aeroeste**, Aeropuerto El Trompillo, Santa Cruz, Tel. 353-6655, aeroeste@mail.cotas.com.bo. – **Aerosur (5L)**, 16 de Julio 1616, Tel. 244-4930 und 243-0430 (Reservierung), 236-9292, 231-3233, avac@aerosur.com, www.aerosur.com; Flugverbindungen in wichtige Städte, relativ guter Service. – **Aero Unión**, Av. 6 de Agosto 2345, Tel./Fax 243-4057. – **Amazonas**, Av. Saavedra 1649, Tel. 222-0848, Fax 211-01104. – **American Airlines (AA)**, Plaza Venezuela 1440, Tel. 235-1360, Fax 239-1080. – **Avianca (AV)**, Av. Villazón 1940, Ed. Inchauste, Tel. 237-5220, Fax 233-3376, gebührenfrei 0800-6633, aeromkt@caoba.entelnet.bo. – **IBERIA (IB)**, Ayacucho 378, Tel. 220-3911, Fax 220-3885. – **KLM (KL)**, Plaza del Estudiante 1931, Tel. 235-2079, 244-1595 (Reservierung), Fax 235-2697. – **LAN (LA)**, Av. 16. Julio 1566, Tel. 235-8377, Fax 239-2051, ofcomlpb@lanchilecl, www.lan.com; nach Chile, meist über Arica. – **Lufthansa (LH)/Avensa**, 6 de Agosto/Pedro Salazar, Ed. Illimani, Tel. 243-1717, Fax 243-1267. – **National Airlines (N7)**, Av. Arce/Pinilla, Tel. 211-5283, Fax 239-1313, gbt@ceibo.entelnet.bo. – **TACA**, Paseo el Prado 1479, Tel. 277-4400, Res. 0800-108222, Fax 235-0662, www.taca.com. – **Transportes Aéreos Militares (TAM)**, Av. Ismael Montes 738, Ed. Fuerza Aérea, Tel. 212-1582 (Flugtickets), Tel. 212-1585, Fax 239-0705, Tel. 284-1884 (El Alto), tam@entelnet.bo, www.tam.bo; Flüge mit Militärmaschinen, eigenes Terminal in El Alto. – **Transportes Aéreos del MERCOSUR/TAM MERCOSUR (PZ)**, Plaza del Estudiante 1931, Tel. 244-3442, Fax 236-2697, www.tam.com.py. – **Taxi Aéreo Aeronorte**: Aeropuerto El Alto, Tor 7, Tel. 281-2040.

Flughafenkennung

Cobija **(CIJ)**, Cochabamba **(CBB)**, Guayaramerín **(GYA)**, La Paz **(LPB)**, Magdalena **(MGD)**, Puerto Suárez **(PSZ)**, Riberalta **(RIB)**, Rurrenabaque **(RBQ)**,

San Borja **(SJB)**, Santa Cruz **(VVI/SCZ)**, Sucre **(SRE)**, Tarija **(TJA)**, Trinidad **(TDD)**, Yacuiba **(YAC)**.

Flugverbindungen **Arica** (Chile): LAN (tägl.) 92 €, ab 115 € ret. – **Buenos Aires** (Arg.): Aerolineas Argentinas (Mo–Sa). – **Cobija:** Aerosur (Di/Do/Sa) 124 €; TAM (Mi/Fr) 90 €. – **Cochabamba:** Aerosur (2x tägl., So 1x) ab 42 €; TAM (Di/Mi/Do/Fr) 27 €; Aerolineas Sudamericanas (tägl.). – **Cusco:** Aerosur. – **Guayaramerín:** Aerosur (tägl.) 155 €; TAM (Di/Do) 100 €; Amaszonas (Mo/Mi/Fr/So); AeroCon (tägl.). – **Iquique** (Chile): LAN (täglich); Aerosur.– **Lima:** Aerosur (tägl.). – **Puerto Suárez:** Aerosur (tägl. außer Mo/Mi, X) ab 150 €; TAM (Di/Sa) 100 €. – **Porto Velho**: Aerosur. – **Potosí:** TAM (Mo); Aero Unión. **Reyes:** TAM (Mo) 45 €. – **Riberalta:** TAM (Di/Do) 100 €; Amaszonas (Mo/Mi/Fr/So); Aerosur (tägl.) 128 €. – **Rurrenabaque:** TAM (Mo) 35 €; Amaszonas (4x tägl.), 50 €; Aero Unión (Mo/Mi) 65 €; AeroCon (tägl.). – **Salta:** Aerosur. – **San Borja:** TAM (Do/Sa/So) 48 €; Amaszonas (Mo/Di/Mi/Do/Fr/Sa/So). – **Santa Cruz:** Aerosur (mehrmals tägl.) ab 93 €; AA (tägl.); TAM (Di/Do/Fr/Sa/So) 60 € ; AeroCon (tägl.). – **Santiago de Chile:** LAN (tägl.). – **Sucre:** Aerosur (tägl.) ab 55 €; TAM (Sa) 55 €. – **Tarija:** Aerosur (Mo–Fr) ab 94 €; TAM (Sa) 80 €. – **Trinidad:** Aerosur (Mo–Sa, X) ab 93 €, TAM (Do) 48 €, Amaszonas (Mo/Di/Mi/Do/Fr/Sa/So); AeroCon (tägl.). – **Yacuiba:** TAM (Sa); Aerosur (*) 167 €.

Ausflüge von La Paz

Tour 1: Valle de la Luna (Mondtal)

Dieser Kurzausflug ist nach einigen Stadttagen eine nette Abwechslung, viele machen ihn. Zeitaufwand ca. ein halber Tag, bei manchen Stadtrundfahrten ist er inbegriffen. Wer ihn in Eigenregie machen will, muss vom Prado mit Micro 11 oder 130 (Aufschrift *Mallasa*) oder von der Calle Mexico mit Micro 231, 253, 273, 353 oder 379, Fp 2,50 Bs, bis zum Mondtal fahren (Micros fahren weiter, Fahrer vorher über Fahrziel informieren). Eintritt 15 Bolivianos. Touranbieter kombinieren oft das Mondtal mit dem Zongotal oder Chacaltaya, Gesamtpreise 50 Bs.

Vom Prado aus geht es immer abwärts, dann am **Río Choqueyapu** entlang (das Aymara-Wort bedeutet „Großes Goldfeld" und weist auf frühere Goldfunde hin). Je weiter es das Tal hinabgeht, desto schöner werden die Häuser. In den Vororten *Obrajes* und *Calacoto* wohnen die reichen *Paceños*. Hier führt eine Brücke über den Fluss (der ab hier *Río de La Paz* bzw. im Volksmund „Río Abajo" – „Fluss nach unten" heißt), nach der nach rechts abgebogen werden muss. Gleich links steht das kleine Denkmal von **Alexander von Humboldt.** Der Weg führt durch die Villen von *Florida* hinunter. Rechts waschen Frauen im kümmerlichen Rinnsal ihre Wäsche. Dann führt die Straße wieder bergauf.

Kurz vor dem Ziel liegt der **Kakteengarten Ancieto Arce.** Plötzlich ragen bizarre Erd- und Steintürme, Säulenpyramiden und Felspilze in den Andenhimmel – eben eine Art **Mondlandschaft.** Diese seltsamen Formationen entstanden über Jahrtausende durch Erosion und Klimagegensätze. Der Eingang ist auf der rechten Seite oberhalb des Kakteengartens und nach dem Felstunnel (man sieht das Tor von der Straße aus). Treppe zum Info-Büro runtergehen, Registrierung (Mo–So 9–17 Uhr). Es gibt einen ausgeschilderten **Rundweg** durch einen eingezäunten, geschützten Bereich (ca. 30–40 Min., auch kürzere Wege möglich).

An der Stelle, an der sich die Straße teilt, geht es rechts zum Golfclub Mallasilla (18 Loch), der immer noch auf über 3000 m Höhe liegt. Nach links geht es weiter zum **Parque Mallasa** mit Eukalyptusbäumen und einem See sowie zum Dorf Mecapaca.

Wer noch Zeit hat, könnte in den 500 m entfernt liegenden Zoo von La Paz gehen, der aber eher einem Freizeitpark gleicht, Eintritt. Gleich hinter dem Zoo werden am Wochenende Pferde und Motorräder verliehen. Direkte Anfahrt zum Zoo mit dem gelben Micro 11 Richtung Mallasa.

Tour 2: Chacaltaya (35 km) und Zongotal

Der Chacaltaya („Kalter Pass") ist ein Gletscher auf über 5000 m Höhe und er einst das höchstgelegene Skigebiet Welt. Ein Tagesausflug zum Chacaltaya mit der einzigartigen Aussicht auf die schneebedeckten Gipfel von *Huayna Potosí, Mururata, Illimani* und *Illampu* ist auch die wohl seltene, vielleicht nie wiederkehrende Gelegenheit für „Otto Normalverbraucher", über 5000 m zu kommen (Höhenunangepasste bitte unbedingt drauf verzichten!). Der Lift ist seit einiger Zeit außer Betrieb, trotzdem ist der Ausflug ein Erlebnis.

Der Chacaltaya-Gletscher verlor seit 1850 etwa 85% seiner ursprünglichen Dimension. Ursache des Rückgangs ist u.a. das Klimaphänomen *El Niño,* das auch das Dahinschmelzen anderer tropischer Höhengletscher in Südamerika beschleunigt. Es wird befürchtet, dass der Chacaltaya in vielleicht nur wenigen Jahrzehnten ganz verschwunden sein wird, und da La Paz sein Wasser von da oben erhält, gibt dies Anlass zu großer Sorge. Der Gletscher schmilzt rasant, der Skibetrieb wurde eingestellt!

Anfahrt Wer keinen eigenen Wagen hat, nimmt ein Taxi nach Chacaltaya, Fz 1,5 h, Fp 30 €. Reiseagenturen bieten den Ausflug meist in Verbindung mit dem Mondtal zu 9–11 € an. Man könnte am Wochenende auch mit dem Club Andino Boliviano hinkommen, s.u.

Die Straße ist schlecht oder gar nicht beschildert, doch Taxifahrer kennen sie natürlich. Der Blick auf den Talkessel von La Paz und auf den dahinterliegenden Illimani ist atemberaubend. Die Strecke führt immer weiter bergauf, bis auf 5350 Meter.

Auf 5150 m! Die Hütte des Club Andino Boliviano lockt Ermattete zu einer Rast, der Österreicher Karl Woitech hat diese aber nun untervermietet, deshab gibt es kein Essen mehr, nur Getränke. Eintritt 10 Bs. Der Blick auf den *Huayna Potosí* (6088 m) reizt jedoch ovtl. zu größeren Taten. Wer will, kann noch die 150 Höhenmeter zum Chacaltaya-Gipfel hinaufgehen (keuch) und die herrliche Sicht auf den Titicacasee und La Paz genießen. Der Aufstieg dauert 20 bis 30 Minuten. Während der „Saison" von November bis Mai führt der Club Andino Boliviano, México 1638 (9.30–12 u. 15–18.30 Uhr, Tel. 231-2875 und 232-4682) an Samstagen und Sonntagen Busfahrten zum Chacaltaya durch. Der Tagesausflug beginnt meist gegen 8.30 Uhr, Rückkunft gegen 16 Uhr. Soweit 10 Personen zusammenkommen, wird auch außerhalb der Saison hochgefahren. Kosten 10 €.

Zongotal **Der Ausflug nach Chacaltaya kann mit einer Weiterfahrt ins Zongotal kombiniert werden,** zumal Chacaltaya auf dem Weg ins Zongotal liegt. Die Strecke führt über die Zinnmine *Milluni,* vorbei an einem Friedhof und über den *Abra Zongo* und dann in Haarnadelkurven hinunter zur *Laguna Zongo* (4550 m). Mit einem geländegängigen Fahrzeug könnte der Piste bis hinunter nach Guanay am Río Beni gefolgt werden.

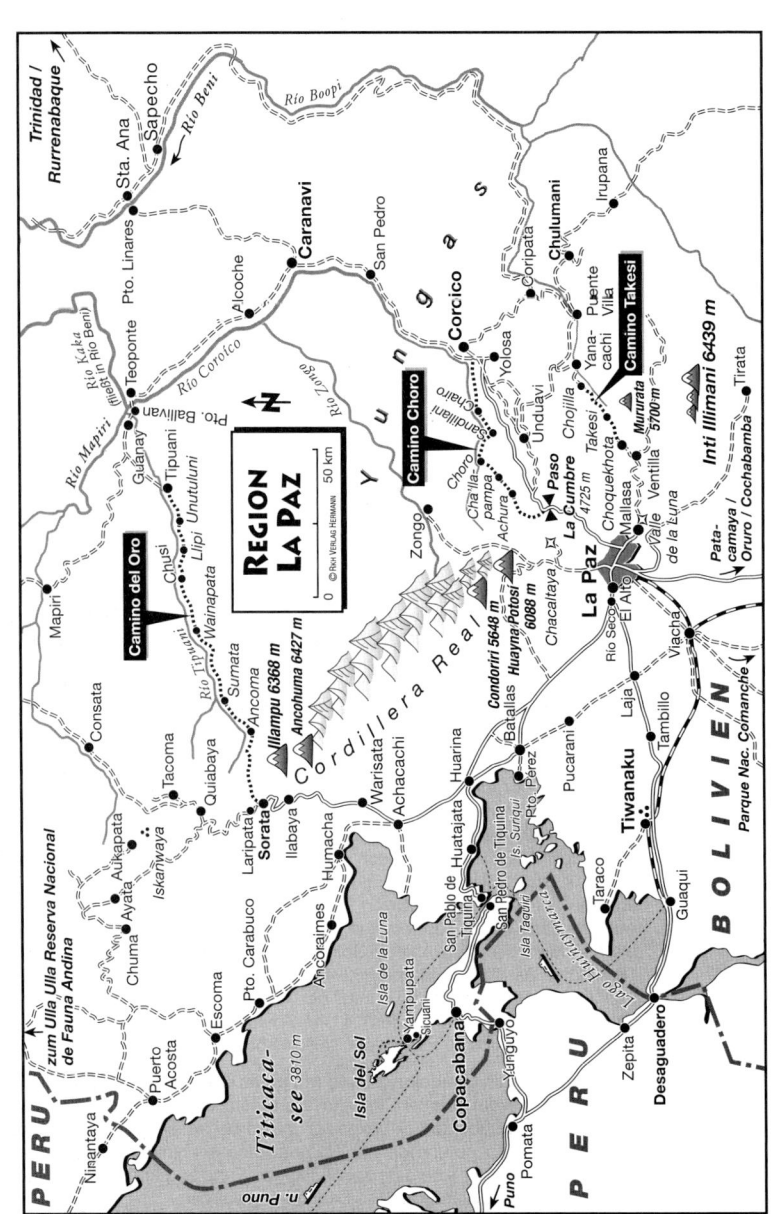

Das Zongotal entstand durch den Gletscherabfluss des Huayna Potosí. Es durchschneidet auf nur 30 km Länge einen Höhenunterschied von 3000 m und damit gleich sieben Vegetationszonen. In dem Tal sind Bären und Raubkatzen heimisch, die man mit Glück zu Gesicht bekommt. Vorsicht vor zahlreichen Giftschlangen, vor allem blaugrüne Vipern, und auch giftigen Pflanzen. Ausgangspunkt für Wanderungen durchs Zongotal ist der *Refugio Huayna Potosí*. Anfahrt von La Paz mit Lkw von der Colón/Av. Sta. Cruz oder mit Bussen von der Plaza Ballivián in El Alto um 8 Uhr; Fp 2–2,5 €. Taxis ab Zentrum nach El Alto 6–7 €.

Auch ins Zongotal werden Downhills mit **Mountainbikes** ab La Paz angeboten, allerdings erst ab drei Personen. Die Strecke ist viel interessanter als die nach Coroico und es herrscht kaum Verkehr!

Tour 3: Sorata

Für Reisende mit viel Zeit bietet sich ein mehrtägiger Ausflug nach Sorata an. Das kleine koloniale Dorf ist ein ehemaliger Goldumschlagplatz am Fuße des Illampu auf 2650 Metern Höhe. Es hat 6200 Einwohner, enge und gepflasterte Gassen und eine palmenbewachsene Plaza. Entfernung von La Paz knapp 150 km. Es fahren mehrmals täglich Busse und Minibusse von *Transporte Larecaja Unificado*, Bustillos, Tel. 238-1693, und von *Flota Unificado Sorata*, Ángel Babilla/Bustillos, Tel. 238-1693, Fz 3–4 h, 15 Bs. Die Straße ist nun durchgehend asphaltiert. Unterwegs gibt es Tankstellen in Huarina, Achacachi (Kneipen) und Sorata, Unterkünfte aber erst wieder in Sorata.

Früher fanden Goldsucher, Freiheitskämpfer und Kautschukbarone den Weg nach Sorata, heute sind es Bergsteiger und Bergwanderer. Das Andendorf ist Ausgangspunkt für mehrtägige Wanderungen in die umliegende, wirklich schöne Gegend. Lohnenswerte Wege führen zur Höhle *San Pedro* und zur *Laguna Chillata*. Höhepunkte sind der *Camino del Oro*, der legendäre „Goldweg" nach Llipi oder die Rundwanderung um den Illampu. Das *Museo de Alcaldía* lohnt sich dagegen nicht.

San Pedro Höhle

Zu dieser Tropfsteinhöhle sind es 12 km, Gz 5 h. Es geht von der Plaza über die Treppen der Calle Catacora und den Weg abwärts vorbei am Hostal Villa Alicia aus dem Ort zur Straßenabzweigung nach San Pedro. Ein Weg führt flussabwärts direkt am Río San Cristóbal entlang. Nach 2,5 h führt ein steiler Weg vom Dorf San Pedro hinauf. Die Kalksteinhöhle kann über einen Dieselgenerator mit elektrischem Licht ausgeleuchtet werden, Taschenlampen mitnehmen. In der Höhle kann man baden. Eintritt 15 Bs. Am Eingang Verkauf von Snacks.

Laguna Chillata und Inca Marca

Eine anstrengende Eintagestour führt zur Laguna Chillata und nach Inca Marca auf 4200 m Höhe. Von dort tolle Aussicht auf den Titicacasee. Monika Einhoff empfiehlt, die Wanderung nur mit einem Führer zu unternehmen. Es gibt gute Zeltmöglichkeiten um die vielbesuchte Laguna Chillata. Gz 5 h hoch zur Laguna, 3 h runter.

Camino del Oro

Weitere Wanderungen bieten sich in der Cordillera Real um Sorata an. Auch ein Aufstieg auf den Illampu (6368 m) ist möglich: Gehzeit ab dem Basislager 9–10 h, mit Führer 130 € p.P.

Eine eher gemächliche Bergwanderung ist **der legendäre Camino del Oro,** der „Goldweg" (5 Tage/150 €/p.P.) nach *Llipi*. Er folgt einem über 1000 Jahre alten Inkaweg. Für seine Begehung sind 3 bis 6 Tage zu veranschlagen, je nachdem, wo in den Trail eingestiegen wird. Er ist insgesamt nicht sehr anstrengend, meist geht es bergabwärts. Von Sorata geht es zuerst über den 4749 m hohen Pass *Abra Illampu* nach Ancoma (3784 m), Gehzeit ca. 1,5 Tage. Man kann aber auch mit einem Wagen bis Ancoma fahren und dort erst den Trail beginnen. In Ancoma können auch Führer, Treiber und Maultiere angemietet werden. Vom Ort geht es nun durch das Goldgräbertal des Río Tipuani bis *Wainapata*, Gehzeit 9 h. Nach Wainapata ist ein Tunnel zu durchqueren, bevor der Trail zum Río Coco und über Yuna (1700 m) zum Minendorf Chusi führt, Gehzeit 6–8 h. Ab Chusi gibt es früh am Morgen wieder Jeep-Verkehr bis Guanay. Wer trotzdem weiterwandern möchte, zum nächsten Minendorf Llipi dauert es nochmals 6,5 h. Unterwegs wird meist in *Nairapi* übernachtet. Ab Llipi dann Verkehr über Unutululni nach Guanay. Von hier kann mit dem Bus über Caranavi und Coroico zurück nach La Paz oder mit dem Motorboot nach Rurrenabaque am Río Beni gefahren werden.

Warnhinweis: Die Tour sollte auf keinen Fall allein unternommen werden, da es in der Vergangenheit zu Überfällen kam!

Camino Entre Rios — Dieser anspruchsvolle und anstrengende Trek vom Bergdorf Chajolpaya bis Chusi ist eine Spezialität von Bergführer Robert Rauch, der ihn auch führt. Ein Ruhetag entschädigt mit Forellenangeln im Río Llipichi. *Der Tipp für Konditionsstarke und Naturbegeisterte.* Infos über Robert Rauch, Kontaktadresse in Deutschland: R. Rauch, Wörnerstr. 1, 82481 Mittenwald, Tel. 08823-2209 oder 3416, Fax 08823-1019, info@bolivia-tours.de, www.bolivia-tours.de.

Adressen & Service Sorata

Tourist-Info — Keine vorhanden. Die Touranbieter in der Sucre und Murillo sind die einzigen Infostellen. **Vorwahl (02).**

Polizei — Die **Polizei** befindet sich auf der westlichen Plaza-Seite.

Unterkunft BUDGET — **Casa Reggae,** am Ende der Muñecas: einfaches Hostal für die Hängemattenfraktion, viele junge leute, nur MBZi/Schlafsaal, bc, Dusche 3 Bs extra, Skk, Bar, HM. Ü 10 Bs, Pferdeverleih, Reitausflug zur San Pedro Höhle 150 Bs.

Unterkunft ECO — **Hostal El Mirador,** Muñecas 400, Tel. 289-8503. Einfaches Backpacker-Hostal (ausgewiesen als JH) mit schöner Aussicht, saubere Zi., bc/bp, Ww, Rest. DZ/bc 40 Bs, DZ/bp 60 Bs, gPLV. – **Hotel Residencial Sorata,** Casa Günther, an der Plaza General E. Peñaranda, Tel. 213-5044, Fax 213-5218, resorata@ceibo.entelnet.bo. Etwas verfallener, aber charmanter Kolonialbau mit Patio und großem Garten direkt an der Plaza, ruhig. Lobby etwas düster, Zi. bc/bp, Ww, Rest., Ws, freundlich, sicher, Internet, Veranda mit Liegestühlen. Im Garten kleines Café und Papageien in einer Voliere. DZ/bc 15–20 Bs, DZ/bp 25–30 Bs, je nach Lage. Zi. am Garten teurer. – **Hotel El Paraíso,** Villavicencio, Tel. 213-6671. Ordentliche Zi., bp, Rest., nett. DZ/bc 30 Bs, DZ/bp 60 Bs. – **Hostal Piedras,** am Ortsrand von Sorata, etwas versteckt. Kleines, sehr ruhiges und gemütliches Hostal unter dt. Leitung (Petra Huber), schöne Aussicht, familiär, saubere Zi., bc/bp, Ww, kleines Rest., Ws. DZ/bc 20 Bs, DZ/bp 60 Bs, Frühstück gegen Aufpreis.

FAM — **Gran Hotel Sorata,** Av. Samuel Tejerina, Carretera Prinicipal, ca. 1 km vom Zentrum am Ortseingang rechts bei der Tranca (Bus hält dort), Tel./Fax 289-5003, Handy 735-20356, angyfusot@hotmail.com. Sehr schönes und attraktives Hotel (1946), das Beste was Sorata zu bieten hat. Zi. und Betten sehr gut, bc/bp, großes öffentliches Rest. mit bol. und int. Küche (Gericht ca. 25–30 Bs), Bar, Disco, Park, Pool, Ws. DZ/F/bc 170 Bs, DZ/F/bp 200 Bs, MC/VISA, Gruppenrabatt. Vermittlung von Wanderführern, auch deutschsprachigen. **TIP!**

Tour 3: Sorata

Camping und Hütten

Hostal & Camping Altai Oasis, am Ortsrand, Tel. 715-19856, resaltal@hotmail.com, www.altaioasis.lobopages.com. Gepflegtes Hostal in herrlicher Lage außerhalb des Ortes am Fluss mit großer weitläufiger Gartenanlage, vielen Pflanzen und Aras in der Voliere, sehr ruhig und ideal zum Ausspannen. Zi. bc/bp, kleines öffentliches Rest. mit Terrasse (auch veget.), tägl. 8–21 Uhr, Pool, Jacuzzi, Sauna, Ws. DZ/bc 70 Bs, DZ/bp 120 Bs. Gepflegtes, 3 ha großes **Campingplatzgelände** mit schattenspendenden Bäumen direkt am Fluss, mit Küche, Feuerplatz, heißer Dusche, Hängematten. 15 Bs p.P. Daneben gibt es luxuriös eingerichtete **Cabañas** mit voll eingerichteter Küche, für 2 oder 3 Pers. 350 Bs, Cabaña für 5 Pers. 470 Bs. Ankauf von Campingausrüstung, Infos über Trekking und Reitausflüge. In der HS kostenloser TR von der Plaza, ansonsten 1,5 km laufen oder Taxi nehmen. Ab 3 Pers. übernimmt das Altai Oasis die Taxikosten. **TIP!**

Essen & Trinken

In der Calle Muñecas gibt es einfache Restaurants mit bol. Küche. Dort auch der kleine Markt mit äußerst billigen Imbissstuben. – An der Plaza liegen einige Restaurants recht unterschiedlicher Qualität, darunter auch viele Pizzerien. Gut ist *Bella Italia* an der Plaza, auch Vegetarisches, große Portionen, der Chef kocht selbst, 8–23 Uhr. – *La Terraza*, neben dem Gemüsemarkt (unterhalb der Plaza), meist nur Einheimische. Frühstück 10 Bs. – *Girasol*, an der Plaza; gute Gerichte, aktuelle Infos über Trekking-Touren. – *Cafe Illampu*; auf dem Weg zur San-Pedro-Höhle hinter dem Fußballplatz. Sehr gutes Café mit Bäckerei. Der Schweizer Stefan bäckt Vollkornbrot, Kuchen und Torten und serviert ein reichhaltiges Frühstück, u.a. mit Müsli für 22 Bs; 9–18 Uhr, Di und Feb./März geschlossen. Camping möglich, Feuerstelle und Dusche vorhanden, 10 Bs p.P. – *Café Kontiki*, ca. 3 km außerhalb, auf dem Weg zur San-Pedro-Höhle. Der Dt.-Italiener Hermann Antonini kann gut kochen, auch Motorradvermietung. – *Altai*, Plaza Enrique Peñaranda 113; u.a. Steaks, schneller Service. – *Pizzeria Italia*, Enrique Peñaranda 143, Plaza Central, tägl. 7.30–23 Uhr; kleine, gemütliche Pizzeria, Pizza & Pasta, bol. Küche, veg. Gerichte, chil. Weine. Gerichte 20–4 Bs, MC/VISA, mit Stud.-Ausweis ISIC 5% Rabatt.

Unterhaltung

Spider, Café-Bar an der Plaza, tägl. ab 19 Uhr. Cocktails, Bier, Spiele und Musik, 19–21 Uhr Happy Hour. – *Sol de los Andes*, im kleinen Weg am Ende der Calle Muñecas, gegenüber Casa Reggae. Cafe & Bar, ab 20 Uhr Cocktails. – *Coco's*, Ingavi 209; Dorfdisco mit Karaoke. In derselben Straße mehrere Spielhöllen und Straßenmarkt.

Trekking-Touren

Die Touranbieter in Sorata scheinen wenig kompetent zu sein. Trekking- und Bergtouren können auch in La Paz, z.B. bei *Alberth Bolivia Tours* (s. dort) gebucht werden und kosten nicht mehr. Bei Anreise aus La Paz muss ein Zusatztag veranschlagt werden. Preisorientierung: 7-Tages-Rundwanderung Illampu 230 €, 5-Tagestour Illampu 370 € ohne VP.

■ Für geführte Trekking- und Bergtouren kann außerdem der erfahrene deutsche Bergführer *Robert Rauch* empfohlen werden, der sehr zuverlässig ist und die Gegend um Sorata bestens kennt. Kosten pro Tag: 50 €/Person für Bergtouren, Tagestouren 10 €/Pers., fürs Maultier 10 €/Person (Führer u. Treiber inkl., ohne Verpflegung), Lama 3,50, Koch 10 €, Träger 10 €. Kontaktadresse über Restaurant *Girasol*, in Deutschland: Robert Rauch, Wörnerstr. 1, 82481 Mittenwald, Tel. 08823-2209 oder 3416, Fax 08823-1019, info@bolivia-tours.de oder robertrauch@hotmail.com, www.bolivia-tours.de.

Ansonsten: *Asociación de Guías Turisticas Sorata*, Sucre 302, Tel. 811-5044. – *Tourism Eco Adventure Guide Tourism Office Illampu*, Murillo 212.

Mountainbiking

Cooperativa Ciclismo Andino, www.ciclismoandino.com. Tagestouren, Wochentouren v. Sorata b. Rurrenabaque. Räder v. Norco, Scott, Rocky Mountain.

Bergführer

Emilio Sanchez, Casa Reggae, Muñecas, Tel. 7198-2126. Klettern, Trekking, Illampu-Rundweg, Camino de Oro, Reitausflüge.

Geld	*Fondo Financiero Prodem,* an der Plaza; kein GA, kein Wechsel von TC, doch Cash-Advance auf MC/VISA. Di 14.30–18 Uhr, Mi–Fr 8.30–12 und 14–18 Uhr, Sa 8.30–16 Uhr, So 8.30–15 Uhr. In Sorata ist noch kein GA vorhanden.
Internet	an der Plaza/Murillo, neben der Kirche. Langsame Rechner, 20 Bs/h.
Post & Telefon	Auf der westlichen Plaza-Seite, gleich neben der Polizei, befindet sich die **Telefongesellschaft** *ENTEL* und die **Post** *Cotel*.
Bus	Von der Plaza fahren täglich ab 4 Uhr Busse der Busgesellschaften *Transporte Larecaja Unificada* und *Flota Unificado Sorata*, beide mit Büros an der Plaza, im Stundentakt nach La Paz. Letzte Abfahrt um 16 Uhr, Sa/So um 17 Uhr. Fz 3–4 h, Fp 14 Bs. Daneben bieten Lkw Mitfahrgelegenheiten nach La Paz an.

Umgebungsziele von Sorata

Incakaturapi	Eine von Reisenden noch unentdeckte Region ist die Provinz *Omasuyos* in der Nähe von Sorata. Hier liegt in einem Andental die kleine Aymara-Gemeinde *Incakaturapi*, die von der Landwirtschaft sowie der Schaf-, Lama- und Alpakazucht lebt und in typischen Adobehäusern wohnt. Die Comunidad ist infrastrukturell noch ziemlich isoliert, es gibt noch keine Restaurants und Unterkünfte, ist aber dennoch ein Tagesausflug wert. Die Anfahrt erfolgt von Sorata über *Ancoraimes* (fast am Titicacasee), *Chejjepampa* und *Chojñapata*.
Ruinen von Iskanwaya	Für Reisende mit viel Zeit und archäologischem Geist bietet sich von Sorata auch eine Tourfortsetzung in das Tal von Aukapata zu den prähispanischen Ruinen von *Iskanwaya* an. Sie gelten als die bedeutendsten Ruinen der *Mollo* (1200–1450) im Departement von La Paz undsie erstrecken sich über 13 ha. Entfernung von La Paz ca. 300 km entfernt. Im kleinen Dorf *Aukapata* gibt es ein Museum über die Mollo-Kultur. In der Nähe von Iskanwaya liegen mit *Pukanwaya*, *Pukarilla* und *Mamakhoru* weitere prähispanische Ruinen. Von Sorata ist der Besuch als sehr untouristischer Trek möglich, nähere Infos bei Robert Rauch (s.o.). Alternative: Von Sorata aus muss mit dem Bus nach Huarina am Titicacasee oder Achacachi zurückgefahren werden und dort in einen Bus oder Pickup aus La Paz über Carabuco nach Escoma umgestiegen werden, der nur 2x wöchentlich durchkommt, also Glückssache. Von Escoma fährt der Bus dann über Hualpacayo, Killinsani in das Aukapata-Tal hinab.

Tour 4: Copacabana/Titicacasee

Für Flugreisende und Globetrotter, die nicht nach Peru wollen, empfiehlt sich der Titicacasee mit Copacabana als Zweitagestour (s.S. 634).

Tour 5: Ruinas Tiwanaku (70 km)

Mysterium Tiwanaku	Tiwanaku ist die wichtigste und eine der sehenswertesten präkolumbischen Kulturstätten Boliviens (UNESCO-Weltkulturerbe). 2002 fand der 20 t schwere Riesenmonolith *Bennett* den Weg zurück von La Paz zur Ruinenstätte Tiwanaku und kann im dortigen Museum bestaunt werden. Tiwanaku liegt gut 70 km von La Paz entfernt, auf dem kalten Altiplano.
Anfahrt	Tägl. Busse und Colectivos, u.a. 4x tägl. mit *Transportes Autolíneas Ingavi, José María Asís/Eyzaguirre* (nördlich vom Friedhof), Anfahrt auch mit Micro K, Fz 1,5 h, Fp 10 Bs. Ansonsten als Tagestour mit einem Reisebüro, Kostenpunkt etwa 8 € p.P. Eintritt Tiwanaku für Ausländer 80 Bolivia-

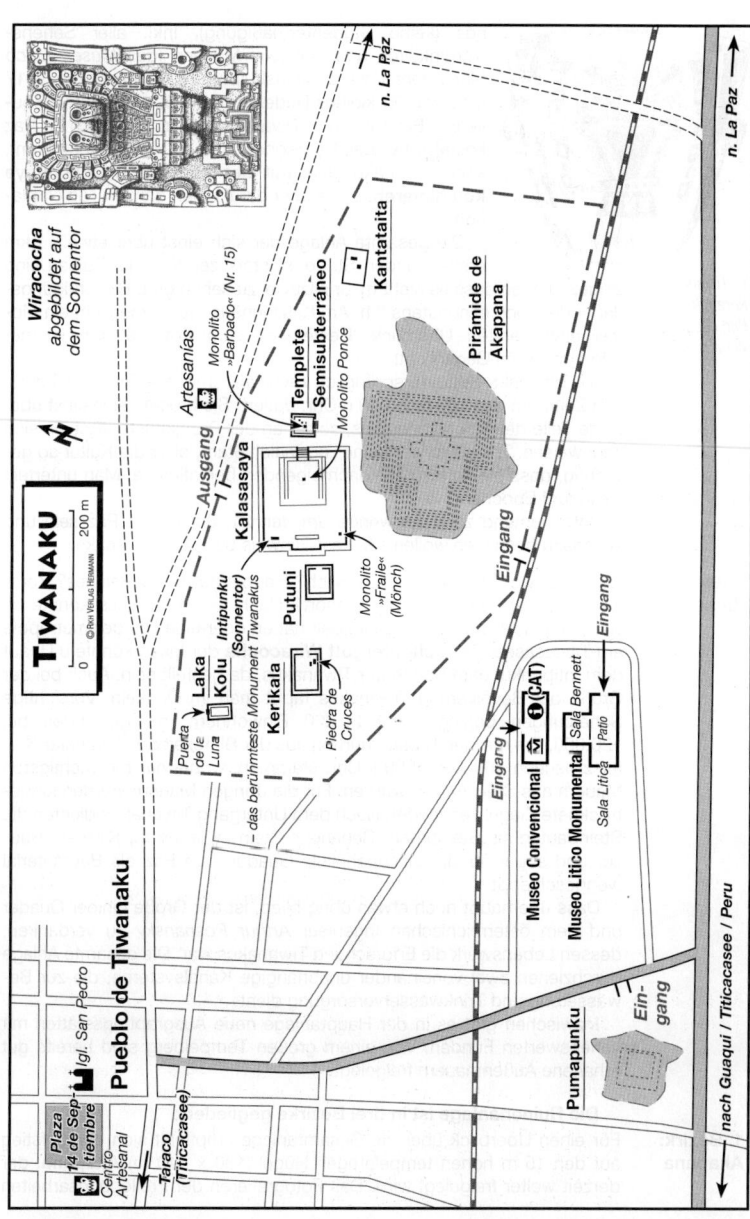

■ *Tiwanaku-Keramik mit Bild des Gottes Wiracocha*

nos (keine Studentermäßigung), inkl. aller Sehenswürdigkeiten und der zwei Museen (das *Museo Lítico Monumental* zeigt Steinskulpturen). Öffnungszeit 9–17 Uhr. Vor Ort kleines Budendorf mit Getränken und Souvenirs. Ein Taxi nach Tiwanaku und zurück nach La Paz kostet 40 €, bei 4 Personen also o.k. Wer eines nimmt, kann Tiwanaku ideal **mit der Tour nach Chacaltaya kombinieren,** muss aber dafür einen ganzen Tag einplanen.

Die gesamte Anlage der sich einst über etwa 5 qkm erstreckenden Stätte ist stark zerstört, die Ruinen sind eingezäunt, so dass es nicht mehr allzuviel zu sehen gibt. Besichtigungsdauer dennoch mindestens 2 h. Am Kassenhäuschen ermöglicht ein Modell einen ersten Überblick. Beste Zeit zum Fotografieren ist der Vormittag (kein Gegenlicht).

Die Tiwanaku-Kultur (ursprünglich *Taypikala,* „mittlerer Stein"), wird auf den Zeitraum von 100 bis 1000 n.Chr. datiert. Sie breitete sich einst über weite Teile des Hochlandes aus, selbst an der Pazifikküste lässt sie sich nachweisen. Tiwanaku war keine „normale" Stadt, aber die Kultur so gewichtig, dass sie nahezu alle nachfolgenden beeinflusste. Man unterteilt sie in fünf Epochen.

Sollte jemand zur Sonnwende um den 21. Juni in La Paz sein und Tiwanaku besuchen wollen – s. Fest-Hinweis beim Ort Tiwanaku.

Rätsel über Rätsel

Aber was war Tiwanaku nun wirklich? Hauptstadt eines Reiches? Zeremonielles Kultzentrum? Wallfahrtsort? Nach dem Grundriss könnte es sich um eine Tempelstadt gehandelt haben oder eine Handelsmetropole am Titicacasee. Der **Schöpfergott Wiracocha** der Inkas könnte u.U. auf dem Intipunku, dem Sonnentor Tiwanakus, dargestellt sein. Auch bei der Größe der Bevölkerung Tiwanakus tappt man im Dunkeln. Vorsichtige Schätzungen beginnen mit 20.000 Einwohnern, mutige enden bei 120.000. Die meisten Bauten dürften aus der Blütezeit der Tiwanaku-Kultur zwischen 400 und 1000 n.Chr. stammen, wobei nur die wichtigsten Mauern aus Stein erbaut wurden. Für die übrigen Mauern wurden luftgetrocknete Ziegel verwendet. Nach dem Untergang Tiwanakus dienten die Steinbauten als Steinbruch. Gehauene Steine wurden für Kirchen, Häuser und sogar für die Eisenbahnlinie Guaqui – La Paz als Baumaterial weggeschleppt.

Dass überhaupt noch etwas übrig blieb, ist der Größe einiger Quader und dem österreichischen Ingenieur *Arthur Posnansky* zu verdanken, dessen Lebenswerk die Erforschung Tiwanakus war. Die gesamte Anlage durchziehen zwei voneinander unabhängige Kanalsysteme, die zur Bewässerung und Trinkwasserversorgung dienten.

Inzwischen gibt es in der Hauptanlage neue Ausgrabungsstätten mit sehenswerten Funden. Von einem großen Tempelberg sind bereits gut erhaltene Außenmauern freigelegt.

Die Ruinenanlage ist in drei Bezirke gegliedert:

1. Bezirk: Akapana

Für einen Überblick über die Gesamtanlage empfiehlt sich der Aufstieg auf den 15 m hohen tempelartigen Hügel (180 x 140 m) **Akapana,** der derzeit weiter freigelegt wird. Das Fotografieren der Freilegungsarbeiten ist nicht gestattet. Ob hier eine Befestigungsanlage, eine Opferstätte oder ein Tempel stand, ist nicht geklärt. Posnansky hielt die Akapana für ein Tempel-Observatorium. Im Süden sind die Überreste eines Kanales zu erkennen, der wahrscheinlich mit dem Titicacasee verbunden war.

Geht man nun von der Plattform der Akapana gerade hinunter, trifft man auf einen Bau, der einen sofort an das Freiluftmuseum in La Paz denken lässt, das dem hier befindlichen nachgebildet wurde. Der **Templete Semisubterráneo,** der halb unterirdische Tempel, wurde 1960 vom bolivianischen Archäologen *Carlos Ponce Sanginés* ausgegraben und bis 1964 rekonstruiert. Das 2 m tiefe und rechteckige Mauerwerk (26 x 29 m) mit den mit 175 eingelassenen steinernen Köpfen (ähnlich wie in Chavín in Peru) aus Kalk- und Tuffstein zeigt den für Tiwanaku typischen Stil. Eine 5 m breite, achtstufige Treppe führt in den Tempel hinunter. Auffallend sind die drei Stelen in der Mitte des Tempels.

Die Stele Nr. 15, *Barbado* oder *Kontiki,* ist 2,55 m hoch und zeigt vermutlich einen bärtigen Mann, es handelt sich aber wohl eher um einen Mann mit Nasenschmuck. Die riesige, über 7 m hohe Stele Nr. 10 wurde nach La Paz gebracht. Vor der Mauer mit den eingelassenen Köpfen zieht sich ein steinerner Kanal. Nachdem man die Treppe aus dem Templete Semisubterráneo wieder hochgestiegen ist, geht es nördlich, also nach rechts, zum Zentrum der zweiten Anlage, zur *Kalasasaya*. Eine 8 m breite und siebenstufige Treppe, für Touristen durch eine Eisenkette gesperrt, führt zum steinernen Osttor des Bauwerkes hinauf.

2. Bezirk: Kalasasaya

Die Kalasasaya war eine tempelartige Sonnenwarte mit den gewaltigen Ausmaßen von 128 x 118 m und ihr Alter wird auf das 5. Jh. geschätzt. Im Zentrum lag ein halbunterirdischer, in die Erde eingelassener bzw. versenkter Komplex. Viele Steinblockpfeiler aus Sandstein und Andesit (Vulkangestein) der ursprünglichen Mauer blieben erhalten, so dass eine Rekonstruktion nicht all zu schwierig war. An den Steinblockpfeilern wurden Nuten gefunden, die plastisch zeigten, wie die Mauersteine miteinander verbunden waren. Insgesamt sind die Überreste von 14 Räumen auf beiden Seiten des Tempels erkennbar.

Säulenmonolithe

Das Aymara-Wort *Kalasasaya* bedeutet „stehende Steine" und meint die hier gefundenen Monolithen. Die 1,50–7,50 m hohen Skulpturmonolithen sind anthropomorphe Bildsäulen (menschengestaltig), Götter mit menschlichen Gesichtern, die verzierte (Kult-?)Gegenstände in den Händen halten. Alle Säulenmonolithen sind mit Zeichen verziert. Es wird vermutet, dass es sich hierbei um eine Art Zeichenschrift handelt.

Einer der schönsten wurde nach seinem Entdecker, dem bolivianischen Archäologen *Carlos Ponce Sanginés,* einfach **Ponce-Monolith (s. Foto)** genannt. Dieser Säulenmonolith ist 3,50 m hoch und er zeichnet sich durch kunstvolle Reliefbearbeitungen auf. Ursprünglich stand er wohl an anderer Stelle. Ob die Figur eine Gottheit sein soll, ist bislang unklar. Südwestlich, in der anderen Ecke, steht der leicht verwitterte **Monolith Fraile**. Es ist neben dem Ponce einer der meistgefertigten Miniaturmonolithen als Touristensouvenir. Sie erinnern ein wenig an die „Atlanten" von Tula in Mexiko. Beide Monolithen sind mit einem Drahtzaun umgeben.

Tour 5: Tiwanaku

Intipunku (Sonnentor)

Nordwestlich steht das unvollendete Glanzstück der Tiwanaku-Steinmetzkunst, das berühmte **Sonnentor,** das aus einem einzigen, 2,80 m hohen und 3,80 m breiten Andesitblock mit einer 1,40 m hohen und 60 cm breiten Öffnung herausgehauen wurde und auf etwa 10 Tonnen Gesamtgewicht geschätzt wird. Nach dem Untergang der Tiwanaku-Kultur ist es irgendwann umgestürzt und in zwei Teile zerbrochen. 1908 wurde das *Intipunku* wieder aufgerichtet. (Hinweis: Das Sonnentor ist umzäumt, gute Fotos des stark beschädigten Reliefs nur bis zur Mittagszeit machbar, wenn die Sonne direkt draufscheint.)

Bemerkenswert ist das **Flachrelief im Fries,** das entweder den Sonnengott oder den Schöpfergott **Wiracocha** darstellt. Seinem Kopf entspringen mehrere Strahlen mit kleinen Pumaköpfen, Tränen laufen als Symbol der Fruchtbarkeit – oder des Regens – über das Gesicht. Die Zepter in beiden Händen laufen in Kondorköpfe aus.

■ *Das Sonnentor. Im Fries in der Mitte die frontal-plastische Darstellung der Gottheit **Wiracocha** (Abb. rechts).*

Die gesamte Gestalt wird von 48 kleinen Figuren mit Flügeln im Profil eingerahmt, die manche Archäologen, wie Buck oder Posnansky, als Kalender gedeutet haben. Professor Schindler-Bellamy will in den Figuren sogar einen Erd- und Mondkalender entziffert haben, dessen Zyklus 21.000 Jahre beträgt. Die beiden rechteckigen Vertiefungen links und rechts in den Wänden des Tores könnten nach Posnansky der Befestigung von Hebelstangen gedient haben, über die eine Zugmannschaft mit Seilen den mächtigen Block aufrichtete. Andere Archäologen vermuten, dass diese Mauernischen mit Metalltürchen versehen waren.

Putuni

An den Kalasasaya-Komplex schließt sich im Westen der **Putuni** oder „Palast der Sarkophage" an. Posnansky benannte diesen 48 x 40 m großen Komplex so, weil die hier vorhandenen ausgehöhlten Steinblöcke genau einen Menschenkörper aufnehmen können. Nordwestlich schließt sich der *Kerikala-Palast* und etwas weiter entfernt das kleine monolithische Mondtor an.

3. Bezirk: Pumapunku

Hinweis: Die Eintrittskarte ist auch für Pumapunku gültig, es wird nochmals kontrolliert. In Pumapunku befindet sich ein künstlicher, pyramidenartiger Hügel, auf dem gewaltige Andesit-, Diorit- und Trachytblöcke kreuz und quer herumliegen. Es ist ungeklärt, ob die offensichtliche Zerstörung durch Menschenhand oder durch eine Naturkatastrophe stattgefunden hat. Selbst eine 4 x 8 x 2 Meter große und ca. 10 Tonnen schwere Bodenplatte befindet sind nicht mehr in ihrer ursprünglichen Lage.

Auffallend sind die außerordentlich sauberen Steineinschnitte und die akkuraten Steinöffnungen, die von hochentwickelten Bearbeitungstechniken zeugen. Da liegen Steinblöcke, die mit Klammern zusammengehalten wurden, passgenaue doppelröhrenartig bearbeitete Steine, Dioritblöcke mit haarscharfen Rillen und gleichmäßigen Löchern, die Fächer und Gesimse aufweisen (Diorit ist ein graugrünes Tiefengestein, das eine derartige Härte aufweist, dass es eigentlich nur mit modernen Stahlfräs- und Bohrmaschinen bearbeitet werden kann).

Sensationell waren die gefundenen Dioritblöcke mit zwei gegenüberliegenden, bolzenartigen Aussparungen, die hinten kleine flache Rechtecke aufweisen, ähnlich eines Verschlusses, der in ein Gegenstück einrastet. Nach Eingabe der genauen Daten der Dioritblöcke in einen Computer berechnete dieser, wie die Gesteinsblöcke wieder zusammenpassten. Alle Aussparungen, Bolzenvertiefungen, Rillen und Kanten konnten fugenlos zusammengefügt werden. Dabei entstand eine fugenlose Mauer. Demnach mussten die Dioritblöcke systematisch vorgefertigt worden sein und konnten so nach einer Art Baukastensystem zusammengesetzt werden. Die genaue Bedeutung dieser Anlage ist nach wie vor ungeklärt. Nach einer Legende wurde Pumapunku von den Göttern in einer Nacht erbaut. Hans Helfritz hält es für ein nie vollendetes Mausoleum für Priester oder Könige, andere Forscher für einen Mondtempel.

Inzwischen wurden zwei Tunnel freigelegt, die verschlossen waren. Dort wurden Knochen von Menschen und Tieren gefunden. Zeitgleich sollen freigelegte, verschiedenfarbige Böden klären, ob es sich um eine Tempel- oder Hafenanlage handelte.

Vor Pumapunku liegen riesige, beckenförmige Steinmauern mit Fischornamenten, weshalb hier auch der Hafen von Tiwanaku vermutet wurde. Heute ist dieser Platz allerdings über 20 km vom Titicacasee entfernt, so dass der See vormals viel größer und sein Wasserspiegel erheblich höher gewesen sein musste. Der **Steinbruch für Tiwanaku** ist ca. 30 km entfernt. Von dort wurden bis zu 130 Tonnen schwere Sandstein-Brocken hergeschafft. Nach wie vor ist ungelöst auf welche Art und Weise, da das Rad anscheinend nicht bekannt war. Ein zweiter Steinbruch wird in der Nähe von Copacabana an den Hängen der Andenkordillere vermutet. Denn nur dort befindet sich der harte Andesit.

Tiwanaku (Ort)

Die neue Straße von La Paz nach Desaguadero führt in etwa 2 km Entfernung am Ort Tiwanaku vorbei. Busse lassen einen an der Abzweigung zum Ort aussteigen. Von hier müssen Micros oder Pkw ins Dorf angehalten werden. An den Hausfundamenten sind viele behauene Steine der archäologischen Stätte zu sehen.

Bedeutungsvoll ist auch die Dorfkirche, die gleichfalls aus Steinen Tiwanakus erbaut wurde (1580–1612). In die Fassade wurden steinerne Köpfe aus dem Templete Semisubterráneo eingesetzt, und am Eingang stehen zwei große Skulpturen. Der Altaraufsatz stammt aus dem 18. Jahrhundert. Daneben fällt ein schöner Altarbehang aus Silber auf.

Feste

Am **21. Juni** wird in Tiwanaku **Sonnwende** gefeiert, der Moment ist gekommen, wenn bei Tagesbeginn die ersten Sonnenstrahlen durch das Intipunku fallen … schon lange vorher sind die Unterkünfte im Ort ausgebucht, mit Musik und Tanz schlägt man sich die Nacht um die Ohren. Gegen 5 Uhr strömt alles zur Ruinenanlage (es kann dort lange dauern, bis man sein Ticket hat). Bis die Zeremonie mit Musik- und Tanzdarbietungen beginnt, muss man in Eiseskälte unter Null Grad ausharren … aber ein sehr schönes Erlebnis (auch organisiert von La Paz aus inkl. Anfahrt buchbar).

Alljährlich am **14. September** lässt das Dorf seinen Alltag hinter sich und feiert vier Tage lang ein traditionelles Fest mit Ausstellungen, Markt, Tanz, Musik und einer Prozession. Das Spektakel beginnt mit der folkloristischen *Balseada* in der Laguna Artifical, bei der auf Totoralbalsas (Wasserflößen) auf dem Wasser musiziert und getanzt wird (Caporales, Waca-Wacas, Morenadas).

Adressen & Service Tiwanaku

Unterkunft **Pension Ingavi** (ECO), sehr einfach, und **Hostal Puerto del Sol** (ECO), an der Piste nach La Paz. – **Tiahuanacu Hotel** (ECO/FAM), Av. Bolívar 903, Tel. 241-0322; schöne Zi., Rest., Bar, ca. 200 m vom Ruinenkomplex entfernt.

Essen & Trinken an der Hauptstraße gibt es ein paar einfache Kneipen und Essbuden, das *Wiracocha* ist in der Nähe der Plaza. *La Cabaña del Puma,* vom Museum nach links zwei Häuser weiter, und *Inti Wara,* Av. Bolívar 100 (vom Ruinenausgang 20 m nach rechts) können empfohlen werden.

Verkehrsverbindungen **Bus/Micro:** Nach La Paz: tägl. Busse und Micros, u.a. mit *Flota Ingavi,* ab der Plaza und der Av. Bolívar 140, Fp 1 €. Nach Desaguadero: tägl. Busse und Micros, ab der Plaza. – Nicht zu spät nach La Paz zurückfahren, nachmittags kommen alle Busse schon überfüllt an!

Tour 6: Parque Nacional Comanche

Wer es verpasst hat, die Riesenbromelie *Puya Raimondi* bei Huaraz/Peru anzuschauen (dort sind sie leichter zu erreichen, Foto s.S. 539), kann dies jetzt nachholen. Man muss dazu über El Alto und Viacha Richtung Comanche (ca. 75 km) fahren. Bereits einige Kilometer vor Comanche beginnt der *Parque Nacional Comanche* mit diesen ungewöhnlichen Pflanzen.

Tour 7: Thermas de Urmiri (100 km)

Auf der asphaltierten Hauptstraße von La Paz nach Oruro biegt man nach etwa 80 km in El Tolar (5 km südlich von Calamarca) links bzw. östlich ab. Nach knapp 20 km auf einer landschaftlich sehr schönen Strecke mit spektakulärer Pistenführung werden die Thermalquellen und -bäder von Urmiri (3200 m) im Sapahaqui-Tal erreicht. Fz ca. 3 h mit dem Hotelbus ab Hotel Gloria in La Paz, Fp 4,50 €, sofern 6 Pers. zusammenkommen. Abfahrt 8 Uhr, Rückfahrt 16 Uhr. Wer im *Hotel Gloria* in Urmiri übernachten möchte, kann am nächsten Tag um 16 Uhr zurückfahren.

Unterkunft: *Hotel Gloria,* bei den Thermalbädern. Große Becken in den Badezimmern, die mit Thermalwasser gefüllt werden können. Ü/F 10–25 € (für Bolivianer ab 8,50 €), inkl. Eintritt zu den gepflegten Bädern, Wasserfall, Rest., nette Atmosphäre. Eintritt Tagesgäste 3 €. Tägl. geöffnet, am Wochenende viele Tagesgäste. Campingplatz 1 €. **TIP!** Da es die einzige Unterkunft ist, kommt es billiger, Verpflegung mitzubringen und zu campen.

■ *Tal zum Illimani (im Hintergrund rechts)*

Tour 8: Palca-Schlucht und Illimani

Hinter den Vororten Obrajes und Calacoto führt eine Staubstraße zum kleinen Pass *Cuesta de las Animas* in 4400 m Höhe mit prächtiger Aussicht auf La Paz und auf den Illimani (6439 m). 5 km danach zweigt nach rechts ein Weg ab, auf dem in etwa 30 Min. zu Fuß die romantische Palca-Schlucht erreicht wird. In Huancapampa, nur ein paar

Kilometer weiter, führt ein im weiteren Verlauf oft nur von Jeeps befahrbarer Weg in die Ortschaft Palca und über die Mina Copacabana zu den Hängen des Illimani. Die Hauptroute überquert hinter Huancapampa den Río Choquekhota und erreicht über die Mina Urania ebenfalls die Hänge des Illimani.

Tour 9: Apolobamba

Der Trek in der Cordillera Real führt in die Region von Apolobamba, eine noch völlig untouristische Region nördlich des Titicacasees. Es wird in sehr einfachen Unterkünften der Kallawaya übernachtet. Entlang des Treks gibt es immer wieder kleine Museen, die viel über die Kultur, Geschichte und Heilkünste der Kallawaya, der alten Aymara-Naturheiler, Aufschluss geben.

Mit einem Minibus geht es von La Paz am Titicaca vorbei bis zum **Área Natural de Manejo Integrado Nacional Apolobamba,** Fz 5h. Ankunft in Qutapampa, einem kleinen Aymaradorf (4400 m), erste Übernachtung. Am 2. Tag wird ein Alpaka-Bauer besucht, um den Alltag zu erleben. Dann führt der Weg nach Kaluyo (4120 m). Unterwegs kommt man an der Laguna *Sura Quta* vorbei, Gz 3 h. In Kaluyo wird das örtliche Infozentrum der Kallawaya besucht. Am Nachmittag werden Viscachas beobachtet. Am 3. Tag führt der Weg zum Dorf Chacarapi (4100 m), Gz 4 h. Dabei wird Chullpata mit seinen Kallawaya-Kräutergärten besucht. Am 4. Tag führt die Wanderung von Chacarapi nach Charazani (3380 m), Gz 4 h. Unterwegs werden verschiedene Kallawaya-Dörfer passiert. Sehr einfaches Mittagessen in Charazani, Baden in heißen Quellen möglich. Der 5. Tag ist Markttag. Traditionell gekleidete Hochlandbewohner kommen zum Markt auf dem kleinen Platz im Dorf. Nach dem Mittagessen geht es zurück nach La Paz, Fz 5 h. Infos: *Millenarian Tourism & Travel,* Av. Sánchez Lima 2193, Tel. 241-4753, info@boliviamilenaria.com.

Bergsteigen in der Cordillera Real

Dieser Abschnitt wendet sich an nur wenige Spezialisten. La Paz eignet sich wegen der Höhenlage wie keine zweite Stadt auf der Welt als Ausgangspunkt für relativ leichte Besteigungen zahlreicher Fünf- und Sechstausender. Die Betonung liegt auf relativ, denn leicht im eigentlichen Sinn ist kein Sechstausender. Die **Bergsteigersaison** dauert von Mai bis August. In dieser Zeit beständiges Wetter und keine Lawinengefahr.

Im folgenden wird den Höhen- und sonstigen Angaben von Trekkingunternehmen und Pecher/Schmiemann gefolgt, die das für alle Bergsteiger empfehlenswerte Büchlein „Die Königskordillere, Berg- und Skiwandern in Bolivien" geschrieben haben, in dem sie 22 Berg- und 6 Skitouren zwischen Illimani, Huayna Potosí und Condoriri beschreiben.

Als Tagestouren können die Fünftausender *Takesi, María Lloco,* „Doppelhorn" und *Colquejahui* im Hampaturi-Gebiet und der *Alpamayo Chico* im Condoriri-Gebiet angegangen werden. Hier gibt es mit dem *Mirador* (5250 m) und dem „*Cerro Linker Talwächter*" (5300 m) zwei schneelose Berge, die ohne Seil und Steigeisen von dem 4700 m hohen *Lago Condoriri* aus erstiegen werden können. Trittsicherheit und Schwindelfreiheit sind Voraussetzung.

Die Anfahrt erfolgt am besten auf der Straße Richtung Batalllas/Huarina bzw. Tiquina. 27 km hinter dem Kontrollpunkt in El Alto geht es bei Patamanta rechts ab und noch einmal 17 km zum Dorf **Tuni** bis zu einem Stausee. Dann zu Fuß eine bis anderthalb Stunden rechts am Hang entlang bis zum 2. See, dem *Lago Chiarkota;* mit Zeltmöglichkeiten.

Nach diesen Bergen zum Eingehen wird es aber die Profis zum Huayna Potosí (6088 m), Besteigung 2 Tage, und Illimani (6439 m), Besteigung 3-4 Tage, ziehen. Ausgangspunkt ist die Berghütte *Refugio Huayna Potosí* auf ca. 4700 m auf dem Pass Abra Zongo, die von Dr. Hugo Berrios betrieben wird.

Wer Führer oder Träger braucht, kann sich an **Magri Turismo** wenden: Calle Capitán Ravelo 2101/Montevideo, Ed. Capitán Ravelo, Tel. 244-2727, Fax 243-4660, info@magri-amexpress.com.bo, www.magri-amexpress.com.bo. Sehr zuverlässig für die Besteigung des Huayna Potosí und anderer Berge ist **Dr. Hugo Berrios,** Agencia de Viajes y Turismo, Sagárnaga 398, Tel. 231- 7324/274-0045, Fax 245-6717, berrios@.megalink.com, www.huayna.com. Er vermittelt u.a. Transport, Bergführer und Träger. Er hat ein Basiscamp auf 4700 m Höhe mit Ww, Stockbetten, kleiner Küche, Esstisch. Von dort wird am ersten Tag eine Übungstour gemacht. Ein Schlafsack bis –20 Grad C ist selbst mitzubringen. Dreitagestour umgerechnet 100 €. Unbedingt darauf achten, dass bei ihm keine Träger die Bergführung übernehmen, was schon vorgekommen ist. Berg- und Trekkingtouren bietet auch **Thomas-Wilken-Tours** an, sehr kompetent und erfahren. Weitere Infos unter www.suedamerikatours.de.

Trekking in der Cordillera Real

Adolfo Andino, Magri Turismo und Günter Rüttger von Carmoar Tours (s. Adressen & Service) geben Informationen und Hilfen für das Bergwandern in der Cordillera Real.

Camino Takesi

Der Camino Takesi ist der bekannteste prähispanische Wanderweg Boliviens. Er ist etwa 45 km lang und in 2–3 Tagen ohne größere Ausrüstung (Schlafsack, warme Kleidung und ggf. Zelt ausreichend) gut zu schaffen, da er ab der Abzweigung zur *Mina San Francisco* (s.u.) meist nur abwärts führt. Der gut erhaltene und z.T. gepflasterte historische Weg, der auch heute noch von den Campesinos genutzt und am Wochenende und während der Ferienzeit von in- und ausländischen Touristen manchmal überlaufen ist, war schon unter den Tiwanaku und später auch bei den Inkas eine wichtige Verkehrs- und Transportverbindung zwischen La Paz und den Yungas, wobei ihn Mauern und Kanäle vor den Naturgewalten schützten. Zwischen Takesi und Chojilla gibt es nur einen Kiosk.

Anfahrt von La Paz (Alto San Pedro) früh am Morgen mit Lkw, Camioneta, Micro oder Minibus um 5.30 Uhr ab der Calle General Luís Lara/Boquerón (Plaza Líbano) über Calacoto in Richtung Palca bis Ventilla. Fahrzeit 90 Min., Fp 1–2 € (Taxi 15 €).

Der Wanderweg beginnt in Ventilla (3800 m) und führt zunächst auf der Straße nach *Choquekhota*, einem Andendorf (Unterkunft), das von der Lama- und Alpakazucht sowie von Webarbeiten lebt. Hier muss der *Río Quela Jahuira* durchwatet werden. Nur hier können Maultiere angeheuert werden. Maultiere kosten 4 €/Tag und ein Treiber nochmals ca. 10 €/Tag.

Von Choquekhota geht es zunächst ca. 2–3 h bis zum Beginn des eigentlichen Camino Takesi in Höhe einer umgestürzten Mauer, auf der die Route aufgezeichnet war. Hier biegt nach links ein Weg zur baufälligen *Mina San Francisco* und zum *Reconquista Trail* ab. Nach rechts windet sich der gepflasterte Weg über steile Serpentinen und einige Stufen in ca. 1–1,5 h anstrengend zum *Abra Apacheta Takesi* (4650 m) hinauf, doch entschädigt bei gutem Wetter mit einem Panoramablick auf die Cordillera Real. Rechts ist der schneebedeckte *Mururata* (5700 m) gut zu erkennen. Vom Pass führt der Camino Takesi an der *Laguna Luru Kheri* vorbei in ca. 90 Min. zur Ortschaft *Takesi*, ebenfalls ein traditionelles Andendorf (3800 m) mit einer handvoll Behausungen. Die wenigen Einwohner leben von der Lama- und Alpakazucht. Es gibt eine einfache Unterkunft (Strohlager auf dem Betonboden), Ü/F 5 € für 2 Personen.

Ab Takesi folgt der Tiwanaku-Pfad zunächst recht lange dem Lauf des Río Takesi durch saftige Vegetation, die zunehmend subtropischer wird. An der Abzweigung hinunter zum Fluss den Weg am Hang entlang nehmen, bis die kleine Ansiedlung (nur ein paar Häuser) *Kakapi* in Sicht kommt (drei einfache Unterkünfte, nur bescheidene Verpflegung, etwa 25 Bs/Pers.)

Nach dem Dorf geht es auf einigen Teilstrecken bergauf, es wird ein Wasserlauf überquert, man kommt an zwei verfallenen Steinbauten vorbei und folgt einem in einen Hang betonierten Wasserkanal nach *Pongo Pampa*. Hier bekommt man in dem einzig größeren Haus etwas zu Essen, und es steht wieder ein großes Schild mit dem Verlauf des Camino Takesi am Wegrand. Von Pongo Pampa ist es bis nach Chojilla nicht mehr weit. Zwar verkehren von Chojilla bereits unregelmäßig Lkw, Camionetas und Micros nach La Paz (z.B. um 11.30 Uhr), doch der Camino endet erst 5 km weiter im kolonialen *Yanacachi*, das mit einer Handvoll Kneipen und spartanischen Unterkünften aufwartet. Kurz vor Yanacachi ist ein Tor auf der Straße, an dem die Zufahrt zur Mina Chojilla kontrolliert wird. Nachts soll das Tor verschlossen sein, Schusswaffengebrauch!

Von Yanacachi fahren meist nur Minibusse Mo–Mi um 6 und 12 Uhr nach La Paz. Fahrkarte so früh wie möglich kaufen, Busse sind oft voll!

Alternativ-Busse ab Florida, Gz 1 h. Dort stündlicher Busverkehr nach La Paz.

Camino Choro

Wegen der herrlich-schönen Landschaft zwischen den Anden und dem Tiefland ist der etwa 77 km lange Präinkaweg von La Cumbre nach Coroico *(Camino Choro Chukura)* sehr beliebt. Die anstrengende 3–4 Tagestour wird in der Regel von La Cumbre nach Chairo (52 km) gegangen und ist nicht gerade ein gemütlicher Spaziergang, da der oft moosbewachsene Pfad ständig an- und absteigt und das Gelände teilweise sehr unwegsam ist. Dennoch führt der Trail nach dem ersten Aufstieg fast nur noch bergab und ist ab und zu sogar ausgeschildert. Neben glitschigen Steinen gilt es Bach- und Flussläufe zu meistern, die nur auf einem oder zwei nebeneinanderliegenden Baumstämmen überquert werden können. Im ersten Abschnitt kann anfangs noch Schnee liegen, im zweiten Teil kann Hochwasser die Baumstammbrücken wegreißen. Wer lieber eine **geführte Tour** machen will, ruft das *Hotel Río Selva* bei Chairo (s. beim 3. Tag, Tel./Fax 232-7561) an.

Hinweis: Der Chorotrail ist mittlerweile sehr sicher und wird immer besser ausgebaut. Ein Teil ist bereits zum Nationalpark erklärt worden; Parkwächter vorhanden. Überfallgefahr verringert! Campingplätze nach Möglichkeit immer 60–90 Gehminuten vom Ort Choro entfernt aufsuchen. Campingplatz 30 Bs p.P., Eintritt in die Nationalparkzone 10 Bs. Über Nacht keine Dinge außerhalb des Zeltes lassen. In den Orten, die man durchwandert, gibt es das Wichtigste zu kaufen, die Unterkünfte sind sehr einfach!

Anfahrt mit dem Bus der *Flota Yungueña* (Fahrziel Rurrenabaquo etc.) oder Micros ab Fátima (Fahrziel Coroico) von La Paz bis zur Christusstatue auf der Passhöhe Abra La Cumbre (27 km). Fz knapp 1 h, ca. 1 €.

Die Teilstrecken

1. Tag: La Cumbre – Cha'llapampa (ca. 20 km, Gehzeit 6–7 h)

Auf der Passhöhe des *Abra La Cumbre* (4670 m) ist es oft eisig und kalt und je nach Jahreszeit liegt hier oben Schnee und alles ist vereist. Der Weg von La Cumbre zum eigentlichen Beginn des Präinkawegs ist etwas schwer zu finden. Der Pfad führt an der Christus-Statue links vorbei in ein trostloses Gelände, nach einer Weile zwischen zwei tiefblauen Seen hindurch und dann rechts steil aufwärts bis zum *Abra Chukura* (4882 m), der in ein bis zwei Stunden erreicht werden kann. Je nach Jahreszeit liegt auf der ganzen Strecke bis zum Abra Chukura Schnee. Vom Chukura-Pass führt der nun gepflasterte Weg nach links über eine Gebirgsschlucht in ein breites Tal hinab bis zum Bauerndorf *Achura oder Chukura* (4078 m). Eine Gehstunde vor Achura wird die *Estancia Samaña Pampa* (Zeltplatz, Kiosk mit bescheidenem Angebot) passiert. Kurz vor Achura wechselt der Weg über den Fluss und folgt dem Lauf auf der rechten Seite bis Achura, das ab La Cumbre in 4–5 h erreicht werden kann. Ab Achura wird eine Weggebühr von 10 B$ erhoben (Quittung verlangen). Beim Dorfschullehrer kann für 10–20 Bs übernachtet werden, aber es empfiehlt sich, noch weiterzugehen, da auf dem Wegstück hinter Achura sich mehrere gute Zeltplätze befinden. Außerdem sind es nur 1–1,5 h bis zur Hüttenansammlung von Cha'llapampa mit Zeltplatz (10 Bs/Nacht), einfacher Unterkunft (20 Bs/p.P.) und bescheidenem Kiosk.

2. Tag: Cha'llapampa – Sandillani (ca. 25 km, Gehzeit 9–10 h)
In Cha'llapampa wird ein Seitenfluss des *Río Chukura* überquert und der Weg führt, teils gut gepflastert, 8 km durch subtropische Vegetation. Dann wechselt er über den Río Chukura. Kurz vor *Choro,* das nach ca. 1,5 h erreicht sein kann, stehen ein altes Haus und mehrere verlassene Hütten in der Nähe des Flusses. Im bewohnten Teil von Choro gibt es Kiosk und Zeltplatz. Kurz nach Choro muss der Río Chukura auf einer Hängebrücke wieder überquert werden. Der Pfad führt nun durch dichte Vegetation am rechten Ufer des *Río Huarinilla* entlang und steigt aus dem Tal. Nach 1–1,5 h kommt ein Platz zum Campen, aber es gibt kein Wasser. Nach ca. 7 km findet sich ein besserer Zeltplatz nach Überquerung des *Río Jacun-Manini.* Nach weiteren 1,5 h Gehzeit, vorbei am Hüttenkiosk bei *Cusillonani,* geht der Weg dann ein Stück rechts die Schlucht des *Río Coscapa* hoch, bevor er nach links über eine Hängebrücke über die Schlucht des Flusses führt. Im weiteren Verlauf des Wegs kommt noch ein Kiosk mit Übernachtungsmöglichkeit in *Bella Vista* (1930 m), bevor nach gut 2 h die *Casa Sandillani* (1974 m) mit Kiosk grüßt. Hier wohnt der freundliche Japaner *Tamiji Hanamura,* bei dem im Garten gezeltet werden kann, Ü 10 Bs/p.P. Kein WC, Waschen im Bachwasser. Er freut sich immer über einen Besuch, über Postkarten, Fotos, Kugelschreiber und Briefmarken. Vor Aufbruch ist es Pflicht, sich in sein Gästebuch einzutragen. Beim Casa Sandillani gibt es nun auch ein Restaurant und ein Massen-Matratzenlager mit Etagenbetten und DZ, Ü 30–40 Bs p.P., nur Kw.

3. Tag: Sandillani – Chairo (ca. 7 km, Gehzeit 2–3 h)
Von der Casa Sandillani sind es noch gut 7 km auf dem hier angenehm gepflasterten Präinkaweg über *Villa Esmeralda* nach *Chairo* (1274 m), das bergabwärts in 2–2,5 h in Sicht kommt. Ein gutes Stück vor der Hängebrücke über den Río Chairo liegt ein guter Campingplatz, der sich zum Übernachten anbietet. In Chairo gibt es einen Laden. Ein paar Kilometer außerhalb liegt direkt am Fluss das *Hotel Río Selva* (Tel./Fax 232-7561; DZ ab 50 €, TriZ 60 €, Cabaña 100 €/max. 6 Pers., Pool, Sauna, Rafting). Außerdem werden geführte Viertagestouren auf dem Choro-Trail angeboten, ab 170 € inkl. VP und Rücktransport nach La Paz.

4. Tag: Chairo – Coroico (ca. 25 km; bis Puente Yolosa 17 km, Gehzeit: 4–5 h)
Von Chairo fahren Pickups/Camionetas (25 Bs, keinesfalls mehr zahlen) zur Hauptstraße nach *Pte. Yolosa.* Wer keine Mitfahrgelegenheit findet, kann entlang an Zitrus-, Kaffee- und Bananenplantagen 17 km bis Pte. Yolosa zu Fuß auf der Piste laufen, Gehzeit 3 h. Dabei ist eine Flussfurt zu durchqueren. 4 km vor Yolosa kommt die Hauptstraße Caranavi – La Paz, evtl. Mitfahrgelegenheit nach Yolosa bei der Tranca. Von Yolosa sind es noch 8 km bergaufwärts nach Coroico. Camionetas und Colectivos nach Coroico ab der Straßenkreuzung.

Camino del Oro
Vielleicht der interessanteste Trek ist der selten begangene *Camino del Oro* (Goldgräberweg) in die Yungas hinunter. Ausgangspunkt dafür ist Sorata, s.S. 695.

Yungas

Niemand sollte die spektakuläre Fahrt von La Paz in die **Yungas** (tropische Täler) versäumen, auch wenn die neue asphaltierte Abfahrt inzwischen fertiggestellt wurde. Der Ostrand der Cordillera Real bricht ab ins Beni-Becken, und da die Serpentinen runterzufahren, ist wohl *das* bolivianische Andenerlebnis überhaupt! Innerhalb eines halben Tages durchfährt man einen über 3000-m-Höhenunterschied mit fast allen Klima- und Vegetationszonen Südamerikas, vom Schnee in dampfenden Regenwald. Eine sehr beliebte **Tagestour** ist die Strecke **von La Paz nach Coroico.** Sie kann sogar als organisierte Downhill-Mountainbike-Tour ab dem Abra La Cumbre auf der alten Piste unternommen werden. Die meist fünfstündige Tour geht 65 km nur abwärts (abgesehen von 2 km zwi-

Kaffeetrocknen in den Yungas

schendurch leicht bergauf), von schneebedeckten Gipfeln bis hinunter in den Urwald, einfach atemberaubend! Weitere Infos unter „Adressen & Service La Paz/Fahrradfahren & Mountainbiking".

Der Andensteilabfall östlich von La Paz über die Yungas nach Rurrenabaque bzw. bis zum Río Tuichi wurde 1992 als *Reserva de la Biósfera y Territoria Indígena Pilon Lajas* deklariert und umfasst 400.000 ha. In einer Höhe zwischen 3000 und 250 m können in diesem Gebiet Jaguare, Tarucas, Aras, Harpien, Jucumaris, Mohrenkaimane und *Peta de Río* angetroffen werden. Höhepunkte der Flora sind *pachiuva, motacu, jatatas* und *maras*.

Yungas-Tour 1: La Paz – Coroico (92 km)

Tägl. mehrere Minibusse und Micros, u.a. mit *Trans Tours N.S. de la Candelaria, TOTAI Tourbus, Flota Yungueña* und *20 de Octubre* ab *Yanacachi 1434* (Villa Fátima), Fz 3 h, Fp ab 15 Bs. Letzte Abfahrt ab Villa Fátima nach Coroico um 13 Uhr.

La Paz wird über den Stadtteil Villa Fátima im Nordosten verlassen. Zuerst kommt, wie immer, ein Kontrollposten (Tránsito). Die Straße steigt 27 km bis zum eiskalten *Abra La Cumbre* an (4650 m), der Bus braucht dazu eine gute Stunde. Was danach folgt, wurde einst als „gefährlichste Straße der Welt" apostrophiert: Ununterbrochen geht es fast 3000 Höhenmeter nur bergab, die Straßenführung ist spektakulär, die Aussicht grandios. Doch inzwischen wurde auf der gegenüberliegenden Bergflanke nach 12jähriger Bauzeit eine neue doppelspurige Asphaltstraße mit Leitplanken und anderen Sicherheitsvorkehrungen, vielen Brücken und einem langen Tunnel (San Rafael) gebaut, die über Cotapata und Santa Barbara führt und unterhalb von Puente Yolosa auf die alte Strecke stößt. Früher oder später wird wohl die alte Straße stillgelegt werden bzw. darf nur noch von Mountainbikern genutzt werden. Die neue Straße ist 16 km länger als die alte Piste. Jedoch rutscht die neue Straße an einigen Stellen immer wieder ab, Umleitungen führen dann über die alte Straße.

Für die noch intakte alte Strecke gilt: Talwärts fahrende Fahrzeuge müssen immer außen an der Schluchtkante entlangzirkeln, da der bergauffahrende Verkehr Vorfahrt hat, dieser fährt an der Innenseite. In der Vergangenheit galt zwischen dem Paso La Cumbre und Pte. Yolosa zeitweise Einbahnverkehr: Von 5–17 Uhr ging es bergabwärts, von 17–5 Uhr nur bergaufwärts, die Tafeln stehen noch.

Nach 46 km wird *Unduavi* mit einigen Essbuden und Kneipen erreicht. Danach teilt sich die Strecke und führt nach **Coroico** in die Nordyungas und östlich nach Chulumani in die Südyungas.

Richtung Coroico geht es zunächst wieder kurz aufwärts um einen Bergrücken herum. Die Vegetation wird üppiger und grüner, bis man schließlich in den typischen Nebelwald eintaucht. Wasserfälle und große Farne wechseln sich ab mit Bambus und tropischen Sträuchern. Tief unten sieht man schon das Fahrtziel Coroico liegen. Zuerst geht es hinunter bis **Puente Yolosa** (1200 m), dann durch tropische Plantagen und anschließend wieder hinauf auf 1750 m nach Coroico.

Coroico

Der hübsch gelegene Ort (3200 Ew.) auf 1750 m Höhe ist von Hügeln mit Kaffee-, Zitrus-, Bananen- und Cocaplantagen umgeben und bei den Paceños zur Erholung an den Wochenenden und in den Ferien beliebt. Die wichtigsten Feste sind am 2. Februar *Virgen de la Candelaria* mit Tanzgruppen und Musikkapellen *(bandas)* in farbenprächtigen Trachten, das Kultfest auf dem Cerro Uchumachi zu Ehren von *Pachamama* im August und das *Tanz- und Musikfest* vom 19. bis 22. Oktober. Dann ist Coroico völlig überlaufen, es gibt kaum freie Unterkünfte und die Preise schnellen in die Höhe. Die Entrada beginnt am 19.10. um 17 Uhr und beste Platz ist die Treppe vor der Kirche (rechtzeitig Platz sichern!).

In angenehmen Temperaturen kann man Coroico gut entspannen, schwimmen, reiten und schöne Wanderungen machen, z.B. hinauf zur Kapelle und danach links weiter zum **Wasserfall**, dessen Wasser in einem Betonbecken zur Wasserversorgung aufgefangen wird, Gehzeit 2–3 Std. Oder zum **Río Vagante**, vorbei an Pflanzungen, alten Haciendas und terrassierten Hängen, Gehzeit ca. 5 h.

Eine weitere schöne Wanderung führt auf den **Cerro Uchumachi** (2400 m). Dazu der Av. J.Z. Cuenca bis zum Hotel Esmeralda folgen. Hinter dem Hotel nach links auf den Weg zum Calvario mit Kreuzstationen abbiegen und diesem bis zu den Sendemasten folgen. Von dort führt ein Pfad durch Bergurwald und über einen Grat mit schönen Aussichten den Berg hoch. Schilder weisen den Weg. Gehzeit 2 h.

Coroico ist auch Ausgangs- oder Endpunkt für einen Besuch des *Parque Nacional y Área Natural Manejo Integrado (ANMI) Cotapata*. Dieser Nationalpark erstreckt sich zwischen 1100 m und 5600 m, wurde 1993 gegründet und umfasst mit 58.620 ha die Region zwischen dem Steilabfall der Ostanden bis in die Yungas mit seinen prähispanischen Wegen, wie z.B. der **Camino Choro** von La Cumbre nach Coroico (s.S. 707).

Tocaña   Ein interessanter Halbtagesausflug von Coroico führt nach Tocaña. Dort leben inmitten von Obst-, Orangen-, Bananen und Cocaplantagen Nachfahren der aus Afrika eingeschleppten Sklaven. Sie sollten ursprünglich in den Minen Boliviens arbeiten, konnten sich jedoch an die extreme Höhe nicht anpassen, so dass sie dann hier in den Pflanzungen eingesetzt wurden. Anfahrt mit dem Taxi ab Coroico, Fp ca. 12 €.

Adressen & Service Coroico

Tourist-Info   An der Plaza, Di–Fr 9–12 Uhr, 1114–19 Uhr, Sa/So nur bis 17 Uhr, Tel. 7157-9438. Weitere Infos über **www.coroico-info.net**. *Oficina Parque Nacional ANMI Cotapata,* an der Plaza, Tel. 811-6338. Ein empfehlenswerter Führer ist *Louis Veintemilles.* **Vorwahl (02).**

Unterkunft   In Coroico gibt es relativ viele Hotel, auch mit vier und fünf Sternen, die während der Festtage im Oktober, in der Ferienzeit und an Wochenenden oft ausgebucht sind und deren Preise die hier genannten übersteigen. In diesen Zeiten ist eine vorherige Reservierung sinnvoll. Die Preise mancher Unterkünfte sind Verhandlungssache, die Spielräume sind je nach Jahreszeit groß. Eine Auswahl:

ECO   **Residencial Coroico** (Kategorie BUDGET), Reyes Ortíz 507 (an der Plaza), Tel. 248-4266 in la Paz); einfache, saubere Zi. – **Hotel Lluvia de Oro,** Felix Reyes Ortíz, Tel. 2213-6005. Traditions-Hotel, Zi. bc/bp, Patio, Pool u. Garten.

Coroico

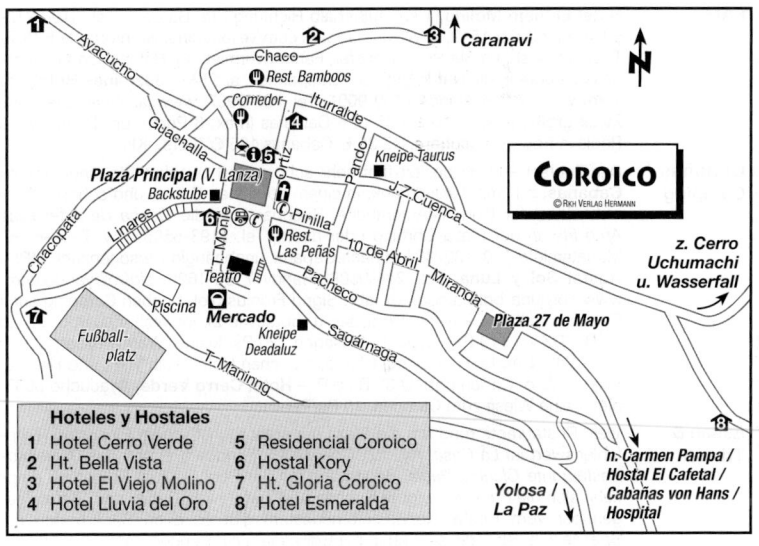

Hoteles y Hostales
1 Hotel Cerro Verde
2 Ht. Bella Vista
3 Hotel El Viejo Molino
4 Hotel Lluvia del Oro
5 Residencial Coroico
6 Hostal Kory
7 Ht. Gloria Coroico
8 Hotel Esmeralda

EZ/bp 30 Bs, EZ/bp 50 Bs ohne F. – **Hostal Kory**, Av. Kennedy, Tel. 243-1311, Handy 7156-4050, Fax 243-1234. Backpackertreff, einige Zi. mit Panoramablick, bc/bp, Rest., Dachterrasse, Pool, Ws, Blick auf schneebedeckte Berge. EZ/bc/bp 40 Bs, DZ/bc 50 Bs, DZ/bp 80 Bs, Fahrräder 10 Bs/h. **TIP!** – **Hostal El Cafetal** (kurz vor dem Hospital, Tel. 719-33979. Kleines, einfaches Hostal mit schöner Aussicht, bc, Ww, Terrassen, Garten, sehr gutes Rest., Pool. 3,50 € p.P. **TIP.** – **Hotel Bella Vista**, Héroes del Chaco s/n, Tel. 715-69237 und 715-97177. Zentral, ruhig, geschmackvolle Zimmer und geradezu luxuriöse Bäder, sehr sauber, bp/bc, veget. Rest., schöne Aussicht. Ab 10 € p.P. – **Hotel Cerro Verde**, Ayacucho 5037. Zweigeschossiges Gästehaus mit Balkonen und schöner Aussicht aufs Tal inmitten eines großen Gartens mit Pool, einfache Zi., Mittagsbuffet, Bikertreff, Vermittlung von Führern. EZ/DZ/F 60 Bs/p.P. – Kurz vor Coroico liegt das wunderbare, ruhige Hostal von **Vicky Ossio**, www.lasendaverde.com. Penibelst saubere Zimmer, sehr hilfsbereit und freundlich, leckeres Essen. DZ/F 14 €. **TIP!**

ECO/FAM Hotel Gloria Coroico, Av. Kennedy s/n, Tel./Fax 811-6020, glocoroi@ceibo.entelnet.bo, www.gloria-tours-bolivia.com. Traditionsreiches Hotel mit Ambiente in ruhiger Bilderbuchlage am Anfang des Orts, bp/bc, Ww, Rest., Bar, Garten mit großem Pool, Internet, Kk, Geldwechsel. Ü/F bp 70–100 Bs je nach Zimmer, F 10 Bs, kostenloser TR von der Plaza, gPLV, empfehlenswert. – **Hotel Esmeralda**, ca. 300 m über die Julio Zuazo Cuenca in Richtung Cerro Uchumachi, Tel. 2213-6017, Fax 2213-6041, info@hotelesmeralda.com, www.hotelesmeralda.com. Zi. unterschiedlicher Qualität (jene mit Bergblick meiden), bc/bp, Ww, Skk, fantastischer Ausblick, Terrassenrestaurant, Frühstücks- und Abendbuffet, Garten, Pool, Ws, sehr ruhig u. freundlich, Internet. Der dt.-spr. Besitzer Fernando Jaúregui holt einen auf Wunsch von der Plaza de Mayo ab. Kostenlose Broschüre für selbstorganisierbare Touren um Coroico, Ü ab 5 €, DZ/F 20 €, extra Frühstücks-, Mittags- und Abendbuffet, Kk. **TIP!**

Coroico

FAM	**Hotel El Viejo Molino,** 1 km außerhalb Richtung Sta. Bárbara, Tel. 010-2213-6004 oder 2220-1519, www.valmartours.com/veijomolino. Komfortable EZ/DZ/TriZ, bp, Rest., großer Pool, Transfer, Fahrradvermietung, Rafting- und Exkursionsangebote in die Natur, gut zum Entspannen, alle Kk. – **Jazmines Hotel,** ca. 1 km vor Coroico, Handy 7150-9001, Tel. 222-9967, www.jazmineshotel.com. Zwölf große, ansprechende Zi. u. 6 Cabañas (max. 8 Pers.), bp, Rest., Ws, 3 Pools in trop. Atmosphäre. DZ 35 €, Cabañas 135 €/7Pers., Kk.
Cabañas / Camping	Der Deutsche Hans besitzt fünf sehr schöne und zweckmäßig eingerichtete **Cabañas,** z.T. mit Kühlschrank, in einem herrlichen Garten und schöner Aussicht, ideal für längere Aufenthalte. Buchbar über die *Tienda de Artesanias Arco Iris* an der Plaza Coroico oder direkt, Tel. 7193-5595 bzw. 7192-6759; Monatsmiete 110–130 US$ je nach Cabaña, unabhängig Personenzahl. **TIP!** – **Hostal Sol y Luna,** Tel. 244-0588, Handy 7156-1626, sigfro@yahoo.com, www.solyluna-bolivia.com, dt.-spr. Sigrid Frönius bietet neben Camping auch Cabañas mit Skk, kleinen Terrassen u. bp sowie Zi. im Wohnhaus/bc. EZ ab 45 Bs, DZ ab 110 Bs. Shiatzu-Massagen 120 Bs, kleiner Warmwasserpool 50 Bs. – **Villa Bonita,** Héroes del Chaco, zwischen Hotel Bella Vista und Hotel El Viejo Molino. Cabaña/bp, Ü 35 Bs p.P. – **Hotel Cerro Verde,** Ayacucho 5037, bietet eine Wiese zum Campen, 15 Bs/Pers.
Essen & Trinken	Viele Restaurants rund um die Plaza mit stark touristischem Einschlag. Empfehlenswert ist *La Casa,* Av. J.Z. Cuenca 15 (Fondue 6 €) und das *Balneario-Restaurante Claudia Paola,* Sagárnaga (großer Pool). – Zum Frühstück empfiehlt sich die **Backstube** (gute Kuchen und Torten) von Detlev und Stefan (gegenüber vom Hostal Kory), seit neuestem gibt es auch Sauerbraten mit Spätzle zum Abendessen, auch bei Bolivianern ein Renner. Tägl. ab 8.30 Uhr, Di Ruhetag. Empfehlenswert. – *Bamboos Café,* Iturralde 1047, in der Nähe der Plaza, gute mexikanische Küche, auch veget. Gerichte, doch kleine Portionen, Internet. – Ebenfalls Vegetarisches gibt's im *Villa Bonita,* Héroes del Chaco, zw. Hotel Bella Vista und Hotel El Viejo Molino, ca. 10 Gehminuten von der Plaza. – *Mosquito,* Sagárnaga 25/26; gemütliches Pub-Restaurant, gutes Essen, viele Touristen. – Das Restaurant im *Hostal El Cafetal* (kurz vor dem Hospital) mit seiner schönen Terrasse ist ebenfalls ein guter Ratschlag.
Unterhaltung	*Murcielaguitos,* Sagárnaga 2501; Karaoke Pub Discothek. *Disco Tropicana,* Calle Tomás Manning; Fr/Sa 20.30–3 Uhr (vor 23 Uhr nichts los), südamerikanische Musik, Eintritt 1 €, Bier 2 €. *Taurus,* Calle Julio Suazo Cuenca; urige Bar, am Wochenende typische bolivianische Livemusik. Der Besitzer Andrés ist auch Guía und bietet die meisten Touren zum selben Preis wie die Touristeninformation an (z.B. Wanderung um den Uchumachi, Inkatrails, 30 €/Tag), Tel. 729-33187. – *Las Peñas,* Nähe Plaza, Restaurant, Karaoke, Bierkneipe. – *Daedalus,* Julio Zuazo Cuenca s/n. Pub-Restaurant.
Post und Telefon	Post an der Plaza, Di–Fr 9.30–12 Uhr und 14.30–17 Uhr, Sa 9.30–12 Uhr. Telefon ENTEL, Sagárnaga.
Geld	Zwei Banken und ein GA an der Plaza Prinicipal; TC im Hotel Esmeralda (sehr schlechter Wechselkurs). Besser in La Paz zuvor genügend tauschen.
Reitausflüge	*El Relincho,* Tel. 7192-3814 o. 7191-3675; Reynaldo Camino, Reitstunden.
Mountainbiking	*Cross Country Coroico,* Pacheco 2058, Handy 7127-3015, cxc_mtb@yahoo.com, www.mtbbolivia.com. MTB-Touren in unterschiedlichen Schwierigkeitsgraden, wie z.B. nach Chovacollo oder Laguna Verde, Dauer 4–7 h, je nach Tour. Auf Wunsch dt.-spr. Guides, Mechaniker obligatorisch, inkl. Lunchpaket. 20–30 € je nach Tour, auch Single-Track-Touren.
Rafting	27 km auf dem Río Coroico, Juli/August Schwierigkeitsgrad 2,5, während der Regenzeit schwieriger (fällt dann evtl. aus), Durchführung tägl., Raftingzeit 8–9 h, 35 € p.P. inkl. Transport, Verpflegung, Ausrüstung (Neoprenanzug etc.). In-

	fos und Buchung bei der Tourist-Info an der Plaza. Besser ist, bereits in La Paz ein Arrangement zu buchen, z.B. bei Mountain Madness.
Baden	im Coroico-Fluss, der hier nicht sehr tief ist, aber zum Reinlegen reicht es. Rückfahrpreis mit dem Taxi 100 Bs.
Massagen	Japanische Shiatzu-Massagen durch Sigrid Fronius im *Hostal Sol y Luna*, Tel. 7156-1626, sigfro@yahoo.com, www.solyluna-bolivia.com, anschließend im Garten, Pool oder Restaurant (vegetarische oder Fleischgerichte) abspannen.
Kaffeeplantagen	Um Coroico gibt es Kaffeeplantagen. Familie Montaña unternimmt geführte Touren. Infos über die Tourist-Info oder unter Handy 7197-6057.
Bus	Die meisten Touristen fahren von La Paz in ca. 3–4 h mit dem Taxi hierher, essen zu Mittag, und nachmittags geht es denselben Weg wieder zurück. Mit dem Bus bzw. Micro ist es sinnvoller, zwei Tage zu veranschlagen, da man sonst nach Ankunft in Coroico spätestens um 16.30 Uhr wieder zurückfahren müsste, wenn man die Landschaft bis La Cumbre noch bei Tageslicht sehen und erleben. Es gibt einen Busterminal in Coroico. **Nach La Paz** (110 km): Abfahrten bis 18 Uhr mit Kleinbussen/Micros im 30-Min.-Takt, Fz (bergaufwärts) 3–4,5 h, Fp ab 15 Bs je nach Transportmittel. **Caranavi** (85 km): Direktbus am So, ansonsten zurück bis Pte. Yolosa. **Pte. Yolosa:** Colectivos (Pickups) erst ab 10 Uhr, früher nur zu Fuß, ca. 1 h (je nach Jahreszeit herrlicher Sonnenaufgang über dem Nebelwald). **Rurrenabaque:** tägl. gegen 16 Uhr, Fp 40 Bs.

Caranavi

Wer mehr Zeit hat, fährt von Puente Yolosa noch 75 km weiter durch das schluchtartige Coroico-Tal am Río Coroico entlang über Choro nach **Caranavi** (Busfahrpreis 1,5 €). Caranavi ist ein wichtiger Handelsort für tropische Agrarprodukte (Samstagmarkt) mit einem feucht-heißen Urwaldklima und liegt nur noch auf 600 m. Sehenswert mag die Untucala-Hängebrücke aus der Inkazeit sein.

Unterkunft	**Vorwahl (02).** – *Residencial Caranavi* (BUDGET), Mariscal Santa Cruz 61/Litoral. Einfache Zi. mit guten Betten, vertrauenswürdig, Ü 2,50 €. Ansonsten *Hotel Universo*, *Residencial Avenida* oder *Hostal La Paz*, alle einfach, bo/bp.
Führer	*Jorge Orozco Sardán*, Alto Yara (oder übers Residencial Caranavi), Tel. 823-3649, führt Reisende zu einem sehenswerten Wasserfall mit Bademöglichkeit bei **Loma del Cajón.** Anfahrt auch in Eigenregie mit dem Bus Richtung La Paz möglich, Gehzeit ab Loma del Cajón ca. 40 Min. über einen steilen Serpentinenweg.
Bus	**Nach La Paz** (180 km): tägl. Busse/Micros, Fz ca. 7 h, 5 €, Abfahrten aller Linien 14–15 Uhr. **Guanay** (70 km): tägl. mindestens 5 Minibusse, Fz 3 h, 2 €. **Rurrenabaque:** tägl., u.a. mit den Direktbussen von *TOTAL*, *Flota Yungueña*, die von La Paz herunterkommen, ansonsten per Lkw oder einem Pickup, Fz ab Rurrenabaque 12 h, 12 €.
Guanay	Von Caranavi führen zwei Pisten weiter in den Beni-Urwald hinab. Eine Piste führt über Alcoche weiter zum Goldgräberkaff **Guanay** (7000 Ew., 320 m Höhe) an den Flüssen *Río Mapiri* und *Río Tipuani*, die sich hier zum *Río Kaka* vereinen. Über den Fluss führt eine Hängebrücke. Fast jeder lebt hier in irgendeiner Form von den immer seltener werdenden Goldfunden. Mit etwas Glück kann man mit den Mineros morgens um 7 Uhr mitfahren. **Unterkunft: Alojamiento Plaza** (BUDGET). Sehr einfach, bc, freundlich, hilfsbereit. – **Hotel Rizy** (BUDGET), an der Plaza, Tel. 213-6234; bc, Ww, Patio, mit sprechendem Papagei, Ws, freundlich, DZ 5 €. – **Los Pinos**, 6 de Agosto 104, Tel. 213-7219; bp/bc, Ws, schöner Garten, Ww, DZ 5 €.

Telefon: *ENTEL,* Calle Comercio. – **Geldwechsel:** In der Boutique der Calle Comercio (nur Bargeld). – **Busse:** Nach Caranavi (70 km): tägl. mehrere Abfahrten ab der Plaza; nach La Paz jeden Abend Direktbus, Fp 6 €.
Boote: Ab Guanay regelmäßiger Bootsverkehr flussaufwärts nach **Mapiri** (einfache Unterkunft), Abfahrten tägl. um 7 Uhr, Fz 5 h, 6,50 €; Rückfahrt ab Mapiri um 11 Uhr am nächsten Tag, Fz 2–3 h, 5 €. Ab Guanay flussabwärts nur sporadischer Frachtschiffverkehr auf dem Río Kaka über den Río Beni nach Rurrenabaque (außer in den Regenmonaten Februar/März), Fz 10 h, 15–20 €, am Hafen rumfragen. Wer diese wirklich schöne Strecke mit einem Charterboot befahren möchte, muss zwischen 180–250 € hinlegen, z.B. beim zuverlässigen Flusskapitän *Louis,* Calle Fernández López/Villamil Derada (oder im Hotel Rizy nach ihm fragen). Ein Tipp sind die Zweitages-Fahrten mit Übernachtung auf einer Sandbank am Río Kendeque am Rande des Nationalparks Mapiri, preislich genauso teuer, wie der eintägige Expresstrip! Lebensmittel und Wasser sind selbst zu besorgen. Die Flussfahrt führt durch unberührten Urwald, während Enrique versucht, Fische zu fangen. Auf Wunsch gibt es einen Stop mit mehrstündigem Urwaldtrip mit dem Parkwächter Marcelo (Trinkgeld 2–3 €).

Tipuani — Stromaufwärts am Río Tipuani liegt das Goldminendorf **Tipuani**. Drumherum gibt es mehrere kleine Bergwerke, in denen Gold abgebaut wird. Jeeps fahren alle Stunde von Guanay nach Tipuani, Fz 2 h, Fp 3,50 € p.P. Eine weitere Stunde Jeepfahrt führt von Tipuani zu einem weiteren Goldgräberdorf.

Guanay – Rurrenabaque — Auf der anderen Piste geht es über La Emboscada und San Borja nach Trinidad. Die Piste zwischen Caranavi und San Borja ist gut ausgebaut, nach heftigen Regenfällen aber schwer passierbar. In La Emboscada biegt eine Piste zum Río Beni ab, nach **Rurrenabaque** (s.S. 832).

Yungas-Tour 2: Coroico – Chulumani – (Irupana) (110 km)

Wer von Coroico nicht auf der gleichen Strecke nach La Paz zurückfahren möchte, kann folgende Route wählen: Coripata – Puente Villa (55 km von Coroico, 1190 Meter Höhe) – Unduavi (Streckenlänge 102 km, Umweg ca. 50 km).

In **Puente Villa** ist das *Hotel Tamampaya* zu empfehlen (in Richtung Chulumani, vor der Brücke rechts abbiegen, Wegweiser folgen). Die gepflegte Hotelanlage mit Doppelbungalows, bp, Pool, großem Garten und einem Restaurant wird von einem deutschsprachigen Ehepaar geleitet.

Von Puente Villa führt eine Straße durch weite Kaffee- und Früchteplantagen und das größte Coca-Anbaugebiet der Yungas hinunter in die Hauptstadt der Südyungas, nach Chulumani.

Chulumani

Um das kleine Städtchen (1640 m) mit 3500 Ew. werden auf Terrassenfeldern Zitrusfrüchte, Kaffee und Coca angebaut (auf ca. 12.000 ha legal, auf etwa 2000 ha illegal). In Chulumani können Mountainbikes gemietet werden. Ausflugsziele sind der knapp 10 km entfernte *Parque Ecológico Apa Apa* (Eintritt 10 €), die Orte *Pasto Grande* und *Irupana* (1890 m).

Unterkunft ECO — **Hotel Bolívar,** Bolívar 26, einfache Zi., bc/bp, Ww. – **Hotel La Hostería,** Junín 511, Tel. 811-6108; Zi. mit bc/bp, Rest., preiswert, Ü/F. – **Country House,** 700 m außerhalb, CountryHouseBolivia@yahoo.com; freundliches Hostal mit schönem Ambiente (Malereien), bp, Terrasse, Pool, preiswerte Urwaldtouren, DZ/F 10 €.

FAM	**Residencial Hostería San Antonio,** Carretera La Paz – Chulumani bei km 112, ca. 3 km Richtung Irupana, Tel. 234-1809, Fax 237-7896; Bungalowzimmer, bp, Pool, Rest. – **San Bartolomé Plaza Resort,** Infos und Reservierung über San Bartolomé Hotel, Av. Arce 2117, 3 km in Richtung Irupana, Tel. 244-0208, 231-6161, Fax 244-0261, sanbartolome@usa.net, www.sanbartolome-bolivia.com. Schöne Resort-Anlage, ideal für Familien, DZ/Cabañas (Bungalowzimmer), bp, Rest., Cafetería, mehrere Pools, Minigolf usw. Wochenendangebote inkl. Begrüßungsdrink, VP, z.B. 3 Tage/2 Nächte 120 € oder Cabaña 2 Tage/1 Nacht für 4 Pers. 120 €.
Bus	**Nach Irupana** (30 km): Fahrzeit 6 h, 2 €. **La Paz** (120 km): tägl. Micros und Minibusse ab der Plaza, Fz 4 h, 4 €.

Große Bolivien-Rundreise:

La Paz – Oruro – Uyuni – Potosí – Sucre – Cochabamba (– Santa Cruz – Trinidad) – La Paz

Vorbemerkungen zur „Großen Rundreise"

Sie kann ganz mit dem Bus abgefahren werden, Teilstrecken aber auch mit Flugzeug oder Zug. Wer wenig Zeit hat und keine nächtlichen Busreisen mag, könnte z.B. mit dem Bus von La Paz über Oruro nach Cochabamba fahren und von dort nach Sucre fliegen. Von Sucre bietet sich die Möglichkeit eines Busabstechers nach Potosí an. Von Cochabamba (und Sucre) gibt es sehr gute Flugverbindungen nach Santa Cruz. **Santa Cruz** ist neben La Paz **wichtigster Verkehrsknotenpunkt** Boliviens (internationale Flugverbindungen, Züge nach Brasilien und Argentinien). Außerdem ist Santa Cruz Ausgangspunkt für Fahrten in das tropische **Tiefland des Beni** und in den **Nationalpark Amboró** (s.S. 800).

Je nach Zeit und Geldbeutel kann von Santa Cruz nach La Paz mit dem Bus oder Flugzeug zurückgereist oder die große Rundreise auf dem Landweg über **Trinidad** und **San Ignacio de Moxos** nach La Paz fortgesetzt (oder beendet) werden. Für Reisende, die nur etwa drei Wochen zur Verfügung haben, ist der Airpass von Aerosur zu empfehlen, um die großen Städte direkt mit dem Flugzeug erreichen zu können. Damit bleibt mehr Zeit für Aufenthalte und Ausflüge übrig.

Man könnte natürlich statt der Rundreise Bolivien auch durchqueren, z.B. von La Paz über Oruro – Cochabamba – nach Santa Cruz (bzw. über Oruro – Uyuni – Potosí – Sucre – nach Santa Cruz), und von Santa Cruz über Puerto Suárez/Corumbá nach Brasilien. Nach Argentinien geht es über Villazón oder Tarija.

Die folgende Routenbeschreibung orientiert sich nicht an straßentechnischen Haupt- oder Nebenstrecken, sondern an der praktisch und zeitlich machbaren Streckenführung zu den interessantesten Sehenswürdigkeiten Boliviens innerhalb einer Rundreise. Alle Routen lassen sich dabei abkürzen.

ROUTE 12: LA PAZ – ORURO (230 KM) – UYUNI – VILLAZÓN (1010 KM)

Von La Paz nach Oruro gibt es nur noch die Fahrt mit dem Bus. Viele Gesellschaften bedienen diese Strecke von frühmorgens bis abends, oft im 60-Minuten-Takt, wobei mir *El Dorado, Transimperial* und *La Nobleza* die besten zu sein scheinen. Fz 3 h, 2,50–3 €. Die Diebstahlsgefahr im Busterminal ist extrem, aufgepasst, auch schon am frühen Morgen!

Die Straße von La Paz nach Oruro ist eine der besten Boliviens. Nach dem Talkessel wird oben in El Alto noch recht oft zugestiegen. Die weitere Strecke verläuft relativ langweilig, meist schnurgerade über den Altiplano durch einige verschlafene Hochlanddörfer wie Calamarca, Ayo Ayo, **Patacamaya** (101 km, BUDGET-*Hotel San Martín,* bp), Sicasica

Parque Nacional Sajama

(122 km, Kneipe) und Caracollo (190 km, *Alojamiento Panamericana*, bc, sehr spartanisch, kein Wasser, Rest.). In Caracollo teilt sich die Straße: Nach links geht es Richtung Cochabamba, geradeaus führt die Straße direkt nach Oruro.

In Patacamaya kann über das Garnisonsnest *Curahuara de Carangas* mit sehenswerter Adobekirche, die mit ihren Fresken im Mestizenbarock auch als „Sixtinische Kapelle des Altiplanos" gilt, zur Siedlung Sajama am Fuße des Vulkanbergs *Sajama* abgebogen werden. Der inaktive **Sajama** gehört zur *Cordillera Occidental Volcánica* und ist **mit 6542 m der höchste Berg Boliviens.** Sein Umland wurde bereits 1939 unter Schutz gestellt. Der Parque Nacional Sajama ist somit der **älteste Nationalpark Boliviens** und insgesamt 100.2300 ha groß. In seinem Gebiet befinden sich noch weitere Vulkanberge, der höchste Wald Boliviens (Queñua-Bäume), Lagunen, heiße Quellen und Geysire sowie prähispanische Ruinen. Heimisch sind Vicuñas, Alpakas und Lamas, Kondore, Marsupials, Andenpumas, Füchse, Andenwildkatzen, Gürteltiere sowie Andenflamingos. In *Jhuntuma Kuchu* gibt es Thermalquellen mit Bademöglichkeiten. Der Park ist touristisch noch nicht erschlossen und ein **TIP!** Parkeintritt 1,50 €, der in Sajama nach Eintrag im Nationalparkbuch zu begleichen ist. Führer können für ca. 10–13 €/Tag in Sajama verpflichtet werden.

Im Dorf gibt es einfache Kneipen und spartanische Unterkünfte ohne fließendes Wasser (kein Ww), Plumpsklo auf dem Hof, Ü ca. 1,50 € p.P. Aus Patacamaya kommend führt unmittelbar hinter dem Schild „Parque Nacional Sajama" nach rechts eine 10 km lange Schotterpiste zur *Albergue Ecoturistico Tomarapi*, Ayllu Suni Uta Choquemarca, ecotomarapi@hotmail.com, im Dorf **Tomarapi**. Dieses einfache Hotel mit sauberen Zi., bp und Heizung wurde von der Deutschen Entwicklungshilfe erbaut und wird von sehr netten Hochlandbewohnern betrieben. EZ/VP 35 €, DZ/VP 40 €. Nachts kann es sehr kalt werden, bis zu – 20 °C!

Anfahrt: Das Andendorf Sajama ist ein guter Ausgangspunkt zum Besuch des Parks. Anfahrt von La Paz oder Patacamaya mit dem Bus nach Sajama, Fz ab La Paz 6 h (meist in Patacamaya umsteigen), ab Patacamaya 3 h. Aus Patacamaya kommend müssen Selbstfahrer den Vulkanberg im Norden umfahren, bevor dann westlich des Berges in die Transitstrecke zum Dorf Sajama abgebogen werden muss. Rückfahrten von Sajama entweder mit dem Bus nach Patacamaya und dort in einen Bus nach La Paz oder Oruro umsteigen, oder mit dem Colectvico (Abfahrt meist um 7 Uhr) bis Tambo Quemado und dort umsteigen in einen Arica-Bus.

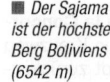

■ *Der Sajama ist der höchste Berg Boliviens (6542 m)*

Nach/von **Arica (Chile)**	Von Patacamaya durch den Sajama-Park sind es ca. 240 km bis zur chilenischen Grenze. Der boliv. Grenzposten **Tambo Quemado** ist vom chil. Grenzposten *Chungará* über einen Pass ca. 16 km entfernt. Grenzübergang nachts zu. Gleich nach der Grenze führt die Strecke landschaftlich äußerst reizvoll durch den **Lauca-Nationalpark** (viele Lamas und Alpakas) nach Arica hinab. Die Straße via Tambo Quemado nach Arica ist durchgehend asphaltiert. Selbstfahrer aus Arica sollten spätestens an der Grenze Geld wechseln, da in Bolivien sofort eine Straßenbenutzungsgebühr fällig wird. Straßenwechsler tauschen chilen. Pesos in Bolivianos. Nächste Mautstelle ist in Patacamaya.

Oruro

Die Stadt in 3700 m Höhe liegt nördlich der beiden **Seen Uru Uru** und **Poopó,** die über den Río Desaguadero mit dem Titicacasee in Verbindung stehen. Ursprünglich war die gesamte Hochebene zwischen Uyuni und dem Titicacasee ein riesiges Binnenmeer, das nach und nach versiegte. Die ursprünglichen Bewohner der Region Oruros waren *Colla,* Uro-Gruppen und *Chipaya.* Noch heute sind diese am *Caipasee* und in Chipaya am Río Sabaya, nördlich des Salar de Coipasa, anzutreffen.

Oruro wurde nach der Entdeckung seiner Silbervorkommen am 1. November 1606 von *Manuel Castro de Padilla* gegründet und erlebte seine Blütezeit, ähnlich wie Potosí, als die Minen noch ertragreich waren. Danach setzten die **Zinnminen** des *Simón Patiño* den Boom fort. Ab 1892 schaffte es Oruro, als reiche Zinnstadt sogar Eisenbahnknotenpunkt des ganzen Landes zu werden. Der wirtschaftliche Niedergang setzte nach der Schließung der unrentabel gewordenen Minen ein.

Heute zählt die ehemalige Bergarbeiterstadt gut 240.000 Einwohner, über 90% sind Indígena. Die Stadt bietet kaum Sehenswertes, so dass eine Unterbrechung der Busreise eigentlich kaum lohnt. Wer doch ein paar Stunden oder einen Tag in Oruro bleibt, kann sich neben der *Iglesia San Miguel de la Ranchería,* das *Museo Patiño* in der Soria Galvarro/Ayacucho anschauen (Mo–Fr 9–12 Uhr und 14.30–18 Uhr, Eintritt). Im ehemaligen Haus des **Zinnkönigs Simón Patiño** ist heute die *Casa de la Cultura* (Museum für koloniale Kunst) untergebracht.

Weitere kleinere Sehenswürdigkeiten Oruros sind das *Museo Nacional Antropología* in Agua de Castilla, Av. España, beim Zoologischen Garten und das *Museo Mineralogía* (Mineralogisches Museum) auf dem Gelände der Universität. Im Norden Oruros rosten auf Abstellgleisen alte Dampflokomotiven und Waggons vor sich hin. Bei Instandsetzung der Dampfloks könnte evtl. ein touristischer Ausflugsverkehr aufgebaut werden, der so manchen Dampflokfreund anlocken würde.

Mit einem Micro kann man von der Kirche zum **Cristo de la Concordia** rauffahren, um nach einem Rundblick gemütlich über den Kreuzweg durch kleine Gässchen und Märkte wieder in die Innenstadt zurückzuschlendern.

Jahreshöhe- **punkt** **„Diablada"**	Nur einmal im Jahr ist in Oruro der Teufel los – im wahrsten Sinne des Wortes –, nämlich während der **Diablada** (Teufelsmaskenfest, vergl. Schilderung in Puno) dem berühmten **Karneval von Oruro,** wenn die Göttin Ñusta den Teufel *Huarí* vertreibt! Es ist eine Verschmelzung andiner Kultriten mit Geisterglauben und christlichem Brauchtum. Alljährlich am Faschingssonntag wird Oruro das Festzentrum Boliviens, Zehntausende reisen an, um das Spektakel mitzuerleben, alle Hotelzimmer

sind Wochen vorher ausgebucht. Daten: 1904 Gründung der ersten *Conjuntos de Diablos,* ab 1940 wird der Karneval zu einer festen Institution. 1965 gesetzliche Ernennung Oruros zur „Folklore-Hauptstadt Boliviens", seit 1984 Verehrung der *Virgen del Socavón* als „Königin der bolivianischen Folklore". Am 18.06.2001 erklärt die UNESCO die Diablada von Oruro zum Weltkulturerbe.

Das zweiwöchige Fest beginnt, genau genommen, bereits am 1. November mit der *Iniciación de los Preparativos* und den Probeaufführungen der verschiedenen Conjuntos. Die neuen Tänzer und Tänzerinnen leisten vor der *Virgen del Socavón* einen Schwur, drei Jahre an der Diablada teilzunehmen. Vor dem Karneval versammeln sich die Vereinigungen in der *Iglesia Santuario Virgen del Socavón, am* Donnerstag vor dem Karnevalswochenende beginnen erste Feiern und kleinere Zeremonien.

Erster Höhepunkt ist samstags die **Entrada,** der Eröffnungsumzug, an dem mehrere Dutzend *Conjuntos* (*Caporales, Llamerada, Kullawada, Awathiris, Wakatokoris, Morenos, Chutas* u.a.) mit lautstarken *bandas* und farbenprächtig maskierten Teufelstänzern zur Iglesia Santuario Virgen del Socavón ziehen. Auf der Plaza del Socavón vollzieht sich dann der dramatisch-sinnbildliche Höhepunkt, der Kampf des Erzengels Michael gegen die sieben Dämonen.

Sonntagmorgen um 4 Uhr setzt sich die Diablada mit dem *Saludo del Alba,* dem Morgengruß vor der Kirche, fort. Die Krönung ist der **Corso de Domingo de Carnaval,** der kilometerlange Sonntagsumzug der *Conjuntos folklóricos.* Die wichtigsten Gruppen: *Incas,* Zeremonialtänzer, die an das Trauma der spanischen Conquista erinnern. *Caporales,* Tänzer aus den Yungas, ihr Ursprung geht auf die afro-bolivianische Rebellion gegen die Kolonialherren zurück. Die *Zampoñeros* spielen typische Altiplano-Tanzmusik. *Tobas* sind Ureinwohner aus dem Chaco, sie zeigen einen Kriegstanz. *Llamerada:* Tanzgruppe der Aymara. *Tinkus:* Tanz der Indígenas aus der Region Ouro und Potosí. *Kullawada:* Tanz aus La Paz. *Pujllay:* Festtanzgruppe aus Tarabuco. *Tarqueada:* typische Musik und Tänze des Altiplano. Daneben gibt es noch *Kallawayas, Kantus, Potolos, Antawaras* und die lustigste Gruppe, die *Doctorcitos,* die sich durch einen martialischen Marsch über die Juristen lustig machen.

Der Folkloreumzug wird am Nachmittag von einem Kinderumzug abgelöst. Doch auch montags wird weitergetanzt, Attraktion ist *La Challa*, ein andines Ritual zu Ehren der Mutter Erde, *Pachamama,* dem Hochprozentiges und Süßgebäck geopfert wird. Auch an den restlichen Tagen der Woche finden weitere kleinere Umzüge und Zeremonien statt, bevor am Sonntag mit volkstümlichen Lobgesängen und Tänzen der Karneval im Stadtzentrum „begraben" wird.

Weitere Feste

20. Januar: *Fiesta de San Sebastián.* – 19. März: *Fiesta de San José.* – 3. Mai: *Fiesta de La Cruz.* – 29. Juni: *Fiesta de San Pedro.* – 16. Juli: *Fiesta Virgen del Carmen.* – 14. September: *La Exaltación de la Santa Cruz.* – 4. Oktober: *Fiesta del Rosario.*

Umgebungsziele Oruro

Laguna Uru Uru

Möglich ist ein Tagesausflug zur fischreichen **Laguna Uru Uru** (8 km), die durch den Río Desaguadero im letzten Jahrhundert neu gebildet wurde. An der Laguna können viele Wasservögel und Flamingos beobachtet werden. Ein Taxi zum Uru Uru kostet etwa 8 €, billiger geht es mit dem Micro ab der Plaza Walter Khon bis Challacollo, Fz ca. 1 h. Von Dort weiter bis zur Laguna, Gz 30 Min. oder mit Bus 3 Bs.

Lago Poopó

Der südlich gelegene **Lago Poopó** (65 km) ist durch seine geringe Tiefe von max. nur 3 Metern sehr salzhaltig. Im Poopó-See liegt die Isla de Panza. Anfahrt mit einem Bus ab Busterminal in Oruro oder mit geländegängigem Mietwagen.

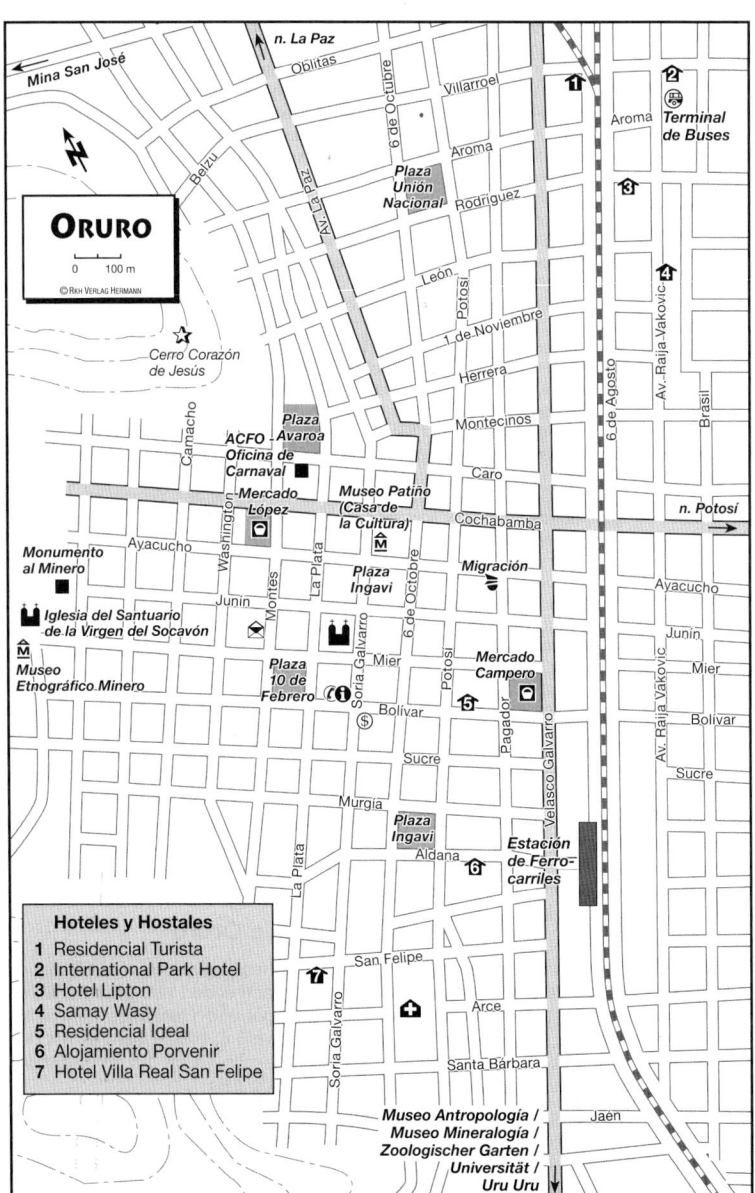

Thermalbäder	Frei- und Thermalbäder locken in **Pazña** (7 km), weitere mit einem Olympiabecken befinden sich in **Capachos** (12 km) und **Obrajes** (23 km). Busse ab Busterminal bzw. in der Carro und 6 de Agosto.
Chipaya	Andere Ausflüge erfordern mehr Aufwand und meist einen geländegängigen Wagen, beispielsweise zum *Nevado Sajama* mit 6542 m der höchste Berg Boliviens inmitten des gleichnamigen Nationalparkes (s.S. 717), oder zu den **Chipaya** am Caipasee und in Chipaya am Río Sabaya nördlich des *Salar de Coipasa*. Die Chipaya gehören wie die Uro zu den Kot-suns, den „Seemenschen" und damit zu den ältesten Kulturen des Hochlands, touristische Besucher sind jedoch nicht gerne gesehen. Noch heute wohnen sie in einfachen, steinernen Rundhäusern, den *Putucus*, die einen Durchmesser von 5 m haben, mit Gras abgedeckt sind und deren Türrahmen aus Kakteenstämmen gebaut sind. Die Chipaya halten an ihren Traditionen, Naturglauben und Schutzgöttern, wie z.B. dem Sajama, fest. Von **Cala Cala** (23 km) führt ein Fußweg zur Salzmine *Santa Fé*. Auch für die Besichtigung der Zinnminen bei **Llallagua** wird ein geländegängiger Wagen benötigt.

Adressen & Service Oruro

Tourist-Info	*Oficina Regional de Turismo Oruro (IBT)*, Calle Bolívar (neben ENTEL), Tel. 525-1764. Mo–Fr 8.30–12 und 14–18 Uhr, sehr hilfsbereit; Stadtplan, Preisliste der Unterkünfte. *Caseta de Información Turística,* Tel. 525-7881. **Vorwahl (02)**.
Poltur	*Policía de Turismo,* im selben Gebäude wie oben, Tel. 525-0144. – *Migración,* Pagador/Ayacucho, Tel. 527-0239; schnelle Verlängerung der Aufenthaltserlaubnis. **Notruf:** *Radio Patrulla,* Tel. 110.
Unterkunft BUDGET	Alojamientos haben meist kein *baño privado!* Hostales und preiswerte Hotels sehen in Oruro nicht immer einladend aus. **Alojamiento Porvenir,** Aldana 317, Tel. 525-2094; einfache, schöne Unterkunft, bc/bp. – **Alojamiento Pagador,** Ayacucho 319, Tel. 527-1485; simple Zi., bc/bp, freundlich. – **Alojamiento Hispano Americano,** Velasco Galvarro 6392, Tel. 526-1117; einfach, bc/bp, Rest. – **Residencial Turista,** 6 de Agosto 412/Villarroel, Tel. 524-1888; sehr spartanische Zi. bc, Rest. – **Residencial Ideal,** Bolívar 386, Tel. 525-2086; sehr einfache Zi., bc/bp, Geldwechsel.
ECO	**Hotel Lipton,** 6 de Agosto 625/Rodríguez, Tel. 524-1583; gefällig, bp, gut, DZ 12 €. – **Samay Wasy,** Raija Vakovic, Zi. mit Heizung, bc/bp, Ww, DZ/F 18 €.
FAM	**International Park Hotel,** Raija Vakovic, Nähe Busterminal und damit laut, Tel. 525-3127, Fax 525-3187. Zi. mit Heizung, bp, Rest., Ws. – **Hotel Villa Real San Felipe,** San Felipe 678, Tel. 2525-4993. Familiär, freundlich, saubere und ruhige Zimmer, gPLV. – In dieser Fam-Kategorie sind **Hotel Max Plaza,** Plaza 10 Febrero, **Hotel Sucre,** Sucre und **Hotel Bristol** in der Washington komfortabler als die beiden erstgenannten.
Essen & Trinken	Die billigsten Gerichte bieten die Garküchen der Märkten *Mercado Campero* (auch delikate Obstsalate) und *Mercado Fermín López* und die Straßenstände der Calles Galvarro und Ayacucho. Insgesamt ist die Gastronomie Oruros nicht berauschend. Einfache Restaurants gibt es in der Bolívar, z.B. *Pagador* oder *Potosí*. Bolivianische Gerichte servieren: *El Conquistador,* 6 de Octubre 6470, *Los Escudos,* Montecinos, *Naijama,* Pagador 1980/Aldana, *La Cabaña,* Junín 609 und *La Plata,* La Plata. Die Speisekarte des *Unicornio* in der Plata/Plaza 10 de Febrero ist reichhaltig, regional Gerichte. Vegetarisches im *Govinda,* 6 de Octubre 6071. Leckere Salteñas können bei *La Casona,* Calle Montes 5696 (zwischen der Plaza und Junín); ab 17 Uhr frische Pizzen, gPLV.

Deut. Honorarkonsulat	Derzeit gibt es kein Honorarkonsulat in Oruro. Wann wieder eines neu eröffnet wird, war bei Drucklegung noch nicht bekannt.
Post	Presidente Montes 1456.
Telefon	*ENTEL*, Av. España (Plaza Walter Khon) und Av. 6 de Octubre. Mehrere **Internetanbieter** in der 6 de Octubre.
Geld	Viele Straßenwechsler in der 6 de Octubre/Aldana (Nähe Plaza Ingavi) und in der Velasco Galvarro (zwischen Bahnhof und Calle Bolívar) sowie in Läden („Compro Dólares"). Wechselstube im Obergeschoss des Busterminals (Nähe dem Schalter von *Trans Azul*). *Banco Santa Cruz*, Av. Chavéz Omar Ortíz. *Banco Boliviano Americano, Banco del Crédito*.
Funktaxis	*Radio Taxi Oruro*, Tel. 527-6222 und *Radio Taxi Faro*, Tel. 525-4444.
Artesanías	*Casa Reguerin*, Av. 6 de Octubre 6001. *Oruro*, Ayacucho/Washington. *Kirquincho*, La Paz (zwischen Aroma und der Belzu).
Kunstgalerie	*Galería Particular Cardozo*, Junín/Arica.
Wäscherei	*Lavandería Alemania*, Aldana 280.
Bus	Minibusse (Micros) fahren bis in die Vororte. Der Busterminal *Terminal de Autobuses Hernando Siles*, Av. Raija Vakovic/Aroma, Tel. 525-3535, liegt nicht weit vom Zentrum, ist modern und gut organisiert. **Nach Arica** (Chile): tägl. mit modernen Bussen von *Trans Paraíso* via Tambo Quemado, Fz 8 h, Fp 11 € inkl. Mahlzeit. – **Cochabamba** (230 km): tägl. mehrere Busse u.a. von *Nobleza, Trans Copacabana (8x), Oruro, Alianza, Universo, Cisne Imperial* und *Danubio*, Abfahrten meist um 13, 17 und 20 Uhr, Fz 4–5 h auf asphaltierter Straße, 5 €. – **Iquique** (Chile) via Colchane: Di/Sa mit *Litoral*, Di/Do/Sa mit *Geminis*, Fp ca. 10 €. Außerdem die Buslinien *Trans Bernal, Trans Paraíso* sowie *Mass & Kiss*. – **La Paz** (230 km): tägl. unzählige Busse im Stundentakt (7–23 Uhr), u.a. von *Nobleza, Trans Copacabana (8x), Danubio, Bolivia, Fenix, Atlas, Avaroa, Aroma, Urus* und *6 de Agosto*. Fz 2h, 1,50 €. – **Potosí** (330 km): tägl. Busse, Fz ca. 5 h, 6 €. – **Santa Cruz:** tägl. Busse, Fz 20 h, 12 €. – **Uyuni** (325 km): tägl. Busse mit *Belgrano, 16 de Julio* oder *Turbus Aldrin*, Fz 8 h (bei gutem Wetter), Fp ca. 40 Bs. Außerdem kommt der „Touristenbus" von *Todo Turismo* aus La Paz durch. Büro: Aroma/Brasil 232 (beim Busterminal), www.touringbolivia.com, Fp 19 €. Reisende nach Uyuni: im Bus werden Wolldecken zu überteuerten Preisen für die **bitterkalte Nachtfahrt** angeboten. Es empfiehlt sich, für die Strecke nach Uyuni den beheizten Zug zu nehmen! – **Villazón** (780 km): tägl. mit *Flota Universo*, wobei während der Regenzeit die Strecke zeitweise unterbrochen sein kann.
Zug	*Estación de Ferrocarriles* der Ferroviaria Andina (FCA), Velasco Galvarro s/n, Tel. 527-4605, Fax 527-5657, lduchen@fca.com.bo. – Oruro ist der bedeutendste Eisenbahnknotenpunkt Boliviens. Von hier aus führen Strecken sternförmig nach La Paz, Uyuni, Potosí und nach Cochabamba. **Hinweis:** Für Fahrkarten nach Uyuni zwei Stunden vor Öffnung des Schalters zur Stelle sein, da die *boletos* recht schnell ausverkauft sind, wobei auf den Strecken nach **La Paz/El Alto, Potosí** und **Sucre derzeit nur Güterwaggons fahren!** **Nach Calama (Chile):** Personen-/Güterzug, bestehend aus einem Wagen der 1. Klasse und einem Speisewagen, über Uyuni, Chiguana, Avaroa und Ollagüe. Abfahrt So um 19 Uhr, Ankunft in Uyuni am Mo 2.20 Uhr, Abfahrt in Uyuni Mo 3.30 Uhr. Ankunft in Calama Mo um 17.30 Uhr oder später. Gesamtfahrzeit mindestens 22 h, 10 €. Abfahrt ab Calama 1x wö (Mi) um 23 Uhr, Ankunft in Avaroa Do 12 Uhr, Ankunft Uyuni 16.30 Uhr, Weiterfahrt in Uyuni Fr 1.40 Uhr, Ankunft Oruro am Fr um 9.10 Uhr. An der Grenze Avaroa/Ollagüe muss meist der Zug gewechselt werden. – **La Paz:** Der Personenverkehr wurde eingestellt, nur noch Güterzüge bis El Alto. – **Potosí:** Der Personenverkehr wurde eingestellt. Personenzüge nur noch bis Río Mulatos (s.u. bei Villazón,

ansonsten Güterverkehr). – **Tupiza:** Di/Fr um 15.30 Uhr mit beheiztem Nuevo Expreso del Sur mit Speisewagen, Salonwagen (270 Plätze), Pullmanwagen (Executivo) und Popular, Fz 11 h, Fp Pullman 20 €, Salonwagen 9 €, Popular 5,80 €. Ankunft in Tupiza am Mi/Sa um 4 Uhr. Rückfahrt in Tupiza Mi/Sa 18.20 Uhr, Ankunft in Oruro um 7 Uhr; Busanschluss nach La Paz. Lokalzug s. bei Villazón. – **Uyuni:** s. bei Calama und Villazón, Fz 7 h. – **Villazón** (601 km) via Uyuni: Di/Fr um 15.30 Uhr mit beheiztem Nuevo Expreso del Sur mit Speisewagen, Salonwagen, Pullmanwagen (Executivo) und Popular; Fz 14 h, Fp Pullman 23 €, Salonwagen 10 €, Popular 7 €. Ankunft in Villazón am Mi/Sa um 7.55 Uhr. Abfahrten ab Villazón am Mi/Sa um 15.30 Uhr, Ankunft in Oruro Do/So 7 Uhr, Busanschluss nach La Paz. Zug hält nur in Uyuni, Atocha und Tupiza. – Daneben verkehrt mit dem Wara-Wara del Sur ein Lokalzug. Abfahrten Mi/So um 19 Uhr mit Pullman- und Salonwagen sowie Popular. In Uyuni wird der Zug in Richtung Calama und Villazón (Salonwagen) geteilt und hat hier längeren Aufenthalt. Fz nach Villazón mind. 17 h, Fp Pullman 18 €, Salonwagen 9 €, Popular 6,50 €. Abfahrt des Lokalzuges in Villazón Mo/Do um 15.30 Uhr, Ankunft in Oruro am Di/Fr um 9.10 Uhr oder später.

Hinweis: Zugfahrkarten für die Strecke Oruro – Villazón mit dem Nuevo Expreso del Sur inklusive Bus-Shuttle mit Trans Copacabana y Nobleza von La Paz nach Oruro werden auf den Bahnhöfen der FCA in La Paz, Oruro, Cochabamba, Sucre, Potosí, Tupia, Uyuni und Villazón und auf den Busterminals (Trans Copacabana y Nobleza) von La Paz und Oruro verkauft.

Flug   Keine Flugverbindungen ab Oruro.

Oruro – Challapata – Potosí (330 km)

Wer die „Große Bolivien Rundreise" nicht über Uyuni machen möchte, fährt von Oruro auf der Straße Nr. 1 über Challapata direkt nach Potosí weiter (und blättert jetzt nach „Potosí" vor, s.S. 739). Die Strecke Oruro – Potosí befahren viele Busunternehmen nachts, so dass von der eigentlich schönen Landschaft nicht allzuviel gesehen wird. Es gibt es keine echte Tagfahrt-Alternative, außer man hat ein eigenes Auto oder versucht zu trampon.

Die asphaltierte Straße von Oruro nach Challapata führt zuerst am **Uru-Uru-See** entlang. Danach kommt die Abzweigung zur Zinnmine bei Llallagua (diese selten befahrene Strecke führt später auf sehr schlechtem Belag weiter bis nach Sucre).

■ *Altiplano-Dorf mit typischen Adobe-Häusern*

Uyuni und Potosí-Reisende fahren auf der fast schnurgeraden Strecke weiter über Machacamarca und Poopó in der Nähe des gleichnamigen Salzsees bis **Challapata**. Von hier führt die Straße Nr. 1 als Asphaltstraße Richtung Südosten nach Potosí. Kurvenreich geht es bergauf und bergab über Tolapalca, Ventilla, Yocalla und Tarapaya bis Potosí.

Challapata – Uyuni

Von Challapata (keine Tagbusse nach Uyuni!) verlaufen Eisenbahn und Straße nach Río Mulatos. In Huari kann der Poopó-See am besten gesehen werden. In Río Mulatos gabelt sich die Eisenbahn: ein Arm verläuft über Potosí nach Sucre (landschaftlich interessant), der andere nach Uyuni. Von Río Mulatos nach Uyuni sind es 105 Straßenkilometer, dazwischen liegen *Chita* und *Colchani* (22 km vor Uyuni).

Uyuni

Uyuni (3670 m) wurde 1889 aus strategischen Gründen vom damaligen boliv. Präsidenten Ancieto Arce gegründet und spielte im Chaco-Krieg gegen Paraguay eine wichtige Rolle. Verwunderlich, wie in dieser bitterkalten, windigen und trostlosen Hochlandöde 12.000 Menschen leben können und was sie hier hält. „Uyuni" ist ein Wort aus der Aymara-Sprache und bedeutet „Platz der Lasttiere".

Von Uyuni führt eine einsame und eintönige Piste nach Westen zur chilenischen Grenze nach Abaroa//Ollagüe (nahezu eine Geisterstadt), nach Südwesten geht es durch die *Gran Pampa Pelada (Río Grande de López)* Richtung **Laguna Verde** (meist bei Jeeptouren genutzt), und nach Süden gelangt man zur argentinischen Grenze (Villazón//La Quiaca). Zwei Bahnlinien führen von Uyuni zu den genannten Grenzorten (in Chile dann weiter nach Calama/Antofagasta).

Manchmal scheint es, dass das einsame Eisenbahngleis in Uyuni mehr Verkehr erlebt als die beiden Straßen durch das Dorf. Unzählige Dampfloks und Waggons aus alten Zeiten rosten außerhalb der Stadt (ca. 2 km Richtung Potosí) auf dem **Cementerio de Trenes** vor sich hin. Mit dem Aufkommen der Dieselloks war die Zeit der Dampfrösser abgelaufen. Östlich von Uyuni, an der Straße Richtung Potosí, liegt der Minenort *Pulacayo* (nur leichte Unterkunft) mit dem **Eisenbahnfriedhof**. Neben dem Zug, der einst von Butch Cassidy und Sundance Kid überfallen wurde, ist hier der erste Zug Boliviens zu sehen. Für Eisenbahnfreunde bestimmt ein lohnendes Ziel. Es gibt dort ein Restaurant.

Hauptplatz von Uyuni ist die **Plaza Arce** mit dem Glockenturm. Drumherum liegen einige Lokale und einfache Unterkünfte. Von der Plaza weg führt die ziemliche breite Av. Arce, an ihr Bushaltestellen.

Guerreros de Jawincha	Etwa 14 km südwestlich von San Pedro de Quemes, beim Dörfchen Jawincha, liegen die Felsbilder der Guerreros de Jawincha. Der Ort liegt an der Südwestspitze des Salars. Dort wurden von den Archäologen *Jesú Sagárnaga* und *Javier Méncias* präkoloniale Felsmalereien entdeckt. Das Alter der roten Felszeichnungen ist noch nicht bekannt. Dargestellt sind Krieger, die Schilde und Waffen halten. Auf dem Kopf tragen sie Striche, die als Federn gedeutet werden. Interessierte können in Uyuni nachfragen, ob Touren dorthin unternommen werden. Infos: www.talcualbolivia.com.
Reserva Nacional de Fauna Andina Eduardo Avaroa	Dieser 714.745 ha große Nationalpark in Höhen zwischen 4200 und 6000 m südlich des Salar de Uyuni in der *Cordillera Occidental Volcánica* wurde am 13.12.1973 zum Schutz der Queñua-Wälder (höchstgelegene Wälder Boliviens) und der zierlichen Vicuñas eingerichtet. Heimisch sind in der Halbwüste der Reserva auch Andenkatzen, Andenpumas und Andenfüchse. Hinzu kommt ein weltweit bedeutendes Wasservogelschutzge-

biet, Heimat dreier Flamingoarten. Außergewöhnlich sind auch sehr viele größere und kleinere Seen, wie z.B. die *Laguna Colorada, Laguna Hedionda* oder die *Laguna Verde*, die durch ihren hohen Blei-, Kalzium- und Schwefelgehalt smaragdgrün schimmert. In 4850 m Höhe liegt das Geysirbecken *Sol de Mañana* und in der Nähe der 30 Grad warme Naturpool *Termas de Chalviri*. Eintritt 10 € (meist im Komplettpreis der Touranbieter nicht enthalten).

Anfahrt: Uyuni ist ein guter Ausgangspunkt, um sowohl den Salar de Uyuni als auch die Reserva Nacional de Fauna Andina Eduardo Avaroa zu besuchen. Es können Allradfahrzeuge angemietet werden.

Adressen & Service Uyuni

Tourist-Info *Oficina Regional de Turismo Uyuni*, Av. Potosí/Plaza Arce, Reloj Público (im Glockenturm), Tel. 693-2400, 693-2098, Tel./Fax 693-2060, rnfaeaoit@hotmail.com. Mo–Fr 9–12 und 14.30–17 Uhr. Sehr gute Infos über den Salar de Uyuni.

Unterkunft In der Hochsaison im August sind fast alle Unterkünfte ausgebucht, Reservierung deshalb empfehlenswert. Auch wenn der Zug ankommt, sind bp-Unterkünfte schnell ausgebucht, einige erhöhen dann noch zusätzlich die Preise. Die besseren Unterkünfte liegen in der Av. Ferroviaria. Für Selbstfahrer gibt es genügend sichere Stellmöglichkeiten außerhalb der Stadt.

ECO **Residencial Sucre** (BUDGET), Sucre. schlichte Zi., bc. – **Hotel Palace,** Arce/Ferroviaria, Tel. 693-2259, hotelpalaceuyuni@hotmail.com. Passable, schöne Zi., Ww, DZ/bp 50 Bs. DZ/bc 25 Bs, gPLV. **TIP!** – **Hostal Marith,** Av. Potosí in südwestlicher Richtung, Tel. 693-2174. Großes, in die Tage gekommenes Hostal, 20 kalte Zi., bc/bp, Ww, Ws, großer Patio, GpD. DZ/bc 40 Bs, DZ/bp 75 Bs, MBZi 60 Bs, Frühstück 10 Bs. Parken für Selbstfahrer im Hof möglich. –

Joya Andina Hotel, Cabrera 473, Tel. 693-2076. Modern und adrett eingerichtete Zimmer. DZ/F 180 Bs.

FAM **Hostal La Magia de Uyuni,** Colón 432, Tel. 693-2541. Hostal mit 8 schlichten Zimmern, bp, zeitweise kein Wasser u. keine Heizung. DZ/F 20 €. – **Hotel Toñito,** Av. Ferroviaria 60, Tel. 693-3186, www.bolivianexpeditions.com. Freundlich, sicher, sehr gutes Restaurant (leckere Pizzas, Pasta, frisches Brot, Kaffee). DZ/F 27 €, empfehlenswert. – **Joya Andina,** Cabrera 473, Tel. 535-6630, Tel./Fax 693-2076, reservajoyaandina@hotmail.com. DZ/F 27 €, empfehlenswert, gPLV.

Salzhotels Eines der beiden aus Salzblöcken gebauten **Hotels im Salar de Uyuni,** ca. 18 km westl. von Colchani, wurde wegen Abwasserproblemen abgerissen, das andere kann noch besichtigt werden, vorher etwas am Kiosk des „Salzdrachens" kaufen, WC Benutzung 5 Bs, unhygienisch. Die Hotels dienen nun als Orientierungspunkte im Salar. Inzwischen gibt es 7 km westlich von Colchani das **Salzhotel Luna Salada,** GPS S 20° 16' 47", W 66° 58' 57", Fz 30 Min. von Uyuni, Tel. 7242-9716, www.lunasaladahotel.com.bo. Es hat 23 Zi., auch TriZ/MBZi. DZ/HP ab 700 Bs. TR ab Uyuni 40 Bs, ab Colchani kostenfrei.

Neue Salzhotels der Kette Tayka von Fremen Tours wurden in **Tahua** (Hotel de Sal), **San Pedro de Quemez** (Hotel de Piedra) und in **Ojo de Perdiz** (Hotel del Desierto) gebaut. Ein weiteres liegt in der Geisterstadt **San Pablo de Lipez** (Hotel de los Volcanes) im Süden des Salars. In allen Salzhotels sind Selbstfahrer willkommen, sollten sich aber zuvor in den Fremen-Büros zumindest telefonisch oder per eMail anmelden. Nur Tahua und San Pablo de Lipez sind sporadisch mit öffentlichen Verkehrsmitteln erreichbar, für die anderen Orte mit Salzhotels wird ein Mietwagen oder eine Tourbuchung benötigt. Jedes Salzhotel hat 14 Zimmer, die Übernachtungspreise sind gleich: EZ/DZ ab 580 Bs, TriZ ab 620 Bs, MBZi ab 660 Bs. In der HS vom 15.04. bis 15.09. erhöhte Preise. Frühstück 20 Bs, Buffet 45 Bs, Lunchbox 45 Bs.

Essen & Trinken *Kaktus,* Potosí; große Portionen für wenig Geld, guter Wein und Service, sehr gemütlich, mal reinschauen. – *Pizzeria Restaurante Italia,* Bolívar (neben ENTEL); köstliche Pizzas, Pastas, auch Frühstück, Heizung per Gasflasche, sehr nett und bemüht, preiswert. – *Pub Bar Restaurant La Loco,* Potosí s/n, Di–So 15–02 Uhr; sehr leckere französische Küche, großer Pub mit herrlich offenem Feuer, gemütlich, gute Musik, empfehlenswert. – *Minuteman,* Av. Ferroviaria 60, sehr gutes Restaurant mit persönlichem Ambiente, leckeren Pizzas, Pastas und Salaten, frisches selbstgebackenes Brot, Kuchen, Kaffeespezialitäten, moderate Preise. – Weitere Futterstellen in der Fußgängerzone.

Post Av. Arce/Cabrera.

Telefon und Internet ENTEL, Av. Arce, Nähe Glockenturm, sowie Av. Bolívar. Gleichzeitig öffentliches Internet, 2 €/h. – Weitere Internet-Cafés in der Potosí.

Geld Zwei Geldautomaten in Uyuni, einer davon in der Av. Potosí, der internationale Karten (VISA) akzeptiert. *Banco de Crédito,* Av. Potosí/Bolívar, schlechter Wechselkurs auf Bargeld, doch Akzeptanz von MasterCard und VISA. *Western Union Bank,* Av. Potosí 22; Geldtransfer, MasterCard, VISA und Cash. *Casa de Cambio,* in der Potosí (zw. Plaza Arce und Sucre) tauscht Reiseschecks, Euro und chil. Pesos. Einige Läden, z.B. die *Papelería* an der Plaza Arce Richtung Bahnhof, wechselt Euro und auch Reiseschecks. In der Fußgängerzone wechseln *Bank Fie* und *Prodem*.

Tankstelle Eine Tankstelle mit bleifreiem Benzin ist vorhanden.

Wäscherei LAVARAP, Ferroviaria 253, zwischen Av. Arce und Bolívar.

Ausreisestempel *Migración,* Av. Potosí 10 (Mo–Fr 8.30–12 und 14.30–18 Uhr). Wer über Ollagüe oder Hito Cajónes **nach Chile ausreisen** möchte, muss sich nicht mehr in Uyuni den (gebührenpflichtigen) Ausreisestempel holen. Die bolivianische Abfertigung erfolgt nun in Laguna Blanca, die chilenische in San Pedro de Atacama. Touranbieter kümmern sich darum, Gebühr 2 €. Selbstfahrer können über den Salar über Llica – Bella Vista – Cancosa – Collacagua nach Nordchile ausreisen (in Uyuni ausstempeln!).

Bus Nach **La Paz** (555 km): tägl. Nachtbusse, evtl. meist Umsteigen in Oruro, ansonsten Direktbus tägl. mit *Panasur,* Cabrera 278/Av. Arce, oder *11 de Julio,* Fz 12 h, Fp 5–8 €. Daneben fährt der „Touristenbus" von *Todo Turismo,* Cabrera, ca. 100 m südwestlich der Av. Arce, www.touringbolivia.com, um 20 Uhr nach La Paz, Fz 11,5 h, Fp 175 Bs. Die beste Verbindung bietet derzeit *16 de Julio* mit Semi-Camabusse, tägl. ab 20 Uhr, Fp 100 Bs. – **Oruro** (325 km): tägl. Nachtbusse, u.a. *Trans Azul, Panasur, Trans Predilecto* (19 Uhr/20 Uhr) und *16 de Julio,* Fz 7 h, 4–5 €. – **Potosí** (215 km): tägl. um 9.30, 10 Uhr (empfehlenswerte Zeit wegen der Landschaft) und 19 Uhr, u.a. *Quijarro, Emperador* und *11 de Julio,* Fz 5–9 h (Piste), Fp 30 Bs. – **Pulacayo**: Micro gegenüber dem Post um 11 Uhr (nicht tgl.), Fz 1 h. – **San Pedro de Atacama/Chile** (ca. 600 km): kein Direktbus, Colectivos, meist umsteigen in Avaroa an der Grenze, Mo/Do mit *Trans Predilecto*. – **Sucre** (375 km): keine Direktbusse, umsteigen in Potosí (s. dort), Fp 8 €. – **Tupiza** (200 km; über Potosí n. Tupiza: 470 km): Mi/Fr/So mit *11 de Julio,* Fz 7 h, 4 € oder *12 de Octubre,* tägl. ab 6 Uhr, Fp 5 € . In Tupiza tägl. Busse nach Villazón (90 km), Fz 3 h, 3 €.

  Hinweis: Nachtbusse meist **unbeheizt,** warme Kleidung anziehen!

Zug Durch den Neubau des Bahnhofes und als Knotenpunkt zwischen Oruro und Villazón und nach Calama (Chile) erhofft man sich eine Verbesserung des Bahnverkehrs, insbesondere nach Chile, da während der Regenzeit die Piste nach Calama nur schwer zu befahren ist. Züge aus Oruro kommen fahrplanmäßig am Di/Fr um 22.20 Uhr und Do/Mo um 2.20 Uhr (morgens) an. Da sich der Zugfahrplan ständig ändert, bitte unbedingt vorher aktuelle Abfahrts- und Ankunftszeiten nachfragen.

  Nach Avaroa/Calama (Chile, ca. 170 km): Mo um 3.30 Uhr, Ankunft in Avaroa um 8 Uhr, Rückfahrt von Avaroa nach Uyuni Do 12 Uhr, Fp 3,20 €. – **Oruro:** mit *Nuevo Expreso del Sur* (beheizt) Mi/Sa um 24 Uhr, Fz 6,5 h, Fp 3,30–10 €; mit dem Lokalzug Di/Fr um 1.40 Uhr (morgens), Fz 7,5 h, 3–8 €. Mittwochs soll es um 12.15 Uhr ebenfalls einen Zug nach Oruro geben (Ankunft 18.50 Uhr). – **Tupiza:** mit *Nuevo Expreso del Sur* (beheizt) Di/Fr 22.40 Uhr, Fz 5 h, 6–16 €; mit dem Lokalzug Mo/Do 2.50 Uhr, Fz 5,5 h, ab 4 €. – **Villazón:** mit dem *Nuevo Expreso del Sur* (beheizt) Di/Fr um 22.20 Uhr, Fz 8 h, 7–16 €; mit dem Lokalzug am Mo/Di um 2.50, Fz ca. 9 h, ab 5 €.

Flug Oldtimer-Flugverbindung (Mo/Fr) zwischen Cochabamba und Uyuni, 65 € einf.

Ausflüge von Uyuni
Tour 1: Salar de Uyuni

Diese riesige Salzpfanne (Salar) ist etwa 160 km lang und 135 km breit, die Salzkruste differiert zwischen 2 und 7 m. Damit ist der Salar de Uyuni die größte Salzfläche der Erde. Von den Einheimischen wird der Salar „Weißes Meer" genannt. Am Rande des Salzsees erhebt sich der heilige *Tunupa* (5400 m), der als Ursprung des Tunupa-Mythos (eine Art Christus der Aymara) gilt.

Ursprünglich gehörte der Salar zum gewaltig großen Anden-Binnenmeer *Lago Minchíns*. Als der Ursee vor Jahrmillionen austrocknete, blieben abflusslose Altiplano-Seen und -Salare zurück (zwar wird der Titicacasee über den Río Desaguadero entwässert, doch der findet gleichfalls ein trockenes Ende im versalzenen Poopó-See).

Tour 1: Salar de Uyuni

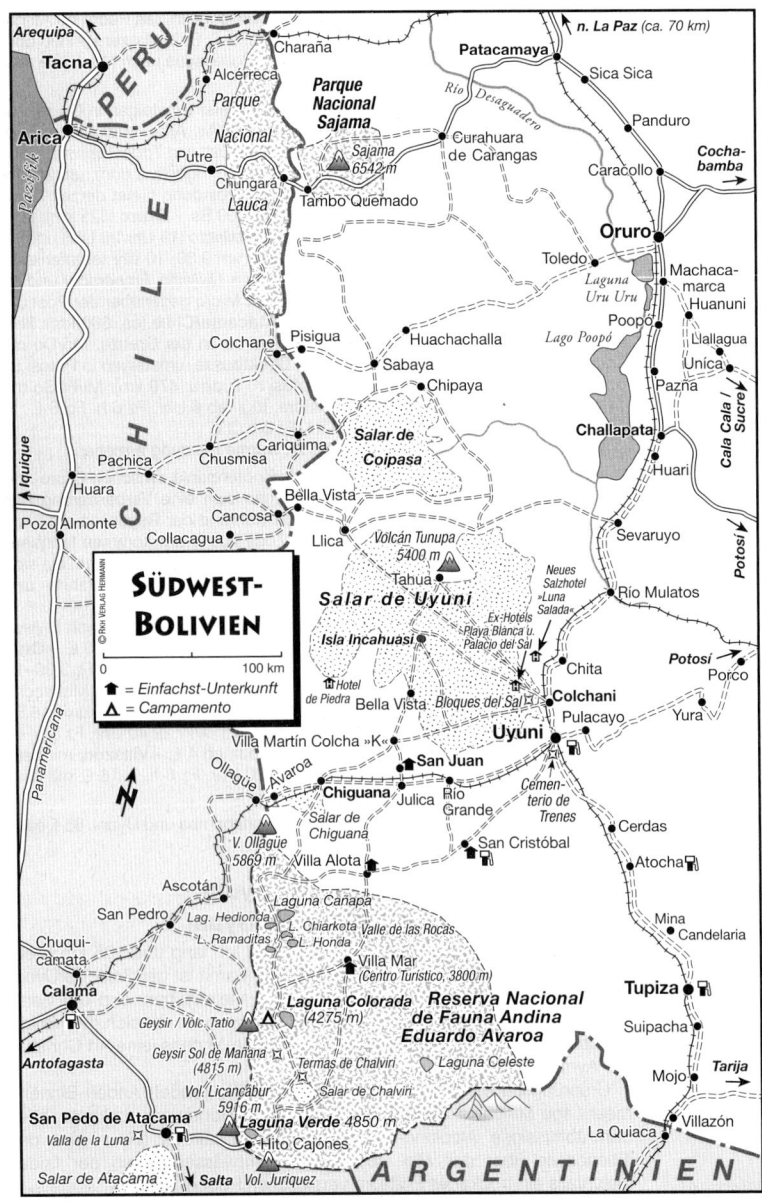

In der Trockenzeit verdunstet das spärliche Wasser des Salars, zurück bleibt die harte Kruste aus Salz und Salzausblühungen. Nach Niederschlägen verwandelt sich die feste Salzdecke in Salzsümpfe.

Auf der Salarfläche treten vielfach *ojos* („Augen") auf, blubberndgluckendes Quellwasser von unterirdischen Wasserläufen, das durch die Salzkruste bricht. Dieses Wasser stammt überwiegend vom *Río Huajala*, der zum Salar de Uyuni fließt, aber zuvor in schlammigem Erdreich versickert. Sowohl im Umkreis von *ojos* als auch in Schlammabschnitten besteht für (schwere) Fahrzeuge Einsackgefahr.

Zwischen Dezember und März/April wird der Salar durch die Hochland-Regenfälle regelrecht **überflutet** und kann bis **Mai/Juni unter Wasser stehen.** Dann glänzt das Salarwasser in sattem Tiefblau und die Salzarbeiter ziehen sich zurück, bis der Salar wieder trockenliegt.

Der größte Reichtum des Salars liegt noch unausgebeutet da, nämlich **Lithium.** Das Vorkommen des silberweißen Alkalimetalls, das als Legierungszusatz für Batterien und ganz besonders in der Kerntechnik benötigt wird, wird auf 9 Mio. Tonnen geschätzt – das wären knapp 75% des derzeit bekannten Weltvorkommens!

Eintagestour

Eilige oder Reisende mit wenig Zeit können in Uyuni eine Tagestour in den Salar de Uyuni organisieren. Diese Tagestour umfasst den *Cementerio de Trenes* (Eisenbahnfriedhof), Colchani, Salzhotel, Isla Incahuasi und einige *ojos*. Sie beginnt um 10.30 Uhr in der Av. Ferroviaria, Transport meist in einem achtsitzigen Jeep. Rückkunft gegen 18 Uhr. Fp 130 Bs inkl. ein vom Fahrer zubereitetes einfaches Mittagessen.

Colchani

Salz gewonnen wird bei **Colchani.** Vermummte Männer schlagen mit Äxten Salzblöcke *(panes de sal)* aus dem Boden, die in einer windschiefen Salzmühle weiterverarbeitet werden. Die Jahresproduktion liegt bei 20.000 t, ganz Colchani lebt praktisch nur vom Salz (Speisesalz). Die Salzfabrik kann besucht werden. Das gemahlene Salz wird mit Jod versetzt und verpackt, von den Salzarbeitern können Souvenirs aus Salz gekauft werden, deren Erlös direkt der Salzgenossenschaft zugute kommt.

Isla Incahuasi

Ungefähr 80 km nordwestlich von Uyuni liegt einsam im Weiß des Salzmeers (GPS S 20°14.485', W 67°37.646') die **Isla Incahuasi.** Auf ihr wachsen zahllose, bis zu 12 Meter hohe und sehr alte Kakteen (ca. 1200 Jahre), leben Vögel und eine Chinchilla-Art. Vom höchsten Punkt der Insel, etwa 100 m höher als der Salar, bietet sich eine Rundumsicht bis zu fernen, schneebedeckten Vulkanbergen. Eintritt 10 Bs, nicht im Tourpreis enthalten! Es gibt dort das **Hotel Mongos,** ein Restaurant (Lamafleischgerichte), einen Kiosk und Toiletten. Fahrrad- und Motorradfahrer dürfen auf der Insel campen. Eine französische NGO eröffnete ein ethnokulturelles Museum. Gezeigt werden traditionelle Kleidungsstücke, wie z.B. ein *azcu*, ein langes schwarzes Kleid, Silberbroschen und Hüte aus Schafsleder.

Auf der Insel gibt es außerdem sieben archäologische Stätten der Tiwanaku-Kultur, zwei Inkaruinen, 30 Höhlen und 12 natürliche Tunnel. Die Insel war heilig und ist noch heute Opferstätte. Der dortige Kaktuswald steht seit 1987 unter Schutz und wird von einem Ehepaar geschützt.

Isla Pescado

Die Isla Pescado, die oft mit der Isla Incahuasi verwechselt wird und die ihren Namen nach der Form eines Fisches bekam, liegt 20 km nordwestlich der Isla Incahuasi, GPS S 20° 08.020', W 67° 48.454'. Sie ist ohne jegliche Infrastruktur.

Tahua Im Norden des Salares liegt das Dorf **Tahua** mit einfachen Übernachtungsmöglichkeiten. Tahua ist Ausgangspunkt zur Besteigung des Vulkans Tunupa. Anfahrt zu ihm: Von Tahua dem Fahrweg nach Norden bis zu einem Parkplatz folgen, von dort Fußweg zum Gipfel. In der Nähe des Parkplatzes kann über einen Fußweg eine Höhle mit Mumien erreicht werden. Den Schlüssel für die mit einer Tür verschlossenen Höhle gibt es gegen eine Gebühr beim Parkwächter in Tahua.

Das beste Hotel ist von der Hotelkette Mongos: Klein und hübsch, 6 Zi., bc/bp, Ww, Hz, Rest. mit Kaminfeuer, Kaktusgarten. DZ/bc/F 155 Bs, DZ/bp/F 200 Bs. Eine Alternative ist das *Tayka Hotel de Sal* von Fremen.

Tunupa Der 5400 m hohe Vulkan Tunupa wird ein immer beliebteres Ausflugsziel. Ab Uyuni wird eine 2-Tagestour zu ihm angeboten. Am 1. Tag geht es nach Coquesa (3670 m), das in einer grünen Landschaft eingebettet liegt. Am nächsten Morgen wird dann die Höhle der Mumien (4000 m) angefahren, anschließend der Mirador mit Blick über den Salar und auf dem Rückweg die Isla Pescado. Kostenpunkt 35–40 US$. Der Tunupa wird dabei nicht bestiegen.

Die Tour kann auch auf eigene Faust gemacht werden: In Coquesa gibt es eine einfache Unterkunft mit einem kleinen Kiosk, aber kein Restaurant. Von Coquesa kann man dann zu der Höhle der Mumien fahren, Fp 20 Bs, dabei wird das verschlossene Tor passiert. Von dort kann dann der Tunupa bestiegen werden (keine Wegweiser), über schwierige, brüchige Felsen. Die meist unerfahrenen Führer kosten in Coquesa 35 Bs, aber diese sind nicht zwingend notwendig, zumal diese sehr schnell auf- und absteigen wollen. Man kann die Besteigung an der Gabelung zum Mirador hinauf auf den Gipfel auch alleine machen.

Tour 2: Salar de Uyuni und Lagunen

Das Gebiet südwestlich Uyunis ist bis zur chilenischen Grenze mit weiteren Salaren und Seen übersät, die **Laguna Colorada** ist dabei die spektakulärste. Bei Mehrtagesausflügen wird neben der Laguna Colorada meist auch die *Laguna Verde* und die Gegend von *Sol de Mañana* eingeschlossen. Die Weiterfahrt nach Chile, nach *San Pedro de Atacama* via *Licancábur/Laguna Blanca,* kann gegen Aufpreis abgesprochen werden; Ein-/Ausreisestempel gibt es direkt an der Grenze. Da es in Bolivien fast nur verbleites Benzin und in Chile nur Bleifrei gibt, werden die Fahrzeuge an der Grenze manchmal gewechselt (in Uyuni ist jedoch bleifrei erhältlich). Beste Reisezeit für das Gebiet Laguna Colorada: **April bis Oktober.** Wer von Süden (von Chile kommend) nach Bolivien einfährt, muss 30 Bolivianos Eintritt in die **Reserva Nacional de Fauna Andina Eduardo Avaroa (REA)** bezahlen. Infos über die REA: www.bolivia-rea.com.

Tourbeispiel Nachfolgend beispielhaft Zeitplan und Ablauf einer Viertagestour (es werden auch fünf - oder sechstägige angeboten, die i.d.R. nur unwesentlich mehr kosten und weitere sehenswerte Ziele, wie z.B. *Laguna Celeste, Laguna Tinta* oder *Laguna Negra*, miteinschließen und ggf. in Tupiza enden). Seitdem einige Pisten besser ausgebaut wurden, werden verstärkt auch Dreitagestouren angeboten. Außerdem beginnen Touren auch in San Pedro de Atacama in Chile mit Endziel Uyuni. Dabei darauf achten,

Tour 2: Salar de Uyuni und Lagunen

dass nicht in Villa Mar (3800 m) sondern an der *Laguna Colorada* übernachtet wird. Die zweite Übernachtung erfolgt meist in San Juan.

1. Tag **Salar de Uyuni** (s.o.)

2. Tag **Laguna Colorada.** Diese Laguna auf 4275 m Höhe liegt 350 km südwestlich von Uyuni, Anfahrdauer mindestens 12 Stunden! Die Fahrt erfolgt auf einer Piste (die evtl. noch nicht ganz fertiggestellt ist und nach ca. 40 km endet; Selbstfahrer orientieren sich am Bahngleis von Uyuni) über den Ort Chiguana in Richtung boliv./chil. Grenze (Ollagüe). Man passiert mehrere kleinere Lagunen mit Flamingos, es grüßt die Rauchfahne des Vulkans *Ollagüe* (5869 m).

Die Laguna Colorada ist ein einzigartiges Naturschauspiel. Hier brüten die sehr seltenen **Andenflamingos** (Poenicopterus chilensis), *Tokoko* genannt, sowie die kleineren *Chururus* (James-Flamingos).

Das Wasser des ca. 60 qkm großen Sees ist aufgrund kupferhaltiger Mineralien rötlich gefärbt, doch man sieht auch Algengrün und weiße Borax-Inseln. Zusammen mit dem Blau des Himmels und dem gelbfarbenen Andengras wie eine tolle Farbenpalette, deren Leuchtkraft von der Tageszeit bestimmt wird. Eingerahmt von Vulkanen und schneebedeckten Berggipfeln eine einmalige Szenerie und ein ganz besonderes Bolivien-Erlebnis … was sich herumgesprochen hat, denn in der Hochsaison übernachten hier gut und gerne manchmal bis zu 20 Jeep-Gruppen! Die vier- bis fünfstündige Wanderung am See entlang ist, trotz der dünnen Luft, ein Muss. An der Laguna übernachten einige Tourveranstalter mit ihren Gruppen in Schuppen mit Fenstern ohne Glas. Etagenbetten, z.T. bis zu 12 Personen in einem Raum. Außerdem gibt es bei der Laguna Colorada die *Albergue de Huayllajara,* 3 Zi. mit 6–7 Betten/bc, sowie DZ/TriZ, Ü 20–60 Bs je nach Zimmer. Etagenbetten mit z.T. bis zu 12 Personen in einem Raum.

3. Tag **Sol de Mañana und Laguna Verde.** Nach einer eindrucksvollen Weiterfahrt durch die Bergwelt, nur 25 km südlich von der Laguna Colorada entfernt, wird in 4850 m Höhe der **Geysir Sol de Mañana** erreicht. Das dampfende Phänomen (aktiv nur früh am Morgen, ca. 10 m hohe Dampffahne) und die kochenden Lavaschlammlöcher sind ein weiteres Spektakel. Genügend Sicherheitsabstand einhalten, der Boden um die blubbernden Löcher ist nicht immer gehfest!

Die in der Nähe liegenden Pools der **Termas de Chalviri** sind gleichfalls besuchenswert, ihr ca. 30 Grad warmes Wasser soll gegen allerlei Zipperlein wohltuend wirken.

Etwa 50 km südlich des Geysirs Sol de Mañana liegt, am Fuße der Vulkane *Lincancábur* und *Juriquez,* die 17 qkm große **Laguna Verde** (4350 m), Sobald die Sonne um die Mittagszeit am höchsten steht, vollzieht sich ein einmaliges Naturschauspiel: Durch den Sonneneinstrahlwinkel und die Reaktion des pflanzlichen Planktons in Verbindung mit dem hohen Blei-, Kalzium- und Schwefelgehalt schimmert die vorher kristallklare Lagune auf einmal grün! In ihrer Mitte beginnt die Reaktion zuerst, von dort breitet sich ein smaragdgrüner Schimmer über die gesamte Wasserfläche aus. Außerdem können das ganze Jahr über am Ufer der Lagune bis zu drei verschiedene Flamingoarten beobachtet werden.

Am Abend wird meist wieder an der Laguna Colorada oder in *Villa Alota,* einem typischen Adobedorf, übernachtet. Doch es kann auch bei der Laguna

■ *Willkommensschild an der Laguna Verde*

Verde in der *Cabaña de Alta Montaña* übernachtet werden. Hier stehen vier Zimmer zur Verfügung, Ü 40 Bs p.P. Frühstück, Mittag- u. Abendessen sind extra zu bezahlen, Menü 10–20 Bs, Badbenutzung 2 Bs, anbei ein kleiner Kiosk. Die dort anwesenden Führer bringen Interessierte zum Vulkan *Lincancábur*, Gruppen 1–6 Pers. ca. 30 €, ggf. Transportaufschlag 30 € pro Gruppe.

Zusatzziel: Laguna Celeste Ab und zu wird in einer organisierten Tour auch die *Laguna Celeste* (Himmelslagune) angefahren (ca. 100 km östl. der Laguna Colorada). Eine Legende berichtet dort von einer Ruine in dem blauen See. Hinter dem See windet sich eine Straße über einen 5900 m hohen Pass – das wäre wohl Rekord bei den höchsten befahrbaren Straßen der Welt!

4. Tag Rückfahrt nach Uyuni. Fz auf der neuen Straße 7–8 h.

Tourbuchungen

Hinweis Es ist nicht ratsam, den Salar auf eigene Faust zu befahren, wenngleich die Salzkruste meterdick zu sein scheint. Wenn, dann nur mit Vierradantrieb (4WD). Eine Leserin berichtete, sie wäre, nachdem der Fahrer die Orientierung im Salar verloren hatte, 24 Stunden mit einem Kleinbus im Salz steckengeblieben. Nachts sank die Temperatur auf –5 °C und ein Sturm peitschte über den Salar ...

Die Erfahrung des Fahrers ist essentiell, er sollte die Salare gut kennen. Sehr gute Tourveranstalter haben u.U. zwei Fahrer und ggf. ein Funkgerät an Bord, um im Notfall Hilfe rufen zu können. Alle Leistungen sollten im Vertrag fixiert sein. Es kann vorkommen, dass mehrere Personen im selben Wagen sitzen, die bei unterschiedlichen Anbietern unterschiedliche Preise bezahlt haben. Die Qualitätsunterschiede der Fahrzeuge und der Verpflegung sowie des Veranstalterpersonals ist erheblich!

Die meisten Agenturen haben den gleichen Zeitplan (Abfahrt am ersten Tag vielfach erst gegen 10.30 Uhr), so dass sich in der Hochsaison unterwegs an schönen Punkten oft bis zu 10 Geländewagen sammeln.

Ausrüstung Ein Zelt wird nicht benötigt, aber ein sehr warmer Schlafsack ist zur Übernachtung in Zelten oder an der Laguna Colorada notwendig (nachts kann es bis zu –20 °C kalt werden!). Schlafsäcke stellen die Agenturen zur Verfügung, in den Hütten an der Laguna Verde und in Villa Alota gibt es ausreichend Decken. Mitnehmen: eine Sonnencreme mit einem sehr hohen Lichtschutzfaktor, Sonnenbrille, Fettstift für die Lippen, Taschenlampe und wie erwähnt warme Kleidung. Trinken Sie unbedingt wesentlich mehr als gewohnt, auch ohne Durstgefühl!

Tour-Kosten Organisierte Ausflüge in den Salar sind, in Uyuni vor Ort gebucht, billiger als in La Paz oder Potosí. Die Anbieter öffnen ihre Büros um 8.30 Uhr, starten aber, wie erwähnt, meist erst gegen 10.30 Uhr. Morgendliche Kunden haben evtl. den Vorteil eines Preisnachlasses, da die Anbieter darauf aus sind, ihre Wagen vollzukriegen. Bei Mehrtagestouren sollten im Preis die Mahlzeiten eingeschlossen sein (von der Kost nicht zuviel erwarten).

Orientierungspreise: Während der Hochsaison von Juli bis September kostet ein Halbtagesausflug etwa 25 €, eine Tagestour ab 40 €, Zweitagestouren ab 50 €. Eine Viertagestour in den Salar mit Besuch von Laguna Colorada, Laguna Verde und Sol de Mañana mit einem 4WD-Geländewagen 60–80 € (mit Verpflegung), je nach Anbieter und Verhandlungsgeschick. In der Nebensaison ab September fallen die Preise. Ab Januar bis März/April steht der Salar unter Wasser, dann finden meist keine Touren statt.

Eintrittspreise Der Besuch des **Salar de Uyuni** kostet 5 € (Quittung aufbewahren zum Schutz vor Nachforderungen), die **Reserva Nacional Eduardo Avaroa (REA)** 30 Bolivianos. Fragen, ob diese Eintrittsgebühren schon im Tourpreis enthalten sind. Nicht enthalten ist der Eintritt für die **Isla Incahuasi** von 10 Bolivianos.

Veranstalter In Uyuni gibt es inzwischen knapp 50 Touranbieter. Die aktuellen Infos über deren Qualität konnten mal bei *Ranking Bolivia* eingeholt werden, das aber auf Druck der schlechten Anbieter abgeschafft wurde. *Colque Tours* und *Toñito Tours* machten bei dem Ranking nicht mit. Über *Toñito Tours* liegen uns etliche negative Zuschriften vor, besonders auch über technisch verwahrloste Wagen. Ebenso über *Julietta Tours,* den Fahrer unbedingt auf seine Fahrtauglichkeit prüfen (Alkohol/Drogen!).

Tipps: Nachfragen, wie viele Leute bei einer Tour in einem Wagen mitfahren (max. 9 in einem Geländewagen, jede Person weniger ist vorteilhafter). Je früher morgens losgefahren wird, desto besser. Bei einer mehrtägigen Salar-Tour kann nicht unbedingt mit einem immer reibungslosen Verlauf gerechnet werden. Nachfolgend einige Agenturen für den Salar de Uyuni, Laguna Colorada, Laguna Verde und Sol de Mañana:

Andrea Tours, Av. Arce 26, Tel. 693-2638. Patricia López Ayaviri führt empfehlenswerte Viertagestouren durch und ist mit 70 €/Pers. bei vollbesetztem Fahrzeug sogar günstiger als einige andere Anbieter. Der Service ist ausgezeichnet, gPLV. **TIP!** – **Esmeralda Tours,** Av. Ferroviaria 12/Arce, Tel. 693-2130, esmeraldaivan@hotmail.com. Verlässlicher Touranbieter, gute Verpflegung. Dreitagestour 50 € inkl. VP. – **Oasis Odissey Tours,** Tel./Fax 693-2308, oasistours2002@yahoo.com, www.oasis-odissey-tours.2ya.com. Tägl. nach San Pedro de Atacama (Chile), Fz 3 Tage via Cueva del Diabolo (Begräbnishöhle). Empfehlenswert. – **Uyuni Tours,** Av. Ferroviaria. Vollprogramm (auch *Arbol de Piedras, Laguna Honda*), inkl. Weiterfahrt nach San Pedro de Atacama/Chile für 80 €/Pers. (auf Kk 5% Aufschlag). Eigene einfache Unterkunft in San Juan (Ww, bc). Etwas betagte 4WD-Toyotas (max. 9 Personen). Gut: Fahrer versuchen, von der allgemeinen Jeep-Karawane Abstand zu gewinnen und gehen auf individuelle Haltewünsche ein (Fotostopps) – also empfehlenswert. – **Colque Tours,** Av. Potosí 54, Tel. 693-2199, colque@ceibo.entelnet.bo, www.colquetours.com. Einer der größten, aber nicht unbedingt preiswertesten Anbieter mit zweifelhaftem Equipment und technisch eher schlechten Fahrzeugen, wie uns diverse Zuschriften berichten (70–100 € p.P., je nach Anzahl der Tage und Ziele, bei Bezahlung mit Kk Zuschlag) sowie eigenem Hotel In Chuvica (MBZi, bc, Ww). Colque Tours verbringt die erste Nacht nicht wie andere Anbieter in San Juan, sondern in Chuvica. Abfahrten auch von San Pedro de Atacama.

Selbstfahrer

Reisende mit einem Miet- oder eigenen Wagen sollten neben der Geländetauglichkeit ihres Gefährts darauf achten, dass das Fahrzeug eine Untersetzung für die steilen Kletterpassagen besitzt. Teilweise sind die Pisten schwer zu finden, immer nachfragen oder nach Möglichkeit den Fahrzeugen einer Tourgruppe hinterherfahren – Wagenspuren alleine sind nicht sehr zuverlässig! Ein GPS-Navigationssystem ist empfehlenswert. Die Isla Incahuasi lässt sich mit GPS S 20°14.485', W 67°37.646', 3669 m Höhe, problemlos finden. Vorsicht vor den *ojos*, unter Wasser – in ca. 30 cm Tiefe – sind sie so gut wie unsichtbar! Dann auch den Motorinnenraum von unten so abdichten, dass kein Salzwasser an die Motorelektronik dringen kann. Außerdem sollte man dadurch verhindert, dass die ginsterartigen Büsche, die während der Fahrt ausgerissen werden, in den Motorraum gelangen, sich im Keilriemen verklemmen und u.U. in Flammen aufgehen.

Für die **Rundfahrt Uyuni – Salar – Laguna Colorada – Uyuni** (ohne Laguna Verde) **werden** (mit Pausen) **4–5 Tage** benötigt. Auf der Rückfahrt von der Laguna Colorada nach Uyuni sind einige Flüsse zu queren.
Fahrzeiten: Uyuni – Isla Pescado 3,5 h. Uyuni – Villa Alota 4 h. Villa Alota – Laguna Colorada 5 h. Laguna Colorada – Laguna Verde 4 h. Laguna Verde – Grenze Chile 0,5 h. Laguna Verde – Uyuni 8 h.
Streckeninfos für Radler: www.irisentoreopreis.nl

Uyuni – Chiguana – Laguna Colorada – Chile

Es gibt von Uyuni (über Colchani) eine Piste nördlich der Bahnlinie durch den Salar de Uyuni, über *Villa Martín Colcha „K"* (Salzsee mit Gemeindeherberge, Einkaufsmöglichkeit, ggf. Benzin von Privathaushalten, Militärkontrolle) und *San Juan* (Adobekirche, Vicuñazucht), GPS S 20° 53.985', W 67° 46.012'), nach **Chiguana** und von dort weiter durch den *Salar de Chiguana.* Bei oder **nach einem Regen** ist die **Strecke nicht passierbar!** Noch zwei oder drei Tage nach einem Regenfall sind einige Salzflächen so weich, dass man an einigen Stellen steckenbleiben kann. Dann hilft nur noch aussteigen, schieben oder Luft aus den Reifen lassen. In Chiguana wird u.U. von Soldaten eine Kontrolle durchgeführt, GPS S 21° 3.627', W 67° 58.255' ... immer freundlich bleiben.

Noch im Salar de Chiguana wird die Bahnlinie von Uyuni nach Calama (Chile) überquert, bevor die Piste in die Berge hinaufführt. 43 km nach dem Kontrollposten bietet sich am *Mirador,* GPS S 21° 23.723', W 67° 59.568', eine spektakuläre Aussicht auf den Vulkan Ollagüe. Von hier sind es 124 km bis zum Refugio Colorada. Es geht am Vulkan *Ollagüe* und an den Lagunas *Cañapa,* GPS S 21° 30.138', W 68° 0.473', *Hedionda* (viele Flamingos, grandiose Landschaft), GPS S 21° 34.468', W 68° 2.387', *Chiarkota, Honda* und *Ramaditas,* GPS S 21° 55.528', W 68° 0.335', sowie am *Árbol de Piedra,* GPS S 22° 3.117', W 67° 52.97', vorbei bis zur *Laguna Colorada.* Ab dem Árbol de Piedra beginnt der Wüstenabschnitt. Noch vor der Laguna Colorada zweigt eine Piste über *Villa Mar* und *Villa Alota* nach Uyuni ab. Der Refugio Colorada, GPS 22° 10.421', W 67° 49.111', ist ein wichtiger Versorgungspunkt. Danach beginnt eine Sand- und Wellblechpiste. Vorbei an dem Minas Zuyre zur Mine, GPS S 22° 25.502', W 67° 46.408', geht es hinauf zur Passhöhe *Sol de Mañana,* GPS S 22° 25.627', W 67° 46.113', bis nach 2 km mit dem Sol de Mañana das höchste Geysirfeld weltweit passiert wird. Nach weiteren 29 km fährt man westlich an den *Termas de Chalviri,* GPS S 22° 32.135', W 67° 38.948', vorbei. Zum *Refugio Blanca,* GPS S 22° 49.342', W 67° 47,036', der neben Übernachtungs- und Versorgungsmöglichkeiten auch Funk hat, sind es noch 40 km. Von dort ist die Grenze *Hito Cajónes*, GPS S 22° 52.959', W 67° 47.953, noch 12 km entfernt. 4 km nach der Grenze beginnt die Asphaltstraße nach San Pedro de Atacama, GPS S 22° 54.629', W 68° 11.645. (Tobias Groenen)

Grenzformalitäten: Nach der Laguna Colorada windet sich die Piste zwischen den beiden Vulkanen *Lincancábur* und *Juriquez* hindurch zum bolivianischen Grenzposten *Hito Cajónes,* der jedoch keine Grenzformalitäten für Selbstfahrer durchführt. Alles muss **zuvor in Uyuni erledigt werden** (die Ein-/Ausreisestempel für den Pass gibt es dort bei der Migración, den Stempel für das Fahrzeug für 2 € bei der Polizeistation, die Grenze muss innerhalb von 3 Tagen passiert werden). Der bolivianische Grenzposten kontrolliert nur noch die Papiere. Der chilenische Grenzer bzw. die Pass- und Dokumentenkontrolle befindet sich in *San Pedro de Atacama.* Für Eigen- und Mietfahrzeuge werden neue Papiere ausgestellt, die alten Fahrzeugdokumente einbehalten.

Beschilderung: Die Strecke ab Chiguana ist nur dürftig beschildert, doch relativ gut befahrbar, ein Verfahren dürfte nicht vorkommen.

Tankstellen: Zwischen Uyuni via dem Salar de Uyuni und San Pedro de

Atacama gibt es keine Tankstellen, wenngleich das Campamento an der Laguna Colorado und die anderen Campamentos sicherlich ein paar Treibstoffkanister vorhalten. Es ist ratsam, volle Benzinkanister mitzuführen. Wer nicht durch den Salar de Uyuni fahren möchte und die Südroute von Uyuni über San Cristóbal nach San Pedro de Atacama wählt, findet in San Cristóbal eine letzte Tankstelle.

Unterkünfte/Camps: Entlang der Piste von Uyuni nach San Pedro de Atacama gibt es nur allereinfachste Unterkünfte (Alojamientos, Privatunterkünfte mit Stockbetten oder Pritschen, meist ohne Strom und nur selten Wasser): in *Villa Alota, Villa Mar* (Centro Turístico) und *San Juan*. Dort ist die *Alojamiento Lincancábur* empfehlenswert (nach Teofilo Yucra fragen) – sauber, ruhig, Ww. Parken im Hof möglich. An der Laguna Colorada kann bei der meteorologischen Beobachtungsstation (Campamento) sowie in Hütten der Minenarbeiter übernachtet werden.

Einreise aus Chile für Selbstfahrer Den chilenischen Ausreisestempel bekommt man in San Pedro de Atacama, den bolivianischen direkt am boliv. Grenzposten *Hito Cajónes*. Beim Grenzposten gibt es eine Übernachtungsmöglichkeit und die Parkverwaltung. Hier muss der Eintritt in die Reserva Nacional Eduardo Avaroa in Höhe von 30 Bolivianos bezahlt werden.

Fahrzeugpapiere werden an der Zollstelle in **Apacheta** (5050 m) ausgestellt. Der Weg zur Zollstation ist an einer Pistengabelung ausgeschildert, etwa 30 km vor der Laguna Colorada. An der Pistengabelung muss zur Zollstation knapp 3 km nach links gefahren werden, den gleichen Weg dann wieder zurück bis zur Gabelung und dann weiter Richtung Laguna Colorada.

Die Gesamtsrecke von San Pedro via Julica bis Uyuni **beträgt 550 km.** Es gibt keine Tank- und Versorgungsmöglichkeiten, Fz 3 Tage. Die Strecke Julica nach Uyuni verläuft direkt an den Bahngleisen und ist am Ende der Regenzeit (April) schlecht zu befahren. Viele tiefe Wasserdurchfahrten, welche meist nur über die Bahngleise und -brücken zu meistern sind.

San Pedro de Atacama Reisende aus Uyuni haben nach 550 km endlich wieder eine vernünftige Unterkunft, z.B. im *Tambo Aymara,* Calle Camacho, zwischen Cabrera und Colón, große Zi., Frühstücksbuffet. DZ 200 Bs (ca. 17.000 chil. Peso). Umtauschkurse extrem ungünstig.

Tour 3: San Cristóbal

Südwestlich von Uyuni liegt inmitten der *Gran Pampa Pelado* **San Cristóbal,** ein alter Minenort. Unter Mountainbikern ist der Ort, der 1998 bis 2000 komplett von der Mine wegverlegt wurde und deshalb mit hübschen Häusern beeindruckt, ein Treff für Downhill-Abenteuer. Die sehenswerte Kirche an der Plaza, 1790 im alten Ort erbaut und im neuen Ort Stein für Stein wieder aufgebaut, steht nicht immer offen, aber gegenüber bei *Llama Mama* gibt es einen Schlüssel und gegen ein Trinkgeld öffnen sich die Türen.

Die Kirche an der Plaza gilt als das größte Restaurationswerk Boliviens. Die Wandfresken und die Kanzel aus Adobe im Orginalverputz waren am Schwierigsten umzusetzen. In der Seitenkapelle ist eine kleine Ausstellung mit Fotos über den Umbauprozess zu sehen. Die Kirche hat einen silbernen Altar. Das Silber stammt aus der Mine, aus der auch Zink, Kupfer und Blei durch eine kanadische Bergbaugesellschaft gefördert werden.

Der Downhill-Trail ist knapp 20 km lang. Gefahren wird mit Kona-Rädern. Wer will, kann anschließend gleich seine Fotos im dortigen Internet-Café nach Hause schicken. Weitere Infos: *Llama Mama Mountain Bike Tours,* Tel. 613-7830, info@fundacionsancristobal.com. Nach San Cristóbal geht es mit 4WD von www.suri4x4.com.

Die einzige Unterkunft ist das *Hotel San Cristóbal,* direkt neben der Kirche, mit strohgedecktem Dach und Rostdesign, komfortable Zi., bp, Ww, Rest. mit Kamin, Bar, großer Parkplatz. Ü ab 15 € p.P.

Uyuni – Tupiza – Villazón (560 km)

Uyuni – Tupiza

Wer von Uyuni weiter nach Argentinien möchte, kann mit dem Zug nach Villazón (s.o., „Zug") weiterfahren. Mit Bus, Colectivo oder Lkw muss in Tupiza umgestiegen werden. Die meisten Busrouten Uyuni – Villazón führen aber über Potosí (s. dort).

Während der Regenzeit wird die Piste Uyuni – Tupiza (218 km) geradezu abenteuerlich! Sie folgt überwiegend dem Bahngleis über **Atocha** (3648 m, Tankstelle, Alojamiento *El Descano* an der Plaza, Ü 1,50 €), einige Male werden die Gleise überquert. Über die (überwegend flachen) Flüsse gibt es keine Brücken, doch die Furten können bewältigt werden (Radfahrer sollten bei den besonders sandigen Abschnitten vor Atocha der Eisenbahnlinie folgen). Hinter Atocha geht es über einen Pass (ca. 4000 m). Es folgen weitere Passstrecken, bis in einem schönen Tal zuerst Oro Ingenio, Oploca und dann Tupiza in Sicht kommt.

Tupiza

Das malerische Minenstädtchen (26.000 Ew.) am Río Tupiza in 2990 m Höhe ist der einzige Lichtblick in dem fast menschenleeren Landstrich zwischen Uyuni und Villazón. Es gibt eine Tankstelle, eine Flugpiste sowie einfache Unterkünfte. Lebhaft wird es an den Markttagen (Mo/Do/Sa am Vormittag), wenn die Bauern der umliegenden Dörfer mit ihren Produkten eintreffen. Lohnenswert ist eine Wanderung am Spätnachmittag auf den *Cerro Corazón de Jesús,* um neben der Aussicht das Farbenspiel des Sonnenuntergang zu genießen.

Geschichte schrieb Tupiza mit dem reichen Zinnbaron Aramayo und dem Gangsterduo Butch Cassidy (Robert L. Parker) und Sundance Kid (Harry L. Langabaugh), die 1908 bei Tupiza einen Geldtransport Aramayos überfielen, auf der Flucht bei einer Schießerei in San Vicente schwer verletzt wurden und den Freitod wählten. Geschichtliches dazu in der *Casa de la Cultura* in Sucre und im **Museo Municipal,** Calle Sucre an der Plaza. Das Museo Municipal öffnet erst um 15 Uhr, ggf. Schlüssel im Rathaus an der Plaza besorgen.

Unterkunft ECO: *Hotel Valle Hermoso* (BUDGET), Av. Pedro Arraya 478, Tel. 694-2370, 694-2592. Familiäres Hostal, bc, Ww, Ws. Ü 3 € p.P. Zum Hotel gehört 100 m weiter Richtung Busterminal eine schöne große Jugendherberge, Tel. 694-2370, Fax 694-2592, www.bolivia.freehosting.net. – *Hotel Mitru,* Av. Chichas 167, Tel./Fax 694-3001. Zi. mit bp/bc, Rest., Pool, Internet-Café, Geldwechsel. DZ/bc 3 €, DZ/bp 4 €. Fahrkartenreservierung für den Zug. – *Hotel La* Torre, Av. Chichas 220. Kleines, gepflegtes Hotel mit freundlicher familiärer Atmosphäre, bc/bp. DZ/F/bp 8 €. – *Residencial Centro,* Av. Sta. Cruz, Tel. 694-2705. Ww, Patio. DZ/bc 10 €, DZ/bp 14 €. – **Vorwahl (02)**
FAM: *Hotel Reina Mora,* Palala Baja s/n. (etwa 1 km vom Zentrum entlang der Eisenbahnschienen), Tel. 694-2819, ReinaMora50@hotmail.com. Schönes Haus in parkähnlicher Lage, saubere Zimmer, bp, Ww, Pool, Rest. (Terrasse), Parkplatz. DZ/F 30 €. Auch Campen ist möglich, zwei große schöne Cabañas mit Skk, bp. Grillabende, Tourangebote, Pferdeverleih, Abholservice. **TIP!**

Essen & Trinken	Rund um die Plaza zahlreiche Kneipen mit günstigem Mittagstisch, z.B. *Club Unión* (Tagesmenü) oder das empfehlenswerte Restaurant *California* (Frühstück, Lasagne & Pizza).
Unterhaltung	*Diver ... Gente,* Florida (halben Block von der Plaza). Bar, Disco und Karaoke, wechselnde Musik, auch Folklore oder Klassik.

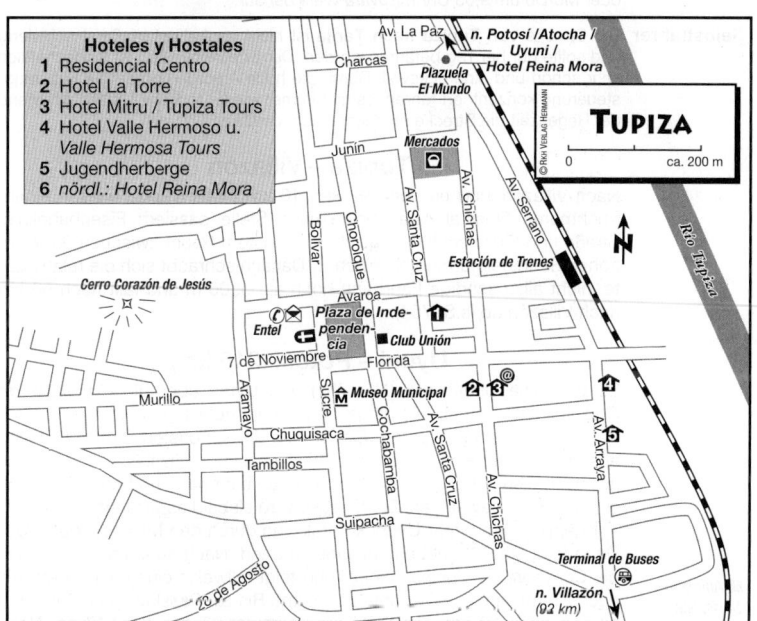

Karten	Das Instituto Geográfico Militar (IGM) an der Plaza hat Karten de Umgebung.
Ausflüge in die Umgebung	*Turistur Los Salares,* Calle Florida, Tel./Fax 694-4534, Handy 711-76606, turisturls@hotmail.com. Santos bietet alles rund um Tupiza, aber auch Touren (gute Verpflegung) nach Uyuni und in den Salar, sehr verantwortungsbewusst, exzellente Landeskenntnisse, bestimmt empfehlenswert, keine Kk. – *La Torre Tours,* Av. Chichas 220. 4-Tagestouren in den Salar de Uyuni, sehr gute Fahrer, gute Verpflegung, 100 € p.P, gPLV, empfehlenswert. – *Tupiza Tours,* Av. Chichas 167. Touren z.B. zum **Cañón del Inca,** ca. 4 km außerhalb der Stadt mit Kakteen und farbigen Gesteinsschichten. – *Valle Hermoso Tours,* Av. Pedro Arraya 478, Tel. 694-2370. Reitausflüge 3 €/h, Ein- u. Mehrtagestouren in die Berge 20 €/Tag ohne VP, auch Jeep-Touren in den Uyuni-Salar (ca. 170 €).
Verkehrsverbindungen	Colectivos und Busse fahren vom Busterminal in Tupiza ab. Bus nach **Villazón:** täglich mehrere Busse, Fz 2 h, Fp 2,50 €. Argentinischer Grenzort ist *La Quiaca.* Außerdem fährt tägl. ein Nachtbus über eine nicht asphaltierte und nicht ungefährliche Straße nach **Tarija** (s.S. 751), Fz 9 h, Fp 6,50 €. Nach **La Paz** täglich Direktbus via **Potosí** mit *Expreso Tupiza,* Fz 16–18 h, Fp 15 €. **Nach Uyuni** (via Atocha): mit 4WD-Pkws von *Trans Expreso Quechisla,* Fz 7 h, Fp 6,50 €, mit *Trans 11 de Julio* um 10 Uhr, Fz 7 h, Fp 35 Bs. Außerdem Colectivos, Fp 40 Bs.

Zug: Bahnhof in der Av. Serrano, Tel. 694-2527. **Nach Uyuni:** 2x wö mit *Expreso del Sur*. Abfahrt Richtung Uyuni Mi/Sa um 18.25 Uhr, Fz 4 h, sowie 2x wö mit *Wara Wara del Sur* (Lokalzug), Mo/Do um 19 Uhr, Fz 6 h. Landschaftlich absolut lohnenswert durch die tief eingeschnittenen Schluchten auf dem Altiplano! **Nach Villazón:** Mi/Sa um 04.10 Uhr mit *Expreso del Sur*, Fz 3 h, oder Mo/Do um 9.05 Uhr mit *Wara Wara del Sur*.

Selbstfahrer Die Strecke **von Tupiza nach Tarija** ist nicht asphaltiert, äußerst schwierig und sollte nur bei Tag befahren werden. Der Streckenverlauf ist landschaftlich sehr schön und eindrucksvoll. Durch die hohe Anforderung an die Fahrzeugsteuerung konzentriert fahren, es gibt immer wieder tödliche Unfälle. Während der Regenzeit die Strecke möglichst nicht befahren.

Tupiza – Villazón

Nach Villazón sind es noch 92 km. 10 km hinter Tupiza wird in einem fruchtbaren Flusstal eine spektakuläre Stelle passiert: Eisenbahnlinie, Straße und Fluss schlängeln sich auf engstem Raum zwischen 60–70 m hohen Sandsteintürmen hindurch ... Danach schraubt sich die relativ gute, nicht allzu sandige Fahrbahn hoch auf 3500 m und fällt nach 50 km nach Villazón ab (s.S. 754).

Uyuni – Potosí (215 km)

Es gibt eine Direktpiste (No. 701) von Uyuni über die *Cordillera de Chichas* nach Potosí. Allerdings wird die gut befestigte Allwetterpiste mit Bussen nur wenig befahren. Sie ist eine der schönsten Strecken Boliviens mit kontrastreichem Landschaftswechsel und unzähligen Lamas. Die nur noch wenigen Flussdurchfahrten (man baut nach und nach Brücken) sind leicht zu bewältigen. Die Strecke wird alsbald asphaltiert.

Knapp 30 km hinter Uyuni kommt man durch den Minenort *Pulacayo*. Dann folgt eine Hochebene aus losem Sand. Nach 40 km führt die Piste die *Cordillera de Chichas* hinauf und folgt teilweise einem Flussbett, bis nach 23 km eine Flussdurchfahrt kommt. Bis zur Passhöhe (4100 m) sind es nun noch 10 km. Die Piste kreuzt immer wieder einen Fluss. Nach über 140 gefahrenen Pistenkilometern kommt *Choquila* in Sicht. Von hier sind es knapp 15 km bis zur nächsten Flussdurchfahrt. Danach schöne Wildwest-Landschaft mit meterhohen Kakteen. Es wird ein Dorf und etwas später eine Mine passiert. Dann erreicht die Strecke, nach über 210 km, den Kontrollposten an der Straßenabzweigung nach Potosí.

■ *Altiplano-Dorfszene – Musikanten*

Potosí

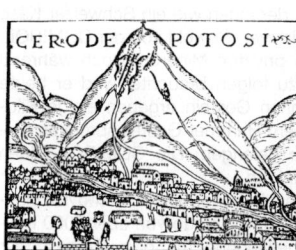

Potosí (über 240.000 Ew.) ist mit 4065 Meter Höhe nach La Paz die höchstgelegene Großstadt der Welt. Sie verdankt ihre Existenz den überreichen Silbervorkommen des *Cerro Rico de Potosí,* wie die Spanier den hinter der Stadt aufragenden, 4829 m hohen Bergkegel nannten (auf Quechua *Sumaj Orcko,* „Heiliger Berg"). Entsprechend der Höhenlage ist es in Potosí dauernd kalt bis sehr kalt und trocken, im Juli/August kann auch Schnee fallen. Die meisten kommen nur zum Besuch des **Cerro Rico** hierher und verlassen danach Potosí so schnell wie möglich.

Geschichte

■ *Oben: Der Cerro de Potosí um 1553 (Illustration in der „Crónica del Perú" von Pedro de Cieza de León).*

Das Silber im Berg entdeckte im April 1545 *Diego Huallpa.* Er legte damit den Grundstein zur schnellstwachsenden Stadt Amerikas, Triebfeder war die Silbergewinnung. Die Ausbeutung des Berges wurde unverzüglich in großem Stil vorangetrieben. Unbarmherzig kommandierten die Spanier ganze Dorfschaften von Hochlandbewohnern in die unzähligen Bergstollen ab, die sich darin zu Tode schufteten.

1547 wurde Potosí durch Kaiser Karl V. (seit 1516 auch Herrscher über Spanien) zur *Villa Imperial* erhoben und durfte den kaiserlichen Doppeladler im Wappen führen. 1573 zählte sie 120.000 Einwohner, 1650 nahezu 160.000 Einwohner (mehr als in Madrid, Paris oder Rom in jener Zeit!). Damit war sie größte Stadt des ganzen amerikanischen Doppelkontinents. Der Silberstrom in Spaniens leere Kassen nahm gigantische Dimensionen an. Bis 1660 wurden aus dem Berg 16.000 Tonnen Silber herausgeholt und bis heute über 46.000 Tonnen! Potosí war die Schatzkammer Amerikas, „die Stadt, die der Welt am meisten gegeben hat". Für die Indígena war Potosí dagegen der „Eingang zur Hölle". Verunglückten und starben die Zwangsarbeiter nicht in den Stollen, so erlagen sie früher oder später den unmenschlichen Arbeitsbedingungen in dieser Höhe oder an den Vergiftungen des Quecksilbers, das als Scheidemittel eingesetzt wurde. Nach Eduardo Galeanos Buch „Die offenen Adern Lateinamerikas" hatten bis zum 18. Jh. bis zu 8 Millionen Indígena den Tod gefunden!

■ *Ansicht von Potosí mit Cerro de Potosí im 19. Jh.*

Im 18. Jahrhundert kam dann der Absturz Potosís in die Bedeutungslosigkeit. Das Silber im Berg war so gut wie ausgebeutet. Die Einwohnerzahl der Stadt sank unter 10.000.

Einen erneuten Aufschwung brachte dann der Abbau von Zinnerz. Zinn war in den Zeiten des Silbers wertlos gewesen. 1913 erreichten die „Zinnbarone" wie *Simón Patiño,* der deutschstämmige *Mauricio Hochschild* oder *Carlos Aramayo* den Zenit ihres Wohlstandes. 1952 wurden die Zinnminen verstaatlicht, 1985 musste die staatliche Gesellschaft COMIBOL (Corporación Minera de Bolivia) jedoch 20.000 Zinnminenarbeiter entlassen.

Zur „Ader gelassen" wird der Berg, der innen wie ein Schweizer Käse durchlöchert sein muss, jedoch noch immer. Sowohl von der COMIBOL, von Bergbau-Kooperativen und auch privaten Mineros. Doch während man früher im Berg nur einer Ader zu folgen brauchte, wird er heute stückweise gesprengt. Erst viele Tonnen Gestein ergeben einige Kilogramm Erz. Man sieht Frauen, mit einem Hammer Gesteinsbrocken zertrümmern, um an die Zinnkörner zu gelangen. Die COMIBOL-Minen bauen gleichfalls nur noch Zinn und Zink ab.

In der näheren Umgebung von Potosí befinden sich 25 renovierungsbedürftige Stauseen, die der erste Vizekönig Toledo von über 5000 Indígenas anlegen ließ, weil die Silbergewinnung mit dem Prozess der Amalgamierung gewaltige Wassermengen erforderte. Auch sind einige von den einst 130 *ingenios* (Verarbeitungsmühlen mit Silberschmelzofen) am *Río La Ribera* übriggeblieben, die einen guten Einblick in die Silberverarbeitung geben können. Der letzte Ingenio ging jedoch bereits 1850 außer Betrieb. Im Verlauf des Silberabbaus kamen auch Minen- und Bergexperten aus dem Erzgebirge nach Potosí, vorwiegend aus dem Ort Annaberg, und noch heute gilt in Potosí Annaberger Bergrecht.

Stadtrundgang

Vom ehemaligen Reichtum der Stadt zeugen noch heute 36 (zum Teil) verfallene Kirchen. Das historische Zentrum wurde von der UNESCO zum Weltkulturerbe erklärt. Wer noch nicht höhenadaptiert ist, den werden Potosís Höhen- und Hanglage schnell außer Atmen bringen. Also nicht gleich alles auf einmal besichtigen wollen!

In den letzten Jahren wurden viele koloniale Bauwerke renoviert, andere müssen noch warten. So oder so – Potosí ist bestimmt nicht ohne Reiz, schon wegen seiner bewegten Geschichte. Bei einem Rundgang vor allem die **Casa Nacional de la Moneda** nicht auslassen. Vom Turm der Iglesia La Merced (s.u.) ergibt sich eine schöne Stadtübersicht.

Casa Nacional de la Moneda Das wuchtige, zwei Häuserblöcke umfassende Bauwerk, heute eines der wichtigsten Museen Boliviens, liegt in der Ayacucho s/n, nur ein paar Schritte unterhalb der Plaza 10 de Noviembre, Tel./Fax 622-2777, www.casanacionaldemoneda.org.bo. Geöffnet Di–Sa 9–12 u. 14.30–18.30 Uhr, So 9–12 Uhr, Eintritt für Ausländer 20 Bs. Führungen auf obligatorisch (Engl./Span./Franz.), Dauer 2 Std. Fotografieren ist, außer in der „Sala de Pintura", erlaubt.

Historisches: Ursprünglich 1572/73 unter dem Vizekönig Francisco de Toledo an der Plaza 10 de Noviembre erbaut, ließ Karl III. von Spanien dieses wichtigste Gebäude der Stadt 1759–1773 in der heutigen Form neu errichten. Die Baukosten betrugen umgerechnet etwa 10 Mio. Euro.

Der festungsartige Bau überrascht mit hübschen Innenhöfen, die von Bogengängen mit Holzerkern umgeben sind. Nach der Unabhängigkeit Boliviens 1825 diente die Münze zeitweise auch als Festung, Gefängnis und Kriegshauptquartier. 1930 wurde die Casa de Moneda zum *Museo de Arte Retrospectivo*

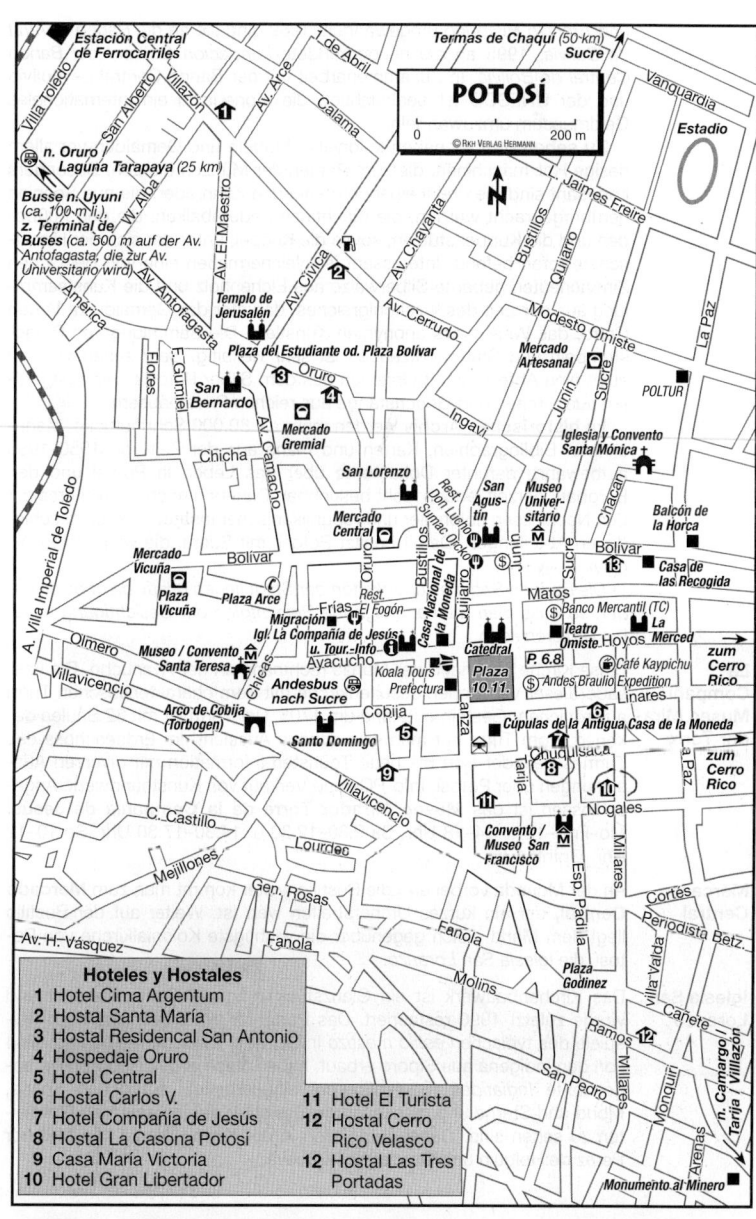

und *Archivo Histórico* umgewandelt. 1969 ging sie an die *Banco Central de Bolivia,* 1995 an die neugegründete *Fundación Cultural del Banco Central de Bolivia.* In Zusammenarbeit mit der Banco Central de Bolivia und der UNESCO ist beabsichtigt, die Moneda in ein internationales Geldmuseum umzuwandeln.

Zu sehen gibt es neben kolonialen Möbeln und Gemälden vor allem riesige Holzmaschinen, die zum Prägen der Münzen dienten. Besonders imposant sind die drei ineinandergreifenden Zahnräder, die aus Spanien herübergebracht wurden, die mächtigen Zedernbalken, die den Fußboden und die Kuppel stützen, sowie die Kuppel, unter der sich der Hauptschmelzofens befand. Interessant ist gleichermaßen eine von deutschen Zimmerleuten gebaute Silberwalze aus Eichenholz und die Kunstsammlung aus der Zeit des Vizekönigreiches, darunter das Gemälde *La Virgen Cerro,* das Werk eines anonymen Künstlers. Die Sammlung von Prägestempeln und Stanzwerkzeugen ist sehr vielfältig. Sehr sehenswert ist auch eine Abteilung mit Objekten aus dem Silber Potosís, wie Kultgeräten aus Kirchen und Gegenstände aus reichen Privathäusern.

Im **historischen Archiv** werden mehr als 80.000 Schriftstücke, Manuskripte, Bibliographien, Karten und Pläne aus der Zeit von 1550–1985 aufbewahrt, darunter Dokumente über das Leben in Potosí und den Bergbau, derzeit jedoch nicht besuchbar. Daneben noch ein weiteres mit den Nachlässen kolonialer und republikanischer Institutionen in verschiedenen Abteilungen. Damit besitzt Potosí, mit Sucre, die wichtigsten Archive Boliviens.

Die übrigen Sehenswürdigkeiten der Stadt liegen relativ dicht beieinander, so dass man die nachfolgende Reihenfolge der Besichtigung beliebig variieren kann.

La Compañía / Museo Mirador Torre

Diese Kirche liegt nach der Münze rechthand an der Ayacucho. Die Fassade dieser verfallenen Jesuitenkirche mit dem charakteristischen Turm aus rötlichem Gestein entstand um 1705. Der Turm ist mit 32 Säulen dekoriert. Vom Turm hat man eine schöne Aussicht. Im Erdgeschoss des Turmes befindet sich die neue Touristen-Information mit diversen Ausstellungen über Potosí, Info-PCs und Verkauf von Kunsthandwerk. Angeschlossen ist das **Museo Mirador Torre de la Compañía de Jesús.** Mo–Fr 8–12 u. 14–18 Uhr, Sa 9.30–12.30 u. 14.30–17.30 Uhr, So 10–12 Uhr. Eintritt 1 €.

Mercado Central

An der Moneda vorbei und die Bustillo weiter kommt man zum **Mercado Central,** der ein kurzes Umherstreifen wert ist. Weiter auf der Bustillo liegt dem Markt gleich gegenüber die wichtigste Kolonialkirche von Potosí, die I*glesia San Lorenzo.*

Iglesia San Lorenzo

Das Kirchenbauwerk ist ein Glanzstück indigener Steinmetzkunst und wurde zuletzt 1990 restauriert. Das Portal ist eines der schönsten Beispiele des typischen *estilo mestizo* in Bolivien. Zwischen 1728 und 1744 von den Indígena aus Siporo erbaut, haben diese in den Hauptpfeiler sogenannte *Indiatides* (Säulenfiguren) eingearbeitet, auf denen Sonne, Mond und Sterne und maskenartige Gesichter der indianischen Gottheiten zu sehen sind. Daneben gefallen in der Kirche Werke von Melchor Peréz de Holguín und Gaspar de la Cueva.

Arco de Cobija

Zurück zum Mercado Central geht es über die Calle Oruro zur Ayacucho und diese dann rechts abwärts zur kleinen **Iglesia Santa Teresa**. Ein Besuch des Klosters mit Museum lohnt. Es gibt einen guten Einblick in die Frauenklöster der Karmeliter während der Kolonialzeit (Mitgift-Wertgegenstände usw.). Mo–Sa 9–12 u. 15–18.30 Uhr, So 9–12 u. 15–18 Uhr, Eintritt 2 €, Fotoerlaubnis 1 €, Filmerlaubnis 2,50 €. Interessante Führungen (Engl./Span./Franz.), Dauer 2 h, empfehlenswert. In der Cafetería verkaufen die „letzten" Karmeliterschwestern des Konventes süßes Gebäck.

Von der Santa Teresa nach links auf die Chicas gehen und über die Cobija hinweg bis zum Torbogen **Arco de Cobija**. Fotografen legen hier einen Stop ein, denn es läßt sich an dieser Stelle ein schönes Foto mit dem Silberberg schießen.

Plaza 10 de Noviembre, Catedral

Die Cobija nun aufwärts bis zum Hauptplatz von Potosí, zur **Plaza 10 de Noviembre**. Zahlreiche Bänke laden zum Ausruhen ein. Es befinden sich dort das alte Rathaus **El Cabildo**, Polizeistation und Banco del Crédito. Gegenüber der Plaza liegt nördlich unübersehbar die prunkvolle **Catedral de Potosí** mit schön ausgestaltetem Inneren. Nachdem der ursprüngliche Bau von 1575 eingefallen war, entstand die heutige Form zwischen 1808 und 1836 unter Fray Manuel Sanahuja als letztes Beispiel des spanischen Neoklassizismus. Diese Kathedrale ist eines der größten Kirchenbauwerke Boliviens, doch kann sie aufgrund gegenwärtiger Restaurierungen bis 2007 nicht besichtigt werden. Ansonsten Mo–Sa 9.30–10 u. Mo–Fr 15–17 Uhr, Eintritt 1 €, Führung obligatorisch.

Nun südlich in die Tarija bis zur Nogales gehen und dann nach links.

Iglesia y Convento San Francisco

Die Kirche wurde 1691 im Mestizo-Barock aus Granitsteinen erbaut. Hier tauchten auch zum ersten Mal die gedrehten und reichverzierten Säulen auf, die deutlich die Verschmelzung des europäischen Barocks mit indigenen Elementen zeigen. Der Karmeliterkirche angeschlossen ist das **älteste Kloster Boliviens,** 1547 von *Fray Gaspar de Valverde* gegründet und ausgeschmückt mit schönen Gemälden der *Escuela Potosina* (indigene Malschule, ähnlich der *Escuela Cusqueña* in Cusco). Der heutige Bau wurde 1726 eingeweiht, nachdem die alte Kirche 1707 abgerissen wurde. Im Kreuzgang gibt es mehrere Gemälde von *Gregorio Gamarra* über das Leben des Franz von Assisi. Im Vorraum der Sakristei beeindrucken neben einem bedeutenden Werk von Holguín die Werke *La Virgen de Aránzazu* und *La Oración del Huerto* des Bildhauers *Luís Espindola*. Vom Turm bietet sich eine schöne Aussicht auf Potosí, insbesondere auf den Cerro Rico.

Geöffnet Mo–Fr 9–12 u. 14–17 Uhr, Sa 9–12 Uhr, Eintritt 1,50 €, inkl. Foto- oder Videoerlaubnis. Führung obligatorisch, Dauer 45 Minuten

Nun die Padilla nördlich bis zur Hoyos gehen und dann nach rechts.

Iglesia La Merced	Die Calle Hoyos bergaufwärts geht es vorbei an der Plaza de 6 Agosto, ihr gegenüber liegt die ehemalige *Iglesia Belén* von 1725 mit einem recht schönen Portal, sie beherbergt seit 1970 das Kino *Omiste*. Nach der nächsten Kreuzung steht links die *Iglesia La Merced*. Das Portal von Marco Dorta ist wieder typisch für den Mestizo-Stil und stammt aus der Mitte des 16. Jahrhunderts. Sehenswert ist auch der silberne Bogen mit der heiligen Jungfrau. Von ihrem Turm bietet sich einer der schönsten Ausblicke über Potosí. Einlass auf Anfrage, Eintritt 5 Bs.
Kolonial-häuser	An der Ecke der Straßen La Paz/Bolívar steht ein altes Kolonialhaus mit einem interessanten Balkon **(Balcón de la Horca)**, an dem früher wahrscheinlich Verbrecher aufgehängt wurden. Etwas unterhalb, auf der südlichen Straßenseite der Bolívar (Nr. 19–21), befindet sich die **Casa de las Recogidas** (auch *Casa de las Tres Portales*, „Haus der drei Türen" genannt), ein gleichfalls schönes Kolonialhaus. Weitere sehenswerte Kolonialhäuser in der Stadt: **Casa del Conde de Cámara** (Chuquisaca 336), **Palacio de Cristal** (Sucre 148–156), **Casa del Marqués de Otavi** (Junín 4) und **Casa Parroquial de San Roque** (Bustillos 585).
Museen	Außerhalb des Rundgangs können noch Museen besichtigt werden: *Museo Universitario* (Universitätsmuseum), Bolívar/Junín. Mo–Fr 8–12 u. 14–18 Uhr, Eintritt 0,50 €. Gemälde, Keramiken, Musikinstrumente. *Museo de Santa Teresa,* Convento Santa Teresa, Chicas/Ayacucho. Mo–Fr 9–12 Uhr und 13–18 Uhr, So 9–12 Uhr, Eintritt 2,50 €, Fotoerlaubnis 2 €, Führung obligatorisch. Altäre, Gemälde, Möbel. *Museo Tomas Frías* (Mineralogisches Mus.); Anmeldung Tel. 622-7300

Adressen & Service Potosí

Tourist-Info	*Centro de Información e Interpretación Turística de Potosí,* Ayacucho s/n, Ed. Nave de la Compañía de Jesús. – *Oficina de Turismo y Cultura AC-Prahn,* Frías s/n, Ed. Nave de la Compañía de Jesús, Tel. 622-6432, Fax. 622-7137, www. planpatrimoniopotosi.org.bo. Mo–Fr 9–12 u. 15–18 Uhr. Beide Büros befinden sich im selben Gebäude, jeweils Zugang über die Ayacucho oder Frías. – **Vorwahl (02).** Website: **www.boliviaweb.com/cities/potosi.htm**
Poltur	*Unidad de Turismo de la Prefectura de Potosí,* La Paz/Omniste, Tel. 622-7477. **Notruf:** 110.
Migración	Ausländerbehörde, Frias.
Unterkunft	Die Preisspanne der Unterkünfte in Potosí klafft weit auseinander. Es gibt schöne Kolonialhäuser, die zu Hotels umgebaut wurden. Heizung ist meist nicht vorhanden, heißes Wasser manchmal ein Problem und darf in einigen einfachen Unterkünften nicht als Standard erwartet werden, deshalb fragen. Beim Busterminal wurden viele neue Hostales gebaut, dennoch bevorzugen die meisten das Zentrum.
BUDGET	**Hospedaje Oruro**, Oruro 292, Tel. 622-2637. Spartanisch, bc, doch superpreiswert mit erstklassiger Lage für die Fiesta Chutillos. – **Alojamiento Tumsula**, Plaza Chuquimia, Tel. 622-5133. Einfach, bc, Rest., Bar, busnah. – **Hotel Central**, Bustillos 1230, Tel. 622-2207. Zentral gelegen, große Zi., bc, zeitweise Ww, Rest., Ws, freundlich. – **Casa María Victoria,** Chuquisaca 148, Tel. 622-2132. Nettes Haus mit schönem Patio, ansprechende Zimmer, Tourangebote, Backpackertreff, EZ/DZ/Schlafsaal. DZ/F 10 €.

ECO	**Hotel Compañía de Jesús,** Chuquisaca 445 (zw.Tarija u. Padilla), Tel. 622-3173, http://hostalcompania.galeon.com. Saubere Zi. mit bp, Ww, zwei Patios, freundlich. DZ/bp/F 55 Bs. – **Hostal Carlos V.,** Linares 42, Tel. 622-5121. Schönes, ruhiges Kolonialhaus mit Patio, sympathische Inhaberin, gefällige Zi., doch nur bc, Ww 6–12 Uhr, GpD, Geldwechsel, Tourangebote, Internet. – **Residencial Tarija,** Av. Serrudo 252, Tel. 6222-2711. Einfache Zi., bc, Ww, Parkmöglichkeit für Campingfahrzeuge zum Zimmerpreis. – **Hotel El Turista,** Lanza 19, Tel. 622-2492, Fax 622-2517. Bescheidene, aber saubere Unterkunft, bc/bp, beste Zi. oben (teurer), keine Heizung (aber Wärmeflaschen), empfehlenswert. – **Hostal La Casona Potosí,** Chuquisaca 460 (zwischen Tarija und Padilla), Tel./Fax 623-0523, casona@boliviahostels.com, www.hotelpotosi.com o. boliviahostels.com. Renoviertes Kolonial-haus aus dem 18. Jh. mit drei Innenhöfen in der Nähe der Plaza. 22 Zi., bc/bp, auch Schlafsaal, Cafetería, Bar, GpD, Ws, Internetzugang 2 Bs/h, Bus- und Flugticketverkauf, Tourangebote (Tarapaya, Uyuni, Minenbesichtigung), Flughafen-TR. EZ/bc 40 Bs, EZ/bp 80 Bs, DZ/bc 60 Bs, DZ/bp 115 Soles, Schlafsaal 40 Bs p.P., kk, gPLV. – **Hostal Residencial San Antonio,** Oruro 136, Tel./Fax 622-8536, hotel_sanantonio@yahoo.es. Ansprechende Zi., bc/bp, Ww, Rest., Ws, Geldwechsel, viele Rucksackler, Parkplatz; DZ/bc 7 €, DZ/bp 14 €. – **Hostal Santa María,** Av. Serrudo 244, Tel. 622-3252. Saubere Zi., bp, Cafetería, Ws, angenehme Atmosphäre, empfehlenswert.
ECO/FAM	**Hostal Las Tres Portadas,** Bolívar 1092, Tel. 623-1558, Fax 6222-4450, tresportadas@hotmail.com, www.tresportadas.com. Gemütliches, kleines Hotel, zentral gelegen in einem hübschen Kolonialhaus aus dem 17. Jahrhundert mit drei Toren, EZ/DZ/MBZ, bp, Ww, Hz., Bar, Aussichtsterrasse, Ws, Garage, med. Service. DZ/F ca. 250 Bs. TIP!
FAM	**Hostal Cerro Rico Velasco,** Ramos 123, San Pedro, Tel. 612-2290, Tel./Fax 622-3539, hostalcerrorico@hotmail.com, www.cerrorico.place.cc. Hübsches, gutes Hostal, Zi. beheizt, bp, Ww, Internet. EZ/F 16 €, DZ/F 24 €, gPLV, empfehlenswert. – **Hotel Gran Libertador,** Millares 58, Tel. 622-7877/ 622-3470, Fax 622-4629, libertador@entelnet.bo, www.libertadorpotosi.com. Schönes, gepflegtes Haus mit kleiner Dachterrasse (Tische und Stühle) und schönem Blick über Altstadt und auf den Cerro Rico, Zi. mit Heizung, bp, Ww, freundlich. DZ 290 Bs inkl. Frühstücksbuffet, gPLV, alle Kk, sehr empfehlenswert. – **Hotel Cima Argentum,** Av. Villazón 239, Tel. 622-9538, info@hca-potosi.com, www.hca-potosi.com. Schönes, gepflegtes Hotel, bp, Heizung, Ww, Ws, ausgezeichnetes Rest., PP (Garage). DZ/F 35 €. TIP!
Essen & Trinken	Gastronomisch gesehen ist Potosí etwas entwicklungsbedürftig. Preiswerte Einheimischen-Restaurants gibt es in der **Bustillos** (zwischen Mercado Central und Calle Ingavi). Gerichte der regionalen Küche sind z.B. *Cazuela* (Eintopf auf der Grundlage von Erdnüssen, Fleisch- und Kartoffelstücken), *Ají de Pataskha* und *Kari-Kari,* eine spezielle, herzhafte Suppe, in der ein glühendheißer Basaltstein liegt. Seit der Kolonialzeit spielen auch die *Pastelerías* und *Confiterías* mit ihrem Süßgebäck aus Honig und Marzipan eine Rolle. Besonders an religiösen Festen wird Süßgebäck, wie z.B. *Chambergos, Sopapillas* und *Tawatawas,* gerne gegessen. Am billigsten kann man sich an den Essständen und Garküchen des **Marktes** verpflegen, es wartet ein reichhaltiges Angebot. **Los Azogueros,** Padilla 60, zw. Chuquisaca u. Nogales; feines Restaurant, weiße Stoffservietten, Weingläser und Kerzen auf dem Tisch. TIP! – **Pete's Palace,** Quijarro/Matos, 1. Stock mit Blick auf die Casa Nacional de la Moneda; gutes Restaurant, auch Vegetarisch, Essen für 2 Pers. mit Getränken ca. 90 Bs. – **Skyroom,** Calle Bolívar, Ed. Mathilde, Mittagessen ab 2 €, zum Frühstück empfehlenswert, mit Aussicht über die Dächer der Stadt, tägl. 8.30–22 Uhr. – **El Mesón,** Tarija/Linares (Plaza 10 de Noviembre), tägl. 17.30–22.30

Uhr. Top-Restaurant mit regionaler Küche, bei Reisenden sehr beliebt, vielleicht das beste in Potosí; Spezialität ist *Chocko de pollo*, Hähnchen mit Teigwaren und Kartoffeln in würziger Soße. – Eine Empfehlung ist **El Fogón,** Ecke Frías/Oruro, tägl. 12–23 Uhr; gehobene Preisklasse, modern durchgestyltes Interieur. – **Candelaria,** Ayacucho 5 (gegenüber der Casa de Moneda), tägl. ab 7.30 Uhr, köstliches Frühstück, schöne Atmosphäre, preiswertes Mittag- und Abendessen (Lamafleisch oder vegetarisch), Schwarzes Brett für Reisende. – **Doña Eugenia,** Av. Sta. Cruz/Hermanos Ortega, serviert von 9–13 Uhr als *Plato típico* die beste *Chalapurka* von Potosí. – **Club Social Unificado,** Matos 10; typische Gerichte der Region, preiswert, viele Einheimische. – **Las Vegas,** Padilla 1/Linares; etwas teurer, aber gut, Hausspezialität probieren! – **La Casona 1775,** Frías 41, 18.30–24 Uhr; schönes Ambiente, beheizt, Forellengerichte und vegetarisch, empfehlenswert. – **Pollos Broaster,** Oruro 338 (beim Mercado); typisches Restaurant, köstliche Hendl, preiswert, **TIP!** – Das kleine Restaurant **Chaplin,** Quijaro/Matos, mit typischer Backpackerküche, ist etwas für Pasta- und Burger-Liebhaber, auch veg. Gerichte, freundliche Bedienung, moderate Preise. – **Cafe Restaurant Potocchi,** Millares 13; Fleisch und veg. Gerichte, tägl. Peña. – **Café Cultural Kaypichu,** Millares 16, Mo. geschl.; gut zum Frühstücken, vegetarische Gerichte, einfach, günstig, nett. – Ein gutes **Café** liegt in der Matos 30 (zwischen Junín und Sucre nordöstl. der Plaza), geöffnet erst ab 19 Uhr, exzellenter Kaffee, beheizt, schönes Ambiente, **TIP!** – **Café Mirador y Restaurante,** Hoyos s/n/Millares, direkt neben der Kirche La Merced, tägl. 7.30–22 Uhr; das Café befindet sich im Erdgeschoss der zum Theater umgebauten Kirche, der Mirador auf dem Turm und Dach. Leckeres Frühstück (Schokoladenkuchen von Marcela probieren), abwechslungsreiche Karte, auch Pizza. Tolle Aussicht vom Steg übers Dach. – **4.060 m.s.n.w,** Hoyos 1. Tolles, modernes, sauberes und gemütlich eingerichtetes Café, schön warm durch die Heizöfen, internationaler Flair, guter Kaffee und Snacks. **TIP!** – **Cherry's Café,** Padilla s/n; gemütliches, feines Lokal, Frühstück, Pasta, Pizzen, Eis und mehr, deshalb viele Touristen. – **Café La Plata,** Plaza 10 de Noviembre, tägl. 9–23 Uhr; gemütliches Ambiente, viele Touristen, schmackhaftes Frühstück, guter Kaffee, delikate Salate, Pizzen u.a. mehr sowie Spiele – **TIP!**

Peña
Potocchi, Millares 13/Hoyos, Mi/Fr Folkloremusik, klein, gemütlich, mit Rest. *Peña Restaurante Doña María,* Matos 87. *Kaypichu,* Millares 16, Di–So 18–23 Uhr.

Unterhaltung
Kneipen: *La Casona 1775,* Frías 41; Pub-Restaurant, Cocktails, heiße und kalte Getränke, Brettspiele, jeden Fr Livemusik, Speisekarte. Werben damit, dass dies der wärmste Ort der Stadt sei … – *Chatarra,* Matos; Bierkneipe, gute Musik, immer was los. – *Pub Offside,* Bustillos 125/Ayacucho, Mo–Sa 19–02 Uhr; Livemusik, sehr gemütlich. – **Theater:** *Modeste Omiste,* Plaza 6 de Agosto. – **Kino:** *Cine Imperial,* Padilla 31. *Cine Universitario,* Bolívar 893.

Erste Hilfe
Cruz Roja, Av. Camacho s/n, Tel. 6222-6045, Notruf 127. – *Hospital Concepción,* Fernández, Tel. 622-3815. – *Centro Med. Natural Andina,* Bolívar 1234, Tel. 622-6227. *Medicina Natural,* Chayanta, Tel. 626-2008. – **Apotheke:** *Farmacia Continental,* Bolívar 804.

Post
Lanza 3/Chuquisaca, Tel. 622-2513. – *DHL,* Junín (gegenüber der Kathedrale).

Telefon
ENTEL, Av. Camacho/Plaza Arce. Zweigstellen überall in der Stadt.

Internet
Zahlreiche Internet-Cafés überall im Zentrum, ca. 3 Bs/h. – *Mitac,* Oruro 186, schnelle Rechner. *Candelaria,* Ayacucho 5 (ggüb. Casa de Moneda), tägl. ab 7.30 Uhr, gutes Frühstück. – *Tuko's Café,* Junín 9/Bolívar (3. Stock), langsame Rechner, aber immer voll. – Internet auch bei ENTEL in der Bustillos (ab 15 Uhr können eMails abgesetzt werden).

Potosí

Geld

In der Fußgängerzone gibt es einige Geldautomaten, meist für VISA. Weitere Möglichkeiten bei den Schildern *Compro Dólares* und bei Straßenwechslern in der Fußgängerzone. Casa de Cambio *Casa Fernández*, Pasaje Boulevard 10. *Banco Nacional*, Junín 4–6, Bargeld und Reiseschecks, schlechter Wechselkurs. *Banco Mercantil*, Pasaje Boulevard, Ed. Unión Obrera, besserer Kurs auf Reiseschecks als in den *Casas de Cambio* oder in den Compro-Dólares-Läden. *Banco del Crédito*, Sucre/Bolívar; keine Reiseschecks. Allgemein sehr schlechte Raten für Reiseschecks!

Wäscherei

Lavandería Limpieza Janus, Bolívar 749, preiswert und schnell. *Lavandería Veloz*, Quijarro/Matos.

Artesanías

Potosí ist für seine qualitativ hochwertigen und außergewöhnlichen Textilien *(tejidos)* bekannt. *Ponchos*, *Chuspas* (Cocabeutel), *Chumpis* und *Llicllas* (Tragetücher) spiegeln die Traditionen und Schönheit des Hochlandes wider und sind einzigartig in Bolivien. Jahrhundertealt ist die Silberverarbeitung, und mit Geschick und Kreativität wird diese Handwerkskunst in den *Platerías* weiter gepflegt – Silberschmuck ist immer ein schönes Andenken. Die typischen und traditionellen Frauenhüte werden in speziellen *Sombrerías* angeboten. Der *Mercado Artesanal* befindet sich in der Sucre/Omiste und beim *Ingenio San Marco*, Calle La Paz, ist der Laden der Weberinnen-Cooperativa von Calcha mit hochwertigen, naturgefärbten Webarbeiten.

Weitere Artesanías-Adressen: *Arte Nativo*, Sucre 30. *Artesanías Kallcha*, Sucre 92 (Ponchos, Alpacapullover und landestypische Trachten inkl. Versand nach Europa). *El Candelabro de Plata*, Av. Ecuador 880.

Geschäfte

Einkaufszentrum *Centro Comerical* CYC, Bolívar/Junín. Typischer Markt: *Comercio de Minoristas* (oder *Mercado Gremila*), zwischen Oruro u. Camacho. Optiker: *Optica Vicmar*, Bustillos/Cobija, Tel. 622-5279. Alle gängigen Kontaktlinsen; Gestellreparaturen.

Feste

Das **wichtigste Fest ist am 24. August** die *Fiesta de San Bartolomé y de los Chutillos*, dessen Ursprünge in einem Bildnis des Apostels San Bartolomé aus dem Jahre 1589 zu suchen sind. Allerdings findet das Fest mit Markt, Garküchen und einigen Tanzgruppen in dem kleinen Ort **La Puerta y la Quebrada del Diablo**, auf der Strecke nach Tarapaya, statt. Bereits eine Woche vor dem Fest putzt sich das Örtchen heraus. Lohnenswert ist die *Pichincha* (eine Woche vor der Fiesta), an der die Tänze eingeübt werden. Die publikumswirksamere **Fiesta de Ch'utillos** findet dagegen in Potosí Ende August (um den 28./29.) auf der Straße vor dem Aussichtsturm statt.

Der **Carnaval** wird in Potosí großartig gefeiert! Dabei tragen die Minenarbeiter die Symbole und Figuren aus ihren Minen zur Plaza del Minero. Der Umzug der *Compadres* findet zwei Donnerstage vor Faschingsdienstag statt, der Umzug der *Comadres* Donnerstag vor Faschingsdienstag, der Hauptumzug *(Entrada)* zwei Tage später am Samstag. Höhepunkt ist am Faschingsdienstag mit dem traditionellen *Ch'alla*, bei dem Gaben (auch Schnaps) für die Mutter Erde geopfert werden. Am **3. Mai** lockt die indigene *Fiesta del T'inku* in Macha-Chayanta viele Zuschauer an. Im **Juli** werden mit der *Fiesta del Carmen* am 16. und mit der *Fiesta Campesina El Apóstol Santiago* am 25. zwei religiöse Feste gefeiert (die Prozession der Fiesta del Carmen beginnt von der Iglesia Santa Teresa). Im **August** bietet die *Fiesta San Bartolomé* einen Umzug durch Potosí mit traditionellen Tänzen und Musik verschiedener einheimischer Gruppen. Die *Proceción de la Virgen del Rosario* findet am **1. Sonntag im Oktober** statt, wobei sich die Einwohner mit Konfetti und Blumen bewerfen. Vom 1.–3. **November** werden die Toten geehrt, Höhepunkt ist die *Alma Chacharpaya* am 03. 11., an der die Seelen der Verstorbenen mit einer Musikkapelle verabschiedet werden, damit diese sich fröhlich fühlen. Am **10. November** wird der „Tag von Potosí" gefeiert.

Verkehrsverbindungen

Stadtverk. Micros und Minibusse sind billig, Taxi Stadtfahrt etwa 1 €.

Bus Der *Terminal de Buses* liegt in der Av. Universitário, fast 30 Min. Fußweg vom Zentrum, es fahren aber Minibusse und Micro C sowie Micro L von der Plaza 10 de Noviembre.

Nach Cochabamba (530 km): tägl. Busse, u.a. mit *El Dorado, Flota Copacabana* und *Trans Copacabana* über Oruro, auch Direktbus von *San Miguel*, 7–10 €. – **La Paz** (550 km): tägl. viele Busse verschiedener Gesellschaften, u.a. die Flotas *Sucre, Trans Copacabana, Transimperial, Universo, La Paz, Alianza, Andino, Boquerón, Panamericana* usw. Abfahrten meist abends zwischen 17 und 19 Uhr, Fz 8–9 h, 50–80 Bs, je nach Busgesellschaft und -typ. Die besten Linien auf dieser Strecke sind *Transimperial* und *Trans Copacabana* mit Schlafbus, Abfahrt 20.45 Uhr, Fz 9 h, Fp 80 Bs. – **Oruro** (330 km): tägl. Busse, u.a. mit *San Miguel*, Fz 5 h, 6 €. – **Santa Cruz** (775 km): tägl. Busse mit *El Dorado, Flota Copacabana* und *Trans Copacabana*, Fz 12 h, 16–18 €. – **Sucre** (170 km): tägl. mehrere, auch morgendliche Abfahrten, u.a. mit den Linien *Sucre, La Paz, 10 de Noviembre, Trans Illimani Real Audiencia* (Abfahrten um 7, 13 u. 17 Uhr, viel Beinfreiheit!) und *Villa Imperial;* Fahrzeit auf Asphaltstraße 3 h, 3 €. – **Zwischen Potosí und Sucre** empfehle ich aber die schnelleren, bequemeren und etwas teureren Minibusse der Gesellschaften *Transtin,* Linares 89, *Soltrans,* Bustillos (zwischen Ayacucho und Frías) und *Andesbus,* Bustillo 1094; Abfahrten um 7 und 17 Uhr (letzte), Fz 3 h, 5 €. Damit sind auch Tagesausflüge nach Sucre bzw. umgekehrt möglich. Zwischen Potosí und Sucre verkehren außerdem noch schnellere **Expresstaxis** (Auto-Express), z.B. die Wagen des Taxi-Unternehmens *Infinito,* Tel. 624-3348; Fp 40 Bs p.P./komplettes Taxis 150 Bs; Abfahrten auf dem Parkplatz vor dem Busterminal. – **Tarija** (370 km): tägl. mehrere Busse, u.a. mit *Emperador, Narvaez, Andesbus* und *10 de Noviembre,* Fz 12–14 h, Fp 8,50 €. – **Uyuni** (215 km): 3x tägl. Busse mit *Emperador* und *Transamericana* (alle Av. Antofagasta/Av. Villa Imperial Toledo); Abfahrten meist am Vormittag, Fz 6–9 h (je nach Wetter), 5 €. – **Villazón** (350 km): tägl. Busse, u.a. mit *Trans Villa Imperial, O'Globo* (Tagbusse), *Trans Tupiza* (Nachtbus); Fz 12 h, 8 €.

Zug Der Bahnhof liegt in der Av. Villa Imperial Toledo, Tel. 622-3101 oder 622-31000. Nach **Sucre:** Di/Do/Sa um 8 Uhr, Fz 6 h, Fp 2,50 €. Abfahrten in Sucre Mo/Mi/Fr um 8 Uhr, Ankunft in Potosí 14 Uhr. – **Uyuni:** Schienenbus, Mo 11 Uhr, Fz 6.15 Uhr, Fp 7 €. Rückfahrten von Uyuni nach Potosí Di um 11 Uhr, Fz 6.15 h.

Flug Der Flughafen *Capitán Rojas,* höchste Zivilflughafen der Welt, liegt 5 km von Potosí entfernt an der Straße nach Sucre. 1998 wurde er vorübergehend geschlossen, dennoch flogen in den Folgejahren regelmäßig Militärmaschinen der *TAM* und unregelmäßig Maschinen der *Aero Unión* und *Líneas Aéreas Imperiales* (LAI) Potosí an. Inzwischen wurde das neue Flughafengebäude fertiggestellt. Wann regelmäßiger Flugbetrieb wieder aufgenommen wird, ist noch nicht abzusehen.

TAM; nach La Paz (Mo). *Aerosur,* Cobija 25, Tel./Fax 622-8988; Flugverkehr derzeit eingestellt.

Ausflüge von Potosí
Tour 1: Zum Cerro Rico und den Minen

Bereits im 16. Jahrhundert wurden die ersten Minen in Betrieb genommen, im 18. Jahrhundert waren es schon über 300. Etwa 30.000 Lastesel wurden jährlich nach Potosí gebracht, die durchschnittlich 70 Tage überlebten, die schwächsten starben oft nach acht Tagen, wie im Buch „Plata por Europa" von *Juan Marchena* nachzulesen ist.

Der Gehalt an Silber des Cerro-Rico-Erzes war in den Anfangsjahren so hoch, dass es direkt in Heißluftöfen *(huayras)* ausgeschmolzen werden konnte. Doch bereits 1570 lag sein Anteil im Rohgestein unter 3%. Zur Verhüttung nutzte man dann das neue Amalgamierung-Verfahren, das der deutsche Ingenieur Kaspar Lomann Mitte des 16. Jh. in Neuspanien eingeführt hatte: Silberhaltiges Gestein wurde durch Hämmer und Mahlwerke *(quimbaletes)* zerkleinert und danach mit Quecksilber vermengt (es kam von den Gruben in Huancavelica in Peru). Anschließend musste viele Wochen gewartet werden, bis sich das Quecksilber mit dem feinverteilten Silber verbunden hatte.

Mit gewaltigen Wassermengen wurde es dann ausgewaschen und in Öfen erhitzt, wobei sich das Silber wieder vom Quecksilber löste.

Nach dem Chacokrieg 1932–1935 wurden die Silberminen von Potosí verstaatlicht. Doch seit dem großen Zusammenbruch des Zinnmarktes 1986 privatisierte Bolivien Zug um Zug wieder die staatlichen Minen. Zunehmend übernahmen Kooperativen der Bergarbeiter die alten Minenschächte. Insgesamt gibt es am Cerro Rico inzwischen etwa 300 Mineneingänge.

Information *Cámara de Minería,* Quijarro (nähe Plaza 10 de Noviembre), Mo–Fr 9–12 Uhr und 15–18 Uhr, am *Kiosk der ITB,* Ecke Pasaje/Plaza Alonso, auf der *Plaza de Minero* oder in den Reiseagenturen.

Minenführer und Agenturen **Eduardo und Wilbert,** Hernández 1035, Tel. 622-3138. Kontakt auch über das Büro von *Koala Tours,* Ayacucho 5, Tel. 622-4708, Fax 622-2092. Gute Hintergrundinfos, Führungen von 9–15 Uhr (davon 3 Std. in der Mine), ca. 70 Bs p.P. **Empfehlenswert! – Carola Tours,** Lanza 12, Tel. 6222-8212, carolatours@hotmails.com, www.geocities.com/carolatours; Führungen in eine Mine ohne Dynamit-Sprengvorführung und Atemschutz, dafür sehr preiswert, 30 Bs/p.P., auf Preiseinhaltung achten! – **Andes Salt Expeditions,** Alonso de Ibañez 3, Tel./Fax 622-5175 und Tel. 622-5304, www.andes-salt-uyuni.com.bo oder www.bolivia-travel.com.bo. Seit 1980 Minenexperten für Mina Candelaria, Mina Pailaviri, Mina Rosario; gute Ausrüstung (Sauerstoff-Flaschen), eigene Fahrzeuge, Tourdauer in die Mina Pailaviri ca. 4 Std., 20 € für 2 Personen, inkl. Dynamit-Sprengdemonstration. Führen auch Touren mit Geländewagen durch den Salar de Uyuni bis nach San Pedro de Atacama durch. – **Koala Tours,** Ayacucho 5, Tel. 622-4708, Fax 622-2092. Gute Hintergrundinfos, Führung 9–15 Uhr (davon 3 Std. in der Mine), exzellente Organisation, 100 Bs/p.P., **TIP!** Die Führer sind ehemalige Bergarbeiter, die die Tour interessant gestalten. – **Roberto Mendes** (Span./Engl.), erreichbar über das Restaurant Belén, Mirador, Tel. 622-1037, Handy 7181-0145; der alte Minen-führer macht individuelle Touren in kleinen Gruppen (max. 6 Pers.), Ausrüstung wird gestellt. – **Greengo Tours**, Quijarro 42, neben der Casa Nacional de la Moneda, Tel. 623-1362, greengotours_ts@hotmail.com; langjährige Erfahrung, empfehlenswert. – **Altiplano**, Ayacucho 19, vor der Casa Nacional de la Moneda, Tel. 6222-5353, altiplanotours@hotmail.com; Minen- und Stadttouren, auch Torotoro u.a. – **Cerro de la Plata**, Bustillos 1066, Tel. 622-4133, Fax 624-3334, helen_rf@yahoo.com; Führungen zu den Minen, aber auch zum Salar de Uyuni und zur Reserva Nacional Eduardo Avaroa.

Minen der Cooperativas (Genossenschaften)

Sehr eindrucksvoll sind Besuche der Minen der Bergarbeiterkooperativen, die über die Reiseagenturen (s.o., „Minenführer und Agenturen") in Potosí vermittelt werden. Einige ehemalige Bergarbeiter bieten sich aber auch selbst als Führer an. Sie stellen Helm (unbedingt notwendig!), Lampe und Schutzkleidung zur Verfügung. Sinnvoll ist ein Atemschutz (großes Taschentuch vor der Nase tut's auch). Die Kosten für eine Minenführung liegen bei 10 € p.P. und schließt neben der Ausrüstung auch den Transport zur Mine mit ein. Für die Minenbesichtigung sollte ein halber Tag veranschlagt werden, die Touren dauern mindestens 2–3 Stunden.

Es freut die Bergarbeiter der Cooperativa, wenn man für sie nützliche Geschenke mitbringt, z.B. Batterien, Cocablätter, Dynamit und Softdrinks, oder zumindest etwas spendet. Die Sachen können zuvor auf dem *Mercado de Mineros* gekauft werden.

Achtung! Die Minen werden zwar belüftet, doch sollte man sich bewusst sein, dass in den Stollen evtl. **giftige Dämpfe** (wie z.B. Arsengas, Schwefeldämpfe, Grubengas) eingeatmet werden, deshalb als Atemschutz ein Halstuch o.ä. mitnehmen. Außerdem geht es ab und zu durch knietiefes Wasser und durch enge und nur einmeterhohe Schächte. Die Temperatur im Berg kann bis zu 35 °C betragen! Asthmatikern und Übergewichtige ist von einer Minentour abzuraten, wie auch Leuten mit Klaustrophobie-Ängsten.

Mine Pailaviri

Pailaviri ist die älteste Mine von Potosí. In ihr wird seit 1545 ständig gearbeitet. Sie liegt auf 4200 m und gehörte einmal zur staatlichen Gesellschaft COMIBOL. Von der Plaza 10 de Noviembre fährt der ENTA-Stadtbus Nr. 100-200 und Bus 140 sowie Nr. 7 um 8 Uhr direkt zum Eingang der Mine. Die Führungen beginnen Mo–Fr zwischen 8.30 und 9 Uhr. Eintritt 2 €. Die Ausrüstung mit Helm, Lampe, Jacke und Gummistiefel übernimmt die Mine.

Die Mine hat 17 Schachtsohlen, jede 30 m voneinander getrennt. Man kann hier bis zu 480 m in die Tiefe eingehen. Die Temperatur differiert bis zu 35 Grad zwischen Eingang und unterster Sohle! dass es unter den miserablen Arbeits- und Ernährungsbedingungen der Bergleute mit deren Gesundheit nach wie vor schlecht bestellt ist, liegt auf der Hand. Besonders häufig kommt es zum Auftreten der Staublunge (Silikose), die viele Mineros schon in jungen Jahren (durchschnittlich 35 Jahre) dahinrafft. Zu sehen sind die Stollen, die schwere Arbeit der Bergleute, Adern von Mineralien, aus denen Silber und Zinn gewonnen wird. In der Mine wird noch mit dem System der Amalgamierung, mit der Versetzung mit Quecksilber, gearbeitet.

Tour 2: Laguna Tarapaya

■ Laguna Tarapaya

Leute mit viel Zeit können einen Ausflug zu den Thermalbädern an der *Laguna Tarapaya* unternehmen. Die fast kreisrunde, 100 m breite Lagune liegt 25 km von Potosí entfernt in einem Vulkankrater (Richtung Oruro). Abfahrten mit Micro/Colectivo ab Mercado Chuquimia (Nähe Busterminal), Fz 1 h, Fp 0,40 €. Die Micros/Colectivos biegen vor dem Thermalbad über die Flussbrücke ab. Auf der anderen Flussseite in Höhe der rotbraunen Felsen am Hang aussteigen (Busfahrer weiß wo). Von dort führt ein Fußweg zur Lagune hinauf. Das Wasser ist um die 35 °C warm, durch das aufsteigende Warmwasser entstehen Wirbel, beim Baden ist Vorsicht geboten (durch den Unrat sowieso nicht besonders einladend). Der Sage nach soll der Inca Huayna Capac wegen der medizinischen Wirkung des Thermalwassers den weiten Weg von Cusco bis hierher unternommen haben. Dabei soll er auch jenen Berg gesehen haben, den er Potosí taufte. Rückweg: wieder den gleichen Weg zur Piste nehmen, über die Brücke und dann zum Thermalbad (Eintritt 2 Bs). Micros/Colectivos zurück nach Potosí ab der Flussbrücke.

Potosí – Tarija (375 km)

Die wichtigste Stadt in Südbolivien ist Tarija. Die Straße von Potosí nach Tarija überquert zuerst einen Pass, und in Padcayo (3400 m) windet sie sich abwärts in das Tal des Río Camargo. Hinter El Puente geht es wieder hoch nach Isayachi (3410 m). Hier gabelt sich die Straße: südwestlich geht es nach Tupiza und Villazón, östlich nach Tarija (53 km, Pass und danach Flusstal).

Tarija

Die Universitätsstadt am Río Guadalquivir (gegründet 1574) liegt auf einer Höhe von 1924 Metern und hat knapp 250.000 Einwohner. Fast ganzjährig angenehmes Klima, Regensaison von Dezember bis Februar. Die angestammte Bevölkerung, die *Chapacos* und *Tarijeños*, sind eher mit dem nordargentinischen Menschenschlag verwandt als mit den bolivianischen Indígena. Besondere Sehenswürdigkeiten weist Tarija nicht auf. Im **Museo Universitario Paleontológico** können Knochen der in der Umgebung gefundenen Dinosaurier bestaunt werden (doch wer auf eigene Faust auf den Spuren der Paläontologen wandern will, kann um Tarija problemlos selbst Dinosaurierknochen finden). Um die Stadt gibt es viele Weingüter.

Neben der mit Palmen und Orangenbäumen bewachsenen *Plaza Luís de Fuentes* fällt die turmartige **Casa de Moto Méndez** mit ihrem Holzbalkon sowie die **Casa Dorada** noch am ehesten auf (Ecke Trigo/Ingaví). Die 1930 für den Kaufmann Moisés Navajas erbaute Villa mit hauseigener Kapelle wird von 22 silberfarbenen Engeln auf dem Dach bewacht und ist heute die *Casa de la Cultura* von Tarija (Mo–Fr 9–12, 15–18 Uhr).

Kirche und **Convento San Francisco** zeigen Malereien der *Escuela Arequipeña*. Einzigartig ist die Klosterbibliothek des Franziskaner-Ordens, die Sammlung der bibliographischen Kostbarkeiten umfasst etwa 16.000 Bücher, die ältesten aus dem Jahre 1501. Die Bibliothek ist eine bedeutende Quelle über das Leben und den Widerstand der Guaraní bzw. Chiriguano, die von den Franziskanern ab 1770 in über 20 Missionssiedlungen christianisiert wurden. Die **Iglesia Matriz** ist dagegen eine Jesuitengründung von 1690. Das **Museo Universitario** in der Trigo/Lema beherbergt 700 archäologische und mineralogische Exponate (Mo–Fr 8–12 Uhr, 15–18 Uhr).

Stadt der Feste

Tarija ist berühmt für ihre vielen Feste. Der Karneval und die religiöse Feste faszinieren durch das Spielen seltsamer Blasinstrumente, wie z.B. der *ereque*, ein Kuhhorn, oder die *caña*, ein bis zu 3 m langes Bambusrohr.

Große Feste sind: *Fiesta de la Candelaria* (2. Februar) und *Fiesta de San Roque* (1. Sonntag im September) mit Prozessionen, Tänzen und Musik, die einen ganzen Monat dauern. Im Februar wird mit der *Fiesta de la Uva* ein Weinfest gefeiert. Oktober, am 1. Sonntag: *Fiesta de la Virgen Guadalupe;* am 2. Sonntag: *Fiesta de la Virgen Rosario*. Höhepunkte im Dezember: *Festival de Verano* (Sommerfestival) und *Festival de Folklore y Artesanías*.

Balnearios

5 km außerhalb befindet sich in *Tomatas,* am Zusammenfluss von Río Guadalquivir und Río Erkes, ein Naturbad mit Flussstränden und Campmöglichkeiten, doch inzwischen sehr verschmutzt. Ein besseres Balneario ist am Río Tolomosita, ca. 7 km von Tarija entfernt. Etwas weiter entfernt liegt nördlich von Tarija bei San Lorenzo ein Wasserfall mit schönen Bademöglichkeiten, empfehlenswert; dazu aus Tarija kommend am Markt in San Lorenzo nach links abbiegen und zu Fuß zum Wasserfall wandern, Gz 1 h, mehrere leichte Flussdurchquerungen, schöne Strecke.

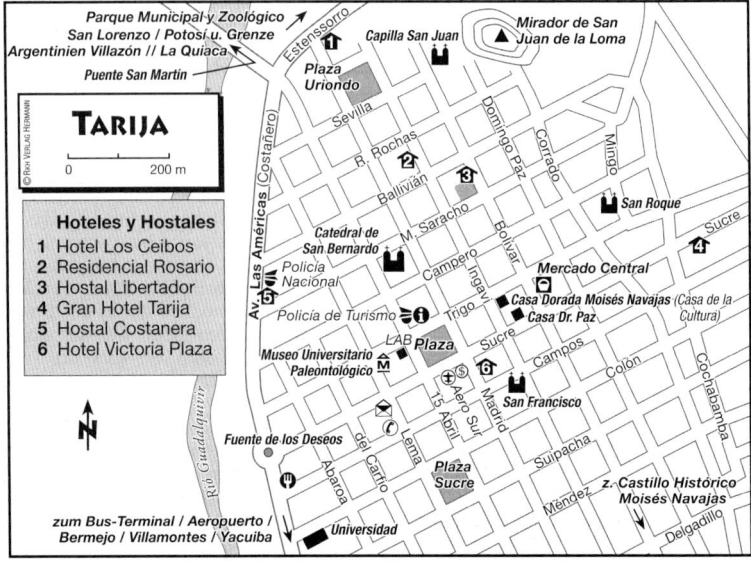

Adressen & Service Tarija

Tourist-Info Luís de Fuentes y Vargas (Plaza de Armas), Tel./Fax 663-1000, turismo_tarija@hotmail.com. Mo–Fr 9–12 u. 15–18 Uhr.
Vorwahl (04)

Polizei Ed. Prefectural, Tel. 664-2222.

Unterkunft ECO **Alojamiento La Terminal** (BUDGET), Julio Panroja (Nähe Busterminal), Tel. 662-5795. Sehr einfache Zi., bc/bp, familiär. – **Residencial Rosario,** Ingavi 777, Tel. 664-2942, residen_rosario@latinmail.com. Kleineres, freundliches Residencial, 18 Zi., bc/bp, Ws, Ü/F, gut besucht. – **Hostal Carmen,** Ingavi 0784, Tel. 664-3372, Fax 661-3571, vtb@olivio.tja.entelnet.bo. Einige Zi. o. Fenster, bc/bp, Cafetería, Ws, günstig. – **Hostal Libertador,** Bolívar 649, Tel. 664-4580, Fax 663-1016. Familiär, ordentliche Zi., bp, nicht immer Ww, Cafetería, Ws, Frühstück 1 €. – **Hotel Gran Buenos Aires,** Daniel Campos/15 de Abril y Virginio Lema, Tel./Fax. 663-6802, hotelgranba@hotmail.com. DZ/F/bp 13 €.

FAM **Hostal Costanera,** Las Américas/Saracho (Flussnähe), Tel. 664-4817, Fax 663-2640, costanera@olivio.tja.entelnet.bo, www.boliviaweb.com/hotels/tarija.com. Kleines, nettes Hostal, moderne Zi., bp, Cafetería, Ws, Geldwechsel, **TIP!** – **Victoria Plaza Hotel,** La Madrid/Sucre 282, Tel. 664-2600, Fax 664-2700, hotvit@olivio.tja.entelnet.bo. Gefällige Zi., bp, Ww, Ws, Rest., Bar, GpD, PP, alle Kk. – **Grand Hotel Tarija,** Sucre 762, Tel. 664-2684, Fax 664-4777, reservas@hoteltarija.com. Für ältere Reisende besonders geeignet. DZ 30 €.

LUX **Hotel Los Ceibos,** Av. Victor Paz Estenssoro/La Madrid (n. zentral), Tel. 663-4430, Fax 664-2461, www.hotellosceibos.com. Große Zi., bp, gutes Rest., Cafetería, Bar, Pool, Ws, Geldwechsel, inkl. Transfer z. Flughafen, DZ/F ab 50 €.

Außerhalb Etwa 3 Fahrstunden von Tarija bei Entre Ríos im Valle del Medio liegt das Eco-Hotel **El Paraíso del Tordo,** Tel. 663-5595, paraiso_del_tordo@yahoo.com.ar von der Familie Tarraga Wiedemann. EZ/DZ/MBZi, bc/bp, Ww, Rest. (Selbstschlachtung), GpD, Pferde. Wandern, Baden im Fluss, Orangen pflücken, Reitausflüge, liebe Menschen und mehr. **TIP!**

Essen und Trinken Durch die Nähe zu Argentinien werden hier schon Unmengen an Fleisch vertilgt. Am Wochenende wird meist gegrillt. Verständlich, dass hier Fleischgerichte zu empfehlen sind. Typische Gerichte sind *Saise* (mit *ají*), *Arvejada* (mit *ají*) und *Chanka de Pollo,* die günstig im Mercado Central und an der Plaza Uriondo angeboten werden. Etwas abseits des Zentrums, an der Puente San Martín, grillen und kochen die Einheimischen zu Centbeträgen die wunderbarsten Sachen. – **Cabaña Don Pepe,** Campos 2681/Av. las Américas. Picantería in Bambus, gute Steaks, preiswert, Show am Fr. – *Cabaña Don Pedro,* Av. Victor Paz Estenssoro/Padilla; zum draußen sitzen, lokale Küche, preiswert, am Fr Folkloreshow. – *Mateo's,* Trigo/La Madrid, typische Gerichte der Region. – *El Chapaco,* Bernardo Trifo 0454. Lokale Spezialitäten. – *Rinconcito Andaluz,* Plaza Luís de Fuentes. Lokale Spezialitäten.

Unterhaltung *Tropicanto*, Saracho/Bolívar. Karaoke.

Erste Hilfe Notruf 118. *Hospital San Juan de Dios,* Tel. 664-5555. *Servicio de Ambulancia.*

Post *Correo Central,* Virginio Lema/Sucre, Tel. 664-3586.

Telefon *ENTEL,* Virginia Lema/Daniel Campos, Tel. 664-2676; Mo–Sa 8–24 Uhr, Sa 8–21 Uhr. Außerdem auf dem Busterminal, in der Av. Domingo Paz 352 und in der Av. 15 de Abril (zwischen Trigo und Sucre).

Geld *Banco del Crédito,* Ingavi/Sucre und *Banco Mercantil,* 15 de Abril 283.

Dt. Honorarkonsulat Honorarkonsulin *Lilo Methfessel,* Campero N-0295, Tel. 664-2062/664-3126, Fax 663-08263.

Weingüter	Die Güter der Weinbauern liegen alle um Tarija und sind die eigentliche Attraktion der Stadt. Für den Besuch eines Weingutes oder einer Weinkellerei (Bodega) kann in den jeweiligen Verkaufsläden und -büros in Tarija nachgefragt werden. *Bodega Kohlberg,* Ingavi 278/Campos und 15 de Abril O-275. Kohlberg ist einer der besten Weine Tarijas und Boliviens, das Weingut liegt in Santana (15 km). – *Bodega Aranjuez,* Trigo 789 und 15 de Abril O-241. Weingut liegt in der Nähe Tarijas. – *Bodega Casa Real,* 15 de Abril O-246. Weingut liegt in Santana (15 km). – *Bodega Rugero Singani,* La Madrid/Suipacha s/n, Tel. 662-5040. Weingut liegt bei Concepción (20 km).
Museum	*Museo Universitario Paleontológico,* General Trigo/Lema. Dinosaurier- und Mammutknochen, Meeresfossilien aus Andentälern, Mo–Fr 8.30–12 und 14.30–18 Uhr.
Mietwagen	*Barrón's Rent-a-Car,* Ingavi 339 (zw. Méndez u. Santa Cruz), Tel. 663-6853, www.rentacarbolivia.com.
Touranbieter	**Gaviota Travel,** 15 de Abril 423/Plaza Prinicipal, Tel. 664-7180, gaviota_travel@hotmail.com; Stadtrundfahrten, Touren zu den Weingütern und Weinkellereien (Bodegas), Inkatrail bei Tarija, paläontologische und ökotouristische Touren. – **Viva Tours,** 15 de Abril/Delgadillo, Tel./Fax 663-8325, vivatours@cosett.com.bo, www.viva_tours.cjb.net; Trekking, Tariquía-Tour, Mountainbiking, Rafting, Jeeptouren.
Taxi	*Radio Taxi Tarija,* Tel. 664-4378. *Radio Taxi Moto Méndez,* Tel. 664-4480.
Bus	Der Terminal liegt in der Av. de las Américas. **Nach Bermejo** (210 km), Grenzort zu Argentinien: mehrmals tägl. Busse auf enger, kurvenreicher Piste, Micros und Colectivos, Fz 5–8 h, 5 €. – **Camiri** (420 km): s. Santa Cruz, Fz 14 h, 12 €. – **Potosí** (370 km): tägl. Busse, u.a. *San Lorenzo, 19 de Noviembre, Emperador, Transportes La Paz;* Fz 12–14 h, 14 €. – **Oruro** (690 km) und **La Paz** (920 km): tägl. Busse, u.a. mit *San Lorenzo, 10 de Noviembre, Transportes La Paz;* Fz 26 h, 24 €. – **Santa Cruz** (710 km): wö mehr. Busse, u.a. *San Lorenzo,* Fz ca. 32 h, 20 €. – **Villazón** (190 km): tägl. Busse, u.a. *Expreso Veloz del Sud, San Lorenzo,* Fz mind. 10 h, 6 €.
Flug	Der Flughafen *Oriel Lea Plaza,* Tel. 664-5706, liegt an der Av. Victor Paz Estenssoro, etwa 3 km außerhalb. Taxi auf den Flughafen 1,50 €. *Aeroeste,* Domingo Paz 629, Tel. 665-0399. – *Aerosur,* Ingavi (zw. Sucre u. Campos), Tel. 663-0894; nach La Paz (Mo–Fr) ab 94 €, Cochabamba (Mo–Fr, X) ab 94 €, Sta. Cruz (tägl.) ab 94 €, Sucre ab 94 €. – *TAM,* La Madrid 0470, Tel. 664-5899; nach Cochabamba (Mo) ab 65 €, Sta. Cruz (Sa) 53 €, Sucre (Mo) 35 €, Villa Montes (Sa) 33 €.

Tarija – Villazón // La Quiaca (Argentinien) (190 km)

Wer von Bolivien nach Argentinien Richtung Jujuy, Salta und Córdoba will, kann von Tarija nach Villazón weiterfahren oder nimmt von Potosí direkt einen Abendbus nach Villazón.

Villazón

Liegt auf 3450 m Höhe und ist nicht mehr als ein etwas trostloser Grenzort, und dennoch wichtigster Grenzübergang nach Argentinien. Nach langer Busfahrt sollte man gleich weiter über die Grenze, im argentinischen *La Quiaca* schmecken die Steaks einfach besser ... Die Grenzabfertigung erfolgt direkt vor und nach der Brücke über den Río Villazón, Av. Internacional. Taxis fahren zur Grenze.

	Villazón
Unterkunft	**Vorwahl (04).** – Wer trotzdem in Villazón übernachten muss: Die meisten Unterkünfte finden sich in der Antofagasta und 20 de Mayo. **BUDGET: Residencial Panamericano,** 20 de Mayo 384, Tel. 596-2216; sehr einfach, bc, Ww, Rest., Ws, gut besucht. – **Residencial Martínez,** 25 de Mayo 13, Tel. 596-2562; einfache Zi., bc/bp, Cafetería, Ws, Geldwechsel. **ECO: Cortija Residencial,** 20 de Mayo 338, Tel. 596-2209; Zi., mit bp, nicht immer Ww, Rest., Cafetería, Ws, preiswert. – **Grand Palace Hotel,** 25 de Mayo 52, Tel. 596-2333. Saubere Zi., bc/bp, schöner Patio, gutes Rest., Cafetería, Bar, Ws.
Post/Telef.	Av. República de Argentina, Mo–Fr 8–18 Uhr, Sa 8–12 Uhr.
Bus	Der Terminal Terrestre liegt bei der Plaza. Nach **La Paz** (900 km): 4x tägl. via Tarija, Nachtbusse mit *10 de Noviembre, Trans Illimani, Expreso Tupiza* und *Trans Chicheño,* Fz 25 h, 20 €. – **Potosí:** tägl. mehrere Tag- u. Nachtbusse, Fz mindestens 10 h, Fp ab 7 €. – **Sucre** (510 km): Tagbusse von *O'Globo, Emperador, Andesbus via Potosí, Real Audiencia* via Tupiza; Fz 15–17 h, 13 €. – **Tarija:** tägl., meist Nachtbusse, Fz 6 h, Fp 6 €. – **Tupiza** (92 km): tägl. Busse von *Trans Segovia,* Fp 1,50 €, Colectivo Fp 4 €.
Zug	Estación Central, Av. Antofagasta s/n, Tel. 587-2565. Mit *Expreso del Sur* (beheizt) Mi/Sa um 15.30 Uhr via Tupiza, Atocha, Uyuni nach Oruro; Fz 14 h, Fp Pullman (Executivo) 23 €, Salonwagen 10 €, Popular 7 €. Mit dem langsameren *Wara Wara del Sur* Mo/Do um 15.30 Uhr, Fz 17 h, Fp Pullman 18 €, Salonwagen 9 €, Popular 6,50 €.

■ *Von Villazón zum argentinischen La Quiaca*

Tarija – Villa Montes – Yacuiba (370 km) // Pocitos (Argentinien)

Von Tarija kann nach Osten nach **Villa Montes** gefahren werden (268 km). Von dort dann weiter nach Norden zum großen Santa Cruz (ca. 440 km) oder nach Süden zur argent. Grenze nach Yacuiba (102 km). Die Straße zwischen Tarija und Villa Montes über Careta und Entre Ríos ist gut ausgebaut, kurz vor Villa Montes zieht sich die Straße sehenswert am Río Pilcomayo entlang durch den **Cañón de Pilcomayo.** Die steilen Canyonwände aus Buntsandstein sind mit Bromelien bewachsen. Die Av. Méndez Arcos führt geradewegs zur Plaza.

Villa Montes

Die in den Sommermonaten heißeste Stadt Boliviens (12.000 Ew.) liegt auf 380 m und wurde 1905 gegründet. Bis zum Chaco-Krieg 1932, bei dem die paraguayische Armee bis vor die Tore der Stadt vorrückte, dominierte das Handelswesen im Ort die dt. Familie Staudt. Da der Río Pilcomayo im Gebiet von Potosí entspringt und durch einen hohen Bleigehalt kontaminiert ist, sollte in Villa Montes auf Fischgerichte verzichtet werden.

Unterkunft   **FAM:** *El Rancho,* Av. Ménez Arcos, Barrio Ferroviario (ggüb. dem Bahnhof), Tel. 684-2576. Zi. mit AC, schöne Gartenanlage mit Pool, Rest., DZ/F 25 €, empfehlenswert. – **Essen & Trinken:** Rund um die Plaza einige Kneipen und Restaurants.

Verkehrsverbindungen   **Nach Santa Cruz** tägl. Busse, Fz ca. 14 h, Fp 6 €. – **Tarija:** 3x wö, Fz 10 h, Fp 5 €. – **Yacuiba:** tägl. im Zweistundentakt, Fz 2 h, Fp 2 €. **Hinweis:** mehrmals wöchentlich fahren paraguayische Busse der Linie *Trans Bolpar* von Santa Cruz über Boyuibe nach Villa Montes und von dort weiter nach Asunción. Zusteigemöglichkeit in Villa Montes (Mi/Fr/Sa, Fp 40 €).

Von Villa Montes führt die Straße Nr. 9 nach Norden über Camiri (s.S. 786) nach Santa Cruz. Nach Süden passiert sie Palmar Grande und den *Parque Nacional Serrania de Aguarague* und endet nach 102 km im Grenzstädtchen Yacuiba.

Yacuiba

Das quirlige Grenzstadt (75.000 Ew.) ist ein argentinisches Einkaufszentrum mit vielen Straßenhändlern, in den Kneipen werden deftige Fleischstücke über dem Holzfeuer gegrillt und süffige argentinische Weine ausgeschenkt. Die bolivianischen und argentinischen Grenzer sitzen zusammen im selben Gebäude in Yacuiba. Das argentinische Grenzstädtchen Pocitos ist 5 km entfernt. Taxis fahren vom Taxistand 1 de Mayo, Comercio/Campero (gegenüber Hotel Paris) für 1 € rüber. **Vorwahl (04).**

Viele **Unterkünfte (ECO)** liegen in der Av. San Martín, wie z.B. *Residencial El Pacara, Hotel Valentín* oder *Residencial San Martín.* **FAM:** *Hotel Paris,* Comercio/Campero (Zi. mit bp, Ww., Rest., DZ 25 €).

Essen & Trinken: Rund um die Plaza, z.B. *Parrillada Ricardo,* oder in der Av. San Martín.

Mietwagen   *AVIS,* Ballivián/24 de Julio, Tel. 682-7286, 24-Std.-Service Tel. 776-7004, www.avis.com.bo. Kleinwagen ab 15 €, Wochentarif 199 €. Geländewagen Toyota Landcruiser (7-Sitzer) 44 €, Wochentarif 500 €. Alle Preise zuzügl. Versicherung.

Bus   **Nach Buenos Aires:** mehrmals tägl. Nachtbusse ab Pocitos, Fz 22–24 h, Fp 90 €. – **Camiri:** tägl. mehrere Busse via Villa Montes, Fz 4 h, Fp 5 €. – **Santa Cruz:** tägl. mehrere Nachtbusse (auch Liegebus/Semi-cama), u.a. mit *Bolívar* und *Copacabana,* Fz 16 h, Fp 8–10 €. – **Villa Montes:** s. Camiri, Fz 2 h, Fp 2 €.

Zug   Tren Mixto Mi/Fr 17 Uhr via Villa Montes, Boyuibe, Charagua nach Santa Cruz. Fz 17 h, Fp Pullman 101 Bs, 1. Klasse 47 Bs, 2. Klasse 37 Bs.

Flug   *Aerosur,* Sta. Cruz 1336, Tel. 682-3911. Nach La Paz 167 €, Sta. Cruz 100 €. – *Aeroeste,* Sucre/Sta. Cruz, Tel. 682-7766, Fax 682-3911. Nach Sta. Cruz (Di/Do). – *TAM,* Tel. 682-3853, www.tam.bo. Nach Tarija (So), Sucre (So), La Paz (So) und Sta. Cruz (Sa).

ROUTE 13: POTOSÍ – COCHABAMBA (530 KM)

Potosí – Sucre (170 km)

Da die meisten Langstrecken in Bolivien von den Busgesellschaften nur nachts gefahren werden, ist diese relativ kurze und durchgehend asphaltierte Strecke zwischen Potosí und Sucre eine der wenigen Möglichkeiten, Landschaften tagsüber kennenzulernen. Am besten fährt man mit den Minibussen von *Transtin* oder *Soltrans,* die jeweils gegen 7 Uhr morgens von Potosí nach Sucre abfahren.

Gleich hinter Potosí steigt die asphaltierte Straße etwas an, passiert ein Hüttenwerk und den Flughafen. Über **Manquiri** (weiße Kirche vor rotem Sandsteinfelsen) wird **Betanzos** erreicht. Das Dorf ist für seinen farbenfrohen Sonntagsmarkt bekannt. Viele Kilometer geht es nun über eine punaähnliche Hochfläche. Hinter Chiclani folgt der Abstieg über einige Serpentinen. Fast 1000 m tiefer kommt man in ein fruchtbares Flusstal, und nach Millares wird der *Río Pilcomayo* auf dem modernen „Puente Sucre" überquert. Links ist die alte, interessante und gut erhaltene Hängebrücke aus dem 19. Jahrhundert zu sehen. Nun geht es wieder bergauf und über einem Pass (2850 m) runter nach Yotala. Beim letzten Aufstieg vor Sucre liegt rechts ein großes Militärgelände mit dem eigenartigen Schlösschen La Glorieta. Nach 3 Stunden Fahrzeit erreicht der Bus Sucre.

Sucre

Die 1538 gegründete nominelle Hauptstadt Boliviens liegt auf der angenehmen Höhe von 2790 m und hat etwa 220.000 Einwohner. Sucre ist gleichzeitig die Hauptstadt des Departamento Chuquisaca. Wegen des angenehmen Klimas von 12–24 °C und der gut erhaltenen kolonialen Bausubstanz mit historischer Atmosphäre ist Sucre für Bolivianer ein beliebtes Reiseziel. Eine hübsche Stadt zum Bummeln, doch mit wenig Sehenswürdigkeiten.

Ursprünglich hieß die Stadt *Chuquisaca,* nach dem Einfall der Spanier wurde sie zuerst nur *Charcas,* später dann *Ciudad de la Plata de Nuevo Toledo* (Stadt des Silbers von Neu-Toledo) genannt. Mit dem Aufstieg von Potosí wuchs auch die Wichtigkeit Sucres, in der 1623 eine der ersten Universitäten Südamerikas gegründet wurde. Der in Venezuela geborene General *Don Antonio José de Sucre* startete hier 1809 den Kampf um die Unabhängigkeit. Ihm zu Ehren wurde die Stadt 1828 in *Sucre* umbenannt und Hauptstadt Boliviens. Die Bedeutung Sucres gegenüber La Paz wurde jedoch nachfolgend immer geringer. Nach und nach gingen fast alle Funktionen an La Paz verloren, nur der oberste Gerichtshof blieb in Sucre. Von der UNESCO wurde Sucre 1992 zum Weltkulturerbe erklärt.

■ *Die Plaza von Sucre*

Wer es irgendwie einrichten kann, sollte nicht später als am Freitag oder Samstag in Sucre ankommen, denn am Sonntag (außer Ostersonntag und während des Faschings) findet der Markt in **Tarabuco** statt (s.u., Tour Tarabuco).

Cal Orck'o Am Stadtrand von Sucre wurden 1994 in der dortigen staatlichen Zementgrube (FANCESA) mehr als 5000 Fußabdrücke von über 300 verschiedenen Dinosauriern entdeckt, die längste Spurenkette ist dabei über 350 Meter lang – ein paläontologischer Spurenpark der Superlative! An die Spuren kommt man allerdings nicht mehr ran, man muss sie durch ein Fernglas betrachten. Im Park sind auch riesige, aus Beton gegossene Dinos zu sehen.

Direkte Anfahrt mit dem Dino-Truck, tägl. ab 9.30 bis 14.30 Uhr, zeitweise alle 30 Min. ab der Plaza 25 de Mayo im Zentrum, bei der Kathedrale, Fp 1,50 €, oder selbstorganisiert mit dem Micro und ca. 20 Min. Fußmarsch. Eintritt ca. 1,50 €, geöffnet ab 10 Uhr, deshalb Tour mit dem Dino-Truck inkl. Führung vorziehen. Beste Zeit zum Fotografieren Mittags und Nachmittags. Weitere Infos: www.unibas.ch/eapaleo/palinst.html oder beim Touranbieter *Abbey Path* (s. „Touranbieter" b. „Adressen & Service Sucre").

Stadtrundgang

In Sucre kommt es weniger darauf an, welche Kirchen man sich anschaut. Wichtiger ist wohl Bummeln und Flanieren, den liebenswerten kolonialen Charakter zu verspüren. Wer über genügend Zeit verfügt, sollte nachfolgenden Rundgang lieber in zwei oder drei Abschnitten machen. Städtisches Zentrum und damit guter Ausgangspunkt ist wie immer die Hauptplaza.

Plaza 25 de Mayo Hier steht das Denkmal von General José de Sucre und reihen sich einige koloniale Gebäude: Die Präfektur (schöne Aussicht von der Dachterrasse), der alte Regierungspalast, die Casa de la Libertad und die Kathedrale. Im der Mitte liegt eine hübsche Anlage, drumherum gibt es einige Restaurants, Straßenhändler und Schuhputzer versuchen ein paar Groschen zu verdienen.

Casa de la Libertad An der Nordwestseite steht das schöne Kolonialhaus *Casa de la Libertad* mit einem hübschen Innenhof. Ursprünglich war dies ein Teil der Jesuiten-Universität von 1621, mit Kreuzgängen im typischen Mudéjarstil und einem achteckigen Brunnen. Heute ist im „Haus der Freiheit" das sehenswerte **Museo Histórico** untergebracht, Di–Sa 9.15–11.45 u. 14.45–17.45 Uhr, So 9.15–11.45 Uhr, Eintritt 1,50 € inkl. Führung, Führung, auch deutschsprachig. Hinterher kann in allen Räumen fotografiert werden. Die Führungen sind lehrreich und Ausdruck bolivianischen Nationalstolzes. Am interessantesten ist der *Salón de la Independencia,* in dem am 6. August 1825 die **Unabhängigkeit Boliviens** erklärt und die Unabhängigkeitsurkunde unterzeichnet wurde. In der ehrwürdigen *Aula Magna,* wie der Salón de la Independencia auch genannt wird, hängen die Gemälde von Bolívar, Sucre und Ballivián.

Zwischen der *Casa de la Libertad* und der Kathedrale befindet sich der ehemalige Regierungspalast, bis 1899 war er in Funktion, heute die Prefectura.

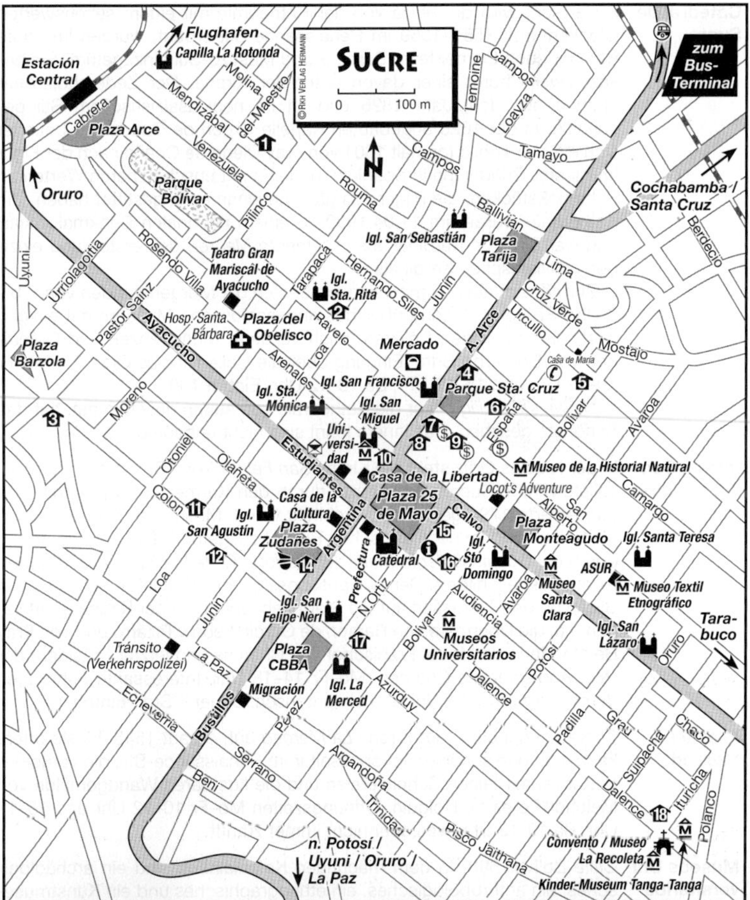

Sucre

Hoteles y Hostales

1. Hotel Gobernardor
2. Hostal Recoleta Sur
3. Hostal Los Pinos
4. Hostal San Francisco
5. Glorieta Hotel
6. Hostal España
7. Hostal Libertad
8. Grand Hotel
9. Premier Hotel
10. Hostal Colonial
11. Hostal Cruz de Popayan
12. Casa de Hospedes Colón
13. Capital Plaza Hotel
14. Hostal Sucre
15. Hotel Independencia
16. Hostal La Posada
17. Hostal de Su Merced
18. Casa Kolping Sucre

Der bolivianische General und Freiheitsheld A. J. de Sucre, nach dem die Stadt ihren Namen trägt

Catedral de Sucre

Beherrscht wird die Plaza von der Kathedrale mit einem sehenswerten Glockenturm. 1551–1559 im Renaissance-Stil erbaut, wurden im Laufe der Zeit noch Elemente im Barock- und Mestizo-Stil hinzugefügt. Sie besitzt zwei Chöre, einer davon unter der Kirche. Der Zedernholz-Altar stammt aus dem Jahr 1826 und ist im neoklassizistischem Stil geschnitzt. In der 1625 angebauten Kapelle *Virgen de Guadalupe* befindet sich ein Marienbild (gemalt 1601 von Fray Diego de Ocaña nach der Figur im Kloster Guadalupe in Spanien), bedeckt mit unschätzbaren Werten an Schmuckstücken, die Pilger aus ganz Lateinamerika gestiftet haben. Die Kathedrale wurde am 11.04.1930 zu einem nationalen Denkmal erklärt und war Sitz von Kardinal *José Clemente Maurer,* des ersten und einzigen bolivianischen Kardinals.

Zum Besichtigen eignen sich am besten die Morgenstunden von 7 bis 8 Uhr. Späterer Zugang über das angeschlossene Museum mit einigen wertvollen religiösen Relikten, reich verzierte Monstranzen und Gemälden von Bernardo Britti (Eingang über die Calle Nicolás Ortíz 61; Mo–Fr 10–12 Uhr und 15–17 Uhr, Sa 10–12 Uhr, Eintritt 1 €).

Hinweis für Eilige: wer die Kathedrale von außen gesehen hat, hat das Schönste gesehen. Das Innere lohnt sich nicht unbedingt.

Iglesia San Felipe Nery

In der Nicolás Ortíz steht die Kirche *San Felipe Nery*. Sie ist die eindruckvollste Kirche Sucres und wurde durch den Karmeliter *Fray Antonio de San Alberto* 1795 gegründet, Architekt war J. Mosquera. Türe, Altar und die Seiten sind im neoklassischen Baustil ausgeführt. Der Zugang erfolgt durch die Schule *Colegio María Auxiliadora*, Calle Nicolás Ortíz 165, und ist gut ausgeschildert. Der zweigeschossige Innenhof ist hübsch und der Blick von den Terrassen auf die Stadt sehr schön. In der Kirchengruft liegen u.a. die Überreste von Ramón de García León y Pizarro und von Fray Benito María de Moco, Erzbischof von Charcas und letzter Präsident der Real Audiencia de Charcas. Mo–Fr 14–18 Uhr. Interessante Führungen durch Freiwillige der Uni sind obligatorisch, Dauer 1 Std., Eintritt 1 €.

Iglesia La Merced

Schräg gegenüber ragt Kirche *La Merced* auf, erbaut 1545. Ist sie offen, kann man den schönen Johannesaltar im Renaissance-Stil, die vergoldete Kanzel mit feinen Schnitzereien und die kostbaren Wandgemälde von Melchor Peréz de Holguín. Öffnungszeiten Mo–Fr 10–12 Uhr und 15–17 Uhr, Sa 10-12 Uhr, was aber nicht immer zutrifft.

Museos Universitarios

Calle Bolívar 698. In dem mächtigen Kolonialhaus sind ein archäologisches, ein anthropologisches, ein ethnographisches und ein Kunstmuseum *(Galería de Arte Moderno)* untergebracht. Ausgestellt sind u.a. Keramiken bolivianischer Kulturen, Steinwaffen, Mumien, Schädel, Miniaturen, Gemälde und Möbel, alles sehenswert. Mo–Fr 8.30–12 u. 14.30–18 Uhr, Sa 9–12 u. 15–18 Uhr. Eintritt 1 €, Fotoerlaubnis 1 €. Angeschlossen ist auch das religiöse *Museo Santa Clara,* Calvo 212.

Convento La Recoleta

Dieses Franziskanerkloster liegt etwas weiter weg, in der Calle Polanco bergaufwärts. Von den Torbögen außerhalb des Klosters hat man den schönsten Blick auf Sucre und seine hügelige Umgebung. Kloster und Kirche stammen aus dem Jahr 1600. Die Klosterkirche hat einen schönen geschnitzten Chor aus Zedernholz mit Darstellungen der Franziskaner-Märtyrer und eine Sammlung von Prozessionskreuzen der umliegenden indigenen Gemeinden. In einem der drei gut erhaltenen Innenhöfe mit

Orangenbäumen kann ein über 1400 Jahre alter Laubbaum bewundert werden (Nationalmonument). Acht Leute sind notwendig, um den Stamm zu umfassen. Bolívar soll in seinem Schatten Briefe geschrieben haben. Das Museum präsentiert koloniale Gemälde und Gebrauchsgegenstände Mo–Fr 9–11.30 u. 14.30–16.30 Uhr, Eintritt ca. 1 €, Fotoerlaubnis 2 Bolivianos, Führung obligatorisch.

Iglesia San Lázaro
Nun geht es über die Calvo zur Kirche *San Lázaro*, die 1538–1544 aus Adobe erbaut wurde und die erste Kathedrale Sucres war. Sehenswert die Silberarbeiten des Altares und Gemälde von Zurbarán. Leider nur um 7 Uhr zum Gottesdienst geöffnet.

Museo Textil Etnográfico y Arte Indígena
In der Alberto 413 im *Caserón de la Capellánica,* **Haus des Kaplans,** befindet sich das Museo Textil Etnográfica y Arte Indígena. Die Ausstellungsstücke indigener Kunst werden durch einige archäologische Exponate aus Keramik und Stoff ergänzt, die 500 bis 2000 Jahre alt sind. Ausstellungsschwerpunkt sind Webarbeiten der Jalq'a und Tarabuco, Aushänge und Dokumentationen erläutern die Muster. Dabei können *tejedoras* bei ihrer Webarbeit mit traditionellen Techniken beobachtet werden. Mo–Fr 8.30–12 Uhr und 14.30–18 Uhr, Sa 9.30–12 Uhr (Juli–Sept. Sa auch bis 18 Uhr), Eintritt 16 Bs, mit Originalvorführung der Webtechniken; Tel. 645-3841, Fax 646-2194, www.arteindigena.asur.org.bo. Am Eingang ist eine deutschsprachige Broschüre mit Erläuterungen der Ausstellungsstücke erhältlich.

Im selben Gebäude befindet sich die **ASUR** *(Antropólogos del Sur Andino),* mit einem Museumsladen (Salón de Ventas ASUR), museo@asur.org.bo, shop@asur.org.bo. Es können qualitativ hochwertige Webarbeiten *(Arte Indígena)* aus den Comunidades der *Jalq'a* (Quilaquila, Potolo, Marawa) und *Tarabuco* (Icla, Zudáñez) gekauft werden. 60% der Verkaufspreise fließen als Lohn direkt an die lokalen Weber zurück.

Iglesia Santa Teresa
Schräg gegenüber vom Museum, San Alberto 402, steht das Karmeliterkonvent Santa Teresa, das durch den Erzbischof Gaspar de Villarroel gegründet und 1665 fertiggestellt wurde. Auffallend sind hier ebenfalls die Adobemauern, der achteckige Brunnen im Innenhof und das Innenportal mit Verzierungen im *estilo mestizo*.

Museo de la Historia Natural
In derselben Straße befindet sich drei Blocks weiter Richtung Plaza (San Alberto 156/Plaza 25 de Mayo) das Naturgeschichtliche Museum. Mo–Fr 8–12 Uhr und 14–18 Uhr, Sa 9–12 Uhr, Eintritt.

Iglesia San Francisco
Dazu die San Alberto weitergehen bis zur Ravelo 1 (Ecke Ancieto). Hier ragt die San-Francisco-Kirche in die Höhe, in deren Glockenturm die bolivianische Freiheitsglocke am 25. Mai 1809 die Unabhängigkeitskämpfer zu den Waffen läutete. 1545 im Renaissance-Stil begonnen, kamen später noch andere Stilrichtungen dazu, z.B. ist die Decke und der Altar im Mudéjar-Stil ausgeführt. Sie ist die älteste Kirche Boliviens und wurde am 07.12.1967 zu einem nationalen Denkmal des Landes erklärt (1990 restauriert). Geöffnet während der Gottesdienste.

Mercado
Das Gewimmel auf den umliegenden Straßen zeigt schon an, dass das Marktviertel, das gleich neben der Kirche in der Calle Ravelo beginnt, erreicht ist. Nach soviel Kirchen und Kultur ist ein Bummel durch das bunte Markthallenleben sicherlich abwechslungsreich und entspannend.

Iglesia San Miguel

Einen Block weiter in der Arenales zw. Junín und Arce liegt die Jesuitenkirche *San Miguel* und die kleinere *Sagrado Corazón* gegenüber (Ecke Junín/Arenales die ehem. Kirche Sta. Mónica). Die Iglesia San Miguel wurde mit einem Portal im Renaissance-Stil, weißgetünchten Wänden und mit Silber und Gold überzogenem Altar von 1612–1621 erbaut und erhielt erst nach Vertreibung der Jesuiten ihren Namen. Mo–Fr 11.30–12 Uhr und während des Gottesdienstes.

An die Iglesia San Miguel schließt sich die **Universität San Francisco Xavier** an, ein 1624 großzügig angelegter Kolonialbau mit einem recht hübschen Innenhof.

Hospital de Santa Barabara

Ein ähnlicher Bau steht Ecke Arenales/Tarapacá. Es ist das *Hospital de Santa Bárbara.* Man kann in den Innenhof hineingehen und diesen auf sich wirken lassen. Eine Kreuzung weiter abwärts erreicht man das **Teatro Gran Mariscal de Ayacucho,** das größte Theater Boliviens. Anschließend kommt man zum **Parque Bolívar,** eine der schattigen Bänke lädt zur Rast. Neben dem *Corte Suprema de Justicia* (Justizpalast) kann auch eine Miniatur des Pariser Eiffelturms und des Triumphbogens bewundert werden. Am anderen Ende des Parkes liegt der mittlerweile fast bedeutungslose Bahnhof.

Castillo de la Glorieta (7 km)

Das Glorieta-Schloss liegt bei km 7 an der Straße nach Potosí inmitten eines Militärgeländes, Anfahrt mit dem Bus Nr. 3, Micro H oder I ab Arce/Camargo bzw. ab Siles/Arce. Geöffnet von 8.30–12 und 13.30–17.30 Uhr, Eintritt 1 €. Der Architekt Camponovo konnte sich hier nach einer Europareise so richtig „austoben", Geld spielte damals bei Prinzessin Glorieta keine Rolle. So entstand ein Mischmasch aus Mudéjar, französischer Renaissance, Gotik und Jugendstil. Das Castillo wurde teilweise renoviert, für Interessierte ist ein Besuch bereits lohnenswert.

■ *Protestmarsch von Campesinos in Sucre*

Adressen & Service Sucre

Tourist-Info Büro in der Estudiantes 35. Zusätzliches Info-Büro in der Nähe des Convento La Recoleta mit Flyern, Büchern und Info-Videos von Sponsoren. Informationen über kulturelle Veranstaltungen im Casa de la Cultura, Argentina s/n. **Vorwahl (04).**
Website: www.redsucre.8m.com/informacion.htm.

POLTUR/ Migración *Policía de Turismo*, Plaza 25 de Mayo (im selben Gebäude wie die Tourist-Info), Tel. 642-7477. – *Migración*, Argondona 4, Tel. 645-3647. Zügige Aufenthaltsverlängerung bis zu 3 Monaten, kostenlos.

Unterkunft In der mittleren und oberen Preisklasse gibt es schöne Hotels in Kolonialstilhäusern. Das Problem der billigen Unterkünfte ist – wie immer –, die Heizung und heißes Wasser. Allerdings ist es in Sucre nicht so kalt wie in Potosí.

Hostelling **Hostelling International Bolivia,** Vale Alto de Cajamarca, 30 km nördlich von Sucre, Tel. 644-0471, www.hostellingbolivia.org, www.jhb-bolivien.de; Ökocamp für Jugendliche und Familien mit Kindern mit Übernachtungsmöglichkeiten inmitten der Natur. Ü 22 Bs p.P., im *Casa con living* 65 Bs, im *Casa familiar* (Holzhaus) 200 Bs. Alkoholverbot.

ECO **Alojamiento Pachamama** (BUDGET), Ancieto Arce 454, Tel. 645-3673, Alojamiento_Pachamama@hotmail.com. Ordentliche Zi., bp, Ww, gute Infos. Ü 2,50 € p.P. – **Residencial Bolíva,** San Alberto 42, Tel. 645-4346. Ruhige Zi. mit bc/bp, Ww, Ws, schöner Patio, hilfsbereit. DZ/F/bc 7 €, empfehlenswert. – **Residencial Austria,** Av. Ostria Gutiérrez 518, Tel. 645-4202. Zi. mit bc/bp, Ww, Rest., preiswert. – **Youth Hostel,** Guillermo Loayza 119, Tel. 644-0471, hostellingbolivia@hotmail.com, www.hostellingbolivia.org. Sehr schön eingerichtete JH. DZ 10 €. – **Hotel Gobernador,** Mendizabel 27. Netter Familienbetrieb, EZ/DZ/MBZi, bp, Ww, Ws, auf Wunsch auch um 5 Uhr F. DZ/F 210 Bs, MBZi/F 280 Bs, Preis verhandelbar. **TIP!** Gleich gegenüber gutes, sehr familiäres Restaurant. – **Casa de Hospedes Colón,** Colón 220 (350 m zur Plaza), Tel. 645-5823, colon220@bolivia.com. Kleines, familiäres Gästehaus in schönem Kolonialbau von 1850 mit nettem Patio und Ambiente, bp, Ü/F (gutes Frühstück). EZ 110 Bs, DZ 165 Bs, TriZ 200 Bs. Norman Porcel spricht Deutsch. **TIP! – Hostal San Francisco,** Ancieto Arce 191, Tel. 642-2117, Fax 643-2693, hostalsf@cotes.net.bo. Ruhiges Hostal, bc/bp, Ww, gutes dt. vegetarisches Rest., Ü/F 10 €. – **Grand Hotel,** Ancieto Arce 81 (100 m zur Plaza), Tel. 645-1704 u. 645-2104, Tel./Fax 645-24614, grandhot@mara.scr.entelnet.bo. Hotel mit zwei sehr schön bepflanzten Patios, bp, Ww, Ws. DZ/F 15 €, gPLV, doch nur karges Frühstück. – **Hostal Veracruz,** Ravelo 158, Tel. 645-1560. Einfaches Hostal, Zi. mit bc/bp, Ww, GpD. EZ/Bs 30 Bs, DZ/F/bp 18 €, DZ/F/bc 6 €. – **Hostal Recoleta Sur,** Ravelo 205/Loa, Tel. 645-4789, Fax 644-6603, hostalrecoleta@hotmail.com. Rustikales Hostal mit kleinem Patio, einfache Zi., bp, Ww, Internet, Ws. DZ/F 20 €, empfehlenswert. – **Hostal Los Pinos,** Colón 502, Tel. 642-4403. Kleines, feines Hostal, etwas vom Zentrum entfernt, nette und ruhige Zi. (obere wählen), bc/bp, Ww, Cafetería, saubere große Küche, Geldwechsel, schöner Garten. Ü/bp 65 Bs p.P., F 5 Bs. **TIP! – Hostal España,** España 138 (unweit von der Plaza), Tel. 644-0850, 646-0295, Fax 645-3388, hoespana@cotes.net.bo. Schöne Zi./bp, Frühstücksbuffet. DZ/F 160 Bs, alle Kk.

FAM **Casa Kolping Sucre,** Pasaje Iturricha 265, Tel. 642-3812, Fax 643-5249, sucre.bo@caasakolping.net, www.grupo-casa-kolping.net oder www.casaskolping.net. Traumlage an der Recoleta-Kirche mit schöner Aussicht über die Stadt, 27 große Zi., bp, Ws, sehr gutes Rest. mit exzellentem Frühstück, Internet, PP, deutsche Leitung. DZ/F ab 250 Bs. **TIP! – Hostal Sucre,** Bustillos 113, Tel. 645-1411, Fax 646-1928, www.hostalsucre.com.bo. Sehr schönes, charmantes Kolonialhaus mit Patio oberhalb von Sucre mit exzellentem Ausblick, gepflegte Zi., bp, Ww, Cafetería, Reiseagentur. DZ/F 18 €, TriZ/F 27 €, Kk, gPLV, **TIP!** – **Hostal La Posada**, Audiencia 92, Tel. 646-0101, Fax 691-3427, laposadahostal@entelnet.bo, www.laposadahostal.com. Bezauberndes Hostal in gepflegtem Kolonialhaus mit Stil, schöner Patio, gutes Rest. (preiswerter Mittagstisch), Internet. DZ/F ab 35 €. – **Hotel Independencia**, Calvo 31, Tel. 644-2256, Fax 646-1369, jacosta@mara.scr.entelnet.bo. Elegantes Hotel mit Ambiente in der ehemaligen Residenz von Dr. Alfredo Gutiérrez Valenzuela, 28 Zi., bp, Patio, Ws, Internet, Geldwechsel, Mietwagen. DZ/F 36 €, TriZ/F 40 €, Kk, gPLV, für ältere Reisende besonders geeignet, **TIP!** – **Premier Hotel**, San Alberto 43, Tel. 645-2097/645-1644, Fax 644-1232, premierhotel@hotmail.com. Geschmackvolle Zi., bp, Ww, schöner Patio mit Ambiente, Internetservice. DZ inkl. Frühstücksbuffet 40 €, TriZ/F 45 €. – **Hostal Libertad**, Ancieto Arce 99, Tel. 645-3101, Fax 646-0128. Komfortable Zi., bp, E-Heizung verfügbar, Rest., Ws, Geldwechsel. – **Hostal de su Merced**, Azurduy 16, Tel. 644-2706, 645-1355, www.desumerced.com. Gutes, preiswertes Hostal in einem typischen, weißgetünchten Kolonialbau des 18. Jahrhunderts, stilvolle, makellose Zi., Patio, Dachterrasse mit schönem Panoramablick, familiär und sehr ruhig, Ws. DZ/F/bp 30 €, TriZ/F 40 €, gPLV, Kk, **TIP!**

FAM/LUX **Capital Plaza Hotel**, Plaza 25 de Mayo 29, Tel. 642-2999, Fax 645-3588, cphotel@mara.scr.entelnet.bo, www.boliviaturista.com/cplazahotel. Zentral, mit Charme und Ambiente, bp, Ww, Patio, Brunnen, Rest., Bar, Pool, alle Kk. DZ/F 50 €, empfehlenswert.

LUX **Glorieta Hotel**, Bolívar 128/Urcullo, Tel. 663-2640, Fax 663-2081, mirusta@mara.scr.entelnet.bo. Moderner Beton-/Glas-Hotelkasten, geräumige Zi., Rest., Dachterrasse mit Panoramablick, Disco, Internet. DZ/F ab 50 €.

Essen & Trinken

Es gibt sehr viele Restaurants und Kneipen für jeden Geldbeutel und Geschmack. Am billigsten wird bei den Garküchen und im 1. Stock des Mercado Central gegessen. Typisch für Sucre sind *salteñas*, gebackene Teigtaschen, gefüllt mit Gemüse, Hähnchenfleisch, Ei und Rosinen. **Chorizerías** bieten traditionell am Vormittag pikante gepfefferte Würste *(chorizos)* mit dunklem Bier an. Sonntags sind viele Restaurants geschlossen.

Plaza, Plaza 25 de Mayo 33 (Ostseite); empfehlenswertes Restaurant an der Plaza mit gemütlichen Tischen, vom Balkon Blick über das Treiben auf der Plaza. Gute bol. Küche, lokale Spezialitäten wie *Chorizos Chuquisaqueños*, abends mit Salatbuffet. **TIP!** – **La Casona**, Ostria Gutiérrez 401. Typische lokale Gerichte, preiswert. – **Fricasería La Paz**, Amando Alba 31; lokale, bodenständige Küche, was auch auf die **Choricería Doña Naty**, Olañeta 238, zutrifft. – **El Huerto**, Cabrera 86 (Nordstadt), traditionsreiches Gartenrestaurant mit typischer Regionalküche, preisl. moderat. – Typische Kreolenküche wird im **Quinta el Charquito**, Betanzos 7, und im **El Refugio de Don Alfredo**, Aroma 90, serviert. – **Bibliocafé-Concert**, Nicolás Ortíz 42; große Portionen, vegetarische Gerichte, Pasta. Do/Fr/Sa Peña, immer gut besucht. – **Arco Iris**, Bolívar 567; Schweizer Rest., große Portionen, Fondue, preiswert, Sa Livemusik/Peña. – **El Solar**, Bolívar 800, Mo–Sa, das teuerste Rest., aber gut. – **El Patio**, San Alberto 18, köstliche Salteñas, nur Vormittags geöffnet. – **El Germén**, San Alberto 231 (zw. Avaroa u. Potosí), dt. vegetarische Küche, Menü 15 Bs, der „Spiegel" liegt auf, Mo–Sa 8–22 Uhr, gut besucht, empfehlenswert. – **La Repizza**, Nicolás Ortíz 78; gepflegte Atmosphäre, gutes Essen, Live-Musik, empfehlenswert. – **Munaypata**, Pasaje Iturricha 265, im Casa Kolping; bol. und internationale Küche, schöne Lage, Terrasse mit Aussicht auf die Stadt. – **Barrio Frances**, San Alberto 207; Restaurant Lounge Bar mit franz.-schweiz. Spezialitäten wie Raclette und Fondue, abends ein angesagter Treff.

Viele **Cafés** öffnen zum Frühstück oft erst um 9 Uhr. Ausnahme: **Restaurant La Pousada**, Audiencia 92, Frühstück tägl. ab 7 Uhr in einem kolonialen Innenhof für 20 Bs Mittagsmenü mit bol. Küche oder auch Fisch und Meeresfrüchte, geöffnet bis 22.30 Uhr, So bis 15 Uhr. **TIP! – Café Monterosso,** Bolívar 426. Supertolle Musikkneipe mit Atmosphäre, die neben guten Spaghettis auch Tiramisu, Espresso und Grappa serviert, preiswert! – **Café Al Timbre**, Polanco, neben dem Convento San Francisco; gemütliches Café mit dt. Besitzer, preiswerte Getränke, Sprachkurse. – **Joy Ride Café,** Nicolas Ortíz 14, 8–24 Uhr; Milchkakao, Apfelkuchen, köstliche Sandwichs, Kaffee und Pasteles, doch da Travellertreff preislich eher teuer. Gemütliches Ambiente, tägl. Filmabend mit großer Leinwand, Mountainbike- u. Motorradtouren, ital. Führung. – **Café Tertullas,** Plaza 25 de Mayo; schönes Ambiente, Regional-Gerichte, viele Einheimische. – **Kactus,** España 176. Restaurant und Café-Bar, tägl. ab 18.30 Uhr. – **Café Mirador,** Pasaje Irurricha 297, La Recoleta, Mo–So 9–24 Uhr; Kaffeehaus mit Terrasse und herrlichem Blick über die Dächer von Sucre, Spezialitäten *Chorizos Chuquisaqueños*, *Chicha*, *Cappuccino frío* und *Tanga-Tanga-Kuchen*; guter Service, etwas teurer, dafür werden die Kinder der Tanga-Tanga-Kindermuseumsschule unterstützt.

Churrascos: El Chaqueño, René Barrientos 749, Parrilladas. – **El Asador,** Plaza Cumaná 485. – **Guardamonte,** Av. H. Siles 958/Pilincio.

Geflügel: Super Pollo, Av. Hernando Siles 761. – **Claudia,** Av. Hernando Siles 766. – **Nostra,** Av. Hernando Siles 790.

Chifas: Hong Kong, Av. Mendizábal 754, preiswert, vielfältig und sehr schmackhaft, ein TIP. – **Shanghai 1,** Carmargo 541; für ca. 1–1,50 €, preiswerte und große Portionen, viele chinesisch-bolivianische Gerichte auf der Karte. – **Chifa China,** Ravelo/Arce, chinesisch-boliv. Küche, etwas teuer.

Pizza & Pasta: Eli's, España 130. – **Monte Bianco,** Colón/Junín, ein echter Italiener, beste Pizzeria der Stadt. – **Napolitana,** Plaza 25 de Mayo 30, sehr gut (auch Nudeln und Suppen).

Schokolade Die beste Schokolade Boliviens gibt es im **Chocolate Para Ti,** Shops in der Arenales 7 und Audiencia 68.

Unterhaltung Eine prima Kneipe für etwas später am Abend ist das **Bibliocafé-Concert** in der Nicolás Ortíz 42, www.bibliocafe.com.bo; Do/Fr/Sa Peña, immer gut besucht. – **Kulturcafé Berlin,** Avaroa 326; Café im ICBA (s.u.), Peña meist am Freitagabend, dt. und span. Filmabende, Ausstellungen, dt. Zeitungen, dt.-bol. Küche mit gutem Essen, z.B. gefüllte Kartoffeln (Papas rellenas), auch Kaffee und Kuchen, beliebter Treffpunkt, Mo–Sa 8–24 Uhr. – **Café Gnadenlos,** Bolívar 426, www.cafegnadenlos.com; leckere Cocktails, dt. Inhaber, Snacks, Büchertausch, viele dt. Bücher (!), gPLV. – **Locot's Café Aventura,** Bolívar 465 (einen Block von der Plaza), Tel. 691-5958, www.locotsbolivia.com; Café-Restaurant mit Live-Musik, Theater und anderen Aktivitäten. Neben heimischer Küche auch mexikan. und internationale Gerichte. Hier können Mountainbike-, Reittouren, Gleitschirm- oder Drachenflüge gebucht werden. – **Piano Bar** *Charleston*, Plaza 14. – **Unicornio Azul,** Casa Schütt, Arenales 217; Konzert-Café, Fr ab 19 Uhr oft Livemusik. – Tertulias Café, Plaza 25 de Mayo 59. – **Miski Huasi,** Casa Capelláncia, Potosí 140; Peña Folclórica Fr/Sa/So ab 20 Uhr. – **Noches de Sucre,** Anciento Arce 212; Comida und Show.

Discotecas: MITO'S, Francisco Cerro 60, beliebte Disco des Deutschen Frank. – **Boomerang,** Dalence 39. – *Mitsumanía*, Av. Maestro/Av. Venezuela. – *Disco Viva María*, Plaza San Francisco. – *Kronos*, Av. Hernando Sile. – **Nano's,** España 162. – *Up Down* (Studentendisco), Gregorio Mendizabal s/n.

Theater: *Al Aire Libre*, Phisco Jaithana. – *Gran Mariscal*, Plaza Libertad. – *Tres de Febrero*, Arenales.

Kino: *Universal*, Plaza 25 de Mayo 33.

Galerien: *Consuelo Sanz*, Bacherer 430. – *Arte Milya*, Bolívar 621.

Karten	*Instituto Geográfico Militar,* Dalence, Tel. 642-5514. Mo–Fr 9–12 Uhr und 14.30–18 Uhr. Gute Landkarten der näheren Umgebung.
Dt. Honorarkonsulat	Honorarkonsul Dr. Gerd Mielke, Avaroa 326, Casilla 648, Tel. (00591) 691-2652, gmielke@entelnet.bo. – Im selben Gebäude ist das Deutsch-Bolivianisches Kulturinstitut und Kulturcafé Berlin untergebracht.
ICBA	*Instituto Cultural Boliviano Alemán (*Deutsch-Bolivianisches Kulturinstitut), Avaroa 326 (zwischen Calvo und Grau), Tel. 645-2091, Tel./Fax 425-7248, Tel. Sekretariat 412-565, 9.30–21 Uhr, gmielke@entelnet.bo, www.icba-sucre.edu.bo., Leitung Dr. Mielke. Institut mit Prüfungsberechtigung des Goethe-Institutes. Spanische Sprachkurse, Einzelunterricht ab 5 €/45 Min., einheimische dt.-spr. Lehrer, empfehlenswert Lehrerin Evi. Dt. Magazine und Zeitungen, Bibliothek, Kulturprogramm. Vermittlung von Unterbringung bei Familien.
Post	Ayacucho/Junín.
Telefon	*ENTEL,* España 271/Urcullo. 8–22.30 Uhr. Punto Entel bietet an verschiedenen Stellen Telefon-, Fax- und eMail-Service.
Internet	Im Zentrum gibt es sehr viele Internet-Cafés. *Cybercafé,* Estudiante 79 (zwischen Junín und Argentina), und in der Olañeta.
Geld	Zahlreiche Geldautomaten in der ganzen Stadt. *Casa de Cambio El Arca,* España 134, Tel. 646-0189. *Banco Nacional,* España 42 (auch Reiseschecks). *Casa de Cambio Cia Cruz,* España 58. *Unicruz,* Nicolás Ortíz 2 u. *Casa de Cambio Ambar,* San Alberto 7; auf Reiseschecks schlechter Kurs. *Banco del Crédito,* Plaza 25 de Mayo 28.
Sprachschulen	*Academia Latinoamericana de Español,* Dalence 109/Nicolás Ortíz, Tel./Fax 646-0537, sandra@latinoschools.com. Gute Sprachschule, alle Stufen, Privatunterricht, jederzeit Einstieg möglich, kostenl. Transfer und Stadtführung. Privatunterricht 900 Bs/Woche, Gruppen weniger. – Sehr guter Privatunterricht bei *Professora Aida Rojas,* Sánchez de Hoz 106, Huayrapata Sucre, Tel. 644-2028, aida_1122@hotmail.com. Wir bekommen lobende Leserzuschriften, ein **TIP!** – Auch die *Bolivian Spanish School,* Km 7, Calle No. 250, Parque Bolívar, Tel. 644-3841, www.bolivianspanishschool.com, ist preiswert und nicht schlecht.
Touranbieter	**Abbey Path,** Arenales 215, Tel. 645-1863/691-2586, Fax 691-2586, kschuett@mara.scr.entelnet.bo, www.abbeypath.com. Klaus Schütt Hodgkinson ist spezialisiert auf die **Che-Guevara-Tour** (s.S. 805). Tourdauer wahlweise drei oder sieben Tage, ca. 100 €/Tag p.P. (bei 10 Teilnehmern, Einzelperson 140 €/Tag) inkl. Transport, Verpflegung, Übernachtung, Equipment und Führer. – **Turismo Sucre,** Dalence 341, Tel. 645-2936, Tel./Fax 646-0349, 24-Std.-Service Tel. 645-3885, tursucre@entelnet.bo, www.turismosucre.com. Tagesausflüge und Touren, u.a. zum Maragua Krater, nach Potolo, Chataquila, Tarabuco, *Cal Orck'o,* Trekking auf dem **Chaunaca-Inkatrail,** Doppeldeckerbus *Espreso del Salar* mit Panoramafenster, Stadtführungen, Mietwagen, dt.-spr. Führer, Airport-Transfer. – **Candelaria Tours,** Audiencia 1, Tel. 646-1661, Fax 646-0289, catur@mara.scr.entelnet.bo, www.candelariatours.com. Preiswerte Tagesausflüge, z.B. nach Tarabuco, Abfahrten um 8 Uhr. – **Teresitas Tours,** Arenales 9, Tel. 646-0040, Fax 644-0383, Handy 7116-1596, teretour@mara.scr.entelnet.bo. – **Mountain Tour Operator,** Destacamento 111/398, Tel. 642-1484, Handy 7176-2261, montourbo@hotmail.com.
Mietwagen	*Kolla Motors,* Pilinco 112-152, Tel. 645-2712. Tagesmiete ab 65 €, inkl. 120 Freikilometern, Wochenmiete 450 € inkl. 1000 Freikilometern, 4WD, z.B. Suzuki (gleicher Preis), 24-Std.-Service, Kk. – *Imbex Rent-a-Car,* Serrano 165, Tel. 646-1222. – *Chuquisaca,* Av. Jaime Mendoza 1106, Tel. 646-0984. *Turismo Sucre* (s.o.).

Motorrad, Rad, Quad	*Joy Ride Café,* Nicolás Ortíz 14, www.joyridebol.com. Geführte Touren mit Motorrädern, Mountainbikes und Quads.
Radiotaxis	*América,* Lima Pampa, Tel. 645-3020. *Bolivia,* Bahamas 2, Tel. 644-2222. *Jumbo,* Ayacucho 50, Tel. 644-2444. *Sucre,* Plaza 25 de Mayo 48, Tel. 645-1333.
Supermarkt	*Supermercado SAS,* Bustillos.
Drogerie	*Drogería Natural Sucre,* Plaza 25 de Mayo 2; Touristen-Drogerie der Schweizerin *Katrin Steiner,* ausschließlich Natur- und Reformprodukte sowie natürliche Kosmetika und Cocaprodukte. Schweizer Leitung, mehrsprachig.
Artesanías	*ASUR,* San Alberto 413 (Casa Capelláncia)/Potosí, Tel. 645-3481, Fax 646-2194, www.bolivianet.com/asur, www.arte-textil.com; sehenswertes Kunsthandwerksmuseum mit sehr alten und historischen Kleidungsstücken aus der Region Jalq'a und Tarabuco, Mo–Fr 8.30–12 und 14.30–18 Uhr, Sa 9.30–12 Uhr (Juli–Sep. Sa auch bis 18 Uhr). – *Inca Pallay,* San Alberto 413 (im gleichen Gebäude wie ASUR), Tel. 646-1936; Verkauf traditioneller *arte indígena* und Kunsthandwerk der Jalq'a und Tarabuco, z.B. Mantas oder Llijlas, Chuspas (Cocabeutel) oder Jalq'a-Wandteppiche. – *Collasuyo,* Ancieto Arce s/n. – *Calcha,* Plazuela San Francisco. – Weitere rund um den Mercado Central.
Filme	*Dorian,* Arenales 101; *Mónica,* Calvo 85; *Chang,* Ancieto Arce 91.
Wäscherei	*Laverap,* Bolívar 617; schnell. *Limpieza Americana,* Bustillos 158, preiswert. *Lavandería,* Loa 407/Av. Hernando Siles; auch Hotelservice in ca. 3 Std., eine Waschtrommel ca. 2 €.
Festkalender	**6. Jan:** *Fiesta de Reyes,* Dreikönigsfest mit Straßenumzug. **Februar/März:** *Carnaval de Sucre;* am Sonntagmorgen wird der Karneval Kinderumzug auf der Plaza 25 de Mayo, nachmittags Eröffnungsumzug mit allegorischen Wagen. Am Montag ziehen Tanz- und Musikgruppen *(Tropas Zampoñas, Conjuntos, Bandas)* durch Sucre, am Dienstag ist dann der Höhepunkt mit der Ch'alla-Zeremonie, zu Ehren von Pachamama und Pachatata. Am Aschermittwoch wird der Karneval mit einem Großumzug bis *El Tejar* (3 km außerhalb) zu Grabe getragen. Großes Musik-, Ess- und Jubelfest. **März** (2. Sonntag): *Fiesta Phujillay* in Tarabuco. **24./25 Mai:** *Fiesta 25 de Mayo* auf dem Mercado Central mit traditionellen Gerichten, Feuerwork, Militärparaden und Sonderprogramm. **24. Juni:** Wintersonnwende/Johannistag bzw. San Juan; *Fiesta de la Cruz de Popayán* in der Calle Colón, in der Stadt und auf dem Land werden Feuer entzündet. **16. Juli:** *Fiesta Virgen del Carmen* mit Messe in der Kapelle La Rotonda, Feria de Alasita (mit Ausstellung und Verkauf von Miniaturen, Konfitüren und handwerklichen Erzeugnissen). **26. Juli:** *Fiesta de la Recoleta* oder *Santa Ana.* Nach der Messe Ausstellungen und Verkaufsstände von Miniaturen *(alasitas).* **5.–7. August:** *Fiesta Día de la Independencia Nacional* mit Umzügen, Paraden, Tänzen usw. **15. August:** *Fiesta de la Virgen de Cerro Sicasica.* **8. September:** *Fiesta de la Virgen de Guadalupe,* mit traditionellen Quechualiedern und Musik, Prozession mit dem Bildnis der Virgen *Mamita de Guadalupe;* Höhepunkt um die Plaza 25 de Mayo, über 80 verschiedene Gruppen. **21. September:** *Fiesta Primavera* (Frühlingsfest) und Tag der Jugend und Studenten. **6. Oktober:** *Fiesta del Señor de Maica* in La Calera (ca. 25 km). **2. November:** *Fiesta Todos los Santos,* Allerheiligen; feuchtfröhliches Fest zu Ehren der Toten auf dem Hauptfriedhof, Blutopfer; für Touristen etwas ungewohnt.

Verkehrsverbindungen

Stadtverkehr	Busse sind billig; ein Taxi innerhalb der Stadt bzw. Kurzstrecke kostet um 1 € pro Person.
Bus	Der Busterminal liegt 3 km vom Zentrum entfernt an der Ostria Gutiérrez, Tel.

645-2028. Öffnungszeit 7–19 Uhr, gebührenpflichtig. Anfahrt mit dem Micro A, C oder Trufi 3 von der Plaza, Taxi ca. 1 €.
Nach Camiri (460 km): tägl. mit *Andesbus, Emperador* (abends), Di/Fr mit *Chaqueña* um 7 Uhr auf abenteuerlicher Piste, Fz 20 h, 11 €. Von Camiri tägl. ein Bus sowie Colectivos und Micros auf asphaltierter Straße nach Santa Cruz, Fz 8 h, 12–15 €. Damit besteht eine interessante **Alternative**, von Sucre über Camiri **nach Santa Cruz** zu fahren! Vorteil: Auf der Rundreise durch Bolivien braucht die Strecke Epizana – Santa Cruz nicht doppelt gefahren werden.
Cochabamba (370 km): tägl. einige Busse, u.a. *San Francisco,* Abfahrt um 18 Uhr, *Expreso Cochabamba, Trans Copacabana* oder *Flota Copacabana*, Fz 10–12 h, Fp 3 €.
La Paz (580 km): tägl. viele Gesellschaften via Cochabamba, u.a. *10 de Noviembre, Illimani, O'Globo, Flota Copacabana;* Fz 19 h (evtl. 3 h Aufenthalt in Cochabamba), Fp 14 €. Tägl. einige Gesellschaften via Potosí, u.a. *10 de Noviembre, O'Globo, Copacabana* (Direktbus), Fz 15–17 h, 9 €.
Potosí (170 km): tägl. mehrere Busse (morgens, mittags und nachmittags), u.a. mit *Sucre, La Paz, 10 de Noviembre, Transtin Delrey, Villa Imperial,* Fz 3 h, Fp 2–3 €. Für die Strecke Sucre – Potosí empfehle ich aber *Andesbus* ab dem Busterminal um 9 Uhr u. 15.20 Uhr (NS nur 15.20 Uhr), Fp 5 €, oder *Real Audiencia,* Ancieto Arce 95, Tel. 644-3119 (Verkauf auch in Reisebüros ohne Aufschlag), Fz 2,5 h, 2.50 € (viel Beinfreiheit!). Zwischen Sucre und Potosí fahren auch **Expresstaxis** (Auto-Express), z.B. die Wagen des Taxi-Unternehmens *Infinito*, Av. Ostria Gutiérrez, gegenüber vom Busterminal, Tel. 64 6-2573, Fp ca.140 Bs/Taxi für bis zu 4 Personen bzw. 400 Bs p.P. Schneller geht's nimmer.
Samaipata: alle Busse von Sucre nach Sta. Cruz (s.u.) stoppen in Samaipata.
Santa Cruz (600 km): tägl. Direktbusse via *Epizana* (Hochlandroute) mit verschiedenen Gesellschaften (z.B. *Bolívar*), meist gegen 16.30 Uhr, Fz 17–18 h, ab 12 € (Di/Fr mit *Unificado,* abends), sowie tägl. wechselnd 4 Gesellschaften via Cochabamba und *Villa Tunari* (Tieflandroute); Fz 20–24 h, 12–18 €.
Tarija (480 km). Di. mit *10 de Noviembre,* Fz bis zu 20 h, 20 €.
Tupiza: tägl. mit *Real Audiencia,* Ancieto Arce 95/San Alberto, Tel. 644 3119
Uyuni (375 km): tägl. mit *Emperador, Americana* um 7 Uhr, Buswechsel in Potosí; *Real Audiencia,* Ancieto Arce 95, Tel. 644-3119; Fz 8–10 h, 8–10 €.
Villazón (510 km): tägl. Tagbusse von *O'Globo, Emperador, Andesbus* via Potosí, *Real Audiencia* via Tupiza, Fz 15–17 h, 13 €.

Zug Der Bahnhof liegt am Ende des Parque Bolívar, Tel. 644-0751. Schienenbus nach Potosí Mo/Mi/Fr um 8 Uhr, Fz 6 h, Fp 2,50 €. Der Personenzugverkehr nach Tarabuco wurde eingestellt.

Flug Der Flughafen *Juana Azurduy de Padilla,* Tel. 645-37212, liegt nur 5 km außerhalb. Anfahrt: Trufi 1 und Micro F ab Loa/Hernandez, Fz 25–30 Min., Taxi 3 €.
Hinweis: Bei Nebel bzw. sehr schlechtem Wetter keine Abflüge nach La Paz!
Aerosur, Arenales 31, Tel./Fax 646-2141, 24-Std.-Service 800-103030; nach La Paz (tägl.) ab 65 €, Cochabamba (tägl., X) ab 50 €, Sta. Cruz (Mo-Sa) ab 40 €, Tarija (Mo). – *TAM*, Junín 742, Tel. 646-0944 und 642-3534, www.tam.bo; nach La Paz (Mo) 55 €, Cochabamba (Mo) 27 €, Sta. Cruz (Fr) 33 €, Tarija (Sa) 35 €. – *IBERIA/LAN*, Plaza 25 de Mayo 46-A, Tel. 644-4177, Tel./Fax 645-3606. – Die *Aerosur* gibt 10% Studentenrabatt für Flüge nach La Paz!
TIP: Der Flug nach Santa Cruz ist im Rahmen einer Bolivien-Rundreise eine sehr zu empfehlende Alternative, angesichts zu der ewig langen und zum Teil nächtlichen Busreise. Außerdem nur wenige Euro teurer.

Tour von Sucre nach Tarabuco (63 km)

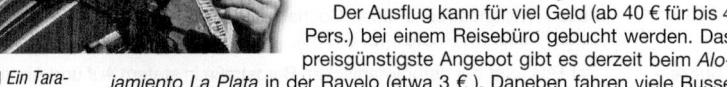

■ *Ein Tarabuqueño*

Der Sonntagsmarkt von *Tarabuco* ist einer der interessantesten Märkte Boliviens, vergleichbar etwa mit dem in Chinchero (Peru), doch inzwischen leider auch zum überlaufenen Touristenmarkt mutiert. Deshalb sind Artesanías oft doppelt so teuer wie in La Paz. Tarabuco ist für seine Traditionen, Musik und Tänze aus der Inkazeit und auch besonders für die Trachten der Bevölkerung berühmt.

Der Ausflug kann für viel Geld (ab 40 € für bis 4 Pers.) bei einem Reisebüro gebucht werden. Das preisgünstigste Angebot gibt es derzeit beim *Alojamiento La Plata* in der Ravelo (etwa 3 €). Daneben fahren viele Busse ab 7 Uhr im Halbstunden-Takt ab der „Salida de Tarabuco", Av. Las Américas (etwa 1 km von der Iglesia La Recoleta in Richtung Tarabuco); Fz 1,5 h, 1 € (die Linie *Real Audiencia,* Ancieto Arce 95/Ecke Alberto, setzt bessere Busse ein, ca. 3 €). Anfahrt zur Salida de Tarabuco mit Taxi oder Trufi. Sammeltaxis fahren von der Av. Ostria Gutiérrez (rechts vor dem Busterminal) nach Tarabuco ab. Abenteuerlustige sollten dagegen am Sonntag sehr früh aufstehen, die Calle Calvo ganz hochgehen, bei den Straßenständen bei einer Indígena einen Kaffee schlürfen und so ab 6.30 Uhr auf den Lastwagen warten. Der braucht dann auf der Straße 2 h für die 63 km bis Tarabuco, Fp 1 €. Doch in Tarabuco (3230 m) ist die Mühsal der kalten Anreise gleich vergessen. Erste Rückfahrt ab der Plaza in Tarabuco so um 13 Uhr.

Die Bevölkerung mit ihren farbenprächtigen roten Ponchos, helmartigen Kopfbedeckungen, silberbeschlagenen Ledergürteln und sporenbewehrten Holzschuhen strömen aus der ganzen Umgebung zusammen, um für ihren täglichen Bedarf einzukaufen und zu handeln. Das geht natürlich nur mit viel Palaver ab – übrigens überwiegend in Quechua. Die Campesinos von Tarabuco tragen immer noch ihre *axus* und *chuspas,* typische traditionelle Kleidungsstücke, die seit Jahrhunderten die gleichen charakteristischen Motive und geometrische Muster aufweisen. Es gibt Ponchos, Mantas, Leder- und Stofftaschen und Charangos zu kaufen – dabei das Handeln nicht vergessen.

Kamerascheu sind die Tarabuqueños nach wie vor, bitte Zurückhaltung. Wenn das Fotografieren nach fragen gestattet wird, wird meist eine kleine finanzielle Unterstützung verlangt.

■ Jedes Jahr findet hier um den **12. März** eine Art zweiter Karneval mit über 4000 Campesinos statt, das mit dem traditionellen Tanzspiel *Phujillay* seinen Höhepunkt findet, sehr sehenswert und noch authentisch, mit typischen Musikinstrumenten wie Quenas, Zampoñas und eigenartigen Blasinstrumenten sowie prachtvollen Trachten. Das Fest erinnert an die Schlacht von *Jumbati* am 12. März 1816, die die Unabhängigkeit vom Spanien einleitete. Die *Fiesta de la Virgen Rosario* im Oktober ist die kleinere Variante des Phujillay mit Straßenumzügen und Gottesdiensten.

Tourist-Info: an der Südwestecke der Plaza.

Unterkunft, Essen & Trinken: Alojamiento Florida, unweit der Plaza, einfachste Herberge, 1 €. Viele Garküchen auf dem Markt sowie Kneipen und Gastwirtschaften rund um die Plaza und in den Nebenstraßen.

Kunsthandwerk: *Inca Pallay,* zwei Blocks nördlich der Plaza auf dem Mercado. Direktverkauf nur sonntagvormittags.

Weitere Ausflüge von Sucre	Ein landschaftlich reizvoller Ausflug führt westwärts auf das Land nach **San Juan** (10 km). Im Südosten gibt es in **Cachimayu** (15 km) Bademöglichkeiten im Río Cachimayu (Salzfluss), die Temperatur kann dort bis auf 22 °C ansteigen!

Weiterfahrt von Sucre

Sucre – Camiri – Santa Cruz (750 km)	Es gibt die Möglichkeit, auf einer Route von Sucre über Camiri nach Santa Cruz zu reisen. Das ist für diejenigen interessant, die viel Zeit haben und eine Alternative zu der alten Hochlandstrecke über Epizana bzw. der neuen Tieflandstrecke über Cochabamba suchen (s.u., „Ostbolivianisches Tiefland", Route 14b, S. 786).
Sucre – Epizana (240 km)	Der Bus folgt der ostbolivianischen Bergstraße in stetem Auf und Ab über *La Palma, Chuqui Chuqui, Puente Arce* (Überquerung des Río Caine), *Quiroga, Aiquile, Chujllas* und *Totora* nach **Epizana** (240 km). Die ersten 80 km sind asphaltiert, dann folgt eine enge und schlechte Piste, die aber mit schönen Aussichten entschädigt. Ab **Aiquile** besteht der Belag der Straße aus Kopfsteinpflaster, genannt *empiedrada* (von *piedra*, „Stein") – so holprig und rumpelig waren einst die Inkastraßen. Ab **Totora,** 14 km vor Epizana, ist die Straße nun asphaltiert. **Epizana** ist ein wichtiger kleiner Verkehrsknotenpunkt an der Straße 4 Cochabamba – Santa Cruz. Es gibt ein paar Kneipen und eine Tankstelle. Wer direkt nach **Santa Cruz** will (360 km, Direktbusse) nimmt die Straße 4 östlich über Samaipata (bitte zur Route 14a weiterblättern, s.S. 785). Westlich führt die Straße 4 nach **Cochabamba** und von da über die **Tieflandroute** via Villa Tunari nach Santa Cruz. (Auch von Sucre aus gibt es Busse über Cochabamba/Tieflandroute nach Santa Cruz).
Epizana – Cochabamba (125 km)	Von Epizana führt die Straße aufwärts an kleinen Andendörfern vorbei, windet sich 10 km vor Tiraque „A" über einen Pass (3600 m), bevor der Andenort **Tiraque** (3430 m) durchfahren wird. 20 km vor Cochabamba kommt man an einem Stausee mit Bademöglichkeiten vorbei.

Cochabamba

Die Hauptstadt des gleichnamigen Departamento wurde von Sebastián Barba de Padilla am 1. Januar 1574 unter dem Namen *Villa Oropesa* gegründet. Cochabamba hat über 860.000 Einwohner, liegt auf 2570 Meter Höhe und erfreut sich eines sehr angenehmen Klimas. Die Region ist die Korn- und „Speisekammer" Boliviens, da die Fruchtbarkeit des Bodens ausgezeichnet ist. Neben vielen Mais- und Getreidesorten wird auch Gemüse, Obst und, in den tieferen tropischen Regionen, neben Coca vor allem Zitrusfrüchte und Bananen angebaut.

Die Stadt bietet sich für einen ein- bis zweitägigen Zwischenstopp an. Wichtigste Sehenswürdigkeit ist die 38 m hohe Statue **Cristo de la Concordia** auf dem Cerro San Pedro, nahezu von jedem Punkt der Stadt sichtbar und Wahrzeichen Cochabambas. Sie soll die größte begehbare Christusstatue der Welt sein. Ein Aufstieg über die steilen Stufen bietet sich am frühen Morgen an oder man nimmt die Gondelbahn bzw. die *Teleférico*, Fp 4 Bs einfache Fahrt, Mo geschlossen. Ein Taxi benötigt 10 Minuten, Fp 15 Bs.

Hervorzuheben sind auch die Märkte, einer der größten und buntesten ist *La Cancha*. Deshalb wird Cochabamba auch als die „Marktstadt" Boliviens bezeichnet. Ein Ausflug auf den Hügelberg *Colina de San Sebastián* oder **La Coronilla,** inmitten der Stadt direkt hinter dem Busterminal liegend, lohnt. Schöne Aussicht von oben.

Neueste Attraktion ist ein gläserner und 78 Meter hoher Obelisk auf dem Platz neben dem Hochhaus der Lokalzeitung „Los Tiempos". Gesponsert von Venezuela und höchster Obelisk Südamerikas.

Sehenswert

Cochabamba Zentrum ist die **Plaza Principal,** auch *Plaza 14 de Septiembre* genannt. Der hübsche Platz in kolonialspanischem Stil mit Palmen und einer Kondorsäule gilt als schönste Plaza Boliviens. Dominierend ist die **Kathedrale** von 1701. Das Portal im Mestizo-Stil ist einen Blick wert, das Innere weniger. In den umliegenden Geschäftsstraßen stehen einige weiter Kirchen, wie z.B. *La Compañía, Santa Clara* (1648 gegründet, Architekt Julio Knaudt), *San Francisco* (1581 gegründet, 1782 rekonstruiert, 1926 modernisiert) und **Santa Teresa,** eine der originellsten Kirchen Südamerikas.

Convento Santa Teresa

Ein Höhepunkt der Stadt ist der **Convento Santa Teresa,** Baptista N-0344, zwischen Ecuador und Mayor Rochan (am Eingang bitte klopfen!), eines der originellsten Kirchenklöster Südamerikas, das aus zwei Bauten besteht. Das architektonische Kleinod wird auch als „Perle Boliviens" bezeichnet, es ist eines der wenigen heute noch im Betrieb befindlichen „geschlossenen" Klöster in Südamerika. Die Klosterschwestern führen durch die ältesten Teile ihrer Heimstatt und finanzieren so die Renovierung. Vom Dach der Anlage schöner Blick über die Stadt. Der kleine Klosterladen verkauft selbstgemachte Zitronenmarmelade, Hostien u.a. mehr. Mo–Sa 8.30–12.30 Uhr, 14–18 Uhr, So 9–12 Uhr u. 15–17 Uhr, Eintritt 20 Bs, inkl. Führer. **TIP!**

Palacio de Portales mit Museo Simón I. Patiño

In der Calle Potosí 1450 (nördl. vom Zentrum) liegt in einer 10 ha großen Parkanlage der **Palacio de los Portales,** 1915–1922 im französischen Renaissancestil vom französischen Architekten Eugene Kliautt entworfen und von italienischen, japanischen und französischen Baumeistern erbaut. Dies war das Stadthaus des legendären **Zinnkönigs Simón Patiño,** einst einer der reichsten Männer der Welt und eine zeitlang auch Boliviens Botschafter in der Schweiz. Der Palast beherbergt verschiedene Salons mit Möbeln aus der Zeit Napoleons und Ludwig XV. U.a. wurde auch ein Saal nach der Alhambra in Granada und Teile der Sixtinischen Kapelle in Rom nachgebildet. Bewohnt hat Patiño jedoch das Gemäuer nie, da er vor der Fertigstellung einen Herzinfakt bekam.

Eintritt 12 Bs. Führungen obligatorisch. Di–Fr 15.30 auf Span., 16 Uhr Engli., 16.30 Uhr Span., 17 Uhr Engl., 17.30 auf Span., 18 Uhr Engli. Sa 9.30 Uhr und 10 Uhr Span., 10.30 Uhr Engl., 11 Uhr Span., 11.30 Uhr Engl. So 11 Uhr Span., 11.30 Uhr Engl.

Hier ist auch das **Centro Cultural Pedagócico Simón I. Patiño** untergebracht (Museum und Kulturzentrum, Tel. 424-3137). Wechselnde Ausstellungen über die Kultur Boliviens, sehr interessant, Videovorführungen. Der Besuch des Palacio Portales ist mit dem Besuch des Centro Cultural Pedagócico Simón I. Patiño verbunden, gleiche Öffnungszeiten.

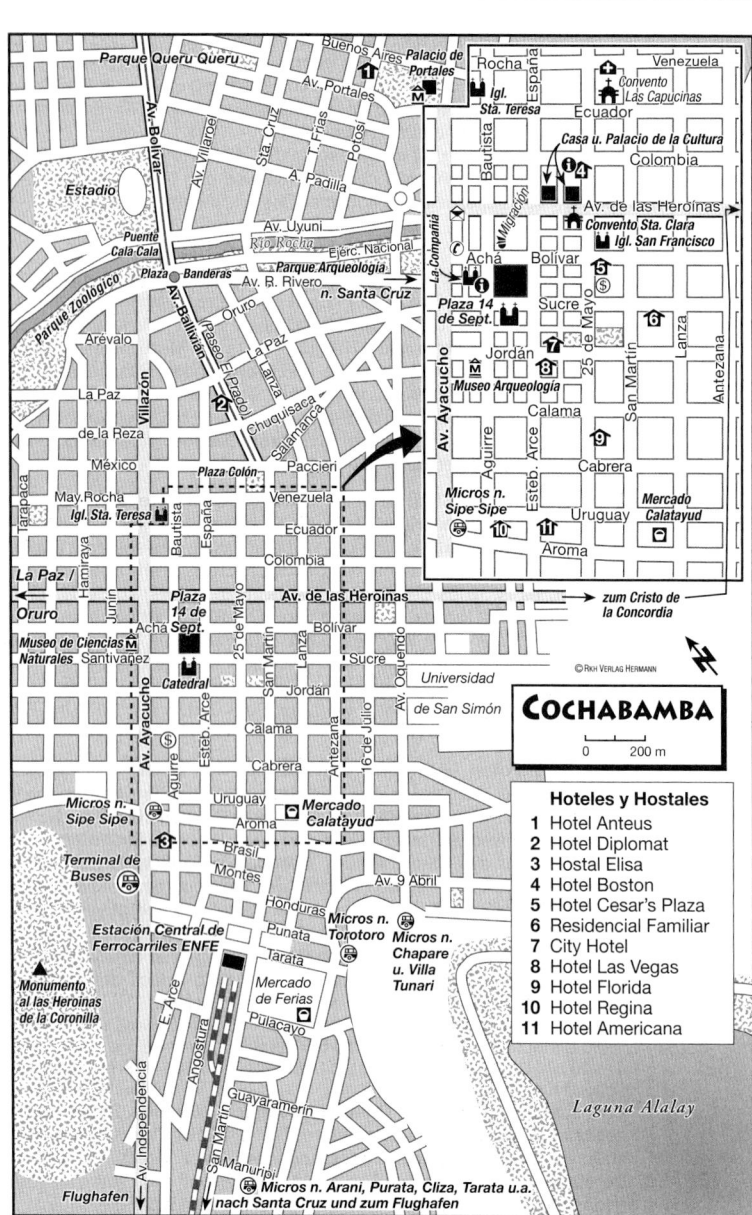

20 km außerhalb von Cochabamba, in Pairumani bei Villa Albina, liegt das Landhaus von Patiño, wo er in einem Mausoleum begraben liegt. Mo–Fr 15–16, Sa 9–11 Uhr. Anfahrt mit Trufi 211.

Museen

Das **Museo Arqueológico** der Universität San Simón, Nataniel Aguirre/Jordán, Tel. 425-0010, zeigt einen recht guten Überblick über die bolivianischen Kulturen, insbesondere der Zeit vor der Inka-Epoche. Neben Keramiken und Textilien, u.a. der *Yampara,* auch Knochen von Dinosauriern. Di–Fr 9–12.30 u. 15–19 Uhr, Sa 10–12 u. 15–18 Uhr, So 10–15 Uhr, geschl. von Weihnachten bis Mitte Januar, Eintritt 1,50 €, inkl. Führer.

Das neue **Kulturzentrum** der Stadt ist das **mARTadero**, Av. 27 de Agosto, zwischen Ollantay und Ladislao Cabrera (ex-Matadero), www.martadero.org.

Eine interessante Kunstgalerie mit Museum ist **Casona Santivañez,** Santivañez 0151, Mo–Fr 8–12 Uhr und 14.30–18 Uhr.

Museo de la Casa de la Cultura, 25 de Mayo/Heroínas 399, Tel. 425-8030, Kunstgalerie. Mo–Fr 9–12 u. 14.30–18 Uhr, Eintritt frei.

Fiesta Virgen de Urkupiña

Vom 15.–17. August findet mit der traditionsreichen Fiesta *Virgen de Urkupiña* in **Quillacollo** das größte und wichtigste Fest statt. Wunderbar kann hier die Verflechtung des christlichen Glaubens und den traditionellen Bräuchen beobachtet werden. Anfahrt ab Cochabamba mit einem der unzähligen Micros.

Der erste Tag beginnt mit einer **Diablada** (ähnlich wie in Oruro oder Puno) mit enthusiastischen Tänzern, die bis zur Verausgabung tanzen. Oft sind sie so entkräftet, dass sie ihrer Musikgruppe nur noch hinterhertorkeln können … Am Abend wird dann in den Gassen getanzt, gesungen und getrunken, teils bis in die früheren Morgenstunden.

Am nächsten Tag geht mit dem **Paseo el Prado** in Cochabamba, einem Straßenumzug der Kinder in Kleidern aus der Kolonialzeit, weiter. Der Umzug mit Pferdefuhrwerken beginnt am Mittag an der Plaza Colón.

Am dritten Tag pilgern frühmorgens die Gläubigen auf den **Calvario** (Kalvarienberg) in Quillacollo. Danach lebt auf dem Berg hinter der Marienkapelle altes Brauchtum auf. Das, was man sich wünscht (Haus, Auto, Geld u.a.) wird symbolisch (Geld in Form echter Geldscheine) in einen Steinkreis gestellt, mit Weihrauch eingenebelt, dann in kleinen Öfen mit Hilfe von Knallfröschen in die Luft gesprengt und Anwesende mit Konfetti beworfen. Um reich werden zu können, muss außerdem ein Stück aus einem der großen Steinblöcke herausgeschlagen (mit Hilfe eines Schluckes Schnaps für Mutter Erde) und nach Haus mitgenommen werden. Im nächsten Jahr wird dieses Steinstück wieder auf den Berg zurückgebracht. Abschließend wir mit viel Bier und Chicha gefeiert.

Festkalender

26. Januar: *Fiesta Tapacarí.* – 2. Februar: *Fiesta del Virgen de la Candelaria.* – Letzter Samstag der Faschingswoche: *El Corso,* das **wichtigste Fest in Cochabamba.** – 19. März: *Fiesta de San José* in Quillacollo. – 2./3. Mai: *Fiesta Santa Cruz Tatala.* – 13. Mai: *Fiesta Señora de Mayo y Fátima.* – 27. Mai: *Fiesta Heroínas de la Coronilla.* – 2. Juli: *Fiesta de San Benito* in Punata. – 16. Juli: *Fiesta La Recoleta.* – 26. Juli: *Fiesta Santa Ana* in Cala Cala. – 15. August: *Fiesta Virgen de Urkupiña* in Quillacollo, **größtes und wichtigstes Fest** der Region. – Erster Sept.-Sonntag: Gesamte *Stadt ist für den Autoverkehr gesperrt,* Menschen flanieren zu Fuß oder mit dem Fahrrad durch die Stadt. – 14. September: *Ehrentag* der Stadt Cochabamba. – 12. Oktober: *Fiesta Virgen del Rosario* in Quillacollo.

Adressen & Service Cochabamba

Tourist-Info Plaza 14 de Septiembre, Westseite, städtische Tourist-Info; Mo–Fr 8–12 und 14.30–18.30 Uhr. Auch Infos über Unterkünfte, Stadtpläne kostenlos. – *Oficina Regional de Turismo Cochabamba,* Colombia 340, Tel. 422-1793. Mo–Fr 9–12 Uhr und 14–18 Uhr. Infos über die Markttage in der näheren Umgebung sowie gute Auskünfte über öffentliche Transportmittel, sehr freundlich. **Hinweis:** Am 1. Sonntag im September herrscht Autofahrverbot in Cochabamba, auch Stadt- und Überlandbusse verkehren bis 17 Uhr nicht! Dafür schönes Flair in der gesamten Stadt, besonders auf der Plaza Prinicipal. **Vorwahl (04).**
Cámara Departamental de Hotelería de Cochabamba, Bolívar E-609, Tel. 422-4615. – *Parque Nacional Carrasco,* Julián M. López 1194, Tel. 423-5660. – *Territorio Indígena Parque Nacional Isiboro Secure,* Julian M. López 1194, Tel. 423-5660.

Nat.-Parks: Parque Portales 353, zwischen Av. Villarroel und Trinidad, Tel. 448-6453,
SERNAP www.sernap.gov.bo. Parkverwaltungsbehörde, auch für Infos über die Nationalparks Torotoro, Carrasco und Isiboro Secure.

Polizei Touristen-Polizei: Plaza 14 de Septiembre, Nordseite, Tel. 451-0023. Ausländerpolizei: *Migración,* Jordan 286, Mo–Sa 8–16 Uhr.

Adress- Hauptstraßenachsen in Cochabamba sind die Av. Ayacucho (N–S) und die Av.
System de las Heroínas (O–W), sie kreuzen sich im Zentrum. Die Nord-Süd verlaufenden Straßen südlich der Heroínas bekommen ein „S" für Sul vor die Hausnummer, S-0150 bedeutet z.B. im 1. Block südlich der Heroínas. Nördlich der Heroínas wird ein „N" für Norte vor die Hausnummer gesetzt. Alle west-östlich verlaufende Straßen westlich der Av. Ayacucho bekommen ein „O" für Oeste, O-0150 bedeutet z.B. im 1. Block westlich der Ayacucho, östlich der Ayacucho wird ein „E" für Este davorgesetzt. Die ersten zwei Zahlen zeigen also den Block an, die letzten zwei die Hausnummer, 0239 ist der 2. Block, Haus Nr. 39.

Unterkunft In Cochabamba gibt es ein sehr großes Hotel-Angebot in allen Preisklassen. Viele einfache und billige Unterkünfte liegen verkehrsgünstig in der Nähe vom Busterminal. Bei der Tourist-Info im Flughafen liegt ein Hotelverzeichnis auf und es können Hotels direkt gebucht werden. Unterkünfte in der Av. Aroma und in der Nähe vom Busterminal sind meist heruntergekommen, äußerst einfach (meist nur bc) und kosten alle zwischen 2,50–3,50 € p.P./bc oder 5 € p.P./bp. Die besten dort sind *Hostal Ossil,* DZ/bp 80 Bs, Residencial *Maracaibo,* DZ/bp 70 Bs oder *Alojamiento Escobar,* DZ/bp 90 Bs, bc wesentlich preiswerter. Ab Mitte August kommt es immer wieder zu Wasserknappheit, tagsüber wird dann das Wasser abgestellt.
Website über Unterkünfte: **www.hotebol.com.bo.**

ECO **Residencial Familiar,** Sucre E-544, Tel. 422-7988. Ww, freundlich DZ/bc 30 Bs, DZ/bp 80 Bs. **TIP!** – **Hostal Florida,** 25 de Mayo 583, Tel./Fax 425-7911. Freundliches Hostal (obwohl etwas laut), nette Zi., bc/bp, Ww, Cafetería, Ws, Geldwechsel, Internet, viele Rucksackreisende. EZ/bc 30 Bs, DZ/bc 60 Bs, DZ/bp 100 Bs, **TIP!** – **Hostal Elisa,** Agustín López S-0834, Tel./Fax 425-4406. Saubere, einfache Zi., bc/bp, Ww, Ws, schöner Garten, Internet, Spanischlernen 5 €/h, Globetrotter-Treff. EZ/bc 4 €, DZ/bc 8 €, DZ/bp 15 €. **TIP!** – **City Hotel,** Jordan E-341, Tel. 422-2993, Fax 425-4614, cityhotel24@hotmail.com. Modern, zentral gelegen (zeitweise laut), einfache bp-Zi., Ww. DZ 140 Bs. – **Hotel Las Vegas,** Esteban Arce S-352, Tel. 422-9217. Zentral gelegen, saubere, einfache bp-Zi., Ww, Rest., Cafetería, Ws, Geldwechsel. DZ/F 120 Bs. – **Hotel Regina 3,** Aguirre 718, Tel./Fax 482-8384, hregina@netbol.com. Zentrale Lage, aber ruhig, große, saubere und komfortable Zi., bp, Frühstücksbuffet, freundlich, gPLV. DZ/F 175 Bs, empfehlenswert.

Adressen & Service Cochabamba

FAM Hotel Boston, 25 de Mayo N-0167, Tel. 422-4421, Fax 425-7037. Propere Zi. mit Frühstück, bp, Rest., Ws, GpD, Geldwechsel. DZ/F 220 Bs. Kk, gut. – **Hotel Anteus,** Av. Potosí 1385, zwischen Pedro Blanco und Portales, Tel. 424-5067, www.hotelanteus.com. Ruhige Lage in sehr gutem Wohngebiet gegenüber Palacio Portales, großzügige Gartenanlage, Zi./bp, Ww, Ws, Rest., PP. DZ/F 240 Bs, Kk. **TIP!** – **Hotel Americana,** Esteban Arce 788/Aroma, Tel. 425-0552, Fax 425-0484, www.hotelamericana.com. 49 ansprechende Zi., bp, Ws, gut, sicher und preiswert. DZ/F 350 Bs, alle Kk. – **Regina Apart Hotel,** España 636 (Nähe Prado), Tel. 423-4216, 423-4218, www.hotelreginabolivia.com. Apartment-Hotel, Zi. mit Skk, DZ 264 Bs, MBZi/F (4 Pers.) 328 Bs.

FAM/LUX **Hotel César's Plaza,** 25 de Mayo S-210-213, Tel. 425-4032, Fax 425-0324, www.cesarsplaza.com. Zi. mit Heizung, bp, Full-Service, Rest., Bar, Ws, Geldwechsel. DZ/F 440 Bs. – **Hotel Aranjuez,** Av. Buenos Aires E-0563, Tel. 428-0076, Fax 42 4-0158, www.aranjuezhotel.com. Kleines, aber feines Hotel in alter Kolonialstil-Hacienda, große Zi., Rest., wunderschöner Garten mit kleinem Pool – eines der schönsten Hotels Boliviens. DZ/F ab 600 Bs, Kk, ab 3 Tagen unbedingt nach Rabatt fragen!

LUX **Hotel Diplomat,** Av. Ballivián 0611, El Prado, Tel. 425-0687, www.diplomat.com. Hochhaus mit feiner Lobby, Zi./bp, Ww, Ws, Rest., PP. DZ/F 570 Bs, Kk.

Touristenkomplexe **Cabañas de Tolavi,** in Tiquipaya, Tel. 428-8370, Fax 428-8599. – **Campo Verde,** Carretera nach La Paz, Km 24,5, Tel. 426-2019. – **La Cabaña Campestre,** Km 10, Quillacollo, Piñami, Tel. 426-0833, casacamp@supernet.com.bo. Ländliche Anlage im Cabaña-Stil, gutes Rest., große Gartenanlage mit Pool, für Familien mit Kindern besonders gut geeignet, deutschsprachig, gPLV.

Essen und Trinken Ein breites Angebot für jeden Geldbeutel und Geschmack. Viele preiswerte Kneipen und Comedores findet man in der Busstraße Aroma, doch nichts Besonderes. Die billigsten Gerichte – um ca. 1 € – werden auf den Märkten angeboten, wie z.B. auf dem *Mercado 25 de Mayo, Mercado de Ferias* oder dem *Mercado La Cancha.* Auf dem Markt La Cancha befinden sich die Essstände im Abschnitt „Calatayud".

Typische regionale Gerichte sind *Chajchu* (Chuñogericht mit gebratenem Fleisch, Käse, Ei, Zwiebeln und *ají*), *Chanke de Conejo* (Kaninchen mit grünen Zwiebeln), *Pique Macho* (Rinderhüfte mit Würstchen, Chorizos, Kartoffeln, Tomaten und Zwiebeln), *Jaka Lawa* (Maisgericht mit Fleisch und Käse), *Pampaku* (gemischter Fleischtopf mit Kartoffeln, Kochbananen, Yuca, serviert mit frischem Gemüse und Salat), *Charque* (luftgetrocknetes Rindfleisch mit Ei und Pellkartoffeln), *Habas Pecktu* (Bohnengericht mit Kartoffeln, Ei und Tomaten) und *Silpancho* (Rindfleisch mit gebratenem Ei und Salat).

Regionale Küche Cochabambas bietet die **Casa de Campo,** Pasaje Boulevard de la Recoleta 618. – Sehr beliebt bei der lokalen Bevölkerung ist das **Miraflores,** Calle Tarija 1314, nur am Wochenende auf, reichhaltige Gerichte 40 Bs, **TIP!** – Preiswerte Mittagsmenüs gibt es im **Charlot,** Mexico/España, ein Treffpunkt der Einheimischen. **TIP!** – Im **Sucremanta,** Av. Ballivián, werden täglich mittags lokale Spezialitäten serviert. – **Jhatata,** Av. Humboldt 651, gemütliche familiäre Atmosphäre, typische Landesküche, ab 20 Bs. **TIP!** – **Los Troncos,** Junín N-0942; sehr gute Parrillada und Fleischgerichte. – Ganz auf Parrillada ist auch **Toto's,** Paccieri 571/Lanza, eingestellt. – Gute Churrasquerías sind **El Rodizio,** Torres Sofer, Av. Oquendo N-0654, 2. Stock, und **Churrasquería Tunari,** Pasaje Boulevard de la Recoleta, mit dem vielleicht köstlichsten Grillfleisch der Stadt sowie **La Brasa Churrasquería,** Av. Felix Aranibar 1491.

In der Av. Ballivián 510 und 542 gibt es mit dem **Canguro** und **Los Casto-**

res zwei typische *Salteñerías*. Doch die beste Salteñería der Stadt ist **Corti´s,** Av. Ballivian 668, die bereits drei Mal den ersten Platz beim Salteñería-Wettbewerb gewann. – **José,** an der Plaza, chinesisch, gut und nicht teuer. – Auch das **Lai Lai,** Recoleta E-0729 kann für seine chin. Küche empfohlen werden. – Die **besten Pizzen** in der Stadt kommt wahrscheinlich im **Sole Mio,** Av. América N-826/Pando, auf den Teller, für die ein nettes ital. Pärchen sorgen.

Bei **Pollo Choco,** San Martín 310/Ecuador, **Pio Lindo,** San Martín/Plaza Colón sowie **Pollos Panchita,** Av. America zwischen Villarroel und Tarija, dreht sich alles ums **Hendl.** – **Casa de Campo,** Av. Uyuni 618, leckere Hähnchengerichte, wie *Picante de Pollo.*

La Suiza, Ballivián 820/Arevalo, eines der besten Restaurants und vornehm, preislich nicht abgehoben, gut besucht. – Ein schönes, angenehmes Ambiete bei sehr gutem Service bietet das **La Cantonata,** España/Mayor Rocha, gute internationale Küche, italien. Spezialitäten. – Schöne Atmosphäre auch im **Paprika,** Av. Rámon Rivero 292; internationale Gerichte.

Frühstück: Brazilian Coffee, Av. Ballivián 537 (El Prado) zwischen México und Reza, auch Sushi. – **Café Vivaldi,** Esteban Arce 354, an der Plaza, Frühstück und deutsche Biere. – **Orale,** Av. Salamanca 555; Frühstück 8.30–12 Uhr, und gutes Restaurant. – **Confitería Boolevar,** Bolívar 322, preiswert. – **Café Frances,** España N-140, hervorragende Kuchen und Quiches, empfehlenswert. – **Espresso Cafe Bar,** Esteban Arce 340, fast an der Plaza, gemütlich, guter Kaffee, Zeitungen.

Heladería Dumbo, Av. de las Heroínas zwischen España und San Martín, sehr gutes Eis. Gleich daneben das ebenfalls prima Eiscafé *Cristal.*

Vegetarisch: Ganesha, Mayor Rocha E-0385, das derzeit beste vegetarische Restaurant der Stadt mit Salatbuffet, nur Mittagstisch. **TIP!** – Ebenfalls nur Mittagstisch, großes veget. Buffet: **Gopal,** España N-0250, Galeria Olimpia, Centro Comercial. Es liegt im Innenhof des Centro Comercial ganz hinten, sehr preiswert. – **Comedor Vegetariano,** Buenos Aires/25 de Mayo 329.

Unterhaltung Das **Kneipenviertel** mit Jazz-, Hardrock-, Künstler- und Bierkneipen liegt zwischen der España, Ecuador und Venezuela/Mayor Rocha, an Wochenenden ist viel los. Aber auch die Av. Ballivián, Prado und Boulevard de la Recoleta hat einiges zu bieten.

Panchos, Mayor Rocha zw. España und 25 de Mayo; nettes Lokal für Salsa, Merengue usw., nur Fr/Sa geöffnet. – **Dali,** Calle Reza E-242, Plazuela Barba de Padilla acera Norte; angesagter Studententreff, meist sehr voll, gute Stimmung, gute Musik. – **Casablanca,** 25 de Mayo zw. Ecuador und Venezuela; beliebter Treff unter Jugendlichen, nette Atmosphäre, viele Reisende, Gringo-Hangout. – **Na Cunna,** Av. Salamanca 557 casi Lanza; Irish Pub & Restaurant, Guiness-Bier, gute internationale Küche, Fr Livemusik. – **La Tirana,** Calle Lanza/Av. Ramón Rivero; angesagte Bar zum Abtanzen auf zwei Etagen, nur Do/Fr/Sa bis spät in die Nacht. – **Cocofé,** Calle Mayor Rocha zw. der 25 de Mayo und España; kleine alternative Café-Bar mit familiärer Atmosphäre, Travellertreff. – **Fragmentos,** Ecuador 326 zw. 25 de Mayo und España; romantische Atmosphäre in einem Café-Restaurant mit verschiedenen netten Räumlichkeiten. – **Picasso,** España N-0327; populäre Bar mit Restaurant, mexikan. Snacks und Gerichte. – **Peña Arahui,** Av. América; Fr/Sa/So traditionelle Live-Musik. – **Pimienta Verde,** Av. Ballivián 688, El Prado, casi La Paz; angesagter Disco-Club, Oldies, sehr beliebt bei Reisenden, nur Do/Fr/Sa/So. – **Disco Arlequín,** Av. Uyuni/Pasaje Sorache; typische Pop- u. Rockmusik Südamerikas. – **Disco Alcatraz,** Pasaje Boulevard 700 (bei der Plaza Recoleta).

Theater *Teatro Acha,* España 130. Theater, Ballett u.a., im Jan. geschlossen.

Kinos *Cine Center,* Av. Ramón Rivero 789/Oquendo. Modernes Multiplex-Kino in einem riesigen Betonkasten außerhalb des Zentrums. – *Cine Avaroa,* 25 de Mayo/Jordan, preiswert.

Notrufe	*Radio Patrullas* (Überfallkommando), Tel. 110; Touristenpolizei 120; Feuerwehr Tel. 129.
Erste Hilfe	Notruf 181. Notapotheke 175. *Hospital Clínica Viedma*, Av. Ancieto Arce 257, Tel. 432-0224. *Dr. Ruben Cochine* (Zahnarzt), Clínica Dental, Valdivieso 523 und Salamanca (Plaza Colón). **Deutschspr. Ärztin:** *Dr. Elisa Schein* (Internistin), Baptista 777, Ed. Servimed (5. Stock), Tel. 429-7829, Mobil 717-20104; freundlich, hilfsbereit.
Apotheken	*6 de Agosto*, Av. 6 de Agosto/Panamericana, Tel. 422-2891. – *Farmacorp*, Av. Ballivian, Tel. 452-4428.
Konsulate	Dt. Honorarkonsulat, Plaza Quintanilla, Ed. Los Tiempos, Tel. 453-0348. **Schweizer Konsulat:** Av. Santa Cruz 1274, Ed. Comercial Center, Tel./Fax 00591-4-448-6868; acscbb@cotas.com.bo, Mo–Fr 9–12 Uhr.
ICBA	*Instituto Cultural Boliviano Alemán,* Deutsch-Bolivianisches Kulturinstitut, Lanza 727, zw. Chuquisaca und La Paz, Tel. 412-2323, Tel./Fax 425-7248.
Centro de Idiomas Kori Simi	Die von der ICBA übernommene Sprachschule, Lanza 727, Tel. 412-2323, http://korisimi.icbacbba.com, unter dt.-bol.-schweizer Führung, bietet im gleichen Haus Spanisch- und Quechua-Sprachkurse an, zusätzlich Vermittlung von Gastfamilien mit Freizeit- und Kulturprogramm.
Post	*Correo*, Ayacucho/Achá; Mo–Sa 8–19 Uhr, So 8–12 Uhr.
DHL	Av. Ramón Rivero/Lanza 310, Tel. 411-6161. Zweigstellen in der Calle Lanza und Av. San Martín.
Telefon	*ENTEL,* Ayacucho/Arce, Tel. 422-5210; Mo–So 8–22.30 Uhr, mit schnellem Internet. Auskunft 104.
Internet-Cafés	Fast an jeder Ecke im Zentrum gibt es eines, z.B. *Cybernet,* Av. Heroínas/Av. Ayacucho, *Internetcafé,* Av. Ballivián (Prado)/México, oder in der Einkaufspassage an der Achá zw. Ayacucho und Aguirre.
Geld	*Exprinter,* Plaza 14 de Septiembre 252. Wechselt auch Reiseschecks in Euro-Bargeld um (Kommission). *South América Corporación,* Achá E-0162, Tel. 422-22307. *Foto Chang,* Plaza 14 de Septiembre. *Banco Sta. Cruz, 26 de Mayo E-0708. Banco del Crédito,* Calle Nataniel Aguirre S-0498. *Banco Mercantil,* Calama E-0201. *Banco Nacional de Bolivia,* Calle Jordan E-0198. *Banco Union,* Calle Sucre E-0397. Straßenwechsler stehen vor der Post/ENTEL.
Touranbieter	**Fremen Tours Andes & Amazonia,** Tumsula 245, Tel. 425-9392, Fax 411-7790, www.andes-amazonia.com. Fremen ist einer der größten Touranbieter mit der besten Infrastruktur. Organisierte Touren in die Chapare-Region, zum Salar de Uyuni, exzellente Bootstour mit der *Reína de Enin* ab Trinidad den Río Mamoré hinunter, sowie nach Torotoro, Incallajta und in den *Parque Nacional Tunari.* Zu einer Gruppe zusammenschließen, dann Angebote preisgünstiger, alleine ist es zu teuer. **TIP!** – **Ranabol,** Ayacucho 112/Heroínas, Tel. 458-3039, 7743-3505, 7171-7097, www.aventurabolivia.com. Tagesausflüge nach Incallajta und Incaracay für 120 €/max. 4 Pers. inkl. Eintritt und Mittagessen, Raftingtouren im Chapare, Mountainbiking, Gleitschirmfliegen, Kanuausflüge im P.N. Isiboro Secure, Bergtrekking; empfehlenswert. – **Andesxtremo,** La Paz 138 zw. Ayacucho und Junín, Tel. 452-3392, www.andesxtremo.com; Gleitschirmfliegen 7-Tageskurse, Trekking auf den Cerro Tunari, Mountainbiking, Bungeespringen, Rafting, nettes Personal, gPLV. – **Bolivia Cultura,** Ecuador 342, zw. 25 de Mayo u. España, Tel. 452-9459, www.boliviacultura.com. Ausgezeichnete Adresse für Touren nach Torotoro. – **D'Orbigny Travel,** Pasaje de la Promotora 344, zw. España u. Heroínas, Tel. 451-1367, www.turismodorbigny.com. Empfehlenswert für alle Touren rund um Cochabamba, Incallajta, Parque Nacional Tunari, Valle Alto und Valle Bajo sowie Torotoro. Ausflug nach Incallajta ca. 270 Bs. – **Collasuyo Tours,** Av. Ayacucho 215/Achá, Tel./

Fax 451-1747, collaysuyotour@gmail.com; gute Touren in den Chapare, z.B. Zweitagestour ca. 580 Bs, inkl. Ü/F, VP, Besuch des P.N. Carrasco oder Torotoro.

Mietwagen *International Rent-a-Car,* Av. Ayacucho 219/Colombia E-0361, Tel./Fax 422-6635; Spezialisiert auf Jeeps bzw. 4WD. Jeep Suzuki Vitara 45 €/Tag inkl. 120 Freikilometer oder 370 €/Woche inkl. 1000 Freikilometer. Toyota Landcruiser 450 €/Woche, 1000 Freikilometer, 0,35 € für jeden weiteren Kilometer oder Toyota Landcruiser (Vagoneta), 550 €/Woche, 1000 Freikilometer, 0,48 € für jeden weiteren Kilometer; Monatsmieten ab 800 € mit 2000 Freikilometern. Auch von D aus buchbar. – *AVIS,* Av. Pando 1187, Tel. 428-3132, Fax 428-2389, 24-Std.-Service Tel. 776-7004, www.avis.com.bo. Kleinwagen ab 15 €, Wochentarif 199 €. Geländewagen Toyota Landcruiser (7-Sitzer) 44 €, Wochentarif 500 €. Alle Preise zuzügl. Versicherung. – *Barrón's Rent-a-Car,* Sucre E-0727/Antezana, Tel. 422-2774, www.rentacarbolivia.com mit Zweigstellen in La Paz, Villazón und Tarija.

Landkarten *Instituto Geográfico Militar,* 16 de Julio S-0237, zw. Bolívar u. Sucre, Tel. 422-7965.

Taxi Der engl.-spr. *David Linares,* Av. Victor Ustariz 1511, Tel. 779-47774, abdabeli@hotmail.com, kann empfohlen werden. Ansonsten: *Radio Taxi Portales,* Tel. 424-6100. *Ciudad Jardin,* Tel. 424-4848 (Radiotaxi). *CBA,* Colombia, Tel. 422-8856. *Ejecutivo,* Tel. 424-2692 (Radiotaxi). *Raditaxi Florida,* Tel. 420-0500. Wer die Umgebungsziele Cochabambas ansehen möchte, kann für einige Stunden oder einen ganzen Tag ein Taxi anheuern, ca. 30 Bs/h. **TIP!**

Supermarkt *IC Norte,* Av. América 817/Av. Pando, Recoleta, sehr gut sortiert. *CIM,* Av. Blanco Galindo, Km 3.

Einkaufen *Shopping im Torres Sofer,* Av. Oquendo 654.

Campingausrüstung *The Spitting Llama,* España 615, zw. Plaza Barba de Padilla u. La Paz, Tel. 489-4540, www.thespittingllama.com. Ausrüstung für Fahrrad- und Rucksackreisen, Landkarten (auch von Reise-Know-How) und dt.-spr. Reiseliteratur, alle Kk. – *Camping Oruro,* Sucre 112, Shopping Sucre, Planta Baja, Tel. 7035-1792. Campingausrüstung und -kleidung. – *Camping Centro Cochabamba,* Av. San Martín S-0555,Tel. 425-0084.

Kunsthandwerk *Arte Andino,* Pasaje Catedral, www.artesanosandinos.com. Die Kooperative *Asociación de Artesanos Andinos* von lokalen Bauern aus Tapacari bietet wunderschöne Stoffe mit traditionellen Mustern an, mit das schönste Kunsthandwerk Cochabambas. – *El Atico,* Ancieto Padilla E-775, Paseo Peatonal Recoleta. – *Kay Huasy,* Esteban Arce 0427. – *Coimsud,* Av. Ayacucho 0471/Calama y Jordán. Kleiner Souvenirmarkt in der kleinen Gasse zwischen Ayacucho und Baptista.

Freibad *Complejo Tropical,* Av. Blanco Galindo, Km 5,5. *Balneario San Juan de Dios,* Av. Blanco Galindo, Km 13.

Wäscherei *JET,* Calle Ladislao Cabrera 127, zw. San Martín u. 25 de Mayo, Tel. 435-0581 und Av. Aroma, casi Av. Ayacucho, Tel. 425-2405, holt die Wäsche auch im Hotel unter der Servicenummer 800-131414 ab, 8 Bs/kg. – *Brillante,* Av. Aroma 118. – *Lavandería Superclean,* 16 de Julio/Jordán.

Buchhandlungen *Los Amigos del Libro,* Ingrid und Werner Guttentag, España 153, zw. Heroínas u. Bolívar, Tel. 450-4150, www.librosbolivia.com. Filialen im Shopping Torres Sofer, Av. Oquendo 654, Tel. 425-6471, und auf dem Flughafen Jorge Wilstermann, Tel. 425-9447. Gute Karten von Bolivien zu festen Preisen! – *Plural Libros,* Aguirre 130. Die empfehlenswerte Buchhandlung hat ähnliche Angebote wie Los Amigos del Libro, u.a. Bücher zu Politik, Zeitgeschichte sowie andinen Religionen und Legenden.

Verkehrsverbindungen

Stadtverk. Micros, Colectivos und Trufis sind billig, Taxi-Kurzfahrt 5–6 Bs (Nachtfahrt 100% Aufschlag).

Nahverkehr Busse in die unmittelbare Umgebung fahren in der Av. 6 de Agosto zwischen Av. Barrientos u. Av. República, südlich des Hügels *La Coronilla*, ab. In Richtung *Chapare* fahren sie in der Av. Oquendo ab (östl. des Bahnhofs).

Bus Der Busterminal liegt in der Av. Ayacucho/Av. Aroma, Tel. 420-0155. Anfahrt mit Trufi 10 und C sowie dem Micro Q vom/ins Stadtzentrum. Die besten Busunternehmen sind *Bolívar*, Tel. 422-1819 und *Trans Copacabana,* Tel. 425-0226.

Nach **Arica** (Chile): Mi/So um 8 Uhr mit *Bolívan Bus* über Tambo Quemada, Fz 12 h, Fp 150 Bs. Mit *Trans Salvador* tägl. außer Sa um 8 Uhr, Fz 14 h, Fp 150 Bs. – **Iquique** (Chile): Bus tägl. außer Fr/Sa via Oruro und Pisigua von *Trans Bernal* um 7 und 20 Uhr, Fz 14 h, Fp 120 Bs. Tägl. außer Sa mit *Trans Salvador* um 7 und 19 Uhr via Pisigua, Fz 18 h, Fp 150 Bs. – **La Paz** (380 km): tägl. unzählige Busse (mindestens 10 Gesellschaften), u.a. fast stündlich von 5.30 Uhr bis 23.15 Uhr mit *Trans Copacabana,* Fp 43 Bs. Der Bus Semi-Cama von *Trans Copacabana* fährt um 22.30 Uhr, Fp 60 Bs. Bus Cama (Schlafbus) von *Bolívar* fährt um 22.30 und 23 Uhr, Fp 90 Bs. Fz 7 h auf asphaltierter Straße. – **Oruro** (210 km): tägl. unzählige Busse, u.a. mit *Flota Nobleza, Oruro, Cometa, Cisne Imperial* und *Danubio,* Abfahrten zwischen 6 Uhr und 17.30 Uhr, Fz 4 h, Fp 25 Bs. – **Potosí:** Abfahrt um 20 Uhr, Fp 53 Bs, Bus Semi-Cama Abfahrt um 21 Uhr, Fp 80 Bs, Fz 11 h. – **Puerto Villarroel**: täglicher Bus (vormittags), Fz 6–8 h, 8 €. – **Santa Cruz** (470 km): tägl. Busse, u.a. mit *Trans Copacabana, Bolívar, San Francisco* oder *Unificado.* Abfahrten mit *Trans Copacabana* stündlich zwischen 8 und 21 Uhr, Fp 54 Bs, mit Bus Semi-Cama um 21.30 Uhr, Fp 70 Bs. Bus Cama mit *Bolívar* Fp 110 Bs. Fz 12 h. Alle Busgesellschaften wählen die **Tieflandstrecke über Villa Tunari** (viele Tagbusse). Wer über die alte Hochlandroute von Cochabamba über Epizana und Samaipata nach Santa Cruz möchte, braucht mehr Zeit, da es keinen Direktbus mehr gibt, unterwegs evtl. Übernachtung erforderlich. – **Sucre** (370 km): tägl. Busse, u.a. mit *Flota Copacabana, MOPAR, Flota Bolívar.* Abfahrten u.a. um 19.30 und 20 Uhr, Fp ab 50 Bs, Abfahrt Bus Semi-Cama 20.30 Uhr, Fp 60 Bs, Fz 10 h. – **Trinidad** (via Santa Cruz): Tägl. mit Flota Unidos und América, Fz 24 h, 20 €. – **Vallegrande**: täglicher Bus, Fz 8 h, 8 €. – **Villa Tunari**: tägl. Busse (meist vormittags) ab Av. Oquendo/Av. República, u.a. mit *Flota 7 de Junio,* Fz 5 h, 15 Bs. Tägl. Micros ab Av. 9 Abril. Trufis (sogenannte *Surubis*) fahren bei genügend Mitfahrern rund um die Uhr für 25 Bs nach Villa Tunari. Die Gesellschaften *Ivirgarzama, Chimoré* und *San Gabriel* fahren durch Villa Tunari und halten dort für Fahrgäste an, Fp 15 Bs. Von Villa Tunari fahren Colectivos nach **Puerto San Francisco,** Fp 1,30 €.

Zug Schienenbus Di/Do/Sa um 8 Uhr, Fz ca. 10 h, Fp 2 €. Der Personenzugverkehr zwischen Cochabamba und Oruro wurde eingestellt. Infos: Tel. 422-3840.

Flug Der Flughafen *Jorge Wilstermann,* Av. Guillermo Killman (zentrumsnah) ist der modernste Flughafen Boliviens mit Ladenpassagen, Internetcafé, Geldautomaten, Mietwagenangebote und Tourist-Info (Unterkunftsverzeichnis, Tourbuchungen). Anfahrt mit Micro B von der Calle Ayacucho, mit Radio-Taxi 1,25 € (fester Tarif), Colectivo 1 €. Vorsicht, normale Taxis vom Flughafen versuchen 4 € abzuknöpfen, ein Hinweis auf den Festpreis der Radio-Taxis klärt die Sache.

Aerocon, Av. Santa Cruz 1515, Tel. 448-7665; tägl. nach La Paz und Trinidad. – **Aerolineas Sudamericanas,** Calle México 138, zw. Baptista u. Ayacucho, Ed. México, Tel. 45-8157, www.vueleconas.com; tägl. nach La Paz. – **Aerosur,** Av. San Martín S-0150 und Av. Villarroel 105/Obilatas, Tel./Fax 440-

0912, Res. 459-0777, www.aerosur.com; nach Cobija (Di/Do/Sa), Guayaramerín (Mo–Sa, X) 130 €, La Paz (mehrmals tägl.) ab 36 €, Pto. Suárez (Mo–Sa, X) ab 82 €, Riberalta (Mo–Sa) 130 €, Sta. Cruz (tägl.) 60 €, Sucre (Mo–Sa, X) ab 55 €, Tarija (Mo–Fr, X) 80 €, Trinidad (Mo–Sa, X) ab 75 €. – **TAM,** Av. América Oeste casi George Washington, Ed. Torre America 475, Tel. 458-1552, www.tam.bo; nach Guayaramerín (Mi/Fr) 87 €, La Paz (tägl.) 27 €, Pto. Suárez (Di) 73 €, Riberalta (Mi/Fr) 87 €, Sta. Cruz (Di) 33 €, Sucre (Sa) 27 €, Tarija (Sa), Trinidad (Mi) 40 €. – **Lufthansa/LAN,** Av. Heroínas O-130, Ed. Barna, Tel./Fax 426-6443. – **IBERIA,** Colombia E-0463, Tel. 425-8099. – **TAM Mercosur,** Plazuela Constitución zw. Chuquisaca u. Calle 16 de Julio, Tel. 459-0212, www.tam.com.py. Nach Asunción (Paraguay) via Sta. Cruz.

Umgebungsziele von Cochabamba

Marktorte und ihre Feste

Einige reizvolle Orte in der Umgebung von Cochabamba sind: **Punata** (dienstags findet ein sehenswerter Markt statt), **Cliza** (Markt So, riesige Kartoffeln und gewaltige Kürbisse, sehr interessant und authentisch), **Quillacollo** (Markt So) oder das wirklich malerische **Tarata** (Markt Do). Quillacollo feiert jedes Jahr am 15. August ein großes Festival zu Ehren der *Virgen de Urkupiña*. In **Arani**, 60 km entfernt, findet alljährlich am 24. August ein berühmtes Fest zu Ehren der *Virgen de La Bella* statt. **Tiquipaya** hat drei große Feste: Ende April das *Chicha-Festival*, im September das *Blumen-Festival* und Anfang November findet das *Festival de la Wallunca* statt.

Im Ort **Independencia**, einem Juwel in einer landschaftlich und kulturell sehr reizvollen Gegend, wird alljährlich ab 16. Juli ein viertägiges Fest zu Ehren der *Virgen del Carmen* gefeiert, das von prächtigen Umzügen traditionell gekleideter Bauern und einem Bullenrennen durch die Hauptstraße des Ortes zahlreiche Besucher anzieht.

In **Torotoro** können Fußspuren von Dinosauriern bestaunt werden (Größe 35 x 50 x 20 cm).

10 km nordwestlich von Cochabamba Richtung Tiquipaya liegt die Brauerei **Taquiña**, die täglich besichtigt werden kann (Führungen). Das angeschlossene Restaurant serviert am Sonntag leckere Grillgerichte, von der Ente bis zum Schwein. Anfahrt mit dem Taxi 2 €.

Tour 1: Incallajta und Inca Racay

Archäologie-Freunde interessieren evtl. die beiden Inkaruinen **Incallajta** und **Incaracay** bei Sipesipe. Es sind mit die bedeutendsten Inkabauwerke Boliviens, wobei die Ruinen von Incallajta zweifelsohne zu den archäologischen Highlights Bolivien gehören, während Incaracay nicht wirklich spektakulär ist. Während Incaracay nur knapp 30 km südwestlich von Cochabamba liegt, ist Incallajta („Land des Inca") 142 km entfernt. **Beide sind mit öffentlichen Verkehrsmitteln nicht direkt erreichbar!**

Die Ruinen von **Incaracay** in den Bergen von Tarhuani waren ein nur schwer zugänglicher Außenposten des Inkareiches, sie wurden zum Schutz des Cochabamba-Tales errichtet. Beeindruckend sind die Steinmauern und ist die spektakuläre Sicht von der ehemaligen Plaza ins Tal. Anfahrt von Sipesipe am schnellsten mit dem Taxi (12 km).

Die Anfahrt nach **Incallajta** ab Cochabamba erfolgt mit Trufis ab der Av. 6 de Agosto/Manuripi, Parada Pocona, nach Pocona, dort guter Zugang zu den Inkaruinen. Die Trufis fahren täglich und regelmäßig, Abfahrt ab 5 Uhr, wenn mind. drei bis vier Mitfahrer zusammenkommen. Bei einer Gruppe von mind. drei Personen fährt das Trufi nach Absprache sogar bis zum Eingang der Inkaruinen, Fp 20 Bs pro Person. Die Rückfahrtzeit sollte mit dem Fahrer koordiniert werden, damit er die Gruppe wieder zeitgerecht abholt. Bei Einzelreisenden ist eine Kompensationszahlung notwendig oder der Ausstieg in Collpa notwenig, dann aber noch 10 Kilometer Fußmarsch! Ansonsten müsste man schon ein Taxi (ca. 50 €) oder einen Mietwagen nehmen, Fz ca. 3 h. In Incallajta gibt es ein kleines Besucherzentrum mit Parkplatz und eine kleine Ausstellung zu Incallajta, sonst keine weitere Infrastruktur. Von dort geht ein Fußweg in wenigen Minuten zum archäologischen Ausgrabungsarreal auf einem Felsplateau, das an der einen Seite von einem Fluss und an der anderen von einer Felswand begrenzt wird. Incallajta nur selten besucht. Die Anlage wurde um 1460 durch Tupac Inca Yupanqui zum Schutz gegen Angriffe durch die Guarani erbaut und war durch die strategische Lage leicht zu verteidigen. Seit 1988 ist die Anlage als ein **Monumento Nacional.**

Touranbieter in Cochabamba organisieren einen Tagesausflug (Adressen s.o.). Wer mehr über die Ruinen erfahren möchte, sollte sich das Buch *Incallajta & Incaracay* von *Jesús Lara* im Buchladen *Los Amigos del Libro* in Cochabamba besorgen.

Tour 2: Chapare

Im Nordosten von Cochabamba erstreckt sich die Chapare-Region, die, ähnlich wie die Yungas, den Übergang von den Andenhochtälern zu den Urwaldgebieten herstellt. Ein tropisch-fruchtbares Gebiet, in dem u.a.

auch viel Coca angebaut wird. Dadurch hat der Chapare einen ungewollten Aufschwung genommen. Häufige Polizei- und Militärkontrollen sind in diesem Gebiet nichts ungewöhnliches. Ausflüge in den Chapare führen nach Villa Tunari und nach Puerto Villarroel (s. Route 14, S. 783) und Puerto San Francisco sowie in den Nationalpark *Isiboro Secure*.

Dei km 157 liegt im Chapare das Hotel *El Puente,* bp, Rest., Tel. 425-9392 (Cochabamba) inmitten eines 40 ha Urwaldgebietes. Neben Fußwanderungen durch den Urwald locken 14 Naturschwimmbecken.

Tour 3: Parque Nacional Torotoro

Der kleinste Nationalpark Boliviens (165 qkm) liegt inmitten einer faszinierenden Berglandschaft *(Bosque Seco Caducifolio, Pradera Puneña Semihúmada)* mit tiefeingeschnittenen Tälern (3600–1900 m), Heimat der Andenkatze und des Andenfuchses, aber auch des *Ara rubrogenys.* Er wurde am 26.07.1989 zum Schutz der einmaligen paläontologischen Funde eingerichtet. Sehenswert sind neben den hunderten, 60 Mio. Jahre alten Dinosaurier-Fußspuren und fossilen Knochenfeldern auch die unterirdischen Wasserfälle und Seen der gewaltig großen *Gruta de Humajalanta,* von der bereits 4 km erforscht sind. Diese liegt eine Fußstunde vom Dorf Toratora entfernt und kann begangen werden. Keine europäischen Standards erwarten, keine Platzangst haben. Daneben locken die Ruinen von *Llama Chaqui* aus der Inkazeit und die Felsmalereien von *Batea Cocha.*

Anfahrt: Das kleine Dorf Torotoro ist Ausgangspunkt zum Besuch des Torotoro-Parks. Anfahrt von Cochabamba (200 km) mit Bus, Pickup oder Lkw, Fz 6 h. Öffentliche Verkehrsmittel fahren ab der Av. República Mi/Sa um 18 Uhr, Di/So ab der Av. República/Av. 6 de Agosto ab 6 Uhr. Rückfahrten Mo/Di/Fr/Sa um 6 Uhr, Fp 20 Bs. Alternativ kann von Cochabamba aus eine kürzere Strecke (138 km) direkt nach Torotoro mit einem 4WD ganzjährig befahren werden, Fz 4,5–5 h. Buschflieger von Cochabamba nach Torotoro, max. 6 Pers., ca. 100 € einfach; Tel. 422-7042.

Von Torotoro können alle Sehenswürdigkeiten des Parks gut zu Fuß erreicht werden. Im noch ursprünglichen Dorf ist eine gepflegte Unterkunft mit Bad und Ww vorhanden. Im Dorf sollten unbedingt Führer, wie z.B. *Ramiro* oder *Felix,* verpflichtet werden, besonders für die Tropfsteinhöhle Humajalanta, 50 Bs/Tag. Weitere Infos: Parque Nacional Torotoro, La Paz, Tel. 232-1619.

Spezialisiert auf den P.N. Torotoro in Cochabamba sind *Claudia & Ramiro Etelvina,* Villa Etelvina, Av. Juan de la Rosa 908, Tel. 424-2636, info@villaetelvina.com, www.villlaetelvina.com, sehr zuverlässig, familiär, empfehlenswert.

Tour 4: Termas de la Torre

Eine halbe Autofahrstunde von Cochabamba entfernt liegen beim *Hotel La Cabaña de la Torre* die Termas de la Torre. Das Wasser der Thermalquellen hat eine Temperatur von 48 Grad und enthält Eisen, Zink, Magnesium, Magnesiumoxid und Bicarbonat. Tagespreis für Thermen, Mahlzeiten und Übernachtung 200 Bs, Kinder unter 12 Jahren 120 Bs. Infos Tel. 422-2108 oder 413-5881, www.termaslacabana.com.

Cochabamba – La Paz (380 km)

Für diese asphaltierte Strecke möchte ich unbedingt einen Tagbus empfehlen. Anfangs führt die Straße über das schon erwähnte **Quillacollo** und vorbei am *Hotel Cabaña La Torre* (Thermalquellen), danach steigt sie durch eine schöne Landschaft an. Nach einem *Tránsito* (Kontrollpunkt) geht es hinauf bis zur Passhöhe auf 4360 m, danach genauso steil wieder hinab. Der Altiplano wird erreicht, in **Caracollo** stößt man auf die Oruro – La-Paz-Straße. Die Strecke von Caracollo nach La Paz wurde schon als „Route 12" La Paz – Caracollo auf S. 716 beschrieben.

Ostbolivianisches Tiefland
ROUTE 14: COCHABAMBA – SANTA CRUZ – (PTO. SUÁREZ)

Von Cochabamba aus kann entweder auf der **Tieflandroute** über Villa Tunari (Chapare) oder über die alte Hochlandroute (Route 14a) via Epizana **nach Santa Cruz** gefahren werden. Die Strecke über das Tiefland ist zwar nicht schneller als die alte Strecke über das Hochland, wird aber von den meisten Busgesellschaften vorgezogen. Dabei geht es von Cochabamba den Chapare hinab, den Fahrgast überraschen spektakuläre Ausblicke. Von Sucre nach Santa Cruz würde sich auch die Nebenstrecke Sucre – Camiri – Santa Cruz anbieten, s.u., Route 14b.

Cochabamba – Villa Tunari
Von Cochabamba geht es auf der Asphaltstraße Nr. 7 über Sacaba über einen 3660 m hohen Pass. Die Straße geht in eine gute Piste über, die via Colomi und Corani nach 160 km das Städtchen Villa Tunari erreicht. Ab Colomi wechseln sich guter Belag mit kurzen Schotterabschnitten ab.

Villa Tunari

Das Urwaldstädtchen liegt auf nur 350 m Höhe, bietet einfache Unterkünfte und eine Tankstelle. Der Ort ist für die *Cochabambinos das* Ausflugsziel am Wochenende, entsprechend steigen dann die Hotelpreise. Ferner gibt es von hier preiswerte Möglichkeiten, einen Urwaldausflug zu machen, und Villa Tunari ist überdies Einstiegspunkt für einen Abstecher zum *Territorio Indígena y Parque Nacional Isiboro Secure,* einem Gebiet der Chimanes, Trinitarios und Yuracaré, das am 22.11.1965 zum Nationalpark erklärt wurde und 1.200.000 ha umfasst (Höhenlage zwischen 180 m und 3000 m). Infos dazu in **Cochabamba** bei Julian M. López 1194, Tel. 435-660. Tourangebote ebenfalls nur ab Cochabamba.

Inti Wara Yassi
Sehenswert ist in Villa Tunari die *Comunidad Inti Wara Yassi,* ein 1996 gegründetes Zooprojekt im **Parque Machia,** von Cochabamba kommend nach der Brücke links. Hier werden Wildtiere, die von Zirkussen, Straßenhändlern oder auch Privatleuten misshandelt oder nicht artgerecht gehalten wurden, gepflegt und nach Möglichkeit wieder ausgewildert. Das Projekt wird von niemanden finanziell unterstützt. Besucherpfade führen durch den Regenwald, gute Fotomöglichkeiten. Eintritt 15 Bs, Gebühr für Kameras 15 Bs, Videokameras 30 Bs. Wer mindestens zwei Wochen Zeit hat, kann als *voluntario* (ohne Lohn) die Tiere füttern, Verschläge säubern, den Puma ausführen, mit den Affen schmusen und Besucher betreuen. Infos bei Nene und Juan Carlos, Casilla 9519, La Paz, Fax 233-5213 (La Paz), ciwy99@yahoo.com, www.intiwarayassi.org oder in Cochabamba unter Tel. 413-6572.

DELPIA
Die private Stiftung DELPIA, *Desarrollo Local de los Pueblos Indígenas Amazónicos-Andinos,* ist aus einer 2005 gegründeten deutsch-bolivianischen Initiative entstanden, deren Ziel der Erhalt und der Schutz der Kultur, der Eigenständigkeit und des Lebensraumes der Yuracaré und Trinitario-Ureinwohner im tropischen Tiefland Boliviens, insbesondere im Nationalpark Isiboro-Sécure, ist. Hauptziel sind Projekte zur nachhaltigen Nutzung natürlicher Ressourcen. Besucher werden in den Alltag der Familien eingebunden: Piranha angeln, Kokablätter pflücken, Beeren sammeln. Mehrtägige Urwaldwanderungen oder Kanutouren durch den Regenwald im indigenen Territorium gehören genauso dazu wie das traditionelle Leben im Dorf ohne sanitäre Einrichtungen, eben ein authentisches Erlebnis abseits von Luxus und Komfort. Kontakt:

Fundación DELPHIA, Av. Beijing 145, Cochabamba, Tel. 440-3138, info@fundacion-delpia.org, www.fundacion-delpia.org.

Parque Nacional Carrasco
Interessant ist die zweieinhalbstündige Wanderung über einen Naturlehrpfad zu den *Cavernas de Repechón* im **Parque Nacional Carrasco,** wo man in Höhlen nachtaktive Vögel und Fledermäuse beobachten kann. Auf dem Lehrpfad des Gemeindeprojektes Kawsay Wasi, www.tusoco.com, bekommt der Besucher einen sehr guten Einblick in die heimische Flora und Fauna des Carrasco-Nationalparkes. Anfahrt mit Taxis von Villa Tunari, die bis zum Eingang des Nationalparkes fahren.

Orchideearium
Etwa zwei Kilometer vor der Ortseinfahrt aus Richtung Cochabamba kommend auf der linken Seite der Fernstraße liegt ein kleiner botanischer Garten mit über 70 Orchideenarten. Die geführte Tour durch das Areal beginnt im kleinen Museum mit einem Abriss über einheimische Kultur, Fauna und Flora. Im Park können neben unzähligen exotischen Pflanzen auch Kaimane beobachtet werden.

Adressen & Service Villa Tunari

Unterkunft
Camping: 300 m hinter der Plaza am Fluss, mit Autostellplatz, Ww-Dusche 1,50 € p.P. **Vorwahl (04).**

ECO
Residencial America (BUDGET), Calle Santa Cruz y Av. Hans Grether, vom Markt kommend 2 Blocks in Richtung Fluss links, Tel. 7170-7096. Schönes Hostal, geführt von der sehr netten und hilfsbereiten älteren Dame Doña Edilia, großzügige, makellose Zimmer, bc. Ü 30 Bs. **TIP!** – **Hostal Mirador,** an der Fernstraße nach Santa Cruz am Ortseingang von Villa Tunari vor der ersten Brücke auf der rechten Seite, Tel. 448-0589. Hostal mit Pool, kleiner Aussichtsturm mit Blick über den Río San Mateo. EZ 50 Bs, DZ/bp 100 Bs, MBZi/bc 80 Bs. – **Hotel Los Cocos,** Av. Benigo Paz acerca Sud lado Farmacia Chapare, auf der Parallelstraße zur Hauptfernstraße, einen Block vom Fluss (vom Markt 3 Blocks in Richtung Fluss auf der rechten Straßenseite), Tel. 413-6578. Sehr saubere Zi., bp, Ww, freundlich, DZ 8–12 €. – **Cabaña Hotel,** 2 Blocks von der kleinen Plaza, Tel. 411-4158. Sehr einfache Zi., bp, Ww, Pool, DZ 10 €. – **Hotel Las Pozas,** Orillas Río Chapare, ca. 3 km außerhalb, Richtung Sta. Cruz, Tel. 411-4158. Renovierte Zi., bc/bp, Ww, Cafetería, Bar, Pool. DZ 20 €. – **Cabañas del Tío Pol,** der Beschilderung ab der Carretera folgen. Saubere, einfache Zi., bp, Ww, großer Garten mit Pool. DZ/F 20 €.

FAM
Hotel Araras, 2 km außerhalb Rtg. Sta. Cruz, direkt hinter der Brücke am Río Chapare, Tel./Fax 413-6629, Tel. 7167-5571. Saubere Zi., bp, tropischer Garten mit Pool, gutes Rest. DZ/F Mo–Do 200 Bs, Fr–So 230 Bs, empfehlenswert. Direkt gegenüber liegt der Parque Machia. – **Hotel Las Palmas,** Av. de la Integración 777 (1 km außerhalb), Tel. 411- 4103. Adrette, große Zi., gutes Rest., Cafetería, Pool, Ws, Geldwechsel, eines der besten in Villa Tunari. DZ/F ab 275 Bs, Kk. – **Hotel Selva El Puente,** 4 km außerhalb, Tel. 425-9392, Tel./Fax 411-7790, www.andes-amazonia.com. Anfahrt mit Taxi ca. 3–5 €. Sehr schöne Cabañas mit kleiner Terrasse inmitten des Urwaldes, bp, Vent., Rest., Cafetería, Pool, Ws, Geldwechsel, tolles Ambiente. DZ/F ab 200 Bs. **TIP.**

LUX
Hotel Los Tucanos Casa de Campo, 3 km außerhalb Richtung Sta. Cruz, Tel. 11-4108, www.lostucaneshotel.com. Gutes Haus, Rest., Pool u.a.m. DZ/F ca. 270 Bs, Kk. – **Hotel Victoria Resort,** an der Hauptstraße nach Santa Cruz, 4 km vor der Ortseinfahrt von Villa Tunari auf der rechten Seite inmitten eines Regenwaldgebietes, Tel. 413-6538, www.victoria-resort.com. Neues Resort im Hüttenstil, großer Pool mit Rutsche, klimatisierte Zi., das Beste, was Villa Tunari derzeit zu bieten hat. DZ/F ab 420 Bs.

Essen & Trinken	An der Carretera sind die meisten Restaurants, mit typischer regionaler Küche (alle Preisklassen), z.B. *Silvestre*.
Telefon	*ENTEL,* anderthalb Blocks v. Busterminal in Rtg. Santa Cruz an der Fernstraße.
Reiseagentur	*Salto Monte,* an der Carretera kurz vor der Brücke. José R. Delgario bietet 1–3 Tagesmärsche durch den Urwald ab 3 Pers., Kosten 15 €/Tag/Pers. inkl. allem. Daneben Tagesausflug in den *Parque Nacional Carrasco* inkl. Flussbad, Fledermaushöhlen und Vogelbeobachtung, Kosten 10 € p.P. zuzüglich 2 € Parkeintritt. *Ranabol,* Av. Benigno Paz/Chuquisaca, Tel. 413-6538, www.aventurabolivia.com. Rafting, Urwaldtouren und -expeditionen; zuverlässig.
Bus	Nach **Cochabamba** mehrmals tägl., u.a. mit 17 de Junio, an der Carretera, Fp 2,50 €. – **Puerto Villaroel** (90 km): Micros über Chimore, Fz 3–4 h. – **Santa Cruz:** kein Direktbus, Bus von Cochabamba nach Sta. Cruz anhalten (10–12 Uhr und 21.30–22.30 Uhr), ansonsten ist Trampen nicht all zu schwierig.
Puerto Villarroel	**Von Villa Tunari führt die Straße Nr. 7 über Jasmin** durch das schier endlose Tiefland weiter nach Santa Cruz. 32 km hinter Chimoré zweigt links eine Piste nach **Puerto Villarroel**. Der Ort auf 230 m Höhe liegt am *Río Ichilo,* der in den Río Mamoré mündet. Hier endet (einstweilen) die Straße, weiter geht's nur noch auf dem Wasserweg. Ab und zu fahren Frachtschiffe in ca. 5 Tagen in Richtung Norden nach **Trinidad**. Das Schiff *Don Humboldt* ist zu empfehlen, nette Leute, gute Verpflegung, sprechender Papagei an Bord, HM und Moskitonetz ist mitzubringen. Passage 250 Bs, alles inklusive. Beste Fahrzeit ist August/September. **Unterkunft:** *Alojamiento Hannover* (mit Disco!) und *Alojamiento El Jasmin* (beide BUDGET) und sehr, sehr einfach. *Amazonas Eco-Hotel* (ECO), Tel. 424-2431. Rustikales Ausflugshotel, Zi. mit bp, Rest., Pool, DZ ab 15 Bs. Guter Ausgangspunkt für Exkursionen oder für Fahrten mit dem Lastkahn nach Trinidad. **TIP!**

ROUTE 14A: COCHABAMBA – EPIZANA – SANTA CRUZ (500 KM)

Für diese Strecke von Cochabamba nach Santa Cruz **(Hochlandroute)** kostet der bequeme **Flug** ab 350 Bs, die Alternative Bus ab 70 Bs. Von Cochabamba gibt es allerdings keinen Direktbus mehr, umsteigen in Samaipata ist obligatorisch, so dass die einzelnen Teilstrecken die Reisezeit verlängern.

Von Cochabamba fährt der Bus auf der landschaftlich sehr schönen, asphaltierten Straße Nr. 4 über Tiraque und einen Pass (3600 m) abwärts nach **Epizana**. In Epizana gibt es einfache Unterkünfte, ein paar Kneipen und eine Tankstelle. Hier ist ein wichtiger Straßenknotenpunkt: Nach rechts bzw. Süden biegt die Piste nach Sucre ab (s.S. 770), geradeaus geht es nach Santa Cruz. Auf den folgenden 360 km kann auf der anstrengenden Schotterpiste der reizvollen, aber oft engen **Carretera Sierra-Pampa** die ganze Vielfalt der bolivianischen Landschaften studiert werden. Vom Andenhochland fällt sie durch den Nebelwald kurvenreich und teils schlammig und sehr steinig hinab in die feucht-schwüle Pampa, auf ca. 400 m Höhe. Über *Comarapa* (Tankstelle, Restaurant, Unterkunft *Hotel Central* bei der Busstation) und *Samaipata* (s.S. 806) wird **Santa Cruz** erreicht. Die Strecke ist ab Comarapa wieder asphaltiert.

ROUTE 14B: SUCRE – CAMIRI – SANTA CRUZ (750 KM)

Wer auf seiner Rundreise durch Bolivien die Strecke von Sucre über Camiri nach Santa Cruz wählt, vermeidet dadurch eine zweimalige Befahrung der Strecken Epizana – Santa Cruz bzw. Cochabamba – Santa Cruz. Die Rundreise wird dadurch abwechslungsreicher, aber es werden auch mindestens 1–2 Tage mehr Zeit benötigt, je nachdem, ob unterwegs ein Aufenthalt geplant (z.B. in Camiri) oder ein Abstecher eingebaut wird. Normalerweise fahren von Sucre während der Trockenzeit tägl. Busse auf der abenteuerlicheren, aber gut befahrbaren Schotterpiste nach Camiri. Die Strecke führt zuerst durch das Andenhochland und dann über die Andenhänge in wilde Urwaldtäler hinab.

Sucre wird über die Calle Calvo in südöstlicher Richtung verlassen, es geht über *Yamparaez* (3090 m) nach *Tarabuco* (3230 m) hinauf. Von nun an geht es langsam abwärts, über *Zudañez* (2455 m) und *Tomina* (2050m), das eine alte Lehmkirche besitzt. Nach *Padilla* (2080 m, zwei Hostales direkt an der Plaza, eins mit Parkplatz) wechselt die Strecke ab und zu in eine Lehm- und Sandpiste und fällt nach 50 km rund 1000 m tief in das Tal des *Río Acero* ab, der nach weiteren 50 km in 1035 m Höhe auf einer Brücke überquert wird. Nach 45 km wird *Monteagudo* erreicht (1130 m), einfache Unterkünfte, Restaurant, Tankstelle). Bis nach *Muyupampa* (1200 m) sind es noch 55 km. Dann folgen mehrere Sandabschnitte, bis nach 50 km, in *Ipati*, die Abzweigung nach *Santa Cruz* kommt. Nach Camiri sind es noch 35 km in südöstlicher Richtung. 3 km vor Camiri befindet sich in *Choreti* (830 m) eine Militärkontrollstelle. Nach über 20stündiger Fahrt erreicht der Bus Camiri.

Camiri Die kleine, prosperierende Stadt auf 830 m Höhe mit gut 40.000 Einwohnern lebt von der Raffinerie, in der das Erdöl der nahe liegenden Ölfeldern verarbeitet wird. Neben einer Post gibt es hier ein paar einfache Unterkünfte. Das beste dürfte vielleicht das *Residencial Chaqueña* sein, in der Comercio, mit Restaurant und Bar. Für Selbstfahrer: Werkstatt Taller Alemán (schrottplatzmäßig), es wird Deutsch gesprochen.

Die Guerilla unter Che Guevara war hier sehr aktiv. Hier fand der Prozess gegen Debray statt. Vásquez Viaña, ein Anhänger Ches, wurde im Quartier von Choreti verhört und hingerichtet.

Unterkunft: *Casa Hacienda Yatigüigua,* Bolívar 169, delaquint-wacht@cidis.scbbs.bo.com. Öko-Farm der Familie Egon Wachtel, ca. 17 km nördlich von Camiri, der hier das Projekt COFF-CHACO aufgebaut hat. Reitausflüge zur Beobachtung der Flora und Fauna. Rustikale Zimmer, familiär. Für Naturliebhaber des Chaco und Agro-Touristen.

Weiterfahrt nach Paraguay Etwa 60 km südlich von Camiri liegt **Boyuibe**. Selbstfahrer können etwas südl. des Orts nach Osten zur paraguayischen Grenze abbiegen (100 km, Grenzorte Villazón//Hito III), von dort gelangt man durch den parag. Chaco nach Asuncion. Den Aus-/Einreisestempel für Brasilien gab es zuletzt in Boyuibe, den für Paraguay in Pozo Colorado in der Shell-Tankstelle an der Abzweigung nach Concepción, gut 200 km von der Grenze entfernt. Wer keinen eigenen Wagen hat: mehrmals wöchentlich fahren paraguayische Busse der Linie *Trans Bolpar* von Santa Cruz über Boyuibe nach Villa Montes und von dort weiter über nach Asunción. Zustegemöglichkeit in Villa Montes Mi/Fr/Sa, Fp 40 €.

– nach Argentinien Die Str. No. 9 verläuft weiter nach Süden und erreicht in Yacuiba (s. dort) die argentinische Grenze.

Santa Cruz

Boliviens „Boomtown"

Santa Cruz, Hauptstadt des gleichnamigen Departamento, liegt im östlichen Tiefland Boliviens (Höhe 420 m). Das Klima ist tropisch, wobei es in der Trockenzeit zwischen Mai und August oft stark abkühlt, während es zwischen Oktober und März zu kurzen heftigen Regenfällen kommen kann. Die tropische Fruchtbarkeit lässt die Vegetation selbst im Innern der Stadt noch wuchern. Santa Cruz ist Ausgangspunkt für Urwaldtouren und für den Grenzverkehr nach Brasilien, Argentinien und Paraguay.

Santa Cruz wurde 1561 von *Don Ñuflo de Chávez* gegründet, und ab dem 17. Jh. war der Ort Ausgangspunkt der Jesuiten-Missionare, die die Indianer der Region *Chiquitania* christianisierten. Daraus entstanden nicht nur wirtschaftlich erfolgreiche Missionen, sondern sie brachten auch hervorragend ausgebildete indianische Künstler hervor (Holzschnitzer, Maler etc.), deren schöne Werke heute noch bewundert werden können.

Santa Cruz führte einstmals ein unbedeutendes Dasein im Osten Boliviens, doch wegen ihres alljährlich ständig hohen Wirtschaftswachstums ist sie heute wichtigste Stadt des Landes. Immer mehr Unternehmen ziehen von La Paz hierher. Der Aufschwung begann mit der Fertigstellung der Straße Cochabamba – Santa Cruz und verstärkte sich mit dem Kapitalstrom durch die beträchtlichen Erdöl- und Erdgasvorkommen. Die Eisenbahnanbindung an Brasilien und Argentinien verbesserte weiter die Infrastruktur und erschloss neue Absatzmärkte. Immer mehr Menschen strömten nach Santa Cruz: 1974 wurde die Einwohnerzahl mit 130.000 angegeben, und heute leben in der Tieflandmetropole bereits über 1,5 Mio. Menschen. Neben Hochland-Bolivianern findet man hier auch viele andere Nationalitäten Südamerikas, Asiaten, Deutsche (Mennoniten), Engländer, Südeuropäer und selbst Juden und Araber.

Wirtschaftliche Basis sind Zucker- und Ölraffinerien, Holzverarbeitung und Konservenfabriken. Die Landwirtschaft produziert große Mengen an Soja, Reis, Baumwolle und Mais, Rinderzucht wird in großem Stil betrieben. Santa Cruz ist die Wirtschaftshauptstadt Boliviens, die Drogenhauptstadt des Landes war sie schon lange. Die Verfilzung der Kokain-Mafia bis in höchste Regierungskreise ist offenkundig, und die Riesengewinne aus diesem Geschäft werden in großem Umfang wieder in Boliviens Wirtschaft investiert.

Orientierung Santa Cruz ist mit konzentrischen Straßen fast kreisförmig angelegt, doch im Zentrum verlaufen die Straßen im Schachbrett-System. Die vier Hauptringstraßen heißen *Anillos*, innen beginnt der Primer Anillo, gefolgt vom *Segundo-, Tercero-* und *Cuarto Anillo*. Von der Plaza 24 de Septiembre im Zentrum führen vier Hauptstraßen aus der Stadt, und zwar jeweils ziemlich genau nach Norden, Osten und Süden, lediglich die Straße nach Cochabamba verlässt Santa Cruz nach Südwesten. Die Straße nach Norden führt zum Flughafen *Viru Viru*, die nach Osten in Richtung *Cotoc*, und jene nach Süden Richtung Abapo bzw. Río Grande. Der Bahnhof befindet sich ebenfalls östl. vom Zentrum, in Höhe der 3. Ringstraße. Der *Río Piraí* fließt im Nordwesten an der Stadt vorbei, der Fluss ist ein beliebtes Ausflugsziel am Wochenende, Anfahrt mit dem Micro zu Centbeträgen über die Stichstraße Av. Roca Coronada.

Sehenswertes

Sehenswürdigkeiten sucht der Reisende in Santa Cruz vergeblich, alles ist mehr interessant als schön, die wenigen interessanten Gebäude liegen um die palmengesäumte **Plaza 24 de Septiembre**. Ein parkähnlicher, großzügig angelegter Platz mit Restaurants, Banken, Rathaus, Regierungsgebäuden, Casa de la Cultura, die Basílica und in der Mitte das Denkmal von General Ignacio Warnes.

Die Kathedrale **Basílica Menor de San Lorenzo** wurde erst 1845 gebaut und 1915 eingeweiht, sie ist mehr mächtig als schön. Der Hauptaltar mit seinen Silberarbeiten ist, neben den Reliefs aus der Jesuitenreduktion von San Pedro de Moxos, der einzige Blickfang. Das Museum der Kathedrale mit einer jesuitischen Sammlung von Gold- und Silberreliquien ist Di/Do 10–12 Uhr und 16–18 Uhr, So 10–12 Uhr und 18–20 Uhr geöffnet, Eintritt 1 €.

Die **Casa de la Cultura Raúl Otero Reiche** wurde1968 gegründet und lohnt sich für einen Theater- oder Kinobesuch. Außerdem befindet sich hier eine Dauerausstellung über die indianische Kultur. Literatur über Santa Cruz gibt es auch zu kaufen.

Das **Archivo Histórico** liegt in der Sucre/Potosí, Tel. 333-2625, und ist Mo–Fr 9–12 und 15–18 Uhr geöffnet.

Wer genügend Zeit hat, sollte den **Zoologisch-Botanischen Garten** besuchen. Er ist vielleicht der schönste, auf jeden Fall der größte Boliviens. 9–19 Uhr, Eintritt 1 €. Anfahrt mit Bus 17, 40, 42, 55 oder sowie Micro 12 oder 76. Das Taxi 1,50 €.

Daneben gefällt der 14 ha große, tropische **Parque Ecológico Yvaga Guazu**, Km 12,5 Richtung La Guardia, www.parqueyvagaguazu.org, prächtige Pflanzenwelt. Yvaga Guazu ist Guarani und bedeutet „Großes Paradies". Anfahrt mit Bussen 44 oder 83 oder jene mit der Aufschrift *La Guardia* und *El Torno*. Das angeschlossene Restaurant *Yvaga Guazu* serviert typische Gerichte.

Ecocentro Güembé	Naturpools, Rundweg zum Spazierengehen oder Fahrradfahren, Orchideenhaus mit 240 Blumenarten, Schmetterlingshaus mit 120 Schmetterlingsarten, Termiten- und Käferhaus, Lagunen und Spielplätze. Infos: www.biocentroguembe.com.
Centro Menno	Das *Kulturzentrum der Mennoniten* liegt in der Calle Puerto Suárez 28, Tel. 334-5212, mcc.bolivia.cm@scbbs-bo.com. Dort gibt es Infos über ihr Wirken, ihre Religion und Kultur in Bolivien, Mo–Fr 9–16 Uhr. In der 6 de Agosto zwischen der Barrón und der Avaroa befinden sich Mennoniten-Geschäfte, Aushänge teilweise auf Deutsch. Wer Kontakt sucht, kann es auch hier probieren. Busse und Micros zu den Kolonien der **Mennoniten**, wie Sommerfeld oder Villa Esperanza, fahren wochentags vom Mennoniten-Busterminal in der Av. Alemania 10 ab.
Cotoca	Sonntags lohnt sich ein Kurzausflug zum naheliegenden Wallfahrtsort Cotoca mit seinem großen Markt. Rund um die Plaza und in der Markthalle ist viel los und es kann bei den Garküchen gut gegessen werden.
Feste	**Februar/März:** Als tropische Tieflandmetropole feiert Sta. Cruz ausgelassen den *Carnaval Cruceño* mit brasilianischen Samba-Rhythmen und spektakulären Straßenumzügen. – **24. Juni:** *Fiesta de San Juan*.

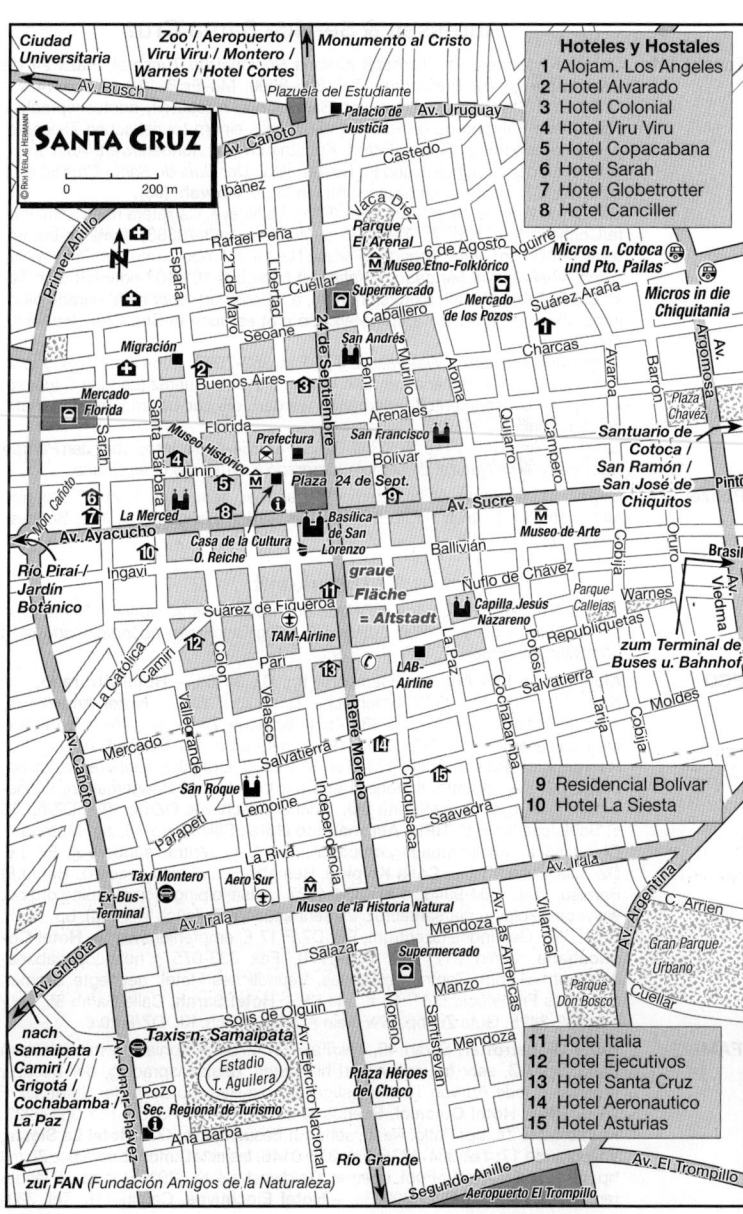

Adressen & Service Santa Cruz

Tourist-Info *Casa de Interpretación Turística (Oficina Regional de Turismo),* Plaza 24 de Septiembre (in der Prefectura), Tel. 336-8900. Mo–Fr 8–12 Uhr und 14.30–18.30 Uhr. Stadtplan (Gebühr) von Santa Cruz, hilfsbereit, deutschsprachig. Kostenlose Führung durch Räume, die jeweils einem touristischen Zielgebiet gewidmet sind (Kurzvideos, Fotos, Kunsthandwerk), lohnenswert. Auskunftskioske auf dem Flughafen und im Busterminal. Der *Guía de Santa Cruz* ist eine kostenlose Broschüre mit allen wichtigen Infos. **Vorwahl (03).**
Fundación Amigos de la Naturaleza (FAN), La Nueve, Carretera nach Samaipata/Cochabamba Km 7, Tel. 355-6800, Fax 343-73383, fan@fan-bo.org, www.fan-bo.org. Infos über den Parque Nacional Amboró und den *Parque Nacional Noel Kempff Mercado.* Anfahrt mit Microbus 101/103 oder mit dem Taxi. Die *FAN* bietet auch Exkursionen an, erlebenswert, aber nicht gerade billig. Infos über den Parque Kempff Mercado gibt es auch in Sta. Cruz, Irala 673, Tel. 332-9717.
Asociación Hombre y Naturaleza, Tel./Fax 352-7997. Infos über Ausflüge in das bolivianische Pantanal um San Matías und Pto. Suárez (Laguna Cáceres), wo eigene Campamentos unterhalten werden, die zur Übernachtung genutzt werden können (Vollpen.).
CABI, Av. Ana Barba 146, Tel. 354-6255, Fax 354-6254. Infos über den *Parque Nacional y Área Natural de Manejo Integrado Kaa-Iya del Gran Chaco.*

Polizei *Migración,* Secundo Anillo Interno (gegeüber dem Zoo) 8.30–12 Uhr und 14.30–18 Uhr. **Notruf:** Radio Patrulla, Tel. 110. Feuerwehr Tel. 119, Bundespolizei Tel. 332-1826.

Unterkunft

In allen Preisklassen großes Angebot, doch das Preisniveau ist in Santa Cruz das höchste Boliviens. Wer Luxus will, kriegt auch *aire acondicionado* (AC) und Swimmingpool.

ECO **Alojamiento Los Ángeles,** Campero; bc, DZ 30 Bs. – **Hotel Alvarado,** España 342, Tel. 332-2378; ordentliche Zi., bc/bp, Ww. – **Hotel Amazonas,** Junín 214, Tel. 333-4583, Fax 333-4586; schlichte Zi., bc/bp, Ww. – **Hotel Italia,** René Moreno 167, Tel. 332-3119; Zi. mit bc/bp, AC. DZ/bp/F 70 Bs, Kk. – **Residencial Bolívar,** Sucre 131, Tel. 334-2500. Einfache, saubere Zi., bc/bp, einige mit Hängematte, schöner Patio mit Vögeln und Hängematten, Globetrotter-Treff, gut ausgestattete Skk, Büchertausch, Kk. DZ/bc 10 €, DZ/bp 15 €, Schlafsaal ab 5 €. TIP! – **Aeronautico Hotel,** Salvatierra 76, zw. Moreno u. Chuquisaca, hotelaeronautico@hotmail.com. Sehr zentral, saubere Zi. EZ 6 €, DZ oder Suite 13 €. – **Casa Kolping,** Bernabé Sosa/Luís Lavadenz, Barrio El Paraíso, Tel. 334-9946, Fax 334-4327, casakolping@fcmakolping.org.bo, www.casakolping.net/santacruz. 26 sehr saubere Zi. (auch Vierbett), bp, Vent., Rest., Ws, Gesundheitszentrum, PP. DZ/F 17 €, empfehlenswert. – **Hotel Copacabana,** Junín 217, Tel. 336-2770, Fax 333-0757, hotelcopacabanascz@hotmail.com. Zentral gelegenes, freundliches Hotel, gepflegte Zimmer, einfaches Frühstück. DZ/F 18 €, alle Kk. – **Hotel Sarah,** Calle Sarah 85, Tel./Fax 332-2425. Gute Zi., bp, Ww, kein AC, freundlich, Kk. DZ/F 20 €.

FAM **Hotel Globetrotter,** Sarah 49, Tel./Fax 337-2754. Kolonialbau mit schönem Patio, bp, AC, sehr freundlich und hilfsbereit, deutschsprachig, der Besitzer organisiert jede Art von Tour günstiger als die Reisebüros in der Stadt. DZ/F 25 €, **TIP!** – **Hotel Colonial,** Buenos Aires 57, Tel. 333-3156, Fax 333-9223. Komfortable Zi., bp, Patio, Rest., sehr gut besucht, alle Kk. – **Hotel La Siesta,** Vallegrande 17, Tel. 334-9775, Fax 333-0146, lasiesta@infonet.com.bo. Zi. mit bp, Vent. o. AC, Rest., Pool, Internet, Geldwechsel, Kk, 20% Rabatt bei längerem Aufenthalt. DZ/F ab 200 Bs. – **Hotel Ejecutivos,** Camiri 118, Tel. 333-

Adressen & Service Santa Cruz

8654, Fax 333-2843, ejecutsodre.net. Schöne Zi., bp, AC, Kk; DZ/F 28 €. – **Hotel Libertador Simón Bolívar,** Libertad/Buenos Aires 119, Tel. 335-1235, Fax 334-2696. Hübsch, 48 Zi., bc/bp., Ws, Biergarten, Ü/F, alle Kk, sehr preiswert. – **Hotel Viru Viru,** Junín 338, Tel. 333-5298. Ansprechende Zi., bc/bp, AC, Pool, alle Kk, gut besucht. DZ 35 €. – **Hotel Cortez,** Av. Cristóbal de Mendoza 280, Tel. 0800-10-4940, Tel. 333-1234, Fax 335-1186, www.hotelcortez.com. Mit dem Qualitätssiegel ISO 9001 ausgezeichnetes Familienhotel, bp, Ww, Ws, Pool, Sauna, kostenloses Internet, PP, Gratis-TR. DZ/F 600 ca. Bs, doch spezielle Tarife, z.B. am Wochenende DZ/F 40 €. Familien mit 2 Kinder unter 15 Jahren DZ/F 40 €. Empfehlenswert. – **Royal Lodge Hotel,** Av. San Martín 200, Equipetrol Norte, Tel. 343-8000, fax 343-8619, royalhotel@unete.com. Modernes Lodge-Hotel in Flughafennähe, bp, Rest., Pool, Ws, Internet.

LUX   **Hotel Asturias,** Moldes 154, Tel. 333-9611, Fax 335-0897, www.hotelasturias.net. Zentral, saubere bp-Zi., AC, Rest., Bar, 2 Pools, Ws, Geldwechsel, alle Kk. **TIP!** – **Gran Hotel Santa Cruz,** Moldes 154, Tel. 334-8811, Fax 332-4194, www.granhotelsantacruz.com. Nette Zi., bp, Rest., Cafetería, Bar, tropischer Garten, öffentlicher Pool, Ws, Geldwechsel, sehr hübsch, beliebt, Frühstücksbuffet, alle Kk. DZ ab 70 €. – **Hotel Canciller,** Ayacucho 220, Tel. 337-2525, Fax 336-1710, canciller@mail.zuper.net. Wirklich schöne, gut ausgestattete Zi., bp, Rest., Pool, Sauna, Internet, alle Kk. DZ/F 555 Bs. – **Hotel Camino Real,** Calle K 279/Av. Salvador, Equipetrol Norte, Tel. 342-3535, Fax 342-1515, www.caminorea.com.bo. Modernes Hotel, 110 Zi., bp, AC, Ws, 3 Rest., Pianobar, gr. Pool in exotischem Garten, alle Kk. DZ/F um 900 Bs. – **Hotel Los Tajibos,** Av. San Martín 455, Tel. 342-1000, Fax 342-6994, www.lostajiboshotel.com. Komfortable Zi., bp, AC, gutes Rest., Bar, Cafetería, schöner Pool, Wassergarten, Sauna, Disco, Ws, Geldwechsel. DZ ca. 900 Bs. **TIP!**

Camping   im eigenen Fahrzeug auf dem Gelände des *Automóvil Club Boliviano,* an der Straße Richtung Warnes/Montero bei km 13 (Nähe Flughafen), kostenlos möglich. Kw, Dusche, Pool, sehr freundlich.

Essen & Trinken   Es gibt unzählige Restaurants aller Kategorien. Eine Spezialität ist *majarito,* Reis mit Ente, und *sonzo,* gegrillte *yuca* mit Käse am Spieß. Bei den Fleischgerichten scheint es, dass man schon die Nahe Brasiliens oder Argentiniens schmeckt. Deshalb sind die Churrasquerías immer ein Tipp. Am billigsten kann **auf den Märkten** gegessen werden, z.B. auf dem *Mercado Los Pozos, Mercado Florida* (sehr gutes Frühstück, frische Obstsalate und Säfte, preiswerte Fischgerichte), *Mercado Abasto* (3. Ring, sehr typisch, preiswerte Gerichte) oder dem *Mercado La Ramada.* In der Av. Cañoto warten unzählige Hähnchengrillrestaurants.

Saltería San Andrés, Charcas 64; sehr preiswerte Gerichte in der Ein-Euro-Preisklasse. – *K. F.,* Ayacucho 141; preiswerte, **regionale Mittagstische** (Menú). – *Churrasquería Los Lomitos,* Av. Uruguay 758, 1. Anillo, www.loslomitos.com. Das Grillfleisch schmeckt hier exzellent. **TIP!** – *Churrasquería El Palenque,* Av. Trompillo 680; Churrascos, Parrillada. – *Churrasquería El Capesi,* Chuquisaca/Moldez; Churrascos, Parrillada. – *Churrasquería Don Miguel,* Viedma 586. – *El Fogón,* Av. Viedma 434; gute Parrilladas, saftige Steaks, preiswert. – Wer ein **Rodizio** liebt, ist im **Brasargent,** Av. Santa Cruz 1261, beste Churrasquería der Stadt. – **Pollos** bei *Pio-Pio,* Potosí/Moldes 370 und *Pollo de Oro,* Independencia/Salvatierra. – **Kreolisch-bolivianische Küche:** *La Casa del Camba,* Av. Cristóbal de Mendoza 1365 (preiswert, Live-Musik), oder *La Buena Mesa,* gleiche Straße Nr. 583; auch das *Cabañitas del Piraí* im ehemaligen Botanischen Garten (Ex-Botánico) ist auf kreolische Küche spezialisiert.

Bar-Restaurant Austria, Radial 27, Zona Zoológico; nettes österreichisch

geführtes Restaurant mit europäischer Küche. – *Café-Restaurant Picolo,* Calle 21 de Mayo/Junín 90 und in der Av. Moreno/Andrés Manzo 310; ausgezeichnete Küche vom Frühstück bis zum Abendessen, hervorragende Teigwaren, Riesenportionen, 7–24 Uhr. **TIP!**
El Pez Gordo, Av. Uruguay 783; schmackhafte **Fischgerichte,** gut besucht. – *El Suburí,* Av. Cristóbal de Mendoza 640; Fischgerichte. – *El Camba Futre,* Cristóbal de Mendoza 543; **Indianerküche** aus dem Amazonas-Tiefland, nicht gerade billig. – *Michelangelo,* Chuquisaca 502/Salvatierra, Di–So 12–14 Uhr und ab 18 Uhr; **italienisch**, teuer. – *La Bodeguita de Cuba,* Moreno 44, Di–Sa 12–23 Uhr, So bis 17 Uhr. **Kubanisches** Restaurant mit Café und Bar, guter Musik und Mojitos.

Restaurant-Campestre: *La Rinconada,* 7 km außerhalb Richtung Porongo, www.larinconada.com.bo, Di–So 9–18 Uhr; gepflegtes Landrestaurant mit Ambiente, umgeben von tropischen Gärten, So Mittagsbuffet, Spielplatz, Kk. **TIP!**

Vegetarisch: *Naturcenter,* Avenales 638; SB, preiswert. – *Vida y Salud,* Ayacucho 444, preiswert. – *Vegetariano,* Calle Pari, günstig u. gut, 9–21.30 Uhr. – Zum **Frühstücken:** *Panadería Pastelería Paris,* Colón; vielfältiges Angebot, leckere Croissants und Berliner. – *Salón de Té Las Delicias,* Colón 47; traditionelle Teigtaschen, Maisgebäck, Kuchen und Torten.

Cafés: *Las Cazuelas,* Av. San Martín 154. Derzeit ein Renner … Kuchen, Torten, Empanadas und andere Leckereien. **TIP!** – *Fridolin* ist eine Cafékette. Das Lokal in der Rivero ist am Wochenende abends zu empfehlen, weil sich in der Straße das Nachtleben abspielt. Terrassenplätze! Sehr gutes **Eis** gibt es in der Eisdielenkette *Heladería Dumbo,* z.B. Ayacucho 247.

Unterhaltung

Das bolivianische Nachtleben findet am Wochenende in der Mons. Rivero und der Av. San Martín im Barrio Equipetrol (Bars, Cafés, Restaurants, Discos) statt, hingehen und zuschauen ist schon ein Erlebnis. Ansonsten:

Lorca Café, René Moreno 26. Café-Bar mit Restaurant und Kunstgalerie und angeschlossener Kleinkunstbühne (Theater). Mo–Sa ab 9 Uhr, So ab 18 Uhr. Programminfo: www.lorcasantacruz.org. – *Cachos Bar,* René Morena 166; Treffpunkt junger Leute, Sa mit viel Musik. – *Bar El Tapekuá,* Ballivián/La Paz; Peña am Wochenende. – *La Peña de los Cardona,* Charagua/2do Anillo; Folkloremusik und Show. – *Insomnio,* Florida 517; Live-Musik (Rock) am Wochenende. – *La Cuevo del Ratón,* La Riva 713, Tel. 334-9149. Live-Musik. – *El Loro de su Salsa,* Warnes 280, Salsa. – *Gente Grande,* Av. Viedma 771; Musik bis zum Abwinken. – *Palladium,* Boquerón 83, Theater, *der* Musik-Treff. – *Los Violines,* Mario Flores 91. – *Chaplin Show,* Sirari 202, Revue und Show. – *El Submarino Amarillo,* Ingavi/Valle Grande, Ed. Colonial, Nachtbar.

Aqualand

Parque Acuatico, Km 12,5 Richtung Montero. Wasserparadies mit Riesenrutschen und mehr für Familien.

Kinos

CINE CENTER, 2do Anillo zwischen der René Moreno und Mons. Santisteban, www.cinecentersantacruz.org, derzeit größtes und neuestes Kino mit 8 Sälen und angeschlossenem Shopping. *Bella Vista,* Av. Ana Barba/Batallón Colorado, schönes Kino mit zwei Sälen. Die Eintrittspreise sind billig.

Erste Hilfe

Hospital San Juan de Dios, Tel. 333-2222. *Hospital Urbarí,* Igmirí, Tel. 353-4000. *Clínica Foianini,* Av. Irala 468, Tel. 343-6221. **Apotheke:** *Farmacia América,* Libertad 333. Gutes, preiswertes Sortiment an Medikamenten, sehr hilfreich. **Deutschsprachige Ärzte:** Dr. Carlos Patiño (Chirurg), Cuéllar 365, Tel. 335-1621. – Dr. Carlos Callaú (Internist), Tel. 353-9191.

Dt. Honorarkonsulat

Peter Jürgen Klatt, Ñuflo de Chávez 437 (Querstraße der Av. Las Américas, Richtung Zentrum), Tel. 332-4825, Tel./Fax 336-7585, dt_konsulat_scz@latinmail.com; Mo–Fr 8.30–12 Uhr.

Adressen & Service Santa Cruz

Konsulate / Honorarkonsulate	*Argentinien:* Junín 22, Tel. 332-8291, Mo–Fr 8–14 Uhr. *Brasilien:* Av. Busch 330, Tel. 337-1961, Mo–Fr 9–13 Uhr. *Chile:* Av. San Martín, Ed. Equipetrol, Tel. 353-1796; Mo–Fr 8–13 Uhr. *Deutschland*: Chavéz 437, Tel. 332-4153. *Italien:* Av. EL Trompillo, Ed. Honnen, Tel. 336-6113, Mo–Fr 8.30–12.30 Uhr. *Österreich:* Chaco 241, Tel. 352-5333, Fax 352-5084; Mo–Fr 9–12 Uhr. *Paraguay:* Manuel Ignacio Salvatierra 99, Ed. Victoria (2. Stock), Tel./Fax 336-6113; Mo–Fr 7.30–14.30 Uhr. *Peru:* Av. La Salle 2327, Tel. 333-6344; Mo–Fr 8.30–13.30 Uhr. *Schweiz:* Calle Los Gomeros 98, Barrio Sirari, Tel. 00591-3-343-5540, consuladoch@cotas.com.bo, Mo–Fr 9–12 Uhr.
Kulturinstitute	Deutsch-Französisches Kulturinstitut *Centro Cultural Franco Alemán, 24 de Septiembre 36,* Tel. 335-0142, www.aeci.org.bo; dt. Zeitschriften, Bücher und Magazine, ab und zu auch dt. Filme, Sprachkurse. **Deutsche Schule:** *Colegio Alemán,* Casilla 624, Tel. 332-1853, Fax 335-1282.
Dt.-Boliv. Handelskammer	*Cámara de Comercio e Industria Boliviano-Alemana,* Avenida El Trompillo/Chaco, Tel. 352-4484, Fax 352-6404, honnen@hub.scbbs-bo.com, www.ahkbol.com.
Post	*Correo Central,* Junín 128. Mo–Fr 8–20 Uhr, Sa bis 18 Uhr, So 9–12 Uhr.
Telefon	*ENTEL,* Warnes 83/Chuquisaca, Tel. 332-5526. Mo–Fr 7.30–23 Uhr, Sa/So 8–21 Uhr. Weitere ENTEL-Posten befinden sich in der Av. del Japón 3505, der Av. Cañoto/Buenos Aires, im Supermercado Hipermaxi, Av. Cristo Redentor 900 sowie auf dem Flughafen.
Internet-Cafés	Viele preiswerte Internet-Cafés in der Innenstadt. – Café Internet, Sucre 673 (www.cafenet.com.bo), Mo–Sa 9–22 Uhr, So nur ab 15 Uhr. – Cibermania, El Chuubi Oficina 5 Planta Alta, www.cibermania.com. – Instituto Ejecutivo, Ayacucho 239, 1 €/h. – Cylom, Florida/España, Galería Los Ángeles, 1,5 €/h. – Weitere gibt es in der Calle Florida (zw. España u. 21 de Mayo), in der Gegend um die Plaza Chavéz und dem Parque Arenal sowie gegenüber vom Alojamiento Sta. Bárbara in der Sta. Bárbara.
Geld	*Casa de Cambio Alemana,* Plaza 24 de Septiembre, sehr guter Wechselkurs auf Reiseschecks und Guaranis. – *Casa de Cambio Mendicambio,* Plaza 24 de Septiembre 30, Tel. 332-6509, Repräsentant von Thomas Cook. – *Casa de Cambio Sudamer,* Av. Busch 127, Tel. 334-2909. – *Casa de Cambio Exprinter,* Libertad/Junín, Tel. 334-9766. – *Magri Turismo,* Warnes/Potosí, Tel. 334-5663/336-4862, Fax 334-3591, magri-srz@scz.logic.com.bo. Repräsentant von American Express, keine Reiseschecks. – *Banco de Santa Cruz,* Av. Chavéz Omar Ortíz, Tel. 336-9911. – *Banco de América,* Velasco 19. – *Banco Popular del Perú,* Plaza 24 de Septiembre. Straßenwechsler auf der Plaza und um den Busterminal. Weitere Banken gibt es in der René Moreno, z.B. *Banco Boliviano Americano, Banco del Crédito, Banco Nacional de Bolivia* und *Multibanco.* Die Mennonitenbank verlangt nur 0,5% Kommission beim Tausch von Euro-Reiseschecks. **Hinweis: Reisende nach Brasilien** sollten hier schon Reiseschecks in Euro-Noten eintauschen, da die Kommissionen für Reiseschecks in Brasilien meist höher ist. Vorsicht vor den Straßenwechslern an der Plaza, die mit manipulierten Taschenrechnern arbeiten.
Touranbieter	*Mario Berndt,* Tapiosí 113, Tel. 342-0340. Sehr zuverlässiger dt.-spr. Führer für das gesamte bolivianische Tiefland mit fundiertem Hintergrundswissen über Kultur, Land und Leute, empfehlenswert! – *Ruta Verde Tours,* 21 de Mayo 318, Tel./Fax 339-6470, www.rutaverdebolivia.com. Bootstouren Amazonasbecken/bol. Pantanal, **Parque Nacional Noel Kempff Mercado,** Chiquitania, Samaipata, Parque Nacional Amboró, Ruta del Che, Trekkingausflüge, geführt von Holländern. – *Probioma,* Cordoba 7 Este 29, Tel. 343-2098. Nichtregierungsorganisation, die mit den Campesinos von Villamboró zusammenarbei-

tet, Zweitagestouren in den nördlichen Amboró ca. 70 €, gPLV. **TIP!** – *Joe Cavanaugh,* Florida 126, Tel. 334-5487, Fax 334-3451. Der engl.-spr. Joe ist Besitzer des *El Aventura* und bietet neben guter Camping-Ausrüstung, Rucksäcken und Stiefeln auch Privattouren in die Selva an, 50–100 €/Tag/pro Gruppe, je nach Tour; spez. Arrangements sind möglich, alle Kk. – *Rosario Tours,* Arenales 193, Tel. 336-9977, Fax 336-9656, www.rosariotours.com. Ortsansässiges Unternehmen, Touren in den südlichen Amboró, Refugio Volcanes, Samaipata, **Parque Nacional Noel Kempff Mercado,** boliv. Pantanal, Madidi u.a. Zweitagestour in den Amboró 190 € p.P.; hilfsbereit u. Ratschläge, wie man die Touren z.B. auf eigene Faust durchführen kann. **Einzige Agentur,** über die die **Cabaña im Refugio Volcanes** gebucht werden kann, 60 € p.P./Nacht (bei mindestens 2 Pers./2 Tagen), inkl. allem. Führerin Mercedes Aireyu Calderón ist sehr zu empfehlen. **TIP!** – *Selva Tours,* Bolívar 262, Tel. 344-3637, Fax 336-0471. Touren zum *Parque Nacional Amboró* und nach Samaipata sowie zu den Jesuiten-Missionen, deutschsprachig, Preis jedoch ca. 150 €/Tag p.P. – *Magri Turismo,* Warnes/Potosí, Tel. 334-5663, Fax 334-3591, www.magriturismo.com. Stadtrundfahrten, P.N. Amboró, Samaipata, Valle Grande, Ruta del Che, relativ teuer. – *Forest Tours,* Junín/21 de Mayo, Ed. Casa Viejo, Planta Alta, Tel. 337-20042, www.forestbolvia.com. Touren nach Lomas de Arena, Espejillos, Samaipata, Amboró, Chiquitania. – *Monte Verde Tours* (in D über Hoppers Flugreisen, Erlenring 4, 35037 Marburg, Tel. 06421-173188, Fax 173137). Organisierte Touren zum P.N. Amboró, Refugio Volcanes, Samaipata und Vallegrande. – *Menno Travel,* 10 de Agosto 18, Tel. 332-3270, Fax 332-3271; dt.-spr. Reisebüro.

Hinweis: Die organisierten Touren zum **Amboró-Nationalpark** sind **in Sta. Cruz sehr teuer!** Besser in Eigenregie zu den Ausgangspunkten nach **Buena Vista** (Nordsektor) oder **Samaipata** (Südsektor) fahren und eine Tour dort bei einem der preiswerteren Anbieter organisieren.

Tiffany Tours, Aeropuerto El Trompillo, Tel. 353-2138, Fax 353-8098. Tagesausflüge (mit einer Übernachtung) zu den Missionen der Chiquitania (San Miguel, San Rafael, San Ignacio und Santa Ana, Concepción und San Javier) für Eilige (ab einer Person) mit Aerofox-Buschflieger, Kosten ca. 750 € pro Person, plus Übernachtung und Verpflegung (ab 4 Personen kostet es immer weniger, da immer die gesamte Buschmaschine bezahlt wird).

Kunsthandwerk Auf dem **Mercado de los Pozos** und in den umliegenden Straßen kann man auf Schnäppchenjagd gehen, Textilien, Kleider, Hosen u.a. . Auf dem **Paseo Artesanal Unacruz** zwischen Libertad und Florida bieten Hersteller auf über 50 Verkaufsständen Kunsthandwerk der Region an (Infostand). Am So Kunsthandwerksmarkt hinter der Kathedrale, Plaza Manzana 1, Libertad/Ingavi. *Vicuñitas Handicrafts,* Independencia 7, ist der günstigste Souvenirladen (Märkte in La Paz und Cochabamba sind dennoch preiswerter!).

Taxi Av. Cañoto/Lemoine, 24-Std.-Service. *Radio Taxi Corea,* Av. La Salle 120, Tel. 343-1000, Fax 333-4715, spezialisiert auf Flughafentransfers nach/von Viru-Viru. *Radio Taxi Exclusivo,* Av. General Martínez 338, Tel. 335-2100. *Radio Taxi Tiluchi,* Av. Alemania 1461, Tel. 342-4158. *Radio Taxi Tropicana,* Ubarí, Tel. 352-0730. *América,* Tel. 342-2222.

Autoclub *Automóvil Club Boliviano,* an der Straße Richtung Warnes/Montero bei km 13 (Nähe Flughafen). Camping für Selbstfahrer kostenlos. Kw, Dusche, Pool.

Autowerkstatt Franziskanerpfarrer Reinaldo Brumberger, Casilla 337, Tel. 964-3012, Fax 964-3189, par_cep@hotmail.com. Sehr gute Werkstatt, die auch Touristenfahrzeuge repariert. Sollte sie länger dauern, kann man auf Vermittlung des Pfarrers auf einer kleinen Farm des Kolpingwerkes unterkommen.

Mietwagen *International Rent-a-Car,* Av. Uruguay/Pedro Antelo, Tel./Fax 334-4425, gut

Adressen & Service Santa Cruz

und zuverlässig, spezialisiert auf Jeeps bzw. 4WD. Jeep Suzuki Vitara 45 €/ Tag inkl. 120 Freikilometer oder 370 €/Woche inkl. 1000 Freikilometer; Toyota Landcruiser 450 €/Woche, 1000 Freikilometer, 0,35 € für jeden weiteren Kilometer, oder Toyota Landcruiser (Vagoneta), 550 €/Woche, 1000 Freikilometer, 0,48 € für jeden weiteren Kilometer; Monatsmieten ab 800 € mit 2000 Freikilometern. Auch von D aus buchbar) – *Barrons*, Av. Alemania/Tajibos, 2ro Anillo, halbe Cuadra von Rotonda Bendeck, Tel. 342-0160, Fax 342-3439, antonioba@cotas.com.bo, www.rentacarbolivia.com. – *AVIS*, Av. Cristo Redentor/ Carretera Norte, Km 3,5, Tel. 343-3939, Fax 345-1595, 24-Std.-Service Tel. 776-7004, www.avis.com.bo. Kleinwagen ab 15 €, Wochentarif 199 €. Geländewagen Toyota Landcruiser (7-Sitzer) 44 €, Wochentarif 500 €. Alle Preise zuzügl. Versicherung. – HERTZ, Av. Cristóbal de Mendoza 286, Tel. 333-8823, santacruz@hertzbolivia.com. www.barbolsrl.com. – *Localiza*, Av. Cristo Redentor zw. 2do und 3er Anillo, Tel. 341-4343, www.localizabolivia.com.

Supermarkt *Supermercado Hipermaxi*, Av. Cristo Redentor/3ro Anillo, sowie Salvatierra 174, sehr gut. *Supermercado Sur Fidalga*, Av. René Moreno 212/Diego de Mendoza. *Supermercado Ketal*, 24 Septiembre 480 (Zona Central), Av. El Trompillo s/n (Zona Sur) und Av. Cristóbal de Mendoza 628 (Zona Norte). *MAS*, Av. Banzer. In allen Supermärkten kann preiswert gegessen werden.

Armeeshop *Military Look Original,* Salvatierra/Av. Grigota. Bundeswehrausrüstungsgegenstände, vom Stiefel über Parka zum Schlafsack u.a. mehr ...

Freibäder *Club Social 24 de Septiembre*, Independencia/Ayacucho Plaza 24 de Septiembre. *Country Club,* Las Palmas, Carretera Cochabamba km 2,5.

Wäscherei *Scursul* ist eine Wäschereikette und ist z.B. auch im Hipermaxi Norte oder Hipermaxi Centro vertreten. *Lavandería Bolívian,* Buenos Aires 123. *Lavandería Romi,* Quijarro/Bolívar. *Lavandería Rápido,* Pasaje Callejas 70. Unbedingt Preise vergleichen, da große Unterschiede.

Buchhandel *Los Amigos del Libro,* Calle Ingavi 14, Tel. 332-7937, gutten@amigol.bo.net. *El Ateneo*, Av. Cañoto/21 de Mayo, auch Bücher und Zeitschriften auf Engl.

Verkehrsverbindungen

Stadtvrk. Taxifahrt innerhalb des 1. Rings Standardtarif 1 €, zum 2. Ring 1,50–1,70 €.

Bus Der **Terminal de Buses** liegt an der Av. Brasil (beim Bahnhof) in Höhe der 3. Ringstraße im Osten vom Zentrum. Anfahrt mit dem Bus bzw. Micro (Aufschrift *Terminal Nueva* oder *Terminal Nv.*) oder mit Taxi, Fz ca. 10 Min. Im Terminal gibt es ein Posten der Policía de Tránsito, der sehr hilfsbereit ist (z.B. bei Busausfall, Ticketumtausch). Alle Micros halten aber noch in Höhe des alten Terminals in der Av. Cañoto. Auf der anderen Seite der Bahngleise des Bahnhofs liegt der **Terminal Interprovincial** (Tunnel unter den Bahngleisen benutzen). **Hinweis:** Morgens fahren Micros am *Mercado los Posos,* Ecke Abaroa/Sevane speziell in die **Chiquitania** ab. Die angegebenen Preise nur zur Orientierung:
Nach Asunción (Paraguay): Mo/Di/Do/Sa 20 Uhr mit der paraguayischen *Empresa Yacyreta*, Izozog 487, Tel. 362-5557, Fz 24 h (in der Trockenzeit), Fp 35 €. Diese Busgesellschaft hat die besten Busse die nach Paraguay fahren. Täglich 20 Uhr mit Paycasu, Tel. 364-1077, pycasu@cotas.net. Busfahrkarten auch über Reisebüros.
Buena Vista (100 km): täglich Colectivos im Stundentakt, Fz 2,5 h, Fp 2,50 €.
Buenos Aires (3500 km): tägl. 19 Uhr mit Paycasu, Potosí Buses, Ormeño Bolivia, Fz 36 h, 45–52 €.
Camiri (300 km): tägl. mehrere Busse 9–20.30 Uhr u.a. mit *El Chaqueño, 12 de Julio, Expreso Camiri*. Fp 5 €
Comarapa: tägl. um 14 Uhr Direktbus.
Cochabamba (470 km): tägl. Busse über *Villa Tunari* (Tieflandroute) ab 8 Uhr,

teilweise im Halbstundentakt, Schlafbus um 21 u.a. mit *Trans Copacabana, Bolivar, Cosmos, Cisne Imperial,* Fz 12 Uhr, 54 Bs, Schlafbus 110 Bs.
Concepción (Chiquitania): tägl. 20 Uhr mit *Expreso San Matás.* Abfahrten mit *31 del Este* um 7.30, 14 u. 17 Uhr in der Suárez/Barron (Nähe Mercado Los Povos) und Do/So um 7 Uhr (Direktbus ab Terminal), Fz 4 h, Fp 4 €.
La Paz (850 km): tägl. mehrere Busse, u.a. mit *Bolívar, Trans Copacabana, Panamericana, Punata, Cisne Imperial,* Fz bis zu 24 h, ab 15 €. Tägl. Direktbus mit *Flota Copacabana,* Fz 16 h, 18 €. Schlafbus um 17.30 und 19.30 Uhr von *Flota Copacabana,* 180 Bs.
Mendoza: s. Santiago de Chile
Montero (37 km): Direktbus (Micro), Fz 1 h, 1 €, Abfahrten immer sobald Fahrzeug voll ist. Ansonsten Trufis ab dem alten Busterminal Av. Irala/Av. Cañoto.
Oruro (680 km): tägl. mit *Pullman Oruro, Panamericana,* Fz ca. 21 h.
Puerto Suárez (645 km): tägl. um 17 Uhr mit IDI Suárez und Trans El Carreton, Fz 18 h. Die Strecke soll in Kürze ausgebaut werden!
Saipina: tägl. um 14.30 und 16.30 Uhr, Direktbus
Samaipata (120 km): tägl. mit *Línea 105* (Direktbus um 16 Uhr); tägl. Minibus von *Ismail Aguilera L,* Av. Irala, um 17.30 Uhr; Fz 2,5 h, 3 €. Ansonsten nur Colectivos, z.B. von *Tundy 70,* und Trufis (Sammeltaxi), z.B. von *Expreso Santa Cruz,* Abfahrten südlich vom Busterminal (Anfang des 2. Blockes), bzw. in der Av. Omar Chavéz, Fz 2,5h, Fp 25 Bs (mind. 4 Pers.).
San Ignacio (480 km): tägl. mehrere Busse, u.a. mit *Flota Jenecheru* (20 Uhr, zuverlässig, beste Busse), *Flota Chiquitania, Espreso San Matías, Expreso San Ignacio,* Fz 12 h, 6,50 €.
San Javier (230 km): tägl. Micros/Busse um 7.30, 15 u. 19.30 Uhr mit *31 del Este,* Suárez/Barron, Nähe Mercado Los Povos u. vom Busterminal, Fz 4 h, 4 €.
San José de Chiquitos (Chiquitania) tägl. um 14 Uhr Direktbus (wetterabhängig) und Mo/Mi/Fr Micro um 8 Uhr, Fz 9 h, 8 €.
San Matías (770 km): tägl. mehrere Busse, u.a. mit *Pionera Tans Boliva, Expreso, San Matías, Trans Velasco,* Fz 19 h, ca. 16 €.
Santiago de Chile (via Mendoza): tägl. um 17 Uhr, *Andesmar,* Fz 36 h, 80 €.
San Ramón (Chiquitania): tägl. 20 Uhr mit Expreso San Matías.
Sucre (600 km): Direktbus, u.a. mit *Flota Copacabana, Expreso Cochabamba, San Francisco;* mit *Copa Moya* und *Trans Capitán* tägl. 16 und 16.30 Uhr; mit *Andesbus* Mo/Mi/Sa um 16 Uhr. Fz 14 h, 80 Bs.
Tarija (710 km): tägl. mehrere Busse, u.a. mit *Gran Chaco, Expreso del Sur, San Roque, San Lorenzo* und *Expreso Tarija,* Fz 14 h, Fp 15 €.
Trinidad (550 km): tägl. Busse, u.a. *Pullman Punata* (um 16 Uhr), *Copacabana, Copa Moya, Cosmos* und *Bolivia;* Fz 8 h, Fp 53 Bs, Schlafbus um 20.45 und 21 Uhr, Fp 125 Bs.
Villa Montes: tägl 19.30 und 20. 30 Uhr mit *San Martín, San Lorenzo,* Fz 8 h, Fp 42 Bs. Evtl. fährt noch *Jumbo Bus Bolívar.*
Villazón (900 km): mit *Expreso del Sur.*
Vallegrande (225 km): tägl. Busse und Micros, u.a. mit *Flota Bolívar, Transportes Señor de los Milagros* und *Trans Vallegrande* um 9 und 17 Uhr; um 14 Uhr Direktbus mit *Señor de los Milagros;* Fz 7 h, ca. 38 Bs.
Yapacaní (125 km): tägl. im Stundentakt mit *Línea 102,* Fz 4 h, 4 €.
Yacuiba (600 km): tägl. mehrere Busse, u.a. mit *San Martín, San Lorenzo, El Fronterizo, Cosmos,* Fz 8,5 h, 51 Bs. Schlafbus 110 Bs.

Selbstfahrer nach **Camiri** müssen zuerst die alte Straße nach Cochabamba nehmen. Nach etwa 20 km zweigt dann die beschilderte Straße nach Camiri ab.

Zug Ein regelmäßiger Zugverkehr durch die *Empresa Ferroviaria Oriental* besteht mit dem legendären, sog. „Todeszug" zur brasilianischen Grenze nach Pto. Suárez. Außerdem existiert von Santa Cruz eine Bahnstrecke zur argentinischen Grenze nach Yacuiba.

Der Bahnhof der *Empresa Ferroviaria Oriental* befindet sich an der Av. Brasil in Höhe der 3. Ringstraße im Osten vom Zentrum, Tel. 338-7000, www.ferroviariaoriental.com. Anfahrt mit dem Bus bzw. Micro 12 oder mit Taxi, Fz ca. 10 Min.

Fahrkartenverkauf am Tag der Abfahrt tägl. ab 7.30 Uhr. Es ist sinnvoll, sie einen Tag vorher zu kaufen. Dazu ist der Reisepass vorzulegen. Die Bahnsteiggebühr beträgt 15 Bs. Da sich die Abfahrtszeiten immer wieder ändern, dienen die Angaben hier nur zur Orientierung. Bitte informieren Sie sich aktuell vor Ort oder unter Tel. 338-7600/978-2162, pasajeros@ferroviariaoriental.com, www.ferroviariaoriental.com.

Nach San José de Chiquitos (266 km): s.a. Quijarro, *Regional,* Abfahrten Mo–Sa 12 Uhr, mit Pullman-, 1.- u. 2.-Klasse, Fz 6,5 h; Fp Pullman/AC 53 Bs, 1. Klasse 23 Bs, 2. Klasse 19 Bs. Abfahrt mit *Ferrobus* Di/Do/So um 19 Uhr; Cama (Schlafwagen) 186 Bs, Semi-Cama (Liegewagen) 159 Bs. Abfahrt mit *Expreso Oriental* Mo/Mi/Fr um 16.30 Uhr; Súper-Pullman/AC 53 Bs, 1. Klasse 23 Bs. – **Roboré** (400 km): s. Quijarro, Fz 11,5 h, mit Regionalzug mindestens 12 h. – **Rivero Torres** (538 km): s. Quijarro, Fz mind. 15 h mit Regionalzug, Ferrobus ca. 9h. – **Quijarro/Puerto Suárez** (640 km): *Expreso Oriental,* Abfahrten Mo/Mi/Fr um 16.30 Uhr, Ankunft nä. Tag 8.45 Uhr) Súper-Pullman/AC 115 Bs, 1. Klasse 52 Bs. *Ferrobus*, Abfahrten Di/Do/So 19 Uhr, Ankunft 8.40 Uhr; Cama (Schlafwagen) 234 Bs, Semi-Cama (Liegewagen) 202 Bs. *Regional*, Mo–Sa 12 Uhr; Pullman 115 Bs, 1. Klasse 52 Bs. Zug führt manchmal Transportwaggons (Plattformwagen) für Fahrzeuge mit.

Der Triebwagen *(Ferrobus)* hält nur in San José de Chiquitos, Roboré, Rivero Torrez und Suárez Aranas. Abfahrten der Triebwagen in Quijarro (Puerto Suárez) Mo/Mi/Fr 19 Uhr, Ankunft Santa Cruz am nä. Tag 8.50 Uhr. Infos über Tel. 338-7600/978-2162, pasajeros@ferroviariaoriental.com, www.ferroviariaoriental.com.

Für den Fahrzeugtransport verkehren Güterzüge mit Plattformwagen (12 x 3 m), Fz 15 h. Dabei ist es unerheblich, wieviel Fahrzeuge auf dem Plattformwagen mitgenommen werden, es ist immer der gesamte Waggon mit 450 € zu bezahlen, deshalb ggf. mit Gleichgesinnten zusammenschließen. Das Verzurren nach dem Verladen kostet 20 €. Es gibt bewachte und unbewachte Transporte (kein Preisunterschied), unbedingt einen bewachten Transport nehmen. Die Fahrzeuge werden am Vormittag verladen. Soweit kein Tren Mixto im Einsatz ist, muss mit dem Nachtzug hinterhergefahren werden. Abladeort ist Aranja Suárez (eine Station vor Quijarro!). Weitere Infos www.ferroviariaoriental.com. Zur brasilianischen Grenze sind es von dort noch 5 Minuten.

Von Quijarro mit Colectivo oder Taxi zum Grenzübergang, von dort mit brasilianischem Bus nach Corumbá (Bras.). **Wichtiger Hinweis:** An der Grenze kommt es immer wieder vor, dass Drogenfahnder das gesamte Gepäck kontrollieren. Dabei ist es u.U. auch der Inhalt von Konservendosen zu öffnen.

Yacuiba // Pocitos (539 km): Tren Mixto Mo/Do 15.30 Uhr mit Wagen der Pullman-, 1.- und 2.-Klasse, Fz ca. 16 h, Fp Pullman 101 Bs, 1. Klasse 47 Bs, Fp 2. Klasse 37 Bs. Abfahrten in Yacuiba Mi/Fr um 17 Uhr, Ankunft in Santa Cruz am nä. Tag 10 Uhr.

Yacuiba ist der Grenzort zu Argentinien. Taxi zur Grenzstation Pocitos ca. 1 €, dann zu Fuß über die Grenze. Für Eilige nochmals der Hinweis, dass Puerto Suárez und Yacuiba auch mit dem Flugzeug erreicht werden können!

Flug Der großzügig angelegte **internationale Flughafen Viru Viru** liegt im Norden von Santa Cruz, 16 km vom Zentrum entfernt, Tel. 181. Serviceeinrichtungen von ENTEL, Gepäckaufbewahrung, Touristeninformation, Ausländerpolizei (Migración), Bank (Geldwechsel).

Anfahrt vom Busterminal mit grünen und weißen Micros bzw. mit dem Airportbus. Dieser fährt alle 30 Min., Fz 40–60 Min., 1 €; Taxi 4–6 €. Vom Flughafen in die Stadt gibt es (wie in La Paz und Sucre) auch Sammeltaxis, sog. *Taxi Particular*, die vier Fahrgäste für 2,50 € zum jeweiligen Ziel bringen. Ansonsten den preiswerten Airportbus zum Busterminal nehmen.

Airport-Tax für internationale Flüge 25 €, zahlbar in bolivianischer oder US-Währung. Airport-Tax (AASANA) für nationale Flüge 1,50 €. Auf alle Flugpreise wird 15 Prozent Steuer aufgeschlagen!

Fluggesellschaften und Flugverbindungen Die aufgeführten Flugziele der genannten Fluglinien sind die einzigen, die derzeit als Direktziel von Santa Cruz aus angeflogen werden. Weitere Flugziele nur als Umsteigeverbindungen.

Aerosur, Irala/Colón, Tel. 336-4446, 24-Std.-Service 0800-3030, ventas@aerosur.com; nach *La Paz, Cochabamba, Sucre, Tarija, Puerto Suárez, Cobija, Uyuni* via Cochabamba, Do 7.15 Uhr, 250 € return, *Salta* (Arg.), Mo/Mi/Fr 19.50 Uhr, Fp 235 € return, *Cusco via La Paz, Saõ Paulo* (Brasilien), tägl. 9.50 Uhr, Fp 435 € return, *Buenos Aires* (Arg.), tägl. 10.15 Uhr, Fp 300 € return, sowie *Lima, Asunción, Madrid*, Mo/Mi/Fr 24 Uhr, Fp 900 € return und *Miami*. Direktflug nach Cusco mit Stopover in La Paz am Do/So um 6.30 Uhr (fragen, ändert sich saisonbedingt ständig), Fp ab 135 € ow., damit gute Verbindung von D via Madrid und Sta. Cruz nach Cusco ohne Umweg über Lima.

TAM, Aeropuerto El Trompillo, Tel. 352-9669, Fax 359-7595, www.tam.bo; nach *Cochabamba, La Paz, Riberalta, Sucre, Tarija, Trinidad, Puerto Suárez, Cobija*. – **Amazonas**, Aeropuerto El Trompillo, Tel. 357-8988; nach *Trinidad* **Aerolineas Suramericanas**, Mon. Obispo Santisteban 510, Tel. 339-6160, Fax 339-6566, www.vueleconas.com; nach *Cochabamba und La Paz*. – **TAM Mercosur**, Velasco 700/La Riva, Tel. 337-1999, Fax 333-3650, www.tam.com; nach *Cochabamba* und *Asunción*. – **Aerolineas Argentinas**, Junín 22, Plaza 24 de Septiembre, Ed. Banco de la Nación Argentina, Tel. 333-94754, 336-1628, www.aerolinas.com.ar; nach *Buenos Aires*. – **American Airlines**, Beni 167, Tel. 334-1314, Tel./Fax 334-1322, www.aa.com; nach *Miami*.

Ausflüge und Umgebungsziele von Santa Cruz

Übersicht
- **Lomas de Arena:** „Miniwüste" im Urwald, um mal kurzfristig auszuspannen (halber bis ein Tag).
- **Balneario de Río Piraí:** zum Baden und Entspannen (halber bis 1 Tag)
- **Samaipata:** geheimnisumwitterte präkolumbische Festung, für Kulturreisende sehr interessant (ein Tag).
- **Refugio Volcanes** und **Parque Nacional Amboró:** für Naturfreunde und Reisende, die sich an der grandiosen Natur sattsehen und den Urwald in seinem ganzen Spektrum erleben möchten (mindestens 3–5 Tage, auch als Schnelltour in 1–2 Tagen von Santa Cruz aus als organisierte Tour).
- **Vallegrande und Umgebung:** für Reisende auf den Spuren Che Guevaras (mindestens einen Tag).
- **Missionen der Chiquitania:** für Interessierte an alten Jesuitenreduktionen. Die Dörfer, wie San José de Chiquitos, San Miguel, San Rafael, San Ramón, San Ignacio und Santa Ana zeugen vom Einfluss der Jesuiten und Franziskaner, die die **Tupi-Guaraní** missionierten und aus ihnen begabte Künstler, Steinmetze und Musiker machten. Die entlegenen Orte des ehemaligen Missionsgebiets (Chiquitania) sind zwar sehenswert, aber man braucht dafür etwa eine Woche Zeit.
- **Parque Nacional Noel Kempff Mercado:** Der einzigartige Naturpark ist was für abenteuerlustige Tier- und Pflanzenfreunde, die sich an fünf verschiedenen Ökozonen sattsehen möchten. Der entlegene Park kann

nur während der Trockenzeit gut erreicht werden, mindestens eine Woche einplanen! In Santa Cruz können organisierte Touren gebucht werden.
- **Parque Nacional y Área Natural de Manejo Integrado Kaa-Iya del Gran Chaco:** Eine Tour der Superlative in einen völlig infrastrukturlosen und untouristischen Naturpark mit unversehrtem subtropischen Wald. Zeitbedarf mindestens eine Woche oder länger. Nur etwas für absolute Naturfreaks!

Tour 1: Lomas de Arena

Lomas de Arena, 16 km südlich von Santa Cruz, ist ein Stück „Saharadünen" in Südamerika. Ausdehnung 6,5 km Nord-Süd, 2,5 km Ost-West, 14.000 Hektar, Dünenhöhen 435 bis 460 Meter.

Lomas de Arena – mehr als nur Sand

Nur 16 km von Santa Cruz entfernt, sind die Lomas kein Naherholungsgebiet der Großstädter. Gerade einmal 400 Personen im Monat entrichten an der Eingangsschranke zum Regionalpark den Eintritt zugunsten der Stiftung *Simon Patiño*, die sich die Erhaltung der Lomas zum Ziel gesetzt hat. Rund 4 km nach der Tranca erreicht man den Parkplatz, an dem eine offene Hütte Schutz vor dem oftmals heftig wehenden Wind bietet. Von dort aus sind es nur ein paar Schritte auf die große Hauptdüne, von der man einen herrlichen Überblick über das Dünengebiet hat. Hier endet oft bereits die „Wanderung" der meisten Parkbesucher, denen dann wunderbare Landschaftseindrücke entgehen, so z.B. am Ostrand der Lomas, wo sich die mächtigen Dünen in den Wald hineinfressen, ihn überrollen. Mit ungefähr 12 bis 15 Meter pro Jahr schieben sich die Dünen nach Süden, denn der Nordwind überwiegt. Im östlichen Teil der Lomas, etwa 3 km vom Parkplatz entfernt, türmen sich die höchsten 60 Meter hoch in den blauen Himmel. Fotomotive ohne Ende: in Sand „ertrinkende" Bäume, kleine Lagunen, weidende Pferde in der Pampa …, denn zwischen den meist sichelförmigen in Ost-West-Richtung liegenden Dünen breitet sich eine erstaunliche Flora aus.

Doch die meisten Besucher kommen zum Baden in den kristallklaren Lagunen, und ihnen entgeht die reichhaltige Flora und Fauna zwischen den Dünen.

Henner Knüppel

Anfahrt Die Lomas sind mit einem Bus nicht direkt erreichbar, die Linie 21 fährt jedoch nahe an den Parkeingang heran, von dort noch 4,5 km Fußweg, Fp 2 Bs. Der organisierte Ausflug über ein Reisebüro kostet ca. 20 €. Am Wochenende fahren Einheimische mit ihrem Auto dorthin, so dass man es mit Trampen probieren könnte. Ansonsten bleibt noch die Möglichkeit, mit einem Bus 14 oder 55 ab Cochabamba/Ballivián bis zur Haltestelle Tránsito an der 3. Ringstraße zu fahren und von dort mit einem Taxi, Fp 50 Bs, weiterzureisen. Doch Vorsicht, Taxis bleiben oft im Sand stecken (am besten gleich Schaufel mitnehmen lassen), und bei starken Regenfällen schwillt der Río Choré-Choré zwischen der Tranca (Kontrollposten) und dem Parkplatz so stark an, dass selbst ein 4WD ihn dann nicht überqueren sollten. Kurz nach der Überquerung des Flusses zweigt nach rechts ein Weg zu einem See mit Vogelbeobachtungsposten ab (Hinweisschild beachten). **Eintritt:** Der Park ist von 7–19 Uhr geöffnet, Eintritt an der Tranca 2,50 Bs.

Essen & Trinken Auf der Anfahrt liegt kurz vor dem Fluss Choré-Choré in Fahrtrichtung Lomas links das gute, klimatisierte Restaurant *Las Lomas de Arena*, mit schönem Blick über die Pampa auf die Sierra, geöffnet nur Sa/So. Ansonsten laden ein paar kleine Restaurants und Imbiss-Stände ein.

Unterkunft Camping in Parkplatznähe ist möglich, oder in einer gepflegten Campinganlage, 550 m nach dem Choré-Choré.

Baden in den Sandlagunen	Die zahlreichen knie- bis hüfttiefen Lagunen, die von Sanddünen „Marke Sahara" umgeben sind, trocknen bis November regelmäßig aus. Nach den ersten starken Regenfällen füllen sie sich wieder, und meist zwischen Januar und Juli eignet sich das saubere, warme Wasser gut zum Baden. Der umgeleitete Fluss, der die Lomas früher mit Wasser versorgte, soll nach Auskunft der Parkverwaltung wieder in sein ursprüngliches Bett zurückgeleitet werden, so dass dann wieder eine ganzjährige Badelagune entsteht.
Reiten	Die Lomas können zu Pferde erkundet werden, Auskunft an der Tranca.
Flora und Fauna	Viele Wasservögel, Eulen, einige Flamingos, knapp 50 Säugetierarten. Über 200 Pflanzenarten, darunter auch Wasserpflanzen.

Tour 2: Balneario del Río Piraí

Ein weiteres Ausflugsziel ist der kleine *Balneario del Río Piraí* am Río Piraí. Er liegt am westlichen Ende der Av. Roco und Coronado und ist ein Treffpunkt am Wochenende mit Musik, Tanz und Grillstationen. Openair-Kneipen bieten Spezialitäten der Region. Eine Riesengaudi ist, ein allradgetriebenes vierrädriges Motorrad zu mieten, führerscheinfrei, je nach Größe 35—60 Bs/h. In der Winterzeit der Fluss jedoch fast ausgetrocknet, schmutzig und nicht badegeeignet. **Achtung!** Zum Erscheinen dieser Auflage wurden uns am Balneario bewaffneten **Überfälle** gemeldet!

Anfahrt mit Bus 4 ab Ballivián/La Paz bis Villa San Luís. Von dort mit Jeeps zum Fluss. Am Wochenende Micros ab Mercado Los Pozos bis zu den Cabañas am Río Piraí, ein Taxi von Innenstadt kostet ca. 25 Bs.

Tour 3: Parque Nacional Amboró

Einer der schönsten und vielfältigsten Nationalparks der Welt ist der **Parque Nacional Amboró.** Mit einer Größe von 637.000 ha beherbergt er gleich mehrere Ökozonen, die sich zwischen dem tropischen Tiefland und dem Nebelwald der Andenabhänge ausbreiten. Der Nationalpark wird mehr oder weniger von der alten (Hochlandstraße) und der neuen (Tieflandstraße) von Santa Cruz nach Cochabamba begrenzt. Gegründet wurde der Nationalpark 1973, als *Reserva e Vida Silvestre Germán Busch,* damals umfasste er nur 180.000 ha. 1984 wurde das Naturreservat zum Nationalpark aufgewertet.

Berühmt wurde der Nationalpark durch seine einzigartige Artenvielfalt sowie die extrem hohe Anzahl an Vogelarten. Jaguare, Pekaris, Affen und Tapire sind gleichfalls zahlreich vertreten (und auch sehr viele Giftschlangen). Die Insektenwelt ist fast noch nicht erforscht. Hier können so seltene Tiere wie der Jucumari (Andenbär), die Riesenotter, der Andenfelsenhahn oder der *Ara rubrogenys* beobachtet werden. Zusammen mit den blauen Morphofaltern, die über die unzähligen verschiedenen Orchideen und durch Riesenfarne flattern, scheint es noch ein Naturparadies auf Erden zu sein.

Zugänge in den **nördlichen Teil des Nationalparkes** befinden sich südlich von Buena Vista, es geht über die Campamentos *Saguayo, La Chonta* und *Macuñucú* sowie westlich von Buena Vista über die Campamentos *Mataracú* und *Ichilo.* Der Zugang in den **südlichen Teil des Nationalparkes** geschieht über das Schutzgebiet *Refugio los Volcanes* bei Bermejo. Ein weitere Zugang für den südlichen Teil des Nationalparkes mit seinen gewaltigen Baumfarnen und Moosen führt über *La Yunga* oder

Parque Nacional Amboró

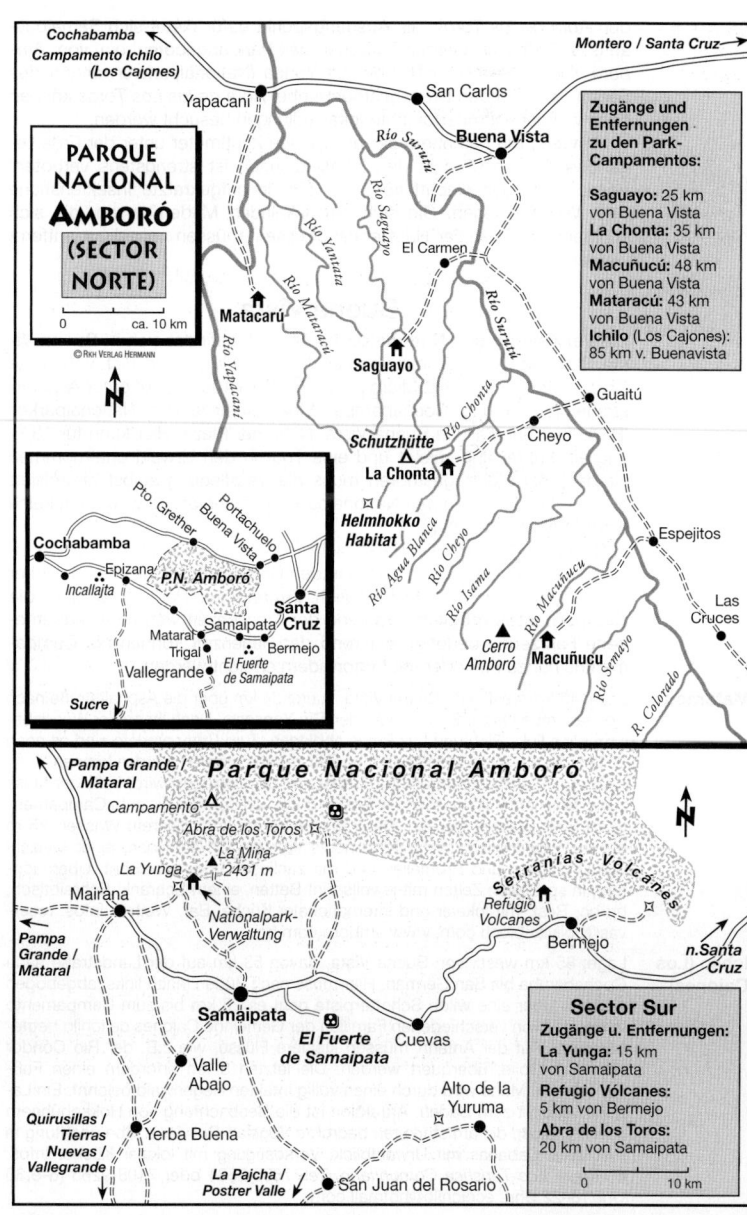

den *Abra de los Toros,* als Ausgangspunkt dafür bietet sich Samaipata an (s.S. 806). Dort werden Touren in den Park angeboten, u.a. vom *Amboró Tourist Service,* z.B. über La Yunga (Nationalparkverwaltung des Sector Sur). Bei den Dreitagestouren über *Abra de los Los Toros* können noch weitgehend unerforschte Inkasiedlungen besucht werden.

Hinweis: Die Mitnahme der nur wenige Zentimeter unter der Erde liegenden Tonscherben in den Inkasiedlungen ist strengstens verboten! Vorsicht vor den Nachtfaltern, die Eier in aufgekratzte Insektenstiche oder Wunden legen. Die sich entwickelnden Maden/Larven, die sich schmerzhaft unter der Haut entlangfressen, müssen unbedingt entfernt werden.

Buena Vista

Die **Verwaltung des Nationalparks** Amboró befindet sich **in Buena Vista,** Calle Soruyo, 2 Blocks von der Plaza, 102 km nordöstlich von Santa Cruz, Fz 90 Min., Fp mit Micro 10–20 Bs, Taxi 100 Bs, auf guter Asphaltstraße in Richtung Cochabamba. Eine Infostelle des Nationalparkes (BID), liegt ebenfalls in Buena Vista, Nähe der Plaza. Hier kann für 15 €/Tag ein Führer angemietet und eine Tour in den Urwald unternommen werden. Bei Mehrtagestouren muss die Verpflegung selbst organisiert werden. Der Eintritt in den Nationalpark ist kostenlos, es wird auch keine extra Erlaubnis benötigt.

Bei einem Besuch des Parks sieht man zahlreiche Tiere, doch die Infrastruktur ist sehr mager. Zelten in den Campamentos der Parkaufseher (Guardaparque) ist begrenzt möglich. **Zugang** zum Park ist **nur über die Campamentos möglich.** Während der Trockenzeit werden allradgetriebene Fahrzeuge benötigt, während der Regenzeit können die Campamentos nur zu Fuß oder mit Motorrädern erreicht werden.

Mataracú Lage: 43 km westl. von Buena Vista, zuerst 24 km über die Asphaltstraße nach Cochabamba bis zur Brücke über den Río Yapacaní. Nach ihr an der Weggabelung nach links Richtung Las Petas abbiegen. Zum Campamento sind es noch 18 km, die nur mit allradgetriebenen Fahrzeugen passiert werden können.

Zuerst 12 km entlang des Río Yapacaní, der überquert wird. Falls der Fluss zuviel Wasser führt, müssen die letzten 5 km von der Furt bis zum Campamento zu Fuß gelaufen werden. Dafür wird man mit kristallklarem Wasser, 25 m hohen Wasserfällen, die in Naturpools stürzen, Urwaldriesen, einer Vielzahl von Orchideen und Bromelien und mit zahllosen Vögeln belohnt. Übernachtung in speziellen Zelten mit jeweils fünf Betten, einem Schrank, Schreibtisch, bp/bc, Rest. mit lokaler und internationaler Küche, Bar. Weitere Infos: reservas@bolivianbloch.com, www.amboro.com.bo.

Ichilo (Los Cajones) Lage: 85 km westl. von Buena Vista, davon 53 km auf der Landstraße nach Cochabamba bis San Germán. Hier muss nach Süden (nach links) abgebogen werden. Über eine wilde Schotterpiste geht es 20 km bis zum Campamento Ichilo, das von verschiedenen Familien der Gemeinde Cajones de Ichilo betrieben wird. Auf der Anfahrt müssen kleinere Flüsse, wie z.B. der Río Cóndor oder Río Moile, überquert werden. Die letzten 5 km erfordern einen Fußmarsch. Die Mühe wird durch einen völlig intakten Regenwald belohnt. Ein Lagune verlockt zum Baden. Attraktion ist die Beobachtung von Hokkohühnern (Helmhokkos), die am stärksten bedrohte Vogelart Boliviens. Übernachtung in rustikalen Cabañas mit Urwaldblick, Verköstigung mit lokaler Küche. Infos: *Empresa Eco-Turística Comunitaria,* Tel. 7630-2581 oder 7108-9265 (6–9.30 Uhr/18–22 Uhr), ecoichilo@hotmail.com.

Saguayo	Lage: 25 km südlich von Buena Vista; bis zum Río Surutú sind es 10 km, nach Überquerung des Flusses nochmals 12 km Erdpiste bis zum Campamento.
La Chonta	Lage: 35 km südlich von Buena Vista; Zufahrt über Guaitú. Anfahrt: mit Taxi Expreso ab der Plaza Lidio Landivar via Guaitú bis zum Rio Surutú. Nach Überquerung des Río Surutú entweder zu Fuß oder mit dem Pferd noch 11 km bis zum Campamento mit einfachen Unterkünften, Trinkwasserbrunnen u. Dusche, das von der Gemeinde Carbones während der Trockenzeit von August bis November betrieben wird. Selbstfahrer benötigen einen 4WD, Zufahrt Mai–Oktober möglich. Komplettpaket derzeit ca. 28 € p.P./Tag inkl. Ü/ VP. Auf einem Pfad entlang der Flüsse Chonta und Saguayo kann flussaufwärts in ca. 7–8 h Stunden das Habitat der seltenen **Hokkohühner** *(Cracidae)* erreicht werden. Von ihnen gibt in Süd- und Mittelamerika 50 Arten. Als Waldbewohner lebt es auf Bäumen, ernährt sich von Blättern und Früchten und wird etwa so groß wie eine Truthenne. Erkennbar an kurzem Schnabel mit eierartigem Aufsatz. Infos: *Ecoturismo La Chonta,* lachonta@tusoco.com; für die Bereitstellung eines Pferdes Tel. 7169-4726.
Macuñucú	Lage: 48 km südlich von Buena Vista; Zufahrt über Espejitos (ca. 30 km). Dort muss nach rechts (nach Westen) abgebogen und der Río Surutú überquert werden. In der Nähe des Campamentos gibt es am Río Macuñucú schöne Flussstrände, Wasserfälle und eine überwältigende Flora und Fauna, wenig Touristen. Mit Glück können Riesenfischotter und Raubkatzen gesehen werden. Hinweis: Da viel durch Flüsse gelaufen wird, sind Sandalen vorteilhaft.
Refugio Villa Amboró	Lage: 68 südöstlich von Buena Vista. Anfahrt mit Trufi oder Taxi ab Plazuela 12 de Abril Richtung Huaytú bis Las Cruces. Dort wird man von einem Führer abgeholt. Bis zum Refugio Villa Amboró sind es noch 10 km zu Fuß oder zu Pferde flussaufwärts, Gz 2,5 h. Übernachtung in rustikalen Holz-Cabañas, Campingplatz vorhanden. Infos: *PROBIOMA Productividad, Biosfera y Medio Ambiente,* Hugo Rojas, Buena Vista, Tel. 7730-6638/7089-2989, ecoturismo@probioma.org.bo, www.probioma.org.bo.
Laguna Verde	Lage: nordwestlich von Buena Vista; Zufahrt via San Carlos über Santa Fé de Yapacani. Von dort 21 km weiter mit einem Lastwagen zum Camp Laguna Verde, wobei mehrere Flüsse (Río Yapacani, Río Isama, Río Yantat, Río Mataracú) durchquert werden. Die kleine idyllische Anlage von Laguna Verde wird von Einheimischen geführt, Reitausflüge in den Urwald, ursprüngliche Kontakte mit den Waldbewohnern.Infos: *Cabañas Ecoturísticas Laguna Verde,* San Carlos, Tel. 7169-5905.

Adressen & Service Buena Vista

Unterkunft	Vorwahl 03. – **ECO: Residencial La Casona,** an der Plaza, Tel. 932-2083; freundliche Unterkunft, saubere Zi., bc/bp, Ww, Vent., 3,5 €/Pers., preiswert, gPLV. – **Hotel Sumaque,** Av. José Steinbach, Tel./Fax 932-2080. Ein 5 ha großes Gelände, teilweise vom Urwald bedeckt, mit einfachen, aber großen Cabañas; bp, Ww, Teich, Angel- und Grillmöglichkeit, ausgesprochen freundlich, **TIP!** Cabaña/2 Pers. 15 €, am Wochenende 20 €. **FAM: Pozazul,** an der Carretera, Tel. 932- 2078, Fax 932-2091; bp, AC, Pool, schöner Garten, Rest.; DZ 23–36 €, Bungalow 33–64 €/2 Pers., Campingplatz 12–23 € p.P. inkl. Bad und Ausrüstung. Preise variieren je nach Wochentag und Saison. – **Hacienda El Cafetal,** 5 km südl. von Buena Vista, Tel. 935-200067, www.anditradecoffee.com. Anfahrt von der Plaza Prinicipal mit Taxi oder Mototaxi. Abgelegene Hacienda in idyllischer Lage, schöne, an die Natur angepasste, saubere Cabañas, bp, Terrasse mit Aussicht, Pool, PP. Cabañas/ F für 2 Pers. 300 Bs, gPLV, keine Kk. Die Besitzer haben eine 300 ha große Kaffeeplantage, für Gäste Gratis-Tour, sonst gegen Gebühr. **TIP!**

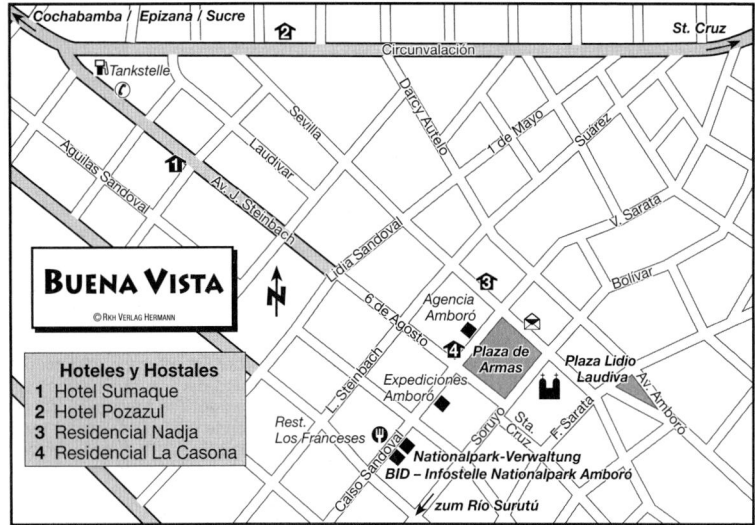

– **Amboró Eco-Resort,** 2 km südöstlich von Buena Vista (km 103), Tel. 932-2048, Fax 342-1909, www.amboro.com.bo; Parkanlage, saubere Zi., bp, Pool, Rest., Ü/F, überteuert. – **Hostal La Cabaña** (1 km hinter dem Ort Richtung Villa Tunari); schöne Bungalowanlage mit Pool in einer Orangenplantage, auch Camping mit Duschen und Küche.

Essen & Trinken	Viele Restaurants an der Plaza und in den Nebenstraßen. *El Bagual,* an der Plaza, gutes Mittagessen, viele Einheimische. – *Buena Vista,* an der Plaza neben der Queseria Suiza mit leckerem Essen, deutschsprachig. – *La Plaza,* Plaza Prinicipal, sehr gutes, aber teures Restaurant mit rustikalem Ambiente, Kamin und Sofaecke, umfangreiche Karte, empfehlenswert. – *Queseria Suiza,* an der Plaza, Schweizer Käserei mit hauseigenen Produkten, köstlichen Joghurtsorten. – *Los Franceses,* gegenüber der Infostelle des Nationalparkes, franz. Küche für 25–55 Bs, Filterkaffee. Wein Kohlberg probieren.
Post/Telef.	Post an der Plaza. ENTEL, bei der Tankstelle an der Carretera.
Touranbieter	*Agencia Amboró,* an der Plaza, Tel. 932-2090: Nationalpark Amboró zu Fuß, Zweitagestour für 2 Pers. inkl. Transport, Führer und Ausrüstung 80 € (ohne Verpflegung), 90 € mit Verpflegung. – *Probioma* (Anschrift s. unter Sta. Cruz), Zweitagestouren zu den Campesinos von Villamboró, ca. 70 € p.P. inkl. Verpflegung. Im Camp gibt es WC, Dusche, Ü in Zelten, Schlafsack mitnehmen. Von dort Urwaldwanderungen durch den Amboró, Bademöglichkeiten. Anfahrt von Campesinos Vista mit der Taxi-Cooperative Amboró bis zur Straßenabzweigung nach Villamboró. Dort wartet nach Vereinbarung ein Campesino mit einem Pferdegespann bzw. Pferden, um die 10 km bis zum Dorf zu überwinden, Reitzeit ca. 2 h; gPLV, **TIP!**
Verkehrsverbindungen	**Nach Cochabamba:** besser nach Santa Cruz zurückfahren und einen Direktbus nehmen, ansonsten Bus von Santa Cruz nach Cochabamba zwischen 9–11 Uhr oder 20–22 Uhr anhalten (oft voll), oder Stück für Stück mit dem Trufi. **Sta. Cruz:** ständig Micros und Trufis ab der Plaza

Tour 4: Che-Guevara-Tour

Eine der Reise-Attraktionen Boliviens ist inzwischen eine 80 km lange Rundreise auf den Spuren des legendären „Che" Guevara. (Beinahe 30 Jahre nach seinem Tod erklärte Bolivien die Suche seiner Gebeine zur „nationalen Aufgabe". Im Juli 1997 grub man sie wieder aus (s. Exkurs 669). Späte Reue über den gewaltsamen Tod durch das bolivianische Militär oder nur clevere Tourismus-Promotion mit der sich's posthum Kasse machen läßt ...?).

Diese Tour führt zu den Stätten, an denen der Revolutionär zwischen 1965 und 1967 versuchte, einen Volksaufstand zu organisieren, aber aufgrund der damals gerade durchgeführten Landreform hatte er bei den Campesions keinen Rückhalt. Neben Guerilla-Camps, Revolutionsdörfern und Urwaldverstecken werden *Camiri, Muyupampa, Samaipata, Vallegrande* und das Dorf *Higuera* besucht.

Die Tour dauert wahlweise drei oder sieben Tage, kann in den Reiseagenturen in Santa Cruz, Samaipata oder in Sucre bei Abbey Path, Arenales 215, Tel. 645-1863 (kschuett@mara.scr.entelnet.bo) gebucht werden (ca. 100 €/Tag p.P. inkl. Transport, Verpflegung, Übernachtung, Equipment und Führer). Der Abschnitt Santa Cruz – Vallegrande kann auch mittels Bussen oder Colectivos in Eigenregie gemacht werden.

Santa Cruz – Samaipata – Vallegrande (225 km)

Busse und Colectivos fahren auf der Strecke nach Samaipata und Vallegrande mehrmals täglich, deshalb kann die Tour gut in Eigenregie gemacht werden, vorausgesetzt, dass man unterwegs nicht irgendwo verweilen möchte, wie z.B. im Refugio los Volcanes. Dann wäre ein Mietwagen besser. Oder man bucht die Tour in einem Reisebüro. Für den Refugio Volcanes mit dem anschließenden *Parque Nacional Amboró* sollte man sich mindestens 2 bis 3 Tage Zeit lassen, je einen Tag für Samaipata u. Vallegrande.

Ein Tipp wäre noch, die Tour von hinten „aufzurollen": also zuerst mit dem Direktbus nach Vallegrande fahren, dort übernachten, am nächsten Tag den Bus zurück nach Santa Cruz nehmen und in Samaipata aussteigen. Dort übernachten oder gleich noch mit demselben Bus bis Bermejo (Refugio los Volcanes Lodge) weiter und dort übernachten; ansonsten am nächsten Tag, nach Besichtigung der Festungsanlage von Samaipata, mit dem Taxi bis zum Refugio los Volcanes oder mit Micro/Colectivo bis Bermejo, Rest zu Fuß bis zur Lodge. Von Bermejo oder vom Refugio los Volcanes zurück nach Santa Cruz. Zeitaufwand 4-6 Tage. Die Tour braucht nicht bis Vallegrande gemacht zu werden. Endstation oder Wendepunkt könnte auch Samaipata sein. Zeitersparnis ein bis zwei Tage.

Los Espejillos

Der erste interessante Stop auf der Strecke nach Vallegrande könnte bei *San José*, ca. 20 km südwestlich von Santa Cruz, eingelegt werden. Von San José sind es noch 15 km bis zu den **Felsbädern von Los Espejillos**, die mit fast glasklarem Wasser und Wasserfällen beeindrucken. Anmarsch während der Trockenzeit zu Fuß, mit 4WD oder evtl. Trampen, aber nur sehr wenige Fahrzeuge unter der Woche! Beliebtes Ausflugziel der Einheimischen am Wochenende. Die Piste ist sehr schlecht und oft schlammig, der Rio Pirai muss dabei durchquert werden. Unterkunft: *Hotel Balneario Espejillos,* Km 46, 16 Zi. mit bp, Rest., Disco und Wasserfall im Hotel.

Refugio los Volcanes Der Schutzpark *Refugio los Volcanes* liegt von Santa Cruz etwa 80 km entfernt. Die Anfahrt von dort erfolgt auf der Straße nach Samaipata entlang des Río Piraí über Angostura bis Bermejo. Kurz vor der Dorfeinfahrt Bermejo (aus Richtung Sta. Cruz) bei Km 79 rechts Zufahrt zum Refugio. Nach 4 km wird die Lodge erreicht. Fz ca. 1,5 h.

Refugio los Volcanes wurde zum Schutz des tropischen Bergregenwaldes eingerichtet und dient als Pufferzone für den im Norden angrenzenden *Parque Nacional Amboró*, zu dem man direkten Zutritt hat. Sowohl das Refugio-Schutzgebiet mit verschiedenen Habitaten als auch der angrenzende Nationalpark können auf Pfaden entdeckt werden, die insgesamt 25 km lang sind. Ein glasklarer Fluss, der zum Baden einlädt, stürzt über zwei Wasserfälle hinab, die gut 100 m hoch sind.

Übernachtung in der **Refugio los Volcanes Lodge,** 6 Zi./bp für max. 12 Personen, 2 Zi./bc für max. 8 Personen, Kw, Solarenergie, Öl. Speiseraum, Terrasse zum Fluss, VP möglich, Fahrzeuge für Touren innerhalb des Parkes vorhanden. Kontakt: info@refugiovolcanes.net. Direktreservierung über den Deutschen Rolf, Tel. 333-2725, oder über *Rosario Tours,* Arenales 193, Tel./Fax 336-9656, aventura@tucan.cnb.net. Mindestaufenhalt 2 Nächte/2 Pers., 25–55 € p.P.; im Preis von 55 € ist EZ/DZ/bp, VP, Führer und Transfer enthalten. Preisnachlass ab 5 Tagen, Aufschlag bei Tagesaufenthalt/VP mit nur einer Übernachtung. Wer nicht übernachten möchte, sollte mit dem Taxi zumindest bis zu den Aussichtspunkten fahren, bei den Antenas bietet sich eine herrliche Aussicht bis nach Camiri runter!

Eine alternative Lodge ist die **Ecoalbergue Volcanes** der Gemeinde Volcanes, die ebenfalls von Bermejo aus erreicht werden kann. Führer holen Gäste in Bermejo im Restaurant Oriental an der Hauptstraße ab. Zu Fuß geht es dann zur Ecoalbergue Volcanes, die aus einer komfortablen Cabaña besteht. Dabei muss mehrmals der Fluss durchquert werden. Mindestaufenthalt zwei Tage/eine Nacht. Mit etwas Glück können bei den Exkursionen durch den Schutzpark Kondore beobachtet werden. Anfahrt von Sta. Cruz nach Bermejo mit Bus Línea 101 vom neuen Busterminal oder mit einem Trufi. Infos: *PROBIOMA Productividad, Biosfera y Medio Ambiente,* Barrio Equipetrol, Córdoba 7 Este 29 in Sta. Cruz, Tel. 343-1332/343-2098, ecoturismo@probioma.org.bo, www.probioma.org.bo.

Unterkunft in Bermejo Unterkunft, Essen: Hostal u. Restaurant *Oriental;* einfache Zi., bc, DZ 3,50 €.

Samaipata

Nur gut 30 Min. Fahrstrecke von Bermejo entfernt liegt Samaipata (130 km v. Santa Cruz). Das kleine Dorf auf 1650 m Höhe liegt eingebettet in lieblicher Landschaft, besitzt viel Charme und ist Ausgangspunkt zu den naheliegenden archäologischen Ruinen von **El Fuerte de Samaipata.** Samaipata wurde dadurch zur archäologischen Hauptstadt des bolivianischen Ostens, und es kommen immer mehr Touristen, die hier mindestens eine Nacht bleiben. Manche kommen auch, um auf den Spuren Che Guevara zu wandeln, denn dieser hatte Samaipata damals kurzerhand überfallen, Waffen erbeutet und den Polizeiposten ausgehoben. Außerdem entwickelt sich das Dörfchen immer mehr zum Wochenendresort der *Cruceños*. Das **Museo Arqueológico Regional** ist tägl. von 9–12 Uhr und 14.30–18.30 Uhr geöffnet, Eintritt 7 Bs. Es zeigt neben regionalen Kulturstücken auch Gegenstände der Inkas und Mollos. Wer sich einen Überblick über den Ort verschaffen möchte, besteigt den Kirchturm an der Plaza, die Türe steht meist offen. Das Büro der Nationalparkverwaltung Amboró befindet sich exakt drei Blocks nördlich der Plaza.

Gesundheitshinweis In Samaipata und Umgebung tritt *Chagas* auf, eine von *vinchucas* – Raubwanzen – übertragene Krankheit. Darauf achten, dass die Zimmerdecke durchgehend abgedichtet ist.

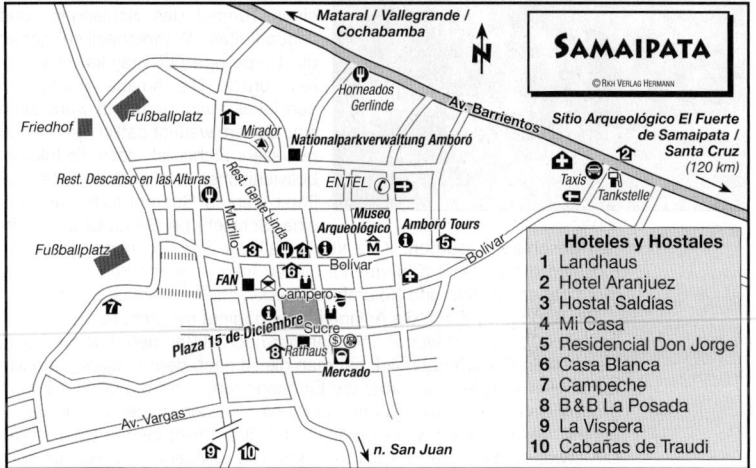

Sehenswürdigkeiten um Samaipata
– prähispanische Festung El Fuerte (ca. 9 km)
– Parque Nacional Amboró
– Chorros de Cuevas mit 3 Wasserfällen und Naturpools (20 km)
– 15.000 Jahre alte Höhlenzeichnung in der Kaktuswüste bei Mataral
– La Pajcha (50 m hoher Wasserfall) in exotischem Ambiente (40 km)

Anfahrt nach Samaipata Von Santa Cruz tägl. ein Direktbus der *Línea 101* ab dem neuen Busterminal oder *Colectivo Tundy 70*, Fz 2–3 h, 21 Bs. Da Micros, z.B. *Ismail Aguilera*, Av. Irala, tägl. 17.30 Uhr, oder von der Av. Grigota (3er Anillo), tägl. 16 Uhr, und Minibusse, Av. Omar Chavéz 111, täglich 17 Uhr, von Santa Cruz meist erst nachmittags losfahren, muss in Samaipata vor dem Besuch der El-Fuerte-Ruinen übernachtet werden. Alternativ: schnellste u. bequemste Anreise mit Taxi-Service bzw. mit *Trufi Expreso Samaipata*, Av. Omar Chavéz Ortíz 1147/Solíz de Olguí. Abfahrt immer wenn 4 Personen zusammengekommen sind, Fz 2 h, 25 Bs.

El Fuerte de Samaipata

Diese Felsenruinen liegen etwa 9 km außerhalb und etwas abseits der Hauptstraße nach Santa Cruz. Anfahrt mit dem Taxi (8 €, max. 4 Pers.), per Trampen oder mit eigenem Wagen. Wer mit einem Bus anreist, muss an der Abzweigung zum El Fuerte aussteigen, von dort sind es dann noch zwei Stunden Fußmarsch, sehr anstrengend immer steil bergauf.

Die Anlage ist eingezäunt, Öffnungszeit 8–17 Uhr, Eintritt 3,50 €, Bolivianer 2 €, Kombi-Ticket (Museum und El Fuerte) 4 €. Organisierte Ausflugstour 20 € (bis zu 3 Pers.), Führer durch die Anlage ca. 5 €.

El Fuerte de Samaipata wurde zum UNESCO-Weltkulturerbe und zu einem nationalen Denkmal Boliviens erklärt, die 260 ha große Gesamtanlage als *Parque Eco-Arqueológico* ausgewiesen. Wahrscheinlich war El

■ *Samaipata*

Fuerte ein ehemaliger Kultplatz, der aber auch zusätzlich als Festung gedient haben könnte. Der deutsche Anthropologe Leo Pucher hält sie für einen Tempel des Schlangen- und Jaguarkultes. Wahrscheinlich gehen die Ursprünge auf präinkaische Zeiten zurück. Die Anlage wurde von den Inkas ausgebaut und wäre dann eine der am weitest östlich gelegenen gewesen. Sicher ist, dass die Inka im bolivianischen Tiefland auf die äußerst starken Guaraní trafen und bei einer Schlacht bei Santa Cruz von ihnen geschlagen wurden. Kurz vor Einfall der Spanier in das Inkareich mussten die Guaraní (Chiriguano) diesen Inka-Außenposten wohl überrannt haben. In Peru und Kolumbien wurden ähnliche Anlagen entdeckt.

Ein Rundgang durch die Anlage ist nur bedingt möglich, da der Hauptkomplex abgesperrt wurde und man nur noch außen herumgehen kann. Den besten Gesamtüberblick hat man gleich nach dem Eingang vom Mirador. Hier fällt der Blick über die Eingangstreppe auf die 60 m x 200 m große Felspyramide des *Centro Cermonial* mit den beiden auffallenden, parallel verlaufenden, 38 cm breiten und über 26 m langen Spurrinnen. Die etwas abgesetzte Felsplattform vor den aufsteigenden Rinnen wird als *Altar de los Yaguares* bezeichnet, abgeleitet von den beiden in den Fels gemeißelten Kreisbildnissen, die eine Art Raubkatze (Jaguar? Puma?) darstellen sollen. Überall auf dem Fels sind drei- und rechteckige Becken, Rillen, Bohrlöcher, fortlaufend sich kreuzende Abläufe und kanalartige Ausarbeitungen zu erkennen.

Auf der südlichen Seite der Felspyramide befinden sich eine Reihe von trapezartigen Mauernischen und die *Casas de Sacerdotes,* mit einem inneren und äußeren Sitzkreis. Über abgestufte Mauerreste aus der Inkazeit geht es dann um die östliche Seite herum zum *Templo Panorámico* auf der Nordseite, wo es weitere fünf trapezartige Mauernischen gibt.

Weiter im Osten liegen die Überreste einfacher Behausungen und noch etwas weiter ein kleinerer Inka-Gebäudekomplex. Über die Terrassen geht es nun nach Süden zu einem größeren Ruinenfeld hinunter, das nur noch wenig erkennen lässt. Wer möchte, kann zuvor noch zu einem brunnenartigen Schacht, *La Chinkana* („Labyrinth"), abbiegen (Sackweg). Inmitten des Ruinenfeldes lag die *Plaza Central,* nach Süden soll sich das Verwaltungszentrum *Kallanka,* im Osten das *Acllahuasi* (Haus der Sonnenjungfrauen) befunden haben. Über einen ehemaligen Wohnhügel und dem Mirador führt der Rundgang zum Eingang zurück.

Cuevas In einem Panorama von schroffen Felsen liegen hintereinander drei Wasserfälle von 8–15 m Höhe mit Naturpools, die zum Baden einladen. Anfahrt über die Hauptstraße von Samaipata nach Santa Cruz (20 km) bis Km 100 (von Sta. Cruz kommend) ist mit Bussen machbar, Eintritt 10 Bs; Infos: *Balneario Natural Ecoturismo,* Tel. (03) 333-2063/333-3197, cuevasfloressavago@hotmail.com.

Adressen & Service Samaipata

Tourist-Info Oficina de Turismo de Samaipata, Tel. 944-6129, oder über alle Touranbieter. Vorwahl (03).

Unterkunft Am Wochenende ist der Ort voller Ausflügler aus Santa Cruz. Unterkünfte sind dann etwas teurer und viele Restaurants haben nur da geöffnet.

ECO **Hotel Paola** (BUDGET), Ruben Terrazas/Campero, Tel. 944-6093. Zi. mit Balkon, bc, Ww, Rest., Ws, sehr freundlich, empfehlenswert. DZ/F 23 Bs. **TIP!** – **Hostal Salídas** (BUDGET), Bolívar, Tel./Fax 944-6023; einfache Zi., bc/bp, Ww. DZ 25–40 Bs. – **Hotel Aranjuez**, Av. Barrientos (Surtidor), Tel. 944-6151, an der Hauptstraße. Zi. mit bp, Ww, Rest., Cafetería, Bar, Ws, Geldwechsel, aufmerksamer Service, gPLV. DZ 55 Bs. – **Andoriña Hostal Art & Culture**, Campero (200 m von der Plaza), Tel. 944-6333, noilenna@hotmail.com, www.andorinasamaipata.com; rustikales Hostel von Andrés und Doriña mit sauberen EZ/DZ, bc/bp, Schlafsaal/bc, Patio und Fotogalerie. Sehr gutes Frühstück. Schlafsaal/bc/F 40 Bs p.P., EZ/bc/F 60 Bs, DZ/bc/F 90 Bs, DZ/bp/F 110 Bs, TriZ/bp/F 60 Bs p.P., MBZi/bp/F 55 Bs p.P. – **Hostería Mi Casa** (BUDGET), Bolívar 96, Tel./Fax 944-6051. Einfach, schöner Garten mit Hängematten u. Grill, Cafetería, Bar. DZ 9 €. – **B&B Bolivian Romance La Posada**, einen halben Block v. der Plaza, Tel. 944-6218, bolivianromance@yahoo.com, www.bolivianromance.net. Bed&Breakfast-Hostal, auch dt.-spr., saubere Zi., bp, Ww, schöner Patio, Internet, PP für Selbstfahrer. DZ/F 30–80 Bs je nach Jahreszeit und Belegung, gPLV, empfehlenswert. – **Hostal Kim Ruben**, Bolívar/Zerrazas. Saubere, nette Zi., bp, Ww, Küchenbenutzung, freundliche Atmosphäre. EZ 7 €, DZ 10 €, empfehlenswert. – **Café Baden**, Km 119 (ca. 2 km außerhalb), Tel. 944-6071, berlin@cotas.com.bo. Kleines, ruhiges Hostal, Rest., Garten. DZ/F ab 140 Bs inkl. Transfer (nach Vereinbarung), dt. Leitung. – **Casa Blanca**, Bolívar (einen Block nördlich der Plaza), Tel. 944-6076. Saubere Zi. zentrale Lage, bp, Ww, Rest., Garage. DZ/F 200 Bs.

ECO/FAM **Hotel Landhaus**, Murillo, 3 Blocks nördl. der Plaza 15 de Diciembre, Tel./Fax 944-6257, landhaus@cotas.com.bo, www.samaipata-landhaus.com. Vier voll eingerichtete Cabañas mit Kochstelle, Bad, Kamin, Terrasse, Grill, je zwei Schlafzimmer für 2–7 Pers., Ü 210–420 Bs je nach Größe. Im Haupthaus weitere Zimmer für 1–4 Pers., bp, Ü 85–200 Bs. Nettes Ambiente, kleiner Pool, Sauna, Ws, Kinderspielplatz, Geldwechsel, PP. Restaurant , Bar, gutes Frühstück (5 Bs, Helga & Georg Hafner, Kk, gPLV, **TIP!** – **La Víspera**, etwa 5 Min. südlich des Orts, Tel./Fax 944-6082, www.lavispera.org. Die netten Holländer Margarita & Pieter bieten auf ihrer Finca 4 voll eingerichtete Cabañas inkl. Küche, bp, Kaminzimmer, Terrasse, Grill u. Garten für 2–14 Pers. an: Ü 2 Pers.-Cabaña 265 Bs, 3-Pers.-Cabaña 290 Bs, 7-Pers.-Cabaña 610 Bs. Schöner Campingplatz mit Küche, bc u. Dusche, 45 Bs pro Zelt (vorhand.). Reiten 54 Bs/h. – **Cabañas de Traudi**, ca. 750 m südl. der Plaza, Tel./Fax 944-6094, traudiar@cotas.com.bo, www.traudi.com. Sechs sehr schön eingerichtete Cabañas inkl. Küche, Grill für 2–8 Pers., Ü 35–56 Bs p.P, zusätzlich 8 Zi./bp für 3–4 Pers., 20 €; Pool, Reiten 20 Bs/h. Rabatt ab 3 Tagen, Zuschlag am Wochenende in der Ferienzeit, keine Kk, österr. Leitung. **TIP!** – **Campeche**, westl. der Plaza, Tel. 7262-4762, Tel./Fax 343-6607, campeche@scbbs.net, www.campechebolivia.com. 7 sehr schöne Cabañas für 2–6 Pers. 20–60 €, 2 Zi. für 3 Pers. 15 € (Wochenende 25 €); Fahrräder 15 Bs/h, Reiten 20 Bs/h, Kino (nur Mi./Eintritt), Spielplatz, Restaurant unter holländischer Leitung. **TIP!**

Essen & Trinken Ein paar Restaurants und Kneipen rund um die Plaza und in den umliegenden Straßen, einige nur am Wochenende geöffnet. Empfehlenswert: **Restaurant Landhaus**, s.o., deutsche, veget. und int. Küche, nur Di–So abends geöffnet, Sa ab 22 Disco. Das *Landhaus Café* ist Do–So geöffnet, dt. Torten, Eis und Snacks. – **Gente Linda**, Bolívar, guter regionale Speisen. – **Latina Café**,

Bolívar 3 (stadtauswärts): Mischung aus Café, Restaurant und Bar, tägl. Frühstück, auch veget. Gerichte, ab 18 Uhr, in der HS und Wochenenden ganztägig; außerdem Musik, Theater u. Ausstellungen. – **Finca La Víspera,** etwa 5 Min. südlich des Orts; Gartencafé mit Restaurant, Frühstück, Mittagsgerichte, Vegetarisches mit organischen Salaten, Tees, Säften. **TIP!** – **La Oveja Negra,** Campero 217, 2 Blocks von der Plaza Prinicipal, dto. Mischung aus Café, Bar und Restaurant. – Frühstück u. vegetarische Gerichte bei **La Chakana** an der Plaza 5913. – Am Wochenende gibt es im Rest. **Traudi** und im **Campeche** internationale Küche, nicht gerade billig, aber sehr gut! – Pizza- und Churrasco-Freunde gehen ins **Descanso en las Alturas,** nicht billig, tägl. geöffnet. – **Horneados „Gerlinde",** an der Hauptstraße nach Mairana; Vollkornbrot, Marmelade, Käse, Müsli, Kekse. – **La Ranita,** Calle Arce, Salón de Té mit Bäckerei, verschiedene Brotsorten, Croissants, Torten. – **Art-Picture Galerie Andoriña,** Campero (200 m von der Plaza), http://andorina-samaipata.blogspot.com. Andrés und Doriña betreiben in ihrem Wohnhaus eine Fotogalerie und bieten gutes Frühstück, leichte Mahlzeiten u. Fruchtsäfte. Foto-Workshops. Ein mehrgängiges Nachtessen zuvor avisieren. Bereits reinschauen lohnt. **TIP!**

Unterhaltung	*Mosquito,* Nähe Plazuela del Estudiante. Rock-Café & Bar, bietet Cocktails, Bier und Snacks, Mo–Sa ab 19 Uhr, ab und zu Livemusik. Sven und Maria sprechen Deutsch.
Geld	Keine Möglichkeit Reiseschecks zu wechseln, keine Geldautomaten. Einige Hotels und Restaurants akzeptieren Reiseschecks, z.B. das Hotel Landhaus.
Internet	beim *La Chakana* (s.u.) und beim Amboró Tourist Service.
Touranbieter	**Amboró Tourist Service,** Bolívar 43, neben dem Museum, Tel./Fax 944-6293, erickamboro@cotas.com.bo, www.adventurebolivia.com. Besitzer Erik Prado ist ehemaliger Direktor des Amboró-Nationalparks und damit eine gute Anlaufstelle für Biologen, Archäologen u.a. Neben den üblichen Tourangeboten und Kurzausflügen nach *Cuevas* zu den Wasserfällen/Flussstrand, zum *El Fuerte*, nach Vallegrande und La Higuera, einem 50 m hohen Wasserfall in *La Pajcha* und in eine Höhle mit 15.000 Jahre alten Höhlenzeichnungen in der Kaktuswüste bei *Mataral* liegt sein Schwerpunkt auf der **Ruta del Che** (2–3 Tage inkl. 4WD, Camping und VP) nach Vallegrande, Pucara, La Higuera und dem Amboró-Park (z.B. **Refugio Volcanes**). Ein- bis dreitägige Touren oder länger, 50 €/Tag pro Gruppe bis 4 Personen, inkl. Transport mit Geländewagen, Führung, Verpflegung optional. Alle Touren auch mit dem Pferd durchführbar, Fahrradvermietung, Internet, Café (Frühstück!), Bar, VISA. **TIP!** – **Michael Blendinger Tours**, Bolívar, gegenüber dem Museum, Tel. 944-6227, mblendingern@cotas.com.bo, www.discoveringbolivia.com. Fachkundige Touren, z.B. zum *El Fuerte* oder *Amboró*, dt.-spr. Zweitagestouren in den Amboró ca. 110 € inkl. VP, auch 4WD, Ws, Reitausflüge, Trekking, VISA, gPLV. **TIP!** – **La Chakana,** an der Plaza, Tel. 944-6146, www.chakanatours.com; mit Rest. u. Büchertausch, Anlaufstelle für Touristen. Chakana hat die Tourangebote, u.a. in den Amboró-N.P., von den Holländern Margareta und Pieter übernommen, 50 €/Tag pro Gruppe bis zu 3 Personen. – **Ben Verhoef Tours,** Campero 217, Tel. 944-6365, ben.verhoef@gmail.com, www.benverhoeftours.com. Holländischer Touroperator, dt.-spr., spezialisiert u.a. auf Amboró-Nationalpark, Ruta del Che und Misiones Jesuíticas. – **Andoriña,** Campero (ca. 200 m von der Plaza), Tel. 944-6333, noilenna@hotmail.com; zweitägige Urwaldtouren, auch Amboró und Buena Vista. – **Roadrunner,** Bolívar, stadtauswärts neben Café Latino, Tel./Fax 944-6294, theroadrunners@hotmail.com, www.samaipata.info/roadrunners. Kurzausflüge um Samaipata, Touren in den Amboró-N.P., dt.-spr. Leitung, gute Beratung, zuverlässige Tourdurchführung, doch etwas teuer.
Touristenführer	Taxifahrer *Don Gilberto,* Sucre, Tel. 944-6050, ist der einzige private Taxifahrer, dessen Dienste als Guía auch von Agenturen in Anspruch genommen wird.

Eine Direktvereinbarung kommt aber günstiger. Er fährt u.a. in den Baumfarnwald bei La Yunga. Preisorientierung: pro Kilometer ca. 4 Bs.

Verkehrsverbindungen

Bus nach Cochabamba: Di/Fr/So um 14 Uhr Minibusse ab Mairana, ca. 25 km von Samaipata entfernt, Fz 0,5 h. – **El Fuerte de Samaipata** (9 km): mit Taxi ab dem Taxistand, Fp 60 Bs (max. 4 Pers.) inkl. Wartezeit (ca. 1 h) beim El Fuerte, damit preisgünstiger wie die Buchung einer organisierten Tour. – **Santa Cruz** (120 km): Mehrere Busse bzw. Micros Mo–Sa 5–7 Uhr, So 12–16.50 Uhr; täglich um 6 Uhr Minibus (empfehlenswert) von *Ismail Aguilera*, Abfahrt Plaza. Fz 2,5 h, Fp 22 Bs. Von der Plaza fahren auch Sammeltaxis ab, z.B. *Trufi Expreso Santa Cruz*, möglichst vor 17 Uhr, Fz 2 h, 25 Bs p.P., ansonsten Einzelfahrt 230 Bs. Weitere Busse kommen auf der Hauptstraße durch und halten an der Surtidor (Tankstelle). Von dort fahren auch weitere Trufis ab. – **Vallegrande:** tägl. mehrere Busse, u.a. auch Direktbus von Santa Cruz, Fz mindestens 4–5 h, 22 Bs. 20 km hinter Samaipata endet die Asphaltstraße. Die Piste wird ab hier wenig befahren. Noch weniger Verkehr gibt es auf der Stichstraße von Mataral nach Vallegrande.

Vallegrande

Das kleine, im andalusischen Kolonialstil errichtete Städtchen mit etwa 5000 Ew. liegt etwas versteckt im Bergland und ist für ihren Campesino-Sonntagsmarkt bekannt. Eine kolossale Christus-Statue wacht am Stadtrand über das Kultstädtchen der Che-Guevara-Anhänger.

Die Leichen der Guerilleros wurden im Oktober 1967 hier hergebracht, um sie zu identifizieren. Neben der Landepiste in Vallegrande wurden dann die Mitkämpfer Che Guevaras begraben. Nachdem seine Leiche hier zum letzten Mal im Waschhaus der Schule präsentiert wurde, galt sie als verschollen, wahrscheinlich, um ein etwaiges Grab nicht zum internationalen Pilgerort linker Aktivisten zu machen. Gut 200 Meter außerhalb des Friedhofes von Vallegrande, auf einem Privatgrundstück auf der unteren Parallelstraße zum Friedhofseingang, befinden sich die Grabstätten von **Tamara Bunke**, Deutsche und Gefährtin von Che Guevara (s. Exkurs) sowie einiger seiner Mitkämpfer. Links neben dem Friedhof führt ein Trampelpfad zu einer kleinen, tempelartigen Gedenkstätte für Che und seine Guerilleros.

An der Plaza liegt die *Casa de la Cultura*, Infoquelle für Kultur und Geschichte der Region.

Unterkunft

Alojamiento Pinto, Plaza de Armas/26 de Enero. – *Residencial Vallegrande,* Sucre 102. – *Hotel Copacabana,* Escalante y Mendoza 100.

Essen & Trinken

Mirador, auf einer Anhöhe im Südwesten Vallegrandes, vielleicht die beste Küche. Der deutsche Besitzer *Eric Blösel* aus Bayern erlebte Che Guevara als Zeitzeuge und weiß viel Interessantes aus dieser Zeit.

Verkehrsverbindungen

Bus nach La Higuera (58 km): Mo 7 Uhr mit Micro bis Pucara, Fz ca. 2 h; sonst mit Lkw oder Taxi vom Taxistand (Fp variiert stark, 25–200 Bs p.P., je nach Anzahl der Mitfahrer). Von Pucara weiter zu Fuß (ca. 2–3 h), Trampen (viel Glück nötig), mit dem Taxi (nur während der Trockenzeit möglich, Fz ca. 1 h für 15 km, Fp 200 Bs) oder per Pferd (ca. 2–3 h). **Santa Cruz:** tägl. Busse um 8 u. 22 Uhr, 35 Bs, bis Samaipata ca. 20 Bs. **Sucre:** mit Lkw ab dem Taxistand oder vom Markt bis nach *Villa Serreno*. Dort tägl. Busse um 7.30 und 17 Uhr nach Sucre, Fz 5 h, 30 Bs. In Villa Serreno gibt es die sehr einfache *Alojamiento Central* (15 Bs) und das *Misky Life,* Plaza. Alternativ von Vallegrande am Fr/So/Di Bus mit *La Plata* nach Villa Serrano, ggf. Übernachtung und am nä. Morgen weiter nach Sucre.

Die Strecke von Pucara über Villa Serreno nach Sucre ist eine der schönsten Boliviens!

La Higuera

Knapp 45 km weiter südlich liegt das Dorf *La Higuera,* in dem Che nach seiner Gefangennahme erschossen wurde und das an seinem Todestag, am 8. Oktober, ein Pilgerziel ist. Noch heute steht die alte Schule, in der Che starb. Später wurde die Schule in einen Sanitätsposten umgewandelt. Heute ist das Schulgebäude ein Museum, an Che Guevara erinnert ein Monument.

In Ortsnähe ist die Schlucht *Quebrada del Batán,* in der bemalte Steine jene Stellen anzeigen, an denen die Guerilleros Julio, Miguel und Coco starben. – Anfahrt s. Vallegrande. **Unterkunft:** Die etwa 20 Ew. von La Higuera bieten Betten ab 1,50 € p.P. an, gegebenenfalls auch Mittagstisch.

Tour 5: Parque Nacional y Área Natural de Manejo Integrado Kaa-Iya del Gran Chaco

Mit 35.000 qkm ist dies das größte Naturschutzgebiet Boliviens. Es ist fast menschenleer und wurde zum Schutz des Chaco-Ökosystems mit seinen seltenen Pflanzen- und bedrohten Tierarten (Chaco-Schwein, bolivianische Guanakos u.a.) eingerichtet. Der subtropische Wald ist fast unberührt. In dem völlig infrastrukturlosen Gebiet gibt es einige Dörfer der Nachfahren der einst mächtigen *Guaraní-Indianer,* die noch nach alten Traditionen leben. Die Übernachtungs- und Versorgungsmöglichkeiten sind schlecht. Das Gebiet steht unter indianischer Selbstverwaltung, ob eine Zutrittserlaubnis benötigt wird, ist derzeit nicht bekannt.

Anfahrt: Ausgangspunkte im Chaco sind die Dörfer *Bajo Izozoq, Yapiro, Iyoobi* oder *La Brecha,* die mit Allradfahrzeugen von Santa Cruz aus angesteuert werden können. Ausreichend Proviant, Wasser, Treibstoff und Ersatzreifen mitführen. Weitere Infos: *Capitanía Alto y Bajo Izozoq (CABI),* Av. Ana Barba 146, Izozoq, Tel. 354-6255, Fax 354-6254.

Tour 6: Missions- oder Chiquitania-Tour

Chiquitania Die Rundfahrt führt durch die Missionen der Jesuiten im Süden der **Chiquitania,** ein ausgedehntes Gebiet im ostbolivianischen Tiefland nordöstlich von Santa Cruz. Flächenmäßig nimmt es etwa ein Drittel des Departamento Santa Cruz ein und ist damit fast so groß wie Deutschland (Reisedetails s.u., „Orientierung und Zeitplanung"). Chiquitania, das ehemalige Land der Chiquito, wird im Norden durch den *Parque Nacional Ríos Blanco y Negro* begrenzt und im Nordosten, zur brasilianischen Grenzen hin, durch den *Parque Nacional Huanchaca.* Ingesamt ist die Chiquitania überwiegend eine meist unberührte Naturlandschaft, die im

Ernesto „Che" Guevara de la Serna und der bolivianische Partisanenkampf

Geb. am 14. Juni 1928 in Rosario, Argentinien. 1946 Medizinstudium in Buenos Aires. 1953 Dissertation als Arzt, zwei Monate später erste revolutionäre Aktion gegen die CIA in Guatemala, Asyl in der argentinischen Botschaft. 1955 Zusammentreffen mit *Fidel Castro* in Mexiko-City. Mit ihm ab November 1956 Befreiungskampf gegen das Batista-Regime in Kuba. Nach zweijährigem Kampf konnten Fidel Castro und Che Guevara siegreich in Havanna einziehen. Che wird Ehrenbürger von Kuba, Präsident der Nationalbank und 1961 Industrieminister. Er verstaatlichte die US-amerikanischen Monopolgesellschaften. 1965 Verzicht auf eine Ministerstelle und auf die kubanische Staatsbürgerschaft. 1966 ließ er sich nach Bolivien einschleusen, um dort gleichfalls die Revolution vorzubereiten. Gründung einer Partisanengruppe.

Tamara Bunke wurde am 19.11.1937 in Buenos Aires geboren. 1952 siedelte ihre Familie in die DDR über. Studium an der Humboldt-Universität. Im Dezember 1960 Dolmetscherin von Che. Mai 1961 Studium an der Journalisten-Hochschule in Kuba. 1962 Übersetzerin des Bildungsministeriums und Vorbereitung zum Befreiungskampf der lateinamerikanischen Völker und als Partisanin zum Kampf gegen den „Unterdrückungsapparat der USA-Monopole". Mehrere Identitäten: *Iamara Lorenzo*, *Laura Gutiérrez Bauer* und *María Iriarte*. Tarnreisen über die BR Deutschland durch Europa, als Laura Gutiérrez Bauer dann über Peru nach Bolivien. Aufenthalt als Archäologiestudentin (Folklorekomitee des Bildungsministeriums). Zutritt zu den politischen Kreisen in La Paz und Vorbereitung der revolutionären Aktivitäten Ches in Bolivien. Zwei Jahre blieb Tamara von der bolivianischen Polizei und von der CIA unentdeckt. Enttarnung im März 1967 durch Deserteure der Guerilleros. Bis zu ihrem Tod am 31. August 1967 Partisanin in Ches Guerillatruppe.

Aufstände, bewaffnete Demonstrationen und ein Generalstreik der Zinnminenarbeiter lösten dann den Putsch der Armee durch General Barrientos aus. Die Minenarbeiter erklärten sich daraufhin mit den Partisanen von Che Guevara solidarisch. Ab Dezember 1966 Dauerlager Ches im Dschungel von *Ñancahuasu* bei Camiri (Departamento Santa Cruz). Anfang 1967 bekannte sich Che öffentlich zum bewaffneten Kampf gegen den US-Imperialismus, der „bis zur Befreiung aller unterdrückten Völker geführt werden müsse, notfalls um den Preis vieler Vietnams auf der Welt". Im März 1967 erste Kampfhandlungen der etwas mehr als 40 Guerilleros, denen 2000 Mann der bolivianischen Armee gegenüberstanden.

Die Guerilleros waren zu dieser Zeit isoliert, die linken Parteien unterstützten sie nicht. Auch Bauern hielten sich, aufgrund des Militär-Campesino-Paktes mit Barrientos (gezielte Unterstützung der Campesinos gegen die Minenarbeiter), zurück. Barrientos ließ im Juni 1967 die Mineros in Catavi, die unmittelbar dabei waren, sich Che anzuschließen, rücksichtslos niederschießen. Zwei abtrünnige Partisanen verrieten der Armee die Höhlenverstecke der Guerilleros. Damit war gegen den Aufbau einer Nationalen Befreiungsarmee Boliviens (ELN) dem Militär ein entscheidender Schlag geglückt.

In Höhe des Río Grande wurde der Guerillagruppe Joaquín Hilfe durch den Bauer Rojas angeboten, der sie anschließend an die Regierungstruppen verriet. In der Nacht zum 31. August 1967 wurde die Partisanengruppe Joaquín am Vado del Yeso, einer Verengung des Río Grande, in einem Hinterhalt durch ein Infanterieregiment niedergemetzelt. Che Guevaras Hauptgruppe wurde noch über einen Monat länger von den Militäreinheiten verfolgt und in der Yuro-Schlucht in einen aussichtslosen Kampf verwickelt. Che wurde dabei leicht verletzt gefangen genommen und später vom Militär erschossen. Das Foto seiner aufgebahrten Leiche im Waschhaus von Vallegrande ging um die Welt, und der Ort wurde in den nachfolgenden Jahren ein Reiseziel vieler Revolutions-Romantiker aus aller Welt.

Die Leiche von Che und die einiger seiner Mitkämpfer wurden dann an geheimer Stelle etwa 150 m neben der Fluglandebahn von Vallegrande vergraben, seitdem galt seine Leiche als verschollen. Im Juli 1997 grub dann das Militär die Gebeine wieder aus und brachte sie, zusammen mit noch drei weiteren Mitkämpfern, nach Havanna auf Kuba (wo noch heute Che Guevaras Witwe und seine vier Kinder leben).

Fidel Castro baute seinem alten Weggefährten in St. Clara ein Mausoleum, in dem er am 8. Oktober 1997, an seinem Todestag vor 30 Jahren, endgültig seine letzte Ruhe fand.

Osten in das Sumpfland des Pantanals übergeht. Lediglich der Süden ist dichter besiedelt, und dort befinden sich auch die Dörfer der im 17. Jahrhundert durch die Jesuiten gegründeten Reduktionen.

Jesuiten-Reduktionen
Chiquitos-Reduktionen waren **jesuitische Missionsdörfer,** in denen zwischen 2000 und 3000 Guaraní- bzw. Chiquito unter der Aufsicht von (meist nur zweier) Jesuiten lebten. Mit den Caciquen (Häuptlingen) bildeten sie den *Cabildo* (Gemeinderat), der begrenzten Selbstverwaltung standen die Jesuiten vor. Die Missionen waren so konzipiert, dass sie autark bestehen konnten. Grundpfeiler waren dabei die Land- und Viehwirtschaft sowie handwerkliche Berufe und Werkstätten. Die meisten wurden um 1750 gegründet.

Die Anlage einer Mission war fast immer gleich: Um einen großen, meist quadratischen Versammlungsplatz mit einem großen Kreuz in der Mitte lagen an 3 Seiten die Wohnhäuser der Indianer. An der 4. Platzseite stand die Kirche und dahinter Nebengebäude, Werkstätten und Gärten. Vor dem Dorf lagen die Felder und Viehweiden.

Die Guarani siedelten sich nicht ungern in den Reduktionen an, da sie hier vor Sklavenjägern, Ausbeutung, Verschleppung und Knechtschaft sicher waren. Das Vertrauen zu den Jesuiten war groß, denn diese redeten ihre Sprache und respektierten ihre Lebensweise. Talentierten Guarani wurden neue handwerkliche Fertigkeiten beigebracht, und so wurden viele von ihnen hervorragende Steinmetze, Schnitzer, Maler, Weber oder Musiker. Dafür mussten sie aber regelmäßiger Arbeit und einer geordneten Lebensweise nachgehen und vor allem den christlichen Glauben annehmen. Die Jesuiten unterrichteten die Indianer aber nicht nur, sondern sie schlossen sie auch erfolgreich gegen eindringende brasilianischen Sklavenjäger zusammen, organisierten den Widerstand, so dass die Guarani zwischen dem Río Paraná in Brasilien und der Chiquitania in Bolivien schließlich frei leben konnten.

Die Arbeit der Jesuiten wurde aber durch christliche und weltliche Neider angefeindet und in Frage gestellt (obwohl sie der spanischen Krone Tribut bezahlten). 1767 befahl Kaiser Karl III., die Reduktionen in ganz Südamerika aufzulösen. Ein erfolgreiches Experiment war zu Ende. Doch während sich z.B. über den paraguayischen Reduktionen größtenteils wieder der Dschungel schloss, wurden die meisten der bolivianischen nicht zerstört. Die Bewohner hielten hier an ihrer christlich-guaranischen Lebensweise und an ihren Traditionen fest und gaben auch ihre Dörfer nicht auf. Erst die Unabhängigkeitserklärung Boliviens ließ das System der Reduktionen zusammenbrechen.

Die UNESCO erklärte die **Missionssiedlungen Concepción, Santa Ana, San Francisco Javier, San José, San Miguel** und **San Rafael** wegen der spezifischen Architektur ihrer Kirchenbauwerke zum **Weltkulturerbe.** Für diesbezüglich Interessierte sind sie deshalb ein lohnenswertes Reiseziel (preiswerte Musikinstrumente und Holzarbeiten). Die Restaurungsarbeiten an den Jesuitenreduktionen wurden größtenteils mit Spendengeldern aus Deutschland finanziert und vielfach unter Leitung des dt. Architekten Hans Roth durchgeführt († 1999).

Orientierung und Zeitplanung
Die wichtigsten ehemaligen Reduktionen und Missionssiedlungen, wie *San Javier, Concepción, San Ignacio, San Rafael, Santa María* und *San José de Chiquitos* sind durch eine Ringstraße, der Straße 502 (bis Con-

cepción Asphalt, ansonsten nur Erd- oder Schotterpisten), miteinander verbunden. Von San José de Chiquitos führt die Straße Nr. 4, überwiegend entlang der Bahnlinie Santa Cruz – Puerto Suárez, nach Santa Cruz. Die ganze Tour kann entweder mit einem geländegängigen Wagen oder mit Bussen/Micros und Zug gut durchgeführt werden, Zeitbedarf mindestens eine Woche. Da die öffentlichen Verbindungen ab Concepción ungemütlich werden, ist es u.U. besser, gleich einen Geländewagen anzumieten. Schöne Umgebungsziele, die oft nur mit allradgetriebenen Fahrzeugen erreicht werden können, rechtfertigen den Preis. Als Alternative bleibt die organisierte Rundreise einer Reiseagentur, kurz und knapp.

Wer nur San Javier und Concepción besuchen möchte, schafft das mit Micros in zwei Tagen. Abfahrt mit dem Micro von Sta. Cruz nach San Javier um 8 Uhr, Weiterfahrt in San Javier am nächsten Tag um 11 Uhr mit dem Micro von *Transportes 31 del Este* oder *Expreso Misiónes del Oriente* nach Concepción. Am selben Tag Rückfahrt um 18 Uhr mit *Transportes 31 del Este* von Concepción nach Sta. Cruz

Die Fahrt von San José de Chiquitos direkt zurück nach Santa Cruz muss meist mit dem Zug gemacht werden, da Direktbusse nur bei guten Wetter- bzw. Straßenverhältnissen fahren. Wer aber die Möglichkeit hat, mit dem Direktbus auf der Straßenpiste Nr. 4 nach Santa Cruz zurückzufahren, sollte sich diese Strecke nicht entgehen lassen.

Santa Cruz – San Javier – San José de Chiquitos – Santa Cruz (950 km)

Von Santa Cruz führt eine Straße nach Osten via Cotocoa zum *Río Grande*. Bei Pto. Pailas wird der Fluss auf einer Eisenbahnbrücke überquert. Nach 57 km bei Pailón nach links Richtung San Ramón abbiegen.

Eine alternative, weniger empfehlenswerte Strecke ist die Fahrt über *Okinawa II.* und *Okinawa I.*, japanische Ansiedlungen, die nach dem 2. Weltkrieg aufgebaut wurden (Reisanbau). Von Okinawa I geht es nach *Pto. Banegas,* 250 m dahinter wird der Río Grande auf einer Pontonfähre überquert (Pkw-Gebühr 2 €). Unerheblich der Streckenwahl wird nach insgesamt 180 km *San Ramón* erreicht. Dort biegt eine Asphaltstraße nach rechts Richtung San Javier ab, das nach weiteren knappen 50 km in Sicht kommt

San Javier

Die Reduktion liegt auf 800 m Höhe und wurde am 31.12.1691 vom Jesuitenpadre *José de Arce* gegründet. Sie war damit die erste Jesuiten-Reduktion in Chiquitania. Sie liegt in ein herrlichen Hügellandschaft. Nahezu alle Gebäude und Häuser wurden aus Holz gebaut, und durch die zwischen 1987 und 1993 vom Deutschen Hans Roth durchgeführte Restauration sind viele Bauwerke aus der alten Zeit wieder intakt und in sehr gutem Zustand. San Javier war seit 1730 auch das Zentrum der Musik, hier wurden unter Anleitung der Jesuiten Harfen, Violinen und andere Musikinstrumente gebaut. Die Kirche von San Javier wurde von 1749 bis 1752 durch den Schweizer Jesuitenpadre Martin Schmid fertiggestellt, der hier auch die Orgel spielte und von einem indianischen Chor begleitet wurde. Sehenswert sind die geschnitzten Holzsäulen und Verzierungen der Kirche, die Gemälde und der Altar. Über dem holzgeschnitzten Portal fällt eine lateinische Inschrift auf. Insgesamt ist die Kirche in ihrer Gesamtgestaltung ein wirklich gelungenes Meisterwerk. San Javier lebt nach wie vor von Land- und Viehwirtschaft. In der Nähe befinden sich Thermalquellen (ca. 13 km) und schöne Wasserfälle (ca. 25 km), die mit einem Geländewagen besucht werden können, Tagestour 20 €.

Unterkunft	**Vorwahl (03)** **ECO Alojamiento San Javier,** Av. Santa Cruz, Tel. 963-5038; passable Zi., bc, zeitweise Ww, mit schönem Rasengarten, 3,25 €/Pers. **ECO/FAM: Hotel Momoqui Cabañas** (an der Durchgangs-Hauptstraße), Tel. 963-5095, Fax 9635101; Zi. mit bp, AC, Rest., Pool, Parkplatz; DZ/F 40 € oder Schlafsaal mit bc u. ohne AC 8,50 €/p.P. **FAM: Gran Hotel El Reposo del Guerrero,** Tel. 963-5022; komfortable Zi., bp, AC, schöner Garten mit Sitzgelegenheit, Kk; Ü/F. **LUX: Hotel Cabañas Totaitu,** 3 km außerhalb (ausgeschildert), Tel. 963-5063, totaitu@bolivianet.com, www.bolivianet.com/totaituhotel. Geschmackvolle Cabaña-Anlage, bp, Kamin, Terrasse mit Hängematten, Pool, Rest., Disco, Sportanlage (Tennis usw.); Cabañas für 1–4 Pers. DZ/F 80 €. *Campmöglichkeit* 10 €/Pers. inkl. Bad, Ww, Poolbenutzung. Pferde 3,50/h, Mountainbikes 2 €/h.
Restaurant	*El Ganadero,* Asociación de Ganaderos, an der Plaza, empfehlenswert. Auch gute Cocktails.
Bus	**Nach Concepción** (70 km): tägl. Micros mit *Transportes 31 del Este* und *Expreso Misiones del Oriente* um 11, 18 u. 21 Uhr, Fz 1 h, 1 €. Jeep-Taxi (4WD) 50 €. – **Santa Cruz** (230 km): tägl. Micros um 7.30, 10, 14 u. 17.30 Uhr, Fz 4–5 h, 4 €. – **San Ignacio** (250 km): tägl. Micro um 23 Uhr.
Flug	Auf einer kleinen Flugpiste können Buschflieger aus Santa Cruz landen.

Concepción

Die nächste ehemalige Reduktion der Jesuiten ist Concepción, knapp 70 km in östlicher Richtung von San Javier. Die Straße 502 führt durch Urwald und Savanne. Nach Überfahren einer bergigen Höhe wird Concepción erreicht. Auch dieser Ort hat eine kleine Flugpiste für Buschflieger.

■ *Die schöne Kirche von Concepción*

Sehenswert ist der Holzbau der Kirche an der Plaza, die von Martin Schmid 1756 beendet und 1975–1982 von Hans Roth völlig authentisch restauriert wurde. Die Säulenreihen des Haupt- und der beiden Seitenschiffe tragen das gesamte Dach. Die Konstruktion ist ein kleines architektonisches Juwel in der Region. Daneben fallen im Städtchen die traditionell eingeschossigen Hausbauten mit den typischen Laubengängen auf. Auch Concepción lebt von der Viehwirtschaft. Von hier können Ausflüge in den Urwald des *Parque Nacional Ríos Blanco y Negro* unternommen werden. Concepción ist der Geburtsort des boliv. Präsidenten *Hugo Banzer* (1926–2002, sein Geburtshaus kann besichtigt werden).

Banzer war der Sohn eines deutschstämmigen Großgrundbesitzers und eine schillernde Figur im bolivianischen Präsidentenkarussell. Als Offizier putschte er sich 1971 gegen den linksgerichteten General Juan Torres an die Macht und regierte Bolivien bis 1978 mit eiserner Hand. In der Zeit danach läuterte er sich zu einem unerschütterlichen Demokraten, was ihm Bolivien mit der Präsidentschaft 1997–2001 lohnte.

Unterkunft **Vorwahl (03).** – **Camping:** Möglich am Stausee. – **Alojamiento La Pascana,** Saturmino Semedo/16 de Septiembre, Tel. 964-3072. Ü/bc 25 Bs. – **Residencial Westfalia** (BUDGET), zwei Blocks von der Plaza, Tel. 964-3040: dt.-spr. sehr einfache Zi., bc/bp, Ww, DZ 35 Bs p.P. – **Hospederia Casa España,** ein Block von der Plaza entfernt, Tel. 464-3074. Ü/bp 50 Bs p.P; Eintritt ins angeschlossene Museum 3 Bs, empfehlenswert.
ECO: Apart Hotel las Misiones, halber Block von der Plaza, Tel. 964-3021; nette, große Zi., bp, Ww, Vent., schöner Garten mit Pool, Hängematten und Sitzgruppen, DZ/F 20 € (an Festtagen 10 € Aufschlag). – **Ferienhäuschen der Familie Hiermann,** ca. 1 km außerhalb Richtung Porvenir, beim Schild „Deutscheinsiedel" nach links den Weg runter (jur_hiemann@hotmail.com). Schöne Zi., bc, sehr familiär, Ws, Ü/F 4 € p.P., gPLV, **TIP!**
FAM: Gran Hotel Concepción, Plaza Principal, Tel. 964-3031, Fax 964-3033; komfortable Zi., bp, Bar, Pool, sehr schöner Garten, guter Service, wird gerne besucht, Ü/F, **TIP!**

Essen und Trinken Die meisten Restaurants liegen an der Plaza und in den umliegenden Straßen. Das preiswerte *Buen Gusto* an der Plaza ist zu empfehlen.

Internet Internet-Café unweit der Plaza, sehr teuer.

Bus **Nach Santa Cruz:** tägl. mit *Transportes 31 del Este* um 7.30, 11, 14 u. 18 Uhr sowie mit *Trans Guarayas* um 7, 13 u. 18.30 Uhr, Fz 5–6 h, 5 €, Abfahrten Nähe der Plaza und an der Tankstelle an der Carretera. – **San Ignacio:** tägl. nachts zwischen 0.30 und 2.30 Uhr, ab der Tankstelle.

Umgebungsziele Concepción

Ein beliebter Ausflugsort ist der 3 km entfernte **Balneario Sapoco** mit Grill und Campingplatz am kleinen Fluss sowie die nur 500 m entfernte *Laguna Kolping* mit guter Quinta. In der Nähe von Concepción liegen einige **Dörfer der Chiquito**, die zu Pferd oder mit dem Mountainbike besucht werden können. Infos bei *Doña Ignacia,* Frei Luca Caballeros 3022, konybrox@hotmail.com oder im Residencial Westfalia. **Urwaldtouren** (1–2 Tage) in die Umgebung, auch mit dem Kanu zum Fischen (15 €/Tag/Pers.) bietet die *Asociación Hombre y Naturaleza* an: Casa España, Tel./Fax 964-3074, hynb@bibosi.scz.entelnet.bo.

Parque Nacional Ríos Blanco y Negro Von Concepción bis zum nördlich gelegenen, jedoch inzwischen nicht mehr öffentlichen Parque Nacional Ríos Blanco und Negro ist es eine knappe Halbtagesfahrt. In aller Regel wird der Río Negro bei einer Frühabfahrt gegen Mittag erreicht. Hier beginnt dann der über 1 Mio. ha große Nationalpark, der das Gebiet des Río Negro und des Río Blanco umfasst (die in den Río Mamoré, eines Amazonas-Nebenflusses, münden). Es gibt im Park einige Chiquito-Dörfer. In einer noch völlig intakten Natur sind hier Jaguare, Tapire, Kaimane, Harpyie, Riesenotter und viele andere Tierarten heimisch. Zur Übernachtung wird eine Ausrüstung (Zelt, Schlafsack, Lebensmittel, Wasser usw.) benötigt. **Derzeit, wie erwähnt, nicht mehr durchführbar bzw. buchbar** (was sich evtl. wieder ändern kann). Zuletzt boten Reiseagenturen in Santa Cruz organisierte Touren inkl. Flug mit dem Buschflieger zur **Urwaldlodge Perseverancia** inmitten des Nationalparkes an. Inkludiert waren Wanderungen in die Feuchtsavanne, Bootsfahrten und Exkursionen zu Pferde.

San Ignacio de Velasco

Von Concepción führt die Erdpiste durch kleinere Chiquito-Dörfer 180 km weiter nach *San Ignacio de Velasco* (410 m), das ebenfalls auf die Gründung einer Reduktion zurückgeht. San Ignacio war – und ist – das wirtschaftliche Zentrum der Jesuiten-Missionen. Hier stand einmal die größte Kirche der Jesuiten. Sie wurde 1974 abgerissen und 1999/2000 durch einen Neubau ersetzt, der mit der ursprünglichen Kirche nahezu identisch ist, sehr sehenswert!

Heute leben hier unter den Einheimischen (neben ein paar Deutschen, Österreichern und Franziskanern) noch sehr viele reinrassige Chiquito. In der Casa de la Cultura zeigt eine Ausstellung alte Musikinstrumente und Reste der ehemaligen Kirche, Zugang über die Bibliothek an der Plaza. Die nähere Umgebung reizt zum Entspannen, Ausflüge zu Pferd oder zu Fuß (ca. 5 Min. zum Badesee) sind problemlos möglich.

Von San Ignacio verläuft eine Piste über San Rafael durch eine herrliche Landschaft bis nach *San Matías* (Área Natural de Manejo Integrado) an der bolivianisch-brasilianischen Grenze (Busse, ca. 290 km) und weiter nach Cáceres in Brasilien (eine Alternative zur Reise über Puerto Suárez nach Corumbá/Brasilien).

Unterkunft ECO: **Casa Suiza,** Sucre (sieben Cuadras nordwestl. der Plaza). Saubere Zi., bc, sehr familiär; wenn gerade die Waschmaschine läuft, wird die Kleidung der Gäste kostenlos mitgewaschen; Gemüse kommt aus dem Hausgarten, Gerichte nach Wunsch des Gastes. Ü 25 Bs/p.P., Ü/F 45 Bs/p.P., Ü/HP 60 Bs/ p.P., Ü/VP 80 Bs/p.P., empfehlenswert! Selva u. Pedro sind Peruaner und vermitteln auch Reitausflüge für 3 €/h und Touren in den P.N. Noel Kempff, Preisorientierung 250 €. – **Palace Hotel,** an der Plaza, Tel. 962-2063; bp, Ww, Vent., Ü/F 6 €/p.P. – **Hotel Plaza,** an der Plaza, Tel. 962-2025; nette Zi., bp, Ww, gut besucht, DZ/F 13 €.

FAM: **Apart Hotel San Ignacio,** 24 de Septiembre/Cochabamba, Tel./Fax 962-2157, moralesangus@infonet.com.bo; Zi. mit bp, Vent. o. AC, hübscher Garten mit Hängematten, Pool, DZ 30 € (AC 10 € Aufschlag).

LUX: **Hotel La Misión,** Plaza 31 de Julio/Libertad s/n, Tel./Fax 962-2333 u. 811-9212, Fax 962-2460, hotel-lamision@unete.com, www.hotel-lamision.com. Rustikales Luxushotel im Stil der jesuitischen Missionen, schönes Ambiente, 32 sehr ansprechende Zi., AC, bp, zwei attraktive Patios mit geschnitzten Säulen, Rest., Pool, Internet, Kinderbetreuung, Tourangebote in die Umgebung, Schweizer Leitung, DZ/F ab 55 €, Extrabett 15 €, Sondertarife für Familien, Kk. Das beste Hotel weit und breit - **TIP!**

Essen und Trinken *Restaurante Mimi,* gleich hinter der Plaza, gute lokale Küche, preis- und empfehlenswert. Gut auch das *El Barquito,* 2 Blocks von der Plaza. *El Riabe,* 24 de Septiembre/Sucre. Preiswerte Churrasquería, empfehlenswert.

Holzschnitzereien verkauft Hermanos Guasase, Av. Rosenhammer.

Busverbindungen	Nach **Cáceres/Brasilien** (400 km): s. San Matías; Gesamtfahrzeit mindestens 12 h, Gesamtpreis ca. 12–14 €. **Santa Cruz** (480 km): tägl. viele Busse zwischen 17 und 19.30 Uhr, u.a. mit *Flota Jenecheru* (zuverlässig, beste Busse), *Flota Chiquitania, Tran Bolivia, Flota Veloz del Este*, Fz 10–14 h, 8–10 €. **San José de Chiquitos** (203 km): Mo/Mi/Fr/Sa mit *Flota Universal* um 14 Uhr vom Mercado via San Miguel und San Rafael, Fz 5–6 h, 6,50 €. **San Matías** (290 km): tägl. Busse von Santa Cruz kommend, u.a. mit *Flota Veloz del Este* und *Trans Bolivia*, Fz 8–12 h, 8–10 €. Anschluss nach Cáceres (Brasilien). **San Miguel** (40 km): s. San José; ansonsten einige Micros am Vormittag vom Mercado. **San Rafael** (73 km): s. San José; ansonsten Micros vormittags vom Mercado. **San Matías,** Fz 9 h, 8–9 €.

Umgebungsziele von San Ignacio de Velasco

Wer nicht nach San José de Chiquitos weiterreisen möchte, kann von San Ignacio eine eintägige Rundfahrt über die **Jesuitenreduktionen Santa Ana, San Rafael** und **San Miguel** zurück nach San Ignacio machen. Voraussetzung dazu ist ein Wagen/Mietwagen. Auch Micros fahren, aber die sind hoffnungslos überfüllt. Eine Rundfahrt mit dem Taxi kostet 120 Bs, ausländischen Reisenden wird oft aber das Doppelte abgenommen. Die touristische Infrastruktur in den Missionsdörfern ist im Aufbau begriffen. Infos: www.santacruz.gov.bo/chiquitos oder http://mancochiquitania.org/municipio9.html

Santa Ana	liegt nur 45 km von San Ignacio entfernt (420 m). Die Häuser haben die letzten Jahrhunderte im Originalzustand überlebt und sind nach wie vor mit Palmblättern gedeckt. Die Kirche mit sehr schönen Schnitzereien und bemerkenswerten Malereien wurde 1755 erbaut und 1999/2000 renoviert. Am Karfreitag findet eine sehenswerte Prozession statt.
San Rafael	25 km hinter Santa Ana döst San Rafael (427 m) in der Mittagssonne. 1696 gegründet, besticht hier die unter Hans Roth restaurierte Jesuiten- Kirche mit handgeschnitzten Säulen, die das Dach tragen, und der sehr schöne Altar. Auf den ersten Blick ähnelt die Front des Kirchenbauwerkes der Missionskirche in San Javier. Am Konvent anklopfen und fragen, ob man die Kirche besichtigen darf. Die beiden österreichischen Schwestern sind sehr auskunftsfreudig. Nach San Miguel sind es 39 km.
San Miguel	(258 m) besitzt eine vollständig renovierte sehenswerte Kirche. Im Gebäudekomplex befindet sich eine Werkstatt, in der Holzschnitzarbeiten verkauft werden. Nach San Ignacio de Velasco sind es noch 40 km (Micros von San Ignacio nach San José de Chiquitos haben hier ca. 15 Min. Aufenthalt).

Parque Nacional Noel Kempff Mercado
(Parque Huanchaca)

Der 1979 zum Schutz der *Serra de Huanchaca* eingerichtete Nationalpark (1.523.446 ha) an der Grenze zu Brasilien ist mit seinen fünf verschiedenen Ökozonen *(Bosque humedo, Bosque cerrado, Bosque secos, Humedales de sabanas, Habitats acuáticos)* und seinen spektakulären Landschaften zwischen 200–750 m, nach dem Parque Nacional Madidi, das zweitwichtigste Naturschutzgebiet Boliviens. 1995 wurde er westlich bis zum Río Paraguá und Río Tarvo erweitert.

Der Park ist die Heimat von 139 Säugetierarten (Brüllaffen, Marsupials, Tamanduas, Nachtaffen, Pekaris, Mähnenwölfe, Riesenameisenbären, Riesengürteltiere, Jaguare, Panther u.a.), 74 Reptilien-, 250 Fisch- und über 700 Vogelarten. Außerdem kommen über 4000 Pflanzenarten vor. Park-Attraktionen: *Catarata El Encanto* (150 m hoher Wasserfall), *Serranía de Huanchaca* (Gebirgsland mit großem Tierreichtum), *Río Paucerna* mit Wasserfällen (u.a. Catarata Arcoiris y Ahlfeld) und der *Mirador de los Monos*. Daneben gibt es um Los Fierros den Pfad *Sendero a la Meseta* und der *GEOBOL-Pfad*. Um Flor de Oro verlaufen Pfade zum *Bosque de los Tejones* und zur *Bosquete de las Orquídeas*.

Anfahrt Der Nationalpark darf nur mit Erlaubnis der Parkverwaltung und nur mit ortskundigem Führer betreten werden. Eintritt 30 €, zusätzlich für den Führer 15 € pro Tag. Beste Reisezeit: Mai–November. Sinnvoll ist es, für den Führer eine Kettensäge vor Ort, z.B. bei den Guardaparqueposten anzumieten, insbesondere in der Regenzeit, um den Weg freizumachen. Eine Machete sollte der Führer immer mitführen.

Gute **Anfahrts-** und **Basispunkte** sind die Campamentos **Los Fierros** (im Süden) und **Flor de Oro** (im Norden). Los Fierros ist mit einem Buschflieger von Santa Cruz aus (Flugzeit 2 h) oder von San Ignacio de Velasco (preiswerter) erreichbar. Anfahrt mit dem Bus: von Santa Cruz über San Ignacio de Velasco bis Florida. Von dort Zweitagesmarsch nach Los Fierros zum Eingang des Parks. Direkter: mit einem Geländewagen von Santa Cruz über St. Rosa de la Roca und Florida nach Los Fierros (Fz ca. 18 h).

Nach **Huanchaca 1:** Nur mit Buschflieger von Santa Cruz (Flugzeit 2,5 h) oder San Ignacio de Velasco. Nach **Flor de Oro:** Mit Buschflieger von Santa Cruz (Flugzeit 5 h) oder San Ignacio de Velasco (preiswerter). Oder mit Geländewagen über San Ramón, Concepción, Santa Rosa, San Martín, La Mechita, Kreuzung bei Moira, Cerro Pelado, Kreuzung Lago Rey nach Piso Firme (367 km, Strecke nur während der Trockenzeit von Mai–November befahrbar). Ab Piso Firme geht es mit dem Boot je nach Jahreszeit noch 5–9 h bis Flor de Oro.

Paucerna: Das Campamento ist nur über Flor de Oro zu erreichen. Von Flor de Oro geht es mit dem Boot bis nach Paucerna (Fz 5–9 h, je nach Jahreszeit).

Guardaparque-Posten, Übernachtungs- und Verpflegungsmöglichkeiten (VP, Trinkwasser) gibt es in den Campamentos *Los Fierros, Huanchaca 1* (Zeltplätze), *Flor de Oro* und *Paucerna* (Zeltplätze). Los Fierros besitzt ein Dormitorio mit 30 Betten (bc, Kochmöglichkeit, ca. 30 €) und Zeltplätze, Flor de Oro 15 Betten (Vollpension ca. 100 €/P).

Führer können in Piso Firme, Florida oder in Los Fierros engagiert werden. In Santa Cruz ist in Reisebüros aber auch eine komplett durchorganisierte Tour mit Führung buchbar. Weitere Informationen bei der *Fundación Amigos de la Naturaleza* (FAN), Km 7, Carr. Samaipata, Tel. 355-6800, Fax 343-73383, fan@fan-bo.org, www.fan-bo.org.

San José de Chiquitos

Von San Ignacio führt eine gut befahrbare Piste über *San Rafael* (von hier eine Abzweigung zur bras. Grenze, San Matías) nach San José de Chiquitos, das nach über 200 km am Verkehrsknotenpunkt der Eisenbahnlinie nach Santa Cruz – Puerto Suárez liegt und das gleichfalls auf eine Jesuiten-Gründung zurückgeht. Die ehemalige Mission wurde 1698 unter Anleitung der Jesuiten von den Chiquitos völlig aus Stein und im spanischen Barockstil erbaut. Mit der Pfarrei, dem Glockenturm (1748), der kerzenförmigen Jesuitenkirche und der Totenkapelle (1762) nimmt die Baugruppe eine ganze Seite der Plaza ein. Sie erhielt die Auszeichnung

"Weltkulturerbe der Menschheit". Der schönste Wochentag in San José ist der Montag, an dem der große Markt stattfindet. Dann finden sich auch viele deutschstämmige **Mennoniten** aus der Umgebung ein. Wer Glück hat und ins Gespräch kommt, kann – vielleicht gar durch eine Einladung – viel von der Lebensweise und vom Alltag dieser streng nach Gottes Geboten lebenden Bauern erfahren. Neben Platt- und Hochdeutsch sprechen einige etwas Spanisch oder Englisch. Ein weiterer Markttag ist der Donnerstag.

Unterkunft ECO: **Hotel Turubo,** Plaza 26 de Febrero, Tel. 972-2037; gefällige EZ/DZ/TriZ, bc/bp, Rest. (gute Tagesgerichte!), Ws, hilfsbereit, gut. EZ/bc 4 €. – **Hotel Victoria,** halbe Cuadra von der Plaza;. einfach, bc/bp, Ww, Vent., Ws, ab 4 €/ Pers. – **El Prado Hotel,** am Ortsrand, Tel. 972-2222, bp/AC.

Essen & Trinken **Restaurante Sabor y Arte** an der Plaza bietet schmackhafte Gerichte, empfehlenswert.

Bus **Nach San Ignacio** (203 km). Mo/Mi/Fr/Sa um 7 Uhr mit *Flota Universal,* Fz 5–6 h, 5 €. **Santa Cruz** (255 km): Di/Do/Sa um 8 Uhr, Fz 9 h, 8 €.

Zug Da sich die Abfahrtszeiten oft ändern, dienen die Angaben hier nur zur Orientierung. Bitte aktuell vor Ort informieren oder auf www.ferroviariaoriental.com.
Nach Roboré (134 km): s. Quijarro. – **Rivero Torrez** (272 km): s. Quijarro. – **Quijarro/Puerto Suárez** (375 km): mit *Expreso Oriental* Mo/Fr/Mo um 22.20 Uhr; Fz ca. 11 h, Fp Súper-Pullman 115 Bs, 1. Klasse 52 Bs. Mit *Regional* Mo–Sa 18.45 Uhr, mit *Ferrobus* Mi/Fr/Mo um 0.10 Uhr. – **Santa Ana** (249 km): *Tren Mixto* Mo/Fr um 19.35, Fz ca. 10 h. **Santa Cruz** (266 km): mit *Expreso Oriental* Mi/Fr/Mo um 2.20 Uhr, Fz ca. 5 h; mit *Regional* Di–So um 1.25 Uhr, Fz etwa 8 h; mit *Ferrobus* Di/do/Sa um 3.10 Uhr; *Tren Mixto* Mo/Do ca. 23 Uhr, Fz etwa 10 h. **Tres Cruces** (163 km): *Tren Mixto* am Mo/Do ca. 23 Uhr, Fz ca. 5 h

Umgebungsziele San José de Chiquitos

Cerro Tarubú Wanderung auf den Cerro Tarubú, ein Inselberg ca. 4 km östlich von San José. Anfahrt mit Taxi bis zu den Lehmziegelgruben, Fp 3 €, Abholung für den Rückweg kann vereinbart werden. Dann auf gut erkennbarem Fußweg zunächst auf den westlich gelegenen Bergsattel, danach dem welterhin leicht ansteigenden Pfad bis zum felsigen Gipfel folgen. Für die letzten Meter auf der Nordseite (links) halten. Dort erleichtert eine Metallleiter den Aufstieg auf das Gipfelplateau. Fantastischer Ausblick! Auf- und Abstieg ca. 2–2,5 h.

Valle de la Luna Gut 5 km südwestlich von San José, am nördliche Steilabfall der Serranía San José. Anfahrt mit Minibus 379 von der Plaza San Pedro oder mit Trufi 1 von der Av. 16 de Julio. Fahrt mit dem Taxi oder Radio Taxi *Servi Valle*, Fp ca. 7 € inkl. Wartezeit des Taxifahrers vor Ort. Von San José geht es zunächst direkt nach Süden. Nach ca. 2,5 km dann durch eine Toreinfahrt nach rechts mit einem Aussichtspunkt auf der Steilkante der Serranía. Nach wenigen Metern wird der Parkplatz mit Info und Souvenirladen zum Valle de la Luna erreicht. Der Eintritt in das **Museo Natural Valle de La Luna** kostet 15 Bolivianos.
Der Rundgang durch das Mondtal, einer tief von Erosion zerklüfteten Landschaft, dauert 45–60 Minuten. Einige der bizarrsten und attraktivsten Erosionsformationen haben Bezeichnungen wie z.B. *La Ventana del Sur, Sombrero de la Dama* oder *Madre Luna*. In der ursprünglichen Landschaft wächst auch wilde Ananas.

Balneario el Suto 4 km südlich von San José, in einem abgelegenen Talkessel.

Mennoniten

Von der Schotterpiste durch den Dschungel im Südosten Boliviens biegt ein kleiner Feldweg ab und öffnet den Blick in eine längst vergangen geglaubte Welt. Ein kleiner Pferdekarren, beladen mit großen Milchkannen, kreuzt den Weg der durch endlose Felder führt, auf denen in Reih' und Glied Weizen und Soja angebaut sind. Auf dem Kutschbock sitzt ein hochgewachsener Mann, bekleidet mit einer Latzhose, blondes Haar ist unter seinem Strohhut zu sehen. Neben ihm seine Frau in langem Kleid, das Haar von einem Kopftuch verhüllt. Wortfetzen einer Sprache, die entfernt an Holländisch erinnert, klingen herüber.

Im südöstlichen Tiefland Boliviens leben in mehreren Kolonien über 25.000 Mennoniten, Wiedertäufer, die es nach langer Wanderung in diesen entlegenen Winkel der Welt verschlagen hat. Ihr Name leitet sich ab von dem Friesen Menno Simons (1496–1561). Wegen ihres konsequent gelebten Glaubens und Beibehaltung ihrer traditionellen Lebensgewohnheiten brachen sie immer wieder von neuem auf – von Deutschland nach Osteuropa, von dort nach Nordamerika und weiter nach Südamerika. Hier in Bolivien (es gibt auch Kolonien im paraguayischen Chaco) fanden sie, was sie brauchten: Günstigen, fruchtbaren Boden und einen Staat, der sich nicht in ihre Angelegenheiten einmischt.

„Wir kämpfen jeden Tag aufs Neue, auf dass wir das Wort Gottes richtig verstehen", sagt der Bauer Bernhard. Ein gottesfürchtiges Leben zu führen, das heißt für die Mennoniten von dem zu leben, was sie als Bauern selbst erwirtschaften können, der Bequemlichkeit zu widerstehen und nur das Notwendigste zu besitzen. So gibt es weder Autos noch Elektrizität, oft nicht einmal fließendes Wasser. Bis auf Kaffee, Zucker, Salz und Kleiderstoffe stellt jede Familie alles selber her, was sie zum Leben benötigt. Für die Feldarbeit sind seit einigen Jahren Traktoren zugelassen, doch um erst gar nicht in die Versuchung zu kommen damit „spazieren zu fahren", haben sie eiserne Schaufelräder, die sie für die Straßen unbrauchbar machen.

Die Kinder besuchen nur bis zu ihrem zwölften Lebensjahr die Schule, in der die Bibel, Rechnen, Lesen und Schreiben gelehrt wird. Danach gelten sie als erwachsen und arbeiten wie ihre Eltern den ganzen Tag auf dem Hof und den Feldern. Nur so können sich die Familien mit bis zu 16 Kindern ernähren. „Ein jeglicher tuet das, was er kann", heißt es hier, und dazu gehört auch, dass alle Arbeiten streng nach Geschlechtern getrennt werden. Die Frauen arbeiten im Haus und auf dem Hof, während die Männer die Feldarbeit erledigen und Handel treiben – die Mennoniten gelten in Bolivien als ausgezeichnete Viehzüchter. So sprechen nur die Männer ein wenig Spanisch und müssen für ihre Frauen übersetzen, wenn diese einmal zum Arzt müssen. Nur wenn es sich gar nicht vermeiden lässt, verlassen sie ihre Kolonie. Untereinander sprechen Mennoniten bis heute ausschließlich Altplattdeutsch, das sich über die Jahrhunderte hinweg nur in dieser von der Außenwelt abgekapselten Gesellschaft erhalten hat, und auch im Gottesdienst wird es aus Bibel und Gesangbuch verwendet.

Tanz und Musik sind verpönt, nur Kirchenlieder sind gestattet. Doch das Vorwort des Gesangbuches mahnt: *„Du wollest, christlicher Leser, dieses Gesangbuch nicht aus bloßer Gewohnheit gebrauchen, noch Deine Sinne nur an den Melodien ergötzen, sondern zum Lobe Gottes und zur Erbauung Deiner Seele anwenden"*. Streng sind auch die Kleidungsvorschriften: Die Frauen tragen langärmlige, bodenlange Kleider und müssen ihr Haar in der Öffentlichkeit bedecken.

Abgeschieden von der modernen Welt wissen viele der Mennoniten in Bolivien fast nichts über ihre alte Heimat. Die Fragen an den Besucher sind zahllos: *„Wie heißt der König, der heutzutage über Deutschland herrscht?"* wollen sie wissen und können kaum glauben, dass in Europa das Land in Quadratmeter und nicht in Hektar gekauft wird, dass Familien in Deutschland meist nur zwei Kinder haben und Frauen studieren. Vieles von dem, was sie hören, muss ihnen fremd und oft unmoralisch erscheinen. Doch, so sagt Bernhard in schwer verständlichem Althochdeutsch, *„es ist uns eine große Freude zu hören, wie man es in Deutschland hat."* Aber ein glücklicheres und zufriedeneres Leben als dieses kann er sich nicht vorstellen. – *Katharina Nickoleit*

Santa Cruz – San José de Chiquitos – Pto. Suárez

(645 km)

Es gibt von Santa Cruz eine Piste über San José de Chiquitos nach Puerto Suárez an der Grenze zu Brasilien, die aber nach wie vor sehr abenteuerlich und schwierig und in der Regenzeit kaum befahrbar ist (sporadischer Busverkehr). Deshalb führt der Zug nach Puerto Suárez auch Verladewaggons für Fahrzeuge mit. Doch die Piste soll nun zur Asphaltstraße ausgebaut werden, um Bolivien auf dem Landweg besser an Brasilien anzuschließen. Als gute Alternative bleibt derzeit noch die Möglichkeit bis Pto. Suárez zu fliegen und dann mit einem Buschtaxi oder Dschungel-Colectivo zur Grenze nach Brasilien zu fahren.

Streckenbeschreibung: Von Sta. Cruz führt eine Straße via Cotoca nach Pailón (52 km). Ab da äußerst schlechte Piste durchs Mennonitengebiet, die nach 80 km auf den nächst folgenden 50 km etwas besser wird. Danach wieder 40 km schlechter Zustand. Die anschließenden 50 km bis San José de Chiquitos sind recht gut (Distanz von Santa Cruz bis dorthin 270 km). Danach mal gut, mal schlecht, immer an der Bahnlinie entlang, die oft gekreuzt wird. Die letzten 100 km vor Pto. Suárez sind Schotterpiste, die aber gut zu bewältigen ist.

Puerto Suárez

Ein kleines Grenzstädtchen (ca. 12.000 Ew.) an der *Laguna Cáceres* inmitten des Sumpflands Pantanal. Viele Brasilianer vergnügen sich hier im Casino oder machen in Schmuggelgeschäften. Es ist geplant, Puerto Suárez mit dem umstrittenen La Plata-Paraguay-Kanal über den Paraná an den Atlantik anzubinden! Doch durch die Kanalisierung des Río Paraguay quer durch das Sumpfland des Pantanal würde so krass in die Natur des Pantanals eingegriffen werden, dass diese einzigartige südamerikanische Naturlandschaft über 30% seiner Sumpf- und Wasserflächen verlieren würde! Der Kanalbau würde dem gesamten Pantanal den Todesstoß versetzten! Wer Zeit hat, sollte einen Bootsausflug ins tierreiche Pantanal machen, auch vom brasilianischen *Corumbá* aus ist dies natürlich möglich. In der Nähe von Puerto Suárez liegt der Freihandelshafen Puerto Aguirre, in dem preisgünstig Gold- und Silberwaren gekauft werden können.

Hinweis: Zugreisende Richtung bol.-bras. Grenze müssen in Puerto Suárez im Zug bleiben und bis Quijarro weiterfahren. Nicht von den aufdringlichen Taxifahrern verleiten lassen, die den halbstündigen Aufenthalt im Bahnhof nutzen, um Fahrgäste zur naheliegenden Grenze „abzuschleppen".

Ein- und Ausreise nach Brasilien

Der Flughafen liegt ca. 5 km nördl. der Stadt. Die Abfertigung bei der Ankunft ist unproblematisch. Es gibt im Flughafen eine Migración für den Aus- bzw. Einreisestempel für Brasilien-Reisende. Vom Flughafen fahren Colectivos und Taxis bis zur Grenze, Fz 20 Min., Fahrpreis Colectivos 1 €, Sammeltaxis 5 €. Zur Einreise nach **Brasilien** ist eine **Gelbfieberimpfung nötig** (ggf. kostenfreie Zwangsimpfung!). Auf der brasilianischen Grenzseite fahren von 6.30–19.30 Uhr Stadtbusse im Stundentakt nach Corumbá. Den Ein-/Ausreisestempel für Brasilien gibt es auch bei der Policía Federal im Busterminal (Mittagspause 12–14 Uhr) von Corumbá. Vom Busterminal tägl. Direktverbindungen nach *Campo Grande* und zu anderen Orten in Brasilien, z.B. nach Foz do Iguaçu.

Der *Balneario La Vertinete* an der Carretera Asfaltada Corumbá mit Restaurant, Disco und Bar ist immer für einen Tagesausflug gut, schon allein, um im Pool relaxen zu können.

Für den Grenzverkehr gibt es den bolivianischen Ein-/Ausreisestempel bei der Migración direkt an der Grenze auf der rechten Straßenseite in Richtung Brasilien. Obwohl 90tägige Aufenthalt üblich ist, stempelt die bolivianische Grenzpolizei oft nur 30 Tage rein. Den brasilianischen Ein-/Ausreise-stempel gibt es in Corumbá bei der Policía Federal an der Praça da República oder im Busterminal. Von Corumbá fährt ein Stadtbus bis zur Grenzstation bzw. vice versa, Fp ca. 0,40 €. Taxi von Pto. Suárez zur Grenze max. 1 €.

Unterkunft	**ECO: Hotel Progreso,** Av. Bolívar 21; einfache Zi., bc, Ww, Vent., 5 € p.P. **ECO/FAM: Hotel Sucre,** Av. Bolívar 63 (Plaza), Tel. 976-2069; ansprechende Zi. (nur die besseren mit bp/AC sind empfehlenswert), Rest., Cafetería, Bar, DZ 27 €. Sehr gutes Frühstück 1,50 € (auch für Nichtgäste). – **Hotel Bibosi,** Av. Salazar de la Vega, Quijarro, Tel. 978-2113, hbibosi@entelnet.bo. Bc/bp, Vent./AC, Garten m. Pool. DZ/F/bc 13 €, DZ/F/bp 17 €, DZ/F/bp/AC 28 €. **FAM: Hotel Santa Cruz,** Argentina 4, Quijarro, Tel. 978-2113. Zi. mit Vent./AC, bp, Pool, Pantanal-Ausflüge. **LUX: Hotel Resort El Pantanal,** Arroyo Concepción, Tel. 976-2020, Fax 976-2092 (informaciones@alpantanalhotel.com). Luxushotel, bc, AC, Pool.
Geld	*Supermarkt Tocale,* Av. Bolívar 103: bessere Wechselkurse als an der Grenze! Spätestens in Quijarro bereits Bargeld in die brasilianische Landeswährung tauschen, da hier ein besserer Kurs wie in Corumbá gegeben wird. Die Banco do Brasil verlangt in Corumbá eine Gebühr von 15 US$, ggf. GA benutzen.
Reisebüro	*Pantur,* Rua Frei Mariano, Corumbá/Brasilien, pantur@brasilnet.com.be. Zuginfos und Tickets (Kommission) für die Bahnstrecke Quijarro – Sta. Cruz.
Touranbieter	*Vivi Tours,* Av. Luís Salazar de la Vega, Puerto Quijarro, Tel. 208-6093. Schöne Hausboottouren mit Bismarck Zacharia Guardia und seinem Fischotterfindelkind *Jatta* durch den Pantanal. Hausboot mit max. 6 Betten, Kombüse. **TIP!**
Kunsthandwerk	Mehrere Läden an der Plaza, alle Arten, auch Artesanías der Tieflandindianer des Pantanals.
Bus	Nach **Río de Janeiro** (via Quijarro/Corumbá) mit *Cruzeña.*
Zug	Da sich die Abfahrtszeiten immer wieder ändern, Angaben hier nur Orientierung. Bitte aktuell vor Ort informieren oder auf www.ferroviariaoriental.com. **Quijarro – Santa Cruz** (640 km): *Expreso Oriental,* Di/Do/So um 16.30 Uhr, nur Superpullman/AC und 1.Klasse/AC; Fz ca. 16 h, Superpullman 115 Bs, 1. Klasse 52 Bs; Zug hält nur in Suárez Aranas, Rivero Torrez, Roboré, Ipiás und San José de Chiquitos. – *Regional,* Mo–Sa 12.45 Uhr mit Pullman- und 1. Klasse; Fz 21 h, Fp Pullmanklasse/AC 115 Bs, 1. Klasse 52 Bs. Zug hält in Suárez Aranas, Rivero Torrez, Roboré, Ipiás und San José de Chiquitos und an einigen anderen Stationen. Ankunft in Santa Cruz am nä. Tag 9.25 Uhr. Zug führt zeitweise Transportwaggons für Fahrzeuge mit. – *Ferrobus,* Mo/Mi/Fr 19 Uhr mit cama (Schlafwagen) und Semi-cama (Liegewagen); Fz 14 h, Fp Schlafwagen 234 Bs, Liegewagen 202 Bs. – *Tren Mixto* (kombinierter Personen-/Güterzug), Mo/Do um 9 Uhr. Der Fahrkartenschalter ist am Tag der Abfahrt von 8–16 Uhr geöffnet, Fahrkarten werden nur am Tag der Abfahrt verkauft. **Reisende aus Brasilien** können im voraus Zugtickets bei *Pantur* in Corumbá, Rua Frei Mariano 1013 (pantur@brasilnet.com.br) gegen einen kleinen Aufschlag erhalten.
Flug	*Aerosur,* Av. Bolívar 69, Plaza Principal, Tel. 976-2581; nach Cochabamba (Do/Fr/Sa/So, X) ab 85 €, La Paz (tägl., X) ab 130 €, Sta. Cruz (tägl.) ab 80 €. – *TAM,* Tel. 9766-2205; nach Cochabamba (Di) 73 €, La Paz (Di) 100 €, Sta. Cruz (Di/Sa) 59 €.

Santa Cruz – Cochabamba – La Paz (850 km)

Von Santa Cruz hat man mehrere Möglichkeiten der Rückreise nach La Paz (sofern man dort überhaupt zurück will/muss, denn es gibt auch von Santa Cruz internationale Flüge).

Da von Santa Cruz auf den hier genannten diversen Routen meist Nachtbusse fahren und man somit – außer der Auffahrt in die Anden – von der Strecke unterwegs nicht unbedingt viel sieht, ist abzuwägen, ob nicht für ein paar Euro mehr der Halbstundenflug nach Cochabamba vorzuziehen ist und man von dort mit dem Bus nach La Paz weiterfährt.

Möglichkeiten
1. Auf der Tieflandstraße über Buena Vista (Parque Nacional Amboró) – Villa Tunari und Cochabamba nach La Paz
2. Über die alte Hochlandpiste via Samaipata und Epizana nach Cochabamba – La Paz (Route 14a)
3. Über Camiri und Sucre nach La Paz (Route 14b)
4. Durch das Tiefland des Beni über Trinidad und San Borja nach La Paz (Route 15).

Tropisches Tiefland des Beni

Beni und Pando

Das Departamento **Beni** ist nach Santa Cruz das zweitgrößte Boliviens. Es nimmt fast den gesamten nördlichen Teil (ohne Pando) des bolivianischen Tieflandes ein. Praktisch ist ganz Beni flach wie eine Flunder mit nur einigen unerheblichen Erhebungen. Der Boden ist sehr fruchtbar, eignet sich für Landwirtschaft und Viehzucht. Die vielen Flüsse dieser Region, wie *Río Mamoré, Río Iténez, Río Guaporé, Río Beni* oder der *Río Madre de Dios* münden alle letztendlich in den Amazonas, sind äußerst fischreich, das ganz Jahr über schiffbar und sie durchfließen in ihrem trägen Lauf Feuchtsavannen und Regenwälder. Durch das viele Wasser und wegen der Flachheit des Landes wird das Beni-Tiefland oft überschwemmt und ähnelt dann dem Pantanal. Flüsse lassen sich meist nur mit Pontons überqueren.

In dieser Region leben die *Campa,* Tieflandindianer, die sehr gastfreundlich sind. Viele Dörfer haben in ihrer Abgeschiedenheit ihre Ursprünglichkeit bewahrt, die Bewohner pflegen z.B. auch noch die alten, traditionellen Tänze, wie *Macheteros* oder *Chiripieros,* aus der Zeit vor dem Einfall der Spanier. Ein sehr traditioneller Ort ist **San Ignacio de Moxos.** 1689 von den Jesuiten gegründet, hat die Mission deutlich Spuren in der geistlich-kolonialen Kunst hinterlassen. In **San Pedro de Canicancha** gab es berühmte Werkstätten, in denen Bronze gegossen und Glas für Kirchen hergestellt wurde.

Ursprünglich muss in dieser Region eine präkolumbische Kultur gelebt haben, die das Sumpf- und Überschwemmungsgebiet der *Llanos de Mojos* (Moxos) mit einem ausgeklügelten System genial entwässerte. So konnte das ganze Gebiet landwirtschaftlich genutzt wurden. Vom Flugzeug aus lassen sich in dem Überschwemmungsland kilometerlange Dämme erkennen, die die verschiedenen Landinseln miteinander verbinden.

Und auch der dichte und intakte Urwald konnte noch viel von seiner Ursprünglichkeit bewahren, obwohl der Wald (und die Bevölkerung) unter dem Kautschukboom nach der Jahrhundertwende stark zu leiden hatten. Der Gier nach Kautschuk führte nicht nur zu einer Dezimierung der Indianer, sondern 1903 auch zu einer brasilianischen Eingliederung des bolivianischen Acre-Gebiets. Beni ist heute ein Reiseziel besonders für Urwaldfreunde, die hier voll auf ihre Kosten kommen. Flora und Fauna präsentieren sich in diesen menschenleeren Regionen noch in ursprünglichem Zustand.

Klar, dass so eine abgelegene Gegend, in der auch Coca ausgezeichnet wächst, das Refugium der Kokain-Mafia ist. Über versteckte Urwaldpisten wird die Paste ausgeflogen. Die *Leoparden,* die bolivianische Antidrogeneinheit, liegt, zumindest mediengemäß, im ständigen Dschungelkrieg mit der Drogenmafia.

Hauptstadt des Beni und zugleich wichtigste Stadt dieser Urwald- und Savannenregion ist **Trinidad,** zugleich Verkehrsknotenpunkt.

Im äußersten Norden Boliviens liegt, entlang des Río Madre de Dios, das kleine Departamento **Pando**. Es stellt die Verlängerung des Beni-Tieflandes dar. Hier liegt das *Reserva Nacional Manuripi Heath.* Auf knapp 64.000 qkm leben nur etwa 50.000 Menschen. Somit ist Pando das am dünnsten besiedelte Departamento von Bolivien. Bei warmem, tropischem Klima gedeiht hier eine üppige Pflanzenwelt, es gibt noch viele Urwaldriesen, Mahagoni- und Kautschukbäume. Durch die lange Grenze mit Brasilien ist der Einfluss des mächtigen Nachbarlandes spürbar.

Die beste **Reisezeit** ist von Mai bis November, denn während der Regenzeit von Dezember bis April steht das Beni-Tiefland größtenteils unter Wasser.

ROUTE 15: SANTA CRUZ – TRINIDAD – LA PAZ (1100 KM)

Die Strecke folgt zuerst der Route von Santa Cruz über San Ramón nach San Javier (s.o.). In San Ramón geht es dann geradeaus weiter über *Yotau, San Pablo* und *Santa María* nach *Casarebe.* Von hier sind es dann auf asphaltierter Straße 50 km nach Trinidad.

Trinidad

Die Tropenstadt wurde 1556 von *Tristan de Tejada* und *Juan Salinas* unweit des Río Mamoré gegründet, liegt auf einer Höhe von 230 m und hat rund 100.000 Einwohner. Allzuviel ist nicht los, Touristen verirren sich nur selten hierher, denn es gibt keine Sehenswürdigkeiten, nur mehr oder weniger interessante Urwaldausflüge, die aber teurer als in Rurrenabaque sind. Volkssport bei den Einheimischen ist das Motorradfahren. Trinidad ist aber zumindest ein Zentrum für Vieh- und Landwirtschaft und hat das Potential, sich als „Obstgarten" des Hochlandes zu entwickeln.

Ausflugsziele

Puerto Varador, Flusshafen am Río Mamoré, 13 km südwestlich von Trinidad. Kanuvermietung, um auf eigene Faust auf Erkundung zu gehen, einfache Fischkneipen, wie z.B. das *El Pantanal,* ursprüngliche Atmosphäre.

Puerto Almacén, Flusshafen am *Río Ibaré,* 8 km südwestlich von Trinidad. Pfahlbauten, Fischkneipen, Brücke über den Fluss.

Puerto Ballivián, Flusshafen an der Straße nach *Loma Suárez,* 9 km nordwestlich von Trinidad

Laguna Suárez, recht hübscher, künstlicher See, 5 km südlich von Trinidad. Ausflugsziel am Wochenende, dann ist etwas los. Picknick, Bootsvermietung, manchmal sogar Live-Musik. Das Restaurant *Balneario Topacaré* ist empfehlenswert. Ebenfalls am See: die Balnearios *Paraíso* und *Don Fito*. Anfahrt mit Taxi 4 €.

Zu allen diesen Plätzen verkehren häufig Camionetas bzw. Pickups sowie Motorradtaxis. Nach dem Ausflug schmeckt ein *trago de caiman*. Aber Vorsicht, in dem Longdrink ist viel Schnaps drin!

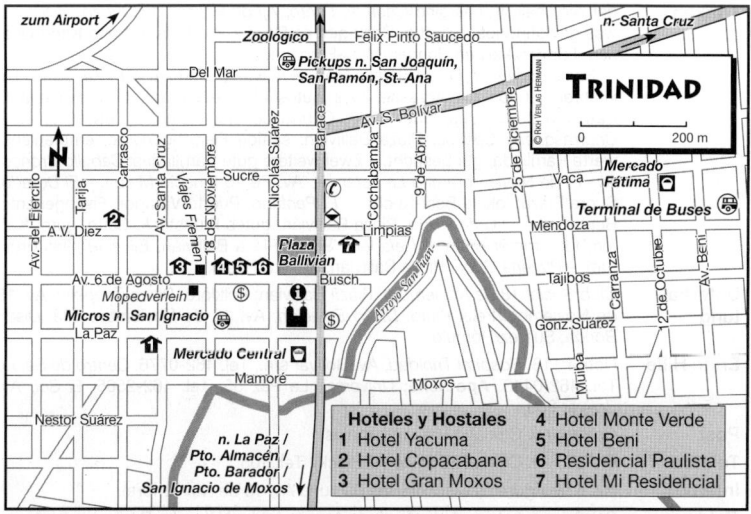

Adressen & Service Trinidad

Tourist-Info *Oficina Regional de Turismo Beni,* Cipriano 47, Beni, Tel. 462-1722 und 07131131. Stadtplan 1 €. *CIDEBENI,* Av. 6 de Agosto s/n, Tel. 462-2824, Fax 462-1716. **Vorwahl (03).**

POLTUR *Radio Patrullas* (Überfallkommando), **Notruf** Tel. 120.

Unterkunft Die einfachen Unterkünfte in Trinidad sind ziemlich heruntergekommen und es sind für das DZ/bc mindestens 10 € zu bezahlen.

Trinidad

ECO	**Residencial El Carmen** (BUDGET), Av. Cipriano Barace 158, Tel. 462-2688; Zi. mit bc/bp, Kw, familiär, gut. – **Hotel Yacuma**, Av. Santa Cruz 303, Tel. 462-2249; spartanisches Budgethotel, bc, Kw, Rest., Ws, Geldwechsel, freundlich. – **Hotel Copacabana**, Melitón Villavicencio 627, Tel. 422-2811, Fax 422-1978. – **Residencial Paulista**, Av. 6 de Agosto 38, Tel. 422-0013 oder 422-0018; passable Zi., bc/bp, Rest., empfehlenswert. – **Hotel Beni**, Av. 6 de Agosto 68, Tel. 422-0522, Fax 422-0262; familiäres Hotel, ordentliche Zi., bc/bp, Cafetería, kleiner Patio, Ws, Geldwechsel.
ECO/FAM	**Hotel Monte Verde**, Av. 6 de Agosto 65, Tel. 422-2750, Fax 422-2044; ansprechende Zi., bc/bp, Cafetería, Ws.
FAM	**Hotel El Bajio**, Nicolás Suárez 632, Tel. 422-2400, Fax 422-2464; moderne, einfache Zi., einige mit AC, Rest., Bar, großer Pool, Sauna, Ü/F, preiswert.
LUX	**Hotel Gran Moxos**, Av. 6 de Agosto146, Tel. 422-2240, Fax 422-0002; eines der besten Hotels am Platze, Zi. mit AC, gutes Rest., Cafetería, Bar, Sauna, alle Kk. – **Campanario Hotel,** Av. 6 de Agosto 80, Tel. 462-4622, Fax 462-4733, hcampana@coteautri.net.bo; saubere Zi., bp, AC, Rest., kleiner Pool, Internet, DZ/F ab 50 €. – **Hotel Mi Residencia,** Manuel Limpias 76, Tel. 465-2235, Fax 462-2464, miresicencia@hotmail.com, www.hotelmiresidencia.com.bo; schöne Zi., bp, Vent./AC, Pool. DZ/F ab 55 €, MC/VISA. Schwesterhotel mit gleichem Namen in der Félix Pinto Saucedo 555.
Essen und Trinken	Am billigsten wird auf dem *Mercado Municipal* gegessen. Beliebte Gerichte der regionale Küche sind *Cheruje, Locro, Ají de Panza* und *Cuñapé* – alle etwas gewöhnungsbedürftig. Dazu gibt es Reis, Yuca, Reisbrot und Kochbananen. Für den kleinen Hunger: Mais-Empanadas. *Pescadería Don Pedrito,* Calle Manuel (etwas außerhalb vom Zentrum), Taxifahrer kennen die Adresse; sehr gutes Fischrestaurant. C*hurrasquería El Canchon de Mamita,* Sucre 737; Churrasco und Parrillada, etwas teuer. – *Churrasquería Carlitos,* Plaza Ballivián; saftige Fleischgerichte, empfehlenswerte Parrillada, gut besucht. – Zwei weitere gute Parrilladas: *Caballo Bronco,* Av. 18 de Noviembre und *La Estancia,* Av. Pedro Ignacio Muiba. – *El Dorado,* Sucre/Plaza; lokale Beni-Küche. – *El Pantano,* Puerto Varador, Fischgerichte; Beni-Küche. – *Café Kivón,* Plaza Ballivián; gutes Frühstück, Säfte, guter Kaffee, fast immer offen. – *Heladería Suiza,* Plaza Ballivián; Eis und alles drum rum. – *Pizzeria Capri,* Plaza Ballivián; Pizza & Pasta.
Unterhaltung	*Club Social 18 de Noviembre,* Plaza Ballivián; Folklore. *Disco Zeppelin,* Av. 18 de Noviembre/Felix Pinto. *Disco Estación,* Av. 18 de Noviembre 333. *Disco Bonga*, Suárez/Rómulo.
Erste Hilfe	Notruf 118. *Hospital Trinidad,* Av. Bolívar s/n., Tel. 462-0776. *Centro de Salud,* Tel. 462-0445. **Apotheke:** *Universal,* La Paz 55, Tel. 462-2565. *El Sol,* Av. Bolívar 869.
Post	*Correo,* Av. Cipriano Barace/Limpias.
Telefon	*ENTEL,* Av. Cipriano Barace (1. Block), Tel. 105.
Internet	Av. 6 de Agosto (zwischen Ballivián und Av. 18 de Noviembre).
Geld	Straßenwechsler auf der Av. 6 de Agosto in der Nähe der Bank, wechseln nur Bargeld, oder evtl. bei *Inmobiliaria Ojara* in der Av. 6 de Agosto. *Banco Unión,* Av. Cipriano Barace, Kk. *Banco Mercantil,* Joaquín de Sierra.
Motorradvermietung	*Motos de Alquiler,* an der Plaza; 5 €/h, 10 €/6 h, 20 €/Tag; beste Möglichkeit, um in Trinidad und Umgebung rumzukommen.
Touranbieter	*Fremen Tours Andes & Amazonia,* Av. Cipriano Barace 332, Tel. 462-2276, Fax 465-2251, info@andes-amazonia.com, www.andes-amazonia.com. Vier- bis sechstägige Flussfahrten mit dem Fluss-Hotelboot (Flotel) *La Reina del Enin,* ab Puerto Varador, u.U. bis nach Puerto Villarroel oder zum *Parque Nacional*

Isiboro, alles inklusive. Touren ab 2 Pers. inkl. TR, VP, Versicherung und Ausflüge. Alle Kabinen mit bp, Ww, wahlweise AC oder Vent.; auf Wunsch veget. Küche. Sehr kinderfreundlich. 6-Tagestour ca. 400 €, Kinder bis 6 Jahre 50%, bis 11 Jahre 75%. Saisonale Sondertarife auf Anfrage. **TIP!** Zwischen Mai und Sept. kalte Fallwinde aus den Anden! Auch Touren mit schnelleren Motorbooten können organisiert werden. **TIP!**

Turismo Moxos, Av. 6 de Agosto 114, Tel. 422-1141, Fax 462-2189, turmoxos@sauce.ben.entelnet.bo. Kanu- und Bootsfahrten, Pferdetrekking und Ausflüge nach San Ignacio de Moxos sowie Dreitagestouren zu den Sirionó, deutschsprachige Führer. Tourpreise abhängig von der Teilnehmerzahl (ab 2 Pers.), dennoch moderat. Hinweis: Für Urwaldtrips sollte keinesfalls mehr als 50€/Tag bezahlt werden!

Flusstour in Eigenregie: In Puerto los Puentes am Río Mamoré nach *Pablo* fragen, der für 7–8 €/h (unabhängig der Personenzahl) so lange den Fluss hoch oder runter fährt und dabei alles erklärt, bis man genug davon hat.

Wäscherei *Lavandería Burbujas*, 18 de Noviembre.

Feste In in Trinidad werden zahlreiche, farbenprächtige Feste gefeiert: 6. Januar: *Fiesta de los Reyes Magos*; 2. März: *Fiesta Nuestra Señora de la Candelaria*; 3. Mai: *Día de la Santa Cruz*; 13. Juni: *Día de San Antonio*; 24. Juni: *Día de San Pedro*; 16. Juli: *Fiesta Nuestra Señora de Carmen*; 26. Juli: *Patronatsfest Sta. Ana*; 22. August: *Fiesta Jere-Jere*; 8. September: *Fiesta de Natividad de la Virgen*; 10. Oktober: *Día de San Francisco de Borja*; 2. November: *Todos los Santos*; 8. Dezember: *Fiesta La Inmaculada Concepción*; 10. Dezember: *Fiesta Nuestra Señora de Loreto*.

Verkehrsverbindungen

Bus Der Busterminal liegt Ecke Pinto/Rómulo Mendoza, der kleinere Terminal mit Micros nach San Ignacio de Moxos befindet sich im Süden der Av. Mariscal Santa Cruz. Geringe Benutzungsgebühr.

Nach Cobija (1250 km via Riberalta): Mo/Do mit *Guaya Tours*, Mo/Mi/Fr mit *Trans Trópico*, meist via Riberalta, Fz mind. 26 h, auch über 50 h! Fp 35–40 €. – **Cochabamba** (905 km): Direktbus über Santa Cruz (s. dort). – **Guayaramerín** (990 km): Di/Do/So mit *Flota 8 de Diciembre*, Mi/Do mit *Urkupiña* (um 11 Uhr), via Riberalta, Fz mind. 26 h, 25–30 €. – **La Paz** (600 km): tägl. Busse via San Ignacio de Moxos, San Borja, Yucumo, Caranavi, Fz 21 h, 18 €. – **Riberalta** (900 km) s. Guayaramerín und Cobija, Fz mind. 17 h, 20–22 €. In Riberalta gute Anschlussbusse nach Cobija und Guayaramerín. – **Rurrenabaque** (380 km): tägl. Busse, s.a. unter Riberalta, Fz 8 h, 15 €. – **San Borja** (230 km): Fz 11 h, 10 €. Insgesamt 6 Flussdurchqfuerungen sind zu meistern. Außerdem fahren geländegängige Kleinlastwagen des *Sindicatos Mixto Autotransporte San Borja* um 11 Uhr ab Calle Beni (gegenüber vom Busterminal). – **San Ignacio de Moxos** (93 km): tägl. Micros und Pickups vom kleinen Busterminal in der Av. Mariscal Santa Cruz, Fz 4 h, 4 €. Abfahrten sobald voll besetzt. – **Santa Cruz** (550 km): tägl. mehrere Busse, u.a. *Pullman Punata*, *Flota Copacabana*, *MOPAR*, Fz ca. 12–15 h, 6–16 €. Abfahrten meist am Abend zwischen 17 und 18 Uhr.

Schiff Nach wie vor herrscht reger Bootsverkehrs auf dem Río Mamoré. Insbesondere im Nahverkehr werden auf dem Wasser von den drei Flusshäfen alle Orte in der näheren Umgebung am Fluss und den Seen angefahren (Tagesverkehr). Der Haupthafen ist Puerto Varador am Río Mamoré, etwa 13 km von Trinidad entfernt.

Infos: *Capitanía del Puerto* in Puerto Varador oder im Büro der *Transportes Fluviales* in der Mamoré/Pedro de la Roche.

Im Fernverkehr mit Frachtschiffen ist eine eigene Hängematte mitzubringen. Sinnvoll ist auch etwas Trockennahrung, Früchte und Trinkwasser.

Nach Guayaramerín (Río Mamoré): Abfahrten mit Frachtschiffen unregelmäßig (ca. 2x wö), Fz 3–7 Tage (je nach Größe u. Ladung), Fp 3–35 € inkl. Verpflegung. **Puerto Villarroel** (Río Mamoré): Abfahrten mit kleineren Frachtbooten unregelmäßig (ca. 2x wö), Fz 3–5 Tage, ca. 25–30 € inkl. Verpflegung. Von Puerto Villarroel Busanschluss nach Cochabamba.

Flug Der Flughafen liegt nicht weit vom Zentrum entfernt, in nordwestlicher Richtung von der Plaza Ballivián, Tel. 422-0678. Anfahrt mit dem Taxi 1–2 € oder zu Fuß (ca. 30 Min).

Aeroeste, Sucre 629, Tel. 462-0782, Fax 462-1715; nach Guayaranerín (Di/Do). – *Aerosur,* Cipriano Barace 49–51, Tel. 462-0765 (Reservierung), Tel. 462-1296, Fax 462-1296; nach Cobija (Mo–Sa), Cochabamba (Mo–Sa, X) ab 40 €, Guayaramerín (Mo–Sa) 81 €, La Paz (Mo–Sa, X) ab 80 €, Riberalta (tägl.) 80 €, Sta. Cruz (tägl.) ab 62 €. – *Transportes Aéreos Militares (TAM),* Sucre 341, Tel. 426-2363, www.tam.bo; nach Guayaramerín (Do) 64 €, La Paz (Mo) 48 €, Riberalta (Do) 64 €, San Borja (Mo) 33 €, Sta. Cruz (Mi/Do) 40 €. – Daneben gibt es kleine Buschflieger, die in die umliegenden Urwalddörfer fliegen.

Umgebungsziele Trinidad

Santa Ana de Yacuma Knapp 170 km nordwestlich von Trinidad liegt das Urwaldkaff *Santa Ana de Yacuma.* Hier beginnt eine Piste über Palmira nach Exaltación am Río Mamoré. Santa Ana de Yacuma besitzt einen Airstrip, kann nur mit dem Buschflieger in 40 Min. von Trinidad aus erreicht werden und ist noch ein echter Tipp abseits aller Touristenpfade mit absolutem Urwaldfeeling. Als Unterkunft empfiehlt sich hier das gepflegte **Mamoré Hotel** inmitten eines tropischen Gartens, Rest., zwei Pools, Reitpferde, Bootstouren auf dem Mamoré. Infos in Santa Cruz: Av. San Martín, Equipetrol, Paseo Comercial El Chuubi, Tel. 337-8294, Fax 337-6892, bastian.mueller@bolivia-online.net, dt.-spr. Information und Beratung für einen Aufenthalt.

Nuevo Berlín Von Trinidad führt nach Norden eine Urwaldpiste über La Esperanza, San Ignacio und San Ramón bis nach Nuevo Berlin am Río Mamoré. Hier liegen im Urwald unzählige Urwaldseen und Flusslagunen, und der Reisende befindet sich absolut abseits jeder Touristenströme. Sehr schön ist ein Besuch der *Laguna El Oceano* bei San Yuca. Für Abenteuerlustige!

Magdalena Von San Ramón zweigt nach Osten eine Urwaldpiste nach Magdalena ab. Das subtropische Urwaldstädtchen lebt u.a. von der Rinderzucht und überrascht mit seiner Ursprünglichkeit. Wem die 250 km lange Anreise mit dem Bus von Trinidad in der Trockenzeit (!) zu beschwerlich ist, kann Magdalena auch 3x wö mit einem Flug (45 Min.) erreichen. Erstklassige Unterkunft im rustikalen **Hotel Internacional** (FAM), Tel. 0103-886-2210, info@hwz-inc.com, www.hwz-inc.com von Sylvia Speissegger und Maita Frei inmitten einer schönen Palmengartenanlage mit Pool, Papageienvoliere und frei herumturnenden Affen, saubere, gepflegte Zi., Rest., Bar, Ws, Boots- und Reitausflüge, DZ/F 45 €, Kinderbett 10 €, bei längerem Aufenthalt Rabatt, der **TIP**.

Los Lagos Westlich von Nuevo Berlin schlummert, inmitten des Urwaldes und direkt am Lago Largo (Süßwasserdelphine), mit dem ausgezeichneten *Hotel Los Lagos* eine kleine Tropenidylle. Tolle Szenerie, Natur pur! Etwas mühevolle Anreise mit dem Buschflieger aus Trinidad. Das Hotel verfügt über Rest. und Pool und bietet Ausflüge und Angeltouren. Infos in Santa Cruz: Av. San Martín, Equipetrol, Paseo Comercial El Chuubi, Tel. 337-8294, Fax 337-6892, bastian.mueller@bolivia-online.net, deutschsprachige Informationen und Beratung für einen Aufenthalt.

Trinidad – San Ignacio de Moxos (90 km)

Die Piste kann während der Trockenzeit in etwa 3–4 h bewältigt werden. Während der Regenzeit kann es zu Unterbrechungen bzw. erheblichen Verzögerungen kommen

Von der *Plaza General José Ballivián* geht es über die Av. Mariscal Santa Cruz in südlicher Richtung aus der Stadt hinaus. Nach etwa 8 km wird Puerto Almacén am Río Ibaré erreicht. Der kleinere Río Ibaré fließt in nur einigen Kilometern Abstand nahezu parallel zum Río Mamoré, in den er nach vielen Flussbiegungen und an zahlreichen Urwaldseen vorbei in Höhe von *Villa El Carmen* mündet. Über den Río Ibaré bei Puerto Almacén führt nun eine befestigte Brücke. Auf der anderen Flussseite sind es dann noch 5 km bis zum Puerto Varador am Río Mamoré. Hier liegen die meisten der Frachtschiffe und kleinen doppelstöckigen Urwaldboote, die bis nach Guayaramerín oder Puerto Villarroel tuckern. Auf einer Fähre geht es auf die andere Flussseite nach *Puerto Ganadero*. Von hier geht es durch die mit Sümpfen und Seen unterbrochene Savanne, die bereits zum Llanos de Moxos gehört. Ab dem Río Tijamuchi ist der Streckenabschnitt am schönsten. Unzählige Störche, Jaribus, Kormorane, Ibisse, Löffelreiher, Teichhühner und Papageien bevölkern Sumpf, Seen und den Wald am Rande der Piste.

San Ignacio de Moxos

Die Stadt wurde von den Jesuiten Castillo, Orellana, Pedro Marbán und Cipriano Barace am 01.11.1689 auf dem Gebiet der Moxo gegründet und gehörte zu einem Missionsverband, zu dem auch San Javier, San Pedro, Santa Ana, San Ignacio, San Borja, Magdalena, San Simón, San Nicolás u.a zählten. 1760 wurde sie nochmals auf festerem Untergrund und etwas höher neu errichtet werden. In früherer Zeit musste von hier südwestlich, in den **Llanos de Moxos,** eine Kultur gesiedelt haben, die das gesamte Sumpf- und Schwemmland kanalisierte und mit kilometerlangen Dämmen versah. Sie sind zum Teil noch heute vorhanden. Es waren auch die Moxo, die zum ersten Mal den Jesuiten über die legendäre Goldstadt *Paitití* erzählten, die dann von den Spaniern als *El Dorado* überall gesucht und nie gefunden wurde.

Die Llanos de Moxos sind ein Savannengebiet, das zur Regenzeit regelmäßig überschwemmt wird (ähnlich wie der Pantanal). Im *Museo Casa Belén* gibt es über die Moxos-Kultur Informationen und Funde, aber auch Kunstgegenstände, die erst durch die Jesuiten eingeführt wurden.

In San Ignacio de Moxos gehört ein Großteil der Bevölkerung den *Macheteros* an, die ihre eigene Sprache sprechen und indianischer Abstammung sind. So sind hier noch ursprüngliche indianische Traditionen zu erleben, wie z.B. bei den alljährlichen Festen zu Ostern und zum 31. Juli (Fiesta de Ignacio). Deshalb wird San Ignacio de Moxos auch **als „Folklorehauptstadt des Beni"** bezeichnet. Die Kirche an der Plaza 31 de Julio und die einstöckigen Hausbauten mit ihren lang vorgezogenen Regendächern lässt die Handschrift der Jesuiten deutlich erkennen.

Während den alljährlichen Festen kommen neben den Macheteros Dutzende indianischer Stämme in die Städte, wie z.b. die *Achu* oder *Chasquero,* die ihre traditionellen Zeremonien feiern. Dabei werden Tänze wie z.b. der *Armpit* (Paartanz) oder der *Sarao* (ähnlich eines Maibaumtanzes) aufgeführt und Musiker spielen mit nahezu mannshohen Panflöten, *bajones.* Die Feste bieten einzigartige Eindrücke in die Folklore des tropischen Tieflands von Bolivien.

Unterkunft	**ECO: Hotel Plaza,** Plaza 31 de Julio; gefällige Zi., bc/bp, Rest., gut besucht, preiswert. – **Residencial Don Joaquín,** Plaza 31 de Julio; familiär, mit Atmosphäre, saubere Zi., bc/bp, schöner Patio, preiswert. – **Residencial 14 de Septiembre,** Plaza 31 der Julio; schlicht, bc, freundlich.
Essen & Trinken	*Restaurante Sirari,* Plaza 31 de Julio, preiswert. *Restaurante Donchanta,* Plaza 31 de Julio, empfehlenswert. *Restaurante Isirere,* Plaza 31 de Julio.
Bus	**Nach San Borja** (135 km): tägl. Busse, Fz 4 h, 4 €. **Trinidad** (90 km): täglicher Bus, Fz 7 h, 6 €.
Flug	Nach Trinidad: Buschflieger ab 120 €

San Ignacio de Moxos – La Paz (510 km)

Je nachdem, für welche Strecke man sich entschieden hat, kann auf der Straße Nr. 3 über *San Borja* und *Yucumo* entweder nach *Rurrenabaque* am Río Beni und weiter nach Riberalta oder über Yucumo und Caranavi nach La Paz zurückgefahren werden. Die Fahrt von Trinidad nach La Paz dauert in der Trockenzeit fast einen ganzen Tag, wobei die Auffahrt über die Südyungas nach La Paz ein grandioser Abschluss ist. So könnte eine große Rundreise durch Bolivien enden.

ROUTE 16: TRINIDAD – RIBERALTA – (GUAYARAMERÍN) – COBIJA (1250 KM)

Rurrenabaque

Von Trinidad über Yucumo sind es mit dem Bus ungefähr 8 h bis nach Rurrenabaque. Das kleine, malerische Urwaldkaff liegt mit 320 m Höhe ebenfalls noch im Amazonasbecken. Die meisten der etwa 10.000 Einwohner sind indianischer Abstammung und gehören zu den *Tacana* (Rurrenabaque leitet sich von dem Tacana-Wort *Suse enabaque* ab, das Ententeich bedeutet), die sich weder christianisieren noch zu stark nach westlichen Vorstellungen zivilisieren ließen. Einige deutsche Klosterschwestern unterhalten eine Missionsstation und sind für überlassene Medikamente, die sie den Indianern weitergeben, sehr dankbar.

Das Geschäfts- und Handelsleben konzentriert sich in der tropischen Schwüle auf zwei Tage in der Woche, in dem die Händler ihre Produkte in den Läden und Ständen entlang der Av. Arce und Comercio anbieten. An der Plaza 2 de Febrero steht die moderne Kathedrale auf. Viele Holzhäuser wurden auf Stelzen gegen die steigenden Fluten in der Regenzeit gebaut. Unten an den Bootsanlegern des Río Benis herrscht immer ein reges und buntes Treiben, besonders dann wenn die Urwald-Campesinos ihre Früchte und tropischen Produkte entladen.

Vom Hügel **El Mirador del Gringo** ergibt sich eine schöne Aussicht auf Rurrenabaque und die Umgebung (erreichbar über die Hauptstraße in Richtung La Paz, etwa 200 m nach der Militärkaserne muss nach rechts abgebogen und dem Weg auf den Hügel gefolgt werden). Zur Abkühlung kann man das Schwimmbad besuchen.

Ein schöner **Tagesausflug** mit dem Boot zwischen April und August führt flussaufwärts zu einem idyllischen Naturpool (frischer Wind und ein paar Kneipen), der von kleinen Wasserfällen gespeist wird. Unterwegs hält man an einem Felsen mit einer angeblich 1500 Jahre alten Steingravur einer Schlange. Hin- und Rückfahrt ca. 5 €, Boote bei Flechatours oder ab dem Restaurantboot am Fluss.

Auf der gegenüberliegenden Flussseite von Rurrenabaque liegt *San Buenaventura*. Dort lohnt der Besuch des Kulturzentrums **Tacana Centro Cultural** neben dem Rathaus auf der Plaza. Bereits die Überfahrt über den breiten Río Beni mit einem kleinen Passagierboot ist lohnenswert, Fp 1 Bs. Das Kulturzentrum der Tacana, die im Madidi beheimatet sind, wurde mit Unterstützung der dt. GTZ errichtet und zeigt die traditionelle Handwerkskunst der Tacana. Eintritt 6 Bs, Mittagspause 12–15 Uhr.

Um Rurrenabaque lohnen sich **Ausflüge** in den Urwald und die Pampa.

Parque Nacional Madidi

Hinter San Buenaventura beginnt der endlose Urwald. Das noch ganz große Abenteuer lockt mit einer Tour durch den **Parque Nacional Alto Madidi**, aber dafür muss man auch mindestens eine Woche Zeit haben. Der 15 Mio. Hektar große Nationalpark am *Río Madidi* wurde 1995 gegründet ist das bolivianische Gegenstück zum peruan. Manu-Nationalpark. Der Park ist einer der artenreichsten der Welt, der Höhenunterschied, auf dem sich Flora und Fauna verteilen, reicht von 150 m bis 6000 m (Cordillera Apolobamba). Der Río Madidi mit dem Dorf Alto Madidi liegen ca. 200 km von Rurrenabaque entfernt. Von San Buenaventura führt die Straße No. 2 als Piste über Tumupasa und Ixiamas nach Alto Madidi, die aktuellen Pistenverhältnisse sind uns nicht bekannt. Von der No. 2 zweigen zwei feldwegartige Fahrwege nach Süden zum Rio Tuichi inmitten des PN Alto Madidi ab. Seit in der Gegend Erdöl gefunden wurde, ist etwas Leben in den Urwald gekommen.

Adressen & Service Rurrenabaque

Hinweis: Es gibt in Rurrenabaque fast alltäglich kurze Stromausfälle, also Kerzen bereithalten. **Vorwahl (03)**.

Unterkunft ECO

Residencial Jislene (BUDGET), Comercio/Beni, Tel. 895-2536. Freundliche, ruhige Familienpension in einem Garten am Río Beni, bc/bp, Ww, Vent, Ws, Hängematten. DZ/bp 4 €. – **Hotel Berlin** (BUDGET), Comercio/Av. Sta. Cruz; allereinfachste Unterkunft, bp/bc, Kw. EZ ab 4 €, DZ ab 8 €. – **Hotel Los Tucanes** (BUDGET), Independencia/Bolívar. Schöner Patio, Dachterrasse, etwas laut. DZ/bc/Kw 4 €, DZ/bp/Ww 7 €. – **Hotel Rurrenabaque,** Vaca Diez/Bolívar, Tel. 895-2481. Simpel, bp/bc, Koch- und Waschmöglichkeit. EZ/F/bc 35 Bs, DZ/F/bc 60 Bs, EZ/F/bp 60 Bs, DZ/F/bp 100 Bs. – **Hostal Santa Ana,** Abaroa (Nähe Plaza 2 de Febrero), Tel. 895-2487 oder 895-2399. Einfache Zi. mit bp/bc, Kw, netter Patio, schöner Garten mit HM, Ws. Neues DZ 12 €, andere 6 €. – **Hotel Oriental,** Plaza Prinipical/2 de Febrero, Tel. 892-2401. Komfortable Zi., bc/bp, Vent., ruhige Lage, hübscher Garten mit HM, Ws, auf Wunsch Frühstück, freundlich und hilfsbereit. Zi./bc 25 Bs, EZ/F/bp 70 Bs, DZ/F/bp 100 Bs. **TIP!** – **Hotel Asai,** Vaca Diez/Busch, Tel. 895-2439. Einfache, gefällige Zi., bp, sehr schöner Patio, sehr freundlich. DZ 15 €. **TIP!**

ECO/FAM **Hostal Beni,** Comercio/Av. Arce, Tel. 895-2408, Fax 895-2407; sehr saubere Zi. (die besseren im Anbau), bc/bp, Geldwechsel (Reiseschecks); DZ/bc 9 €, DZ/bp 13 €, DZ/bp/AC 25 €.

FAM **Hotel Safari,** am Ende der Comerico, Tel. 895-2410, Fax 895-2210. Freundliches Hotel, koreanischer Eigner, alle Zi. sehr adrett, bp/AC, Rest., Pool. DZ 25 €, TriZ 35 €, Suite 40 € inkl. F/TR. **TIP!**

Indigene Ur- **Hotel Jacauba Lodge,** flussabwärts am Rio Beni Richtung Nationalpark Ma-
waldlodges didi, Tel. 7153-3078 o. 7158-6533, Anfahrt mit Lancha ab Rurrenabaque, 1. Fahrt regulär um 8 Uhr, letzte Fahrt 18 Uhr. Schöne Urwaldlodge direkt am Fluss mit großzügigen, komfortablen Cabañas, bp, kleine Skk, Vent., Freiluftrestaurant, Naturpool, weitere in der Nähe inmitten des Urwaldes. Cabaña/VP ab 80 Bs, Cabañas/F ab 70 Bs, zusätzlich Lancha 50 Bs, Naturpoolbenutzung 20 Bs. – **Ecoturismo Comunitario San Miguel del Bala,** Calle Comercio gegenüber Prodem Bank zw. Calle Vaca Diez und Santa Cruz, Tel./Fax 892-2394, www.sanmigueldelbala.com. Die Ecolodge liegt flussabwärts am Rio Beni hinter der Jacauba Lodge, näher am PN Alto Madidi und ist ein Projekt eines indigenen Dorfes, dessen Bewohner gerne auch Freiwillige beherbergen, die ihnen Englisch beibringen. Interessierte wenden sich ans Büro in Rurrenabaque und erhalten Sonderkonditionen. Die Lodge besteht aus einer großen Cabaña mit HM und schönem Blick auf den Fluss. Daneben gibt es sieben Cabañas für Gäste auf Plattformen, kein E-Licht, bc. Das Rest. mit neu eingerichteter Küche ist sauber. Moskitos! **TIP!**

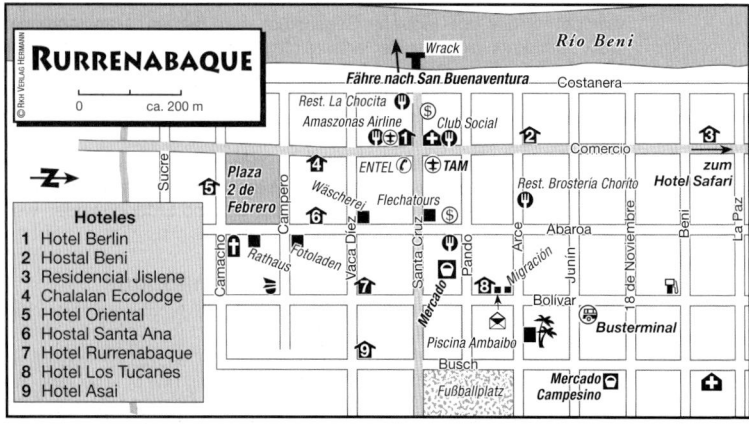

Essen & Zum Essen den *Club Social Rurrenabaque* probieren, eine Chifa, die auf Anfra-
Trinken ge auch vegetarische Gerichte anbietet. Gleich neben dem Club werden jeden Abend an einem Straßenstand leckere Hähnchen-Sandwichs verkauft. – In der Av. Sta. Cruz und Umgebung jede Menge preiswerter Touristenrestaurants, z.B. das Internet-Café *Motacu*, Av. Sta. Cruz: hervorragendes Frühstück (Müsli, Pfannkuchen u. Kuchen), tägl. außer Di/So 8.30–12 und 17.30–20.30 Uhr. – Im *Camila Snack* ist der Suruwi (Wels) empfehlenswert. – Das Restaurant *La Perla de Rurre* bietet gute Fisch- und Fleischgerichte. – Hähnchenfreunde ge-

hen in die *Brostería Chorito*. – Am Río Beni einige Fischrestaurants, wie z.B. *Las Playas, Sede Social, La Chocita* oder *Bella Vista* mit Terrasse, Frühstücks-Früchtebar, frischer Flussfisch, köstliche Zubereitung, preiswert (ab 2.50 €)! – *El Torito*, zwei Blocks von der Plaza, typische Gerichte, guter Service und preiswert. Leckere Gerichte in gemütlich-familiärer Atmosphäre serviert das *Casa de Campo*, Calle Vaca Diez.

Unterhaltung *Jungle Bar Moskito*, Comerical Central (moskkito@terra.com). Wirbt mit dem angeblich kältesten Bier in der Stadt. Preiswerte Cocktails und gute Musik (Auswahl möglich), Happy hour 19–21 Uhr. Beliebter Touristentreff. Ansonsten verschiedene Karaoke-Bars mit jungem Publikum. Tagsüber ist das schöne Schwimmbad, Arce, Eintritt 2 €, ein **TIP**, doch sind meist nur Touristen da, die unter schattenspendenden Palmen sich vom Barkeeper Cocktails servieren lassen und sich mit dem sprechfreudigen Papagei amüsieren.

Post Av. Acre/Bolívar

Telefon / Internet *ENTEL*, Av. Acre/Bolívar. Ein Internet-Café ist gleich neben dem Camilla Snack.

Geld Im *Minimarkt* (Häuserblock bei Fluvial Tours und in der Avaroa/Av. Ancielo, Bargeld und Reiseschecks, 3,5–5% Kommission auf Schecks. Ansonsten in den Reiseagenturen (guter Kurs, 5% Kommission wenn keine Tour gebucht wurde). Die einzige Bank, *Prodem,* unterhält eine Zweigstelle mit Geldautomat, spuckt aber nur Scheine mit Visa- oder MasterCard mit 5% Aufschlag aus, kein Maestro!

Erste Hilfe *Clínica del Puerto*, Av. Sta. Cruz/Comercio.

Einkauf und Souvenirs Wer noch keine Hängematte besitzt, sollte sich spätestens hier eine kaufen, preiswert, Verhandeln vorausgesetzt. *Ruth* betreibt den derzeit einzigen Souvenirladen, Av. Sta. Cruz, mit Postkarten und Kunsthandwerk der Tieflandindianer. *Adhune*, Guachalla 424 (150 m vom Busterminal), alle Arten von indianischem Kunsthandwerk, Selbsthilfeprojekt einer Frauenkooperative, Verkauf selbstgefertigter Spezialitäten, Säfte.

Wäscherei Mehrere im Ort, z.B Ecke Vaca Díez/Avaroa, 0,80 €/kg, mit Übernacht- und Schuhe-Trocknen-Service.

Urwaldtouren

Eine Tour durch die Pampa oder in den Beni-Urwald um Rurrenabaque ist ein lohnendes Erlebnis! Für Tierbeobachtungen fährt man vorzugsweise in der Pampa nördlich von Rurrenabaque (doch durch den zunehmenden Tourismus ziehen sich die Tiere immer weiter zurück und die Touren müssen immer weiter ausgedehnt werden). Kommerzielle Tour-Angebote in Rurrenabaque sind dennoch, verglichen mit vergleichsweise ähnlichen Möglichkeiten in Bolivien – und auch in Peru – preisgünstig. In der Regenzeit sind jedoch sowohl Pampa- als auch Urwaldtouren nicht ratsam. Bei der Buchung ist darauf zu achten, dass ein *indianischer* Führer dabei ist, denn diese sind die besseren *guías,* weil sie im Urwald aufgewachsen sind. Ein neues Konzept schließt neben dem Öko-Tourismus auch die sozioökonomische Komponente mit ein. Dabei werden vier Gemeinden (La Unión, Playa Ancha, Nuevos Horizontes und El Cebú) besucht mit Einblicken in den Arbeitsalltag der Bewohner. Mindestens 30% der Tourkosten gehen dabei direkt an die Gemeinden. Die beteiligten Touranbieter (wie z.B. *Fluvial, Chalalán, Mapajo* oder *Amazonia*) sind an dem Logo für öko- und sozialverträglichem Tourismus erkennbar.

Pampa-Touren dauern in der Regel 3 Tage und führen zuerst mit dem

Jeep nach *Sta. Rosa,* Fz ca. 3 h. Hier wird der Eintritt von 40 Bs in den **Parque Natural Río Yacuma** fällig, der meist nicht im Tourpreis enthalten ist. Dann geht es mit einem Boot den *Río Yucumo* hinauf. Die Touren sind gut organisiert, aber nicht besonders komfortabel. Kostensatz ab 30 €/Tag u. Person, alles inklusive.

Urwald-Touren dauern 2 Tage, sollten aber mindestens 5 Tage umfassen, um entsprechend tief in den Urwald eindringen zu können. Viele Tiere wird man dennoch nicht sehen, doch um so mehr zahllose Baum- und Pflanzenarten, und die Führer wissen viel Interessantes über das Leben und Überleben im Urwald. Meist wird auch ein Floß gebaut und ein Stück auf einem Fluss hinabgefahren. Lange Märsche mit bis zu 20 kg Gepäck in tropischer Schwüle sollte man sich zutrauen. Kostensatz ab 20 €/Tag p.P., alles inklusive. Eine der interessantesten Urwaldtouren mit Expeditionscharakter ist der Urwaldmarsch über die aufgegebene Mission *San Antonio de Ixiamas* ins Quellgebiet des Río Madidi. Wer sich für einen Einblick in das Leben der Ureinwohner interessiert, dem kann das Ökoprojekt *Mapajo* empfohlen werden. Unweit eines Dorfes der Ureinwohner werden die Gäste in schönen Lodges untergebracht, VP 45 €. Infos unter www.mapajo.com.

Tourismus für den Naturschutz wird nördlich des Parque Nacional Madidi im privaten **Naturschutzgebiet Serere** geboten. Dort hat *Madidi Travel* am Río Beni ein nachhaltiges Umweltschutzprojekt, gemeinsam mit der örtlichen indigenen Bevölkerung gestartet. Serere ist ein von Flüssen und Seen durchzogener Urwald, Heimat vieler Vögel, Reptilien und Insekten, aber auch mit einer großen Anzahl von Raubkatzen wie Jaguare, Pumas und Ozelote, die neben Tapiren, Affen u.a. Tieren beobachtet werden können. Die Lodge im Serere liegt etwa zwei Boots-stunden von Rurrenabaque entfernt. Infos s.u. unter Touranbieter/*Madidi Travel.*

Gesundheitshinweise: Immer wieder berichten Reisende nach einer Urwaldtour von einem Schmerz unter der Haut. Er wird von Maden oder Larven der Dasselfliege (Dermatobia hominis) verursacht, die ihre Eier an stechende Insekten ablegt. Stechen diese Überträger den Menschen, schlüpfen die Larven und bohren sich in die Haut. Dort entwickeln sich die Maden und verlassen den Menschen, wenn sie ausgewachsen sind. Die Larven sind bräunlich quergestreift, sehen aus wie ein Mini-Gürteltier und erreichen, wenn man sie nicht vorher operativ entfernt, ein Länge von bis zu 3 Zentimeter und einen Durchmesser von bis zu 7 mm. Die Einstichstelle sieht dann aus wie ein Furunkel. Auch eine hier häufig vorkommende Schmetterlingsart *(Boro)* kann einen Menschen über abgelegte Eier infizieren, aus denen sich unter der Haut Maden entwickeln und ebenso schmerzhaft sind. Arzt oder Einheimische um Rat fragen, die Parasiten müssen unbedingt entfernt werden!

Um die vielen Mücken abzuwehren, nützen die normalen DEET-Sprays meist nicht viel. In den Apotheken gibt es **Complejo Bedos.** Das sind Vitamintabletten mit Vitamin B12, die morgens und abends eingenommen werden und zwar drei Tage vor Ankunft in Rurrenabaque oder einer Urwaldtour. In La Paz kann man sich den Stoff auch intramuskulär spritzen lassen.

Touranbieter Die Stadtverwaltung an der Plaza legte die Preise für Urwaldtouren fest. Die Anbieter dürfen ihre Touren nicht unter 25 € pro Tag und Person anbieten, doch daran halten sich die wenigsten. Außerdem liegen Listen über die Leistungsfähigkeit und Qualität der Touranbieter aus, und man kann sich über den Tourverlauf sowie Führer informieren. Problem: die wenigsten Führer sprechen Englisch oder eine andere Fremdsprache.

Bala Tours, Calle Santa Cruz s/n, Tel./Fax 892-2527, balatours@yahoo.com, www.balatours.com. Einer der wenigen Anbieter, der sich an die Vorgaben der Stadtverwaltung hält und damit eben mehr Qualität und Komfort bietet zu einem etwas höheren Preis. Pampa- und Urwaldtouren ca. 30 € pro Tag/Pers. – Madidi Travel, Comercio zw. Santa Cruz und Vaca Diez, Tel. 3892-2153, www.madidi-travel.com; Touren in das Serere- Schutzgebiet, Fz mit Boot 2 h, keine Paketangebote, nur Individualtouren nach Kundenwunsch, Angebot für Freiwilligenarbeit. TIP! – Fluvial Tours (Tico Tudela), Abaroa/Vaca Diez, Tel. 892-2372, fluvialher@hotmail.com; Viertagestour (oder kürzer) durch den Urwald auf dem Río Tuichi, ab 25 €/Tag p.p. inkl. VP, Transport, Zelt und Moskitoschutz. Ausflüge in die Pampa (Tierbeobachtung) nördlich von Rurrenabaque 25–30 €/Tag p.P., alles inklusive. Sehr freundlich und hilfsbereit. Nach den kompetenten *Jonny Casablanca* fragen. TIP! – Turismo Ecologico Social TES, Tel. 712-89664, turismoecologicosocial@hotmail.com; Tagestouren zu verschiedenen Urwalddörfern, Kunsthandwerk, Landwirtschaft und andere Projekte, max. 10 Pers., Preis 200 Bs p.P. – Mashaquipe, www.mashaquipe.com; einziger Touranbieter der Tacana-Ureinwohner in Selbstverwaltung. Die Einnahmen fließen direkt in die Familien der Tacana, deshalb nur Kleinstgruppen und etwas teurer als die Pauschalanbieter. Die Tacana verfügen nicht über komfortable Urwaldlodges, keine Stromversorgung, doch authentisches Urwaldfeeling in familiärer Atmosphäre. VP pro Tag 200 Bs, plus 100 Bs für Eintritt in den N.P. Madidi, gPLV. TIP! – **Flechatours**, Avaroa/Av. Sta. Cruz, Tel. 895-2476; Pampa- und Urwaldtouren, u.a. mind. 6 Tage in den Nationalpark Madidi, 20–25 €/Tag p.P. – **Aguila Tours,** Comerico; Zwei- bis Viertagestouren in den Urwald und in die Pampa zur Tierbeobachtung; 20 €/Tag inkl. Vollverpflegung, Transport, Moskitonetz, Führer und Koch. Gutes Wissen der Guías Sabino und Moses über medizinische Pflanzen und den Urwald. – **San José Tours,** Av. Sta. Cruz/Avaroa; Pampa- und Urwaldtouren, besonders geeignet für ältere Reisende, komfortable Unterkünfte, sehr gute Ausrüstung, Führer Juan spricht Englisch, 25 €/Tag p.P. – **Amazonia,** Avaroa (ggüb. dem Markt), Tel. 895-2333 und 895-2100; Pampa- und Urwaldtouren, Kk. – **Chalalán Information Center,** Avaroa, Tel./Fax 895-2519, chalalan@cibol.rds.org.bo, www.ecotour.org, Urwaldausflüge in den P.N. Madidi zur *Ecolodge* in wunderschöner Lage, Fz ca. 5 h mit einem knapp 15 Meter langen Motorboot (55 PS). Traditionelle *Tacana-Lodge* (Stelzenbauweise mit Wänden aus der Chonta-Palme und Blätterdach), 7 DZ, bc, Dusche, handgefertigte Möbel, Solarenergie, Bibliothek, Kunsthandwerk, gute Verpflegung. Kanuausflüge, Nachtwanderungen, kompetente Führer, Badespaß, gPLV, ein **TIP** (Hinweis: Preis vor Antritt der Tour bestätigen lassen!). – **TAWA,** Sagárnaga, Casilla 8662, Tel. 232-5796 in La Paz; veranstaltet ab La Paz 14tägige Komplett-Ausflüge in die Urwaldregion um Rurrenabaque und zum Río Tuichi für 400 €; teuer, aber nicht schlecht (in der Nähe der *Laguna Sta. Rosa* eigenes Camp, 25 €/Tag inkl. VP). Wer erst ab Rurrenabaque einsteigen will, erreicht das Camp von hier mit dem Boot (Fp 150 €, max. 10 Pers.).

Santa Rosa Pampa-Touren ab Sta. Rosa führen mit einem Boot den *Río Yucumo* hinauf. Dort gibt es noch Kaimane, Wasserschweine, Flussdelphine, Anacondas, Affen, unzählige Vogelarten und mit etwas Glück kann man auch einen Jaguar sehen. Die Touren sind gut organisiert. Kostensatz ab 30 € pro Tag u. Person, alles inklusive. Direktanbieter in Sta. Rosa: *Santa Rosa Tours,* Sucre 16, Tel. (03) 825-9505, Fax 825-9506.

Verkehrsverbindungen

Stadtverkehr Motorradtaxis zum billigen Einheitspreis. Auf Nachfrage vermieten die Fahrer ihre Karren auch für ein paar Euro.

Bus	Der Busterminal liegt in der Ayacucho/18 de Noviembre. **Nach La Paz** (420 km): tägl. mit *Flota Yungueña* um 12 Uhr und *Trans TOTAÍ* um 11 Uhr, Fz 18–20 h (i.d. Regenzeit länger), 75 Bs; gecharterter Jeep 2500 Bs. – **Guayamerín** (610 km): tägl. mit *Flota Yungueña* (morgens), Mi/Fr/So mit *Trans Guaya* und *TOTAÍ*, Fz 15–18 h, 170 Bs. – **Riberalta** (520 km): täglich mit *Flota Yungueña* (morgens), Fz 12–15 h, 150 Bs. – **Trinidad** (380 km): Sa (24 Uhr) mit *Flota Yungueña,* Fz 13–18 h, 150 Bs.
Schiff	Urwaldbegeisterte können noch eine Woche mit dem Schiff von Rurrenabaque nach Riberalta (ca. 1000 km) runterfahren, vorausgesetzt, der Wasserstand des Río Beni ist hoch genug, Fahrpreis ca. 200 Bs inkl. VP, und von Riberalta mit dem Flieger zurück nach La Paz oder mit dem Bus weiter nach Cobija. Sporadischer Bootsverkehr nach Guanay, vor dort regelmäßiger Bootsverkehr flussaufwärts nach Mapiri. Ein Charterboot zwischen Rurrenabaque und Guanay kommt auf 1500–2000 Bs. **TIP:** mit anderen Reisenden zusammenschließen, die Strecke ist sehr lohnenswert.
Flug	In Rurrenabaque ist nur eine Graspiste vorhanden, auf der die schweren Militärmaschinen der TAM bei starken Regenfällen nicht landen können. Auch die kleineren Maschinen der Amazonas fliegen dann nicht. Passagiere werden dann auf den nächsten Tag vertröstet, keine Garantie auf einen gebuchten Flug! Außerdem werden zweimal Steuern fällig: Touristensteuer der Stadt 8 Bs, Flughafennutzungsgebühr 6 Bs. **Nach La Paz:** TAM, Tel. 892-2389, www.tam.bo, 3x wö., Rückflug 340 Bs, problemlose Mitnahme von Fahrrädern; Amazonas, 3x tägl. 380 Bs. **San Borja:** TAM (Do/Sa) 200 Bs. **Reyes:** TAM (Do/So alle 2 Wo.). **Santa Cruz:** TAM (Do) 500 Bs. **Trinidad:** TAM (Do) 250 Bs.

Parque Nacional Madidi

Der Madidi-Nationalpark ist ein riesiges, artenreiches Gebiet, das erst 1995 unter Naturschutz gestellt wurde. Es umfasst auf 1,8 Mio. ha Fläche viele verschiedene Ökozonen: Im Norden Pampas, im Osten Tieflandregenwald, im Zentrum Trockenwald, an der Südwestecke die Gletscher der Hochanden und dazwischen der Nebelwald der Andenabhänge.

Seine Zukunft ist jedoch ungewiss: Der geplante **Bala-Staudamm,** der den Río Beni 25 km südlich von Rurrenabaque an der Bala-Engstelle auf die gewaltige Fläche von über 300.000 ha rückstauen soll, hat Regierung und Naturschützer entzweit.

Eine der interessantesten Urwaldtouren mit Expeditionscharakter ist der **schon erwähnte** Urwaldtreck **von Rurrenabaque** über die aufgegebene Mission *San Antonio de Ixiamas* ins Quellgebiet des Río Madidi oder die weniger anstrengende Bootstour über den Río Tuichi nach *Chalalán* an der Laguna Chalalán bis nach San José de Uchupiamonas. Eintritt in den Nationalpark 6 €.

In **Chalalán** gibt es die *Albergue Ecológico Ecolodge,* www.chalalan.com, die vom Urwalddorf San José de Uchupiamonas aus betrieben wird und mit einem typischen Flussboot über den Río Beni und Río Tuichi erreicht werden kann. Auf der Flussfahrt wird auf dem Río Beni gleich hinter Rurrenabaque der *Cañón Suse* passiert, bis nach einiger Fahrt der *Cañón Bala* erreicht wird (hier soll einmal die Staumauer gebaut werden). Etwas weiter liegt auf der rechten Flussseite der *Puesto Andino.* Hier wird ein obligatorischer Stop eingelegt, um sich am Parkeingang registrieren zu lassen. Am Río Tuichi können nach kurzer Bootsfahrt mit etwas Glück Papageien und Aras an der *Caquiahuara*-Salzlecke beobachtet werden. Vorbei an der Einmündung des *Río Aguapolo* und des *Río Eslabón* wird die *Laguna Santa Rosa* erreicht. Hier steht am Urwaldsee die Lodge von *TAWA*. Ein Stück flussaufwärts liegt *Chalalán* mit der *Ecolodge,* die im traditionellen Baustil der Tacana-Indianer mit Palmendach der Chontapalme *(Astrocarium murumuru)* erbaut wurde. Das Urwalddorf *San José de Uchupiamonas* liegt von Chalalán aus flussaufwärts drei Bootsstunden entfernt. Die Ecolodge der Urwaldgemeinde wurde mit 1995 mit Hilfe der Interamerikanischen Entwicklungsbank (IDB) gebaut. Rund um die Lodge führen insgesamt 25 km lange Urwaldpfade in verschiedene Habitate, wo Affen, Tapire, Mohrenkaimane, Faultiere, Pekaris, Capybaras, Papageien und noch viele andere Tiere beobachtet werden können (über 1000 Arten sollen es sein). Die Quechua-Tacana versuchen nach wie vor, in Einklang mit der Natur zu leben, sie versorgen und kleiden sich von dem, was der Urwald bietet. Von Uchupiamonas führt ein 30 km langer Urwaldpfad nach Nordosten nach *Tumupasa*. Neben dem Fluss ist er die einzige Verbindung der Tacana zur Außenwelt.

Flussverkehr im Beni-Tiefland

Es ist inzwischen schwierig geworden, flussaufwärtsfahrende Schiffe auf dem **Río Madre de Dios** zu finden, auch deshalb, weil das Unternehmen Hecker keine Frachtschiffe mehr nach Pto. Heath und Pto. Maldonado betreibt. Die Chancen werden bei steigendem Wasserpegel auf allen Flüssen grundsätzlich besser, insbesondere dann, wenn in der Regenzeit die Straßen unpassierbar werden. Dann können auch Stromschnellen besser umfahren werden. Trotzdem immer Wartezeit einkalkulieren! Wer in der *Capitanería* erfährt, dass vor ein oder zwei Tagen ein Schiff flussaufwärts abgelegt hat, kann mit dem Bus bis nach *Sena* (120 km) am Río Madre de Dios fahren und das Schiff, dass bis dorthin 3 Tage benötigt, so einholen. Busabfahrten nach Sena tägl. gegen 7 Uhr mit *Trans Pando* oder *Trans Guayara*, Fz 5 h, 8 US$. Gesamtfahrzeit mit dem Boot bis Pto. Maldonado *mindestens* eine Woche, Fahrpreis Verhandlungssache.

Sporadische Schiffsverbindungen, insbesondere während der Regenzeit, gibt es auch auf dem **Río Beni** nach Rurrenabaque (speziell zwischen April und November), von wo aus es weiter in die Yungas geht. Fahrzeit mindestens eine Woche, je nach Bootsladung und Wasserstand auch bis zu drei Wochen.

Einfacher wird es auf dem **Río Mamoré**, z.B. ab Guajaramerín. Bei hohem Wasserstand (Regenzeit) kommen hier regelmäßig ein bis zwei Schiffe pro Woche vorbei, doch während der Trocken- oder zu Beginn der Regenzeit so gut wie hoffnungslos. Die **Fahrpreise** auf allen Flüssen liegen bei 10 US$/Tag, inklusive VP, wobei die Verpflegung eher schlecht ist. Zusätzliche Lebensmittel und Mineralwasser sollten mitgenommen werden, da das Wasser an Bord (über einen Filter) direkt aus dem Fluss kommt. Obligatorisch sind Hängematte und Moskito-netz, zur Tierebeobachtung ist ein Fernglas hilfreich. Weitere Infos bei der *Capitanería del Puerto*, direkt am Río Beni.

Riberalta

Von Rurrenabaque führt eine schlechte Allwetterpiste über *Santa Rosa* nach Riberalta (175 m) am Zusammenfluss von Río Beni und Río Madre de Dios (Übernachten in Santa Rosa: *Hotel Oriental* (ECO), einen Block von der Plaza hinter der Kirche, bp/bc, Garten mit Hängematten, das DZ ab 5 €).

Riberalta galt früher als Zentrum der Kautschuk-Produktion und gehörte dem Kautschukbaron *Nicolás Suárez*. Ihm zu Ehren steht auf der Malecón, der Uferpromenade, ein Denkmal. Außerdem kann im Parque

Mirador la Costanera sein Dampfschiff *Tahuamanu* (Baujahr 1899) besichtigt werden, das sowohl von 1900–1904 im Acre-Krieg und 1932–1935 im Chacokrieg zum Einsatz kam. Der Flusshafen Puerto Beni-Mamoré liegt einen knappen Kilometer westlich der Plaza und ist gut zu Fuß erreichbar.

In letzter Zeit stieg die wirtschaftliche Bedeutung der 60.000-Einwohner-Stadt durch Goldfunde in der Umgebung wieder an. Wichtigstes Produkt ist jedoch die **Paranuss,** mit der Bolivien 70% des Weltmarktes beliefert und damit Brasilien übertrifft. Die Schweizer Familie Hecker besitzt seit 1909 den ältesten Paranussbetrieb, die Plantagen und der Verarbeitungsbetrieb können besucht werden. Den Frachtschiffverkehr auf dem Madre de Dios wurde von ihnen aber aufgegeben. Daneben wird auch Nussöl exportiert und in Stadtnähe gibt es Kautschukplantagen.

Etwa 8 km außerhalb von Riberalta liegen die Ruinen eines befestigten Außenpostens der Inkas am Zusammenfluss von Río Madre de Dios und Río Beni. Bis hierher war *Túpac Inca Yupanki* mit seinen Truppen in das Amazonastiefland vorgedrungen. Die Ruinen sind gut mit einem Mietmoped (1,75 €/h) ab der Plaza zu erreichen. Gut 30 km von Riberalta entfernt liegt die Badelagune *Tumi Chúcua,* ein beliebtes Ausflugsziel.

Adressen & Service Riberalta

Unterkunft	**Vorwahl (03). – ECO: Residencial Katika,** Alberto Natuz/Nicolás Suárez, Tel. 852-2077; sehr einfache Zi., bc/bp, aber sehr freundlich, DZ/bp 8 €, empfehlenswert. – **Hotel Colonial,** Plácido Méndez 1, Tel. 852-3018. Hübsches Kolonialhaus, nette Zi., bp, Garten und Innenhof, angenehm, Ü/F (gutes Frühstück), gerne besucht, empfehlenswert. **ECO/FAM: Hotel Amazonas,** Medardo Chavéz/Bernardino Ocha, Tel. 852-2339; bp, Vent. o. AC, Garten; DZ/F/Vent. 12 €, mit AC 25 €. – **Posada Familiar Shimose,** Av. Nicolás Suárez/Santisteban 348, Tel. 852-2326; großzügig eingerichtete Zi., bp, Ws, DZ/Vent. 13 €, mit AC 25 €.
Essen & Trinken	Das preisgünstigste Essen wie immer auf dem Mercado *(comedor popular)* und bei den Straßenständen vor dem Alojamiento Lazo. – *Club Social Riberalta,* Maldonado. Preiswertes Mittagsessen, etwas formell. – *Club Social Progreso,* an der Plaza. Preiswertes Mittagessen, Fischgerichte. – *Churrasquería El Pahuichi,* Nähe Mercado. Churrasco, Parrillada, schöne Atmosphäre.
Post / Telef.	*ENTEL/Correro,* Baptista (Nähe Plaza).
Geld	dort, wo „Compro Dólares" Schilder hängen, jedoch schlechte Wechselkurse. *Banco Unión,* Martínez/Maldonado; nur Bargeld, guter Kurs, keine Kommission.
Miet-Motorrad	Av. Gabriel Remez Moreno 195, 10 €/Tag.
Bus	Die meisten Busunternehmen haben in der Av. Beni-Mamoré ihre Büros, *Trans Pando* sitzt in der Av. Medardo Chavéz 93. **Nach Cobija** (350 km): Mo/Do mit *Transamazonas,* Mi/Fr/Sa mit *8 de Diciembre,* Mi mit *Guaya Tours,* Abfahrten immer am Morgen. Fz mind. 10 h, ca. 12 €. **Guayaramerín** (90 km): tägl. mind. 2 Busse, u.a. mit *Transamazonas, Trans Guaya Tours, 8 Diciembre,* Fz 2 h, 16 €. **La Paz** (960 km): nahezu tägl. Busse, u.a. mit *Flota Yungueña,* Fz mind. 34 h, ca. 30 €. **Rurrenabaque** (520 km): s. La Paz und Trinidad (alle Bussen fahren über Rurrenabaque), Fz 12 h, 15 €. **Trinidad** (900 km): tägl. mit *Trans Guaya,* Mo/Mi/Do/Sa/So Bus, u.a. mit *8 de Diciembre,* Fz 17–48 h, 20–22 €.
Flug	Der Flughafen liegt verkehrsgünstig zwischen Stadtzentrum und den Vororten

und ist leicht und schnell zu erreichen, Gehzeit ca. 15–20 Min.
Aeroeste, Av. Ejercito (bei der Jefatura de Trabajo), Tel. 852-3097. – *Aerosur,* Acera Norte 20, Plaza Principal, Tel. 852-2311 u. 852-2798, Fax 852-2799; Cochabamba (Mo–Sa, X) 130 €, Guayaramerín (Mo–Sa) 40 €, La Paz (Mo–Sa) 120 €, Sta. Cruz (tägl.) 110 €, Trinidad (tägl.) 80 €. – *TAM,* Av. Suárez/Chuquisaca, Tel. 852-2646, www.tam.bo; nach Cochabamba (Di/Do) 87 €, Guayaramerín (Mo–Fr/So) 15 €, La Paz (Mo/Fr) 100 €, Rurrenabaque (Mo/Fr) 47 €, Sta. Cruz (Mi/So) 100 €, Trinidad (Mi) 64 €.

Guayaramerín

Von Riberalta 90 km östlich liegt Guayaramerín am Río Mamoré. Für Reisende hat es nur die Bedeutung als Grenzübergang in die (fast gleichnamige) Stadt Guayará-Mirim in Brasilien. Von dort führt eine Piste (mit Abzweiger nach Porto Velho/Brasilien) entlang der brasilianisch/bolivianischen Grenze über Río Branco wieder zurück nach Cobija in Bolivien. Eine weitere Abzweigung bei Brasiléia (kurz vor Cobija) führt über Assis Brasil (Brasilien) nach Puerto Maldonado (Peru).

In Guayaramerín hatte der Kautschukbaron *Nicolás Suárez* eine Handelsniederlassung, da die Stromschnellen des Río Mamoré hier die Flusstransporte der Kautschukballen beendete. Das Städtchen hat 31.000 Einwohner und gibt es ein kleines Museum. Hier sind Dokumente über den legendären Eisenbahnbau einsehbar.

Adressen & Service Guayaramerín

Tourist-Info *Oficina Regional de Turismo,* im Hafen. **Vorwahl (03).**

Ausl.-Polizei *Migración,* Av. Costanero (gleich am Fluss, neben dem Hafengebäude). Dienstzeiten 8–11 Uhr und 14–18 Uhr. Ein- und Ausreisestempel Bolivien//Brasilien.

Unterkunft **ECO: Hotel Central** (BUDGET), Santa Cruz, Tel. 855-3911; spartanisch. – **Hotel Litoral,** 25 de Mayo, Tel. 855-3985; einfach, bc/bp, Kw, Patio. – **Hotel Santa Ana,** 25 de Mayo, Tel. 855-3900; bc/bp, Patio, preiswert, DZ/bp 8 €, ein TIP!
FAM: Hotel San Carlos, 6 de Agosto, Tel. 855-2152; nette Zi., bp, Rest., kleiner Pool, Sauna, Geldwechsel (auch Reiseschecks), Ü/F, preis- u. empfwt.!

Essen & Trinken Es gibt viele Kneipen, die typische brasilianische Gerichte auf den Tisch bringen. Allerdings auch zu brasilianischen Preisen, die wesentlich höher sind als die bolivianischen. Ansonsten probieren: *Club Social Guayaramerín* an der Plaza, *Restaurante La Puerta del Sol* und *La Querencia.*

Telefon *ENTEL,* 3 Blocks südlich der Plaza. *Cris Tour,* Av. Federico Román/Mamoré, Tel. 855-3630.

Geld *Banco Unión,* an der Plaza. *Cambio Guaya Tours,* an der Plaza. Jede Menge Geldwechsler am Flusshafen (besser hier als in Brasilien wechseln).

Freibad im *Country-Club,* Nähe Busterminal, mit Beachvolleyball, Tennisplatz und gutem Restaurant.

Reisebüro *Viajes Amazonas,* Av. Federico Román 680, Tel. 855-4000.

Bus Der Busterminal liegt weit außerhalb vom Zentrum, ein Taxi ist billig.
Nach Cobija (440 km): Di/Do/Sa Busse, Fz 14 h, 19 €. **Guayará-Mirim:** tagsüber mit Flussfähre über den Río Mamoré, um 1 €. Der Busterminal in Guayará-Mirim liegt weit außerhalb, Taxi ins Zentrum 2,50 €. Anschluss in Guayará-Mirim tägl. nach Porto Velho (370 km), Fz 5 h, 9 €, und nach Río Branco (490 km), Fz 6,5 h, 12,50 €. Zur Einreise nach *Brasilien* wird eine Gelbfieberimpfung

benötigt! **La Paz** (1050 km): tägl. außer Fr mit *Flota Yungueña,* Fz mind. 36 h, 28 €. **Riberalta** (90 km): tägl. mehrere Busse, u.a. mit *8 Diciembre* und *Trans Guaya Tours,* Fz 2 h, 6 €. **Santa Cruz** (1540 km): 1x wö, Direktbus, Fz mind. 56 h, 35 €. **Trinidad** (990 km): Mo/Di/Do/Fr/So mit Direktbus, u.a. mit *Flota Yungueña, Transamazonas,* Di/Sa mit *Trans Guaya Tours,* Fz 30–48 h, 28 €.

Schiff **Nach Trinidad:** nahezu alle drei Tage Frachtschiffe flussaufwärts auf dem Río Mamoré; Infos bei der Capitanería im Flusshafen, tägl. wechselnde Anschläge beachten. Fahrpreis ca. 30 € inkl. VP. Boote ans brasilianische Ufer 1 €.

Flug *Aeroeste,* 16 de Julio/24 de Septiembre 39, Tel. 855-3991. – *Aerosur,* Sta. Cruz 57, Tel. 855-3594/855-3271; Cobija (Di/Fr/Sa), Cochabamba (Mo–Sa, X) 120 €, La Paz (Mo–Sa, X) 120 €, Sta. Cruz (tägl.) 110 €, Trinidad (tägl.) 80 €. – *TAM,* 16 de Julio, Tel. 855-3924; www.tam.bo; Cochabamba (Di/Do) 87 €, La Paz (Mo/Fr) 100 €, Rurrenabaque (Mo/Fr) 47 €, Sta. Cruz (Mi/So) 100 €, Trinidad (Mi) 60 €.

Ausflug: Cachuela Esperanza Ein schöner Ausflug von Guayaramerín führt in das etwas über 40 km entfernte *Cachuela Esperanza* am Río Beni (Fz ca. 2 h mit Pickup, 1,80 €). Die Stadt wurde von Nicolás Suárez nach seinen Vorstellungen geplant und aufgebaut. Es war seine ganz persönliche Stadt, Herzstück seines Kautschukimperiums und einst der fortschrittlichste Ort Boliviens mit Krankenhaus, Zeitungsverlag, Opernthreater und Dampflokomotive zur Verbindung der Schiffsanleger vor und hinter den Stromschnellen sowie einem Anleger für Wasserflugzeuge. Hier, inmitten des Urwalds, wurde der Kautschukkönig 1940 beigesetzt. Von Cachuela Esperanza führt eine Piste durch den Urwald zu dem 200-Seelendorf *Villa Bella,* letzter Grenzposten vor Brasilien.

Cobija

Über die relativ gute Piste Nr. 801 ist Cobija von Riberalta aus auf dem Landweg erreichbar, das letzte Stück ist sogar asphaltiert. Die Strecke führt abwechselnd durch Pampa und Urwald. Unterwegs werden neben dem Río Madre de Dios und dem Río Orthón noch zwei weiter Flüsse durchquert. Im letzten Drittel nehmen die niedergebrannten Urwaldflächen zu, Rinder des Hackfleisch-Imperiums grasen zwischen verkohlten Baumstümpfen.

Cobija, die Hauptstadt von Pando, wurde erst 1906, in der Epoche des Kautschukbooms, unter dem Namen „Bahía" gegründet. Auf nur noch 250 m Meereshöhe leben hier etwas mehr als 25.000 Einwohner am rechten Ufer des *Río Acre,* der die Grenze zu Brasilien bildet. Eine Straße führt nach Brasiléia (Brasilien) hinüber, es leben viele Brasilianer in der Stadt oder kommen zum Einkaufen rüber. Obwohl Cobija Freihandelszone ist (zollfreies Einkaufen), ist das Preisniveau recht hoch. In der 9 de Febrero ist ein Shopping-Center. Das Klima ist extrem heiß, schwül, drückend sowie regenreich, und Temperaturen bis 40 °C sind keine Seltenheit. Ab und zu sorgen die Andenwinde *(surazos)* für Abkühlung auf unter 20 °C.

Reserva Nacional Manuripi Heath Der Departamento Pando zeichnet sich durch die größte zusammenhängende Naturschutzzone Boliviens aus, die Reserva Nacional Manuripi Heath. Der Nationalpark wurde am 20.12.1973 gegründet, ist 1,5 Mio. ha groß und liegt westlich von Riberalta, genau zwischen den beiden Urwaldflüssen Río Madre de Dios und Río Manuripi. Das gesamte Gebiet wird vom amazonischen Regenwald bedeckt. Heimisch sind viele bedrohte und seltene Tierarten, wie z.B. Pygmäen- und Kaiseraffen, Pumas, Jaguare, Ozelote, Pekaris, Tapire u.a. (auch letzte *Callimico Goeldi*-Affen), und in der die Pflanzenwelt finden sich *Mapajo, Matacú, Trompillo, Asaí, Cedro, Mara* oder *Gomero Genipa*. Die *Ese-Eja*-Waldindianer leben hier noch in Einklang mit der Natur.

Kautschuk-Barone in Bolivien

Obwohl der Kautschukboom zwischen 1908 und 1910 im brasilianischen Manaus bereits seinen Höhepunkt erreicht hatte (malaysischer Kautschuk war billiger), wurde 1912 die über 360 km lange Eisenbahnstrecke entlang den Flüssen Madeira und Mamoré eröffnet. Die Bahn sollte die Stromschnellen des oberen Madeira umgehen und war ursprünglich von Riberalta bis zum brasilianischen Porto Velho am Río Madeira geplant. Damit wollte Bolivien über den Amazonas Zugang zum Atlantik bekommen. Als Gegenleistung musste Bolivien seine Provinz Acre an Brasilien abtreten.

Baubeginn der Bahn war 1907 in Porto Velho. Das gewagte Eisenbahnprojekt führte durch eines der dichtesten Urwaldgebiete der Erde. Nach fünf Jahren wurde Guayará-Mirim am Río Mamoré erreicht. Unter menschenverachtenden Arbeitsbedingungen waren dafür 6000 Arbeiter gestorben, nahezu jede Bahnschwelle mit einem Menschenleben bezahlt worden (darunter auch deutsche Handwerker). Deshalb wurde die Bahnstrecke auch *Via de Diablo* („Straße der Hölle") genannt.

1912 brach dann der Welt-Kautschukmarkt zusammen. Ein Engländer hatte es geschafft, Kautschuksamen aus Brasilien zu schmuggeln. Neue Plantagen in Südostasien produzierten die wertvolle Gummimilch wesentlich preiswerter. Das letzte Stück der Eisenbahnlinie nach Riberalta (ca. 100 km) wurde nie zu Ende gebaut.

Am meisten verspekuliert hatten sich die beiden „Kautschuk-Könige" Boliviens, *Nicolás Suárez* (1851–1940) und *Araña*, die in den Eisenbahnbau hohe Summen investiert hatten (Suárez war mit 8 Mio. ha Land der reichste Mann Amazoniens, die Städte Riberalta und Villabella gehörten ihm; er allein hatte das Recht, mit seinen Schiffen Transporte auf dem Río Madeira vorzunehmen).

Der Bahnverkehr ist seit langem eingestellt, die Loks rosten in Porto Velho in Brasilien im Dampf des Urwalds vor sich hin. Durch Kautschukzapfen kann heute niemand mehr reich werden.

Adressen & Service Cobija

Tourist-Info	*Oficina Regional de Turismo Pando*, Germán Busch 543, Tel. 842-2384 und 842-2239. **Vorwahl (03).**
Unterkunft	**ECO: Alojamiento 9 de Febrero,** Av. 9 de Febrero; einfachste Zi., bc, Kw, sehr nett, familiäre Atmosphäre, 3,50 € p.P. – **Alojamiento Cocodrillo,** Av. Fernández Molina, Tel. 842-2215; einfache Zi., bc/bp, Kw, EZ/bc 5 €, DZ/bp 12 €. – **Hostelería Sucre,** Sucro, Tel. 842-2797; bp, empfehlenswert; Ü/F. **ECO/FAM: Hotel Avenida,** Av. 9 de Febrero, Tel. 842-2108; bp, DZ/F/Vent. 12 €, mit AC 25 €. **FAM: Hotel Nanijos,** Av. 9 de Febrero, Tel. 842-2230; gute Zi., bp, Ws, gutes Rest.; DZ/F/Vent. 23 €, TriZ/Vent. 35 €, DZ/AC 28 €.
Essen und Trinken	*Comedor popular,* Mercado Central, gut und preiswert, der billigste Tipp. – Empfehlenswert ist *La Esquina de la Abuelita,* Av. Molina/Sucre, günstige Preise. – Churrascos: Churrasquería *La Cabaña del Momo,* Av. Fernández Molina. – Restaurant *Titanic,* am Park beim Cristo Blanco, günstiger Mittagstisch, abends nach Karte, auch Pizza, Eis und Musik. – Weitere Restaurant-Empfehlungen: *El Pahuichi, Las Mariposas, La Siringa.*
Post/Telef.	*Correo,* an der Plaza, *ENTEL* gleich dahinter, in der Nicolás Suárez.
Bus	**Nach Brasiléia**/Brasilien: Ausreisestempel bei der Migración (Mo–Sa 8–18 Uhr) an der Plaza hinter Kirche holen, mit Taxi über Grenzbrücke, Fp 1,5 € bis zur Policía Federal in Brasiléia (Gelbfieber-Impfnachweis erforderlich!). Weiterfahrt z.B. nach *Río Branco* ab dem Rodoviaria (Busterminal) in Brasiléia. Hin-

weis: Unbedingt alle Bolivianos in Cobija wechseln, in Brasiléia keine Wechselmöglichkeiten.
 Guayaramerín via Riberalta: Di/Do/Sa/So um 6 Uhr ab 9 de Febrero (Nähe Markt), Fp 19 €. **Guayará-Mirim** via Río Branco (730 km): Bus ab Brasiléia nach Río Branco mit tägl. Anschluss um 11 Uhr nach Guayará-Mirim, Gesamtfahrzeit 10 h, Gesamtfahrpreis 18 €. **Iñapari**/Peru (115 km) via Assis Brasil: Bus ab Brasiléia zur Grenze nach Assis Brasil, danach über die Grenze nach Iñapari, Fz 5 h, 5 €. **La Paz** (1310 km): Sa 7 Uhr Direktbus mit *Flota Yungueña* (in einer Seitenstraße der 9 de Febrero), Lastwagen Richtung La Paz fahren am Friedhof ab, Fz mind. 44 h, ca. 40–45 €. **Porto Velho** via Río Branco (790 km): Bus ab Brasiléia nach Río Branco mit tägl. 4 Anschlüssen nach Porto Velho; Gesamtfahrzeit 11 h, Gesamtfahrpreis 27 €. **Riberalta** (350 km): Mo/Mi/Fr um 6.30 Uhr mit *Trans Pando*, 9 de Febrero (Nähe Stadion), Fz 10–12 h, 16 €. **Rurrenabaque** (870 km): s.b. La Paz. **Pto. Maldonado**/Peru via Chive (134 km): Minibus ab dem Stadion nach Chive, Fz 7 h, 12 €. Ab Chive/Pto. Heath Boot nach Pto. Maldonado. Ausreisestempel bereits in Cobija besorgen!

Flug	*Aerosur*, Fernández Molina, Tel. 842-3132, Fax 842-9710; nach Cochabamba (Mi/Fr/Sa), Guayamerín (Mi/Fr), La Paz (Mi/Fr/Sa) 140 €, Riberalta (Mi/Fr), Tarija (Mi/Do), Sta. Cruz (tägl., So Nonstop) 140 €, Trinidad (Mo–Sa) 90 €. – *TAM*, Av. 2 de Febrero, Tel. 842-2267/842-2692; nach Cochabamba (Di) 113 €, Guayaramerín (Di) 45 €, La Paz (Mi/Sa) 90 €, Riberalta (Di) 45 €.

Brasiléia

Die Grenzstadt Brasiléia (Flugpiste) auf der brasilianischen Flussseite ist recht hässlich und hat außer dem Grenzübergang nichts zu bieten. Die Zeitverschiebung beträgt –1 h.

Unterkunft	**ECO: Hospedería Ponto Cierto** (BUDGET), Av. Santos del Monte, Tel. 536-3609; einfache Zi., bc, Kw, EZ 4 €, DZ 7,50 €. **Hotel Epitacio**, Av. Santos Domol, Tel. 546-3206; einfache Zi., bp/bc, Ww, bessere Zi. mit AC; EZ/F 5 €, DZ 10–13 €.
Geld	Es gibt in Brasiléia keinerlei Wechselmöglichkeiten. Auch Bolivianos können nicht getauscht werden, dazu muss nach Cobija gefahren werden.
Einr.-/Ausr.	Ein- und Ausreisestempel gibt es bei der Policía Federal.
Verkehrsverbindungen	Der Busterminal für Überlandbusse nach Río Branco liegt weit außerhalb, Anfahrt mit Taxi sinnvoll. Daneben gibt es einen weiteren Busterminal, von dem Busse nach Assis Brasil abfahren. **Nach Assis Brasil/Iñapari** (115 km): tägl. Busse, Fz 5 h, 5 €. **Río Branco** (240 km): tägl. Busse um 6 Uhr, 11 Uhr (mit AC), 14 und 18 Uhr, Fz 3,5 h auf gut asphaltierter Straße durch niedergebrannten Regenwald, Fp 5 €. **Cobija:** am besten mit Taxi, Fp 1,50 €, sich gleich zur Migración bringen lassen.

ANHANG

Abkürzungen

4WD	Four-Wheel-Drive, Geländewagen m. Vierrad-Antrieb
AE	American Express (Amexco)
dt.	deutsch, deutschsprachig
engl.	Englisch, englischsprachig
Ed.	Edificio – Gebäudenamen (bei Adressen)
Fp	Fahrpreis, Flugpreis
Fz	Fahrzeit oder Fahr-/Flugzeit
GA	Geldautomat
Gz	Gehzeit
h	Stunde
HS	Hochsaison
Kk	Kreditkarte
KM	Kilometer i.S. „am/nahe dem Kilometerstein"
MC	MasterCard (= Eurocard)
Mz.	Manzana – Stadtviertel, Baugebiet
NS	Nebensaison
Of.	oficina, Büro
P.N. / PN	Parque Nacional
Poltur	Policía de Turismo (Touristen-Polizei)
Prol.	Prolongación, die Verlängerung einer Straße
sp.	Spanisch, spanischsprachig
Sta.	Santa
Sto.	Santo
s/n	sin numero (Haus hat keine Hausnummer)
s.	siehe
s.S.	siehe Seite
SPT	**S**ervicio de **P**rotección al **T**urista (peruan. Touristenschutz-Organisation)
TC	Traveller-Cheque (Reisescheck)
Urb.	Urbanización, städtebauliches Erschließungsgebiet, Neubaugebiet
(*) bei Flügen	keine regelmäßige Flugverbindung; Flugverbindung meist nur während der Trockenzeit, deshalb Flug aktuell anfragen.
(–) bei Flugpreise	Preisspanne; ist eine Preisspanne bei den Flugpreisen angegeben, ist der Preis von der Klasse abhängig. Dabei sind oft nur 10% der Sitze für die billigste Preisklasse reserviert, die bei Ticketkauf sofort mit Bargeld (kein Kreditkarte!) zu bezahlen ist. Flugtickets, die länger als 3 Monate Gültigkeit haben, liegen preislich u.U. über der angegebenen Preisspanne.
X	Umsteigeflug

Abkürzungen bei den Unterkunftsbeschreibungen

ECO – **económico**	preiswerte und einfache Unterkünfte für Rucksackreisende bis 20 €/DZ. Der Hinweis BUDGET in dieser Preisklasse weist darauf hin, dass die Unterkunft äußerst einfach und billig ist und nicht mehr als 10 €/DZ kostet.
FAM – **familiar**	Familien- und Mittelklasseunterkünfte für Individual- und Pauschalreisende, Preisbereich 20–50 €/DZ.
LUX – l **ujo**	teuere, meist komfortable Unterkunft. Teuer heißt aber nicht unbedingt gut! Ab 50 €/DZ.
AC	Air Conditioning (aire acondicionado)
B&B	Bed&Breakfast
BBQ	Barbecue / Grillen
bc	baño común (Gemeinschaftsbad/-toilette)
bp	baño privado (Bad/WC im Zimmer)
CP	Campingplatz
DZ/F	Doppelzimmer mit Frühstück
EZ	Einzelzimmer
F	Frühstück
GpD	Gepäck-Depot, Gepäckaufbewahrung
gPLV	gutes Preis-/Leistungsverhältnis
HP	Halbpension (Frühstück/Abendessen)
HM/HMP	Hängematte, Hängemattenplatz
Hz	Heizung
JUHE	Jugendherberge
MBZi	Mehrbettzimmer
Kw	Kaltwasser
TriZ	Dreibettzimmer
Ü	Übernachtung ohne Frühstück
Ü/F	Übernachtungspreis mit Frühstück
p.P.	pro Person
PP	Parkplatz, Standplatz für Campmobile
RadV	Fahrradvermietung/-verleih
Res.	Reservierung
Rest.	Restaurant
SB	Selbstbedienung, Selbstbedienungs-Restaurant
Skk	Selbstkocherküche
TR	Transfer, Transport zum Flughafen oder Busterminal
TriZ	Dreibettzimmer
veg.	vegetarisch
Vent.	Decken- oder Standventilator
VP	Vollpension (Vollverpflegung)
Ws	Wäscheservice
Ww	Warmwasser

Autor Kai Ferreira Schmidt	Studium der Betriebswirtschaft (FH) mit Zusatzstudium Wertanalyse (Wertanalytiker VDI), sozio-ökonomische Diplomarbeit über das andine Hochland Perus. Reisen rund um den Globus und immer wieder durch Südamerika. Fotojournalistische Reportagen für Reisezeitschriften. Autor von Reiseführern über Brasilien (Reise Know-How) und des Handbuchs „Fernreisen auf eigene Faust".
Fotografen	Kai Ferreira Schmidt: alle Fotos, plus Titel, außer: **Jörg Albrecht:** S. 207. – **Clemens Carle:** 419, 450, 458, 487. – **Helmut Hermann:** S. 58, 73, 117, 220, 221, 255, 256, 259, 260, 263, 299, 307, 312, 313, 322, 545, 648, 653, 659, 662, 701, 702, 704, 709, 717, 723, 738, 755, 757, 762, 769, Umschlagfotos. – **Katharina Nickoleit:** 226, 816, 822. – **PromPerú** (Peruan. Fremdenverkehrsamt Lima): 497. – **Ramiro Salas:** 197, 439, 468, 485, 500, 534, 537, 539, 552. – **Thomas Stanzel:** 558. – **Lars Schneider:** 731. – **Thomas Zirm** (†): 333.
Agradecimiento – Dank an ...	Ein Reisehandbuch entsteht, bei allem persönlichen Engagement, nicht nur durch einen Autor allein. Er ist auch auf die Unterstützung anderer Reisefreunde und das Wissen von Experten angewiesen. All diesen Leuten für ihre Tipps und Informationen ein herzliches Dankeschön. *Diesen Führer widme ich Doña Evita Zingerle de Salas († 2005), Iquitos, und Don Miguel Reyes Landauro, Pucallpa.*

Gustavo Villegas Cortéz, Decano de la Honorable Cámara de Diputados, Congreso Nacional, La Paz. *Evita Zingerle de Salas* († 2005), ehemalige Honorarkonsulin von Österreich, Iquitos. *Miguel Reyes Landauro*, Betriebswirt, Cajatambo/Pucallpa. *Ulrike Maennig* und Ornithologe *Abraham Huamán*, Amazon Trails Peru, Cusco/Manu. *Sonja Auinger*, Latin Reps, Puno. *Sünje Fischer*, Peruline, Lima. *Claudia Riess*, Trujillo. *Thomas Wilken*, Wilken Tours, Trekkingführer Peru/Bolivien. *Bastian Müller*, Bolivia-Online in Santa Cruz, Bolivien. *Katty Mayma Sanchez & Denis van Immerseel*, Manager von Active Peru, Huaraz. *Andreas Wickleder*, Reiseführer und Serviceleister für Peru, Pisaq/Cusco. *Stephan Bolkenius*, Student Tourismusmanagemegent mit Schwerpunkt Südamerika in München. *Rita & Norbert Haase*, Betreiber des Gästehauses Qoya, Qoya. *Eike Lange*, Amazon Trips, Iquitos. *Sybille & Thomas Schröder*, die Reiseradelprofis für Südamerika, Autoren des Lateinamerika BikeBuch. *Inge Kreiner* de Da-Fieno, Hacienda La Florida, Tarma. Dr. *Gört Guido Schulz*, Experte für Kleinbergbau auf Gold in Peru. *Denis Freybote*, Café Punchay, Cusco. *Andrea Martin*, Rancho Santana, Pacora. *Maria Jürgens de Hermoza*, Honorarkonsulin von Deutschland, Cusco. *Nelly Escalante Rios*, Präsidentin der Asociación Peruana de Agencias de Viajes y Turismo, APAVIT Ucayali, Pucallpa. *Jörg Krösel*, Reise- und Trekkingführer, Arequipa. *Nico Montesinos Gamarra*, Cusco Tours, Cusco. *Federico Alvarado*, La Paz (1987 Betreuung des Bundespräsidenten von Weizsäcker, 1995 Auszeichnung als bolivianischer „Touristenführer des Jahres"). *Marliese Gaus*, Basel. *Marianne van Vlaardingen*, Pantiacolla Tours, Cusco/Manu. Comandante *Fredy Ney Vela Pérez*, Hubschrauberpilot HeliCusco, Cusco. *Ramos A.*, Polizeioffizier, Cusco. *Alberto Cafferata*, Bergführer, Spezialist für Llanganuco-Trek, Caraz. *Walter Saxer*, La Casa Fitzcarraldo, Wildlife Films Amazonas, Iquitos. *Thomas Zirm* († 2005) und Familie, Yarinacocha. *Eliana Pauca del Campo* und Familie, All Ways Travel, Puno. *Mario Holenstein*, Huaraz. *Danny Escalante Rios*, Rechtsanwalt, Pucallpa. *Lyda Garcia*, PromPerú, Lima. *Susana Castillo*, Inkaland Tours, Lima. *Ramiro Salas*, Frankfurt. *Patty Rodriguez*, ehemals Peruanisches Generalkonsulat, Frankfurt. *Roberto Calzadilla Sarmiento*, Botschaftsrat der Boliv. Botschaft, Berlin. *Uwe Gerlach*, Dampflokspezialist, Eisenbahnexperte für Peru, Pucallpa/Höfingen. *Wilhelm Huber*, Bergführer, Österr. Bundesgendarmerie, Mariapfarr. Dipl.-Ing. *Rainer Wirtz*, Höhenvermessung des Camino Inca, Löchgau. *Robert Rauch*, Trekkingführer und Extrembergsteiger der Anden, Sorata/Mittenwald. *Mónica Roeting*, Kelsterbach. *Peter Trautz* bzw. der IBERIA für die freundliche Unterstützung sowie den Deutschen Botschaften in Lima und La Paz.
Besonderen Dank den Freunden und Reisegefährten *Michael Visel* (Pforzheim) und *Thomas Götz* (Obersulm) sowie meiner Frau *Edilma*, die mich auf Peru- und Bolivienreisen begleiteten.

Für weitere Zuschriften bedanken sich Autor und Verlag bei:

Sven Adam, Michael Albig, Markus Alpiger, Mathias Altmeyer, Delicia Andrés, Fridolin Angerer, Fritz Barth, Nora A. Bartocha, Michael Bauer, Andrea & Pierre Baumruck, Helmut Beck, Sina Beck, Stefano Bellotti, Christian Benzikofer, Nadine Berger, Jens Bergmann, Andreas Bieri, Doris & Volker Binnewies, Claudia Blattner, Ansgar Bode, Emanuel Boehler, Isabel Boerner, Ingo Bolte, Clara Bravo, Thomas Breckbuehl, Nadine Bresinsky, Astrid Brucker, Elisabeth Brun, Knut Büttner, Tomas Bulaty,

Lisa Butzenlechner, Maria Lourdes Caceres, Lino Flores Cano, Arturo Castello, Jorge Riveros Cayo, Dr. Fernando Arispe Coco (Vertrauensarzt Dt. Botschaft La Paz), Stephaaaan Cornides, Annett Czaja, Patrick Debouk, Andrea Defner, Hans-Werner Denzel, Erwin Dopf, Ursula Dornbusch-Heinkel, Tobias Drieling, Dustin Ecke, Katrin Egger, Gunnar Engblom, Bettina Espejo, Veronica Estéve, Sven Feghelm, Inge K. da Fieno, Christiane Finkelnburg, Christine & Wilfried Fischer, Anja Flatau, Hugo Franz, Toni Freudig, Judith Frommelt, Eva Fuchs, Beatrice & Rebecca Gasser, Peter Geisselhart, Doris Germes, Christian Gottschalk, Michael Greim, Andreas Grossmann, Raffaela Grossmann, Seffi & Daniel Grothe, Luis Pomarino Guillén, Gesine Gummi, Anne & Thomas Haase, Friederike Haesele, Andreas Hadrych (Aero Cóndor), Lena Hammel, Dr. med. Ulrich Hankemeier, Klaus Hartl, Gerlinde & Bernhard Hartmann, Benno Hasler, Claudia Haubennestel, Dieter Hauguth, Petra Hauser, Egon Held, Stefanie Hellbach, Ekkehard Hellmold, Dr. Dirk Hengerer, Werner Hergl, Susa Herzog, Peter Hillenbrand & Familie, Steffen Hirsch, Aline & Sebastian Hippold, Rosmarie & Oskar Hugentobler, Jens Ingwedsen, Alexander Jäger, Sabine & Albert Jahnke, Julia Janssen, Oliver Junggheim, Matthias Kaiser, Jan Kaufmann, Maria Kaussler, Seraina Keller, Alois Kennerknecht, Dr. Walter Kirchgässner, Edith Kirchner, Eberhard & M. Kläger, Steffen Knappik, Sandra Koenig, Katrin Krause, Brita & Steffen Kresslein, Vohthek Kucina, Elisabeth Küster, Marie-Louise & Walter van Laer, Christiane Landschuetz, Christiane & Hans Landstorfer, Eike Lange, Marcel Laquer, Monika Leiner, Bernd Leuner, Rainer Leyendecker, Lita Macedo, Claudia Mannherz, Andrea Martin, Gunter Martin, Tordis Massner, Stephan Meister, Dr. Johanna Menke, Claudia Merz, Nils Micheli, Mirko Möldner, Alex Monrrey, Alberto Morán, Juan Baltazar Moretti, Christian Müller, Katharina Müller, regula Müller, Karin Neck, Petra Neukirchen, Annika Neumann, Christa Nicolai, Helmut Orthmann, Jorge Ostria, Nicole Paganini, Maria Fe Palacios, Michael Palomino, Dr. Monika Pavlik, Sussane PierothClaudia Pluer, Steffen Poetzschke, Erika Pramann, Thomas Radauer, Dieter Radner, Elena Rangel, Philipp Rath, Kristel & Manfred Rebele, Bernadette von Reding, Susan & Michael Reichel, Karin & Herwig Richter, Carlene & Bog Ring, Barbara & Christian Ritz-Ceccarelli, Claudia Rojas, Juán M. Rothgiesser, Alejandro Rubio, Raphael Ruedisuehli, Cyril Ruettimann, Anette Ruhl, Sebastian Sändig, Evelin Salazar, Laura Scarsi, Ralf Selle, Ursula Scheiber, Ruth & Josef Sichert Liesel Schilling, Dr. Peter Schindler, Cornelia Schlaitzer, Burkhard Schlutt, Ludger Schmelz, Petra & Harald Schmidt, Hanni Schmieg, Anna Schneider, Dr. Annemarie Schober, Anemone Schoenleber, Hannelore & Volkmar Schuster, Max Schweter, Juana Lourdes Diaz Oviedo de Seehofer, Simon Seibert, Dr. Barbara Seitz, Friedhelm Siegmann, Ulrike Simic, Fransiska Sörgel, Herbert Roncal Sperandio (Direktor Kunturnet, Medio Ambiente, Biodiversidad y Turismo), Claus-Dieter Spicher, Thorsten Spiegel, Georg J. Stach, Ralph Staedler, Prof. Dr. Volker Stein, Melanie Steinemann, Katrin Steiner, Carlo Steinfort, Sascha Stöppelkamp, Karin & Thomas Strecker, Anna Strub, Frank Syberichs, Heidi & Gerhard Tenschert, Michael Tietz, Martin Tischer, Álvaro Pastor Torres, Anja Uhlmann, Pia Valdiviezo, Heidi Veit, Dr. Hans Dieter Vogt, Elvira & Gerd Vollmer, Philip Wachsmann, Jürgen Wagner, Brigitte Wallner, Michael Weckbach, Janiki Weidner, Kathleen Weigelt, Sven Weis, Bernd Wetzka, Michael White, Gerlinde Wiedner, Susanne Wilhelm, Dorothee Wolf, Gladys Aspilcueta Zanabria, Isabell Zech, Nina Zeddies, Ingrid & Tobias Zeitter, Paola & Dietmar Zimmermann, Jean Zuber, Stephan Zwikky sowie Mario & Nadine, Doriña & Andres, Claudia, Annette, Peter, Votec, Jenny vom Andino Club Hotel in Huaraz, den Reiseradlern Julia & Stefan und den weltreisenden „Pinguinen" Gudrun Ziermann & Tobias Groenen.

Literaturliste Peru und Bolivien

Hinweis: Im Internet bei www.amazon.de finden Sie unter den Stichworten „Peru", „Bolivien", „Inka" u.ä. weitere Literatur.

Alte Kulturen
Alva, Walter: Sipán. Descubrimiento e Investigación, Lima 1999
Alva/Fecht/Schauer/Tellenbach: Das Fürstengrab von Sipán, Mainz 1989
Anton, Ferdinand: Altindianische Textilkunst Peru, Leipzig 1984
Baudin, Luís: Der sozialistische Staat der Inkas, Hamburg 1986
Baumann, Peter: Das letzte Geheimnis der Inka, Freiburg 1987
Baumann, Peter: Kosmos der Anden, München 1994
Baumann, Peter: Valdivia – Die Entdeckung der ältesten Kultur Amerikas, Hamburg 1978
Bollinger, Armin: Die magische Welt der Indios, CH-Wald 1987
Bollinger, Armin: Einführung in die Welt der Indios, CH-Wald 1982
Bollinger, Armin: So bauten die Inkas, Diessenhofen 1979
Bollinger, Armin: So nährten sich die Inkas, Zürich 1986
Cavatrunci u.a.: Das alte Peru, Hirmer, München 2005 (sehr guter Bildband)
Disselhof, Hans-Dieter: Das Imperium der Inka und die indianischen Frühkulturen der Andenländer, Berlin 1974

Anhang – Literaturliste Peru und Bolivien

Graichen, Gisela: Schliemanns Erbe – Von den Römern im Orient zur Goldstraße der Inka, Hamburg 2003
Grün, Robert und Evamaria: Die Eroberung von Peru, Tübingen/Basel 1973
Guidoni u. Magni: Monumente großer Kulturen – Inka, Erlangen 1987
Hagen, Victor von: Schicksalstraße der Inka, Stuttgart 1980
Helfritz, Hans: Amerika – Inka, Maya, Azteken, Wien 1965
Helfritz, Hans: Südamerika – Präkolumbische Hochkulturen, Köln 1977
Heyerdahl, Thor: Die Pyramiden von Túcume, Oslo 1993
Horrison, Tony: Das Geheimnis der Linien von Nazca. Maria Reiche Lebenswerk, 1987
Kirchner, Gottfried: El Dorado – Suche nach dem Goldschatz, München 1988
Kurella, Doris: Kulturen und Bauwerke des Alten Peru, Stuttgart 2008
Mayer, Eugen: Chan Chan, München 1984
Pörnter, Rudolf / Davis, Nigel: Alte Kulturen der Neuen Welt. Erkenntnisse der Archäologie, Düsseldorf/Wien 1980
Prescott, William: Die Eroberung Perus, München 1986
Prescott, William: Die Welt der Inkas, Genf 1974
Reiche, Maria: Geheimnis der Wüste, Mainz 1970
Salentiny, Fernand: Machupicchu. Steinernes Rätsel im Land des Kondors, Frankfurt 1979
Stierlin, Henry: Die Kunst der Inka, Stuttgart/Zürich 1987
Stierlin, Henry u.a.: Lebensalltag der Inka, London/Stuttgart/Zürich/Augsburg 1995/2008
Stingl, Miloslav: Das Reich der Inkas, Düsseldorf 1982
Stingl, Miloslav: Peru, Eltville 1979
Sueldo Nava, Pedro: Machupicchu, Cusco 1987
Time-Life (mehrere Autoren): Gold und Macht der Inka, ECO-Verlag, Köln 2001
Urton, Gary: Mythen der Inka, Reclam-Verlag, Stuttgart 2002
Waisbard, Simone: Machu Picchu, Bergisch Gladbach 1978
Westphal, Wilfried: Unter den Schwingen des Kondors, Gütersloh 1985

Augenzeugenberichte
Cieza de León, Pedro de: Auf den Königsstraßen der Inka, Stuttgart 1971
Engl, Lieselotte und Theodor: Die Eroberung Perus, München 1975
Krickenberg, Walter: Märchen der Azteken und Inkaperuaner, Maya und Muisca, Düsseldorf/Köln 1979.
Poma de Ayala, Felipe Guzmán: Nueva crónica y buen gobierno, Paris 1936
Vega, Garcilaso de la: Wahrhaftige Kommentare zum Reich der Inka, Ostberlin 1983
Yupanki, Titu Kusi: Die Erschütterung der Welt, CH-Olten 1985

Romane, Erzählungen
Alcaraz, Delio: Tradiciones y leyendas de Potosí, Cochabamba 1998
Arguedas, José María: Die tiefen Flüsse, Frankfurt/M 1980
Arguedas, José María: Fest des Blutes, Berlin 1980
Arguedas, José María: Trink mein Blut, trink meine Tränen, Berlin 1984
Peters, Daniel: Der Inka, Heyne-Verlag
Scorza, Manuel: Der schlaflose Reiter, München 1987
Scorza, Manuel: Garbombo der Unsichtbare, München 1978
Scorza, Manuel: Trommelwirbel für Rancas, Frankfurt 1980
Vargas Llosa, Mario: Das grüne Haus, Frankfurt/M 1976
Vargas Llosa, Mario: Der Geschichtenerzähler, Frankfurt/M 1992
Vargas Llosa, Mario: Der Hauptmann und sein Frauenbataillon, Frankfurt/M 1983
(u. über 10 weitere Titel mehr)

Diverses
Beyer, H. u. Friedrich, M: Die Anden (Bildband), 2004, www.art-adventure.de
Bosse, Hans: Diebe, Lügner, Faulenzer, Frankfurt/M 1984
Brüning, Hans Heinrich: Fotodokumente aus Nordperu, Hamburgisches Museum für Völkerkunde 1990

Busch, Oskar: Peru-Trekkingführer (Bergführer), Bergverlag R. Rother, München 1996
Camera de Hoteleria de La Paz: Manual de Ventas Hotelero y Servicios Turísticas 2004
Condori Mamani, Gregorio: Sie wollen nur, dass man ihnen dient ... Frankfurt/M 1985
Dunkel, Winfried: Quechua für Peru-Reisende, Reise Know-How Bielefeld 1997
Galeano, Eduardo: Die offenen Adern Lateinamerikas, Wuppertal 1983
Galeano, Eduardo: Erinnerungen an das Feuer, Wuppertal 1983
Galeano, Eduardo: Gesichter und Masken, Wuppertal 1985
GEO: Spezial, Anden und die Welt der Inka, 1997
Gheerbrant, Alain: Amazonas, der sterbende Riese, Paris 1988
Ginsburg, Theo/Ostheider, Monika: Lateinamerika vor der Entscheidung, Frankfurt/M 1984
Heyerdahl, Thor: Kon-Tiki, Berlin 1962
Huamán, Hilaria Supa; Awayu, www.vision21.de. Eine Qechua-Frau erzählt aus ihrem Leben
Hornung, B.R.: Die soziale Entwicklung in Peru, Frankfurt/M 1979
Humboldt, Alexander von: Südamerikanische Reise, Berlin 1975
Jung, Reinhard: Muchachas – Die unsichtbaren Dienerinnen Lateinamerikas, Bornheim 1984
Kauffmann-Doig, Frederico: Peru, Frankfurt/M 1982
Koepcke, Cordula: Andenländer Südamerikas, Nürnberg 1966
Kornberger, Rainer: Peru – Materialien zur Landeskunde, Frankfurt/M 1988
Leippe, Peter: Gegenwelt Rauschgift, Kulturen und Drogen, Köln 1997
Mariátegui, José Carlos: Revolution und peruanische Wirklichkeit, Frankfurt/M 1986
Mariátegui, José Carlos: Sieben Versuche, die peruanische Wirklichkeit zu verstehen, Berlin 1986
Nachtigall, H.: Gesellschaftliche und politische Probleme der Integration unter besonderer Berücksichtigung Perus und Mexikos, Freiburg 1986
Nickoleit, Katharina: Bolivien Kompakt, Markgröningen 2008
Oertzen, Eleonore von: Peru, München 1988
Otzen, Hans: Amazonien, Köln 1991
Panitz, Eberhardt: Der Weg zum Río Grande, Ostberlin 1973
PromPeru: Feste, Musik und Volkskunst in Peru, Lima 2000
PromPeru: Naturbeobachtung in Peru, Lima 2000
Rummenhöller, Klaus: Vom Kautschukboom zum Goldrausch, Bonn 1985
Sandner/Steger: Lateinamerika-Länderkundehandbuch, Frankfurt/M 1983
Schmidtbauer, Wolfgang/Scheidt, Jürgen vom: Handbuch der Rauschdrogen, Frankfurt/M 1989
Schulz, Dr. Gert Guido: Der Goldbergbau Perus 1999
Sharon: Magier der vier Winde – Der Weg eines peruanischen Schamanen, Freiburg 1980
Stapelfeldt, Gerhard: Peru – im Namen der Freiheit ins Elend, Frankfurt 1984
Stechin, Zacharias: Versunkene Reiche – Der Ursprung der Zivilisation im Reiche der Maya und Inka, Rottenburg 2004
Tristan, Flora: Meine Reise nach Peru, Frankfurt/M 1983
Tschudi, Johann Jakob von: Reiseskizzen aus Peru, Leipzig 1988
Valiente, Teresa: Der Lebenszyklus in inkaischer Zeit und Quechua-Dorfgemeinschaften der Gegenwart, Berlin 1979
Wehrle, Lothar: Erlebtes aus Peru, Ecuador und Kolumbien, München 1980
Wassermann, Jakob: Das Gold von Caxamalca, Stuttgart 1953
Weber, Matthias: Das Web-Adressbuch für Deutschland 2009
Wittber, Matthias: Abenteuer Trekking Peru, Bruckmann Verlag München
Ziermann, Gudrun: Völlig losgelöst – Panamericana Mexiko bis Feuerland in zwei Jahren, Markgröningen 2009

Papaya Tours

leidenschaftlich reisen

- Gruppenreisen
- Individualreisen
- Reisebausteine
- Präsenz vor Ort
- Persönliche Beratung

Papaya Tours GmbH
Salierring 44
D-50677 Köln
Tel.: +49 (0)221 - 35 55 77 0
info@papayatours.de

Natur und Kultur Aktiv erleben

www.papayatours.de

SOMMER FERNREISEN

www.sommer-fern.de - www.ecuador-discover.de - www.peru-discover.de

*Ihr Spezialist für Gruppen-
und Individualreisen in Lateinamerika*

- 25-jährige Erfahrung
- vielseitige Rundreisen und Bausteine zum Thema Natur - Kultur - Erlebnis
- Fach- und Trekkingreisen, Vogel- und Naturbeobachtungen
- qualifizierte, deutschsprachige Reiseleitung

Sommer Fernreisen GmbH
Nelkenstr. 10, 94094 Rotthalmünster
Tel. 0049-(0)8533-919161- Fax 0049-(0)8533-919162

WENDY - PAMPA - TOURS®

PERU - BOLIVIEN - ECUADOR
ARGENTINIEN - CHILE - URUGUAY

Möchten Sie gerne individuell nach PERU und BOLIVIEN reisen?

Dann sind Sie bei uns genau richtig! Wir kennen Südamerika und bieten Reisebausteine, mit denen Sie sich Ihre Wunsch-Reise zusammenstellen können:

< Machu Picchu, Moche-Tempel und Kondore
< Lama-Trekking in den Anden
< Küstenwüste und Urwaldlodges in Perú
< La Paz und Tempelstätte Tiahuanaco
< Zu Gast bei Aymará-Indios auf der Titikaka-Insel
< Privattour zur Uyuni-Salzwüste – bis Atacama
<< Natur und Kultur von der Karibik bis Feuerland >>

und viele weitere interessante Reisebausteine finden Sie in unserem Katalog.

Bestellen Sie Wendys Erfindungen: Das Brettspiel „Anden-Überquerung" + unser *Südamerika-Quartett*, um Südamerika spielerisch kennenzulernen

www.Wendy-Pampa-Tours.de, Oberer Haldenweg 4,
88696 Billafingen bei Überlingen/ Bodensee, Tel.: 07557/9293-74, Fax -76

América Latina real

erleben Sie Bolivien und Peru
authentisch – facettenreich – intensiv

- Erlebnisreich: Kleine Gruppen (max. 12 Teilnehmer)
- Begegnungsorientiert: Kontakt mit der lokalen Bevölkerung
- Realitätsnah: Einblicke hinter die touristischen Fassaden
- Naturverbunden: Umwelt- und sozialverträgliches Reisen
- Gut betreut: Eigene Incoming-Agentur und Büro vor Ort

www.aventoura.de

Offiziell ausgezeichnet als nachhaltiger Reiseveranstalter

Mehrfacher Gewinner der Goldenen Palme von Geo Saison

Ihr Reisespezialist für Cuba und Lateinamerika

Tel. 0761-211699-0
info@aventoura.de
www.aventoura.de

Reisen, die bewegen!

 **COCHERA ANDINA**
Mietwagen in Lateinamerika

Entdecken Sie Lateinamerika individuell und unabhängig mit dem Mietwagen.

WWW.MIETWAGEN-LATEINAMERIKA.COM

Umfangreiches Angebot an Fahrzeugen renommierter internationaler Anbieter für alle Länder Mittel- und Südamerikas

Nutzen Sie unsere detaillierten Routeninformationen

Informationen zu mehr als 1.500 Streckenabschnitten – Entfernungen, Fahrzeiten, Straßenzuständen, Empfehlungen für die passende Fahrzeugkategorie – ermöglichen Ihnen eine zuverlässige Reiseplanung.

cochera andina GbR · info@cochera-andina.com

AMAZON TRAILS PERU
Ihr Spezialist für das Manu Biosphärenreservat

Biodiversitäts - Hot Spot & ideal für Tierbeobachtung
Machiguenga Indianer - Aralecke - Fotografie - Vogelbeobachtung

Trekking: Inka Trail und Alternativtreks
Salkantay, Choquekirao, Lares, Ausangate
Wir organisieren auch Hotels, Inlandsflüge, Individualtouren

Willkommen in unserem *** Amazon Hostal in San Blas!

www.amazontrailsperu.com   info@amazontrailsperu.com

Hauptbüro: Calle Tandapata 660, San Blas, Cusco (1 Block v. d. Plazoleta San Blas)
Telefax: 0051-84-437499, und: Calle Triunfo 342 (Plaza de Armas)
Mobil: 9714148 (deutsch, englisch), 9741735 (spanisch, englisch)

384 Seiten, Hardcover mit Schutzumschlag, Fotos, Farbteil und Karten

ISBN 978-3-89662-365-2
€ 17,50 [D]

Panamericana Mexiko– Feuerland in zwei Jahren: Gudrun Ziermann

Völlig losgelöst

Über 100.000 Kilometer und zwei Jahre lang sind Gudrun Ziermann und Tobias Groenen mit einem expeditionstauglichen Landrover unterwegs. Ihr Weg führt durch knochentrockene Wüsten und tropische Regenwälder, über riesige Salzseen und verschneite Andenpässe, hinauf aus Altiplano, hinein in die heiße Hölle des Chaco und immer wieder zu den kleinen Orten abseits der Hauptstraßen, wohin sich nur selten ein Fremder verirrt. Die Gastfreundschaft und Offenheit der Menschen erlaubt es Gudrun Ziermann immer wieder, hinter die Kulissen zu blicken. Das Ergebnis ist ein spannender Reisebericht mit außergewöhnlichen Einblicken in fremde Länder.

216 Seiten, Hardcover mit Schutzumschlag, Karten, Fotos und Farbteil

ISBN 978-3-89662-366-9
€ 17,50 [D]

Suerte   Kirsten Kallinna

8 Monate auf Motorrädern durch Südamerika

Fast 30.000 Kilometer legen Kirsten und Jörg Kallinna in dieser Zeit auf ihren Motorrädern zurück, durchqueren sämtliche Klimazonen und eine Vielzahl von Landschaften, treffen dabei die unterschiedlichsten Menschen. Kirsten Kallinna schildert packend, humorvoll und vor allem sehr persönlich die kleinen und großen Erlebnisse und Herausforderungen eines faszinierenden Abenteuers. Ein Buch, das Lust zum ungebundenen Reisen macht.

»Suerte, das heißt Glück. Suerte wünscht man sich in Argentinien zum Abschied. Doch bis Argentinien ist es ein langer Weg ...«

696 Seiten, strapazierfähige PUR-Bindung, 150 Abb. und Fotos, 27 Karten

ISBN 978-3-89662-388-1
€ 25,00 [D]

Thomas Schröder, Raphaela Wiegers

Das Lateinamerika Bike Buch

Süd- und Mittelamerika für Tourenradler und Mountainbiker

Ein unentbehrliches Buch für alle, die mit ihrem Bike oder Tourenrad die Länder zwischen Rio Grande in Mexiko und Feuerland an der Südspitze des amerikanischen Kontinents entdecke wollen. Thomas Schröder und Raphaela Wiegers haben mit 18 Co-Autoren auf fast 700 Seiten eine Fülle an Informationen rund um Radreisen auf diesem Kontinent zusammengetragen. Jedes lateinamerikanische Land wird mit möglichen Radtouren und Rad-Besonderheiten vorgestellt. Das Lateinamerika BikeBuch wird ständig aktualisiert und ergänzt auf www.bikeamerica.de.

Erschienen im REISE KNOW-HOW Verlag

Die Reiseführer von Reise

Reisehandbücher
Urlaubshandbücher
Reisesachbücher
Edition RKH, Praxis

Afrika, Durch, 2 Bde.
Agadir, Marrakesch, Südmarokko
Ägypten individuell
Ägypten/Niltal
Alaska ♪ Kanada
Algerische Sahara
Argentinien, Uruguay, Paraguay
Äthiopien
Australien – Auswandern
Australien, Osten und Zentrum
Australien, Westen und Zentrum

Baikal, See u. Region
Bali und Lombok
Bali, die Trauminsel
Bangkok
Botswana
Brasilien
Brasilien kompakt

Cabo Verde
Chicago
Chile, Osterinsel
China Manual
Chinas Osten
Costa Rica
Cuba

Djerba & Zarzis
Dominikanische Republik
Dubai, Emirat

Ecuador, Galápagos
Erste Hilfe unterwegs

Fahrrad-Weltführer
Florida
Fuerteventura

Guatemala

Havanna
Hawaii
Honduras
Hongkong, Macau, Kanton

Indien, der Norden
Indien, der Süden
Iran

Japan
Jemen
Jordanien

Kalifornien und USA Südwesten
Kalifornien, Süden und Zentrum
Kambodscha
Kamerun
Kanada, USA
Kanadas Maritime Provinzen
Kanadas Osten, USA Nordosten
Kanadas Westen, Alaska
Kapstadt – Garden Route (Südafrika)
Kapverdische Inseln
Kenia
Kenia kompakt
Kerala (Indien)
Krügerpark – Kapstadt (Südafrika)

Ladakh, Zanskar
Laos
Lateinamerika BikeBuch
Libyen

Malaysia, Singapur, Brunei
Marokko
Mauritius, La Réunion
Mexiko
Mexiko kompakt
Mongolei
Motorradreisen
Myanmar

Namibia
Namibia kompakt
Neuseeland BikeBuch
New Orleans
New York City
New York im Film

Oman
Outdoor-Praxis

Panama
Peru, Bolivien
Peru kompakt
Phuket (Thailand)

Qatar
Queensland (Australien)

Rajasthan (Indien)

San Francisco
Senegal, Gambia
Singapur
Sri Lanka
St. Lucia, St. Vincent, Grenada
Südafrika
Südafrika: Kapstadt – Garden Route
Südafrika: Krügerpark – Kapstadt
Sydney, Naturparks
Syrien

Taiwan
Tansania, Sansibar
Thailand
Thailand – Tauch- und Strandführer
Thailands Süden
Tokyo, Kyoto, Yokohama
Transsib
Trinidad und Tobago
Tunesien
Türkei, Hotelführer
Türkei: Mittelmeerküste

Uganda, Ruanda
USA, als Gastschüler
USA, Kanada
USA, Canada BikeBuch
USA Nordosten, Kanada Osten
USA, der große Süden
USA Südwesten, Kalif., Baja California
USA, Südwesten, Natur u. Wandern
USA, der ganze Westen

Venezuela
Vereinigte Arabische Emirate
Vietnam

Westafrika – Sahel
Westafrika – Küste
Wo es keinen Arzt gibt

Yucatán (Mexiko)

PANORAMA

Australien
Cuba
Rajasthans Palasthotels
Südafrika
Thailands Bergvölker und Seenomaden
Tibet
Vietnam

Know-How auf einen Blick

Edition RKH

- Abenteuer Anden
- Auf Heiligen Spuren
- Durchgedreht – Sieben Jahre im Sattel
- Inder, Leben und Riten
- Mona und Lisa
- Myanmar – Land der Pagoden
- Please wait to be seated
- Rad ab!
- Salzkarawane
- Südwärts durch Lateinamerika
- Suerte – 8 Monate durch Südamerika
- Taiga Tour
- USA – Unlimited Mileage

Praxis

- Aktiv Marokko
- All inclusive?
- Australien: Outback/Bush
- Australien: Reisen/Jobben
- Auto durch Südamerika
- Ayurveda erleben
- Buddhismus erleben
- Canyoning
- Clever buchen/fliegen
- Daoismus erleben
- Drogen in Reiseländern
- Dschungelwandern
- Expeditionsmobil
- Fernreisen auf eigene Faust
- Fernreisen, Fahrzeug
- Fliegen ohne Angst
- Frau allein unterwegs
- Früchte Asiens
- Fun u. Sport im Schnee
- Geolog. Erscheinungen
- GPS f. Auto, Motorrad
- GPS Outdoor-Navigation
- Handy global
- Hinduismus erleben
- Höhlen erkunden
- Hund, Verreisen mit
- Indien und Nepal, Wohnmobil
- Internet für die Reise
- Islam erleben
- Japan: Reisen und Jobben
- Kanu-Handbuch
- Kartenlesen
- Kommunikation unterw.
- Konfuzianismus erleben
- Kreuzfahrt-Handbuch
- Küstensegeln
- Langzeitreisen
- Maya-Kultur erleben
- Mountainbiking
- Mushing/Hundeschlitten
- Neuseeland: Reisen und Jobben
- Orientierung mit Kompass und GPS
- Panamericana
- Paragliding-Handbuch
- Pferdetrekking
- Radreisen
- Reisefotografie
- Reisefotografie digital
- Reisekochbuch
- Reiserecht
- Respektvoll reisen
- Safari-Handbuch Afrika
- Schutz vor Gewalt und Kriminalität
- Schwanger reisen
- Selbstdiagnose unterwegs
- Shopping Guide USA
- Sicherheit Bärengeb.
- Sicherheit am Meer
- Sonne, Wind, Reisewetter
- Sprachen lernen
- Südamerika, Auto
- Survival-Handbuch Naturkatastrophen
- Tango in Buenos Aires
- Tauchen Kaltwasser
- Tauchen Warmwasser
- Transsib – Moskau-Peking
- Trekking-Handbuch
- Trekking/Amerika
- Trekking/Asien Afrika, Neuseeland
- Tropenreisen
- Unterkunft/Mietwagen
- USA Shopping Guide
- Volunteering
- Vulkane besteigen
- Wann wohin reisen?
- Was kriecht u. krabbelt in den Tropen?
- Wildnis-Ausrüstung
- Wildnis-Backpacking
- Wildnis-Küche
- Winterwandern
- Wohnmobil-Ausrüstung
- Wohnmobil-Reisen
- Wohnwagen Handbuch
- Wracktauchen
- Wüstenfahren

KulturSchock

- Afghanistan
- Ägypten
- Argentinien
- Australien
- Brasilien
- China, Taiwan
- Cuba
- Ecuador
- Familien im Ausland
- Kl. Golfstaaten, Oman
- Indien
- Iran
- Japan
- Jemen
- Kambodscha
- Kaukasus
- Laos
- Leben in fremd. Kulturen
- Marokko
- Mexiko
- Pakistan
- Peru
- Russland
- Thailand
- Thailands Bergvölker und Seenomaden
- Türkei
- USA
- Vietnam
- Vorderer Orient

Wo man unsere Reiseliteratur bekommt:
Jede Buchhandlung Deutschlands, der Schweiz, Österreichs und der Benelux-Staaten kann unsere Bücher beziehen. Wer sie dort nicht findet, kann alle Bücher über unsere **Internet-Shops** bestellen.
Auf den Homepages gibt es **Informationen** zu allen Titeln:

www.reise-know-how.de oder www.reisebuch.de

Checkliste Reiseausrüstung

Reisedokumente
❍ Reisepass
❍ Internat. Impfausweis (zusätzlich Kopie)
❍ Internat. Führerschein (zusätzl. Kopie)
❍ Flugticket / Airpass (Ticketnr. notieren)
❍ Studentenausweis, sonstige Dokumente
❍ Kreditkarte (Notrufnummer notieren)
❍ Bargeld
❍ Reiseschecks (Nummernfolge notieren und Kaufquittung aufbewahren)

Kleidung, Schuhe
❍ warme Jacke mit verschließbaren Innen- und Außentaschen
❍ Regencape, leichtes
❍ Geldgürtel
❍ lange Hose, naturfarben, Mischgewebe, viele Taschen (nicht zu eng, keine Jeans)
❍ kurze Hose, dto. / Sporthose
❍ Pullover (z. Verschenken), Alpaka-Neukauf; dünner Schal/Kopftuch (geg. Staub)
❍ Hemd, langärmlig, naturfarben, Baumwolle/Mischgewebe mit großen Brusttaschen
❍ Hemd, kurzärmelig, dto.
❍ T-Shirts, einige, aus Baumwolle
❍ Unterwäsche
❍ Socken, Wolle oder Baumwolle
❍ Badehose/-anzug
❍ Stofftaschentücher
❍ Feste Halbschuhe oder leichte Bergschuhe oder Dschungelstiefel, evtl. Turnschuhe
❍ Badelatschen (billig vor Ort)

Persönliches, Diverses
❍ Rucksack/Kofferrucksack
❍ Tagesrucksack, kleiner
❍ Schlafsack (Qualität je nach Reiseintension, evtl. nur Leinenschlafsack)
❍ Fotoausrüstung und Filme
❍ Handtuch
❍ Kulturbeutel: Handrasierer, Hautcreme, (Wasch)seife, Kamm, Zahnbürste/-pasta, Shampoo, Pinzette, Feuchttücher u.a
❍ Toilettenpapier, Papiertaschentücher
❍ leistungsstarke Taschenlampe, Ersatzbat.
❍ Taschenmesser (Kombiversion)
❍ Armbanduhr / Reisewecker
❍ Nähzeug, Sicherheitsnadeln, Nagelschere
❍ Plastikbeutel
❍ Vorhängeschloss (evtl.)
❍ Feuerzeug, Streichhölzer
❍ Schreibzeug
❍ Notizheft mit Heimat- und eMail-Adressen; Telefon- und Fax-Nummern
❍ Taschenwörterbuch (Spanisch)
❍ Landkarte(n)
❍ Sonnenschutzmittel (hoher Faktor!)!
❍ Sonnenbrille
❍ Brillenträger/Kontaktlinsenträger: Ersatz, Linsenreinigungsmittel.
❍ Lippenschutz
❍ Lärmstopfen für die Ohren
❍ Reiselektüre, Taschenrechner
❍ Passbilder, Privatfotos, Visitenkarten, Postkarten von seinem Ort

Reiseapotheke, Medikamente
❍ Pflaster
❍ Mullbinde / Verbandspäckchen
❍ Elastische Binde
❍ Wunddesinfektionsmittel
❍ Moskito-/Insektenmittel, z.B. *Autan active*
❍ Wasserentkeimung
❍ Durchfallmittel / Elektrolyte
❍ Wundsalbe
❍ Antibiotikum / Tropenbreitbandantibiotika
❍ Halstabletten
❍ Ohrentropfen
❍ Brand-/Insektensalbe, z.B. Systral
❍ Fieber- und Schmerzmittel
❍ Malariamittel
❍ Skalpell, Einmalspritze (evtl.)
❍ Mittel gegen Kreislaufschwäche
❍ ggf. Allergiemittel
❍ ggf. spezielle persönliche Medikamente
❍ Paracetamol

Zusatzausrüstung für Trekking
Vieles (Zelt, warmer Schlafsack, Iso-Matte, Kocher, Kletterausrüstung usw.) kann in den jeweiligen Regionen (Cusco, Huaraz, La Paz) preisgünstig gemietet werden.
❍ Daunenjacke und Thermoüberhose
❍ Warme lange Unterwäsche
❍ Fußdruckpflaster
❍ Plastikwasserflasche (1 l mit Becher)
❍ Verpflegung als Fertiggerichte, wie Hartwurst, Geräuchertes, Dauerbrot, Suppenwürfel, Teebeutel, Dörrobst, Elektrolytgetränke, Müsl; Rest drüben kaufen.
❍ Kompass, Höhenmesser, Fernglas.

Abreise-Checkliste
❍ Postversorgung regeln
❍ Kontaktperson(en) für Notfall bestimmen
❍ Evtl. Erreichbarkeits-Adresse hinterlassen
❍ Reisekrankenversichg. abgeschlossen?
❍ Wohnung sichern, Briefkast. leeren lassen
❍ Haustiere und Pflanzen versorgen u.a.m.

Sprachhilfe Spanisch

„Como se Llama?"

Die Aussprache entspricht im allgemeinen der Schreibweise. Vokale werden kurz gesprochen. Betont werden die Worte auf der letzten Silbe, nur wenn sie mit einem Vokal oder n oder s enden, auf der vorletzten Silbe. Ausnahmen werden durch einen Akzent gekennzeichnet. Aussprache-Besonderheiten:

Schreibweise	Aussprache
ce, ci	ße, ßi, ähnl. engl. th
c vor a, o, u	k
ch	tsch
g vor e und i	ch (Kehllaut)
g vor a, o, u	g
gue, gui	ge, gi
gua	gwa
h	nicht gesprochen, stumm
j	ch (Kehllaut)
ll	lj
ñ	nj
que, qui	ke, ki
v	w oder b
y	j
z	ß ähnlich wie s

Kurzgrammatik

Substantive sind maskulin oder feminin, Neutrum gibt es nicht. Die männlichen (m) Artikel im Singular und Plural lauten *el* und *los,* im weiblichen (f) *la* und *las.* Der neutrale Artikel *lo (los)* dient zur Substantivierung von Zahl- und Fürwörtern u. Adjektiven, z.B. lo primero = das erste. Der unbestimmte Artikel heißt männl. *un (unos)* und weibl. *una (unas).* Die m-Substantive enden meist auf -o, selten auf -e, -n, -o, -r, (Ausnahme la mano = die Hand), die f-Substantive meist auf -a, seltener auf -d, -ion, -z, (Ausnahme el día = der Tag, el clima = das Klima, el agua = das Wasser). Der Plural wird bei Vokal-Endung durch Anhängen eines -s, bei Konsonanten-Endung durch -es gebildet. Bei der Deklination wird der Genitiv mit *de* u. der Dativ mit *a* gebildet, wobei maskulin *de el* und *a el* zu *del* u. *al* zusammengezogen werden. Der Akkusativ ist wie der Nominativ.

Die Satzstellung ist Subjekt-Prädikat-Objekt (S-P-O). Adjektive stehen hinter dem Wort, mit Ausnahme von mucho = viel, poco = wenig, más = mehr, menos = weniger und otro = andere. Adjektive enden m auf -o, f auf -a, andere Endungen werden nicht verändert. Die Steigerung wird mit más und el bzw. la más gebildet.

Fragen werden mit einem Fragewort oder unter Voranstellung eines Verbums formuliert.

■ **Ein grammatikalischer Unterschied des lateinamerikanischen Spanisch** zum in Spanien gesprochenen *Castellano* ist der Wegfall von *vosotros* (ihr, 2. Person Mehrzahl); stattdessen wird **ustedes** (sie) verwendet. Dadurch entfällt auch die Verbform für „ihr" bzw. es wird die für die Höflichkeitsform gültige Endung verwendet, die der 3. Person Mehrzahl („sie") entspricht. Beispiel:
Ustedes hablan castellano?
– sprecht ihr Spanisch?
Usted habla castellano?
– sprechen Sie Spanisch?

Fürwörter, persönliche

ich – yo
du – tú
er, sie – él, ella
Sie (Anrede Ez.) – Usted (Ud.)
wir m / f – nosotros, -as
sie (Mz m / f) – ellos, -as
Sie (Anrede Mz) – Ustedes (Uds.)

Fürwörter, besitzanzeigende

mein (meiner) – mi (mío)
dein (usw.) – tu (tuyo)
sein, ihr – su (suyo)
unser – nuestro
Ihr – su (suyo)

Verben enden oft -ar, -er, -ir, z.B. hablar (sprechen), beber (trinken), vivir (leben).

Der **Wortstamm** bleibt immer gleich, die Endung ändert sich, z.B. (Präsens)

(ich) habl-o	beb-o	viv-o
(du) habl-as	beb-es	viv-es
(er, sie, Sie) habl-a	beb-e	viv-e
(wir) habl-amos	beb-emos	viv-imos
(ihr/sie/Sie) habl-an	beb-en	viv-en

Das **persönl. Fürwort** kann man weglassen, zur Betonung wird es hinzugefügt, z.B. ustedes viven todavía = *Ihr* lebt noch.

Das **Perfekt** wird aus *haber* (haben) und dem Partizip gebildet, dieses bei -ar aus Wortstamm und -ado, z.B. hablado, bei -er und -ir aus Wortstamm und -ido, z.B. bebido, vivido.
Als **Futur** kann man das Präsens plus ein Zeitwort wie morgen, später, in einer Woche usw. benützen, oder das Verb -ir (gehen) a und den Infinitiv, z.B. voy a regresar = ich werde zurückkehren.

Hilfszeitwörter

haber (haben)	estar (sein)	ser (sein)
he	estoy	soy
has	estás	eres
ha (hay)	está	es
hemos	estamos	somos
han	están	son

Dabei bezeichnet *estar* einen vorübergehenden Zustand, *ser* einen Dauerzustand.

Die wichtigsten unregelmäßigen Verben

ir (gehen)	tener (haben)
voy	tengo
vas	tienes
va	tiene
vamos	tenemos
van	tienen
decir (sagen)	oir (hören)
digo	oigo
dices	oyes
dice	oye
decimos	oímos
dicen	oyen
querer (wollen, möchten)	poder (können)
quiero	puedo
quieres	puedes
quiere	puede
queremos	podemos
quieren	pueden

Im Unterschied zu *haber* wird *tener* im Sinne von *besitzen* gebraucht, zusammen mit que und dem Infinitiv eines anderen Verbs bedeutet es müssen, z.B. tengo que beber = ich muss trinken, aber: man muss trinken heißt hay que beber. *Hay* ist ein sehr wichtiges Wort und bedeutet *es gibt* bzw. in der Frage *gibt es?*
Zum Schluss noch: das verneinende Wort *no* steht vor dem Verb, z.B. ich habe keine Zeit = no tengo tiempo.

Präpositionen
und, oder, nach – y, o, a
vor, nach (örtl.) – delante de, para
vor, nach (zeitl.) – antes de, después de
auch, auch nicht – también, tampoco
mit, ohne – con, sin
plus, minus – más, menos
mehr oder weniger – más o menos
noch eins mehr – otro más
aber, dann – pero, entonces
in, an, auf – en
weil, wegen – porque, por
dass, als, was – que

Zahlen

0 cero	22 veintidós
1 un(o)	30 treinta
2 dos	31 treinta y uno
3 tres	40 cuarenta
4 cuatro	50 cincuenta
5 cinco	60 sesenta
6 seis	70 setenta
7 siete	80 ochenta
8 ocho	90 noventa
9 nueve	100 cien(to)
10 diez	101 ciento uno
11 once	110 ciento diez
12 doce	200 doscientos
13 trece	300 trescientos
14 catorce	400 cuatrocientos
15 quince	500 quinientos
16 dieciséis	600 seiscientos
17 diecisiete	700 setecientos
18 dieciocho	800 ochocientos
19 diecinueve	900 novecientos
20 veinte	1000 mil
21 veintiuno	1 Mio. – un millón

Ordnungszahlen

1. primero	40. cuadragésimo
2. segundo	50. quincuagésimo
3. tercero	60. sexagésimo
4. cuarto	70. septuagésimo
5. quinto	80. octogésimo
6. sexto	90. nonagésimo
7. sé(p)timo	100. centésimo
8. octavo	1 x: una vez
9. noveno	2 x: dos veces
10. décimo	3 x: tres veces
11. undécimo	1/2: un medio
12. duodécimo	1/3: un tercio
13. décimo tercero	1/4: un cuarto
20. vigésimo	einfach: simple
21. vigésimo primero	zweifach: doble
22. vigésimo segundo	dreifach: triple
30. trigésimo	vierfach: cuádruple

Uhrzeit
Wieviel Uhr ist es? – qué hora es?

es ist halb drei – son las dos y media
Viertel vor neun – un cuarto para las nueve
5 Minuten und 30 Sekunden – cinco minutos y treinta segundos

Wochentage
Montag – lunes
Dienstag – martes
Mittwoch – miércoles
Donnerstag – jueves
Freitag – viernes
Samstag – sábado
Sonntag – domingo
Feiertag – feriado
diese Woche – esta semana

Monate
Januar – enero
Februar – febrero
März – marzo
April – abril
Mai – mayo
Juni – junio
Juli – julio
August – agosto
September – septiembre
Oktober – octubre
November – noviembre
Dezember – diciembre
nächsten Monat, Jahr – el próximo mes, año

Adjektive
hell, dunkel – claro, oscuro
schwarz, weiß – negro, blanco
rot, braun, gelb – rojo, marrón, amarillo
blau, grau, grün – azul, gris, verde
gut, schlecht – bueno, malo
groß, klein – grande, pequeño
viel, wenig – mucho, poco
leicht, schwer – fácil, difícil
alt, neu, jung – viejo, nuevo, joven
schnell, langsam – rápido, lento
früh, spät – temprano, tarde
billig, teuer – barato, caro
hoch, niedrig – alto, bajo
warm, kalt – caliente, frío
sauber, schmutzig – limpio, sucio

Allgem. Redewendungen, wichtige Worte
ja, nein – sí, no
bitte – por favor
danke, vielen Dank – gracias, muchas gracias
wie geht es Ihnen? – cómo está?
sehr gut (schlecht) – muy bien (mal)
das gefällt mir (nicht) – esto (no) me gusta
ich spreche kein Spanisch – no hablo castellano
sprechen Sie langsamer – hable Usted más despacio
wie heißen Sie? – cómo se llama?
wie nennt man …? – cómo se llama?
mein Name ist – mi nombre es
wie heißt auf Spanisch? – cómo se dice en castellano?
wieviel kostet das? – cuánto vale (cuesta) esto?
das ist sehr teuer – es muy caro
haben Sie nichts Billigeres? – no tiene Usted algo más barato?
gibt es hier …? – hay por aquí?
wann ist geöffnet? – a qué hora está abierto?
wann wird geschlossen? – a qué hora se cierra?
wo bekomme ich (– wird verkauft?)? – donde consigo?
wie lange wird es dauern? – cuánto tiempo va a durar?
Generalstreik – huelga total
Ausnahmezustand – garantías suspendidas
Ausgangsverbot – toque de queda
guten Morgen, Tag – buenos días
guten Tag (nach 12 Uhr) – buenas tardes
guten Abend, Nacht – buenas noches
auf Wiedersehen – hasta la vista (adiós)
bis später (morgen) – hasta luego (mañana)
gestern, heute, morgen – ayer, hoy, mañana
morgen früh – mañana por la mañana
wie alt sind Sie? – cuántos años tiene Usted?
20 Jahre und 6 Monate – veinte años y seis meses

Sich zurechtfinden
abbiegen – dar vuelta
Adresse – la dirección
an der Ecke – en la esquina
die Straße nach …? – el camino para …?
diese Richtung! – por aquí (allí)
dort – allí
hier – aquí
immer geradeaus – defrente (todo recto)
ist es nah? – está cerca?
ist es weit? – está lejos?
kann ich mit dem Bus dahin fahren? – puedo ir allí en autobus?
wissen Sie … – sabe Usted
nach links – a la izquierda
nach rechts – a la derecha
nahe – cerca
Stadt, Dorf – la ciudad, el pueblo

welcher Weg – por dónde
wie komme ich zur Straße nach Cusco? – cómo voy a la carretera a Cusco?
wie habe ich zu gehen? – cómo puedo llegar a?
wie lange? – cuánto tiempo?
wie weit? – qué distancia?
wieviele Straßenblocks von hier? – a cuántas cuadras de aquí?
wo ist – dónde está
woher kommen Sie? – de dónde viene?
wohin gehen Sie? – a dónde va?

Bus, Bahn, Flug, Schiff
reisen, Reise – viajar, viaje
Ich möchte nach … – quiero ir a …
welchen Bus? – cuál autobus?
gibt es einen Bus nach … – hay un autobus para …?
um wieviel Uhr geht der Bus (Zug) nach..? – a qué hora sale el bus (tren) a …?
wohin fährt dieser Bus? – a dónde va este autobus?
wieviel kostet eine Fahrkarte nach … – cuánto cuesta un boleto para …
Ich möchte eine (Rück-)Fahrkarte nach …– quiero un boleto (de ida y vuelta) a …
1., 2. Klasse – primera, segunda
sind (Sitzplätze) numeriert? – están numerados?
Ich möchte einen Fensterplatz – quiero un asiento con ventana
Wie lange dauert die Reise – cuánto dura el viaje?
Fahren Sie an der Plaza vorbei? – pasa por la plaza?
Können Sie mir sagen, wenn wir die x-Straße erreichen? – me puede avisar cuando lleguemos a la avenida/calle x ?
Ich möchte aussteigen (beim) – quiero bajar (en)
Abfahrt, Ausgang – salida
Ankunft – llegada
Bahnhof – la estación del ferrocarril
Bushaltestelle – la parada
Busterminal – Terminal de Buses, Terminal Terrestre
Eisenbahn – ferrocarril
Fahrplan – horario
Fährschiff – balsa
Flughafen – el aeropuerto
Flug – el vuelo
Flugzeug – el avión
Gepäck – equipaje
Gepäckaufbewahrung – Documentación de equipaje / Guardaequipaje
Preis – precio
Rundreise (hin- und zurück) – viaje ida y vuelto
Schiff – barco
umsteigen – tránsito
Zug – tren
de paso – Bus kommt von woanders her

Hotel
Wo ist das Hotel x ? – dónde está el hotel x ?
Wo ist ein Hotel? – dónde hay un hotel?
Kennen Sie ein gutes (billiges) Hotel? – conoce Usted un buen hotel (barato)?
Haben Sie ein freies Zimmer? – tiene Usted una habitación libre?
Wie ist der Preis für eine Nacht? – cuál es el precio por una noche?
Wieviel kostet es (mit Steuern)? – cuánto cuesta (con impuestos)?
Haben Sie nichts Billigeres? – no tiene Usted algo más barato?
Alles inbegriffen? – todo incluido?
Gibt es Rabatt für eine längere Zeit? – hay un descuento por una estancia más larga?
Ich möchte ein Einzelzimmer – quisiera un habitación simple
… mit Doppelbett – con una cama matrimonial
… mit zwei Betten – con dos camas
Wir möchten ein Doppelzimmer – quisiéramos un habitación doble
Für drei Personen – para tres personas
mit Dusche/Bad – con ducha, baño privado
Kann ich das Zimmer sehen – puedo ver la habitación?
Dieses Zimmer ist zu laut – la habitación es demasiado ruidosa
Gibt es heißes Wasser? – hay agua caliente?
Klimalage – aire acondicionado
Ich bleibe drei Nächte – me quedo tres noches
Wir gehen morgen – nos vamos mañana
Ich möchte um … geweckt werden – quiero que me despierten a las …
Kann ich meine Wertsachen im Safe lassen? – Puedo dejar mis cosas de valor en la caja de seguridad?
Handtuch, Seife – la toalla, el jabón
Bettwäsche, Decke – la ropa de cama, colcha
Toilettenpapier – el papel higiénico
Gepäck, Rucksack – el equipaje, la mochila
Heizung, Licht – la calefacción, la luz
Schlüssel – la llave
Bedienung – el servicio

Restaurant
s. „Essen und Getränke"

Geld
Geld – dinero
Gibt es hier eine Wechselstube? – hay aquí una Casa de Cambio?
einen Bankautomaten? – Bancomático, Caja automática
Wie ist der Wechselkurs? – cúal es el tipo de cambio?
Wieviel Soles bekomme ich für 1 €? – cuántos Soles recibo por un dolar?
Reiseschecks – el cheque de viaje
Kann ich Reiseschecks wechseln? – puedo cambiar cheques de viajero?
Ich möchte Geld wechseln – quiero cambiar dinero
Wann öffnet die Bank? – a qué hora abre el banco?
Banknote – billete (de Banco)
Kreditkarte – tarjeta
Traveller-Scheck – cheques de viajero

Post
Adresse – dirección
Post – oficina de corrreos
Ich brauche Briefmarken – necesito estampillas
für Luftpost nach Deutschland – para correo aéreo a Alemania
Brief, Postkarte – la carta, la tarjeta postal
Briefkuvert – sobre
Einschreiben, per Eilboten – certificado, con urgencia
ich möchte ein Telegramm aufgeben – quiero mandar un telegrama
Postlagernd – poste restante/lista de correos
Päckchen – paquete pequeño
Paket – paquete
Fax-Stelle – oficina de fax

Telefon
Telefon – teléfono
Telefonbuch – directorio telefónico
anrufen – llamar
Hallo – hola
Ferngespräch – larga distancia
Nummer – número
Vermittlung – operadora
Mein Name ist ... – me llamo ...
besetzt – ocupado

Einkauf – La Compra
Kennen Sie ein Geschäft für ...? – conoce Usted una tienda de ...?
wo kann ich ... kaufen? – dónde puedo comprar ...?
Wieviel kostet das? – cuánto cuesta? Cuánto vale? En cuánto sale?
das gefällt mir nicht – no, gracias, no me gusta
das ist sehr teuer – es muy caro
das ist zu teuer – es demasiado caro
haben Sie nichts billigeres? – no tiene Usted algo más barato?
Ich möchte nicht mehr als ... bezahlen – no, no quiero pagar más de ...
Ich sehe mich nur um – estoy mirando, gracias
billig – barato
Kreditkarte – tarjeta
mehr – más
weniger – menos
Preis – el precio
Supermarkt – supermercado
Lebensmittel – los comestibles
Obst – las frutas
Bäckerei, Süßwaren – panadería, confitería
Kunsthandwerk – artesanías
Markt, Handel – mercado, comercio
kaufen, verkaufen – comprar, vender
handeln, probieren – comerciar, probar
Alpakawolle – lana de alpaca
Baumwolle – algodón
Holz, Leder – madera, el cuero
Gramm, Pfund – gramo, medio kilo

Gesundheit, Krankheit – La salud, la enfermedad
Ich fühle mich nicht gut – no me siento bien
Ich habe Durchfall – tengo diarrea
Können Sie mir helfen – puede Usted ayudarme?
Ich brauche einen Doktor – necesito un médico
Wo ist ein Doktor der englisch spricht? – dónde hay un médico que hable inglés?
Zahnarzt – dentista
Krankenhaus / Apotheke – la clínica, hospital / farmacia
Ich bin krank – estoy enfermo
Ich habe hier Schmerzen – siento dolores aquí
Ich brauche ein Mittel – necesito un medicamento
gegen Husten – contra la tos (pectoral)
Schnupfen, Grippe – el resfriado, la gripe
Fieber, Schmerzen – fiebre, el dolor
Kopfschmerzen – dolor de cabeza
Magen, Bauch – estómago, el vientre

Durchfall – la diarrea
Krankenwagen – una ambulancia
übergeben – vomitar

Notfall / Polizei
Wo finde ich die Polizei? – dónde encuentro a la policía?
man hat mir meine Tasche gestohlen – me han robado mi bolsa
Ruf' die Polizei/einen Arzt – llame a la policía/a un doctor
Informieren Sie bitte die deutsche Botschaft (Konsulat) – informe Usted a la embajada alemana (al consulado), por favor
Ich habe mein … verloren – he perdido mi …
Ich habe meine Schecks verloren – he perdido mis cheques
Ich möchte den Diebstahl aufnehmen lassen – quiero levantar una acta de robo
eine Anzeige machen – quiero hacer una denuncia
Geld, Reisepass – la plata, el pasaporte
Fotoapparat – la cámara fotográfica
Dieb – ladrón
Diebstahl – robo
Überfall – asalto
zu Hilfe! – auxilio!

Wäsche, Kleidung – La ropa
Hemd, Unterhemd – la camisa, camiseta
Hose, Unterhose – el pantalón, calzoncillos
Socken, Strümpfe – los calcetines, las medias
Pullover, Weste – pulóver, el chaleco
Mütze, Hut – gorra, sombrero
Jacke wie Hose – la chaqueta como el pantalón
Rock, Kleid – la falda, el vestido
Gürtel, Taschentuch – el cinturón, pañuelo
Schuhe, Handschuhe – los zapatos, guantes
Wäscherei – la lavandería

Auto
Auto, LKW – coche, camión
Tankstelle, Öl – la gasolinera, aceite
Benzin, Diesel – la gasolina, diesel
Bus-Chauffeur – el chófer
Schaffner – el conductor
Reparaturwerkstatt – el taller de reparación
ich habe ein Problem mit … – tengo un problema con …
Motor, Bremse – el motor, freno
Zündkerze, Zündung – la bujía, arranque
Vergaser, Verteiler – el carburador, distribuidor
Getriebe, Auspuff – la transmisión, el escape
Batterie, Reifen – la batería, el neumático
Kupplung, Lenkung – el embrague, la conducción
wo ist die Verkehrspolizei – dónde está la guardia civil?
ich habe einen Unfall gehabt – he tenido un accidente
Fahrrad, Motorrad – la bicicleta, motocicleta

Sprachhilfe Quechua

mit freundlicher Genehmigung aus dem Kauderwelsch-Sprachführer „Quechua für Peru-Reisende, RKH-Verlag Peter Rump, Bielefeld.

Guten Tag – allin pacakarimuy
Guten Abend! – allin tuta
Ich begrüße Dich! – rimakullayki!
Ich erwidere Deinen Gruß – chaskillaykim
Wie geht's? – imaynallataq kachkanki?
Danke, gut! Und Dir? – allinllam qamqá?
Ich spreche nur wenig Quechua – runasimi pisillata rimanim!
Woher kommst Du? – maymantataq hamunki?
Ich komme aus Deutschland – alimaniamanta humuni
Wie heißt Du? – ima-taq suti-yki?
Ich heiße ... – sutiymi ...
Wo wohnst Du? – maypi-taq yacha-nki?
Wohin gehst Du? – mayman risanki?
ja – arí, wa, awá
nein – mana (m)
bitte – ama hina kaspa
danke – dyuspagrasunki
Gut! In Ordnung! – allinmi!
sehr gut – kospacha
Auf keinen Fall! – manapuni!
Bitte hilf mir! – ama hina kaspa yanapaway!
mein Herr – weraquocha
Ich gehe nach ... – risani ...
Ich komme von ... – jamuni ...
Ich möchte essen – mıkhuyta mınanı
Ich möchte trinken – upyata munani
Ich möchte schlafen – puñuyta munani
Wo kann man ... kaufen? maypi-taq ... ranti?
Wieviel kostet das? – imaynaol-taq rantIkunki?
Was ist das? – ima-taq kay/chay?
Wo ist der Weg nach ..., bitte? – maypitaq ñan ... man kan?
Wo gibt es etwas zu Essen? – maypitaq waki mikuypaq kan?
Wasser – ayku
Salz – kachi
Wer? – pi?
Was? – ima?
Wo? – maypi?
Wie? – imayna?
Wohin? – mayman?
Woher? – maymanta?
Wann? – haykapi?
Warum? – imanasqa?
Wieso? – imaynanpi?
Welche? – mayqen?
Wieviele? – hayka?
links – ichuq
rechts – alliq
hier – kaypi
dort – chaypi
Tag – punchaw
Nacht – tuta
Sonnenaufgang – inti lloqsiyata
Sonnenuntergang – intipa wischu
gestern – qayna punchwapi
bis morgen! – paqarinkama!
Lass uns gehen! – haku!
Vorsicht! – yanqataq!
Schade! – akakallaw!
Auf Wiedersehen! – tupananchikkama!

Zahlen

1 – huk	8 – pusaq
2 – iskay	9 – isqon
3 – kimsa	10 – chunka
4 – tawa	20 – isaky chunka
5 – pichqa	100 – pachak
6 – soqta	1000 – waranqa
7 – qanchis	1.000.000 – unu

Weitere Quechua- und Aymara-Wörter

Quechua	Deutsch	Aymara
maynalla	Gruß	kamisaki
ari	Ja	jisa
mana	Nein	janiwa
walej-pacha	gut	walikiskiu
mana-walej	schlecht	janiwa walikiti
waypi	wo ist?	kaukasa?
yaku	Wasser	uma
mikuna	Essen	manka
huasi	Haus	uta
cocha	See	cota
mayu	Fluss	jawira
chaka	Brücke	chaka

Und hier, *waiki* (Bruder), weitere Quechua-Worte, die heute noch in Peru u. Bolivien als geographische Begriffe vorkommen: *apu* (Herr, groß), *bamba* (Platz), *baja* (Pass), *cucho* (Ecke), *hirca* (Berg), *huanca* (Fels), *huaylla* (Wiese), *huayna* (jung), *llacta* (Ort), *machu* (alt), *marca* (Hochebene), *pacha* (Welt, Zeit), *pampa* (Ebene), *pata* (Gipfel, Abhang), *picchu* (Berg), *raju* (Gletscher), *rimac* (der Sprechende), *tambo* (Rasthaus, Rastplatz, Stützpunkt).

Essen und Trinken

Nützliche Sätze
Wo gibt es hier in der Nähe ein Restaurant?
– *dónde hay un restaurante cerca de aquí?*
Ein Restaurant mit lokalen Spezialitäten? – *un restaurante con platos típicos?*
Die Speisekarte, bitte – *la carta, por favor*
Was empfehlen Sie heute? – *Qué recomienda hoy?*
Woraus besteht das? – *de qué consiste?*
Ist das scharf – *es picante?*
Bitte nicht scharf – *no muy picante, por favor*
Bringen Sie mir bitte … – *traígame por favor*
Eine Portion – *una porción*
Die Rechnung, bitte – *la cuenta, por favor*
Wo ist die Toilette – *dónde está el baño?*

Worte
Abendessen – la cena, la comida
Frühstück – el desayuno
Gabel – *tenedor*
Gedeck – el cubierto
Glas – *vaso*
Löffel – *cuchara*
Kellner/in – camarero/a
Krug – *jarra*
Messer – *cuchillo*
Mittagessen – el almuerzo
Ober – *mozo*
Serviette – *servilleta*
Speisesaal – el comedor
Teller – *plato*
Tasse – *taza*
Trinkgeld – la propina
Weinglas – *copa*
Zahnstocher – *mondadientes*

span. Begriffe
almuerzo – Mittagessen
bodega – Weinkellerei, Weingut, -stube
brostería – Hähnchengrill
campestre – Landgastwirtschaft
cebichería – Restaurant für Fischgerichte und Meeresfrüchte
cena – Abendessen
chichería – Chicha-Kneipe, Schenke
chifa – peruan.-chinesisches Restaurant
desayuno – Frühstück
Panadería – Bäckerei
Peña – Folklorekneipe, auch typisches Wirtshaus,
picantería – Spezialitätenrestaurant
Quinta – familiäres Wirtshaus, meist mit Live-Musik am Nachmittag
Rodizio (bras.) – verschiedene Fleischsorten auf Spießen serviert, so lange, bis man genug hat
salchichería – Wurstladen

Zubereitung, Gewürze
a la chorillana – mit gebackenen Zwiebeln
a la jardinera – mit Gemüsesalat
a lo macho – Soße aus Meeresfrüchten (bei Fischgerichten)
a la parrillada – vom Grill
a la plancha – geröstet, gegrillt
frito – gebraten
ají – Chili
ajo – Knoblauch
sal – Salz
pimienta – Pfeffer

Speisekarte (La lista, el menú)
anticuchos (de corazón) – Grillspieße (Rinderherzen)
antipasto mixto – gemischte Vorspeise
caldo de carne – klare Fleischbrühe
caldo de gallina – Hühnersuppe mit Nudeln
cebiche (ceviche) – rohe Fischstücke in Limettensaft
chupe de mariscos – dicke Fischsuppe
crema de espárragos – Spargelcremesuppe
crema de tomate – Tomatensuppe
dieta de pollo – Hühnersuppe mit Nudeln und Gemüse
palta a la reina – Avocado mit Huhn
palta rellena – gefüllte Avocado
palta rellena a la jardinera – gefüllte Avocado mit Gemüsesalat
palmitos con jamón – Palmherzen mit Schinken
papa a la huancaína – gekochte kalte Kartoffel mit pikanter Soße
Sopas y Entradas – Suppen und Vorspeisen
sopa a la criolla – mit Milch, Nudeln, Fleisch, Ei, Toast
sopa a la minuta – mit Nudeln, Fleisch, Gemüse

Segundo – Hauptgerichte
aceitunas – Oliven
arroz (chaufa) – Reis (gebacken, chinesisch)
calamares (fritos) – geback. Tintenfische
camarones – (Süßwasser-)Krabben
camote – Süßkartoffel
carne de cerdo, chancho – Fleisch vom Schwein
de ternera, de res – vom Kalb, v. Rind; de cordero (carnero) – vom Lamm (Hammel); de pato – von der Ente
chicharrones – geröstete Schweineschwarten

choclo – Maiskolben
chuleta, guiso – Kotelett, Art Gulasch
churrasco, lomo, bistek – Steak (meist dünn u. oft zäh ...)
corvina, cojinova – Fische (o. dt. Namen)
cuy (picante de cuy) – Meerschweinchen (pikant)
empanada (de pollo, carne) – Teigtasche (gefüllt mit Huhn, Fleisch)
ensalada (mixta) – Salat (gemischt)
estofado – Fleischeintopf
frijoles, espinaca – Bohnen, Spinat
hígado, riñones – Leber, Nieren
huevo (pasado, – Ei (weich, hart)
huevos fritos – Spiegeleier
huevos revueltos – Rühreier
lechuga, pepino – grüner Salat, Gurke
langostino – Languste
lomo milanesa – (Wiener) Schnitzel
lomo saltado – kleingeschnittenes Fleisch mit Soße
pan, mantequilla – Brot, Butter
pan tostado con queso – Käsetoast
papas (fritas) – Kartoffeln (Pommes frites)
pejerrey – Königsfisch
pescados y mariscos – Fische und Meeresfrüchte
pollo dorado – Huhn vom Drehgrill
puré – Kartoffelbrei
salchicha – Würstchen
salsa – Soße
salsa de ají – scharfe Chili-Soße
tallarines (fideos) – breite Nudeln (dünne Nudeln)
tortilla – Art Omelett
trucha (a la milanesa) – Forelle (paniert)
verdura, cebolla – Gemüse, Zwiebeln
vinagre, aceite – Essig, Öl
yuca – Maniokart

Postre – Nachspeisen
azúcar, mermelada – Zucker, Marmelade
ensalada de fruta – Fruchtsalat
flan – Pudding
helado (aber: hielo) – Speiseeis (Eiswürfel!)
mazamorra morada – spez. Maispudding, dunkelrot
panqueque (con miel) – Pfannkuchen (mit Honig)
pie (pay) de manzana – Apfelkuchen
torta de chocolate – Schokoladentorte

Bebidas – Getränke
agua mineral – Mineralwasser
aguajina – Urwaldgetränk
api – süßes Maisgetränk

Arequipeña – Biersorte aus Arequipa
batida – frisch gepresster Saft mit Milch
café – Kaffee
café con leche – Milchkaffee
cerveza – Bier
chicha – Maisbier
chicha morada – alkoholfreies Maisbier aus rotem Mais
chuchuhuasi – Branntwein aus Baumrinde
Cristal – Biersorte aus Lima
Cuzqueña – Biersorte aus Cusco
gaseosa – kohlensäurehaltige Limonade
guinda – Kirschlikör
hielo – Eiswürfel
huito chado – Fruchtbranntwein
Inca Kola – peruanische Limonade
jugo (de naranja) – frisch ausgepresster Saft (Orangen)
leche – Milch
Masato – Maniokbier
Ocucaje – peruanischer Wein(ort)
Pisco – Traubenschnaps aus Muskatellertrauben
Pisco sour – der National-Schnaps von Peru, aus Pisco, Limonensaft und Eiweiß
San Juan – Biersorte aus Pucallpa
siete raices – Branntwein aus 7 verschiedenen Baumrinden
Singani – Traubenschnaps, ähnlich Pisco
Tacama – peruanische Weinsorte
té – Tee
vino (tinto, blanco) – Wein (rot, weiß)

Speisen und Getränke

aceite – Öl
aceituna – Olivien
adobo – Art Gulasch, auch geschmorter Schweinebraten
adobo de chancho – Schweinegulasch
agua mineral – Mineralwasser
aguadito de pato – Entengericht
aguajes – Urwaldfrucht
ají – peruanische Chili-Schote
ajo – Knoblauch
albóndiga – Fleischküchle
alcachofas – Artischocken
anchoas – Sardellen
anguila – Aal
anticuchos – gegrillte Fleischspieße, meist Rinderherzen
anticuchos de corazón – gegrillte Rinderherzen am Spieß
antipasto mixto – gemischte Vorspeise
arroz – Reis
arroz chaufa – gebackener Reis

arroz con pato a la chiclayana – Reis mit Ente
arveja – Erbse
asado – Braten
asado con cuero – Ochse am Spieß
azúcar – Zucker

bistec – Beefsteak
bonito – Thunfisch

café con leche – Milchkaffee
calamares – Tintenfisch
calamares fritos – fritierte Tintenfische
caldo – Suppe, Brühe
caldo de carne – klare Fleischbrühe
caldo de gallina – Hühner-Nudelsuppe
caldo de siete carnes – Suppe mit 7 Fleischsorten
camarones – (Süßwasser-) Krabben
camote – Sußkartoffel
cancha – geröstete Maiskörner
cangrejo – Krebs
carapulcra – Schweinefleisch, Chuño, Erdnüsse und ají
carne – Fleisch
carne aliñada – Rind– und Schweinefleischstücke mit Zwiebelsoße, Süßkartoffel und yuca
carne molida – Hackfleisch
carne seca o cecina – Trocken- oder Dörrfleisch
cazuela – Eintopf mit Erdnuss, Fleisch- und Kartoffelstücken
cebada – Gerste
cebiche – rohe Fischstücke in Limettensaft
cebiche de cachema – regionales Fischgericht
cebiche de paiche – roher, marinierter Amazonasfisch
cebolla – Zwiebel
cecina – dünne, geräucherte, rouladenartige Schweinefleischscheiben
cecina con tacacho – Schweinerauchfleisch mit „Urwaldknödel"
cerdo – Schweine-(fleisch)
cereza – Kirsche
chairo – Fleischsuppe mit chuño
chambergos – Süßgebäck
chancho – Schweine-(fleisch)
chancho al horno – Schweinefleischgericht
cheruje – Bananensuppe
chicharrón – gebratene Fleischstückchen
chicharrón con mote – Schweinfleischstücke mit Mais
chicharrón con tacacho – gebratene Fleischstücke mit „Urwaldknödel"

chicharrón de chancho – gebratene Schweinefleischstücke, meist Schweinshaxen
chirimoya – Urwaldfrucht
chiriuchu – scharfe, kalte Pfeffersoße
chocko – Hähnchengericht mit Mais, scharf
choclo – gekochter Maiskolben
chonta – Palmherzen
chorizo – Wurst, meist scharf
chorizo con tacacho – Wurst mit Urwaldknödel
chorros – Muscheln
chuleta – Kotelett
chuleta de res – Rinderkotelett
chuño – gefriergetrocknete Kartoffeln
chupe – Gemüsesuppe
chupe de camarones – Eintopf aus Krabben, Kartoffeln und Gemüse
chupe de mariscos – dicke Fischsuppe
chupe de pallares verdes – Milchsuppe aus Fisch, Garnelen und Reis
churros – fritierte Teigtaschen
ciruelas – Kaktusfrucht
cocido – Eintopf
coconas – Urwaldfrucht
conejo – Kaninchen
cópus pachamanca – gebratenes Fleisch mit Mais, Kartoffeln und ají
cordero – Lammfleisch
corvina – Seebarsch
corvina al ajo – Seebarsch mit Pfeffer
cuñapé – gefüllte Teigtasche aus Yuca
cuy – Meerschweinchen
cuy chactado – gegrilltes Meerschweinchen
cuy con papa – Meerschweinchen mit Kartoffeln

dulce – Süßspeise
durazno – Pfirsich

embutidos – gefüllte Wurstwaren
empanada – gefüllte Teigtasche
ensalada de chonta – Palmherzensalat
escabeche de pollo – Hähnchen, Möhren, Pfefferschoten, Bohnen, Erbsen
espárragos – Spargel
estofado – Fleischeintopf, auch Schmorbarten

fiambres – Aufschnitt
fresa – Erdbeere
fricasé – Gulascheintopf
frijoles – Bohnen
fritanga – Schweinefleisch in Pfeffersoße mit Minze
frutillada – Getränk aus Obst und Mais
gallina en pepitoria – Hühnerfrikassee

gambas – Krabben
gambas a la plancha – geröstete Krabben
ganso – Gans
gaseosa – Limonade
guayabo – Urwaldfrucht
guisantes – Erbsen
guiso de paiche – eingelegter Amazonasfisch

habas – Saubohnen
helado – Speiseeis
hígado – Leber
higo – Feige
huevo duro – hart gekochtes Ei
huevo pasado – weichgekochtes Ei
huevos – Eier
huevos fritos – Spiegelei
huevos revueltos – Rührei
humitas – gefüllte Bananenblätter mit Maisbrei

inchicapi – Erdnusssuppe
intendente – Schlachtplatte
ispi – Fischsnack

jamón – Schinken
jaka – Maisbrei
juane – in einem Bananenblatt eingewickelter Reisteig mit Hähnchenfleisch und Oliven
judías – Bohnen
jugo – Saft

kañiwa – Kañiwa-Brei, ähnl. Quinoa
„King Kong" – Kuchenteig mit übereinandergeschichteter Milchcreme (Spezialität aus Lambayeqeue)

Langosta – Hummer
langostino – Garnele
lawa – dicke Gemüsesuppe
leche asada – puddingartiger Nachtisch aus Milch, Zucker, Vanille
lechuga – Kopfsalat
lechón – Spanferkel
lengua – Zunge
lentejas – Linsen
limón – Zitrone
lomo milanesa – Schnitzel
lomo saltado – Geschnetzeltes

machacado de membrillo – Süßigkeit aus Quitten
machague con plátanos – Schildkröteneier mit grünen Bananen
manjarblanco – Süßware aus eingedickter Milch

mantequilla – Butter
mariscos – Meeresfrüchte
masaco – fritierter Brei aus Bananen und getrocknetem Fleisch
mazamorro morada – dunkler Mais-Pudding
mermelada – Marmelade
muslo – Keule

naranja – Orangen
natilla – Süßes aus Ziegenmilch mit Honig aus Rohrzucker

oca – Knollenfrucht, Urwaldgemüse
ocopa – scharfe Erdnusssoße
ostras – Austern

palta – Avocado
palta a la reina – Avocado mit Huhn
palta rellena – gefüllte Avocado
pampaku – Eintopf mit div. Fleischstücken und Gemüse
pan – Brot
pan tostado – Toast
pan de arroz – Reisbrötchen
panqueque – Pfannkuchen
papa al huancaína – gekochte Süßkartoffel mit einer Soße aus Frischkäse, ají, Milch und Öl
papas – Kartoffeln
papas con ocopa – Kartoffeln in feuriger Erdnusssoße
papas fritas – Pommes frites
parihuela – Fischsuppe
parrillada – Grillplatte aus verschiedenene Fleischsorten und Würstchen
parrillada Selva – „Urwald"-Grillplatte
patarashca – in Bananenblätter eingewickelter Fisch
pato – Ente
pavo – Truthahn
pechuga de pollo – Hühnerbrust
pejerrey – Königsfisch
pepino – Gurke
pescado – Fisch
picante – gemischte Platte mit scharfer Soße
picante bolívar – Tellergericht mit gefülltem Paprika, Reis, chuño, Zwiebel, Hackfleisch, Kartoffel, Kaldaunen und cuy
picarones – in Fett gebratene Teigwaren mit Zuckerrohrsirup
pichón – Taube
pie de manzana – Apfelkuchen
pimienta – Pfeffer
piña – Ananas
piqueo – eine Reihe kleiner Vorspeiser cebiche

plátano – Bananen
plátanos fritos – fritierte Bananensorte
platos fuertes – gemischte Platte mit verschiedenen Fleischsorten
pollería – Hähnchen-Grillstation
pollo – Hähnchen
pollo a la brasa – Hähnchen vom Grill
pollo dorado – Hähnchen vom Drehgrill
poroto – Bohnen
pucacapa – gefüllte Teigtasche
puchero – Eintopf
pulpo – Tintenfischart
puré – Kartoffelbrei
quesillo con miel – Frischkäse mit Honig
queso – Käse
queso helado – Käse-Eiscreme mit Milch, Zucker, Vanille
quinoa – Hirseart

recoto relleno – gefüllte Chilischote
repollo – Weißkohl
res – Rind(fleisch)
riñón – Niere
riñon a la parrilla – gegrillte Niere

sal – Salz
salchicha – Würstchen
salchichón – Salami, Wurst
salmón – Lachs
salmonete – Meerbarbe
salsa – Soße
salteñas – brotähnliche Pastete gefüllt mit Fleisch, Gemüse, Eiern, boliv. Spezialität
sarapatera – Suppe i. Schildkrötenpanzer
seco de cabrito – Trockenfleisch von Ziege mit Kräutern
seco de chavelo – getrocknete Bananen mit gebratenem Fleisch
setas – Pilze
shambar – Suppe mit Bohnen, Schweinehaut, Schinken und eingeweichten Weizenkörnern, die mit *cancha, ají* und Zitronen serviert werden
sopa – Suppe
sopa a la criolla – Suppe aus Milch, Nudeln, Fleisch, Ei und Toast
sopaipilla – fritiertes Süßgebäck

tacacho – „Urwaldknödel" aus Maniok, Bohnen und grünen Bananen
tallarines – Nudeln
tallarines con pollo – Nudeln mit Hähnchen
tamales – Mais gefüllt mit Schweine- oder Hähnchenfleisch
tarta – Obstkuchen
tejas – daumengroße Süßigkeiten mit Zitronen, Pecanüssen, Kokosnuss, Feigen, Orangenfüllung
tejas pisco Iqueño – Süßgebäck mit Rosinen und Piscoschnaps
ternera – Kalb(fleisch)
timpu – gekochtes Lammfleisch mit Suppe
tojiri – Maispudding
tomate – Tomate
tomatillos – süße Baumtomaten
tortilla de huevo – Omelett, Eierkuchen
trigo – Getreide
trucha – Forelle
trucha – Forelle in Knoblauchsoße
tucunare – Amazonasfisch
tuna – Kaktus-Feigenfrucht
tunta – Kartoffelart, gefriergetrocknet

vainitas – Bohnen
verdura – Gemüse
vinagre – Essig

yemas – Dessert
yuca – Maniokart

zarzuela de pescado – Fischeintopf

Glossar landestypischer Begriffe

(q.) = quechua bzw. inka
(ay.) = aymara
(sp.) = spanisch

Abra (sp.): Pass
Achachila (q.): Steinhaufen zur Verehrung der Apus oder Berggeister
Aqlla (q.): auserwählte (Mädchen und Frauen)
Acllahuasi (q.): Haus der Sonnenjungfrauen, Haus der erwählten Frauen
Adobe (arab./sp.): luftgetrocknete Lehmbaustein, oft mit Stroh vermischt
Ají: peruanische, feuerrote Chili-Schote
Albergue (sp.) Herberge
Alcahuita (q.): Volksgruppe
Alcoquisca: Heilpflanze
Algarrobo: Johannisbrotbaum (Karobenbaum)
Alkalde: (arab./sp.) Dorfvorsteher, Dorfälteste, oft auch mit richterlichen Befugnissen
Almacén: kleiner Laden
Alpaka (lama pacos): Kleinkamelart, zur Woll- und Fleischgewinnung in den Anden
Altiplano: Anden-Hochebene; das Hochlandbecken zwischen der westlichen und östlichen Anden-Kordillere, Höhenlage ca. zwischen 3500 und 4000 m
Altumisayoc (q.): Priester des höchsten Grades
Amanahuasi (q.): Badehaus, auch Bezeichnung der Bäderwannen in Machupicchu
Amarucancha (q.): Bezeichnung der Wohnung des Inca in Cusco
Amauta (q.): Lehrmeister, Weiser
Andenes: terrassierte Hänge
Andenpakt: subregionale Präferenzzone der Andenstaaten
Andesit: vulkanisches Andengestein mit hohem Anteil an Mineralien, meist grüngrau oder rötlich
Antara: Panflöte
Antasay (ay.): Volksgruppe
Anti: Bewohner der subtropischen, östlichen Andenabhänge; von *anti* leitet sich das Wort „Anden" ab
Antisuyu: Anti-Viertel o. Reichsteil der Anti (östl. Andenabhänge, Amazonasgebiet)
Apacheta (q.): Bergpass mit Markierung, befestigter Kontrollpunkt
Apachita: geheiligte Opferstätte
Apu: Berggottheit; Anrede für „hoher Herr"
Apucama (q.): Oberster Rat des Inca
Apupanaca: Steuereintreiber der Inkas
Arahua: Richtstätte
Ashaninka: Indianerstamm
Audiencia: kolonialspan. Verwaltungsbezirk
autochthon (gr.): alteingesessen, Urbevölkerung (indigene Bevölkerung)
Autovagón: Triebwagen
Axus: traditionelles Kleidungsstück
Ayacucho (q.): „Winkel der Toten", Hauptstadt und Name eines peruan. Departamento
Ayahuasca: Naturdroge aus der Banisteriopsis-Liane zur Herbeiführung von Visionen
Ayaren: Vorfahren der Inkas
Ayllu (q.): Urform der heutigen *comunidad;* ursprünglich verwandtschaftlicher Organisationsverband im Inkareich; Wohn- und Wirtschaftsgemeinschaft mehrerer Familien
Aymara: altes Kulturvolk um den Titicacasee und dem Hochland Boliviens mit eigener Sprache und Tradition; wahrscheinlich sind sie die Schöpfer der vorinkaischen Tiwanaku-Kultur. Die Inka griffen u.a. auch auf die kulturellen Errungenschaften der Aymara zurück.
Ayni: traditionelle Form der Hilfe auf Gegenseitigkeit, eine Hilfeleistung wird in Arbeitsstunden zurückerstattet.
Ayuntamiento: Rathaus, Magistrat
Azulejos: mit Ornamenten geschmückte, glasierte Tonkacheln (urspr. blau, von „azul")

Balneario: Bad, Seebad
Balsa: Boot aus Totora-Schilf
Barriada: Elendsviertel um die Großstädte, in Lima auch *pueblo jovenes* genannt
Barrio: Stadtviertel
Bimbilla: Kerker-Bezeichnung bei den Inkas
Bodega: Weinkellerei
Boga: Fischart
Bosque nuboso: Nebelwald
Brujería: schwarze Magie
Brujo: Hexer

Caapi: Urwalddroge
Caballitos de Totora: Schilfboote
Cabildo: (Gemeinde)Rat
Caca (ay.): Fels
Cacataibo: Indianerstamm
Cacique: Häuptling
Callan: 3. Baustein der Inkaarchitektur
Calva: Glatzkopf
Calvario: Kalvarienberg (Schädelstätte)
Camayoc (q.): Verwaltungsbeamter
Campa: Indianervolk der Anti, das

Schrumpfköpfe herstellte
Campesino: indigene Landbewohner, Kleinbauern und Landarbeiter
Cañaris: Verwandte der Chimú aus Südecuador, berühmte Bogenschützen, Wächter von Machupicchu
Cancha: Inkahof- bzw. Häusergruppe um einen viereckigen Innenhof. Das Wort „chancha" findet sich deshalb immer am Ende einer Häusergruppenbezeichnung, z.B. Condorcancha (Kondorhof), Amarucancha (Schlangenhof), Qoricancha (Sonnenhof)
Capac: Edler, Mächtiger
Capacocha (q.): Fest zur Tag- und Nachtgleiche im Herbst
Capitanía: Hafenbehörde
Carachi: Fischart
Carpahuasi: Haupttempel
Casa de Cambio: Wechselstube
Cashibo: Indianerstamm
Cebada: Gerste
Ceja de selva: „Augenbraue", Ostabhang der Anden
Ch'alla: Opfergruß an die Mutter Erde. Bei jeder Trinkrunde, Einweihung eines neuen Hauses oder Kauf eines Tieres wird der „Mutter Erde" – *pachamama* – gedacht
Ch'arki (a. Charque): sonnengetrocknetes Fleisch, meist Lama, Vicuña oder Hirsch
Ch'ullu: Schilfrispen
Chachapoya: Volk der östlichen Andenabhänge in Nordperu, erbitterte Feinde der Inkas
Chakras (q.): Saatfelder und Äcker, auch terrassierte Felder
Chambira: Naturfaser
Chanapata: Kulturvolk im Tal von Cusco vor Ankunft der Inkas
Charango: Kleingitarre, Resonanzkörper meist aus dem Panzer eines Gürteltiers
Charqui: getrocknetes Fleisch, meist Lama, Vicuña oder Hirsch
Chasqui: Meldeläufer
Chatcha Balsa: Bootstyp aus Totora-Schilf, Titicacasee
Chavín: bedeutendes Kulturzentrum im Huaraz-Gebiet
Chicha: Maisbier aus Maiskeimlingen
Chifa: peruanisch-chinesisches Restaurant
Chihuahuaco: einer der größten Urwaldbäume der Selva
Chilihua: traditionelles Kleidungsstück
Chimú: Kulturvolk an der Nordküste Perus mit der Hauptstadt Chan Chan
Chinchaysuyu: Chinchay-Viertel oder Reichsteil der Chincha (Nordküste und nördliches Hochland, Ecuador)
Chino: peruan. umgangssprachliche Bezeichnung für Chinese
Chiri: Volksstamm
Chirio: Heilpflanze
Choc'ca ligüi: Steinschleuder
Cholo: herabsetzende Bezeichnung für einen Mestizen; in der Kolonialzeit übernahmen zweisprachige oft die Vermittlung zwischen der indigenen Landbevölkerung und den spanischstämmigen Städtern.
Chonta: Palme aus dem Regenwald mit sehr hartem Holz
Choza (q.): Rasthäuser für die Chasqui
Chullpa: Grabturm/Grabstätte
Chullu: traditionelle Wollmütze mit Ohrenklappen der Indígena
Chuspa (q.): Cocabeutel
Chuño (a. Chuñu): getrocknete Kartoffeln (Gefriertrocknungsverfahren) der Anden, lange haltbar
Coca (q.): Erythroxylumart, immergrüner Strauch in den subandinen Gebieten Perus und Boliviens mit Kokain enthaltenden Blättern.
Cocaleros: Coca-Pflanzer
Cocha: See
Cocoma: Indianerstamm
Cohoba: Narkotikum
Colca (a. Qolqa): Kornspeicher, Lager
Colcapata (q.): Palast des Inca Manco Capac
Colectivo: preiswerte Sammeltaxis mit festen Routen im Nah- und Fernverkehr
Collana: 1. Baustein der Inka-Architektur
Colla: Kulturvolk des Altiplano um den Titicacasee
Collasuyu: Colla-Viertel oder Reichsteil der Aymara (Region des Titicacasees, Bolivien und Teile Nordchiles und Nordwestargentiniens)
Comedor: Speisesaal, preiswertes Restaurant mit Volksküche
Comité: Colectivo-Linie
Compadre: Gevatter, Familienpate, der Wahlverwandte einer Familie
Comunidad: indigene Dorfgemeinschaft mit eigener Organisationsstruktur und speziellen Bewirtschaftungsformen, ursprünglich *Ayllu*.
Conopa (q.): Schutzgott
Conquista: Eroberung (span.)
Conquistador: Name für einen Angehörigen der spanischen Eroberungstruppen
Contisuyu: südwestliche Zone des Inkareichs bzw. Reichsteil (Region von Arequipa und Ayacucho)

Coquero: Coca-Kauer
Cori: Gold
Coricancha (s. Qoricancha)
Corregidor: Distriktgouverneur, Verwaltungsfunktionär in der Kolonialzeit, auch städtische Amtsperson
Costa: Bezeichnung des wüstenartigen Küstenstreifen Perus, trockenste Wüstenregion der Erde, von vielen Flussoasen durchbrochen.
Coya Raimi: Fest, rituelle Reinigung im September
Coya (a. Quya) Bezeichnung der Ehefrau bei den Inkas
Criollo: s. Kreolen
Cuadra: Häuserblock
Cumbre: Berggipfel
Curaca: Alkalde, Dorfvorsteher oder Dorfältester
Curandero: Naturheilpraktiker, Naturheiler, Kräuterhexer
Cuy (a. Quwi) Meerschweinchen

Danzantes: Tänzer
DEA: Antidrogenbehörde der USA
Departamento: Verwaltungseinheit, die mehrere Provinzen umfasst
Diablada: farbenprächtige Fiesta mit Teufelstänzern in Puno und Oruro (Bol.)
Dincote: Antiterrorpolizei
Diorit: hartes Tiefengestein, hauptsächlich aus Feldspaten und Eisen-Magnesium-Mineralien

Encomienda (span. „Auftrag"): durch die Spanier eingeführtes System der Leibeigenschaft, seelsorgerische Betreuung und Arbeitsverpflichtung freier Indianer an die span. Siedler, 1720 endgültig aufgegeben.
Epiphyten: Aufsitzerpflanzen (meist auf Bäumen, z.B Orchideen, Bromeliaceen, Farne), die mit dem nährstoffbringenden Wasser des Trägerbaumes auskommen
Escribanos: Schreiber
Escuela Cusqueña: Malschule aus Cusco mit eigenem Malstil
Explanada: eingeebneter Platz, Gelände

Faena: Gemeinschaftsarbeit öffentlicher Vorhaben; festähnliche Gemeinschaftsprogramme
Feria: Fest, Markt

Galeriewald: tropischer Savannenwald entlang der Flüsse
Gamonales: Großgrundbesitzer

Garúa: Nebel oder Nebelbank, der in der Costa direkt auf dem Boden aufliegt; Niederschlag als Nebelnässe
Geoglyphe: Erdzeichen, Bezeichnung der Bodenmarkierungen von Nasca
Guía: Führer
Gringo: ursprüngliche Bezeichnung für US-Amerikaner; heute in Lateinamerika allgemeine Bezeichnung für einen Angehörigen eines westlichen Landes
Guacamayo: Papageienart
Guácharo: Fettschwalm, Eulenart
Guanako (indian./span., Huanaco, Lama guanacoe): wildlebende Kleinkamelart in den westlichen und südlichen Anden, Stammform des Lamas
Guano: Vogelmist
Guardia Civil: Polizei
Guardia Repúblicana Llapan Atiq: Gefängnispolizei
Guarqui (q.): Totem-Ahn eines Ayllu
Gurkhas: spez. Marineeinheit

Habas: Saubohnen
Hacendado: Besitzer einer Hacienda
Hacienda: landwirtschaftliches Gut
Hancha india: indigene Erde
Hatuncancha (q.): Wohnstätte des Inca Yupanqui in Cusco
Hatun runa: Menschen (ursprünglich nur Bezeichnung für das Inkavolk)
hispanos: Spanischstämmige
Horca del Inca: Inkagalgen
Hostal: Bezeichnung für eine Unterkunfts Kategorie
Huaca puncu: Heiliges Tor
Huaca (a. Waq'a): Heiliges, Bezeichnung für einen Ort oder eine Naturgegebenheit (Berg, Stein, Felsen o.ä.), denen eine sakrale Bedeutung beigemessen wird). Auch archäologische Stätte eines vorinkaischen Heiligtumes in Pyramidenform.
Huacapata: Heiliger Platz
Huachu (q.): Cocaterrassen
Huacos: prähispanische Keramiken aus Grabfunden
Huallas: Volksgruppe
Huangana caspi: amazonische Heilpflanze
Huaquero: Keramiksucher i.e. Sinn; Name für Grabräuber
Huarango: Johannisbrotbaum
Huarí: sesshafte Siedler; auch Kulturvolk mit Zentrum in der Region von Ayacucho
Huayna: jung, klein
Huayno (a. Waynu) Lied- und Tanzform der Anden

Huayra: Wind
Huayruru (q.): Poncho, Überwurf
Huayruruos: amazonische Kornfrucht
Huerta: Bewässertes und gartenartig bebautes Ackeland
Huilca: Narkotikum
Hunocamayoc (q.): juristischer Beamter
Hutahuahuas: abhängige Land- und Hilfsarbeiter ohne Landbesitz

ichu: (hartes) Andengras
Ideogramm: Bildzeichen, das nicht eine bestimmte Lautung, sondern einen ganzen Begriff repräsentiert
Impuesto: Colectivo-Taxi
Inca nan: Sonnen- oder Inkaweg
Incahuasi: Inkapalast
Indígena: autochthone bzw. alteingesessene Anden-Bevölkerung, Nachfahren der Volksgruppen der Inkazeit; heute mehr kulturell-sozialer Erscheinungstyp.
Indio: diskriminierende Bezeichnung für die Landbevölkerung in den Anden
Inka: Herrschervolk, das von Cusco aus seinen Machtbereich zu einem Großreich ausdehnte; Ohrpflöcke tragend, weshalb die span. Erober sie auch als *orejones* („Großohren") bezeichneten. Auch Herrscherdynastie oder „Sonnensohn", Inca-König
Inti Raymi: Inkafest zur Sonnenwende am 24. Juni
Inti: Sonne, Sonnengott, oberste Gottheit bei den Inkas
Inticancha: Heiliger Platz
Intipampa: Sonnenfeld
Intiwatana: „Sonne binden", „Ort, an dem die Sonne angebunden ist". Der Intiwatana diente astronomischen Zwecken.
Ispi: Fischart

Jacaranda: tropische Baumart
Jalagringo: Touristen-Schlepper
Jalcas: Hochweiden über 4000 m Höhe in der Sierra
Jaranas: volkstümliche Tanzfeste
Jirón: peruanische Bezeichnung für Straße
Jiska balsa: Bootstyp aus Totora-Schilf, Titicacasee
Julí: Kultur am Titicacsee

Kalasasaya (ay.): Raum aus stehenden Steinen
Kalebasse (Lagenaria vulgaris): Flaschenkürbis, als Gefäß verwandt, oft mit Bildern verziert
Kallawaya (ay.): Medizinmann, Naturheiler
Kamarikuq: Gabe
Keru (q.): Holz- oder Tonkrug
Kili: Totora-Schilfwurzeln
Konquistador, s. Conquistador
Kordilleren: Gebirgsketten der Anden, von N nach S parallel verlaufend
Kot-suns (ay.): Seemenschen
Kreolen, *criollos* (span./frz., von lat. *creare* „erschaffen"): Bez. für die Nachkommen spanisch-europäischer Einwanderer (weiße Kreolen)
Kugapakari: Indianerstamm
Kuntur: Kondor

Lama (span. Llama): Kleinkameltyp, Tragetier
Limeños: Bezeichnung für Einwohner Limas
Llacta: Ort, Stadt
Llamamichec (q.): Lamahirte
Lliclla (ay.): Rückentragetuch der Frauen
Llucho (q.): Lamamütze mit Ohrenschutz
Lomas: kahle Küstenberge und -hügel in der Costa, auch Wüstenhügellandschaft.
Lomas-Vegetation: trockenresistente Gewächse (Kakteen, Hartlaubsträucher u.a.)

Macas (q.): Wasserbehälter
Machu: alt, groß
Mallku: Berggeist, niedere Gottheit, Schutzgeist, auch Indígena-Anführer
Mamacona: Vorsteherin der Sonnenjungfrauen
Manta: Rückentragetuch, tradit. Kleidungstück
Manzana: Stadtviertel, Baugebiet
Mara: Jahr
Marca: hochgelegenes Gebiet
Mate de Coca: Tee aus Coca-Blätter
Mayu: Fluss
Mercado: Markt
Mestizen (v. lat. mixticius): Mischlinge europäisch-indigener/indianischer Eltern
Migración: Einwanderungsbehörde, Ausländerpolizei
Micro: Kleinbus
Mitimac (q.): Zwangsumsiedlung aus militärischen oder landwirtschaftlichen Erfordernissen
Mixto: langsame Kombination aus Bus und Lkw, nur in abgelegenen Regionen
Minca: andine Arbeitshilfe, die mit Naturalien oder Sachgüter ausgeglichen wird
Minero: Minenarbeiter in den Bergwerken der Anden; Mineralwäscher, Steinsammler und Kleinstminenschürfer i.w.S.
Mirador: Aussichtspunkt

Misti: Nicht-Indígena, Mitglied der herrschenden Klasse, „Weißer"
Mit'a: Arbeitsverpflichtung für öffentliche Arbeiten während der Inkazeit; später Zwangsarbeit bzw. indigene Form der gegenseitigen Arbeitshilfe, wobei die Leistung des Helfenden mit Naturalien entlohnt wird
Mochica (Moche): Kultur an der Nordküste Perus
Mojo: Indianerstamm
Montaña: Bergland; dichtbewaldete Ostabdachung der Anden
Morpho: Schmetterlingsart
Motocarro: dreirädriges Motorradtaxi
Muchacha: kleines Mädchen, auch Dienstmädchen, die im Haushalt arbeitet
Municipalidad: Rathaus

Nahua: Indianerstamm
Nan cuna: Inkaweg oder „Weg der Zeit"
Nansan balsa: Bootstyp aus Totora-Schilf, Titicaca
Napeones: Indianerstamm
Narcotraficante: Ankäufer von Coca (Kokain-Mafia)
Naymlap: Dynastie
Nekropolis: präkolumbische Totenstadt
Ñusta (q.): Inkaprinzessin
Nutria: Sumpfschwein
Oca (indian./span.): Bezeichnung für die Knollen des andinen Sauerkleegewächses Oxalis tuberosa. Die Knollen sind sehr stärkehaltig und ein wichtiges Nahrungsmittel der indigenen Bevölkerung.
Ochacaymoc (q.): Dorfrichter der Inkas
Oncidie: Orchideenart
Orejones (sp.): Langohr, Bezeichnung der inkaischen Beamten in Cusco durch die Conquistadores

Pacha apu: „Herr der Erde"
Pachacamac (a. Pachakamaq, q.): Schöpfergott der Küstenbewohner; bedeutendes Heiligtum im Lurín-Tal in der Küstenwüste bei Lima
Pachamama huasi: Heiliger Felsen
Pachamama: Mutter Erde, Erdmutter
Pacovicuñas: gezüchtete Kleinkamelart
Pampa: in Peru ebene, meist öde/trockene größere Landflächen
Panaca: königliche Familie, Familienangehörige der Inka-Dynastie
Papa: Kartoffel
Paracas: Kulturvolk
Páramo: sp. andines Ödland
Pata (q.): terrassierte oder bebaute Hänge
Patamuña: Heilpflanze
Patio: Innenhof
Payan: 2. Baustein der Inka-Architektur
Peña: typisches Wirtshaus, Folklorekneipe
Peque-peque: motorisierte Langboote für die Urwaldflüsse
Petroglyphen: vorgeschichtliche Felszeichnungen
Picaflor: Kolibri
Picchu: Berg
Pileta: Wasserbecken
Pinsonay: Baumart
PIP: Staatssicherheitspolizei
Piraña: Amazonasfisch
Piro: Indianerstamm
Pisco: Traubenschnaps
Plaza de Armas: Exerzier- und Waffenplatz, Zentrum der Stadt
Pollera (sp.): Frauenrock der Indígena
Poncho: deckenartiges Kleidungsstück, wird als Überwurf verwendet
Pongos: Kataraktreiche Durchbruchschluchten der Andenflüsse zum Amazonasbecken
Porphyr: Magmagestein
Präkolumbisch, prähispanisch: Zeit vor der spanischen Eroberung Lateinamerikas
Prolongación: Verlängerung (einer Straße)
Pucara (ay.): Befestungsanlage
Pudú: andiner Zwerghirsch
Pueblos jóvenes: Elendssiedlungen um Großstädte
Puente Inca: Inkabrücke
Pukina: Sprache
Pulpería: Kramladen mit Kneipe
Pumachupan: Schwanz des Pumas
Puna: trockene Hochgebirgssteppe
Punchao: Sonnenbild(nis)
Puqincancha: inkaisches Archiv
Puric (q.): Andenbauer
Pututu: Muschel- oder Schneckenblasinstrument, mit der die Inka-Meldeläufer sich ankündigten

Q'eswachaca: Hängebrücke
Qolqa: Kornspeicher, Lager
Qoricancha: Sonnenhof, zentrales Heiligtum der Inkas, Sonnentempel in Cusco
Qosqo: Nabel, Zentrum
Quechua: ehemalige staatstragende Bevölkerung und Verwaltungssprache des Inkareichs. Als Missionssprache der Spanier über die Grenzen des Inkareiches verbreitet, doch 1780 verboten. Dialekte des Q. werden heute in Peru, in Bolivien und Teilen von NW-Argentinien, Ecuador und S-Kolumbien gesprochen. Seit 1975 Amtssprache in Peru

und Pflichtfach in den Schulen.- Bezeichnung der größten indigenen Volksgruppe der Anden zwischen Ecuador und Nordchile, kulturell weitgehend angeglichen.
Quena: Andenflöte
Quilla: Mondgöttin der Inkas
Quillca: Schrift
Quillcamayoc: Schreiber
Quinoa (a. Quinua, Kinwa, q.): In den Hochanden kultiviertes Gänsefußgewächs, dessen gelbliche Samen zu sehr stärkereichem Mehl verarbeitet werden. Die Früchte liefern hochwertiges Eiweiß.
Quipus: Knotenschnüre
Quipumayoc: Knotenschriftgelehrter

Recuay: Keramik-Kultur im Callejon de Huayllas
Repartimiento: (sp. reparto), Ausbeutung
Riego: Bezeichnung des Bewässerungssystems beim Kartoffel- und Maisanbau
Rikra (q.): inkaisches Längemaß (1,60 m)
Roque: Naturwaschmittel
Rosario: amazonische Kornfrucht
Rumipunku: Hauptportal
Runa: „Mensch"; Bezeichnung für Angehörige der Quechua- und Aymaravolksgruppen
Savila: Heilpflanze
Sankahuasi: Folterkammer
Sapana: Dynastie
Sausiray: Volksgruppe
Saywakuna: Pfeiler
Schamane: Geisterbeschwörer, Naturheilpraktiker
Selva: Amazonastiefland in Peru (Urwaldregion)
Sendero Luminoso: „Leuchtender Pfad"; peruan. Guerillaorganisation
Serranía: Gebirgsland
Shapaja: Naturfaser
Shipibo: Indianerstamm in der Gegend von Pucallpa
Sicán: Kultur
Sierra: Gebirgsland der Anden
Siku: Panflöte
Sillar: Quaderstein
Sinchi: Antiterrrorpolizei
Sipán: Kultur
Soles: peruanische Währung
Soroche: Höhenkrankheit in den Anden; Anzeichen doch Unwohlsein, Atemnot heftige Kopfschmerzen
Suche: Fischart
Suyu (q.): Gebiet, Inka-Reichsteil

Taclla: Grabstock der Inkas

Tawantinsuyu (a. Tahuantinsuyu): Inka-Imperium (die vier Weltregionen)
Tambo: Herberge, Übernachtungsplatz, Gasthaus, Rastplatz, Schutzburg, Stützpunkt
Tamshi: Naturfaser
Tarpocas: Erntehelfer
Tata (ay.): Vater, Bezeichnung des Präsidenten
Tayca waca: trad. Kleidungsstück
Terminal Terrestre: Busterminal
Tierra (span.): Erde
Tinajas: Tongefäße
Tinku (ay.): Grenzstreitigkeiten
Tío (q.): Onkel, Bezeichnung des Minengottes
Titi (ay.): Puma; (q) grau
Tocapus: Inka-Bildzeichen
Torreón: Rundturm
Totora: Binsenart am Titicacasee
Trachyt: Ergussgestein
Trepanation: medizinische Schädelöffnung
Trufi (q.): Colectivo, Sammeltaxi
Tucunare: Amazonsfisch
Tumi: Zeremonialmesser d. Mochica u. Chimú
Uña de Gato: Lianenart, Heilpflanze
Unku: ärmelloses Hemd der Chipaya
Urarina: Indianerstamm
Urbanización: städtebauliches Erschließungsgebiet, Neubaugebiet
USKO-AYAR: amazonische Malerschule in Pucallpa

Varayoc: Bürgermeister
Vicuña: wildlebende Kleinkamelart, Urform des Alpaka
Viracocha: s. Wiracocha
Vispera: Vorfesttag
Vivandero: Straßenverkäufer

Waca: s. Huaca
Waita (q.): Dekorationsschal
Wari: s. Huarí
Warmi: Frau
Wawa (ay.): Baby
Wayra: Wind
Willaq Umu (a. Willac Umu): Oberpriester der Inkas, höchster Würdenträger nach dem Inca
Willka: Heiligtum, Gottheit; auch mythischer Vorfahre
Wiphala: Fahne, Banner
Wiracocha: Name des Schöpfergottes der Inkas; während der Kolonialzeit Anrede (Herr) für einen Spanier

Yachahuasi: Akademie der Wissenschaft oder Universität der Inkas in Cusco
Yagé (a. Yajé): Urwalddroge
Yanacuna (q.): Bezeichnung der Sklaven der Inkas
Yareta: Hochlandflechte
Yarowilla: Kulturvolk

Zampoña: Panflöte

Glossar kunstgeschichtliche/ kirchliche Begriffe

anthropomorph: menschengestaltig oder mit menschlichem Gesicht verzierte Steinreliefs, Masken u.a. Objekte
Arzobispal: Erzbischöflich
Azulejos: glasierte Tonfliesen, ursprünglich blau (azul), meist mit Ornamenten
Chor: besonders gestalteter Hochaltarraum der Kirche, früher oft durch Gitter (Lettner) vom übrigen Kirchenraum abgetrennt. Span. coro
Capilla: Kapelle
Chorgestühl: Sitzreihen der Geistlichen an der Längsseite des Chores (span. sillería)
Churriguerismus: überladener spanischer Barockstil, benannt nach dem span. Archtekten José de Churriguera (1650–1723)
Claustro: Kreuzgang
Colegio: Konvikt, Erziehungsanstalt
Convento: Kloster
Ermita: Kleine Landkirche, Wallfahrtskapelle
Episcopal (Obispal): Bischöflich
Fuente: Brunnen
Indiatides: Säulenfiguren
in situ: am originalen Fundort (z.B. Ausgrabungsstücke)
Kapitalsaal: Versammlungsraum eines Klosters (span. *sala capitular*)
Katakomben: begehbare unterirdische Grabanlagen, Gruften
Kreuzgang: rechteckiger Klosterhof mit einem Brunnen, von Arkadengängen umgeben.
Lanzón: speerartige Stele
Manierismus: Epochenbegriff für die Spätrenaissance, überwunden vom Barock.
Mausoleum: Grabstätte
Mestizo-Stil *(estilo mestizo):* indianisch bzw. indigen beeinflusster barocker Kirchenbaustil
Murales: Wandmalereien
Mudéjar (arab. mudejalat: „unterworfen"): Baustil, bei dem sich islamischer Dekorationsstil mit abendländischer (gotischer) Baukunst vermischt. Charakterisiert durch arabeske Stuckornamente, Farbkeramiken, Kassettendecken und hufeisenförmige Bögen. Abgeleitet von den Mudéjaren, den islamischen Werkkünstlern in Spanien (10.–15.Jh.).
Parroquia: Pfarrkirche
Patio: (Innen)hof
Plateresker-Stil (span. platero „Silberschmied"): filigraner Ornamentsstil; fein ziselierte Steinmetzarbeiten mit Blumen-, Ranken- und Heraldikelementen
Portales: Arkadenbögen zwischen Pfeilern oder Säulen (meist um die Plaza de Armas)
Retablo: Altaraufsatz mit Skulpturen, Altarbild
Sagrario: Sakristei, Kapelle
Sarkophag: prunkvoller, monumentaler Sarg in einer Grabkammer (Krypta)
Stele (griech.): freistehende, aufrechte Platte oder (Stein)Säule, meist mit (datierten) Inschriften oder Reliefs, als Kult-, Weihe-, Grenz- oder Siegesobjekt dienend.
Tumba: Grab
zoomorph: tiergestaltig oder mit tierischen Anlitz (Steinreliefs, Masken u.a. Objekte)

Sachwort- und Personenregister

(nicht gefundene Begriffe, z.B. Kulturen, Indianerstämme usw. s. Glossar)

Almagro, Diego de 92, 380, 660
Alpaka 322
Altiplano 85
Alva, Walter 497, 499
Alvarez, Anacleto 300
Alvarez, Juan 323
Alvarez, Lequiades 301
Amarant 72, 88
Amazonastiefland 86
Andenpakt 655
Anreise 44
Antisuyu 104
Arce, José de 815
Artesanías 111
Atahualpa 104, 546
Ausrüstung 43
Ayahuasca 596
Ayala, Huamán Poma de 227
Aymara 81, 650

Banzer 817
Banzer, Hugo 655, 657
Batanzos, Juan de 227
Behinderte Reisende 27
Bergrettung 75
Bergsteigen 57
Bingham, Hiram 301
Blumen, Bartel 82
Boleto Turístico 213
Boot und Schiff 57
Braun, Otte 651
Brüning, Heinrich 82, 502
Bunke, Tamara 813

Cañahua 72, 88
Canopy Walkway 628
Capac Yupanki 104
Casas de Cambio 62, 64
Chachapoya-Kultur 96, 559
Chambi, Martín 302
Chasqui 105
Chavín-Kultur 93
Che-Guevara-Tour 805
Chicha 73
Chimú-Kultur 96
Chinchaysuyu 104
Chinchona-Baum 88
Chronisten 227
Chullpas 373
Chuño 377
Cieza de León, Pedro de 112, 227
Coca 116
Collasuyu 104
Collpas de los Guacamayos 333
Condorcanqui, José Gabriel 97, 212
Contisuyu 104
Cordillera Blanca 516
Cordillera Negra 516
Costa 83
Criollos 650
Cuyes 71

DELPIA 783
Diablada 354
Diebstähle 68
Diebstahlsschutz 37
Diplomatische Vertretungen 33
Dokumente 34
Dreiländereck P/K/B 630

Einreise 47
Eisenbahn 56
ENA 77
Escuela Cusqueña 225
F
Faena 110
Fahrrad 58
Feiertage 75
Felsenhahn 87
Feste 115
Fitzcarrald, Carlos Fermin 332, 609
Flüge 44
Foto und Filme 43
Fujimori, Alberto 99

Geld 36, 62
Geldautomaten 62
Gesundheitstipps 40
Giesecke, Alberto 301
Gleitschirmfliegen 76
González, de la Rosa 301
Gran Poder, Fiesta (La Paz) 675
Gruppenreisen 26
Gualca, Accla 299
Guanako 321

Sachwort- und Personenregister

Guano 458
Guevara, Che 813
Guttentag, Tichauer Werner 651
Guzman, Abimael 198
Guzmán, Abimael 99

Haenke, Taddäus 82
Hernández, Vargas Francisco 601
Herzog, Werner 614
Heyerdahl, Thor 501
Höhenkrankheit 41
Hokkohuhn 87
Holguín, Melchor Pérez de 666, 742
Hotels 59
Huaca 478
Huamán Poma de Ayala 227
Huáscar 104
Huayna Capac 104, 211
Humboldt, Alexander von 82, 545

ichu 89
Inca Roca 104
Inca Toparca 104
Inca Túpac Yupanki 466
Inca Wiracocha 104
Inca-Dynastie 104
Informationsstellen 29
Inka 102
Inka-Kultur 97
Inkasprache 216
Inkastraßen 344
Internet-Cafés 67
Inti Raymi 256
i-Peru 48

Jesuiten-Reduktionen 814

Kinder, Reisen mit 27
Kinski, Klaus 614
Klima 86, 653
Kokain 116
Kondor 414
Kreditkarten 37, 63
Kulturinstitut INC 77

Lama 321
Landkarten 76
Lapacho 73
Lizarraga, Agustín 300
Lloque Yupanki 104
Llosa, Mario Vargas 99, 112, 339

Lomas 85
Loyola, Juan de Salinas 585

Machiguenga, Casa 339
Malaria 38
Maldonado, Faustino 323
Manco Capac 102, 104
Manco Inca 104
Manto 95, 457
Mariátegui, José Carlos 112, 198
Mayta Capac 104
Medizinische Vorsorge 38
Mennoniten 822
Mestizo-Stil 650
Middendorf, Ernst 82, 560
Mietwagen 53
Minca 109
Minchanzaman 482
Mochica-Kultur 95, 487
Molly Aida (Schiff) 614
Mountainbike 58
MRTA 348
Mundo Azul 459
Murillo, Pedro Domingo 664
Musik 112

Nasca-Kultur 95, 436
Nationalparks (Bol.) 654
Nationalparks Peru 89
Naturreservate (Bol.) 654
Naturschutzorganisationen 91
Naymlap 499
Notruf 77

Occlo, Huamán Poma Curi 227

Pachacútec Yupanki 104, 211, 303
Panamericana 49
Paracas-Kultur 93, 457
Patiño, Simón 718, 739, 771
Pekaris 88
Peque-peque 595
Petroglyphen von Toro Muerto 419
Pferd, per 58
Pisco (Schnaps) 452
Pizarro, Francisco 97, 105, 120
Pizarro, Hernando 167
Poeppig, Eduard 82
Poltur 79
Posnansky 651
Post 65

PromPerú 29
Pueblos Jóvenes 137
Puya raimondii 89, 539

Quechua 81, 650
Queñua-Baum 89
Quinoa 88
Quipus 228

Raimondi, Antonio 300, 538
Raimondi-Stele 538
Reiche, Maria 82, 439
Reiserouten 29
Reiseschecks 63
Reisezeit 28
Riesenotter 340
Rugendas, Johann Moritz 82

San Martín, José de 128
Sanginés, Carlos Ponce 701
Santa Cruz, Andrés de 661
Schmid, Martin 651
Sechín-Kultur 93
Selva 83
Sendero Luminoso 198
SERNAP 654
Shipibo 595
Sicán-Kultur 96
Sierra 83
Sinchi Roca 104
Sóndor 201
Soroche 41
Steuern 64, 65
Straßen 49
Strom 78
Studentenausweis 35
Suárez, Nicolás 839, 841
Sucre, Antonio José de 757

Tanz 112
Tawantinsuyu 104
Telar-Linien 444
Telefax 66
Telefon 66
Telefon-Vorwahlen 79
Tello, Julio 167
Tello-Obelisk 538
Titu Kusi Yupanki 104, 212, 227, 348
Tocapus 228
Torre Tagle, Marqués de 127
Totora 365

Trancas 52
Trekking 57
Trepanation 93, 457
Trufi 53
Tsantas 622
Tschudi, Johann Jakob von 480
Tumi 479
Túpac Amarú 97, 104, 212, 299, 348
Túpac Amarú II. 212, 348
Túpac Yupanki 211

Uhle, Max 82, 167, 651
Uña de Gato 73, 596
Uro 362
USKO-AYAR 587

Vega, Garcilaso de la 112, 227
Versicherungen 35
Vicuña 321
Viscachas 87

Währung 62
Weben 259
Websites 31
Wiener, Nicolas 300
Wiracocha 102

Yahuar Huacac 104
Yuca 89
Yungas 85

Zeitdifferenz 79
Zoll 79

Orts- und touristisches Register Peru

Abancay 203
Abiseo, Ruinas del 490
Abra de Toroya 379
Achoma 412
Aguas Calientes 293
Aguas Calientes (beim Pass La Raya) 349
Aguas Verdes 515
Alca 421
Altiplano 350
Ancón 463
Andahuaylas 201
Andahuaylillas 320
Anta 207
Aplao 419
Arequipa 380
Ascope 485
Assis Brasil 324
Atalaya 601
Ausangate 320
Ayacucho 189
Ayaviri 350

Baños del Inca (Cajamarca) 552
Barranca 466
Barranco (Lima) 132
Batán Grande 499
Boca Manu 337
Boquerón del Padre Abad 577

Cabanaconde 414
Cachora 204
Cajabamba 488
Cajamarca 545
Cajamarquilla 168
Cajatambo 519
Calca 271
Callao 169
Calleria 599
Camaná 431
Camino Inca 280
Campiña-Tour 403
Cañete 167, 460
Cañón del Pato 544
Canta 169
Cantayoc 444
Caral 465
Caraz 541
Carhuaz 540
Casapalca 176
Casma 466, 540
Catacaos 507
Cayma 404
Ceja de la Montaña 574
Celendín 554
Cerro de Pasco 569
Chachapoyas 561
Chaclacayo 173
Chala 432
Chan Chan 479
Chancay 463
Chaparrí 494
Chasquitambo 520
Chauchilla 444
Chaullay 315
Chavín de Huántar 536
Checacupe 345
Chicama 491
Chicla 176
Chiclayo 492
Chigualan 490
Chilina 404
Chimbote 469
Chincha Alta 460
Chinchero 260
Chivay 410
Chocope 485
Choquequirao 204
Chorrillos (Lima) 132
Chosica 168, 174
Chucuito 375
Chulluni 364
Chuquibambilla 350
Churín 464
Cochas Chicas 186
Coina 488
Colca-Canyon 406
Collpa de los Guacamayos 333
Combapata 345
Concepción 180
Cordillera Blanca 516
Cordillera Huayhuash 539
Cordillera Negra 516, 543
Corihuayrachina 205
Corire 418
Coroico 710
Corporaque 412
Cosnihua 417
Cotahuasi 420

Cotahuasi-Canyon 420
Cruz del Cóndor 413
Cueva de las Lechuzas 575
Cumbemayo 553
Curahuasi 206
Cusco 208
Cusilluyhayoc 258

Desaguadero 633, 646
Deustua 379

Echarate 318
El Candelabro 458
Eulaliatal 174

Fitzcarrald, Istmo de 340
Fitzcarraldo (Schiffswrack) 332

Gran Patajén 489
Grutas de Q'arañawi 347
Guadalupe 491
Guaqui 632

Huaca de la Luna 486
Huaca de los Reyes 479
Huaca del Dragón 478
Huaca del Sol 486
Huaca El Brujo 484
Huaca La Esmeralda 479
Huaca Pucllana (Lima) 132
Huacachina-Oase 450
Huacho 464
Hualhuas 186
Huamachuco 488
Huambutio 319
Huancabamba 508
Huancas 561
Huancavelica 186
Huancayo 180
Huanchaco 483
Huanta 188
Huánuco 571
Huánuco Viejo 574
Huaquillas (Ecuador) 515
Huaraz 520
Huaringas (Las, Lagunen) 508
Huatajata 632
Huaura 465
Huayhuash 539
Hynacotas 421

Ica 447
Ilo 426
Iñapari 324
Inka-Trail 280
Intipunku (Machupicchu) 314
Intiwatana (Machupicchu) 310
Iquitos 608
Isla Amantani 370
Isla Palomino 169
Isla Suasi 377
Isla Taquile 367
Isla Yupisque 378
Islas Ballestas 457
Islas de Hornillas 425
Islas Guañape 470
Istmo de Fitzcarrald 340
Ivochote 318
Izuchaca 207

Jaén 565
Jauja 177
Julí 376
Juliaca 351
Junín 569

Karajía 564
Kotosh 572
Kuélap 558
Kuntur Wasi 554

La Balsa (Grenze Ecuador) 565
La Merced 580
La Oroya 177
La Punta (Lima) 142
La Raya 350
La Unión 573
Lago Sandoval 332
Laguna de los Cóndores 555
Laguna Parón 542
Laguna Salinas 421
Laguna Saracocha 379
Laguna Yarinacocha 593
Lagunas Llanganuco 529
Lamas 606
Lama-Trek Olleros – Chavín 535
Lambayeque 501
Lares 271
Las Salinas 464
Leimebamba 555
Levanto 564
Lima 118

Limatambo 207
Llacanoca 553
Llanganuco – Santa Cruz Trek 530
Llaqtapata 285
Llulluchapampa 288
Lomas de Lachay 464
Los Pinchudos 490
Luicho 421
Lurín, Valle 166

Maca 412
Machiguenga, Casa 339
Machupicchu 277, 302
Madre de Dios (Provinz) 323
Madrigal 418
Malata 417
Máncora 510
Mansión del Fundador 405
Manu-Nationalpark 338
Maras 260, 263
Marca Huamachuco 488
Marcahuasi 175
Matucana 175
Mauca Llacta 417, 421
Meija 424
Miraflores (Lima) 132
Miscay 286
Mollendo 423
Monterrey 529
Moquegua 425
Moray 262
Motupe 503
Moyobamba 566
Muscapuquio 270

Namballe 565
Nasca 433
Nasca-Geoglyphen 439
Nevado Chachani 423
Nevado Huandoy 542
Nevado Salkantay 205, 288

Ocucaje 447
Ollanta 265
Ollantaytambo 267
Oropesa 319
Oroya, La 177
Otuzco 488
Otuzco, Ventanillas de 552
Oxapampa 581

Pacasmayo 491
Pacatnamú 491
Pachacamac 166
Palpa 446
Pampa Galeras 444
Pampamarca 421
Pampona 460
Paracas-Halbinsel 455
Paramonga 466
Paredones 444
Parque Nacional Cerros de Amotape 513
Parque Nacional Huascarán 516
Parque Nacional Río Abiseo 489
Parque Nacional Tingo María 574
Parque Nacional Yanachaga-Chemillén 582
Pastoruri-Gletscher 538
Patajén 489
Pataqancha 269
Pataz 488, 490
Pativilca 519
Paucarpata 404
Paucartambo 335
Phuyupatamarca 290
Pichingoto 263
Pikillaqta 319
Pilcopata 336
Pisaq 272
Pisco 451
Piura 503
Pomata 634
Pongo de Maiñique 318
Pozuzo 582
Pucallpa 585
Pucara 350
Pucusana 461
Puerto Bermúdez 584
Puerto Maldonado 324
Puerto Pizarro 513
Pukapukara 257
Pumamarca 269
Puno 352
Puquio 446
Puruchuco 168

Q'enqo 257
Q'oriwayrachina 286
Qocha 256
Qoya 272
Querulpa 418
Queswachoca 347

Quilca 432
Quillabamba 317
Quinua 197
Quiruvilca 488

Raqchi 349
Reserva de Chaparrí 494
Reserva Florestal San Matias 584
Reserva Nacional de Pacaya-Samiria 625
Reserva Nacional Lomas de Lachay 464
Reserva Nacional Pampa Galeras 444
Reserva Nacional Salinas-Aguada Blanca 379
Reserva Natural Privada Isla Suasi 377
Revash 556
Río Ayaviri 350
Río Vilcanota 350
Rioja 565
Rumicolca 320
Runkuraq'ay 289

Sabandía 405
Sachaca 405
San Francisco (Pucallpa) 597
San Ignacio 565
San Isidro (Lima) 132
San Jéronimo de Tunan 186
San Juan de Chucchu 417
San Mateo 176
San Ramón 579
San Sebastian 319
Sangalle 415
Santa Lucía 379
Santa Rosa de Ocopa 180
Santa Teresa 315
Saqsaywamán 254
Satipo 180
Sayaqmarca 290
Saywite, Piedra de 206
Sechín 467
Sechura 507
Sepahua 601
Shintuya 337
Sicuani 349
Sillustani 372
Sipán 497
Supe 465

Tacna 427
Tacshitea 599
Talara 509
Tambo Colorado 459
Tambomachay 257
Tambopata Research Center 330
Tantamayo 573, 574
Tapay 416
Taquile 367
Tarapata 263
Tarapoto 603
Tarawas 207
Tarma 578
Tiabaya 405
Timpía 318
Tingo 405, 558
Tingo María 575
Tinqui 320
Tinta 347
Tipón 319
Titicacasee 364
Toro Muerto 419
Torre Torre 186
Tortugas 468
Tres Cruces 336
Trujillo 470
Túcume 500
Tumbes 513
Tumshukayko 542

Umayo 372
Urcos 345
Uro-Inseln 365
Urubamba 262
Usquil 488

Valle de los Volcanes 418
Valle de Majes 419
Valle de Mandor 294
Valle de Pataqancha 269
Valle Sagrado de los Incas 258
Victos 316
Vicús 503
Vilcabamba 316
Vilcashuamán 197
Virú 470
Volcán Misti 422

Wari (bei Ayacucho) 196
Wari-Willka 186
Wayllabamba 288
Waynapicchu 313
Willcaraqay 286
Willcawaín 529

Willoq 270
Wiñaymarca (Titicaca-Seeteil) 378
Wiñaywayna 291
Wiracochapampa 489

Yanahuara 404
Yanque 411
Yawarwaka 286
Yucay 271
Yungay 541
Yunguyo 634
Yurimaguas 607

Orts- und touristisches Register Bolivien

Abra La Cumbre 709
Altiplano 652
Arani 780
Atocha 736

Balneario del Río Piraí 800
Balneario el Suto 821
Batalles 646
Beni (Departamento) 825
Bermejo 806
Betanzos 757
Buena Vista 802

Cachimayu 770
Cachuela Esperanza 842
Cal Orck'o 758
Cala Cala 721
Camino Choro 707
Camino del Oro 695
Camino Entre Rios 696
Camino Takesi 706
Camiri 786
Capachos 721
Caranavi 713
Ceja de la Montaña 653
Cerro Rico (Potosí) 749
Cerro Tarubú 821
Cha'llapampa 642

Chacaltaya 693
Chalalán 838
Challapata 723
Chapare 781
Chiclani 757
Chiguana 734
Chipaya 721
Chiquitania 812
Choquila 738
Chulumani 714
Cobija 842
Cochabamba 770
Colchani 729
Concepción 816
Copacabana 634
Cordillera Real 644, 706
Cotoca 788

Diablada (Oruro) 718

El Alto 646, 660
El Fuerte de Samaipata 807
El Prado, Paseo (La Paz) 661
Epizana 770

Gran Chaco 653
Gran Poder, Fiesta (La Paz) 675
Guanay 713
Guaqui 647
Guayaramerín 841
Guerreros de Jawincha 724

Horca del Inca 637
Huari 724
Huarina 646
Huatajata 644

Ichilo 802
Illampu 653
Illimani 653, 704
Incallajta 780
Incaracay 780
Inti Wara Yassi (Villa Tunari) 783
Intipunku (Tiwanaku) 702
Isla de la Luna 644
Isla del Sol 640
Isla Incahuasi 729
Isla Kalakuta 645
Isla Pariti 645
Isla Suriqui 645

Kakteengarten Ancieto Arce (La Paz) 692

La Chonta 803
La Paz 660
Lago Poopó 719
Laguna Celeste (Salar de Uyuni) 732
Laguna Chillata 695
Laguna Colorada (Salar de Uyuni) 731
Laguna Quistococh 613
Laguna Tarapaya 751
Laguna Uru Uru 719
Laguna Verde (Salar de Uyuni) 731
Laja 647
Linares, Calle (La Paz) 665
Llallagua 721
Lomas de Arena 799
Los Espejillos 805
Los Lagos 830

Macuñucú 803
Magdalena 830
Manquiri 757
Mapiri 714
Marka Pampa 641
Mataracú 802
Montículo (La Paz) 660

Nuevo Berlín 830

Obrajes 721
Oruro 718

Pailaviri (Mine, Potosí) 750
Palca-Schlucht 704
Pando (Departamento) 825
Pantanal 653
Parque Nacional Amboró 800
Parque Nacional Carrasco 784
Parque Nacional Comanche 704
Parque Nacional Madidi 838
Parque Nacional Noel Kempff Mercado (Parque Huanchaca) 819
Parque Nacional Ríos Blanco y Negro 817
Parque Nacional Sajama 717
Parque Nacional Toro Toro 781
Parque Nacional y Area Natural de Manejo Integrado Kaa-Iya del Gran Chaco 812
Patacamaya 716
Pazña 721

Plaza Murillo (La Paz) 661
Pocitos (Argent.) 756
Potosí 739
Pto. Pérez 646
Puente Yolosa 709
Puerto Suárez 823
Puerto Villarroel 785
Pulacayo 738

Quillacollo 773, 780

Refugio los Volcanes 806
Refugio Villa Amboró 803
Reserva Nacional de Fauna Andina Eduardo Avaro 724
Reserva Nacional Manuripi Heath 842
Riberalta 839
Río Mulatos 724
Rurrenabaque 832

Sagárnaga, Calle (La Paz) 665
Saguayo 803
Sajama 653, 717
Salar de Uyuni 727
Samaipata 806
San Cristóbal 735
San Francisco, Kirche (La Paz) 664
San Ignacio de Moxos 831
San Ignacio de Velasco 818
San Javier 815
San José de Chiquitos 820
San Juan (bei Sucre) 770
San Miguel 819
San Pablo de Tiquina 644
San Pedro (Gefängnis, La Paz) 668
San Pedro de Atacama (Chile) 734
San Pedro Höhle (bei Sorata) 695
San Rafael 819
Santa Ana 819
Santa Ana de Yacuma 830
Santa Cruz 787
SERNAP 654
Sicuani (b. Copacabana) 644
Sol de Mañana (Salar de Uyuni) 731
Sopocachi (La Paz) 660
Sorata 695
Sucre 757

Tahua 730
Tambo Quemado 718
Tarabuco 769